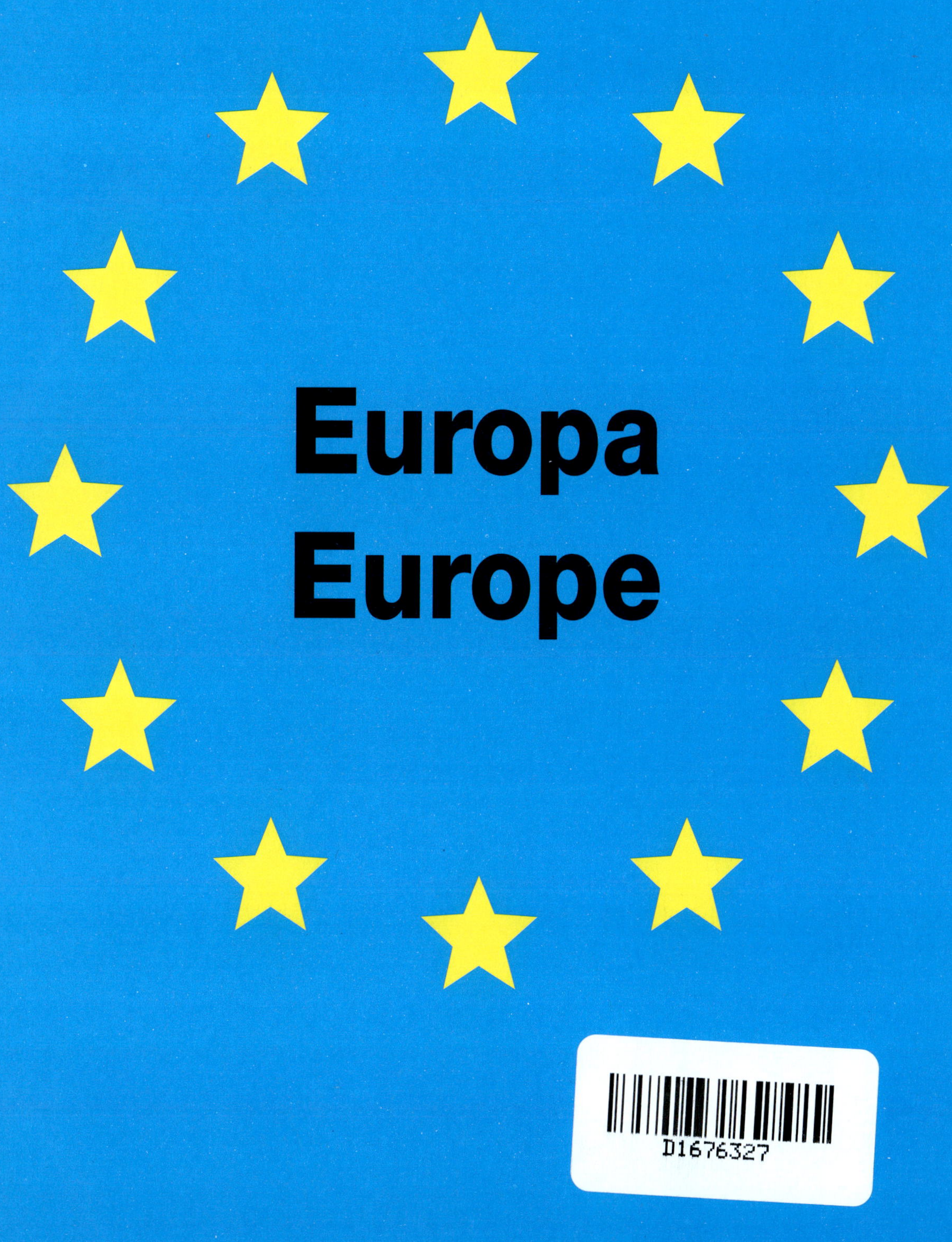

Hallwag

Inhaltsverzeichnis
Table of contents
Table des matières
Sommario
Inhoudsoverzicht

Innehåll
Innholdsfortegnelse
Indholdsfortegnelse
Sisällys
Оглавление

IV/V	Übersichtskarten Map keys Cartes générales Carte d' insieme Overzichtskaarten	1:3 700 000/1:1 000 000	Översiktskartor Forskjellige oversiktskart Forskellige oversigtskort Hakemistokartat Обзорные карты
VI/VII	Legende Legend Légende Legenda Verklaring der tekens		Teckenförklaringar Symbolforklaring Signaturforklaring Karttamerkit Условные знаки
1–19	**Reisekarten** Distanzentabelle/Internationale Vorwahlnummern **Tourist maps** Table of distances/Country Codes **Cartes touristiques** Tableau des distances/Indicatifs internationaux **Carte turistiche** Tabella delle distanze/Prefissi internazionali **Reiskaarten** Afstandstabel/Internationale netnummers	1:3 700 000	**Turiskartor** Avståndstabell/Int. självval Landsnr. **Kart over reiseruter** Avstandstabeller/Int. selvvalg Landsnr. **Rejsekort** Vejlængdetabeller/Int. selvvalg Landsnr. **Matkailukartat** Välimatkataulukko/Kansainvälinen numerotiedoitus **Туристские карты** Таблица расстояний/Международные телефонные коды
1–182	**Strassenkarten** **Road maps** **Cartes routières** **Carte stradali** **Wegenkaarten**	1:1 000 000	**Vägkartor** **Forskjellige veikart** **Forskellige vejkort** **Maantiekartat** **Карты автомобильных дорог**
1–76	**Ortsverzeichnis** **List of place names** **Répertoire des localités** **Indice delle località** **Lijst van steden**	1:1 000 000	**Ortsförteckning** **Stedsoversikt** **Stedsfortegnelse** **Paikkakuntahakemisto** **Указатель географических названий**
1–46	**Stadtpläne** **City maps** **Plans de villes** **Piante di città** **Stadsplattegronden**		**Stadskartor** **Bykart** **Bykort** **Kaupunkien kartat** **Планы городов**
1–15	**Transitpläne** **Transit maps** **Plans de transit** **Piante di transito** **Transitkaarten**		**Genomfartskartor** **Transittkart** **Transitkort** **Transitokartat** **Транзитни планове**

Indice
Índice
Tartalomjegyzék
Obsah
Spis treści
Kazalo
Tablă de materii
Obsah
İçindekiler
Πίνακας περιεχομένων

Mapas generales Mapas gerais Áttekintő térképek Přehlední mapy Skorowidz arkuszy map	1:3 700 000/1:1 000 000	Pregledni zemljevidi Hărţi generale Prehľadné mapy Genel harita Γενικοί χάρτες	IV/V
Explicación Legenda Jelmagyaràzat Vysvětlivky Legenda		Legenda Legendă Vysvetlivky Işaretler Επεξήγηση	VI/VII
Mapas de viaje Cuadro de distancias/Prefijos internacionales **Mapas de viagem** Tabela de distâncias/Indicativos internacionais **Utazàsi térképek** Tàvolsàgmutató/Irànyito szàm **Turistické mapy** Tabulka vzdáleností/Mezinárodní poznávací značky **Mapy ogolne** Tablica odległości/Międzynarodowe numery kierunkowe	1:3 700 000	**Popotni zemljevidi** Preglednica razdalj/Mednarodne klicne številke **Hărţi turistice** Tabelă de distanţe/Prefix internaÿional **Turistické mapy** Tabul´ka vzdialeností/ Medzinárodné poznávacie značky **Yol haritalari** Uzaklik tablosu/Uluslararası kod **Τουριστικοί χάρτες** Πίνακας χιλιομετρικών αποστάσεων/ Διεθυεις αριθμοι κλησεως	1–19
Mapas de carreteras **Mapas das estradas** **Közúti térképek** **Automapy** **Mapy samochodowe**	1:1 000 000	**Avtokarte** **Hărţi rutiere** **Automapy** **Karayollari haritalari** **Οδικοί χάρτες**	1–182
Indice de poblaciones **Roteiro das localidades** **Helyjegyzék** **Seznam měst a vesnic** **Skorowidz miejscowości**	1:1 000 000	**Imensko kazalo naselij** **Repertoriu al localităţilor** **Zoznam miest a obcí** **Yer bulma cetveli** **Ευρετήριο τοποθεσιών**	1–76
Planos de ciudades **Mapas das cidades** **Várostérképek** **Plány měst** **Plany miast**		**Zemljevidi mest** **Planuri de oraşe** **Plány miest** **Şehir planları** **Χάρτες πόλεων**	1–46
Mapas de tránsito **Mapas de trânsito** **Tranzittérképek** **Tranzitni plány** **Plany tranzytowe**		**Tranzitni zemljevidi** **Hărti de tranzit** **Tranzitné mapy** **Transitplanları** **Χάρτες διέλευσης (τράνζιτο)**	1–15

EUROPA
EUROPE

1:3 700 000

EUROPA
EUROPE

1:1000 000

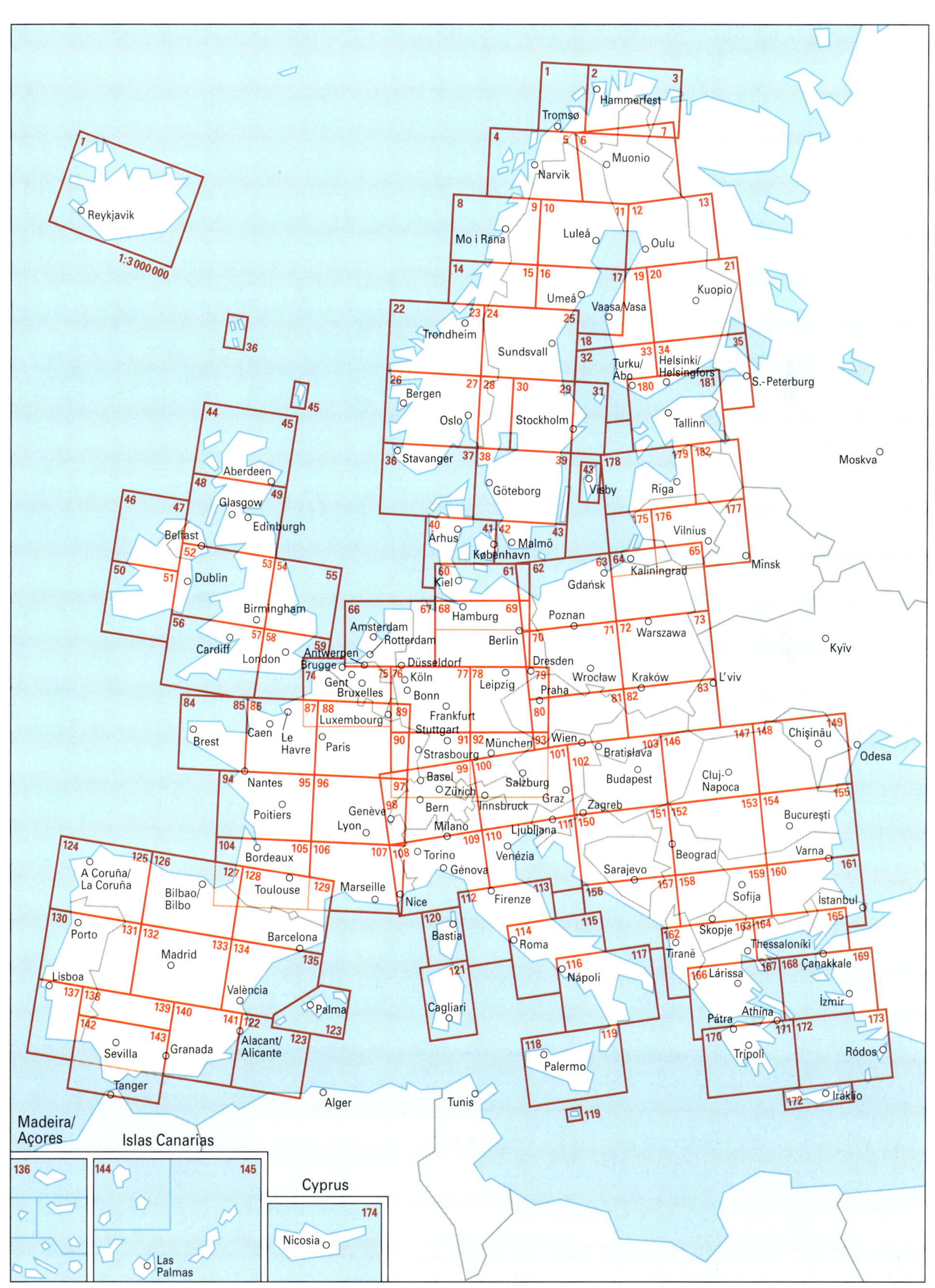

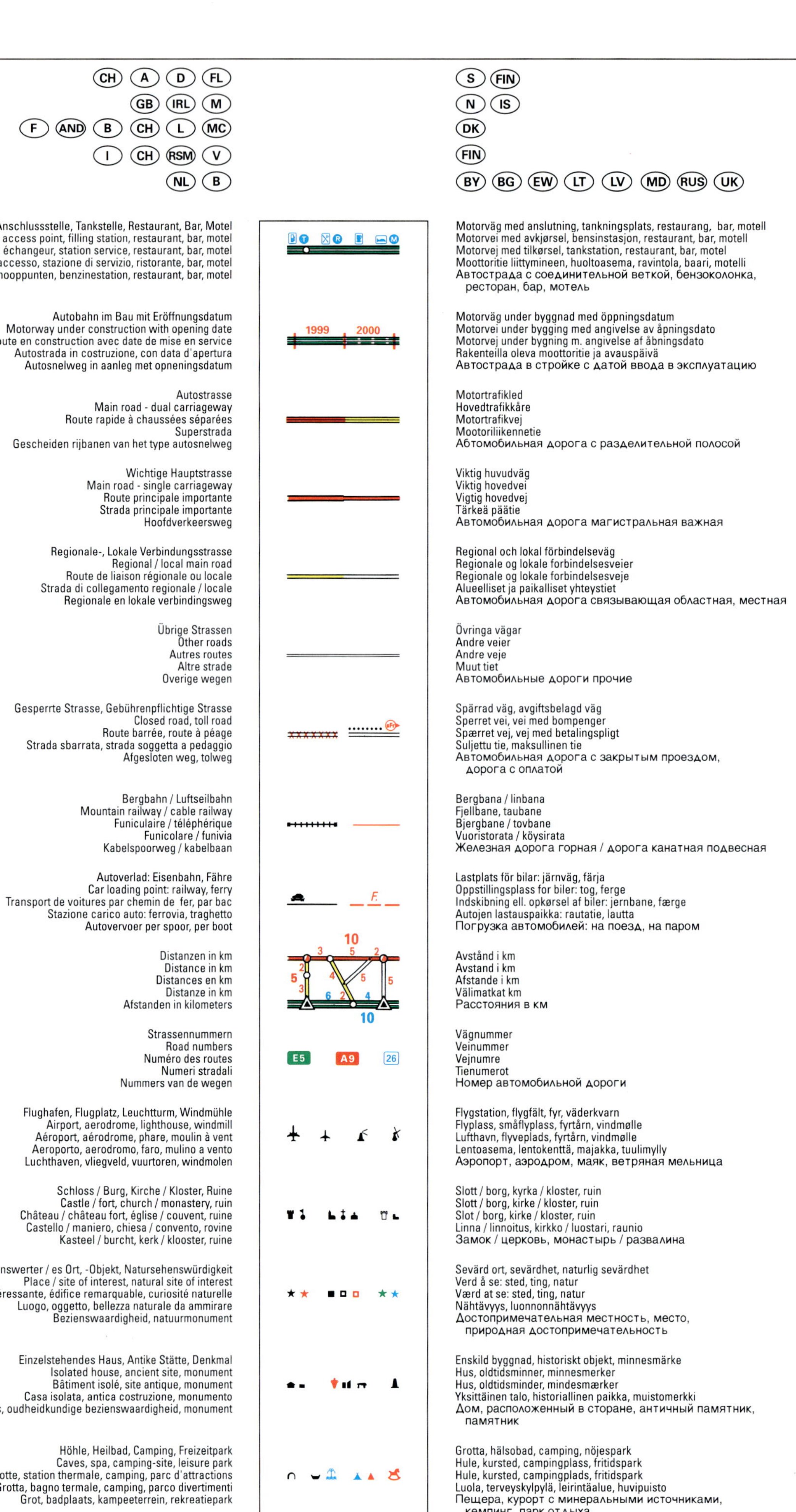

CH A D FL
GB IRL M
F AND B CH L MC
I CH RSM V
NL B
S FIN
N IS
DK
FIN
BY BG EW LT LV MD RUS UK
Autobahn mit Anschlussstelle, Tankstelle, Restaurant, Bar, Motel
Motorway with access point, filling station, restaurant, bar, motel
Autoroute avec échangeur, station service, restaurant, bar, motel
Autostrada con accesso, stazione di servizio, ristorante, bar, motel
Autosnelweg met knooppunten, benzinestation, restaurant, bar, motel
Motorväg med anslutning, tankningsplats, restaurang, bar, motell
Motorvei med avkjørsel, bensinstasjon, restaurant, bar, motell
Motorvej med tilkørsel, tankstation, restaurant, bar, motel
Moottoritie liittymineen, huoltoasema, ravintola, baari, motelli
Автострада с соединительной веткой, бензоколонка, ресторан, бар, мотель
Autobahn im Bau mit Eröffnungsdatum
Motorway under construction with opening date
Autoroute en construction avec date de mise en service
Autostrada in costruzione, con data d'apertura
Autosnelweg in aanleg met openingsdatum
1999
2000
Motorväg under byggnad med öppningsdatum
Motorvei under bygging med angivelse av åpningsdato
Motorvej under bygning m. angivelse af åbningsdato
Rakenteilla oleva moottoritie ja avauspäivä
Автострада в стройке с датой ввода в эксплуатацию
Autostrasse
Main road - dual carriageway
Route rapide à chaussées séparées
Superstrada
Gescheiden rijbanen van het type autosnelweg
Motortrafikled
Hovedtrafikkåre
Motortrafikvej
Mootoriliikennetie
Автомобильная дорога с разделительной полосой
Wichtige Hauptstrasse
Main road - single carriageway
Route principale importante
Strada principale importante
Hoofdverkeersweg
Viktig huvudväg
Viktig hovedvei
Vigtig hovedvej
Tärkeä päätie
Автомобильная дорога магистральная важная
Regionale-, Lokale Verbindungsstrasse
Regional / local main road
Route de liaison régionale ou locale
Strada di collegamento regionale / locale
Regionale en lokale verbindingsweg
Regional och lokal förbindelseväg
Regionale og lokale forbindelsesveier
Regionale og lokale forbindelsesveje
Alueelliset ja paikalliset yhteystiet
Автомобильная дорога связывающая областная, местная
Übrige Strassen
Other roads
Autres routes
Altre strade
Overige wegen
Övringa vägar
Andre veier
Andre veje
Muut tiet
Автомобильные дороги прочие
Gesperrte Strasse, Gebührenpflichtige Strasse
Closed road, toll road
Route barrée, route à péage
Strada sbarrata, strada soggetta a pedaggio
Afgesloten weg, tolweg
Spärrad väg, avgiftsbelagd väg
Sperret vei, vei med bompenger
Spærret vej, vej med betalingspligt
Suljettu tie, maksullinen tie
Автомобильная дорога с закрытым проездом, дорога с оплатой
Bergbahn / Luftseilbahn
Mountain railway / cable railway
Funiculaire / téléphérique
Funicolare / funivia
Kabelspoorweg / kabelbaan
Bergbana / linbana
Fjellbane, taubane
Bjergbane / tovbane
Vuoristorata / köysirata
Железная дорога горная / дорога канатная подвесная
Autoverlad: Eisenbahn, Fähre
Car loading point: railway, ferry
Transport de voitures par chemin de fer, par bac
Stazione carico auto: ferrovia, traghetto
Autovervoer per spoor, per boot
F.
Lastplats för bilar: järnväg, färja
Oppstillingsplass for biler: tog, ferge
Indskibning ell. opkørsel af biler: jernbane, færge
Autojen lastauspaikka: rautatie, lautta
Погрузка автомобилей: на поезд, на паром
Distanzen in km
Distance in km
Distances en km
Distanze in km
Afstanden in kilometers
10
3 5 2
5 2 4 5 5
3 6 2 4
10
Avstånd i km
Avstand i km
Afstande i km
Välimatkat km
Расстояния в км
Strassennummern
Road numbers
Numéro des routes
Numeri stradali
Nummers van de wegen
E5
A9
26
Vägnummer
Veinummer
Vejnumre
Tienumerot
Номер автомобильной дороги
Flughafen, Flugplatz, Leuchtturm, Windmühle
Airport, aerodrome, lighthouse, windmill
Aéroport, aérodrome, phare, moulin à vent
Aeroporto, aerodromo, faro, mulino a vento
Luchthaven, vliegveld, vuurtoren, windmolen
Flygstation, flygfält, fyr, väderkvarn
Flyplass, småflyplass, fyrtårn, vindmølle
Lufthavn, flyveplads, fyrtårn, vindmølle
Lentoasema, lentokenttä, majakka, tuulimylly
Аэропорт, аэродром, маяк, ветряная мельница
Schloss / Burg, Kirche / Kloster, Ruine
Castle / fort, church / monastery, ruin
Château / château fort, église / couvent, ruine
Castello / maniero, chiesa / convento, rovine
Kasteel / burcht, kerk / klooster, ruine
Slott / borg, kyrka / kloster, ruin
Slott / borg, kirke / kloster, ruin
Slot / borg, kirke / kloster, ruin
Linna / linnoitus, kirkko / luostari, raunio
Замок / церковь, монастырь / развалина
Sehenswerter / es Ort, -Objekt, Natursehenswürdigkeit
Place / site of interest, natural site of interest
Localité intéressante, édifice remarquable, curiosité naturelle
Luogo, oggetto, bellezza naturale da ammirare
Bezienswaardigheid, natuurmonument
Sevärd ort, sevärdhet, naturlig sevärdhet
Verd å se: sted, ting, natur
Værd at se: sted, ting, natur
Nähtävyys, luonnonnähtävyys
Достопримечательная местность, место, природная достопримечательность
Einzelstehendes Haus, Antike Stätte, Denkmal
Isolated house, ancient site, monument
Bâtiment isolé, site antique, monument
Casa isolata, antica costruzione, monumento
Alleenstaand huis, oudheidkundige bezienswaardigheid, monument
Enskild byggnad, historiskt objekt, minnesmärke
Hus, oldtidsminner, minnesmerker
Hus, oldtidsminder, mindesmærker
Yksittäinen talo, historiallinen paikka, muistomerkki
Дом, расположенный в стороне, античный памятник, памятник
Höhle, Heilbad, Camping, Freizeitpark
Caves, spa, camping-site, leisure park
Grotte, station thermale, camping, parc d'attractions
Grotta, bagno termale, camping, parco divertimenti
Grot, badplaats, kampeeterrein, rekreatiepark
Grotta, hälsobad, camping, nöjespark
Hule, kursted, campingplass, fritidspark
Hule, kursted, campingplads, fritidspark
Luola, terveyskylpylä, leirintäalue, huvipuisto
Пещера, курорт с минеральными источниками, кемпинг, парк отдыха
1:1000000
0 10 20 40 60 80 km
0 10 20 30 40 50 miles

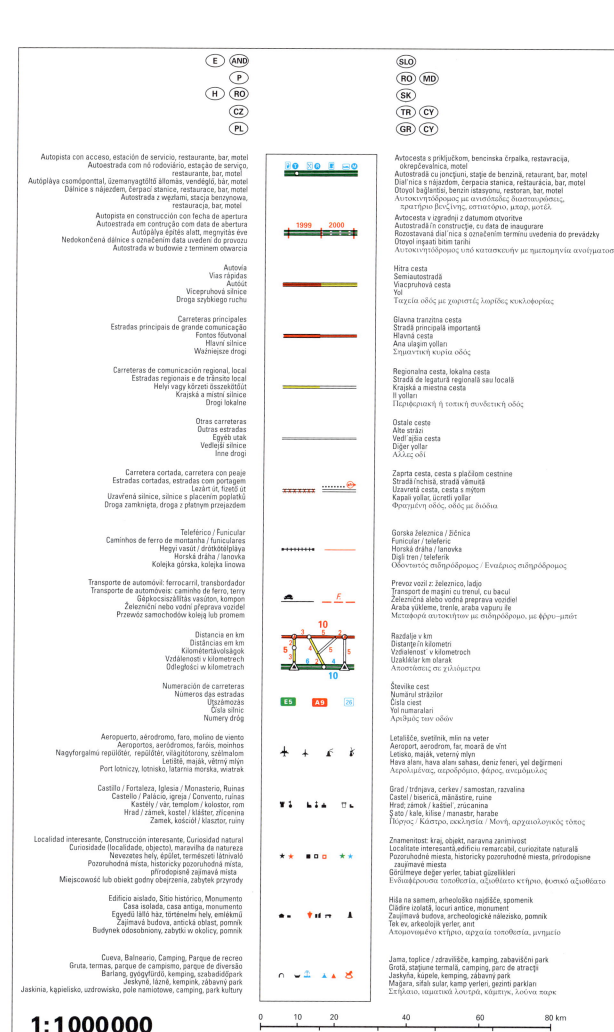

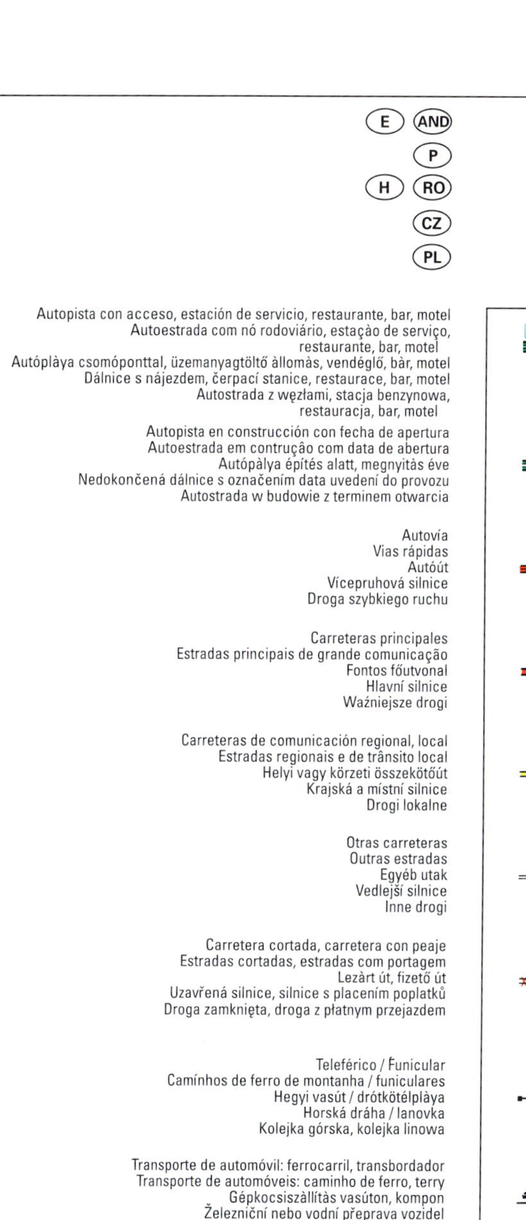

E AND P H RO CZ PL	SLO RO MD SK TR CY GR CY
Autopista con acceso, estación de servicio, restaurante, bar, motel Autoestrada com nó rodoviário, estação de serviço, restaurante, bar, motel Autópàlya csomóponttal, üzemanyagtöltő állomàs, vendéglő, bàr, motel Dálnice s nájezdem, čerpací stanice, restaurace, bar, motel Autostrada z węzłami, stacja benzynowa, restauracja, bar, motel	Avtocesta s priključkom, bencinska črpalka, restavracija, okrepčevalnica, motel Autostradă cu joncţiuni, staţie de benzină, retaurant, bar, motel Dial'nica s nájazdom, čerpacia stanica, reštaurácia, bar, motel Otoyol bağlantisi, benzin istasyonu, restoran, bar, motel Αυτοκινητόδρομος με ανισόπεδες διασταυρώσεις, πρατήριο βενζίνης, εστιατόριο, μπαρ, μοτέλ
Autopista en construcción con fecha de apertura Autoestrada em contrução com data de abertura Autópàlya építés alatt, megnyitàs éve Nedokončená dálnice s označením data uvedení do provozu Autostrada w budowie z terminem otwarcia	Avtocesta v izgradnji z datumom otvoritve Autostradă în construcţie, cu data de inaugurare Rozostavaná dial'nica s označením termínu uvedenia do prevádzky Otoyol inşaati bitim tarihi Αυτοκινητόδρομος υπό κατασκευήν με ημεπομηνία ανοίγματοσ
1999 2000	
Autovía Vias rápidas Autóút Víceproruhová silnice Droga szybkiego ruchu	Hitra cesta Semiautostradă Viacpruhová cesta Yol Ταχεία οδός με χωριστές λωρίδες κυκλοφορίας
Carreteras principales Estradas principais de grande comunicação Fontos főútvonal Hlavní silnice Ważniejsze drogi	Glavna tranzitna cesta Stradă principală importantă Hlavná cesta Ana ulaşim yollari Σημαντική κυρία οδός
Carreteras de comunicación regional, local Estradas regionais e de trânsito local Helyi vagy körzeti összekötőút Krajská a místní silnice Drogi lokalne	Regionalna cesta, lokalna cesta Stradă de legatură regională sau locală Krajská a miestna cesta Il yolları Περιφεριακή ή τοπική συνδετική οδός
Otras carreteras Outras estradas Egyéb utak Vedlejší silnice Inne drogi	Ostale ceste Alte străzi Vedl'ajšia cesta Diğer yollar Αλλες οδί
Carretera cortada, carretera con peaje Estradas cortadas, estradas com portagem Lezárt út, fizető út Uzavřená silnice, silnice s placením poplatků Droga zamknięta, droga z płatnym przejazdem	Zaprta cesta, cesta s plačilom cestnine Stradă închisă, stradă vămuită Uzavretá cesta, cesta s mýtom Kapali yollar, ücretli yollar Φραγμένη οδός, οδός με διόδια
Teleférico / Funicular Camínhos de ferro de montanha / funiculares Hegyi vasút / drótkötélpàlya Horská dráha / lanovka Kolejka górska, kolejka linowa	Gorska železnica / žičnica Funicular / teleferic Horská dráha / lanovka Dişli tren / teleferik Οδοντωτός σιδηρόδρομος / Εναέριος σιδηρόδρομος
Transporte de automóvil: ferrocarril, transbordador Transporte de automóveis: caminho de ferro, terry Gépkocsiszàllítàs vasúton, kompon Železniční nebo vodní přeprava vozidel Przewóz samochodów koleją lub promem	Prevoz vozil z: železnico, ladjo Transport de maşini cu trenul, cu bacul Železničná alebo vodná preprava vozidiel Araba yükleme, trenle, araba vapuru ile Μεταφορά αυτοκιήτων με σιδηρόδρομο, με φέρυ–μπώτ
F.	
Distancia en km Distâncias em km Kilométertàvolsàgok Vzdálenosti v kilometrech Odległości w kilometrach	Razdalje v km Distanţe în kilometri Vzdialenost' v kilometroch Uzaklıklar km olarak Αποστάσεις σε χιλιόμετρα
10 3 5 2 2 5 3 4 5 5 6 2 4 10	
Numeración de carreteras Números das estradas Útszámozás Čísla silnic Numery dróg	Številke cest Numărul străzilor Čísla ciest Yol numaralari Αριθμός των οδών
E5 A9 26	
Aeropuerto, aérodromo, faro, molino de viento Aeroportos, aeródromos, faróis, moinhos Nagyforgalmú repülőtér, repülőtér, világítótorony, szélmalom Letiště, maják, větrný mlýn Port lotniczy, lotnisko, latarnia morska, wiatrak	Letališče, svetilnik, mlin na veter Aeroport, aerodrom, far, moară de vînt Letisko, maják, veterný mlyn Hava alanı, hava alanı sahası, deniz feneri, yel değirmeni Αερολιμένας, αεροδρόμιο, φάρος, ανεμόμυλος
Castillo / Fortaleza, Iglesia / Monasterio, Ruinas Castello / Palácio, igreja / Convento, ruínas Kastély / vàr, templom / kolostor, rom Hrad / zámek, kostel / klášter, zřícenina Zamek, kościół / klasztor, ruiny	Grad / trdnjava, cerkev / samostan, razvalina Castel / biserică, mănăstire, ruine Hrad; zámok / kaštiel', zrúcanina Şato / kale, kilise / manastır, harabe Πύργος / Κάστρο, εκκλησία / Μονή, αρχαιολογικός τόπος
Localidad interesante, Construcción interesante, Curiosidad natural Curiosidade (localidade, objecto), maravilha da natureza Nevezetes hely, épület, természeti làtnivaló Pozoruhodná místa, historicky pozoruhodná místa, přírodopisně zajímavá místa Miejscowość lub obiekt godny obejrzenia, zabytek przyrody	Znamenitost: kraj, objekt, naravna zanimivost Localitate interesantă,edificiu remarcabil, curiozitate naturală Pozoruhodné miesta, historicky pozoruhodné miesta, prírodopisné zaujímavé miesta Görülmeye değer yerler, tabiat güzellikleri Ενδιαφέρουσα τοποθεσία, αξιοθέατο κτήριο, φυσικό αξιοθέατο
Edificio aislado, Sitio histórico, Monumento Casa isolada, casa antiga, monumento Egyedü lálló hàz, történelmi hely, emlékmű Zajímavá budova, antická oblast, pomník Budynek odosobniony, zabytki w okolicy, pomnik	Hiša na samem, arheološko najdišče, spomenik Clădire izolată, locuri antice, monument Zaujímavá budova, archeologické nálezisko, pomník Tek ev, arkeolojik yerler, anıt Απομονωμένο κτήριο, αρχαία τοποθεσία, μνημείο
Cueva, Balneario, Camping, Parque de recreo Gruta, termas, parque de campismo, parque de diversão Barlang, gyógyfürdő, kemping, szabadidőpark Jeskyně, lázně, kempink, zábavný park Jaskinia, kąpielisko, uzdrowisko, pole namiotowe, camping, park kultury	Jama, toplice / zdravilišče, kamping, zabaviščni park Grotă, staţiune termală, camping, parc de atracţii Jaskyňa, kúpele, kemping, zábavný park Mağara, sifalı sular, kamp yerleri, gezinti parkları Σπήλαιο, ιαματικά λουτρά, κάμπιγκ, λούνα παρκ

1:1000000

0 10 20 40 60 80 km

0 10 20 30 40 50 miles

Titelfoto, Title-photo
Photo de couverture

Ausgabe 1999 / 2000

Gesamtherstellung
Hallwag Medien AG, Bern

Printed in Switzerland

ISBN 3-8283-0317-X

Hallwag Medien AG
Nordring 4
CH-3001 Bern
Internet: www.hallwag.com

Hallwag GmbH
Brunnwiesenstr. 23
D-73760 Ostfildern (Ruit)

1:3 700 000

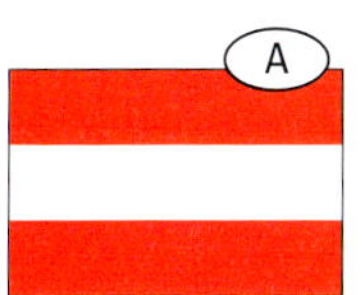

Österreich
Austria

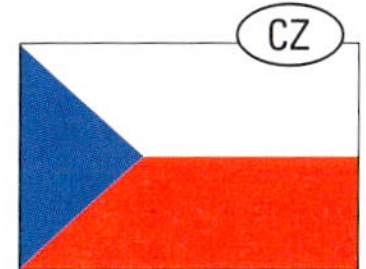

Česká Republika
Czech Republic

Elláda
Greece

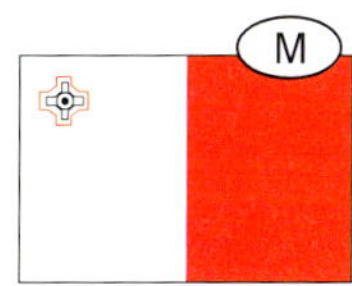

Malta

San Marino

Shqipëria
Albania

Deutschland
Germany

Magyarország
Hungary

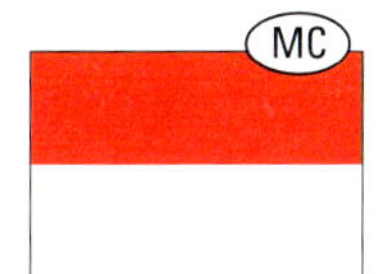

Monaco

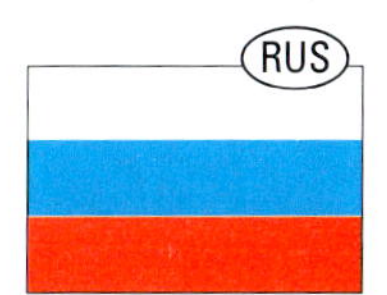

Rossija
Russia

Andorra

Danmark

Hrvatska
Croatia

Moldova
Moldavia

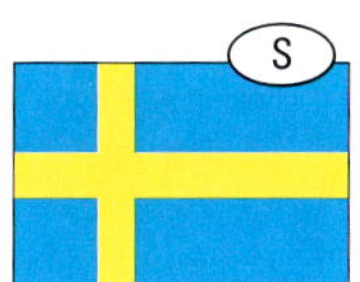

Sverige
Sweden

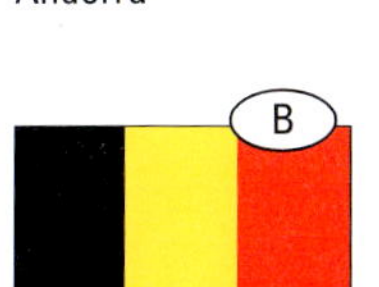

Belgique/België
Belgium

España
Spain

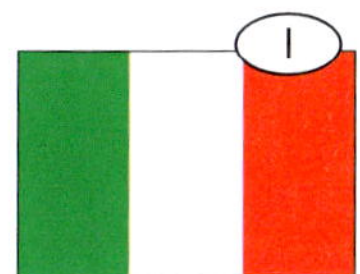

Italia

Form. Yug.
Republic of Macedonia

Slovenská Republika
Slovak Republic

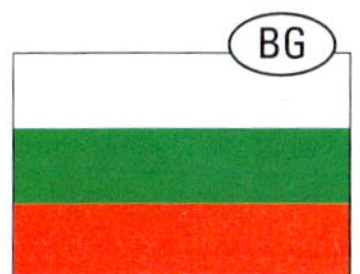

Bălgarija
Bulgaria

Eesti
Estonia

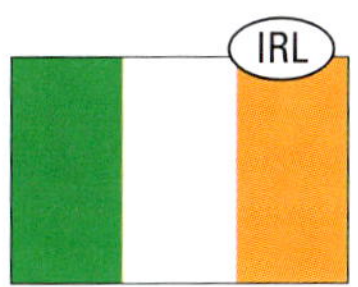

Éire
Ireland

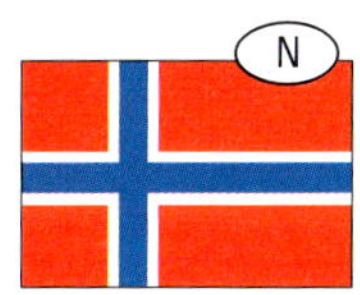

Norge
Norway

Slovenija
Slovenia

Bosna i Hercegovina

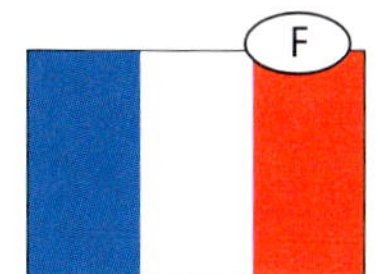

France

Ísland

Nederland
Pays-Bas

Türkiye
Turkey

Belarus'
Belorussia

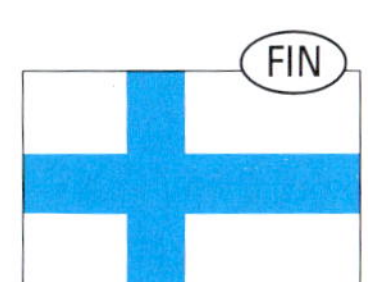

Suomi
Finland

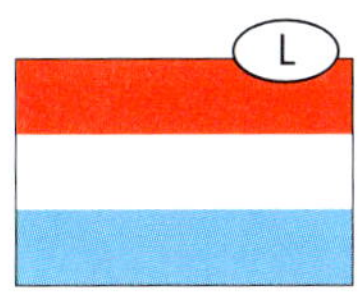

Luxembourg

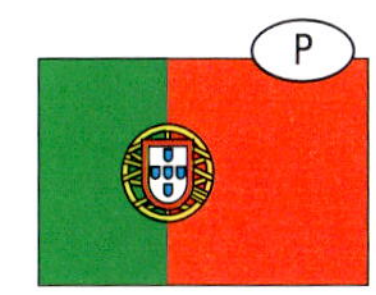

Portugal

Ukraïna

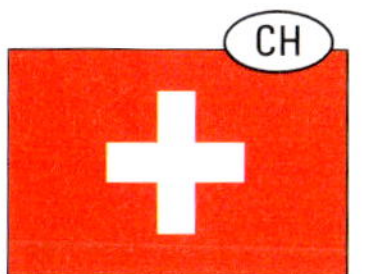

Schweiz/Suisse
Svizzera/Svizra

Liechtenstein

Lietuva
Lithuania

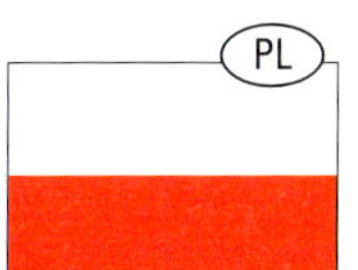

Polska
Poland

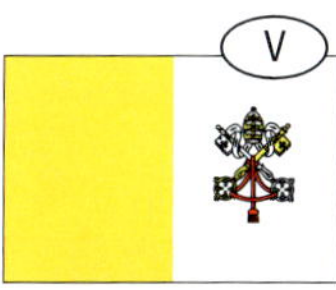

Città del Vaticano
Vatican City

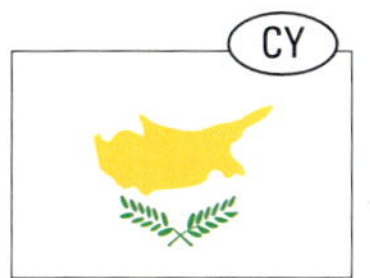

Kýpros/Kıbrıs
Cyprus

Great Britain

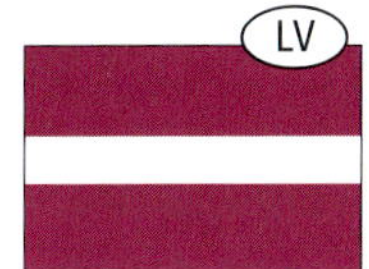

Latvija
Latvia

România
Romania

Jugoslavija
Yugoslavia

km	Amsterdam	Áthina	Barcelona	Basel	Beograd	Berlin	Bern	Bordeaux	Bratislava	Brindisi	Bruxelles	Bucureşti	Budapest	Calais	Dublin	Edinburgh	Esbjerg	Frankfurt/M.	Frederikshavn	Genova
Amsterdam		2970	1620	760	1800	660	850	1070	1230	2130	210	2240	1410	380	900	1000	720	460	960	1280
Áthina	2970		3250	2490	1170	2470	2520	3400	1820	660	2810	1220	1570	3020	3750	3840	3010	2530	3290	2350
Barcelona	1620	3250		1010	2080	1840	920	660	1830	1970	1410	2650	2020	1400	2110	2200	2070	1340	2310	900
Basel	760	2490	1010		1380	860	90	950	910	1350	550	1830	1000	750	1440	1530	1100	330	1340	520
Beograd	1800	1170	2080	1380		1310	1330	2040	650	1680	1670	590	400	1860	2580	2670	1880	1350	2120	1180
Berlin	660	2470	1840	860	1310		930	1660	660	2010	780	1740	910	990	1530	1640	470	530	810	1130
Bern	850	2520	920	90	1330	930		860	930	1320	640	1900	1130	840	1520	1610	1190	410	1430	490
Bordeaux	1070	3400	660	950	2040	1660	860		1790	2100	860	2630	1990	850	1530	1620	1760	1030	2000	1060
Bratislava	1230	1820	1830	910	650	660	930	1790		1750	1190	1080	250	1440	2130	2220	1230	790	1470	1030
Brindisi	2130	660	1970	1350	1680	2010	1320	2100	1750		1900	2270	1790	2120	2720	2810	2450	1690	2690	1070
Bruxelles	210	2810	1410	550	1670	780	640	860	1190	1900		2200	1370	210	940	1030	880	410	1120	1070
Bucureşti	2240	1220	2650	1830	590	1740	1900	2630	1080	2270	2200		830	2460	3140	3230	2310	1800	2550	1770
Budapest	1410	1570	2020	1000	400	910	1130	1990	250	1790	1370	830		1580	2310	2400	1480	970	1720	1150
Calais	380	3020	1400	750	1860	990	840	850	1440	2120	210	2460	1580		670	760	1090	620	1330	1270
Dublin	900	3750	2110	1440	2580	1530	1520	1530	2130	2720	940	3140	2310	670		500	1820	1350	2060	1920
Edinburgh	1000	3840	2200	1530	2670	1640	1610	1620	2220	2810	1030	3230	2400	760	500		1910	1440	2150	2010
Esbjerg	720	3010	2070	1100	1880	470	1190	1760	1230	2450	880	2310	1480	1090	1650	1770		770	330	1620
Frankfurt/M.	460	2530	1340	330	1350	530	410	1030	790	1690	410	1800	970	620	1350	1440	770		1010	860
Frederikshavn	960	3290	2310	1340	2120	810	1430	2000	1470	2690	1120	2550	1720	1330	2060	2150	330	1010		1860
Genova	1280	2350	900	520	1180	1130	490	1060	1030	1070	1070	1770	1150	1270	1920	2010	1620	860	1860	
Hamburg	440	2770	1790	820	1600	290	910	1480	950	2170	600	2030	1200	820	1370	1490	280	490	520	1340
Hammerfest	3240	4970	4590	3620	3730	2870	3710	4280	3540	4970	3400	3900	3340	3610	4340	3370	2650	3290	2370	4140
Helsinki	1830	3420	3070	2210	2260	1460	2300	2870	1680	3430	1990	2280	1780	2200	2670	1810	1360	1880	1560	2730
Hoek v. Holland	80	2990	1590	730	1850	740	820	1040	1270	2080	180	2380	1550	390	880	980	800	490	1040	1250
Innsbruck	980	2090	1300	380	910	730	400	1260	530	1270	870	1500	730	1040	1790	1880	1200	520	1440	510
İstanbul	2780	1130	3060	2360	980	2290	2320	3020	1570	1100	2650	730	1320	2840	3560	3650	2840	2320	3080	2160
København	760	2880	2110	1140	1680	390	1230	1800	1060	2490	920	2150	1290	1130	1680	1220	290	810	490	1660
Lisboa	2300	4530	1280	2290	3360	3000	2200	1230	3070	3250	2090	3950	3240	2080	2870	2960	2990	2370	3230	2180
Ljubljana	1280	1690	1550	870	520	1310	790	1520	420	1200	1350	1110	460	1560	2270	2370	1360	830	1600	660
London	350	3200	1560	890	2030	1000	970	980	1580	2170	390	2590	1760	120	550	640	1270	800	1510	1370
Luxembourg	390	2600	1160	330	1430	750	420	880	1000	1680	220	2030	1200	420	1150	1240	910	230	1150	850
Madrid	1760	3880	630	1640	2710	2350	1550	690	2450	2600	1550	3500	2620	1540	2220	2310	2450	1820	2690	1530
Málaga	2340	4310	1060	2070	3140	2900	2020	1270	2890	3030	2130	3950	3080	2120	2800	2890	3030	2400	3270	1960
Marseille	1280	2750	500	670	1580	1520	580	630	1440	1470	1070	2150	1530	1060	1760	1850	1730	1000	1970	400
Milano	1140	2210	1040	380	1040	1010	350	1000	890	990	930	1630	1010	1130	1770	1860	1480	720	1720	140
Moskva	2440	3220	3730	2630	2150	1840	2680	3580	1900	3650	2620	1910	1960	2830	3390	3500	2410	2380	2650	2930
München	840	2080	1410	470	960	580	440	1320	530	1440	800	1720	700	1010	1560	1780	1070	400	1320	700
Oslo	1370	3460	2720	1750	2300	1000	1840	2410	1670	3100	1530	2760	1900	1740	2470	1260	550	1420	⛴	2270
Palermo	2690	1580	2370	1930	1640	2450	1900	2500	2100	630	2480	2350	2210	2680	3320	3410	2920	2240	3160	1470
Paris	510	2940	1110	490	1780	1090	550	560	1270	1790	300	2290	1460	290	1000	1090	1200	570	1440	940
Praha	910	2130	1690	730	970	340	780	1540	320	1800	910	1400	570	1120	1860	1950	910	500	1150	1030
Puttgarden	590	2920	1940	970	1750	440	1060	1630	1100	2320	750	2180	1350	960	1470	1640	360	640	570	1490
Roma	1730	1420	1410	970	1280	1490	940	1540	1210	580	1520	1870	1250	1720	2360	2450	1960	1280	2200	510
Sassnitz	600	2760	2100	1130	1600	290	1220	1790	950	2300	910	2320	1490	1130	1850	1940	590	800	760	1420
Sofija	2190	820	2470	1770	390	1700	1720	2430	1040	2070	2060	400	790	2250	2970	3060	2270	1740	2510	1570
Stockholm	1390	3470	2740	1770	2320	1020	1860	2430	1690	3120	1550	2780	1920	1760	2300	1450	920	1440	1120	2290
Tallinn	2280	3310	3510	2410	2140	1620	2460	3360	1680	3430	2400	2270	1740	2610	3340	3430	1040	2160	700	2710
Warszawa	1220	2250	2450	1350	1080	560	1400	2300	620	2370	1340	1210	680	1550	2280	2370	1130	1100	1370	1650
Wien	1160	1810	1760	840	650	660	860	1720	70	1680	1120	1080	250	1360	2060	2150	1230	720	1470	970
Zagreb	1410	1560	1680	1000	390	1440	920	1650	440	1420	1480	970	330	1700	2400	2500	1500	970	1740	790
Zürich	830	1740	1090	80	1090	810	120	1240	820	1220	670	1840	990	850	1390	1680	1190	410	1390	440

km	Hamburg	Hammerfest	Helsinki	Hoek v. Holland	Innsbruck	İstanbul	København	Lisboa	Ljubljana	London	Luxembourg	Madrid	Málaga	Marseille	Milano	Moskva	München	Oslo	Palermo	Paris	Praha	Puttgarden	Roma	Sassnitz	Sofija	Stockholm	Tallinn	Warszawa	Wien	Zagreb	Zürich
Amsterdam	440	3240	1830	80	980	2780	760	2300	1280	350	390	1760	2340	1280	1140	2440	840	1370	2690	510	910	590	1730	600	2190	1390	2280	1220	1160	1410	830
Áthina	2770	4970	3420	2990	2090	1130	2880	4530	1690	3200	2600	3880	4310	2750	2210	3220	2080	3460	1580	2940	2130	2920	1420	2760	820	3470	3310	2250	1810	1560	1740
Barcelona	1790	4590	3070	1590	1300	3060	2110	1280	1550	1560	1160	630	1060	500	1040	3730	1410	2720	2370	1110	1690	1940	1410	2100	2470	2740	3510	2450	1760	1680	1090
Basel	820	3620	2210	730	380	2360	1140	2290	870	890	330	1640	2070	670	380	2630	470	1750	1930	490	730	970	970	1130	1770	1770	2410	1350	840	1000	80
Beograd	1600	3730	2260	1850	910	980	1680	3360	520	2030	1430	2710	3140	1580	1040	2150	960	2300	1640	1780	970	1750	1280	1600	390	2320	2140	1080	650	390	1090
Berlin	290	2870	1460	740	730	2290	390	3000	1310	1000	750	2350	2900	1520	1010	1840	580	1000	2450	1090	340	440	1490	290	1700	1020	1620	560	660	1440	810
Bern	910	3710	2300	820	400	2320	1230	2200	790	970	420	1550	2020	580	350	2680	440	1840	1900	550	780	1060	940	1220	1720	1860	2460	1400	860	920	120
Bordeaux	1480	4280	2870	1040	1260	3020	1800	1230	1520	980	880	690	1270	630	1000	3580	1320	2410	2500	560	1540	1630	1540	1790	2430	2430	3360	2300	1720	1650	1240
Bratislava	950	3540	1680	1270	530	1570	1060	3070	420	1580	1000	2450	2890	1440	890	1900	530	1670	2100	1270	320	1100	1210	950	1040	1690	1680	620	70	440	820
Brindisi	2170	4970	3430	2080	1270	1100	2490	3250	1200	2170	1680	2600	3030	1470	990	3650	1440	3100	630	1790	1800	2320	580	2300	2070	3120	3430	2370	1680	1420	1220
Bruxelles	600	3400	1990	180	870	2650	920	2090	1350	390	220	1550	2130	1070	930	2620	800	1530	2480	300	910	750	1520	910	2060	1550	2400	1340	1120	1480	670
Bucureşti	2030	3900	2280	2380	1500	730	2150	3950	1110	2590	2030	3500	3950	2150	1630	1910	1720	2760	2350	2290	1400	2180	1870	2320	400	2780	2270	1210	1080	970	1840
Budapest	1200	3340	1780	1550	730	1320	1290	3240	460	1760	1200	2620	3080	1530	1010	1960	700	1900	2210	1460	570	1350	1250	1490	790	1920	1740	680	250	330	990
Calais	820	3610	2200	390	1040	2840	1130	2080	1560	120	420	1540	2120	1060	1130	2830	1010	1740	2680	290	1120	960	1720	1130	2250	1760	2610	1550	1360	1700	850
Dublin	1370	4340	2670	880	1790	3560	1680	2870	2270	550	1150	2220	2800	1760	1770	3390	1560	2470	3320	1000	1860	1470	2360	1850	2970	2300	3340	2280	2060	2400	1390
Edinburgh	1490	3370	1810	980	1880	3650	1220	2960	2370	640	1240	2310	2890	1850	1860	3500	1780	1260	3410	1090	1950	1640	2450	1940	3060	1450	3430	2370	2150	2500	1680
Esbjerg	280	2650	1360	800	1200	2840	290	2990	1360	1120	910	2450	3030	1730	1480	2410	1070	550	2920	1200	910	360	1960	590	2270	920	1040	1130	1230	1500	1190
Frankfurt/M.	490	3290	1880	490	520	2320	810	2370	830	800	230	1820	2400	1000	720	2380	400	1420	2240	570	500	640	1280	800	1740	1440	2160	1100	720	970	410
Frederikshavn	520	2370	1560	1040	1440	3080	490	3230	1600	1510	1150	2690	3270	1970	1720	2650	1320	⛴	3160	1440	1150	570	2200	760	2510	1120	700	1370	1470	1740	1390
Genova	1340	4140	2730	1250	510	2160	1660	2180	660	1370	850	1530	1960	400	140	2930	700	2270	1470	940	1030	1490	510	1420	1570	2290	2710	1650	970	790	440
Hamburg		2800	1290	520	920	2560	320	2710	1080	840	630	2430	2750	1450	1200	2130	780	930	2640	920	630	150	1680	310	1990	950	1910	850	950	1210	870
Hammerfest	2800		1560	3320	3720	4630	2480	5510	3650	3790	3430	4970	5650	4250	4000	2500	2610	2100	5440	3720	3220	2670	4480	2850	4120	1850	1470	2670	3340	3520	3810
Helsinki	1290	1560		1910	2310	3000	1070	4100	2240	2130	2020	3560	4090	2740	2590	1230	1880	980	4030	2310	1810	1160	3070	1210	2560	140	⛴	1100	1790	1980	1970
Hoek v. Holland	520	3320	1910		1010	2830	840	2270	1330	330	400	1730	2310	1250	1110	2580	600	1450	2660	480	990	660	1760	830	2220	1360	2260	1300	1200	1460	950
Innsbruck	920	3720	2310	1010		1890	1240	2560	390	1240	640	1910	2360	900	370	2430	160	1850	1720	860	530	1070	760	1020	1300	1870	2210	1150	460	520	270
İstanbul	2560	4630	3000	2830	1890		2680	4340	1500	3010	2420	3690	4120	2560	2020	2610	1810	3280	2140	2750	1890	2710	1980	2580	590	3300	3000	1940	1570	1360	2030
København	320	2480	1070	840	1240	2680		3070	1160	1150	950	2490	3170	1770	1520	2550	1080	610	2960	1240	740	190	2000	160	2070	630	770	970	1040	1300	1150
Lisboa	2710	5510	4100	2270	2560	4340	3070		2810	2320	2130	650	630	1780	2300	4810	2680	3640	3650	1790	2910	2860	2690	3020	3750	3660	4590	3530	3000	2950	2330
Ljubljana	1080	3650	2240	1330	390	1500	1160	2810		1510	910	2160	2600	1060	520	2410	440	1780	1650	1340	690	1230	760	1080	900	1800	2190	1130	350	140	710
London	840	3790	2130	330	1240	3010	1150	2320	1510		600	1670	2250	1210	1220	2850	1130	1740	2770	450	1310	990	1810	1300	2420	1770	2790	1590	1510	1650	960
Luxembourg	630	3430	2020	400	640	2420	950	2130	910	600		1590	2170	820	710	2630	590	1560	2260	340	730	780	1300	940	1820	1580	2410	1350	930	1050	450
Madrid	2430	4970	3560	1730	1910	3690	2490	650	2160	1670	1590		580	1130	1670	4210	2030	3100	3000	1250	2310	2580	2040	2480	3070	3120	3990	2930	2380	2300	1690
Málaga	2750	5650	4090	2310	2360	4120	3170	630	2600	2250	2170	580		1560	2100	4790	2460	3780	3430	1830	2750	2900	2470	3060	3530	3800	4570	3510	2820	2740	2090
Marseille	1450	4250	2740	1250	900	2560	1770	1780	1060	1210	820	1130	1560		540	3260	1110	2380	1870	770	1360	1600	910	1760	1970	2400	3040	1980	1370	1200	770
Milano	1200	4000	2590	1110	370	2020	1520	2300	520	1220	710	1670	2100	540		2790	500	2130	1550	820	870	1350	590	1300	1430	2150	2570	1510	820	660	300
Moskva	2130	2500	1230	2580	2430	2610	2250	4810	2410	2850	2630	4210	4790	3260	2790		2260	1910	3800	2900	1900	2280	3110	2040	2310	1370	1050	1280	1970	2270	2610
München	780	2610	1880	600	160	1810	1080	2680	440	1130	590	2030	2460	1110	500	2260		1670	1880	850	380	930	930	890	1350	1710	2200	1000	460	570	300
Oslo	930	2100	980	1450	1850	3280	610	3640	1780	1740	1560	3100	3780	2380	2130	1910	1670		3570	1850	1350	800	2610	750	2720	540	670	1490	1660	1920	1680
Palermo	2640	5440	4030	2660	1720	2140	2960	3650	1650	2770	2260	3000	3430	1870	1550	3800	1880	3570		2360	2250	2790	960	2740	2030	3590	3780	2720	2250	1780	1750
Paris	920	3720	2310	480	860	2750	1240	1790	1340	450	340	1250	1830	770	820	2900	850	1850	2360		1000	1070	1400	1230	2170	1870	2680	1620	1200	1470	720
Praha	630	3220	1810	990	530	1890	740	2910	690	1310	730	2310	2750	1360	870	1900	380	1350	2250	1000		780	1290	630	1360	1370	1680	620	320	660	680
Puttgarden	150	2670	1160	660	1070	2710	190	2860	1230	990	780	2580	2900	1600	1350	2280	930	800	2790	1070	780		1830	320	2140	820	1080	1000	1100	1370	1000
Roma	1680	4480	3070	1760	760	1980	2000	2690	760	1810	1300	2040	2470	910	590	3110	930	2610	960	1400	1290	1830		1780	1670	2630	2890	1830	1140	900	890
Sassnitz	310	2850	1210	830	1020	2580	160	3020	1080	1300	940	2480	3060	1760	1300	2040	890	750	2740	1230	630	320	1780		1990	770	1030	760	980	1220	1160
Sofija	1990	4120	2560	2220	1300	590	2070	3750	900	2420	1820	3070	3530	1970	1430	2310	1350	2720	2030	2170	1360	2140	1670	1990		2740	2530	1470	1040	770	1490
Stockholm	950	1850	140	1470	1870	3300	630	3660	1800	1770	1580	3120	3800	2400	2150	1370	1710	540	3590	1870	1370	820	2630	770	2740		140	1510	1680	1940	1720
Tallinn	1910	1470	⛴	2360	2210	3000	770	4590	2190	2790	2410	3990	4570	3040	2570	1050	2200	670	3780	2680	1680	1080	2890	1030	2530	140		1060	1750	2050	2430
Warszawa	850	2670	1100	1300	1150	1940	970	3530	1130	1590	1350	2930	3510	1980	1510	1280	1000	1490	2720	1620	620	1000	1830	760	1470	1510	1060		690	990	1390
Wien	950	3340	1790	1200	460	1570	1040	3000	350	1510	930	2380	2820	1370	820	1970	460	1660	2250	1200	320	1100	1140	980	1040	1680	1750	690		370	750
Zagreb	1210	3520	1980	1460	520	1360	1300	2950	140	1650	1050	2300	2740	1200	660	2270	570	1920	1780	1470	660	1370	900	1220	770	1940	2050	990	370		860
Zürich	870	3810	1970	950	270	2030	1150	2330	710	960	450	1690	2090	770	300	2610	300	1680	1750	720	680	1000	890	1160	1490	1720	2430	1390	750	860	

Kilometer/Kilometers/Kilomètres/Chilometri/Kilometers
Kilometer/Kilometer/Kilometer/Kilometriä/Километры

Meilen/Miles/Milles/Miglia/Mijlen
Mil/Mil/Miles/Mailia/Мили

km	0	1	2	3	4	5	6	7	8	9
mi	0	0,6	1,2	1,9	2,5	3,1	3,7	4,4	5,0	5,6

km	0	10	20	30	40	50	60	70	80	90
mi	0	6,2	12,4	18,6	24,9	31,1	37,3	43,5	49,7	55,9

km	0	100	200	300	400	500	600	700
mi	0	62,1	124,3	186,4	248,6	310,7	373,0	435,0

Kilómetros/Kilómetros/Kilométer/Kilometry/Kilometrach/
Kilometri/Kilometri/Kilometre/Kilometre/Χιλιόμετρα

Millas/Milhas/Mérföld/Mile/Milach
Milje/Mile/Mile/Mil/Μίλια

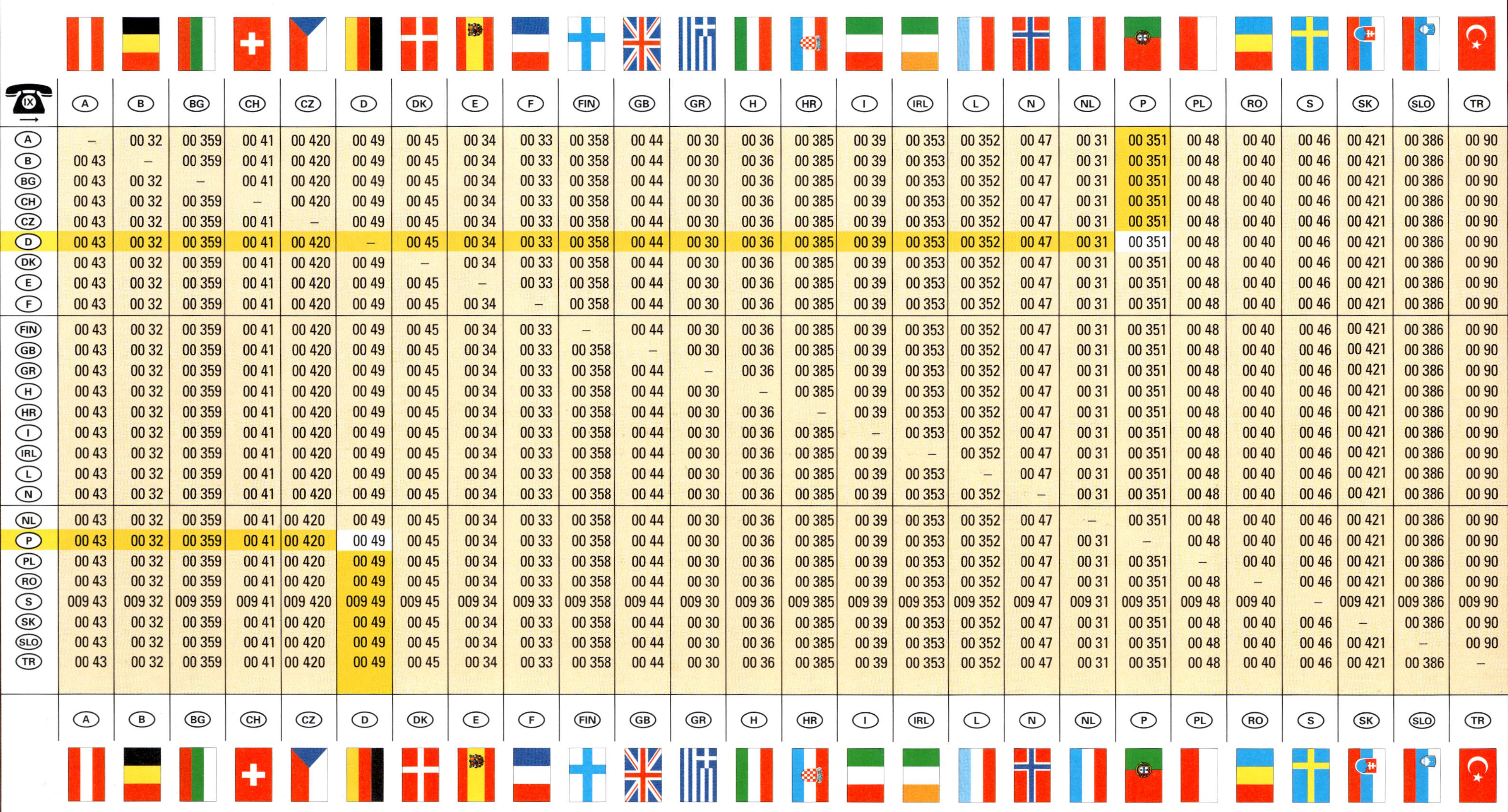

☎ →	A	B	BG	CH	CZ	D	DK	E	F	FIN	GB	GR	H	HR	I	IRL	L	N	NL	P	PL	RO	S	SK	SLO	TR
A	–	00 32	00 359	00 41	00 420	00 49	00 45	00 34	00 33	00 358	00 44	00 30	00 36	00 385	00 39	00 353	00 352	00 47	00 31	00 351	00 48	00 40	00 46	00 421	00 386	00 90
B	00 43	–	00 359	00 41	00 420	00 49	00 45	00 34	00 33	00 358	00 44	00 30	00 36	00 385	00 39	00 353	00 352	00 47	00 31	00 351	00 48	00 40	00 46	00 421	00 386	00 90
BG	00 43	00 32	–	00 41	00 420	00 49	00 45	00 34	00 33	00 358	00 44	00 30	00 36	00 385	00 39	00 353	00 352	00 47	00 31	00 351	00 48	00 40	00 46	00 421	00 386	00 90
CH	00 43	00 32	00 359	–	00 420	00 49	00 45	00 34	00 33	00 358	00 44	00 30	00 36	00 385	00 39	00 353	00 352	00 47	00 31	00 351	00 48	00 40	00 46	00 421	00 386	00 90
CZ	00 43	00 32	00 359	00 41	–	00 49	00 45	00 34	00 33	00 358	00 44	00 30	00 36	00 385	00 39	00 353	00 352	00 47	00 31	00 351	00 48	00 40	00 46	00 421	00 386	00 90
D	00 43	00 32	00 359	00 41	00 420	–	00 45	00 34	00 33	00 358	00 44	00 30	00 36	00 385	00 39	00 353	00 352	00 47	00 31	00 351	00 48	00 40	00 46	00 421	00 386	00 90
DK	00 43	00 32	00 359	00 41	00 420	00 49	–	00 34	00 33	00 358	00 44	00 30	00 36	00 385	00 39	00 353	00 352	00 47	00 31	00 351	00 48	00 40	00 46	00 421	00 386	00 90
E	00 43	00 32	00 359	00 41	00 420	00 49	00 45	–	00 33	00 358	00 44	00 30	00 36	00 385	00 39	00 353	00 352	00 47	00 31	00 351	00 48	00 40	00 46	00 421	00 386	00 90
F	00 43	00 32	00 359	00 41	00 420	00 49	00 45	00 34	–	00 358	00 44	00 30	00 36	00 385	00 39	00 353	00 352	00 47	00 31	00 351	00 48	00 40	00 46	00 421	00 386	00 90
FIN	00 43	00 32	00 359	00 41	00 420	00 49	00 45	00 34	00 33	–	00 44	00 30	00 36	00 385	00 39	00 353	00 352	00 47	00 31	00 351	00 48	00 40	00 46	00 421	00 386	00 90
GB	00 43	00 32	00 359	00 41	00 420	00 49	00 45	00 34	00 33	00 358	–	00 30	00 36	00 385	00 39	00 353	00 352	00 47	00 31	00 351	00 48	00 40	00 46	00 421	00 386	00 90
GR	00 43	00 32	00 359	00 41	00 420	00 49	00 45	00 34	00 33	00 358	00 44	–	00 36	00 385	00 39	00 353	00 352	00 47	00 31	00 351	00 48	00 40	00 46	00 421	00 386	00 90
H	00 43	00 32	00 359	00 41	00 420	00 49	00 45	00 34	00 33	00 358	00 44	00 30	–	00 385	00 39	00 353	00 352	00 47	00 31	00 351	00 48	00 40	00 46	00 421	00 386	00 90
HR	00 43	00 32	00 359	00 41	00 420	00 49	00 45	00 34	00 33	00 358	00 44	00 30	00 36	–	00 39	00 353	00 352	00 47	00 31	00 351	00 48	00 40	00 46	00 421	00 386	00 90
I	00 43	00 32	00 359	00 41	00 420	00 49	00 45	00 34	00 33	00 358	00 44	00 30	00 36	00 385	–	00 353	00 352	00 47	00 31	00 351	00 48	00 40	00 46	00 421	00 386	00 90
IRL	00 43	00 32	00 359	00 41	00 420	00 49	00 45	00 34	00 33	00 358	00 44	00 30	00 36	00 385	00 39	–	00 352	00 47	00 31	00 351	00 48	00 40	00 46	00 421	00 386	00 90
L	00 43	00 32	00 359	00 41	00 420	00 49	00 45	00 34	00 33	00 358	00 44	00 30	00 36	00 385	00 39	00 353	–	00 47	00 31	00 351	00 48	00 40	00 46	00 421	00 386	00 90
N	00 43	00 32	00 359	00 41	00 420	00 49	00 45	00 34	00 33	00 358	00 44	00 30	00 36	00 385	00 39	00 353	00 352	–	00 31	00 351	00 48	00 40	00 46	00 421	00 386	00 90
NL	00 43	00 32	00 359	00 41	00 420	00 49	00 45	00 34	00 33	00 358	00 44	00 30	00 36	00 385	00 39	00 353	00 352	00 47	–	00 351	00 48	00 40	00 46	00 421	00 386	00 90
P	00 43	00 32	00 359	00 41	00 420	00 49	00 45	00 34	00 33	00 358	00 44	00 30	00 36	00 385	00 39	00 353	00 352	00 47	00 31	–	00 48	00 40	00 46	00 421	00 386	00 90
PL	00 43	00 32	00 359	00 41	00 420	00 49	00 45	00 34	00 33	00 358	00 44	00 30	00 36	00 385	00 39	00 353	00 352	00 47	00 31	00 351	–	00 40	00 46	00 421	00 386	00 90
RO	00 43	00 32	00 359	00 41	00 420	00 49	00 45	00 34	00 33	00 358	00 44	00 30	00 36	00 385	00 39	00 353	00 352	00 47	00 31	00 351	00 48	–	00 46	00 421	00 386	00 90
S	009 43	009 32	009 359	009 41	009 420	009 49	009 45	009 34	009 33	009 358	009 44	009 30	009 36	009 385	009 39	009 353	009 352	009 47	009 31	009 351	009 48	009 40	–	009 421	009 386	009 90
SK	00 43	00 32	00 359	00 41	00 420	00 49	00 45	00 34	00 33	00 358	00 44	00 30	00 36	00 385	00 39	00 353	00 352	00 47	00 31	00 351	00 48	00 40	00 46	–	00 386	00 90
SLO	00 43	00 32	00 359	00 41	00 420	00 49	00 45	00 34	00 33	00 358	00 44	00 30	00 36	00 385	00 39	00 353	00 352	00 47	00 31	00 351	00 48	00 40	00 46	00 421	–	00 90
TR	00 43	00 32	00 359	00 41	00 420	00 49	00 45	00 34	00 33	00 358	00 44	00 30	00 36	00 385	00 39	00 353	00 352	00 47	00 31	00 351	00 48	00 40	00 46	00 421	00 386	–
	A	B	BG	CH	CZ	D	DK	E	F	FIN	GB	GR	H	HR	I	IRL	L	N	NL	P	PL	RO	S	SK	SLO	TR

D (Deutschland) → P (Portugal) 00 351
P (Portugal) → D (Deutschland) 00 49

Cercle Polaire Arctique
Nördlicher Polarkreis
Arctic Circle
Raufarhöfn
Þórshöfn
Kópasker
Bakkafjörður
Bolungarvík
Ísafjörður
Norðurfjörður
Siglufjörður
Ólafsfjörður
Grenivík
Húsavík
Þingeyri
Dalvík
Höfðakaupstaður
Húnaflói
Blönduós
Sauðhárkrókur
Akureyri
Reykjahlíð
Grimsstaðir
Vopnafjörður
Patreksfjörður
Hólmavík
Varmahlíð
Borgarfjörður
Króksfjarðarnes
Hvammstangi
Mýri
Egilsstaðir
Seyðisfjörður
Neskaupstaður
Breiðafjörður
Borðeyri
Búðardalur
Stykkishólmur
Grundarfjörður
Ólafsvík
Brú
Reyðarfjörður
Eskifjörður
IS
Breiðalsvík
Djúpivogur
Borgarnes
Faxaflói
Miðsandur
Akranes
Þingvellir
REYKJAVÍK
Hafnarfjörður
Búrfell
Hveragerði
Keflavík
Selfoss
Þorlákshöfn
Grindavík
Eyrarbakki
Hella
Höfn
Nupsstaður
Kirkjubæjarklaustur
Fagurhólsmýri
Hvolsvöllur
Vestmannaeyjar
Heimaey
Vík

Norwegian Sea
Mer de Norvège
Europäisches Nordmeer

Lofoten
Vesterålen
Andøya
Grylleford
Senja
Andenes
Myre
Langøya
Sortland
Sjøvegan
Harstad
Hinnøya
Melbu
Austvågøy
E10
Evenes
Lødingen
Narvik
Leknes
Svolvær
Ballangen
Moskenesøy
Vestvågøy
E6
Kjøpsvik
Sørvågen
Vestfjorden
Skutvik
Innhavet
Nordfold
429
Røsvik
Bodø
Fauske
Sulitjelma
Kvikkjokk
Glomfjord
Vågaholmen
Storjord
E6
Jäkkvik
Nesna
Mo i Rana
Dønna
Sandnessjøen
Korgen
E12
Uddjaur
Mosjøen
Tärnaby
Vega
Hattfjelldal
Brønnøysund
Trofors
237
Slagnäs
Sorsele
Holm
Terråk
491
Dikanäs
Foldereid
Storuman
E12
Saxnäs
Brekkvasselv
E6
Namsos
Nordli
Vilhelmina
Grong
Gäddede
Lillögda
45
Dorotea
Malm
Steinkjer
Alanäs
300
Åsele
Årnes
Frøya
Brekstad
Hotagen
Hitra
Smøla
Levanger
Trondheimsfjorden
Strömsund
Trondheim
Hammerdal
Junsele
Kristiansund
Orkanger
Stjørdal
E14
Storlien
Åre
Ramsele
E39
201
Skei
Krokom
S
Ångermanälven
Molde
Tingvoll
Støren
265
Östersund
Indalsälven
Sollefteå
Vestnes
Kvanne
E6
158
122
Marby
Stugun
Ålesund
Isfjorden
Sunndalsøra
Berkåk
Ljungdalen
Storsjön
Bispgården
Kramfors
239
Åndalsnes
70
Oppdal
Røros
Bräcke
Volda
Valldal
N
Funäsdalen
Åsarna
Liden
E136
81
4
E14
184
Måløy
Nordfjordeid
Stryn
Tynset
Rätan
Ånge
Timrå
Dombås
Alvdal
Sörvattnet
Stöde
Ljungan
Sundsvall

Nordkapp
Magerøya
Honningsvåg
Mehamn
Gamvik
Berlevåg
Båtsfjord
Vardø
Barents Sea
Sørøya
Hammerfest
Russenes
Seiland
Ifjord
Rustefjelbma
Tana bru
Vadsø
Grense Jakobselv
Linachamari
Kirkenes
Bjørnevatn
Pečenga
Poljarnyj
Teriberka
Severomorsk
Murmansk
Murmaši
Kola
Arnøy
Skjervøy
Talvik
Alta
Lakselv
Levajok
Utsjoki
Sevettijärvi
Nikel'
Zapoljarnyj
Hansnes
Storslett
Lyngseidet
Masi
Karasjok
Karigasniemi
Nyrud
Nautsi
Skibotn
Nordkjosbotn
Skjold
Kautokeino
Kaamanen
Inari
Verchnetulomskij
Kilpisjärvi
Ivalo
Raja-Jooseppi
Olenegorsk
Kaaresuvanto
Karesuando
Enontekiö
Palojoensuu
Pokka
Vuotso
Mončegorsk
Kirovsk
Apatity
Muonio
Rautas
Kiruna
Kovdor
Zašejek
Kandalaška
Vittangi
Svappavaara
Kittilä
Sodankylä
Savukoski
Vietas
Junosuando
Kolari
Lohiniva
Pelkosenniemi
Kelloselkä
Alakurtti
Zelenoborskij
Gällivare
Malmberget
Pajala
Salla
Kemijärvi
Hakkas
Pello
Sinettä
Vikajärvi
Jokkmokk
Rovaniemi
Pirttikoski
Ruka
Posio
Louchi
Kesten'ga
Övertorneå
Ylitornio
Överkalix
Kuusamo
Harads
Tornio
Ranua
Moskosel
Tore
Kalix
Keminmaa
Taivalkoski
Boden
Haparanda
Kemi
Kuivaniemi
Älvsbyn
Luleå
Vojnica
Kalevala
Arvidsjaur
Antnäs
Pudasjärvi
Glommersträsk
Piteå
Hailuoto
Oulu
Kiiminki
FIN
Ämmänsaari
Suomussalmi
Borovoj
Kostomukša
Puolanka
Liminka
Muhos
Utajärvi
Hyrynsalmi
Vartius
Raahe
Vaala
Ledmozero
Lycksele
Skellefteå
Skelleftehamn
Paltamo
Kajaani
Vuokatti
Kuhmo
Pulkkila
Vuolijoki
Reboly
Muezerskij
Kalajoki
Oulainen
Botsmark
Ylivieska
Fredrika
Robertsfors
Kärsämäki
Valtimo
Nurmes
Lendery
Vännäs
Umeå
Kokkola
Haapajärvi
Kronoby
Jakobstad
Iisalmi
Rautavaara
Lieksa
Holmsund
Kaustinen
Pihtipudas
Juuka
Björna
Nykarleby
Pielavesi
Nilsiä
Kinnula
Siilinjärvi
Maaninka
Örnsköldsvik
Replot
Maxmo
Kauhava
Viitasaari
Kuopio
Outokumpu
Joensuu
Ilomantsi
Vaasa/ Vasa
Lapua
Alajärvi
Kyyjärvi
Laihia
Seinäjoki
Suolahti
Suonenjoki
Heinävesi
Korpisselkä
Saarijärvi
Värtsilä
Alavus
Myllymäki
Varkaus
Kitee
Kurikka
Jalasjärvi
Jyväskylä
Pieksämäki
Kaskinen
Keuruu
Vaajakoski
Kristinestad
Kauhajoki
Virrat
Kangasniemi
Savonlinna
Sortavala
E6
E8
E10
E4
E12
E63
E69
E75
E105
M18
Porsangen
Tana
Tenojoki
Reisaelva
Altaelva
Inarijärvi
Tuloma
Ozero Notozero
Porttipahdan tekojärvi
Lokan tekojärvi
Luirojoki
Torneträsk
Ounasjoki
Imandra
Tornionjoki
Kalixälven
Luleälven
Piteälven
Kemijoki
Ozero P'aozero
Ozero Topozero
Iijoki
Oulujoki
Oulujärvi
Lestijoki
Skellefteälven
Pielinen
Pyhäselkä
Orivesi
Haukivesi

Streymoy
Vestmanna
Eysturoy
Sørvágur
Tórshavn
Føroyar
(DK)
Sandoy
Vágur
Suduroy
Ålesund
Volda
Måløy
Stryn
Bremangerlandet
Nordfjordeid
E39
Fjorø
Førde
387
Balestrand
Sula
Lavik
Sognefjorden
Unst
Haroldswick
Shetland Islands
Yell
Gutcher
Mainland
Toft
Mongstad
152
Voss
Knarvik
E16
Kvanndal
Bergen
Sotra
E39
Lerwick
Sumburgh
Osøyro
Sandvikvåg
Rosendal
102
Leirvik
Bømlø
E134
Ølen
106
Sauda
Haugesund
Sand
Kopervik
Skudeneshavn
Orkney Islands
Mainland
Stromness
Kirkwall
Hoy
Burwick
Durness
Thurso
Tau
Stavanger
Tongue
John o'Groats
Wick
Sandnes
A9
E39
187
Helmsdale
Brora
Moray Firth
Egersund
255
Flekkefjord
Tain
Dingwall
Inverness
Elgin
Fraserburgh
Craigellachie
Keith
Peterhead
Loch Ness
168
Grantown-on-Spey
Fort Augustus
Aviemore
Inverurie
Spey
Banchory
Aberdeen
A9
Ballater
Dee
Braemar
183
139
Stonehaven
Pitlochry
Tay
A90
Forfar
Montrose
Perth
Arbroath
Dundee
93
A9
66
St. Andrews
Stirling
Kirkcaldy
Tranent
Dunbar
60
Edinburgh
Glasgow
Motherwell
183
Berwick-upon-Tweed
Peebles
Coldstream
49
69
Galashiels
Tweed
A1
Nith
100
Moffat
Jedburgh
A74
Hawick
Alnwick
Dumfries
Eden
Newcastle-upon-Tyne
Gretna
Castle-Douglas
A69
North Sea
Mer du Nord
Nordsee
101
South Shields
Carlisle
Sunderland
Maryport
Penrith
Durham
A19
Keswick
83
Hartlepool
Whitehaven
94
Windermere
A66
Middlesbrough
M6
GB
173
Whitby
Kendal
Darlington
Barrow-in-Furness
Thirsk
Kirkby Lonsdale
Pickering
Scarborough
Lancaster
187
98
Harrogate
Blackpool
A1
York
Bridlington
Preston
Bradford
Beverley
Southport
Bolton
M62
93
Leeds
77
Kingston-upon-Hull
Liverpool
Huddersfield
Scunthorpe
29
Manchester
Doncaster
Grimsby
A55

8

Bottniska Viken
Pohjanlahti
Skagerrak
Kattegat
Baltic Sea
Mer Baltique
Ostsee
Deutsche Bucht
Pommersche Bucht
Zatoka Pomorska

OSLO
STOCKHOLM
Göteborg
KØBENHAVN
Malmö
Hamburg
Szczecin
Sundsvall
Gävle
Uppsala
Västerås
Örebro
Norrköping
Linköping
Jönköping
Karlstad
Kristiansand
Aalborg
Århus
Odense
Kiel
Rostock
Lübeck
Helsingborg
Kalmar
Karlskrona
Växjö
Borås
Halmstad
Gotland
Öland
Bornholm
Rügen
Sjælland
Fyn
Lolland
Falster
Møn
Fehmarn
Læsø
Samsø

Stöde
Timrå
Sundsvall
Ljungan
Sveg
Ytterhogdal
Ramsjö
Ljusnan
Gnarp
Ljusdal
S
Hudiksvall
Edsbyn
Älvdalen
Bollnäs
Söderhamn
Orsa
Mora
Österdalälven
Siljan
Rättvik
Malung
Vansbro
Ockelbo
Falun
Gävle
Borlänge
Sandviken
Gysinge
Tierp
Ludvika
Fagersta
Dalälven
Östhammar
Kopparberg
Avesta
Sala
Heby
Uppsala
Filipstad
Lindesberg
Västerås
Norrtälje
Karlskoga
Arboga
Köping
Mälaren
Enköping
Kapellskär
Örebro
Eskilstuna
Åkersberga
Kumla
Flen
Södertälje
STOCKHOLM
Askersund
Katrineholm
Västerhaninge
Finspång
Nyköping
Nynäshamn
Motala
Oxelösund
Vadstena
Norrköping
Mjölby
Linköping
Tranås
Valdemarsvik
Eksjö
Vimmerby
Västervik
Emån
Vetlanda
Åseda
Byxelkrok
Oskarshamn
Högsby
Öland
Borgholm
Kalmar
Emmaboda
Färjestaden
Ronneby
Grönhögen
Karlskrona
Bottniska Viken
Pohjanlahti
Åland
Geta
Storby
Mariehamn
Lumparland
Kökar
Gotska Sandön
Fårö
Fårösund
Visby
Slite
Gotland
Klintehamn
Ljugarn
Burgsvik
Seinäjoki
Kurikka
Alavus
Saarijärvi
Suolahti
Kaskinen
Kauhajoki
Jalasjärvi
Myllymäki
Kristinestad
Keuruu
Jyväskylä
Vaajakoski
Virrat
Honkajoki
Nasijärvi
Mänttä
Parkano
Merikarvia
Kuru
Jämsä
Kankaanpää
Orivesi
Päijänne
Hämeenkyrö
Pori
Tampere
Kuhmoinen
Nokia
Valkeakoski
Rauma
Huittinen
Eura
Hämeenlinna
Laitila
Urjala
Uusikaupunki
Loimaa
Lahti
Mynämäki
Forssa
Riihimäki
Taivassalo
Hyvinkää
Mäntsälä
Naantali
Paimio
Järvenpää
Turku/Åbo
Salo
Vihti
Pargas
Perniö
Espoo/Esbo
Porvoo
Korpo
Ekenäs
HELSINKI
HELSINGFORS
Hanko
Soome laht
Suomenlahti
TALLINN
Maardu
Saue
Paldiski
Tapa
Kärdla
Risti
Haapsalu
Paide
Hiiumaa
Heltermaa
Rapla
Muhu
Türi
Põltsamaa
Lihula
Orissaare
Virtsu
EST
Kihelkonna
Võrtsjärv
Pärnu
Viljandi
Kuressaare
Kilingi-Nõmme
Saaremaa
Liivi laht
Staicele
Rūjiena
Valga
Kolka
Salacgrīva
Rīgas Jūras Līcis
Valmiera
Smiltene
Ventspils
Talsi
Dunte
Cēsis
Saulkrasti
Sigulda
RĪGA
Kuldīga
Jūrmala
Vangaži
LV
Tukums
Ogre
Ergli
Daugava
Saldus
Liepāja
Dobele
Jelgava
Aizkraukle
Priekule
Bauska
Jēkabpils
Skuodas
Mažeikiai
Joniškis
Palanga
Pasvalys
Biržai
Nereta
Plungė
Telšiai
Kuršėnai
Šiauliai
Rokiškis
Klaipėda
Daugavpils
Rietavas
Radviliškis
Panevėžys
LT
Šilutė
Raseiniai
Utena
Tauragė
Ukmergė
Zelenogradsk
Kurššij Zaliv
Jurbarkas
Sovetsk
Kėdainiai
Nemunas
Jonava
Švenčionys
Neris
Neman
Polessk
Kaliningrad
(Königsberg)
RUS
Kaunas
Gvardejsk
Baltijsk
Černjachovsk
Vilkaviškis
Mamonovo
Trakai
Gusev
Marijampolė
VILNIUS
Bagrationovsk
Alytus
Ašmjany
Braniewo
Bartoszyce
Gołdap
Eišiškės
Valožyn
Kętrzyn
Suwałki
Lidzbark Warmiński
Giżycko
Druskininkai
Biskupiec
Mrągowo
Olsztyn
Ełk
Lida
Olsztynek
Szczytno
Orzysz
Augustów
Pisz
Grajewo
Hrodna
Baltic Sea
Mer Baltique
Ostsee
Łeba
Władysławowo
Ustka
Reda
Gdynia
Darłowo
Lebork
Słupsk
Kartuzy
Zatoka Gdańska
Sopot
Sławno
Gdańsk
Koszalin
Bytów
Elbląg
Tczew
Pasłęk
Białogard
Miastko
Starogard Gdański
Malbork
Szczecinek
Chojnice
Czersk
Człuchow
Kwidzyn
Ostróda
Tuchola
Jastrowie
Świecie
Grudziądz
Wałcz

10

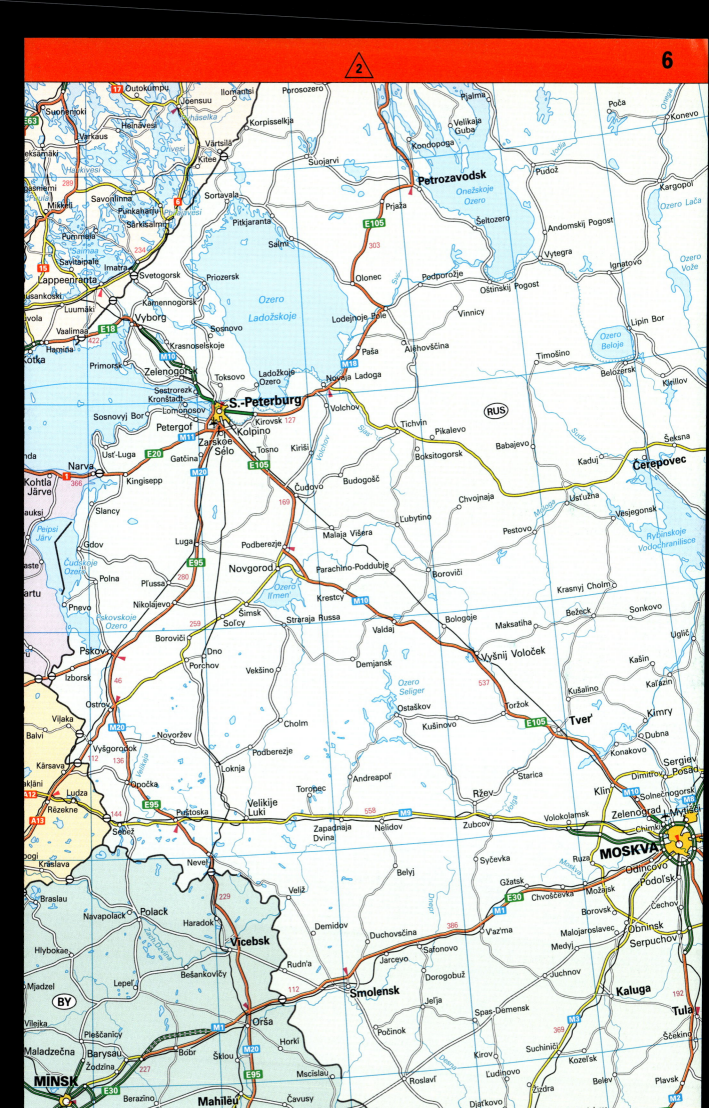

Outokumpu
Ilomantsi
Porosozero
Joensuu
Pjalma
Suonenjoki
Pyhäselkä
Korpisselkja
Velikaja Guba
Poča
Konevo
Onega
Heinävesi
Varkaus
Värtsilä
Kondopoga
Vodla
Orivesi
Kitee
Suojarvi
Pudož
Haukivesi
Petrozavodsk
Kargopol'
Mikkeli
Savonlinna
Sortavala
Onežskoje Ozero
Ozero Lača
Punkaharju
Prjaža
Puula
Pihlajavesi
Šeltozero
Andomskij Pogost
Säkkisalmi
Pitkjaranta
Pummala
Salmi
Saimaa
Vytegra
Ozero Vože
Savitaipale
Imatra
Ignatovo
Lappeenranta
Svetogorsk
Olonec
Podporožje
Priozersk
Svir'
Oštinskij Pogost
Ozero
Kamennogorsk
Ladožskoje
Vinnicy
Luumäki
Vyborg
Lodejnoje Pole
Lipin Bor
Vaalimaa
Sosnovo
Ozero Beloje
Hamina
Krasnoselskoje
Paša
Alëhovščina
Kotka
Primorsk
Timošino
Zelenogorsk
Toksovo
Ladožkoje Ozero
Novaja Ladoga
Belozersk
Kirillov
Sestrorezk
Kronštadt
S.-Peterburg
Lomonosov
Volchov
RUS
Sosnovyj Bor
Petergof
Kirovsk
Tichvin
Pikalevo
Kolpino
Sjas'
Suda
Šeksna
Zarskoe Selo
Tosno
Kiriši
Babajevo
Ust'-Luga
Gatčina
Boksitogorsk
Kaduj
Čerepovec
Narva
Kingisepp
Volchov
Kohtla-Järve
Čudovo
Budogošč
Chvojnaja
Ust'užna
Slancy
Mologa
Vesjegonsk
Peipsi Järv
Ľubytino
Pestovo
Gdov
Luga
Podberezje
Malaja Višera
Rybinskoje Vodochranilišče
Čudskoje Ozero
Novgorod
Parachino-Poddubje
Boroviči
Polna
Pľussa
Ozero Il'men'
Krestcy
Krasnyj Cholm
Tartu
Pnevo
Nikolajevo
Šimsk
Stararaja Russa
Bologoje
Bežeck
Sonkovo
Pskovskoje Ozero
Soľcy
Valdaj
Maksatiha
Uglič
Boroviči
Pskov
Dno
Vyšnij Voloček
Porchov
Demjansk
Kašin
Izborsk
Vekšino
Ozero Seliger
Kaľazin
Kušalino
Ostrov
Toržok
Kimry
Viļaka
Ostaškov
Tver'
Balvi
Novoržev
Cholm
Kušinovo
Dubna
Vyšgorodok
Podberezje
Konakovo
Kārsava
Loknja
Velikaja
Andreapol'
Starica
Sergiev Posad
Dmitrov
Opočka
Klin
Ludza
Toropec
Ržev
Solnečnogorsk
Rēzekne
Velikije Luki
Volga
Volokolamsk
Zelenograd
Mytišči
Pušťoska
Zapadnaja Dvina
Nelidov
Zubcov
Chimki
Sebež
MOSKVA
Kraslava
Nevel'
Syčevka
Ruza
Moskva
Belyj
Odincovo
Gžatsk
Podoľsk
Braslau
Veliž
Chvoščevka
Možajsk
Polack
Navapolack
Dnepr
Čechov
Haradok
Borovsk
Zach. Dzvina
Demidov
V'az'ma
Malojaroslavec
Obninsk
Vicebsk
Hlybokae
Duchovščina
Medyn
Serpuchov
Safonovo
Jarcevo
Bešankovičy
Dorogobuž
Juchnov
Rudn'a
Mjadzel
Lepel'
Smolensk
Kaluga
BY
Jeľja
Tula
Spas-Demensk
Vilejka
Orša
Pleščanicy
Horki
Počinok
Suchiniči
Ščekino
Maladzečna
Barysau
Bobr
Šklou
Kozel'sk
Kirov
Žodzina
Desna
MINSK
Mscislau
Roslavľ
Ľudinovo
Belev
Plavsk
Žizdra
Berazino
Mahilëu
Čavusy
Djaťkovo
Kryčau
Bolchov
Žukovka
Iput'
Mcensk

E63, 289, 234, 15, 17, 6, E18, 422, M10, E105, 303, M18, M11, E20, M20, 1, 366, 127, 169, E95, 280, M10, 259, 46, M20, 112, 136, A12, A13, 144, E95, 558, M9, E105, 537, M10, M8, 229, E30, M1, 386, 112, M1, M20, E95, 227, E30, M3, 369, 192, M2, E22

3

Mainland
Stromness
Kirkwall
Orkney Islands
Hoy
Burwick
Lewis
Port of Ness
Durness
Thurso
John o'Groats
Wick
Tongue
Stornoway
The Minch
A9
187
Helmsdale
Brora
Moray Firth
Hebrides
St. Kilda
Tarbert
Ullapool
Lochmaddy
North Uist
Rodel
Tain
Uig
Dingwall
Elgin
Fraserburgh
Keith
Portree
Kyle of Lochalsh
Inverness
Craigellachie
168
Peterhead
South Uist
Skye
106
Loch Ness
Grantown-on-Spey
Lochboisdale
Kyleakin
Fort Augustus
Aviemore
Inverurie
Barra
Rhum
Mallaig
Spey
Banchory
Aberdeen
Newtonmore
Ballater
Dee
A9
Braemar
Stonehaven
Coll
Fort William
183
Pitlochry
139
Tiree
Tobermory
A90
Forfar
Montrose
Tay
Mull
Craignure
190
Arbroath
Oban
Perth
Dundee
Fionnphort
Crianlarich
Jura
Inveraray
Tarbet
A9
St. Andrews
Lochgilphead
93
66
Stirling
Kirkcaldy
Port Askaig
Dumbarton
Tranent
Dunbar
Greenock
Islay
Paisley
60
Glasgow
Edinburgh
183
Berwick-upon-Tweed
Port Ellen
Motherwell
Ardrossan
Peebles
Coldstream
Arran
Kilmarnock
69
49
Galashiels
Tweed
Campbeltown
North Channel
Ayr
Nith
Jedburgh
A1
Ballycastle
Cumnock
100
Moffat
Hawick
Girvan
Alnwick
Buncrana
Coleraine
135
A74
Newton Stewart
Dumfries
Eden
Newcastle-upon-Tyne
Letterkenny
Londonderry
A6
113
Stranraer
Ardara
Ballymena
177
Gretna
A69
South Shields
124
Strabane
Larne
Castle-Douglas
101
Sunderland
Donegal
Cookstown
M2
Newtownabbey
Carlisle
Omagh
Lough Neagh
Bangor
Drummore
Workington
Maryport
Penrith
Durham
A19
Hartlepool
Belmullet
M1
Belfast
83
Middlesbrough
Enniskillen
Lisburn
Isle of Man
Whitehaven
Keswick
94
A66
Ballina
Sligo
Armagh
Portaferry
M6
GB
173
Darlington
Charlestown
Monaghan
A1
Downpatrick
Windermere
Kendal
204
Newry
Peel
Thirsk
Pickering
Boyle
Newcastle
Castlebar
Westport
Cavan
164
Douglas
Barrow-in-Furness
Kirkby Lonsdale
Tulsk
212
150
N4
Dundalk
Port Erin
Lancaster
187
98
Harrogate
York
Claremorris
Longford
Ardee
N1
Ceanannus Mor
Irish Sea
Blackpool
A1
Clifden
Roscommon
Drogheda
Bradford
Leeds
Mullingar
Navan
Preston
Oughterard
Athlone
Kinnegad
Southport
Swords
Bolton
M62
Huddersfield
Galway
N6
Ballinasloe
DUBLIN
Wigan
Anglesey
Doncaster
Aran Islands
215
Tullamore
Liverpool
Manchester
Holyhead
Dun Laoghaire
Loughrea
Naas
Birkenhead
Bray
Bangor
Sheffield
Ennistimon
IRL
176
Buxton
Portumna
2000
A55
29
Chesterfield
M1
Mansfield
100
Roscrea
Caernarfon
Betws-y-Coed
Chester
Nenagh
195
M6
Wicklow
Stoke-on-Trent
Portlaoise
A5
Ennis
N7
Porthmadog
227
124
Kilrush
Shannon
Limerick
250
Carlow
Dee
Wrexham
A38
Thurles
Oswestry
Derby
Nottingham
Kilkenny
Stafford
Listowel
163
Arklow
Aberdaron
Shrewsbury
96
98
N8
N11
Leicester
Tralee
108
Tipperary
Cashel
Dolgellau
176
New Ross
Walsall
Enniscorthy
Wolverhampton
Dingle
Cahir
Mallow
Clonmel
201
Newtown
Birmingham
59
Killarney
Aberystwyth
Wexford
Killorglin
Waterford
Rosslare Harbour
Llandrindod Wells
Coventry
Ludlow
Northampton
Cahersiveen
Fermoy
87
Aberaeron
Dungarvan
Cork
St. George's Channel
126
203
Kenmare
Macroom
Teifi
Worcester
N25
Stratford-upon-Avon
M40
Youghal
Fishguard
Llandovery
M5
Bantry
Brecon
Hereford
St. David's
Carmarthen
Cheltenham
Ross-on-Wye
Kinsale
118
Haverfordwest
Towy
Merthyr Tydfil
Witney
Milford Haven
A40
Gloucester
Skibbereen
Pembroke Dock
Chepstow
Oxford
Swansea
Newport
P. Talbot
Swindon
209
M4
94
Reading
Bristol Channel
Cardiff
Bristol
190
M4
Bath
Weston-super-Mare
Warminster
Newbury
Basingstoke
M3
134
283
Barnstaple
Minehead
Wells
Guildford
Winchester
Taunton
126
Bideford
A303
Taw
Salisbury
A3
Yeovil
M5
Bude
Okehampton
34
Chichester
Dorchester
Southampton
181
Portsmouth
A30
Exeter
Poole
Bournemouth
Exmouth
Bodmin
Weymouth
190
A38
Isle of Wight
Torbay
Penzance
St. Austell
Plymouth
Truro
Land's End
Falmouth
English Channel
Isles of Scilly

11

4

North Sea
Mer du Nord
Nordsee
Skagerrak
Kattegat
Deutsche Bucht
Manche
Strait of Dover
Pas de Calais
Stavanger
Sandnes
Egersund
Flekkefjord
Lyngdal
Mandal
Kristiansand
Grimstad
Arendal
Bygland
Tonstad
Evje
Åmli
Munkedal
Lysekil
Skagen
Hirtshals
Hjørring
Frederikshavn
Sæby
Læsø
Brønderslev
Aalborg
Hanstholm
Thisted
Nykøbing
Hobro
Thyborøn
Skive
Struer
Viborg
Randers
Grenaa
Holstebro
Silkeborg
Århus
Ringkøbing
Herning
Samsø
Skjern
Grindsted
Vejle
Horsens
Varde
Fredericia
Fyn
Odense
Esbjerg
Kolding
Ribe
Nyborg
Haderslev
Faaborg
Svendborg
Rømø
Aabenraa
Sønderborg
Sylt
Tønder
Flensburg
Westerland
Niebüll
Schleswig
Kiel
Husum
Rendsburg
St.Peter-Ording
Heide
Neumünster
Helgoland
Itzehoe
Bad Segeberg
Cuxhaven
Elmshorn
Hamburg
Ostfriesische Inseln
Wilhelmshaven
Bremerhaven
Stade
Bremervörde
Norddeich
Aurich
Emden
Nordenham
Bremen
Soltau
Walsrode
Watteneilanden
Delfzijl
Groningen
Leeuwarden
Oldenburg
Verden
Celle
Texel
Harlingen
Assen
Emmen
Cloppenburg
Nienburg
Den Helder
Heerenveen
IJsselmeer
Meppen
Hoorn
Alkmaar
Lelystad
Meppel
Zwolle
Nordhorn
Lingen
Diepholz
Hannover
Haarlem
Almelo
Osnabrück
Minden
Hildesheim
AMSTERDAM
Apeldoorn
Rheine
Bielefeld
Herford
Hameln
Leiden
Utrecht
Amersfoort
Enschede
Den Haag/s-Gravenhage
Arnhem
Münster
Detmold
Höxter
Europoort
Gouda
Bocholt
Lippstadt
Paderborn
Rotterdam
Nijmegen
Wesel
Marl
Hamm
Bergen op Z.
Breda
Tilburg
Eindhoven
Essen
Dortmund
Kassel
Vlissingen
Duisburg
Bochum
Wuppertal
Meschede
Korbach
Knokke-Heist
Terneuzen
Turnhout
Venlo
Düsseldorf
Frankenberg
Bad Hersfeld
Blankenberge
Brugge
Antwerpen
Mönchengladbach
Solingen
Olpe
Oostende
Gent
Mechelen
Hasselt
Köln
Siegen
Alsfeld
Dunkerque
Roeselare
Leuven
Heerlen
Marburg
Calais
BRUXELLES/BRUSSEL
Maastricht
Aachen
Bonn
Gießen
Lille
Roubaix
Liège
Neuwied
Bad Homburg
Boulogne
Béthune
Tournai
Spa
Monschau
Malmédy
Koblenz
Frankfurt
Offenbach
Lens
Douai
Namur
Prüm
Mayen
Aschaffenburg
le Touquet-Paris-Plage
Hesdin
Arras
Valenciennes
Charleroi
Wiesbaden
Cambrai
Maubeuge
Dinant
Marche-en-F.
Clervaux
Wittlich
Mainz
Abbeville
Doullens
Hirson
Bastogne
Bitburg
Bad Kreuznach
Worms
Darmstadt
le Tréport
Walldürn
Scarborough
Bridlington
Kingston-upon-Hull
Grimsby
Louth
Skegness
Newark-on-Trent
The Wash
Wells-next-the-Sea
Boston
Cromer
King's Lynn
Norwich
Great Yarmouth
Wisbech
Peterborough
Lowestoft
Ely
Thetford
Huntingdon
Cambridge
Ipswich
Felixstowe
Harwich
Stevenage
Colchester
St Albans
Chelmsford
Southend-on-Sea
LONDON
Chatham
Ramsgate
Canterbury
Maidstone
Ashford
Dover
Crawley
Folkestone
Hastings
Eastbourne
NL
DK
B
D
L

12

4

Tonstad
Bygland
Åmli
Larvik
Kragerø
Strömstad
Bengtsfors
Säffle
Åmål
Vänern
Laxå
Kumla
Flen
Katrineholm
Egersund
Evje
Arendal
Flekkefjord
Lyngdal
Grimstad
Kristiansand
Mandal
Mellerud
Mariestad
Askersund
Finspång
Munkedal
Lidköping
Karlsborg
Motala
Norrköping
Uddevalla
Vänersborg
Skara
Vadstena
Lysekil
Trollhättan
Falköping
Skövde
Vättern
Linköping
Mjölby
Valdemarsvik
Stenungsund
Vårgårda
Gränna
Skagerrak
Kungälv
Alingsås
Tranås
Skagen
Ulricehamn
Hirtshals
Göteborg
Borås
Jönköping
Vimmerby
Västervik
Hjørring
Frederikshavn
Kungsbacka
Nässjö
Eksjö
Brønderslev
Sæby
Kinna
Hanstholm
Læsø
Vaggeryd
Vetlanda
Emån
Byxelkrok
Thisted
Limfjorden
Aalborg
Gislaved
Oskarshamn
Nykøbing
Varberg
Värnamo
Åseda
Högsby
Thyborøn
Kattegat
Falkenberg
Ätran
Hyltebruk
Hobro
Skive
Struer
Halmstad
Ljungby
Växjö
Borgholm
Holstebro
Randers
Lagan
Kalmar
Viborg
Grenaa
Laholm
Almhult
Emmaboda
Ringkøbing
Ryd
Tingsryd
Färjestaden
Silkeborg
Herning
Örkelljunga
Ängelholm
Århus
Hässleholm
Ronneby
Grönhögen
Skjern
Grindsted
Helsingør
Kristianstad
Karlshamn
Karlskrona
Samsø
Hillerød
Helsingborg
Sölvesborg
Vejle
Horsens
KØBENHAVN
Landskrona
Varde
DK
Kalundborg
Holbæk
Roskilde
Lund
Hörby
Esbjerg
Fredericia
Malmö
Baltisches Meer
Ribe
Kolding
Odense
Slagelse
Køge
Tomelilla
Simrishamn
Rømø
Haderslev
Assens
Korsør
Ringsted
Falsterbo
Ystad
Sylt
Aabenraa
Fyn
Faaborg
Nyborg
Næstved
Trelleborg
Bornholm
Westerland
Tønder
Svendborg
Sjælland
Rønne
Niebüll
Sønderborg
Vordingborg
Stege
Flensburg
Nakskov
Møn
Nykøbing
Schleswig
Husum
Rødbyhavn
Falster
Helgoland
St.Peter-Ording
Lolland
Gedser
Fehmarn
Rügen
Rendsburg
Kiel
Puttgarden
Bergen
Saßnitz
Ustka
Deutsche Bucht
Heide
Oldenburg
Stralsund
Binz
Darłowo
Neumünster
Plön
Warnemünde
Pommersche Bucht
Zatoka Pomorska
Ostfriesische Inseln
Cuxhaven
Neustadt
Itzehoe
Bad Segeberg
Travemünde
Rostock
Greifswald
Kołobrzeg
Sławno
Wilhelmshaven
Elmshorn
Wismar
Demmin
Wolgast
Ahlbeck
Kamien Pom.
Koszalin
Norddeich
Aurich
Bremerhaven
Lübeck
Teterow
Anklam
Świnoujście
Białogard
Delfzijl
Emden
Norden
Hamburg
Güstrow
Gryfice
Szczecinek
Bremervörde
Stade
Schwerin
Waren
Neubrandenburg
Goleniów
Nowogard
Drawsko Pom.
Leer
Oldenburg
Bremen
Lauenburg
Parchim
Pasewalk
Szczecin
Stargard Szczeciński
Człopa
Emmen
Ems
Weser
Soltau
Lüneburg
Ludwigslust
Neustrelitz
Prenzlau
Jastrowie
Meppen
Cloppenburg
Verden
Uelzen
Elbe
Perleberg
Pritzwalk
Wałcz
Lingen
Walsrode
Wittenberge
Kyritz
Schwedt
Pyrzyce
Choszczno
Piła
Diepholz
Nienburg
Aller
Salzwedel
Neuruppin
Nordhorn
Osnabrück
Celle
Gardelegen
Stendal
Oranienburg
Eberswalde
Myślibórz
Gorzów Wielkopolski
Czarnków
Rheine
Minden
Hannover
Gifhorn
Rathenow
Bernau
Oder
Kostrzyn
Warta
Oborniki
Bielefeld
Herford
Braunschweig
Wolfsburg
Brandenburg
BERLIN
Skwierzyna
Pniewy
Münster
Hildesheim
Helmstedt
Burg
Potsdam
Frankfurt/O.
Słubice
Poznań
Hameln
Salzgitter
Eisenhüttenstadt
Świebodzin
Marl
Hamm
Detmold
Magdeburg
Wolsztyn
Lippstadt
Höxter
Halberstadt
Jüterbog
Lübben
Kościan
Dortmund
Goslar
Quedlinburg
Dessau
Lutherstadt Wittenberg
Guben
Gubin
Zielona Góra
Leszno
Bochum
Paderborn
Bernburg
Cottbus
Nowa Sól
Wuppertal
Meschede
Kassel
Göttingen
Nordhausen
Halle
Bitterfeld
Forst
Głogów
Korbach
Eschwege
D
Leipzig
Senftenberg
Spremberg
Zary
Rawicz
Frankenberg
Mühlhausen
Merseburg
Torgau
Hoyerswerda
Olpe
Naumburg
Riesa
Lubin
Bad Hersfeld
Fulda
Gotha
Weimar
Döbeln
Meißen
Bautzen
Legnica
Siegen
Alsfeld
Eisenach
Erfurt
Jena
Dresden
Görlitz
Bolesławiec
Marburg
Rudolstadt
Altenbg.
Pirna
Zittau
Jelenia Góra
Neuwied
Gießen
Meiningen
Suhl
Gera
Freiberg
Děčín
Koblenz
Bad Homburg
Saalfeld
Zwickau
Chemnitz
Ústí n. L.
Liberec
Świdnica
Fulda
Plauen
Aue
Teplice
Litoměřice
CZ
Wałbrzych
Frankfurt
Bad Neustadt
Eisfeld
Chomutov
Most
Turnov
Trutnov
Wiesbaden
Offenbach
Bad Orb
B. Kissingen
Coburg
Hof
Louny
Mělník
Jičín
Náchod
Mainz
Aschaffenbg.
Schweinfurt
Lichtenfels
Karlovy Vary
Mladá Boleslav
Kłodzko
Bad Kreuznach
Darmstadt
Bamberg
Mariánské Lázně
Kladno
PRAHA
Hradec Králové
Międzylesie

13

STOCKHOLM
Hiiumaa
Saaremaa
Gotland
Fårö
Visby
Kaliningrad (Königsberg)
RĪGA
Jūrmala
Liepāja
Ventspils
Klaipėda
Šiauliai
Panevėžys
Kaunas
VILNIUS
MINSK
Hrodna
Brest
Gdańsk
Gdynia
Olsztyn
Białystok
WARSZAWA
Łódź
Lublin
Radom
Kielce
Częstochowa
Kraków
Katowice
Bydgoszcz
Toruń
Pskov
Tartu
Pärnu
Daugavpils
Rēzekne
Pinsk
Lutsk
Rivne
Kovel'
tic Sea
Baltique
stsee
EST
LV
LT
RUS
BY
PL
UA
14

8

LONDON
Barnstaple
Minehead
Warminster
Newbury
Basingstoke
Windsor
Ramsgate
Vlissingen
Bideford
Taunton
Wells
Winchester
Guildford
Maidstone
Canterbury
Knokke-Heist
Blankenberge
Terneuzen
Bude
Okehampton
Yeovil
Salisbury
Crawley
Ashford
Dover
Oostende
Brugge
Gent
Exeter
Dorchester
Southampton
Chichester
Folkestone
Dunkerque
Calais
Roeselare
Bodmin
Exmouth
Poole
Portsmouth
Brighton
Hastings
Strait of Dover
Pas de Calais
Bournemouth
Eastbourne
St-Omer
BRUXELLES
Weymouth
Torbay
Boulogne
Lille
Roubaix
St. Austell
Plymouth
Isle of Wight
Béthune
Tournai
Truro
Falmouth
Penzance
le Touquet-Paris-Plage
Lens
Douai
Hesdin
Arras
Valenciennes
La Manche
Cambrai
English Channel
Abbeville
le Tréport
Doullens
Dieppe
St-Quentin
Fécamp
Neufchâtel-en-Bray
Amiens
Vervins
Guernsey
St. Peter Port
Cherbourg
Valognes
le Havre
Poix
Montdidier
Roye
Channel Islands (GB)
Yvetot
Rouen
Laon
St. Helier
Carentan
Deauville
Beauvais
Compiègne
Jersey
Bayeux
Cabourg
Pont-Audemer
Soissons
St-Lô
Caen
Lisieux
Gisors
Senlis
Perros-Guirec
Paimpol
Golfe de St-Malo
Coutances
Vernon
Pontoise
Château-Thierry
Roscoff
Lannion
Granville
Vire
Evreux
Mantes
Meaux
Epernay
Brest
Morlaix
St-Malo
Dinard
le Mont-St-Michel
Avranches
Flers
Argentan
Versailles
PARIS
Montmirail
le Conquet
St-Brieuc
Dinan
Domfront
Verneuil
Dreux
Rambouillet
Sézanne
Morgat
Carhaix-Plouguer
Fougères
Sées
Chartres
Corbeil-E.
Melun
Nogent-s-S.
Douarnenez
Châteaulin
Loudéac
Alençon
Nogent-le-Rotrou
Fontainebleau
Quimper
Pontivy
Rennes
Vitré
Mayenne
la Ferté-Bernard
Étampes
Troyes
St-Guénolé
Concarneau
Locmine
Ploërmel
Laval
Pithiviers
Sens
St-Florentin
Lorient
Château-dun
Montargis
Joigny
Carnac
Vannes
Redon
Châteaubriant
Chât.-Gontier
le Mans
Orléans
Auxerre
la Roche-Bernard
Nozay
Vendôme
Château-d-L.
Beaugency
Gien
Belle Ile
la Baule
Angers
la Flèche
Blois
Briare
St-Nazaire
Nantes
Cholet
Saumur
Tours
Amboise
Clamecy
Avallon
Pornic
Doué
Chenonceaux
Salbris
Cosne
Saulieu
Noirmoutier
Challans
Chinon
Loches
la Charité
Corbigny
St-Jean-de-Monts
Montaigu
Thouars
Loudun
Vierzon
Bourges
Nevers
Yeu
la Roche-sur-Yon
Bressuire
Mirebeau
Châteauroux
Issoudun
Château-Chinon
Parthenay
Châtellerault
Autun
les Sables-d'Olonne
Fontenay-le-Comte
Poitiers
le Blanc
St-Amand-Montrond
St-Pierre-le-Moûtier
le Creusot
Luçon
Niort
Lussac-les-Châteaux
la Châtre
Argenton-s-Cr.
Moulins
Ré
la Rochelle
Lusignan
Montluçon
Digoin
Rochefort
Ruffec
Bellac
Guéret
Vichy
Oléron
St-Jean-d'Angély
St-Junien
Aubusson
Riom
Gannat
Saintes
Limoges
Bourganeuf
Clermont-Ferrand
Thiers
Royan
Cognac
Angoulême
Ussel
Soulac
Barbezieux
Uzerche
le Mont-Dore
Issoire
St-Etienne
Lesparre-Médoc
Brive-la-Gaillarde
Tulle
Bort-les-Orgues
Brioude
Périgueux
Mauriac
Lacanau-Océan
Blaye
Murat
Le Puy
Bordeaux
Libourne
Bergerac
Souillac
St-Flour
Aurillac
Cap Ferret
Ste-Foy-la-Gde.
Sarlat-la-Canéda
Rocamadour
Arcachon
Langon
Gourdon
Langogne
Biscarrosse-Plage
Marmande
Figeac
Cahors
Espalion
Golfe de Gascogne
Golfo de Vizcaya
Casteljaloux
Villeneuve-sur-Lot
Rodez
Mende
Mimizan-Plage
Labouheyre
Agen
Villefranche-de-Rouergue
Florac
Roquefort
Nérac
Moissac
Caussade
Millau
Mont-de-Marsan
Condom
Lectoure
Montauban
Albi
le Vigan
Santander
Hossegor
Gaillac
St-Affrique
Castro Urdiales
Dax
Aire-sur-l'Adour
Torrelavega
Getxo
Bayonne
Biarritz
Orthez
Auch
Castres
Montpellier
Nîmes
S.Sebastián/Donostia
Bilbao/Bilbo
Gernika-Lumo
Hendaye
Mirande
Toulouse
St-Pons-de-Thomières
Irún
Oloron-Ste-M.
Pau
Tarbes
Mazamet
Pézenas
Sète
Reinosa
Orduña
Durango
Tolosa
Lourdes
Lannemezan
Muret
Béziers
Carcassonne
le Cap d'Agde
Escalada
Alsasua
St-Jean-Pied-de-Port
St-Gaudens
Pamiers
Narbonne
Golfe du Lion
Ebro
Vitoria/Gasteiz
Cauterets
Bagnères-de-Bigorre
St-Girons
Foix
Port-la-Nouvelle
Miranda de Ebro
Haro
Estella
Pamplona/Iruñea
Bagnères-de-Luchon
Quillan
Port-Barcarès
Burgos
Sto.Domingo de la Calzada
Logroño
Tafalla
Sangüesa
Jaca
Bielsa
Benasque
Vielha
Ax-les-Thermes
Canet-Plage
Perpignan
ANDORRA-LA-VELLA
Prades
Calahorra
Sádaba
Aragón
Céret
Port-Vendres
Lerma
La-Seu d'Urgell
AND
F

16

Eindhoven
Essen
Dortmund
Duisbg.
Bochum
Wuppertal
Antwerpen
Venlo
Düsseldorf
Mönchen-gladb.
Solingen
Köln
Siegen
Marburg
Bonn
Aachen
Maastricht
Liège
Namur
Koblenz
Gießen
Frankfurt
Offenbach
Aschaffenbg.
Wiesbaden
Mainz
Darmstadt
Würzburg
Bamberg
Bayreuth
Erlangen
Nürnberg
Fürth
Kassel
Göttingen
Eschwege
Mühlhausen
Merseburg
Naumburg
Leipzig
Weimar
Jena
Gotha
Erfurt
Eisenach
Fulda
Suhl
Meiningen
Gera
Zwickau
Plauen
Chemnitz
Freiberg
Dresden
Hof
Coburg
Schweinfurt
Karlovy Vary
Plzeň
Luxembourg
Trier
Saarbrücken
Kaiserslautern
Ludwigshafen
Mannheim
Heidelberg
Karlsruhe
Heilbronn
Pforzheim
Stuttgart
Baden-Baden
Tübingen
Reutlingen
Ulm
Augsburg
München
Ingolstadt
Regensburg
Passau
Landshut
Rosenheim
Salzburg
Metz
Nancy
Strasbourg
Offenburg
Freiburg
Villingen-Schwenningen
Konstanz
Ravensburg
Kempten
Lindau
Bregenz
Innsbruck
Colmar
Mulhouse
Basel
Zürich
Winterthur
St. Gallen
Vaduz
Bern
Biel
Luzern
Zug
Chur
Davos
St. Moritz
Thun
Interlaken
Fribourg
Lausanne
Montreux
Sion
Genève
Annecy
Chamonix
Dijon
Besançon
Belfort
Vesoul
Épinal
Lyon
Grenoble
Chambéry
Valence
Aosta
Torino
Milano
Como
Bergamo
Brescia
Verona
Vicenza
Padova
Venézia
Treviso
Trento
Bolzano
Merano
Novara
Pavia
Alessándria
Piacenza
Cremona
Mantova
Parma
Modena
Bologna
Ferrara
Ravenna
Génova
Savona
La Spézia
Carrara
Lucca
Pisa
Livorno
Firenze
Prato
Pistoia
Siena
Arezzo
Perugia
Rímini
San Marino
Sanremo
Monaco
Nice
Cannes
Antibes
Marseille
Toulon
Avignon
Arles
Aix-en-Prov.
Mar Ligure
Golfo di Génova
Corse
Bastia
Elba
Grosseto
Orvieto
Viterbo

9

Naumburg Leipzig Hoyerswerda Lubin Legnica Sieradz Zduńska Wola Tomaszów Mazowiecki
Weimar Jena Döbeln Meißen Bautzen Bolesławiec Trzebnica Kepno Piotrków Trybunalski
Erfurt Rudolstadt Altenbg. Dresden Pirna Görlitz Oleśnica Wieluń Radomsko Skarżysko Kamienna
Saalfeld Gera Zwickau Freiberg Chemnitz Zittau Jelenia Góra Wrocław Oława Kluczbork
Plauen Aue Děčín Ústí n. L. Liberec Swidnica Brzeg Częstochowa Kielce
Eisfeld Coburg Chomutov Teplice Litoměřice Turnov Walbrzych Opole Lubliniec Jędrzejów
Lichtenfels Hof Most Louny Mělník Mladá Boleslav Jičín Trutnov Náchod Ząbkowice Slaskie Nysa Kędzierzyn-Koźle Gliwice Bytom Zawiercie Busko
Bayreuth Cheb Karlovy Vary Kladno Hradec Králové Kłodzko Sosnowiec Jaworzno
Marktredwitz Mariánské Lázně Beroun Kolín Pardubice Miedzylesie Racibórz Rybnik Katowice Kraków
Erlangen PRAHA Chrudim Litomyšl Bruntál Tychy
Weiden Plzeň Příbram Svitavy Šumperk Opava Karviná Cieszyn
Nürnberg Amberg Domažlice Havlíčkův Brod Ostrava Bielsko-Biała
Neumarkt Klatovy Tábor Olomouc Frýdek-Místek Nový Jičín Żywiec Rabka
Cham Pelhřimov Jihlava Prostějov Nowy Targ
Regensburg Strakonice Písek Brno Přerov Čadca Zakopane
Ingolstadt Straubing Regen České Budějovice Třeboň Telč Třebíč Zlín Žilina Kežmarok
Deggendorf Český Krumlov Gmünd Pohořelice Znojmo Uherské Hradiště Považská Bystrica Ružomberok Poprad
Landau Zwettl Horn Hollabrunn Břeclav Martin Spišská Nová Ves
Freising Landshut Passau Trenčín Prievidza Brezno Banská Bystrica
Dachau Mühldorf Braunau Schärding Freistadt Krems Nové Mesto nad Váhom Žiar n.H. Zvolen Rožňava
München Burghsn. Wasserburg Ried Linz Enns Dürnstein Melk Stockerau Piešťany Trnava Nitra Rimavská Sobota
Rosenheim Wels Steyr St. Pölten WIEN BRATISLAVA Levice Lučenec
Bad Tölz Bad Reichenhall Salzburg Gmunden Amstetten Baden Balassagyarmat Ózd Miskolc
Bad Ischl Mariazell Wiener Neustadt Eisenstadt Nové Zámky Salgótarján
Kitzbühel Zell a. See Bischofshofen Liezen Mürzzuschlag Neusiedler See Mosonmagyaróvár Komárno Esztergom Vác Pásztó Eger
Schwaz Schladming Eisenerz Sopron Győr Szentendre Gyöngyös
Mayrhofen Badgastein Tamsweg Knittelfeld Leoben Bruck a. d. Mur Hartberg Csorna Tatabánya BUDAPEST Hatvan Tiszafüred
Lienz Judenburg Köflach Graz Pápa Székesfehérvár Bicske Érd Monor Szolnok
Dobbiaco Spittal St. Veit a. d. Glan Wolfsberg Fürstenfeld Szombathely Veszprém Adony Cegléd
Bressanone Cortina d'Ampezzo Villach Klagenfurt Leibnitz Körmend Balatonfüred Lepsény Kecskemét
S. Martino di C. Tolmezzo Tarvisio Jesenice Dravograd Mura Murska Sobota Zalaegerszeg Siófok Dunaújváros
Belluno Maniago Bled Velenje Maribor Balaton Balatonlelle Cece Kiskunfélegyháza
Feltre Pordenone Udine Tolmin Kranj Ptuj Keszthely Balatonkeresztúr Tamási Dunaföldvár Kiskőrös Békés
Conegliano LJUBLJANA Celje Nagykanizsa Kaposvár Szekszárd Hódmezővásárhely
Treviso Gorizia Varaždin Koprivnica Nagyatád Dombóvár Kiskunhalas Szeged
Mestre Monfalcone Porto-gruaro Trieste Novo Mesto Djurdjevac Barcs Szigetvár Pécs Mohács Baja Subotica
Lido d. Jésolo Venézia Piran Koper Postojna ZAGREB Bjelovar Senta
Golfo di Venézia Opatija Rijeka Delnice Kočevje Karlovac Virovitica Donji Miholjac Osijek Sombor Kikinda
Chióggia Poreč Labin Crikvenica Ogulin Sisak Kutina Daruvar Slavonska Požega Našice Vukovar Bečej Zrenjanin
Porto Tolle Rovinj Krk Senj Slunj Glina Novska Nova Gradiška Djakovo Vinkovci Vrbas Srbobran
Comacchio Pula Cres Rab Plitvice Bos. Dubica Prijedor Slavonski Brod Šid Novi Sad Ruma Stara Pazova
Ravenna Mali Lošinj Pag Jablanac Bihać Bosanski Novi Banja Luka Derventa Brčko Sabač Beograd
Cérvia Karlobag Gospić Bosanski Petrovac Teslić Doboj Bijeljina Loznica Obrenovac
Rimini Riccione RSM Gračac Ključ Jajce Maglaj Tuzla Mladenovac
San Marino Pésaro Fano Zadar Obrovac Bosansko Grahovo Donji Vakuf Travnik Zenica Zvornik Valjevo
Urbino Senigállia Ancona Dugi Otok Biograd Knin Bugojno Visoko Vlasenica Srebrenica Kragujevac
Gúbbio Jesi Osimo Šibenik Drniš Sinj Livno BIH SARAJEVO Pale Rogatica Užice Čačak
Perúgia Fabriano Macerata Civitanova Marche Trogir Split Omiš Imotski Jablanica Konjic Goražde Višegrad Kraljevo
Assisi Fermo Porto S.Giórgio Brač Bol Makarska Mostar Foča Priepolje Sjenica YU
Foligno Todi Ascoli Piceno San Benedetto del Tronto Hvar Ploče Stolac Gacko Pljevlja Žabljak Bijelo Polje Novi Pazar
Spoleto Teramo Giulianova Vis Korčula Metković Trebinje Ivangrad Mitrovica
Terni Antrodoco Pescara Mljet Ston Dubrovnik Nikšić Andrijevica Peć
Narni Rieti L'Aquila Chieti Ortona Lanciano Cavtat Hercegnovi Kotor Podgorica

Jadransko More – Mar Adriático

CZ PL SK A H SLO HR BIH RSM I YU

18

Lublin
Lviv
KYÏV
Žytomyr
Vinnycja
Ternopil'
Rivne
Luck
Černivcy
Ivano-Frankivsk
Chmel'nyckyj
UA
MD
CHIŞINĂU
Iaşi
RO
Cluj-Napoca
Oradea
Timişoara
Braşov
Sibiu
Craiova
BUCUREŞTI
Constanţa
Galaţi
Brăila
Ploieşti
Piteşti
Ruse
Varna
Burgas
Pleven
SOFIJA
BG
Black Sea
Mer Noire
Schwarzes Meer

19

Golfe de Gascogne
Golfo de Vizcaya
Ortigueira
Ferrol
Viveiro
A Coruña/
La Coruña
Mondoñedo
Vilalba
Ribadeo
Luarca
Avilés
Gijón
Canero
Grado
Oviedo
Villaviciosa
Ribadesella
Llanes
Santander
Castro Urdiales
Getxo
S.Sebas
Carballo
Betanzos
Fonsagrada
Tineo
Langreo
Torrelavega
Bilbao/
Bilbo
Gernika-Lumo
Durango
Santiago de Compostela
Ordes
Lugo
Cangas de Narcea
Mieres
Reinosa
Orduña
Melide
Riaño
Cervera de Pisuerga
Alsasua
Padrón
Villablino
La Robla
Cistierna
Aguilar de Campóo
Escalada
Ebro
Vitoria/
Gasteiz
Vilagarcía de Arousa
Lalín
Chantada
Monforte de Lemos
Villafranca del Bierzo
León
Miranda de Ebro
Haro
Pontevedra
Marín
Vigo
Redondela
Ponferrada
Astorga
Saldaña
Osorno
Burgos
Sto.Domingo de la Calzada
Orense /
Ourense
Puebla de Trives
Puebla de Sanabria
La Bañeza
Becilla de Valderaduey
A Guarda
Tui
Valença
Xinzo de Limia
Verín
Benavente
Palencia
Lerma
Salas de los Infantes
Viano do Castelo
Ponte da Barca
Bragança
Alcañices
Medina de Rioseco
Valladolid
Aranda de Duero
Soria
Povoa de Varzim
Braga
Chaves
Guimarães
Mirandela
Macedo de Cavaleiros
Toro
Zamora
Tordesillas
Peñafiel
El Burgo de Osma
Almazán
Matosinhos
Porto
Amarante
Vila Real
Douro
Fermoselle
Medina del Campo
Cuéllar
Riaza
Espinho
Vila Nova de Gaia
Lamego
Torre de Moncorvo
Cerezo de Abajo
Moimenta da Beira
Vitigudino
Salamanca
Arévalo
Sigüenza
Medinaceli
Albergaria-a-Velha
Peñaranda de Bracamonte
Segovia
Alcolea del Pinar
Aveiro
Celorico da Beira
Vilar Formoso
Villacastín
Viseu
Águeda
Ávila
El Escorial
Guadalajara
Mira
Seia
Guarda
Ciudad Rodrigo
MADRID
Sacedón
El Barco de Ávila
Alcalá de Henares
Figueira da Foz
Covilhã
Béjar
San Martin de Valdeiglesias
Coimbra
Fundão
Arenas de San Pedro
Móstoles
Getafe
Parla
Plasencia
Maqueda
Aranjuez
Tarancón
Leiria
Pombal
Navalmoral de la Mata
Ocaña
Batalha
Fátima
Sertã
Coria
Talavera de la Reina
Toledo
Nazaré
Castelo Branco
Cañaveral
Caldas da Rainha
Tomar
Alcántara
Mora
Quintanar de la Orden
Peniche
Abrantes
Marvão
Cáceres
Guadalupe
Navahermosa
Madridejos
Torres Vedras
Ponte de Sor
Valencia de Alcántara
Trujillo
Santarém
Portalegre
Puerto Lápice
Herrera del Duque
Alcázar de San Juan
LISBOA
Vila Franca de Xira
La Roda
Sintra
Estremoz
Badajoz
Don Benito
Ciudad Real
Tomelloso
Estoril
Montijo
Vendas Novas
Elvas
Daimiel
Manzanares
Munera
Barreiro
Mérida
Montemor-o-Novo
Évora
Almendralejo
Castuera
Cabeza del Buey
Almadén
Sesimbra
Setúbal
Valdepeñas
Villanueva del Fresno
Zafra
Puertollano
Alcaraz
Grândola
Jerez de los Caballeros
Fuente Obejuna
Pozoblanco
Almuradiel
Santiago do Cacém
Ferreira do Alentejo
Llerena
Peñarroya-Pueblonuevo
Villanueva de Córdoba
La Carolina
Elche de la
Moura
Beja
Sines
Bailén
Linares
Montoro
Castro Verde
Serpa
Rosal de la Frontera
Andújar
Úbeda
Villacarrillo
Aracena
Constantina
Córdoba
Jaén
Cazorla
Odemira
Mértola
Valverde del Camino
Lora del Río
Palma del Río
Baena
Martos
Huéscar
Ourique
Villanueva de los Castillejos
Carmona
Écija
Montilla
Alcalá la Real
Baza
Vila Real de Sto.António
Sevilla
Alcalá d.G.
Osuna
Lucena
Priego de Córdoba
Huércal-
Lagos
Portimão
Ayamonte
Huelva
Utrera
Estepa
Guadix
Cabo S.Vicente
Sagres
Albufeira
Tavira
Faro
Olhão
Matalascañas
Morón de la Frontera
Granada
Sanlúcar de Barrameda
Lebrija
Antequera
Alhama de Granada
Golfo de Cádiz
Olvera
Vélez-Málaga
Motril
Jerez de la Frontera
Arcos de la Frontera
Ronda
Nerja
Adra
El Puerto de Santa María
Málaga
Cádiz
Torremolinos
San Fernando
Medina-Sidonia
Marbella
Estepona
San Roque
Barbate
Algeciras
La Línea de la Concepción
Tarifa
Gibraltar (GB)
Estrecho de Gibraltar
Tanger
Ceuta (E)
P
E

Bordeaux
Cap Ferret
Arcachon
Libourne
Ste-Foy-la-Gde.
Bergerac
Souillac
Sarlat-la-Canéda
Rocamadour
Gourdon
Figeac
Cahors
Langon
Marmande
Casteljaloux
Villeneuve-sur-Lot
Agen
Moissac
Caussade
Villefranche-de-Rouergue
Rodez
Espalion
Langogne
Mende
Florac
Millau
le Vigan
Alès
Privas
Montélimar
Die
Gap
Embrun
Serres
Nyons
Orange
Sisteron
Château-Arnoux
Digne-les-Bains
Barcelonnette
Castellane
Carpentras
Avignon
Apt
Manosque
Draguignan
Labouheyre
Roquefort
Nérac
Mont-de-Marsan
Condom
Lectoure
Montauban
Gaillac
Albi
St-Affrique
Tarn
Garonne
Lot
Durance
Nîmes
Arles
Salon-de-P.
Aix-en-Prov.
Istres
Fos
Brignoles
St-Tropez
Hyères
Toulon
la Ciotat
Marseille
Stes-Maries-de-la-Mer
Sète
le Cap d'Agde
Montpellier
Pézenas
Béziers
Castres
St-Pons-de-Thomières
Mazamet
Carcassonne
Narbonne
Golfe du Lion
Hossegor
Bayonne
Biarritz
Hendaye
Dax
Aire-sur-l'Adour
Orthez
Mirande
Auch
Toulouse
Muret
Pamiers
Foix
Quillan
Tarbes
Pau
Lourdes
Oloron-Ste-M.
St-Jean-Pied-de-Port
Lannemezan
St-Gaudens
Bagnères-de-Bigorre
Cauterets
St-Girons
Bagnères-de-Luchon
Ax-les-Thermes
Port-la-Nouvelle
Port-Barcarès
Canet-Plage
Perpignan
Port-Vendres
Prades
Céret
Pamplona/Iruñea
Jaca
Sangüesa
Bielsa
Benasque
Vielha
ANDORRA-LA-VELLA
AND
La Seu d'Urgell
Tafalla
Sádaba
Ejea de los Caballeros
Huesca
Graus
Tremp
Berga
Ripoll
Olot
Roses
Figueres
Girona
Palamós
Sant Feliu de Guixols
Tudela
Zuera
Barbastro
Monzón
Benabarre
Balaguer
Solsona
Manresa
Vic
Granollers
Blanes
Arenys de Mar
Mataró
Badalona
Barcelona
Zaragoza
Sariñena
Lleida
Tàrrega
Terrassa
Igualada
Vilafranca del Penedès
Fraga
Bujaraloz
Caspe
Valls
Reus
Tarragona
Vilanova i la Geltrú
Cambrils de Mar
L'Ametlla de Mar
Cariñena
Daroca
Hijar
Gandesa
Alcañiz
Montalbán
Molina de Aragón
Monreal del Campo
Tortosa
Amposta
Morella
Vinaròs
Peñíscola
Teruel
Torre Baja
Alcora
Benicàssim
Castelló de la Plana
Borriana
Santa Cruz de Moya
Segorbe
Llíria
Sagunt
Utiel
Requena
València
Torrent
Golfo de Valencia
Sueca
Cullera
Gandía
Mahora
Ayora
Albacete
Xàtiva
Alzira
Denia
Almansa
Alcoy
Yecla
Villena
Elda
Altea
Benidorm
Jumilla
Novelda
Alacant/Alicante
Elx
Cieza
Orihuela
Torrevieja
Alcantarilla
Murcia
Lorca
Cartagena
Cabo de Palos
Aguilas
Ebro
Segre
Jalón
Aragón
Júcar
Segura
Menorca
Ciutadella
Maó
Mallorca
Pollença
Alcúdia
Sóller
Inca
Artà
Palma
Manacor
Santanyí
Sant Antoni d. Portmany
Eivissa/Ibiza
Formentera
Islas Baleares
Dellys
Tigzirt
Bejaïa
Azazga
Ziama Mansouria
ALGER
Sidi Ferruch
Bou Ismaïl
Thenia
Larba
Lakhdaria
Tizi Ouzou
DZ
Cherchell
Ténès
Gouraya
Tipasa
Blida
Bouira
Soummam
Sétif
El Marsa
Miliana
Aïn Bessem
Médéa
Port de Ménard
Ech Chlef
Chélif
Oued Fodda
Berrouaghia
Sour el Ghozlane
Bordj Bou Arreridj
Aïn Oulmene
Arzew
Mostaganem
Oued Rhiou
Theniet el Had
Ksar el Boukhari
Boughzoul
Aïn el Hadjel
M'Sila
Magra
E11
E15
E9
E70
E5
E72
E80
E7
E804
E90
E901
A7
A9
A15
A68
A2
A20
A61
A62
A64
N10
N20
N85
N102
N134
N230
N240
N330
N234
N111
N430
N301
N340
N11

Die
Montélimar
Gap
Embrun
Guillestre
Serres
Nyons
Barcelonnette
Orange
Sisteron
Château-Arnoux
Digne-les-Bains
Carpentras
Avignon
Puget-Théniers
Arles
Apt
Castellane
Salon-de-P.
Manosque
Grasse
Istres
Aix-en-Prov.
Draguignan
Fos
Marseille
Brignoles
Le Luc
Fréjus
Cannes
Antibes
Nice
MONACO
MC
la Ciotat
Toulon
Hyères
St-Tropez
Fossano
Cúneo
Tende
Garéssio
Asti
Acqui T.
Alba
Alessándria
Tortona
Bóbbio
Piacenza
Fidenza
Génova
Savona
Finale L.
Rapallo
Sestri Levante
Golfo di Génova
Alássio
Impéria
San Remo
Mar Ligure
Parma
Réggio nell' Emilia
Modena
Mirándola
Rovigo
Ferrara
Porto Tolle
Comacchio
Bologna
Ravenna
Pontrémoli
Pavullo nel Frignano
Imola
Forlì
Cérvia
Cesena
Rímini
Riccione
RSM
SAN MARINO
Urbino
Carrara
Massa
La Spézia
Forte d.Marmi
Viaréggio
Lucca
Pistóia
Prato
Bagno di Romagna
Pisa
Firenze
Livorno
Pontedera
Empoli
Poggibonsi
Sansepolcro
Gúbbio
Volterra
Siena
Arezzo
Cortona
Cécina
Montepulciano
Perugia
Assisi
Piombino
Massa M.
Chiusi
Follonica
Paganico
Foligno
Portoferráio
Elba
Grosseto
Pittigliano
Orvieto
Todi
Spoleto
Bolsena
Terni
Orbetello
Viterbo
Narni
Rieti
Giglio
Tarquinia
Civita Castellana
Civitavécchia
CITTÀ D.VATICANO
V
Lido di Ostia
ROMA
Aprilia
Anzio
Cap Corse
St-Florent
Bastia
l'Ile-Rousse
Calvi
F
Porto
Corte
Corse
Cargèse
Aléria
Ajaccio
Solenzara
Propriano
Sartène
Porto-Vecchio
Bonifacio
Santa Teresa Gallura
Palau
Golfo Aranci
Castelsardo
Témpio Pausánia
Porto Tórres
Olbia
Sassari
Siniscola
Alghero
Ozieri
Sardegna
Bosa
Macomer
Nuoro
Tirso
Oristano
Láconi
Arbatax
I
Mar Tirreno
Gúspini
Iglesias
Monastir
Portoscuso
Muravera
Carloforte
S. Antíoco
Carbónia
Cagliari
Capo Spartivento
Trápani
Marsala
Mazara del Vallo
Sciacca
Bizerte
Menzel Bourguiba
Collo
Chetaïbi
Jijel
El Milia
Skikda
Azzaba
Annaba
El Kala
Tabarka
Nefza
Mateur
El Haouaria
Cap Bon
Kélibia
DZ
Ben Mehidi
Aïn Draham
Beja
TUNIS
Carthage
Menzel Temime
Hammam Lif
Pantelleria
Constantine
Oued Zénati
Guelma
Jendouba
Medjez el Bab
Korba
El Eulma
Souk Ahras
Téboursouk
Zaghouan
Nabeul
Hammamet
Chelghoum el Aïd
Ouled Rahmoun
Sakiet Sidi Youssef
le Kef
TN
El Fahs
Enfidaville
Oum el Bouaghi
Aïn Beïda
Mektar
Sidi Bou Ali

Jadransko More
Mar Adriático
Iónio Pélagos
Mar Ionio
BEOGRAD
SARAJEVO
TIRANË
SKOPJE
Nápoli
Bari
Palermo
Messina
Catánia
Golfo di Taranto
Ísole Eólie o Lípari
Sicilia
VALLETTA
Malta
Gozo

14

Black Sea
Mer Noire
Schwarzes Meer
SOFIJA
Plovdiv
Varna
Burgas
Ruse
Pleven
Veliko Târnovo
Stara Zagora
SKOPJE
Niš
Thessaloníki
ÁTHINA
Pireás
Pátra
Lárissa
Vólos
İstanbul
Edirne
Tekirdağ
Marmara Denizi
Çanakkale
Balıkesir
İzmir
Manisa
Aydın
Thrakikó Pélagos
Egéo Pélagos
Kykládes
Kritikó Pélagos
Mirtóo Pélagos
Thermaikós Kólpos
Límnos
Lesvos
Híos
Sámos
Ikaria
Kós
Ródos
Kárpathos
Kássos
Thíra (Santoríni)
Náxos
Páros
Mílos
Kíthira
Iráklio
Haniá
Kríti
Evia
Kérkira
Lefkáda
Itháki
Zákinthos
Kalamáta
Trípoli
Kórinthos
Árta
Ioánina
Kozáni
Kavála
Dráma
Xánthi
Komotiní
Alexandroúpoli
Sófia
YU
BG
MK
GR
TR

Europa
Europe

1:1 000 000

Island
1:3 000 000
REYKJAVIK
Hafnarfjördur
Akranes
Keflavik
Sandgerdi
Njardvikur
Vogar
Grindavik
Hveragerdi
Porlákshöfn
Selfoss
Eyrarbakki
Hella
Hvolsvöllur
Heimaey
Vestmannaeyjar
Vik
Kirkjubæjarklaustur
Mýrdalsjökull
Katla
Höfn
Vatnajökull
Bárdarbunga
Hofsjökull
Langjökull
Djúpivogur
Papey
Breiddalsvik
Kirkjuból
Búdir
Eskifjördur
Búdareyri
Neskaupstadur
Seydisfjördur
Egilsstadir
Bergen
Bakkagerdi
Heradhsfloi
Vopnafjördur
Vopnafjördhur
Kollumúli
Bakkafjördur
Bakkafloi
Porshöfn
Fontur
Pistilfjördhur
Raufarhöfn
Rifstangi
Kópasker
Axarfjördhur
Húsavik
Myvatn
Grimsey
Gjögur
Olafsfjördur
Dalvik
Akureyri
Eyjafjördhur
Siglufjördur
Hofsos
Saudarkrókur
Skagafjördhur
Skagatá
Höfdakaupstadur
Blönduós
Húnafloi
Hvammstangi
Bordeyri
Búdardalur
Stykkishólmur
Grundarfjördur
Olafsvik
Hellissandur
Borgarnes
Faxaflói
Breidhafjördhur
Látrabjarg
Vatneyri
Sveinseyri
Bildudalur
Pingeyri
Glàma
Flateyri
Sudureyri
Isafjördur
Bolungarvik
Straumnes
Hornbjarg
Djúpavik
Hólmavik
Króksfjardarnes
Snæfell
Sørøya
Sorvær
Hasvik
Breivikbotn
Nord-Sandfjord
Dønnesfjord
Langkeila
Bøle
Storelv
Slettnes
Brummelnes
Sandøy
Skarvfjordhamn
Finnvik
Gamvik
Vatnan
Øyfjord
Haraldseng
Elenheimen
Stjernvåg
Russehamn
Stjernøya
Lillebukt
Silda
Gammelvær
Samuelsnes
Loppa
Lopphavet
Stordalen
Nuvsvåg
Kummelvik
Tverrfjord
Bergsfjord
Sletta
Øksfjord
Botn
Storvik
Øyra
Aspenes
Gamvik
Tappeluft
Langfjord
Sandland
Neset
Skavnakk
Sør-Tverrfjord
Olderfjord
Vågen
Andsnes
Fugløya
Reinfjordbotn
Jøkelfjordeidet
Lavan
Bognelv
Bognelvdalen
Alteidet
Hamnbukt
Ravelsnes
Laukeng
Burfjord
Kviteberg
Skorpa
Valanhamn
Storeng
Oskfjord
Kvænangsfjellet
Undereidet
Badderen
Sekkemo
Mettevoll
Karvik
Dorras
Øvergård
Vaddasgruver
Kjækan
Kvænangsbotn
Nord-Rekvik
Årviksand
Nymoen
Hellnes
Laukøya
Nikkelby
Haukøyhamn
Meiland
Skjervøy
Arnøyhamn
Akkarfjord
Haugnes
Kågnes
Skognes
Vorterøya
Kågen
Flåten
Hamneidet
Klauvnes
Bakkeby
Uløya
Storvik
Langslet
Sørkjosen
Storslett
Røyelelv
Rotsundelv
Hamnes
Rotsund
Djupvik
Furulund
Nordmannvik
Olderdalen
Birtavarre
Kåfjordbotn
Kåfjorddalen
Sappen
Puntafoss
Bilto
Samueldalen
Vinnelys
Sieima
Lyngseidet
Karnes
Fossheim
Dalen
Brennes
Elvelund
Revdal
Abmelaseter
Furuflaten
Skibotn
Horsnes
Lyngspollen
Rasteby
Elvevoll
Jægervatnet
Koppangen
Arøybukt
Jarga
Uldon
Storstenes
Svensby
Kjosen
Forneset
Jøvik
Skjelnes
Holmen
Hundberg
Djupen
Sør-Lenangen
Nord-Lenangen
Storsletta
Styrmannstø
Ravik
Svingen
Russelv
Burøy
Burøysund
Ystesled
Vannareid
Hamre
Vannavalen
Kvitnes
Vanna
Vannvåg
Lanesøra
Vannakammen
Vannøy
Karlsøy
Torsvåg
Helgøy
Innerby
Bårdset
Kvaløy
Grøtøy
Holmesletta
Myrstad
Grunnfjord
Bromnes
Rebbenesøy
Mikkelvik
Dåfjord
Botn
Hansnes
Stakkvik
Nordeidet
Reinskar
Reinøy
Grøtnes
Rottenby
Hessfjord
Pernilsajord
Skarsfjord
Komagvik
Ringvassøy
Engvik
Mjølvik
Skogvik
Måsvik
Risøy
Finnvik
Indre Kårvik
Finnkroken
Omusvær
Kvaløyvåg
Vengsøya
Simavik
Belvik
Hestvika
Skulgam
Skittenelv
Oldervik
Grøtsundet
Snarby
Vengsøy
Skulsfjord
Futrikelv
Lyfjord
Grøtfjord
Tromvik
Rekvik
Sessøya
Susannajord
Sletta
Skattøra
TROMSØ
Tromsdalen
Kvaløya
Håkøybotn
Tussøya
Tussøy
Vasstrand
Tulleng
Hillesøy
Sandnes hamn
Straumsbukta
Larseng
Buvik voll
Mjelde
Bakkejord
Vikran
Brokskar
Kobbevåg
Jakobnjargga
Ansnes
Tennskjær
Vangshamn
Lysnes
Ytre Årnes
Spildra
Aglapsvika
Hestnes
Malangseidet
Malangen
Rossford
Skjelnan
Tønsvik
Brattfjell
Brevikeidet
Hov
Stormo
Skarmunken
Sandeggen
Fagernes
Ullsfjord
Skognes
Hamnbukta
Ramfjordnes
Finnjord
Stornes
Storbukt
Svartnes
Sjøvassbotn
Laksvatn
Bæccegælhaldde
Buvrrorassa
Saravatnet
Raisduoddarhaldde
Lassajavrre
Abbojavrre
Nævlajokka
Storelva
Kildaelva
Guolas jokka
Signaldalen

Nordkapp
Skarsvåg
Gjesvær
Kamøyvær
Nordvågen
Honningsvåg
Magerøya
Havøysund
Måsøy
Hjelmsøy
Ingøy
Rolfsøy
Porsanger-
halvøya
Hammerfest
Kvalsund
Skaidi
Olderfjord
Lakselv
Leavdnja
Skytefelt
Alta
Elvebakken
Talvik
Seiland
Karasjok
Kárášjohka
Karigasniemi
Utsjoki
Ohcejohka
Mehamn
Gamvik
Kjøllefjord
Nordkyn-
halvøya
Masi
Suoluvuobme
Vakkerfjellet
Iskuras
6

A
B
C
D
1
2
3
4
5
6
Berlevåg
Bearalvahki
Sandfjord
Kongsøy-fjorden
Kongsfjord
Kvitnes
Store Molvik
Raggocokka
Tunga
Sand
Kongsfjorddal
Båtsfjord
Straumen
Makkaur fyr
Syltefjord
Sommerset
Indre Syltesvik
Hamningberg
Sandfjord
Seglodden
Krognes
Smelror
Svartnes
Hornøya 31° 10′ 04″ E
(Norges østligste punkt)
Vardø
Kiberg
Kramvik
Langbunes
Komagvær
Kvalnes
Skallelv
Falkekeila
Krampenes
Ekkerøy
Vadsø
Varanger-
halvøya
Urfjellet
Lille Molvik
Gednje
høgda
Stuoragiedde
Austertana
Birkestrand
Bonakas
Tana
Boftsa
Hana
Luoftjok
Nyborg
Varangerbotn
Nesseby
Mortensnes
Klubbvika
Vestre Jakobselv
Varangerfjorden
Hurtigrute
Tana bru
Skipagurra
Karlebotn
høgda
Grasbakken
Advik
Nyelv
Buoiluofta
Gandvik
Bugøynes
Polmak
Nuorgam
Njuorggán
Polmakvatnet
Niemelä
Arola
Bugøyfjord
Vagge
Skoger-
Øya
Pasvik
Grense-Jakobselv
Bjørnstad
Engelsk
Lanabukt
Vintervollen
Reinøysund
Midtgård
Kirkenes
Tårnet
Viksjøfjellet
Valbukta
Elvenes
Bjørnevatn
Boris Gleb
Midtfjellet
Neiden
Neiden fjellstue
Munkelv
Langfjordbotn
Bekkevoll
Kuvereneringkoski
Zapoliarnoy
Ahmalahti
Salmijärvi
Langenes
Svanvatnet
Svanvik
Skrøytnes
Sør-Varanger
Nikel
Kuorpukas
Vanhakylä
Melkefoss-delet
Skogfoss
Langvatn
Skogum
Pitkäjärvi
Suort
Vaalestsielj
Pechenga
Hauge
Skogly
Vaggetem
Nyrud-delet
Stuorratsielj
Koudsher
Alksoaiv
Ozero Khutoyavr
Ozero Alaakkayarvi
Ladbshjaur
Keitovaara
Keltvaarr
Ozero Paiyakk'yaur
Elnvatnet
Paatsjoki
Nautsi
Vaydaguba
Mys Skorbeyevskiy
Poluostrov-Rybachiy
Guba Bol'shaya Volokovaya
Ostrov Bol'shoy
Aynov
Tausta
Bol'shoye Ozerko
Poluastrov-Sredniy
Guba Malaya Volokovaya
Liinakhamari
Novaya Titovka
Porovara
Trifona
Pechenga
Star-Titovka
Nyasyukka
Luostar
Kolttakylä
Titovka
Kashka Yavr
Maaret
Näätämö
Jääjärvi
Villavaara
Ullovarri
Kirakkajärvi
Jankkila
Sevettijärvi
Rautaperä
Järvenpää
Tsurajavri
Suolisjärvi
Supru
Iijärvi
Suojanperä
Nitsijärvi
Nammi-järvi
Partakko
Vasikka-selkä
Palomaa
Kaamasjoki
Kaamanen
Gámás
Haapalahti
Väylä
Inari
Inarijärvi
Satapetäjaselkä
Järvensuu
Yaniskoski
Jlvaar
Kaytakoski
Virtaniemi
Nellim
(Njellim)
Sulkusjärvi
Kontosjärvi
Mustola
Riutula
Inari/Anár
Veskoniemi
Nanguvuone
Sarmitunturi
Solojärvi
Kirakkakongäs
Koppelo
Ukonjärvi
Keväjärvi
Akujärvi
Ivalo
Avvil
Törmänen
Repo-Aslak
Kurupää
Ruohokangas
Suorsapää
Raja-Jooseppi
Algashvaarr
Kaaptoaiv
Vedshkorsh
Lotta
Kanneshvaarr
Vuoskoaiv
Vulozero
Rastimuddar
Ozero Vunniyaur
Vuennijauraoaiv
Nivankyul'
Eraslompolo
E75
E6
E105
890
891
886
885
98
97
124
7

A
B
C
D
1
2
3
4
5
6
Andenes
Bleik
Andøya
Vesterålen
Lofoten
Hinnøya
Langøya
Austvagøy
Vestvagøy
Hadseløya
Gimsøy
HARSTAD
Sortland
Stokmarknes
Melbu
Svolvær
Kabelvåg
Henningsvær
Stamsund
Leknes
Ballstad
Reine
Moskenes
Sørvågen
Å
Lofotodden
Moskenesstraumen
Mosken
Nordlandsflaket
Værøy
Sørværøy
Værøy fyr
Hurtigrute
Myre
Nyksund
Stø
Langenes
Skogsøya
Risøyhamn
Dverberg
Skarstein
Stave
Skogvoll
Nordmela
Sigerfjord
Strand
Kleiva
Hadsel
Hanøy
Lødingen
Kjøpsvik
Hamarøy
Ulvsvåg
Skillvassbakk
Tysfjord
Helland
Innhavet
Kråkmo
Sildhopen
Mørsvikbotn
Bogøy
Steigen
Engeløy
Nordfold
Folda
Kjerringøy
Landegode
Helligvær
Bodø
Valnesfjord
Fauske
Løding
Bertnes
Vatnet
Mjønes
Straumen
Sulitjelma
Blåmannsen
Blåmannen
Skaland
Gryllefjord
Torsken
Grunnfarnes
Kaldfarnes
Mefjordvær
Senjehopen
Ersfjord
Grøtavær
Grytøya
Kasfjord
Borkenes
Kilbotn
Ramsund
Liland
Evenes
Ballangen
Bjerkvik
Andfjorden
Vågsfjorden
Ofotfjorden
Tjeldøya
Tjeldsundbro
Sommerset
Tømmernes
Nordskot
Sagfjorden
Gaulis
Sørfold
Tårnvik
Brennvika
Sjunkfjorden
Mistfjorden
E10
E6
80
81
82
83
86
820
247
9
44

1
A
B
C
D
Laukvik
Mjelde
Buvik-voll
Bakkejord
Ramfjordnes
Skognes
Hundberg
Revdal
Furuflaten
Abmelaseter
Skibotn
Raisduoddarhaldde
Husøy
Botnhamn
Tennskjer
Vangshamn
Ansnes
Jakobnjargga
Kobbevåg
Brokskar
Vikran
Finnjord
Stornes
Storbukt
Svartnes
Sjøvassbotn
Rasteby
Djupen
Elvevollen
Horsnes
Storfjord
Helligskogen
Lysnes
Aglapsvika
Spildra
Malangseidet
Malangen
Balsfjorden
Laksvatn
Lakselvsletta
Oteren
Bukkemoen
Karvikhamn
Rossfjord
Straumen
Skrean
Mestervik
Balsfjord
Seljelvnes
Nordkjosbotn
Gibostad
Bjorelvnes
Langnes
Målsnes-odden
Målsnes
Nordfjordbotn
Lodbukta
Øvergård
Signalnes
Svartfjell
Tårnvik
Holt
Storsteinnes
Kvannås
Rundmo
Nordstrand
Vesterli
Hølen
Kjempedal
Paras
Finnfjordbotn
Grasmyrbotn
Silsand
Lunebogg
Karlstad
Sommer-lyst
Strupen
Harkinn
Saana
Kilpisjärvi
Finnsnes
Hemmingsjord
Akkaseter
Målselv
Olsborg
Heia
Tverrelvnes
Høgli
Vågan
Sørreisa
Storli
Straumsli
Nyrud
Rostafjellet
Kongsli
Måskokaise
Pältsastugorna
Kilpisjärvi
Solberg
Sildvika
Nordstraumen
Moen
Takelvdal
Takvatnet
Holt
Peera
Vangsvik
Skatvik
Skøelv
Nyhus
Maukdal
Rundhaug
Skjold
Øverbygd
Lille Rostavatn
Tyrrelvmo
Rostahytta
Kummavuopio
Keinovuopio
Lavik
Espenes
Andselv
Sundlia
Nytrøen
Mauken
Målselva
Maristad
Dalen
Dividalen
Liggafjellet
Saarikoski
Brøstadbotn
Tangen
Nygård
Hjerttind
Rostaelva
154
Bjørkebakken
Devdisjavrre
Iitto
Istindan
Kirkesjord
Høgskarhuset
Ropinsalmi
Hundstrand
Kastneshamn
Rønningen
Bjørkåsen
Dividalen
Råstojaure
Naimakka
Sørfjord
Rørbakken
Haugli
168
Frihetsli
RÅSTO
Løksa
Sletta
Sjøvegan
Prestbakken
Setermoen
Isogaissa
Fossbua
Konkam
Rotvik
Håkavik
Kistefoss
Nesmoen
Eggen
Njunes
Skakterelva
Laberg
Brandvoll
Sørhus
Raketskjutfält
Dividalshytta
Reite
Lia
Olsåker
Straumsmo
Anjavasselva
Tavvaskaite
Forset
Lunde
Tjålmejaure
Lainioälven
Selnes
Kjeiprød
Myrlandshaug
Lavangen
Hellberg
Dalberg
Altevatn
Tennevoll
Gaskashytta
Kärvejaure
Hesjeberg
Lund
Innset
Kistefjellet
Kiepanjaure
Tavvaätno
Fossbakken
Bonnes
Sørmo
Årstein
Kielelflinden
Vargneset
Tavvajaure
Rokkomborre
Tsåktso
Pulsujärvi
Råpe
Laberget
Gratangen
Altevatnet
Sandvika
Gamasjaure
Helleren
Gamasjokka
Leinavatnet
Pulsujoki
Rivtind.
Päivektjåkka
Käksevare
Järämä
Jarkast.
Vassbotn
Bjørkvik
Djupviken
Tuoptetjåkkah
Raketskjutfält
Herjangen
Njuorajaure
Rakisätno
Lenvikmark
Seines
Trældal
Bjørnfjell
Tornehamn
Björkliden
Laimoluokta
Kärkaive
Veggen
Vassijaure
Torneträsk
Kattuvuoma
Rombaken
Riksgränsen
Björkstugan
Laimoluokta
Rakisvare
Straumnes
Ankenes
NARVIK
Kårsavagge jökeln
Abisko östra
Stordalen
Tjålme
Fagernes
Kaisepakte
Siurujoki
Håkvik
Stalonjaure
Grindjord
Beisfjord
Abiskojaure
Stenbacken
Torneträsk
Skjomen
Sjursheim
Tjuonatjåkka
Nakervare
Lulep Patsajäkel
Vittangijärvi
Tjiuro
Lengenes
Tjåmuhas
Bergfors
Vittangivaara
Skjomen
Sælkajavrre
Valvojåkka
Vidja
Eiterelvmoen
Storsteinfjellet
Miesakjaure
Apparjaure
Sevujärvi
Elvegård
Rautasjaure
Rensjön
Lostvatnet
Miesakjaurestugan
Kåtotjåkka
Cunojokka
Alesjaure
Rautasluspe
Råppe
Bogholm
Skjombotn
Ippocokka
Alesjaure-stugorna
Lolep Rautasätno
Rautas
Kurravaara
Storriten
Valastjåkka
Vistasstugan
Nallostugan
Lävasjåkka
Krokvik
Jukkasjärvi
Kauppinen
Vistasjåkka
Majaure
Tuoltuvaara
Alttajärvi
Paksuniemi
Alep Juovvatjårås
Unna Räitastugan
Suorretjåkka
Kaskasatjåkka
Tarfalastugan
KIRUNA
Geolysiskt observatorium
Talvimaastugan
Sitasjaure
Pirttivuopio
Årosjåkk
Laukkuluspa
Puoltsa
Kuosanen
Torneälven
Käptajaure
Kebnekaise
Nikkaluokta
Paittasjärvi
Jänkanalusta
Kalixfors
Toppstugan
Kebnekaise fjällstation
Holmajärvi
Kaalasjärvi
48
Sitasjaure
Kalixforsbron
Kalixälven
Svappa
Sitasjaurestugorna
Singistugorna
Kirjasajåkka
Järnmalmsgruva
Upmasjaure
Pattajaura
Katsak
Atjektjåkka
Kaitumjaure stugorna
Tertojåkk
Seukojaure
Autajaure
Täunatjåkka
Lappberg
Teusaätno
Ruotjajaure
Kallaktjåkka
Teusajaure stugorna
Kaska Kaitumjaure
Vuolep Kaitumjaure
Kaitumälven
Kaitum
Bitjemjåkk
Killinge
Kårsatjåkka
Lappviste
Vaisaluokta stugan
Fjällåsen
Neitisuando
Lermejaure
Akkajaure
Akkastugorna
Nujaure
Vakkotavare-stugan
Dammbyggnad
Paskajarnga
Harrå
Avvakko
Akkavare
Stortoppen
Suorva
Satihaure
Sjaunjaätno
Kisuris-stugan
Vietas
Stora Sjöfallet
Tjautjas
Soltajåkkå
Kebnats-bryggan
Kirjaluokta (Öde)
Håmojåkk
Låddejåkkstugan
Stortoppen
Sarek
Lina älv
Muorjevaara
Linaätno
Smailajåkkå
Malmberget
Koskulls-kulle
Ruokto
Kyrkå museum
GÄLLIVARE
Pierikjaure
Alkavare kapell
Akatjåkkå
Kuosakåbbå
Nietsak-jaure
Dundret
Stora Lulevatten
Kapellplats
Akkalevare
Rapadalen
Sitojaure
Ultevis
Nietsak
Harrträsk
Tuottarstugorna
Sarvesjåkkå
Rapaätven
Sjaunjaviken
Jutsajaure
Alloluokta kapell
Luossajåkkå
Palkattjåkka
Tarraluoppal-stugorna
Aktsestugorna
Laitaure
Luspebryggan
Ripats
Parfefjällen
Nautasjåkka
Kraftverk
Kronsågen
Nuortikon
Radnejaure
10
E6
E8
E10
45

A B C D

1 2 3 4 5 6

Kautokeino
Avžže
Peerava
Peera
Keinovuopio
Munnikurkkio
Galanito
Siebe
Saarikoski
Ropi Roahppi
945
Iitto
Ropinsalmi
Naimakka
Kalkkoaivi
Urddevarre
633
Aidde-javre
Soulojavre
Bajasjavre
Duolljejavvre
Geggejavvre
Kivilompolo
Pöyrisjärvi
Valkamapää
Gavnejavre
Syväjärvi
Kelottijärvi
Palojärvi
Näkkälä
Luspa
Markkina
Maunu
Kaaresuvanto
Jatuni
Karesuando
Kultima
Leppäjärvi
Liedasjärvi
Jålgesvarri
518
Kalmakaltio
Pulsujärvi
Råpe
802
Närvä
Idivuoma
Suonttajärvi
Hetta
Kuttanen
Vähäniva
Enontekiö
Eanodat
Vuontisjärvi
Nunnanen
Njunnás
Peltovuoma
Bealdovuopmi
Korsatunturi
462
Raketskjutfält
Jårkastaka
Kärkaive
726
Muotkajärvi
Palojoensuu
Paittasjärvi
Paljukkavaara
441
Aijäjoki
Ketomella
644
Ounastunturi
Nunisvaara
427
Puljutunturi
Suijavaara
Sonkamuotka
Puolitaival
574
Ruototunturi
Pulju
Salanki
Övre Soppero
Saivomuotka
Kätkäsuvanto
Kerásjärvi
Kerás-Sieppi
Yli-Kyrö
Raattama
Tjiuro
687
Nedre Soppero
Lannavaara
Kätkesuando
Trollnäs
Kajanki
Pallastunturi
807
Liepimä
Mieliö
Lompolo
Kurkkio
Yli-Muonio
Nulusjemi
Koeasema
Pallasjärvi
Esrange
Moudoslompolo
Muonio
Muoniovaara
Toras-Sieppi
Tepasto
Vierelä
Merasjärvi
Muonionalusta
Särkijärvi
Kutuniva
Ulkuvaara
Majavaoja
Pöntsö
Sappisaasi
Rauhala
Hahnimaa
Jerisjärvi
Kitkiöjärvi
Bjurå
Kangosjärvi
Nivunkijärvi
Muotkavaara
Veitservasa
Köngäs
Rautuskylä
Talvimaastugan
Vivungi
Lainio
Kitkiöjoki
Akäsjärvi
Sirkka
Hossa
Levi
531
Parkalompolo
Järvenpää
Rasti
Vittangi
Kuokso
Oksajärvi
Parkajoki
Granvik
Ahmapalo
Salmivaara
Peurakaltio
Riikonkumpu
Niliva
Tiurajärvi
Totovaara
Kittilä
Kotakumpu
Keräntöjärvi
Purnuvaara
Hukanmaa
Salmi
Karnevaara
Kihlanki
Äkäslompolo
Hormakumpu
Piilijärvi
Merasjärvi
Särkimukka
Vanha-Kihlanki
Yllas
718
Hannukainen
Kolkuttan
Nedre-Parakka
Övre-Parakka
Nuuksujärvi
Kaalama
Tapojärvi
Ylläsjärvi
Tiukuvaara
Puoltikasvaara
Kangosfors
Hietarova
Jauhojärvi
Särestöniemi
Masugnsbyn
Äkäsjokisuu
Kaukonen
Junosuando
Aareavaara
Huuki
Vettasjärvi
Salmijärvi
Kääntöjärvi
Käymäjärvi
Nuottaniemi
Saaripudas
Palo
Kallo
Lautakoski
Kaunisvaara
Kattilamaa
Kurtakko
Maunuvaara
Palokorva
Mella
Palo
Saittarova
Sahavaara
Kolari
Teurajärvi
Alakylä
Lovikka
Pilkkasaajo
Naamijoki
Iso-Kelhu
381
Maunujärvi
Ristivaara
304
Vaenvaara
Anttis
Peräjävaara
Kaunisjokisuu
Nilivaara
Männikkö
Törmäsniva
Pohjasenvaara
Venejärvi
Kokkovaara
Autio
Keksiäisvaara
Lompolo
Molkojärvi
Markitta
Talinen
Pajala
Kelloniemi
Tuuliharju
Vittikko
Tärendö
Koijuniemi
Liviöjärvi
Kengis
Venetti
Vaattojärvi
Helppi
Granhult
Aukea
Lappea
Ruokojärvi
Juustovaara
Kinisjärvi
Hörntorpet
Sieppijärvi
Asumamaa
Lohiniva
Dokkas
Kompelusvaara
Ruokojärvi
Hietanen
Järvirova
Taapajärvi
Tainiovaara
Porokari
Ampias-lantto
Ullatti
Nytorp
Kiilarova
Sattarova
Sattajärvi
Kassa
Pasmajärvi
Nuottavaara
Kainulasjärvi
Kirnujärvi
Koivumaa
Sammalvaara
Sammakko
Selkäjärvi
Torinen
Väylänpää
Aitamännikkö
Jääskö
Långheden
Nuoksujärvi
Kardis
Kivilaki
Niemelä
Ruonajärvi
Hakkas
Kronotorp
Jierijärvi
Kuusilaki
Jarhoinen
Vittikkovuoma
Tolonen
Aijävaara
Narken
Jarhois
Satter
Pempelijärvi
Lahenpää
Ohtanajärvi
Kursu
319
Marrasjärvi
Pikkujaakko
Puolamaajärvi
Kulmunki
Olkamangi
Naamijoki
Lahnajärvi
Orajärvi
Mäntyvaara
Korpilombolo
Aapua
Törmänki
Patoks
Paharova
Hannumäki
Pirttiniemi
Ruuhijärvi
Rattosjärvi
Sarvisvaara
Torasjärvi
Konttajärvi
Storberget
Skröven
Lahnasuando
Teurajärvi
Suaningi
Pello
Saukkoriipi
Korpilompolo
Mukkajärvi
Torrivaara
Ängesån
Salmi
Neistenkangas
Nivanpää
Pello
Rovanpää
Nuasjemi
Nuasjärvi
Marraskoski
Hoppet
Vinsa
Kivijärvi
Rovakka
Matinlompolo
Puolamajärvi
Ylipää
Typpyrä
Slättberget
Limingojärvi
Lehmivaara
Lankojärvi
Tuhnaja
Lansjärv
Jokk
Rantajärvi
Penttäja
Sirkkakoski
Lampsijärvi
Romakkajärvi
Mäntyjärvi
Tapionkylä
Raanujärvi
Vallsjärv
Ylinenjärvi
Svanstein
Turtola
Palojärvi
Sonka
Mukkajärvi
Ansvar
Kaaranneskoski
Jolanki
Härkmyran
Ruokojä
Vyöni
Juoksengi
Ristioja
Sinetän
Orkafors
Flakaberg
Ertsjärv
Vinnäset
Jänkisjärvi
Kuravuoma
Juoksenki
Niskanpää

Konkämäälven
Rommaeno
Torisen
Lainioälven
Pulsujoki
Aggojäkkå
Idijoki
Ainattijoki
Siurujoki
Sekkujoki
Saankijoki
Lainioälven
Olosjoki
Vittangiälven
Torneälven
Lainioälven
Kaunisjoki
Merasjoki
Tärendöälven
Kalixälven
Koinujoki
Vettasjoki
Vaffiojoki
Ängesån
Linaälven
Kalixälven
Pentäsjoki
Tornionjoki
Torneälven
Ounasjoki
Tepastojoki
Loukinen
Aakenusjoki
Lainiojoki
Ylläsjoki
Äkäsjoki
Naamijoki
Marrasjoki
Kelontekemä
Miekojärvi
Ajankijärvi
Iso-Vietonen
Raanujärvi
Nuasjärvi
Aalisjärvi
Kapsajoki
Anarjokka
Kietsimäjoki
Bavtajohka
Gosjokka
Tsuvgesjohka
Pöyrisjoki
Repojoki
Jietajoki
Lätaseno
Salttijärvi
Peltojärvi
Ketojärvi
Tuolpajärvi
Kelottijärvi
Mettajärvi
Vettasjärvi
Naamijärvi
Pasmajärvi
Melajärvi
Ailakkajärvi
Iliomesjärvi
Vuorgojavvre
Nedre
Soulojavre
Bajasjavre

E8 E10 21 45 93 79 83 395 400 403 392 394

85 128 154 175 271 66

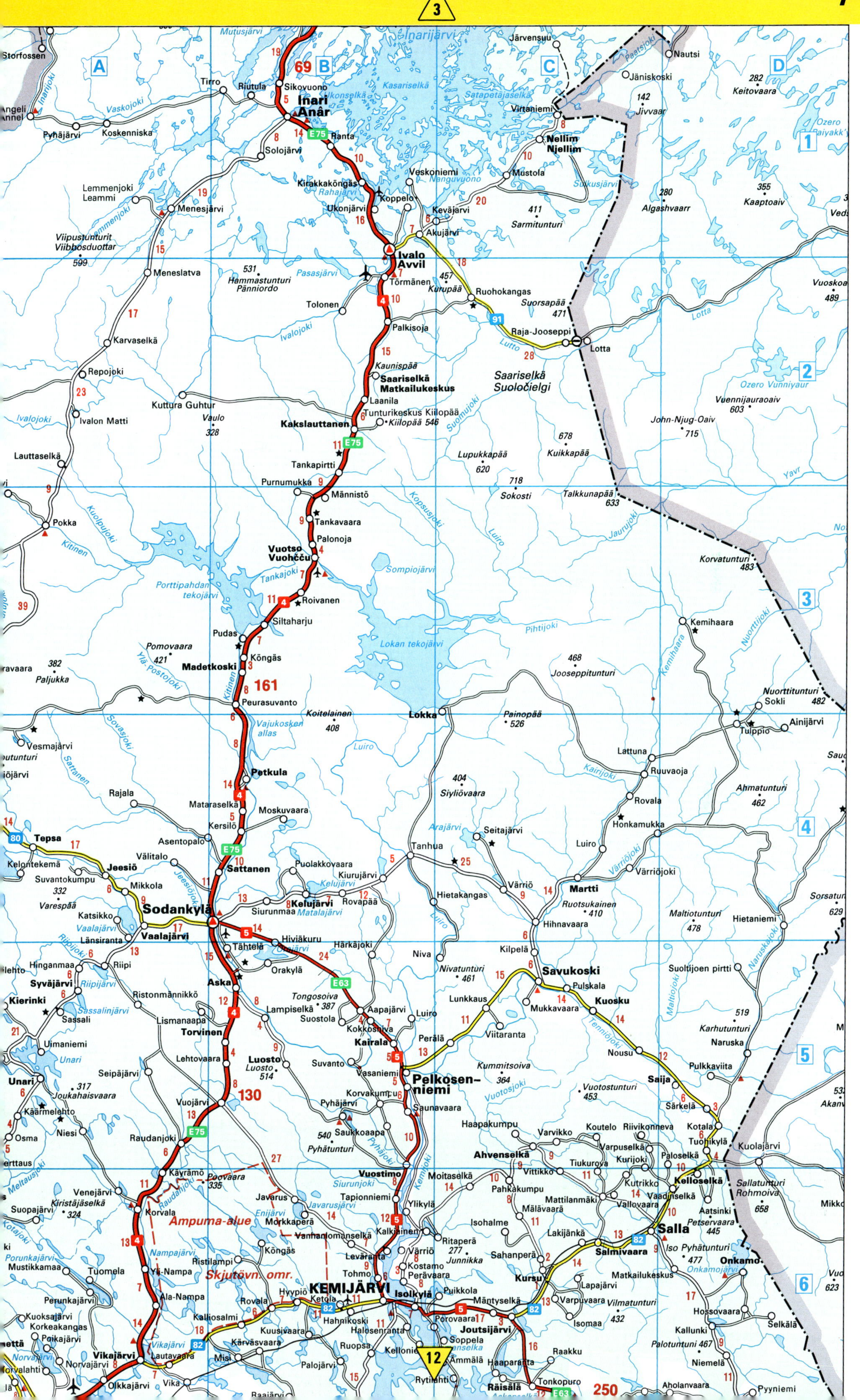
A
B
C
D
1
2
3
4
5
6
Storfossen
Mutusjärvi
Inarijärvi
Kasariselkä
Ukonselkä
Satapetäjäselkä
Järvensuu
Nautsi
Jäniskoski
282 Keitovaara
142 Jivvaar
Ozero
Virtaniemi
Inarijoki
Vaskojoki
Tirro
Riutula
Sikovuono
Inari
Anâr
69
E75
Ranta
Pyhäjärvi
Koskenniska
Solojärvi
Nellim
Njellim
Mustola
Veskoniemi
Nanguvuono
Kirakkakongäs
Rahajärvi
Koppelo
Lemmenjoki
Leammi
Menesjärvi
Ukonjärvi
Keväjärvi
Sulkusjärvi
280 Algashvaarr
355 Kaaptoaiv
411 Sarmitunturi
Akujärvi
Viipustunturit
Viibbosduottar
599
Ivalo
Avvil
Meneslatva
531 Hammastunturi
Pänniordo
Pasasjärvi
Törmänen
457 Kurupää
Ruohokangas
Suorsapää 471
Vuoskoa 489
Tolonen
Ivalojoki
Palkisoja
91
Raja-Jooseppi
Lotta
Lutto
Karvaselkä
Repojoki
Kaunispää
Saariselkä
Matkailukeskus
Saariselkä
Suoločielgi
Ozero Vunniyaur
Vuennijauraoaiv 603
Kuttura Guhtur
Laanila
Tunturikeskus Kiilopää
Kiilopää 546
Ivalojoki
Ivalon Matti
Vaulo 328
Kakslauttanen
Suomujoki
John-Njug-Oaiv 715
678 Kuikkapää
Lupukkapää 620
Lauttaselkä
Tankapirtti
Yavr
Purnumukka
Männistö
718 Sokosti
Talkkunapää 633
Pokka
Kuolpujoki
Kopsusjoki
Tankavaara
Jaurujoki
Kitinen
Palonoja
Luiro
Vuotso
Vuohčču
Korvatunturi 483
Porttipahdan tekojärvi
Tankajoki
Sompiojärvi
Roivanen
39
Siltaharju
Pudas
Pihtijoki
Kemihaara
Nuorttijoki
Pomovaara 421
Lokan tekojärvi
Köngäs
Madetkoski
468 Jooseppitunturi
382 Paljukka
Ylä-Postojoki
161
Peurasuvanto
Kemihaara
Nuorttitunturi 482
Sokli
Koitelainen 408
Lokka
Painopää 526
Ainijärvi
Tulppio
Vajukosken allas
Sovasjoki
Vesmajärvi
Lattuna
Ruuvaoja
Kairijoki
Petkula
404 Siyliövaara
Ahmatunturi 462
Rajala
Sattanen
Mataraselkä
Moskuvaara
Rovala
Honkamukka
Kersilö
Arajärvi
Seitajärvi
Tepsa
80
Asentopalo
Luiro
Tanhua
Välitalo
Puolakkovaara
Kelontekemä
Jeesiö
Sattanen
Kiurujärvi
Värriöjoki
Värriöjoki
Suvantokumpu 332
Mikkola
Kelujärvi
Värriö
Martti
Varespää
Sodankylä
Siurunmaa
Matalajärvi
Rovapää
Hietakangas
Ruotsukainen 410
Maltiotunturi 478
Hietaniemi
Sorsatunturi 629
Katsikko
Vaalajärvi
Hiviäkuru
Hihnavaara
Länsiranta
Vaalajärvi
Tähtelä
Orajärvi
Härkäjoki
Luiro
Niva
Kilpelä
Riipijoki
Hinganmaa
Riipi
Orakylä
Nivatunturi 461
Savukoski
Syväjärvi
Riipijärvi
Aska
E63
Tongosoiva 387
Pulskala
Suoltijoen pirtti
Naruskajoki
Kierinki
Ristonmännikkö
Lampiselkä
Suostola
Lunkkaus
Mukkavaara
Kuosku
Sassalinjärvi
Sassali
Lismanaapa
Aapajärvi
Luiro
Maltiojoki
519 Karhutunturi
Naruska
Torvinen
Kokkosniva
Viitaranta
Tenniöjoki
Uimaniemi
Kairala
Perälä
Nousu
Unari
Lehtovaara
Luosto
Luosto 514
Suvanto
Kummitsoiva 364
Pulkkaviita
Unari
Seipäjärvi
Vasaniemi
Pelkosenniemi
Vuotosjoki
Saija
Joukahaisvaara 317
Vuotostunturi 453
Särkelä
Kaarmelehto
Vuojärvi
130
Korvakumpu
Saunavaara
Niesi
Pyhäjärvi
Haapakumpu
Koutelo
Riivikonneva
Kotala
Osma
Raudanjoki
540 Saukkoaapa
Pyhäjoki
Varvikko
Varpuselkä
Tuohikylä
Kuolajärvi
Pyhätunturi
Ahvenselkä
Tiukuroya
Kurijoki
Paloselkä
Meltausjoki
27
Käyrämö
Poovaara 335
Vuostimo
Moitaselkä
Vittikko
Kutrikko
Kelloselkä
Sallatunturi
Rohmoiva 658
Venejärvi
Siurunjoki
Pahkakumpu
Vaadinselkä
Vallovaara
Suopajärvi
Kiristäjäselkä 324
Korvala
Javarus
Enijärvi
Javarusjärvi
Tapionniemi
Ylikylä
Mattilanmäki
Mälävaara
Aatsinki
Ampuma-alue
Morkkaperä
Isohalme
Lakijänkä
Salla
Petservaara 445
Mikko
Vanhanlomanselkä
Kalkkinen
Ritaperä
277 Junnikka
Salmivaara
Iso Pyhätunturi 477
Onkamo
Porunkajärvi
Mustikkamaa
Nampajärvi
Köngäs
Värriö
Sahanperä
Onkamojärvi
Tuomela
Yli-Nampa
Ristilampi
Skjutövn. omr.
Leväranta
Kostamo
Tohmo
Perävaara
Kursu
Lapajärvi
Matkailukeskus
Perunkajärvi
Ala-Nampa
Hyypiö
Ketola
KEMIJÄRVI
Isolkylä
Puikkola
Mäntyselkä
Varpuvaara
Vilmatunturi 432
Hossovaara
Kuoksajärvi
Korkeakangas
Rovala
Kalliosalmi
Hahnikoski
Halosenranta
Porovaara
Joutsijärvi
Isomaa
Selkälä
Poikajärvi
Vikajärvi
Kuusivaara
Kärväsvaara
Soppela
Kallunki
Palotunturi 467
Vikajärvi
Lautavaara
Misi
Ruopsa
Kelloniemi
Raakku
Niemelä
Norvajärvi
Norvajärvi
Palojärvi
Ämmälä
Haaparanta
Norvalahti
Olkkajärvi
Vika
Rytiniahti
Räisälä
Tonkopuro
250
Aholanvaara
Pyyniemi
12

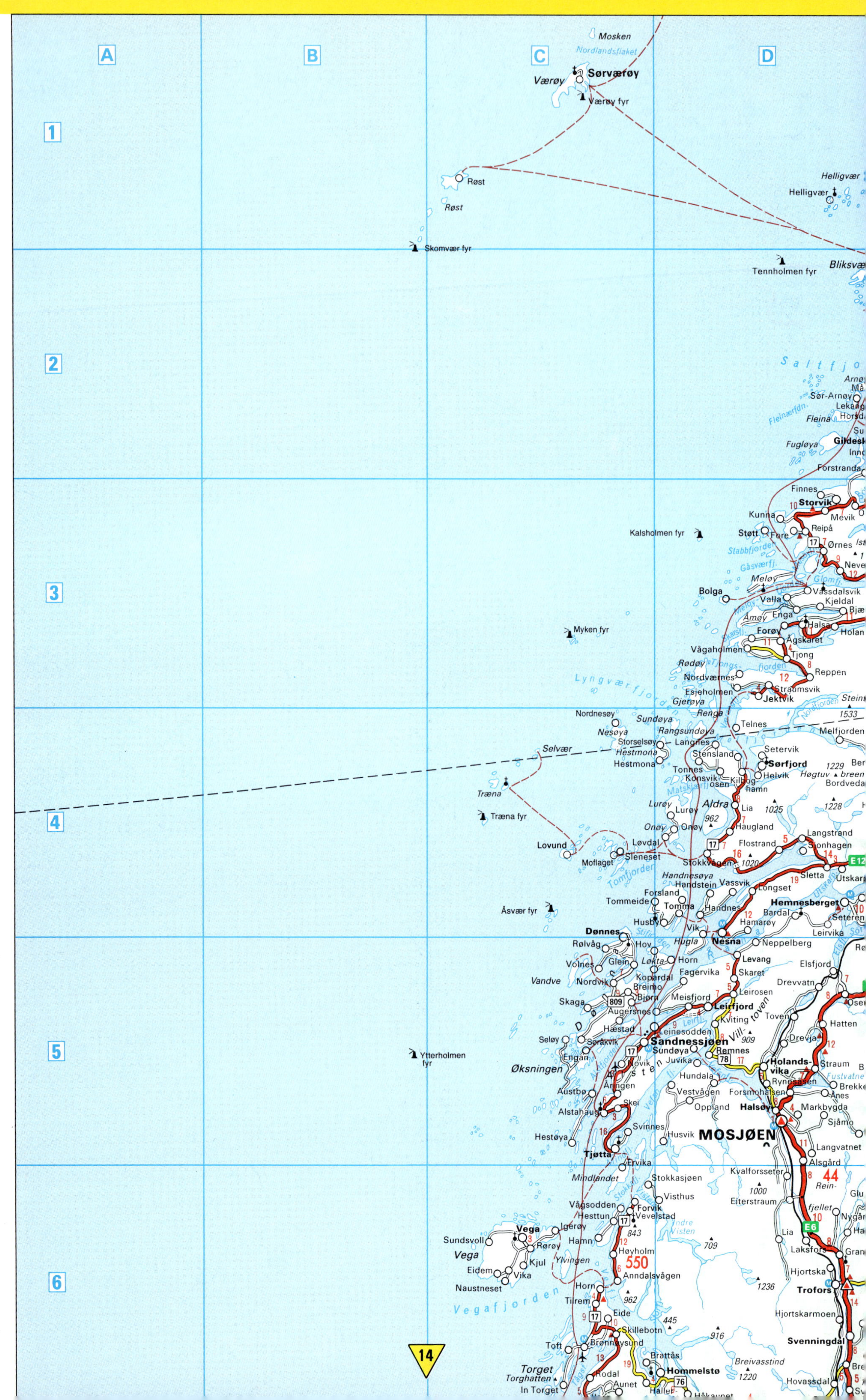
A
B
C
D
1
2
3
4
5
6
Mosken
Nordlandsflaket
Værøy
Sørværøy
Værøy fyr
Røst
Røst
Skomvær fyr
Helligvær
Helligvær
Tennholmen fyr
Bliksvær
Saltfjo
Sør-Arnøy
Fleina
Fugløya
Gildesk
Forstranda
Finnes
Storvik
Mevik
Kunna
Reipå
Støtt
Fore
Ørnes
Kalsholmen fyr
Bolga
Meløy
Vassdalsvik
Kjeldal
Valla
Enga
Åmøy
Forøy
Halsa
Holan
Ågskaret
Myken fyr
Vågaholmen
Tjong
Rødøy
Reppen
Nordværnes
Straumsvik
Esjeholmen
Jektvik
Gjerøya
Lyngværfjorden
Nordnesøy
Sundøya
Renga
Telnes
Nesøya
Rangsundøya
Melfjorden
Storselsøy
Langnes
Setervik
Hestmona
Stensland
Sørfjord
Hestmona
Selvær
Tonnes
Konsvik
Helvik
Træna
Træna fyr
Lurøy
Lurøy
Aldra
Lia
Onøy
Onøy
Haugland
Langstrand
Lovund
Løvdal
Flostrand
Sjonhagen
Moflaget
Sleneset
Stokkvågen
Tomfjorden
Handnesøya
Handstein
Vassvik
Sletta
Utskarp
Longset
Forsland
Tommeide
Tomma
Hemnesberget
Åsvær fyr
Handnes
Bardal
Seteren
Husby
Hamarøy
Leirvika
Dønnes
Vik
Nesna
Rølvåg
Hov
Hugla
Neppelberg
Volnes
Glein
Løkta
Horn
Levang
Elsfjord
Kopardal
Fagervika
Skaret
Vandve
Nordvik
Breimo
Drevvatn
Bjørn
Leirosen
Skaga
Augersnes
Meisfjord
Leirfjord
Hæstad
Kviting
Toven
Hatten
Leinesodden
Vefsnfjorden
Seløy
Sørakvik
Sandnessjøen
Drevja
Engan
Sundøya
Remnes
Øksningen
Ytterholmen fyr
Novik
Juvika
Holandsvika
Straum
Arnngen
Hundala
Rynesåsen
Vestvågen
Forsmohalsen
Anes
Austbø
Skei
Oppland
Halsøy
Markbygda
Alstahaug
Sjåmo
Svinnes
Husvik
MOSJØEN
Hestøya
Langvatnet
Tjøtta
Alsgård
Ervika
Kvalforsseter
Mindlandet
Stokkasjøen
Rein-
Visthus
Eiterstraum
fjellet
Vågsodden
Forvik
Hesttun
Vevelstad
Vega
Igerøy
Indre Visten
Lia
Sundsvoll
Rørøy
Hamn
Laksfors
Vega
Kjul
Ylvingen
Høyholm
Eidem
Vika
Anndalsvågen
Hjortska
Naustneset
Trofors
Horn
Tilrem
Hjortskarmoen
Vegafjorden
Eide
Skillebotn
Svenningdal
Toft
Brønnøysund
Torget
Brattås
Torghatten
Hommelstø
Breivasstind
In Torget
Rodal
Aunet
Halle
Hovassdal
E6
E12
17
78
76
809
550
44
1533
1229
1228
1025
962
1020
909
1000
843
709
1236
962
445
916
1220

14

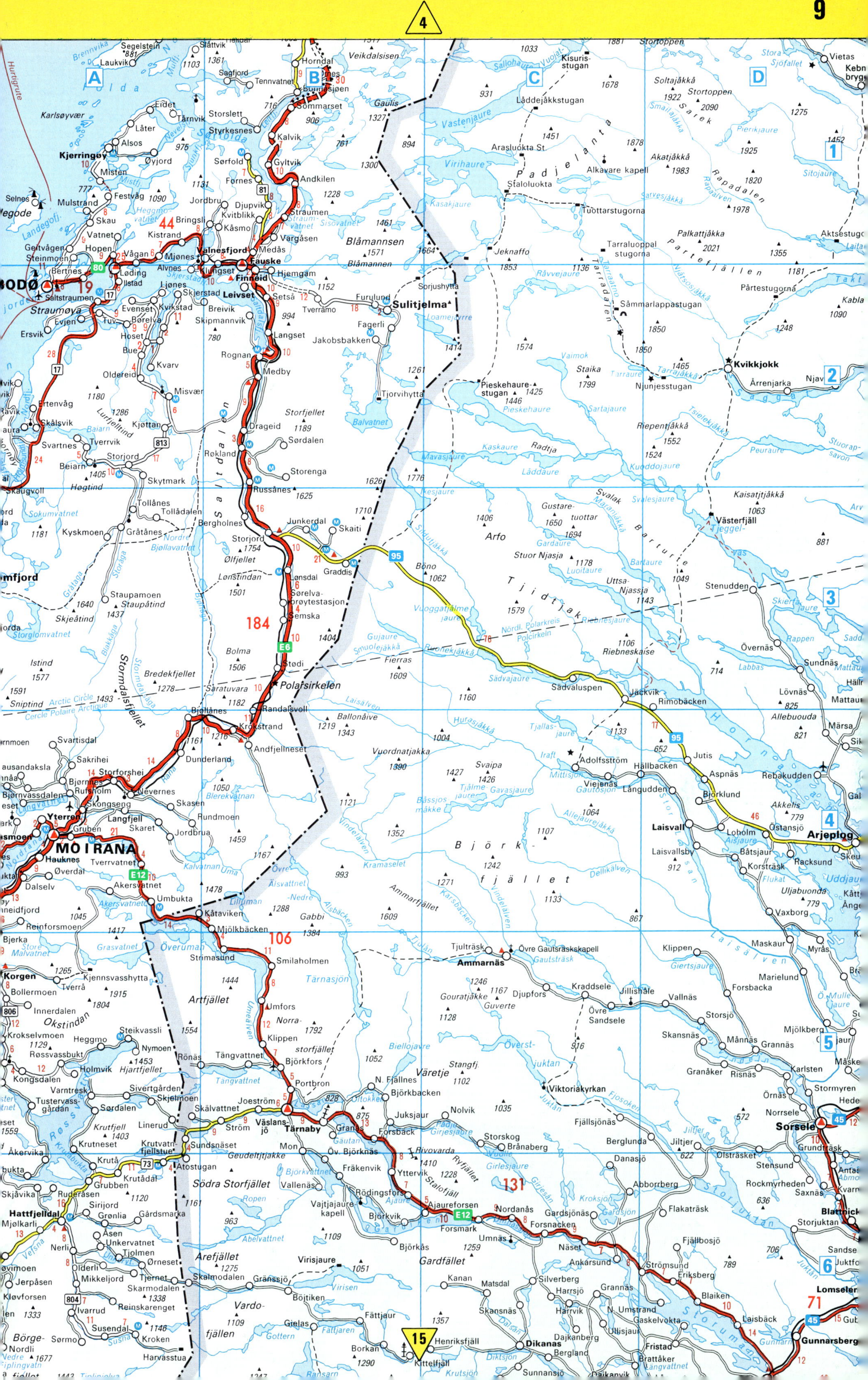
4
A
B
C
D
Segelstein
Laukvik
Folda
Hurtigrute
Karlsøyvær
Sláttvik
Sagfjord
Tennvatnet
Horndal
Veikdalsisen
Storslett
Tårnvik
Styrkesnes
Sørfold
Fornes
Kjerringøy
Misten
Festvåg
Mulstrand
Skau
Vatnet
Selnes
Kistrand
Bringsli
Kvitblikk
Kåsmo
Djupvik
Jordbru
Geitvågen
Hopen
Steinmoen
Vågan
Mjønes
Valnesfjord
Fauske
Medås
Bertnes
Løding
Ilstad
Alvnes
Klungset
Finneid
Hjemgam
BODØ
Saltstraumen
Straumøya
Ersvik
Evjen
Tuv
Evenset
Børelva
Kvikstad
Skjerstad
Leivset
Setså
Breivik
Skipmannvik
Hoset
Bue
Kvarv
Oldereid
Rognan
Langset
Medby
Sommarset
Kalvik
Gyltvik
Andkilen
Straumen
Vargåsen
Blåmannsen
Blåmannen
Sorjushytta
Furulund
Sulitjelma
Tverråmo
Fagerli
Jakobsbakken
Tjorvihytta
Balvatnet
Storfjellet
Drageid
Sørdalen
Røkland
Storenga
Russånes
Saltdalen
Misvær
Kjøttan
Tverrvik
Storjord
Beiarn
Høgtind
Skytmark
Svartnes
Skålsvik
Ertenvåg
Tollånes
Tollådalen
Bergholnes
Junkerdal
Skaiti
Graddis
Lønsdal
Sørelva-kraftstasjon
Semska
Polarsirkelen
Randalsvoll
Krokstrand
Andfjellneset
Bjøllånes
Dunderland
Kyskmoen
Gråtånes
Nordre Bjøllavatnet
Staupamoen
Staupåtind
Skjeåtind
Storglomvatnet
Istind
Sniptind
Bredekfjellet
Stormdalsfjellet
Saltfjellet
Sklatuvara
Bolma
Arctic Circle
Cercle Polaire Arctique
Svartisdal
Sakrihei
Storforshei
Bjørnes
Rufsholm
Nevernes
Skasen
Rundmoen
Skongseng
Langfjell
Ytterrensand
Skarset
Gruben
Jordbrua
MO I RANA
Hauknes
Tverrvatnet
Øverdal
Dalselv
Akersvatnet
Umbukta
Reinforsmoen
Korgen
Kjennsvasshytta
Tverrå
Bollermoen
Innerdalen
Okstindan
Steikvassli
Nymoen
Heggmo
Krokselvmoen
Røssvassbukt
Holmvik
Hjartfjellet
Kongsdalen
Varntresk
Tustervassgården
Sørdalen
Sivertgården
Skjelmoen
Krutfjell
Krutneset
Linerud
Krutvatn-fjellstue
Åkervika
Kruttå
Grubben
Krutådal
Ruderåsen
Sirijord
Grønlia
Gårdsmarka
Hattfjelldal
Mjølkarli
Nerli
Åsen
Unkervatnet
Tjolmen
Ørneset
Olderli
Mikkeljord
Tjernet
Skarmodalen
Reinskarenget
Jerpåsen
Kløvforsen
Ivarrud
Susendal
Kroken
Sørmo
Harvasstua
Børgefjell
Nordli
Kåtaviken
Mjölkbäcken
Överuman
Strimasund
Smilaholmen
Tärnasjön
Artfjället
Umfors
Norra storfjället
Klippen
Rönäs
Tängvattnet
Björkfors
Portbron
Skälvattnet
Joeström
Vaslansjö
Tärnaby
Ström
Sundsnäset
Atostugan
Geudeltjtjakke
Mon
Södra Storfjället
Vallenäs
Ropen
Abelvattnet
Arefjället
Skalmodalen
Gränssjö
Vardofjällen
Böjtiken
Virisjaure
Virisen
Gielas
Gottern
Fättjaur
Fattjaren
Borkan
Kittelfjäll
Henriksfjäll
15
Stortoppen
Kisuris-stugan
Sallohaure
Vuojat
Vastenjaure
Låddejåkkstugan
Virihaure
Araslüokta St
Staloluokta
Padjelanta
Alkavare kapell
Tuottarstugorna
Tarraluoppal stugorna
Jeknaffo
Kasakjaure
Ravvejaure
Tarradalen
Såmmarlappastugan
Staika
Vaimok
Njunjesstugan
Kvikkjokk
Årrenjarka
Pieskehaure
Pieskehaurestugan
Sartajaure
Kaskaure
Radtja
Låddaure
Mavasjaure
Riepentjåkkå
Kuoddojaure
Gustaretuottar
Svalak
Arfo
Stuor Njasja
Gardaure
Luoitaure
Bartaure
Barturte
Tjidtjak
Uttsa-Njassja
Riebnesjaure
Riebneskaise
Nordl. Polarkreis
Polcirkeln
Vuoggatjålme
Gujaure
Fierras
Sädvajaure
Sädvaluspen
Jäckvik
Rimobacken
Sarek
Soltajåkkå
Akatjåkkå
Rapadalen
Palkattjåkkå
Partefjällen
Pårtestugorna
Aktsestugorna
Kabla
Västerfjäll
Tjeggelvas
Stenudden
Skierfajaure
Rappen
Övernäs
Labbas
Sundnäs
Mattauré
Lövnäs
Allebuouda
Märsa
Adolfsström
Hällbacken
Jutis
Aspnäs
Rebakudden
Viejenäs
Gautosjön
Långudden
Björklund
Akkelis
Laisvall
Lobolm
Östansjö
Arjeplog
Laisvallsby
Båtsjaur
Korsträsk
Racksund
Uljabuouda
Vaxborg
Hornavan
Uddjaur
Ballonåive
Vuordnatjåkka
Svaipa
Tjålmejaure
Gavasjaure
Bässjosmäkke
Vindelälven
Kramaselet
Björkfjället
Dellikälven
Ammarfjället
Gabbi
Ammarnäs
Tjulträsk
Övre Gautsträskkapell
Gaultsträsk
Gouratjåkke
Guverte
Djupfors
Kraddsele
Jillisnåle
Vallnäs
Övre Sandsele
Klippen
Giertsjaure
Maskaur
Myrås
Marielund
Forsbacka
Storsjö
Laisälven
Skansnäs
Månnäs
Grannäs
Mjölkberg
Granåker
Risnäs
Karlsten
Biellojaure
Överstjuktan
Viktoriakyrkan
Värtetje
Stangfj.
N. Fjällnes
Björkbacken
Nolvik
Juksjaur
Fjosoken
Fjällsjönäs
Berglunda
Jiltjer
Olsträsket
Stensund
Ornäs
Stormyren
Norrsele
Sorsele
Forsbacka
Storskog
Brånaberg
Girjesjaure
Rivovarda
Ryfjället
Stalofjäll
Fräkenvik
Yttervik
Ajaureforsen
Forsmark
Nordanås
Umnäs
Gardsjönäs
Forsnacken
Danasjö
Abborrberg
Flakaträsk
Rockmyrheden
Saxnäs
Storjuktan
Blattnicksele
Vajtjajaure kapell
Rödingsfors
Björkvik
Björkås
Gardfället
Näset
Ankarsund
Strömsund
Eriksberg
Fjällbosjö
Kanan
Matsdal
Silverberg
Harrsjö
Harrvik
Grannäs
N. Umstrand
Gaskelvokta
Blaiken
Laisbäck
Lomselenäs
Skansnäs
Dikanäs
Dajkanberg
Bergland
Ullisjaur
Fristad
Brattåker
Storuman
Gunnarsberg
Sunnansjö
Daikanvik
Krutsjön
E6
E12
95
45
80
17
81
813
806
804
73

5

A B C D

1 2 3 4 5 6

Kisuris-stugan, Sallohaure, Vuojat, Låddejåkkåstugan, Vastenjaure, Arasluokta st., Virihaure, Staloluokta sestugorna, Tuottarstugorna, Kasakjaure, Jeknaffo 1853, Tarraluoppal-stugorna, Rávvejaure, Sulitjelma, Loamejavrre, Sårnmarlappastugan, Pieskehaure-stugan, Pieskehaure, Kaskaure, Radtja, Låddaure, Mavasjaure, Ikesjaure, Arfo, Gustare-tuottar, Stuor Njasja, Tjidtjak, Sädvaluspen, Sädvajaure, Ruonekjåkkå, Jäckvik, Rimobäcken, Adolfsström, Viejenäs, Hällbacken, Iraft, Mittisjön, Gautosjön, Tjålme-jaure, Gavasjaure, Båssjosmåkke, Björkfjället, Laisvall, Laisvallsby, Dellikälven, Vindelälven, Tjultträsk, Ammarnäs, Övre Gautsträskkapell, Gautsträsk, Gouratjåkke, Djupfors, Guverte, Kraddsele, Jillesnåle, Övre Sandsele, Vallnäs, Stangfj., Värëtje, Viktoriakyrkan, Överst-juktan, Fjällsjönäs, Nolvik, Storskog, Bränaberg, Rivovardo, Girlesjaure, Stalofjäll, Ajaureforsen, Forsmark, Umnäs, Nordanås, Gardsjönäs, Forsnacken, Näset, Abborrberg, Krokejön, Gardsjön, Flakaträsk, Gardfjället, Ankarsund, Strömsund, Eriksberg, Silververg, Matsdal, Harrsjö, Grannäs, Blaiken, Skansnäs, Harrvik, N. Umstrand, Gaskelvokta, Laisbäck, Dikanäs, Dajkanberg, Ullisjaur, Bergland, Fristad, Brattåker, Långvattnet, Sunnansjo, Diktsjön, Krutsjön, STORUMAN, Gunnarn

Stora Sjöfallet, Vietas, Kebnats-bryggan, Kirjaluokta (Öde), Soltajåkkå, Stortoppen 2090, Smajlajåkkå, Sarek, Pierikjaure, Alkavare kapell, Akatjåkkå, Rapadalen, Rapaälven, Satvesjåkkå, Palkattjåkkå, Partefjällen, Tarradalen, Tarraätno, Njunjesstugan, Tarrajåkkå, Kvikkjokk, Staika, Vaimok, Sartajaure, Riepentjåkkå, Tsielekjåkkå, Kuoddojaure, Svalak, Maranjåkkå, Svalesjaure, Bartur, Gardaure, Luoitaure, Bartaure, Uttsa-Njassja, Riebnesjaure, Riebneskaise, Västerfjäll, Tjeggelvas, Kaisatjtjåkkå, Stenudden, Hurasjåkkå, Tjallasjaure, Jutis, Aspnäs, Långudden, Björklund, Stor Laisan, Loholm, Bätsjaur, Korsträsk, Aisjaure, Klippen, Giertsjaure, Giertsbäcken, Laisälven, Maskaur, Marielund, Forsbacka, Storsjö, Skansnäs, Månnäs, Grannäs, Granåker, Risnäs, Karlsten, Örnäs, Norrsele, Olsträsket, Jiltjer, Berglunda, Danasjö, Stensund, Rockmyrheden, Saxnäs, Storjuktan, Juktån, Sandsele, Juktfors

Ultevis, Sitojaure, Aktsestugorna, Laitaure, Pårtestugorna, Kabla, Taktjaure, Årrenjarka, Njavve, Tjåmotis, Tjåmotisjaure, Sagga, Skaite, Apmelitjåkka, Maivesjaure, Peuraure, Stuorap-savon, Karatj, Arvesjaure, Arvesätno, Nördl. Polarkreis, Polcirkeln, Skierfajaure, Rappen, Saddajaure, Övernäs, Sundnäs, Mattaure, Labbas, Hällnäs, Lövnäs, Mattaur, Allebuouda, Bårgå, Märsa, Sikselet, Hornavan, Rebakudden, Galtisjaur, Akkelis, Östansjö, Skeut, Arjeplog, Rack sund, Uljabuouda, Uddjaure, Flukat, Vaxborg, Änge, Kåttjok, Myrås, Kasker, Mellanström, Brännäs, Sundås, Ö. Mullejaure, Mjölkberg, Gargjaur, Gasa, Kallon, Sjulnäs, Måskenåive, Nyliden, Stormyren, Heden, Buresjön, SORSELE, Grundträsk, Aha, Antasstugan, Abmoträsket, Kvarnbränna, Blattnicksele, Torviksele, Råstrand, Lomselenäs, Gubbträsk

Ruokto, Stora Lulevatten, Luossajåkkå, Nautasjåkkå, Pietorajåkkå, Kapellplats, Akkalevare, Alloluokta kapell, Luspebryggan, Kraftverk, Porjus, Harsprånget, Kraftverk, Ligga, Liggavägen, Nautijaur, Pakkoselet, Björkholmen, Randijaur, Randijaure, Parkijaur, Lullekietje, Klubbudden, Purkijaur, Gladvik, Purkijaure, Vaikijaur, Jokkmokk, Juggijaur, Karats, Luvos, Pjertinjaure, Pärlälven, Parlan, Mattisudden, Tårrajaur, Larve, Björkudden, Kerkejaure, Näsberg, Luottå, Rävudden, Vuolvojaure, Raketskjutfält, Talvatisåive, Tjäura, Nausta, Naustaj., Majtum, Stenträsk, Mårsom, Udtjaure, Daitavare, Kronogård, Gittun, Forsnäs, Palja, Sarkasvare, Kittajaur, Kåbdalis, Kårsoback-torpet, Tiellejaur, Vardo, Kuollejaur, L. Varjisträsk, Tellejåkk, Stor-Ståkke, Akkajaur, Kuri, Varjisträsk, Rebraur, Jäkna, Trollforsen, Trollberget, Åberget, Stensund, Svannäs, Guldijaure, Abraur, Granholmen, Piteälv, Brännudden, Malmesjaure, Radnejaur, Myrkulla, Nyhem, Suddesjaur, Risdal, Jerfojaur, Storheden, Moskosel, Skidträsk, Allejaur, Tjappsåive, Sleng, Tallsund, Starbetj.vare, Strömsudden, Strittjomvare, Mader, Auktsjaur, Långviken, Baktåive, V. Kikkijaure, Kronogård, Rönnberget, Abyälven, Utterträsk, Storbodsund, Norrmalm, Kikkejaur, Storavan, Övre Långträsk, Akkavare, Bergnäs, Renviken, L. Bäcknäs, Fjällbonäs, Deppis, Klappen, ARVIDSJAUR, Pjeskejaure, Gullön, Avaviken, Julträsk, Granudden, Fiskträsk, Slagnäs, Månsträsk, Västlunda, Bränntjärn, Sinjerra, Storberg, Abborrträsk, Racknäs, Levattnet, Grundträskliden, Mausjaur, Brunmyrheden, Björklund, Nya Bastuselet, Aspliden, Grundtr., Hälln, Kåtaliden, Hedberg, Hällbg., Myrtr., Bockträsk, Rismyrheden, Bäcknäs, Gränsgård, Håptjärnliden, Skellefte älv, Baktsjaur, N. Johannisberg, Surliden, Rönnliden, Högbränna, Adakgruvan, Kokträsk, Utterliden, Brännberg, Adak, S. Johannisberg, Tallberg, Mörttjärn, Sandträsk, Högheden, Staggträsk, Tjärnberg, Vallen, Sandfors, Järvträsk, Gargnäs, Holmsjö, Avaås, Stensund, Springliden, Långträsk, Gargbron, Malå-Vännäs, Lainij., Björkliden, Holmfors, Brännäs, Löparliden, Malå, Grundträsk, Vindelälven, Grannäs, Strömfors, Nicknoret, Vänfors, Näsberg, Fårträsk, Lövberg, Målån, Släppträsk, Nåda, Rentjärn, S. Menstråsk, Tväråträsk, Kåtaträsk, Amliden, Lillholmträsk, Vindelgransele, Röka, Skoträsk, Kristineberg, Rokåberg, Högkulla, Gissträsk, Grundfors, Öresund, Björkliden, Lidtr., Ragsjö, Norsjö, Grantråsk

Håmojåkk, Lina älv, Malmberget, Kyrka museum, Kuosakåbbå, Dundret, Nietsakjaure, Nietsak, Jutsajaure, Kronsågen, Muddusjaure

E12 45 95 363 370

16

A
B
C
D
1
2
3
4
5
6
ALLIVARE
Nilivaara
Markitta
Kompelusvaara
Kainulasjärvi
Korpilombolo
Pello
Lankojärvi
Turtola
Ullatti
Hakkas
Skröven
175
Lansjärv
Nattavaara
Nattavaara by
Ertsjärv
Lansån
Övertorneå
Ylitornio
Överkalix
Polcirkeln
Arctic Circle
Cercle Polaire Arctique
Murjek
Svartbyn
Karungi
Vuollerim
Lakaträsk
Morjärv
Haparanda
Tornio
Sangis
Kalix
Töre
Harads
170
Nyborg
Gransjö
Gunnarsbyn
Råneå
Rånbyn
Boden
Seskarö
Gunnarsfjärden
Luleå
Vidsel
Älvsbyn
Korsträsk
Alvik
Ersnäs
50
Kallfjärden
Sikfors
Öjebyn
Piteå
Munksund
Rödkallen
Jävre
Jävreholmen
76
Åbyn
Byske
Jörn
97
Boliden
Kåge
Skellefteå
E4
E8
E10

A
B
C
D
1
2
3
4
5
6
Juoksenki
Rovaniemi
Övertorneå
Överkalix
Ylitornio
Aavasaksa
Kalix
Sangis
Haparanda
Tornio
Karunki
Kemi
Keminmaa
Tervola
Simo
Kuivaniemi
Ranua
Oulu
Haukipudas
Kiiminki
Hailuoto
Oulunsalo
Kempele
Liminka
Muhos
Raahe
Pattijoki
Saloinen
Vihanti
Pyhäjoki
Oulainen
Kalajoki
Pulkkila
Piippola
Haapavesi
Alavieska
Temmes
Rantsila
Tyrnävä
Utajärvi
Kestilä
Ii
Olhava
Tainijoki
Narkaus
Portimo
Muurola
Petäjäskoski
Koivu
Loue
Kivalo
Gunnarsfjärden
Malören
Seskarö
Ulkokalla
Maakrunni
Ulkokrunni
Luodenselkä
Siikajoki
Revonlahti
Ruukki
Paavola
Lumijoki
Ylikiiminki
E4
E8
E75
20
22
26
76
106
108
170

21

A
B
C
D
1
2
3
4
5
6
Mindlandet
Stokkasjøen
Visthus
Vågsodden
Forvik
Vevelstad
Hesttun
Indre Visten
Sundsvoll
Vega
Igerøy
Rørøy
Hamn
Høyholm
550
Kjul
Ylvingen
Eidem
Vika
Anndalsvågen
Naustneset
Vegafjorden
Horn
Tilrem
Eide
Skilleboth
Brønnøysund
Toft
Torget
Torghatten
In Torget
Rodal
Aunet
Berg
Gravfjorden
Hommelstø
Brattås
Håkaunet
Breivasstind
Hovassdal
Tosbotn
Borkamoen
Saus
Hombornes
Tosaunet
Tosen
Skålvik
Vik
Våg
Hjelmset
Kvaløy
Vennesund
Røytvoll
Åkvik
Holm
Bindalseidet
Otervik
Kveinsjøen
Lysfjord
Nordgutvik
Bindal
Granbostadfjellet
Heimen
Leknessjøen
Sørhorsfjd
Terråk
Vikestad
Leka
Skei
Gutvik
Simle
Møllebogen
Årsandøy
Fuglstad
Frøyningsfjellet
147
Solsem
Djupvik
Fjølvika
Gravvik
Solheim
Foldereid
Heimsnes
Søreitran
Djupvik
Årfor
Oborgan
Lyngsnes
Måneset
Elvåsen
Rød
Engesvik
Drag
Edshaug
Austafjord
Ledding
Kvalpsundet
Saltbotnkorsen
Bjørånes
Kongsmo
Aune
Valøy
Kverrvik
Rørvik
Søråa
Garstad
Kolvereid
Vikna
Otstad
Ottersøy
Hofles
Bergsnov
Horvereid
Geisnes
Salsbruket
Nærøy
Strandvalkorsen
Bjørlia
Laugen
Lund
Nordøyan fyr
Straumen
Hognes
Ramstad
Steine
Smines
Salsvatnet
Abelvær
Gjæslingan fyr
Haraneset
Brakstad
Hestvika
Høylandet
Duun
Seterstad
Tyldum
Brøndbu
Folda
Aglen
Foss
Avløyften
Grungstadvatnet
Årnesmyr
Holviksjøen
Gartland
Harran
Utvorda
Kjerstivika
Vetterhusbotn
Eidsvatnet
Sandmoen
Skorstad
Saltbuvika
Eida
Frøsendal
Foslandsosen
Sitter
Hamnes
Sørenget
Ranemsletta
Skogmo
Flasnes
Øyheim
Godejord
Lauvsnes
Øtterøy
Varpnes
Namsos
Skage
Statland
Mælen
Homstad
Valskrå
Oppdal
Kya fyr
Hurtigrute
Kvaløysetet
Kilan
Hasvåg
Tøttdal
Fjell
Oksdøl
Bangsund
Klinga
Formofoss
Sandnes
Myrset
Heia
Lurudal
Buholmråsa fyr
Setervik
Uran
Jøssund
Alte
Romstad
Landsem
Skromo
Sveljefjorden
Hopen
Solem
Aune
Sjøåsen
Sandviksberget
Osen
Høyfeta
Nastadseter
Mølnvika
Vegset
Snåsa
Skavlan
Heimveg
Kaldal
Årgård
Mostervik
Sørgjerd
Åsegg
Vassmoen
Brørs
Derråsbrenna
Hammer
Prestesætra
Storvik
Vassdølin
Namdalseid
Korsen
Halshalla
Meldal
Jørstad
Steinkjer
Hoffstad
Brandsfjorden
Hatlinghus
Kvam
Strindmoen
Sumstad
Grova
Tørring
Veldemelen
Valøy
Roktsjøseter
Roan
Hjellebotn
Lonmyran
Sunnan
Binde
Nordskjør
Holsengseter
Malm
Utvikmyra
Stod
Harbak
Momyr
Folladalen
Skjevik
Byafossen
Lustad
Stokkøya
Sundskjør
Hongdalsseter
Bartnes
Skei
Støa
Harsvik
Børemark
Ned Sildra
Vada
Steinkjer
Kjesbu
Hammer
Linesøya
Revsnes
Selen Kpl.
Stjern
Follafoss
Hustad
Bodom
Herfjord
Berdalen
Sandseter
Tua
Skansen
Vist
Henning
Morkestrand
Arnes
Bårlia
Amunddal
Tanem
Dragseid
Flenstad
Verrastrand
Kjerkesvågen
Mære
Sparbu
Veimo
Holmliseter
Arsenvågøy fyr
Vorpbukta
Norem
Straumen
Selnes
Mørreaunet
Verran
Salberg
Åkran
Skäckerfjällen
Lysøysundet
Tiltrem
Moldøra
Kjerringvik
Vangshylla
Lund
Vera
Fauskan
Nordseter
Trongsundet
Stiklestad
Helgådalen
Otmo
Kolåsen
Teksdal
Verrabotn
Mosvik
Verdalsøra
Moen
Oksvoll
Gjølgali
Rødsjø
Meltingen
Hokstad
Vuku
Stene
Anjans fjällstation
Råkvåg
Rødsjø
Kalddalen
Levanger
Vaterholmbru
Botngård
Grønsjøen
Grav
Okkenhaug
Bjugn
Høybakken
Husbysjøen
Tronvik
Vestrum
Skogn
Ådalsvollen
Opphaug
Uthaug
Saga
Aune
88
Sandvika
Storrensjön
Kallsjön
Brekstad
Olsøy
Leksvik
Ekne
Ronglan
Hermansnasa
Frengen
Fevåg
Skau
Rian
Langås
Storrensjön
Äggsjön
Beian
Hoxen
Staur
Skalstugan
Breivik
Hasselvika
Storvatnet
Frosta
Åsen
Mølnå
Sulåmo
Kjølhaugan
Valset
Nordgård
Rissa
Hindrem
Åsenfjorden
Langstein
Brattbakken
Medstugan
Häggsjöbr.
Grønningen
Vanvikan
Trondheimsfjorden
Okkelberg
Kongensvoll
Reinskloster
Haugan
Fløan
Skatval
Vigdnes
Meråkervollen
Østervollen
Stalltjärnstugan
Steinsdal
Selbekken
Rørvik
Stjørdalshalsen
Flora
Gudå
Fjergen
Bodsjöedet
Rødberg
TRONDHEIM
Hell
Hegra
Øfstivollen
Meråker
Kopperå
Rensjösätern
Högarna
Øyangen
Trolla
Malvik
Lånke
Brubakk
Ingdalen
Elata
Ranheim
Muruvik
Mannsæterbakken
Skurdalsvoll
Rensjön
Ånn
Gevsjön
Kjøra
(Byåsen)
Tiller
Hommelvik
23
Vinsmyr
Skarvan
Stordal
Enafors
Geitastrand
Spongdal
35
Esp
Eggan
Ånn
Trofors
Hjortskarmoen
Svenningdal
Laksfors
Hjortska
Gran
Rein-
fjellet
Nygård
Kvanlitind
Sefrivatn
Store Majavatnet
Stortjørnlia
Mellingen
Gåsvatna
Namsskogan
Bjørhusdalen
Finnvolla
Nesan
Brekkvasselv
Dommåsen
Strompedalen
Flåtådal
Møkkelvik
Trones
Lurusjøely
Grøndalen
Grøndalselv
Skorovas
Åsmulfoss
Fjerdingen
Haugen
Årnby
Sibirien
Nyneset
Gressåmoen
Steinkjer
Bjørk
Torrøjen
Namdalen
Flått
Krøyvatnet

A
B
C
D
1
2
3
4
5
6
Hattfjelldal
Södra Storfjället
Vallenäs
Fräkenvik
Yttervik
Rödingsfors
Ajaureforsen
Björkvik
Forsmark
Nordanås
Gardsjönäs
Forsnacken
Abborrberg
Flakaträsk
Stensund
Rockmyrheden
Saxnäs
Storjuktan
Grønlia
Gårdsmarka
Åsen
Unkervatnet
Tjolmen
Nerli
Ørneset
Olderli
Mikkeljord
Arefjället
Virisjaure
Björkås
Gardfället
Umnäs
Näset
Ankarsund
Strömsund
Eriksberg
Fjällbosjö
Skalmodalen
Gränssjö
Kanan
Matsdal
Silverberg
Skarmodalen
Reinskarenget
Böjtiken
Skansnäs
Harrsjö
Grannäs
Blaiken
Ivarrud
Vardofjällen
Fättjaur
N. Umstrand
Gaskelvokta
Laisbäck
Lomselenäs
Susendal
Kroken
Gielas
Henriksfjäll
Dikanäs
Dajkanberg
Gunnarsberg
Børgefjellet
Harvasstua
Borkan
Kittelfjäll
Bergland
Brattåker
Fristad
Långvattnet
Storuman
Stensele
Sunnansjö
Västansjö
Dajkanvik
Stenstrand
Norrberg
Simskaret
Raineskkumpen
Öv. Selet
Marsfället
Atjiken
Lubbträsk
Nyliden
Kvigtind
Grundfors
Fatmomakke
Lappkapell
Blaikliden
Eriksberg
Liden
Näsvattnet
Skarvsjöby
Jetnamsklumpen
Store Børgfjell
Klimpfjäll
Lövberg
Stornäs
Marsliden
Grytsjö
Stalon Kraftverk
Stalon
Grannäs
Långstrand
Gråtanliden
Jovan
Stekenjåkk
Fjälka
Kultsjöluspen
Västanbäck
Giddes
Sjulsmark
Skarvsjöbodarna
Norrheden
Saxnäs
Bångnäs
Forsbergsberget
Heligfjäll
S.-Tresund
Frostberget
Borgafjällen
Jengejetneme
Hornsjö
Björnberget
Fiandberg
Grundsjö
Namvassgardan
Nursfjellet
Storjola
Borgafjäll
Gittsjället
Lövnäs
Sjöberg
Nästansjö
Vojmån
Anevare
Ulvoberg
Vallervatnet
Ankarvattnet
Strömnäs
Granliden
Siksjönäs
Volgsele
N. Bäsksjö
Huddingsvassgardan
Ornes
Stora Blåsjön
Rönnäs
Staburnäs
Lomsjökullen
Mötingselberget
Bäsksjö
Kap. Ankarede
Tjärnkullen
Brännåker
Mark
Nordansjö
Bäsksele
Järvsjö
Nyvika
Risbäck
Skansholm
Laxbacken
Latikberg
Devika
Lilla Blåsjön
Storbäck
Malgovik
Vilhelmina
Strömåker
Dalasjö
Siksjö
Jormlien
Jorm
Andersmark
Limingen
Sörfors
Långsele
Djupdal
Volgsjöfors
Bränna
Långtjärn
Seterhaug
Viken
Sjoutnäs
Harrsjöhöjden
Bredsele
Blaikfjället
Statsås
Meselberget
Idvattnet
Østnes
Kyrkbolandet
Norrsjö
Näset
Meselefors
Råsele
Näversjöberg
Kycklingvattnet
Stutvattenbäcken
Mon
Fjälltuna
Sörgård
Torfsjön
Björkvattnet
Junsternäset
Svansele
Sjoutälven
Tjärnmyrberget
Norråker
V. Ormsjö
Ö. Ormsjö
Häggås
Granon
Måntorp
Granberget
Kvelia
Kvemoen
Gäddede
Skansnäset
Högnäset
Lövstrand
Tvåtjärn
Avaträsk
Skjellbreisund
Murumoen
Gussvattnet
Risede
Norrbygden
Mårdsjö
Avasjö
Nordli
Vollan
Fågelberget
Harrsjön
Västertåsjö
Bellvik
Dorotea
Skavåsen
Varpsjö
Holand
Bågede
Torsfjärden
Granberget
Brattbäcken
Fågelsta by
Lajksjö
Lauvsjølia
Häggnäset
Hällingsånyddan
Lidsjöberg
Aldernäset
Backsvedjan
Tåsjö
Lomsjö
Simsjöland
Siljeåsen
Järvsjö
Vike
Stavsjö
Lavsjö
Aune
Svaningen
Järvaset
Grynberget
Aspneset
Munsvattnet
Lillviken
Alanäs
Lövvik
Hoting
Svanabyn
Estil
Sørli
Gärdnäs
Hoverudden
Grundsjö
Berglia
Draganäset
Hillsand
Havsnäs
Björksjönäs
Granåsen
Jule
Bakken
Alavattnet
Järvsand
Hocksjö
Flybäcken
Eidet
Gunnarvattnet
Bågavattnet
Hällvattnet
Borgforsen
Östborg
Åspnäs
Jerilvattnet
Nagasjö
Stensvattnet
Solberg
Valsjöbyn
Linnes
Bonäset
Råkälen
Löjberga
Rossön
Stugu-vattentj.
Österkälen
Bodum
Bergsjö
Hotagen
Öjarn
Rudsjön
St. Stensjön
Storåbränna
Öhn
Strömsund
Fjällsjö
Vallen
Rörvattnet
Henningskälen
Ulriksfors
Österåsen
Johannesberg
Backe
Häggsjön
Tuvattnet
Flykälen
Bredkälen
Storhöjden
Silsjönäs
Ysjö
Junsele
Ålåsen
Laxviken
Laxsjö
Yxskaftkälen
Norrby
Vängel
Sil
Ansätten
Bakvattnet
Mörtsjön
Hallviken
Stamsele
Täxan
Tågsjöberg
Stenviksstrand
Old-fjällen
Ottsjön
Lomåsen
Nordsjö
Båtnäset
Nordankäl
Jänsmässholmen
Åkersjön
S. Skärvången
Storåsen
Gåxsjö
Grisselås
Länglingen
Krokfors
Meåfors
Vimmervattnet
Flyn
Krånge
Ramsele
Frankrike
Vallrun
Storholmsjön
Forsåsen
Jämtl. Sikås
Tunåsen
Bölen
Imfors
Bergsjödet
Föllinge
Hammerdal
Lövlund
Anvågen
Lillholmsjö
Raftsjöhöjden
Edefors
Sörviken
Terrsjö
Tynnerås
Rönnön
Andviken
Munkflohögen
Tannsjön
Skallsjön
Lungsjön
Sulviken
Tångeråsen
Landön
Lien
Storbränna
Trekilen
Lorås
Fyrås
Fullsjön
Hocksjön
Edsele
Nordanåker
Norrby
Bredbyn
Lundsjön
Granbo
Skyttmon
Björkhöjden
Suljätten
Öhnet
Åflo
Ulvsås
Landvågen
Ollsta
Korsmyrbränna
Borgvattnet
Lövåsen
Meåstrand
Berge
Offerdal
Näversjön
Husås
Norderåsen
Häggenås
Boberg
Köttsjön
Vägersjön
Kall
Krok
Nordbyn
Tulleråsen
Kallsta
Storhögen
Öravattnet
Sörklippen
Gagnet
Lungret
Nordannälden
Aspås
Sörviken
Greningen
Selet
Stensjö
Fäviken
Bleckåsen
Näldsjön
Söre
Nyby
Brynjegård
Mårdsjö
Färsån
Högnanäsen
Åre
Bonäshamn
Alsen
Nälden
Krokom
Fjällandet
Överammer
Ammer
Snödberget
Järpen
Trångsviken
Valne
Vaplan
Ytterån
Åskott
Klöppe
Åsen
Öberget
Selsviken
Ragunda
Halland
Mörsil
Mattmar
Offne
Bye
Näveredet
Stugun
Hammarstrand
Lien
Undersåker
Storsjön
Rödön
Brynje
Lillsjöhögen
Eriksberg
Bomsund
Koviken
Ragunda
Bispgården
Sällsjö
Brasta
Hammarnäs
Frösö
Östersund
Sittsjön
E12
E14
45
87
90
339
340
342
344
345
346
360
331
323
765
804
73
24
9
131
71
94
33
47
48
105

SKELLEFTEÅ
UMEÅ
VAASA
VASA
Jakobstad
Pietarsaari
Nykarleby
Uusikaarlepyy
Byske
Kåge
Skelleftehamn
Bureå
Lövånger
Robertsfors
Bygdeå
Sävar
Holmsund
Obbola
Hörnefors
Nordmaling
Rundvik
Husum
Vännäs
Vindeln
Burträsk
Boliden
Jörn
Bjurholm
Laihia
Vörå
Vöyri
Korsholm
Mustasaari
Replot
Raippaluoto
Petalahti
Övermark
Ylimarkku
Pörtom
Pirttikylä
Holmön
Valsörarna
Valassaaret
Björköby
Norra gloppet
Södra gloppet
Västra Kvarken
Kvarken
ca 4h
ca 6h

UMEÅ
Holmsund
Obbola
Vännäs
Bjurholm
Hörnefors
Nordmaling
Rundvik
Husum
ÖRNSKÖLDSVIK
Köpmanholmen
Bredbyn
SOLLEFTEÅ
KRAMFORS
Nyland
HÄRNÖSAND
Hemsön
Alnön
Timrå
Skön
Sundsvallsbukten
Holmarna
Norrskären
Skagsudde
5 h 30'
4 h

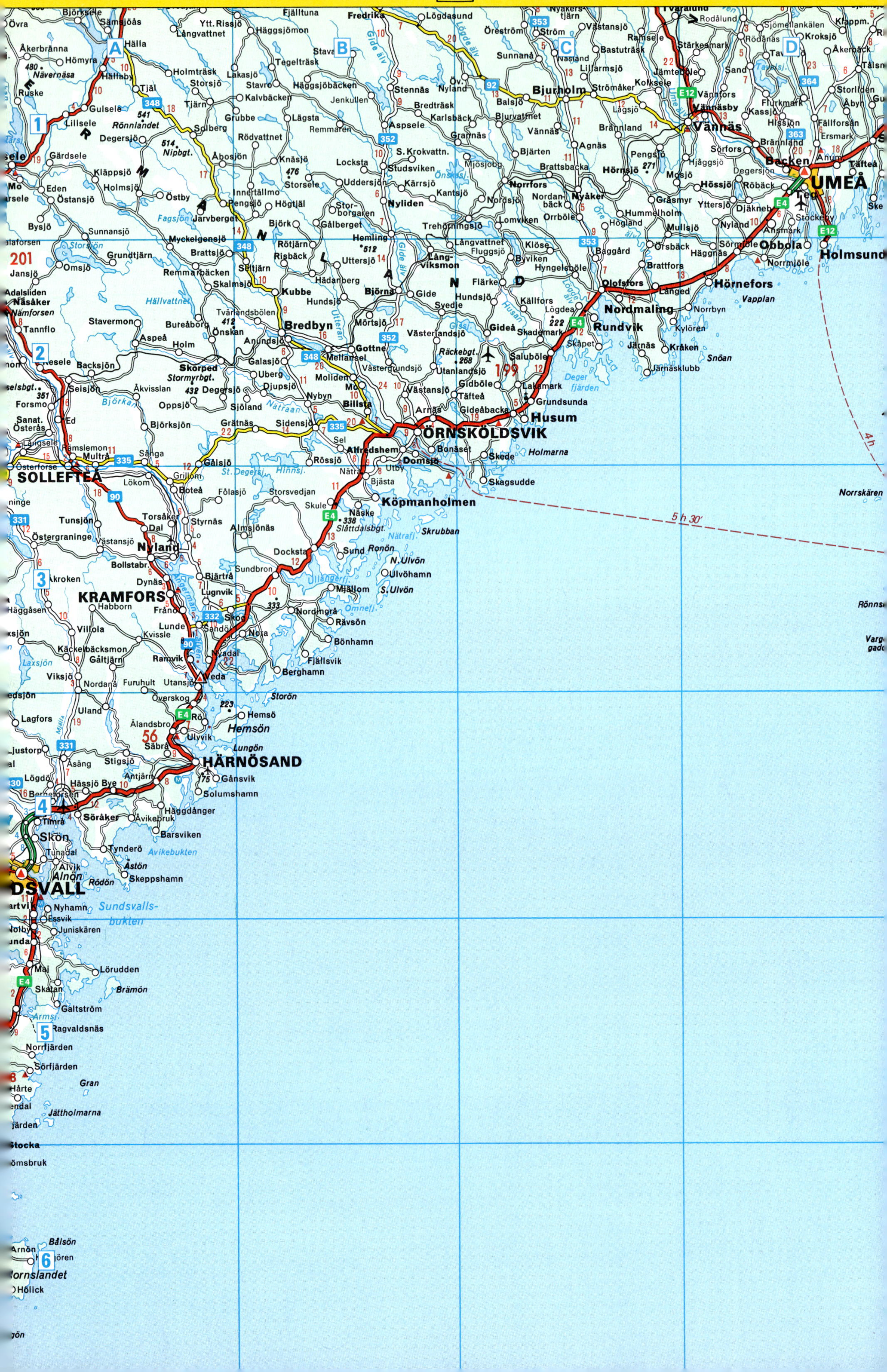

17
A
B
C
D
1
2
3
4
5
6
Bygdeå
Djäkneboda
Ratan
Holmön
Ängesön
Grossgrunden
Valsörarna
Valassaaret
Mickelsörarna
Norra gloppet
Östra gloppet
Björköby
Björkön
Replotfjärd
Replot
Raippaluoto
Brändövik
Södra Vallgrund
Södra gloppet
VAASA
VASA
Korsholm
Mustasaari
Smedsby
Vähäkyrö
Laihia
Isokyrö
Vöyri
Vörå
Maksamaa
Maxmo
Oravainen
Oravais
Kåtölandet
Eugmo
Yxpila
Ykspihlaja
KOKKOLA
Karleby
Larsmo
Luoto
Kronoby
Kruunupyy
Jakobstad
Pietarsaari
Pedersöre
Pedersören kunta
Nykarleby
Uusikaarlepyy
Jeppo
Jepua
Kaustinen
Veteli
Vetil
Kannus
Kälviä
Himanka
Lohtaja
Ylivieska
Alavieska
Sievi
Toholampi
Ullava
Halsua
Perho
Evijärvi
Lappajärvi
Vimpeli
Alajärvi
Kortesjärvi
Alahärmä
Ylihärmä
Kauhava
Lapua
Ylistaro
Seinäjoki
Ilmajoki
Kurikka
Jurva
Nurmo
Kuortane
Lehtimäki
Soini
Ähtäri
Alavus
Töysä
Jalasjärvi
Kauhajoki
Karijoki
Teuva
Närpes
Närpiö
Kaskinen
Kaskö
Kristinestad
Kristiinankaupunki
Isojoki
Honkajoki
Kankaanpää
Parkano
Karvia
Kihniö
Virrat
Ruovesi
Vilppula
Juupajoki
Pomarkku
Siikainen
Merikarvia
Lappfjärd
Lapväärtti
Pihlajavesi
Myllymäki
121
131
141
133
182
86
33
91

12

KAJAANI
Ylivieska
Alavieska
Nivala
Haapavesi
Piippola
Pyhäntä
Kärsämäki
Haapajärvi
Pyhäsalmi
Kiuruvesi
Iisalmi
Sukeva
Vieremä
Sonkajärvi
Reisjärvi
Lestijärvi
Kinnula
Pihtipudas
Kivijärvi
Kyyjärvi
Viitasaari
Keitele
Pielavesi
Vesanto
Siilinjärvi
KUOP
Karstula
Saarijärvi
Äänekoski
Suolahti
Konnevesi
Suonenjoki
Multia
Keuruu
Laukaa
Pieksämäen mlk.
Pieksämäki
Petäjävesi
JYVÄSKYLÄ
Vaajakoski
Leivonmäki
Toivakka
Hankasalmi
Muurame
Mänttä
Jämsänkoski
Jämsä
Korpilahti
Kangasniemi
Joutsa
Juupajoki
Luhanka
Sysmä
Virrat
E63
E75
Perho
Vetelil
Kuopio
Rautalampi
Tervo
Kannonkoski
Uurainen
Kuhmoinen
Viitasaari

13

A
B
C
D
1
2
3
4
5
6
Sotkamo
Kaitainsalmi
Katerma
Ontojoki
Tervasalmi
Kuhmo
Kamarankylä
Kortevaara
Linnavaara
Rovkuly
Ozero Rovkul'skoye
Hukkajärvi
Kiekinkoski
Kesseli
Riihivaara
Rastinkylä
Sivakka
Saunajärvi
Saarela
Nurmiranta
Muiozero
Emelyanovka
Reboly
Leksozero
Celkiozero
Teljo
Kimovary
Peninga
N.Tulevary
Luzhma
Lout Ostrov
Lendery
Ozero Tulos
Valtimo
Nurmes
Saramo
Petäiskylä
Lippi
Kuohatti
Siltavaara
Issaanvaara
Savijärvi
Kivivaara
Hattuselkonen
Nurmijärvi
Murtovaara
Riihivaara
Pankajärvi
Naarajärvi
Uramo
Koriseva
Jamali
Lieksa
Pankakoski
Lamminkylä
Hatunkylä
Inari
Saverki
Kitsi
Hirvivaara
Mätäsvaara
Kylänlahti
Viensuu
Vihtasuo
Paalasmaa
Juuka
Nunnanlahti
Larinsaari
Koli
Matovaara
Kontiovaara
Pallosenvaara
Vuonisjärvi
Teppana
Jaakonvaara
Kuora
Pihlajavaara
Naarva
Kontiovaara
Kakaravaara
Kansanaho
Polvikoski
Hattuvaara
Vattuaho
Käenkoski
Kelvä
Pielinen
Heralahti
Ahvenlahti
Ukkola
Kivilahti
Koitere
Parsiainen
Uimaharju
Tyrjänsaari
Hiiskoski
Korentovaara
Rautavaara
Juankoski
Muuruvesi
Kaavi
Outokumpu
Polvijärvi
Kontiolahti
Höytiäinen
Eno
Kaltimo
Jakokoski
Tuusniemi
Sotkuma
Ilomantsi
Möhkö
Mekrijärvi
Leminaho
JOENSUU
Liperi
Ylämylly
Kovero
Tuupovaara
Kiihtelysvaara
Pyhäselkä
Onkamo
Tohmajärvi
Värtsilä
Niirala
Kitee
Rääkkylä
Heinävesi
Savonranta
Kerimäki
SAVONLINNA
Enonkoski
Rantasalmi
Punkaharju
Kesälahti
Kaukuniemi
Kissala
Sortavala
Jänisjärvi
Ruskeala
Vonnisenmäki
Kirjavala
Kiihtelysvaara
Kangaslampi
Kuikka
Uuksu
Leppäsyrjä
Helylä
Kaalamo
Matri
Tarnala

35

A
B
C
D
1
2
3
4
5
6
KRISTIANSUND
ÅLESUND
Molde
Andalsnes
Veidholmen
Hopen
Dymesvågen
Gjølberg
Rosvoll
Grip fyr
Bremsnes
Averøya
Henda
Lillesandøy
Atlanterhavsveien
Kvernes
Kornstad
Kvitnes
Farstad
Hustad
Vevang
Hustadvika
Bud
Elnesvågen
Tverrfjell
Eide
Ona fyr
Bjørnsund
Sandøy
Gossen
Aukra
Orta
Smøge
Steinshamn
Harøya
Fjørtoft
Sundsbø
Otrøy
Midsund
Mia
Flemsøya
Haramsøy
Lepsøya
Austnes
Rekdal
Fiksdal
Tomra
Brattvåg
Skjelten
Søvik
Roaldsand
Roald
Giske
Godøy
Vatne
Skodje
Sjøholt
Borgund
Spjelkavik
Digernes
Magerholm
Langevåg
Sula
Solevågen
Breisundet
Runde
Remøy
Kvalsvik
Nerlandsøy
Kvalsund
Torvik
Fosnavåg
Hareid
Brandal
Sulesund
Heidal
Flø
Ulsteinvik
Dragsund
Hurtigrute
Moldtustranda
Gurskøy
Sandsøy
Vartdal
N. Vartdal
Ørsta
Volda
Fiksund
Kolås
Rjånes
Vestkapp
Kvamsøy
Stadlandet
Kjerringa
Eltvik
Stadlandet
Sildegapet
Selje
Raudeberg
Barmen
Vågsøy
Måløy
Rimstad
Bryggja
Maurstad
Stårheim
Haugen
Nordfjordeid
Nordfjord
Bremangerlandet
Oldeide
Bremangerpollen
Frøya
Kalvåg
Smørhamn
Svelgen
Midtgulen
Ålfotbreen
Hyen
Boten
Hovden
Florø
Skorpa
Stavøyna
Askrova
Stavang
Svanøy
Stavfjorden
Holevik
Alden
Atløy
Askvoll
Dale
Førde
Moskog
Vassenden
Sande
Viksdalen
Holsen
Skipaset
Mjell
Storfjorden
Hellesylt
Stranda
Stordal
Sunnylven
Geiranger
Dalsnibba
Djupvasshytta
Tryggestad
Hornindalsrokken
Hornidal
Grodås
Stryn
Strynsvatnet
Loen
Olden
Innvik
Utvik
Sandane
Byrkjelo
Skei
Ålhus
Sunndalen
Grotli
Breidalsvatn
Pollfoss
Skridulaupbu
Sikkelbreen
Tverrådalskirkje
Fåberg
Bruheim
Skjolden
Luster
Gaupne
Marifjora
Lodalskåpa
Vollset
Valldal
Tafjord
Trollstigen
Langdalen
Romsdalen
Tresfjord
Vestnes
Furneset
Vikebukt
Sekken
Bolsøya
Langfjorden
Vistdal
Eidsdal
Eide bru
Kaldhusseter
Vermavatnet
Fjøra
Norddalsfj.
Geirangerfj.
Hjelle
Oppstryn
Jølstravatnet
Eimhjellvatnet
Naustdal
Helgheim
Lunde
Fjærland
Støleholmen
Nordfjord
Hornindalsvatnet
Innvik
Rustøyane
Briksdal
Snønipa
Fonn
Jostedalsbreen

14
TRONDHEIM
Stjørdalshalsen
Hommelvik
Malvik
Heimdalsbyen
Orkanger
Børsa
Buvik
Melhus
Støren
Soknedal
Berkåk
Ulsberg
Oppdal
Sunndalsøra
Kristiansund
Surnadalsøra
Rindal
Tingvoll
Ålvundeid
Stemshaug
Aure
Vinjeøra
Kyrksæterøra
Hemnes
Snillfjord
Lundamo
Hølonda
Selbu
Meråker
Røros
Os
Tolga
Alvdal
Folldal
Hjerkinn
Kongsvoll
Drivstua
Dombås
Lesja
Lesjaverk
Bjorli
Dovre
Otta
Sel
Lom
Vågåmo
Kvam
Vinstra
Ringebu
Koppang
Atna
Tynset
Rendal
Trondheimsfjorden
Storfosna
Frøyfjorden
Hitra
Fillan
Orkla
Gaula
Trollheimen
Dovrefjell
Snøhetta
Rondane
Jotunheimen
Gudbrandsdalen
Glittertind
Galdhøpiggen
Sunndalsfjorden
Surnadalsfj.
Innset
Kvikne
Savalen
Tron
Alvdal
Glomma
Femunden
27
E6
E39
E14
E136

28

16

A B C D

1 2 3 4 5 6

Sollefteå
Kramfors
Nyland
Lugnvik
Härnösand
Timrå
Alnön
Sundsvall
Sundsvalls bukten
Matfors
Njurunda
Ånge
Fränsta
Ljungaverk
Alby
Bräcke
Hudiksvall
Iggesund
Söderhamn
Bollnäs
Ljusdal
Edsbyn
Alfta
Arbrå
Järvsö
Delsbo
Ljusne
Hemsön
Ulvön
Åstön
Brämön
Agön
Kuggören
Hornslandet
Jättholmarna
Indalsälven
Ljungan
Ljusnan
Voxnan
N. Dellen
S. Dellen
Holmsjön
Storsjön
Amungen
Graningesjön
Helgum
Bispgården
Ragunda
Hammarstrand
Vildberg
Tovåsen
Synhällan
Högtuppen
Hornberget
Brännåsen
Hälberget
Gluggberget
Halgonberget
Storberget
Stavsberget
E4
E14
29

22
A
B
C
D
1
2
3
4
5
6
Holevik
Stongfjorden
Laukeland
Askvoll
Atløy
Alden
Værlandet
Ospa
Eikenes
Storehaug
Viksdalen
Haukedal
Holsen
Skipaset
Mjell
Ulvestad
Fjærland
Støleholmen
Nysete
Kvam
Gaupne
Joranger
Marifjor
Hafslo
Solvorn
Urnes
Muradn
Dale
Hestad
Sande
Flekke
Tysse
Fure
Hellevik
Sellevoll
Korssund
Heggheim
Vadheim
Høyanger
Dale
Balestrand
Dragsvik
Hella
Grinde
Leikanger
Sogndal
Kaupanger
Amla
Mannheller
Fodnes
Årdalsfj.
Naddvik
Årdals
Otredal
Seimsdal
Hersvik
Sula
Holtenbru
Guddal
Hyllestad
Rysjedalsvika
Risnes
Lelrvik
Lavik
Torvund
Kyrkjebø
Nordeide
Kongsnes
Nessane
Flesje
Kvamsøy
Vangsnes
Feios
Hermansverk
Norum
Revsnes
Lærdalsøyri
Bleia
Kvigno
Eri
Tønjum
Bjørkum
Sognefjorden
Hardbakke
Rånøy
Nåra
Rutledal
Dingja
Nordgulen
Nystrand
Trædal
Ikjen
Bjordal
Ortnevik
Sylvarnes
Svingen
Vik
Brudevoll
Fresvik
Engi
Hisarøy
Eivindvik
Brekke
Instefjord
Hest
Arnafjord
Solrenningen
Målset
Dyrdal
Bakka
Undredal
Aurlandsvangen
Okken
Verdens lengste veitunnel 24,3 km
Mjømna
Sandøy
Byknesøy
Leversund
Ynnesdal
Dalsøyra
Solheim
Stjordalen fjellstove
Steinlandsstølen
Steinsland
Grøndalen
Holaseter
Helgatun
Gudvangen
Flåm
Steine
Grävik
Fosnøy
Fedje
Sevrøy
Rossnes
Bøvågen
Matre
Haugsdal
Duesund
Masfjorden
Straume
Farestveit
Trefall
Gullbrå
Nesfall
Vinje
Stalheim
Oppheim
Østvebø
Storskavlen
Steinbergdalen
Sveingar
Lindås
Hopland
Vågseidet
Lygra
Konglevoll
Manger
Seim
Nipa
Romarheim
Vikanes
Eikanger
Myking
Flatekval
Eidslandet
Brekkhus
Lønahorgi
Volahytta
Staup
Myrdal
Uppsete
Geiteryggen
Raggsteindalen
Hellesøy
Seløy
Tjeldstø
Herdla
Blomvåge
Blomøy
Holsnøy
Frekhaug
Stamnes
Straume
Evanger
Bulken
Voss
Mjølfjell
Raundalen
Horndalsnuten
Hallingskeid
Finse
Tyssebotn
Bolstadøyri
Dale
Hodnaberg
Tesdal
Hosanger
Lonevåg
Hamre
Stanghelle
Hamlagrøosen
Torfinnvn.
Rong
Granvin
Ulvik
Osa
Hardangerjøkulen
Rongesund
Toftøy
Askøy
Gjerstad
Bruvik
Vaksdal
Botnen
Kvanndal
Valla
Brura-vik
Tveit
Eidfjord
Fagerheim
Brevik
Hetlevik
Kleppestø
Garnes
Indre Arna
Kvitingen
Klyve
Alvik
Brimnes
Ringøy
Fossli
Maurset
Halne
Solsvik
Store
Algerøy
Knarrevik
BERGEN
Laksevåg
Espeland
Samnanger
Tysse
Sandvenseter
Tveitakvitingen
Norheimsund
Øystese
Vikøy
Herand
Utne
Veiure
Kinsarvik
Sæbø
Tråstølen
Viveli
Bjoreidalshytta
Trondsbu
Rauhelle
Mavik
Fjell
Mathopen
Søreide
Raukeland
Hjellestad
Nesttun
Ådland
Strandebarm
Tørvikbygd
Jondal
Lofthus
Børve
Hedlo
Hadlaskar
Tælavåg
Sotra
Glesnes
Eide
Fana
Søfteland
Lønningdal
Holdhus
Hatvik
Eikelandsosen
Krokeide
Klokkarvik
Fusa
Hamn
Hovland
Kinsekvelv
Hårteigen
Sandhaug
Havtun
Askvik
Osøyro
Halhjem
Strandvik
Ergjavik
Mundheim
Grotnes
Arvik
Hessvik
Flatebø
Kvitno
Tyssedal
Ringedalsvn.
Bjørnafjorden
Gravdal
Varaldsøy
Sunndal
Odda
Litlos
Hardangervidda
Bakkesund
Austevoll
Huftarøy
Storebø
Gjøvåg
Reksteren
Lunde
Gjermundshamn
Husa
Ænes
Buar
Solfonn
Tangen
Bjørnevatna
Kvalvåg
Flygansvær
Bekkjarvik
Vågo
Uggdal
Tysnesøy
Ølve
Årsnes
Løfallstrand
Rosendal
Melderskin
Folgefonna
Sandvin
Middalsbru
Grasnut
Gaukshelm
Sandvikvåg
Fitjar
Flatraker
Seimsfoss
Dimmelsvik
Uskedal
Josendal
Skarde
Reinsnosvn.
Årjoro
Katla
Stord
Hodnanes
Skorpo
Huglo
Sunde
Husnes
Musland
Indre Matre
Rullesfadjuvet
Fjæra
Seljestand
Brastøl
Store Nupsfonn
Haukeliseter
Songavn.
Urbo
Bremnes
Bømlo
Rubbestadneset
Føyland
Foldrøy
Sagvåg
Leirvik
Halsnøy
Valen
Sæbøvik
Uttaker
Åkra
Matre
Rafdal
Langfossen
Hordadalen
Røldal
Røldalsvatnet
Botn
Haukeligrend
Edland
Siggjarvåg
Skjersholmane
Tittelsnes
Fjelberg
Skånevik
Lauvareid
Håland
Breifonn
Grungedal
Grungebru
Lykling
Mosterhamn
Valevåg
Stødle
Grindheim
Etnesjøen
Hellandsbygd
Sauda
Saudasjøen
Brattland
Roaldkvam
Holmavn.
Sesnut
Bjåen
Vinjesving
Holme
Langevåg
Espevær
Buavåg
Utbjoa
Førde
Vikebygd
Ølensjøen
Ølen
Skavlen
Nesflaten
Bleskestadmoen
Sveio
Sandeid
Bjerga
Vanvik
Solheimsvik
Kvilldal
Mostølen
Oddestølen
Breive
Hovden
N.-Våge
Knapphus
Skjold
Årak
Vikedal
Hundseid
Ilstad
Ropeid
Tangen
Sand
Suldal
Suldalsvatnet
Frolan
Saltveit
Våg
Kårhus
Imsland
Helland
Marvik
Sandsa
Stranddalshytta
Berdal bru
Hoslemo
HAUGESUND
Torvastad
Førdesfjord
Aksdal
Skjoldastraum
Amdal
Lovreaid
Ullatun
Ulla
Nesland
Bratteli
Bjørnevasshytta
Bykle
Utsira
Visnes
Avaldsnes
Tysvær
Nedstrand
Jelsa
Hålandsosen
Vadla
Bossvatnet
Bjørnerå
Rotemo
Kvalavåg
Vedavågen
Sævelandsvik
Akrehamn
Hydro
Slåttevik
Espevik
Bergaland
Knutsvik
Nesvik
Fundingsland
Eidavatn
Kopervik
Kårstø
Nedstrandsfjorden
Nesheim
Ombo
Eidssund
Tøllandsvik
Nylund
Kyrkøy
Randøy
Hjelmeland
Nilsebu
Bossbu
Valle
Hallands bru
Ferkingstad
Bokn
Arsvågen
Finnøy
Hesby
Hauga
Ardalsosen
Nes
Brokke
Nomeland
Rysstad
Skudeneshamn
Loten
Sørbø
Judaberg
Fister
Storåna
Lyngsvatnet
Lysekammen
Kjeringstøyl
Helle
Histefjell
Kvitsøy
Ystebøhamn
Mortavika
Rennesøy
Vikevåg
Hanasand
Alsvik
Sandvatnet
Lysebotn
Adneram
Øyuvsbu
Langeid
Austad
Mosterøy
Mekjarvik
Amøy
Tau
Strand
Dalen
Songesand
Kjerag
Øyarvatnet
Hilleknuten
Randaberg
STAVANGER
Preikestolen
Lysefjorden
Eiane
36

LILLEHAMMER
HAMAR
Gjøvik
OSLO
DRAMMEN
Hønefoss
Kongsberg
Notodden
SKIEN
Porsgrunn
LARVIK
Sandefjord
Tønsberg
Horten
MOSS
FREDRIKSTAD
Fagernes
Gol
Geilo
Nesbyen
Hemsedal
Seljord
Rjukan
Lillestrøm
Ski
Eidsvoll
Hallingdal
Numedal
Randsfjorden
Tyrifjorden
Mjøsa
Tinnsjø
Krøderen
Sperillen
Valdres
Filefjell
Gausta
Jukleggi
Skaget
37

24

MORA
Malung
Vansbro
Elverum
Kongsvinger
Lillestrøm
Torsby
Hagfors
Sunne
Filipstad
Munkfors
Arvika
Karlstad
Kristinehamn
Årjäng
Säffle
Åmål
Askim
Mysen
Sarpsborg
Halden
Strömstad
Mariestad
Hammarön
Dalbosjön
Vänern

38

25

A B C D

1 2 3 4 5 6

GÄSTRIKLAND

UPPLAND

DALARNA

VÄSTMANLAND

ÖREBRO

SÖDERMANLAND

GÄVLE

SANDVIKEN

FALUN

BORLÄNGE

Säter

Hedemora

Avesta

Ludvika

Fagersta

Sala

VÄSTERÅS

Enköping

Köping

Arboga

ESKILSTUNA

Strängnäs

Mariefred

ÖREBRO

Kumla

Hallsberg

Katrineholm

Flen

Nyköping

Oxelösund

NORRKÖPING

Söderköping

Finspång

Askersund

Laxå

Degerfors

SKOGA

Lindesberg

Nora

Kopparberg

Hofors

Storvik

Sandviken

Tierp

Rättvik

Leksand

Siljan

Hjälmaren

Mälaren

39

25
A
B
C
D
1
2
3
4
5
6
MORA
Orsa
Siljan
Rättvik
Leksand
Falun
BORLÄNGE
Säter
Hedemora
Avesta
Krylbo
Ludvika
Smedjebacken
Fagersta
Norberg
Sala
Heby
VÄSTERÅS
Köping
Arboga
Kungsör
Torshälla
Strängnäs
ESKILSTUNA
Hjälmaren
ÖREBRO
Kumla
Hallsberg
Lindesberg
Nora
Kopparberg
Grängesberg
Gävle
GÄVLE
SANDVIKEN
Storvik
Hofors
Kungsgården
Gästrikland
Filipstad
KARLSKOGA
Kristinehamn
Degerfors
Laxå
Askersund
Mariestad
Töreboda
Hova
Finspång
NORRKÖPING
Söderköping
Katrineholm
Flen
Vingåker
Valla
Dala-Järna
Vansbro
Vikarbyn
Gagnef
Djurås
Malung
Vänern
Vättern
Bråviken
Skagern
Storsjön
E4
E18
E20
39

Ahvenanmaa
Åland
Mariehamn
Maarianhamina
Södra Kvarken
Ålands Hav
UPPSALA
Norrtälje
Östhammar
STOCKHOLM
SÖDERTÄLJE
Nynäshamn
Nyköping
Oxelösund
Gotska Sandön
Stockholm–Helsinki 13 h
Stockholm–S.-Peterburg 25 h
Travemünde–Turku/Rauma
Stockholm 7 h 30'
Mariehamn–Turku 6 h 30'

A
B
C
D
1
2
3
4
5
6
Åland
Ahvenanmaa
Mariehamn
Maarianhamina
PORI
RAUMA
Uusikaupunki
Naantali
Södra Kvarken
Ålands Hav
Kihti Skiftet
Stockholm 5 h 30'
Stockholm–Helsinki
Mariehamn–Turku 6 h 30'
Eckerö
Finström
Saltvik
Sund
Vårdö
Jomala
Lemland
Lumparland
Föglö
Sottunga
Kumlinge
Brändö
Kökar
Kustavi
Taivassalo
Laitila
Eurajoki
Luvia
Lappi
Mynämäki
Nousiainen
Masku
Rusko
Raisio
Nauvo
Korppoo
Houtskari
Velkua
Merimasku
Rymättylä
Iniö
Pyhäranta
Ulvila
Noormarkku
Harjavalta
Nakkila

TAMPERE
Nokia
Vammala
Huittinen
Valkeakoski
Toijala
Kangasala
Orivesi
Pälkäne
Iittala
HÄMEENLINNA
LAHTI
Loimaa
Forssa
Urjala
Somero
RIIHIMÄKI
HYVINKÄÄ
Järvenpää
Tuusula
Kerava
Karkkila
Salo
Lohja
Nummela
Vihti
Espoo
Vantaa
HELSINKI
HELSINGFORS
Karis
Karjaa
Ekenäs
Tammisaari
Hanko
Hangö
Porvoo
Kirkkonummi
Inkoo
TALLINN
Naissaar
Paldiski
Maardu
Kuusalu

A B C D
1 2 3 4 5 6

180

20

MIKKELI
HEINOLA
LAHTI
HÄMEENLINNA
RIIHIMÄKI
HYVINKÄÄ
Järvenpää
Kerava
Vantaa
Vanda
Espoo
Esbo
HELSINKI
HELSINGFORS
Porvoo
Borgå
Loviisa
Lovisa
KOTKA
Hamina
KOUVOLA
Kuusankoski
Anjalankoski
Orimattila
Nastola
Gogland
Suursaari
TALLINN
Kohtla-Järve
Rakvere
Kunda
Narvalah
Narvskij zaliv

A B C D

1 2 3 4 5 6

Sortavala
Impilakhti
Tuokslakhti
Huunukka
Niemelänhovi
Punkaharju
Enanlahti
Tarnala
Niukkala
Ruokoniemi
Kiviapaja
Pellossalo
Pesinki
Putikko
Saari
Matri
Kaskii
Lauteala
Sairalanmäk
Kaartilankoski
Saukonsaari
Hirvolan selkä
Kirjavala
Saaren kk.
Ryhälä
Mäkelänmäki
Särkisalmi
Pitkäpohja
Kietävälä
Auvila
Lohilahti
Telataipale
Lohikoski
Vuoriniemi
Paikjärvi
Luukkonen
Haapaselkä
Tolvanselkä
Piojärvi
Melkoniemi
Parikkala
Lahdenpohja
Nartesalo
Lieviskä
Särkilahti
Kolmikanta
Puumala
Sarajärvi
Sorola
Valkeamäki
Jukajärvi
Torsansalo
Kalljunen
Lumivaara
Huuhkaala
Tuomiojärvi
Pohja-Lankila
Simpele
Koitsanlahti
Elisenvaara
Valaam
Luukkola
Käyhkää
Eräjärvi
Rautjärvi
Latvajärvi
Huhtervu
Valamo
Kotaipale
Syyspohja
Laamala
Kaljula
Laikko
Alho
Tervu
Kietävälä
Utula
Virmutjoki
Zalesje
Ilmee
Tounam
Kurkijoki
Puttola
Aisaniemi
Hännilä
Tarkkola
Miettilä
Rasila
Rautjärven kk.
Hiitola
Tiurula
Hentula
Ruokolahti
Savilahti
Immala
Suur-Saimaa
Vuoksenniska
Niska-Pietilä
Polvoe
Kilpola
Saikkola
Tainionkoski
Rehula
Rauha
IMATRA
Dymovo
Ladožskoe Ozero
Taipalsaari
Vehkataipale
Honkalahti
Teppanala
Meltola
Salo-Issakka
Svobodnoe
Kirvu
Kuznečnoe
Kaarlahti
Joutseno
Svetogorsk
Enso
Stepanjanskoe
Priozersk
Käkisalmi
ENRANTA
Ravattila
Borodinskoje
Sairala
Snetkovo
Uusi-Lavola
Lauritsala
Leppälä
Laatokka
Selkäharju
Lempiälä
Konnunsuo
Lesogorskij
Jääski
Kasukkala
Kontu
Melnikovo
Räisälä
Vuoksa
Vilkjärvi
Hytti
Rapattila
Nuijamaa
Pulsa
Simola
Haapajärvi
Kamennogorsk
Antrea
Solnečnoje
Konevitsa
Raippo
Vasilevo
Torfjanoj
Sirkjärvi
Cvelodnoe
Ozerskoje
Vuoksenranta
Vladimirovka
Sortan Lahti
Säämälä
Vainikkala
Otradnoje oz.
Pyhäjärvi
Brusničnoe
Lužajka
Komsomolskoje
Kiimaj
Balahonovskoje
Torhonj.
Romaški
Villala
Saimaa kanal
Layola
Suhodole
Gromovo
Sakkola
Leino
Zareče
Baryševo
Äyräpää
Hujakkala
VYBORG
VIIPURI
Veštsevo
Suhodolskoje oz.
Suvanto
Klinovo
Solovevo
Mjurikkala
Kondratjovo
Säkkijärvi
Bolsoe Pole
Äyräpäänj.
Petrovskoje
Zaporožkoe
Metsäpirtti
Vysock
Uuras
Klimovo
Baltiec
Gavrilovo
Oz. Glubokoje
Pradvino
Muolaa
Mičurinskoje
Valkjärvi
Sosnovo
Rautu
Denisovo
Torfjanovka
Popovo
Krasnoselskoje
Kyyrölä
Sovetski
Johannes
Sosnovo
Niz. Nikuljasi
Bolsoj Bor
Kamenka
Summa
Vyborgskij Zaliv
Viipurinlahti
Kirovskoje
Vaskelovo
Aleksandrovskoje
Kuolemajarvi
Pervomajsk
Lembolova
Gruzino
Matoksa
Kraskovo
Primorsk
Koivisto
Krasnoflotskoje
Halila
Poljany
Uusikirkko
Lintula
O. Zap. Berezovyj
Tiurinsaari
Ioutselka
Verh. Osel'ki
O. Bol. Berezovyj
Koivisto
Lužki
Roštšino
Mor'e
Agalatovo
Ozerki
Seivästo
Priveninskoje
Zelenogorsk
Repino
Toksovo
Kokorevo
Borisova Griva
Sestroretsk
Siestarjoki
Pesočnyj
Pargolovo
Murino
Lahtinskij
Vsevoložsk
Morozova
O. Kotlin
S.-PETERBURG
Malyi ostrov
Peninsaari
Lesnoi ostrov
Seiskari
KRONŠTADT
Šepelevo
Lebjaže
Bolšaja Ižora
Lomonosov
Dubrovka
Rybatskoe
Sosnovyi Bor
Petrodvorets
Strelna
Uritsk
St. Rogatka
Ostradnoe
Koporskij Zaliv
Krivorukhye
Kernovo
Annino
Pulkovo
Kolpino
Gostilicy
Krasnoe Selo
Puškin
Ropša
Pavlovsk
Krasnyj Bor
Uljanovka
Kurgolovo
Lužskaja Guba
Koporje
Lopukhinka
Klpen
Kovrovo
Koskolovo
Ust'Luga
Kaskovo
Konnovo
Romanovka
Pereleslje
Gatčina
Tosno
Kotly
Begunitsy
Fornosova
B. Kuzemkino
Pruzhitsy
Kikerino
Nikolayevka
Lisino-Korpus
Narva-Jõesuu
Volosovo
Merekula
Alekseyevka
Kalitino
Vyritsa
Narva
Ivangorod
Vejmarn
Vyra
Griskovo
Kingisepp
Siverskij
Rozdestveno
Jablonitsy
Dajmišče
Druznaja Gorka
Narvskoje Vodachranilisce
Srednee Selo
Luga
Tosno
Oredež

E18 E20 E59 M10 M11 M18 M20

30 66 71 135 146 160

STAVANGER

KRISTIANSAND

FØROYAR (DK)

Skagerrak

A B C D

1 2 3 4 5 6

Bø
Bostrak
Kjosen
Orangedal
Kilebygd
Gautefall
Haugljell
Straume
Kilane
Herre
Rafnes
Eidanger
Langangen
Sandefjord
Bommestad bru
Lauve
Vøra
Ornelet
Sandøsund
Verdens Ende
Kjerringvik
Ula
Statthelle
Rørholt
Bamble
LARVIK
Eikstc
Helgeroa
Stavern
Lange sund
Nevlunghavn
Neslandsvatn
Gjerdemyra
Risfjell
Heiland
Valle
Humlestad
Dørdal
Øddegården
Helle
Vadfoss
Kragerø
Felle
Øygardslia
Gjerstad
Korset
Stabbestad
Sandå
Vegår
Mjåvatn
Sundebru
Søndeled
Levang
Bråten
Gjærnes
Øysang
Vegårshei
Akland
Risør
Simonstad
Songe
Fie
Ubergmoen
Laget
Bybvåg
Lyngør
Bøylestad
Fiane
Holt
Tvedestrand
Våje
Flosta
Froland
Eydehavn
ARENDAL
Tromøy
Fevik
Grimstad

Skipstad-sand
Kjerkøy
Skjærhallen
Hvaler
Strömstad
Koster
Halle
Hogdal
Björneröd
Enningdal
Strömmen
Klevmark
Dals Hög
Bua
Holmen
Kornsjø
Skee
Håve
Varp
Vassbotten
Överby
Ramsö
Skälleröd
Rämne
Lur
Bullarby
Naverstad
Edsäm
Havstenssund
Sannäs
Tanum
Mo
Grebbestad
Ljungbyhorp
Kämpersvik
Fjällbacka
Rabbalshede
Hällevadsholm
Hamburgsund
Kville
Dingle
Heestrand
Bärfendal
Hallinden
Bovallstrand
Torreby
Hunnebostrand
Röd
Brastad
Hasselösund
Kungshamn
Smögen
Malmön
Bokenäs
Hållö
Lysekil
Lunnevik
Grundsund
Gullholmen
Härmanö
Ellös
Stala
Hälleviksstrand
Nösund
Mollösund
Tjörn
Kyrkesund
Skärhamn
Stockevik
Tjörnekalv
Marstrand
Kläverön
Rörö

Oslo–Frederikshavn 10 h
Oslo–Kiel 20 h
Oslo–København 16 h
Kiel–Göteborg 14 h

Skagen
Kandestederne
Hulsig
Ålbæk Bugt
Tannis Bugt
Tannisby
Albæk
Tuen
Tversted
Jerup
Hirtshals
Tornby
Bindslev
Bjergby
Mosbjerg
Strandby
Sindal
FREDERIKSHAVN
Lønstrup
Hjørring
Sønderskov
Asted
Nørre Lyngby
Tårs
Lendum
Gølstrup
Vrejlev Kl.
Østervrå
Understed
Løkken
Sæby
Læsø Rende
Vestero Havn
Østerby
Læsø
Byrum
Vrå
Serritslev
Vrensted
Hjermitslev
Jerslev
Sæby
Syvsten
Lyngså
Nr. Saltum
Brønderslev
Flauenskjold
Voerså
Hornfiskrøn
Blokhus
Pandrup
Klokkerholm
Agersted
Jammer Bugt
Hjallerup
Tylstrup
Dronninglund
Åsa
Slettestrand
Birkelse
Åbybro
Halvrimmen
Ulsted
Lild Strand
Vigsø Bugt
Vigsø
Bjerget
Vust
Fjerritslev
Brovst
Nørresundby
Gjøl
Vr. Hassing
Hou
Hjardemål
Frøstrup
Attrup
Østerby
AALBORG
Hals
Østerild
Vesløs
Aggersund
Aggersborg
Færstrup
Sønderholm
Svenstrup
Storvorde
Langerak
Ålborg Bugt
Skinnerup
Feggesund
Løgstør
Nibe
Ør. Hornum
Gunderup
Mou
Thisted
Sejerslev
Ranum
Vilsted
Lundby
Bislev
Støvring
Ellidshøj
Dokkedal
Sundby
Sr. Dråby
Livø
Borup
Lille Vildmose
Ør. Jølby
Fur
Trend
Blære
Hjedsbæk
Skørping
Eyngby
Koldby
Limfjorden
Nederby
Vr. Hornum
Aars
Rebild
Terndrup
Øster Hurup
Villerslev
Nykøbing
Strandby
Roldskov
Arden
Stby
Als
Mors
Glyngøre
Selde
Havbro
Farsø
Haverslev
Hadsund
Fredsø
Sønder Thise
Foulum
Binderup
Himmerland
Vive
Karby
Harre
Aaletrup
Nøraget
Vebbestrup
Mariager Fj.
Udbyneder
Ør. Assels
Roslev
Hvalpsund
Gedsted
Simest.
Valsgård
Assens
Rødding
Øster Grønning
Ulbjerg
Moldrup
Slat.
Hobro
Mariager
Udbyhøj
Vasehuse
Flovley
Kaas Bredning
Salling
Balling
Hald
Skjellerup
Gassum
Råby
Udby

28

GÖTEBORG
BORÅS
JÖNKÖPING
UDDEVALLA
TROLLHÄTTAN
VÄNERSBORG
MARIESTAD
LIDKÖPING
Skövde
Skara
Falköping
Alingsås
Kungälv
Kungsbacka
VARBERG
FALKENBERG
HALMSTAD
Laholm
Markaryd
Värnamo
Gislaved
Ulricehamn
Herrljunga
Vårgårda
Lerum
Mölndal
Mellerud
Åmål
Ed
Strömstad
Munkedal
Lysekil
Orust
Tjörn
Stenungsund
Marstrand
Hjo
Tidaholm
Mullsjö
Habo
Tranås
Ljungby
Hyltebruk
Svenljunga
Tranemo
Mark
Dalsjöfors
Vara
Grästorp
Götene
Töreboda
Tibro
Lilla Edet
Ale
Partille
Härryda
Öckerö
Hönö
Styrsö
Vrångö
Anholt
Vendelsö
Malön
Dalbosjön
Vättern
Bolmen
Laholmsbukten
Hallands
Kattegat
E6
E20
E4
A
B
C
D
1
2
3
4
5
6
Kiel–Göteborg 14 h
4 h 15'
2 h 45'

42

29

A
B
C
D
1
2
3
4
5
6
NORRKÖPING
LINKÖPING
MOTALA
Vadstena
Skänninge
Mjölby
Boxholm
Tranås
Finspång
Söderköping
Åtvidaberg
Kisa
Valdemarsvik
Gamleby
VÄSTERVIK
Vimmerby
Eksjö
Nässjö
Mariannelund
Hultsfred
Vetlanda
Målilla
Virserum
OSKARSHAMN
Figeholm
Mönsterås
Borgholm
Åseda
Lenhovda
Alvesta
VÄXJÖ
Hovmantorp
Lessebo
Emmaboda
Nybro
KALMAR
Färjestaden
Torsås
Bergkvara
Tingsryd
Konga
Öland
Ölands norra udde
Böda
Byxelkrok
Lönö
Arkö
Arkösund
Aspöja
Häradskär
Fångö
Hasselö
Malmö
Runnö
Vållö
Sandvik
Degerhamn
Långe Jan
Kristdala
Högsby
Berga
Fagerhult
Mörbylånga
Tranemo
Sävsjö
Lammhult
Rydaholm
E4
E22

A B C D

1

Hurup Vestervig Karby Harre Sønder Thise Foulum Vebbestrup
Thyborøn Ydby Ør. Assels Roslev Hvalpsund Aaletrup Nørager Valsgård
Nissum Bredn. Harboør Flovlev Kaas Bredn. Rødding Øster Grønning Gedsted Møldrup Slat. Hobro Skjellerup
Vrist Odby Lihme Balling Ulbjerg Hald Hadsund
Tørring Huse Nr.Nissum Lem Skive Højslev Stby Sundstrup Skals Løvel Nr.Vinge
Venø Humlum Venø Bugt Fiskbæk Formyre Hammershøj
Lemvig Resen Struer Estvad Stoholm Ørum Ålum
Ferring Bovbjerg Vinderup Sevel Mønsted Viborg
Bøvlingbjerg Kirkeby Linde Handbjerg Sjørup Rindsholm Ulstrup
Bækmarksbro Nørre Skave Haderup Grønhøj Bjerringbro
Torsminde Nissum Fjord Vemb Holstebro Tvis Over Feldborg Karup Frederiks Lysgård Vejerslev Fårvang
Sr.Nissum Nr.Felding Aulum Oyer Simmelkær Torning Ans Kjellerup
Husby Ulfborg Staby Ilskov Munklinde Vinderslev Grauballe Skanneru

2

Tim Ørnhøj Sinding Sunds Bording Kirkeby Engesvang Silkeborg Låsby
Stadil Grønbjerg Vildbjerg Linå
Stadil Fj. Hee Brejning Havnstrup HERNING Hammerum Ikast Pårup Himmelbjerget Rye
Søndervig Lind Isenvad Them Skanderborg
Ringkøbing Videbæk Gludsted Hjøllund Mossø
Holmsland Klit Lem Astrup Kibæk Fasterholt Biryup Ejer Bavnehøj Østbirk
Hvide Sande Troldhede Skarrild Arnborg Ejstrup Brædstrup
Stavning Borris Brande Nr.Snede Klovborg Gedved
Ringkøbing Fjord Skjern Tarm Sr.Felding Skjern Å Thyregod Sandvad Lund

3

Nr.Havrvig Lønborg Stakroge Blåhøj Give Vonge Tørring Rask Mølle
Hemmet Hoven Sr Omme Gives Glvskud Lindved
Nymindegab Lyne Ølgod Filskov Hedensted
Nr Nebel Grindsted Lindeballe Jelling Vejle Daugård
Henne Strand Ovtrup Horne Hodde Eg Billund Vandel Bredsten
Stenderup Hejnsvig Ødsted Skærup Vejle Fjord
Sig Donslund Vorbasse
Vejers Strand Oksbøl Varde Øse Hovborg Egtved Almind Fr
Janderup Agerbæk Bække Vr Nebel
Blåvands Huk Oksby Alslev Årre Holsted Bramdrup-dam Middel
Hjerting Grimstrup Vejrup St. Andst
ESBJERG Skads Bramming Brørup Vejen Lunderskov KOLDING Stenderup

4

Nordby Rindby Foldingbro Vonsild Vejstrup Hejlsminde
Fanø Bugt St.Darum Gredstedbro Kongeå Skodborg Vamdrup
Fanø Kalvslund Rødding Jels Christiansfeld
Sønderho Ribe Sr Hygum Ør.Lindet Stepping Lille Bælt
Vr Vedsted Seem Gram Moltrup Vonsbæk
Mandø Spandet Kastrup Fladså Vojens Haderslev Årøsund
Rejsby Frifelt Marstrup Øsby Halk
Brøns Tøftlund Bevtoft Hoptrup
Rømø Skærbæk Arrild Rangstrup Genner
Lakolk Branderup Rødekro Løjt Kirkeby Aabenraa Fjord
Kirkeby Randerup Løgumkloster Aabenraa Holm
Havneby Bredebro Ravsted Bovrup
Hjerpsted Øster Højst Stubbæk Felsted Uller

5

List Abild Bredevad Gråsten
Kampen Højer Tønder Tinglev Dybbøl
Sylt Møgeltønder Burkal Eggebæk Broage
Westerland Keitum Süderlügum Kollund Glücksburg
Klanxbüll Neukirchen Ladelund Krusa
Rantum Bahnverlag Klixbüll Medelby Padborg FLENSBURG
Niebüll Leck Wallsbüll Husby
Hörnum Dagebüll Lindholm Sande Schafflund
Utersum Oldsum Föhr Wyk a. Föhr Mönkebüll Großenwiehe Satrup
Norddorf Goldelund Wanderup Süder-schmedeby
Amrum Wittdün Langeness Bredstedt Högel Süder-zollhaus Böklund

6

Die Halligen Hooge Reußenköge Haselund Behrendorf Poppholz
Nordfriesische Inseln Wallsbüll Jübek
Tammensiel Hattstedt Treia Schleswig
Schütting Pellworm Alterkoog Schwesing Hollingstedt Fleck
Nordstrand Husum Jagel
Simonsberg Kropp
Oldenswort Friedrichstadt Treene Wohlde
Westerhever Norderstapel
Garding Lunden Eider Erfde Fockbek
-Ording St. Peter- Tönning Rehm Hohn

60

38
A
B
C
D
Grenaa
Ebeltoft
ÅRHUS
Samsø
Samsø Bælt
Endelave
Kalundborg
Holbæk
Nykøbing
Isefjord
Roskilde
HELSINGØR
Hillerød
Frederikssund
KØBENHAVN
Øresund
Landskrona
Höganäs
Amager
Køge
Køge Bugt
Ringsted
Slagelse
Sorø
Korsør
Nyborg
Kerteminde
ODENSE
Svendborg
Faaborg
Langeland
Rudkøbing
Ærø
Ærøskøbing
Marstal
Næstved
Vordingborg
Stege
Møn
Møns Klint
Stevns Klint
Fakse
Fakse Bugt
Nakskov
Maribo
Nykøbing
Gedser
Rødbyhavn
Fehmarn
Fehmarn Belt
Kieler Bucht
Mecklenburger Bucht
KIEL
Eckernförde
Warnemünde
Heiligenhafen
Oldenburg i. Holst.
Lütjenburg
Preetz
Storebælt
Smålandsfarvandet
61

38

A B C D

1 2 3 4 5 6

Laholms bukten
Hallands Väderö
Skälder viken
Höganäs
Helsingør
HELSINGBORG
Landskrona
Øresund
KØBENHAVN
LUND
MALMÖ
Saltholm
Amager
Køge Bugt
Isefjord
Roskilde
Holbæk
Sjælland
Slagelse
Ringsted
Køge
Næstved
Fakse Bugt
Stevns Klint
Smålandsfarvandet
Vordingborg
Møn
Nykøbing
Lolland
Falster
Rødbyhavn
Maribo
Gedser
Fehmarn Belt
Fehmarn
Mecklenburger Bucht
Trelleborg
Ystad
Skurup
HÄSSLEHOLM
KRISTIANSTAD
Markaryd
Laholm
Ängelholm
Klippan
Perstorp
Höör
Hörby
Eslöv
Sjöbo
Tomelilla
Svedala
Falsterbo
Skanör
K. Arkona
Tromper Wiek
Rügen
Sassnitz
Bergen
Stralsund
Greifswalder Bodden
Greifswald
Warnemünde
Hiddensee

39
62
Karlshamn
Ronneby
Karlskrona
Sölvesborg
Olofström
Hanö
Hanöbukten
Simrishamn
Bornholm
Christiansø
Rønne
Nexø
Åkirkeby
Gotland
Visby
Slite
Fårösund
Ljugarn
Klintehamn
Hemse
Burgsvik
Fårö
Oderbucht
Zatoka Pomorska
Gdansk–Travemünde 20 h
Klaipeda 18 h
København ca 10 h
Travemünde ca 11 h
Utlängan
Torhamns udde
Långe Jan

A
B
C
D
1
2
3
4
5
6
Cape Wrath
The Parph
Butt of Lewis
Port of Ness
Cross
Skigersta
A 857
High Borve
Ballantrushal
Barvas
Shawbost
A 858
North Tolsta
Tolsta Head
Flannan Is.
Gallan Head
Aird Uig
Breaclete
Miavaig
Carloway
Beinn Mholach
955
A 857
Back
Broad Bay
Tiumpan Head
Portnaguran
Laxdale
A 866
Garrabost
Garynahine
A 858
Stornoway
Eye Peninsula
Achmore
A 859
Brenish
Mealasta
1625
Gisla
Laxay
Balallan
Tabbaidh Mhór
Ariyruaich
Kershader
Scarp
Hushinish
Lemreway
Amhuinnsuidhe
Clisham
2622
1874
Beinn Mhor
Seaforth
Eilean Iubhard
WESTERN ISLES
Taransay
West Loch Tarbert
Tarbert
Carnach
Scalpay
Shiant Is.
Toe Head
Borvemore
A 859
Harris
Shillay
Pabbay
Leverburgh
Ensay
Manish
Boreray
Berneray
Rodel
Renish Pt.
Sound of Harris
Newtonferry
Balmartin
Tigharry
A 865
North Uist
Leac na Hoe
Lochmaddy
A 867
Claddach kyles
Monach Is.
Baleshare
Carinish
Corunna
Oitir Mhor
Gramsdale
Ronay
Benbecula
Creagorry
Wiay
Ardivachar Pt.
Howmore
Snishival
Beinn Mhor
2034
Rubha Ardvule
A 865
South Uist
Dallburgh
Lochboisdale
Pollachar
Sgeir a'Mhill
Scurrival Pt.
Eriskay
Sound of Barra
Barra
Balnabodach
Castlebay
Vatersay
Muldoanich
Sandray
Pabbay
Mingulay
Outer Hebrides
Little Minch
North Minch
Sea of the Hebrides
Eilean Trodday
Rubha Hunish
Duntulm
Kilmaluag
A 855
Waternish Point
Staffin
Loch Snizort
Uig
Culnaknock
Halistra
L. Dunvegan
The Storr
2360
A 856
Kensaleyre
Borreraig
Milovaig
Arnisort
A 850
Dunvegan
Neist Pt.
Roskhill
Skye
Portree
Ramasaig
Bracadale
Raasay
Sound of Raasay
Idrigill Pt.
A 863
Wiay
Peinchorran
Drynoch
Carbost
1428
Sligachan
A 850
Scalpay
3257
Cuillin Hills
3042
Bualintur
Broadford
A 850
Kyleakin
A 881
Rubh' an Dùnain
Soay
Elgol
L. Eishort
Canna
Sanday
Sound of Canna
Rhum
2659
Askival
Sound of Rhum
Oigh-sgeir
Pt. of Sleat
Eigg
48
Rubha na Fearn
Rona
Inner Sound
Applecross
Crowlin Islands
Kyle of Lochalsh
L. Carron
Loch Alsh
A 87
Dornie
A 851
Isleornsay
Sleat
Sound of Sleat
Ardvasar
Knoydart
3343
Mallaig
Loch Nevis
L. Hourn
3412
Sgurr na Ciche
Morar
L. Morar
Arisaig
Lochailort
A 830
Glenelg
The Saddle
3319
Corran
Kinloch Hourn
Tomdoun Hotel
L. Quoich
Loch Arkaig
Achnasaul
Gairlochy
Spean Bridge
Roybridge
L. Lochy
A 82
Creag
Ben Tee
2957
L. Garry
Invergarry
A 87
Fort Augustus
Cluanie Br.
3634
Inverness
Invershiel
Ben Attow
3385
Glen Affric
Carn Eige
3880
Affric Lodge
Cannich
Sgurr na Lapaich
3773
Loch Monar
Stromeferry
Lochcarron
Glen Carron
Sgurr a' Chaorachain
3455
Orrin
3554
Sgurr a'Choire Ghlais
A 890
Scardroy
3142
Torgapress
Beinn Bhan
2936
Shieldaig
L. Damh
A 896
Torridon
Liathach
3456
Lower Diabaig
Loch Torridon
Kinlochewe
A 832
Achnasheen
Grudie
Slioch
3217
L. Fannich
Sgurr Mor
3637
A 835
Loch Maree
Mullach Core
3326
Slattadale
A 832
Badachro
Redpoint
Gairloch
Loch Gairloch
Longa I.
North Erradale
Poolewe
Fionn Loch
Braemore
Beinn Dearg
3547
Melvaig
Cove
L. Ewe
Aultbea
Mellon Charles
Little Gruinard
A 832
Ardessie
3474
Ardcharnich
Rubha Reidh
Greenstone Pt.
Gruinard I.
Loch Broom
Ullapool
A 835
Priest I.
Horse I.
Summer Is.
Achiltibuie
Loch Lurgainn
Strathkanaird
Oykel Br.
Rubha Còigeach
Inverkirkaig
Enard Bay
Canisp
2779
Elphin
Loch Assynt
Inchnadamph
3273
Ben More Assynt
Lochinver
A 837
Soyea I.
Clashnessie
Drumbeg
Unapool
Pt. of Stoer
Eddrachillis Bay
A 894
Lochmore Lodge
Kinloch
Handa
Scourie
Rhiconich
Foinaven
2980
Kinlochbervie
3h15'
2h30'
2h
1h30'
6h

A
B
C
D
1
2
3
4
5
6
Mull Head
North Ronaldsay
Papa Westray
Pierowall
Westray
The North Sound
Tuft Ness
Midbea
Perth
Roadside
Sanday
Westray Firth
Braeswick
Wasbister
Eday
Rousay
Backaland
Egilsay
Brough Head
Birsay
Whitehall
Stronsay
Woodwick
Stronsay Firth
Dounby
A 967
A 966
A 986
Aith
Lamb Head
Balfour
Auskerry
Shapinsay
Finstown
A 965
Kirkwall
ORKNEY
Stromness
A 964
A 960
Deerness
Orphir
Linksness
1577
Scapa Flow
St. Mary's
Rora Head
Cava
Copinsay
Hoy
2h
Burray
Flotta
St. Margaret's Hope
A 961
South Ronaldsay
Melsetter
Tor Ness
Burwick
Swona
Brough Ness
Dunnet Head
Pentland Firth
Stroma
Pentland Skerries
John o' Groats
Duncansby Head
Scrabster
Thurso
A 836
Mey
Castletown
A 882
A 9
Nybster
Whiten Head
Strathy Pt.
Midfield
Lednagullin
Melvich
Reay
Dounreay
Westfield
Roadside
Kelss
Kirk
Sinclair's Bay
Reiss
Noss Head
Watten
Wick
A 838
Bettyhill
Tongue
Naver
Ardachadh
Loch Calder
Dalhalvaig
Eriboll
Ben Hope
3040
2504
Ben Loyal
Skall
Mybster
Trantlebeg
Westerdale
A 895
Thurmster
Syre
Forsinard Hotel
Thurso
Loch More
Achavanich
A 897
Clyth
Lybster
Latheron
Achentoul
Kinbrace
Braemore
Altnaharra
Ben Klibreck
3157
Dunbeath
Upper Suisgill
2313
Morven
Overscaig Hotel
Berriedale
Beinn Dhorain
2060
Helmsdale
Lothbeg
A 836
Lothbeg Point
Brora
Lairg
Dalreavoch
A 839
Brora
Invercassley
Golspie
Invershin
Bonar-Bridge
Evelix
Dornoch
Carron
Ardgay
Dornoch Firth
Tarbat Ness
Wilkhaven
Tain
Edderton
Portmahomack
Hill of Fearn
Moray Firth
Dalnavie
Alness
Balnagraggan
Balnapaling
Invergordon
Cromarty
Evanton
Wyvis
3433
Balblair
A 832
Dingwall
Conon Bridge
Fortrose
Ardersier
Nairn
Auldearn
Cawdor
Tore
A 832
Inverness
Newton
A 96
Lochend
Daviot
Dores
A 82
A 833
Farr
Moy
Carn Glas-choire
2162
Tomatin
Croachy
Erroge
Loch Mhor
E 15
Loch Ness
Lossiemouth
Burghead
A 941
Findhorn
Spey Bay
Portknockie
Buckie
Cullen
Portsoy
Banff
Macduff
Troup Head
Pennan
Rosehearty
Fraserburgh
The Bar
Elgin
A 96
A 98
Crook of Alves
Forres
Longmorn
Fochabers
Gordonstown
Longmanhill
Pitsligo
New Pitsligo
St. Combs
Crimond
Dallas
A 940
A 941
Rothes
Mulben
105
Keith
Aberchirder
Turriff
A 947
Pladdy
Strichen
Cuminestown
A 950
Mintlaw
St Fergus
A 952
Peterhead
A 939
Craigellachie
Cardow
Charlestown of Aberlour
A 95
A 920
Milltown
A 97
Huntly
Fortrie
Darra
New Deer
Clola
Burnhaven
Auchnagatt
Hatton
Buchan Ness
Cruden Bay
The Skares
Dava
1800
Glaschoil
Lochindorb
Dailnashaugh Inn
Dufftown
Deveron
A 948
Methlick
A 975
Grantown-on-Spey
Carrbridge
A 938
A 95
Auchbreck
Ardwell
Insch
A 920
Ellon
Kirktown of Slains
Knockandhu
2366
The Buck
Rhynie
Pitcaple
A 96
Oldmeldrum
Newburgh
Nethy Bridge
Tomintoul
Carn Mor
2639
Mossat
A 944
Inverurie
A 947
Balmedie
Boat of Garten
A 939
Alford
Kintore
Dyce
A 92
Lerwick 14h
Aviemore
Coylumbridge
Cairn Gorm
4084
Cock Bridge
Corgarff
A 97
Tornaveen
Dunecht
Blackburn
A 944
ABERDEEN
Torry
Girdle Ness
Kincraig
2658
Coignafearn Lodge
Findhorn
Monadhliath Mountains
Carn Ban
3087
Kingussie
A 9
Insh
Avon
4296
Ben Macdui
Ben Avon
3843
Newkirk
Tarland
A 980
Lumphanan
Torphins
Echt
Peterculter
Aboyne
Newtonmore
Laggan
A 86
114
Carn Ban Mor
3443
Crathie
Ballater
Tombae
Banchory
A 93
Cammachmore
Spey
Dalwhinnie
Inverey
Braemar
A 93
Balmoral Castle
49
3080
Mount Keen
Strachan
Kerloch
1754
Kirkton of Durris
A 957
A 90
Muchalls
Stonehaven
3791
Herma Ness
Burrafirth
Unst
Haroldswick
Norwick
North Neaps
Baltasound
Cullivoe
A 968
Uyeasound
Dalsetter
Gutcher
Uyea
Isbister
Fetlar
Reafirth
Funzie
The Faither
Ronas Hill
1475
Yell Sound
Yell
Rams Ness
A 968
Otterswick
Collafirth
A 970
Ulsta
Stenness
Burravoe
Hillswick
Mossbank
Lunna Ness
Mangaster
St. Magnus Bay
Muckle Roe
A 968
Lunna
Out Skerries
Papa Stour
Laxo
Brough
Whalsay
Sandness
Voe
Mainland
Neap
Aith
Skellister
A 970
Girlsta
Walls
Tresta
A 971
Vaila
Reawick
Score Head
Lerwick
I. of Noss
Scalloway
Bressay
West Burra
Easter Quarff
SHETLAND
Sandwick
Rerwick
Fitful Head
Boddam
A 970
Aberdeen 14 h
Grutness
Sumburgh Head

A
B
C
D
1
2
3
4
5
6
A T L A N T I C
O C E A N
Distances in Eire in km 1 km = 0,6m
Tory
Bloody Foreland
Gola
Derrybeg
Gweedore
Errigal 2466
Aran
Dunglow
Slieve Snaght
Gweebarra Bay
Portnoo
Naran
Maas
Doocharry
Fintown
Glenties
Ardara
Glencolumbkille
Rossan Pt.
Malin More
Slieve League
Carrick
Killybegs
Kilcar
Dunkineely
Inver
Donegal
Blue Stack Mts. 2211
L. Eske
Laghy
Ballintra
St. John's Pt.
Donegal Bay
Coolmore
Bundoran
Ballyshannon
Cliffony
Inishmurray
Kinlough
Belleek
L. Melvin
Garrison
Rossinver
Grange
Dartry Mts.
Drumcliff
Rosses Point
Sligo Bay
Sligo
Manorhamilton
Blacklion
Dromahair
Ballysadare
Beltra
Collooney
LEITRIM
Drumkeeran
Lough Allen
Iron Mts.
Slieve Anier
Drumshanbo
Ballyfarnan
Keadew
L. Arrow
L. Key
Boyle
Leitrim
Carrick-on-Shannon
Drumsna
Ballymote
Ballinafad
Gorteen
Tubercurry
Curry
Charlestown
Swinford
Ox Mountains
SLIGO
Easky
Dromore West
Inishcrone
Culleens
Killala Bay
Killala
Rathlackan
Downpatrick Hd.
Ballycastle
Belderg
Porturlin
Erris Hd.
Broad Haven
Cordlogh
Belmullet
Glenamoy
Carrowmore Lough
Inishkea
Bangor Erris
Rosserk Abbey
Ballina
Crossmolina
Duvillaun More
Blacksod Bay
Doogort
Achill Head
Keel
Achill Island
Ballycroy
Slieve Car 2369
Nephin 2646
Cushcamcarragh 2343
Achill
Corraun Peninsula
Mallaranny
L. Feeagh
Beltra
Lough Conn
L. Cullin
Foxford
Newport
Clare
Clew Bay
Castlebar
Bellavary
Kiltamagh
Kilkelly
Ballaghaderreen
Frenchpark
Louisburgh
Croagh Patrick 2510
Westport
Inishturk
Caher
Inishbofin
Manulla
Balla
Loughglinn
Bellanagare
Elphin
Ballyhaunis
Castlerea
Tulsk
Strokestown
Rooskey
Dromod
Claremorris
Brickeens
Ballinlough
Castleplunket
Curraghroe
Ballindine
Cloonfad
Ballymoe
Lanesborough
Partry
Hollymount
L. Carra
Lough Mask
Maumtrasna 2239
Leenaun
Letterfrack
Cruagh
Clifden
Mannin Bay
Slyne Hd.
Connemara
Recess
Maum Bridge
Cong
Neale
Ballinrobe
Kilmaine
Shrule
Milltown
Dunmore
Glennamaddy
Roscommon
Clonbern
Creggs
Athleague
Tuam
ROSCOMMON
MAYO
DONEGAL
N 56
N 15
N 16
N 59
N 17
N 4
N 5
N 26
N 58
N 84
N 83
N 60
N 61
N 63
R 257
R 259
R 263
R 232
R 280
R 297
R 313
R 335
R 360
R 209
R 202
161
49
47
38
92
77
111
50
1961
1458
1912
1730
1778
1922

A
B
C
D
1
2
3
4
5
6
Distances in GB and Northern Ireland in miles
1 m = 1,6 km
Colonsay
Oronsay
Islay
Jura
Mull of Oa
Laggan Bay
Port Ellen
Bowmore
Bridgend
Port Askaig
Portnahaven
Coul Point
Ardnave Pt.
Rubha a' Mhail
Eilean Dubh
Scalasaig
Scarba
Gulf of Corryvreckan
Crinan
Lochgilphead
Ardrishaig
Tarbert
Kennacraig
Claonaig
Gigha
Cara
Port Mor
Kintyre
Campbeltown
Southend
Mull of Kintyre
Sanda
Arran
Lamlash
Goat Fell 2866
Pladda
Bute
Ailsa Craig
Corsewall Pt.
Stranraer
Portpatrick
Inishtrahull
Inishtrahull Sound
Malin Hd.
Fanad Hd.
Malin
Culdaff
Inishowen Head
Greencastle
Moville
Buncrana
Lough Foyle
Londonderry
Limavady
Coleraine
Portstewart
Portrush
Giant's Causeway
Dunluce
White Park Bay
Bushmills
Ballintoy
Ballycastle
Rathlin
Cushendun
Cushendall
Red B.
Garron Pt.
Glenarm
Larne
Island Magee
The Maidens
Ballygalley Hd.
North Channel
Ballymoney
Ballymena
Antrim
Randalstown
Toome
Lough Neagh
Magherafelt
Maghera
Dungiven
Sperrin Mts.
Sawel 2240
Mount Hamilton
Strabane
Lifford
NORTHERN IRELAND
Omagh
Cookstown
Dungannon
Carrickfergus
Whitehead
Newtownabbey
BELFAST
Bangor
Holywood
Copeland
Donaghadee
Newtownards
Lisburn
Craigavon
Lurgan
Portadown
Armagh
Banbridge
Dromore
Strangford Lough
Downpatrick
Ballyhalbert
Ballywalter
Portaferry
St. John's Pt.
Newcastle
Mourne Mts.
Slieve Donard 2796
Annalong
Kilkeel
Newry
Warrenpoint
Rostrevor
Carlingford
Greenore
Dundalk
Dundalk Bay
Dunany Pt.
LOUTH
Ardee
Drogheda
Laytown
Kells
Ceanannus Mór
Carrickmacross
Castleblaney
Monaghan
MONAGHAN
Clones
Cavan
CAVAN
Enniskillen
Lisnaskea
Fivemiletown
Aughnacloy
Clogher
Dromore
Irvinestown
Kesh
Castlederg
Newtownstewart
Raphoe
St Johnstown
Rathmelton
Milford
Letterkenny
Carndonagh
Inishowen
NORTHERN IRELAND

44
A
B
C
D
1
2
3
4
5
6
Rhum
Askival
Sound of Rhum
Pt. of Sleat
Mallaig
Loch Nevis
Oigh-sgeir
Eigg
Muck
Morar
L. Morar
Arisaig
Sound of Arisaig
Lochailort
A 830
Glenfinnan
Kinlochmoidart
Loch Shiel
Sgurr na Ciche
Loch Arkaig
Quoich
L. Garry
Ben Tee
Invergarry
Achnasaul
L. Lochy
Monadhliath
Kingussie
Newtonmore
A 86
Spey
Creag Meagaidh
Gairlochy
Spean Bridge
Roybridge
Tulloch Station
Moy Lodge
Loch Laggan
Dalwhinnie
Corpach
Blaich
Fort William
Ben Nevis
A 82
A 861
Ben Alder
Dalnaspidal Lodge
A 9
Rubha Aird Druimnich
Kilmory
Portuairk
Point of Ardnamurchan
Kilchoan
Salen
A 861
Sgurr Dhomhnuill
Ardgour Hotel
Clovullin
Onich
Strontian
Kinlochleven
Coll
Ardmore Pt.
Arinagour
Caliach Pt.
Tobermory
Drimnin
Morvern
A 884
Kingairloch Hotel
Ballachulish
Glen Coe
Bidean nam Bian
Rannoch Station
Killichonan
Kinloch Rannoch
L. Rannoch
Schiehallion
Calgary
Dervaig
A 848
Claggan
Lochaline
A 828
Duror Inn
Portnacroish
Creagan
Tiree
Scarinish
Hynish
Treshnish Pt.
Treshnish Is.
L. Tuath
Lagganulva
Salen
Ulva
Staffa
A 849
Craignure
Lochdon
Ben More
Mull
Lismore
Loch Linnhe
Etive
L. Etive
L. Tulla
Forest Lodge
Bridge of Orchy
Bridge of Balgie
Cashlie
Ben Lawers
A 827
Lawers
Killin
Ardeonaig
Loch Tay
Balnahard
Loch Scridain
Iona
Fionnphort
A 849
Bunessan
Pennyghael
Carsaig
Lochbuie
Connel
Oban
Taynuilt
A 85
Ben Cruachan
Tyndrum
Ardchyle
Ben Lui
Crianlarich
Dalmally
Kilchrenan
Kilninver
A 816
Seil
Ellanbeich
Firth of Lorn
Rubh' Ardalanish
Luing
Kilmelford
Cladich
Upper Sonachan
A 819
L. Awe
Portinnisherrich
Lochearnhead
St. Fillans
Loch Earn
Balquhidder
Strathyre
Ben Vorlich
Ardlui
L. Katrine
Ben Ledi
Callander
Lunga
Scarba
Kintraw
Ardfern
Inveraray
A 83
A 815
Cairndow
Arrochar
Tarbet
The Trossachs
Trossachs Hotel
Aberfoyle
A 821
A 873
Doune
Greenloan
Thornhill
Eilean Dubh
Gulf of Corryvreckan
Crinan
Kilmartin
Furnace
Strachur
Lochgoilhead
Colonsay
Scalasaig
Oronsay
Ardlussa
Jura
Lochgilphead
Tayvallich
Leanach
A 886
Clachan of Glendaruel
Cowal
Ardentinny
Garelochhead
Luss
Loch Lomond
Drymen
Buchlyvie
A 811
Stirling
A 875
Killearn
Rubha a' Mhail
Keillmore
Ardrishaig
Otter Ferry
A 880
Kilcreggan
Helensburgh
Alexandria
Bonhill
A 809
Strathblane
A 891
Milngavie
Bearsden
GLASGOW
Kirkintilloch
Ardnave Pt.
Sound of Islay
A 846
Lagg
Achahoish
Tighnabruaich
Sandbank
Dunoon
Gourock
Greenock
Port Glasgow
Dumbarton
Clydebank
Renfrew
Paisley
Coatbridge
Sanaigmore
Port Askaig
Feolin Ferry
Craighouse
Sliabh Gaoil
Tarbert
Colintraive
Rhubodach
A 815
Innellan
Wemyss Bay
Hill of Stake
Johnstone
Barrhead
Neilston
Coul Point
Aoradh
Bridgend
Port Charlotte
A 847
Bowmore
Kilberry
Rubha na Traille
Kennacraig
Whitehouse
Bute
Rothesay
A 844
Largs
Fairlie
A 760
A 737
Clarkston
East Kilbride
Bothwell
Hamilton
Portnahaven
A 846
L. Indaal
Ardtalla
Islay
Laggan Bay
Port Mor
Gigha
Ardminish
Clachan
Claonaig
Sound of Bute
Lochranza
Kingarth
Cumbrae
Millport
Beith
Dalry
Kilwinning
A 736
Dunlop
Eaglesham
Larkhall
A 723
Lower Killeyan
Port Ellen
Ardbeg
Mull of Oa
Texa
Cara
Sound of Gigha
Ballochroy
Killean
Crossaig
A 841
Pirnmill
Goat Fell
Imachar
Corrie
Garroch Hd.
West Kilbride
Ardrossan
Saltcoats
Irvine
Stewarton
A 735
Fenwick
Kilmarnock
Strathaven
A 726
Lesmahagow
A 83
Glenbarr
Dippen
Arran
Brodick
Kilbrannan Sound
A 78
A 71
A 77
Galston
Darvel
A 723
Bellochantuy
Saddell
Lamlash
Holy I.
Troon
Kintyre
Kilchenzie
Blackwaterfoot
Whiting Bay
Prestwick
Mauchline
Muirkirk
Douglas
A 70
Machrihanish
Campbeltown
Stewarton
Sliddery
Kildonan
Ayr
Ochiltree
Auchinleck
A 70
Cairn Table
Pladda
Firth of Clyde
Ru Stafnish
Southend
Mull of Kintyre
Sanda
Dunure
A 719
Maybole
Waterside
Cumnock
Pathhead
A 76
Kirkconnel
New Cumnock
Blackcraig Hill
Sanquhar
Maidens
Dalleagles
Dalmellington
Rathlin
Giant's Causeway
White Park Bay
Dunluce
Ballintoy
Portrush
Bushmills
A 2
Ballycastle
Ballyvoy
Coleraine
A 44
Derrykeighan
Armoy
Cushendun
Ailsa Craig
Girvan
Dailly
Straiton
A 713
Carsphairn
Ballymoney
A 26
The Drones
Trostan
Cushendall
Red B.
Garron Pt.
Lendalfoot
A 714
Carrick
Loch Doon
Monialve
A 702
North Channel
Aghadowey
Garvagh
A 29
Killagan Bridge
Kilrea
Clogh
A 43
Glenariff
Carnlough
Glenarm
Ballantrae
Pinwherry
Barrhill
Beneraid
Merrick
New Galloway
Balmaclellan
Corsock
Dalry
Swatragh
Portglenone
Ballymena
M 2
The Sheddings
A 42
Broughshane
A 2
The Maidens
Ballygalley Hd.
Corsewall Pt.
Cairnryan
Kirkcolm
New Luce
Bargrennan
Clatteringshaws Loch
Talnotry
A 712
Newton Stewart
Galloway
Laurieston
Parton
A 713
A 762
Springholm
Crossmichael
Maghera
A 54
A 42
Tobermore
Bellaghy
Ahoghill
A 26
The Battery
A 36
Larne
E 1
Glynn
Island Magee
Stranraer
Portpatrick
A 75
Glenluce
E 18
Kirkcowan
A 714
Creetown
Gatehouse of Fleet
Castle Douglas
Ringford
Toome
A 6
M 22
Randalstown
Ballyclare
Ballynure
Gransha
Whitehead
Sandhead
Wigtown
Kirkinner
Kirkcudbright
Auchencairn
A 711
Dundrennan
Ireland
Antrim
Muckamore
M 2
A 57
E 16
Carrickfergus
Greenisland
Newtownabbey
Ballyronan
Templepatrick
Glengormley
Copeland
Bangor
A 716
Ardwell
Luce Bay
A 747
Port William
A 746
Garlieston
Whithorn
Isle of Whithorn
Wigtown Bay
Abbey Head
Coagh
Newport Trench
Lough Neagh
Crumlin
Glenavy
Whitehouse
Holywood
A 48
A 2
Donaghadee
Newtownards
Drummore
Burrow Head
BELFAST
A 30
A 23
Comber
Aghalee
Maghery
Coalisland
Stewartstown
Mull of Galloway
52

45

A
B
C
D
1
2
3
4
5
6
Ben Avon
Ben Macdui
Balmoral Castle
Braemar
Inverey
Lochnagar
Mount Keen
Aboyne
Torphins
Banchory
Peterculter
Girdle Ness
Cammachmore
Kirkton of Durris
Muchalls
Kerloch
Stonehaven
Dunnottar Castle
Tarfside
Fettercairn
Ben Tirran
Clova
Devil's Elbow
Beinn a'Ghlo
Spittal of Glenshee
Blair Atholl
Straloch
Forter
Roadside of Kinneff
Inverbervie
Laurencekirk
Edzell
Marykirk
St. Cyrus
Brechin
Montrose
Scurdie Ness
Inverkeilor
Lang Craig
Arbroath
Carnoustie
Monifieth
Broughty Ferry
Tayport
Newport-on-Tay
DUNDEE
Forfar
Kirriemuir
Finavon
Tannadice
Cortachy
Cat Law
Glamis
Alyth
Blairgowrie
Rattray
Meigle
Coupar Angus
Dunkeld
Birnam
Bankfoot
Methven
Perth
Balbeggie
Longforgan
Muirhead
Crieff
Dunning
Auchterarder
Gleneagles Hotel
Bridge of Earn
Abernethy
Newburgh
Cupar
Leuchars
St Andrews
St Andrews Bay
Kingsbarns
Fife Ness
Crail
Anstruther
Pittenweem
Elie
I. of May
Dunino
Auchtermuchty
Falkland
Kinross
Leslie
Glenrothes
Markinch
Leven
Buckhaven
Coaltown of Wemyss
Dysart
Kirkcaldy
Kinghorn
Burntisland
Lochgelly
Cowdenbeath
Kelty
Blairingone
Alloa
Kincardine
Dunfermline
Inverkeithing
Queensferry
Grangemouth
Bo'ness
Linlithgow
Firth of Forth
EDINBURGH
Leith
Portobello
Musselburgh
Dalkeith
Cockenzie
Gullane
North Berwick
Whitekirk
Aberlady
East Linton
Dunbar
Broxburn
Haddington
Pencaitland
Gifford
Lammermuir Hills
Cockburnspath
St Abb's Head
Coldingham
Grantshouse
Eyemouth
Ayton
Chirnside
Preston
Cranshaws
Berwick-upon-Tweed
Bathgate
Whitburn
Livingston
West Calder
Currie
Penicuik
Bonnyrigg
Gorebridge
Pathhead
Carlops
Leadburn
Heriot
Carfraemill Hotel
Lauder
Duns
Swinton
Greenlaw
Gordon
Earlston
Stow
Eddleston
Peebles
Innerleithen
Galashiels
Melrose
Newtown
St Boswells
Selkirk
Kelso
Coldstream
Cornhill-on-Tweed
Ancroft
Holy Island
Farne Is.
Bamburgh
Belford
Seahouses
Beadnell
West Mains
Milfield
Doddington
Wooler
Kirknewton
Town Yetholm
The Cheviot
Windy Gyle
Jedburgh
Ashkirk
Hawick
Bonchester Bridge
Carter Bar
Roberton
Teviothead
Hobkirk
Shankend Farm
Byrness
Rochester
Otterburn
Elsdon
Holystone
Rothbury
Hepple
Ingram
Powburn
Alnwick
Lesbury
Alnmouth
Warkworth
Amble
Coquet I.
Embleton
Eglingham
North Charlton
Felton
Widdrington
Longhorsley
Ashington
Newbiggin-by-the-Sea
Morpeth
Bedlington
Blyth
Seaton Sluice
Whitley Bay
Tynemouth
SOUTH SHIELDS
TYNE AND WEAR
Marsden
SUNDERLAND
Ryhope
Washington
NEWCASTLE upon Tyne
Gateshead
Blaydon
Whickham
Ryton
Prudhoe
Corbridge
Hexham
Haydon Bridge
Haltwhistle
Greenhead
Brampton
Roman Wall
Wark
Bellingham
Ridsdale
West Woodburn
Falstone
Kielder
NORTHUMBERLAND
Newcastleton
Black Knowe
Roan Fell
Kirkstile
Langholm
Canonbie
Longtown
Westlinton
Smithfield
Carlisle
Gretna Green
Annan
Bowness-on-Solway
Kirkbride
Abbey Town
Wigton
Silloth
Allonby
Maryport
Aspatria
Red Dial
Bothel
Caldbeck
Cockermouth
Greystoke
Penrith
Skelton
Hesket
Plumpton
Kirkoswald
Melmerby
Langwathby
Cross Fell
Croglin
Alston
Nenthead
Allenheads
Allendale Town
Slaggyford
Warwick Bridge
Edmondbyers
Castleside
Stanhope
Wolsingham
Witton-le-Wear
Crook
Tow Law
Consett
Stanley
Chester-le-Street
Durham
Lanchester
Houghton-le-Spring
Hetton-le-Hole
Seaham Harbour
Easington
Peterlee
Wingate
Spennymoor
Sedgefield
Hartlepool
Birtley
Kiln Pit Hill
Ponteland
Belsay
Whalton
Stannington
Wall
Moffat
Beattock
Eskdalemuir
Loch Fell
Boreland
Bentpath
Lockerbie
Lochmaben
Dumfries
Ecclefechan
Kirkpatrick-Fleming
New Abbey
Kirkbean
Carrutherstown
Hollywood
Parkgate
Tweedsmuir
Capperclcuch
Mountbenger
Dollar Law
Culter Fell
Abington
Crawford
Biggar
Broughton
Dolphinton
Carnwath
Tushielaw Inn
Yarrowford
Birkhill
BORDERS
LOTHIAN
FIFE
TAYSIDE
DUMFRIES AND GALLOWAY
Bergen 25 h
Stavanger 19 h
Göteborg 25–28 h
Esbjerg 18 h 30'
Distances in GB and Northern Ireland in miles
1 m = 1,6 km
53

46

A
B
C
D
1
2
3
4
5
6
Inishbofin
Inishark
Cruagh
Mannin Bay
Clifden
Slyne Hd.
Roundstone
Letterfrack
Leenaun
Maumtrasna
2239
Lough Mask
Partry
Claremorris
Ballyhaunis
Ballinrobe
Maum Bridge
Cong
Lough Corrib
Maam Cross
Oughterard
Tuam
Headford
Croaghnakeela
St Macdara's I.
Lettermore
Gorumna Island
Costelloe
GALWAY
Spiddle
Barna
Salt Hill
North Sound
Galway Bay
Athenry
Oranmore
Kilcolgan
Inishmore
Aran Islands
Inishmaan
Inisheer
Black Hd.
Ballyvaghan
Kinvarra
Gort
Loughrea
Slieve Elva
Lisdoonvarna
Burren
Slieve Aughty
Cliffs of Moher
O'Brien's Tower
Hags Hd.
Ennistimon
Lahinch
Milltown Malbay
Corrofin
Ennis
Clarecastle
Mutton Bay
Quilty
Doonbeg
Cooraclare
Kilkee
Kilrush
Killimer
Donegal Pt.
Loop Hd.
Kilbaha
Carrigaholt
Tarbert
Shannon Airport
Limerick
Foynes
Askeaton
Glin
Shanagolden
Mouth of the Shannon
Ballybunion
Ballylongford
Listowel
Kerry Hd.
Ballyduff
Ballyheige
Ballyheige B.
Rough Pt.
Ardfert
Fenit
Tralee
Tralee B.
Abbeyfeale
Newcastle West
Rathkeale
Adare
Kilmallock
Charleville
Brandon Mt.
3127
Brandon Bay
Sybil Pt.
Inishtooskert
Gt. Blasket
Slea Hd.
Inishvickillane
Dingle
Cloghane
Stradbally
Camp
Anascaul
Inch
Castlemaine
Killorglin
Milltown
Farranfore
Castleisland
Dingle Bay
Glenbeigh
Killarney
Rathmore
Millstreet
Kanturk
Mallow
Doulus Hd.
Cahersiveen
Valentia
Coomacarrea
2542
Glencar
Macgillycuddy's Reeks
Carrantuohill
3414
Mangerton Mountain
2756
Portmagee
Ballinskelligs
Waterville
Bolus Hd.
Scariff
Castle Cove
Sneem
Kenmare
Kenmare River
Kilgarvan
Ballyvourney
Macroom
Coachford
Blarney
CORK
Cobh
Caha
Glengarriff
Ardgroom
Adrigole
Castletown Bearhaven
Cod's Hd.
Allihies
Dursey
Bear
Bantry
Bantry Bay
Durrus
Sheep's Head
Dunmanus Bay
Skull
Ballydehob
Mizen Hd.
Crookhaven
Roaringwater Bay
Baltimore
Clear
Skibbereen
Leap
Ross Carbery
Castletownshend
Toe Hd.
Galley Hd.
Clonakilty
Clonakilty Bay
Timoleague
Courtmacsherry
Butlerstown
Old Head of Kinsale
Kinsale
Bandon
Dunmanway
Crosshaven
Carrigaline
Passage West
Roscoff

Distances in
Eire in km
1 km = 0,6m

48

A
B
C
D
1
2
3
4
5
6
BELFAST
Newtownabbey
Bangor
Greenisland
Whitehouse
Holywood
Copeland
Donaghadee
Newtownards
Glengormley
Crumlin
Glenavy
Lisburn
Carryduff
Comber
Aghalee
Lough Neagh
Cookstown
Carrickmore
Pomeroy
Stewartstown
Coalisland
Dungannon
Newport Trench
Beragh
Donaghmore
Ballygawley
Augher
Aughnacloy
Moy
Craigavon
Portadown
Lurgan
Magheralin
Hillsborough
Dromore
Gilford
Armagh
Caledon
Dyan
Emyvale
Tandragee
Markethill
Poyntzpass
Middletown
Keady
Monaghan
Greyabbey
Ballywalter
Ballyhalbert
Ballygowan
Kircubbin
Saintfield
Strangford Lough
Killyleagh
Crossgar
Cloghy
Portaferry
Ballynahinch
Dromara
Banbridge
Katesbridge
Downpatrick
Kilclief
Castlewellan
Clough
Chapeltown
Tyrella
Killough
St. John's Pt.
Rathfriland
Newry
Hilltown
Mourne Mts.
Slieve Donard
2796
Newcastle
Glasdrumman
Annalong
Warrenpoint
Rostrevor
Kilkeel
Carlingford
Greencastle
Greenore
Riverstown
Newtownhamilton
Bellek
Killeen
Carnagh
Tullynagrow
Castleblaney
Newbliss
Corvoy
Rockcorry
Ballybay
Cootehill
MONAGHAN
Cullaville
Drumbilla
Dundalk
Sandymount
Dundalk Bay
Castlebellingham
2001
Shercock
Carrickmacross
Bailieborough
1119
Kingscourt
LOUTH
Ardee
Mullagh
Nobber
Moynalty
Woodtown
Dunany Pt.
Togher
Dunleer
Clogherhead
Termonfeckin
Collon
Carlanstown
Ceanannus Mór
(Kells)
148
Slane
Kilberry
Drogheda
Laytown
99
1997
Duleek
127
An Uaimh
(Navan)
MEATH
Athboy
Julianstown
Balbriggan
Kentstown
1999
Naul
Trim
Tara
405
Ballivor
Garristown
Skerries
Dunshaughlin
Ballyboghil
Rush
Rathmolyon
Drumree
Ashbourne
Lambay
Donabate
Enfield
61
Black Bull
Kilcock
Swords
Malahide
Clonee
Maynooth
Howth
Santry
Derrycrib
Celbridge
Lucan
DUBLIN
BAILE ÁTHA CLIATH
Dún Laoghaire
Dalkey
Allenwood
Clane
Rathcoole
Tallaght
Foxrock
Rathangan
Milltown
Kill
30
Naas
2000
Brittas
The Scalp
Enniskerry
Bray
Bri Chualann
KILDARE
Kildare
Droichead Nua
(Newbridge)
Kilbride
Blessington
Poulaphouca Reservoir
Greystones
Kilcullen
2384
Hollywood
Kilcoole
Newtown Mt. Kennedy
Newcastle
Dunlavin
Crookstown
Roundwood
Timolin
Ballinalea
Laragh
3038
WICKLOW
Wicklow Mts.
Rathnew
Wicklow
Wicklow Hd.
Baltinglass
Kiltegan
Rathdrum
Beehive
Castledermot
163
Brittas Bay
Rathvilly
Hacketstown
Aughrim
Avoca
Mizen Hd.
Tullow
Woodenbridge
Tinahely
CARLOW
Croghan Mountain
1993
Arklow
Ballon
Shillelagh
Inch
Carnew
Kilmichael Pt.
Myshall
Bunclody
Gorey
Mt. Leinster
(Newtownbarry)
2610
Borris
Clogh
Courtown Harbour
Kiltealy
Ferns
Ballycanew
2409
Monamolin
Kilena
WEXFORD
Enniscorthy
Killane
Cahore Pt.
Ford
Clonroche
Oylgate
Blackwater
Ross
Adamstown
Castlebridge
Camaross
Wexford
Wexford Bay
Taghmon
Rosslare
Rosslare Harbour
Duncormick
Bridgetown
Tagoat
Ballyteige Bay
Churchtown
Irish Sea
4h30'
3h30'
Cardigan Bay
Drummore
Mull of Galloway
Burrow Hd.
Port William
Point of Ayre
Cranstal
Bride
Ramsey
Ballaugh
Kirk Michael
Peel
Snaefell
2034
St. John's
Laxey
Dalby
Isle of Man
Douglas
Port Erin
Castletown
Calf of Man
Dreswick Point
Carmel Hd.
Cemaes
Amlwch
Penysarn
Llanfaethlu
Llanerchymedd
Holyhead
Holy Island
Anglesey
Valley
Pentraeth
Llangefni
20
Gwalchmai
Llanfairpwllgwyngyll
Menai Bridge
Caernarfon
Caernarfon Bay
Clynnogfawr
Llanllyfni
Penygroes
Beddgelert
Llanaelhaearn
Morfa Nefyn
Bryncir
Criccieth
Porthmadog
Pwllheli
Sarn Meyllteyrn
Aberdaron
Abersoch
St Tudwal's Islands
Trwyn Cilan
Bardsey
Barmouth
Llangelynin
Aberystwyth
Llanfarian
Llanrhystud
Llanon

56

49
A
B
C
D
Abbey Head
Maryport
Workington
Whitehaven
St. Bees Head
Egremont
Cockermouth
Keswick
Penrith
Cross Fell
2930
Appleby-in-Westmoorland
Durham
Darlington
Middlesbrough
Stockton-on-Tees
Barnard Castle
Bishop Auckland
Richmond
Kirkby Stephen
Rogan's Seat
2203
Ambleside
Windermere
Kendal
Grasmere
Coniston
Sca Fell
3210
Ulverston
Barrow-in-Furness
Isle of Walney
Morecambe
Morecambe Bay
Lancaster
Heysham
Fleetwood
Blackpool
Preston
Lytham St Anne's
Southport
Liverpool
Liverpool Bay
Birkenhead
Wallasey
Hoylake
Great Ormes Head
Llandudno
Colwyn Bay
Rhyl
Prestatyn
Point of Ayr
Flint
Ellesmere Port
Chester
Runcorn
Widnes
St. Helens
Warrington
Wigan
Bolton
Bury
Rochdale
Oldham
Manchester
Salford
Stockport
Blackburn
Burnley
Bradford
Leeds
Halifax
Huddersfield
Wakefield
Barnsley
Sheffield
Rotherham
Chesterfield
Harrogate
Ripon
Skipton
Keighley
Ilkley
Macclesfield
Buxton
Congleton
Crewe
Nantwich
Stoke-on-Trent
Newcastle-under-Lyme
Stafford
Derby
Burton upon Trent
Lichfield
Walsall
Wolverhampton
West Bromwich
Birmingham
Solihull
Coventry
Nuneaton
Dudley
Stourbridge
Kidderminster
Telford
Shrewsbury
Wrexham
Oswestry
Llangollen
Welshpool
Newtown
Bala
Dolgellau
Cader Idris
Machynlleth
Llanidloes
Denbigh
Mold
Ruthin
Whernside
2416
Pen-y-ghent
2273
Ward's Stone
1839
Kinder Scout
2088
Distances in GB and Northern Ireland in miles
1 m = 1,6 km
3h30' Isle of Walney
3h Summer only
4h Summer only
C U M B R I A
D U R H A M
N O R T H Y O R K S H I R E
L A N C A S H I R E
C H E S H I R E
S T A F F O R D S H I R E
S H R O P S H I R E
D E R B Y S H I R E
C L W Y D
G W Y N E D D
P O W Y S
57

A
B
C
D
Penrith
Durham
Hartlepool
CLEVELAND
MIDDLESBROUGH
Stockton-on-Tees
Redcar
Saltburn-by-the-Sea
Bishop Auckland
Barnard Castle
Darlington
Richmond
Whitby
Robin Hood's Bay
Scarborough
Filey
Bridlington
Kendal
Lancaster
Northallerton
Thirsk
Ripon
Harrogate
Knaresborough
YORK
Skipton
Ilkley
Otley
LEEDS
BRADFORD
Keighley
Halifax
Huddersfield
Wakefield
Selby
Goole
KINGSTON-UPON-
Scunthorpe
Doncaster
Barnsley
Rotherham
SHEFFIELD
BLACKBURN
Bolton
Wigan
MANCHESTER
SALFORD
Oldham
Stockport
St. Helens
Warrington
Macclesfield
Buxton
Chesterfield
Worksop
Retford
Gainsborough
Lincoln
Mansfield
Newark
NOTTINGHAM
DERBY
STOKE-on-Trent
Crewe
Stafford
Shrewsbury
Telford
WOLVERHAMPTON
Walsall
Dudley
WEST BROMWICH
BIRMINGHAM
Solihull
COVENTRY
Nuneaton
Leicester
Loughborough
Grantham
Stamford
PETERBOROUGH
Kettering
Corby
Market Harborough
LANCASHIRE
YORKSHIRE
HUMBERSIDE
DERBYSHIRE
NOTTINGHAMSHIRE
STAFFORDSHIRE
LEICESTERSHIRE
NORTHAMPTONSHIRE
LINCOLNSHIRE
58

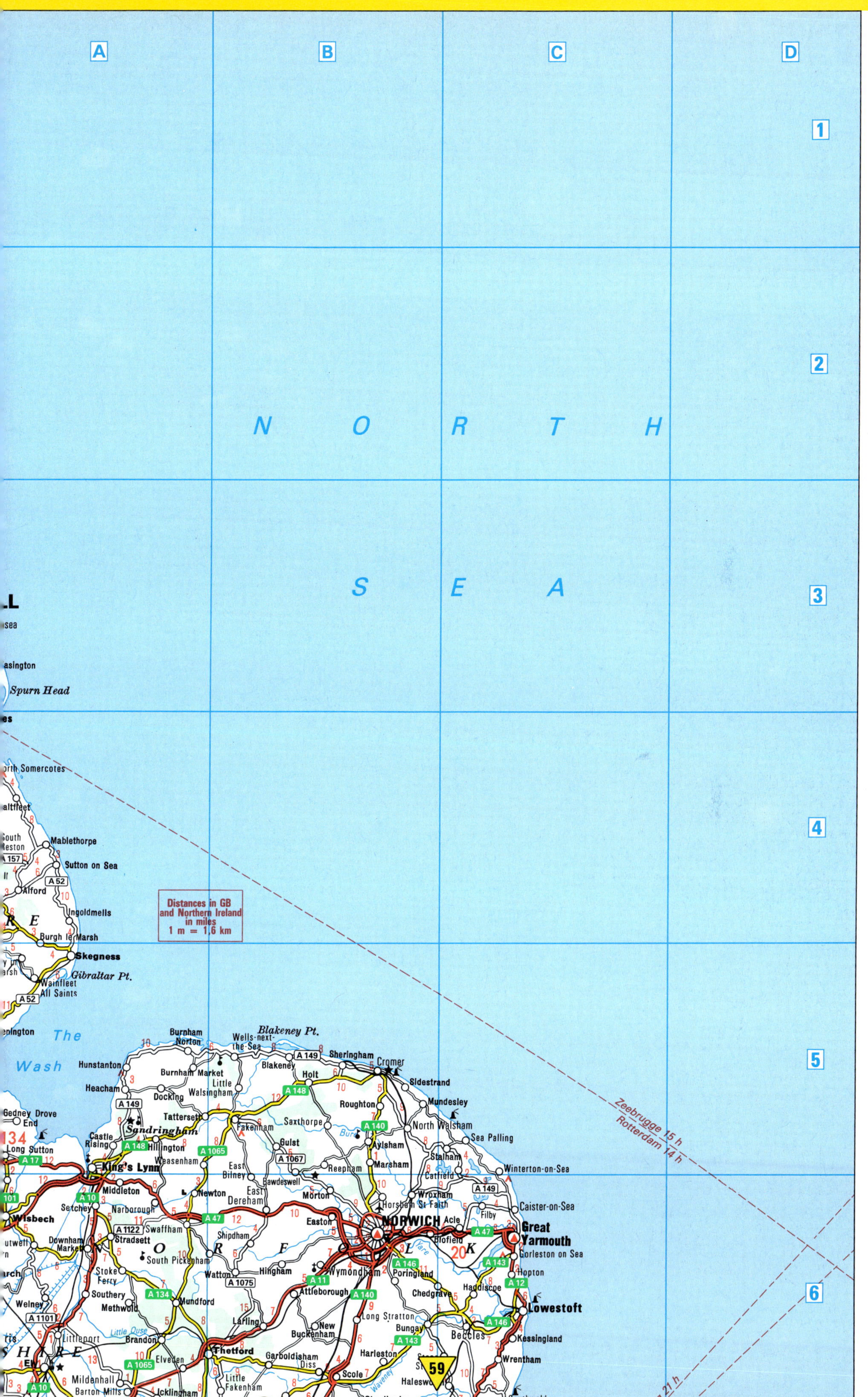

A
B
C
D
1
2
3
4
5
6
N O R T H
S E A
Spurn Head
Mablethorpe
Sutton on Sea
Alford
Ingoldmells
Burgh le Marsh
Skegness
Gibraltar Pt.
Wainfleet All Saints
The Wash
Distances in GB and Northern Ireland in miles 1 m = 1,6 km
Hunstanton
Heacham
Burnham Market
Wells-next-the-Sea
Blakeney Pt.
Blakeney
Sheringham
Cromer
Holt
Sidestrand
Mundesley
Roughton
North Walsham
Sea Palling
Aylsham
Marsham
Stalham
Sandringham
Castle Rising
Hillington
King's Lynn
Fakenham
Dereham
Swaffham
Wisbech
Downham Market
Stradsett
NORWICH
Acle
Great Yarmouth
Caister-on-Sea
Gorleston on Sea
Hopton
Lowestoft
Kessingland
Wrentham
Southwold
Wymondham
Attleborough
Poringland
Chedgrave
Haddiscoe
Beccles
Bungay
Harleston
Diss
Scole
Thetford
Brandon
Mundford
Methwold
Southery
Stoke Ferry
Littleport
Mildenhall
Elveden
Garboldisham
Long Stratton
Halesworth
Blythburgh
Stradbroke
Zeebrugge 15 h
Rotterdam 14 h
59

A B C D

1 2 3 4 5 6

Rosslare
Rosslare Harbour
Duncormick
Bridgetown
Tagoat
Churchtown
Ballyteige Bay
Kilmore Quay
Carnsore Pt.
Saltee Islands
E30
N 25

St George's Channel

3h30'
4h
8h Summer only

Aberaeron
New Quay
Synod Inn
Gwbert-on-Sea
Brynhoffnant
A 487
A 486
Cardigan
A 484
Ffostrasol
Drefach
A 475
Strumble Hd.
Goodwick
Newport
Eglwyswrw
Newcastle Emlyn
Llandyssul
Fishguard
A 478
Mathry
E30
Crymmych
A 485
Croesgoch
A 40
1759
Tufton
Trelech
Cwmduad
Alltwalis
St David's
Ramsey
Wolf's Castle
A 487
The Kell
Cynwyl Elfed
A 484
Newgale
Llandissilio
St Brides Bay
Broad Haven
Haverfordwest
Whitland
St Clears
Carmarthen
A 48
60
St Brides
A 4076
Narberth
A 477
Skomer
A 477
A 478
Laugharne
Kidwelly
Llanelli
Cross Hands
Skokholm
Dale
Milford Haven
Pembroke Dock
Kilgetty
Pendine
Angle
Pembroke
Tenby
Burry Port
St Petrox
Caldey
Carmarthen Bay
St Govan's Head
Burry Holms
Worms Hd.
Port-Eynon

Bristol Channel

Distances in GB and Northern Ireland in miles
1 m = 1,6 km

Lundy
Ilfracombe
Morte Pt.
Baggy Pt.
Barnstaple or Bideford Bay
Appledore
Hartland Pt.
Hartland
Clovelly
A 39
Bideford
Buck's Cross
Great Torrington
Morwenstow
Stibb Cross
Merton
Kilkhampton
A 388
Bude Bay
Bude
Stratton
A 3072
Holsworthy
Broadbury
Okehampton
Clawton
Tresparrett Posts
Wainhouse Corner
Boscastle
Bridestowe
114
Tintagel
Launceston
Davidstow
A 395
Lifton
Milton Abbot
A 386
Port Isaac
Camelford
Bodmin Moor
Blackdown
Trevose Hd.
Padstow
St Teath
1377
Brown Willy
Bolventor
Wadebridge
Tavistock
Gunnislake
A 389
Trenance
Bodmin
A 30
Callington
CORNWALL
A 38
A 388
St Columb Major
Liskeard
Saltash
Newquay
Victoria
A 390
Lostwithiel
85
St Germans
Torpoint
A 3075
A 391
Looe
Devonport
Plymouth
Perranporth
Mitchell
Roche
St Blazey
Fowey
St Agnes
Zelah
St Austell
Polperro
Looe
St Austell Bay
Rame Hd.
Portreath
A 390
Grampound
Mevagissey
St Ives
St. Ives Bay
Truro
Tregony
Redruth
A 30
A 39
A 3078
Porthmeor
Camborne
Penryn
Dodman Pt.
Hayle
St Mawes
C. Cornwall
St Just
Penzance
A 394
Eddystone Rocks Lighthouse
Marazion
Breage
Falmouth
A 30
Land's End
Sennen
Helston
Falmouth Bay
Gwennap Hd.
Mount's Bay
Cross Lanes
St Keverne
Mullion
A 3083
Coverack
Lizard
Lizard Pt.

St Martin's
Bryher
Tresco
Hugh Town
St Mary's
St Agnes
Isles of Scilly

2h30'
Le Havre 21 h
Cherbourg 17 h
Roscoff 15 h
Santander 24 h
Roscoff 6 h

53

A
B
C
D
1
2
3
4
5
6
P O W Y S
HEREFORD AND WORCESTER
GLOUCESTERSHIRE
OXFORD
GWENT
MID GLAMORGAN
SOUTH GLAMORGAN
WEST GLAMORGAN
AVON
WILTSHIRE
SOMERSET
DORSET
DEVON
HAMPSHIRE
Bristol Channel
Bridgwater Bay
Lyme Bay
Swansea Bay
Poole Bay
Start Bay
Tor Bay
Black Mountains
Brecon Beacons
Devil's Bridge
Llangurig
Llanidloes
Rhayader
Llandrindod
Newbridge on Wye
Builth Wells
Erwood
Llandovery
Lampeter
Llangadog
Llandeilo
Brynamman
Ammanford
Pontardulais
Glyn-Neath
Neath
SWANSEA
Port Talbot
Maesteg
Bridgend
Porthcawl
Pyle
Llantrisant
Pontypridd
Rhondda
Aberdare
Merthyr Tydfil
Tredegar
Ebbw Vale
Blaenavon
Abertillery
Pontypool
Newbridge
Abercarn
Cwmbran
Caerleon
Caerphilly
Bedwas
Risca
NEWPORT
CARDIFF
St Mellons
Goldcliff
Penarth
Barry
Cowbridge
St Bride's Major
East Aberthaw
Brecon
Libanus
Talgarth
Bwlch
Crickhowell
Abergavenny
Pandy
Hay-on-Wye
Kington
New Radnor
Presteigne
Knighton
Clun
Craven Arms
Ludlow
Middleton
Cleobury Mortimer
Kidderminster
Bewdley
Stourport-on-Severn
Tenbury Wells
Leominster
Hereford
Pontrilas
Monmouth
Ross-on-Wye
Ledbury
Great Malvern
Upton upon Severn
Worcester
Droitwich
Bromsgrove
Redditch
Stourbridge
SOLIHULL
Northfield
COVENTRY
Kenilworth
Royal Leamington
Warwick
Stratford-upon-Avon
Alcester
Evesham
Pershore
Broadway
Chipping Campden
Shipston on Stour
Tewkesbury
Cheltenham
Charlton Kings
Gloucester
Newent
Stroud
Cirencester
Tetbury
Nailsworth
Dursley
Berkeley
Lydney
Chepstow
Tintern Parva
Stow-on-the-Wold
Chipping Norton
Witney
Woodstock
Burford
Northleach
Fairford
Lechlade
Highworth
Faringdon
Wantage
Swindon
Cricklade
Malmesbury
Chippenham
Calne
Marlborough
Hungerford
Newbury
Devizes
Melksham
Trowbridge
Bradford-on-Avon
Bath
BRISTOL
Avonmouth
Portishead
Clevedon
Keynsham
Weston-super-Mare
Congresbury
Cheddar
Axbridge
Burnham-on-Sea
Highbridge
Wells
Shepton Mallet
Frome
Radstock
Westbury
Warminster
Glastonbury
Street
Bridgwater
Minehead
Watchet
Porlock
Lynton
Foreland Pt.
Dunster
Taunton
Wellington
Wiveliscombe
Dulverton
South Molton
Tiverton
Crediton
Exeter
Exmouth
Budleigh Salterton
Sidmouth
Honiton
Axminster
Seaton
Lyme Regis
Chard
Ilminster
Crewkerne
Yeovil
Sherborne
Ilchester
Langport
Somerton
Wincanton
Castle Cary
Bruton
Mere
Gillingham
Shaftesbury
Sturminster Newton
Blandford Forum
Wimborne Minster
Ringwood
Fordingbridge
Salisbury
Wilton
Amesbury
Stonehenge
Andover
Romsey
SOUTHAMPTON
Lyndhurst
Brockenhurst
Lymington
Christchurch
BOURNEMOUTH
POOLE
Wareham
Swanage
St. Alban's Head
Dorchester
Weymouth
Fortuneswell
Bill of Portland
Chesil Bank
Bridport
Abbotsbury
Cowes
Yarmouth
ISLE OF
The Needles
Totland
Dawlish
Teignmouth
Newton Abbot
Torquay
Paignton
Brixham
Totnes
Ashburton
Bovey Tracey
Dartmouth
Kingsbridge
Salcombe
Start Pt.
Torcross
Modbury
Guernsey-Jersey 2h30'-3h45'
St-Malo 8h45'
Cherbourg 4h45'-8h
M4
M5
M50
M27
E30
A38
A30
A35
A36
A303
A4
A40
A44
A49
A48
A465
A470

54

HEREFORD AND WORCESTER
GLOUCESTERSHIRE
OXFORDSHIRE
NORTHAMPTONSHIRE
BEDFORDSHIRE
BUCKINGHAMSHIRE
WILTSHIRE
BERKSHIRE
HAMPSHIRE
DORSET
WEST SUSSEX
Coventry
Solihull
Stourbridge
Kidderminster
Worcester
Droitwich
Redditch
Bromsgrove
Evesham
Great Malvern
Ledbury
Tewkesbury
Cheltenham
Charlton Kings
Gloucester
Stroud
Cirencester
Tetbury
Chippenham
Swindon
Bristol
Bath
Trowbridge
Devizes
Warminster
Salisbury
Stonehenge
Andover
Winchester
Southampton
Eastleigh
Romsey
Fareham
Gosport
Portsmouth
Havant
Chichester
Bognor Regis
Worthing
Littlehampton
Shoreham
Hove
Brighton
Portslade
Lewes
Crawley
Horsham
Reigate
Guildford
Godalming
Haslemere
Petersfield
Farnham
Aldershot
Farnborough
Woking
Camberley
Bracknell
Ascot
Windsor
Slough
Maidenhead
Marlow
High Wycombe
Reading
Newbury
Basingstoke
Oxford
Abingdon
Wallingford
Henley-on-Thames
Aylesbury
Bicester
Banbury
Witney
Blenheim Pal.
Woodstock
Stratford-upon-Avon
Warwick
Royal Leamington Spa
Kenilworth
Rugby
Daventry
Northampton
Wellingborough
Kettering
Rushden
Bedford
St Neots
Huntingdon
Milton Keynes
Buckingham
Leighton Buzzard
Luton
Dunstable
Hitchin
Letchworth
Stevenage
Harpenden
St Albans
Hemel Hempstead
Watford
Harrow
Heathrow
Hillingdon
Sunbury
Staines
Egham
Esher
Epsom
Sutton
Croydon
Merton
Leatherhead
Dorking
Ashtead
Gatwick Airport
Poole
Bournemouth
Christchurch
Ringwood
Wimborne
Dorchester
Weymouth
Fortuneswell
Bill of Portland
Chesil Bank
Swanage
St. Alban's Head
Poole Bay
Lymington
Cowes
Ryde
Newport
Isle of Wight
Sandown
Shanklin
Ventnor
The Needles
The Solent
Spithead
Selsey Bill
Yeovil
Sherborne
Shaftesbury
Blandford Forum
Frome
Wells
Shepton Mallet
Guernsey - Jersey 2h30'-3h45'
St-Malo 8h45'
Cherbourg 4h45'-8h
Caen 6 h
Le Havre 5h45'-8h
Distances in GB and Northern Ireland in miles
1 m = 1,6 km

55
A
B
C
D
1
2
3
4
5
6
74
87
Esbjerg 21 h
Hamburg 20 h
Hoek van Holland 3 h 40'
Vlissingen 7 h
Oostende 1 h 50'-4 h
35'-1h30'
Tunnel
55'
4h
Strait of Dover
Thetford
Beccles
Kessingland
Wrentham
Southwold
Halesworth
Blythburgh
Yoxford
Saxmundham
Leiston
Aldeburgh
Orford
Orford Ness
Framlingham
Farnham
Wickham Market
Woodbridge
Hollesley Bay
Bawdsey
Felixstowe
Harwich
Dovercourt
The Naze
Walton on the Naze
Frinton-on-Sea
Clacton-on-Sea
Colne Pt.
IPSWICH
Nacton
Claydon
Needham Market
Stowmarket
Bury St Edmunds
Newmarket
Cambridge
Saffron Walden
Haverhill
Sudbury
Hadleigh
Colchester
Braintree
Witham
Chelmsford
Maldon
Bradwell Waterside
Southminster
Burnham on Crouch
Foulness I.
Shoeburyness
SOUTHEND -on-Sea
Rayleigh
Wickford
Basildon
Billericay
Brentwood
Canvey
Stanford le Hope
Tilbury
Grays
Gravesend
Northfleet
Sheerness
Sheppey
Eastchurch
Whitstable
Herne Bay
Westgate on Sea
Margate
North Foreland
Broadstairs
Ramsgate
Sandwich
Deal
Walmer
South Foreland
Dover
Folkestone
Sandgate
Hythe
Dymchurch
New Romney
Lydd
Dungeness
Rye
Rye Bay
Winchelsea
Hastings
St Leonards
Bexhill
Eastbourne
Beachy Head
Hailsham
Canterbury
Faversham
Sittingbourne
Rochester
Chatham
Gillingham
Maidstone
Sevenoaks
Tonbridge
Royal Tunbridge Wells
Ashford
Tenterden
Cranbrook
Stansted Airport
Dunkerque
Gravelines
CALAIS
Sangatte
Wissant
Cap Gris Nez
Marquise
Guînes
Ardres
Audruicq
Bourbourg
St-Omer
Aire
BOULOGNE
Wimereux
le Portel
Hardelot-Plage
Desvres
Samer
Lumbres
Fruges
le Touquet Paris-Plage
Étaples
Montreuil
Merlimont Plage
Berck-Plage
Hesdin
St-Pol
Fort Mahon Plage
Rue
le Crotoy
Crécy-en-P.
Cayeux
St-Valery
Abbeville
Doullens
le Tréport
Eu
Mers-les Bains
Criel-Plage
Biville
Berneval
Gamaches
Airaines
Flixecourt
Talmas

A B C D

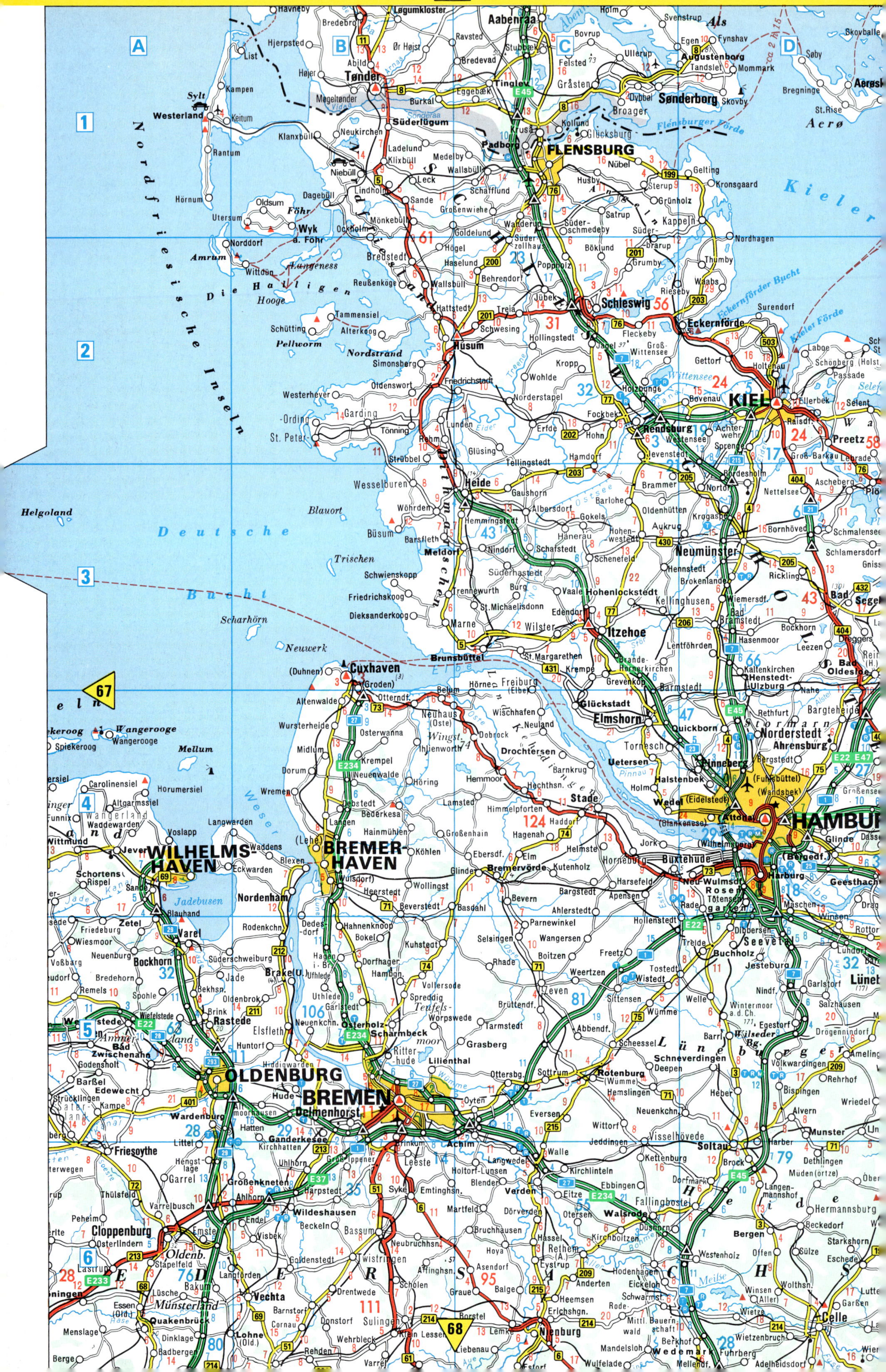

1 2 3 4 5 6

Nordfriesische Inseln

Deutsche Bucht

Helgoland

FLENSBURG

Schleswig

KIEL

Husum

Heide

Neumünster

Itzehoe

Cuxhaven

Elmshorn

HAMBURG

WILHELMSHAVEN

BREMERHAVEN

OLDENBURG

BREMEN

Delmenhorst

Cloppenburg

Vechta

Lüneburger Heide

Celle

Nienburg

Nakskov
Maribo
Sakskøbing
Nykøbing
Lolland
Falster
Rødby
Rødbyhavn
Gedser
Gedser Odde
Stubbekøbing
Fehmarn
Puttgarden
Burg
Heiligenhafen
Oldenburg i. Holst.
Mecklenburger Bucht
Lübecker Bucht
Neustadt
Eutin
Poel
Wismar
Grevesmühlen
Bad Doberan
Kühlungsborn
ROSTOCK
Warnemünde
Güstrow
STRALSUND
Barth
Zingst
Darß
Prerow
Ribnitz-Damgarten
Hiddensee
Bergen
Grimmen
Demmin
Tessin
Laage
Teterow
Malchin
SCHWERIN
Ratzeburg
Mölln
Gadebusch
Crivitz
Sternberg
Parchim
Lübz
Plau
Waren
Müritz
Neustrelitz
Röbel
Hagenow
Ludwigslust
Neustadt-Glewe
Boizenburg
Lauenburg
Wittenberge
Perleberg
Pritzwalk
Wittstock
Neuruppin
Kyritz
Havelberg
Rathenow
Nauen
Stendal
Tangermünde
Salzwedel
Gardelegen
Uelzen
Dannenberg
Lüchow
Dömitz
Lenzen
Wendland
Elbe
Altmark
Prignitz

43

A B C D

1 2 3 4 5 6

K. Arkona
Putgarten
Altenkirchen
Wittow
Tromper Wiek
Wiek
Vitte
Hiddensee
Plogshagen
Glowe
Lohme
Stubbenkammer
Jasmund
Sagard
Sassnitz
Schaprode
Ummanz
Trent
Kluis
Zingst
Pramort
Der Grabow
Zarrenzin
Prohner Wiek
Gingst
Bergen
Prorer Wiek
Bad Mukran
Rügen
Barth
Mohrdorf
Prohn
Karow
Binz
Sellin
STRALSUND
Samtens
Karnin
Löbnitz
Rambin
Putbus
Göhren
Gustow
Garz
Vilm
Mönchgut
Martensdorf
Negast
Zudar
Thiessow
Richtenberg
Steinhagen
Greifswalder Bodden
Greifswalder Oie
Ravenhorst
Reinberg
Ruden
Franzburg
Abtshagen
Bad Sülze
Drechow
Willerswalde
Mesekenhagen
Grimmen
Peenemünde
Tribsees
Wusterhusen
Greifswald
Zatoka Pomorska
Levenhagen
Kemnitz
Zinnowitz
Behren-Lübchin
Wend. Baggendf.
Poggendorf
Wolgast
Koserow
Glewitz
Diedrichshagen
Mrzezyno
Niechorze
Rewal
Gnoien
Loitz
Görmin
Lühmannsdf.
Ückeritz
Dziwnów
Gostyn
Zarnekow
Usedom
Heringsdf.
Ahlbeck
Cerkwica
Trzebiatów
Dargun
Demmin
Jarmen
Gützkow
Lassan
Sellin
Międzyzdroje
Świnoujście
Kamień Pom.
Liepen
Zicthen
Murchin
Kołczewo
Świerzno
Lindenhof
Kruckow
Lubiewo
Górzyca
Neukalen
Hohenmocker
Völschow
Warszów
Stuchowo
Kummerower See
Postlow
Anklam
Zirchow
Wolin
Gryfice
Borrentin
Pelsin
Usedom
Mechowo
Pisede
Malchin
Basepohl
Kempenow
Neu Kosenow
Leopoldshgn.
Zalew Szczeciński
Troszyn
Upadły
Tützpatz
Burow
Golczewo
Płoty
Reuterstadt Stavenhagen
Altentreptow
Boldekow
Ratheburg
Ducherow
Racimierz
Moracz
Wolde
Lowitz
Ueckermünde
Nw. Warpno
Przybiernów
Błotno
Resko
Rittermannshgn.
Neddemin
Landgraben
Warnołęka
Miłowo
Rosenow
Brunn
Friedland
Ferdinandshof
Ueckermünder Heide
Wyszogóra
Kittendorf
Galenbecker See
Ahlbeck
Trzebież
Stepnica
Babigoszcz
Nowogard
Radowo Wlk.
Varchentin
Sadelkow
Schönbeck
Hintersee
Kl. Plasten
Torgelow
Jasienica
Weitin
Neubrandenburg
Rothemühl
Miękowo
Kikorze
Wierzbięcin
Waren
Marihn
Penzin
Sponholz
Tanowo
Police
Glewice
Tollense See
Holzendorf
Belling
Goleniów
Dobra
Naturschutzgebiet
Käbelich
Strasburg
Stolec
Speck
Burg Stargard
Woldegk
Pasewalk
Pilchowo
Jenikowo
Peckatel
Usadel
Mildenitz
Wilsikow
Rossow
Lubieszyn
Maszewo
Nastazin
Bredenfelde
Schlepkow
Löcknitz
SZCZECIN
Dobropole
Neustrelitz
Möllenbeck
Göritz
Brüssow
Przemocze
Dąbie
Łęczyca
Chociwel
Strelitz
Carpin
Fürstenwerder
Dedelow
Kleptow
Grabowo
Feldberg
Prenzlau
Blindow
Krackow
Kliniewo
Stargard Szcz.
Gogolewo
Mirow
Wesenberg
Gollmitz
Schmölln
Kołbaskowo
Chlebowo
Boltzenburg
Krąpiel
Beenz
Penkun
Tantow
Gardno
Wustrow
Ravensbrück
Lychen
Hassleben
Ucker See
Gramzow
Gartz
Str. Czarnowo
Suchań
Zechlinerhütte
Fürstenberg
Himmelpfort
Densow
Mittenwalde
Ober-Uckersee
Casekow
Gryfino
Warnice
Bralęcin
Templin
Gerswalde
Passow
Pniewo
Obryta
Żabów
Rheinsberg
Gramzow
Uckermark
Milmersdorf
Vierraden
Lubanowo
Lubiatowo
Dolice
Köpernitz
Dannenwalde
Hammelspring
Greiffenberg
Widuchowa
Łozice
Pyrzyce
Zamęcin
Sonnenberg
Vogelsang
Gollin
Felchow
Schwedt
Ognica
Banie
Płońsko
Gransee
Friedrichswalde
Krajnik Dln.
Banlewice
Plaseczno
Płotno
Alt Ruppin
Lindow
Zehdenick
Joachimsthal
Gr. Ziethen
Angermünde
Piasek
Chojna
Trzcińsko-Zdrój
Lipiany
Pełczyce
Löwenberg
Falkenthal
Schorfheide
Werbellin See
Serwest
Parstein
Myśliborz
Barlinek
Gr. Schönebeck
Britz
Jez. Myśliborskie
Bobrówko
Teschendorf
Liebenwalde
Sandkrug
Oderberg
Mętno
Cedynia
Babin
Dankow
Sommerfeld
Zerpenschleuse
Finow
Osinów Dln.
Witnica
Lawy
Trzcino
Łubianka
Kremmen
Oranienburg
Zehlendf.
Klosterfelde
Eberswalde
Niederfinow
Moryń
Alt Rüdnitz
Bielin
Przyłęg
Schwante
Wensickendorf
Wandlitz
Biesenthal
Hohenfinow
Bad Freienwalde
Mieszkowice
Smolnica
Barnówko
Birkenwerder
Heckelberg
Gozdowice
Kłodawa
Börnicke
Velten
Sydow
Oderbruch
Wriezen
Dębno
Tarnów
Różanki
Marwitz
Hohen Neuendf.
Schönwalde
Bernau
Steinbeck
Neulewin
Baczyna
Nauen
Pausin
Hennigsdf
Schwanebeck
Tiefensee
Schulzendf.
Boleszkowice
Loppow
GORZÓW WLKP.
Letschin
Falkensee
Werneuchen
Prötzel
Altfriedld.
Drzewice
Dąbroszyn
Witnica
Brzozowiec
Wustermark
Reinickendorf
Pankow
Seefeld
Blumberg
Altlandsberg
Strausberg
Marxwalde
Kostrzyn
Bolemin
Falkenrehde
Dallgow
Spandau
Charlbg.
BERLIN
Gorgast
Krzeszyce
Friedrichshain
Neuenhagen
Waldsieversdorf
Wulkow
Seelow
Kietz
Słońsk
Muszkowo
Wałdowice
Schöneberg
Herzfde.
Rathstock
Krampnitz
Steglitz
Neukölln
Köpenick
Müncheberg
Jahnsfelde
Górzyca
Chartów
Bledzew
POTSDAM
Zehlendf.
Rüdersdorf
Ośno Lubuskie
Długoszyn
Lubniewice
Werder
Kl. Machnow
Teltow
Erkner
Grünheide
Beerfelde
Arensdf.
Lebus
Sulęcin
Babelsbg.
Glasow
Eichwalde
Steinhöfel
Lisów
Kowalów
Międzyrzecz
Pieski
Michendf.
Grossbeeren
Dahlewitz
Fürstenwalde
Kersdorf
Briesen
FRANKFURT (ODER)
Słubice
Kunowice
Rzepin
Małuszów
Trzemeszno Lub.
Ludwigsfelde
Machnow
Königs-Wusterhausen
Friedersdorf
Bad Saarow
Torzym
Boryszyn

70

71

A
B
C
D
1
2
3
4
5
6
T Y C K I E
Przyl. Rozewie
Łeba
J. Łebsko
Władysławowo
Jastrzębia Góra
Karwia
Żarnowiec
Krokowa
Wierzchucino
Chałupy
Kuźnica
Puck
Starzyno
Wlk. Piaśnica
Gniewino
Choczewo
Ulinia
Ciekocino
Stęknica
Wicko
Maszewko
Łebień
Chynowie
Bożepole Wlk.
Reda
Rumia
Wejherowo
GDYNIA
Orłow
SOPOT
Smołdzino
J. Gardno
Rowy
Kluki
Izbica
Główczyce
Garczegorze
Ustka
Gąbino
Żelkowo
Damnica
Stowięcino
Lębork
Godętowo
Duninowo
J. Wicko
Jarosławiec
Postomino
Bydlino
Mianowice
Potęgowo
Maszewo
Osowo Lęb.
Bukowina
Strzepcz
Chwaszczyno
Bruskowo Wlk.
Sycewice
Kanin
SŁUPSK
Nowa Dąbrowa
Darżyno
Łupawa
Cewice
Linia
Łebno
Darłówko
Darłowo
Wieprza
Łosino
Dębnica Kaszubska
Dobieszewo
Sierakowice
Przodkowo
Żukowo
Kokoszki
Sławno
Słonowice
Waszkowo
Motarzyno
Czarna Dąbrówka
Rokity
Chmielno
Kartuzy
Kolbudy Grn.
Malechowo
Korzybie
Suchorze
Unichowo
Jasień
Sulęczyno
Klukowa Huta
Wieżyca
Egiertowo
Jodłowno
Mielno
Ostrowiec
J. Letowskie
Kołczygłowy
Gostkowo
Parchowo
Stężyca
Przywidz
Sorbinowo
Tymień
Będzino
Pękanino
Krąg
Kępice
Trzebielino
Borzytuchom
Bytów
Półczno
Kłobuczyn
Trąbki Wlk.
Koszalin
Sianów
Sowno
Łupno
Nw. Karczma
Kościerzyna
Godziszewo
Strachmin
Str. Bielice
Biesiekierz
Mierzyn
Dygowo
Wrzosowo
Zabrowo
Kościernica
Polanów
Tuchomie
Studzienice
Liniewo
Skarszewy
Karlino
Rosnowo
Mostowo
Kawcze
Dretyń
Rekowo
Sominy
Stara Kiszewa
Starograd Gdański
Gościno
Białogard
Dargiń
Kłanino
Żydowo
Kramarzyny
Lipnica
Dziemiany
Wdzydze Kiszewskie
J. Wdzydze
Ramlewo
Drzewiany
Bobięcino
Sępolno Wlk.
Miastko
Piaszczyna
Zblewo
Podwilcze
Bukówko
Głodowa
Miłocice
Bobolice
Tychowo
Zielona Chocina
Lubnia
Karsin
Czarna Woda
Lubichowo
Rąbino
Bolkowo
Czechy
Wierzchowo
Biały Bór
J. Wierzchowo
Lipczynek
Brusy
Chłopowy
Łąg
Zelgoszcz
Buślary
Smardzko
Połczyn Zdrój
Grzmiąca
Brzezie
Przechlewo
Swornigacie
Bachorze
Męcikał
Czersk
Ocypel
Osieczna
Świdwin
Kołacz
Sporysz
J. Szczytno
J. Charzykowskie
Rytel
Bory
Słonowice
J. Wielimie
Drzonowo
Gwda Wlk.
Charzykowy
Legbąd
Śliwice
Osiek
Parsęcko
Trzesieka
Rzeczenica
Stołczno
Chojnice
Łuby
Barwice
Szczecinek
Czarne
Wyczechy
Człuchów
Żalno
Tuchola
Tleń
Więcław
Gawroniec
Nw. Worowo
Juchowo
Lotyń
Barkowo
Chrząstowo
Wlk. Gacno
Osie
Łobez
Kluczewo
Pile
Zamarte
Cekcyn
Żur
Drawsko
Str. Drawsko
Kręgi
Cierznie
Kęsowo
Łniano
Zajezierze
Zaranśko
Złocieniec
Sulinowo
Debrzno
Gostycyn
Teolog
Drawsko Pomorskie
Łubowo
Okonek
Lędyczek
Kamień Kraj.
Bysław
Drzycim
Warlubie
Jeżewo
Mniszek
Chaplinek
Lipka
Pamiętowo
Lubiewo
Lubieszowo
Nadarzyce
Podgaje
Łąkie
Sępólno Kraj.
Pruszcz
Cierpiewo
Świecie
Konotop
Machliny
Radawnica
Lutowo
J. Koronowskie
Bukowiec
Swiekatowo
Jastrowie
Złotów
Obodowo
Makowarsko
Sośno
Sośnica
Iłowiec
Zdbice
Chełmno
Więcbork
Łowin
Zbrachlin
Poźrzadło Wlk.
Plecnik
Szwecja
Sypniewo
Wierzchucin Król.
Koronowo
Płytnica
Tarnówka Krajenka
Skic
Bogolin
Trzeciewiec
Suchowo
Kalisz Pom.
Mirosławiec
Klebowiec
Wałcz
J. Sławianowskie
Dźwierszno
Wiele
Wtelno
J. Raduń
Buntowo
Orla
Mrocza
Tryszczyn
Unisław
Wielgoszcz
Marcinkowice
J. Bytyń
Str. Łubianka
Łobżenica
Smukała
Drawno
Straczno
Skrzatusz
Wojnowo
Osielsko
Dąbrowa Chełm.
Szydłowo
Wysoka
Sadki
Nakło nad Notecią
Pawłówek
Fordon
Łubianka
Rusinowo
Gostomia
Piła
Śmiłowo
Wyrzysk
Kanał Bydgoski
BYDGOSZCZ
Czarnowo
TORUŃ
Tuczno
Białośliwie
Osiek n. Notecią
Samokleski Mł.
Solec Kujawski
Zatom
Wygon
Człopa
Mielęcin
Niekursko
Kaczory
Miasteczko
Stryszek
Wypaleniska
Ujście
Noteć
Smogulec
Szubin
Brzoza
Bierzwnik
Trzcianka
Chodzież
Szamocin
Kcynia
Nowa Wieś Wlk.
Przesieki
Dieżążno Wlk.
Siedlisko
Podanin
Margonin
Łabiszyn
Złotniki Kuj.
Gniewkowo
Aleksandrów Kujawski
Dobiegniew
Kuźnica Czarnkowska
Sarbia
Gołańcz
Czeszewo
Murzynno
Barcin
Rojewo
Jaksice
Drawa
Bukówka
Czarnków
Wyszyny
Pawłowo
Żnin
Plechcin
Krzyż
Wieleń
Rosko
Lubasz
Budzyń
Ryczywół
Wągrowiec
Damasławek
Biskupin
Pakość
INOWROCŁAW
Drezdenko
Drawski Młyn
Połajewo
Janowiec Wlkp.
Broniewice
Mątwy
Dąbrowa Biskupia
Wronki
Plotrowo
Rogoźno
Wełna
Mieścisko
Gąsawa
Dąbrowa
Janikowo
Sędzin
Gościm
Chojno
Warta
Rogowo
J. Wiecanowskie
J. Pakoskie
Kruszwica
Obrzycko
Lubcz
Sowia Góra
Sieraków
Izdebno
Chrzypsko Wlk.
Chrustowo
Ostroróg
Oborniki
Skoki
Długa Goślina
Charbowo
Paledzka
Huta
Mogilno
Gocanowo
Radziejów
Strzelno
Międzychód
Nojewo
Szamotuły
Otorowo
Piaskowo
Uchorowo
Murowana-Goślina
Łopuchowo
Kiszkowo
Kłecko
Wylatowo
Trzemeszno
Gębice
Kasprał
Kwilcz
Chludowo
Dąbrówka Kość.
Waliszewo
Ostrowo
Wronowy
Kuśnierz
Piotrków K.
Pniewy
Kaźmierz
Rokietnica
Obora
Łabiszynek
Gniezno
Dankowo Dln.
Orchowo
Wójcin
Gorzyń
Sękowo
Tarnowo Podgórne
Suchy Las
Owińska
Kobylnica
Łubowo
Niechanowo
Skorzęcin
Wilcza Góra
Skulsk
Łysek
Lwówek
Pakosław
Bytyń
Promno
Pobiedziska
Czerniejewo
Witkowo
Zydowo
Anastazewo
J. Chłop
Bolewice
Duszniki
Wilkowo
Swarzędz
Sanniki
Szczytniki Czerniejewskie
Powidz
J. Powidzkie
Ignacewo
J. Wielkie
Michorzewo
Więckowice
POZNAŃ
Kostrzyn
Mielżyn
Jabłonka
Ślesin
Wytomyśl
Trzciel
Miedzichowo
Nw. Tomyśl
Buk
Kotowo
Komorniki
Luboń
Gądki
Siedlec
Nekla
Września
Wólka
Czesławowo
Kleczew
Kazimierz
Lubstów
E28
E30
E261

175

A B C D

1 2 3 4 5 6

Rozewie, Władysławowo, Chałupy, Kuźnica, Jastarnia, Jurata, Hel, Mierzeja Helska, Zatoka Pucka, Nynäshamn-Helsinki (sezonowy), Helsinki

Zatoka Gdańska

Gdynia, Orłowo, Sopot, GDAŃSK, Kokoszki, Sobieszewo, Świbno, Przejazdowo, Mikoszewo, Stegna, Drewnica, Kąty Rybackie, Sztutowo, Krynica Morska, Mierzeja Wiślana, Kurskaja kosa, "Nw." Karczma, Zalew Wiślany, Kurskij Zaliv, Kaliningradskij zaliv

Primorsk ПРИМОРСК, Svetlyj СВЕТЛЫЙ, Baltijsk БАЛТИЙСК, Laduškin ЛАДУШКИН, KALININGRAD (Königsberg), Vzmor'e, Šossejnoe, Pjatidorožnoe, Gur'evsk, Nizovje, Lugovoe, Nivenskoe, Vladimirovo, Čehovo, Gvardejskoe, Puškino, Domnovo, Dolgorukovo, Mamonovo МАМОНОВО, Kornevo, Bagrationovsk БАГРАТИОНОВСК, Gvardejsk ГВАРДЕЙСК, Slavinsk, Jeršovo, Ozerki, Bol. Poljana, Znamensk, Novo Bobruisk, Družba, Pravdinsk ПРАВДИНСК, Železnodorožnyj, Pregolja, Lava, Majskaja

Braniewo, Gronowo, Frombork, Tolkmicko, Pogrodzie, Suchacz, Milejewo, Wierzno Wlk., Str. Siedlisko, Młynary, Stobity, Stegny, Pasłęk, Lipowina, Lelkowo, Sągnity, Kiwajny, Kandyty, Pakosze, Pieniężno, Płuty, Górowo Iławeckie, Bezledy, Głomno, Szczurkowo, Bartoszyce, Stopki, Dzietrzychowo, Asuny, Skandawa, Sępopol, Tolko, Pleszkowo, Samołuble, Łabędnik, Korsze, Galiny, Wozławki, Bisztynek, Kraskowo, Reszel, Lidzbark Warmiński, Babiak, Henrykowo, Stoczek, Kiwity, Kierwiny, Wilczęta, Gładysze, Godkowo, Orneta, Lubomino, Kraszewo, Klutajny, Franknowo, Ryn Reszelski, Lutry, Radostowo, Łężany, Bęsia, Jeziorany

Sztutowo, Nowy Dwór Gdański, Łaczki Myszewskie, Koszwały, Klezmark, Pruszcz, Ostaszewo, Suchy Dąb, ELBLĄG, Nw. Staw, Żuławy Wiślane, Pszczółki, Tczew, Marłąg, Malbork, Stare Pole, Gronowo Elb., Zwierzno, Str. Dolno, Kwietniewo, Rychliki, Zielonka Pasł., Kalnik, Miłakowo, Dobre Miasto, Czarlin, Swarożyn, Miłoradz, Szropy, Tropy Szt., Dzierzgoń, Myślice, Morąg, J. Narie, Świątki, Wipsowo, Czerwonka, Mrągowo, Szpęgawsk, Pelplin, Rudno, Sztum, Mikołajki Pomorskie, Str. Dzierzgoń, Przezmark, Zalewo, Maldyty, Zawroty, Boguchwały, Mostkowo, Jonkowo, Spręcowo, Tuławki, Biskupiec, Bredynki, Sorkwity, Bobowo, Gniew, Ryjewo, Watkowice Mł., Tarda, Łukta, Stękiny, Barczewo, Bartołty Wlk., Kobułty, Rybno, Skórcz, Piaseczno, Kamieniec, Jerzwałd, Boreczno, Miłomłyn, Szeląg Wlk., Gietrzwałd, OLSZTYN, Klewki, Prejłowo, Dźwierzuty, Kałęczyn, Karczma, Korzeniewo, Prabuty, J. Płaskie, J. Jeziorak, Piławki, Str. Jabłonki, Podlejki, Trękusek, Grzegrzółki, Orzyny, Opalenie, Kwidzyn, Susz, Falknowo, Makowo, Samborowo, Ostróda, Dorotowo, Stawiguda, Nw. Wieś, J. Kośno, Pasym, J. Sasek Wlk., Babięta, Leśna Jania, Sadlinki, Wandowo, Łęgowo, Frednowy, Smykowo, Rychnowo, Sudwa, J. Plusznie, J. Łańskie, Butryny, Kiełkuty, Str. Olszyny, J. Wałpusz, Nowe, Dusocin, Gardeja, Kisielice, Jędrychowo, Iława, Pietrzwałd, Dylewska G. 312, Olsztynek, Zgniłocha, Szczytno, Świętajno, Warlubie, Rogóżno-Zamek, Szembruk, Biskupiec, Rożental, Frygnowo, Wapiewo, Stębark, Grunwald, J. Maróz, Kurki, Czarny Piec, Jedwabno, Lipowiec, Jeżewo, Dln. Grupa, Łasin, Lubawa, Marwałd, J. Mielno, J. Omulew, Małga, Rekownica, Zabiele, Mniszek, GRUDZIĄDZ, Sampława, Gruta, Łąkorz, Nowe Miasto Lubawskie, Grodziczno, J. Dąbrowa Wlk., Dąbrówno, Rączki, Napiwoda, Zimna Woda, Wielbark, Księży Lasek, Pokrzywno, Jabłonowo, Wawrowice, J. Wlk. Partęczyny, Kurzętnik, Mroczno, Rybno, Uzdowo, Wierzbowo, Nidzica, Muszaki, Omulew

Paparzyn, Bładowo, Radzyń Chełmiński, Książki, Zbiczno, Bachotek, Ciche, Brzozie, Kiełpiny, Kanigowo, Kozłowo, Janowo, Krusin, Płużnica, Kruszyny, Grążawy, Prośnica, Gródki, Działdowo, Nw. Wieś, Chorzele, Krukowo, Brodowe Łąki, Stolno, Wąbrzeźno, Dębowa Łąka, Brodnica, Lidzbark, Zieluń Osada, Napierkie, Ryńsk, Lipnica, Wrocki, Rypienica, Górzno, Świedziebnia, Jabłonowo, Iłowo Osada, Turza Mł., Dzierzgowo, Krzynowłoga Mł., Świniary, Jednorożec, Parciaki, Kurpie, Chełmża, J. Chełmżyńskie, Wieczno, Osiek, Kowalewo Pomorskie, Golub-Dobrzyń, Drwęca, Ostrowite, Rypin, Żuromin, Kuczbork-Osada, Mława, Dębsk, Rzęgnowo, Kluszewo, Grudusk, Mchowo, Drążdżewo, Krasne

TORUŃ, Grębocin, Lubicz, Elgiszewo, Ugoszcz, Okalewo, Bogurzyn, Szreńsk, Liberadz, Kosiny Str., Przasnysz, Gąsewo, Węgierka, Zbójno, Konopki, Rogowo, Urszulewo, J. Urszulewo, Bieżuń, Mdzewo, Regimin, Dzbonie, Opinogóra Grn., Krasne, Maków Mazowiecki, Kobrzyniec, Radzanów, Strzegowo Osada, Ciechanów, Czernikowo, Kikół, Blinno, Rościszewo, Unieck, Karniewo, Orzyc, Aleksandrów Kujawski, Ciechocinek, Wioska, Gójsk, Sierpc, Zawidz, Dreglin, Glinojeck, Ościsłowo, Gołymin-Ośrodek, Chmielewo, Raciążek, Lipno, Ligowo, Szumanie, Raciąż, Młock, Ojrzeń, Przewodowo-Majorat, Służewo, Turzno, Nieszawa, Radomice, Skrwa, Drobin, Lelice, Gąsocin, Strzegocin, Pułtusk, Opoczki, Koneck, Zbrachlin, Bobrowniki, Tłuchowo, Mochowo, Wkra, Sochocin, Dąbrowa Biskupia, Sędzin, Ujma Duża, Lubanie, Wielgie, Gozdowo, Baboszewo, Nowe Miasto, Winnica, Bachorze, Dobre, Bądkowo, Boguclin, Dyblin, Chalin, Brudzeń Duży, Bielsk, Staroźreby, Góra, Rogowo, Ilinko, Płońsk, Świercze-Koty, Nasielsk, Pniewo, Radziejów, Osięciny, Wieniec, Szpetal Grn., WŁOCŁAWEK, Dobrzyń n. W., Sikórz, Goślice, Ciółkowo, Kucice, Wróblewo, Borkowo, Dzierżenin, Chrcynno, Płowce, Samszyce, Kąkowa Wola, Brześć Kuj., Nw. Duninów, PŁOCK, Bulkowo, Przyborowice, Psucin, Serock, Bytoń, Lubraniec, Kruszyn, Śmiłowice, Kowal, Soczewka, Słupno, Bodzanów, Naruszewo, Pomiechówek, Dębe, Piotrków Kuj., Topólka, Kłobia, Orle, Miłżyn, Marysin, Boruchowo, Łąck, Dobrzyków, Niździn, Kobylniki, Kroczewo, Wygoda Smoszewska, Nw. Dwór Maz., Nieporet, Jez. Zegrzyński, Izbica Kuj., Lubotyń, Chotel, Modliborz, Górki, Gostynin, Juliszew, Węgrzynowo, Wyszogród, Radzików, Zakroczym, Legionowo, Jabłonna, Płudy, Marki, Kłodawa, Sompolno, Chodecz, Lubień Kuj., Łaniętą, Ruszków, Gąbin, Słubice, Łady, Czerwińsk n. Wisłą, Czosnów, Łomianki, Sieraków, Mazowsze, Babiak, Mąkolno, Brdów, Przedecz, Ostrowy, Szczawin Borowy, Dobrowice, Sanniki, Brzozów, Młodzieszyn, Załęcze, Strzelce, Rożtoka, WARSZAWA

72

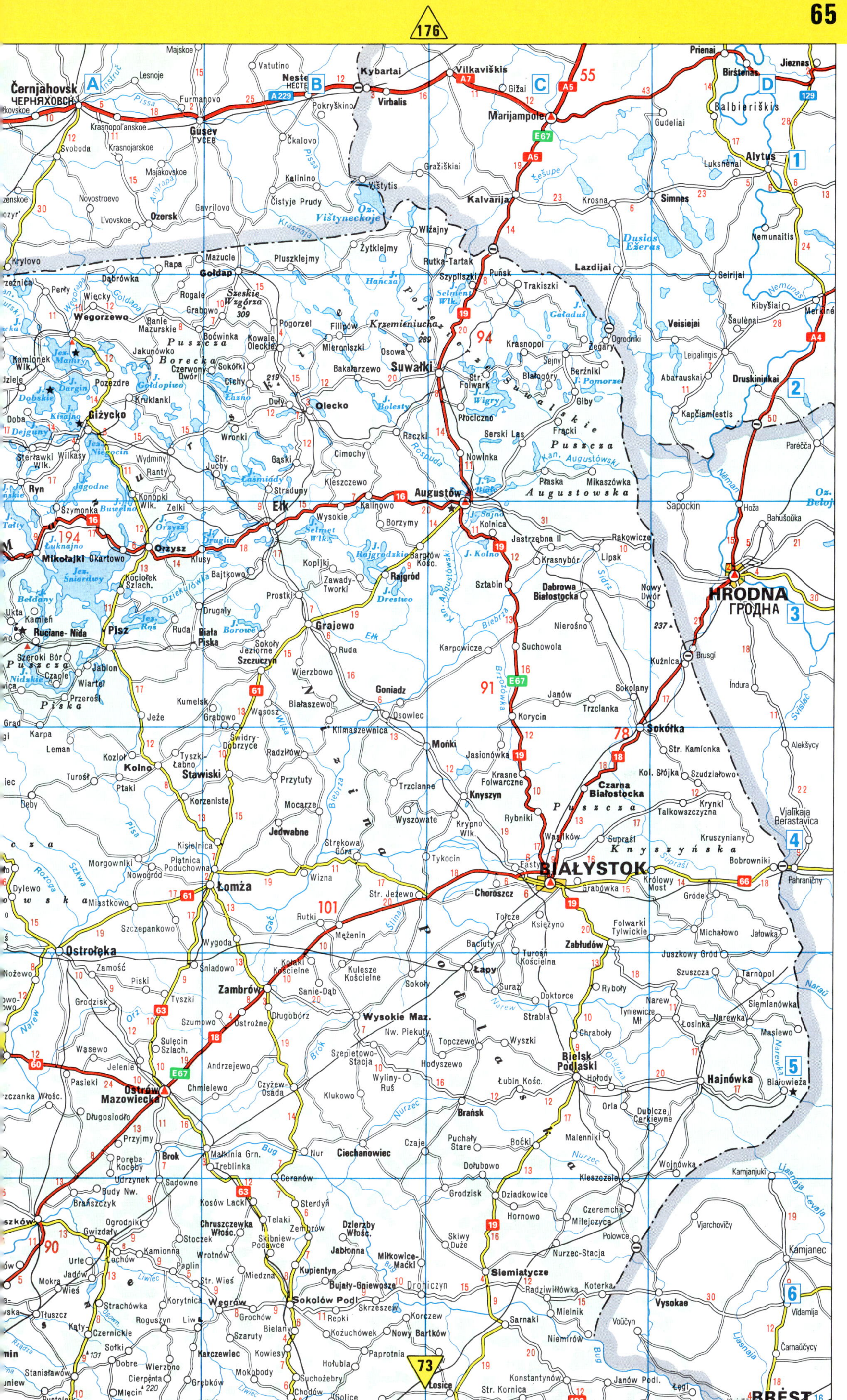
176
Černjahovsk
ЧЕРНЯХОВСК
Majskoe
Lesnoje
Furmanovo
Krasnopol'anskoe
Gusev
ГУСЕВ
Svoboda
Krasnojarskoe
Majakovskoe
Novostroevo
L'vovskoe
Ozersk
Gavrilovo
Krylovo
Vatutino
Nesterov
НЕСТЕРОВ
Kybartai
Virbalis
Pokryškino
Čkalovo
Kalinino
Čistyje Prudy
Vištytis
Oz. Vištyneckoje
Graziškiai
Vilkaviškis
Gižai
Marijampolė
Kalvarija
Prienai
Birštonas
Jieznas
Balbieriškis
Gudeliai
Alytus
Luksnenai
Simnas
Krosna
Nemunaitis
Dusios Ežeras
Lazdijai
Seirijai
Kibyšiai
Merkinė
Veisiejai
Šaulėnai
Leipalingis
Abarauskai
Druskininkai
Kapčiamiestis
Ogrodniki
Paréčča
Sapockin
Hoža
Bahušoŭka
HRODNA
ГРОДНА
Brusgi
Kuźnica
Indura
Svislač
Aleksycy
Vjalikaja Berastavica
Pahraničny
Bobrowniki
Krynki
Kruszyniany
Szudziałowo
Talkowszczyzna
Sokółka
Str. Kamionka
Kol. Słójka
Czarna Białostocka
Puszcza Knyszyńska
Supraśl
BIAŁYSTOK
Królowy Most
Gródek
Michałowo
Jałówka
Juszkowy Gród
Szuszcza
Tarnopol
Siemianówka
Narew
Łosinka
Narewka
Masiewo
Hajnówka
Białowieża
Dubicze Cerkiewne
Orla
Bielsk Podlaski
Hołody
Wojnówka
Kamjanjuki
Kleszczele
Czeremcha
Milejczyce
Polowce
Nurzec-Stacja
Vjarchovičy
Kamjanec
Vysokae
Vidamlja
Čarnaŭčycy
Kotarka
Radziwiłłówka
Mielnik
Niemirów
Siemiatycze
Sarnaki
Konstantynów
Janów Podl.
Łęgi
BREST
Str. Kornica
Łosice
73
Puńsk
Trakiszki
Szypliszki
Rutka-Tartak
Wiżajny
Żytkiejmy
Gołdap
Mażucie
Pluszkiejmy
Rapa
Dąbrówka
Perły
Więcky
Węgorzewo
Banie Mazurskie
Jakunówko
Rogale
Grabowo
Szeskie Wzgórza
Boćwinka
Kowale Oleckie
Pogorzel
Filipów
Mieruniszki
Krzemieniucha
Osowa
Bakałarzewo
Suwałki
Krasnopol
Sejny
Berżniki
Giby
Żegary
Wigry
Płociczno
Frącki
Serski Las
Nowinka
Puszcza Augustowska
Płaska
Mikaszówka
Augustów
Raczki
Olecko
Cimochy
Kleszczewo
Gąski
Straduny
Wronki
Ełk
Kalinowo
Wysokie
Borzymy
Kolnica
Jastrzębna II
Rakowicze
Lipsk
Krasnybór
Sztabin
Dąbrowa Białostocka
Nowy Dwór
Nierośno
Suchowola
Janów
Sokolany
Trzcianka
Korycin
Jasionówka
Krasne Folwarczne
Knyszyn
Rybniki
Wasilków
Mońki
Goniądz
Osowiec
Klimaszewnica
Trzcianne
Wyszowate
Krypno Wlk.
Tykocin
Choroszcz
Grajewo
Rajgród
Bargłów Kośc.
Prostki
Ruda
Szczuczyn
Wąsosz
Radziłów
Przytuły
Mocarze
Jedwabne
Strękowa Góra
Wizna
Str. Jeżewo
Łomża
Piątnica Poduchowna
Kisielnica
Stawiski
Kolno
Turośl
Jeże
Pisz
Ruciane-Nida
Mikołajki
Orzysz
Giżycko
Ryn
Wilkasy
Sterławki Wlk.
Kruklanki
Pozezdrze
Kumelsk
Grabowo
Karpa
Leman
Kozłol
Ptaki
Korzeniste
Morgowniki
Nowogród
Dylewo
Miastkowo
Szczepankowo
Ostrołęka
Zamość
Piski
Grodzisk
Tyszki
Szumowo
Śniadowo
Wygoda
Rutki
Mężenin
Kołaki Kościelne
Kulesze Kościelne
Zambrów
Sanie-Dąb
Sokoły
Łapy
Suraż
Turośń Kościelna
Tołcze
Księżyno
Baciuty
Zabłudów
Grabówka
Doktorce
Strabla
Ryboły
Chraboły
Wyszki
Topczewo
Hodyszewo
Wysokie Maz.
Nw. Piekuty
Długobórz
Ostrożne
Szepietowo-Stacja
Wyliny-Ruś
Klukowo
Andrzejewo
Czyżew-Osada
Chmielewo
Ostrów Mazowiecka
Wąsewo
Jelenie
Pasieki
Długosiodło
Przyjmy
Poręba Kocęby
Brok
Małkinia Grn.
Treblinka
Nur
Ciechanowiec
Czaje
Brańsk
Łubin Kośc.
Puchały Stare
Boćki
Dołubowo
Grodzisk
Dziadkowice
Hornowo
Malenniki
Ceranów
Sterdyń
Zembrów
Dzierzby Włośc.
Jabłonna
Miłkowice-Maćkl
Kupientyn
Bujały-Gniewosze
Drohiczyn
Skiwy Duże
Sokołów Podl.
Repki
Skrzeszew
Korczew
Nowy Bartków
Kożuchówek
Paprotnia
Hołubla
Suchożebry
Chodów
Golice
Sadowne
Kosów Lacki
Chruszczewka Włośc.
Stoczek
Wrotnów
Str. Wieś
Węgrów
Grochów
Szaruty
Bielany
Kowiesy
Mokobody
Karczewiec
Grębków
Liw
Paplin
Korytnica
Miedzna
Udrzynek
Budy Nw.
Brańszczyk
Ogrodniki
Gwizdały
Kamionna
Łochów
Urle
Jadów
Mokra Wieś
Strachówka
Roguszyn
Tłuszcz
Kąty
Czernickie
Sołki
Dobre
Wierzbno
Cierpięta
Mlęcin
Stanisławów
Pustelnik
Skrzeczanka Włośc.
Nożewo
Puszcza Piska
Puszcza Borecka
J. Śniardwy
J. Mamry
J. Dargin
J. Niegocin
J. Wigry
J. Hańcza
Biebrza
Narew
Bug
Nemunas
Neman
Šešupė
55
94
91
78
101
194
90
A
B
C
D
1
2
3
4
5
6

AMSTERDAM
DEN HAAG
ROTTERDAM
UTRECHT
HAARLEM
BREDA
TILBURG
EINDHOVEN
Leiden
Alkmaar
Hilversum
Amersfoort
Gouda
Dordrecht
Den Helder
Texel
Vlieland
Terschelling
Ameland
Harlingen
Scheveningen
Middelburg
Vlissingen
Zierikzee
Gorinchem
's-Hertogenbosch
Enkhuizen
Hoorn
Lelystad
Zandvoort
IJmuiden

60
A
B
C
D
1
2
3
4
5
6
HAMBURG
BREMER-HAVEN
BREMEN
Delmenhorst
Elmshorn
Norderstedt
Pinneberg
Wedel
Buxtehude
Stade
Harburg
Geesthacht
Lauenburg
Lüneburg
Mölln
Bremervörde
Cuxhaven
Rotenburg (Wümme)
Soltau
Uelzen
Celle
Verden
Achim
Nienburg
Walsrode
Vechta
Diepholz
Sulingen
Minden
Hannover
Langenhagen
Neustadt Rübenberge
Burgdorf
Lehrte
Peine
BRAUNSCHWEIG
WOLFSB
Wolfenbüttel
SALZGITTER
HILDESHM.
Hameln
Bückeburg
Rinteln
Herford
BIELEFELD
Bad Salzuflen
Lemgo
Detmold
Gütersloh
PADERBORN
Lippstadt
Höxter
Holzminden
Einbeck
Alfeld (Leine)
Goslar
Bad Harzburg
Wernigerode
Osterode a.Harz
Herzberg a.Harz
Northeim
GÖTTINGEN
Duderstadt
Hann. Münden
Warburg
Brilon
Arolsen
Wolfhagen
KASSEL
Witzenhausen
Heiligenstadt
Dingelstädt
Sondershsn.
Nordh.
Wittingen
Gifhorn
Fallersleben
Lüneburger Heide
Steinhuder Meer
Teutoburger Wald
Weser
Elbe
Aller
Leine
77

61

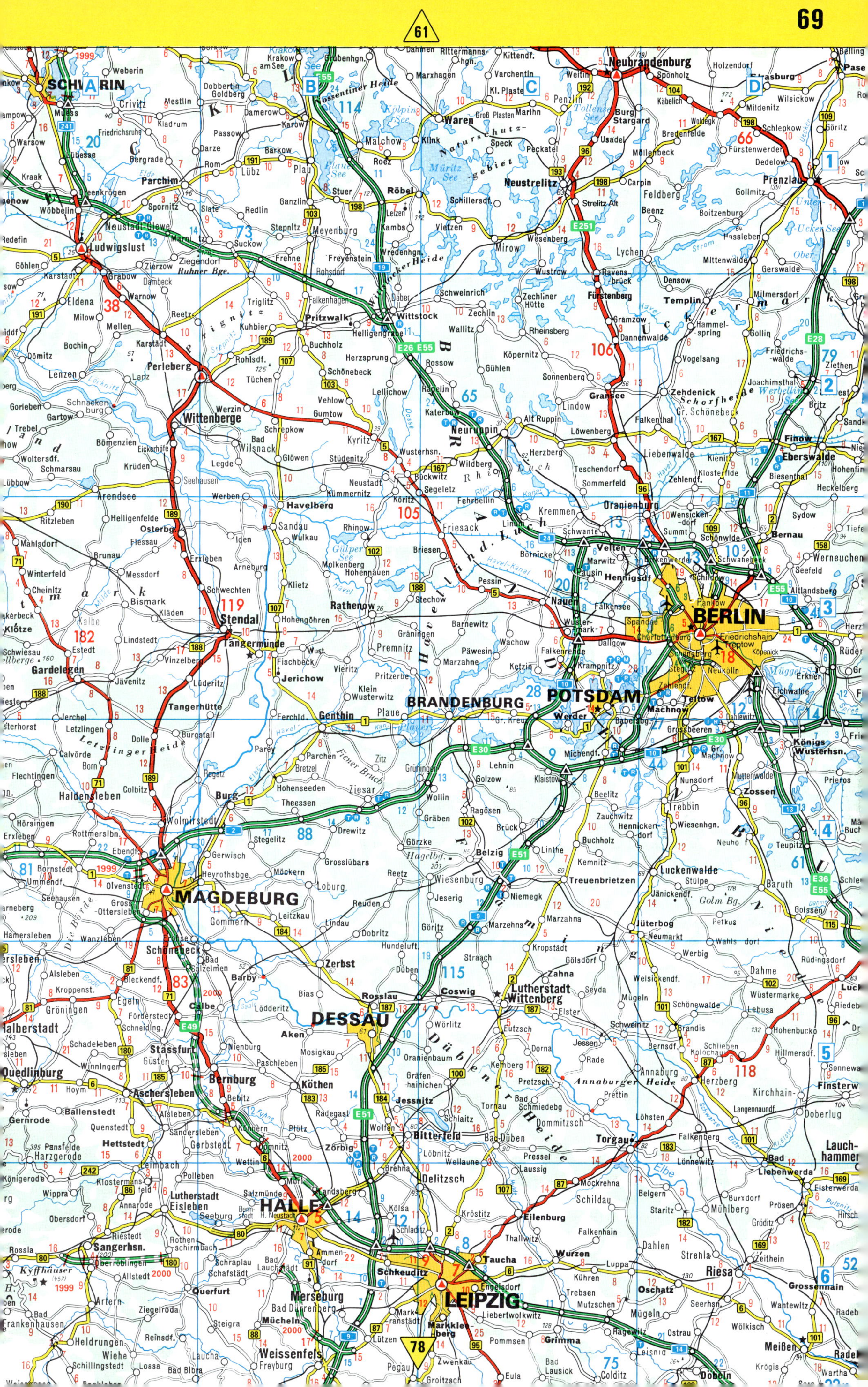
A
B
C
D
Schwerin
Neubrandenburg
Waren
Neustrelitz
Prenzlau
Parchim
Ludwigslust
Wittstock
Perleberg
Wittenberge
Neuruppin
Gransee
Oranienburg
Eberswalde
Bernau
Stendal
Tangermünde
Rathenow
Nauen
Berlin
Spandau
Charlottenburg
Köpenick
Neukölln
Potsdam
Brandenburg
Genthin
Burg
Magdeburg
Schönebeck
Zerbst
Dessau
Roßlau
Lutherstadt Wittenberg
Jüterbog
Luckenwalde
Zossen
Königs Wusterhausen
Belzig
Köthen
Bernburg
Aschersleben
Staßfurt
Quedlinburg
Halberstadt
Bitterfeld
Delitzsch
Halle
Merseburg
Weißenfels
Leipzig
Eilenburg
Wurzen
Torgau
Riesa
Oschatz
Grimma
Meißen
Herzberg
Finsterwalde
Lauchhammer
Elsterwerda
Sangerhausen
Lutherstadt Eisleben
Querfurt
Gardelegen
Haldensleben
Wolmirstedt
Salzwedel
Klötze
Havelberg
Pritzwalk
Uckermark
Prignitz
Altmark
Fläming
Dübener Heide
Annaburger Heide
Letzlinger Heide
E26
E28
E30
E36
E49
E51
E55
E251
1
2
3
4
5
6

78

62

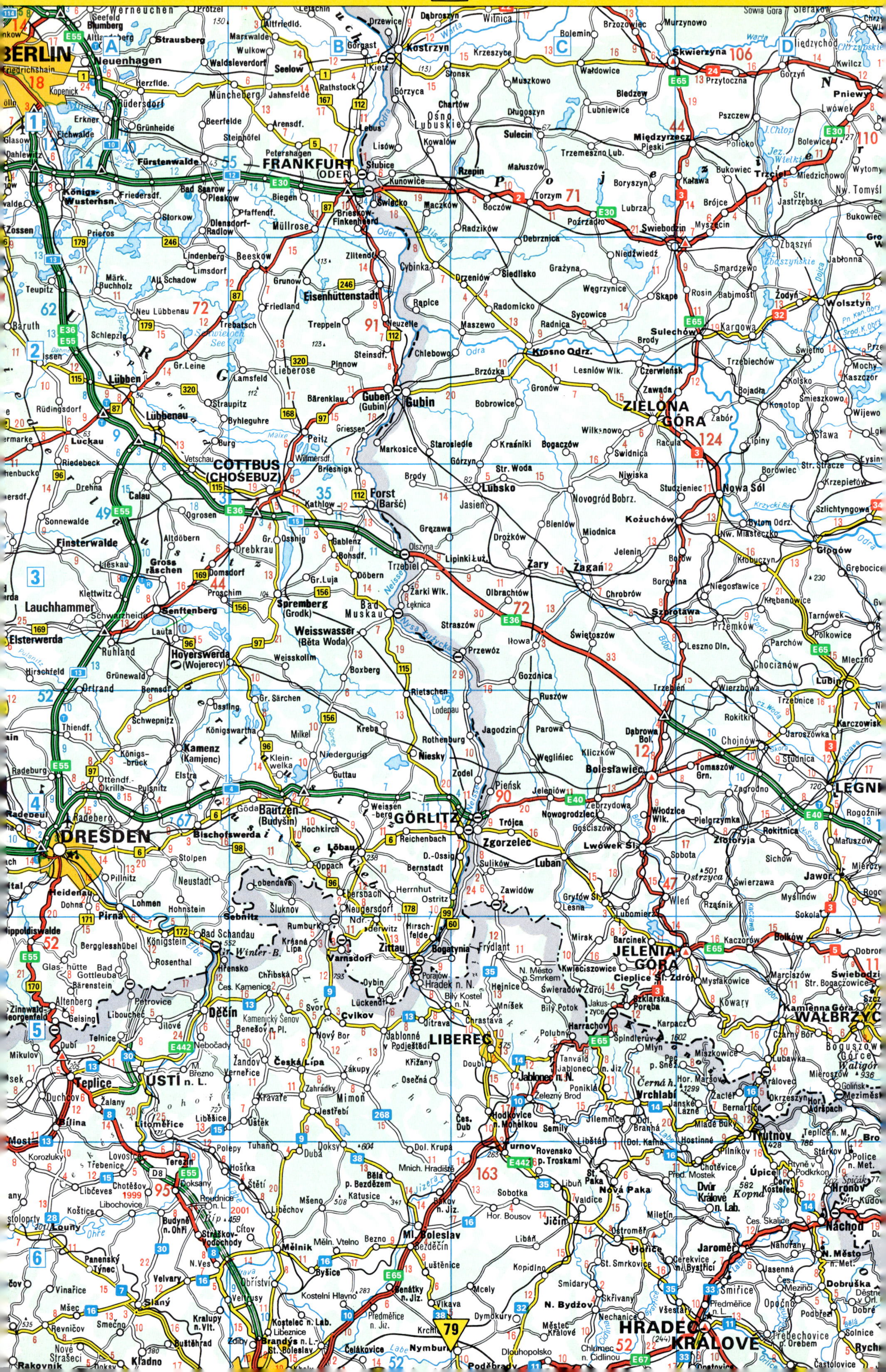

BERLIN
Neuenhagen
Strausberg
Fürstenwalde
FRANKFURT (ODER)
Słubice
Kostrzyn
Skwierzyna
Międzyrzecz
Świebodzin
Sulechów
Krosno Odrz.
ZIELONA GÓRA
Nowa Sól
Eisenhüttenstadt
Guben (Gubin)
Gubin
Lübben
Lübbenau
COTTBUS (CHOŚEBUZ)
Forst (Barść)
Żary
Żagań
Spremberg (Grodk)
Senftenberg
Hoyerswerda (Wojerecy)
Weisswasser (Běła Woda)
Bad Muskau
Bolesławiec
LEGNICA
Kamenz (Kamjenc)
Bautzen (Budyšin)
GÖRLITZ
Zgorzelec
Lubań
Lwówek Śl.
DRESDEN
Radeberg
Pirna
Bad Schandau
Zittau
Bogatynia
JELENIA GÓRA
Wałbrzych
Děčín
Ústí n. L.
Teplice
Liberec
Jablonec n. N.
Česká Lípa
Mladá Boleslav
Jičín
Trutnov
Náchod
Mělník
HRADEC KRÁLOVÉ

79

POZNAŃ
Gniezno
Września
Konin
Koło
Leszno
Kalisz
Ostrów Wlkp.
Sieradz
Wieluń
WROCŁAW
Oleśnica
Opole
Brzeg
Nysa
Kłodzko
Świdnica
Gliwice
Bytom
Katowice
Kłobuck
Lubliniec

64

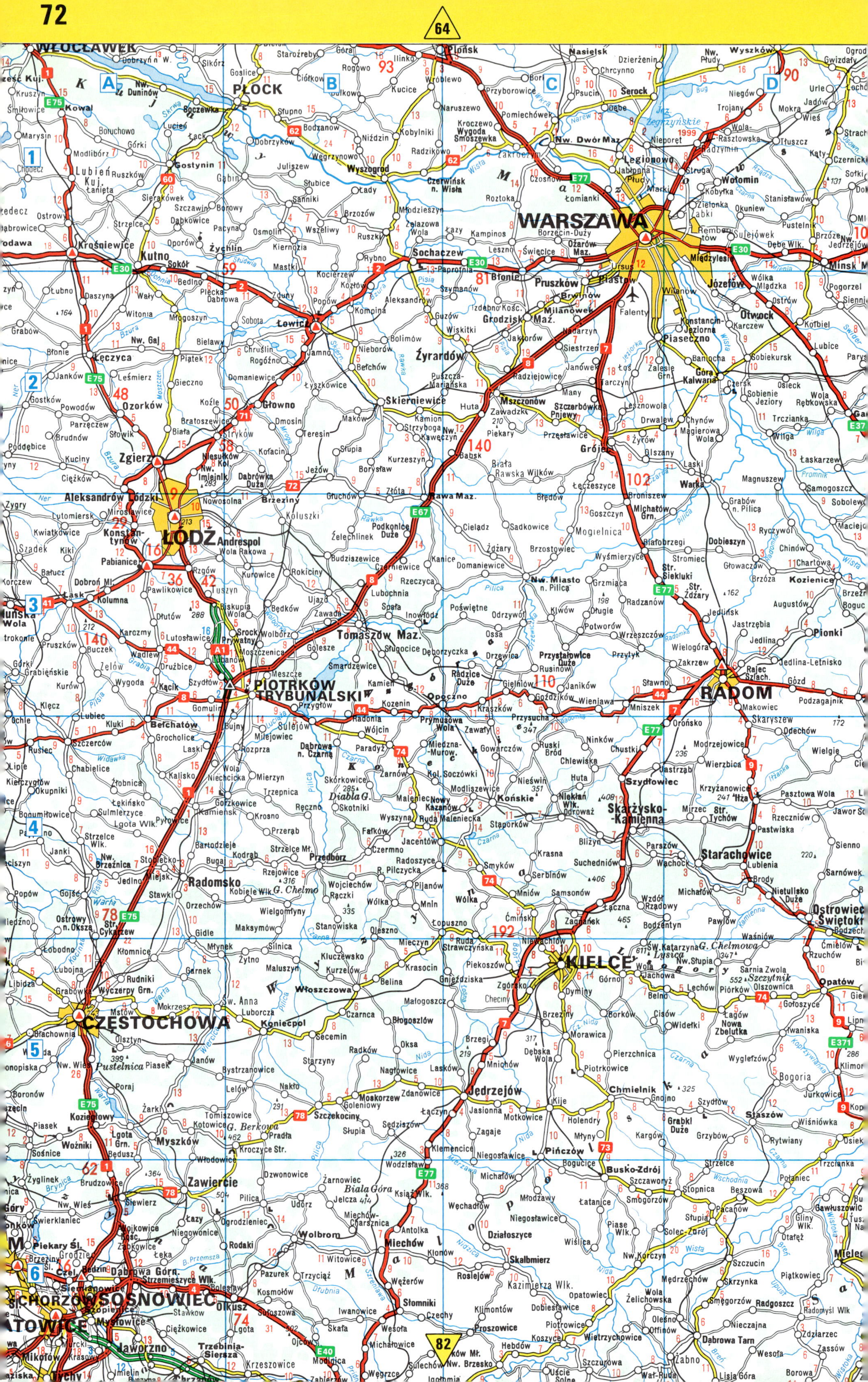

WŁOCŁAWEK
PŁOCK
Płońsk
Nasielsk
Wyszków
Serock
Nw. Dwór Maz.
Legionowo
Wyszogród
Sochaczew
WARSZAWA
Mińsk Maz.
Kutno
Łowicz
Żyrardów
Grodzisk Maz.
Pruszków
Piaseczno
Otwock
Łęczyca
Ozorków
Zgierz
Skierniewice
Mszczonów
Grójec
Głowno
Aleksandrów Łódzki
ŁÓDŹ
Andrespol
Rawa Maz.
Warka
Pabianice
Koluszki
Tomaszów Maz.
Nw. Miasto n. Pilicą
Białobrzegi
Bełchatów
PIOTRKÓW TRYBUNALSKI
Opoczno
RADOM
Przysucha
Końskie
Skarżysko-Kamienna
Starachowice
Radomsko
Ostrowiec Świętokrzyski
Włoszczowa
KIELCE
Opatów
CZĘSTOCHOWA
Koniecpol
Jędrzejów
Chmielnik
Staszów
Myszków
Zawiercie
Pińczów
Busko-Zdrój
Miechów
Wolbrom
Olkusz
Dąbrowa Górn.
SOSNOWIEC
Jaworzno
Proszowice
A1
A4
E30
E67
E75
E77
E371
E37
E40

82

65

A
B
C
D
1
2
3
4
5
6
Siemiatycze
Sokołów Podl.
Węgrów
Siedlce
Mordy
Łosice
Sarnaki
Vysokae
Kamjenc
Kobryn
Žabinka
BREST
БРЭСТ
Terespol
Biała Podlaska
Międzyrzec Podlaski
Łuków
Stoczek Łukowski
Radzyń Podl.
Malaryta
Włodawa
Parczew
Ostrów Lub.
Kock
Ryki
Dęblin
Puławy
Lubartów
Łęczna
LUBLIN
Świdnik
Chełm
Ljuboml'
Šack
Krasnystaw
Kraśnik
Opole Lubelskie
Hrubieszów
Novovolyns'k
Zamość
Szczebrzeszyn
Janów Lub.
Biłgoraj
Tomaszów Lubelski
Stalowa Wola
Nisko
Tarnobrzeg
Rava-Rus'ka
Velyki Mosty
Cieszanów
Lubaczów
Leżajsk
Sieniawa
Kolbuszowa
Łańcut
Przeworsk
Žovkva
Ustyluh
E30
E373
E372
M1
M14
2
17
19
74
82
83
108
120
167
105
70
45

83

Margate
North Foreland
Broadstairs
Ramsgate
Richborough
Deal
Walmer
South Foreland
Sheerness 7 h
1h50'-4h
35'-1h30'
Tunnel
Westkapelle
Walcheren
Middelburg
Zoutelande
Vlissingen
Breskens
Knokke-Heist
Blankenberge
Zeebrugge
Wenduine
De Haan
Sluis
Brugge
Bruges
Oostende
Middelkerke
Westende
Oostduinkerke
Koksijde
de Panne
Nieuwpoort
Diksmuide
Dixmude
Torhout
Gent
Malo-les-Bs.
Dunkerque
Gravelines
Calais
Sangatte
Wissant
Marquise
Guînes
Ardres
Bergues
Hondschoote
Veurne
Furnes
Ieper
Ypres
Poperinge
Roeselare
Roulers
Menen
Menin
Kortrijk
Courtrai
Oudenaarde
Audenarde
Ronse
Renaix
Ambleteuse
Wimereux
Boulogne-sur-Mer
le Portel
St-Omer
Cassel
Hazebrouck
Bailleul
Armentières
Tourcoing
Roubaix
Lille
Tournai
Leuze
Desvres
Lumbres
Hardelot-Plage
Samer
Le Touquet-Paris-Plage
Étaples
Montreuil
Berck-Plage
Aire
Lillers
Béthune
Bruay
Lens
Seclin
Carvin
Douai
Orchies
St-Amand
Valenciennes
Denain
Hesdin
St-Pol
Arras
Fort Mahon-Plage
Rue
le Crotoy
Cayeux
St-Valery
Abbeville
Doullens
Bapaume
Cambrai
le Cateau
le Quesnoy
Ault
Le Tréport
Eu
Gamaches
Blangy
Amiens
Albert
Péronne
St-Quentin
Guise
Aumale
Poix
Neufchâtel-en-Bray
Forges-les-Eaux
Grandvilliers
Breteuil
Montdidier
Roye
Nesle
Ham
Chauny
Laon
Noyon
Gournay-en-Bray
Beauvais
Clermont
Compiègne
Soissons
Gisors
Andelys
Chaumont-en-Vexin
Magny-en-Vexin
Senlis
Chantilly
Crépy-en-Valois
Villers-Cotterêts
Pontoise
Luzarches
Vernon
Pacy-s-E.
59
88

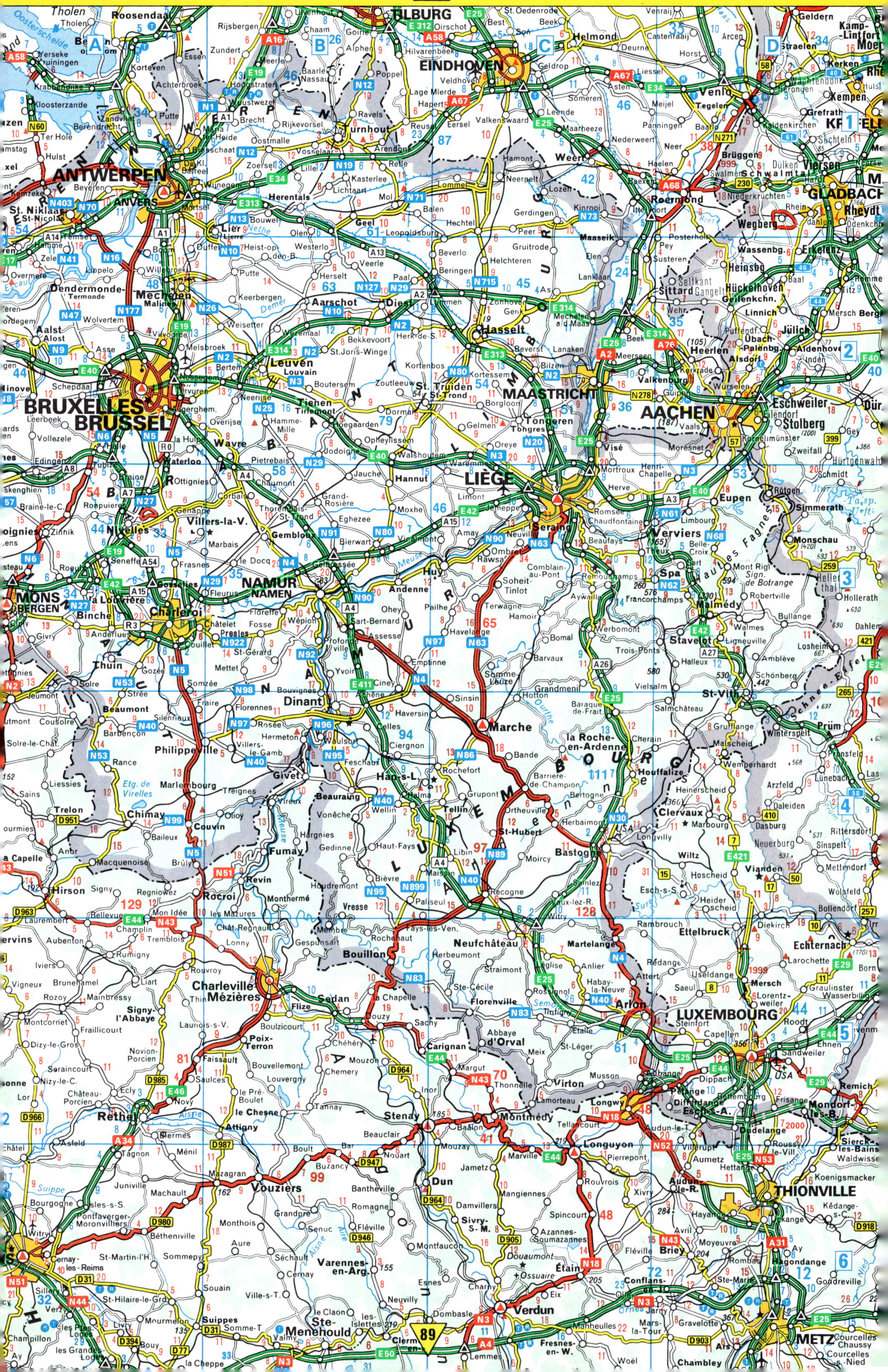

Tilburg
Eindhoven
Antwerpen
Anvers
Mechelen
Leuven
Louvain
Hasselt
Maastricht
Aachen
Bruxelles
Brussel
Liège
Namur
Namen
Charleroi
Mons
Bergen
Dinant
Marche
Verviers
Spa
Heerlen
Venlo
Gladbach
Roermond
Sittard
Luxembourg
Charleville
Mézières
Sedan
Thionville
Verdun
Metz
Rethel
Vouziers
Longwy
Bastogne
Arlon
Neufchâteau
Bouillon
Rocroi
Givet
Chimay
Philippeville
Couvin
Hirson
Stenay
Montmédy
Ste-Menehould
Mersch
Echternach
Malmedy
Stavelot
Eupen
Prüm
Houffalize
Clervaux
Wiltz
Diekirch
Ettelbruck

89

67

GELSENKCHN.
DORTMUND
BOCHUM
ESSEN
OBERH.
MÜLHM.
DUISBG.
HAGEN
KREFELD
WUPPERTAL
DÜSSELDF.
REMSCHEID
SOLINGEN
M.-GLADBACH
NEUSS
LEVERKUSEN
KÖLN
SIEGEN
AACHEN
BONN
KOBLENZ
WIESBADEN
MAINZ
TRIER
LUXEMBOURG
KAISERS-LAUTERN
LUDWIGSHFN
SAARBRÜCKEN
THIONVILLE
METZ
Iserlohn
Lüdenscheid
Venlo
Roermond
Viersen
Rheydt
Bergisch Gladbach
Siegburg
Düren
Euskirchen
Bad Godesberg
Neuwied
Limburg
Bingen
Bad Kreuznach
Worms
Neunkirchen
Homburg
Pirmasens
Landau
Bitburg
Wittlich
Cochem
Mayen
Eupen
Malmedy
Clervaux
Viersen
Saarlouis
Völklingen
Forbach
Zweibrücken
Neustadt
Bad Dürkheim
Alzey
Idar-Oberstein
Bernkastel
Prüm
Gerolstein
Daun
Westerwald
Bergisches Land
Hunsrück
Saarland
Rheinland
Taunus

90

68

KASSEL
Hann. Münden
Heiligenstadt
Sondershsn.
Mühlhausen
Eschwege
Melsungen
Fritzlar
Korbach
Arolsen
Wolfhagen
Sömmerda
ERFURT
Weimar
Gotha
Eisenach
Bad Hersfeld
Bebra
Marburg (Lahn)
Alsfeld
Schwalmstadt
Bad Salzungen
Schmalkalden
Suhl
Ilmenau
Arnstadt
Meiningen
Fulda
Hünfeld
Lauterbach
Schlüchtern
Bad Kissingen
Schweinfurt
Coburg
Lichtenfels
Bamberg
Hammelburg
Gelnhausen
Bad Vilbel
Hanau
FRANKFURT
OFFENBACH
Neu-Isenburg
Aschaffenburg
DARMSTADT
WÜRZBURG
Kitzingen
Erlangen
FÜRTH
Schwabach
Ansbach
Rothenburg o.d.T.
Bad Mergentheim
Tauberbischofshm.
Wertheim
Miltenberg
Michelstadt
Bensheim
Heppenheim
Weinheim
MANNHEIM
HEIDELBERG
Mosbach
Sinsheim
HEILBRONN
Öhringen
Schwäb. Hall
Crailsheim
Dinkelsbühl
Weißenburg i.B.
Bruchsal
Eppingen
Ellwangen (Jagst)
Gaildorf

91

69
A
B
C
D
1
2
3
4
5
6
LEIPZIG
Merseburg
Weissenfels
Naumburg
Zeitz
Altenburg
Mühlhausen
Eschwege
Heiligenstadt
Sondershsn.
Sömmerda
Bad Langensalza
ERFURT
Weimar
JENA
Apolda
Eisenach
Gotha
Arnstadt
Ilmenau
GERA
Crimmitschau
ZWICKAU
Werdau
Greiz
Reichenb.
Rudolstadt
Saalfeld
Pössneck
Neustadt a.O.
Schleiz
Plauen
Auerbach
Oelsnitz
Bad Salzungen
Schmalkalden
Suhl
Zella-Mehlis
Meiningen
Hildburghsn.
Eisfeld
Sonneberg
Neustadt b.Coburg
Coburg
Lichtenfels
Kronach
Kulmbach
Hof
Rehau
Selb
Cheb
Marktredwitz
Bad Neustadt a.d. Saale
Bad Kissingen
Hammelburg
Schweinfurt
Bamberg
Bayreuth
Pegnitz
Weiden
Kitzingen
Ochsenfurt
Bad Windshm.
Neustadt a.d.A.
Forchheim
Erlangen
Herzogenaurach
FÜRTH
NÜRNBERG
Schwabach
Roth
Neumarkt
Amberg
Schwandorf
Sulzbach-Rosenberg
Ansbach
Rothenburg o.d.T.
Crailsheim
Feuchtwangen
Dinkelsbühl
Gunzenhausen
Weißenburg i.B.
Treuchtlingen
Eichstätt
Kelheim
REGENSBURG
Thüringer Wald
Frankenwald
Fichtelgebirge
Fränkische Schweiz
Steigerwald
Frankenhöhe
Rhön
Hohenwarte
E40
E45
E48
E49
E50
E51
E56
E441
92

A B C D

1 2 3 4 5 6

DRESDEN
CHEMNITZ
PRAHA
PLZEŇ
ČES. BUDĚJOVICE
LIBEREC
ÚSTÍ N. L.

Oschatz, Mügeln, Riesa, Wölkisch, Großenhain, Meißen, Radebeul, Radeburg, Ottendorf-Okrilla, Radeberg, Pulsnitz, Kamenz, Bautzen, Görlitz, Zgorzelec, Lubań, Bischofswerda, Löbau, Hochkirch, Reichenbach, Bernstadt, Ostritz, Neugersdorf, Zittau, Bogatynia, Hrádek n. N., Frýdlant, Döbeln, Waldheim, Rochlitz, Mittweida, Hainichen, Siebenlehn, Nossen, Rosswein, Wilsdruff, Freital, Tharandt, Freiberg, Heidenau, Dohna, Pirna, Mühlsdf., Dippoldiswalde, Glashütte, Bad Gottleuba, Bad Schandau, Königstein, Sebnitz, Neustadt i. S., Stolpen, Burgstädt, Frankenberg, Oederan, Brand-Erbisdorf, Frauenstein, Altenberg, Zinnwald, Geising, Oberlungwitz, Lugau, Stollberg, Zschopau, Olbernhau, Marienberg, Annaberg-Buchholz, Aue, Schwarzenberg, Oberwiesenthal, Jáchymov, Boží Dar, Klášterec n. O., Kadaň, Chomutov, Jirkov, Most, Litvínov, Teplice, Duchcov, Bílina, Lovosice, Litoměřice, Terezín, Děčín, Podmokly, Česká Kamenice, Česká Lípa, Nový Bor, Varnsdorf, Rumburk, Šluknov, Jablonec n. N., Turnov, Mimoň, Doksy, Dubá, Mělník, Mladá Boleslav, Bělá, Benátky n. Jiz., Nymburk, Poděbrady, Brandýs, Kolín, Kutná Hora, Český Brod, Říčany, Uhříněves, Žatec, Louny, Postoloprty, Slaný, Kladno, Rakovník, Podbořany, Karlovy Vary, Ostrov, Loket, Sokolov, Mariánské Lázně, Teplá, Bezdružice, Toužim, Žlutice, Beroun, Hořovice, Rokycany, Příbram, Dobříš, Benešov, Vlašim, Votice, Sedlčany, Milevsko, Tábor, Soběslav, Veselí n. Luž., Písek, Strakonice, Vodňany, Prachatice, Vimperk, Netolice, Hluboká n. Vlt., Třeboň, Český Krumlov, Kaplice, Stříbro, Tachov, Bor, Planá, Domažlice, Klatovy, Sušice, Horažďovice, Nepomuk, Blatná, Přeštice, Nýrsko, Železná Ruda, Zwiesel, Regen, Cham, Furth i. W., Kötzting, Deggendorf, Grafenau, Freyung, Philippsreut, Passau

E40, E55, E442, E48, E49, E50, E53, E65, E67, E551

70

A
B
C
D
1
2
3
4
5
6
PRAHA
HRADEC KRÁLOVÉ
Pardubice
Kolín
Mladá Boleslav
Jičín
Náchod
Kłodzko
Chrudim
Litomyšl
Svitavy
Havlíčkův Brod
Jihlava
Tábor
Pelhřimov
Třebíč
Znojmo
BRNO
Jindřichův Hradec
Telč
Břeclav
Mikulov
Gmünd
Zwettl
Horn
Krems
ST. PÖLTEN
WIEN
Stockerau
Hollabrunn
Mödling
Baden
Melk
BRATI

102

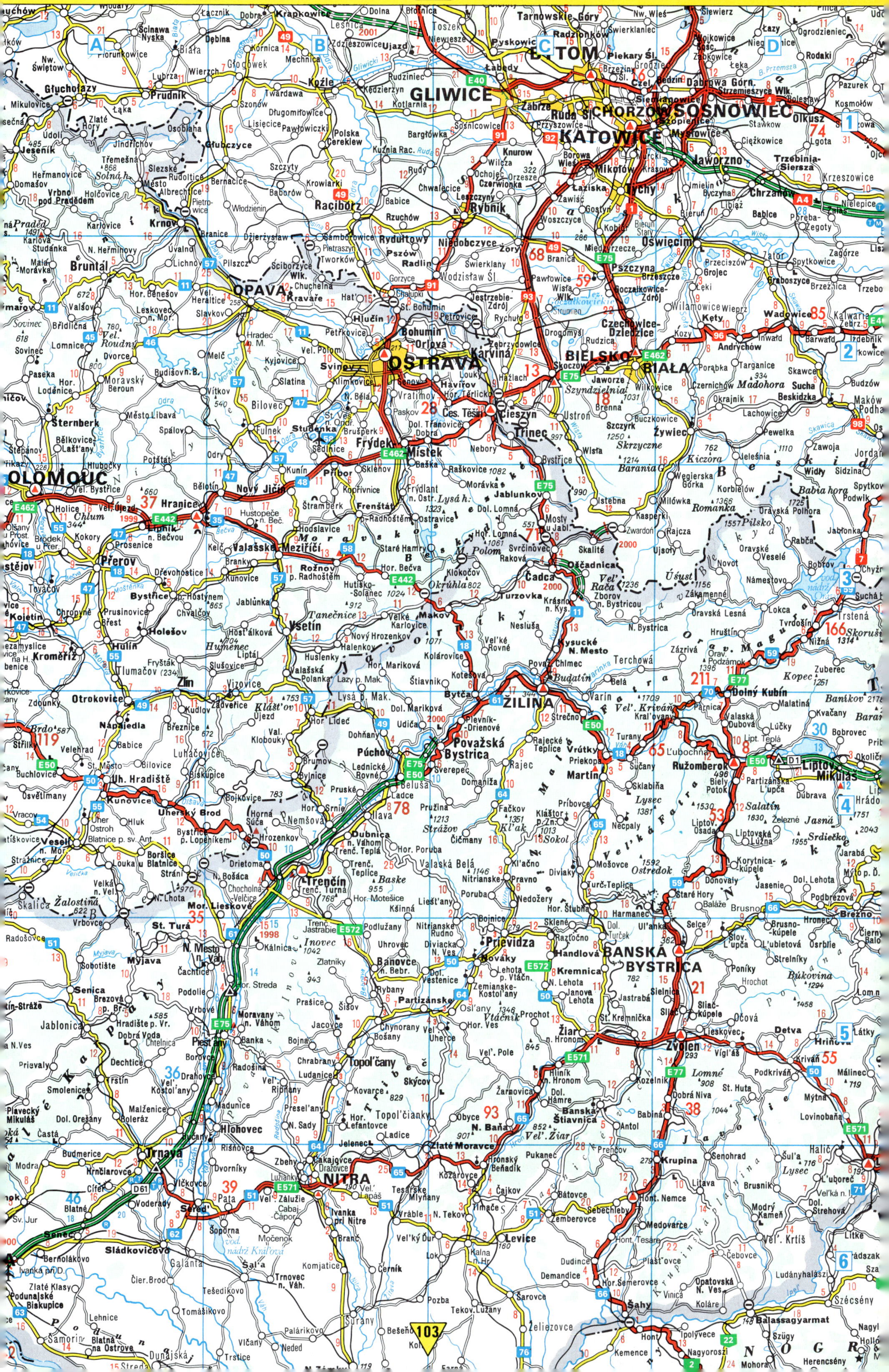

103

72

A
B
C
D
1
2
3
4
5
6
Kraków
Tarnów
Nowy Sącz
Nowy Targ
Zakopane
Gorlice
Krosno
Dębica
Mielec
Bochnia
Wieliczka
Brzesko
Miechów
Olkusz
Chrzanów
Jaworzno
Wadowice
Myślenice
Limanowa
Rabka
Jasło
Bardejov
Prešov
Košice
Poprad
Kežmarok
Levoča
Spišská N. Ves
Rožňava
Dolný Kubín
Liptovský Mikuláš
Brezno
Lučenec
Rimavská Sobota
Svidník
Sabinov
Sátoraljaújhely
Sárospatak
Miskolc
Salgótarján
Ózd
Kazincbarcika
Balassagyarmat
Pétervására
Edelény
Szerencs
Tokaj
Tatry
Beskidy
Slovenské rudohorie
Nízke Tatry
Vel'. Kriváň
Gerlachovský štít
Babia hora
Bükk
Zemplínska Teplica

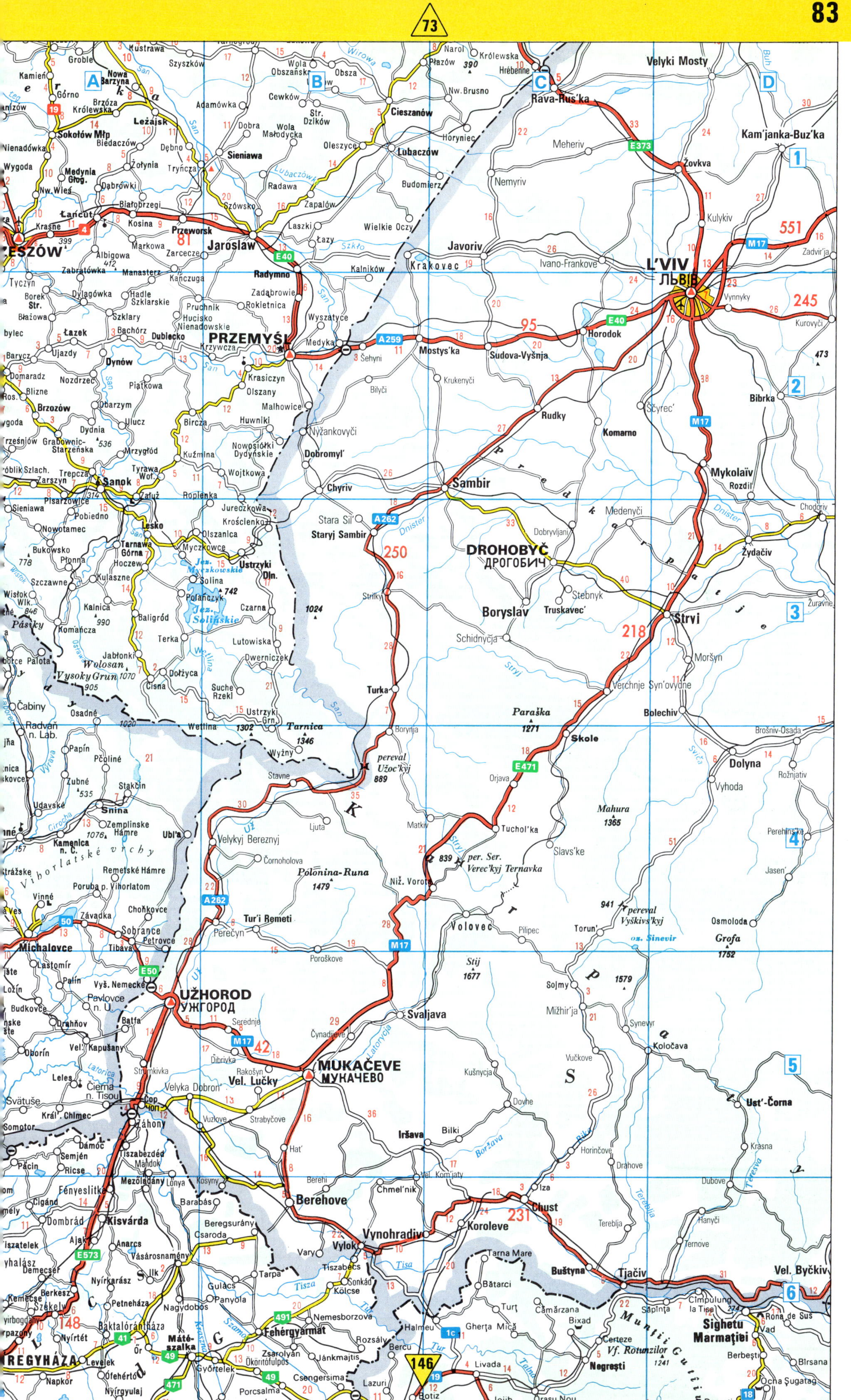
Jaroslaw
Przemyśl
Sanok
Lesko
Ustrzyki Dln.
Cieszanów
Lubaczów
Rava-Rus'ka
Velyki Mosty
Kam'janka-Buz'ka
Žovkva
L'VIV
ЛЬВІВ
Javoriv
Horodok
Mostys'ka
Sudova-Vyšnja
Rudky
Komarno
Mykolaïv
Sambir
Chyriv
Staryj Sambir
DROHOBYČ
ДРОГОБИЧ
Boryslav
Truskavec'
Stryi
Žydačiv
Bibrka
Turka
Skole
Dolyna
Bolechiv
Volovec
Svaljava
MUKAČEVE
МУКАЧЕВО
UŽHOROD
УЖГОРОД
Berehove
Vynohradiv
Chust
Tjačiv
Iršava
Michalovce
Sobrance
Kisvárda
Mátészalka
Fehérgyarmat
Sighetu Marmaţiei
Negreşti
Ust'-Čorna
E40
E373
E471
E50
E573
M17
A259
A262
Rzeszów
Łańcut
Przeworsk
Leżajsk
Sieniawa
Radymno
Dobromyl'
Krakovec
Nemyriv
Ustrzyki Grn.
Wetlina
Tarnica
Velykyj Bereznyj
Perečyn
Tur'i Remeti
Čop
Záhony
Vel. Lučky
Koroleve
Buštyna
Koločava
Osmoloda
Slavs'ke
Tuchol'ka
Morčyn
Rozdil
Chodoriv
Žuravne
Vel. Byčkiv

A
B
C
D
1
2
3
4
5
6
Côte de Granit Rose
Ile d'Ouessant
Lampaul
Ile Molène
Les Abers
Pointe de Pontusval
Brignogan-Plage
Plouguerneau
Landéda
Lannilis
Portsall
Porspoder
Lanildut
Ploudalmézeau
Plouguin
Bourg-Blanc
Milizac
Lampaul-Plouarzel
Plouarzel
Ploumoguer
St-Renan
Gouesnou
Guipavas
BREST
Plouzané
le Conquet
Pnte de St-Mathieu
Plougonvelin
D789
D788
N12
E50
E60
N165
Plougastel-Daoulas
Daoulas
Roscanvel
Camaret-s-Mer
Pnte de Penhir
Pnte de Dinan
Crozon
Morgat
Lanvéoc
Hôpital-Camfrout
Landévennec
le Faou
Ménez-Hom
Telgruc-s-Mer
Pentrez-Plage
Cap de la Chèvre
Châteaulin
Plomodiern
D887
Ste-Anne-la-Palud
D107
Cast
Rés. du Cap Sizun
Beuzec-Cap-Sizun
Tréboul
Douarnenez
Locronan
Pnte du Van
Ile de Sein
Pnte du Raz
Plogoff
Cléden-Cap-Sizun
Audierne
Pont-Croix
Plouhinec
Poullan-s-Mer
Pouldergat
D765
Plonéis
Landudec
Plozévet
Pouldreuzic
Penhors
Plogastel-St-Germain
Plonéour-Lanvern
N.D. de Tronoën (Calvaire)
Pont-l'Abbé
St-Guénolé
D785
Penmarch
Guilvinec
Phare d'Eckmühl
Pointe de Penmarch
Lesconil
Loctudy
Bénodet
La Forêt-Fouesnant
Fouesnant
Concarneau
Trégunc
Nevez
Pointe de Trévignon
Port Manech
Moëlan-s-Mer
Riec-s-B.
Pont-Aven
Iles de Glénan
Quimper
Ergué-Gabéric
Briec
Site du Stangala
D15
Elliant
Tourch
Coray
Rosporden
Melgven
Bannalec
Scaër
Guiscriff
le Faouët
Quimperlé
Clohars-Carnoët
le Pouldu
Guidel
Ploemeur
Larmor-Plage
LORIENT
Lanester
Port-Louis
Ile de Groix
Groix
Hennebont
Quéven
Pont-Scorff
Arzano
Roches du Diable
Meslan
Inguiniel
Plouay
D769
Kernascléden
Bubry
Melrand
Quistinic
Baud
N24
Languidic
Brandérion
Pluvigner
Landaul
Camors
Grand-Champ
Plumergat
Ste-Anne-d'A.
Auray
Plescop
Belz
D22
Etel
Erdeven
Plouharnel
Carnac
Les Mégalithes
Trinité
Locmariaquer
Crach
Ploemel
Larmor-Baden
Cairn de Gavrinis
Bono
Arradon
Port Navalo
Sarzeau
St-Gildas-de-Rhuys
Pointe du Perche
Côte Sauvage
Presqu'île de Quiberon
St-Pierre-Quiberon
Quiberon
Pointe du Conguel
Pointe des Poulains
Grotte de l'Apothicairerie
Sauzon
Belle-Ile
Le Palais
Port Donnant
Bangor
Aiguilles de Port-Coton
Locmaria
Ile d'Houat
Houat
Ile de Hœdic
D768
D767
N165
Ile de Batz
Roscoff
St-Pol-de-Léon
Plouescat
Cléder
Plounévez-Lochrist
Guissény
D770
Plouider
Lesneven
Kernilis
le Folgoët
Ploudaniel
Plabennec
Landerneau
la Roche-M.
Kerjean
Landivisiau
Plouzévédé
Lanhouarneau
Plouvorn
D58
Taulé
Carantec
Plougasnou
Pointe de Primel
Locquirec
St-Jean-du-D.
Lanmeur
D786
Plestin-l.-G.
Plouégat-Guérand
Morlaix
Plougonven
Pleyber-Christ
St-Thégonnec
Lampaul-Guimiliau
Guimiliau
le Cloître-St-Thégonnec
St-Sauveur
Ploudiry
Sizun
Roc Trévezel
Hanvec
Loqueffret
Brasparts
Forêt du Cranou
Pont-de-Buis-lès-Quimerch
Pleyben
N164
Lannédern
St-Herbot
Huelgoat
Berrien
Scrignac
Plouyé
D764
Poullaouen
Carhaix-Plouguer
Plonévez-du-F.
Landeleau
Cléden-Poher
D769
Châteauneuf-du-Faou
N.D. du Crann
Gourin
Roudouallec
Trégourez
Landeleau
Plourac'h
Callac
Calanhel
Plougonver
Belle-Isle-en-Terre
Loguivy-Plougras
Plounévez-Moëdec
Plouaret
Plougras
Guerlesquin
Lannéanou
D787
Plounérin
Lannion
St-Michel-en-Grève
Ploumanach
Perros-Guirec
Trégastel-Plage
Corniche Bretonne
Trébeurden
D788
D767
Ploubezre
Châteaux de Tonquédec
Cavan
Pluzunet
Bégard
Pédernec
Pontrieux
Pommerit-Jaudy
la Roche-Jagu
la Roche-Derrien
Tréguier
Lézardrieux
Pleubian
Pointe du Château
Plougrescant
Port-Blanc
Trévou-Tréguignec
Ile de Bréhat
Pnte de l'Arcouest
Ploubazlanec
Paimpol
Pointe de Minard
Plouézec
Lanloup
Plouha
Lanvollon
Tréveneuc
Goudelin
Guingamp
Plouagat
Louargat
Mousteru
Bourbriac
Bulat-Pestivien
Kerien
Châtelaudren
St-Brieuc
Ploufragan
Plérin
Trégomeur
St-Péver
Quintin
St-Gilles-Pligeaux
Corlay
D790
le Bodéo
St-Nicolas-du-P.
Gorges du Daoulas
Plounévez-Quintin
Uzel
Maël-Carhaix
Plouguernével
Gouarec
Rostrenen
Glomel
D3
Mellionnec
Lac de Guerlédan
Mur-de-Bretagne
St-Caradec
Silfiac
Séglien
Ploërdut
Guémené-s-S.
Langonnet
le Croisty
Pontivy
Neulliac
Noyal-Pontivy
Cléguérec
Guern
D768
Naizin
Moréac
Pluméliau
D767
Locminé

A
B
C
D
1
2
3
4
5
6
Alderney
St-Anne
Cap de la Hague
Cap Lévy
Pointe de Barfleur
Gatteville-le-Phare
Barfleur
Cherbourg
Nez de Jobourg
Valognes
Quettehou
St-Vaast-la-Hougue
Iles St Marcouf
Baie
de la Seine
Utah Beach
Pointe du Hoc
Omaha Beach
Côte de Nacre
Carentan
Bayeux
Caen
Ouistreham
Vale
St Sampson
St Peter Port
Sark
Channel
Islands
(G. B.)
Jersey
St John
St Martin
St Aubin
St Saviour
Gorey
St-Helier
Coutances
St-Lô
Lessay
Périers
Granville
Iles Chausey
Villedieu-les-Poêles
Vire
Avranches
Côte d'Emeraude
Pnte du Grouin
Cap Fréhel
Fort la Latte
Cap d'Erquy
Erquy
St-Cast-le-G
St-Malo
Dinard
Cancale
Baie du Mt-St-Michel
le Mont-St-Michel
Pontorson
Dol-de-B
Dinan
Combourg
Lamballe
Fougères
Vitré
Laval
Mayenne
Domfront
Flers
Argentan
RENNES
Montfort
Ploërmel
Redon
Châteaubriant
Château-Gontier
Sablé-s-Sarthe
Segré
Craon
Mortain
Ducey
Loudéac
Forêt de Paimpont
Forêt de Fougères
Muzillac
La Roche-Bernard
Nozay
Derval
Bain-de-Bretagne
Janzé
Châteaugiron
Ernée
Gorron
Alençon
Villaines-la-Juhel
Évron
Montsûrs
94

A
B
C
D
1
2
3
4
5
6
Côte d'Albâtre
Dieppe
St-Valery-en-Caux
Veules-les-Roses
Fécamp
Etretat
Cap d'Antifer
Goderville
Yvetot
Bolbec
Lillebonne
Montivilliers
Harfleur
Le Havre
Honfleur
Trouville
Deauville
Pont-Audemer
Bourg Achard
Bourgtheroulde
Elbeuf
Rouen
Cathédrale
Barentin
Pavilly
Duclair
Neufchâtel-en-Bray
Forêt d'Eawy
St-Saëns
Forges-l.-Eaux
Gournay-en-Bray
Aumale
Amiens
Poix-de-Picardie
Beauvais
Clermont
Chantilly
Gisors
Les Andelys
Château Gaillard
Louviers
Pont-de-l'Arche
Vernon
Mantes-la-Jolie
Meulan
Cergy
Pontoise
Paris
Versailles
Rambouillet
Dourdan
Etampes
Lisieux
Pont-l'Evêque
Bernay
Brionne
Evreux
Conches-en-Ouche
Breteuil
Verneuil-s-A.
Dreux
Houdan
Nonancourt
Anet
Orbec
Vimoutiers
Gacé
L'Aigle
Argentan
Sées
Alençon
Mortagne-au-P.
Bellême
Mamers
Nogent-le-Rotrou
La Ferté-Bernard
Chartres
Maintenon
Châteauneuf-en-Th.
La Loupe
Courville-s-E.
Illiers-Combray
Bonneval
Châteaudun
Le Mans
St-Calais
Vendôme
Montoire-s-le-L.
Château-du-Loir
La Chartre-s-le-L.
Blois
Orléans
Meung-s-L.
Beaugency
Pithiviers
Malesherbes
Artenay
Jargeau
Sully-s-L.
Châteauneuf-s-L.
La Ferté-St-Aubin
Chât. de Chambord
Lamotte-Beuvron
Souvigny-en-Sologne
Forêt de Bercé
Forêt de Perseigne
Forêt d'Ecouves
Beauce
Sologne
95

74

A B C D

1 2 3 4 5 6

PARIS

MANTES-LA-JOLIE

ORLÉANS

BOURGES

Chartres

Soissons

Meaux

Melun

Fontainebleau

Sens

Auxerre

Montargis

Blois

Vierzon

Nevers

96

75

A
B
C
D
THIONVILLE
Reims
Vouziers
Verdun
Metz
Châlons-en-Champagne
Ste-Menehould
Clermont-en-A.
Bar-le-Duc
Commercy
St-Mihiel
Pont-à-Mousson
Toul
NANCY
Vitry-le-François
St-Dizier
Ligny-en-Barrois
Joinville
Neufchâteau
Mirecourt
Vittel
Contrexéville
Troyes
Bar-s-Aube
Brienne-le-Château
Bar-s-Seine
Chaumont
Langres
Châtillon-s-Seine
Montbard
Semur-en-A.
Dijon
Beaune
Autun
Auxonne
Dole
Gray
Vesoul
BESANÇON
Nuits-St-Georges
A4
A5
A26
A31
A33
E17
E23
E50
E54
N4
N19
N67
N74
1
2
3
4
5
6

97

76

A
B
C
D
1
2
3
4
5
6
THIONVILLE
METZ
NANCY
Toul
Lunéville
Vittel
Contrexéville
EPINAL
Remiremont
Vesoul
BESANÇON
SAARBRÜCKEN
Saarlouis
Völklingen
Forbach
Neunkirchen
St. Wendel
Homburg
Zweibrücken
Pirmasens
KAISERSLAUTERN
LUDWIGSHAFEN
Neustadt a.d.W.
Landau i.d.Pf.
Sarreguemines
Bitche
Wissembourg
Haguenau
Saverne
Sarrebourg
STRASBOURG
Molsheim
Offenburg
Sélestat
St-Dié
Colmar
Gérardmer
FREIBURG
MULHOUSE
BELFORT
Montbéliard
BASEL
Lörrach
Porrentruy
Delémont
Solothurn
BIEL
La Chaux-de-Fonds
Aarau
Baden-Baden
Lahr
Emmendingen
Guebwiller
Luxeuil-les-Bains
Plombières-les-Bains
Raon-l'Etape
Baccarat
Château-Salins
Dieuze
Pont-à-Mousson
Faulquemont
St-Avold
Lure
Altkirch
Grand Ballon
Ballon d'Alsace
Col du Bonhomme
Hohneck
Feldberg
Belchen
Schauinsland
Blauen
Hornisgrinde
Fleckenstein
Trifels
Kalmit
Kesselberg
Eschkopf

98
39

77

MANNHEIM
HEIDELBERG
Neckargemünd
Wiesloch
Sinsheim
Bad Rappenau
Mosbach
Möckmühl
Bad Friedrichshall
Neckarsulm
HEILBRONN
Bruchsal
Eppingen
Bretten
KARLSRUHE
Mühlacker
PFORZHEIM
Bietigheim-Bissingen
Ludwigsburg
Kornwestheim
Waiblingen
Schorndorf
Backnang
Murrhardt
STUTTGART
Esslingen
Plochingen
Göppingen
Schwäb. Gmünd
Aalen
Heidenheim
Sindelfingen
Böblingen
Leonberg
Calw
Nagold
Herrenberg
Tübingen
Reutlingen
Metzingen
Nürtingen
Kirchheim
Bad Urach
Geislingen a.d. Steige
ULM
Neu-Ulm
Ehingen
Laupheim
Biberach
Riedlingen
Sigmaringen
Saulgau
Bad Waldsee
Ravensburg
Weingarten
Friedrichshafen
Tettnang
Lindau
Bregenz
Wangen
Isny
Kempten
Memmingen
Mindelheim
Kaufbeuren
Marktoberdorf
Füssen
Pfronten
Sonthofen
Oberstdorf
AUGSBURG
Günzburg
Dillingen
Lauingen
Donauwörth
Nördlingen
Ellwangen
Crailsheim
Schwäb. Hall
Öhringen
Künzelsau
Dinkelsbühl
Feuchtwangen
Ansbach
Rothenburg o.d.T.
Schwabach
Weißenburg
Treuchtlingen
Rottenburg a.N.
Hechingen
Balingen
Albstadt
Rottweil
Schwenningen
Donaueschingen
Tuttlingen
Singen
Radolfzell
Konstanz
Kreuzlingen
Überlingen
Meersburg
Schaffhausen
Frauenfeld
Winterthur
Wil
St. Gallen
Kloten
ZÜRICH
Uster
Rapperswil
Zug
Einsiedeln
Glarus
Schwyz
Feldkirch
Dornbirn
Bludenz
Vaduz
Landeck
Imst
Reutte
St. Anton
Bodensee
Donau
Neckar
Lech
Lechtaler Alpen

99

78

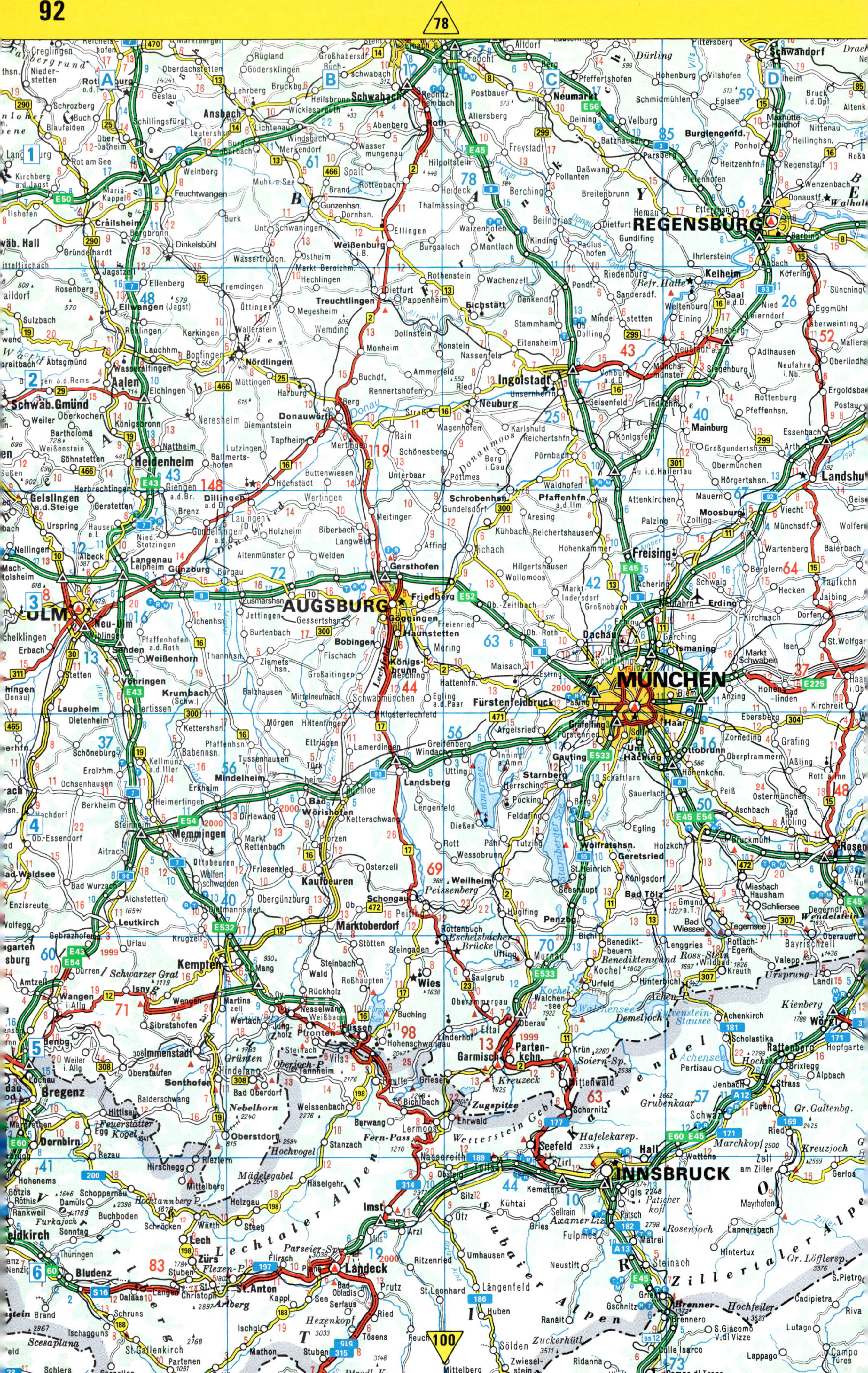

A
B
C
D
1
2
3
4
5
6
Ansbach
Schwabach
Neumarkt
Schwandorf
Regensburg
Kelheim
Ingolstadt
Neuburg
Donauwörth
Nördlingen
Aalen
Schwäb. Gmünd
Heidenheim
Dillingen a.d. Do.
Günzburg
Ulm
Neu-Ulm
Augsburg
Freising
Landshut
Erding
München
Dachau
Fürstenfeldbruck
Landsberg
Memmingen
Mindelheim
Kaufbeuren
Marktoberdorf
Kempten
Starnberg
Weilheim
Schongau
Bad Tölz
Garmisch-Partenkchn.
Füssen
Oberstdorf
Bregenz
Dornbirn
Feldkirch
Bludenz
St. Anton
Landeck
Imst
Innsbruck
Hall
Rosenheim
Wörgl
Brenner
Zugspitze
Wetterstein Geb.
Karwendel
Lechtaler Alpen
Stubaier Alpen
Zillertaler Alpen
Donau
Inn
Lech
Isar
Ammersee
Starnberger See
Chiemsee

100

79

A B C D

1 2 3 4 5 6

Cham
Deggendorf
Plattling
Landau
Dingolfing
Passau
Schärding
Vilshofen
Mühldorf
Neuötting
Burghausen
Braunau
Ried
Wels
LINZ
Enns
Steyr
Freistadt
ČES. BUDĚJOVICE
Český Krumlov
Prachatice
Vimperk
Kaplice
Vöcklabruck
Gmunden
Bad Ischl
SALZBURG
Bad Reichenhall
Traunstein
Freilassing
Hallein
Berchtesgaden
Mondsee
Windischgarsten
Liezen
Radstadt
Schladming
St. Johann
Bischofshofen
Kitzbühel
Zell am See
Badgastein
Heiligenblut
Matrei
Lienz
Spittal
St. Veit
Friesach
Murau
Tamsweg

Böhmerwald
Salzkammergut
Totes Gebirge
Niedere Tauern
Hohe Tauern
Gurktaler Alpen
Kitzbüheler Alpen

101

86
A
B
C
D
1
2
3
4
5
6
ST-NAZAIRE
NANTES
ANGERS
Cholet
Bressuire
Niort
LA ROCHELLE
Rochefort
Saintes
Royan
Cognac
Pons
Jonzac
Ancenis
Clisson
Montaigu
Challans
St-Jean-de-Monts
Ile d'Yeu
Port-Joinville
Ile de Noirmoutier
Noirmoutier-en-l'Ile
Pornic
Paimbœuf
Savenay
la Baule
Guérande
Pontchâteau
Herbignac
Blain
Nozay
Machecoul
les Sables-d'Olonne
la Roche-s-Y.
Luçon
Fontenay-le-Comte
Chantonnay
les Herbiers
Mauléon
Pouzauges
Marans
Surgères
Ile de Ré
St-Martin-de-Ré
Ile d'Oléron
St-Pierre-d'Oléron
Marennes
Fouras
Châtellaion-Plage
Soulac-s-Mer
Pointe de la Négade
Montalivet-les-Bains
Lesparre-Médoc
Pauillac
Hourtin-Plage
St-Jean-d'Angély
Chemillé
Beaupréau
Vihiers
Pointe de Chassiron
Pointe de l'Aiguille
Pointe du Payré
Pertuis Breton
Pertuis d'Antioche
Gironde
Loire
104

A B C D

1 2 3 4 5 6

Tours
Blois
Amboise
Chenonceaux
Romorantin-Lanthenay
Vierzon
Chinon
Loches
Châtellerault
Châteauroux
Issoudun
Poitiers
Futuroscope
Montmorillon
Argenton-s-Creuse
La Châtre
Guéret
La Souterraine
Bellac
Confolens
St-Junien
Limoges
Rochechouart
Angoulême
Cognac
Barbezieux
Périgueux
Brantôme
Uzerche
Tulle
Brive-la-Gaillarde
Eymoutiers
Loudun
Thouars
Melle
Civray
Ruffec
Saumur
Bourgueil
Langeais
Ste-Maure-de-T.
Le Blanc
St-Gaultier
Valençay
Selles-s-Cher
Salbris

105

88

A B C D

1 2 3 4 5 6

Vierzon
BOURGES
Nevers
Moulins
Montluçon
Vichy
CLERMONT-FD
Issoudun
Châteauroux
Guéret
Tulle
Ussel
Decize
St-Amand-Montrond
Cosne-s-Loire
Clamecy
Romorantin-Lanthenay
Aubusson
Riom
Thiers
Issoire
Brioude
Montluçon
MASSIF

106

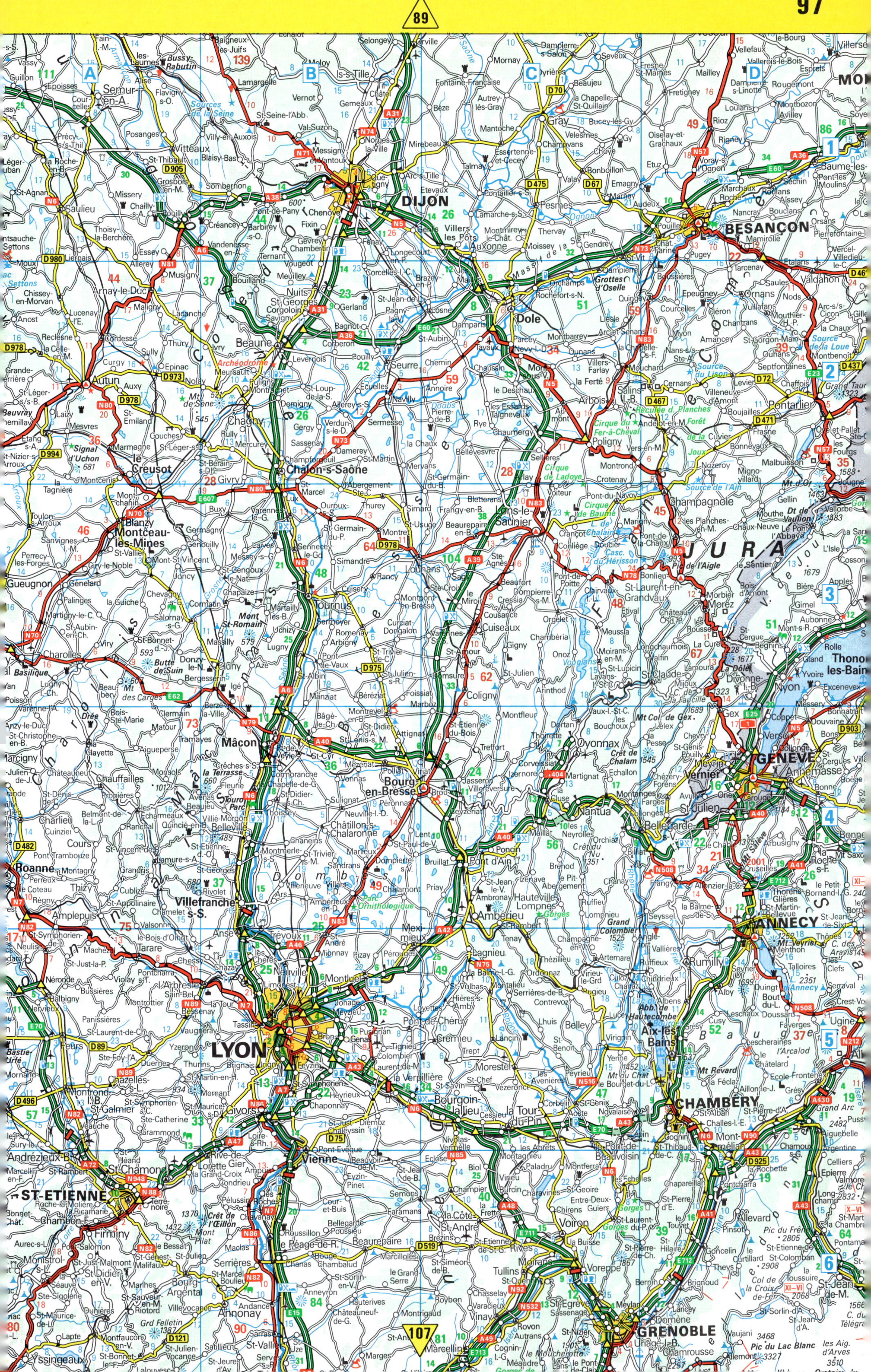
A
B
C
D
1
2
3
4
5
6
DIJON
BESANÇON
Dole
Beaune
Autun
le Creusot
Chalon-s-Saône
Montceau-les-Mines
Lons-le-Saunier
Champagnole
Pontarlier
JURA
Mâcon
Bourg-en-Bresse
GENÈVE
Annemasse
ANNECY
Oyonnax
Nantua
Villefranche-s-S.
Roanne
LYON
Vienne
ST-ETIENNE
St-Chamond
Aix-les-Bains
CHAMBÉRY
GRENOBLE
Voiron
Thonon-les-Bains
Gray
Auxonne
Poligny
Arbois
Tournus
Cluny
Charolles
Ambérieu-en-Bugey
Bourgoin-Jallieu
Annonay
Firminy
Belley
Rumilly

90

BASEL
BESANÇON
BERN
LUZERN
LAUSANNE
GENÈVE
ANNECY
SION
Neuchâtel
Fribourg
Montbéliard
Belfort
Pontarlier
Yverdon-les-Bains
Montreux
Vevey
Evian
Thonon
Chamonix
Martigny
Aosta
Biella
VERCELLI
Domodossola
Brig
Thun
Interlaken
Solothurn
Biel
Delémont
La-Chaux-de-Fonds
Le Locle
Aarau
Olten
Liestal
Lörrach
Albertville
Megève
Courchevel
Modane
Zermatt
Saas-Fee
Gstaad
Lac Léman
Lac de Neuchâtel
Parco Nazionale
Gran Paradiso
Berner Oberland

108

91

Schaffhausen
Singen
KONSTANZ
Ravensburg
Friedrichshafen
Wangen
Kempten
Kaufbeuren
Füssen
ZÜRICH
Winterthur
Frauenfeld
Kreuzlingen
Lindau
Bregenz
ST. GALLEN
Dornbirn
Feldkirch
Vaduz
Bludenz
Sonthofen
Oberstdorf
Lechtaler Alpen
Landeck
St. Anton
Glarus
Schwyz
Altdorf
Andermatt
Bad Ragaz
CHUR
Klosters
Davos
Arosa
Thusis
Ilanz
Scuol
Zernez
St. Moritz
Samedan
Pontresina
Maloja
Chiavenna
Bormio
Tirano
Sondrio
Édolo
LOCARNO
Bellinzona
Lugano
VARESE
COMO
Lecco
BERGAMO
Monza
MILANO
Treviglio
BRESCIA
Salò
Riva
Bardolino
Desenzano
Iseo
Lago di Garda
Lago di Como
Lago Maggiore
Bodensee

109

92

Oberdorf
Füssen
Reutte
Wies
Ober-Ammergau
Garmisch-Partenkirchen
Mittenwald
Zugspitze
Wetterstein
Bad Tölz
Tegernsee
Schliersee
Bayrischzell
Achen-P.
Rosenheim
Prien
Chiem-See
Traunstein
Freilassing
Bad Reichenhall
Salzburg
Hallein
Berchtesgaden
Königssee
Kufstein
Wörgl
Rattenberg
Kitzbühel
St. Johann
Scharnitz
Seefeld
INNSBRUCK
Hall
Schwaz
Jenbach
Telfs
Zell am Ziller
Mayrhofen
Kitzbüheler Alpen
Zillertaler Alpen
Stubaier Alpen
Ötztaler Alpen
Pinzgau
Mittersill
Zell am See
Saalfelden
Gerlos Pass
Pass Thurn
Felber Tauerntunnel
Gr. Venediger
Gr. Glockner
Franz-Josef-H.
Heiligenblut
Matrei
Brenner
Sölden
Timmelsjoch
Vipiteno
Brunico
Dobbiaco
Sillian
Lienz
Ost-Tirol
Merano / Meran
Bressanone / Brixen
BOLZANO / Bozen
Ortisei
Cortina d'Ampezzo
Misurina
Tre Croci
Pieve di Cadore
Tolmezzo
Canazei
Pordoi
Sella
Marmolada
Falzárego
Costalunga
Cavalese
Moena
Predazzo
Rolle
S. Martino di Castrozza
Agordo
BELLUNO
Feltre
Longarone
TRENTO
Rovereto
Levico
Borgo
Bassano
Asiago
Schio
Thiene
VICENZA
VERONA
PADOVA
Cittadella
Castelfranco
TREVISO
Montebelluna
Conegliano
Vittório Véneto
Pordenone
Sacile
Oderzo
Mestre
VENEZIA
Lido
Jésolo
Cáorle
Portogruaro
Bibione
Lignano
Udine
Spilimbergo

110

93

Gmunden
Bad Ischl
Bad Aussee
Windischgarsten
Liezen
Schladming
Radstadt
Leoben
Bruck
Kapfenberg
Mürzzuschlag
Mariazell
Judenburg
Knittelfd.
Köflach
GRAZ
Deutschlandsberg
Wildon
Leibnitz
Spittal
Villach
KLAGENFURT
Völkermarkt
St. Veit
Friesach
Tarvisio
Jesenice
Bled
Kranj
LJUBLJANA
Celje
Velenje
MARIBOR
Novo mesto
Postojna
Nova Gorica
GORIZIA
TRIESTE
Koper
Ilir. Bistrica
S T E I E R M A R K
N i e d e r e T a u e r n
Hohe Tauern
Karawanken
Triglav
Sengsen-G
Toten Gebirge
Dachstein
Hochschwab
Stubalpe
Koralpe
Gleinalpe
Suha krajina
Gorjanci
Bohor
Trieste
Tržaški zaliv
111

80

BRATISLAVA
Sládkovičovo
Galanta
Šal'a
Trnovec n. Váh.
Komjatice
Bernolákovo
Čiel. Brod
Tešedíkovo
Hainburg
Petronell
Schwechat
Orth
Engelhartstetten
Kittsee
Rusovce
Podunajské Biskupice
Hamuliakovo
Šamorín
Lehnice
Blatná na Ostrove
Dunajská Streda
Tomášikovo
Vlčany
Palárikovo
Neded
N. Zámky
Nesvady
Kolárovo
Gabčíkovo
Vrakúň
Dol. Štál
Okoč
Vel. Meder
Medved'ov
Zemianska Olča
Kameničná
Tôň
Zlatná na Ostr.
Komárno
Mödling
Baden
Bad Vöslau
Berndorf
Wiener Neustadt
Neunkirchen
Ternitz
Gloggnitz
Schneeberg
Semmering
Pernitz
Gutenstein
Puchberg
Klausen-Leopoldsdorf
Laaben
Alland
Heiligenkreuz
Kaumberg
Hainfeld
Altenmarkt
Ebreichsdorf
Laxenburg
Himberg
Fischamend
Schwadorf
Bruck a.d. Leitha
Gattendorf
Zurndorf
Neusiedl a. S.
Nickelsdorf
Mönchhof
Hegyeshalom
Mosonmagyaróvár
Halászi
Bezenye
Rajka
Mannersdorf
Ebenfurth
Eisenstadt
Hornstein
Podersdorf
Frauenkirchen
Albertkázmér-puszta
Andau
Mosonszolnok
Mosonszentjános
Lébénymiklós
Győrsövényház
Hédervár
Ásványráró
Dunaszeg
Győr
Abda
Gönyű
Ács
Bana
Bábolna
Bőnyrétalap
Nagyigmánd
Mezőörs
Csép
Ete
Kisbér
Pér
Nyúl
Écs
Győrszemere
Pannonhalma
Ravazd
Bakonypéterd
Bakonybánk
Tét
Szentkút
Gyarmat
Lovászpatona
Pápa
Takácsi
Pápateszér
Bakonyszentkirály
Bakonycsernye
Csesznek
Bakonybél
Zirc
Dudar
Várpalota
Pénzesgyőr
Eplény
Gyulafirátót
Városlőd
Herend
Márkó
Veszprém
Ajka
Padragkút
Nyirád
Ágar-tető
Újdörögdpuszta
Nagyvázsony
Balatonalmádi
Csopak
Balatonfüred
Balatonakarattya
Aszófő
Tihany
Siófok
Zamárdi
Balatonföldvár
Balatonszárszó
Balatonlelle
Balatonboglár
Fonyód
Visz
Pusztaszemes
Tab
Szólósgyörök
Lengyeltóti
Andocs
Kánya
Öreglak
Somogyvár
Igal
Gadács
Szakcs
Lápafő
Mernye
Somogyjád
Osztopán
Mezőcsokonya
Kaposfüred
Toponár
Kaposvár
Kaposmérő
Juta
Büssü
Kaposszekcső
Sántos
Simonfa
Gödre
Szilvásszentmárton
Bőszénfa
Kadarkút
Bakóca
Szentlászló
Lad
Okorvölgy
Bükkösd
Somogyapáti
Homokszentgyörgy
Csokonyavisonta
Szigetvár
Szentlőrinc
Istvándi
Darány
Teklafalu
Magyarmecske
Lakócsa
Barcs
Terezino Polje
Gradina
Suhopolje
Virovitica
Sellye
Vajszló
Bogádmindszent
Čađavica
Moslavina Podravska
Viljevo
Cabuna
Sopje
SOPRON
Balf
Fertőd
Fertőszentmiklós
Kapuvár
Csorna
Osli
Bősárkány
Enese
Ménfőcsanak
Bágyogszovát
Szilsárkány
Szany
Mórichida
Kisfalud
Szil
Páli
Beled
Rábakecöl
Csapod
Lövő
Simaság
Répcelak
Pereszteg
Vásegerszeg
Hegyfalu
Bük
Csepreg
Kőszeg
Lutzmannsburg
Gross-warasdf.
Magyarfalva
Nagycenk
Lackenbach
Markt St. Martin
Mattersburg
Zemendorf
Wulkaprodersdorf
Mörbisch
Rust
Illmitz
Wallern
Pamhagen
Hochwolkersdf.
Kirchberg
Hollenthon
Krumbach Markt
Edlitz
Aspang Markt
Mönichkirchen
Rettenegg
Ratten
Waldbach
Friedberg
Bernstein
Pinkafeld
Bad Tatzmannsdorf
Oberwart
Rechnitz
Schachendf.
Grosspetersdf.
Kohfidisch
Stegersbach
St. Michael
Güssing
Gaas
Strem
Rudersdorf
Eltendf.
Heiligenkreuz
Rábafüzes
Fürstenfeld
Hatzendf.
Studenzen
Feldbach
Fehring
Jennersdf.
Bad Gleichenbg.
St. Anna
Kemeten
Burgau
Bierbaum
Waltersdorf
Pischelsdf.
Hartberg
Kaindorf
Pöllau
Grafendf.
Lafnitz
Masenberg
Vorau
Wechsel
Anger
Szombathely
Ják
Kisunyom
Vasszécseny
Rum
Rábahidvég
Kám
Meggyeskovácsi
Sárvár
Sitke
Gérce
Celldömölk
Izsákfa
Kald
Jánosháza
Vönöck
Csönge
Mersevát
Nyárád
Kemenesnyögyész
Nemesszalók
Nagyalásony
Somló
Noszlop
Kerta
Bakonygyepes
Tüskevár
Devecser
Rigács
Gyepükaján
Sümeg
Hosszúpereszteg
Bérbaltavár
Türje
Batyk
Zalabér
Zalaszentgrót
Mihályfa
Vindornyaszőlős
Zalaszántó
Tapolca
Révfülöp
Badacsonytomaj
Momostor-apáti
Balatonakali
Karmacs
Balatonederics
Hévíz
Keszthely
Alsópáhok
Zalaapáti
Sármellék
Balatonkeresztúr
Balatonmagyaród
Kéthely
Sávoly
Marcali
Csömend
Zalakaros
Gelse
Zalakomár
Nemesvid
Mesztegnyő
Böhönye
Nagybajom
Vése
Szenyér
Inke
Iharosberény
Kutas
Jákó
Gige
Segesd
Somogyszob
Nagyatád
Mike
Berzence
Csurgó
Tarany
Lábod
Haromfa
Babócsa
Drávaszentes
Nagykanizsa
Zalasárszeg
Pogányszentpéter
Miklósfa
Iharos
Surd
Zákány
Zdala
Molve
Đurđevac
Kalinovac
Kloštar
Pitomača
Špišić Bukovica
Vis
Prokop
Bedenik
Pisanica
Vel. Grđevac
Grubišno Polje
Zalaegerszeg
Nagykapornak
Zalacsány
Pacsa
Felsőrajk
Zalatárnok
Nova
Bak
Gellénháza
Kalócfa
Zalalövő
Felsőbagod
Egervár
Győrvár
Vasvár
Hegyhátsál
Körmend
Rádóckölked
Vasszentmihály
Szentgotthárd
Iváncz
Őriszentpéter
Hodos
Kerkafalva
Cseszteg
Zalabaksa
Rédics
Lenti
Pusztamagyaród
Söjtör
Hahót
Börzönce
Borsfa
Csörnyeföld
Becsehely
Sormás
Letenye
Kerkateskánd
Lendava
Dobrovnik
Murska Sobota
Beltinci
Martjanci
Fokovci
Križevci
Grad
Mačkovci
Kuzma
Felsőszölnök
Radkersburg
Klöch
Halbenrain
G. Radgona
Radenci
Trate
Ljutomer
Strigova
Mursko Središće
Pedturen
Čakovec
Hodošan
Nedelišće
Prelog
Draškovec
D. Dubrava
Kotoriba
Legrad
Varaždin
Petrijanec
Vinica
Gor. Vratno
Zg. Leskovec
Ormož
Zavrč
Tomaž
Ptuj
Gabrnik
Trnovska vas
Starše
Središče
Kidričevo
Ivanec
Lepoglava
Radoboj
Krapina
Đurmanec
Macelj
Bednjе
Trakošćan
Kneginec
Tužno
Vrbanovec
Slanje
Ludbreg
Djelekovec
Peteranec
Koprivnica
Rasinja
Varažd. Toplice
Kalnik
N. Marof
Sudovec
Budinšćina
Zlatar
D. Konjšćina
Breznica
Križevci
Zaistovec
M. Raven
Novigrad Podr.
Carevdar
D. Mostl
Virje
Hlebine
Rakitnica
Šemovci
Kapela
Žabno
Rovišće
Gradec
Bjelovar
Haganj
Kapela
Vrbovec
Prikraj
Dugo Selo
Lupoglav
Kloštar Ivanić
Ivanić Grad
Čazma
Mostari
Štefanje
Narta
Babinac
Marija Bistrica
Zelina
Kašina
Sljeme
Medvednica
Stubičke Toplice
Zabok
Krap. Toplice
Šesvete
ZAGREB
V. Gorica
Obrovo
D. Lomnica
Bratislava
Komárom
Zala
Rába
Drava
Duna
Dunaj
Neusiedler See
Fertő
Balaton
Kerka
Mura
Bednja
Kupa
Sava
Krapina
Česma
Marcal
Répce
Leitha
Pinka
Lafnitz
Koppány
Rinya
Principális csat.
Fekete-víz
Pécs

150

MISKOLC
Salgótarján
Balassagyarmat
Šahy
Štúrovo
Esztergom
Vác
Szentendre
Gödöllő
Hatvan
Gyöngyös
Eger
Mezőkövesd
Füzesabony
Heves
Jászberény
Tatabánya
Tata
Oroszlány
BUDAPEST
Érd
Százhalombatta
Monor
Cegléd
Abony
Szolnok
Törökszentmiklós
Mezőtúr
SZÉKESFEHÉRVÁR
Dunaújváros
Kecskemét
Lajosmizse
Nagykőrös
Tiszakécske
Kunszentmárton
Dunaföldvár
Paks
Kalocsa
Kiskőrös
Kiskunfélegyháza
Csongrád
Szentes
Kiskunhalas
Kiskunmajsa
Hódmezővásárhely
SZEGED
Makó
Szekszárd
Bonyhád
Bátaszék
Baja
Mohács
Siklós
Jánoshalma
SUBOTICA
Palić
Kanjiža
Senta
Kikinda
Bačka Topola
Sombor
N Ó G R Á D
S Z O L N O K
K I S K U N S Á G
B Á C S
V o j v o d i n a
Duna
Tisza
E71
E75
E77
M1
M3
M5
M7
E60
E66
E68
E73
E662

94

128

95
Périgueux
Brive-la-Gaillarde
Bergerac
Sarlat-la-Canéda
Aurillac
Cahors
Figeac
Rodez
Villefranche-de-R.
Villeneuve-s-Lot
Agen
Moissac
Montauban
Albi
Castres
Mazamet
Auch
TOULOUSE
Carcassonne
Lannemezan
St-Gaudens
St-Girons
Foix
Pamiers
Bagnères de Luchon
Ax-les-Thermes
129

96

MASSIF
CENTRAL
A
B
C
D
1
2
3
4
5
6
Aurillac
Murat
St-Flour
le Puy-en-V.
Yssingeaux
Espalion
Rodez
Marvejols
Mende
Aubenas
Privas
Millau
St-Affrique
Alès
Nîmes
Uzès
Lodève
Ganges
Anduze
MONTPELLIER
Lunel
Béziers
Pézenas
Sète
Agde
le Cap d'Agde
Narbonne
Carcassonne
Lézignan-C.
Mazamet
Bédarieux
Port-la-Nouvelle
Port-Leucate
Port-Barcarès
Rivesaltes
Frontignan
Palavas-l-F
la Grande-Motte
le Grau-du-Roi
Stes-Maries-de-la-Mer
Golfe d'Aigues Mortes
Golfe de Beauduc
Mt Mézenc
Mont Aigoual
Gorges du Tarn
Gorges de l'Ardèche
Cirque de Navacelles
Grottes des Demoiselles
Pic St-Loup
Mt St-Clair

97

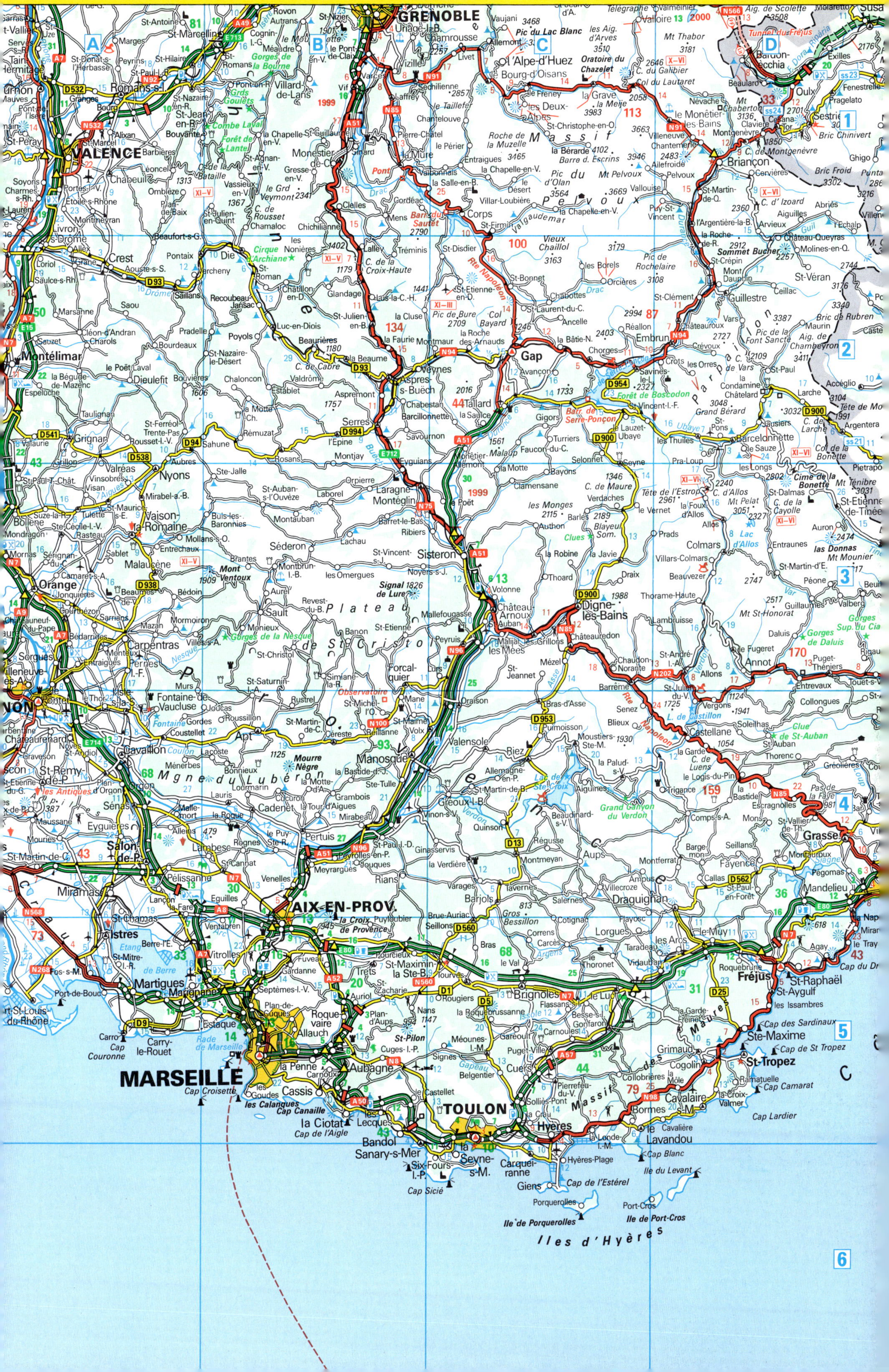

A
B
C
D
1
2
3
4
5
6
GRENOBLE
VALENCE
Montélimar
Orange
Avignon
Carpentras
Cavaillon
Salon-de-P.
Istres
Martigues
MARSEILLE
AIX-EN-PROV.
TOULON
Hyères
Gap
Briançon
Embrun
Sisteron
Digne-les-Bains
Manosque
Draguignan
Fréjus
St-Raphaël
Grasse
St-Tropez
Ste-Maxime
Nyons
Crest
Die
Dieulefit
Apt
Brignoles
La Ciotat
Cassis
Aubagne
Castellane
Barcelonnette
Valensole
Forcalquier
Pertuis
Vaison-la-Romaine
Massif du Pelvoux
Plateau de St-Cristol
Mgne du Lubéron
Iles d'Hyères
Ile de Porquerolles
Ile de Port-Cros
Cap Sicié
Cap Croisette
Tunnel du Fréjus
Col de Montgenèvre
Col du Lautaret
Forêt de Boscodon
Gorges de Daluis
Gorges de la Nesque
Grand Canyon du Verdon
Mont Ventoux
Signal de Lure
Observatoire
Rte Napoléon

98

A
B
C
D
1
2
3
4
5
6
Courmayeur
Aosta
Valle d'Aosta
Alpi Gráie
St-Vincent
Gressoney-St-Jean
Varallo
Varese
Biella
Ivrea
Novara
MILANO
Legnano
Busto Arsízio
Gallarate
Saronno
Vercelli
Vigévano
Abbiategrasso
Chivasso
TORINO
Moncalieri
Chieri
Rívoli
Susa
Sestriere
Pinerolo
Carignano
Carmagnola
Casale Monf.
Valenza
Alessándria
Tortona
Voghera
Asti
Alba
Bra
Acqui Terme
Ovada
Novi Lig.
Savigliano
Fossano
Saluzzo
Cuneo
Mondovì
Ceva
Borgo S. Dalmazzo
Appennino
Busalla
GÉNOVA
Nervi
Portofi
Varazze
Arenzano
Voltri
SAVONA
Vado Lig.
Finale Ligure
Albenga
Alássio
Impéria
Sanremo
Ventimiglia
Menton
Monte-Carlo
MONACO
Beaulieu
Villefranche
NICE
Antibes
Juan-l.-P.
CANNES
Cagnes
Vence
Tende
Limone Piemonte
Colle di Tenda
Alpi Marittime
Briançon
Lanslebourg-Mt-C.
Val d'Isère
Tignes
Golfo di Génova
Riviera di Ponente
Côte d'Azur
Cap Ferrat
Cap du Dramont

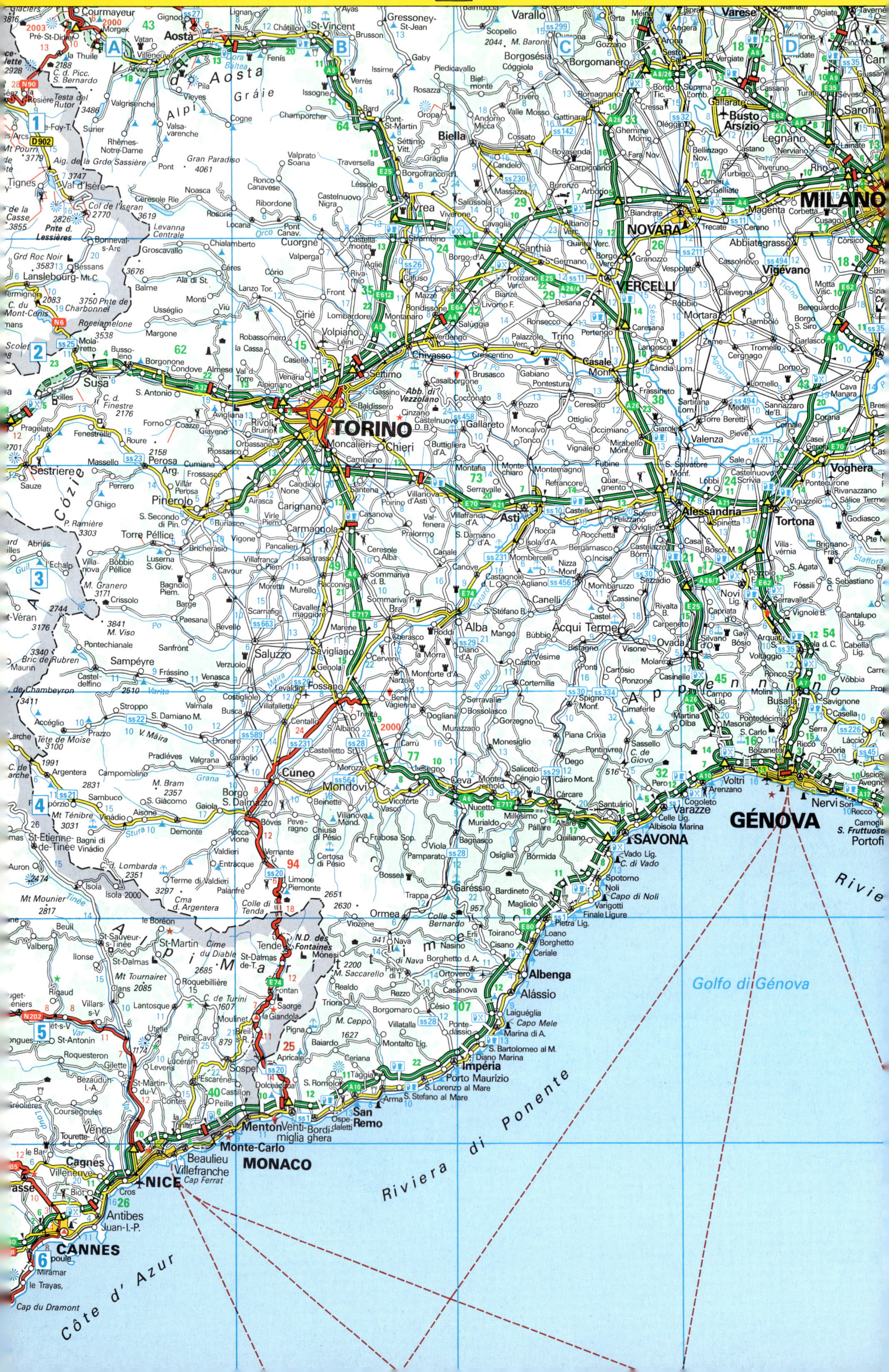

99

BERGAMO
BRESCIA
VERONA
VICENZA
Desenzano
Crema
Lodi
Treviglio
Schio
Thiene
Legnago
MANTOVA
CREMONA
PIACENZA
Fidenza
PARMA
REGGIO NELL'EMILIA
MODENA
Carpi
BOLOGNA
LA SPEZIA
Carrara
MASSA
Viaréggio
LUCCA
PISTOIA
PRATO
FIRENZE
PISA
LIVORNO
Empoli
SIENA
Pontrémoli
Volterra
S. Gimignano
Sassuolo
Guastalla
Sabbioneta
Viadana
Suzzara
Asola
Lago d'Iseo
Lago di Garda
Lago d'Idro
Levante
Lunigiana
A p p e n n i n o
T o s c
I. di Gorgona
A B C D
1 2 3 4 5 6

112

100

A B C D

1 2 3 4 5 6

Asiago Bassano d. Grappa Schio Thiene Marostica Valdagno Vicenza Cittadella Castelfranco Montebelluna Conegliano Treviso Oderzo Pordenone Codroipo Palmanova Gorizia Cervignano di Friuli Portogruaro Latisana S. Michele Aquiléia Grado Lignano Sabbiadoro Lignano Pineta Bibione Cáorle S. Donà di Piave Eraclea Jésolo Lido di Jésolo Cavallino Mestre Murano Burano Venézia Lido Malamocco Alberoni S. Pietro i. V. Pellestrina Sottomarina Chióggia Golfo di Venézia Padova Ábano Terme Monsélice Este Montagnana Legnago Rovigo Adria Rosolina Porto Levante I. Albarella Boccasette Pila Scardovari Gnocchetta Mésola Codigoro Abb. di Pomposa Lido di Volano Lido d. Nazioni Lido di Pomposa Lido d. Scacchi Porto Garibaldi Lido d'Estensi Lido di Spina Comacchio Ferrara Portomaggiore Cento Argenta Bologna Ímola Lugo Faenza Ravenna Lido Adriano Lido di Dante S. Apollinare in Classe Lido di Classe Lido di Sávio Milano Maríttima Cérvia Pinarella Cesenático Gatteo a Mare Bellária Igea Marina Viserba Rímini Riccione Misano Adriático Cattólica Gabicce Mare Pésaro Fano Senigállia S. Marino S. Leo Urbino Forlì Cesena Firenze Fiésole Pontassieve Bibbiena Poppi Sansepolcro Arezzo Montevarchi Cagli Pérgola Jesi Osimo Marzocca Falconara Mar.

Golfo di Trieste Umag Novigrad Kanfanar Volparija

113

ZAGREB
Karlovac
Novo Mesto
Kočevje
Postojna
Ilirska Bistrica
Opatija
RIJEKA
Pula
Krk
Cres
Lošinj
Mali Lošinj
Rab
Pag
Senj
Karlobag
Gospić
ZADAR
Biograd
Benkovac
Obrovac
Bihać
Slunj
Ogulin
Delnice
Dugi Otok
Kornat
Kvarner
Kvarnerić
Velebit
Velebitski kanal

A B C D

1 2 3 4 5 6

LUCCA
PISTOIA
PRATO
PISA
FIRENZE
LIVORNO
Cécina
Volterra
Poggibonsi
SIENA
AREZZO
Cortona
Montepulciano
Chiusi
Piombino
Ísola d'Elba
Portoferráio
GROSSETO
Orbetello
Porto S. Stefano
Í. del Giglio
Í. di Montecristo
Í. di Giannutri
Pianosa
Arcipelago Toscano
Maremma
Pitigliano
Acquapendente
Lago di Bolsena
Tarquínia
Civitavécchia
Ladispoli
Viaréggio
Empoli
Bibbiena
Massa Marittima

110

A
B
C
D
1
2
3
4
5
6
MARINO
PÉSARO
Fano
Senigállia
ANCONA
Urbino
Jesi
Loreto
Recanati
Porto Recanati
Civitanova Marche
MACERATA
Tolentino
Fabriano
Gúbbio
Città di Castello
PERUGIA
Assisi
Foligno
Camerino
Porto S. Giórgio
Fermo
S. Benedetto del Tronto
ÁSCOLI PICENO
Giulianova
Roseto d. Abruzzi
TERAMO
PESCARA
CHIETI
Spoleto
Todi
TERNI
Narni
RIETI
L'AQUILA
Gran Sasso d'Italia
Corno Grande
2912
Avezzano
Sulmona
Isernia
Tívoli
OMA
CITTÀ D. VATICANO
Frosinone
Velletri
Anagni
Fiuggi
Sora
Palestrina
Subiaco
Cassino
M. Vettore
M. Sibilla
M. Terminillo
Orte
Amélia
Montefalco
Trevi
Nórcia
Visso
Ósimo
Castelfidardo
Porto Potenza Picena
Lido di Fermo
Grottammare
Cupra Marittima
Martinsicuro
Alba Adriática
Tortoreto Lido
Silvi Marina
Montesilvano Marina
Francavilla al Mare
Ortona
Lanciano
Pópoli
Atri
Cingoli
Sassoferrato
Gualdo Tadino
Cagli
Fossombrone
Pérgola
Gábicce Mare
Cattólica
Misano Adriático
Marotta
Falconara Mar.
Portonovo
Sirolo
Numana
Amatrice
Antrodocco
Cittaducale
Leonessa
Tagliacozzo
Celano
Trasacco
Pescasseroli
Scanno
Alatri
Ferentino
Ceccano
Frascati
Marino
Albano Laz.
Genzano di R.
Castel Gandolfo
Ardea
Aprilia
Lido di Lolla
Tor Vaiánica
Rocca di Papa
Valmontone
Colleferro
Segni
Sermoneta
Sezze
A14
A24
A25
A1
E35
E45
E55
E78
E80

114

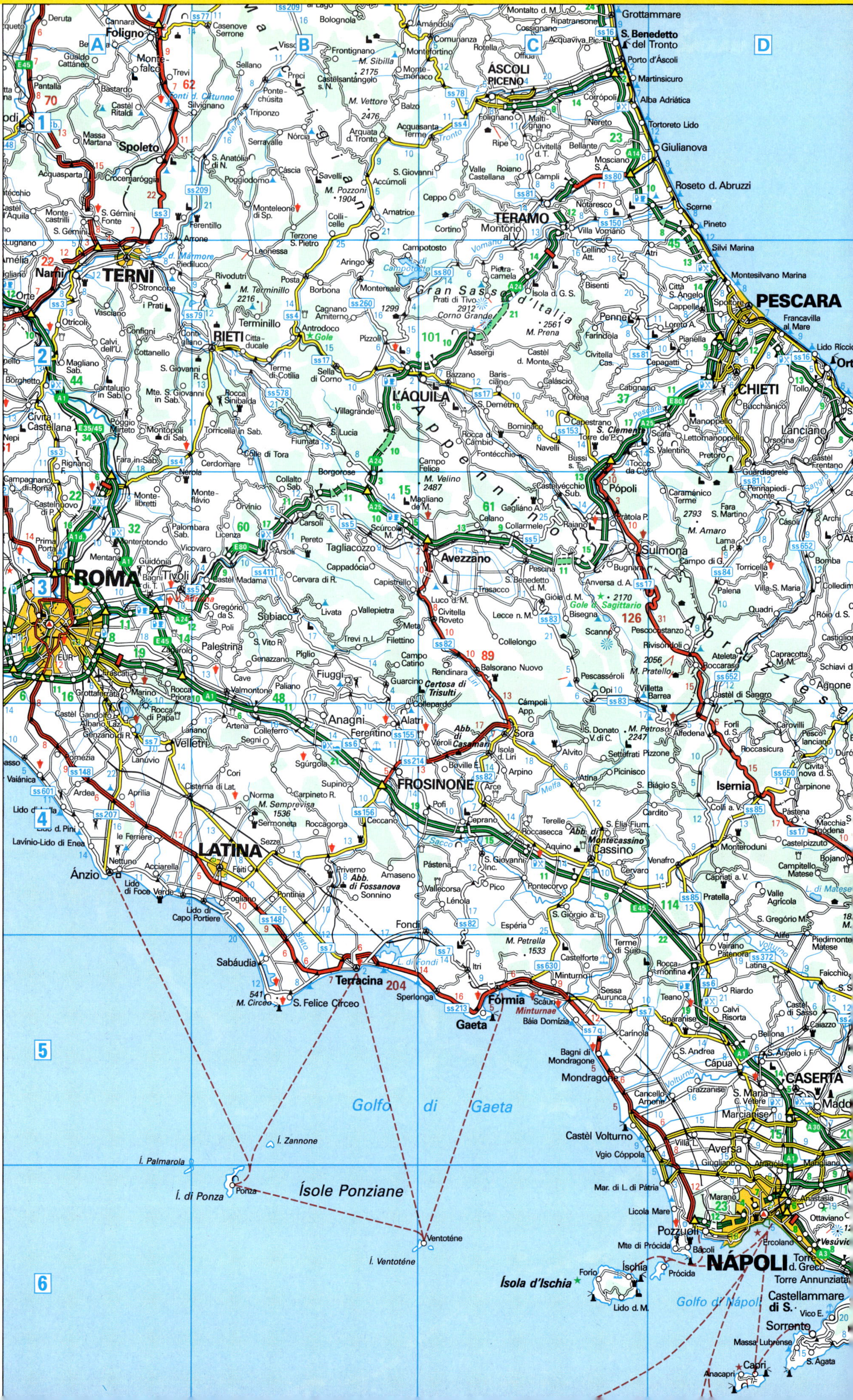

A
B
C
D
1
2
3
4
5
6

Foligno
Spoleto
Terni
Narni
Rieti
Ascoli Piceno
S. Benedetto del Tronto
Teramo
L'Àquila
Pescara
Chieti
Lanciano
Sulmona
Avezzano
Roma
Tivoli
Frosinone
Latina
Anzio
Terracina
Gaeta
Fórmia
Isernia
Caserta
Nàpoli
Pozzuoli
Sorrento
Capri
Golfo di Gaeta
Ìsole Ponziane
Í. di Ponza
Í. Zannone
Í. Palmarola
Í. Ventoténe
Ìsola d'Ischia
Golfo di Nàpoli
Gran Sasso d'Italia
Appennino
Abruzzese

A
B
C
D
1
2
3
4
5
6
Biševo
Polje
Potirna
Sušac
Palagruža
Í. Pinosa
Í. Capràia
Ísole Trémiti
Í. S. Dómino
Í. S. Nicola
P. di Penna
Vasto
Marina di Vasto
S. Salvo Mar.
Petacciato Mar.
Cupello
S. Salvo
Petacciato
Montenero di B.
Tèrmoli
Campomarino
Marina di Chiéuti
Tavenna
Palata
Guglionesi
S. Martino in P.
Chiéuti
Ripalta
L. di Lésina
Lésina
Póggio Imp.
Torre Mileto
Capoiale
L. di Varano
Lido d. Sole
Rodi Garg.
Péschici
Manacore d. Gargano
S. Menáio
Vico d. Garg.
Vieste
Lido di Portonuovo
Testa del Gargano
Pugnochiuso
Carpino
Sannicandro Gargánico
Cagnano Varano
Apricena
Montefalcone
Castelmauro
Civita-campomarano
Larino
Ururi
Serracapriola
Promontório del Gargano
M. Spigno 1008
Mattinata
Báia d. Zágare
S. Marco in L.
S. Giovanni Rotondo
Monte S. Angelo
Manfredónia
Lido di Siponto
Golfo di Manfredónia
Lucito
Casacalenda
Bonefro
S. Croce di M.
S. Páolo di C.
Torremaggiore
S. Severo
Rignano Garg.
Borgo Celano
Petrella Tifernina
Colletorto
Casalnuovo M.
Castelnuovo d. D.
Pietracatella
S. Elia a R.
CAMPOBASSO
Calenza Val.
Pietra-montecorvino
Lucera
Cercemaggiore
Gambatesa
Volturara A.
Riccia
Alberona
FOGGIA
Mass. Inacquata
Lido di Rivoli
Zapponeta
Margherita di Savóia
Lupara
Trinitápoli
Barletta
Trani
Biscéglie
Molfetta
Vinchiaturo
S. Croce d. S.
Colle Sannita
Circello
S. Bartolomeo in G.
Biccari
Roseto V.
Tróia
Faeto
Giardinetto V.
Ordona
Orta Nova
Stornara
Stornarella
Carapelle
Cerignola
S. Ferdinando di P.
Canosa di Púglia
Ándria
Corato
Ruvo di P.
Bitonto
Campolattaro
S. Marco d. C.
S. Giórgio la M.
Castelfranco in M.
Greci
Orsara di P.
Castellúccio d. S.
Bovino
Deliceto
Ascoli Sátriano
Pesco S.
Pietrelcina
Torrecuso
Paduli
Montecalvo I.
Ariano Irpino
Accadia
S. Agata di P.
Candela
Vglo Moschella
Posta Piana
Minervino Murge
Castel del Monte
Marziano
Le Murge
Terlizzi
Mariotto
Palo d.
Grumo Áppula
Toritto
BENEVENTO
Monte sárchio
S. Giórgio d. S.
Ápice
Grottaminarda
Orneta
Flúmeri
Mirabella E.
Lacedónia
Bisáccia
Melfi
Lavello
Montemilone
Spinazzola
Trullo
Pratola
Fontanarosa
Sturno
Gesualdo
Vallata
Villamaina
Paternópoli
Torella d. L.
Andretta
Aquilónia
Laghi di Monticchio
M. Vúlture 1326
Rapolla
Barile
Venosa
Abb. d. Trinità
Maschito
Palazzo S. Gervásio
Poggiorsini
Altamura
il Pulo
Avella
Mugnano
Altavilla I.
Atripalda
Montemarano
AVELLINO
Volturara I.
Montella
Nusco
S. Angelo d. L.
Lioni
Abb. S. Guglielmo al Goleto
Bagnoli Irp.
Teora
Calitri
Rionero in V.
Atella
Forenza
Banzi
Genzano di Luc.
Gravina in Púglia
Sarno
Forino
Mercato S. S.
Solofra
Caposele
Calabritto
Laviano
Pescopagano
S. Fele
Castelgrande
Castel Lagopésole
Bella
Acerenza
Scalera
Oppido Luc.
Irsina
Bradano
Nocera
Baronissi
S. Cipriano Pic.
Acerno
Muro Lucano
Colliano
Avigliano
Pietragalla
S. Nicola
Cava de T.
Maiori
Vietri s. M.
Amalfi
SALERNO
Montecorvino Rovella
Oliveto Citra
Baggi Conturisi
Contursi T.
S. Gregório M.
POTENZA
Vaglio B.
Tolve
Tricárico
Grassano
Gróttole
Miglionico
la Martella
Pontecagnano
Éboli
Campagna
Buccino
Picerno
Basento
Battipáglia
Serre
Postiglione
Auletta
Gaggiano
Pignola
Rifreddo
Anzi
Campo-maggiore
Garaguso
Salandra
Spineta Nuova
Golfo di Salerno
116

A B C D

1 2 3 4 5 6

NAPOLI
Caserta
BENEVENTO
AVELLINO
SALERNO
POTENZA
Melfi
Venosa
Maddaloni
Nola
Sorrento
Castellammare di S.
Torre Annunziata
Torre d. Greco
Ercolano
Vesúvio
Pompei
Amalfi
Positano
Capri
Í. di Capri
Golfo di Salerno
Battipáglia
Éboli
Paestum
Agrópoli
Vallo d. Lucánia
Sala Consilina
Lagonegro
Sapri
Palinuro
Grotta Azzurra
C. Palinuro
Mar. di Camerota
Golfo di Policastro
Maratea
Práia a Mare
Í. di Dino
Grotta Azzurra
S. Nicola A.
C. Scalea
Scalea
Castrovillari
Mormanno
Cirella
Diamante
Mar. di Belvedere
Cittadella d. Capo
Cetraro
Guárdia P. Marina
Mar. di Fuscaldo
Páola
S. Lúcido
Fiumefreddo Brúzio
Longobardi Mar.
Mar. di Belmonte
Amantea
Cámpora S. Giovanni
Falerna Marina
C. Súvero
Gizzeria Lido
S. Eufémia Lam.
Golfo di S. Eufémia
Pizzo
Vibo Val.
Bríatico
Tricárico
M. Pollino
M. Cervati 1898
M. Sirino 2005
Parco Giada
Ófanto
Basento
Agri
Sele
Mingardo
Appennino Lucano
Cilento
G. di Éolie
Sciara d. Fuoco
Ginostra
Í. Stromboli

119

A
B
C
D
1
2
3
4
5
6
BARI
S. Spirito
Palese
Bitonto
Ruvo di P.
Mariotto
Palo d. C.
Modugno
Bitetto
Grumo Appula
Toritto
Sannicandro di B.
Acquaviva d. Fonti
Cassano d. Murge
il Pulo
Altamura
Gravina in Púglia
Santeramo in Colle
Matera
la Martella
Gróttole
Miglionico
Pomárico
Ginosa
Laterza
Montescaglioso
Castellaneta
Castellaneta Mar.
Bernalda
Pisticci
Metapontum
Metaponto
Lido di Metaponto
Marina di Pisticci
Lido di Scanzano
Scanzano Jónico
Montalbano J.
Tursi
Policoro
Lido di Policoro
Rotondella
Nova Siri Stazione
Rocca Imperiale
Rocca Imp. Mare
Canna
Nocara
Montegiordano
Oriolo
Montegio. Marina
Marina Roseto
C. Spúlico
Castrorégio
Amendolara
Albidona
Marina di Amendolara
Cerchiara di C.
Francavilla M.
Trebisacce
Villapiana Lido
Villapiana Scalo
Sibari
Sybaris-Cópia
Marina Schiavonea
Lido S. Ángelo
Capo Trionto
Mirto Crosia
Corigliano C.
Rossano
Rossano Staz.
Paludi
Cropalati
Cariati
M. Paléparto
1481
Mandatoriccio
Longobucco
Crúcoli Torretta
Campana
Bocchigliero
P. Alice
Cirò Marina
Cirò
Umbriático
L. di Cecita o Mucone
1708
M. Pettinascura
Camigliatello
Savelli
Verzino
Melissa
Torre Melissa
Silvana Mánsio
Germano
Pallagorio
Strongoli
S. Giovanni in Fiore
Lorica
Cerenzia
Casabona
Fasana
L. Arvo
C. d'Ascione
Caccuri
Belvedere di Sp.
Rocca di N.
Lago Ampollino
Cotronei
S. Severina
1765
M. Gariglione
Petilia Policastro
Scandale
Rocca bernarda
CROTONE
S. Mauro M.
Vgio Racise
Vgio Mancuso
Mesoraca
Petronà
Cutro
Capo Colonna
Marcedusa
Sálica
Taverna
Sersale
Cicala
Isola di Capo Rizzuto
Cropani
Steccato
Capo Rizzuto
Botricello
Cropani Mar.
la Castella
Capo Rizzuto
CATANZARO
Sellia Mar.
le Croci
la Petrizia
Borgia
Roccelletta
Catanzaro Marina
Lido del Golfo
Squillace
Copanello
Gasperina
Golfo di Squillace
S. Giórgio
Torre a Mare
Mola di Bari
Triggiano
Capurso
Noicáttaro
Rutigliano
Cozze
Adelfia
Polignano a Mare
Monópoli
Casamássima
Conversano
S. Stefano
Egnázia
Savelletri
Turi
Sammichele di Bari
Castellana Grotte
Grotte di Castellana
Putignano
Gioia del Colle
Noci
Alberobello
Safari
Fasano
Torre Canne
Rosa Marina
Villanova
S. Sabina
Lido Specchiolla
Locorotondo
Cisternino
Ostuni
Carovigno
Martina Franca
S. Basílio
Móttola
Palagianello
Palagiano
Crispiano
Massafra
Statte
Ceglie Mess.
S. Vito d. N.
P. Penne
BRÍNDISI
Capo Bianco
S. Michele Sal.
Villa Castelli
Montemesola
Grottaglie
Francavilla Font.
Latiano
Mesagne
Perrone
Chiatona
TÁRANTO
Riva d. Téssali
Marina di Ginosa
Capo S. Vito
Talsano
Monteiasi
S. Giorgio Io.
Fragagnano
S. Marzano di S. G.
Oria
Torre S. S.
S. Pietro Ver.
Cellino S. M.
S. Dónaci
Squinzano
Lindinuso
Casa l'Albate
Torchiarolo
Borgo Grappa
Frigole
Trepuzzi
Surbo
S. Cataldo
LECCE
Acáia
Sava
Érchie
Manduria
S. Pancrazio
Gugnano
Campi S.
Sálice S.
Véglie
Carmiano
Pulsano
Lizzano
Maruggio
Avetrana
Mar. di Pulsano
Torretta
Librari
Torre dell'Ovo
Campomarino
S. Pietro in B.
Porto Césareo
Leverano
Monteroni
Cavallino
Lizzanello
Rocca Vecchia
Melendugno
Lequile
Copertino
Galugnano
Calimera
Frassanito
Martano
Soleto
Nardò
Galatina
Cursi
Otranto
S. Caterina
Galatone
Corigliano
Palmariggi
S. Maria al Bagno
Máglie
Uggiano
Gallípoli
Sannicola
Collepasso
Muro Lecc.
Poggiardo
Í. S. Andrea
Alézio
Scorrano
Parabita
S. Cesarea Terme
Casarano
Ruffano
Diso
Taviano
Taurisano
Montesano
Castro Mar.
Mar. di Mancaversa
Rácale
Ugento
Tricase Pto
Presicce
Tricase
Alessano
Torre S. Giovanni
Corsano
Mar. di Nováglie
Gagliano d. C.
Torre Pali
Marina di Léuca
Capo S. M. di Léuca
Golfo di Táranto

A
B
C
D
1
2
3
4
5
6
Í. di Ústica
Ústica
Í. Alicudi
S i c i l
PALERMO
Capo Gallo
Mondello
Golfo di Castellammare
G. de Cófano
Capo S. Vito
S. Vito lo Capo
Golfo di Términi Imerese
C. Zafferano
Bagheria
Monreale
Términi Imerese
Cefalù
Alcamo
Partinico
TRÁPANI
Érice
Castelvetrano
Mazara del Vallo
Sciacca
Eraclea Minoa
AGRIGENTO
Pto Empédocle
Caltanissetta
ENNA
Piazza Armerina
Gela
Licata
Golfo di Gela
Nicosia
Canicattì
Villa rom. d. Casale
Camarina
P. Braccetto
Punta Secca
Ísole Égadi
Í. Maréttimo
Í. Favignana
Í. di Lévanzo
Marsala
Pantelleria
Trácino
Scáuri

A
B
C
D

Golfo di S. Eufémia

Ísole Eolie o Lípari
G. di Éolo
Sciara d. Fuoco
S. Vincenzo
Ginostra
924
Í. Stromboli
Í. Basiluzzo
Í. Panarea
Í. Salina
Malfa
S. Marina Salina
Filicudi Porto
Rinella
962
Rocche Rosse
Quattropani
Canneto
594
Í. Lípari
Lípari
Pto Levante
Í. Vulcano
500

a

C. Milazzo
Golfo di Milazzo
Milazzo
Golfo di Patti
Tyndaris
Gioiosa Marea
C. Calavà
C. d'Orlando
Brolo
Torrenova
Patti
Barcellona P. di Gotto
Castroreale T.
Oliveri
Villafranca T.
Spadafora
Spartà
Mortelle
Scilla
Villa S.G.
MESSINA
Torregrotta
Rometta
Monforte
S. Pier
S. Lucia
la Gala
Castroreale
Monti Peloritani
Fùrnari
Milici
Bafia
Novara di S.
Pzo di Vernà 1286
Naso
S. Ángelo di B.
Sinagra
Basicò
S. Marco d'A.
Ucria
S. Piero P.
Alcara li F.
Galati M.
Tortorici
Floresta
Montalbano Eli.
S. Fratello
Plla d. Zoppo
1264
S. Doménica V.
Fondachelli-F.
Antillo
Francavilla di S.
Forza d'A.
Porticelle Sop.
Randazzo
Cesarò
Maletto
Castiglione di S.
Linguaglossa
Piedimonte E.
Bronte
M. Etna 3323
Mìlo
Adrano
Biancavilla
Zafferana E.
S. Venerina
Regalbuto
Centùripe
S. Maria di L.
Nicolosi
Tre castagni
Belpasso
Gravina di C.
Mister bianco
Paternò
Motta S.A.
Castèl di Iùdica
Gali
Pézzolo
Scaletta Z.
Ali Terme
Roccalumera
S. Teresa di R.
S. Alèssio S.
Letojanni
Mazzarò
Castelmola
Taormina
Giardini-Naxos
Fiumefreddo di S.
Máscali
Riposto
Giarre
Pozzillo
Acireale
Aci Catena
Aci Trezza
Aci Castello
Riviera dei Ciclopi
CATÁNIA
Piana di Catánia
Golfo di Catánia
Ramacca
Castellana
Palagonia
Scórdia
Mineo
Militello in V. di C.
Lentini
Agnone Bagni
Brúcoli
C. S. Croce
Augusta
G. di Augusta
Penisola Magnisi
Francofonte
Grammichele
Monti Iblei
M. Vénere 870
Melilli
Sortino
Priolo Gargallo
Vizzini
Ferla
Cássaro
Solarino
Buccheri
Monterosso Almo
Palazzolo Acréide
Akrai
Giarratana
Floridia
Canicattini Bagni
C. S. Panagia
SIRACUSA
Chiaramonte Gulfi
Testa d'Acqua
Villa Vela
Cassibile
C. di Murro di Porco
Castellùccio
RAGUSA
Noto
Ávola
Calabernardo
Módica
C. Aguglia
Rosolini
Scicli
Ispica
S. Paolo
Golfo di Noto
Marzamemi
Grotta Calafarina
Pozzallo
Sampieri
Pachino
Capo Pássero
Portopalo di C.P.

Tropea
VIBO VALENTIA
Vibo Val. Mar.
Briático
Pizzo
Maierato
C. Vaticano
Ricadi
710 M. Poro
Rombiolo
Mileto
Nicótera
Nicótera Mar.
Rosarno
Eranova
Gióia Tauro
Lido di Palmi
Palmi
Bagnara Calabra
Seminara
Taurianova
Rizziconi
Polistena
Cittanova
Cinquefrondi
Galatro
Giffone
Laureana di B.
Dinami
Acquaro
Soriano C.
S. Nicola d. C.
Chiaravalle Cent.
Serra S. Bruno
Filadélfia
Curinga
Máida
Cortale
Girifalco
Borgia
Catanzaro
Lido di Golfo
Roccelletta
Squillace
Copanello
Gasperina
Monterosso C.
S. Vito s. I.
Soverato
Satriano
S. Andrea A. d. I.
Badolato
Badolato Marina
S. Caterina d. I.
Guardavalle
Stilo
Fabrizia
1335
Pta Stilo
Monasterace Marina
Riace
Riace Marina
Paradiso
Caulónia
Marina di Caulónia
Grotteria
Gioiosa J.
Roccella Jónica
Mammola
S. Giorgio M.
Chiusa
Marina di Gioiosa J.
Cànolo
Gerace
Siderno
Locri
Locri Epizefiri
Molóchio
Varapodio
Óppido M.
Cosoleto
Delianuova
Sinópoli
S. Roberto
Antonimina
Platì
Careri
Aspromonte
Appennino
C. Garibaldi
Gambarie
Calanna
Laganadi
1955 Montalto
1408
Sella Entrata
S. Luca
Bianco
Bovalino Marina
Samo
Cardeto
Stretto di Messina
RÉGGIO DI CALÁBRIA
Péllaro
Oliveto
Roghudi
Scrisà
Condofuri
Motta S. G.
Staiti
Bova
Montebello I.
Palizzi
Brancaleone Marina
Lázzaro
Capo dell'Armi
Mélito di Pto Salvo
Condofuri Mar.
Bova Marina
Palizzi Marina
C. Spartivento

Gozo
Gharb
Marsalforn
Calypso Cave
Victoria
Mgarr
Comino
Marfa
Mellieha
Mosta
Rabat
Sliema
Valletta
Cospicua
Marsa
MALTA
Blue Cave
Birzebbuga
Malta

1
2
3
4
5
6

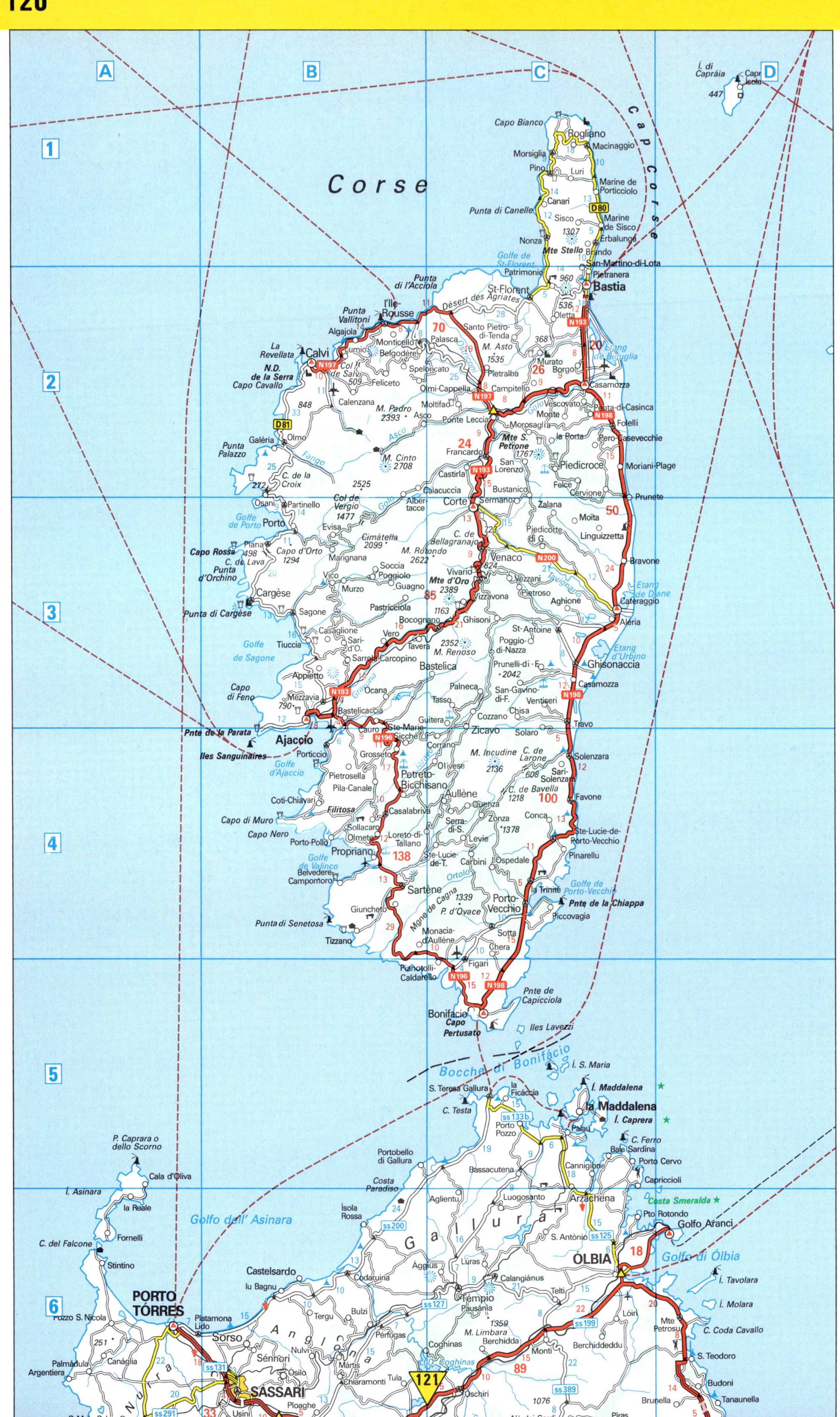
Corse
Cap Corse
Bastia
Ajaccio
Calvi
Corte
Porto-Vecchio
Bonifacio
Sartène
Propriano
l'Ile-Rousse
St-Florent
Golfe d'Ajaccio
Golfe de Porto
Golfe de Sagone
Golfe de Valinco
Bocche di Bonifacio
Iles Lavezzi
Iles Sanguinaires
la Maddalena
Olbia
Golfo di Olbia
Sassari
Porto Torres
Golfo dell' Asinara
Gallura
Anglona
Costa Smeralda
Golfo Aranci
Tempio Pausania
Arzachena
Palau
I. Caprera
I. Asinara
Stintino
Castelsardo
I. Tavolara
I. di Capráia
121

A
B
C
D
1
2
3
4
5
6
Bocche di Bonifacio
Í. S. Maria
S. Teresa Gallura
la Ficàccia
C. Testa
Í. Maddalena
la Maddalena
Í. Caprera
ss 133b
Porto Pozzo
Palau
C. Ferro
Baia Sardina
Porto Cervo
Capriccioli
Costa Smeralda
Cannigione
Arzachena
Pto Rotondo
Golfo Aranci
Golfo di Ólbia
ÓLBIA
S. António
ss 125
Í. Tavolara
Í. Molara
P. Caprara o dello Scorno
Cala d'Oliva
Í. Asinara
la Reale
Golfo dell' Asinara
Fornelli
C. del Falcone
Stintino
Portobello di Gallura
Bassacutena
Costa Paradiso
Aglientu
Luogosanto
Ísola Rossa
ss 200
G a l l u r a
Lùras
Àggius
Tempio Pausània
Calangiánus
Telti
Castelsardo
lu Bagnu
Codaruina
ss 127
PORTO TÓRRES
Platamona Lido
Sorso
Pozzo S. Nicola
Tergu
Bulzi
Pérfugas
1359
M. Limbara
Berchidda
Lóiri
Mte Petrosu
C. Coda Cavallo
S. Teodoro
ss 199
Berchiddeddu
Monti
Coghinas
L. d. Coghinas
Sénnori
Nulvi
Òsilo
Màrtis
Chiaramonti
Tula
A n g l o n a
Palmàdula
Argentiera
Canàglia
ss 131
SASSARI
Ploaghe
Oschiri
89
Budoni
Tanaunella
Brunella
S. M. la Palma
ss 291
33
Olmedo
Usini
Florìnas
ss 597
ss 199
ss 389
1076
Alà dei Sardi
Pìras
Còncas
Posada
Rosada
la Caletta
Tramariglio
Grotta di Nettuno
C. Càccia
Fertilia
Alghero
N u r r a
Uri
Ìttiri
Àrdara
L o g u d o r o
Ozieri
Pattada
1094
M. Lerno
Budduso
Siniscola
S. Lucia
C. Comino
Putifìgari
Villanova Monteleone
S. Pietro di Sòrres
Thiesi
Mòres
Torralba
Ittireddu
Osidda
Romana
Necropoli di S. Andria Priu
Giave
G o c e a n o
Benetutti
Bitti
863
M. Senes
Lula
ss 125
Cala Liberotto
B a r o n i a
Mara
644
Bonorva
73
Bultei
Bono
M. Tiria
800
ss 389
157
Orune
ss 131 d.
Lòculi
Galtellì
Orosei
Montresta
Pozzo-maggiore
Bolòtana
Orotelli
Nùoro
ss 129
C. Màrgiu
Bosa
Bosa Marina
Suni
Sindia
ss 129
Macomer
Silànus
ss 129
Orani
Dorgali
Cala Gonone
Golfo di Orosei
Grotta del Bue Marino
Tresnuraghes
Cùglieri
Bórore
Sédilo
ss 131 d.
Ottana
ss 128
Mamoiada
Orgósolo
P. di Foghe
Santu Lussurgiu
1050
Omodeo
Olzai
Gavoi
Lodine
Genna Silana
1017
S. Caterina di Pittinuri
M. Ferru
Bonàrcado
Ghilarza
Fonni
1402
C. di M. Santu
Séneghe
Paulilàtino
Àustis
Urzulei
Baunei
C. Mannu
Milis
ss 131
Sórgono
Tonara
Talàna
Putzu Idu
S. Vero
Busachi
Monti del
Í. di Mal di Ventre
Riola Sardo
Fordongiànus
Samugheo
Désulo
P. la Màrmora
1834
Villagrande Strisàili
Lotzorai
Arbatax
Aritzo
Gennargentu
Cábras
Tirso
Siamanna
Meana Sardo
Flumendosa
Ilbono
Tortolì
Oristano
Mogorella
Lanusei
S. Giovanni di Sinis
Thàrros
S. Giusta
Cattedrale
Asuni
ss 128
Làconi
Seui
Bari Sardo
C. S. Marco
Golfo di Oristano
A r b o r é a
Barbàgia Seùlo
Gàiro
Ussàssai
Cardedu
Giara di Gesturi
Nurallao
Arboréa
122
Nuràgus
Jerzu
Capo d. Frasca
Ales
ss 197
Ìsili
852
Marina di Gàiro
Màrrubiu
Simala
Tuili
Flumendosa
ss 125
C. Sferracavallo
S. Antònio di Sant.
Terralba
Uras
Su Nuraxi
Barùmini
Nurri
Orroli
Tertenia
S. Nicolò d'A.
Mògoro
Perdasdefogu
Pardu Atzei
Lunamatrona
Villa-novafranca
Màndas
Sàrdara
Escalaplano
Marina di Àrbus
M. Arcuentu
785
Pabillònis
Villamar
Furtei
Guasila
L. d. Mulàrgia
Suelli
Goni
Ballao
Torre di Mùrtas
Costa Verde
Gùspini
ss 197
S. Gavino M.
Sanluri
Senorbì
Àrbus
ss 126
Gonnosfanàdiga
Serrenti
Silius
Armùngia
Quirra
C. Pécora
M. Lìnas
1236
Villacidro
Samassi
Nuràminis
S. Andrea Frius
S. Nicolò G.
S. Vito
Villaputzu
Fluminimaggiore
Serramanna
Donori
Gerrei
Buggerru
Arcu Genna Bogai
Villasor
Muravera
Vallermosa
P. Serpeddi
1067
Masua
549
Monastir
S. Sperate
Dolianova
Burcei
S. Priamo
Iglésias
Domusnóvas
Decimomannu
ss 131
Sestu
Sinnai
1023
M. d. Sette Fratelli
ss 130
Siliqua
Cixerri
Selargius
Gonnesa
Villamassargia
Assémini
Quartu S. Elena
ss 125
C. Ferrato
Castiàdas
Costa Rei
Portoscuso
Flùmini
Poetto
ss 126
Carbónia
Acquacadda
Capoterra
CÁGLIARI
Geremèas
C. della Marina
Í. di S. Pietro
Carloforte
Narcao
M.sa Mirra
1087
Maddalena Spiaggia
Golfo di Cágliari
Villasimius
S. Giovanni S.
L. di Mte Pranu
Santadi
G. di Carbonara
C. Carbonara
P. d. Colonne
Calasetta
S. Antioco
Porto Botte
Giba
Sarroch
979
P. Sébera
Ísola di S. Antíoco
G. di Pálmas
S. Anna Arresi
Pula
C. di Pula
Nora
ss 195
Teulada
Dómus de Maria
S. Margherita
Cannai
C. Sperone
Porto Pino
Costa d. Sud
C. Teulada
C. Spartivento

134

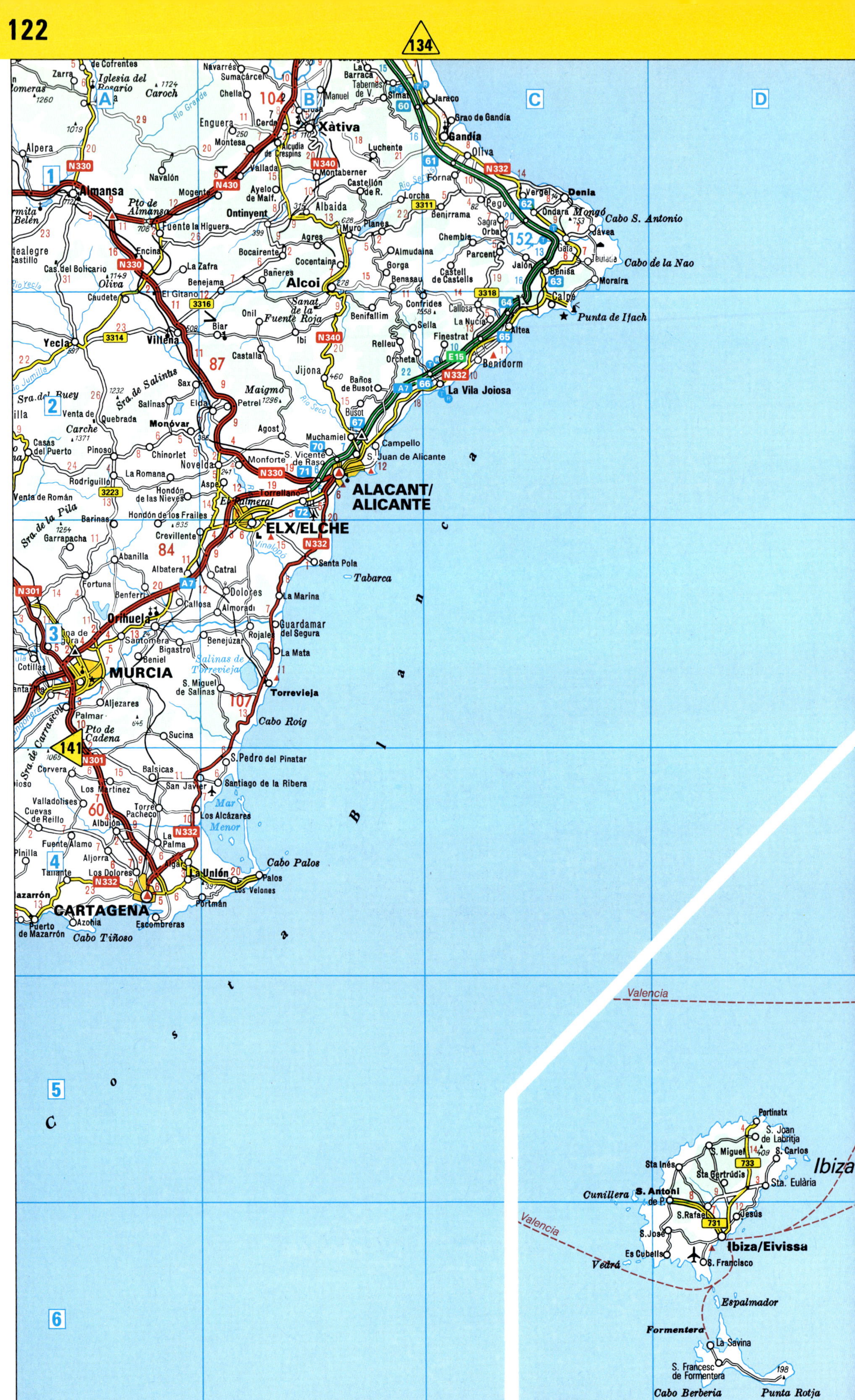
A
B
C
D
1
2
3
4
5
6
Almansa
Xàtiva
Gandía
Oliva
Denia
Jávea
Moraira
Calpe
Altea
Benidorm
La Vila Joiosa
Campello
S. Juan de Alicante
ALACANT/
ALICANTE
ELX/ELCHE
Santa Pola
Tabarca
La Marina
Guardamar del Segura
La Mata
Torrevieja
Cabo Roig
S.Pedro del Pinatar
Santiago de la Ribera
San Javier
Mar Menor
Los Alcázares
Cabo Palos
La Unión
Portmán
CARTAGENA
Escombreras
Puerto de Mazarrón
Azohía
Cabo Tiñoso
MURCIA
Orihuela
Callosa
Crevillente
Elda
Petrel
Monóvar
Novelda
Aspe
Villena
Yecla
Caudete
Biar
Onil
Ibi
Alcoi
Cocentaina
Muro
Albaida
Ontinyent
Benejama
Castalla
Jijona
Busot
Muchamiel
S. Vicente de Raspeig
Torrellano
El Palmeral
Fortuna
Abanilla
Albatera
Catral
Dolores
Almoradí
Rojales
Benejúzar
Bigastro
Santomera
Beniel
Salinas de Torrevieja
S. Miguel de Salinas
Aljezares
Sucina
Balsicas
Torre Pacheco
Los Martinez
Albujón
La Palma
Los Dolores
Fuente Alamo
Aljorra
Cuevas de Reillo
Valladolises
Corvera
Pto de Cadena
Cabo S. Antonio
Cabo de la Nao
Punta de Ifach
Mongó
Pego
Vergel
Ondara
Gata
Benisa
Jalón
Parcent
Orba
Sagra
Callosa
La Nucia
Finestrat
Relleu
Orcheta
Sella
Benifallim
Confrides
Castell de Castells
Benasau
Gorga
Almudaina
Planes
Lorcha
Benirrama
Chembis
Castellón de R.
Montaberner
Luchente
Grao de Gandía
Jaraco
Simat
Manuel
Barraca
Tabernes de V.
Navarrés
Sumacárcel
Chella
Enguera
Montesa
Vallada
Mogente
Navalón
Ayelo de Malf.
Alcudia de Crespins
Cerdá
Fuente la Higuera
Pto de Almansa
Encina
La Zafra
Bañeres
Bocairente
Agres
El Gitano
Fuente Roja
Sanat de la
Maigmo
Agost
Monforte
La Romana
Hondón de las Nieves
Hondón de los Frailes
Chinorlet
Pinoso
Rodriguillo
Casas del Puerto
Carche
Venta de Quebrada
Salinas
Sax
Sra. de Salinas
Sra.del Ruey
Sra. de la Pila
Barinas
Garrapacha
Venta de Román
Benferri
Cotillas
Palmar
Sra. de Carrascoy
Pinilla
Totana
Mazarrón
Alpera
Oliva
Cas. del Bolicario
Iglesia del Rosario
Caroch
Zarra
de Cofrentes
Baños de Busot
Valencia
Ibiza
Portinatx
S. Juan de Labritja
S. Miguel
S. Carlos
Sta Inés
Sta Gertrúdis
Sta. Eulària
Cunillera
S. Antoni de P.
S.Rafael
Jesús
S.José
Es Cubells
Ibiza/Eivissa
S. Francisco
Vedrá
Espalmador
Formentera
La Savina
S. Francesc de Formentera
Cabo Berberia
Punta Rotja
N330
N430
N340
N332
N301
A7
E15
3311
3316
3314
3318
3223
733
731

A
B
C
D
1
2
3
4
5
6
MAR MEDITERRANEO
Barcelona
Menorca
Cabo de Caballeria
Fornells
Ciutadella de Menorca
Mercadal
Toro
Ferrerias
Cuevas de Parella
S.Cristóbal
Alayor
Sta. Galdana
Cala de Sta Galdana
Tamarinda
Cabo d'Artrutx
Maó
S.Luis
Cala Alcaufar
Es Cap d'en Font
C. de Formentor
Hotel
Castell del Rey
Bahia de Pollença
Pollença
Port de Pollença
Monasterio de Lluch
La Calobra
Alcúdia
Port d'Alcúdia
Bahia de Alcudia
Cabo Farruch
Ca'n Picafort
Colonia S.Pedro
Artá
Cala Ratjada
Cuevas de Artá
Son Servera
S. Llorenç
Port de Sóller
Puig Mayor
Fornalutx
Sóller
Deià
Miramar
Valldemosa
Selva
Inca
Sa Pobla
Sta Margalida
Alaró
Bunyola
Consell
Banyalbufar
Estallencs
Esporles
Sancelles
Sineu
Petra
Pulgpuñent
Sta Maria
PALMA
Montuiri
Villafranca
Manacor
Porto Cristo
Cuevas del Drach
Dragonera
Andratx
Calvia
Paguera
Port de Andratx
S. Ponça
Bahia de Palma
Algaida
Porreras
El Arenal
Llucmajor
Marssals
Campos
Felanitx
Porto Colóm
Ca's Concos
Cala d'Or
El Estanyol
Santanyi
Cabo Blanco
Colonia St. Jordi
C. de Salinas
Mallorca
Conejera
Cabrera
ISLAS BALEARES

A
B
C
D
1
2
3
4
5
6
Cabo Ortegal
Cariño
Cedeira
Valdoviño
Cabo Prior
Pedreira
Ferrol
Abad
Jubia
Somozas
Casares
Neda
Espiñaredo
Ares
Puentes de García Rodr.
Capela
Pontedeume
Cabreiros
Islas Sisargas
A CORUÑA/
LA CORUÑA
Sada
Miño
Monasterio
Monfero
Cabo San Adrián
Malpica
Cayón
Corme
Buño
Bergantiños
Laracha
Betanzos
Irijoa
Laxe
Cabañas
R. Rosende
Carballo
Carral
Mabegondo
Oza
Aranga
Guitiriz
Cabo Villano
Camariñas
Muxía
Bayo
Coristanco
Sierra de Mte Mayor
Cedeira
Herves
Mesón do Vento
Visantoña
Curtis
Balneario
Baamonde
Agualada
Vimianzo
Zas
Silva
Teixeiro
Angeriz
Berdóyas
Sta Comba
Rial
Órdenes
Vilasantar
Coba de Serpe
Corcubión
Cée
Dumbria
Brandomil
Páramos
Trazo
Oroso
Pastor
Sobrado
Corredoiras
Friol
Ézaro
Comarca de Jallas
A Baña
Portomouro
Tóques
Finisterre
Cabo Finisterre
Santiago de Compostela
Labacolla
Arzúa
Mellid
Palas de Rey
Carnota
Puente de Outes
Brion
Calle
Touro
Emb. de Porto de Mouros
Muros
Tal
Esclavitud
Susana
Villa de Cruces
Artoño
Monterroso
Noia
Teo
Ría de Muras y Noia
Sierra Barbanza
Rois
Dodro
Padrón
Puente Cesures
Bandeira
Mte Carrio
Golada
Son
La Estrada
Silleda
Monte Farelo
Taboada
Caamaño
Boiro
Catoira
G
A
L
I
C
Lalin
Rodeiro
Vilela
Oleiros
Puebla del Car.
Rianjo
Villagarcía
Cuntis
Codeseda
Sierra del Faro
Corrubedo
Sta. Eugenia de Riveira
Ría de Arosa
Caldas de Reyes
Forcarey
Acibeiro
Chantada
Cambados
I. la Toja
Nogueira
Campo Lameiro
Río Lerez
Sotelo
Dozón
Carballedo
I. Sálvora
Grove
Castrove
Viascón
Cerdedo
Emb. de los Peares
Villalonga
Beariz
Brués
S. Cristóbal de Cea
Pontevedra
Carballino
Marín
Seijido
Sanxenxo
Puente Caldelas
Avión
Cambéo
I. de Ons
Ría de Pontevedra
Vilaboa
Puente de Sampayo
Estacas
Leiro
Pungín
Melias
Orense
Ourense
Bueu
Pazos
Piñeiro
Amén
Ribadavia
Cangas
Redondela
Castrelo
Moreiras
Barbadanes
Islas Cíes
VIGO
Mondariz
Melón
R. de Vigo
Mos
Parañas
Cortegada
Taboadela
Baños de Molgas
Bayona
Puenteareas
Cañiza
Freas
Allariz
Ramallosa
Gondomar
Porriño
Río Minho
Celanova
Furriolo
Sra de la Grova
Salvatierra
São Gregório
Melgaço
Verea
Sandianes
Tui
Penso
Villar de S.
Oya
Forcadela
Valença
Monção
Lamas de M.
Bande
Pedro da Torre
Extremo
Merufe
Castro Laboreiro
Lobera
Porquera
La Guardia
Vila Nova da C.
Sopardos
Peneda
Entrimo
Río Lima
Camposancos
S. Roque
Cabreiro
Baltar
Monte Santa Tecla
Caredes de Coura
Gondoriz
Lobios
Moledo
Caminha
O
Lindoso
Torneiros
Larouco
Arcos de Valdevez
Orbacém
Sierra Arga
Ancora Praia
M
H
Touvedo
Montealegre
Sta Lucía
Outeiro
Ponte da Barca
R. Cavado
Covelães
Montedor
Lanheses
Ponte de Lima
Leonte
Paradela
Viana do Castelo
Oura
Terras do Bouro
Caldas do Gerez
Bgem. de Alto-Rabagão
Morgade
Darque
Balugãis
Rio Mau
S. Bento
Vilar da Veiga
Ruivães
Vila da Ponte
Serra do Gerês
Vila Verde
Soengas
Louredo
Venda Nova
Boticas
S. Bartolomeu do Mar
Feitos
Prado
Amares
Vieira
Cabreira
Esposende
Barcelos
Póvoa de Lanhoso
Rossas
R. Cávado
BRAGA
Sameiro
Arosa
Cabeceiras de Basto
Ribeira de Pena
Ofir
Gamil
Vila Seca
Caldas das Talpas
Estela
Necessidades
Tebosa
Fafe
Arco de Baúlhe
Vila Pouca de Aguiar
Laundos
Guimarães
Póvoa de Varzim
Rio Mau
Caldas de Vizela
Celorico de B.
Mondim de Basto
Vila do Conde
Villa Nova de Famalicão
Lordelo
Felgueiras
Ermelo
Trofa
Santo Tirso
Lixa
Escariz
Modivas
Silvania
Paços de Ferreira
Maceira
Lamelas
Lousada
Chapa
T
R

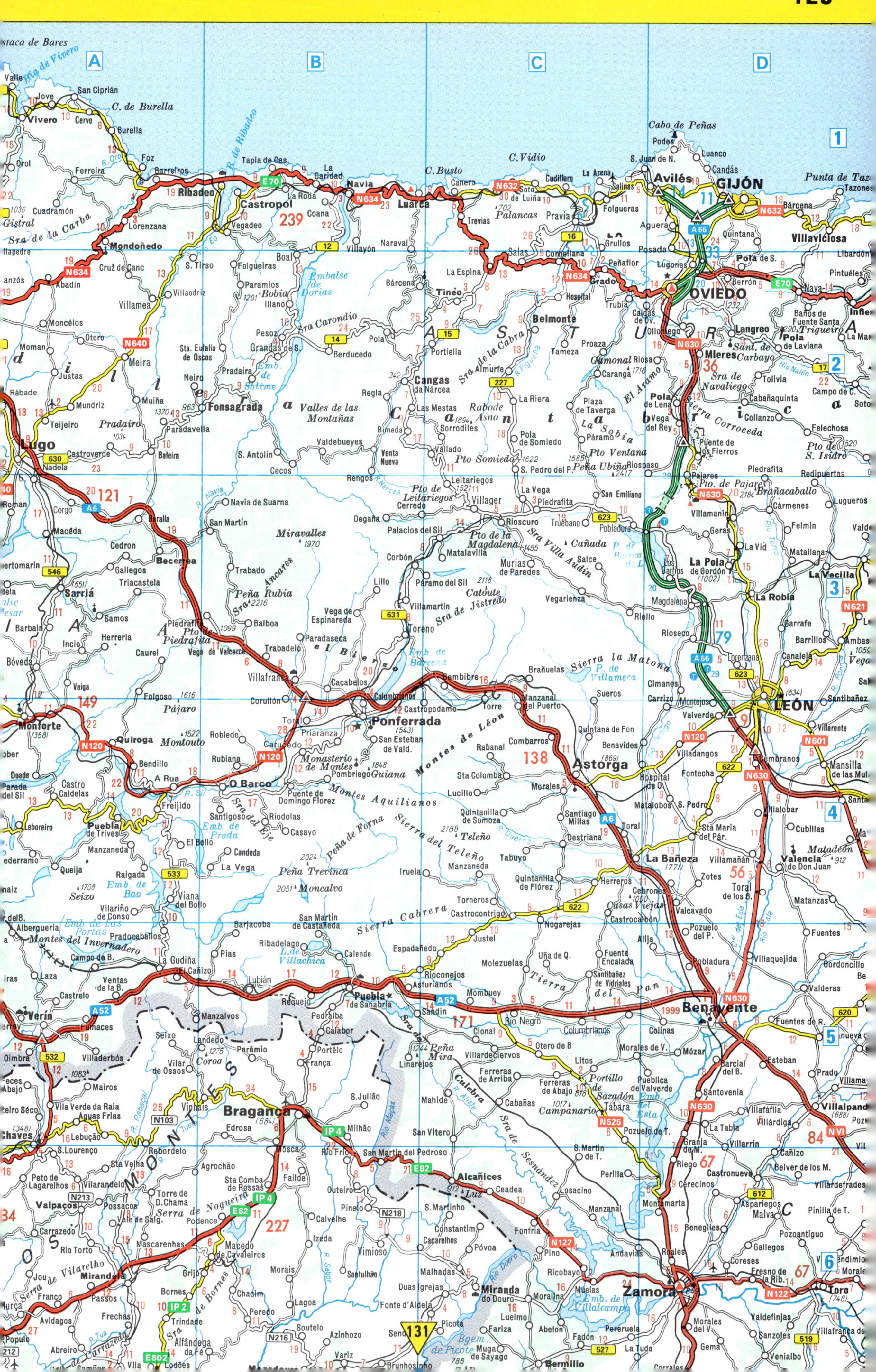
A
B
C
D
1
2
3
4
5
6
Estaca de Bares
Ría de Vivero
Vivero
San Ciprián
C. de Burella
Burela
Foz
Barreiros
Ribadeo
R. de Ribadeo
Tapia de Cas.
La Caridad
Navia
Luarca
C. Busto
C. Vidio
Cabo de Peñas
Avilés
GIJÓN
Punta de Torres
Castropol
Vegadeo
Mondoñedo
Villalba
Sra de la Carba
Villaodrid
Meira
Pravia
Grado
Cudillero
Salinas
Luanco
Candás
Villaviciosa
OVIEDO
Langreo
Mieres
Pola de Laviana
Pola de Lena
Belmonte
Tineo
Cangas de Narcea
Fonsagrada
Lugo
Sarriá
Becerreá
Piedrafita
Villafranca
Ponferrada
Astorga
León
La Bañeza
Benavente
Monforte
Quiroga
O Barco
Puebla de Trives
Verín
Chaves
Puebla de Sanabria
Bragança
Mirandela
Miranda do Douro
Zamora
Toro
Alcañices
Valpaços
Macedo de Cavaleiros
Villalpando
Valencia de Don Juan
Mansilla de las Mulas
Puerto de Pajares
La Pola de Gordón
La Robla
Embalse de Barcena
Montes de León
Sierra Cabrera
Sierra de la Culebra
Peña Trevinca
Teleno
Miravalles
Pto de Leitariegos
Pto Somiedo
Pto Ventana
Pto de Piedrafita
Montes Aquilianos
Montes del Invernadero
Serra de Nogueira
Serra de Bornes
Serra de Vilarelho
Serra da Corôa
Tierra del Pan
El Bierzo
Rio Douro
Rio Maçãs
Emb. de Villalcampo
Emb. de Ricobayo
Bgem. de Picote
E70
E82
E802
A6
A52
A66
N120
N122
N630
N632
N634
N640
N525
N601
IP 2
IP 4
121
138
149
171
227
239
84
131

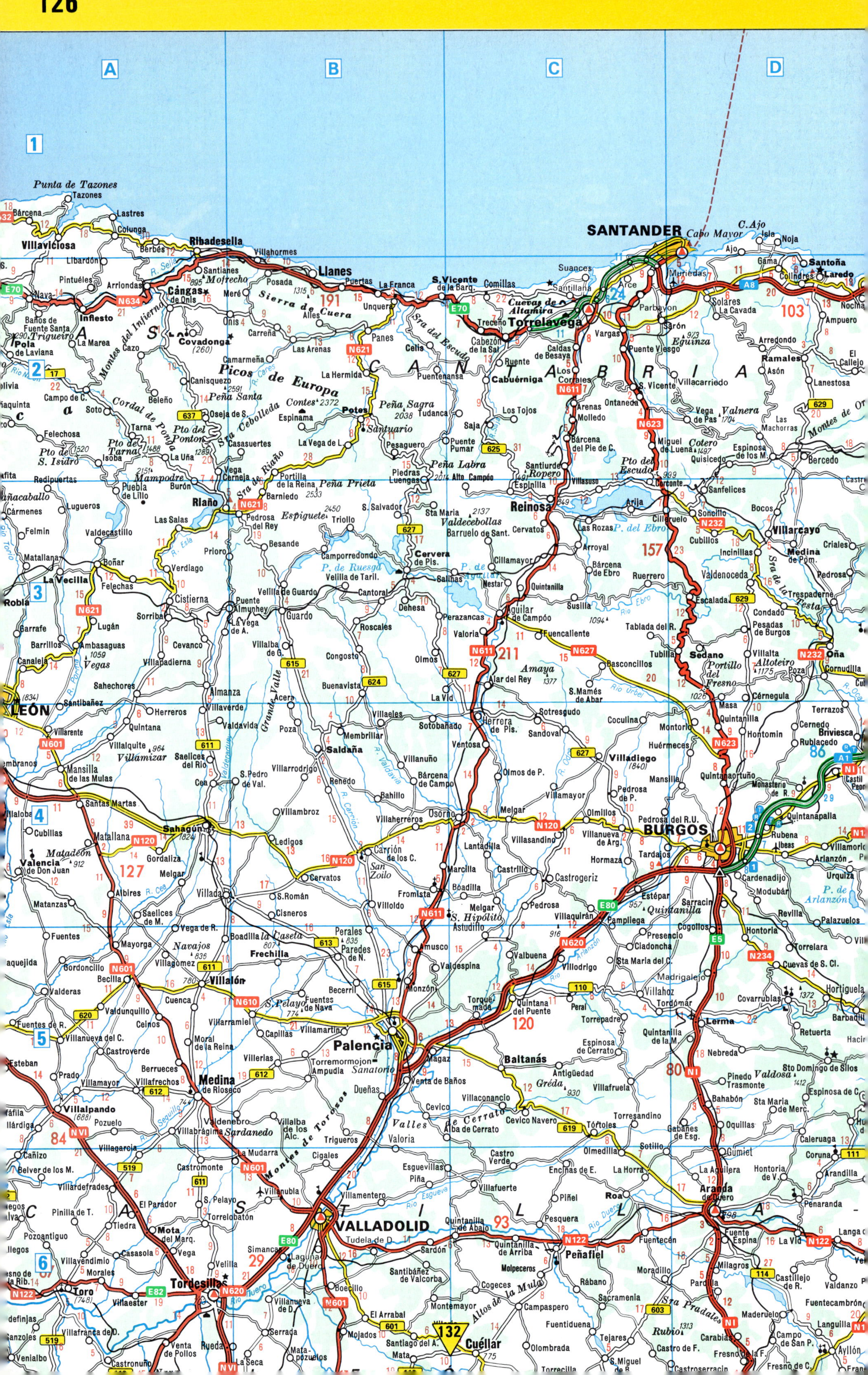
A
B
C
D
1
2
3
4
5
6
Punta de Tazones
Tazones
Bárcena
Lastres
Colunga
Villaviciosa
Ribadesella
Villahormes
Llanes
Puertas
La Franca
S.Vicente de la Barq.
Comillas
Suances
Santillana
SANTANDER
Cabo Mayor
C.Ajo
Ajo
Isla
Noja
Gama
Santoña
Laredo
Colindres
Muriedas
Solares
La Cavada
Arce
Parbayón
Sarón
Torrelavega
Cuevas de Altamira
Treceño
Cabezón de la Sal
Unquera
Panes
Arriondas
Cángas de Onís
Covadonga
Posada
Sierra de Cuera
Infiesto
Nava
Pintueles
Libardón
Santianes
Mofrecho
Meré
Onís
Carreña
Las Arenas
Celis
Puentenansa
Cabuérniga
Ruente
Caldas de Besaya
Los Corrales
Vargas
Puente Viesgo
Eguinza
Arredondo
Ramales
Asón
Lanestosa
Ampuero
Valnera
Vega de Pas
S. Vicente
Villacarriedo
Ontaneda
Arenas
Molledo
Bárcena del Pie de C.
Miguel de Luena
Cotero
Quisicedo
Espinosa de los M.
Bercedo
Montes de Ordunte
C A N T A B R I A
Picos de Europa
Peña Santa
Contes
Espinama
Potes
Santuario
Peña Sagra
Tudanca
Camarmeña
La Hermida
Canisquezo
Oseja de S.
Sta Cebolleda
Cordal de Ponga
Pto del Pontón
Pto de Tarna
Tarna
Casasuertes
La Vega de L.
Pesaguero
Puente Pumar
Saja
Los Tojos
Peña Labra
Alto Campóo
Piedras Luengas
Santiurde
Espinilla
Reinosa
Arija
Pto del Escudo
Corconte
Sanfelices
Soncillo
Villarcayo
Medina de Pom.
Criales
Bocos
Castrobarto
Peña Prieta
Portilla de la Reina
Barniedo
Riaño
Burón
Vega Cerneja
La Uña
Mampodre
Puebla de Lillo
Isoba
Pto de S. Isidro
Felechosa
Campo de C.
Soto
Beleño
Cazo
Pola de Laviana
Trigueiro
Baños de Fuente Santa
La Marea
Montes del Infierno
Redipuertas
Lugueros
Valdecastillo
Felmín
Cármenes
Matallana
La Vecilla
Boñar
Felechas
Cistierna
Verdiago
Las Salas
Prioro
Pedrosa del Rey
Espiguete
Triollo
S. Salvador
Sta María
Valdecebollas
Barruelo de Sant.
Cervatos
Las Rozas
P. del Ebro
Arroyal
Bárcena de Ebro
Ruerrero
Cilleruelo
Cubillos
Incinillas
Valdenoceda
Trespaderne
Pedrosa
Besande
Camporredondo
P. de Ruesga
Velilla de Taril.
Cervera de Pis.
Salinas
P. de Aguilar
Cillamayor
Nestar
Quintanilla
Cantoral
Dehesa
Perazancas
Aguilar de Campóo
Susilla
Escalada
Condado
Pesadas de Burgos
Puente Almunhey
Velilla de Guardo
Guardo
La Vega de A.
Roscales
Valoria
Fuencaliente
Tablada del R.
Tubilla
Sedano
Portillo del Fresno
Villalta
Altotero
Oña
Poza
Cornudilla
Robla
Garrafe
Barrillos
Ambasaguas
Vegas
Lugán
Sorriba
Cevanco
Villapadierna
Villalba de G.
Congosto
Buenavista
Olmos
Alar del Rey
Amaya
Basconcillos
S.Mamés de Abar
Masa
Cérnegula
Terrazos
Canaleja
Sahechores
Almanza
Acera
La Vid
Sotresgudo
Coculina
Montorio
Quintanilla
Hontomín
Cernedo
Briviesca
Rublacedo
LEÓN
Santibañez
Herreros
Villaverde
Valdavida
Poza
Villaelés
Sotobañado
Herrera de Pis.
Sandoval
Huérmeces
Quintana
Villaquilte
Villamizar
Saelices del Río
Membrillar
Saldaña
Villanuño
Ventosa
Villadiego
Villarente
Mansilla de las Mulas
Cea
S. Pedro de Val.
Villarrodrigo
Renedo
Bárcena de Campo
Olmos de P.
Mansilla
Pedrosa de P.
Quintanaortuño
Monasterio de R.
Bahillo
Villamayor
Villalquite
Santas Martas
Sahagún
Villambroz
Villaherreros
Osorno
Melgar
Olmillos
Pedrosa del R.U.
BURGOS
Quintanapalla
Cubillas
Matallana
Matadeón
Valencia de Don Juan
Gordaliza
Ledigos
Carrión de los C.
Lantadilla
Villasandino
Villanueva de Arg.
Tardajos
Rubena
Ibeas
Arlanzón
Urquiza
Hormaza
Marcilla
Castrillo
Castrogeriz
Estépar
Quintanilla
Cardenadijo
Modubar
P. de Arlanzón
Matanzas
Albires
Melgar
Villada
Cervatos
S.Román
San Zoilo
Villoldo
Fromista
Boadilla
S. Hipólito
Astudillo
Pedrosa
Villaquirán
Pampliega
Sarracín
Revilla
Palazuelos
Fuentes
Saelices de M.
Vega de R.
Cisneros
Boadilla
la Caseta
Perales
Paredes de N.
Amusco
Valbuena
Villodrigo
Presencio
Cladoncha
Cogollos
Hontoria
Torrelara
Mayorga
Navajos
Villagómez
Frechilla
Valdespina
Sta María del C.
Cuevas de S. Cl.
Gordoncillo
Becilla
Villalón
Cuenca
Fuentes de Nava
Becerril
Monzón
Torquemada
Quintana del Puente
Peral
Villahoz
Madrigalejo
Tordómar
Covarrubias
Hortiguela
Valderas
Valdunquillo
Villarramiel
S. Pelayo
Villamartín
Torrepadre
Lerma
Barbadillo
Fuentes de R.
Villanueva del C.
Celnos
Capillas
Palencia
Espinosa de Cerrato
Quintanilla de la M.
Retuerta
Castroverde
Moral de la Reina
Villerías
Torremormojón
Ampudia
Magaz
Sanatorio
Baltanás
Antigüedad
Nebreda
Esteban
Prado
Villamayor
Berrueces
Villafrechos
Medina de Rioseco
Venta de Baños
Dueñas
Gréda
Villafruela
Pinedo
Trasmonte
Valdosa
Sto Domingo de Silos
Espinosa de C.
Villalpando
Pozuelo
Valdenebro
Villabrágima
Sardanedo
Villalba de los Alc.
Trigueros
Valles de Cerrato
Cevico
Villaconancio
Alba de Cerrato
Cevico Navero
Valoria
Tórtoles
Torresandino
Gabanes de Esg.
Bahabón
Sta María de Merc.
Oquillas
Caleruaga
Coruña
Montes de Torozos
Villagarcía
La Mudarra
Cigales
Castro Verde
Olmedillo
Sotillo
Gumiel
Cañizo
Belver de los M.
Castromonte
Esguevillas
Piña
Encinas de E.
La Horra
La Aguilera
Hontoria de V.
Arandilla
Villardefrades
El Parador
S. Pelayo
Villanubla
Villamentero
Villafuerte
Piñel
Roa
Aranda de Duero
Peñaranda
Pinilla de T.
Torrelobatón
Pesquera
Tiedra
Mota del Marq.
Vega
VALLADOLID
Quintanilla de Abajo
Quintanilla de Arriba
Peñafiel
Fuentecén
Fuente Espina
La Vid
Langa de D.
Pozoantiguo
Casasola
Simancas
Laguna de Duero
Tudela de D.
Sardón
Moradillo
Milagros
Castillejo de R.
Villavendimio
Morales
Velilla
Santibáñez de Valcorba
Molpeceros
Rábano
Pardilla
Valdanzo
Fuentecambrón
Toro
Villaester
Tordesillas
Boecillo
Cogeces
Altos de la Mula
Sacramenia
Sta Pradales
Maderuelo
Languilla
Villanueva de D.
Montemayor
Campaspero
Fuentiduena
Rubio
Carabias
Campo de San P.
Ayllón
Villafranca de D.
Serrada
El Arrabal
Mojados
Santiago del A.
Cuéllar
Tejares
Castro de F.
Fresno de la F.
Fresno de C.
Castronuño
Venta de Pollos
Rueda
La Seca
Mata-pozuelos
Mata
Olombrada
S.Miguel de B.
Torrecilla
Castroserracín
Venialbo
Zamora
A1
A8
E5
E70
E80
E82
N1
NI
NVI
N120
N122
N232
N234
N601
N610
N611
N620
N621
N623
N627
N634
17
111
114
519
601
603
611
612
613
615
619
620
624
625
627
629
637
110
24
29
80
84
86
93
103
120
127
132
157
191
211

A
B
C
D
1
2
3
4
5
6
Golfo de Vizcaya
Cabo Matxitxako
Cornisa Cantabrica
BIARRITZ
Bayonne
Dax
Hossegor
Capbreton
Soustons
Vieux-Boucau
Azur
Peyrehorade
St-Jean-de-Luz
C. Higuer
Hendaye
Irun
SAN SEBASTIÁN
/DONOSTIA
Zarautz
Getxo
BILBAO
/BILBO
Gernika
Bermeo
Ondárroa
Lekeitio
Durango
Eibar
Tolosa
Azpeitia
San Ignacio de Loyola
Zumárraga
Beasain
Alsasua
VITORIA
/GASTEIZ
PAÍS VASCO EUSKADI
Miranda de Ebro
Orduña
Pto de Orduña
Pto. de Echegarate
Sra. de Aralar
Sierra de Urbasa
Peñas Ulibarri
Condado Treviño
PAMPLONA
Estella
Tafalla
Olite
NAVARRA
Sangüesa
Sos del Rey Católico
Tudela
Bardenas Reales
Ciudad Romana
LOGROÑO
Haro
Nájera
Calahorra
Alfaro
Arnedo
Cabi Monteros
Sierra de la Demanda
Monasterio de Valvanera
RIOJA
Tarazona
Agreda
Moncayo
Borja
Monasterio de Veruela
Puerto de la Chavola
Llanos de Plasencia
Soria
Ruinas de Numancia
Almazán
El Burgo de Osma
Sierra de Cabrejas
Pinares de Almazán
Sra de Perdices
Calatayud
La Almunia de Dona Godina
Epila
Alagón
Ejea de los Caballeros
Tauste
Puerto Piqueras
Sra de Alcarama
Pto de Oncala
Roncesvalles
St-Jean-Pied-de-Port
Pto de Ibañeta
Forêt d'Iraty
Pic des Escaliers
Pto de Velate
Monasterio de Leire
Valle del Roncal
Sra de Leire
Sierra de Neila
Sra de las Hormazas
E70
E80
E5
E804
E90
A8
A1
A15
A68
A63
A64
N1
N10
N111
N117
N120
N121
N122
N124
N232
N234
N240
N330
N625
N634
NII
D932
D933
D918
D947
D625
133

Laluque Pontonx Soupross Grenade Manciet Castera Montestruc Cox
Magescq A Mugron St-Sever Aire-s-l'A. le Houga Nogaro Demu Vic-Fézensac St-Lary Mauvezin Cologne
St-Paul Hinx Montfort Dumes Aubagnan Barcelonne Termes Aignan B C D Auch Gimont Monbrun
Dax Pomarez St-Cricq Hagetmau Geaune Riscle Lupiac Riguepeu Pessan l'Isle-Jourdain
Bénesse-lès-D. Estibeaux Amou Momuy Samadet Sarron Loloncagne Plaisance Bassoues Montesquiou l'Isle-de-Noé Auterive Bézeril Labastide
Peyrehorade Puyoô Tilh Sault-de-N. Hagetaubin Arzacq Garlin Boueilho Cadillon Marciac Mirande Saramon Samatan
Bidache Orthez Morlanne Meracq Lembeye Maubourguet Tillac Seissan Simorre Lombez Monblanc
Salies-de-Béarn Argagnon Arthez Astis Simacourbe Lahitte Mielan Masseube Laudine Montpezat
Escos Sauveterre Masiacq Lacq Artix Anos Vic-en-Bigorre St-Michel Panassac Meilhan l'Isle-en-Dodon
Osserain Mourenx PAU Morlaas Baleix Pujo Rabastens Bernadets Escondeaux Manent Gratens
Ozocelhaya St-Esteben Rivehaute Navarrenx Lescar Andoins Andrest Trie-s-B. le Fousseret
St-Palais BASQUE Monein Jurançon Ousse Soumoulou TARBES Chelle Castelnau-M. Boulogne Samouillan
Larceveau Charritte Cardesse Gan Ger Bordes Galan Blajan Cladoux Martres-Tolosane
Uhart Géronce Mirepeix Tournay Monlong Nizan Aurignac
Col d'Osquich Mauléon-Licharre Oloron Belair Nay Pontacq St-Marcet Boudrac Latoue St-Martory
St-Jean-Pied-de-Port Musculdy Sauguis Féas Rébénacq Ossun Ade Lannemezan Pinas St-Gaudens Salies-du-Salat
Mendive Tardets Aramits Asasp Arudy Lestelle Loubajac St-Pé Montgaillard Capvern Montréjeau Valentine Mane
Esterencuby Montory Arette Louvie Bétharram Lourdes Bagnères-de-Bigorre la Barthe Encausse-les-Th. Aspet Arbas
Pic des Escaliers Sarrance Bielle Medous Héches St-Bertrand Loures
Forêt d'Iraty Larrau Ste-Engrâce Arette-Pierre-St-Martin Bedous C. d'Aubisque Argelès-Gazost Campan Ste-Marie Siradan Sengouagnet Argein
Orhy Crevasses l'Holcarté (Grieta) Pic d'Anie Accous Laruns Pierrefitte C. d'Aspin Sarrancolin Mauleon St-Béat Col de Portet-d'A.
Trabia Sra de Abodi Venta de Arraco Les Eaux-Chaudes les Eaux-Bonnes Gourette Arrens Pic du Midi de Bigorre la Mongie Arreau Cierp
Aburrea Alta Etsaut Gabas P. de Ger Cauterets Barèges C. du Tourmalet Cazaux Fos Bonac
Ochagavia Pic du Midi d'Ossau Luz St-Sauveur Chalet Hôtel du TCF Mayrègne Eylie P. de M.
Escároz Isaba Urdos P. Balaitous Pont d'Espagne St-Lary Les Bossòst
Sarriés Pto del Somport Sra de Vignemale Gèdre Fabian P. de Peyresourde Bagnères-de-Luchon Superbagnères Val d'Aran
Roncal Valle del Roncal Valle de Anso Valle de Hecho Sallent Balneario de Panticosa Aragnouet Arròs
Ustés Ansó Candanchú Escarrilla Gavarnie Cque de Gavarnie Tunnel Hospice de France Vielha Salardú Arties
Navascués Burgui Hecho Los Arañones Canfranc Saqués Sra de Tendeñera Monte Perdido Parzán Pico de Aneto Port de la Bonaigua
Monasterio de Leire Jasa Monte Collarada Polituara Torla Ordesa Bielsa Pico de Posets Benasque Maladeta
Sigüés Tiermas Castiello de Jaca Biescas Broto Salinas Sahún Biciberri
Berdún Javierregay Jaca Sarvisé Sra Solana Hospital Desfiladero de los Devotos Sierra Negra Bono M. del Peso
P. de Yesa Ruesta Sta Cilla Peña de Oroel Oturia Escalona Cotiella Castejón de Sos Capdella
Sangüesa San Juan de la Peña Sabiñanigo Sta Orosia Yebra Fiscal Peña Montañesa Seira Vilaller P. de Llena
Sos del Rey Católico Bailo Pto de Sta Barbara Bernués Portiello Boltaña Ainsa Sra Ferrera Campo Las Paules Turbón Las Vilas del T. Pont de Suert Malpàs
Sto Domingo Salinas Jabarella Cancias Arro Pantano de Mediano Sarroca
Luesia Biel Triste Sta María Rasal Los Mallos Pasilibro Loarre Arguis Arcusa Sta Liestra S. Quil. La Puebla de R. E. d'Escales Senterada
Uncastillo Sra Guillén Murillo de G. Pantano de Belsué Guara Sra de Guarda Samitler Alto del Pino Pano Roda Soperia San Gervás Puy de Llerda Salàs
El Frago Ayerbe Plasencia Nueno Las Almunias Bárcabo Santuario de la Peña Graus Ribagorza Arén
Farasdués Biscarrués Esquedas Apiés Sivil Alquézar Naval Laguarres Montañana Tremp
Luna Ardisa Lupiñén Igriés Aguas Bierge El Grado Torres del O. Calvera Tolva
Ejea de los Caballeros Valpalmas Huesca Angüés Abiego Salas Altas Olvena Benabarre Cellers
Erla Alcalá de G. P. de la Sotonera Cuarte Sietamo Lascellas Enate Purroy Ciscar Serra del Montsec Vilan
Sierra de L. Las Pedrosas Llano de la Violada Almudébar Anador Albero Blecua Barbastro Estadilla Gabasa P. de Canelles Àger
Castejón de Valdejasa Tardienta Novales Sesa Pertusa Fonz Saganta Fontllonga
Esteban Montes de Castejón Corona de la Reina Torralba de Aragón Callén Berbegal Castejón del P. Baells Camporrells Pon Les Avellanes
Tauste Grañén Huerto Ilche Peralta Selgua Monzón S. Esteban Baldellou Emb. de Sta Anna Camarasa
Castellar Zuera Robres Alberuela Ballerias El Tormillo Binéfar Alcampel Tamarite Ivars de Nog. Algerri
Remolinos San Mateo Leciñena Poleñino Lastanosa Pomar Alfántega Alfarràs Almenar Balaguer
Villanueva de Gallego Alcubierre Lanaja Sariñena Santa Lecina Esplús Alguaire Termens
Alagón Peñaflor Perdiguera Sierra de Alcubierre Sena Almacelles Vilanova de la Barca Bellvis
Casetas Villamayor Farlete Pallaruelos de M. Monasterio de Sigena Ontiñena Albalate de C. Belver Gimenells Rosselló
Castejón de Mon. Chalamera Almudáfar Zaidin LLEIDA Mollerussa
Zaragoza Sta Isabel Puebla de Alfindén Alfajarín Monegrillo Ballobar Torregrossa
Rueda La Muela Villafranca de Ebro Valfarta Velilla de C. Fraga Sudanell Juneda
Épila El Burgo Osera La Almolda Ventas del Rey Les Borges Blanques
Maria del H. Botorrita Llanos de la Plana Pina de Ebro Fuentes de Ebro Bujaraloz Peñalba Candasnos Torrente de Cinca Aitona Seròs Emb. d'Utxesa Castelldans
Godina Alfamen Muel Jaulín Torrecilla de Valm. Sillero Venta de Sta Lucía Purburell Los Monegros Montnegre Mequinenza La Granja d'Esc. Sarroca de Segre Albagés El Soleràs El Vilosell
Longares Mezalocha Villanueva del H. Mediana Quinto Gelsa El Sable Llardecans La Granadella Sra La Llena
Codo Maials Bovera Ulldemolins Albarca

106

TOULOUSE
Castres
Mazamet
Revel
Castelnaudary
CARCASSONNE
Narbonne
Béziers
Pamiers
Foix
Mirepoix
Limoux
Quillan
Tarascon
Ax-les-Thermes
R O U S S I L L O N
PERPIGNAN
Prades
Céret
Argelès
Port-Vendres
Banyuls
Cerbère
ANDORRA
la Vella
Puigcerda
Bourg Madame
La Seu d'Urgell
C e r d a n y a
Ripoll
Olot
Figueres
Girona
Palafrugell
St. Felíu de Guíxols
Vic
Berga
Manresa
TERRASSA
SABADELL
Granollers
Mataró
BADALONA
BARCELONA
Hospitalet de Llobr.
Vilafranca del Pen.
Martorell
Cervera
Tàrrega
C o s t a   B r a v a
Lloret de Mar
Blanes

135

124

A
B
C
D
1
2
3
4
5
6
Póvoa de Varzim
Vila do Conde
Matosinhos
PORTO
Vila Nova de Gaia
Valongo
Gondomar
Paredes
Penafiel
Amarante
Felgueiras
Lamego
Espinho
Ovar
Ria d'Aveiro
Aveiro
Ílhavo
Vagos
Albergaria a Velha
Águeda
Viseu
Mira
Mealhada
Cantanhede
Tondela
Sta Comba Dão
COIMBRA
Figueira da Foz
Lousã
Serra de Lousã
Seia
Oliveira do Hospital
Arganil
Pombal
Leiria
Marinha Grande
Pinhal de Leiria
Batalha
Nazaré
Alcobaça
Fátima
Vila Nova de Ourém
Tomar
Torres Novas
Entroncamento
Abrantes
Caldas da Rainha
Óbidos
Peniche
Cabo Carvoeiro
Rio Maior
Santarém
Almeirim
Cartaxo
Azambuja
Torres Vedras
Vila Franca de Xira
Ponte de Sôr
Nisa
Sertã
Figueiró dos Vinhos
Castelo de Paiva
Castro Daire
Serra do Caramulo
Serra de Montemuro
Mangualde
Nelas
Fronteira
Avis
Coruche
Salvaterra de Magos
Benavente
Ericeira
S. Isidoro
Lourinhã
Bombarral
Chamusca
Golegã
Constância
Mação
Proença a Nova
Vila de Rei
Ferreira do Zêzere
Vila Velha de Ródão
Gavião
Alter do Chão
D O U R O
B E I R A L I T O R A L
B E I R A
E S T R E M A D U R A
R I B A T E J O
IP 1
IP 3
IP 4
IP 5
IP 6
IC 1
A1
A8
E80
E1
137
124

Zamora
Miranda do Douro
Mogadouro
Bermillo de Sayago
Fermoselle
Ledesma
Vitigudino
Lumbrales
SALAMANCA
Alba de Tormes
Guarda
Pinhel
Almeida
Ciudad Rodrigo
Fuentes de Oñoro
Sequeros
Bejar
El Barco de Avila
Hervás
Plasencia
Jarandilla
Navalmoral de la Mata
Coria
Hoyos
Alcántara
Valencia de Alcántara
Alburquerque
Cáceres
Trujillo
Miajadas
Montánchez
Logrosán
Guadalupe
Garrovillas
Brozas
Sabugal
Belmonte
Penamacor
Idanha a Nova
Vila Nova de Foscoa
Trancoso
Celorico
Alijó
Murça
Pinhão
E80
E802
E803
E90
IP 2
IP 5
N620
N630
N521
N110
NV
N430
Sierra de Francia
Sierra de Gata
Las Hurdes
Sierra de Gredos
Sierra de Guadalupe
Sierra de San Pedro
Embalse de Alcántara
Embalse de Cedillo
Emb. de Gabriel y Galan
Emb. de Almendra
Emb. de Aldeadávila
Emb. de Valdecañas
Emb. de Torrejón
Campo Arañuelo
La Vera
Guesta Araya
Peña de Francia
Pto de Perales
Pto de Miravete
1
2
3
4
5
6
A
B
C
D
138

126

A B C D

1 2 3 4 5 6

Tordesillas Toro Villaester Medina del Campo Olmedo Cuéllar Coca Sepúlveda Riaza Arévalo Madrigal de las Altas Torres Peñaranda de Bracamonte Alba de Tormes Segovia La Granja Ávila El Escorial Guadarrama Colmenar Viejo Villacastín Navas de S. Ant. San Rafael El Espinar Alcobendas El Pardo MADRID Torrejón de Ardoz Alcalá de Henares Móstoles Alcorcón Leganés Getafe Navalcarnero Aranjuez Chinchón Ocaña Illescas Toledo Torrijos Maqueda Escalona S. Martín de Vald. Piedrahita El Barco de Ávila Arenas de S. Pedro Talavera de la Reina Oropesa El Puente Navahermosa Sonseca Orgaz Mora Los Yébenes Madridejos Consuegra Malagón Fernáncaballero Puerto Lápice Herencia Guadalupe Herrera del Duque Puebla de Don Rodrigo Fuente el Fresno Villarrubia Arenas de S. Juan Daimiel Torrelaguna Buitrago Lozoya Rascafría Miraflores de la Sierra

Sra de Guadarrama Montes Carpetanos Sierra de Gredos Sra de la Paramera Sra de Malagón Sra de Ávila Montes de Toledo Sierra de Altamira Sra de los Yébenes Sra de los Tornejos Sra del Bonal Emb. de Burguillo Embalse de Cíjara Embalse de García de Sola Emb. de Navalcán

León Madrid

139

127

Almazán
Medinaceli
Sigüenza
Calatayud
Daroca
Cariñena
La Almunia de Doña Godina
Molina de Aragón
Guadalajara
Brihuega
Torija
Cifuentes
Sacedón
Pastrana
Priego
Albarracín
Cuenca
Huete
Tarancón
Montes Universales
Serranía de Cuenca
Ciudad Encantada
Pantano de Entrepeñas
Pantano de Buendía
Pantano de Alarcón
Pantano de Contreras
Motilla del Palancar
Quintanar de la Orden
Belmonte
Mota del Cuervo
S. Clemente
Villarobledo
La Roda
Tomelloso
Alcázar de S.Juan
Campo de Criptana
Pedro Muñoz
Socuéllamos
Utiel
Minglanilla
Casas Ibáñez
Iniesta
Tarazona
Madrigueras
Landete
Cañete
Villar del Humo
Almodóvar del Pinar
Valverde de Júcar
Tébar
Saelices
Huelves
Uclés
Campillos
La Mancha
Rio Tajo
Rio Júcar
Rio Jalón
Rio Turia
Rio Cabriel
N II
N 211
N 320
N 400
N 420
N 301
N 310
N 322
N 330
N 234
N 111
N III
E 90
E 901
A 3

140

128

Mazaterón Alto Cruz Torrijo Deza Villarroya de la S. Illueca Morés La Almunia de Dona Godina Botorrita Torrecilla de Valm. Fuentes de Ebro Pina de Ebro Venta de Sta Lucia Bujaraloz

Cihuela Cervera Aniñon El Frasno Muel Jaulín Sillero Quinto Gelsa Purburell El Sable

Calatayud Ateca Paracuellos Aluenda Sta Cruz de Grío Longares Mezalocha Villanueva del H. Cariñena Fuendetodos Codo Azaila Sástago Escatrón Chiprana Caspe

Alhama de A. Munébrega Maluenda Mara Codos Aguarón Paniza Aguilón Belchite Vinaceite Castelnou

Nuévalos Monasterio de Piedra Fuentes de Jiloca Mainar Pto Paniza Herrera de N. Azuara Samper Lécera Híjar Samper de C. Puig Moreno

Jaraba Villafeliche Acered Atea Herrera Villar de los Navarros Moyuela P. de Moneva Ventas de Muniesa Cucutas Albalate del Arzob. Alcañiz Mazaleón

Campillo de A. Monterde Daroca Sra de Sta Cruz Sierra del Pelarda Bádenas Cucalón Muniesa Alacón Ariño Llano de la Chumilla

Milmarcos Cubel Used Báguena Ferreruela Huesa Plou Oliete Andorra Castelseras

Amayas Tortuera Santed Laguna de Gallocanta Luco de Jiloca Rudilla Cortes Alloza Calanda Torrevelilla Valderro

Turmiel Hinojosa Embid Las Cuerlas Tornos Cutanda Segura de los B. Josa Alcorisa La Ginebrosa

Anquela del Duc. Aragoncillo Herrería Cillas La Yunta Bello Calamocha Barrachina Obón Crivillén Estercuel La Mata Los Olmos Mas de las Matas Aguaviva

Rillo de G. Campillo de D. Torralba Villalba Caminreal Cosa Vivel Martín del Río Montalbán Gargallo Molinos Monroyo

Molina de Aragón Castelar El Pedregal Blancas Monreal del C. Pancrudo Escucha Castel de C. Ejulve Castellote P. de Santolea

Corduente Valhermoso Tierzo Anquela Setiles Pozuel del C. Ojos Negros Rubielos de la Cérida Rillo Cañada Mezquita de Jarque Jarques Sra de S. Just Las Cuevas de C. Santolea Bordón Zorita del M.

Terzaga Pinilla de M. Tordellego Tordesilos Villar del S. Villafranca del C. Argente Visiedo Perales de Alf. Aliaga Villarluengo Tronchón Olocau Forcall Morella

Peralejos Alustante Rodenas Sta. Eulalia Torremocha Galve Camarillas Cañada de Ben. Mirambel Cinctorres

Beteta Checa Orihuela del Trem. Pozondón Sierra Palomera Alfambra Orrios Sierra del Pobo Villarroya de los Pin. Cantavieja Castellfort

Orea Bronchales Sierra Alta Sra de Albarracín Noguera Villarquemado El Pobo Allepuz Fortanete La Iglesuela Ares Cati

Serranía de Cuenca Poyatos Griegos Torres de Alb. Cella Cuevas Labradas Cedrillas Sra de los Monegros Villafranca del Cid

Fresneda Arcos de la S. Tragacete Villar del Cobo Calomarde Gea de A. Albarracín Villalba Baja Caude Corbalán Alcalá de la Selva Peñarroya Mosqueruela Maestrazgo Villar de C. Culla

Portilla Frías de Alb. Campillo Teruel Formiche Alto Sierra de Gúdar Linares de Mora Vistabella del M. Benafigos

Terriente Valdecuenca Villastar Mora de Rubielos Noguerelas Adzaneta

Ciudad Encantada Uña La Toba Valdemeca Montes Universales Laguna del M. Toril Villel Aldehuela La Puebla de Valv. Valbona Corte de Arenoso Lucena del Cid La Barona

Huerta del Marq. Libros Cubla Camarena Rubielos de M. Zucaina Useras Villafamés

Valdemoro-S. Salinas del Manzano Castielfabid Riodeva Sierra de Javalambre Javalambre Albentosa Sarrión Montanejos Alcora Borriol

Cuenca Las Torcas Campillos Salvacañete Torre Baja Ademuz Manzanera Barracas Montán Fuentes de A. Ribesalbes Castelló de la Plana

Mohorte El Ventorro Cañete Alcalá de la Vega Negrón Casas Altas Torrijas Arcos de las Sal. El Toro Pavías Caudiel Matet Onda Almazora

Fuentes Cañada del H. Pajaroncillo Boniches Campillos Parav. Santa Cruz de Moya Abejuela Torás Viver Sra de Espadán Algimia Villarreal Burriana

Villar del Saz Reillo Carboneras de Guad. Sra de la Cuerda Fuentelespino de Moya Landete Camarena Aras de Alp. La Yesa Salada Teresa Eslida Nules

Villar del Humo Talayuelas Titaguas Altura Segorbe Chóvar Moncófar

Arguisuelas Henarejos Garaballa Pantano de Generalísimo Alcotas Higueruelas Alcublas Soneja Vall de Uxó Chilches

Olmeda Solera Piqueras Cardenete Villora Mira Sra. de Mira Pelado Aliaguilla Sinarcas Chelva Tuéjar Calles Villar del Arzob. Gátova Almenara Faura

Almodóvar del Pinar Paracuellos Loberuela La Torre Sra. de la Atalaya Domeño Losa Marines Olocau Estivella Monasterio Porta-Celi Sagunt Canet de Berenguer

Gabaldón Campillo de Altobuey Enguídanos Camporrobles Pantano de Contreras Villar de Tejas Sot de Chera Bugarra Pedralva Casinos Líria Benisanó Náquera Rafelbuñol El Puerto de Sagunto

Motilla del Palancar Puebla del Salvador La Pesquera Minglanilla Fuenterrobles Caudete Utiel Chera Sra. de Gabaldor Villamarchante Ribarroja Bétera Masamagrell

Castillejo Iniesta Graja Pto de Contreras Villargordo del Cabr. Requena Tejo Cheste Manises Meliana València El Grao

El Peral Villalpardo Molvengo Venta del Moro Casas de Pradas Pontón Siete Aguas Chiva Reboliar Buñol Godelleta Torrente

Rubielos Villanueva de la Jara Villarta El Herrumblar Los Isidros La Portera Alborache Turís Picasent Silla El Saler

Casasimarro Quintanar del Rey Ledaña Tabaqueros Sardineros Casas del Río Los Pedrones Macastre Monserrat Albufera

Villargordo del Júcar Villagarcía del Llano Villamalea Cenizate Villatoya La Cabezuela Dos Aguas Montroy Almusafes Sollana El Perelló

Tarazona Madrigueras Navas Golosalvo Casas Ibáñez Alborea Balsa de Vés Cofrentes Cortes de Pallás Pantano de Tous Catadau Carlet Alginet Sueca

La Roda Mahora Fuente albilla Zulema Ca. de Vés Villa de Vés Jalance Millares Alcudia de Carlet Algemesí Cullera

Montilleja Bormate Jorquera Alcalá Casas del Cerro Casas de Juan Gil Jarafuel Bicorp Alberique Alzira Favareta

La Gineta Pozorrubio Valdeganga Casas de Juan Núñez Villavaliente Teresa de Cofrentes Quesa Navarrés Sumacárcel Carcagente La Barraca Tabernes de V.

Romica Alatoz Carcelén Zarra Ayora Palomeras Caroch Chella Manuel Simat Jaraco

Casa del Pozo-Lorente Felipa

141

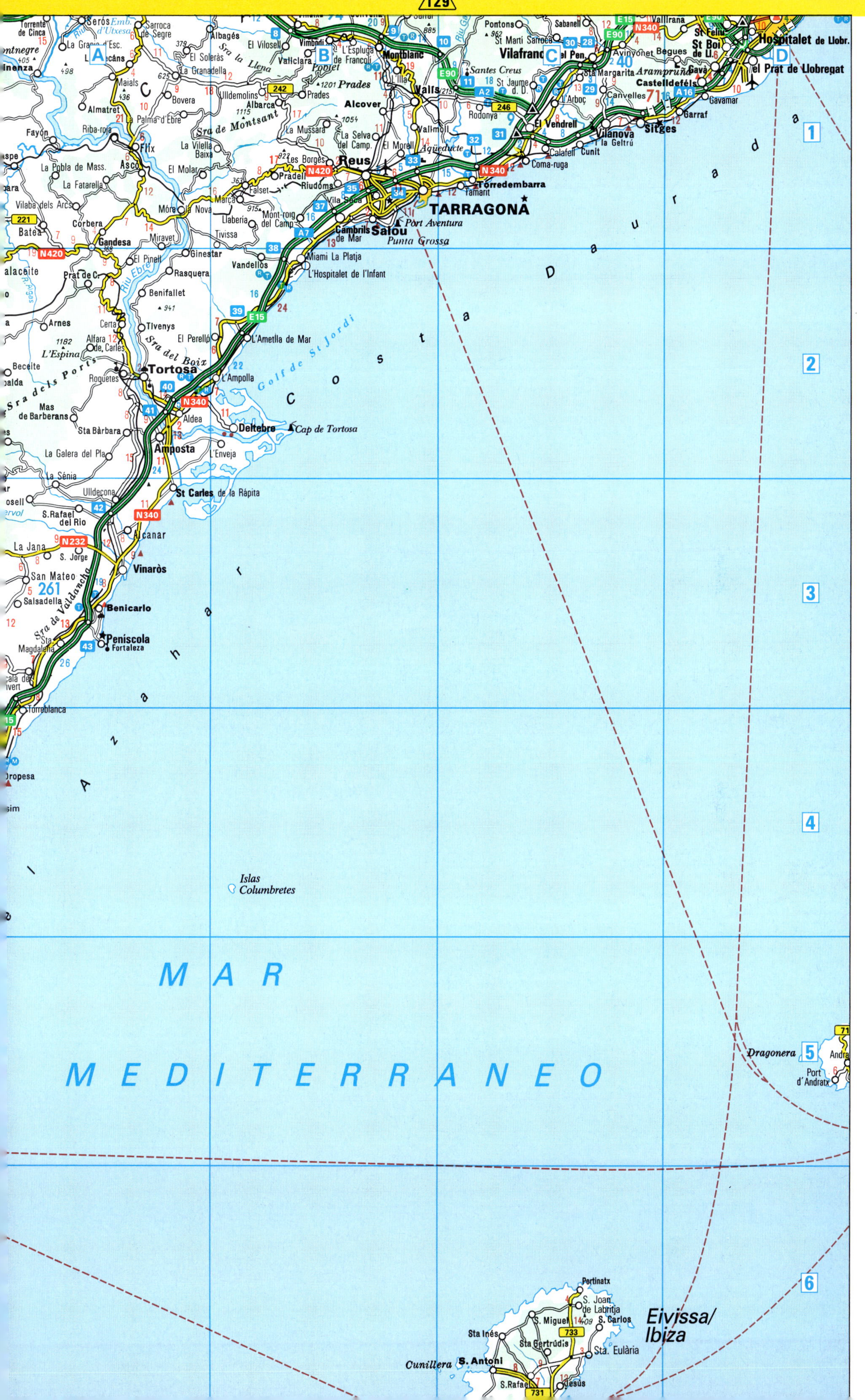
TARRAGONA
Reus
Salou
Tortosa
Amposta
Vinaròs
Benicarlo
Peñíscola
Costa Daurada
Costa del Azahar
Golf de St Jordi
Cap de Tortosa
Islas Columbretes
MAR MEDITERRANEO
Dragonera
Eivissa/ Ibiza
Hospitalet de Llobr.
el Prat de Llobregat
Sitges
Vilanova i la Geltrú
Vilafranca del Pen.
Valls
Montblanc
Castelldefels
Gavà
Torredembarra
Cambrils
Deltebre
St Carles de la Ràpita
Alcanar
L'Ametlla de Mar
L'Ampolla
Gandesa
Flix
Ascó
Port Aventura
S. Antoni
Sta. Eulària
Portinatx
Port d'Andratx

ARQUIPÉLAGO DA MADEIRA (Port.)
Porto Santo
Vila Baleira
Ilhéu de Cima
Ilhéu de Ferro
Ilhéu de Baixo ou da Cal
Camacha
Ponta
Lisboa
Ponta do Tristão
Porto Moniz
Seixal
Ponta Delgada
São Jorge
Santana
Ponta do Pargo
São Vicente
Pico Ruivo 1862
Faial
Porto da Cruz
Paúl do Mar
Ruivo do Paúl
P. do Arieiro 1818
P. de Poiso 1412
Curral das Freiras
Caniçal
Ponta de São Lourenço
Calheta
Machico
Ponta do Sol
Camacha
Santa Cruz
Ribeira Brava
Câmara de Lobos
FUNCHAL
Caniço
Madeira
Chão
Deserta Grande
Ilhas Desertas
Bugio
Océano Atlántico
Ponta Torrais
Corvo
Caldeirão
Ponta do Albarnaz
Ponta Delgada
Flores
Pico dos Sete Pés 849
Faja Grande
Fajãzinha
Santa Cruz das Flores
Lomba
Lajedo
Ponta dos Ilhéus
Lajes dos Flores
Graciosa
S. Jorge
Terceira
Faial
Pico
São Miguel
ARQUIPÉLAGO DOS AÇORES (Port.)
Santa Maria
Mosteiros
Ponta da Ferraria
Sete Cidades 856
Ginetes
Feteiras
Capelas
Fenais da Luz
Ribeira Grande
Fenais da Ajuda
Achadinha
Nordestinho
Nordeste
P. da Vara 1103
Rabo de Peixe
Ribeira Seca
Porto Formoso
Furnas
Arrifes
Lagoa
Ponta Delgada
Água de Pau
Vila Franca do Campo
Ponta Garça
Povoação
São Miguel
Océano Atlántico
AÇORES (Grupo Oriental)
Ilhéu das Formigas
Santa Maria
Ponta dos Frades
Almagreira
Santa Bárbara
Santo Espírito
Vila do Porto
Ponta do Castelo
Ponta da Barca
Cruz da Graciosa
Guadalupe
Praia
Caldeira 402
Luz
Ponta da Restinga
Graciosa
AÇORES (Grupo Central)
Océano Atlántico
Ponta dos Rosais
São Jorge
Rosais
Santo Amaro
Norte Grande
Velas
Morro Pelado 1053
Norte Pequeño
Urzelina
Manadas
Calheta
Ribeira Seca
Serra do Topo 942
Santo Antão
Ponta do Topo
Faial
Cedros
Praia de Norte
Caldeira 1043
Flamengos
Ribeirinha
Pedro Miguel
Capelo
Castelo Branco
Horta
Luzia
Santo António
Bandeiras
Madalena
São Roque do Pico
Pico 2351
Prainha
Santo Amaro
Cantelária
S. Caetano
1076
Ribeirinha
Piedade
São Mateus
Ribeiras
Ponta da Ilha
São João
Lajes do Pico
Calheta de Nesquim
Pico
Ponta do Queimado
Altares
Biscoitos
Vila Nova
Santa Rita
Caldeira 1021
Lajes
Vila Praia da Victória
Serreta
S. Bartolomeu de Regatos
Pta. de S. Jorge
Sta. Barbara
Ribeirinha
Sebastião
S. Mateus da Calheta
Angra do Heroísmo
Porto Judeu
Terceira

LISBOA
Sintra
Mafra
Cascais
Estoril
Almada
Barreiro
Seixal
Palmela
SETUBAL
Sesimbra
Cabo Espichel
Funchal (Madeira)
Montemor o Novo
Evora
Vendas Novas
Alcácer do Sal
Convento de Sto António
Grândola
Santiago do Cacém
Sines
Cabo de Sines
Ferreira
Beja
Aljustrel
Castro Verde
Odemira
Cercal
Vila Nova de Milfontes
Almodôvar
Mértola
Monchique
Silves
Portimão
Lagos
Vila do Bispo
Sagres
Cabo de S. Vicente
Ponta de Sagres
Albufeira
Loulé
Faro
Olhão
Tavira
Cabo de Sta Maria
Barragem de Sta. Clara
Barragem de Campilhas
Serra de Monchique
Serra do Caldeirão
Serra do Malhão
Serra da Mesquita
Rio Sado
Oriola
Portel
Vidigueira
Cuba
Odivelas
Alcáçovas
Torrão
Comporta
Sta Susana
Canha
Pegões
Samora Correia
Benavente
Coruche
Mora
Brotas
Cabeção
Arraiolos
Avis
Fronteira
Sousel
Océano
Atlántico
A
B
C
D
1
2
3
4
5
6

131

A B C D

1 2 3 4 5 6

BADAJOZ

Mérida

Elvas

Estremoz

Vila Viçosa

Olivenza

Zafra

Llerena

Almendralejo

Jerez de los Caballeros

Fregenal de la Sierra

Serpa

Moura

Mértola

Aracena

Valverde del Camino

HUELVA

Ayamonte

Vila Real de S. António

Tavira

SEVILLA

Dos Hermanas

Utrera

Lebrija

Sanlúcar de Barrameda

JEREZ de la Frontera

Arcos de la Frontera

Golfo de Cádiz

Tierra de Barros

Sierra de Aracena

Sierra Morena

Las Marismas

142

132

A
B
C
D
1
2
3
4
5
6
Ciudad Real
Almadén
Puertollano
Almagro
Valenzuela
Calzada de Calatrava
Castuera
Belalcázar
Hinojosa del Duque
Pozoblanco
Villanueva de Córdoba
Fuenteovejuna
Peñarroya
Pueblonuevo del Terrible
Bélmez
Espiel
Villaharta
Montoro
Andújar
Bailén
Linares
La Carolina
Córdoba
Palma del Río
Posadas
Écija
La Luisiana
Fuentes de Andalucía
Marchena
Osuna
Estepa
Montilla
Aguilar
Puente Genil
Lucena
Cabra
Baena
Castro del Río
Bujalance
Porcuna
Martos
Jaén
Torredonjimeno
Alcaudete
Alcalá la Real
Priego de Córdoba
Loja
Santafé
Antequera
Archidona
Campillos
Morón de la Frontera
Olvera
Ronda
Málaga
Vélez-Málaga
Nerja
Almuñécar
Salobreña
Torrenueva
Alhama de Granada
Sierra de Almijara
Sierra de la Alcudia
Sierra Madrona
Los Pedroches
Sierra Morena
Campo de Calatrava
Valle de la Alcudia
Dehesa de la Jara
Sra de Chimorra
Sra de los Santos
Pantano de Orellana
Pantano del Guadalmellato
Pantano del Rumblar
Pantano de Jándula
Emb. de Bembézar
N430
N420
N432
N502
N331
N340
N323
NIV
E5
E15
E902
A92

143

A B C D

1 2 3 4 5 6

ALBACETE
Manzanares
Valdepeñas
Almagro
Villanueva de los Infantes
Villahermosa
Alcaraz
Hellín
Elche de la Sierra
Caravaca
Lorca
Huércal Overa
Vera
Úbeda
Baeza
Linares
Villacarrillo
Cazorla
Huéscar
Baza
Guadix
GRANADA
Motril
ALMERÍA
Berja
Adra
Níjar
Vélez Rubio
Cúllar de Baza
Orce
Galera
Jódar
Torreperogil
Santisteban
Castellar de Santisteban
La Solana
Ossa de Montiel
Munera
El Bonillo
Chinchilla de Monte Aragón
Yeste
Moratalla
Calasparra
Cehegín
Bullas
Orcera
Beas de Segura
Pozo Alcón
Huelma
Iznalloz
Órgiva
Lanjarón
Salobreña
Almuñécar
Roquetas
El Ejido
Tabernas
Purchena
Serón
Fiñana
Gérgal
Carboneras
Mojácar
Garrucha
Cuevas de Alm.
Sierra Nevada
Sierra de los Filabres
Sierra de Baza
Sierra de Gádor
Sierra de Segura
Sierra de Cazorla
Sierra Alhamilla
Sierra de Alcaraz
Campo de Montiel
Lagunas de Ruidera
Desfiladero de Despeñaperros
Golfo de Almería
Cabo de Gata
Punta del Río
Pta del Sabinal
Pantano del Tranco de Beas
Pantano de la Fuensanta
Pantano de Cenajo
Mulhacén
Veleta
Mágina
La Sagra
Calar Alto
Torrenueva
Calahonda

Almansa
Xàtiva
Gandía
Oliva
Denia
Jávea
Cabo S. Antonio
Cabo de la Nao
Moraira
Calpe
Punta de Ifach
Altea
Benidorm
La Vila Joiosa
Alcoi
Ontinyent
Villena
Yecla
Jumilla
Elda
Petrel
Monóvar
Novelda
Campello
S. Juan de Alicante
ALACANT/
ALICANTE
ELX/ELCHE
Santa Pola
Tabarca
Crevillente
Orihuela
MURCIA
Cieza
Guardamar del Segura
La Mata
Torrevieja
Cabo Roig
S. Pedro del Pinatar
Santiago de la Ribera
Mar Menor
Los Alcázares
San Javier
Cabo Palos
La Unión
CARTAGENA
Mazarrón
Puerto de Mazarrón
Cabo Tiñoso
Escombreras
Portmán
Torre de Cope
Cabo Cope
Alhama de Murcia
Fortuna
Abanilla
Callosa
Dolores
Almoradí
Rojales
Benejúzar
Catral
Albatera
Aspe
Jijona
Busot
Muchamiel
Castalla
Ibi
Biar
Onil
Caudete
Fuente Álamo
Montealegre del Castillo
Caroch
Enguera
Mogente
Montesa
Canals
Albaida
Cocentaina
Muro
Pego
Ondara
Vergel
Benissa
Gata
Jalón
Orba
Parcent
Callosa
La Nucía
Finestrat
Relleu
Orcheta
Sella
Confrides
Benifallim
Agres
Gorga
Almudaina
Benasau
Castell de Castells
Chembla
Forna
Lorcha
Benirrama
Castellón de R.
Montaberner
Valencia
Ayelo de Malf.
Bocairente
Banyeres
Benejama
La Zafra
Fuente la Higuera
Pto de Almansa
El Gitano
Encina
Ayora
Zarra
Alatoz
Carcelén
Iglesia del Rosario
Bonete
Corral-Rubio
Higueruela
Molatón
Alpera
Ermita de Belén
Fuente del Pino
Sra. del Buey
Venta de Carche
Carche
Casas del Puerto
Pinoso
Quebrada
Salinas
Sax
Sra. de Salinas
Maigmó
Agost
Monforte
S. Vicente de Raspeig
Torrellano
El Palmeral
Hondón de las Nieves
Hondón de los Frailes
La Romana
Chinorlet
Rodriguillo
Barinas
Garrapacha
Sra. de la Pila
Venta de Román
Venta del Olivo
Convento de Sta Ana
Abarán
Ojós
Archena
Molina de Segura
Santomera
Bigastro
Beniel
Salinas de Torrevieja
S. Miguel de Salinas
Aljezares
Sucina
Pto de Cadena
Palmar
Sra. de Carrascoy
Alcantarilla
Albudeite
Mula
Cotillas
Los Calderones
Librilla
Corvera
Venta del Rabioso
Valladolises
Cuevas de Reillo
Balsicas
Los Martínez
Torre Pacheco
Albujón
Fuente Álamo
La Pinilla
Tallante
Los Dolores
Aljorra
La Palma
Algar
Los Velones
Palos
Azohía
Bahía
La Marina
Benferri
Granja de Rocamora
Baños de Busot
Cabo de la Nao
Navalón
Montealegre
Oliva
Grao de Gandía
Luchente
Llosa
Cerda
Vallada
Navarrés
Sumacárcel
Manuel
La Barraca
Tabernes de V.
Simat
Jara
Mongó
Teulada
Benitachell
Fuente Roja
Sanat de la Fuente Roja
Vinalopó
Río Segura
Río Grande
Río Mula
Río Sangonera
Río Seco
Río Serpis
Río Yecla
Río Jumilla
Ontur
Tobarra
Fuente Álamo
Abarán
Garrobillo
N330
N430
N340
N332
N301
N344
3311
3316
3314
3318
3213
3223
412
415
A7
E15
MAR MEDITERRANEO
Costa Blanca
A
B
C
D
1
2
3
4
5
6

138

A
B
C
D
1
2
3
4
5
6
SEVILLA
HUELVA
CÁDIZ
JEREZ de la Frontera
Algeciras
Gibraltar (GB)
La Línea
Ceuta (Esp.) (Sebta)
TANGER
Océano Atlántico
Golfo de Cádiz
Costa de la Luz
Estrecho de Gibraltar
Tenerife (Islas Canarias)
Sierra de Aracena
Sierra Morena
Las Marismas
Playa de Castilla
Bahía de Cádiz
Cabo Trafalgar
Cabo de Gracia
Punta de Tarifa
Punta de Europa
Punta del Perro
Valencia del Mombuey
Oliva de Jerez
Calzadilla de los Barros
Bienvenida
Villagarcia
Berlanga
Torrehermosa
Azuaga
Llerena
Fuente de Cantos
Fregenal de la Sierra
Barrancos
Encinasola
Cumbres de Enmedio
Cumbres Mayores
Segura de León
Monesterio
Montemolín
Fuente del Arco
Guadalcanal
Alanís
Cazalla de la Sierra
Constantina
Aroche
Aracena
Cortegana
Jabugo
Almonaster la Real
Zalamea la Real
Nerva
Minas de Riotinto
Valverde del Camino
El Ronquillo
Castilblanco de los Arroyos
Cantillana
Lora del Río
Peñaflor
Palma del Río
Guillena
Alcalá del Río
La Rinconada
Brenes
Carmona
Gerena
Aznalcóllar
Santiponce
Sanlúcar la Mayor
La Palma del Condado
Niebla
Trigueros
Gibraleón
Moguer
Palos de la Frontera
Punta Umbría
Mazagón
Almonte
Bollullos
El Rocío
Matalascañas
Pilas
Coria
La Puebla
Dos Hermanas
Alcalá de Guadaira
Mairena del Alcor
El Viso de Alcor
Marchena
El Arahal
Utrera
Morón de la Frontera
Los Palacios y Villafranca
Isla Mayor
Lebrija
Las Cabezas
Espera
Villamartín
Olvera
Algodonales
Zahara
Grazalema
Ubrique
Arcos de la Frontera
Trebujena
Sanlúcar de Barrameda
Chipiona
Rota
Puerto de Sta María
Puerto Real
San Fernando
Chiclana de la Frontera
Medina Sidonia
Conil
Vejer de la Frontera
Barbate
Zahara de los Atunes
Tarifa
Los Barrios
San Roque
Sotogrande
Jimena de la Frontera
Castellar de la Frontera
Alcalá de los Gazules
Benalup de Sidonia
Gaucín
Tenerife
N435
N433
N630
N431
N IV
N340
E1
E5
E15
E803
A49
A4
A92

139

CÓRDOBA
GRANADA
MÁLAGA
Jaén
Linares
Úbeda
Baeza
Bailén
Andújar
Montoro
Antequera
Motril
Marbella
Torremolinos
Fuengirola
Nerja
Vélez-Málaga
Almuñécar
Salobreña
Loja
Lucena
Baena
Cabra
Aguilar
Montilla
Priego de Córdoba
Alcalá la Real
Martos
Mancha Real
Alhama de Granada
Santafé
Órgiva
Castro del Río
Bujalance
Porcuna
Arjona
Carolina
Santisteban
Villacarrillo
Jódar
Huelma
Torre del Campo
Alcaudete
Rute
Archidona
Estepa
Puente Genil
Campillos
Coín
Alhaurín
Mijas
Cártama
Colmenar
Torrox
Dúrcal
Padul
Lanjarón
Benalúa
Guadix
Huétor Santillán
Sierra Nevada
Veleta
Mulhacén
Sierra de Almijara
Sierra Harana
Bahía de Málaga
Melilla
MAR MEDITERRANEO

A
B
C
D
1
2
3
4
5
6
Punta Cumplida
Don Pedro
Espindola
Puntagorda
Llano Negro
Los Sauces
2351
Puntallana
Caldera de Taburiente
Tijarafe
Cueva Bonita
Los Llanos de Aridane
Santa Cruz de la Palma
Puerto de Tazacorte
Breña A.
El Paso
Playa de Canoajo
Tazacorte
S. Nicolás
Mazo
Puerto Naos
Cueva de Belmaco
La Palma
Playa de la Zamora
Los Canarios
Punta Fuencaliente
Buenavista del Norte
Garachico
San Marcos
Punta de Teno
Masca
Icod de los Vinos
Pico de Teide
Santiago d. T.
Tamaimo
Los Roques
Acantilado de los Gigantes
Guia de Isora
Alcalá
Playa de San Juan
Callao Salvaje
Adeje
Playa de las Américas
Los Cristianos
Palm-Mar
Punta de la Rasca
Las Galletas
Tenerife
Playa de Vallehermoso
Los Organos
Vallehermoso
Agulo
Hermigua
Alojera
Playa de Avalo
Garajonay
1487
San Sebastián de la Gomera
Valle Gran Rey
Alajeró
Vueltas
La Rajita
Playa de Santiago
Gomera
Tamaduste
Valverde
Las Puntas
Puerto de la Estaca
Frontera
Jinama
Sabinosa
1326
Hierro
Taibique
Faro de Orchilla
La Restinga
Cádiz
Punta del Hidalgo
Punta de Anaga
Bajamar
Mesa d. Mar
Tegueste
La Laguna
Tacoronte
Playa de las Teresitas
S. Andrés
Sauzal
SANTA CRUZ DE TENERIFE
Puerto de la Cruz
La Matanza
La Esperanza
La Victoria
S. Juan
Tabaiba
La Orotava
Realejo Alto
Las Caletillas
Candelaria
Güimar
3718
El Portillo de las Cañadas
Puerto de Güimar
Fasnia
Poris de Abona
Punta de Abona
Arico Viejo
Vilaflor
Granadilla de Abona
El Medano
El Abrigo
Costa d. Silencio
La Isleta
Punta de Sardina
Puerto de la Luz
Sardina
Gáldar
Las Canteras
LAS PALMAS DE GRAN CANARIA
Puerto de las Nieves
Sta. María de Guía
Arucas
Agaete
Moya
Tafira Alta
Punta de la Aldea
Los Berrazales
Teror
Los Remudas
Artenara
Vega de S. Mateo
S. Nicolás de Tolentino
Tejeda
Cruz de Tejeda
Telde
Playa de Melenara
Tasartico
Ingenio
El Descojonado
Agüimes
Mogán
Fataga
Veneguera
Vecindario
Arinaga
Playa de Mogán
Puerto Rico
Arguineguín
S. Augustín
Maspalomas
El Oasis
Playa de Maspalomas
Gran Canaria

A
B
C
D
1
2
3
4
5
6
Océano Atlántico
Isla de Alegranza
Isla de Montaña Clara
Pedro Barba
Isla Graciosa
Caleta
Orzola
Máguez
Haría
Cueva de los Verdes
La Caleta
Arrieta
La Santa
Sóo
Mala
Tinajo
Teguise
Castillo de Guanapay
Timanfaya
El Golfo
S. Bartolomeo
Costa Teguise
Los Hervideros
Yalza
La Geria
Arrecife
Laguna de Janubio
Puerto del Carmen
Playa Blanca
Lanzarote
Punta del Papagayo
Majanicho
Isla de los Lobos
Corralejo
Lajares
Cotillo
Playas de Corralejo
Taca
La Oliva
Caldereta
La Matilla
Los Molinos
Puerto Lajas
Tetir
Puerto del Rosario
Casillas d. Angel
Playa Blanca
Betancuria
Puerto de la Peña
Antigua
Playa del Castillo
Pájara
Tuineje
Pozo Negro
Playa Pozo Negro
Tesegerague
Jacomar
Ginijinamar
Gran Tarajal
Tarajalejo
Playa de Barlovento
Matas Blancas
Fuerteventura
Cofete
Península de Jandía
Playa de Sotavento
Punta de Jandía
Morro del Jable
ISLAS CANARIAS
(Esp.)

83

Miskolc
Lillafüred
Miskolctapolca
Répáshuta
Mályi
Nyékládháza
Alsózsolca
Tiszalúc
Taktaharkány
Taktakenéz
Prügy
Tokaj
Tiszadob
Tiszalök
Tiszavasvári
Tiszaújváros
Tiszagyulaháza
Sajószöged
Kesznyéten
Hejőbába
Polgár
Újtikos
Görbeháza
Folyás
Hejőszalonta
Vatta
Bükkábrány
Mezőkeresztes
Mezőcsát
Mezőkövesd
Egerlövő
Tiszabábolna
Tiszacsege
Újszentmargita
Ároktő
Nyírtelek
Nagycserkesz
Nyíregyháza
Kálmánháza
Hajdúnánás
Hajdúdorog
Újfehértó
Hajdúvid
Hajdúböszörmény
Nagykálló
Napkor
Kállósemjén
Geszteréd
Balkány
Bököny
Nyíradony
Téglás
Hajdúhadház
Nyírpazony
Kemecse
Berkesz
Székely
Levelek
Őfehértó
Petneháza
Nagydobos
Mátészalka
Győrtelek
Fehérgyarmat
Zsarolyán
Jánkmajtis
Csengersima
Porcsalma
Nagyecsed
Csenger
Nyírbátor
Fábiánháza
Nyírbogát
Nyírmihálydi
Nyírbéltek
Nyírlugos
Terem
Vállaj
Satu Mare
Berveni
Doba
Carei
Urziceni
Moftinu Mic
Moftinu Mare
Mădăras
Ardud
Tiszafüred
Poroszló
Sarud
Egyek
Hortobágy
Balmazújváros
Józsa
Hajdúsámson
Nagyhegyes
Debrecen
Ebes
Mikepércs
Fancsika
Hajdúszoboszló
Hosszúpályi
Nyírmártonfalva
Vámospércs
Nyíracsád
Fülöp
Nyírábrány
Valea lui Mihai
Tarcea
Újléta
Bagamér
Létavértes
Piscolt
Andrid
Sălacea
Căuaş
Tăşnad
Blaja
Acâş
Supuru de Sus
Bogdand
Pâţal
Bobota
Zalnoc
Mărişte
Tiszaigar
Tiszaörs
Tiszaszentimre
Abádszalók
Kunmadaras
Kunhegyes
Karcag
Püspökladány
Nádudvar
Kaba
Hajdúszovát
Derecske
Báránd
Földes
Esztár
Pocsaj
Hencida
Sácueni
Marghita
Suplacu de Barcău
Camăr
Şimleul Silvaniei
Fegyvernek
Kenderes
Kisújszállás
Szapárfalu
Sárrétudvari
Bihartorda
Biharnagybajom
Berettyóújfalu
Mezőpeterd
Nagykereki
Roşiori
Sălard
Biharia
Brusturi
Nuşfalău
Halmăşd
Boghiş
Şinteu
Munţii Plopişului
Türkeve
Ecsegfalva
Darvas
Furta
Biharkeresztes
Borş
Oradea
Oşorhei
Tileagd
Urvind
Aleşd
Groşi
Tilecus
Borod
Negreni
Füzesgyarmat
Szeghalom
Csökmő
Körösszakál
Komádi
Mezőtúr
Dévaványa
Körösladány
Vésztő
Okány
Zsadány
Gepiu
Inand
Hidişelu de Sus
Munţii Pădurea Craiului
Brătca
Ceica
Miersig
Sîmbăta
Dobreşti
Damiş
Vişagu
Remeţi
Szarvas
Endrőd
Gyoma
Csárdaszállás
Körösdtarcsa
Mezőberény
Tarhos
Nagygyanté
Sarkadkeresztúr
Salonta
Tulca
Holod
Tinca
Roşia
Căbeşti
Remetea
Vf. Vlădeasa
Munţii Vlădeasa
Csabacsűd
Örményút
Kondoros
Kamut
Békés
Doboz
Sarkad
Belfir
Rabagani
Pocola
Peşt. Meziad
Stîna de Vale
Răchiţele
Cserebökény
Kétsoprony
Békéscsaba
Gyulavári
Gyula
Ciumeghiu
Talpoş
Berechiu
Ucuriş
Beiuş
Budureasa
Csorvás
Szabadkígyós
Zerind
Vînători
Nagyszénás
Gádoros
Orosháza
Gerendás
Újkígyós
Kétegyháza
Varsand
Şepreuş
Cermei
Chişlaca
Vf. Plesu
Hăşmaş
Moneasa
Drăgăneşti
Dr. Petru Groza
Cetăţile Ponorului
Nagymágocs
Csanádapáca
Gábortelep
Elek
Socodor
Sintea Mare
Beliu
Lunca
Vaşcău
Nucet
Vf. Curcubăta
Munţii Bihor
Székkutas
Kardoskút
Medgyesegyháza
Lőkösháza
Grăniceri
Chişineu-Criş
Nădab
Şimand
Cintei
Şicula
Ineu
Bocsig
Sebiş
Dezna
Cărpinet
Magyarbánhegyes
Kunágota
Tótkomlós
Mezőkovácsháza
Kisdombegyház
Macea
Zărand
Seleuş
Şilindia
Bîrsa
Buteni
Avram Iancu
Békéssámson
Nagyér
Dombegyház
Battonya
Curtici
Sîntana
Pîncota
Tîrnova
Cuied
Chisindia
Almaş
Gurahonţ
Vîrfurile
Hălmagiu
Földeák
Mezőhegyes
Pitvaros
Rákos
Csanádpalota
Turnu
Zimandu Nou
Galşa
Şiria
Agrişu Mare
Draut
Vf. Drocea
Slatina de Mureş
Mădrigeşti
Vaţa
Baia de Criş
Makó
Apátfalva
Nagylak
Nădlac
Pecica
Arad
Horia
Covăşinţ
Ghioroc
Hoghiş
Munţii Zarandului
Sîmbăteni
Radna
Conop
Bîrzava
Grosii Noi
Căprioara
Vărădia de Mureş
Ilteu
Cazăneşti
Munţii Metaliferi
Cenad
Sînnicolau Mare
Igriş
Periam
Felnac
Aradul Nou
Şagu
Lipova
Ususău
Bata
Săvârşin
Zam
Vişca
Saravale
Variaş
Secusigiu
Fîriteaz
Alioş
Vinga
Maşloc
Şiştarovăţ
Zăbalţ
Birchiş
Pojoga
Burjuc
Ilia
Sîrbi
Valcani
Nerău
Lovrin
Pesac
Satchinez
Orţişoara
Fibiş
Bogda
Cuveşdia
Ohaba Rom.
Gottlob
Şandra
Grabat
Comloşu Mare
Biled
Pişchia
Sînandrei
Brestovăţ
Paniova
Făget
Margina
Ohaba
Dobra
Roşcani
Kikinda
Nakovo
Jimbolia
Becicherecu Mic
Cărpiniş
Giarmata
Recaş
Topolovăţu Mare
Balinţ
Curtea
Rusko Selo
Srp. Crnja
Vojv. Stepa
Nova Crnja
Săcălaz
Timişoara
Remetea Mare
Silha
Sărăzani
Luncani
Ceneî
Chevereşu Mare
Lugoj
Criciova
Ruschiţa
Vf. Pades
Lunca Cernii de Jos
Munţii Poiana Ruscă
Şag
Sacoşu Turcesc
Buziaş
Sinersig
Gavojdia
Rusca Montană
Peciu Nou
Otelec
Berini
Nitchidorf
Sacu
Banat
Crişana
Transilvania

A
B
C
D
1
2
3
4
5
6
Sighetu Marmației
Baia Sprie
BAIA MARE
Vișeu de Sus
Munții Maramureșului
Munții Rodnei
Munții Țibleșului
Munții Bîrgăului
Munții Călimani
Munții Gurghiului
Munții Gilăului
Muntele Mare
Munții Trascăului
Munții Cibinului
Munții Făgărașului
Munții Lotrului
Vatra Dornei
Toplița
Bistrița
Năsăud
Dej
Gherla
CLUJ-NAPOCA
Huedin
TURDA
Cîmpia Turzii
Luduș
REGHIN
TÎRGU MUREȘ
Sovata
Tîrnăveni
Ocna Mureș
Aiud
Teiuș
Blaj
Alba Iulia
Sebeș
Mediaș
Copșa Mică
Dumbrăveni
Sighișoara
Agnita
Făgăraș
SIBIU
Cisnădie
Orăștie
Cugir
Simeria
Hațeg
Abrud
Victoria
Rupea
Cristuru Secuiesc
Pasul Prislop
Negrești-Oaș
Seini
Vf. Ignis
Vf. Gutîi
Vf. Țibleș
Vf. Pietroșu
Vf. Toroiaga
Vf. Farcău
Vf. Saca
Vf. Fincelu
Vf. Negoiu
Vîrful Moldoveanu
Vf. Suru
Vîrful Cindrelu
Vîrful Lui Pătru
Vf. Iezeru
P. Turnu Roșu
Mureș
Someș
Olt
Tîrnava Mare
Tîrnava Mică
Arieș
E60
E68
E81
E576
E79
153

ČERNOVCI
Suceava
Siret
Rădăuţi
Dorohoi
Fălticeni
Cîmpulung-Moldovenesc
Gura Humorului
Vatra Dornei
Bistriţa
Năsăud
Vişeu de Sus
Rachiv
Putyla
Vyžnycja
Berehomet
Storožynec
Krasnoil's'k
Toplița
Bicaz
Gheorgheni
REGHIN
TÎRGU MUREŞ
Luduş
Sovata
Odorheiu Secuiesc
Miercurea-Ciuc
Sighişoara
Mediaş
Blaj
Rupea
Agnita
Sfîntu Gheorghe
Tîrgu Secuiesc
Ocna Mureş
Tîrnăveni
Munţii Maramureşului
Munţii Rodnei
Munţii Bîrgăului
Munţii Călimani
Munţii Gurghiului
Munţii Harghita
Munţii Giurgeului
Munţii Ceahlău
Obcina Mare
Obcina Feredeului
Munţii Suhardului
Munţii Bistriţei
Munţii Stînişoarei
Munţii Tarcăului
Munţii Ciucului
Munţii Bodocului
Munţii Baraolţului
Munţii Hăşmaşul Mare
Munţii Ţibleşului
Karpaty
Čornohora
Hoverla
2061
Vf. Pietroşu
Vf. Omu
Vf. Giumalău
Vf. Budacu
Vf. Harghita
1801
Vf. Saca
1777
Vf. Fîncelu
1684
Vf. Toaca
1904
Vf. Cucu
1558
Mt. Cărunta
1523
L. Bicaz
E85
E60
E576
154
106
90
128
171
259
84

A
B
C
D
1
2
3
4
5
6
Lipcani
Rădăuţi
Corjeuţi
Edineţ
Tîrnova
Zguriţa
Soroca
Vel. Kisnycja
Grusca
Hristovaia
Camenca
Hrabove
Chetrosu
Drochia
Mihăileni
Brătuşeni
Căinarii- Vechi
Văscăuţi
Vadul Raşcov
Raşcov
Liveni
Drăguşeni
Manoleasa
Săveni
Ştiubieni
Zăicani
Rîşcani
Nicoreni
Recea
Floreşti
Cotiujeni
Rîbniţa
Rezina
Olişcani
Movila Ruptă
Hăneşti
Jijia
Dîngeni
Ştefăneşti
Ungureni
Danu
Stara'a Iabloana
Bălţi
Reuţel
Drăgăneşti
Răspopeni
Ciniseuti
Brănzeni
Truşeşti
Branişteea
Cubani
Glodeni
Limbenii Noi
Sîngerei
Prepeliţa
Botoşani
Dămideni
Albeşti
Blîndeşti
Suliţa
L. Drăcşani
Sitna
Todireni
Rînghileşti
Balotina
Făleşti
Santa Mare
Călăraşi
Călineşti
Lazo
Mîndreşti
Teleneşti
Sărăţenii
Chiperceni
Susleni
Orhei
Reut
Kula
Nicolae Bălcescu
Sărata Nouă
Plugari
Şipote
Trifeşti
Borşc
Probota
Corneşti
Bravicea
Hîrlău
Coarnele Caprei
Gropniţa
Sculeni
Pîrliţa
Codreanca
Perescina
Sireţel
Siret
Belceşti
Bahlui
Movileni
Vînători
Ungheni
Mileşti
Călăraşi
Byk
Micăuţi
Paşcani
Băltaţi
Leţcani
Bosia
Iaşi
Podul Iloaiei
Tîrgu Frumos
Strunga
Popeşti
Vorniceni
Cojuşna
Bursuc
Boldureşti
Nisporeni
Truşeni
Chişinău
Ciuciuleni
Miroslovesti
Halauceşti
Sineşti
Oţeleni
Voineşti
Schitu Duca
Stînca
Prisăcani
Grozeşti
Costuleni
Dobrovăţ
Botna
Ialoveni
Băcioi
Tupilaţi
Moldova
Bîra
Mădîrjac
Ţibana
Grajduri
Bujor
Săbaoani
Sagna
Mironeasa
Ciorteşti
Lăpuşna
Hînceşti
Bozienii de Sus
Roman
Tansa
Scînteia
Buneşti
Drînceni
Leuşeni
Moleşti
Neamţ
Poenari
Dumeşti
Todireşti
Codăeşti
Albiţa
Cărpineni
Gura Galbenă
Mărgineni
Ion Creangă
Băceşti
Negreşti
Dăneşti
Fereşti
Soleşti
Birlad
Prut
Kogil'nik
Valea Rosie
Valea Ursului
Filipeşti
Huşi
Sărăteni
Bistriţa
Buhuşi
Dămieneşti
Pungeşti
Racova
Plopana
Laza
Vaslui
Crasna
Creţeşti
Stănileşti
Tomai
Cimişlia
Blăgeşti
Secueni
Dragomireşti
Poieneşti
Ţîrzii
Schiopeni
Cazangic
Jalpug
Gloduri
Buhoci
Coloneşti
Tutova
Floreşti
Oţeleni
Leova
Cenac
Bacău
Scorţeni
Morăreni
Vetrişoaia
Desghinge
Măgireşti
Valea Seacă
Lozinca
Roşieşti
Guşiţei
Moineşti
Culmea Pietricica
Parincea
Horgeşti
Răchitoasa
Puieşti
Berezeni
Vişineşti
Comrat
Pleşeni
Săndulenii
Munţii Berzunţ
Berzunţi
Bîrsăneşti
Lichitişeni
Ursa-Motoşeni
Petreşti
Băcani
Stoişeşti
Găgeşti
Fălciu
Cantemir
Fundu Răcăciuni
Răcăciuni
Chetreni
Pogana
Şuletea
Rînzeşti
Stoianovca
Oneşti
Tîrgu Ocna
Dofteana
Corbasca
Berheci
Zeletin
Popeni
Bîrlad
Murgeni
Baimaclia
Jalpužel
Congaz
Bogdăneşti
Casin
Trotuş
Siret
Lespezi
Podu Turcului
Ivesti
Griviţa
Vinderei
Goteşti
Blăgeşti
Bauri
Grozeşti
Căiuţi
Urecheşti
Homocea
Bereşti
Găneşti
Hîrja
Casin
Coţofăneşti
Adjud
Gohor
Bălăbăneşti
Bursucani
Zărneşti
Albota de Jos
Vf. Ousorul
Angheleşti
Domneşti-Tîrg
Nărteşti
Cotoroaia
Adam
Rogojeni
P. Oituz
Rotileşti
Păuneşti
Buciumeni
Blînzi
Craieşti
Băneasa
Oancea
Budăi
Cahul
Vîrlezi
Movilita
Munteni
Corod
Bujor
Star. Crihana
Pelinei
Soveja
Muncel
Stăoane
Panciu
Nicoreşti
Brăneşti
Găvănoasa
Lepsa
Tulnici
Bîrseşti
Mărăşeşti
Tecuci
Matca
Puţeni
Chineja
Kogul
Putna
Vidra
Valea Sării
Ţifeşti
Cudalbi
Colibaş
Năruja
Ciuşlea
Cuca
Folteşti
Vulcăneşti
Herăstrău
Reghiu
Odobeşti
Costache Negri
Griviţa
Văleni
Cuza Vodă
Mera
Suhu
Dnestr
Kubolta
Kajnar
Bol. Čuluk
M14
E85
E581
E574
A276
155

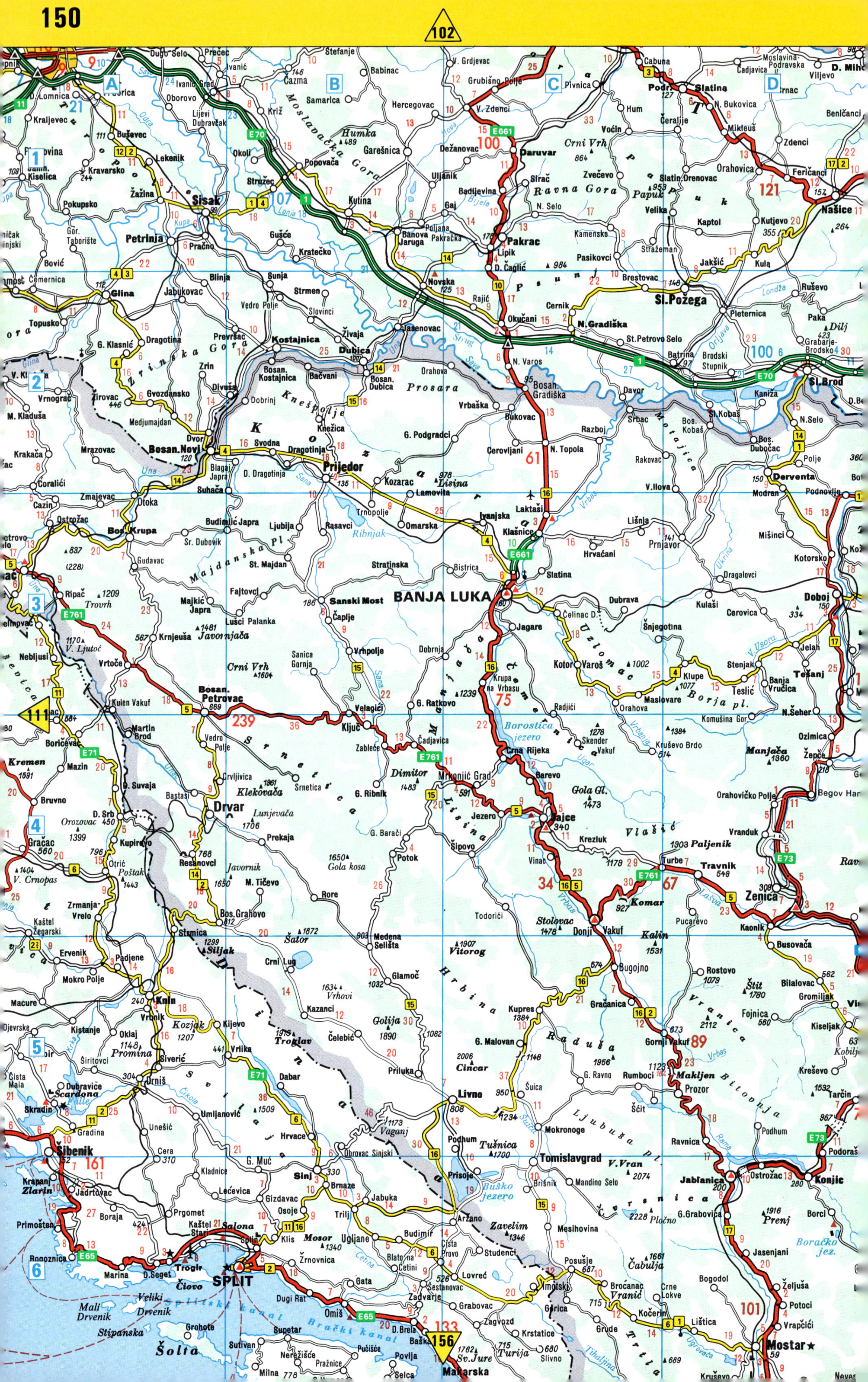
102
A
B
C
D
1
2
3
4
5
6
Dugo Selo
Prečec
Ivanić Grad
Čazma
Babinac
V. Grđevac
Grubišno Polje
Pivnica
Cabuna
Podr.
Slatina
Moslavina-Podravska
Čađavica
Viljevo
D. Miholjac
Velika Gorica
D. Lomnica
Kraljevec
Oborovo
Lijevi Dubravčak
Kriz
Samarica
Hercegovac
V. Zdenci
Hum
Čeralije
N. Bukovica
Mikleuš
Benićanci
Zdenci
Bušević
Lekenik
Okoli
Popovača
Humka
Garešnica
Dežanovac
Daruvar
Crni Vrh
Voćin
Kravarsko
Žažina
Sisak
Stružec
Kutina
Uljanik
Badljevina
Sirač
Ravna Gora
Zvečevo
Papuk
Slatin. Drenovac
Orahovica
Feričanci
Kiselica
Pokupsko
Petrinja
Pračno
Gušće
Kratečko
Banova Jaruga
Poljana Pakračka
Gaj
Pakrac
Lipik
D. Čaglić
Kamensko
Pasikovci
Velika
Kaptol
Kutjevo
Našice
Kula
Jakšić
Stražeman
Bović
Gor. Taborište
Čemernica
Glina
Jabukovac
Blinja
Sunja
Strmen
Slovinci
Vedro Polje
Novska
Rajić
Okučani
Psunj
Brestovac
Cernik
N. Gradiška
Sl. Požega
Pleternica
Ruševo
Topusko
Dragotina
Prevršac
Kostajnica
Živaja
Jasenovac
Dubica
Orahova
Stara Gradiška
Sava
St. Petrovo Selo
Batrina
Brodski Stupnik
Dilj
Grabarje-Brodsko
Sl. Brod
G. Klasnić
Zrinska Gora
Zrin
Divuša
Dobrinj
Bosan. Kostajnica
Bačvani
Bosan. Dubica
Prosara
Bosan. Gradiška
N. Varos
Davor
Srbac
Motajica
Kaniža
Sl. Kobaš
Bos. Kobaš
N. Selo
Bos. Dubočac
Vrnograč
Žirovac
Gvozdansko
Kneževo
Knešpolje
Kozara
Vrbaška
Bukovac
G. Podgradci
Razboj
Rakovac
M. Kladuša
Medjumajdan
Dvor
Krakača
Mrazovac
Bosan. Novi
Svodna
Dragotinja
Prijedor
Kozarac
Lisina
Cerovljani
N. Topola
V. Ilova
Derventa
Podnovlje
Modran
Coralići
Zmajevac
Blagaj Japra
D. Dragotinja
Suhača
Trnopolje
Lamovita
Laktaši
Ivanjska
Klašnice
Lišnja
Prnjavor
Mišinci
Cazin
Otoka
Ostrožac
Bos. Krupa
Budimlić Japra
Ljubija
Rasavci
Ribnjak
Omarska
Hrvaćani
Kotorsko
Sr. Dubovik
Majdanska Pl.
St. Majdan
Stratinska
Bistrica
Slatina
Dragalovci
Ripač
Trovrh
Gudavac
Fajtovci
Sanski Most
Čaplje
BANJA LUKA
Dubrava
Kulaši
Cerovica
Doboj
Majkić Japra
Lušci Palanka
Jagare
Čelinac D.
Šnjegotina
Uzlomac
Nebljusi
V. Ljutoč
Vrtoče
Krnjeuša
Javornjača
Sanica Gornja
Vrhpolje
Dobrnja
Krupa na Vrbasu
Kotor Varoš
Klupe
Stenjak
Jelah
Tešanj
Kulen Vakuf
Crni Vrh
Bosan. Petrovac
Ključ
Velagići
G. Ratkovo
Radjići
Maslovare
Orahova
Borja pl.
Teslić
Banja Vrućica
N. Šeher
Martin Brod
Boričevac
Vedro Polje
Zablaće
Čađavica
Borostića jezero
Crna Rijeka
Skender Vakuf
Kruševo Brdo
Komušina Gor.
Ozimica
Žepče
Manjača
Kremen
Mazin
Bruvno
Crvljivica
Klekovača
Srnetica
Dimitor
G. Ribnik
Mrkonjić Grad
Barevo
Gola Gl.
Orahovičko Polje
Begov Han
D. Suvaja
Bastasi
Drvar
Lunjevača
Jezero
Jajce
Vlašić
D. Srb
Orozovac
Gračac
Kupirovo
Resanovci
Prekaja
G. Barači
Potok
Šipovo
Krezluk
Paljenik
Vranduk
Turbe
Travnik
Zenica
Javornik
M. Tičevo
Gola kosa
V. Crnopas
Otrić
Poštak
Zrmanja-Vrelo
Bos. Grahovo
Rore
Todorići
Vinac
Komar
Stolovac
Donji Vakuf
Pucarevo
Kaonik
Busovača
Kaštel Žegarski
Strmica
Siljak
Šator
Medena Selišta
Vitorog
Kalin
Bugojno
Rostovo
Štit
Bilalovac
Gromiljak
Ervenik
Padjene
Crni Lug
Mokro Polje
Knin
Vrhovi
Kazanci
Glamoč
Hrbina
Kupres
Gračanica
Fojnica
Kiseljak
Macure
Vrbnik
Kozjak
Kijevo
Golija
Čelebić
G. Malovan
Gornji Vakuf
Vranica
Kistanje
Oklaj
Troglav
Promina
Širitovci
Siverić
Vrlika
Dabar
Cincar
Priluka
Raduša
Makljen
Prozor
Kreševo
Tarčin
Bitovnja
Dubravice
Scardona
Skradin
Drniš
Unešić
Umljanović
Šuica
G. Ravno
Rumboci
Šćit
Livno
Vaganj
Mokronoge
Ljubuša pl.
Podhum
Ravnica
Gradina
Šibenik
Cera
Hrvace
Obrovac Sinjski
Tušnica
Podhum
Tomislavgrad
V. Vran
Podorašje
Krapanj
Zlarin
Jadrtovac
Kladnice
G. Muć
Lećevica
Sinj
Brnaze
Prisoje
Buško jezero
Brišnik
Mandino Selo
Jablanica
Ostrožac
Konjic
Primošten
Boraja
Prgomet
Gizdavac
Osoje
Jabuka
Trilj
Arzano
Zavelim
Mesihovina
Čvrsnica
Pločno
G. Grabovica
Prenj
Borci
Rogoznica
Marina
D. Seget
Trogir
Kaštel Stari
Salona
Solin
Klis
Mosor
Ugljane
Budimir
Cista Provo
Studenci
Posušje
Čabulja
Boračko jez.
Čiovo
SPLIT
Žrnovnica
Gata
Blato na Cetini
Šestanovac
Lovreć
Imotski
Vranić
Bročanac
Crne Lokve
Bogodol
Jasenjani
Željuša
Potoci
Mali Drvenik
Veliki Drvenik
Splitski kanal
Dugi Rat
Omiš
Zadvarje
Grabovac
Zagvozd
Gorica
Kočerin
Lištica
Vrapčići
Stipanska
Grohote
Šolta
Supetar
Bračkí kanal
D. Brela
Baška
Krstatice
Grude
Trtla
Mostar
Sutivan
Nerežišće
Pučišće
Povlja
Pražnice
Selca
Milna
Makarska
Sv. Jure
Turija
Slivno
Tihaljina
Ugrovača
Kruševo
Nevesinje
111
156
E70
E661
E761
E71
E65
E73

103
A
B
C
D
OSIJEK
Valpovo
Bizovac
Josipovac
Petrijevci
Darda
Bilje
Apatin
Sonta
Sombor
Bački Brestovac
Srp.Miletić
Odžaci
Sarvaš
Erdut
Dalj
Čepin
Tenja
Ernestinovo
Poganovci
Vuka
Široko Polje
Markušica
Semeljci
Gaboš
Đakovo
Vukovar
Borovo
Nuštar
Vinkovci
St.Mikanovci
St.Jankovci
Orolik
Strizivojna
Vrpolje
Cerna
Privlaka
Gradište
Babina Greda
Županja
Bošnjaci
Otok
Nijemci
Lipovac
Tovarnik
Šid
Ilok
Šarengrad
Bačka Palanka
Neštin
Deronje
Bodjani
Bač
Selenča
Tovariševo
Ratkovo
Despotovo
Bački Petrovac
Kisač
NOVI SAD
Petrovaradin
Futog
Gložan
Kula
Crvenka
Sivac
M.Stapar
Ruski Krstur
Vrbas
Kucura
Feketić
Srbobran
Zmajevo
Sirig
Temerin
Nityin Salaš
Bečej
Novi Bečej
Bač. Gradište
Čurug
Žabalj
Mošorin
Kać
Šajkaš
Titel
ZRENJANIN
Aradac
Ečka
Lazarevo
Klek
Melenci
Kumane
Torda
Banatski Dvor
Bašaid
Petrovo Selo
Perlez
Idvor
Čenta
Opovo
Kovačica
Sremski Karlovci
Srem. Kamenica
Krčedin
Slankamen
N.Karlovci
Inđija
St.Pazova
St.Banovci
Golubinci
Batajnica
BEOGRAD
Zemun
Surčin
Banoštor
Beočin
Ležimir
Crveni čot
Grgurevci
Jazak
Irig
Erdevik
Čalma
Kukujevci
Kuzmin
Ruma
Vel. Radinci
Sasinci
Srem. Mitrovica
Jarak
Pećinci
Šimanovci
Karlovčić
Petrovčić
Subotište
Morović
Bos.Šamac
Oraše
Obudovac
Miloševac
Modriča
Vrbanja
Soljani
Jamena
Drenovci
Lončari
Račinovci
Pelagićevo
Gradačac
Brčko
Brka
Vršani
Brezovo Polje
Srem.Rača
Bos.Rača
Dvorovi
Bijeljina
Glušci
Bogatić
Hrtkovci
Platičevo
Grabovci
Obrež
Kupinovo
Ašanja
Boljevci
Šabac
Petlovača
Mišar
Lojanice
Varna
Vladimirci
Debrc
Obrenovac
Umka
Železnik
Zabrežje
Skela
Stubline
Vranić
Ripanj
Ralja
Srnice
Srebrenik
Gračanica
Čelić
Koraj
Zabrdje
Lopare
Janja
Krčina
Glavičice
Lešnica
Lipnički Šor
Cer
Tekeriš
Draginje
Banjani
Ub
Stepojevac
Beljina
Sibnica
Vreoci
Lazarevac
Venčan
Partizani
Dobošnica
Podorašje
Bučje
Gornja Tuzla
Priboj
Tuzla
Lukavac
Puračić
Simin Han
Stolice
Rastošnica
Kozluk
Loznica
Banja Koviljača
Draginac
Koceljevo
Miličinica
Husino
Živinice
Banovići
Tojšići
Memići
Jardan
Radalj
Zvornik
Crni Vrh
Zavlaka
Bela Crkva
Osečina
Kamenica
Brankovina
Slovac
Vajkovac
Divci
Valjevo
Belanovica
Gračanica
Caparde
Krupanj
Crnča
Culine
Pecka
Majinovići
Mionica
Ljig
Banovići Selo
Ribnica
Konjuh
Jadovnik
Šekovići
Papraća
Drinjača
Kladanj
Vlasenica
Nova Kasaba
Milići
Bratunac
Ljubovija
Tubravić
Povlen
Bačevci
Brežđe
Suvobor
Boljkovci
G.Banjani
Dubostica
Vareš
Zvijezda
Olovo
Han Pijesak
Sljemenska pl.
Srebrenica
Drlače
Makovište
Maljen
Mrčići
Družetići
Takovo
Pranjani
Gor. Milanovac
Kosjerić
Rogačica
Kostojevići
Fakovići
Skelani
Bajina Bašta
Dub
Zaglavak
G.Gora
G. Gorevnica
Ljubić
Preljina
Srednje
Čevljanovići
Rijeka
Mrkalji
Zlovrh
Perućac
V.Stolac
Tara pl.
Bioska
Karan
Čestobrodica
Ovčar Banja
Čačak
Sokolac
Podromanija
Romanija
Semizovac
Alipašin M.
SARAJEVO
Ilidža
Krupac
Trebević
Jablanica
Stjenice
Rogatica
Pesurići
Sjemeč
Višegrad
Kremna
Mokra Gora
Šljivovica
Užice
Dubci
Gorjani
Požega
Zablaće
Slatina
Guča
Arilje
Rožanstvo
Čajetina
Partizanske Vode
Kotraža
Boguto
Jahorina
Praća
Mesići
Ustiprača
Jabuka
Samobor
Čemernica
Goražde
Vranići
Miljeno
Rudo
Bogatić
Međeđa
Rijeka
Uvac
Priboj
Ljubiš
Prilike
Ivanjica
Čemerno
Trnovo
Ustikolina
Dobro Polje
Miljevina
Žikovci
Foča
Brod
Drače
Kalinovik
Obalj
Lelija
Zelengora
Obrnja
Ćemerno
Šćepan Polje
Tjentište
Metaljka
Boljanići
Hercegov. Goleša
Bučje
Banja
Ustibar
Potpećko jezero
Bistrica
Kokin Brod
Zlatarsko jezero
Jasenovo
Opaljenik
Studenica
Kumanica
Nova Varoš
Prijepolje
Sjeničko jezero
Kačevo
Kolovrat
Jabuka
Gradac
Pljevlja
Slatina
Mataruge
Lučice
Brodarevo
Sjenica
Kladnica
Štavalj
Duga Poljana
Golija
157

146

A B C D

1 2 3 4 5 6

Pećiu Nou
Otelec
Johanisfeld
Giulvăz
Torda
Srp. Itebej
Međa
Banatski Dvor
St. Begej
Begejski kanal
Foeni
Ciacova
Ghilad
Jebel
Berini
Nitchidorf
Vermeș
Sacu
Maciova
Oțelu Roșu
Bistra
Begejci
Krajišnik
Voiteg
Tormac
Pogăniș
Firliug
Zăgujeni
Obreja
Măru
Caransebeș
Žitište
Jaša Tomić
Gad
Giera
Deta
Gătaia
Șoșdea
Berzovia
Areniș
Ezeriș
Brebu
Rugi
Poiana Mărului
Vîrful Pietrii
Klek
Sutjeska
Sečanj
Denta
Măureni
Bocșa
Borlova
Lazarevo
Boka
Partoș
Doclin
Nemanu
Vf. Țarcu
Zrenjanin
Konak
Brzava
Miletićevo
V. Gaj
Moravița
Jamu Mare
Reșița
Semenic
Slatina-Timiș
Vf. Gugu
Ečka
Jarkovac
Plandište
Caraşova
Văliug
Vf. Petr. Goznei
Brebu Nou
Armeniș
Tomaševac
Dobrica
Margita
V. Središte
Comoriște
Pešt. Comarnic
Criva
Uzdin
Deliblatska peščara
Lokve
Vršac
Markovac
Teregova
Timiș
Idvor
Seleuš
Kuštilj
Grădinari
Domașnea
Padina
Alibunar
Anina
Luncavița
Cornereva
Kovačica
Vlajkovac
Caraș
Bogiltin
Cerna
Opovo
Vladimirovac
Ban. Karlovac
Uljma
Oravița
Crușovăț
Munții Cernei
Munții Mehedinți
Glogonj
Crepaja
Banat. N. Selo
Zagajica
Straža
Răcășdia
Vf. Leordișu
Iablanița
Mehadia
Šušara
Jasenovo
Bela Crkva
Nicolinț
Bozovici
Prigor
Băile Herculane
Jabuka
Kusić
Sasca Montană
Pecinișca
Ovča
Pančevo
Dolovo
Vračev Gaj
Munții Locvei
Dalboșeț
Vf. Svinițea Mare
Zemun
Krnjača
Deliblato
Ban. Palanka
Cărbunari
Munții Almăjului
Topleț
Beograd
Bavanište
Dubovac
Baziaș
Belobrešca
Șopotu Nou
Ravensca
Kovin
Gaj
Moldova Nouă
Moldova Veche
Orșova
Porțile de Fier
Vîrciorova
Brestovac
Topolovnik
V. Gradište
Ogradena
Železnik
Avala
Dunav
Kostolac
Dubravica
Beranje
Braničevo
Liubcova
Berzasca
Clisura Cazanelor
Tekija
Umka
Ripanj
Grocka
Smederevo
Požarevac
Salakovac
Golubac
Brnjica
Dobra
Djerdap
Kladovo
Vinča
Umčari
M. Krsna
Rabrovo
Rakova Bara
Plavișevița
Ralja
Mihajlovac
Osipaonica
Poljana
Boževac
Mišljenovac
Turija
Šomrda
Boljetin
Svinița
Miroč
Milutinovac
Beljina
Durinci
Selevac
V. Selo
Kučevo
Brodica
Golubinje
Brza Palanka
Sopot
V. Krsna
Saraorci
Neresnica
Pek
D. Milanovac
Mosna
Tekija
Sibnica
Krnjevo
Aleksandrovac
Melnica
Blagojev Kamen
Majdanpek
Urovica
Tiganaşi
Mladenovac
Kusadak
Smed. Palanka
Velika Plana
Petrovac
Mlava
Homoljske pl.
Rudna Glava
Klokočevac
Mihajlovac
Vencane
Partizani
Orašje
Žabari
Ždrelo
Miloševa Kula
Plavna
Jabukovac
Samarinovac
Bašin
Jasenica
Krepoljin
Laznica
Jasikovo
Crnajka
Štubik
Raduje
Aranđelovac
Markovac
Svilajnac
Jasenica
Milanovac
Žagubica
Deli Jovan
Crni vrh
Negotin
Belanovica
Topola
Natalinci
Rača
Sedlari
Šatornja
Lapovo
Beljanica
Kras
Luka
Salaš
Vel. Krčmare
Batočina
Humovi
Medveđa
Man. Manasija
Bor
Brusnik
Rudnik
Stragari
Cerovac
Despotovac
Stenjevac
Brestovačka Banja
Slatina
Timok
Cvijićev vrh
Nevade
Vraćevšnica
Kutlovo
Desimirovac
Bagrdan
Žirovnica
Resava
Dražmirovac
Kučajske pl.
Zlot
Brestovac
Rgotina
Takovo
Gor. Milanovac
Kragujevac
Ribare
Man. Ravanica
Šarbanovac
Vražogrnac
Svetozarevo
Senje
Metovnica
Vel. Izvor
Šiščeni
Bojnica
Ljubić
Preljina
Knić
Ravni Gaj
Sabanta
Dragocvet
Ćuprija
Bošnjane
Malinik
Podgorac
Selište
Gamzigrad
Zaječar
Izvor
Mahala
Kula
Gledićke pl.
Rekovac
Trešnjevica
Sv. Petka
Valakonje
Lubnica
Vrška čuka
Staropatica
Bresnica
Gruža
Man. Kalenić
Belušić
Ločika
Juhor
Paraćin
Don. Mutnica
Krivi Vir
Boljevac
Planinica
Vratarnica
Mrčajevci
Miločaj
Vitkovac
Lukovo
Rtanj
Tupižnica
Babin nos
Zablaće
Slatina
Samanjac
Dobro Polje
Rakovica
Magura
Samaila
D. Krčin
Pojate
Rtanj
Minićevo
Kraljevo
Vitanovac
Varvarin
Ćićevac
Beli Timok
Bučje
Čitluk
Kondžilj
Sv. Nikola
Žiča
Vrba
Stubal
Man. Ljubostinja
Stalać
Ražanj
Sokobanja
N. Korito
Bogutovac
Mataruška Banja
N. Selo
Medveđa
Drenova
Jasika
Deligrad
Ozren
Devica
Knjaževac
Maglič
Vrnjačka Banja
Trstenik
Kruševac
Đunis
Aleksinac
Beli Potok
Ibar
Kaonik
Stopanja
Studenica
Man.
Goč
Mrmoš
V. Šiljegovac
Žitkovac
Vrelo
D. Kamenica
Ušće
Grčak
Kupci
Ribare
Kalna
Krivača
Baljevac
Jošanička Banja
Aleksandrovac
Rasina
Ribarska Banja
Tešica
Lalinac
Svrljig
Gušavac
Veliki Jastrebac
Mali Jastrebac
Gor. Toponica
Hum
Vitanovac
Berilovac
Bela Stena
Brus
Lepenac
Razbojna
Džigolj
Malča
Sićevo
Svrljiške pl.
Cerova
Golija
Raška
Jaram
Brzeće
Blace
Merošina
Niš
Niška Banja
Nišava
Glama
Kopaonik
Merćez
Barbatovac
M. Plana
Prokuplje
Crvena Reka
Suva pl.
Bela Palanka
Rudnica
Blaževo
Beloljin
Kočane
Gadžin Han
Poljana
Milatkoviće
Suva Čuprija
Sopoćani
Žuč
Obratić
Toplica
Žitorada
Donje Brijanje
Brestovac
Trem
Divljana
Sadikov Bunar
Žitni Potok

158

147

Munții Lotrului
Pui
Petrila
Bănița
Merișor
PETROȘANI
Jiul de Est
Lotru
Săracinești
Titești
Căpățineni
Rucăr
Dragoslavele
Munții Retezatului
Vulcan
Pasul Surduc
Lupeni
Uricani
C. Rusu
Vîrful Parîngul Mare 2518
Munții Parîngului
Vîrful Bolota 2103
Munții Căpățînei
L. Vidra
Voineasa
Malaia
Brezoi
Mînăstirea Cozia
Sălătrucu
Perișani
Arefu
Corbeni
Nucșoara
Brăduleț
Corbi
Cîmpulung
Godeni
Schitu-Golești
Stoeneşti
Peleaga
Cîmpu lui Neag
Sigleu Primo
Munții Vîlcanului
Leșu
Lainici
Bumbești-Jiu
Pești. Muierii
Băile Olănești
Călimănești
Șuici
Albești
Mușetești
Domnești
Vlădești
Hîrtiești
Vlsănești
Retevoești
Curtea de Argeș
Cîndești-Deal
Rădești
Rîmnicu Vîlcea
Ocnele Mari
Tigveni
Jupânești
Vaideeni
Horezu
Polovragi
Novaci
Tomșani
Băile Govora
Milcoiu
Morărești
Dobrești
Piatra Boroștenilor
Mușetești
Bălănești
Bengești
Bumbești
Măldărești
Oteșani
Berciolu
Colibași
Peștișani
Subcarpații Getici
Tîrgu Jiu
Mateești
Dăești
Băbeni-Bistrița
Galicea
Uda
Valea Ursului
Mozoaia
PITEȘTI
Călinești
Topoloveni
Clinicu
Ciuperceni
Tirgu Cărbunești
Pojogeni
Berbești
Șirineasa
Lăunele de Sus
Rovinari
Moi
Țicleni
Tuturu
Licuriciu
Lădești
Ionești
Drăgoești
Dobroteasa
Făgețelu
Albota
Bradu
Câteasca
Roșia-Jiu
Motru
Bărbătești
Hurezani
Rădinești
Cîmpu Mare
Leleasca
Alunișu de Sus
Vedea
Păduroiu
Lunca Corbului
Rociu
Peștieana-Jiu
Urdari
Căpreni
Zătreni
Giulești
Oveselu
Prundeni
Verguleasa
Poboru
Costești
Tutulești
Bîrlogu
Ionești
Broșteni
Gîrbovu
Turburea
Dănciulești
Ciobănești
Drăgășani
Cucueți
Negrași
Turceni
Stoina
Oteteliș
Ușurei
Fumureni
Negreni
Hîrșești
Recea
SEVERIN
Prunișor
Strehaia
Radulești
Filiași
Fărcașu
Bălcești
Gradinari
Diculești
Curtișoara
Jitaru
Potcoava
Ungheni
Căldăraru
Hinova
Plopi
Rogova
Vînju Mare
Corzu
Cernătești
Răcarii de Sus
Negoești
Picăturile
Morunglav
Slatina
Găneasa
Brebeni
Schitu
Tufeni din Vale
Bîrla
Șilștea-Gumești
Balaci
Oltenia
Izvoru
Motoci
Balș
Piatra
Șerbănești
Ciurari
Bălăcița
Carpen
Ișalnița
Breasta
CRAIOVA
Popinzălești
Coșoveni
Dobrun
Vîlcele
Bălănești
Văleni
Recea
Oprișoru
Terpezița
Podari
Tesluiul
Stoicănești
Drăgănești-Olt
Daneasa
Mihăești
Bacălești
Roșiori
L. Fintin
Leu
Zănoaga
Caracal
Radomirești
Cujmir
Plenița
Sălcuța
Gura Văii
Secuiu
Castranova
Radomiru
Sprîncenata
Cîrlogați
Caraula
Perișoru
Radovanu
Bratovoești
Segarcea
Apele Vii
Celaru
Deveselu
Crîngeni
Salcia
Novo selo
Gămzovo
Cetate
Dîrvari
Giubega
Galicea Mare
Cerătu
Drănicu
Rojiștea
Redea
Zvorsca
Scărișoara
Plopii-Slăvitești
Rusănești de Jos
Inovo
Vidin
Calafat
Kośava
Băilești
Giurgița
Padea
Amărăștii de Jos
Bucinișu
Studina
Cilieni
Poiana Mare
Tunarii Vechi
Negoiu
Bîrca
Horezu Poenari
Rioasa
Segarcea Vale
Dunavci
Desa
Rastu
Maceșu de Jos
Gîngiova
Sadova
Vădastra
Vișina Veche
Izbiceni
Gluvărăști
Lița
Traian
Bistrețu
Dăbuleni
Ianca
Gura Padinii
Corabia
Gîrcov
Turnu Măgurele
Nikopol
Lom
Dolni Cibăr
Bechet
Islaz
Cerkovica
Zagražden
Orsoja
Kovačica
Mokreš
Kozloduj
Orjahovo
Ostrov
Bajkal
Gigen
Guljanci
Somovit
Arčar
Vălčedrăm
Gložene
Mizija
Galovo
Kruševene
Brest
Debovo
Drenovec
Rasovo
Butan
Selanovci
Bela
Brusarci
Gorna Gnojnica
Dolno Cerovene
Hajredin
Kruševica
Staverci
Podem
Novačene
Gradčik
Ružinci
Medkovec
Mihajlovo
Trăstenik
Koilovci
Slavjanovo
Belotinci
Slavotin
Vladimirovo
Lehčevo
Altimir
Kneža
Dolna Mitropolija
PLEVEN
Grivica
Smoljanovci
Mărčevo
Furen
Malorad
Bjala Slatina
Pelovo
Brenica
Dolni Dăbnik
Jasen
Pordim
Dolni Lom
Prevala
Bojčinovci
Rakevo
Devene
Borovan
Nivjanin
Kajlăška peštera
Mihajlovgrad
Kojnare
Čiprovci
Stubel
Krivodol
Milin Kamăk
Banica
Gorno Peštene
Čomakovci
Teliš
Sadovec
Rakita
Vladinia
Čiprovska pl.
Borovci
Ciren
Gabare
Červen Brjag
Belgež
Devetaki
Dol
Diva Slatina
Zamfirovo
Beli Izvor
Tiševica
Kameno pole
Hajduška peštera
Lukovit
Lovеč
Kotenovci
Berkovica
Văršec
Ledenika
Vraca
Karlukovo
Dermanci
Stojanovo
Presjaka
Bărzia
Srebrna Gl.
Kom 2016
Gorna Kremena
Temnata dupka
Roman
Ugărčin
Slavinja
Petrohanski prohod
Temnata dupka
Ljutibrod
Mezdra
Zlatna panega
Bălgarski izvor
Ablanica
Krupac
Koznica
Gara Lakatnik
Elisejna
Čerepiški manastir
Batulci
Bezdanna peščera
Sopot
Mikre
Jablanica
Gradešniška
Vrabevo
Lakatnik
Gubeš
Dunărea
Olt
Jiu
Iskăr
Vit
Ogosta

159

148

A B C D

1

Perşani, Crizbav, Tînţari, Hălchiu, Feldioara, Codlea, Bod, Hărman, Prejmer, Ozun, Aninoasa, Zagon, BRAŞOV, Budila, Teliu, Întorsura Buzăului, Sâcele, Vama Buzăului, Vulcan, Poiana Braşov, Rîşnov, Zărneşti, Crasna, Gura Siriului, Gura Teghii, Vîrful Lăcăuţ 1777, Vf. Penteleu 1773, Munţii Buzăului, Munţii Perşa, Nereju, Zăbala, Mera, Faraoanele, Focşani, Suraia, Coteşti, Dealu Lung, Chiojdeni, Dumitreşti, Popeşti, Slobozia-Ciorăşti, Obileşti, Vulturu, Nănești, Dumbrăvenii, Măicăneşti, Gulianca, Ciorăşti, Buda, Vintilă Vodă, Luncile, Lopătari, Deduleşti, Milcov, Rîmnicu Sărat, Stiubei, Boldu, Munţii Bîrsei, P. Predeal, Predeal, Pest. Bran, Bran, Munţii Bucegi, P. Bratocea 1246, Vf. Ciucaşu 1956, Vîrful Siriu 1664, Teleajen, Nehoiaşu, Braeşti, Chiliile, Bălăneşti, Munţii Baiului, Azuga, Vf. Omu 2507, P. Bran 1240, Pest. Ialomiţei, Buşteni, Sinaia, Vf. Leaota 2135, Munţii Leaota, Munţii Ciucaşului, Slon, Chiojdu, Sibiciu de Sus, Berca, Pleşcoi, Sălcioara, Ghergheasa, Grădiştea, Bălăceanu

2

Mâneciu, Rîncezi, Pătîrlagele, Pîrscov, Măgura, Cîndeşti, Sapoca, Poşta, Clineni Băi, Sătuc, Jirlău, Boboc, Homorîciu, Schiuleşti, Teşila, Cislău, Viperești, Verneşti, BUZĂU, Vadu Paşii, Săgeata, Găvăneşti, Făurei, Filipeşti, Surdila-Greci, C.A. Rosetti, Tisău, Merei, Stîlpu, Tăbărăşti, Costeşti, Slănic, Vălenii de Munte, Calvini, Comarnic, Bertea, Aluniş, Breaza, Pucheni, Ocina, Pietroşiţa, Podu Vadului, Doftana, Cîmpina, Poiana-Vărbilău, Sîngeru, Boboc, Breaza, Călugăreni, Ulmeni, Albeşti, Largu, Ulmul, Caragele, Ruşeţu, Bezdead, Poiana de Jos, Fieni, Gornet-Cricov, Vadu Săpat, Ceptura, Plopeni, Măgurele, Săhăteni, Smeeni, Valea Lungă-Cricov, Băicoi, Vintileanca, Mizil, Pogoanele, Subcarpaţii de Curbură

3

Pucioasa, Moreni, Iedera, Floreşti, Lipăneşti, Bucov, Urlaţi, Albeşti-Paleologu, Limpezişu, Brădeanu, Scutelnici, Padina, Roşiori, Doiceşti, Mâneşti, Tîrgovişte, Răzvad, Filipeştii de Tîrg, PLOIEŞTI, Fulga, Amaru, Glodeanu-Siliştea, Nicoleşti, Scheiu, Ulmi, Săcueni, Caragiale, Bărcăneşti, Dumbrava, Ciorani, Sălciile, Ciocîrlia, Grindu, Colelia, Griviţa, Smirna, Unguren, Mâneşti, Cocorăşti Colţ, Puchenii Mari, Adîncata, Grindaşi, Reviga, Bogaţi, Văcăreşti, Dobra, Şirna, Urziceni, Manasia, Sfîntu Gheorghe, Amara, Topoloveni, Leordeni, Mircea Vodă, Frasinu, Ciolpani, Snagov, Fierbinţi-Tîrg, Coşereni, Bărcăneşti, Căzăneşti, Ciochina, Perieţi, Cateasca, Dragodana, Bilciureşti, Găeşti, Luciaca, Movilita, Axintele, Crăsani, Ialomiţa, Branişte, Sălcuţa, Titu, Răcari, Corbeanca, Căciulaţi, Drăgoeşti, Ştefăneşti, Teiu, Petreşti, Odobeşti, Lunguleţu, Tărtăşeşti, Buftea, Otopeni, Ştefăneşti, Lilieci, Măriuţa, Ileana, Lehliu, Dor Mărunt, Dragoş Vodă, Dragalina, Răscăeţi, Corbii Mari, Slobozia Moară, Mogoşoaia, Afumaţi, Brăneşti, Fundulea, Tămădău

4

Negraşi, Mozăceni, Găiseni, Dragomireşti, BUCUREŞTI, Sărulești, Lupşanu, Plevna, Crucea, Mihai Viteazu, Recea, Fierbinţi, Sîrbeni, Cartojani, Crevedia Mare, Malu Spart, Solacolu, Frăsinet, Făurei, Nicolae Bălcescu, Cuza Vodă, Negreni, Căţunu, Bragadiru, Popeşti-Leordeni, Ştiubei-Orăşti, Gălbinaşi, Mostiştea, Rasa, Tătărăştii de Sus, Preajba, Goleasca, Ileava, Berceni, Nana, Coconi, Dorobanţu, Slăveşti, Scurtu Mare, Purani, Clejani, Mihăileşti, Adunaţii-Copăceni, Vidra, Budeşti, Minăstirea, Ciocăneşti, Ciolăneşti, Ruşii lui Asan, Vărăşti, Herăşti, Curcani, Chiselet, Blejeşti, Videle, Mereni, Bălăria, Grădiştea, Hotarele, Ulmeni, Popina, Necşeşti, Gălăţeni, Flămînda, Călugăreni, Bila, Comana, Greaca, Căscioarele, Chirnogi, Spanţov, Silistra, Srebărna, Virtoapele, Olteni, Naipu, Oltenița, Dunavec, Profesor Işirkovo

5

Drăgăneşti de Vede, Roşiori de Vede, Botoroaga, Asan-Aga, Drăgăneşti-Vlaşca, Vlaşin, Pietrele, Prundu, Kolarevo, Zafirovo, Dobrotica, Bradvari, Lăceni, Călineşti, Beiu, Băneasa, Tutrakan, Brăslen, Staro selo, Glavinica, Peretu, Buzescu, Plosca, Toporu, Daia, Dunărea, Slivo-pole, Čerešovo, Biserci, Alexandria, Onceşti, Putineiu, GIURGIU, Marten, Nikolovo, Judelnik, Dulovo, Pîrlita, Atîrnaţi, Vieru, RUSE, Kubrat, Zavet, Veselec, Paisievo, Vokil, Gara Dulovo, Ologi, Furculeşti, Brînceni, Smîrdioasa, Slobozia, Novo selo, Tetovo, Červena voda, Isperih, Cervenia, Vedea, Glodževo, Platra, Găujani, Kamenovo, Todor-Ikonomovo, Traian, Suhaia, Bragadiru, Bujoru, Štraklevo, Vetovo, Durač, Kliment, Kaolinovo, L. Suhaia, Pisanec, Beli Lom, Senovo, Kičenica, Rusenski Lom

6

Nikopol, Zimnicea, Dunav, Batin, Hlebarovo, Jasenovec, Sini vir, Venec, Belene, Sviştov, Vardim, Novgrad, Obretenik, Dve Mogili, Červen, Svalenik, Kostandenec, Osenec, Razgrad, Samuil, Kriva reka, Vojvoda, Dekov, Karamanovo, Cenovo, Kacelovo, Krepča, Sadina, Živkovo, Kamenica, Gara Hitrino, Pliska, Osăm, Steževo, Dragomirovo, Borovo, Gorsko Ablanovo, Baniska, Car Asen, Manastirsko, Trapište, Studenec, jaz. Beli Lom, Blagoevo, Loznica, Trănčovica, Alekovo, Pavel, Bjala, Polsko Kosovo, Koprivec, Cerni Lom, Caревbrod, Morava, Bălgarene, Gorna Studena, Polski-Trămbeš, Vodica, Popovo, Svetlen, ŠUMEN, Kozar Belene, Ludogorie

149

GALAȚI
BRĂILA
Reni
Izmaïl
Tulcea
Sulina
Sfîntu Gheorghe
Babadag
Măcin
Hîrșova
Fetești
Cernavodă
Medgidia
CONSTANȚA
Mangalia
Vama Veche
DOBRIČ
Kavarna
Balčik
VARNA
Dobrogea
Podișul Dobrogei
L. Razelm
Brațul Chilia
Brațul Sulina
Brațul Sf. Gheorghe

161

A B C D

1 2 3 4 5 6

Kistanje
Oklaj
1148
Promina
Širitovci
Siverić
Drniš
Dubravice
Scardona
Unešić
Umljanović
Vrlika
Dabar
Hrvace
Šibenik
161
Jadrtovac
Cera
310
Kladnice
Lećevica
Boraja
Prgomet
G. Muć
Sinj
Brnaze
Gizdavac
Osoje
Kaštel Stari
Salona
Klis
Solin
Mosor
1340
Trogir
Marina
D.Seget
Čiovo
SPLIT
Žrnovnica
Dugi Rat
Omiš
Gata
Mali Drvenik
Veliki Drvenik
Stipanska
Šolta
Grohote
Splitski kanal
Supetar
Sutivan
Nerežišće
Pražnice
Pučišće
Povlja
Milna
778
G.Humac
Selca
Sumartin
Bol
Brač
Bračkí kanal
Hvarski kanal
Brusje
Hvar
Starigrad
Jelsa
626
Hvar
Sućuraj
Vis
Komiža
Hum
587
Budikovci
Ravnik
Biševo
Modra spilja
Šćedro
Korčulanski kanal
Neretvanski kanal
Vela Luka
Prigradica
Blato
Smokvica
568
Brna
Korčula
Lumbarda
Orebić
Kučište
967
Trpanj
Janjina
Žuljana
Pelješac
Ston
Mljet
Mljetski kanal
Sobra
Babino Polje
Lastovski kanal
Sušac
Lastovo
Ubli
417
Kopište
Palagruža
Šipan
Lopud
Orašac
Trsteno
Slano
DUBROVNIK
Troglav
1913
Čelebić
1890
1082
Priluka
Livno
808
1234
Cincar
2006
G. Malovan
Šuica
Radusa
1956
G. Ravno
Rumboci
Gornji Vakuf
Makljen
Prozor
1123
Vaganj
1173
Obrovac Sinjski
Podhum
Tušnica
1700
Mokronoge
Tomislavgrad
V.Vran
2074
Ljubuša pl.
Prisoje
Buško jezero
Brišnik
Mandino Selo
Jabuka
Trilj
Ugljane
Budimir
Čista Provo
Aržano
Zavelim
1346
Meslhovina
Blato na Cetini
Šestanovac
Zadvarje
Lovreć
Studenci
Posušje
Čabulja
1661
Imotski
Grabovac
Zagvozd
Gorica
Broćanac
Vranić
Crne Lokve
Kočerin
Bogodol
Lištica
D. Brela
Baška Voda
133
Sv.Jure
1762
Makarska
Turija
715
Krstatice
Slivno
680
Grude
Trtla pl.
689
Kozica
897
Podgora
Igrane
Vrgorac
Drvenik
Rilić
836
Vitina
251
Ljubuški
Gradac
Nova Sela
Čapljina
Gabela
Metković
Ploče
Opuzen
Neum
Duži
Hutovo
Smokovljani
Rudine
86
Ravno
Zavala
Vjetrenica
Kiseljak
Kobilja
Kreševo
Tarčin
Podhum
Podorašac
Ostrožac
Konjic
280
Jablanica
200
Ravnica
G.Grabovica
Prenj
1916
Borci
Boračko jez.
Jasenjani
Željuša
Potoci
Vrapčići
101
Mostar
Blagaj
Buna
Nevesinje
Kruševo
Čitluk
Sniježnica
1264
Rečice
Stolac
Tasovčići
Višići
Pocrnje
584
Bitovnja
Rama
Vrbas
Ugrovača
Tihaljina
Trebižat
Neretva
Cetina
Čikola
Krka
E65
E71
E73
89

Péschici
Vieste
210
Gargano
S. Ant. 'Umbra
Testa del Gargano
Pugnochiuso
874
Sacro
Mattinata
Pizzo Ossa

151

SARAJEVO
Semizovac
Alipašin M.
Ilidža
Krupac
Trebević
Jablanica
Romanija
Ljubogošta
Podromanija
Stjenice
Rogatica
Prača
Mesići
Jabuka
Brići
Sjemeč
Višegrad
Medjedja
Ustiprača
Samobor
Bogilice
Kremna
Mokra Gora
Užice
Gorjani
Čajetina
Partizanske Vode
Rožanstvo
Arilje
Guča
Kotraža
Bogutovac
Ivanjica
Čemerno
Magliċ
Prilike
Opaljenik
Studenica
Ljubiš
Jasenovo
Zlatarsko jezero
Kokin Brod
Nova Varoš
Kumanica
Kladnica
Sjeničko jezero
Sjenica
Štavalj
Duga Poljana
Golija
Jelenak
Suva Čuprija
Dojeviće
Sopoćani
Pokrvenik
Ugao
Žilindar
Tutin
Godovo
Crnokrpe
Špiljani
Rožaje
Savine Vode
Vrela
Peć
Banjica
Rausić
Streoc
Dečani
Man. Visoki Dečani
Junik
Skivjani
Kukës
Cemerno
Gacko
Avtovac
Stepen
Nadinići
Fojnica
Bileća
Bilećko jezero
Trebinje
Tvrdoš
Ljubovo
Dubac
Čilipi
Gruda
Debeli Brijeg
Herceg Novi
Zelenika
Prevlaka
Kotor
Tivat
Perast
Risan
Kamenari
Radovanići
Radanovići
Budva
Sv. Stefan
Petrovac
Sutomore
Bar
St.Bar
Sutorman
Virpazar
Kunje
Kruče
Ulcinj
Sv. Nikola
Krute
Bukobin
Bojana
Cetinje
Lovćen
Rijeka Crnojevića
Gradjani
Čekanje
Bigor
PODGORICA
Tuzi
Mojanovići
Plavnica
Skadarsko jez.
Bajzë
Koplik
Drisht
SHKODËR
Bushat
Pulaj
Shëngjin
Lezhë
Pédhana
Milot
Laç
Mamuras
Mat
Muzhllit lë Skënderbeut
Ishem
Krujë
Qafë Shtamë
Burrel
Lis
Guri Bardhë
Klos
Vorrë
Sukth
Erzen
Qafmolle
Ndërfanë
Perlat
Urakë
Kallmet
Blinisht
Fan i Vogël
Fan i Madh
Zhezhan
Korthpulë
Pukë
Lajthizë
Mguelle
Spas
Liq. i Fierzës
Krabi
Valbonë
Zogaj
Drin
Kiri
Ducaj
Bzhetë
Ndrejaj
Okol
Bogë
Maja Jezërcës
Skiljven
Prokletije
Gusinje
Plav
Brezojevica
Murino
Čakor
Kućište
Andrijevica
Trešnjevik
Komovi
Vjeternik
Lijeva-Rijeka
Medjurječje
Mateševo
Kolašin
Man. Djurdjevi Stupovi
Trešnjevo
Ivangrad
Trpezi
Goražde
Bjelasica
Biogradsko jez.
Sjerogošte
Mojkovac
Stevanovac
Slijepac M.
Vrapče Polje
Bijelo Polje
Potkrajci
Trojica
Lim
Gostun
Brodarevo
Kovren
Vranštica
Lučice
Kačevo
Prijepolje
Kolovrat
Jabuka
Bistrica
Potpečko jezero
Banja
Priboj
Uvac
Rijeke
Rudo
Ustibar
Hercegov. Goleša
Bučje
Gradac
Pljevlja
Odžak
Mataruge
Kosanica
Djurdjevića Tara
Tara
Njegovudja
Žabljak
Crno jez.
Durmitor
Pašina Voda
Miloševići
D. Bukovica
Sinjajevina
Bojan
Šavnik
Krnovo
Gvozd
Liverovići
G. Morakovo
Manastir Ostrog
Zeta
Nikšić
Trubjela
Kusida
G. Polje
Šipačno
Donja Brezna
Rudinice
Plužine
Pivsko jezero
Piva
Pivski Manastir
Dobrelica
Volujak
Šćepan Polje
Tjentište
Čemerno
Zelengora
Lelija
Obrnja
Obalj
Kalinovik
Drače
Miljevina
Žikovci
Foča
Brod
Ustikolina
Drina
Goražde
Vranići
Miljeno
Čemernica
Jahorina
Trnovo
Dobro Polje
Bjelašnica
Neretva
Nevesinje
Metaljka
Boljanići
Slatina
Trsa
Zaljutnica
Prenka
Njegoš
Vračenovići
Domaševo
Mosko
St. Slano
Vilusi
Grahovo
Rudine
Grahovac
Lastva
Dragalj
Crkvice
Grab
Izvori
Čevo
Resna
Danilov grad
Rosca
Ubli
Duga
Spuž
Bioče
Medun
Orahovo
Vranj. Njive
Korita
Krivača
Sitnica
Bijeljani
Zlatibor
Crna Gora
CRNA GORA

162

152

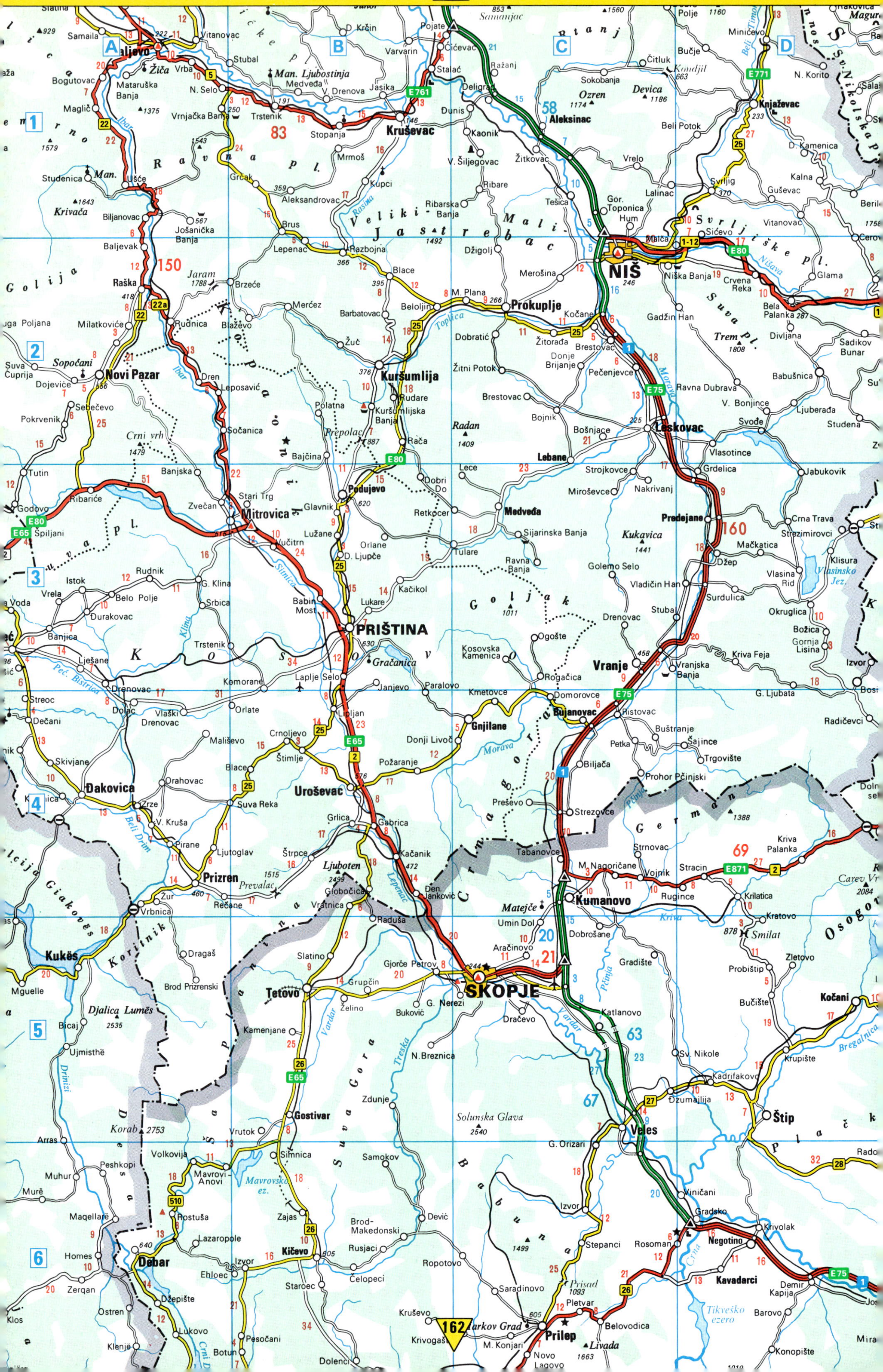

Valjevo
Samaila
Žiča
Vrba
Mataruška Banja
Bogutovac
Maglič
Stubal
Vitanovac
Man. Ljubostinja
Medveđa
V. Drenova
Jasika
N. Selo
Vrnjačka Banja
Trstenik
Stopanja
Kruševac
Krčin
Varvarin
Pojate
Ćićevac
Stalać
Deligrad
Đunis
Kaonik
V. Šiljegovac
Ražanj
Samanjac
Aleksinac
Sokobanja
Ozren
Devica
Čitluk
Bučje
Minićevo
Knjaževac
N. Korito
Bele Potok
D. Kamenica
Kalna
Gušević
Vrelo
Žitkovac
Lalinac
Svrljig
Studenica
Man.
Ušće
Krivača
Biljanovac
Jošanička Banja
Baljevak
Raška
Golija
Jaram
Brzeće
Grčak
Mrmoš
Kupci
Aleksandrovac
Brus
Lepenac
Razbojna
Blace
Ribarska Banja
Ribare
Veliki Jastrebac
Mali Jastrebac
Tešica
Gor. Toponica
Hum
Niš
Niška Banja
Sićevo
Svrljiške pl.
Crvena Reka
Bela Palanka
Glama
Džigolj
Merošina
Prokuplje
Beloljin
M. Plana
Barbatovac
Toplica
Kočane
Gadžin Han
Suva pl.
Trem
Divljana
Sadikov Bunar
Miljatkoviće
Rudnica
Blaževo
Merćez
Žuč
Dobratić
Žitorađa
Brestovac
Donje Brijanje
Pečenjevce
Suva Čuprija
Sopoćani
Novi Pazar
Dojeviće
Sebečevo
Pokrvenik
Dren
Leposavić
Kopaonik
Kuršumlija
Rudare
Kuršumlijska Banja
Prepolac
Rača
Žitni Potok
Radan
Bojnik
Bošnjace
Lebane
Leskovac
Ravna Dubrava
V. Bonjince
Svođe
Babušnica
Ljuberađa
Studena
Morava
Crni vrh
Banjska
Sočanica
Polatna
Bajčina
Lece
Strojkovce
Vlasotince
Grdelica
Jabukovik
Tutin
Godovo
Ribariće
Spiljani
Zvečan
Stari Trg
Mitrovica
Glavnik
Podujevo
Dobri Do
Retkocer
Medveđa
Miroševce
Nakrivanj
Predejane
Crna Trava
Strezimirovci
Vučitrn
Lužane
Orlane
D. Ljupče
Sitnica
Sijarinska Banja
Tulare
Ravna Banja
Kukavica
Mačkatica
Džep
Klisura
Vlasinsko Jez.
Vlasina Rid
Istok
Rudnik
Vrela
Belo Polje
Durakovac
G. Klina
Srbica
Babin Most
Lukare
Kačikol
Goljak
Golemo Selo
Vladičin Han
Surdulica
Stuba
Drenovac
Okruglica
Božica
Gornja Lisina
Banjica
Lješane
Peć. Bistrica
Trstenik
Klina
Kosovo
Priština
Gračanica
Kosovska Kamenica
Ogošte
Vranje
Vranjska Banja
Kriva Feja
Izvor
Streoc
Drenovac
Dolac
Vlaški Drenovac
Komorane
Laplje Selo
Janjevo
Paralovo
Kmetovce
Rogačica
Domorovce
Bujanovac
Ristovac
G. Ljubata
Dečani
Orlate
Lipljan
Mališevo
Crnoljevo
Štimlje
Donji Livoč
Gnjilane
Petka
Buštranje
Šajince
Trgovište
Radičevci
Skivjane
Đakovica
Orahovac
Blace
Suva Reka
Uroševac
Požaranje
Biljača
Prohor Pčinjski
Preševo
Strezovce
German
Zrze
V. Kruša
Beli Drim
Pirane
Ljutoglav
Grlica
Gabrica
Štrpce
Ljuboten
Kačanik
Tabanovce
Strnovac
M. Nagoričane
Vojnik
Stracin
Kriva Palanka
Prizren
Prevalac
Žur
Vrbnica
Rečane
Globočica
Vratnica
Den. Janković
Lepenac
Kumanovo
Rugince
Kratovo
Kriva
Matejče
Umin Dol
Dobrošane
Smilat
Osogovo
Kukës
Koritnik
Dragaš
Raduša
Slatino
Gjorče Petrov
Aračinovo
Gradište
Probištip
Zletovo
Brod Prizrenski
Tetovo
Grupčin
Skopje
Pčinja
Katlanovo
Bučište
Kočani
Mguelle
Djalica Lumës
Bicaj
Ujmisthë
Kamenjane
Želino
Bukovič
G. Nerezi
Dračevo
Vardar
Sv. Nikole
Krupište
Bregalnica
Treska
N. Breznica
Kadrifakovo
Džumajlija
Štip
Gostivar
Suva Gora
Zdunje
Solunska Glava
Veles
Korab
Vrutok
Arras
Samokov
G. Orizari
Plačkovica
Volkovija
Peshkopi
Simnica
Muhur
Mavrovi Anovi
Mavrovsko ez.
Murë
Maqellarë
Rostuša
Zajas
Devič
Izvor
Viničani
Gradsko
Krivolak
Lazaropole
Brod-Makedonski
Rusjaci
Stepanci
Babuna
Rosoman
Negotino
Homes
Debar
Kičevo
Ehloec
Izvor
Čelopeci
Ropotovo
Kavadarci
Demir Kapija
Zerqan
Džepište
Staroec
Saradinovo
Prisad
Pletvar
Tikveško ezero
Barovo
Ostren
Lukovo
Kruševo
Markov Grad
Prilep
Belovodica
Klenje
Pesočani
Botun
Crni Drim
Krivogaš
M. Konjari
Novo Lagovo
Livada
Konopište
Dolenci
Mira

162

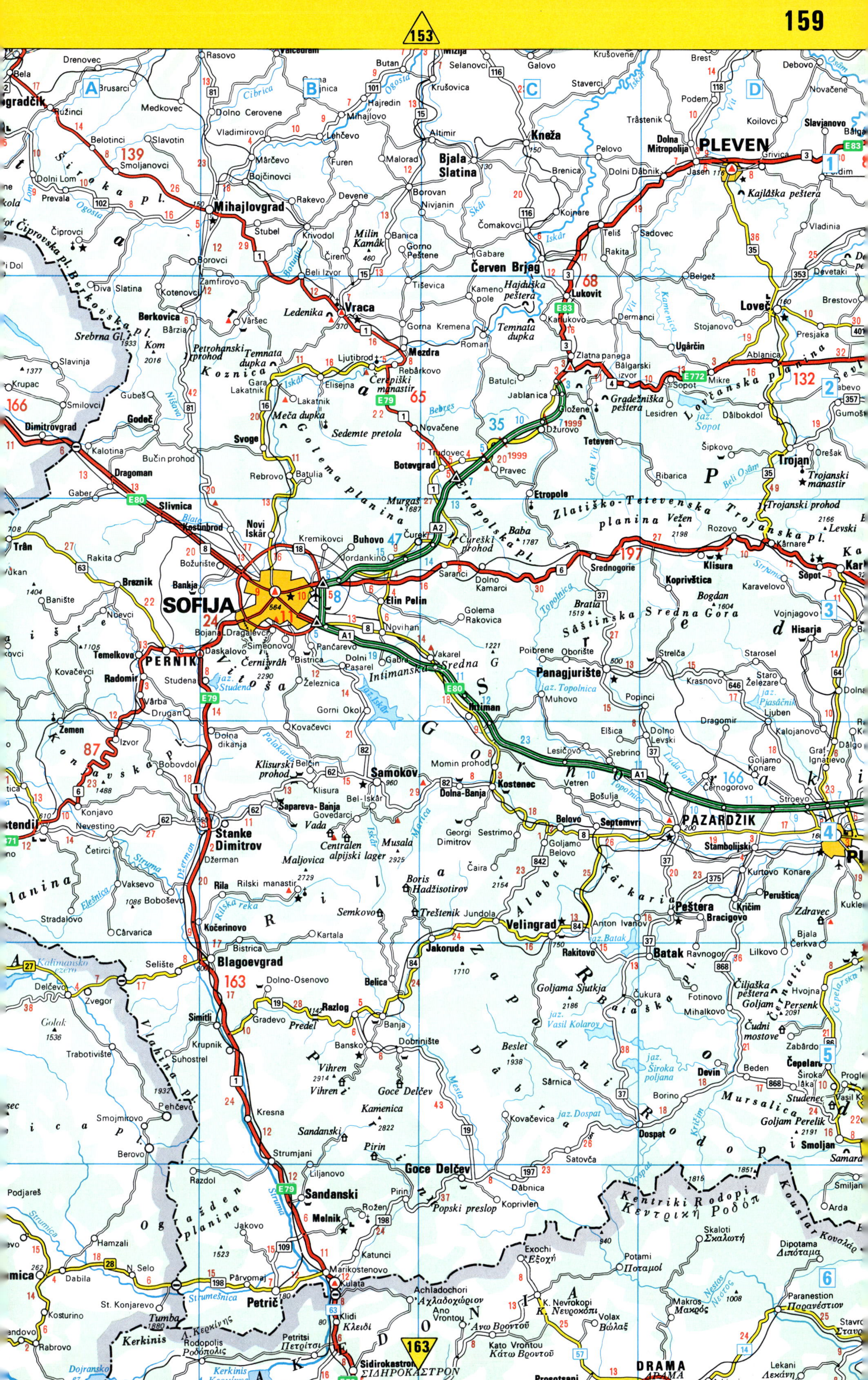
A
B
C
D
PLEVEN
SOFIJA
PERNIK
PAZARDŽIK
Mihajlovgrad
Vraca
Mezdra
Loveč
Trojan
Botevgrad
Slivnica
Dragoman
Dimitrovgrad
Breznik
Bankja
Kostinbrod
Novi Iskăr
Svoge
Buhovo
Elin Pelin
Ihtiman
Samokov
Dolna-Banja
Kostenec
Belovo
Septemvri
Velingrad
Peštera
Batak
Bracigovo
Panagjurište
Koprivštica
Klisura
Sopot
Karlovo
Hisarja
Etropole
Teteven
Červen Brjag
Lukovit
Kneža
Bjala Slatina
Berkovica
Kom
Radomir
Zemen
Kjustendil
Stanke Dimitrov
Rila
Kočerinovo
Blagoevgrad
Simitli
Razlog
Bansko
Belica
Jakoruda
Kresna
Sandanski
Melnik
Petrič
Kulata
Goce Delčev
Dospat
Devin
Smoljan
Čepelare
Kulata
Sidirokastron
ΣΙΔΗΡΟΚΑΣΤΡΟΝ
DRAMA
ΔΡΑΜΑ
K. Nevrokopi
Κ. Νευροκόπι
Exochi
Εξοχή
Potami
Ποταμοί
Paranestion
Παρανέστιον
Kerkinis
Rodopolis
Ροδόπολις
Petritsi
Πετρίτσι
Klidi
Κλειδί
Achladochori
Αχλαδοχώριον
Stara planina
Golema planina
Etropolska pl.
Zlatiško-Tetevenska planina
Trojanska pl.
Sredna Gora
Vitoša
Rila
Pirin
Zapadni Rodopi
Alabak
Kărkaria
Batašaka pl.
Kentriki Rodopi
Κεντρική Ροδόπη
Ograždenska planina
Konjavska pl.
Vlahina pl.
Čiprovska pl.
Berkovska pl.
Musala
Vihren
Cerepiški manastir
Rilski manastir
Trojanski manastir
Trojanski prohod
Kajlăška peštera
Jaz. Iskăr
jaz. Batak
jaz. Dospat
E79
E80
E83
E772
163

154

A B C D

1 2 3 4 5 6

Dekov, Karamanovo, Cenovo, Sadina, Manastirsko, Gara Hitrino, Živkovo, Pliska
Steženovo, Dragomirovo, Borovo, Baniska, Gorsko Ablanovo, Krepča, Blagoevo, Studenec, Kamenica
Trânčovica, Pavel, Bjala, Polsko Kosovo, Koprivec, Car Asen, Trapište, jaz. Beli Lom, Loznica, Carev brod
Bălgarene, Morava, Alekovo, Polski-Trâmbeš, Vodica, Popovo, Svetlen, Šumen
Kozar Belene, Gorna Studena, Obedinenie, Vinograd, Kamen, Slavjanovo, Podgorica, Târgovište, Vrana, Kočovo
Levski, Gradište, Jantra, Aprilovo, Liljak, Kralevo, Radko-Dimitrievo
Letnica, Osăm, Gradina, Nijkup, Sušica, Stražica, Goljama reka, Pirinec, Moravka, Prolaz, Preslavska pl., Preslav, Goljama Kamčija
Paskalevec, Draganovo, Lefeda, jaz. Jastrebino, Dragoevo, Ivanski
Pavlikeni, Aleksandrovo, Vodnata peštera, Devetaška peštera, Rosica
Gorna Orjahovica, Dolna Orjahovica, Kesarevo, Antonovo, Omurtag, Dolno Novkovo, Ivanovo, Zlatar, Smjadovo
Suhindol, Višovgrad, Samovodene, Arbanasi, Ljaskovec, Džuljunica, Dlăžka poljana, Kamburovo, jaz. Tiča
Kramolin, jaz. Aleksandăr Stambolijski, Preobraženski manastir, Veliko Târnovo, Zlatarica, Stara reka, Lisa planina, Tiča, Jablanovo, Vârbica, Bjala reka, Veselinovo, Riš
Brestovo, Dobromirka, Balvan, Debelec, Mindija, Kotlenski prohod, Vârbiški prohod, Riški prohod
Sevlievo, Sevlievska planina, Kilifarevo, Plakovo, Bebrovo, Elena, Vârbiška pl., Karnobatska planina, Kotel, jaz. Kamenija, Ljuljakovo
Sennik, Lovnidol, Drjanovo, Stara reka, Kotlenska planina, Beronovo, Podvis, Prilep
Vidim, Batoševo, Vâglevci, Bujnovci, Žeravna, Gradec, Karnobatski prohod, Sungurlare, Lozarevo, Rakovo
Gumoštnik, Zmejovi dupki, Trjavna, Tvârdiški prohod, Vratnik, Stidovska planina
Gabrovo, Stokite, Prohod na Republikata, Eleno-Tvârdiška planina, Slivenska planina, Avramov
Novo selo, Rosica, Partizanska, Šipčenski prohod, Buzludža, Goljamo Šivačevo, Bjala, Gorno Aleksandrovo, Venec
Ispolin, Tvârdica, Sliven, Stralдža, Karnobat
Botev, Levski, Kaloferska pl., Šipka, Šipčenski manastir, Trevnenska planina, Pčelinovo, Gurkovo, Seliminovo, Slivenski bani, Želju vojvoda, Zimnica, Močurica
Skobelevo, Kazanlâk, Mâglíž, Nikolaevo, Banja, jaz. Žrebčevo, Jambol
Karlovo, Kalofer, Tâza, Pavel-Banja, Tundža, Vetren, Dolno Paničerevo, Korten, Konjovo, Irečekovo, Dobrinovo
Turija, jaz. Georgi Dimitrov, Rozovo, Tulovo, Nova Zagora, Kermen, Bezmer, Bakadžicite
Srednogorovo, Dălboki, Zmejovo, Omarčevo, Gălâbinci, Kalčevo, Okop, Tamarino, Aleksandrovo
Banja, Svežen, Rozovec, Starozagorski bani, Stamovo, Sveti Ilijski vâzv., Roza, Tenevo, Kamenec
Sărnegor, Pâstrovo, Stara Zagora, Ljubenova mahala, Mlekarevo, Inzovo
Dolna mahala, Zelenikovo, Morozovo, Sărnevo, Petmogili, Novoselec, Krumovo, Popovo, Stefan-Karadžovo
Brezovo, Sredno Gradište, Sjutliijka, Radnevo, jaz. Ovčarica, Skalica, Elhovo
Rãževo Konare, Bratia Daskalovi, Kovačevo, Goljam manastir
Dălgo pole, Strjama, Rakovski, Mihajlovo, Sredec, Polski Gradec, Manastirski vâzv., Boljarovo, jaz. Malko Šarkovo
Orizovo, Čirpan, Bjalo pole, Gălâbovo, Mădrec, Knjaževo, Šarkovo
Belozem, Marica, Celina, Meričleri, Vasil Levski, Sazliika, Glavan, Topolovgrad
Plovdiv, Popovica, Pârvomaj, Skobelevo, Radievo, Dimitrovgrad, Simeonovgrad, Ovčarovo, Bălgarska poljana, Višegrad, Ustrem, Tundža, Vaysal
Sadovo, Debăr, Bjala reka, Filevo, Krepost, Nova Nadežda, Studena, Radovec
Dălbok izvor, Kuklen, Asenovgrad, Haskovo, Uzundžovo, Harmanli, Mladinovo, Lălapaşa
Bačkovo, Pilaševo, Mineralni bani, Biser, Ljubimec, Štit
Topolovo, Iskra, Malevo, Lozen, Svilengrad, Sirpsindiği, Geçkinli
Narečenski bani, Sirakovo, Hatmanlijska reka, jaz. Trakiec, Malâk izvor, Novo Selo, Malko Gradište, Kapitan-Andreevo, Edirne
Čepelarska reka, Komuniga, Pčelarovo, Goljam izvor, Kastauies Καστανιές, Pravadi
Borovica, Dolni Glavanak, Filakion Φυλάκιον, Oğlupaşa
Manastir, Prespa, Zagraždeni, Stremci, jaz. Kărdžali, Arda, Madžarovo, jaz. Ivajlovgrad, Kaminski dol
Progled, Rožen, Vasil Kolarov, Davidkovo, Dolno Prahovo, Kârdžali, Potočnica, Studen kladenec, jaz. Studen kladenec, Ferigion Φερύγγιον, Valtos Βάλτος, Orestias ΟΡΕΣΤΙΑΣ, Azatlı
Ustovo, Arda, Ardino, Kobiljane, Rodopi, Ivajlovgrad, Vergi Βέργη, Patagi, Delition Παταγή Δελήτιον, Thourion Θούριον
Samara, Černa, Bjal izvor, Srednogorci, Momčilgrad, Krumovgrad, Stramni Rid
Smiljan, Madan, Rudozem, Žălti djal, Džebel, Gogutka, Mandrica, Bjala reka, Mavroklissi Μαυροκκλήσι, Didymotichon ΔΙΔΥΜΟΤΕΙΧΟΝ, Yeniköy
Arda, Podkova, Maglenik, Mandra Μάνδρα, Uzunköprü
Eledia Pr., Dobromirci, Zlatograd, Vărbica, Tokačka, Avren, Mikron Derion Μικρόν Δέρειον, Meriç
Memkova Μέμκοβα, Makaza, Tokatzik Όρ. Τοχατζίκ
Melivoia Μελίβοια, Echinos Έχινος, Oreon Ωραίον, Kartal Καρτάλ, Soufli Σουφλί, Ergene, Maksutlu
Satrai Σάτραι, Demir Tsal Silo Δεμίρ Τσάλ Σίλο, Likofi Λυκόφη, Meriç, Kurtbey
Stavroupolis Σταυρούπολις, Agiasma Αγίασμα, Pandroson Πάνδροσον, Boukate Ntan Μπουκατέ Ντάν, Türkobası
Xanthi ΞΑΝΘΗ, Kimeria Κιμμέρια, Iasmos Ίασμος, Komotini ΚΟΜΟΤΗΝΗ, Arriana Αρριανά, Aratos Άρατος, Aisymi Αισύμη, Pessanis Πεσσάνης, Provaton Προβάτων, Altıntaş, İbriktepe

164

155

KARA DENIZ · ČERNO MORE ·
MAREA NEAGRĂ
VARNA
Varnenski zaliv
Provadia
Devnja
Kamčia
Novo Orjahovo
Georgi-Trajkov
Kamčijska planina
Bjala
Obzor
Emona
Ajtoska planina
Slânčev brjag
Nesebâr
Pomorie
Ajtos
BURGAS
Burgaski zaliv
Sozopol
Primorsko
Kiten
Lozenec
Mičurin
Ahtopol
Sinjomorec
Rezovo
Grudovo
Malko Târnovo
Ayastefanos
Iğneada
Demirköy
Mahya Da.
KIRKLARELI
Midye
Vize
Saray
Babaeski
Lüleburgaz
Çorlu
Çatalca
Silivri
İSTANBUL
Üsküdar
Kilyos
Sarıyer
Terkos Gölü
B. Çekmece
Yeşilköy
Bakırköy
Tekirdağ
Marmaraereğlisi
MARMARA DENIZI

165

158

A
B
C
D
1
2
3
4
5
6
Pulaj
Kallmet
Blinisht
Shëngjin
Lezhë
Gjiri i Drinit
Fan i Madh
Fan i Vogël
Drin i Zi
Korab
2753
Zdunje
Gostivar
Vrutok
Kurbnesh
Prosek
Rrëshen
Peshkopi
Volkovija
Mavrovi Anovi
Mavrovsko ezero
Radika
Modrište
Pedhana
Milot
Laç
Mamuras
Liqi i Ulzës
Mali i Dejë
2246
Lis
Magellara
Bistra
Skudrinje
Lazaropole
Zajas
Brod Makedonski
Kičevo
Čelopeci
Muzhllit të Skënderbeut
Gjiri i Rodonit
Ishëm
Burrel
Mat
M. i Skenderbeut
M. i Kreshtës
Bulqizë
Debar
Ehloec
Izvor
Treska
Krujë
Fush-Krujë
Gjiri i Lalzit
1225
1269
Gamen
Klos
844
2268
Golem Rid
Pesocani
Crni Drim
Kruševo
Bishti i Pallës
Erzen
Sukth
M. i Dajt
Oaf Molla
Lukovo
Steblevë
Sapotnica
Dolenci
Shijak
TIRANË
(TIRANA)
Mullet
Durrës
Peza
Krrabë
Çermenikë
Llanga
Zgozhd
2256
Crn Kmn
Veleštа
Botun
Lešani
Struga
Opejnca
Bukovo
1192
Krusje
1999
Plakenska
Kavajë
Kala e Turrës
Labinol-Fushë t
Librazhd
Elbasan
Shkumbini
Ohrid
Ohridsko ezero
Gorica
Resen
Kažani
1167
Gjavato
Rrogozhinë
Peqin
Cërnik
Mali Shpat
1976
M. i Polis
Prenjas
Lin
Peštani
1802
Carina
Oteševo
Grnčari
Shkumbin
Divjakë
Belsh
2035
Ljubanšta
Bezmisht
Prespansko ezero
Ljubojn
Laguna e Karavastasë
Lushnjë
Gramsh
Guri i Zi
2073
Pogradec
Collomboc
1493
Kozelit
Pisoder
ΠΙΣΟΔΕΡΙ
L. Pikra Prespa
Λ. Μικρή Πρέσπα
Bar—Kërkyra 13½ h
Myzeqe
Rez Murrizit
Poshnjë
Devoll
Vronderon
ΒΡΟΝΤΕΡΟΝ
Zvarisht
Maliq
Seman
Moglicë
Pojan
Fier
Kuman
Berat
Tomorr
2417
2396
Bilisht
Krystalopiji
ΚΡΥΣΤΑΛΛΟΠΗΓΗ
Vërtop
Voskopojë
1649
Korçë
1675
Morava
Ieropiji
ΙΕΡΟΠΗΓΗ
Vjose
Novoselë
Patos
Terpan
Osumi
2352
Ostrovicë
Mesopotamia
ΜΕΣΟΠΟΤΑΜΙΑ
Mallakaster
Ballsh
900
Çorovodë
1198
1879
Lofkë
Argos Orestiko
Ish. Sazan
Panaja
Lag. e Nartës
Selenice
Gilave
Qafzez
Nestorion
ΝΕΣΤΟΡΙΟΝ
Vlorë
Peshkëpi
Ballaban
1365
Frashër
Melanthion
ΜΕΛΑΝΘΙΟΝ
Grammos
Γράμμος
Gjiri i Vlorës
Kepi i Gjuhezës
Karaburun
Sevaster
Vajze
Memaliaj
Kelcyrë
Ersekë
Gramoz
2523
Epano Arena
Έπάνω Άρένα
Polykastano
ΠΟΛΥΚΑΣΤΑΝΟΝ
1820
Brindisi—Igumenitsa 11 h
M. i Lungarë
Gribë
Tepelenë
Dhembel
Lunxheri
Përmet
Nemerckë
Krahina e Leskovikut
Leskovik
1004
1874
Gjorm
2050
219
Q. e Llogarasë
1048
Shushicë
Polican
2486
E90
Smolikas
Σμόλικας
2637
1672
Cikë
Dhermi
M. i Gjërë
Gjirokastër
Libohovë
Melissopetra
ΜΕΛΙΣΣΟΠΕΤΡΑ
Eleftheron
ΕΛΕΥΘΕΡΟΝ
Qeparo
Borsh
1842
1763
Pogoniani
ΠΩΓΩΝΙΑΝΙ
Konitsa
ΚΟΝΙΤΣΑ
Tymfi
Τύμφη
2497
Otranto—Kérkyra 9½ h
Delvinë
572
Muzine
Delvinakion
ΔΕΛΒΙΝΑΚΙΟΝ
Vissani
ΒΗΣΣΑΝΗ
Kalpakion
ΚΑΛΠΑΚΙΟΝ
E853
Erikussa
Ερείκουσσα
Sarandë
Ktismata
ΚΤΙΣΜΑΤΑ
Parakalamos
ΠΑΡΑΚΑΛΑΜΟΣ
Kipi
ΚΗΠΟΙ
Othoni
Οθωνοί
Vorion Stenon Kerkyras
Βόρειον Στενόν Κερκύρας
Akr. Aj. Ekaterini
Άκρ. Άγ. Αικατερίνη
Sidarion
ΣΙΔΑΡΙΟΝ
Kassiopi
ΚΑΣΣΙΩΠΗ
Livadhe
Liqi i Butrintit
Sitsa
ΖΙΤΣΑ
Votonossi
ΒΟΤΟΝΟΣΙ
Mitsikeli
Μιτσικέλι
1810
Avliotes
ΑΥΛΙΩΤΕΣ
Magulades
ΜΑΓΟΥΛΑΔΕΣ
906
Pandokrator
Παντοκράτωρ
Butrint
Aj. Nikolaos
ΑΓ. ΝΙΚΟΛΑΟΣ
Sulopulon
ΣΟΥΛΟΠΟΥΛΟΝ
Ioannina
ΙΩΑΝΝΙΝΑ
Ypsos
ΥΨΟΣ
Konispol
Sajiada
ΣΑΓΙΑΔΑ
1240
Kalamas
92
Grammenon
ΓΡΑΜΜΕΝΟΝ
Katsikas
ΚΑΤΣΙΚΑΣ
Vrusina
ΒΡΟΥΣΙΝΑ
Serviana
ΣΕΡΒΙΑΝΑ
Paleokastritsa
ΠΑΛΑΙΟΚΑΣΤΡΙΤΣΑ
Potamos
ΠΟΤΑΜΟΣ
Kerkyra (Korfu)
ΚΕΡΚΥΡΑ
Kerkyra (Korfu)
Κέρκυρα
Pelekas
ΠΕΛΕΚΑΣ
Gasturion
ΓΑΣΤΟΥΡΙΟΝ
Filiates
ΦΙΛΙΑΤΑΙ
509
Thyamis
502
Neochorion
ΝΕΟΧΩΡΙΟΝ
Dodoni
ΔΩΔΩΝΗ
Kalentzion
ΚΑΛΕΝΤΖΙΟΝ
Synarades
ΣΥΝΑΡΑΔΕΣ
576
Igumenitsa
ΗΓΟΥΜΕΝΙΤΣΑ
657
Paramythia
ΠΑΡΑΜΥΘΙΑ
1658
Tomaros
Τόμαρος
1974
E951
126
Aj. Mattheos
ΑΓ. ΜΑΘΘΑΙΟΣ
Akr. Lefkimmis
Άκρ. Λευκίμμης
Argyrades
ΑΡΓΥΡΑΔΕΣ
Masarakia
ΜΑΖΑΡΑΚΙΑ
Margarition
ΜΑΡΓΑΡΙΤΙΟΝ
Assos
ΑΣΣΟΣ
Kerasona
ΚΕΡΑΣΩΝΑ
Louros
Arachthos
A. Lefkimmi
Α ΛΕΦΚΙΜΜΙ
Kavos
ΚΑΒΟΣ
Akr. Asprokavos
Άκρ. Άσπρόκαβος
Perdikas
ΠΕΡΔΙΚΑΣ
Parga
Πάργα
Glyki
ΓΛΥΚΗ
Pistiana
ΠΙΣΤΙΑΝΑ
Ammotopos
E55
E65
E852
E92
E90
Ipeiros
Ήπειρος

166

159

A
B
C
D
1
2
3
4
5
6
Veles
Karatmanovo
Štip
Berovo
Glava
Gorni Lizari
Lakavica
Radoviš
Podjareš
Dragoevo
Konečka Pl.
Sandanski
Melnik
Teovo
Viničani
Krivolak
Strumica
Hamzali
Vladievci
Ogražden
Izvor
Stepanci
Rosoman
Gradeškapl
Vulčak
Dabila
Novo Selo
Zlatarevo
Petrič
Marikostinovo
Kulata
Angistron
ΑΓΚΙΣΤΡΟΝ
Babuna
Negotino
Kavadarci
Demir Kapija
St. Konjarevo
Kosturino
Promahon
Kalamoto
Achladochori
ΑΧΛΑΔΟΧΩΡΙ
Sarandinovo
Prisad
Pletvar
Barovo
Rabrovo
Kerkini
Κερκίνη
Neon Petritsion
ΝΕΟΝ ΠΕΤΡΙΤΣΙΟΝ
Klidi
ΚΛΕΙΔΙ
Tikveško ezero
Muriae
ΜΟΥΡΙΑΙ
Ano Poria
ΑΝΩ ΠΟΡΟΙΑ
Sidirokastron
ΣΙΔΗΡΟΚΑΣΤΡΟΝ
Malo Konjari
Prilep
Miravci
Smokvica
Dojransko ez.
Rodopolis
ΡΟΔΟΠΟΛΙΣ
Iraklia
ΗΡΑΚΛΕΙΑ
Paleokastron
ΠΑΛΑΙΟΚΑΣΤΡΟΝ
Konopište
Bogdanci
Dysoron
Δύσωρον
Mušov Grob
Dve Uši
Stari Dojran
Doirani
ΔΟΙΡΑΝΗ
Levkonas
ΛΕΥΚΩΝ
Topolčani
Dobruševo
Mrežičko
Kozjak
Kožuf
Gevgelija
Evzoni
ΕΥΖΩΝΟΙ
Kendrikon
ΚΕΝΤΡΙΚΟΝ
Himarros
ΧΕΙΜΑΡΡΟΣ
Rasimbegov Most
Makovo
Vitolište
Tsena
Τζένα
Skra
ΣΚΡΑ
Cherson
ΧΕΡΣΟΝ
Kalokastron
ΚΑΛΟΚΑΣΤΡΟΝ
Efkarpia
ΕΥΚΑΡΠΙΑ
Pinovon
Πίνοβον
Notia
ΝΟΤΙΑ
Fanos
ΦΑΝΟΣ
Metallikon
ΜΕΤΑΛΛΙΚΟΝ
Staravina
Fustani
ΦΟΥΣΤΑΝΙ
Paikon
Πάϊκον
Kilkis
ΚΙΛΚΙΣ
Novaci
Aridea
ΑΡΙΔΑΙΑ
Axiupolis
ΑΞΙΟΥΠΟΛΙΣ
Polykastron
ΠΟΛΥΚΑΣΤΡΟΝ
Kristoni
ΚΡΥΣΤΩΝΗ
Koronuda
ΚΟΡΩΝΟΥΔΑ
Lachanas
ΛΑΧΑΝΑΣ
Terpni
ΤΕΡΠΝΗ
Vertiskos
Βερτίσκος
Humniko
ΧΟΥΜΝΙΚΟ
Exaplatanos
ΕΞΑΠΛΑΤΑΝΟΣ
Gumenissa
ΓΟΥΜΕΝΙΣΣΑ
Valti
ΒΑΛΤΗ
Nea Dorkas
ΝΕΑ ΔΟΡΚΑΣ
Brod
Skočivir
Orma
ΟΡΜΑ
Evropos
ΕΥΡΩΠΟΣ
Axios
Mikrokambos
ΜΙΚΡΟΚΑΜΠΟΣ
Ossa
ΟΣΣΑ
Sochos
ΣΟΧΟΣ
Kaimaktsalan
Καϊμακτσαλάν
Apsalos
ΑΨΑΛΟΣ
Mandalon
ΜΑΝΔΑΛΟΝ
Aravissos
ΑΡΑΒΥΣΣΟΣ
Prochoma
ΠΡΟΧΩΜΑ
Drimos
ΔΡΥΜΟΣ
Assiros
ΑΣΣΗΡΟΣ
Niki
ΝΙΚΗ
Meliti
ΜΕΛΙΤΗ
Skopos
ΣΚΟΠΟΣ
Arnissa
ΑΡΝΙΣΣΑ
Edessa
ΕΔΕΣΣΑ
Jannitsa
ΓΙΑΝΝΙΤΣΑ
Kufalia
ΚΟΥΦΑΛΙΑ
Vathylakkos
ΒΑΘΥΛΑΚΚΟΣ
Langadas
ΛΑΓΚΑΔΑΣ
Megali Volvi
ΜΕΓΑΛΗ ΒΟΛΒΗ
L. Koronia
L. Volvi
Florina
ΦΛΩΡΙΝΑ
Vevi
ΒΕΥΗ
Kelli
ΚΕΛΛΗ
Vegoritis
Skydra
ΣΚΥΔΡΑ
Kariotissa
ΚΑΡΙΩΤΙΣΣΑ
Nea Kalkidon
ΝΕΑ ΚΑΛΚΙΔΩΝ
Jefira
ΓΕΦΥΡΑ
Diavata
ΔΙΑΒΑΤΑ
THESSALONIKI
ΘΕΣΣΑΛΟΝΙΚΗ
Lagadikia
ΛΑΓΚΑΔΙΚΙΑ
Amynteon
ΑΜΥΝΤΑΙΟΝ
Flamuria
ΦΛΑΜΟΥΡΙΑ
Krya Vrysi
ΚΡΥΑ ΒΡΥΣΗ
Mikron Monastirion
ΜΙΚΡΟΝ ΜΟΝΑΣΤΗΡΙΟΝ
Sindos
ΣΙΝΔΟΣ
Aetos
ΑΕΤΟΣ
Pyrji
ΠΥΡΓΟΙ
Nausa
ΝΑΟΥΣΑ
Angelochorion
ΑΓΓΕΛΟΧΩΡΙΟΝ
Plati
ΠΛΑΤΥ
Pyrgos
ΠΥΡΓΟΣ
Chortiatis
ΧΟΡΤΙΑΤΗΣ
Jerakaru
ΓΕΡΑΚΑΡΟΥ
Chalk
Χαλκι
Drosopiji
ΔΡΟΣΟΠΗΓΗ
Filotas
ΦΙΛΩΤΑΣ
Andigonos
ΑΝΤΙΓΟΝΟΣ
Vermion
Βέρμιον
Alexandria
ΑΛΕΞΑΝΔΡΕΙΑ
Kymina
ΚΥΜΙΝΑ
Thermi
ΘΕΡΜΗ
Galatista
ΓΑΛΑΤΙΣΤΑ
Viti
Komnina
ΚΟΜΝΙΝΑ
Perdikas
ΠΕΡΔΙΚΑΣ
Anatolikon
ΑΝΑΤΟΛΙΚΟΝ
Kato Vermion
ΚΑΤΩ ΒΕΡΜΙΟΝ
Meliki
ΜΕΛΙΚΗ
Ejinion
ΑΙΓΙΝΙΟΝ
Aj. Trias
ΑΓ. ΤΡΙΑΣ
Suroti
ΣΟΥΡΩΤΗ
Vasilika
ΒΑΣΙΛΙΚΑ
Paleokastron
ΠΑΛΑΙΟΚΑΣΤΡΟΝ
Klisura
ΚΛΕΙΣΟΥΡΑ
Ptolemes
ΠΤΟΛΕΜΑΙΣ
Veria
ΒΕΡΟΙΑ
Akr. Tusla
Nea Michaniona
ΝΕΑ ΜΗΧΑΝΙΩΝΑ
Epanomi
ΕΠΑΝΟΜΗ
Charavji
ΧΑΡΑΥΓΗ
Akrini
ΑΚΡΙΝΗ
Tripotamos
ΤΡΥΠΟΤΑΜΟΣ
Jeorjiani
ΓΕΩΡΓΙΑΝΗ
Palatitsia
ΠΑΛΑΤΙΤΣΙΑ
Kolindros
ΚΟΛΙΝΔΡΟΣ
Nea Agathupolis
ΝΕΑ ΑΓΑΘΟΥΠΟΛΙΣ
Limin Pydnas
ΛΙΜΗΝ ΠΥΔΝΑΣ
Akr. Acherada
Krini
ΚΡΗΝΗ
Simandra
ΣΗΜΑΝΤΡΑ
Polyjiros
ΠΟΛΥΓΥΡΟΣ
Vogatsikon
ΒΟΓΑΤΣΙΚΟΝ
Askion
Άσκιον
Polymylos
ΠΟΛΥΜΥΛΟΣ
Polydendron
ΠΟΛΥΔΕΝΔΡΟΝ
Alonia
ΑΛΩΝΙΑ
Kitros
ΚΥΤΡΟΣ
Pondokomi
ΠΟΝΤΟΚΩΜΗ
Kastania
ΚΑΣΤΑΝΙΑ
Trilofos
ΤΡΙΛΟΦΟΣ
Korinos
ΚΟΡΙΝΟΣ
Nea Kallikratia
ΝΕΑ ΚΑΛΛΙΚΡΑΤΕΙΑ
Olynthos
ΟΛΥΝΘΟΣ
Eratyra
ΕΡΑΤΥΡΑ
Diodos Chabovas
Elatochorion
ΕΛΑΤΟΧΩΡΙΟΝ
Moschopotamos
ΜΟΣΧΟΠΟΤΑΜΟΣ
Paralia
ΠΑΡΑΛΙΑ
Nea Mudania
ΝΕΑ ΜΟΥΔΑΝΙΑ
Neapolis
ΝΕΑΠΟΛΙΣ
Kaloneri
ΚΑΛΟΝΕΡΙ
Vateron
ΒΑΤΕΡΟΝ
Velvendos
ΒΕΛΒΕΝΔΟΣ
Nea Efesos
ΝΕΑ ΕΦΕΣΟΣ
Katerini
ΚΑΤΕΡΙΝΗ
Nea Potidea
ΝΕΑ ΠΟΤΙΔΑΙΑ
Siatista
ΣΙΑΤΙΣΤΑ
Kosani
ΚΟΖΑΝΗ
Pieria
Πιερία
Titaros
Τίταρος
Stena Petras
Vrondu
ΒΡΟΝΤΟΥ
Tsotylion
ΤΣΟΤΥΛΙΟΝ
Kerasia
ΚΕΡΑΣΙΑ
Servia
ΣΕΡΒΙΑ
Livadion
ΛΙΒΑΔΙΟΝ
Aj. Dimitrios
ΑΓ. ΔΗΜΗΤΡΙΟΣ
Dion
ΔΙΟΝ
Thermaikos Kolpos
Θερμαϊκός Κόλπος
Kivotos
ΚΙΒΩΤΟΣ
Afchin Kocha
Moni Aj. Dionysiu
ΜΟΝΗ ΑΓ. ΔΙΟΝΥΣΙΟΥ
Litochoron
ΛΙΤΟΧΩΡΟΝ
Saij
ΣΑΛΙ
Vatolakkos
ΒΑΤΟΛΑΚΚΟΣ
Vurinos
Βούρινος
Rymnion
ΡΥΜΝΙΟΝ
Olympos
Όλυμπος
Leptokarya
ΛΕΠΤΟΚΑΡΥΑ
Knidi
ΚΝΙΔΗ
Grevena
ΓΡΕΒΕΝΑ
Mikrovalton
ΜΙΚΡΟΒΑΛΤΟΝ
Kalandra
ΚΑΛΑΝΔΡΑ
Platamon
ΠΛΑΤΑΜΩΝ
Kallithea
ΚΑΛΛΙΘΕΑ
Olympias
ΟΛΥΜΠΙΑΣ
Akr. Kassandras
Ακρ. Κασσάνδρας
Mavranei
ΜΑΥΡΑΝΑΙΗ
Kranea Deskatis
ΚΡΑΝΕΑ ΔΕΣΚΑΤΗΣ
Karia
ΚΑΡΥΑ
Pyrjetos
ΠΥΡΓΕΤΟΣ
Karperon
ΚΑΡΠΕΡΟΝ
Paliuria
ΠΑΛΙΟΥΡΙΑ
Valanida
ΒΑΛΑΝΙΔΑ
Kato Olympos
Κάτω Όλυμπος
Kamvounia
Καμβούνια
Elasson
ΕΛΑΣΣΩΝ
Stomion
ΣΤΟΜΙΟΝ
Chasia
Χάσια
Deskati
ΔΕΣΚΑΤΗ
Tsaritsani
ΤΣΑΡΙΤΣΑΝΗ
Gonni
ΓΟΝΝΟΙ
Ambelakia
ΑΜΠΕΛΑΚΙΑ
Kokkino Nero
ΚΟΚΚΙΝΟ ΝΕΡΟ
Akr. Dermatas
Ακρ. Δερματάς
Ajiofilos
ΑΓΙΟΦΥΛΛΟΝ
Kefalovryson
ΚΕΦΑΛΟΒΡΥΣΟΝ
Argyropulion
ΑΡΓΥΡΟΠΟΥΛΕΙΟΝ
Ossa
Όσσα
Melivia
ΜΕΛΙΒΙΑ
Verdikussa
ΒΕΡΔΙΚΟΥΣΣΑ
Trochalos
Tirnavos
ΤΥΡΝΑΒΟΣ
Sykurion
ΣΥΚΟΥΡΙΟΝ
Ajiokambos
ΑΓΙΟΚΑΜΠΟΣ
Orthovunion
ΟΡΘΟΒΟΥΝΙΟΝ
Logga
ΛΟΓΓΑ
Oxya
Όξυα
Mesochorion
ΜΕΣΟΧΩΡΙΟΝ
Ambelon
ΑΜΠΕΛΩΝ
Ajia
ΑΓΙΑ
Metsovon
Trygona
ΤΡΥΓΩΝΑ
Meteora
Kalabaka
ΚΑΛΑΜΠΑΚΑ
Larissa
ΛΑΡΙΣΑ
Platykambos
ΠΛΑΤΥΚΑΜΠΟΣ
Mavrovuni
Μαυροβούνι
Kastania
ΚΑΣΤΑΝΙΑ
Amaranton
ΑΜΑΡΑΝΤΟΝ
Rizoma
ΡΙΖΩΜΑ
Grisanon
ΓΡΙΖΑΝΩΝ
Kastrion
ΚΑΣΤΡΙΟΝ
Pilion
Πήλιον
Paliopyrgos
ΠΑΛΙΟΠΥΡΓΟΣ
Neochorion
ΝΕΟΧΩΡΙΟΝ
Pinios
Melia
ΜΕΛΙΑ
Kutsocheron
ΚΟΥΤΣΟΧΕΡΟΝ
Nikea
ΝΙΚΑΙΑ
Halki
ΧΑΛΚΗ
Kanalia
ΚΑΝΑΛΙΑ
Purion
ΠΟΥΡΙΟΝ
Aj. Nikolaos
ΝΙΚΟΛΑΟΣ
Petrulion
ΠΕΤΡΟΥΛΙΟΝ
Trikala
ΤΡΙΚΑΛΑ
Farkadon
ΦΑΡΚΑΔΩΝ
Marathea
ΜΑΡΑΘΕΑ
Vlochos
ΒΛΟΧΟΣ
Risomylos
ΡΙΖΟΜΥΛΟΣ
Makrinitsa
ΜΑΚΡΥΝΙΤΣΑ
Chorevton
ΧΟΡΕΥΤΟΝ
Sagora
ΖΑΓΟΡΑ
Megala Kalyvia
ΜΕΓΑΛΑ ΚΑΛΥΒΙΑ
Elati
ΕΛΑΤΗ
Sykea
ΣΥΚΕΑΙ
Enipefs
Agnanderon
ΑΓΝΑΝΤΕΡΟΝ
Sappion
ΖΑΠΠΕΙΟΝ
Myra
ΜΥΡΑ
Nea Ionia
ΝΕΑ ΙΩΝΙΑ
Portaria
ΠΟΡΤΑΡΙΑ
Hania
ΧΑΝΙΑ
Lambinou
Avgo
Αυγό
Pyli
ΠΥΛΗ
Mavrommation
ΜΑΥΡΟΜΜΑΤΙΟΝ
Palamas
ΠΑΛΑΜΑΣ
Fyllon
ΦΥΛΛΟΝ
Velestinon
ΒΕΛΕΣΤΙΝΟΝ
Volos
ΒΟΛΟΣ
Agria
ΑΓΡΙΑ
Milee
ΜΙΛΕΑΙ
Musakion
ΜΟΥΖΑΚΙΟΝ
Mataranga
ΜΑΤΑΡΑΓΚΑ
Halkiades
ΧΑΛΚΙΑΔΕΣ
Vamvaku
ΒΑΜΒΑΚΟΥ
Rijeon
ΡΗΓΑΙΟΝ
THESSALIA
ΘΕΣΣΑΛΙΑ
Karditsa
ΚΑΡΔΙΤΣΑ
Nea Anchialos
ΝΕΑ ΑΝΧΙΑΛΟΣ
Argalasti
ΑΡΓΑΛΑΣΤΗ
Drosopiji
ΔΡΟΣΟΠΗΓΗ
Mesenikolas
ΜΕΣΕΝΙΚΟΛΑΣ
Sofades
ΣΟΦΑΔΕΣ
Stavros
ΣΤΑΥΡΟΣ
Farsala
ΦΑΡΣΑΛΑ
Eretria
ΕΡΕΤΡΙΑ
Mikrothive
ΜΙΚΡΟΘΗΒΑΙ
Pagasitikos K.
Παγασητικός Κόλπος
Lafkos
ΛΑΥΚΟΣ
Neochorion
ΝΕΟΧΩΡΙΟΝ
Tavropu
Vrisia
ΒΡΥΣΙΑ
Krokion
ΚΡΟΚΙΟΝ
Amaliapolis
Neon Monastirion
167

160
Popski preslop
Dyt. Rodopi
Δυτ. Ροδόπη
Smiljan
Rudozem
Madan
Arda
Zlatograd
Podkova
Krumovgrad
Kačka
Exochi
ΕΞΟΧΗ
Mikromilea
ΜΙΚΡΟΜΗΛΕΑ
Skaloti
ΣΚΑΛΟΤΙ
Dipotama
ΔΙΠΟΤΑΜΑ
Kula
Κούλα
Mellvia
ΜΕΛΙΒΙΑ
Kato Nevrokopion
ΚΑΤΩ ΝΕΥΡΟΚΟΠΙΟΝ
Volas
ΒΟΛΑΣ
Paranestion
ΠΑΡΑΝΕΣΤΙΟΝ
Echinos
ΕΧΙΝΟΣ
Oreon
ΩΡΑΙΟΝ
Satre
ΣΑΤΡΑΙ
Kamertsi
Καμερτσή
Chionotrypa
Χιονότρυπα
Livaderon
ΛΙΒΑΔΕΡΟΝ
Nestos
Pandrosos
ΠΑΝΔΡΟΣΟΣ
Ano Drosini
ΑΝΩ ΔΡΟΣΙΝΗ
Kato Vrontu
ΚΑΤΩ ΒΡΟΝΤΟΥ
Pyrji
ΠΥΡΓΟΙ
Petrussa
ΠΕΤΡΟΥΣΣΑ
Nikiforos
ΝΙΚΗΦΟΡΟΣ
Menikion
Μενοίκιον
Kimmeria
ΚΙΜΜΕΡΙΑ
Iasmos
ΙΑΣΜΟΣ
Komotini
ΚΟΜΟΤΗΝΗ
Gratini
ΓΡΑΤΙΝΗ
Mikropolis
ΜΙΚΡΟΠΟΛΙΣ
Prosotsani
ΠΡΟΣΟΤΣΑΝΙ
Drama
ΔΡΑΜΑ
Adriani
ΑΔΡΙΑΝΗ
Lekani
ΛΕΚΑΝΗ
Lykostomon
ΛΥΚΟΣΤΟΜΟΝ
Lekanis
Stavrupolis
ΣΤΑΥΡΟΥΠΟΛΙΣ
Xanthi
ΞΑΝΘΗ
L. Vistonis
Λ. Βιστονίς
Ejiros
ΑΙΓΙΡΟΣ
Aratos
ΑΡΑΤΟΣ
Kallithea
ΚΑΛΛΙΘΕΑ
Sitagri
ΣΙΤΑΓΡΟΙ
Horisti
ΧΩΡΙΣΤΗ
Platamon
ΠΛΑΤΑΜΩΝ
Skopos
ΣΚΟΠΟΣ
Toxotes
ΤΟΞΟΤΑΙ
Vafeika
ΒΑΦΕΪΚΑ
Palladion
ΠΑΛΛΑΔΙΟΝ
Venna
ΒΕΝΝΑ
Sape
ΣΑΠΑΙ
Aj. Pnevma
ΑΓ. ΠΝΕΥΜΑ
Emm. Pappas
ΕΜ. ΠΑΠΠΑΣ
Seres
ΣΕΡΡΕΣ
Alistrati
ΑΛΙΣΤΡΑΤΗ
Kalambakion
ΚΑΛΑΜΠΑΚΙΟΝ
Doxaton
ΔΟΞΑΤΟΝ
Sygos
ΖΥΓΟΣ
Kestenes
Κεστενές
Melissa
ΜΕΛΙΣΣΑ
Lagos
ΛΑΓΟΣ
Krovyli
ΚΡΩΒΥΛΗ
Mesti
ΜΕΣΤΗ
Nea Sichni
ΝΕΑ ΖΙΧΝΗ
Nikisiani
ΝΙΚΗΣΙΑΝΗ
Amygdaleon
ΑΜΥΓΔΑΛΕΩΝ
Pondolivadon
ΠΟΝΤΟΛΙΒΑΔΟΝ
Evlalon
ΕΥΛΑΛΟΝ
Avdira
ΑΥΔΗΡΑ
Fanarion
ΦΑΝΑΡΙΟΝ
Xilagani
ΞΥΛΑΓΑΝΗ
Maronia
ΜΑΡΩΝΙΑ
Pendapolis
ΠΕΝΤΑΠΟΛΙΣ
Chrysupolis
ΧΡΥΣΟΥΠΟΛΙΣ
Paralia Avdiron
ΠΑΡΑΛΙΑ ΑΒΔΗΡΩΝ
Ormos Vistonias
Όρμος Βιστονίας
Aj. Haralambos
ΑΓ. ΧΑΡΑΛΑΜΠΟΣ
Makri
Proti
ΠΡΩΤΗ
Eleftherupolis
ΕΛΕΥΘΕΡΟΥΠΟΛΙΣ
Kavala
ΚΑΒΑΛΑ
Keramoti
ΚΕΡΑΜΩΤΗ
Dasochorion
ΔΑΣΟΧΩΡΙΟΝ
Pethelinos
ΠΕΘΕΛΙΝΟΣ
Draviskos
ΔΡΑΒΗΣΚΟΣ
Symvolon
Σύμβολον
Nea Ieraklitsa
ΝΕΑ ΙΕΡΑΚΛΙΤΣΑ
Kolpos Kavalas
Nigrita
ΝΙΓΡΙΤΑ
Achinos
ΑΧΙΝΟΣ
Podochorion
ΠΟΔΟΧΩΡΙΟΝ
Akr. Pachys
Άκρ. Παχύς
Nea Peramos
ΝΕΑ ΠΕΡΑΜΟΣ
Akr. Vrasidas
Άκρ. Βρασίδας
Thasos
ΘΑΣΟΣ
Dafni
ΔΑΦΝΗ
Amphipolis
ΑΜΦΙΠΟΛΙΣ
Pangeon
Παγγαίον
Myrtofiton
ΜΥΡΤΟΦΥΤΟΝ
Kariani
ΚΑΡΙΑΝΗ
Kalyve
ΚΑΛΥΒΑΙ
Panajia
ΠΑΝΑΓΙΑ
Ypsarion
Ύψάριον
Akr. Pyrgos
Άκρ. Πύργος
Kerdylion
Κερδύλιον
Arethusa
ΑΡΕΘΟΥΣΑ
Lutra Eleftheron
ΛΟΥΤΡΑ ΕΛΕΥΘΕΡΩΝ
Kallirachi
ΚΑΛΙΡΑΧΗ
Theologos
ΘΕΟΛΟΓΟΣ
Thasos
Θάσος
Thrakikon Pelagos
Θρακικόν Πέλαγος
Asprovalta
ΑΣΠΡΟΒΑΛΤΑ
Mikra Volvi
ΜΙΚΡΑ ΒΟΛΒΗ
Akr. Kefalas
Άκρ. Κεφάλας
Limenaria
ΛΙΜΕΝΑΡΙΑ
Akr. Stavros
Άκρ. Σταυρός
Stavros
ΣΤΑΥΡΟΣ
Rendina
ΡΕΝΤΙΝΑ
Strymonikos Kolpos
Στρυμωνικός Κόλπος
Akr. Salonikos
Άκρ. Σαλωνικός
Nea Maditos
Olympias
ΟΛΥΜΠΙΑΣ
Akr. Makryvrachos
Άκρ. Μακρύβραχος
Therma
ΘΕΡΜΑ
Samothraki
ΣΑΜΟΘΡΑΚΗ
Kamariotissa
ΚΑΜΑΡΙΩΤΙΣΣΑ
Stratonion
ΣΤΡΑΤΩΝΙΟΝ
Akr. Arapis
Άκρ. Αράπης
Akr. Kalathria
Άκρ. Καλαθριά
Samot
Σαμοθ
Kolpos Ierissu
Κ. Ιερισσού
Arnea
ΑΡΝΑΙΑ
Megali Panajia
ΜΕΓΑΛΗ ΠΑΝΑΓΙΑ
Ierissos
ΙΕΡΙΣΣΟΣ
Plana
ΠΛΑΝΑ
Trypiti
ΤΡΥΠΗΤΗ
Uranopolis
ΟΥΡΑΝΟΠΟΛΙΣ
Moni Hiliandariu
ΜΟΝΗ ΧΕΙΛΙΑΝΔΑΡΙΟΥ
Moni Vatopedin
ΜΟΝΗ ΒΑΤΟΠΕΔΙΟΥ
Ormylia
ΟΡΜΥΛΙΑ
Pyrgadikia
ΠΥΡΓΑΔΙΚΙΑ
Amuliani
ΑΜΟΥΛΙΑΝΗ
Aj. Oros
Άγ. Όρος
Moni Iviron
ΜΟΝΗ ΙΒΗΡΩΝ
Jerakini
ΓΕΡΑΚΙΝΗ
Nikitas
ΝΙΚΗΤΑΣ
Aj. Nikolaos
ΑΓ. ΝΙΚΟΛΑΟΣ
Kolpos Ajiu Orus
Κόλπος Άγ. Όρους
Dafni
ΔΑΦΝΗ
Moni Mejistis Lavras
ΜΟΝΗ ΜΕΓΙΣΤΗΣ ΛΑΥΡΑΣ
Vurvuru
ΒΟΥΡΒΟΥΡΟΥ
Moni Aj. Dionysiu
ΜΟΝΗ ΑΓ. ΔΙΟΝΥΣΙΟΥ
Athos
Άθως
Akr. Akrathos
Άκρ. Άκράθως
Akr. Pines
Άκρ. Πίνες
Limnos
Λήμνος
Akr. Plaka
Άκρ. Πλάκα
Plaka
ΠΛΑΚΑ
Kolpos Kassandras
Κόλπος Κασσάνδρας
Sithonia
Σιθωνία
Sarti
ΣΑΡΤΗ
Nea Fokea
ΝΕΑ ΦΩΚΑΙΑ
Akr. Murtseflos
Άκρ. Μουρτζεφλός
Skopia
Σκοπιά
Dafni
ΔΑΦΝΗ
Atsiki
ΑΤΣΙΚΗ
Kalliopi
ΚΑΛΛΙΟΠΗ
Kallithea
ΚΑΛΛΙΘΕΑ
Sykea
ΣΥΚΕΑ
Kornos
ΚΟΡΝΟΣ
Kassandra
ΚΑΣΣΑΝΔΡΑ
Kaspakas
ΚΑΣΠΑΚΑΣ
Mudros
ΜΟΥΔΡΟΣ
Kassandra
Κασσάνδρα
Kufos
ΚΟΥΦΟΣ
Myrina
ΜΥΡΙΝΑ
Kondias
ΚΟΝΤΙΑΣ
Paliurion
ΠΑΛΙΟΥΡΙΟΝ
Akr. Drepanon
Άκρ. Δρέπανον
Akr. Tigani
Άκρ. Τηγάνι
Akr. Aj. Irinis
Άκρ. Άγ. Ειρήνης
Akr. Paliurion
Άκρ. Παλιούριον
Akr. Kalamaki
Άκρ. Καλαμάκι
Aj. Efstratios
ΑΓ. ΕΥΣΤΡΑΤΙΟΣ
Aj. Efstratios
Άγ. Ευστράτιος
Akr. Trypiti
Άκρ. Τρυπητή
Psathura
Ψαθούρα
Jiura
Γιούρα
Piperion
Πιπέριον
Kyra Panjia
Κυρά Παναγία
Alonnisos
Αλόννησος
Skiathos
Σκιάθος
Akr. Guruni
Άκρ. Γουρούνι
Glossa
ΓΛΩΣΣΑ
Peristera
Περιστέρα
Vorii Sporades
Βόρειοι Σποράδες
Promyrion
ΠΡΟΜΥΡΙΟΝ
Skiathos
ΣΚΙΑΘΟΣ
Alonnisos
ΑΛΟΝΝΗΣΟΣ
Platania
Skandsura
168

Didymontichon
Tekirdağ
Keşan
Gelibolu
Çanakkale
Biga
Çan
Ezine
Bayramiç
Edremit
Burhaniye
Ayvalık
Bergama
Dikili
Zeytindağ
Mytilini
Lesbos
Saros Körfezi
Edremit Körfezi
Çandarlı Körfezi
Erdek Körfezi
Gökçeada
Bozca Ada
Marmaraereğlisi
Çorlu
Uzunköprü
Gönen
Kazdağı
Troja

169

162

A
B
C
D
1
2
3
4
5
6
Çorovodë
Qafzez
Lofkë
Grammos
Γράμμος
Argos Orestikon
ΑΡΓΟΣ ΟΡΕΣΤΙΚΟΝ
Nestorion
ΝΕΣΤΟΡΙΟΝ
Melanthion
ΜΕΛΑΝΘΕΙΟΝ
Vogatsikon
ΒΟΓΑΤΣΙΚΟΝ
Askion
Άσκιον
Pondokomi
ΠΟΝΤΟΚΩΜΗ
Polymylos
ΠΟΛΥΜΥΛΟΣ
Ballaban
Frashër
Ersekë
Gramoz
Damaskinea
ΔΑΜΑΣΚΙΝΕΑ
Eratyra
ΕΡΑΤΥΡΑ
Neapolis
ΝΕΑΠΟΛΙΣ
Lefkodea
ΛΕΥΚΟΔΕΑ
Polykastanon
ΠΟΛΥΚΑΣΤΑΝΟΝ
Epano Arena
Επάνω Άρενα
Kaloneriοn
ΚΑΛΟΝΕΡΙΟΝ
Vateron
ΒΑΤΕΡΟΝ
Kosani
ΚΟΖΑΝΗ
Dios Chadovas
Δίοδος Χαδόβας
Velvendos
ΒΕΛΒΕΝΔΟΣ
Pieria
Këlcyrë
Vjosë
Dhembel
Lunxheri
Përmet
Nemerçke
Krahina e Leskovikut
Leskovik
Tsotylion
ΤΣΟΤΥΛΙΟΝ
Siatista
ΣΙΑΤΙΣΤΑ
Morfi
ΜΟΡΦΗ
Kivotos
ΚΙΒΩΤΟΣ
Kerasia
ΚΕΡΑΣΙΑ
Servia
ΣΕΡΒΙΑ
Afchin Kocha
Αυχήν Κόχα
Rymnion
ΡΗΜΝΙΟΝ
Vatolakkos
ΒΑΤΟΛΑΚΚΟΣ
Vurinos
Βούρινος
Knidi
ΚΝΙΔΗ
Mikrovalton
ΜΙΚΡΟΒΑΛΤΟΝ
Grevena
ΓΡΕΒΕΝΑ
Poliçan
Smolikas
Σμόλικας
Melissopetra
ΜΕΛΙΣΣΟΠΕΤΡΑ
Libohovë
Eleftheron
ΕΛΕΥΘΕΡΟΝ
Konitsa
ΚΟΝΙΤΣΑ
Sakas
ΣΑΚΑΣ
Mavranei
ΜΑΥΡΑΝΑΙΗ
Karperon
ΚΑΡΠΕΡΟΝ
Paliuria
ΠΑΛΙΟΥΡΙΑ
Kranea Deskatis
ΚΡΑΝΕΑ ΔΕΣΚΑΤΗΣ
Valanidi
ΒΑΛΑΝΙΔ.
Gjirokastër
Pogoniani
ΠΩΓΩΝΙΑΝΙ
Tymfi
Τύμφη
Perivolion
ΠΕΡΙΒΟΛΙΟΝ
Chasia
Χάσια
Kamvonia
Καμβούνια
Deskati
ΔΕΣΚΑΤΗ
Delvinë
Delvinakion
ΔΕΛΒΙΝΑΚΙΟΝ
Vissani
ΒΗΣΣΑΝΗ
Muzine
Ajiofilos
ΑΓΙΟΦΥΛΛΟΝ
Kefalovryson
ΚΕΦΑΛΟΒΡΥΣΟΝ
Verdikussa
ΒΕΡΔΙΚΟΥΣΣΑ
Kalpakion
ΚΑΛΠΑΚΙΟΝ
Ktismata
ΚΤΙΣΜΑΤΑ
Kipi
ΚΗΠΟΙ
Parakalamos
ΠΑΡΑΚΑΛΑΜΟΣ
Metsovon
ΜΕΤΣΟΒΟΝ
Votonossi
ΒΟΤΟΝΟΣΙ
Trygona
ΤΡΥΓΟΝΑ
Orthovunion
ΟΡΘΟΒΟΥΝΙΟΝ
Logga
ΛΟΓΓΑ
Oxya
Όξυα
Mesochorion
ΜΕΣΟΧΩΡΙΟΝ
Livadhe
Sitsa
ΖΙΤΣΑ
Mitsikeli
Μιτσικέλι
Kastania
ΚΑΣΤΑΝΙΑ
Kalambaka
ΚΑΛΑΜΠΑΚΑ
Grisanon
ΓΡΙΖΑΝΟΝ
Liq i Butrintit
Butrint
Konispol
Aj. Nikolaos
ΑΓ. ΝΙΚΟΛΑΟΣ
Sulopulon
ΣΟΥΛΟΠΟΥΛΟΝ
Ioannina
ΙΩΑΝΝΙΝΑ
Peristeri
Περιστέρι
Lakmos
Λάκμος
Amaranton
ΑΜΑΡΑΝΤΟΝ
Rizoma
ΡΙΖΩΜΑ
Neochorion
ΝΕΟΧΩΡΙΟΝ
Paliopyrgos
ΠΑΛΙΟΠΥΡΓΟΣ
Sajiada
ΣΑΓΙΑΔΑ
Vrusina
ΒΡΟΥΣΙΝΑ
Grammenon
ΓΡΑΜΜΕΝΟΝ
Katsikas
ΚΑΤΣΙΚΑΣ
Servjana
ΣΕΡΒΙΑΝΑ
Pramanda
ΠΡΑΜΑΝΤΑ
Aj. Nikolaos
ΑΓ. ΝΙΚΟΛΑΟΣ
Petrulion
ΠΕΤΡΟΥΛΙΟΝ
Trikala
ΤΡΙΚΑΛΑ
Marathea
ΜΑΡΑΘΕΑ
Filiate
ΦΙΛΙΑΤΑΙ
Thyamis
Neochorion
ΝΕΟΧΩΡΙΟΝ
Dodoni
ΔΩΔΩΝΗ
Kalendsion
ΚΑΛΕΝΤΖΙΟΝ
Elati
ΕΛΑΤΗ
Megala Kalyvia
ΜΕΓΑΛΑ ΚΑΛΥΒΙΑ
Agnanderon
ΑΓΝΑΝΤΕΡΟΝ
Igumenitsa
ΗΓΟΥΜΕΝΙΤΣΑ
Tomaros
Τόμαρος
Athamanon
Αθαμάνων
Avgo
Αυγό
Pyli
ΠΥΛΗ
Mavromation
ΜΑΥΡΟΜΑΤΙΟΝ
Mataraga
ΜΑΤΑΡΑΓΑ
Akr. Lefkimis
Paramythia
ΠΑΡΑΜΥΘΙΑ
Plaka
ΠΛΑΚΑ
Arachthos
Musakion
ΜΟΥΣΑΚΙΟΝ
Karditsa
ΚΑΡΔΙΤΣΑ
Sofades
ΣΟΦΑΔΕΣ
Lefkimmi
ΛΕΥΚΙΜΜΗ
Kavos
ΚΑΒΟΣ
Masarakia
ΜΑΖΑΡΑΚΙΑ
Margarition
ΜΑΡΓΑΡΙΤΙΟΝ
Assos
ΑΣΣΟΣ
Kerasona
ΚΕΡΑΣΩΝΑ
Drosopiji
ΔΡΟΣΟΠΗΓΗ
Mesenikolas
ΜΕΣΕΝΙΚΟΛΑΣ
Glyki
ΓΛΥΚΗ
Pistiana
ΠΙΣΤΙΑΝΑ
Akr. Asprokavos
Ακρ. Ασπρόκαβος
Perdikas
ΠΕΡΔΙΚΑΣ
Parga
Πάργα
Notion Stenon Kerkyras
Νότιον Στενόν Κερκύρας
Ajia
ΑΓΙΑ
Thesprotikon
ΘΕΣΠΡΩΤΙΚΟΝ
Ammotopos
ΑΜΜΟΤΟΠΟΣ
Neochorion
ΝΕΟΧΩΡΙΟΝ
T.L. Tavropu
Τ.Λ. Ταυρωπού
Kastanea
ΚΑΣΤΑΝΕΑ
Kalendini
ΚΑΛΕΝΤΙΝΗ
Acheloos
Αχελώος
Parga
ΠΑΡΓΑ
Mesopotamon
ΜΕΣΟΠΟΤΑΜΟΝ
Mucha
ΜΟΥΧΑ
Kedros
ΚΕΔΡΟΣ
Lakka
ΛΑΚΚΑ
Kanallakion
ΚΑΝΑΛΛΑΚΙΟΝ
Filipias
ΦΙΛΙΠΠΙΑΣ
Petas
ΠΕΤΑΣ
Pteri
Πτέρι
Lutra Smokovu
ΛΟΥΤΡΑ ΣΜΟΚΟΒΟΥ
Paxi
ΠΑΞΗ
Paxi
Παξή
Luros
ΛΟΥΡΟΣ
Kampos
Κάμπος
Arta
ΑΡΤΑ
Floriada
ΦΛΩΡΙΑΔΑ
Valtu
Pyramiva
Πυραμίβα
Vulgara
Βουλγάρα
Rendina
ΡΕΝΤΙΝΑ
Antipaxi
Αντίπαξοι
Psathotopion
ΨΑΘΟΤΟΠΙΟΝ
Kombotion
ΚΟΜΠΟΤΙΟΝ
Βάλτου
Kanalion
ΚΑΝΑΛΙΟΝ
Michalitsion
ΜΙΧΑΛΙΤΣΙΟΝ
Kammenon
ΚΑΜΜΕΝΟΝ
Menidion
ΜΕΝΙΔΙΟΝ
Embesos
ΕΜΠΕΣΟΣ
Frangista
ΦΡΑΓΚΙΣΤΑ
Aj. Jeorjios
ΑΓ. ΓΕΩΡΓΙΟΣ
Salaora
ΣΑΛΑΩΡΑ
Alyki
ΑΛΥΚΗ
Makrynoros
Μακρύνορος
Lutron
ΛΟΥΤΡΟΝ
T.L. Kremaston
Τ.Λ. Κρεμαστών
Alevrada
ΑΛΕΥΡΑΔΑ
Kalesmenon
ΚΑΛΕΣΜΕΝΟΝ
Tymfristos
Τυμφρηστός
Amvrakikos Kolpos
Αμβρακικός Κόλπος
Preveza
ΠΡΕΒΕΖΑ
Vonitsa
ΒΟΝΙΤΣΑ
Ambelakion
ΑΜΠΕΛΑΚΙΟΝ
Lutra
ΛΟΥΤΡΑ
Karpenision
ΚΑΡΠΕΝΗΣΙΟΝ
Kaliakuda
Καλιακούδα
Lutrakion
ΛΟΥΤΡΑΚΙΟΝ
Chuni
ΧΟΥΝΗ
Mikro Horio
ΜΙΚΡΟ ΧΩΡΙΟ
Gardikion
ΓΑΡΔΙΚΙΟΝ
Amfilochia
ΑΜΦΙΛΟΧΙΑ
Podogora
ΠΟΔΟΓΟΡΑ
Aj. Vlasios
ΑΓ. ΒΛΑΣΙΟΣ
Lefkas
ΛΕΥΚΑΣ
Monastirakion
ΜΟΝΑΣΤΗΡΑΚΙΟΝ
Katuna
ΚΑΤΟΥΝΑ
Stanos
ΣΤΑΝΟΣ
Stavros
ΣΤΑΥΡΟΣ
Panetolikon
Domnista
ΔΟΜΝΙΣΤΑ
Lasarata
ΛΑΖΑΡΑΤΑ
Paleros
ΠΑΛΑΙΡΟΣ
Bumistos
Μπουμιστός
Lepenu
ΛΕΠΕΝΟΥ
Matsukion
ΜΑΤΣΟΥΚΙΟΝ
ETOLIO - AKARNANIA
Lefkas
Λευκάς
Nydrion
ΝΥΔΡΙΟΝ
Fytie
ΦΥΤΙΑΙ
Komilion
ΚΟΜΗΛΙΟΝ
Elati
Ελάτη
Vlychon
ΒΛΥΧΟΝ
Mitikas
ΜΥΤΙΚΑΣ
Agrinion
ΑΓΡΙΝΙΟΝ
Schinos
ΣΧΙΝΟΣ
Paravola
ΠΑΡΑΒΟΛΑ
Aj. Petros
ΑΓ. ΠΕΤΡΟΣ
Meganision
Μεγανήσιον
Macheras
ΜΑΧΕΡΑΣ
L. Oseros
Λ. Όζερός
Kalyvia
ΚΑΛΥΒΙΑ
L. Trichonis
Λ. Τριχωνίς
Thermon
ΘΕΡΜΟΝ
Simos
ΣΙΜΟΣ
Vasiliki
ΒΑΣΙΛΙΚΑ
Kalamos
Κάλαμος
L. Lysimachia
Λ. Λυσιμαχία
Gavalu
ΓΑΒΑΛΟΥ
Petrochorion
ΠΕΤΡΟΧΩΡΙΟΝ
Paleopyrgos
ΠΑΛΑΙΟΠΥΡΓΟΣ
Akr. Dukaton
Ακρ. Δουκάτον
Kastos
Καστός
Astakos
ΑΣΤΑΚΟΣ
Mataragga
ΜΑΤΑΡΑΓΓΑ
Kato Makrinu
ΚΑΤΩ ΜΑΚΡΥΝΟΥ
Akr. Melissa
Ακρ. Μέλισσα
Atokos
Άτοκος
Guria
ΓΟΥΡΙΑ
Pitsineika
ΠΙΤΣΙΝΕΪΚΑ
Akr. Dafnaudi
Ακρ. Δαφνούδι
Paleokatuna
ΠΑΛΑΙΟΚΑΤΟΥΝΑ
Arakynthos
Αράκυνθος
Gavrolimni
ΓΑΒΡΟΛΙΜΝΗ
Fiskardon
ΦΙΣΚΑΡΔΟΝ
Frikes
ΦΡΙΚΕΣ
Etolikon
ΑΙΤΩΛΙΚΟΝ
Nafpaktos
ΝΑΥΠΑΚΤΟΣ
Ithaki
Ιθάκη
Neochorion
ΝΕΟΧΩΡΙΟΝ
Mesolongion
ΜΕΣΟΛΟΓΓΙΟΝ
Krioneri
ΚΡΥΟΝΕΡΙ
Antirrion
ΑΝΤΙΡΡΙΟΝ
Akr. Atheras
Ακρ. Άθερας
Assos
ΑΣΣΟΣ
Ithaki
ΙΘΑΚΗ
Acheloos
Rion
ΡΙΟΝ
Kastritsion
ΚΑΣΤΡΙΤΣΙ
Atheras
ΑΘΕΡΑΣ
Divarata
ΔΙΒΑΡΑΤΑ
Akr. Aj. Andreu
Ακρ. Αγ. Ανδρέου
Kerkyra - Pireus 22 h
Patraikos Kolpos
Πατραϊκός Κ.
PATRA
ΠΑΤΡΑ
Kefallinia
Κεφαλληνία
Aj. Evfimia
ΑΓ. ΕΥΘΥΜΙΑ
Sami
ΣΑΜΗ
Akr. Araxos
Ακρ. Άραξος
Akr. Araxos
ΑΚΡ. ΑΡΑΞΟΣ
Mindiloglion
ΜΙΝΤΙΛΟΓΛΙΟΝ
Panachaikon
Παναχαϊκόν
Aj. Thekli
ΑΓ. ΘΕΚΛΗ
Kato Achaja
ΚΑΤΩ ΑΧΑΪΑ
Platanovrisi
ΠΛΑΤΑΝΟΒΡΥΣΗ
Lichurion
ΛΗΞΟΥΡΙΟΝ
Tsakasianos
ΤΣΑΚΑΣΙΑΝΟΣ
Poros
ΠΟΡΟΣ
Metochion
ΜΕΤΟΧΙΟΝ
Chekali
ΧΑΙΚΑΛΙ
Chalandritsa
ΧΑΛΑΝΔΡΙΤΣΑ
Lixurion
ΛΗΞΟΥΡΙΟΝ
Argostolion
ΑΡΓΟΣΤΟΛΙΟΝ
Valsamata
ΒΑΛΣΑΜΑΤΑ
Enos
Αίνος
Asprojerakas
ΑΣΠΡΟΓΕΡΑΚΟΣ
Lapas
ΛΑΠΑΣ
Kalanistra
ΚΑΛΑΝΙΣΤΡΑ
Vlachata
ΒΛΑΧΑΤΑ
Skala
ΣΚΑΛΑ
Manolas
ΜΑΝΩΛΑΣ
Kagkadion
ΚΑΓΚΑΔΙΟΝ
Chiona
ΧΙΟΝΑ
Kato Vlasia
ΚΑΤΩ ΒΛΑΣΙΑ
Hionata
ΧΙΟΝΑΤΑ
Varda
ΒΑΡΔΑ
Sandomerion
ΣΑΝΤΟΜΕΡΙΟΝ
Erymanthos
Ερύμανθος
Borsion
ΜΠΟΡΣΙΟΝ
Skollis
Σκόλλις
Erimanthia
ΕΡΥΜΑΝΘΕΙΑ
Lechena
ΛΕΧΑΙΝΑ
Split - Istanbul 91 h
Brindisi - Patre 18 h - 19½ h
Igumenitsa - Patre 7 h
Kerkyra - Katakolon 9 h
1½ h
2 h
3½ h
E90
E92
E853
E951
E55
E952
E65
219
92
126
132
115
56
60
170

163

Thermaikos Kolpos
Θερμαϊκός Κόλπος
Kolpos Kassandras
Κόλπος Κασσάνδρας
Kolpos Ajiu Oros
Κόλπος Άγ. Όρους
Sithonia
Σιθωνία
Kassandra
Κασσάνδρα
Katerini
ΚΑΤΕΡΙΝΗ
Olympos
Όλυμπος
Kato Olympos
Κάτω Όλυμπος
Ossa
Όσσα
Larissa
ΛΑΡΙΣΑ
Pilion
Πήλιον
Volos
ΒΟΛΟΣ
Nea Ionia
ΝΕΑ ΙΩΝΙΑ
Pagasitikos K.
Παγασητικός Κόλπος
Skiathos
Σκίαθος
Skopelos
Σκόπελος
Alonnisos
Αλόννησος
Kyra Panjia
Κυρά Παναγία
Peristera
Περιστέρα
Skandsura
Σκαντζούρα
Psathura
Ψαθούρα
Jiura
Γιούρα
Othrys
Όθρυς
Lamia
ΛΑΜΙΑ
Maliakos K.
Μαλιακός Κόλπος
Vorios Evvoikos Kolpos
Βόρειος Ευβοϊκός Κόλπος
Evvoia (Euböa)
Εύβοια
Dirfys
Δίρφυς
Kallidromon
Καλλίδρομον
Giona
Γκιώνα
Parnassos
Παρνασσός
Viotia
Βοιωτία
Elikon
Ελικών
Chalkis
ΧΑΛΚΙΣ
Thiva
ΘΗΒΑ
Levadia
ΛΕΒΑΔΕΙΑ
Amfissa
ΑΜΦΙΣΣΑ
Delfi
ΔΕΛΦΟΙ
Itea
ΙΤΕΑ
Korinthiakos Kolpos
Κορινθιακός Κόλπος
Achaia
Αχαΐα
Jerania
Γεράνεια
Attiki
Αττική
ATHINA
ΑΘΗΝΑ
Pireus
ΠΕΙΡΑΙΕΥΣ
Salamis
Σαλαμίς
Elefsis
ΕΛΕΥΣΙΣ
Megara
ΜΕΓΑΡΑ
Korinthos
ΚΟΡΙΝΘΟΣ
Kiaton
ΚΙΑΤΟΝ
Saronikos Kolpos
Marathon
ΜΑΡΑΘΩΝ
Rafina
ΡΑΦΗΝΑ
Keratea
ΚΕΡΑΤΕΑ
171

164

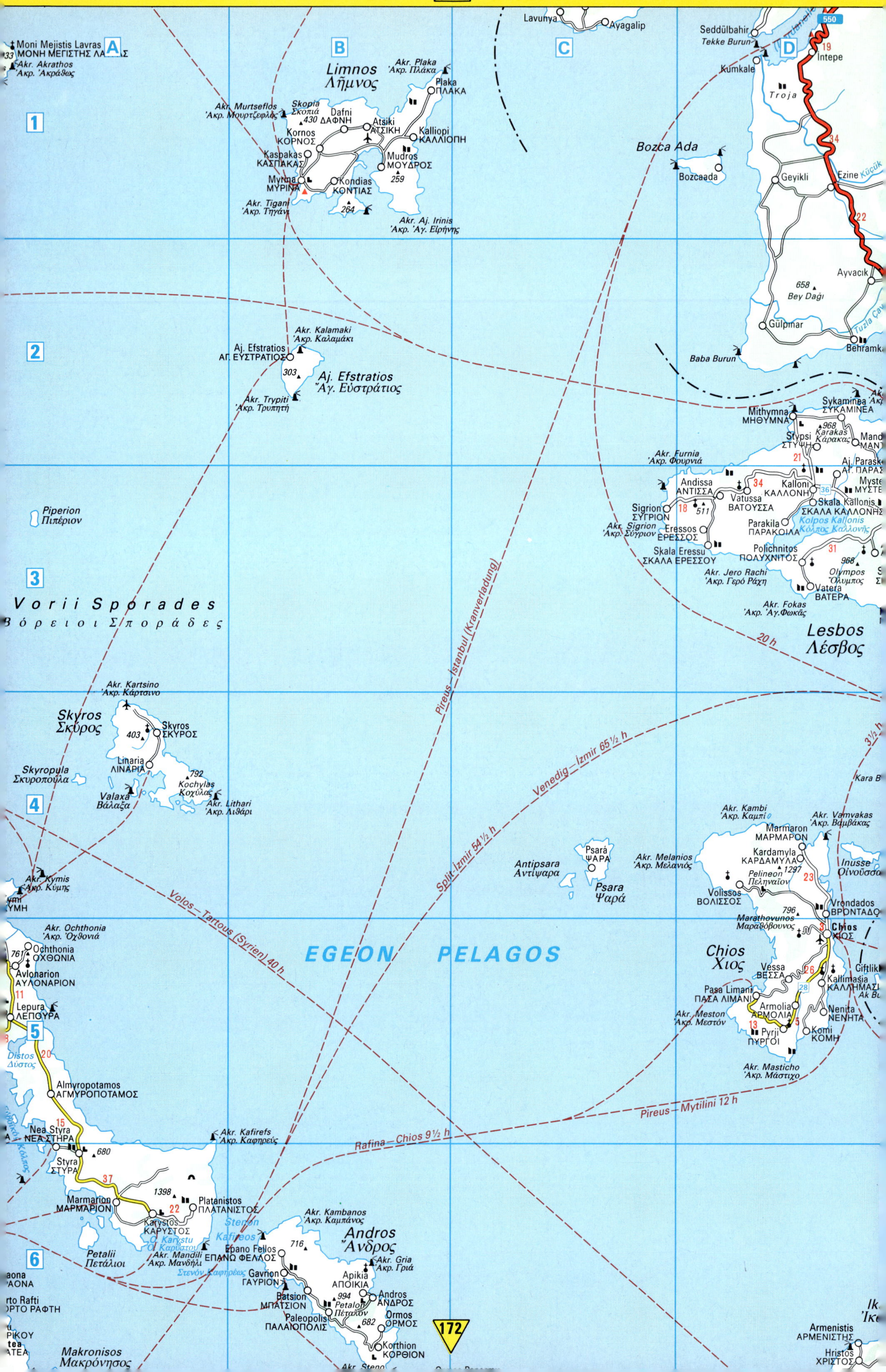

A
B
C
D
1
2
3
4
5
6
Moni Mejistis Lavras
ΜΟΝΗ ΜΕΓΙΣΤΗΣ ΛΑΥΡΑΣ
Akr. Akrathos
Limnos
Λῆμνος
Akr. Plaka
Plaka
ΠΛΑΚΑ
Akr. Murtseflos
Skopia
Dafni
ΔΑΦΝΗ
Atsiki
ΑΤΣΙΚΗ
Kornos
ΚΟΡΝΟΣ
Kalliopi
ΚΑΛΛΙΟΠΗ
Kaspakas
ΚΑΣΠΑΚΑΣ
Mudros
ΜΟΥΔΡΟΣ
Myrina
ΜΥΡΙΝΑ
Kondias
ΚΟΝΤΙΑΣ
Akr. Tigani
Akr. Aj. Irinis
Lavunya
Ayagalip
Seddülbahir
Tekke Burun
Kumkale
Intepe
Troja
Bozca Ada
Bozcaada
Geyikli
Ezine
Ayvacık
Bey Dağı
Gülpınar
Behramkale
Baba Burun
Akr. Kalamaki
Aj. Efstratios
ΑΓ. ΕΥΣΤΡΑΤΙΟΣ
Aj. Efstratios
Akr. Trypiti
Mithymna
ΜΗΘΥΜΝΑ
Sykaminea
ΣΥΚΑΜΙΝΕΑ
Stypsi
ΣΤΥΨΗ
Karakas
Akr. Furnia
Andissa
ΑΝΤΙΣΣΑ
Kalloni
ΚΑΛΛΟΝΗ
Vatussa
ΒΑΤΟΥΣΣΑ
Sigrion
ΣΙΓΡΙΟΝ
Skala Kallonis
ΣΚΑΛΑ ΚΑΛΛΟΝΗΣ
Kolpos Kallonis
Parakila
ΠΑΡΑΚΟΙΛΑ
Akr. Sigrion
Eressos
ΕΡΕΣΣΟΣ
Skala Eressu
ΣΚΑΛΑ ΕΡΕΣΣΟΥ
Polichnitos
ΠΟΛΥΧΝΙΤΟΣ
Olympos
Akr. Jero Rachi
Vatera
ΒΑΤΕΡΑ
Akr. Fokas
Lesbos
Λέσβος
Piperion
Πιπέριον
Vorii Sporades
Βόρειοι Σποράδες
Akr. Kartsino
Skyros
Σκῦρος
Skyros
ΣΚΥΡΟΣ
Linaria
ΛΙΝΑΡΙΑ
Skyropula
Σκυροπούλα
Kochylas
Valaxa
Βάλαξα
Akr. Lithari
Akr. Kymis
Pireus – Istanbul (Kranverladung)
Venedig – Izmir 65½ h
Split – Izmir 54½ h
Volos – Tartous (Syrien) 40 h
20 h
Akr. Kambi
Akr. Vamvakas
Marmaron
ΜΑΡΜΑΡΟΝ
Kardamyla
ΚΑΡΔΑΜΥΛΑ
Psará
ΨΑΡΑ
Akr. Melanios
Inusse
Οἰνοῦσσαι
Antipsara
Αντίψαρα
Psara
Ψαρά
Pelineon
Πελιναῖον
Volissos
ΒΟΛΙΣΣΟΣ
Vrondados
ΒΡΟΝΤΑΔΟΣ
Marathovunos
Chios
ΧΙΟΣ
Chios
Χιος
Vessa
ΒΕΣΣΑ
Kallimasia
ΚΑΛΛΙΜΑΣΙΑ
Pasa Limani
ΠΑΣΑ ΛΙΜΑΝΙ
Armolia
ΑΡΜΟΛΙΑ
Nenita
ΝΕΝΗΤΑ
Akr. Meston
Pyrji
ΠΥΡΓΟΙ
Komi
ΚΩΜΗ
Akr. Masticho
Akr. Ochthonia
Ochthonia
ΟΧΘΩΝΙΑ
Avlonarion
ΑΥΛΩΝΑΡΙΟΝ
Lepura
ΛΕΠΟΥΡΑ
Distos
Almyropotamos
ΑΛΜΥΡΟΠΟΤΑΜΟΣ
EGEON PELAGOS
Pireus – Mytilini 12 h
Rafina – Chios 9½ h
Nea Styra
ΝΕΑ ΣΤΥΡΑ
Akr. Kafirefs
Styra
ΣΤΥΡΑ
Marmarion
ΜΑΡΜΑΡΙΟΝ
Platanistos
ΠΛΑΤΑΝΙΣΤΟΣ
Karystos
ΚΑΡΥΣΤΟΣ
Akr. Kambanos
Andros
Ἄνδρος
Stenon Kafireos
Epano Fellos
ΕΠΑΝΩ ΦΕΛΛΟΣ
Akr. Mandili
Akr. Gria
Petalii
Πετάλιοι
Gavrion
ΓΑΥΡΙΟΝ
Apikia
ΑΠΟΙΚΙΑ
Batsion
ΜΠΑΤΣΙΟΝ
Andros
ΑΝΔΡΟΣ
Paleopolis
ΠΑΛΑΙΟΠΟΛΙΣ
Ormos
ΟΡΜΟΣ
Korthion
ΚΟΡΘΙΟΝ
Makronisos
Μακρόνησος
Armenistis
ΑΡΜΕΝΙΣΤΗΣ
Hristos
ΧΡΙΣΤΟΣ
Kara Burun

172

A B C D
1 2 3 4 5 6

Kirazlı
Etili
Yenice
Danişment
Ilica
Susurluk
Devecikonağı
879 Kayacı Dağ
755 Eğrikabaağaç D.
Pazarköy
Şamlı
Yeniköy
Ömerköy
Hatap D.
Simav Çayı
Durak
Kalkım
Balya
Kepsut
Bayramiç
Evciler
1045 Kocakatran D.
1295 Öbekalan Dağ
1767 Kaz Dağı
Gökçeyazı
Balıkesir
Kireç
Killer Deresi
Alaçam
Ertuğrul
Çağiş
Edremit
Havran
İvrindi
Atnos Çayı
Altinoluk
Ilıca
Küçükkuyu
Ören
Burhaniye
Madra Deresi
Korucu
Adali
Bigadiç
Edremit Körfezi
Sapla Dağları
1344 Madra Dağı
Savaştepe
Kazan Dere
1773 Ulus Dağı
950 Davullu Dağ
Gölcük
Çaygören Bar.
Düvertepe
Alibey Adası
Armutova
985 Yaylâcık Dağ
Turanlı
Yağcili Çayı
Sındırgı
Sındırgıbeli
Ayvalık
Kozak
Göçbeyli
Soma
Gelembe
1445 Kökseki Dağ
Bakir Çayı
Kırkağaç
Güneşli
Altınova
Bergama
Kınık
Görenez Dağ
1295
Pyrji Thermis
ΠΥΡΓΗ ΘΕΡΜΗΣ
1061 Geyikli Dağ
967 Sarı Tepe
Mytilini
ΜΥΤΙΛΗΝΗ
Dikili
Palamut
Gördes
Kratipos
ΚΡΑΤΙΠΟΣ
Akr. Agrilia
Άκρ. Άγριλιά
Zeytindağ
1084 Kılıç Dağı
Erdelli
Akhisar
1050 Azim Dağı
Çandarlı
Köprübaşı
Çandarlı Körfezi
Güzelhisar Çayı
Çerkesmahmudiye
Saruhanlı
Gördes Deresi
Kum Çayı
Gölmarmara
Ilica Burun
Aliağa
568 Kara Tepe
Marmara Gölü
Karataş
Yenifoça
1098 Dumanli Dağ
Muradiye
Veziroğlu
1040 Çal Dağı
Mersinli
Foça
Gediz Çayı
Manisa
Emiralem
Ahmetli
Salihli
Bozalan
Menemen
1717 Manisa Dağı
Turgutlu
Karaburun
İzmir Körfezi
1425 Yamanlar Dağı
Ulucak
Ak Dağ
1212
Bornova
Küçükbahçe
Karşıyaka
Kemalpaşa
Armutlu
2157 Boz Dağ
Uzun Ada
Çamalt
İZMİR
Buca
Mordoğan
Hekim Adası
Dolaylar
Birgi
Güzelbahçe
1387 Mahmut Dağı
1405
Ödemiş
Kiraz
Ildır
Çeşmealtı
Urla
1999
1042
Bayındır
Kaymakçı
Sifne
Barbaros
Uzunkuyu
Menderes
Torbalı
Çirpi
Küçük Menderes Nehri
Beydağ
Seferihisar
Bademli
Sığacık
Bulgurca
Boğaziçi
Tire
Yeniköy
Belevi
1830 Dumen Tepesi
Teke Burun
Doğanbey
Gümüşsu
Özdere
1651 Cevizli Dağ
Sultanhisar
Doğanbey Burun
Selçuk
Pamucak
Aydin
Köşk
Kuşadası Körfezi
Kuşadasi
Ortaklar
Germencik
İncirliova
Yenipazar
Dalama
Samos
Σάμος
Akr. Praso
Άκρ. Πράσο
Avlakia
ΑΥΛΑΚΙΑ
Samos
ΣΑΜΟΣ
Söke
Koçarli
Çakırbeyli
Neon Karlovasion
ΝΕΟΝ ΚΑΡΛΟΒΑΣΙΟΝ
Paleokastron
ΠΑΛΑΙΟΚΑΣΤΡΟΝ
Bağarası
Çine Çayı
1792 Madran Baba Dağı
Leka
ΛΕΚΑ
1153
Mytilinii ΜΥΤΙΛΗΝΙΟΙ
Samsun Dağı
Marathokampos
ΜΑΡΑΘΟΚΑΜΠΟΣ
Pyrgos
ΠΥΡΓΟΣ
Pythagorion
ΠΥΘΑΓΟΡΙΟΝ
Akr. Katavasis
Άκρ. Κατάβασις
K. Marathokambu
Κ. Μαραθοκάμπου
Pagondas
ΠΑΓΟΝΤΑΣ
1229
Atburgazi
Karine
Büyük Menderes N.
Karpuzlu
Akr. Fanari
Άκρ. Φανάρι
Furni
Φούρνοι
Beşparmak Dağı
Akçaova
1412 Gökbel Dağ
Aj. Kirykos
ΑΓ. ΚΗΡΥΚΟΣ
Furni
ΦΟΥΡΝΟΙ
Thymena
Bafa Gölü
Turgut

173

166

Akr. Melissa
'Akr. Μέλισσα
Atokos
'Ατοκος
Akr. Dafnaudi
'Akr. Δαφνούδι
Fiskardon
ΦΙΣΚΑΡΔΟΝ
Frikes
ΦΡΙΚΕΣ
Ithaki
'Ιθάκη
Ithaki
ΙΘΑΚΗ
Akr. Atheras
'Akr. 'Αθέρας
Assos
ΑΣΣΟΣ
Divarata
ΔΙΒΑΡΑΤΑ
Atheras
ΑΘΕΡΑΣ
Kefallinia
Κεφαλληνία
Aj. Evfimia
ΑΓ. ΕΥΘΥΜΙΑ
Akr. Aj. Andreu
'Akr. 'Αγ. 'Ανδρέου
Kerkyra - Pireus 22 h
3 1/2 h
Sami
ΣΑΜΗ
Aj. Thekli
ΑΓ. ΘΕΚΛΗ
Lixurion
ΛΗΞΟΥΡΙΟΝ
Lixurion
ΛΙΞΟΥΡΙΟΝ
Argostolion
ΑΡΓΟΣΤΟΛΙΟΝ
Tsarkasianos
ΤΣΑΚΑΡΙΣΙΑΝΟΣ
Poros
ΠΟΡΟΣ
Valsamata
ΒΑΛΣΑΜΑΤΑ
Enos
'Αίνος
Asprojerakas
ΑΣΠΡΟΓΕΡΑΚΟΣ
Vlachata
ΒΛΑΧΑΤΑ
Skala
ΣΚΑΛΑ
Hionata
ΧΙΟΝΑΤΑ
Akr. Munda
'Akr. Μούντα
Paleokatuna
ΠΑΛΑΙΟΚΑΤΟΥΝΑ
Guria
ΓΟΥΡΙΑ
Etolikon
ΑΙΤΩΛΙΚΟΝ
Neochorion
ΝΕΟΧΩΡΙΟΝ
Acheloos
Mesolongion
ΜΕΣΟΛΟΓΓΙΟΝ
Arakynthos
Krioneri
ΚΡΥΟΝΕΡΙ
Pitsineika
ΠΙΤΣΙΝΕΙΚΑ
Gavrolimni
ΓΑΒΡΟΛΙΜΝΗ
Antirrion
ΑΝΤΙΡΙΟΝ
Rion
ΡΙΟΝ
Kambos
ΚΑΜΠΟΣ
Nafpaktos
ΝΑΥΠΑΚΤΟΣ
Efpalio
ΕΥΠΑΛ
Psathopyrgos
ΨΑΘΟΠΥΡΓΟΣ
Aj. Nikolaos
ΑΓ. ΝΙΚΟΛΑΟΣ
Kamarae
ΚΑΜΑΡΑΙ
Ejion
ΑΙΓΙΟΝ
Kastritsion
ΚΑΣΤΡΙΤΣΙΟΝ
Dafne
ΔΑΦΝΑΙ
PATRA
ΠΑΤΡΑ
Patraikos Kolpos
Πατραϊκός Κ.
Akr. Araxos
'Akr. 'Αραξος
Akr. Araxos
ΑΚΡ. ΑΡΑΞΟΣ
Mindiloglion
ΜΙΝΤΙΛΟΓΛΙΟΝ
Panachaikon
Παναχαϊκόν
Achea
Αχαΐα
Kato Achaja
ΚΑΤΩ ΑΧΑΪΑ
Platanovrisi
ΠΛΑΤΑΝΟΒΡΥΣΗ
Metochion
ΜΕΤΟΧΙΟΝ
Chekali
ΧΑΙΚΑΛΙ
Petsaki
ΠΕΤΣΑΚΙ
Pteri
ΠΤΕΡΙ
Chalandritsa
ΧΑΛΑΝΔΡΙΤΣΑ
Lapas
ΛΑΠΑΣ
Skepaston
ΣΚΕΠΑΣΤΟΝ
Kalanistra
ΚΑΛΑΝΙΣΤΡΑ
Manolas
ΜΑΝΟΛΑΣ
Kagkadion
ΚΑΓΚΑΔΙΟΝ
Chiona
ΧΙΟΝΑ
Kalavryta
ΚΑΛΑΒΡΥΤΑ
Kato Vlasia
ΚΑΤΩ ΒΛΑΣΙΑ
Varda
ΒΑΡΔΑ
Sandomerion
ΣΑΝΤΟΜΕΡΙΟΝ
Erymanthos
'Ερύμανθος
Kertesi
ΚΕΡΤΕΣΙ
Priolithos
ΠΡΙΟΛΙΘΟΣ
Skollis
Σκόλλις
Borsion
ΜΠΟΡΣΙΟΝ
Erimanthia
ΕΡΥΜΑΝΘΕΙΑ
Agridion
ΑΓΡΙΔΙΟΝ
Lechena
ΛΕΧΑΙΝΑ
Akr. Kyllinis
'Akr. Κυλλήνης
Killini
ΚΥΛΛΗΝΗ
Ilis
Aj. Trias
ΑΓ. ΤΡΙΑΣ
Tripotama
ΤΡΙΠΟΤΑΜΑ
Kendron
ΚΕΝΤΡΟΝ
Filia
ΦΙΛΙΑ
Lambia
ΛΑΜΠΕΙΑ
Vavasilas
ΚΑΒΑΣΙΛΑΣ
Simopulon
ΣΥΜΟΠΟΥΛΟΝ
Vachlia
ΒΑΧΛΙΑ
Lutra Kyllinis
ΛΟΥΤΡΑ
ΚΥΛΛΗΝΗΣ
Gastuni
ΓΑΣΤΟΥΝΗ
Havarion
ΧΑΒΑΡΙΟΝ
Kumani
ΚΟΥΜΑΝΗ
Technití Limni
Τεχνητή Λίμνη
Savalia
ΣΑΒΑΛΙΑ
Musaki
ΜΟΥΣΑΚΙ
Kontovazena
ΚΟΝΤΟΒΑΖΑΙΝΑ
Valtesinikon
ΒΑΛΤΕΣΙΝΙΚΟΝ
Amalias
ΑΜΑΛΙΑΣ
Ηλις
Foloi
Φολόη
Tropea
ΤΡΟΠΑΙΑ
Duneika
ΔΟΥΝΕΪΚΑ
Karatula
ΚΑΡΑΤΟΥΛΑ
Milee
ΜΗΛΕΑΙ
Vytina
ΒΥΤΙΝΑ
Myrtia
ΜΥΡΤΙΑ
Fonaitika
ΦΟΝΑΙΤΙΚΑ
Lalas
ΛΑΛΑΣ
Stavrodromion
ΣΤΑΥΡΟΔΡΟΜΙΟΝ
Platanos
ΠΛΑΤΑΝΟΣ
PELOPON
Olympia
ΟΛΥΜΠΙΑ
Karkalu
ΚΑΡΚΑΛΟΥ
Pyrgos
ΠΥΡΓΟΣ
Katakolon
ΚΑΤΑΚΟΛΟΝ
Akr. Katakolon
'Akr. Κατάκολον
Livadakion
ΛΙΒΑΔΑΚΙΟΝ
Epitalion
ΕΠΙΤΑΛΙΟΝ
Kresterna
ΚΡΕΣΤΑΙΝΑ
Alfios
Satuna
ΖΑΤΟΥΝΑ
Ypsus
ΥΨΟΥΣ
Kallithea
ΚΑΛΛΙΘΕΑ
ΠΕΛΕΠΟΝΝ
Xirochorion
ΞΗΡΟΧΩΡΙΟΝ
Karitena
ΚΑΡΙΤΑΙΝΑ
Trilofo
ΤΡΙΛΟΦΟ
Kaiafa
ΚΑΙΑΦΑ
Sacharo
ΖΑΧΑΡΟ
Minthi
Μίνθη
Andritsena
ΑΝΔΡΙΤΣΑΙΝΑ
Tetrasion
Kyparissiakos Kolpos
Κυπαρισσιακός Κόλπος
Kakovatos
ΚΑΚΟΒΑΤΟΣ
Kato Figalia
ΚΑΤΩ ΦΥΓΑΛΕΙΑ
Isaris
ΙΣΑΡΗΣ
Sidirokastron
ΣΙΔΗΡΟΚΑΣΤΡΟΝ
Psarion
ΨΑΡΙΟΝ
Tetrasion
Τετράζιον
Diavolitsion
ΔΙΑΒΟΛΙΤΣΙΟΝ
Paradis
ΠΑΡΑΔ
Ellinitsa
Ελληνίτσα
Kiparissia
ΚΥΠΑΡΙΣΣΙΑ
Aetos
ΑΕΤΟΣ
Meligalas
ΜΕΛΙΓΑΛΑΣ
Ithomi
'Ιθώμη
Katsaro
ΚΑΤΣΑΡ
Strofades
Στροφάδες
Armenii
ΑΡΜΕΝΙΟΙ
Valira
ΒΑΛΥΡΑ
Filiatra
ΦΙΛΙΑΤΡΑ
Mavrommation
ΜΑΥΡΟΜΜΑΤΙΟΝ
Aj. Kyriaki
ΑΓ. ΚΥΡΙΑΚΗ
Aristomenis
ΑΡΙΣΤΟΜΕΝΗΣ
Eva
ΕΥΑ
Thuria
ΘΟΥΡΙΑ
Marathupolis
ΜΑΡΑΘΟΥΠΟΛΙΣ
Gargaliani
ΓΑΡΓΑΛΙΑΝΟΙ
Messini
ΜΕΣΣΗΝΗ
Proti
Πρώτη
Chora
ΧΩΡΑ
Hatsis
ΧΑΤΣΗΣ
Kalamata
ΚΑΛΑΜΑΤΑ
Petalidion
ΠΕΤΑΛΙΔΙΟΝ
Messinia
Sfaktiria
Σφακτηρία
Lykodimon
Λυκόδημον
Pylos
ΠΥΛΟΣ
Longa
ΛΟΓΓΑ
Μεσσηνία
Charokopion
ΧΑΡΟΚΟΠΕΙΟΝ
Methoni
ΜΕΘΩΝΗ
Koroni
ΚΟΡΩΝΗ
Sapiendsa
Σαπιέντζα
Akr. Akritas
'Akr. 'Ακρίτας
Schisa
Σχίζα
Akr. Skinari
'Akr. Σκινάρι
Korithion
ΚΟΡΙΘΙΟΝ
Porthmos Sakynthu
Πορθμός Ζακύνθου
Volime
ΒΟΛΙΜΑΙ
Katastarion
ΚΑΤΑΣΤΑΡΙΟΝ
Sakynthos
ΖΑΚΥΝΘΟΣ
Vrajonas
Βραχιόνας
Exo Hora
ΕΞΩ ΧΩΡΑ
Kalamakion
ΚΑΛΑΜΑΚΙΟΝ
Aj. Nikolaos
ΑΓ. ΝΙΚΟΛΑΟΣ
Vasilikos
ΒΑΣΙΛΙΚΟΣ
Lithakia
ΛΥΘΑΚΙΑ
Sakynthos
Ζάκυνθος
Kerion
ΚΕΡΙΟΝ
Akr. Marathia
'Akr. Μαραθιά
IONION PELAGOS
A
B
C
D
1
2
3
4
5
6

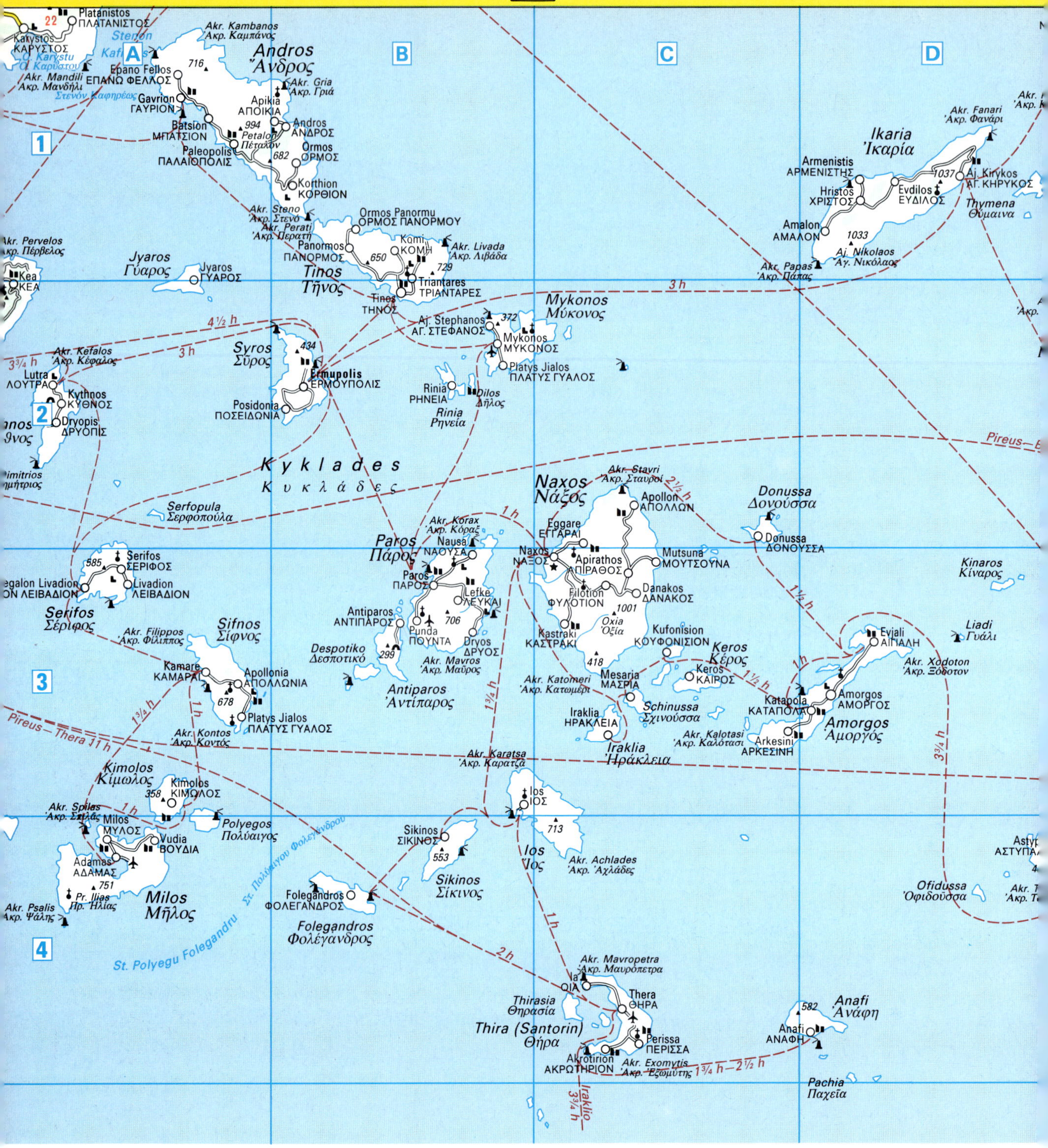

168

A B C D

1 2 3 4 5 6

Platanistos ΠΛΑΤΑΝΙΣΤΟΣ
Karystos ΚΑΡΥΣΤΟΣ
Stenon Kafireas
Akr. Mandili Ακρ. Μανδήλι
Στενόν Καφηρέας
Akr. Kambanos Ακρ. Καμπάνος
Andros Άνδρος
Epano Fellos ΕΠΑΝΩ ΦΕΛΛΟΣ
Gavrion ΓΑΥΡΙΟΝ
Akr. Gria Ακρ. Γριά
Arnikia ΑΡΝΙΚΙΑ
Batsion ΜΠΑΤΣΙΟΝ
Andros ΑΝΔΡΟΣ
Petalon Πέταλον
Paleopolis ΠΑΛΑΙΟΠΟΛΙΣ
Ormos ΟΡΜΟΣ
Korthion ΚΟΡΘΙΟΝ
Akr. Steno Ακρ. Στενό
Akr. Perati Ακρ. Περατή
Ormos Panormu ΟΡΜΟΣ ΠΑΝΟΡΜΟΥ
Panormos ΠΑΝΟΡΜΟΣ
Komi ΚΩΜΗ
Akr. Livada Ακρ. Λιβάδα
Tinos Τήνος
Triantares ΤΡΙΑΝΤΑΡΕΣ
Tinos ΤΗΝΟΣ
Akr. Pervelos Ακρ. Πέρβελος
Kea ΚΕΑ
Jyaros Γύαρος
Jyaros ΓΥΑΡΟΣ
Ikaria Ικαρία
Akr. Fanari Ακρ. Φανάρι
Armenistis ΑΡΜΕΝΙΣΤΗΣ
Hristos ΧΡΙΣΤΟΣ
Evdilos ΕΥΔΙΛΟΣ
Aj. Kirykos ΑΓ. ΚΗΡΥΚΟΣ
Thymena Θύμαινα
Amalon ΑΜΑΛΟΝ
Aj. Nikolaos Άγ. Νικόλαος
Akr. Papas Ακρ. Παπάς
Mykonos Μύκονος
Aj. Stephanos ΑΓ. ΣΤΕΦΑΝΟΣ
Mykonos ΜΥΚΟΝΟΣ
Platys Jialos ΠΛΑΤΥΣ ΓΙΑΛΟΣ
Syros Σύρος
Ermupolis ΕΡΜΟΥΠΟΛΙΣ
Posidonia ΠΟΣΕΙΔΩΝΙΑ
Akr. Kefalos Ακρ. Κέφαλος
Lutra ΛΟΥΤΡΑ
Kythnos ΚΥΘΝΟΣ
Dryopis ΔΡΥΟΠΙΣ
Rinia ΡΗΝΕΙΑ
Dilos Δήλος
Rinia Ρηνεία
Pireus – Ik
Kyklades Κυκλάδες
Serfopula Σερφοπούλα
Akr. Stavri Ακρ. Σταυρού
Naxos Νάξος
Apollon ΑΠΟΛΛΩΝ
Donussa Δονούσσα
Donussa ΔΟΝΟΥΣΣΑ
Akr. Korax Ακρ. Κόραξ
Eggare ΕΓΓΑΡΑΙ
Paros Πάρος
Nausa ΝΑΟΥΣΑ
Naxos ΝΑΞΟΣ
Apirathos ΑΠΕΙΡΑΘΟΣ
Mutsuna ΜΟΥΤΣΟΥΝΑ
Paros ΠΑΡΟΣ
Lefke ΛΕΥΚΑΙ
Filotion ΦΙΛΩΤΙΟΝ
Danakos ΔΑΝΑΚΟΣ
Kinaros Κίναρος
Serifos ΣΕΡΙΦΟΣ
Livadion ΛΕΙΒΑΔΙΟΝ
Megalon Livadion ΜΕΓΑΛΟΝ ΛΕΙΒΑΔΙΟΝ
Serifos Σέριφος
Antiparos ΑΝΤΙΠΑΡΟΣ
Punda ΠΟΥΝΤΑ
Dryos ΔΡΥΟΣ
Oxia Οξία
Kufonision ΚΟΥΦΟΝΗΣΙΟΝ
Kastraki ΚΑΣΤΡΑΚΙ
Liadi Γυάλι
Akr. Filippos Ακρ. Φίλιππος
Sifnos Σίφνος
Despotiko Δεσποτικό
Akr. Mavros Ακρ. Μαύρος
Keros Κέρος
Evjali ΑΙΓΙΑΛΗ
Akr. Xodoton Ακρ. Ξόδοτον
Kamare ΚΑΜΑΡΑΙ
Apollonia ΑΠΟΛΛΩΝΙΑ
Antiparos Αντίπαρος
Akr. Katomeri Ακρ. Κατωμερί
Mesaria ΜΑΣΡΙΑ
Keros ΚΑΙΡΟΣ
Katapola ΚΑΤΑΠΟΛΑ
Amorgos ΑΜΟΡΓΟΣ
Platys Jialos ΠΛΑΤΥΣ ΓΙΑΛΟΣ
Schinussa Σχινούσσα
Iraklia ΗΡΑΚΛΕΙΑ
Amorgos Αμοργός
Pireus – Thera 11 h
Akr. Kontos Ακρ. Κοντός
Iraklia Ηράκλεια
Akr. Kalotasi Ακρ. Καλότασι
Arkesini ΑΡΚΕΣΙΝΗ
Akr. Karatsa Ακρ. Καράτσα
Kimolos Κίμωλος
Kimolos ΚΙΜΩΛΟΣ
Ios ΙΟΣ
Akr. Spilos Ακρ. Σπίλος
Milos ΜΥΛΟΣ
Polyegos Πολύαιγος
Vudia ΒΟΥΔΙΑ
Sikinos ΣΙΚΙΝΟΣ
Ios Ίος
Akr. Achlades Ακρ. Αχλάδες
Astypalea ΑΣΤΥΠΑΛΑΙΑ
Adamas ΑΔΑΜΑΣ
Pr. Ilias Πρ. Ηλίας
Milos Μήλος
Folegandros ΦΟΛΕΓΑΝΔΡΟΣ
Sikinos Σίκινος
Ofidussa Οφιδούσσα
Akr. Psalis Ακρ. Ψάλις
Folegandros Φολέγανδρος
St. Polyegu Folegandru
Στ. Πολυαίγου Φολεγάνδρου
Akr. Mavropetra Ακρ. Μαυρόπετρα
Ia ΟΙΑ
Thera ΘΗΡΑ
Thirasia Θηρασία
Thira (Santorin) Θήρα
Perissa ΠΕΡΙΣΣΑ
Anafi Ανάφη
Anafi ΑΝΑΦΗ
Akrotirion ΑΚΡΩΤΗΡΙΟΝ
Akr. Exomytis Ακρ. Εξωμύτης
Iraklio 3¾ h
Pachia Παχεία

KRITIKON PELAGOS
ΚΡΗΤΙΚΟΝ ΠΕΛΑΓΟΣ
Akr. Spanda Ακρ. Σπάντα
Kolpos Chanion Κόλπος Χανιών
Akr. Trypiti Ακρ. Τρυπητή
Pireus 11 h
Thera 3¼ h
Akr. Vuxa Ακρ. Βούξα
Kumares ΚΟΥΜΑΡΕΣ
Dia Δία
Rodopu ΡΟΔΟΠΟΥ
Jeroskinos Γερόσκινος
Tavronitis ΤΑΥΡΩΝΙΤΗΣ
Chania ΧΑΝΙΑ
Sternae ΣΤΕΡΝΑΙ
Kriti (Kreta) Κρήτη
K. Kissamu Κ. Κισσάμου
Kissamos (Kastellion) ΚΙΣΣΑΜΟΣ
Souda ΣΟΥΔΑ
Plaka ΠΛΑΚΑ
Ormos Almyru Όρμος Αλμυρού
Kolpos Iraklíu Κόλπος Ηρακλείου
Manoliopulon ΜΟΝΟΛΙΟΠΟΥΛΟΝ
Ajia ΑΓΙΑ
Panormos ΠΑΝΟΡΜΟΣ
Iraklio ΗΡΑΚΛΕΙΟ
Platanos ΠΛΑΤΑΝΟΣ
Drapanias ΔΡΑΠΑΝΙΑΣ
Malaxa ΜΑΛΑΞΑ
Vamos ΒΑΜΟΣ
Rethimnon ΡΕΘΥΜΝΟΝ
Prinos ΠΡΙΝΟΣ
Marathos ΜΑΡΑΘΟΣ
Kambos ΚΑΜΠΟΣ
Akr. Cher Ακρ. Χερ
Symbragos ΣΥΜΠΡΑΓΟΣ
Vukolies ΒΟΥΚΟΛΙΕΣ
Jeorjiupolis ΓΕΩΡΓΙΟΥΠΟΛΙΣ
Perama ΠΕΡΑΜΑ
Drosia ΔΡΟΣΙΑ
Chersonisos ΧΕΡΣΟΝΗΣΟΣ
Kambos ΚΑΜΠΟΣ
Prases ΠΡΑΣΕΣ
Drakona ΔΡΑΚΟΝΑ
Gonia ΓΩΝΙΑ
Chumerion ΧΟΥΜΕΡΙΟΝ
Aj. Myron ΑΓ. ΜΥΡΩΝ
Knossos Κνωσός
Tsitsifes ΤΖΙΤΖΙΦΕΣ
Armeni ΑΡΜΕΝΟΙ
Moni Arkadiu ΜΟΝΗ ΑΡΚΑΔΙΟΥ
Anojia ΑΝΩΓΕΙΑ
Epano Archane ΕΠΑΝΩ ΑΡΧΑΝΑΙ
Amygdalokefalion ΑΜΥΓΔΑΛΟΚΕΦΑΛΙΟΝ
Kandanos ΚΑΝΤΑΝΟΣ
Omalos ΟΜΑΛΟΣ
Pachnes Πάχνες
Myriokefala ΜΥΡΙΟΚΕΦΑΛΑ
Furfuras ΦΟΥΡΦΟΥΡΑΣ
Idi Ίδη
Veneraton ΒΕΝΕΡΑΤΟΝ
Prof. Ilias ΠΡΟΦ. ΗΛΙΑΣ
Thrapsano ΘΡΑΨΑΝΟ
Epanochorion ΕΠΑΝΟΧΩΡΙΟΝ
Volakias Βολακιάς
Lefka Ori Λευκά Όρη
Ammudarion ΑΜΜΟΥΔΑΡΙΟΝ
Nithavris ΝΙΘΑΥΡΙΣ
Aj. Varvara ΑΓ. ΒΑΡΒΑΡΑ
Ano Rodakinion ΑΝΩ ΡΟΔΑΚΙΝΙΟΝ
Sellia ΣΕΛΛΙΑ
Spilion ΣΠΗΛΙΟΝ
Saros ΖΑΡΟΣ
Panajia ΠΑΝΑΓΙΑ
Akr. Krios Ακρ. Κριός
Paleochora ΠΑΛΑΙΟΧΩΡΑ
Chora Sfakion ΧΩΡΑ ΣΦΑΚΙΩΝ
Melambes ΜΕΛΑΜΠΕΣ
Tymbakion ΤΥΜΠΑΚΙΟΝ
Aj. Deka ΑΓ. ΔΕΚΑ
Protoria ΠΡΩΤΟΡΙΑ
Akr. Melissa Ακρ. Μέλισσα
Aj. Galini ΑΓ. ΓΑΛΗΝΗ
Mires ΜΟΙΡΕΣ
Charakas ΧΑΡΑΚΑΣ
Mesochori ΜΕΣΟΧΩΡΙ
LYVIKON PELAGOS
ΛΥΒΙΚΟΝ ΠΕΛΑΓΟΣ
Festos Φαιστός
Ormos Mesaras Όρμος Μεσαράς
Vajionia ΒΑΓΙΟΝΙΑ
Pyrgos ΠΥΡΓΟΣ
Pombia ΠΟΜΠΙΑ
Mesara Μεσαρά
Kofinas Κόφινας
Paximadia Παξιμάδια
Matala ΜΑΤΑΛΑ
Lendas ΛΕΝΤΑΣ
Akr. Lithinon Ακρ. Λίθινον
Kali Limenes ΚΑΛΟΙ ΛΙΜΕΝΕΣ

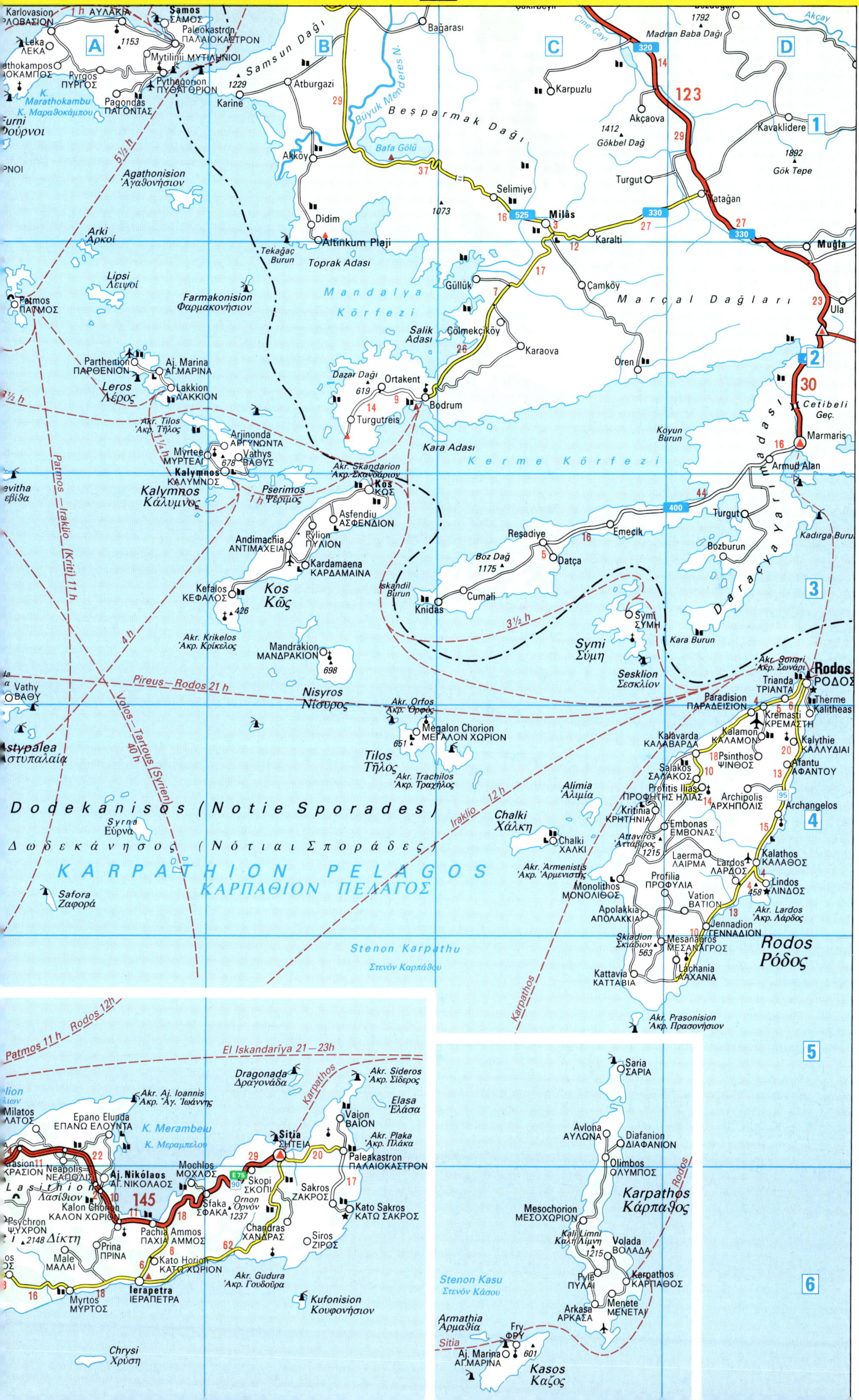

A B C D

1 2 3 4 5 6

Karlovasion ΚΑΡΛΟΒΑΣΙΟΝ
ΑΥΛΑΚΙΑ
Samos ΣΑΜΟΣ
Paleokastron ΠΑΛΑΙΟΚΑΣΤΡΟΝ
Leka ΛΕΚΑ
1153
Mytilinii ΜΥΤΙΛΗΝΙΟΙ
Marathokampos ΜΑΡΑΘΟΚΑΜΠΟΣ
Pyrgos ΠΥΡΓΟΣ
Pythagorion ΠΥΘΑΓΟΡΙΟΝ
K. Marathokambu Κ. Μαραθοκάμπου
Pagondas ΠΑΓΟΝΤΑΣ
Furni Φούρνοι
Samsun Dağı
1229
Karine
Atburgazi
Bağarası
Büyük Menderes N.
Beşparmak Dağı
Bafa Gölü
Akköy
Didim
Altinkum Plajı
Toprak Adası
Tekağaç Burun
Çine Çayı
Madran Baba Dağı
1792
Karpuzlu
Akçaova
1412 Gökbel Dağ
Kavaklıdere
1892 Gök Tepe
Turgut
Selimiye
1073
Milâs
Kataǧan
Karalti
Muğla
Çamköy
Marçal Dağları
Ula
Güllük
Salik Adası
Çölmekçiköy
Karaova
Ören
Mandalya Körfezi
Agathonisi Αγαθονήσιον
Arki Αρκοί
Lipsi Λειψοί
Patmos ΠΑΤΜΟΣ
Farmakonision Φαρμακονήσιον
Parthenion ΠΑΡΘΕΝΙΟΝ
Aj. Marina ΑΓ. ΜΑΡΙΝΑ
Leros Λέρος
Lakkion ΛΑΚΚΙΟΝ
Akr. Tilos Άκρ. Τήλος
Arjinonda ΑΡΓΥΝΩΝΤΑ
Myrtee ΜΥΡΤΕΑΙ
Vathys ΒΑΘΥΣ
678
Kalymnos ΚΑΛΥΜΝΟΣ
Kalymnos Κάλυμνος
Levitha Λεβίθα
Pserimos Ψέριμος
Dazar Dağı
619
Ortakent
Bodrum
Turgutreis
Kara Adası
Akr. Skandarion Άκρ. Σκανδάριον
Kos ΚΩΣ
Asfendiu ΑΣΦΕΝΔΙΟΝ
Pylion ΠΥΛΙΟΝ
Andimachia ΑΝΤΙΜΑΧΕΙΑ
Kardamaena ΚΑΡΔΑΜΑΙΝΑ
Kefalos ΚΕΦΑΛΟΣ
426
Kos Κώς
Kerme Körfezi
Koyun Burun
Çetibeli Geç.
Marmaris
Armud Alan
Datça Yarımadası
Turgut
Bozburun
Kadırga Burun
Reşadiye
Emecik
Datça
Boz Dağ 1175
Cumali
Knidas
Iskandil Burun
Bozburun Yarımadası
Symi ΣΥΜΗ
Symi Σύμη
Kara Burun
Sesklion Σεσκλίον
Akr. Krikelos Άκρ. Κρίκελος
Mandrakion ΜΑΝΔΡΑΚΙΟΝ
698
Nisyros Νίσυρος
Vathy ΒΑΘΥ
Astypalea Αστυπαλαία
Akr. Orfos Άκρ. Όρφός
Megalon Chorion ΜΕΓΑΛΟΝ ΧΩΡΙΟΝ
651
Tilos Τήλος
Akr. Trachilos Άκρ. Τραχήλος
Akr. Sonari Άκρ. Σωνάρι
Rodos ΡΟΔΟΣ
Trianda ΤΡΙΑΝΤΑ
Therme Kalitheas
Paradision ΠΑΡΑΔΕΙΣΙΟΝ
Kremasti ΚΡΕΜΑΣΤΗ
Kalavarda ΚΑΛΑΒΑΡΔΑ
Kalamon ΚΑΛΑΜΟΝ
Kalythie ΚΑΛΛΥΘΙΑΙ
Salakos ΣΑΛΑΚΟΣ
Psinthos ΨΙΝΘΟΣ
Afantu ΑΦΑΝΤΟΥ
Profitis Ilias ΠΡΟΦΗΤΗΣ ΗΛΙΑΣ
Archipolis ΑΡΧΗΠΟΛΙΣ
Archangelos
Alimia Άλιμια
Kritinia ΚΡΗΤΗΝΙΑ
Embonas ΕΜΒΟΝΑΣ
Chalki Χάλκη
Chalki ΧΑΛΚΙ
Attaviros Άτάβυρος 1215
Laerma ΛΑΙΡΜΑ
Lardos ΛΑΡΔΟΣ
Kalathos ΚΑΛΑΘΟΣ
Akr. Armenistis Άκρ. Άρμενιστής
Profilia ΠΡΟΦΥΛΙΑ
Lindos ΛΙΝΔΟΣ
458
Monolithos ΜΟΝΟΛΙΘΟΣ
Vation ΒΑΤΙΟΝ
Apolakkia ΑΠΟΛΑΚΚΙΑ
Akr. Lardos Άκρ. Λάρδος
Gennadion ΓΕΝΝΑΔΙΟΝ
Skiadion Σκιάδιον 563
Mesanagros ΜΕΣΑΝΑΓΡΟΣ
Rodos Ρόδος
Kattavia ΚΑΤΤΑΒΙΑ
Lachania ΛΑΧΑΝΙΑ
Akr. Prasonision Άκρ. Πρασονήσιον
Dodekanisos (Notie Sporades)
Δωδεκάνησος (Νότιαι Σποράδες)
Syrna Σύρνα
KARPATHION PELAGOS
ΚΑΡΠΑΘΙΟΝ ΠΕΛΑΓΟΣ
Safora Ζαφορά
Stenon Karpathu Στενόν Καρπάθου
Patmos–Irakio (Kriti) 11 h
Volos–Tartous (Syrien) 40 h
Pireus–Rodos 21 h
Irakio 12 h
Karpathos
5½ h
3½ h
4 h
1 h
1½ h
Patmos 11 h
Rodos 12h
El Iskandarîya 21–23h
Dragonada Δραγονάδα
Akr. Sideros Άκρ. Σίδερος
Elasa Ελάσα
Akr. Aj. Ioannis Άκρ. Άγ. Ιωάννης
Vaion ΒΑΙΟΝ
Milatos ΜΙΛΑΤΟΣ
Epano Elunda ΕΠΑΝΩ ΕΛΟΥΝΤΑ
K. Merambelu Κ. Μεραμπέλου
Sitia ΣΗΤΕΙΑ
Akr. Plaka Άκρ. Πλάκα
Paleakastron ΠΑΛΑΙΟΚΑΣΤΡΟΝ
Kasion ΚΑΣΙΟΝ
Neapolis ΝΕΑΠΟΛΙΣ
Aj. Nikólaos ΑΓ. ΝΙΚΟΛΑΟΣ
Mochlos ΜΟΧΛΟΣ
Skopi ΣΚΟΠΗ
Lasithion Λασίθιον
Sakros ΖΑΚΡΟΣ
Kalon Chorion ΚΑΛΟΝ ΧΩΡΙΟΝ
Sfaka ΣΦΑΚΑ
Ornon Όρνον 1237
Kato Sakros ΚΑΤΩ ΣΑΚΡΟΣ
Psychron ΨΥΧΡΟΝ
2148 Δίκτη
Pachia Ammos ΠΑΧΕΙΑ ΑΜΜΟΣ
Chandras ΧΑΝΔΡΑΣ
Siros ΖΙΡΟΣ
Prina ΠΡΙΝΑ
Male ΜΑΛΑΙ
Kato Horion ΚΑΤΩ ΧΩΡΙΟΝ
Akr. Gudura Άκρ. Γουδούρα
Myrtos ΜΥΡΤΟΣ
Ierapetra ΙΕΡΑΠΕΤΡΑ
Kufonision Κουφονήσιον
Chrysi Χρύση
Saria ΣΑΡΙΑ
Avlona ΑΥΛΩΝΑ
Diafanion ΔΙΑΦΑΝΙΟΝ
Olimbos ΟΛΥΜΠΟΣ
Karpathos Κάρπαθος
Mesochorion ΜΕΣΟΧΩΡΙΟΝ
Kali Limni Καλή Λίμνη 1215
Volada ΒΟΛΑΔΑ
Pyle ΠΥΛΑΙ
Karpathos ΚΑΡΠΑΘΟΣ
Arkasa ΑΡΚΑΣΑ
Menete ΜΕΝΕΤΑΙ
Stenon Kasu Στενόν Κάσου
Armathia Αρμαθία
Fry ΦΡΥ
Aj. Marina ΑΓ. ΜΑΡΙΝΑ
601
Sitia
Kasos Κάσος
Rodos

123 145 30
320 330 400 525 95 90 E75

1
2
3
4
5
6
A
B
C
D
Kibris
Cyprus
LEFKOSA
NICOSIA
GIRNE
(Kyrenia)
AMMOCHOSTOS
(Famagusta)
LARNACA
LEMESOS
(Limassol)
PAPHOS
Morphou
Rizokarpaso
Ylalousa
Lefkoniko
Kythrea
Lapithos
Trodos
Pano Platres
Athienou
Lysi
Asha
Avgorou
Polis
Lefka
Cape Andreas
Cape Elea
Cape Greco
Cape Pyla
Cape Kiti
Cape Gata
Cape Aspro
Cape Drepanum
Ayios Yeoryios
Cape Arnauti
Baths of Aphrodite
Pomos Point
Cape Kormakiti
Hala Sultan Tekke
Salamis
Curium
Latakia
Mersin
Haifa
Port Said
Rhodos, Pireus
Kreta

178
A
B
C
D
1
2
3
4
5
6
Baltijos Jūra
Kuršių Nerija
Kuršskaja Kosa
Kuršių Marios
Kurskij Zaliv
Kaliningradskij Zaliv
Baltijskaja kosa
KLAIPĖDA
KALININGRAD
Palanga
Kretinga
Šventoji
Nida
Neringa-Juodkrantė
Pervalka
Šilutė
Rusnė
Plungė
Telšiai
Skuodas
Gargždai
Priekulė
Pagėgiai
Sovetsk
Neman
Slavsk
Polessk
Zelenogradsk
Svetlogorsk
Pionerskij
Primorsk
Baltijsk
Svetlyj
Gur'evsk
Gvardejsk
Černjahovsk
Gusev
Bagrationovsk
Pravdinsk
Ozjorsk
Braniewo
Frombork
Bartoszyce
Lidzbark Warmiński
Orneta
Pasłęk
Dobre Miasto
Morąg
Kętrzyn
Reszel
Węgorzewo
Giżycko
Gołdap
Sępopol
64

179

A
B
C
D
1
2
3
4
5
6
Mažeikiai
Akmenė
Naujoji Akmenė
Joniškis
Pasvalys
Biržai
Kuršėnai
Šiauliai
Radviliškis
Šeduva
Panevėžys
Kelmė
Raseiniai
Tauragė
Kėdainiai
Ukmergė
Anykščiai
Jurbarkas
Jonava
Kaunas
Širvintos
Vilkaviškis
Nesterov
Marijampolė
Prienai
Birštonas
Trakai
Lentv
Kalvarija
Alytus
Varėna
Lazdijai
Druskininkai
Sejny
Suwałki
Olecko
Gołdap
Kudirkos Naumiestis
Neman
Ramygala
Kybartai
A1
A2
A5
A6
A7
A8
A9
A10
A11
A12
A4
A229
A230
A231
A232

65

182

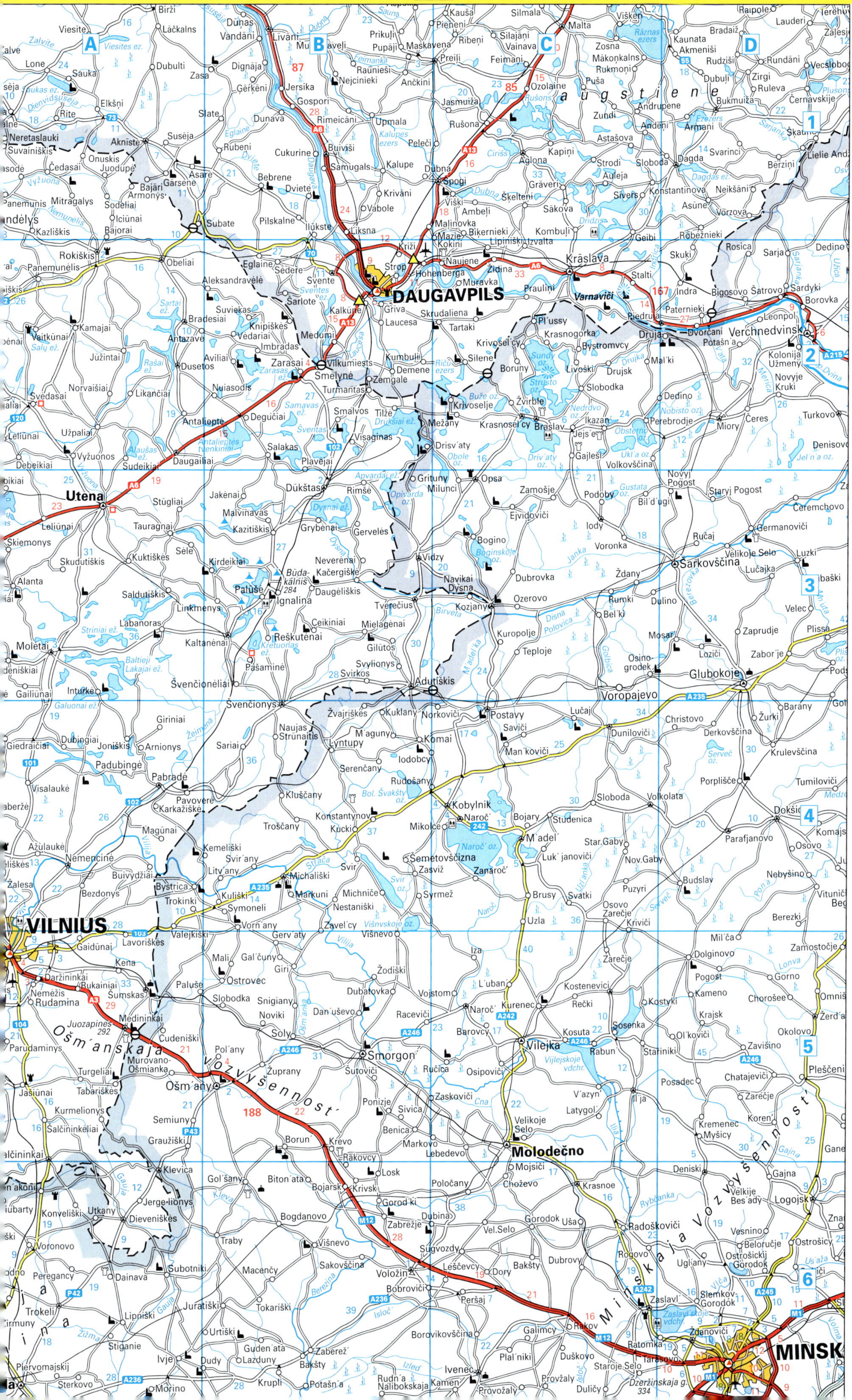
A
B
C
D
1
2
3
4
5
6
DAUGAVPILS
VILNIUS
MINSK
Utena
Molodečno
Rokiškis
Ignalina
Visaginas
Zarasai
Švenčionys
Švenčionėliai
Krāslava
Līvāni
Preiļi
Aglona
Braslav
Druja
Verchnedvinsk
Šarkovščina
Glubokoje
Postavy
Kobylnik
Naroč'
Mjadel'
Vilejka
Smorgon'
Ošm'any
Krevo
Zaslavl'
Medininkai
Nemenčinė
Pabradė
Dūkštas
Dubna
Daugava
Zalvīte
Latgales augstiene
Ošm'anskaja vozvyšennost'
Minskaja vozvyšennost'
A6
A13
A3
A235
A236
A242
A245
A246
M1
M12
P43
87
85
167
188

A
B
C
D
1
2
3
4
5
6
Läänemeri
Baltijas Jūra
Saaremaa
Undva nina
Undva
Tagaranna
Panga
Võhma
Metsküla
Pammana
Leisi
Jõiste
Koguva
Igaküla
Harilaid
Kõruse
Tagamõisa ps.
Mustjala
Abula
Veere
Pidula
Kurevere
Vilsandi
Kihelkonna
Sauvere
Hakjala
Karja
Pamma
Tõrise
Eikla
Haeska
Pöide
Tornimäe
Audla
Ratla
Kõnnu
Laimjala
Saareküla
Kahtla laid
Valjala
Kõljala
Putla
Kaali
Kaarma
Aste
Kärla
Reo
Pihtla
Sakla
Siiksaare
Sandla
Nässuma
Sääretükk
Atla
Lümanda
Sõmera
Irase
Upa
Karala
Kipi
Viidu
Koimla
Nasva
Kuressaare
Vätta
Suur katel
Riksu
Tiirimetsa
Salme
Abruka
Anseküla
Lõopõllu
Jämaja
Sõrve ps.
Torgu
Mäebe
Tammuna
Sääre
Sõrve säär
Ruhnu
Kura kurk (Irbe väin)
Irbe väin
Irbes Šaurums
Irves Šaurums
Kolkasrags
Kolka
Uši
Pitrags
Mazirbe
Sikrags
Jaunciems
Lielirbe
Melnsils
Lūžņa
Miķeltornis
Trumpji
Neveja
Vīdale
Muni
Gipka
Žocene
Oviši
Rinda
Jāķi
Ance
Kalki
Dundaga
Roja
Pindari
Kaltene
Liepene
Akmendziras
Virpe
Ansdangas
Pace
Rude
Staldzene
Spiņņi
Plintiņi
Tingere
Lubes
Upesgrīva
Mauruciems
Pope
Gibzde
Ziemeļkurzemes augstiene
Ventspils
Orbes
Amele
Ciruli
Valdemārpils
Jaunciems
Nogale
Darte
Uguņi
Mērsrags
Elškene
Puze
Targale
Puzenieki
Stikli
Puņas
Vandzene
Laidze
Krievragciems
Kūlciems
Lībciems
Vārve
Irsi
Ugāle
Valdgale
Naruņciems
Užava
Lēči
Zūras
Landze
Piltene
Katiļi
Krievciems
Usma
Kraujas
Spāre
Gibuļi
Talsi
Pastende
Libagi
Nurmuiža
Dzedri
Ulesi
Ziras
Lagzdene
Līči
Dižstende
Balgale
Stende
Strazde
Zentene
Rideli
Vendzavas
Cirkale
Rimnieki
Mordanga
Jaunpagasts
Ligciems
Kesterciems
Dzirciems
Sārnate
Tērande
Zlēkas
Vegi
Lielvirbi
Cēre
Plienciems
Robeži
Liedikas
Priednieki
Renda
Ozoli
Kaive
Sēme
Sabile
Jūrkalne
Labrags
Edole
Padure
Valgale
Pūre
Kandava
Valdeķi
Radzini
Ulmale
Alsunga
Kuldīga
Krogsētas
Kabile
Galamuiža
Matkule
Pūces
Jaunsāti
Tume
Pāvilosta
Riva
Gudenieki
Birži
Kurmale
Pelči
Griķi
Jaunmuiža
Vāne
Zemīte
Sāti
Irlava
Degole
Saka
Saldnieki
Ēdas
Vārme
Šķēde
Vanleba
Grenči
Akmeņrags
Gulbji
Adzes
Basi
Koniņciems
Snēpele
Jaunlutriņi
Jaundziras
Zante
Vaski
Spirgus
Apriķi
Kikuri
Dūrupe
Lielsātiķi
Ziemupe
Lankas
Turlava
Ieras
Plūči
Satiķi
Vecgaiķi
Viesati
Auzinas
Cirava
Aizpute
Laidi
Kazdanga
Gaiķi
Remte
Jurģi
Jaunpils
Vērgale
Dunalka
Bojas
Valtaiķi
Lutriņi
Kūmbri
Kaulaci
Jostaji
Biksti
Bērzupe
Saraiķi
Bebe
Dubeni
Kalnamuiža
Skrunda
Zirņi
Bērzi
Saldus
Brocēni
Pilsblidene
Blīdene
Upenieki
Annenieki
Medze
Rāva
Pērbone
Rudbārži
Lielciecere
Upesmuiža
Dobele
Kapsēde
Taši
Vecpils
Kalvene
Sātiņi
Zebrene
Slagūne
Liepāja
Liegi
Durbe
Lēna
Stūri
Ile
Vārve
Padone
Dzelda
Auniņi
Striķi
Veczvārde
Puijas
Grobiņa
Gavieze
Tadaiķi
Krote
Pampāļi
Kursīši
Kerklini
Lielauce
Skares
Bunka
Dinsdurbe
Embūte
Nikrāce
Nīgrande
Zana
Celmenieki
Dubeni
Otaņķi
Virga
Kniveri
Meldzere
Ratnieki
Šātiņi
Brūzilas
Grīvaiši
Nāmiķi
Kevele
Auce
Bēne
Pērkone
Priekule
Auguste
Velda
Vecbāte
Druvas
Jaunauce
Vītiņi
Rude
Purmsāti
Kīburi
Ezere
Reņģe
Vadakste
Kukuri
Snikere
Bernāti
Krūte
Mazgramzda
Gramzda
Vaiņode
Lūšē
Pikeliai
Leckava
Vegeriai
Laukgaļi
Ruba
Klampju ciems
Nica
Bārta
Kaleti
Aizviķi
Streliškai
Kerviai
Venta
Laižuva
Židikai
Žemalė
Bugeniai
Reivyčiai
Žiopeliai
Klikoliai
Sugiņčiai
Ukri
Jūrmalciems
Siksleciems
Kesteri
Aleksandrija
Skuodas
Ukrinai
Purvėnai
Naujoji Akmenė
Dunika
Ylakiai
Mažeikiai
Alkiškiai
Damėnai
Sikšņi
Renavas
Tirkšliai
Užlieknė
Viekšniai
Menčiai
Kruopiai
Luknės
Kaukolika
Pašilė
Luoba
Šerkšnėnai
Akmenė
Brušvīti
Lenkimai
Daukšiai
Vabaliai
Rubikiai
Ketūnai
Žibikai
Venta
Papilė
Žarėnai
Pape
Rucava
Juodeikiai
Mosėdis
Žebrokai
Šatės
Barstyčiai
Seda
Balėnos
Pjevėnai
Viliošiai
Kinkiai
Šakyna
175
182
199
A9
A10
A11
84

180

Pärnu
Viljandi
Valga
Valka
Elva
Tõrva
Võrtsjärv
Sakala kõrgustik
Rīga laht
Rīgas Jūras Līcis
Kihnu
Manilaid
Ainaži
Salacgrīva
Limbaži
Valmiera
Cēsis
Sigulda
Smiltene
RĪGA
Jūrmala
Jelgava
Ogre
Bauska
Jēkabpils
Madona
Vidzemes augstiene
Koknese
Pļaviņas
Aizkraukle
Mazsalaca
Rūjiena
Strenči
Saulkrasti
Dunte
Tuja
Kuiviži
Ķemeri
Sloka
Olaine
Ķekava
Salaspils
Lielvārde
Ikšķile
Iecava
Dobele
Grenctāle
Joniškis
Pilsrundāle
Zalve
Viesīte
Līvāni
Ērgli
Lubāna
Kilingi-Nõmme
Häädemeeste
Uulu
Sindi
Tori
Vändra
Abja-Paluoja
Karksi-Nuia
Mustla
Suure-Jaani
Ikla
Treimani
Lilaste
Ādaži
Carnikava
Vangaži
Inčukalns
Līgatne
Jaunjelgava
Skrīveri
Vecumnieki
Sala
Riia laht

182

176

179

34

181

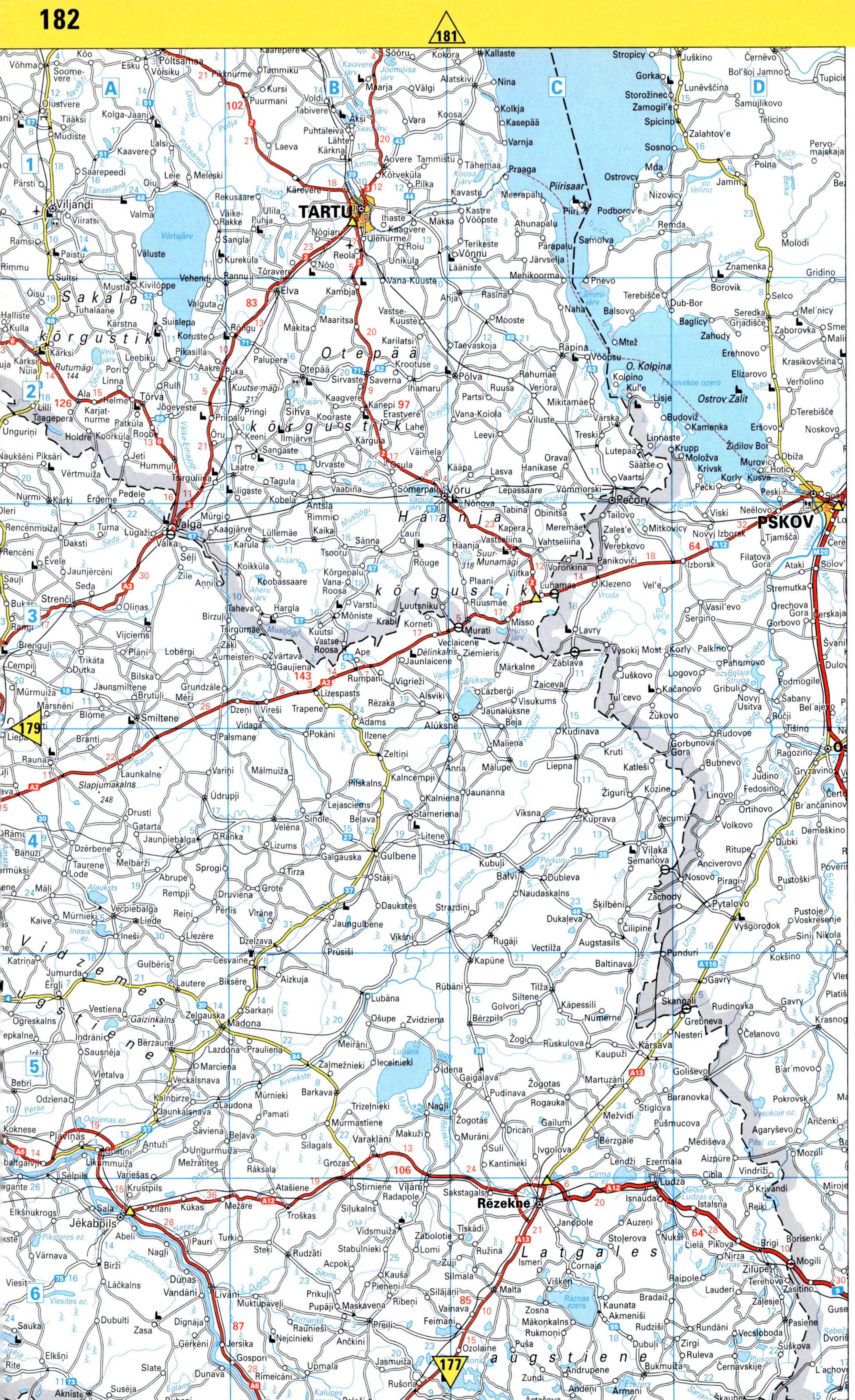
A
B
C
D
1
2
3
4
5
6
TARTU
PSKOV
Valga
Valka
Viljandi
Rēzekne
Jēkabpils
Madona
Gulbene
Alūksne
Võru
Põlva
Otepää
Elva
Smiltene
Balvi
Ludza
Pečory
Kallaste
Võrtsjärv
Sakala kõrgustik
Otepää kõrgustik
Haanja kõrgustik
Vidzemes augstiene
Latgales augstiene
Suur Munamägi 318
Pihkva
Piirissaar
Lämmijärv
Ostrov Zalit
O. Kolpina
Lubāns
Rāznas ezers
Gaiziņkalns
Tõrva
Karksi-Nuia
Mustla
Põltsamaa
Rõngu
Antsla
Räpina
Vastseliina
Luhamaa
Izborsk
Ape
Cēsvaine
Pļaviņas
Līvāni
Viļāni
Kārsava
Zilupe
Vilaka
Strenči
Valmiera
Koknese
Pytalovo
Kraslava
Dagda
Viesīte
Aknīste
Varakļāni
Lubāna
Gaujiena
Trapene
Krāslava
Karsava
A2
A3
A6
A12
A13
M20
177
179

Указатель географических названий

Stedsoversikt ☆ Skorowidz miejscowości

Paikkakuntahakemisto ☆ Stedsfortegnelse

Lijst van steden ☆ Ortsförteckning

Répertoire des localités ☆ Indice delle località

Ortsverzeichnis
List of place names

Indice de poblaciones ☆ Roteiro das localidades

Imensko kazalo ☆ Seznam měst a vesnic

Helyjegyzék ☆ Repertoriu al localităţilor

Zoznam miest a obcí ☆ Yer bulma cetveli

Ευρετήριο τοποθεσιών

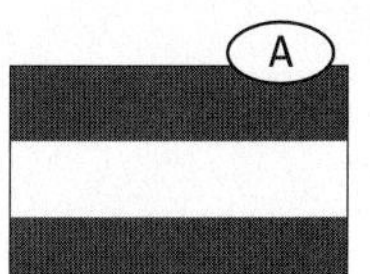

Österreich
Austria

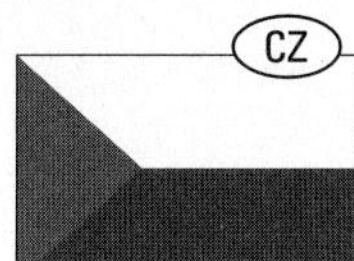

Česká Republika
Czech Republic

Elláda
Greece

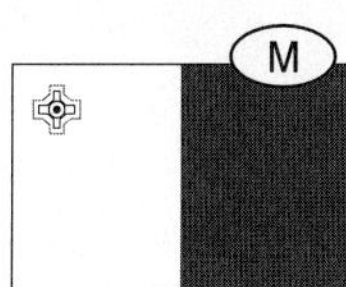

Malta

San Marino

Shqipëria
Albania

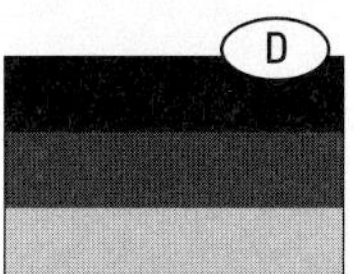

Deutschland
Germany

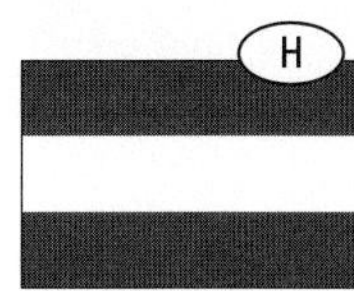

Magyarország
Hungary

Monaco

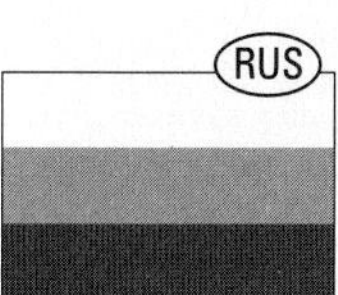

Rossija
Russia

Andorra

Danmark

Hrvatska
Croatia

Moldova
Moldavia

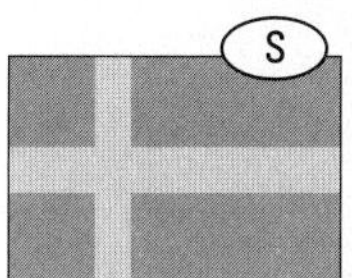

Sverige
Sweden

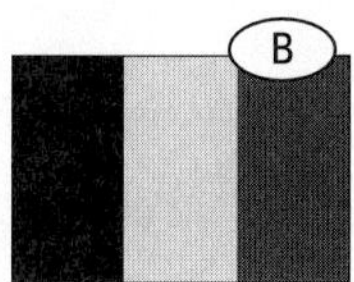

Belgique/België
Belgium

España
Spain

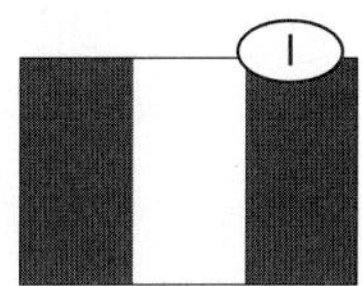

Italia

Form. Yug. Republic
of Macedonia

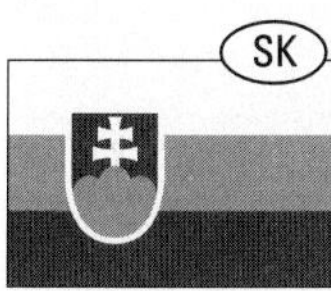

Slovenská Republika
Slovak Republic

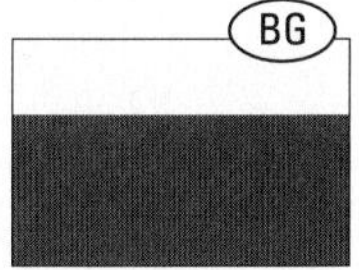

Bulgaria

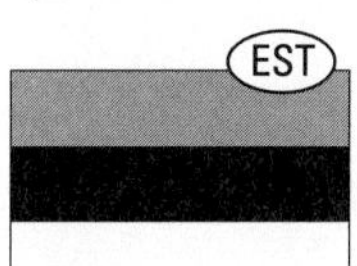

Eesti
Estonia

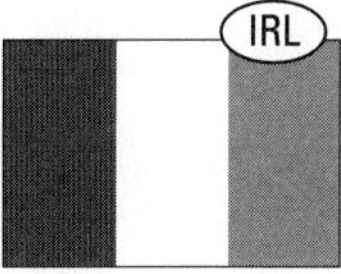

Éire
Ireland

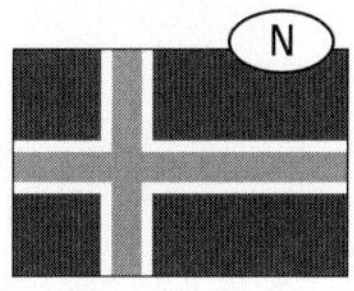

Norge
Norway

Slovenija
Slovenia

Bosna i Hercegovina

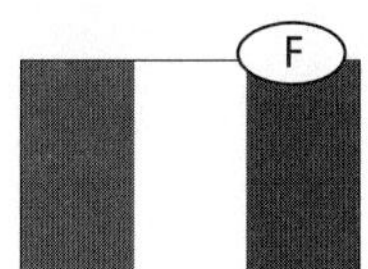

France

Ísland

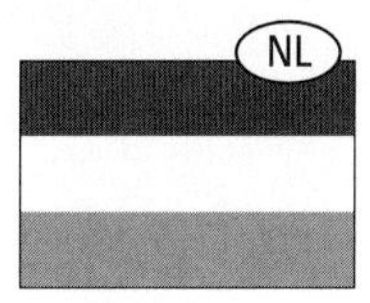

Nederland
Pays-Bas

Türkiye
Turkey

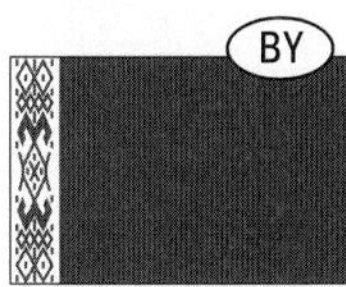

Belarus'
Belorussia

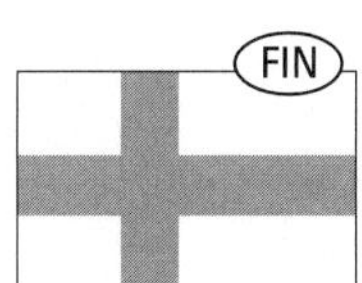

Suomi
Finland

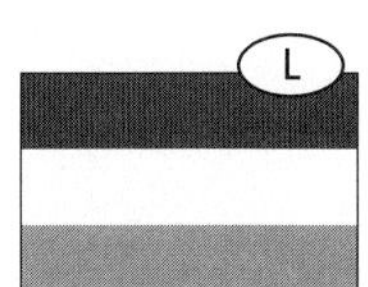

Luxembourg

Portugal

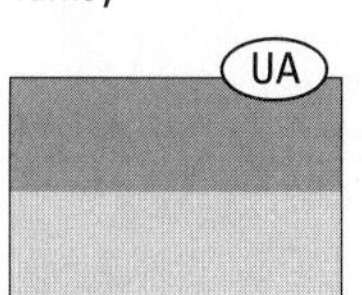

Ukraïna
Ukraine

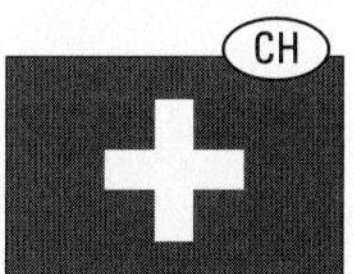

Schweiz/Suisse
Svizzera/Svizra

Liechtenstein

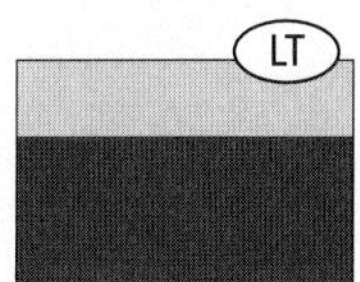

Lietuva
Lithuania

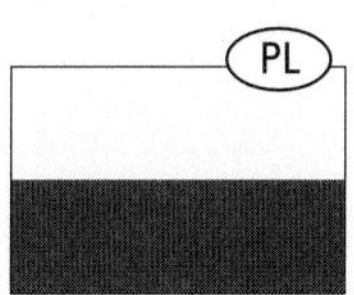

Polska
Poland

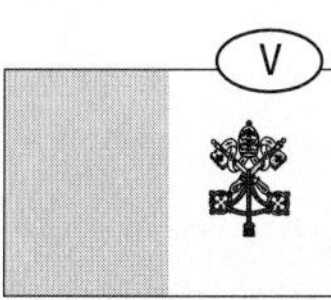

Cittá del Vaticano
Vatican City

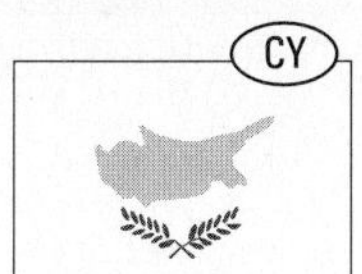

Kýpros/Kıbrıs
Cyprus

Great Britain

Latvija
Latvia

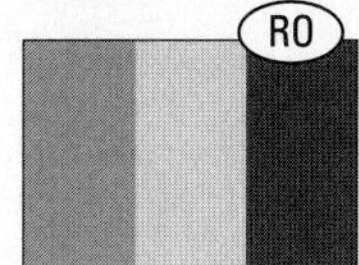

România
Romania

Jugoslavija
Yugoslavia

EUROPA
EUROPE

1:1000000

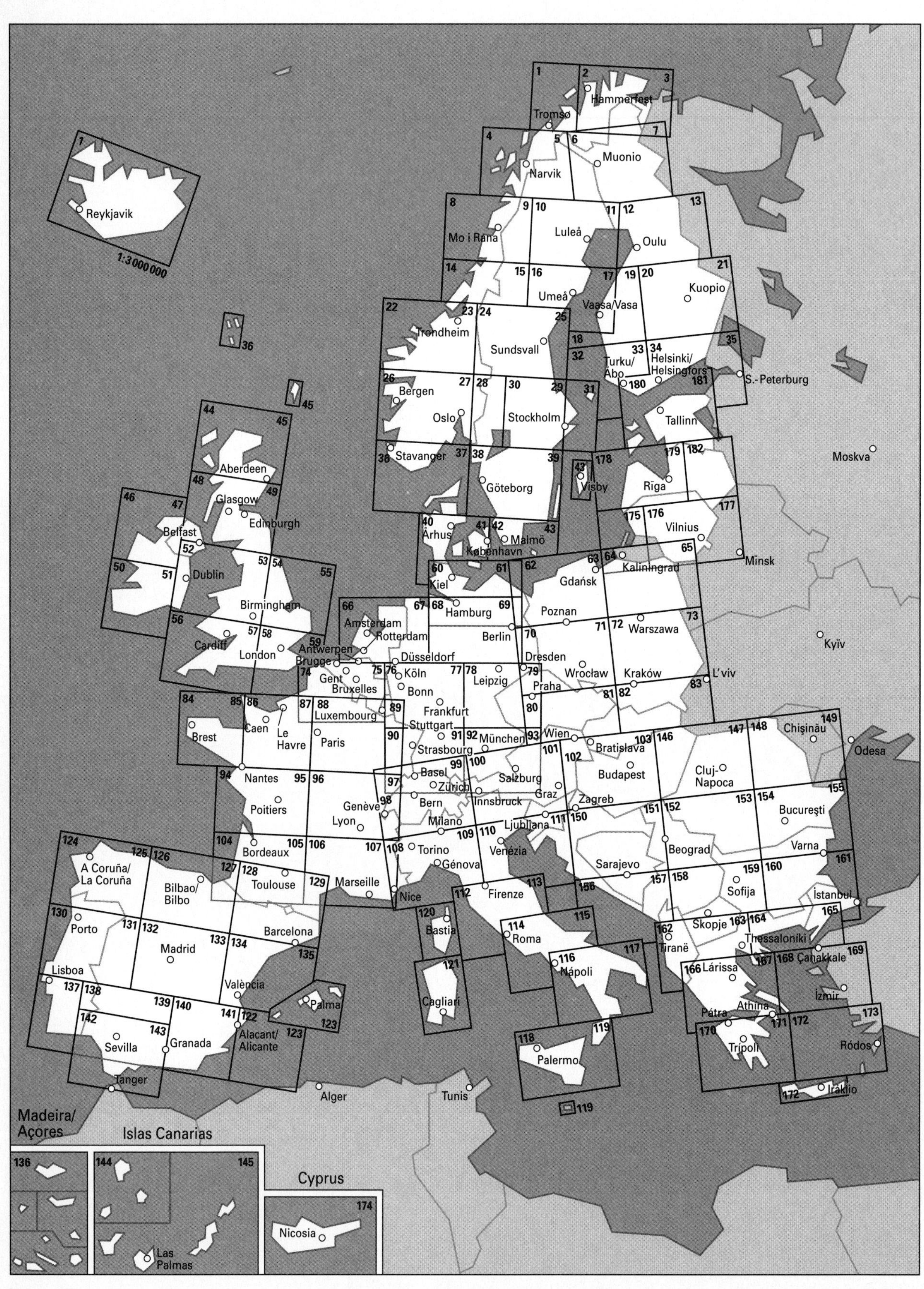

A

Å (N) 4 C2
Å (N) 5 A2
Aääskilahti (FIN) 12 D2
Aach (D) 91 A5
Aachen (NL) 75 D2
Aachen (D) 76 A2
Aakre (EST) 182 B2
Aalbeke (B) 74 D2
Aalborg (DK) 37 C5
Aalen (D) 91 C2
Aalsmeer (NL) 66 C4
Aalst, Alost (B) 75 A2
Aalten (NL) 67 B5
Aalter (B) 74 D2
Äänekoski (FIN) 20 B4
Aapajärvi (FIN) 7 B5
Aapajärvi (FIN) 12 B2
Aapajoki (FIN) 12 B2
Aapua (S) 6 C6
Aarau (CH) 98 D1
Aarberg (CH) 98 C2
Aarburg (CH) 98 D1
Aardenburg (NL) 74 D1
Aareavaara (S) 6 C4
Aarschot (B) 75 B2
Ääsmäe (EST) 180 D3
Aatsinki (FIN) 7 D6
Aavajärvi (S) 11 D3
Aavasaksa (FIN) 11 D2
Åbacken (S) 11 A3
Abad (E) 124 D1
Abádanes (E) 133 B2
Abadin (E) 125 A2
Abadla (E) 133 B4
Abádszalók (H) 103 D2
Abaliget (H) 102 D5
Abancourt, Warfusée- (F) 74 C4
Abancourt (F) 74 A5
Abancourt (F) 74 C4
Abanilla (E) 141 A3
Abano Terme (I) 110 A2
Abaran (E) 141 A3
Abárzuza (E) 127 C3
Abaújkér (H) 82 D6
Abaújszántó (H) 82 D6
Abbach (D) 92 D1
Abbadia San Salvatore (I) 112 D3
Abbaretz (F) 85 B5
Abbas, Cerne (GB) 57 C4
Abbas, Winterbourne (GB) 57 C5
Abbaye d' Orval (B) 75 C5
Abbekås (S) 42 D3
Abbendorf (D) 60 C5
Abbetorp (S) 39 C5
Abbeville (F) 74 A4
Abbey, Rosedale (GB) 54 C2
Abbey, Waltham (GB) 58 D2
Abbeydorney (IRL) 50 B4
Abbeyfeale (IRL) 50 C4
Abbey Head (GB) 48 D6
Abbeyleix (IRL) 51 B3
Abbey Town (GB) 49 A6
Abbiategrasso (I) 108 D2
Abborrberg (S) 9 C6
Abborrberget (S) 29 A3
Abborrträsk (S) 10 D5
Abborsjöknoppen (S) 24 D5
Abbot, Milton (GB) 56 D5
Abbot, Newton (GB) 57 A5
Abbots Bromley (GB) 53 D5
Abbotsbury (GB) 57 B5
Abda (H) 102 C2
Abejar (E) 127 A5
Abejuela (E) 134 C4
Abela (P) 137 C3
Abeli (LV) 179 D6
Abelnes (N) 36 B3
Abelon (E) 125 C6
Abelvær (N) 14 B3
Abenberg (D) 78 B6
Abenójar (E) 139 C1
Åbenrå (DK) 40 D5
Abensberg (D) 92 D2
Aberaeron (GB) 56 D1
Abercarn (GB) 57 B2
Aberchirder (GB) 45 C5
Aberdare (GB) 57 A2
Aberdaron (GB) 52 D5
Aberdeen (GB) 45 D6
Aberdyfi (GB) 52 D6
Aberfeldy (GB) 49 A2
Aberford (GB) 54 C3
Aberfoyle (GB) 48 D3
Abergavenny (GB) 57 B2
Abergele (GB) 53 A4
Abergement- Sainte-Colombe, l' (F) 97 B3
Åberget (S) 10 D4
Åbergstjärnvallen (S) 24 B2
Abergwesyn (GB) 57 A1
Aberlady (GB) 49 B3
Abernethy (GB) 49 A2
Abersoch (GB) 52 D5
Aberthaw, East (GB) 57 A3
Abertillery (GB) 57 B2
Abertura (E) 131 D6
Aberystwyth (GB) 52 D6
Abetone (I) 109 C4
Abiego (E) 128 C5
Abild (S) 38 C5
Abild (DK) 40 C5
Abilly (F) 95 B2
Abingdon (GB) 58 C2
Abington, Little (GB) 59 A1
Abington (GB) 49 A4
Abington (IRL) 50 D3
Abiskojaure (S) 5 B4
Abisko östra (S) 5 B3
Abitureiras (P) 130 B6
Åbjør (N) 27 B2
Abla (E) 140 B5
Ablanica (BG) 159 D2
Ablis (F) 88 A3
Ablitas (E) 127 C5
Abmelaseter (N) 1 C6
Åbo, Turku (FIN) 32 D4
Abona, Punta de (E) 144 B5
Abondance (F) 98 B4
Abony (H) 103 C3
Åbösjö (S) 16 C4
Aboyne (GB) 45 C6
Abrantes (P) 130 C5
Abraur (S) 10 C4
Abreiro (P) 125 A6
Abreschviller (F) 90 C3
Abrest (F) 96 D4
Abrets, les (F) 97 C5
Abridge (GB) 59 A2
Abridge (GB) 59 A2
Abriès (F) 107 D1
Abriola (I) 116 D2
Abrud (RO) 147 A5
Abruka (EST) 180 A6
Abrupe (LV) 179 D4
Absie, l' (F) 94 D3
Abtenau (A) 101 A1
Abtsgmünd (D) 91 C2
Abtshagen (D) 61 D2
Abtsteinach (D) 77 A5
Abula (EST) 180 A5
Aburrea Alta (E) 127 D3
Åby, Nørre (DK) 41 A4
Åby, Stora (S) 39 A2
Åby (S) 30 D6
Åbybro (DK) 37 B5
Åbyfors (S) 39 A5
Åbyggeby (S) 30 D1
Åbyn (S) 11 B6
Åbyn (S) 17 B2
Åbyn (S) 17 B3
Åbytorp (S) 29 A5
Abzac (F) 95 B4
Acáia (I) 117 D3
Acantilado de los Gigantes (E) 144 A5
Acâtari (RO) 147 C4
Acate (I) 118 D5
Accadia (I) 115 B5
Accéglio (I) 108 A4
Accettura (I) 116 D2
Acciarella (I) 114 A4
Acciaroli (I) 116 B3
Accous (F) 104 C6
Accrington (GB) 53 C3
Accumoli (I) 113 B4
Acebo (E) 131 B4
Acebuche (E) 142 B3
Acedera (E) 139 A1
Acedo (E) 127 B3
Acehuche (E) 131 B5
Acera (E) 126 B3
Acered (E) 133 D1
Acerenza (I) 115 C6
Acerno (I) 115 A6
Aceuchal (E) 138 C2
Achadinha (P) 136 C3
Achahoish (GB) 48 B3
Acharna (GR) 167 D6
Achavanich (GB) 45 B3
Achêne (B) 75 B4
Achenkirch (A) 100 B1
Achentoul (GB) 45 B3
Acherada, Akr. (GR) 163 C4
Achering (D) 92 C3
Achern (D) 90 D3
Acheux (F) 74 B4
Acheux-en-Amienois (F) 74 B4
Achill (IRL) 46 B5
Achill Head (IRL) 46 A5
Achill Island (IRL) 46 A5
Achiltibuie (GB) 44 D4
Achim (D) 68 A2
Achinos (GR) 164 A2
Achlades, Akr. (GR) 172 C4
Achladkambos (GR) 171 A3
Achladochorion (GR) 163 D1
Achmore (GB) 44 B3
Achnasaul (GB) 44 D6
Achnasheen (GB) 44 D5
Achterbroek (B) 75 A1
Achterwehr (D) 60 D2
Achthuizen (NL) 66 B6
Acibeiro (E) 124 C3
Aci Castello (I) 119 B4
Aci Catena (I) 119 B4
Acilia (I) 113 A6
Acquedolci (I) 119 A3
Acireale (I) 119 B4
Aci Trezza (I) 119 B4
Ackworth Moor Top (GB) 54 B3
Acle (GB) 55 C6
Açmetbey (TR) 161 B5
Acpoki (LV) 182 B6
Acquacadda (I) 121 B6
Acquafredda (I) 116 C3
Acqualagna (I) 113 A1
Acquapendente (I) 112 D4
Acquaro (I) 119 D1
Acquasanta Terme (I) 113 C3
Acquasparta (I) 113 A4
Acquaviva Pic. (I) 113 C3
Acquaviva d. Fonti (I) 117 A1
Acqui Terme (I) 108 C3
Acréide, Palazzolo (I) 119 A5
Acri (I) 117 A5
Ács (H) 102 D2
Acsa (H) 103 B2
Acsád (H) 102 B3
Ada, Bozca (TR) 165 A4
Ada (YU) 103 D6
Adak (S) 10 C6
Adakavas (LT) 176 A3
Adakgruvan (S) 10 D6
Adali (TR) 169 D2
Ådalsliden Näsåker (S) 16 C5
Ådalsvollen (N) 14 C6
Adam, l'Isle- (F) 74 B6
Adam (RO) 149 C6
Ada Marinescu (RO) 155 C2
Adamas (GR) 172 A4
Adamclisi (RO) 155 B4
Adamov (CZ) 80 D3
Adamów (PL) 73 A2
Adamów (PL) 73 C5
Adamówka (PL) 73 B6
Abja-Paluoja (EST) 179 C2
Adams (LV) 182 B3
Adamstown (IRL) 51 C4
Adamuz (E) 139 B3
Adanero (E) 132 B2
Adânus (RO) 147 C4
Adare (IRL) 50 D4
Adası, Alibey (TR) 165 B5
Adası, Hekim (TR) 169 A4
Adası, Kara (TR) 169 A4
Adası, Paşaliman (TR) 165 D3
Adası, Salik (TR) 173 B2
Adası, Toprak (TR) 173 B2
Adası, Uzun (TR) 169 A4
Adavere (EST) 181 B5
Adderbury (GB) 58 B2
Adé (F) 104 D5
Adeje (E) 144 A5
Adelboden (CH) 98 C3
Adelebsen (D) 68 C6
Adélfia (I) 117 B1
Ådelfors (S) 39 B4
Adelheidsdorf (D) 68 C3
Adelina (PL) 73 D5
Adelsheim (D) 77 B5
Adelsnäs (S) 39 B2
Adelsön (S) 31 A4
Ademuz (E) 134 B4
Adenau (D) 76 B3
Adîncata (RO) 148 D2
Adîncata (RO) 154 C3
Adjud (RO) 149 B6
Ådland (N) 26 B3
Adlešiči (SLO) 101 D6
Adlhausen (D) 92 D2
Adliswil (CH) 99 A2
Admont (A) 101 C1
Ådneram (N) 26 C6
Adolfsberg (S) 29 A5
Adolfsfors (S) 28 B4
Adolfsström (S) 9 C4
Adony (H) 103 B3
Adorf (D) 68 A6
Adorf (D) 78 D3
A-dos-Francos (P) 130 B6
Adra (E) 140 B6
Adradas (E) 133 B1
Adraku (EST) 181 C4
Adrall (E) 129 A4
Adrano (I) 119 A3
Adria (I) 110 B3
Adriani (GR) 164 B2
Adriano, Palazzo (I) 118 B4
Adriano (I) 110 B2
Adriers (F) 95 B4
Adrigole (IRL) 50 B5
Adro (I) 109 B1
Adršpach, Horní (CZ) 70 D5
Adunatii-Copăceni (RO) 154 B4
Adutiškis (LT) 177 C3
Advik (N) 3 A3
Adzaneta (E) 134 D4
Adzes (LV) 178 B5
Ādžūni (LV) 179 B6
Aeandion (GR) 167 C6
Aegviidu (EST) 181 A3
Aenona (HR) 111 C4
Aērkēni (LV) 182 A6
Ærø (DK) 41 A5
Ærøskøbing (DK) 41 A5
Aesch (CH) 98 C1
Aesoo (EST) 181 A5
Aetos (GR) 163 A3
Aetos (GR) 170 D3
Afantu (GR) 173 D4
Åfar (N) 23 A3
Åfärd (S) 38 C3
Åfarnes (N) 22 D3
Affing (D) 92 B3
Affinghausen (D) 68 A3
Affoltern a. Albis (CH) 99 A2
Affric Lodge (GB) 44 D6
Afidne (GR) 167 D5
Aflenz (A) 101 D1
Åflo (S) 15 A6
Afon-wen (GB) 53 B4
Åfors (S) 11 B5
Afragóla (I) 114 D5
Afritz (A) 101 A3
Afumati (RO) 154 C4
Agaete (E) 144 C5
Agalatovo (RUS) 35 C4
Agapia (RO) 148 D3
Agárd (H) 103 A3
Agaró, S. (E) 129 D5
Agaryševo (RUS) 182 D5
Agās (RO) 148 D5
Agathonision (GR) 173 A1
Agay (F) 107 D5
Agazzano (I) 109 A3
Agde (F) 106 B5
Agen (F) 105 A3
Agen-d'Aveyron (F) 106 A3
Ager (E) 128 D5
Agerbæk (DK) 40 C3
Agersø (DK) 41 B4
Agersted (DK) 37 C5
Aggarön (S) 30 D4
Agger (DK) 36 D6
Aggersborg (DK) 37 A5
Aggersund (DK) 37 B5
Aggius (I) 121 C1
Aggsbach, Markt (A) 80 B6
Aggtelek (H) 82 C5
Aghadowey (GB) 47 B3
Aghalée (GB) 47 C4
Aghione (F) 120 C3
Aghiresu (RO) 147 A3
Agigea (RO) 155 C4
Agighiol (RO) 155 C2
Agira (I) 118 D4
Aglapsvika (N) 5 A1
Aglen (N) 14 B3
Agliana (I) 109 D5
Agliano (I) 108 C3
Agliè (I) 108 B2
Aglientu (I) 121 C1
Aglona (LV) 177 C1
Agnanderon (GR) 163 B6
Agnäs (S) 17 A4
Agnesberg (S) 38 B3
Agnita (RO) 147 C5
Agnone (I) 114 D3
Agnone (I) 116 B3
Agnone Bagni (I) 119 B4
Agolada (P) 130 B6
Agön (S) 25 C5
Agonac (F) 95 B6
Agoncillo (E) 127 B4
Agordo (I) 100 B4
Agos (F) 104 D6
Agost (E) 141 B2
Agramón (E) 140 D2
Agramunt (E) 129 A5
Agreda (E) 127 C5
Agres (E) 141 B1
Agria (GR) 163 D6
Agridion (GR) 170 D2
Agrigento (I) 118 C4
Agrilia, Akr. (GR) 165 B6
Agrinion (GR) 166 C5
Agriovotanon (GR) 167 C4
Agris (F) 95 A5
Agrisu Mare (RO) 146 C5
Agrochão (P) 125 B6
Agron (E) 143 C4
Agrópoli (I) 116 B2
Ågskaret (N) 8 D3
Agua de Ferros (P) 137 D5
Água de Pau (P) 136 C3
Agua Dulce (E) 140 C6
Aguadulce (E) 143 A3
Agualada (E) 124 C2
Agua Longa (P) 130 C1
Aguarón (E) 134 B1
Aguas (E) 128 B4
Aguas Belas (P) 130 C5
Aguas de Moura (P) 137B2
Aguas Frias (P) 125 A5
Aguaviva (E) 134 D2
Agudo (E) 139 B1
Agueda (P) 130 C3
Aguera (E) 125 C1
Aguiar (P) 137 D2
Aguiar da Beira (P) 130 D2
Aguilafuente (E) 132 C1
Aguilar (E) 143 A2
Aguilar de Campóo (E) 126 C3
Aguilas (E) 141 A5
Aguilera, La (E) 126 D6
Aguilón (E) 134 B1
Agullana (E) 129 C4
Agülmes (E) 144 D6
Agulo (E) 144 C2
Agunnaryd (S) 38 D6
Agusalu (EST) 181 C4
Aguts (F) 105 C4
Aha (S) 10 C5
Aham (D) 93 A2
Ahascragh (IRL) 51 A2
Ahaste (EST) 180 C5
Ahaus (D) 67 B5
Åheim (N) 22 B5
Aheloj (BG) 161 A2
Ahënhjin (AL) 162 A1
Ahigal (E) 131 C4
Ahigal de Villariño (E) 131 C1
Ahillones (E) 138 D3
Ahja (EST) 182 C2
Ahjola (FIN) 13 B4
Ahlainen (FIN) 19 A6
Ahlbeck (D) 62 D2
Ahlbeck (D) 62 C3
Ahlen (D) 67 C5
Ahlen (D) 91 B4
Ahlerstedt (D) 60 C4
Ahlhorn (D) 67 D3
Ahli (EST) 180 C4
Ahmalahti (RUS) 3 C4
Ahmapalo (FIN) 6 C4
Ahmas (FIN) 12 D5
Ahmaus (FIN) 33 A1
Ahmetli (TR) 169 D4
Ahmovaara (FIN) 21 B3
Ahnsen (D) 68 C3
Aho (FIN) 13 A1
Ahoghill (GB) 47 C4
Ahoinen (FIN) 33 C3
Ahokylä (FIN) 20 C1
Ahola (FIN) 13 B2
Ahola (FIN) 13 B4
Aholahti (FIN) 21 A6
Aholanvaara (FIN) 13 B1
Aholanvaara (FIN) 13 C5
Aho-Nikki (FIN) 34 D2
Ahonkylä (FIN) 21 B4
Ahonperä (FIN) 12 B6
Aho-Vastinki (FIN) 20 A4
Ahrdorf (D) 76 B3
Ahrensbök (D) 61 A3
Ahrensburg (D) 60 D4
Ahrenshoop (D) 61 C2
Ahrweiler (D) 76 B3
Ähtäri (FIN) 19 D4
Ähtärinranta (FIN) 19 D4
Ahtiala (FIN) 33 B4
Ahtiala (FIN) 34 B2
Ahtme (EST) 181 C3
Ahtopol (BG) 161 B3
Ahun (F) 96 A4
Ahunapalu (EST) 181 C5
Åhus (S) 43 A2
Ahvenanmaa, Åland (FIN) 32 A3
Ahveninen (FIN) 20 C4
Ahveninen (FIN) 21 C6
Ahvenisto (FIN) 34 C2
Ahvenkoski (FIN) 34 C4
Ahvenlahti (FIN) 21 C3
Ahvensalmi (FIN) 21 A5
Ahvenselkä (FIN) 7 B5
Aiano, Castel d' (I) 109 D4
Aibar (E) 127 D4
Aibre (F) 90 B5
Aich (D) 91 B3
Aich (D) 93 A3
Aich (A) 101 A2
Aich (A) 101 C4
Aicha (D) 93 B2
Aichach (D) 92 C3
Aichstetten (D) 91 C4
Aiddejavrre (N) 6 C1
Aidone (I) 118 D4
Aidu (EST) 181 B4
Aiello Cálabro (I) 116 D6
Aiffres (F) 94 D4
Aigen (A) 93 C2
Aigle, L' (F) 87 B3
Aigle (CH) 98 B4
Aignan (F) 104 D4
Aignay-le-Duc (F) 89 B5
Aigne (F) 106 A5
Aigre (F) 95 A5
Aigrefeuille-d'Aunis (F) 94 C4
Aigrefeuille-s-Maine (F) 94 C2
Aiguebelle (F) 97 D5
Aigueperse (F) 96 C4
Aigueperse (F) 97 A4
Aigues-Mortes (F) 106 D4
Aigues-Vives (F) 106 A5
Aiguilles (F) 107 D1
Aiguillon (F) 105 A3
Aiguillon-s-Mer, l' (F) 94C4
Aiguines (F) 107 C4
Aigurande (F) 95 D3
Aiissey (F) 97 D1
Äijäjoki (FIN) 6 C2
Äijälä (FIN) 20 B5
Aijala (FIN) 33 B4
Äijänneva (FIN) 19 C5
Aijävaara (S) 11 B1
Ailefroide (F) 107 C1
Aillant-s-Tholon (F) 88 D4
Aillas (F) 104 D2
Aillevillers (F) 90 A4
Aillon-le-Jeune (F) 97 D5
Ailly (F) 74 B4
Ailly-le-Haut-Clocher (F) 74 B4
Ailly-s-Noye (F) 74 B5
Ailly-sur-Noye (F) 74 B5
Ailsa Craig (GB) 48 C5
Aimargues (F) 106 D4
Aime (F) 98 A5
Ainali (FIN) 12 C6
Ainali (FIN) 19 D1
Ainay-le-Château (F) 96 B3
Ainay-le-Vieil (F) 96 B3
Ainaži (LV) 179 B2
Aincourt (F) 88 A1
Ainet (A) 100 D3
Ainijärvi (FIN) 7 D4
Ainring (D) 93 A4
Ainsa (E) 128 C4
Ainsdale (GB) 53 B3
Ainvelle (F) 89 D4
Airaines (F) 74 B4
Airaksela (FIN) 20 D4
Airasca (I) 108 B3
Airdrie (GB) 48 D3
Aird Uig (GB) 44 B3
Aire (F) 74 B3
Aire-s-l'Adour (F) 104 D4
Aire-s-la-Lys (F) 74 B3
Airisto (FIN) 32 D4
Airola (I) 115 A5
Airolo (CH) 99 A4
Airvault (F) 95 A2
Aisėnai (LT) 175 C2
Aisey-s-Seine (F) 89 B4
Aisne, Vailly-sur- (F) 74 D6
Aisone (I) 108 A4
Aisy-s-Armançon (F) 89 A5
Aitamännikkö (FIN) 6 C5
Aita Mare (RO) 148 C6
Aiterhofen (D) 93 A2
Aith (GB) 45 C1
Aith (GB) 45 D3
Aitolahti (FIN) 33 B1
Aitona (E) 128 C6
Aitoo (FIN) 33 C2
Aitrach (D) 91 C4
Aittaniemi (FIN) 13 A1
Aittijoki (FIN) 2 D4
Aitto (FIN) 20 C2
Aittojärvi (FIN) 12 D3
Aittokoski (FIN) 20 D2
Aittokylä (FIN) 12 D5
Aittokylä (FIN) 13 A4
Aittolahti (FIN) 21 B6
Aittovaara (FIN) 13 C4
Aittovaara (FIN) 21 B3
Aittovaara (FIN) 21 C4
Aiud (RO) 147 B5
Aix-d'Angillon, les (F) 96 B1
Aix-en-Othe (F) 88 D3
Aix-en-Provence (F) 107 B4
Aixe-s-Vienne (F) 95 C5
Aix-les-Bains (F) 97 D5
Aizdzire (LV) 178 D4
Aizenay (F) 94 B3
Aizkraukle (LV) 179 C5
Aizkuja (LV) 182 B5
Aizpūre (LV) 182 D5
Aizpute (LV) 178 B5
Aizviki (LV) 178 B6
Ajac (F) 105 D6
Ajaccio (F) 120 B3
Ajain (F) 96 A4
Ajak (H) 83 A6
Aj. Andreas (GR) 171 A3
Ajanki (FIN) 11 D1
Aj. Anna (GR) 167 C4
Ajaur (S) 16 D2
Ajaureforsen (S) 9 C6
Aj. Deka (GR) 172 D6
Aj. Dimitrios (GR) 163 B4
Aj. Dimitrios (GR) 171 B4
Aj. Dimitrios (GR) 171 C2
Ajdovščina (SLO) 101 A5
Aj. Efstratios (GR) 164 C5
Aj. Efthimia (GR) 167 A5
Ajeranos (GR) 171 A5
Aj. Evfimia (GR) 166 B6
Aj. Galini (GR) 172 C6
Aj. Haralambos (GR) 164 D2
Ajia (GR) 163 C5
Ajia (GR) 165 A3
Ajia (GR) 172 B5
Ajiassos (GR) 165 A6
Aj. Ioannis (GR) 167 C5
Ajiofilon (GR) 163 A5
Ajiokambos (GR) 163 D5
Ajiokambos (GR) 167 B4
Aj. Jeorjios (GR) 166 D4
Aj. Jeorjios (GR) 167 B5
Aj. Jermanos (GR) 162 D3
Ajka (H) 102 D3
Aj. Kirykos (GR) 172 D1
Aj. Konstantinos (GR) 167 B4
Aj. Konstantinos (GR) 171 C2
Aj. Kyprianos (GR) 171 A5
Aj. Kyriaki (GR) 170 C4
Aj. Lukas (GR) 167 D5
Aj. Marina (GR) 167 D5
Aj. Marina (GR) 173 A2
Aj. Marina (GR) 173 C6
Aj. Mattheos (GR) 162 B6
Ajmunds (S) 43 C5
Aj. Myron (GR) 172 D6
Aj. Nikolaos (GR) 162 C5
Aj. Nikolaos (GR) 163 A6
Aj. Nikolaos (GR) 164 A4
Aj. Nikolaos (GR) 166 B4
Aj. Nikolaos (GR) 166 D4
Aj. Nikolaos (GR) 167 A5
Aj. Nikolaos (GR) 170 B2
Aj. Nikolaos (GR) 171 A3
Aj. Nikolaos (GR) 173 A6
Ajo (E) 126 D1
Ajofrin (E) 132 C5
Ajos (FIN) 12 B3
Ajou (F) 87 B3
Aj. Paraskevi (GR) 165 A6
Aj. Pelajia (GR) 171 B5
Aj. Petros (GR) 166 B5
Aj. Petros (GR) 171 A3
Aj. Pnevma (GR) 164 A2
Aj. Stephanos (GR) 172 B2
Aj. Thekli (GR) 166 A6
Aj. Theodori (GR) 167 B4
Aj. Theodori (GR) 167 C6
Aj. Thomas (GR) 167 C5
Ajtos (BG) 161 A2
Aj. Trias (GR) 163 C3
Aj. Trias (GR) 170 C2
Aj. Trias (GR) 171 B2
Ajuda (P) 138 B1
Aj. Varvara (GR) 172 D6
Aj. Vasilios (GR) 167 B6
Aj. Vasilios (GR) 171 B2
Aj. Vlasios (GR) 166 D4
Akācijas (LV) 179 A6
Akademija (LT) 176 C3
Akaki (CY) 174 B4
Akanthou (CY) 174 B3
Äkäsjokisuu (FIN) 6 C4
Äkäslompolo (FIN) 6 C4
Akasztó (H) 103 B4
Ak Burun (TR) 168 D5
Akçaova (TR) 169 D6
Aken (D) 69 B5
Åker (S) 31 A5
Åker (S) 38 D4
Åkerbäck (S) 17 B3
Åkerbränna (S) 16 B4
Åkerby (S) 11 A4
Åkerholmen (S) 11 A4
Åkersberg (S) 39 A3
Åkersberga (S) 31 B4
Åkersjön (S) 15 B5
Åkersvatnet (N) 9 A4
Åkervika (N) 9 A5
Akhisar (TR) 169 C3
Åkirkeby (DK) 43 B4
Akkafjord (N) 1 B5
Akkajaur (S) 10 D4
Akkala (RUS) 13 D3
Akkarfjord (N) 1 D2
Akkastugorna (S) 5 A5
Akkavare (S) 10 D5
Akkelevare (S) 10 D1
Akkerhaugen (N) 27 B5
Akkeseter (N) 5 B1
Akkoy (TR) 169 C6
Akkrum (NL) 66 D2
Akksjøseter (N) 27 D1
Aklaisciems (LV) 178 D4
Akland (N) 37 A2
Akmendziras (LV) 178 C3
Akmenė (LT) 176 A1
Akmeniai (LT) 176 C3
Akmeniši (LV) 182 C1
Åknes (N) 4 C2
Åknes (N) 36 C1
Akniste (LV) 177 A1
Akpinar (TR) 161 D5
Åkrå (N) 26 B4
Akrai (I) 119 A6
Åkran (N) 14 C5
Akranes (IS) 1 A2
Akr. Arakos (GR) 166 C6
Akrathos, Akr. (GR) 164 B4
Åkrehamn (N) 26 A6
Åkreseter (N) 23 B6
Akrini (GR) 163 B4
Akritas, Akr. (GR) 170 D5
Åkroken (S) 11 A4
Åkroken (S) 25 C1
Akrotiri (CY) 174 D4
Akrotirion (GR) 172 C4
Akrounda (CY) 174 C4
Aksakovo (BG) 155 A6
Aksdal (N) 26 B5
Aksi (EST) 181 B5
Aksla (N) 22 B6
Akstinai (LT) 176 B3
Aktsestugorna (S) 10 B1
Akujärvi (FIN) 3 B6
Akujärvi (FIN) 7 B1
Åkullsjön (S) 17 B3
Akureyri (IS) 1 C1
Åkvik (N) 14 C2
Åkvisslan (S) 16 C6
Ål (N) 27 A2
Ala (S) 25 C6
Ala (I) 98 B6
Ala (I) 100 A5
Ala (EST) 179 C2
Alacaoğlu (TR) 161 A6
Alacati (TR) 169 A5
Alacón (E) 134 C2
Alà dei Sardi (I) 121 C2
Ala di St. (I) 108 A2
Aladža man. (BG) 155 B6
Alaejos (E) 132 A1
Alafors (S) 38 B3
Alaga (E) 143 B4
Alagna (I) 98 C5
Alagoa (P) 130 D6
Alagón (E) 127 D6
Alahärmä (FIN) 19 B3
Ala-Honkajoki (FIN) 19 B6
Alaigne (F) 105 D6
Alainenjärvi (FIN) 33 A2
Alajärvi (FIN) 19 D3
Alajärvi (FIN) 21 A1
Alajero (E) 144 C2
Alajõe (EST) 181 C4
Alajoki (FIN) 20 B1
Ala-Jokikylä (FIN) 12 C3
Ala-Kääntä (FIN) 20 B6
Ala-Keyritty (FIN) 21 A2
Ala-Kieri (FIN) 32 D2
Ala-Kuona (FIN) 21 B6
Alakylä (FIN) 6 D5
Alakylä (FIN) 12 C4
Alakylä (FIN) 19 A6
Ala-Livo (FIN) 12 D3
Alalund (S) 16 C2
Alameda, La (E) 139 D2
Alameda (E) 143 A3
Alameda de Cervera, La (E) 133 A6
Alamedilla, La (E) 132 B2
Alamedilla (E) 140 A4
Alamillo (E) 139 B2
Alaminos (E) 133 A2
Alamo, El (E) 132 C4
Alamo, El (E) 142 B2
Alämor (RO) 147 B5
Alan (HR) 111 C3
Ala-Nampa (FIN) 7 A6
Alanäs (S) 15 C4
Åland (N) 27 A4
Åland (S) 31 A3
Åland, Ahvenanmaa (FIN) 32 A3
Alandroal (P) 138 A1
Ålandsbro (S) 25 C2
Alange (E) 138 C1
Alaniemi (FIN) 12 C2
Alanis (E) 138 D3
Alanta (LT) 177 A3
Ala-Paakkola (FIN) 12 B2
Alapitkä (FIN) 20 D3
Alaraz (E) 132 A2
Alarcón (E) 133 C5
Alar del Rey (E) 126 C3
Alares, Los (E) 132 B5
Alaró (E) 123 B4
Ålåsen (S) 15 B5
Alaskylä (FIN) 19 C6
Alássio (I) 108 C5
Alastaro (FIN) 33 A2
Ala-Sydänmaa (FIN) 20 A1
Ala-Temmes (FIN) 12 C5
Alatornio (FIN) 12 B2
Alatoz (E) 134 B6
Alatri (I) 113 C6
Alatskivi (EST) 181 C5
Alattyán (H) 103 C2
Ala-Valli (FIN) 19 C5
Alavattnet (S) 15 C4
Alavere (EST) 181 A3
Alaveteli (FIN) 19 C2
Ala-Vieksi (FIN) 13 B6
Alavieska (FIN) 12 B6
Ala-Viirre (FIN) 19 D1
Ala-Vuokki (FIN) 13 C5
Ala-Vuotto (FIN) 12 D4
Alavus (FIN) 19 C4
Alayor (E) 123 D3
Alb., Brăies (I) 100 C3
Alba (I) 108 C3
Alba Adriática (I) 113 D3
Albac (RO) 147 A4
Albacete (E) 140 D1
Albachten (D) 67 C5
Albacken (S) 25 A2
Albadalejo (E) 140 B2
Alba de Cerrato (E) 126 B5
Alba de Tormes (E) 131 D2
Ålbæk (DK) 37 C4
Albagés (E) 128 D6
Albaida (E) 141 B1
Albaina (E) 127 B3
Albaladejo (E) 133 B5
Alba-la-Romaine (F) 106 D2
Albalate (E) 133 A3
Albalate (E) 133 B3
Albalate de Cinza (E) 128 C6
Albalate del Arzobispo (E) 134 C1
Alba Iulia (RO) 147 B5
Alban (F) 106 A4
Albanchez (E) 140 C5
Albanella (I) 116 B2
Albano (I) 98 D6
Albano Lazio (I) 113 A6
Albano Verc. (I) 108 C1
Albanyà (E) 129 C4
Albarca (E) 135 B1
Albaredo Arn. (I) 109 A2
Albaredo d'A. (I) 109 D2
Albareto (I) 109 A4
Albaricoques (E) 140 D6
Albarnaz, Ponta do (P) 136 A3
Albaron (F) 106 D4
Albarracin (E) 134 B3
Albas (F) 105 B2
Albatana (E) 141 A2
Albatera (E) 141 B3
Albeck (D) 91 C3
Albendin (E) 143 B2
Albenga (I) 108 C5
Albens (F) 97 D5
Albentosa (E) 134 C4
Albepierre (F) 106 A1
Alberca, La (E) 131 C3
Alberca, La (E) 133 B5
Alberga (S) 30 D6
Albergaria a Nova (P) 130 C2
Albergaria a Velha (P) 130 C2
Albergaria dos Doze (P) 130 C4
Albergueria (E) 125 A5
Alberique (E) 134 C6
Albernoa (P) 137 D3
Albero (E) 128 B5
Alberobello (I) 117 B1
Alberona (I) 115 B4
Alberoni (I) 110 B2
Albersdorf (D) 60 C3
Albersloh (D) 67 C5
Albert (F) 74 C4
Albertacce (F) 120 B2
Albertirsa (H) 103 C3
Albertkázmérpuszta (H) 102 C1
Albertville (F) 98 A5
Alberuela (E) 128 B5
Albesti (RO) 148 B6
Albesti (RO) 149 A2
Albesti (RO) 153 C1
Albesti (RO) 154 D2
Albesti (RO) 155 B5
Albesti-Paleologu (RO) 154 B3
Albi (F) 105 D4
Albias (F) 105 C3
Albidona (I) 117 A4
Albières (F) 106 A6
Albigowa (PL) 83 A1

Albinia (I) 112 C4
Albino (I) 109 A1
Albires (E) 126 A4
Albisola Marina (I) 108 C4
Albita (RO) 149 C4
Alblasserdam (NL) 66 C5
Albocácer (E) 134 D3
Alböke (S) 39 D5
Albolodúy (E) 140 B6
Albondon (E) 140 B6
Alborache (E) 134 C6
Alborea (E) 134 B6
Albota de Jos (MD) 149 D6
Albota (RO) 153 D2
Alboussière (F) 107 A1
Albox (E) 140 C5
Alb. Plancios (I) 100 B3
Albrechtice, Město (CZ) 81 A1
Albrighton (GB) 53 C6
Albrunna (S) 39 C6
Albshausen (D) 77 A2
Albstadt (D) 91 B3
Ålbu (N) 23 B3
Albu (EST) 181 A3
Albudeite (E) 141 A3
Albuera, La (E) 138 B1
Albufeira (P) 137 C5
Albujón (E) 141 A4
Albuñol (E) 140 B6
Alburgazi (TR) 169 B6
Alburquerque (E) 131 A6
Alb. Val Martello (I) 99 D4
Alby (S) 25 A3
Alby (S) 39 C6
Alby-s-Chéran (F) 97 D5
Alcacena (P) 130 B5
Alcácer-do Sal (P) 137 B2
Alcáçovas (P) 137 C2
Alcadozo (E) 140 D2
Alcafozes (P) 131 A4
Alcalá (E) 134 B6
Alcala (E) 142 C2
Alcalá (E) 144 A5
Alcala de Chivert (E) 135 A3
Alcalá de Guadaira (E) 142 C3
Alcala de Gurrea (E) 128 A5
Alcalá de Henares (E) 132 D3
Alcalá de la Vega (E) 134 B4
Alcalá del Valle (E) 142 D4
Alcala la Real (E) 143 C3
Alcalá los Gazules (E) 142 C5
Alcamo (I) 118 B3
Alcampel (E) 128 C5
Alcanar (E) 135 A3
Alcanede (P) 130 B5
Alcanhões (P) 130 B6
Alcañices (E) 125 C6
Alcañiz (E) 134 D2
Alcántara (E) 131 B5
Alcantarilha (P) 137 C5
Alcantarilla (E) 141 A3
Alcara di F. (I) 119 A3
Alcaracejos (E) 139 B2
Alcaraz (E) 140 C2
Alcaria Ruiva (P) 137 D4
Alcarràs (E) 128 C6
Alcaudete (E) 143 B2
Alcaudete de la Jara (E) 132 B5
Alcay (F) 104 C6
Alcázar (E) 133 A4
Alcázar de San Juan (E) 133 A6
Alcázares, Los (E) 141 B4
Alcester (GB) 58 B1
Alcira (E) 134 D6
Alcoba (E) 132 B6
Alcobaça (P) 130 B5
Alcobendas (E) 132 D3
Alcobertas (P) 130 B5
Alcochete (P) 137 B1
Alcoentre (P) 130 B6
Alcofra (P) 130 C2
Alcolea (E) 139 B3
Alcolea (E) 140 B6
Alcolea (E) 142 C2
Alcolea de Calatrava (E) 139 C1
Alcolea del Pinar (E) 133 B2
Alcolea de Tajo (E) 132 A5
Alcollarin (E) 131 D6
Alconbury (GB) 54 D6
Alconchel (E) 138 C2
Alcóntar (E) 140 B5
Alcora (E) 134 D4
Alcorcón (E) 132 D3
Alcorisa (E) 134 C2
Alcornocal, El (E) 139 A3
Alcorochel (P) 130 B5
Alcotas (E) 134 C5
Alcoutim (P) 138 A4
Alcover (E) 133 B3
Alcover (E) 135 B1
Alcoy (E) 141 B1
Alcsútdoboz (H) 103 A2
Alcubierre (E) 128 B5
Alcubilla (E) 126 D6
Alcubillas (E) 140 B1
Alcublas (E) 134 C5
Alcudia (E) 123 B3
Alcudia de Carlet (E) 134 C6
Alcudia de Crespins (E) 141 B1
Alcudia de Guadix (E) 140 B5
Alcuescar (E) 131 C6
Aldbourne (GB) 58 B3
Aldbrough (GB) 54 D3
Aldea, Punta de la (E) 144 C6
Aldea (E) 135 A2
Aldeacentenera (E) 131 D5
Aldeacorvo (E) 132 D1
Aldeadávila (E) 131 B1
Aldea del Cano (E) 131 C6
Aldea del Fresno (E) 132 C3
Aldea del Rey (E) 139 D2
Aldea del Rey Niño (E) 132 B3
Aldea de Trujillo (E) 131 C5
Aldea Hermosa (E) 140 A2
Aldealgorda (E) 131 D2
Aldeanueva (E) 127 C4
Aldeanueva (E) 131 C3
Aldeanueva (E) 131 C4
Aldeanueva (E) 132 A5
Aldeanueva de Atienza (E) 133 A1
Aldeanueva de Figuroa (E) 131 D1
Aldeanueva San Bartolomé (E) 132 A5
Aldeapozo (E) 127 B6
Aldeaquemada (E) 140 A2
Aldearrodrigo (E) 131 C1
Aldeaseca (E) 132 A2
Aldeavieja (E) 132 B2
Aldeburgh (GB) 59 C1
Aldehuela, La (E) 132 A3
Aldehuela (E) 131 C3
Aldehuela (E) 134 B4
Aldehuela de Calatañazor (E) 127 A6
Aldehuela de la Bóveda (E) 131 C2
Aldeia (P) 131 B3
Aldeia da Mata (P) 130 D6
Aldeia da Serra (P) 138 A1
Aldeia do Meio (P) 137 A2
Aldeia dos Delbas (P) 137 C4
Aldeia dos Fernandes (P) 137 C4
Aldeia dos Palhairos (P) 137 C4
Aldeia Gavinha (P) 130 A6
Aldeia Nova (P) 138 A3
Aldeia de João Pires (P) 131 A4
Alden (N) 22 A6
Aldenhofen (D) 76 A2
Alderbury (GB) 58 B4
Alderhult (S) 30 D2
Aldermaston (GB) 58 C3
Aldernäs (S) 11 B3
Aldernäset (S) 15 C4
Aldersbach (D) 93 B2
Aldershot (GB) 58 C3
Aldra (N) 8 D4
Aldridge (GB) 53 D6
Aldsworth (GB) 58 B2
Aldudes (F) 104 B6
Ale (S) 11 B4
Alebo (S) 25 C5
Åled (S) 38 C6
Aledo (E) 140 D4
A. Lefkimi (GR) 162 B6
Alegranza, Isla de (E) 145 D2
Alekova (BG) 154 A6
Alekovo (BG) 155 A5
Aleksandravėlė (LT) 177 B2
Aleksandrija (LT) 178 B6
Aleksandrovac (YU) 152 B3
Aleksandrovac (YU) 152 B6
Aleksandrovo (BG) 160 A1
Aleksandrovo (BG) 160 D3
Aleksandrów (PL) 72 B2
Aleksandrów (PL) 73 B5
Aleksandrów Kujawski (PL) 64 A5
Aleksandrów Lódzki (PL) 72 A3
Aleksa Santić (YU) 103 C6
Alekseyevka (RUS) 35 B6
Aleksinac (YU) 152 C5
Alekšycy (BY) 65 D4
Ålekulla (S) 38 B4
Ålem (S) 39 C5
Ålen (N) 23 D3
Alençon (F) 87 A4
Alenquer (P) 130 B6
Alentisque (E) 127 B6
Alepochorion (GR) 167 C6
Aléria (F) 120 C3
Alès (F) 106 C3
Áles (I) 121 B4
Aleşa (RO) 146 D3
Alesjaurestugorna (S) 5 B4
Alessándria (I) 108 D3
Alessándria d.C. (I) 117 A3
Alessándria di Rocca (I) 118 B4
Alessano (I) 117 D4
Ålestrup (DK) 37 B6
Ålesund (N) 22 B3
Alethriko (CY) 174 C3
Alet-les-Bains (F) 105 D6
Alevrada (GR) 166 C4
Alexain (F) 86 D5
Alexandria (GB) 48 D3
Alexandria (RO) 154 A5
Alexandria (GR) 163 B3
Alexandrupolis (GR) 165 A2
Alézio (I) 117 D3
Alf (D) 76 B4
Alfahuara, La (E) 140 C4
Alfaiates (P) 131 B3
Alfajarin (E) 128 A6
Alfambra (E) 134 B3
Alfambra (P) 137 B5
Alfamen (E) 127 D6
Alfândega da Fé (P) 125 A6
Alfántega (E) 128 C5
Alfara de Carles (E) 135 A2
Alfarela (P) 124 D6
Alfarim (P) 137 A2
Alfarnate (E) 143 B4
Alfaro (E) 127 C4
Alfarras (E) 128 D5
Alfatar (BG) 154 D5
Alfedena (I) 113 D6
Alfeizerão (P) 130 A5
Alfeld, Leine (D) 68 C5
Alfeld (D) 78 C5
Alferce (P) 137 C5
Alfhausen (D) 67 B4
Alfonsine (I) 110 B4
Alford (GB) 45 C6
Alford (GB) 55 A4
Alfoten (N) 22 B5
Alfredshem (S) 16 D6
Alfreton (GB) 54 B5
Alfta (S) 25 B5
Alfundão (P) 137 C3
Algå (S) 28 B4
Algaba, La (E) 142 C2
Algaida (E) 123 B4
Algajola (F) 120 B2
Algar (E) 134 D5
Algar (E) 141 B4
Algar (E) 142 C4
Algarås (S) 29 A6
Ålgård (N) 36 A1
Algarinejo (E) 143 B3
Algatocin (E) 142 D5
Algeciras (E) 142 C6
Algemesí (E) 134 C6
Algered (S) 25 B4
Algerøy (N) 26 A3
Algerri (E) 128 D5
Algete (E) 132 D3
Alghero (I) 121 A2
Alghult (S) 39 B5
Algimia (E) 134 D4
Alginet (E) 134 D6
Älglösa (S) 31 A2
Älgmoss (FIN) 19 A4
Älgö (FIN) 33 B5
Algodonales (E) 142 D4
Algodor (P) 137 D4
Algora (E) 133 A2
Algoz (P) 137 C5
Älgsjö (S) 16 C4
Alguaire (E) 128 D5
Algyő (H) 103 D5
Alhama (E) 140 C6
Alhama de Aragón (E) 133 D1
Alhama de Granada (E) 143 B4
Alhama de Murcia (E) 141 A4
Alhambra (E) 140 B1
Alhamn (S) 11 C5
Alhau Markt (A) 102 A3
Alhaurín (E) 143 A5
Alhavo (P) 130 B6
Alhendín (E) 140 A5
Alhojärvi (FIN) 20 A6
Alhóndiga (E) 133 A3
Ålhus (N) 22 C6
Ália (I) 118 C3
Alia (E) 132 A6
Aliaga (TR) 169 B3
Aliaguilla (E) 134 B5
Aliano (I) 116 D3
Aliartos (GR) 167 B5
Alibey Adası (TR) 165 B5
Alibunar (YU) 152 B2
Alicante (E) 141 C2
Alicún de Ortega (E) 140 A4
Åliden (S) 17 B1
Alife (I) 114 D5
Alija (E) 125 C5
Alijó (P) 131 A1
Alika (GR) 171 A5
Alikylä (FIN) 19 D2
Aliman (RO) 155 A4
Alimena (I) 118 D3
Alimia (GR) 173 C4
Alingsås (S) 38 B3
Alinova (TR) 165 C6
Alins (E) 129 A3
Alionys (LT) 176 D4
Alios (RO) 146 B5
Alipašin M. (BIH) 151 A5
Aliseda, La (E) 131 D3
Aliseda (E) 131 B6
Alise-Sainte-Reine (F) 89 B5
Alistrati (GR) 164 A2
Ali Terme (I) 119 B3
Aliverion (GR) 167 D5
Alixan (F) 107 A1
Alizava (LT) 176 D1
Aljezares (E) 141 A3
Aljezur (P) 137 B5
Aljorra (E) 141 A4
Aljubarrota (P) 130 B5
Aljucén (E) 138 C1
Aljustrel (P) 137 C3
Alkavare kapell (S) 5 A6
Alkiškiai (LT) 178 D6
Alkkia (FIN) 19 C5
Alkmaar (NL) 66 C3
Alkoven (A) 93 C3
Alksnėnai (LT) 176 B5
Alksnėnai (LT) 176 C3
Alksniupiai (LT) 176 C2
Allaga (E) 134 C3
Allaines (F) 88 A3
Allaire (F) 85 A5
Allan, Bridge of (GB) 48 D3
Allanche (F) 96 C6
Alland (A) 102 A1
Allariz (E) 124 D4
Allassac (F) 95 C6
Allauch (F) 107 B5
Allaži (LV) 179 B4
Allde Uxó (E) 134 D5
Alleghe (I) 100 B4
Allègre (F) 96 D6
Allègre (F) 106 D3
Alleins (F) 107 A4
Allejaur (S) 10 C4
Allemagne-en-Provence (F) 107 C4
Allemans-du-Dropt (F) 105 A2
Allemont (F) 97 D6
Allendale Town (GB) 49 C6
Allendorf (D) 77 C1
Allendorf (Lumda) (D) 77 A2
Allenheads (GB) 49 C6
Allenwood (IRL) 51 C2
Allepúz (E) 134 C3
Allerey (F) 97 A2
Allerey-s-Saône (F) 97 B2
Allerona (I) 112 D3
Allersberg (D) 78 C6
Alles (E) 126 B2
Alleuze (F) 106 B1
Allevard (F) 97 D6
Allex (F) 107 A2
Alleyras (F) 106 C1
Allgunnen (S) 39 C4
Allibaudières (F) 89 A2
Alligny-Cosne (F) 96 C1
Allihies (IRL) 50 B5
Allingåbro (DK) 41 A1
Allinge (DK) 43 A3
Allentsteig (A) 80 B5
Allo (E) 127 C4
Alloa (GB) 49 A3
Allogny (F) 96 B1
Allonby (GB) 49 A6
Allonnes (F) 87 A5
Allonnes (F) 88 A3
Allonnes (F) 95 A1
Allons (F) 104 D3
Allons (F) 107 D3
Allonzier-la-Caille (F) 97 D4
Allos (F) 107 D3
Alloue (F) 95 B4
Allouville-Bellefosse (F) 87 B1
Alloway (GB) 48 C4
Alloza (E) 134 C2
Allsån (S) 11 C2
Allsjärv (S) 11 C2
Allstakan (S) 28 B4
Allstedt (D) 69 A6
Alltwalis (GB) 56 D2
Allumiere (I) 112 D5
Ally (F) 96 B6
Alm (A) 100 D2
Almacellas (E) 128 C5
Almaciles (E) 140 C3
Almada (P) 137 A1
Almadén (E) 139 B1
Almadén de la Plata (E) 138 D3
Almadenejos (E) 139 B1
Almagell, Saas- (CH) 98 D4
Almagreira (P) 136 D5
Almagro (E) 139 D1
Almaluez (E) 133 B1
Almansa (E) 141 A1
Almansil (P) 137 C5
Almanza (E) 126 A3
Almanzora (E) 134 D4
Almáraz (E) 131 D5
Almarcha, La (E) 133 B5
Almargen (E) 142 D4
Almarza (E) 127 B5
Almås (N) 23 D2
Almas (RO) 146 C5
Almas (RO) 147 A5
Almásfüzitő (H) 103 A1
Almásneszmély (H) 103 A2
Almașu (RO) 147 A3
Almașului (RO) 147 A3
Almatret (E) 135 A1
Almazán (E) 127 B6
Almby (S) 29 B5
Alme (D) 68 A6
Älmeboda (S) 39 B6
Almedenilla (E) 143 B3
Almedina (E) 140 B2
Almeida (P) 131 B2
Almeida (E) 131 C1
Almeirim (P) 130 B6
Almelo (NL) 67 B4
Almemara (E) 134 D5
Almenar (E) 128 D5
Almenara (E) 131 D2
Almenar de Soria (E) 127 B6
Almendra (P) 131 A2
Almendra (E) 131 C1
Almendral (E) 138 B2
Almendral (E) 140 C5
Almendralejo (E) 138 C2
Almendro, El (E) 138 A4
Almenêches (F) 87 A4
Almenno San Salvatore (I) 109 A1
Almer (GB) 58 A4
Almere-Buiten (NL) 66 C4
Almere-Stad (NL) 66 C4
Almeria (E) 140 C6
Almerimar (E) 140 B6
Almesåkra (S) 39 A4
Almese (I) 108 A2
Älmhult (S) 38 D6
Almida, La (E) 140 B5
Almind (DK) 40 D3
Almindingen (DK) 43 B4
Almo, Monterosso (I) 119 A5
Almo (N) 23 A2
Almoacid (E) 133 A3
Almodóvar (P) 137 C4
Almodóvar (E) 139 C1
Almodóvar del Pinar (E) 133 C5
Almodóvar del Rio (E) 139 B4
Almogia (E) 143 A4
Almograve (P) 137 B4
Almoguera (E) 133 A3
Almoharin (E) 131 C6
Almolda, La (E) 128 B6
Almonacid de Toledo (E) 132 C5
Almonaster la Real (E) 138 B3
Almondsbury (GB) 57 C3
Almonte (E) 142 B3
Almoradi (E) 141 B3
Almorox (E) 132 B4
Almsele (S) 16 B3
Almsjönäs (S) 16 D6
Almsta (S) 31 B2
Almudáfar (E) 128 C6
Almudaina (E) 141 C1
Almudebar (E) 128 B5
Almudena (E) 140 D3
Almundsryd (S) 39 A6
Almuñécar (E) 143 C4
Almunge (S) 31 A3
Almunia de Dona Godina, La (E) 127 D6
Almunias, Las (E) 128 B4
Almuradiel (E) 140 A2
Almurfe (E) 125 C2
Almusafes (E) 134 C6
Almvik (S) 39 C3
Almyropotamos (GR) 168 A5
Almyros (GR) 167 B3
Alna ryd (S) 39 B6
Alness (GB) 45 A5
Alnmouth (GB) 49 C5
Alnön (S) 25 C3
Alnwick (GB) 49 C5
Alö, Störo (S) 39 C2
Alö (S) 31 B5
Aloa (CY) 174 B3
Aloalá de la Selva (E) 134 C3
Aloja (LV) 179 C3
Alojera (E) 144 C2
Alona (CY) 174 C4
Alonia (GR) 163 C4
Alonnisos (GR) 167 D3
Alora (E) 143 A4
Alos (F) 105 B6
Alosno (E) 138 B4
Alost, Aalst (B) 75 A2
Alovė (LT) 176 C5
Alozaina (E) 143 A4
Alpalhão (P) 130 D5
Alpas (S) 11 A3
Alpbach (A) 100 C2
Alpe-d'Huez, l' (F) 107 C1
Alpedrinha (P) 131 A4
Alpen (D) 67 A6
Alpens (E) 129 B4
Alpera (E) 141 A1
Alphen (NL) 75 B1
Alphen a/d. Rijn (NL) 66 C5
Alpheton (GB) 59 A1
Alpi, Ponte nel (I) 100 C5
Alpiarça (P) 130 B6
Alpignano (I) 108 B2
Alpijski lager, Centralen (BG) 159 B4
Alpirsbach (D) 90 D3
Alpnachstad (CH) 98 D2
Alpua (FIN) 12 C6
Alpullu (TR) 161 A5
Alqueva (P) 138 A3
Alquézar (E) 128 C4
Alquián, El (E) 140 C6
Alrewas (GB) 53 D5
Als (DK) 37 C6
Als (DK) 41 A5
Alsasua (E) 127 B3
Alsdorf (D) 76 A2
Alsėdžiai (LT) 175 D1
Alsen (S) 15 B6
Alseno (I) 109 B3
Alset (N) 14 A6
Alsfeld (D) 77 A2
Alsgård (N) 8 D5
Ålshult (S) 39 A6
Alsike (S) 31 A3
Alsila (FIN) 33 A4
Alsjö (S) 25 C5
Ålsjunga (S) 42 C1
Alskär (FIN) 32 C5
Alsleben (D) 69 A5
Alslev, Nørre (DK) 41 C5
Alslev (DK) 40 B3
Ålsø (DK) 41 B1
Alsódobsza (H) 82 C6
Alsónémedi (H) 103 B3
Alsópáhok (H) 102 C4
Alsos (N) 4 C6
Alsótold (H) 103 C1
Alsóvadász (H) 82 C6
Alsózsolca (H) 82 C6
Ålstad (N) 4 B4
Ålstad (N) 4 C5
Alstahaug (N) 8 C5
Alstätte (D) 67 B5
Alsted (DK) 41 C3
Alsten (N) 8 C5
Alster (S) 28 D5
Alsterbro (S) 39 C5
Alsterfors (S) 39 B5
Alstermo (S) 39 B5
Alston (GB) 49 B6
Alsunga (LV) 178 B4
Alsvåg (N) 4 C3
Alsvik (N) 26 B6
Alsviki (LV) 182 B3
Ålta (S) 31 B4
Alta, Tafira (E) 144 D5
Alta (N) 2 A4
Altable (E) 127 A4
Altamura (I) 115 D6
Altare (I) 108 C4
Altarejos (E) 133 B4
Altares (P) 136 D5
Altaussee (A) 101 A1
Altavilla I. (I) 115 A5
Altavilla M. (I) 118 C3
Altdöbern (D) 70 A3
Altdorf (D) 78 C5
Altdorf (CH) 99 A3
Alte (N) 14 B4
Altea (E) 141 C2
Altedo (I) 110 A4
Alteidet (N) 1 D4
Altena (D) 76 C1
Altenahr (D) 76 B3
Altenberg (D) 70 A5
Altenberge (D) 67 C5
Altenburg (D) 78 D1
Altenes (N) 2 A4
Altenglan (D) 76 C5
Altengronau (D) 77 B3
Altenkirchen (D) 61 D1
Altenkirchen (D) 76 C2
Altenkreith (D) 78 D6
Altenmarkt (A) 80 A6
Altenmarkt (D) 93 A4
Altenmarkt (A) 101 A2
Altenmarkt (A) 101 C1
Altenmarkt (A) 102 A1
Altenmedingen (D) 68 D2
Altenmünster (D) 92 B3
Altenstadt a. d. Waldnaab (D) 78 D4
Altensteig (D) 91 A3
Altentreptow (D) 62 A3
Altenwalde (D) 60 B4
Alter do Chão (P) 130 D6
Alterkoog (D) 60 B2
Altermark (N) 8 D4
Altevatn (N) 5 B3
Altfriedland (D) 62 C6
Altgarmssiel (D) 67 C1
Altheim (A) 93 B3
Althofen (A) 101 B3
Althorpe (GB) 54 C4
Altier (F) 106 C2
Altimir (BG) 153 C5
Altinkum Plaji (TR) 173 B1
Altinoluk (TR) 165 B5
Altintaş (TR) 160 D6
Altkirch (F) 90 C5
Altlandsberg (D) 69 D3
Altmoorhausen (D) 67 D2
Alt Mörbitz (D) 78 D1
Altmünster (A) 93 C4
Altnaharra (GB) 45 A3
Alto, Zoldo (I) 100 C4
Alto Campóo (E) 126 C2
Altomonte (I) 116 D4
Alton (GB) 58 C4
Altona, Hamburg (D) 60D4
Altopáscio (I) 109 C5
Alto Realejo (E) 144 B5
Altötting (D) 93 A3
Alträsk (S) 11 B4
Alt Ravenhorst (D) 61 C2
Altreichenau (D) 93 C2
Altrincham (GB) 53 C4
Alt Rüdnitz (PL) 62 C5
Alt Ruppin (D) 69 C2
Alt Schadow (D) 70 A2
Altshausen (D) 91 B4
Altstätten (CH) 99 C2
Alttajärvi (S) 5 D4
Altuna (S) 30 D3
Altura (E) 134 C4
Altwiller (F) 90 B2
Alu (EST) 180 D4
Aluenda (E) 134 A1
Alūksne (LV) 182 B3
Ålum (DK) 40 D1
Ålund (S) 11 A6
Ålund (S) 11 B6
Alunda (S) 31 A2
Alunis (RO) 154 B2
Alunisu de Sus (RO) 153 D2
Alustante (E) 133 C3
Alva (GB) 49 A3
Alvaiázere (P) 130 C4
Alvajärvi (FIN) 20 A2
Alvalade (P) 137 C3
Alvängen (S) 38 B3
Alvarenga (P) 130 C2
Alvares (P) 130 C4
Alvarinhos (P) 137 A1
Alvastra (S) 38 D2
Alvdal (N) 23 C4
Älvdalen (S) 24 D6
Alvega (O) 130 C5
Alveiras de Cima (P) 130 B6
Ålvenäs (S) 28 C5
Alverca Alto (P) 137 B1
Alvern (D) 68 C2
Alversund (N) 26 A3
Alvesta (S) 39 A5
Ålvestorp (S) 29 A4
Alvettula (FIN) 33 C2
Älvho (S) 24 D5
Alviano (I) 113 A4
Alvignac (F) 105 C1
Alvik (S) 11 B4
Alvik (S) 25 C3
Ålvik (N) 26 C3
Alvitas (LT) 176 A5
Alvito (I) 114 C4
Alvito (P) 137 D2
Älvkarleby (S) 30 D1
Alvnes (N) 4 C5
Alvnes (N) 9 A2
Älvo (FIN) 19 C2
Alvorge (P) 130 C4
Älvros (S) 24 B5
Älvros (S) 24 D4
Älvsbacka (S) 28 D4
Älvsborg (S) 10 D4
Älvsbyn (S) 11 A4
Älvsjöhyttan (S) 28 D3
Ålvundeid (N) 23 A3
Ålvundfoss (N) 23 A3
Alyki (GR) 166 C4
Alyth (GB) 49 A2
Alytus (LT) 176 C5
Alzenau i. Uf. (D) 77 A4
Alzens (D) 76 D5
Alzette, Esch-sur- (L) 75 D5
Alzey (D) 76 D5
Alzola (E) 127 B2
Alzon (F) 106 B4
Alzonne (F) 105 D5
Amager (DK) 41 D3
Amager (DK) 42 B3
Amailloux (F) 94 D3
Åmål (N) 27 D3
Åmål (S) 28 C6
Amalfi (I) 115 A6
Amaliapolis (GR) 167 B3
Amalias (GR) 170 C2
Amalon (GR) 172 D1
Amance (F) 89 B3
Amance (F) 89 D4
Amancey (F) 97 D2
Amândola (I) 113 C3
Amantea (I) 116 D5
Amara (RO) 154 D3
Amarante (P) 130 D1
Amaranton (GR) 163 A5
Amărăştii de Jos (RO) 153 C4
Amareleja (P) 138 A3
Amares (P) 124 C6
Amaro, Santo (Pico) (P) 136 B6
Amaro, Santo (São Jorge) (P) 136 B6
Amarosion (GR) 167 D6
Amaru (RO) 154 C3
Amarynthos (GR) 167 D5
Amatrice (I) 113 B4
Amay (B) 75 C3
Amayas (E) 133 D2
Ambarès-et-Lagrave (F) 104 C1
Ambasaguas (E) 126 A3
Amaseno (I) 114 B4
Ambazac (F) 95 C5
Ambelakia (GR) 163 C5
Ambelakion (GR) 166 C4
Ambeli (LV) 177 C1
Ambelon (GR) 163 C5
Amberg (D) 78 D5
Ambérieu-en-Bugey (F) 97 C4
Ambérieux-en-Dombes(F) 97 B4
Ambert (F) 96 D5
Ambès (F) 104 C1
Ambialet (F) 105 D3
Ambierle (F) 96 D4
Ambiévillers (F) 89 D4
Ambillou (F) 95 B1
Ambjörby (S) 28 C2
Ambjörnarp (S) 38 C4
Ambla (EST) 181 B3
Amblainville (F) 74 B6
Amblainville (F) 76 B6
Amble (GB) 49 C5
Ambleside (GB) 53 B1
Ambleteuse (F) 74 A2
Amblève (B) 75 D3
Ambleville (F) 87 C3
Amboise (F) 95 C1
Ambon (F) 85 A5
Ambra (I) 112 C2
Ämbra (EST) 181 A4
Ambrault (F) 96 A2
Ambri (CH) 99 A4
Ambrières-les-Vallées (F) 86 D4
Ambronay (F) 97 C4
Amdal (N) 26 B5
Ameixial (P) 137 D5
Ameixoeira (P) 130 B5
Ameixoeira (P) 130 D5
Ameland (NL) 66 D1
Amele (LV) 178 C4
Amélia (I) 113 A4
Amélie-les-Bains (F) 129 C3
Amelinghausen (D) 68 C2
Amendoa (P) 130 C5
Amendolara (I) 117 A3
Amer (E) 129 C5
Américas, Playa de las (E) 144 A5
Amerongen (NL) 66 D5
Amersfoort (NL) 66 D5
Amersham (GB) 58 C2
Amesbury (GB) 58 B4
Amettla de Mar, L' (E) 135 B2
Ameyugo (E) 127 A3
Amfilochia (GR) 166 C4
Amfissa (GR) 167 A5
Amhuinnsuidhe (GB) 44 B4
Amieira (P) 130 D5
Amieira (P) 138 A2
Amiens (F) 74 B4
Amilly (F) 88 C4
Åminne (S) 11 A4
Åminne (S) 38 D5
Amiras (GR) 173 A6
Amla (N) 26 D1
Amli (N) 36 D1
Åmliden (S) 16 D1
Amlwch (GB) 52 D4
Ämmälä (FIN) 7 C6
Ämmälä (FIN) 19 B5
Ämmälänmaa (FIN) 19 C4
Ammanford (GB) 57 A2
Ämmänsaari (FIN) 13 B5
Ammarnäs (S) 9 C5
Ämmätsä (FIN) 33 C1
Ammendorf (D) 69 B6
Ammer (S) 16 B6
Ammerfeld (D) 92 B2
Ammeville (F) 87 A3
Ammotopos (GR) 165 B3
Ammudarion (GR) 172 B6
Amor (P) 130 B4
Amorbach (D) 77 A5
Amorebieta (E) 127 A2
Amoreira (P) 130 A6
Amorgos (GR) 172 D3
Åmot (S) 25 C6
Åmot (N) 27 A5
Åmot (N) 27 C2
Åmot (N) 27 C3
Åmot (N) 27 C4
Åmot (N) 28 A1
Åmot (S) 28 C4
Åmotfors (S) 28 B4
Åmotsdal (N) 27 A5
Åmotsdalshytta (N) 23 B4
Amou (F) 104 C4
Åmøy (N) 8 D3
Åmøy (N) 26 B6
Ampezzo, Cortina-d' (I) 100 C4
Ampezzo (I) 100 D4
Ampferwang (A) 93 C3
Ampfing (D) 93 A3
Amphiklia (GR) 167 A5
Amphipolis (GR) 164 A2
Ampiala (FIN) 20 A5
Ampiaslantto (S) 11 A1
Ampilly-le-Sec (F) 89 B4
Amplepuis (F) 97 A4
Ampolla, L' (E) 135 B2
Amposta (E) 135 A2
Ampthill (GB) 58 D2
Ampudia (E) 126 B5
Ampuero (E) 126 D2
Ampuis (F) 97 B6
Ampus (F) 107 C4
Amriswil (CH) 99 B1
Amrum (D) 60 A2
Åmsdals verk (N) 27 A5
Åmsele (S) 16 D2
Amselfeld, Gračanica (YU) 158 B3
Amsteg (CH) 99 A3
Amsterdam (NL) 66 C4
Amstetten (A) 80 A6
Åmtervik, Östra (S) 28 C4
Åmtervik, Västra (S) 28 C4
Amtzell (D) 91 C5
Amuliani (GR) 164 A4
Amulree (GB) 49 A2
Amunddal (N) 14 B5
Amurrio (E) 127 A2
Amusco (E) 126 B5
Amvrosios, Ay. (CY) 174 B3
Amygdaleon (GR) 164 B2
Amygdalokefalion (GR) 172 A6
Amynteon (GR) 163 A3
Amzacea (RO) 155 B4
Ån (S) 24 C1
Anacapri (I) 114 D6
Anadia (P) 130 C3
Anadolu Feneri (TR) 161 D5
Anafi (GR) 172 C4
Anaga, Punta de (E) 144 C4
Anagni (I) 113 B6
Anais (F) 95 A5
Analiondas (CY) 174 C4
Anâr, Inari (FIN) 3 A6
Anarcs (H) 83 A6
Anascaul (IRL) 50 B4
Ånäset (S) 17 A3
Ånäset (S) 17 B3
Åna Sira (N) 36 B3

Anastazewo (PL) 71 C1
Anatolikon (GR) 163 A3
Anavainen (FIN) 32 C3
Anaya de Alba (E) 131 D2
Anbr (F) 75 A4
Anca (P) 130 C3
Ance (LV) 178 C3
Ancelle (F) 107 C2
Ancenis (F) 85 C5
Ančenki (RUS) 182 D5
Ancerville (F) 89 B2
Anché (F) 95 A4
Anchuras (E) 132 A5
Ancião (P) 130 C4
Ancin (E) 127 B3
Anciolina (I) 110 A6
Ancíverovo (RUS) 182 D4
Ancizes-Comps, les (F) 96 B5
Ančkini (LV) 182 B6
Ancona (I) 113 C1
Ancora Praia (P) 124 B5
Ancroft (GB) 49 C4
Ancy-le-Franc (F) 89 A4
Anda (N) 22 B5
Åndalsnes (N) 22 D3
Andance (F) 97 B6
Andau (A) 102 B2
Andavias (E) 125 C6
Ändebol (S) 30 C6
Andebu (N) 27 C5
Andeer (CH) 99 B3
Andel (NL) 66 C5
Andelfingen (CH) 99 A1
Andelle, Croisy-sur- (F) 74 A5
Andelle, Fleury-sur- (F) 74 A6
Andelot (F) 89 C3
Andelot-en-Montagne (F) 97 D2
Andelst (NL) 66 D5
Andelys, les (F) 87 C2
Andenes (N) 4 C1
Andeni (LV) 177 C1
Andenne (B) 75 B3
Anderlues (B) 75 A3
Andermatt (CH) 99 A3
Andernach (D) 76 C3
Andernos-les-Bains (F) 104 B2
Andersby (FIN) 34 B3
Andersfors (S) 17 B2
Andersfors (S) 28 D2
Anderslöv (S) 42 C3
Andersmark (S) 15 C3
Andersskog (N) 23 A1
Anderstorp (S) 38 D4
Anderstråsk (S) 11 A6
Andersvattnet (S) 17 B2
Andersviksberg (S) 28 D2
Anderten (D) 68 B3
Andfjellneset (N) 9 B4
Andigonos (GR) 163 A3
Andimachia (GR) 173 B3
Andisleben (D) 78 B1
Andissa (GR) 165 A6
Andkilen (N) 4 D6
Andoain (E) 127 C2
Andocs (H) 102 D4
Andørja (N) 4 D2
Andornaktálya (H) 103 D1
Andorno Micca (I) 108 C1
Andorra (E) 134 C2
Andorra la Vella (AND) 129 A3
Andouillé (F) 86 C5
Andover (GB) 58 B3
Andøya (N) 4 C2
Andrå (N) 23 D6
Andratx (E) 123 A4
Andreas, Cape (CY) 174 A1
Andrea S. (I) 117 C2
Andreas Mon., Apost. (CY) 174 A1
Andrés, S. (E) 144 B5
Andrespol (PL) 72 B3
Andrest (F) 104 D5
Andretta (I) 115 B5
Andreu, Aj. Akr. (GR) 166 B6
Andrews, St (GB) 49 B2
Andrézieux-Bouthéon (F) 97 A6
Andria (I) 115 D5
Andrid (RO) 146 C2
Andrijevci, D. (HR) 151 A2
Andrijevica (YU) 157 D3
Andrioniškis (LT) 176 D2
Andriškiai (LT) 176 B5
Andritsena (GR) 170 D3
Androniani (GR) 167 D4
Andronikos, Ay. (CY) 174 B2
Andros (GR) 168 B6
Andrupene (LV) 177 C1
Andruškoniai (LT) 176 C4
Andrychów (PL) 81 D2
Andrzejewo (PL) 65 B5
Andselv (N) 5 A2
Andsnes (N) 1 C4
Andst, Store (DK) 40 D3
Andular (E) 139 C3
Anduze (F) 106 C3
Andviken (S) 15 B5
Ånebjør (N) 36 C1
Aneboda (S) 39 A5
Åneby (N) 27 D4
Aneby (S) 39 A3
Anelema (EST) 180 D5
Ånes (N) 8 D5
Ånes (N) 23 A2
Ånesletta (N) 4 C2
Anet (F) 87 C3
Anetjärvi (FIN) 13 A2
Anettu (FIN) 34 C1
Anevare (S) 16 B2
Anfia (GR) 165 A2
Anfo (I) 99 C6
Ång (S) 39 A3
Angarn (S) 31 B4
Angastina (CY) 174 B3
Ånge (S) 10 B4
Ånge (S) 25 A3
Angeja (P) 130 C2
Ängelholm (S) 39 C1
Angelholm (S) 42 C1
Angeli (FIN) 2 D6
Angeli, Annel (FIN) 7 A1
Angelniemi (FIN) 33 A4
Angelochorion (GR) 163 B3
Angelo S., P. (I) 114 C5
Ängelsberg (S) 29 B3
Ängelsfors (S) 29 B2
Angelstad (S) 38 D5
Anger (A) 101 D2
Angera (I) 99 A5
Angeriz (E) 124 D2
Angermünde (D) 62 B5
Angern (A) 80 D5
Angers (F) 85 D5
Ängersjö (S) 24 D4
Angervikko (FIN) 21 A2
Angerville (F) 88 B3
Ängesån (S) 11 B2
Ängesbyn (S) 11 B4
Ängeslevä (FIN) 12 C5
Ängesön (S) 19 A2
Ängesträsk (S) 11 C3
Anghelesti (RO) 149 A6
Anghiari (I) 112 D2
Angistrion (GR) 171 C2
Angistron (GR) 163 D1
Anglards-de-Salers (F) 96 B6
Angle (GB) 56 C2
Anglefort (F) 97 C5
Angles, les (F) 129 B3
Angles (F) 94 C3
Anglès (F) 106 A4
Anglés (E) 129 C5
Anglesey (GB) 52 D4
Anglesola (E) 128 D6
Angles-s-l'Anglin (F) 95 B3
Angliers (F) 95 A2
Anglure (F) 88 D2
Angö (FIN) 32 B4
Angoulême (F) 95 A5
Angoulins (F) 94 C4
Ångra (S) 25 A4
Angra do Heroismo (P) 136 D6
Ängskär (S) 31 A1
Ångskärsskärgård (S) 31 C3
Ängsnäs (S) 30 C2
Angsö (S) 30 D4
Angües (E) 128 B5
Anguiano (E) 127 A4
Anguillara Sab. (I) 113 A5
Anguillara Ven. (I) 110 B2
Angus, Coupar (GB) 49 A2
Anguse (EST) 181 C3
Angvik (N) 22 D3
Anholt (DK) 38 A6
Ania (FIN) 33 B1
Aniane (F) 106 C4
Aniche (F) 74 C3
Aniche (F) 74 D3
Ånimskog (S) 28 C6
Anina (RO) 152 C2
Äninne (FIN) 19 A3
Aninoasa (RO) 154 B1
Añinon (E) 127 C6
Anizy (F) 74 D5
Anizy-le-Château (F) 74 D5
Anjala (FIN) 34 C3
Anjansfjallstation (S) 14 D5
Ankarsrum (S) 39 C3
Ankarsund (S) 9 C6
Ankarvattnet (S) 15 A2
Ankele (FIN) 20 D6
Ankenes (N) 5 A3
Anklam (D) 62 B3
Ankum (D) 67 C3
Anlezy (F) 96 D2
Anlier (B) 75 C5
Ann., Castello d' (I) 108 D2
Ånn (S) 24 A1
Anna (EST) 181 A4
Anna (LV) 182 C4
Annaberg (A) 101 A1
Annaberg (A) 101 D1
Annaberg-Buchholz (D) 79 A2
Annaburg (D) 69 D5
Anna Jacobapolder (NL) 66 B6
Annaland, St. (NL) 66 B6
Annalong (GB) 47 C5
Annan (GB) 49 A6
Annarode (D) 69 A6
Annas (LV) 179 C4
Anndalsvågen (N) 8 C6
Anne,-Saint (GB) 86 A2
Anneberg (S) 39 A3
Annecy (F) 97 D4
Annefors (S) 25 B6
Annefors (S) 28 C4
Annel, Angeli (FIN) 7 A1
Annelund (S) 38 C3
Annemasse (F) 97 D4
Annen (NL) 67 B2
Annenheim (A) 101 A4
Annenieki (LV) 178 D5
Annerstad (S) 38 D6
Annestown (IRL) 51 B5
Anneyron (F) 97 B6
Anni (LV) 182 A3
Annikvere (EST) 181 B3
Annoire (F) 97 C2
Annolseter (N) 23 C6
Annonay (F) 97 B6
Annone (I) 100 C6
Annopol (PL) 73 A4
Annot (F) 107 D3
Annula (FIN) 33 B2
Annunziata, Torre (I) 114 D5
Annweiler a. Trifels (D) 90 D1
Ano Amfia (GR) 170 D4
Ano Doliana (GR) 171 A3
Ano Drosini (GR) 164 D1
Anojia (GR) 172 C6
Anola (FIN) 34 D3
Añon (E) 127 C5
Ano Poria (GR) 163 D1
Anor (F) 75 A4
Añora (E) 139 B2
Anost (F) 97 A2
Anould (F) 90 B4
Añover (E) 132 C4
Ano Vrontu (GR) 164 A1
Anquela (E) 133 D2
Anquela del Ducado (E) 133 D2
Ans (DK) 40 D2
Ansac-s-Vienne (F) 95 B4
Ansalahti (FIN) 34 C2
Ansarve (S) 43 C5
Ansbach (D) 78 B6
Ansdangas (LV) 178 C3
Anse (F) 97 B5
Ansedónia (I) 112 C4
Anseküla (EST) 180 A6
Anseroeul (B) 74 D2
Ansignan (F) 106 A6
Ansjö (S) 25 A2
Ansmark (S) 17 B4
Ansnes (N) 1 A6
Anso (E) 128 A3
Ånstad (N) 4 B3
Ånstad (N) 23 A5
Anstruther (GB) 49 B3
Ansvar (S) 11 C2
Antagnac (F) 104 D3
Antakalnis (LT) 176 C4
Antakalnis (LT) 176 D4
Antalieptė (LT) 177 A2
Antanavas (LT) 176 B5
Antão, Santo (P) 136 B6
Antas (P) 131 A2
Antašava (LT) 176 D2
Antasstugan (S) 10 B6
Antazavė (LT) 177 A2
Antegluonis (LT) 176 A3
Antegnate (I) 99 B6
Antequera (E) 143 A4
Anterselva (I) 100 C3
Antey-Saint-André (I) 98 C5
Anthonis, St. (NL) 66 D6
Anthotopos (GR) 167 A3
Antibes (F) 108 A6
Antica Fonte di Pèio (I) 99 D4
Antichan-de-Frontignes (F) 105 A6
Antignac (F) 96 B6
Antignano (I) 112 A2
Antigny (F) 95 B3
Antigua (E) 145 C5
Antigüedad (E) 126 C5
Antikyra (GR) 167 B5
Antikythira (GR) 171 C6
Antila (FIN) 19 B6
Antillo (I) 119 B3
Antimilos (GR) 171 D4
Antiparos (GR) 172 B3
Antipaxi (GR) 166 A4
Antipsara (GR) 168 C4
Antirrion (GR) 166 D5
Antjärn (S) 25 C2
Antnäs (S) 11 C4
Antol (SK) 81 C5
Antolka (PL) 72 B6
Antoñana (E) 127 B3
Antonimina (I) 119 D2
Antonin (PL) 71 C3
Antonio, Cabo S. (E) 141 D1
António, Santo (P) 136 B6
Antonio Abad, S. (E) 122 D5
Anton Ivanov (BG) 159 C4
Antonovo (BG) 160 C1
Antraigues (F) 106 D2
Antrain (F) 85 B3
Antrim (GB) 47 C4
Antrodoco (I) 113 B4
Antronapiana (I) 98 D5
Äntsebo (S) 39 B4
Antskog (FIN) 33 B4
Antsla (EST) 182 B3
Anttila (FIN) 34 B4
Anttila (FIN) 34 C2
Anttis (S) 6 B5
Anttola (FIN) 21 B6
Anttola (FIN) 34 D1
Antuži (LV) 179 D5
Antwerpen (B) 75 A1
An Uaimh (Navan) (IRL) 51 C1
Anumark (S) 17 B4
Anundsjö (S) 16 D5
Anvågen (S) 15 B5
Anvers (B) 75 A1
Anversa d.A. (I) 113 C5
Anyin (F) 74 B3
Anykščiai (LT) 176 D3
Anzat-le-Luguet (F) 96 C6
Anzi (I) 116 D2
Anzing (D) 92 D3
Ánzio (I) 114 A4
Anzola (I) 109 D3
Anzy-le-Duc (F) 97 A4
Aoiz (E) 127 D3
Aoradh (GB) 48 A3
Aosta (I) 98 B5
Aoste (F) 97 C5
Aouste-s-Sye (F) 107 A2
Aovere (EST) 181 C5
Apa (RO) 147 A1
Apahida (RO) 147 B3
Apaj (H) 103 B3
Apata (RO) 148 C6
Apátfalva (H) 146 A5
Apatin (YU) 151 B1
Ape (LV) 182 B3
Apécchio (I) 113 A2
Apeldoorn (NL) 66 D4
Apele Vii (RO) 153 C4
Apen (D) 67 C2
Apensen (D) 60 C4
Ápice (I) 115 A5
Apiés (E) 128 B4
Apikia (GR) 168 B6
Apinac (F) 97 A6
Apirathos (GR) 172 C3
Apiro (I) 113 B2
Aplared (S) 38 C4
Apolakkia (GR) 173 C4
Apold (RO) 148 B6
Apolda (D) 78 C1
Apoldu de Sus (RO) 147 B6
Apollon (GR) 172 C2
Apollonia (GR) 172 A3
Apostag (H) 103 B4
Äppelbo (S) 28 D2
Appelhülsen (D) 67 C5
Appen (NL) 67 A5
Appenweier (D) 90 D3
Appenzell (CH) 99 B2
Appiano (I) 100 A4
Appietto (F) 120 B3
Appingedam (NL) 67 B2
Appingnano (I) 113 B2
Applaryd (S) 39 C5
Appleby-in-Westmoorland (GB) 53 C1
Applecross (GB) 44 C5
Appledore (GB) 56 D4
Appledore (GB) 59 B4
Äpplö (FIN) 32 C4
Appoigny (F) 88 D4
Apremont (F) 94 B3
Apremont-la-Forêt (F) 89 C2
Apremont-s-Allier (F) 96 C2
Apricale (I) 108 B5
Apricena (I) 115 B3
Aprigliano (I) 117 A5
Apriki (LV) 178 B5
Aprília (I) 114 A4
Aprilovo (BG) 160 C1
Aprutino, Loreto (I) 114 D1
Apsalos (GR) 163 B2
Apsella (I) 110 C6
Apšuciems (LV) 179 A4
Apšupe (LV) 179 A5
Apt (F) 107 B4
Aquara (I) 116 C
Aquessac (F) 106 C3
Àquila, L' (I) 113 C4
Aquiléia (I) 100 D6
Aquilónia (I) 115 B5
Aquino (I) 114 C4
Ar (S) 43 D4
Arabba (I) 100 B4
Aracena (E) 138 C3
Arachova (GR) 167 A5
Aračinovo (MK) 158 C5
Arad (RO) 146 B5
Arada (RO) 147 A4
Aradac (YU) 151 D1
Aradhippou (CY) 174 C3
Aradninkai (LT) 176 B6
Aradul Nou (RO) 146 B5
Aragnouet, le Plan d' (F) 104 C5/6
Aragona (I) 118 C4
Arahal, El (E) 142 D3
Årak (N) 26 B5
Arakste (LV) 179 C2
Aram (N) 22 B4
Aramits (F) 104 C5/6
Aramon (F) 107 A4
Aran (IRL) 46 D3
Aranci, Golfo (I) 121 D1
Aranda de Moncayo (E) 127 C6
Aranda de Quero (E) 126 D6
Arandelovac (YU) 152 A4
Arandelovo, Banat. (YU) 103 D6
Arandilla (E) 126 D6
Aranga (E) 124 D2
Aran Islands (IRL) 50 C2
Aranjuez (E) 132 D4
Arano (E) 127 C2
Arañones, Los (E) 128 A3
Aranzazu (E) 127 B3
Aranzueque (E) 133 A3
Arapis, Akr. (GR) 164 B3
Aras (GR) 165 A2
Aras de Alpuente (E) 134 B4
Arasluoktasestugorna (S) 5 A6
Arasluokta St. (S) 9 C1
Aratos (GR) 164 D1
Araules (F) 106 D1
Aravada (E) 132 C3
Aravete (EST) 181 A3
Aravissos (GR) 163 B3
Araxos, Akr. (GR) 166 C6
Arazede (P) 130 B3
Arbanasi (BG) 160 B2
Arbas (F) 105 B6
Arbatax (I) 121 D4
Arbeca (E) 128 D6
Arbéost (F) 104 D6
Arbesbach (A) 80 A5
Arbeteta (E) 133 B2
Arbigny (F) 97 B3
Arboc, L' (E) 135 C1
Arboga (S) 29 B4
Arbois (F) 97 C2
Arbol (S) 28 B6
Arbon (CH) 99 B1
Arboréa (I) 121 B4
Arborio (I) 98 D6
Årbostad (N) 5 A2
Arbrå (S) 25 B5
Arbresle, l' (F) 97 A5
Arbret, l' (F) 74 C4
Arbroath (GB) 49 B2
Arbúcies (E) 129 C5
Arbus, Marina di (I) 121 A5
Arbus (F) 104 C5
Årbus (I) 121 B5
Arbusigny (F) 97 D4
Arcachon (F) 104 B2
Arcangues (F) 104 B5
Arçay (F) 95 A2
Arce (I) 114 C4
Arce (E) 126 C2
Arcen (NL) 75 D1
Arc-en-Barrois (F) 89 B4
Arceniega (E) 127 A2
Arcens (F) 106 D1
Arces (F) 88 D4
Arc-et-Senans (F) 97 C2
Arcévia (I) 113 B2
Archangelos (GR) 171 B5
Archangelos (GR) 173 D4
Archangel'skoje (RUS) 176 A4
Arche, Ponte d' (I) 99 D5
Archena (E) 141 A3
Archi (I) 114 D3
Archiac (F) 94 D6
Archidona (E) 143 B4
Archigny (F) 95 B3
Archipolis (GR) 173 D4
Archivel (E) 140 D3
Arcicóllar (E) 132 C4
Arcidosso (I) 112 C3
Arciems (LV) 179 B3
Arcille (I) 112 C3
Arcis-s-Aube (F) 89 A3
Arco (I) 99 D5
Arco de Baúlhe (P) 124 D6
Arcos, Los (E) 127 B4
Arcos de Jalón (E) 133 B1
Arcos de la Frontera (E) 142 C4
Arcos de la Sierra (E) 133 C3
Arcos de las Salinas (E) 134 B4
Arcos de Valdevez (P) 124 C5
Arčr (BG) 153 A5
Arcs, les (F) 98 B5
Arcs, les (F) 107 D5
Arc-s/s-Cicon (F) 97 D2
Arc-s-Tille (F) 97 B1
Arcusa (E) 128 C4
Arcy-s-Cure (F) 88 D5
Arda, Fiorenzuola (I) 109 B2
Arda (GB) 160 A6
Ardachadh (GB) 45 B3
Ardagger (A) 80 A6
Ardagh (IRL) 50 C4
Årdal (N) 27 A1
Årdal (N) 36 D2
Ardala (S) 30 D5
Ardales (E) 143 A4
Årdalsosen (N) 26 C6
Årdalstangen (N) 26 D1
Ardara (IRL) 46 D4
Árdara (I) 121 B2
Ardbeg (GB) 48 B4
Ardcharnich (GB) 44 D4
Ardchyle (GB) 48 D2
Ardcrony (IRL) 51 A3
Ardea (I) 113 A6
Ardee (IRL) 47 B6
Ardenne, la Roche-en- (B) 75 C4
Arden Stationsby (DK) 37 B6
Ardentes (F) 96 A3
Ardentinny (GB) 48 C3
Ardenza (I) 112 A2
Ardeonaig (GB) 48 D2
Ardersier (GB) 45 A5
Ardes (F) 96 C6
Ardessie (GB) 44 D4
Ardez (CH) 99 C3
Ardfern (GB) 48 B3
Ardfert (IRL) 50 B4
Ardfinnan (IRL) 51 A4
Ardgay (GB) 45 A4
Ardgour Hotel (GB) 48 C1
Ardgroom (IRL) 50 B5
Ardhana (CY) 174 B3
Ardillières (F) 94 C4
Ardino (BG) 160 A5
Ardisa (E) 128 A4
Ardiškiai (LT) 176 B3
Ardivachar Pt. (GB) 44 A5
Ardley (GB) 58 C2
Ardlui (GB) 48 C2
Ardlussa (GB) 48 B3
Ardminish (GB) 48 B4
Ardmore (IRL) 51 A5
Ardmore Pt. (GB) 48 B1
Ardnacrusha (IRL) 50 D3
Ardnamurchan, Pt. of (GB) 48 A1
Ardnave Pt. (GB) 48 A3
Ardrahan (IRL) 50 D2
Ardres (F) 74 B2
Ardrishaig (GB) 48 B3
Ardrossan (GB) 48 C4
Ardtalla (GB) 48 B4
Ardu (EST) 181 A4
Ardud (RO) 146 D1
Ardudwy, Dyffryn (GB) 53 A5
Ardusat (RO) 147 A1
Ardvasar (GB) 44 C6
Ardwell (GB) 45 C5
Ardwell (GB) 48 C6
Åre (S) 24 B1
Are (EST) 180 D5
Arechavaleta (E) 127 B2
Arèches (F) 98 A5
Arefu (RO) 153 C1
Aremark (N) 28 A5
Arén (E) 128 D4
Arena, La (E) 125 C1
Arenas, Las (E) 126 B2
Arenas, Las (E) 127 A2
Arenas (E) 126 C2
Arenas del Rey (E) 143 C4
Arenas de San Juan (E) 132 D6
Arenas de San Pedro (E) 132 A4
Arendal (N) 37 A2
Arendonk (B) 75 B1
Arendsee (D) 69 A2
Arengosse (F) 104 C3
Arensdorf (D) 70 B1
Arenshausen (D) 68 C6
Arentzbu (N) 22 D6
Arenys de Mar (E) 129 C6
Arenys de Munt (E) 129 C6
Arenzano (I) 108 D4
Areo (E) 129 A3
Areopolis (GR) 171 A5
Arès (F) 104 B1
Ares (E) 124 C1
Ares del Maestre (E) 134 D3
Aresing (D) 92 C3
Aresvik (N) 23 A2
Areta (E) 127 A2
Arethusa (GR) 164 A3
Arette (F) 104 C6
Arette-Pierre-Saint-Martin (F) 104 C6
Arevalillo (E) 132 A3
Arévalo (E) 132 B2
Arez (P) 130 D5
Arezzo (I) 112 D2
Arfeuilles (F) 96 D4
Årfor (N) 14 C2
Argaka (CY) 174 C5
Argalasti (GR) 163 D6
Argallón (E) 139 A3
Argamasilla de Alba (E) 133 A6
Argamasilla de Calatrava (E) 139 C1
Arganda (E) 132 D3
Arganil (P) 130 D3
Arganil (P) 130 D5
Årgård (N) 14 B4
Argegno (I) 99 A5
Argein (F) 105 B6
Argel (RO) 148 C2
Argelès-Gazost (F) 104 D6
Argelès-s-Mer (F) 129 D3
Argeliers (F) 106 A5
Argelsried (D) 92 C4
Argenlieu (F) 74 B5
Argenta (I) 110 B4
Argentan (F) 87 A4
Argentat (F) 105 C1
Argente (E) 134 B3
Argentera (I) 108 A4
Argenteuil (F) 88 B2
Argenteuil-s-Armançon (F) 89 A4
Argentiera (I) 121 A2
Argentière (F) 98 B4
Argentière-la-Bessée, l' (F) 107 D1
Argentina, Perosa (I) 108 B1
Argentine (F) 97 D5
Argentona (E) 129 C6
Argenton-Château (F) 94 D2
Argenton-s-Creuse (F) 95 C3
Argentré (F) 86 D5
Argentré-du-Plessis (F) 86 C5
Argent-s-Sauldre (F) 88B5
Argonne, Clermont-en- (F) 75 B6
Argonne, Varennes-en- (F) 75 B6
Argos (GR) 171 A2
Argos Orestikon (GR) 162 D4
Argostolion (GR) 166 B6
Arguedas (E) 127 C4
Argueil (F) 74 A5
Argues (F) 74 B2
Arguineguín (E) 144 C6
Arguis (E) 128 B4
Arguisuelas (E) 133 C5
Argujillo (E) 131 D1
Argy (F) 95 C2
Argyrades (GR) 162 B6
Argyropulion (GR) 163 B5
Arholma (S) 31 C3
Århult (S) 39 C4
Århus (DK) 41 A2
Ariano-Irpino (I) 115 A5
Ariano n. Pol. (I) 110 B3
Arianzón (E) 126 D4
Arico Viejo (E) 144 B5
Aridane, Los Llanos de (E) 144 B1
Aridea (GR) 163 B2
Arienzo (I) 114 D5
Arieseni (RO) 146 D4
Arija (E) 126 C3
Arilje (YU) 151 D5
Arinaga (E) 144 D6
Arinagour (GB) 48 A1
Äringen (N) 8 C5
Aringo (I) 113 B4
Arinis (RO) 147 A2
Ariño (E) 134 C2
Arinthod (F) 97 C3
Ariogala (LT) 176 B3
Arisaig (GB) 48 B1
Aristava (LT) 176 C3
Aristomenis (GR) 170 D4
Arisvere (EST) 181 B4
Aritzo (I) 121 C4
Arive (E) 127 D3
Arivruaich (GB) 44 B3
Ariz (P) 130 D2
Ariza (E) 133 D1
Årjäng (S) 28 B5
Arjeplog (S) 10 B4
Arjinonda (GR) 173 B2
Arjona (E) 139 C3
Arkadiu, Moni (GR) 172 C5
Arkasa (GR) 173 C6
Arkelstorp (S) 42 D1
Arkesini (GR) 172 C3
Arkhimandrita, P. (CY) 174 C5
Arki (GR) 173 A1
Arkitsa (GR) 167 B4
Arklow (IRL) 51 D3
Arkna (EST) 181 B3
Arkö (S) 39 C1
Arkona, Kap (D) 62 B1
Arkösund (S) 39 C1
Årla (S) 30 D4
Arlanc (F) 96 D6
Arlanda (S) 31 A3
Arlaviškės (LT) 176 C4
Arlay (F) 97 C2
Arlebosc (F) 106 D1
Arlena di Castro (I) 112 D4
Arles (F) 106 D4
Arles (F) 129 C3
Arless (IRL) 51 B3
Arleuf (F) 97 A2
Arlid (S) 42 B1
Arló (H) 82 B6
Arlon (B) 75 C5
Arlöv (S) 42 C3
Arma (I) 108 B5
Armadale (GB) 49 A3
Armagh (GB) 47 B5
Armani (LV) 177 D1
Armathia (GR) 173 C6
Armeni (GR) 172 C6
Armenii (GR) 170 D3
Armenis (RO) 152 D1
Armeniškiai (LT) 176 B3
Armenistis, Akr. (GR) 173 C4
Armenistis (GR) 172 D1
Armentera, L' (E) 129 D4
Armenteros (E) 131 D3
Armentières (F) 74 C3
Armilla (E) 143 C3
Arminon (E) 127 A3
Armisvesi (FIN) 20 C5
Armolia (GR) 168 D5
Armonys (LT) 177 A1
Armoy (GB) 47 C3
Arms, Craven (GB) 53 B6
Armud Alan (TR) 173 D2
Armuña (E) 133 A3
Armúngia (I) 121 C5
Armutlu (TR) 169 C4
Armutova (TR) 165 C5
Ärna (S) 31 A3
Arnac-la-Poste (F) 95 C4
Arnac-Pompadour (F) 95 C6
Arnafjord (N) 26 C1
Arnage (F) 87 A5
Arnaiz (E) 125 A4
Årnäs (S) 17 A5
Årnäs (S) 38 C1
Arnauti, Cape (CY) 174 B6
Arnay-le-Duc (F) 97 A2
Arnberg (S) 17 A2
Arnborg (DK) 40 C2
Arnbruck (D) 79 A6
Arnbygget (N) 14 D3
Arnea (GR) 164 A3
Arneberg (N) 28 B2
Arneburg (D) 69 B3
Arnedillo (E) 127 B4
Arnedo (E) 127 B4
Arneiro (P) 130 B5
Arnéke (F) 74 B2
Arnemark (S) 11 B5
Arnes (N) 14 A5
Årnes (N) 28 A3
Årnes (E) 135 A2
Årnesmyr (N) 14 B3
Arnfels (A) 101 D4
Arnhem (NL) 67 A5
Arnionys (LT) 177 A4
Arnisort (GB) 44 B5
Arnissa (GR) 163 B3
Arnö (S) 30 D4
Arnoga (I) 99 C4
Arnold (GB) 54 C5
Arnoldstein (A) 101 A4
Arnön (S) 25 C4
Arnone, Cancello (I) 114 D4
Arnøy (N) 8 D2
Arnøyhamn (N) 1 C5
Arnreith (A) 93 C2
Arnsberg (D) 67 D6
Arnschwang (D) 79 A5
Arnstadt (D) 78 B2
Arnstein (D) 77 C4
Årø (N) 22 D3
Aroche (E) 138 B3
Ároktő (H) 146 A1
Arola (FIN) 3 A3
Arolla (CH) 98 C4
Arolsen (D) 68 B6
Aromaki (RUS) 35 C1
Aron (F) 86 D5
Arona (I) 98 D5
Aronde, Gornay-sur- (F) 74 C5
Aronkylä (FIN) 19 B5
Åros (N) 27 D4
Arosa (CH) 99 B3
Arosa (P) 124 C6
Årosjåkk (S) 5 C4
Årøsund (DK) 40 D4
Arouca (P) 130 C2
Aroue (F) 104 C5
Årøy (N) 22 B6
Årøya (N) 2 A4
Årøybukt (N) 1 C6
Årøysund (N) 27 D6
Arpaillargues (F) 106 D3
Arpajon (F) 88 B2
Arpajon-s-Cère (F) 106 A1
Arpela (FIN) 12 B2
Arpi (I) 115 B3
Arpino (I) 114 C4
Arquata d. Tronto (I) 113 B3
Arquata S. (I) 108 D3
Arques (F) 74 B2
Arques (F) 105 D6
Arques-la-Bataille (F) 87 B1
Arquillos (E) 140 A3
Arradon (F) 84 D5
Arraiolos (P) 137 D1
Arrajoki (FIN) 34 B2
Arrakoski (FIN) 34 B1
Arran (GB) 48 C4
Arrankorpi (FIN) 34 A3
Arras (F) 74 C3
Arras (YU) 158 A6
Arrasate (E) 127 B2
Arraute (F) 104 B5
Årre (DK) 40 C3
Arre (F) 106 C4
Arreau (F) 105 A6
Arrecife (E) 145 D3
Arredondo (E) 126 D2
Arrenjarka (S) 10 B2
Arrens (F) 104 D6
Arriana (GR) 164 D1
Arriate (E) 142 D4
Arrieta (E) 145 D3
Arrifana (P) 131 A3
Arrifes (P) 136 B3
Arrigny (F) 89 B2
Arrild (DK) 40 C4
Arriondas (E) 126 A2
Arro (E) 128 C4
Arroba (E) 132 B6
Arrochar (GB) 48 C3
Arromanches-les-Bains (F) 86 D2
Arronches (P) 131 A6
Arrone (I) 113 B4
Arronnes (F) 96 D4
Arrós (E) 128 D3
Arrou (F) 87 B5
Arroyal (E) 126 C3
Arroyo (E) 132 B1
Arroyo (E) 143 A5
Arroyo de la Luz (E) 131 B5
Arroyo de la Plata (E) 142 B2
Arroyo del Ojanco (E) 140 B2
Arroyo de San Serván (E) 138 C1
Arroyomolinos (E) 138 C3
Ars (F) 75 D6
Årsandøy (N) 14 C2
Årsballe (DK) 43 B4
Årsdale (DK) 43 B4
Arseguel (E) 129 A4
Ars-en-Ré (F) 94 B4
Arsiè (I) 100 B5
Arsiero (I) 100 A5
Årskogen (S) 25 C3
Årsnes (N) 26 B4
Arsoli (I) 113 B5
Arsos (CY) 174 B3
Ars-s-Formans (F) 97 B4

Ars-s-Moselle (F) 75 D6
Årstein (N) 4 C4
Årstein (N) 5 A3
Arsunda (S) 30 D2
Arsvågen (N) 26 B6
Arsy (F) 74 B6
Arsy (F) 74 C6
Arta (I) 100 D4
Artá (E) 123 C4
Arta (GR) 166 B4
Artaza (E) 127 A3
Arteaga (E) 127 B2
Artegna (I) 100 D5
Arteijo (E) 124 C2
Artelshofen (D) 78 C5
Artemare (F) 97 C5
Artemision, Akr. (GR) 167 C3
Artemision (GR) 167 C4
Artemision (GR) 171 A2
Artemovka (RUS) 175 D4
Arten (I) 100 B5
Artena (I) 113 B6
Artenara (E) 144 C6
Artenay (F) 88 A4
Artern (D) 69 A6
Artesa de Segra (E) 128 D5
Arth (D) 92 D2
Arth (CH) 99 A2
Arthez-de-Béarn (F) 104 C5
Arthies (F) 74 A6
Arthies (F) 74 A6
Arthog (GB) 53 A5
Arthon (F) 95 D3
Arthonnay (F) 89 A4
Arthurhaus (A) 100 D2
Arthurstown (IRL) 51 B5
Artieda (E) 127 D3
Arties (E) 128 D3
Artix (F) 104 C5
Artjärvi (FIN) 34 B3
Artois, Vitry-en- (F) 74 C3
Artonne (F) 96 C4
Artoño (E) 124 D3
Årtrik (S) 16 B6
Artrutx, Cabo d' (E) 123 C3
Arucas (E) 144 D5
Arudy (F) 104 C6
Aruküla (EST) 180 D3
Arum (NL) 66 D2
Arundel (GB) 58 D4
Årup (DK) 41 A4
Aruvalla (EST) 180 D3
Årvåg (N) 23 A1
Årvågen (N) 26 B6
Arvagh (IRL) 47 A6
Arvaja (FIN) 34 B1
Arvån (S) 16 D2
Arvant (F) 96 C6
Arvert (F) 94 C5
Arvet (S) 25 A6
Arveyres (F) 104 D1
Arvidsjaur (S) 10 D5
Arvidsträsk (S) 11 B5
Arvier (I) 98 B5
Arvieu (F) 106 A3
Arvieux (F) 107 D1
Arvigo (CH) 99 A4
Årvik (N) 22 A4
Årvik (N) 22 B4
Årvik (N) 26 B4
Arvika (S) 28 C4
Arviksand (N) 1 C4
Arvträsk (S) 16 D2
Åryd (S) 43 A1
Arzachena (I) 121 C1
Arzacq-Arraziguet (F) 104 C4
Arzano (F) 84 C4
Aržano (HR) 150 C6
Arzberg (D) 78 D4
Arzberg (A) 101 C1
Arzfeld (D) 76 A4
Arzignano (I) 100 A6
Arzl (A) 100 A2
Arzúa (E) 124 D3
Ås (S) 15 B6
Ås (N) 24 A2
Ås (S) 30 C5
Ås (S) 30 D3
Ås (S) 38 D5
Åsa (N) 27 D3
Åså (DK) 37 C5
Åsa (S) 38 B4
Asa (S) 39 A4
Asan-Aga (RO) 154 B5
Åsane (N) 26 A3
Åsäng (S) 25 C2
Ašanja (YU) 151 D3
Asare (LV) 177 A1
Åsarna (S) 11 B3
Åsarna (S) 24 D3
Åsarp (S) 38 C3
Asarum (S) 43 A1
Asasp (F) 104 C6
Åsättra (S) 31 B4
Asău (RO) 148 D5
Åsbacka (S) 25 B5
Åsbro (S) 29 B6
Asby (S) 39 A3
Ascain (F) 104 A5
Ascea (I) 116 B3
Ascha (D) 93 A1
Aschach (A) 93 C3
Aschaffenburg (D) 77 A4
Aschau (A) 100 C2
Aschau i. Chiemgau (D) 93 A4
Aschbach (D) 78 B4
Aschbach (D) 92 D4
Aschbach Markt (A) 80 A6
Ascheberg (D) 60 D3
Ascheberg (D) 67 C5
Aschendorf (Ems) (D) 67 C2
Aschères-le-M. (F) 88 B4
Aschersleben (D) 69 A5
Asciano (I) 112 C2
Asco (F) 120 B2
Ascó (E) 135 A1
Ascoli, Porto d' (I) 113 C3
Ascoli Piceno (I) 113 C3
Ascoli Sátriano (I) 115 B5
Ascona (CH) 99 A4
Ascot (GB) 58 C3
Ascoux (F) 88 B4
Ase (N) 4 C2
Åseda (S) 39 B4
Åsegg (N) 14 B4
Asele (S) 16 C4
Åselet (S) 11 A5
Asemakylä (FIN) 12 C4
Asemankylä (FIN) 12 C4
Asemankylä (FIN) 20 D6
Asemanseutu (FIN) 19 C4
Åsen (N) 4 C5
Åsen (N) 9 A6
Åsen (N) 14 B6
Åsen (S) 15 C6
Åsen (S) 24 C6
Åsen (S) 24 D5
Åsenbruk (S) 38 B1
Asendorf (D) 68 B3
Åsenhöga (S) 38 D4
Asenovgrad (BG) 160 A4
Asentopalo (FIN) 7 A4
Åseral (N) 36 C2
Aseri (EST) 181 C3
Åserud (N) 28 B3
Asfeld (F) 75 A5
Asfenoiu (GR) 173 B3
Åsgårdstrand (N) 27 D5
Asgata (CY) 174 C4
Ash, Mountain (GB) 57 A2
Asha (CY) 174 B3
Åshagen (S) 28 C3
Åshammar (S) 29 C1
Ashbourne (IRL) 51 C2
Ashbourne (GB) 54 B5
Ashburton (GB) 57 A5
Ashby-de-la-Zouch (GB) 54 B5
Åsheim (N) 23 D5
Ashford (GB) 59 B4
Ashington (GB) 49 D5
Ashington (GB) 58 D4
Ashkirk (GB) 49 B4
Ashtead (GB) 58 D3
Ashton, Long (GB) 57 B3
Ashton-in-Makerfield (GB) 53 B4
Ashton-under-Lyne (GB) 53 C4
Asiago (I) 100 A5
Asiç (RO) 146 D2
Asige (S) 38 C5
Asikkala (FIN) 21 A6
Asikkala (FIN) 34 B2
Asinou (CY) 174 C4
Åsjon (S) 17 B3
Ask (N) 26 A3
Ask (N) 27 C3
Ask (N) 27 D3
Ask (S) 42 C2
Aska (FIN) 7 A5
Askaig, Port (GB) 48 A3
Askainen (FIN) 32 D3
Askeaton (IRL) 50 C3
Asker (N) 27 D4
Asker (S) 29 B5
Askern (GB) 54 C3
Askersund (S) 29 A6
Askeryd (S) 39 A3
Åskilje (S) 16 C2
Åskilljeby (S) 16 C2
Askim (N) 28 A5
Askim (S) 38 A4
Asklanda (S) 38 C3
Askloster (S) 38 B5
Askö, Stora (S) 39 C2
Askö (S) 31 A5
Askø (DK) 41 C5
Åskogen (S) 11 B4
Askola (FIN) 34 B3
Askott (S) 15 B6
Askøy (N) 26 A3
Askrova (N) 22 A6
Askvik (N) 26 B4
Askvoll (N) 22 A6
Åsli (N) 27 B2
Åsmansbo (S) 29 B3
Åsmark (N) 27 D1
Åsmulfoss (N) 14 D3
Asmunti (FIN) 12 D3
Asmushausen (D) 77 B2
Asnières-s/s-Bois (F) 96 D1
Asola (I) 109 B2
Asolo (I) 100 B5
Asón (E) 126 D2
Asotthalom (H) 103 C5
Aspa (N) 22 D2
Aspa (S) 31 A5
Aspabruk (S) 29 A6
Aspach-le-Bas (F) 90 C5
Aspan (S) 24 D4
Aspang Markt (A) 102 A2
Aspariegos (E) 125 D6
Asparuhovo (BG) 161 A2
Asparuhovo (BG) 161 A3
Aspås (S) 15 B6
Aspatria (GB) 49 A6
Aspberget (S) 28 B1
Aspe (E) 141 B2
Aspeå (S) 16 C5
Aspenes (N) 1 D4
Aspenes (N) 4 D4
Asperöd (S) 42 D3
Aspet (F) 105 B6
Aspin-Aure (F) 105 A6
Aspio Terme (I) 113 C2
Aspliden (S) 10 D5
Aspliden (S) 11 B3
Aspnäs (S) 10 B4
Aspnäs (S) 15 C4
Aspneset (N) 15 A4
Aspö (S) 30 D4
Aspo (FIN) 32 C5
Aspö (S) 43 B1
Aspöja (S) 39 C1
Aspremont (F) 107 B2
Aspres, les (F) 87 B4
Aspres-s-Buëch (F) 107 B2
Aspro, Cape (CY) 174 D5
Asprojerakas (GR) 166 B6
Asprokavos, Akr. (GR) 162 C6
Aspropyrgos (GR) 167 D6
Asprovalta (GR) 164 A3
Aspsele (S) 16 D4
Assais (F) 95 A3
Assamalla (EST) 181 B3
Asse (B) 75 A2
Assebakte (N) 2 C5
Asseiceira (P) 130 C5
Assels, Øster (DK) 37 A6
Assémini (I) 121 C5
Assen (NL) 67 B2
Assens (DK) 37 C6
Assens (DK) 40 D4
Assentiz (P) 130 B5
Assentoft (DK) 41 A1
Assergi (I) 113 C4
Assesse (B) 75 B3
Assier (F) 105 C2
Assikvere (EST) 181 C5
Assiros (GR) 163 D3
Assisi (I) 113 A3
Aßling (D) 92 D4
Assmannshausen (D) 76 C4
Asso (I) 99 B5
Asson (F) 104 D5
Ássoro (I) 118 D4
Assos (GR) 162 D6
Assos (GR) 166 B6
Assumar (P) 131 A6
Aßweiler (D) 76 C6
Astaffort (F) 105 A3
Astakos (GR) 166 C5
Astašova (LV) 177 C1
Åstdalseter (N) 23 D6
Asté (F) 104 D6
Aste (EST) 180 A5
Asted (DK) 37 C4
Asten (NL) 75 C1
Asti (I) 108 C3
Astikkala (FIN) 21 C6
Åstön (S) 25 C2
Aston (GB) 53 C5
Astorga (E) 125 C4
Åstorp (S) 42 C2
Åstra haysbad (S) 31 B5
Astrain (E) 127 C3
Åsträsk (S) 17 A2
Astros (GR) 171 A3
Astrup (DK) 40 C2
Åstrup (DK) 41 A4
Astudillo (E) 126 C5
Astura, Torre (I) 114 B3
Asturianos (E) 125 B5
Astypalea (GR) 172 D4
Asuja (EST) 179 B2
Åsum (S) 42 D2
Asumanaa (FIN) 6 C5
Asūne (LV) 177 D1
Asuni (I) 121 C4
Asunta (FIN) 20 A5
Asuny (PL) 64 D2
Ásványráró (H) 102 C1
Aszód (H) 103 C2
Aszófő (H) 102 D4
Atajate (E) 142 D5
Ataki (RUS) 182 D3
Atalaia (P) 130 A6
Atalaia (P) 130 D5
Atalandi (GR) 167 B4
Atalaya (E) 133 B5
Atalho (P) 137 C1
Ataquines (E) 132 B1
Atašiene (LV) 182 B6
Ataula (E) 127 A6
Ataún (E) 127 B3
Atea (E) 133 D1
Ateca (E) 133 D1
Ateleta (I) 113 D6
Atella (I) 115 C6
Atena Lucana (I) 116 C2
Atessa (I) 114 D3
Ath (B) 74 D3
Athalassa (CY) 174 B3
Athboy (IRL) 51 C1
Athea (IRL) 50 C4
Athenry (IRL) 50 D2
Athenstedt (D) 68 D5
Atheras, Akr. (GR) 166 B6
Atheras (GR) 166 B6
Atherstone (GB) 54 B6
Athienou (CY) 174 C3
Athies (F) 74 C5
Athina (GR) 167 D6
Athis-de-l'Orne (F) 86 D3
Athleague (IRL) 51 A1
Athlone (IRL) 51 A2
Athna (CY) 174 C3
Atholl, Blair (GB) 49 A1
Athos (GR) 164 B4
Athy (IRL) 51 B3
Atienza (E) 133 A1
Atina (I) 114 C4
Atîrnati (RO) 154 A5
Atjiken (S) 15 C2
Atla (EST) 180 A5
Åtloro (N) 26 A4
Atløy (N) 22 A6
Atna (N) 23 D5
Atnbru (N) 23 C5
Atnosen (N) 23 D5
Atokos (GR) 166 B5
Åtorp (S) 29 A5
Atostugan (S) 9 A6
Atouguia (P) 130 A6
Atrå (N) 27 A4
Åtran (S) 38 C5
Åträsk (S) 11 B3
Åträsk (S) 11 B5
Åträsk (S) 17 B3
Atri (I) 113 D4
Atripalda (I) 115 A6
Atsalama (EST) 181 C3
Atsiki (GR) 164 D5
Attendorn (D) 76 C1
Attenkirchen (D) 92 C3
Attert (B) 75 C5
Attichy (F) 74 C6
Attigliano (I) 113 A4
Attignat (F) 97 B4
Attigny (F) 75 B5
Attleborough (GB) 55 B6
Attrup (DK) 37 B5
Attsjö (S) 39 B5
Attu (FIN) 32 D4
Åtvidaberg (S) 39 B2
Atzenbrugg (A) 80 B6
Au (A) 101 D1
Aua (D) 77 B2
Aub (D) 77 C5
Aubagne (F) 107 B5
Aubange (L) 75 D5
Aubazine (F) 95 D6
Aube (F) 87 A3
Aubenas (F) 106 D2
Aubenton (F) 75 A5
Auberive (F) 89 B4
Aubert, Mont Saint- (B) 74 D3
Aubeterre (F) 95 A6
Aubiers, les (F) 94 D2
Aubiet (F) 105 B4
Aubigné (F) 95 A4
Aubigné-Racan (F) 87 A6
Aubigny (F) 74 C3
Aubigny (F) 94 B3
Aubigny-au-Bac (F) 74 C4
Aubigny-en-Artois (F) 74 C3
Aubigny-s-Nère (F) 88 B5
Aubin, Saint- (GB) 86 A2
Aubin, St- (CH) 98 B2
Aubin (F) 105 D2
Aubonne (CH) 98 A3
Aubrac (F) 106 B2
Aubres (F) 107 A2
Aubusson (F) 96 A4
Aucamville (F) 105 B4
Auce (LV) 178 D6
Auch (F) 105 A4
Auchbreck (GB) 45 B6
Auchencairn (GB) 48 D6
Auchinleck (GB) 48 D4
Auchnagatt (GB) 45 D5
Auchterarder (GB) 49 A2
Auchtermuchty (GB) 49 A3
Auchy (F) 74 B3
Auckland, Bishop (GB) 54 B1
Auckland, West (GB) 54 B1
Aucun (F) 104 D6
Audenarde, Oudenaarde (B) 74 D2
Audenge (F) 104 C2
Auderville (F) 86 B1
Audeux (F) 97 D1
Audevälja (EST) 180 C3
Audierne (F) 84 A4
Audincourt (F) 98 B1
Audla (EST) 180 B5
Audlem (GB) 53 C5
Audressein (F) 105 B6
Audru (EST) 180 D5
Audruicq (F) 74 B2
Audun-le-Roman (F) 75 D6
Audun-le-Tiche (F) 75 D5
Aue (D) 79 A2
Auerbach (D) 77 B6
Auerbach (D) 78 C5
Auerbach (D) 78 D2
Auffay (F) 87 B1
Aufferville (F) 88 C3
Auffrique, Coucy-le-Château (F) 74 D5
Augan (F) 85 A4
Augé (F) 94 D3
Augerghem (B) 75 A2
Augerolles (F) 96 D5
Augersnes (N) 8 A4
Augher (GB) 47 A5
Aughnacloy (GB) 47 B5
Aughrim (IRL) 50 D2
Aughrim (IRL) 51 C3
Augicourt (F) 89 D4
Augignac (F) 95 B5
Augménai (LT) 176 C2
Augrub (D) 93 A1
Augsburg (D) 92 B3
Augšlīgatne (LV) 179 C4
Augstasils (LV) 182 C4
Augstkalne (LV) 179 A6
Augugliano (I) 113 C2
August (RO) 155 C5
Augusta (I) 119 B5
Auguste (LV) 178 B6
Augustenborg (DK) 41 A5
Augustín, S. (E) 144 D6
Augustów (PL) 65 C2
Augustów (PL) 72 D3
Augustus, Fort (GB) 44 D6
Auho (FIN) 13 A4
Au i. d. Hallertau (D) 92 C2
Aujac (F) 106 C3
Aukea (S) 6 B5
Aukra (N) 22 C3
Aukrug (D) 60 C3
Aukštadvaris (LT) 176 D5
Aukštelkai (LT) 176 C2
Aukštiškiai (LT) 176 B2
Auktsjaur (S) 10 D5
Aulaga (E) 142 B2
Aulas (F) 106 C3
Auldearn (GB) 45 B5
Auleja (LV) 177 C1
Aulendorf (D) 91 B4
Auletta (I) 115 B6
Aulla (I) 109 B4
Aullène (F) 120 C4
Aulnay (F) 94 D4
Aulnay-la-Rivière (F) 88 B3
Aulnoye (F) 74 D4
Aulnoye-Aymeries (F) 74 D4
Aulon (F) 95 D4
Ault (F) 74 A4
Aultbea (GB) 44 C4
Aulus-les-Bains (F) 129 A3
Auma (D) 78 C2
Aumale (F) 74 A5
Aumbach (D) 93 A1
Aumeisteri (LV) 182 B3
Aumetz (F) 75 D6
Aumont (F) 97 C2
Aumont-Aubrac (F) 106 B2
Aun (N) 4 D2
Aunac (F) 95 A5
Aunay-en-Bazois (F) 96 D2
Aunay-s-Odon (F) 86 D3
Aunay-s/s-Auneau (F) 88 A3
Aune (N) 14 B4
Aune (N) 14 B6
Aune (N) 14 D3
Aune (N) 15 A4
Aune (N) 24 A2
Auneau (F) 88 A3
Auneskylä (FIN) 19 B5
Aunet (N) 14 C1
Auneuil (F) 74 B6
Auning (DK) 41 A1
Aunini (LV) 178 C6
Aups (F) 107 C4
Aura (FIN) 33 A3
Auran asema (FIN) 33 A3
Auray (F) 84 D5
Aurdal (N) 27 B2
Aurdalsseter (N) 27 B2
Aure (N) 22 C4
Aure (N) 23 A2
Aure (F) 75 B6
Aurec-s-Loire (F) 97 A6
Aureilhan (F) 104 D5
Aurejärvi (FIN) 19 C6
Aurel (F) 107 B3
Aurensan (F) 104 D4
Auriac (F) 96 A6
Auriac-s-Vendinelle (F) 105 C5
Aurich (Ostfr.) (D) 67 C1
Aurignac (F) 105 B5
Aurillac (F) 106 A1
Aurimont (F) 105 B4
Auriol (F) 107 B5
Aurisina (I) 101 A6
Aurlandsvangen (N) 26 D2
Auron (F) 107 D3
Auronzo (I) 100 C4
Auros (F) 104 D2
Aurox (F) 106 C2
Aursjøhytta (N) 23 A4
Aursmoen (N) 28 A4
Aurungs (S) 43 C5
Ausa-Corno (I) 110 D1
Ausejo (E) 127 B4
Ausejo (E) 127 B5
Auskerry (GB) 45 C1
Ausmas (LV) 179 B3
Außernbrunst (D) 93 B2
Aust (GB) 57 C3
Austad (N) 26 D6
Austad (N) 36 C3
Austafjord (N) 14 B3
Austbø (N) 8 C5
Austbygdi (N) 27 B4
Austefjord (N) 22 C5
Austell, St (GB) 56 C5
Austenå (N) 36 D1
Aústis (I) 121 C4
Austmarka (N) 28 B3
Austnes (N) 22 C3
Austvagøy (N) 4 B4
Autels, les (F) 87 B5
Auterive (F) 105 C5
Auteuil (F) 74 B6
Authon (F) 87 B6
Authon (F) 107 C3
Authon-du-Perche (F) 87 B5
Authon-la-Plaine (F) 88 B3
Autio (S) 6 B5
Autio (FIN) 12 D5
Autio (FIN) 20 A3
Autol (E) 127 C4
Autrans (F) 97 C6
Autrèche (F) 95 B1
Autrey-lès-Gray (F) 89 C5
Autruy-s-Juine (F) 88 B3
Autry-le-Châtel (F) 88 C5
Autti (FIN) 12 D1
Auttoinen (FIN) 34 A2
Autun (F) 97 A2
Auve (F) 89 B1
Auverse (F) 95 A1
Auvers-s-Oise (F) 88 B1
Auvila (FIN) 35 A1
Auvillar (F) 105 B3
Auxerre (F) 88 D4
Auxi-le-Château (F) 74 B4
Auxi-le-Château (F) 74 B4
Auxon (F) 89 A4
Auxonne (F) 97 C1
Auxy (F) 97 A2
Auza (E) 127 C3
Auzainvilliers (F) 89 D3
Auzances (F) 96 B4
Auzat (F) 129 A3
Auzeni (LV) 182 C1
Auzinas (LV) 178 D5
Auzini (LV) 179 B5
Auzon (F) 96 C6
Åva (FIN) 32 C4
Avaås (S) 10 C6
Avafors (S) 11 C3
Availles-Limouzine (F) 95 B4
Avajan (F) 105 A6
Avala (YU) 152 A3
Avaldsnes (N) 26 B6
Avallon (F) 96 D1
Avalo, Playa de (E) 144 C2
Avamonte (E) 138 A5
Avan (S) 11 B4
Avan (S) 11 C4
Avanäs (S) 17 A2
Avançon (F) 107 C2
Avant-lès-Marcilly (F) 88 D3
Avasjö (S) 16 B3
Avaträsk (S) 15 D3
Avaträsk (S) 16 B3
Avaviken (S) 10 C5
Avdira (GR) 164 C2
Avebury (GB) 58 B3
Avedal (N) 36 B2
Avegno (I) 108 D4
Aveinte (E) 132 B2
Aveiro (P) 130 B2
Avelas de Caminho (P) 130 C3
Avelgem (B) 74 D2
Avella (I) 115 A5
Avellanes, Les (E) 128 D5
Avellino (I) 115 A6
Avenas (F) 97 A4
Avenay-Val-d'Or (F) 89 A1
Avenches (CH) 98 B2
Avène (F) 106 B4
Avenières, les (F) 97 C5
Aventura, Port; Tarragona (E) 135 B1
Aveøya (N) 22 D2
Averbe (E) 128 A4
Aversa (I) 114 D5
Avesnes (F) 74 D4
Avesnes-le-Comte (F) 74 B3
Avesnes-le-Comte (F) 74 C4
Avesnes-s-Helpe (F) 74 D4
Avesta (S) 29 B3
Avetrana (I) 117 C3
Avèze (F) 106 C3
Avezzano (I) 113 C5
Avgórou (CY) 174 C3
Aviano (I) 100 C5
Avidagos (P) 125 A6
Aviemore (GB) 45 B6
Avigliana (I) 108 A2
Avigliano (I) 115 C6
Avignon (F) 107 A4
Avignonet-Lauragais (F) 105 C5
Åvikebruk (S) 25 C2
Avila (E) 132 B3
Avila Verde da Rala (P) 125 A5
Avilés (E) 125 D1
Avilés (E) 140 D3
Aviliai (LT) 177 B2
Avilley (F) 97 D1
Avinurme (EST) 181 C4
Avinyó (E) 129 B5
Avinyonet (E) 129 B6
Avio (I) 99 D6
Avión (E) 124 C4
Avis (P) 130 D6
Åvist (FIN) 19 C2
Avize (F) 89 A2
Avižieniai (LT) 176 C6
Avlakia (GR) 169 B6
Avlemonas (GR) 171 B6
Avliotes (GR) 162 B5
Avlona (GR) 173 C5
Avløyften (N) 14 C3
Avlum (DK) 40 C2
Avô (P) 130 D3
Avoca (IRL) 51 C3
Avoine (F) 95 A2
Avola (I) 119 B5
Avoltri, Forni (I) 100 D4
Avonmouth (GB) 57 B3
Avord (F) 96 B2
Avradsberg (S) 28 C2
Avram Iancu (RO) 146 D4
Avramov (BG) 160 D2
Avranches (F) 86 C4
Avren (BG) 160 B6
Avren (BG) 161 A1
Avrig (RO) 147 C6
Avril (F) 75 D6
Avril (F) 75 D6
Avrillé (F) 85 D5
Avrillé (F) 94 C3
Avtovac (BIH) 157 A2
Avvakko (S) 5 D5
Avy (F) 94 D6
Avzı (N) 2 A5
Avzze (N) 6 C1
Axala (S) 31 A5
Axamer Liz. (A) 100 A2
Axarfjördhur (IS) 1 C1
Axat (F) 105 D6
Axbridge (GB) 57 B3
Axel (NL) 75 A1
Axelfors (S) 38 C4
Axintele (RO) 154 C3
Axiupolis (GR) 163 C2
Ax-les-Thermes (F) 129 B3
Axmarsbruk (S) 25 C6
Axminster (GB) 57 B4
Axvall (S) 38 C2
Ay (F) 75 A6
Ay (F) 75 A6
Ayagalip (TR) 165 A4
Ayastefanos (TR) 161 B4
Aycliffe, Newton (GB) 54 B1
Aydın (TR) 169 D5
Aydoilles (F) 90 B4
Ayelo de Malferit (E) 141 B1
Ayen (F) 95 C6
Ayer (CH) 98 C4
Ayia (CY) 174 B3
Ayialrini (CY) 174 B4
Ayia Marina (CY) 174 B5
Aylesbury (GB) 58 C2
Ayllón (E) 132 D1
Aylonarion (GR) 168 A5
Aylsham (GB) 55 B5
Ayna (E) 140 D2
Aynac (F) 105 C2
Aynho (GB) 58 C2
Ayora (E) 134 B6
Ayräpää (RUS) 35 B3
Ayr, Point of (GB) 53 A4
Ayr (GB) 48 C4
Ayre, Point of (IRL) 52 D1
Ayrens (F) 106 A1
Ayron (F) 95 A3
Aysgarth (GB) 53 C2
Äyskoski (FIN) 20 C3
Äystö (FIN) 19 B5
Ayton, Great (GB) 54 C1
Ayton (GB) 49 C4
Aytré-la-Jarne (F) 94 C4
Ayvacık (TR) 165 B5
Ayvalık (TR) 165 B5
Ay. Varvara (CY) 174 C3
Aywaille (B) 75 C3
Azáceta (E) 127 B3
Azaila (E) 134 C1
Azambujeira (P) 130 B6
Azambuja (P) 130 B6
Azannes-et-Soumazannes (F) 75 C6
Azannes-Soumazannes (F) 75 C6
Azañon (E) 133 B3
Azaruja (P) 138 A1
Azas (F) 105 C4
Azat-le-Ris (F) 95 C4
Azatlı (TR) 160 D5
Azay-le-Ferron (F) 95 C2
Azay-le-Rideau (F) 95 B1
Azay-s-Thouet (F) 94 D3
Azé (F) 97 B3
Azeiteiros (P) 138 A1
Azenha de Cima (P) 130 D4
Azenhas do Mar (P) 137 A1
Azerables (F) 95 C4
Azervadinha (P) 137 C1
Azevo (P) 131 A2
Azillanet (F) 106 A5
Azille (F) 106 A5
Azinhaga (P) 130 B6
Azinhal (P) 138 A5
Azinheira dos Barros (P) 137 C3
Azinhozo (P) 125 B6
Ažitėnai (LT) 176 B3
Aznalcázar (E) 142 B3
Aznalcóllar (E) 142 B2
Azola (P) 130 B5
Azonia (E) 141 A4
Azoudange (F) 90 B2
Azpeitia (E) 127 B2
Azuaga (E) 138 D3
Azuara (E) 134 B1
Azuga (RO) 154 A1
Ažulaukė (LT) 177 A4
AžuoluBūda (LT) 176 B5
Azuqueca (E) 132 D3
Azur (F) 104 B4
Azy (F) 96 B1
Azy-le-Vif (F) 96 C2
Azzano Décimo (I) 100 C5
Azzara, Castell' (I) 112 D3
Azzurro, Porto (I) 112 A3

B

Baak (NL) 67 A5
Baal (D) 76 A2
Baâlon (B) 75 C5
Baamonde (E) 124 D2
Baar (CH) 99 A2
Baarle Nassau (NL) 75 B1
Baarlo (NL) 75 D1
Baarn (NL) 66 D4
Baba Burun (TR) 165 A5
Babadag (RO) 155 C2
Babaeski (TR) 161 A5
Babanakkaş (TR) 161 C6
Babelsberg (D) 69 C3
Babenhausen (D) 77 A4
Babenhausen (D) 92 A4
Băbeni-Bistrita (RO) 153 C2
Babiak (PL) 64 C2
Babica (PL) 83 A2
Babice (CZ) 81 A4
Babice (PL) 81 B1
Babice (PL) 82 A1
Babieta (PL) 64 D3
Babigoszcz (PL) 62 D3
Babimost (PL) 70 D2
Babin (PL) 62 C5
Babiná (SK) 81 C5
Babinac (HR) 102 B6
Babina Greda (HR) 151 A2
Babin Most (YU) 158 B3
Babino Polje (HR) 156 C3
Babócsa (H) 102 C6
Bábolna (H) 102 D2
Baborów (PL) 81 B1
Baboszewo (PL) 64 C6
Babriškės (LT) 176 D5
Babrungas (LT) 175 D2
Babsk (PL) 72 C2
Babtai (LT) 176 C4
Babuškino (RUS) 176 A5
Babušnica (YU) 158 D2
Bač (YU) 151 B1
Băcălesti (RO) 153 D4
Băcani (RO) 149 B5
Bacău (RO) 149 A5
Baccarat (F) 90 B3
Baccon (F) 88 A4
Baceno (I) 98 D4
Băcesti (RO) 149 B4
Bačevci (YU) 151 C4
Bač. Gradište (YU) 151 C1
Bach (F) 105 C3
Bacharach (D) 76 C4
Bachórz (PL) 83 A2
Bachorze (PL) 63 C3
Bachotek (PL) 64 B4
Băcioi (MD) 149 D3
Baciuty (PL) 65 C4
Bäck (S) 38 C5
Bäck (S) 38 D1
Back (GB) 44 C3
Backa (S) 28 C2
Bäckaby (S) 39 A4
Backaland (GB) 45 C1
Bäckan (S) 25 A4
Bačka Palanka (YU) 151 B2
Bäckaräng (S) 25 B3
Backaryd (S) 39 B6
Bačka Topola (YU) 103 C6
Backe (S) 16 B5
Bäckebo (S) 39 C5
Bäckefors (S) 38 A1
Backen (S) 17 B4
Bäckesta (S) 11 D2
Backgränd (FIN) 33 B4
Bäckhammar (S) 28 D5
Bački Breg (YU) 103 B6
Bački Brestovac (YU) 151 B1
Bački Monoštor (YU) 103 B6
Bačkininkai (LT) 176 C5
Bački Petrovac (YU) 151 C1
Backleben (D) 78 B1
Backnang (D) 91 B2
Bäcknäs, Lilla (S) 10 C5
Bäcknäs (S) 10 D5
Bačko Petrovo Selo (YU) 103 D6
Bačkovo (BG) 160 A4
Bäckseda (S) 39 A4
Backsjön (S) 16 C6
Backsvedjän (S) 15 C4
Backträsk (S) 11 B5
Bácoli (I) 114 D6
Baconnière, la (F) 86 C5
Bacqueville-en-Caux (F) 87 B1
Bácsalmás (H) 103 B5
Bácsbokod (H) 103 B5
Bácsborsód (H) 103 B5
Bač. Sokolac (YU) 103 C6
Bacúch (SK) 82 A4
Bacup (GB) 53 C3
Bačvani (BIH) 150 B2
Baczyna (PL) 62 D6
Bad (A) 102 A1
Bada (S) 28 C3
Badachro (GB) 44 C5
Badacsonytomaj (H) 102 C4
Badagnano (I) 109 A3
Bad Aibling (D) 92 D4
Badajoz (E) 138 B1
Badalona (E) 129 C6
Badaroux (F) 106 C2
Bad Aussee (A) 101 A1
Badbergen (D) 67 D3
Bad Berka (D) 78 B2
Bad Berleburg (D) 76 D2
Bad Berneck (D) 78 C4
Bad Bertrich (D) 76 B4
Bad Bevensen (D) 68 D2
Bad Bibra (D) 78 C1

Bad Blankenburg (D) 78 B2
Bad Brambach (D) 78 D3
Bad Bramstedt (D) 60 D3
Bad Breisig (D) 76 C3
Bad Brückenau (D) 77 B3
Badderen (N) 1 D5
Bad Doberan (D) 61 B3
Bad Driburg (D) 68 B5
Bad Düben (D) 69 C5
Bad Dürkheim (D) 76 D5
Bad Dürrenberg (D) 69 B6
Bad Dürrheim (D) 91 A4
Badecon-le-Pin (F) 95 D3
Bad Elster (D) 78 D3
Badem (D) 76 B4
Bademli (TR) 169 D5
Bad Ems (D) 76 C3
Baden (CH) 99 A1
Baden (A) 102 A1
Bádenas (E) 134 B1
Baden-Baden (D) 90 D2
Badenweiler (D) 90 C5
Bad Essen (D) 67 D4
Bad Frankenhausen (D) 69 A6
Bad Freienwalde (D) 62 B5
Bad Gandersheim (D) 68 C5
Badgastein (A) 100 D2
Bad Godesberg (D) 76 B2
Bad Gottleuba (D) 70 A5
Bad Grund, Harz (D) 68 C5
Bad Hall (A) 93 C3
Bad Harzburg (D) 68 D5
Bad Hersfeld (D) 77 B2
Bad Hofgastein (A) 100 D2
Bad Homberg v. d. H. (D) 77 A3
Bad Honnef (D) 76 C3
Bad Hönningen (D) 76 C3
Badia (I) 109 D4
Badia a Taona (I) 109 D5
Badia Pol. (I) 110 A3
Badia Calavena (I) 100 A6
Badia Pratáglia (I) 110 B6
Badia Tedalda (I) 110 B6
Bad Iburg (D) 67 D4
Bad Ischl (A) 101 A1
Badiu (RO) 147 A3
Bad Kissingen (D) 77 C3
Bad Klosterlausnitz (D) 78 C2
Bad König (D) 77 A5
Bad Königshofen i. Grabfeld (D) 78 A3
Bad Kösen (D) 78 C1
Badkowo (PL) 64 A6
Bad Kreuznach (D) 76 C4
Bad Langensalza (D) 78 A1
Bad Lauchstädt (D) 69 B6
Bad Lausick (D) 78 D1
Bad Lauterberg i. Harz (D) 68 D6
Bad Leonfelden (A) 93 C2
Bad Liebenstein (D) 78 A2
Bad Liebenwerda (D) 69 D5
Bad Lippspringe (D) 68 A5
Badljevina (HR) 150 C1
Bad Marienberg (D) 76 D3
Bad Meinberg (D) 68 B5
Bad Mergentheim (D) 77B5
Bad Mukran (D) 62 B1
Bad Münder a. Deister (D) 68 B4
Bad Münster-Ebernburg (D) 76 C5
Bad Münstereifel (D) 76 B3
Bad Muskau (D) 70 B3
Bad Nauheim (D) 77 A3
Bad Nenndorf (D) 68 B4
Bad Neuenahr (D) 76 B3
Bad Neustadt a. d. Saale (D) 77 C3
Bad Oberdorf (D) 92 B5
Bad-Obladis (A) 99 D3
Bad Oeynhausen (D) 68 A4
Badolato, Marina di (I) 119 D2
Badolato (I) 119 D1
Badolato Marina (I) 119 D1
Bad Oldesloe (D) 60 D3
Badonviller (F) 90 B3
Bad Orb (D) 77 B3
Bad Pyrmont (D) 68 B5
Bad Reichenhall (D) 93 A4
Bad Rothenfelde (D) 67 D5
Bad Saarow-Pleskow (D) 70 A1
Bad Sachsa (D) 68 D6
Bad Salzdetfurth (D) 68 C5
Bad Salzelmen (D) 69 B5
Bad Salzgitter (D) 68 D5
Bad Salzig (D) 76 C4
Bad Salzschlirf (D) 77 B2
Bad Salzuflen (D) 68 A5
Bad Salzungen (D) 77 C2
Bad Schallerbach (A) 93 C3
Bad Schandau (D) 70 A5
Bad Schmiedeberg (D) 69 C5
Bad Schwalbach (D) 76 D4
Bad Schwartau (D) 61 A3
Bad Segeberg (D) 60 D3
Bad Soden (D) 76 D4
Bad Soden-Salmünster (D) 77 B3
Bad Sulza (D) 78 C1
Bad Sülze (D) 61 C2
Bad Tatzmannsdorf (A) 102 A3
Bad Tennstedt (D) 78 B1
Bad Tölz (D) 92 C4
Bad Vilbel (D) 77 A4
Bad Vöslau (A) 102 A1
Bad Wiessee (D) 92 D4
Bad Wildungen (D) 77 A1
Bad Wilsnack (D) 69 B2
Bad Windsheim (D) 78 A5
Bad Wörishofen (D) 92 B4
Bad Zwischenahn (D) 67 C2
Bæivašgiedde (N) 2 C6
Bække (DK) 40 C3
Bækmarksbro (DK) 40 B1
Bæle (N) 23 A2
Baélls (E) 128 C5
Baena (E) 143 B2
Bærhommen (N) 26 D6
Bærums (N) 27 D4
Baexem (NL) 75 C1
Baeza (E) 140 A3
Bafia (I) 119 B3
Båfjelldalen (N) 8 D6
Bagá (E) 129 B4
Bagamér (H) 146 C2
Bağarası (TR) 169 C6
Bagaslaviškis (LT) 176 D4
Bågavattnet (S) 15 B4
Bågåvoll (N) 23 B2
Bagbband (D) 67 C2
Bagdononys (LT) 176 D5
Bågede (S) 15 B4
Bâgé-le-Châtel (F) 97 B4
Bagenkop (DK) 41 B5
Bagga (S) 29 B3
Baggård (S) 17 A4
Baggböle (S) 25 B2
Baggen (S) 11 C5
Baggetorp (S) 30 C5
Baggfall (S) 28 D3
Baggy Pt. (GB) 56 D4
Bagheria (I) 118 C2
Bagiry (F) 105 A6
Baglicy (RUS) 182 D2
Bagn (N) 27 B2
Bagnacavallo (I) 110 B4
Bagnac-s-Célé (F) 105 D2
Bagnáia (I) 112 D4
Bagnara Cál.(I) 119 C2
Bagnária (I) 110 D1
Bagnasco (I) 108 C4
Bagnères-de-Bigorre (F) 104 D6
Bagneux (F) 95 A1
Bagneux-la-Fosse (F) 89 A4
Bagni Contursi (I) 115 B6
Bagni del Másino (I) 99 B4
Bagni di Lav. Blanca (I) 100 B4
Bagni di Lucca (I) 109 C5
Bagni di Mondragone (I) 114 C5
Bagni di Petriolo (I) 112 C3
Bagni di Rabbi (I) 99 D4
Bagni di Stigliano (I) 112 D5
Bagni di Tivoli (I) 113 A5
Bagni di Vicarello (I) 113 A5
Bagni di Vinádio (I) 108 A4
Bagno di R. (I) 110 B6
Bagnoles-de-l'Orne (F) 86 D4
Bagnoli di S. (I) 110 B2
Bagnoli Irp. (I) 115 A6
Bagnolo (I) 109 C2
Bagnolo in P. (I) 109 C3
Bagnolo Mella (I) 109 B1
Bagnolo Piem (I) 108 A3
Bagnolo San Vito (I) 119 C2
Bagnols (F) 96 B6
Bagnols-les-Bains (F) 106 C2
Bagnols-s-Gèze (F) 106 D3
Bagnone (I) 109 B4
Bagnoregio (I) 112 D4
Bagnoro (I) 109 C1
Bagnot (F) 97 B2
Bagnu, lu (I) 121 B2
Bagolino (I) 99 C6
Bagotoji (LT) 176 B4
Bagpuize, Kingston (GB) 58 B2
Bagrationovsk (RUS) 175 B5
Bagrdan (YU) 152 B4
Bagshot (GB) 58 C3
Bagsværd (DK) 42 B3
Bagüena (E) 134 B2
Bágyogszovát (H) 102 C2
Bahabón (E) 126 D5
Bahçeköy (TR) 161 B5
Bahía (E) 141 A4
Bahillo (E) 126 B4
Bahnea (RO) 147 C4
Bahušoŭka (BY) 65 D3
Baia de Aramă (RO) 152 D2
Baia de Cris (RO) 146 D5
Báia Domizia (I) 114 C5
Báia d. Zágare (I) 115 C4
Baia Mare (RO) 147 A1
Baiardo (I) 108 B5
Baia Sardinia (I) 121 D1
Baia Sprie (RO) 147 B1
Băicoi (RO) 154 B2
Baierbach (D) 92 D3
Baiersbronn (D) 90 D3
Baiersdorf (D) 78 B5
Baigneaux (F) 88 A4
Baignes-Sainte-Radegonde (F) 94 D6
Baigneux-les-Juifs (F) 89 B5
Baigno (I) 109 D5
Baildon (GB) 54 B3
Baile Átha Cliath (IRL) 51 D2
Băile Borsa (RO) 148 B2
Băile Govora (RO) 153 C2
Băile Herculane (RO) 152 D2
Bailén (E) 139 D3
Băile Olănesti (RO) 153 C1
Băile Slănic (RO) 148 D5
Băilesti (RO) 153 A4
Bailleux (B) 75 B4
Bailieborough (IRL) 47 B6
Baillé (F) 86 C4
Bailleau-Armenonville (F) 88 A3
Bailleau-le-Pin (F) 87 C4
Bailleul (F) 74 C2
Bailó (E) 128 A4
Baimaclia (MD) 149 D5
Bain-de-Bretagne (F) 85 B4
Băinet (RO) 148 C1
Bains (F) 106 C1
Bains, Malo-les- (F) 74 B2
Bains, Mondorf-les- (L) 75 D5
Bains-les-Bains (F) 89 D4
Bainton (GB) 54 D3
Bais (F) 86 C5
Bais (F) 86 D5
Băisesti (RO) 148 D2
Baisieux (F) 74 D3
Baiso (I) 109 C4
Băisoara (RO) 147 A4
Baisogala (LT) 176 C2
Băita (RO) 147 A5
Baix (F) 107 A2
Baixas (F) 106 A6
Baixo ou da Cal, Ilhéu de (P) 136 C1
Baja (H) 103 B5
Bajamar (E) 144 B4
Bajāri (LV) 177 A1
Bajč (SK) 102 D1
Bajčina (YU) 158 B2
Bajevka (RUS) 175 B4
Bajina Bašta (YU) 151 C5
Bajkal (BG) 153 C5
Bajmok (YU) 103 B6
Bajna (H) 103 A2
Bajorai (LT) 177 A1
Bajša (YU) 103 C6
Bajtkowo (PL) 65 B3
Bajzë (AL) 157 C4
Bak (H) 102 B4
Bakacak (TR) 165 C3
Bakałarzewo (PL) 65 B2
Bakar (HR) 111 B2
Bakewell (GB) 54 B4
Bakio (E) 127 A2
Bakırköy (TR) 161 D6
Bakka (N) 26 C2
Bakka (N) 27 B4
Bakkafjörður (IS) 1 D1
Bakkafloi (IS) 1 D1
Bakkagerði (IS) 1 D1
Bakkeby (N) 1 C5
Bakkejord (N) 1 A6
Bakken (N) 15 A4
Bakken (N) 26 D1
Bakken (N) 28 B1
Bakkesund (N) 26 A4
Bakóca (H) 102 D5
Bakonybánk (H) 102 D2
Bakonybél (H) 102 D3
Bakonycsernye (H) 102 D3
Bakonygyepes (H) 102 C3
Bakonyjákó (H) 102 D3
Bakonypéterd (H) 102 D2
Bakonysárkány (H) 102 D2
Bakonyszentkirály (H) 102 D3
Bakovac (HR) 111 C4
Bakovac Kos. (HR) 111 C3
Bakov nad Jizerou (CZ) 70 B6
Baków (PL) 71 C5
Baks (H) 103 D4
Baksjöliden (S) 16 D3
Bakšty (BY) 177 B6
Bakšty (BY) 177 C6
Baktåive (S) 10 C5
Baktakék (H) 82 C5
Baktalórántháza (H) 83 A6
Baktsjaur (S) 10 D5
Bakum (D) 67 D3
Bakvattnet (S) 15 A5
Bäl (S) 43 C4
Bahušoŭka (BY) 65 D3
Bala (GB) 53 A5
Bălăbănesti (RO) 149 C6
Bălăceanu (RO) 154 D2
Balaci (RO) 153 D3
Bălăcita (RO) 153 A3
Balaguer (E) 128 D5
Balallan (GB) 44 B3
Bălan (RO) 147 A3
Bălan (RO) 148 C4
Balanegra (E) 140 B6
Bălănesti (RO) 153 B2
Bălănesti (RO) 153 D3
Bălănesti (RO) 154 C2
Bălăria (RO) 154 B4
Balaruc-les-Bains (F) 106 C5
Bälaryd (S) 39 A3
Balassagyarmat (H) 103 B1
Balástya (H) 103 D5
Balatonakali (H) 102 D4
Balatonakarattya (H) 102 D3
Balatonalmádi (H) 102 D3
Balatonboglár (H) 102 D4
Balatonederics (H) 102 C4
Balatonfenyves (H) 102 C4
Balatonföldvár (H) 102 D4
Balatonfüred (H) 102 D3
Balatonfűzfő (H) 102 D3
Balatonkenese (H) 102 D3
Balatonkeresztúr (H) 102 C4
Balatonkiliti (H) 102 D4
Balatonlelle (H) 102 D4
Balatonmagyaród (H) 102 C4
Balatonszárszó (H) 102 D4
Bălăuseri (RO) 147 C4
Balazé (F) 86 C5
Baláže (SK) 81 D4
Balazote (E) 140 C1
Balbeggie (GB) 49 A2
Balbieriškis (LT) 176 C5
Balblair (GB) 45 A5
Balboa (E) 125 B3
Balbriggan (IRL) 51 D1
Balcaire d'Urgell (E) 128 D5
Balcani (RO) 149 A4
Balcary Pt. (GB) 48 D6
Bălcesti (RO) 153 C3
Balčik (BG) 155 B6
Balcılar (TR) 165 C3
Baldellou (E) 128 D5
Balderschwang (D) 92 A5
Baldissero (I) 108 B2
Baldock (GB) 58 D2
Baldone (LV) 179 B5
Bale (HR) 111 A3
Bāle (LV) 179 C3
Baleira (E) 125 A2
Baleisao (P) 137 D3
Baleix (F) 104 D5
Balen (B) 75 B1
Balėnos (LT) 176 A1
Balerma (E) 140 B6
Baleshare (GB) 44 A5
Balestrand (N) 26 C1
Balestrate (I) 118 B3
Balf (H) 102 B2
Balfour (GB) 45 C1
Balgale (LV) 178 D4
Bälganet (S) 39 B6
Bălgarene (BG) 160 A1
Bălgarevo (BG) 155 C6
Bălgarovo (BG) 161 A2
Bălgarska poljana (BG) 160 C4
Bălgarski izvor (BG) 159 C2
Balge (D) 68 B3
Balgie, Bridge of (GB) 48 D2
Balici (HR) 111 A2
Baligród (PL) 83 A3
Balikesir (TR) 169 C1
Balıklıçesme (TR) 165 C3
Balin (PL) 71 D2
Bälinge (S) 42 C1
Balingen (D) 91 A3
Balint (RO) 146 C6
Baliskės (LT) 176 B4
Baliynacally (IRL) 50 C3
Balizac (F) 104 C2
Baljevac (YU) 152 A6
Balk (NL) 66 D3
Balkány (H) 146 C1
Balkasodis (LT) 176 C6
Balkbrug (NL) 67 A3
Balke (N) 27 D2
Balla (IRL) 46 C6
Ballaban (AL) 162 C4
Ballábio (I) 99 B5
Ballachulish (GB) 48 C1
Ballagh (IRL) 51 A4
Ballaghaderreen (IRL) 46 C6
Ballancourt-s-Essonne (F) 88 B3
Ballangen (N) 4 D4
Ballan-Miré (F) 95 B1
Ballantrae (GB) 48 C5
Ballantrushal (GB) 44 C3
Ballao (I) 121 C5
Ballater (GB) 49 B1
Ballaugh (GB) 52 D2
Ballchraggan (GB) 45 A5
Balle (DK) 41 B1
Ballen (DK) 41 B3
Ballenstedt (D) 69 A5
Ballerias (E) 128 B5
Balleroy (F) 86 C2
Ballerup (DK) 42 B3
Ballestero, El (E) 140 C1
Ballesteros (E) 132 C6
Ballesvik (N) 4 D1
Balli (TR) 165 C2
Ballina (IRL) 46 C5
Ballinafad (IRL) 46 D5
Ballinagar (IRL) 51 B2
Ballinakill (IRL) 51 B3
Ballinalack (IRL) 51 B1
Ballinalea (IRL) 51 D3
Ballinalee (IRL) 51 B1
Ballinamallard (GB)47 A5
Ballinamore (IRL) 47 A5
Ballinascarty (IRL) 50 C6
Ballinasloe (IRL) 51 A2
Ballinderry (IRL) 51 A2
Ballindine (IRL) 50 D1
Balling (DK) 40 C1
Ballingarry (IRL) 50 D4
Ballingarry (IRL) 51 A3
Ballingarry (IRL) 51 B4
Bällinge (S) 38 B3
Ballingslöv (S) 42 D1
Ballinlough (IRL) 46 C6
Ballinluig (GB) 49 A2
Ballino (I) 99 D5
Ballinrobe (IRL) 50 C1
Ballinskelligs (IRL) 50 A5
Ballintoy (GB) 47 C3
Ballintra (IRL) 46 D4
Ballivor (IRL) 51 B1
Ballmertshofen (D) 92 A2
Ballobar (E) 128 C6
Ballochroy (GB) 48 B4
Ballon (IRL) 51 C3
Ballon (F) 87 A5
Ballószög (H) 103 C4
Ballots (F) 86 C6
Ballsh (AL) 162 B4
Ballstad (N) 4 B5
Ballybay (IRL) 47 B5
Ballybofey (IRL) 47 A4
Ballyboghil (IRL) 51 C2
Ballybunion (IRL) 50 B3
Ballycanew (IRL) 51 C4
Ballycastle (IRL) 46 B5
Ballycastle (GB) 47 C3
Ballyclare (GB) 47 C4
Ballyconnell (IRL) 47 A5
Ballycotton (IRL) 51 A5
Ballycroy (IRL) 46 B5
Ballycumber (IRL) 51 A2
Ballydehob (IRL) 50 B6
Ballydesmond (IRL) 50 C4
Ballyduff (IRL) 50 B4
Ballyduff (IRL) 51 A5
Ballyfarnan (IRL) 46 D5
Ballyforan (IRL) 51 A1
Ballygar (IRL) 51 A1
Ballygawley (GB) 47 B5
Ballygowan (GB) 47 C5
Ballyhaise (IRL) 47 A5
Ballyhalbert (GB) 47 D5
Ballyhaunis (IRL) 46 C6
Ballyheige (IRL) 50 B4
Ballyjamesduff (IRL) 47 A6
Ballylanders (IRL) 50 D4
Ballylongford (IRL) 50 C3
Ballylynan (IRL) 51 B3
Ballymacarbry (IRL) 51 A4
Ballymacoda (IRL) 51 A5
Ballymacward (IRL) 50 D2
Ballymahon (IRL) 51 A1
Ballymena (GB) 47 C4
Ballymoe (IRL) 50 D1
Ballymoney (GB) 47 B3
Ballymore (IRL) 51 A1
Ballymote (IRL) 46 C5
Ballynacarrigy (IRL) 51 B1
Ballynagall (IRL) 50 A4
Ballynagore (IRL) 51 B2
Ballynahinch (GB) 47 C5
Ballynure (GB) 47 C4
Ballyporeen (IRL) 51 A4
Ballyragget (IRL) 51 B3
Ballyronan (GB) 47 B4
Ballysadare (IRL) 46 C5
Ballyshannon (IRL) 46 D4
Ballyvaghan (IRL) 50 C2
Ballyvourney (IRL) 50 C5
Ballyvoy (GB) 47 C3
Ballywalter (GB) 47 D5
Balmaclellan (GB) 48 D5
Balmartin (GB) 44 A4
Balmazújváros (H) 146 B2
Balme (I) 98 B6
Balme-de-Sillingy, la (F) 97 D4
Balmedie (GB) 45 D6
Balme-les-Grottes, la (F) 97 C5
Balmúccia (I) 98 D5
Balnabodach (GB) 44 A6
Balnahard (GB) 48 B2
Balnapaling (GB) 45 A5
Balneario (E) 124 D2
Balneario de Panticosa (E) 128 B3
Balneario de Pozo Amargo (E) 142 D4
Balneario de Saladillo (E) 140 B3
Balninkai (LT) 176 D3
Balog, Cierny (SK) 82 A5
Balotina (MD) 149 B2
Baloži (LV) 179 B5
Balquhidder (GB) 48 D2
Bals (RO) 153 C3
Balsa (P) 131 A1
Balsa (RO) 147 A5
Balsa de Vés (E) 134 B6
Balsareny (E) 129 B5
Balsfjord (N) 5 B1
Balsiai (LT) 175 D3
Balsicas (E) 141 B4
Balsièges (F) 106 B2
Balsjö (S) 17 A4
Bålsön (S) 25 C4
Balsorano Nuovo (I) 113 C6
Balsovo (RUS) 182 C2
Bålsta (S) 31 A4
Balsthal (CH) 98 C1
Balsupiai (LT) 176 B5
Balta (RO) 152 D2
Baltanás (E) 126 C5
Baltar (E) 124 D5
Baltasound (GB) 45 D2
Bălătesti (RO) 148 D3
Băltati (RO) 149 A3
Balta Verde (RO) 152 D2
Balteni (RO) 153 D3
Bălţi (MD) 149 C2
Baltijsk (RUS) 175 A5
Baltimore (IRL) 50 C6
Baltinava (LV) 182 C4
Baltinglass (IRL) 51 C3
Bal'tino (RUS) 182 D5
Baltoji Vokė (LT) 176 D5
Baltrum (D) 67 C1
Bałucz (PL) 72 A3
Balugães (P) 124 C5
Balungstrand (S) 29 B1
Balvan (BG) 160 A2
Balvi (LV) 182 C4
Balya (TR) 165 D4
Balze (I) 110 B6
Balzers (FL) 99 B2
Balzhausen (D) 92 B3
Balzo (I) 113 C3
Bamberg (D) 78 B4
Bambininikai (LT) 176 B5
Bamble (N) 27 C6
Bamburgh (GB) 49 C4
Bampton (GB) 57 A4
Bampton (GB) 58 B2
Baňa, N. (SK) 81 C5
Baňa, Rimavská (SK) 82 B5
Bana (H) 102 D2
Baña (E) 124 C2
Banagher (IRL) 51 A2
Baňa Lucia (SK) 82 C5
Banarli (TR) 165 C1
Banat. Arandelovo (YU) 103 D6
Banat. N. Selo (YU) 152 A2
Banatski Dvor (YU) 151 D1
Banbridge (GB) 47 C5
Banbury (GB) 58 C1
Banca (F) 104 B5
Banchory (GB) 45 C6
Bancu (RO) 148 D5
Band (RO) 147 C4
Bande (B) 75 C4
Bande (E) 124 D5
Bandeira (E) 124 C3
Bander (S) 43 C5
Banderas (P) 136 B6
Bandholm (DK) 41 C5
Bando (I) 110 B4
Bandol (F) 107 B5
Bandon (IRL) 50 C5
Bandset (N) 1 A5
Băneasa (RO) 149 C6
Băneasa (RO) 154 B5
Băneasa (RO) 155 A4
Bañeres (E) 141 B1
Bañeza, La (E) 125 D4
Banff (GB) 45 C5
Bångbro (S) 29 A3
Bångnäs (S) 15 C2
Bangor (GB) 47 D4
Bangor (GB) 53 A4
Bangor (F) 84 D6
Bangor Erris (IRL) 46 B5
Bangor-is-y-coed (GB) 53 B5
Bangsund (N) 14 B4
Bánhorváti (H) 82 C6
Bania (BG) 161 B2
Banica (BG) 153 B6
Banie (PL) 62 C5
Banie Mazurskie (PL) 65 A2
Baniewice (PL) 62 C5
Baniocha (PL) 72 D2
Baniska (BG) 154 B5
Banište (BG) 159 A3
Bănita (RO) 153 A1
Banja, Brestovačka (YU) 152 C4
Banja, Jošanička (YU) 152 A6
Banja, Kuršumlijska (YU) 158 B2
Banja, Mataruška (YU) 152 A5
Banja, Niška (YU) 152 C6
Banja, Ovčar (YU) 151 D5
Banja, Ravna (YU) 158 C3
Banja, Ribarska (YU) 152 B6
Banja, Sijarinska (YU) 158 C3
Banja, Vranjska (YU) 158 D3
Banja, Vrnjačka (YU) 152 A5
Banja (YU) 151 C6
Banja (BG) 159 B5
Banja (BG) 160 A3
Banja (BG) 160 C3
Banja Koviljača (YU) 151 B3
Banjaloka (SLO) 101 C6
Banja Luka (BIH) 150 C3
Banjani, G. (YU) 151 D4
Banjani (YU) 151 D3
Banja Vrućica (BIH) 150 D3
Banjevci (HR) 111 D5
Banjica (YU) 158 A3
Banjole (HR) 111 A3
Banjska (YU) 158 A3
Banka (SK) 81 B5
Ban. Karlovac (YU) 152 B2
Bankekind (S) 39 B1
Bänkerträsk (S) 11 A5
Bankfoot (GB) 49 A2
Bankja (BG) 159 A3
Bankryd (S) 38 D3
Bannalec (F) 84 C4
Bannegon (F) 96 B2
Bannes (F) 89 A2
Bannes (F) 89 C4
Bannockburn (GB) 48 D3
Bänö (FIN) 32 B4
Banon (F) 107 B3
Baños de Alicún (E) 140 B4
Baños de Busot (E) 141 B2
Baños de Fuente Santa (E) 126 A2
Baños de Gigonza (E) 142 C5
Baños de la Encina (E) 139 D3
Baños de las Tiñosas (E) 139 C2
Baños de Molgas (E) 124 D4
Baños de Montemayor (E) 131 D3
Baños de San José (E) 140 D3
Baños de Zújar (E) 140 B4
Baños Rio Tobia (E) 127 A4
Banoštor (YU) 151 C2
Banova Jaruga (HR) 150 B1
Banovce n. Bebr. (SK) 81 B5
Banovci, St. (YU) 151 D2
Banovići (BIH) 151 A4
Banovići Selo (BIH) 151 A4
Banowice (PL) 82 B2
Ban. Palanka (YU) 152 B2
Bánréve (H) 82 B6
Bansha (IRL) 51 A4
Banska Bystrica (SK) 81 C5
Banska Stiavnica (SK) 81 C5
Banské (SK) 82 D4
Bansko (BG) 159 B5
Banteer (IRL) 50 C5
Bantheville (F) 75 B6
Bantheville (F) 75 B6
Bantry (IRL) 50 C6
Bantzenheim (F) 90 C5
Bañuelos (E) 127 A4
Bānūži (LV) 179 C4
Banyalbufar (E) 123 A4
Banyliv (UA) 148 B1
Banyoles (E) 129 D4
Banyuls-s-Mer (F) 129 D3
Banzi (I) 115 C6
Bapaume (F) 74 C4
Bar (F) 75 B6
Bár (H) 103 A6
Bar (YU) 157 B5
Bar, le (F) 108 A6
Bara, Rakova (YU) 152 C3
Barabás (H) 83 B6
Barači, G. (BIH) 150 B4
Baracs (H) 103 B4
Baracska (H) 103 A3
Bărăganu (RO) 155 B4
Bărăganul (RO) 155 A3
Barahona (E) 133 A1
Barajas (E) 132 D3
Barajas de Melo (E) 133 A4
Barake (BIH) 111 D3
Baralla (E) 125 A3
Baránd (H) 146 B2
Baranello (I) 115 A4
Baranovka (LV) 182 D5
Baranów (PL) 73 A3
Baranowo (PL) 65 A4
Baranów Sandomierski (PL) 73 A5
Barany (BY) 177 D4
Barão de São João (P) 137 B5
Baraolt (RO) 148 C6
Baraque-de-Fraitures (B) 75 C4
Baraqueville (F) 106 A3
Båraryd (S) 38 C4
Baravaja (LV) 182 C1
Barbacena (P) 138 A1
Barbadanes (E) 124 D4
Barbadillo (E) 126 D5
Barbadillo de Herreros (E) 127 A5
Barbadillo del Pez (E) 126 D5
Barbain (E) 125 A3
Barban (HR) 111 A3
Bárbara, Santa (P) 136 D5
Barbara, Sta. (P) 136 D6
Barbarano Vic. (I) 110 A2
Barbariga (HR) 111 A3
Barbaros (TR) 165 C2
Barbaros (TR) 169 A5
Barbastro (E) 128 C5
Barbate (E) 142 C6
Bărbătesti (RO) 153 B2
Barbatovac (YU) 158 B2
Barbâtre (F) 94 A2
Barbazan (F) 105 A6
Bārbele (LV) 179 B6
Barbençon (B) 75 A4
Barbentane (F) 107 A4
Barberino di M. (I) 109 D5
Barberino V. d'E. (I) 112 C2
Barbezieux (F) 95 A6
Barbières (F) 107 A1
Barbing (D) 92 D1
Barbirey-s-Ouche (F) 97 B1
Barbis (D) 68 D6
Barbizon (F) 88 C3
Barbonne-Fayel (F) 88 D2
Barbonval (F) 74 D6
Barbotan-les-Thermes (F) 104 D4
Barby (D) 69 B5
Barca, Ponta da (P) 136 B5
Barca (SK) 82 D5
Bárcabo (E) 128 C4
Barca d'Alva (P) 131 B2
Bărcănesti (RO) 154 B3
Bărcănesti (RO) 154 C3
Barcarès, le (F) 106 B6
Barcarrola (E) 138 B2
Barcebalejo (E) 127 A6
Barcellona-P. di G. (I) 119 B2
Barcelona (E) 129 C6
Barcelonne-du-Gers (F) 104 D4
Barcelonnette (F) 107 D2
Barcelos (P) 124 C6
Bárcena (E) 125 B2
Bárcena (E) 126 A1
Bárcena de Campo (E) 126 B4
Bárcena de Ebro (E) 126 C3
Bárcena del Pie de Concha (E) 126 C2
Barchfeld (D) 78 A2
Barchin (E) 133 C5
Barčiai (LT) 176 D6
Barcial del Barco (E) 125 D5
Barciany (PL) 64 D2
Barcice (PL) 82 C3
Barcillonnette (F) 107 C2
Barcin (PL) 63 D5
Barcinek (PL) 70 C5
Bárcis (I) 100 C5
Barco (E) 125 B4
Barco de Avila, El (E) 131 D3
Barcones (E) 133 A1
Barcs (H) 102 C6
Barcus (F) 104 C5
Bărcut (RO) 148 B6
Barczewo (PL) 64 D3
Bard (I) 108 B1
Bardal (N) 8 D4
Bardallur (E) 127 D6
Bardejov (SK) 82 D3
Bardi (I) 109 A3
Bardineto (I) 108 C4
Bardolino (I) 109 C1
Bardonécchia (I) 107 D1
Bardos (F) 104 B5
Bardowick (D) 60 D5
Bardsea (GB) 53 B2
Bardsey (GB) 52 C5
Barèges (F) 104 D6
Bärenklau (D) 70 B2
Bärenstein (D) 70 A5
Bärenstein (D) 79 A2
Bärental, Hint.- (D) 90 D4
Barentin (F) 87 B2
Barenton (F) 86 C4
Bares, Estaca de (E) 125 A1
Barevo (BIH) 150 C4
Bărfendal (S) 38 A2
Bårfjordbotn (N) 2 A3
Barfleur (F) 86 C1
Barga (I) 109 C5
Barge (I) 108 A3
Bargemon (F) 107 D4
Bargen (CH) 99 A1
Barghe (I) 99 C6
Barglówka (PL) 71 D6
Bargłów Kościelny (PL) 65 B3
Bargoed (GB) 57 B2
Bargrennan (GB) 48 C5
Bargstedt (D) 60 C4
Bargteheide (D) 60 D4
Bar, Horný (SK) 102 C1
Bari (I) 117 B1
Barić-Draga (HR) 111 C4
Barile (I) 115 C5
Barillos (E) 126 A3
Barilović (HR) 111 D2
Barinas (E) 141 A2
Bari Sardo (I) 121 D4
Barisciano (I) 113 C4/5
Barjac (F) 106 B2
Barjac (F) 106 D3
Barjacoba (E) 125 B5
Barjols (F) 107 C4
Barkåker (N) 27 D5
Barkald (N) 23 D5
Barkarö (S) 29 D6
Barkava (LV) 182 B5
Barkerud (S) 28 B6
Barkhult (S) 39 A6
Barking (GB) 59 A3
Barklainiai (LT) 176 C2
Barkow (D) 61 C4
Barkówko (PL) 71 A3
Barkowo (PL) 63 C3
Barkston (GB) 54 D5
Bar-le-Duc (F) 89 C2
Barles (F) 107 C3

Barletta (I) 115 D5
Bårlia (N) 14 B5
Barlinek (PL) 62 D5
Barlohe (D) 60 C3
Barlovento, Playa de (E) 145 B5
Barmby Moor (GB) 54 C3
Barmen (N) 22 A5
Barmouth (GB) 52 D5
B'ar'movo (RUS) 182 D5
Barmstedt (D) 60 D3
Barna (IRL) 50 C2
Barnard Castle (GB) 53D1
Barnarp (S) 38 D3
Bärnau (D) 78 D4
Barnby Moor (GB) 54 C4
Barneberg (D) 69 A4
Barneveld (NL) 66 D5
Barneville-Carteret (F) 86 B2
Barnewitz (D) 69 C3
Barniedo (E) 126 B3
Barnkrug (D) 60 C4
Barnoldswick (GB) 53 C3
Barnówko (PL) 62 C5
Barnsley (GB) 54 B3
Barnstaple (GB) 57 A4
Barnstorf (D) 67 D3
Barntrup (D) 68 B5
Barön (S) 28 C5
Baron (F) 74 C6
Barona, La (E) 134 D4
Baronissi (I) 115 A6
Baronville (F) 90 B2
Barovcy (BY) 177 C5
Barovo (MK) 163 B1
Barøy (N) 4 D4
Barp, le (F) 104 C2
Barqueiro (P) 130 C4
Barquilla (E) 131 C5
Barquinha (P) 130 C5
Barr (F) 90 C3
Barra (GB) 44 A6
Barra (P) 130 B2
Barraca, La (E) 134 D6
Barracao (P) 124 D5
Barracão (P) 130 B4
Barracão (P) 130 C6
Barracas (E) 134 C4
Barrachina (E) 134 B2
Barraco (E) 132 B3
Barradas (P) 137 D4
Barrafranca (I) 118 D4
Barra Head (GB) 44 A6
Barran (F) 105 A3
Barranco do Velho (P) 137 D5
Barrancos (P) 138 B3
Barranda (E) 140 D3
Barrasoain (E) 127 C3
Barrax (E) 140 C1
Barre (F) 106 A4
Barrea, Villetta (I) 114 D3
Barre-des-Cévennes (F) 106 C3
Barreel, De Kl. (B) 75 A1
Barre-en-Ouche, la (F) 87 B3
Barreiro (P) 137 B1
Barreiros (E) 125 A1
Barrême (F) 107 C3
Barret-le-Bas (F) 107 B3
Barrhead (GB) 48 D4
Barrhill (GB) 48 C5
Barriere-de-Champion (B) 75 C4
Barril (P) 130 A6
Barrio (E) 131 A6
Barrios, Los (E) 125 D3
Barrios, Los (E) 142 D6
Barrl (D) 60 D5
Barroca (P) 130 D4
Barrou (F) 95 B2
Barrow-in-Furness (GB) 53 B2
Barrow upon Humber (GB) 54 D3
Barruecopardo (E) 131 B2
Barruelo de Santullán (E) 126 C3
Barry (GB) 57 B3
Barsac (F) 104 D2
Bar-s-Aube (F) 89 B3
Baršć (Forst) (D) 70 B3
Bårse (DK) 41 C4
Barsebäck (S) 42 C2
Barsele (S) 16 B1
Barsfleth (D) 60 B3
Barsinghausen (D) 68 B4
Bar-s-Seine (F) 89 A4
Barßel (D) 67 C2
Bar, St. (YU) 157 B5
Barstyčiai (LT) 175 D1
Barsviken (S) 25 C2
Bar, Temple (GB) 57 A1
Bārta (LV) 178 B6
Barth (D) 61 C2
Barthe-de-Neste, la (F) 105 A6
Bartholène (F) 106 A2
Bartholomä (D) 91 A2
Bartków, Nowy (PL) 73 B1
Bartnes (N) 14 B5
Bartninkai (LT) 176 B5
Bartodzieje (PL) 72 A4
Bartolomeo, S. (E) 145 D3
Bartolomeo de Regatos, S. (P) 136 D6
Bartołty Wielkie (PL) 64 D3
Barton (GB) 53 B3
Barton (GB) 54 B1
Barton Hill (GB) 54 C2
Barton Mills (GB) 55 A6
Barton upon Humber (GB) 54 D3
Bartoszyce (PL) 64 D2
Barúmini (I) 121 C4
Baruth (D) 69 D4
Barva (S) 30 D4
Barvas (GB) 44 B3
Barvaux (B) 75 C3
Barwałd (PL) 82 A2
Barwedel (D) 68 D3
Barwice (PL) 63 B3
Barycz (PL) 83 A2
Barzdai (LT) 176 B4
Barzdžiūnai (LT) 176 C6
Bârzia (BG) 159 A2
Bàrzio (I) 99 B5
Bås (N) 36 D2
Bašaid (YU) 151 D1
Basarabi (RO) 155 B4
Basauri (E) 127 A2
Basconcillos (E) 126 C3
Basdahl (D) 60 C4
Basel (CH) 98 C1
Baselga (I) 100 A4
Basella (E) 129 A5
Bas-en-Basset (F) 97 A6
Basepohl (D) 61 D3
Båsheim (N) 27 B4
Basi (LV) 178 B5
Basico (I) 119 A3
Basildon (GB) 59 A3
Bašin (YU) 152 A4
Basingstoke (GB) 58 C3
Baška (CZ) 81 B3
Baška (HR) 111 B3
Baška Voda (HR) 156 B2
Baskemölla (S) 43 A3
Baskó (H) 82 D6
Bäsksele (S) 16 B3
Basksjo (S) 16 B2
Baslow (GB) 54 B4
Båsmoen (N) 9 A4
Bäsna (S) 29 A2
Basnäs (S) 29 B6
Basonys (LT) 176 C4
Basovizza (I) 101 A6
Bassacutena (I) 121 C1
Bassan (F) 106 B5
Bassano d. Grappa (I) 110 A1
Basse (D) 61 C3
Bassée, la (F) 74 C3
Bassett (GB) 58 B3
Bassignac-le-Haut (F) 96 A6
Bassilac (F) 95 B6
Bassou (F) 88 D4
Bassoues (F) 105 A4
Bassum (D) 68 A3
Bašta, Bajina (YU) 151 C5
Båstad (S) 28 B1
Båstad (S) 42 B1
Bastardo (I) 113 A3
Bastasi (BIH) 150 A4
Bästdal (S) 25 C4
Bastelica (F) 120 C3
Bastelicaccia (F) 120 B3
Bastfallet (S) 30 C2
Bastia (F) 120 C2
Bastia Umbra (I) 113 A3
Bastide, la (F) 107 D4
Bastide-de-Lordat, la (F) 105 C5
Bastide-de-Sérau, la (F) 105 C6
Bastide-des-Jourdans, la (F) 107 B4
Bastide-Puylaurent, la (F) 106 C2
Bastide-s-Hers, la (F) 105 D6
Bastit, le (F) 105 C2
Bastmora (S) 29 B3
Bastogne (B) 75 C4
Bastuj. (S) 17 A1
Bastunäs (S) 16 D3
Bastuskär (FIN) 19 A6
Bastusund (S) 11 C3
Bastuträsk (S) 17 A2
Bastuträsk (S) 17 A4
Baszków (PL) 71 B3
Bata (RO) 146 C5
Batajnica (YU) 151 D2
Batak (BG) 159 D5
Batakiai (LT) 176 A3
Batalha (P) 130 B5
Bătanii Mari (RO) 148 C6
Bătarci (RO) 147 A1
Bátaszék (H) 103 A5
Batea (E) 135 A1
Batelov (CZ) 80 B3
Båteng (N) 3 A3
Baterno (E) 139 B1
Batfa (UA) 83 A5
Båtfors (S) 17 A1
Bath (GB) 57 C3
Bathgate (GB) 49 A3
Bâtie-Neuve, la (F) 107 C2
Batin (BG) 154 B6
Batina (HR) 103 B6
Bátka (SK) 82 B5
Batley (GB) 54 B3
Batlloria, La (E) 129 C5
Bátmonostor (H) 103 B6
Båtnäset (S) 16 B5
Båtnfjordsøra (N) 22 D3
Batočina (YU) 152 B4
Batogowo, Sławkowo- (PL) 65 A5
Batos (RO) 147 C3
Batoševo (BG) 160 A2
Bátovce (SK) 81 C6
Batovo (BG) 155 B6
Batrina (HR) 150 D2
Båtsfjord (N) 3 A1
Batsion (GR) 168 B6
Batsjaur (S) 10 B4
Båtskärsnäs (S) 11 D3
Battenberg (Eder) (D) 76 D2
Battenheim (F) 90 C5
Bätterkinden (CH) 98 C2
Battipáglia (I) 115 A6
Battle (GB) 59 A4
Battlefield (GB) 53 B5
Batulci (BG) 159 C2
Batulia (BG) 159 B2
Båtvik (FIN) 33 C5
Bátya (H) 103 B5
Batyk (H) 102 B3
Batzhausen (D) 78 C6
Batz-s-Mer (F) 85 A6
Baucina (I) 118 C3
Baud (F) 84 D4
Baudres (F) 95 C2
Baugé (F) 95 A1
Baugy (F) 96 B2
Baule, la (F) 85 A6
Baulon (F) 85 B4
Bauma (CH) 99 A2
Baumber (GB) 54 D4
Baume-les-Dames (F) 98 A1
Baumgarten (D) 93 B2
Baumholder (D) 76 C5
Baunach (D) 78 B4
Baunei (I) 121 D4
Bauni (LV) 179 C3
Baurci (MD) 149 D5
Bauska (LV) 179 B6
Baustin (N) 27 B1
Bautzen (Budyšin) (D) 70 B4
Baux-de-Provence, les (F) 107 A4
Bavanište (YU) 152 A2
Bavay (F) 74 D3
Baveno (I) 98 D5
Bavorov (CZ) 79 C6
Bawdeswell (GB) 55 B6
Bawdsey (GB) 59 C2
Bawinkel (D) 67 C3
Bawtry (GB) 54 C4
Bay, Herne (GB) 59 B3
Bay, Wemyss (GB) 48 C3
Baye (F) 88 D2
Bayel (F) 89 B3
Bayerisch Eisenstein (D) 93 B1
Bayeux (F) 86 C2
Bayındır (TR) 169 C5
Bayo (E) 124 B2
Bayon (F) 90 A3
Bayona (E) 124 B4
Bayonne (F) 104 B5
Bayons (F) 107 C3
Bayramiç (TR) 165 B4
Bayramlı (TR) 160 D6
Bayreuth (D) 78 C4
Bayrischzell (D) 92 D5
Bayubas (E) 127 A6
Baza (E) 140 B4
Bazancourt (F) 74 A5
Bazas (F) 104 D2
Bazenheid (CH) 99 B2
Bazias (RO) 152 B2
Bazìège (F) 105 C5
Bazna (RO) 147 C5
Bazoche-Gouët, la (F) 87 B5
Bazoches (F) 96 D1
Bazoches-au-Houlme (F) 86 D3
Bazoches-les-Gallerandes (F) 88 B3
Bazoches-s-Hoëne (F) 87 A4
Bazoge, la (F) 87 A5
Bazoilles-s-Meuse (F) 89 C3
Bazolles (F) 96 D2
Bazougers (F) 86 D5
Bazouges-la-Pérouse (F) 85 B3
Bazzano (I) 109 D4
Bazzano (I) 113 C4
Beachley (GB) 57 C2
Beaconsfield (GB) 58 D3
Beadnell (GB) 49 C4
Béage, le (F) 106 D1
Bealdovuopmi, Peltovuoma (FIN) 6 C2
Beaminster (GB) 57 B4
Bear (IRL) 50 B6
Béard (F) 96 C2
Bearhaven, Castletown (IRL) 50 B5
Beariz (E) 124 C4
Bearnock (GB) 45 A5
Bearsden (GB) 48 D3
Beas (E) 138 B5
Beasain (E) 127 B2
Beas de Segura (E) 140 B3
Beateberg (S) 38 D1
Beatenberg (CH) 98 D3
Beattock (GB) 49 A5
Beaubery (F) 97 A3
Beaucaire (F) 106 D4
Beauchamp, Hatch (GB) 57 B4
Beauchamps (F) 85 B2
Beauclair (F) 75 B5
Beaudinard-s-Verdon (F) 107 C4
Beaufays (B) 75 C3
Beaufort (F) 97 C3
Beaufort (F) 98 A5
Beaufort-en-Vallée (F) 95 A1
Beaufort-s-G. (F) 107 A2
Beaugency (F) 87 C6
Beaujeu (F) 89 C5
Beaujeu (F) 97 A4
Beaulac (F) 104 D3
Beaulard (I) 107 D1
Beaulieu (GB) 58 B4
Beaulieu (F) 88 C5
Beaulieu (F) 108 A6
Beaulieu-s-Layon (F) 85 D6
Beaulieu-s/s-la-Roche (F) 94 B3
Beaulon (F) 96 D3
Beauly (GB) 45 A5
Beaumarchés (F) 104 D4
Beaumaris (GB) 53 A4
Beaume, la (F) 107 B2
Beaumes-de-Venise (F) 107 A3
Beaumesnil (F) 86 C3
Beaumesnil (F) 87 B3
Beaumetz (F) 74 C4
Beaumont (F) 74 B6
Beaumont (F) 74 C3
Beaumont (B) 75 A4
Beaumont (F) 86 B1
Beaumont (F) 87 A2
Beaumont (F) 105 A1/2
Beaumont-de-Lomagne (F) 105 B4
Beaumont-du-Gâtinais (F) 88 B4
Beaumont-du-Lac (F) 95 D5
Beaumont-la-Ronce (F) 87 B6
Beaumont-le-Roger (F) 87 B3
Beaumont-les-Autels (F) 87 B5
Beaumont-s-Oise (F) 74 B6
Beaumont-s-Sarthe (F) 87 A5
Beaune (F) 97 B2
Beaune-la-Rolande (F) 88 B4
Beaupréau (F) 94 C1
Beauraing (B) 75 B4
Beaurains (F) 74 C4
Beaurainville (F) 74 A3
Beaurepaire (F) 97 B6
Beaurepaire-en-Bresse (F) 97 C3
Beaurières (F) 107 B2
Beaussais (F) 95 A4
Beautiran (F) 104 C2
Beauvais (F) 74 B4
Beauvais (F) 74 B6
Beauvaisis, Marseille-en- (F) 74 B5
Beauval (F) 74 B4
Beauval (F) 74 B6
Beauvezer (F) 107 D3
Beauville (F) 105 B3
Beauvoir-de-Marc (F) 97 B6
Beauvoir-s-Niort (F) 94 D4
Beauvoir-sur-Mer (F) 94 A2
Beauzac (F) 97 A6
Beba Veche (RO) 103 D5
Bebe (LV) 178 B5
Bebelsheim (D) 76 C6
Bebenhausen (D) 91 A3
Bebington (GB) 53 B4
Bebitz (D) 69 B5
Bebr., Banovce n. (SK) 81 B5
Bebra (D) 88 B2
Bebrene (LV) 177 B1
Bebri (LV) 179 C5
Bebrina, D. (HR) 150 D2
Bebrininkai (LT) 176 B5
Bebrovo (BG) 160 B2
Bec, Weedon (GB) 58 C1
Beccles (GB) 55 C6
Becedilla, La (E) 132 B6
Beceite (E) 135 A2
Bečej (YU) 151 C1
Becerrea (E) 125 A3
Becerril (E) 126 B5
Bec-Hellouin, le (F) 87 B2
Bécherel (F) 85 B3
Becherov (SK) 82 D3
Bechet (RO) 153 C5
Bechyně (CZ) 79 C5
Becicherecu-Mic (RO) 146 A6
Becilla (E) 126 A5
Beckedorf (D) 68 C3
Beckeln (D) 68 A3
Beckenried (CH) 99 A2
Beckhampton (GB) 58 B3
Beckingham (GB) 54 C5
Beckington (GB) 57 C3
Beckum (D) 67 D5
Beckum (D) 76 C1
Beclean (RO) 147 B2
Bécon-les-Granits (F) 85 C5
Bečov n. T. (CZ) 79 A3
Becsehely (H) 102 B5
Bective (IRL) 51 C1
Bečva, Hor. (CZ) 81 B3
Bečváry (CZ) 80 B2
Bedale (GB) 54 B2
Bédar (E) 140 D5
Bédarieux (F) 106 B4
Bédarrides (F) 107 A3
Bedburg (D) 76 B2
Beddgelert (GB) 52 D5
Beddinge strand (S) 42D3
Bédée (F) 85 B3
Beden (DK) 41 A2
Beden (BG) 159 D5
Bedenac (F) 104 D1
Bedenec (HR) 102 A5
Bedenik (HR) 102 C6
Bederkesa (D) 60 B4
Bedford (GB) 58 D1
Bedizzole (I) 109 B1
Bedków (PL) 72 B3
Bedlam (IRL) 46 D3
Bedlington (GB) 49 C5
Bedlno (PL) 72 A2
Bédoin (F) 107 A3
Bedónia (I) 109 A4
Bedous (F) 104 C6
Bedretto (CH) 99 A4
Béduer (F) 105 C2
Bedusz (PL) 72 A5
Bedwas (GB) 57 B2
Bedworth (GB) 54 B6
Bedzin (PL) 72 A6
Bedzino (PL) 63 A2
Beehive (IRL) 51 D3
Beek (NL) 75 C1
Beek (NL) 75 C2
Beekbergen (NL) 67 A5
Beelen (D) 67 D5
Beelitz (D) 69 C4
Beenz (D) 62 A4
Beerfelde (D) 70 A1
Beerfelden (D) 77 A5
Beers (NL) 66 D6
Bees Head, St. (GB) 53 A1
Beeskow (D) 70 B2
Beetsterzwaag (NL) 67 A2
Béganne (F) 85 A5
Bégard (F) 84 D2
Begejci (YU) 152 A1
Begndalen (N) 27 C2
Begoml' (BY) 177 D4
Begov Han (BIH) 150 D4
Begovo Razdolje (HR) 111 C2
Bégude-de-Mazenc, la (F) 107 A2
Begues (E) 129 B6
Begunitsy (RUS) 35 B6
Begunje (SLO) 111 B1
Begur (E) 129 D5
Behešovice (CZ) 79 A4
Behla (D) 91 A4
Behramkale (TR) 165 B5
Behrendorf (D) 60 C2
Behren-Lübchin (D) 61 D3
Behringersmühle (D) 78 C4
Béhuard (F) 85 D5
Beian (N) 14 A6
Beiarn (N) 9 A2
Beica (RO) 147 D3
Beidwi (CH) 98 D2
Beignon (F) 85 A4
Beilen (NL) 67 A3
Beilngries (D) 92 C1
Beilo-Stølen (N) 27 B1
Beinette (I) 108 B4
Beirã (P) 131 A5
Beisfjord (N) 5 A4
Beisland (N) 36 D2
Beith (GB) 48 C4
Beiu (RO) 154 B5
Beius (RO) 146 D4
Beižionys (LT) 176 D5
Beja (P) 137 D3
Beja (LV) 182 C3
Bejar (E) 131 D3
Bekecs (H) 82 D6
Békés (H) 146 B4
Békéscsaba (H) 146 B4
Békéssámson (H) 146 A5
Békésszentandrás (H) 103 D4
Bekhausen (D) 67 D2
Bekirli (TR) 161 C5
Bekken (N) 24 A6
Bekkenga (N) 28 B4
Bekkeseter (N) 28 B1
Bekkevoll (N) 3 C3
Bekkevoort (B) 75 B2
Bekkjandsvik (N) 26 A4
Bělá, N. (CZ) 81 B2
Belá, Spišská- (SK) 82 C4
Belá (SK) 81 C3
Bela (BG) 153 A5
Belabino (RUS) 175 D5
Bélâbre (F) 95 C3
Bela Crkva (YU) 152 B2
Bel'ajevo (RUS) 182 D3
Belalcázar (E) 139 A2
Belanovica (YU) 151 D4
Bělá n. R. (CZ) 79 A5
Bela Palanka (YU) 152 D6
Bélapátfalva (H) 82 B6
Bělá pod Bezdězem (CZ) 70 B6
Belas (P) 137 A1
Belava (LV) 182 B4
Belava (LV) 182 B5
Belá Valaská (SK) 81 C4
Běla Woda (Weisswasser) (D) 70 B3
Belazaima (P) 130 C3
Belbèze (F) 105 B5
Belcaire (F) 105 D6
Belcesti (RO) 149 A3
Bełchatów (PL) 72 A4
Belchite (E) 134 C1
Bełchów (PL) 72 B2
Bělčice (CZ) 79 C5
Belčin (BG) 159 B4
Belclare (IRL) 50 D1
Belcoo (GB) 46 D5
Bełczna (PL) 63 A3
Belderg (IRL) 46 B5
Belec (HR) 102 A5
Belecke (D) 67 D6
Beled (H) 102 C2
Bělej (HR) 111 B3
Beleña (E) 131 D2
Belene (BG) 154 A6
Beleño (E) 126 A2
Bélesta (F) 105 D6
Belevi (TR) 169 C5
Beleviči (BY) 177 A6
Belfast (GB) 47 C4
Belfir (RO) 146 C4
Belford (GB) 49 C4
Belfort (F) 90 B5
Belgentier (F) 107 C5
Belgern (D) 69 D6
Belgež (BG) 159 D2
Belgioioso (I) 109 A2
Belgirate (I) 98 D5
Belgodère (F) 120 B2
Belgooly (IRL) 50 D6
Belgun (BG) 155 B5
Belhade (F) 104 C2
Beli (HR) 111 B3
Belica (BG) 159 B5
Bélice, Santa Margheritadi (I) 118 B4
Beli Izvor (BG) 159 B2
Belin (RO) 148 C6
Belina (PL) 72 B5
Belin-Bélret (F) 104 C2
Belinchon (E) 133 A4
Beli Potok (YU) 152 D5
Belis (RO) 147 A4
Bel-Iskâar (BG) 159 B4
Beliu (RO) 146 C4
Beljina (YU) 151 D3
Bel'ki (BY) 177 C3
Belkino (RUS) 175 D5
Belkino (RUS) 176 A4
Bělkovice-Lašťany (CZ) 81 A2
Bella (I) 115 B6
Bellac (F) 95 C4
Bellaghy (GB) 47 B4
Bellagio (I) 99 B5
Bellanagare (IRL) 46 C6
Bellananagh (IRL) 47 A6
Bellano (I) 99 B5
Bellante (I) 113 C3
Bellária (I) 110 C5
Bellavary (IRL) 46 B5
Bellavilliers (F) 87 A4
Belleau (F) 88 D1
Bellebat (F) 104 D2
Belle-Croix (B) 75 D3
Belleek (GB) 46 D4
Belleek (GB) 47 B5
Bellegarde (F) 88 B4
Bellegarde (F) 106 D4
Bellegarde-en-Marche (F) 96 B4
Bellegarde-Poussieu (F) 97 B6
Bellegarde-s-Valserine (F) 97 D4
Belleherbe (F) 98 B1
Belle-Ile (F) 84 C6
Belle-Isle-en-Terre (F) 84 C3
Bellême (F) 87 A4
Bellenaves (F) 96 C4
Bellencombre (F) 87 B1
Bellerive (F) 96 C4
Bellevaux (F) 98 A4
Bellevesvre (F) 97 C2
Belleville (F) 97 B4
Belleville-s-Vie (F) 94 C3
Bellevue (F) 75 A4
Bellevue-la-Montagne (F) 96 D6
Bellew, Newtown (IRL) 50 D1
Belley (F) 97 C5
Bellfall (E) 129 A6
Bellicourt (F) 74 C4
Belligné (F) 85 C5
Bell-lloc (E) 128 D6
Belling (D) 62 B3
Bellingham (GB) 49 B5
Bellinzago Nov. (I) 108 D1
Bellinzona (CH) 99 A4
Bellnhausen (D) 77 A2
Bellö (S) 39 B3
Bello (E) 134 A2
Bellochantuy (GB) 48 B4
Bellona (I) 115 D5
Bellpuig d'Urgell (E) 129 A6
Belluno (I) 100 C5
Bellver (E) 129 B4
Bellvik (S) 15 C4
Bellvik (S) 16 A4
Bellvis (E) 128 D6
Belm (D) 67 D4
Bélmez (E) 139 A3
Belmez de la Moraleda (E) 140 A4
Belmont (F) 105 A4
Belmont-de-la-Loir (F) 97 A4
Belmonte (E) 125 C2
Belmonte (P) 131 A3
Belmonte (E) 132 D4
Belmonte (E) 133 A5
Belmontelo (E) 133 B5
Belmullet (IRL) 46 A5
Belno (PL) 72 C5
Belobresca (RO) 152 B2
Beloeil (B) 74 D3
Belogradčik (BG) 153 A5
Beloljin (YU) 152 B6
Belomorskoje (RUS) 175 C4
Belo Polje (YU) 158 A3
Bolorado (E) 126 D4
Beloručje (BY) 177 D6
Bělotín (CZ) 81 A3
Belotinci (BG) 153 A5
Belovo (BG) 159 C4
Belovodica (MK) 158 C6
Belozem (BG) 160 A4
Belp (CH) 98 C2
Belpasso (I) 119 A4
Belpech (F) 105 C5
Belper (GB) 54 B5
Belrieth (D) 78 A3
Belsay (GB) 49 C5
Belsh (AL) 162 B3
Beltinci (SLO) 102 A4
Beltra (IRL) 46 B5
Beltra (IRL) 46 C5
Belturbet (IRL) 47 A5
Belum (D) 60 B4
Belungavik (IS) 1 A1
Beluša (SK) 81 B4
Belušić (YU) 152 B5
Belval (F) 90 B3
Belvedere (I) 101 A6
Belvédère-Campomoro (F) 120 B4
Belvedere di Sp. (I) 117 B5
Belvedere Marittima (I) 116 D4
Belver (E) 128 C6
Belver (P) 130 D5
Belver de los Montes (E) 125 D6
Belverne (F) 90 B5
Belvès (F) 105 B2
Belvèze-du-Razès (F) 105 D5
Belvianes (F) 105 D6
Belvis (F) 105 D6
Belvis de la Jara (E) 132 A5
Belz (UA) 73 D6
Belz (F) 84 D5
Bełzec (PL) 73 C6
Belzig (D) 69 C4
Bełżyce (PL) 73 A4
Bembibre (E) 125 C3
Bemfica (P) 130 B6
Bemposta (P) 130 C6
Bemposta (P) 131 B1
Bem Vende (P) 131 A2
Benabarre (E) 128 D5
Beňadik, Hronský (SK) 81 C6
Benafigos (E) 134 D3
Benafim (P) 137 C5
Benahadux (E) 140 C6
Benahavis (E) 142 D5
Ben'akoni (BY) 177 A6
Benalúa (E) 140 B5
Benalúa de las Villas (E) 143 C3
Benamaurel (E) 140 B4
Benameji (E) 143 A3
Benasau (E) 141 C1
Benasque (E) 128 C3
Benassay (F) 95 A3
Benatae (E) 140 C2
Benátky nad Jizerou (CZ) 70 B6
Benavent de la Conca (E) 129 A5
Benavente (E) 125 D5
Benavente (P) 130 B6
Benavides (E) 125 C4
Benavila (P) 130 D6
Bencatel (P) 138 A1
Bendillo (E) 125 A4
Bene (LV) 178 D6
Benediktbeuern (D) 92 C5
Benedita (P) 130 B5
Benegiles (E) 125 D6
Benejama (E) 141 B1
Benejúzar (E) 141 B3
Benesat (RO) 147 A2
Benešov, Hor. (CZ) 81 A2
Benešov (CZ) 79 D4
Benešov nad Ploučnicí (CZ) 70 B5
Benešov n. Cernou (CZ) 93 D2
Bénesse-lès-Dax (F) 104 B4
Bénesse-Maremne (F) 104 B4
Benestad (S) 39 A5
Bénestroff (F) 90 B2
Benet (F) 94 D4
Benetutti (I) 121 C3
Bene Vagienna (I) 108 B4
Bénévent-l'Abbaye (F) 95 D4
Benevento (I) 115 A5
Benfeld (F) 90 C3
Benferri (E) 141 A3
Benfleet, South (GB) 59 A3
Bengesti (RO) 153 B2
Bengtsfors (S) 28 B6
Bengy-s-Craon (F) 96 B2
Benica (BY) 177 B5
Beničanci (HR) 150 D1
Benicarlo (E) 135 A3
Benicasim (E) 134 D4
Benidorm (E) 141 C2
Beniel (E) 141 B3
Benifallet (E) 135 A2
Benifallim (E) 141 C2
Benington (GB) 55 A5
Benirrama (E) 141 C1
Benisa (E) 141 C1
Benisano (E) 134 C5
Benkovac (HR) 111 D5
Benkovski (BG) 155 A6
Bennettsbridge (IRL) 51 B4
Bennstedt (D) 69 B6
Bénodet (F) 84 B4
Benolpe (D) 76 D2
Benquerencia (E) 139 A2
Benrath (D) 76 B1
Bensafrim (P) 137 B5
Bensberg (D) 76 B2
Bensbyn (S) 11 C4
Bensersiel (D) 67 C1
Bensheim (D) 77 A5
Bensjö (S) 25 A2
Benteler (D) 67 D5
Bentheim (D) 67 B4
Bentley (GB) 54 C4
Bentpath (GB) 49 A5
Bentwisch (D) 61 C3
Beňuš (SK) 82 A4
Bény-Bocage, le (F) 86 C3
Beočin (YU) 151 C2
Beograd (YU) 152 A3
Beragh (GB) 47 A4
Beranda (E) 126 D2
Beranje (YU) 152 B3
Berard., Castelnuovo (I) 112 D2
Bérarde, la (F) 107 C1
Bérat (F) 105 B5
Berat (AL) 162 B3
Bérbaltavár (H) 102 C3
Berbegal (E) 128 B5
Berberana (E) 127 A3
Berberia, Cabo (E) 122 D6
Berbés (E) 126 A1
Berbesti (RO) 83 D6
Berbesti (RO) 147 B1
Berbesti (RO) 153 B2
Berca (RO) 154 C2
Bercedo (E) 126 D2
Bercel (H) 103 B1
Berceni (RO) 154 C4
Berceo (E) 127 A4
Berceto (I) 109 B4
Berchidda (I) 121 C2
Berchiddeddu (I) 121 C2
Berching (D) 92 C1
Berchisesti (RO) 148 D2
Bercioiu (RO) 153 C2
Berck-Plage (F) 74 A3
Bercu (F) 74 D3
Bercu (RO) 83 B6
Berdal bru (N) 26 D5
Berdalen (N) 14 B5
Berd'huis (F) 87 B4
Berdóyas (E) 124 B2
Berducedo (E) 125 B2
Berdún (E) 128 A3
Berechiu (RO) 146 C4
Beregsurány (H) 83 B6
Bereguardo (I) 108 D2
Berehi (UA) 83 B6
Berehomet (UA) 148 C1
Berehove (UA) 83 B6
Beremend (H) 103 A6
Berenbostel (D) 68 B4
Berendrecht (B) 75 A1
Bere Regis (GB) 58 A5
Berest (PL) 82 C3
Beresti (RO) 149 C5
Berestii de Jos (RO) 155 A3
Berestovica, Bol'šaja (BY) 65 D4
Berettyóújfalu (H) 146 B3
Berezeni (RO) 149 C5
Béréziat (F) 97 B3
Berezki (BY) 177 D4
Berežkovskoe (RUS) 175 D5
Bereznyj, Velikij (UA) 83 B4
Berezov, Nyžnij- (UA) 148 B1
Berezovka (RUS) 35 D5
Berežovka (RUS) 175 B5
Berezovka (BY) 176 D6
Berezovo (RUS) 175 C5
Berfay (F) 87 B5
Berg (N) 14 C1
Berg (S) 24 D2
Berg (N) 28 B3
Berg (S) 39 A1
Berg (D) 78 C5
Berg (D) 92 B2
Berg (D) 92 C4
Berga (S) 39 C4
Berga (D) 69 A6
Berga (E) 129 B4
Bergaland (N) 26 B6
Bergama (TR) 165 D6
Bergamasco (I) 108 C3
Bergamo (I) 99 B6
Bergantino (I) 109 D2
Bergara (E) 127 B2
Bergbacka (S) 11 A5
Bergbronn (D) 91 C1
Berge (S) 15 A6
Berge (N) 27 A6
Berge (D) 67 C3
Bergedorf, Hamburg (D) 60 D4
Bergeforsen (S) 25 C2
Bergen, Dumme (D) 68 D3
Bergen, Mons (B) 75 A3

Bergen (N) 26 B3
Bergen (D) 61 D2
Bergen (NL) 66 C3
Bergen (D) 68 C3
Bergen aan Zee (NL) 66 B3
Berger (N) 27 D5
Bergerac (F) 105 A1
Bergères-lès-Vertus (F) 89 A2
Bergesserin (F) 97 A3
Berget (N) 8 D4
Berget (N) 28 A2
Bergfors (S) 5 C4
Berggiesshübel (D) 70 A5
Berghamn (S) 25 D2
Berghamn (FIN) 32 D5
Bergheim (Erft) (D) 76 A2
Berghin (RO) 147 B5
Bergholnes (N) 9 B3
Berg i. Gau (D) 92 C2
Bergisch Gladbach (D) 76 B2
Bergkarlås (S) 24 D6
Bergkvara (S) 39 C6
Bergland (S) 15 C1
Berglern (D) 92 D3
Berglia (N) 15 A4
Bergliden (S) 17 A2
Berglunda (S) 9 C5
Berglunda (S) 16 D2
Bergnäs (S) 10 C5
Bergnäs (S) 16 B2
Bergneustadt (D) 76 C2
Bergö (FIN) 19 A3
Bergö (FIN) 32 B4
Bergön (S) 11 C4
Bergrade (D) 61 B4
Bergsbo (S) 25 B5
Bergsbrunna (S) 31 A3
Bergsfjord (N) 1 D4
Bergshamra (S) 31 B3
Bergsholmen (S) 17 B1
Bergsjö (S) 16 B4
Bergsjö (S) 25 C4
Bergsjø (N) 27 A2
Bergsjö (S) 28 D5
Bergsjödet (S) 15 A5
Bergslia (N) 28 A1
Bergsnäs (S) 39 A5
Bergsnev (N) 14 B3
Bergstad (FIN) 33 C5
Bergstedt (D) 60 D4
Bergtheim (D) 77 C4
Bergüenda (E) 127 A3
Bergues (F) 74 B2
Bergues (F) 74 D4
Bergün, Bravuogn (CH) 99 C4
Bergundhaugen (N) 27 D1
Bergvik (S) 25 C6
Bergzabern, Bad (D) 90 D2
Berhida (H) 102 D3
Bérigny (F) 86 C3
Berill (N) 22 D4
Berilovac (YU) 152 D6
Beringel (P) 137 D3
Beringen (B) 75 C2
Berini (RO) 152 B1
Berja (E) 140 B6
Berka (D) 77 C2
Berkåk (N) 23 C3
Berkeley (GB) 57 C2
Berkesz (H) 83 A6
Berkhamsted (GB) 58 D2
Berkheim (D) 91 C4
Berkhof (D) 68 B3
Berkinge (S) 31 A2
Berkovica (BG) 159 A2
Berkovići (BIH) 157 A2
Berlanga (E) 138 D2
Berlanga de Duero (E) 127 A6
Berlevåg (N) 3 A1
Berlin (D) 69 D3
Berlstedt (D) 78 B1
Bermeo (E) 127 A2
Bermillo de Sayago (E) 131 C1
Bern (CH) 98 C2
Bernacice (PL) 81 B1
Bernadets (F) 105 D5
Bernalda (I) 117 A2
Bernard, Sart- (B) 75 B3
Bernardino, S. (CH) 99 B4
Bernartice (CZ) 70 D5
Bernartice (CZ) 79 C5
Bernāti (LV) 178 A6
Bernau (D) 69 D3
Bernau (A) 101 D3
Bernau i. Chiemgau (D) 93 A4
Bernaville (F) 74 B4
Bernay (F) 87 A5
Bernay (F) 87 B3
Bernburg (D) 69 B5
Berndorf (A) 102 A1
Bernécourt (F) 89 D2
Berneray (GB) 44 A4
Bernerie-en-Retz, la (F) 94 A2
Bernesq (F) 86 C2
Berneuil (F) 95 C4
Berneval (F) 59 B6
Bernin (F) 97 D6
Berninahäuser (CH) 99 C4
Bernkastel (D) 76 B4
Bernolákovo (SK) 102 C1
Bernsdorf (D) 69 D5
Bernsdorf (D) 70 A3
Bernsfelden (D) 77 C5
Bernstadt (D) 70 B4
Bernstein (A) 102 A2
Bernués (E) 128 B4
Berolzheim (D) 77 B5
Beromünster (CH) 98 D2
Beronovo (BG) 160 D2
Beroun, Moravský (CZ) 81 A2
Beroun (CZ) 79 C4
Berovo (MK) 163 C1
Berra (I) 110 B3
Berrazales, Los (E) 144 C6
Berre l'E. (F) 107 A5
Berriedale (GB) 45 B3
Berrien (F) 84 C3
Berrocal (E) 131 C2
Berrocal (E) 142 B2
Berroeta (E) 127 C2
Berrón (E) 125 D2
Berrueces (E) 126 A5
Berry (F) 74 D6
Berry-au-Bac (F) 74 D6
Berry-Bouy (F) 96 B2
Bersbo (S) 39 B2
Bersee (F) 74 C3
Bersenbrück (D) 67 C3
Berson (F) 104 C1
Berstadt (D) 77 A3
Bertbyvik (FIN) 32 B4
Bertea (RO) 154 B2
Bertem (B) 75 B2
Berteškiai (LT) 176 B3
Berthegon (F) 95 A2
Bertignat (F) 96 D5
Bertinoro (I) 110 B5
Bertins, les (F) 96 C1
Bertnes (N) 9 A2
Bertogne (B) 75 C4
Bertric-Burée (F) 95 B6
Berveni (RO) 146 D1
Berville-s-Mer (F) 87 A2
Berwang (A) 99 D2
Berwick, North (GB) 49 B3
Berwick-upon-Tweed (GB) 49 C4
Berzasca (RO) 152 C3
Bērzaune (LV) 179 D5
Bērzciems (LV) 178 D4
Berzé-la-Ville (F) 97 B3
Berzence (H) 102 C5
Bērzgale (LV) 182 C5
Bērzi (LV) 178 C5
Bērzini (LV) 177 D1
Berźniki (PL) 65 C2
Berzocana (E) 131 D6
Berzosa (E) 132 D2
Berzovia (RO) 152 C1
Bērzpils (LV) 182 C5
Berzunti (RO) 149 A5
Bērzupe (LV) 178 D5
Besalú (E) 129 C4
Besançon (F) 97 D1
Besande (E) 126 B3
Besenfeld (D) 91 A3
Bešeňov (SK) 103 A1
Besenyőtelek (H) 103 D2
Besenyszög (H) 103 D3
Bęsia (PL) 64 D2
Besigheim (D) 91 B2
Běšiny (CZ) 79 B5
Beskidzka, Sucha (PL) 82 A2
Beškino (RUS) 181 D5
Beslé (F) 85 B5
Besné (F) 85 A5
Bessai-s-Allier (F) 96 D3
Bessais-le-Fromental (F) 96 C3
Bessan (F) 106 B5
Bessans (F) 98 B6
Bessat, le (F) 97 A6
Besse-en-Chandesse (F) 96 C6
Bessèges (F) 106 D3
Bessenay (F) 97 A5
Bessé-s-Braye (F) 87 B6
Besse-s-Issole (F) 107 C5
Bessheim (N) 23 A6
Bessières (F) 105 C4
Bessines-s-Gartempe (F) 95 C4
Besson (F) 96 C3
Besstul (N) 27 C5
Best (NL) 75 C1
Beszowa (PL) 72 D6
Betancuria (E) 145 C5
Betanzos (E) 124 D2
Beted (S) 28 B4
Betelu (E) 127 C2
Bétera (E) 134 D5
Beteta (E) 133 D3
Bétheniville (F) 75 A6
Bethesda (GB) 53 A4
Béthisy (F) 74 C6
Bethmale (F) 105 B6
Béthune (F) 74 C3
Betna (N) 23 A2
Beton-Bazoches (F) 88 D2
Bettembourg (L) 75 D5
Bettignies (F) 75 A3
Bettna (S) 30 D5
Béttola (I) 109 A3
Bettyhill (GB) 45 A3
Betws-y-Coed (GB) 53 A5
Betygala (LT) 176 B3
Betz (F) 74 C6
Betzdorf (D) 76 C2
Betzenstein (D) 78 C5
Beuel (D) 76 B2
Beuil (F) 108 A5
Beulah (GB) 57 A1
Beurlay (F) 94 C5
Beuron (D) 91 B4
Beuxes (F) 95 A2
Beuzec-Cap-Sizun (F) 84 84
Beuzeville (F) 87 A2
Bevagna (I) 113 A3
Beveren (B) 75 A1
Beverley (GB) 54 D3
Beverlo (B) 75 C2
Bevern (D) 60 C4
Bevern (D) 68 B5
Beverst (B) 75 C2
Beverstedt (D) 60 B4
Beverungen (D) 68 B6
Beverwijk (NL) 66 C4
Béville-le-Comte (F) 88 A3
Bevtoft (DK) 40 D4
Bewdley (GB) 53 C6
Bex (CH) 98 B4
Bexhill (GB) 59 A4
Bexley (GB) 59 A3
Beyazköy (TR) 161 B5
Beyçayiri (TR) 165 C3
Beychac (F) 104 C1
Beydağ (TR) 169 D5
Beykoz (TR) 161 D5
Beynacetc. (F) 105 B1
Beynat (F) 105 D1
Beynes (F) 88 A2
Bézards, les (F) 88 C4
Bezau (A) 99 C2
Bézaudun-l'A. (F) 108 A5
Bezdan (YU) 103 B6
Bezdead (RO) 154 A2
Bezděčín (CZ) 70 B6
Bezdězem, Bělá pod (CZ) 70 B6
Bezdonys (LT) 177 A4
Bezdružice (CZ) 79 A4
Bèze (F) 89 C5
Bezenye (H) 102 C1
Bézéril (F) 105 B5
Béziers (F) 106 B5
Bezledy (PL) 64 C2
Bezmer (BG) 155 A5
Bezmer (BG) 160 A3
Bezmisth (AL) 162 D3
Béznar (E) 140 A6
Bezno (CZ) 70 B6
Bezouce (F) 106 D4
Bézu-Saint-Eloi (F) 87 C2
Bez'va (RUS) 182 D1
Bezvěrov (CZ) 79 A4
Bheag, Muine (IRL) 51 B3
Biadki (PL) 71 B3
Biała,-Bielsko (PL) 81 C2
Biała (PL) 62 D4
Biała (PL) 71 B6
Biała (PL) 71 D4
Biała (PL) 72 A2
Biała Panieńska (PL) 71 C2
Biała Piska (PL) 65 B3
Biała Podlaska (PL) 73 C2
Biała Rawska (PL) 72 C2
Białaszewo (PL) 65 B3
Białka (PL) 82 B3
Białobłoty (PL) 71 C2
Białobrzegi (PL) 72 C3
Białobrzegi (PL) 83 A1
Białogard (PL) 63 A3
Białogóry (PL) 65 C2
Białopole (PL) 73 D4
Białośliwie (PL) 63 C5
Białostocka, Czarna (PL) 65 C4
Białostocka, Dabrowna (PL) 65 C3
Białowieża (PL) 65 D5
Biały Bór (PL) 63 B3
Biały Kościół (PL) 71 B5
Białystok (PL) 65 C4
Biancavilla (I) 119 A4
Bianco (I) 119 D2
Biandrate (I) 108 C1
Bianzè (I) 108 C2
Biar (E) 141 B2
Biarritz (F) 104 A5
Bias (D) 69 B5
Bias (F) 104 B3
Biasca (CH) 99 A4
Biatorbágy (H) 103 A2
Bibbiano (I) 109 C3
Bibbiano (I) 112 C3
Bibbiena (I) 110 A6
Bibbona (I) 112 B2
Biberach (D) 90 D3
Biberach (D) 91 C4
Biberbach (D) 92 B3
Biberbrugg (CH) 99 A2
Biberist (CH) 98 C2
Bibinje (HR) 111 C5
Bibione (I) 100 D6
Biblis (D) 77 A5
Bibrka (UA) 83 D2
Bicaj (YU) 158 A5
Bicaz (RO) 147 A2
Bicaz (RO) 148 D4
Bicazu-Ardelean (RO) 148 C4
Biccari (I) 115 B4
Bicester (GB) 58 C2
Bichl (D) 92 C4
Bichlbach (A) 100 A1
Biciumi (RO) 147 A3
Bickington (GB) 57 A5
Bicorp (E) 134 C6
Bicsad (RO) 148 D6
Bicske (H) 103 A2
Bidache (F) 104 B5
Bidarray (F) 104 B5
Bidart (F) 104 A5
Biddenden (GB) 59 A4
Biddulph (GB) 53 C5
Bideford (GB) 56 D4
Bidjovagge (N) 2 A6
Bidovce (SK) 82 D5
Bidziny (PL) 72 D5
Bie (S) 30 D5
Biebergemünd (D) 77 B4
Biecz (PL) 82 D2
Biedaczów (PL) 73 B6
Biedenkopf (D) 76 D2
Biegen (D) 70 B1
Biel (CH) 98 C2
Biel (E) 128 A4
Bielany (PL) 73 A1
Bielawa (PL) 71 A5
Bielawy (PL) 72 A2
Bielawy (PL) 82 D2
Bielefeld (D) 67 D5
Bielice, Stare (PL) 63 A2
Bielin (PL) 62 C5
Bielks (PL) 64 B6
Biella (I) 98 D6
Bielle (F) 104 C6
Bielmonte (I) 108 C1
Bielsa (E) 128 C3
Bielsko-Biała (PL) 81 C2
Bielsk Podlaski (PL) 65 C5
Biely Potok (SK) 81 D4
Bienen (D) 67 A5
Bienenbüttel (D) 61 A5
Bieniów (PL) 70 C3
Bienservida (E) 140 C2
Biéntina (I) 109 C6
Bienvenida (E) 138 C2
Bierbaum (A) 102 A3
Bière (CH) 98 A3
Bierge (E) 128 B4
Bierkowice (PL) 71 A6
Biermes (F) 75 A5
Bierné (F) 86 D6
Biertan (RO) 147 C5
Bieruń (PL) 81 D1
Bierun Stary (PL) 81 C1
Bierutów (PL) 71 B4
Bierwart (B) 75 B3
Bierzdany (PL) 71 C5
Bierzwnik (PL) 63 A5
Biescas (E) 128 B3
Biesenthal (D) 69 D2
Biesingen (D) 91 A4
Biesles (F) 89 C4
Bietigheim-Bissingen (D) 91 B2
Bièvre (B) 75 B4
Biga (TR) 165 C3
Bigadiç (TR) 169 D2
Bigastro (E) 141 B3
Bigaunciems (LV) 179 A4
Bigbury-on-Sea (GB) 57 A6
Biggar (GB) 49 A4
Biggas (N) 2 B4
Bigget (S) 38 C6
Biggin Hill (GB) 58 D3
Biggleswade (GB) 58 D1
Bignasco (CH) 99 A4
Bignon, le (F) 94 B2
Bigor (YU) 157 B4
Bigorne (P) 130 D2
Bigosovo (BY) 177 D2
Bihać (BIH) 150 A3
Biharia (RO) 146 C3
Biharkeresztes (H) 146 B3
Biharnagybajom (H) 146B3
Bihartorda (H) 146 B3
Bijacovce (SK) 82 C4
Bijeljani (BIH) 157 A3
Bijeljina (BIH) 151 B3
Bijelo Polje (YU) 157 C3
Bijuesca (E) 127 C6
Bikács (H) 103 A4
Bikal (H) 103 A5
Bikavénai (LT) 175 D3
Bikernieki (LV) 177 C1
Biksēre (LV) 182 B5
Biksti (LV) 178 D5
Bila (RO) 154 B4
Bilaj (HR) 111 D4
Bilalovac (BIH) 150 D5
Bílá Voda (CZ) 71 A6
Bilbao/Bilbo (E) 127 A2
Bilciuresti (RO) 154 B3
Bildudalur (IS) 1 A1
Bil'd'ugi (BY) 177 C3
Bileća (BIH) 157 A3
Biled (RO) 146 A6
Biłgoraj (PL) 73 B5
Bílina (CZ) 70 A5
Bilisht (AL) 162 D3
Biljača (YU) 158 C4
Bilje (HR) 151 A1
Biljšane (HR) 111 D5
Bilka (BG) 161 A2
Bilki (UA) 83 C5
Billarp (S) 39 A6
Billaux, les (F) 104 D1
Billdal (S) 38 A4
Billegerga (S) 42 C2
Billerbeck (D) 67 C5
Billericay (GB) 59 A2
Billesdon (GB) 54 C6
Billesholm (S) 42 C2
Billiat (F) 97 C4
Billinge (S) 42 C2
Billingen (N) 22 D5
Billingsfors (S) 28 B6
Billingshurst (GB) 58 D4
Billnäs (FIN) 33 B5
Bill of Portland (GB) 57 C5
Billom (F) 96 C5
Billsta (S) 16 D5
Billund (DK) 40 C3
Bilney, East (GB) 55 B5
Bilovec (CZ) 81 B2
Bilovice, Vel. (CZ) 80 D4
Bilovice (CZ) 81 A4
Bilovice n. Svit. (CZ) 80 D3
Bilsborrow (GB) 53 C3
Bilska (LV) 179 D3
Bilthoven (NL) 66 C5
Bilto (N) 1 D6
Bilyči (UA) 83 B2
Bilý Kostel n. N. (CZ) 70 C5
Bilý Potok (CZ) 70 C5
Bilzen (B) 75 C2
Bimeda (E) 125 B2
Biňa (SK) 103 A1
Binäs (S) 38 A2
Binas (F) 87 C5
Binasco (I) 108 D2
Binche (B) 75 A3
Bindal (N) 14 D2
Bindalseidet (N) 14 C2
Binde (N) 14 C5
Binderup (DK) 37 B6
Bindslev (DK) 37 C4
Binéfar (E) 128 C5
Bingen (N) 27 C4
Bingen (D) 76 D4
Bingerbrück (D) 76 C4
Bingham (GB) 54 C5
Bingley (GB) 54 B3
Bingsjö (S) 25 A6
Binic (F) 84 D2
Binn (CH) 98 D4
Binsfeld (D) 76 B4
Binz (D) 62 B1
Bioča (YU) 157 D3
Bioče (YU) 157 C4
Biograd (HR) 111 D5
Biol (F) 97 C6
Biola (I) 109 D4
Biórków Mały (PL) 82 B1
Biot (F) 108 A6
Biozat (F) 96 C4
Bira (RO) 149 A3
Bîrca (RO) 153 B4
Bîrchis (RO) 146 C6
Bircza (PL) 83 A2
Birdhill (IRL) 50 D3
Birdlip (GB) 58 A2
Bîrghis (RO) 147 C5
Biri (N) 27 D1
Birini (LV) 179 A4
Birkel (DK) 41 B5
Birkeland (N) 36 D2
Birkelse (DK) 37 B5
Birkenfeld (D) 76 B5
Birkenhead (GB) 53 B4
Birkenwerder (D) 69 D3
Birkerød (DK) 42 B2
Birkestrand (N) 3 A2
Birkfeld (A) 101 D2
Birkhill (GB) 49 A5
Bîrla (RO) 153 D3
Bîrlad (RO) 149 C5
Bîrlogu (RO) 153 D2
Birmingham (GB) 54 B6
Birnam (GB) 49 A2
Birnbach (D) 93 B2
Birnbaum (A) 100 D3
Biron (F) 105 B2
Birr (IRL) 51 A2
Bîrsa (RO) 146 C5
Bîrsana (RO) 83 D6
Bîrsănesti (RO) 149 A5
Birsay (GB) 45 B1
Bîrsesti (RO) 149 A6
Birstein (D) 77 B3
Birštonas (LT) 176 C5
Birtavarre (N) 1 C6
Birtley (GB) 49 C6
Biržai (LT) 176 D1
Bîrzava (RO) 146 C5
Birzebbuga (M) 119 D6
Birzes (LV) 179 B6
Birzgale (LV) 179 B5
Birži (LV) 178 C5
Birzuli (LV) 182 A3
Bisáccia (I) 115 B5
Bisacquino (I) 118 B3
Bisbal d'Emp., La (E) 129 D5
Biscarrosse (F) 104 B2
Biscarrués (E) 128 A4
Biscéglie (I) 115 D5
Bischofferode (D) 68 D6
Bischofsheim a. d. Rh. (D) 77 C3
Bischofshofen (A) 100 D2
Bischofswerda (D) 70 A4
Bischofszell (CH) 99 B1
Bischwiller (F) 90 D2
Biscoitos (P) 136 D5
Bisegna (I) 113 C5
Bisenti (I) 113 C4
Biser (BG) 160 C5
Biserci (BG) 154 C5
Biševo (HR) 156 A3
Bishop Auckland (GB) 54 B1
Bishop's Castle (GB) 53 B6
Bishop's Caundle (GB) 57 C4
Bishop's Stortford (GB) 59 A2
Bishop's Waltham (GB) 58 C4
Bishti i Pallës (AL) 162 A2
Bisignano (I) 116 D5
Bisingen (D) 91 A3
Biska, Wólka (PL) 73 B6
Biskupi, Kazimierz (PL) 71 C1
Biskupia, Dabrowa (PL) 63 D5
Biskupia Wola (PL) 72 B3
Biskupice, Podunajské(SK) 102 C1
Biskupice (PL) 73 B4
Biskupice (CZ) 81 A4
Biskupice Ołoboczne (PL) 71 C3
Biskupiec (PL) 64 B4
Biskupiec (PL) 64 D3
Biskupin (PL) 63 C5
Bislev (DK) 37 B6
Bislev (DK) 41 B4
Bismark (D) 69 A3
Bismo (N) 23 A5
Bispfors (S) 25 B1
Bispgarden (S) 25 B1
Bisping (F) 90 B2
Bispingen (D) 68 C2
Bissendorf (D) 67 D4
Bissieklerz (PL) 63 A2
Bissingen, Bietigheim- (D) 91 B2
Bistagno (I) 108 C3
Bistra (RO) 147 A4
Bistretu (RO) 153 B4
Bistrica, Sl. (SLO) 101 D4
Bistrica (SLO) 101 D5
Bistrica (BIH) 150 C3
Bistrica (YU) 151 C6
Bistrica (BG) 159 B3
Bistrica (BG) 159 B5
Bistrica, Boh. (SLO) 101 B5
Bistrica, Kamniška (SLO) 101 C4
Bistrica, Marija (HR) 102 A6
Bistrita (RO) 147 C2
Bistrita (RO) 148 D4
Bistrita Bîrgăului (RO) 148 B3
Bisztynek (PL) 64 D2
Bitburg (D) 76 B4
Bitche (F) 90 C2
Bites, Vel. (CZ) 80 C3
Bitetto (I) 117 A1
Bitola (MK) 162 D2
Biton'ata (BY) 177 B6
Bitonto (I) 117 A1
Bitterfeld (D) 69 C5
Bitti (I) 121 C3
Bitýška, Osová (CZ) 80 C3
Bitýška, Veverská (CZ) 80 C3
Biville (F) 59 B6
Bivona (I) 118 B4
Bixad (RO) 83 C6
Bizovac (HR) 151 A1
Bjåen (N) 26 D5
Bjærangen (N) 8 D3
Bjæverskov (DK) 41 C3
Bjala (BG) 154 B6
Bjala (BG) 160 C2
Bjala (BG) 161 B2
Bjala Čerkva (BG) 159 D4
Bjala reka (BG) 160 A4
Bjala reka (BG) 160 D2
Bjala Slatina (BG) 153 C5
Bjal izvor (BG) 160 A5
Bjalo pole (BG) 160 B4
Bjännfors (S) 17 B3
Bjännsjoå (S) 17 B3
Bjärka-Säby (S) 39 B2
Bjärklunda (S) 38 C2
Bjarkøy (N) 4 D2
Bjärnum (S) 42 D1
Bjärred (S) 42 C3
Bjärten (S) 17 A4
Bjärtrå (S) 25 C1
Bjästa Nötra (S) 16 D6
Bjelland (N) 36 C2
Bjelopolje (HR) 111 D3
Bjelovar (HR) 102 B6
Bjerga (N) 26 C5
Bjergby (DK) 37 C4
Bjerget (DK) 37 A5
Bjerka (N) 9 A5
Bjerkelia (N) 28 A3
Bjerkreim (N) 36 A2
Bjerkvik (N) 5 A3
Bjerre, Sørre (DK) 41 A3
Bjerringbro (DK) 40 D1
Bjøberg (N) 27 A2
Bjølånes (N) 9 A4
Bjølstad (N) 22 D3
Bjølstadmo (N) 23 B5
Bjømestad (N) 36 B2
Bjonevika (N) 27 C2
Bjørånes (N) 14 C2
Björbo (S) 29 A2
Björboholm (S) 38 B3
Bjordal (N) 26 B1
Bjordal (N) 36 B2
Bjoreidalshytta (N) 26 D3
Bjorelvnes (N) 5 A1
Bjørgo (N) 27 B2
Bjørhusdalen (N) 14 D2
Björk (S) 16 D5
Björka (S) 28 D1
Björkan (S) 29 B1
Björkås (S) 9 B6
Björkås (S) 16 C2
Björkåsen (N) 5 B2
Bjørkåsengruver (N) 4 D4
Björkbacken (S) 9 B5
Björkberg (S) 11 A4
Björkberg (S) 25 A5
Björkboda (FIN) 33 A5
Björke (S) 30 D1
Bjørkebakken (N) 5 A2
Bjørkedal (N) 22 B5
Björkedet (S) 14 D5
Björkefors (S) 28 C4
Bjørkelangen (N) 28 A4
Björkenäs (S) 39 A3
Bjørkeset (N) 27 C4
Björketorp (S) 38 B4
Björkfors (S) 9 B5
Björkfors (S) 11 D3
Björkfors (S) 39 B2
Björkhöjden (S) 16 B6
Björkholmen (S) 10 C2
Björkhult (S) 5 D6
Björkhult (S) 39 B2
Björkliden (S) 5 B3
Björkliden (S) 11 A6
Björkliden (S) 16 D1
Björklinge (S) 31 A3
Björklund (S) 10 B4
Björklund (S) 10 C5
Björknäs, Öv. (S) 9 B5
Björknäs (S) 11 C4
Björknäs (S) 16 D1
Bjørknesseter (N) 23 A5
Björkö (FIN) 32 C4
Björkö (FIN) 32 D5
Björkö (S) 39 A4
Björköby (FIN) 19 A2
Björkön (S) 11 C4
Björkön (FIN) 19 A3
Bjørkøseter (N) 23 A3
Björksele (S) 16 C1
Björksele (S) 16 C4
Björksjön (S) 16 C6
Björksjönäset (S) 16 B4
Björkskärsskärgård (S) 31 C4
Björkstugan (S) 5 B3
Björksund (S) 31 A6
Björkudden (S) 10 D3
Bjørkum (N) 26 D1
Björkvattnet (S) 15 A3
Björkvik (S) 9 B6
Björkvik (S) 30 D6
Bjorli (N) 23 A4
Bjørlia (N) 14 C3
Bjørn (N) 8 C5
Björna (S) 16 D5
Björnberg (S) 24 D4
Björneborg (S) 28 D5
Bjørnerå (N) 26 D6
Björneröd (S) 37 D1
Bjørnevasshytta (N) 26 D5
Bjørnevatn (N) 3 B3
Bjørnfjell (N) 5 A3
Björnlunda (S) 31 A5
Björnmossen (S) 29 B1
Bjørnnes (N) 9 A4
Björnö (S) 31 B4
Bjørnrå (N) 4 C3
Bjørnset (N) 22 A6
Björnsholm (S) 39 C2
Bjørnskinn (N) 4 C2
Bjørnstad (N) 3 C3
Bjørnstad (N) 14 D2
Bjørnsund (N) 22 C3
Björnträsk (S) 11 A3
Bjørnvassdalen (N) 9 A4
Björnvik (FIN) 34 C4
Björrdal (S) 39 B2
Björsarv (S) 25 B4
Björsäter (S) 39 B1
Björsjö (S) 29 B3
Bjørsvik (N) 26 B2
Bjørtomt (N) 28 A3
Bjuåker (S) 25 B4
Bjugn (N) 14 A6
Bjumisträsk (S) 11 C3
Bjurå (S) 6 C3
Bjurabygger (S) 39 B6
Bjurånäs (S) 11 B3
Bjurbäck (S) 38 D3
Bjurberget (S) 28 B2
Bjurfors (S) 17 B2
Bjurholm (S) 17 A4
Bjuröklubb (S) 17 C2
Bjurön (S) 17 C2
Bjursås (S) 29 A1
Bjursele (S) 17 A1
Bjurselefors (S) 16 D2
Bjurselet (S) 11 B6
Bjursträsk (S) 11 B4
Bjurtjärn (S) 29 A5
Bjurträsk (S) 16 C3
Bjurträsk (S) 17 A1
Bjurum (S) 38 C2
Bjurvattnet (S) 16 D4
Bjuv (S) 42 C2
Blace (YU) 152 B6
Blace (YU) 158 B4
Błachownia (PL) 71 D5
Blackbrook (GB) 53 C5
Black Bull (IRL) 51 C2
Blackburn (GB) 45 C6
Blackburn (GB) 53 C3
Blackdown (GB) 56 D5
Blackford (GB) 49 A3
Blackhallen (S) 17 C2
Black Hd. (IRL) 50 C2
Blacklion (IRL) 46 D5
Blackmill (GB) 57 A3
Blackpool (GB) 53 B3
Blacksta (S) 31 A5
Blackstad (S) 39 C3
Blackwater (IRL) 51 C4
Blackwaterfoot (GB) 48 C4
Blackwood (GB) 49 A4
Bladåker (S) 31 A2
Blaenavon (GB) 57 B2
Blære (DK) 37 B6
Blagaj (BIH) 156 D2
Blagaj Japra (BIH) 150 A2
Blăgesti (RO) 149 A4
Blăgesti (RO) 149 C5
Blagoevgrad (BG) 159 B5
Blagoevo (BG) 154 C6
Blagojev Kamen (YU) 152 C3
Blagon (F) 104 C2
Blåhammaren (S) 24 A2
Blåhøj (DK) 40 C3
Blaich (GB) 48 C1
Blaiken (S) 10 B6
Blaiken (S) 15 D1
Blaikliden (S) 15 C2
Blain (F) 85 B5
Blaina (GB) 57 B2
Blainville-Crevon (F) 87 C2
Blainville-s-Orne (F) 86 D2
Blair Atholl (GB) 49 A1
Blairgowrie (GB) 49 A2
Blairingone (GB) 49 A3
Blaise,-St (CH) 98 B2
Blaise (F) 89 B3
Blaisy-Bas (F) 97 B1
Blaj (RO) 147 B5
Blaja (RO) 146 D2
Blajan (F) 105 A5
Blăjel (RO) 147 C5
Blakeney (GB) 55 B5
Blakeney (GB) 57 C2
Blakeney Pt. (GB) 55 B5
Blaker (N) 28 A4
Blakstad (N) 27 D4
Blåliden (S) 17 A2
Blâmont (F) 90 B3
Blamont (F) 98 B1
Blan (F) 105 D4
Blanc, le (F) 95 C3
Blanca, Playa (E) 145 C5
Blancafort (F) 88 B5
Blancas (E) 134 B2
Blanche, Estrée- (F) 74 B3
Blanco, Cabo (E) 123 B5
Blancy (F) 97 A3
Blandford Forum (GB) 57C4
Blandiana (RO) 147 A5
Blanes (E) 129 D5
Blanes d'Hóstoles, Les (E) 129 C4
Blangy (F) 74 A4
Blangy-le-Château (F) 87 A2
Blangy-s-Bresle (F) 74 A4
Blankaholm (S) 39 C3
Blankenberge (B) 74 C1
Blankenburg (D) 68 D5
Blankenese, Hamburg (D) 60 D4
Blankenhain (D) 78 C2
Blankenheim (D) 76 B3
Blankenheim (D) 77 B2
Blanquefort (F) 104 C1
Blansko (CZ) 80 D3
Blanzac (F) 95 A6
Blanzay (F) 95 A4
Blanzy, Saint-Remy- (F) 74 D6
Blascomillán (E) 132 A2
Blåse (S) 43 C4
Blasimon (F) 104 D2
Blasket, Gt. (IRL) 50 A4
Blåskovo (BG) 161 A1
Blåsmark (S) 11 B5
Błaszki (PL) 71 D3
Blatná (CZ) 79 C5
Blatná (CZ) 93 C2
Blatná na Ostrove (SK) 102 C1
Blatné (SK) 81 A6
Blatnice, Louka u (CZ) 81 A4
Blatnice p. sv. Ant. (CZ) 81 A4
Blato (HR) 156 B3
Blato na Cetini (HR) 150 B6
Blatten (CH) 98 C4
Blattnicksele (S) 10 C6
Blaubeuren (D) 91 C3
Blaufelden (D) 77 C6
Blauhand (D) 67 D1
Blauort (D) 60 B3
Blauzac (F) 106 D4
Blåvands Huk (DK) 40 B3
Blavozy (F) 106 C1
Blaxton (GB) 54 C4
Blaydon (GB) 49 C6
Blaye (F) 104 D1
Blaye-les-Mines (F) 105 D3
Blažejovice (CZ) 93 C1
Blaževo (YU) 158 B2
Blazey, St (GB) 56 C5
Błażowa (PL) 83 A2
Blazquez, Los (E) 139 A2
Blažuj (BIH) 151 A5
Blechhammer (D) 78 B3
Bleckåsen (S) 15 A6
Bleckede (D) 61 A5
Bleckendorf (D) 69 A5
Blecket (S) 24 D6
Blecket (S) 29 A1
Bleckstugan (S) 24 C6
Blecua (E) 128 B5
Bled (SLO) 101 B4
Bleddfa (GB) 57 B1
Błedów (PL) 72 C3
Błedowa Zgłobieńska (PL) 82 D1
Błedowo (PL) 64 A4
Bledzew (PL) 70 C1
Bleibach (D) 90 D4
Bleiberg (A) 101 A4
Bleiburg (A) 101 C4
Bleicherode (D) 68 D6
Bleik (N) 4 C2
Bleikvassli (N) 8 D5
Blejesti (RO) 154 A4

Blénaries (B) 74 D3
Blender (D) 68 B3
Bléneau (F) 88 C5
Blénod (F) 89 D2
Blénod-lès-Toul (F) 89 D2
Blentarp (S) 42 D3
Blera (I) 112 D5
Blérancourt (F) 74 C5
Blérancourt (F) 74 C5
Bléré (F) 95 B1
Bleskestadmoen (N) 26 C5
Blesle (F) 96 C6
Blessington (IRL) 51 C2
Blet (F) 96 B2
Bletterans (F) 97 C3
Blèves (F) 87 A4
Blexen (D) 67 D1
Bleymard, le (F) 106 C2
Bleżuń (PL) 64 B5
Blh, Vel'ký (SK) 82 B5
Blīdene (LV) 178 D5
Blidö (S) 31 C3
Blidsberg (S) 38 C3
Blieskastel (D) 76 C6
Blieux (F) 107 C4
Bligny (F) 89 B3
Blijham (NL) 67 B2
Blikberget (N) 28 A1
Bliksvær (N) 8 D2
Blîndesti (RO) 149 A2
Blindow (D) 62 B4
Blinisht (AL) 162 B1
Blinja (HR) 150 A2
Blinno (PL) 64 B5
Blînzi (RO) 149 C6
Blismes (F) 96 D2
Blisworth (GB) 58 C1
Blitzenreute (D) 91 B4
Bliūdžiai (LT) 176 B3
Blixterboda (S) 29 B4
Blizne (PL) 83 A2
Bliżyn (PL) 72 C4
Blocona (E) 133 B1
Blodelsheim (F) 90 C4
Bloemendaal (NL) 66 C4
Blofield (GB) 55 C6
Błogoszlów (PL) 72 B5
Blois (F) 87 C6
Blokhus (DK) 37 B5
Blokzijl (NL) 66 D3
Blomberg (D) 68 B5
Blome (LV) 179 D3
Blomøy (N) 26 A3
Blomskog (S) 28 B5
Blomstermåla (S) 39 C5
Blond (F) 95 C4
Blondefontaine (F) 89 D4
Blönduós (IS) 1 B1
Błonie (PL) 71 A4
Błonie (PL) 72 A2
Błonie (PL) 72 C2
Blonville-s-Mer (F) 87 A2
Blornvågen (N) 26 A3
Bloska (YU) 151 C5
Blötberget (S) 29 A3
Błotnica (PL) 71 D6
Błotno (PL) 62 D3
Blotzheim (F) 98 C1
Blovice (CZ) 79 B5
Blubberhouses (GB) 53 D2
Bludenz (A) 99 C2
Bludov (CZ) 80 D2
Blumenstein (CH) 98 C3
Blyberg (S) 24 D6
Blynki (RUS) 181 D4
Blyth (GB) 49 D5
Blyth (GB) 54 C4
Blythburgh (GB) 59 C1
Blyton (GB) 54 C4
B. Manastir (HR) 103 A6
Bnin (PL) 71 B2
Bø (N) 4 B3
Bø (N) 4 D4
Bø (N) 14 C2
Bø (N) 27 B5
Bø (N) 27 B6
Bo (S) 29 B6
Boadilla (E) 126 B5
Boadilla (E) 126 C4
Boadilla (E) 131 C2
Boadilla (E) 132 C3
Boa Fé (P) 137 D2
Boal (E) 125 B2
Boalt (S) 42 C1
Boalt (S) 42 D1
Boan (YU) 157 B3
Boarta (RO) 147 C5
Boat of Garten (GB) 45 B6
Boa Vista (P) 130 B4
Bobadilla (E) 127 A4
Bobadilla (E) 132 A1
Bòbbio (I) 109 A3
Bòbbio Pellice (I) 108 A3
Boberg (S) 16 A6
Boberg (S) 39 B1
Bobiecino (PL) 63 B3
Bobigny (F) 88 B2
Bobingen (D) 92 B3
Böbingen a. d. Rems (D)91 C2
Bobitz (D) 61 B3
Böblingen (D) 91 A3
Boboc (RO) 154 C2
Boboc (RO) 154 D2
Bobolice (PL) 63 B3
Boboševo (BG) 159 A4
Boboszów (PL) 80 D1
Bobota (RO) 146 D2
Bobovdol (BG) 159 A4
Bobowo (PL) 64 A3
Bobrovec (SK) 82 A4
Bobrovići (BY) 177 B6
Bobrow (SK) 82 A3
Bobrowice (PL) 70 C2
Bobrówko (PL) 62 D5
Bobrowniki (PL) 64 A5
Bobrowniki (PL) 65 D4
Boč (CZ) 79 A3
Boca, Nížná (SK) 82 A4
Bocage, Villers- (F) 74 B4
Bocairente (E) 141 B1
Boccasette (I) 110 C3
Bocchigliero (I) 117 A5
Boceguillas (E) 132 D1
Bocheński, Zabierzów (PL) 82 B1
Bochin (D) 69 A2
Bochnia (PL) 82 B2
Bocholt (D) 67 B5
Bochotnica (PL) 73 A3
Bochov (CZ) 79 A3
Bochum (D) 67 B6
Bockara (S) 39 C4
Bockenem (D) 68 C5
Bockhorn (D) 60 D3
Bockhorn (D) 67 C2
Boćki (PL) 65 C5
Bocksjö (S) 38 D1
Bocksjön (S) 25 B6
Böckstein (A) 100 D2
Bockträsk (S) 10 C5
Bockum-Hövel (D) 67 C6
Bocognano (F) 120 C3
Bocos (E) 126 D3
Bocsa (RO) 152 C1
Bocsig (RO) 146 C4
Boćwinka (PL) 65 B2
Boczów (PL) 70 C1
Bod (RO) 154 A1
Boda (S) 25 B2
Böda (S) 39 D4
Boda bruk (S) 25 C5
Bodacke (S) 25 B2
Bodafors (S) 39 A4
Boda glasbruk (S) 39 B5
Bodajk (H) 102 D3
Bødal (N) 22 C5
Bodalen (S) 29 A5
Bodan (S) 17 B2
Boda Ovanmyra (S) 25 A6
Bodarsjön (S) 24 D4
Bodbacka (FIN) 19 A4
Bodbyn (S) 17 B2
Boddam (GB) 45 D4
Boddin (D) 61 A4
Bodegraven (NL) 66 C5
Boden (S) 11 B4
Boden (D) 76 D3
Bodenmais (D) 79 A6
Bodenteich (D) 68 D3
Bodenwerder (D) 68 B5
Bodéo, le (F) 84 D3
Bodersweier, Kehl (D) 90 D3
Bodesti (RO) 148 D3
Bódio (CH) 99 A4
Bodioso (P) 130 D2
Bodjani (YU) 151 B1
Bodmin (GB) 56 C5
Bodo (N) 9 A2
Bodö (FIN) 19 C1
Bodom (N) 14 C5
Bodón, El (E) 131 B3
Bodön (S) 11 C4
Bodonal (E) 138 C3
Bodroghalom (H) 83 A6
Bodrogszegi (H) 82 D6
Bodrum (TR) 173 B2
Bodsjö (S) 24 D2
Bodsjöedet (S) 24 A1
Bodträskfors (S) 11 A3
Bodum (S) 16 B4
Bódvaszilas (H) 82 C5
Bodvou, Moldava nad (SK) 82 C5
Bodvou, Turňa nad (SK) 82 C5
Bodyke (IRL) 50 D3
Bodzanów (PL) 72 B1
Bodzanów (PL) 82 A2
Bodzanowice (PL) 71 D5
Bodzechów (PL) 72 D4
Bodzentyn (PL) 72 C4
Boecillo (E) 126 B6
Boën (F) 97 A5
Boeslunde (DK) 41 B4
Boet (S) 39 A2
Boezinge (B) 74 C2
Bøfjorden (N) 23 A2
Bofors (S) 29 A5
Boftsa (N) 3 A2
Bogaczów (PL) 70 C2
Bogaczowice, Stare (PL) 70 D5
Bogádmindszent (H) 102 D6
Boğados (TR) 161 B6
Bogajo (E) 131 B2
Bogarra (E) 140 C2
Bogati (RO) 154 A3
Bogatić (YU) 151 C3
Bogatovo (RUS) 175 B5
Bogatovo (RUS) 175 C4
Bogatynia (PL) 70 C5
Boğaziçi (TR) 169 C5
Bogda (RO) 146 B6
Bogdanci (MK) 163 C2
Bogdand (RO) 146 D2
Bogdănesti (RO) 148 D3
Bogdănesti (RO) 149 A5
Bogdanovo (BY) 177 B6
Bogë (AL) 157 C4
Bøgelunde (DK) 41 C4
Bogen (N) 4 D3
Bogen (S) 28 B3
Bogen (D) 93 A1
Bogense (DK) 41 A3
Boghaz (CY) 174 B2
Boghis (RO) 146 D3
Bogholm (N) 5 A4
Bogilice (BIH) 151 C5
Bogiltin (RO) 152 D2
Bogino (BY) 177 C3
Boğluça (TR) 161 D5
Bognanco (I) 98 D4
Bognelv (N) 1 D4
Bognelvdalen (N) 1 D4
Bognes (N) 4 D4
Bogno (CH) 99 A5
Bognor Regis (GB) 58 C5
Bogodol (BIH) 150 D6
Bogomila (MK) 163 A1
Bogoria (PL) 72 D5
Bogøy (N) 4 C5
Bograngen (S) 28 B2
Bogsta (S) 31 A5
Bogstad (N) 27 D4
Boguchwała (PL) 82 D1
Boguchwały (PL) 64 C3
Bogucice (PL) 72 C6
Bogucin (PL) 64 A6
Bogucin (PL) 72 D3
Bogumiłowice (PL) 72 A4
Bogurzyn (PL) 64 C5
Boguszów Gorce (PL) 70 D5
Boguszyn (PL) 71 A2
Bogutovac (YU) 152 A5
Bohain (F) 74 D4
Bohain-en-Vermandois (F) 74 D4
Bohdalov (CZ) 80 C3
Bohdan (UA) 148 A1
Bohdaneč, Lázně (CZ) 80 B1
Bohdíkov (CZ) 80 D2
Boheden (S) 11 C2
Boherboy (IRL) 50 C4
Bohmte (D) 67 D4
Bohodon, El (E) 132 B2
Böhönye (H) 102 C5
Bohsdorf (D) 70 B3
Bohult (S) 39 A6
Bohumín, St. (CZ) 81 B2
Bohumín (CZ) 81 B2
Bohus (S) 38 B3
Boiano (I) 114 D3
Boicas (P) 130 B6
Boiro (E) 124 B3
Boiry (F) 74 C4
Bois, Les (CH) 98 B2
Boiscommun (F) 88 B4
Bois-de-Céné (F) 94 B2
Bois-d'Oingt, le (F) 97 A5
Boisemont (F) 88 B1
Boisgervilly (F) 85 B4
Bois-Guilbert (F) 87 C2
Bois-le-Roi (F) 88 C3
Boisney (F) 87 B2
Bois-Plage-en-Ré, le (F) 94 B4
Bois-Sainte-Marie (F) 97 A4
Boisse-Penchot (F) 105 D2
Boisseron (F) 106 C/D4
Boisset (F) 105 D1
Boisseuil (F) 95 C5
Boissey-le-Châtel (F) 87 B2
Boissière-du-Doré, la (F) 94 C1
Boissière-École (F) 88 A2
Boissy (F) 88 B3
Boissy-le-Châtel (F) 88 C2
Boissy-lès-Perche (F) 87 B4
Boissy-Maugis (F) 87 B4
Boisville-la-Saint-Père (F) 88 A3
Boitzen (D) 60 C5
Boitzenburg (D) 62 B4
Boitzenhagen (D) 68 D3
Bòixols (E) 129 A4
Boizenburg (D) 61 A4
Bojadła (PL) 70 D2
Bojana-Dragalevci (BG) 159 A3
Bojano (I) 114 D4
Bojanów (PL) 73 A6
Bojanowo (PL) 71 A3
Bojany (UA) 148 D1
Bojar (E) 134 D2
Bojarsk (BY) 177 B6
Bojary (BY) 177 C4
Bojas (LV) 178 B5
Bojčinovci (BG) 153 B5
Bøjden (DK) 41 A4
Böjern (S) 17 A3
Bojkovice (CZ) 81 B4
Bojmie (PL) 73 A1
Bojna (SK) 81 B5
Bojnica (BG) 152 D4
Bojnice (SK) 81 C5
Bojnik (YU) 158 C2
Böjtiken (S) 15 B1
Boka (YU) 152 A1
Bokel (D) 60 B5
Bokenäs (S) 38 A2
Bokko (N) 27 B4
Böklund (D) 60 C2
Bokn (N) 26 B6
Bököny (H) 146 C1
Bokros (H) 103 C4
Boksel (S) 10 D5
Böksholm (S) 39 A5
Boksjok (N) 2 D2
Bol (HR) 156 B2
Bölan (S) 25 C5
Bolaños (E) 139 D1
Bolåsen (S) 24 C2
Bolătău (RO) 148 D4
Bolayir (TR) 165 B3
Bolbec (F) 87 A2
Bolca (I) 109 D1
Bölcske (H) 103 B4
Boldekow (D) 62 B3
Boldon (GB) 49 D6
Boldu (RO) 154 D1
Boldurești (MD) 149 C3
Boldva (H) 82 C6
Bøle (N) 1 D3
Bøle (N) 27 B2
Bøle (N) 27 B3
Boleboř (CZ) 79 B2
Bölebyn (S) 11 B5
Bolechiv (UA) 83 D3
Bolemin (PL) 62 D6
Boleráz (SK) 81 A5
Boleslav, Mladá (CZ) 70 B6
Bolesław (PL) 72 A6
Bolesławica, Dabrowa (PL) 70 C4
Bolesławiec (PL) 70 C4
Bolesławiec (PL) 71 C4
Boleszkowice (PL) 62 C6
Bölet (S) 38 D1
Bolewice (PL) 70 D1
Bolfoss (N) 28 B4
Bólgheri (I) 112 B2
Boliden (S) 17 A1
Bolimów (PL) 72 B2
Boliqueime (P) 137 C5
Boljanic (BIH) 151 A3
Boljanići (YU) 151 B6
Boljarovo (BG) 160 D4
Boljetin (YU) 152 C3
Boljevac (YU) 152 C5
Boljevci (YU) 151 D3
Boljkovci (YU) 151 D4
Bolkesjø (N) 27 B5
Bolków (PL) 70 D5
Bolkowo (PL) 63 A3
Bolla (N) 4 D3
Bollebygd (S) 38 B4
Bollendorf (D) 76 4
Bollène (F) 107 A3
Bollengo (I) 98 C6
Bollermoen (N) 9 A5
Bollnäs (S) 25 B5
Bollo, El (E) 125 A4
Bollstabruk (S) 25 C1
Bollullos de la Mitación (E) 142 B3
Bolme (N) 23 B2
Bolmö (FIN) 32 C3
Bolmsö (S) 38 D5
Bolmstad (S) 38 D5
Bolney (GB) 58 D4
Bölnicke (D) 69 C3
Bologna (I) 109 D4
Bologne (F) 89 C3
Bolognese, Castel (I) 110 A4
Bolognola (I) 113 B3
Bolótana (I) 121 C3
Bol. Pole (RUS) 35 A4
Bolšaja Ižora (RUS) 35 C5
Bol'šaja Polja (RUS) 181 D3
Bol'šaja Poljana (RUS) 175 C5
Bol'šakovo (RUS) 175 D4
Bol. Selo (RUS) 175 D4
Bolsena (I) 112 D4
Bol'shoye Ozerko (RUS) 3 D2
Bol'šie Berežki (RUS) 175 C4
Bol'šoj Borovnja (RUS) 181 D3
Bol'šoj Jamno (RUS) 181 D5
Bol'šoj Kuzemkino (RUS) 181 D2
Bol'šoj Rožki (RUS) 181 D4
Bol'šoj Tjuters,O. (RUS) 34 D5
Bolsover (GB) 54 C4
Bolstad (S) 38 B2
Bolstadøyri (N) 26 B2
Bolsward (NL) 66 D2
Boltaña (E) 128 C4
Boltåsen (N) 4 D3
Boltenhagen (D) 61 A3
Boltigen (CH) 98 C3
Bolton (GB) 53 C3
Bolungarvik (IS) 1 A1
Bolus Hd. (IRL) 50 A5
Bolventor (GB) 56 D5
Bol. Vitavice (CZ) 93 C2
Bóly (H) 103 A6
Bolzaneto (I) 108 D4
Bolzano, Bozen (I) 100 A4
Bomal (B) 75 C3
Bomarsund (FIN) 32 B4
Bomarzo (I) 113 A4
Bomba (I) 114 D3
Bombarral (P) 130 A6
Bömenzien (D) 69 A2
Bomhus (S) 30 D1
Bominaco (I) 113 C5
Bømlo (N) 26 A5
Bommestad bru (N) 27 C6
Bompas (F) 106 A6
Bompensiere (I) 118 C4
Bomporto (I) 109 D3
Bom Sucesso (P) 130 A5
Bomsund (S) 25 A1
Bona (F) 96 D2
Bonac (F) 105 B6
Bonakas (N) 3 A2
Bönan (S) 30 D1
Boñar (E) 126 A3
Bonar-Bridge (GB) 45 A4
Bonárcado (I) 121 B3
Bönared (S) 38 D3
Bonares (E) 138 B5
Bonäset (S) 15 C4
Bonäset (S) 17 A5
Bonäshamn (S) 15 A6
Bonassola (I) 109 A4
Bonboillon (F) 97 C1
Bonchester Bridge (GB) 49 B5
Boncourt (CH) 98 C1
Bondal (N) 27 A4
Bondari (RUS) 182 D1
Bondeno (I) 109 D3
Bondhyttan (S) 29 B2
Bondön (S) 11 C5
Bondstorp (S) 38 D4
Bondyrz (PL) 73 C5
Bonefro (I) 115 A4
Bon-Encontre (F) 105 A3
Bones (N) 23 C2
Bo'ness (GB) 49 A3
Bonete (E) 141 A1
Bönhamn (S) 25 D1
Bonhill (GB) 48 D3
Boniches (E) 133 C4
Bonifacio (F) 120 C5
Bonillo, El (E) 140 C1
Bonjince, V. (YU) 158 D2
Bonlieu (F) 97 D3
Bonn (D) 76 B2
Bonnac (F) 105 C5
Bönnäset (S) 11 C2
Bonnåsjøen (N) 4 D6
Bonnat (F) 95 D4
Bonnatrait (F) 97 D3
Bonndorf (D) 91 A5
Bonne (F) 97 D4
Bonnebosq (F) 87 A2
Bonnefond (F) 96 A5
Bønner up Strand (DK) 41 A1
Bonnes (N) 5 A3
Bonnes (F) 95 B3
Bonnétable (F) 87 A5
Bonneuil-Matours (F) 95 B3
Bonneval (F) 87 C5
Bonneval-s-Arc (F) 98 B6
Bonnevaux (F) 97 D2
Bonneville (F) 98 A4
Bonneville-s-Iton, la (F) 87 B3
Bonnières (F) 74 A6
Bonnières-s-Seine (F) 88 A1
Bonnieux (F) 107 B4
Bonnyrigg (GB) 49 B4
Bonny-s-Loire (F) 88 C5
Bono (F) 84 D5
Bono (I) 121 C3
Bono (E) 128 D3
Bononal (E) 131 D5
Bonorva (I) 121 B3
Bons-en-Chablais (F) 97 D4
Bontida (RO) 147 B3
Bonyhád (H) 103 A5
Bonyhádvarasd (H) 103 A5
Bönyrétalap (H) 102 D2
Boofzheim (F) 90 C3
Boom (B) 75 A2
Boos (F) 87 C2
Bootle (GB) 53 B2
Bootle (GB) 53 B4
Bopfingen (D) 92 A2
Boppard (D) 76 C4
Bopparve (S) 43 C5
Bór, Biały (PL) 63 B3
Bór, Czarny (PL) 70 D5
Bor, Krasnyj (RUS) 35 D5
Bor, Nový (CZ) 70 B5
Bór, Szeroki (PL) 65 A3
Bor, Vel. (CZ) 79 B5
Bor (S) 38 D5
Bor (CZ) 79 A4
Bor (YU) 152 D4
Bora (S) 43 D4
Boraja (HR) 150 A6
Boras (S) 38 B3
Borba (P) 138 A1
Bor Bel'kovo (RUS) 182 C3
Borbona (I) 113 B4
Borca (RO) 148 C3
Borci (BIH) 150 D6
Borculo (NL) 67 A5
Bordal (N) 23 C2
Bordány (H) 103 C5
Bordeaux (F) 104 C1
Bordeira (P) 137 B5
Bordei Verde (RO) 155 A2
Bordères-Louron (F) 105 A6
Bordes, les (F) 88 B4
Bordes, les (F) 96 A2
Bordes (F) 104 D5
Bordes-du-Lys (F) 105 A6
Bordesholm (D) 60 D3
Borðeyri (IS) 1 B2
Bordighera (I) 108 B5
Bording Kirkeby (DK) 40 C2
Bordón (E) 134 D2
Bordoncillo (E) 126 A5
Bordoy (DK) 36 B4
Bords (F) 94 D5
Bordvedaven (N) 8 D4
Bore (I) 109 A3
Boreczno (PL) 64 B3
Borée (F) 106 D1
Borek (PL) 71 C3
Borek (CZ) 79 A5
Borek (CZ) 79 D6
Borek (PL) 82 B1
Borek Stary (PL) 83 A2
Borek Strzeliński (PL) 71 B5
Borek Wielkopolski (PL) 71 B2
Boreland (GB) 49 A5
Borello (I) 110 B5
Borels, les (F) 107 C2
Børelva (N) 9 A2
Børemark (N) 14 A5
Borensberg (S) 39 A1
Boréon, le (F) 108 A5
Boreray (GB) 44 A4
Boretto (I) 109 C3
Borg (D) 76 A5
Borgå, Porvoo (FIN) 34 B4
Borgafjäll (S) 15 B2
Borgärdet (S) 29 B1
Borgarnes (IS) 1 A2
Borge (N) 4 B4
Borge (N) 28 A5
Borgen (S) 16 C4
Borgen (N) 27 A6
Borgentreich (D) 68 B6
Borger (NL) 67 B3
Börger (D) 67 C3
Börgermoor (D) 67 C2
Borges, Les (E) 135 B1
Borges Blanques, Les (E) 128 D6
Borgfors (S) 11 B5
Borgforsen (S) 16 B4
Borghamn (S) 38 D2
Borghetto (I) 108 C5
Borghetto (I) 113 A5
Borghetto d'A. (I) 108 B5
Borghetto Lod. (I) 109 A2
Borgholm (S) 39 C5
Borghorst (D) 67 C5
Bórgia (I) 119 D1
Borgloon (B) 75 C2
Borgo (I) 100 A5
Borgo (F) 120 C2
Borgo Pace (I) 110 B6
Borgo a Mozzano (I) 109 C5
Borgo Celano (I) 115 B4
Borgo d'A. (I) 108 C2
Borgo Toss (I) 110 A5
Borgoforte (I) 109 C2
Borgofranco d'I (I) 108 B1
Borgo Grappa (I) 117 D2
Borgögl (S) 30 C6
Borgomanero (I) 98 D5
Borgomaro (I) 108 B5
Borgonone (I) 108 A2
Borgonovo Val Tidone (I) 109 A2
Borgo Piave (I) 114 B3
Borgo R. (I) 118 C3
Borgorose (I) 113 B5
Borgo San Dalmazzo (I) 108 B4
Borgo San Lorenzo (I) 109 D5
Borgo San Siro (I) 108 D2
Borgosésia (I) 98 D5
Borgo Ticino (I) 99 A6
Borgo Val di Taro (I) 109 A4
Borgo Vercelli (I) 108 C2
Borgsjö (S) 16 C3
Borgsjö (S) 25 A3
Borgstena (S) 38 C3
Borgund (N) 22 C4
Borgund (N) 26 D1
Borgvattnet (S) 16 A6
Borgvik (S) 28 C5
Boria (PL) 72 D4
Boria (RO) 146 D2
Boričevac (HR) 150 A4
Borino (BG) 159 D5
Borisenki (RUS) 182 D6
Boris Gleb (RUS) 3 C3
Boris Hadžisotirov (BG) 159 C4
Borisova Griva (RUS) 35 D4
Borja (E) 127 D5
Borjabad (E) 127 B6
Borjád (H) 103 A6
Borjelsbyn (S) 11 C3
Borjelslandet (S) 11 C4
Borjesjö (S) 25 A2
Borka (S) 25 C5
Borka (SK) 82 C5
Borkamoen (N) 14 D2
Borkan (S) 5 B1
Borkdalseter (N) 23 C6
Borken (D) 67 B5
Borkenes (N) 4 D3
Borken (Hessen) (D) 77 A2
Borkhusseter (N) 23 C4
Borki Małe (PL) 71 D5
Borkow (D) 61 C4
Borków (PL) 72 C5
Borkowo (PL) 64 D6
Borkum (D) 67 A1
Borlänge (S) 29 A2
Borlaug (N) 27 A1
Borlesti (RO) 148 D4
Borlova (RO) 152 D1
Bormate (E) 133 C6
Bormes (F) 107 C5
Bórmida (I) 108 C4
Bórmio (I) 99 D4
Born (S) 29 A4
Born (D) 69 A4
Born (L) 75 D5
Borna (D) 78 D1
Borne (NL) 67 B4
Borne (F) 106 C1
Börnebrink (D) 67 C4
Bornes (P) 125 A6
Bornheim (D) 76 B2
Bornholm (DK) 43 B3
Bornhöved (D) 60 D3
Bornos (E) 142 C4
Bornova (TR) 169 B4
Bornstedt (D) 69 A4
Bornum a. Harz (D) 68 C5
Boroaia (RO) 148 D3
Borobia (E) 127 C6
Borod (RO) 146 D3
Borodino (RUS) 175 C5
Borodinskoje, Sairala (RUS) 35 B2
Boronów (PL) 71 D5
Bórore (I) 121 B3
Boroszów (PL) 71 D5
Boroughbridge (GB) 54C2
Borovan (BG) 153 B6
Borovany (CZ) 93 D1
Borovce (SK) 81 A5
Borovci (BG) 159 A1
Borovići (HR) 111 C4
Borovik (RUS) 181 D6
Borovikovščina (BY) 177 C6
Borovka (BY) 177 D2
Borovnica (SLO) 101 B5
Borovo (HR) 151 B1
Borovo (BG) 154 B6
Borovy (CZ) 79 B5
Borów (PL) 70 D3
Borów (PL) 73 A5
Borowa (PL) 82 D1
Borowa Wieś (PL) 71 D6
Borowie (PL) 73 A2
Borowiec (PL) 70 D3
Borowina (PL) 70 C3
Borowy, Szczawin- (PL) 72 A1
Borrby (S) 43 A3
Borre (DK) 42 B4
Borrentin (D) 61 D3
Borreraig (GB) 44 B5
Borrèze (F) 105 B1
Börringe (S) 42 C3
Borriol (E) 134 D4
Borris (DK) 40 C2
Borris (IRL) 51 B4
Borris in Ossory (IRL) 51 A3
Borrisokane (IRL) 51 A3
Borrisoleigh (IRL) 51 A3
Borrum (S) 39 C1
Börry (D) 68 B5
Bors (F) 95 A6
Bors (RO) 146 C3
Børsa (N) 23 B2
Borsa (RO) 147 B3
Borsa (RO) 147 C1
Borsc (RO) 149 B2
Borsec (RO) 148 C4
Børselv (N) 2 C3
Borsfa (H) 102 B4
Borsh (AL) 162 B5
Boršice (CZ) 81 A4
Borsion (GR) 170 C2
Borskoe (RUS) 175 C5
Borssele (NL) 74 D1
Borssum (D) 67 B2
Borstel (D) 68 A3
Börstig (S) 38 C3
Börstil (S) 31 A2
Bor. Sv. Jur (SK) 80 D5
Bortan (S) 28 B4
Bortelid (N) 36 C1
Borth (GB) 52 D6
Börtingberg (S) 16 C2
Bort-les-Orgues (F) 96 B6
Börtnan (S) 24 C2
Boruchowo (PL) 72 A1
Borun' (BY) 177 B5
Boruny (BY) 177 C2
Borup (DK) 37 B6
Borve, High (GB) 44 C3
Børve (N) 26 C3
Borvemore (GB) 44 B4
Bory, Cernáza (CZ) 80 C2
Borynja (UA) 83 B4
Boryslav (UA) 83 C3
Borysław (PL) 72 B2
Boryszwice (PL) 71 D1
Boryszyn (PL) 70 C1
Borzeciczki (PL) 71 B2
Borzecin-Duży (PL) 72 C1
Borzonasca (I) 109 A4
Börzönce (H) 102 B4
Borzymy (PL) 65 B3
Borzytuchom (PL) 63 C2
Bosa (I) 121 B3
Bošáca, N. (SK) 81 B4
Bosa Marina (I) 121 B3
Bosanci (HR) 111 C2
Bosan. Dubica (BIH) 150 B2
Bosan. Gradiška (BIH) 150 C2
Bosan. Kostajnica (BIH) 150 B2
Bosan Novi (HR) 150 A2
Bosan. Petrovac (BIH) 150 A3
Bošany (SK) 81 B5
Bősárkány (H) 102 C2
Bosarp (S) 42 C2
Bosau (D) 60 D3
Boscanci (RO) 148 D2
Boscastle (GB) 56 C5
Bosc-le-Hard (F) 87 C1
Bosco (I) 113 A3
Bosco Chiesanuova (I) 100 A6
Bosco Gurin (CH) 99 A4
Bosco M. (I) 108 D3
Bos. Dubočac (BIH) 150 D2
Bösebo (S) 39 A2
Bos. Grahovo (BIH) 150 B4
Bosia (RO) 149 B3
Bosilegrad (YU) 158 D3
Bosiljevo (HR) 111 C2
Bösingfeld (D) 68 B5
Bósio (I) 108 D3
Bosjön (S) 28 D4
Bos Kobaš (BIH) 150 D2
Boskoop (NL) 66 C5
Boskovice (CZ) 80 D3
Bos. Krupa (BIH) 150 A3
Bosley (GB) 53 C4
Bošnjace (YU) 158 C2
Bošnjaci (HR) 151 B2
Bošnjane (YU) 152 C5
Bosorod (RO) 147 A6
Bošov (CZ) 79 B3
Bosque, El (E) 142 D4
Bos. Rača (BIH) 151 B3
Bos. Samac (BIH) 151 A2
Bossay-s-Claise (F) 95 B2
Bössbo (S) 24 D6
Bossbøen (N) 27 A4
Bossbu (N) 26 D6
Bosse, la (F) 87 A5
Bossea (I) 108 B4
Bosseldal (S) 28 D1
Bossolasco (I) 108 C4
Bossòst (E) 128 D3
Bost (F) 96 D4
Bostanli (TR) 161 A5
Böste (S) 42 C3
Boston (GB) 54 D5
Bostrak (N) 27 B6
Bøstrup (DK) 41 B4
Bosworth, Husbands (GB) 54 C6
Bőszénfa (H) 102 D5
Botajica (BIH) 150 D2
Boteå (S) 16 D6
Boten (N) 22 A6
Botesdale (GB) 59 B1
Botevgrad (BG) 159 B2
Botevo (BG) 155 A6
Bothel (GB) 49 A6
Bothwell (GB) 48 D4
Boticas (P) 124 D6
Botija (E) 131 C6
Botiz (RO) 146 D1
Botiza (RO) 147 B1
Botkyrka (S) 31 A4
Botley (GB) 58 C4
Botn (N) 1 B5
Botn (N) 1 D4
Botn (N) 4 C5
Botn (N) 4 D4
Botn (N) 26 D4
Botne (N) 27 C5
Botne (N) 36 B1
Botnen (N) 26 B3
Botngård (N) 14 A6
Botnhamn (N) 5 A1
Botoroaga (RO) 154 A5
Botorrita (E) 128 A6
Botosani (RO) 149 A2
Botricello (I) 117 B6
Botsmark (S) 17 B3
Bottarvegården (S) 43 C6
Botte, Porto (I) 121 A6
Bottesford (GB) 54 C5
Bottnaryd (S) 38 D3
Bottrop (D) 67 B6
Botun (MK) 162 D2
Botzanowitz (PL) 71 D5
Bouaye (F) 94 B2
Boucau (F) 104 A/B4
Boucé (F) 87 A4
Boucé (F) 96 D4
Bouchain (F) 74 D3
Bouchoir (F) 74 C5
Bouchoux, les (F) 97 C4
Bouclans (F) 97 D1
Boucoiran (F) 106 D3
Boudrac (F) 105 A5
Bouessay (F) 86 D6
Bouesse (F) 95 D3
Bouëxière, la (F) 85 C3
Bougé-Chambalud (F) 97 B6
Bouglon (F) 104 D2
Bouilland (F) 97 B2
Bouillargues (F) 106 D4
Bouille, la (F) 87 B2
Bouillé-Loretz (F) 94 D2
Bouillie, la (F) 85 A3
Bouillon (B) 75 B5
Bouilly (F) 89 A3
Bouin (F) 94 B2
Boujailles (F) 97 D2
Boulay-s-Moselle (F) 90 B1
Boule-d'Amont (F) 129 C3
Boulet, le Pré- (F) 75 B5
Boulieu (F) 97 B6
Boullay-Mivoye, le (F) 87 C4
Bouloc (F) 105 C4
Boulogne-s-Gesse (F) 105 A5
Boulogne-sur-Mer (F) 74 A2
Bouloire (F) 87 B5
Boulou, le (F) 129 D3

Boult (F) 75 B6
Boult-aux-Bois (F) 75 B6
Boulzicourt (F) 75 B5
Bouniagues (F) 105 A2
Bourbon-Lancy (F) 96 D3
Bourbon-l'Archambault (F) 96 C3
Bourbonne-les-Bains (F) 89 D4
Bourboule, la (F) 96 B5
Bourbourg (F) 74 A2
Bourbourg (F) 74 B2
Bourbriac (F) 84 D3
Bourcefranc-le-Chapus (F) 94 C5
Bourdeaux (F) 107 A2
Bourdeilles (F) 95 B6
Bourdons-s-Rognon (F) 89 C3
Bouresse (F) 95 B4
Bourg, le (F) 105 C2
Bourg (F) 104 C1
Bourg (F) 107 A1
Bourg-Achard (F) 87 B2
Bourganeuf (F) 95 D5
Bourg-Archambault (F) 95 B3
Bourg-Argental (F) 97 A6
Bourg-Blanc (F) 84 B3
Bourg-Charente (F) 94 D5
Bourg-de-Visa (F) 105 B3
Bourg-d'Oisans, le (F) 107 C1
Bourg-d'Oueil (F) 105 A6
Bourg-du-Bost (F) 95 A6
Bourg-Dun (F) 87 B1
Bourg-en-Bresse (F) 97 B4
Bourges (F) 96 B2
Bourg-et-Comin (F) 74 D6
Bourget-du-Lac, le (F) 97 C5
Bourg-Lastic (F) 96 B5
Bourg-le-Comte (F) 96 D4
Bourg-Madame (F) 129 B4
Bourgneuf-en-Mauges (F) 85 C6
Bourgneuf-en-Retz (F) 94 B2
Bourgneuf-la-Forêt, le (F) 86 C5
Bourgogne (F) 75 A6
Bourgoin-Jallieu (F) 97 C5
Bourg-Saint-Bernad (F) 105 C4
Bourg-Saint-Léonard, le (F) 87 A3
Bourg-Saint-Maurice (F) 98 A5
Bourg-St-Andéol (F) 106 D2
Bourg St-Pierre (CH) 98 B5
Bourgtheroulde (F) 87 B2
Bourgueil (F) 95 A1
Bouriège (F) 105 D6
Bourmont (F) 89 C3
Bourne (GB) 54 D5
Bournemouth (GB) 58 B5
Bourneville (F) 87 B1
Bournezeau (F) 94 C3
Bourran (F) 105 A3
Bourret (F) 105 B4
Bourriot-Bergonce (F) 104 D3
Bourron (F) 88 C3
Boursault (F) 74 D6
Boursay (F) 87 B5
Boursies (F) 74 C4
Bourth (F) 87 B3
Bous (D) 76 B6
Bousov, Horni (CZ) 70 C6
Bousquet-d'Orb, le (F) 106 B4
Boussac, la (F) 85 B3
Boussac (F) 96 B3
Boussais (F) 94 D2
Boussan (F) 105 B5
Boussens (F) 105 B5
Boussès (F) 104 D3
Boussières (F) 97 D2
Bout-du-Lac (F) 97 D5
Boutenac-Touvent (F) 94 D6
Boutersem (B) 75 B2
Bouttencourt (F) 74 A4
Bouvante-le-Bas (F) 107 A1
Bouvellemont (F) 75 B5
Bouvières (F) 107 A2
Bouvignes (B) 75 B3
Bouvron (F) 85 B5
Bouwel (B) 75 B1
Bouxwiller (F) 90 C2
Bouy (F) 75 A6
Bouzonville (F) 90 B1
Bouzov (CZ) 80 D2
Bova (I) 119 C3
Bøvågen (N) 26 A2
Bovalino Marina (I) 119 D2
Bovallstrand (S) 37 D2
Bova Marina (I) 119 C3
Bovec (SLO) 101 A4
Bóveda (E) 125 A3
Bóveda (E) 127 A3
Bóveda de Toro, La (E) 132 A1
Bóvegno (I) 99 C6
Bovenau (D) 60 D2
Bovenden (D) 68 C6
Bovera (E) 135 A1
Bøverbru (N) 27 D2
Bøverdal (N) 23 A5
Bøverkinnhalsen (N) 23 A6
Bøvertun (N) 22 D6
Boves (F) 74 B5
Bòves (I) 108 B4
Bovey Tracey (GB) 57 A5
Bović (HR) 150 A1
Boviken (S) 17 B1
Boville E. (I) 114 C4
Bovino (I) 115 B5
Bøvlingbjerg (DK) 40 B1
Bovolenta (I) 110 B2
Bovolone (I) 109 D2
Bovrup (DK) 40 D5
Bowes (GB) 53 C1
Bowmore (GB) 48 A4
Bowness-on-Solway (GB) 49 A6
Bowness-on-Windermere (GB) 53 B2
Box (FIN) 34 B4
Boxberg (D) 70 B3
Boxberg (D) 77 B5
Boxbrunn (D) 78 B5
Boxholm (S) 39 A2
Boxmeer (NL) 66 D6
Boxtel (NL) 66 C6
Boyalik (TR) 161 D6
Boyardvill (F) 94 C4
Boyelles (F) 74 C4
Boyelles (F) 74 C4
Boyle (IRL) 46 D5
Bøylestad (N) 37 A2
Boynes (F) 88 B4
Bozalan (TR) 169 A4
Božava (HR) 111 C5
Bozburun (TR) 173 D3
Bozcaada (TR) 165 A4
Bozca Ada (TR) 165 A4
Božejov (CZ) 80 A3
Bozel (F) 98 A6
Bozen, Bolzano (I) 100 A4
Bożepole Wielkie (PL) 63 D1
Boževac (YU) 152 B3
Božica (YU) 158 D3
Boži Dar (CZ) 79 A3
Bozienii de Sus (RO) 149 A4
Bozouls (F) 106 A2
Bozovici (RO) 152 C2
Božurište (BG) 159 A3
Bozvelijsko (BG) 161 A1
Bózzolo (I) 109 C2
Bra (I) 108 B3
Braås (S) 39 B5
Brabrand (DK) 41 A2
Brač (HR) 156 B2
Bracadale (GB) 44 B5
Brácana (E) 143 C3
Braccagni (I) 112 C3
Bracciano (I) 112 D5
Brach (F) 104 C1
Brachay (F) 89 B3
Bracieux (F) 95 C1
Bracigovo (BG) 159 D4
Brackagh (IRL) 51 B2
Bräcke () 25 A2
Brackenheim (D) 91 A2
Brackley (GB) 58 C2
Bracknell (GB) 58 C3
Brackwede (D) 67 D5
Braco (GB) 48 D3
Brad (RO) 146 D5
Bradaiž (LV) 182 C1
Bradeanu (RO) 154 C3
Bradesiai (LT) 177 B2
Bradford (GB) 54 B3
Bradford on Avon (GB) 57 C3
Brading (GB) 58 C5
Bradu (RO) 147 C6
Bradu (RO) 153 D2
Brădulet (RO) 153 D1
Bradvari (BG) 154 D5
Bradwell Waterside (GB) 59 B2
Brædstrup (DK) 40 D2
Braemar (GB) 49 A1
Braemore (GB) 44 D4
Braemore (GB) 45 B3
Brăesti (RO) 148 D1
Brăesti (RO) 154 C1
Braeswick (GB) 45 C1
Braga (P) 124 C6
Bragadiru (RO) 154 B4
Bragadiru Bujoru (RO) 154 B6
Bragayrac (F) 105 B5
Bráies, Alb. (I) 100 C3
Brăila (RO) 155 A1
Brailsford (GB) 54 B5
Braine (F) 74 D6
Braine (B) 75 A3
Braine-le-Compte (B) 75 A3
Brain-s-Allonnes (F) 95 A1
Braintree (GB) 59 A2
Brake (D) 67 D2
Brakel (D) 68 B5
Bräkne-Hoby (S) 43 A1
Brakstad (N) 14 B3
Brålanda (S) 38 B2
Bralecin (PL) 62 D4
Bralin (PL) 71 C4
Brallo di P. (I) 109 A3
Bralos (GR) 167 A5
Bram (F) 105 D5
Bramberg (A) 100 C2
Bramdean (GB) 58 C4
Bramdrupdam (DK) 40 D3
Bramhult (S) 38 C3
Brammer (D) 60 C3
Bramming (DK) 40 C4
Brämön (S) 25 C3
Brampton, Chapel (GB) 58 C1
Brampton (GB) 49 B6
Brampton Bryan (GB) 57 B1
Bramsche (D) 67 C4
Bramsvoll (N) 36 C3
Bran (RO) 154 A1
Brånaberg (S) 9 C5
Branäs (S) 28 C2
Branč (SK) 81 B6
Branca (I) 113 A2
Brancaleone Marina (I) 119 C3
Br'ančaninovo (RUS) 182 D4
Brand (D) 78 C4
Brand (D) 92 B1
Brand (A) 99 C2
Brandal (N) 22 B4
Brändåsen (S) 24 B4
Brändbo (S) 25 B4
Brandbu (N) 27 D3
Brände (S) 17 B2
Brande (DK) 40 C2
Brande-Hörnerkirchen (D) 60 C3
Brandenburg (D) 69 C3
Bränderås (S) 39 C6
Brand-Erbisdorf (D) 79 A2
Brandérion (F) 84 D4
Branderup (DK) 40 C4
Brandis (D) 69 D5
Brandlecht (D) 67 B4
Brändö (FIN) 32 C4
Brando (F) 120 C1
Brandoberndorf (D) 76 D3
Brandomil (E) 124 B2
Brandön, Störo (S) 11 C4
Brändön (S) 11 C4
Brandon (GB) 49 C6
Brandon (GB) 55 A6
Brändövik (FIN) 19 A3
Brandsbol (S) 28 C5
Brandstad (N) 23 A3
Brandstad (S) 42 D3
Brandstorp (S) 38 D2
Brandval (N) 28 B3
Brandvoll (N) 5 A2
Brandýs (CZ) 79 C3
Brănesti (RO) 149 C6
Brănesti (RO) 154 C4
Branica (PL) 81 C2
Branice (PL) 81 B1
Braničevo (YU) 152 B3
Braniewo (PL) 64 B1
Branik (SLO) 101 A5
Branistea (RO) 147 B6
Braniştea (MD) 149 B2
Branistea (RO) 154 A3
Branistea (RO) 155 A1
Brankovice (CZ) 80 D4
Brankovina (YU) 151 C4
Branky (CZ) 81 B3
Bränna (S) 16 B3
Branná, Dolná (CZ) 70 C5
Branná (CZ) 80 D1
Brännäker (S) 15 C2
Brännas (S) 10 B5
Brännäs (S) 10 C6
Brannay (F) 88 C3
Brännberg (S) 10 D6
Brännberg (S) 11 B4
Branne (F) 104 D1
Brännfors (S) 11 B5
Brännforsliden (S) 17 A2
Brännland (S) 17 A4
Brännland (S) 17 B4
Brännö (S) 38 A4
Bränntjärn (S) 10 D5
Brännträsk, S. (S) 11 A5
Brännudden (S) 10 C4
Brännvattnet (S) 17 B2
Bransat (F) 96 C4
Brańsk (PL) 65 C5
Branson's Cross (GB) 58 B1
Brańszczyk (PL) 65 A6
Brantes (F) 107 B3
Brantevik (S) 43 A3
Branti (LV) 179 D4
Brantôme (F) 95 B6
Brantsbo (S) 39 C2
Brânzeni (MD) 149 D2
Brañuelas (E) 125 C3
Bras (F) 107 C5
Bras-d'Asse (F) 107 C4
Braskereidfoss (N) 28 A2
Braslav (BY) 177 C2
Brăslen (BG) 154 C5
Brasov (RO) 154 A1
Brasparts (F) 84 C3
Brassac (F) 106 A4
Brassac-les-Mines (F) 96 C6
Brasschaat (B) 75 B1
Brassus, Le (CH) 98 A3
Brassy (F) 96 D1
Brasta (S) 24 C1
Brastad (S) 38 A2
Bråstøl (N) 26 C4
Braszewice (PL) 71 D3
Bråta (S) 29 A6
Bratca (RO) 146 D3
Brateiu (RO) 147 C5
Bråten (N) 37 A1
Brates (RO) 148 D6
Bratfors (S) 29 C1
Bratia Daskolovi (BG) 160 A4
Bratislava (SK) 102 C1
Bratoszewice (PL) 72 A2
Bratovoesti (RO) 153 B4
Brattåker (S) 15 D1
Brattås (N) 14 C1
Brattbäcken (S) 15 C4
Brattbakken (N) 14 C6
Bratteli (N) 26 D5
Bratten (S) 16 D3
Bratteng (N) 8 D6
Brattfjell (N) 1 B6
Brattfors (S) 17 A4
Brattfors (S) 28 D4
Brattknabben (S) 11 B5
Brattland (N) 26 C5
Brattmyrberget (S) 16 C3
Brattsbacka (S) 17 A4
Brattset (N) 23 A2
Brattsjö (S) 16 C5
Brattvåg (N) 22 C3
Bratunac (BIH) 151 B4
Brătuşeni (MD) 149 B1
Braubach (D) 76 C3
Braucourt (F) 89 B3
Braud-et-Saint-Louis (F) 94 D6
Braunau (A) 93 B3
Braunfeld (D) 76 D3
Braunlage (D) 68 D5
Braunschweig (D) 68 D4
Braunton (GB) 56 D4
Braunwald (CH) 99 A3
Bravicea (MD) 149 D2
Bravo, El (E) 132 B4
Bravone (F) 120 C3
Bravos (E) 124 D1
Bravuogn, Bergün (CH) 99 C4
Bray, Bri Chualann (IRL) 51 D2
Bray, Gournay-en- (F) 74 A5
Bray, Neufchâtel-en- (F) 74 A5
Bray (F) 74 A6
Brayford (GB) 57 A4
Bray-s-Seine (F) 88 D3
Bray-s-Somme (F) 74 C4
Brazatortas (E) 139 C2
Brazey-en-Plaine (F) 97 B2
Bražuolė (LT) 176 D5
Brbinj (HR) 111 C5
Brčko (BIH) 151 A3
Brdów (PL) 71 D1
Breaclete (GB) 44 B3
Brea de Tajo (E) 133 A4
Breadstone (GB) 57 C2
Breage (GB) 56 C6
Breared (S) 38 C6
Breasta (RO) 153 B3
Breaza (RO) 147 C3
Breaza (RO) 147 D6
Breaza (RO) 148 C2
Breaza (RO) 154 A2
Breaza (RO) 154 C2
Brebach (D) 76 B6
Brebeni (RO) 153 C3
Brebu (RO) 152 C1
Brebu Nou (RO) 152 D1
Brécey (F) 86 C4
Brechin (GB) 49 B1
Brecht (B) 75 B1
Breckerfeld (D) 76 C1
Břeclav (CZ) 80 D5
Brecon (GB) 57 B2
Brécy (F) 96 B2
Breda (NL) 66 C6
Bredåker, N. (S) 11 B4
Bredåkra (S) 43 B1
Bredared (S) 38 C3
Bredaryd (S) 38 D5
Bredbyn (S) 15 B6
Bredbyn (S) 16 D5
Brède, la (F) 104 C2
Brede (GB) 59 A4
Bredebro (DK) 40 C5
Bredehorn (D) 67 C2
Bredelar (D) 68 A6
Bredenfelde (D) 62 B4
Bredestad (S) 39 A3
Bredevad (DK) 40 D5
Bredhult (S) 39 A5
Bredkälen (S) 15 C5
Bredsätra (S) 39 D5
Bredsel (S) 11 A4
Bredsele (S) 15 C3
Bredshult (S) 39 C3
Bredsjö (S) 29 A4
Bredsjön (S) 25 B2
Bredstedt (D) 60 B2
Bredsten (DK) 40 D3
Bredträsk (S) 11 C3
Bredträsk (S) 16 D4
Bredynki (PL) 64 D3
Breedon on the Hill (GB) 54 B5
Breesen (D) 61 C3
Breg, Bački (YU) 103 B6
Breganze (I) 100 B6
Bregenz (A) 99 C1
Breginj (SLO) 101 A4
Bregninge (DK) 41 A5
Bregninge (DK) 41 B3
Bregovo (BG) 152 D4
Bréhal (F) 85 B2
Bréhand (F) 85 A3
Brehna (D) 69 B6
Breidablikk (N) 27 C2
Breidafjördhur (IS) 1 A1
Breiddalsvik (IS) 1 D2
Breidenbach (D) 76 D2
Breidenbach (F) 90 C2
Breijøseter (N) 23 C5
Breil (F) 95 A1
Breil-s.-R. (F) 108 B5
Breiland (N) 36 C2
Breimo (N) 8 C5
Breisach a. Rhein (D) 90 C4
Breisjøberget (N) 28 B2
Breistein (N) 26 B3
Breistølen (N) 27 A1
Breistrand (N) 4 D3
Breiteåsen (N) 23 A2
Breitenberg (D) 93 C2
Breitenbrunn (D) 92 C1
Breitenfelde (D) 61 A4
Breitenhees (D) 68 D3
Breitennußbach (D) 78 B4
Breitungen (D) 78 A2
Breive (N) 26 D5
Breivik (N) 4 C2
Breivik (N) 4 C5
Breivik (N) 9 B2
Breivik (N) 14 A6
Breivik (N) 23 A3
Breivik (N) 26 A3
Breivik (N) 27 A3
Breivik (N) 27 A6
Breivikbotn (N) 1 D3
Breivikeidet (N) 1 B6
Brejning (DK) 40 C2
Brejvik (N) 4 B3
Brekke (N) 26 B2
Brekke (N) 36 B1
Brekken (N) 8 D5
Brekken (N) 24 A3
Brekkestø (N) 36 D3
Brekkhus (N) 26 B2
Brekkvasselv (N) 14 D3
Brekstad (N) 14 A6
Brela, D. (HR) 150 B6
Bremangerlandet (N) 22 A5
Bremangerpollen (N) 22 A5
Bremelau (D) 91 B3
Bremen (D) 68 A2
Bremerhaven (D) 60 B4
Bremerhaven-Lehe (D) 60 B4
Bremerhaven-Wulsdorf (D) 60 B4
Bremervörde (D) 60 C4
Bremgarten (CH) 99 A2
Bremke (D) 76 D1
Bremnes (N) 4 C3
Bremnes (N) 4 D2
Bremnes (N) 26 A4
Bremsnes (N) 22 D2
Breña A. (E) 144 B1
Brenderup (DK) 41 A3
Brendola (I) 110 A2
Brenes (E) 142 C2
Brenets, Les (CH) 98 B2
Brengammen (N) 2 D1
Brenguli (LV) 179 C3
Brenha (P) 130 B3
Brenica (BG) 153 C5
Brenish (GB) 44 B3
Brenna (N) 4 B4
Brenna (N) 14 D1
Brenna (N) 24 A4
Brenna (PL) 81 C2
Brennåsen (N) 36 D3
Brennelv (N) 2 C4
Brennero (I) 100 B2
Brennes (N) 1 C6
Brennhaug (N) 23 B5
Brennseter (N) 22 D5
Breno (I) 99 C5
Brénod (F) 97 C4
Brensbach (D) 77 A5
Brensvik (N) 2 B3
Brent, South (GB) 57 A5
Brentwood (GB) 59 A3
Brenz (D) 92 A3
Brenzone, (I) 109 C1
Brescello (I) 109 C3
Bréscia (I) 99 C6
Bresdon (F) 95 A5
Breskens (NL) 74 D1
Bresles (F) 74 B6
Bresnica (YU) 152 A5
Bresnik (BG) 159 A3
Bresolles (F) 96 C3
Bressana (I) 108 D2
Bressanone, Brixen (I) 100 B3
Bressay (GB) 45 D4
Bresse, la (F) 90 B4
Bressuire (F) 94 D2
Brest (BY) 73 C1
Břest (CZ) 81 A3
Brest (F) 84 A3
Brest (BG) 153 D5
Brestanica (SLO) 101 D5
Brestova (HR) 111 B2
Brestovac, Bački (YU) 151 B1
Brestovac (HR) 150 C2
Brestovac (YU) 152 A3
Brestovac (YU) 152 C4
Brestovac (YU) 158 C2
Brestovačka Banja (YU) 152 C4
Brestovăt (RO) 146 B6
Brestovo (BG) 159 D2
Bretagne-d'Armagnac (F) 104 D4
Bretcu (RO) 148 D6
Bretea-Romînă (RO) 147 A6
Bretenoux (F) 105 C1
Breteuil (F) 74 B5
Breteuil (F) 87 B3
Bretiande (P) 130 D1
Bretignolles (F) 94 D2
Bretignolles-s-Mer (F) 94 B3
Brétigny-s-Orge (F) 88 B2
Bretonneux, Villers- (F) 74 B5
Bretten (D) 91 A2
Bretteville-l'Orgueilleuse (F) 86 D2
Bretteville-s-Ay (F) 86 B2
Bretteville-s-Laize (F) 86 D3
Bretzel (D) 69 B4
Breuil,-Cervinia (I) 98 C5
Breuil, le (F) 96 D4
Breuil-en-Auge, le (F) 87 A2
Breukelen (NL) 66 C5
Brevens bruk (S) 29 B5
Brevik (N) 27 C6
Brevik (S) 31 B4
Brevik (S) 38 D2
Breviksnäs (S) 39 C2
Brévine, La (CH) 98 B2
Brevonnes (F) 89 A3
Breza (BIH) 151 A5
Breždje (YU) 151 D4
Brézé (F) 95 A2
Breze (HR) 111 C2
Brežice (SLO) 101 D5
Brézins (F) 97 C6
Brezna, Donja (YU) 157 B3
Breznica, N. (MK) 158 B5
Breznica (HR) 102 A6
Breznica (HR) 151 A1
Březnice (CZ) 79 C5
Březnice (CZ) 81 A4
Breznica (SK) 82 D4
Brezno (SK) 82 A4
Brezno (HR) 111 C2
Březno, M. (CZ) 70 A5
Brezoi (RO) 153 C1
Brezojevica (YU) 157 D4
Brezolles (F) 87 B4
Březová n. Svit. (CZ) 80 D2
Brezová p. Br. (SK) 81 A5
Brezovica (SK) 82 C4
Brezovica pri Predgradu (SLO) 101 C6
Brezovo, České (SK) 82 A5
Brezovo (BG) 160 A3
Brezovo Polje (BIH) 151 B3
Briançon (F) 107 D1
Briare (F) 88 C5
Briars (F) 105 C1
Briatexte (F) 105 C4
Briático (I) 119 C1
Bribir (HR) 111 B2
Bribir (HR) 111 D5
Bricherásio (I) 108 A3
Bri Chualann, Bray (IRL) 51 D2
Brickeens (IRL) 46 C6
Bricon (F) 89 B4
Bricquebec (F) 86 B2
Bridaga (LV) 179 B3
Bride (GB) 52 D1
Brides, St (GB) 56 C2
Brides-les-Bains (F) 98 A6
Bride's Major, St (GB) 57 A3
Bridestowe (GB) 56 D5
Bridge (GB) 59 B3
Bridge End (IRL) 47 A3
Bridgend (GB) 48 A3
Bridgend (GB) 57 A3
Bridge of Allan (GB) 48 D3
Bridge of Balgie (GB) 48 D2
Bridge of Earn (GB) 49 A2
Bridge of Orchy (GB) 48 C2
Bridgetown (IRL) 51 C5
Bridgetown (GB) 57 A4
Bridgnorth (GB) 53 C6
Bridgwater (GB) 57 B4
Břidlična (CZ) 81 A2
Bridlington (GB) 54 D2
Bridport (GB) 57 B5
Briec (F) 84 B4
Brie-Comte-Robert (F) 88 C2
Brielle (NL) 66 B5
Brienne-le-Château (F) 89 B3
Brienon-s-Armancon (F) 88 D4
Brienz (CH) 98 D3
Briesen (D) 69 C3
Brieskow-Finkenheerd (D) 70 B1
Briesnigk (D) 70 B3
Brietlingen (D) 61 A5
Brieva (E) 127 A5
Briey (F) 75 D6
Brig (CH) 98 D4
Brigg (GB) 54 D4
Brighouse (GB) 54 B3
Brightlingsea (GB) 59 B2
Brighton (GB) 58 D4
Brigi (LV) 182 D1
Brignais (F) 97 B5
Brignano-Fras. (I) 108 D3
Brignogan-Plage (F) 84 B2
Brignoles (F) 107 C5
Brignoud (F) 97 D6
Brigstock (GB) 54 D6
Brigueil-le-Chantre (F) 95 C3
Brigueuil (F) 95 B4
Brihuega (E) 133 A2
Briis-s/s-Forges (F) 88 B2
Brijanje, Donje (YU) 158 C2
Brijeg, Debeli (HR) 157 A4
Brijuni (HR) 111 A3
Briksdal (N) 22 C6
Brillac (F) 95 B4
Brillon-en-Barrois (F) 89 C2
Brilon (D) 68 A6
Brimnes (N) 26 C3
Briñas (E) 127 A3
Brinay (F) 96 A1
Brînceni (RO) 154 A5
Brinches (P) 138 A3
Brincones (E) 131 C1
Brîncovenşti (RO) 147 C3
Brindisi (I) 117 C2
Bringåsen (S) 24 D1
Bringnes (N) 2 B3
Bringsli (N) 9 A1
Brinje (HR) 111 C3
Brink (D) 67 D2
Brinkum (D) 68 A2
Brinon-s-Beuvron (F) 96 D1
Brinon-s-Sauldre (F) 88 B5
Brintbodarne (S) 28 D2
Brion (E) 124 C3
Brione (CH) 99 A4
Briones (E) 127 A4
Brionne (F) 87 B2
Brion-près-Thouet (F) 95 A2
Brion-s-Ourte (F) 89 B4
Brioude (F) 96 D6
Brioux-s-Boutonne (F) 94 D4
Briouze (F) 86 D4
Briscous (F) 104 B5
Brisighella (I) 110 A5
Brišnik (BIH) 150 C6
Brissac (F) 106 C4
Brissac-Quincé (F) 85 D5
Brissago (CH) 99 A5
Bristol (GB) 57 C3
Brittas (IRL) 51 C2
Britz (D) 69 D2
Brive-la-Gaillarde (F) 95 D6
Briviesca (E) 126 D4
Brívio (I) 109 A1
Brixen, Bressanone (I) 100 B3
Brixen (A) 100 C1
Brixham (GB) 57 A5
Brixlegg (A) 100 B1
Brixworth (GB) 58 C1
Brizambourg (F) 94 D5
Brjastovec (BG) 161 A2
Brka (BIH) 151 A3
Brlog (HR) 111 C3
Brna (HR) 156 B3
Brnaze (HR) 150 B6
Brnjica (YU) 152 C3
Brno (CZ) 80 D4
Bro (S) 28 C5
Bro (S) 31 A4
Bro (S) 39 B6
Broadford (GB) 44 C6
Broadford (IRL) 50 C4
Broadford (IRL) 50 D3
Broad Haven (GB) 56 C2
Broadmayne (GB) 57 C5
Broad Oak (GB) 56 D2
Broadstairs (GB) 59 B3
Broadwas (GB) 57 C1
Broadway (GB) 58 B1
Broadwey (GB) 57 C5
Broager (DK) 40 D5
Broarp (S) 39 A3
Broaryd (S) 38 C5
Broby, Sørre (DK) 41 A4
Broby (S) 31 A3
Broby (S) 31 B3
Broby (S) 42 D1
Broc, le (F) 96 C6
Broc (CH) 98 B3
Broćanac (BIH) 150 C6
Brocas (F) 104 C3
Brocēni (LV) 178 D5
Brock (D) 68 C2
Bröckel (D) 68 C3
Brockenhurst (GB) 58 B4
Brockhagen (D) 67 D5
Brod (BIH) 151 B6
Brod (MK) 163 A2
Brod, Cierny (SK) 102 D1
Brod, Havlíčkův (CZ) 80 B3
Brod, Kokin (YU) 151 C6
Brod, Krásny (SK) 83 A3
Brod, Martin (BIH) 150 A4
Brod Prizrenski (YU) 158 A5
Bród, Ruski (PL) 72 C4
Brod, Sl. (HR) 150 D2
Brod, Uherský (CZ) 81 A4
Brod., Vyšsi (CZ) 93 C2
Brod, Zelezný (CZ) 70 C5
Brodarevo (YU) 151 C6
Broddbo (S) 30 D3
Broddebo (S) 39 C2
Broddetorp (S) 38 C2
Brodek u Přer. (CZ) 81 A3
Brodek u Prost (CZ) 80 D3
Brodenbach (D) 76 C4
Brodica (YU) 152 C3
Brodick (GB) 48 C4
Brodilovo (BG) 161 B4
Brodina (RO) 148 C2
Brod Makedonski (MK) 162 D1
Brod Moravice (HR) 111 C2
Brod na Kupi (HR) 111 C2
Brodnica (PL) 64 B4
Brodowe, Krukowo (PL) 64 D4
Brodski Stupnik (HR) 150 D2
Brodsko, Grabarje- (HR) 150 D2
Brody (PL) 70 B3
Brody (PL) 70 C2
Brody (PL) 72 D4
Brogetorp (S) 30 D6
Broglie (F) 87 B3
Broholm (S) 38 D3
Brojce (PL) 62 D3
Brójce (PL) 70 D1
Brok (PL) 65 A5
Brokenlande (D) 60 D3
Brokind (S) 39 B2
Brokke (N) 26 D6
Brokskar (N) 1 A6
Brolo (I) 119 A2
Bromarv (FIN) 33 A5
Brome (D) 68 D3
Bromley, Abbots (GB) 53 D5
Bromley (GB) 59 A3
Bromma (N) 27 B3
Bromme (DK) 41 C3
Brommösund (S) 28 D6
Bromölla (S) 43 A1
Brompton (GB) 54 D2
Brömsebro (S) 39 C6
Bromsgrove (GB) 58 B1
Bromwich, West (GB) 53 D6
Bromyard (GB) 57 C1
Bron (F) 97 B5
Bronant (GB) 57 A1
Bronchales (E) 134 A3
Bronco (E) 131 C4
Brøndbu (N) 14 D3
Brønderslev (DK) 37 B5
Broni (I) 109 A2
Broniewice (PL) 63 D5
Broniszew (PL) 72 C3
Bronken (N) 28 A2
Brönnestad (S) 42 D2
Brønnøysund (N) 14 C1
Bronnzell (D) 77 B3
Bronów (PL) 71 C3
Brøns (DK) 40 C4
Bronte (I) 119 A3
Brookeborough (GB) 47 A5
Brookland (GB) 59 B4
Broons (F) 85 A3
Broquiès (F) 106 A3
Brora (GB) 45 B4
Brørs (N) 14 C4
Brørup (DK) 40 C4
Brösarp (S) 42 D2
Brosäter, Östra (S) 28 C5
Brosdal (N) 27 B6
Brošniv-Osada (UA) 83 D4
Brossac (F) 95 A6
Brøstadbotn (N) 5 A2
Brosteni (RO) 148 C3
Brosteni (RO) 153 A2
Brøstrud (N) 27 A3
Brosville (F) 87 B3
Broszków (PL) 73 A1
Brotas (P) 137 C1
Broto (E) 128 B3
Brøttem (N) 23 C2
Brottjärna (S) 29 A2
Brotton (GB) 54 C1
Brøttum (N) 27 D1
Brou (F) 87 B5
Brou (F) 97 C4
Brouage (F) 94 C5
Brough (GB) 45 D3
Brough (GB) 53 C1
Brough (GB) 54 C5
Brough Head (GB) 45 B1
Brough Ness (GB) 45 C2
Broughshane (GB) 47 C4
Broughton (GB) 49 A4
Broughton (GB) 54 C6
Broughton in Furness (GB) 53 B2
Broughton Poggs (GB) 58 B2
Broughty Ferry (GB) 49 B2
Brouilh-Monbert, le (F) 105 A4
Broumov (CZ) 70 D5
Broumov (CZ) 79 A4
Brousse (F) 96 D5
Brousse (F) 105 D4
Brousse-le-Château (F) 106 A3
Brousses, les (F) 95 A4
Broussey-en-Woëvre (F) 89 C2
Brouwershaven (NL) 66 B6
Brovst (DK) 37 B5
Broxburn (GB) 49 A3
Broxburn (GB) 49 B3
Broyes (F) 74 B5
Brozas (E) 131 B5
Brozzo (I) 99 C6
Brtnice, Dl. (CZ) 80 B3
Brtnice (CZ) 80 B3
Brua (N) 23 D5
Bruay (F) 74 B3
Bruay (F) 74 D3
Bruay-en-Artois (F) 74 B3
Bruay-s-l'Escaut (F) 74 D3
Brubakk (N) 23 D1
Bruca (I) 118 A3
Bruchhausen (D) 68 B3
Bruchmühlbach (D) 76 C6
Bruchsal (D) 91 A1
Brück (D) 69 C4
Brück (D) 76 B3
Bruck (D) 78 B5

Bruck (A) 100 D2
Bruck (A) 101 D2
Bruck a. d. Leitha (A) 102 B1
Bruckberg (D) 78 B5
Bruck i. d. Oberpfalz (D) 78 D6
Brückl (A) 101 C3
Bruckmühl (D) 92 D4
Brúcoli (I) 119 B4
Brudevoll (N) 26 C1
Brudnów (PL) 72 A2
Brudzeń Duży (PL) 64 B6
Brudzowice (PL) 72 A6
Brue-Auriac (F) 107 C4
Brüel (D) 61 B3
Bruère-Allichamps (F) 96 B2
Brués (E) 124 D4
Bruff (IRL) 50 D4
Bruffière, la (F) 94 C2
Bruges, Brugge (B) 74 D1
Bruges (F) 104 D5/6
Brugg (CH) 98 D1
Brugge, Bruges (B) 74 D1
Brügge (D) 76 C1
Brüggen (D) 76 A1
Brugnato (I) 109 A4
Brugnens (F) 105 A/B4
Brugnera (I) 110 C1
Bruguières (F) 105 C4
Bruheim (N) 22 D6
Brühl (D) 76 B2
Bruino (I) 108 B2
Bruiu (RO) 147 D5
Bruksvallarna (S) 24 B3
Brûlon (F) 86 D5
Brûly (B) 75 A4
Brumath (F) 90 C2
Brumetz (F) 74 C6
Brummelnes (N) 1 D3
Brumov (CZ) 81 B4
Brumunddal (N) 27 D2
Brumundsag (N) 27 D1
Bruna (I) 113 B3
Brunate (I) 99 A5
Brunau (D) 69 A3
Brunava (LV) 179 B6
Brune (N) 22 C4
Bruneck, Brunico (I) 100 B3
Brunehamel (F) 75 A5
Brunella (I) 121 D2
Brünen (D) 67 B5
Brunes (N) 4 C5
Bruneto (E) 132 C3
Brunflo (S) 24 D2
Brunhosinho (P) 131 B1
Brunico, Bruneck (I) 100 B3
Bruniquel (F) 105 C3
Brunkeberg (N) 27 A5
Brunmyrheden (S) 10 D5
Brunn, Norra (S) 30 D2
Brunn (D) 62 B3
Brünn (D) 78 B3
Brunn (A) 80 B5
Brunnberget (S) 28 C3
Brunnen (CH) 99 A2
Brunnsberg (S) 24 D6
Brunnsvik (S) 29 A3
Brunsberg (S) 28 C4
Brunsbüttel (D) 60 C3
Brunseryd (S) 39 A4
Bruntál (CZ) 81 A2
Bruravik (N) 26 C3
Brurusti (N) 23 B5
Br'usovo (RUS) 175 D5
Brus, Stary (PL) 73 C3
Brus (YU) 152 B6
Brusago (I) 100 A4
Brusand (N) 36 A2
Brušane (HR) 111 C4
Brusarci (BG) 153 A5
Brusasco (I) 108 C2
Brusgi (BY) 65 D3
Brusiek (PL) 71 D5
Brusje (HR) 156 B2
Bruskowo Wielkie (PL) 63 B1
Brusnik (SK) 82 A6
Brusnik (YU) 152 D4
Brusno (SK) 82 A4
Brusno, Nowe (PL) 73 C6
Brusnókúpele (SK) 82 A5
Brušperk (CZ) 81 B2
Brusque (F) 106 B4
Brussa (I) 110 C1
Brussel, Bruxelles (B) 75 A2
Brusson (F) 89 B2
Brusson (I) 98 C5
Brüssow (D) 62 C4
Brusturi (RO) 146 C3
Brusturi (RO) 148 D3
Brusvea (N) 27 C1
Brušviti (LV) 175 C1
Brusy (PL) 63 C3
Brusy (BY) 177 C4
Brutelles (F) 74 A4
Bruton (GB) 57 C4
Brüttendorf (D) 60 C5
Brutuli (LV) 179 D3
Bruvik (N) 26 B3
Bruvno (HR) 150 A4
Bruvoll (N) 28 A3
Bruxelles, Brussel (B) 75 A2
Bruyères (F) 90 B4
Bruz (F) 85 B4
Bruzaholm (S) 39 B3
Bruzilas (LV) 178 C6
Brúzio, Fiumefreddo (I) 116 D6
Břvany (CZ) 79 B3
Brwinów (PL) 72 C2
Bry, Le (CH) 98 B3
Bryan, Brampton (GB) 57 B1
Bryggerhaug (N) 5 A1
Bryggja (N) 22 A5
Bryher (GB) 56 A6
Brynamman (GB) 57 A2
Bryncir (GB) 52 D5
Bryne (N) 36 A2
Brynhoffnant (GB) 56 D1
Brynje (S) 24 D1
Brynjegård (S) 15 C6
Brynmawr (GB) 57 B2
Bryrup (DK) 40 D2
Brza Palanka (YU) 152 D3
Brzeće (YU) 152 B6
Brzeg (PL) 71 B5
Brzeg Dolny (PL) 71 A4
Brzegi (PL) 72 C5
Brześć Kujawski (PL) 64 A6
Brzeski, Lewin (PL) 71 B5
Brzeskie, Łukowice (PL) 71 B5
Brzesko, Nowe (PL) 82 B1
Brzesko (PL) 82 C2
Brzeszcze (PL) 81 D2
Brzezie (PL) 63 B3
Brzeziny (PL) 71 C3
Brzeziny (PL) 72 B3
Brzeziny (PL) 72 C5
Brzeziny (PL) 73 A5
Brzeźnica, Nowa (PL) 72 A4
Brzeźnica (PL) 65 A2
Brzeźnica (PL) 72 D3
Brzeznica (PL) 82 A2
Brzeźnica (PL) 82 D1
Brzeźno (PL) 73 C4
Brzezyny Śląskie (PL) 72 A6
Brzostek (PL) 82 D2
Brzostowiec (PL) 72 C3
Brzostowo (PL) 71 B3
Brzotín (SK) 82 B5
Brzoza (PL) 63 D5
Brzóza (PL) 72 D3
Brzóza Królewska (PL) 73 B6
Brzóze (PL) 72 D1
Brzozie (PL) 64 B4
Brzózka (PL) 70 C2
Brzozów (PL) 72 B1
Brzozów (PL) 83 A2
Brzozowiec (PL) 62 D6
Bû (F) 88 A2
Bua (S) 37 D1
Bua (S) 38 B5
Buais (F) 86 C4
Bualintur (GB) 44 B6
Buan (S) 24 D4
Buar (N) 26 C4
Buavåg (N) 26 B5
Búbbio (I) 108 C3
Buberget (S) 16 C2
Buberget (S) 17 A3
Bubiai (LT) 176 B2
Bubnevo (RUS) 182 D4
Bubry (F) 84 D4
Bubwith (GB) 54 C3
Buca (TR) 169 B4
Buçaco (E) 130 C3
Bučany (SK) 81 A5
Buccheri (I) 119 A5
Bucchiánico (I) 114 D2
Buccino (I) 115 B6
Bucecea (RO) 148 D2
Bucelas (P) 137 A1
Bucey-lès-Gy (F) 89 D5
Buch (D) 77 C6
Buch (D) 78 B5
Buchan Ness (GB) 45 D5
Buchau, Bad (D) 91 B4
Buchbach (D) 92 D3
Buchberg (A) 101 D1
Buchboden (A) 99 C2
Buchdorf (D) 92 B2
Büchel (D) 76 B4
Büchen (D) 61 A4
Büchenbeuren (D) 76 C4
Buchen (Od.) (D) 77 B5
Buchères (F) 89 A3
Buchholz,-Annaberg (D) 79 A2
Buchholz (D) 60 D5
Buchholz (D) 68 D6
Buchholz (D) 69 B2
Buchholz (D) 69 C4
Buching (D) 92 B5
Buchloe (D) 92 B4
Buchlovice (CZ) 81 A4
Buchlyvie (GB) 48 D3
Buchs (CH) 99 B2
Buchschwabach (D) 78 B5
Buchy (F) 74 A5
Bučina (CZ) 93 B1
Bucine (I) 112 C2
Bucinisu (RO) 153 C4
Bučin prohod (BG) 159 A2
Bučionys (LT) 176 C3
Bučište (MK) 158 D5
Buciumeni (RO) 149 B6
Bučiūnai (LT) 176 C1
Bučje (BIH) 151 A3
Bučje (YU) 151 C6
Bučje (YU) 152 D5
Buckden (GB) 53 C2
Buckden (GB) 58 D1
Bückeburg (D) 68 B4
Buckfastleigh (GB) 57 A5
Buckhaven (GB) 49 B3
Buckhurst (GB) 59 A3
Buckie (GB) 45 C5
Buckingham (GB) 58 C2
Buckland (GB) 58 D2
Buck's Cross (GB) 56 D4
Bückwitz (D) 69 C2
Bucov (RO) 154 B2
Bucovice (CZ) 80 D4
Bucuresti (RO) 154 B4
Bucz (PL) 71 A2
Buczek (PL) 72 A3
Buczkowice (PL) 81 C2
Bud (N) 22 C3
Buda (RO) 154 C1
Budačka Rijeka (HR) 111 D2
Budacu de Jos (RO) 147 C3
Budăi (MD) 149 D6
Budakeszi (H) 103 B2
Budaörs (H) 103 B2
Budapest (H) 103 B2
Búdardalur (IS) 1 B2
Budareyri (IS) 1 D2
Buddbyn (S) 11 B4
Buddusò (I) 121 C2
Bude (GB) 56 D4
Budeč (CZ) 80 B4
Budějovice, Ceské (CZ) 93 D1
Budějovice, Mor. (CZ) 80 C4
Budelière (F) 96 B4
Budesti (RO) 147 B1
Budesti (RO) 147 C3
Budesti (RO) 154 C4
Búdir (IS) 1 D2
Budia (E) 133 A3
Budikovci (HR) 156 A3
Budila (RO) 154 B1
Budimir (SK) 82 D4
Budimir (HR) 150 B6
Budimlić Japra (BIH) 150 A3
Büdingen (D) 77 A3
Budinšćina (HR) 102 A5
Budišov (CZ) 80 C3
Budišov n. B. (CZ) 81 A2
Budkovce (SK) 83 A5
Budleigh Salterton (GB) 57 B5
Budmerice (SK) 81 A6
Budomierz (PL) 73 C6
Budoni (I) 121 D2
Budoviž (RUS) 182 D2
Budraičiai (LT) 176 B2
Búdrio (I) 110 A4
Budslav (BY) 177 D4
Budureasa (RO) 146 D4
Budva (YU) 157 B4
Būdviečiai (LT) 175 D3
Būdviečiai (LT) 176 A5
Būdvietis (LT) 176 B6
Budyně nad Ohří (CZ) 70 A6
Budy Nowe (PL) 65 A6
Budyšin (Bautzen) (D) 70 B4
Budziska (PL) 73 A3
Budziszewice (PL) 72 B3
Budziszów Wielki (PL) 71 A4
Budzów (PL) 71 A6
Budzów (PL) 82 A2
Budzyń (PL) 63 B5
Bue (N) 9 A2
Bue (N) 36 A2
Bueil (F) 88 A2
Buenache (E) 133 C5
Buenasbodas (E) 132 B5
Buenavista (E) 126 B3
Buenavista del Norte (E) 144 A5
Buendia (E) 133 A3
Buer (D) 67 B6
Bueu (E) 124 C4
Buftea (RO) 154 B4
Bugac (H) 103 C4
Bugaj (PL) 72 A4
Bugaj (PL) 72 D6
Bugarra (E) 134 C5
Buğdaylı (TR) 165 D3
Bugeat (F) 95 D5
Būgeniai (LT) 178 C6
Buggerru (I) 121 B5
Būginiai (LT) 176 D1
Bugio (P) 136 C2
Buglose (F) 104 B/C4
Buggiano (I) 109 C5
Bugnara (I) 113 C5
Bugojno (BIH) 150 C5
Bugøyfjord (N) 3 B3
Bugøynes (N) 3 B3
Bugskaja, Kamenka- (UA) 83 D1
Bugue, le (F) 105 B1
Bugyi (H) 103 B3
Bühl (D) 90 D2
Buhoci (RO) 149 A4
Buhovo (BG) 159 B3
Buhusi (RO) 149 A4
Buia (RO) 147 C5
Builth (GB) 57 B1
Buin (N) 27 B3
Buis, le (F) 95 C4
Buis-les-Baronnies (F) 107 B3
Buisse, la (F) 97 C6
Buisson, le (F) 105 B1
Buisson, le (F) 106 B2
Buitenpost (NL) 67 A2
Buitrago (E) 132 D2
Buiviši (LV) 177 B1
Buivydžiai (LT) 177 A4
Buj (H) 82 D6
Bujalance (E) 139 C3
Bujaleuf (F) 95 C5
Bujały-Gniewosze (PL) 65 B6
Bujanovac (YU) 158 C4
Bujaraiza (E) 140 B3
Bujaraloz (E) 128 B6
Buje (HR) 111 A2
Bujnovci (BG) 160 B2
Bujny (PL) 72 B4
Bujor (MD) 149 C3
Bujor (RO) 149 C6
Buk (PL) 71 A1
Bük (H) 102 B2
Bukaiš (LV) 178 D6
Bukas (LV) 179 C3
Bükkábrány (H) 146 A1
Bukkemoen (N) 5 A1
Bükkösd (H) 102 D6
Bukmuiža (LV) 177 D1
Bukonys (LT) 176 C4
Bukovac (BIH) 150 C2
Buković (MK) 158 B5
Bukovica, D. (YU) 157 B3
Bukovica, N. (HR) 150 D1
Bukovica, Spišić (HR) 102 C6
Bukovnica (PL) 71 C3
Bukovsko, Dol. (CZ) 79 D5
Bukowa Śląska (PL) 71 C4
Bukowe (PL) 71 C2
Bukowice (PL) 71 B3
Bukowiec (PL) 70 D1
Bukowina (PL) 63 D1
Bukowina Tatrzańska (PL) 82 B3
Bukowjec (PL) 63 D4
Bukówko (PL) 63 A3
Bukowsko (PL) 83 A3
Buksnes (N) 4 C2
Buky, Mladé (CZ) 70 D5
Bulach (CH) 99 A1
Bulan (F) 105 A6
Bulat-Pestivien (F) 84 D3
Bulavėnai (LT) 176 B2
Bulbuente (E) 127 C5
Bulgnéville (F) 89 D3
Bulgurca (TR) 169 B5
Bulken (N) 26 C2
Bulkowo (PL) 64 C6
Bull, Black (IRL) 51 C2
Bullange (B) 75 D3
Bullarby (S) 38 A1
Bullas (E) 140 D3
Bulle (CH) 98 B3
Bullullos (E) 142 B3
Bully-les-Mines (F) 74 C3
Bulqize (AL) 162 C1
Bultei (I) 121 C3
Bulyberget (S) 28 C1
Bulzest (RO) 146 D5
Bulzi (I) 121 B2
Bumbesti (RO) 153 B2
Bumbest-Jiu (RO) 153 A1
Buna (BIH) 156 D2
Bunar, Sadikov (YU) 158D2
Bunbrosna (IRL) 51 B1
Bunclody, Newtownbarry (IRL) 51 C4
Buncrana (IRL) 47 A3
Bunde (D) 67 B2
Bünde (D) 67 D4
Bundenthal (D) 90 D2
Bundoran (IRL) 46 D4
Bundorf (D) 78 A3
Bunessan (GB) 48 A2
Bunesti (RO) 148 B6
Bunesti (RO) 149 C4
Bungay (GB) 55 B6
Bungenäs (S) 43 D4
Bunić (HR) 111 D4
Bunka (LV) 178 B6
Bunkris (S) 24 C6
Bunmahon (IRL) 51 B5
Buño (E) 124 C2
Buñol (E) 134 C6
Buntingford (GB) 58 D2
Buntowo (PL) 63 B4
Buñuel (E) 127 D5
Bunyola (E) 123 B4
Buoddobohki, Patoniva (FIN) 2 D4
Buoliuofta (N) 3 B3
Buonabitàcolo (I) 116 C3
Buonconvento (I) 112 C3
Buonvicino (I) 116 D4
Burano (I) 100 C6
Burbach (D) 76 D2
Burbage (GB) 58 B3
Burbaičiai (LT) 176 B2
Burbiškiai (LT) 176 B3
Burcei (I) 121 C5
Burcin (F) 97 C6
Bureå (S) 17 B2
Bureåborg (S) 16 C5
Bure-les-Templiers (F) 89 B5
Burella (E) 125 A1
Büren (D) 68 A6
Büren a./A. (CH) 98 C2
Bures (GB) 59 B2
Buresjön (S) 10 C5
Burfjord (N) 1 D5
Burford (GB) 58 B2
Burg (D) 60 C3
Burg (D) 61 A2
Burg (D) 69 B4
Burg (D) 70 A2
Burg (D) 76 D2
Burgas (BG) 161 A3
Burgaski bani (BG) 161 A2
Burgau (D) 92 A3
Burgau (A) 102 A3
Burgau (P) 137 B5
Burgdorf (D) 68 C4
Burgdorf (CH) 98 C2
Burgebrach (D) 78 B4
Bürgel (D) 78 C2
Burgess Hill (GB) 58 D4
Burggrub (D) 78 B4
Burghausen (D) 93 A3
Burghead (GB) 45 B5
Burgh le Marsh (GB) 55 A4
Burgh on Bain (GB) 54 D4
Búrgio (I) 118 B4
Burgjoß (D) 77 B3
Burgkunstadt (D) 78 C3
Burglengenfeld (D) 78 D6
Burgo, El (E) 128 A6
Burgo (E) 124 D3
Burgo (E) 143 A4
Burgoberbach (D) 78 B6
Burgo de Osma, El (E) 127 A6
Burgohondo (E) 132 B3
Burgos (E) 126 C4
Burgsalach (D) 92 B1
Burgsinn (D) 77 B4
Burgstädt (D) 79 A1
Burgstall (D) 69 A4
Burg Stargard (D) 62 A4
Burgsteinfurt (D) 67 B5
Burgsvik (S) 43 C6
Burguete (E) 127 D3
Burgui (E) 128 A3
Burguillos (E) 132 C5
Burguillos (E) 138 C2
Burguillos (E) 142 C2
Burgwedel (D) 68 C3
Burgwindheim (D) 78 B4
Burhaniye (TR) 165 C5
Buriasco (I) 108 A3
Burie (F) 94 D5
Burjasot (E) 134 C5
Burjuc (RO) 146 D6
Burk (D) 92 B1
Burkal (DK) 40 C5
Burkhardtsdorf (D) 79 A2
Burkut (UA) 148 A2
Burnham Market (GB) 55 A5
Burnham Norton (GB) 55 A5
Burnham on Crouch (GB) 59 B2
Burnham-on-Sea (GB) 57 B3
Burnhaven (GB) 45 D5
Burnley (GB) 53 C3
Burntisland (GB) 49 A3
Burón (E) 126 A3
Buronzo (I) 98 D6
Burow (D) 62 A3
Burøy (N) 1 B4
Burøy (N) 23 A1
Burøysund (N) 1 B4
Burrafirth (GB) 45 D2
Burravoe (GB) 45 D3
Burray (GB) 45 C2
Burrel (AL) 162 B1
Burret (F) 105 C6
Burriana (E) 134 D4
Burrow Head (GB) 48 D6
Burry Holms (GB) 56 D2
Burry Port (GB) 56 D2
Burscheid (D) 76 B1
Burseryd (S) 38 C5
Burslem (GB) 53 C5
Burstad (N) 2 A2
Bürstadt (D) 76 D5
Bursuc (MD) 149 C3
Bursucani (RO) 149 C6
Burtenbach (D) 92 B3
Burtnieki (LV) 179 C3
Burton (GB) 53 C2
Burton upon Trent (GB) 54 B5
Burträsk (S) 17 B2
Buru (RO) 147 B4
Burua (N) 23 D6
Burujón (E) 132 C4
Burun, Ak (TR) 168 D5
Burun, Baba (TR) 165 A5
Burun, Büyük Kemikli (TR) 165 A3
Burun, Doğanbey (TR) 169 B5
Burun, Ilica (TR) 169 A3
Burun, Ince (TR) 165 C3
Burun, Iskandil (TR) 173 B3
Burun, Kadırga (TR) 173 D3
Burun, Kara (TR) 168 D4
Burun, Kara (TR) 173 D3
Burun, Koyun (TR) 173 D2
Burun, Tekağaç (TR) 173 B2
Burun, Teke (TR) 169 A5
Burun, Tekke (TR) 165 A4
Burvik (S) 17 C2
Burwarton (GB) 53 C6
Burwell (GB) 55 A4
Burwick (GB) 45 C2
Burxdorf (D) 69 D6
Bury, St Edmunds (GB) 59 A1
Bury (GB) 53 C3
Burzenin (PL) 71 D3
Burzet (F) 106 D2
Busachi (I) 121 B4
Busalla (I) 108 D4
Busana (I) 109 B4
Busarve (S) 43 C5
Busbach (D) 78 C4
Busca (I) 108 B4
Buseto Pal. (I) 118 A3
Buševec (HR) 150 A1
Busguistar (E) 140 A6
Bushat (AL) 157 C5
Bushey (GB) 58 D2
Bushmills (GB) 47 B3
Busigny (F) 74 D4
Bušin (CZ) 80 D2
Busjön (S) 16 D2
Buskhyttan (S) 31 A6
Buskön (S) 11 C6
Busko-Zdrój (PL) 72 C6
Buślary (PL) 63 A3
Busot (E) 141 C2
Busovača (BIH) 150 D5
Bussac-Forêt (F) 94 D6
Bussang (F) 90 B5
Busseau, le (F) 94 D3
Busseto (I) 109 B3
Bussière, la (F) 88 C5
Bussière-Badil (F) 95 B5
Bussière-Dunoise (F) 95D4
Bussière-Galant (F) 95 C5
Bussière-Poitevine (F) 95 B4
Bussières (F) 88 D2
Bussières (F) 97 A5
Bussières-lès-Belmont (F) 89 C4
Bussi s. T. (I) 113 C5
Bussolengo (I) 109 C1
Bussoleno (I) 108 A2
Busson (F) 89 C3
Büssü (H) 102 D5
Bussum (NL) 66 C4
Bussy-Albieux (F) 97 A5
Bussy-en-Othe (F) 88 D4
Bustaden (N) 23 C3
Bustanico (F) 120 C2
Buste, El (E) 127 C5
Buštěhrad (CZ) 79 C3
Busteni (RO) 154 A2
Bustnes (N) 9 A4
Busto, C. (E) 125 C1
Busto-Arsizio (I) 99 A6
Buštranje (YU) 158 C4
Buštyna (UA) 83 C6
Bušulja (BG) 159 C4
Büsum (D) 60 B3
Butan (BG) 153 B5
Butbro (S) 29 C6
Bute (GB) 48 C4
Buteni (RO) 146 C5
Butera (I) 118 D5
Buthrotum (AL) 162 B6
Buti (I) 109 C6
Būtingė (LT) 175 C1
Butkaičiai I (LT) 176 A3
Butkiškė (LT) 176 A2
Butkiškiai (LT) 176 C3
Butler's Bridge (IRL) 47 A5
Butlerstown (IRL) 50 C6
Butniūnai (LT) 176 D1
Butrimonys (LT) 176 C5
Butryny (PL) 64 C3
Buttapietra (I) 109 C2
Buttelstedt (D) 78 C1
Buttenwiesen (D) 92 B2
Buttermere (GB) 53 B1
Buttevant (IRL) 50 D4
Buttigliera d'A. (I) 108 B2
Buttingsrud (N) 27 C3
Buttlar (D) 77 C2
Buttle (S) 43 C5
Búttrio (I) 101 A5
Buttstädt (D) 78 C1
Butzbach (D) 77 A3
Bützow (D) 61 C3
Buvåg (N) 4 C4
Buvassbrenna (N) 27 B3
Buvik (N) 23 C2
Buvika (N) 24 A4
Buvikvoll (N) 1 S6
Buxières-d'Aillac (F) 96 A3
Buxières-les-Mines (F) 96 C3
Buxtehude (D) 60 C4
Buxton (GB) 53 D4
Buxy (F) 97 B3
Büyük Çavuşlu (TR) 161 B6
Büyük Cekmece (TR) 161 B6
Büyük Karistiran (TR) 161 B6
Büyük Karıstıran (TR) 165 C1
Büyük Kemikli Burun (TR) 165 A3
Büyük Manika (TR) 161 B5
Buzançais (F) 95 C2
Buzancy (F) 75 B6
Buzancy (F) 75 B6
Buzau (RO) 154 C2
Buzescu (RO) 154 A5
Buzet (HR) 111 A2
Buzias (RO) 146 C6
Buzica (SK) 82 C5
Bužim (HR) 111 C4
Buzludža (BG) 160 B2
Buzy (F) 104 C5/6
Buzzard, Leighton (GB) 58 D2
Bwlch (GB) 57 B2
By (N) 14 B5
By (S) 28 C6
By (S) 29 C2
Byafossen (N) 14 C5
Byåsen (N) 23 C1
Byberget (S) 24 D3
Bychawa (PL) 73 B4
Byčkov, Velikij (UA) 83 D6
Byczyna (PL) 71 C4
Byczyna (PL) 72 A6
Bydalen (S) 24 C2
Bydgoszcz (PL) 63 D5
Bydlino (PL) 63 B1
Bydžov, Nový (CZ) 70 C6
Bye (S) 15 B6
Bye (S) 25 C2
Byerums (S) 39 D4
Byfield (GB) 58 C1
Bygdeå (S) 17 B3
Bygdeträsk (S) 17 B2
Bygdin (N) 23 A6
Bygdsiljum (S) 17 B2
Byggevallen (S) 24 B5
Bygland (N) 36 D1
Byglandsfjord (N) 36 D2
Bygstad (N) 22 B6
Byhleguhre (D) 70 B2
Byholma (S) 38 D6
Bykle (N) 26 D5
Byknesøy (N) 26 A2
Bylchau (GB) 53 A4
Bylnice (CZ) 81 B4
Byneset (N) 23 C1
Byön (FIN) 19 A3
Byremo (N) 36 C2
Byrkjedal (N) 36 B2
Byrkjelo (N) 22 C5
Byrness (GB) 49 B5
Byrte (N) 26 D5
Byrum (DK) 37 D5
Byšice (CZ) 70 B6
Bysjö (S) 16 C5
Byske (S) 11 A5
Byske (S) 11 B6
Bysław (PL) 63 D4
Byssträsk (S) 16 D3
Býšť (CZ) 80 C1
Bystrany (SK) 82 C4
Bystré, Ratkovské (SK) 82 B5
Bystré, Spišské (SK) 82 B4
Bystré (SK) 82 D4
Bystrica, N. (SK) 81 C3
Bystrica (BY) 177 A4
Bystrica Banska (SK) 81C5
Bystrica Považská (SK) 81 C4
Bystřice, N. (CZ) 80 A4
Bystřice, Vel. (CZ) 81 A3
Bystřice (CZ) 79 D4
Bystřice (CZ) 81 C2
Bystřice n. Pern. (CZ) 80 C3
Bystřice p. Hostýnem (CZ) 81 A3
Bystřice p. Lopeníkem (CZ) 81 A4
Bystřicí, Cerekvice nad (CZ) 70 D6
Bystricou, Zborov n. (SK) 81 C3
Bystromvcy (BY) 177 C2
Bystrzanowice (PL) 72 B5
Bystrzyca (PL) 82 D2
Bystrzyca Kłodzka (PL) 71 A6
Byszyce (PL) 82 B2
Bytča (SK) 81 C4
Bytom (PL) 71 D6
Bytom Odrzański (PL) 70 D3
Bytoń (PL) 64 A6
Bytów (PL) 63 C2
Bytyń (PL) 71 A1
Byviken (S) 17 B3
Byxelkrok (S) 39 D4
Bzhetë (AL) 157 C4

C

Caamaño (E) 124 B3
Căămărzana (RO) 83 C6
Cabaco, El (E) 131 C3
Cabaços (P) 130 C4
Cabaj-Cápor (SK) 81 B6
Caballeria, Cabo de (E) 123 D5
Cabanac-et-Villagrains (F) 104 C2
Cabañaquinta (E) 125 D2
Cabañas (E) 124 B2
Cabañas (E) 125 C5
Cabañas de la Sagra (E) 132 C4
Cabanes (E) 134 D4
Cabannes, les (F) 129 A3
Cabar (SLO) 101 C6
Cabeça Gorda (P) 137 D3
Cabeceiras de Basto (P) 124 D6
Cabeço de Vide (P) 130 D6
Cabella Lig. (I) 108 D3
Căbesti (RO) 146 D4
Cabeza (E) 138 C3
Cabeza de Diego Gomez (E) 131 C2
Cabeza del Buey (E) 139 A1
Cabezamedada (E) 133 A5
Cabezarados (E) 139 C1
Cabezarrubias (E) 139 C2
Cabezas, Las (E) 142 C4
Cabezas del Pozo (E) 132 A2
Cabezas del Villar (E) 132 A2
Cabezas Rubias (E) 138 B4
Cabezón de la Sal (E) 126 C2
Cabezuela, La (E) 134 B6
Cabezuela (E) 131 D4
Cabiny (SK) 83 A3
Cabo de Gata (E) 140 C6
Cabolafuente (E) 133 B1
Cabourg (F) 86 D2
Cabra (E) 143 C3
Cabra de Santo Cristo (E) 140 A4
Cábras (I) 121 B4
Cabreiro (P) 125 C5
Cabreiros (E) 124 D2
Cabrejas (E) 133 B4
Cabrejas del Campo (E) 127 B6
Cabrela (P) 137 C2
Cabrera, La (E) 132 D2
Cabrera (E) 123 B5
Cabrerets (F) 105 C2
Cabrières (F) 106 B4
Cabril (P) 130 D2
Cabrillas (E) 131 C2
Cabuérniga (E) 126 C2
Cabuna (HR) 102 D6
Cacabelos (E) 125 B3
Čačak (YU) 151 D5
Cacarelhos (P) 125 C6
Cáccamo (I) 118 C3
Caccuri (I) 117 A5
Cacela (P) 138 A5
Cáceres (E) 131 B5
Cachopo (P) 137 D5
Cachrov (CZ) 79 B5
Cachtice (SK) 81 A5
Cacica (RO) 148 C2
Cacilhas (P) 137 B1
Căciulati (RO) 154 B3
Cacova (RO) 147 B4
Cad., Selva di (I) 100 B4
Cadalen (F) 105 D4
Cadalso (E) 131 B4
Cadaques (E) 129 D4
Cadaval (P) 130 B6
Čađavica (HR) 102 D6
Cadca (SK) 81 C3
Cadelbosco di S. (I) 109 C3
Cadenet (F) 107 B4
Caderzone (I) 99 D5
Cádiar (E) 140 B6
Cadillac (F) 104 D2
Cadillac-en-Fronsadais (F) 104 C1
Cadillon (F) 104 D4/5
Cadipietra (I) 100 B3
Cádiz (E) 142 B5
Cadjavica (BIH) 150 B4
Cadnam (GB) 58 B4
Cadognè (I) 110 C1
Cadore, Santo Stefano di (I) 100 C4
Cadouin (F) 105 B1
Cadours (F) 105 B4
Cadzand (NL) 74 D1
Caen (F) 86 D3
Caenby Corner (GB) 54 D4
Caerano (I) 110 B1
Caergwrle (GB) 53 B5
Caerleon (GB) 57 B2
Caernarfon (GB) 52 D4
Caerphilly (GB) 57 B3
Caersws (GB) 53 A6
Caestre (F) 74 C2
Caëstre (F) 74 C2
Caetano, S. (P) 136 B6
Cağis (TR) 169 C1
Cagli (I) 113 A2
Cágliari (I) 121 C6
Caglić, D. (HR) 150 C1
Cagnac-les-Mines (F) 105 D3
Cagnano Amiterno (I) 113 B4
Cagnano-Varano (I) 115 C3
Cagnes (F) 108 A6
Cagnotte (F) 104 B4
Cagny (F) 86 D3
Caher (IRL) 46 A6
Caherconlish (IRL) 50 D3
Cahersiveen (IRL) 50 A5
Cahir (IRL) 51 A4
Cahore Pt. (IRL) 51 C4
Cahors (F) 105 B/C2
Cahul (MD) 149 D6
Cahuzac-s-Adour (F) 104 D4
Cahuzac-s-Vère (F) 105C/D3
Caia (P) 138 B1
Căianu-Mic (RO) 147 B2
Caiazzo (I) 114 D5
Caicambiucci (I) 113 A2
Caillère, la (F) 94 C3
Cailly (F) 87 B1
Căinarii-Vechi (MD) 149 C1
Caira (BG) 159 C4
Cairndow (GB) 48 C2
Cairnryan (GB) 48 C6
Cáiro Mont. (I) 108 C4
Caister-on-Sea (GB) 55 C6
Caistor (GB) 54 D4
Căiuti (RO) 149 A5
Cajarc (F) 105 C2
Cajetina (YU) 151 C5
Cajkow (SK) 81 C6
Cakajovce (SK) 81 B6
Çakırbeyli (TR) 169 D6

Caklov (SK) 82 D4
Cakovec (HR) 102 B5
Cala Alcaufar (E) 123 D3
Calabernardo (I) 119 B5
Calabor (E) 125 B5
Calabritto (I) 115 B6
Cálabro, Aiello (I) 116 D6
Cálabro, Morano (I) 116 D4
Calaceite (E) 135 A2
Calacuccia (F) 120 B2
Cala del Moral (E) 143 B4
Cala d'Oliva (I) 121 A1
Cala d'Or (E) 123 C5
Calaf (E) 129 A5
Calafat (RO) 153 A4
Calafell (E) 135 C1
Cala Gonone (I) 121 D3
Calahonda, Torre de (E) 143 A5
Calahonda (E) 140 A6
Calahorra, La (E) 140 B5
Calahorra (E) 127 C1
Calais (F) 74 A2
Cala Liberotto (I) 121 D3
Calamocha (E) 134 B2
Călan (RO) 147 A6
Calañas (E) 138 B4
Calanda (E) 134 D2
Calangiánus (I) 121 C1
Calanhel (F) 84 C3
Calanna (I) 119 C2
Cala Piccola (I) 112 C4
Călărasi (RO) 149 B2
Călăraşi (MD) 149 C3
Călărasi (RO) 154 D4
Cala Ratjada (E) 123 C4
Calascibetta (I) 118 D4
Caláscio (I) 113 C4
Calasetta (I) 121 A6
Calasparra (E) 140 D3
Călata (RO) 147 A3
Calatafimi (I) 118 A3
Calatayud (E) 133 D1
Călătele (RO) 147 A4
Calau (D) 70 A3
Calavena, Badia (I) 100 A6
Calbe (D) 69 B5
Calçada (P) 130 C5
Calcena (E) 127 C6
Calci (I) 109 C6
Calco (I) 109 A1
Căldăraru (RO) 153 D3
Caldaro (I) 100 A4
Caldarola (I) 113 B3
Caldas da Rainha (P) 130 A5
Caldas das Taipas (P) 124 C6
Caldas de Besaya (E) 126 C2
Caldas de Monchique (P) 137 B5
Caldas de Oviedo (E) 125 C2
Caldas de Reyes (E) 124 C3
Caldas de Vizela (P) 124 C6
Caldas do Gerez (P) 124 D5
Caldbeck (GB) 49 A6
Caldeirão (P) 136 A3
Calder, West (GB) 49 A4
Caldera de Taburiente (E) 144 B1
Calderari (I) 118 D4
Caldereta (E) 145 C4
Calderones, Los (E) 141 A3
Calders (E) 129 B5
Caldes de Malavella (E) 129 D5
Caldes de Montbui (E) 129 B6
Caldetes (E) 129 C6
Caldey (GB) 56 D2
Caldirola (I) 108 D3
Caldogno (I) 110 A1
Caledon (GB) 47 B5
Calella (E) 129 C6
Calella (E) 129 D5
Calendasco (I) 109 A2
Calende, Sesto (I) 99 A5
Calende (E) 125 B5
Calenza Vel. (I) 115 A4
Calenzana (F) 120 B2
Calenzano (I) 109 D5
Calera (E) 132 A4
Calera (E) 138 C3
Caleruega (E) 126 D5
Calestano (I) 109 B3
Caleta, La (E) 145 D3
Caleta (E) 145 D3
Caletillas, Las (E) 144 B5
Caletta, la (I) 121 D2
Calf of Man (GB) 52 D2
Calgary (GB) 48 A2
Calheta (P) 136 B2
Calheta (P) 136 B6
Calheta de Nesquim (P) 136 B6
Caliach Pt. (GB) 48 A1
Calignac (F) 105 A3
Călimănesti (RO) 153 C1
Calimera (I) 117 D3
Călineşti (MD) 149 B2
Călinesti (RO) 153 D2
Călinesti (RO) 154 A5
Calitri (I) 115 B6
Calizes (P) 130 D3
Callac (F) 84 C3
Callan (IRL) 51 B4
Callander (GB) 48 D3
Callantsoog (NL) 66 C3
Callao Salvaje (E) 144 A5
Callas (F) 107 D4
Calle (E) 124 C3
Callén (E) 128 B5
Calles (E) 134 B5
Calliano (I) 100 A5
Callington (GB) 56 D5
Callosa (E) 141 B3
Callosa (E) 141 C2
Calma (YU) 151 C2
Calmbach (D) 91 A2
Calmette, la (F) 106 D4
Calmont (F) 105 C5
Calne (GB) 58 B3
Calomarde (E) 133 C3
Calonge de les G. (E) 129 D5
Caloy, le (F) 104 C4
Calpe (E) 141 C2
Caltabellotta (I) 118 B4
Caltagirone (I) 118 D5
Caltanissetta (I) 118 D4
Caltavuturo (I) 118 C3
Caltojar (E) 133 A1
Caltra (IRL) 50 D1
Caltrano (I) 100 A5
Călugăreni (RO) 154 B4
Călugăreni (RO) 154 C2
Caluso (I) 108 B2
Calvarrasa (E) 131 D2
Calveley (GB) 53 C5
Calvelhe (P) 125 B6
Calvello (I) 116 D2
Calvera (I) 116 D3
Calvi (F) 120 B2
Calvi dell'U. (I) 113 A4
Calvia (E) 123 A4
Calvine (GB) 48 D1
Calvinet (F) 106 A2
Calvini (RO) 154 B2
Calvi Risorta (I) 114 D5
Calvisson (F) 106 D4
Calvörde (D) 69 A4
Calw (D) 91 A2
Calzada, La (E) 131 C3
Calzada (E) 131 C2
Calzada de Calatrava (E) 139 D2
Calzada de Oropesa, La (E) 132 A4
Calzada de Valdunciel (E) 131 D2
Calzadilla (E) 131 B4
Calzadilla de los Barros (E) 138 C2
Cam, Ronco (I) 98 C6
Camacha (P) 136 B2
Camacha (P) 136 C1
Camaiore (I) 109 B5
Camalt (TR) 169 B4
Camăr (RO) 146 D2
Câmara de Lobos (P) 136 B2
Camarasa (E) 128 D5
Cămărasu (RO) 147 B3
Camarena (E) 134 B4
Camarenilla (E) 132 C4
Camarès (F) 106 A4
Camaret-s-Aigues (F) 107 A3
Camaret-s-Mer (F) 84 A3
Camarillas (E) 134 C3
Camariñas (E) 124 B2
Camarma (E) 132 D3
Camarmeña (E) 126 A2
Camaross (IRL) 51 C4
Camarsac (F) 104 D1
Camarzana (E) 125 C5
Cămărzana (RO) 147 A1
Camastra (I) 118 C4
Cambados (E) 124 B3
Cambe, la (F) 86 C2
Cambéo (E) 124 D4
Camberg (D) 76 D3
Camberley (GB) 58 C3
Cambes (F) 104 C2
Cambes (F) 105 C/D2
Cambiano (I) 108 B2
Cambil (E) 140 A4
Cambo-les-Bains (F) 104 B5
Camborne (GB) 56 C6
Cambrai (F) 74 D4
Cambremer (F) 87 A3
Cambridge (GB) 59 A1
Cambrils de Mar (E) 135 B1
Cambrin (F) 74 C3
Camburat (F) 105 D2
Camburg (D) 78 C1
Camden (GB) 58 D3
Camedo (CH) 99 A4
Camelford (GB) 56 D5
Camenca (MD) 149 D1
Camerano (I) 113 C2
Cameri (I) 108 D1
Camerino (I) 113 B3
Camerota, Marina di (I) 116 C3
Camerota (I) 116 C3
Camiers (F) 74 A3
Camigliatello (I) 117 A5
Caminha (P) 124 B5
Camineal (E) 134 B2
Camisano (I) 100 B6
Çamköy (TR) 173 C2
Cammachmore (GB) 45 D6
Cammarata (I) 118 C4
Cammazes, les (F) 105 D5
Camoël (F) 85 A5
Camogli (I) 108 D4
Camon (F) 105 D6
Camors (F) 84 D4
Camp (IRL) 50 B4
Campagna (I) 115 B6
Campagnac (F) 106 B2
Campagnano di Roma (I) 113 A5
Campagnatico (I) 112 C3
Campagne, Saussay-la- (F) 74 A6
Campagne (F) 104 C4
Campagne-d'Armagnac (F) 104 D4
Campan (F) 104 D6
Campana, La (E) 142 D2
Campana (I) 117 A5
Campanario (E) 139 A1
Campanas, Las (E) 127 C3
Campanillas (E) 143 A4
Campano (I) 114 C3
Campaspero (E) 126 C6
Campbeltown (GB) 48 B4
Campbon (F) 85 B5
Campden (GB) 58 B1
Campdevàno (E) 129 B4
Campeaux (F) 86 C3
Campeiros (P) 138 A5
Campello (E) 141 C2
Campelos (P) 130 A6
Campénéac (F) 85 A4
Campi (I) 109 D5
Camp S. (I) 117 D2
Campiglia Marittima (I) 112 B3
Campigna (I) 110 A6
Campillo, El (E) 132 A1
Campillo, El (E) 132 A5
Campillo (E) 134 B3
Campillo de Altobuey (E) 133 C5
Campillo de Aragón (E) 133 D1
Campillo de Arenas (E) 143 C2
Campillo de Dueñas (E) 133 D2
Campillo del Hambre (E) 140 D1
Campillo de Llerena (E) 138 D2
Campillo de Ranas (E) 132 D2
Campillos (E) 133 C4
Campillos (E) 143 A4
Campillos Paravientos (E) 134 B4
Campione (I) 99 A5
Campione (I) 99 D6
Campisabalos (E) 132 D1
Campitello Matese (I) 114 D4
Campitello (F) 120 C2
Campli (I) 113 C4
Campo, El (E) 131 D6
Campo, Marina di (I) 112 A3
Campo (E) 128 C4
Campo (P) 138 A2
Campobasso (I) 115 A4
Campobello di Licata (I) 118 C4
Campobello di Mazara (I) 118 A4
Campo Catino (I) 113 C6
Campocologno (CH) 99 C4
Campodársego (I) 110 B2
Campo de Becerros (E) 125 A5
Campo de Caso (E) 126 A2
Campo de Criptana (E) 133 A6
Campo de Pañaranda, El (E) 132 A2
Campo de San Pedro (E) 126 D6
Campo di Giove (I) 113 D5
Campo di Trens (I) 100 B3
Campodolcino (I) 99 B4
Campo Felice (I) 113 C5
Campofelice di F (I) 118 B/C3
Campofelice di Rocc. (I) 118 C3
Campofiorito (I) 118 B3
Campoformido (I) 100 D5
Campoforogna Cotilia (I) 113 B4
Campofranco (I) 118 C4
Campofrio (E) 142 B2
Campo Lameiro (E) 124 C3
Campolasta (I) 100 B3
Campolattaro (I) 115 A5
Cámpoli Att. (I) 113 C6
Campo Ligure (I) 108 D4
Campomaggiore (I) 115 C6
Campo Maior (P) 138 B1
Campomarino (I) 115 A3
Campomarino (I) 117 C3
Campomolino (I) 108 A4
Camponogara (I) 110 B2
Cámpora San Giovanni (I) 116 D6
Campo Real (E) 132 D3
Camporeale (I) 118 B3
Campo Reggiano (I) 113 A2
Camporredondo (E) 126 B3
Camporrells (E) 128 D5
Camporrobles (E) 134 B5
Campos (E) 123 B4
Camposampiero (I) 100 B6
Camposancos (E) 124 B5
Camposanto (I) 109 D3
Campotosto (I) 113 C4
Campo Túres (I) 100 B3
Camprodon (E) 129 C4
Camps (D) 61 B4
Camps (F) 74 B4
Camps (F) 105 D1
Campsegret (F) 105 A1
Can (TR) 165 C4
Caña (SK) 82 D5
Cana (I) 112 C3
Cañada (E) 134 C2
Cañada (E) 139 D1
Cañada de Benatanduz (E) 134 C3
Cañada de Hoyo (E) 133 C4
Cañada de la Cruz (E) 140 C3
Canada del Gamo (E) 139 A3
Canada de San Urbano (E) 140 C6
Cañadajuncosa (E) 133 B5
Canada Rosal (E) 142 D2
Cañadas, El Portillo de las (E) 144 B5
Cañadas de Cañepta (E) 140 C4
Canafe (I) 100 B4
Canáglia (I) 121 A2
Canak (HR) 111 D3
Çanakkale (TR) 165 B4
Canale (I) 108 B3
Canaleja (E) 126 A3
Canales (E) 127 A5
Canals (F) 105 B4
Cañamares (E) 133 B3
Cañamares (E) 140 B1
Cañamero (E) 131 D6
Canaples (F) 74 B4
Canari (F) 120 C1
Canarios, Los (E) 144 B1
Canas (P) 130 D3
Canas de Senhorim (P) 130 D3
Cañaveral (E) 131 C5
Cañaveras (E) 133 B3
Cañaveruelas (E) 133 B3
Cañavete, El (E) 133 B5
Canazei (I) 100 B4
Cancale (F) 85 B2
Cancárix (E) 141 A2
Cancello Arnone (I) 114 D5
Canchy (F) 74 B4
Cancon (F) 105 A2
Candamil (E) 124 D2
Candanchu (E) 128 B3
Çandarli (TR) 165 C6
Candás (E) 125 D1
Candasnos (E) 128 C6
Candé (F) 86 C6
Candeda (E) 125 B4
Candela (I) 115 B5
Candelaria (E) 144 B5
Candelario (E) 131 D3
Candeleda (E) 132 A4
Candelo (I) 98 D6
Candemil (P) 130 D1
Candé-s-Beuvron (F) 95 C1
Candes-Saint-Martin (F) 95 A2
Cándia Lom.(I) 108 C2
Candide (I) 100 C4
Candiolo (I) 108 B3
Canelli (I) 108 C3
Canena (E) 140 A3
Canero (E) 125 C1
Canet (F) 106 B/C4
Canet de Berenguer (E) 134 D5
Canet de Mar (E) 129 C6
Canet-de-Salars (F) 106 A3
Cañete (E) 133 C4
Cañete de las Torres (E) 139 C4
Canete la Real (E) 143 A4
Canet-Plage (F) 129 D3
Canfranc (E) 128 B3
Cangas (E) 124 B4
Cangas da Nárcea (E) 125 B2
Cangas de Onis (E) 126 A2
Canha (P) 137 C1
Canhestros (P) 137 C3
Caniçal (P) 136 C2
Canicatti (I) 118 C4
Canicattini Bagni (I) 119 A5
Caniço (P) 136 B2
Canicosa (E) 127 A5
Caniles (E) 140 B5
Canillas de Albaida (E) 143 C4
Canino (I) 112 D4
Canisquezo (E) 126 A2
Canisy (F) 86 C3
Cañiza, La (E) 124 C4
Cañizal (E) 132 A1
Canizares (E) 133 B3
Cañizo, El (E) 125 A5
Cañizo (E) 125 D6
Canjayar (E) 140 B6
Canna (GB) 44 B6
Canna (I) 117 A3
Cannai (I) 121 B6
Cannara (I) 113 A3
Canner, Kédange-sur- (F) 75 D6
Cannes (F) 108 A6
Canneto s. O. (I) 109 B2
Canneto (I) 119 A2
Cannich (GB) 44 D5
Cannigione (I) 121 C1
Cannington (GB) 57 B4
Cannóbio (I) 99 A5
Cannock (GB) 53 C6
Cannstatt, Bad (D) 91 B2
Cano (P) 137 D1
Canoajo, Playa de (E) 144 B1
Cánolo (I) 119 D2
Canon, le (F) 104 B2
Canonbie (GB) 49 B5
Canosa di Púglia (I) 115 C5
Canossa (I) 109 B3
Canourgue, la (F) 106 B2
Canove (I) 108 C3
Ca'n Picafort (E) 123 B4
Canredondo (E) 133 B2
Cant (I) 112 D4
Çanta (TR) 161 B6
Çantâköy (TR) 161 B6
Cantal, El (E) 141 A4
Cantalapiedra (E) 132 A1
Cantalejo (E) 132 C1
Cantalpino (E) 132 A2
Cantalupo in Sab. (I) 113 A5
Cantalupo Lig. (I) 108 D3
Cantavieja (E) 134 D3
Cantavir (YU) 103 C6
Cantelária (P) 136 A6
Cantemir (MD) 149 D5
Canteras, Las (E) 144 D5
Canterbury (GB) 59 B3
Cantiano (I) 113 A2
Cantillana (E) 142 C2
Cantina, La (E) 138 B2
Cantiveros (E) 132 A2
Cantoral (E) 126 B3
Cantoria (E) 140 C5
Cantù (I) 99 A6
Canuelas (E) 141 A4
Canvelles (E) 129 B6
Canvey (GB) 59 A3
Cany-Barville (F) 87 B1
Caorle (I) 100 D6
Caorso (I) 109 B2
Capáccio (I) 116 B2
Capaci (I) 118 B2
Capajevo (RUS) 176 A5
Capalbio (I) 112 C4
Capànnoli (I) 112 B2
Capànnori (I) 109 C5
Caparde (BIH) 151 B4
Caparroso (E) 127 C4
Căpăţîneni (RO) 153 C1
Cap Blanc (F) 107 C6
Capbreton (F) 107 D5
Cap Camarat (F) 107 D5
Cap Canaille (F) 107 B5
Cap Croisette (F) 107 B5
Cap d'Agde, le (F) 106 C5
Cap d'Antifer (F) 87 A1
Cap de la Chèvre (F) 84 A3
Cap de la Hague (F) 86 B1
Cap de la Hève (F) 87 A2
Cap del 'Estérel (F) 107 C6
Capdella (E) 128 D4
Capdenac-Gare (F) 105 D2
Cap-de-Pin (F) 104 C3
Cap d'Erquy (F) 85 A2
Capel (GB) 58 D4
Capela (E) 124 D1
Capela (P) 130 C1
Capelas (P) 136 C3
Capel Curig (GB) 53 A4
Capellades (E) 129 A6
Capelle, la (F) 75 A4
Capelle-Balaguier, la (F) 105 C/D2
Capellen (L) 75 D5
Capelo (P) 136 A6
Capendu (F) 106 A5
Capestang (F) 106 B5
Capestrano (I) 113 C5
Cap Ferrat (F) 108 A6
Cap Ferret (F) 104 B2
Cap Frehel (F) 85 A2
Cap Gris Nez (F) 59 C4
Capian (F) 104 D2
Capileira (E) 140 A6
Capilla (E) 139 B2
Capillas (E) 126 B5
Căpîlna (RO) 147 B6
Căpîlna de Sus (RO) 147 C4
Căpîlnita (RO) 148 C5
Capinha (P) 131 A4
Capistrello (I) 113 C5
Capizzi (I) 118 D3
Cap Leucate (F) 106 B6
Cap Lévy (F) 86 B1
Caplje (BIH) 150 B3
Capljina (BIH) 156 D2
Capo della Marina (I) 121 D6
Capodimonte (I) 112 D4
Capo di Ponte (I) 99 C5
Capo d'Orlando (I) 119 A2
Capoiale (I) 115 C3
Capolago (CH) 99 A5
Capoliveri (I) 112 A4
Capolona (I) 112 D2
Cápor, Cabaj- (SK) 81 B6
Capo Rizzuto (I) 117 B6
Caposele (I) 115 B6
Caposile (I) 110 C1
Capoterra (I) 121 C6
Cappadócia (I) 113 B5
Cappagh White (IRL) 51 A3
Cappamore (IRL) 50 D3
Cappel, Oost- (F) 74 B2
Cappel (D) 67 D6
Cappelle (I) 113 D4
Cappercleuch (GB) 49 A4
Cappoquin (IRL) 51 A5
Capracotta M. M. (I) 114 D3
Caprânica (I) 112 D5
Caprarola (I) 113 A5
Căpreni (RO) 153 B2
Caprese Mich. (I) 110 B6
Capri (I) 114 D6
Capriata d'O. (I) 108 D3
Capriati a. V. (I) 114 D4
Capriccioli (I) 121 D1
Caprile (I) 100 B4
Caprino (I) 99 B6
Caprino (I) 99 D6
Capriolo (I) 109 B1
Căpruta (RO) 146 C5
Cap Sicié (F) 107 C6
Captieux (F) 104 D3
Cápua (I) 114 D5
Capurso (I) 117 B1
Căpus (RO) 147 A3
Capvern (F) 105 A6
Carabaña (E) 132 D4
Carabantes (E) 127 C6
Carabias (E) 126 D6
Caraboneros (E) 139 D3
Caracal (RO) 153 C4
Caracuel (E) 139 C1
Caragele (RO) 154 D2
Caragiale (RO) 154 B3
Carágilo (I) 108 A4
Caraman (F) 105 C4
Caramánico Terme (I) 113 D5
Caranga (E) 125 C2
Caranguejeira (P) 130 B5
Caransebes (RO) 152 D1
Carantec (F) 84 C2
Carapelle (I) 115 C4
Carasco (I) 109 A4
Car Asen (BG) 154 B6
Cărăseu (RO) 146 D1
Carasova (RO) 152 C1
Carate Brianza (I) 109 A1
Caraula (RO) 153 B4
Caravaca (E) 140 D3
Caravággio (I) 99 B6
Carbajo (E) 131 A5
Carballedo (E) 124 D4
Carballino (E) 124 D4
Carballo (E) 124 C2
Carbini (F) 120 C4
Carbone (I) 116 D3
Carboneras (E) 140 D6
Carboneras de Guadazaón (E) 133 C4
Carbonero el Mayor (E) 132 C1
Carbónia (I) 121 B6
Carbonin, Schluderbach (I) 100 C3
Carbonne (F) 105 B5
Carbost (GB) 44 B5
Cărbunari (RO) 152 C2
Carbury (IRL) 51 B2
Carcaboso (E) 131 C4
Carcabuey (E) 143 B3
Carcagente (E) 134 D6
Carcans (F) 104 B/C1
Cárcar (E) 127 C4
Cárcare (I) 108 C4
Carcassonne (F) 106 A5
Carcastillo (E) 127 D4
Carcelén (E) 134 B6
Carcès (F) 107 C5
Carchelejo (E) 143 C2
Carcirrey (E) 131 C2
Çardak (TR) 165 B3
Cardedeu (E) 129 C5
Cardedu (I) 121 D4
Cardejón (E) 127 C6
Cardenadijo (E) 126 D4
Cardenchosa, La (E) 139 A3
Cardenete (E) 133 C5
Cardesse (F) 104 C5
Cardeston (GB) 53 B6
Cardeto (I) 119 C2
Cardiff (GB) 57 B3
Cardigan (GB) 56 D1
Cardinala (I) 109 D2
Cardito (I) 114 D4
Cardona (E) 129 A5
Cardosos (P) 130 B5
Cardow (GB) 45 B5
Carei (RO) 146 C1
Carennac (F) 105 C1
Carentan (F) 86 C2
Carentoir (F) 85 A4
Careri (I) 119 C2
Caresana (I) 108 C2
Carev brod (BG) 160 D1
Carevdar (HR) 102 B6
Carezza al Lago (I) 100 B4
Carfraemill Hotel (GB) 49 B4
Cargèse (F) 120 B3
Carhaix-Plouguer (F) 84 C3
Cariati (I) 117 B5
Caridad, La (E) 125 B1
Carignan (F) 75 C5
Carignano (I) 108 B3
Carignano (I) 110 C6
Carina (MK) 162 D2
Cariñena (E) 134 B1
Carini (I) 118 B2
Carinish (GB) 44 A5
Cariño (E) 124 D1
Carinola (I) 114 C/D5
Carla (P) 131 A3
Carla-de-Roquefort (F) 105 C6
Carlanstown (IRL) 51 C1
Carlat (F) 106 A1
Carlet (E) 134 C6
Carling (F) 90 B1
Carlingford (IRL) 47 C6
Carlisle (GB) 49 B6
Carloforte (I) 121 A6
Carlops (GB) 49 A4
Carlos, S. (E) 122 D5
Carlota, La (E) 143 A2
Carlow (IRL) 51 B3
Carloway (GB) 44 B3
Carlton-on-Trent (GB) 54 C4
Carluke (GB) 49 A4
Carlux (F) 105 B1
Carmagnola (I) 108 B3
Carmarthen (GB) 56 D2
Carmaux (F) 105 D3
Carmel Hd. (GB) 52 D4
Carmen, Puerto del (E) 145 D3
Cármenes (E) 125 D3
Carmiano (I) 117 D2
Carmões (P) 130 A6
Carmona (E) 142 C3
Carmonita (E) 131 C6
Carn (GB) 47 B3
Carna (IRL) 50 B1
Carnac (F) 84 D5
Carnach (GB) 44 B4
Carnagh (GB) 47 B5
Carnaučycy (BY) 73 C1
Carndonagh (IRL) 47 B3
Carneille, la (F) 86 D3
Carnew (IRL) 51 C3
Carnforth (GB) 53 B2
Cárnia (I) 100 D4
Carnikava (LV) 179 B4
Carnjany (BY) 73 D2
Carnlough (GB) 47 C3
Carno (GB) 53 A6
Carnon-Plage (F) 106 C5
Carnota (E) 124 B3
Carnoules (F) 107 C5
Carnoustie (GB) 49 B2
Carnoux-en-Provence (F) 107 B5
Carnsore Pt. (IRL) 51 C5
Carnwath (GB) 49 A4
Caroliensiel (D) 67 C1
Carolina, La (E) 139 D3
Carolles (F) 85 B2
Carona (I) 99 C5
Caronia (I) 118 A3
Caronno (I) 99 A6
Caropepe, Valguarnera (I) 118 D4
C.A. Rosetti (RO) 154 D2
C.A. Rosetti (RO) 155 D1
Carovigno (I) 117 C2
Carovilli (I) 114 D4
Carpaneto Pia. (I) 109 A3
Carpegna (I) 110 B6
Carpen (RO) 153 A3
Carpenédolo (I) 109 C2
Carpeneto (I) 108 C3
Carpentras (F) 107 A3
Carpi, El (E) 139 C3
Carpi (I) 109 C3
Carpignano (I) 98 D6
Carpin (D) 62 A4
Cărpineni (MD) 149 D4
Cărpinet (RO) 146 D4
Carpineti (I) 109 C4
Carpineto R. (I) 114 B4
Cărpinis (RO) 146 A6
Carpino (I) 115 C3
Carpinone (I) 114 D4
Carpio, El (E) 132 B5
Carpio (E) 131 B3
Carquefou (F) 85 B6
Carqueiranne (F) 107 C6
Carracal (E) 131 D5
Carral (E) 124 C2
Carrapacha (E) 141 A3
Carrapateira (P) 137 B5
Carrara (I) 109 B5
Carrascal (E) 131 C2
Carrascalejo, El (E) 138 C1
Carrascalejo (E) 132 A5
Carrascosa (E) 133 A4
Carrascosa (E) 133 B3
Carrascosa (E) 133 B5
Carratraca (E) 143 A4
Carrazeda de Ansiães (P) 131 A1
Carrazedo (P) 125 A6
Carrbridge (GB) 45 B6
Carregado (P) 130 A6
Carregal do Sal (P) 130 D3
Carrega Lig. (I) 108 D3
Carreña (E) 126 B2
Carrick (IRL) 46 C4
Carrickart (IRL) 47 A3
Carrickboy (IRL) 51 B1
Carrickfergus (GB) 47 C4
Carrickmacross (IRL) 47 B6
Carrickmore (GB) 47 B4
Carrick-on-Shannon (IRL) 46 D6
Carrick on Suir (IRL) 51 B4
Carrico (P) 130 B4
Carrigaholt (IRL) 50 B3
Carrigaline (IRL) 50 D5
Carrigallen (IRL) 47 A6
Carrión (E) 139 D1
Carrión de los Condes (E) 126 B4
Carrizo (E) 125 D3
Carrizosas (E) 140 B1
Carro (F) 107 A5
Carrouges (F) 87 A4
Carrowkeel (IRL) 47 A3
Carrowkeel (IRL) 47 A3
Carrú (I) 108 B4
Carrutherstown (GB) 49 A6
Carryduff (GB) 47 C4
Carry-le-Rouet (F) 107 A5
Cars, les (F) 95 C5
Carsaig (GB) 48 B2
Carsoli (I) 113 B5
Carsphairn (GB) 48 D5
Cartagena (E) 141 A4
Cartaxo (P) 130 B6
Cartaya (E) 138 B5
Carter Bar (GB) 49 B5
Carteret (F) 86 B2
Cartoceto (I) 113 B1
Cartojani (RO) 154 A4
Cartósio (I) 108 C3
Carucedo (E) 125 B4
Carugate (I) 99 B6
Carúnchio (I) 114 D3
Carvalhal (P) 137 B2
Carvalho (P) 131 A1
Cârvarica (BG) 159 A4
Carvin (F) 74 C3
Carvoeira (P) 130 A6
Carvoeira (P) 130 D5
Carvoeira (P) 137 A1
Carvoeiro, Cabo (E) 130 A5
Cary, Castle (GB) 57 C4
Casa Agúglia (I) 119 A6
Casabermeja (E) 143 B4
Casabona (I) 117 B5
Casa Branca (P) 137 B2
Casa Branca (P) 137 C2
Casa Branca (P) 137 D1
Casacalenda (I) 115 A4
Casa de Hormiga (E) 140 B1
Casa de la Elipa (E) 133 B6
Casade las Jarillas (E) 142 C2
Casa del Bolicario (E) 141 A1
Casa del Hornillo (E) 140 C1
Casaglione (F) 120 B3
Casalabriva (F) 120 B4
Casalarreina (E) 127 A4
Casalmorano (I) 109 B2
Casalbordino (I) 115 A2
Casalborgone (I) 108 B2
Casal Borsetti (I) 110 B4
Casalbuono (I) 116 C3
Casalbuttano (I) 109 B2
Casal Cermelli (I) 108 D3
Casa Castalda (I) 113 A2
Casa l'Albate (I) 117 D2
Casale (I) 110 B1
Casale (I) 118 A3
Casale Monf. (I) 108 C2
Casalgordo (E) 132 C5
Casalgrasso (I) 108 B3
Casalmaggiore (I) 109 B2
Casalnuovo M (I) 115 A4
Casaloldo (I) 109 C2
Casalpusterlengo (I) 109 A2
Casamassima (I) 117 B1
Casamozza (F) 120 C2
Casamozza (F) 120 C3
Casanova (I) 108 B3
Casanova (I) 108 C5
Casa Nueva (E) 140 D4
Casar (E) 131 B5
Casarabonela (E) 143 A4
Casarano (I) 117 D3
Casar de Talamanca, El (E) 132 D2
Casarejos (E) 127 A5
Casares (E) 124 D1
Casares (E) 142 D5
Casariche (E) 143 A3
Casarrubios (E) 132 C4
Casarsa (I) 100 D5
Casas Altas (E) 134 B4
Casas dde Don Pedro (E) 132 A6
Casas de Carrasco (E) 140 B3
Casas de Don Antonio (E) 131 C6
Casas de Fernando Alonso (E) 133 B6
Casas de Guijarro (E) 133 C6
Casas de Juan Gil (E) 134 B6
Casas de Juan Nuñez (E) 133 D6
Casas de las Islas (E) 132 C6
Casas de Lázaro (E) 140 C1
Casas del Cerro (E) 134 B6

Casas del Jinete (E) 140 D2
Casas del Monte (E) 131 C4
Casas de los Muneras (E) 133 A6
Casas del Puerto (E) 132 A3
Casas del Puerto (E) 141 A2
Casas del Rio (E) 134 B6
Casas de Miravete (E) 131 D5
Casas de Pasaconsol (E) 140 B1
Casas de Peones (E) 131 A6
Casas de Pradas (E) 134 B5
Casas de Vés (E) 134 B6
Casas Ibañez (E) 134 B6
Casasimarro (E) 133 C6
Casasola (E) 126 A6
Casastrada (I) 109 C6
Casasuertes (E) 126 B2
Casas Viejas (E) 142 C5
Casatejada (E) 131 D4
Casavieja (E) 132 B3
Casayo (E) 125 B4
Casazza (I) 99 C6
Cascals (P) 137 A1
Cascante (E) 127 C5
Càscia (I) 113 B4
Casciana T. (I) 112 B2
Casciano (I) 112 C3
Cascina (I) 109 C6
Căscioarele (RO) 154 C4
Ca's Concos (E) 123 B4
Cáseda (E) 127 D4
Casei Gerola (I) 108 D2
Căseiu (RO) 147 B2
Casekow (D) 62 C4
Casella (I) 108 D4
Caselle in Pittari (I) 116 C3
Caselle Torinese (I) 108 B2
Casemurate (I) 110 B5
Casenove Serrone (I) 113 B3
Caserio de Bonanza (E) 142 B4
Caserio de Campano (E) 142 B5
Caserio del Chiquero (E) 139 C1
Caserio el Cuervo (E) 142 C4
Caserio Santipetri (E) 142 B5
Caserones da Mesia (E) 139 C3
Caserta (I) 114 D5
Casetas (E) 128 A6
Cashel (IRL) 50 C1
Cashel (IRL) 51 A4
Cashlie (GB) 48 D2
Casilla (E) 131 C5
Casilla (E) 131 C6
Casilla de la Puta (E) 138 B2
Casilla del Campillo (E) 131 B6
Casilla de los Hitillos (E) 140 A1
Casilla del Puente (E) 139 B2
Casilla del Rincón (E) 132 A6
Casilla del Rivero (E) 131 B5
Casilla de Peones (E) 138 B2
Casilla de Peones (E) 138 C2
Casilla de Peones (E) 139 C2
Casilla de Peones Camineros (E) 138 B1
Casilla de Venta Quesada (E) 132 D6
Casilla El Rollar (E) 131 C5
Casilla Santa Justa (E) 138 C2
Casillas de Coria (E) 131 B4
Casillas de Flores (E) 131 B3
Casimcea (RO) 155 B3
Casin (RO) 149 A5
Casina (I) 109 C4
Casinelle (I) 108 C3
Casinina (I) 110 C6
Casinos (E) 134 C5
Casinu Nou (RO) 148 D6
Casla (E) 132 D1
Cáslav (CZ) 80 B2
Cásola Valsénio (I) 110 A5
Cásola in L. (I) 109 B4
Cásole d'E. (I) 112 C2
Cásoli (I) 114 D3
Caspe (E) 134 D1
Cassa, la (I) 108 B2
Cassà de la Selva (E) 129 D5
Cassagnabère-Tournas (F) 105 B5
Cassagnas (F) 106 C3
Cassagnes-Bourgnounac (F) 106 A3
Cassano (I) 99 B6
Cassano (I) 108 D1
Cassano (I) 116 D4
Cassano d. Murge(I) 117 A1
Cássaro (I) 119 A5
Cassel (F) 74 B2
Cassel (F) 105 C2
Casseneuil (F) 105 A2
Cassibilie (I) 119 B5
Cassine (I) 108 C3
Cassino (I) 114 C4
Cássio (I) 109 B3
Cassis (F) 107 B5
Cassolnovo (I) 108 D2
Casson (F) 85 B5
Cassuéjouls (F) 106 A2
Cast (F) 84 B4
Castá (SK) 81 A5
Castagnaro (I) 109 D2
Castagneto, Marina di (I) 112 B2
Castagneto C. (I) 112 B3
Castagno, il (I) 112 B2
Castagnole d. L. (I) 108 C3
Castala (E) 140 B6
Castalla (E) 141 B2
Castañar de Ibor (E) 132 A5
Castañar de Ibor (E) 132 A5
Castañares de Rioja (E) 127 A4
Castanet-le-Haut (F) 105 C5
Castanet-Tolosan (F) 106 A4
Castanheira (P) 130 C3
Castanheira de Pera (P) 130 C4
Cástano (I) 99 A6
Castasegna (CH) 99 B4
Cast. Dória, Terme (I) 121 C2
Casteau (B) 75 A3
Castéggio (I) 108 D2
Castejón del Puente (E) 128 C5
Castejón de Monegros (E) 128 B6
Castejón de Sos (E) 128 C4
Castejón de Valdejasa (E) 128 A5
Castel (I) 108 C3
Castelão (P) 137 C5
Castelar (E) 133 D2
Castelazzo Bórm. (I) 108 C3
Castelbelforte (I) 109 C2
Castelbiague (F) 105 B6
Castel Bolognese (I) 110 A4
Castelbuono (I) 118 D3
Castèl d'A. (I) 109 C2
Casteldáccia (I) 118 C3
Castèl d'Aiano (I) 109 D4
Castel de Cabra (E) 134 C2
Casteldelfino (I) 108 A3
Castèl del Monte (I) 113 C4
Castel del Monte (I) 115 D5
Castèl dell'Aquila (I) 113 A4
Castel del Piano (I) 112 C3
Castèl del Rio (I) 110 A5
Castèl di C. (I) 109 D4
Castel di Iúdica (I) 119 A4
Castél di Lúcio (I) 118 D3
Castel di Palma (I) 118 C5
Castel di Sangro (I) 113 D6
Castel di Sasso (I) 114 D5
Castel di Tusa (I) 118 D3
Castelfidardo (I) 113 C2
Castelfiorentino (I) 112 B1
Castèl Focognano (I) 110 A6
Castelforte (I) 114 C5
Castelfranco (I) 100 B6
Castelfranco (I) 109 D3
Castelfranco di S. (I) 109 C6
Castelfranco di S. (I) 110 A6
Castelfranco in Miscano (I) 115 A5
Castèl Frentano (I) 114 D2
Castél Giórgio (I) 112 D4
Castelgrande (I) 115 B6
Castel Isardo (I) 121 B2
Casteljaloux (F) 104 D3
Castell (D) 78 A5
Castella, la (I) 117 B6
Castellabate (I) 116 B3
Castel Lagopèsole (I) 115 C6
Castellammare d. Golfo (I) 118 A3
Castellammare di Stábia (I) 114 D6
Castellamonte (I) 98 C6
Castellana (I) 119 A4
Castellana Grotte (I) 117 B1
Castellana S. (I) 118 D3
Castellane (F) 107 D4
Castellaneta (I) 117 B2
Castellaneta Marina (I) 117 B2
Castellanos (E) 131 D2
Castellarano (I) 109 C4
Castellar de la Frontera (E) 142 D5
Castellar de Santiago (E) 140 A2
Castellar de Santisteban (E) 140 A3
Castel l'Arquato (I) 109 B3
Castell'Azzara (I) 112 D3
Castelldans (E) 128 D6
Castell de Castells (E) 141 C1
Castelldefèls (E) 129 B6
Castell de Ferro (E) 140 A6
Castelleone (I) 109 A2
Castellet, le (F) 107 B5
Castelletto St. (I) 108 B4
Castellfollit de la Roca (E) 129 C4
Castellfort (E) 134 D3
Castellfullit de Riubr. (E) 129 A5
Castellina in Ch. (I) 112 C2
Castellina Mar.(I) 112 B2
Castellnuovo (I) 109 A2
Castello (I) 100 B5
Castello (I) 108 C3
Castello (I) 110 B1
Castelló d'Ann. (I) 108 D2
Castelló de la Plana (E) 134 D4
Castelló d'Empúries (E) 129 D4
Castello di Brenzone (I) 99 D6
Castello Eurialo (I) 119 B5
Castellón de Rugat (E) 141 C1
Castellote (E) 134 D2
Castelltercol (E) 129 B5
Castellúcchio (I) 109 C2
Castellúccio d. S. (I) 115 B5
Castellúccio Inf. (I) 116 D3
Castellúccio (I) 119 A5
Castelluzzo (I) 118 A2
Castèl Madama (I) 113 B5
Castèl Maggiore (I) 109 D3
Castelmassa (I) 109 D2
Castelmáuro (I) 115 A3
Castelmola (I) 119 B3
Castelmoron-s-Lot (F) 105 A2
Castelnau (F) 105 C6
Castelnau-Barbarens (F) 105 A/B4
Castelnau-Chalosse (F) 104 C4
Castelnaud (F) 105 B1
Castelnaudary (F) 105 D5
Castelnau-d'Auzan (F) 104 D3
Castelnaud-de-Gratecambe (F) 105 A2
Castelnau-de-Médoc (F) 104 C1
Castelnau-de-Montmiral (F) 105 C3
Castelnau-d'Estrétefonds (F) 105 B4
Castelnau-Magnoac (F) 105 A5
Castelnau-Montratier (F) 105 B3
Castelnau-Rivière-Base (F) 104 D4
Castelnau-s-Gupie (F) 104 D2
Castelnou (E) 134 D1
Castelnovo n. Monti (I) 109 B4
Castelnuovo (I) 109 C1
Castelnuovo Berard. (I) 112 C2
Castelnuovo D. B. (I) 108 B2
Castelnuovo della Daunia (I) 115 B4
Castelnuovo di Garf. (I) 109 C5
Castelnuovo di P. (I) 113 A5
Castelnuovo d. V. di Cecina (I) 112 B2
Castelnuovo Nigra (I) 108 B1
Castelnuovo Scrívia (I) 108 D3
Castelo, Ponta do (P) 136 D5
Castelo Branco (P) 131 A4
Castelo Branco (P) 131 B1
Castelo Branco (P) 136 A6
Castelo de Paiva, Sobrado (P) 130 C1
Castelo de Vide (P) 131 A5
Castelpizzuto (I) 114 D4
Castelraimondo (I) 113 B2
Castél Rigone (I) 113 A2
Castél Ritaldi (I) 113 A3
Castelsagrat (F) 105 B3
Castelsantángelo s. N. (I) 113 B3
Castel San Giovanni (I) 109 A2
Castél San Lorenzo (I) 116 C2
Castel San Pietro Terme (I) 110 A4
Castelsaraceno (I) 116 D3
Castelsardo (I) 121 B1
Castelsarrasin (F) 105 B3
Castelseras (E) 134 D2
Casteltérmini (I) 118 C4
Castelu (RO) 155 B4
Castelvécchio Sub. (I) 113 C5
Castelvetrano (I) 118 A3
Castelvetro (I) 109 B2
Castelvetro di M. (I) 109 C4
Castèl Viscardo (I) 112 D4
Castèl Volturno (I) 114 C5
Castenaso (I) 109 D4
Castenedolo (I) 109 C1
Castenraaij (NL) 75 D1
Castéra-Verduzan (F) 105 A4
Castets (F) 104 B4
Castex (F) 105 A5
Castiádas (I) 121 D6
Castiádas della Marina (I) 121 C6
Castielfabid (E) 134 B4
Castiello de Jaca (E) 128 A3
Castiglion F. (I) 112 D2
Castiglioncello (I) 112 A2
Castiglione (I) 114 D3
Castiglione d. St. (I) 109 C1
Castiglione Ch. (I) 109 A4
Castiglione d. L.(I) 112 D3
Castiglione di S. (I) 119 B3
Castiglione d'A. (I) 109 A2
Castiglione della Pescaia (I) 112 B3
Castiglione di Garf. (I) 109 C5
Castiglione d. Pépoli (I) 109 D4
Castiglion Fiorentino (I) 112 D2
Castilblanco (E) 132 A6
Castilblanco de los Arroyos (E) 142 C2
Castildelgado (E) 127 A4
Castil de Peones (E) 126 D4
Castiliscar (E) 127 D4
Castilleja del Campo (E) 142 B3
Castilléjar (E) 140 B4
Castillejo (E) 132 D1
Castillejo (E) 133 C5
Castillejo de Martin V. (E) 131 B2
Castillejo de Robledo (E) 126 D6
Castillo, El (E) 142 B2
Castillo, Playa del (E) 145 C5
Castillo de B. (E) 132 B4
Castillo de Garcimuñoz (E) 133 B5
Castillo de Guanapay (E) 145 D3
Castillo de Locubin (E) 143 C2
Castillo Elejabeitia (E) 127 A2
Castillon (F) 108 B5
Castillon-en-Couserans (F) 105 B6
Castillon-la-Bataille (F) 104 D1
Castillonnès (F) 105 A2
Castilruiz (E) 127 C5
Cástino (I) 108 C3
Castione (CH) 99 A4
Castione (I) 99 C5
Castirla (F) 120 C2
Castle, Barnard (GB) 53 D1
Castlebar (IRL) 46 B6
Castlebellingham (IRL) 47 B6
Castleblaney (IRL) 47 B5
Castlebridge (IRL) 51 C4
Castle Cary (GB) 57 C4
Castlecomer (IRL) 51 B3
Castle Cove (IRL) 50 B5
Castlederg (GB) 47 A4
Castledermot (IRL) 51 C3
Castle Douglas (GB) 48 D6
Castlefinn (IRL) 47 A4
Castleford (GB) 54 C3
Castleisland (IRL) 50 C4
Castlemaine (IRL) 50 B4
Castleplunket (IRL) 46 D6
Castlepollard (IRL) 51 B1
Castlerea (IRL) 46 C6
Castle Rising (GB) 55 A5
Castleside (GB) 49 C6
Castleton (GB) 54 B4
Castletown (GB) 45 B3
Castletown (GB) 52 D2
Castletown Bearhaven (IRL) 50 B5
Castletownroche (IRL) 50 D4
Castletownshend (IRL) 50 C6
Castlewellan (GB) 47 C5
Castlons di Strada (I) 100 D5
Castolovice (CZ) 80 C1
Castranova (RO) 153 C4
Castrejón (E) 132 A1
Castrelo (E) 124 D4
Castrelo (E) 125 A5
Castres (F) 105 D4
Castricum (NL) 66 C4
Castries (F) 106 C4
Castril (E) 140 B4
Castrillo (E) 126 C4
Castro, Montalto di (I) 112 D4
Castrobarto (E) 126 D3
Castrocalbon (E) 125 C4
Castro Caldelas (E) 125 A4
Castrocaro Terme (I) 110 B5
Castrocontrigo (E) 125 C4
Castro Daire (P) 130 D2
Castro de Fuentidueña (E) 132 C1
Castro del Rio (E) 143 B2
Castrofilippo (I) 118 C4
Castrogeriz (E) 126 C4
Castro Laboreiro (P) 124 C5
Castrol Verde (P) 137 C4
Castro Marim (P) 138 A5
Castro Marina (I) 117 D3
Castromonte (E) 125 A6
Castronuevo (E) 125 D6
Castronuño (E) 132 A1
Castronuovo di S. (I) 118 C3
Castropodame (E) 125 B4
Castropol (E) 125 B1
Castrop Rauxel (D) 67 C6
Castroreale (I) 119 B2
Castroreale Terme (I) 119 B2
Castrorégio (I) 117 A3
Castroserracin (E) 132 D1
Castro Urdiales (E) 127 A2
Castroverde (E) 125 A2
Castroverde (E) 126 A5
Castro Verde (E) 126 C6
Castrovillari (I) 116 D4
Castrozza, San Martino di (I) 100 B4
Castuera (E) 139 A1
Casulas d. Angel (E) 145 C5
Cata (SK) 103 A1
Catadau (E) 134 C6
Çatalca (TR) 161 C6
Catalina (RO) 148 D6
Cataloi (RO) 155 C2
Cátama (E) 143 A4
Catanhede (P) 130 B3
Catánia (I) 119 B4
Catanzaro (I) 117 A6
Catanzaro Marina (I) 117 A6
Căteasca (RO) 154 A3
Cateau, le (F) 74 D4
Cateau-Cambrésis, le (F) 74 D4
Catelet, le (F) 74 C4
Catenanuova (I) 119 A4
Cateraggio (F) 120 C3
Caterham (GB) 58 D3
Caterina, S. (I) 99 D4
Catfield (GB) 55 C5
Cati (E) 134 D3
Catignano (I) 113 D4
Catillon (F) 74 D4
Catoira (E) 124 C3
Catral (E) 141 B3
Catterick Bridge (GB) 54 B2
Cattólica (I) 110 C5
Cattólica Eraclea (I) 118 B4
Cătunu (RO) 154 A4
Catus (F) 105 B2
Căuas (RO) 146 D2
Caude (E) 134 B3
Caudebec-en-Caux (F) 87 B2
Caudete (E) 134 B5
Caudete (E) 141 A2
Caudiel (E) 134 C4
Caudiès-de-Fenouillèdes (F) 105 D6
Caudry (F) 74 D4
Caujac (F) 105 C5
Caulnes (F) 85 A3
Caulónia (I) 119 D2
Caumont (F) 105 B3
Caumont (F) 105 B6
Caumont-l'Evente (F) 86 C3
Cauna (F) 104 C4
Caundle, Bishop's (GB) 57 C4
Caunes-Minervois (F) 106 A5
Caurel (E) 125 B3
Cauro (F) 120 B3
Causé, la (F) 105 B4
Caussade (F) 105 C3
Causse-de-la-Selle (F) 106 C4
Caussens (F) 105 A4
Cauterets (F) 104 D6
Cava, La (E) 135 B2
Cava (GB) 45 C2
Cava de T. (I) 115 A6
Cavada, La (E) 126 D2
Cavaglia (I) 98 C6
Cavaillon (F) 107 A4
Cavalaire-s. M. (F) 107 D5
Cavaleiro (P) 137 B4
Cavalerie, la (F) 106 B3
Cavalese (I) 100 B4
Cavalière (F) 107 D5
Cavallermaggiore (I) 108 B3
Cavallino (I) 100 C6
Cavallino (I) 117 D3
Cava Manara (I) 108 D2
Cavan (IRL) 47 A6
Cavan (F) 84 D2
Cavárzere (I) 110 B2
Cavazzo (I) 100 D4
Cave (I) 113 B6
Cave, South (GB) 54 D3
Cavédine (I) 100 A5
Caveirac (F) 106 D4
Caverñais (P) 130 D2
Cavezzo (I) 109 D3
Cavi (I) 109 A4
Cavignac (F) 104 C/D1
Cavle (HR) 111 B2
Cavnic (RO) 147 B1
Cavo (I) 112 A3
Cavour (I) 108 A3
Cavriago (I) 109 C3
Cavtat (HR) 157 A4
Cawdor (GB) 45 A5
Caxton (GB) 58 D1
Cayeux (F) 74 A4
Cayeux-s-Mer (F) 74 A4
Caylar, le (F) 106 B4
Caylus (F) 105 C3
Cayón (E) 124 C2
Cayres (F) 106 C1
Cayrols (F) 105 D1
Cazalinho (P) 130 B6
Cazalla de la Sierra (E) 138 D3
Cazals (F) 105 B2
Căzăneşti (RO) 146 D5
Căzăneşti (RO) 154 D3
Cazangic (MD) 149 D4
Cazasu (RO) 155 A1
Cazaubon (F) 104 D4
Cazaux (F) 104 B2
Cazaux-Savès (F) 105 B4
Cazères (F) 105 B5
Cazères-s-l'Adour (F) 104 C/D4
Cazes-Mondenard (F) 105 B3
Cazin (BIH) 150 A3
Cazma (HR) 102 B6
Cazo (E) 126 A2
Cazoria (E) 140 B3
Cazouls-lès-Béziers (F) 106 B5
C. Budejovice (CZ) 93 C1
Cea (E) 126 A4
Ceadea (E) 125 C6
Ceahlăul (RO) 148 D4
Ceamurlia de Sus (RO) 155 B2
Ceamurlie de Jos (RO) 155 C3
Ceanannus Mór, Kells (IRL) 51 C1
Céanuri (E) 127 A2
Ceatalchioi (RO) 155 C1
Ceaucé (F) 86 D4
Cébazan (F) 106 B5
Cebolla (E) 132 B4
Cebovce (SK) 103 B1
Cebreros (E) 132 B3
Cebrones (E) 125 C4
Ceccano (I) 114 B4
Cece (H) 103 A4
Cečejovce (SK) 82 C5
Cechtice (CZ) 80 A3
Cecina, Castelnuovo d. V.di (I) 112 C2
Cécina, Marina di (I) 112 B2
Cécina (I) 112 B2
Ceçkinli (TR) 160 D5
Ceclavin (E) 131 B5
Cecos (E) 125 B2
Cedasai (LT) 177 A1
Cedeira (E) 124 D1
Cedillo (E) 130 D5
Cedovim (P) 131 A2
Cedrillas (E) 134 C3
Cedron (E) 125 A3
Cedros (P) 136 A6
Cedynia (PL) 62 C5
Cée (E) 124 B2
Cefalù (I) 118 D3
Ceggia (I) 100 C6
Cegielnia (PL) 73 D4
Cegléd (H) 103 C3
Ceglédbercel (H) 103 C3
Céglie Mess. (I) 117 C2
Çeheguin (E) 140 D3
Čehovo (RUS) 175 B5
Cehul Silvaniei (RO) 147 A2
Ceica (RO) 146 C3
Ceikiniai (LT) 177 B3
Ceilhes-et-Rocozels (F) 106 B4
Ceillac (F) 107 D2
Ceinos (E) 126 A5
Cejč (CZ) 80 D4
Cejkov (SK) 83 A5
Cekanje (YU) 157 B4
Cekcyn (PL) 63 D4
Cekiškė (LT) 176 B3
Ceków Kolonia (PL) 71 C2
Celano, Borgo (I) 115 C3
Celano (I) 113 C5
Celanova (E) 124 D4
Celanovo (RUS) 182 D5
Celaru (RO) 153 C4
Celbridge (IRL) 51 C2
Celebić (BIH) 150 B5
Celembe (TR) 169 C2
Celepköy (TR) 161 C5
Celić (BIH) 151 A3
Cèlico (I) 117 A5
Celina (BG) 160 B4
Celinac, D. (BIH) 150 C3
Celiny (PL) 73 B2
Celis (E) 126 B2
Celje (SLO) 101 D5
Celju, Sentjur pri (SLO) 101 D5
Celkiozero (RUS) 21 D1
Cella (I) 110 B5
Cella (E) 134 B3
Celldömölk (H) 102 C3
Celle (D) 68 C3
Celle di Bulgheria (I) 116 C3
Celle-en-Morvan, la (F) 97 A2
Celle-Guenand, la (F) 95 B2
Celle Lig. (I) 108 C4
Cellers (E) 128 D5
Celles (B) 75 B4
Celle-Saint-Avant, la (F) 95 B2
Celles-s-Belle (F) 95 A4
Celles-s-Ource (F) 89 A4
Celles-s-Plaine (F) 90 B3
Cellettes (F) 87 C6
Celliers (F) 97 D6
Cellino Att. (I) 113 C4
Cellino San Marco (I) 117 C2
Celmenieki (LV) 178 C6
Celmini (LV) 179 A5
Celon (F) 95 C3
Celopeci (MK) 162 D1
Celorico (P) 131 A2
Celorico de Basto (P) 124 D6
Cemaes (GB) 52 D4
Cembra (I) 100 A4
Cembranos (E) 125 D4
Cemerné (SK) 82 D4
Cemernica (HR) 150 A2
Cemernica (BIH) 151 B5
Cemerno (BIH) 157 A2
Cemmaes Road (GB) 53 A6
Cempi (LV) 179 C3
Cenac (MD) 149 D4
Cenad (RO) 146 A5
Cenas (LV) 179 A5
Cencenighe (I) 100 B4
Cencicero (E) 127 B4
Cendrieux (F) 105 B1
Cenei (RO) 146 A6
Cenevières (F) 105 C2
Céngio (I) 108 C4
Cenizate (E) 133 C6
Cenkov (CZ) 79 D5
Cenovo (BG) 154 B6
Centa (YU) 151 D2
Centallo (I) 108 B4
Centelles (E) 129 B5
Centenillo, El (E) 139 D2
Cento (I) 109 D3
Centóia (I) 112 D2
Céntola (I) 116 C3
Centralen alpijski lager (BG) 159 B4
Centúripe (I) 119 A4
Cepagatti (I) 113 D4
Cepari (RO) 147 C2
Cepelare (BG) 159 D5
Cepice (CZ) 79 B5
Cepin (HR) 151 A1
Ceplje (SLO) 111 C2
Cepovan (SLO) 101 A5
Ceppo (I) 113 C4
Ceprano (I) 114 C4
Ceptura (RO) 154 B2
Cera (HR) 150 A6
Ceraino (I) 109 C1
Ceralije (HR) 150 D1
Cerami (I) 118 D3
Céran (F) 105 A4
Cerano (I) 108 D1
Ceranów (PL) 65 B6
Cérans-Foulletourte (F) 87 A6
Cerătu (RO) 153 B4
Ceraukste (LV) 179 B6
Cerbaia (I) 109 D6
Cerbère (F) 129 D3
Cercal (P) 130 B6
Cercal (P) 137 B4
Cerceda (E) 132 C3
Cercedilla (E) 132 C2
Cercemaggiore (I) 115 A4
Cerchiara, Torre (I) 117 A4
Cerchiara di Calábria (I) 116 D4
Cercs (E) 129 B4
Cercy-la-Tour (F) 96 D2
Cerda (I) 118 C3
Cerda (E) 141 B1
Cerdanyola (E) 129 B6
Cerdedo (E) 124 C4
Cerdeira (P) 131 A3
Cerdomare (I) 113 B5
Cerdon (F) 88 B5
Cère (F) 104 C3
Cère (LV) 178 D4
Cerea (I) 109 D2
Cerecinos (E) 125 D6
Cered (H) 82 B6
Cerëha (RUS) 182 D3
Cerekey, Hor (CZ) 80 B3
Cerekiew, Polska (PL) 71 C6
Cerekvice nad Bystřicí (CZ) 70 D6
Cerekvice n. L. (CZ) 80 C2
Ceremchovo (BY) 177 D3
Cérences (F) 85 B2
Cerenzia (I) 117 A5
Cerepiški manastir (BG) 159 B2
Céres (I) 98 B6
Ceres (BY) 177 D2
Ceresara (I) 109 C2
Cerésio, Porto (I) 99 A5
Ceresole Reale (I) 98 B6
Ceresole Alba (I) 108 B3
Ceresoto (I) 108 C2
Cerešovo (BG) 154 C5
Céreste (F) 107 B4
Céret (F) 129 C3
Cerezal (E) 131 B1
Cerezo (E) 131 C4
Cerezo de Arriba (E) 132 D1
Cergnago (I) 108 D2
Cergue-St (CH) 98 A3
Cergy-Pontoise (F) 88 B1
Cerhov (SK) 82 D5
Ceriale (I) 108 C4
Ceriana (I) 108 B5
Cerignola (I) 115 C5
Cerignone, Monte (I) 110 C5
Cérilly (F) 89 B4
Cérilly (F) 96 C3
Cerisano (I) 116 D5
Cerisy-la-Salle (F) 86 C3
Cerizay (F) 94 D2
Cerkeşköy (TR) 161 B5
Çerkesmahmudiye (TR) 165 D6
Cerkezmüsellin (TR) 161 A6
Cerkiewne, Dubiczne (PL) 65 D5
Cerklje (SLO) 111 D1
Cerknica (SLO) 101 B6
Cerkno (SLO) 101 B5
Cerkovica (BG) 153 D5
Cërkste (LV) 178 D4
Cerkwica (PL) 62 D2
Cer. Lesy, Kostolec n. (CZ) 80 A2
Cerma (RUS) 181 D4
Cermei (RO) 146 C4
Cermelli, Casal (I) 108 D2
Cermencik (TR) 169 C5
Cermná, Hor. (CZ) 80 D2
Cermná n. Orl. (CZ) 80 C2
Cerna (HR) 151 A2
Cerna (BG) 155 A5
Cerna (RO) 155 B2
Cerná Hora (CZ) 80 D3
Cerná v. Pošum. (CZ) 93 C2
Cernadoi (I) 100 B4
Cernans (F) 97 D2
Cernătesti (RO) 153 B3
Cernatul (RO) 148 D6
Cernavodă (RO) 155 B4
Cernavskije (LV) 177 C1
Cernay (F) 75 B6
Cernay (F) 90 C5
Cernay-en-Dormois (F) 75 B6
Cernay-la-V. (F) 88 A2
Cernay-les-Reims (F) 75 A6
Cernay-les-Reims (F) 75 A6
Cernáza Bory (CZ) 80 C2
Cerne Abbas (GB) 57 C4
Cernedo (E) 126 D4
Cérnegula (E) 126 D3
Cernevići (BY) 177 D3
Cernëvo (RUS) 181 D5
Cernik (SK) 103 A1
Cernik (HR) 150 C2
Cërnik (AL) 162 B2
Cernivcy (UA) 148 C1
Cernjahovsk (RUS) 175 D5
Cerno (RUS) 181 D4
Cernóbbio (I) 99 A5
Cernogorovo (BG) 159 D4
Çernomorec (BG) 161 A3
Černošice (CZ) 79 C3
Cernosin (CZ) 79 A4
Cernovice (CZ) 80 A3
Cernoy-en-Berry (F) 88 C5
Cernuc (RO) 147 A3
Cerny (F) 74 D6
Cernyševskoe (RUS) 176 A5
Ceró (E) 129 A5
Cerova (YU) 152 D6
Cerovac (HR) 111 D2
Cerovac (YU) 152 A4
Cerovica (HR) 111 B2
Cerovica (BIH) 150 D3
Cerovljani (BIH) 150 C2
Cerovlje (HR) 111 A2
Cerqueto (I) 113 A3
Cerralbo (E) 131 B2
Cerredo (E) 125 B3
Cerrédolo (I) 109 C4
Cerreto d'Esi (I) 113 B2
Cerreto Sannita (I) 115 A5
Cerrigydrudion (GB) 53 A5
Cerro Andévalo, El (E) 138 B4
Cerros Colorados, Los (E) 140 C4
Cersay (F) 94 D2
Cerskaja (RUS) 182 D3
Cersósimo (I) 117 A3
Certa (E) 135 A2
Certaldo (I) 112 C2
Certalha (P) 137 C5
Certeze (RO) 83 C6
Certeze (RO) 147 A1
Certižné (SK) 83 A3
Certosa di Pésio (I) 108 B4
Certovidovo (RUS) 182 D4
Cervara di R. (I) 113 B5
Cervaro (I) 114 C4
Cervatos (E) 126 B4

Cervatos (E) 126 C3
Cerven (BG) 154 B6
Cervená Lhota (CZ) 80 A4
Cervená Voda (CZ) 80 D2
Cervena voda (BG) 154 B5
Cerven Brjag (BG) 153 C6
Cervenci (BG) 155 A6
Cervené Janovice (CZ) 80 B2
Cervenia (RO) 154 A5
Cervený Kláštor (SK) 82 B3
Cervený Kostelec (CZ) 70 D6
Cervera (E) 127 C6
Cervera (E) 129 A5
Cervera (E) 132 B4
Cervera (E) 133 B5
Cervera de Buitrago (E) 132 D2
Cervera del Rio Alhama (E) 127 C5
Cervera de Pisuerga (E) 126 B3
Cervere (I) 108 B3
Cervéteri (I) 112 D5
Cérvia (I) 110 B5
Cervières (F) 107 D1
Cervignano di Friuli (I) 110 D1
Cervinara (I) 115 A5
Cervinia-Breuil (I) 98 C5
Cervione (F) 120 C2
Cervo, Porto (I) 121 D1
Cervo (E) 125 A1
Cerzeto (I) 116 D5
Cesana Tor. (I) 107 D1
Cesárea Terme, S. (I) 117 D4
Cesáreo, Ponte (I) 117 C3
Cesarica (HR) 111 C4
Cesarò (I) 119 A3
Ces. Bělá (CZ) 80 B2
Cescau (F) 104 C5
Cesena (I) 110 B5
Cesenático (I) 110 C5
Césio (I) 108 B5
Cēsis (LV) 179 C4
Ceská Kubice (CZ) 79 A5
Ceská Lípa (CZ) 70 B5
Ceská Skalice (CZ) 70 D6
Ceská Třebová (CZ) 80 D2
Ceské (CZ) 70 D6
Ceské Brezovo (SK) 82 A5
Ceské Budějovice (CZ) 93 D1
Ceské Kamenice (CZ) 70 B5
Ceský Brod (CZ) 80 A1
Ceský Dub (CZ) 70 C5
Ceský-Krumlov (CZ) 93 C1
Cesme (TR) 169 A4
Çesmealti (TR) 169 A4
Ces. Meziříčí (CZ) 70 D6
Cessales (F) 105 C5
Cessalto (I) 110 C1
Cessenon-s-Orb (F) 106 B5
Cessieu (F) 97 C5
Cesson-Sévigné (F) 85 B4
Cestas (F) 104 C2
Cestobrodica (YU) 151 D5
Cesuna (I) 110 A1
Cesvaine (LV) 182 B5
Ces. Velenice (CZ) 80 A4
Cetate (RO) 153 A4
Cetatea de Baltă (RO) 147 B5
Cetăţile Panorului (RO) 146 D4
Cetea (RO) 147 B5
Cetina (E) 133 D1
Cetingrad (HR) 111 D2
Cetini, Blato na (HR) 150 B6
Cetinje (YU) 157 B4
Cetirci (BG) 159 A4
Ceton (F) 87 B5
Cetona (I) 112 D3
Cetraro (I) 116 D5
Ceuta (E) 142 D6
Ceva (I) 108 C4
Cevanco (E) 126 A3
Cevetjävri, Sevettijärvi (FIN) 3 B4
Cevico (E) 126 B5
Cevico Navero (E) 126 C5
Cevins (F) 98 A5
Cévio (CH) 99 A4
Cevizköy (TR) 161 B5
Cevljanovići (BIH) 151 A5
Cevo (YU) 157 B4
Cewice (PL) 63 C2
Cewków (PL) 73 B6
Ceyikli (TR) 165 B4
Ceyrat (F) 96 C5
Ceyzériat (F) 97 C4
Chaam (NL) 75 B1
Chabanais (F) 95 B5
Chabestan (F) 107 B2
Chabeuil (F) 107 A1
Chabielice (PL) 72 A4
Châble, le (F) 97 D4
Chablis (F) 88 D4
Chabottes (F) 107 C2
Chabówka (PL) 82 B3
Chabrac (F) 95 B5
Chabreloche (F) 96 D5
Chabris (F) 95 D1
Chacim (P) 125 B6
Chaffois (F) 97 D2
Chagford (GB) 57 A5
Chagny (F) 97 B2
Chaherrero (E) 132 A2
Chaillac (F) 95 C3
Chailland (F) 86 C5
Chaillé-les-Marais (F) 94 C3
Chailley (F) 88 D4
Chaillon (F) 89 C2
Chailly-s-Armançon (F) 97 A1
Chaintrix (F) 89 A2
Chaise-Dieu, la (F) 96 D6
Chaize-Giraud, la (F) 94 B3
Chaize-le-Vicomte, la (F) 94 C3
Chakistra (CY) 174 C5
Chalabre H/J (F) 105 D6
Chalais (F) 95 A6
Chalamera (E) 128 C6
Chalamont (F) 97 B4
Chalandray (F) 95 A3
Chalandritsa (GR) 166 D6
Chaldette, la (F) 106 B2
Chale (GB) 58 B5
Châlet-à-Gobet (CH) 98 B3
Châlette-s-Loing (F) 88 C4
Chalin (PL) 64 B6
Chalindrey (F) 89 C4
Chalivoy-Milon (F) 96 B2
Chalki (GR) 173 C4
Chalkis (Halkida) (GR) 167 C5
Challain-la-Potherie (F) 86 C6
Challans (F) 94 B2
Challes-les-Eaux (F) 97 D5
Challuy (F) 96 C2
Chalmazel (F) 96 D5
Chalmoux (F) 96 D3
Chaloncon (F) 107 B2
Chalonnes-s-Loire (F) 85 C5
Chalons-d'Aix (F) 96 B5
Châlon-s-Saône (F) 97 B2
Châlons-s.-Marne (F) 89 A2
Chalo-Saint-Mars (F) 88 B3
Chałupki (PL) 81 B2
Chałupy (PL) 63 D1
Châlus (F) 95 B5
Chalvraines (F) 89 C3
Cham (D) 79 A6
Cham (CH) 99 A2
Chamalières (F) 96 C5
Chamalières-s-Loire (F) 96 D6
Chamaloc (F) 107 B1
Chambellay (F) 86 D6
Chamberet (F) 95 D5
Chambéria (F) 97 C3
Chambéry (F) 97 D5
Chamblet (F) 96 B4
Chambley (F) 75 D6
Chambley-Bussières (F) 75 D6
Chambly (F) 74 B6
Chambois (F) 87 A3
Chambon (F) 106 C3
Chambon-Feugerolles, le (F) 97 A6
Chambon-la-Forêt (F) 88 B4
Chambon-le-Château (F) 106 C1
Chambon-Sainte-Croix (F) 95 D4
Chambon-s-Lac (F) 96 C5
Chambon-s-Lignon, le (F) 106 D1
Chambon-s-Voueize (F) 96 B4
Chamborand (F) 95 D4
Chamboret (F) 95 C4
Chamborigaud (F) 106 C3
Chamboulive (F) 95 D6
Chambourg-s-Indre (F) 95 B2
Chambray (F) 87 C3
Chambre, la (F) 98 A6
Chamelet (F) 97 A4
Chamerau (D) 79 A6
Chamonix (F) 98 B5
Chamoux-s-Gelon (F) 97 D5
Champagnac (F) 96 B6
Champagnac (F) 106 C2
Champagnac-de-Belair (F) 95 B6
Champagnac-le-Vieux (F) 96 D6
Champagnat (F) 96 B4
Champagne-en-Valromey (F) 97 C5
Champagné-les-Marais (F) 94 C4
Champagne-Mouton (F) 95 B4
Champagney (F) 90 B5
Champagnole (F) 97 D3
Champagny-en-Vanoise (F) 98 A6
Champaubert (F) 88 D2
Champdeniers (F) 94 D3
Champdieu (F) 96 D5
Champeix (F) 96 C5
Champenoise, la (F) 96 A2
Champenoux (F) 90 A2
Champéry (CH) 98 B4
Champex (CH) 98 B4
Champforgeuil (F) 97 B2
Champgenéteux (F) 86 D5
Champier (F) 97 C6
Champigné (F) 86 D6
Champignelles (F) 88 C4
Champigny (F) 88 C3
Champigny-le-Sec (F) 95 A2
Champigny-s-Veude (F) 95 A3
Champillet (F) 96 A3
Champillon (F) 75 A6
Champion, Barriere-de- (B) 75 C4
Champlemy (F) 96 D1
Champlin (F) 75 A5
Champlitte (F) 89 C5
Champnétery (F) 95 D5
Champniers (F) 95 A5
Champoluc (I) 98 C5
Champorcher (I) 108 B1
Champrond-en-Gâtine (F) 87 B4
Champ-Saint-Père, le (F) 94 C3
Champs-de-Losques, les (F) 86 C2
Champs-s-Tarentaine (F) 96 B6
Champs-s-Yonne (F) 88 D5
Champtoceaux (F) 85 C6
Champvans (F) 97 C1
Chamrousse (F) 97 D6
Chamusca (P) 130 C6
Chanac (F) 106 B2
Chanaleilles (F) 106 B/C1
Chanas (F) 97 B6
Chanay (F) 97 C4
Chanaz (F) 97 C5
Chança (P) 130 D6
Chancelade (F) 95 B6
Chandai (F) 87 B3
Chandras (GR) 173 B6
Chaneins (F) 97 B4
Changy (F) 96 D4
Chania (GR) 163 D6
Chania (GR) 172 B5
Chaniers (F) 94 D5
Channay-s-Lathan (F) 95 A1
Chantada (E) 124 D3
Chantelle (F) 96 C4
Chantelouve (F) 107 C1
Chantemerle (F) 94 D3
Chantemerle (F) 107 D1
Chantenay-Saint-Imbert (F) 96 C3
Chantenay-Villedieu (F) 86 D6
Chanteuges (F) 106 C1
Chantilly (F) 74 B6
Chantonnay (F) 94 C3
Chantrans (F) 97 D2
Chão (P) 136 C2
Chão de Codes (P) 130 C5
Chãos (P) 130 C5
Chaource (F) 89 A4
Chapa (P) 130 D1
Chapaize (F) 97 B3
Chapareillan (F) 97 D6
Chapeau (F) 96 D3
Chapeauroux (F) 106 C1
Chapel, Holmes (GB) 53 C4
Chapelaude, la (F) 96 B3
Chapel Brampton (GB) 58 C1
Chapel-en-le-Frith (GB) 53 D4
Chapelle, Henri- (B) 75 C3
Chapelle, la (F) 74 B6
Chapelle, la (F) 75 B5
Chapelle-Bâton, la (F) 95 B4
Chapelle-Blanche, la (F) 95 B2
Chapelle-Bouëxic (F) 85 B4
Chapelle-Caro, la (F) 85 A4
Chapelle-Chaussée, la (F) 85 B3
Chapelle-d'Aligné, la (F) 86 D6
Chapelle-d'Angillon, la (F) 96 B1
Chapelle-de-Guinchay, la (F) 97 B4
Chapelle-en-Valgaudemar, la (F) 107 B1
Chapelle-en-Vercors, la (F) 107 C1
Chapelle-en-Valgaudemar (F) 107 C1
Chapelle-Gauthier, la (F) 88 C3
Chapelle-Glain, la (F) 86 C6
Chapelle-la-Reine, la (F) 88 B3
Chapelle-Laurent, la (F) 96 C6
Chapelle-Royale (F) 87 B5
Chapelle-Saint-André, la (F) 96 C1
Chapelle-Saint-Géraud, la (F) 105 C/D1
Chapelle-Saint-Laurent, la (F) 94 D3
Chapelle-Saint-Mesmin, la (F) 88 A4
Chapelle-Saint-Quillain, la (F) 89 D5
Chapelle-Saint-Sépulcre,la (F) 88 C4
Chapelle-s-Erdre, la (F) 85 B6
Chapelle-s-Furieuse, la (F) 97 C2
Chapelle-Taillefert, la (F) 95 D4
Chapelle-Vendômoise, la (F) 87 C6
Chapelle-Yvon, la (F) 87 A3
Chapelotte, la (F) 96 B1
Chapeltown (GB) 47 D5
Chaplinek (PL) 63 B4
Chaponnay (F) 97 B5
Chappes (F) 96 C3
Charakas (GR) 172 D6
Charavines (F) 97 C6
Charavji (GR) 163 B3
Charbonnières-les-Vieilles (F) 96 C4
Charbowo (PL) 63 C6
Charcón Bajo (E) 140 C4
Chard (GB) 57 B4
Chardogne (F) 89 B2
Chareil (F) 96 C4
Charenton-du-Cher (F) 96 B3
Charing (GB) 59 B3
Charité-s-Loire, la (F) 96 C2
Charlas (F) 105 A5
Charleroi (B) 75 A3
Charles, Mellon (GB) 44 C4
Charlestown (IRL) 46 C5
Charlestown of Aberlour (GB) 45 B5
Charleville-Mézières (F) 75 B5
Charleville (Rath Luirc) (IRL) 50 D4
Charlieu (F) 97 A4
Charlotte, Port (GB) 48 A4
Charlottenberg (S) 28 B4
Charlottenburg, Berlin (D) 69 D3
Charlottenlund (DK) 42 B3
Charlton, North (GB) 49 C4
Charlton Kings (GB) 58 B2
Charly (F) 88 D2
Charmeil (F) 96 C4
Charmes (F) 90 A3
Charmes-s-Rhône (F) 107 A1
Charmois-l'Orgueilleux (F) 90 A4
Charmont-s/s-Barbuise (F) 89 A3
Charmouth (GB) 57 B5
Charnadas (P) 137 C5
Charny (F) 75 C6
Charny (F) 88 C4
Charny-s-Meuse (F) 75 C6
Charokopion (GR) 170 D4
Charolles (F) 97 A3
Charols (F) 107 A2
Chârost (F) 96 B2
Charquemont (F) 98 B2
Charritte-de-Bas (F) 104 C5
Charron (F) 94 C4
Charroux (F) 95 B4
Charroux (F) 96 C4
Charsonville (F) 88 A4
Charsznica, Miechów- (PL) 72 B6
Chartów (PL) 70 C1
Chartowa (PL) 72 D3
Chartres (F) 87 C4
Chartre-s-le-Loir, la (F) 87 B6
Chartuzac (F) 94 D6
Charzykowy (PL) 63 C3
Chaspuzac (F) 106 C1
Chasselay (F) 97 C6
Chasseneuil-s-Bonnieure (F) 95 B5
Chassenon (F) 95 B5
Chasseradès (F) 106 C2
Chassey-Beaupré (F) 89 C3
Chassigny (F) 89 C5
Châtaigneraie, la (F) 94 D3
Chatain (F) 95 B4
Chatajevići (BY) 177 D5
Château, Auxi-le- (F) 74 B4
Château, Solre-le- (F) 75 A4
Château-Arnoux (F) 107 C3
Châteaubourg (F) 86 C5
Châteaubriant (F) 86 C6
Château-Chervix (F) 95 C5
Château-Chinon (F) 96 D2
Château-des-Prés (F) 97 D3
Château-d'Œx (CH) 98 B3
Château-d'Oléron, le (F) 94 C5
Château-du-Loir (F) 87 A6
Châteaudun (F) 87 C5
Château-Farine (F) 97 D1
Châteaugiron (F) 85 B4
Château-Gontier (F) 86 D6
Château-Landon (F) 88 C4
Château-la-Vallière (F) 95 A1
Château-l'Evêque (F) 95 B6
Châteaulin (F) 84 B3
Châteaumeillant (F) 96 B3
Châteauneuf (F) 97 A4
Châteauneuf-de-Galaure (F) 97 B6
Châteauneuf-de-Randon (F) 106 C2
Châteauneuf-d'Ille-et-Vilaine (F) 85 B3
Châteauneuf-du-Faou (F) 84 C4
Châteauneuf-du-Pape (F) 107 A3
Châteauneuf-en-Thymerais (F) 87 B4
Châteauneuf-la-Forêt (F) 95 D5
Châteauneuf-les-Bains (F) 96 C4
Châteauneuf-s-Charente (F) 95 A5
Châteauneuf-s-Cher (F) 96 B2
Châteauneuf-s-Loire (F) 88 B4
Châteauneuf-s-Sarthe (F) 86 D6
Châteauneuf-Val-de-Bargis (F) 96 C1
Châteauponsac (F) 95 C4
Château-Porcien (F) 75 A5
Château-Queyras (F) 107 D2
Châteauredon (F) 107 C3
Château Regnault (F) 75 B5
Châteaurenard (F) 88 C4
Châteaurenard (F) 107 A4
Château-Renault (F) 87 B6
Châteauroux (F) 95 C2
Châteauroux (F) 107 D2
Château-Salins (F) 90 B2
Château-s-Cher (F) 96 B4
Château-Thierry (F) 88 D1
Châteauvillain (F) 89 B4
Châtel (F) 98 B4
Châtelard, le (F) 97 D5
Châtelaudren (F) 84 D3
Châtel-Censoir (F) 88 D5
Châtel-de-Neuvre (F) 96 C3
Châteldon (F) 96 D4
Châtelet, le (F) 96 B3
Châtelet (B) 75 B3
Châtelet-en-Brie, le (F) 88 C3
Châtel-Gérard (F) 89 A5
Châtelguyon (F) 96 C5
Châtelaillon-Plage (F) 94 C4
Châtellerault (F) 95 B2
Châtellier, le (F) 86 D4
Châtel-Montagne (F) 96 D4
Châtel-s-Moselle (F) 90 A3
Châtel-St-Denis (CH) 98 B3
Châtelus-le-Marcheix (F) 95 D4
Châtelus-Malvaleix (F) 96 A4
Châtenay-s-Seine (F) 88 C3
Châtenet-en-Dognon, le (F) 95 C5
Châtenois (F) 89 D3
Châtenoy (F) 88 B4
Chatham (GB) 59 A3
Châtillon (F) 74 D6
Châtillon (I) 98 C5
Châtillon-Coligny (F) 88 C4
Châtillon-en-Bazois (F) 96 D2
Châtillon-en-Diois (F) 107 B2
Châtillon-en-Vendelais (F) 86 C5
Châtillon-s-Chalaronne (F) 97 B4
Châtillon-s-Colmont (F) 86 C5
Châtillon-s-Indre (F) 95 C2
Châtillon-s-Loire (F) 88 C5
Châtillon-s-Marne (F) 74 D6
Châtillon-s-Seine (F) 89 B4
Châtre, la (F) 96 A3
Châtre-Langlin, la (F) 95 C3
Châtres (F) 89 A3
Châtres (F) 95 C6
Chatteris (GB) 55 A6
Chatyn' (BY) 177 D5
Chauché (F) 94 C2
Chaudes-Aigues (F) 106 B1
Chaudeyrac (F) 106 C2
Chaudfontaine (B) 75 C3
Chaudon-Norante (F) 107 C3
Chauffailles (F) 97 A4
Chaufour (F) 88 A1
Chaulme, la (F) 96 D6
Chaulnes (F) 74 C5
Chaumergy (F) 97 C2
Chaumes-en-Brie (F) 88 C2
Chaumont (B) 75 B3
Chaumont (F) 89 C4
Chaumont-en-Vexin (F) 74 A6
Chaumont-s-Loire (F) 95 C1
Chaumont-s-Tharonne (F) 88 A5
Chaunay (F) 95 A4
Chauny (F) 74 D5
Chaussée, Saint-Just-en- (F) 74 B5
Chaussée, Saint-Omer-en- (F) 74 B5
Chaussée-s-Marne, la (F) 89 B2
Chaussin (F) 97 C2
Chaussy, Courcelles- (F) 75 D6
Chauvé (F) 94 B2
Chauvigny (F) 95 B3
Chauvigny-du-Perche (F) 87 B5
Chaux, la (F) 97 C2
Chaux, la (F) 97 D2
Chaux-de-Fonds, La (CH) 98 B2
Chaux-Neuve (F) 97 D3
Chavagnac (F) 105 C1
Chavagnes-en-Paillers (F) 94 C2
Chavanay (F) 97 B6
Chavanges (F) 89 B3
Chaves (P) 125 A5
Chawton (GB) 58 C4
Chazay-d'Azergues (F) 97 B5
Chazelles-s-Lyon (F) 97 A5
Cheadle (GB) 53 C4
Cheadle (GB) 53 C5
Checa (E) 133 C3
Checiny (PL) 72 C5
Chécy (F) 88 B4
Chedburgh (GB) 59 A1
Cheddar (GB) 57 B3
Chedgrave (GB) 55 B6
Chef-Boutonne (F) 95 A4
Chéhéry (F) 75 B5
Cheine (D) 68 D3
Cheinitz (D) 69 A3
Cheix, le (F) 96 C4
Chekali (GR) 166 D6
Cheleiros (P) 137 A1
Cheles (E) 138 A2
Chelford (GB) 53 C4
Chella (E) 134 C6
Chelle-Debat (F) 105 A5
Chełm (PL) 73 C4
Chełmińska, Dabrowa (PL) 63 D4
Chełmiński, Radzyń (PL) 64 A4
Chełmno (PL) 63 D4
Chełmno (PL) 71 D2
Chelmos (GR) 167 A6
Chelmsford (GB) 59 A2
Chełmża (PL) 64 A4
Cheltenham (GB) 58 B2
Chelun (F) 86 C6
Chelva (E) 134 C5
Chelwood (GB) 57 C3
Chemazé (F) 86 C6
Chembia (E) 141 C1
Chéméré (F) 94 B2
Chéméré-le-Roi (F) 86 D5
Chemery (F) 75 B5
Chémery (F) 95 C1
Chémery-s-Bar (F) 75 B5
Chemillé (F) 85 D6
Chemilly (F) 96 C3
Chemin (F) 97 C2
Cheminot (F) 89 D2
Chemnitz (D) 79 A2
Chenay (F) 95 A4
Chendu (RO) 147 C4
Chêne-Chenu (F) 87 C4
Chênechutte-les-Tuffeaux (F) 85 D6
Chénérailles (F) 96 B4
Cheney (F) 89 A4
Cheniménil (F) 90 B4
Chennebrun (F) 87 B4
Chenoise-la-Croix (F) 88 D2
Chenonceaux (F) 95 C1
Chenôve (F) 97 B1
Chenu (F) 87 A6
Cheny (F) 88 D4
Chepet (RO) 148 C6
Cheppe, la (F) 75 A6
Chepstow (GB) 57 B2
Chera (F) 120 C4
Chera (E) 134 B5
Cheradi, Isola (I) 117 B3
Cherain (B) 75 C4
Cherasco (I) 108 B3
Cherbourg (F) 86 B1
Chères, les (F) 97 B5
Chérisy (F) 87 C4
Cher. Methanon (GR) 171 C2
Chermillé-s-D. (F) 87 B6
Cheronia (GR) 167 B5
Chéroy (F) 88 C3
Cherrueix (F) 85 B2
Cherson (GR) 163 C2
Chersonisos, Akr. (GR) 172 D5
Chersonisos (GR) 172 D5
Chertsey (GB) 58 D3
Cherveix-Cubas (F) 95 C6
Cherves (F) 94 D5
Cherveux (F) 94 D3
Chesham (GB) 58 D2
Cheshunt (GB) 58 D2
Chesley (F) 89 A4
Chesne, le (F) 75 B5
Chessy (F) 97 A5
Cheste (E) 134 C5
Chester (GB) 53 B4
Chesterfield (GB) 54 C4
Chester-le-Street (GB) 49 C6
Chetreni (RO) 149 B5
Chetrosu (MD) 149 B1
Chevagnes (F) 96 D3
Chevagny-s-Guye (F) 97 A3
Chevaigné (F) 85 B3
Chevallerais, la (F) 85 B5
Chevanceaux (F) 95 A6
Chevenon (F) 96 C2
Cheveresu Mare (RO) 146 B6
Chevillon (F) 88 C4
Chevillon (F) 89 C3
Chevilly (F) 88 A4
Chevire-le-Rouge (F) 86 D6
Chevreuse (F) 88 B2
Chevry (F) 97 D4
Cheylade (F) 96 B6
Cheylard, le (F) 106 D1
Chezal-Benoît (F) 96 A2
Chèze, la (F) 85 A4
Chezelles (F) 95 C2
Chézery-Forens (F) 97 D4
Chézy-s-Marne (F) 88 D2
Chialamberto (I) 98 B6
Chiálina (I) 100 D4
Chiampo (I) 100 A6
Chianciano, Terme (I) 112 D3
Chiaramonte Gulfi (I) 119 A5
Chiaramonti (I) 121 B2
Chiaravalle (I) 113 B1
Chiaravalle Cent. (I) 119 D1
Chiari (I) 99 C6
Chiaromonte (I) 116 D3
Chiasso (CH) 99 A5
Chiatona (I) 117 B2
Chiávari (I) 109 A4
Chiavenna (I) 99 B4
Chicero (I) 109 A4
Chiché (F) 94 D3
Chichester (GB) 58 C4
Chichilianne (F) 107 B1
Chiclana (E) 140 B2
Chiclana de la Frontera (E) 142 C5
Chiddes (F) 96 D2
Chieri (I) 108 B2
Chiesanuova, Bosco (I) 100 A6
Chies d'Alpago (I) 100 C5
Chieti (I) 114 D2
Chiéuti (I) 115 B3
Chilches (E) 134 D5
Chilham (GB) 59 B3
Chilia Veche (RO) 155 C1
Chiliile (RO) 154 C1
Chiliomodion (GR) 171 B2
Chillac (F) 95 A6
Chillaron (E) 133 B4
Chilleurs-aux-Bois (F) 88 B4
Chillón (E) 139 B1
Chiloeches (E) 133 A3
Chimay (B) 75 A4
Chimeł (PL) 73 B4
Chimeneas (E) 143 C3
Chimes-Fâget (RO) 148 D5
Chinchela (P) 131 A2
Chinchón (E) 132 D4
Chincilla de Monte Aragon (E) 140 D1
Chindrieux (F) 97 D5
Chinon (F) 95 A2
Chinorlet (E) 141 D4
Chinów (PL) 72 D3
Chinteni (RO) 147 B3
Chiochis (RO) 147 B3
Chióggia (I) 110 B2
Chiojdeni (RO) 154 C1
Chiojdu (RO) 154 B2
Chiomonte (I) 108 B1
Chiona (GR) 166 D6
Chioroc (RO) 146 B5
Chios (GR) 168 D5
Chiperceni (MD) 149 D2
Chipiona (E) 142 B4
Chippenham (GB) 58 A3
Chipping (GB) 58 B1
Chipping Norton (GB) 58 B2
Chipping Ongar (GB) 59 A2
Chipping Sodbury (GB) 57 C3
Chiprana (E) 134 D1
Chirac (F) 106 B2
Chirens (F) 97 C6
Chiril (RO) 148 C3
Chirivel (E) 140 C4
Chirk (GB) 53 B5
Chirnogi (RO) 154 C4
Chirnside (GB) 49 C4
Chiroulet (F) 104 D6
Chirsova (MD) 149 D5
Chiry (F) 74 C5
Chisa (F) 120 C3
Chiscani (RO) 155 A2
Chiselet (RO) 154 D4
Chişinău (MD) 149 D3
Chisindia (RO) 146 C5
Chisineu-cris (RO) 146 B4
Chislaca (RO) 146 C4
Chissey-en-Morvan (F) 97 A2
Chitid (RO) 147 A6
Chiuesti (RO) 147 B2
Chiusa (I) 100 B3
Chiusa di Pésio (I) 108 B4
Chiusa S.(I) 118 B3
Chiusaforte (I) 101 A4
Chiusi (I) 112 D3
Chiusi d. V. (I) 110 B6
Chiva (E) 134 C5
Chivasso (I) 108 B2
Chivy (F) 74 D5
Chizé (F) 94 D4
Chlebowo (PL) 62 C4
Chlebowo (PL) 70 B2
Chlewiska (PL) 72 C4
Chlmec, Kráľovský (SK) 83 A5
Chłopiatyn (PL) 73 D5
Chłopowy (PL) 63 D3
Chludowo (PL) 63 B6
Chlum (CZ) 79 C4
Chlumec, Vys. (CZ) 79 C4
Chlumec n. Cidlinou (CZ) 80 B1
Chlum u Třeboně (CZ) 80 A4
Chmel'nik (UA) 83 B6
Chmielewo (PL) 64 D5
Chmielewo (PL) 65 B5
Chmielnik (PL) 72 C5
Chmielno (PL) 63 D2
Chobienia Köben (PL) 71 A3
Choceň (CZ) 80 C2
Chocholna-Velčice (SK) 81 B4
Chochołów (PL) 82 B3
Chocianów (PL) 70 D3
Chocina, Zielona (PL) 63 C3
Chociwel (PL) 62 D4
Chocz (PL) 71 C2
Choczewo (PL) 63 D1
Chodecz (PL) 71 D1
Chodel (PL) 73 A4
Chodiloni (BY) 176 D6
Chodoriv (UA) 83 D3
Chodová-Planá (CZ) 79 A4
Chodów (PL) 73 A1
Chodziez (PL) 63 B5
Choindez (CH) 98 C1
Choisy-en-Brie (F) 88 D2
Chojna (PL) 62 C5
Chojnice (PL) 63 C3
Chojnik (PL) 71 C3
Chojno (PL) 63 A6
Chojno (PL) 71 B3
Chojnów (PL) 70 D4
Cholet (F) 94 D2
Choltice (CZ) 80 B2
Chomelix (F) 96 D6
Chomérac (F) 106 D2
Chomutov (CZ) 79 B2
Choňkovce (SK) 83 A4
Chop Gate (GB) 54 C2
Chora (GR) 170 D4
Chorevton (GR) 163 D6
Chorges (F) 107 C2
Choristi (GR) 164 B2
Chorley (GB) 53 C3
Chorleywood (GB) 58 D2
Chorošee (BY) 177 D5
Choroszcz (PL) 65 C4
Chortatis (GR) 163 D3
Choruła (PL) 71 C6
Chorzele (PL) 64 D4
Chorzow (PL) 72 A6
Chošebuz (Cottbus) (D) 70 B3
Choszczno (PL) 62 D5
Chotěboř (CZ) 80 B2
Chotel (PL) 71 D1
Chotěšov (CZ) 70 A6
Chotěvice (CZ) 70 D6
Chotíkov (CZ) 79 B4
Chotin (SK) 103 A1
Chouilly (F) 89 A1
Chouto (P) 130 C6
Chouvigny (F) 96 C4
Chouzé-s-Loire (F) 95 A1
Chouzy-s-Cisse (F) 87 C6
Chóvar (E) 134 D4
Choye (F) 97 C1
Choževo (BY) 177 C6
Chraboly (PL) 65 C5
Chrabrany (SK) 81 B5
Chrast (CZ) 80 C2
Chrastava (CZ) 70 C5
Chrastová, Mor. (CZ) 80 D3
Chrcynno (PL) 64 D6
Chřibská (CZ) 70 B5
Christchurch (GB) 58 B5
Christiansfeld (DK) 40 D4
Christiansø (DK) 43 B3
Christovo (BY) 177 D4
Chrobrów (PL) 70 C3
Chropyně (CZ) 81 A3
Chróścina (PL) 71 A3
Chrudim (CZ) 80 B2
Chruślin (PL) 72 B2
Chrustowo (PL) 63 B6
Chruszczewka Włościańska (PL) 65 B6
Chrysi (GR) 173 A6
Chrysupolis (GR) 164 B2
Chrzachówek (PL) 73 A3
Chrzanów (PL) 72 A6
Chrzastowice (PL) 71 C5
Chrzastowo (PL) 63 C3
Chrzastowo (PL) 71 B2
Chrzczanka Włościańska (PL) 65 A5
Chrzypsko Wielkie (PL) 63 A6
Chtelnica (SK) 81 A5
Chuchelna (CZ) 81 B2
Chudleigh (GB) 57 A5
Chudoba (PL) 71 C5

Chuelles (F) 88 C4
Chulmleigh (GB) 57 A4
Chumerion (GR) 172 C6
Chuni (GR) 166 D4
Chur (CH) 99 B3
Church Stoke (GB) 53 B6
Church Stretton (GB) 53 B6
Churchtown (IRL) 51 C5
Churriana (E) 143 A4
Chursdorf (D) 78 D2
Chust (UA) 83 C6
Chustki (PL) 72 C4
Chvalčov (CZ) 81 A3
Chvalovice (CZ) 80 C5
Chvalšiny (CZ) 93 C1
Chwalecice (PL) 81 C1
Chwaszczyno (PL) 63 D1
Chwaszczyno (PL) 63 D1
Chyby (PL) 71 A1
Chynorany (SK) 81 B5
Chýnov (CZ) 79 D5
Chynów (PL) 72 D2
Chynowie (PL) 63 D1
Chyriv (UA) 83 B2
Chyše (CZ) 79 B3
Chyżne (PL) 82 A3
Ciacova (RO) 152 B1
Ciadoncha (E) 126 C5
Ciadoux (F) 105 A/B5
Cianciana (I) 118 B4
Ciażen (PL) 71 C1
Cibakháza (H) 103 D3
Cibla (LV) 182 D5
Cibôrro (P) 137 C1
Ciboure (F) 104 A5
Cicagna (I) 109 A4
Cicala (I) 117 A6
Cicciano (I) 115 A5
Ćićevac (YU) 152 B5
Ciche (PL) 64 B4
Cichy (PL) 65 B2
Cicibór Duży (PL) 73 B2
Cicîrlău (RO) 147 A1
Cičmany (SK) 81 C4
Cicognolo (I) 109 B2
Ciconicco (I) 100 D5
Cidadelhe (P) 131 A2
Cidade Nova de Santo-André (P) 137 B3
Cidlinou, Chlumec n. (CZ) 80 B1
Cidones (E) 127 B5
Ciechanów (PL) 64 C5
Ciechanowiec (PL) 65 B5
Ciechocinek (PL) 64 A5
Ciechomin (PL) 73 A2
Ciecierzyn (PL) 73 B3
Cieklin (PL) 82 D2
Ciekocino (PL) 63 C1
Cieladz (PL) 72 C3
Ciemnik (PL) 63 A4
Ciempozuelos (E) 132 D4
Cienin Zaborny (PL) 71 C1
Ciepielów (PL) 72 D4
Cieplice Slaskie Zdrój (PL) 70 C5
Ciergnon (B) 75 B4
Cierna n. Tisou (SK) 83 A5
Cierny Balog (SK) 82 A5
Cierny Brod (SK) 102 D1
Cierp-Gaud (F) 105 A6
Cierpieta (PL) 73 A1
Cierplewo (PL) 63 D4
Cierzac (F) 94 D5
Cierznie (PL) 63 C4
Cies, Islas (E) 124 B4
Cieśle (PL) 71 B4
Cieszanów (PL) 73 C6
Cieszków (PL) 71 B3
Cieszyn (PL) 71 B3
Cieszyn (PL) 73 C5
Cieszyn (PL) 81 C2
Cieutat (F) 104 D6
Cieux (F) 95 C4
Cieza (E) 141 A3
Cieżków (PL) 72 A2
Cieżkowice (PL) 72 A6
Cieżkowice (PL) 82 C2
Cifer (SK) 81 A6
Cifuentes (E) 133 B2
Cigales (E) 126 B6
Cigánd (H) 83 A6
Cigliano (I) 108 B2
Cihaná (CZ) 79 A4
Cihuela (E) 127 C6
Cîineni (RO) 147 C6
Cîinenii Mici (RO) 147 C6
Cilavegna (I) 108 D2
Cilieni (RO) 153 D4
Cilipi (HR) 157 A4
Cilipīne (LV) 182 C4
Ciljaška peštera (BG) 159 D5
Cillamayor (E) 126 C3
Cillas (E) 133 D2
Cilleros (E) 131 B4
Cilleruelo (E) 126 C3
Cîlnicu (RO) 153 A2
Cimadolmo (I) 110 B1
Cima, Ilhéu de (P) 136 C1
Cimaferle (I) 108 C4
Cima Gogna (I) 100 C4
Cimalmotto (CH) 99 A4
Cimanes (E) 125 D3
Cimelice (CZ) 79 C5
Ciminna (I) 118 C3
Cimişlia (MD) 149 D4
Cimitile (I) 115 A5
Cimochy (PL) 65 B2
Cimoláis (I) 100 C4
Cimpeni (RO) 147 A4
Cîmpia Turzii (RO) 147 B4
Cîmpina (RO) 154 B2
Cîmpu lui Neag (RO) 153 A1
Cîmpulung (RO) 153 D1
Cîmpulung la Tisa (RO) 83 D6
Cîmpulung la Tisa (RO) 147 B1
Cîmpulung-Moldovenesc (RO) 148 C3
Cîmpu Mare (RO) 153 C2
Cinco Casas (E) 133 A6
Cincu (RO) 147 D5
Cinderford (GB) 57 C2
Cîndesti (RO) 154 C2
Cîndesti-Deal (RO) 153 D1
Ciney (B) 75 B3
Cinfães (P) 130 D1
Cingia (I) 109 B2
Cingoli (I) 113 B2
Cinigiano (I) 112 C3
Cinişeuti (MD) 149 D1
Cinq-Mars-la-Pile (F) 95 B1
Cinquale (I) 109 B5
Cinquefrondi (I) 119 C2
Cintegabelle (F) 105 C5
Cintei (RO) 146 A4
Cintorres (E) 134 D3
Cintrey (F) 89 D4
Cintruénigo (E) 127 C5
Cinzano (I) 108 B2
Ciobălesti (RO) 153 B2
Ciobiškis (LT) 176 D4
Ciocănesti (RO) 148 B3
Ciocănesti (RO) 154 D4
Ciochina (RO) 154 D3
Ciocîrlia (RO) 154 C3
Ciocîrlia (RO) 155 B4
Ciolănesti (RO) 154 A4
Ciółkowo (PL) 64 C6
Ciolpani (RO) 154 B3
Cional (E) 125 C5
Ciorani (RO) 154 C3
Ciorăsti (RO) 154 D1
Ciortesti (RO) 149 C3
Ciotat, la (F) 107 B5
Ciotiškiai (LT) 176 A2
Ciovo (HR) 156 A2
Cipérez (E) 131 C2
Ciply (B) 75 A3
Ciprovci (BG) 153 A6
Ciral (F) 86 D4
Ciran (F) 95 B2
Cīrava (LV) 178 B5
Circello (I) 115 A4
Cirella (I) 116 D4
Ciren (BG) 153 B6
Cirencester (GB) 58 B2
Cirey-s-Blaise (F) 89 B3
Cirey-s-Vezouze (F) 90 B3
Ciria (E) 127 C6
Ciriè (I) 108 B2
Cirigliano (I) 116 D2
Cirkale (LV) 178 C4
Cîrlibaba (RO) 148 B2
Cîrligati (RO) 153 D4
Cirò (I) 117 B5
Cirochou, Kamenica nad (SK) 83 A4
Cirò Marina (I) 117 B5
Ciron (F) 95 C3
Cirpan (BG) 160 B4
Çirpı (TR) 169 C5
Ciruelos (E) 133 B2
Ciruli (LV) 178 C4
Ciry-le-Noble (F) 97 C5
Cisano (I) 109 C1
Cisano (I) 108 C5
Ciscar (E) 128 D5
Cislago (I) 99 A6
Cislău (RO) 154 C2
Cismar (D) 61 A2
Cişmichioi (MD) 155 B1
Cismon (I) 100 B5
Cisna (PL) 83 A3
Cisnădie (RO) 147 B6
Cisneros (E) 126 B4
Cisów (PL) 72 C5
Cistá (CZ) 79 B3
Cistá (CZ) 80 C2
Cista-Mala (HR) 111 D5
Cista Provo (HR) 150 C6
Cisterna di Latina (I) 114 B4
Cisternino (I) 117 C2
Cistierna (E) 126 A3
Cistye Prudy (RUS) 176 A5
Cîtcău (RO) 147 B2
Citluk (YU) 152 C5
Citluk (BIH) 156 D2
Citluk (YU) 158 C1
Citov (CZ) 70 B6
Citou (F) 106 A5
Cittadella (I) 100 B6
Cittadella d. Capo (I) 116 D4
Citta di Castello (I) 113 A2
Città d. Pieve (I) 112 D3
Cittaducale (I) 113 B4
Citta d. Vaticano (V) 113 A6
Cittanova (I) 119 C2
Città Sant'Angelo (I) 113 D4
Ciucea (RO) 146 D3
Ciuciuleni (MD) 149 D3
Ciucurova (RO) 155 B2
Ciudad Real (E) 139 D1
Ciudad Rodrigi (E) 131 B3
Ciumeghiu (RO) 146 B4
Ciumulesti (RO) 148 D3
Ciuperceni (RO) 153 A2
Ciurari (RO) 153 D3
Ciuruleasa (RO) 147 A5
Ciuslea (RO) 149 B6
Ciutadella (E) 123 C3
Civaux (F) 95 B3
Cividale (I) 101 A5
Cividate (I) 109 B1
Civitacampomarano (I) 115 A3
Civita Castellana (I) 113 A5
Civitanova d. S. (I) 114 D4
Civitanova Marche (I) 113 C2
Civitavécchia (I) 112 D5
Civitella (I) 113 C4
Civitella Mar. (I) 112 C3
Civitella del Tronto (I) 113 C3
Civitella d. R. (I) 110 B5
Civitella in V. di Ch. (I) 112 D2
Civitella Roveto (I) 113 C6
Civray (F) 95 A4
Číž (SK) 82 B6
Cizer (RO) 146 D3
Ciżiūnai (LT) 176 D5
Ckalovo (RUS) 176 A5
Ckura (BG) 159 C5
Ckyně (CZ) 79 C6
Clachan (GB) 48 B4
Clachan of Glendaruel (GB) 48 C3
Clacton-on-Sea (GB) 59 B2
Claddach kyles (GB) 44 A5
Cladich (GB) 48 C2
Claggan (GB) 48 B2
Clairac (F) 105 A2
Clairvaux-les-Lacs (F) 97 C3
Clam (F) 94 D6
Clamecy (F) 96 D1
Clamensane (F) 107 C3
Clanabogan (GB) 47 A4
Clane (IRL) 51 C2
Claon, le (F) 75 B6
Claonaig (GB) 48 C4
Claouey (F) 104 B2
Clapham (GB) 53 C2
Clara (IRL) 51 B2
Claravàlls (E) 129 A5
Clare (IRL) 46 A6
Clare (GB) 59 A1
Clarecastle (IRL) 50 D3
Clareen (IRL) 51 A2
Claregalway (IRL) 50 D2
Claremorris (IRL) 46 C6
Claret (F) 106 C4
Clarkston (GB) 48 D4
Clashmore (IRL) 51 A5
Clashnessie (GB) 44 D3
Claudon (F) 89 D4
Claudy (GB) 47 B3
Clauen (D) 68 C4
Clausthal-Zellerfeld (D) 68 D5
Cláut (I) 100 C4
Clavière (I) 107 D1
Clawton (GB) 56 D4
Clay Cross (GB) 54 B4
Claydon (GB) 59 B1
Claye-Souilly (F) 88 C2
Clayette, la (F) 97 A4
Clear (IRL) 50 B6
Clears, St (GB) 56 D2
Cleator Moor (GB) 53 B1
Clécy (F) 86 D3
Cléden-Cap-Sizun (F) 84 A4
Cléden-Poher (F) 84 C3
Cléder (F) 84 B2
Cleethorpes (GB) 54 D4
Clefmont (F) 89 C4
Clefs, les (F) 97 D5
Clefs (F) 86 D6
Cléguérec (F) 84 D4
Clejani (RO) 154 B4
Clelles (F) 107 B1
Clementino, Porto (I) 112 D5
Clenleu (F) 74 A3
Cleobury Mortimer (GB) 53 C6
Cléon-d'Andran (F) 107 A2
Clérac (F) 94 D6
Cléré-du-Bois (F) 95 C2
Cléré-les-Pins (F) 95 B1
Clères (F) 87 B1
Clérey (F) 89 A3
Clergoux (F) 96 A6
Clermain (F) 97 A4
Clermont (F) 74 B6
Clermont (F) 74 D5
Clermont (F) 105 B6
Clermont-Créans (F) 87 A6
Clermont-en-Argonne (F) 75 B6
Clermont-Ferrand (F) 96 C5
Clermont-l'Hérault (F) 106 B4
Cléron (F) 97 D2
Clerval (F) 98 B1
Clervaux (L) 75 D4
Clery (F) 74 C4
Cléry-Saint-André (F) 88 A4
Cles (I) 100 A4
Clessé (F) 94 D3
Cléty (F) 74 B3
Clevedon (GB) 57 B3
Cleveleys, Thornton (GB) 53 B3
Clifden (IRL) 50 B1
Cliffony (IRL) 46 D4
Clineni Băi (RO) 154 D2
Clion (F) 95 C2
Clisham (GB) 44 B4
Clisse, la (F) 94 D5
Clisson (F) 94 C2
Clit (RO) 148 C2
Clitheroe (GB) 53 C3
Clogh (GB) 47 C3
Clogh (IRL) 51 B3
Clogh (IRL) 51 C4
Cloghan (IRL) 47 A3
Cloghan (IRL) 51 A2
Cloghane (IRL) 50 B4
Clogheen (IRL) 51 A4
Clogher (GB) 47 A5
Clogherhead (IRL) 51 D1
Cloghjordan (IRL) 51 A3
Cloghore (IRL) 46 D4
Cloghy (GB) 47 D5
Clohars-Carnoët (F) 84 C4
Cloître-Saint-Thégonnec (F) 84 C3
Clola (GB) 45 D5
Clonakilty (IRL) 50 C6
Clonaslee (IRL) 51 B2
Clonbern (IRL) 50 D1
Clonbulloge (IRL) 51 B2
Clonee (IRL) 51 C2
Clones (IRL) 47 A5
Clonmany (IRL) 47 A3
Clonmel (IRL) 51 A4
Clonmellon (IRL) 51 B1
Clonroche (IRL) 51 C4
Cloonfad (IRL) 50 D1
Clophill (GB) 58 D2
Cloppenburg (D) 67 C3
Clotte, la (F) 104 D1
Clough (GB) 47 C5
Cloughton (GB) 54 D2
Clova (GB) 49 B1
Clovelly (GB) 56 D4
Clovullin (GB) 48 C1
Cloyes-s-le-Loir (F) 87 C5
Cloyne (IRL) 50 D5
Cluanie Br. (GB) 44 D6
Clugnat (F) 96 A4
Cluis (F) 95 D3
Cluj Napoca (RO) 147 A3
Clun (GB) 53 B6
Cluny (F) 97 B3
Clusaz, la (F) 98 A4
Cluse, la (F) 97 C4
Cluse, la (F) 107 B2
Cluses (F) 98 A4
Clusone (I) 99 C5
Clydebank (GB) 48 D3
Clynnogfawr (GB) 52 D5
Clyth (GB) 45 B3
Ćmielów (PL) 72 D5
Ćmińsk (PL) 72 C4
Cmolas (PL) 73 A6
Coachford (IRL) 50 C5
Coagh (GB) 47 B4
Coalisland (GB) 47 B4
Coaltown of Wemyss (GB) 49 B3
Coalville (GB) 54 B5
Coana (E) 125 B1
Coarnele Caprei (RO) 149 A2
Coarraze (F) 104 D5
Coatbridge (GB) 48 D3
Coazze (I) 108 A2
Cobadin (RO) 155 B4
Cobdar (E) 140 C5
Cobertelada (E) 127 B6
Cobeta (E) 133 D2
Cobh, Queenstown (IRL) 50 D5
Cobham (GB) 58 D3
Coburg (D) 78 B3
Coca (E) 132 B1
Cocargeaua (RO) 155 A4
Coccáglio (I) 99 C6
Coccau (I) 101 A4
Cocconato (I) 108 C2
Cocentaina (E) 141 B1
Cochom (D) 76 B4
Cociuba Mică (RO) 146 D4
Cock Bridge (GB) 45 B6
Cockburnspath (GB) 49 C3
Cockenzie (GB) 49 B3
Cockerham (GB) 53 B2
Cockermouth (GB) 53 B1
Cockshutt (GB) 53 B5
Coconi (RO) 154 D4
Cocorăsti Colt (RO) 154 B3
Coculina (E) 126 C4
Cocumont (F) 104 D2
Cocurès (F) 106 C3
Codăesti (RO) 149 B4
Codaruina (I) 121 B2
Code (LV) 179 B6
Codeseda (E) 124 C3
Codigoro (I) 110 B3
Codlea (RO) 154 A1
Codo (E) 134 C1
Codogno (I) 109 A2
Codos (E) 134 B1
Codosera, La (E) 131 A6
Codreanca (MD) 149 D2
Codróipo (I) 100 D5
Cod's Hd. (IRL) 50 A5
Coesfeld (D) 67 B5
Coësmes (F) 85 C4
Coevorden (NL) 67 B3
Coëx (F) 94 B3
Cofete (E) 145 B5
Cofrentes (E) 134 B6
Cogealac (RO) 155 B3
Cogeces (E) 126 C6
Coggeshall (GB) 59 A2
Cóggiola (I) 108 C1
Coghinas (I) 121 C2
Cognac (F) 94 D5
Cognac-la-Forêt (F) 95 C5
Cogne (I) 98 B5
Cognin (F) 97 D5
Cognin-les-Gorges (F) 97 C6
Cogoleto (I) 108 D4
Cogolin (F) 107 D5
Cogollos (E) 126 D5
Cogollos (E) 140 B5
Cogollos Vega (E) 140 A5
Cogolludo (E) 133 A2
Cógolo (I) 99 D4
Cohiniac (F) 84 D3
Coignafearn Lodge (GB) 45 A6
Coimbra (P) 130 C3
Coin (E) 143 A5
Coina (P) 137 B2
Coja (P) 130 D3
Cojocna (RO) 147 B3
Cojuşna (MD) 149 D3
Coka (YU) 103 D6
Col (SLO) 101 B5
Colares (P) 137 A1
Colbitz (D) 69 A4
Colchester (GB) 59 B2
Coldfield, Sutton (GB) 53 D6
Coldingham (GB) 49 C3
Colditz (D) 79 A1
Coldstream (GB) 49 C4
Colelia (RO) 154 D3
Colembert (F) 74 A2
Colembert (F) 74 A2
Coleraine (GB) 47 B3
Colesbourne (GB) 58 B2
Colfiorito (I) 113 B3
Coli (I) 109 A3
Colibaş (MD) 149 D6
Colibasi (RO) 153 D2
Colibi (RO) 147 B5
Colico (I) 99 B5
Coligny (F) 97 C3
Colijnsplaat (NL) 66 A6
Colindres (E) 126 D2
Colintraive (GB) 48 C3
Coll (GB) 48 A1
Collado Hermoso (E) 132 C2
Collado-Villalba (E) 132 C3
Collafirth (GB) 45 D3
Collagna (I) 109 B4
Collalto Sab. (I) 113 B5
Collanzo (E) 125 D2
Collarmele (I) 113 C5
Coll de Nargó (E) 129 A4
Colle, Oltre il (I) 99 B5
Collécchio (I) 109 B3
Colledimezzo (I) 114 D3
Colle di Tora (I) 113 B5
Colle di Val d'Elsa (I) 112 C2
Colleferro (I) 113 B6
Colle Isarco (I) 100 B3
Collelongo (I) 113 C6
Collepardo (I) 113 C6
Collepasso (I) 117 D3
Collesalvetti (I) 112 B1
Colle Sannita (I) 115 A4
Collesano (I) 118 C3
Collet-de-Dèze, le (F) 106 C3
Colletorto (I) 115 A4
Colliano (I) 115 B6
Colli a Volturno (I) 114 D4
Collicelle (I) 113 B4
Collinée (F) 85 A3
Collingbourne Ducis (GB) 58 B3
Collio (I) 99 C6
Collioure (F) 129 D3
Colinas (E) 125 D5
Collobrières (F) 107 C5
Collogne (F) 105 B4
Collon (IRL) 51 C1
Collonges (F) 97 D4
Collonges-la-Rouge (F) 105 C1
Collongues (F) 107 D4
Collooney (IRL) 46 D5
Colmar (F) 90 C4
Colmars (F) 107 D3
Cölmekçiköy (TR) 173 C2
Colmenar, El (E) 142 D5
Colmenar (E) 143 B4
Colmenar del Arroyo (E) 132 C3
Colmenar de Oreja (E) 132 D4
Colmenar Viejo (E) 132 D3
Colmier-le-Haut (F) 89 B4
Colne, Earls (GB) 59 A2
Colne (GB) 53 C3
Colobraro (I) 117 A3
Cologna Ven. (I) 110 A2
Cologno (I) 109 A1
Colombelles (F) 86 D2
Colombey-les-Beles (F) 89 D3
Colombey-lès-Choiseul (F) 89 C4
Colombey-les-deux-Eglises (F) 89 B3
Colombier (F) 96 C4
Colombier (F) 97 B5
Colombier (CH) 98 B2
Colombières-s-Orb (F) 106 B4
Colombiès (F) 106 A3
Colomboe (AL) 162 D3
Colomby (F) 86 B2
Colomera (E) 143 C3
Colomiers (F) 105 B4
Colonesti (RO) 149 B4
Colonia S. Pedro (E) 123 C4
Colonia St. Jordi (E) 123 B5
Colonna di G. (I) 112 C2
Colonnata (I) 109 B5
Colonsay (GB) 48 A3
Colorno (I) 109 B3
Colos (P) 137 C4
Colpo (F) 84 D4
Columbrianos (E) 125 B3
Colunga (E) 126 A1
Colwyn Bay (GB) 53 A4
Coly (F) 105 B1
Colyford (GB) 57 B5
Comácchio (I) 110 B4
Comakovci (BG) 153 C6
Comana (RO) 154 B4
Comana (RO) 155 B5
Comănesti (RO) 148 D5
Comares (E) 143 B4
Comarnic, Peşt. (RO) 152 C2
Comarnic (RO) 154 A2
Coma-ruga (E) 135 C1
Combarros (E) 125 C4
Combeaufontaine (F) 89 D5
Combe Martin (GB) 57 A3
Comber (GB) 47 C4
Comberouger (F) 105 B4
Comblain-au-Pont (B) 75 C3
Combloux (F) 98 A5
Combourg (F) 85 B3
Combrée (F) 86 C6
Combres (F) 87 B4
Combreux (F) 88 B4
Combronde (F) 96 C4
Combs, St. (GB) 45 D5
Combs (F) 88 C2
Comeglians (I) 100 D4
Comillas (E) 126 C2
Comin, Bourg-et (F) 74 D6
Comines (F) 74 C2
Cómiso (I) 119 A5
Comlosu Mare (RO) 146 A6
Commensacq (F) 104 C3
Commentry (F) 96 C4
Commequiers (F) 94 B3
Commercy (F) 89 C2
Common, Bromley (GB) 59 A3
Common, North (GB) 58 D4
Como (I) 99 A5
Comoriste (RO) 152 B2
Compains (F) 96 C6
Compeix, le (F) 95 D5
Cómpeta (E) 143 C4
Compiègne (F) 74 C6
Compolibat (F) 105 D2
Comporta (P) 137 B2
Compreignac (F) 95 C4
Comps-s-Artuby (F) 107 D4
Compte, Braine-le- (B) 75 A3
Compton, Long (GB) 58 B2
Comrat (MD) 149 D5
Comrie (GB) 48 D2
Comte, Avesnes-le- (F) 74 C4
Comte, Nizy-le- (F) 75 A5
Comunanza (I) 113 C3
Cona (I) 110 A3
Cona (I) 110 B2
Conade (F) 96 C6
Conca (F) 120 C4
Concarneau (F) 84 B4
Cóncs (I) 121 D2
Conceição (P) 138 A5
Concésio (I) 99 C6
Conches-en-Ouche (F) 87 B3
Conchy (F) 74 C5
Conchy-les-Pots (F) 74 C5
Concórdia (I) 109 C3
Concórdia (I) 110 C1
Concorès (F) 105 B/C2
Concots (F) 105 C2
Concoules (F) 106 C2
Concourson-s-Layon (F) 94 D2
Condado (E) 126 D3
Condamine-Châtelard, la (F) 107 D2
Condat (F) 96 B6
Condat-en-Combraille (F) 96 B5
Condé (F) 74 D3
Condé-en-Brie (F) 88 D1
Condeixa (P) 130 C4
Condéon (F) 95 A6
Condé-s-Huisne (F) 87 B4
Condé-s-Marne (F) 89 A1
Condé-s-Noireau (F) 86 D3
Condé-s-Vire (F) 86 C3
Condino (I) 99 D5
Condofuri (I) 119 C3
Condofuri Marina (I) 119 C3
Condom (F) 105 A3
Condove (I) 108 A2
Condrieu (F) 97 B6
Conegliano (I) 100 C5
Conejera (E) 123 B5
Configni (I) 113 A4
Conflans-en-Jarnisy (F) 75 D6
Conflans-Sainte-Honorine (F) 88 B1
Conflans-s-Lanterne (F) 90 A5
Conflans-s-Seine (F) 88 D3
Conflenti (I) 116 D6
Confolens (F) 95 B4
Confrides (E) 141 C2
Cong (IRL) 50 C1
Congaz (MD) 149 D5
Congleton (GB) 53 C4
Congosto (E) 126 B3
Congostrina (E) 133 A2
Congresbury (GB) 57 B3
Coniale (I) 110 A5
Conje, le (I) 112 D3
Conil (E) 142 B5
Conisbrough (GB) 54 C4
Coniston (GB) 53 B2
Coniston (GB) 54 D3
Conlie (F) 87 A5
Conliège (F) 97 C3
Conna (IRL) 51 A5
Connantre (F) 89 A2
Connaux (F) 106 D3
Connel (GB) 48 C2
Connerré (F) 87 B5
Conon Bridge (GB) 45 A5
Conop (RO) 146 C5
Conoplja (YU) 103 B6
Conquereuil (F) 85 B5
Conques (F) 106 A/B2
Conques-s-Orbiel (F) 106 A/B5
Conquet, le (F) 84 A3
Conquista (E) 131 D6
Conquista (E) 139 B2
Consándolo (I) 110 A4
Conseil (E) 123 B4
Consélice (I) 110 B4
Conselve (I) 110 B2
Consett (GB) 49 C6
Consigny (F) 89 C4
Constância (P) 130 C5
Constanta (RO) 155 C4
Constantim (P) 125 C6
Constantina (E) 139 A4
Consuegra (E) 132 D5
Consuma (I) 110 A6
Contamines-Montjoie, les (F) 98 B5
Contarina (I) 110 B3
Contay (F) 74 B4
Contenças (P) 130 D3
Contes (F) 108 A5
Contessa E. (I) 118 B3
Contienda, La (E) 138 B3
Contigliano (I) 113 B4
Contin (GB) 45 A5
Contis-Plage (F) 104 B3
Contres (F) 95 C1
Contrevoz (F) 97 C5
Contrexéville (F) 89 D3
Controne (I) 116 C2
Contursi T. (I) 115 B6
Conty (F) 74 B5
Conversano (I) 117 B1
Conwy (GB) 53 A4
Cookham (GB) 58 C3
Cookstown (GB) 47 B4
Coole (IRL) 51 B1
Coole (F) 89 A2
Coolmore (IRL) 46 D4
Cooraclare (IRL) 50 C3
Cootehill (IRL) 47 A5
Cop (UA) 83 A5
Copa, La (E) 140 D3
Copălnic-Mănăstur (RO) 147 B2
Copanello, (I) 119 D1
Copeland (GB) 47 D4
Copertino (I) 117 D3
Copinsay (GB) 45 C2
Çöpköy (TR) 165 B1
Copparo (I) 110 B3
Coppenbrügge (D) 68 B4
Coppet (CH) 98 A3
Copplestone (GB) 57 A4
Copsa Mică (RO) 147 C5
Coquelles (F) 74 A2
Coquet I. (GB) 49 D5
Coquille, la (F) 95 C6
Corabia (RO) 153 C5
Córaci (I) 117 A6
Coraliči (BIH) 150 A2
Corana (I) 108 D2
Corancy (F) 96 D2
Corato (I) 115 D5
Coray (F) 84 C4
Corbais (B) 75 B3
Corbalán (E) 134 C3
Corbasca (RO) 149 B5
Corbeanca (RO) 154 B3
Corbeil-Essonnes (F) 88 B2
Corbeilles (F) 88 C4
Corbelin (F) 97 C5
Corbeni (RO) 153 D1
Corbeny (F) 74 D5
Corbera (E) 135 A1
Corberon (F) 97 B2
Corbetta (I) 108 D1
Corbi (RO) 153 D1
Corbie (F) 74 B4
Corbigny (F) 96 D1
Corbii Mari (RO) 154 A4
Córbola (I) 110 B3
Corbón (E) 125 B3
Corbridge (GB) 49 C6
Corbu (RO) 148 C4
Corbu de Jos (RO) 155 C3
Corby (GB) 54 C6
Corcaigh (Cork) (IRL) 50 D5
Corcelles-lès Cîteaux (F) 97 B2
Corcente (E) 126 C3
Corchuela (E) 132 A4
Corciano (I) 113 A3
Corclogh (IRL) 46 A4
Córcoles (E) 133 B3
Corconne (F) 106 C4
Corcoué-s-Logne (F) 94 B2
Corcova (E) 143 A3
Corcubion (E) 124 B2
Cordéac (F) 107 B1
Cordemais (F) 85 B6
Cordes (F) 105 C3
Cordesse (F) 97 A2
Córdoba (E) 139 B4
Cordon (F) 98 A5
Cordovado (I) 100 D5
Cordovilla de Lacara (E) 131 B6
Corduente (E) 133 D2
Corella (E) 127 C5
Coreses (E) 125 D6
Corfe Castle (GB) 58 A5
Corfinium (I) 114 D2
Corga (P) 130 C2
Corgarff (GB) 45 B6
Corgo (E) 125 A3
Corgolon (F) 97 B2
Cori (I) 114 B4
Coria (E) 131 B4
Coria (E) 142 C3
Coriano (I) 110 C5
Corigliano C (I) 117 A4
Corigliano (I) 117 D3
Corinaldo (I) 113 B1
Cório (I) 108 B2
Coripe (E) 142 D4
Coristanco (E) 124 B2
Corjeuţi (MD) 149 A1
Cork (Corcaigh) (IRL) 50 D5
Corlay (F) 84 D3
Corleone (I) 118 B3
Corleto Perticara (I) 116 D2
Çorlu (TR) 165 D1
Cormainville (F) 87 C5
Cormatin (F) 97 B3
Corme (E) 124 B2
Cormeilles (F) 87 A2
Cormery (F) 95 B1
Cormons (I) 101 A5
Cormoranche-s-Saône (F) 97 B4
Corna (I) 99 C5
Cornafulla (IRL) 51 A2
Cornago (E) 127 B5
Cornătel (RO) 147 C6
Cornau (D) 67 D3
Corna, Ust'- (UA) 83 D5
Cornaja (LV) 182 C1
Cornala (I) 108 D2
Corné (F) 85 D5
Cornedo (I) 109 D1
Cornellana (E) 125 C2
Corner, Caenby (GB) 54 D4
Corner, Scotch (GB) 54 B1
Corner, Wainhouse (GB) 56 D5
Cornereva (RO) 152 D2
Cornesti (RO) 147 B3
Corneşti (MD) 149 C2
Corneuil (F) 87 B3
Cornhill-on-Tweed (GB) 49 C4
Cornièville (F) 89 C2
Corniglio (I) 109 B4
Cornil (F) 95 D6
Cornimont (F) 90 B4
Corniolo (I) 110 A5
Čornoholova (UA) 83 B4
Cornuaille, la (F) 85 C5
Cornuda (I) 100 B5
Cornudilla (E) 126 D3
Cornus (F) 106 B4
Corny (F) 75 D6
Corny-s-Moselle (F) 75 D6
Coroana (RO) 155 B5
Corod (RO) 149 C6
Coroeni (RO) 147 B2
Coron (F) 94 D2
Coronada, La (E) 139 A1
Coronada, La (E) 139 A3
Coronil, El (E) 142 C4
Corovodë (AL) 162 C4
Corpa (E) 133 A3
Corpach (GB) 48 C1
Corpenidolo (I) 109 C1
Corps (F) 107 C1
Corps-Nuds (F) 85 B4
Corral de Almaguer (E) 133 A5
Corral de Calatrava (E) 139 C1
Corralejo, Playas de (E) 145 C4
Corralejo (E) 145 C4
Corrales (E) 131 D1
Corral-Rubio (E) 141 A1
Corran (GB) 44 C6
Corrano (F) 120 C4

Corraun Peninsula (IRL) 46 B5
Corre (F) 89 D4
Correderas, Las (E) 140 A2
Corredoiras (E) 124 D2
Corréggio (I) 109 C3
Correns (F) 107 C5
Corrèze (F) 95 D6
Corridonia (I) 113 C2
Corrie (GB) 48 C4
Corris Uchaf (GB) 53 A6
Corrofin (IRL) 50 C3
Corrópoli (I) 113 C3
Corrubedo (E) 124 B3
Corsano (I) 117 D4
Corseul (F) 85 A3
Corsewall Pt. (GB) 48 C5
Corsham (GB) 57 C3
Córsico (I) 108 D1
Corsock (GB) 48 D5
Cortachy (GB) 49 B1
Cortale (I) 119 D1
Corte (F) 120 C3
Corte Brugnatella (I) 109 A3
Corte de Arenoso (E) 134 C4
Corte de Peleas (E) 138 C1
Corte de Sines (P) 138 A4
Corte do Gafo (P) 137 D4
Corte do Pinto (P) 138 A4
Cortegada (E) 124 D4
Cortegada (E) 124 D5
Cortegana (E) 138 B3
Cortegana (E) 138 C1
Cortelazor (E) 138 C3
Cortellazzo (I) 100 C6
Cortemaggiore (I) 109 B2
Cortemilia (I) 108 C3
Corteolona (I) 109 A2
Cortes (E) 127 D5
Cortes (E) 134 C2
Cortes de Baza (E) 6 140 B4
Cortes de Pallás (E) 134 C6
Corticô da Serra (P) 131 A3
Cortijada Nava de San Pedro (E) 140 B3
Cortijo (E) 138 C2
Cortijo de Abajo (E) 132 C6
Cortijo de Jedula (E) 142 C4
Cortijo de Jesus (E) 140 A2
Cortijo de la Covacha (E) 131 B6
Cortijo de la Guita (E) 138 C1
Cortijo de la Llave (E) 138 B1
Cortijo de la Peralta (E) 131 B6
Cortijo de la Trinidad (E) 142 D2
Cortijo del Gavilan (E) 138 D3
Cortijo del Quadrado (E) 139 A2
Cortijo del Zangallón (E) 131 A6
Cortijo las Tejoneras (E) 139 A3
Cortijo Luriána (E) 131 B6
Cortijos de Padilla (E) 143 C2
Cortijos Nuevos (E) 140 B3
Cortina-d'Ampezzo (I) 100 C4
Cortino (I) 113 C4
Cortjos Nuevos (E) 140 C4
Cortona (I) 112 D2
Coruche (P) 137 C1
Corullón (E) 125 B4
Coruña, La (E) 124 C1
Coruna (E) 126 D6
Corund (RO) 148 C5
Corunna (GB) 44 A5
Corvara (I) 100 B4
Corveissiat (F) 97 C4
Corvera (E) 141 A4
Corvoy (IRL) 47 B5
Corwen (GB) 53 A5
Corzu (RO) 153 A3
Cosa (E) 134 B2
Cosbuc (RO) 147 C2
Cosenza (I) 116 D5
Cosereni (RO) 154 C3
Cosham (GB) 58 C4
Cósina (I) 110 B5
Cosne-d'Allier (F) 96 C3
Cosne-s-Loire (F) 96 C1
Cósola, Montaldo di (I) 109 A2
Cosoleto (I) 119 C2
Cosoveni (RO) 153 C3
Cossato (I) 98 D6
Cossaye (F) 96 D3
Cossé-le-Vivien (F) 86 C5
Cossignano (I) 113 C3
Cossonay (CH) 98 A3
Costa V. Im. (I) 109 A1
Costacciaro (I) 113 A2
Costache Negri (RO) 149 C6
Costa da Caparica (P) 137 A1
Costa d. Silencio (E) 144 B6
Costaros (F) 106 C1
Costa Teguise (E) 145 D3
Costelloe (IRL) 50 C2
Costesti (RO) 153 D2
Costesti (RO) 154 C2
Costigliole (I) 108 B4
Costina (RO) 148 D2
Costinesti (RO) 155 C4
Costuleni (RO) 149 C3
Coswig (D) 69 C5
Coteau, le (F) 97 A4
Côte-Saint-André, la (F) 97 C6
Cotesti (RO) 154 C1
Coti-Chiavari (F) 120 B4
Cotignac (F) 107 C5
Cotignola (I) 110 B4
Cotillas (E) 140 C2
Cotillas (E) 141 A3
Cotillo (E) 145 C4
Cotinière, la (F) 94 C5
Cotiujeni (MD) 149 D1
Cotofănesti (RO) 149 A6
Cotoroaia (RO) 149 C6
Cotronei (I) 117 A5
Cottanello (I) 113 A4
Cottbus (Chośebuz) (D) 70 B3
Cotterêts, Villers- (F) 74 C6
Cotu Văii (RO) 155 B5
Couarde, la (F) 94 B4
Coubert (F) 88 C2
Couches (F) 97 A2
Couco (P) 137 C1
Coucouron (F) 106 C1
Coucy-le-Château (F) 74 D5
Coucy-le-Château-Auffrique (F) 74 D5
Couddes (F) 95 C1
Coudes (F) 96 C5
Coudray-au-Perche (F) 87 B5
Coudray-Macouard, (F) 95 A1
Coudron (F) 96 B2
Coudures (F) 104 C4
Couëron (F) 85 B6
Couffé (F) 85 C5
Couflens (F) 105 B6
Couhé (F) 95 A4
Couillet (B) 75 A3
Couilly (F) 88 C2
Couiza (F) 105 D6
Coulanges-la-Vineuse (F) 88 D5
Coulanges-s-Yonne (F) 88 D5
Coulans-s-Gée (F) 87 A5
Coulaures (F) 95 C6
Couledoux (F) 105 A/B6
Couleuvre (F) 96 C3
Coullons (F) 88 B4
Coulmier-le-Sec (F) 89 A4
Coulombiers (F) 95 A3
Coulombs (F) 88 A2
Coulombs-en-Valois (F) 88 C1
Coulommiers (F) 88 C2
Coulon (F) 94 D4
Coulonges-s-l'Aulize (F) 94 D3
Coulonges-Thouarsais (F) 94 D2
Couloutre (F) 96 C1
Coul Point (GB) 48 A3
Coupar Angus (GB) 49 A2
Coupiac (F) 106 A3
Coupland (GB) 53 C1
Couptrain (F) 86 D4
Courboin (F) 88 D2
Courçais (F) 96 B3
Courcelles (F) 74 A6
Courcelles (F) 96 D1
Courcelles (F) 97 D2
Courcelles-Chaussy (F) 75 D6
Courcelles-lès-Semur (F) 97 A1
Courcelles-s-Nied (F) 75 D6
Courcelles-s-Nied (F) 75 D6
Courchaton (F) 90 B5
Courchevel (F) 98 A6
Cour-Cheverny (F) 95 C1
Courcité (F) 86 D4
Courcôme (F) 95 A4
Courçon (F) 94 D4
Cour-et-Buis (F) 97 B6
Courgenay (CH) 98 C1
Courgeon (F) 87 B4
Courmayeur (I) 98 B5
Courmont (F) 74 D6
Cournon-d'Auvergne (F) 96 C5
Cournonterral (F) 106 C4
Couronne, la (F) 95 A5
Couronne (F) 87 B2
Courpière (F) 96 D5
Cours (F) 97 A4
Coursan (F) 106 B5
Coursegoules (F) 108 A5
Courseulles-s-Mer (F) 86 D2
Courson-les-Carrières (F) 88 D5
Court (CH) 98 C1
Courtalain (F) 87 B5
Courtenay (F) 88 C4
Courthézon (F) 107 A3
Courtine, la (F) 96 B5
Courtisols (F) 89 B2
Courtmacsherry (IRL) 50 D6
Courtomer (F) 87 A4
Courtown Harbour (IRL) 51 C4
Courtrai, Kortrijk (B) 74 D2
Courville-s-Eure (F) 87 C4
Cousance (F) 97 C3
Cousolre (F) 75 A4
Coussac-Bonneval (F) 95 C6
Coussay-les-Bois (F) 95 B2
Coussegrey (F) 89 A4
Coussergues (F) 106 A2
Coussey (F) 89 C3
Coustellet (F) 107 A4
Coutainville (F) 86 B3
Coutances (F) 86 B3
Coutens (F) 105 C6
Couterne (F) 86 D4
Coutras (F) 104 D1
Couture-Boussey, la (F) 87 C3
Couture-d'Argenson (F) 95 A4
Couvertoirade, la (F) 106 B4
Couvin (B) 75 B4
Coux-et-Bigaroque (F) 105 B1
Couy (F) 96 C2
Couze-et-Saint-Front (F) 105 A1
Couzeix (F) 95 C5
Couzon (F) 96 C3
Covadonga (E) 126 A2
Covaleda (E) 127 A5
Covarrubias (E) 126 D5
C'rihana (MD) 149 D6
Covăsint (RO) 146 B5
Covasna (RO) 148 D6
Cove, Castle (IRL) 50 B5
Cove (GB) 44 C4
Covelães (P) 124 D5
Coventry (GB) 54 B6
Coverack (GB) 56 C6
Čoviči (HR) 111 C3
Covilha (P) 131 A3
Cowal (GB) 48 C3
Cowbridge (GB) 57 A3
Cowdenbeath (GB) 49 A3
Cowes (GB) 58 B5
Cox (F) 105 B4
Coylumbridge (GB) 45 B6
Cózar (E) 140 B2
Cozes (F) 94 D5
Cozia, Mînăstirea (RO) 153 C1
Cozmeni (RO) 148 D6
Cozvijar (E) 140 A6
Cozzano (F) 120 C3
Cozze (I) 117 B1
Cracalia (RO) 148 D1
Crach (F) 84 D5
Craiesti (RO) 149 C6
Craigavon (GB) 47 B5
Craigellachie (GB) 45 B5
Craighouse (GB) 48 B3
Craignure (GB) 48 B2
Craiguenamanagh (IRL) 51 B4
Crail (GB) 49 B3
Crailing (GB) 49 B4
Crailsheim (D) 91 C1
Craiova (RO) 153 B3
Cranborne (GB) 58 B4
Cranbrook (GB) 59 A4
Crançot (F) 97 C3
Cransac (F) 105 D2
Cranshaws (GB) 49 B4
Crans-Montana (CH) 98 C4
Cranstal (GB) 52 D1
Cranswick, Hutton (GB) 54 D3
Craon (F) 86 C6
Craponne-s-Arzon (F) 96 D6
Crăsani (RO) 154 D3
Crasna (RO) 146 D3
Crasna (RO) 149 C4
Crasna (RO) 154 B1
Crathie (GB) 49 A1
Crathorne (GB) 54 C1
Crato (P) 130 D6
Crau, la (F) 107 C5
Cravadas (P) 137 B3
Cravant (F) 88 D5
Craveiras (P) 137 B4
Craven Arms (GB) 53 B6
Crawford (GB) 49 A4
Crawinkel (D) 78 B2
Crawley (GB) 58 D4
Creaca (RO) 147 A2
Creagan (GB) 48 C2
Creagorry (GB) 44 A5
Créances (F) 86 B2
Créancey (F) 97 B1
Crèche, la (F) 94 D4
Crêches-s-Saône (F) 97 B4
Crécy (F) 74 D5
Crécy-Couvé (F) 87 C4
Crécy-en-Ponthieu (F) 74 A4
Crécy-en-Ponthieu (F) 74 B3
Crécy-s-Serre (F) 74 D5
Crédin (F) 84 D4
Crediton (GB) 57 A4
Creeslough (IRL) 47 A3
Creetown (GB) 48 D6
Creggs (IRL) 51 A1
Creglingen (D) 77 C5
Creil (F) 74 B6
Crema (I) 109 A2
Crémieu (F) 97 C5
Cremona (I) 109 B2
Créon (F) 104 C/D2
Crepaja (YU) 152 A2
Crépey (F) 89 D3
Crépy (F) 74 D5
Crépy-en-Valois (F) 74 C6
Cres (HR) 111 B3
Crescentino (I) 108 C2
Cresciano (CH) 99 A4
Crespian (F) 106 D4
Crespino (I) 110 B3
Cressa (I) 108 C1
Cressanges (F) 96 C3
Cressat (F) 96 A4
Cressensac (F) 105 C1
Cressia (F) 97 C3
Cressy (F) 74 C5
Crest (F) 107 A2
Cresta (CH) 99 B4
Crest-Voland (F) 98 A5
Créteil (F) 88 B2
Cretesti (RO) 149 C4
Creully (F) 86 D2
Creusot, le (F) 97 A2
Creussen (D) 78 C4
Creutzwald (F) 90 B1
Crevacuore (I) 98 D5
Crevalcore (I) 109 D3
Crevans (F) 90 B5
Crevant (F) 96 A3
Crevant-Laveine (F) 96 C5
Crévecœr-le-Grand (F) 74 B5
Crevedia Mare (RO) 154 A4
Crevillente (E) 141 B3
Crévin (F) 85 B4
Crévoux (F) 107 D2
Crewe (GB) 53 C5
Crewkerne (GB) 57 B4
Crézancy (F) 88 D1
Criales (E) 126 D3
Crianlarich (GB) 48 C2
Cricău (RO) 147 B5
Criccieth (GB) 52 D5
Crichi (I) 117 A6
Criciova (RO) 146 C6
Crick (GB) 57 B3
Crickhowell (GB) 57 B2
Cricklade (GB) 58 B2
Crieff (GB) 49 A2
Criel (F) 74 A4
Criel-Plage (F) 74 A4
C'rihana (MD) 149 D6
Crikvenica (HR) 111 B2
Crillon (F) 74 A5
Crimmitschau (D) 78 D2
Crimond (GB) 45 D5
Crinan (GB) 48 B3
Crîngeni (RO) 153 D4
Cripán (E) 127 B3
Criquetot-l'Esneval (F) 87 A1
Cris (RO) 147 C5
Crisan (RO) 155 B3
Crisan (RO) 155 D1
Criscior (RO) 147 A5
Criseni (RO) 147 A2
Crispiano (I) 117 B2
Crissolo (I) 108 A3
Cristesti (RO) 149 A3
Cristian (RO) 147 B6
Cristina (E) 138 D1
Cristobal, S. (E) 123 D3
Cristóbal (E) 131 C3
Cristuru Secuiesc (RO) 148 B5
Crit (RO) 148 B6
Criva (RO) 152 D1
Crivillén (E) 134 C2
Crivitz (D) 61 B4
Crizbav (RO) 154 A1
Crkva, Bela (YU) 152 B2
Crkvice (YU) 157 B4
Crmošnjice (SLO) 101 C6
Crna Bara (YU) 103 D6
Crnac (HR) 150 D1
Crnajka (YU) 152 D4
Crna na Kor (SLO) 101 C4
Crna Rijeka (BIH) 150 C4
Crna Trava (YU) 158 D3
Crnča (YU) 151 B4
Crne Lokve (BIH) 156 C2
Crni Lug (HR) 111 B2
Crni Lug (BIH) 150 B5
Crni Padež (HR) 111 C4
Crnirat (HR) 111 B2
Crni Vrh (SLO) 101 B5
Crnojevića, Rijeka (YU) 157 B4
Crnokrpe (YU) 157 D3
Crnoljevo (YU) 158 B4
Crnomelj (SLO) 101 C6
Croachy (GB) 45 A6
Croaghnakeela (IRL) 50 B1
Croce (I) 100 C5
Crocemaróggia (I) 113 A4
Crocetta (I) 110 B1
Croci, le (I) 117 A6
Crocketford (GB) 49 A5
Crocq (F) 96 B5
Crocy (F) 86 D3
Crodo (I) 98 D4
Croesgoch (GB) 56 C2
Croglin (GB) 49 B6
Croick (GB) 44 D4
Croisic, le (F) 85 A6
Croisille-s-Briance, la (F) 95 C5
Croissy (F) 74 B5
Croisty, le (F) 84 C4
Croisy-s-Andelle (F) 74 A5
Croix, Belle- (B) 75 D3
Croix,-Ste (CH) 98 B2
Croix (F) 74 C5
Croix-Avranchin, la (F) 86 C4
Croix-Blanche, la (F) 105 A3
Croix-de-Vie (F) 94 B3
Croixille, la (F) 86 C5
Croix-Valmer, la (F) 107 D5
Cromarty (GB) 45 A5
Cromer (GB) 55 B5
Cronat (F) 196 D3
Crook (GB) 49 C6
Crookedwood (IRL) 51 B1
Crookhaven (IRL) 50 B6
Crook of Alves (GB) 45 B5
Crookstown (IRL) 50 C5
Crookstown (IRL) 51 C3
Croom (IRL) 50 D4
Cropalati (I) 117 A5
Crópani (I) 117 A6
Crópani Marina (I) 117 A6
Cros (F) 96 B6
Cros (F) 108 A6
Crosby (GB) 53 B4
Crosmières (F) 86 D6
Cross, Branson's (GB) 58 B1
Cross, Buck's (GB) 56 D4
Cross, Hurlers (IRL) 50 D3
Cross, Ingleby (GB) 54 C2
Cross, Maam (IRL) 50 C1
Cross, Rear (RIL) 51 A3
Cross, Stibb (GB) 56 D4
Cross, Ulceby (GB) 55 A4
Cross, Wheddon (GB) 57 A4
Cross (GB) 44 C3
Crossaig (GB) 48 B4
Crossakeel (IRL) 51 B1
Crossdoney (IRL) 47 A6
Crossgar (GB) 47 C5
Crossgates (GB) 57 B1
Cross Hands (GB) 56 D2
Crosshaven (IRL) 50 D5
Cross in Hand (GB) 59 A4
Cross Lanes (GB) 56 C6
Crossmichael (GB) 48 D6
Crossmolina (IRL) 46 B5
Crotenay (F) 97 C2
Crotone (I) 117 B6
Crotoy, le (F) 74 A4
Crots (F) 107 D2
Croutelle-l'Ecorcerie (F) 95 A3
Crouy-s-Ourcq (F) 88 C1
Crouzille, la (F) 95 C4
Crowborough (GB) 59 A4
Crowland (GB) 54 D6
Crowle (GB) 54 C3
Crowlin Islands (GB) 44 C5
Crownhill (GB) 56 D5
Croxton Kerrial (GB) 54 C5
Croydon (GB) 58 D3
Crozant (F) 95 C3
Croze (F) 96 B5
Crozon (F) 84 B3
Cruagh (IRL) 50 B1
Cruas (F) 107 A2
Crucea (RO) 154 D4
Crucea (RO) 155 B3
Crúcoli Torretta (I) 117 B5
Cruden Bay (GB) 45 D5
Crudgington (GB) 53 C5
Cruéjouls (F) 106 A2
Crulai (F) 87 B4
Crumlin (GB) 47 C4
Cruseilles (F) 97 D4
Crusheen (IRL) 50 D3
Crusovat (RO) 152 D2
Cruz, Porto da (P) 136 B1
Cruz, Puerto de la (E) 144 B5
Cruz da Graciosa (P) 136 B5
Cruz de Cancela (E) 125 A2
Cruzy (F) 106 B5
Cruzy-le-Châtel (F) 89 A4
Crvena Reka (YU) 152 D6
Crveni Grm (BIH) 156 C2
Crvna Luka (HR) 111 D5
Crymmych (GB) 56 D1
Csabacsüd (H) 103 D4
Csákberény (H) 103 A3
Csákvár (H) 103 A2
Csanádapáca (H) 146 A4
Csanádpalota (H) 146 A5
Csány (H) 103 C2
Csanytelek (H) 103 D4
Csapod (H) 102 B2
Csárdaszállás (H) 146 A3
Csaroda (H) 83 B6
Császártöltés (H) 103 B5
Csátalja (H) 103 B6
Csávoly (H) 103 B5
Csécse (H) 103 C1
Csemö (H) 103 C3
Csenger (H) 146 D1
Csengersima (H) 146 D1
Csengőd (H) 103 B4
Csép (H) 102 D2
Csépa (H) 103 D4
Csepel-sziget (H) 103 B3
Csepreg (H) 102 B2
Cserebökény (H) 103 D4
Cserkeszőlő (H) 103 D4
Csermely (H) 83 B6
Csesznek (H) 102 D3
Csesztreg (H) 102 B4
Csobád (H) 82 C6
Csökmő (H) 146 B3
Csokonyavisonta (H) 102 C6
Csólyospálos (H) 103 C5
Csömend (H) 102 C4
Csönge (H) 102 C3
Csongrád (H) 103 D4
Csopak (H) 102 D3
Csór (H) 103 A3
Csorna (H) 102 C2
Csörnyeföld (H) 102 B5
Csorvás (H) 146 A4
Csót (H) 102 D3
Csurgó (H) 102 C5
Cuadramón (E) 125 A1
Cualedro (E) 124 D5
Cuarte (E) 128 B5
Cuba (P) 137 D3
Cubani (MD) 149 B2
Cubeira (P) 131 A5
Cubel (E) 133 D2
Cubélls (E) 128 D5
Cubia (E) 134 B4
Cubillas (E) 126 A4
Cubillo (E) 140 C1
Cubillos (E) 126 D3
Cublize (F) 97 A4
Cubo, El (E) 131 C2
Cubo de Bureba (E) 126 D3
Cubo de Tierra del Vino,El (E) 131 D1
Cuca (RO) 149 C6
Cucalón (E) 134 B2
Cuciulata (RO) 148 C6
Cuckney (GB) 54 C4
Cucueti (RO) 153 C3
Cucugnan (F) 106 A6
Cucuron (F) 107 B4
Cudalbi (RO) 149 C6
Cudeniški (BY) 177 A5
Cudillero (E) 125 C1
Cudni mostove (BG) 159 D5
Cuéllar (E) 126 C6
Cuenca (E) 126 A5
Cuenca (E) 133 C4
Cuenca (E) 139 A2
Cuerlas, Las (E) 134 A2
Cuers (F) 107 C5
Cuerva (E) 132 C5
Cueva Bonita (E) 144 B1
Cueva de Belmaco (E) 144 B1
Cuevas Bajas (E) 143 B3
Cuevas de Almanzora (E) 140 D5
Cuevas de Cañart, Las (E) 134 C2
Cuevas de Dan Marcos (E) 143 B3
Cuevas del Becerro (E) 143 A4
Cuevas del Campo (E) 140 B4
Cuevas de Reillo (E) 141 A4
Cuevas de san Clemente (E) 126 D5
Cuevas de Vinroma (E) 133 B4
Cuevas de Vinroma (E) 134 D3
Cuevas Labradas (E) 134 B3
Cuffy (F) 96 C2
Cugand (F) 94 C2
Cuges-les-Pins (F) 107 B5
Cugir (RO) 147 A6
Cúglieri (I) 121 B3
Cugnaux (F) 105 B5
Cuguen (F) 85 B3
Cuied (RO) 146 C5
Cuillé (F) 86 C5
Cuinzier (F) 97 A4
Cuiseaux (F) 97 C3
Cuisery (F) 97 B3
Cuissai (F) 87 A4
Cujmir (RO) 153 A4
Cukurine (LV) 177 B1
Culan (F) 96 B3
Culdaff (IRL) 47 B2
Culemborg (NL) 66 C5
Culine (YU) 151 B4
Culla (E) 134 D3
Cullampton (GB) 57 A4
Cullar de Baza (E) 140 C4
Cullaville (GB) 47 B5
Culleens (IRL) 46 C5
Cullen (GB) 45 C5
Cullera (E) 134 D6
Cullivoe (GB) 45 D2
Cully (CH) 98 B3
Culnaknock (GB) 44 C5
Culoz (F) 97 C5
Culross (GB) 49 A3
Cumali (TR) 165 B3
Cumali (TR) 173 C3
Cumaovasi (TR) 160 B5
Cumbernauld (GB) 48 D3
Cumbrae, Gt. (GB) 48 C4
Cumbre, La (E) 131 C6
Cumbres de Enmedio (E) 138 B3
Cumbres Mayores (E) 138 C3
Cumiana (I) 108 A2
Cuminestown (GB) 45 C5
Cumnock (GB) 48 D4
Cumpăna (RO) 155 C4
Cumplida, Punta (E) 144 B1
Cúneo (I) 108 B4
Cunfin (F) 89 B4
Cunillera (E) 122 C5
Cunit (E) 135 C1
Cunlhat (F) 96 D5
Ćunski (HR) 111 B4
Cuntis (E) 124 C3
Cuon (F) 95 A1
Cuorgne (I) 98 C6
Cupar (GB) 49 B2
Cupello (I) 115 A3
Cupra Maríttima (I) 113 C3
Cupramontana (I) 113 B2
Cuprene (BG) 153 A5
Ćuprija (YU) 152 B5
Ćuprija, Suva (YU) 157 D2
Ćuprija, Suva (YU) 158 A2
Curaglia (CH) 99 A3
Curcani (RO) 154 C4
Curçay-s-Dive (F) 95 A2
Curciat-Dongalon (F) 97 B3
Curek (BG) 159 B3
Cure, la (CH) 98 A3
Curgy (F) 97 A2
Curia (P) 130 C3
Curig, Capel (GB) 53 A4
Curinga (I) 119 D1
Curraghroe (IRL) 51 A1
Curral das Freiras (P) 136 B2
Currelos (E) 124 D3
Currie (GB) 49 A4
Curry (IRL) 46 C5
Cursi (I) 117 D3
Curtarolo (I) 100 B6
Curtea (RO) 146 D6
Curtea de Argeș (RO) 153 D1
Curtici (RO) 146 B5
Curtillard, le (F) 97 D6
Curtis (E) 124 D2
Curtisoara (RO) 153 C3
Curug (YU) 151 C1
Cusago (I) 108 D1
Cusano M. (I) 114 D5
Cushendall (GB) 47 C3
Cushendun (GB) 47 C3
Cusma (RO) 147 C2
Cussac (F) 95 B5
Cussac (F) 104 C1
Cussac (F) 106 B1
Cussay (F) 95 B2
Cusset (F) 96 D4
Cussy-les-Forges (F) 97 A1
Custines (F) 89 D2
Custonaci (I) 118 A2
Cusy (F) 97 D5
Cutanda (E) 134 B2
Cutigliano (I) 109 C5
Cutro (I) 117 B6
Cuvesdia (RO) 146 C6
Cuvier (F) 97 D2
Cuvilly (F) 74 C5
Cuxac-Cabardès (F) 105 D5
Cuxac-d'Aude (F) 106 B5
Cuxhaven-Duhnen (D) 60 B3
Cuxhaven-Groden (D) 60 B3
Cuxhaven (D) 60 B3
Cuzance (F) 105 C1
Cuzăplac (RO) 147 A3
Cuza Vodă (RO) 154 D4
Cuza Vodă (MD) 155 B1
Cuza Vodă (RO) 155 B4
Cuzorn (F) 105 B2
Cuzzago (I) 98 D5
Cvijanović-Brdo (HR) 111 D2
Cvikov (CZ) 70 B5
Cwmbran (GB) 57 B2
Cwmduad (GB) 56 D2
Cybinka (PL) 70 B2
Cyców (PL) 73 C3
Cykarzew, Stary (PL) 72 A4
Cynadijeve (UA) 83 B5
Cynghordy (GB) 57 A1
Cynwyl Elfed (GB) 56 D2
Cyrus, St. (GB) 49 C1
Cysoing (F) 74 C3
Czacz (PL) 71 A2
Czaje (PL) 65 B5
Czajków (PL) 71 C3
Czaple (PL) 65 A3
Czarlin (PL) 64 A2
Czarna, Dabrowa nad (PL) 72 B4
Czarna (PL) 83 B3
Czarna Białostocka (PL) 65 C4
Czarna Dabrówka (PL) 63 C2
Czarna Woda (PL) 63 D3
Czarnca (PL) 72 B5
Czarne (PL) 63 B3
Czarnków (PL) 63 B5
Czarnkowska, Kuźnica (PL) 63 B5
Czarnowasy (PL) 71 C5
Czarnowo, Stare (PL) 62 C4
Czarnowo (PL) 63 D5
Czarnożyły (PL) 71 D4
Czarny Bór (PL) 70 D5
Czarny-Dunajec (PL) 82 A3
Czarny Las (PL) 71 C3
Czarny Piec (PL) 64 C3
Czechowice-Dziedzice (PL) 81 C2
Czechy (PL) 63 B3
Czochy (PL) 72 B6
Czekarzewice (PL) 73 A4
Czeladź (PL) 72 A6
Czemierniki (PL) 73 B3
Czempiń (PL) 71 A2
Czeremcha (PL) 65 C6
Czerkasy (PL) 73 D5
Czermin (PL) 71 C2
Czermno (PL) 72 B4
Czernichow (PL) 81 D2
Czernickie, Katy- (PL) 72 D1
Czerniejewo (PL) 71 B1
Czerniejewskie, Szczytniki (PL) 71 B1
Czerniewice (PL) 72 B3
Czernikowo (PL) 64 A5
Czersk (PL) 63 D3
Czersk (PL) 72 D2
Czerwińsk nad Wisła (PL) 72 C1
Czerwionka (PL) 81 C1
Czerwleńsk (PL) 70 C2
Czerwonka (PL) 64 D3
Czerwony Dwór (PL) 65 A2
Czeska Wieś (PL) 71 B5
Czesławowo (PL) 71 C1
Czestochowa (PL) 72 A5
Czeszewo (PL) 63 C5
Człopa (PL) 63 A5
Człuchów (PL) 63 C3
Czmoń (PL) 71 A2
Czorsztyn (PL) 82 B3
Czosnow (PL) 72 C1
Czyżew-Osada (PL) 65 B5

D

Dab, Sanie- (PL) 65 B5
Dab, Suchy (PL) 64 A2
Dabar (HR) 111 C3
Dabar (HR) 150 B5
Dabas (H) 103 B3
Daber (D) 61 C5
Dăbîca (RO) 147 B3
Dabie (PL) 62 C4
Dabie (PL) 71 D2
Dabie (PL) 72 D6
Dabie (PL) 73 A2
Dabila (MK) 163 C1
Dabki Nesigode (PL) 71 B3
Dabkowice (PL) 72 A1
Dâbnica (BG) 159 C6
Dabo (F) 90 C3
Dabroszyn (PL) 62 C6
Dabroszyn (PL) 71 C2
Dabrowa, Nowa (PL) 63 C2
Dabrowa, Plecka- (PL) 72 A2
Dabrowa (PL) 63 D5
Dabrowa (PL) 71 B5
Dabrowa Biskupia (PL) 63 D5
Dabrowa Bolesławicka (PL) 70 C4
Dabrowa Chełmińska (PL) 63 D4
Dabrowa Górnicza (PL) 72 A6
Dabrowa nad Czarna (PL) 72 B4
Dabrowa Tarn (PL) 72 D6
Dabrowice (PL) 71 D1
Dabrówka, Czarna (PL) 63 C2
Dabrówka (PL) 65 A2
Dabrówka Duża (PL) 72 B2
Dabrówka Kościelna (PL) 63 C6
Dabrówki (PL) 73 B6
Dabrowna Białostocka (PL) 65 C3
Dabrówno (PL) 64 C4
Dăbuleni (RO) 153 C5
Dachau (D) 92 C3
Dachsbach (D) 78 B5
Dačice (CZ) 80 B4
Dad (H) 103 A2
Dådesjö (S) 39 B5
Dådranskapell (S) 29 A1
Dăeni (RO) 155 B2
Dăesti (RO) 153 C2
Dåfjord (N) 1 B5
Dafnaudi, Akr. (GR) 166 B5
Dafne (GR) 167 A6
Dafni (GR) 164 A2
Dafni (GR) 164 B4
Dafni (GR) 164 D5
Dafnion (GR) 167 C6
Dafnion (GR) 171 A4
Dagali (N) 27 A3
Daganzo (E) 132 D3
Dagarn (S) 29 B3
Dagda (LV) 177 D1
Dagebüll (D) 60 B1
Daglan (F) 105 B2
Daglösen (S) 28 D4
Dagmersellen (CH) 98 D2
Dagsberg (S) 30 D6
Dagsmark (FIN) 19 A5
Dahl (D) 76 C1
Dahlen (D) 69 D6
Dahlen (D) 76 A3
Dahlenburg (D) 61 A5
Dahlewitz (D) 69 D3
Dahme (D) 61 A2

Dahme (D) 69 D5
Dahmen (D) 61 D4
Dahn (D) 90 D1
Dähre (D) 68 D3
Daia (RO) 154 B5
Daikanvik (S) 15 C1
Dailly (GB) 48 C5
Dailučiai (LT) 176 A5
Dainava (LT) 176 D6
Dainava (BY) 177 A6
Daingean (IRL) 51 B2
Dajeviće (YU) 157 D2
Dajkanberg (S) 15 C1
Dajmišče (RUS) 35 C6
Đakovica (YU) 158 A4
Daksti (LV) 179 C3
Dal (N) 9 A2
Dal (S) 16 C6
Dal (N) 28 A3
Dala (S) 38 D2
Dalaas (A) 99 C2
Dalabojegoatte (N) 2 C6
Dala-Floda (S) 29 A2
Dala-Järna (S) 28 D2
Dalama (TR) 169 D6
Dalarö (S) 31 B4
Dalåsen (S) 24 C2
Dalåsen (S) 29 A5
Dalasjö (S) 16 B3
Dalbe (LV) 179 B5
Dalbeattie (GB) 49 A6
Dalberg (N) 5 B3
Dâlbokdol (BG) 159 D2
Dâlboki (BG) 160 B3
Dâlbok izvor (BG) 160 A4
Dalboset (RO) 152 C2
Dalby (S) 28 C2
Dalby (DK) 41 C3
Dalby (S) 42 C3
Dalby (GB) 52 D2
Dalbyn (S) 25 A6
Dale, Denby (GB) 54 B3
Dale (N) 4 D2
Dale (N) 22 B5
Dale (N) 26 B1
Dale (N) 26 B3
Dale (N) 27 A6
Dale (N) 36 D1
Dale (GB) 56 C2
Daleiden (D) 76 A4
Dalen (N) 1 C6
Dalen (N) 23 A3
Dalen (S) 24 B1
Dalen (N) 26 C6
Dalen (N) 27 A5
Dalen (S) 28 B5
Dalen (NL) 67 B3
Daleng (N) 5 B2
Dalešice (CZ) 80 C4
Dalewo (PL) 71 A2
Dalfors (S) 25 A6
Dâlgopol (BG) 161 A1
Dâlgo pole (BG) 160 A4
Dalhalvaig (GB) 45 A3
Dalheim (N) 4 C4
Dalhem (S) 39 B2
Dalhem (S) 43 C5
Dalholen (N) 23 C4
Dalias (E) 140 B6
Dalj (HR) 151 B1
Dalkarlsberg (S) 29 A5
Dalkeith (GB) 49 B3
Dalkey (IRL) 51 D2
Dallas (GB) 45 B5
Dallburgh (GB) 44 A6
Dalleagles (GB) 48 D5
Dallgow (D) 69 C3
Dalmally (GB) 48 C2
Dalmellington (GB) 48 D5
Dalmiel (E) 132 D6
Dalmine (I) 109 A1
Dalnashaugh Inn (GB) 45 B5
Dalnaspidal Lodge (GB) 48 D1
Dalnavie (GB) 45 A4
Dal'nee (RUS) 175 C4
Dalnic (RO) 148 D6
Dalreavoch (GB) 45 A4
Dalry (GB) 48 C4
Dalry (GB) 48 D5
Dalsbruk, Taalintendas (FIN) 33 A5
Dalsbygela (N) 23 D3
Dalselv (N) 9 A4
Dalset (N) 24 A4
Dalseter (N) 23 B6
Dalseter (N) 23 C4
Dalseter (N) 27 C4
Dalsetter (GB) 45 D2
Dals Högen (S) 28 B6
Dalsjöfors (S) 38 C3
Dalskop (S) 38 B1
Dalsøyra (N) 26 A2
Dals-Rostock (S) 38 B1
Dalstuga (S) 25 A6
Dalsvallen (S) 24 C4
Dalton in Furness (GB) 53 B2
Dalton on Tees (GB) 54 B1
Daluis (F) 107 D3
Dålvadas (FIN) 2 D4
Dalvik (IS) 1 C1
Dalwhinnie (GB) 48 D1
Dalystown (IRL) 51 B2
Damačava (BY) 73 C2
Damaskinea (GR) 162 D4
Damasławek (PL) 63 C5
Damaszków (PL) 71 A6
Damazan (F) 105 A3
Dambaslar (TR) 161 A6
Dambeck (D) 61 B5
Damblain (F) 89 C4
Dameliai (LT) 178 D6
Damerey (F) 97 B2
Damerow (D) 61 C4
Damery (F) 89 A1
Damgan (F) 85 A5
Damgarten,-Ribnitz (D) 61 C2
Damgarten (D) 61 C2
Dămideni (RO) 149 A2
Dămienesti (RO) 149 A4
Damis (RO) 146 D3
Dammarie (F) 87 C4
Dammarie-en-Puisaye (F) 88 C5
Dammarie-lès Lys (F) 88 C3
Dammartin-en-Goële (F) 74 C6
Dammartin-en-Goële (F) 74 C6
Damme, Store (DK) 42 B5
Damme (D) 67 D4
Damnica (PL) 63 C1
Dámóc (H) 83 A5
Damparis (F) 97 C2
Dampierre (F) 88 A2
Dampierre (F) 89 A3
Dampierre (F) 97 C2
Dampierre-le-Château (F) 89 B1
Dampierre-s-Boutonne (F) 94 D4
Dampierre-sous-Bouhy (F) 96 C1
Dampierre-s-Salon (F) 89 C5
Damsholte (DK) 42 B5
Damville (F) 87 B3
Damvillers (F) 75 C6
Danakos (GR) 172 C3
Danasjö (S) 9 C6
Dancé (F) 97 A5
Dancevoir (F) 89 B4
Dănciulesti (RO) 153 B2
Dancourt (F) 74 C5
Dancy (F) 87 C5
Danderyd (S) 31 A4
Dăneasa (RO) 153 D4
Danes (RO) 147 C5
Dănesti (RO) 149 B4
Dangeau (F) 87 C5

Dangers (F) 87 C4
Dangé-Saint-Romain (F) 95 B2
Dangeul (F) 87 A5
Daniec (PL) 71 C5
Danilovgrad (YU) 157 B4
Danısment (TR) 165 D4
Dankerode (D) 77 B1
Danków (PL) 62 D5
Dannäs (S) 38 D5
Dannau (D) 61 A2
Dannemarie (F) 90 C5
Dannemora (S) 31 A2
Dannenberg (D) 69 A2
Dannenwalde (D) 62 A5
Dannike (S) 38 C4
Danul (MD) 149 B1
Dan'ševo (BY) 177 B5
Danzé (F) 87 B6
Daon (F) 86 D6
Daoulas (F) 84 B3
Dapšiai (LT) 176 D2
Dapšioniai (LT) 176 C2
Dar, Boži (CZ) 79 A3
Dara (GR) 171 A3
Darabani (RO) 148 D1
Darány (H) 102 D6
Daras (GR) 170 D2
Darazac (F) 96 A6
Darbėnai (LT) 175 C1
Darda (HR) 151 A1
Dardesheim (D) 68 D5
Daretorp (S) 38 D2
Darfeld (D) 67 C5
Darfo (I) 99 C5
Dargiń (PL) 63 B3
Dargun (D) 61 D3
Darlington (GB) 54 B1
Darłówko (PL) 63 B2
Darłowo (PL) 63 B2
Dărmănesti (RO) 148 D2
Dărmănesti (RO) 148 D5
Darmstadt (D) 77 A4
Darnac (F) 95 C4
Darney (F) 89 D4
Daroca (E) 134 B1
Darque (P) 124 B5
Darra (GB) 45 C5
Darß (D) 61 C2
Darsūniškis (LT) 176 C4
Dārte (LV) 178 D4
Dartford (GB) 59 A3
Dartmouth (GB) 57 A6
Dartsel (S) 11 A5
Darum, Store (DK) 40 C4
Daruvar (HR) 150 C1
Darvas (H) 146 B3
Darvel (GB) 48 D4
Darwen (GB) 53 C3
Darze (D) 61 C4
Daržininkai (LT) 176 A4
Daržininkai (LT) 177 A5
Darżyno (PL) 63 C1
Dasburg (D) 76 A4
Dašice (CZ) 80 C2
Daskalovo (BG) 159 B3
Dâskotna (BG) 161 A2
Dasochorion (GR) 164 C2
Dassel (D) 68 C5
Dassendorf (D) 60 D4
Dassow (D) 61 A3
Daßwang (D) 92 C1
Daszyna (PL) 72 A2
Datça (TR) 173 C3
Datteln (D) 67 C6
Datterode (D) 77 C1
Daudzese (LV) 179 C6
Daudzeva (LV) 179 C6
Daugai (LT) 176 C5
Daugailiai (LT) 177 A2
Daugård (DK) 40 D3
Daugavpils (LV) 177 B2
Daugėliškis (LT) 177 B3
Dauginčiai (LT) 175 C2
Dauglaukis (LT) 176 A3
Dauguli (LV) 179 C3
Daujėnai (LT) 176 D2
Daukšiai (LT) 175 C1
Daukšiai (LT) 176 B5
Daukstes (LV) 182 B4
Daumazan-s-Arize (F) 105 B5
Daumeray (F) 86 D6
Daun (D) 76 B4
Dausse (F) 105 B2
Daužnagiai (LT) 176 B2
Dava (GB) 45 B5
Daventry (GB) 58 C1
Davidkovo (BG) 160 A5
David's, St (GB) 56 C2
Davidstow (GB) 56 D5
Davik (N) 22 B5
Daviot (GB) 45 A5
Davlia (GR) 167 B5
Davor (HR) 150 C2
Davos-Dorf (CH) 99 C3
Davos-Platz (CH) 99 C3
Dawlish (GB) 57 A5
Dax (F) 104 B4
D. Biljane (HR) 111 D5
Deal (GB) 59 B3
Dealu Lung (RO) 154 C1
Deauville (F) 87 A2
Deba (E) 127 B2
Deba, Nowa (PL) 73 A6
Debår (BG) 160 A4
Debar (MK) 162 C1
Debe (PL) 72 C1
Debeikiai (LT) 177 A2
Debelec (BG) 160 B2
Debeli Brijeg (HR) 157 A4
Debenham (GB) 59 B1
Debe Wielkie (PL) 72 D1
Debice (PL) 71 A4
Debice (PL) 82 D1
Debiec (PL) 71 D4
Debina (PL) 71 C6
De Blesse (NL) 66 D3
Deblin (PL) 73 A3
Deblín (CZ) 80 C3
Debnica Kaszubska (PL) 63 C2
Debno (PL) 62 C6
Debno (PL) 73 B6
Debno (PL) 82 B3
Debno (PL) 82 C2
Deboleka (PL) 71 D3
Deborzyczka (PL) 72 C3
Debovo (BG) 153 D5
Debowa Łaka (PL) 64 A4
Debowiec (PL) 82 D2
Debrc (YU) 151 C3
Debrecen (H) 146 B2
Debring (D) 78 B4
Debrznica (PL) 70 C2
Debrzno (PL) 63 C4
Debsk (PL) 64 C5
Debska Wola (PL) 72 C5
Debstedt (D) 60 B4
Deby (PL) 65 A4
Dečani (YU) 157 D4
Decazeville (F) 105 D2
Dechtice (SK) 81 A5
Décimo, Azzano (I) 100 C5
Decimomannu (I) 121 C5
Děčín (CZ) 70 A5
Decize (F) 96 D2
De Cocksdorp (NL) 66 C2
Decollatura (I) 117 A6
Decs (H) 103 B5
Deda (RO) 148 B4
Deddington (GB) 58 B2
Dedeleben (D) 68 D5
Dedelow (D) 62 B4
Dedesdorf (D) 60 B5
Dédestapolcsány (H) 82 C6
Dědice (CZ) 80 D3
Dedilovići (BY) 177 D5
Dedino (BY) 177 D2
Dedulesti (RO) 154 C1
Deepen (D) 68 B2
Deeping, Market (GB) 54 D6
Deeping St. Nicholas (GB) 54 D6
Deerness (GB) 45 C2
Dégagnac (F) 105 B2
Degaña (E) 125 B3
Degeberga (S) 42 D2
Degeränget (S) 11 B5
Degerby (FIN) 32 B5
Degerby (FIN) 33 C5
Degerfors (S) 29 A5
Degerhamn (S) 39 C6
Degerloch (D) 91 B2
Degernäs (S) 17 A2
Degernäs (S) 17 A3
Degerndorf (D) 92 D4
Degernes (N) 28 A5
Degerön (S) 17 A3
Degerön (S) 29 B6
Degersjö (S) 16 C5
Degersjö (S) 16 D5
Degersjö (S) 17 A4
Degerträsk (S) 11 A6
Deggendorf (D) 93 A2
Degionys (LT) 176 D3
Dego (I) 108 C4
Degolados (P) 131 A6
Degole (LV) 178 D5
Degučiai (LT) 175 D3
Degučiai (LT) 176 B1
Degučiai (LT) 176 B5
Degučiai (LT) 177 B2
De Haan, le Coq (B) 74 C1
Dehesa (E) 126 B3
Dehesas (E) 140 B4
Dehnsen (D) 68 C5
Deia (E) 123 B4
Deidesheim (D) 76 D6
Deindorf (D) 78 D5
Deining (D) 78 C6
Deinze (B) 74 D2
Déiva M. (I) 109 A4
Dej (RO) 147 B3
Deje (S) 28 C4
Dekalia (GR) 167 D6
Dekani (SLO) 101 A6
De Kl., Barreel (B) 75 A1
De Koog (NL) 66 C2
De Kooi (NL) 66 C3
Dekov (BG) 154 A6
De Krim (NL) 67 A3
Delary (S) 38 D6
Delaval, Seaton (GB) 49 D6
De-la-Zouch, Ashby (GB) 54 B5
Delbrück (D) 68 A5
Delčev, Goce (BG) 159 B5
Delčevo (MK) 159 A5
Delden (NL) 67 B4
Deleitosa (E) 131 D5
Delekovek (HR) 102 B5
Delémont (CH) 98 C1
Delfi (GR) 167 A5
Delft (NL) 66 B5
Delfzijl (NL) 67 B2
Delgada, Ponta (P) 136 A3
Delgada, Ponta (P) 136 B1
Delgada, Ponta (P) 136 C3
Délia (I) 118 C4
Delianuova (I) 119 C2
Deliblato (YU) 152 B2
Deliceto (I) 115 B5
De Lichtmis (NL) 67 A4
De Lier (NL) 66 B5
Deligrad (YU) 152 C5
Delition (GR) 160 D5
Delitzsch (D) 69 C6
Dellach (A) 100 D3
Delle (F) 98 C1
Delme (F) 90 A2
Delmenhorst (D) 68 A2
Delnice (HR) 111 C2
Delp (N) 4 B4
Delsbo (S) 25 B4
Deltuva (LT) 176 D3
Delvin (IRL) 51 B1
Delvinakion (GR) 162 C5
Delvinë (AL) 162 B5
Demandice (SK) 103 A1
Demecser (H) 83 A6
Demelstadt (D) 68 B6
Demene (LV) 177 B2
Demeškino (RUS) 182 D4
Demigny (F) 97 B2
Demir Kapija (MK) 163 B1
Demirköy (TR) 161 B4
Demmin (D) 61 D3
Demonte (I) 108 A4
Dému (F) 104 D4
Demzin,-Hohen (D) 61 C3
Denain (F) 74 B3
Denain (F) 74 D3
Denbigh (GB) 53 B4
Den Bommel (NL) 66 B6
Den Burg (NL) 66 C2
Denby Dale (GB) 54 B3
Dendermonde, Termonde (B) 75 A2
Denekamp (NL) 67 B4
Deneuille-les-Mines (F) 96 C3
Den Haag, s-Gravenhage (NL) 66 B5
Den Helder (NL) 66 C3
Den Hoorn (NL) 66 C2
Denia (E) 141 C1
Deniski (BY) 177 D6
Denisovo (BY) 177 D2
Đen. Janković (YU) 158 B4
Denkendorf (D) 92 C2
Denkingen (D) 91 B4
Denklingen (D) 76 C2
Dennington (GB) 59 B1
Denno (I) 100 A4
Den Oever (NL) 66 C3
Densow (D) 62 A4
Densus (RO) 146 D6
Denta (RO) 152 B1
Denton (GB) 59 B4
Déols (F) 95 D2
de Panne (F) 74 B2
Deppis (S) 10 D5
Deråsbrenna (N) 14 C4
Derby (GB) 54 B5
Derecske (H) 146 B2
Dereham, East (GB) 55 B6
Derekegyház (H) 103 D4
Dereköy (TR) 161 A4
Dereköy (TR) 165 A4
Derenburg (D) 68 D5
Derkovščina (BY) 177 D4
Dermanci (BG) 159 C2
Dermatas, Akr. (GR) 163 D5
Dermbach (D) 77 C2
Dermulo (I) 100 A4
Deronje (YU) 151 B1
Derreada (P) 137 C4
Derrybeg (IRL) 46 D3
Derrybrien (IRL) 50 D2
Derrycrib (IRL) 51 C2
Derrygonnelly (GB) 46 D5
Derrykeighan (GB) 47 C3
Dersca (RO) 148 D1
Derschlag (D) 76 C2
Deruta (I) 113 A3
Dervaig (GB) 48 B2
Derval (F) 85 B5
Dervanakia (GR) 171 A2
Derveliai (LT) 176 C2
Dervenion (GR) 167 A6
Derventa (BIH) 150 D2
Deržavino (RUS) 175 C5
Désaignes (F) 106 D1
Desana (I) 108 C2
Desborough (GB) 54 C6
Descartes (F) 95 B2
Deschaux, le (F) 97 C2
Desenzano (I) 109 C1
Désert, le (F) 107 C1
Deserta Grande (P) 136 C2
Desertas, Ilhas (P) 136 C2
Désertines (F) 86 C4
Désertines (F) 96 B3
Desertmartin (GB) 47 B4
Desesti (RO) 147 B1
Deset (N) 24 A6
Desfina (GR) 167 A5
Desghinge (MD) 149 D5
Desimirovac (YU) 152 A4
Désio (I) 99 A6
Deskati (GR) 163 B5
Desmence (HR) 111 C2
Dešov (CZ) 80 B4
Despotiko (GR) 172 B3
Despotovac (YU) 152 B4
Despotovo (YU) 151 C1
Dessau (D) 69 B5
Deštná (CZ) 80 A3
Deštné v. Orl h. (CZ) 70 D6
Destriana (E) 125 C4
Désulo (I) 121 C4
Desvres (F) 74 A3
Deta (RO) 152 B1
Dethlingen (D) 68 C2
Detmold (D) 68 A5
Dettelbach (D) 78 A4
Dettingen a. d. Ems (D) 91 B3
Detva (SK) 82 A5
Deurne (NL) 75 C1
Deutenheim (D) 78 A5
Deutschlandsberg (A) 101 C3
Deutsch-Ossig (D) 70 B4
Deutsch Wagram (A) 80 D6
Deux-Alpes, les (F) 107 C1
Deuz (D) 76 D2
Deva (RO) 147 A6
Dévaványa (H) 146 A3
Devay (F) 96 D2
Deveçatağı (TR) 161 A5
Devecser (H) 102 C3
Devene (BG) 153 B6
Deventer (NL) 67 A4
Deveselu (RO) 153 C4
Devesset (F) 106 D1
Devetaki (BG) 159 D1
Devetaška peštera (BG) 160 A1
Deviat (F) 95 A6
Devrić (MK) 158 B6
Devika (N) 15 A3
Devil's Bridge (GB) 53 A6
Devin (BG) 159 D5
Devizes (GB) 58 B3
Devnja (BG) 161 A1
Devonport (GB) 56 D5
Devynduoniai (LT) 176 C3
Dewsbury (GB) 54 B3
Deza (E) 127 C6
Dežanovac (HR) 150 C1
Dezna (RO) 146 C4
Dezzo (I) 99 C5
D. Furjan (HR) 111 D3
Dhali (CY) 174 C3
Dhaylos (CY) 174 B3
Dheftera (CY) 174 C4
Dhekelia (CY) 174 C3
Dherinia (CY) 174 C2
Dhermi (AL) 162 B5
Dhikomo, K. (CY) 174 B4
Dhimitrianos, Ay. (CY) 174 C5
Dhora (CY) 174 C5
Dhuizon (F) 87 C6
Dia (GR) 172 D5
Diabaig, Lower (GB) 44 C5
Diablerets, Les (CH) 98 B4
Diafanion (GR) 173 C5
Diakopton (GR) 167 A6
Diamante (I) 116 D4
Diano d'A. (I) 108 C3
Diano Marina (I) 108 C5
Diaporii (GR) 171 B2
Diarville (F) 89 D3
Diavata (GR) 163 C3
Diavolitsion (GR) 170 D3
Dibbersen (D) 60 D5
Dibrivka (UA) 83 B5
Dichiseni (RO) 155 A4
Dicomano (I) 110 A5
Diculesti (RO) 153 C3
Didieji Ibenai (LT) 176 C4
Dıdım (TR) 173 B1
Didkiemis (LT) 175 D3
Didmarton (GB) 57 C3
Didvyžiai (LT) 176 B4
Didyma (GR) 171 B3
Didymontichon (GR) 165 B1
Die (F) 107 B2
Diebling (F) 90 B2
Dieburg (D) 77 A4
Diedrichshagen (D) 62 B2
Diegliai (LT) 175 C3
Diekirch (L) 75 D5
Dieksanderkoog (D) 60 B3
Diélette (F) 86 B2
Dielmissen (D) 68 C5
Dielsdorf (CH) 99 A1
Diemantstein (D) 92 B2
Diémoz (F) 97 B5
Dienne (F) 96 B6
Diensdorf-Radlow (D) 70 A1
Dienten (A) 100 D2
Dienville (F) 89 B3
Diepenau (D) 68 A4
Diepenheim (NL) 67 A4
Diepholz (D) 67 D3
Dieppe (F) 87 B1
Dierdorf (D) 76 C3
Diere (NL) 67 A5
Dieringhausen (D) 76 C2
Dierrey-Saint-Pierre (F) 88 D3
Diesdorf (D) 68 D3
Dießen (D) 92 C4
Diessenhofen (CH) 99 A1
Diest (B) 75 B2
Diestedde (D) 67 D5
Dietachdorf (A) 93 D3
Dietenheim (D) 91 C4
Dietersdorf (D) 78 B3
Dietfurt (D) 92 B2
Dietfurt (D) 92 C1
Dietharz,-Tambach (D) 78 A2
Dietikon (CH) 99 A1
Dietmannsried (D) 92 A4
Dieulefit (F) 107 A2
Dieulouard (F) 89 D2
Dieuze (F) 90 B2
Diéval (F) 74 B3
Dieveniškės (LT) 177 A6
Dieverbrug (NL) 67 A3
Diez (D) 76 D3
Dieżażno Wielkie (PL) 63 A5
Diezma (E) 140 A5
Differdange (L) 75 D5
Digerberg (S) 24 D3
Digerberget (S) 28 C2
Digermulen (N) 4 C4
Digernes (N) 22 C4
Digisheim, Unt.- (D) 91 A4
Dignac (F) 95 A5
Dignāja (LV) 182 A6
Dignano (I) 100 D5
Digne-les-Bains (F) 107 C3
Digoin (F) 97 A3
Dijon (F) 97 B1
Dikanas (S) 15 C1
Dikemark (N) 27 D4
Dikili (TR) 165 C6
Dikli (LV) 179 C3
Diklo (HR) 111 C5
Diksmuide, Dixmude (B) 74 C2
Dilar (E) 140 A5
Dilesi (GR) 167 D5
Dillenburg (D) 76 D2
Dillingen a. d. Donau (D) 92 B3
Dillingen (Saar) (D) 76 B6
Dillnäs (S) 31 A5
Dilos (GR) 172 B2
Dilove (UA) 148 A2
Dimaro (I) 99 D4
Dîmbovicioara, Peşt. (RO) 147 D6
Dimetoka (TR) 165 C3
Dimitrios, Akr. (GR) 172 A2
Dimitrovgrad (YU) 159 A2
Dimitrovgrad (BG) 160 B4
Dimmelsvik (N) 26 B4
Dimovo (BG) 153 A5
Dinami (I) 119 D1
Dinan (F) 85 B3
Dinant (B) 75 B4
Dinard (F) 85 A2
Dinas Mawddwy (GB) 53 A5
Dincu (RO) 147 A6
Dingden (D) 67 B5
Dingelstädt (D) 68 D6
Dîngeni (RO) 149 A1
Dingja (N) 26 A1
Dingle (S) 38 A2
Dingle (IRL) 50 A4
Dinglingen (D) 90 D3
Dingolfing (D) 93 A2
Dingtuna (S) 30 D4
Dingwall (GB) 45 A5
Dinjiška (HR) 111 C4
Dinkelsbühl (D) 92 A1
Dinklage (D) 67 D3
Dinmore, Hope under (GB) 57 B1
Dinorwic, Port (GB) 52 D4
Dinsdurbe (LV) 178 B6
Dinslaken (D) 67 B6
Dinteloord (NL) 66 B6
Diö (S) 39 A6
Dion (GR) 163 C4
Dionysiu, Moni Aj. (GR) 164 B4
Diou (F) 96 A2
Diou (F) 96 D3
Dipotama (GR) 164 B1
Dippach (L) 75 D5
Dippen (GB) 48 B4
Dippoldiswalde (D) 70 A5
Dirdal (N) 36 B1
Dirinella (CH) 99 A5
Dirksland (NL) 66 B6
Dirlewang (D) 92 B4
Dirmingen (D) 76 B6
Dîrmoxa (RO) 148 C3
Dîrvari (RO) 153 A4
Dirvonakiai (LT) 176 D1
Dirvonėnai (LT) 176 A2
Disenå (N) 28 A3
Disentis (CH) 99 A3
Disna (BY) 177 D2
Diso (I) 117 D3
Diss (GB) 55 B6
Dissay (F) 95 B3
Dissay-s/s-Courcillon (F) 87 A6
Dissen (D) 67 D4
Distad (N) 22 C6
Distington (GB) 53 B1
Distomon (GR) 167 B5
Ditrău (RO) 148 C4
Dituva (LT) 175 C2
Ditzenbach, Bad (D) 91 B3
Ditzingen (D) 91 A2
Ditzum (D) 67 D2
Divača (SLO) 101 B6
Divarata (GR) 166 B6
Diva Slatina (BG) 159 A2
Divci (YU) 151 D4
Divčice (CZ) 79 C6
Divenskij (RUS) 35 C6
Dives-s-Mer (F) 87 A2
Diviacka N. Ves (SK) 81 C5
Diviaky (SK) 81 C4
Dividalen (N) 5 B2
Dividalshytta (N) 5 C2
Divišov (CZ) 79 D4
Divjakë (AL) 162 A3
Divljana (YU) 158 D2
Divonne-les-Bains (F) 97 D3
Divuša (HR) 150 A2
Dixmude, Diksmuide (B) 74 C2
Dižstende (LV) 178 C4
Dizy-le-Gros (F) 75 A5
Djäkneb (S) 17 B4
Djäkneboda (S) 17 B3
Djakov., Satnica (HR) 151 A1
Djakovo (HR) 151 A2
Djevrske (HR) 150 A5
Djulino (BG) 161 B2
Djup (N) 27 A2
Djupa (S) 30 D2
Djúpavik (IS) 1 B1
Djupdal (N) 8 D3
Djupdal (S) 15 C3
Djupen (N) 1 B6
Djupfest (N) 4 D3
Djupfjord (N) 4 C3
Djupfors (S) 9 C5
Djúpivogur (IS) 1 D2
Djupnäs (S) 24 D6
Djupnik (N) 1 C5
Djupsjö (S) 11 A3
Djupsjö (S) 16 D5
Djupslia (N) 23 D6
Djupvasshytta (N) 22 C5
Djupvik (N) 9 B1
Djupvik (N) 14 C2
Djupvik (S) 25 C5
Djupviken (S) 5 B3
Djura (S) 29 A2
Djuramåla (S) 39 A6
Djurås (S) 29 A2
Djurdjevića Tara (YU) 157 C2
Djurö (S) 28 D6
Djursdala (S) 39 B3
Djursholm (S) 31 B4
Djursö (S) 39 C1
D. Kosinj (HR) 11 C3
D. Kupčina (HR) 111 D1
Dlâžka poljana (BG) 160 C2
Dl. Brtnice (CZ) 80 B3
Dlhá Lúka (SK) 82 D3
Dłoń (PL) 71 B3
Dlouhá Ves (CZ) 79 B5
Dlouhopolsko (CZ) 80 B1
Dl. Třebová (CZ) 80 D2
Długa Goślina (PL) 63 B6
Długie (PL) 63 A5
Długie (PL) 72 C3
Długobórz II (PL) 65 B5
Długomiłowice (PL) 71 C6
Długosiodło (PL) 65 A5
Długoszyn (PL) 70 C1
Dłutów (PL) 72 A3
Dmosin (PL) 72 B2
Do, Dobri (YU) 158 B3
Doade (E) 125 A4
Doba (PL) 65 A2
Doba (RO) 146 D1
Dobbertin (D) 61 C4
Dobbiaco, Toblach (I) 100 C3
Dobczyce (PL) 82 B2
Dobele (LV) 178 D5
Döbeln (D) 79 A1
Doberlug,-Kirchhain (D) 69 D5
Döbern (D) 70 B3
Dobersberg (A) 80 B4
Dobiegniew (PL) 63 A5
Dobiesławice (PL) 72 C6
Dobieszewo (PL) 63 C2
Dobieszyn (PL) 72 D3
Doboj (BIH) 150 D3
Dobošnica (BIH) 151 A3
Dobova (SLO) 111 D1
Doboz (H) 146 B4
Dobra (PL) 62 D4
Dobra (PL) 71 C6
Dobra (PL) 71 D2
Dobra (PL) 73 B6
Dobrá (CZ) 81 B2
Dobra (PL) 82 B2
Dobra (RO) 146 D6
Dobra (YU) 152 C3
Dobra (RO) 154 B3
Dobrá Niva (SK) 81 D5
Dobřany (CZ) 79 B4
Dobratič (YU) 158 C2
Dobrá Voda (SK) 81 A5
Dobre (PL) 64 A6
Dobré (CZ) 70 D6
Dobre (PL) 72 D1
Dobre Miasto (PL) 64 C2
Dobřenice (CZ) 80 B1
Dobresti (RO) 146 C3
Dobresti (RO) 153 D2
Dobrič (BG) 155 A6
Dobrica (YU) 152 A1
Dobri Do (YU) 158 B3
Dobrin (RO) 147 A2
Dobrinište (BG) 159 B5
Dobrinj (BIH) 150 B2
Dobrino (RUS) 175 B4
Dobrinovo (BG) 160 D3
Dobříš (CZ) 79 C4
Dobritz (D) 69 B4
Dobriyńska, Wóka (PL) 73 C2
Dobrna (SLO) 101 D4
Dobrnja (BIH) 150 B3
Dobroč (SK) 82 A5
Dobrock (D) 60 C4
Dobrodzień (PL) 71 D5
Döbrököz (H) 102 D5
Dobromierz (PL) 70 D5
Dobromyl' (UA) 83 B2
Dobromirci (BG) 160 B6
Dobromirka (BG) 160 A2
Dobromiru din Vele (RO) 155 A4
Dobron', Velikaja (UA) 83 B5
Dobronín (CZ) 80 B3
Dobroń Mały (PL) 72 A3
Dobropole (PL) 62 D4
Dobro Polje (BIH) 151 A6
Dobro Polje (YU) 152 D5
Dobrošane (MK) 158 C5
Dobroszyce (PL) 71 B4
Dobroteasa (RO) 153 C2
Dobrotica (BG) 154 D5
Dobrova (SLO) 101 B5
Dobrovăt (RO) 149 B3
Dobrovnik (SLO) 102 A4
Dobrovol'sk (RUS) 176 A4
Dobruči (RUS) 181 D4
Dobrun (RO) 153 C3
Dobruševo (MK) 163 A2
Dobruška (CZ) 70 D6
Dobryvljani (UA) 83 C3
Dobrzany (PL) 62 D4
Dobrzeń Wielki (PL) 71 C5
Dobrzyca (PL) 71 B2
Dobrzyce, Swidry- (PL) 65 B4
Dobrzyków (PL) 72 B1
Dobrzyń, Golub- (PL) 64 A5
Dobrzyń nad Wisłą (PL) 64 B6
Dobšiná (SK) 82 B4
Doccia (I) 110 B5
Dockasberg (S) 11 B3
Docking (GB) 55 A5
Dockmyr (S) 25 A2
Docksta (S) 16 D6
Doclin (RO) 152 C1
Doddington (GB) 49 C4
Döderhult (S) 39 C4
Dodman Pt. (GB) 56 C6
Dodoni (GR) 162 D6
Dödre (S) 24 D2
Dodro (E) 124 C3
Doesburg (NL) 67 A5
Doetinchem (NL) 67 A5
Doftana (RO) 154 B2
Dofteana (RO) 149 A5
Doğanbey (TR) 169 B5
Doğanbey Burun (TR) 169 B5
Dogliani (I) 108 B4
Dogliola (I) 115 A3
Dogna (I) 101 A4
Dogueno (P) 137 D4
Dohna (D) 70 A4
Dohňany (SK) 81 B4
Doicesti (RO) 154 A3
Doirani (GR) 163 C2
Dois Portos (P) 138 A6
Dojeviće (YU) 158 A4
Dokaton (GR) 164 B2
Dokka (N) 27 C2
Dokkedal (DK) 37 C6
Dokki (N) 27 B2
Dokkum (NL) 67 A2
Doksany (CZ) 70 A6

Dokšicy (BY) 177 D4
Doksy (CZ) 70 B6
Doksy (CZ) 79 C3
Doktorce (PL) 65 C5
Dölsach (A) 100 D3
Dol, Topli (YU) 153 A6
Dol, Umin (MK) 158 C5
Dolac (YU) 158 A4
Dolancurt (F) 89 B3
Dolaylar (TR) 169 D4
Dølbekkseter (N) 23 C5
Dol. Bukovsko (CZ) 79 D5
Dolce (I) 99 D6
Dolceácqua (I) 108 B5
Dol-de-Bretagne (F) 85 B3
Dol. Dvořiště (CZ) 93 D2
Dôle, Mareuil-en- (F) 74 D6
Dole (F) 97 C2
Dølemo (N) 36 D2
Dolenci (MK) 162 D2
Dolenja vas (SLO) 101 C6
Dolfor (GB) 53 B6
Dolgellau (GB) 53 A5
Dolginovo (BY) 177 D5
Dolgorukovo (RUS) 175 B5
Dol. Hámre (SK) 81 C5
Dolhasca (RO) 148 D3
Dolhesti (RO) 148 D2
Dołhobyczów (PL) 73 D5
Dolianova (I) 121 C5
Dolič, Sp. (SLO) 101 D4
Dolice (PL) 62 D4
Dol. Kounice (CZ) 80 C4
Döllach (A) 100 D3
Dollar (GB) 49 A3
Dollart (NL) 67 B2
Döllbach (D) 77 B3
Dolle (D) 69 A4
Döllersheim (A) 80 B5
Dollnstein (D) 92 B2
Dol Logatec (SLO) 101 B5
Dol. Lomná (CZ) 81 C3
Dollon (F) 87 B5
Döllstädt (D) 78 B1
Dol. Mariková (SK) 81 B4
Dol. Město (CZ) 80 B3
Dolna, Ligota (PL) 71 C6
Dolna, Mszana (PL) 82 B2
Dolna, Ochotnica (PL) 82 B3
Dolna (PL) 71 C6
Dolna-Banja (BG) 159 C4
Dolná Branná (CZ) 70 C5
Dolna dikanja (BG)159 B4
Dolna Grupa (PL) 64 A4
Dolná Kalná (CZ) 70 C6
Dolná Krupá (CZ) 70 B6
Dolná Lehota (SK) 82 A4
Dolna mahala (BG) 160 A3
Dolna Mitropolija (BG) 153 D5
Dolna Orjahovica (BG) 160 B1
Dolná Strehová (SK) 82 A6
Dolne, Jankowo (PL) 63 C6
Dolne, Leszno (PL) 70 D3
Dolne, Ustrzyki (PL) 83 B3
Dolni Cibâr (BG) 153 B5
Dolni Dâbnik (BG) 153 C5
Dolni Glavanak (BG) 160 B5
Dolni Lom (BG) 153 A5
Dolni Pasarel (BG) 159 B3
Dolni-Zandov (CZ) 79 A4
Dolno, Stare (PL) 64 B2
Dolno Cerovene (BG) 153 B5
Dolno Ezerovo (BG) 161 A3
Dolno Kamarci (BG) 159 C3
Dolno Levski (BG) 159 D4
Dolno Novkovo (BG) 160 C1
Dolno-Osenovo (BG) 159 B5
Dolno Paničerevo (BG) 160 B3
Dolno Prahovo (BG) 160 A5
Dolno selo (BG) 158 D4
Dolno Ujino (BG) 159 A4
Dolny, Brzeg (PL) 71 A4
Dolny, Kazimierz- (PL) 73 A3
Dolny, Krainik (PL) 62 C5
Dolny, Osinów (PL) 62 C5
Dolný Kubín (SK) 82 A4
Dolo (I) 110 B2
Dolores, Los (E) 141 A4
Dolores (E) 141 B3
Dol. Orešany (SK) 81 A5
Dolovo (YU) 152 A2
Dolphinton (GB) 49 A4
Dolsk (PL) 71 B2
Dol. Sta'l (SK) 102 D1
Dol. Toplice (SLO) 101 C6
Dol. Třanovice (CZ) 81 C2
Dol. Turček (SK) 81 C5
Dołubowo (PL) 65 C5
Dol. jezd (CZ) 80 C2
Dolus-d'Oléron (F) 94 C5
Dølvadseter (N) 23 C3
Dol. Vestenice (SK) 81 C5
Dol. Vltavice (CZ) 93 C2
Dolyna (UA) 83 D4
Dołżyca (PL) 83 A3
Domagné (F) 85 B4
Domaháza (H) 82 B6
Domanice (PL) 73 A2
Domaniewice (PL) 72 B2
Domaniewice (PL) 72 C3
Domaniža (SK) 81 C4
Domaradz (PL) 83 A2
Domart (F) 74 B4
Domart-en-Ponthieu (F) 74 B4
Domaševo (BIH) 157 A3
Domasnea (RO) 152 D2
Domašov (CZ) 81 A1
Domaszowice (PL) 71 C4
Domats (F) 88 C4
Domažlice (CZ) 79 A5
Dombås (N) 23 B5
Dombasle (F) 75 C6
Dombasle-en-Argonne (F) 75 C6
Dombasle-s-Meurthe (F) 90 A3
Dombegyház (H) 146 B5
Dombóvár (H) 102 D5
Dombrád (H) 83 A6
Dombrot-le-Sec (F) 89 D4
Domburg (NL) 66 A6
Domegliara (I) 99 D6
Domeikava (LT) 176 C4
Domène (F) 97 D6
Domeño (E) 134 C5
Domérat (F) 96 B4
Domèvre (F) 90 B3
Domèvre-en-Haye (F) 89 D2
Domeyrat (F) 96 D6
Domeyrot (F) 96 B4
Domfront (F) 86 D4
Domfront-en-Champagne (F) 87 A5
Domingão (P) 130 C6
Domingo Rérez (E) 140 A4
Dömitz (D) 69 A2
Dommartin (F) 96 D2
Dommartin-le-Franc (F) 89 B3
Dommartin-Lettrée (F) 89 A2
Dommåsen (N) 14 D2
Domme (F) 105 B1/2
Dommitzsch (D) 69 C5
Domnaryd (S) 38 D3
Domnesti (RO) 153 D1
Domnesti-Tîrgu (RO) 149 B6
Domnista (GR) 166 D5
Domnitz (D) 69 B5
Domnovo (RUS) 175 B5
Domodossola (I) 98 D4
Domokos (GR) 167 A4
Domorovce (YU) 158 C4
Dömös (H) 103 B2
Dompaire (F) 89 D3
Dompcevrin (F) 89 C2
Dompierre (F) 86 D4
Dompierre-s-Besbre (F) 96 D3
Dompierre-s-Mer (F) 94 C4
Dompierre-s-Mont (F) 97 C3
Dompierre-s-Veyle (F) 97 B4
Dompierre-s-Yon (F) 94 C3
Domremy-la-Pucelle (F) 89 C3
Domsdorf (D) 70 A3
Domsjö (S) 17 A6
Dömsöd (H) 103 B3
Domsure (F) 97 C3
Dómus de Maria (I) 121 B6
Domusnóvas (I) 121 B5
Domžale (SLO) 101 C5
Dönges (D) 77 C2
Don., Orahovica (BIH) 151 A3
Donabate (IRL) 51 D2
Donada (I) 110 B3
Donaghadee (GB) 47 D4
Donaghmore (GB) 47 B4
Doña Inés (E) 140 D3
Doña Maria (E) 140 B5
Doña Mencia (E) 143 B2
Doña Rama (E) 139 A3
Donaueschingen (D) 91 A4
Donaustauf (D) 92 D1
Donauwörth (D) 92 B2
Don Benito (E) 138 D1
Don. Bistra (HR) 111 D1
Doncaster (GB) 54 C4
Donegal (IRL) 46 D4
Donegal Pt. (IRL) 50 B3
Dønfoss (N) 23 A5
Dongen (NL) 66 C6
Donges (F) 85 B6
Dóngio (CH) 99 A4
Dongo (I) 99 B5
Don Gonzalo (E) 140 D3
Donington (GB) 54 D5
Doñinos (E) 131 D2
Donja Brezna (YU) 157 B3
Donje Brijanje (YU) 158 C2
Donji Lapac (HR) 111 D4
Donji Livoč (YU) 158 B4
Donji Vakuf (BIH) 150 C4
Donjon, le (F) 96 D3
Donkerbroek (NL) 67 A2
Don Macelj (HR) 102 A5
Don. Mutnica (YU) 152 C5
Donnafors (S) 29 A6
Donnalucata (I) 119 A6
Donnaz (I) 98 C6
Donnemarie-Dontilly (F) 88 C3
Donnersbach (A) 101 B2
Donnersdorf (D) 78 A4
Donnerskirchen (A) 102 B1
Dønnes (N) 8 C4
Dønnesfjord (N) 1 D3
Donnington (GB) 58 C3
Donori (I) 121 C5
Donostia, San Sebastián (E) 127 C2
Donoughmore (IRL) 50 D5
Donovaly (SK) 82 A4
Don Pedro (E) 144 B1
Donskoe (RUS) 175 A4
Donslund (DK) 40 C3
Donso (S) 38 A4
Donstorf (D) 68 A3
Dont (I) 100 C4
Dontreix (F) 96 B4
Donussa (GR) 172 C2
Donville-les-Bains (F) 85 B2
Donzenac (F) 95 C6
Donzère (F) 107 A2
Donzy (F) 96 C1
Donzy-le-National (F) 97 A3
Doocharry (IRL) 46 D3
Doogort (IRL) 46 A5
Doonbeg (IRL) 50 C3
Doorn (NL) 66 D5
Doornspijk (NL) 66 D4
Døralseter (N) 23 B5
Dörarp (S) 38 D5
Dorat, le (F) 95 C4
Dorat (F) 96 D5
Dörbach (D) 76 B4
Dorchester (GB) 57 C5
Dorchester-on-Thames (GB) 58 C2
Dørdal (N) 37 B1
Dordives (F) 88 C4
Dordrecht (NL) 66 C5
Dore-l'Eglise (F) 96 D6
Dörenhagen (D) 68 A6
Dörenthe (D) 67 C4
Dörentrup (D) 68 B5
Dores (GB) 45 A5
Dorf, Simplon (CH) 98 D4
Dorfen (D) 92 D3
Dorfgastein (A) 100 D2
Dorfhager (D) 60 B5
Dorfmark (D) 68 B3
Dorgali (I) 121 D3
Dória (I) 108 D4
Dória (I) 117 A4
Dorking (GB) 58 D3
Dorlar (D) 76 D1
Dørliseter (N) 23 C4
Dormagen (D) 76 B1
Dormal (B) 75 B2
Dormánd (H) 103 D2
Dormans (F) 74 D6
Dor Marunt (RO) 154 D4
Dorna (D) 69 C5
Dornach (CH) 98 D1
Dornas (F) 106 D1
Dornbirn (A) 99 C2
Dornburg (D) 78 C1
Dorndorf (D) 77 C2
Dornecy (F) 96 D1
Dornes (F) 96 C3
Dörnhagen (D) 77 A1
Dornhausen (D) 92 B1
Dornie (GB) 44 C6
Dornisoara (RO) 148 B3
Dorno (I) 108 D2
Dornoch (GB) 45 A4
Dornstetten (D) 91 A3
Dornum (D) 67 B1
Dorobantu (RO) 154 D4
Dorobantu (RO) 155 B3
Dorog (H) 103 A2
Dorohoi (RO) 148 D1
Dorohucza (PL) 73 C4
Dorohusk (PL) 73 D4
Dorotea (S) 16 B4
Dorotowo (PL) 64 C3
Dörpen (D) 67 B3
Dorras (N) 1 D5
Dorrington (GB) 53 B6
Dorsten (D) 67 B6
Dortan (F) 97 C4
Dortmund (D) 67 C6
Doruchów (PL) 71 C3
Dorum (D) 60 B4
Dorupe (LV) 179 A5
d' Orval, Abbaye (B) 75 C5
Dörverden (D) 68 B3
Dory (BY) 177 C6
Dörzbach (D) 77 B5
Dos Aguas (E) 134 C6
Dosbarrios (E) 132 D4
Dos Barrios (E) 132 D4
Dos Hermanas (E) 142 C3
Dospat (BG) 159 D5
Dos Torres (E) 139 B2
Dotnuva (LT) 176 C3
Douadic (F) 95 C3
Douai (F) 74 C3
Douains (F) 88 A1
Douamont (F) 75 C6
Douarnenez (F) 84 B4
Doubi (CZ) 70 C5
Douchy (F) 74 D3
Douchy (F) 88 C4
Douchy-les-Mines (F) 74 D3
Doucier (F) 97 C3
Doudeville (F) 87 B1
Doué-la-Fontaine (F) 95 A2
Douglas, Castle (GB) 48 D6
Douglas (GB) 48 D4
Douglas (GB) 52 D2
Doulaincourt (F) 89 C3
Doulevant-le-Château (F) 89 B3
Doullens (F) 74 B4
Doulus Hd. (IRL) 50 A5
Dounby (GB) 45 B1
Doune (GB) 48 D3
Dounreay (GB) 45 B3
Doura (GB) 48 C4
Dourbies (F) 106 B3
Dourdan (F) 88 B3
Dourgne (F) 105 D5
Dournazac (F) 95 B5
Doussard (F) 97 D5
Douvaine (F) 97 D4
Douvres-la-Délivrande (F) 86 D2
Douze, la (F) 105 B1
Douzy (F) 75 B5
Dovádola (I) 110 B5
Dovatorovka (RUS) 175 D5
Dover (GB) 59 B4
Dovercourt (GB) 59 B2
Dovertorp (S) 29 C6
Dovhe (UA) 83 C5
Doviken (S) 24 D2
Dovilai (LT) 175 C2
Dovje (SLO) 101 B4
Dovre (N) 23 B5
Dovregubbenshall (N) 23 B4
Dowally (GB) 49 A2
Down, Whiddon (GB) 57 A5
Downham Market (GB) 55 A6
Downhill (GB) 47 B3
Downpatrick (GB) 47 C5
Downpatrick Hd. (IRL) 46 B4
Doyet (F) 96 C4
Dozón (E) 124 D3
Dozulé (F) 87 A2
Dozza (I) 110 A4
D. Poloj (HR) 111 D2
D. Primišlje (HR) 111 D2
Drabenderhöhe (D) 76 C2
Drabeši (LV) 179 C4
Dråby, Sønder (DK) 37 A6
Drače (BIH) 151 A6
Dračevo (MK) 158 C5
Drachten (NL) 67 A2
Drag (N) 4 D4
Drag (N) 14 B3
Drag (S) 39 C5
Draga (HR) 111 B3
Draga, Barić- (HR) 111 C4
Draga, Mošćenička (HR) 111 B2
Dragalina (RO) 154 D4
Dragalj (YU) 157 B4
Dragalovci (BIH) 150 D3
Draganäset (S) 15 B4
Drăgănesti (RO) 146 D4
Drăgănesti (MD) 149 C1
Drăgănesti de Vede (RO) 154 A5
Drăgănesti-Olt (RO) 153 C4
Drăgănesti-Vlasca (RO) 154 A5
Draganovo (BG) 160 B1
Dragaš (YU) 158 A5
Drăgăsani (RO) 153 C2
Dragatuš (SLO) 101 C6
Drage (D) 60 D4
Drage (HR) 111 D5
Drageid (N) 9 B2
Drager (DK) 42 B3
Draginac (YU) 151 C3
Draginje (YU) 151 C3
Dragland (N) 4 D3
Dragnes (N) 4 C2
Dragocvet (YU) 152 B4
Dragodana (RO) 154 A3
Drăgoesti (RO) 148 D2
Drăgoesti (RO) 153 C2
Drăgoesti (RO) 154 C3
Dragoevo (BG) 160 D1
Dragoevo (MK) 163 B1
Dragoman (BG) 159 A2
Dragomir (BG) 159 D4
Dragomiresti (RO) 147 B1
Dragomiresti (RO) 149 B4
Dragomiresti (RO) 154 B4
Dragomirova (BG) 154 A6
Dragonada (GR) 173 B5
Dragonera (E) 123 A4
Dragonići (HR) 111 D1
Dragos, Vorlă (RO) 154 D3
Dragoslavele (RO) 153 D1
Dragotina (HR) 150 A2
Dragotinja, D. (BIH) 150 B2
Dragotinja (BIH) 150 B2
Dragove (HR) 111 C5
Dragovištica (BG) 158 D4
Dragseid (N) 14 A5
Dragsfjärd (FIN) 32 D5
Dragsund (N) 22 B4
Dragsvik (N) 26 C1
Dragu (RO) 147 A3
Draguignan (F) 107 D4
Drăguseni (RO) 148 D3
Drăguseni (RO) 149 A1
Drahany (CZ) 80 D3
Drahňov (SK) 83 A5
Drahonice (CZ) 79 C5
Drahovce (SK) 81 A5
Drahove (UA) 83 C5
Draix (F) 107 C3
Drakona (GR) 172 B5
Drama (GR) 164 B1
Drammen (N) 27 C4
Drangedal (N) 27 B6
Drängsered (S) 38 C5
Drănicu (RO) 153 B4
Dränosmark (S) 17 B1
Dransfeld (D) 68 C6
Drapanias (GR) 172 A5
Draperstown (GB) 47 B4
Draschwitz (D) 78 D1
Drasenhofen (A) 80 D5
Draškovac (HR) 102 B5
Draßmarkt (A) 102 B2
Draut (RO) 146 C5
Dravagen (S) 24 C4
Drávaszabolcs (H) 103 A6
Drávaszentes (H) 102 C6
Dravce, Veľké (SK) 82 B6
Draveil (F) 88 B2
Dravi, ob Selnica (SLO) 101 D4
Dravi, Radlje ob (SLO) 101 D4
Draviskos (GR) 164 A2
Dravlaus (N) 22 B5
Dravograd (SLO) 101 C4
Drawno (PL) 63 A4
Drawski Młyn (PL) 63 A5
Drawsko, Stare (PL) 63 A4
Drawsko Pomorskie (PL) 63 A4
Drayton, Market (GB) 53 C5
Drażdżewo (PL) 64 D5
Draženov (CZ) 79 A5
Dražice (HR) 111 B2
Dražmirovac (YU) 152 B4
Dražovce (SK) 81 B6
Drebkrau (D) 70 B3
Drechow (D) 61 D2
Dreenkrögen (D) 61 B4
Drefach (GB) 56 D1
Dreggers (D) 60 D3
Dreglin (PL) 64 C5
Drehna (D) 70 A3
Dreieich (D) 77 A4
Dreis (D) 76 B4
Dreisen (D) 76 D5
Drelów (PL) 73 B2
Dren (YU) 158 A2
Drenova, V. (YU) 152 B5
Drenovac, Slatin. (HR) 150 D1
Drenovac, Vlaški (YU) 158 A4
Drenovac (YU) 158 A4
Drenovac (YU) 158 C3
Drenovci (HR) 151 B2
Drenovec (BG) 153 A5
Drensteinfurt (D) 67 C5
Drentwede (D) 68 A3
Drepanon, Akr. (GR) 164 B4
Drepanon (GR) 171 B3
Drepanum, Cape (CY) 174 C6
Dresden (D) 70 A4
Dreswick Point (GB) 52 D2
Dretyń (PL) 63 B2
Dreuil, Molliens- (F) 74 B4
Dreux (F) 87 C4
Drevdagen (S) 24 B5
Dreverna (LT) 175 C3
Drevja (N) 8 D5
Dřevohostice (CZ) 81 A3
Drevsjø (N) 24 A5
Drevvatn (N) 8 D5
Drewitz (D) 69 B4
Drewnica (PL) 64 A2
Drezdenko (PL) 63 A5
Drežnica, Part. (HR) 111 C2
Drežnik-Grad (HR) 111 D3
Drhovle (CZ) 79 C5
Dricāni (LV) 182 C5
Drielini (LV) 179 B3
Drienov (SK) 82 D4
Drienové, Plevník- (SK) 81 C4
Drietoma (SK) 81 B4
Drimnin (GB) 48 B1
Drimoleague (IRL) 50 C6
Drimos (GR) 163 C3
Drînceni (RO) 149 C4
Drinjača (BIH) 151 B4
Drionville (F) 74 B3
Drisht (AL) 157 C5
Drisv'aty (BY) 177 C2
Drivstua (N) 23 B4
Drjanovo (BG) 160 B2
Drlače (YU) 151 C4
Drnholec (CZ) 80 D4
Drniš (HR) 150 A5
Dro (I) 99 D5
Drøbak (N) 27 D5
Drobeta Turnu Severin (RO) 152 D3
Drobin (PL) 64 C5
Drochia (MD) 149 B1
Drochtersen (D) 60 C4
Drögennindorf (D) 60 D5
Drogheda (IRL) 51 C1
Drogomyśl (PL) 81 C2
Drohiczyn (PL) 73 B1
Drohobyč (UA) 83 C3
Droichead Nua, Newbridge (IRL) 51 C2
Droitwich (GB) 57 C1
Drolshagen (D) 76 C2
Drołtowice (PL) 71 B4
Dromahair (IRL) 46 D5
Dromara (GB) 47 C5
Dromcolliher (IRL) 50 C4
Dromina (IRL) 50 D4
Dromod (IRL) 46 D6
Dromore (GB) 47 A4
Dromore (GB) 47 C5
Dromore West (IRL) 46 C5
Dronero (I) 108 A4
Dronfield (GB) 54 B4
Dronninglund (DK) 37 C5
Drosendorf (A) 80 B4
Drosie (GR) 172 C5
Drösing (A) 80 D5
Drosnay (F) 89 B3
Drosopiji (GR) 163 A3
Drosopiji (GR) 163 A6
Drøsselbjerg (DK) 41 B3
Drottningholm (S) 31 A4
Droué (F) 87 B5
Droux (F) 95 C4
Drove End, Gedney (GB) 55 A5
Drove End, Martin (GB) 58 B4
Drożki (PL) 71 C4
Drożków (PL) 70 C3
Drozdów (PL) 73 A6
Dr. Petru Groza (RO) 146 D4
Drugaly (PL) 65 B3
Drugan (BG) 159 A3
Druggelter Höfe (D) 67 D6
Druid (GB) 53 A5
Druillat (F) 97 C4
Druja (BY) 177 C2
Drujsk (BY) 177 C2
Drulingen (F) 90 C2
Drumbeg (GB) 44 D3
Drumbilla (IRL) 47 B6
Drumbrava (RO) 147 A3
Drumcliff (IRL) 46 D5
Drumcree (IRL) 51 B1
Drumevo (BG) 160 D1
Drumfree (IRL) 47 A3
Drumkeeran (IRL) 46 D5
Drumlish (IRL) 46 D6
Drummore (GB) 48 C6
Drumnadrochit (GB) 45 A5
Drumquin (GB) 47 A4
Drumshanbo (IRL) 46 D5
Drumsna (IRL) 46 D6
Druniree (IRL) 51 C2
Drusenheim (F) 90 D2
Druskininkai (LT) 65 D2
Druskininkai (LT) 176 C6
Drusti (LV) 179 D4
Druvas (LV) 178 D6
Druviena (LV) 182 B4
Druyes-les-Belles-Fontaines (F) 88 D5
Družba (BG) 155 B6
Družba (RUS) 175 C5
Družbice (PL) 72 A3
Družetići (YU) 151 D4
Druznaja Gorka (RUS) 35 C6
Družstevná pri H. (SK) 82 D4
Drvar (BIH) 150 A4
Drvenik (HR) 156 C2
Drwalew (PL) 72 C2
Drwinia (PL) 82 B1
Drymen (GB) 48 D3
Drynoch (GB) 44 B5
Dryopis (GR) 172 A2
Dryos (GR) 172 B3
Drysice (CZ) 80 D3
Drzeniów (PL) 70 C2
Drzewce (PL) 71 D2
Drzewiany (PL) 63 B3
Drzewica (PL) 72 C3
Drzewice (PL) 62 C6
Drzonek (PL) 71 B2
Drzonowo (PL) 63 B3
Drzonowo (PL) 64 A4
Drzycim (PL) 63 D4
Dsti n. Orl. (CZ) 80 C2
D. Svilaj (BIH) 151 A2
Duagh (IRL) 50 C4
Duas Igrejas (P) 125 B6
Dub (YU) 151 C5
Dubá (CZ) 70 B6
Dubac (HR) 157 A4
Dubatovka (BY) 177 B5
Dub-Bor (RUS) 182 D2
Dubci (YU) 151 C5
Düben (D) 69 B5
Dübendorf (CH) 99 A2
Dubenec (CZ) 79 C4
Dubeni (LV) 178 B6
Dubeni (LV) 178 C6
Dubí (CZ) 70 A5
Dubica, Bosan. (BIH) 150 B2
Dubica (HR) 150 B2
Dubičiai (LT) 176 D6
Dubiczne Cerkiewne (PL) 65 D5
Dubiecko (PL) 83 A2
Dubienka (PL) 73 D4
Dubin (PL) 71 B3
Dubina (BY) 177 C6
Dubingiai (LT) 177 A4
Dubinné (SK) 82 D3
Dubki (RUS) 182 D4
Dubleva (LV) 182 C4
Dublin (IRL) 51 D2
Dubna (LV) 177 C1
Dubnica n. Váhom (SK) 81 B4
Dubník (SK) 103 A1
Dubočac, Bos. (BIH) 150 D2
Duboštica (BIH) 151 A4
Dubová, Valaská (SK) 82 A4
Dubovac (YU) 152 B2
Dubove (UA) 83 D6
Dubovik, Sr. (BIH) 150 A3
Dubovskoje (RUS) 175 D4
Dubraja (HR) 111 D5
Dubrava, D. (HR) 102 B5
Dubrava, Ravna (YU) 158 D2
Dúbrava (SK) 82 A4
Dubrava (BIH) 150 C3
Dubrava (RUS) 175 D5
Dúbrava, Hron. (SK) 81 C5
Dubravai (LT) 176 C6
Dubravčak, Lijevi (HR) 150 A1
Dubravica (HR) 101 D5
Dubravica (YU) 152 B3
Dubravice (HR) 150 A5
Dubrovka (RUS) 35 D6
Dubrovka (BY) 177 C3
Dubrovnik (HR) 156 D4
Dubrovy (BY) 177 C6
Dubuli (LV) 182 C1
Dubulti (LV) 179 D6
Ducaj (AL) 157 C4
Ducey (F) 86 C4
Duchcov (CZ) 70 A5
Ducherow (D) 62 B3
Ducis, Collingbourne (GB) 58 B3
Duclair (F) 87 B2
Dudar (H) 102 D3
Duddington (GB) 54 D6
Dudelange (L) 75 D5
Duderstadt (D) 68 D6
Dudeştii Vechi (RO) 103 D5
Dudestii Vechi (RO) 146 A5
Dudince (SK) 103 A1
Dudley (GB) 53 C6
Dudweiler (D) 76 B6
Dudy (BY) 177 D6
Dueñas (E) 126 B5
Duerne (F) 97 A2
Duesund (N) 26 B2
Duffel (B) 75 A2
Duffield (GB) 54 B5
Dufftown (GB) 45 B5
Duga (YU) 157 C4
Duga Poljana (YU) 151 D6
Duga Resa (HR) 111 D2
Dugi Rat (HR) 150 B6
Dugo Selo (HR) 102 A6
Duhm, Katlenburg- (D) 68 C5
Duhnen, Cuxhaven- (D) 60 B3
Duinbergen (B) 74 C1
Duingt (F) 97 D5
Duino (I) 101 A6
Duisburg (D) 67 B6
Dukaleva (LV) 182 C4
Dukaton, Akr. (GR) 166 B5
Dukla (PL) 82 D3
Dūkštas (LT) 177 B3
Dūkštos (LT) 176 D4
Duleek (IRL) 51 C1
Dulford (GB) 57 B4
Dulgheru (RO) 155 B3
Duličy (BY) 177 C6
Dulino (BY) 177 D3
Dülken (D) 76 A1
Dülmen (D) 67 C5
Dulovka (RUS) 182 D3
Dulovo (BG) 154 D5
Dulpetorpet (N) 28 B2
Dulverton (GB) 57 A4
Duły (PL) 65 B2
Dumbarton (GB) 48 D3
Dumbierom, Mýto pod (SK) 82 A4
Dumbrava (RO) 154 B3
Dumbrava Rosie (RO) 148 D4
Dumbrăveni (RO) 147 C5
Dumbrăveni (RO) 148 D2
Dumbrăveni (RO) 155 B5
Dumbria (E) 124 B2
Dumesti (RO) 149 B4
Dumfries (GB) 49 A5
Dumitra (RO) 147 C2
Dumitresti (RO) 154 C1
Dumme, Bergen (D) 68 D3
Dümpelfeld (D) 76 B3
Dumvrăvenii (RO) 154 D1
Dun (F) 75 C6
Dun (F) 105 C6
Dunaföldvár (H) 103 B4
Dunaharaszti (H) 103 B3
Dunajcem, Gródek nad (PL) 82 C2
Dunajec, Czarny- (PL) 82 A3
Dunajevka (RUS) 175 B4
Dunajská Streda (SK) 102 D1
Dunakeszi (H) 103 B2
Dunakömlöd (H) 103 A4
Dunalka (LV) 178 B5
Dunany Pt. (IRL) 47 C6
Dunapataj (H) 103 B4
Dūnas (LV) 182 A6
Dunaszeg (H) 102 D2
Dunaszekcső (H) 103 A6
Dunaszentbenedek (H) 103 B4
Dunaszentgyörgy (H) 103 A4
Dunatetétlen (H) 103 B4
Dunaújváros (H) 103 B3
Dunava (LV) 177 B1
Dunavătu (RO) 155 C2
Dunavci (BG) 153 A4
Dunavec (BG) 154 D5
Dunavecse (H) 103 B4
Dunbar (GB) 49 B3
Dunbeath (GB) 45 B3
Dunblane (GB) 48 D3
Duncansby Head (GB) 45 C2
Dunchurch (GB) 58 C1
Duncormick (IRL) 51 C5
Duncton (GB) 58 C4
Dundaga (LV) 178 C3
Dundalk (IRL) 47 B6
Dundee (GB) 49 B2
Dunderland (N) 9 A4
Dundle (GB) 54 D6
Dundrennan (GB) 48 D6
Dunecht (GB) 45 C6
Duneika (GR) 170 C2
Dunfanaghy (IRL) 46 D3
Dunfermline (GB) 49 A3
Dungannon (GB) 47 B4
Dungarvan (IRL) 51 A5
Dungiven (GB) 47 B3
Dunglow (IRL) 46 D3
Dungourney (IRL) 50 D5
Dungum (D) 67 C1
Dunholme (GB) 54 D4
Dunières (F) 97 A6
Dunika (LV) 175 C1
Duniloviči (BY) 177 C4
Dunino (GB) 49 B3
Duninów, Nowy (PL) 64 B6
Duninowo (PL) 63 B1
Dunis (YU) 152 C5
Dunkeld (GB) 49 A2
Dunker (S) 30 D5
Dunkerque (F) 74 B2
Dunkerrin (IRL) 51 A3
Dunkineely (IRL) 46 D4
Dún Laoghaire (IRL) 51 D2
Dunlavin (IRL) 51 C3
Dunleer (IRL) 47 B6
Dun-le-Palestel (F) 95 D4
Dun-les-Places (F) 96 D1
Dunlop (GB) 48 D4
Dunmanway (IRL) 50 C5
Dunmore (IRL) 50 D1
Dunmore East (IRL) 51 B5
Dunmow, Great (GB) 59 A2
Dunnamanagh (GB) 47 A3
Dunnet Head (GB) 45 B2
Dunning (GB) 49 A2
Dunningen (D) 91 A4
Dunoon (GB) 48 C3
Duns (GB) 49 C4
Dun-s-Auron (F) 96 B2
Dunscore (GB) 48 D5
Dunshaughlin (IRL) 51 C2
Dun-s-Meuse (F) 75 C6
Dunstable (GB) 58 D2
Dunster (GB) 57 A3
Dunte (LV) 179 B3
Duntulm (GB) 44 B4
Dunure (GB) 48 C4
Dunvegan (GB) 44 B5
Dupka, Meča (BG) 159 B2
Dupka, Temnata (BG) 159 B2
Dupka, Temnata (BG) 159 C2
Dupki, Zmejovi (BG) 160 A2
Durač (BG) 154 D6
Durak (TR) 169 D1
Durakovac (YU) 158 A3
Durance (F) 105 A3
Durango (E) 127 A2
Durankulak (BG) 155 C5
Duras (F) 105 A2
Durban-Corbières (F) 106 A6
Durbe (LV) 178 B5
Dúrcal (E) 140 A6
Durdat-Larequille (F) 96 B4
Durdevac (HR) 102 C6
Dūre (LV) 179 C3
Düren (D) 76 A2
Durfort (F) 106 C3
Durfort-Lacapelette (F) 105 B3
Durham (GB) 49 C6
Durinci (YU) 152 A3
Durlach (D) 91 A2
Durmanec (HR) 102 A5
Durmersheim (D) 90 D2
Dürnast (D) 78 D5
Dürnast (D) 91 B5
Durness (GB) 45 A2
Dürnfeld (A) 101 B3
Dürnkrut (A) 80 D5
Dürnsricht (D) 78 D5
Dürnstein (A) 80 B5
Durónia (I) 114 D4
Duror Inn (GB) 48 C1
Dürren (D) 91 C5
Durrës (AL) 162 A2
Durrow (IRL) 51 B3
Durrus (IRL) 50 B6
Dursey (IRL) 50 A6
Dursley (GB) 57 C2
Durtal (F) 86 D6
Duruelo (E) 127 A5
Dūrupe (LV) 178 C5
Dur, Vel'ky (SK) 81 B6
Durkov (SK) 82 D5
Durweston (GB) 57 C4
Dury (F) 74 B5
Dūseikiai (LT) 176 A2
Dušejov (CZ) 80 B3
Dusetos (LT) 177 A2
Düshorn (D) 68 B3
Duškovo (BY) 177 C6
Dusmenys (LT) 176 D5
Dusnok (H) 103 B5
Dusocin (PL) 64 A3

Dussac (F) 95 C6
Düsseldorf (D) 76 B1
Duszniki (PL) 71 A1
Duszniki-Zdrój (PL) 70 D6
Dutka (LV) 179 D3
Dutovlje (SLO) 101 A6
Duun (N) 14 B3
Duurswoude (NL) 67 A2
Duvberg (S) 24 D4
Duved (S) 24 B1
Düvertepe (TR) 169 D2
Duvillaun More (IRL) 46 A5
Duża, Dabrówka (PL) 72 B2
Duża, Niedrzwica (PL) 73 B4
Duża, Ujma (PL) 64 A5
Duże, Grabkl (PL) 72 D5
Duże, Nietulisko (PL) 72 D4
Duże, Podkolnce (PL) 72 B3
Duże, Przystałowice (PL) 72 C3
Duże, Rădzice (PL) 72 C3
Duże, Skiwy (PL) 65 C6
Duże, Strzeszkowice (PL) 73 B4
Duži (BIH) 156 D3
Duży, Borzecin- (PL) 72 C1
Duży, Bruzeń (PL) 64 B6
Duży, Cicibór (PL) 73 B2
Duży, Liśnik (PL) 73 A4
Dve Mogili (BG) 154 B6
Dverberg (N) 4 C2
Dviete (LV) 177 B1
Dvor (SLO) 111 C1
Dvor, Banatski (YU) 151 D1
Dvor (HR) 150 A2
Dvorčani (LV) 177 D2
Dvorce (CZ) 81 A2
Dvorišče (RUS) 182 D1
Dvořiště, Dol. (CZ) 93 D2
Dvorníky (SK) 81 B6
Dvorovi (BIH) 151 B3
Dvory nay Zitavou (SK) 103 A1
Dvůr Králové n. Lab. (CZ) 70 D6
Dwerniczek (PL) 83 B3
Dwikozy (PL) 73 A5
Dwór, Czerwony (PL) 65 A2
Dwór, Nowy (PL) 65 C3
Dyan (GB) 47 B5
Dybbøl (DK) 40 D5
Dyblin (PL) 64 B6
Dybvad (DK) 37 C5
Dyce (GB) 45 D6
Dydnia (PL) 83 A2
Dydyńskie, Nowosiółki (PL) 83 B2
Dyffryn Ardudwy (GB) 53 A5
Dyfjord (N) 2 C1
Dygowo (PL) 63 A2
Dykends (GB) 49 A1
Dylagówka (PL) 83 A2
Dylewo (PL) 65 A4
Dymchurch (GB) 59 B4
Dymeny (UA) 148 D1
Dymesvågen (N) 22 D1
Dyminy (PL) 72 C5
Dymle (S) 39 B2
Dymnikī (BY) 73 D1
Dymokury (CZ) 70 C6
Dynäs (S) 25 C1
Dynów (PL) 83 A2
Dynivci (UA) 148 D1
Dypvåg (N) 37 A2
Dyrdal (N) 26 C2
Dyrkorn (N) 22 C4
Dysart (GB) 49 B3
Dysbodarna (S) 28 C1
Dysjön (S) 25 A3
Dzbonie (PL) 64 D5
Džebel (BG) 160 B6
Dzedri (LV) 178 D4
Dzelda (LV) 178 C5
Dzelmes (LV) 179 C5
Dzelzava (LV) 182 B4
D. Zemunik (HR) 111 D5
Dzeni (LV) 182 B3
Džep (YU) 158 D3
Džepište (MK) 158 A6
Dzērbene (LV) 179 D4
Džerman (BG) 159 B4
Dzeržinskoje (RUS) 175 D4
Dzeržyslaw (PL) 81 B1
Dziadkowice (PL) 65 C6
Dziadowa Kłoda (PL) 71 B4
Działdowo (PL) 64 C4
Działoszyce (PL) 72 C6
Działoszyn (PL) 71 D4
Dziedzice-Czechowice (PL) 81 C2
Dziekanowice (PL) 82 B2
Dziemiany (PL) 63 C3
Dzierzby Włościańskie (PL) 65 B6
Dzierzdowo (PL) 64 C4
Dzierżenin (PL) 64 D6
Dzierzgoń, Stary (PL) 64 B3
Dzierzgoń (PL) 64 B3
Dzierzkowice Rynek (PL) 73 A4
Dzierzoniów (PL) 71 A5
Dzietrzniki (PL) 71 D4
Dzietrzychowo (PL) 64 D2
Džigolj (YU) 152 C6
Dzików, Stary (PL) 73 C6
Dzikowiec (PL) 73 A6
Dzirciems (LV) 178 D4
Dziwnów (PL) 62 C2
Džūkste (LV) 178 D5
Džuljunica (BG) 160 B1
Džumajlija (MK) 158 D5
Džurovo (BG) 159 C2
Dźwierszno (PL) 63 C4
Dźwierzuty (PL) 64 D3
Dzwonowice (PL) 72 B6

E

Eaglesham (GB) 48 D4
Eanodat, Enontekiö (FIN) 6 C2
Eariston (GB) 49 B4
Earith (GB) 58 D1
Earls Colne (GB) 59 A2
Earl Stonham (GB) 59 B1
Earn, Bridge of (GB) 49 A2
Easington (GB) 49 D6
Easington (GB) 55 A3
Easingwold (GB) 54 C2
Easky (IRL) 46 C5
East Aberthaw (GB) 57 A3
East Bilney (GB) 55 B5
Eastbourne (GB) 59 A5
Eastchurch (GB) 59 B3
East Dereham (GB) 55 B6
Easter Quarff (GB) 45 D4
Easterton (GB) 58 B3
East Grinstead (GB) 58 D4
Eastham (GB) 53 B4
East Ilsley (GB) 58 C3
East Kilbride (GB) 48 D4
Eastleigh (GB) 58 B4
East Linton (GB) 49 B3
Easton (GB) 55 B6
Easton (GB) 57 C3
East Retford (GB) 54 C4
Eastry (GB) 59 B3
East Stoke (GB) 54 C5
Eastwood (GB) 54 C5
Eaux-Bonnes (F) 104 C/D6
Eaux-Chaudes, les (F) 104 C6
Eauze (F) 104 D4
Ebbingen (D) 68 B3
Ebbw (GB) 57 B2
Ebeleben (D) 78 A1
Ebelø (DK) 41 A3
Ebelsbach (D) 78 B4
Ebeltoft (DK) 41 A2
Ebendorf (D) 69 A4
Ebene Reichenau (A) 101 A3
Ebenfurth (A) 102 B1
Ebensee (A) 101 A1
Ebensfeld (D) 78 B4
Eberbach (D) 77 A5
Ebergötzen (D) 68 C6
Ebermannstadt (D) 78 B4
Ebern (D) 78 B4
Eberndorf (A) 101 C4
Ebersbach (D) 70 B4
Ebersbach (D) 79 A1
Ebersberg (D) 92 D4
Eberschwang (A) 93 C3
Ebersdorf (D) 60 C4
Ebersheim (F) 90 C3
Eberstadt (D) 77 A5
Eberstein (A) 101 C3
Eberswalde (D) 69 D2
Ebes (H) 146 B2
Ebhausen (D) 91 A3
Ebingen (D) 91 B4
Ebnat-Kappel (CH) 99 B2
Éboli (I) 115 A6
Ebrach (D) 78 A4
Ebreichsdorf (A) 102 B1
Ebreuil (F) 96 C4
Ebsdorfergrund (D) 77 A2
Ebstorf (D) 68 C2
Ecclefechan (GB) 49 A5
Eccles (GB) 53 C4
Eccleshall (GB) 53 C5
Eceabat (TR) 165 B3
Echallat (F) 95 A5
Echallens (CH) 98 B3
Echallon (F) 97 C4
Echalot (F) 89 B5
Echalp, l' (F) 107 D1
Echarmeaux, les (F) 97 A4
Echarri-Aranaz (E) 127 C3
Echassières (F) 96 C4
Echauri (E) 127 C3
Echelles, les (F) 97 C6
Eching (D) 92 C3
Echinos (GR) 164 C1
Echiré (F) 94 D3
Echourgnac (F) 105 A1
Echt (GB) 45 C6
Echte (D) 68 C5
Echtenerbrug (NL) 66 D3
Echternach (L) 75 D5
Ecija (E) 143 A2
Ečka (YU) 151 D1
Eckartsberga (D) 78 C1
Eckernförde (D) 60 D2
Eckerö (FIN) 32 A4
Eckington (GB) 54 C4
Eckwarden (D) 67 D1
Eclaron (F) 89 B2
Eclose (F) 97 C6
Ecly (F) 75 A5
Ecly (F) 75 A5
Ecole (F) 97 D5
Ecommoy (F) 87 A6
Ecos (F) 87 C3
Ecouché (F) 87 A4
Ecouen (F) 74 B6
Ecouis (F) 74 A6
Ecoust (F) 74 C4
Ecs (H) 102 D2
Ecseg (H) 103 C1
Ecsegfalva (H) 146 A3
Ecueillé (F) 95 C2
Ecuelles (F) 97 B2
Ecury-s-Coole (F) 89 A2
Ed, Östra (S) 39 C2
Ed (S) 16 C6
Eda (S) 28 B4
Eda glasbruk (S) 28 B4
Edam (NL) 66 C4
Edane (S) 28 C4
Edas (LV) 178 C5
Eday (GB) 45 C1
Edderton (GB) 45 A4
Eddleston (GB) 49 A4
Eddystone Rocks Light-house (GB) 56 D6
Ede (S) 25 C4
Edebäck (S) 28 D3
Edebo (S) 31 B2
Edefors (S) 11 A3
Edefors (S) 15 C5
Edelény (H) 82 C6
Edelweiss-Spitze H. (A) 100 D2
Edemissen (D) 68 C4
Eden (S) 16 C5
Edenbridge (GB) 58 D4
Edenderry (IRL) 51 B2
Edendorf (D) 60 C3
Edenkoben (D) 76 D6
Edermanning (D) 93 A3
Ederny (GB) 47 A4
Edessa (GR) 163 B3
Edet (S) 28 D6
Edewecht (D) 67 C2
Edgeworthstown, Mostrim (IRL) 51 B1
Edinburgh (GB) 49 A3
Edineț (MD) 149 B1
Edingen (B) 75 A2
Edingen (D) 77 A5
Edipsos (GR) 167 B4
Edirne (TR) 160 D5
Edland (N) 26 D5
Edlitz Markt (A) 102 A2
Edmondbyers (GB) 49 C6
Edole (LV) 178 C4
Edolo (I) 99 C5
Edøv (N) 22 D1
Edøy (N) 23 A2
Edremit (TR) 165 C5
Edrosa (P) 125 B5
Edsåm (S) 38 A1
Edsberg (S) 29 A5
Edsbro (S) 31 B3
Edsbruk (S) 39 C2
Edsbyn (S) 25 A5
Edsele (S) 16 B6
Edshaug (N) 14 C3
Edsleskog (S) 28 B6
Edsvalla (S) 28 C5
Edsvära (S) 38 C2
Edzell (GB) 49 B1
Ee (NL) 67 A2
Eeklo (B) 74 D1
Eemshaven (NL) 67 B1
Eerbeek (NL) 67 A5
Eersel (NL) 75 C1
Ees (NL) 67 B3
Eferding (A) 93 C3
Effiat (F) 96 C4
Effremovara (RUS) 13 D5
Effretikon (CH) 99 A1
Efkarpia (GR) 163 C2
Eforie Nord (RO) 155 C4
Eforie Sud (RO) 155 C4
Efpalion (GR) 166 D5
Eftelot (N) 27 C5
Eg (DK) 40 C3
Egby (S) 39 D5
Egeln (D) 69 A5
Egen (Dk) 40 D5
Egens (DK) 41 A2
Eger (H) 103 D1
Egerbakta (H) 103 D1
Egerlövő (H) 146 A1
Egern,-Rottach (D) 92 D5
Egersund (N) 36 A2
Egervár (H) 102 B3
Egesborg, Vester (DK) 41 C4
Egestorf (D) 60 D5
Egg (A) 99 C2
Eggan (N) 23 C1
Eggare (GR) 172 C2
Eggby (S) 38 C2
Egge (N) 22 C6
Eggebæk (DK) 40 D5
Eggedal (N) 27 B3
Eggegrund (S) 30 D1
Eggen (N) 5 B2
Eggen (N) 23 D4
Eggenburg (A) 80 C5
Eggenfelden (D) 93 A3
Eggiwil (CH) 98 D3
Egglham (D) 93 B2
Eggmühl (D) 92 D2
Eggum (N) 4 B4
Egham (GB) 58 D3
Eghezee (B) 75 B3
Egiertowo (PL) 63 D2
Egilsay (GB) 45 C1
Egilsstaðir (IS) 1 D1
Eging (D) 93 B2
Eglaine (LV) 177 B2
Egleny (F) 88 D4
Egleton, Lower (GB) 57 C1
Egletons (F) 96 A6
Egling (D) 92 C4
Egling a. d. Paar (D) 92 B3
Eglingham (GB) 49 C5
Eglinton (GB) 47 B3
Eglisau (CH) 99 A1
Égliseneuve-d'Entraigues (F) 96 B6
Eglise-Neuve-de-Vergt (F) 105 A1
Eglisottes-et-Chalaures,les (F) 104 D1
Eglsee (D) 78 D6
Eglwysfach (GB) 53 A6
Eglwyswrw (GB) 56 D1
Egmond aan Zee (NL) 66 B3
Egna (I) 100 A4
Egreja (P) 130 D2
Egremont (GB) 53 B1
Egreville (F) 88 C3
Egtved (DK) 40 D3
Eguille, l' (F) 94 C5
Eguilles (F) 107 B4
Eguilly-s/s-Bois (F) 89 B4
Eguzon (F) 95 C3
Egyek ((H) 146 A2
Ehingen a. d. Donau (D) 91 C3
Ehlershausen (D) 68 C3
Ehloec (MK) 162 D1
Ehnen (L) 75 D5
Ehra (D) 68 D3
Ehrang (D) 76 B5
Ehrenfriedersdorf (D) 79 A2
Ehrenhain (D) 78 D1
Ehringshausen (D) 76 D3
Ehrwald (A) 100 A1
Eiane (N) 36 B1
Eibach (D) 78 B5
Eibar (E) 127 B2
Eibelshausen (D) 76 D2
Eibenstock (D) 79 A2
Eibergen (NL) 67 B5
Eibesbrunn (A) 80 D6
Eibiswald (A) 101 D4
Eiby (N) 2 A5
Eich (D) 76 D5
Eichenbrunn (A) 80 C5
Eichsen,-Mühlen (D) 61 B3
Eichstätt (D) 92 C2
Eichstetten (D) 90 C4
Eichtersheim (D) 91 A1
Eichwalde (D) 69 D3
Eičiai (LT) 176 A3
Eickeloh (D) 68 B3
Eickerhöfe (D) 69 A2
Eid (N) 22 D3
Eida (N) 14 C3
Eidanger (N) 27 C6
Eidapere (EST) 180 D4
Eidavatn (N) 26 C6
Eidbukta (N) 4 C3
Eidbukta (N) 9 A4
Eide (N) 8 C6
Eide (N) 22 D3
Eide (N) 26 A3
Eide (N) 37 A3
Eide bru (N) 22 D4
Eidelstedt, Hamburg (D) 60 D4
Eidem (N) 8 C6
Eidet (N) 4 B4
Eidet (N) 4 C6
Eidet (N) 15 A4
Eidet (N) 15 A4
Eidet Myrhaug (N) 23 D3
Eidfjord (N) 26 D3
Eidi (DK) 36 A4
Eidså (N) 22 B5
Eidsberg (N) 28 A5
Eidsborg (N) 27 A5
Eidsbugaren (N) 23 A6
Eidsdal (N) 22 C4
Eidsfjord (N) 4 C3
Eidsfoss (N) 27 C5
Eidslandet (N) 26 B2
Eidsnes (N) 1 D4
Eidsøra (N) 23 A3
Eidssund (N) 26 B6
Eidsvåg (N) 23 A3
Eidsvoll (N) 28 A3
Eifa (D) 77 A2
Eigg (GB) 48 B1
Eigirdonys (LT) 176 C5
Eigirdžiai (LT) 176 A1
Eigirgala (LT) 176 C4
Eikanger (N) 26 B2
Eikefjord (N) 22 B6
Eikelandsosen (N) 26 B3
Eikeloh (D) 67 D6
Eiken (N) 36 C2
Eikenes (N) 22 A6
Eikerapn (N) 36 C2
Eikla (EST) 180 A5
Eikre gardan (N) 27 B2
Eikrem (N) 23 A2
Eikstr (N) 27 C6
Eilean Dubh (GB) 48 A3
Eilean Iubhard (GB) 44 B4
Eilean Trodday (GB) 44 C4
Eilenburg (D) 69 C6
Eilendorf (D) 76 A2
Eilsum (D) 67 B1
Eimke (D) 68 C2
Eina (N) 27 D2
Einavoll (N) 27 D2
Einbeck (D) 68 C5
Eindhoven (NL) 75 C1
Eining (D) 92 D2
Einöd (D) 76 C6
Einsiedeln (CH) 99 A2
Einville-au-Jard (F) 90 B3
Eira Verde (P) 138 A5
Eisenach (D) 77 C2
Eisenbach (D) 90 D4
Eisenberg (D) 78 C1
Eisenerz (A) 101 C1
Eisenhüttenstadt (D) 70 B2
Eisenkappel (A) 101 C4
Eisenstadt (A) 102 B1
Eisfeld (D) 78 B3
Eišiškės (LT) 176 D6
Eisleben, Lutherstadt (D) 69 A6
Eislingen (D) 91 B2
Eisma (EST) 181 B2
Eitensheim (D) 92 C2
Eiterelvmoen (N) 5 A4
Eiterstraum (N) 8 D6
Eitorf (D) 76 C2
Eitze (D) 68 B3
Eivere (EST) 181 A4
Eivindvik (N) 26 A2
Eivissa (Ibiza) (E) 122 D6
Eix (F) 75 C6
Eja (P) 130 C1
Ejby (DK) 41 C3
Ejea de los Caballeros (E) 128 A5
Ejina (GR) 171 C2
Ejinion (GR) 163 C3
Ejion (GR) 167 A6
Ejros (GR) 164 D1
Ejstrup (DK) 40 D2
Ejulve (E) 134 C2
Ejvidoviči (BY) 177 C3
Ekaterini, Aj. Akr. (GR) 162 B5
Eke (B) 74 D2
Ekeberg (S) 38 D2
Ekeberga (S) 39 B5
Ekeby (S) 29 B5
Ekeby (S) 31 A2
Ekeby (S) 31 A3
Ekeby (S) 39 A2
Ekedalen (S) 38 D2
Ekekull (S) 39 B4
Eken, Stora (S) 38 C1
Ekenäs, Tammisaari (FIN) 33 B5
Ekenås (S) 28 C6
Ekenässjön (S) 39 A4
Eker (S) 29 B5
Ekerö (S) 31 A4
Ekerö (FIN) 33 B5
Ekfors (S) 11 C2
Ekholma (S) 39 B4
Ekhorva (S) 39 B4
Ekkerøy (N) 3 B2
Eknäs (FIN) 33 A4
Ekne (N) 14 B6
Eknö (S) 39 C3
Ekola (FIN) 19 B3
Ekorrsele (S) 16 D3
Ekorrsjö (S) 16 D2
Ekså (N) 36 C2
Ekshärad (S) 28 C3
Eksjö (S) 39 A3
Ekträsk (S) 17 A2
Ekzarh-Antimovo (BG) 160 D3
El Abrigo (E) 144 B6
Elämäjärvi (FIN) 20 B2
Elantxobe (E) 127 A2
Elaphonisos (GR) 171 B5
El Arenal (E) 123 B4
El Arrabal (E) 126 B6
Elasa (GR) 173 B5
Elasson (GR) 163 B5
Elati (GR) 163 A6
Elatia (GR) 167 B5
Elatochorion (GR) 163 B4
Elatu (GR) 166 D5
Elbasan (AL) 162 B2
Elbeuf (F) 87 B2
Elbingerode (D) 68 D5
Elblag (PL) 64 B2
Elblaskie, Gronowo (PL) 64 B2
Elburg (NL) 66 D4
El Callejo (E) 126 D2
Elche de la Sierra (E) 140 D2
Elche/Elch (E) 141 B3
Elchingen (D) 92 A2
Elciego (E) 127 B4
Elda (E) 141 B2
Eldagsen (D) 68 B4
Eldalsosen (N) 22 B6
Elde (N) 22 C5
Eldena (D) 61 B5
El Descojonado (E) 144 C6
Eldforsen (S) 28 D2
Eldingen (D) 68 C3
Eldsberga (S) 38 C6
Elea, Cape (CY) 174 B2
Elea (GR) 171 B4
Eleftheron (GR) 162 D5
Eleftherupolis (GR) 164 B2
Eleja (LV) 179 A6
El Ejido (E) 140 B6
Elek (H) 146 B4
Elėktrėnai (LT) 176 D4
Elen (B) 75 C2
Elena (BG) 160 D2
Elend (D) 68 D5
Elenheimen (N) 1 D3
Eleon (GR) 167 C5
El Estanyol (E) 123 B5
Eletsis (GR) 167 C6
Elfed, Cynwyl (GB) 56 D2
Elfgen (D) 76 A2
El Figaró (E) 129 C5
Elgå (N) 24 A4
Elgin (GB) 45 B5
Elgiszewo (PL) 64 A5
Elgóibar (E) 127 B2
Elgol (GB) 44 C6
El Golfo (E) 145 D3
Elgshøa (N) 24 B6
Elgsnes (N) 4 D2
Elhovo (BG) 160 D3
Elie (GB) 49 B3
Elimäki (FIN) 20 A6
Elimäki (FIN) 34 C3
Eling (S) 38 B2
Elin Pelin (BG) 159 B3
Elisejna (BG) 159 B2
Elisenvaara (RUS) 35 C1
Elishaw (GB) 49 B5
Elivria (E) 143 A5
Elixhausen (A) 93 B4
Elizarovo (RUS) 182 D2
Elizondo (E) 127 D2
Eljaröd (S) 42 D2
Elk (PL) 65 B3
Elkšni (LT) 177 A1
Elkšnukrogs (LV) 179 C6
Ellamaa (EST) 180 C4
Ellanbeich (GB) 48 B2
Ellen, Port (GB) 48 A4
Ellenberg (D) 92 A2
Ellenz (D) 76 C4
Ellerbek (D) 60 D2
Ellesmere (GB) 53 B5
Ellesmere Port (GB) 53 B4
Elliant (F) 84 C4
Ellidshøj (DK) 37 B6
Ellingen (D) 92 B1
Ellington (GB) 58 D1
Ellon (GB) 45 D6
Ellos (S) 38 A3
Ellrich (D) 68 D6
Ellwangen a. d. Jagst (D) 91 C2
Ellwichtern (D) 93 A3
Elm (D) 60 C4
Elm (CH) 99 B3
El Medano (E) 144 B6
Elmshorn (D) 60 C4
Elne (F) 129 D3
Elnesjøen (N) 26 B5
Elnesvågen (N) 22 C3
El Oasis (E) 144 D6
Elofsrud (S) 28 C4
Elorrio (E) 127 B2
Elos (GR) 171 A4
Előszállás (H) 103 A4
El Parador (E) 126 A6
El Paso (E) 144 B1
Elphin (GB) 44 D4
Elphin (IRL) 46 D6
El Pla de St Tiers (E) 129 A4
El Port de la Selva (E) 129 D4
El Portillo de las Cañadas (E) 144 B5
El Pozo (E) 133 A3
El Prat de Llobr. (E) 129 B6
El Rubio (E) 143 A2
Elsdorf (D) 76 B2
Elsegårde (DK) 41 B2
Elsenfeld (D) 77 B4
Elserfeld (D) 76 D2
Elsfjord (N) 8 D5
Elsfleth (D) 67 D2
Elsgarn (A) 80 A4
Elšica (BG) 159 C4
Elškene (LV) 178 C4
Els Manxons (E) 129 B5
El Solerás (E) 128 D6
Els-Omells (E) 129 A6
Elspe (D) 76 D1
Els Prats de Rei (E) 129 A5
Elsrud (N) 27 C3
Elster (D) 69 C5
Elsterberg (D) 78 D2
Elsterwerda (D) 70 A3
Elstra (D) 70 A4
Eltdalen (N) 24 A6
Elten (D) 67 A5
Eltendorf (A) 102 A3
Elterlein (D) 79 A2
Eltmann (D) 78 B4
Eltvik (N) 22 B4
Eltville (D) 76 D4
Elva (EST) 182 B2
Elvål (N) 23 D5
Elvas (P) 138 B1
Elvåsen (NN) 14 B3
Elvbrua (N) 24 A5
Elvdal (N) 24 A5
Elvebakken (N) 2 A4
Elveden (GB) 55 A6
Elvegård (N) 5 A4
Elvekrok (N) 2 C2
Elvelund (N) 1 C6
Elven (F) 85 A5
Elvenes (N) 3 C3
Elverhøy (N) 23 A3
Elverum (N) 28 A2
Elveseter (N) 23 A6
Elvesletta (N) 4 D4
Elvevollen (N) 5 B1
El Vilosell (E) 128 D6
Elvran (N) 23 D1
Elxleben (D) 78 B1
Ely (GB) 55 A6
Elzach (D) 90 D4
Elze (D) 68 C4
Emådalen (S) 24 D6
Emagny (F) 97 C1
Emanville (F) 87 B3
Emberménil (F) 90 B3
Embesos (GR) 166 C4
Embid (E) 133 B4
Embid (E) 133 D1
Embid (E) 133 D2
Embleton (GB) 49 C4
Embonas (GR) 173 D4
Embourie (F) 95 A4
Embrun (F) 107 D2
Emburga (LV) 179 A6
Embūte (LV) 178 C6
Emden (D) 67 B2
Emecik (TR) 173 C3
Emelyanovka (RUS) 21 D1
Emertsham (D) 93 A3
Emirâlem (TR) 169 B4
Emkarby (FIN) 32 A4
Emlichheim (D) 67 B3
Emlyn, Newcastle (GB) 56 D1
Emmaboda (S) 39 B6
Emmaljunga (S) 42 D1
Emmaste (EST) 180 B4
Emmeloord (NL) 66 D3
Emmelshausen (D) 76 C4
Emmen (NL) 67 B3
Emmendingen (D) 90 D4
Emmerich (D) 67 A5
Emmersdorf (A) 80 B6
Emmersdorf (D) 93 A2
Emmes (FIN) 19 C2
Emm. Pappas (GR) 164 A2
Emőd (H) 82 C6
Emolahti (FIN) 20 B2
Emona (BG) 161 B2
Empédocle, Porto (I) 118 B5
Empen (CH) 98 D2
Empo (FIN) 33 A4
Empoli (I) 109 C6
Emptinne (B) 75 B3
Emsdetten (D) 67 C4
Emsfors (S) 39 C4
Emskirchen (D) 78 B5
Emste (D) 67 D3
Emsworth (GB) 58 C4
Emtinghausen (D) 68 A3
Emyvale (IRL) 47 B5
Enafors (S) 24 A1
Enäjärvi (FIN) 34 D3
Enånger (S) 25 C5
Enanlahti (FIN) 21 B6
Enåsen (S) 25 A3
Enate (E) 128 C5
Enberget (N) 28 B1
Encamp (AND) 129 A3
Encarnacão (P) 130 A6
Encausse-les-Thermes (F) 105 A/B6
Encibas (E) 131 D2
Encina (E) 141 B1
Encinas de Esgueva (E) 126 C6
Encinasola (E) 138 B3
Encio (E) 127 A3
Enciso (E) 127 B5
Encs (H) 82 D6
Endeholz (D) 68 C3
Endel (D) 67 D3
Endelave (DK) 41 A3
Enden (N) 23 C5
Endine (I) 99 C6
Endla (EST) 181 B4
Endmoor (GB) 53 C2
Endorf i. Obb. (D) 93 A4
Endriejavas (LT) 175 D2
Endrinal (E) 131 D3
Endrőd (H) 146 A3
Enebakkneset (N) 28 A4
Eneby, Västra (S) 39 B2
Enego (I) 100 B5
Eneryda (S) 39 A6
Enes (N) 26 C4
Enese (H) 102 C2
Enez (TR) 165 A2
Enfield (IRL) 51 C2
Enfield (GB) 58 D2
Enford (GB) 58 B3
Enga (N) 8 D3
Engan (N) 23 B4
Engar (N) 8 C5
Enge (D) 67 D4
Engelberg (CH) 98 D3
Engelhartstetten (A) 102 B1
Engelhartszell (A) 93 C2
Engelia (N) 27 C2
Engeløy (N) 4 C5
Engelsdorf (D) 69 C6
Engelshütt (D) 79 A5
Engelsk (N) 3 C3
Engelskirchen (D) 76 C2
Engelsviken (N) 27 D5
Engen (D) 91 A4
Enger (N) 27 C2
Engerdal (N) 24 A5
Engerdalssetra (N) 24 A5
Engerneset (N) 24 A6
Engeset (N) 22 C4
Engesvang (DK) 40 D2
Engesvik (N) 14 B3
Enghien (B) 75 A3
Engi (N) 26 C1
Engjan (N) 23 A2
Englefontaine (F) 74 D4
Engomi (CY) 174 B3
Enguera (E) 141 B2
Enguidanos (E) 133 C5
Engure (LV) 178 D4
Engvik (N) 1 A5
Enisala (RO) 155 C2
Enkhuizen (NL) 66 D3
Enklinge (FIN) 32 B4
Enköping (S) 30 D4
Enkroken (S) 24 A2
Enna (I) 118 D4
Ennepetal (D) 76 C1
Ennezat (F) 96 C5
Ennigerloh (D) 67 C5
Enningdal (N) 28 A6
Enningdal (S) 37 D1
Ennis (IRL) 50 C3
Enniscorthy (IRL) 51 C4
Enniskean (IRL) 50 C5
Enniskerry (IRL) 51 C2
Enniskillen (GB) 47 A5
Ennistimon (IRL) 50 C2
Enns (A) 93 D3
Eno (FIN) 21 C4
Enodd (N) 23 C2
Enokunta (FIN) 33 C1
Enonkoski (FIN) 21 B6
Enonkylä (FIN) 12 D6
Enonlahti (FIN) 21 A4
Enontekiö, Eanodat (FIN) 6 C2
Ens (NL) 66 D3
Ensay (GB) 44 A4
Ensbury (GB) 58 B5
Enschede (NL) 67 B4
Ensisheim (F) 90 C5
Enskär (S) 31 A1
Enskeri (FIN) 19 A6
Enskeri (FIN) 32 C1
Enskogen (S) 25 A4
Enterkinfoot (GB) 48 D5
Entlebuch (CH) 98 D2
Entracque (I) 108 A4
Entradas (P) 137 D4
Entraigues (F) 107 A3
Entraigues (F) 107 C1
Entrains-s-Nohain (F) 96 C1
Entrammes (F) 86 C5
Entraunes (F) 107 D3
Entraygues-s-T. (F) 106 A2
Entrechaux (F) 107 A3
Entre-Deux-Guiers (F) 97 C6
Entredicho, El (E) 140 C3
Entrevaux (F) 107 D3
Entrèves (I) 98 B5
Entrinmo (E) 124 D5
Entroncamento (P) 130 C5
Entzheim (F) 90 C3
Enveja, L' (E) 135 B2
Envendos (P) 130 D5
Envermeu (F) 74 A4
Enviken (S) 29 B1
Enville (GB) 53 C6
Enying (H) 103 A4
Enzersdorf (A) 80 C5
Enzingerboden (A) 100 C2
Enzisreute (D) 91 C4
Enzklösterle (D) 91 A3
Enzlar (D) 78 A5
Epaignes (F) 87 A2
Epannes (F) 94 D4
Epano Archane (GR) 172 D6
Epanochorion (GR) 172 A6
Epano Elunda (GR) 173 A5
Epano Fetlos (GR) 168 B6
Epanomi (GR) 163 D3
Epe (NL) 67 A4
Epe (D) 67 B4
Epenède (F) 95 B4
Epernay (F) 89 A1
Epernon (F) 88 A2
Epesses, les (F) 94 C2
Epeugney (F) 97 D2
Epfig (F) 90 C3
Ephtakomi (CY) 174 B2
Epieds (F) 74 D6
Epierre (F) 97 D6
Epiktitos, Ay. (CY) 174 B3
Épila (E) 127 D6
Epinac (F) 97 A2
Epinal (F) 90 B4
Epine, l' (F) 89 A2
Epine, l' (F) 94 A2
Epine, l' (F) 107 B2
Epineux-le-Séguin (F) 86 D5
Episcopra (I) 116 D3
Episkopí (CY) 174 C5
Episkopi (CY) 174 C5
Epitalion (GR) 170 C3
Eplény (H) 102 D3
Epoisses (F) 97 A1
Epône (F) 88 A2
Epoo (FIN) 34 B4
Eppe (D) 77 A1
Eppenschlag (D) 93 B1
Eppes (F) 74 D5
Epping (GB) 59 A2
Eppingen (D) 91 A1
Eppstein (D) 76 D4
Epsom (GB) 58 D3
Epuisay (F) 87 B6
Epworth (GB) 54 C4
Equennes (F) 74 B5
Eraclea, Cattólica (I) 118 B4
Eraclea (I) 100 C6
Eräjärvi (FIN) 33 C1
Eräjärvi (FIN) 35 B1
Eranova (I) 119 C2
Erastvere (EST) 182 B2
Eratini (GR) 167 A5
Eratyra (GR) 163 A4
Erba (I) 99 B5
Erbach (D) 77 A5
Erbach (D) 91 C3

Erbalunga (F) 120 C1
Erbendorf (D) 78 D4
Erbezzo (I) 109 C1
Erbisdorf,-Brand (D) 79 A2
Ercé (F) 105 B6
Erchie (I) 117 C2
Ercolano (I) 114 D6
Ercole, Porto (I) 112 C4
Ercsi (H) 103 B3
Érd (H) 103 B2
Erdal (N) 2 B3
Erdal (N) 22 C5
Erdberg (A) 80 D5
Erdek (TR) 165 D3
Erdelli (TR) 169 C3
Erdeven (F) 84 D5
Erdevik (YU) 151 C2
Erding (D) 92 D3
Erdut (HR) 151 B1
Eréac (F) 85 A3
Erehnovo (RUS) 182 D2
Ereira (P) 130 B6
Eremitu (RO) 148 B5
Eressos (GR) 165 A6
Eretria (GR) 163 C6
Eretria (GR) 167 D5
Erfde (D) 60 C2
Erfeld (D) 77 B5
Erftstadt (D) 76 B2
Erfurt (D) 78 B2
Ērģeme (LV) 179 D2
Ergenzingen (D) 91 A3
Ergjavik (N) 26 B4
Ērgli (LV) 179 C5
Ergoldsbach (D) 92 D2
Erguy (F) 85 A2
Erharting (D) 93 A3
Eri (N) 26 D1
Eriboll (GB) 45 A3
Ericas, Las (E) 140 B3
Erice (I) 118 A3
Ericeira (P) 130 A6
Erichshagen (D) 68 B3
Erigné (F) 85 D5
Eriksberg (S) 10 B6
Eriksberg (S) 15 C2
Eriksberg (S) 15 D1
Eriksberg (S) 25 A1
Eriksberg (S) 38 C3
Erikslund (S) 25 A3
Eriksmåla (S) 39 B5
Erikstad (S) 38 B1
Erikussa (GR) 162 B5
Erimanthia (GR) 170 D2
Erin, Port (GB) 52 D2
Eringsboda (S) 39 B6
Eriskay (GB) 44 A6
Eriškiai (LT) 176 C2
Erize-la-Petite (F) 89 C2
Erkelenz (D) 76 A2
Erkheim (D) 92 A4
Erkner (D) 69 D3
Erla (E) 128 A5
Erlach (CH) 98 C2
Erlangen (D) 78 B5
Erle (D) 67 B5
Erlėnai (LT) 175 C1
Erlenbach (CH) 98 C3
Erli (I) 108 C5
Erlsbach (A) 100 C3
Ermakovo (RUS) 175 B5
Erme, Saint- (F) 74 D5
Ermelo (NL) 66 D4
Ermelo (P) 124 D6
Ermenonville (F) 74 C6
Ermenrod (D) 77 A2
Ermida (P) 130 B3
Ermidas (P) 137 C3
Ermidas Gare (P) 137 C3
Ermioni (GR) 171 B3
Ermoen (N) 23 C3
Erndtebrück (D) 76 D2
Ernée (F) 86 C5
Ernei (RO) 147 C4
Ernest, Milton (GB) 58 D1
Ernestinovo (HR) 151 A1
Ernstbrunn (A) 80 C5
Erolzheim (D) 91 C4
Erp (D) 76 B2
Erpfendorf (A) 100 C1
Erradale, North (GB) 44 C4
Erris Hd. (IRL) 46 A4
Erro (E) 127 D3
Errogie (GB) 45 A6
Érsekcsanád (H) 103 B5
Ersekë (AL) 162 C4
Ersfjord (N) 4 D1
Ersnäs (S) 11 B4
Eršovo (RUS) 182 D2
Ersrode (D) 77 B2
Erstein (F) 90 C3
Erstfeld (CH) 99 A3
Ersträsk (S) 11 A5
Ersvik (N) 9 A2
Ertenvåg (N) 9 A2
Ertingen (D) 91 B4
Ertsjärv (S) 11 B2
Ertuğrul (TR) 169 C1
Ertvagøy (N) 23 A2
Ervalla (S) 29 B4
Ervasti (FIN) 13 A4
Ervauville (F) 88 C4
Ervedal (P) 130 D6
Ervenik (HR) 150 A5
Ervidel (P) 137 C3
Ervik (N) 22 B6
Ervik (N) 23 A2
Ervika (N) 8 C5
Ervita (EST) 181 B4
Ervy-le-Châtel (F) 89 A4
Erwitte (D) 67 D6
Erwood (GB) 57 B1
Erxleben (D) 69 A3
Erxleben (D) 69 A4
Erythre (GR) 167 C6
Erzingen (D) 91 A4
Eržvilkas (LT) 176 A3
Esanatóglia (I) 113 B2
Esbjerg (DK) 40 B4
Esblada (E) 129 A6
Esbly (F) 88 C2
Esbo (FIN) 33 C4
Escacena (E) 142 B3
Escairón (E) 124 D3
Escala, L' (E) 129 D4
Escalada (E) 126 D3
Escalaplano (I) 121 C5
Escaldes, Les (AND) 129 A4
Escalhão (P) 131 B2
Escaló (E) 129 A3
Escalona (E) 132 B4
Escalonilla (E) 132 B4
Escalos de Baixo (P) 131 A4
Escalos de Cima (P) 131 A4
Escañuela (E) 139 C3
Escarène, l' (F) 108 A5
Escarilla (E) 128 B3
Escariz (E) 124 D6
Escariz (P) 130 C2
Escároz (E) 128 A3
Escatalens (F) 105 B3
Escatrón (E) 134 D1
Esccalona (E) 128 C4
Esch (D) 76 D3
Eschede (D) 68 C3
Eschenau (D) 78 C5
Eschenbach (D) 78 C4
Eschershausen (D) 68 C5
Eschlkam (D) 79 A5
Escholzmatt (CH) 98 D2
Esch-sur-Alzette (L) 75 D5
Esch-sur-Sure (L) 75 D4
Eschwege (D) 77 C1
Eschweiler (D) 76 A
Esclavitud (E) 124 C3
Escobosa (E) 127 B6
Escœuilles (F) 74 B2
Escombreras (E) 141 B4
Escondeaux (F) 104 D5
Escorial, El (E) 132 C3
Escos (F) 104 B5
Escosse (F) 105 C5
Escouloubre (F) 105 D6
Escource (F) 104 B3
Escragnolles (F) 107 D4
Es Cubells (E) 122 D6
Escucha (E) 134 C2
Escurial (E) 131 C6
Escurolles (F) 96 C4
Escusa (P) 130 C6
Esens (D) 67 C1
Esgos (E) 124 D4
Esgueira (P) 130 C2
Esguevillas (E) 126 B6
Esher (GB) 58 D3
Esjeholmen (N) 8 D3
Eskdalemuir (GB) 49 A5
Eskelinkoski (FIN) 20 C3
Eskifjörður (IS) 1 D2
Eskiköy (TR) 165 B1
Eskilsäter (S) 28 C6
Eskilsryd (S) 39 B5
Eskilstrup (DK) 41 C4
Eskilstuna (S) 30 D4
Eskola (FIN) 19 D1
Eskön (S) 30 D1
Esku (EST) 181 B5
Eslared (S) 38 C6
Eslarn (D) 78 D5
Eslida (E) 134 D4
Eslohe (Sauerl.) (D) 76 D1
Eslöv (S) 42 C2
Esmared (S) 38 C6
Esmoriz (P) 130 B2
Esna (EST) 181 A4
Esnandes (F) 94 C4
Esnes (F) 74 D4
Esnes (F) 75 C6
Esnes-en-Argonne (F) 75 C6
Espa (N) 28 A2
Espadaña (E) 131 C2
Espadañedo (E) 125 B5
Espalion (F) 106 A2
Espalmador (E) 122 D6
Esparragosa (E) 139 A2
Esparreguera (E) 129 B6
Espås (N) 23 C1
Espedal (N) 36 B1
Espeja (E) 131 B3
Espejo (E) 127 A3
Espejo (E) 143 A2
Espeland (N) 26 B3
Espelette (F) 104 B5
Espeluche (F) 107 A2
Espenes (N) 5 A2
Espera (E) 142 C4
Esperanca (P) 131 A6
Esperance (F) 90 B2
Esperanza, La (E) 144 B5
Espéria (I) 114 C4
Espérito, Santo (P) 136 D5
Espérou, l' (F) 106 C3
Espevær (N) 26 A5
Espevik (N) 26 B6
Espezel (F) 105 D6
Espiaube (F) 105 A6
Espiche (P) 137 B5
Espichel, Cabo (P) 137 A2
Espiel (E) 139 B3
Espina, La (E) 125 C2
Espinama (E) 126 B2
Espinar, El (E) 132 C2
Espiñaredo (E) 124 D1
Espinasse (F) 96 B4
Espinchal (F) 96 C6
Espindola (E) 144 B1
Espinho (P) 130 B1
Espinilla (E) 126 C3
Espinosa de Cerrato (E) 126 C5
Espinosa de Cerrato (E) 126 D5
Espinosa de los Monteros (E) 126 D2
Espinoso del Rey (E) 132 B5
Espira-de-l'Agly (F) 106 A6
Espirito Santo (P) 138 A4
Esplantas (F) 106 C1
Esplegares (E) 133 B2
Espluga de Francoli, L' (E) 129 A6
Esplús (E) 128 C5
Espoey (F) 104 D5
Espoo (FIN) 33 C4
Esporles (E) 123 B4
Esposende (P) 124 B6
Espot (E) 128 D3
Esprels (F) 90 A5
Espunvola, L' (E) 129 B5
Esquedas (E) 128 B4
Esquennoy (F) 74 B5
Esquirol, L' (E) 129 C5
Esquivias (E) 132 D4
Esrange (S) 6 A3
Esrum (DK) 42 B2
Essards, les (F) 95 A1
Essards-Taignevaux, les (F) 97 C2
Essarois (F) 89 B4
Essarts, les (F) 74 A5
Essarts, les (F) 94 C3
Essarts-le-Vicomte, les (F) 88 D2
Essay (F) 87 A4
Esse Ättävä (FIN) 19 C2
Essen (D) 67 B6
Essen (B) 75 A1
Essenbach (D) 92 D2
Essendorf, Ob.- (D) 91 C4
Essen (Old.) (D) 67 C3
Essern (D) 68 A4
Essertaux (F) 74 B5
Essertenne-et-Cecey (F) 97 C1
Essey (F) 97 A1
Essigny (F) 74 C5
Essigny-le-Grand (F) 74 D5
Eßlingen (D) 91 B2
Essoyes (F) 89 B4
Essvik (S) 25 C3
Est. (E) 131 A6
Est. (E) 131 B6
Est. (E) 133 B6
Estables, les (F) 106 D1
Estables (F) 106 B/C2
Establet (F) 107 B2
Estacas (E) 124 C4
Estación de Herreruela (E) 131 B6
Estación de Urda (E) 132 C6
Estadilla (E) 128 C5
Estagel (F) 106 A6
Estaing (F) 104 D6
Estaing (F) 106 A2
Estaires (F) 74 C3
Estallenes (E) 123 A4
Estang (F) 104 D4
Estany, L' (E) 129 B5
Estaque, l' (F) 107 B5
Estarreja (P) 130 C2
Estartit, L' (E) 129 D4
Estavayer (CH) 98 B2
Estby, Estinkylä (FIN) 33 C5
Este (I) 110 A2
Esteban (E) 125 D5
Estedt (D) 69 A3
Estela (P) 124 B6
Estella (E) 127 C3
Estensi, Lido degli (I) 110 C3
Estensvollen (N) 23 C4
Estepa (E) 143 A3
Estépar (E) 126 C4
Estepona (E) 142 D5
Esteras de Medinaceli (E) 133 B1
Estercuel (E) 134 C2
Estérençuby (F) 104 B6
Esterholz (D) 68 D2
Esternay (F) 88 D2
Esterri d'Aneu (E) 129 A3
Estersön (S) 11 C4
Esterwegen (D) 67 C2
Estibeaux (F) 104 C4
Estibella (E) 134 D5
Estil (N) 15 A4
Esting (D) 92 C3
Estinkylä, Estby (FIN) 33 C5
Estissac (F) 88 D3
Estivareilles (F) 96 B3
Estivareilles (F) 96 D6
Estói (P) 137 D5
Eston (GB) 54 C1
Estorf (D) 68 B3
Estoril (P) 137 A1
Estrada, La (E) 124 C3
Estréchure, l' (F) 106 C3
Estrée-Blanche (F) 74 B3
Estrées (F) 74 C4
Estrées (F) 74 D4
Estrées-Saint-Denis (F) 74 B6
Estrée-Wamin (F) 74 B3
Estreito (P) 130 D4
Estrela (P) 138 A2
Estrella, La (E) 132 A5
Estremoz (P) 138 A1
Estry (F) 86 D3
Estuna (S) 31 B3
Estvad (DK) 40 C1
Esvres (F) 95 B1
Esymi (GR) 165 A1
Esztár (H) 146 B2
Esztergom (H) 103 B2
Etaä-Niskamäki (FIN) 20 C5
Etables-s-Mer (F) 84 D2
Etain (F) 75 C6
Etais (F) 89 A5
Etais-la-Sauvin (F) 88 D5
Etalans (F) 97 D2
Etalle (B) 75 C5
Étampes (F) 88 B3
Etang-s-Arroux (F) 97 A2
Etaples (F) 74 A3
Etauliers (F) 94 D6
Ete (H) 102 D2
Etel (F) 84 D5
Eteläinen (FIN) 33 C2
Etelä-Vartsala (FIN) 32 C3
Etelhem (S) 43 C5
Etevaux (F) 97 C1
Etili (TR) 165 C4
Etival (F) 97 C3
Etivey (F) 89 A5
Etnedal (N) 27 C2
Etnstølen (N) 27 B1
Etoges (F) 89 A2
Etoile-s-Rhône (F) 107 A1
Etolikon (GR) 166 C5
Eton (GB) 58 C3
Etréaupont (F) 74 D4
Etréchy (F) 88 B3
Etrées-Saint-Denis (F) 74 B5
Etrépagny (F) 74 A6
Etretat (F) 87 A1
Etreux (F) 74 D4
Etroeungt (F) 74 D4
Etropole (BG) 159 C2
Etroussat (F) 96 C4
Etsaut (F) 104 C6
Ettal (D) 92 C5
Ettebro (S) 43 B1
Ettelbruck (L) 75 D5
Etten (NL) 66 B6
Ettenheim (D) 90 D4
Ettenkofen (D) 93 A2
Etterzhausen (D) 92 D1
Ettington (GB) 58 B1
Ettlingen (D) 91 A2
Ettringen (D) 92 B4
Etulia (MD) 155 B1
Etuz (F) 97 D1
Etxalar (E) 127 C2
Etzdorf (D) 79 A1
Eu (F) 74 A4
Euböa, Evvoia (GR) 167 D4
Euerhausen (D) 77 C5
Eugendorf (A) 100 D1
Eugénie-les-Bains (F) 104 C4
Eugmo (FIN) 19 C1
Eula (D) 78 D1
Eulalia, Sta. (E) 122 D5
Eupen (B) 75 D3
EUR (I) 113 A6
Eura (FIN) 32 D2
Eurajoki (FIN) 32 D2
Euratsfeld (A) 80 A6
Eure, Pacy-sur- (F) 74 A6
Eurialo, Castello (I) 119 B5
Europa, Punta de (E) 142 D6
Europoort (NL) 66 B5
Eursinge (NL) 67 A3
Euskirchen (D) 76 B3
Eutin (D) 61 A3
Eutzsch (D) 69 C5
Euzet (F) 106 D3
Eva (GR) 170 D4
Eväjärvi (FIN) 20 A6
Evanger (N) 26 B2
Evanton (GB) 45 A5
Evaux-les-Bains (F) 96 B4
Evciler (TR) 165 C4
Evdhimou (CY) 174 C5
Evdilos (GR) 172 D1
Evele (LV) 179 C3
Evelix (GB) 45 A4
Evenbroek (B) 74 D1
Evenes (N) 4 D3
Evenset (N) 9 A2
Evenskjer (N) 4 D3
Evergem (B) 74 D2
Everöd (S) 42 D2
Eversdorf (D) 68 D3
Eversen (D) 68 B2
Evertsberg (S) 24 D6
Evesham (GB) 57 D1
Evian-les-Bains (F) 98 A1
Evijärvi (FIN) 19 C2
Evisa (F) 120 B3
Evitskog (FIN) 33 C4
Evjali (GR) 172 D3
Evje (N) 36 D2
Evjemoen (N) 36 D2
Evjen (N) 9 A2
Evlalon (GR) 164 C2
Evolène (CH) 98 C4
Evora (P) 137 D2
Evora Monte (P) 138 A1
Evran (F) 85 B3
Evrecy (F) 86 D3
Evrensekiz (TR) 161 B5
Evreux (F) 87 B3
Evron (F) 86 D5
Evropos (GR) 163 C2
Evrostina (GR) 167 A6
Évry (F) 88 B2
Evrykhou (CY) 174 C4
Evvoia, Euböa (GR) 167 D4
Evzoni (GR) 163 C2
Ewijk (NL) 66 D5
Exaplatanos (GR) 163 B2
Exarchos (GR) 167 B5
Excenevex (F) 97 D3
Excideuil (F) 95 C6
Exeter (GB) 57 A5
Exilles (I) 107 D1
Exmes (F) 87 A3
Exminster (GB) 57 A5
Exmouth (GB) 57 A5
Exochi (GR) 164 A1
Exo Hora (GR) 170 B2
Exomytis, Akr. (GR) 172 C4
Extremo (P) 124 C5
Eybouleuf (F) 95 C5
Eydehavn (N) 37 A2
Eye (GB) 54 D6
Eye (GB) 59 B1
Eyemouth (GB) 49 C4
Eye Peninsula (GB) 44 C3
Eyguians (F) 107 B2
Eyguières (F) 107 A4
Eygurande (F) 96 A4
Eyjafjördhur (IS) 1 C1
Eylie (F) 105 B6
Eymet (F) 105 A2
Eymoutiers (F) 95 D5
Eynon,-Port (GB) 56 D3
Eyrarbakki (IS) 1 B3
Eyrecourt (IRL) 51 A2
Eystrup (D) 68 B3
Eysturoy (DK) 36 B4
Eyzies-de-Tayac, les (F) 105 B1
Eyzin-Pinet (F) 97 B6
Ezaro (E) 124 B2
Ezcaray (E) 127 A4
Ezcurra (E) 127 C2
Ezere (LV) 178 C6
Ežerėlis (LT) 176 B4
Ezeris (RO) 152 C1
Ezerkalns (LV) 179 C4
Ezermala (RUS) 182 D6
Ezine (TR) 165 B4
Ezy-s-Eure (F) 87 C3

F

Faaborg (DK) 41 A4
Fabara (E) 135 A1
Fabas (F) 105 B6
Fàbbrica C. (I) 108 D3
Fàbbrico (I) 109 C3
Fåberg (N) 22 D6
Fåberg (N) 27 C1
Fåbergstølen (N) 22 D6
Fabian (F) 105 A6
Fábiánháza (H) 146 C1
Fabiánsebestyén (H) 103 D4
Fäboda (S) 17 B3
Fäbodliden (S) 16 C2
Fäbodön (S) 25 C5
Fabr. Krašnik (PL) 73 B4
Fabriano (I) 113 B2
Fábrica di R. (I) 113 A5
Fábricas de Dan Juan (E) 140 C2
Fabrizia (I) 119 D1
Fabro (I) 112 D3
Fabryczny, Rejowiec (PL) 73 C4
Făcăeni (RO) 155 A3
Facinas (E) 142 C6
Fačkov (SK) 81 C4
Facture (F) 104 C2
Fadagosa (P) 131 A5
Fadd (H) 103 B5
Fadón (E) 125 C6
Faédis (I) 101 A5
Faenza (I) 110 B5
Faeto (I) 115 B5
Fafe (P) 124 C6
Fagagna (I) 100 D5
Făgăraş (RO) 147 D5
Făgărasu Nou (RO) 155 B2
Fågelås, Norra (S) 38 D2
Fågelås, Södra (S) 38 D2
Fågelberget (S) 15 B3
Fågelfors (S) 39 B4
Fågelmara (S) 39 C6
Fågelsjö (S) 24 D5
Fågelsta by (S) 16 B4
Fågelsundet (S) 31 A1
Fågeltofta (S) 42 D3
Fågelvik, Västra (S) 28 B5
Fågelvik (S) 39 C2
Fagerås (S) 28 C5
Fagerhaug (N) 23 B3
Fagerheden (S) 11 B5
Fagerhøy (N) 23 C6
Fagerhult (S) 38 D3
Fagerhult (S) 39 B4
Fagerhult (S) 42 C1
Fagerli (N) 9 B2
Fagernes (N) 1 B6
Fagernes (N) 27 B1
Fagersanna (S) 38 D1
Fagersheim (N) 26 D3
Fagersta (S) 29 B3
Fagerstrand (N) 27 D4
Fagervika (N) 8 D5
Făgetelu (RO) 153 C2
Fagevik (FIN) 33 B5
Fåglavik (S) 38 C3
Făgot (RO) 146 C6
Fahan (IRL) 47 A3
Faial (P) 136 A6
Faial (P) 136 B1
Faicchio (I) 114 D5
Faido (CH) 99 A4
Fail (P) 130 D2
Failde (P) 125 B6
Fairford (GB) 58 B2
Fairlie (GB) 48 C4
Fairmile (GB) 57 A4
Faissault (F) 75 B5
Fáiti (I) 114 B4
Faja Grande (P) 136 A3
Fajãzinha (P) 136 A3
Fajsławice (PL) 73 C4
Fajtovci (BIH) 150 B3
Fakenham, Little (GB) 59 B1
Fakenham (GB) 55 B5
Fakia (BG) 161 A3
Fakovići (YU) 151 C4
Fakse (DK) 42 B4
Fakse Ladeplads (DK) 42 B4
Falaise (F) 86 D3
Fålåsjö (S) 16 D6
Falåström (S) 16 D2
Falcade (I) 100 B4
Falcarragh (IRL) 46 D3
Falces (E) 127 C4
Fălciu (RO) 149 C5
Falconara (I) 118 D5
Falconara Marina (I) 113 C1
Faldsed (DK) 41 A4
Fale (N) 23 A3
Falenty (PL) 72 C2
Falerna (I) 116 D6
Falerna Marina (I) 116 D6
Falerum (S) 39 B2
Fălești (MD) 149 B2
Falgoux, le (F) 96 B6
Falkekeila (N) 3 B2
Falkenberg (S) 38 B5
Falkenberg (D) 69 D5
Falkenberg (D) 78 D4
Falkenberg (D) 93 A3
Falkenhagen (D) 61 C5
Falkenhain (D) 69 C6
Falkenrehde (D) 69 C3
Falkensee (D) 69 C3
Falkensteig (D) 90 D4
Falkenstein (D) 78 D3
Falkenstein (D) 79 A6
Falkenthal (D) 69 D2
Falkevbru (N) 4 D5
Falkirk (GB) 49 A3
Falkland (GB) 49 A3
Falknowo (PL) 64 B3
Falkonera (GR) 171 D4
Falköping (S) 38 C2
Fałków (PL) 72 B4
Falla (S) 29 C6
Fallberg (S) 11 A4
Fallersleben (D) 68 D4
Fallet (N) 28 A3
Fällfors (S) 11 B6
Fällforsan (S) 17 B4
Fallingbostel (D) 68 B3
Fällsvik (S) 25 D1
Falltorp (S) 28 B2
Falmouth (GB) 56 C6
Falset (E) 135 B1
Falsterbo (S) 39 C3
Falsterbo (S) 42 C3
Falstone (GB) 49 B5
Fălticeni (RO) 148 D3
Falträsk (S) 16 D2
Faludden (S) 43 C6
Falun (S) 29 B2
Famagusta, Gazi Mağusa (CY) 174 B2
Famars (F) 74 D3
Fana (N) 26 B3
Fanad Hd. (IRL) 47 A2
Fanano (I) 109 C4
Fanari, Akr. (GR) 172 D1
Fanarion (GR) 164 C2
Fanbyn (S) 25 B3
Fancsika (H) 146 B2
Fangel (DK) 41 A4
Fångo (S) 39 C2
Fanjeaux (F) 105 D5
Fánjin (DK) 36 B6
Fannrem (N) 23 B2
Fanø (DK) 40 C4
Fano (I) 110 D6
Fanos (GR) 163 C2
Faou, le (F) 84 B3
Faouet, le (F) 84 C4
Fara, La (E) 129 A4
Fara Nov. (I) 108 C1
Faraid Head (GB) 45 A2
Fara in Sab. (I) 113 A5
Faramans (F) 97 B6
Faraoanele (RO) 154 C1
Fararella, La (E) 135 A1
Fara San Martino (I) 114 D3
Farasdúes (E) 128 A4
Fărău (RO) 147 B4
Fårberg (S) 16 D3
Fårbo (S) 39 C4
Fărcasa (RO) 147 A2
Fărcașu (RO) 153 B3
Fardal (N) 27 A6
Fardhem (S) 43 C5
Fare, la (F) 107 A4
Fareham (GB) 58 C4
Faremoutiers (F) 88 C2
Farestad (N) 36 C3
Farestveit (N) 26 B2
Fårevejle (DK) 41 C3
Färgaryd (S) 38 C5
Färgelanda (S) 38 A2
Farges (F) 97 D4
Fargues-Saint-Hilaire (F) 104 C1
Fargues-s-Ourbise (F) 104 D3
Fariete (E) 128 B6
Färila (S) 25 B4
Farindola (I) 113 C4
Faringdon (GB) 58 B2
Faringe (S) 31 D3
Färingtofta (S) 42 C2
Farini (I) 109 A3
Fariza (E) 125 C6
Färjestaden (S) 39 C5
Farkadon (GR) 163 B6
Farmakonision (GR) 173 B2
Farmos (H) 103 C2
Färna (S) 29 B4
Farná (SK) 103 A1
Färnäs (S) 28 D1
Farnborough (GB) 58 C3
Farne Is. (GB) 49 D4
Farnese (I) 112 D4
Farnham (GB) 58 C3
Farnham (GB) 59 B1
Farningham (GB) 59 A3
Fårö (FIN) 32 D5
Fårö (S) 43 D4
Faro (P) 137 C5
Faro do Alentejo (P) 138 D3
Fårösund (S) 43 D4
Farr (GB) 45 A5
Farra d'Alp. (I) 100 C5
Farranfore (IRL) 50 C4
Farrington Gurney (GB) 57 C3
Farruch, Cabo (E) 123 C4
Farsala (GR) 163 C6
Färsån (S) 16 B6
Farsø (DK) 37 B6
Farstad (N) 22 C2
Farstorp (S) 42 D1
Farstrup (DK) 37 B6
Farsund (N) 36 B3
Fårträsk (S) 10 D6
Farum (DK) 42 B2
Fårvang (DK) 40 D2
Fasana (I) 117 B5
Fasano (I) 117 B1
Fasnia (E) 144 B5
Fassa, Vigo di (I) 100 B4
Fåssjödal (S) 25 A4
Fasterholt (DK) 40 C2
Fastnäs (S) 28 C3
Fasty (PL) 65 C4
Fataga (E) 144 D6
Fátima (P) 130 B5
Fatmomakke (S) 15 B2
Fättjaur (S) 15 B1
Faucogney (F) 90 B5
Faucon-du-Caire (F) 107 C2
Faugères (F) 106 B4
Faulquemont (F) 90 B2
Fauquembergues (F) 74 B3
Faura (E) 134 D5
Făurei (RO) 154 D2
Făurei (RO) 154 D4
Faurie, la (F) 107 B2
Fausing (DK) 41 A1
Fauskan (N) 14 A5
Fauske (N) 9 B1
Faute-s-Mer, la (F) 94 C4
Fauville-en-Caux (F) 87 B1
Faux (F) 105 A1/2
Faux-la-Montagne (F) 95 D5
Favaios (P) 131 A1
Favale (I) 109 A4
Fåvang (N) 23 C6
Favara (I) 118 C4
Favareta (E) 134 D6
Faverges (F) 97 D5
Faverney (F) 89 D4
Faverolles (F) 88 A2
Faverolles (F) 106 B1
Faversham (GB) 59 B3
Favet, le (F) 98 B5
Favignana (I) 118 A5
Fåviken (S) 15 A6
Favoriten (A) 102 B1
Favone (F) 120 C4
Fawley (GB) 58 B4
Faxaflói (IS) 1 A2
Fay-aux-Loges (F) 88 B4
Fay-de-Bretagne (F) 85 B5
Faye-l'Abbesse (F) 94 D2
Fayence (F) 107 D4
Fayet (F) 106 B4
Fayl-Billot (F) 89 C4
Fayón (E) 135 A1
Fays, Haut- (B) 75 B4
Fay-s-L. (F) 106 D1
Fays-les-Venneurs (B) 75 B5
Fazana (HR) 111 A3
Feakle (IRL) 50 D3
Féas (F) 104 C5
Fécamp (F) 87 A1
Feces de Abajo (P) 125 A5
Féclaz, la (F) 97 D5
Feda (N) 36 B3
Fedje (N) 26 A2
Fedosino (RUS) 182 D4
Fedotovo (RUS) 175 C5
Fee,-Saas (CH) 98 C4
Feeny (GB) 47 B4
Fefor (N) 23 B6
Fegen (S) 38 C5
Fegersheim (F) 90 C3
Feggesund (DK) 37 A6
Fégréac (F) 85 B5
Fegyvernek (H) 103 D3
Fehérgyarmat (H) 83 B6
Fehmarn (D) 61 A2
Fehrbellin (D) 69 C3
Fehring (A) 102 A4
Feimani (LV) 182 B6
Feios (N) 26 C1
Feira (P) 130 C2
Feiring (N) 27 D2
Feistritz (A) 101 B4
Feitera (P) 137 D5
Fejan (S) 31 C3
Fejø (DK) 41 C5
Feketić (YU) 151 C1
Fekjan (N) 27 B3
Felanitx (E) 123 B4
Felce (F) 120 C2
Felchow (D) 62 B5
Feldafing (D) 92 C4
Feldbach (F) 98 C1
Feldbach (A) 102 A3
Feldberg (D) 62 A4
Felding, Nørre (DK) 40 C2
Felding, Sørre (DK) 40 C2
Feldioara (RO) 154 A1
Feldkirch (A) 99 C2
Feldkirchen (A) 101 B3
Feldru (RO) 147 C2
Feldstetten (D) 91 B3
Feleacu (RO) 147 B4
Felechas (E) 126 A3
Felechosa (E) 126 A2
Feletto (I) 98 C6
Felgueiras (P) 124 C6
Felguera (E) 125 D2
Felgyő (H) 103 D4
Feliceni (RO) 148 C6
Feliceto (F) 120 B2
Felina (I) 109 C4
Félines (F) 96 D6
Félines-Termenès (F) 106 A6
Felipe (E) 133 C6
Felisio (I) 110 B4
Felitto (I) 116 C2
Felixstowe (GB) 59 B2
Felizzano (I) 108 C3
Felle (N) 37 A1
Felletin (F) 96 A5
Felling (GB) 49 D6
Fellingsbro (S) 29 B4
Felmin (E) 125 D3
Felnac (RO) 146 B5
Felnémet (H) 103 D1
Fels a. Wagr (A) 80 C5
Felsberg (D) 76 B6
Felsőbagod (H) 102 B4
Felsőgagy (H) 82 C5
Felsőnyárád (H) 82 C6
Felsőnyék (H) 103 A4
Felsőrajk (H) 102 C4
Felsőszentiván (H) 103 B5
Felsőszölnök (H) 102 A4
Felsted (DK) 40 D5
Felton, West (GB) 53 B5
Felton (GB) 49 C5
Feltos (P) 124 C6
Feltre (I) 100 B5
Femmøller (DK) 41 A2
Femø (DK) 41 C5
Femsjö (S) 38 C5
Femundsenden (N) 24 A5
Femundshytta (N) 24 A4
Fenagh (IRL) 46 D5
Fenais da Ajuda (P) 136 C3
Fenais da Luz (P) 136 C3
Fénay (F) 97 B1
Fenerköy (TR) 161 B6
Fenes (N) 4 D2
Fenes (RO) 147 A5
Fenestrelle (I) 108 A2
Fénétrange (F) 90 B2
Feneu (F) 86 D6
Fengersfors (S) 28 C6
Féniers (F) 96 A5
Fenioux (F) 94 D3
Fenís (I) 108 B1
Fenit (IRL) 50 B4
Fen. Moncata (I) 119 A4
Fenstanton (GB) 58 D1
Fenwick (GB) 48 D4
Fényeslitke (H) 83 A6
Feolin Ferry (GB) 48 B3
Feragen (N) 24 A3
Ferbane (IRL) 51 A2
Ferchland (D) 69 B3
Ferdinandshof (D) 62 B3
Fère, la (F) 74 D5
Fere (GR) 165 A2
Fère-Champenoise (F) 89 A2
Fère-en-Tardenois (F) 74 D6
Ferentillo (I) 113 B4
Ferentino (I) 113 B6
Ferento (I) 113 A4
Feresti (RO) 149 B4
Férez (E) 140 D2

Ferfay (F) 74 B3
Fergus, St. (GB) 45 D5
Feričanci (HR) 150 D1
Ferigion (GR) 160 C5
Ferkingstad (N) 26 A6
Ferla (I) 119 A5
Ferlach (A) 101 B4
Ferleiten (A) 100 D2
Fermanville (F) 86 C1
Fermignano (I) 110 C6
Fermo (I) 113 C2
Fermoselle (E) 131 C1
Fermoy (IRL) 50 D5
Fernancaballero (E) 132 C6
Fernán-Nuñez (E) 143 A2
Fernán Pérez (E) 140 D6
Ferndorf (D) 76 D2
Ferndown (GB) 58 B4
Fernhurst (GB) 58 C4
Ferns (IRL) 51 C4
Fernsbol (S) 28 C3
Ferpecle (CH) 98 C4
Ferral-les-Corbières (F) 106 A5
Ferrals-les-Montagnes (F) 106 A5
Ferrandina (I) 117 A2
Ferrara (I) 99 D6
Ferrara (I) 110 A3
Ferraria, Ponta da (P) 136 B3
Ferrarias (P) 137 B2
Ferráris, Livorno (I) 108 D1
Ferrato, Capo (I) 121 D5
Ferreira (E) 125 A1
Ferreira (P) 138 A2
Ferreira do Alentejo (P) 137 C3
Ferreira do Zêzere (P) 130 C5
Ferreiras (P) 137 C5
Ferreras de Abajo (E) 125 C5
Ferreras de Arriba (E) 125 C5
Ferrerías (E) 123 C3
Ferrers, Higham (GB) 58 D1
Ferreruela (E) 134 B2
Ferret (CH) 98 B5
Ferrette (F) 98 C1
Ferrière, la (F) 94 C3
Ferriere, le (I) 114 A4
Ferriere (I) 109 A3
Ferrière-Airoux, la (F) 95 B4
Ferrière-aux-Etangs, la (F) 86 D4
Ferrière-en-Parthenay, la (F) 95 A3
Ferrière-Larçon (F) 95 B2
Ferrières (F) 88 C4
Ferrières (F) 89 D3
Ferrières-Saint-Mary (F) 96 C6
Ferrières-s-Sichon (F) 96 D4
Ferring (DK) 40 B1
Ferro, Ilhéu de (P) 136 C1
Ferrol (E) 124 C1
Ferry, Broughty (GB) 49 B2
Ferry, Feolin (GB) 48 B3
Ferry, Otter (GB) 48 C3
Ferté, la (F) 97 C2
Ferté-Alais, la (F) 88 B3
Ferté-Bernard, la (F) 87 B5
Ferté-Frênel, la (F) 87 A3
Ferté-Gaucher, la (F) 88 D2
Ferté-Imbault, la (F) 88 B5
Ferté-Loupière, la (F) 88 D4
Ferté-Macé, la (F) 86 D4
Ferté-Milon, la (F) 74 C6
Ferté-Saint-Aubin, la (F) 88 B5
Ferté-Saint-Cyr, la (F) 87 C6
Ferté-sous-Jouarre, la (F) 88 C2
Ferté-Vidame, la (F) 87 B4
Ferté-Villeneuil, la (F) 87 C5
Fertilia (I) 121 A2
Fertőd (H) 102 B2
Fertőszentmiklós (H) 102 B2
Feschaux (B) 75 B4
Festieux (F) 74 D5
Festos (GR) 172 C6
Festøy (N) 22 C4
Festvåg (N) 4 B4
Festvåg (N) 9 A1
Feteiras (P) 136 B3
Feten (N) 27 A2
Fetesti (RO) 155 A4
Fethard (IRL) 51 A4
Fethard (IRL) 51 B5
Fetlar (GB) 45 D3
Fetsund (N) 28 A4
Fettercairn (GB) 49 B1
Feucht (D) 78 C5
Feuchten (A) 100 A2
Feuchtwangen (D) 92 A1
Feugarolles (F) 105 A3
Feuillie, la (F) 74 A5
Fevåg (N) 14 A6
Fevik (N) 37 A2
Fevral'skoje (RUS) 176 A4
Feytiat (F) 95 C5
Feyzin (F) 97 B5
Ffestiniog (GB) 53 A5
Ffostrasol (GB) 56 D1
Fiandberg (S) 16 B2
Fiane (N) 37 A2
Fibis (RO) 146 B6
Ficáccia, la (I) 121 C1
Ficarolo (I) 110 A3
Ficulle (I) 112 D3
Fiddown (IRL) 51 B4
Fide (S) 43 C6
Fidenza (I) 109 B3
Fidjeland (N) 36 C1
Fie (N) 37 A2
Fié (I) 100 B4
Fieberbrunn (A) 100 C1
Fieni (RO) 154 A2
Fienvillers (F) 74 B4
Fier (AL) 162 B3
Fiera di Primiero (I) 100 B4
Fierbinti (RO) 154 A4
Fierbinti Tîrg (RO) 154 C3
Fiesch (CH) 98 D4
Fiésole (I) 109 D5
Fiesso U. (I) 110 A3
Fieulaine (F) 74 D4
Fifång (S) 31 A5
Fife Ness (GB) 49 B3
Figa (SK) 82 B5
Figari (F) 120 C5
Figeac (F) 105 D2
Figeholm (S) 39 C4
Figgjo (N) 36 A1
Figline (I) 112 D1
Fibline V. (I) 109 D6
Figueira (P) 137 B5
Figueira (P) 137 C3
Figueira da Foz (P) 130 B4
Figueira de Cast.Rodrigo (P) 131 A2
Figueiredo de Alva (P) 130 D2
Figueiró dos Vinhos (P) 130 C4
Figueruelá de Abajo (E) 140 C3
Figures (E) 129 C4
Fiksdal (N) 22 C3
Fiksund (N) 22 B4
Filadélfia (I) 119 D1
Fil'akovo (SK) 82 B6
Filatova Gora (RUS) 182 D3
Filby (GB) 55 C6
Filettino (I) 113 C6
Filetto (I) 110 B4
Filevo (BG) 160 B4
Filey (GB) 54 D2
Filia (GR) 170 D2
Filiasi (RO) 153 B3
Filiate (GR) 162 C6
Filiatra (GR) 170 C4
Filicudi, Porto (I) 119 A1
Filipesti (RO) 149 A4
Filipesti (RO) 154 D2
Filipestii de Tîrg (RO) 154 B3
Filipias (GR) 166 B4
Filipjakov (HR) 111 D5
Filipów (PL) 65 B2
Filippos, Akr. (GR) 172 A3
Filippovka (RUS) 175 B5
Filipstad (S) 28 D4
Filisur (CH) 99 C3
Fillan (N) 23 A1
Fillans, St (GB) 48 D2
Filliévres (F) 74 B3
Fillsta (S) 24 D1
Filotas (GR) 163 A3
Filotion (GR) 172 C3
Filottrano (I) 113 B2
Fils (D) 91 B2
Filskov (DK) 40 C3
Filsum (D) 67 C2
Filtvet (N) 27 D5
Finale (I) 118 D3
Finale Emilia (I) 109 D3
Finale Ligure (I) 108 C4
Fiñana (E) 140 B5
Finavon (GB) 49 B2
Finby Särkisolo (FIN) 33 A4
Findhorn (GB) 45 B5
Fines (E) 140 C5
Finestrat (E) 141 C2
Finhan (F) 105 B4
Finisterre (E) 124 B3
Finkenheerd,-Brieskow (D) 70 B1
Finnbacka (S) 25 A6
Finnberget (S) 24 D5
Finnböle (S) 30 D2
Finnbyen (N) 4 A5
Finnea (IRL) 51 B1
Finneby (S) 25 A4
Finneid (N) 9 B2
Finneidfjord (N) 9 A4
Finnentrop (D) 76 C1
Finnerödja (S) 29 A6
Finnes (N) 4 D1
Finnes (N) 8 D3
Finnfall (S) 29 A3
Finnfara (S) 25 B6
Finnfjordbotn (N) 5 A1
Finnfors (S) 17 A2
Finn gruvan (S) 28 D2
Finnholt (N) 28 A3
Finnilä (FIN) 19 D3
Finnjord (N) 1 B6
Finnkongkeila (N) 2 D1
Finnkroken (N) 1 B5
Finnlandsnes (N) 5 A2
Finnö, Norra (S) 39 C1
Finnö, Södra (S) 39 C1
Finnøy (N) 4 C5
Finnøy (N) 26 B6
Finnset (N) 23 A4
Finnseter (N) 4 C3
Finnsjön (S) 25 B3
Finnskog (N) 28 B2
Finnskoga, Norre (S) 28 B1
Finnsnes (N) 5 A1
Finntorp (S) 28 B5
Finntorp (S) 38 D3
Finnträsk (S) 11 B6
Finnvik (N) 1 A5
Finnvik (N) 1 D2
Finnvik (N) 2 B1
Finnvollan (N) 14 D3
Fino M. (I) 108 D1
Finow (D) 69 D2
Fins, les (F) 98 B2
Fins (F) 74 C4
Finsand (N) 27 C3
Finse (N) 26 D2
Finsland (N) 36 C3
Finspång (S) 29 B6
Finstad (N) 23 D4
Finstad (N) 28 A1
Finsterau (D) 93 B1
Finsterwalde (D) 70 A3
Finstown (GB) 45 C1
Finström (FIN) 32 A4
Fintona (GB) 47 A4
Fintown (IRL) 46 D3
Fionnay (CH) 98 B4
Fionnphort (GB) 48 A2
Fiorentina (I) 110 A4
Fiorentino, Castiglion (I) 112 D2
Fiorenzuola d'Arda (I) 109 B3
Firbeix (F) 95 B5
Firenze (I) 109 D5
Firenzuola (I) 109 D5
Firiteaz (RO) 146 B5
Firiza (RO) 147 A1
Firlej (PL) 73 B3
Fîrliug (RO) 152 C1
Firminy (F) 97 A6
Firtănus (RO) 148 B5
Fiscáglia, Massa (I) 110 B3
Fiscal (E) 128 B4
Fischach (D) 92 B3
Fischamendorf (A) 102 B1
Fischau (A) 102 A1
Fischbach (A) 101 D2
Fischbach b. Dahn (D) 90 C2
Fischbeck (D) 69 B3
Fischingen (D) 91 A3
Fishbourne (GB) 58 C5
Fishguard (GB) 56 C1
Fiskå (N) 22 B5
Fiskarheden (S) 28 C1
Fiskars (FIN) 33 B4
Fiskbæk (DK) 40 D1
Fiskdalseter (N) 23 C5
Fiskebøl (N) 4 C4
Fiskeby (S) 30 C6
Fiskefjord (N) 4 C3
Fiskevollen (N) 24 A5
Fiskfjord (N) 4 D3
Fiskjørnmoen (N) 9 A4
Fiskö (FIN) 32 C4
Fisksjölandet, Västra (S) 25 A1
Fisktjärnliden (S) 17 A2
Fiskträsk (S) 10 C5
Fismes (F) 74 D6
Fister (N) 26 B6
Fitero (E) 127 C5
Fitful Head (GB) 45 C4
Fitjar (N) 26 B4
Fituna (S) 31 A5
Fiuggi (I) 113 B6
Fiumalbo (I) 109 C4
Fiumata (I) 113 B5
Fiumefreddo di S. (I) 119 B3
Fiumefreddo Brúzio (I) 116 D5
Fiumicino (I) 113 A6
Five Cross Roads (GB) 47 B3
Fivemiletown (GB) 47 A5
Fivizzano (I) 109 B4
Fixhult (S) 38 B4
Fixin (F) 97 A3
Fix-Saint-Geneys (F) 96 D6
Fizesu Gherlii (RO) 147 B3
Fjæra (N) 26 C4
Fjågesund (N) 27 B6
Fjälbyn (S) 17 B2
Fjälkinge (S) 42 D2
Fjäll, Norra (S) 28 C4
Fjällandet (S) 15 C6
Fjällåsen (S) 5 D5
Fjällb. (S) 17 A1
Fjällbacka (S) 37 D2
Fjällbonäs (S) 10 D5
Fjällbosjö (S) 10 B6
Fjällnäs (S) 24 A2
Fjällnes, N. (S) 9 B5
Fjällsjö (S) 16 B5
Fjällsjönäs (S) 9 C5
Fjällskäfte (S) 30 D5
Fjälltuna (S) 16 B3
Fjälltuna (S) 16 C4
Fjärås (S) 38 B4
Fjärdlång (S) 31 B5
Fjätbodarna (S) 24 B4
Fjätvallen (S) 24 B4
Fjelberg (N) 26 B5
Fjelde (DK) 41 C5
Fjell (N) 14 B4
Fjell (N) 26 A3
Fjell bru (N) 28 A6
Fjelldal (N) 4 D3
Fjellerup (DK) 41 A1
Fjellseter (N) 22 C4
Fjellsrud (N) 28 A4
Fjellværøy (N) 23 A1
Fjerdingen (N) 14 D3
Fjerritslev (DK) 37 B5
Fjeset (N) 23 C2
Fjøkvika (N) 14 C2
FJöle (S) 28 C5
Fjolheim (N) 24 A3
Fjone (N) 27 A6
Fjørå (N) 22 D4
Fjordbukta (N) 2 A4
Fjordgard (N) 5 A1
Fjøseid (N) 23 A3
Fjugesta (S) 29 A5
Fjuksön (S) 11 C4
Flå (N) 23 C2
Flå (N) 24 B6
Flaçà (E) 129 D4
Fladbro (DK) 40 D1
Fladengreuth (D) 78 B5
Fladungen (D) 77 C3
Flævasshytta (N) 27 A2
Flagey (F) 89 C4
Flågygd (N) 27 B5
Flaine (F) 89 B4
Flak (N) 23 C1
Flaka (FIN) 32 B4
Flakaberg (S) 11 B2
Flakaberg (S) 11 B3
Flakaträsk (S) 10 B6
Flakaträsk (S) 16 D3
Flakstad (N) 4 A5
Flåm (N) 26 D2
Flamatt (CH) 98 C2
Flamborough Head (GB) 54 D2
Flambro (I) 100 D5
Flamengos (P) 136 A6
Flămînda (RO) 154 A4
Flammersfeld (D) 76 C3
Flåmseter (N) 23 C4
Flamuria (GR) 163 B3
Flannan Is. (GB) 44 A3
Flano (I) 98 C6
Flärke (S) 17 A5
Flarken (S) 17 B3
Flåseter (N) 23 B3
Flash Bar (GB) 53 D4
Flåsjön, Öv. (S) 11 B3
Flaskerud (N) 27 C3
Flasnes (N) 14 C4
Flassans-s-Issole (F) 107 C5
Flästa (S) 25 B5
Flät (S) 25 B6
Flåtådal (N) 14 D3
Flatdal (N) 27 A5
Flatebø (N) 26 C4
Flateby (N) 28 A4
Flatekval (N) 26 B2
Flåten (N) 1 C5
Flaten (S) 39 B4
Flåtestøa (N) 28 A1
Flateyri (IS) 1 A1
Flat Holm (GB) 57 B3
Flatmark (N) 23 A4
Flatøydegard (N) 27 C2
Flatraker (N) 26 B4
Flatseter (N) 23 C5
Flått (N) 14 D3
Flattnitz (A) 101 B3
Flatval (N) 23 A1
Flatvollseter (N) 27 B3
Flauenskjold (DK) 37 C5
Flavacourt (F) 74 A6
Flavigny-s-Moselle (F) 89 D3
Flavigny-s-Ozerain (F) 89 B3
Flavin (F) 106 A3
Flavy (F) 74 C5
Flawil (CH) 99 B2
Flayat (F) 96 B5
Flayosc (F) 107 C4
Fléac (F) 95 A5
Flèche, la (F) 86 D6
Flechtingen (D) 69 A4
Fleckeby (D) 60 C2
Fleet (GB) 58 C3
Fleetwood (GB) 53 B3
Flehingen (D) 91 A2
Fleina (N) 8 D2
Fleix, le (F) 105 A1
Flekke (N) 26 B1
Flekkefjord (N) 36 B3
Flekkeroy (N) 36 D3
Flekkvika (N) 24 A3
Fleming,-Kirkpatrick (GB) 49 A6
Flemma (N) 22 D3
Flemsøya (N) 22 C3
Flen (S) 29 A2
Flen (S) 30 D5
Flendalen (N) 24 A6
Flenøya (N) 23 D5
Flensburg (D) 60 C1
Flenstad (N) 14 B5
Flensungen (D) 77 A3
Flenteseter (N) 27 B3
Fléré-la-Rivière (F) 95 C2
Fleri (I) 119 A4
Flerohopp (S) 39 C5
Flers (F) 86 D4
Flesberg (N) 27 B4
Flesje (N) 26 C1
Flesnes (N) 4 C3
Flessau (D) 69 A3
Fleurance (F) 105 A4
Fleurat (F) 95 D4
Fleuré (F) 95 B3
Fleurie (F) 97 B4
Fleurier (CH) 98 B2
Fleurus (B) 75 B3
Fleury (F) 74 B5
Fleury (F) 106 B5
Fleury-la-Vallée (F) 88 D4
Fleury-s-Aire (F) 89 C1
Fleury-s-Andelle (F) 74 A6
Fleury-s-Loire (F) 96 C2
Fleury-sur-Andelle (F) 74 A6
Fléville (F) 75 B6
Fléville (F) 75 C6
Flickerbäcken (S) 24 B5
Flieden (D) 77 B3
Fligget (S) 11 B3
Flimby (GB) 49 A6
Flims (CH) 99 B3
Flinkopp (N) 28 A3
Flinsberg (D) 68 C6
Flint (GB) 53 B4
Flirey (F) 89 D2
Flirsch (A) 99 D2
Flisa (N) 28 B2
Flisby (S) 39 A3
Fliseryd (S) 39 C4
Flivik (S) 39 C3
Flix (E) 135 A1
Flixecourt (F) 74 B4
Flize (F) 75 B5
Flø (N) 22 B4
Flo (S) 38 B2
Fløan (N) 14 B6
Floåsen (S) 24 B4
Flobecq (B) 74 D2
Floby (S) 38 C2
Floda (S) 17 B3
Floda, Dala- (S) 29 A2
Floda (S) 30 D5
Floda (S) 38 B3
Floden (N) 24 B6
Flogny-la-Chapelle (F) 89 A4
Floh (D) 78 A2
Flöha (D) 79 A2
Flon (S) 24 B3
Flor (S) 24 D4
Flora (N) 23 D1
Florac (F) 106 C3
Florennes (B) 75 B4
Florensac (F) 106 B5
Florenville (B) 75 C5
Flores (P) 136 A3
Floresta (I) 119 A3
Floreşti (MD) 149 C1
Floresti (RO) 149 B4
Floresti (RO) 154 B2
Florette (B) 75 B3
Floriada (GR) 166 C4
Floriasdorf (A) 80 D6
Floridia (I) 119 B5
Florina (GR) 163 A3
Florinas (I) 121 B2
Florø (N) 22 A6
Flörsheim-Dalsheim (D) 76 D5
Florstadt (D) 77 A3
Florynka (PL) 82 C3
Flosta (N) 37 A2
Flostrand (N) 8 D4
Flötningen (S) 24 B5
Flotta (GB) 45 C2
Flotte, la (F) 94 C4
Flottsund (S) 31 A3
Flötuträsk (S) 11 A5
Flovallen (S) 24 C5
Flove bru (N) 22 B6
Flovlev (DK) 40 C1
Fluberg (N) 27 C2
Fluda, Akr. (GR) 173 A3
Flüelen (CH) 99 A3
Fluglafjørdur (DK) 36 B4
Flühli (CH) 98 D3
Flúmeri (I) 115 B5
Flumet (F) 98 A5
Flúmini (I) 121 C6
Flúminimaggiore (I) 121 B5
Flums (CH) 99 B2
Fluno (I) 110 A4
Fluren (S) 25 B5
Flurkmark (S) 17 B3
Flybäcken (S) 16 B4
Flybo (S) 39 B4
Flyeryd (S) 39 C6
Flygandsvær (N) 26 A4
Flyggsjö (S) 17 A5
Flykälen (S) 15 B5
Flymen (S) 39 C6
Flyn (S) 16 B5
Fobello (I) 98 D5
Foča (BIH) 151 B6
Foça (TR) 169 A4
Focene (I) 113 A6
Fochabers (GB) 45 C5
Fockbek (D) 60 C2
Focsani (RO) 154 D1
Fodnes (N) 26 D1
Foeni (RO) 152 A1
Fogás (E) 129 C5
Fogdö (S) 30 D4
Fóggia (I) 115 B4
Fogliano (I) 114 B4
Föglö (FIN) 32 B5
Fogueteiro (P) 137 A2
Fohnsdorf (A) 101 C2
Föhr (D) 60 A1
Foiano d. Ch. (I) 112 D2
Foissiat (F) 97 B3
Foix (F) 105 C6
Fojnica (BIH) 150 D5
Fojnica (BIH) 157 A2
Fokas, Akr. (GR) 165 B6
Fokovci (SLO) 102 A4
Fokstua (N) 23 B4
Földeák (H) 103 D5
Foldereid (N) 14 C2
Földes (H) 146 B2
Foldingbro (DK) 40 C4
Folegandros (GR) 172 B4
Folelli (F) 120 C2
Folgaria (I) 100 A5
Folgoët, le (F) 84 B3
Folgosa (P) 130 D1
Folgoso (E) 125 A3
Folgueiras (E) 125 B2
Folgueras (E) 125 C1
Folignano (I) 113 C3
Foligno (I) 113 A3
Folkärna (S) 29 C3
Folkestad (N) 22 B5
Folkestone (GB) 59 B4
Folkingham (GB) 54 D5
Folkmar, Vel'ký (SK) 82 C4
Folladalen (N) 14 B5
Follafoss (N) 14 B5
Folldal (N) 23 C4
Follebu (N) 27 C1
Follerøy (N) 26 A4
Follingbo (S) 43 C5
Föllinge (S) 15 B5
Follónica (I) 112 B3
Folmhusen (D) 67 C2
Folster (DK) 41 C5
Foltesti (RO) 149 C6
Følvik (N) 9 A2
Folwarczne, Krasne (PL) 65 C4
Folwark, Stary (PL) 65 C2
Folwarki Tylwickie (PL) 65 C4
Folyás (H) 146 B1
Fombio (I) 109 A2
Fomperron (F) 95 A3
Fonaitika (GR) 170 C2
Foncine-le-Bas (F) 97 D3
Fondachelli-F. (I) 119 B3
Fondamente (F) 106 B4
Fondi (I) 100 A5
Fondi (I) 114 C4
Fondo (I) 100 A4
Fondón (E) 140 B6
Föne (S) 25 A4
Fonfria (E) 125 C6
Fønland (N) 26 B4
Fonn (N) 22 C6
Fonni (I) 121 C3
Fonollosa (E) 129 B5
Fonroque (F) 105 A2
Fons (F) 106 D4
Fonsagrada (E) 125 B2
Fonsorbes (F) 105 B4/5
Font, Es Cap d'en (E) 123 D3
Fontainebleau (F) 88 C3
Fontaine-Chalendray (F) 95 A5
Fontaine-de-Vaucluse (F) 107 A4
Fontaine-Fourches (F) 88 D3
Fontaine-Française (F) 89 C5
Fontaine-le-Dun (F) 87 B1
Fontaine-les-Grès (F) 89 A3
Fontaine-Milon (F) 85 D5
Fontaine-Saint-Martin, la (F) 87 A6
Fontaine-Simon (F) 87 B4
Fontainhas (P) 137 B3
Fontan (F) 108 B5
Fontanar (E) 132 D2
Fontanarejo (E) 132 B6
Fontanarosa (I) 115 A5
Fontanélice (I) 110 A5
Fontanellato (I) 109 B3
Fontanelle (I) 100 B3
Fontanes-du-Causse (F) 105 C2
Fontanières (F) 96 B4
Fontanosas (E) 139 C1
Font. d'Ogna (I) 116 D2
Fonte (I) 110 B1
Fonteblanda (I) 112 C4
Fontécchio (I) 113 C5
Fontecha (E) 125 D4
Fontecha (E) 127 A3
Fonte d'Aldeia (P) 125 B6
Fontenay-le-Comte (F) 94 C3
Fontenay-le-Pesnel (F) 86 D3
Fontenay-Trésigny (F) 88 C2
Fontenelles, les (F) 98 B1
Fontenille (F) 95 A4
Fontes, Norrent- (F) 74 B3
Fontes (P) 130 D1
Fontevraud-l'Abbaye (F) 95 A2
Fontgombault (F) 95 B3
Fontguenand (F) 95 C1
Fontllonga (E) 128 D5
Fontmell Magna (GB) 57 C4
Fontstown (IRL) 51 B3
Fontur (IS) 1 D1
Fontvieille (F) 107 A4
Fonyód (H) 102 D4
Fonz (E) 128 C5
Fonzaso (I) 100 B5
Foppiano (I) 98 D4
Foppolo (I) 99 B5
Föra (S) 39 D4
Forbach (D) 90 D3
Förby (FIN) 33 A5
Forcadela (E) 124 B5
Forcall (E) 134 D3
Forcalquier (F) 107 B3
Forcarey (E) 124 C3
Force, la (F) 105 A1
Forch (CH) 99 A2
Forchheim (D) 78 B5
Forchheim (D) 79 A2
Förderstedt (D) 69 A5
Ford, Kentisbury (GB) 57 A3
Ford (IRL) 51 C4
Førde (N) 22 B5
Førde (N) 22 B6
Førde (N) 26 B3
Forden (GB) 53 B6
Førdesfjord (N) 26 B5
Fordingbridge (GB) 58 B4
Fordon (PL) 63 D4
Fordongiánus (I) 121 B4
Føre (N) 4 B3
Fore (N) 8 D3
Föreberg (S) 39 A5
Foreland Pt. (GB) 57 A3
Forenza (I) 115 C6
Forest, Waltham (GB) 58 D3
Forest Lodge (GB) 48 C2
Forest Row (GB) 58 D4
Forêt, Lyons-la- (F) 74 A6
Forêt-Fouesnant, la (F) 84 B4
Forêt-s-Sèvre, la (F) 94 D3
Forfar (GB) 49 B2
Forgès (F) 95 D6
Forges-les-Eaux (F) 74 A5
Foria (I) 116 C3
Forino (I) 115 A6
Forio (I) 114 C6
Forlákshöfn (IS) 1 B3
Förlångsö (S) 39 B6
Forlì (I) 110 B5
Forli del Sannio (I) 114 D4
Forlimpópoli (I) 110 B5
Formazza (I) 98 D4
Formby (GB) 53 B3
Formeniga (I) 110 B1
Formentera (E) 122 D6
Formentor, C. de (E) 123 C3
Formerie (F) 74 A5
Fórmia (I) 114 C4
Formiche Alto (E) 134 C3
Formigas, Ilhéu das (P) 136 D4
Formigine (I) 109 C3
Formignana (I) 110 B3
Formigny (F) 86 C2
Formiguères (F) 129 B3
Formofoss (N) 14 C4
Formoso, Porto (P) 136 C3
Formyre (DK) 40 D1
Forna (E) 141 C1
Fornalutx (E) 123 B4
Fornåsa (S) 39 A1
Fornelli (I) 121 A1
Fornells (E) 123 D3
Fornes (N) 4 C3
Fornes (N) 4 C6
Fornes (N) 4 D3
Fornes (N) 5 A2
Forneset (N) 1 B6
Forni Avoltri (I) 100 D4
Forni di Sopra (I) 100 C4
Forni di Sotto (I) 100 C4
Forno (I) 98 B6
Forno (I) 98 D5
Forno (I) 108 A2
Forno di Zoldo (I) 100 C4
Fornoli (I) 109 C5
Fornos de Algodres (P) 130 D2
Fornosova (RUS) 35 D6
Fornovo di Taro (I) 109 B3
Forno-Volasco (I) 109 B5
Føroyar (DK) 36 A6
Forra (N) 5 A3
Forra (N) 23 B2
Forráskút (H) 103 C5
Forres (GB) 45 B5
Forró (H) 82 C6
Fors (S) 11 A4
Fors (S) 29 C2
Forså (N) 4 D3
Forså (N) 4 D4
Forsa (S) 25 C4
Forsand (N) 36 B1
Forsåsen (S) 15 B5
Forsbäck (S) 9 B5
Forsbacka (S) 30 B5
Forsbacka (S) 30 D1
Forsby (FIN) 19 C2
Forsby (FIN) 34 B4
Forserum (S) 38 D3
Forset (N) 5 A2
Forshaga (S) 28 C4
Forshälla (S) 38 A2
Forshem (S) 38 C1
Forsholm (S) 16 D2
Forshyttan (S) 28 D4
Forsinard Hotel (GB) 45 A3
Forsland (N) 8 C4
Förslövsholm (S) 42 B1
Forsmark (S) 9 C6
Forsmark (S) 31 A2
Forsmo (S) 16 C6
Forsmohalsen (N) 8 D5
Forsnacken (S) 9 C6
Forsnäs (S) 10 C3
Forsnäs (S) 11 A3
Forsnäs (S) 16 B4
Forsnäs (S) 39 A3
Forsnes (N) 23 A1
Forsøl (N) 2 A2
Forssa (FIN) 33 B3
Forst (Baršć) (D) 70 B3
Forstranda (N) 8 D2
Forsträskhed (S) 11 B3
Forsvik (S) 38 D1
Fortaleza (E) 135 A3
Fortanete (E) 134 C3
Fort Augustus (GB) 44 D6
Forte dei Marmi (I) 109 B5
Forter (GB) 49 A1
Fortezza (I) 100 B3
Forth (GB) 49 A4
Forth (D) 78 C5
Fortino (I) 116 C3
Fort-Mahon-Plage (F) 74 A3
Fortrie (GB) 45 C5
Fortrose (GB) 45 A5
Förtschendorf (D) 78 C3
Fortun (N) 22 D6
Fortuna (E) 141 A3
Fortuneswell (GB) 57 C5
Fort William (GB) 48 C1
Forum, Blandford (GB) 57 C4
Forza d'A. (I) 119 B3
Fos (F) 105 A6
Fos-s-M. (F) 107 A5
Fosdinovo (I) 109 B5
Fosdyke (GB) 54 D5
Föskefors (S) 28 C3
Foskros (S) 24 B4
Foskvallen (S) 24 B5
Foslandsosen (N) 14 B4
Fosnavåg (N) 22 B4
Fosnøy (N) 26 A2
Fosowskie (PL) 71 C5
Foss (N) 14 C3
Foss (N) 23 C2
Foss (N) 36 C2
Fossacésia (I) 114 D2
Fossan (N) 27 C5
Fossano (I) 108 B3
Fossara, Isola (I) 113 A2
Fossat, le (F) 105 C5
Fossato di Vico (I) 113 B2
Fossbakken (N) 5 A3
Fossbua (N) 5 C2
Fosse (B) 75 B3
Fossemagne (F) 105 B1
Fossen (N) 22 D6
Fossheim (N) 1 C6
Fossheim (N) 23 A5
Fossholt (N) 27 C2
Fóssili (I) 108 D3
Fossli (N) 26 D3
Fosso (I) 110 B2
Fossombrone (I) 110 C6
Föt (H) 103 B2
Fotinovo (BG) 159 D5
Foucarmont (F) 74 A4
Fouesnant (F) 84 B4
Foug (F) 89 D2
Fougères (F) 86 C4
Fougerolles (F) 90 A5
Fouillade, la (F) 105 D3
Foulain (F) 89 C4
Foulbec (F) 87 A2
Fouligny (F) 90 B2
Foulness I. (GB) 59 B3
Fouqueure (F) 95 A5
Fouras (F) 94 C4
Fourcès (F) 105 A3
Fourchambault (F) 96 C2
Fourgs, les (F) 97 D2
Fourmies (F) 75 A4
Fournaudin (F) 88 D4
Fournels (F) 106 C1
Fournes (F) 74 C3
Fournols (F) 96 D6
Fourquevaux (F) 105 C5
Fours (F) 96 D2
Fousseret, la (F) 105 B5
Foux-d'Allos, la (F) 107 D3
Fovlum (DK) 37 B6
Fowey (GB) 56 D5
Foxford (IRL) 46 C5
Foxrock (IRL) 51 C2
Foygh (IRL) 51 A1
Foynes (IRL) 50 C3
Foz (E) 125 A1
Foz do Arelho (P) 130 A5
Foz Giraldo (P) 130 D4
Frabosa Sop. (I) 108 B4
Frącki (PL) 65 C2
Fraddon (GB) 56 C5
Frades, Ponta dos (P) 136 C5
Frafjord (N) 36 B1
Fraga (E) 128 C6
Fragagnano (I) 117 C2
Frago, El (E) 128 A4
Fráguas (P) 130 B5
Frahier (F) 90 B5
Frailes (E) 143 C3
Fraillicourt (F) 75 A5
Fraire (B) 75 B4
Fraisse (F) 105 A1
Fraisse-à-Agout (F) 106 A4
Fraissinet-de-Fourques (F) 106 C3
Fraitures, Baraque-de- (B) 75 C4
Fraize (F) 90 B4
Fräkenvik (S) 9 B6
Fram (SLO) 101 D4
Framlingham (GB) 59 B1
Främlingshem (S) 30 D2
Frammersbach (D) 77 B4

Främmestad (S) 38 B2
Framnes (N) 4 B4
Frampol (PL) 73 B5
Franca, La (E) 126 B2
Francaltroff (F) 90 B2
Francardo (F) 120 C2
Francavilla di S. (I) 119 B3
Francavilla al Mare (I) 114 D2
Francavilla Font. (I) 117 C2
Francavilla in Sinni (I) 116 D3
Francavilla M. (I) 117 A4
Francescas (F) 105 A3
Franchesse (F) 96 C3
Francisco, S. (E) 122 D6
Francisco Javier, S. (E) 122 D6
Franco (P) 125 A6
Francofonte (I) 119 A5
Francorchamp (B) 75 D3
Francos (E) 132 D1
Frändefors (S) 38 B2
Franeker (NL) 66 D2
Frangista (GR) 166 D4
Frangy (F) 97 D4
Frangy-en-Bresse (F) 97 C3
Frankenau (D) 77 A1
Frankenberg (D) 77 A1
Frankenberg (D) 79 A1
Frankenburg (A) 93 B3
Frankenfels (A) 80 B6
Frankenmarkt (A) 93 B4
Frankenstein (D) 76 D5
Frankenthal (D) 76 D5
Frankfurt (D) 77 A4
Frankfurt a. d. Oder (D) 70 B1
Franknowo (PL) 64 D2
Frankove, Ivano- (UA) 83 C1
Frankrike (S) 15 A5
Fränninge (S) 42 D2
Frånö (S) 25 C1
Franqueses, Les (E) 129 C5
Franqui, la (F) 106 B6
Fränsta (S) 25 B3
Františkovy Lázně (CZ) 78 D3
Franzburg (D) 61 D2
Franz-Josef-Haus (A) 100 D2
Frascati (I) 113 A6
Frascineto (I) 116 D4
Frasdorf (D) 92 D4
Fraserburgh (GB) 45 D5
Frashë (AL) 162 C4
Frasin (RO) 148 C2
Frăsinet (RO) 154 D4
Frasinu (RO) 154 B3
Frasne (F) 97 D2
Frasnes (B) 75 A3
Frasno, El (E) 127 D6
Frassa (I) 117 A5
Frassanito (I) 117 D3
Frassineto (I) 108 C2
Frassino (I) 108 A3
Frasso (I) 114 D5
Frastanz (A) 99 C2
Frata (RO) 147 B4
Frătăutii No (RO) 148 C1
Fratta Todina (I) 113 A3
Fratta Pol. (I) 110 A3
Frauenau (D) 93 B1
Frauendorf (D) 93 A3
Frauenfeld (CH) 99 B1
Frauenkirchen (A) 102 B1
Frauenstein (D) 79 B2
Frayssinet-le-Gélat (F) 105 B2
Frazé (F) 87 B5
Freas (E) 124 D4
Frechas (P) 125 A6
Frechen (D) 76 B2
Freckenhorst (D) 67 D5
Frécourt (F) 89 C4
Fredeburg (D) 76 D1
Freden (D) 68 C5
Fredensborg (DK) 42 B2
Fredericia (DK) 40 D3
Frederiks (DK) 40 D2
Frederikshavn (DK) 37 C4
Frederiksoord (NL) 67 A3
Frederikssund (DK) 41 C2
Frederikstad (N) 27 D6
Frederiksværk (DK) 41 C2
Fredes (E) 135 A2
Frednowy (PL) 64 B3
Fredrika (S) 16 D4
Fredriksberg (S) 28 D3
Fredriksdal (S) 39 A3
Fredriksnäs (S) 39 C2
Fredros (S) 28 C4
Fredsgårde (DK) 41 C4
Fredsø (DK) 37 A6
Fredvang (N) 4 A5
Freemount (IRL) 50 C4
Freetz (D) 60 C5
Fregenal de la Sierra (E) 138 B3
Fregene (I) 113 A6
Fregeneda (E) 131 B2
Frehne (D) 61 C5
Freiberg (D) 79 B1
Freiburg, Elbe (D) 60 C3
Freiburg (D) 90 D4
Freienhagen (D) 77 A1
Freienried (D) 92 C3
Freigné (F) 85 C5
Freihung (D) 78 D5
Freijido (E) 125 A4
Freiland (A) 80 B6
Freilassing (D) 93 A4
Freilingen (D) 76 C3
Frein (A) 101 D1
Freiria (P) 130 A6
Freising (D) 92 C3
Freistadt (A) 93 D2
Freistett (D) 90 D3
Freital (D) 79 B1
Freixedas (P) 131 A2
Freixianda (P) 130 C5
Freixo de Espada à Cinta (P) 131 B1
Fréjairolles (F) 105 D4
Fréjus (F) 107 D5
Frekhaug (N) 26 A3
Fremdingen (D) 92 B2
Frenchpark (IRL) 46 D6
Freney, le (F) 107 C1
Frengen (N) 14 A6
Frenštát p. Radhoštěm (CZ) 81 B3
Freren (D) 67 C4
Freshford (IRL) 51 B3
Fresnay-en-Retz (F) 94 B2
Fresnaye-s-Chédouet, la (F) 87 A4
Fresnay-s-Sarthe (F) 87 A5
Fresneda, La (E) 134 D2
Fresneda (E) 133 C3
Fresneda de Altarejos (E) 133 B4
Fresneda de la Sierra Tirón (E) 127 A4
Fresnedoso (E) 131 D5
Fresne-Saint-Marnès (F) 89 D5
Fresnes-au-Mont (F) 89 C2
Fresnes-en-Woevre (F) 75 C6
Fresnes-s-Apance (F) 89 D4
Fresno Alhándiga (E) 131 D2
Fresno de Caracena (E) 132 D1
Fresno de la Fuente (E) 132 D1
Fresno de la Ribera (E) 125 D6
Fresno de Sayago (E) 131 C1
Fresnoy (F) 74 A4
Fresnoy-Folny (F) 74 A4
Fresnoy-le-Grand (F) 74 D4
Fresselines (F) 95 D3
Fressenneville (F) 74 A4
Fresvik (N) 26 C1
Fretigney (F) 89 D5
Frette, la (F) 97 C6
Freudenberg (D) 76 C2
Freudenberg (D) 77 B5
Freudenstadt (D) 91 A3
Freundorf (D) 93 A2
Frévent (F) 74 B4
Fréville (F) 87 B2
Freyburg (D) 78 C1
Freycenet-la-Tour (F) 106 C1
Freyenstein (D) 61 C5
Freystadt (D) 78 C6
Freyung (D) 93 B2
Friarfjord (N) 2 D2
Frias (E) 126 D3
Frias de Albarracín (E) 133 C3
Fribourg (CH) 98 C2
Frick (CH) 98 D1
Fričovce (SK) 82 C4
Fridafors (S) 39 A6
Fridaythorpe (GB) 54 C2
Fridefont (F) 106 B1
Friedberg (D) 77 A3
Friedberg (D) 92 B3
Friedberg (A) 102 A2
Friedburg (A) 93 B3
Friedeburg (D) 67 C1
Friedenweiler (D) 90 D4
Friedersdorf (D) 70 A1
Friedewald (D) 77 B2
Friedewalde (D) 68 A4
Friedland (D) 62 B3
Friedland (D) 70 B2
Friedrichroda (D) 78 A2
Friedrichshafen (D) 91 B5
Friedrichshain, Berlin (D) 69 D3
Friedrichshall, Bad (D) 91 B1
Friedrichskoog (D) 60 B3
Friedrichsruhe (D) 61 B4
Friedrichstadt (D) 60 C2
Friedrichswalde (D) 69 D2
Frielendorf (D) 77 B2
Friesach (A) 101 B3
Friesack (D) 69 C3
Friesenried (D) 92 B4
Friesoythe (D) 67 C2
Frifelt (DK) 40 C4
Frigento (I) 115 B4
Friggesund (S) 25 B4
Frigiliana (E) 143 C4
Frigole (I) 117 D2
Frihetsli (N) 5 C2
Friisbua (N) 23 C6
Friitala (FIN) 32 D1
Frillesås (S) 38 B5
Frilset (N) 28 A3
Frinton-on-Sea (GB) 59 B2
Friockheim (GB) 49 B2
Friol (E) 124 D2
Frisange (L) 75 D5
Frislia (N) 22 C5
Frisolino (I) 109 A4
Fristad (S) 15 D1
Fristad (S) 38 C3
Fritsla (S) 38 C4
Fritzlar (D) 77 A1
Frizington (GB) 53 B1
Frkašić (HR) 111 D4
Fröåsa (S) 39 B3
Fröderyd (S) 39 A4
Frödinge (S) 39 B3
Frodsham (GB) 53 B4
Frogn (N) 27 D4
Frogner (N) 28 A4
Frognerseteren (N) 27 D4
Frohburg (D) 78 D1
Frohen (F) 74 B4
Frohnleiten (A) 101 D2
Frøholm (N) 22 C5
Frohse (D) 69 A4
Froidmont (F) 74 D5
Froissy (F) 74 B5
Froitzheim (D) 76 B2
Fröjerum (S) 39 C2
Froland (N) 26 D5
Froland (N) 37 A2
Frölunda, Östra (S) 38 C4
Frombork (PL) 64 B2
Frome (GB) 57 C3
Fromentel (F) 86 D4
Fromentières (F) 88 D2
Fromentine (F) 94 B2
Fromes Hill (GB) 57 C1
Fromista (E) 126 B4
Froncles (F) 89 C3
Fröndenberg (D) 67 C6
Frønningen (N) 26 D1
Fronsac (F) 104 D1
Front (I) 108 B2
Front, Neuilly-Saint- (F) 74 D6
Frontale (I) 113 B2
Fronteira (P) 130 D6
Frontenay-Rohan-Rohan (F) 94 D4
Frontenex (F) 97 D5
Frontenhausen (D) 93 A2
Frontera (E) 144 B3
Frontera, La (E) 133 B3
Frontignan (F) 106 C5
Frontignano (I) 113 B3
Fronton (F) 105 C4
Frösaråsen (S) 29 A3
Fröseke (S) 39 B5
Frøsendal (N) 14 B4
Frosinone (I) 114 B4
Frösjövallen (S) 24 B4
Frøskeland (N) 4 C3
Fröskog (S) 28 B6
Fröslida (S) 38 C5
Frösö (S) 24 D1
Frosolone (I) 114 D4
Frösön (FIN) 19 A2
Frossasco (I) 108 A3
Frossay (F) 94 B1
Frosta (N) 14 B6
Frostberget (S) 16 B2
Frösthult (S) 30 D3
Frostkåge (S) 17 B1
Frøstrup (DK) 37 A5
Frösunda (S) 31 B3
Frösve (S) 38 D2
Frösvidal (S) 29 A5
Frötuna (S) 31 B3
Frövi (S) 29 B4
Frøya (N) 22 A5
Frøya (N) 23 A1
Frøysli (N) 27 C1
Frugården (S) 38 B2
Fruges (F) 74 B3
Frumoasa (RO) 149 A4
Frumoasa (RO) 148 D5
Frumosu (RO) 148 C2
Frutigen (CH) 98 C3
Fruzenskoe (RUS) 175 C5
Fry (GR) 173 C6
Frýdek-Místek (CZ) 81 B2
Frýdlant (CZ) 70 C5
Frýdlant n. Ostr. (CZ) 81 B3
Fryele (S) 38 D4
Frygnowo (PL) 64 C4
Frykerud (S) 28 C4
Fryksände Öleby (S) 28 C3
Fryksås (S) 24 D6
Frymburk (CZ) 79 B5
Frymburk (CZ) 93 C2
Fryšták (CZ) 81 A3
Frysztak (PL) 82 D2
Fubine (I) 108 C3
Fucécchio (I) 109 C5
Füchtorf (D) 67 D5
Fucine (I) 99 D4
Fudal (S) 29 A1
Fuencaliente, Punta (E) 144 B1
Fuencaliente (E) 126 C3
Fuencaliente (E) 132 C6
Fuencaliente (E) 139 C2
Fuencarral (E) 132 D3
Fuencubierta (E) 143 A2
Fuendejalón (E) 127 C6
Fuendetodos (E) 134 C1
Fuengirola (E) 143 A5
Fuenlabrada (E) 132 A6
Fuenllana (E) 140 B1
Fuenmayor (E) 127 B4
Fuensalida (E) 132 C4
Fuensanta (E) 140 D4
Fuensanta (E) 143 C2
Fuente, La (E) 131 C2
Fuente Alamo (E) 141 A2
Fuente Alamo (E) 141 A4
Fuentealbilla (E) 133 D6
Fuentecambrón (E) 126 D6
Fuentecén (E) 126 C6
Fuente de Cantos (E) 138 C3
Fuente del Arco (E) 138 D3
Fuente del Fresno (E) 132 C6
Fuente del Fresno (E) 132 D3
Fuente del Maestre (E) 138 C2
Fuente del Moral (E) 140 C3
Fuente del Pino (E) 141 A2
Fuente del Taif (E) 140 C2
Fuente de Piedra (E) 143 A3
Fuente el Olmo (E) 132 B1
Fuente el Saz (E) 132 D3
Fuente el Sol (E) 132 A1
Fuente Encalada (E) 125 C5
Fuente Espina (E) 126 D6
Fuenteguinaldo (E) 131 B3
Fuente la Higuera (E) 141 B1
Fuente la Lancha (E) 139 B2
Fuentelapeña (E) 132 A1
Fuentelarbol (E) 127 A6
Fuentelespino (E) 133 B5
Fuentelespino de Moya (E) 134 A4
Fuentelmonje (E) 127 C6
Fuentemilanos (E) 132 C2
Fuentenovilla (E) 133 A3
Fuente Nueva (E) 140 C4
Fuenteovejuna (E) 139 A3
Fuente Palmera (E) 142 D2
Fuente Pedro Naharro (E) 133 A4
Fuentepinilla (E) 127 A6
Fuenterroble de Salvatierra (E) 131 D3
Fuenterrobles (E) 134 B5
Fuentes (E) 126 A5
Fuentes (E) 133 C4
Fuentesaúco (E) 131 D1
Fuentes de Andalucía (E) 142 D3
Fuentes de Ayódar (E) 134 C4
Fuentes de Ebro (E) 128 B6
Fuentes de Jiloca (E) 134 B1
Fuentes de León (E) 138 C3
Fuentes de Nava (E) 126 B5
Fuentes de Onoro (E) 131 B3
Fuentes de Ropel (E) 125 D5
Fuentespalda (E) 134 D2
Fuente Tójar (E) 143 B2
Fuentiduena (E) 126 C6
Fuentidueña de Tajo (E) 133 A4
Fuerte del Rey (E) 139 D4
Fuerte-Escusa (E) 133 C3
Fuerteventura (E) 145 C5
Fugelsta (S) 25 A2
Fügen (A) 100 B2
Fugeret, le (F) 107 D3
Fugisø (DK) 41 A2
Fugleberg (N) 4 D2
Fuglebjerg (DK) 41 C4
Fuglem (N) 23 C2
Fugløya (N) 1 B4
Fugløya (N) 8 D2
Fuglstad (N) 14 D2
Fuhlsbüttel, Hamburg (D) 60 D4
Fuhrberg (D) 68 C3
Fulåberg (S) 28 D1
Fulda (D) 77 B3
Fulford (GB) 54 C3
Fulga (RO) 154 C3
Fulgatore (I) 118 A3
Fullen (S) 29 B2
Fullerö (S) 30 D4
Fulliola, La (E) 128 D5
Fullsjön (S) 16 B6
Fulnek (CZ) 81 B2
Fülöp (H) 146 C2
Fülöpháza (H) 103 C3
Fülöpszállás (H) 103 B4
Fulpmes (A) 100 A2
Fulunäs (S) 24 B6
Fumaces (E) 125 A5
Fumay (F) 75 B4
Fumel (F) 105 B2
Fumureni (RO) 153 C3
Funäsdalen (S) 24 B3
Funchal (P) 136 B2
Fundão (P) 131 A4
Fundingsland (N) 26 C6
Fundules (RO) 154 C4
Fundu Moldovei (RO) 148 C2
Fundu Răcăciuni (RO) 149 A5
Funnix (D) 67 C1
Funzie (GB) 45 D3
Furci (I) 115 A3
Furculesti (RO) 154 A5
Fure (N) 22 A6
Furen (BG) 153 B5
Furfuras (GR) 172 C6
Furilden (S) 43 D4
Furlo (I) 110 C6
Furmanovo (RUS) 175 D5
Furnace (GB) 48 C3
Fúrnari (I) 119 B2
Furnas (P) 136 C3
Furnes, Veurne (B) 74 C2
Furnes (N) 27 D2
Furneset (N) 22 C3
Furni (GR) 169 A6
Furnia, Akr. (GR) 165 A6
Furriolo (E) 124 D4
Furs sjukhus (S) 39 B6
Fürstenau (D) 67 C4
Fürstenberg (D) 62 A4
Fürstenberg (D) 68 A6
Fürstenfeld (A) 102 A3
Fürstenfeldbruck (D) 92 C3
Fürstenried, München (D) 92 C4
Fürstenwalde (D) 70 A1
Fürstenwerder (D) 62 B4
Fürstenzell (D) 93 B2
Furta (H) 146 B3
Furtei (I) 121 C5
Fürth (D) 78 B5
Fürth (D) 93 A2
Furth i. Walde (D) 79 A5
Furtwangen (D) 90 D4
Furuberg (S) 25 B4
Furuby (S) 39 B5
Furudal (S) 25 A6
Furuflaten (N) 1 C6
Furuhult (S) 25 C2
Furulund (N) 1 C5
Furulund (N) 9 B2
Furulund (S) 42 C2
Furunes (N) 22 D2
Furuögrund (S) 17 B1
Furuset (N) 23 D6
Furuset (N) 28 A3
Furusjö (S) 38 D3
Furuskäret (FIN) 33 A5
Furusund (S) 31 C3
Furuvik (S) 30 D1
Fusa (N) 26 B3
Fuscaldo, Marina di (I) 116 D5
Fuscaldo (I) 116 D5
Fusch (A) 100 D2
Fuschl (A) 101 A1
Fúseta (P) 137 D5
Fush-Krujë (AL) 162 B1
Fusignano (I) 110 B4
Fusine (I) 101 A4
Füsio (CH) 99 A4
Füssen (D) 92 B5
Fussy (F) 96 B2
Fustani (GR) 163 B2
Fustiñana (E) 127 D5
Futani (I) 116 C3
Futeau (F) 89 B1
Futog (YU) 151 C2
Futrikelv (N) 1 A6
Fuveau (F) 107 B5
Füzér (H) 82 D5
Füzesabony (H) 103 D1
Füzesgyarmat (H) 146 B3
Fuzina, St. (SLO) 101 A4
Fužine (HR) 111 B2
Fyli (GR) 167 C6
Fyllon (GR) 163 B6
Fyn (DK) 41 A4
Fynshav (DK) 41 A5
Fynydd, Llanbadarn (GB) 53 B6
Fyrås (S) 15 C6
Fyresdal (N) 27 A6
Fytie (GR) 166 C5
Fyvie (GB) 45 C5

G

Gaal (A) 101 C2
Gaas (A) 102 B3
Gabaldón (E) 133 C5
Gabañes de Esgueva (E) 126 C5
Gabare (BG) 153 C6
Gabarret (F) 104 D3
Gabas (F) 104 C6
Gabasa (E) 128 C5
Gabbro (I) 112 B2
Gabela (BIH) 156 D3
Gabellino (I) 112 C3
Gaber (BG) 159 A2
Gabernik (SLO) 102 A5
Gabiano (I) 108 C2
Gabicce Mare (I) 110 C5
Gabin (PL) 72 B1
Gabino (PL) 63 B1
Gablenz (D) 70 B3
Gábortelep (H) 146 A4
Gaboš (HR) 151 A2
Gabra (BG) 159 B3
Gabriac (F) 106 A2
Gabrica (YU) 158 B4
Gabrovo (BG) 160 A2
Gabšiai (LT) 176 B3
Gaby (I) 98 C5
Gacé (F) 87 A3
Gacilly, la (F) 85 A4
Gacko (BIH) 157 A2
Gacno, Wielkie (PL) 63 D3
Gad (RO) 152 B1
Gadács (H) 102 D4
Gădălin (RO) 147 B3
Gaddarna (S) 18 D2
Gaddaröd (S) 42 D2
Gäddede (S) 15 A3
Gäddträsk (S) 11 B4
Gäddträsk (S) 16 D3
Gäddvik (S) 11 B4
Gadebusch (D) 61 A4
Gadki (PL) 71 B1
Gadmen (CH) 98 D3
Gadna (H) 82 C5
Gador (E) 140 C6
Gádoros (H) 103 D4
Gadūnavas (LT) 176 A1
Gadžin Han (YU) 152 C6
Gaël (F) 85 A4
Găesti (RO) 154 A3
Gaeta (I) 114 C5
Gafanhoeiro (P) 137 C1
Gaflenz (A) 101 C1
Găgesti (RO) 149 C5
Gaggenau (D) 90 D2
Gaggiano (I) 115 B6
Gággio Mont. (I) 109 C4
Gagliáno A. (I) 113 C5
Gagliano C. (I) 118 D3
Gagliano del Capo (I) 117 D4
Gagnås (N) 23 B2
Gagnef (S) 29 A2
Gagnet (S) 16 B6
Gagnières (F) 106 D3
Gagsmark (S) 11 B6
Gaibana (I) 110 A3
Gaideliai (LT) 175 C3
Gaidūnai (LT) 177 A5
Gaigalava (LV) 182 B5
Gaiki (LV) 178 C5
Gaildorf (D) 91 C2
Gailey (GB) 53 C6
Gailiūnai (LT) 177 A3
Gaillac (F) 105 C4
Gaillefontaine (F) 74 A5
Gaillon (F) 87 C2
Gailumi (LV) 182 C5
Găinesti (RO) 148 C3
Gainsborough (GB) 54 C4
Gaiola (I) 108 A4
Gaiole in Ch. (I) 112 C2
Gairloch (GB) 44 C4
Gairlochy (GB) 48 C1
Gáiro (I) 121 D4
Gais (CH) 99 B2
Gaisberg (A) 100 A1
Găiseni (RO) 154 A4
Gaishorn (A) 101 C2
Gaißbach (D) 78 C5
Gaj, Nowy (PL) 72 A2
Gaj, V. (YU) 152 B1
Gaj (HR) 150 C1
Gaj (YU) 152 B2
Gajanejos (E) 133 A2
Gajewo (PL) 71 B2
Gajleši (BY) 177 C2
Gajna (BY) 177 D6
Gaj Oławski (PL) 71 B5
Gakkovo (RUS) 181 D2
Gala, Cape (CY) 174 D4
Gala (P) 130 B4
Gala (E) 138 C3
Gala, la (I) 119 B2
Gălăbinci (BG) 160 C3
Galåbodarna, Östra (S) 24 C2
Galåbodarna (S) 24 C2
Gălăbovo (BG) 160 B4
Galamuiža (LV) 178 C5
Galan (F) 105 A5
Galanito (N) 6 B1
Galanta (SK) 102 D1
Galashiels (GB) 49 B4
Galasjö (S) 16 D5
Galata (BG) 161 B1
Galatas (GR) 171 A2
Gălăteni (RO) 154 A4
Galati (I) 119 B2
Galati (RO) 155 A1
Galati M. (I) 119 A3
Galatina (I) 117 D3
Galatista (GR) 163 D3
Galátone (I) 117 D3
Gálatro (I) 119 C2
Gălăutas (RO) 148 C4
Galaxidion (GR) 167 A5
Galazora (E) 138 C3
Galbally (IRL) 50 D4
Galbena, Gura- (MD) 149 D4
Gålberget (S) 16 D5
Gălbinasi (RO) 154 C4
Gal'čuny (BY) 177 B5
Galdakao (E) 127 A2
Galdana, Sta. (E) 123 C3
Galdar (E) 144 D5
Galdbeck (D) 67 B6
Galeata (I) 110 B5
Galera (E) 140 C4
Galera del Pla, La (E) 135 A2
Galéria (F) 120 B2
Galewice (PL) 71 C4
Galgaguta (H) 103 B1
Galgamácsa (H) 103 C2
Galgate (GB) 53 B2
Galgauska (LV) 182 B4
Galgon (F) 104 D1
Galgovo (HR) 111 D1
Galicea (RO) 153 C2
Galicea Mare (RO) 153 B4
Galimcy (BY) 177 C6
Galiniai (LT) 176 B6
Galinoporni (CY) 174 A2
Galiny (PL) 64 D2
Galizuela (E) 139 A1
Gallarate (I) 99 A6
Gallardon (F) 88 A3
Gallardos, Los (E) 140 D5
Gällared (S) 38 C5
Gallareto (I) 108 C2
Gallargues-le-Montueux (F) 106 D4
Gällaryd (S) 38 D5
Galleginha (P) 137 D4
Gallegos (E) 125 A3
Gallegos (E) 125 D6
Gallegos (E) 131 B3
Gallejaur (S) 10 D6
Galleno (I) 109 C5
Gällersta (S) 29 B5
Galletas, Las (E) 144 A6
Galley Hd. (IRL) 50 C6
Galliate (I) 99 A6
Gallicano (I) 109 C5
Gällinge (S) 38 B4
Gállio (I) 110 A1
Gallipoli (I) 117 D3
Gällivare (S) 11 A1
Gallizien (A) 101 B4
Gallneukirchen (A) 93 D2
Gällnö (S) 31 B4
Gallo, (I) 110 C6
Gällö (S) 24 D2
Galloway, Mull of (GB) 48 C6
Gällstad (S) 38 C4
Gallur (E) 127 D5
Gallura, Portobello di (I) 121 C1
Galmenai (LT) 175 D3
Galön (S) 31 B5
Galovac (HR) 111 D5
Galovo (BG) 153 C5
Galsa (RO) 146 B5
Gälsjöbruk (S) 16 D6
Galston (GB) 48 D4
Galtby (FIN) 32 C4
Galtelli (I) 121 D3
Galtisjaur (S) 10 C4
Gåltjärn (S) 25 C2
Galtström (S) 25 C3
Galtür (A) 99 C3
Galugnano (I) 117 D3
Galve (E) 134 C3
Galve de Sorbe (E) 133 A1
Galveias (P) 130 D6
Galven (S) 25 B5
Gálvez (E) 132 C5
Galway (IRL) 50 C2
Galzignano Terme (I) 110 A2
Gama (E) 126 D2
Gamaches (F) 74 A4
Gámás, Kaamanen (FIN) 3 A5
Gambais (F) 88 A2
Gámbara (I) 109 B2
Gambárie (I) 119 C2
Gambasso Terme (I) 112 B2
Gambatesa (I) 115 A4
Gamboló (I) 108 D2
Gambon, Villers-le- (B) 75 B4
Gambsheim (F) 90 D3
Gamil (P) 124 C6
Gaming (A) 101 C1
Gamleby (S) 39 C2
Gammelby (FIN) 34 B4
Gammelgården (S) 11 C3
Gammelseter (N) 4 D2
Gammelsta (S) 30 D6
Gammelstaden (S) 11 B4
Gammelstillabruck (S) 30 C2
Gammelvær (N) 1 D4
Gammersvik (N) 26 B2
Gammertingen (D) 91 B3
Gams (A) 101 C1
Gamvik (N) 1 B4
Gamvik (N) 1 D2
Gamvik (N) 1 D4
Gamvik (N) 2 D1
Gamzigrad (YU) 152 D5
Gămzovo (BG) 153 A4
Gan (F) 104 C5
Ganacker (D) 93 A2
Gand, Gent (B) 74 D2
Ganddal (N) 36 A1
Ganderkeese (D) 67 D2
Gandesa (E) 135 A1
Gandia (E) 141 C1
Gandino (I) 99 C5
Gandvik (N) 3 B3
Găneasa (RO) 153 C3
Gănesti (RO) 147 C4
Gănesti (RO) 149 C6
Ganeviči (BY) 177 D5
Ganges (F) 106 C4
Gangi (I) 118 D3
Gangkofen (D) 93 A3
Gannat (F) 96 C4
Gannay-s-Loire (F) 96 D3
Gänsbrunnen (CH) 98 C1
Gansdalen (N) 28 A4
Gänserndorf (A) 80 D6
Gånsvik (S) 25 D2
Gansviken (S) 43 D6
Ganzlin (D) 61 C4
Gaosin (PL) 64 D5
Gap (F) 107 C2
Gaperhult (S) 28 C6
Gâprée (F) 87 A4
Gara (H) 103 B6
Garaballa (E) 134 B5
Garachico (E) 144 A5
Garadna (H) 82 D5
Gara Dulovo (BG) 154 D5
Garaguso (I) 115 D6
Gara Hitrino (BG) 154 D6
Gara Lakatnik (BG) 159 B2
Gara Sracimir (BG) 152 D5
Garbayuela (E) 132 A6
Garberg (S) 24 D6
Garboldisham (GB) 55 B6
Garbów (PL) 73 A3
Garça, Ponta (P) 136 C3
Garching, München (D) 92 D3
Garching a. d. Alz (D) 93 A3
Garchy (F) 96 C1
Garciahernandez (E) 131 D2
Garciaz (E) 131 D6
Garciems (LV) 179 B4
Garciez (E) 140 A4
Garcinarro (E) 133 A4
Garczegorze (PL) 63 C1
Garda (I) 99 D6
Gardamas (LT) 175 C3
Gardanne (F) 107 B5
Gärdås (S) 28 C2
Gårdby (S) 39 D5
Garde, la (F) 107 D4
Garde-Freinet, la (F) 107 D5
Gardeja (PL) 64 A3
Gardelegen (D) 69 A3
Gardena, Ponte (I) 100 B3
Garden City, Welwyn (GB) 58 D2
Garder (N) 27 D5
Gardermoen (N) 27 D3
Gärdhem (S) 38 B2
Gardikion (GR) 166 D4
Garding (D) 60 B2
Gärdnäs (S) 15 C4
Gardno (PL) 62 C4
Gardone (I) 99 C6
Gardone Riviera (I) 99 D6
Gardonne (F) 105 A1
Gárdony (H) 103 A3
Gardouch (F) 105 C5
Gårdsberg (S) 28 D5
Gårdsby (S) 39 A5
Gårdshyttan (S) 29 B6
Gårdsjö (S) 29 A6
Gårdsjönäs (S) 9 C6
Gårdsjönäs (S) 16 C3
Gårdskärs (S) 31 A1
Gårdslösa (S) 39 D5
Gårdsmarka (N) 9 A6
Gårdstånga (S) 42 C2
Gardtjärn (S) 25 B3
Gåre (N) 23 D2
Garein (F) 104 C3
Garelochhead (GB) 48 C3
Garéoult (F) 107 C5
Garešnica (HR) 150 B1
Garéssio (I) 108 B4
Gärflotta (S) 31 B5
Garforth (GB) 54 C3
Gargaliani (GR) 170 D4
Gargallo (E) 134 C2
Gargánico, Rodi (I) 115 C3
Gargantiel (E) 139 B1
Gargazzone (I) 100 A3
Gargbron (S) 10 C6
Gargellen (A) 99 C3
Garggogæčče (N) 2 D2
Gargia (N) 2 A5
Gargilesse-Dampierre (F) 95 D3
Gargjaur (S) 10 C5
Gargnano (I) 99 D6
Gargnäs (S) 10 C6
Gargoles de Abajo (E) 133 B2
Gargonzá (I) 112 D2
Gargrave (GB) 53 C2
Gargždai (LT) 175 C2
Garidech (F) 105 C4
Garin (F) 105 A6
Garinoain (E) 127 C4
Garkalne (LV) 179 B4
Garlasco (I) 108 D2
Garliava (LT) 176 C4
Garlieston (GB) 48 D6
Garlin (F) 104 D4
Gărljano (BG) 159 A4
Garlstedt (D) 60 B5
Garlstorf (D) 60 D5
Garmisch-Partenkirchen (D) 92 C5
Garmo (N) 23 A5
Garnache, la (F) 94 B2
Garnat-s-Engièvre (F) 96 D3
Garnek (PL) 72 A5
Garnes (N) 26 B3
Garons (F) 106 D4
Garoza (LV) 179 A5
Garpenberg (S) 29 B2
Garphyttan (S) 29 A5
Garrabost (GB) 44 C3
Garraf (E) 135 D1
Garrafe (E) 125 D3
Garray (E) 127 B5
Garrel (D) 67 D3
Garries Bridge (IRL) 50 C5
Garriga, La (E) 129 C5
Garrison (GB) 46 D4
Garristown (IRL) 51 C1
Garrobillo (E) 141 A4
Garrobo, El (E) 142 B2
Garroch Hd. (GB) 48 C4
Garron Pt. (GB) 47 C3
Garrovilla, La (E) 138 C1
Garrovillas (E) 131 B5
Garrucha (E) 140 D5

Gars (A) 80 B5
Garsås (S) 29 A1
Gārsene (LV) 177 A1
Gärsnäs (S) 43 A3
Garßen (D) 68 C3
Garstad (N) 14 B3
Garstang (GB) 53 B3
Garston (GB) 53 B4
Garth (GB) 57 A1
Garthmyl (GB) 53 B6
Garthus (N) 27 C2
Gartland (N) 14 C3
Gartow (D) 69 A2
Gartz (D) 62 C4
Garvagh (GB) 47 B3
Garvăn (RO) 155 B1
Garvão (P) 137 C4
Garve (GB) 45 A5
Garvin (E) 132 A5
Garwolin (PL) 72 D2
Garynahine (GB) 44 B3
Garz (D) 61 D2
Gasa (S) 10 C5
Gasawa (PL) 63 C5
Gåsborn (S) 28 D3
Gåsbu (N) 23 A4
Gåsbu (N) 28 A1
Gascuena (E) 133 B3
Gåserud (N) 27 C4
Gasewo (PL) 64 D5
Gasilla de Gavalanes (E) 138 D2
Gäsjö (S) 29 B3
Gaskashytta (N) 5 B3
Gaskelvokta (S) 15 C1
Gaski (PL) 65 B2
Gasny (F) 74 A6
Gasperina (I) 119 D1
Gasselte (NL) 67 B2
Gassenreuth (D) 78 D3
Gassino (I) 108 B2
Gassum (DK) 41 A1
Gastellovo (RUS) 175 C4
Gastes (F) 104 B3
Gastins (F) 88 C2
Gastor, El (E) 142 D4
Gastria (CY) 174 B2
Gastsjö (S) 25 A2
Gastuni (GR) 170 C2
Gasturion (GR) 162 B6
Gåsvarv (S) 24 D6
Gata, Cabo de (E) 140 C6
Gata (BIH) 111 D3
Gata (E) 131 B4
Gata (E) 141 C1
Gata (HR) 150 B6
Gătaia (RO) 152 B1
Gatapagar (E) 132 C3
Gatarta (LV) 179 D4
Gatčina (RUS) 35 C6
Gate, Shotley (GB) 59 B2
Gatehouse of Fleet (GB) 48 D6
Gátér (H) 103 C4
Gateshead (GB) 49 C6
Gathemo (F) 86 C3
Gátova (E) 134 C5
Gattendorf (A) 102 C1
Gatteo a Mare (I) 110 C5
Gatteville-le-Phare (F) 86 C1
Gattinara (I) 98 D6
Gattorna (I) 108 D4
Gau-Algesheim (D) 76 D4
Gaubretière, la (F) 94 C2
Gaucin (E) 142 D5
Gauja (LV) 179 B4
Găujani (RO) 154 B6
Gaujiena (LV) 182 B3
Gaukås (N) 37 A1
Gaukheihytta (N) 36 C1
Gauksheim (N) 26 A4
Gaulėnai (LT) 176 A2
Gault-Perche, le (F) 87 B5
Gault-Saint-Denis, le (F) 87 C5
Gault-Soigny, le (F) 88 D2
Gaupne (N) 22 D6
Gaurain (B) 74 D3
Gaurė (LT) 176 A3
Gaushorn (D) 60 C3
Gautefall (N) 27 B6
Gautestad (N) 28 A5
Gauting, München (D) 92 C4
Gavá (E) 129 B6
Gavalli (GR) 166 D5
Gavamar (E) 135 D1
Gávancsello (H) 82 D6
Găvănesti (RO) 154 D2
Găvănoasa (MD) 149 D6
Gavardo (I) 99 C6
Gavarnie (F) 104 D6
Gavėniai (LT) 176 D4
Gavi (I) 108 D3
Gavião (P) 130 D5
Gavieze (LV) 178 B6
Gavirate (I) 99 A5
Gavle (S) 30 D1
Gavoi (I) 121 C3
Gavojdia (RO) 146 C6
Gavorrano (I) 112 B3
Gavray (F) 85 C2
Gavrilovo (RUS) 176 A5
Gavrion (GR) 168 B6
Gavrolimni (GR) 166 D5
Gavry (RUS) 182 D5
Gavsele (S) 16 C4
Gävunda (S) 28 D1
Gaweinstal (A) 80 D5
Gawłuszowice (PL) 72 D6
Gawroniec (PL) 63 A3
Gäxsjö (S) 15 C5
Gaybrook (IRL) 51 B2
Gazeran (F) 88 A2
Gaziköy (TR) 165 C2
Gazi Mağusa, Famagusta (CY) 174 B2
Gazzaniga (I) 99 C6
Gazzano (I) 109 C4
Gazzo (I) 110 A1
Gazzuolo (I) 109 C2
G. Barači (BIH) 150 B4
Gbelce (SK) 103 A1
Gbely (SK) 80 D5
Gdańsk (PL) 64 A2
Gdański, Nowy Dwór (PL) 64 A2
Gdański, Starograd (PL) 63 D2
Gdov (RUS) 181 D4
Gdów (PL) 82 B2
Gdynia (PL) 63 D1
Geaca (RO) 147 B3
Gea de Albarracin (E) 134 B3
Geashill (IRL) 51 B2
Geaune (F) 104 C/D4
Geay (F) 94 D2
Gebesee (D) 78 B1
Gebice (PL) 63 D6
Gebrazhofen (D) 91 C5
Gedern (D) 77 B3
Gedesby (DK) 41 D5
Gedinne (B) 75 B4
Gedney Drove End (GB) 55 A5
Gednje hogda (N) 3 A2
Gèdre (F) 104 D6
Gedser (DK) 41 C6
Gedsted (DK) 37 B6
Gedved (DK) 40 D2
Geel (B) 75 B1
Geertruidenberg (NL) 66 C6
Geeste (D) 67 B3
Geesthacht (D) 60 D4
Gefell (D) 78 C3
Gefrees (D) 78 C4
Gegiedžiai (LT) 176 C1
Gehren (D) 78 B2
Geibi (BY) 177 C1
Geidžiūnai (LT) 176 D1
Geilenkirchen (D) 76 A2
Geilo (N) 27 A3
Geinsheim (D) 76 D6
Geiranger (N) 22 D5
Geiselhöring (D) 92 D2
Geiselwind (D) 78 A4
Geisenfeld (D) 92 C2
Geisenhausen (D) 92 D3
Geising (D) 70 A5
Geisingen (D) 91 A4
Geislingen a. d. Steige (D) 91 C3
Geisnes (N) 14 C3
Geisthal (A) 101 D2
Geisweid (D) 76 C2
Geitastrand (N) 23 B1
Geiteryggen (N) 26 D2
Geitheim (D) 78 D1
Geithus (N) 27 C4
Geitvågen (N) 9 A1
Gela (I) 118 D5
Gelbressée (B) 75 B3
Geldermalsen (NL) 66 C5
Geldern (D) 67 A6
Geldersheim (D) 77 C4
Geldrop (NL) 75 C1
Geležiai (LT) 176 D2
Gelgaudiškis (LT) 176 B4
Gelibolu (TR) 165 B3
Gelida (E) 129 B6
Geljersdal (S) 28 D4
Gellénháza (H) 102 B4
Gelles (F) 96 B5
Gellin (F) 97 D3
Gelmen (B) 75 C2
Gelnhausen (D) 77 A4
Gelnica (SK) 82 C4
Gelsa (E) 128 B6
Gelsdorf (D) 76 B3
Gelse (H) 102 C4
Gelsenkirchen (D) 67 B6
Gelting (D) 60 D1
Gėluva (LT) 176 B3
Geluveld (B) 74 C2
Gelves (E) 142 C3
Gelvonai (LT) 176 D4
Gema (E) 131 D1
Gembloux (B) 75 B3
Gemeaux (F) 89 C5
Gemen (D) 67 B5
Gemenc (H) 103 B5
Gemenele (RO) 155 A1
Gemerská Hôrka (SK) 82 B5
Gemerská Panica (SK) 82 B5
Gemerská Poloma (SK) 82 C5
Gemert (NL) 66 D6
Gemla (S) 39 A5
Gemona (I) 100 D4
Gémozac (F) 94 D5
Gemträsk (S) 11 B4
Gemünd (D) 76 A3
Gemünden (D) 76 C4
Gemünden (D) 77 B4
Gemünden (Wohra) (D) 77 A2
Genappe (B) 75 A3
Genarp (S) 42 C3
Genas (F) 97 B5
Génave (E) 140 B2
Genazzano (I) 113 B6
Gençay (F) 95 A4
Gendrey (F) 97 C1
Génelard (F) 97 A3
Genemuiden (NL) 67 A3
Générac (F) 106 D4
General Scărisoreanu (RO) 155 B4
Generalski Stol (HR) 111 D2
General-Toševo (BG) 155 B5
Geneston (F) 94 C2
Genêts (F) 85 B2
Genevad (S) 38 C6
Genève (CH) 98 A4
Genevrières (F) 89 C5
Genf, Sas-van- (NL) 74 D1
Gengenbach (D) 90 D3
Génicourt-sur-Meuse (F) 75 C6
Genillé (F) 95 C2
Génis (F) 95 C6
Genk (B) 75 C2
Genlis (F) 97 B1
Genly (B) 74 D3
Gennaro, C. S. (I) 117 D3
Genner (DK) 40 D4
Gennes (F) 85 D6
Gennes-s-Glaize (F) 86 D6
Genola (I) 108 B3
Génolhac (F) 106 C3
Genouillac (F) 96 A3
Genouillé (F) 95 B4
Genouilly (F) 96 A1
Genouilly (F) 97 A3
Génova (I) 108 D4
Genowefa (PL) 71 D2
Gensac (F) 104 D1
Gensingen (D) 76 D4
Gent, Gand (B) 74 D2
Genthin (D) 69 B3
Gentioux (F) 95 D5
Genzano di Lucánia (I) 115 C6
Genzano di Roma (I) 113 A6
Geoagiu (RO) 147 A6
Geolysisktobservatorium (S) 5 D4
George Enescu (RO) 148 D1
Georgen, St. (A) 93 B4
Georgenfeld,-Zinnwald (D) 70 A5
Georgenthal (D) 78 A2
Georgi Dimitrov (BG) 159 C4
Georgi-Trajkov (BG) 161 A1
Georgsheil (D) 67 C1
Gepatschhaus (A) 100 A3
Gepiu (RO) 146 C3
Ger (F) 86 C4
Ger (E) 129 B4
Gera (D) 78 D2
Geraardsbergen (B) 75 A2
Gerace (I) 119 D2
Gérardmer (F) 90 B4
Geras (A) 80 B4
Geras (E) 125 D3
Gerasdorf (A) 102 A1
Géraudot (F) 89 A3
Gerbépal (F) 90 B4
Gerbéviller (F) 90 B3
Gerbstedt (D) 69 A5
Gérce (H) 102 C3
Gerchsheim (D) 77 B5
Gerdašiai (LT) 176 C6
Gerdingen (B) 75 C1
Gerdshagen (D) 61 B3
Gereméas (I) 121 C6
Gerena (E) 142 B3
Gerendás (H) 146 A4
Geretsried (D) 92 C4
Gérgal (E) 140 C5
Gergy (F) 97 B2
Geria, La (E) 145 D3
Gerjen (H) 103 B5
Gerlachovský (PL) 82 B4
Gerland (F) 97 B2
Gerlos (A) 100 C2
Germade (E) 124 D2
Germagny (F) 97 A3
Germandön (S) 11 C5
Germano (I) 117 A5
Germanoviči (BY) 177 D3
Germay (F) 89 C3
Germersheim (D) 90 D1
Gernika (E) 127 A/B2
Gernrode (D) 69 A5
Gernsbach (D) 90 D2
Gernsheim (D) 76 D5
Geroda (D) 77 B3
Gerola, Casei (I) 109 A1
Gerola (I) 99 B5
Gerolstein (D) 76 B4
Gerolzhofen (D) 78 A4
Géronce (F) 104 C5
Gerri de la Sal (E) 129 A4
Gersau (CH) 99 A2
Gersdorf (D) 78 C5
Gersfeld (D) 77 B3
Gerstetten (D) 91 C3
Gersthofen (D) 92 B3
Gerswalde (D) 62 B4
Gertrude d'U., S. (I) 99 D4
Gertrúdis, Sta. (E) 122 D5
Gerum, Västra (S) 38 C2
Ger'vaty (BY) 177 B5
Gervelės (LT) 177 B3
Gerviškės (LT) 177 A6
Gerwisch (D) 69 B4
Gerzat (F) 96 C5
Gesäter (S) 38 A1
Gescher (D) 67 B5
Geseke (D) 68 A6
Geslau (D) 78 A6
Gespunsait (F) 75 B5
Gespunsart (F) 75 B5
Gessertshausen (D) 92 B3
Gestad (S) 38 B2
Gesté (F) 94 C2
Gesualdo (I) 115 A5
Gesunda (S) 28 D1
Gesvres (F) 86 D4
Gesztely (H) 82 C6
Geszteréd (H) 146 C1
Geta (FIN) 32 A4
Getafe (E) 132 D3
Getaria (E) 127 B2
Getinge (S) 38 C6
Gets, les (F) 98 B4
Getterum (S) 39 C3
Gettorf (D) 60 D2
Getxo (E) 127 A2
Geunyeli (CY) 174 B4
Gevelsberg (D) 76 C1
Gévezé (F) 85 B3
Gevgelija (MK) 163 C2
Gevrey-Chambertin (F) 97 B1
Gevrolles (F) 89 B4
Gevsjön (S) 24 B1
Gex (F) 97 D4
Gey (D) 76 A3
Geyer (D) 79 A2
Gföhl (A) 80 B5
Gharb (M) 119 C6
Ghedi (I) 109 B1
Ghelari (RO) 146 D6
Ghelinta (RO) 148 D6
Ghemme (I) 108 C1
Gheorghe Gheorghiu-Dej (RO) 149 A5
Gheorgheni (RO) 148 C4
Ghergheasa (RO) 154 D2
Gherla (RO) 147 B3
Gherța Mică (RO) 83 C6
Gherta Mică (RO) 147 A1
Ghiare (I) 109 B4
Ghibullo (I) 110 B4
Ghidfalău (RO) 148 D6
Ghiffa (I) 99 A5
Ghigo (I) 108 A3
Ghilad (RO) 152 B1
Ghilarza (I) 121 B3
Ghindari (RO) 148 B5
Ghirla (I) 99 A5
Ghiskenghien (B) 75 A3
Ghisonaccia (F) 120 C3
Ghisoni (F) 120 C3
Ghyvelde (F) 74 B2
Giandola, la (F) 108 B5
Giardinetto V. (I) 115 B5
Giardini-Naxos (I) 119 B3
Giarmata (RO) 146 B6
Giarole (I) 108 C2
Giarratana (I) 119 A5
Giarre (I) 119 B3
Giat (F) 96 B5
Giave (I) 121 B3
Giaveno (I) 108 A2
Giazza (I) 100 A6
Giba (I) 121 B6
Gibellina Nuova (I) 118 A3
Gibostad (N) 5 A1
Gibraleón (E) 138 B5
Gibraltar (E) 142 D6
Gibraltar Pt. (GB) 55 A5
Gibuli (LV) 178 C4
Gibzde (LV) 178 C3
Gic (H) 102 D2
Gidböle (S) 17 A5
Gide (S) 16 D5
Gideå (S) 17 A5
Gideåbacka (S) 17 A5
Gidle (PL) 72 A4
Giebelroth (D) 78 D1
Giebelstadt (D) 77 B5
Gieboldehausen (D) 68 C6
Giecz (PL) 71 B1
Gieczno (PL) 72 A2
Giedraičiai (LT) 177 A4
Gielniów (PL) 72 C3
Gien (F) 88 C5
Giengen a. d. Brenz (D) 92 A2
Giens (F) 107 C6
Giera (RO) 152 B1
Gierczyce (PL) 72 D5
Gierpen (N) 27 C6
Gieselwerder (D) 68 B6
Gießen (D) 77 A3
Gieten (NL) 67 B2
Giethoorn (NL) 67 A3
Gietrzwałd (PL) 64 C3
Gievnjeguoika (N) 2 B6
Giey-s-Aujon (F) 89 C4
Giffaumont-Champaubert (F) 89 B3
Giffone (I) 119 D2
Gifford (GB) 49 B3
Gifhorn (D) 68 D3
Giftlikköy (TR) 168 D5
Gigantes, Acantilado delos (E) 144 A5
Gige (H) 102 D5
Gigean (F) 106 C5
Gigen (BG) 153 D5
Gigha (GB) 48 B4
Giglio Campese (I) 112 B4
Giglio, Isola del (I) 112 B4
Giglio Porto (I) 112 B4
Gignac (F) 106 C4
Gignod (I) 108 A1
Gigny (F) 89 A4
Gigny (F) 97 C3
Gigors (F) 107 C2
Gijano (E) 127 A2
Gijón (E) 125 D1
Gikši (LV) 179 C4
Gilău (RO) 147 A4
Gilave (AL) 162 B4
Gildeskål (N) 8 D2
Gilet (E) 134 D5
Gilette (F) 108 A5
Gilford (GB) 47 C5
Gilgău (RO) 147 B2
Gilianca (RO) 154 D1
Gilleleje (DK) 41 D2
Gillhov (S) 24 D3
Gillingham (GB) 57 C4
Gillingham (GB) 59 A3
Gillstad (S) 38 B2
Gilly-s-Loire (F) 96 D3
Gilmerton (GB) 49 A2
Gilserberg (D) 77 A2
Giltvelt (N) 28 A5
Gilūtos (LT) 177 B3
Gim (S) 25 B3
Gimat (F) 105 B4
Gimdalen (S) 25 A2
Gimel-les-Cascades (F) 96 A6
Gimenelis (E) 128 C6
Gimigliano (I) 117 A6
Gimo (S) 31 A2
Gimont (F) 105 B4
Gimsøy (N) 4 B4
Ginasservis (F) 107 C4
Ginawa (PL) 63 A4
Gincla (F) 105 D6
Gindurlai (LT) 175 C2
Ginebrosa, La (E) 134 D2
Ginestar (E) 135 A2
Ginestas (F) 106 A5
Gineta, La (E) 133 C6
Ginetes (P) 136 B3
Gîngiova (RO) 153 B4
Gingolph,-St (CH) 98 B3
Gingst (D) 61 D2
Ginijnamar (E) 145 C5
Ginosa (I) 117 A2
Ginostra (I) 119 B1
Gintališkė (LT) 175 D1
Ginzo de Limia (E) 124 D5
Gióia dei Marsi (I) 113 C5
Gióia del Colle (I) 117 B1
Gióia Táuro (I) 119 C2
Gioiosa Jónica (I) 119 D2
Gioiosa Marea (I) 119 A2
Giórgio S., Can. (I) 98 C6
Gipcy (F) 96 C3
Gipka (LV) 178 D3
Giraltovce (SK) 82 D4
Girancourt (F) 89 D3
Gîrbou (RO) 147 A3
Gîrbovu (RO) 153 A2
Gîrcov (RO) 153 D5
Girdiškė (LT) 176 A3
Girdle Ness (GB) 45 D6
Girdvainiai (LT) 175 D2
Girdžiai (LT) 176 A3
Girecourt (F) 90 B4
Girėnai (LT) 176 A5
Giri (BY) 177 B5
Girifalco (I) 119 D1
Giriniai (LT) 177 A4
Girininkai (LT) 175 C2
Girista (GB) 45 D3
Girkalnis (LT) 176 B3
Gîrla Mare (RO) 153 A4
Girne, Kyrenia (CY) 174 B4
Giromagny (F) 90 B5
Girona (E) 129 D5
Gironcourt-s-Vraine (F) 89 D3
Gironda (E) 124 D5
Gironde-s-Dropt (F) 104 D2
Gironella (E) 129 B5
Giroussens (F) 105 C4
Girov (RO) 149 A4
Girsūdai (LT) 176 D1
Giruliai (LT) 175 C2
Girvan (GB) 48 C5
Giry (F) 96 C1
Gisburn (GB) 53 C3
Gisla (GB) 44 B3
Gislaved (S) 38 C4
Gislerud (N) 27 B3
Gisløy (N) 4 C2
Gisors (F) 74 A6
Gisselberg (D) 77 A2
Gissi (I) 115 A3
Gisslarbo (S) 29 B4
Gisslingö (S) 31 C3
Gissträsk (S) 16 D1
Gistad (S) 39 B1
Gistel (B) 74 C1
Giswil (CH) 98 D3
Gitano, El (E) 141 B2
Gittun (S) 10 C3
Giubega (RO) 153 B4
Giubiasco (CH) 99 A4
Giugliano (I) 114 D5
Giulesti (RO) 153 B2
Giulianova (I) 113 D3
Giulvăz (RO) 152 A1
Giurgeni (RO) 155 A3
Giurgita (RO) 153 B4
Giurgiu (RO) 154 B5
Giussano (I) 99 B6
Giuvărăsti (RO) 153 D4
Give (DK) 40 D3
Giverny (F) 88 A1
Givet (F) 75 B4
Givors (F) 97 B5
Givry (B) 75 A3
Givry (F) 97 B2
Givry-en-Argonne (F) 89 B2
Gižai (LT) 176 B5
Giżałki (PL) 71 C2
Gizdavac (HR) 150 B6
Gizeux (F) 95 A1
Giżycko (PL) 65 A2
Gizzeria (I) 116 D6
Gizzeria Lido (I) 116 D6
Gjærnes (N) 37 B1
Gjelas (S) 15 B1
Gjelberg (N) 22 D1
Gjelsvik (N) 22 B6
Gjemmestad (N) 22 B5
Gjendebu (N) 23 A6
Gjendesheim (N) 23 A6
Gjengedal (N) 22 B6
Gjengstø (N) 23 A1
Gjerde (N) 22 D6
Gjerdemyra (N) 37 A1
Gjermundshamn (N) 26 B4
Gjerrlid (DK) 41 B1
Gjerstad (N) 26 B3
Gjerstad (N) 37 A1
Gjersvik (N) 15 A3
Gjersvollen (N) 23 D3
Gjesås (N) 28 B2
Gjesdal (N) 36 A2
Gjesvær (N) 2 B1
Gjetøya (N) 8 D3
Gjevaldshaugen (N) 28 A1
Gjevdefoss (N) 27 A6
Gjevllvasshytta (N) 23 B3
Gjirokaster (AL) 162 B5
Gjögur (IS) 1 C1
Gjógv (DK) 36 B4
Gjøkenes (N) 2 B4
Gjøl (DK) 37 B5
Gjolgali (N) 14 A5
Gjølme (N) 23 B2
Gjøra (N) 23 B3
Gjorče Petrov (MK) 158 B5
Gjorm (AL) 162 B4
Gjøvag (N) 26 B4
Gjøvdal (N) 36 D1
Gjøvik (N) 27 D2
Gjueševo (BG) 158 D4
Glacerie, la (F) 86 B1
Gladenbach (D) 76 D2
Gladhammar (S) 39 C3
Gladvik (S) 10 D2
Gładysze (PL) 64 C2
Gładyszów (PL) 82 D3
Glænø (DK) 41 C4
Glainans (F) 98 B1
Glama (YU) 152 D6
Glamis (GB) 49 B2
Glamoč (BIH) 150 B5
Glâmos (N) 23 D3
Glamsbjerg (DK) 41 A4
Glan (A) 101 B3
Glandage (F) 107 B2
Glandon (F) 95 C6
Glandorf (D) 67 C5
Glanshammar (S) 29 B5
Glarus (CH) 99 B2
Glaschoil (GB) 45 B5
Glasdrumman (GB) 47 C5
Glasgow, Port (GB) 48 C3
Glasgow (GB) 48 D3
Glashütte (D) 70 A5
Glassan (IRL) 51 A1
Glastonbury (GB) 57 B4
Glauchau (D) 78 D2
Glava, Rudna (YU) 152 C3
Glava (S) 28 B5
Glava glasbrul (S) 28 B5
Glavan (BG) 160 C4
Glavičice (BIH) 151 B3
Glavinica (BG) 154 D5
Glavnik (YU) 158 B3
Glāžškūnis (LV) 179 C5
Gleb, Boris (RUS) 3 C3
Gleichen (D) 68 C6
Gleichenberg, Bad (A) 102 A4
Gleidorf (D) 76 D1
Glein (N) 8 C5
Gleinstätten (A) 101 D3
Gleisdorf (A) 101 D3
Gleißenberg (D) 79 A5
Glemminge (S) 42 D3
Glenamoy (IRL) 46 B5
Glenarm (GB) 47 C3
Glenavy (GB) 47 C4
Glenbarr (GB) 48 B4
Glenbeigh (IRL) 50 B4
Glencar (IRL) 50 B5
Glencolumbkille (IRL) 46 C4
Glène, la (F) 106 B3
Gleneagles Hotel (GB) 49 A2
Glenelg (GB) 44 C6
Glenfinnan (GB) 48 C1
Glengarriff (IRL) 50 B5
Glengorml (GB) 47 C4
Glénic (F) 95 D4
Glenluce (GB) 48 C6
Glenmore (IRL) 51 B4
Glennamaddy (IRL) 50 D1
Glenrothes (GB) 49 A3
Glenties (IRL) 46 D4
Gleschendorf (D) 61 A3
Glesne (N) 27 C4
Glesnes (N) 26 A3
Gletsch (CH) 98 D3
Glewe, Neustadt- (D) 61 B4
Glewice (PL) 62 D3
Glewitz (D) 61 D3
Glibodol (HR) 111 C3
Glimåkra (S) 42 D1
Glin (IRL) 50 C3
Glina (HR) 150 A2
Glinde (D) 60 C4
Glinde (D) 60 D4
Glinojeck (PL) 64 C5
Gliny Wielkie (PL) 72 D6
Glissen (D) 68 A4
Glissjöberg (S) 24 C4
Glitterheim (N) 23 A6
Gliwice (PL) 71 D6
Globočica (YU) 158 B4
Glodeanu-Silistea (RO) 154 C3
Glodeni (MD) 149 B2
Głodno (PL) 71 C2
Głodowa (PL) 63 B3
Gloduri (RO) 149 B4
Glodževo (BG) 154 C5
Gloggnitz (A) 102 A2
Głoginin (PL) 71 B2
Głogoczów (PL) 82 B2
Glogonj (YU) 152 A2
Głogów (PL) 70 D3
Głogówek (PL) 71 C6
Głogów Matopołski (PL) 73 A6
Głogowska, Medynia (PL) 73 A6
Głojsce (PL) 82 D3
Glomel (F) 84 C3
Glomfjord (N) 9 A3
Glommen (S) 38 B5
Glommersträsk (S) 10 D6
Glömminge (S) 39 C5
Głomno (PL) 64 D2
Glorenza (I) 99 D4
Gloria (P) 130 B6
Głosków (PL) 72 D2
Glos-la-Ferrière (F) 87 A3
Glossa (GR) 167 C3
Glössbo (S) 25 C5
Glossop (GB) 53 D4
Glostrup (DK) 42 B3
Glöte (S) 24 C4
Gløtleger (N) 23 C4
Glottra (S) 29 B6
Gloucester (GB) 57 C2
Glovelier (CH) 98 C1
Głowaczów (PL) 72 D3
Główczyce (PL) 63 C1
Glowe (D) 62 B1
Glöwen (D) 69 B2
Głowno (PL) 72 B2
Gložan (YU) 151 C1
Gloženе (BG) 153 B5
Gloženе (BG) 159 C2
Głubczyce (PL) 71 C6
Glubokoje (BY) 177 D3
Głuchołazy (PL) 71 B6
Głuchów (PL) 71 D2
Głuchów (PL) 72 B3
Głuchowo (PL) 71 A2
Glücksburg (D) 60 C1
Glückstadt (D) 60 C4
Glud (DK) 41 A3
Gludsted (DK) 40 D2
Gluggvatnet (N) 8 D6
Glumslöv (S) 42 B2
Glušci (YU) 151 C2
Glüsing (D) 60 C2
Glusk (PL) 73 B4
Gluškovo (RUS) 175 C5
Glvskud (DK) 40 D3
Glyfa (GR) 167 B4
Glyfada (GR) 167 D6
Glyki (GR) 162 D6
Glyngøre (DK) 37 A6
Glynn (GB) 47 C4
Glyn-Neath (GB) 57 A2
Glyntawe (GB) 57 A2
G. Močila (HR) 111 D3
Gmünd (A) 80 A4
Gmünd (A) 101 A3
Gmund a. Tegernsee (D) 92 D4
Gmunden (A) 93 C4
Gnadental (D) 91 B1
Gnarp (S) 25 C4
Gnesau (A) 101 B3
Gnesta (S) 31 A5
Gniew (PL) 64 A3
Gniewino (PL) 63 D1
Gniewkowo (PL) 63 D5
Gniewosze, Bujały- (PL) 65 B6
Gniewoszów (PL) 73 A3
Gnieździska (PL) 72 C5
Gniezno (PL) 63 C6
Gnilišče (RUS) 181 D5
Gnissau (D) 60 D3
Gnisvard (S) 43 C5
Gnjilane (YU) 158 C4
Gnocchetta (I) 110 B3
Gnoien (D) 61 D3
Gnojna (PL) 71 B5
Gnojno (PL) 72 C5
Gnosall (GB) 53 C5
Gnosjö (S) 38 D4
Gobernuisgach Lodge (GB) 44 D3
Gocanowo (PL) 63 D6
Göçbeyli (TR) 165 D5
Goce Delčev (BG) 159 B5
Goce Delčev (BG) 159 C6
Goch (D) 67 A6
Goczałkowice-Zdrój (PL) 81 C2
Göd (H) 103 B2
Göda (D) 70 B4
Godalming (GB) 58 D4
Godby (FIN) 32 B4
Godeč (BG) 159 A2
Gódega (I) 100 C5
Godegård (S) 29 B6
Godejord (N) 14 D4
Godelheim (D) 68 B5
Godelleta (E) 134 C6
Godeni (RO) 153 D1
Godensholt (D) 67 C2
Gödersdorf (A) 101 A4
Gödersklingen (D) 78 B5
Goderville (F) 87 A1
Godetowo (PL) 63 D1
Godiasco (I) 108 D3
Godkowo (PL) 64 B2
Godlaukis (LT) 176 B3
Godmanchester (GB) 58 D1
Gödöllő (H) 103 B2
Godovic (SLO) 101 B5
Godovo (YU) 157 D3
Godøy (N) 22 B4
Godrano (I) 118 B3
Gödre (H) 102 D5
Godshill (GB) 58 B5
Godstone (GB) 58 D3
Godvik (N) 2 C2
Godynice (PL) 71 D3
Godzikowice (PL) 71 B5
Godziszewo (PL) 63 D2
Godziszów (PL) 73 B5
Goedereede (NL) 66 B5
Goële, Dammartin-en- (F) 74 C6
Goeree (NL) 66 A5
Goes (NL) 75 A1
Gogan (RO) 147 C4
Gögginngen (D) 92 B3
Goginan (GB) 53 A6
Gogland,O.; Suursari (RUS) 34 D5
Góglio (I) 98 D4
Gogna, Cima (I) 100 C4
Gogolewo (PL) 62 D4
Gogolin (PL) 63 D4
Gogolin (PL) 71 C6
Gogołów (PL) 82 D2
Gogutka (BG) 160 C6
Göhlen (D) 61 B5
Gohor (RO) 149 B6
Göhren (D) 62 B1
Going (A) 100 C1
Goirle (NL) 75 B1
Góis (P) 130 C4
Goisern (A) 101 A1
Góito (I) 109 C2
Goizueta (E) 127 C2
Gojšć (PL) 72 A4
Gójsk (PL) 64 B5
Gökçeada (TR) 165 A4
Gökçeyazi (TR) 165 D4
Gokels (D) 60 C3
Gol (N) 27 B2
Golå (N) 23 C6
Gola (IRL) 46 D3
Gołąb (PL) 73 A3
Golada (E) 124 D3
Gołańcz (PL) 63 C5
Gołancz Pomorska (PL) 62 D2
Gołaszyn (PL) 73 A2
Gölbe (D) 77 A2
Gölby (FIN) 32 B4
Golce (PL) 73 B5
Gölcük (TR) 169 C2
Golčův Jenikov (CZ) 80 B2
Golczewo (PL) 62 D3
Gołdap (PL) 65 B1
Goldberg (D) 61 B3
Goldberg (D) 61 C4
Goldcliff (GB) 57 B3
Goldden (N) 2 B6
Goldegg (A) 100 D2
Goldelund (D) 60 C1
Golden (IRL) 51 A4
Goldenstedt (D) 67 D3
Goleasoa (RO) 154 A4
Golegã (P) 130 B5
Golema Rakovica (BG) 159 C3
Golemo Selo (YU) 158 C3
Goleniow (PL) 62 D4
Goleniowy (PL) 72 B5
Goleš (BG) 155 A5
Goleša, Hercegov. (YU) 151 C6
Golesze (PL) 72 B3
Golfo Aranci (I) 121 D1
Goli (HR) 111 C3
Golice (PL) 73 A1
Golina (PL) 71 B2
Golina (PL) 71 C1
Golinhac (F) 106 A2
Golińsk (PL) 70 D5
Golišévo (LT) 176 D5
Goliszew (PL) 71 C2
Goljam izvor (BG) 160 B5
Goljam manastir (BG) 160 C4
Goljamo Belovo (BG) 159 C4
Goljamo Konare (BG) 159 D4
Goljamo Sivačevo (BG) 160 C2
Gołkowice Górne (PL) 82 C3
Göllersdorf (A) 80 C5
Gollin (D) 62 B5
Golling (A) 100 D1
Göllingstorp (S) 38 C4
Gollmitz (D) 62 B4

Gölmarmara (TR) 169 C3
Golosalvo (E) 133 C6
Gołoszyce (PL) 72 D5
Golovkino (RUS) 175 C4
Golpejas (E) 131 C2
Gol'šany (BY) 177 B6
Gölsdorf (D) 69 C5
Golspie (GB) 45 A4
Golssen (D) 69 D4
Gølstrup (DK) 37 B4
Golubac (YU) 152 C3
Golub-Dobrzyń (PL) 64 A5
Golubevo (RUS) 175 B5
Golubiči (BY) 177 D4
Golubinci (YU) 151 D2
Golubinje (YU) 152 D3
Gołuchów (PL) 71 C2
Gołuń (PL) 63 D2
Golvori (LV) 182 C5
Gołymin-Ośrodek (PL) 64 D5
Golzow (D) 69 C4
Gomagoi (I) 99 D4
Gomantlaukis (LT) 175 D2
Gómara (E) 127 B6
Gombergean (F) 87 B6
Gombo (I) 109 B6
Gomera, San Sebastiánde la (E) 144 C2
Gomera (E) 144 C3
Gomes Aires (P) 137 C4
Gomilsko (SLO) 101 C5
Gomirje (HR) 111 C2
Gommern (D) 69 B4
Gomulin (PL) 72 A3
Gònars (I) 100 D5
Gönc (H) 82 D5
Goncelin (F) 97 D6
Gondo (CH) 98 D4
Gondomar (E) 124 C4
Gondomar (P) 130 C1
Gondoriz (P) 125 C5
Gondrecourt-le-Château (F) 89 C3
Gondreville (F) 89 D2
Gondrin (F) 105 A4
Gönen (TR) 165 D3
Gonfaron (F) 107 C5
Gonfreville (F) 87 A2
Goni (I) 121 C5
Goñi (E) 127 C3
Gonia (GR) 172 C6
Goniadz (PL) 65 B3
Gonnesa (I) 121 B5
Gonni (GR) 163 C5
Gonnosfanádiga (I) 121 B5
Gonone, Cala (I) 121 D3
Gontaud-de-Nogaret (F) 105 A2
Gönyü (H) 102 D2
Gonzaga (I) 109 C3
Goodwick (GB) 56 C1
Goole (GB) 54 C3
Goor (NL) 67 B4
Göpfritz (A) 80 B5
Goppenstein (CH) 98 C4
Göppingen (D) 91 B2
Goppolen (N) 23 C6
Gor (E) 140 B5
Gora, G. (YU) 151 D5
Góra, Grabowiec (PL) 73 C4
Góra, Jastrzębia (PL) 63 D1
Góra, Jelenia (PL) 70 C5
Góra, Kamienna (PL) 70 D5
Góra, Kobyla (PL) 71 C4
Gora, Kranjska (SLO) 101 A4
Góra,Krzywa (PL) 71 C5
Góra, Lisia (PL) 82 C1
Gora, Ravna (HR) 111 C2
Gora, Sowia (PL) 63 A6
Góra, Strekowa (PL) 65 B4
Góra, Wilcza (PL) 71 C1
Góra, Zielona (PL) 70 C2
Góra (PL) 64 C6
Gora (PL) 71 A3
Góra (PL) 71 B2
Gorafe (E) 140 B4
Gorai (RUS) 182 D4
Goraíniai (LT) 175 D3
Goraj (PL) 73 B5
Gorajec-Zagroble (PL) 73 B5
Góra Kalwaria (PL) 72 D2
Góra Puławska (PL) 73 A3
Goravino (PL) 62 D3
Goražde (BIH) 151 B5
Goražde (YU) 157 D3
Görbeháza (H) 146 B1
Gorbovo (RUS) 182 D3
Gorbunova Gora (RUS) 182 D4
Górce, Boguszów (PL) 70 D5
Görcsöny (H) 102 D6
Gördalen (S) 24 B5
Gordaliza (E) 126 A4
Gordes (F) 107 A4
Gördes (TR) 169 D3
Gordoe (RUS) 175 C5
Gordon (GB) 49 B4
Gordonstown (GB) 45 C5
Gorebridge (GB) 49 B4
Goren čiflik (BG) 161 A1
Gorevnica, G. (YU) 151 D5
Gorey (IRL) 51 C4
Gorga (E) 141 C1
Gorgast (D) 62 C6
Gorgoglione (I) 116 D2
Gorgonzola (I) 99 B6
Gorgova (RO) 155 C1
Gorica, V. (HR) 102 A6
Gorica (HR) 111 C4
Gorica (HR) 111 D5
Gorica (BIH) 150 C6
Gorica (MK) 162 D2
Gorica Svetojanska (HR) 111 D1
Goriči (HR) 111 C3
Gorinchem (NL) 66 C5
Goritsa (GR) 171 A4
Göritz (D) 62 B4
Göritz (D) 69 C4
Gorizia (I) 101 A5
Gorjani (YU) 151 C5
Gorka, Druznaja (RUS) 35 C6
Gorka, Krasn. (RUS) 35 B5
Górka, Miejska- (PL) 71 A3
Górka, Wegierska (PL) 81 D3
Gorka (RUS) 181 D5
Górki (PL) 72 A1
Górki Grabieńskie (PL) 71 D3
Gor. Komušina (BIH) 150 D4
Gor. Kosinj (HR) 111 C3
Gorkovskoje (RUS) 175 B4
Gorleben (D) 69 A2
Gorleston on Sea (GB) 55 C6
Gørlev (DK) 41 B3
Gorlice (PL) 82 D2
Gorlickie, Uście (PL) 82 D3
Görlitz (D) 70 B4
Gørløse (DK) 41 D2
Gorltz (D) 61 C3
Gor. Milanovac (YU) 152 A4
Görmin (D) 61 D3
Górna, Lgota (PL) 72 A5
Górna, Małkinia (PL) 65 B5
Górna, Opniogóra (PL) 64 D5
Górna, Ropica (PL) 82 D3
Górna, Tarnawa (PL) 83 A3
Gorna Gnojnica (BG) 153 B5
Gorna Kremena (BG) 159 B2
Gorna Orjahovica (BG) 160 B1
Gorna Studena (BG) 160 A1
Górne, Gołkowice (PL) 82 C3
Górne, Kolbudy- (PL) 63 D2
Górne, Łeki (PL) 82 C2
Górne, Ustrzyki (PL) 83 B3
Górne, Woskowice (PL) 71 C4
Górne, Wyczerpy (PL) 72 A5
Górne, Zalesie (PL) 72 C2
Gornet-Cricov (RO) 154 B2
Górnicza, Dabrowa (PL) 72 A6
Gorniès (F) 106 C4
Gorni Okol (BG) 159 B3
Gornja, Sanica (BIH) 150 B3
Gornja Lisina (YU) 158 D3
Gornja Tuzla (BIH) 151 A3
Gornja Vas (HR) 101 D6
Gornje Jelenje (HR) 111 B2
Gornji Grad (SLO) 101 C4
Gornji Vakuf (BIH) 150 C5
Górno (PL) 72 C5
Górno (PL) 73 A6
Gorno (BY) 177 D5
Gorno Aleksaandrovo (BG) 160 C2
Gorno Orizani (MK) 163 A1
Gorno Peštene (BG) 153 B6
Górny, Łopiennik (PL) 73 C4
Górny, Michałów (PL) 72 C3
Górny, Szpetal (PL) 64 B6
Górny, Tomaszów (PL) 70 D4
Goro (I) 110 B3
Gorodenka (EST) 181 D3
Gorod'ki (BY) 177 B6
Gorodkovo (RUS) 175 D4
Gorodok (BY) 177 C6
Gorovo (BG) 161 A2
Górowo Iławeckie (PL) 64 C2
Gorre (F) 95 C5
Gorron (F) 86 C4
Gorska poljana (BG) 160 D4
Gorsko Ablanovo (BG) 154 B6
Gort (IRL) 50 D2
Gor. Taborište (HR) 150 A1
Gorteen (IRL) 46 D5
Gorteen (IRL) 50 D2
Gortin (GB) 47 A4
Gor. Toponica (YU) 152 C6
Gorumna Island (IRL) 50 C2
Gor. Vas (SLO) 101 B5
Gor. Vratno (HR) 102 A5
Góry, Tarnowskie (PL) 71 D6
Gorzegno (I) 108 C4
Görzke (D) 69 B4
Gorzków (PL) 73 B4
Gorzkowice (PL) 72 B4
Górzno (PL) 64 B4
Górzno (PL) 73 A2
Gorzów Śląski (PL) 71 C4
Gorzów Wielkopolski (PL) 62 D6
Gor. Zvečaj (HR) 111 D2
Górzyca (PL) 62 D3
Górzyca (PL) 70 B1
Gorzyce (PL) 73 A5
Gorzyce (PL) 81 B2
Górzyn (PL) 70 C2
Gorzyń (PL) 70 D1
Gosaldo (I) 100 B4
Gosau (A) 101 A1
Göschenen (CH) 99 A3
Gościeradów (PL) 73 A5
Gościm (PL) 63 A6
Gościno (PL) 63 A2
Gościsław (PL) 71 A4
Gościszów (PL) 70 C4
Gosdorf (A) 101 D3
Gosen (N) 14 D3
Gosforth (GB) 49 C6
Gosforth (GB) 53 A1
Goslar (D) 68 D5
Goslice (PL) 64 B6
Goślina, Długa (PL) 63 B6
Goślina, Murowana- (PL) 63 B6
Gospić (HR) 111 D4
Gospori (LV) 177 B1
Gosport (GB) 58 C5
Gossau (CH) 99 B2
Gosselies (B) 75 A3
Gossen (N) 22 C3
Gössl (A) 101 B1
Gösslunda (S) 38 C1
Gössnitz (D) 78 D2
Gößweinstein (D) 78 C4
Gøstdal (N) 27 A4
Gosticy (RUS) 181 D4
Gostini (LV) 179 D5
Gostivar (MK) 162 D1
Gostków (PL) 71 D2
Gostkowo (PL) 63 C2
Göstling (A) 101 C1
Gostomia (PL) 63 B5
Gostovići (BIH) 150 D4
Gostun (YU) 157 C2
Gostycyc (PL) 63 C4
Gostyn (PL) 62 D2
Gostyń (PL) 71 B2
Gostyń (PL) 81 C1
Gostynin (PL) 72 A1
Goszcz (PL) 71 B3
Goszczyn (PL) 72 C3
Goszczyna (PL) 71 B5
Göta (S) 38 B3
Gotarrendura (E) 132 B2
Göteborg (S) 38 A4
Götene (S) 38 C1
Göteryd (S) 38 D6
Goteşti (MD) 149 C5
Gotha (D) 78 A2
Gotland (S) 43 D6
Götlunda (S) 29 B5
Gotlybiškiai (LT) 176 B4
Gotska Sandön (S) 31 D6
Gottåsa (S) 39 A6
Gottböle (FIN) 19 A5
Gottby (FIN) 32 A4
Gottenvik (S) 39 C1
Göttingen (D) 68 C6
Göttingen (D) 77 A2
Gottlob (RO) 146 A6
Gottne (S) 16 D5
Gottröra (S) 31 B3
Gottskär (S) 38 A4
Götzis (A) 99 C2
Gouarec (F) 84 D3
Gouda (NL) 66 C5
Goudargues (F) 106 D3
Goudelin (F) 84 D2
Goudes, les (F) 107 B5
Gouesno (F) 84 B3
Gourdon (F) 105 B2
Gourette (F) 104 D6
Gourgançon (F) 89 A2
Gourgé (F) 95 A3
Gourin (F) 84 C4
Gournay-en-Bray (F) 74 A5
Gournay-s-Aronde (F) 74 C5
Gournay-sur-Aronde (F) 74 C5
Gourock (GB) 48 C3
Gourri (CY) 174 C4
Gourville (F) 95 A5
Goutelle, la (F) 96 B5
Gouveia (P) 130 D3
Gouville-s-Mer (F) 86 B3
Gouy (F) 74 C3
Gouzeaucourt (F) 74 C4
Gouzon (F) 96 B4
Govan's Head, St (GB) 56 C2
Govedarci (BG) 159 B4
Goven (F) 85 B4
Gowanbank (GB) 49 B2
Gowarczów (PL) 72 C4
Gowran (IRL) 51 B4
Göxe (D) 68 B4
Goxwiller (F) 90 C3
Gøytil (N) 27 A5
Gozdnica (PL) 70 C3
Gozdowice (PL) 62 C5
Gozdowo (PL) 64 B5
Goździków (PL) 72 C3
Gozée (B) 75 A3
Gozzano (I) 98 D5
G. Ploča (HR) 111 D4
G. Pokupje (HR) 111 D1
Graal (D) 61 C2
Grab (BIH) 157 A4
Grabarje-Brodsko (HR) 150 D2
Grabat (RO) 146 A6
Gräben (D) 69 C4
Graben-Neudorf (D) 91 A1
Grabianowo (PL) 71 A2
Grabice (PL) 71 C5
Grabieńskie, Górki (PL) 71 D3
Grabki Duże (PL) 72 D5
Gråbo (S) 38 B3
Graboszyce (PL) 82 A2
Grabov (MD) 149 D1
Grabovac (HR) 150 C6
Grabovci (YU) 151 C3
Grabovica, G. (BIH) 150 D6
Grabow (D) 61 B5
Grabow (D) 68 D2
Grabów (PL) 71 D2
Grabowiec (PL) 73 C4
Grabowiec Góra (PL) 73 C4
Grabówka (PL) 65 C4
Grabówka (PL) 72 A5
Grabów nad Pilica (PL) 72 D3
Grabów nad Prosna (PL) 71 C3
Grabownica (PL) 71 B3
Grabownic-Starzeńska (PL) 83 A2
Grabowo (PL) 62 D4
Grabowo (PL) 65 A2
Grabowo (PL) 65 B3
Grabrk (HR) 111 C2
Grabupiai (LT) 175 C3
Gračac (HR) 150 A4
Gračanica, Amselfeld (YU) 158 B3
Gračanica (BIH) 150 C5
Gračanica (BIH) 151 A3
Gračanica (BIH) 151 A4
Graçay (F) 96 A2
Gračevka (RUS) 175 A4
Grächen (CH) 98 C4
Gracia, Cabo de (E) 142 C6
Graciosa, Isla (E) 145 D3
Graciosa (P) 136 B5
Grad, Ivanić (HR) 102 B6
Grad, Niski (PL) 65 A3
Grad (SLO) 102 A4
Gradac, St. (HR) 102 C6
Gradac (SLO) 111 C1
Gradac (YU) 151 B6
Gradac (HR) 156 C3
Gradačac (BIH) 151 A3
Grådalen (N) 24 A4
Gradara (I) 110 C5
Graddis (N) 9 B3
Gräddö (S) 31 B3
Gradec, Slovenj (SLO) 101 C4
Gradec (HR) 102 B6
Gradec (BG) 153 A4
Gradec (BG) 160 C2
Grades (A) 101 B3
Gradevo (BG) 159 B5
Gradignan (F) 104 C2
Gradin (SLO) 101 A6
Gradina (HR) 102 C6
Gradina (HR) 150 A5
Grădina (RO) 155 B3
Gradina (BG) 160 B1
Grădinari (RO) 152 C2
Grădinari (RO) 153 C3
Gradisca d'Isonzo (I) 101 A5
Gradišče (SLO) 102 A4
Gradiška, Bosan. (BIH) 150 C2
Gradiška, N. (HR) 150 C2
Gradište, Bač. (YU) 151 C1
Gradište, V. (YU) 152 B3
Gradište (HR) 151 A2
Gradište (MK) 158 C5
Gradište (BG) 160 A1
Grădistea (RO) 154 B4
Grădistea (RO) 154 D2
Grădistea de Muntelului (RO) 147 A6
Gradjani (YU) 157 B4
Grado, El (E) 128 C4
Grådö (S) 29 B2
Grado (I) 100 D6
Grado (E) 125 C2
Grado (E) 132 D1
Gradsko (MK) 158 D6
Grady (PL) 71 B6
Graes (D) 67 B5
Græsted (DK) 41 D2
Gräfelfing, München (D) 92 C4
Grafenau (D) 93 B1
Gräfenberg (D) 78 B5
Grafendf. (A) 100 D3
Grafendorf (A) 102 A3
Gräfenhainichen (D) 69 C5
Grafenkirchen (D) 79 A5
Grafenreuth (D) 78 D4
Grafenschlag (A) 80 B5
Gräfentonna (D) 78 B1
Grafenwöhr (D) 78 C4
Graffignano (I) 113 A4
Graf-Ignatievo (BG) 159 D4
Grafing (D) 92 D4
Grafling (D) 93 A1
Gräfsnäs (S) 38 B3
Gráglia (I) 98 C6
Gragnano (I) 115 A6
Grahovac (YU) 157 A3
Grahovo, Bos. (BIH) 150 B4
Grahovo (SLO) 101 A5
Grahovo (YU) 157 A3
Grain (GB) 59 B3
Grainet (D) 93 B2
Grainville-Langannerie (F) 86 D3
Grajduri (RO) 149 B3
Grajewo (PL) 65 B3
Grala (E) 134 B4
Gram (DK) 40 C4
Gramada (BG) 152 D5
Gramat (F) 105 C2
Gramatikovo (BG) 161 A4
Gramat Neusiedl (A) 102 B1
Gramboda (S) 25 A3
Grambois (F) 107 B4
Grammenon (GR) 162 D6
Grammichele (I) 119 A5
Grammond (F) 97 A5
Grampound (GB) 56 C6
Gramsdale (GB) 44 A5
Gramsh (AL) 162 C3
Gramzda (LV) 178 B6
Gramzow (D) 62 A4
Gramzow (D) 62 B4
Gran (N) 27 D3
Granada (E) 140 A5
Granadella, La (E) 128 D6
Granadilla (E) 131 C3
Granadilla de Abona (E) 144 B5
Granado, El (E) 138 A4
Granaione (I) 112 C3
Granåker (S) 10 B5
Granard (IRL) 51 B1
Granås (S) 9 B5
Grañas (E) 124 D1
Granåsen (S) 16 B4
Granåsen (N) 24 B6
Granatello, Torre (I) 118 A3
Granátula de Calatrava (E) 139 D1
Granberg, Ö. (S) 11 A4
Granberg (S) 11 A5
Granberget (S) 15 C4
Granberget (S) 16 B3
Granberget (S) 28 C2
Granbergsdalstorp (S) 29 A5
Granbergsliden (S) 10 D6
Granbergsträsk (S) 11 A6
Granbo (S) 15 C6
Granboda (FIN) 32 B4
Gran Canaria, Las Palmas de (E) 144 D5
Gran Canaria (E) 144 C6
Grancey-le-Château (F) 89 B5
Grand, Fresnoy-le- (F) 74 D4
Grand, Saint-Hilaire-le- (F) 75 A6
Grand (F) 89 C3
Grandas de Salime (E) 125 B2
Grand-Bourg, le (F) 95 D4
Grandcamp-Maisy (F) 86 C2
Grand-Champ (F) 84 D5
Grand-Combe, la (F) 106 C3
Grand-Croix, la (F) 97 B6
Grande (D) 60 D4
Grande (P) 130 B5
Grande-Motte, la (F) 106 D4
Grandes-Chapelles, les (F) 89 A3
Grandes-Chézeaux, les (F) 95 C3
Grandes-Loges, les (F) 75 A6
Grande-Verrière, la (F) 97 A2
Grand-Fougeray (F) 85 B5
Grandglise (B) 74 D3
Grand Ile (F) 85 B2
Grand-Lucé, le (F) 87 A6
Grand-Madieu, le (F) 95 B5
Grandmenil (B) 75 C3
Grândola (P) 137 B3
Grandpré (F) 75 B6
Grand-Pressigny, le (F) 95 B2
Grandrieu (F) 106 C2
Grandris (F) 97 A4
Grand-Rosière (B) 75 B3
Grand-Serre, le (F) 97 B6
Grandson (CH) 98 B2
Grand-Vabre (F) 106 A/B2
Grandvilliers (F) 74 B5
Grane (N) 8 D6
Grane (F) 107 A2
Graned (S) 16 D3
Grañén (E) 128 B5
Grangärde (S) 29 A3
Grange (IRL) 46 D4
Grangemouth (GB) 49 A3
Grange-over-Sands (GB) 53 B2
Granges (F) 107 A1
Grängesberg (S) 29 A3
Granges-s-Vologne (F) 90 B4
Grängshyttan (S) 29 A4
Grängsjö (S) 25 C4
Granheim (N) 27 A2
Granholmen (S) 10 D4
Granhult (S) 6 A5
Granhult (S) 11 A4
Grăniceri (RO) 146 B4
Grănicesti (RO) 148 D2
Graninge (S) 25 B1
Graningen (D) 69 B3
Granitola-Torretta (I) 118 A1
Granja, La (E) 132 C2
Granja (P) 130 B4
Granja (E) 132 B4
Granja (E) 133 C5
Granja (P) 138 B2
Granja de Moreruelo (E) 125 D5
Granja d'Esc., La (E) 128 C6
Granja de Torrehermosa (E) 138 D2
Granjinha (P) 131 A1
Granjuela, La (E) 139 A2
Grankulla, Kauniainen (FIN) 33 C4
Grankullavik (S) 39 D4
Granli (N) 28 B3
Granliden (S) 11 A5
Granliden (S) 15 C2
Granlunda (S) 30 D3
Gränna (S) 38 D2
Grannäs (S) 10 B5
Grannäs (S) 10 C6
Grannäs (S) 11 A5
Grannäs (S) 15 C1
Grannäs (S) 15 C2
Grannäs (S) 16 D4
Granollers (E) 129 B6
Granön (S) 15 C3
Granön (S) 17 A3
Granowiec (PL) 71 B3
Granowo (PL) 71 A2
Granozzo (I) 108 C2
Gran Sasso d'Italia, Isola del (I) 113 C4
Gransee (D) 69 C2
Gränsgard (S) 10 C5
Gransha (GB) 47 D4
Gransherad (N) 27 B5
Gransholm (S) 39 A5
Gransjö (S) 11 B3
Gransjö (S) 16 C3
Gransjö (S) 25 B3
Gransjön (S) 28 B3
Gränsjön (S) 28 B4
Gränssjö (S) 9 B6
Granström (S) 17 A2
Gran Tarajal (E) 145 C5
Grantham (GB) 54 C5
Grantown-on-Spey (GB) 45 B6
Granträsk (S) 11 A5
Granträsk (S) 11 C3
Granträsk (S) 16 C1
Granträsk (S) 16 D3
Granträsk (S) 17 A2
Granträskmark (S) 11 B5
Grantshouse (GB) 49 B4
Granudden (S) 10 D5
Granvik (S) 6 C4
Granville (F) 85 B2
Granvin (N) 26 C3
Grao, El (E) 134 D4
Grao, El (E) 134 D5
Grao de Gandia (E) 141 C1
Grappa, Borgo (I) 117 D3
Grarud (N) 27 C5
Gråsala (S) 29 B1
Grasbakken (N) 3 A3
Gräsberg (S) 29 A3
Grasberg (D) 60 C5
Gräsbo (S) 31 A2
Gräsbricka (S) 28 C1
Gräsgård (S) 39 D6
Gräshult (S) 38 D4
Gräsmark (S) 28 C4
Grasmere (GB) 53 B1
Gräsmyr (S) 17 A4
Grasmyrbotn (N) 5 A1
Gräsnäs (S) 17 B3
Gräsö (S) 31 B2
Grassac (F) 95 B5
Grassano (I) 115 D6
Grassau (D) 93 A4
Grasse (F) 107 D4
Grassington (GB) 53 D2
Gråssjö (S) 25 A2
Gråsten (DK) 40 D5
Grästorp (S) 38 B2
Gråtånes (N) 9 A3
Gratangen (N) 5 A3
Gråtanliden (S) 16 B2
Gratens (F) 105 B5
Gratini (GR) 164 D1
Grätnäs (S) 16 D6
Gråträsk (S) 11 A5
Grauballe (DK) 40 D2
Grau-du-Roi, le (F) 106 D5
Graue (D) 68 A3
Graulhet (F) 105 D4
Graulinster (L) 75 D5
Graus (E) 128 C4
Graužiški (BY) 177 A5
Grav (N) 14 B6
Grava (S) 28 D5
Gravalos (E) 127 C5
Gravberget (N) 28 B1
Gravdal (N) 4 A5
Gravdal (N) 26 B4
Gravdal (N) 27 C5
Grave, la (F) 107 C1
Grave (NL) 66 D6
Gravedona (I) 99 B5
Graveide (N) 27 A4
Gravelines (F) 74 B2
Gravelle, la (F) 86 C5
Gravellona (I) 98 D5
Gravelotte (F) 75 D6
Gravendal (S) 29 A3
Grävenwiesbach (D) 76 D3
Gräveri (LV) 177 C1
Graverie, la (F) 86 C3
Gravesend (GB) 59 A3
Graveson (F) 107 A4
Gravfjorden (N) 14 C2
Gravia (GR) 167 A5
Gravina di C. (I) 119 A4
Gråvik (N) 26 A2
Gravina di Púglia (I) 115 D6
Gravmark (S) 16 C2
Gravol (S) 28 C3
Gravsjö (S) 16 D4
Gravvik (N) 14 C2
Gray (F) 89 C5
Grayersfors (S) 30 C6
Graymark (S) 17 B3
Grayrigg (GB) 53 C2
Grays (GB) 59 A3
Graz (A) 101 D3
Grazalema (E) 142 D4
Grażawy (PL) 64 B4
Gražiškiai (LT) 176 A5
Grażyna (PL) 70 C2
Grazzanise (I) 114 D5
Grčak (YU) 158 B1
Grčarice (SLO) 111 B1
Grdelica (YU) 158 D3
Grdevac, V. (HR) 102 C6
Greaca (RO) 154 C4
Gréalou (F) 105 C2
Great Ayton (GB) 54 C1
Great Driffield (GB) 54 D2
Great Dunmow (GB) 59 A2
Greatham (GB) 58 C4
Great Limber (GB) 54 D4
Great Malvern (GB) 57 C1
Great Ormes Head (GB) 53 A4
Great Smeaton (GB) 54 C1
Great Torrington (GB) 56 D4
Great Witley (GB) 57 C1
Great Yarmouth (GB) 55 C6
Grebbestad (S) 37 D1
Grebków (PL) 73 A1
Grebneva (LV) 182 D5
Grebo (S) 39 B2
Grebocice (PL) 70 D3
Grebocin (PL) 64 A5
Greci (I) 115 B5
Greco, Cape (CY) 174 C2
Greco, Roccaforte de (I) 119 C3
Greco, Torre del (I) 114 D5
Gredstedbro (DK) 40 C4
Greenhead (GB) 49 B6
Green, Hurst (GB) 59 A4
Greenisland (GB) 47 C4
Greenlaw (GB) 49 B4
Greenloaning (GB) 48 D3
Greenock (GB) 48 C3
Greenodd (GB) 53 B2
Greenore (IRL) 47 C6
Green, Press (GB) 53 B5
Greencastle (IRL) 47 B3
Greencastle (GB) 47 C6
Greengates (IRL) 47 A6
Greenstone Pt. (GB) 44 C4
Greenwich (GB) 58 D3
Greffen (D) 67 D5
Grefrath (D) 76 A1
Grefsrud (N) 27 C4
Greifenberg (D) 92 C4
Greifenburg (A) 100 D3
Greiffenberg (D) 62 B5
Greifswald (D) 62 B2
Greifswalder Oie (D) 62 B2
Grein (A) 80 A6
Greinton (GB) 57 B4
Greith (A) 101 D1
Greiz (D) 78 D2
Grenå (DK) 41 B1
Grenade (F) 105 B4
Grenade-s-l'Adour (F) 105 C/D4
Grenant (F) 89 C5
Grenchen (CH) 98 C2
Grenči (LV) 178 D5
Grenctāle (LV) 179 B6
Grendavė (LT) 176 D5
Grenier-Montgon (F) 96 C6
Greningen (S) 15 C6
Grenoble (F) 97 C6
Grense-Jakobselv (N) 3 C3
Gréolières (F) 107 D4
Gréoux-les-Bains (F) 107 C4
Gresenhorst (D) 61 C2
Gressåmoen (N) 14 D4
Gresse (D) 61 A4
Gresse-en-Vercors (F) 107 B1
Gresslivollen (N) 23 D2
Gressoney-la-Trinité (I) 98 C5
Gressoney Saint-Jean (I) 98 C5
Gressow (D) 61 B3
Gresten (A) 80 B6
Grésy (F) 97 D5
Gretna Green (GB) 49 A6
Greussen (D) 78 B1
Greux (F) 89 C3
Grevbäck (S) 38 D2
Greve in Chianti (I) 112 C2
Greven (D) 61 A4
Greven (D) 67 C5
Grevena (GR) 163 A5
Grevenbroich (D) 76 B2
Grevenkop (D) 60 C3
Grevesmühlen (D) 61 A3
Grevie, Östra (S) 42 C3
Greyabbey (GB) 47 D5
Greystoke (GB) 53 B1
Greystones (IRL) 51 D2
Grezawa (PL) 70 B3
Grézels (F) 105 B2
Grez-en-Bouère (F) 86 D6
Grèzes (F) 105 B2
Grèzes (F) 106 B/C1
Grezzana (I) 100 A6
Grgar (SLO) 101 A5
Grgurevci (YU) 151 C2
Gria, Akr. (GR) 168 B6
Gribuli (RUS) 182 D3
Gricgale (LV) 176 D1
Gridino (RUS) 182 D1
Griego, El (E) 140 C2
Griegos (E) 133 C3
Griem'ačje (RUS) 175 D5
Gries (A) 100 A2
Gries (A) 100 B2
Griesbach (D) 93 B2
Griesen (A) 100 A1
Grieskirchen (A) 93 C3
Grießem,-Humfeld (D) 68 B5
Griessen (D) 70 B2
Griffen (A) 101 C4
Grigkiškės (LT) 176 D5
Grignan (F) 107 A2
Grignano (I) 111 A1
Grigno (I) 100 B5
Grignols (F) 104 D2
Grijó (P) 125 A6
Grijpskerk (NL) 67 A2
Griki (LV) 178 C5
Grillby (S) 31 A4
Grillom (S) 16 D6
Grillon (F) 107 A2
Grillons, les (F) 107 C3
Grimaldi (I) 116 D5
Grimaldo (E) 131 C4
Grimaud (F) 107 D5
Grimentz (CH) 98 C4
Grimma (D) 69 C6
Grimmared (S) 38 B5
Grimmen (D) 61 D2
Grimmialp (CH) 98 C3
Grimsbu (N) 23 C4
Grimsby (GB) 54 D3
Grimsdalshytta (N) 23 B4
Grimsey (IS) 1 C1
Grimshöv (S) 39 A6
Grimsmark (S) 17 B2
Grimstad (N) 37 A2
Grimsthorpe (GB) 54 D5
Grimston, North (GB) 54 D2
Grimstrup (DK) 40 C3
Grînari (RO) 148 B6
Grindaheim (N) 27 A1
Grindal (N) 23 B2
Grindasi (RO) 154 D3
Grindavik (IS) 1 A3
Grinde (N) 26 C1
Grindelwald (CH) 98 D3
Grinder (N) 28 B3
Grindheim (N) 26 B5
Grindheim (N) 36 C2
Grindjord (N) 5 A4
Grindsted (DK) 40 C3
Grindu (RO) 154 D3
Griniai (LT) 176 A3
Grinkiškis (LT) 176 B3
Grinnemo (S) 28 C3
Grinneröd (S) 38 A2
Grinstad (S) 38 B1
Grinstead, East (GB) 58 D4
Grintesu (RO) 148 C4
Grinzing (A) 80 C6
Grip (N) 22 D2
Gripenberg (S) 39 A2
Gripport (F) 89 D3
Grisanon (GR) 163 B5
Grisignano (I) 110 A2
Griškabūdis (LT) 176 B4
Griskovo (RUS) 35 D6
Grisolia (I) 116 D4
Grisolles (F) 105 B4
Grisselås (S) 15 C5
Grisslan (S) 17 A6
Grisslehamn (S) 31 B2
Grisvågøy (N) 23 A2
Grituny (BY) 177 C3
Griva,-Borisova (RUS) 35 D4
Grīva (LV) 177 B2
Grivaiši (LV) 178 C6
Grivica (BG) 153 D5
Grivita (RO) 149 C5
Grivita (RO) 154 D3
Grižane (HR) 111 B2
Grjadišče (RUS) 182 D2
Grlica (YU) 158 B4
Grm, Crveni (BIH) 156 C2
Grnčari (MK) 162 D2
Grøa (N) 23 A3
Grobina (LV) 178 B6
Groble (PL) 73 A6

Gröbming (A) 101 A2
Groby (GB) 54 C6
Grocholice (PL) 72 A4
Grochów (PL) 73 A1
Grocka (YU) 152 A3
Gród, Juszkowy (PL) 65 D5
Gródek (PL) 65 D4
Gródek nad Dunajcem (PL) 82 C2
Groden, Cuxhaven- (D) 60 B3
Gröditz (D) 69 D6
Grodk (Spremberg) (D) 70 B3
Gródki (PL) 64 C4
Grodkow (PL) 71 B5
Grodziczno (PL) 64 B4
Grodziec (PL) 71 C2
Grodziec (PL) 72 A6
Grodzisk (PL) 65 A5
Grodzisk (PL) 65 C6
Grodzisk Mazowiecki (PL) 72 C2
Grodzisk Wielkopolski (PL) 70 D2
Groenlo (NL) 67 B5
Grohnde (D) 68 B5
Grohote (HR) 156 A2
Groise, la (F) 74 D4
Groitzsch (D) 78 D1
Groix (F) 84 C5
Grójec (PL) 72 C2
Grojec (PL) 81 D2
Grolanda (S) 38 C3
Groléjac (F) 105 B1
Gromiljak (BIH) 150 D5
Grömitz (D) 61 A3
Gromnik (PL) 82 C2
Gromo (I) 99 C5
Gromovo (RUS) 175 C4
Gron (F) 88 D4
Grönahög (S) 38 D3
Grönås (S) 25 B5
Gronau, Leine (D) 68 C5
Gronau (Westf.) (D) 67 B4
Grønbjerg (DK) 40 B2
Grönbo (S) 11 A6
Grøndalen (N) 14 D3
Grøndalen (N) 24 A5
Grøndalen (N) 26 C2
Grøndalselv (N) 14 D3
Grong (N) 14 C4
Grönhögen (S) 39 C6
Grønhøj (DK) 40 C1
Groningen (NL) 67 B2
Gröningen (D) 69 A5
Groninger Wad (NL) 67 A1
Grönkållvallen (S) 24 C3
Grønlia (N) 9 A6
Grønnemose (DK) 41 A4
Grønnes (N) 22 D3
Grønning, Øster (DK) 37 A6
Grønning (N) 22 D4
Grønningen (N) 23 B1
Grönö (S) 31 A1
Grono (CH) 99 A4
Gronów (PL) 70 C2
Gronowo (PL) 64 B1
Gronowo Elbląskie (PL) 64 B2
Grönsinka (S) 30 C2
Grønsjøen (N) 14 B5
Grönskara (S) 39 B4
Grönsö (S) 31 A4
Grönvik (FIN) 32 C3
Grönviken (S) 25 A2
Groothusen (D) 67 B1
Gropeni (RO) 155 A2
Gropnita (RO) 149 B3
Gros, Dizy-le- (F) 75 A5
Grosbois-en-Montagne (F) 97 A1
Grosbreuil (F) 94 B3
Groscavallo (I) 108 A2
Grosi (RO) 146 D3
Grosii Noi (RO) 146 C5
Grosotto (I) 99 C4
Großaitingen (D) 92 B3
Großalmerode (D) 77 B1
Grossarl (A) 101 A2
Gross-Auheim (D) 77 A4
Gross Barkau (D) 60 D2
Grossbeeren (D) 69 D4
Gross Berkel (D) 68 B5
Gross Breitenbach (D) 78 B2
Großburgwedel (D) 68 C3
Großdietmanns (A) 80 A5
Grossdorf (A) 101 D2
Großenbrode (D) 61 A2
Grossengottern (D) 78 A1
Großengstingen (D) 91 B3
Großenhain (D) 60 B4
Großenkneten (D) 67 D3
Großenlüder (D) 77 B3
Grossennain (D) 69 D6
Großensee (D) 60 D4
Großenwiehe (D) 60 C1
Grossenzersdorf (A) 80 D6
Grosseto, Marina di (I) 112 B4
Grosseto (I) 112 C3
Grosseto (F) 120 B4
Gross-Gerau (D) 76 D4
Gross Gerungs (A) 80 A5
Grossglobnitz (A) 80 A5
Gross Gronau (D) 61 A3
Grossgrunden (S) 19 A2
Großgundertshausen (D) 92 D2
Großhabersdorf (D) 78 B5
Grosshartmannsdorf (D) 79 B2
Grosshöchstetten (CH) 98 C2
Grosshollenstein (A) 101 C1
Groß Ippener (D) 68 A2
Gross Kreuz (D) 69 C3
Grosskrut (A) 80 D5
Gross Lafferde (D) 68 C4
Gross Leine (D) 70 A2
Großlittgen (D) 76 B4
Grosslübars (D) 69 B4
Gross Luja (D) 70 B3
Großnöbach (D) 92 C3
Groß Oesingen (D) 68 D3
Gross Ossnig (D) 70 B3
Gross-Ottersleben (D) 69 A4
Grossouvre (F) 96 C2
Gross-Pertholz (A) 93 D2
Grosspetersdorf (A) 102 A3
Gross Plasten (D) 61 D4
Grossraming (A) 101 C1
Grossräschen (D) 70 A3
Grossreifling (A) 101 C1
Grossrettbach (D) 78 B2
Gross Saara (D) 78 C2
Gross Särchen (D) 70 B4
Großschönau (A) 80 A5
Gross Schönebeck (D) 69 D2
Großsefehn (D) 67 C2
Gross-Siegharts (A) 80 B4
Gross-Sisbeck (D) 68 D4
Gross Sölk (A) 101 B2
Gross-Umstadt (D) 77 A4
Grosswarasdorf (A) 102 B2
Grossweikersdorf (A) 80 C5
Gross Wittensee (D) 60 C2
Gross Ziethen (D) 62 B5
Grosszöbern (D) 78 D3
Grostenquin (F) 90 B2
Gros-Theil, le (F) 87 B2
Grosuplje (SLO) 101 C5
Grøtavær (N) 4 C2
Grote (LV) 182 B4
Grøtfjord (N) 1 A6
Grötingen (S) 25 A2
Grotli (N) 22 D5
Grøtnes (N) 2 A3
Grotnes (N) 26 B3
Grøtnesdalen (N) 1 B5
Grøtøy (N) 1 A5
Grottaferrata (I) 113 A6
Grottáglie (I) 117 C2
Grottaminarda (I) 115 A5
Grottammare (I) 113 C3
Grotte (I) 118 C4
Grotteria (I) 119 D2
Grotteseter (N) 27 A4
Grotti (I) 112 C2
Gróttole (I) 115 D6
Grouville (GB) 86 A2
Grova (N) 14 B4
Grova (N) 27 B6
Grøvda (N) 22 D3
Grove, El (E) 124 B4
Grove, Hazel (GB) 53 C4
Gröveldalsvallen (S) 24 B5
Grovfjord (N) 5 A3
Grozas (LV) 182 B5
Grozesti (RO) 149 A5
Grozesti (RO) 149 C3
Grožnjan (HR) 111 A2
Grubbe (S) 16 C4
Grubbe (S) 25 C5
Grubben (N) 9 A6
Gruben (N) 9 A4
Grubenhagen (D) 61 C4
Grubišno Polje (HR) 150 C1
Gruda (HR) 157 A4
Grude (BIH) 150 C6
Grudie (GB) 44 D5
Grudovo (BG) 161 A3
Grudusk (PL) 64 D5
Grudziadz (PL) 64 A4
Grues (F) 94 C3
Gruey-lès-Surance (F) 89 D4
Grufflange (B) 75 D4
Gruinard, Little (GB) 44 D4
Gruinard-I. (GB) 44 D4
Gruissan (F) 106 B6
Gruitrode (B) 75 C2
Grullos (E) 125 C1
Grumbach (D) 79 B1
Grumby (D) 60 C2
Grumello (I) 109 B1
Grumello (I) 109 B2
Grumento Nova (I) 116 D3
Grumo Appula (I) 117 A1
Grums (S) 28 C5
Grünau (A) 101 B1
Grünberg (D) 77 A3
Grünburg (A) 93 D3
Grund,-Saas (CH) 98 D4
Grundagssätern (S) 24 B4
Grundarfjördur (IS) 1 A2
Gründelhardt (D) 91 C1
Grundfors (S) 15 B2
Grundfors (S) 16 B2
Grundfors (S) 16 C1
Grundfors (S) 17 A1
Grundforsen (S) 24 B6
Grundsjö (S) 16 B2
Grundsjö (S) 16 B4
Grundsjö (S) 25 A3
Grundsund (S) 38 A3
Grundsunda (S) 17 A5
Grundsunda (FIN) 32 B4
Grundtjärn (S) 16 C5
Grundtjärn (S) 16 D2
Grundträsk (S) 10 B5
Grundträsk (S) 10 D5
Grundträsk (S) 10 D6
Grundträsk (S) 11 A6
Grundträsk (S) 11 B3
Grundträskliden (S) 10 C5
Grundvattnet (S) 11 A4
Grundzāle (LV) 182 A3
Grünewald (D) 70 A3
Grungebru (N) 26 D5
Grungedal (N) 26 D5
Grünheide (D) 70 A1
Grünholz (D) 60 C1
Grüningen (D) 69 B4
Grunke (N) 27 A2
Grunnerud (S) 28 B5
Grunnfarnes (N) 4 D1
Grunnfjord (N) 1 B5
Grunnfjørfjord (N) 4 B4
Grunow (D) 70 B2
Grünsfeld (D) 77 B5
Grünstadt (D) 76 D5
Grunwald (PL) 64 C4
Grupa, Dolna (PL) 64 A4
Grupčin (MK) 158 B5
Grupont (B) 75 C4
Grury (F) 96 D3
Grusca (MD) 149 C1
Grūšlaukė (LT) 175 C1
Gruta (PL) 64 A4
Grutness (GB) 45 D4
Gruvberget (S) 25 B6
Gruvbyn (S) 25 A5
Gruvedalshytta (N) 23 A4
Gruyères (CH) 98 B3
Gruža (YU) 152 A5
Gruzdiške (LT) 176 B3
Gruzdžiai (LT) 176 B1
Grybėnai (LT) 177 B3
Grybów (PL) 82 C2
Grycksbo (S) 29 B1
Gryfice (PL) 62 D3
Gryfino (PL) 62 C4
Gryfów Śląski (PL) 70 C4
Gryllefjord (N) 4 D1
Grymyr (N) 27 D3
Grynberget (S) 16 B4
Gryt (S) 39 C2
Gryta (N) 23 A1
Grytastølen (N) 27 A1
Grytfall (S) 39 A2
Grytgöl (S) 29 B6
Grythyttan (S) 29 A4
Grytnäs (S) 11 C3
Grytnäs (S) 29 A1
Grytnäs (S) 31 A5
Grytøya (N) 4 D2
Grytsjö (S) 15 C2
Grytskäret (FIN) 19 A4
Grytstorp (S) 39 A1
Gryttje (S) 25 C3
Gryttjesbo (S) 25 B4
Gryzavino (RUS) 182 D4
Grzegrzółki (PL) 64 D3
Grzmiaca (PL) 63 B3
Grzmiaca (PL) 72 C3
Grzybów (PL) 72 D5
Grzymiszew (PL) 71 C2
Gschnitz (A) 100 A2
Gschwend (D) 91 C2
Gstaad (CH) 98 C3
Gstatterboden (A) 101 C1
Gsteig (CH) 98 C4
Guadahortuna (E) 140 A4
Guadajoz (E) 142 C2
Guadalajara (E) 133 A3
Guadalcana (E) 138 D3
Guadalcázar (E) 143 A2
Guadalix (E) 132 D2
Guadalmez (E) 139 B1
Guadalmina (E) 143 A5
Guadalupe (E) 132 A5
Guadalupe (P) 136 B5
Guadarrama (E) 132 C3
Guadiaro (E) 142 D5
Guadix (E) 140 A5
Guagno (F) 120 B3
Gualdo (I) 110 B5
Gualdo Cattáneo (I) 113 A3
Gualdo-Tadino (I) 113 B2
Gualöv (S) 43 A2
Gualtieri (I) 109 C3
Guarcino (I) 113 C6
Guarda, La (E) 138 D1
Guarda (P) 131 A3
Guardamar del Segura (E) 141 B3
Guardao (P) 130 C3
Guardapasso (I) 113 A6
Guardavalle (I) 119 D1
Guardia, La (E) 124 B5
Guardia, La (E) 132 D5
Guárdia P. (I) 116 D3
Guárdia S. (I) 115 A5
Guárdia P. (I) 116 D5
Guárdia P. Marina (I) 116 D5
Guardiagrete (I) 114 D2
Guardias Viejas (E) 140 B6
Guardiola (E) 129 B4
Guardiola (E) 129 B5
Guardo (E) 126 B3
Guareña (E) 138 D1
Guarrate (E) 132 A1
Guarromán (E) 139 D3
Guasila (I) 121 C5
Guastalla (I) 109 C3
Guatteluobbal (N) 6 B1
Guazamara (E) 140 D5
Guba, Luzskaja (RUS) 35 A5
Gúbbio (I) 113 A2
Gubbträsk (S) 16 C1
Guben (Gubin) (D) 70 B2
Gubeš (BG) 159 A2
Gubiči (BY) 177 D6
Gubin (Guben) (D) 70 B2
Gubin (PL) 70 B2
Guča (YU) 151 D5
Guchan (F) 105 A6
Gudå (N) 23 D1
Gudai (LT) 175 D3
Gudavac (BIH) 150 A3
Guddal (N) 26 B2
Gudeliai (LT) 176 B6
Gudeliai (LT) 176 C5
Guden'ata (BY) 177 B6
Gudenieki (LV) 178 B5
Gudensberg (D) 77 A1
Gudhem (S) 38 C2
Gudhjem (DK) 43 B4
Gudiña, La (E) 125 A5
Gudkaimis (LT) 176 A5
Gudow (D) 61 A4
Gudsberga Kloster (S) 29 B2
Gudura, Akr. (GR) 173 B6
Gudvangen (N) 26 C2
Gudžiūnai (LT) 176 C3
Guebwiller (F) 90 C4
Guécélard (F) 87 A6
Guéhenno (F) 85 A4
Güéjar Sierra (E) 140 A5
Guémar (F) 90 C4
Guémené-Penfao (F) 85 B5
Guémené-s-Scorff (F) 84 D4
Guer (F) 85 A4
Guérande (F) 85 A6
Guerche-de-Bretagne, la (F) 86 C5
Guerche-s-l'Aubois, la (F) 96 C2
Guéret (F) 95 D4
Guérigny (F) 96 C2
Guérinière, la (F) 94 A2
Guerlesquin (F) 84 C3
Guern (F) 84 D4
Güesa (E) 127 D3
Guéthary (F) 104 A5
Gueugnon (F) 97 A3
Gueva de Agreda (E) 127 C6
Güevejar (E) 140 A5
Guglionesi (I) 115 A3
Gugnano (I) 117 C2
Gugney-aux-Aulx (F) 89 D3
Gühlen (D) 69 C2
Guia, Sta. Maria de (E) 144 D5
Guía de Isora (E) 144 A5
Guiche, la (F) 97 A3
Guichen (F) 85 B4
Guidel (F) 84 C4
Guidizzolo (I) 109 C2
Guidónia (I) 113 A5
Guiesteira Fundeira (P) 130 D5
Guiglia (I) 109 C4
Guignen (F) 85 B4
Guignes (F) 88 C2
Guijo (E) 139 B2
Guijo de Coria (E) 131 B4
Guijo de Santa Bárbara (E) 131 D4
Guijuelo (E) 131 D3
Guildford (GB) 58 D3
Guillaumes (F) 107 D3
Guillena (E) 142 C2
Guillermie, la (F) 96 D4
Guillestre (F) 107 D2
Guilliers (F) 85 A4
Guillon (F) 97 A1
Guillos (F) 104 C2
Guilly (F) 95 D2
Guilstein (N) 22 D2
Guilvinec (F) 84 B4
Güimar, Puerto de (E) 144 B5
Güimar (E) 144 B5
Guimarães (P) 124 C6
Guincheto (F) 120 B4
Guincho (P) 137 A1
Guînes (F) 74 A2
Guines (F) 74 B2
Guingamp (F) 84 D3
Guingeta d'A, La (E) 129 A3
Guipavas (F) 84 B3
Guipen (NL) 75 D2
Guipry (F) 85 B4
Guipy (F) 96 D1
Guisando (E) 132 A4
Guisborough (GB) 54 C1
Guiscard (F) 74 C5
Guiscriff (F) 84 C4
Guise (F) 74 D4
Guiseley (GB) 54 B3
Guissény (F) 84 B2
Guissona (E) 129 A5
Guist (GB) 55 B5
Guitera (F) 120 C3
Guitiriz (E) 124 D2
Guîtres (F) 104 D1
Gujan-Mestras (F) 104 B2
Gula (P) 130 B4
Gulács (H) 83 B6
Gulbene (LV) 182 B4
Gulbēris (LV) 179 D5
Gulbji (LV) 178 B5
Gulbrå (N) 26 C2
Gulbrandsøy (N) 26 A3
Guldborg (DK) 41 C5
Guldringheden (S) 10 D3
Guldset (N) 23 D2
Guldsmedshyttan (S) 29 A4
Gulemme (N) 2 B2
Guljanci (BG) 153 D5
Gullabo (S) 39 C6
Gullaboås (S) 39 C6
Gullane (GB) 49 B3
Gullboviken (S) 24 D3
Gullbrandstorp (S) 38 B6
Gulleråsen (S) 25 A6
Gullered (S) 38 C3
Gullesfjordbotn (N) 4 C3
Gullhagen (N) 27 A2
Gullholmen (N) 4 C3
Gullholmen (S) 38 A3
Gullön (S) 10 C5
Gullringen (S) 39 B3
Gullspång (S) 28 D6
Gulltjärn (S) 17 B3
Güllük (TR) 173 C2
Gullvåg (N) 23 C2
Gülpinar (TR) 165 B5
Gulsele (S) 16 C4
Gulsvik (N) 27 C3
Gulträsk (S) 11 A3
Gumboda (S) 17 B3
Gumbodahamn (S) 17 C3
Gumenissa (GR) 163 B2
Gumiel (E) 126 D6
Gumlosa (S) 42 D1
Gummark (S) 17 B2
Gummersbach (D) 76 C2
Gumoštnik (BG) 159 D2
Gumpenreith (D) 93 B2
Gumtow (D) 69 B2
Gümüşpinar (TR) 161 C5
Gümüssu (TR) 169 B5
Gundelfingen (D) 90 D4
Gundelfingen (D) 92 A3
Gundelsdorf (D) 92 C3
Gundelsheim (D) 77 B6
Gundertshausen (A) 93 B3
Gunderup (DK) 37 C6
Gündlfing (D) 92 C1
Gündoğdu (TR) 165 C3
Gündüzlü (TR) 161 A6
Güneşli (TR) 169 D2
Gunnarn (S) 16 C2
Gunnarp (S) 38 C5
Gunnarsberg (S) 16 B1
Gunnarsbyn (S) 11 B3
Gunnarsdjupträsk (S) 11 B3
Gunnarskog (S) 28 B4
Gunnarvattnet (S) 15 B4
Gunnersvea (N) 27 C2
Gunnilbo (S) 29 B3
Gunnislake (GB) 56 D5
Gunnismark (S) 17 B3
Günselsdorf (A) 102 B1
Gunsmark (S) 17 B2
Gunsta (S) 31 A3
Gunten (CH) 98 C3
Güntersberge (D) 68 D5
Guntersblum (D) 76 D5
Guntersdorf (A) 80 C5
Guntín (E) 124 D3
Günzburg (D) 92 A3
Gunzenhausen (D) 92 B1
Günzerode (D) 68 D6
Gura-Galbena (MD) 149 D4
Gurahont (RO) 146 D5
Gura Humorului (RO) 148 C2
Gura Padinii (RO) 153 C5
Gura Siriului (RO) 154 B1
Gurat (F) 95 A6
Gura Teghil (RO) 154 C1
Gura Văii (RO) 153 B4
Gur'evsk (RUS) 175 B4
Gurfiles (S) 43 C5
Gurghiu (RO) 147 D3
Gurgy-la-Ville (F) 89 B4
Gurin, Bosco (CH) 99 A4
Gurja (GR) 166 C5
Gurk (A) 101 B3
Gurkovo (BG) 160 B3
Gurney, Farrington (GB) 57 C3
Gurs (F) 104 C5
Gurskøy (N) 22 B4
Guruni, Akr. (GR) 167 C3
Gušće (HR) 150 B1
Gusev (RUS) 175 D5
Guševac (YU) 152 D6
Gusevo (RUS) 175 C5
Gusevo (RUS) 182 D1
Gusinje (YU) 157 D4
Gusitei (RO) 149 C5
Gusjön (S) 28 C1
Güspini (I) 121 B5
Gussago (I) 109 B1
Gusselby (S) 29 B4
Güssing (A) 102 A3
Gussnava (S) 42 D3
Gussvattnet (S) 15 B3
Gustav Adolf (S) 28 D3
Gustav Adolf (S) 38 D3
Gustavs (S) 29 B2
Gustavsberg (S) 31 B4
Gustavsberg (S) 38 A2
Gustavsdal (S) 28 C3
Gustavsfors (S) 28 B5
Gustavsfors (S) 28 D3
Güsten (D) 69 A5
Gustow (D) 61 D2
Güstrow (D) 61 C3
Gusum (S) 39 C2
Gutcher (GB) 45 D2
Gutenberg (D) 91 B3
Gutenstein (A) 102 A1
Gütersloh (D) 67 D5
Güttamási (H) 102 D3
Guttannen (CH) 98 D3
Guttaring (A) 101 C3
Guttau (D) 70 B4
Guttormelva (N) 2 D1
Guttusjön (S) 24 B5
Gutvik (N) 14 C2
Gützkow (D) 62 B2
Guvåg (N) 4 B3
Guyhirn (GB) 55 A6
Güzelbahce (TR) 169 A4
Guzów (PL) 72 C2
Gvardejskoe (RUS) 175 B5
Gvarv (N) 27 B5
Gvozd (YU) 157 B3
Gvozdansko (HR) 150 A2
Gwalchmai (GB) 52 D4
Gwardejsk (RUS) 175 C5
Gwbert-on-Sea (GB) 56 D1
Gwda Wielka (PL) 63 B3
Gweedore (IRL) 46 D3
Gwennap Hd. (GB) 56 B6
Gwizdały (PL) 65 A6
Gwizdanów (PL) 70 D3
Gwoździany (PL) 71 D5
Gy (F) 89 D5
Gya (N) 36 B2
Gyarmat (H) 102 C2
Gyepükaján (H) 102 C3
Gyé-s-Seine (F) 89 B4
Gyfjord (N) 2 A3
Gyl (N) 23 A2
Gyland (N) 36 B2
Gyleen (IRL) 50 D5
Gyliai (LT) 176 B3
Gyljen (S) 11 C2
Gylling (DK) 41 A3
Gyltvik (N) 4 D6
Gyoma (H) 146 A3
Gyöngyös (H) 103 C1
Gyöngyöshalász (H) 103 C2
Gyöngyöspata (H) 103 C1
Gyönk (H) 103 A4
Győr (H) 102 D2
Győrsövényház (H) 102 C2
Győrszemere (H) 102 D2
Győrtelek (H) 83 B6
Győrvár (H) 102 B3
Gypsos (CY) 174 B3
Gysinge (S) 30 D2
Gyttia (FIN) 32 D4
Gyttorp (S) 29 A4
Gyula (H) 146 B4
Gyulafirátót (H) 102 D3
Gyulatanya (H) 82 D6
Gyulavári (H) 146 B4

H

Haabneeme (EST) 180 D3
Häädemeeste (EST) 179 B2
Haag (A) 93 C3
Haag (A) 93 D3
Haag i. Obb. (D) 92 D3
Haaksbergen (NL) 67 B5
Haamstede (NL) 66 A6
Haan (D) 76 B1
Haanja (EST) 182 C3
Haapajärvi (FIN) 20 B2
Haapajärvi (FIN) 35 A3
Haapa-Kimola (FIN) 34 C3
Haapakoski (FIN) 20 C5
Haapakumpu (FIN) 7 C5
Haapakylä (S) 11 D2
Haapala (FIN) 12 D3
Haapala (FIN) 20 C5
Haapala (FIN) 34 D3
Haapalahti (FIN) 3 A5
Haapaloso (FIN) 21 C5
Haapaluoma (FIN) 19 C4
Haapamäki (FIN) 20 A5
Haapamäki (FIN) 20 B2
Haapamäki (FIN) 20 C4
Haapamäki (FIN) 21 A4
Haapaniemi (FIN) 21 A6
Haapaniemi (FIN) 33 B3
Haapaperä (FIN) 20 A1
Haaparanta (FIN) 7 C6
Haapasaari (FIN) 34 D4
Haapasalmi (FIN) 21 B5
Haapavesi (FIN) 12 C6
Haapovaara (FIN) 21 B4
Haapovaara (FIN) 21 C4
Haapovaara (FIN) 21 D4
Haapsalu (EST) 180 C4
Haar, München (D) 92 D4
Haarajärvi (FIN) 20 C5
Haarajoki (FIN) 20 C6
Haarajoki (FIN) 34 A5
Haarala (FIN) 20 C3
Haaraoja (FIN) 12 D6
Haaren (D) 68 A6
Haarlem (NL) 66 C4
Haaroinen (FIN) 33 A3
Haavisto (FIN) 33 C4
Haba, La (E) 138 D1
Habaja (EST) 181 A4
Habas (F) 104 C4
Habay-la-Neuve (B) 75 C5
Habborn (S) 25 C1
Habitarelle, l' (F) 106 C2
Hablingbo (S) 43 C6
Habo (S) 38 D3
Håbol (S) 28 B6
Habřovany (CZ) 80 D3
Habry (CZ) 80 B2
Habsheim (F) 90 C5
Habura (SK) 83 A3
Hačava (SK) 82 B5
Hachenburg (D) 76 C3
Hachmühlen (D) 68 B4
Hacienda de los Melonares (E) 142 C2
Hacinas (E) 126 D5
Hackås (S) 24 D2
Hacketstown (IRL) 51 C3
Hacksjö (S) 16 C3
Håcksvik (S) 38 C4
Hackthorpe (GB) 53 C1
Hacquegnies (B) 74 D3
Hadamar (D) 76 D3
Hådanberg (S) 16 D5
Haddebro (S) 29 B6
Haddington (GB) 49 B3
Haddiscoe (GB) 55 C6
Haddorf (D) 60 C4
Hade (S) 30 D2
Hadersdorf (A) 80 B5
Haderslev (DK) 40 D4
Haderup (DK) 40 C1
Hadlaskar (N) 26 D3
Hadleigh (GB) 59 B1
Hadle Szklarskie (PL) 83 A2
Hadlow (GB) 59 A3
Hadsel (N) 4 C3
Hadseløya (N) 4 C3
Hadselsand (N) 4 B4
Hadsten (DK) 41 A1
Hadsund (DK) 37 C6
Hadžisotirov, Boris (BG) 159 C4
Hægebostad (N) 36 C2
Hægeland (N) 36 D2
Haelen (NL) 75 D1
Haeska (EST) 180 B5
Haeska (EST) 180 C4
Hæstad (N) 8 C5
Haffkrug (D) 61 A3
Hafjell (N) 27 C1
Hafnarfjördur (IS) 1 B3
Hafsås (N) 23 A4
Hafslo (N) 26 D1
Haga (N) 28 A4
Haga (S) 31 A3
Hagafoss (N) 27 A2
Haganj (HR) 102 B6
Hågår (N) 27 D2
Hagby (S) 39 C6
Hage (D) 67 B1
Hagen (D) 76 C1
Hagen (D) 76 D1
Hagenah (D) 60 C4
Hagen im Bremischen (D) 60 B5
Hagenow (D) 61 B4
Hageri (EST) 180 D4
Hagested (DK) 41 C3
Hagetmau (F) 104 C4
Hagfors (S) 28 D3
Häggås (S) 16 B3
Häggåsen (S) 25 B2
Häggdånger (S) 25 C2
Häggebo (S) 39 C1
Häggeboda (S) 29 A6
Häggenås (S) 15 C6
Häggnäs (S) 17 A4
Häggnäset (S) 15 A4
Häggsåsen (S) 24 C2
Häggsjö (S) 17 A4
Häggsjöbäcken (S) 16 D4
Häggsjöbränna (S) 14 D6
Häggsjömon (S) 16 C4
Häggsjön (S) 15 A5
Häggsundet (S) 24 B5
Hägnäsen (S) 24 B6
Hagondange (F) 75 D6
Hags Hd. (IRL) 50 C2
Hagudi (EST) 180 D4
Haguenau (F) 90 D2
Hahmajärvi (FIN) 33 C1
Hahnbach (D) 78 C5
Hahn b. W. (D) 76 D3
Hahnenknoop (D) 60 B5
Hahnikoski (FIN) 7 B6
Hahót (H) 102 B4
Haichuška peštera (BG) 159 C1
Haidach (A) 101 B4
Haidhof,-Maxhütte (D) 78 D6
Haidmühle (D) 93 C2
Haiger (D) 76 D2
Haigerloch (D) 91 A3
Häijää (FIN) 33 A1
Haikkasalo (FIN) 19 D5
Hailsham (GB) 59 A4
Hailuoto (FIN) 12 B4
Haimoo (FIN) 33 C4
Hainburg (A) 102 B1
Hainchen (D) 76 D2
Hainfeld (A) 102 A1
Hainichen (D) 79 A1
Hainmühlen (D) 60 B4
Haisthorpe (GB) 54 D2
Haisunperä (FIN) 12 D6
Haisuvaara (FIN) 13 A3
Hajala (FIN) 33 A4
Hajdúböszörmény (H) 146 B2
Hajdúhadház (H) 146 B1
Hajdúnánás (H) 146 B1
Hajdúsámson (H) 146 B2
Hajdúszoboszló (H) 146 B2
Hajdúszovát (H) 146 B2
Hajdúvid (H) 20 C6
Hajnáčka (SK) 82 B6
Hajnówka (PL) 65 D5
Hajós (H) 103 B5
Hajredin (BG) 153 B5
Hakadal (N) 27 D3
Hakala (RUS) 21 D6
Håkanbol (S) 29 A5
Håkånes (N) 27 B4
Håkantorp (S) 38 B2
Håkaunet (N) 14 D1
Håkavik (N) 5 A2
Hakjala (EST) 180 A5
Hakkas (S) 11 A1
Hakkenpää (FIN) 32 D3
Häkkilä (FIN) 20 B4
Häkkilä (FIN) 20 D6
Häkkiskylä (FIN) 20 A6
Håknäs (S) 17 A5
Hakokylä (FIN) 13 B5
Håkonhals (N) 4 C5
Håkøy (N) 1 A6
Håkøybotn (N) 1 A6
Hakvåg (N) 4 C5
Håkvik (N) 5 A3
Hålaforsen (S) 16 C5
Hålahult (S) 29 A4
Halahult (S) 43 A1
Halámky (CZ) 80 A4
Håland (N) 26 B5
Hålanda (S) 38 B3
Halandsosen (N) 26 C6
Halászi (H) 102 C1
Hălăucesti (RO) 149 A3
Halbenrain (A) 102 A4
Hålberg (S) 10 D5
Halberstadt (D) 69 A5
Halberton (GB) 57 B4
Hălchiu (RO) 154 A1
Hald (DK) 40 C1
Hald (DK) 41 A1
Haldammen (N) 28 B2
Haldensleben (D) 69 A4
Haldum (DK) 41 A2
Halenkov (CZ) 81 B3
Halesowen (GB) 53 C6
Halesworth (GB) 59 B1
Håle-Täng (S) 38 B2
Halfway (GB) 57 A1
Halhjem (N) 26 B4
Halič (SK) 82 A6
Håliden (S) 28 C2
Halifax (GB) 54 B3
Halikko (FIN) 33 A4
Halila (RUS) 35 B4
Halistra (GB) 44 B5
Halivaara (FIN) 21 A3
Haljala (EST) 181 B3
Håljeboda (S) 28 B4
Halk (DK) 40 D4
Halki (GR) 163 C6
Halkia (FIN) 34 B4
Halkiades (GR) 163 C6
Halkida (Chalkis) (GR) 167 C5
Halkion (GR) 171 A2
Halkivaha (FIN) 33 B2
Halkokumpu (FIN) 20 C5
Halkosaari (FIN) 19 C4
Hall (S) 31 A5
Hall (A) 100 B2
Hälla (S) 16 C4
Hälla (S) 28 D5
Halla-aho (FIN) 20 D1
Hallabro (S) 39 B6
Hallamäki (FIN) 20 D5
Hällan (S) 39 A2
Halland (S) 24 B1
Halland (GB) 59 A4
Hallands Väderö (S) 38 B6
Hallands Väderö (DK) 42 B1
Hallands bru (N) 26 D6
Hallapuro (FIN) 19 D3
Hallarsbo (S) 30 D2
Hallaryd (S) 38 D6
Hallavaara (FIN) 13 B5
Hällbacken (S) 9 C4
Hällbacken (S) 10 B4
Hällberg (S) 10 D5
Hällbo (S) 25 B6
Hällbovallen (S) 24 C6
Hällby (S) 16 C4
Hällbybrunn (S) 30 D4
Hallden (N) 28 A6
Hälle (S) 37 D1
Halle (D) 68 B5
Halle (D) 69 B6
Halle (B) 75 A2
Hälleberga (S) 39 B5
Hällefors (S) 29 A4
Hälleforsnäs (S) 30 D5
Hallein (A) 100 D1
Hällekis (S) 38 C1
Hallen (S) 24 C1
Hallenberg, Steinbach- (D) 78 A2
Hallenberg (D) 76 D1
Hallencourt (F) 74 A4
Halle-Neustadt (D) 69 B6
Halleraunet (N) 14 C1
Hallerud (D) 29 A6
Hällesjö (S) 25 B2
Hällestad (S) 29 B6
Hällestad (S) 42 D3
Hälleström (S) 11 B5
Halleux (B) 75 D3
Hällevadsholm (S) 38 A2
Hällevik (S) 43 A2
Hällevikstrand (S) 38 A3
Halle (Westf.) (D) 67 D5
Hällfors (S) 11 B6
Hållindan (S) 28 D1

Hallinden (S) 38 A2
Hallingby (N) 27 C3
Hallingeberg (S) 39 B3
Hällingsånyddan (S) 15 B4
Hällingsjö (S) 38 B4
Hallingskeid (N) 26 D2
Hällinmäki (FIN) 20 D6
Halli (sF) 20 A6
Halliste (EST) 179 C2
Hällnäs (S) 10 B3
Hällnäs (S) 17 A3
Hållnäs (S) 31 A1
Hållö (S) 37 D2
Hallsberg (S) 29 B5
Hallshuk (S) 43 C4
Hällsjöfors (S) 24 B4
Hällstad (S) 38 C3
Hallstadt (D) 78 B4
Hallstahammar (S) 29 B4
Hallstatt (A) 101 A1
Hallstavik (S) 31 B2
Hällstugan (S) 24 C6
Halltorp (S) 39 C6
Hallulin (F) 74 C2
Hallum (NL) 66 D2
Hållvalen (S) 24 B3
Hällvattnet (S) 16 A4
Hallviken (S) 15 C5
Halma (B) 75 B4
Hălmagiu (RO) 146 D5
Halmăsd (RO) 146 D3
Halmejärvi (FIN) 21 A1
Halmenniemi (FIN) 34 D2
Halmeperä (FIN) 20 B2
Halmeu (RO) 146 D1
Halmstad (S) 38 B6
Halna (S) 38 D1
Halne (N) 26 D3
Halolanmäki (FIN) 20 C4
Halosenniemi (FIN) 12 C4
Halosenranta (FIN) 7 B6
Hals (DK) 37 C5
Halsa (N) 8 D3
Halsanaustan (N) 23 A2
Halshalla (N) 14 C4
Hälsingön (FIN) 19 B2
Halsnes (N) 26 B6
Halsnøy (N) 26 B4
Halsön (FIN) 19 A3
Halsøy (N) 8 D5
Halstead (GB) 59 A2
Halsted (DK) 41 B5
Halstenbek (D) 60 C4
Halsua (FIN) 19 D2
Haltdalen (N) 23 D2
Haltern (D) 67 B5
Haltwhistle (GB) 49 B6
Haluna (FIN) 20 D3
Hälvä (FIN) 21 B6
Halvarsgårdarna (S) 29 A2
Hålvattnet (S) 17 B2
Halver (D) 76 C1
Halverde (D) 67 C4
Halvrimmen (DK) 37 B5
Halwell (GB) 57 A5
Ham (F) 74 C5
Hamar (N) 27 D2
Hamari (FIN) 34 B4
Hamari (FIN) 12 C3
Hamarøy (N) 4 C4
Hamarøy (N) 8 D4
Hamarseter (N) 27 D1
Hambergen (D) 60 B5
Hambleton (GB) 54 C3
Hambukt (N) 1 C4
Hamburg (D) 60 D4
Hamburgsund (S) 37 D2
Hambye (F) 86 C3
Hamdorf (D) 60 C2
Häme (RUS) 13 D3
Hämeenkoski (FIN) 33 D2
Hämeenkyrö (FIN) 33 A1
Hämeenlinna (FIN) 33 C2
Hämeenmäki (FIN) 34 C1
Hameln (D) 68 B5
Hamersleben (D) 69 A4
Hamidiye (TR) 165 B1
Hamilton, Mount (GB) 47 B4
Hamilton (GB) 48 D4
Hamina (FIN) 34 D3
Haminalahti (FIN) 20 D4
Hamitâbat (TR) 161 A5
Hamlagrøosen (N) 26 B3
Hamm (D) 67 C6
Hammar (S) 29 B6
Hammarby (S) 29 C2
Hammarglo (S) 39 C4
Hammarland (FIN) 32 A4
Hammarnäs (S) 24 C1
Hammarö (S) 28 D5
Hammarön (S) 28 D5
Hammars (S) 43 C4
Hammarsbyn (S) 28 C1
Hammarstrand (S) 25 A1
Hammaslahti (FIN) 21 B5
Hammburg (D) 77 C4
Hamme (B) 75 A2
Hammel (DK) 40 D2
Hammelspring (D) 62 B5
Hamme-Mille (B) 75 B2
Hammenhög (S) 42 D3
Hammer (N) 14 C4
Hammer (N) 14 C5
Hammerdal (S) 15 C5
Hammereisenbach (D) 91 A4
Hammerfest (N) 2 A3
Hammernes (N) 2 C2
Hammerneset (N) 8 D4
Hammershøj (DK) 40 D1
Hammerum (DK) 40 C2
Hamminkeln (D) 67 A6
Hamn (N) 4 D1
Hamn (N) 8 C6
Hamn (N) 23 A1
Hamn (N) 26 B3
Hamna (N) 2 B2
Hamnbukt (N) 2 A3
Hamnbukt (N) 2 B4
Hamnbukta (N) 1 B6
Hamneda (S) 38 D6
Hamneidet (N) 1 C5
Hamnes (N) 14 B4
Hamnholmen (FIN) 34 C4
Hamningberg (N) 3 B1
Hamnnes (N) 1 C5
Hamoir (B) 75 C3
Håmojåkk (S) 5 D6
Hamolovo (RUS) 181 D2
Hamont (B) 75 C1
Hamøy (N) 4 A5
Hampetorp (S) 29 B5
Hampton Heath (GB) 53 B5
Hamra (S) 24 D5
Hamra (S) 43 C6
Hamrånge (S) 25 C6
Hamrångefjärden (S) 25 C6
Hámre, Dol. (SK) 81 C5
Hámre, Košické (SK) 82 D4
Hámre, Remetské (SK) 83 A4
Hámre, Zemplinske (SK) 83 A4
Hamre (N) 1 B5
Hamre (N) 26 B3
Hamremoen (N) 27 C3
Hamry (CZ) 79 B5
Hamsund (N) 4 C4
Hamula (FIN) 20 C3
Hamula (FIN) 20 D3
Hamzali (MK) 163 C1
Han, Gadžin (YU) 152 C6
Han, Vladičin (YU) 158 C3
Hån (S) 28 B5
Hana (N) 3 A2
Hanasand (N) 26 B6
Hanau (D) 77 A4
Hańczowa (PL) 82 C3
Handa (GB) 44 D3
Handbjerg (DK) 40 C1
Handcross (GB) 58 D4
Handegg (CH) 98 D3
Händelöp (S) 39 C3
Handen (S) 31 B4
Handest (DK) 40 D1
Handley, Sixpenny (GB) 58 A4
Handlová (SK) 81 C5
Handnes (N) 8 D4
Handöl (S) 24 A1
Hands, Cross (GB) 56 D2
Handsjö (S) 24 D3
Handstein (N) 8 D4
Hanebo Kilafors (S) 25 B6
Hanerau (D) 60 C3
Hanestad (N) 23 D5
Hănesti (RO) 149 A1
Hangaskylä (FIN) 19 B4
Hangastaipale (FIN) 34 B1
Hangö, Hanko (FIN) 33 A5
Hangony (H) 82 B6
Hangre (S) 43 D5
Hangsbygda (N) 22 B4
Hangu (RO) 148 D4
Hanhimaa (FIN) 6 D3
Hanhisalo (FIN) 19 D2
Hanho (FIN) 19 D6
Hanikase (EST) 182 C2
Haniska (SK) 82 D5
Hankamäki (FIN) 20 C5
Hankamäki (FIN) 21 A3
Hankasalmen asema (FIN) 20 C5
Hankasalmi (FIN) 20 C5
Hankavaara (FIN) 21 B5
Hankavesi (FIN) 20 C5
Hankensbüttel (D) 68 D3
Hankkila (FIN) 32 C2
Hanko, Hangö (FIN) 33 A5
Hanley (GB) 53 C5
Hanna (PL) 73 C2
Hannäs (S) 39 C2
Hannebach (D) 76 B3
Hännilä (FIN) 35 A2
Hänniskylä (FIN) 20 B5
Hannover (D) 68 B4
Hannoversch Münden (D) 68 B6
Hannukainen (FIN) 6 C4
Hannumäki (FIN) 11 B1
Hannusperä (FIN) 12 C4
Hannusranta (FIN) 13 A6
Hannut (B) 75 B3
Hånö (S) 31 A6
Hanö (S) 43 A2
Hanøy (N) 4 C4
Han Pijesak (BIH) 151 B4
Hansjö (S) 24 D6
Hańsk (PL) 73 C3
Han-s-N. (F) 90 A2
Hanstholm (DK) 36 D5
Hansühn (D) 61 A2
Han-sur-Lesse (B) 75 B4
Häntälä (FIN) 33 B3
Hantháza (H) 103 C3
Hantos (H) 103 A3
Hanušovce, Spišské- (SK) 82 B3
Hanušovce nad Toplou (SK) 82 D4
Hanušovice (CZ) 80 D1
Hanvec (F) 84 B3
Hanyči (UA) 83 D6
Haparanda (S) 11 D3
Haparanda hamn (S) 11 D3
Hapert (NL) 75 B1
Häptjärnliden (S) 10 C5
Hapträsk (S) 11 A4
Hara (S) 24 D2
Härad (S) 30 D4
Harads (S) 11 A3
Härads bygden (S) 29 A1
Häradshammar (S) 30 D6
Häradskär (S) 39 D2
Haraker (S) 30 D3
Haraldseng (N) 1 D3
Haramsøy (N) 22 B3
Haraneset (N) 14 C3
Harasiuki (PL) 73 B5
Harbak (N) 14 A5
Harber (D) 68 C2
Harberget (S) 16 D2
Harbo (S) 30 D2
Harboør (DK) 40 B1
Harborough, Market (GB) 54 C6
Harbour, Courtown (IRL) 51 C4
Harbour, Rosslare (IRL) 51 C5
Harburg (D) 60 D4
Harburg (D) 92 B2
Hårby (DK) 41 A4
Hardegg (A) 80 C4
Hardegsen (D) 68 C6
Hardelot-Plage (F) 74 A3
Hardemo (S) 29 A5
Hardenberg,-Nörten (D) 68 C6
Hardenberg (NL) 67 B3
Harderwijk (NL) 66 D4
Hardheim (D) 77 B5
Hardom (FIN) 34 C4
Hardt (D) 76 A1
Hardwicke (GB) 57 C2
Hareid (N) 22 B4
Haren (NL) 67 B2
Haren (D) 67 B3
Härene, Norra (S) 38 C2
Härene, Södra (S) 38 B3
Harestad (S) 38 A3
Hareton (N) 28 A4
Harewood (GB) 54 B3
Harfleur (F) 87 A2
Harg, Västra (S) 39 A2
Harg (S) 30 D5
Harg (S) 31 B2
Harghita (RO) 148 C5
Hargla (EST) 182 B3
Hargnies (F) 75 B4
Hargshamn (S) 31 B2
Harhala (FIN) 33 C2
Häringe (S) 31 B5
Haringey (GB) 58 D3
Harinkaa (FIN) 20 B4
Harivaara (FIN) 21 B3
Härja (S) 38 D2
Harjakangas (FIN) 32 D1
Harjakoski (FIN) 32 D1
Harjankylä (FIN) 19 B5
Härjåsjön (S) 24 D4
Harjavalta (FIN) 32 D2
Harju (FIN) 34 C3
Harjula (FIN) 12 C3
Harjunmaa (FIN) 20 D6
Harjunpää (FIN) 32 D1
Harjunperä (FIN) 19 C5
Harjunsalmi (FIN) 34 B1
Harjuranta (FIN) 21 A5
Harju-Risti (EST) 180 C3
Härkajoki (FIN) 7 B5
Härkäneva (FIN) 19 D2
Harkány (H) 103 A6
Härkäpää, Härpe (FIN) 34 B4
Harkinn (N) 5 B1
Härkinvaara (FIN) 21 B4
Härkki (FIN) 21 A5
Harkmark (N) 36 C3
Härkmeri (FIN) 19 A5
Härkmyran (S) 11 A2
Härkönen (FIN) 12 C2
Härlåbron (S) 24 D4
Harlech (GB) 53 A5
Harleston (GB) 55 B6
Harlingen, Harns (NL) 66 D2
Harlösa (S) 42 D2
Harlow (GB) 59 A2
Härlunda (S) 39 A6
Härmä (FIN) 19 C3
Harmaala (FIN) 35 A1
Harmaalanranta (FIN) 20 B3
Harmaasalo (FIN) 21 B4
Harman (RO) 154 A1
Harmanec (SK) 81 C4
Harmånger (S) 25 C4
Harmänkylä (FIN) 13 C6
Harmanli (BG) 160 C4
Härmänmäki (FIN) 13 B6
Harmannsdorf (A) 80 C5
Harmanö (S) 38 A3
Harmer Hill (GB) 53 B5
Harmoinen (FIN) 34 A1
Harmsdorf (D) 61 A4
Harnäs (S) 28 B5
Härnösand (S) 25 C2
Harns, Harlingen (NL) 66 D2
Harö (S) 31 C4
Haro (E) 127 A4
Harola (FIN) 32 D2
Haroldswick (GB) 45 D2
Haromfa (H) 102 C6
Háromhuta (H) 82 D5
Haroué (F) 89 D3
Harøya (N) 22 C3
Härpe, Härkäpää (FIN) 34 B4
Harpefoss (N) 23 C6
Harpenden (GB) 58 D2
Harplinge (S) 38 C6
Harpstedt (D) 68 A3
Harptree (GB) 57 C3
Harrå (S) 5 D5
Harrachov (PL) 70 C5
Harrachsthal (A) 93 D2
Harran (N) 14 D3
Harre (DK) 37 A6
Harris (GB) 44 B4
Harrogate (GB) 54 B3
Harrow (GB) 58 D3
Harrsjö (S) 15 C1
Harrsjöhöjden (S) 15 C3
Harrsjön (S) 15 C3
Harrström (FIN) 19 A4
Harrträsk (S) 10 D1
Harrvik (S) 15 C1
Härryda (S) 38 B4
Harsány (H) 103 D1
Harsböle (FIN) 34 C4
Harsefeld (D) 60 C4
Harsewinkel (D) 67 D5
Hårsjö (S) 42 D1
Harsleben (D) 69 A5
Härslev (DK) 41 A3
Harsprånget (S) 10 D2
Harstad (N) 4 D3
Harstor (GB) 59 A1
Härstorp (S) 39 B3
Harsvik (N) 14 A5
Harta (H) 103 B4
Hartberg (A) 102 A3
Hårte (S) 25 C4
Hartennes (F) 74 D6
Hartenstein (D) 79 A2
Hartfield (GB) 59 A4
Hartland (GB) 56 D4
Hartland Pt. (GB) 56 D4
Hartlepool (GB) 54 C1
Hartley Wintney (GB) 58 C3
Hartmannsdorf (D) 79 A2
Hartmannshain (D) 77 B3
Hartmannshof (D) 78 C5
Hartola (FIN) 34 B1
Hartola (FIN) 34 C2
Hartosenpää (FIN) 34 C1
Hartsö Enskär (S) 31 A6
Hartsön (S) 31 A6
Harvaluoto (FIN) 33 A4
Harvanmäki (FIN) 20 D2
Harvasstua (N) 15 A1
Harviala (FIN) 33 C2
Hårvik (N) 2 C2
Harvrebjerg (DK) 41 B3
Harwell (GB) 58 C3
Harwich (GB) 59 B2
Harzgerode (D) 69 A5
Hasafors (S) 11 B3
Häsbo (S) 25 B6
Hasbuğa (TR) 161 B5
Haseki (TR) 169 A4
Häselgehr (A) 99 D2
Haselund (D) 60 C2
Haselünne (D) 67 C3
Hasenmoor (D) 60 D3
Hasenovce (SK) 82 D4
Hasenthal (D) 78 B3
Håsjö (S) 25 A2
Håsjöbyn (S) 25 B1
Haskovo (BG) 160 B4
Hasköy (TR) 160 D5
Haslach (A) 93 C2
Haslach i. Kinzigtal (D) 90 D4
Hasle (DK) 43 A4
Haslemere (GB) 58 C4
Haslev (DK) 41 C4
Haslingden (GB) 53 C3
Håslöv (S) 42 C3
Hăsmas (RO) 146 C4
Haso (FIN) 21 C5
Hasparren (F) 104 B5
Haspe (D) 76 C1
Hassel (S) 25 B3
Hassel (D) 68 B3
Hassela (S) 25 B4
Hasselfelde (D) 68 D5
Hasselfors (S) 29 A5
Hasselö (S) 39 C2
Hasselt (NL) 67 A3
Hasselt (B) 75 C2
Hasselvika (N) 14 A6
Haßfurt (D) 78 A4
Hassi (FIN) 20 A6
Hassing, Vester (DK) 37 C5
Hassing (DK) 36 D6
Hässjö (S) 25 C2
Haßlach (D) 78 C3
Haßlage (D) 67 D4
Hasslarp (S) 42 B2
Hasslau,-Wilkau (D) 78 D2
Hassleben (D) 62 B4
Hässleholm (S) 42 D1
Hässlehult (S) 38 D5
Hasslerör (S) 38 D1
Hasslö (S) 43 B1
Haßloch (D) 76 D6
Hasslösa (S) 38 C2
Hastaskäret (S) 11 D4
Hästbacka (FIN) 19 C2
Hästbo (S) 29 C2
Hästbo (S) 30 D1
Håsten (S) 38 B2
Hastersboda (FIN) 32 B5
Hästholmen (S) 38 D2
Hastings (GB) 59 A4
Hästö (FIN) 33 A4
Hästön (FIN) 34 C4
Hästveda (S) 42 D1
Hasula (FIN) 34 C2
Hasvåg (N) 14 B4
Hasvik (N) 1 D3
Hat' (CZ) 81 B2
Hat' (UA) 83 B5
Hatch Beauchamp (GB) 57 B4
Hateg (RO) 147 A6
Hatfield (GB) 54 C3
Hatfield (GB) 58 D2
Hatfield Woodhouse (GB) 54 C4
Hatherleigh (GB) 57 A4
Hatlinghus (N) 14 C4
Hatsis (GR) 170 D4
Hattavik (DK) 36 B4
Hattem (NL) 67 A4
Hatten (N) 8 D5
Hatten (D) 67 D2
Hatten (F) 90 D2
Hattenhofen (D) 92 C3
Hatter (N) 2 B3
Hattfjelldal (N) 9 A6
Hattingen (D) 76 B1
Hatton (GB) 45 D5
Hättorna (FIN) 32 C4
Hattstatt (F) 90 C4
Hattstedt (D) 60 B2
Hattula (FIN) 33 C2
Hattusaari (FIN) 21 B3
Hattuselkoniemi (FIN) 21 B2
Hattuvaare (FIN) 21 C3
Hatu (EST) 180 C3
Hatulanmäki (FIN) 20 D1
Hatunkylä (FIN) 21 D3
Hatvan (H) 103 C2
Hatvik (N) 26 B3
Hatzendorf (A) 102 A3
Hau (D) 67 D5
Haua (E) 145 D3
Haubourdin (F) 74 C3
Haucourt (F) 74 C4
Haudivillers (F) 74 B5
Haug (N) 22 D6
Haugan (N) 14 B6
Haugastøl (N) 26 D3
Hauge (N) 3 B4
Hauge (N) 36 B3
Haugen (N) 4 B4
Haugen (N) 4 C3
Haugen (N) 14 D3
Haugen (N) 22 B5
Haugen (N) 28 A3
Haugesund (N) 26 A5
Haugetveit (N) 36 D1
Haughom (N) 36 B2
Haugland (N) 8 D4
Haugli (N) 5 A2
Haugnes (N) 1 C5
Haugnes (N) 4 D2
Haugsdal (N) 26 B2
Haugsdorf (A) 80 C5
Haugseter (N) 23 B6
Hauho (FIN) 33 C2
Haukå (N) 22 A6
Haukanmaa (FIN) 20 B6
Haukåsen (N) 28 B2
Haukedal (N) 22 C6
Haukeland (N) 26 B3
Haukeligrend (N) 26 D4
Haukeliseter (N) 26 D4
Haukerød (N) 27 C6
Haukharja (FIN) 32 C3
Haukijärvi (FIN) 13 A3
Haukijärvi (FIN) 33 A1
Haukilahti (FIN) 13 C6
Haukilahti (FIN) 19 D3
Haukilahti (FIN) 20 C2
Haukiniemi (FIN) 13 C2
Haukipudas (FIN) 12 C4
Haukivaara (FIN) 13 A1
Haukivuori (FIN) 20 C6
Hauknes (N) 9 A4
Haukøyhamn (N) 1 C5
Haulerwijk (NL) 67 A2
Haun (D) 92 D3
Haunersdorf (D) 93 A2
Haunia (FIN) 33 A1
Haunstetten (D) 92 B3
Haurida (S) 38 D3
Haus (N) 26 B3
Hausach (D) 90 D3
Hausberge (D) 68 A4
Hausen (D) 91 A4
Hausen (D) 91 B3
Hausen o. L. (D) 91 C3
Häusern (D) 90 D5
Hausham (D) 92 D4
Hausjärvi (FIN) 33 C3
Haustreisa (N) 8 D6
Hausvik (N) 36 C3
Hautajärvi (FIN) 13 B1
Hautakylä (FIN) 13 A3
Hautakylä (FIN) 19 D4
Hautefort (F) 95 C6
Hauterive (F) 87 A4
Hauterives (F) 97 B6
Hauteville (F) 74 A2
Hauteville-Lompnes (F) 97 C4
Haut-Fays (B) 75 B4
Hautjärvi (FIN) 34 B3
Hautmont (F) 75 A4
Hautomäki (FIN) 20 C4
Hautvillers (F) 74 D6
Hauzenberg (D) 93 B2
Havaj (SK) 82 D3
Havant (GB) 58 C4
Havarion (GR) 170 C2
Håvberget (S) 29 A3
Havbro (DK) 37 B6
Havdhem (S) 43 C6
Håve (S) 37 D1
Havelange (B) 75 C3
Havelberg (D) 69 B3
Haven, Broad (GB) 56 C2
Haven, Milford (GB) 56 C2
Håven (S) 25 A5
Haverdal (S) 38 B6
Haverfordwest (GB) 56 C2
Haverhill (GB) 59 A1
Havering (GB) 59 A3
Haverö (S) 24 D3
Häverödal (S) 31 B2
Haversin (B) 75 B4
Haverslev (DK) 37 B6
Håverud (S) 38 B1
Havik (N) 27 C3
Håvilsrud (S) 28 B4
Havirna (RO) 148 D1
Havířov (CZ) 81 C2
Hävla (S) 30 C6
Havlíčkův Brod (CZ) 80 B3
Havneby (DK) 40 C5
Havnstrup (DK) 40 C2
Havola (FIN) 34 D2
Havøysund (N) 2 B2
Håvra (S) 25 A4
Havran (TR) 165 C5
Havre, le (F) 87 A2
Havrvig, Nørre (DK) 40 B3
Havsa (TR) 160 D5
Havsjön (S) 24 C3
Havsnäs (S) 15 C4
Havsnäs (S) 16 A4
Havstenssund (S) 37 D1
Havtorsbygget (S) 24 C5
Havtun (N) 26 A4
Havumäki (FIN) 20 C6
Havusalmi (FIN) 20 B4
Havuskylä (FIN) 19 B5
Hawarden (GB) 53 B4
Hawes (GB) 53 C2
Hawick (GB) 49 B5
Hawkhurst (GB) 59 A4
Hawkshead (GB) 53 B1
Haworth (GB) 54 B3
Hayange (F) 75 D6
Haydon Bridge (GB) 49 B6
Haye-du-Puits, la (F) 86 B2
Haye-Malherbe, la (F) 87 B2
Haye-Pesnel, la (F) 85 B2
Hayfield (GB) 53 D4
Häyhtiönmaa (FIN) 32 D1
Hayingen (D) 91 B3
Hayle (GB) 56 B6
Hay-on-Wye (GB) 57 B1
Hayrabolu (TR) 165 C1
Haywards Heath (GB) 58 D4
Hazebrouck (F) 74 C2
Hazel Grove (GB) 53 C4
Hazewinde, l' (F) 74 C3
Hażlach (PL) 81 C2
Hažlín (SK) 82 D3
Heacham (GB) 55 A5
Headcorn (GB) 59 A4
Headford (IRL) 50 C1
Heanor (GB) 54 C5
Heath, Hampton (GB) 53 B5
Heath, Haywards (GB) 58 D4
Heath, Hockley (GB) 58 B1
Heath (GB) 54 C4
Hebden Bridge (GB) 54 B3
Hebdów (PL) 72 C6
Heber (D) 68 C2
Heberg (S) 38 B6
Heby (S) 30 D3
Hèches (F) 105 A6
Hechingen (D) 91 A3
Hechlingen (D) 92 B2
Hecho (E) 128 A3
Hechtel (B) 75 C1
Hechthausen (D) 60 C4
Heckelberg (D) 62 B5
Hecken (D) 92 D3
Heckington (GB) 54 D5
Heda (S) 39 C3
Hedalen (N) 27 B2
Hedared (S) 38 B3
Hedåsen (S) 28 D4
Hédauville (F) 74 C4
Hedberg (S) 10 D5
Heddal (N) 27 B5
Heddan (N) 36 C2
Heddinge, Store (DK) 42 B4
Hede (S) 24 C3
Hede (S) 38 A1
Hédé (F) 85 B3
Hedemora (S) 29 B2
Hedemünden (D) 68 C6
Heden (S) 10 B5
Heden (S) 11 B4
Heden (S) 11 C2
Heden (FIN) 19 A6
Heden (S) 24 D3
Heden (S) 24 D6
Heden (S) 28 D5
Heden (S) 29 C1
Heden (DK) 41 A4
Hedenäset (S) 11 D2
Hedensö (S) 30 C5
Hedensted (DK) 40 D3
Hedeo de Angulo (E) 127 A2
Hédervár (H) 102 C1
Hedesunda (S) 30 D2
Hedeviken (S) 24 C3
Hedlo (N) 26 D3
Hedmark (S) 16 C2
Hedneret (S) 11 B4
Hedon (GB) 54 D3
Hedrum (N) 27 C6
Hedsjö (S) 25 A3
Hedsjön (S) 25 C6
Hedvigsfors (S) 25 B4
Hedwižyn (PL) 73 B5
Hee (DK) 40 B2
Heek (D) 67 B5
Heelsum (NL) 66 D5
Heemsen (D) 68 B3
Heemstede (NL) 66 C4
Heenvliet (NL) 66 B5
Heerbrugg (CH) 99 C2
Heerenveen, It Hearrenfean (NL) 66 D3
Heeren-Werve (D) 67 C6
Heerge (NL) 67 A4
Heerlen (NL) 75 D2
Heerstedt (D) 60 B4
Heesch (NL) 66 D6
Heessen (D) 67 C5
Heestrand (S) 37 D2
Hegg (N) 24 B6
Hegge (N) 27 B1
Heggem (N) 22 D3
Heggeriset (N) 24 A5
Heggheim (N) 26 B1
Hegglandsgrend (N) 27 A6
Heggmo (N) 9 A5
Hegra (N) 23 D1
Hegrafestning (N) 23 D1
Hegrestad (N) 36 A2
Hegset (N) 23 D2
Hegyeshalom (H) 102 C1
Hegyfalu (H) 102 B2
Hegyhátsál (H) 102 B3
Héhalom (H) 103 C2
Heia (N) 5 B1
Heia (N) 14 C4
Heiås (N) 28 A4
Heiddorf (D) 61 B5
Heide, Maria ter (B) 75 B1
Heide (D) 60 C3
Heideck (D) 92 C1
Heidelberg (D) 77 A5
Heiden (CH) 99 B2
Heidenau (D) 70 A4
Heidenheim (D) 91 C2
Heidenreichstein (A) 80 A4
Heiderscheid (L) 75 D4
Heikkilä (FIN) 13 C3
Heiland (N) 27 B6
Heilbronn (D) 91 A1
Heiligenberg (D) 91 B5
Heiligenblut (A) 100 D3
Heiligendamm (D) 61 B2
Heiligenfelde (D) 69 A3
Heiligengrabe (D) 61 C5
Heiligenhafen (D) 61 A2
Heiligenkreuz (A) 102 A2
Heiligenkreuz (A) 102 A3
Heiligenstadt (D) 68 C6
Heiligenstadt (D) 78 B4
Heiligkreuznach (D) 77 A5
Heiligvær (N) 8 D1
Heilinghausen (D) 78 D6
Heiloo (NL) 66 C3
Heilsbronn (D) 78 B6
Heiltz-le-Maurupt (F) 89 B2
Heimaey (IS) 1 B3
Heimdalsbyen (N) 23 C1
Heimen (N) 14 D2
Heimertingen (D) 92 A4
Heimsheim (D) 91 A2
Heimsjø (N) 23 B1
Heimsnes (N) 14 C2
Heimveg (N) 14 D4
Heinäähö (FIN) 20 D2
Heinajoki (FIN) 33 C3
Heinäkangas (sF) 33 C2
Heinälammi (FIN) 19 C6
Heinämaa (FIN) 34 B3
Heinämäki (FIN) 20 C3
Heinäperä (FIN) 21 C1
Heinäpohja (FIN) 20 B4
Heinävaara (FIN) 21 C4
Heinavaara (FIN) 21 C4
Heinäveden asema (FIN) 21 A5
Heinävesi (FIN) 21 A5
Heinebach (D) 77 B1
Heinerscheid (L) 75 D4
Heiniemi (FIN) 34 D1
Heinijärvi (FIN) 12 C5
Heinikoski (FIN) 12 C3
Heinjoki (FIN) 32 D3
Heinjoki (RUS) 35 B3
Heinlahti (FIN) 34 C4
Heino (NL) 67 A4
Heinola (FIN) 34 B2
Heinolan mlk. (FIN) 34 B2
Heinolanperä (FIN) 12 B5
Heinoniemi (FIN) 21 B5
Heinoo (FIN) 33 A1
Heinsberg (D) 76 A2
Heinseter (N) 27 A3
Heintrop (D) 67 D6
Heist, Knokke- (B) 74 D1
Heist (B) 74 D1
Heistadmoen (N) 27 C5
Heiste (EST) 180 A4
Heist-op-den-Berg (B) 75 B2
Heitersheim (D) 90 C5
Heituinlahti (FIN) 34 D2
Heitzenhofen (D) 78 D6
Hejdeby (S) 43 C4
Hejlsminde (DK) 40 D4
Hejnice (CZ) 70 C5
Hejnsvig (DK) 40 C3
Hejnum (S) 43 C4
Hejőbába (H) 146 A1
Hejőszalonta (H) 146 A1
Hekim Adası (TR) 169 A4
Hel (PL) 64 A1
Helakmyrene (N) 23 D5
Helchteren (B) 75 C2
Heldburg (D) 78 B3
Heldrungen (D) 69 A6
Helechal (E) 139 A2
Helechosa (E) 132 A6
Helenenberg (D) 76 B4
Helensburgh (GB) 48 C3
Helfenberg (A) 93 C2
Helgådalen (N) 14 C5
Helgatun (N) 26 C2
Helgen (N) 27 B6
Helgenes (N) 4 C4
Helgeroa (N) 27 C6
Helgheim (N) 22 C6
Helgnäs (S) 29 A1
Helgoland (D) 60 A3
Helgøy (N) 1 B5
Helgøy (N) 27 D2
Helgum (S) 16 C6
Helier,-Saint (GB) 86 A2
Heligfjäll (S) 15 C2
Hell (N) 23 C1
Hella (IS) 1 B3
Hella (N) 26 C1
Hellamaa (EST) 180 B4
Hellamaa (EST) 180 C5
Helland (N) 26 B5
Helland (N) 27 C5
Hellandsbygd (N) 26 C5
Hellandsjø (N) 23 A1
Hellanmaa (FIN) 19 C3
Hellberg (N) 5 B3
Helldal (N) 4 C5
Helldalsmo (N) 36 D2
Helle (N) 26 D6
Helle (N) 37 B1
Hellebekkseter (N) 27 B2
Hellefjord (N) 1 D3
Helleland (N) 36 B2
Hellemobotn (N) 4 D5
Hellendoorn (NL) 67 A4
Hellenthal (D) 76 A3
Helleren (N) 5 A3
Helleren (N) 27 D3
Hellerö (S) 39 C2
Hellesøy (N) 26 A2
Hellested (DK) 42 B4
Hellesylt (N) 22 C5
Hellevik (N) 26 A1
Hellevoetsluis (NL) 66 B5
Helligskogen (N) 5 C1
Helligvær (N) 8 D1
Hellimer (F) 90 B2
Hellin (E) 140 D2
Hellingen (D) 78 B3
Hellissandur (IS) 1 A2
Hellmonsödt (A) 93 D2
Hellnes (N) 1 C4
Hellsö (FIN) 32 C5
Hellvik (N) 36 A2
Helmarshausen (D) 68 B6
Helmbrechts (D) 78 C3
Helme (EST) 179 D2
Helmküla (EST) 180 C5
Helmond (NL) 75 C1
Helmsdale (GB) 45 B4
Helmsley (GB) 54 C2
Helmste (D) 60 C4
Helmstedt (D) 68 D4
Helnæs (DK) 41 A4
Helnersreuth (D) 78 C4
Helnes fyr (N) 2 C1
Hel'pa (SK) 82 B4
Helppi (FIN) 6 D5
Helsa (D) 77 A1
Helsingborg (S) 42 C2
Helsinge (DK) 41 B3
Helsinge (DK) 41 C2
Helsinger (DK) 42 B2
Helsingfors, Helsinki (FIN) 34 A5
Helsinki, Helsingfors (FIN) 34 A5
Helsinki (FIN) 32 C3
Helsjön (S) 38 B4
Helston (GB) 56 C6
Heltermaa (EST) 180 B4
Helvik (N) 8 D4
Hemau (D) 92 C1
Hemel Hempstead (GB) 58 D2
Hemer (D) 76 C1
Héming (F) 90 B3
Hemling (S) 16 D5
Hemmendorf (D) 68 B5
Hemmestad (N) 4 D3
Hemmet (DK) 40 B3
Hemmingen (S) 17 A2
Hemmingsjord (N) 5 A1
Hemmingsmark (S) 11 B5
Hemmingstedt (D) 60 C3
Hemmonranta (FIN) 21 A4
Hemmoor (D) 60 C4
Hemnes (N) 28 A4
Hemnesberget (N) 8 D4
Hemnesøy (N) 8 D4
Hempstead, Hemel (GB) 58 D2
Hemse (S) 43 C5

Hemsedal (N) 27 A2
Hemsjö (S) 25 A2
Hemsjö (S) 38 B3
Hemsjö (S) 43 A1
Hemslingen (D) 68 B2
Hemsö (S) 25 D2
Hemsön (S) 25 D2
Hemsta (S) 16 C3
Hemsworth (GB) 54 C3
Hen (N) 27 C3
Henå (S) 38 B3
Henån (S) 38 A2
Hénanbihen (F) 85 A3
Henarejos (E) 134 A4
Hencida (H) 146 B2
Henda (N) 22 D2
Hendorf (RO) 148 B6
Hendset (N) 23 A2
Henfield (GB) 58 D4
Hengelo (NL) 67 B4
Hengersberg (D) 93 B2
Hengstlage (D) 67 D2
Hénin-Beaumont (F) 74 C3
Henley-in-Arden (GB) 58 B1
Henley-on-Thames (GB) 58 C3
Henna (FIN) 34 B3
Henndorf (A) 101 A1
Henneberg (D) 78 A3
Hennebont (F) 84 C4
Hennef, Sieg (D) 76 C2
Hennen (S) 25 B4
Henne Strand (DK) 40 B3
Hennezel (F) 89 D4
Hennickendorf (D) 69 C4
Hennigsdorf (D) 69 C3
Henning (N) 14 C5
Henningskälen (S) 15 C5
Henningvær (N) 4 B4
Hennøystranda (N) 22 B5
Hennstedt (D) 60 D3
Hennung (N) 27 D2
Hénoville (F) 74 B3
Henri-Chapelle (B) 75 C3
Henrichemont (F) 96 B1
Henriksfjäll (S) 15 C1
Henryków (PL) 71 A5
Henrykowo (PL) 64 C2
Hensas (N) 27 A1
Henstedt-Ulzburg (D) 60 D3
Henstridge (GB) 57 C4
Hentula (FIN) 35 A2
Heponiemi (FIN) 34 C2
Heppenheim (D) 77 A5
Hepple (GB) 49 C5
Herad (N) 27 B2
Herad (N) 36 B3
Heradhsfloi (IS) 1 D1
Heradsbygd (N) 28 A2
Herajoki (FIN) 21 B3
Herajoki (FIN) 33 C3
Hera Lacinia (I) 117 B6
Herálec (CZ) 80 B3
Herálec (CZ) 80 C2
Heraltice, Vel. (CZ) 81 A2
Herand (N) 26 C3
Herantals (B) 75 B1
Herăsti (RO) 154 C4
Herăstrău (RO) 149 A6
Herbaimont (B) 75 C4
Herbaudière, l' (F) 94 A2
Herbault (F) 87 C6
Herbede (D) 67 C6
Herbergement, l' (F) 94 C2
Herbern (D) 67 C5
Herbertingen (D) 91 B4
Herbertstown (IRL) 50 D4
Herbeumont (B) 75 C5
Herbiers, les (F) 94 C2
Herbignac (F) 85 A5
Herborn (D) 76 D2
Herbrechtingen (D) 91 C3
Herbstein (D) 77 B3
Herbsthausen (D) 77 B5
Herby (PL) 71 D5
Herca (UA) 148 D1
Hercegnovi (YU) 157 A4
Hercegovac (HR) 150 B1
Hercegov. Goleša (YU) 151 C6
Hercegszántó (H) 103 B6
Herdal (N) 22 C4
Herdalseter (N) 22 D4
Herdecke (D) 67 C6
Herdla (N) 26 A3
Hereford (GB) 57 B1
Herefoss (N) 36 D2
Herencia (E) 132 D6
Herencias, Las (E) 132 B5
Herencsény (H) 103 C1
Herend (H) 102 D3
Herépian (F) 106 B4
Herestua (N) 27 D3
Herfjord (N) 14 A5
Herfølge (DK) 41 C3
Herford (D) 68 A5
Herforst (D) 76 B4
Hergiswil (CH) 98 D2
Herguijuela (E) 131 D6
Héric (F) 85 B5
Héricourt (F) 90 B5
Hérie-la-Viéville, le (F) 74 D5
Herina (RO) 147 C3
Heringsdorf (D) 62 C2
Heriot (GB) 49 B4
Herisau (CH) 99 B2
Hérisson (F) 96 B3
Herjangen (N) 5 A3
Herk-de-Stad (B) 75 B2
Herl'any (SK) 82 D4
Herleshausen (D) 77 C2
Herlev (DK) 42 B3
Herlufmagle (DK) 41 C4
Herm (F) 104 B4
Hermagor (A) 101 A4
Herma Ness (GB) 45 D2
Hermannsburg (D) 68 C3
Heřmanovice (CZ) 81 A1
Hermansborg (S) 25 A6
Hermanstorp (S) 39 B5
Hermansverk (N) 26 C1
Heřmanův Městec (CZ) 80 B2
Hermenault, l' (F) 94 C3
Herment (F) 96 B5
Hermeskeil (D) 76 B5
Hermeton (B) 75 B4
Hermida, La (E) 126 B2
Hermigua (E) 144 C2
Heřminovy, N. (CZ) 81 A2
Hermitage, l' (F) 85 B4
Hermites, les (F) 87 B6
Hermonville (F) 74 D6
Hermsdorf (D) 78 C2
Hermunen (FIN) 34 D2
Hernani (E) 127 C2
Hernán Valle (E) 140 B5
Herne (D) 67 B6
Herne Bay (GB) 59 B3
Hernes (N) 23 A1
Herning (DK) 40 C2
Herongen (D) 76 A1
Herradón, El (E) 132 B3
Herråkra (S) 39 B5
Herrala (FIN) 34 B3
Herräng (S) 31 B2
Herraskylä (FIN) 19 C5
Herre (N) 27 C6
Herrenalb, Bad (D) 91 A2
Herrenberg (D) 91 A3
Herren-Chiemsee (D) 93 A4
Herrera, La (E) 140 C1
Herrera (E) 143 A3
Herrera de Alcántara (E) 131 A5
Herrera del Duque (E) 132 A6
Herrera de Navarros (E) 134 B1
Herrera de Pisuerga (E) 126 C4
Herrère (F) 104 C5
Herreria (E) 125 A3
Herreria (E) 133 D2
Herreros (E) 125 C4
Herreros (E) 126 A4
Herreruela (E) 131 B5
Herrestad, Stora (S) 42 D3
Herrested (DK) 41 A4
Herrhamra (S) 31 B5
Herritslev (DK) 41 C5
Herrljunga (S) 38 C3
Herrnburg (D) 61 A3
Herrnhut (D) 70 B4
Herrnsdorf (D) 78 B4
Herrö (S) 24 D4
Herrsching (D) 92 C4
Herrumblar, El (E) 133 D6
Herry (F) 96 C1
Hersbruck (D) 78 C5
Herschbach (D) 76 C3
Herscheid (D) 76 C1
Herselt (B) 75 B2
Hersvik (N) 26 A1
Hersztupowo (PL) 71 A2
Herten (D) 67 B6
Hertford (GB) 58 D2
Hertsånger (S) 17 C3
Hertsöskatan (S) 11 C4
Hervás (E) 131 D3
Herve (B) 75 C3
Herves (E) 124 C2
Hervideros, Los (E) 145 C3
Hervik (S) 43 D5
Herzberg (D) 69 C2
Herzberg (D) 69 D5
Herzberg a. Harz (D) 68 D5
Herzebrock (D) 67 D5
Herzfelde (D) 70 A1
Herzhausen (D) 77 A1
Herzlake (D) 67 C3
Herzogenaurach (D) 78 B5
Herzogenbuchsee (CH) 98 D2
Herzogenburg (A) 80 B6
Herzogsdorf (A) 93 C2
Herzsprung (D) 69 B2
Hesby (N) 26 B6
Hesdin (F) 74 B3
Hesel (D) 67 C2
Hesjeberg (N) 5 A3
Heskem (D) 77 A2
Heskestad (N) 36 B2
Hesket, High (GB) 49 B6
Hesket, Low (GB) 49 B6
Heslerton, West (GB) 54 D2
Heslia (N) 27 B3
Hesselager (DK) 41 B4
Hessen (D) 68 D5
Hessenthal (D) 77 B4
Hessfjord (N) 1 B5
Hessisch-Lichtenau (D) 77 B1
Hessisch Oldendorf (D) 68 B4
Hessle (GB) 54 D3
Hessvik (N) 26 C4
Hest (N) 26 B1
Hestad (N) 22 B6
Hestedalseter (N) 27 C2
Hesteneset (N) 2 C5
Hestenesøyra (N) 22 B5
Hestmona (N) 8 C4
Hestnes (N) 5 B1
Hestøya (N) 8 C5
Hestra (S) 38 C4
Hesttun (N) 8 C6
Hestvika (N) 1 A5
Hestvika (N) 14 C3
Hestvika (N) 23 B1
Heswall (GB) 53 B4
Hetekylä (FIN) 12 D4
Hetiur (RO) 147 D4
Hetlevik (N) 26 A3
Hettange (F) 75 D6
Hettange-Grande (F) 75 D6
Hetton-le-Hole (GB) 49 D6
Hettstedt (D) 69 A5
Hetzerath (D) 76 B4
Heuchin (F) 74 B3
Heusden (NL) 66 C6
Heustreu (D) 78 A3
Heusweiler (D) 76 B6
Heves (H) 103 D2
Hevesvezekény (H) 103 D2
Héviz (H) 102 C4
Hevlín (CZ) 80 C5
Hevonlahti (FIN) 21 A5
Hevosoja (FIN) 33 C3
Hevossuo (FIN) 34 C3
Hexham (GB) 49 C6
Heyrieux (F) 97 B5
Heyrothsberge (D) 69 B4
Heysham (GB) 53 B2
Heytesbury (GB) 57 C4
Heywood (GB) 53 C3
Hibaldstow (GB) 54 D4
Hickleton (GB) 54 C4
Hida (RO) 147 A3
Hidalgo, Punta del (E) 144 B4
Hidas (H) 103 A5
Hidasnémeti (H) 82 D5
Hiddensee (D) 62 A1
Hiddingwarden (D) 67 D2
Hidiselu de Sus (RO) 146 C3
Hieflau (A) 101 C1
Hiendelaencina (E) 133 A1
Hières-s-Amby (F) 97 C5
Hierro (E) 144 B3
Hiersac (F) 95 A5
Hietakangas (FIN) 7 C4
Hietakylä (FIN) 20 D5
Hietama (FIN) 20 B4
Hietana (FIN) 34 C3
Hietanen (FIN) 6 C5
Hietanen (FIN) 34 D1
Hietaniemi (FIN) 7 D4
Hietaniemi (FIN) 13 B2
Hietaniemi (FIN) 34 C1
Hietaperä (FIN) 13 C6
Hietarova (FIN) 6 C4
Hietoinen (FIN) 34 A3
Higham Ferrers (GB) 58 D1
High Borve (GB) 44 C3
Highbridge (GB) 57 B3
Highclere (GB) 58 B3
High Green (GB) 54 B4
High Hesket (GB) 49 B6
Highway, Staughton (GB) 58 D1
High Wycombe (GB) 58 C3
Higuer, C. (E) 127 C2
Higuera, La (E) 141 A1
Higuera de Arjona (E) 139 C3
Higuera de Calatrava (E) 143 B2
Higuera de las Dueñas (E) 132 B4
Higuera de la Serena (E) 138 D2
Higuera de Lierena (E) 138 D2
Higuera de Vargas (E) 138 B2
Higuera La Real (E) 138 C3
Higueruela (E) 141 A1
Higueruelas (E) 134 C5
Hihnavaara (FIN) 7 C4
Hiidenkylä (FIN) 20 B2
Hiirikylä (FIN) 21 A2
Hiirola (FIN) 20 D6
Hiisiö (FIN) 34 C3
Hiiskoski (FIN) 21 C4
Hiismäki (FIN) 21 A6
Hiitelä (FIN) 34 B3
Hiitola (FIN) 34 A3
Hiitola (RUS) 35 C2
Hiittinen, Hitis (FIN) 33 A5
Hija de Dios, La (E) 132 A3
Hijar (E) 134 C1
Hijate, El (E) 140 C5
Hijkersmilde (NL) 67 A3
Hikiä (FIN) 33 C3
Hilchenbach (D) 76 D2
Hildburghausen (D) 78 B3
Hilden (D) 76 B1
Hilders (D) 77 B3
Hildesheim (D) 68 C4
Hilgertshausen (D) 92 C3
Hiliandariu, Moni (GR) 164 B3
Hilkerode (D) 68 D6
Hill, Biggin (GB) 58 D3
Hill, Burgess (GB) 58 D4
Hill, Fromes (GB) 57 C1
Hill, Harmer (GB) 53 B5
Hill, Salt (IRL) 50 C2
Hillared (S) 38 C4
Hille (S) 30 D1
Hille (N) 36 C3
Hille (D) 68 A4
Hille (B) 74 D2
Hillebola (S) 31 A2
Hillegom (NL) 66 C4
Hillerød (DK) 41 D2
Hillersboda (S) 29 B1
Hillersjev (DK) 41 A4
Hillerstorp (S) 38 D4
Hillesheim (D) 76 B3
Hillesøy (N) 1 A6
Hillestad (N) 27 C5
Hilli (FIN) 19 C1
Hilliliä (FIN) 19 D1
Hillingdon (GB) 58 D3
Hillington (GB) 55 A5
Hillinki (FIN) 20 A3
Hillmersdorf (D) 69 D5
Hillo (FIN) 34 D4
Hill of Fearn (GB) 45 A4
Hillosensalmi (FIN) 34 C2
Hillringsberg (S) 28 B5
Hillsand (S) 15 C4
Hillsborough (GB) 47 C5
Hillswick (GB) 45 C3
Hilltown (GB) 47 C5
Hilpoltstein (D) 78 C5
Hilpoltstein (D) 92 C1
Hilrenmaa (FIN) 20 D6
Hilsijärvi (FIN) 13 B6
Hiltenfingen (D) 92 B4
Hiltra (N) 23 A1
Hiltrup (D) 67 C5
Hiltulanlahti (FIN) 20 D4
Hilvarenbeek (NL) 75 B1
Hilversum (NL) 66 C4
Himalansaari (FIN) 34 D1
Himanka (FIN) 19 D1
Himankakylä (FIN) 12 A6
Himarros (GR) 163 D2
Himberg (A) 102 B1
Himesháza (H) 103 A6
Himley (GB) 53 C6
Himmelpfort (D) 62 A4
Himmelpforten (D) 60 C4
Hînceşti (MD) 149 D4
Hinckley (GB) 54 B6
Hindås (S) 38 B4
Hindelang (D) 92 B5
Hindelbank (CH) 98 C2
Hindeloopen (NL) 66 D3
Hindersby (FIN) 34 C3
Hinderwell (GB) 54 C1
Hindevad (DK) 41 A4
Hindhead (GB) 58 C4
Hindley (GB) 53 C4
Hindon (GB) 57 C4
Hindrem (N) 14 B6
Hindsby (FIN) 34 A5
Hindseter (N) 23 A6
Hinganmaa (FIN) 7 A5
Hinglé, le (F) 85 A3
Hinnerjoki (FIN) 32 D2
Hinneryd (S) 38 D6
Hinojales (E) 138 C3
Hinojos (E) 142 B3
Hinojosa, La (E) 133 B5
Hinojosa (E) 133 D2
Hinojosa del Duque (E) 139 A2
Hinojosa del Valle (E) 138 C2
Hinojosas (E) 139 C2
Hinojosos, Los (E) 133 A5
Hinova (RO) 153 A3
Hinstock (GB) 53 C5
Hinterbichl (D) 92 C5
Hinterbichl (A) 100 C3
Hinterrhein (CH) 99 B4
Hinterstoder (A) 101 B1
Hintertux (A) 100 B2
Hinterweidenthal (D) 90 C1
Hinterzarten (D) 90 D4
Hinthaara (FIN) 34 B4
Hinton, Tarrant (GB) 58 A4
Hinton (GB) 58 B5
Hinx (F) 104 C4
Hionata (GR) 166 B6
Hippeis (FIN) 32 C4
Hirchhorn (Neckar) (D) 77 A5
Hîrja (RO) 149 A6
Hirla (EST) 181 B4
Hîrlău (RO) 149 A2
Hirsau (D) 91 A2
Hirschaid (D) 78 B4
Hirschau (D) 78 D5
Hirschberg (D) 78 C3
Hirschegg (A) 99 C2
Hirschfeld (D) 70 A3
Hirschfelde (D) 70 B5
Hîrsesti (RO) 153 D3
Hirsilä (FIN) 33 C1
Hirsingue (F) 98 C1
Hirsjärvi (FIN) 33 B3
Hirson (F) 75 A4
Hîrsova (RO) 155 A3
Hirstein (D) 76 C5
Hîrtiesti (RO) 153 D1
Hirtolahti (FIN) 33 C1
Hirtshals (DK) 37 B4
Hirtzfelden (F) 90 C4
Hiruela, La (E) 132 D2
Hirvaanmäki (FIN) 20 B4
Hirvas (FIN) 12 C1
Hirvaskangas (FIN) 20 B5
Hirvaskoski (FIN) 13 A3
Hirvasvaara (FIN) 13 B1
Hirvelä (FIN) 12 D3
Hirvelä (FIN) 13 D6
Hirvelä (FIN) 34 D3
Hirvenlahti (FIN) 20 C6
Hirvensalmi (FIN) 34 C1
Hirvihaara (FIN) 34 A4
Hirvijärvi (S) 11 C2
Hirvijärvi (FIN) 19 B6
Hirvijärvi (FIN) 20 D2
Hirvijärvi (FIN) 33 C3
Hirvijoki (FIN) 19 C3
Hirvikangas (FIN) 20 B4
Hirvikoski (FIN) 34 C3
Hirvikylä (FIN) 20 A5
Hirvilahti (FIN) 20 D3
Hirvimäki (FIN) 20 B5
Hirvimäki (FIN) 20 B6
Hirvineva (FIN) 12 C5
Hirvisalo (FIN) 34 C2
Hirvivaara (FIN) 13 C5
Hirvivaara (FIN) 21 C3
Hirvivuolle (FIN) 34 C3
Hirvlax (FIN) 19 B2
Hirwaun (GB) 57 A2
Hisar, D. (MK) 162 D2
Hisarja (BG) 159 D3
Hisarøy (N) 26 A2
Hiski (RUS) 181 C2
Hissjö (S) 17 B4
Hita (E) 133 A2
Hitcham (GB) 59 B1
Hitis, Hiittinen (FIN) 33 A5
Hitra (N) 23 A1
Hittisau (A) 99 C2
Hitzacker (D) 68 D2
Hiviäkuru (FIN) 7 B4
Hjallerup (DK) 37 C5
Hjälmseryd (S) 39 A4
Hjälsta (S) 31 A3
Hjältanstorp (S) 25 B3
Hjardemal (DK) 37 A5
Hjärnarp (S) 42 C1
Hjärsås (S) 42 D1
Hjartdal (N) 27 B5
Hjedsbæk (DK) 37 B6
Hjelle (N) 22 C5
Hjelle (N) 23 A6
Hjellebotn (N) 14 B5
Hjellestad (N) 26 A3
Hjellsand (N) 4 B3
Hjelm (DK) 41 B2
Hjelmeland (N) 26 C6
Hjelmset (N) 14 C2
Hjemgam (N) 9 B2
Hjerkinn (N) 23 B4
Hjerkinnseter (N) 23 B4
Hjermitslev (DK) 37 B5
Hjerpsted (DK) 40 C5
Hjerting (DK) 40 B3
Hjo (S) 38 D2
Hjoggböl (S) 17 B2
Hjøllund (DK) 40 D2
Hjørring (DK) 37 B4
Hjorted (S) 39 C3
Hjortkvarn (S) 29 B6
Hjortsberga (S) 39 A5
Hjortseryd (S) 39 B6
Hjortska (N) 8 D6
Hjortskarmoen (N) 8 D6
Hjukensjö (S) 17 A2
Hjuksebø (N) 27 B5
Hjulbäck (S) 29 A1
Hjulsjö (S) 29 A4
Hjulsta (S) 30 D4
Hjuvik (S) 38 A4
Hlavno, Kostelní- (CZ) 70 B6
Hlebarovo (BG) 154 C6
Hlebine (HR) 102 B6
Hled'sebe, Vel. (CZ) 79 A4
Hlinik n. Hronom (SK) 81 C5
Hlinné (SK) 82 D4
Hlinsko (CZ) 80 C2
Hlohovec (SK) 81 B5
Hlshult (S) 42 C1
Hlubočky (CZ) 81 A3
Hluboká n. Vlt. (CZ) 79 D6
Hluboš (CZ) 79 C4
Hlučín (CZ) 81 B2
Hluk (CZ) 81 A4
Hniličik (SK) 82 C4
Hnilcom, Mníšek nad (SK) 82 C4
Hnilec (SK) 82 C4
Hnúšt'a (SK) 82 B5
Hobbach (D) 77 B4
Hobergsliden (S) 11 A6
Hõbesalu (EST) 180 C5
Hobkirk (GB) 49 B5
Hobøl (N) 27 D5
Hobro (DK) 37 B6
Hoburgen (S) 43 C6
Hoce, Sp. (SLO) 101 D4
Höchberg (D) 77 B5
Hochburg (A) 93 A3
Hochdorf (D) 91 C4
Hochdorf (CH) 98 D2
Hochfelden (F) 90 C2
Hochfilzen (A) 100 D1
Höchheim (D) 78 A3
Hochheim a. M. (D) 76 D4
Hochkirch (D) 70 B4
Höchst (D) 76 D4
Höchstädt (D) 92 B2
Höchstadt a. d. Aisch (D) 78 B5
Hochstätten (D) 76 D5
Höchstenbach (D) 76 C3
Hochstetten, Linkenheim- (D) 91 A1
Höchst im Odenwald (D) 77 A5
Hochwolkersdorf (A) 102 A2
Hockenheim (D) 77 A6
Hockeroda (D) 78 C2
Hockley Heath (GB) 58 B1
Hocksjö (S) 16 B4
Hocksjön (S) 16 B6
Hoczew (PL) 83 A3
Hodalen (N) 23 D4
Hodde (DK) 40 C3
Hoddesdon (GB) 58 D2
Hodejov (SK) 82 B6
Hodenhagen (D) 68 B3
Hodkovice nad Mohelkou (CZ) 70 C5
Hódmezővásárhely (H) 103 D5
Hodnaberg (N) 26 B3
Hodnanset (N) 26 B4
Hodnet (GB) 53 C5
Hodod (RO) 147 A2
Hodonín (CZ) 80 D4
Hodoš (SLO) 102 A4
Hodosa (RO) 147 C4
Hodošan (HR) 102 B5
Hodslavice (CZ) 81 B3
Hodyszewo (PL) 65 C5
Hoedekens kerke (NL) 74 D1
Hoegaarden (B) 75 B2
Hoek van Holland (NL) 66 B5
Hoenderloo (NL) 66 D5
Hoenheim (F) 90 D3
Hof (N) 27 C5
Hof (N) 28 B2
Hof (D) 78 C3
Hof (A) 101 A1
Höfdakaupstadhur (IS) 1 B1
Hoffstad (N) 14 B4
Hofgeismar (D) 68 B6
Hofheim (D) 76 D4
Hofheim (D) 78 A4
Hofkirchen (D) 93 B2
Hofles (N) 14 C3
Hof. Lomná (CZ) 81 C3
Höfn (IS) 1 D2
Hofors (S) 29 B2
Hofsos (IS) 1 B1
Hofsøy (N) 4 D2
Hofweier (D) 90 D3
Hög (S) 25 C4
Höganäs (S) 42 B1
Högåsen (N) 24 A6
Högbacken (S) 11 A5
Högbo (S) 30 D1
Högboda (S) 28 C4
Högbränna (S) 10 C6
Högbränna (S) 11 A6
Högby (S) 39 D4
Högdal (S) 17 B1
Högdal (S) 37 D1
Hogebru (N) 22 C6
Högel (D) 60 B2
Högen (S) 25 C4
Högerud (S) 28 C4
Högfjallshotellet (S) 28 B1
Högfors (S) 29 A3
Högfors (S) 29 B3
Höghed (S) 24 D6
Högheden (S) 10 D6
Högheden (S) 11 A6
Höghiz (RO) 148 C6
Höghult (S) 39 A2
Höghult (S) 39 B3
Högkäl (S) 16 D5
Högkulla (S) 16 D1
Högland (S) 17 A4
Högli (N) 5 A1
Höglunda (S) 16 D3
Högnabba (FIN) 19 C2
Högnäset (S) 15 C3
Hognes (N) 14 C3
Høgneset (N) 8 D4
Högsåra (FIN) 32 D5
Högsäter (S) 28 B4
Högsäter (S) 28 C5
Högsäter (S) 38 A1
Högsby (S) 39 C4
Högsjö (S) 29 B5
Høgskarhuset (N) 5 C2
Högsön (S) 11 C3
Høgsor (N) 22 D2
Hogstad (S) 39 A2
Högsten (S) 30 D5
Hogstorp (S) 38 A2
Högvålen (S) 24 B4
Hőgyész (H) 103 A5
Hohegeiß (D) 68 D6
Hohenau (A) 80 D5
Hohenberg (A) 101 D1
Hohenberga (LV) 177 C2
Hohenbucko (D) 69 D5
Hohenburg (D) 78 D5
Hohen-Demzin (D) 61 C3
Hoheneggelsen (D) 68 C4
Hoheneiche (D) 77 B1
Hohenems (A) 99 C2
Hohenfelde (D) 61 A2
Hohenfinow (D) 62 B5
Hohengöhren (D) 69 B3
Hohenkammer (D) 92 C3
Hohenkirchen (D) 78 B2
Höhenkirchen (D) 92 D4
Hohenlimburg (D) 76 C1
Hohenlinden (D) 92 D3
Hohenlockstedt (D) 60 C3
Hohenmocker (D) 61 D3
Hohenmölsen (D) 78 D1
Hohennauen (D) 69 B3
Hohenschwangau (D) 92 B5
Hohenseeden (D) 69 B4
Hohenstadt (D) 78 C5
Hohentauern (A) 101 B2
Hohenwestedt (D) 60 C3
Hohenzethen (D) 68 D2
Hohn (D) 60 C2
Hohne (D) 68 C3
Hohnstein (D) 70 A4
Hohwald, le (F) 90 C3
Hoikka (FIN) 13 B5
Hoilola (FIN) 21 D5
Hoisko (FIN) 19 D3
Højby (DK) 41 A4
Höje (S) 28 D4
Højer (DK) 40 C5
Højerup (DK) 42 B4
Højreby (DK) 41 C5
Højslev, Stationsby (DK) 40 C1
Hok (S) 38 D4
Hoka (S) 43 A1
Hökärr (S) 30 C5
Hökerum (S) 38 C3
Hökhult (S) 39 C3
Hökhuvud (S) 31 A2
Hokka (FIN) 20 C6
Hokkaskylä (FIN) 19 D4
Hokkaskylä (FIN) 19 D6
Hokkesund (N) 27 C4
Hökmora (S) 29 C3
Hökön (S) 39 A6
Hokstad (N) 14 B5
Hol (S) 38 B3
Holand (N) 4 C3
Holand (N) 4 C4
Holand (N) 8 D3
Holand (N) 15 A4
Holandsvika (N) 8 D5
Holaseter (N) 26 C2
Holbæk (DK) 41 C3
Holbeach (GB) 54 D5
Holbu (N) 23 A4
Holčovice (CZ) 81 A1
Holdenstedt (D) 68 C2
Holdhus (N) 26 B3
Holdorf (D) 67 D3
Holdre (EST) 179 C2
Hole, Ter (NL) 75 A1
Hole (N) 27 C4
Hole (S) 28 C2
Holeby (DK) 41 C5
Hølen (N) 5 B1
Holen (N) 23 C4
Hølen (N) 27 D5
Holendry (PL) 72 C5
Hølervasseter (N) 27 B2
Holešov (CZ) 81 A3
Holevik (N) 22 A6
Holič (SK) 81 A4
Holice (CZ) 80 C1
Holice (CZ) 81 A3
Hölick (S) 25 C5
Holja (FIN) 33 C2
Höljäkkä (FIN) 21 B2
Holjerast (N) 27 C2
Holkonkylä (FIN) 19 D4
Hollabrunn (A) 80 C5
Holland (N) 4 D5
Høllen (N) 36 D3
Hollenstedt (D) 60 C5
Hollenthon (A) 102 A2
Hollerath (D) 76 A3
Hollfeld (D) 78 C4
Hollingsholm (N) 22 C3
Hollingstedt (D) 60 C2
Hollóháza (H) 82 D5
Hollókő (H) 103 C1
Hollola (FIN) 34 B2
Höllrich a. Main (D) 77 B4
Hollsvattnet (S) 11 B4
Hollum (NL) 66 D1
Höllviksnäs (S) 42 C3
Hollybush (GB) 57 C2
Hollymount (IRL) 46 C6
Hollywood (IRL) 51 C3
Holm (N) 4 C3
Holm (N) 14 C2
Holm (S) 16 C5
Holm (N) 22 D3
Holm (S) 25 B2
Holm (S) 38 C6
Holm (DK) 40 D5
Holm (D) 60 C4
Hólmavik (IS) 1 B1
Holme (N) 26 A5
Holmedal (S) 28 B5
Holmegil (N) 28 A6
Holmen (N) 1 B6
Holmes Chapel (GB) 53 C4
Holmesletta (N) 1 B5
Holmestad (S) 38 C1
Holmestrand (N) 27 D5
Holme upon SpaldingMoor (GB) 54 C3
Holmfirth (GB) 54 B3
Holmfors (S) 10 C6
Holmfors (S) 11 A5
Holmfors (S) 11 B5
Holmliseter (N) 14 C5
Holmlund (S) 16 C2
Holmnäs, N. (S) 11 A5
Holmön (S) 17 C4
Holmøyane (N) 22 C5
Holmsbu (N) 27 D5
Holmsel (S) 11 A4
Holmserud (S) 28 B4
Holmsjö (S) 10 C6
Holmsjö (S) 16 C5
Holmsjö (S) 39 B6
Holmstrup (DK) 41 C3
Holmsund (S) 17 B4
Holmsvattensel (S) 11 A3
Holmsvattnet (S) 17 B2
Holmsveden (S) 25 A4
Holmsveden (S) 25 C6
Holmträsk (S) 11 A3
Holmträsk (S) 11 D3
Holmträsk (S) 16 C4
Holmträsk (S) 16 D2
Holmträsk (S) 17 A1
Holmträsk (S) 17 A2
Holmudden (S) 43 D4
Holmvik (N) 9 A5
Holmwood (GB) 58 D4
Hölö (S) 31 A5
Holod (RO) 146 C3
Holody (PL) 65 C5
Hølonda (N) 23 C2
Holovne (UA) 73 D3
Holøydal (N) 23 D4
Holsby (S) 39 B4
Holsen (N) 22 B6
Holsengseter (N) 14 D5
Holsljunga (S) 38 C4
Holsnøy (N) 26 A3
Holstad (N) 4 C5
Holstad (N) 27 D4
Holstebro (DK) 40 C1
Holsted (DK) 40 C3
Holsworthy (GB) 56 D4
Holt (N) 5 B1
Holt (N) 5 B2
Holt (N) 37 A2
Holt (GB) 53 B5
Holt (GB) 55 B5
Holte (N) 28 B2
Holte (DK) 42 B2
Holten (NL) 67 A4
Holtenau (D) 60 D2
Holtenbru (N) 26 B1
Holthausen (D) 67 C3
Holton le Clay (GB) 54 D4
Holtorf-Lunsen (D) 68 A3
Holtsjålivoll (N) 23 D2
Hołubla (PL) 73 A1
Holum (N) 36 C3
Holviksjøen (N) 14 C3
Holwerd (NL) 66 D2
Holycross (IRL) 51 A3
Holyhead (GB) 52 D4
Holy I. (GB) 48 C4
Holy Island (GB) 49 C4
Holy Island (GB) 52 D4
Holýšov (CZ) 79 A5
Holystone (GB) 49 C5
Holywell (GB) 53 B4
Holywell (GB) 57 C4
Holywood (GB) 47 C4
Holywood (GB) 49 A5
Holzbunge (D) 60 C2
Holzendorf (D) 62 B3
Holzgau (A) 99 D2
Holzhausen (D) 67 D4
Holzhausen a. d. Haide (D) 76 C4
Holzheim (D) 92 B3
Holzkirchen (D) 92 D4
Holzminden (D) 68 B5
Homberg, Efze (D) 77 B1
Homberg (D) 67 B6
Homberg (Ohm) (D) 77 A2
Hombornes (N) 14 C2
Homburg (D) 76 C6
Home (S) 43 C5
Hommelstø (N) 14 D1
Hommelvik (N) 23 C1
Hommersåk (N) 36 A1
Homocea (RO) 149 B5
Homokszentgyörgy (H) 102 D6
Homorîciu (RO) 154 B2
Homorod (RO) 148 C6
Homorodu de Mijloc (RO) 146 D2
Homrogd (H) 82 C6
Homstad (N) 14 C4
Hömyra (S) 16 C4
Hömyrfors (S) 11 D3
Hondarribia (E) 127 C2
Hondón de las Nieves (E) 141 B2
Hondón de los Frailes (E) 141 B2
Hondschoote (F) 74 C2
Hønefoss (N) 27 C3
Honfleur (F) 87 A2
Høng (DK) 41 B3
Hongdalsseter (N) 14 B5
Hongisto (FIN) 33 C3
Hongisto (FIN) 34 B3
Hongstede (D) 67 B3
Honiton (GB) 57 B4
Honkajärvi (FIN) 19 A6
Honkajoki (FIN) 19 B6
Honkakoski (FIN) 19 B6
Honkakoski (FIN) 20 D2
Honkakylä (FIN) 19 C4
Honkalahti (FIN) 35 A2
Honkamukka (FIN) 7 C4
Honkapera (FIN) 20 B1
Honkaranta (FIN) 20 A3
Honkavaara (FIN) 21 C5
Honkilahti (FIN) 32 D2
Honko (FIN) 19 B6
Honkola (FIN) 20 B4
Honkola (FIN) 33 B2
Honnigsvåg (N) 2 C1
Hönö (S) 38 A4
Honrubia (E) 133 B5
Hønseby (N) 2 A3
Hont (H) 103 B1
Hontalbilla (E) 132 C1
Hontanaya (E) 133 A5
Hontecillas (E) 133 B5

Hont Nemce (SK) 81 C6
Hontomin (E) 126 D4
Hontoria (E) 126 D5
Hontoria (E) 127 A5
Hontoria de Valdearados (E) 126 D6
Hont Tesáre (SK) 81 C6
Hooge (D) 60 A2
Hoogersmilde (NL) 67 A3
Hoogeveen (NL) 67 A3
Hooghalen (NL) 67 B3
Hoogstade (B) 74 C2
Hoogstraten (B) 75 B1
Hook (GB) 58 C3
Hook Hd. (IRL) 51 B5
Hööpaaka (FIN) 19 B3
Höör (S) 42 D2
Hoorn (NL) 66 C3
Hope (N) 22 B6
Hope (GB) 53 B6
Hopen (N) 4 C5
Hopen (N) 9 A1
Hopen (N) 14 B4
Hopen (N) 22 D1
Hope under Dinmore (GB) 57 B1
Hopfgarten (A) 100 C1
Hopîrta (RO) 147 B5
Hôpital-Camfrout (F) 84 B3
Hôpital-d'Orion, l' (F) 104 C5
Hôpital-Saint-Blaise, l' (F) 104 C5
Hoplandsjøen (N) 26 A2
Hoppestad (N) 27 C6
Hoppet (S) 11 B1
Hoppula (FIN) 13 A1
Hopseidet (N) 2 D1
Hopsu (FIN) 20 A6
Hopton (GB) 55 C6
Hoptrup (DK) 40 D4
Hopwood (GB) 53 C6
Hora, Cerná (CZ) 80 D3
Hora, n. Vlt., Krasná (CZ) 79 C4
Hora, Kutná (CZ) 80 B2
Hora, Suchá (SK) 82 A3
Hora Sv. Sebestiána (CZ) 79 A2
Horažd'ovice (CZ) 79 B5
Horb a. Neckar (D) 91 A3
Hor. Bečva (CZ) 81 B3
Hor. Benešov (CZ) 81 A2
Hor. Bousov (CZ) 70 C6
Hørby (DK) 37 C5
Hörby (S) 42 D2
Horcajada (E) 133 B4
Horcajo, El (E) 139 B2
Horcajo (E) 131 D3
Horcajo de los Montes (E) 132 B6
Horcajo de Santiago (E) 133 A5
Hor Cerekey (CZ) 80 B3
Hor. Cermná (CZ) 80 D2
Horche (E) 133 A3
Hörda (S) 38 D5
Horda (S) 39 A5
Hordadalen (N) 26 C4
Høre (N) 27 A1
Höreda (S) 39 A3
Hořepník (CZ) 80 A3
Hořesedly (CZ) 79 B3
Horezu (RO) 153 C1
Horezu Poenari (RO) 153 B4
Horflax (S) 11 B5
Horg (N) 23 C2
Horgen (CH) 99 A2
Horgenzell (D) 91 B5
Hörgertshausen (D) 92 D2
Horgesti (RO) 149 A5
Horgheim (N) 22 D4
Horgoš (YU) 103 C5
Horia (RO) 146 B5
Horia (RO) 155 B2
Horice (CZ) 70 C6
Hořice (CZ) 93 C2
Horinčove (UA) 83 C5
Höring (D) 60 B4
Hörja (S) 42 D1
Horjul (SLO) 101 B5
Hôrka, Gemerská (SK) 82 B5
Hörken (S) 29 A3
Horlăceni (RO) 148 D1
Hörle (S) 38 D4
Hor. Lefantovce (SK) 81 B5
Horley (GB) 58 D4
Hor. Lideč (CZ) 81 B4
Hor. Loděnice (CZ) 81 A2
Hormakumpu (FIN) 6 D4
Hor. Mariková (SK) 81 B3
Hormaza (E) 126 C4
Hormisto (FIN) 32 D2
Hor. Motešice (SK) 81 B4
Horn (N) 8 C6
Horn (N) 8 D5
Horn (N) 27 C2
Horn (N) 27 C4
Horn (S) 39 B3
Horn (D) 67 C5
Horn (D) 68 A5
Horn (A) 80 B5
Horna (E) 140 D1
Hornachos (E) 138 D2
Hornachuelos (E) 139 A4
Hornádom, Krásna nad (SK) 82 D5
Horná Súča (SK) 81 B4
Hornbach (D) 76 C6
Hornbæk (DK) 42 B2
Hornberg (S) 11 B2
Hornberg (D) 90 D4
Hornbjarg (IS) 1 A1
Hornburg (D) 68 D5
Horncastle (GB) 54 D4
Horndal (N) 4 D6
Horndal (S) 29 C2
Horndalen (N) 23 D5
Hornedean (GB) 58 C4
Horndorf (D) 61 A5
Horne (DK) 40 C3
Horne (DK) 41 A4
Hörne (D) 60 C3
Hörnebo (S) 39 A4
Horneburg (D) 60 C4
Hörnefors (S) 17 B4
Hörnerkirchen,-Brande (D) 60 C3
Hornes (N) 5 C1
Horné Semerovce (SK) 103 B1
Hornesund (N) 36 C2
Hornfiskrøn (DK) 37 D5
Horn Hd. (IRL) 46 D3
Horní Adršpach (CZ) 70 D5
Horni Bousov (CZ) 70 C6
Hornidal (N) 22 C5
Horní Maršow (CZ) 70 D5
Hørning (DK) 41 A2
Hörningsholm (S) 31 A5
Horni-Slaukov (CZ) 79 A3
Hornmyr (S) 16 D3
Hornnes (N) 36 C2
Hornos (E) 140 B3
Hornowo (PL) 65 C6
Hornøya (N) 3 C1
Hornsberg (S) 24 D1
Hornsborg (S) 38 D6
Hornsea (GB) 54 D3
Hornset (N) 23 D5
Hornsjö (S) 15 C2
Hörnsjö (S) 17 A4
Hornsjø (N) 27 D1
Hornslet (DK) 41 A1
Hornstein (A) 102 B1
Hornsträsk (S) 17 A1
Hornsudde (S) 39 C3
Hörntorpet (S) 6 B5
Hornu (B) 74 D3
Hörnum (D) 60 A1
Hornum, Øster (DK) 37 B6
Hornum, Vester (DK) 37 B6
Horný Bar (SK) 102 C1
Horodło (PL) 73 D4
Horodok (UA) 83 C2
Horonkylä (FIN) 19 A4
Horonkylä (FIN) 20 B4
Horovice (CZ) 79 C4
Hor. Planá (CZ) 93 C2
Hor. Počernice (CZ) 79 D3
Hor. Poruba (SK) 81 B4
Horps, le (F) 86 D4
Horra, La (E) 126 C6
Horreby (DK) 42 B5
Horred (S) 38 B4
Horrmundsvalla (S) 24 C6
Hörröd (S) 42 D2
Horrskog (S) 30 D2
Horsdal (N) 8 D2
Horsebridge (GB) 59 A4
Horse I. (GB) 44 D4
Horseleap Cross Roads (IRL) 50 D1
Horsens (DK) 41 A3
Horsgard (N) 22 D3
Horsham (GB) 58 D4
Horsham St. Faith (GB) 55 B6
Horsholm (DK) 42 B2
Hörsingen (D) 69 A4
Hor. Sloupnice (CZ) 80 C2
Horslunde (DK) 41 B5
Horsma (FIN) 13 B4
Horsmanaho (FIN) 21 B4
Horsmanmäki (FIN) 20 D2
Horšovský Týn (CZ) 79 A5
Hor. Srnie (SK) 81 B4
Horst (NL) 75 D1
Hörste (D) 67 D6
Hörstel (D) 67 C4
Horstmar (D) 67 B5
Hor. Streda (SK) 81 B5
Hor. Stropnice (CZ) 93 D1
Hor. Stubna (SK) 81 C4
Hort (H) 103 C2
Horta (P) 131 A1
Horta (P) 136 A6
Hörte (S) 43 C5
Horten (N) 27 D5
Hor. Těrlicko (CZ) 81 C2
Hortes (F) 89 C4
Hortezuela (E) 127 A6
Hortiguela (E) 126 D5
Hortobágy (H) 146 B2
Horton in Ribblesdale (GB) 53 C2
Horumersiel (D) 67 D1
Horvereid (N) 14 C3
Hor. Ves (SK) 81 C5
Hörvik (S) 43 A1
Hor. Vltavice (CZ) 93 C1
Horw (CH) 98 D2
Horwich (GB) 53 C3
Hory, Nalžovske' (CZ) 79 B5
Hory, Zlaté (CZ) 71 B6
Horyniec (PL) 73 C6
Horyszów (PL) 73 C5
Hor. Záhoří (CZ) 79 C5
Hosanger (N) 26 B3
Hosbjør (N) 27 D2
Hoscheid (L) 75 D4
Hosenfeld (D) 77 B3
Hoset (N) 9 A2
Hosetseter (N) 24 A4
Hoseus (FIN) 19 C5
Hosio (FIN) 12 C2
Hoslemo (N) 26 D5
Hospenthal (CH) 99 A3
Hospital (IRL) 50 D4
Hospital (E) 125 C2
Hospital (E) 128 C3
Hospital de Orbigo (E) 125 C4
Hospitalet, l' (F) 129 B3
Hospitalet de l'Infant, L' (E) 135 B2
Hospitalet de Llobr. (E) 129 B6
Hospitalet-du-Larzac, l' (F) 106 B3
Hossa (FIN) 6 D4
Hossa (FIN) 13 C3
Hossegor (F) 104 B4
Hössjö (S) 17 A4
Hössna (S) 38 C3
Hossovaara (FIN) 7 D6
Hosszúpályi (H) 146 B2
Hosszúpereszteg (H) 102 C3
Host'álková (CZ) 81 B3
Hostens (F) 104 C2
Hostěradice (CZ) 80 C4
Hostikka (FIN) 34 D3
Hostinné (CZ) 70 D6
Hošt'ka (CZ) 70 B6
Hostomice (CZ) 79 C4
Hoston (N) 23 B2
Hostonpera (FIN) 20 A2
Hostouň (CZ) 79 A5
Hostýnem, Bystřice p. (CZ) 81 A3
Hotagen (S) 15 B5
Hotarele (RO) 154 C4
Hotedršica (SLO) 101 B5
Hoticy (RUS) 182 D2
Hoting (S) 16 B4
Hötjärn (S) 17 B2
Hotton (B) 75 C4
Hötzelsdorf (D) 79 A6
Hou (DK) 37 C5
Houat (F) 84 D5
Houdain (F) 74 B3
Houdan (F) 88 A2
Houdelaincourt (F) 89 C3
Houdremont (B) 75 B4
Houeillès (F) 104 D3
Houffalize (B) 75 D4
Houga, le (F) 104 D4
Houghton-le-Spring (GB) 49 D6
Houhajärvi (FIN) 33 A2
Houlbjerg (DK) 40 D1
Houlgate (F) 87 A2
Houlme, le (F) 87 B2
Hourn, Kinloch (GB) 44 D6
Hourtin (F) 94 C6
Hourtin-Plage (F) 94 C6
Houtave (B) 74 C1
Houtsala (FIN) 32 D4
Houtskär, Houtskari (FIN) 32 C4
Houtskari, Houtskär (FIN) 32 C4
Hov (N) 1 B6
Hov (N) 8 C5
Hov (N) 27 C2
Hov (S) 39 A2
Hov (DK) 41 A2
Hov (S) 42 B1
Hova (S) 29 A6
Høvåg (N) 36 D3
Hovassdal (N) 14 D1
Hovborg (DK) 40 C3
Hovda (N) 26 B6
Hovda (N) 27 B2
Hovden (N) 4 B3
Hovden (N) 22 A6
Hovden (N) 26 D5
Hovdeseter (N) 23 B5
Høve (DK) 41 C2
Hove (GB) 58 D4
Hovedgård (DK) 41 A2
Hövelhof (D) 68 A5
Hoven (N) 14 B6
Hoven (DK) 40 C3
Hovertorp (S) 29 A6
Hoverudden (S) 16 A4
Hovestadt (D) 67 D6
Hovet (N) 27 A2
Hovgård (S) 39 B5
Hovid (N) 28 A4
Høvik (N) 14 C4
Höviksnäs (S) 38 A3
Hovila (FIN) 21 B3
Hovin (N) 23 C2
Hovin (N) 27 B4
Hovland (N) 26 C3
Hovlos (S) 11 C3
Hovos (E) 131 B4
Høvreslia (N) 27 B2
Høvringen (N) 23 B5
Hovslätt (S) 38 D3
Hovsta (S) 29 B5
Hovsvollen (N) 23 D3
Howden (GB) 54 C3
Howmore (GB) 44 A5
Howth (IRL) 51 D2
Höxter (D) 68 B5
Hoy (GB) 45 B2
Hoya (D) 68 B3
Hoya-Gonzalo (E) 140 D1
Høyanger (N) 26 B1
Høybakken (N) 14 A6
Høydal (N) 22 B5
Høydalen (N) 27 B6
Høydalsmo (N) 27 A5
Høydalsseter (N) 22 D6
Hoyerswerda (Wojerecy) (D) 70 A3
Høyfeta (N) 14 C4
Høyholm (N) 8 C6
Höykkylä (FIN) 19 C3
Hoylake (GB) 53 B4
Høylandet (N) 14 C3
Hoym (D) 69 A5
Hoyo, El (E) 139 D2
Hoyo de Manzanares (E) 132 C3
Hoyo de Pinares, El (E) 132 B3
Hoyos (E) 132 A3
Höytiä (FIN) 20 B5
Hoyuelos (E) 127 A5
Hoža (BY) 65 D3
Hrabove (UA) 149 D1
Hrabovec, Nižný (SK) 82 D4
Hrabrovo (RUS) 175 B4
Hrachovo (SK) 82 B5
Hradec, Jindřichův (CZ) 80 A4
Hradec (CZ) 80 B1
Hradec n. M. (CZ) 81 B2
Hradec n. Svit. (CZ) 80 D2
Hrádek (CZ) 80 C5
Hrádek nad Nisou (CZ) 70 B5
Hradiště, Mnichove (CZ) 70 B6
Hradište, Zemplinske (SK) 83 A5
Hradiště (CZ) 79 A5
Hradište p. Vr. (SK) 81 A5
Hradiště Uh. (CZ) 81 A4
Hrádok, Liptovský (SK) 82 A4
Hrady, N. (CZ) 80 C2
Hrady, N. (CZ) 93 D1
Hranice (CZ) 81 A3
Hraničné (SK) 82 C3
Hranovnica (SK) 82 B4
Hrastnik (SLO) 101 C5
Hrastovlje (SLO) 111 A2
Hrěbenne (PL) 73 C6
Hřensko (CZ) 70 B5
Hrhov, Spišský (SK) 82 C4
Hrhov (SK) 82 C5
Hrib-Loški Potok (SLO) 111 B1
Hriňová (SK) 82 A5
Hristos (GR) 172 D1
Hristovaia (MD) 149 D1
Hrnčiarovce (SK) 81 A6
Hrochot (SK) 82 A5
Hrochov (CZ) 80 D3
Hrochův Týnec (CZ) 80 C2
Hrodna (BY) 65 D3
Hron. Dúbrava (SK) 81 C5
Hronec (SK) 82 A5
Hronom, Hliník n. (SK) 81 C5
Hronom, Ziar n. (SK) 81 C5
Hronov (CZ) 70 D6
Hronský Beňadik (SK) 81 C6
Hrotovice (CZ) 80 C4
Hrozonkov, Nový (CZ) 81 B3
Hrozenkov, St. (CZ) 81 B4
Hroznětín (CZ) 79 A3
Hrtkovci (YU) 151 C2
Hrubieszów (PL) 73 D4
Hrud (PL) 73 C1
Hrušovany n. Jev. (CZ) 80 C4
Hruštin (SK) 82 A3
Hrvaćani (BIH) 150 C3
Hrvace (HR) 150 B5
Hrv. Blagaj (HR) 111 D2
Huaröd (S) 42 D2
Huarte Araquil (E) 127 C3
Huben (A) 100 A2
Huben (A) 100 C3
Hubert, St- (B) 75 C4
Hubysjøen (N) 14 A6
Hucín (SK) 82 B5
Hucisko (PL) 73 B5
Hucisko Nienadowskie (PL) 83 A2
Hückelhoven (D) 76 A2
Hückeswagen (D) 76 C1
Hucknall (GB) 54 C5
Hucqueliers (F) 74 B3
Huddersfield (GB) 54 B3
Huddinge (S) 31 B4
Huddingsvassgardan (N) 15 A2
Huddunge (S) 30 D3
Hude (D) 67 D2
Hudene (S) 38 C3
Hudiksvall (S) 25 C4
Hudöfjärden (FIN) 34 C4
Huedin (RO) 147 A3
Huélago (E) 140 A5
Huelgoat (F) 84 C3
Huelma (E) 140 A4
Huelva (E) 138 B5
Huelves (E) 133 A4
Huéneja (E) 140 B5
Huércal Overa (E) 140 D5
Huérmeces (E) 126 C4
Huerta (E) 133 B4
Huerta del Marquesado (E) 133 C4
Huerta del Rey (E) 126 D5
Huerta de Valdecarabanos (E) 132 D5
Huertahernando (E) 133 B2
Huérteles (E) 127 B5
Huertezuelos (E) 139 D2
Huerto (E) 128 B5
Hüesa (E) 134 C1
Huesa (E) 140 B4
Huesca (E) 128 B4
Huéscar (E) 140 C4
Huete (E) 133 A4
Huétor Santillán (E) 140 A5
Hueva (E) 133 A3
Hüfingen (D) 91 A4
Huftarøy (N) 26 A4
Hugh Town (GB) 56 A6
Hugla (N) 8 D5
Huglfing (D) 92 C4
Huglo (N) 26 B4
Hugnora (S) 29 B3
Hugulia (N) 27 C1
Huhmarkoski (FIN) 19 C3
Huhta (S) 11 C2
Huhta (FIN) 32 D2
Huhtamo (FIN) 33 A2
Huhtijärvi (FIN) 20 A6
Huhtilampi (FIN) 21 C5
Huhtimäki (FIN) 20 D5
Huikka (FIN) 19 D6
Huikko (FIN) 20 C5
Huikola (FIN) 12 D5
Huissinkylä (FIN) 19 B4
Huistinvaara (FIN) 21 B4
Huittinen (FIN) 33 A2
Huizen (NL) 66 C4
Hujakkala (FIN) 35 A3
Hukanmaa (S) 6 B4
Hukkajärvi (FIN) 21 C1
Hukkala (FIN) 21 B4
Hulabäck (S) 38 B3
Hulevik (S) 39 A6
Hulín (CZ) 81 A3
Huljala (FIN) 34 A2
Huljen (S) 25 B3
Hulkkola (FIN) 20 D5
Hulkkonmäki (FIN) 19 C5
Hullaryd (S) 39 A3
Hullberga (FIN) 32 C3
Hullo (EST) 180 B4
Hulløy (N) 4 D4
Hullsjön (S) 25 B3
Hulsig (DK) 37 C4
Hulst (NL) 75 A1
Hult (S) 28 D5
Hult (S) 39 A3
Hulta (FIN) 32 B4
Hultators (S) 38 B4
Hulterstad (S) 39 D6
Hultsfred (S) 39 B4
Hultsjö (S) 39 A4
Hum (HR) 150 C1
Hum (YU) 152 C6
Humac, G. (HR) 156 B2
Humalajoki (FIN) 20 A3
Humanes (E) 133 A2
Humbécourt (F) 89 B3
Humble (DK) 41 B5
Humenné (SK) 83 A4
Humfeld-Grießem (D) 68 B5
Humières (F) 74 B3
Humlebæk (DK) 42 B2
Humlestad (N) 37 A1
Humlum (DK) 40 C1
Hummelholm (S) 17 A4
Hummelo (NL) 67 A5
Hummersö (FIN) 32 B5
Hummuli (EST) 182 A2
Humnikon (GR) 164 A2
Humpila (FIN) 33 B3
Humpolec (CZ) 80 B3
Humprechtshausen (D) 78 A4
Húnaflói (IS) 1 B1
Hundala (N) 8 D5
Hundas (FIN) 34 C2
Hundberg (N) 1 B6
Hundborg (DK) 37 A6
Hundeide (N) 22 B5
Hundeidvik (N) 22 C4
Hundeluft (D) 69 B5
Hunderfossen (N) 27 C1
Hundersingen (D) 91 B3
Hundested (DK) 41 C2
Hundheim (D) 76 C5
Hundholmen (N) 4 D4
Hundorp (N) 23 C6
Hundsbach (D) 77 C4
Hundseid (N) 26 B5
Hundsjö (S) 11 B3
Hundsjö (S) 16 D5
Hundsjö (S) 17 A5
Hundslund (DK) 41 A2
Hundstrand (N) 5 A2
Hunedoara (RO) 146 D6
Hünfeld (D) 77 B2
Hunge (S) 24 D2
Hungen (D) 77 A3
Hungerford (GB) 58 B3
Hunnebostrand (S) 37 D2
Hunstanton (GB) 55 A5
Hunteburg (D) 67 D4
Huntingdon (GB) 58 D1
Huntly (GB) 45 C5
Huntorf (D) 67 D2
Hünxe (D) 67 B6
Huopanankoski (FIN) 20 B3
Huosionvaara (FIN) 21 C4
Huotari (FIN) 20 C2
Huotskär, Houtskari (FIN) 32 C4
Huovinen (FIN) 13 A3
Huparlac (F) 106 A2
Huppy (F) 74 A4
Hurbanovo (SK) 103 A1
Hurdal (N) 27 D3
Hurdal torg (N) 27 D3
Hures-la-Parade (F) 106 B3
Hurezani (RO) 153 B2
Huriel (F) 96 B3
Hurissalo (FIN) 34 D1
Hurlers Cross (IRL) 50 D3
Hurstbourne Tarrant (GB) 58 B3
Hurst Green (GB) 59 A4
Hürtgen (D) 76 A2
Hürtgenwald (D) 76 A2
Hürth (D) 76 B2
Hurttala (FIN) 34 D3
Huruksela (FIN) 34 C3
Hurup (DK) 36 D6
Hurva (S) 42 C2
Huså (S) 15 A6
Husa (N) 26 B4
Husaby (S) 38 C1
Húsar (DK) 36 B4
Husås (S) 15 B6
Húsavik (IS) 1 C1
Husbands Bosworth (GB) 54 C6
Husbondliden (S) 16 D2
Husby, Västra (S) 39 B1
Husby (N) 8 C4
Husby (S) 29 B2
Husby (DK) 40 B2
Husby (DK) 40 D4
Husby (D) 60 C1
Husby-Långhundra (S) 31 A3
Husby Oppunda (S) 30 D5
Husby-Östra (S) 30 D6
Huseby (S) 39 A5
Husen (D) 68 A6
Husfloen (N) 24 A5
Hushinish (GB) 44 B4
Husi (RO) 149 C4
Husinec (CZ) 79 C6
Husino (BIH) 151 A4
Huskvarna (S) 38 D3
Huslenky (CZ) 81 B3
Husnes (N) 26 B4
Husö (FIN) 32 C4
Husön (S) 28 D6
Hustad (N) 14 C5
Hustad (N) 22 C3
Hüsten (D) 67 D6
Hustopeče n. Beč. (CZ) 81 B3
Husu (FIN) 35 A3
Husula (FIN) 34 D3
Husum (S) 17 A5
Husum (D) 60 C2
Husvåg (N) 4 B3
Husvegg (N) 36 A2
Husvik (N) 8 D5
Huta, Klukowa (PL) 63 D2
Huta, Nowa (PL) 82 B1
Huta, Ruda (PL) 73 C3
Huta, Stará (SK) 82 A5
Huta (PL) 72 C2
Huta (PL) 72 C4
Huta Komorowska (PL) 73 A6
Hutan (RO) 148 D2
Huta-Paledzka (PL) 63 C6
Huta Różaniecka (PL) 73 C6
Hutisko-Solanec (CZ) 81 B3
Hutovo (BIH) 156 D3
Hüttau (A) 101 A2
Hutte, la (F) 87 A5
Hüttenberg (A) 101 C3
Hüttental (D) 76 D2
Hutthurm (D) 93 B2
Hutton Cranswick (GB) 54 D3
Hüttschlag (A) 101 A2
Huttula (FIN) 20 A5
Huttula (FIN) 34 D2
Huttwil (CH) 98 D2
Huuhanaho (FIN) 20 D6
Huuhilonkylä (FIN) 13 C6
Huuhkaala (FIN) 35 A1
Huuhmarisvaara (FIN) 21 C4
Huuki (S) 6 C4
Huunukka (RUS) 21 D6
Huutijärvi (FIN) 33 C1
Huutokoski (FIN) 21 B4
Huutoniemi (FIN) 2 D5
Huuvari (FIN) 34 B4
Huvåsen (S) 11 A5
Huvudskär (S) 31 B5
Huwniki (PL) 83 B2
Huy (B) 75 C3
Hvåle (N) 27 B3
Hvalpsund (DK) 37 B6
Hvalvik (DK) 36 A4
Hvammsfjördhur (IS) 1 A2
Hvammstangi (IS) 1 B1
Hvar (HR) 156 B2
Hvar (HR) 156 B2
Hvarnes (N) 27 C6
Hveragerði (IS) 1 B3
Hvide Sande (DK) 40 B2
Hvitsten (N) 27 D5
Hvittingfoss (N) 27 C5
Hvojna (BG) 159 D5
Hvolsvöllur (IS) 1 B3
Hybe (SK) 82 A4
Hybo (S) 25 B4
Hyde (GB) 53 C4
Hydro (N) 26 B6
Hyen (N) 22 B5
Hyeneset (N) 22 B5
Hyères (F) 107 C5
Hyères-Plage (F) 107 C6
Hyet (F) 90 A6
Hyggen (N) 27 D4
Hygum, Sønder (DK) 40 C4
Hylinge (S) 39 B1
Hyllestad (N) 26 B1
Hyllested Skovgårde (DK) 41 B2
Hyllinge (DK) 41 C3
Hyllstofta (S) 42 C1
Hyltebruk (S) 38 C5
Hyngelsböle (S) 17 A4
Hynish (GB) 48 A2
Hynnekleiv (N) 36 D2
Hyönölä (FIN) 33 B4
Hyössinki (FIN) 12 C2
Hypönniemi (FIN) 21 B5
Hyppä (FIN) 19 B5
Hyrkäs (FIN) 12 D5
Hyrkkälä (FIN) 34 D2
Hyrsylä (FIN) 33 B4
Hyrvälä (FIN) 33 C2
Hyry (FIN) 12 C3
Hyrylä (FIN) 33 C4
Hyrynsalmi (FIN) 13 B5
Hýskov (CZ) 79 C3
Hyssna (S) 38 B4
Hythe (GB) 58 B4
Hythe (GB) 59 B4
Hytinlakhti (RUS) 35 C2
Hytölä (FIN) 20 C4
Hytti (FIN) 35 A2
Hyttikoski (FIN) 12 C6
Hytton (S) 30 D2
Hyväneula (FIN) 34 A2
Hyvänjemi (FIN) 13 B2
Hyvärilä (FIN) 12 C6
Hyvelä (FIN) 32 D1
Hyvikkälä (FIN) 33 C3
Hyviluoto (FIN) 32 C1
Hyvinkää (FIN) 33 C3
Hyvölä (FIN) 20 C4
Hyvölänranta (FIN) 12 D6
Hyynilä (FIN) 33 A1
Hyypiänniemi (FIN) 21 A5
Hyypiö (FIN) 7 B6
Hyyrylä (FIN) 19 D6

I

Iablanita (RO) 152 D2
Iacobeni (RO) 147 C5
Iacobeni (RO) 148 C3
Ialomiței, Peșt. (RO) 154 A2
Ialoveni (MD) 149 D3
Ianca (RO) 153 C5
Ianca (RO) 154 D2
Iasi (RO) 149 B3
Iasmos (GR) 164 C1
Iasovice (CZ) 80 C4
Iazu (RO) 154 D3
Ibahernando (E) 131 C6
Ibănesti (RO) 148 D1
Ibănesti-Pădure (RO) 148 B4
Ibbenbüren (D) 67 C4
Ibeas (E) 126 D4
Ibestad (N) 4 D3
Ibi (E) 141 B2
Ibisate (E) 127 B3
Ibiza (Eivissa) (E) 122 D6
Ibriktepe (TR) 165 B1
Ibros (E) 140 A3
Ibsker (DK) 43 B4
Ichenhausen (D) 92 A3
Ichenheim (D) 90 D3
Ichtershausen (D) 78 B2
Iciūnai (LT) 177 A1
Icklingham (GB) 59 A1
Iclod (RO) 147 B3
Icod de los Vinos (E) 144 A5
Ida, Vel'ká (SK) 82 D5
Idala (S) 38 B4
Idanha a Nova (P) 131 A4
Idanha a Velha (P) 131 A4
Idar-Oberstein (D) 76 C5
Idd (N) 28 A6
Idée, Mon (F) 75 A4
Iden (D) 69 B3
Idena (LV) 182 B5
Idenor (S) 25 C4
Idiazábal (E) 127 B3
Idivuoma (S) 6 B2
Idkerberget (S) 29 A2
Idolsberg (A) 80 B5
Idön (S) 31 B2
Iđoš, Mali (YU) 103 C6
Idoš (YU) 103 D6
Idre (S) 24 B5
Idrigill Pt. (GB) 44 B5
Idrija, Sp. (SLO) 101 B5
Idrija (SLO) 101 B5
Idro (I) 99 D6
Idstein (D) 76 D4
Idus (LV) 179 C2
Idvattnet (S) 16 B3
Idvor (YU) 151 D2
Iecava (LV) 179 B5
Iecelnieki (LV) 182 B5
Iedera (RO) 154 A2
Ielsi (I) 115 A3
Ieper, Ypres (B) 74 C2
Ierapetra (GR) 173 A6
Ieras (LV) 178 C5
Ierax, Akr. (GR) 171 B4
Ieriki (LV) 179 C4
Ierissos (GR) 164 A3
Iernut (RO) 147 C4
Ieropiji (GR) 162 D3
Ifach, Punta de (E) 141 D2
Ifan, Ysbyty (GB) 53 A5
Iffendic (F) 85 A4
Ifjord (N) 2 D2
Ifs (F) 86 D3
Ifta (D) 77 C1
Ig (SLO) 101 B5
Igaküla (EST) 180 B5
Igal (H) 102 D4
Iganie (PL) 73 A1
Igar (H) 103 A4
Igate (LV) 179 B4
Igé (F) 87 B5
Igé (F) 97 B3
Igea (E) 127 C5
Igea Marina (I) 110 C5
Igelbäcken (S) 29 A6
Igelfors (S) 29 B6
Igerøy (N) 8 C6
Iggesund (S) 25 C5
Ighiu (RO) 147 A5
Iglésias (I) 121 B5
Iglesuela, La (E) 132 B4
Iglesuela, La (E) 134 D3
Igliauka (LT) 176 B5
Iglišķēliai (LT) 176 B5
Igls (A) 100 B2
Ignacewo (PL) 71 C1
Ignalina (LT) 177 B3
Iğneada (TR) 161 B4
Igny-Comblizy (F) 88 D1
Igołomia (PL) 82 B1
Igrane (HR) 156 C2
Igrejinha (P) 137 D1
Igriés (E) 128 B4
Igris (RO) 146 A5
Igualada (E) 129 A6
Igualeja (E) 142 D5
Iguerande (F) 97 A4
Igumenitsa (GR) 162 C6
Igumi (LV) 179 C3
Ihamaa (FIN) 34 D3
Ihamaniemi (FIN) 21 B5
Ihamaru (EST) 182 B2
Iharos (H) 102 C5
Iharosberény (H) 102 C5
Ihasalu (EST) 181 A3
Ihaste (EST) 181 C5
Ihastjärvi (FIN) 20 D6
I'Hazewinde (F) 74 C2
Ihlienworth (D) 60 B4
Ihode (FIN) 32 D2
Iholdy (F) 104 B5
Iholunlahti (FIN) 20 D2
Ihrlerstein (D) 92 D1
Ihtiman (BG) 159 C3
Ii (FIN) 12 C4
Iigaste (EST) 182 B2
Iijärvi (FIN) 3 A5
Iinattijärvi (FIN) 13 A3
Iinattiniemi (FIN) 13 A3
Iiruu (FIN) 19 D3
Iisaku (EST) 181 C4
Iisalmi (FIN) 20 D2
Iisinki (FIN) 7 A6
Iisvesi (FIN) 20 C4
Iitiä (FIN) 35 A2
Iittala (FIN) 33 C2
Iitto (FIN) 5 D2
Iivantiira (FIN) 13 C6
IJmuiden (NL) 66 C4
IJzendijke (NL) 74 D1
Ikaalinen (FIN) 19 C6
Ikaria (GR) 172 D1
Ikast (DK) 40 C2
Ikazan' (BY) 177 C2
Ikjen (N) 26 B1
Ikkala (FIN) 19 C5
Ikkala (FIN) 33 C4
Ikkeläjärvi (FIN) 19 B5
Ikla (EST) 179 B2
Ikornnes (N) 22 C4
Ikosenniemi (FIN) 12 D3
Ikšķile (LV) 179 B5
Ilanz (CH) 99 B3
Ilava (SK) 81 B4
Iława (PL) 64 B3
Iławeckie, Górowo (PL) 64 C2
Ilbono (I) 121 D4
Ilche (E) 128 C5
Ilchester (GB) 57 B4
Ildir (TR) 169 A4
Ile, Belle- (F) 84 C6
Ile, Grand (F) 85 B2
Ile (LV) 178 D6
Ileana (RO) 154 C4
Ile-Bouchard, l' (F) 95 B2
Ile d'Aix (F) 94 C4
Ile de Batz (F) 84 B2
Ile de Bréhat (F) 84 D2
Ile de Groix (F) 84 B5
Ile de Hœdic (F) 84 D6
Ile d'Elle, l' (F) 94 C4
Ile de Noirmoutier (F) 85 A6
Ile de Porquerolles (F) 107 D6
Ile de Port-Cros (F) 107 D6
Ile de Ré (F) 94 B4
Ile de Sein (F) 84 A4
Ile d'Houat (F) 84 D5
Ile d'Oléron (F) 94 C5
Ile d'Ouessant (F) 84 A3
Ile du Levant (F) 107 D6
Ile Dumet (F) 85 A5
Ile d'Yeu (F) 94 A3

Ile Molène (F) 84 A3
Ile-Rousse, I' (F) 120 B2
Iles Chausey (F) 85 B2
Iles de Glénan (F) 84 B5
Iles d'Hyères (F) 107 D6
Iles St-Marcouf (F) 86 C2
Ilfeld (D) 68 D6
Ilffenheim (D) 78 A5
Ilfracombe (GB) 56 D3
Ilgižiai (LT) 176 B3
Ilguva (LT) 176 B4
Ilha, Ponta da (P) 136 B6
Ilhavo (P) 130 B2
Ilhéus, Ponta dos (P)
136 A4
Ilia (RO) 146 D6
Ilica Burun (TR) 169 A3
Ilidža (BIH) 151 A5
Ilighworth (GB) 58 B3
Ilijas (BIH) 151 A5
Ilinko (PL) 64 C6
Ilirska Bistrica (SLO)
111 B1
Ilisesti (RO) 148 D2
Il'ja (BY) 177 C5
Iljičevka (RUS) 175 B5
Iljinskoje (RUS) 176 A5
Iljušino (RUS) 176 A5
Ilk (H) 83 A6
Ilkeston (GB) 54 C5
Ilkley (GB) 53 D3
Illa, L' (E) 129 A6
Illano (E) 125 B2
Illar (E) 140 B6
Illasi (I) 109 D1
Illats (F) 104 D2
Illby, Ilola (FIN) 34 B4
Illertissen (D) 91 C3
Illescas (E) 132 C4
Ille-s-Têt (F) 129 C3
Illfurth (F) 90 C5
Illiers-Combray (F) 87 C5
Illifaut (F) 85 A4
Illingen (D) 76 B6
Illingen (D) 91 A2
Illmitz (A) 102 B2
Illo (FIN) 33 A2
Illo (FIN) 33 A5
Illois (F) 74 A5
Illora (E) 143 C3
Illueca (E) 127 C6
Illuka (EST) 181 C3
Ilmajoki (FIN) 19 B4
Il'me (RUS) 35 B2
Ilmenau (D) 78 B2
Ilminster (GB) 57 B4
Ilmjärve (EST) 182 B2
Ilmola (FIN) 12 B2
Ilmolahti (FIN) 20 B4
Ilmoniemi (FIN) 20 B6
Ilok (HR) 151 B2
Ilola, Illby (FIN) 34 B4
Ilomantsi (FIN) 21 D4
Ilonse (F) 108 A5
Ilova, V. (BIH) 150 C2
Iłowa (PL) 70 C3
Iłowiec (PL) 63 B4
Iłowo Osada (PL) 64 C4
Ilsbo (S) 25 C4
Ilsenburg (D) 68 D5
Ilsfeld (D) 91 B2
Ilshofen (D) 91 C1
Ilskov (DK) 40 C2
Ilsley, East (GB) 58 C3
Ilstad (N) 9 A2
Ilstad (N) 26 C5
Ilteu (RO) 146 D5
Ilūkste (LV) 177 B1
Ilumäe (EST) 181 B3
Ilva Mare (RO) 148 B3
Ilva Mică (RO) 147 C2
Ilvesjoki (FIN) 19 B5
Ilz (A) 102 A3
Iłża (PL) 72 D4
Ilzene (LV) 182 B4
Imachar (GB) 48 C4
Imanne (FIN) 21 B2
Imari (FIN) 12 C1
Imatra (FIN) 35 B2
Imavere (EST) 181 A4
Imbarė (LT) 175 C1
Imbradas (LT) 177 B2
Imburgerhof (D) 76 D5
Imfors (S) 16 B5
Imielnik, Nowy (PL) 72 A2
Imielin (PL) 72 A6
Imier,-St (CH) 98 B2
Imingan (N) 27 A3
Imjärvi (FIN) 34 C2
Immala (FIN) 35 B2
Immeneich (D) 90 D5
Immensen (D) 68 C4
Immenstadt (D) 92 A5
Immersby (FIN) 34 A5
Immingham (GB) 54 D3
Imnau, Bad (D) 91 A3
Imola (I) 110 A4
Imón (E) 133 A1
Imotski (HR) 150 C6
Imperia (I) 108 C5
Imperiali, Rocca (I) 117 A4
Impflingen (D) 90 D1
Imphy (F) 96 C2
Impilakhti (RUS) 21 D6
Impiö (FIN) 13 A2
Impruneta (I) 109 D6
Imrehegy (H) 103 B5
Imsdalen (N) 23 D6
Imsenden (N) 23 C6
Imsland (N) 26 B5
Imst (A) 99 D2
Ina (FIN) 19 C2
Inagh (IRL) 50 C3
Inand (RO) 146 B3
Inari, Anâr (FIN) 3 A6
Inari (FIN) 21 D3
Inca (E) 123 B4
Incárico, San Giovanni (I)
114 C3
Ince Burun (TR) 165 C3
Inch (IRL) 50 B4
Inch (IRL) 51 C3
Inchigeelagh (IRL) 50 C5
Inchnadamph (GB) 44 D3
Inciems (LV) 179 B4
Incinillas (E) 126 D3
Incio (E) 125 A3
Incirliova (TR) 169 C5
Incisa (I) 108 C3
Incisa in V. d'A. (I) 109 D6
Inčukalns (LV) 179 C4
Indal (S) 25 C2
Inden (D) 76 A2
Independenta (RO) 155 A1
Independenta (RO) 155 B5
Indjija (YU) 151 D2
Indra (LV) 177 D2
Indrāni (LV) 179 D5
Indre Arna (N) 26 B3
Indre Brenna (N) 2 C3
Indre Kårvik (N) 1 A5
Indre Leirpollen (N) 2 C3
Indre Matre (N) 26 B4
Indre Standal (N) 22 C4
Indre Syltesvik (N) 3 B1
Indura (BY) 65 D3
Inece (TR) 161 A5
Inés, Sta. (E) 122 D5
Ineši (LV) 179 D4
Ineu (RO) 146 C4
Infantado (P) 137 B1
Infiesto (E) 126 A2
Ingå, Inkoo (FIN) 33 B5
Ingåst (FIN) 33 B5
Ingarön (S) 31 B4
Ingatestone (GB) 59 A2
Ingatorp (S) 39 B3
Ingavangis (LT) 176 C5
Ingdalen (N) 23 B1
Ingebo (S) 39 B2
Ingeborgrud (N) 28 A3
Ingelheim a. Rh. (D) 76 D4
Ingelmunster (B) 74 D2
Ingels (S) 29 A1
Ingenio (E) 144 D6
Ingesund (S) 28 C4
Ingham (GB) 59 B1
Ingleby Cross (GB) 54 C2
Ingleton (GB) 53 C2
Ingmarsö (S) 31 B4
Ingoldmells (GB) 55 A4
Ingolsbenning (S) 29 B3
Ingolstadt (D) 92 C2
Ingøy (N) 2 A2
Ingram (GB) 49 C5
Ingrandes (F) 85 C5
Ingrandes (F) 95 B2
Ingrandes (F) 95 B2
Ingrandes-de-Touraine (F)
95 A1
Ingré (F) 88 A4
Inguiniel (F) 84 C4
Ingulas (P) 131 A3
Ingulsvatn (N) 15 A3
Ingwiller (F) 90 C2
Inha (FIN) 19 D4
Inhan tehtaat (FIN) 19 D5
Ini (GR) 167 C6
Iniesta (E) 133 C5
Iniö (FIN) 32 C4
Inishark (IRL) 46 A6
Inishbofin (IRL) 46 A6
Inishcrone (IRL) 46 C5
Inisheer (IRL) 50 C2
Inishkea (IRL) 46 A5
Inishmaan (IRL) 50 C2
Inishmore (IRL) 50 C2
Inishmurray (IRL) 46 C4
Inishowen (IRL) 47 A3
Inishowen Head (IRL)
47 B3
Inishtooskert (IRL) 50 A4
Inishtrahull (IRL) 47 B2
Inishturk (IRL) 46 A6
Inishvickillane (IRL) 50 A4
Inistioge (IRL) 51 B4
Inkakliai (LT) 175 C3
Inke (H) 102 C5
Inkee (FIN) 13 B2
Inkere (FIN) 33 B4
Inkerilä (FIN) 34 D2
Inkeroinen (FIN) 34 C3
Inkilä (FIN) 34 D2
Inkoo, Ingå (FIN) 33 B5
Inn, Newhaven (GB) 53 D5
Innala (FIN) 19 D5
Innatian (N) 23 A1
Innbygda (N) 24 B6
Inndyr (N) 8 D2
Innellan (GB) 48 C3
Innerby (N) 1 B5
Innerdalen (N) 9 A5
Innerferrera (CH) 99 B4
Innerleithen (GB) 49 A4
Innertällmo (S) 16 C5
Innertkirchen (CH) 98 D3
Inner Villgraten (A)
100 C3
Innfjorden (N) 22 D4
Innhavet (N) 4 D5
Innifällan (S) 16 D3
Inning a. Ammersee (D)
92 C4
Innsbruck (A) 100 A2
Innset (N) 5 B3
Innset (N) 23 C3
Innvik (N) 22 C5
Ino (RUS) 35 B4
Inokylä (FIN) 19 D2
Inor (F) 75 B3
Inor (F) 75 B5
Inovo (BG) 153 A4
Inowłódz (PL) 72 B3
Inowrocław (PL) 63 D5
Ins (CH) 98 C2
Insch (GB) 45 C6
Inseros (S) 38 B4
Insh (GB) 45 A6
Insjön (S) 16 C3
Insjön (S) 29 A2
Inśko (PL) 63 A4
Instefjord (N) 26 B2
Instow (GB) 56 D4
Însurăţei (RO) 155 A2
Interlaken (CH) 98 D3
Intorsura Buzăului (RO)
154 B1
Intra,-Verbania (I) 99 A5
Intregalde (RO) 147 A5
Intróbio (I) 99 B5
Inturkė (LT) 177 A3
Inusse (GR) 168 D4
Inver (IRL) 46 D4
Inveraray (GB) 48 C3
Inverbervie (GB) 49 C1
Invercassley (GB) 45 A4
Inverey (GB) 49 A1
Invergarry (GB) 44 D6
Invergordon (GB) 45 A5
Inverigo (I) 109 A1
Inverkeilor (GB) 49 B2
Inverkeithing (GB) 49 A3
Inverkirkaig (GB) 44 D3
Invermoriston (GB) 44 D6
Inverness (GB) 45 A5
Invershiel (GB) 44 D6
Invershin (GB) 45 A4
Inveruno (I) 99 A6
Inverurie (GB) 45 C6
Inwałd (PL) 82 A2
Inzell (D) 93 A4
Inzovo (BG) 160 C3
Ioannina (GR) 162 D6
Ioannis, Akr. Aj. (GR)
173 A5
Iodobcy (BY) 177 B4
Iody (BY) 177 C3
Iojib (RO) 147 A1
Iona (GB) 48 A2
Ion Corvin (RO) 155 A4
Ion Creangă (RO) 149 A4
Ionesti (RO) 153 C2
Ionesti (RO) 153 D2
Ios (GR) 172 B3
Ipiki (LV) 179 C2
Ipiltis (LT) 175 C1
Iplom, Veľká nad (SK)
82 A6
Ipolyvece (H) 103 B1
Ippinghausen (D) 77 A1
Ipswich (GB) 59 B1
Iraklia (GR) 172 C3
Iraklio (GR) 172 D5
Irase (EST) 180 A5
Irbes (LV) 178 C4
Irby in the Marsh (GB)
55 A5
Irby upon Humber (GB)
54 D4
Ircic (E) 127 A3
Irdning (A) 101 B2
Ire (S) 43 C4
Irečekovo (BG) 160 D3
Iregszemcse (H) 103 A4
Iria (GR) 171 B3
Irig (YU) 151 C2
Irigny (F) 97 B5
Irijoa (E) 124 D2
Irinis, Akr. Aj. (GR) 164 D4
Irissarry (F) 104 B5
Irjanne (FIN) 32 D2
Irlam (GB) 53 C4
Irlava (LV) 178 D5
Irninniemi (FIN) 13 C3
Irnsum (NL) 66 D2
Irodouër (F) 85 B3
Iron-Bridge (GB) 53 C6
Irrel (D) 76 A5
Iršava (UA) 83 B5
Irsi (LV) 178 C4
Irši (LV) 179 C5
Irsina (I) 115 D6
Irsta (S) 30 D4
Irthlingborough (GB) 58 D1
Iru (EST) 180 D3
Iruela (E) 125 B4
Irun (E) 127 C2
Irurzun (E) 127 C3
Irvine (GB) 48 C4
Irvinestown (GB) 47 A4
Isaac, Port (GB) 56 C5
Isaba (E) 128 A3
Isaccea (RO) 155 B1
Isafjörður (IS) 1 A1
Isaksö (FIN) 32 A4
Isalnita (RO) 153 B3
Isarco, Colle (I) 100 B3
Isaris (GR) 170 D3
Isaszeg (H) 103 B2
Isbach (D) 78 B4
Isbister (GB) 45 D3
Ischgl (A) 99 D3
Ischia (I) 114 C6
Isdes (F) 88 B5
Ise (N) 28 A5
Iselle (I) 98 D4
Iseltwald (CH) 98 D3
Isen (D) 92 D3
Isenvad (DK) 40 D2
Iseo (I) 99 C6
Iserlohn (D) 76 C1
Isernhagen (D) 68 C4
Isernia (I) 114 D4
Isfjorden (N) 22 D3
Ish. Sazan (AL) 162 A4
Isidros, Los (E) 134 B6
Isigny-le-Buat (F) 86 C4
Isigny-s-Mer (F) 86 C2
Isili (I) 121 C4
Iskandil Burun (TR) 173 B3
Iskola (FIN) 32 D4
Iskra (BG) 160 A5
Iskuras (FIN) 2 D5
Isla Caneta (E) 138 A5
Isla Cristina (E) 138 A5
Islallana (E) 127 B4
Islambeyli (TR) 161 B5
Islam Grčki (HR) 111 D5
Island (IS) 1 A3
Island (N) 27 B2
Išlaužas (LT) 176 C5
Islay (GB) 48 A4
Islaz (RO) 153 D5
Isle, I' (F) 90 B6
Isle (F) 95 C5
Isle-Adam, I' (F) 74 B6
Isle-de-Noé, I' (F) 105 A4
Isle-en-Dodon, I' (F)
105 B5
Isle-Jourdain, I' (F) 95 B4
Isle-Jourdain, I' (F) 105 B4
Isle of Whithorn (GB)
48 D6
Isleornsay (GB) 44 C6
Isle-s-la-Sorgue, I' (F)
107 A4
Isle-s-Serein, I' (F) 89 A5
Isles-s-Suippe (F) 75 A6
Islettes, les (F) 75 B6
Ismaning, München (D)
92 D3
Ismeri (LV) 182 C1
Isnäs (FIN) 34 B4
Isnauda (LV) 182 C1
Isnello (I) 118 C/D3
Isny (D) 91 C5
Iso-Äiniö (FIN) 34 A2
Isoba (E) 126 A2
Iso-Evo (FIN) 34 A2
Isohalme (FIN) 7 C6
Iso-Hiisi (FIN) 33 B4
Isojoki (FIN) 19 A5
Isokari (FIN) 32 C3
Isokumpu (FIN) 13 B3
Isokylä (FIN) 19 B3
Isokylä (FIN) 20 C5
Isokyrö (FIN) 19 B3
Isola (F) 108 A4
Isola 2000 (F) 108 A4
Isola d'A. (I) 108 C3
Isola d. C. (I) 108 D3
Isola del G.S. (I) 113 C4
Isola d. Femmine (I)
118 B2
Isola di Capo Rizzuto (I)
117 B6
Isola di Liri (I) 114 C4
Isola d. Piano (I) 110 C6
Isola Fossara (I) 113 A2
Isola d. Scala (I) 109 C2
Isolahti (FIN) 20 B5
Isolkylä (FIN) 7 B6
Isomaa (FIN) 7 C6
Isomaa (FIN) 32 C1
Isona (E) 128 D4
Isoniemi (FIN) 19 C5
Isoniemi (FIN) 19 D3
Isoniitty (FIN) 33 B3
Isoperä (FIN) 33 A3
Iso-Rahi (FIN) 32 C3
Isorella (I) 109 B2
Ispagnac (F) 106 C2
Isperih (BG) 154 D5
Ispica (I) 119 A6
Ispra (I) 99 A5
Issaanvaara (FIN) 21 B2
Issac (F) 105 A1
Issakka (FIN) 20 D2
Issambres, les (F) 107 D5
Issé (F) 85 B5
Isselburg (D) 67 A5
Issenheim (F) 90 C4
Issigeac (F) 105 A2
Issime (I) 98 C5
Isso (E) 140 D2
Issogne (I) 108 B1
Issoire (F) 96 C5
Issoncourt (F) 89 C2
Issoudun (F) 96 A2
Is-s-Tille (F) 89 C5
Issy-l'Evêque (F) 96 D3
Istalsna (LV) 182 D1
Istán (E) 143 A5
Istanbul (TR) 161 D6
Istarske Toplice (HR)
111 A2
Iste (S) 25 B5
Istebna (PL) 81 C3
Istenmezeje (H) 82 B6
Isterfossen (N) 24 A5
Istha (D) 77 A1
Istia d'O. (I) 112 C3
Istibanja (MK) 158 D5
Istiea (GR) 167 B4
Istok (YU) 158 A3
Istrana (I) 100 B6
Istranca (TR) 161 C5
Isträsk (S) 11 A4
Istres (F) 107 A5
Istria (RO) 155 C3
Istruala (FIN) 20 C6
Istunmäki (FIN) 20 C4
Istvándi (H) 102 C6
Itä-Ähtäri (FIN) 19 D4
Itä-Aure (FIN) 19 C6
Itä-Karttula (FIN) 20 D4
Itakoski (FIN) 20 D2
Itäkylä (FIN) 19 D3
Itäranta (FIN) 13 A1
Itea (GR) 167 A5
Itebej, Srp. (YU) 152 A1
Ithaki (GR) 166 B6
Itkolanpiha (FIN) 20 D4
Itravo (E) 140 A6
Itri (I) 114 C5
Ittenhausen (D) 91 B4
Ittenheim (F) 90 C3
Ittervoort (NL) 75 C1
Ittireddu (I) 121 B2
Ittiri (I) 121 B2
Itxassou (F) 104 B5
Itzehoe (D) 60 C3
Iuortana (FIN) 13 D5
Ivajlovgrad (BG) 160 C5
Ivalo Avvil (FIN) 3 A6
Ivalo Avvil (FIN) 7 B1
Ivalon Matti (FIN) 7 A2
Ivánc (H) 102 B4
Ivančicé (CZ) 80 C4
Ivanec (HR) 102 A5
Ivangorod (RUS) 181 D3
Ivangrad (YU) 157 D3
Ivanić (HR) 102 B6
Ivanić Grad (HR) 102 B6
Ivanjci (SLO) 102 A4
Ivanjica (YU) 151 D6
Ivanjska (BIH) 150 C3
Ivanka pri D. (SK) 81 B6
Ivano-Frankove (UA) 83 C1
Ivanovice na H. (CZ) 81 A3
Ivanovka (RUS) 175 C4
Ivanovo (BG) 160 D1
Ivanski (BG) 160 D1
Ivarrud (N) 9 A6
Ivarsbjörke (S) 28 C4
Ivarsbyn (S) 28 B4
Ivars de Noguera (E)
128 D5
Iveland (N) 36 D2
Ivenec (BY) 177 C6
Ives, St (GB) 56 B6
Ives, St (GB) 58 D1
Ivesti (RO) 149 B5
Ivesti (RO) 154 D1
Ivgolova (LV) 182 C5
Iviers (F) 75 A5
Iville (F) 87 B2
Iviron, Moni (GR) 164 B4
Ivje (BY) 177 A6
Ivla (S) 38 D6
Ivoškai (LT) 176 B6
Ivrea (I) 98 C6
Ivry-en-Montagne (F) 97 B2
Ivry-la-Bataille (F) 87 C3
Ivybridge (GB) 57 A5
Iwaniska (PL) 72 D5
Iwanowice (PL) 72 B6
Iwierzyce (PL) 82 D1
Iwkowska, Porabka (PL)
82 C2
Iwuy (F) 74 D4
Ixworth (GB) 59 B1
Iž (HR) 111 C5
Iza (UA) 83 C6
Iza (BY) 177 D5
Izačić (BIH) 111 D3
Izarra (E) 127 A3
Izbica (PL) 63 C1
Izbica (PL) 73 C4
Izbica Kujawska (PL) 71 D1
Izbiceni (RO) 153 D4
Izbicko (PL) 71 C5
Izborsk (RUS) 182 D3
Izdebnik (PL) 82 A2
Izdebno (PL) 63 A6
Izdebno Kościańskie (PL)
72 C2
Izé (F) 86 D5
Izeda (P) 125 B6
Izenave (F) 97 C4
Izernore (F) 97 C4
Izgrev (BG) 161 B3
Izmaïl (UA) 155 C1
İzmir (TR) 169 B4
Iznájar (E) 143 B3
Iznalloz (E) 140 A5
Izola (SLO) 101 A6
Ižora, Bolšaja (RUS) 35 C5
Izsák (H) 103 B4
Izsákfa (H) 102 C3
Izvalta (LV) 177 C2
Izvor, Vel. (YU) 152 D4
Izvor (YU) 158 D3
Izvor (BG) 159 A4
Izvor (MK) 162 D1
Izvor (MK) 163 A1
Izvori (YU) 157 B4
Izvor Mahala (BG) 152 D5
Izvorovo (BG) 155 B5
Izvoru (RO) 153 B3
Izvoru-Bîrzii (RO) 152 D3
Izvoru Crisului (RO) 147 A3

J

Jäähdyspohja (FIN) 19 D5
Jääjärvi (FIN) 3 B4
Jääjoki (FIN) 20 A2
Jaakkima (RUS) 21 C5
Jaakkolankylä (FIN) 19 C6
Jaakonen (RUS) 13 C1
Jaakonvaara (FIN) 21 C3
Jaalanka (FIN) 13 A4
Jaalanka (FIN) 13 A5
Jaale (FIN) 34 C2
Jääli (FIN) 12 C4
Jaama (FIN) 21 C5
Jaama (EST) 181 D4
Jäärja (EST) 179 C2
Jääskänjoki (FIN) 19 B4
Jääskö (FIN) 6 D5
Jaatila (FIN) 12 C1
Jabălčevo (BG) 161 A2
Jabarella (E) 128 B4
Jabbeke (B) 74 C1
Jablanac (HR) 111 C4
Jablanica (BIH) 150 D6
Jablanica (BIH) 151 A5
Jablan ica (BG) 159 C2
Jablanovo (BG) 160 C2
Jablon (PL) 65 A3
Jabłoń (PL) 73 B2
Jablonec n. N. (CZ) 70 C5
Jablonec nad Jizerou (CZ)
70 C5
Jablonevka (RUS) 175 B5
Jablonica (SK) 81 A5
Jablonitsy (RUS) 35 B6
Jabłonka (PL) 71 C1
Jabłonka (PL) 82 A3
Jabłonki, Stare (PL) 64 C3
Jabłonki (PL) 83 A3
Jabłonna (PL) 65 B6
Jabłonna (PL) 70 D2
Jabłonna (PL) 72 C1
Jabłonna (PL) 73 B4
Jablonné n. Orl. (CZ)
80 D2
Jablonné v Podještědí (CZ)
70 B5
Jablonov nad Turnou (SK)
82 C5
Jabłonowo (PL) 64 B4
Jabłonowo (PL) 64 C4
Jabluniv (UA) 148 B1
Jablůnka (CZ) 81 B3
Jablunkov (CZ) 81 C3
Jabugo (E) 138 B3
Jabuka (HR) 150 B6
Jabuka (YU) 151 C6
Jabuka (YU) 152 A2
Jabukovac (HR) 150 A2
Jabukovac (YU) 152 D3
Jabukovik (YU) 158 D3
Jaca (E) 128 B3
Jacentów (PL) 72 B4
Jachowa, Wola (PL) 72 C5
Jáchymov (CZ) 79 A3
Jackarby (FIN) 34 B4
Jäckvik (S) 9 C3
Jacobiparochie, St. (NL)
66 D2
Jacomar (E) 145 C5
Jacovce (SK) 81 B5
Jadachy (PL) 73 A5
Jadagoniai (LT) 176 B4
Jade (D) 67 D2
Jäder (S) 30 D4
Jadów (PL) 65 A6
Jädraås (S) 29 B1
Jadraque (E) 133 A2
Jadrtovac (HR) 150 A6
Jaegervatnet (N) 1 B5
Jaén (E) 143 C2
Jagare (BIH) 150 C3
Jagel (D) 60 C2
Jagėlonys (LT) 176 D4
Jagenbach (A) 80 A5
Jagerberg (A) 102 A4
Jägersgrün (D) 78 D3
Jagnilo (BG) 155 A6
Jagodnjak (HR) 151 A1
Jagodzin (PL) 70 C4
Jagsthausen (D) 77 B6
Jagstzell (D) 91 C2
Jahkola (FIN) 34 A2
Jahnsfelde (D) 70 B1
Jaibing (D) 92 D3
Jajce (BIH) 150 C4
Ják (H) 102 B3
Jakabszállás (H) 103 C4
Jäkälävaara (FIN) 13 A2
Jakari (FIN) 34 B4
Jakėnai (LT) 177 B3
Jäki (LV) 178 C3
Jakkukylä (FIN) 12 C4
Jakkula (FIN) 19 B3
Jäkna (S) 10 C4
Jákó (H) 102 D5
Jakobsbakken (N) 9 B2
Jakobsberg (S) 31 A4
Jakobsfors (S) 11 B6
Jakobstad Pietarsaari (FIN)
19 B2
Jakokoski (FIN) 21 C4
Jakoruda (BG) 159 C5
Jakovo (BG) 159 B6
Jaksamo (FIN) 13 B1
Jakšić (HR) 150 D1
Jaksice (PL) 63 D5
Jaktorów (PL) 72 C2
Jakubany (SK) 82 C3
Jakunówko (PL) 65 A2
Jakuszyce (PL) 70 C5
Jalance (E) 134 B6
Jalasjärvi (FIN) 19 C5
Jalasjoki (FIN) 33 A2
Jaligny-s-Besbre (F) 96 D3
Jalkala (FIN) 20 D4
Jallais (F) 94 D2
Jälluntofta (S) 38 D5
Jalón (E) 141 C1
Jâlons (F) 89 A1
Jalovaara (RUS) 21 D6
Jałowka (PL) 65 D4
Jämaja (EST) 180 A6
Jamali (FIN) 21 B2
Jambol (BG) 160 D3
Jamena (YU) 151 B2
Jametz (F) 75 C6
Jämijärven asema (FIN)
19 B6
Jämijärvi (FIN) 19 B6
Jäminkipohja (FIN) 19 D6
Jämjö (S) 43 B1
Jamm (RUS) 181 D5
Jammerdal (N) 28 B3
Jamnica (PL) 73 A5
Jamnička Kiselica (HR)
150 A1
Jamno (PL) 72 B2
Jämnvallen (S) 24 D4
Jämsä (FIN) 19 D1
Jämsä (FIN) 20 A6
Jämsänkoski (FIN) 20 A6
Jämshög (S) 43 A1
Jämteböle (S) 17 A4
Jämtkrogen (S) 25 A2
Jämtlands Sikås (S)
15 C5
Jämtön (S) 11 C4
Jamu Mare (RO) 152 B1
Ján, M. (SK) 80 D5
Jana, La (E) 135 A3
Janakkala kk. (FIN) 33 C3
Janakkala, Turenki (FIN)
33 C3
Janapolė (LT) 176 A2
Janderup (DK) 40 B3
Jandia, Punta de (E)
145 B5
Jäneda (EST) 181 A3
Jania, Leśna (PL) 64 A3
Jänickendorf (D) 69 D4
Janików (PL) 72 C3
Janikowo (PL) 63 D5
Jäniskoski (RUS) 7 C1
Jäniskylä (FIN) 34 C2
Janja (BIH) 151 B3
Janjevo (YU) 158 A4
Janjina (HR) 156 C3
Jänkä (FIN) 20 A3
Jankai (LT) 176 B4
Jänkanalusta (S) 5 C5
Janki (PL) 72 A4
Jänkisjärvi (S) 11 C2
Jankkila (FIN) 3 B4
Jánkmajtis (H) 83 B6
Jankov (CZ) 79 D4
Jankovci, St. (HR) 151 B2
Janković, Đen. (YU) 158 B4
Jankovo (BG) 160 D1
Janków (PL) 71 C2
Janków (PL) 72 A2
Jankowice Wielkie (PL)
71 B5
Jankowo Dolne (PL) 63 C6
Jännevirta (FIN) 20 D3
Jannitsa (GR) 163 C3
Janopoles (LV) 182 C1
Jánoshalma (H) 103 B5
Jánosháza (H) 102 C3
Janova Lehota (SK) 81 C5
Janovce, Rimavské (SK)
82 B6
Janovice, Červené (CZ)
80 B2
Janovice, Uhlíř (CZ) 80 A2
Janów (PL) 65 C3
Janów (PL) 72 A5
Janów (PL) 73 B5
Janówek (PL) 72 C2
Janowiec Wielkie (PL)
63 C5
Janowo (PL) 64 D4
Janów Podlaski (PL) 73 C1
Jansjö (S) 16 C5
Janské Lázně (CZ) 70 D5
Jänsmässholmen (S)
15 A5
Jantarnyj (RUS) 175 A4
Janubio, Laguna de (E)
145 C3
Janzé (F) 85 B4
Jäppilä (FIN) 20 D5
Japra, Blagaj (BIH) 150 A2
Japra, Majkić (BIH) 150 A3
Jära (S) 38 D3
Jarabá (SK) 82 A4
Jaraba (E) 133 D1
Jarabina (SK) 82 C3
Jaraco (E) 134 D6
Jaraczewo (PL) 71 B2
Jarafuel (E) 134 B6
Jaraicejo (E) 131 D5
Jaraiz (E) 131 D4
Jarak (YU) 151 C2
Jaram (YU) 152 A6
Järämä (S) 5 D3
Jarandilla (E) 131 D4
Järbo (S) 29 C1
Järbo (S) 38 A1
Jarczew (PL) 73 A2
Jardan (BIH) 151 B4
Jardin, El (E) 140 C1
Jard-s-Mer (F) 94 B3
Jaren (N) 27 D3
Jareninski Dol (SLO)
102 A4
Jargeau (F) 88 B4
Jarhoinen (FIN) 6 C6
Jarhois (S) 6 D6
Järilä (FIN) 32 D2
Järise (EST) 180 A5
Jårkastaka (S) 6 A2
Jarkovac (YU) 152 A1
Järlåsa (S) 30 D3
Järle (S) 29 B4
Järlepa (EST) 180 D4
Jarmen (D) 61 D3
Järn (S) 38 B1
Järna (S) 31 A5
Jarnac (F) 95 A5
Jarnac-Champagne (F)
94 D6
Jarnages (F) 96 A4
Järnäs (S) 17 A5
Järnåsklubb (S) 17 A5
Järnbergsås (S) 28 C3
Järnboås (S) 29 A4
Jarne, la (F) 94 C4
Järnforsen (S) 39 B4
Jarnisy, Conflans-en- (F)
75 D6
Järnskog (S) 28 B4
Jarny (F) 75 D6
Jarocin (PL) 71 B2
Jaroměř (CZ) 70 D6
Jaroměřice (CZ) 80 D3
Jaroměřice n. Rokyt. (CZ)
80 C4
Jaroslav (CZ) 80 C2
Jaroslaw (PL) 83 B1
Jarosławiec (PL) 63 B1
Jarošov n. Než. (CZ) 80 A4
Jaroszówka (PL) 70 D4
Jarovnice (SK) 82 C4
Järpås (S) 38 B2
Järpen (S) 24 B1
Järpliden (S) 28 B2
Jarque (E) 127 C6
Jarques (E) 134 C2
Jarrow (GB) 49 C6
Jars (F) 88 B1
Järsnäs (S) 39 A3
Järsö (FIN) 32 B4
Jaruga, Banova (HR)
150 B1
Järva-Jaani (EST) 181 A4
Järvakandi (EST) 180 D4
Järva-Madise (EST) 181 A4
Järvåset (S) 15 C4
Järvberget (S) 16 C5
Järvelä (FIN) 34 B3
Järvenpää (FIN) 3 B4
Järvenpää (FIN) 6 C4
Järvenpää (FIN) 19 A4
Järvenpää (FIN) 19 C5
Järvenpää (FIN) 20 B4
Järvenpää (FIN) 20 D1
Järvenpää (FIN) 21 A2
Järvenpää (FIN) 21 A6
Järvenpää (FIN) 33 C1
Järvenpää (FIN) 33 C4
Järvenpää (FIN) 34 D1
Järvenperä (FIN) 32 D3
Järvensuu (FIN) 3 B5
Järvensuu (FIN) 7 C1
Järvikylä (FIN) 12 D6
Järvikylä (FIN) 20 A1
Järvikylä (FIN) 20 A1
Järvinen (FIN) 34 B2
Järvirova (FIN) 6 C5
Järvsand (S) 15 C4
Järvselja (EST) 181 C6
Järvsjö (S) 16 B2
Järvsjö (S) 16 B3
Järvsö (S) 25 B5
Järvsta (S) 30 D1
Järvtjärn (S) 17 B2
Järvträsk (S) 10 D6
Jarzé (F) 85 D5
Jasa (E) 128 A3
Jaša Tomić (YU) 152 A1
Jasen' (UA) 83 D4
Jasen (BG) 153 D5
Jasenak (HR) 111 C2
Jasenica (YU) 152 B4
Jasenie (SK) 82 A4
Jasenjani (BIH) 150 D6
Jasenná (CZ) 70 D6
Jasenov, Verch. (UA)
148 B1
Jasenovac (HR) 150 B2
Jasenovec (BG) 154 C6
Jasenovo (YU) 151 D6
Jasenovo (YU) 152 B2
Jasień (PL) 63 C2
Jasien (PL) 70 C3
Jasień (PL) 82 C2
Jasienica (PL) 62 C3
Jasienica Rosielna (PL)
83 A2
Jasienie (PL) 71 C5
Jasiennik (PL) 71 D3
Jasika (YU) 152 B5
Jasikovo (YU) 152 C4
Jasinja (UA) 148 A1
Jasionna (PL) 72 C5
Jasionówka (PL) 65 C4
Jašiūnai (LT) 177 A5
Jaśliska (PL) 83 A3
Jasło (PL) 82 D2
Jasmuiža (LV) 177 C1
Jasmund (D) 62 B1
Jasná (PL) 82 A4
Jasnaja Poljana (RUS)
176 A5
Jasna poljana (BG) 161 A3
Jasnoe (RUS) 175 C3
Jasov (SK) 82 C5
Jasseron (F) 97 C4
Jastarnia (PL) 64 A1
Jastrabá (SK) 81 C5
Jastrabie, Trenč. (SK)
81 B5
Jastrebarsko (HR) 111 D1
Jastrowie (PL) 63 B4
Jastrząb (PL) 72 D4
Jastrzębia (PL) 72 D3

Jastrzębia (PL) 82 C2
Jastrzębia Góra (PL) 63 D1
Jastrzębie (PL) 71 C4
Jastrzębna II (PL) 65 C3
Jastrzębsko, Stare (PL) 70 D1
Jászágó (H) 103 C2
Jászalsószentgyörgy (H) 103 D2
Jászapáti (H) 103 D2
Jászárokszállás (H) 103 C2
Jászberény (H) 103 C2
Jászfényszaru (H) 103 C2
Jászkarajenő (H) 103 C3
Jászkisér (H) 103 D2
Jászladány (H) 103 D2
Jaszów (PL) 71 B5
Jászszentlászló (H) 103 C4
Jásztelek (H) 103 C2
Jät (S) 39 A6
Játiva/Xátiva (E) 141 B1
Jättendal (S) 25 C4
Jättholmarna (S) 25 C4
Jättölä (FIN) 33 B4
Jatuni (FIN) 6 B2
Jauche (B) 75 B3
Jauhojärvi (FIN) 6 D4
Jaujac (F) 106 D2
Jaulgonne (F) 74 D6
Jaulín (E) 128 A6
Jaulnay (F) 95 B2
Jaunalūksne (LV) 182 C3
Jaunanna (LV) 182 C4
Jaunauce (LV) 178 D6
Jaunay-Clan (F) 95 B3
Jaunbērze (LV) 179 A5
Jaunciems (LV) 178 C3
Jaunciems (LV) 178 D4
Jaundziras (LV) 178 D5
Jaungulbene (LV) 182 B4
Jauniūnai (LT) 176 D4
Jaunjelgava (LV) 179 C5
Jaunjērcēni (LV) 179 D3
Jaunkalsnava (LV) 182 A5
Jaunlaicene (LV) 182 B3
Jaunlutrini (LV) 178 C5
Jaunmuiža (LV) 178 C5
Jaunodava (LT) 176 A2
Jaunpagasts (LV) 178 D4
Jaunpiebalga (LV) 179 D4
Jaunpils (LV) 178 D5
Jaunsāti (LV) 178 D5
Jaunsaule (LV) 179 B6
Jaunsmiltene (LV) 179 D3
Jaunsvirlauka (LV) 179 A6
Jaurakkajärvi (FIN) 13 A4
Jausa (EST) 180 B4
Jausiers (F) 107 D2
Jåvall (N) 28 A4
Javarus (FIN) 7 B6
Jávea (E) 141 D1
Jävenitz (D) 69 A3
Javerdat (F) 95 C5
Javerlhac-et-la-Chapelle-Saint-Robert (F) 95 B5
Javie, la (F) 107 C3
Javierregay (E) 128 A3
Javořičko (CZ) 80 D2
Javorina, Tatranská (SK) 82 B3
Javoriv (UA) 83 C1
Javorná (CZ) 79 B5
Javornice (CZ) 80 C1
Javorník (CZ) 71 A6
Javornik (HR) 111 D3
Jävre (S) 11 B5
Jävrebodarna (S) 11 B6
Jävreholmen (S) 11 C5
Javrezac (F) 94 D5
Javron (F) 86 D4
Jawor (PL) 70 D4
Jawor Solecki (PL) 72 D4
Jaworze (PL) 81 C2
Jaworzno (PL) 71 D4
Jaworzno (PL) 72 A6
Jaworzyna Śląska (PL) 71 A5
Jayena (E) 143 C4
Jazak (YU) 151 C2
Jazno (BY) 177 D3
Jebel (RO) 152 B1
Jedburgh (GB) 49 B5
Jeddingen (D) 68 B2
Jedlanka (PL) 73 A2
Jedlina (PL) 72 D3
Jedlina-Letnisko (PL) 72 D3
Jedlińsk (PL) 72 D3
Jedlno (PL) 72 A4
Jednorożec (PL) 64 D4
Jedovnice (CZ) 80 D3
Jedrychowo (PL) 64 B3
Jedrzejów, Nowy (PL) 72 D1
Jędrzejów (PL) 72 C5
Jedwabne (PL) 65 B4
Jedwabno (PL) 64 D3
Jeesiö (FIN) 7 A4
Jeesiöjärvi (FIN) 6 D4
Jefira (GR) 163 C3
Jegălia (RO) 155 A4
Jegenstorf (CH) 98 C2
Jegun (F) 105 A4
Jejs'e (BY) 177 C2
Jēkabpils (LV) 179 D6
Jektevik (N) 26 B4
Jelah (BIH) 150 D3
Jelcza (PL) 72 B6
Jelenec (SK) 81 B6
Jelenia Góra (PL) 70 C5
Jelenie (PL) 65 A5
Jelenin (PL) 70 C3
Jeleniów (PL) 70 C4
Jelenje, Gor. (HR) 111 C1
Jeleśnia (PL) 82 A2
Jelgava (LV) 179 A5
Jelgavkrasti (LV) 179 B3
Jelling (DK) 40 D3
Jel'niki (RUS) 175 C5
Jelovoje (RUS) 175 D5
Jelowa (PL) 71 C5
Jeløya (N) 27 D5
Jels (DK) 40 D4
Jelsa (N) 26 B6
Jelsa (HR) 156 B2
Jelšah, Smarje pri (SLO) 101 D5
Jelšane (SLO) 111 B2
Jelšava (SK) 82 B5
Jemaye, la (F) 95 A6
Jemenuño (E) 132 B2
Jemeppe (B) 75 C3
Jemgum (D) 67 B2
Jemielno (PL) 71 A3
Jemnice (CZ) 80 B4
Jena (D) 78 C2
Jenbach (A) 100 B2
Jeneč (CZ) 79 C3
Jenikov, Golčův (CZ) 80 B2
Jenikowo (PL) 62 D4
Jenkullen (S) 16 D4
Jenlain (F) 74 D3
Jennadion (GR) 173 D4
Jennersdorf (A) 102 A4
Jennestad (N) 4 C3
Jensasvollen (N) 24 A3
Jenzat (F) 96 C4
Jeorjiani (GR) 163 B4
Jeorjios, Aj. (GR) 171 D3
Jeorjiupolis (GR) 172 B5
Jeppdalen (N) 27 D3
Jeppo Jepua (FIN) 19 B2
Jerakaru (GR) 163 D3
Jerakini (GR) 164 A4
Jerakion (GR) 171 B4
Jerchel (D) 69 A4
Jéres del Marquesado (E) 140 A5
Jerez de la Frontera (E) 142 B4
Jerez de los Caballeros (E) 138 B2
Jerfojaur (S) 10 C4
Jergė lionys (LT) 177 A6
Jerggul (N) 2 C5
Jerichow (D) 69 B3
Jerilvattnet (S) 15 C4
Jerka (PL) 71 A2
Jernvika (N) 2 C2
Jerolimin (GR) 171 A5
Jerpåsen (N) 9 A6
Jersika (LV) 182 B6
Jerslev (DK) 37 C5
Jeršovo (RUS) 175 C5
Jerstad (N) 4 C3
Jerstedt (D) 68 C5
Jerte (E) 131 D4
Jerup (DK) 37 C4
Jerxheim (D) 68 D4
Jerzu (I) 121 D4
Jerzwałd (PL) 64 B3
Jesenice (CZ) 79 B3
Jesenice (CZ) 79 C3
Jesenice (SLO) 101 B4
Jesenik (CZ) 71 B6
Jesenské (SK) 82 B6
Jeserig (D) 69 C4
Jesi (I) 113 B2
Jésolo (I) 100 C6
Jessen (D) 69 C5
Jessheim (N) 28 A3
Jessnitz (D) 69 B5
Jesteburg (D) 60 D5
Jestetten (D) 91 A5
Jestřebí, Rájec- (CZ) 80 D3
Jestřebí (CZ) 70 B5
Jestrzebie-Zdrój (PL) 81 C2
Jesús (E) 122 D6
Jete (E) 143 C4
Jeti (EST) 179 D2
Jettingen (D) 92 B3
Jeugny (F) 89 A4
Jeu-Maloches (F) 95 C2
Jeumont (F) 75 A4
Jev., Hrušovany n. (CZ) 80 C4
Jevenstedt (D) 60 C2
Jever (D) 67 C1
Jevíčko (CZ) 80 D3
Jevišovice (CZ) 80 C4
Jevnaker (N) 27 C3
Ježe (PL) 65 A3
Jezera (HR) 111 D6
Jezerane (HR) 111 C3
Jezero (HR) 111 D3
Jezero (BIH) 150 C4
Jezersko (SLO) 101 B4
Jeżewo, Stare (PL) 65 B4
Jeżewo (PL) 64 A4
Jeziorany (PL) 64 D2
Jeziorko (PL) 73 A5
Jeziorna, Konstancin- (PL) 72 D2
Jeziorne, Sokoły (PL) 65 B3
Jeziorsko (PL) 71 D3
Jeziory, Sobienie (PL) 72 D2
Jeżów (PL) 72 B2
Jeżów (PL) 82 C2
Jeżowe (PL) 73 A6
Jiana (RO) 153 A3
Jibert (RO) 148 B6
Jibou (RO) 147 A2
Jičín, Nový (CZ) 81 B3
Jičín (CZ) 70 C6
Jidvei (RO) 147 B5
Jierijärvi (S) 6 B5
Jieznas (LT) 176 C5
Jihl., Luka n. (CZ) 80 B3
Jihlava (CZ) 80 B3
Jijona (E) 141 B2
Jilava (RO) 154 B4
Jilemnice (CZ) 70 C5
Jillistråle (S) 9 C5
Jílové (CZ) 70 A5
Jílové u Prahy (CZ) 79 C4
Jiltjer (S) 10 B5
Jimbolia (RO) 146 A6
Jimena (E) 140 A4
Jimena de la Frontera (E) 142 D5
Jimramov (CZ) 80 C3
Jince (CZ) 79 C4
Jindřichov (CZ) 71 B6
Jindrichov (CZ) 80 D1
Jindřichovice (CZ) 79 A3
Jindřichův-Hradec (CZ) 80 A4
Jiřice (CZ) 80 C4
Jirkov (CZ) 79 B2
Jirlău (RO) 154 D2
Jirueque (E) 133 A2
Jistebnice (CZ) 79 D5
Jitaru (RO) 153 C3
Jithion (GR) 171 A4
Jitrava (CZ) 70 B5
Jiura (GR) 167 D3
Jizerou, Bakov nad (CZ) 70 B6
Jizerou, Benátky nad (CZ) 70 B6
Jizerou, Jablonec nad (CZ) 70 C5
Jizerou, Předměřice nad (CZ) 70 B6
Jižná (CZ) 79 D5
Joachimsberg (A) 101 D1
Joachimsthal (D) 69 D2
João fs Laura (P) 137 C2
Job (F) 96 D5
Jobbágyi (H) 103 C1
Jochberg (A) 100 C2
Jodar (E) 140 A4
Jodłowa (PL) 82 D2
Jodłowno (PL) 63 D2
Jodoigne (B) 75 B2
Jõelähtme (EST) 181 A3
Joensuu (FIN) 21 B4
Joensuu (RUS) 21 D6
Joentaka (FIN) 33 C3
Joentaka (RUS) 35 D3
Joeström (S) 9 B5
Jõgeva (EST) 181 B4
Jõgeveste (EST) 182 A2
Johampolis (LT) 176 B2
Johanisfeld (RO) 152 A1
Johannelund (S) 17 A3
Johannesberg, N. (S) 10 C6
Johannesberg, S. (S) 10 C6
Johannesberg (S) 16 B5
Johannesberg (S) 25 A4
Johannestorp (S) 11 A4
Johanngeorgenstadt (D) 79 A3
Johannisfors (S) 31 A2
Johannisholm (S) 28 D1
Johanniskreuz (D) 76 C6
Johansfors (S) 39 B5
John,-Saint (GB) 86 A2
John o'Groats (GB) 45 C2
Johnstone (GB) 48 D4
Johnstown, St (IRL) 47 A3
Johnstown (IRL) 51 B3
Jõhvi (EST) 181 C3
Joigny (F) 88 D4
Joinville (F) 89 C3
Jõiste (EST) 180 B5
Jokela (FIN) 12 D1
Jokela (FIN) 12 D4
Jokela (FIN) 20 A6
Jokela (FIN) 33 D3
Jokelfjordeidet (N) 1 D4
Jokijärvi (FIN) 13 B3
Joki-Koko (FIN) 12 D4
Jokikylä (FIN) 13 B5
Jokikylä (FIN) 19 B4
Jokikylä (FIN) 19 C1
Jokikylä (FIN) 19 C3
Jokikylä (FIN) 19 C5
Jokikylä (FIN) 20 A1
Jokikylä (FIN) 20 B2
Jokikylä (FIN) 21 A2
Jokikylä (FIN) 33 C4
Jokilampi (FIN) 13 B2
Jokimäki (FIN) 19 B5
Jokioinen (FIN) 33 B3
Jokiperä (FIN) 19 B4
Jokipii (FIN) 19 B4
Jokivarsi (FIN) 19 B6
Jokivarsi (FIN) 19 C4
Jokk (S) 11 C2
Jokkmokk (S) 10 D2
Jokūbavas (LT) 175 C2
Jolanki (FIN) 11 D1
Jøldalshytta (N) 23 B3
Jolkka (FIN) 19 C2
Jølle (N) 36 B3
Joloskylä (FIN) 12 D4
Jomala (FIN) 32 B4
Jømna (N) 28 A2
Jonage (F) 97 B5
Jonai (LT) 176 B5
Jönåker (S) 30 D6
Jonasvollen (N) 24 A4
Jonava (LT) 176 C4
Jonchère-Saint-Maurice, la (F) 95 C4
Jonchery (F) 74 D6
Jonchery (F) 89 B4
Jonchery-s-Vesle (F) 74 D6
Joncy (F) 97 A3
Jondal (N) 26 C3
Jondal (N) 27 B3
Jonelaičiai (LT) 176 B2
Joniškėlis (LT) 176 C1
Joniškis (LT) 176 B1
Joniškis (LT) 177 A4
Jonköping (S) 38 D3
Jonkowo (PL) 64 C3
Jonku (FIN) 13 A4
Jønnbu (N) 27 B5
Jönningby (FIN) 32 B4
Jonquera, La (E) 129 D4
Jonquières (F) 107 A3
Jonsberg (S) 39 C1
Jonsered (S) 38 B4
Jonstorp (S) 42 B1
Jonzac (F) 94 D6
Jooseppi,-Raja (FIN) 3 B6
Joranger (N) 22 D6
Jorba (E) 129 A6
Jordankino (BG) 159 B3
Jordanów (PL) 82 A2
Jordanów Śląski (PL) 71 A5
Jordbru (N) 9 A1
Jordbrua (N) 9 A1
Jördenstorf (D) 61 C3
Jordet (N) 24 A6
Jørenvik (N) 4 C4
Jorgastak (N) 2 C6
Jorge S., Ponta de (P) 136 D6
Joris-Winge, Sint (B) 75 B2
Jork (D) 60 C4
Jörlanda (S) 38 A3
Jorm (S) 15 A3
Jormlien (S) 15 A3
Jormua (FIN) 13 B6
Jörn (S) 11 A6
Joroinen (FIN) 20 D5
Jørpeland (N) 26 C6
Jorquera (E) 133 D6
Jørstad (N) 14 D4
Jørstadmoen (N) 27 C1
Jort (F) 87 A3
Jorvas (FIN) 33 C5
Josa (E) 134 C2
Jošan (HR) 111 D4
Jošanička Banja (YU) 152 A6
José, S. (E) 122 D6
Jøsendal (N) 26 C4
Joseni (RO) 148 C4
Josipdol (HR) 111 C2
Josipovac (HR) 151 A1
Josipovo (MK) 158 D6
Joskaudai (LT) 175 C2
Jössefors (S) 28 B4
Josselin (F) 85 A4
Jøssund (N) 14 B4
Jostaji (LV) 178 D5
Josvainiai (LT) 176 C3
Jota (N) 24 A6
Jotainiai (LT) 176 D3
Joten (N) 24 A4
Jotkajavrre (N) 2 B5
Jotsetra (N) 24 A5
Jotty, le (F) 98 B4
Jou (P) 125 A6
Jouarre (F) 88 C2
Joucas (F) 107 B4
Joucou (F) 129 B3
Joué-les-Tours (F) 95 B1
Joué-s-Erdre (F) 85 C5
Jouet-s-l'Aubois (F) 96 C2
Jõuga (EST) 181 C3
Jougne (F) 97 D2
Jouhet (F) 95 B3
Jouillat (F) 96 A4
Joukokylä (FIN) 13 B4
Jouques (F) 107 B4
Joure (NL) 66 D3
Journet (F) 95 B3
Joutsa (FIN) 34 C1
Joutselka (RUS) 35 C4
Joutsemäki (FIN) 21 A6
Joutseno (FIN) 35 A2
Joutsijärvi (FIN) 7 C6
Joutsjärvi (FIN) 34 C1
Joux-la-Ville (F) 88 D5
Jouy (F) 88 A3
Jouy-le-Châtel (F) 88 C2
Jouy-le-Potier (F) 88 A5
Jovan (S) 16 B2
Jove (E) 125 A1
Jøvik (N) 1 B6
Joyeuse (F) 106 D2
Józefów (PL) 72 D2
Józefów (PL) 73 C5
Józefówka (PL) 73 D5
Józsa (H) 146 B2
Juan, S. (E) 144 B5
Juan Bautista, S. (E) 122 D5
Juankoski (FIN) 21 A3
Juan-les-Pins (F) 108 A6
Jübek (D) 60 C2
Jubia (E) 124 D1
Jublains (F) 86 D5
Juchhöh (D) 78 C3
Juchnovka (BY) 177 D4
Juchowo (PL) 63 B3
Jüchsen (D) 78 A3
Juchy, Stare (PL) 65 B2
Judaberg (N) 26 B6
Judaži (LV) 179 C4
Judelnik (BG) 154 C5
Judenburg (A) 101 C2
Judeu, Porto (P) 136 D6
Judino (RUS) 175 D5
Judino (RUS) 182 D4
Judinsalo (FIN) 34 B1
Judrėnai (LT) 175 D2
Juelsminde (DK) 41 A3
Juf (CH) 99 B4
Jugenheim an der Bergstrasse (D) 77 A5
Juggijaur (S) 10 D2
Jugon-les-Lacs (F) 85 A3
Jugorje (SLO) 101 D6
Juhtimäki (FIN) 19 C6
Juigné-des-Moutiers (F) 86 C6
Juillac (F) 95 C6
Juillan (F) 104 D5
Juilly (F) 88 C1
Juist (D) 67 B1
Jukajärvi (FIN) 35 B1
Jukkala (FIN) 34 C1
Jukkasjärvi (S) 5 D4
Juknaičiai (LT) 175 C3
Juksjaur (S) 9 B5
Juktfors (S) 10 B6
Jukua (FIN) 13 A2
Julåsen (S) 25 A3
Jule (N) 15 A4
Julianstown (IRL) 51 C1
Jülich (D) 76 A2
Juliszew (PL) 72 B1
Julita (S) 30 C5
Julträsk (S) 10 D5
Jumaliskylä (FIN) 13 C5
Jumeaux (F) 96 C6
Jumelles (F) 95 A1
Jumellière, la (F) 85 D6
Jumesniemi (FIN) 33 A1
Jumièges (F) 87 B2
Jumilhac-le-Grand (F) 95 C6
Jumilla (E) 141 A2
Juminda (EST) 181 A2
Juminen (FIN) 20 D2
Jumisko (FIN) 13 A1
Jumisko (FIN) 13 B1
Jumkil (S) 31 A3
Jumprava (LV) 179 C5
Jumurda (LV) 179 D5
Juncal (P) 130 B5
Juncalas (F) 104 D6
Jundola (BG) 159 C4
Juneda (E) 128 D6
Jung (S) 38 C2
Jungar (FIN) 19 C2
Jungėnai (LT) 176 B5
Jungfruskär (FIN) 32 C4
Jungholz (D) 92 B5
Jungholz (A) 99 D1
Jungsund (FIN) 19 A3
Junik (YU) 157 D4
Juniskär (S) 25 C3
Juniville (F) 75 A6
Junkerdal (N) 9 B3
Junkön (S) 11 C5
Junnonoja (FIN) 12 C6
Junosuando (S) 6 B4
Junqueira (P) 130 C2
Junqueira (P) 131 A1
Junquera (E) 124 D4
Junsele (S) 16 B5
Junsternäset (S) 15 A3
Juntinvaara (FIN) 13 D6
Juntusranta (FIN) 13 C4
Juodaičiai (LT) 176 B3
Juodainiai (LT) 175 D2
Juodeikiai (LT) 175 C1
Juodeikiai (LT) 176 B1
Juodpėnai (LT) 177 A2
Juodupė (LT) 177 A1
Juojärvi (FIN) 21 A4
Juoksengi (S) 11 D2
Juoksenki (FIN) 11 D2
Juokslahti (FIN) 20 B6
Juokuanvaara (FIN) 12 B2
Juonikylä (FIN) 19 B5
Juonto (FIN) 13 C6
Juorkuna (FIN) 12 D4
Juornaankylä (FIN) 34 B3
Juostininkai (LT) 176 D2
Juotasjärvi (FIN) 13 A1
Jupānesti (RO) 153 D1
Jupilles (F) 87 A6
Jura (GB) 48 B3
Jurançon (F) 104 C5
Jurata (PL) 64 A1
Juratiški (BY) 177 B6
Jurbarkas (LT) 176 A4
Juré (F) 96 D5
Jūrė (LT) 176 B4
Jūrė (LT) 176 B4
Juredzkowa (PL) 83 B3
Jürgenshagen (D) 61 C3
Jurgežeriai (LT) 176 B5
Jurģi (LV) 178 D5
Jüri (EST) 180 D3
Jurignac (F) 95 A6
Jurilovca (RO) 155 C2
Jurjevo (HR) 111 C3
Jūrkalne (LV) 178 B4
Jurków (PL) 82 C2
Jurkowice (PL) 72 D5
Jūrmala (LV) 179 A5
Jūrmalciems (LV) 178 A6
Jurmo (FIN) 32 C3
Jurmo (FIN) 32 C5
Jurmu (FIN) 13 A3
Jurniac (F) 105 B1
Juromenha (P) 138 A1
Jurques (F) 86 D3
Jur, Sv. (SK) 81 A6
Jurva (FIN) 19 B4
Jurvansalo (FIN) 20 B3
Juškino (RUS) 181 D5
Juškovo (RUS) 182 C3
Jussac (F) 106 A1
Jussarö (FIN) 33 B5
Jussey (F) 89 D4
Jussy (F) 74 D5
Just, St (GB) 56 C6
Justas (E) 125 A2
Justel (E) 125 C5
Juszkowy Gród (PL) 65 D5
Juta (H) 102 D5
Jüterbog (D) 69 D4
Jutis (S) 10 B4
Jutrosin (PL) 71 B3
Jutsajaure (S) 10 D1
Juttila (FIN) 33 C2
Juujärvi (FIN) 13 A1
Juuka (FIN) 21 B3
Juuma (FIN) 13 C1
Juupakylä (FIN) 19 C5
Juupajoki (FIN) 20 A6
Juurikka (FIN) 21 C6
Juurikkalahti (FIN) 21 A1
Juurikkamäki (FIN) 21 A4
Juurikorpi (FIN) 34 C3
Juuru (EST) 180 D4
Juustovaara (FIN) 6 D5
Juutinen (FIN) 20 C1
Juva (FIN) 20 D6
Juva (FIN) 32 D3
Juvasshytta (N) 23 A6
Juvigné (F) 86 C5
Juvigny-le-Tertre (F) 86 C4
Juvigny-s/s-Andaine (F) 86 D4
Juvika (N) 8 D5
Juvola (FIN) 21 A6
Juzennecourt (F) 89 B3
Juzet-d'Izaut (F) 105 A6
Jūžintai (LT) 177 A2
Južnyj (RUS) 175 B5
Jyaros (GR) 172 A1
Jyderup (DK) 41 B3
Jylängönperä (FIN) 20 C2
Jylhä (FIN) 19 D2
Jylha (FIN) 19 C3
Jylhä (FIN) 20 C3
Jyllinge (DK) 41 C3
Jyllinkoski (FIN) 19 B6
Jyrinki (FIN) 20 A1
Jyrkänkoski (FIN) 13 C2
Jyrkkä (FIN) 20 D2
Jythämä (FIN) 12 D5
Jyväskylä (FIN) 20 B5

K

Kaagjärve (EST) 182 B3
Kaagvere (EST) 181 C5
Kaagvere (EST) 182 B2
Kaalama (S) 6 C4
Kaali (EST) 180 B5
Kaamanen, Gámás (FIN) 3 A5
Kaamasjoki (FIN) 3 A5
Kaamasmukka (FIN) 2 D5
Käämeletho (FIN) 7 A5
Kaanaa (FIN) 19 D6
Kaanas (FIN) 34 A3
Kaansoo (EST) 181 A5
Kääntöjärvi (S) 6 A4
Kääpa (EST) 182 C2
Kääpälä (FIN) 34 C2
Kaarakkala (FIN) 20 D1
Kaaranes (FIN) 11 D1
Kaarepere (EST) 181 B5
Kaaresuvanto (FIN) 6 B2
Kaarina (FIN) 33 A4
Kaarma (EST) 180 A5
Käärme-Lahti (FIN) 20 D3
Kaaro (FIN) 32 D2
Kaarssen (D) 61 B5
Kaartilankoski (FIN) 35 A1
Kaasmarkku (FIN) 32 D1
Kaatsheuvel (NL) 66 C6
Käävänkylä (FIN) 34 D2
Kaavere (EST) 181 B5
Kaavi (FIN) 21 A3
Kaba (H) 146 B2
Kabala (EST) 181 A5
Kabały (PL) 71 D4
Kabböle (FIN) 34 C4
Kåbdalis (S) 10 D3
Kabeliai (LT) 176 C6
Käbelich (D) 62 B3
Kabelvåg (N) 4 B4
Kaberla (EST) 181 A3
Kaberneeme (EST) 181 A3
Kabile (LV) 178 C5
Kableškovo (BG) 161 A2
Kabli (EST) 179 B2
Kabriste (EST) 180 D5
Kać (YU) 151 C1
Kačanik (YU) 158 B4
Kačanovo (RUS) 182 D3
Kacelovo (BG) 154 C6
Kačerginė (LT) 176 C4
Kačergiškė (LT) 177 B3
Kačevo (YU) 151 C6
Kacik (PL) 72 A3
Kačikol (YU) 158 B3
Käckelbäcksmon (S) 25 C2
Kackur (FIN) 19 C1
Kaclowa (PL) 82 C3
Kácov (CZ) 80 A2
Kács (H) 103 D1
Kaczorów (PL) 70 D5
Kaczory (PL) 63 B5
Kadaga (LV) 179 B4
Kadaň (CZ) 79 B3
Kadarkút (H) 102 D5
Kadiki (LV) 179 A5
Kadiköy (TR) 165 C2
Kadirga Burun (TR) 173 D3
Kadłub (PL) 71 C5
Kadolz,- Seefeld (A) 80 C5
Kadov (CZ) 79 C5
Kadrifakovo (MK) 158 D5
Kadrina (EST) 181 B3
Kädva (EST) 181 A6
Kadymka (RUS) 175 D5
Kadzidło (PL) 65 A4
Kaelase (EST) 180 D5
Käenkoski (FIN) 21 D3
Kåfalla (S) 29 B4
Kafirefs, Akr. (GR) 168 B5
Kåfjord (N) 2 A4
Kåfjord (N) 2 C2
Kåfjordbotn (N) 1 C6
Kåfjorddalen (N) 1 C6
Kafla (N) 26 A4
Kåge (S) 17 B1
Kågen (N) 1 C5
Kageröd (S) 42 C2
Kagerup (DK) 41 C2
Kagkadion (GR) 166 D6
Kågnes (N) 1 C5
Kahl (D) 77 A4
Kahla (D) 78 C2
Kähtäva (FIN) 12 B6
Kaiafa (GR) 170 C3
Kaidankylä (FIN) 19 C6
Kaihua (FIN) 12 C5
Kaika (EST) 182 B3
Kailbach (D) 77 A5
Käina (EST) 180 B4
Kainasto (FIN) 19 B5
Kaindorf (A) 102 A3
Kainisch (A) 101 B1
Kainu (FIN) 19 D2
Kainulasjärvi (S) 6 A5
Kainuunmäki (FIN) 20 D2
Kainuunkylä (FIN) 11 D2
Kaipiainen (FIN) 34 D3
Kaipio (FIN) 33 A1
Kaipola (FIN) 20 B6
Kairala (FIN) 7 B5
Kairėnai (LT) 176 C3
Kairiai (LT) 175 C2
Kairiai (LT) 176 B2
Kairila (FIN) 20 C3
Kairila (FIN) 33 A1
Kaisajoki (FIN) 12 B2
Kaisepakte (S) 5 B3
Kaisersesch (D) 76 B4
Kaiserslautern (D) 76 C5
Kaiserstuhl (CH) 99 A1
Kaišiadorys (LT) 176 D4
Kaislahti (RUS) 35 B3
Kaitainen (FIN) 20 D6
Kaitainen (FIN) 34 D3
Kaitainsalmi (FIN) 13 B6
Kaitajärvi (FIN) 12 B1
Kaitjärvi (FIN) 34 D3
Kaitsor (FIN) 19 B3
Kaitum (S) 5 D5
Kaitumjaurestugorma (S) 5 B5
Kaiu (EST) 181 A4
Kaivanto (FIN) 13 A6
Kaive (LV) 178 D4
Kaive (LV) 179 C4
Kaivomäki (FIN) 20 D6
Kajaani (FIN) 13 A6
Kajakulma (FIN) 32 C2
Kajanki (FIN) 6 C3
Kajbolovo (RUS) 181 D2
Kajlåška peštera (BG) 153 D6
Kajňa, Ruská (SK) 83 A4
Kajňa, Slovenská (SK) 82 D4
Kajnardža (BG) 155 A5
Kakanj (BIH) 150 D4
Kakaravaara (FIN) 21 D3
Kakasd (H) 103 A5
Kakerbeck (D) 69 A3
Kakilahti (FIN) 12 D6
Käkisalmi, Priozersk (RUS) 35 C2
Kakma (HR) 111 D5
Kakolewnica Wschodnia (PL) 73 B2
Kakolewo (PL) 71 A2
Kakopetria (CY) 174 C4
Kakovatos (GR) 170 C3
Kakowa Wola (PL) 64 A6
Kakriala (FIN) 20 C6
Kakskerta (FIN) 32 D4
Kakslauttanen (FIN) 7 B2
Kál (H) 103 D2
Kälä (FIN) 20 C6
Kala e Turrës (AL) 162 A2
Kalajoki (FIN) 12 A6
Kalak (N) 2 D2
Kalakoski (FIN) 19 C5
Kalaksue (FIN) 34 C2
Kalamaki, Akr. (GR) 164 D4
Kalamakion (GR) 170 B2
Kalamark (S) 11 B5
Kalamata (GR) 170 D4
Kalamati (GR) 167 D6
Kalambaka (GR) 163 A5
Kalambakion (GR) 164 A2
Kalamon (GR) 173 D4
Kalamos (GR) 166 B5
Kalamos (GR) 167 D5
Kalana (EST) 180 A4
Kalana (EST) 181 B4
Kalandra (GR) 163 D5
Kalanistra (GR) 166 D6
Kalanti (FIN) 32 C3
Kälarne (S) 25 A2
Kalathos (GR) 173 D4
Kalathria, Akr. (GR) 164 D3
Kalattoma (RUS) 21 C5
Kalavarda (GR) 173 D4
Kalavryta (GR) 167 A6
Kaława (PL) 70 D1
Kalbe (D) 69 A3
Kalce (SLO) 101 B5
Kalčevo (BG) 160 D3
Käld (H) 102 C3
Kaldal (N) 14 C4
Kalddalen (N) 14 B5
Kaldenkirchen (D) 76 A1
Kaldfarnes (N) 4 D1
Kaldhusseter (N) 22 D4
Kaldjord (N) 4 C3
Kaldvåg (N) 4 C5
Kaldvatn (N) 22 C5
Kaldvik (N) 4 D4
Kåleboda (S) 17 B2
Kałeczyn (PL) 64 D3
Kalek (CZ) 79 B2
Kaleköy (TR) 165 A3
Kälen (S) 24 D2
Kalendini (GR) 166 C3
Kalenić, Man. (YU) 152 B5
Kalentrion (GR) 162 D6
Kalesi (EST) 181 A3
Kalesmenon (GR) 166 D4
Kalesninkai (LT) 176 C5
Kalesninkai (LT) 176 D6
Kaleste (EST) 180 A4
Kalėti (LV) 178 B6
Kalety (PL) 71 D6
Kalho (FIN) 34 B1
Kalhovd (N) 27 A4
Kali (HR) 111 C5
Kaliakra, nos (BG) 155 C6
Kali Limenes (GR) 172 C6
Kaliningrad (RUS) 175 B5
Kalinino (RUS) 176 A5
Kalininskoe (RUS) 176 A5
Kalinovac (HR) 102 C6
Kalinovik (BIH) 151 A6
Kalinovka (RUS) 175 D4
Kalinovo (SK) 82 A5
Kalinów (PL) 71 C6
Kalinowa (PL) 71 D3
Kalinowo (PL) 65 B3
Kaliosalmi (FIN) 7 A6
Kališke (RUS) 35 B5
Kaliski, Ostrów (PL) 71 C3
Kalisko (PL) 72 A4
Kalisz (PL) 71 C3
Kalisz Pomorski (PL) 63 A4
Kalitino (RUS) 35 C6
Kalix (S) 11 C3
Kalixfors (S) 5 D5
Kalixforsbron (S) 5 C5
Kaljula (FIN) 35 B1
Kaljunen (FIN) 35 B1
Kalkar (D) 67 A6
Kalki (LV) 178 C3
Kalkiainen (FIN) 7 B6
Kalkım (TR) 165 C4
Kalkkimaa (FIN) 12 B2
Kalkkinen (FIN) 34 B2
Kalkkuperä (FIN) 20 A2
Kałków (PL) 71 B6
Kall (S) 15 A6
Kalla (FIN) 32 C2
Källa (S) 39 D4
Kallak (N) 28 A5
Kållan (S) 29 B3
Kalland (N) 22 B6
Kållandsö (S) 38 B1
Kallani (GR) 171 A2
Kallaste (EST) 181 C5
Kallax (S) 11 C4
Källbomark (S) 11 B6
Källby (FIN) 19 C2
Källdal (S) 11 B6
Kallela (FIN) 32 D3
Kållered (S) 38 B4
Kållerstad (S) 38 C5
Källfors (S) 17 A5
Kallheden (S) 17 A2
Kallholsfors (S) 24 D6
Kalli (EST) 180 C5
Kallikylä (FIN) 20 C2
Kallimasia (GR) 168 D5
Kallinge (S) 43 B1
Kallio (FIN) 13 A5
Kallio (FIN) 19 C6
Kallio (FIN) 21 A1
Kallioano (FIN) 20 C5
Kalliojoki (FIN) 13 D6
Kalliola (FIN) 34 B2
Kalliopi (GR) 164 D5
Kalliovaara (FIN) 21 C4
Kallirachi (GR) 164 B3
Kallislahti (FIN) 21 A6
Kallithea (GR) 163 B5
Kallithea (GR) 164 A2
Kallithea (GR) 164 A4
Kallithea (GR) 170 D3
Kallivere (RUS) 181 D3
Kalljokoski (FIN) 20 A2
Kallmet (AL) 162 B1
Kallo (FIN) 6 D4
Kallön (S) 10 C5
Kalloni (GR) 165 A6
Kalloni (GR) 171 B2
Kållösemjén (H) 146 C1
Kallrör (S) 15 A6
Kallsedet (S) 14 D5
Kallskärsskärgård (S) 31 C3

Kallsta (S) 15 B6
Kalltjärn (S) 30 C1
Kallträsk (FIN) 19 A6
Kallunki (FIN) 7 D6
Källvik (S) 31 A6
Källvik (S) 39 C2
Kallviken (S) 17 C2
Kallwang (A) 101 C2
Kalmaküla (EST) 181 C4
Kálmánháza (H) 146 B1
Kalmankaltio (FIN) 6 D2
Kalmar (S) 31 A4
Kalmar (S) 39 C5
Kalmari (FIN) 20 A4
Kalmavirta (FIN) 20 A5
Kalná, Dolná (CZ) 70 C6
Kalná n. Hr. (SK) 103 A1
Kalna (YU) 152 D6
Kalnaberžė (LT) 176 C3
Kalnamuiža (LV) 178 C5
Kalnbirze (LV) 182 A5
Kalncempji (LV) 182 B4
Kalnciems (LV) 179 A5
Kálnica (SK) 81 B5
Kalnica (PL) 83 A3
Kalniena (LV) 182 B4
Kalnik (PL) 64 B2
Kalników (PL) 83 B1
Kalnujai (LT) 176 B3
Kälö (FIN) 32 C4
Kalócfa (H) 102 B4
Kalocsa (H) 103 B4
Kalofer (BG) 160 A3
Kaloinen (FIN) 33 C3
Kalojan (BG) 155 A6
Kalojanovo (BG) 159 D4
Kalokastron (GR) 163 D2
Kalokhorio (CY) 174 B4
Kalokhorio (CY) 174 C3
Kalon Chorion (GR) 173 A6
Kalonerion (GR) 163 A4
Kalopanayiotis (CY)
174 C5
Kalotasi, Akr. (GR) 172 C3
Kalotina (BG) 159 A2
Káloz (H) 103 A3
Kalpakion (GR) 162 D5
Kalpio (FIN) 13 A5
Kals (A) 100 D3
Kålsäter (S) 28 C5
Kalsdorf (A) 101 D3
Kälsjärv (S) 11 C3
Kalskär (FIN) 32 C5
Kaltanėnai (LT) 177 B3
Kaltenbrunn (D) 78 B4
Kaltenbrunn (D) 78 C5
Kaltene (LV) 178 D3
Kaltenkirchen (D) 60 D3
Kaltennordheim (D) 77 C2
Kaltenweide (D) 68 B4
Kaltimo (FIN) 21 C4
Kaltinėnai (LT) 176 A2
Kaltsila (FIN) 33 A2
Kalundborg (DK) 41 B3
Kalupe (LV) 177 B1
Kałuszyn (PL) 73 A1
Kalužskoe (RUS) 175 D4
Kålvallen (S) 24 C4
Kalvarija (LT) 176 B5
Kalvbäcken (S) 16 C4
Kalvehave (DK) 42 B4
Kälvene (S) 38 C2
Kalvene (LV) 178 C5
Kalvi (EST) 181 C3
Kälviä (FIN) 19 C1
Kalviai (LT) 176 C5
Kalvik (N) 4 D6
Kalvitsa (FIN) 20 D6
Kalvmoneset (N) 8 D5
Kalvola (FIN) 33 B2
Kalvslund (DK) 40 C4
Kalvsvik (S) 39 A5
Kalvträsk (S) 17 A2
Kälvudden (S) 11 C3
Kalwaria, Góra (PL) 72 D2
Kalwaria Zebrzydowska
(PL) 82 A2
Kalymnos (GR) 173 A2
Kalythie (GR) 173 D4
Kalyvia (GR) 166 C5
Kalyvia Thoriku (GR)
167 D6
Kám (H) 102 B3
Kamajai (BY) 177 A6
Kämärä (RUS) 35 B3
Kamarae (GR) 166 D6
Kämäränkylä (FIN) 21 B1
Kamärde (LV) 179 B6
Kamare (GR) 172 A3
Kämäri (FIN) 20 B3
Kamariotissa (GR) 164 D3
Kambanos, Akr. (GR)
168 B6
Kambi, Akr. (GR) 168 D4
Kambia (CY) 174 C4
Kambja (EST) 182 B2
Kambos (GR) 166 D5
Kambos (GR) 171 A4
Kambos (GR) 172 A6
Kambos (GR) 172 D5
Kambos (CY) 174 C5
Kambs (D) 61 C4
Kamburovo (BG) 160 C1
Kamčia (BG) 161 B1
Kamen, Blagojev (YU)
152 C3
Kameň, Modrý (SK) 82 A6
Kamen (D) 67 C6
Kamen (BG) 160 B1
Kamen' (BY) 177 C6
Kamenari (YU) 157 A4
Kamen brjag (BG) 155 C6
Kamenec (BG) 160 D3
Kamenica (BIH) 111 D3
Kamenica, D. (YU) 152 D6
Kamenica, Kosovska (YU)
158 C3
Kamenica, Srem. (YU)
151 C2
Kamenica (YU) 151 C4
Kamenica nad Cirochou
(SK) 83 A4
Kamenice, Ces. (CZ) 70 B5
Kamenice, Trhová (CZ)
80 C2
Kamenice (CZ) 80 B3
Kamenice n. Lipou (CZ)
80 A3
Kamenický Senov (CZ)
70 B5
Kameničná (SK) 102 D1
Kamenjane (MK) 158 B5
Kamenka (RUS) 181 D4
Kamenka (RUS) 182 D2
Kamennogorsk (RUS)
35 B2
Kamennoye ozero (RUS)
13 D5
Kamennyj Konec (RUS)
181 D4
Kamenny Most (SK)
103 A1
Kameno (BG) 161 A3
Kameno (BY) 177 D5
Kameno pole (BG) 159 C1
Kamenovo (BG) 154 C6
Kamensko (HR) 150 C1
Kamenskoe (RUS) 175 C5
Kamenz (Kamjenc) (D)
70 A4
Kamień (PL) 65 A3
Kamien (PL) 72 B3
Kamień (PL) 73 A4
Kamień (PL) 73 A6
Kamienica (PL) 82 B3
Kamieniec (PL) 64 B3
Kamieniec Ząbkowicki (PL)
71 A6
Kamienka (SK) 82 C3
Kamień Krajeński (PL)
63 C4
Kamienna, Skarżysko- (PL)
72 C4
Kamienna Góra (PL) 70 D5
Kamień Pomorski (PL)
62 D3
Kamieńsk (PL) 72 A4
Kaminski dol (BG) 160 C5
Kamion (PL) 72 B2
Kamionek Wielki (PL)
65 A2
Kamionka, Stara (PL)
65 D4
Kamionka (PL) 71 D4
Kamionka (PL) 73 B3
Kamionna (PL) 65 A6
Kamjanec (BY) 73 C1
Kamjanjuki (BY) 65 D5
Kam'janka (UA) 155 C1
Kam'janka-Buz'ka (UA)
83 D1
Kamjenc (Kamenz) (D)
70 A4
Kamlunge (S) 11 C3
Kämmäkkä (FIN) 33 A2
Kammarebo (S) 38 C5
Kammela (FIN) 32 C2
Kämmenniemi (FIN) 33 B1
Kammenon (GR) 166 B4
Kamnik (SLO) 101 C5
Kamnik (SLO) 111 B1
Kamniška Bistrica (SLO)
101 C4
Kam. Újezd (CZ) 93 D1
Kamorūnai (LT) 176 D6
Kamøyvær (N) 2 C1
Kamp (D) 76 C4
Kampe (D) 67 C2
Kampen (D) 60 B1
Kampen (NL) 66 D4
Kamper (HR) 111 B3
Kämpersvik (S) 37 D1
Kamperthal (A) 101 C1
Kampevoll (N) 4 D2
Kampevoll (N) 5 A2
Kampingemåla (S) 39 B6
Kampinos (PL) 72 C1
Kamp.-Lintfort (D) 67 A6
Kamsjön (S) 17 A3
Kamut (H) 146 A4
Kanajärvi (FIN) 33 B3
Kanaküla (EST) 179 C2
Kanal (SLO) 101 A5
Kanala (FIN) 20 A2
Kanalia (GR) 163 D6
Kanalion (GR) 166 B4
Kanallakion (GR) 166 B4
Kanan (S) 15 C1
Kanaš (RUS) 175 D4
Kańczuga (PL) 83 A2
Kandanos (GR) 172 A6
Kandava (LV) 178 D4
Kandel (D) 90 D2
Kandern (D) 90 C5
Kandersteg (CH) 98 C3
Kandestederne (DK) 37 C4
Kandia (GR) 171 B3
Kandle (EST) 181 B3
Kandyty (PL) 64 C2
Kanepi (EST) 182 B2
Kanestraum (N) 23 A2
Kanfanar (HR) 111 A3
Kanften (S) 16 D3
Kangariši (LV) 179 B5
Kangas (FIN) 12 B6
Kangasaala (FIN) 33 B1
Kangasano (FIN) 20 A4
Kangashäkki (FIN) 20 B4
Kangasjärvi (FIN) 6 C3
Kangaskylä (FIN) 12 D6
Kangaskylä (FIN) 13 B5
Kangaskylä (FIN) 20 A2
Kangaslahti (FIN) 21 A5
Kangaslampi (FIN) 21 A5
Kangasllahti (FIN) 21 A2
Kangasniemi (FIN) 20 C6
Kangasoja (FIN) 20 A2
Kangasvieri (FIN) 20 A2
Kangosfors (S) 6 B4
Kanice (PL) 72 B3
Kanigowo (PL) 64 C4
Kanin (PL) 63 B1
Kanina (PL) 82 C2
Kaniža (HR) 150 D2
Kanjiža (YU) 103 C6
Kankaanpää (FIN) 19 B6
Kankaanpää (FIN) 19 D2
Kankaanpää (FIN) 33 A2
Kankainen (FIN) 20 C5
Kankari (FIN) 13 A5
Kankari (FIN) 19 C5
Kankkila (FIN) 34 B3
Kånna (S) 38 D6
Kännestubba (S) 39 A4
Kannonjärvi (FIN) 20 B4
Kannonkoski (FIN) 20 B4
Kannonsaha (FIN) 20 A4
Kannus (FIN) 19 D1
Kannusjärvi (S) 11 C2
Kannusjärvi (FIN) 34 D3
Kannuskoski (FIN) 34 D2
Kanpaanpää (FIN) 20 A6
Känsäkangas (FIN) 19 D2
Kansanaho (FIN) 21 D3
Kanstad (N) 4 D3
Kanstadbotn (N) 4 C3
Kantala (FIN) 20 D6
Kantanar (HR) 111 A2
Kantebo (S) 39 B4
Kanteenmäki (FIN) 33 A2
Kantele (FIN) 34 B3
Kantinieki (LV) 182 C5
Kantküla (EST) 181 B4
Kantojärvi (FIN) 12 B2
Kantokylä (FIN) 20 A1
Kantola (FIN) 19 C3
Kantomaanpää (FIN) 12 B1
Kantsjö (S) 16 D4
Kantti (FIN) 19 B6
Kanturk (IRL) 50 C4
Kanunki (FIN) 33 B3
Kánya (H) 102 D4
Kaolinovo (BG) 154 D6
Kaonik (BIH) 150 D4
Kaonik (YU) 152 C5
Kapakli (TR) 161 A4
Kap Ankarede (S) 15 A3
Kaparelion (GR) 167 C5
Kapčiamiestis (LT) 176 C6
Kapee (FIN) 19 D6
Kapela (HR) 102 B6
Kapellen (A) 101 D1
Kapelln (A) 80 B6
Kapello, Akr. (GR) 171 B6
Kapera (EST) 182 C3
Kāpessili (LV) 182 C5
Kapfenberg (A) 101 D2
Kåphult (S) 38 C6
Kapini (LV) 177 C1
Kapitan-Andreevo (BG)
160 C5
Kaplice (CZ) 93 D2
Kápolna (H) 103 D2
Kápolnásnyék (H) 103 A3
Kaposfüred (H) 102 D5
Kaposmérő (H) 102 D5
Kaposszekcső (H) 102 D5
Kaposvár (H) 102 D5
Kapp (N) 27 D2
Kappel,-Ebnat (CH) 99 B2
Kappel,-Mariä (D) 91 C1
Kappel (D) 76 C4
Kappeln (D) 60 C1
Kappelshamn (S) 43 C4
Kappelskär (S) 31 B3
Kappfjelli (N) 14 D2
Kaprijke (B) 74 D1
Kaprun (A) 100 D2
Kapsēde (LV) 178 B5
Kaptol (HR) 150 D1
Kapūne (LV) 182 C4
Kapušany, Vel'ké (SK)
83 A5
Kapušany (SK) 82 D4
Kapusta (FIN) 12 B1
Kapuvár (H) 102 C2
Käpysaari (FIN) 20 C4
Kara Adası (TR) 169 A4
Karabiga (TR) 165 C3
Kara Burun (TR) 168 D4
Karaburun (TR) 169 A4
Kara Burun (TR) 173 D3
Karacakilavuz (TR) 161 A6
Karacaköy (TR) 161 C5
Karacaoğlan (TR) 161 A5
Karadadağ (TR) 161 B4
Karahamza (TR) 161 A4
Karala (EST) 180 A6
Karali (RUS) 21 D5
Karališkiai (LT) 176 B4
Karališkiai (LT) 176 D3
Karalkrėslis (LT) 176 B5
Karalti (TR) 173 C1
Karamanovo (BG) 154 B6
Karamyševo (RUS) 175 D5
Karan (YU) 151 D5
Karancslapujtő (H) 82 B6
Karankamäki (FIN) 20 C1
Karanovo (BG) 161 A2
Karaova (TR) 173 C2
Karapčiv (UA) 148 C1
Karapčiv (UA) 148 C1
Karapelit (BG) 155 B5
Karasjok (N) 2 C5
Karatas (TR) 169 D4
Karatmanovo (MK) 163 A1
Karats (S) 10 C2
Karatsa, Akr. (GR) 172 B3
Karatula (GR) 170 C2
Karavas (GR) 171 B5
Karavas (CY) 174 B4
Karavelovo (BG) 159 D3
Karavete (EST) 181 A3
Karavli (TR) 161 B6
Karavostasi (CY) 174 B5
Karbenning (S) 29 C3
Kårböle (S) 25 A4
Kårböleskog (S) 25 A4
Karby (DK) 37 A6
Kårby (S) 39 C3
Karcag (H) 146 A2
Karcsa (H) 83 A6
Karczew (PL) 72 D2
Karczewiec (PL) 73 A1
Karczma, Mała (PL) 64 A3
Karczma, Nowa (PL) 63 C2
Karczma, Nowa (PL) 64 B1
Karczmiska (PL) 73 A3
Karczmiska (PL) 73 A4
Karczmy (PL) 72 A3
Karczowiska (PL) 70 D4
Karczyn (PL) 71 A5
Kärda (S) 38 D5
Kardam (BG) 155 B5
Kardamaena (GR) 173 B3
Kardamyla (GR) 168 D4
Kardamyli (GR) 171 A4
Kardašova Řečice (CZ)
79 D5
Kärde (EST) 181 B4
Karden (D) 76 C4
Kardis (S) 6 C5
Karditsa (GR) 163 B6
Kärdla (EST) 180 B4
Kardoskút (H) 146 A4
Kărdžali (BG) 160 B5
Kareby (S) 38 A3
Kåremo (S) 39 C5
Karepa (EST) 181 B3
Karesuando (S) 6 B2
Kärevere (EST) 181 B5
Kärevere (EST) 181 B5
Kargów (PL) 72 C5
Kargowa (PL) 70 D2
Kärgula (EST) 182 B2
Kårhamn (N) 2 A3
Karhe (FIN) 19 C6
Karhi (FIN) 19 C1
Karhila (FIN) 20 A5
Karhujärvi (FIN) 2 D5
Karhujärvi (FIN) 13 B1
Karhukangas (FIN) 12 C6
Karhula (FIN) 33 A3
Karhula (FIN) 34 D4
Karhulankylä (FIN) 19 D5
Kårhus (N) 26 B5
Karhusuonlehto (FIN)
13 A2
Kari (FIN) 21 A3
Karia (GR) 163 C5
Kariani (GR) 164 A2
Karigador (HR) 110 D2
Karigasniemi (FIN) 2 D4
Karihaugen (N) 4 D4
Karijoki (FIN) 19 A5
Karilanmaa (FIN) 34 B2
Karilatsi (EST) 182 B2
Karin (HR) 111 D5
Karinainen (FIN) 33 A3
Karine (TR) 169 B6
Karingen (N) 4 C4
Karinkanta (FIN) 12 B5
Karinsbua (N) 24 A6
Kariotissa (GR) 163 B3
Karis, Karjaa (FIN) 33 B5
Karise (DK) 42 B4
Karisjärvi (FIN) 33 B4
Karitena (GR) 170 D3
Karja (EST) 180 B5
Karjaa, Karis (FIN) 33 B5
Karjalaisenniemi (FIN)
13 B1
Karjalank (FIN) 12 C3
Karjalankylä (FIN) 32 D3
Karjaln (FIN) 32 D3
Karjalohja (FIN) 33 B4
Karjatnurme (EST) 179 D2
Kärjenkoski (FIN) 19 A5
Kärjenniemi (FIN) 33 B2
Karjula (FIN) 19 D6
Karjulanmäki (FIN) 20 A1
Kärkäälä (FIN) 20 C5
Karkalu (GR) 170 D2
Karkažiškė (LT) 177 A4
Karkeanlemi (FIN) 20 C6
Kärki (LV) 179 C2
Kärkiskylä (FIN) 12 A6
Kärkkäälä (FIN) 20 D4
Karkkila (FIN) 33 C4
Karkku (FIN) 33 A1
Karkkula (FIN) 34 B3
Kärklampi (FIN) 34 A1
Kärklax (FIN) 19 B3
Karklėnai (LT) 176 A2
Karkliniai (LT) 176 B5
Kärkna (EST) 181 B5
Kärkölä (FIN) 33 B3
Kärkölä (FIN) 34 B3
Karksi (EST) 179 C2
Karksi Nuia (EST) 179 C2
Karkučiai (LT) 176 D5
Karlå (FIN) 19 A5
Kärla (EST) 180 A5
Karlanda (S) 28 B5
Karlberg, Ö. (S) 11 B4
Karlby (FIN) 32 C5
Karlebotn hogda (N) 3 A3
Karleby (DK) 42 B5
Karlholmsbruk (S) 30 D1
Kärli (LV) 179 B5
Kärli (LV) 179 C4
Karlino (PL) 63 A2
Karlobag (HR) 111 C4
Karlovac, Ban. (YU) 152 B2
Karlovac (HR) 111 D2
Karlova Studánka (CZ)
81 A2
Karlovci, N. (YU) 151 D2
Karlovčić (YU) 151 D3
Karlovice, Velké- (CZ)
81 B3
Karlovice (CZ) 81 A1
Karlovo (BG) 160 A3
Karlovy-Vary (CZ) 79 A3
Karłowice (PL) 71 B5
Karlsbäck (S) 16 D4
Karlsberg (S) 25 A5
Karlsborg (S) 16 C6
Karlsborg (S) 11 D3
Karlsborg (S) 38 D1
Karlsby (S) 39 A1
Karlsgård (S) 16 D2
Karlshafen (D) 68 B6
Karlshamn (S) 43 A1
Karlshuld (D) 92 C2
Karlshult (S) 39 C6
Karlskoga (S) 28 D5
Karlskrona (S) 43 B1
Karlslunde (DK) 42 B3
Karlsnäs (S) 25 B5
Karlsö, L. (S) 43 C5
Karlsö, St. (S) 43 C6
Karlsøy (N) 1 B5
Karlsøyvær (N) 4 B6
Karlsro (S) 16 D3
Karlsruhe (D) 91 A2
Karlstad (N) 5 A1
Karlstad (S) 28 D5
Karlstadt (D) 77 B4
Karlstein (D) 77 A4
Karlštejn (CZ) 79 C3
Karlsten (S) 10 B5
Karlstift (A) 93 D2
Karlstorp (S) 39 B4
Karlukovo (BG) 159 C2
Karmacs (H) 102 C4
Karmansbo (S) 29 B4
Karmėlava (LT) 176 C4
Kärnä (FIN) 20 B3
Kärnabrunn (A) 80 C5
Kärnare (BG) 159 D3
Kärne (S) 29 A5
Karnes (N) 1 C6
Karnevaara (S) 6 C4
Karniewo (PL) 64 D5
Karnin (D) 61 D2
Karnjarga (FIN) 2 D4
Karnobat (BG) 160 D2
Karos (H) 82 D5
Karow (D) 61 C4
Karow (D) 62 B1
Karpa (PL) 65 A3
Karpacz (PL) 70 C5
Kärpänkylä (FIN) 13 C2
Karpathos (GR) 173 C6
Karpenision (GR) 166 D4
Karperon (GR) 163 A5
Karpowicze (PL) 65 C3
Karpuzlu (TR) 169 D6
Karra (S) 38 B5
Karrabë (AL) 162 B2
Kärrbäck (S) 11 D3
Kärrbackstrand (S) 28 B2
Kärrbo (S) 30 D4
Karrebæksminde (DK)
41 C4
Kärrgruvan (S) 29 B3
Kärrsjö (S) 16 D4
Kärrsvik (S) 39 C3
Karsakiškis (LT) 176 D2
Kärsämä (FIN) 12 C5
Kärsämäki (FIN) 20 B1
Karsanlahti (FIN) 20 D2
Kärsava (LV) 182 C5
Karsikas (FIN) 20 B1
Karsikkovaara (FIN) 20 D1
Karsin (PL) 63 D3
Karsiyaka (TR) 169 B4
Karsjö (S) 25 B5
Karsjö (S) 39 C6
Kårsobäcktorpet (S) 10 D4
Kårsta (S) 31 B3
Karstädt (D) 61 B5
Kärstna (EST) 179 D2
Karstø (N) 26 B6
Karsträsk (S) 17 A2
Karstula (FIN) 20 A4
Karsvall (S) 25 A4
Kartala (BG) 159 B4
Kartena (LT) 175 C2
Kartsino, Akr. (GR) 168 A3
Karttiperä (FIN) 19 C6
Karttula (FIN) 20 C4
Kartuzy (PL) 63 D2
Käru (EST) 180 C5
Käru (EST) 181 A4
Karula (EST) 182 B3
Karulõpe (EST) 181 B3
Karuna (FIN) 33 A4
Karungi (S) 11 D3
Karunki (FIN) 12 B2
Karup, Östra (S) 42 C1
Karup (DK) 40 C2
Karuse (EST) 180 C5
Kärväasvaara (FIN) 7 B6
Karvala (FIN) 19 C3
Kärvantälä (FIN) 33 C2
Karvaselka (S) 7 A2
Kärväskylä (FIN) 20 B3
Kårvatn (N) 23 A3
Karvatti (FIN) 32 D3
Karvia (FIN) 19 B5
Karviankylä (FIN) 19 B5
Karvik (N) 1 D5
Kårvikhamn (N) 5 A1
Karvila (FIN) 21 A6
Karvina (CZ) 81 C2
Kärvingeborn (S) 29 A4
Karvio (FIN) 21 A5
Karvionkulma (FIN) 33 A3
Karvoskylä (FIN) 20 A1
Karvys (LT) 176 D4
Karwia (PL) 63 D1
Karwica (PL) 65 A3
Karya (GR) 171 A2
Karye (GR) 171 A3
Karystos (GR) 168 A6
Karyupolis (GR) 171 A5
Karze (D) 61 A5
Kasari (EST) 180 C4
Kåseberga (S) 42 D3
Kasendorf (D) 78 C4
Kasepää (EST) 181 C5
Kasfjord (N) 4 D3
Kashka Yavr (RUS) 3 D4
Kasikci (TR) 161 A6
Kašina (HR) 102 A6
Kasiniemi (FIN) 33 C1
Kaširskoe (RUS) 175 B4
Kasispea (EST) 181 A2
Kaskei (FIN) 34 D2
Kasker (S) 10 C5
Kaskii (FIN) 21 A6
Kaskö, Kaskinen (FIN)
19 A5
Kaskovo (RUS) 35 C6
Kåsmo (N) 9 B1
Käsmu (EST) 181 A2
Kasnäs (FIN) 32 D5
Kasos (GR) 173 C6
Kaspakas (GR) 164 C4
Kašperské Hory (CZ)
79 B6
Kasperki (PL) 81 C3
Kaspičan (BG) 160 D1
Kaspral (PL) 63 D6
Kassa (S) 6 C5
Kassandra (GR) 164 A4
Kassandras, Akr. (GR)
163 D5
Kassari (EST) 180 B4
Kassel (D) 77 A1
Kassiopi (GR) 162 B5
Kassjön (S) 17 B4
Kastanea (GR) 166 D3
Kastania (GR) 163 A5
Kastania (GR) 163 B4
Kastanies (GR) 160 D5
Kastellaun (D) 76 C4
Kastellion (GR) 167 A5
Kastellion (Kissamos) (GR)
172 A5
Kastellion (GR) 172 D6
Kaštel Stari (HR) 150 A6
Kaštel Zegarski (HR)
150 A4
Kaster (B) 74 D2
Kasterlee (B) 75 B1
Kastl (D) 78 C5
Kastlösa (S) 39 C6
Kastneshamn (N) 5 A2
Kastorf (D) 61 A4
Kästorf (D) 68 D3
Kastoria (GR) 163 A3
Kastorion (GR) 171 A3
Kastos (GR) 166 B5
Kastraki (GR) 172 C3
Kastre (EST) 181 C5
Kastrion (GR) 163 C5
Kastritsion (GR) 166 D6
Kastron (GR) 167 B5
Kastrup (DK) 40 C4
Kastrup (DK) 42 B3
Kašučiai (LT) 175 C1
Kasukkala (FIN) 35 A2
Kaszczor (PL) 70 D2
Kaszubska, Debnica (PL)
63 C2
Katajamäki (FIN) 20 D5
Katajamäki (FIN) 21 A2
Katakolon, Akr. (GR)
170 C3
Katakolon (GR) 170 C2
Kåtaliden (S) 10 C5
Kataloinen (FIN) 33 C2
Katapola (GR) 172 C3
Katarzyna, Świeta (PL)
72 D5
Kåtaselet (S) 11 A5
Katastarion (GR) 170 B2
Kåtaträsk (S) 16 D1
Katauskiai (LT) 176 B3
Katavasis, Akr. (GR)
169 A6
Kåtaviken (S) 9 B4
Katerbow (D) 69 C2
Katerini (GR) 163 C4
Katerma (FIN) 21 A1
Katesbridge (GB) 47 C5
Kathlow (D) 70 B3
Kåtila (S) 24 D6
Katīli (LV) 178 C4
Katinhänta (FIN) 32 D3
Kätkänjoki (FIN) 19 C4
Kätkasuvanto (FIN) 6 C3
Kätkävaara (FIN) 12 B1
Kätkesuando (S) 6 B3
Katlanovo (MK) 158 C5
Katlenburg-Duhm (D)
68 C5
Katleši (LV) 182 C4
Kato Achaia (GR) 166 D6
Kato Figalia (GR) 170 D3
Kato Horion (GR) 173 A6
Kato Klitoria (GR) 170 D2
Kato Makrinu (GR) 166 D5
Katomeri, Akr. (GR)
172 C3
Kato Nevrokopion (GR)
164 A1
Katönlandet (FIN)) 19 C1
Kato Pyrgos (CY) 174 B5
Kato Sakros (GR) 173 B6
Kato Tithorea (GR) 167 B4
Kato Vermion (GR) 163 B3
Kato Vlasia (GR) 166 D6
Kato Vrontu (GR) 164 A1
Katowice (PL) 71 D6
Katrina (LV) 179 C5
Katrineberg (S) 25 B6
Katrineholm (S) 25 C6
Katrineholm (S) 30 D5
Katsaros (GR) 170 D3
Katsikas (GR) 162 D6
Katsikko (FIN) 7 A4
Kattarp (S) 38 C6
Kattavia (GR) 173 C5
Kättbo (S) 28 D1
Kattelus (FIN) 19 D5
Katthammarsvik (S) 43 D5
Kattila-aho (FIN) 21 C5
Kattilainen (FIN) 34 D3
Kattilamaa (FIN) 6 C4
Kattilasaari (S) 11 D3
Kättilsmåla (S) 39 C6
Kättilstad (S) 39 B2
Kattinlanmieni (FIN) 21 B6
Kattisavan (S) 16 C2
Kattisberg (S) 16 D2
Kattisträsk (S) 17 A2
Kåttjok (S) 10 C4
Kattlunds (S) 43 C6
Kattuvuoma (S) 5 C3
Katuna (GR) 166 C4
Katunci (BG) 159 B6
Katusice (CZ) 70 B6
Katvari (LV) 179 B3
Katwijk aan Zee (NL)
66 B4
Katyčiai (LT) 175 D3
Katy-Czernickie (PL) 72 D1
Katymár (H) 103 B6
Katy Rybackie (PL) 64 A2
Katy Wrocławskie (PL)
71 A4
Katzenelnbogen (D) 76 D3
Katzenloch (D) 76 C5
Katzweiler (D) 76 C5
Kaub (D) 76 C4
Kaufbeuren (D) 92 B4
Kauhajärvi (FIN) 19 B5
Kauhajärvi (FIN) 19 C3
Kauhajoki (FIN) 19 B5
Kauhanoja (FIN) 33 A3
Kauhava (FIN) 19 C3
Kaukalampi (FIN) 34 B3
Kauklahti (FIN) 33 C4
Kaukola (FIN) 19 C5
Kaukola (FIN) 20 D6
Kaukola (FIN) 33 B4
Kaukola (RUS) 35 C2
Kaukolikai (LT) 175 C1
Kaukonen (FIN) 6 D4
Kauksi (EST) 181 C4
Kaukum (FIN) 33 B4
Kaulaci (LV) 178 D5
Kaulakiai (LT) 176 B3
Kaulinranta (FIN) 11 D2
Kaumberg (A) 102 A1
Kaunas (LT) 176 C4
Kaunata (LV) 182 C1
Kaunatava (LT) 176 A1
Kaunela (FIN) 33 A3
Kauniainen, Grankulla
(FIN) 33 C4
Kaunisjokisuu (S) 6 C5
Kauniss. (FIN) 34 B4
Kaunissaari (FIN) 34 C4
Kaunisvaara (S) 6 B4
Kaunitz (D) 68 A5
Kaupanger (N) 26 D1
Kauppila (FIN) 19 A4
Kauppila (FIN) 20 C5
Kauppilanmäki (FIN) 20 C2
Kauppinen (S) 5 D4
Kaupuži (LV) 182 C5
Kaurajärvi (FIN) 19 B3
Kauša (LV) 182 B6
Kausala (FIN) 34 C3
Kaustajärvi (FIN) 21 C5
Kaustinen (FIN) 19 D2
Kautokeino (N) 6 B1
Kautua (FIN) 32 D2
Kautzen (A) 80 B4
Kauvatsa (FIN) 33 A2
Kavadarci (MK) 163 B1
Kavajë (AL) 162 A2
Kavak (TR) 165 C2
Kavaklı (TR) 161 A5
Kavaklidere (TR) 173 D1
Kavala (GR) 164 B2
Kavarna (BG) 155 B6
Kavarskas (LT) 176 D3
Kavasilas (GR) 170 C2
Kavastu (EST) 181 C5
Kavečany (SK) 82 D4
Kävlinge (S) 42 C2
Kavos (GR) 162 C6
Kawcze (PL) 63 B2
Kawczyn (PL) 71 A2
Kaweczyn, Nowy (PL)
72 B2
Kawice (PL) 70 D4
Kay (D) 93 A4
Käyhkää (FIN) 35 A1
Käylä (FIN) 13 A1
Käymäjärvi (S) 6 B4
Kaymakçı (TR) 169 D4
Käyrämö (FIN) 7 A6
Kaysersberg (F) 90 C4
Kayve (GR) 164 B2
Kazanci (BIH) 150 B5
Kažani (MK) 162 D2
Kazanlăk (BG) 160 B3
Kazanów, Nowy (PL) 72 B4
Kazdanga (LV) 178 C5
Kazimierza Wielka (PL)
72 C6
Kazimierz Biskupi (PL)
71 C1
Kazimierz-Dolny (PL) 73 A3
Kazincbarcika (H) 82 C6
Kazitiškis (LT) 177 B3
Kazliškis (LT) 177 A1
Kazlu Rūda (LT) 176 B4
Kaźmierz (PL) 71 A1
Kaznějov (CZ) 79 B4
Kaznów (PL) 73 B3
Kbely (CZ) 79 C3
Kcynia (PL) 63 C5
Kdyně (CZ) 79 A5
Kea (GR) 171 D2
Keadew (IRL) 46 D5
Keady (GB) 47 B5
Keava (EST) 180 D4
Keb' (RUS) 182 D2
Kebnatsbryggan (S) 5 B6
Kebnekaisefjällstation (S)
5 B5
Kecel (H) 103 B4
Kecerovce (SK) 82 D4
Kecskemét (H) 103 C3
Kėdainiai (LT) 176 C3
Kédange-s-Canner (F)
75 D6
Kédange-sur-Canner (F)
75 D6
Kedros (GR) 166 D3
Kedträsk (S) 17 A1
Kedzierzyn (PL) 71 C6
Keel (IRL) 46 A5
Keenagh (IRL) 51 A1
Keeni (EST) 182 B2
Keerbergen (B) 75 B2
Kefalas, Akr. (GR) 164 B3
Kefallinia (GR) 166 A6
Kefalos, Akr. (GR) 172 A2
Kefalos (GR) 173 B3
Kefalovryson (GR) 163 B5
Kefaloz (TR) 165 A4
Keflavik (IS) 1 A3
Kegums (LV) 179 B5
Kegworth (GB) 54 C5
Kehl (D) 90 D3
Kehmstedt (D) 68 D6
Kehra (EST) 181 A3
Kehrig (D) 76 C3
Kehro (FIN) 33 B2
Kehtna (EST) 180 D4
Kehvo (FIN) 20 D3
Keighley (GB) 53 C3
Keihärinkoski (FIN) 20 B3
Keihäskoski (FIN) 33 A3
Keikino (RUS) 181 D3
Keikkala (FIN) 20 B4
Keikyä (FIN) 33 A2
Keila (EST) 180 D3
Keila-Joa (EST) 180 D3
Keillmore (GB) 48 B3
Keinasperä (FIN) 12 D4
Keinovuopio (S) 5 D2
Keipene (LV) 179 C5
Keisala (FIN) 19 D4
Keiss (GB) 45 B3
Keitele (FIN) 20 C3
Keitelepohja (FIN) 20 B3
Keith (GB) 45 C5
Keitum (D) 60 B1
Kejvsalö (FIN) 34 C4
Kekava (LV) 179 B5
Kékestető (H) 103 D1
Kekkilä (FIN) 20 B4
Keksiäisvaara (S) 6 C5
Kelankylä (FIN) 13 A2
Kelbra (D) 69 A6
Kelč (CZ) 81 B3
Kelcyrë (AL) 162 C4
Kelemér (H) 82 C6
Kelheim (D) 92 D2
Keljo (FIN) 20 B5
Kellahti (FIN) 32 D1
Kellaki (CY) 174 C4
Kellenhusen, Ostsee (D)
61 A2
Kellerberg (A) 101 A4
Kelli (GR) 163 A3
Kellinghusen (D) 60 C3
Kellmünz a. d. Iller (D)
92 A4
Kello (FIN) 12 C4
Kellokoski (FIN) 34 A5
Kelloniemi (FIN) 6 C5
Kelloniemi (FIN) 7 B6
Kelloselkä (FIN) 7 D6
Kells, Ceanannus Mór
(IRL) 51 C1
Kells (IRL) 51 B4
Kelmarsh (GB) 54 C6
Kelmė (LT) 176 B2

Kelmola (FIN) 33 C4
Kelontekemä (FIN) 7 A4
Kelottijärvi (FIN) 6 B2
Kelsanmäki (FIN) 34 C2
Kelso (GB) 49 B4
Kelstiö (FIN) 32 C4
Keltakangas (FIN) 34 C3
Keltaniemi (FIN) 34 B2
Keltiäinen (FIN) 33 B3
Keltti (FIN) 34 C3
Kelty (GB) 49 A3
Kelujärvi (FIN) 7 B4
Kelvå (FIN) 21 C3
Kelvedon (GB) 59 A2
Kematen (A) 80 A6
Kematen (A) 100 A2
Kemberg (D) 69 C5
Kembs (F) 90 C5
Kemecse (H) 83 A6
Kemeliški (BY) 177 B4
Kemence (H) 103 B1
Kemendollár (H) 102 C4
Kemeneshőgyész (H) 102 C3
Kemer (TR) 165 C3
Kemeri (LV) 179 A5
Kémes (H) 102 D6
Kemeten (A) 102 A3
Kemi (FIN) 12 B3
Kemihaara (FIN) 7 D3
Kemijärvi (FIN) 7 B6
Kemilä (FIN) 13 C2
Keminmaa (FIN) 12 B2
Keminperä (FIN) 13 B3
Kemiö, Kimito (FIN) 33 A4
Kemmel (B) 74 C2
Kemnath (D) 78 D4
Kemnitz (D) 62 B2
Kemnitz (D) 69 C4
Kempele (FIN) 12 C5
Kempen (D) 76 A1
Kempenich (D) 76 B3
Kempston (GB) 58 D1
Kempten (D) 92 A5
Kemzeke (B) 75 A1
Kena (LT) 177 A5
Kendal (GB) 53 B2
Kenderes (H) 146 A3
Kendice (SK) 82 D4
Kendrikon (GR) 163 C2
Kendron (GR) 170 C2
Kenestupa (FIN) 2 D4
Kengis (S) 6 C5
Kengyel (H) 103 D3
Kenilworth (GB) 58 B1
Kenmare (IRL) 50 B5
Kenmore (GB) 48 D2
Kennää (FIN) 20 B3
Kennacraig (GB) 48 B3
Kenraalinkylä (FIN) 21 D5
Kensaleyre (GB) 44 B5
Kentford (GB) 59 A1
Kentisbury Ford (GB) 57 A3
Kentstown (IRL) 51 C1
Kenzingen (D) 90 D4
Kepaliai (LT) 176 C1
Kepice (PL) 63 B2
Kepi i Gjuhezës (AL) 162 A4
Kepno (PL) 71 C4
Kepola (FIN) 33 A2
Kepsut (TR) 169 D1
Kerampti (GR) 164 B2
Keräntöjärvi (S) 6 B4
Kerasia (GR) 163 B4
Kerasona (GR) 162 D6
Keräs-Sieppi (FIN) 6 C3
Keratea (GR) 167 D6
Keratea (GR) 171 C2
Kerava (FIN) 34 A5
Keravere (EST) 180 C4
Kerecsend (H) 103 D1
Kerekegyháza (H) 103 B3
Kergu (EST) 180 D5
Kerien (F) 84 D3
Kerimäki (FIN) 21 B6
Kerion (GR) 170 B2
Kerisalo (FIN) 20 D6
Kerisalonsaari (FIN) 20 D5
Kerisyrya (RUS) 21 D6
Kerkafalva (H) 102 B4
Kerkateskánd (H) 102 B4
Kerkejaure (S) 10 D3
Kerken (D) 67 A6
Kerkingen (D) 92 A2
Kerkkoo (FIN) 34 B4
Kerklini (LV) 178 D6
Kerkola (FIN) 33 B3
Kerkonkoski (FIN) 20 C4
Kerkrade (NL) 75 D2
Kerkyra (GR) 162 B6
Kerma (FIN) 21 A5
Kermen (BG) 160 C3
Kernascléden (F) 84 D4
Kernavė (LT) 176 D4
Kernhof (A) 101 D1
Kernilis (F) 84 B3
Kernovo (RUS) 35 B5
Kernu (EST) 180 D3
Keros (GR) 172 C3
Kerpen (D) 76 B2
Kerrial, Croxton (GB) 54 C5
Kerry Hd. (IRL) 50 B4
Kersalu (EST) 180 C3
Kerselaar (B) 74 D1
Kershader (GB) 44 B3
Kersilö (FIN) 7 B4
Kersleti (EST) 180 B4
Kerstenhausen (D) 77 A1
Kerstinbo (S) 30 D2
Kerstlingerode (D) 68 C6
Kerta (H) 102 C3
Kerteminde (DK) 41 B3
Kertesi (GR) 167 A6
Kerviai (LT) 178 C6
Kerzell (D) 77 B3
Kerzers (CH) 98 C2
Kesälahti (FIN) 21 C6
Kesämäki (FIN) 20 D3
Keşan (TR) 165 B2
Kesaniemenkylä (FIN) 13 B1
Kesarevo (BG) 160 B1
Kesčisi (LT) 175 D3
Keselyűs (H) 103 B5
Kesh (GB) 47 A4
Kesiö (FIN) 34 C2
Keşirlik (TR) 161 A4
Keskijärvi (FIN) 21 C4
Keskikitka (FIN) 13 B1
Keskikylä (FIN) 12 B5
Keskikylä (FIN) 12 B6
Keskikylä (FIN) 12 C5
Keskikylä (FIN) 19 B5
Keskikylä (FIN) 19 D4
Keskinen (FIN) 13 C5
Keskipiiri (FIN) 12 C4
Keski-Posio (FIN) 13 A1
Keskitalo (FIN) 13 A4
Keski-Vuokko (FIN) 21 B2
Keskusvankila (FIN) 20 D1
Kesowo (PL) 63 C4
Kesselfallhaus (A) 100 D2
Kesseli (FIN) 21 C1
Kessin (D) 61 C3
Kessingland (GB) 55 C6
Kesterciems (LV) 178 D4
Kesteri (LV) 178 B6
Kestilä (FIN) 12 C4
Kestilä (FIN) 12 D6
Kesudalen (S) 24 D2
Keswick (GB) 53 B1
Kesznyéten (H) 82 D6
Keszőhidegkút (H) 103 A4
Keszthely (H) 102 C4
Kétegyháza (H) 146 B4
Kéthely (H) 102 C4
Ketola (FIN) 7 B6
Ketomella (FIN) 6 C2
Keträvaare (FIN) 13 C4
Ketrzyn (PL) 64 D2
Kétsoprony (H) 146 A4
Kettenbach (D) 76 C4
Kettenburg (D) 68 B2
Kettering (GB) 54 C6
Ketterschwang (D) 92 B4
Kettershausen (D) 92 A4
Kettili (FIN) 32 C2
Kettilsbyn (S) 28 C5
Kettula (FIN) 33 B4
Kettwig (D) 76 B1
Ketūnai (LT) 175 D1
Keturkaimis (LT) 176 A5
Keturvalakiai (LT) 176 B5
Kety (PL) 81 D2
Ketzin (D) 69 C3
Keula (D) 68 D6
Keupan (S) 11 B5
Keuruu (FIN) 20 A5
Keväjärvi (FIN) 3 B6
Keväjärvi (FIN) 7 B1
Kevelaer (D) 67 A6
Kevele (LV) 178 D6
Keverne, St (GB) 56 C6
Kevi (YU) 103 C6
Kexby (GB) 54 C3
Keynes, Milton (GB) 58 C2
Keynsham (GB) 57 C3
Keyritty (FIN) 21 A3
Kežmarok (SK) 82 C4
Khaitermaa (RUS) 35 C3
Khantulovo (RUS) 35 D4
Kharlu (RUS) 21 D6
Khartja (CY) 174 B3
Khavuvaara (RUS) 21 D5
Khoulou (CY) 174 C5
Khrysokhou (CY) 174 C6
Kiannanniemi (FIN) 13 C4
Kiaton (GR) 167 B6
Kiaukkala (FIN) 33 C4
Kiaunoriai (LT) 176 B2
Kibæk (DK) 40 C2
Kiberg (N) 3 C2
Kiburi (LV) 178 B6
Kibyšiai (LT) 176 C6
Kičenica (BG) 154 C6
Kičevo (BG) 155 B6
Kičevo (MK) 162 D1
Kidderminster (GB) 53 C6
Kidlington (GB) 58 C2
Kidricevo (SLO) 102 A5
Kidsgrove (GB) 53 C5
Kiduliai (LT) 176 A4
Kidwelly (GB) 56 D2
Kiefersfelden (D) 92 D5
Kiefersfelden (A) 100 C1
Kiejkuty (PL) 64 D3
Kiekinkoski (FIN) 21 C1
Kiekua (RUS) 21 D5
Kiel (D) 60 D2
Kielajoki (FIN) 2 D5
Kielas (S) 10 D3
Kielce (PL) 72 C5
Kiełczygłów (PL) 71 D4
Kiełpiny (PL) 64 B4
Kiemėnai (LT) 176 C1
Kienberg (CH) 98 D1
Kienes (LV) 179 C4
Kienitz (D) 69 D2
Kienthal (CH) 98 C3
Kierinki (FIN) 7 A5
Kiernozia (PL) 72 B1
Kierspe (D) 76 C1
Kierwiny (PL) 64 D2
Kiesen (CH) 98 C3
Kiesilä (FIN) 34 D2
Kiesimä (FIN) 20 C4
Kietare (FIN) 33 A2
Kietävälä (FIN) 35 A1
Kietlów (PL) 71 A3
Kietz (D) 70 B1
Kiezmark (PL) 64 A2
Kifino Selo (BIH) 150 D6
Kifisia (GR) 167 D6
Kifjord (N) 2 D1
Kihelkonna (EST) 180 A5
Kihlanki (FIN) 6 C4
Kihlepa (EST) 180 C5
Kihlevere (EST) 181 B3
Kihnio (FIN) 19 C5
Kihniön asema (FIN) 19 C5
Kiideva (EST) 180 C4
Kiihtelysvaara (FIN) 21 C4
Kiikala (FIN) 33 B4
Kiikka (FIN) 33 A2
Kiikla (EST) 181 C3
Kiikoinen (FIN) 33 A1
Kiila (FIN) 33 A4
Kiilarova (S) 6 B5
Kiilisjärvi (S) 11 C2
Kiilopää, Tunturikeskus (FIN) 7 B2
Kiimäjärvi (FIN) 33 A1
Kiimavaara (FIN) 13 D5
Kiiminki (FIN) 12 C4
Kiipu (FIN) 33 B3
Kiisa (EST) 180 D3
Kiiskilä (FIN) 21 A6
Kiistala (FIN) 6 D3
Kiiu (EST) 181 A3
Kije (PL) 72 C5
Kijevo (HR) 150 B5
Kijewo (PL) 62 C4
Kikerino (RUS) 35 C6
Kiki (PL) 72 A3
Kikind (YU) 103 D6
Kikkejaur (S) 10 D5
Kikoł (PL) 64 B5
Kikorze (PL) 62 D3
Kikuri (LV) 178 B5
Kil (S) 28 C5
Kil (S) 29 B5
Kil (N) 37 A1
Kila (S) 28 C5
Kila (S) 30 D3
Kila (S) 30 D6
Kilane (N) 27 B6
Kilanplass (N) 4 A5
Kilb (A) 80 B6
Kilbaha (IRL) 50 B3
Kilbeggan (IRL) 51 B2
Kilberry (GB) 48 B3
Kilberry (IRL) 51 C1
Kilboghamn (N) 8 D4
Kilbotn (N) 4 D3
Kilbride, West (GB) 48 C4
Kilbride (IRL) 51 C2
Kilcar (IRL) 46 D4
Kilchenzie (GB) 48 B4
Kilchoan (GB) 48 B1
Kilchreest (IRL) 50 D2
Kilchrenan (GB) 48 C2
Kilclief (GB) 47 D5
Kilcock (IRL) 51 C2
Kilcolgan (IRL) 50 D2
Kilconnell (IRL) 50 D2
Kilcoole (IRL) 51 D3
Kilcormac (IRL) 51 A2
Kilcreggan (GB) 48 C3
Kilcullen (IRL) 51 C2
Kildare (IRL) 51 B2
Kildimo (IRL) 50 D3
Kildonan (GB) 48 C4
Kildorrery (IRL) 50 D4
Kilebygd (N) 27 B6
Kilen (N) 27 B5
Kilfenora (IRL) 50 C2
Kilfinnane (IRL) 50 D4
Kilgarvan (IRL) 50 C5
Kilgetty (GB) 56 D2
Kilgi (EST) 180 C5
Kilgrund (FIN) 19 A5
Kilifarevo (BG) 160 B2
Kilija (UA) 155 C1
Kilingi-Nõmme (EST) 179 C2
Kilitbahir (TR) 165 B3
Kilkee (IRL) 50 B3
Kilkeel (GB) 47 C6
Kilkelly (IRL) 46 C6
Kilkenny (IRL) 51 B4
Kilkhampton (GB) 56 D4
Kilkinkylä (FIN) 34 C1
Kilkis (GR) 163 C2
Kill (IRL) 51 B5
Kill (IRL) 51 C2
Killadysert (IRL) 50 C3
Killagan Bridge (GB) 47 C3
Killala (IRL) 46 B5
Killaloe (IRL) 50 D3
Killane (IRL) 51 C4
Killarney (IRL) 50 C5
Killashandra (IRL) 47 A5
Killay (GB) 57 A2
Killean (GB) 48 B4
Killearn (GB) 48 D3
Killeberg (S) 38 D6
Killeen (GB) 47 B5
Killeigh (IRL) 51 B2
Killena (IRL) 51 C4
Killenaule (IRL) 51 A4
Killeyan, Lower (GB) 48 A4
Killichonan (GB) 48 D1
Killimer (IRL) 50 C3
Killimor (IRL) 50 D2
Killin (GB) 48 D2
Killinge (S) 5 D5
Killini (GR) 170 B2
Killorglin (IRL) 50 B4
Killough (GB) 47 C5
Killybegs (IRL) 46 D4
Killyleagh (GB) 47 D5
Kilmacrenan (IRL) 47 A3
Kilmacthomas (IRL) 51 B5
Kilmaganny (IRL) 51 B4
Kilmaine (IRL) 50 D1
Kilmallock (IRL) 50 D4
Kilmåluag (GB) 44 C4
Kilmarnock (GB) 48 D4
Kilmartin (GB) 48 B3
Kilmeedy (IRL) 50 D4
Kilmelford (GB) 48 C2
Kilmichael Pt. (IRL) 51 D3
Kilmore Quay (IRL) 51 C5
Kilmory (GB) 48 B1
Kilmurry (IRL) 50 D3
Kilnaleck (IRL) 47 A6
Kilninver (GB) 48 B2
Kiln Pit Hill (GB) 49 C6
Kilpelä (FIN) 7 C5
Kilpisjärvi (FIN) 5 D1
Kilpola (FIN) 20 D6
Kilpola (RUS) 35 C2
Kilpua (FIN) 12 C6
Kilrea (GB) 47 B3
Kilrush (IRL) 50 C3
Kilsmo (S) 29 B5
Kilsyth (GB) 48 D3
Kiltamagh (IRL) 46 C6
Kiltealy (IRL) 51 C4
Kiltegan (IRL) 51 C3
Kiltoom (IRL) 51 A1
Kiltrush Cross Roads (IRL) 50 D4
Kiltsi (EST) 181 B4
Kilve (GB) 57 B3
Kilvo (S) 11 A2
Kilwinning (GB) 48 C4
Kilyos (TR) 161 D5
Kimbolton (GB) 58 D1
Kiminki (FIN) 20 A3
Kimito, Kemiö (FIN) 33 A4
Kimmeria (GR) 164 C1
Kimo (FIN) 19 B3
Kimola (FIN) 34 C2
Kimolos (GR) 172 A3
Kimonkylä (FIN) 34 C3
Kimovary (RUS) 21 C2
Kimstad (S) 39 B1
Kinahmo (FIN) 21 B4
Kinaros (GR) 172 D3
Kinbrace (GB) 45 B3
Kincardine (GB) 49 A3
Kinci (YU) 157 A4
Kincraig (GB) 45 A6
Kindberg (A) 101 D2
Kinderåsen (S) 24 C2
Kinding (D) 92 C1
Kindsjön (S) 28 B2
Kineklü (TR) 161 B6
Kineta (GR) 167 C6
Kingairloch Hotel (GB) 48 B2
Kingarth (GB) 48 C4
Kinghorn (GB) 49 A3
Kingisepp (RUS) 35 A6
Kings, Charlton (GB) 58 B2
Kingsbarns (GB) 49 B2
Kingsbridge (GB) 57 A6
Kingsbury (GB) 53 D6
Kingsclere (GB) 58 C3
Kingscourt (IRL) 47 B6
King's Lynn (GB) 55 A5
Kingsthorne (GB) 57 C2
Kingston Bagpuize (GB) 58 B2
Kingston-upon-Hull (GB) 54 D3
Kingswood (GB) 57 C3
Kington (GB) 57 B1
Kingussie (GB) 45 A6
Kınık (TR) 165 D6
Kinisjärvi (FIN) 6 D5
Kinkiai (LT) 176 B1
Kinkula (FIN) 7 A4
Kinloch (GB) 44 D3
Kinlochbervie (GB) 44 D3
Kinlochewe (GB) 44 D5
Kinloch Hourn (GB) 44 D6
Kinlochmoidart (GB) 48 B1
Kinloch Rannoch (GB) 48 D1
Kinlough (IRL) 46 D4
Kinn (N) 4 C2
Kinna (S) 38 B4
Kinnared (S) 38 C5
Kinnarp (S) 38 C2
Kinnarumma (S) 38 C4
Kinnbäck (S) 11 B6
Kinneff, Roadside of (GB) 49 C1
Kinnegad (IRL) 51 B2
Kinni (FIN) 34 C2
Kinnitty (IRL) 51 A2
Kinnula (FIN) 20 A3
Kinnulani (FIN) 20 D3
Kinousa (CY) 174 C5
Kinrooi (B) 75 C1
Kinross (GB) 49 A3
Kinsale, Old Head of (IRL) 50 D6
Kinsale (IRL) 50 D6
Kinsarvik (N) 26 C3
Kinsekvelv (N) 26 C3
Kintai (LT) 175 C3
Kintaus (FIN) 20 A5
Kintore (GB) 45 C6
Kintraw (GB) 48 B3
Kintyre, Mull of (GB) 48 B5
Kintyre (GB) 48 B4
Kinvallsjösätern (S) 28 C1
Kinvarra (IRL) 50 D2
Kiparissia (GR) 170 C3
Kiparluoto (FIN) 32 C3
Kipen (RUS) 35 C5
Kipi (GR) 162 D5
Kipi (GR) 165 A2
Kipi (EST) 180 A6
Kipinä (FIN) 12 D4
Kipos, Akr. (GR) 164 D3
Kippel (CH) 98 C4
Kippenheim (D) 90 D3
Kirakkajärvi (FIN) 3 B4
Kirakkakögäs (FIN) 7 B1
Kirakkaköngäs (FIN) 3 A6
Kıraz (TR) 169 D4
Kirazlı (TR) 165 B4
Kirberg (D) 76 D3
Kirbiži (LV) 179 B3
Kirbla (EST) 180 C4
Kirburg (D) 76 D2
Kirby, West (GB) 53 B4
Kırcasalih (TR) 160 D5
Kirchardt (D) 91 A1
Kirchasch (D) 92 D3
Kirch-Beerfurth (D) 77 A5
Kirchberg (D) 78 D2
Kirchberg (A) 80 A5
Kirchberg (A) 80 B6
Kirchberg (CH) 98 C2
Kirchberg (A) 100 C2
Kirchberg (A) 101 D3
Kirchberg (A) 102 A2
Kirchberg a. d. Jagst (D) 91 C1
Kirchberg (Hunsr.) (D) 76 C4
Kirchboitzen (D) 68 B3
Kirchdorf (D) 61 B3
Kirchdorf (D) 68 A3
Kirchdorf (A) 101 B1
Kircheib (D) 76 C2
Kirchen (D) 76 C2
Kirchenjaibach (D) 78 C4
Kirchensur (D) 93 A4
Kirchenthumbach (D) 78 C4
Kirchhain (D) 69 D5
Kirchhain (D) 77 A2
Kirchhain-Doberlug (D) 69 D5
Kirchham (A) 93 C4
Kirchhatten (D) 67 D2
Kirchheilingen (D) 78 B1
Kirchheim (D) 77 B2
Kirchheim (A) 93 B3
Kirchheim a. Neckar (D) 91 B2
Kirchheimbolanden (D) 76 D5
Kirchheim unter Teck (D) 91 B3
Kirchhellen (D) 67 B6
Kirchhorst (D) 68 C4
Kirchhundem (D) 76 D1
Kirchlinteln (D) 68 B3
Kirchreit (D) 92 D3
Kirchroth (D) 93 A1
Kirchschlag (A) 102 B2
Kirchstück (D) 61 B4
Kirchweyhe (D) 68 C2
Kircubbin (GB) 47 D5
Kirdeikiai (LT) 177 B3
Kireç (TR) 169 D1
Kirikküla (EST) 180 C3
Kirimäe (EST) 180 C4
Kirjala (FIN) 32 D4
Kirjaluokta (Öde) (S) 5 B6
Kirjamo (RUS) 181 D2
Kirjavala (FIN) 35 B1
Kirjavalakhti (RUS) 21 D6
Kirk (GB) 45 B3
Kırkağaç (TR) 169 C2
Kirkbean (GB) 49 A6
Kirkbride (GB) 49 A6
Kirkby (GB) 53 B4
Kirkby Lonsdale (GB) 53 C2
Kirkbymoorside (GB) 54 C2
Kirkby Stephen (GB) 53 C1
Kirkcaldy (GB) 49 A3
Kirkcolm (GB) 48 C6
Kirkconnel (GB) 48 D5
Kirkcowan (GB) 48 C6
Kirkcudbright (GB) 48 D6
Kirkeby (DK) 40 C1
Kirkeby (DK) 40 C5
Kirkeby (DK) 41 A4
Kirkehamn (N) 36 B3
Kirkenær (N) 28 B2
Kirkenes (N) 3 C3
Kirkesjord (N) 5 B2
Kirkham (GB) 53 B3
Kirkiamjaki (RUS) 35 C4
Kirkinner (GB) 48 D6
Kirkintilloch (GB) 48 D3
Kirkjubæjarklaustur (IS) 1 C3
Kirkjuból (IS) 1 D2
Kirkjuvøur (DK) 36 B5
Kirkkokangas (FIN) 12 C4
Kirkkolakhti (RUS) 21 D6
Kirkkoniemi (FIN) 21 C5
Kirkkonummi, Kyrkslätt (FIN) 33 C4
Kirklareli (TR) 161 A4
Kirkliai (LT) 176 A3
Kirkmichael (GB) 49 A1
Kirk Michael (GB) 52 D2
Kirknewton (GB) 49 C4
Kirkonkylä (FIN) 20 B2
Kirkonmaa (FIN) 34 D4
Kirkoswald (GB) 49 B6
Kirkpatrick-Fleming (GB) 49 A6
Kirkstile (GB) 49 B5
Kirkton of Durris (GB) 45 C6
Kirkton of Largo (GB) 49 B3
Kirktown of Slains (GB) 45 D6
Kirkwall (GB) 45 C2
Kirn (D) 76 C5
Kirnujärvi (S) 6 B5
Kirovsk (RUS) 35 D5
Kirriemuir (GB) 49 B2
Kirtik (S) 11 A3
Kirtorf (D) 77 A2
Kiruna (S) 5 C4
Kirvesmäki (FIN) 20 A3
Kirvesvaara (FIN) 21 C4
Kirvu (RUS) 35 B2
Kiry (PL) 82 B3
Kisa (S) 39 B2
Kisač (YU) 151 C1
Kisapostag (H) 103 B4
Kisbér (H) 102 D2
Kisdombegyház (H) 146 B5
Kiselica, Jamnička (HR) 150 A1
Kiseljak (BIH) 150 D5
Kisfalud (H) 102 C2
Kishartnyán (H) 82 B6
Kiši (LV) 179 C2
Kisielice (PL) 64 B3
Kisielnica (PL) 65 A4
Kisigmánd (H) 102 D2
Kisko (FIN) 33 B4
Kisköre (H) 103 D2
Kiskőrös (H) 103 B4
Kiskundorozsma (H) 103 C5
Kiskunfélegyháza (H) 103 C4
Kiskunhalas (H) 103 C5
Kiskunlacháza (H) 103 B3
Kiskunmajsa (H) 103 C4
Kišovce (SK) 82 B4
Kissakoski (FIN) 34 C1
Kissala (FIN) 21 C6
Kissamos (Kastellion) (GR) 172 A5
Kissonerga (CY) 174 C6
Kisszállás (H) 103 C5
Kistanje (HR) 150 A5
Kistefoss (N) 5 A2
Kistelek (H) 103 C5
Kisterenye (H) 103 C1
Kistrand (N) 2 B3
Kistrand (N) 9 A1
Kistråsk (S) 11 A4
Kisújszállás (H) 146 A3
Kisunyom (H) 102 B3
Kisurisstugan (S) 5 A6
Kisurisstugan (S) 9 C1
Kisvárda (H) 83 A6
Kiszewa, Stara (PL) 63 D2
Kiszewskie, Wdzydze (PL) 63 D3
Kiszkowo (PL) 63 C6
Kiszombor (H) 103 D5
Kitee (FIN) 21 C5
Kiteenlahti (FIN) 21 C6
Kitelya (RUS) 21 D6
Kiten (BG) 161 B3
Kiti, Cape (CY) 174 C3
Kiti (CY) 174 C3
Kitka (FIN) 13 B1
Kitkiöjärvi (S) 6 C3
Kitkiöjoki (S) 6 B3
Kitros (GR) 163 C4
Kitsi (FIN) 21 C3
Kittajaur (S) 10 D3
Kittamaa (FIN) 32 C3
Kittelfjäll (S) 15 B1
Kittendorf (D) 61 D4
Kittilä (FIN) 6 D4
Kittsee (A) 102 C1
Kittuis (FIN) 32 C4
Kitula (FIN) 33 B4
Kitula (FIN) 34 D3
Kitzbühel (A) 100 C2
Kitzingen (D) 77 C5
Kiukainen (FIN) 32 D2
Kiurujärvi (FIN) 7 B4
Kiuruvesi (FIN) 20 C2
Kivarinjärvi (FIN) 13 A5
Kivelä (FIN) 13 B1
Kivelä (FIN) 19 D3
Kivenlahti (FIN) 33 C4
Kivenloukko (FIN) 19 C4
Kivesjärvi (FIN) 13 A6
Kiviapaja (FIN) 35 A1
Kividhes (CY) 174 C5
Kivijärvi (FIN) 6 B2
Kivijärvi (S) 11 C1
Kivijärvi (FIN) 19 B6
Kivijärvi (FIN) 20 A3
Kivik (S) 43 A2
Kivikangas (FIN) 19 D3
Kivilahti (FIN) 21 C3
Kivilaki (FIN) 6 C5
Kivilompolo (FIN) 6 C1
Kivilompolo (FIN) 12 B1
Kiviloo (EST) 181 A3
Kivilöppe (RUS) 182 A2
Kivimäki (FIN) 20 C3
Kiviniemi (FIN) 34 C4
Kivioja (FIN) 12 C2
Kiviõli (EST) 181 C3
Kiviperä (FIN) 13 C2
Kivisuo (FIN) 20 B6
Kivivaara (FIN) 21 C2
Kivi-Vigala (EST) 180 D5
Kivotos (GR) 163 A4
Kivyliai (LT) 175 D3
Kiwajny (PL) 64 C1
Kizilcikdere (TR) 161 A5
Kjækan (N) 1 D5
Kjærstad (N) 4 D4
Kjårnes (N) 4 D4
Kjeiprød (N) 5 A3
Kjelbotn (N) 22 C3
Kjeldal (N) 8 D3
Kjeldebotn (N) 4 D4
Kjeller (N) 28 A4
Kjellerup (DK) 40 D2
Kjellmyra (N) 28 B2
Kjellstad (N) 4 D4
Kjellstadli (N) 22 C5
Kjelsvik (N) 2 C1
Kjelvik (N) 2 C1
Kjelvollen (N) 23 C2
Kjempedal (N) 5 B1
Kjenndal (N) 22 C5
Kjennsvasshytta (N) 9 A5
Kjerkesvågen (N) 14 B5
Kjerkøy (N) 28 A6
Kjernmoen (N) 28 B1
Kjerringa (N) 22 A4
Kjerringøy (N) 4 C6
Kjerringsstøyl (N) 26 D6
Kjerringvåg (N) 23 A1
Kjerringvik (N) 4 C3
Kjerringvik (N) 27 D6
Kjerringviks (N) 4 D4
Kjerrungvik (N) 14 B5
Kjerstivika (N) 14 C3
Kjesbu (N) 14 C5
Kjølen (N) 28 A6
Kjøli (N) 24 A2
Kjollefjord (N) 2 C1
Kjønnan (N) 23 B3
Kjøpmannskjær (N) 27 D6
Kjøpsvik (N) 4 D4
Kjøra (N) 23 B1
Kjøs (N) 22 C5
Kjosen (N) 1 B6
Kjosen (N) 27 B6
Kjøttan (N) 9 A2
Kjul (N) 8 C6
Kjustendil (BG) 159 A4
Klaaswaal (NL) 66 B6
Klacka-Lerberg (S) 29 A4
Kläckeberga (S) 39 C5
Kľačno (SK) 81 C4
Kladanj (BIH) 151 A4
Kläden (D) 69 A3
Kladnica (YU) 151 D6
Kladnice (HR) 150 A6
Kladno (CZ) 79 C3
Kladovo (YU) 152 D3
Kladruby (CZ) 79 A4
Kladrum (D) 61 B4
Kladuša,-M. (BIH) 150 A2
Kladuša,-V. (BIH) 150 A2
Klæbu (N) 23 C2
Klagenfurt (A) 101 B4
Klagshamn (S) 42 C3
Klaipeda (LT) 175 C2
Klaistow (D) 69 C4
Klaj (PL) 82 B2
Klakvik (DK) 36 B4
Klamila (FIN) 34 D4
Klämmesbo (S) 38 D2
Klampju ciems (LV) 178 A6
Klana (HR) 111 B2
Klanac (HR) 111 D3
Klanac (HR) 111 C4
Klanino (PL) 63 B2
Klanjec (HR) 101 D5
Klanten (N) 27 B2
Klanxbüll (D) 60 B1
Klapkalnciems (LV) 179 A4
Kläppe (S) 15 B6
Kläppe (S) 24 C2
Kläppen (S) 10 C5
Kläppsjö (S) 16 C5
Klarabro (S) 28 B2
Klárafalva (H) 103 D5
Klaråsen (S) 28 B1
Klasnić, G. (HR) 150 A2
Klašnice (BIH) 150 C3
Klášterec n. O. (CZ) 79 A3
Kláštor, Cervený (SK) 82 B3
Klastorp (S) 30 C5
Kláštor p. Zn. (SK) 81 C4
Klasy, Zlaté (SK) 102 C1
Klatovy (CZ) 79 B5
Klaus (A) 101 B1
Klausenleopoldsdorf (A) 102 A1
Klausgalvai (LT) 175 C1
Klauvhamn (N) 5 A2
Klauvnes (N) 1 C5
Klåverön (S) 38 A3
Klāvi (LV) 179 B6
Klaxåsen (S) 24 D3
Klazienaveen (NL) 67 B3
Klebanowice (PL) 70 D3
Kleblach (A) 101 A3
Klebowiec (PL) 63 B4
Klecie (PL) 82 D2
Klecko (PL) 63 C6
Klecz (PL) 71 D3
Kleczanów (PL) 73 A5
Kleczany (PL) 82 D1
Kleczew (PL) 71 C1
Kleemola (FIN) 20 A2
Kleinarl (A) 101 A2
Klein-Bardorf (D) 78 A3
Klein Barßen (D) 67 C3
Kleinenberg (D) 68 B6
Kleinglödnitz (A) 101 B3
Kleinhaugsdorf (A) 80 C5
Klein-Heubach (D) 77 A5
Kleinkirchheim (A) 101 A3
Klein Lessen (D) 68 A3
Kleinmölsen (D) 78 B1
Klein Plasten (D) 61 D4
Klein Reken (D) 67 B5
Klein Sankt Veit (A) 101 C3
Kleinwelka (D) 70 B4
Klein Wusterwitz (D) 69 B3
Kleinzell (A) 102 A1
Kleiv (N) 27 B3
Kleiva (N) 4 C3
Kleive (N) 22 D3
Kleivegrend (N) 27 A6
Klejniki (BY) 73 C1
Klek (YU) 151 D1
Klemencice (PL) 72 C5
Klemensker (DK) 43 B4
Klemetsrud (N) 27 D4
Klemetstad (N) 2 B4
Klempenow (D) 62 A3
Klenová (CZ) 80 B4
Klenovec (SK) 82 B5
Klenovice na Hané (CZ) 81 A3
Klenshyttan (S) 29 A3
Kleppe (N) 27 B6
Kleppe (N) 36 A2
Kleppenes (N) 22 B5
Kleppestø (N) 26 A3
Kleptow (D) 62 B4
Klėriškės (LT) 176 D5
Kleszczele (PL) 65 C5
Kleszczewo (PL) 65 B2
Klėtiškė (LT) 176 A2
Klettwitz (D) 70 A3
Kleukheim (D) 78 B4
Kleve (D) 67 A5
Klevica (BY) 177 A6
Klevmarken (S) 28 B6
Klevmarken (S) 37 D1
Klevshult (S) 38 D4
Klewki (PL) 64 C3
Klezeno (RUS) 182 C3
Kliczków (PL) 70 C4
Klidi (GR) 163 D1
Klietz (D) 69 B3
Kligene (LV) 179 C4
Klikawa (PL) 71 A4
Klikoliai (LT) 178 D6
Klikuszowa (PL) 82 B3
Klimaszewnica (PL) 65 B4
Kliment (BG) 154 D6
Klimkovice (CZ) 81 B2
Klimontów (PL) 72 C6
Klimontów (PL) 72 D5
Klimovo (RUS) 35 B3
Klimpfjäll (S) 15 B2
Klina, G. (YU) 158 A3
Klinča Sela (HR) 111 D1
Klincovka (RUS) 175 B4
Klinga (N) 14 C4
Klingenberg (D) 77 B5
Klingenbrunn (D) 93 B1
Klingenthal (D) 78 D3
Klingersel (S) 11 B3
Klink (D) 61 D4
Klinkenstugan (N) 24 A3
Klinovo (RUS) 35 B3
Klintehamn (S) 43 C5
Klippan (S) 42 C2
Klippen (S) 9 B5
Klippen (S) 10 B5
Klippen (S) 16 C4
Klippen (S) 25 B2
Klirou (CY) 174 C4
Klis (HR) 150 B6
Kliskilä (FIN) 20 A2
Klisura (YU) 158 D3
Klisura (BG) 159 B4
Klisura (BG) 159 D3
Klisura (GR) 163 A3
Klitmeller (DK) 36 D6
Klitten (S) 24 D6
Klīvi (LV) 179 B5
Klixbüll (D) 60 B1
Kljajićevo (YU) 103 B6
Ključ (BIH) 150 B4
Kłobia (PL) 71 D1
Klobouky, Val. (CZ) 81 B4
Kłobuck (PL) 71 D5
Kłobuczyn (PL) 63 D2
Kłobuczyn (PL) 70 D3
Klöch (A) 102 A4
Klockarberg (S) 28 D1
Klockträsk (S) 17 A1
Kłoczew (PL) 73 A2
Kłoda, Dziadowa (PL) 71 B4
Kłodawa (PL) 62 D5
Kłodawa (PL) 71 D1
Kłodzka, Bystrzyca (PL) 71 A6
Kłodzko (PL) 71 A6
Kløfta (N) 28 A4
Klokkarvik (N) 26 A3
Klokkerholm (DK) 37 C5
Klokočevac (YU) 152 D3
Klokočov (SK) 81 C3
Klomnice (PL) 72 A5
Klon (PL) 64 D4
Klonów (PL) 72 B6
Klonowa (PL) 71 C3
Klooga (EST) 180 D3
Kloogaranna (EST) 180 D3
Kloosterzande (NL) 75 A1
Klopeinersee (A) 101 C4

Kloppenheim (D) 77 A3
Klos (AL) 162 B1
Klöse (S) 17 A4
Kloštar (HR) 102 C6
Kočevska Reka (SLO) 111 C1
Klosterfelde (D) 69 D2
Klosterlechfeld (D) 92 B4
Klostermansfeld (D) 69 A6
Klosterneuburg (A) 80 C6
Klosters (CH) 99 C3
Kloten (S) 29 B3
Kloten (CH) 99 A1
Klötze (D) 69 A3
Klovainiai (LT) 176 C2
Klovberg (DK) 40 D2
Klöverfors (S) 11 B6
Klöverträsk (S) 11 B4
Kløvforsen (N) 9 A6
Kløvimoen (N) 9 A6
Klövsjö (S) 24 D3
Klubbfors (S) 11 B5
Klubbudden (S) 10 D2
Klubbukt (N) 2 B3
Klubbvika (N) 3 A2
Kluczbork (PL) 71 C4
Kluczewo (PL) 63 A3
Kluczewsko (PL) 72 B5
Kluis (D) 61 D1
Kluk (CZ) 80 B1
Kluki (PL) 63 C1
Kluki (PL) 72 A4
Kluknava (SK) 82 C4
Klukowa Huta (PL) 63 D2
Klukowo (PL) 63 D2
Klukowo (PL) 65 B5
Klund (N) 28 A5
Klungset (N) 9 B1
Klupe (BIH) 150 D3
Klüppelberg (D) 76 C1
Kluščany (BY) 177 B4
Kluse (D) 67 C3
Klusy (PL) 65 A3
Kluszewo (PL) 64 C5
Klutajny (PL) 64 C2
Klütz (D) 61 A3
Klwów (PL) 72 C3
Klyve (N) 26 C3
Kmetovce (YU) 158 C4
Knaben (N) 36 C2
Knåda (S) 25 B5
Knapphus (N) 26 B5
Knäppingen (S) 16 D2
Knäpplinge (S) 39 D5
Knared (S) 38 C6
Knaresborough (GB) 54 C2
Knarrevik (N) 26 A3
Knarvik (N) 26 A3
Knäsjö (S) 16 D4
Knatstad (N) 27 D5
Knätten (S) 24 D4
Kneginec, G. (HR) 102 B5
Kneippbyn (S) 43 C5
Knesebeck (D) 68 D3
Kneža (BG) 153 C5
Knežak (SLO) 101 B6
Kneževac, Novi (YU) 103 D6
Kneževo (HR) 103 A6
Knežica (BIH) 150 B2
Knić (YU) 152 A5
Knidas (TR) 173 C3
Knidi (GR) 163 A4
Kniebis (D) 90 D3
Knighton (GB) 53 B6
Knin, N. (CZ) 79 C4
Knin (HR) 150 A5
Knipiškės (LT) 177 B2
Knislinge (S) 42 D1
Knittelfeld (A) 101 C2
Knīveri (LV) 178 B6
Knivsta (S) 31 A3
Knjaževac (YU) 152 D5
Knjaževo (BG) 160 C4
Knockandhu (GB) 45 B6
Knockcroghery (IRL) 51 A1
Knocktopher (IRL) 51 B4
Knodhara (CY) 174 B3
Knokke-Heist (B) 74 D1
Knøsen (N) 28 A2
Knossos (GR) 172 D6
Knottingley (GB) 54 C3
Knowle (GB) 54 B6
Knudshoved (DK) 41 B4
Knurow (PL) 71 D6
Knutby (S) 31 B3
Knutsford (GB) 53 C4
Knutsvik (N) 26 C6
Kn. Vinogradi (HR) 103 B6
Knyszyn (PL) 65 C4
Kobarid (SLO) 101 A5
Kobaš, Sl. (HR) 150 D2
Kobbevåg (N) 1 A6
Kobbøl (N) 27 D5
Kobela (EST) 182 B2
Köben, Chobienia (PL) 71 A3
Kobenhavn (DK) 42 B3
Kobenz (A) 101 C2
Koberg (S) 38 B2
Kobiele Wielkie (PL) 72 B4
Kobierzyce (PL) 71 A5
Kobiljane (BG) 160 B5
Kobior (PL) 81 C1
Koblenz (D) 76 C3
Koblenz (CH) 99 A1
Köblitz,-Wernberg (D) 78 D5
Kobryn (BY) 73 D1
Kobrzyniec (PL) 64 B5
Kobułty (PL) 64 D3
Kobyla Góra (PL) 71 C4
Kobylany (PL) 82 D2
Kobylin (PL) 71 B3
Kobyłka (PL) 72 D1
Kobylnica (PL) 71 B1
Kobylnik (BY) 177 C4
Kobylniki (PL) 72 B1
Kobyly (SK) 83 D1
Kočane (YU) 158 C2
Kočani (MK) 158 D5
Koçarli (TR) 169 C6
Koceby, Poreba- (PL) 65 A5
Koceljevo (YU) 151 C3
Kočėnai (LT) 179 B6
Kocēni (LV) 179 C3
Kočerin (BIH) 150 C6
Kočerinovo (BG) 159 B4
Kočevje (SLO) 101 C6
Kočevska Reka (SLO) 111 C1
Kochanoviči (BY) 177 D2
Kochel (D) 92 C5
Kocierzew (PL) 72 B2
Kočín (CZ) 79 C5
Kociołek Szlachecki (PL) 65 A3
Kock (PL) 73 B3
Koclířov (CZ) 80 D2
Kočmar (BG) 155 A5
Kočov (CZ) 79 A4
Kočovo (BG) 160 D1
Kocs (H) 103 A2
Kocsér (H) 103 C3
Kocsola (H) 103 A5
Kodal (N) 27 C6
Kodavere (EST) 181 C5
Kodeń (PL) 73 C2
Kodeniec (PL) 73 C3
Kodesjärvi (FIN) 19 B6
Kodisjoki (FIN) 32 D2
Kodjala (FIN) 32 D3
Kodrab (PL) 72 B4
Koeasema (FIN) 6 C3
Koenigsmacker (F) 75 D6
Koeru (EST) 181 B4
Köfering (D) 92 D2
Köflach (A) 101 C3
Koftweit (N) 26 A3
Køge (DK) 42 B3
Koguva (EST) 180 B5
Kohfidisch (A) 102 A3
Kohila (EST) 180 D3
Kohiseva (FIN) 20 D6
Köhlen (D) 60 B4
Kohmu (FIN) 20 B4
Köhtavaara (FIN) 21 B2
Kohtla-Järve (EST) 181 C3
Kohtla-Nõmme (EST) 181 C3
Koigi (EST) 181 A4
Koigi (EST) 181 B3
Koijärvi (FIN) 33 B3
Koijuniemi (FIN) 6 B5
Koikkala (FIN) 34 D1
Koikküla (EST) 182 B3
Koikul (S) 11 A3
Koilovci (BG) 153 D5
Kõima (EST) 180 C5
Koimla (EST) 180 A6
Köinge (S) 38 B5
Koipiniemi (FIN) 20 C4
Koirakivi (FIN) 34 C1
Koirakoski (FIN) 20 D2
Koirivaara (RUS) 21 D5
Koitankoski (FIN) 19 A6
Koitila (FIN) 13 B3
Koitonselkya (RUS) 21 D6
Koitsanlahti (FIN) 35 B1
Koittakylä (RUS) 3 D4
Koivio (FIN) 20 A6
Koivisto, Primorsk (RUS) 35 A4
Koivisto (FIN) 33 B1
Koivistonkylä (FIN) 33 B1
Koivu (FIN) 12 C2
Koivujärvi (FIN) 20 C2
Koivumaa (FIN) 6 C5
Koivumäki (FIN) 19 D3
Koivumäki (FIN) 20 D3
Koivumäki (FIN) 21 A5
Koivuoja (FIN) 19 D1
Kojanlahti (FIN) 21 A4
Kojedalen (N) 24 A3
Kojetín (CZ) 81 A3
Kojnare (BG) 153 C6
Kojonperä (FIN) 33 A2
Kojšov (SK) 82 C4
Kóka (H) 103 C2
Kökar (FIN) 32 C5
Kokašice (CZ) 79 A4
Kokava nad Rimavicou (SK) 82 B5
Kokelv (N) 2 B3
Kokemäki (FIN) 33 A2
Kokin Brod (YU) 151 C6
Kokinvaara (FIN) 21 D5
Kokka-aho (FIN) 21 C5
Kokkala (FIN) 33 C1
Kokkari (RUS) 21 D5
Kokkila (FIN) 33 A4
Kokkilä (FIN) 33 C2
Kokkino Nero (GR) 163 C5
Kokkokylä (FIN) 12 D3
Kokkola, Karleby (FIN) 19 C1
Kokkolahti (FIN) 21 B5
Kokkoniemi (FIN) 13 C4
Kokkorevo (RUS) 35 D4
Kokkoselkya (RUS) 21 D6
Kokkosenlahti (FIN) 34 D1
Kokkosniva (FIN) 7 B5
Kokkoti (GR) 167 B4
Kokkovaara (FIN) 6 D5
Köklot (FIN) 19 A3
Koknese (LV) 179 C5
Kokonvaara (FIN) 21 B4
Kokora (EST) 181 C5
Kokory (CZ) 81 A3
Kokoszki (PL) 63 D2
Kokra (SLO) 101 B4
Koksijde (B) 74 C1
Kokšino (RUS) 182 D5
Kokträsk (S) 10 D6
Koláby (S) 38 C3
Kołacin (PL) 72 B2
Kołacz (PL) 63 A3
Kołacze (PL) 73 C3
Kolaczkow (PL) 71 B2
Kolainiai (LT) 176 A2
Kołaki Kościelne (PL) 65 B5
Kolan (HR) 111 C4
Koláre (SK) 103 B1
Kolarevo (BG) 154 D5
Kolari (FIN) 6 C5
Kolarmora (S) 31 B2
Kolárovice (SK) 81 C3
Kolárovo (SK) 102 D1
Kolås (N) 22 C4
Kolåsen (S) 14 D5
Kolašin (YU) 157 C3
Kolback (S) 29 C4
Kołbaskowo (PL) 62 C4
Kolberg (D) 76 B3
Kołbiel (PL) 72 D2
Kolbnitz (A) 101 A3
Kolboth (N) 27 D4
Kolbotn (N) 23 C4
Kolbu (N) 27 D2
Kolbudy-Górne (PL) 63 D2
Kolbuszowa (PL) 73 A6
Kolby (DK) 41 A3
Kölcse (H) 83 B6
Kołczewo (PL) 62 C3
Kołczygłowy (PL) 63 C2
Koldby (DK) 37 A6
Kolding (DK) 40 D4
Kolerträsk (S) 11 A5
Kölesd (H) 103 A5
Kolga-Jaani (EST) 181 B5
Kolgaküla (EST) 181 A3
Kolho (FIN) 20 A5
Kolhorn (NL) 66 C3
Koli (FIN) 21 B3
Kolín (CZ) 80 B2
Kolind (DK) 41 A1
Kolindros (GR) 163 C3
Kolinec (CZ) 79 B5
Kölingared (S) 38 C3
Kolitzheim (D) 78 A4
Kõljala (EST) 180 B5
Kolka (LV) 178 D3
Kolkanlahti (FIN) 20 A4
Kolkanranta (FIN) 20 D6
Kolkja (EST) 181 C5
Kolkku (FIN) 20 B3
Kolko (FIN) 32 C4
Kolkonjärvi (FIN) 13 A2
Kolkontaipale (FIN) 21 A6
Kolksele (S) 17 A4
Kolkuttama (FIN) 6 D4
Kollafjørdur (DK) 36 B4
Kollaja (FIN) 12 D4
Kölleda (D) 78 B1
Kolline (GR) 171 A3
Kollstad (N) 22 D6
Kollum (NL) 67 A2
Kollumúli (IS) 1 D1
Kollund (DK) 40 D5
Kolma (FIN) 20 D5
Kolmården (S) 30 D6
Kolmikanta (FIN) 35 B1
Kolmiranta (FIN) 33 C4
Kölmjärv (S) 11 B2
Kolm Saigurn (A) 100 D2
Köln (D) 76 B2
Kolnica (PL) 65 C3
Kolno (PL) 65 A4
Koło (PL) 71 D2
Kołobrzeg (PL) 63 A2
Koločava (UA) 83 D5
Kolochau (D) 69 D5
Kolokolovo (RUS) 181 D4
Kolomoen (N) 28 A2
Kolonia, Ceków (PL) 71 C2
Kolonia, Łucka (PL) 73 B3
Kolonia, Niesułków (PL) 72 A2
Kolonia, Zelków (PL) 73 A1
Kolonia Słójka (PL) 65 D4
Kolonia Soczówki (PL) 72 C4
Kolonija Užmeny (BY) 177 D2
Kölosen (S) 24 B4
Kolovrat (YU) 151 C6
Kolpino (RUS) 35 D5
Kolpino (RUS) 182 C2
Kölsa (D) 69 B6
Kolsätter (S) 24 D4
Kölsillre (S) 24 D3
Kölsjön (S) 25 B3
Kolsk (PL) 63 A5
Kolsko (PL) 70 D2
Kolsrud (N) 27 C4
Kolsva (S) 29 B4
Kolta (SK) 103 A1
Költräsk (S) 11 A3
Kolu (FIN) 19 D4
Kolumna (PL) 72 A3
Koluszki (PL) 72 B3
Koluvere (EST) 180 C4
Kolvereid (N) 14 C3
Kolvik (N) 2 B3
Kolvkvatnet (N) 2 B3
Kölzow (D) 61 C2
Komádi (H) 146 B3
Komagfjord (N) 2 A4
Komagvær (N) 3 C2
Komagvik (N) 1 A5
Komai (BY) 177 C4
Komajsk (BY) 177 D4
Komańcza (PL) 83 A3
Komárnik, Vyšný (SK) 82 D3
Komarno (UA) 83 C2
Komárno (SK) 102 D2
Komárom (H) 102 D2
Komarówka Podlaska (PL) 73 B2
Komarów-Osada (PL) 73 C5
Koma tou Yialou (CY) 174 B2
Kom'aty, Velikij (UA) 83 C5
Kombotion (GR) 166 C4
Kombuli (LV) 177 C1
Komen (SLO) 111 A1
Komi (GR) 168 D5
Komi (GR) 172 B1
KomiKebir (CY) 174 B2
Komilion (GR) 166 B5
Komiza (HR) 156 A3
Komjatice (SK) 102 D1
Komló (H) 103 A5
Komlő (H) 103 D2
Kömlöd (H) 102 D2
Kommern (D) 76 B3
Komnina (GR) 163 A3
Komorane (YU) 158 B3
Komorniki (PL) 71 A1
Komorniki (PL) 82 B2
Komorowska, Huta (PL) 73 A6
Komorze (PL) 71 B2
Komorzno (PL) 71 C4
Komossa (FIN) 19 B3
Komotini (GR) 164 D1
Kompakka (FIN) 21 C5
Kompelusvaara (S) 6 A5
Kompersmåla (S) 39 A6
Kompina (PL) 72 B2
Kompöc (H) 103 C4
Kompolje (HR) 111 C3
Kõmsi (EST) 180 C5
Komsjø (N) 28 A6
Komsjö (S) 37 D1
Komsomolsk (RUS) 175 A5
Komsomol'sk (RUS) 175 B5
Komsomol'sk Zap. (RUS) 175 B5
Komu (FIN) 20 B3
Komu (FIN) 20 C2
Kömula (FIN) 21 A1
Komuniga (BG) 160 A5
Komušina Gor. (BIH) 150 D4
Komyšivka (UA) 155 C1
Konak (YU) 152 A1
Konäs (S) 15 A6
Kondemenos (CY) 174 B4
Kondias (GR) 164 D5
Kondoka (RUS) 13 D5
Kondolovo (BG) 161 B3
Kondoros (H) 146 A4
Koneck (PL) 64 A5
Konevits, Ozero (RUS) 35 D3
Køng (DK) 41 C4
Konga (S) 39 B6
Köngäs (FIN) 6 D3
Köngäs (FIN) 7 B3
Köngäs (FIN) 7 B6
Kongasmäki (FIN) 13 A5
Kongensvoll (N) 23 B1
Köngernheim (D) 76 D4
Konginkangas (FIN) 20 B4
Konglevoll (N) 26 A2
Kongsberg (N) 27 B5
Kongsbergseter (N) 27 A4
Kongsdalen (N) 9 A5
Kongselv (N) 4 C4
Kongsfjord (N) 3 A1
Kongsfjorddal (N) 3 A1
Kongsli (N) 5 B2
Kongsmo (N) 14 C3
Kongsnes (N) 26 C1
Kongsvik (N) 4 D3
Kongsvinger (N) 28 B3
Kongsvold (N) 23 B4
Koni (LV) 179 C2
Konice (CZ) 80 D3
Koniecpol (PL) 72 B5
Königerode (D) 69 A6
Königsbronn (D) 91 C2
Königsbrück (D) 70 A4
Königsbrunn (D) 80 C5
Königsbrunn (D) 92 B3
Königsdorf (D) 92 C4
Königsee (D) 78 B2
Königsfeld (D) 76 B3
Königsfeld (D) 92 C2
Königslutter (D) 68 D4
Königstein (D) 70 A5
Königstein i. Ts. (D) 76 D4
Königswartha (D) 70 A4
Königswiesen (A) 80 A5
Königswinter (D) 76 C3
Königs-Wusterhausen (D) 69 D4
Konin (PL) 71 C2
Koninciems (LV) 178 B5
Konispol (AL) 162 C6
Konitsa (GR) 162 D5
Konjarevo, St (MK) 163 C1
Konjavo (BG) 159 A4
Konjic (BIH) 150 D6
Konjice, Slov. (SLO) 101 D4
Konjovo (BG) 160 C3
Konjšćina, D. (HR) 102 A6
Konju (EST) 181 D3
Konken (D) 76 C5
Konnekoski (FIN) 20 C4
Könnern (D) 69 B5
Konnevesi (FIN) 20 C4
Könni (FIN) 19 B4
Konnitsa (RUS) 35 C3
Konnovo (RUS) 181 D2
Kõnnu (EST) 180 B5
Kõnnu (EST) 180 D5
Konnunsuo (FIN) 35 A2
Konnuslahti (FIN) 20 D4
Könölä (FIN) 12 B2
Konopiska (PL) 71 D5
Konopište (MK) 163 B2
Konopki (PL) 64 C5
Konopki Wielki (PL) 65 A2
Konopnica (PL) 73 B4
Konotop (PL) 63 A4
Konotop (PL) 70 D2
Końskie (PL) 72 C4
Końskowola (PL) 73 A3
Konsmo (N) 36 C3
Konstancin-Jeziorna (PL) 72 D2
Konstantinova (LV) 177 D1
Konstantinovy Lázně (CZ) 79 A4
Konstantynov (BY) 177 B4
Konstantynów (PL) 72 A3
Konstantynów (PL) 73 B1
Konstanz (D) 91 B5
Konstein (D) 92 C2
Konsvikosen (N) 8 D4
Kontiainen (FIN) 19 C4
Kontiolahti (FIN) 21 B4
Kontiolakhti (RUS) 21 D6
Kontiomäki (FIN) 13 B6
Kontioranta (FIN) 21 B4
Kontiovaara (FIN) 21 C3
Kontiovaara (FIN) 21 C4
Kontkala (FIN) 21 B4
Kontos, Akr. (GR) 172 A3
Kontosjärvi (FIN) 3 B6
Kontovazena (GR) 170 D2
Konttajärvi (FIN) 6 D6
Konttija (FIN) 12 D3
Konttikoski (FIN) 20 A2
Konttila (RUS) 13 C2
Konttila (FIN) 13 C2
Konttimäki (FIN) 20 A4
Konttimäki (FIN) 20 D3
Konttimäki (FIN) 21 A4
Kontu (FIN) 35 A2
Konungshamn (S) 43 C1
Konveliški (BY) 177 A6
Konz (D) 76 B5
Kõo (EST) 181 A5
Koobassaare (EST) 182 B3
Koolskamp (B) 74 D2
Koonga (EST) 180 D5
Kooraste (EST) 182 B2
Koorküla (EST) 179 D2
Köörtilä (FIN) 19 A6
Koosa (EST) 181 C5
Kootstertille (NL) 67 A2
Kopardal (N) 8 C5
Koparnes (N) 22 B4
Kópasker (IS) 1 C1
Köpenick (D) 69 D3
Koper (SLO) 101 A6
Köpernitz (D) 69 C2
Kopervik (N) 26 A6
Kophinou, K. (CY) 174 C3
Kopice (PL) 71 B5
Kopidlno (CZ) 70 C6
Kopijki (PL) 65 B3
Köping (S) 29 B4
Kopište (HR) 156 B3
Kopki (PL) 73 B6
Koplik (AL) 157 C5
Köpmanholmen (S) 16 D6
Köpmannebro (S) 38 B1
Koporije (RUS) 35 B5
Koporskij Zaliv (RUS) 35 B5
Koposenperä (FIN) 20 B1
Koposperä (FIN) 20 B1
Koppang (N) 23 D6
Koppangen (N) 1 B6
Kopparberg (S) 29 A3
Kopparnas (S) 11 B5
Kopparsjärv (S) 11 B2
Koppelo (FIN) 3 A6
Koppelo (FIN) 7 B1
Koppelo (FIN) 21 A2
Kopperå (N) 24 A1
Koppom (S) 28 B4
Koprivec (BG) 160 B1
Koprivlen (BG) 159 C6
Koprivnica (HR) 102 B5
Koprivnice (CZ) 81 B3
Kopřivnik (SLO) 101 C6
Koprivštica (BG) 159 D3
Köprübasi (TR) 169 D3
Koprzywnica (PL) 72 D5
Kopsa (FIN) 12 B5
Kopseng (N) 27 B3
Kõpu (EST) 180 A4
Kopyłów (PL) 73 D4
Kor, Crna na (SLO) 101 C4
Kor, Ravne na (SLO) 101 C4
Koraj (BIH) 151 B3
Korakas, Akr. (GR) 165 B5
Korax, Akr. (GR) 172 B2
Korbach (D) 77 A1
Korbielów (PL) 82 A3
Korçë (AL) 162 D3
Korčula (HR) 156 B3
Korčula (HR) 156 C3
Korczew (PL) 71 D3
Korczew (PL) 73 B1
Korczyn, Nowy (PL) 72 C6
Koren' (BY) 177 D5
Koreni, Titova (HR) 111 D3
Korenica (HR) 111 D3
Korenica (YU) 158 A4
Korentokylä (FIN) 13 A3
Korentovaara (FIN) 21 D4
Korfakulube (TR) 161 B4
Korfantów (PL) 71 B6
Korfos (GR) 171 B2
Korgen (N) 9 A5
Korģene (LV) 179 B3
Körgepalu (EST) 182 B3
Kõrgessaare (EST) 180 A4
Korholanmäki (FIN) 13 B6
Korhosenniemi (FIN) 13 B2
Koria (FIN) 34 C3
Korinos (GR) 163 C4
Korinth (DK) 41 A4
Korinthos (GR) 167 B6
Koriseva (FIN) 21 B2
Korissia (GR) 171 D2
Korita (BIH) 157 A3
Korithion (GR) 170 B2
Korito, N. (YU) 152 D5
Koritz (D) 69 B3
Korkana (FIN) 13 D6
Korkatti (FIN) 12 C6
Korkea (FIN) 21 C1
Korkeakangas (FIN) 7 A6
Korkeakangas (FIN) 21 C5
Korkeakoski (FIN) 19 D6
Korkeaperä (FIN) 19 D4
Korkee (FIN) 34 A1
Korkiakangas (FIN) 20 A3
Korkiamaa (FIN) 12 B2
Korkstorp (S) 39 C3
Kõrkvere (EST) 180 B5
Korly (RUS) 182 D2
Kormakiti, Cape (CY) 174 B4
Kormakiti (CY) 174 B4
Körmend (H) 102 B3
Kormu (FIN) 33 C3
Kornelimünster (D) 76 A2
Korneti (LV) 182 B3
Korneuburg (A) 80 C6
Kornevo (RUS) 175 B5
Kornica, Stara (PL) 73 B1
Kornica (PL) 71 C6
Kórnik (PL) 71 B1
Kornos (GR) 164 C4
Kornos (CY) 174 C4
Kornstad (N) 22 D2
Kornwestheim (D) 91 B2
Koroleve (UA) 83 C6
Koromačno (HR) 111 A3
Koroni (GR) 170 D4
Koronia (GR) 167 B5
Koronowo (PL) 63 D4
Koronuda (GR) 163 D2
Koropion (GR) 167 D6
Körösladány (H) 146 B3
Korospohja (FIN) 20 B6
Körösszakál (H) 146 B3
Köröstarcsa (H) 146 A3
Korouhev (CZ) 80 C2
Korovija (UA) 148 C1
Korozluky (CZ) 70 A6
Korpavár (H) 102 B5
Korpela (FIN) 6 D3
Korpi (FIN) 19 D2
Korpi (FIN) 32 D2
Korpi (FIN) 33 B3
Korpijärvi (RUS) 13 D3
Korpikå (S) 11 C3
Korpikoski (FIN) 34 C1
Korpikylä (FIN) 11 D2
Korpikylä (RUS) 35 C4
Korpilahti (FIN) 20 B6
Korpilahti (RUS) 35 B3
Korpilombolo (S) 11 C1
Korpilompolo (FIN) 6 D6
Korpimäki (FIN) 21 A2
Korpinen (FIN) 20 D2
Korpiselkya (RUS) 21 D5
Korpivaara (FIN) 21 B4
Korpo, Korppoo (FIN) 32 C4
Korpoström (FIN) 32 C4
Korppinen (FIN) 20 B3
Korppoo, Korpo (FIN) 32 C4
Korpus, Lisino- (RUS) 35 D6
Korrö (S) 39 B6
Kors (N) 22 D4
Korså (S) 29 B1
Korsåmon (S) 25 B2
Korsåsen (S) 25 A6
Korsbäck (FIN) 19 A5
Korsberga (S) 38 D2
Korsberga (S) 39 A4
Korsen (N) 14 B4
Korset (N) 37 B1
Korshamn (N) 36 C3
Korsheden (S) 29 A6
Korsholm Mustasaari (FIN) 19 A3
Korskrogen (S) 25 A4
Korsmyrbränna (S) 15 C6
Korsnäs (FIN) 19 A4
Korsnäs (S) 29 B2
Korsnes (N) 4 D4
Korso (FIN) 34 A5
Korsør (DK) 41 B4
Korssjön (S) 17 B3
Korssund (N) 26 A1
Korsträsk (S) 10 B4
Korsträsk (S) 11 A4
Korsvegen (N) 23 C2
Körsveka (S) 38 C6
Korsvoll (N) 23 A2
Korsze (PL) 64 D2
Korte (FIN) 19 C5
Kortekylä (FIN) 20 C2
Korten (BG) 160 B3
Kortenbos (B) 75 B2
Kortesjärvi (FIN) 19 C3
Kortessem (B) 75 C2
Kortevaara (FIN) 21 B1
Korteven (NL) 75 A1
Kortezwaag (NL) 67 A2
Kortfors (S) 29 A5
Kortgene (NL) 74 D1
Korthion (GR) 168 B6
Korthpulë (AL) 157 D5
Kortrijk, Courtrai (B) 74 D2
Kortteenperä (FIN) 12 D2
Kortteensalmi (RUS) 35 C2
Kortteinen (FIN) 21 A3
Korttia (FIN) 34 B3
Korucu (TR) 165 D5
Kõruse (EST) 180 A5
Koruste (EST) 182 A2
Korvakumpu (FIN) 7 B5
Korvala (FIN) 7 A6
Korvaluoma (FIN) 19 B6
Kõrveküla (EST) 181 C5
Korvenkylä (FIN) 12 C4
Korvenkylä (FIN) 12 C6
Korvenkylä (FIN) 19 D1
Korvenkylä (FIN) 32 D1
Korvua (FIN) 13 B3
Korybutowa, Wola (PL) 73 C4
Koryčany (CZ) 81 A4
Korycin (PL) 65 C3
Koryni (GR) 167 B5
Koryta (PL) 71 B3
Korytnica (PL) 73 A1
Korytnicakúpele (SK) 82 A4
Korzeniewo (PL) 64 A3
Korzeniste (PL) 65 B4
Korzenna (PL) 82 C2
Korzeńsko (PL) 71 A3
Korzybie (PL) 63 B2
Kos (GR) 173 B3
Kosani (GR) 163 B4
Kosanica (YU) 157 C2
Košava (BG) 153 A4
Koschach (A) 101 A3
Kościan (PL) 71 A2
Kościańskie, Izdebno (PL) 72 C2
Kościelec (PL) 71 D2
Kościelna, Dabrówka (PL) 63 C6
Kościelna, Turośń (PL) 65 C5
Kościelne, Kołaki (PL) 65 B5
Kościelne, Kulesze (PL) 65 B5
Kościelne, Wojkowice (PL) 72 A6
Kościelny, Bargłów (PL) 65 B3
Kościelny, Łubin (PL) 65 C5
Kościernica (PL) 63 B2
Koscierzyna (PL) 63 D2
Kościół, Biały (PL) 71 B5
Koścyelni, Miastków (PL) 73 A2
Kose (EST) 181 A3
Koserow (D) 62 B2
Košetice (CZ) 80 A3
Kose-Uuemõisa (EST) 181 A3
Kosewo (PL) 64 D3
Košice (SK) 82 D5
Košické Hámre (SK) 82 D4
Kosina (PL) 83 A1
Kosina Wlk (PL) 82 B2
Kosino (BY) 177 D6
Kosiny Stare (PL) 64 C5
Kosiv (UA) 148 B1
Kosjärv (S) 11 C3
Kosjerić (YU) 151 D5
Kösk (TR) 169 D5
Koška (HR) 151 A1
Koskama (FIN) 6 D4
Koskeby (FIN) 19 B3
Koskela (FIN) 19 D3
Kosken (FIN) 20 C2
Koskenkorva (FIN) 19 B4
Koskenkylä (FIN) 13 C2
Koskenkylä (FIN) 20 D4
Koskenkylä (FIN) 33 B2
Koskenmäki (FIN) 13 C6
Koskenmylly (FIN) 34 C2
Koskenniska (FIN) 2 D6
Koskenniska (FIN) 7 A1
Koskenniska (FIN) 34 C2
Koskenpää (FIN) 20 A6
Koski (FIN) 19 C3
Koski (FIN) 33 A3
Koski (FIN) 33 A4
Koski (FIN) 33 B4
Koskimäki (FIN) 19 B4
Koskioinen (FIN) 33 A2
Koskivaara (S) 11 A2
Koskolovo (RUS) 35 A6
Koškovce (SK) 83 A4
Koskue (FIN) 19 B5
Koskullskulle (S) 5 D6
Koskuniemi (FIN) 34 B3
Košljun (HR) 111 C4
Kosmas (GR) 171 B4
Kosmołów (PL) 72 B6
Kosnycja, Vel. (UA) 149 C1
Kosola (FIN) 19 C3
Kosovska Kamenica (YU) 158 C3
Kosów Lacki (PL) 65 B6
Kóspallag (H) 103 B1
Kössen (A) 100 C1
Kossow (D) 61 C3
Kosta (S) 39 B5
Kosta (GR) 171 B3
Kostajnica, Bosan. (BIH) 150 B2
Kostajnica (HR) 150 B2
Kostamo (FIN) 7 B6
Kostandenec (BG) 154 C6
Kostanjevac (HR) 111 D1
Kostanjevica (SLO) 101 D6
Kostanjevica (SLO) 111 A1
Kostantinovka (RUS) 175 B4
Kostel (SLO) 111 C2
Kostel n. N., Bílý (CZ) 70 C5
Kostelec, Cervený (CZ) 70 D6
Kostelec (CZ) 80 B3
Kostelec nad Labem (CZ) 70 B6
Kostelec n. Cer. Lesy (CZ) 80 A2
Kostelec na H. (CZ) 80 D3
Kostelec n. Orl. (CZ) 80 C1
Kostelní Hlavno (CZ) 70 B6
Kostenec (BG) 159 C4
Kostenevici (BY) 177 C5
Koster (S) 37 C1
Koštice (CZ) 70 A6
Kostila (FIN) 34 A2
Kostinbrod (BG) 159 A3
Kostivere (EST) 181 A3
Kostojevići (YU) 151 C5
Kostolac (YU) 152 B3
Kostol'any, Vel. (SK) 81 A5
Kostol'any, Zemianske (SK) 81 C5
Kostomłoty (PL) 71 A4
Kostromino (RUS) 175 C5
Kostrovo (RUS) 175 A5
Kostry (PL) 73 B2
Kostrzyn (PL) 62 C6
Kostrzyn (PL) 71 B1
Kosturino (MK) 163 C1
Kostveit (N) 27 A5
Kostyki (BY) 177 D5
Kosula (FIN) 21 A4
Kosundet (S) 28 D3
Kosuta (BY) 177 C5
Kosyny (UA) 83 B6
Koszalin (PL) 63 A2
Koszecin (PL) 71 D5
Kőszeg (H) 102 B2
Koszowice (PL) 71 D5
Koszuty (PL) 71 B2
Koszwały (PL) 64 A2
Koszyce (PL) 72 C6
Kotajärvi (FIN) 12 C4
Kotajärvi (FIN) 13 D6
Kotajärvi (FIN) 33 A1
Kotakumpu (FIN) 6 D4
Kotala (FIN) 7 D5
Kotala (FIN) 19 D5
Kotamäki (FIN) 20 D5
Kotaperä (FIN) 20 A5
Kotas (GR) 162 D3
Kotasalmi (FIN) 20 D3
Kotel (BG) 160 C2
Kotenovc (BG) 159 A2
Koterka (PL) 73 C1
Kotesová (SK) 81 C3
Köthen (D) 69 B5
Kotikylä (FIN) 20 C2
Kotila (FIN) 13 A5
Kotila (FIN) 34 D4
Kotkajärvi (FIN) 33 B2
Kotki (PL) 64 D2
Kotlarnia (PL) 71 C6
Kotlin, O. (RUS) 35 C5
Kotlin (PL) 71 B2
Kotlina, Tatranská (SK) 82 B3
Kotliny (PL) 71 D3
Kotlovyna (UA) 155 B1
Kotly (RUS) 35 B6
Kotola (FIN) 34 D3
Kotor (YU) 157 B4
Kotoriba (HR) 102 B5
Kotorsko (BIH) 150 D3
Kotor Varoš (BIH) 150 C3
Kotowice (PL) 72 A5
Kotowo (PL) 71 A1
Kotraža (YU) 151 D5
Kotronas (GR) 171 A5
Kotschach (A) 100 D3
Köttsjön (S) 16 B6
Koty, Świercze- (PL) 64 D6
Kötzting (D) 79 A6
Koudum (NL) 66 D3
Kõue (EST) 181 A4
Kouhi (FIN) 20 C6
Kouklia (CY) 174 B3
Kouklia (CY) 174 C5
Kounice, Dol. (CZ) 80 C4
Koura (FIN) 19 C4
Kousankylä (FIN) 34 C2
Koutajärvi (sF) 20 C3
Koutaniemi (FIN) 13 A6
Koutelo (FIN) 7 C5

Koutojärvi (S) 11 D3
Koutraphas, K. (CY) 174 B4
Koutsovendis (CY) 174 B4
Kouva (FIN) 13 A2
Kouvola (FIN) 34 C3
Kovačevci (BG) 159 B4
Kovačevica (BG) 159 C5
Kovačevo (BG) 160 C4
Kovačica (YU) 152 A2
Kovačica (BG) 153 B5
Kovačvci (BG) 159 A3
Kovala (FIN) 20 D6
Kovarce (SK) 81 B5
Kovelahti (FIN) 19 C6
Koverila (RUS) 35 C2
Kovero (FIN) 19 C6
Kovero (FIN) 21 C4
Kovero (FIN) 32 D3
Kovijoki (FIN) 19 C2
Koviken (S) 25 A1
Koviljača, Banja (YU) 151 B3
Kovin (YU) 152 B3
Kövkkäri (FIN) 19 C3
Kövra (S) 24 C2
Kovren (YU) 157 C2
Kovrovo (RUS) 35 C5
Kowal (PL) 64 B6
Kowale (PL) 71 D4
Kowale Oleckie (PL) 65 B2
Kowale Pańskie (PL) 71 D2
Kowalewo Pomorskie (PL) 64 A5
Kowalów (PL) 70 B1
Kowalowy (PL) 82 C2
Kowary (PL) 70 D5
Kowiesy (PL) 73 A1
Köyhäjoki (FIN) 19 D2
Köyhänperä (FIN) 20 A2
Köykkölä (FIN) 34 B3
Köyliö (FIN) 32 D2
Köyliönkylä (FIN) 33 A2
Koyun Burun (TR) 173 D2
Koyva (TR) 161 A4
Kozak (TR) 165 C5
Kozarac (BIH) 150 B2
Kozar Belene (BG) 160 A1
Kozármisleny (H) 103 A6
Kozárovce (SK) 81 C6
Kože (PL) 72 A2
Kozelnik (SK) 81 C5
Kozenin (PL) 72 B3
Kozica (HR) 156 C2
Koziegłowy (PL) 72 A5
Kozienice (PL) 72 D3
Kozina (SLO) 101 A6
Kozine (LV) 182 C4
Kozioł (PL) 65 A4
Kozjan (HR) 111 D3
Kozjany (LT) 177 C3
Kozje (SLO) 101 D5
Kožlany (CZ) 79 B4
Koźle (PL) 71 C6
Kozloduj (BG) 153 B5
Kozlov (CZ) 79 A3
Kozlov Bereg (RUS) 181 D4
Kozlovščina (BY) 177 D2
Kozłów (PL) 72 B2
Kozłowo (PL) 64 C4
Kozluk (BIH) 151 B3
Kozly (RUS) 182 D3
Koźmin (PL) 71 B3
Kozminci (SLO) 102 A5
Koźminek (PL) 71 C3
Koźminiec (PL) 71 B2
Kożuchów (PL) 70 C3
Kożuchówek (PL) 73 A1
Kožuhe (BIH) 150 D3
Kozy (PL) 81 D2
Kozyürük (TR) 161 A6
Kraak (D) 61 B4
Krääkkiö (FIN) 33 B2
Krabbendijke (NL) 75 A1
Krabi (EST) 182 B3
Kräckelbäcken (S) 24 D5
Krackow (D) 62 C4
Kraddsele (S) 9 C5
Krag (PL) 63 B2
Krågberget (N) 4 B3
Kragenæs (DK) 41 C5
Kragerø (N) 37 B1
Kragi (PL) 63 B4
Kragujevac (YU) 152 B4
Kraiburg a. Inn (D) 93 A3
Krainik Dolny (PL) 62 C5
Kraisdorf (D) 78 B4
Krajenka (PL) 63 B4
Krajeński, Kamień (PL) 63 C4
Krajeńskie, Sepólno (PL) 63 C4
Krajeńskie, Strzelce (PL) 62 D5
Krajišnik (YU) 152 A1
Krajková (CZ) 78 D3
Krajná Pol'ana (SK) 82 D3
Krajowice (PL) 82 D2
Krajsk (BY) 177 D5
Krakača (BIH) 150 A2
Krakar (HR) 111 C2
Kråken (S) 17 B5
Kråkenäs (S) 39 C4
Krakės (LT) 176 C3
Kråketorp (S) 39 A4
Kråkhamar (N) 27 A2
Krakhella (N) 26 A1
Kråklingbo (S) 43 C5
Kråkmo (N) 4 D5
Kråkö (S) 25 C5
Krakovec (UA) 83 C1
Kraków (PL) 82 B2
Krakow am See (D) 61 C4
Kråkrøhamn (N) 5 A2
Kråkshult (S) 39 B3
Kråksmåla (S) 39 B5
Krakstatt (N) 27 D4
Kr'akuša (RUS) 182 D3
Kråkviken (S) 28 B6
Král' (SK) 82 B6
Kralevo (BG) 160 D1
Králiky (CZ) 80 D1
Kraljevec Kupinečki (HR) 111 D1
Kraljevica (HR) 111 B2
Kraljevo (YU) 152 A5
Kral'ovany (SK) 81 C4
Kral'ovany (SK) 81 D4
Králové n. Lab., Dvůr (CZ) 70 D6
Králové, Městec (CZ) 70 C6
Královec (CZ) 70 D5
Kralovice (CZ) 79 B4
Král'ovský Chlmec (SK) 83 A5
Kralupy nad Vltavou (CZ) 70 A6
Kramarzyny (PL) 63 C2
Kramfors (S) 25 C1
Kramolin (BG) 160 A2
Krampenes (N) 2 D2
Krampenes (N) 3 B2
Krampnitz (D) 69 C3
Kramsk (PL) 71 C1
Kramsøy (N) 22 A4
Kramvik (N) 3 C2
Kråmviki (N) 27 A4
Kranea Deskatis (GR) 163 B5
Kranenburg (D) 67 A5
Kranevo (BG) 155 B6
Krånge (S) 16 B5
Krångsfors (S) 17 B2
Kranichfeld (D) 78 B2
Kranidion (GR) 171 B3
Kranj (SLO) 101 B5
Kranjska Gora (SLO) 101 A4
Krapanj (HR) 150 A6
Krapiel (PL) 62 D4
Krapina (HR) 102 A5
Krapkowice (PL) 71 C6
Krap. Toplice (HR) 102 A6
Krarup (DK) 41 A4
Kras (HR) 111 B3
Krašić (HR) 111 D1
Krasiczyn (PL) 83 B2
Krasikovščina (RUS) 182 D2
Krasion (GR) 173 A6
Krasioostrov (RUS) 35 C4
Kraskovo (RUS) 35 D4
Kraskowo (PL) 64 D2
Krāslava (LV) 177 C2
Kraslice (CZ) 78 D3
Krasna (PL) 72 C4
Krasna (UA) 83 D5
Krasná Hora n. Vlt. (CZ) 79 C4
Krasnaja Dubrovka (RUS) 175 D4
Krásná Lípa (CZ) 70 B5
Krásna nad Hornádom (SK) 82 D5
Krasne (PL) 64 D5
Krasne (PL) 83 A1
Krasne Folwarczne (PL) 65 C4
Krasn. Gorka (RUS) 35 B5
Kraśniczyn (PL) 73 C4
Kraśnik (PL) 73 B4
Kraśnik Fabr (PL) 73 B4
Kraśniki (PL) 70 C2
Krašnja (SLO) 101 C5
Krasnoborskoje (RUS) 175 C5
Krasnobród (PL) 73 C5
Krasnoe (RUS) 175 D4
Krasnoe (BY) 177 C6
Krasnoe Selo (RUS) 35 C5
Krasnogorka (BY) 177 C2
Krasnogorodskoe (RUS) 182 D5
Krasnogorskoe (RUS) 176 A5
Krásnohorské Podhradie (SK) 82 C5
Krasnoil's'k (UA) 148 C1
Krasnojarskoe (RUS) 175 D5
Krasnoje (RUS) 175 C4
Krasnoje Selo (RUS) 175 D4
Krasnoles'e (RUS) 176 A5
Krásno n. Kys. (SK) 81 C3
Krasnookt'abr'skoje (RUS) 175 C5
Krasnopol (PL) 65 C2
Krasnopoljanskoe (RUS) 175 D5
Krasno-Polje (HR) 111 C3
Krasnosel'cy (BY) 177 C2
Krasnosielc (PL) 64 D5
Krasnotorovka (RUS) 175 A4
Krasnovka (RUS) 175 D5
Krasnovo (BG) 159 D3
Krasnoznamensk (RUS) 176 A4
Krasnoznamenskoje (RUS) 175 B5
Krasnybór (PL) 65 C3
Krásny Brod (SK) 83 A3
Krasnyj Bor (RUS) 35 D5
Krasnyj Bor (RUS) 175 C4
Krasnystaw (PL) 73 C4
Krasocin (PL) 72 B5
Krasowy (PL) 72 A6
Krasti (LV) 179 C6
Kraszewice (PL) 71 C3
Kraszewo (PL) 64 C2
Kraszków (PL) 72 C3
Krasznokvajda (H) 82 C5
Kratečko (HR) 150 B1
Kratipos (GR) 165 C6
Kratovo (MK) 158 D5
Kraubath (A) 101 C2
Krauchenwies (D) 91 B4
Kraujas (LV) 178 C4
Krautheim (D) 77 B6
Kravaře (CZ) 70 B5
Kravaře (CZ) 81 B2
Kravarsko (HR) 150 A1
Kravsko (CZ) 80 C4
Kražiai (LT) 176 A2
Krbava (HR) 111 D4
Krbavica (HR) 111 D3
Krčedin (YU) 151 D2
Krchleby (CZ) 70 B6
Krchleby (CZ) 80 B2
Krčin, D. (YU) 152 B5
Krčina (BIH) 151 B3
Krčmare, Vel. (YU) 152 A4
Krczonów (PL) 73 B4
Kreba (D) 70 B4
Kredenbach (D) 77 B4
Krefeld (D) 76 A1
Kregme (DK) 41 C2
Kreivilä (FIN) 34 B3
Krekenava (LT) 176 C3
Krekilä (FIN) 19 D1
Krekling (N) 27 C5
Kremasti (GR) 173 D4
Kremena (BG) 155 B6
Kremenec (BY) 177 D5
Kremikovci (BG) 159 B3
Kreminci (UA) 148 A1
Kremmen (D) 69 C3
Kremna (YU) 151 C5
Kremnica (SK) 81 C5
Kremnička, St. (SK) 81 C5
Krempe (D) 60 C3
Krempel (D) 60 B4
Krempna (PL) 82 D3
Krems (A) 80 B5
Kremsbrücke (A) 101 A3
Kremsdorf (A) 93 D3
Kremsmünster (A) 93 C3
Křemže (CZ) 93 C1
Křenice (CZ) 79 B5
Krepča (BG) 154 C6
Krepoljin (YU) 152 C4
Krepost (BG) 160 B4
Kreševo (BIH) 150 D5
Kresna (BG) 159 B5
Kressbronn a. Bodensee (D) 91 B5
Kresterna (GR) 170 C3
Kreta (Kriti) (GR) 173 C5
Kretinga (LT) 175 C1
Kretingalė (LT) 175 C2
Kreuth,-Wildbad (D) 92 D5
Kreuzau (D) 76 B2
Kreuzen (A) 80 A6
Kreuzen (A) 101 A4
Kreuzlingen (CH) 99 B1
Kreuztal (D) 76 D2
Krevo (BY) 177 B5
Krezluk (BIH) 150 C4
Kričim (BG) 159 D4
Krieglach (A) 101 D2
Kriens (CH) 98 D2
Krievciems (LV) 178 C4
Krievgali (LV) 179 B6
Krievragciems (LV) 178 D4
Krikelos, Akr. (GR) 173 B3
Krikliniai (LT) 176 D2
Krilatica (MK) 158 D4
Křimice (CZ) 79 B4
Krimml (A) 100 C2
Krimpen a/d. Lek (NL) 66 C5
Krimūnas (LV) 179 A5
Krinčinas (LT) 176 D1
Kringen (N) 23 B5
Krini (GR) 163 D4
Kriokiškiai (LT) 175 D4
Krioneri (GR) 166 D6
Krios, Akr. (GR) 172 A5
Křišť'anov (CZ) 93 C1
Kristberg (S) 39 A1
Kristdala (S) 39 C4
Kristianopel (S) 39 C6
Kristiansand (N) 36 C3
Kristianstad (S) 42 D2
Kristiansund (N) 22 D2
Kristineberg (S) 16 D1
Kristinefors (S) 28 C3
Kristinehamn (S) 28 D5
Kristinestad Kristiinankaupunki (FIN) 19 A5
Kristinja (HR) 111 D2
Krististølen (N) 27 B1
Kriston (GR) 163 C2
Kristvalla (S) 39 C5
Kritinia (GR) 173 C4
Kritzowburg (D) 61 B3
Kriūkiai (LT) 176 B4
Kriukai (LT) 179 A6
Krivača (BIH) 157 A3
Kriva Feja (YU) 158 D3
Kriváň (SK) 82 A5
Krivandi (RUS) 182 D6
Krivāni (LV) 177 B1
Krivany (SK) 82 C3
Kriva Palanka (MK) 158 D4
Krīvi (LV) 179 C4
Kriviči (BY) 177 C4
Krivi Put (HR) 111 C3
Krivi Vir (YU) 152 C5
Krivodol (BG) 153 B6
Krivogaštani (MK) 162 D2
Křivoklát (CZ) 79 B3
Krivolak (MK) 163 B1
Krivorukhye (RUS) 35 A5
Krivosel'cy (LV) 177 C2
Krivoselje (BY) 177 C2
Krivsk (BY) 177 B6
Krivsk (RUS) 182 D2
Křivsoudov (CZ) 80 B3
Kriż (HR) 150 B1
Křižanov (CZ) 80 C3
Křižany (CZ) 70 B5
Križevci (SLO) 102 A4
Križevci (HR) 102 B6
Križi (LV) 177 B2
Križpolje (HR) 111 C3
Krížvá-Ves (SK) 82 C4
Krjuki (RUS) 182 D4
Krjukovo (RUS) 181 D4
Krk (HR) 111 B3
Krka (SLO) 101 C6
Krmčina (HR) 111 D5
Krnica (HR) 111 A3
Krnjača (YU) 152 A2
Krnjak (HR) 111 D2
Krnjeuša (BIH) 150 A3
Krnjevo (YU) 152 B3
Krnov (CZ) 81 A1
Kroåkan (S) 17 B3
Krobia (PL) 71 A3
Kroczewo (PL) 72 C1
Kroczyce Stare (PL) 72 B5
Krøderen (N) 27 C3
Krogaspe (D) 60 D3
Kroghaug (N) 23 C4
Krögis (D) 79 A1
Krognes (N) 3 B1
Krogsbølle (DK) 41 A3
Krogsered (S) 38 C5
Krogsētas (LV) 178 C5
Kröhstorf (D) 93 A2
Krok (S) 15 A6
Krokbäck (S) 17 B3
Krokee (GR) 171 A4
Krokeide (N) 26 B3
Krokelv (N) 2 B2
Kroken (N) 15 A1
Kroken (N) 22 D6
Kroken (S) 28 B5
Krokfors (S) 11 A3
Krokfors (S) 16 B5
Krokfors (S) 28 B6
Krokialaukis (LT) 176 C5
Krokininkai (LT) 176 B5
Krokion (GR) 163 C6
Kroknäs (S) 24 D3
Kroknes (N) 2 A2
Krokom (S) 15 B6
Krokowa (PL) 63 D1
Krokselvmoen (N) 9 A5
Krokseter (N) 23 D6
Krókstjarðarnes (IS) 1 A1
Krokshult (S) 39 C4
Kroksjö (S) 16 C3
Kroksjö (S) 17 B3
Krokstad (N) 23 B1
Krokstad (S) 38 A1
Krokstadelva (N) 27 C4
Krokstrand (N) 9 B4
Krokstorp (S) 28 D2
Kroktråsk (S) 11 B4
Kroktråsk (S) 16 D3
Krokvattnet, S. (S) 16 D4
Krokvik (S) 5 C4
Królewska, Brzóza (PL) 73 B6
Królewska (PL) 73 C6
Królewski, Majdan (PL) 73 A6
Królewski, Wierzchucin (PL) 63 C4
Królik Polski (PL) 82 D3
Królowa, Krzesk- (PL) 73 B2
Królowy Most (PL) 65 D4
Krombach (D) 76 C2
Kroměříž (CZ) 81 A3
Krompachy (SK) 82 C4
Kronach (D) 78 C3
Kronan (S) 28 C4
Kronauce (LV) 179 A6
Kronholmen (S) 43 C5
Kronoby, Kruunupyy (FIN) 19 C2
Kronogård (S) 10 D3
Kronogård (S) 10 D5
Kronotorp (S) 11 B1
Kronsagen (S) 10 D1
Kronsgaard (D) 60 D1
Kronstad (N) 2 A4
Kronštadt (RUS) 35 C5
Krootuse (EST) 182 B2
Kröpelin (D) 61 B3
Kropp (D) 60 C2
Kroppenstedt (D) 69 A5
Kropstädt (D) 69 C5
Krosatern (S) 28 B1
Krościenko (PL) 82 B3
Krościenko (PL) 83 B3
Krosna (LT) 176 B5
Krośnice (PL) 71 B3
Krośniewice (PL) 72 A1
Krosno (PL) 72 B4
Krosno (PL) 82 D2
Krosno Odrzańskie (PL) 70 C2
Krossbu (N) 23 A6
Krossen (N) 27 A5
Krossmoen (N) 36 B2
Krosso (N) 27 A4
Kröstitz (D) 69 C6
Krote (LV) 178 B6
Krotoszyn (PL) 71 B3
Krouna (CZ) 80 C2
Krovyli (GR) 164 D2
Krowlarki (PL) 81 B1
Krozingen, Bad (D) 90 D4
Kr. Prudy (RUS) 182 D3
Krš (HR) 111 C3
Krš, Mehov (YU) 157 D3
Krsan (HR) 111 A2
Krško (SLO) 101 D5
Krsna, M. (YU) 152 B3
Krsna, V. (YU) 152 A3
Krstatice (HR) 150 C6
Krstur, Ruski (YU) 151 C1
Krstur (YU) 103 D5
Krtiš, Vel'ký (SK) 82 A6
Kruće (YU) 157 B5
Krüden (D) 69 A2
Kruge (HR) 111 D4
Kruglovka (RUS) 175 C5
Kruglovo (RUS) 175 A4
Krugzell (D) 92 A5
Kruiningen (NL) 75 A1
Kruishoutem (B) 74 D2
Krujë (AL) 162 B1
Kruke (N) 23 B5
Krukenyči (UA) 83 C2
Kruklanki (PL) 65 A2
Krukow (D) 61 D3
Krukowo Brodowe (PL) 64 D4
Krulevščina (BY) 177 D4
Krumbach, Schwaben (D) 92 A3
Krumbach (D) 91 B4
Krumbach Markt (A) 102 A2
Krumlov,-Ceský (CZ) 93 C1
Krumovgrad (BG) 160 B6
Krumovo (BG) 160 C3
Krumpendorf (A) 101 B4
Krumvíř (CZ) 80 D4
Krün (D) 92 C5
Kruonis (LT) 176 C4
Kruopiai (LT) 175 D1
Kruopiai (LT) 176 B1
Krupa, Bos. (BIH) 150 A3
Krupá, Dolná (CZ) 70 B6
Krupá (CZ) 79 B3
Krupa na Vrbasu (BIH) 150 C3
Krupac (BIH) 151 A5
Krupac (YU) 159 A2
Krupanj (YU) 151 B4
Krupe (PL) 73 C4
Krupina (SK) 81 D6
Krupište (MK) 158 D5
Krupli (BY) 177 B6
Krupnik (BG) 159 A5
Krupovo (BY) 177 A6
Krupovo (RUS) 182 D1
Krupp (RUS) 182 D2
Kruša, V. (YU) 158 A4
Krusa (DK) 40 D5
Krušari (BG) 155 A5
Kruševac (YU) 152 B5
Kruševec (BG) 161 A3
Kruševo (BIH) 156 D2
Kruševo (MK) 162 D1
Kruševo Brdo (BIH) 150 C4
Krušica, Tribanj- (HR) 111 D4
Krusin (PL) 64 A4
Krušivica (BG) 153 C5
Krusje (MK) 162 D2
Krušovene (BG) 153 C5
Krustpils (LV) 179 D6
Kruszwica (PL) 63 D6
Kruszyn (PL) 64 A6
Kruszyniany (PL) 65 D4
Kruszyny (PL) 64 A4
Krutå (N) 9 A6
Krutådal (N) 9 A6
Krute (YU) 157 C5
Krūte (LV) 178 B6
Kruti (LV) 182 C4
Krutneset (N) 9 A5
Krutvatnfjellstue (N) 9 A5
Krutyń (PL) 65 A3
Kruunupyy, Kronoby (FIN) 19 C2
Krya Vrysi (GR) 163 B3
Kryckeltjörn (S) 17 A3
Krylbo (S) 29 C3
Krylovo (RUS) 175 C5
Kryłów (PL) 73 D5
Krymne (UA) 73 D3
Krynica (PL) 82 C3
Krynica Morska (PL) 64 B1
Krynki (PL) 65 D4
Krynyčne (UA) 155 B1
Krypbygget (S) 24 C5
Krypno Wielkie (PL) 65 C4
Kryptjärn (S) 24 C5
Krystalopiji (GR) 162 D3
Kryvorivnja (UA) 148 B1
Krzak (PL) 73 C5
Krzecin (PL) 62 D5
Krzeczów (PL) 71 D4
Krzeczów (PL) 82 B2
Krzelów (PL) 71 A3
Krzemieniewo (PL) 71 A2
Krzepice (PL) 71 D4
Krzepielów (PL) 70 D3
Krzepłów (PL) 71 A4
Krzesk-Królowa (PL) 73 B2
Krzeszów (PL) 73 B5
Krzeszowice (PL) 72 B6
Krzeszyce (PL) 62 D6
Krzynowłoga Mała (PL) 64 D4
Krzywaczka (PL) 82 A2
Krzywa Góra (PL) 71 C5
Krzywcza (PL) 83 B2
Krzywda (PL) 73 A2
Krzywiczyny (PL) 71 C4
Krzywiń (PL) 71 A2
Krzywizna (PL) 71 C4
Krzywośnity (PL) 73 B1
Krzyż (PL) 63 A5
Krzyżanowice (PL) 72 D4
Ksiaż, Wielkopolski (PL) 71 B2
Książki (PL) 64 A4
Książnice (PL) 82 B2
Ksiaż Wielki (PL) 72 B6
Ksieża Wólka (PL) 71 D2
Księżomierz (PL) 73 A4
Księżpol (PL) 73 B6
Księży Lasek (PL) 64 D4
Księżyno (PL) 65 C4
Kšinná (SK) 81 B4
Ktismata (GR) 162 C5
Kuban (RO) 149 B2
Kubanovka (RUS) 176 A5
Kubbe (S) 16 D5
Kubice, Česká (CZ) 79 A5
Kubin, Dolný (SK) 82 A4
Küblis (CH) 99 C3
Kubrat (BG) 154 C5
Kubuli (LV) 182 C4
Kučevo (YU) 152 C3
Kučgalys (LT) 176 D1
Kucharsie, Łaczki (PL) 82 D1
Kuchary (PL) 71 C2
Kuchl (A) 100 D1
Kucice (PL) 64 C6
Kuciny (PL) 72 A2
Kučište (HR) 156 C3
Kućište (YU) 157 D3
Kučiūnai (LT) 176 B6
Kucki (BY) 177 B4
Kücükbahce (TR) 169 A4
Küçükkuyu (TR) 165 B5
Kucura (YU) 151 C1
Kuczbork-Osada (PL) 64 C5
Kuddby (S) 39 C1
Kudinava (LV) 182 C4
Kudirkos-Naumiestis (RUS) 176 A4
Kudlov (CZ) 81 A4
Kudowa Zdrój (PL) 70 D6
Kūdums (LV) 179 C4
Kues (D) 76 B4
Kufalia (GR) 163 C3
Kuflew (PL) 73 A2
Kufomsion (GR) 172 C3
Kufonision (GR) 173 B6
Kufos (GR) 164 A4
Kufstein (A) 100 C1
Kuggeboda (S) 43 B1
Kuggerud (N) 28 A3
Kuggören (S) 25 C4
Kuggskär (FIN) 32 D5
Kūgiai (LT) 175 D3
Kuha (FIN) 12 D2
Kuhakoski (FIN) 21 A6
Kühbach (D) 92 C3
Kuhbier (D) 61 C5
Kuhfelde (D) 68 D3
Kuhljić (HR) 111 D4
Kühlungsborn (D) 61 B2
Kuhmalahti (FIN) 33 C1
Kuhmo (FIN) 21 B1
Kuhmoinen (FIN) 34 A1
Kühren (D) 69 C6
Kuhs (D) 61 C3
Kuhstedt (D) 60 B5
Kühtai (A) 100 A2
Kuijõe (EST) 180 C4
Kuikka (FIN) 20 B5
Kuikka (RUS) 21 D5
Kuikkavaara (FIN) 13 B5
Kuimetsa (EST) 181 A4
Kuinre (NL) 66 D3
Kuišiai (LT) 176 C5
Kuisma (FIN) 21 C4
Kuittila (FIN) 21 D4
Kuittua (FIN) 21 A5
Kuivainen (FIN) 34 D2
Kuivajärvi (FIN) 13 D5
Kuivajärvi (FIN) 34 C1
Kuivajõe (EST) 181 A3
Kuivakångas (S) 11 D2
Kuivalahti (FIN) 32 D2
Kuivaniemi (FIN) 12 C3
Kuivanto (FIN) 34 B3
Kuivasmäki (FIN) 20 A5
Kuivastu (EST) 180 C5
Kuiviži (LV) 179 B3
Kujawska, Izbica (PL) 71 D1
Kujawski, Aleksandrów (PL) 64 A5
Kujawski, Brześć (PL) 64 A6
Kujawski, Lubień (PL) 72 A1
Kujawski, Piotrków (PL) 71 D1
Kujawski, Solec (PL) 63 D5
Kujawskie, Złotniki (PL) 63 D5
Kuk (HR) 111 D4
Kūkas (LV) 182 A6
Kukasjärvi (FIN) 6 D5
Kukasjärvi (S) 11 D3
Kukës (YU) 158 A5
Kukhka (RUS) 35 C1
Kukko (FIN) 19 D4
Kukko (FIN) 20 A4
Kukkola (FIN) 12 B2
Kuklany (BY) 177 B4
Kuklen (BG) 160 A4
Kuklinów (PL) 71 B3
Kukljica (HR) 111 C5
Kukola (FIN) 32 C2
Kukonharja (FIN) 33 A2
Kuktiškės (LT) 177 A3
Kukujevci (YU) 151 B2
Kukuri (LV) 178 D6
Kula, Miloševa (YU) 152 C4
Kula (HR) 150 D1
Kula (YU) 151 C1
Kula (BG) 152 D5
Kulala (YU) 163 D1
Kulaši (BIH) 150 D3
Kulaszne (PL) 83 A3
Kulautuva (LT) 176 B4
Kul'baki (BY) 177 A6
Kulciems (LV) 178 D4
Kulddan (FIN) 6 B2
Kuldīga (LV) 178 C4
Kul'e (RUS) 182 C2
Kulefall (S) 39 C1
Kulennoinen (FIN) 21 B6
Kulen Vakuf (BIH) 150 A3
Kulesze Kościelne (PL) 65 B5
Kulho (FIN) 21 C4
Kulhuse (DK) 41 C2
Kuliai (LT) 175 D2
Kuliba (TR) 161 A5
Kulikovo (RUS) 175 B4
Kulikowe (PL) 71 D5
Kuliški (BY) 177 B4
Kulju (FIN) 33 B1
Kulla (EST) 179 C2
Kullaa (FIN) 32 D1
Kullamaa (EST) 180 C4
Kullbodarna (S) 24 C6
Kullenga (EST) 181 B3
Kullo (FIN) 34 B4
Küllstedt (D) 77 C1
Kulltorp (S) 38 D4
Kulm (CH) 98 D2
Kulmbach (D) 78 C4
Kulmenai (LT) 175 D3
Kulmunki (S) 6 C6
Kuloharju (FIN) 13 B2
Kulon (FIN) 19 C2
Kultima (FIN) 6 B2
Kultsjöluspen (S) 15 C2
Kuluntalahti (FIN) 13 B6
Kūlupėnai (LT) 175 C2
Kulva (LT) 176 B4
Kulvasjärvi (FIN) 19 C5
Kulvemäki (FIN) 20 D2
Kulykiv (UA) 83 D1
Kumačevo (RUS) 175 B4
Kuman (AL) 162 B3
Kumane (YU) 151 D1
Kumani (GR) 170 D2
Kumanica (YU) 151 D6
Kumanovo (MK) 158 C4
Kumares (GR) 172 B5
Kumbri (LV) 178 C5
Kumbuji (LV) 177 B2
Kumelsk (PL) 65 A3
Kumia (FIN) 34 B2
Kumkale (TR) 165 A4
Kumla (S) 29 B5
Kumlinge (FIN) 32 B4
Kummavuopio (S) 5 C2
Kummelby (S) 39 B1
Kummelvik (N) 1 D4
Kümmernitz (D) 69 B2
Kummunkylä (FIN) 20 C3
Kumola (RUS) 35 C1
Kumpu (FIN) 21 C6
Kumpula (FIN) 20 A3
Kumpumäki (FIN) 20 B3
Kumpuranta (FIN) 21 B6
Kumpuselkä (sF) 20 B3
Kumpuvaara (FIN) 13 A2
Kunágota (H) 148 A4
Kunbaja (H) 103 C6
Kunda (EST) 181 B3
Kunes (N) 2 C3
Kunfehértó (H) 103 C5
Kungälv (S) 38 A3
Kungas (FIN) 19 D1
Kungota (SLO) 101 D4
Kungsängen (S) 31 A4
Kungsåra (S) 30 D4
Kungsäter (S) 38 B4
Kungsbacka (S) 38 B4
Kungsberg (S) 29 B1
Kungsfors (S) 29 C1
Kungsgården (S) 29 C1
Kungshamm (S) 37 D2
Kungsör (S) 30 C4
Kunhegyes (H) 103 D2
Kuni (FIN) 19 B3
Kunigiškiai (LT) 176 A5
Kunin (CZ) 81 B3
Kuningaküla (EST) 181 D3
Kuninkaanlähde (FIN) 19 B6
Kunioniai (LT) 176 C3
Kunje (YU) 157 B5
Kunmadaras (H) 146 A2
Kunna (N) 8 D3
Kunnasniemi (FIN) 21 B4
Kunovice (CZ) 81 A4
Kunovice (CZ) 81 B3
Kunowice (PL) 70 B1
Kunowo (PL) 71 A2
Kunoy (DK) 36 B4
Kunpeszér (H) 103 B3
Kunrau (D) 68 D3
Kunštát (CZ) 80 D3
Kunszállás (H) 103 C4
Kunszentmárton (H) 103 D4
Kunszentmiklós (H) 103 B3
Kunžak (CZ) 80 B4
Künzelsau (D) 91 B1
Kuohatti (FIN) 21 B2
Kuohenmaa (FIN) 33 B2
Kuohijoki (FIN) 33 C2
Kuohu (FIN) 20 B5
Kuokanvaara (FIN) 21 B2
Kuokkala (FIN) 33 B2
Kuoksajärvi (FIN) 7 A6
Kuoksjarvi (RUS) 35 B2
Kuokso (S) 6 A4
Kuolajärvi (RUS) 7 D5
Kuolemajarvi (RUS) 35 B4
Kuolio (FIN) 13 B2
Kuollejaur (S) 10 C4
Kuomiolahti (FIN) 34 D1
Kuona (FIN) 20 B2
Kuopio (FIN) 20 D4
Kuoppaniva (FIN) 2 D5
Kuoppata (FIN) 20 A4
Kuora (FIN) 21 C3
Kuorevaara (FIN) 21 B4
Kuoreveden kirkko (FIN) 20 A6
Kuorevesi Halli (FIN) 20 A6
Kuorsalo (FIN) 34 D4
Kuortane (FIN) 19 C4
Kuortti (FIN) 34 C1
Kuosakåbbå (S) 10 D1
Kuosanen (S) 5 D4
Kuosku (FIN) 7 C5
Kuouka (S) 11 A2
Kuovila (FIN) 33 B4
Kup (PL) 71 C5
Kuparivaara (FIN) 13 C2
Kuparsaari (RUS) 35 B3
Kupci (YU) 152 B6
Kupčina, D. (HR) 111 D1
kúpele-Sliač (SK) 81 D5
Kupferberg (D) 78 C3
Kupferzell (D) 91 B1
Kupientyn (PL) 65 B6
Kupinec (HR) 101 D6
Kupinovo (YU) 151 D3
Kupirovo (HR) 150 A4
Kupiškis (LT) 176 D2
Kupjak (HR) 111 C2
Kupkovo (RUS) 181 D4
Küplü (TR) 165 B1
Kuprava (LV) 182 C4
Kupreliškis (LT) 176 D1
Kupres (BIH) 150 C5
Kural'any (SK) 103 A1
Kurbate, V. (HR) 111 D6
Kurbnesh (AL) 162 B1
Kurd (H) 103 A5
Kurejoki (FIN) 19 C3
Kureküla (EST) 181 B6
Kuremaa (EST) 181 B4
Kuremäe (EST) 181 D3
Kurenalus (FIN) 13 A3
Kurenec (BY) 177 C5
Kuressaare (EST) 180 B6
Kurevere (EST) 180 A5
Kurevere (EST) 178 C1
Kurgja (EST) 181 A5
Kurgolovo (RUS) 181 D2
Kuri (S) 10 D4
Kurijoki (FIN) 7 B5
Kurikankylä (FIN) 19 B4
Kurikka (FIN) 19 B4
Kuřim (CZ) 80 D3
Kurisjärvi (FIN) 33 B2
Kurjak (HR) 111 D4
Kurjala (FIN) 21 A4
Kurjenkylä (FIN) 19 C5
Kurkela (FIN) 33 B4
Kurki (PL) 64 C3
Kurkijoki (RUS) 35 C2
Kurkimäki (FIN) 20 D4
Kurkkio (FIN) 6 D3
Kurkliai (LT) 176 D3
Kurkse (EST) 180 C3
Kürmale (LV) 178 C5
Kurmelionys (LT) 177 A5
Kurmene (LV) 179 B6
Kürnach (D) 77 C4
Kurolanlahti (FIN) 20 C3
Kuropolje (BY) 177 C3
Kurortnoe (RUS) 175 C5
Kurovicy (RUS) 181 D2
Kurovyči (UA) 83 D2
Kurów (PL) 73 A3
Kurowice (PL) 72 B3
Kurowo, Stare (PL) 63 A5
Kurravaara (S) 5 D4
Kuršai (LT) 176 A2
Kuršėnai (LT) 176 B1
Kursi (EST) 181 B5
Kuršiai (LT) 176 C3
Kursiši (LV) 178 C6
Kursu (FIN) 7 C6
Kuršumlija (YU) 158 B2
Kuršumlijska Banja (YU) 158 B2
Kurtakko (FIN) 6 C5
Kurtbey (TR) 160 D6
Kürten (D) 76 C2
Kurtna (EST) 181 D3
Kurtovo Konare (BG) 159 D4
Kurtti (FIN) 13 B3

Kurtuvėnai (LT) 176 B2
Kuru (FIN) 19 C6
Kuru (FIN) 33 D3
Kurvila (FIN) 34 D3
Kurvinen (FIN) 13 C3
Kurzawa (PL) 71 B4
Kurzelów (PL) 72 B5
Kurzeszyn (PL) 72 B2
Kurzetnik (PL) 64 B4
Kurznie (PL) 71 B5
Kusadak (YU) 152 A3
Kusadasi (TR) 169 B6
Kusel (D) 76 C5
Kušela (RUS) 181 D4
Kusfors (S) 17 A1
Kusić (YU) 152 B2
Kuside (YU) 157 B3
Kusmark (S) 17 B1
Küsnacht (CH) 99 A2
Kuśnierz (PL) 63 D6
Kusnyšča (UA) 73 D3
Kušnycja (UA) 83 C5
Kusön (S) 25 C6
Kussjoki (FIN) 19 B6
Kussjön (S) 17 A3
Küssnacht (CH) 99 A2
Kustavi (FIN) 32 C3
Kuštilj (YU) 152 B2
Kustrawa (PL) 73 B6
Kusva (RUS) 182 D2
Kutajoki (FIN) 34 B2
Kutala (FIN) 33 A1
Kutas (H) 102 C5
Kutemajärvi (FIN) 20 C6
Kutenholz (D) 60 C4
Küti (EST) 181 B3
Kutina (HR) 150 B1
Kutiškiai (LT) 176 C2
Kutjevo (HR) 150 D1
Kutlovo (YU) 152 A4
Kutná Hora (CZ) 80 B2
Kutno (PL) 72 A1
Kutrikko (FIN) 7 C6
Kutsocheron (GR) 163 B6
Kutsu (FIN) 21 C5
Kuttaimen (S) 6 B2
Kuttanen (FIN) 6 B2
Kuttura Guhtur (FIN) 7 A2
Kutuniva (FIN) 6 C3
Kutuzovo (RUS) 175 D5
Kutuzovo (RUS) 176 A4
Kúty (SK) 80 D5
Kuty (UA) 148 B1
Kuukasjärvi (FIN) 12 D2
Kuuksenvaara (FIN) 21 D4
Kuuma (FIN) 33 B3
Kuuminainen (FIN) 32 C1
Kuumu (FIN) 13 C5
Kuuravuoma (S) 11 C2
Kuurila (FIN) 33 B2
Kuurtola (FIN) 13 B4
Kuusaa (FIN) 20 B1
Kuusaa (FIN) 20 B5
Kuusalu (EST) 181 A3
Kuusamo (FIN) 13 C2
Kuusankoski (FIN) 34 C3
Kuusela (FIN) 13 C5
Kuusijärvi (S) 11 C2
Kuusijärvi (FIN) 19 D5
Kuusijoki (FIN) 12 C1
Kuusikko (FIN) 12 B2
Kuusiku (EST) 180 D4
Kuusilaki (S) 6 B5
Kuusiranta (FIN) 13 A6
Kuusisto (FIN) 32 D1
Kuusivaara (FIN) 7 B6
Kuusjärvi (FIN) 21 A4
Kuusjoki (FIN) 33 A3
Kuuskanlahti (FIN) 13 A6
Kuuslahti (FIN) 20 D3
Kuutsalo (FIN) 34 D4
Kuutsi (EST) 182 B3
Kuuttila (FIN) 19 B3
Kuvaala (FIN) 20 D6
Kuvaskangas (FIN) 19 A6
Kuvereneringkoski (RUS) 3 C3
Kužiai (LT) 176 B1
Kuzma (SLO) 102 A4
Kuzmice (SK) 82 D5
Kuzmin (YU) 151 B2
Kuźmina (PL) 83 A2
Kuźmina Raciborska (PL) 71 C6
Kuźnica, Pusta (PL) 71 D5
Kuźnica (PL) 64 A1
Kuźnica (PL) 65 D3
Kuźnica Czarnkowska (PL) 63 B5
Kuźnice (PL) 82 B3
Kuźniczysko (PL) 71 B4
Kuzu Limani (TR) 165 A3
Kvačany (SK) 82 A4
Kvädö (S) 39 C2
Kvænangsbotn (N) 1 D5
Kvænvær (N) 23 A1
Kvaerndrup (DK) 41 A4
Kvakkol (S) 25 A6
Kvalavåg (N) 26 A6
Kvaldersrud (S) 28 C6
Kvalforsseter (N) 8 D6
Kvällträsk (S) 16 C4
Kvalnes (N) 3 C2
Kvalnes (N) 4 B4
Kvalnes (N) 4 C5
Kvaløy,-Nord (N) 1 A4
Kvaløy (N) 14 C2
Kvaløyseter (N) 14 B4
Kvaløyvåg (N) 1 A5
Kvalpsundet (N) 14 B3
Kvalsaukan (N) 4 C3
Kvålseter (N) 23 B6
Kvalsund (N) 2 A3
Kvalsund (N) 22 B4
Kvalsvik (N) 22 B4
Kvalvåg (N) 22 D2
Kvalvåg (N) 26 A4
Kvam (N) 14 C4
Kvam (N) 22 D6
Kvam (N) 23 C5
Kvambekk (N) 27 A5
Kvamme (N) 26 D1
Kvamsøy (N) 26 C1
Kvanløse (DK) 41 C3
Kvannås (N) 5 A1
Kvanndal (N) 26 C3
Kvanndalsvoll (N) 23 A5
Kvanne (N) 23 A3
Kvannli (N) 14 D2
Kvänum (S) 38 C2
Kvarn (S) 39 A1
Kvarnå (S) 11 A4
Kvarnabo (S) 38 B3
Kvarnamåla (S) 39 B6
Kvarnberg (S) 24 D5
Kvarnberg (S) 38 D4
Kvarnbränna (S) 10 B6
Kvarnby (FIN) 33 C4
Kvarnbyn (S) 17 B2
Kvarnsjö (S) 24 D3
Kvarntorp (S) 28 B3
Kvarsebo (S) 30 D6
Kvarv (N) 9 A2
Kvås (N) 36 C3
Kvasy (UA) 148 A1
Kvavisträsk (S) 17 A1
Kveciai (LT) 175 C2
Kvėdarna (LT) 175 D3
Kveinsjøen (N) 14 C2
Kvelax Koivulahti (FIN) 19 A3
Kvelde (N) 27 C6
Kvelia (N) 15 A3
Kvemoen (N) 15 A3
Kvenron (N) 23 D4
Kvernes (N) 22 D2
Kvernvik (N) 14 B3
Kvetkai (LT) 176 D1
Kvibille (S) 38 C6
Kvicksund (S) 30 D4
Kvighult (S) 39 A4
Kvigno (N) 26 D1
Kvikkjokk (S) 10 B2
Kvikne (N) 23 C3
Kvikstad (N) 9 A2
Kvilda (CZ) 93 B1
Kvilldal (N) 26 C5
Kville (S) 38 A2
Kvillsfors (S) 39 B4
Kvimo (FIN) 19 B3
Kvinen (N) 36 C1
Kvinesdal (N) 36 C3
Kvinlog (N) 36 C2
Kvislåseter (N) 23 C5
Kvisste (S) 25 C2
Kvistbro (S) 29 A5
Kvisten (N) 24 A5
Kvisvik (N) 22 D2
Kvitblikk (N) 9 B1
Kviteberg (N) 1 D5
Kviteseid (N) 27 A5
Kvitfjell (N) 23 C6
Kviting (N) 8 D5
Kvitingen (N) 26 B3
Kvitnes (N) 1 B5
Kvitnes (N) 3 A1
Kvitnes (N) 4 C3
Kvitnes (N) 22 D2
Kvitno (N) 26 C4
Kvitsøy (N) 26 A6
Kvrkesund (S) 38 A3
Kwiatkowice (PL) 72 A3
Kwidzyn (PL) 64 A3
Kwieciszowice (PL) 70 C5
Kwietniewo (PL) 64 B2
Kwilcz (PL) 70 D1
Kyan (S) 25 A5
Kybartai (LT) 176 A5
Kycklingvattnet (S) 15 A3
Kyïv (UA) 11 C6
Kyjov (CZ) 81 A4
Kyjovice (CZ) 81 B2
Kyläinpää (FIN) 19 B4
Kylämä (FIN) 34 A1
Kylänlahti (FIN) 21 B2
Kyläsaari (FIN) 32 D1
Kyleakin (GB) 44 C6
Kyle of Lochalsh (GB) 44 C5
Kyllai (S) 43 D4
Kyllinis, Akr. (GR) 170 B2
Kylmakosken asema (FIN) 33 B2
Kylmäkoski (FIN) 33 B2
Kylmälä (FIN) 12 D5
Kylmämäki (FIN) 20 C5
Kylören (S) 17 B5
Kymentaka (FIN) 34 C2
Kymi (GR) 167 D4
Kymina (GR) 163 C3
Kymis, Akr. (GR) 168 A4
Kymönkylä (FIN) 20 B3
Kyngäs (FIN) 12 D3
Kynsikangas (FIN) 32 D1
Kynsiniemi (FIN) 21 B2
Kynsiperä (FIN) 13 B2
Kynsivaara (FIN) 13 B2
Kypäsjärvi (S) 11 C3
Kyperävaara (FIN) 13 B5
Kyperounda (CY) 174 C4
Kyra Panjia (GR) 167 D3
Kyrenia, Girne (CY) 174 B4
Kyrhaug (N) 23 A2
Kyriakion (GR) 167 B5
Kyritz (D) 69 B2
Kyrkbolandet (S) 15 A3
Kyrkbyn (S) 29 B1
Kyrketorps kapell (S) 28 D6
Kyrkheden (S) 28 C3
Kyrkhult (S) 39 A6
Kyrkjebø (N) 26 B1
Kyrkøy (N) 26 B6
Kyrksæterøra (N) 23 B2
Kyrkslätt, Kirkkonummi (FIN) 33 C4
Kyrö (FIN) 33 A3
Kyrönlahti (FIN) 33 B1
Kyröskoski (FIN) 33 A1
Kyrsyä (FIN) 21 A6
Kys, Krásno n. (SK) 81 C3
Kyselka (CZ) 79 A3
Kyšice (CZ) 79 C3
Kyslmoen (N) 9 A3
Kyslycja (UA) 155 C1
Kysucké N. Mesto (SK) 81 C3
Kytäjä (FIN) 33 C3
Kythira (GR) 171 B6
Kythnos (GR) 172 A2
Kythrea (CY) 174 B3
Kytö (FIN) 33 A4
Kytökorpi (FIN) 12 B6
Kytökylä (FIN) 20 A6
Kytömäki (FIN) 13 B5
Kyyjärvi (FIN) 20 A3
Kyynämöinen (FIN) 20 A5
Kyynärö (FIN) 33 C1
Kyyrolya (RUS) 35 B3

L

Laa (A) 80 C5
Laaben (A) 102 A1
Laage (D) 61 C3
Laagri (EST) 180 D3
Laaja (FIN) 13 B5
Laajaranta (FIN) 20 B4
Laajoki (FIN) 32 D3
Laakajärvi (FIN) 21 A1
Laamala (FIN) 35 B1
Laanila (FIN) 7 B2
Lääniste (EST) 181 C6
Laapas (FIN) 34 D3
Laar (D) 67 D5
Laàs (F) 104 C5
Laasala (FIN) 19 D4
Laasphe (D) 76 D2
Laatokka (RUS) 35 D2
Laatre (LV) 179 C4
Laatre (EST) 182 B2
Laatzen (D) 68 C4
Laave (D) 61 B5
Lab, Týnec n. (CZ) 80 B2
Labacolla (E) 124 C3
Labajos (E) 132 B2
Labanoras (LT) 177 A3
Labardžiai (LT) 175 D2
Labasheeda (IRL) 50 C3
la Bassée (F) 74 C3
Labastide-Clairence (F) 104 B5
Labastide-d'Armagnac (F) 104 D3
Labastide-Murat (F) 105 C2
Labastide-Rouairoux (F) 106 A5
Labastide-Saint-Pierre (F) 105 C4
Labastide-Villefranche (F) 104 B5
Labatut (F) 104 B4
l'Abbaye, Signy- (F) 75 A5
Labbnäs (FIN) 32 A4
Labby (FIN) 34 C3
Łabędnik (PL) 64 D2
Łabędy (PL) 71 D6
Labem, Botetice nad (CZ) 70 A5
Labem, Kostelec nad (CZ) 70 B6
Labem, Roudnice nad (CZ) 70 A6
Labem, stínad (CZ) 70 A5
Labenne (F) 104 B4
Laberget (S) 5 A3
Laberweinting (D) 92 D2
Labin (HR) 111 A3
Labinot Fushët (AL) 162 C2
Łabiszyn (PL) 63 D5
Łabiszynek (PL) 63 C6
Lablachère (F) 106 D2
Łabno, Tyszki- (PL) 65 A4
Lábod (H) 102 C5
Laboe (D) 60 D2
Laborel (F) 107 B3
Labores, Las (E) 132 D6
Labouheyre (F) 104 C3
Laboutarie (F) 105 D5
Łabowa (PL) 82 C3
Labrags (LV) 178 B4
Labrit (F) 104 C3
Labroye (F) 74 B3
Labruguière (F) 105 D4
Labūnava (LT) 176 C3
Łabunie (PL) 73 C5
Laburgade (F) 105 C2
Läby (S) 31 A2
Laby (S) 31 A3
Laç (AL) 162 B1
Lacabarède (F) 106 A5
Lacalm (F) 106 B2
La Calobra (E) 123 B3
Lacanau (F) 104 B1
Lacanche (F) 97 A2
la Capelle (F) 75 A4
Lacapelle-Biron (F) 105 B2
Lacapelle-del-Fraisse (F) 106 A1
Lacapelle-Marival (F) 105 C2
Lacaune (F) 106 A4
Lacaussade (F) 105 B2
Lacave (F) 105 C1
Láccio (I) 108 D4
Lacedónia (I) 115 B5
Lacelle (F) 95 D5
Lăceni (RO) 154 A5
Laces (I) 99 D4
Lachanas (GR) 163 D2
Lachania (GR) 173 D5
la Chapelle (F) 74 B6
la Chapelle (F) 75 B5
Lachapelle (F) 90 B5
Lachapelle-aux-Pots (F) 74 B5
Lachapelle-sous-Aubenas (F) 106 D2
Láchar (E) 143 C3
Lachau (F) 107 B3
Lachen (CH) 99 A2
Lachendorf (D) 68 C3
la Cheppe (F) 75 B6
L'achovo (RUS) 182 D1
Lachowice (PL) 82 A2
Lacinia, Hera (I) 117 B6
Łack (PL) 72 A1
Lackagh (IRL) 50 D2
Lāčkalns (LV) 179 D6
Läckeby (S) 39 C5
Lackenbach (A) 102 B2
Lacki, Kosów (PL) 65 B6
Lacki, Stok (PL) 73 A1
Läckö (S) 38 C1
La Colonna (I) 112 C2
Lacona (I) 112 A3
Láconi (I) 121 C4
Lacoste (F) 107 B4
Lacougotte-Cadoul (F) 105 C4
Lacourt (F) 105 B6
Lacq (F) 104 C5
Lacroix-Barrez (F) 106 A2
Lacroix-Saint Quen (F) 74 C6
Lacroix-s-Meuse (F) 89 C2
Lacrouzette (F) 105 D4
Lacu Rosu (RO) 148 C4
Lacy, Stoke (GB) 57 C1
Łaczki Kucharskie (PL) 82 D1
Łaczki Myszewskie (PL) 64 B2
Łaczna (PL) 72 C4
Łacznik (PL) 71 C6
Łaczyn (PL) 72 B5
Lad (PL) 71 C2
Lad (H) 102 D5
Ladánybene (H) 103 C3
Ladapeyre (F) 96 A4
Ladbergen (D) 67 C5
Ladce (SK) 81 B4
Låddejåkkstugan (S) 5 A6
Låddejåkkstugan (S) 9 C1
Lāde (LV) 179 B3
Ladek-Zdrój (PL) 71 A6
Ladelund (D) 60 B1
Ladendorf (A) 80 C5
Lădesti (RO) 153 B2
Ladevèze-Rivière (F) 104 D4
Ladice (SK) 81 B5
Ladignac-le-Long (F) 95 C5
Ladispoli (I) 112 D5
Ladoeiro (P) 131 A5
Ladon (F) 88 B4
Ladozskoe, Ozero (RUS) 35 D2
Laduškin (RUS) 175 A5
Łady (PL) 72 B1
Laekvere (EST) 181 B4
Lærdalsøyri (N) 26 D1
Laerma (GR) 173 D4
Laeva (EST) 181 B5
la Fère (F) 74 D5
la Ferté-Milon (F) 74 C6
Laferté-s-Amance (F) 89 D4
Laferté-s-Aube (F) 89 B4
Lafeuillade-en-Vézie (F) 106 A1
la Feuillie (F) 74 A5
Laffrey (F) 107 B1
Lafitte (F) 105 B3
Lafkos (GR) 163 D6
Lafnitz (A) 102 A2
Lafrançaise (F) 105 B3
Lafvozero (RUS) 13 D5
Łag (PL) 63 D3
Lagadikia (GR) 163 D3
Lagan (S) 38 D5
Laganadi (I) 119 C2
Lagardelle-s-Lèze (F) 105 B/C5
Lagarinhos (P) 130 D3
Lagaro (I) 109 D4
Lagarrigue (F) 105 D4
Lage (D) 68 A5
Lagedi (EST) 180 D3
Lage Mierde (NL) 75 B1
Lageon (F) 94 D3
Lägern (S) 39 A3
Laget (N) 37 A2
Lagfors (S) 25 C2
Lagg (GB) 48 B3
Laggan (GB) 45 A6
Lagganulva (GB) 48 B2
Laggåsen (S) 28 D3
Läggesta (S) 31 A4
Laghö (S) 39 C1
Laghy (IRL) 46 D4
Łagiewnik (PL) 71 B3
Łagiewniki (PL) 71 A5
Lagnieu (F) 97 C5
Lagny-s-Marne (F) 88 C2
Lago, Carezza al (I) 100 B4
Lago (I) 100 C5
Lago (I) 116 D5
Lagoa (P) 125 B6
Lagoa (P) 136 C3
Lagoa (P) 137 C5
Lagonegro (I) 116 D3
Lagor (F) 104 C5
Lagorce (F) 106 D2
Lagos (P) 137 B5
Lagos (GR) 164 C2
Łagów (PL) 72 D5
Lagrasse (F) 106 A6
Lagraulière (F) 95 D6
la Groise (F) 74 D4
Lågsjö (S) 17 A4
Lagskär (FIN) 32 A5
Lågsta (S) 16 D4
Laguardia (E) 127 B4
Laguarres (E) 128 C4
Laguenne (F) 95 D6
Laguépie (F) 105 D3
Laguiole (F) 106 A2
Laguna, La (E) 144 B4
Laguna de Cameros (E) 127 B5
Laguna de Duero (E) 126 B6
Laguna del Medina (E) 133 C4
Lagunilla (E) 131 C3
Lagzdene (LV) 178 C4
Laharie (F) 104 C3
Lahde (D) 68 B4
Lahdenkylä (FIN) 20 A6
Lahdenkylä (FIN) 21 A6
Lahdenperä (FIN) 33 A1
Lahe (EST) 181 B2
Lahe (EST) 182 B2
Lahenpää (S) 11 C1
Laheycourt (F) 89 B2
Lahgen (A) 99 C2
Lahinch (IRL) 50 C3
Lahitte-Toupière (F) 104 D5
Lahnajärvi (S) 11 B1
Lahnajärvi (FIN) 33 B4
Lahnanen (FIN) 20 B1
Lahnasjärvi (FIN) 20 D1
Lahnasuand (S) 11 B1
Lahnstein (D) 76 C3
Lahnus (FIN) 33 C4
Laholm (S) 38 C6
Laholmen (N) 2 B2
Laholuoma (FIN) 19 B6
Lahovice (SLO) 101 B5
Lahr (D) 90 D3
Lahstedt (D) 68 C4
Lähte (EST) 181 B5
Lähteenkylä (FIN) 33 A2
Lahti (FIN) 32 C3
Lahti (FIN) 34 B2
Lahtiranta (FIN) 12 C5
Lähtru (EST) 180 C4
la Hulpe (B) 75 A2
Laichingen (D) 91 B3
Laičiai (LT) 177 A3
Laid (GB) 45 A3
Laidi (LV) 178 C5
Laidze (LV) 178 D4
Laigne, la (F) 94 D4
Laigné (F) 86 C6
Laigné-en-Belin (F) 87 A6
Laignes (F) 89 A4
Laiguéglia (I) 108 C5
Laihia (FIN) 19 B3
Laikko (FIN) 35 B1
Laikšės (LT) 176 A/B2
Laiküla (EST) 180 C4
Lailly-en-Val (F) 88 A4
Laimetsa (EST) 181 A4
Laimjala (EST) 180 B5
Laimokuokta (S) 5 C3
Laimont (F) 89 B2
Laina (E) 133 B1
Lainate (I) 108 D1
Lainici (RO) 153 B1
Lainijaur (S) 10 D6
Lainio (S) 6 B3
Lairg (GB) 45 A4
Laisbäck (S) 15 D1
La Isleta (E) 144 D5
Laissac (F) 106 A2
Laisvall (S) 10 B4
Laisvallsby (S) 10 B4
Laitala (FIN) 20 C6
Laitamaa (S) 11 C1
Laitasaari (FIN) 12 C5
Laitiala (FIN) 34 B2
Laitila (FIN) 13 B5
Laitila (FIN) 32 D3
Laitioinen (RUS) 21 D6
Laitse (EST) 180 D3
Laiuse (EST) 181 B4
Laives (F) 97 B3
Láives (I) 100 A4
Laize-la-Ville (F) 86 D3
Laižuva (LT) 178 C6
Laizy (F) 97 A2
Lajares (E) 145 C4
Lajas, Puerto (E) 145 C4
Lajedo (P) 136 A3
Lajeosa do M. (P) 131 A3
Lajes (P) 136 D6
Lajes do Pico (P) 136 B6
Lajes dos Flores (P) 136 A3
Lajkovac (YU) 151 D4
Lajksjö (S) 16 B4
Lajosmizse (H) 103 C3
Lajthizë (AL) 157 D5
Lak (H) 82 C5
Łaka, Debowa (PL) 64 A4
Łaka (PL) 71 B6
Lakaluoma (FIN) 19 C4
Lakamark (S) 17 A5
Lakasjö (S) 16 C4
Lakatnik (BG) 159 B2
Lakaträsk (S) 11 A3
Lakavica (MK) 163 B1
Lakhdenpokhya (RUS) 35 C1
Lakhtinskij (RUS) 35 C5
Łaki (PL) 64 D4
Łakie (PL) 63 C4
Lakijänkä (FIN) 7 C6
Lakitelek (H) 103 C4
Lakka (GR) 166 A4
Lakkion (GR) 173 A2
Łakociny (PL) 71 B3
Lakócsa (H) 102 D6
Lakolk (DK) 40 C4
Lakorz (PL) 64 B4
Lakšárska, N. Ves (SK) 81 A5
Laksåvik (N) 23 A1
Lakselv (N) 2 B4
Lakselvsletta (N) 5 B1
Laksfors (N) 8 D6
Laksnes (N) 2 D3
Laksvatn (N) 5 B1
Laktaši (BIH) 150 C3
La Laguna (E) 144 B4
Lâlapaşa (TR) 160 D4
Lalas (GR) 170 D2
Lalbarède (F) 105 D4
Lalbenque (F) 105 C3
Lålby (FIN) 19 A5
Lalevade (F) 106 D2
Lalin (E) 124 D3
Lalinac (YU) 152 C6
Lalinde (F) 105 A1
Lalizolle (F) 96 C4
Lalley (F) 107 B2
Lalm (N) 23 B5
Lalnach (A) 100 D3
Lalœuf (F) 89 D3
Lalongue (F) 104 D5
Lalouvesc (F) 97 A6
la Louvière (B) 75 A3
Lalsi (EST) 181 B5
Laluque (F) 104 C4
Lama dei Peligni (I) 114 D3
La Madonna (I) 100 A3
Lamagistère (F) 105 B3
Lamaids (F) 96 B4
Lamalou-les-Bains (F) 106 B4
Lama Moc. (I) 109 C4
Lamarche (F) 89 D4
Lamarche-s-Saône (F) 97 C1
Lamargelle (F) 89 B5
Lamarosa (P) 130 C6
Lamarque (F) 104 C1
Lamas (P) 130 C2
Lamas de Mouro (P) 124 C5
Lamastre (F) 106 D1
La Matanza (E) 144 B5
Lamazière-Basse (F) 96 A6
Lambach (A) 93 C3
Lämbacken (S) 28 B3
Lamballe (F) 85 A3
Lambay (IRL) 51 D2
Lamberhurst (GB) 59 A4
Lambesc (F) 107 B4
Lamb Head (GB) 45 C1
Lambia (GR) 170 D2
Lambinu (GR) 163 D6
Lamborn (S) 25 B6
Lambourn (GB) 58 B3
Lambrecht (Pf.) (D) 76 D6
Lambruisse (F) 107 D3
Lamego (P) 130 D1
Lamelas (P) 130 C1
Lamerdingen (D) 92 B4
Lamia (GR) 167 A4
Lamlahti (FIN) 32 D2
Lamlash (GB) 48 C4
Lammasaho (FIN) 20 A5
Lammasaho (FIN) 20 D3
Lammela (FIN) 19 A6
Lammhult (S) 39 A5
Lammi (FIN) 19 C3
Lammi (FIN) 34 A2
Lamminkoski (FIN) 19 C6
Lamminkoski (FIN) 21 C3
Lamminkylä (FIN) 13 B6
Lamminkylä (FIN) 19 C3
Lamminmäki (FIN) 20 D5
Lamminperä (FIN) 12 D3
Lamminvaara (FIN) 13 A1
Lamnay (F) 87 B5
Lamorteau (B) 75 C5
Lamothe (F) 96 D6
Lamothe-Cassel (F) 105 C2
Lamothe-Fénelon (F) 105 C1
Lamotte-Beuvron (F) 88 B5
Lamoura (F) 97 D3
Lamovita (BIH) 150 B2
Lampaanjärvi (FIN) 20 C2
Lampaul (F) 84 A3
Lampaul-Guimiliau (F) 84 B3
Lampaul-Plouarzel (F) 84 A3
Lamperila (FIN) 20 D4
Lampertheim (D) 76 D5
Lampeter (GB) 57 A1
Lampinsaari (FIN) 12 B6
Lampiselkä (FIN) 7 B5
Lampiskylä (FIN) 19 B4
Lamporécchio (I) 109 C5
Lamppi (FIN) 32 D1
Lampsijärvi Raanujärvi (FIN) 11 D1
Lamsfeld (D) 70 B2
Lamspringe (D) 68 C5
Lamsted (D) 60 C4
Lamu (FIN) 19 D1
Lamu (FIN) 20 B1
Lamujoki (FIN) 20 B1
Lamula (FIN) 12 C4
Lamure-s-Azergues (F) 97 A4
Lana (I) 100 A3
Lanabukt (N) 3 C3
Lanaja (E) 128 B5
Lanaken (B) 75 C2
Lanarce (F) 106 C2
Lanark (GB) 49 A4
Lancaster (GB) 53 B2
Lancey (F) 97 D6
Lanchester (GB) 49 C6
Lanciano (I) 114 D2
Lancin (F) 97 C5
Lančiūnava (LT) 176 C3
Lançon-Provence (F) 107 A4
Łańcut (PL) 83 A1
Landåsen (N) 27 C2
Landau (D) 93 A2
Landau i. d. Pfalz (D) 90 D1
Landéan (F) 86 C4
Landeck (A) 99 D2
Landéda (F) 84 A2
Landedo (P) 125 A5
Landegode (N) 8 D1
Landeleau (F) 84 C3
Landemont (F) 94 C1
Landenperä (FIN) 20 A3
Landerneau (F) 84 B3
Landersfjord (N) 2 D3
Landeryd (S) 38 C5
Landes (F) 94 D4
Landes-Genusson, les (F) 95 C2
Landete (E) 134 B4
Landévant (F) 84 D5
Landévennec (F) 84 B3
Landiras (F) 104 C2
Landivisiau (F) 84 B3
Landivy (F) 86 C4
Landl (A) 100 C1
Landön (S) 15 B6
Landos (F) 106 C1
Landøy (N) 22 A6
Landquart (CH) 99 B3
Landrecies (F) 74 D4
Landriano (I) 109 A2
Landsberg (D) 69 B6
Landsberg (D) 92 B4
Landsbro (S) 39 A4
Landscha (A) 101 D3
Landsem (N) 14 D4
Land's End (GB) 56 B6
Landshut (D) 92 D2
Landskrona (S) 42 B2
Landsmarken (N) 27 B6
Landsombodarna (S) 24 C2
Landstuhl (D) 76 C6
Landudec (F) 84 B4
Landvågen (S) 15 B6
Landvetter (S) 38 B4
Landze (LV) 178 B4
Lane, Orange (GB) 49 B4
Låne (N) 26 C1
Lane-Ryr (S) 38 A2
Lanes, Cross (GB) 56 C6
Lanesborough (IRL) 51 A1
Lanesøra (N) 1 B5
Lanester (F) 84 D4
Lanestosa (E) 126 D2
Lanfroicourt (F) 89 D2
Lång (S) 28 C5
Långå (S) 24 C3
Langå (DK) 40 D1
Langå (DK) 41 B4
Langadas (GR) 163 D3
Langa de Duero (E) 126 D6
Långåminne (FIN) 19 A4
Langangen (N) 27 C6
Långared (S) 38 B3
Långaröd (S) 42 D2
Långås (N) 14 C6
Långasjö (S) 39 B6
Langau (A) 80 B4
Langau (A) 101 D1
Långbäcken (S) 16 C3
Långbakk (N) 4 C5
Långban (S) 28 D4
Långberget (S) 25 A4
Langbergsöda (FIN) 32 B4
Långbo (S) 25 B5
Långbrok (FIN) 32 C4
Langbunes (N) 3 C2
Lang Craig (GB) 49 B2
Langdalen (N) 22 D4
Langdorf (D) 93 B1
Langeac (F) 106 C1
Langeais (F) 95 A1
Långed (S) 17 A4
Långedrag (S) 38 A4
Langefonn (N) 27 B4
Langeid (N) 26 D6
Långe Jan (S) 39 C6
Langeland (DK) 41 B5
Längelmäen kk. (FIN) 33 C1
Längelmäki (FIN) 20 D5
Längelmäki (FIN) 33 C1
Långemåla (S) 39 C4
Langen (D) 60 B4
Langen (D) 77 A4
Langenargen (D) 91 B5
Langenau (D) 92 A3
Langenberg (D) 78 D2
Langenburg (D) 91 C1
Langenes (N) 3 C4
Langenes (N) 4 C2
Langenfeld (D) 76 B1
Längenfeld (A) 100 A2
Langenhagen (D) 68 C4
Langenhahn (D) 76 C3
Langenholzhausen (D) 68 B4
Langenlois (A) 80 B5
Langenmannshof (D) 68 C3
Langennaundorf (D) 69 D5
Langennerie (F) 95 B1
Langenselbold (D) 77 A4
Langenthal (CH) 98 D2
Langenzenn (D) 78 B5
Langeoog (D) 67 C1
Langesi (N) 22 B5
Langeskov (DK) 41 A4
Langestølen (N) 27 B2
Langesund (N) 37 B1
Langevåg (N) 22 B3
Langevåg (N) 26 A5
Langfjell (N) 9 A4
Langfjord (N) 1 D4
Langfjordbotn (N) 3 B3
Langfjordnes (N) 2 D1
Långflon (S) 28 B1
Langförden (D) 67 D3
Langgons (D) 77 A3
Långhed (S) 25 B5
Långheden (S) 11 B1
Långhem (S) 38 C4
Langhirano (I) 109 B3
Langholm (GB) 49 B5
Långholmen (FIN) 32 D5
Langhus (N) 27 D4
Långjum (S) 38 C2
Langkeila (N) 1 D3
Långlet (S) 28 D1
Langlia (N) 27 D3/4
Långlingen (S) 16 A5
Långlöt (S) 39 D5
Långnästräsk (S) 11 A6
Langnau (CH) 98 D2
Langnes (N) 5 A1
Langnes (N) 8 D4
Langniendorf (D) 61 A3
Långo bruk (S) 24 D6
Langogne (F) 106 C2
Langoiran (F) 104 D2
Langon, le (F) 94 C3
Langon (F) 104 D2
Langonnet (F) 84 C4
Langosco (I) 108 C2
Langøya (N) 4 C3
Langport (GB) 57 B4
Långrådna (S) 39 C2
Langres (F) 89 C4
Långron (S) 17 A5
Långsbo (S) 25 B4
Langschlag (A) 80 A5
Långsel (S) 11 B3
Långsel (S) 11 C3
Långselberget (S) 16 B2
Långsele (S) 15 C3
Långsele (S) 16 C6
Långsele (S) 16 D3
Långserud (S) 28 B5
Langset (N) 9 B2
Långshyttan (S) 29 B2
Långskär (FIN) 19 A3
Långskogen (S) 25 C3
Långskogen (S) 28 D4
Langslett (N) 1 C5
Langstein (N) 14 B6
Langstrand (N) 1 D3
Langstrand (N) 8 D4
Långstrand (S) 15 D2
Långsund (S) 11 C5
Långtjarn (S) 16 B3
Langtoft (GB) 54 D2
Långträsk (S) 10 D6
Långträsk (S) 11 A4
Långträsk (S) 11 A5
Långträsk (S) 11 B4
Långträsk (S) 11 D3
Långträsk (S) 17 A1
Långträsk (S) 17 A2
Långudden (S) 9 C4
Långudden (S) 10 B4
Langueux (F) 85 A3
Languidic (F) 84 D4
Languilla (E) 126 D6
Langula (D) 77 C1
Långvatnet (N) 8 D5
Långvattnet (S) 15 D1
Långvattnet (S) 16 C4
Långvattnet (S) 16 D5
Långvattnet (S) 17 A2
Långvik (S) 11 C5
Långvik (FIN) 33 C5
Långviken (S) 10 C5
Långviken (S) 17 B2
Långviksmon (S) 16 D5
Långvinds bruk (S) 25 C5
Langwarden (D) 67 D1
Langwathby (GB) 53 C1
Langwedel (D) 68 B2

Langweid (D) 92 B3
Langweiler (D) 76 C5
Lanhélin (F) 85 B3
Lanheses (P) 124 B5
Lanhouarneau (F) 84 B3
Łanieta (PL) 72 A1
Lanildut (F) 84 A3
Lanjarón (E) 140 A6
Lankas (LV) 178 B5
Lånke (N) 23 D1
Lankeliškiai (LT) 176 B5
Lankila (FIN) 34 D3
Lanklaar (B) 75 C2
Lankojärvi (FIN) 11 D1
Lankoori (FIN) 32 C1
Lankow (D) 61 B4
Lanloup (F) 84 D2
Lanmeur (F) 84 C2
Länna (S) 30 D4
Lanna (S) 38 D5
Lannabruk (S) 29 A5
Länna bruk (S) 30 D5
Lannach (A) 101 D3
Lännäs (S) 29 B5
Lannavaara (S) 6 A3
Lannéanou (F) 84 C3
Lannemaignan (F) 104 D4
Lannemezan (F) 105 A5
Lannepax (F) 105 A4
Lannersbach (A) 100 B2
Lannevesi (FIN) 20 A4
Lannilis (F) 84 B3
Lannion (F) 84 C2
Lanobre (F) 96 B6
Lanouaille (F) 95 C6
Lanouée (F) 85 A4
Lansån (S) 11 C2
Lans-en-Vercors (F) 97 C6
Lånsi (FIN) 20 D4
Länsi-Aure (FIN) 19 C6
Länsikylä (FIN) 19 C4
Länsiranta (FIN) 7 A4
Lansi-Teisko (FIN) 19 C6
Lansjärv (S) 11 B2
Lanškroun (CZ) 80 D2
Lanslebourg-Mont-Cenis (F) 98 B6
Lanta (F) 105 C4
Lantadilla (E) 126 C4
Lantejuela, La (E) 142 D3
Lanterna (HR) 110 D2
Lanteuil (F) 105 D1
Lantjärv (S) 11 D3
Lanton (F) 104 B/C2
Lantosque (F) 108 A5
Lanuéjols (F) 106 B3
Lanuéjouls (F) 105 D2
Lånus (S) 24 C5
Lanusei (I) 121 D4
Lanuvio (I) 113 A6
Lanvéoc (F) 84 B3
Lanvollon (F) 84 D2
Lanz (D) 69 A2
Lanzahita (E) 132 B4
Lanzarote (E) 145 D4
Lanžhót (CZ) 80 D5
Lanzingen (D) 77 B4
Lanzo d'Intelvi (I) 99 A5
Lanzós (E) 125 A2
Lanzo Torinese (I) 108 B2
Lao (EST) 179 C6
Laoise, Port (IRL) 51 B3
Laon (F) 74 D5
Laons (F) 87 B4
Lapa, La (E) 138 C2
Lapac, D. (HR) 150 A3
Lápafő (H) 102 D5
Lapajärvi (FIN) 7 C6
Lapalisse (F) 96 D4
La Palma (E) 144 B1
Lapalme (F) 106 B6
Lapalud (F) 107 A3
Lapaluoto (FIN) 12 B5
Lapan (F) 96 B2
Łapanów (PL) 82 B2
Lapáš, Veľ. (SK) 81 B6
Lapas (GR) 166 C6
Łapczyca (PL) 82 B2
Lapės (LT) 176 C4
La Pèscia (I) 115 C4
Lapeyrade (F) 104 D3
Lapeyrouse (F) 96 C4
Lapeza (E) 140 A5
Lapinjärvi (FIN) 34 B3
Lapinkoski (FIN) 21 A5
Lapinkylä (FIN) 33 C4
Lapinlahti (FIN) 20 D3
Lapinlakhti (RUS) 35 C3
Lapinneva (FIN) 19 B6
Lapinsalo (FIN) 20 C1
Lapithos (CY) 174 B4
Lapjärvi (FIN) 34 D3
La Platja d'Aro (E) 129 D5
Lapleau (F) 96 A6
Laplje Selo (YU) 158 B3
Laplume (F) 105 A3
Lapmežciems (LV) 179 A4
Lapoblación (E) 127 B4
Lapoutroie (F) 90 C4
Lapouyade (F) 104 D1
Lapovo (YU) 152 B4
Lappago (I) 100 B3
Lappajärvi (FIN) 19 C3
Lappbäcken (S) 11 D3
Lappberg (S) 5 D5
Lappe (S) 29 B5
Lappea (FIN) 6 C5
Lappeenranta (FIN) 34 D2
Lappers (FIN) 33 B4
Lappetelä (FIN) 20 C3
Lappfjärd, Lapväärtti (FIN) 19 A5
Lappfors (FIN) 19 C2
Lappi (FIN) 13 B4
Lappi (FIN) 32 D2
Lappila (FIN) 34 A3
Lappo (FIN) 32 C4
Lappohia, Lappvik (FIN) 33 A5
Lappoluobbal (N) 2 B6
Lappträsk (S) 11 A6
Lappträsk (S) 11 C3
Lappträsk (S) 11 D3
Lappvattnet (S) 17 B2
Lappvik, Lappohia (FIN) 33 A5
Laprugne (F) 96 D4
Lâpseki (TR) 165 B3
Łapsze (PL) 82 B3
Lapte (F) 97 A6
Laptovicy (RUS) 181 D4
Lapua (FIN) 19 C3
La Puebla (E) 123 B4
La Punt (CH) 99 C4
Lăpus (RO) 147 B2
Lăpusel (RO) 147 A1
Lăpusna (RO) 148 C4
Lăpuşna (MD) 149 D3
Łapy (PL) 65 C5
Laqueuille (F) 96 B5
L' Àquila (I) 113 C4
Laracha (E) 124 C2
Laragh (IRL) 51 C3
Laragne-Montéglin (F) 107 B3
La Rajita (E) 144 C2
l'Arbret (F) 74 C4
Lärbro (S) 43 C4
Larceveau (F) 104 B5
Larchamp (F) 86 D4
Larche (F) 105 B1
Larche (F) 107 D2
Lardaro (I) 99 D5
Larderello (I) 112 B2
Lardin-Saint-Lazare, le (F) 105 B1
Lardos, Akr. (GR) 173 D4
Lardos (GR) 173 D4
Lardosa (P) 131 A4
Lardy (F) 88 B3
Laredo (E) 126 D2
Laredorte (F) 106 A5
Laren (NL) 66 C4
Laren (NL) 67 A4
La Restinga (E) 144 B3
Largentière (F) 106 D2
Largs (GB) 48 C4
Largu (RO) 154 D2
Lari (I) 112 B2
Lariano (I) 113 B6
Larino (I) 115 A3
Larinsaari (FIN) 21 B3
Larissa (GR) 163 C5
Larkhall (GB) 48 D4
Larkollen (N) 27 D5
Larling (GB) 55 B6
Larmor-Baden (F) 84 D5
Larmor-Plage (F) 84 C5
Larnaca (CY) 174 C3
Larne (GB) 47 C4
la Roche-en-Ardenne (B) 75 C4
Larochemillay (F) 97 A2
Larochette (L) 75 D5
Laroles (E) 140 B6
Laroquebrou (F) 105 D1
Laroque-d'Olmes (F) 105 C6
Laroque-Timbaut (F) 105 A/B3
Lárraga (E) 127 C4
Larraona (E) 127 B3
Larrau (F) 104 B6
Larrazet (F) 105 B4
Larroque (F) 105 A5
Larroque (F) 105 C3
Larsarve (S) 43 C5
Larsmo, Luoto (FIN) 19 C2
Larsnes (N) 22 B4
Laruns (F) 104 C6
Laruscade (F) 104 D1
Larv (S) 38 C2
Larva (E) 140 A4
Larve (S) 10 D3
Larvik (N) 27 C6
Larymna (GR) 167 C5
Las, Czarny (PL) 71 C3
Las, Serski (PL) 65 C2
Las, Suchy (PL) 71 A1
Lasa (I) 99 D4
La Sabina (E) 122 D6
Lasalle (F) 106 C3
Läsänkoski (FIN) 20 C6
Lasarata (GR) 166 B5
Lasarte (E) 127 C2
Låsby (DK) 40 D2
Lascăr Catargiu (RO) 155 C1
Lascellas (E) 128 C5
Lasek, Księży (PL) 64 D4
Lasel (D) 76 A4
Lasenice (CZ) 80 A4
Laseube (F) 104 C5
Lasgraisses (F) 105 D4
Lasham (GB) 58 C4
Lasila (EST) 181 B3
Łasin (PL) 64 A4
Lasinjski, Sjeničak (HR) 111 D1
Łask (PL) 72 A3
Łaskarzew (PL) 72 D2
Laski (PL) 71 C4
Laski (PL) 72 A4
Laski (PL) 72 D2
Laskino (RUS) 175 B5
Laško (SLO) 101 D5
Laskow (PL) 72 C5
Laskowice Oławckie (PL) 71 B4
Laslades (F) 105 A5
Lasocice (PL) 71 A3
Las Palmas de Gran Canaria (E) 144 D5
La Spèzia (I) 109 A/B5
Las Puntas (E) 144 B3
Låssa (S) 31 A4
Las Salas (E) 126 A3
Lassan (D) 62 B2
Lassasoaña (E) 127 C3
Lassay (F) 86 D4
Lassekrog (S) 25 A4
Lassigny (F) 74 C5
Lassila (FIN) 32 D1
Lassing (A) 101 C1
Lassnitz (A) 101 B3
Lastanosa (E) 128 B5
Lašt'any-Bělkovice (CZ) 81 A2
Lastic (F) 96 B5
Lastomir (SK) 83 A5
Lastovo (HR) 156 B3
Lastra (I) 109 D5
Lastras (E) 132 C1
Lastres (E) 126 A1
Lästringe (S) 31 A5
Lastrup (D) 67 C3
Lastukylä (FIN) 21 A3
Lastva (BIH) 157 A3
Lasva (EST) 182 C2
Las Ventas (E) 125 D5
Łaszczów (PL) 73 D5
Laszki (PL) 83 B1
Lászlómajor (H) 102 B2
Łatanice (PL) 72 C6
Låter (N) 4 C6
Látera (I) 112 D4
Laterina (I) 112 D2
Laterza (I) 117 A2
Lathen (D) 67 C3
Latheron (GB) 45 B3
Lathus (F) 95 C4
Latiano (I) 117 C2
Latikberg (S) 16 B3
Latillé (F) 95 A3
Latina (I) 114 B4
Latina (I) 114 D5
Latinu (RO) 155 A1
Latisana (I) 100 D6
Látky (SK) 82 A5
Latomaa (FIN) 33 B2
Latosuonperä (FIN) 19 B5
Latoue (F) 105 B5
Latour-de-France (F) 106 A6
Latowicz (PL) 73 A2
Látrabjarg (IS) 1 A1
Latrónico (I) 116 D3
Latronquière (F) 105 D1
Lattes (F) 106 C4
Lattomeri (FIN) 32 D1
Lattuna (FIN) 7 C4
Latva (FIN) 12 D6
Latva (FIN) 13 A3
Latva (FIN) 33 A3
Latvajärvi (FIN) 35 B1
Latvalampi (FIN) 21 B5
Latvaset (FIN) 20 B2
Latvasyrya (RUS) 21 C5
Latygol' (BY) 177 C5
Lau (S) 43 D5
Laubach (D) 76 C4
Laubach (D) 77 A3
Laubere (LV) 179 C5
Laucesa (LV) 177 B2
Laucha (D) 78 C1
Lauchhammer (D) 70 A3
Lauchheim (D) 92 A2
Laučiai (LT) 175 C3
Lauda-Königshofen (D) 77 B5
Laudal (N) 36 C3
Lauder (GB) 49 B4
Lauderi (LV) 182 D1
Laudiškiai (LT) 176 C2
Laudona (LV) 182 B5
Laudun (F) 106 D4
Lauenau (D) 68 B4
Lauenburg, Elbe (D) 61 A4
Lauenen (CH) 98 C4
Lauf (D) 78 C5
Laufach (F) 77 B4
Laufen (D) 93 A4
Laufen (CH) 98 C1
Laufenburg (CH) 98 D1
Lauffen a. Neckar (D) 91 B1
Lauga (N) 14 C3
Laugaliai (LT) 175 C2
Laugharne (GB) 56 D2
Laugnac (F) 105 A3
Lauhala (FIN) 19 B5
Lauingen, Donau (D) 92 B3
Laujar (E) 140 B6
Lauka (EST) 180 B4
Laukaa (FIN) 20 B5
Laukansaari (FIN) 21 B6
Laukeland (N) 22 B6
Laukeng (N) 1 D5
Lauker (S) 11 A5
Laukgali (LV) 178 B6
Laukkala (FIN) 20 C2
Laukkoski (FIN) 34 B4
Laukkuluspa (S) 5 C4
Laukna (EST) 180 D4
Laukneset (N) 4 D5
Lauko Soda (LT) 176 A2
Laukøya (N) 1 C4
Lauksargiai (LT) 175 D3
Laukuva (LT) 175 D2
Laukvik (N) 2 A4
Laukvik (N) 4 C6
Laukžemė (LT) 175 C1
Laumes, les (F) 89 B5
Launac (F) 105 B4
Launceston (GB) 56 D5
Laundos (P) 124 B6
Lăunele de Sus (RO) 153 C2
Launkalne (LV) 179 D4
Launois-sur-Venze (F) 75 A5
Launois-s-Vence (F) 75 A5
Laupa (EST) 181 A4
Laupen (CH) 98 C2
Laupheim (D) 91 C3
Laupstad (N) 4 C4
Laupstad (N) 4 D2
Laupunen (FIN) 32 C4
Lauraguel (F) 105 D6
Laureana di B. (I) 119 C1
Laurembert (F) 75 A5
Laurembert (F) 75 A5
Laurenan (F) 85 A3
Laurencekirk (GB) 49 B1
Laurencetown (IRL) 51 A2
Laurens (F) 106 B5
Laurenzana (I) 116 D2
Lauri (EST) 182 B3
Lauria (I) 116 D3
Laurière (F) 95 C4
Laurieston (GB) 48 D6
Laurila (FIN) 12 B2
Laurila (FIN) 33 A3
Laurino (I) 116 C3
Lauris (F) 107 B4
Laurito (I) 116 C3
Lauritsala (FIN) 35 A2
Láuro (I) 115 A6
Láuro (I) 116 B2
Lausanne (CH) 98 A3
Lausig (D) 69 C6
Lausvik (S) 43 D5
Lauta (D) 70 A3
Lautakoski (S) 6 B4
Lautamaa (FIN) 12 B2
Lautaporras (FIN) 33 B3
Lautavaara (FIN) 7 A6
Lauteala (FIN) 21 A6
Lautela (FIN) 33 B3
Lauterbach (D) 77 B3
Lauterbourg (F) 90 D2
Lauterbrunnen (CH) 98 D3
Lautere (LV) 182 A5
Lauterecken (D) 76 C5
Lauterhofen (D) 78 C5
Lauterhorn (S) 43 D4
Lautiosaari (FIN) 12 B2
Lautrec (F) 105 D4
Lauttakulma (FIN) 19 D6
Lauttamäki (FIN) 20 A4
Lauttaselkä (FIN) 7 A2
Lauttavaara (FIN) 13 A5
Lauttijärvi (FIN) 19 A6
Lauvdal (N) 4 B4
Lauve (N) 27 C6
Lauvereid (N) 26 B5
Lauvila (N) 28 A2
Lauvlia (N) 27 B4
Lauvrødsmoen (N) 23 D3
Lauvsjølia (N) 15 A4
Lauvsnes (N) 14 B4
Lauvstad (N) 22 B4
Lauvuskylä (FIN) 21 B1
Lauvvik (N) 36 A1
Lauzerte (F) 105 B3
Lauzès (F) 105 C2
Lauzet-Ubaye, le (F) 107 C2
Lauzun (F) 105 A2
Lavad (S) 38 B2
Lavagna (I) 109 A4
Lavajärvi (FIN) 33 B1
Laval (F) 86 D5
Lavala (FIN) 13 C3
Laval-du-Tarn (F) 106 B3
Laval-Roquecezière (F) 106 A4
Lavamünd (A) 101 C4
Lavan (N) 1 D4
Lavandou, le (F) 107 C5
Lavangen (N) 5 A3
Lavansaari, O. Moščnyj (RUS) 34 D5
Lavans-lès-Saint-Claude (F) 97 C3
Lavapuro (FIN) 20 C2
Lavardac (F) 105 A3
Lavardens (F) 105 A4
Lavardin (F) 87 B6
Lavarone (I) 100 A5
Lavassaare (EST) 180 D5
Lavau (F) 88 C5
Lavaudieu (F) 96 D6
Lavaufranche (F) 96 B4
Lavaur (F) 105 C4
Lavaveix-les-Mines (F) 96 A4
Lavazan (F) 104 D2
Lav. Blanca, Bagni di (I) 100 B4
Lavelanet (F) 105 C6
Lavello (I) 115 C5
Lavelsloh (D) 68 A4
Lavendor (GB) 58 C1
Laveno (I) 99 A5
Laver (S) 11 A4
Lavergne (F) 105 C1
Lavertezzo (CH) 99 A4
Laveyrune (F) 106 C2
Lavezzola (I) 110 B4
Lavia (FIN) 33 A1
Laviano (I) 115 B6
Lavignolle (F) 104 C2
Lavik (N) 5 A2
Lavik (N) 26 B1
Lavinio-, Lido di Enea (I) 114 A4
Laviolle (F) 106 D2
Lavis (I) 100 A4
Lavister (GB) 53 B5
Lavit (F) 105 B3
Lavola (RUS) 35 A3
Lavoncourt (F) 89 D5
Låvong (N) 8 D1
Lavoriškės (LT) 177 A5
Lavoûte-Chilhac (F) 96 C6
Lavoûte-s-Loire (F) 106 C1
Lavoux (F) 95 B3
Lavre (P) 137 C1
Lavrion (GR) 171 C2
Lavry (RUS) 182 C3
Lavsjö (S) 16 B4
Lavunya (TR) 165 A4
Law, Tow (GB) 49 C6
Lawers (GB) 48 D2
Lawy (PL) 62 D5
Laxå (S) 29 A6
Laxarebo (S) 38 B2
Laxay (GB) 44 B3
Laxbäcken (S) 15 D3
Laxdale (GB) 44 B3
Laxe (E) 124 B2
Laxenburg (A) 102 B1
Laxerby (S) 28 B6
Laxey (GB) 52 D2
Laxia (CY) 174 B4
Laxne (S) 31 A5
Laxo (GB) 45 D3
Laxsjö (S) 15 B5
Laxsjön (S) 25 B2
Laxtjärn (S) 28 D3
Laxvik (S) 38 C6
Laxviken (S) 15 B5
La Yesa (E) 134 B4
Läyliäinen (FIN) 33 C3
Láyos (E) 132 C5
Layrac (F) 105 A3
Layrac-s-Tarn (F) 105 C4
Layton, West (GB) 54 B1
Laytown (IRL) 51 D1
Laza (E) 125 A5
Laza (RO) 149 B4
Lazagurria (E) 127 B4
Lăzarea (RO) 148 C4
Lazarevac (YU) 151 D4
Lazarevo (YU) 152 A1
Lazaropole (MK) 162 C1
LāzberUi (LV) 182 C3
Lazdijai (LT) 176 B6
Lazdininkai (LT) 175 C2
Lazdona (LV) 182 B5
Lazduny (BY) 177 B6
Łazek (PL) 83 A2
Łażek Ordynacki (PL) 73 B5
Lazise (I) 109 C1
Łaziska (PL) 81 C1
Lázně Bohdaneč (CZ) 80 B1
Lázně, Janské (CZ) 70 D5
Lázně, Konstantinovy (CZ) 79 A4
Lázně, Lipová- (CZ) 71 B6
Lázně Františkovy (CZ) 78 D3
Lázně Mariánské (CZ) 79 A4
Laznica (YU) 152 C4
Lazo (MD) 149 C2
Lazovskoe (RUS) 175 B4
Lazuri (RO) 146 D1
Łazy (PL) 72 A6
Łazy (PL) 72 C1
Łazy (PL) 73 B2
Łazy (PL) 83 B1
Lazy p. Mak. (SK) 81 B3
Làzzáro (I) 119 C3
Lea (GB) 57 C2
Leac na Hoe (GB) 44 B4
Leadburn (GB) 49 A4
Leadenham (GB) 54 D5
Leaden Roding (GB) 59 A2
Leadshills (GB) 48 D5
Leamington Spa, Royal (GB) 58 B1
Leammi, Lemmenjoki (FIN) 7 A1
Leanach (GB) 48 C3
Leányfalu (H) 103 B2
Leányvár (H) 103 B2
Leap (IRL) 50 C6
Leatherhead (GB) 58 D3
Łeba (PL) 63 C1
Lebach (D) 76 B6
Lebane (YU) 158 C2
Lebedevo (BY) 177 C5
Lebedžiai (LT) 176 B4
Lebeniškiai (LT) 176 D2
Lebenstedt (D) 68 C4
Lébénymiklós (H) 102 C2
Lebesby (N) 2 D2
Łebień (PL) 63 C1
Lebiez (F) 74 B3
Łebno (PL) 63 D1
Leboreiro (E) 125 A4
Lebork (PL) 63 C1
Leborskie, Osowo (PL) 63 D1
Lebrade (D) 60 D2
Lebrija (E) 142 C4
Lebring (A) 101 D3
Lebusa (D) 69 D5
le Cateau (F) 74 D4
le Catelet (F) 74 C4
Lecce (I) 117 D2
Lecce n. M. (I) 113 C5
Leccia, Ponte (F) 120 C2
Lecco (I) 99 B5
Lece (YU) 158 C3
Lécera (E) 134 C1
Lečevica (HR) 150 B6
Lech (A) 99 C2
Léchelle (F) 88 D3
Lechena (GR) 170 C2
Lechenich (D) 76 B2
Lèches, les (F) 105 A1
le Chesne (F) 75 B5
Lechinta (RO) 147 C3
Lechlade (GB) 58 B2
Lechovice (CZ) 80 C4
Lechów (PL) 72 D5
Lēči (LV) 178 B4
Leciñena (E) 128 A5
Leck (D) 60 B1
Leckava (LT) 178 C6
le Claon (F) 75 B6
Leconfield (GB) 54 D3
Lecques, les (F) 107 B5
le Crotoy (F) 74 A4
Lectoure (F) 105 A4
Lecumberri (E) 127 C2
Łęczeszyce (PL) 72 C2
Leczna (PL) 73 B3
Łęczyca (PL) 62 D4
Łęczyca (PL) 72 A2
Ledåberg (S) 16 C3
Ledai (LT) 176 C3
Ledbury (GB) 57 C1
Ledeč n. Sáz. (CZ) 80 B2
Ledeña (E) 133 C6
Ledenika (BG) 159 B2
Lédergues (F) 106 A3
Ledesma (E) 127 B6
Ledesma (E) 131 C2
Lédignan (F) 106 D3
Ledigos (E) 126 B4
Lēdmane (LV) 179 C5
Lednagullin (GB) 45 A3
Lednické Rovne (SK) 81 B4
Ledningsmark (S) 16 C3
Ledningsvall (S) 16 C3
le Docq (B) 75 B3
Lēdurga (LV) 179 B4
Ledyczek (PL) 63 B4
Leebiku (EST) 179 D2
Leeds (GB) 54 B3
Leek (GB) 53 C5
Leeming (GB) 54 B2
Leenaun (IRL) 50 C1
Leende (NL) 75 C1
Leer (D) 67 C2
Leerbeek (B) 75 A2
Leerdam (NL) 66 C5
Leese (D) 68 B4
Leesi (EST) 181 A2
Leeste (D) 68 A2
Leeuwarden, Ljouwert (NL) 66 D2
Leevi (EST) 182 C2
Leezen (D) 60 D3
Lefantovce, Hor. (SK) 81 B5
le Ferriere (I) 114 A3
Leffonds (F) 89 C4
Lefka (CY) 174 B5
Lefkara, P. (CY) 174 C4
Lefkas (GR) 166 B4
Lefke (GR) 172 B3
Lefkimmis, Akr. (GR) 162 C6
Lefkodea (GR) 163 A4
Lefkoniko (CY) 174 B3
Lefkosa, Nicosia (CY) 174 B3
Lefktra (GR) 167 C5
Legakelly (GB) 47 A5
Leganés (E) 132 D3
Leganiel (E) 133 A4
Legarda (E) 127 C3
Legbad (PL) 63 D3
Legde (D) 69 B2
Legden (D) 67 B5
Legé (F) 94 B2
Lège-Cap-Ferret (F) 104 B1
Legečiai (LT) 176 B2
Łegi (PL) 73 C1
Legionowo (PL) 72 C1
Léglise (B) 75 C5
Legnago (I) 109 D2
Legnano (I) 99 A6
Legnaro (I) 110 B2
Legnica (PL) 70 D4
Legno, Ponte di (I) 99 D5
Łegowo (PL) 64 B3
Legrad (HR) 102 B5
Léguevin (F) 105 B4
Legyesbénye (H) 82 C6
Léh (H) 82 C6
Lehčevo (BG) 153 B5
Lehe,-Bremerhaven (D) 60 B4
le Hérie (F) 74 D5
Lehesten (D) 78 C3
Lehliu (RO) 154 C4
Lehmäjoki (FIN) 19 B3
Lehmikumpu (FIN) 12 C2
Lehmilehto (FIN) 6 D5
Lehmivaara (FIN) 11 D1
Lehmja (EST) 180 D3
Lehmo (FIN) 21 B4
Lehnice (SK) 102 C1
Lehnin (D) 69 C4
Lehota, Dolná (SK) 82 A4
Lehota, N. (SK) 81 C5
Lehota, Janova (SK) 81 C5
Lehota p. Vtáčn. (SK) 81 C5
Lehrberg (D) 78 B5
Lehre (D) 68 D4
Lehrte (D) 68 C4
Lehtimäki (FIN) 19 D4
Lehtiniemi (FIN) 13 A1
Lehtma (EST) 180 B4
Lehtoi (FIN) 21 C4
Lehtomäki (FIN) 20 A4
Lehtomäki (FIN) 21 A2
Lehtoperä (FIN) 13 B4
Lehtovaara (FIN) 7 A5
Lehtovaara (FIN) 13 A3
Lehtovaara (FIN) 13 C4
Lehtovaara (FIN) 20 D1
Lehtovaara (FIN) 21 A3
Lehtovaara (FIN) 21 D4
Lehtse (EST) 181 A3
Leibfing (D) 93 A2
Leibnitz (A) 101 D3
Leicester (GB) 54 C6
Leichlingen (D) 76 B1
Leiden (NL) 66 B5
Leie (EST) 181 B5
Leigh (GB) 53 C4
Leighlinbridge (IRL) 51 B3
Leighton Buzzard (GB) 58 D2
Leignes-s-Fontaine (F) 95 B3
Leikanger (N) 22 A4
Leikanger (N) 26 C1
Leimbach (D) 69 A6
Leimen (D) 77 A6
Leimuiden (NL) 66 C4
Leina (EST) 179 B2
Leine (N) 27 A1
Leinefelde (D) 68 C6
Leinesodden (N) 8 D5
Léini (I) 108 B2
Leinmäki (FIN) 32 D3
Leino (FIN) 13 B4
Leino (FIN) 35 A3
Leinolanlahti (FIN) 20 D3
Leinovaara (FIN) 21 B5
Leipalingis (LT) 176 C6
Leipamäki (FIN) 21 B5
Leipheim (D) 92 A3
Leipivaara (FIN) 13 A5
Leipojärvi (S) 6 A5
Leipojärvi (S) 11 A1
Leipzig (D) 69 C6
Leira (N) 27 B1
Leiranger (N) 4 C5
Leirbakk (N) 15 A3
Leirbotnvatn (N) 2 A4
Leirfjord (N) 8 D5
Leirflata (N) 23 B5
Leirheim (N) 22 D3
Leiria (P) 130 B5
Leirikylä (FIN) 19 C1
Leirlia (N) 15 A3
Leirmo (N) 22 D6
Leiro (E) 124 D4
Leirosen (N) 8 D5
Leirvåg (N) 26 A2
Leirvassbu (N) 23 A6
Leirvik (N) 26 B1
Leirvik (N) 26 B4
Leirvika (N) 8 D4
Leisi (EST) 180 B5
Leisnig (D) 79 A1
Leissigen (CH) 98 C3
Leiston (GB) 59 C1
Leisu (EST) 180 A4
Leitariegos (E) 125 C3
Leith (GB) 49 A3
Leitrim (IRL) 46 D5
Leitzkau (D) 69 B4
Leive (FIN) 12 C1
Leivonmäki (FIN) 20 C6
Leivonmäki (FIN) 21 B5
Leivset (N) 9 B2
Leiza (E) 127 C2
Leizen (D) 61 C4
Lejasciems (LV) 182 B4
Lejčkov (CZ) 79 D5
Lejden (S) 28 D1
Leka (N) 14 C2
Łeka (PL) 72 A6
Leka (GR) 169 A6
Lekanger (N) 8 D2
Lekani (GR) 164 B1
Leke (B) 74 C2
Lekėčiai (LT) 176 B4
Lekeitio (E) 127 B2
Lekenik (HR) 150 A1
Lekeryd (S) 39 A3
Lekhyttan (S) 29 A5
Łeki (PL) 81 D2
Łeki (PL) 82 A2
Łeki Górne (PL) 82 C2
Łekińsko (PL) 72 A4
Leknes (N) 4 B4
Leknes (N) 22 C4
Leknes (N) 27 B3
Leknessjøen (N) 14 C2
Łęknica (PL) 70 B3
Lekowo (PL) 63 A3
Leksand (S) 29 A1
Leksvik (N) 14 B6
Lekvattnet (S) 28 B3
Leleasca (RO) 153 C2
Lelekovice (CZ) 80 D3
Lelėnai (LT) 175 D2
Leles (SK) 83 A5
Lélex (F) 97 D4
Lelice (PL) 64 B5
Leliūnai (LT) 177 A3
Lelkowo (PL) 64 C2
Lellainen (FIN) 32 D2
Lelle (EST) 180 D4
Lellichow (D) 69 B2
Lellinge (DK) 41 D3
Lelów (PL) 72 B5
Lelystad (NL) 66 D4
Lem (DK) 40 B2
Lem (DK) 40 C1
Leman (PL) 65 A4
le Marmore (I) 113 B4
Lembach (F) 90 D2
Lembalovo (RUS) 35 C4
Lembas (LT) 175 D2
Lembeye (F) 104 D5
Lembras (F) 105 A1
Lembruch (D) 67 D4
Lemele (NL) 67 A4
Lemelerveld (NL) 67 A4
Lemešany (SK) 82 B4
Lemetinvaara (FIN) 13 B6
Lemförde (D) 67 D4
Lemgo (D) 68 A5
Lemi (FIN) 34 D2
Lémie (I) 98 B6
Leminaho (FIN) 21 D4
Lemke (D) 68 B3
Lemland (FIN) 32 B4
Lemmenjoki, Leammi (FIN) 7 A1
Lemmer (NL) 66 D3
Lemmes (F) 75 C6
Lemmie (D) 68 B4
Lemmikküla (EST) 180 C4
Lemnhult (S) 39 B4
Lemnia (RO) 148 D6
Lempää (FIN) 33 B3
Lempää (FIN) 34 B1
Lempäälä (FIN) 33 B2
Lempdes (F) 96 C6
Lempiälä (FIN) 35 A2
Lempiäniemi (FIN) 33 B1
Lempyy (FIN) 20 D4
Lemreway (GB) 44 B4
Lemsi (EST) 179 C6
Lemu (FIN) 32 D3
Lemvig (DK) 40 B1
Lena (N) 27 D2
Lena (S) 38 B3
Lēna (LV) 178 C5
Lenartov (SK) 82 C3
Lėnas (LT) 176 D3
Lenči (LV) 179 C4
Lencloître (F) 95 A2
Lencouacq (F) 104 D3
Lend (A) 100 D2
Lendalfoot (GB) 48 C5
Lendas (GR) 172 D6
Lendava (SLO) 102 B4
Lendery (RUS) 21 D2
Lendinara (I) 110 A3
Lendum (DK) 37 C4
Lendži (LV) 182 C5
Lengede (D) 68 C4
Lengenes (N) 5 A4
Lengenfeld (D) 78 D2
Lengenfeld (D) 92 B4
Lengerich (D) 67 C4
Lengerich (D) 67 C4
Lenggries (D) 92 D5
Lengronne (F) 85 B2
Lengyeltóti (H) 102 D4
Lenham (GB) 59 A3
Lenhovda (S) 39 B5
le Nieppe (F) 74 B2
Lenincki (BY) 73 D1
Leninskoje (RUS) 175 C4
Lenk (CH) 98 C3
Lenkersheim (D) 78 B5
Lenkimai (LT) 175 C1
Lenna (I) 99 B5
Lennartsfors (S) 28 B5
Lennen (D) 76 B1
Lennestadt (D) 76 D1
Lenningen (N) 27 C1
Leno (I) 109 B2
Lénola (I) 114 C4
le Nouvion-en-Thiérache (F) 74 D4
Lens (F) 74 C3
Lens (B) 75 A3
Lensahn (D) 61 A2
Lent (F) 97 B4
Lentföhrden (D) 60 D3
Lenti (H) 102 B4
Lentiira (FIN) 13 C6
Lentillac-Lauzès (F) 105 C2
Lentini (I) 119 A4
Lentucais (P) 130 D5
Lentvaris (LT) 176 D5
Lenungen (S) 28 B5
Lenvikmark (N) 5 A3
Lenzburg (CH) 98 D1
Lenzen (D) 69 A2
Lenzerheide-Lai (CH) 99 B3
Lenzkirch (D) 90 D4
Leoben (A) 101 A3
Leoben (A) 101 D2
Leobersdorf (A) 102 A1
Leogang (A) 100 D2
Léognan (F) 104 C2
Leominster (GB) 57 C1
Léon (F) 104 B4
León (E) 125 D4
Leonards, St (GB) 59 A4
Leonarisso (CY) 174 B2
Leonberg (D) 91 A2
Léoncel (F) 107 A1
Leondarion (GR) 170 D3
Leonessa (I) 113 B4
Leonforte (I) 118 D4
Leonodion (GR) 171 B3
Leonpol' (BY) 177 D2

Leonstein (A) 101 B1
Leonte (P) 124 D5
Leopoldsburg (B) 75 B1
Leopoldshagen (D) 62 B3
Leordeni (RO) 154 A3
Leordina (RO) 147 B1
Léoville (F) 94 D6
Leova (MD) 149 D4
Lepaa (FIN) 33 C2
le Parcq (F) 74 B3
Lepassaare (EST) 182 C2
Lepe (E) 138 A5
Lepenac (YU) 152 B6
Lepenu (GR) 166 C5
Lépin-le-Lac (F) 97 C5
Lepistönmäki (FIN) 19 C3
le Plessis (F) 74 C6
Lepoglava (HR) 102 A5
le Portel (F) 74 A2
Leposavić (YU) 158 B2
Leppäjärvi (FIN) 6 C2
Leppäkorpi (FIN) 33 B4
Leppäkoski (FIN) 33 C1
Leppäkoski (FIN) 33 C3
Leppäkoski (FIN) 34 A1
Leppäkoski (FIN) 34 B1
Leppälä (FIN) 35 A2
Leppälahti (FIN) 20 D3
Leppälahti (FIN) 21 B5
Leppälänkylä (FIN) 19 D4
Leppäselkä (FIN) 20 C3
Leppasyrya (RUS) 21 D6
Leppävesi (FIN) 20 B5
Leppavirta (FIN) 20 D5
Leppiaho (FIN) 12 C2
Leppijärvi (FIN) 19 A6
Leppiniemi (FIN) 12 D5
Leppiniemi (FIN) 19 B5
Lepplax (FIN) 19 C2
Leppneeme (EST) 180 D3
le Pré-Boulet (F) 75 B5
Lepsa (RO) 149 A6
Lepsala (FIN) 34 C1
Lepsämä (FIN) 33 C4
Lepsény (H) 103 A3
Lepsøya (N) 22 B3
Lepste (LV) 178 D4
Leptokaria (GR) 163 C4
Lepura (GR) 168 A5
le Quesnoy (F) 74 D4
Léquile (I) 117 D3
Leråsen (S) 30 C5
Lerbäck (S) 29 B6
Lercara B. (I) 118 C3
Lercara Friddi (I) 118 C3
Lerchère, la (I) 98 C5
Lerdal (S) 38 A1
Lerdala (S) 38 C2
Léré (F) 96 C1
Lerga (E) 127 D4
Lérici (I) 109 B5
Lerin (E) 127 C4
Leringen (S) 25 B2
Lerma (E) 126 D5
Lerm-et-Musset (F) 104 D3
Lermoos (A) 100 A1
Leros (GR) 173 A2
Lerrain (F) 89 D4
Lerum (S) 38 B3
Lervik (N) 27 D5
Lerwick (GB) 45 D4
Léry (F) 87 B2
Les (E) 128 D3
Lesa (I) 98 D5
Lesach (A) 100 D3
Lešani (MK) 162 D2
Lesbos (GR) 165 A6
Lesbury (GB) 49 C5
Lescar (F) 104 C5
Leščevcy (BY) 177 C6
Leschaux (F) 97 D5
Leschede (D) 67 B4
Lescheraines (F) 97 D5
Lesčiai (LT) 176 B3
Lesconil (F) 84 B4
Lescousse (F) 105 C5
Lescun (F) 104 C6
Lesegno (I) 108 B4
les Essarts (F) 74 A5
les Grandes-Loges (F) 75 A6
Les Haudères, Moiry (CH) 98 C4
Lesičovo (BG) 159 C4
Lesidren (BG) 159 D2
Lésigny (F) 88 C2
Lesina (I) 115 B3
les-Islettes (F) 75 B6
Lesistoje (RUS) 176 A5
Lesja (N) 23 A4
Lesjaskog (N) 23 A4
Lesjaverk (N) 23 A4
Lesjöfors (S) 28 D3
Leskelä (FIN) 12 C6
Lesko (PL) 83 A3
Lesko Dolina (SLO) 101 B6
Leskovac (YU) 158 C2
Leskovec, Sp. (SLO) 102 A5
Leskovec n. Mor. (CZ) 81 A2
Leskovice (CZ) 80 A3
Leskovik (AL) 162 C4
Leskovo (BG) 155 A5
Leslie (GB) 49 A3
Lesmahagow (GB) 48 D4
les Mazures (F) 75 B4
Leśmierz (PL) 72 A2
Lesmont (F) 89 A3
Lesna (PL) 70 C4
Leśna Jania (PL) 64 A3
Lesná Oravská (SK) 81 D3
Leśna Podlaska (PL) 73 B1
Lesneven (F) 84 B2
Lesnica (PL) 71 C6
Lešnica (YU) 151 B3
Leśniowski, Majdan (PL) 73 C4
Leśniów Wielki (PL) 70 C2
Lesnoj (RUS) 175 B5
Lesnoje (RUS) 175 B5
Lesnoje (RUS) 175 D4
Lesnoje (RUS) 175 D5
Lesogorskij (RUS) 35 B2
Lesparre-Médoc (F) 94 C6
Lesperon (F) 104 B3
Lespezi (RO) 149 B5
Lessay (F) 86 B2
Lesse, Han-sur- (B) 75 B4
Lessebo (S) 39 B5
Lessines (B) 75 A2
Léssolo (I) 108 B1
Lestards (F) 95 D6
Lestelle-Bétharram (F) 104 D5
Lestene (LV) 178 D5
Lesterps (F) 95 B4
les Thilliers-en-Vexin (F) 74 A6
Lestijärvi (FIN) 20 A2
Leština (CZ) 80 D2
Leszczyn (PL) 63 A3
Leszczyny (PL) 81 C1
Leszkowice (PL) 73 B3
Leszno (PL) 71 A2
Leszno (PL) 72 C1
Leszno Dolne (PL) 70 D3
Lesznowola (PL) 72 C2
Le Taverne (I) 115 C4
Létavertes (H) 146 C2
Letcani (RO) 149 B3
Letchworth (GB) 58 D2
Letenye (H) 102 B5
Letinac (HR) 111 C3
Letipea (EST) 181 B2
Letkés (H) 103 B1
Letku (FIN) 33 B3
Letmathe (D) 76 C1
Letnica (BG) 160 A1
Letnisko, Jedlina- (PL) 72 D3
Letohrad (CZ) 80 C2
Letojanni (I) 119 B3
Letona (E) 127 A3
Le Touquet-Paris-Plage (F) 74 A3
Letovice (CZ) 80 D3
le Translay (F) 74 A4
le Transloy (F) 74 C4
Letsbo (S) 25 A4
Letschin (D) 62 C6
Lette (D) 67 B5
Letterfrack (IRL) 50 B1
Letterkenny (IRL) 47 A3
Lettermore (IRL) 50 C2
Lettomanoppello (I) 113 D5
Letur (E) 140 C2
Letuš (SLO) 101 C4
Letuskylä (FIN) 13 B5
Letzlingen (D) 69 A4
Leu (RO) 153 C4
Leuc (F) 105 D5
Léuca, Marina di (I) 117 D4
Leucate (F) 106 B6
Leuchars (GB) 49 B2
Leugas (D) 78 D4
Leuglay (F) 89 B4
Leugny (F) 88 D5
Leuk (CH) 98 C4
Leukerbad (CH) 98 C4
Leușeni (MD) 149 C4
Leussow (D) 61 B5
Leutenberg (D) 78 C2
Leutershausen (D) 78 A6
Leutkirch (D) 91 C4
Leutschach (A) 101 D4
Leuven, Louvain (B) 75 B2
Leuvenum (NL) 66 D4
Leuze, Somme- (B) 75 C3
Leuze (B) 74 D3
Leva (FIN) 20 C4
Levadia (GR) 167 B5
Levajok (N) 2 D4
Levajok bro (N) 2 C4
Leväkoski (FIN) 13 B4
Levala (EST) 181 B3
Levaldigi (I) 108 B4
Levänen (FIN) 34 D2
Levang (N) 37 B1
Levanger (N) 14 B5
Levanjska Varoš (HR) 150 D2
Levanpelto (FIN) 32 D1
Levant, Ile du (F) 107 D6
Levanto (FIN) 34 B3
Lévanto (I) 109 A4
Lévanzo (I) 118 A5
Leväranta (FIN) 7 B6
Leváre, Vel'. (SK) 80 D5
Levaré (F) 86 C4
Leväsjoki (FIN) 19 A6
Leveld (N) 27 A2
Levelek (H) 83 A6
Leven (GB) 49 B3
Leven (GB) 54 D3
Levene, Stora (S) 38 C2
Levenhagen (D) 61 D2
Levens (F) 108 A5
Leverano (I) 117 D3
Leverburgh (GB) 44 B4
Leverkusen (D) 76 B2
Levernois (F) 97 B2
Leversund (N) 26 A2
Lèves-et-Thoumeyragues,les (F) 104 D1/2
Levet (F) 96 B2
Levice (SK) 81 C6
Lévico (I) 100 A5
Levidron (GR) 171 A2
Levie (F) 120 C4
Levier (F) 97 D2
Lévignac (F) 105 B4
Lévignac-de-Guyenne (F) 104 D2
Lévignacq (F) 104 B3
Levignen (F) 74 C6
Levijoki (FIN) 19 D3
Le Ville (I) 113 A2
Levitha (GR) 173 A3
Levkonas (GR) 163 D2
Levoberežnoje (RUS) 175 C3
Levoča (SK) 82 C4
Levonperä (FIN) 20 A2
Levroux (F) 95 D2
Levski (BG) 160 A1
Lewes (GB) 58 D4
Lewin Brzeski (PL) 71 B5
Lewis, Butt of (GB) 44 C2
Lewis (GB) 44 B3
Leyburn (GB) 53 D2
Leyland (GB) 53 B3
Leyme (F) 105 C1
Leyr (F) 89 D2
Leysin (CH) 98 B4
Leżajsk (PL) 73 B6
Lézan (F) 106 C3
Łeżany (PL) 64 D2
Lézardrieux (F) 84 D2
Lézat-s-Lèze (F) 105 B5
Lezáun (E) 127 C3
Lezay (F) 95 A4
Lezey (F) 90 B2
Lezhë (AL) 162 A1
Lézignan-Corbières (F) 106 A5
Lézigné (F) 86 D6
Ležimir (YU) 151 C2
Lézinnes (F) 89 A4
Lezoux (F) 96 C5
Lezuza (E) 140 C1
Lgiń (PL) 70 D2
Lgota (PL) 72 B6
Lgota Górna (PL) 72 A5
Lgota Wielka (PL) 72 A4
Lhenice (CZ) 93 C1
Lherm (F) 105 B5
l'Heureux, Saint-Martin- (F) 75 A6
Lhommaizé (F) 95 B3
Lhota, Cervená (CZ) 80 A4
Lhota, N. (CZ) 81 A4
Lhuis (F) 97 C5
Lia (N) 4 C3
Lia (N) 5 A2
Lia (N) 8 D4
Lia (N) 8 D6
Liabygd (N) 22 C4
Liadi (GR) 172 D3
Lian (N) 23 A2
Liancourt (F) 74 B6
Liancourt (F) 74 C5
Liancourt-Fosse (F) 74 B6
Lianes (E) 126 B2
Lianga (AL) 162 C2
Lianokladion (GR) 167 A4
Liart (F) 75 A5
Liart (F) 75 A5
Liatorp (S) 39 A6
Libagi (LV) 178 D4
Libáň (CZ) 70 C6
Libanus (GB) 57 A2
Libardón (E) 126 A2
Libatse (EST) 180 D5
Libavá, Město (CZ) 81 A2
Libčeves (CZ) 70 A6
Libciems (LV) 178 B4
Liběchov (CZ) 70 B6
Liberadz (PL) 64 C5
Liberec (CZ) 70 C5
Liběšice (CZ) 70 A5
Libeznice (CZ) 70 B6
Libiaz (PL) 81 D1
Libidza (PL) 71 D5
Libieši (LV) 179 B6
Libin (B) 75 C4
Libina (CZ) 80 D2
Liblan (D) 76 B2
Libočany (CZ) 79 B3
Libochovice (CZ) 70 A6
Libohovë (AL) 162 C5
Liboucheć (CZ) 70 A5
Libourne (F) 104 D1
Librari (I) 117 C3
Librazhd (AL) 162 C2
Librilla (E) 141 A3
Libros (E) 134 B4
Libru (N) 28 A5
Libštát (CZ) 70 C6
Libuň (CZ) 70 C6
Libusza (PL) 82 D2
Licata (I) 118 C5
Lič (HR) 111 B2
Licenza (I) 113 B5
Liceras (E) 133 A1
Lich (D) 77 A3
Lichères-près Aigremont (F) 89 A5
Lichfield (GB) 53 D6
Lichitiseni (RO) 149 B5
Lichnovo (CZ) 81 A2
Lichtaart (B) 75 B1
Lichtenau (D) 68 A6
Lichtenau (D) 78 B3
Lichtenau (D) 78 B6
Lichtenau (D) 90 D2
Lichtenberg (D) 78 C3
Lichtenberg (A) 80 B5
Lichtenfels (D) 78 B4
Lichten-Sachsenbergfels (D) 77 A1
Lichtensteig (CH) 99 B2
Lichtenstein (D) 78 D2
Lichtenvoorde (NL) 67 A5
Lichurion (GR) 166 B6
Liči (LV) 178 C4
Lička Jesenica (HR) 111 D3
Lickershamn (S) 43 C4
Lički Citluk (HR) 111 D4
Lički Osik (HR) 111 D4
Ličko Lešće (HR) 111 C3
Ličko Petrovo Selo (HR) 111 D3
Licodia Eubea (I) 119 A5
Licola Mare (I) 114 D6
Licq-Athérey (F) 104 B/C6
Licques (F) 74 B2
Licuriciu (RO) 153 B2
Lid (S) 31 A5
Lida (S) 39 A4
Lida (BY) 177 A6
Liddington (GB) 58 B3
Lideč, Hor. (CZ) 81 B4
Liden (S) 15 D2
Liden (S) 17 B2
Liden (S) 25 B2
Lidhult (S) 38 C5
Lidköping (S) 38 C2
Lidmaň (CZ) 80 A3
Lido; Venézia (I) 110 B2
Lido Adriano (I) 110 B4
Lido degli Estensi (I) 110 B4
Lido degli Scacchi (I) 110 B4
Lido dei Pini (I) 113 A6
Lido delle Nazioni (I) 110 B3
Lido del Golfo (I) 117 A6
Lido di Camaiore (I) 109 B5
Lido di Classe (I) 110 B4
Lido di Dante (I) 110 B4
Lido di Jésolo (I) 100 C6
Lido di Lavinio (I) 114 A3
Lido di Capo Portiere (I) 114 B4
Lido di Fermo (I) 113 C2
Lido di Foce Verde (I) 114 A4
Lido di Lolla (I) 113 A6
Lido di Maronti (I) 114 C6
Lido di Metaponto (I) 117 A2/3
Lido di Ostia (I) 113 A6
Lido di Palmi (I) 119 C2
Lido di Policoro (I) 117 A3
Lido di Pomposa (I) 110 B3
Lido di Portonuovo (I) 115 C3
Lido di Rivoli (I) 115 C4
Lido di Sávio (I) 110 B4
Lido di Scanzano (I) 117 A3
Lido di Siponto (I) 115 C4
Lido di Sole (I) 115 C3
Lido di Spina (I) 110 B4
Lido di Volano (I) 110 B3
Lido Riccio (I) 114 D2
Lido Specchiolla (I) 117 C2
Lido Sant'Angelo (I) 117 A4
Lidorikion (GR) 167 A5
Lidsbron (S) 28 D4
Lidsjöberg (S) 15 C4
Lidsjön (S) 17 B2
Lidsträsk (S) 17 A2
Lidträsk (S) 16 D1
Lidzbark (PL) 64 B4
Lidzbark Warmiński (PL) 64 C2
Liebenau (D) 68 A3
Liebenau (A) 80 A5
Liebenwalde (D) 69 D2
Liebenzell, Bad (D) 91 A2
Lieberose (D) 70 B2
Liebertwolkwitz (D) 69 C6
Liedakkala (FIN) 12 B2
Liede (LV) 179 D4
Liedena (E) 127 D3
Liedenpohja (FIN) 19 C5
Liedes (FIN) 19 D2
Liedikas (LV) 178 B4
Lieg (D) 76 C4
Liège, le (F) 95 C1
Liège (B) 75 C3
Lieģi (LV) 178 B5
Liehittäjä (S) 11 D2
Liekokylä (FIN) 12 D3
Lieksa (FIN) 21 B3
Lielā Pikova (LV) 182 D1
Lielauce (LV) 178 D6
Lielax (FIN) 32 D4
Lielciecere (LV) 178 D5
Lielciems (LV) 179 A5
Lielie Andžani (LV) 177 D1
Lielirbe (LV) 178 C3
Lielsātiki (LV) 178 D5
Lielsesava (LV) 179 A6
Lielvārde (LV) 179 B5
Lielvarži (LV) 179 B5
Lielvirbi (LV) 178 D4
Lien (S) 15 B6
Lien (S) 25 B1
Lienen (D) 67 C4
Lienz (A) 100 D3
Liepa (LV) 179 C4
Liepāja (LV) 178 A5
Liepas (LV) 179 A6
Liepen (D) 62 B3
Liepene (LV) 178 B3
Liepimä (FIN) 6 C3
Liepkalne (LV) 179 C5
Lieplaukė (LT) 175 D2
Liepna (LV) 182 C4
Lieponys (LT) 176 D5
Liepvre (F) 90 C4
Lier, Lierre (B) 75 B1
Lier (N) 28 B3
Liera (E) 138 D2
Lierbyen (N) 27 C4
Lierna (I) 99 B5
Liernais (F) 97 A1
Lierre, Lier (B) 75 B1
Liesjärvi (FIN) 20 A5
Liesjärvi (FIN) 33 B3
Lieskau (D) 70 A3
Lieskove, Mor. (SK) 81 B4
Lieskovec (SK) 81 D5
Liesle (F) 97 C2
Liesniemi (FIN) 33 A4
Lieso (FIN) 33 C2
Liesse (F) 74 D5
Liessel (NL) 75 C1
Liessies (F) 75 A4
Liestal (CH) 98 D1
Liešťany (SK) 81 C4
Liesti (RO) 154 D1
Lietekylä (FIN) 13 B5
Lieto (FIN) 33 A3
Lieto (FIN) 33 A4
Liétor (E) 140 D2
Lieurey (F) 87 A2
Lievestuore (FIN) 20 C5
Lievikoski (FIN) 33 A1
Lievio (FIN) 33 C4
Lievisenmäki (FIN) 21 A2
Lieviskä (FIN) 35 A1
Liezen (A) 101 B1
Liezēre (LV) 182 A4
Liffol-le-Grand (F) 89 C3
Lifford (IRL) 47 A4
Liffré (F) 85 B3
Lifton (GB) 56 D5
Ligardes (F) 105 A3
Ligatne (LV) 179 C4
Ligciems (LV) 178 D4
Ligga (S) 10 D2
Liggavägen (S) 10 D2
Liglet (F) 95 C3
Lignac (F) 95 C3
Lignan (I) 108 B1
Lignano Pineta (I) 110 D1
Lignano Sabbiadoro (I) 110 D1
Ligné (F) 85 C5
Lignières (F) 74 A5
Lignières (F) 95 A6
Lignières (F) 96 A2
Lignières-Châtelain (F) 74 A5
Lignières-de-Touraine (F) 95 B1
Lignières-la-Doucelle (F) 86 D4
Ligny-en-Barrois (F) 89 C2
Ligny-le-Châtel (F) 88 D4
Ligny-le-Ribault (F) 88 A5
Ligónchio (I) 109 B4
Ligota Dolna (PL) 71 C6
Ligota Proszkowska (PL) 71 C5
Ligota Wielka (PL) 71 B4
Ligowo (PL) 64 B5
Ligrend (N) 27 A5
Ligueil (F) 95 B2
Ligure, Campo (I) 108 D3
Ligure, Novi (I) 108 D2
Ligure, Vado (I) 108 D3
Ligurion (GR) 171 B2
Lihdejähkkä (FIN) 12 B1
Lihjamo (FIN) 20 A5
Lihme (DK) 40 C1
Lihula (EST) 180 C5
Liiansaari (FIN) 34 D1
Liikasenvaara (FIN) 13 C1
Liikkala (FIN) 34 D3
Liimala (EST) 181 C3
Liimattala (FIN) 20 B4
Liinakhamari (RUS) 3 D3
Liinamaa (FIN) 19 C3
Liipantönkkä (FIN) 19 B3
Liistekangas (FIN) 21 D4
Liitonjoki (FIN) 20 B2
Liitoperä (FIN) 20 C2
Liitsola (FIN) 33 A2
Liiva (EST) 180 B5
Liivi (EST) 180 C4
Lijeva-Rijeka (YU) 157 C3
Lijevi Dubravčak (HR) 150 A1
Likančiai (LT) 177 A2
Likėnai (LT) 176 D1
Likenäs (S) 28 C2
Likiškės (LT) 176 C5
Likkanen (FIN) 20 C3
Likolahti (FIN) 13 C6
Liksna (LV) 177 B1
Likummuiža (LV) 179 D5
Lilaea (GR) 167 A5
Liland (N) 4 B4
Liland (N) 4 D3
Lilaste (LV) 179 B4
Lild Strand (DK) 37 A5
Lileei (RO) 154 C3
Lilienfeld (A) 80 B6
Lilienthal (D) 60 B5
Liljabäck (S) 17 B3
Liljak (BG) 160 C1
Liljanovo (BG) 159 B6
Liljedal (S) 28 C5
Liljendal (S) 28 D3
Liljendal (FIN) 34 B3
Lilkovo (BG) 159 D5
Lillå (S) 11 A3
Lilla Blåsjön (S) 15 A3
Lillådalen (S) 24 B5
Lilla Edet (S) 38 B3
Lillåfors (S) 11 A3
Lillafüred (H) 82 C6
Lillån (S) 11 C3
Lillånäs (S) 11 B3
Lillarmsjö (S) 17 A4
Lillåudden (S) 11 B3
Lillberg (S) 11 B3
Lillby (FIN) 19 C2
Lille (F) 74 C3
Lille (B) 75 B1
Lillebonne (F) 87 B2
Lillebukt (N) 1 B4
Lilleeidet (N) 4 B5
Lillefjord (N) 2 B2
Lillehammer (N) 27 D1
Lille Molla (N) 4 C4
Lille Molvik (N) 3 A2
Lillerød (DK) 42 B2
Lillers (F) 74 B3
Lillesand (N) 36 D3
Lillesandøy (N) 22 D2
Lilleskog (S) 38 B2
Lillestrøm (N) 28 A4
Lillhamra (S) 24 D5
Lillhärad (S) 30 C4
Lillhärdal (S) 24 C5
Lillholmsjö (S) 15 B5
Lillholmträsk (S) 16 D1
Lilli (EST) 179 C2
Lillinkoski (FIN) 19 D5
Lillkågeträsk (S) 11 B6
Lillkyrka (S) 29 B5
Lillkyrka (S) 30 D4
Lill-Laver (S) 11 A4
Lillmälö (FIN) 32 D4
Lillmörtsjö (S) 25 A3
Lillo (E) 125 B3
Lillo (E) 132 D5
Lillögda (S) 16 C3
Lillpite (S) 11 B5
Lillsandsjö (S) 17 A3
Lillsele (S) 16 C5
Lillsele (S) 16 D3
Lillsjöhögen (S) 24 D1
Lillskog (S) 25 A5
Lillskogshöjden (S) 28 C3
Lillström (S) 25 B3
Lillsved (S) 24 D3
Lillviken (S) 15 C4
Lima, la (I) 109 C5
Lima (S) 28 C1
Limå (S) 29 A1
Limanowa (PL) 82 B2
Limassol (CY) 174 C4
Limavady (GB) 47 B3
Limay (F) 88 A1
Limbach, Oberfranken (D) 79 A2
Limbach (D) 78 B3
Limbaži (LV) 179 B3
Limbenii Noi (MD) 149 B2
Limbiate (I) 99 A6
Limbourg (B) 75 D3
Limburg (D) 76 D3
Limedsforsen (S) 28 C1
Limena (I) 110 B2
Limenaria (GR) 164 B3
Limendous (F) 104 D5
Limerick (IRL) 50 D3
Limésy (F) 87 B1
Limeuil (F) 105 B1
Limhamn (S) 42 C3
Limingen (N) 15 A3
Limingojärvi (S) 11 C2
Liminka (FIN) 12 C5
Liminpuro (FIN) 13 A5
Limni Pydnas (GR) 163 C4
Limmared (S) 38 C4
Limmen (NL) 66 C4
Limne (GR) 171 B2
Limni (GR) 167 C4
Limnos (GR) 164 D4
Limö (S) 30 D1
Limoges (F) 95 C5
Limogne-en-Quercy (F) 105 C2
Limoise (F) 96 C3
Limone Piemonte (I) 108 B4
Limone S. Garda (I) 99 D6
Limonest (F) 97 B5
Limons (F) 96 D4
Limont (B) 75 C3
Limours (F) 88 B2
Limoux (F) 105 D6
Limpezisu (RO) 154 C3
Limsdorf (D) 70 A2
Lin (AL) 162 C2
Linå (DK) 40 D2
Lina älv (S) 5 D6
Linanäs (S) 31 B4
Linards (F) 95 C5
Linarejos (E) 125 B5
Linares (E) 139 D3
Linares (E) 140 A3
Linares de Mora (E) 134 C3
Linares de Rio Frio (E) 131 C3
Linaria (GR) 168 A4
Lincoln (GB) 54 D4
Lind (DK) 40 C2
Lindale (GB) 53 B2
Lindås (N) 26 A2
Lindås (S) 28 D4
Lindås (S) 39 B6
Lindau (D) 69 B4
Lindau a. Bodensee (D) 91 C5
Lindberget (N) 28 A1
Linde (DK) 40 C1
Linde (NL) 67 A3
Linde (LV) 179 B5
Lindeballe (DK) 40 D3
Lindeland (N) 36 B2
Lindelien (N) 27 C3
Lindelse (DK) 41 B5
Lindenberg (D) 70 A2
Lindenberg im Allgäu (D) 91 C5
Lindenfels (D) 77 A5
Lindenhof (D) 61 D3
Linderås (S) 39 A3
Linderhof (D) 92 C5
Linderöd (S) 42 D2
Lindesberg (S) 29 B4
Lindesnäs (S) 29 A2
Lindesnes (N) 36 C3
Lindfors (S) 28 D4
Lindheim (D) 77 A3
Lindholm (D) 60 B1
Lindhov (S) 38 B5
Lindi (EST) 180 C5
Lindinuso (I) 117 D2
Lindkirchen (D) 92 C2
Lindkoski (FIN) 34 C3
Lindlar (D) 76 C2
Lindö (FIN) 33 A5
Lindome (S) 38 B4
Lindön (S) 25 C6
Lindos (GR) 173 D4
Lindoso (P) 124 C5
Lindow (D) 69 C2
Lindsdal (S) 39 C5
Lindshammar (S) 39 B4
Lindsta (S) 25 C4
Lindstad (N) 24 A6
Lindstedt (D) 69 A3
Lindved (DK) 40 D3
Lindviken (S) 11 A4
Líně (CZ) 79 B4
Linea, La (E) 142 D6
Linerud (N) 9 A5
Linesøya (N) 14 A5
Lingbo (S) 25 C6
Lingelbach (D) 77 B2
Lingen (Ems) (D) 67 B4
Linghed (S) 29 B1
Lingneuville (B) 75 D3
Lingreville (F) 85 B2
Lingstätö (S) 31 B2
Linguaglossa (I) 119 B3
Linguizzetta (F) 120 C3
Linhamari (FIN) 33 B4
Linhares (P) 131 A3
Linia (PL) 63 D1
Liniewo (PL) 63 D2
Liniez (F) 95 D2
Linjala (FIN) 20 A6
Linjeudden (S) 11 A3
Linkenheim-Hochstetten (D) 91 A1
Linkka (S) 11 D3
Linkmenys (LT) 177 A3
Linköping (S) 39 B1
Linksmakalnis (LT) 176 C4
Linksness (GB) 45 B2
Linkvarn (S) 24 C4
Linlithgow (GB) 49 A3
Linna (EST) 179 D2
Linnamäe (EST) 180 C4
Linnankylä (FIN) 19 C6
Linnankylä (FIN) 20 A5
Linnankylä (FIN) 20 B4
Linnaste (RUS) 182 C2
Linnavaara (FIN) 21 C1
Linneryd (S) 39 B6
Linnes (N) 15 A4
Linnes (N) 24 B6
Linnich (D) 76 A2
Linnuse (EST) 180 B5
Linovo (RUS) 182 D4
Linsell (S) 24 C4
Linslade (GB) 58 C2
Linthal (CH) 99 B3
Linthe (D) 69 C4
Linton, East (GB) 49 B3
Linton (GB) 59 A1
Lintula (RUS) 35 C4
Lintuperä (FIN) 13 A3
Lintzel (D) 68 C2
Linum (D) 69 C3
Linvåg (N) 22 D2
Linxe (F) 104 B4
Linyola (E) 128 D5
Linz (A) 93 D3
Linz a. Rhein (D) 76 C3
Lioliai (LT) 176 B2
Liomer (F) 74 A5
Liomseter (N) 27 B1
Lion-d'Angers, le (F) 86 C6
Lioni (I) 115 B6
Lion-s-Mer (F) 86 D2
Liopetri (CY) 174 C3
Lioran, le (F) 106 A1
Lipa, Česká (CZ) 70 B5
Lipa, Krásná (CZ) 70 B5
Lipa (PL) 73 A5
Lipa (EST) 180 D4
Lipănesti (RO) 154 B2
Lipany (SK) 82 C4
Lipar (YU) 103 C6
Lipari (I) 119 A2
Lipcani (MD) 149 A1
Lipczynek (PL) 63 C3
Liperi (FIN) 21 B4
Liperinsalo (FIN) 21 B5
Liphook (GB) 58 C4
Lipiany (PL) 62 D5
Lipica (SLO) 101 A6
Lipie (PL) 71 D4
Lipik (HR) 150 C1
Lipiniški (LV) 177 C2
Lipinki (PL) 73 C2
Lipinki Łużyckie (PL) 70 C3
Lipiny (PL) 70 D2
Lipka, Święta (PL) 64 D2
Lipka (PL) 63 A6
Lipki Wielkie (PL) 62 D6
Lipljan (YU) 158 B4
Lipnica (PL) 63 C3
Lipnica (PL) 64 A4
Lipnički Sor (YU) 151 B3
Lipnik (PL) 72 D5
Lipniki (PL) 71 B6
Lipník n. Bečvou (CZ) 81 A3
Lipniški (BY) 177 A6
Lipnita (RO) 155 A4
Lipnjaki (RUS) 175 C5
Lipno (PL) 64 A5
Lipno (PL) 71 A2
Lipola (RUS) 35 C4
Liposthey (F) 104 C3
Lipou, Kamenice n. (CZ) 80 A3
Lipova (RO) 146 C5
Lipovac (HR) 151 B2
Lipová-lázně (CZ) 71 B6
Lipovany (SK) 82 B6
Lipovo (RUS) 175 D5
Lipovo (RUS) 181 D2
Lipovo Polje (HR) 111 C3
Lipowiec (PL) 64 D4
Lipowiec (PL) 82 D3
Lipowina (PL) 64 B2
Lipówka (PL) 73 C3
Lippelo (B) 75 A2
Lippi (FIN) 21 B2
Lippó (H) 103 A6
Lippoldsberg,-Wahlsburg (D) 68 B6
Lippstadt (D) 67 D6
Lipsi (GR) 173 A2
Lipsk (PL) 65 C3
Lipsko (PL) 72 D4
Liptál (CZ) 81 B3
Liptingen (D) 91 A4
Liptov. Osada (SK) 81 D4
Liptovská Lúžna (SK) 82 A4
Liptovská Teplá (SK) 82 A4
Liptovská Teplička (SK) 82 B4
Liptovský Hrádok (SK) 82 A4
Liptovský Mikuláš (SK) 82 A4
Lipůvka (CZ) 80 D3
Liré (F) 85 C5
Liri, San Giórgio a (I) 114 C3
Liria (E) 134 C5
Lirkia (GR) 171 A2
Lis (AL) 162 B1
Lišane Ostrovičke (HR) 111 D5
Lisbellaw (GB) 47 A5
Lisboa (P) 137 B1
Lisburn (GB) 47 C4
Liscaroll (IRL) 50 D4
Lischeid (D) 77 A2
Lisciano N. (I) 112 D2
Lisdoonvarna (IRL) 50 C2
Liseleje (DK) 41 C2
Liselund (DK) 42 B4
Lisia Góra (PL) 82 C1
Lisičić (HR) 111 D5
Lisiecice (PL) 71 C6
Lisieux (F) 87 A2
Lisina, Gornja (YU) 158 D3
Lisino-Korpus (RUS) 35 D6
Lisje (RUS) 182 C2
Lisjö (S) 29 B4
Liskeard (GB) 56 D5
Liškiava (LT) 176 C6
Lisle (F) 95 B6
L'Isle (CH) 98 A3
l'Isle-Adam (F) 74 B6
Lisleherad (N) 27 B5
Lisle-s-Tarn (F) 105 D4
Lisma (FIN) 6 D2
Lismanaapa (FIN) 7 A5
Lismore (GB) 48 B2
Lismore (IRL) 51 A5
Lisna (RO) 148 D1
Lisnaskea (GB) 47 A5
Lisnik Duży (PL) 73 A4
Lišnja (BIH) 150 C3
Lišov (CZ) 93 D1
Lisów (PL) 70 B1
Lisów (PL) 71 D5
Lisryan (IRL) 51 B1
Lissatinnig Bridge (IRL) 50 B5
Lisse (NL) 66 B4
Lissett (GB) 54 D2
Lissingen (D) 76 A4
Lisskogsåsen (S) 28 C2
Lissone (I) 109 A1
List (D) 60 B1
Lista (S) 30 C4
Listerby (S) 43 B1
Lištica (BIH) 150 D6
Listowel (IRL) 50 C4
Listrac-Médoc (F) 104 C1
Liszki (PL) 82 A2
Lita (RO) 147 A4
Lita (RO) 153 D4

Litava (SK) 81 D6
Litene (LV) 182 B4
Liteni (RO) 148 D2
Literno, Villa (I) 114 D4
Lit-et-Mixe (F) 104 B3
Lithakia (GR) 170 B2
Lithari, Akr. (GR) 168 A4
Lithinon, Akr. (GR) 172 C6
Litice (CZ) 79 B4
Litija (SLO) 101 C5
Litke (H) 82 A6
Litlos (N) 26 D4
Litmalahti (FIN) 20 D4
Litmaniemi (FIN) 21 A4
Litochoron (GR) 163 C4
Litoměřice (CZ) 70 A5
Litomyšl (CZ) 80 C2
Litos (E) 125 C5
Litovel (CZ) 80 D2
Litschau (A) 80 A4
Litslena (S) 30 D3
Littel (D) 67 D2
Littiäinen (S) 11 D2
Little Abington (GB) 59 A1
Littleborough (GB) 53 C3
Littlebury (GB) 59 A2
Little Fakenham (GB) 59 B1
Little Gruinard (GB) 44 D4
Littlehampton (GB) 58 D5
Littleport (GB) 55 A6
Littleton (IRL) 51 A3
Little Vantage (GB) 49 A4
Little Walsingham (GB) 55 B5
Little Waltham (GB) 59 A2
Littoinen (FIN) 33 A4
Litv'any (BY) 177 B4
Litvínov (CZ) 79 B2
Liu (EST) 179 B1
Liubarty (BY) 177 A6
Liubavas (LT) 176 B5
Liubcova (RO) 152 C3
Liudvinavas (LT) 176 B5
Liukonys (LT) 176 D4
Liutonys (LT) 176 D4
Livada, Akr. (GR) 172 B1
Livada (RO) 83 C6
Livada (RO) 147 A1
Livadakion (GR) 170 D2
Livaderon (GR) 164 B1
Livadhe (AL) 162 C5
Livadhi (CY) 174 B5
Livadion, Megalon (GR) 172 A3
Livadion (GR) 163 B4
Livadion (GR) 172 A3
Livanate (GR) 167 B4
Līvāni (LV) 182 A6
Livarot (F) 87 A3
Livasudden (S) 11 B2
Livata (I) 113 B5/6
Livbērze (LV) 179 A5
Liveni (RO) 149 A1
Livenskoje (RUS) 176 A4
Liveras (CY) 174 B4
Liverdun (F) 89 D2
Livered (S) 38 B3
Livernon (F) 105 C2
Liverovići (YU) 157 B3
Liverpool (GB) 53 B4
Livet (F) 107 C1
Livigno (I) 99 C4
Livingston (GB) 49 A3
Liviöjärvi (S) 6 B5
Livno (BIH) 150 C5
Livo (FIN) 13 A3
Livold (SLO) 101 C6
Livonniska (FIN) 13 A2
Livonsaari (FIN) 32 D3
Livorno (I) 112 A2
Livorno Ferraris (I) 108 C2
Livoški (BY) 177 C2
Livov (SK) 82 C3
Livron-s-Drôme (F) 107 A1/2
Livry (F) 75 A6
Liw (PL) 73 A1
Lixa (P) 124 C6
Lixheim (F) 90 C2
Lixurion (GR) 166 A6
Lizard (GB) 56 C6
Lizard Pt. (GB) 56 C6
Lizarza (E) 127 C2
Lizespasts (LV) 182 B3
Lizums (LV) 182 B4
Lizy-s-Ourcq (F) 88 C1
Lizzanello (I) 117 D3
Lizzano (I) 117 C2
Lizzano in Bel. (I) 109 C4
Ljan (N) 27 D4
Ljaplěüka (BY) 73 C2
Ljaskelja (RUS) 21 D6
Ljaskovec (BG) 160 B2
Lješane (YU) 158 A3
Ljeskovac, Plitv. (HR) 111 D3
Ljig (YU) 151 D4
Ljøen (N) 22 C5
Ljønes (N) 9 A2
Ljørdal (N) 24 B6
Ljosland (N) 36 C1
Ljøsnåvoll (N) 24 A3
Ljouwert, Leeuwarden (NL) 66 D2
Ljubaništa (MK) 162 D3
Ljubata, G. (YU) 158 D3
Ljuben (BG) 159 D3
Ljubenova mahala (BG) 160 B3
Ljuberađa (YU) 158 D2
Ljubić (YU) 151 D5
Ljubija (BIH) 150 B3
Ljubimec (BG) 160 C5
Ljubimec (RUS) 181 D4
Ljubinje (BIH) 157 A3
Ljubiš (YU) 151 C5
Ljublino (RUS) 175 B4
Ljubljana (SLO) 101 C5
Ljubno ob S. (SLO) 101 C4
Ljubogošta (BIH) 151 A5
Ljubojno (MK) 162 D3
Ljuboml' (UA) 73 D3
Ljubostinja, Man. (YU) 152 B5
Ljubovija (YU) 151 C4
Ljubovo (BIH) 157 A3
Ljubuški (BIH) 156 D2
Ljuder (S) 39 B5
Ljugarn (S) 43 D5
Ljuljakovo (BG) 160 D2
Ljung (S) 38 C3
Ljunga, Norra (S) 39 A4
Ljungå (S) 25 B2
Ljungaverk (S) 25 A3
Ljungby, Östra (S) 42 C1
Ljungby (S) 38 B5
Ljungby (S) 38 D5
Ljungbyhed (S) 42 C2
Ljungbyholm (S) 39 C5
Ljungbytorp (S) 38 A1
Ljungdalen (S) 24 B2
Ljungsbro (S) 39 B1
Ljungskile (S) 38 A2
Ljupče, D. (YU) 158 B3
Ljur (S) 38 B3
Ljusa (S) 11 B4
Ljusdal (S) 25 B4
Ljusfallshammar (S) 29 B6
Ljusliden (S) 11 A6
Ljusne (S) 25 C6
Ljusnedal (S) 24 B3
Ljusterö, Norra (S) 31 B4
Ljusterö, Södra (S) 31 B4
Ljustorp (S) 25 C2
Ljusträsk (S) 11 A4
Ljusvattnet (S) 17 B2
Ljusvattnet (S) 17 B2
Ljuta (UA) 83 B4
Ljutibrod (BG) 159 B2
Ljutoglav (YU) 158 A4
Ljutomer (SLO) 102 A5
Llaberia (E) 135 B1
Llacuna, La (E) 129 A6
Lladurs (E) 129 A5
Llafranc (E) 129 D5
Llagostera (E) 129 D5
Llanaelhaearn (GB) 52 D5
Llanallgo (GB) 52 D4
Llanbadarn Fynydd (GB) 53 B6
Llanberis (GB) 52 D4
Llanbister (GB) 53 B6
Llanca (E) 129 D4
Llandeilo (GB) 57 A2
Llandissilio (GB) 56 D2
Llandogo (GB) 57 B2
Llandovery (GB) 57 A2
Llandrillo (GB) 53 A5
Llandrindod (GB) 57 B1
Llandudno (GB) 53 A4
Llandyssul (GB) 56 D1
Llanelli (GB) 56 D2
Llanerchymedd (GB) 52 D4
Llanfaethlu (GB) 52 D4
Llanfair-Caereinion (GB) 53 A6
Llanfairfechan (GB) 53 A4
Llanfairpwllgwyngyll (GB) 52 D4
Llanfair-Talhaiarn (GB) 53 A4
Llanfarian (GB) 52 D6
Llanfyllin (GB) 53 B5
Llangadfan (GB) 53 A6
Llangadog (GB) 57 A2
Llangefni (GB) 52 D4
Llangelynin (GB) 52 D6
Llangernyw (GB) 53 A4
Llangollen (GB) 53 B5
Llangurig (GB) 53 A6
Llangybi (GB) 57 A1
Llanidloes (GB) 53 A6
Llanllyfni (GB) 52 D5
Llannon (GB) 56 D2
Llanon (GB) 52 D6
Llano Negro (E) 144 B1
Llanrhaeadr-ym-Mochnant (GB) 53 B5
Llanrhystud (GB) 52 D6
Llanrwst (GB) 53 A4
Llantrisant (GB) 57 A3
Llanuwchllyn (GB) 53 A5
Llanwddyn (GB) 53 A5
Llanwrda (GB) 57 A2
Llanwrtyd Wells (GB) 57 A1
Llanybyther (GB) 57 A1
Llanymynech (GB) 53 B5
Llardecáns (E) 128 C6
Llauro (F) 129 C3
Llavorsí (E) 129 A4
Lleida (E) 128 D6
Llerena (E) 138 D3
Lles (E) 129 B4
Llinás (E) 129 B4
Llinás (E) 129 C5
Llivia (F) 129 B4
Llodio (E) 127 A2
Llorenç, S. (E) 123 C4
Lloret de Mar (E) 129 D5
Llosa (E) 141 B1
Llucmajor (E) 123 B4
Llyswen (GB) 57 B1
Lnáře (CZ) 79 B5
Lniano (PL) 63 D4
Lo (S) 16 D6
Lõa (S) 29 A4
Loamnes (RO) 147 B5
Loanhead (GB) 49 A3
Loano (I) 108 C5
Loarre (E) 128 A4
Löbau (D) 70 B4
Lobbi (I) 108 D3
Lobeda (D) 78 C2
Lobendava (CZ) 70 B4
Lobenstein (D) 78 C3
Lobera (E) 124 D5
Lobērgi (LV) 182 A3
Löberöd (S) 42 D2
Loberuela (E) 134 B5
Łobez (PL) 63 A3
Lobios (E) 124 D5
Löbnitz (D) 61 C2
Löbnitz (D) 69 C5
Łobodno (PL) 72 A5
Lobón (E) 138 C1
Lobonäs (S) 25 A5
Lobos, Isla de los (E) 145 C4
Lobos, Los (E) 140 D5
Loburg (D) 69 B4
Łobżenica (PL) 63 C4
Locana (I) 98 C6
Locarno (CH) 99 A4
Loccum (D) 68 B4
Loče (SLO) 101 D5
Lochailort (GB) 48 B2
Lochaline (GB) 48 B2
Lochau (A) 99 C1
Lochboisdale (GB) 44 A6
Lochbuie (GB) 48 B2
Lochcarron (GB) 44 C5
Lochdon (GB) 48 B2
Lochearnhead (GB) 48 D2
Lochem (NL) 67 A5
Lochend (GB) 45 A5
Lochend (GB) 48 D6
Loches (F) 95 B2
Loché-s-Indrois (F) 95 C2
Lochgelly (GB) 49 A3
Lochgilphead (GB) 48 B3
Lochgoilhead (GB) 48 C3
Lochinver (GB) 44 D3
Lochmaben (GB) 49 A5
Lochmaddy (GB) 44 A5
Lochmore Lodge (GB) 44 D3
Lochovice (CZ) 79 C4
Lochów (PL) 65 A6
Lochranza (GB) 48 C4
Lochrist (F) 84 D4
Loćika (PL) 152 B5
Lockenhaus (A) 102 B2
Lockerbie (GB) 49 A5
Locketorp (S) 38 D1
Lockne (S) 24 D2
Löcknitz (D) 62 C4
Locksta (S) 16 D4
Locle, Le (CH) 98 B2
Locmaria (F) 84 D6
Locmariaquer (F) 84 D5
Locminé (F) 84 D4
Locon (F) 74 C3
Locorotondo (I) 117 B2
Locquirec (F) 84 C2
Locri (I) 119 D2
Locronan (F) 84 B4
Loctudy (F) 84 B4
Lóculi (I) 121 D3
Lodares (E) 127 A6
Lodbukta (N) 5 B1
Löddeköpinge (S) 42 C3
Lödderitz (D) 69 B5
Lødding (N) 14 B3
Lode (LV) 179 C2
Lode (LV) 179 D4
Lodenau (D) 70 B4
Lodendorf (D) 76 B3
Lodênice, Hor. (CZ) 81 A2
Lodénice (CZ) 79 C3
Löderup (S) 42 D3
Löderups strandbad (S) 43 A3
Lodes (F) 105 A2
Lodève (F) 106 B4
Lodi (I) 109 A2
Lodigiano, Sant Ángelo (I) 109 B1
Lodine (I) 121 C3
Løding (N) 9 A2
Lødingen (N) 4 C4
Lodi Vecchio (I) 109 A2
Lodões (P) 131 A1
Lodosa (E) 127 C4
Lódz (PL) 72 A3
Lódzki, Aleksandrów (PL) 72 A3
Loeches (E) 132 D3
Loen (N) 22 C5
Læsø (DK) 37 D5
Lõetsa (EST) 180 B5
Løfallstrand (N) 26 B4
Lofer (A) 100 D1
Löffingen (D) 91 A4
Lofoten (N) 4 A5
Lofsdal (FIN) 32 D4
Lofsdalen (S) 24 C4
Lofta (S) 39 C2
Loftahammar (S) 39 C2
Lofthus (N) 26 C3
Loftus (GB) 54 C1
Loga (D) 67 C2
Logatec (SLO) 101 B5
Lögdasund (S) 16 D4
Lögdeå (S) 17 A5
Loges, les (F) 87 A1
Loges, les Grandes- (F) 75 A6
Loges, Les Ptes (F) 75 A6
Logga (GR) 163 B5
Logis-du-Pin, le (F) 107 D4
Logojsk (BY) 177 D6
Logovo (RUS) 182 D3
Log pod Mang. (SLO) 101 A4
Lograto (I) 99 C6
Logron (F) 87 C5
Logrono (E) 127 B4
Logrosán (E) 131 D6
Løgsten (DK) 41 A2
Løgstør (DK) 37 A6
Logtun (N) 23 C1
Loguivy-Plougras (F) 84 C3
Løgumkloster (DK) 40 C5
Logvino (RUS) 175 B4
Lohals (DK) 41 B4
Lohärad (S) 31 B3
Loheberg (D) 79 A6
Lohéac (F) 85 B4
Lohfelden (D) 77 B1
Lohijärvi (FIN) 12 B1
Lohikoski (FIN) 19 B6
Lohikoski (FIN) 35 A1
Lohilahti (FIN) 35 A1
Lohiluoma (FIN) 19 B4
Lohiniva (FIN) 6 D5
Lohiranta (FIN) 13 B2
Lohja (FIN) 33 B4
Lohjan asema (FIN) 33 C4
Lohjanharju (FIN) 33 B4
Lohjantaipale (FIN) 33 B4
Löhlbach (D) 77 A2
Lohma (D) 78 D5
Lohme (D) 42 D5
Lohmen (D) 61 C4
Lohmen (D) 70 A4
Löhne (D) 68 A4
Lohne (Old.) (D) 67 D3
Lohnfeld (D) 76 D5
Lohnsburg (A) 93 B3
Loholm (S) 10 B4
Lohr a. M. (D) 77 B4
Lohrhaupten (D) 77 B4
Löhsten (D) 69 D5
Lohtaja (FIN) 19 C1
Lohusalu (EST) 180 C3
Lohusuu (EST) 181 C4
Lohvanperä (FIN) 20 B2
Loiano (I) 109 D4
Loima (FIN) 33 A2
Loimaa (FIN) 33 A3
Loimaa mlk (FIN) 33 A3
Loiré (F) 86 C6
Loire-s-Rhône (F) 97 B5
Lóiri (I) 121 D2
Loiron (F) 86 C5
Loista (S) 43 C5
Loitz (D) 61 D3
Loix (F) 94 C4
Loja (E) 143 B3
Lojanice (YU) 151 C3
Łojowice (PL) 71 B5
Løjt Kirkeby (DK) 40 D4
Lok (SK) 103 A1
Loka brunn (S) 29 A4
Lökänen (FIN) 34 D2
Loka, Skofja (SLO) 101 B5
Lokakylä (FIN) 20 A3
Lokalahti (FIN) 32 C3
Lokavec (SLO) 111 A1
Lokca (SK) 82 A3
Løken (N) 27 D3
Løken (N) 28 A4
Løkenseter (N) 27 A4
Loker (B) 74 C2
Lokeren (B) 75 A2
Loket (CZ) 79 A3
Lokka (FIN) 7 B3
Løkkeberg (N) 28 A6
Løkken (DK) 37 B5
Løkken Verk (N) 23 B2
Lokkiperä (FIN) 20 A2
Løkkja (N) 23 C4
Lökom (S) 16 C6
Lökösháza (H) 146 B4
Lokrum (HR) 156 D4
Loksa (N) 5 A2
Loksa (EST) 181 A2
Løkta (N) 8 C5
Lokuta (EST) 180 D4
Lokve (HR) 111 B2
Lokve (YU) 152 B2
Lolland (DK) 41 B5
Lollar (D) 77 A2
Lom (N) 23 A5
Lom (BG) 153 B5
Lomåsen (S) 15 C5
Łomazy (PL) 73 C2
Lomba (P) 136 A3
Lombardore (I) 108 B2
Lomben (S) 11 C3
Lombez (F) 105 B5
Lombheden (S) 11 C3
Lombron (F) 87 A5
Lomeland (N) 36 A1
Lomello (I) 108 D2
Lomen (N) 27 B1
Lomi (LV) 182 B6
Lomiai (LT) 176 A3
Łomianki (PL) 72 C1
Lomkärr (S) 11 D3
Lomma (S) 42 C3
Lommaryd (S) 39 A3
Lommel (B) 75 C1
Lomná, Dol. (CZ) 81 C3
Lomná, Hof. (CZ) 81 C3
Lom nad Rimavicou (SK) 82 A5
Lomnica, D. (HR) 102 A6
Łomnica, Stara (PL) 71 A6
Lomnica, Tatranská (SK) 82 B4
Lomnice (CZ) 79 A3
Lomnice (CZ) 80 C3
Lomnice (CZ) 81 A2
Lomnice n. Luž. (CZ) 79 D6
Lomonosov (RUS) 35 C5
Lomovo (RUS) 176 A5
Lompnieu (F) 97 C4
Lompolo (FIN) 6 C5
Lompolo (FIN) 6 D3
Lomsdalen (N) 27 C2
Lomselenäs (S) 10 C6
Lomsjö (S) 16 B4
Lomsjökullen (S) 15 D2
Lomträsk (S) 11 C2
Lomunddal (N) 23 B2
Lomviken (S) 17 A4
Łomża (PL) 65 B4
Lonato (I) 109 C1
Lønborg (DK) 40 B3
Lončari (BIH) 151 A2
Londa (I) 110 A6
Londe-les-Maures, l (F) 107 C5
Londinières (F) 74 A5
London (GB) 58 D3
Londonderry (GB) 47 A3
Lone (LV) 179 C6
Lonevåg (N) 26 B3
Longa (GR) 170 D4
Longa I. (GB) 44 C4
Longanikos (GR) 171 A3
Longare (I) 110 A2
Longares (E) 134 B1
Longarone (I) 100 C4
Long Ashton (GB) 57 B3
Long Bennington (GB) 54 C5
Longbenton (GB) 49 C6
Longchamp-s-Aube (F) 89 B4
Longchaumois (F) 97 D3
Long Compton (GB) 58 B2
Long Eaton (GB) 54 C5
Longeau (F) 89 C4
Longecourt-en-Plaine (F) 97 B1
Longega (I) 100 B3
Longerak (N) 36 D2
Longeville-en-Barrois (F) 89 C2
Longeville-s-Mer (F) 94 B3
Longford (IRL) 51 A1
Longforgan (GB) 49 A2
Longhorsley (GB) 49 C5
Longmanhill (GB) 45 C5
Long Melford (GB) 59 B1
Longmorn (GB) 45 B5
Longnes (F) 87 A5
Longny-au-Perche (F) 87 B4
Longobardi Marina (I) 116 D5
Longobucco (I) 117 A5
Longouyon (F) 75 C6
Longpont (F) 74 C6
Long Preston (GB) 53 C2
Longré (F) 95 A4
Longridge (GB) 53 C3
Long Riston (GB) 54 D3
Longroiva (P) 131 A2
Longs, les (F) 107 D3
Longset (N) 8 D4
Long Stratton (GB) 55 B6
Long Sutton (GB) 55 A5
Longton (GB) 53 C5
Longtown (GB) 49 B6
Longué (F) 95 A1
Longueville-s-Scie (F) 87 B1
Longuyon (F) 75 C6
Longvilly (B) 75 C4
Longwy (F) 75 C5
Lonigo (I) 110 A2
Löningen (D) 67 C3
Łoniów (PL) 72 D5
Lonka (RUS) 13 C4
Lonkan (N) 4 C3
Lonlay-l'Abbaye (F) 86 C4
Lonlay-le-Tesson (F) 86 D4
Lonmyran (N) 14 B5
Lönneberga (S) 39 B3
Lönnewitz (D) 69 D5
Lønningdal (N) 26 B3
Lonny (F) 75 B5
Lönsboda (S) 39 A6
Lønsdal (N) 9 B3
Lonsdale, Kirkby (GB) 53 C2
Lønset (N) 22 D3
Lønset (N) 23 B3
Lons-le-Saunier (F) 97 C3
Lønstrup (DK) 37 B4
Lónya (H) 83 A6
Lonzac, le (F) 95 D6
Lõo (EST) 180 C5
Looberghe (F) 74 A2
Looberghe (F) 74 B2
Loobu (EST) 181 B3
Looe (GB) 56 D5
Loon op Zand (NL) 66 C6
Loon-Plage (F) 74 B2
Loop Hd. (IRL) 50 B3
Lõopõllu (EST) 180 A6
Loos (F) 74 C3
Loosdorf (A) 80 B6
Loose (GB) 59 A3
Lopar (HR) 111 B3
Lopare (BIH) 151 B3
Löparliden (S) 10 C6
Lopătari (RO) 154 C1
Lopatica (MK) 162 D2
Lopatino (RUS) 182 D3
Lopcombe Corner (GB) 58 B4
Lõpe (EST) 180 C5
Lopenikem, Bystřice (CZ) 81 A4
Lopera (E) 139 C3
Łopiennik Górny (PL) 73 C4
Lopotti (RUS) 35 D4
Loppa (N) 1 C4
Loppersum (D) 67 B1
Loppi (FIN) 33 C3
Loppow (PL) 62 D6
Łopuchowo (PL) 63 C6
Lopud (HR) 156 D4
Lopukhinka (RUS) 35 B5
Łopuszno (PL) 72 C4
Loqueffret (F) 84 C3
Lor (F) 75 A5
Lora (N) 23 A4
Lora del Rio (E) 142 C2
Loranca (E) 133 A3
Loranca (E) 133 B4
Lorås (S) 15 C6
Lorca (E) 140 D4
Lorch (D) 76 C4
Lorch (D) 91 B2
Lorcha (E) 141 C1
Lordelo (P) 124 C6
Lordosa (P) 130 D2
Lørenfallet (N) 28 A4
Lorentzen (F) 90 C2
Lorentzweiler (L) 75 D5
Lorenzago (I) 100 C4
Lorenzana (E) 125 A1
Lorenzana (E) 125 D3
Loréo (I) 110 B3
Loreto (I) 113 C2
Loreto Aprutino (I) 113 D4
Loreto-di-Tallano (F) 120 B4
Lorette (F) 97 B6
Lorges (F) 87 C6
Lorgues (F) 107 C5
Lorica (I) 117 A5
Lorient (F) 84 D5
Loriga (P) 130 D3
Lőrinci (H) 103 C2
Loriol-s-Drôme (F) 107 A2
Lorita (E) 131 D6
Lormes (F) 96 D1
Loro Ciufenna (I) 110 A6
Loro Piceno (I) 113 C3
Loroux, la (F) 86 C4
Loroux-Bottereau, le (F) 95 C1
Lörrach (D) 90 D5
Lorrez-le-Bocage (F) 88 C3
Lorris (F) 88 B4
Lörudden (S) 25 C3
Lorup (D) 67 C3
Lörzenbach (D) 77 A5
Los (S) 25 A5
Łoś (PL) 72 C2
Losa (E) 134 C5
Losacino (E) 125 C6
Los Corrales (E) 126 C2
Los Cristianos (E) 144 A6
Losenice, Vel. (CZ) 80 C3
Loshamn (N) 36 B3
Losheim (B) 75 D3
Losheim (D) 76 A3
Losheim (D) 76 B5
Loshult (S) 38 D6
Losi (RUS) 182 D5
Łosice (PL) 73 B1
Łosie (PL) 82 C3
Łosina (PL) 71 B4
Losina (CZ) 79 B4
Lošinj (HR) 111 B4
Łosinka (PL) 65 D5
Łosino (PL) 63 C2
Losiny, Vel. (CZ) 80 D2
Łosiów (PL) 71 B5
Losk (BY) 177 B6
Los Llanos de Aridane (E) 144 B1
Losne (F) 97 C2
Losomäki (FIN) 21 A3
Losovaara (FIN) 13 B4
Lossa (D) 69 A6
Loßburg (D) 91 A3
Losse (F) 104 D3
Losser (NL) 67 B4
Lossiemouth (GB) 45 B5
Lossmen (S) 17 A2
Lössnitz (D) 79 A2
Loster (S) 25 B4
Lostice (CZ) 80 D2
Los Tojos (E) 126 C2
Lostwithiel (GB) 56 D5
Losvik (N) 2 D1
Löt (S) 31 A4
Löt (S) 39 D5
Lote (N) 22 B5
Loten (N) 26 B6
Løten (N) 28 A2
Lotenhulle (B) 74 D2
Löten, Södra (S) 28 C1
Lothbeg (GB) 45 B4
Lothbeg Point (GB) 45 B4
Lothiers (F) 95 D3
Lotorp (S) 29 C6
Lotru (RO) 153 B1
Lotta (RUS) 3 B6
Lotta (RUS) 7 C2
Lottefors (S) 25 B5
Löttorp (S) 39 D4
Lotyń (PL) 63 B3
Lotzorai (I) 121 D4
Louargat (F) 84 D3
Loubajac (F) 104 D5
Loubens (F) 105 C6
Loubersan (F) 105 A5
Loubillé (F) 95 A4
Loučná n. Des. (CZ) 81 A1
Loudéac (F) 84 D3
Loudenvielle (F) 105 A6
Loudes (F) 106 C1
Loudun (F) 95 A2
Loue (FIN) 12 B2
Loué (F) 86 D5
Louejärvi (FIN) 12 C1
Louejoki (FIN) 12 C1
Louesme (F) 89 B4
Loughborough (GB) 54 C5
Loughglinn (IRL) 46 C6
Loughor (GB) 57 A2
Loughrea (IRL) 50 D2
Lougratte (F) 105 A2
Louhans (F) 97 B3
Louhossoa (F) 104 B5
Louisburgh (IRL) 46 A6
Louka u Blatnice (CZ) 81 A4
Loukee (FIN) 20 D6
Loukio (FIN) 20 D6
Loukkojärvi (FIN) 12 C4
Loukolampi (FIN) 20 C5
Loukusa (FIN) 13 A3
Louky (CZ) 81 C2
Loulay (F) 94 D4
Loulé (P) 137 C5
Lounaala (FIN) 19 B4
Lounovice (CZ) 79 D4
Louny (CZ) 70 A6
Loupe, la (F) 87 B4
Loupiac (F) 105 D2
Louplande (F) 87 A5
Lourdes (F) 104 D6
Lourdios-Ichère (F) 104 C6
Lourdoueix-Saint-Michel (F) 95 D3
Louredo (P) 124 D6
Loures-Barousse (F) 105 A6
Louresse (F) 94 D1
Lourical (P) 130 B4
Lourinha (P) 130 A6
Lourmarin (F) 107 B4
Lourosa (P) 130 C2
Louroux-Béconnais, le (F) 85 C5
Loury (F) 88 B4
Lousã (P) 130 C4
Lousa (P) 137 A1
Lousada (P) 130 C1
Louth (GB) 54 D4
Lout Ostrov (RUS) 21 D2
Louvain, Leuven (B) 75 B2
Louvergny (F) 75 B5
Louverné (F) 86 D5
Louvie-Juzon (F) 104 C/D6
Louviers (F) 87 B2
Louvigné-de-Bais (F) 86 C5
Louvigné-du-Désert (F) 86 C4
Louvres (F) 74 B6
Louze (F) 89 B3
Lövanger (S) 17 C2
Lövås (S) 16 D3
Lovasberény (H) 103 A3
Lövåsen (S) 16 B6
Lövåsen (S) 28 C3
Lovászpatona (H) 102 D2
Lövberg (S) 10 D6
Lövberg (S) 15 B2
Lövberga (S) 15 C4
Løvdal (N) 8 C4
Lövdalen (S) 24 C2
Loveč (BG) 159 D2
Løvel (DK) 40 D1
Lövere (I) 99 C5
Lövestad (S) 42 D2
Loviisa, Lovisa (FIN) 34 C4
Lovikka (S) 6 B5
Lovinac (HR) 111 D4
Lövingen (S) 25 A4
Lovinobaňa (SK) 82 A5
Lovisa, Loviisa (FIN) 34 C4
Lövlund (S) 16 B5
Lövnäs (S) 10 B3
Lövnäs (S) 15 C2
Lövnäs (S) 26 C6
Lovnidol (BG) 160 A2
Lövö (FIN) 32 B4
Lövő (H) 102 B2
Løvøen (N) 24 A2
Lovoleto (I) 109 D3
Lovosice (CZ) 70 A6
Lovrævid (N) 26 C5
Lovran (HR) 111 B2
Lovreć (HR) 111 A2
Lovreć (HR) 150 C6
Lovrenc na Poh. (SLO) 101 D4
Lovrin (RO) 146 A6
Lövsele, S. (S) 17 C2
Lövshult (S) 39 C4
Lövsjön (S) 29 A2
Lövstabruk (S) 31 A2
Lövstad (S) 39 B1
Lövstrand (S) 15 C3
Lövudden (S) 11 A3
Lovunden (N) 8 C4
Lövvik (S) 15 C4
Łowcza (PL) 73 C3
Löwenberg (D) 69 C2
Löwendorf (D) 68 B5
Löwenstein (D) 91 B1
Lower Diabaig (GB) 44 C5
Lower Egleton (GB) 57 C1
Lower Killeyan (GB) 48 A4
Lowestoft (GB) 55 C6
Low Hesket (GB) 49 B6
Łowicz (PL) 72 B2
Łowin (PL) 63 D4
Lowitz (D) 62 B3
Loxten (D) 67 C3
Loye-s-Arnon (F) 96 B3
Loyettes (F) 97 B5
Löytänä (FIN) 20 B2
Löytäne (FIN) 33 A2
Löytövaara (FIN) 13 A2
Löyttilä (FIN) 32 D2
Löyttym (FIN) 33 C3
Löytynmäki (FIN) 20 C3
Lož (SLO) 101 B6
Loza (CZ) 79 B4
Lozarevo (BG) 160 D2
Lozen (B) 75 C1
Lozen (BG) 160 C5
Lozenec (BG) 161 B3
Łozice (PL) 62 C5
Lozice (HR) 111 C4
Loziči (BY) 177 D3
Lożin (SK) 83 A5
Lozinca (RO) 149 B5
Loznica (YU) 151 B3
Loznica (BG) 155 A5
Loznica (BG) 160 D1
Lozoya (E) 132 C2
Lozoyuela (E) 132 D2
Lozzo (I) 100 C4
It Hearrenfean, Heerenveen (NL) 66 D3
Luanco (E) 125 D1
Luarca (E) 125 B1
Lub (PL) 73 B5
Lubaczów (PL) 73 C6
Luban (PL) 70 C4
L'uban' (BY) 177 C5
Lubāna (LV) 182 B5
Lubanie (PL) 64 A5
Lubanów (PL) 72 B3
Lubanowo (PL) 62 C4
Lubartów (PL) 73 B3
Lubasz (PL) 63 B5
Lubawa (PL) 64 B4
Lubawka (PL) 70 D5
Lubawskie, Nowe Miasto (PL) 64 B4
Lübbe (D) 67 D4
Lübbecke (D) 68 A4
Lübben (D) 70 A2
Lübbenau (D) 70 A2
Lubboträsk (S) 17 A2
Lübbow (D) 69 A2
Lubbträsk (S) 15 D2
Lübchin,-Behren (D) 61 D3
Lubcz (PL) 63 C6
Lübeck (D) 61 A3
Lubelski, Ostrów (PL) 73 B3
Lubelski, Tomaszów (PL) 73 C5
Lubelskie, Opole (PL) 73 A4
Lubenec (CZ) 79 B3
Lubersac (F) 95 C6
Lubes (LV) 178 D3
Lübesse (D) 61 B4
Lubia (E) 127 B6
Lubián (E) 125 B5
Łubianka (PL) 62 D5
Łubianka, Stara (PL) 63 B4
Łubianka (PL) 63 D5
Lubiatowo (PL) 62 D4
L'ubica (SK) 82 C4
Lubice (PL) 72 D2
Lubichowo (PL) 63 D3
Lubicz (PL) 64 A5
Lubiec (PL) 72 A4
Lubień (PL) 82 B2
Lubienia (PL) 72 D4
Lubień Kujawski (PL) 72 A1
Lubieszovo (PL) 63 A4
Lubieszyn (PL) 62 C4
L'ubietová (SK) 82 A5
Lubiewo (PL) 62 C3
Lubiewo (PL) 63 D4
Lubin (PL) 70 D3
Lubiń (PL) 71 A2
Lubinia Mł. (PL) 71 C2
Łubin Kościelny (PL) 65 C5
Lublin (PL) 73 B4
Lubliniec (PL) 71 D5
Lubnia (PL) 63 C3
Lubnica (YU) 152 D5
Lubniewice (PL) 70 C1
Łubno (PL) 63 C2
Łubno (PL) 72 A2
Lubnów (PL) 71 C5
Lubochnia (PL) 72 B3
L'ubochňa (SK) 81 D4
Lubojna (PL) 72 A5
Lubomierz (PL) 70 C4
Lubomino (PL) 64 C2
Luboń (PL) 71 A1
Luboniek (PL) 71 D1
Luborcza (PL) 72 B5
L'uboreč (SK) 82 A6
L'ubotín (SK) 82 C3
Lubotyń (PL) 71 D1
L'ubovňa, Nová (SK) 82 C3
L'ubovna, Stará (SK) 82 C3
Łubowo (PL) 63 B4
Łubowo (PL) 71 B1
Lubraniec (PL) 64 A6
Lubrin (E) 140 D5
Lubrza (PL) 70 C1
Lubrza (PL) 71 B6
Lubsko (PL) 70 C3

Lubstow (PL) 71 D1
Lubsza (PL) 71 B5
Lübtheen (D) 61 A5
Lubuskie, Ośno (PL) 70 B1
Lubuskie, Trzemeszno (PL) 70 C1
Łuby (PL) 63 D3
Luby (CZ) 78 D3
Lubycza (PL) 73 C6
Lübz (D) 61 C4
Łucka Kolonia (PL) 73 B3
Luc, le (F) 107 C5
Luc,-St (CH) 98 C4
Lucainena (E) 140 C6
Lučaj (BY) 177 C4
Lučajka (BY) 177 D3
Lucan (IRL) 51 C2
Lucánia, Vallo di (I) 116 B3
Lúcar (E) 140 C5
Luçay-le-Libre (F) 96 A2
Luçay-le-Mâle (F) 95 C2
Lucca (I) 109 C5
Lucca S. (I) 118 B4
Lucé (F) 87 C4
Lucelle (CH) 98 C1
Lucena (E) 138 B5
Lucena (E) 143 B3
Lucena del Cid (E) 134 D4
Lucenay-le-Duc (F) 89 B5
Lucenay-lès-Aix (F) 96 D3
Lucenay-l'Evêque (F) 97 A2
Luc-en-Diois (F) 107 B2
Lučenec (SK) 82 A6
Lucens (CH) 98 B3
Lucera (I) 115 B4
Lucéram (F) 108 A5
Lucey (F) 97 C5
Luchente (E) 141 C1
Luché-Pringé (F) 87 A6
Lucheux (F) 74 B4
Lüchow (D) 69 A2
Lucia, Baňa (SK) 82 C5
Luciana (E) 139 C1
Lucianca (RO) 154 B3
Lučice (CZ) 79 B5
Lučice (YU) 151 C6
Lucień (PL) 72 A1
Lucignano (I) 112 D2
Lucija (SLO) 101 A6
Lucillo (E) 125 C4
Lucito (I) 115 A4
Lucka (D) 78 D1
Luckau (D) 70 A2
Lückendorf (D) 70 B5
Luckenwalde (D) 69 D4
Lučki, Velikije (UA) 83 B5
Lučki (RUS) 181 D3
Lúčky (SK) 82 A4
Lucmau (F) 104 D3
Luco d. M. (I) 113 C5
Luco de Jiloca (E) 134 B2
Luçon (F) 94 C3
Lucq-de-Béarn (F) 104 C5
Luc-s-Mer (F) 86 D2
Lucs-s-Boulogne, les (F) 94 B2
Ludanice (SK) 81 B5
Ludányhalászi (H) 82 A6
Ludborough (GB) 54 D4
Ludbreg (HR) 102 B5
Lude, le (F) 87 A6
Lüdenscheid (D) 76 C1
Lüderitz (D) 69 A3
Ludesti (RO) 147 A6
Ludford (GB) 54 D4
Ludgershall (GB) 58 B3
Ludgierzowice (PL) 71 B4
Lüdinghausen (D) 67 C5
Ludlow (GB) 57 C1
Ludus (RO) 147 B4
Ludvigsborg (S) 42 D2
Ludvika (S) 29 A3
Ludwell (GB) 57 C4
Ludwigsburg (D) 91 B2
Ludwigshafen (D) 76 D5
Ludwigshafen (D) 91 B5
Ludwigslust (D) 61 B4
Ludwigsstadt (D) 78 C3
Ludwigsthal (D) 93 B1
Ludwin (PL) 73 B3
Ludza (LV) 182 C1
Luelmo (E) 125 C6
Luesia (E) 128 A4
Lug (HR) 151 A1
Luga, Ust' (RUS) 35 A6
Lugagnano V. d'A. (I) 109 B3
Lugán (E) 126 A3
Lugano (CH) 99 A5
Lugar Nuevo, El (E) 139 C3
Lugau (D) 79 A2
Lugaži (LV) 179 D3
Lügde (D) 68 B5
Ługi Radły (PL) 71 D5
Luglon (F) 104 C3
Lugnano (I) 113 A4
Lugnås (S) 38 C1
Lugnvik (S) 25 C1
Lugny (F) 74 D5
Lugny (F) 97 B3
Lugny-lès-Charolles (F) 97 A3
Lugo (I) 110 B4
Lugo (E) 124 D2
Lugoj (RO) 146 C6
Lugones (E) 125 D2
Lugos (F) 104 C2
Lugovoe (RUS) 175 B5
Lugros (E) 140 A5
Lugueros (E) 126 A3
Luhačovice (CZ) 81 A4
Luhalahti (FIN) 19 C6
Luhamaa (EST) 182 C3
Luhanka (FIN) 20 B6
Luhdorf (D) 60 D5
Luhe (D) 78 D5
Luhi (FIN) 20 D3
Lühmannsdorf (D) 62 B2
Luhtikylä (FIN) 34 B3
Luidja (EST) 180 A4
Luige (EST) 180 D3
Luikonlahti (FIN) 21 A4
Luing (GB) 48 B2
Luino (I) 99 A5
Luiro (FIN) 7 B5
Luiro (FIN) 7 C4
Luis, S. (E) 123 D3
Luisana, La (E) 142 D2
Lúka, Dlhá (SK) 82 D3
Luka (HR) 111 C5
Luka (BIH) 150 D6
Luka (YU) 152 D4
Lukas (GR) 171 A3
Luka n. Jihl. (CZ) 80 B3
Lukare (YU) 158 B3
Lukavac (BIH) 151 A3
Lukavica (BIH) 150 D3
Luk' janoviči (BY) 177 C4
Lukkareinen (FIN) 12 B5
Luknes (LT) 175 C1
Lukovica (SLO) 101 C5
Lukovištia (SK) 82 B5
Lukovit (BG) 159 C2
Lukovo (HR) 111 C3
Lukovo (HR) 111 C4
Lukovo (YU) 152 C5
Lukovo (MK) 162 C2
Łuków (PL) 73 B2
Łukowa (PL) 73 B6
Łukowice Brzeskie (PL) 71 B5
Łukowisko (PL) 73 B2
Lukowski, Stoczek (PL) 73 A2
Luksefjell (N) 27 C5
Lukšiai (LT) 176 B4
Łukta (PL) 64 C3
Lula (I) 121 C/D3
Lulea (S) 11 C4
Lüleburgaz (TR) 161 A5
Luliči (HR) 111 D4
Lullekietje (S) 10 C2
Lüllemäe (EST) 182 B3
Lully (F) 98 A4
Lümanda (EST) 180 A5
Lumbarda (HR) 156 C3
Lumbier (E) 127 D3
Lumbrales (E) 131 B2
Lumbrein (CH) 99 B3
Lumbreras (E) 127 B5
Lumbres (F) 74 B2
Lumezzane (I) 109 B1
Lumby (DK) 41 A4
Lumijoki (FIN) 12 C5
Lumio (F) 120 B2
Lumimetsä (FIN) 12 C6
Lummelunda (S) 43 C4
Lummen (B) 75 C2
Lummukka (FIN) 19 C3
Lumnäs (S) 25 C5
Lumparland (FIN) 32 B4
Lumpėnai (LT) 175 D4
Lumphanan (GB) 45 C6
Lumpiaque (E) 127 D6
Lumsås (DK) 41 C2
Lumsheden (S) 29 B1
Lun (HR) 111 B4
Luna (E) 128 A4
Lunamatrona (I) 121 B5
Lunano (I) 110 C6
Lunas (F) 106 B4
Lunay (F) 87 B6
Lunca (RO) 146 D4
Lunca (RO) 147 C3
Lunca Bradului (RO) 148 B4
Lunca Cernii de Jos (RO) 146 D6
Lunca Corbului (RO) 153 D2
Lunca de Sus (RO) 148 D5
Luncani (RO) 146 D6
Luncavita (RO) 152 C2
Luncavita (RO) 155 B1
Luncile (RO) 154 C1
Lund (N) 5 A3
Lund (N) 14 C5
Lund (D) 17 B2
Lund (N) 36 B2
Lund (DK) 40 D2
Lund (S) 42 C3
Lunda (S) 31 A3
Lundamo (N) 23 C2
Lundbacken (S) 11 A6
Lundbjörken (S) 28 D1
Lundby (DK) 37 B6
Lunde (N) 5 B3
Lunde (N) 22 C6
Lunde (N) 26 B4
Lunde (N) 27 B5
Lunde (N) 27 C2
Lunden (D) 60 B2
Lunderskov (DK) 40 D4
Lundforlund (DK) 41 B4
Lundøy (N) 4 C5
Lundsberg (S) 28 D4
Lundsbrunn (S) 38 C2
Lundseter (N) 23 C2
Lundseter (N) 27 C1
Lundsjön (S) 15 B6
Lundsund (S) 28 D4
Lundy (GB) 56 D3
Lünebach (D) 76 A4
Luneborg (N) 5 A1
Lüneburg (D) 60 D5
Lunel (F) 106 D4
Lünen (D) 67 C6
Luneray (F) 87 B1
Lunery (F) 96 B2
Lunéville (F) 90 B3
Lunevščina (RUS) 181 D4
Luněvščina (RUS) 181 D5
Lunga (GB) 48 B2
Lunger (S) 29 B5
Lungern (CH) 98 D3
Lungön (S) 25 D2
Lungret (S) 15 A6
Lungro (I) 116 D4
Lungsdalsh. (N) 26 D2
Lungsjön (S) 16 B5
Lunguletu (RO) 154 A3
Lunino (RUS) 175 D4
Lunkkaus (FIN) 7 C5
Lunna (GB) 45 D3
Lunna Ness (GB) 45 D3
Lunnäset (S) 24 C3
Lunne (N) 27 D3
Lünne (D) 67 C4
Lunnevik (S) 38 A2
Lunteren (NL) 66 D5
Lunzdorf (A) 101 C1
Luoba (LT) 175 D1
Luode (FIN) 19 C6
Luodespohja (FIN) 19 C5
Luoftjok (N) 3 A2
Luogosanto (I) 121 C1
Luohua (FIN) 12 C5
Luokė (LT) 176 A2
Luomaaho (FIN) 19 D3
Luomanvarsi (FIN) 19 B6
Luonioinen (FIN) 33 C2
Luonuanoja (FIN) 20 B1
Luopa (FIN) 19 B4
Luopajärvi (FIN) 19 B4
Luostar (RUS) 3 D3
Luostejok (N) 2 C4
Luosto (FIN) 7 B5
Luoto, Larsmo (FIN) 19 C2
Luotojärvi (FIN) 21 B6
Luotola (FIN) 34 D3
Luotolahti (FIN) 34 D2
Luovankylä (FIN) 19 B5
Łupawa (PL) 63 C2
L'upča, Partizánska (SK) 82 A4
L'upča, Slovenská (SK) 82 A5
Lupara (I) 115 C4
Lupeni (RO) 148 C5
Lupeni (RO) 153 A1
Lúpia, Campagna (I) 110 B1
Lupiac (F) 104 D4
Lupiñen (E) 128 B4
Lupión (E) 140 A3
Lupoglav (HR) 102 B6
Lupoglav (HR) 111 A2
Luppa (D) 69 C6
Luppoperä (FIN) 13 A4
Lupsă (RO) 147 A5
Lupsanu (RO) 154 D4
Luque (E) 143 B2
Lur (S) 38 A1
Lúras (I) 121 C1
Lurcy-Lévis (F) 96 C3
Lure (F) 90 B5
Lureuil (F) 95 C3
Lurgan (GB) 47 C5
Luri (F) 120 C1
Luros (GR) 166 B4
Lurøy (N) 8 D4
Lurs (F) 107 C3
Lurudal (N) 14 D4
Lury-s-Arnon (F) 96 A2
Lusanger (F) 85 B5
Lüsche (D) 67 C3
Lušci Palanka (BIH) 150 B3
Lūšė (LT) 178 C6
Luserna San Giovanni (I) 108 A3
Lushnje (AL) 162 B3
Lusi (FIN) 34 B2
Lusiana (I) 110 A1
Lusignan (F) 95 A3
Lusigny (F) 96 D3
Lusigny-s-Barse (F) 89 A3
Lusina (PL) 71 A4
Lus-la-Croix-Haute (F) 107 B2
Luso (P) 130 C3
Luson (I) 100 B3
Luspa (FIN) 6 B2
Luspebryggan (S) 10 D1
Luss (GB) 48 D3
Lussac (F) 104 D1
Lussac-les-Châteaux (F) 95 B3
Lussac-les-Eglises (F) 95 C4
Lussan (F) 106 D3
Lussant (F) 94 D4
Lussúrgiu, Stu. (I) 121 B3
Lustad (N) 14 C5
Lustar (F) 105 A2
Luštěnice (CZ) 70 B6
Luster (N) 22 D6
Łuszczów (PL) 73 B3
Lutago (I) 100 B3
Lütau (D) 61 A4
Lutepää (EST) 182 C2
Lutherstadt Eisleben (D) 69 A6
Lutherstadt Wittenberg (D) 69 C5
Lütjenburg (D) 61 A2
Lütjensee (D) 60 D4
Lutomiersk (PL) 72 A3
Luton (GB) 58 D2
Lutosławice (PL) 72 A3
Lutowiska (PL) 83 B3
Lutowo (PL) 63 C4
Lutra (GR) 166 C4
Lutra (GR) 172 A2
Lutra Edipsu (GR) 167 B4
Lutra Eleftheron (GR) 164 B3
Lutra Killinis (GR) 170 B2
Lutrakion (GR) 166 C4
Lutrakion (GR) 167 B6
Lutra Smokovu (GR) 166 D4
Lutrini (LV) 178 C5
Lutron (GR) 166 C4
Lutry (PL) 64 D2
Lutta (FIN) 32 D2
Lutter a. Barenberge (D) 68 C5
Luttern (D) 68 C3
Lutterworth (GB) 54 C6
Luttra (S) 38 C2
Lututów (PL) 71 C4
Lützel (D) 76 D2
Lützen (D) 69 B6
Lutzerath (D) 76 B4
Lutzingen (D) 92 B2
Lutzmannsburg (A) 102 B2
Lützow (D) 61 A4
Luujoki (FIN) 12 C3
Luukkola (FIN) 35 A1
Luukkonen (FIN) 35 A1
Luumäki (FIN) 34 D3
Luumäki asema (FIN) 34 D3
Luupujoki (FIN) 20 C2
Luupuvesi (FIN) 20 C2
Luusniemi (FIN) 20 C6
Luusua (FIN) 13 A1
Luutalahti (FIN) 21 D5
Luutsniku (EST) 182 B3
Luvia (FIN) 32 D1
Luvos (S) 10 C2
Luvozero (RUS) 13 D5
Lux (F) 97 B3
Luxembourg (L) 75 D5
Luxeuil-l.-B. (F) 90 A5
Luxey (F) 104 C3
Luynes (F) 95 B1
Luz, Puerto de la (E) 144 D5
Luz (P) 136 B5
Luz (P) 137 B5
Luz (P) 137 D5
Luz (P) 138 A2
Lužane (YU) 158 B3
Lužany, Tekovské (SK) 103 A1
Luzarches (F) 74 B6
Luzay (F) 95 A2
Luže (CZ) 80 C2
Luzech (F) 105 B2
Luzenac (F) 129 B3
Luzeret (F) 95 C3
Luzern (CH) 98 D2
Luzhma (RUS) 21 C2
Luzia (P) 136 B6
Lužiánky (SK) 81 B6
Lužicy (RUS) 181 D2
Luzillé (F) 95 C1
Lužki (RUS) 175 D5
Luzki (BY) 177 D3
Lúžna, Liptovská (SK) 82 A4
Lūžna (LV) 178 C3
Lužnicí, Suchdol n. (CZ) 80 A4
Luz-Saint-Sauveur (F) 104 D6
Luzskaja Guba (RUS) 35 A5
Luzy (F) 96 D2
Łużyckieippo, Lipinki (PL) 70 C3
Luzzara (I) 109 C3
Luzzi (I) 116 D5
L'viv (UA) 83 D1
L'vovskoe (RUS) 175 D5
Lwówek (PL) 70 D1
Lwówerk Ślaski (PL) 70 C4
Lya (N) 23 A1
Lybster (GB) 45 B3
Lychen (D) 62 A4
Lyckan (S) 16 D2
Lyckeby (S) 43 B1
Lycksele (S) 16 D2
Lydd (GB) 59 B4
Lydden (GB) 59 B4
Lydney (GB) 57 C2
Lyduokiai (LT) 176 D3
Lyduvėnai (LT) 176 B3
Lye (S) 43 C5
Lyfjord (N) 1 A6
Lygna (N) 27 D3
Lygre (N) 26 A2
Lygudai (LT) 176 B1
Lygumai (LT) 176 C1
Lykkestølen (N) 23 B6
Lykkja (N) 27 B2
Lykkjebø (N) 22 B6
Lykling (N) 26 A5
Lykofos (GR) 165 A1
Lykostomion (GR) 164 B1
Lylykylä (FIN) 13 B4
Lyme Regis (GB) 57 B5
Lymington (GB) 58 B5
Lympne (GB) 59 B4
Lyndhurst (GB) 58 B4
Lyne (DK) 40 C3
Lyngby (DK) 37 C6
Lyngby (DK) 42 B3
Lyngdal (N) 27 C4
Lyngdal (N) 36 C3
Lyngneset (N) 22 C6
Lyngør (N) 37 A2
Lyngså (DK) 37 C5
Lyngseidet (N) 1 C6
Lyngsnes (N) 14 B2
Lyngspollen (N) 1 C6
Lyngvær (N) 4 B4
Łyniew (PL) 73 C2
Lynton (GB) 57 A3
Lyntupy (BY) 177 B4
Lyökki (FIN) 32 C3
Lyon (F) 97 B5
Lyons-la-Forêt (F) 74 A6
Lyöttilä (FIN) 34 C2
Lyrestad (S) 29 A6
Lysaker (N) 27 D4
Lysá p. Mak. (SK) 81 B4
Lysa Polana (SK) 82 B3
Lysebotn (N) 26 C6
Łysek (PL) 71 D1
Lysekil (S) 38 A2
Lysfjord (N) 14 C2
Lysgård (DK) 40 D1
Lysi (CY) 174 C3
Lysice (CZ) 80 D3
Łysiny (PL) 70 D2
Lysnes (N) 5 A1
Łysów (PL) 73 B1
Lysøysundet (N) 14 A5
Lyss (CH) 98 C2
Lysvik (S) 28 C3
Łyszkowice (PL) 72 B2
Lytham St Anne's (GB) 53 B3
Lythrodhonda (CY) 174 C4
Lyxaberg (S) 16 C2

M

Maakalla (FIN) 12 A6
Maakasperä (FIN) 20 A6
Maakeski (FIN) 34 B2
Maakrunni (FIN) 12 C3
Maam Cross (IRL) 50 C1
Maaninka (FIN) 20 D3
Maaninkamäki (FIN) 20 C3
Maaninkavaara (FIN) 13 B1
Maanselkä (FIN) 21 A1
Maanselka (RUS) 35 C3
Maaralanperä (FIN) 20 C1
Maardu (EST) 181 A3
Maarheeze (B) 75 C1
Maaria (FIN) 32 D3
Maarianhamina, Mariehamn (FIN) 32 A4
Maarianvaara (FIN) 21 A4
Maaritsa (EST) 182 B2
Maarja (EST) 181 C5
Maas (IRL) 46 D3
Maasdam (NL) 66 B5
Maaseik (B) 75 C2
Maaselka (FIN) 13 D6
Maaskola (FIN) 34 D3
Maassluis (NL) 66 B5
Maastricht (B) 75 C2
Määttälä (FIN) 20 A2
Määttälänvaara (FIN) 13 C2
Maavehmäki (FIN) 34 B3
Maavesi (FIN) 20 D5
Mabegondo (E) 124 C2
Mablethorpe (GB) 55 A4
Macael (E) 140 C5
Macanet de Cábrenys (E) 129 C4
Mação (P) 130 D5
Macastre (E) 134 C6
Macau (F) 104 C1
Maccagno (I) 99 A5
Macchiagódena (I) 114 D4
Macchiascandona (I) 112 B3
Macclesfield (GB) 53 C4
Macduff (GB) 45 C5
Macea (RO) 146 B5
Maceda (E) 125 A3
Macedo de Cacaleiros (P) 125 B6
Maceira (P) 131 A2
Maceirinha (P) 130 B5
Macelj, Don (HR) 102 A5
Macenčy (BY) 177 B6
Macerata (I) 113 C2
Macerata Fel. (I) 110 C6
Macesu de Jos (RO) 153 B4
Machault (F) 75 A6
Machecoul (F) 94 B2
Macheras (GR) 166 C5
Machézal (F) 97 A5
Machichaco, Cabo (E) 127 A1
Machico (P) 136 C2
Machine, la (F) 96 D2
Machliny (PL) 63 B4
Machnów, Stary (PL) 73 C6
Machnow (D) 69 D3
Machnow (D) 69 D4
Machorras, Las (E) 126 D2
Machowa (PL) 82 D1
Machrihanish (GB) 48 B4
Machtolsheim (D) 91 C3
Machynlleth (GB) 53 A6
Maciejowice (PL) 72 D3
Măcin (RO) 155 B1
Macinaggio (F) 120 C1
Maciova (RO) 152 D1
Mačkatica (YU) 158 D3
Mackenrode (D) 68 D6
Mackensen (D) 68 C5
Maćki, Miłkowicze- (PL) 65 B6
Mackmyra (S) 30 D1
Mačkovci (SLO) 102 A4
Maclas (F) 97 B6
Maclódio (I) 109 B1
Macochy, Ostrov u (CZ) 80 D3
Macolin, Biel (CH) 98 C2
Macomér (I) 121 B3
Mâcon (F) 97 B4
Macosquin (GB) 47 B3
Macotera (E) 132 A2
Macquenoise (B) 75 A4
Macroom (IRL) 50 C5
Macugnaga (I) 98 D5
Macure (HR) 150 A5
Maczków (PL) 70 B1
Mád (H) 82 D6
Madalena (P) 136 A6
Madan (BG) 160 A6
Madängsholm (S) 38 D2
Madara (bG) 160 D1
Madaras (H) 103 B6
Madaras (HU) 146 D1
Mădăras (RO) 148 C5
Maddalena, Spàggia (I) 121 C6
Maddalena, la (I) 121 C1
Maddaloni (I) 114 D5
Mad. di Rocca Vécchia (I) 117 D3
Madeira (P) 136 B2
Madekylä (FIN) 12 C4
M'adel' (BY) 177 C4
Madeleine-d'Aussac, la (F) 105 C3
Mader (S) 10 D4
Maderuelo (E) 126 D6
Madesalmi (FIN) 20 D2
Madésimo (I) 99 B4
Madetkoski (FIN) 7 A3
Madignano (I) 109 A2
Madiran (F) 104 D5
Mădîrjac (RO) 149 B3
Madise (EST) 180 C3
Madliena (LV) 179 C5
Madona (LV) 182 B5
Madonna dei Fornelli (I) 109 D4
Madonna di Campiglio (I) 99 D5
Madonna di Tirano (I) 99 C5
Madonnino (I) 112 D3
Mădrec (BG) 160 C4
Madres, Las (E) 133 B6
Madrid (E) 132 D3
Madridejos (E) 132 D5
Madrigal de Las Atlas Torres (E) 132 A2
Madrigal de la Vera (E) 131 D4
Madrigalejo (E) 126 C5
Madrigalejo (E) 131 D6
Madrigesti (RO) 146 D5
Madrigueras (E) 133 C6
Madrona (E) 132 C2
Madroñera (E) 131 D6
Madroño, El (E) 142 B2
Madunice (SK) 81 B5
Madžarovo (BG) 160 C5
Madžiūnai (LT) 176 D5
Mäebe (EST) 180 A6
Mäehala (FIN) 33 A4
Maël-Carhaix (F) 84 C3
Mælen (N) 14 C4
Maella (E) 134 D1
Mælum (N) 27 B6
Mäentaka (FIN) 33 A3
Maentwrog (GB) 53 A5
Mære (N) 14 C5
Măeriste (RO) 146 D2
Maesteg (GB) 57 A2
Maestu (E) 127 B3
Mäetaguse (EST) 181 C3
Maevka (RUS) 175 D5
Mafra (P) 137 A1
Magacela (E) 138 D1
Magalas (F) 106 B5
Magallón (E) 127 D5
Magaña (E) 127 B5
Mägari (EST) 180 C4
Magasa (I) 99 D6
Magaz (E) 126 B5
Magdalena (E) 125 D3
Magdeburg (D) 69 A4
Magee, Island (GB) 47 D4
Magellarë (AL) 162 C1
Magenta (I) 99 A6
Magerholm (N) 22 C4
Mages, les (F) 106 D3
Magescq (F) 104 B4
Mággia (CH) 99 A4
Maghera (GB) 47 B4
Maghera (RO) 148 D2
Magherafelt (GB) 47 B4
Magheralin (GB) 47 C5
Maghery (GB) 47 B4
Maghull (GB) 53 B4
Magierowa Wola (PL) 72 D2
Magione (I) 113 A3
Măgiresti (RO) 149 A5
Maglaj (BIH) 150 D3
Maglebrænde (DK) 42 B5
Magleby (DK) 41 B5
Magleby (DK) 42 B4
Maglehem (S) 43 A2
Măglen (BG) 161 A2
Magliano de M. (I) 113 C5
Magliano in T. (I) 112 C4
Magliano Sab. (I) 113 A4
Maglič (YU) 152 A5
Máglie (I) 117 D3
Magliolo (I) 108 C4
Măgliž (BG) 160 B3
Magna, Fontmell (GB) 57 C4
Magnac-Bourg (F) 95 C5
Magnac-Laval (F) 95 C4
Magnant (F) 89 A4
Magnat-l'Etrange (F) 96 B5
Magnières (F) 90 B3
Magnor (N) 28 B4
Magnuszew (PL) 72 D2
Magny-Cours (F) 96 C2
Magny-en-Vexin (F) 74 A6
Magny-en-Vexin (F) 74 A6
Magny-lès-Jussey (F) 89 D4
Mágocs (H) 103 A5
Máguez (E) 145 D3
Maguilla (E) 138 D2
Maguiresbridge (GB) 47 A5
Magulades (GR) 162 B6
Magūnai (LT) 177 A4
M'aguny (BY) 177 B4
Magura (BG) 152 D5
Măgura (RO) 154 C2
Măgurele, Turnu (RO) 153 D5
Măgureni (RO) 147 A6
Magyarbánhegyes (H) 146 A4
Magyaregregy (H) 103 A5
Magyarfalva (H) 102 B2
Magyarmecske (H) 102 D6
Magyarnándor (H) 103 B1
Mahide (E) 125 C5
Mahlsdorf (D) 69 A3
Mahlu (FIN) 20 A4
Mahmudia (RO) 155 C2
Mahón (E) 123 D3
Mahora (E) 133 C6
Mähring (D) 78 D4
Mahtra (EST) 180 D4
Mahu (EST) 181 C3
Mahult (S) 38 C6
Maiàde Montcal (E) 129 C4
Maials (E) 135 A1
Măicănesti (RO) 154 D1
Maîche (F) 98 B1
Màida (I) 119 D1
Maidenhead (GB) 58 C3
Maiden Newton (GB) 57 C5
Maidens (GB) 48 C5
Maidstone (GB) 59 A3
Maienfeld (CH) 99 B3
Maierato (I) 119 D1
Măierus (RO) 148 C6
Maignelay (F) 74 B5
Maignelay-Montigny (F) 74 B5
Mailhac-s-Benaize (F) 95 C4
Maillas (F) 104 D3
Maillat (F) 97 C4
Maillé (F) 94 D4
Maillebois (F) 87 B4
Mailleraye-s-Seine, la (F) 87 B2
Mailley (F) 89 D5
Maillezais (F) 94 D3
Mailly-le-Camp (F) 89 A2
Mailly-le-Château (F) 88 D5
Maillys, les (F) 97 C2
Mainbernheim (D) 78 A5
Mainbressy (F) 75 A5
Mainbressy (F) 75 A5
Mainburg (D) 92 D2
Mainhardt (D) 91 B1
Mainiemi (FIN) 20 C6
Mainland (GB) 45 D3
Mains, West (GB) 49 C4
Mainsat (F) 96 B4
Maintenon (F) 88 A2
Mainua (FIN) 20 D1
Mainz (D) 76 D4
Maiorca (P) 130 B4
Maiori (I) 115 A6
Mairena del Alcor (E) 142 C3
Mairos (P) 125 A5
Maisach (D) 92 C3
Maishofen (A) 100 D2
Maišiagala (LT) 176 D4
Maison-Rouge (F) 88 C3
Maisons (F) 106 A6
Maisons-Blanches, les (F) 95 A4
Maisons-lès-Soulaines (F) 89 B3
Maissau (A) 80 B5
Maisse (F) 88 B3
Maissin (B) 75 C4
Maisy (F) 86 C2
Maita (P) 130 A6
Maivala (FIN) 20 D6
Maizières-lès-Vic (F) 90 B3
Maj (S) 25 C3
Majadal de Rejas (E) 131 A6
Majairayo (E) 132 D1
Majakovskoe (RUS) 175 D5
Majanicho (E) 145 C4
Majansuu (FIN) 19 B6
Majava (FIN) 13 B2
Majavaoja (FIN) 6 D3
Majavatn (N) 14 D2
Majdan, Nowy (PL) 73 B5
Majdan, St. (BIH) 150 B3
Majdan, Vareš (BIH) 151 A4
Majdan Królewski (PL) 73 A6
Majdan Leśniowski (PL) 73 C4
Majdan Mały (PL) 73 C5
Majdanpek (YU) 152 C3
Majinoviči (YU) 151 C4
Majkić Japra (BIH) 150 A3
Major, St Columb (GB) 56 C5
Majorat, Przewodowo- (PL) 64 D5
Majorat, Ulan (PL) 73 B2
Majskoe (RUS) 176 A4
Majtum (S) 10 D3
Mak., Lysá p. (SK) 81 B4
Makarska (HR) 156 C2
Makedonski, Brod (MK) 162 D1
Mäkelä (FIN) 34 B2
Mäkelänmäki (FIN) 35 B1
Mäkiäinen (FIN) 33 A3
Mäkikylä (FIN) 20 A5
Mäkikylä (FIN) 20 D3
Mäkiluoto (FIN) 33 C5
Makita (EST) 182 B2
Makkaur fyr (N) 3 B1
Makkola (FIN) 20 C6
Makkola (FIN) 21 B6
Makkum (NL) 66 D2
Makniūnai (LT) 176 C6
Makó (H) 103 D5
Makola (FIN) 20 A1
Makole (SLO) 101 D4
Makolno (PL) 71 D1
Mākonkalns (LV) 182 C1
Makoszyce (PL) 71 B5
Makov (SK) 81 C3
Makovište (YU) 151 C4
Makovo (MK) 163 A2
Maków (PL) 72 B2
Makowarsko (PL) 63 C4
Makowiec (PL) 72 D3
Maków Mazowiecki (PL) 64 D5
Makowo (PL) 63 B4
Maków Podhalański (PL) 82 A2
Makrakomi (GR) 166 D4
Makri (GR) 164 D2
Makrinitsa (GR) 163 D6
Makronisos (GR) 171 D2
Makropulon (GR) 167 D6
Makryrrachi (GR) 166 D4
Makryvrachos, Akr. (GR) 164 D3
Mäksa (EST) 181 C5
Maksniemi (FIN) 12 B3
Maksutlu (TR) 160 D6
Maksymilianowo (PL) 71 A2
Maksymów (PL) 72 B4
Makušino (RUS) 182 D5
Makuži (LV) 182 B5
Mala,-Cista (HR) 111 D5
Mala,-Cista (HR) 150 A5
Mała, Krzynowłoga (PL) 64 D4
Mała, Turza (PL) 64 C4
Malå (S) 10 D6
Måla (S) 39 B2
Mala (S) 42 D1
Mala (P) 130 C1
Mala (E) 143 C3
Mala (E) 145 D3
Malacky (SK) 80 D5
Malagnino (I) 109 B2
Malagón (E) 132 C6
Malahide (IRL) 51 D2
Malahvianvaara (FIN) 13 C5
Malaia (RO) 153 B1
Mała Karczma (PL) 64 A3
Malăk izvor (BG) 160 B5
Malalbergo (I) 110 A3
Malá Morávka (CZ) 81 A2
Malandrinon (GR) 167 A5
Malangen (N) 5 B1
Malangseide (N) 5 B2
Malanów (PL) 71 C2
Malaryta (BY) 73 D2
Mäläskä (sF) 12 D6
Målaskog (S) 39 A5
Malatiná (SK) 82 A4
Malaucène (F) 107 A3
Malaunay (F) 87 B2
Malause (F) 105 B3
Mälävaara (FIN) 7 C6
Malå-Vännas (S) 10 C6
Malaxa (GR) 172 B5
Malax Maalahti (FIN) 19 A3
Malbay, Milltown (IRL) 50 C3
Malborghetto (I) 101 A4
Malbork (PL) 64 A2
Malborn (D) 76 B5
Malbouzon (F) 106 B2
Malbuisson (F) 97 B2
Malča (YU) 152 C6
Malcésine (I) 99 D6
Mal'cevo (RUS) 175 D5
Malchin (D) 61 D3
Malching (D) 93 B3
Malchow (D) 61 C4
Măldăresti (RO) 153 B2
Maldegem (B) 74 D1
Maldon (GB) 59 B2
Maldyty (PL) 64 B3
Małe, Borki (PL) 71 D5
Małe, Samokłeski (PL) 63 C5

Małe, Strzelce (PL) 72 B4
Małe, Watkowice (PL) 64 A3
Malé (I) 99 D4
Male (GR) 171 B4
Male (GR) 173 A6
Maleas, Akr. (GR) 171 C5
Malechowo (PL) 63 B2
Malemort-s-Corrèze (F) 95 C6
Mälen (S) 24 B4
Malen (S) 42 C1
Malène, la (F) 106 B3
Maleniec (PL) 72 B4
Maleniecka, Ruda (PL) 72 B4
Malenniki (PL) 65 C5
Målensås (S) 39 A5
Malente (D) 61 A2
Målerås (S) 39 B5
Malesherbes (F) 88 B3
Malesina (GR) 167 C5
Malestroit (F) 85 A4
Maleszowice Wielkie (PL) 71 B5
Maletto (I) 119 A3
Malevo (BG) 160 B5
Malexander (S) 39 A2
Malfa (I) 119 A1
Małga (PL) 64 D4
Malgersdorf (D) 93 A2
Malgovik (S) 15 C3
Małgów (PL) 71 D2
Malgrat de Mar (E) 129 D5
Malhaldas (P) 125 C6
Malhowice (PL) 83 B2
Mali (BY) 177 B5
Mâli (LV) 179 C4
Málía (N) 28 A1
Malia (GR) 173 A5
Malicorne-s-Sarthe (F) 87 A6
Mali Drvenik (HR) 156 A2
Maliena (LV) 182 C4
Maligny (F) 88 D4
Maligny (F) 97 A2
Mali Idoš (YU) 103 C6
Malijai (F) 107 C3
Målilla (S) 39 B4
Mali Lošinj (HR) 111 B4
Mali Lug (HR) 111 B2
Malín, N. (CZ) 80 D2
Malin (IRL) 47 A2
Malinate (I) 99 A5
Málinec (SK) 82 A5
Malines, Mecheren (B) 75 A2
Malingsbo (S) 29 B3
Malin Hd. (IRL) 47 A2
Mălini (RO) 148 D3
Malin More (IRL) 46 C4
Malinovka (RUS) 175 C5
Malinovka (RUS) 175 D5
Malinovka (LV) 177 C1
Malinska (HR) 111 B2
Maliq (AL) 162 C3
Malisensuo (FIN) 13 A4
Mališevo (YU) 158 A4
Mališevo (RUS) 182 D2
Maliskylä (FIN) 20 A1
Maljaca (P) 130 D5
Maljasalmi (FIN) 21 A4
Maljevac (HR) 111 D2
Malkälen (S) 17 A3
Malkamtäki (FIN) 19 B4
Malkara (TR) 165 C2
Mal'ki (BY) 177 D2
Małkinia Górna (PL) 65 B5
Malkkila (FIN) 21 A5
Malko (FIN) 32 D2
Malko Gradište (BG) 160 C5
Malko Târnovo (BG) 161 A4
Mallaig (GB) 44 C6
Mållångssta (S) 25 B6
Mallaranny (IRL) 46 B5
Mallefougasse (F) 107 C3
Mallemort (F) 107 A4
Mallén (E) 127 D5
Mallersdorf (D) 92 D2
Málles (I) 99 D3
Mallet, Shepton (GB) 57 C4
Mallia (CY) 174 C5
Mallinkainen (FIN) 33 C3
Mallnitz (A) 100 D3
Mallorca (E) 123 B5
Mallow (IRL) 50 D5
Mallusjoki (FIN) 34 B3
Mallwyd (GB) 53 A6
Malm, Stora (S) 30 D5
Malm (N) 14 B5
Malma (S) 29 B4
Malma (S) 39 B2
Malmagen, Östra (S) 24 A3
Malmagen, Västra (S) 24 A3
Malmbäck (S) 39 A4
Malmberget (S) 5 D6
Malmby (S) 31 A4
Malmedy (B) 75 D3
Malmesbury (GB) 58 A3
Malmköping (S) 30 D5
Malmö (S) 39 C3
Malmö (S) 42 C3
Malmön (S) 38 A2
Malmsläff (S) 39 A1
Malmuiža (LV) 182 B4
Malnar (E) 134 B1
Malnas (RO) 148 D6
Malo (I) 100 A6
Małodycka, Wola (PL) 73 B6
Maloggia (CH) 99 B4
Malogoszcz (PL) 72 B5
Malo Konjari (MK) 163 A1
Malo-les-Bains (F) 74 B2
Malolugovoje (RUS) 175 B5
Malomožajskoe (RUS) 175 D4
Malön (S) 38 A4
Małopolski, Sedziszów (PL) 82 D1
Małopolski, Sokołów (PL) 73 A6
Malorad (BG) 153 B5
Malören (S) 11 D4
Malounda (CY) 174 C4
Malovan, G. (BIH) 150 C5
Måløy (N) 22 A5
Malpartida (E) 131 B6
Malpartida (E) 132 A2
Malpartida (E) 138 D2
Malpartida de Plasencia (E) 131 C4
Malpás (E) 128 D4
Malpica (E) 124 C2
Malpica (P) 131 A5
Malpica (E) 132 B4
Mālpils (LV) 179 C4
Mal.-Radvaničy (BY) 73 D2
Malscheid (B) 75 D4
Målselv (N) 5 B1
Målset (N) 26 C2
Malsjö (S) 28 C5
Malskär (FIN) 19 A6
Målsnes (N) 5 B1
Målsnesodden (N) 5 B1
Målsryd (S) 38 C4
Malta (A) 101 A3
Malta (M) 119 C6
Malta (P) 131 A2
Malta (LV) 182 C6
Maltat (F) 96 D3
Maltbränna (S) 16 D2
Maltby (GB) 54 C4
Malters (CH) 98 D2
Maltezi (RO) 155 A3
Maltignano (I) 113 C3
Malton (GB) 54 C2
Maluenda (E) 133 D1
Malung (S) 28 D2
Malungen (N) 28 A2
Malungen (s) 25 B3
Malungsfors (S) 28 C2
Mālupe (LV) 182 C4
Malu Spart (RO) 154 B4
Małuszów (PL) 70 C1
Małuszów (PL) 70 D4
Maluszyn (PL) 72 B5
Malva (E) 125 D6
Malvaniemi (FIN) 34 C1
Malvaste (EST) 180 A4
Malveira (P) 137 A1
Malvern, Great (GB) 57 C1
Malviainen (RUS) 13 D3
Malvik (N) 23 C1
Malvinavas (LT) 177 B3
Malvito (I) 116 D4
Mały, Biórków (PL) 82 B1
Mały, Dobroń (PL) 72 A3
Mały, Majdan (PL) 73 C5
Mały, Tyniec (PL) 71 A4
Mały, Ujeździec (PL) 71 B3
Mályi (H) 82 C6
Malyj, O. (RUS) 35 A5
Malyj Tjuters, O. (RUS) 34 C5
Malý Sariš (SK) 82 D4
Malženice (SK) 81 A5
Malzieu-Ville, le (F) 106 B1
Mamaia-Băi (RO) 155 C4
Mamaia-Sat (RO) 155 C4
Mamarrosa (P) 130 B3
Mamers (F) 87 A5
Mamirolle (F) 97 D1
Mammola (I) 119 D2
Mamoiada (I) 121 C3
Mamola, La (E) 140 A6
Mamonovo (RUS) 175 A5
Mamouros (P) 130 D2
Mamuras (AL) 162 B1
Man, Isle of (GB) 52 D2
Man. (YU) 152 A6
Manacor (E) 123 C4
Manadas (P) 136 B6
Manamansalo (FIN) 13 A6
Manara, Cava (I) 109 A1
Mañaria (E) 127 A2
Manasia (RO) 154 C3
Manasija, Man. (YU) 152 C4
Manasterz (PL) 83 A2
Manastir, Cerepiški (BG) 159 B2
Manastir, Trojanski (BG) 159 D2
Manastir (BG) 160 A5
Mănăstireni (RO) 147 A4
Manastirsko (BG) 154 C6
Mancha Real (E) 140 A4
Manchester (GB) 53 C4
Manchita (E) 138 D1
Manciano (I) 112 C4
Manciet (F) 104 D4
Mandal (N) 36 C3
Måndalen (N) 22 D4
Mandallona (E) 133 A2
Mandalon (GR) 163 B3
Mandamados (GR) 165 A6
Mándas (I) 121 C5
Mandatoriccio (I) 117 A5
Mandelieu (F) 107 D4
Mandello (I) 99 B5
Mandelsloh (D) 68 B3
Manderscheid (D) 76 B4
Mandili, Akr. (GR) 168 A6
Mandino Selo (BIH) 150 C6
Mandö (DK) 40 C4
Mándok (H) 83 A5
Mandra (GR) 165 A1
Mandra (GR) 167 C6
Mandrakion (GR) 173 B3
Mandre (HR) 111 C4
Mandres (CY) 174 B3
Mandres-la-Côte (F) 89 C4
Mandria (CY) 174 C5
Mandrica (BG) 160 C6
Mandudion (GR) 167 C4
Mandúria (I) 117 C2
Mane (F) 105 B6
Mane (F) 107 B4
Măneciu (RO) 154 B2
Manerba (I) 109 C1
Manerbe (F) 87 A2
Manérbio (I) 109 B2
Maneru (E) 127 C3
Maneset (N) 14 C3
Mănesti (RO) 154 A3
Mănesti (RO) 154 B3
Manětín (CZ) 79 B4
Mánfa (H) 103 A5
Manfredónia (I) 115 C4
Mang., Log pod (SLO) 101 A4
Mangalia (RO) 155 C5
Mangaster (GB) 45 C3
Mangen (N) 28 A4
Manger (N) 26 A2
Mangiennes (F) 75 C6
Mango (I) 108 C3
Mangotsfield (GB) 57 C3
Mångsbodarna (S) 28 C1
Mangskog (S) 28 C4
Mangualde (P) 130 D3
Manheulles (F) 75 C6
Maniago (I) 100 C5
Mäniistö (FIN) 7 B3
Manikūnai (LT) 176 C1
Manisa (TR) 169 B4
Manises (E) 134 C5
Manish (GB) 44 B4
Manjärv (S) 11 A4
Manjaur (S) 16 D2
Mank (A) 80 B6
Mankaičai (LT) 176 A3
Mankala (FIN) 34 A3
Månkarbo (S) 31 A2
Mankila (FIN) 12 C5
Man'koviči (BY) 177 C4
Mankūnai (LT) 176 B3
Männamaa (EST) 180 B4
Månnäs (S) 10 B5
Mannersdorf (A) 102 B1
Mannervaara (FIN) 21 D5
Mannheim (D) 77 A5
Mannheller (N) 26 D1
Männikkö (S) 6 A5
Männiku (EST) 180 D3
Männiku (EST) 180 D4
Mannilä (FIN) 20 B5
Mannila (FIN) 32 D2
Manninen (FIN) 19 C3
Manningtree (GB) 59 B2
Mannön (S) 11 C5
Mannsæterbakken (N) 23 D1
Mano (F) 104 C2
Manolas (GR) 166 C6
Manoleasa (RO) 149 A1
Manoliopulon (GR) 172 A5
Manoppello (I) 113 D5
Manorhamilton (IRL) 46 D5
Manosque (F) 107 B4
Manot (F) 95 B5
Manresa (E) 129 B5
Mans, le (F) 87 A5
Månsarp (S) 38 D3
Månsåsen (S) 24 C2
Mansfield (GB) 54 C5
Mansikkamäki (FIN) 34 C1
Mansilla (E) 126 C4
Mansilla (E) 127 A5
Mansilla de las Mulas (E) 126 A4
Mansle (F) 95 A5
Mansoniemi (FIN) 19 C6
Mansonville (F) 105 B3
Månsträsk (S) 10 C5
Manteigas (P) 130 D3
Mantel (D) 78 D5
Mantes-la-Jolie (F) 88 A1
Mantes-la-Ville (F) 88 A2
Manthelan (F) 95 B2
Mantilo (FIN) 19 D5
Mantlach (D) 92 C1
Mäntlahti (FIN) 34 D4
Mantoche (F) 89 C5
Mantorp (S) 16 B3
Mantorp (S) 39 A2
Mantova (I) 109 C2
Mäntsälä (FIN) 34 B3
Mänttä (FIN) 20 A6
Mantviliškis (LT) 176 C3
Mäntyharju (FIN) 34 C1
Mantyharjun asema (FIN) 34 C1
Mäntyjärvi (FIN) 6 D6
Mäntyjärvi (FIN) 13 A2
Mäntyjärvi (FIN) 21 A3
Mäntyla (FIN) 20 C3
Mäntylahti (FIN) 20 D3
Mäntyluoto (FIN) 32 C1
Mäntyranta (FIN) 11 D1
Mäntyselkä (FIN) 17 C6
Mäntyvaara (S) 11 A2
Manuel (E) 134 D6
Manuelas (E) 139 C3
Manulla (IRL) 46 B6
Many (PL) 72 C2
Manzac (F) 105 A1
Manzalvos (E) 125 B5
Manzanal (E) 125 C6
Manzanal del Puerto (E) 125 C3
Manzanares (E) 140 A1
Manzanares del Real (E) 132 C2
Manzaneda (E) 125 A4
Manzaneda (E) 125 C4
Manzanera (E) 134 C4
Manzanilla (E) 142 B3
Manzat (F) 96 C4
Manziana (I) 112 D5
Manziat (F) 97 B3
Mão (EST) 181 A4
Mappleton (GB) 54 D3
Maqueda (E) 132 B4
Mara (I) 121 B3
Mara (E) 134 A1
Marainviller (F) 90 B3
Märäjälahti (FIN) 21 B3
Maranchón (E) 133 B2
Maranello (I) 109 C4
Marano (I) 100 D6
Marano (I) 110 A1
Marano (I) 113 B4
Marano (I) 116 D3
Marans (F) 94 C4
Mårarp (S) 42 C2
Mărăsesti (RO) 149 B6
Maratea (I) 116 C3
Marateca (P) 137 B2
Marathea (GR) 163 B6
Marathia, Akr. (GR) 170 B3
Marathokampos (GR) 169 A6
Marathon (GR) 167 D6
Marathos (GR) 172 D5
Marathupolis (GR) 170 C4
Marazion (GB) 56 C6
Marbach (D) 77 B2
Marbach (A) 80 A6
Marbach (A) 80 B5
Marbach a. Neckar (D) 91 B2
Marbache (F) 89 D2
Marbäck (S) 38 C3
Marbäck (S) 39 A3
Mårbacka (S) 28 C4
Mårbacken (S) 28 C3
Marbais (B) 75 B3
Marbella (E) 143 A5
Marboué (F) 87 C5
Marbourg (L) 75 D4
Marboz (F) 97 C3
Mårbu (N) 27 A3
Marburg (Lahn) (D) 77 A2
Marby (S) 24 C2
Marby (FIN) 32 A4
Marby (FIN) 34 C4
Marca (E) 135 B1
Marçais (F) 96 B3
Marcali (H) 102 C4
Marčana (HR) 111 A3
Marcedusa (I) 117 A6
Marcelova (SK) 103 A2
Marcenat (F) 96 C6
Mărčevo (BG) 153 B5
March (GB) 55 A6
Marchainville (F) 87 B4
Marchaux (F) 97 D1
Marche, la (F) 96 C2
Marché, Neuf- (F) 74 A6
Marche (B) 75 C4
Marchegg (A) 80 D6
Marchena (E) 142 D3
Marchenoir (F) 87 C6
Marcheprime (F) 104 C2
Marchiennes (F) 74 D3
Marchtal, Unt.- (D) 91 B3
Marchtrenk (A) 93 C3
Marciac (F) 105 A5
Marciana Marina (I) 112 A3
Marcianise (I) 114 D5
Marciano d. Ch. (I) 112 D2
Marciena (LV) 182 A5
Marcigny (F) 97 A4
Marcilhac-s-Célé (F) 105 C2
Marcilla (E) 126 C4
Marcilla (E) 127 C4
Marcillac-la-Croisille (F) 96 A6
Marcillac-la-Croze (F) 105 C1
Marcillac-Vallon (F) 106 A2
Marcillat-en-Combraille (F) 96 B4
Marcilloles (F) 97 B6
Marcilly (F) 96 D1
Marcilly-en-Gault (F) 88 A5
Marcilly-en-Villette (F) 88 B4
Marcilly-le-Châtel (F) 96 D5
Marcilly-le-Hayer (F) 88 D3
Marcilly-s-Eure (F) 87 C3
Marcilly-s-Seine (F) 88 D3
Marcinkonys (LT) 176 C6
Marcinkowice (PL) 63 A4
Marcinkowice (PL) 71 B4
Marciszów (PL) 70 D5
Marck (F) 74 B2
Marckolsheim (F) 90 C4
Marco de Canaveses (P) 130 C1
Marco do Grilo (P) 137 A2
Marçon (F) 87 B6
Marco S., C. (I) 118 B4
Marco S., C. (I) 121 A4
Marcq, Pont-a- (F) 74 C3
Marcy (F) 96 D1
Mårdaklev (S) 38 C5
Mårdalen (N) 27 A4
Mårdsel (S) 11 B3
Mårdsele (S) 16 D2
Mårdsjö (S) 16 A6
Mårdsjö (S) 16 B3
Mare, Rosolina (I) 110 C2
Mare, Tarna (RO) 83 C6
Marea, La (E) 126 A2
Marek (S) 39 A2
Maréira (P) 130 C1
Marene (I) 108 B3
Marennes (F) 94 C5
Mares, les (F) 87 B3
Mare-Slobodzeja (MD) 155 B1
Marèttimo (I) 118 A5
Maretz (F) 74 D4
Mareuil, en-D. (F) 74 D6
Mareuil (F) 95 A5
Mareuil (F) 95 B6
Mareuil-en-Brie (F) 88 D2
Mareuil-en-Dôle (F) 74 D6
Mareuil-s-Arnon (F) 96 B2
Mareuil-s-Lay (F) 94 C3
Mareuil-s-Ourcq (F) 74 C6
Mareuil-sur-Ourcq (F) 74 C6
Marfa (M) 119 C6
Margalida, Sta (E) 123 B4
Margam (GB) 57 A3
Margaret's Hope, St. (GB) 45 C2
Margaritíon (GR) 162 C6
Margate (GB) 59 B3
Mărgău (RO) 147 A4
Margaux (F) 104 C1
Margecany (SK) 82 C4
Margerie-Hancourt (F) 89 B3
Marghera (I) 100 C6
Margherita di Savóia (I) 115 C4
Marges (F) 107 A1
Marghita (RO) 146 C2
Margina (RO) 146 D6
Marginea (RO) 148 C2
Mărgineni (RO) 149 A4
Margita (YU) 152 B1
Margone (I) 108 A2
Margonin (PL) 63 C5
Margretetorp (S) 42 C1
Marguerittes (F) 106 D4
Margueron (F) 104 D2
Margut (F) 75 C5
Marhaň (SK) 82 D3
Marhult (S) 39 B4
Maria, S. (I) 99 D4
Maria,-Sils (CH) 99 C4
María, Sta (E) 123 B4
Maria (E) 140 C4
Maria del Huerva (E) 128 A6
Maria di Léuca S., Capo (I) 117 D4
Mariager (DK) 37 C6
Mariä-Kappel (D) 91 C1
Marialva (P) 131 A2
Mariannelund (S) 39 B3
Mariańska, Puszcza- (PL) 72 C2
Mariánské Lázně (CZ) 79 A4
Maria ter Heide (B) 75 B1
Maria Vinagre (P) 137 B4
Mariazell (A) 101 D1
Maribo (DK) 41 C5
Maribor (SLO) 101 D4
Maridalen (N) 27 D4
Marieby (S) 24 D2
Mariedamm (S) 29 B6
Mariefred (S) 31 A4
Mariehamn, Maarianhamina (FIN) 32 A4
Marieholm (S) 42 C2
Marielund (S) 10 B5
Marienbaum (D) 67 A6
Marienberg (NL) 67 B4
Marienberg (D) 79 A2
Marienhafe (D) 67 B1
Marienheide (D) 76 C2
Marienheim (F) 90 C3
Marienmünster Nieheim (D) 68 B5
Mariestad (S) 38 C1
Marifjora (N) 22 D6
Marigenta (E) 142 B2
Marigliano (I) 114 D5
Marignana (F) 120 B3
Marignane (F) 107 A5
Marigny (F) 86 C3
Marigny (F) 89 A2
Marigny (F) 97 C3
Marigny-le-Châtel (F) 88 D3
Marihn (D) 61 D4
Marija,-Režina (MD) 149 D4
Marija Bistrica (HR) 102 A6
Marijampolė (LT) 176 B5
Marijskoje (RUS) 175 B5
Marikostenovo (BG) 159 B6
Marikostinovo (YU) 163 D1
Mariková, Dol. (SK) 81 B4
Mariková, Hor. (SK) 81 B3
Marin (E) 124 C4
Marina (HR) 150 A6
Marina, di Andora (I) 108 C5
Marina di Arbus (I) 121 B5
Marina di Albarese (I) 112 B4
Marina di Amendolara (I) 117 A4
Marina di Ascea (I) 116 B3
Marina di Bibbona (I) 112 B2
Marina, La (E) 141 B3
Marina di Belmonte (I) 116 D5
Marina di Belvedere (I) 116 D4
Marina di Camerota (I) 116 C3
Marina di Campo (I) 112 A4
Marina di Caronia (I) 118 D3
Marina di Carrara (I) 109 B5
Marina di Castagneto-Donoratico (I) 112 B2
Marina di Caulónia (I) 119 D2
Marina di Cécina (I) 112 B2
Marina di Cetraro (I) 116 D5
Marina di Chiéuti (I) 115 D3
Marina di Fuscaldo (I) 116 D5
Marina di Gáiro (I) 121 D4
Marino di Ginosa (I) 117 B2
Marina di Gioiosa Jónica (I) 119 D2
Marina di Grosseto (I) 112 B4
Marina di L. di Pátria (I) 114 D6
Marina di Léuca (I) 117 D4
Marina di Mancaversa (I) 117 D3
Marina di Maratea (I) 116 C4
Marina di Massa (I) 109 B5
Marina di Montemarciano (I) 113 C1
Marina di Nóvaglie (I) 117 D4
Marina di Palma (I) 118 C5
Marina di Páola (I) 116 D5
Marina di Péscia Rom. (I) 112 C4
Marina di Pietrasanta (I) 109 B5
Marina di Pisa (I) 112 A1
Marina di Pisticci (I) 117 A3
Marina di Pulsano (I) 117 B3
Marina di Ragusa (I) 118 D6
Marina di Ravenna (I) 110 B4
Marina di Vasto (I) 115 A3
Marina Roseto C. Spúlico (I) 117 A3
Marina Palmense (I) 113 C3
Marina Romeo (I) 110 B4
Marina Schiavónia (I) 117 A4
Marina San Vito (I) 114 D2
Marina Velca (I) 112 D5
Marine-de-Porticciolo (F) 120 C1
Marine-de-Sisco (F) 120 C1
Marinella (I) 118 A4
Marineo (I) 118 B3
Marines, Los (E) 138 C3
Marines (F) 74 B6
Marines (E) 134 C5
Maringues (F) 96 C5
Marinha (P) 130 B4
Marinha das Ondas (P) 130 B4
Marinkainen (FIN) 19 C1
Marino (I) 113 A6
Mariol (F) 96 D4
Marioniemi (FIN) 34 B2
Marianópoli (I) 118 C4
Mariotaipale (FIN) 34 C1
Mariotto (I) 115 D5
Mārisel (RO) 147 A4
Maristad (N) 5 B2
Maristova (N) 27 A1
Marittima, Belvedere (I) 116 C5
Marittima, Massa (I) 112 C2
Maríttima, Milano (I) 110 C4
Măriute (RO) 154 C3
Marjaliza (E) 132 C5
Märjamaa (EST) 180 D4
Marjaniemi (FIN) 12 B4
Marjovaara (FIN) 21 C4
Marjusaari (FIN) 19 D2
Mark (S) 15 C3
Marka (S) 38 C2
Märkalne (LV) 182 C3
Markaryd (S) 38 D6
Markbygda (N) 8 D5
Markdorf (D) 91 B5
Markelo (NL) 67 A4
Marken (FIN) 19 C2
Market Deeping (GB) 54 D6
Market Drayton (GB) 53 C5
Market Harborough (GB) 54 C6
Markethill (GB) 47 B5
Market Rasen (GB) 54 D4
Market Weighton (GB) 54 D3
Marki (PL) 72 C1
Markina (E) 127 B2
Markinch (GB) 49 B3
Markisch Buchholz (D) 70 A2
Markitta (S) 6 A5
Markkina (FIN) 6 B2
Markkleeberg (D) 69 C6
Markkula (FIN) 20 A1
Marknesse (NL) 66 D3
Markneukirchen (D) 78 D3
Márkó (H) 102 D3
Markosice (PL) 70 B2
Markovac (YU) 152 B2
Markovac (YU) 152 B4
Markovo (BG) 161 A1
Markovo (BY) 177 B5
Markowa (PL) 83 A1
Markranstädt (D) 69 B6
Markstein, le (F) 90 B4
Marks Tey (GB) 59 B2
Markstuhl (D) 77 C2
Markt Aggsbach (A) 80 B6
Marktbergel (D) 78 A5
Markt Berolzheim (D) 92 B1
Markt Bibart (D) 78 A5
Marktbreit (D) 78 A5
Markt Erlbach (D) 78 B5
Marktheidenfeld (D) 77 B4
Markt-Indersdorf (D) 92 C3
Marktleuthen (D) 78 C3
Marktoberdorf (D) 92 B4
Markt Piesting (A) 102 A1
Markt Pirawarth (A) 80 D5
Marktredwitz (D) 78 D4
Markt Rettenbach (D) 92 B4
Markt Sankt Florian (A) 93 D3
Markt Sankt Martin (A) 102 B2
Markt Schwaben (D) 92 D3
Markuni (BY) 177 B4
Markušica (HR) 151 A1
Markušovce (SK) 82 C4
Markuszów (PL) 73 A3
Markutiškiai (LT) 176 D4
Markvarec (CZ) 80 B4
Marl (D) 67 B6
Marlana (E) 133 B4
Marlborough (GB) 58 B3
Marle (F) 74 D5
Marleberg (S) 11 C3
Marlembourg (B) 75 A4
Marlen (D) 90 D3
Marlhes (F) 97 A6
Marlieux (F) 97 B4
Marlow (GB) 58 C3
Marlow (D) 61 C2
Marma (S) 25 C5
Marma (S) 30 D1
Marmagne (F) 97 A2
Marmande (F) 104 D2
Marmara (TR) 165 D2
Marmaraereğlisi (TR) 161 C6
Marmarion (GR) 168 A6
Marmaris (TR) 173 D2
Marmaron (GR) 168 D4
Marmației, Sighetu (RO) 83 D6
Marmelar (P) 138 A3
Marmeleiro (P) 130 C5
Marmelete (P) 137 B5
Marmirolo (I) 109 C2
Marmolejo (E) 139 C3
Marmoutier (F) 90 C3
Marnäs (S) 29 B1
Marnay (F) 97 C1
Marne (D) 60 B3
Mårnes (N) 8 D2
Marnheim (D) 76 D5
Marnitz (D) 61 C4
Marof, N. (HR) 102 A5
Maroilles (F) 74 D4
Maroldsweisach (D) 78 B3
Marolles-les-Braults (F) 87 A5
Maromme (F) 87 B2
Marone (I) 99 C6
Maronia (GR) 164 D2
Maróstica (I) 100 B5
Marotta (I) 110 D6
Mårøyfjord (N) 2 D2
Marpod (RO) 147 C6
Marquartstein (D) 93 A4
Marquion (F) 74 C4
Marquise (F) 74 A2
Marradi (I) 110 A5
Marrasjärvi (FIN) 6 D6
Marraskoski (FIN) 6 D6
Marrebæk (DK) 41 C5
Marrúbiu (I) 121 B4
Mårsa (S) 10 B4
Mars, les (F) 96 B4
Marsa (M) 119 D6
Marsac (F) 95 C4
Marsac-en-Livradois (F) 96 D6
Marsais (F) 94 D4
Marsala (I) 118 A/B5
Marsalforn (M) 119 C6
Marsanne (F) 107 A2
Marsberg (D) 68 A6
Marsciano (I) 113 A3
Marsden (GB) 49 D6
Marseillan (F) 106 C5
Marseillan-Plage (F) 106 C5
Marseille (F) 107 B5
Marseille-en-Beauvaisis (F) 74 B5
Marseille-en-Beauvaisis (F) 74 B5
Marsham (GB) 55 B5
Marshfield (GB) 57 C3
Mársico Nuovo (I) 116 C2
Marsjärv (S) 11 B2
Marsjö (S) 29 B5
Marske-by-the-Sea (GB) 54 C1
Mars-la-Tour (F) 75 D6
Marsliden (S) 15 B2
Mārsnēni (LV) 179 C3
Mårsø (DK) 41 C3
Mårsom (S) 10 C3
Marson (F) 89 B2
Maršov, Horní (CZ) 70 D5
Marssac-s-Tarn (F) 105 D3/4
Marssum (NL) 66 D2
Mårsta (S) 31 A3
Marstal (DK) 41 B5
Marstrand (S) 38 A3
Marstrup (DK) 40 D4
Märsylä (FIN) 19 D1
Marta (I) 112 D4
Martag (PL) 64 A2
Martailly-lès-Brancion (F) 97 B3
Martainville (F) 87 C2
Martaizé (F) 95 A2
Mårtanberg (S) 29 A1
Martano (I) 117 D3
Martel (F) 105 C1
Martelange (B) 75 C5
Martella, la (I) 115 D6
Mártély (H) 103 D5
Marten (BG) 154 B5
Mårtensboda (S) 17 B2
Martensdorf (D) 61 D2
Martfeld (D) 68 A3
Marthon (F) 95 B5
Martiago (E) 131 B3
Martiel (F) 105 C2
Martignas-s-Jalle (F) 104 C1
Martignat (F) 97 C4
Martigné-Briand (F) 94 D1
Martigné-Ferchaud (F) 86 B6
Martigné-s-Mayenne (F) 86 D5
Martigny (F) 86 C4
Martigny (CH) 98 B4
Martigny-le-Comte (F) 97 A3
Martigny-les-Bains (F) 89 D4
Martigny-les-Gerbonveaux (F) 89 D3
Martigues (F) 107 A5
Martiherrero (E) 132 B3
Martim Longo (P) 137 D4
Martimo (FIN) 11 D2
Martimo (FIN) 12 B1
Martin, Combe (GB) 57 A3
Martin,-Sankt (GB) 86 A2
Martin (SK) 81 C4
Martina (CH) 99 D3
Martina Olba (I) 108 C4
Martina Franca (I) 117 B2
Martin Brod (BIH) 150 A4
Martin de la Jara (E) 143 A3
Martin del Rio (E) 134 C2
Martin Drove End (GB) 58 B4
Martinengo (I) 99 B6
Martinet (E) 129 B4
Martinez, Los (E) 141 A4
Martingança (P) 130 B5
Martin Muñoz (E) 132 B2
Martinniemi (FIN) 12 C4
Martinon (GR) 167 C5
Martinovka (RUS) 35 D5
Martinroda (D) 78 B2
Martinsberg (A) 80 A5
Martinšćica (HR) 111 B3
Martinsicuro (I) 113 D3
Martinshöhe (D) 76 C6
Martinstein (D) 76 C5
Martinszell (D) 92 B5
Martirano (I) 116 D6
Martis (I) 121 B2
Martizay (F) 95 C2
Martjanci (SLO) 102 A4
Martna (EST) 180 C4
Marton (GB) 54 C4
Martonvaara (FIN) 21 B3
Martonvásár (H) 103 B3
Martorell (E) 129 B6
Martos (E) 143 C2
Martres-Tolosane (F) 105 B5
Martron (F) 95 A6
Martti (FIN) 7 C4
Marttila (FIN) 33 A3
Marttila (FIN) 33 B4
Marttila (FIN) 34 B3
Marttisenjärvi (FIN) 20 C1
Marttisjärvi (FIN) 13 A4
Martuzāni (LV) 182 C5
Măru (RO) 152 D1

Marugán (E) 132 B2
Marúgglo (I) 117 C3
Marulew (PL) 71 D2
Mărului, Poia (RO) 147 D5
Marum (NL) 67 A2
Mårup (DK) 41 A2
Mārupe (LV) 179 A5
Maruszów (PL) 73 A4
Marval (F) 95 B5
Marvejols (F) 106 B2
Marvik (N) 26 B5
Marville (F) 75 C6
Marwald (PL) 64 C4
Marwitz (D) 69 C3
Marxhagen (D) 61 D4
Marxwalde (D) 62 B6
Marxzell (D) 90 D2
Märy (FIN) 33 A4
Marykirk (GB) 49 B1
Marynin (PL) 73 C4
Maryport (GB) 49 A6
Mary's, St. (GB) 45 C2
Marysin (PL) 71 D1
Marzabotto (I) 109 D4
Marzahna (D) 69 C4
Marzahne (D) 69 C3
Marzamemi (I) 119 B6
Marzan (F) 85 A5
Marzehns (D) 69 C4
Marzeno (I) 110 B5
Marziano (I) 115 C5
Marzocca (I) 113 B1
Masa (E) 126 D4
Masamagrell (E) 134 D5
Masarakia (GR) 162 C6
Masca (E) 144 A5
Mas-Cabardès (F) 106 A5
Máscali (I) 119 B3
Mascaraque (E) 132 D5
Mascarenhas (P) 125 A6
Maschen (D) 60 D4
Maschito (I) 115 C6
Mas-d'Agenais, le (F) 105 A2
Mas-d'Azil, le (F) 105 C6
Mas de Barberans (E) 135 A2
Mas de las Matas (E) 134 D2
Masegoso (E) 133 B2
Masegoso (E) 140 C2
Maser (I) 100 B5
Masera (I) 98 D4
Masera di P. (I) 110 B2
Maserada (I) 110 B1
Masevaux (F) 90 B5
Masfjorden (N) 26 B2
Masham (GB) 54 B2
Masi (N) 2 B5
Masiewo (PL) 65 D5
Maskaur (S) 10 B5
Maskavena (LV) 182 B6
Måskenåive (S) 10 C5
Masku (FIN) 32 D3
Maslacq (F) 104 C5
Maslenica (HR) 111 D5
Masléon (F) 95 D5
Masloc (RO) 146 B5
Maslovare (BIH) 150 C3
Masnières (F) 74 D4
Masnou, El (E) 129 C6
Maso (FIN) 33 B2
Maso (FIN) 20 B4
Masona (I) 108 D4
Måsøy (N) 2 B2
Maspalomas, Playa de (E) 144 D6
Maspalomas (E) 144 D6
Massa, Marina di (I) 109 B4
Massa (I) 109 B5
Massa (I) 113 B2
Massa Fiscáglia (I) 110 B3
Massafra (I) 117 B2
Massais (F) 94 D2
Massa Lombarda (I) 110 B4
Massa-Lubrense (I) 114 D6
Massamåla (S) 39 B4
Massa Marittima (I) 112 B3
Massa Martana (I) 113 A3
Massa Pin. (I) 109 D3
Massarosa (I) 109 B5
Massat (F) 105 B/C6
Massay (F) 96 A2
Massazza (I) 108 C1
Massegros, le (F) 106 B3
Massello (I) 108 A3
Masseret (F) 95 C5
Masseria Inacquata (I) 115 C4
Masseube (F) 105 A5
Massiac (F) 96 C6
Massiaru (EST) 179 B2
Massignac (F) 95 B5
Massilly (F) 97 B3
Massing (D) 93 A3
Mass. Miséria (I) 117 A2
Massu (EST) 180 C5
Mässvik (S) 28 C5
Mastholte (D) 67 D5
Masticho, Akr. (GR) 168 D5
Mas Thibert (F) 107 A4
Mastki (PL) 72 B1
Mästocka (S) 38 C6
Mašťov (CZ) 79 A3
Masua (I) 121 B5
Masugnsbyn (S) 6 A4
Mašun (SLO) 101 B6
Måsvik (N) 1 A5
Maszewko (PL) 63 C1
Maszewo (PL) 62 D4
Maszewo (PL) 63 C1
Maszewo (PL) 70 C2
Mata, La (E) 134 C2
Mata, La (E) 141 B3
Mata (E) 126 B6
Matabuena (E) 132 D2
Mata de Alcántara (E) 131 B5
Matadepera (E) 129 B6
Matafome (P) 130 C6
Matala (FIN) 12 C2
Matala (GR) 172 C6
Matalalahti (FIN) 20 D2
Matalascañas (E) 142 B4
Matalavilla (E) 125 C3
Matalebreras (E) 127 B5
Matallana (E) 126 A3
Matallana (E) 126 A4
Matalobos (E) 125 C4
Matamala (E) 127 A6
Matanzas (E) 126 A4
Matapozuelos (E) 132 B1
Matara (FIN) 21 B3
Mataraga (GR) 163 B6
Mataragga (GR) 166 C5
Mataramäki (FIN) 20 C5
Mataraselkä (FIN) 7 A4
Mataró (E) 129 C6
Matarredonda (E) 143 A3
Mataruge (YU) 151 C6
Mataruška Banja (YU) 152 A5
Matas Blancas (E) 145 C5
Mätäsvaara (FIN) 21 B2
Matca (RO) 149 C6
Mateesti (RO) 153 B2
Matei (RO) 147 C3
Matejovce (SK) 82 B4
Matélica (I) 113 B2
Mateo, Vega de (E) 144 D6
Matera (I) 117 A2
Materija (SLO) 101 B6
Mateševo (YU) 157 C3
Mátészalka (H) 83 A6
Matet (E) 134 C4
Mateus da Calheta, S. (P) 136 D6
Matfors (S) 25 B3
Matha (F) 94 D5
Mathiati (CY) 174 C4
Mathieu (F) 86 D2
Mathildedål (FIN) 33 A4
Mathon (A) 99 D3
Mathopen (N) 26 A3
Mathry (GB) 56 C1
Matignon (F) 85 A3
Matilla, La (E) 132 D1
Matilla, La (E) 145 C4
Matinlompolo (FIN) 11 D1
Matinneva (FIN) 19 D3
Matiši (LV) 179 C3
Matkailukeskus (FIN) 7 C6
Matkailukeskus, Saariselkä (FIN) 7 B2
Matkaniva (FIN) 12 C6
Matkiv (UA) 83 B4
Matku (FIN) 33 B2
Matkule (LV) 178 D5
Matlaukys (LT) 176 A5
Matlock (GB) 54 B5
Małopolski, Głogów (PL) 73 A6
Matosinhos (P) 130 B1
Matougues (F) 89 A2
Matour (F) 97 A4
Matovaara (FIN) 21 C3
Mátrafüred (H) 103 C1
Mátraháza (H) 103 C1
Matrand (N) 28 B3
Mátraszele (H) 82 B6
Mátraszentimre (H) 103 C1
Mátraszőlős (H) 103 C1
Mátraverebély (H) 103 C1
Matre (N) 26 B2
Matre (N) 26 B4
Matrei (A) 100 B2
Matrei (A) 100 C3
Matreier Tauernhaus (A) 100 C2
Matrosovo (RUS) 175 B4
Matrosovo (RUS) 175 C4
Matsalu (EST) 180 C4
Matsdal (S) 15 C1
Matsi (EST) 180 C5
Matsukion (GR) 166 C5
Mattaincourt (F) 89 D3
Mattaur (S) 10 B3
Matteröd (S) 42 D2
Mattersburg (A) 102 B2
Mattighofen (A) 93 B3
Mattila (FIN) 13 C2
Mattilanmäki (FIN) 7 C6
Mattinata (I) 115 C4
Mattinen (FIN) 12 C2
Mattinen (FIN) 32 C3
Mattisdal (N) 2 A5
Mattisudden (S) 10 D2
Mattmar (S) 24 C1
Mattnäs (FIN) 32 D4
Mättö (FIN) 35 A3
Mattsee (A) 93 B4
Mattsmyra (S) 25 A5
Måttsund (S) 11 C4
Matuizos (LT) 176 D6
Matulji (HR) 111 B2
Matwy (PL) 63 D5
Maubeuge (F) 74 D4
Maubourguet (F) 104 D5
Maubuisson (F) 104 B1
Mauchline (GB) 48 D4
Mauer (D) 77 A6
Mauern (D) 92 D3
Maughold Head (GB) 52 D2
Mauguio (F) 106 C4
Maukdal (N) 5 B2
Maukkula (FIN) 21 D4
Maula (FIN) 12 B2
Maulbronn (D) 91 A2
Maule (F) 88 A2
Mauléon (F) 94 D2
Mauléon-Barousse (F) 105 A6
Mauléon-Licharre (F) 104 C5
Maulévrier (F) 94 D2
Maum Bridge (IRL) 50 C1
Maunu (S) 6 B2
Maunujärvi (FIN) 6 D5
Maunula (FIN) 12 C3
Maunuvaara (FIN) 6 D4
Mauprévoir (F) 95 B4
Maure-de-Bretagne (F) 85 B4
Măureni (RO) 152 B1
Maurepas (F) 88 B2
Mauriac (F) 96 B6
Maurice,-St (CH) 98 B4
Maurin (F) 107 D2
Maurnes (N) 4 C3
Mauron (F) 85 A4
Maurrin (F) 104 C4
Maurs (F) 105 D2
Maurset (N) 26 D3
Maurstad (N) 22 B5
Mauru (FIN) 12 C2
Mauručiai (LT) 176 C4
Mauruciems (LV) 178 B3
Maurumaa (FIN) 32 C3
Maury (F) 106 A6
Mausjaur (S) 10 D5
Maussac (F) 96 A6
Maussane-les-Alpilles (F) 107 A4
Mautern (A) 80 B5
Mautern (A) 101 C2
Mauterndorf (A) 101 A2
Mauth (D) 93 B1
Mauthausen (A) 93 D3
Mauthen (A) 100 D4
Mauvages (F) 89 C2
Mauves (F) 107 A1
Mauves-s-Loire (F) 85 C6
Mauvezin (F) 105 B4
Mauvoisin (CH) 98 B5
Mauzac (F) 105 A1
Mauzé-s-le-Mignon (F) 94 D4
Mavranei (GR) 163 A5
Mavremation (GR) 167 C5
Mavroklisi (GR) 165 A1
Mavrommation (GR) 163 A6
Mavrommation (GR) 170 D4
Mavropetra, Akr. (GR) 172 C4
Mavros, Akr. (GR) 172 B3
Mavrovi Anovi (MK) 162 C1
Mawddwy, Dinas (GB) 53 A5
Mawes, St (GB) 56 C6
Mawr, Pant (GB) 53 A6
Maxence, Pont-Sainte (F) 74 B6
Maxent (F) 85 B4
Maxey-s-Vaise (F) 89 C3
Maxhütte-Haidhof (D) 78 D6
Maxial (P) 130 A6
Măxineni (RO) 155 A1
Maxmo, Maksamaa (FIN) 19 B3
Maxwelltown (GB) 49 A5
May, I. of (GB) 49 B3
May (F) 74 C6
May (F) 74 C6
Maya (E) 127 D2
Maybole (GB) 48 C5
Mayen (D) 76 B3
Mayenne (F) 86 D5
Mayerhofen (A) 100 B2
Mayet (F) 87 A6
Mayet-de-Montagne, le (F) 96 D4
Mayfield (GB) 59 A4
Maynooth (IRL) 51 C2
Mayor, Cabo (E) 126 D1
Mayor, Isla (E) 142 B3
Mayorga (E) 126 A5
Mäyränperä (FIN) 12 C6
Mayrègne (F) 105 A6
Mayres (F) 106 D2
Mäyry (FIN) 19 C4
May-s-Évre, le (F) 94 C2
Mazagón (E) 138 B5
Mazagran (F) 75 B6
Mazaleón (E) 134 D2
Mazamet (F) 106 A5
Mazan (F) 107 A3
Mazara dell Vallo (I) 118 A3
Mazara d. Vallo (I) 118 A4
Mazarambroz (E) 132 C5
Mazarete (E) 133 B2
Mazarrón (E) 141 A4
Mázaszászvár (H) 103 A5
Mazaterón (E) 127 C6
Mazé (F) 85 D5
Mažeikiai (LT) 178 C6
Maženiai (LT) 176 D2
Mazères (F) 105 C5
Mazères-s-Salat (F) 105 B6
Mazerolles (F) 104 C5
Mazet-Saint-Voy (F) 106 D1
Mazeuil (F) 95 A3
Mazeyrolles (F) 105 B2
Mazgramzda (LV) 178 B6
Mazie Kokini (LV) 177 C2
Mazières-en-Gâtine (F) 94 D3
Mazilmāja (LV) 178 B5
Mazin (HR) 150 A4
Mazirbe (LV) 178 C3
Mazo, El (E) 132 B5
Mazo (E) 144 B1
Mažonai (LT) 176 A3
Mazotos (CY) 174 C3
Mazouco (P) 131 B1
Mazowiecka, Ostrów (PL) 65 A5
Mazowiecka, Rawa (PL) 72 C3
Mazowiecki, Grodzisk (PL) 72 C2
Mazowiecki, Maków (PL) 64 D5
Mazowiecki, Mińsk (PL) 72 D1
Mazowiecki, Nowy Dwór (PL) 72 C1
Mazowiecki, Ożarów (PL) 72 C1
Mazowiecki, Tomaszów (PL) 72 B3
Mazowieckie, Wysokie (PL) 65 B5
Mazsalaca (LV) 179 C2
Mažucie (PL) 65 B1
Mazuecos (E) 133 A4
Mazures, les (F) 75 B4
Mazurki (PL) 73 A2
Mazurskie, Banie (PL) 65 A2
Mazzalve (LV) 179 C6
Mazzarino (I) 118 D4
Mazzarò (I) 119 B3
Mazzè (I) 108 B2
M. Bosna (YU) 103 C6
M. Březno (CZ) 70 A5
Mcely (CZ) 70 C6
Mchowo (PL) 64 D5
Mchy (PL) 71 B2
Mda (RUS) 181 D5
Mdzewo (PL) 64 C5
Meåfors (S) 16 B5
Mealasta (GB) 44 A3
Mealhada (P) 130 C3
Meana (I) 121 C4
Meåstrand (S) 16 B6
Méaudre (F) 97 C6
Meaulne (F) 96 B3
Meaux (F) 88 C2
Meauzac (F) 105 B3
Meča dupka (BG) 159 B2
Mechelen a/d Maas (B) 75 C2
Mecheren, Malines (B) 75 A2
Mechernich (D) 76 B3
Mechnica (PL) 71 C6
Mechowo (PL) 62 D3
Mecidiye (TR) 165 B2
Mecikał (PL) 63 C3
Mecina (E) 140 A6
Meckenheim (D) 76 B3
Meckenheim (D) 76 D6
Mecklenburg (D) 61 B3
Mecseknádasd (H) 103 A5
Meda (P) 131 A2
Meda (YU) 152 A1
Medak (HR) 111 D4
Medalen (N) 27 B3
Medås (N) 9 B1
Medbön (S) 38 A1
Medby (N) 9 B2
Mede (I) 108 D2
Medebach (D) 76 D1
Medeikiai (LT) 176 D1
Medelby (D) 60 B1
Medelim (P) 131 A4
Medellín (E) 138 D1
Medemblik (NL) 66 C3
Medena Selišta (BIH) 150 B5
Medenyči (UA) 83 C3
Medesano (I) 109 B3
Medevi (S) 29 A6
Medgidia (RO) 155 B4
Medgyesegyháza (H) 146 B4
Mediana (E) 128 A6
Mediana (E) 132 B3
Medias (RO) 147 C5
Medicina (I) 110 A4
Medina (E) 138 C2
Medinaceli (E) 133 B1
Medina del Campo (E) 132 B1
Medina de Pomar (E) 126 D3
Medina de Rioseco (E) 126 A5
Medina Sidonia (E) 142 C5
Medingėnai (LT) 175 D2
Medininkai (LT) 177 A5
Medinya (E) 129 C4
Médis (F) 94 C5
Mediševa (LV) 182 D5
Medjedja (BIH) 151 B5
Medjumajdan (HR) 150 A2
Medjurječje (YU) 157 C3
Medkovec (BG) 153 A5
Medle (S) 17 B2
Medlitz (D) 78 B4
Medni (LV) 182 C4
Médole (I) 109 C2
Medovarce (SK) 81 C6
Medovoe (RUS) 175 B5
Médréac (F) 85 A3
Medrzechów (PL) 72 D6
Medskogsberget (S) 28 B2
Medskogsbygget (S) 24 B3
Medstugan (S) 14 D6
Medulin (HR) 111 A3
Medumi (LV) 177 B2
Medun (YU) 157 C4
Meduno (I) 100 D5
Medveďa (YU) 152 B4
Medveđa (YU) 152 B5
Medveđa (YU) 158 C3
Medved'ov (SK) 102 D1
Medvidja (HR) 111 D5
Medvode (SLO) 101 B5
Medyka (PL) 83 B2
Medynia Głogowska (PL) 73 A6
Medze (LV) 178 B5
Medzev, Nižný (SK) 82 C5
Medzilaborce (SK) 83 A3
Meerane (D) 78 D2
Meerapalu (EST) 181 C5
Meerbusch (D) 76 A1
Meerkerk (NL) 66 C5
Meerle (B) 75 B1
Meersburg (D) 91 B5
Meerseen (NL) 75 C2
Mées, les (F) 107 C3
Mefjordvær (N) 4 D1
Megala Kalyvia (GR) 163 A6
Megali Panajia (GR) 164 A3
Megali Volvi (GR) 163 D3
Megalon Chorion (GR) 173 B4
Megalon Livadion (GR) 172 A3
Megalopolis (GR) 170 D3
Meganision (GR) 166 B5
Megara (GR) 167 C6
Mega Spilaeon (GR) 167 A6
Megen (NL) 66 D5
Megesheim (D) 92 B2
Megève (F) 98 A5
Meggyeskovácsi (H) 102 B3
Mehadia (RO) 152 D2
Mehamn (N) 2 D1
Mehedeby (S) 30 D2
Meheia (N) 27 B5
Meheriv (UA) 73 D6
Mehikoorma (EST) 181 C6
Mehlis, Zella- (D) 78 B2
Mehov Krš (YU) 157 D3
Mehun-s-Yèvre (F) 96 B2
Meiåvollen (N) 23 D3
Meidanchioi (RO) 155 B2
Meigle (GB) 49 A2
Meijel (NL) 75 D1
Meiland (N) 1 C5
Meilen (CH) 99 A2
Meilhan (F) 104 C4
Meilhan (F) 105 A4
Meilhan-s-Garonne (F) 104 D2
Meilhards (F) 95 D5
Meillac (F) 85 B3
Meillant (F) 96 B2
Meilleray (F) 88 D2
Meilleraye-de-Bretagne, la (F) 85 C5
Meilūnai (LT) 176 D3
Meimoa (P) 131 A3
Méina (I) 108 C1
Meine (D) 68 D4
Meinerzhagen (D) 76 C2
Meineweh (D) 78 C1
Meiningen (D) 78 A3
Meira (E) 125 A2
Meirāni (LV) 182 B5
Meiringen (CH) 98 D3
Meisburg (D) 76 B4
Meisenheim (D) 76 C5
Meisfjord (N) 8 D5
Meißen (D) 79 B1
Meitebekk (N) 27 B2
Meitenes (LV) 179 A6
Meitingen (D) 92 B3
Meix (B) 75 C5
Mejistis Lavras, Moni (GR) 164 B4
Mekinjar (HR) 111 D4
Mekjarvik (N) 26 B6
Mekrijärvi (FIN) 21 D5
Mel (I) 100 B5
Melå (N) 4 D3
Meladhia (CY) 174 C5
Melago (I) 99 D3
Melalahti (FIN) 13 A6
Melambes (GR) 172 C6
Melanios, Akr. (GR) 168 C4
Melanthion (GR) 162 D4
Melåvollen (N) 24 A4
Melbārži (LV) 182 C5
Melbeck (D) 60 D5
Melbu (N) 4 C3
Melč (CZ) 81 B2
Meldal (N) 14 C4
Meldal (N) 23 B2
Melderstein (S) 11 B3
Méldola (I) 110 B5
Meldorf (D) 60 B3
Meldzere (LV) 178 C6
Melegnano (I) 109 A2
Melenara, Playa de (E) 144 D6
Melenci (YU) 151 D1
Melendugno (I) 117 D3
Meleski (EST) 181 B5
Mêle-s-Sarthe, le (F) 87 A4
Melesse (F) 85 B3
Meleti (I) 109 B2
Melfi (I) 115 C4
Melfjorden (N) 8 D4
Melford, Long (GB) 59 B1
Melgaco (P) 124 C4
Melgar (E) 126 A4
Melgar (E) 126 C4
Melgiew (PL) 73 B4
Melgven (F) 84 C4
Melhus (N) 23 C2
Melia (GR) 163 C6
Meliana (E) 134 D5
Melias (E) 124 D4
Melides (P) 137 B3
Meligalas (GR) 170 D3
Meliki (GR) 163 C3
Melilli (I) 119 B5
Melini (CY) 174 C4
Melinovac (HR) 111 D3
Mélisey (F) 90 B5
Melissa, Akr. (GR) 166 B5
Melissa, Akr. (GR) 172 C6
Melissa (I) 117 B5
Melissa (GR) 164 C2
Melissopetra (GR) 162 C5
Melitea (GR) 167 A4
Meliti (GR) 163 A3
Mélito di Porto Salvo (I) 119 C3
Melivia (GR) 163 D5
Melivia (GR) 164 C1
Melk (A) 80 B6
Melkas (LV) 179 C2
Melkedal (N) 4 D4
Melkefoss-delet (N) 3 B4
Melkoniemi (FIN) 35 B1
Melksham (GB) 58 A3
Mella (S) 6 C5
Mellajärvi (FIN) 12 B1
Mellakoski (FIN) 12 B1
Mellanfjärden (S) 25 C4
Mellansel (S) 16 D5
Mellansjö (S) 25 A3
Mellanström (S) 10 C5
Mellby, Norra (S) 42 D2
Mellby, Stora (S) 38 B2
Mellby (S) 38 B2
Mellby (S) 39 A4
Mellbystrand (S) 38 C6
Melle (D) 67 D4
Melle (B) 74 D2
Melle (F) 95 A4
Mellen (D) 61 B5
Mellendorf (D) 68 B3
Melleran (F) 95 A4
Mellerstön (S) 11 C5
Mellerud (S) 38 B1
Mellerup (DK) 41 A1
Melles (F) 105 B6
Mellgård (S) 25 A2
Mellid (E) 124 D3
Mellieha (M) 119 C6
Mellilä (FIN) 33 A3
Mellin (D) 68 D3
Melling (GB) 53 C2
Mellingen (CH) 98 D1
Mellionnec (F) 84 D4
Mellon Charles (GB) 44 C4
Mellösa, Stora (S) 29 B5
Mellösa (S) 30 D5
Mellrichstadt (D) 78 A3
Mellum (D) 67 D1
Melmerby (GB) 49 B6
Melnica (YU) 152 C3
Mělnické Vtelno (CZ) 70 B6
Mel'nicy (RUS) 182 D2
Mělník (CZ) 70 B6
Melnik (BG) 159 B6
Melnik (YU) 163 D1
Mel'nikovo (RUS) 175 B4
Melnsils (LV) 178 D3
Melón (E) 124 C4
Meløy (N) 4 C2
Meløy (N) 8 D3
Melpers (D) 77 C3
Melrand (F) 84 D4
Melrose (GB) 49 B4
Melsbroek (B) 75 A2
Melsetter (GB) 45 B2
Melsingset (N) 23 A3
Melstråsk (S) 11 A6
Melsungen (D) 77 B1
Meltaus (FIN) 6 D6
Meltingen (N) 14 B5
Meltola (FIN) 35 A2
Melton Mowbray (GB) 54 C5
Meltosjärvi (FIN) 11 D1
Meltosjärvi (FIN) 12 B1
Melun (F) 88 C3
Melvaig (GB) 44 C4
Melvich (GB) 45 A3
Mélykút (H) 103 B5
Melynikovo (RUS) 35 C2
Melzo (I) 99 B6
Memaiaj (AL) 162 B4
Membre (B) 75 B5
Membrilla (E) 140 A1
Membrillar (E) 126 B4
Membrio (E) 131 A5
Membrolle-s-Choisille, le (F) 95 B1
Membrolle-s-Longuenée, la (F) 86 C6
Memele (LV) 179 C6
Memer (F) 105 C3
Memići (BIH) 151 B4
Memmingen (D) 92 A4
Menággio (I) 99 A5
Mėnaičiai (LT) 176 B2
Ménars (F) 87 C6
Menasalbas (E) 132 B5
Menat (F) 96 C4
Menata (I) 110 B4
Menay Bridge (GB) 52 D4
Menčiai (LT) 178 D6
Mende (H) 103 C2
Mende (F) 106 B/C2
Mendenitsa (GR) 167 A4
Menden (Sauerl.) (D) 67 C6
Mendicino (I) 116 D5
Mendiga (P) 130 B5
Mendigorria (E) 127 C3
Mendive (F) 104 B5
Mendrisio (CH) 99 A5
Ménéac (F) 85 A4
Menegaray (E) 127 A2
Menehould, Sainte- (F) 75 B6
Menemen (TR) 169 B4
Menen, Menin (B) 74 C2
Ménerbes (F) 107 A4
Menesjärvi (FIN) 7 A1
Menesjärvi (FIN) 32 D6
Meneslatva (FIN) 7 A2
Menete (GR) 173 C6
Menetou-Salon (F) 96 B1
Ménétréol-s-Sauldre (F) 88 B5
Menfi (I) 118 B4
Ménfőcsanak (H) 102 C2
Mengabril (E) 138 D1
Mengara (I) 113 A2
Mengbyn (S) 17 C2
Mengele (LV) 179 C5
Mengen (D) 91 B4
Mengeš (SLO) 101 B5
Menidion (GR) 166 C4
Ménigoute (F) 95 A3
Ménil (F) 75 A6
Ménil-la-Tour (F) 89 D2
Ménil-s-M. (F) 90 B3
Menin, Menen (B) 74 C2
Ménitré, la (F) 85 D5
Menjibar (E) 139 D3
Mennecy (F) 88 B3
Mennetou-s-Cher (F) 96 A1
Menonen (FIN) 33 B2
Menor, Isla (E) 142 C3
Menorca (E) 123 D3
Menou (F) 96 C1
Mens (F) 107 B1
Mensa (I) 110 B5
Mensignac (F) 95 B6
Menslage (D) 67 C3
Menstråsk, S. (S) 16 D1
Menstrup (DK) 41 C4
Mentana (I) 113 A5
Menthon-Saint-Bernard (F) 97 D5
Menton (F) 108 B5
Méntrida (E) 132 C4
Menuieres, les (F) 98 A6
Méobecq (F) 95 C3
Méolo (I) 110 C1
Meopham (GB) 59 A3
Méounes-les-Montrieux (F) 107 C5
Meppel (NL) 67 A3
Meppen (D) 67 B3
Mequinenza (E) 128 C6
Mer (F) 87 C6
Méra (H) 82 D5
Mera (E) 124 D1
Mera (RO) 154 C1
Merag (HR) 111 B2
Meråker (N) 23 D1
Meråkervollen (N) 14 C6
Méral (F) 86 C5
Meran, Merano (I) 100 A3
Merano, Meran (I) 100 A3
Merasjärvi (S) 6 A4
Merasjärvi (S) 6 B3
Merate (I) 99 B6
Mercadal (E) 123 D3
Mercatello s. M. (I) 110 B6
Mercatino Conca (I) 110 C6
Mercato (I) 110 B5
Mercato S. Severino (I) 115 A6
Mercato Cilento (I) 116 B3
Merćez (YU) 152 B6
Merching (D) 92 B3
Mercœur (F) 105 C1
Mercogliano (I) 115 A5
Mercuès (F) 105 B2
Mercurea (RO) 147 B6
Mercurey (F) 97 B2
Mercus (F) 105 C6
Merdrignac (F) 85 A4
Mere (GB) 53 C4
Mere (GB) 57 C4
Meré (E) 126 A2
Merei (RO) 154 C2
Meremäe (EST) 182 C3
Merenberg (D) 76 D3
Mereni (RO) 154 B4
Meresti (RO) 148 C6
Méréville (F) 88 B3
Merfeld (D) 67 B6
Merghindeal (RO) 147 D5
Merhult (S) 39 B5
Mēri (LV) 182 A3
Méribel (F) 98 A6
Meriç (TR) 165 B1
Meričleri (BG) 160 B4
Mérida (E) 138 C1
Meriden (GB) 54 B6
Mérigon (F) 105 B6
Merijärvi (FIN) 12 B6
Merikarvia (FIN) 19 A6
Merimasku (FIN) 32 D4
Měřín (CZ) 80 C3
Mérinchal (F) 96 B5
Mering (D) 92 B3
Meri-Pori (FIN) 32 D1
Merisor (RO) 153 A1
Merjärv (FIN) 19 C2
Merkendorf (D) 78 B6
Merkinė (LT) 65 D2
Merkinė (LT) 176 C6
Merkland Lodge (GB) 45 A3
Merlebach (F) 90 B1
Merlerault, le (F) 87 A4
Merlevenez (F) 84 D5
Merlimont-Plage (F) 59 C5
Merlines (F) 96 B5
Merlsheim (D) 68 B5
Mern (DK) 42 B4
Mernieki (LV) 179 B2
Mernye (H) 102 D5
Merošina (YU) 152 C6
Merrasmäki (FIN) 34 C1
Mèrs (F) 74 A4
Mersch (L) 75 D5
Mersch (D) 76 A2
Mersea, West (GB) 59 B2
Merseburg (D) 69 B6
Mersevát (H) 102 C3
Mersinli (TR) 169 A4
Mers-les-Bains (F) 74 A4
Mērsrags (LV) 178 D4
Merthyr Tydfil (GB) 57 B2
Mertingen (D) 92 B2
Mértola (P) 138 A4
Merton (GB) 56 D4
Merton (GB) 58 D3
Mertzwiller (F) 90 C3
Méru (F) 74 B6
Merufe (P) 124 C5
Merurubu (N) 23 A6
Mervans (F) 97 B2
Mervent (F) 94 D3
Merville (F) 74 C3
Merville-Franceville-Plage (F) 86 D2
Merxleben (D) 78 B1
Méry-s-Oise (F) 74 B6
Méry-s-Seine (F) 89 A3
Merzig (D) 76 B6
Mesa, La (E) 139 D3
Mesa d. Mar (E) 144 B4
Mesagne (I) 117 C2
Mesanagros (GR) 173 D5
Mésanger (F) 85 C5
Meşão Frio (P) 130 D1
Mesapos (GR) 171 A5
Mesaria (GR) 172 C3
Mesas, Las (E) 133 A6
Meschede (D) 67 D6
Meschers-s-Gironde (F) 94 C6
Mesekenhagen (D) 62 B2
Mesele (S) 17 A3
Meselefors (S) 16 B3
Mesenikolas (GR) 163 A6
Meshaw (GB) 57 A4
Mesići (BIH) 151 B5
Mesihovina (BIH) 150 C6
Mesinge (DK) 41 B3
Meškalaukis (LT) 176 C1
Meškinė (LT) 175 D3
Meskjær (N) 5 A1
Meškučiai (LT) 176 C6
Meškuičiai (LT) 176 B1
Meskusvaara (FIN) 13 B2
Meslan (F) 84 C4
Meslay-du-Maine (F) 86 D5
Mesnalien (N) 27 D1
Mesnil (F) 89 A3
Mesnil-s-l'Estrée (F) 87 C3
Mesnil-s-Oger, le (F) 89 A2
Mesnil-Val (F) 74 A4
Mesnuls, les (F) 88 A2
Mesocco (CH) 99 B4
Mesochorion (GR) 163 B5
Mesochorion (GR) 172 D6
Mesochorion (GR) 173 C6
Mésola (I) 110 B3
Mesolongion (GR) 166 C5
Méson do Vento (E) 124 C2
Mesones (E) 127 D6
Mesopotamia (GR) 162 D4
Mesopotamon (GR) 166 A4
Mesoraca (I) 117 A6
Mespuits (F) 88 B3
Messac (F) 85 B4
Messbach (D) 78 D3
Messdorf (D) 69 A3
Messei (F) 86 D4
Messeix (F) 96 B5
Messejana (P) 137 C3
Messelt (N) 23 D6
Messery (F) 97 D3
Messey-s-Grosne (F) 97 B3
Messigny-et-Vantoux (F) 97 B1
Messina (I) 119 B2
Messingen (D) 67 C4
Messini (GR) 170 D4
Meßkirch (D) 91 B4
Messlingen (S) 24 B3
Mestanza (E) 139 C2
Mestas, Las (E) 125 B2
Mestas Las (E) 131 C3
Městec Heřmanův (CZ) 80 B2

Městečko Trnávka (CZ) 80 D2
Městec Králové (CZ) 70 C6
Mestervik (N) 5 B1
Mesti (GR) 164 D2
Mestilä (FIN) 32 D2
Mestlin (D) 61 B4
Město, Dol. (CZ) 80 B3
Mesto,-Kysucké, N. (SK) 81 C3
Meston, Akr. (GR) 168 D5
Město p. Smrkem, Nové (CZ) 70 C5
Mesto n. Váh., N. (SK) 81 A5
Město, St. (CZ) 80 D1
Město u Uh. Hrad., St. (CZ) 81 A4
Město Albrechtice (CZ) 81 A1
Město Libavá (CZ) 81 A2
Město p. L., St. (CZ) 80 B4
Mestre (I) 100 C6
Mestrino (I) 110 A2
Mesum (D) 67 C4
Mesves-s-Loire (F) 96 C1
Mesvres (F) 97 A2
Meszcze (PL) 72 B3
Mesztegnyő (H) 102 C5
Meta (I) 113 C6
Metajna (HR) 111 C4
Metaljka (YU) 151 B6
Metallikon (GR) 163 C2
Metaponto (I) 117 A2
Meteliai (LT) 176 C5
Meteora (GR) 163 A5
Metes (RO) 147 A5
Methana (GR) 171 C2
Methanon, Cher. (GR) 171 C2
Methlick (GB) 45 D5
Methoni (GR) 170 D4
Methven (GB) 49 A2
Methwold (GB) 55 A6
Metis (RO) 147 C5
Metković (HR) 156 D3
Metlika (SLO) 101 D6
Metnitz (A) 101 B3
Metno (PL) 62 C5
Metochion (GR) 166 C6
Metovnica (YU) 152 D4
Metsäkansa (FIN) 33 B2
Metsäkylä (FIN) 12 B6
Metsäkylä (FIN) 13 B3
Metsäkylä (FIN) 34 D3
Metsälä (FIN) 19 A6
Metsämaa (FIN) 33 A2
Metsäopisto (FIN) 34 A2
Metsä-Rämä (FIN) 34 D2
Metsküla (EST) 180 A5
Metslawier (NL) 67 A2
Metsolahti (sF) 20 B5
Metsovon (GR) 163 A5
Mettä (S) 11 A1
Mettälä (FIN) 34 C3
Mettendorf (D) 76 A4
Mettet (B) 75 B3
Mettevoll (N) 1 C5
Metting (F) 90 C2
Mettingen (D) 67 C4
Mettmann (D) 76 B1
Metují, Nowé Město nad (CZ) 70 D6
Metují, Police nad (CZ) 70 D6
Metují, Teplice nad (CZ) 70 D5
Metz (F) 75 D6
Metzingen (D) 68 D2
Metzingen (D) 91 B3
Meuilley (F) 97 B2
Meulan (F) 88 B1
Meulebeke (B) 74 D2
Meules, Septl- (F) 74 A4
Meulles (F) 87 A3
Meunet-Planches (F) 96 A2
Meung-s-Loire (F) 88 A4
Meursac (F) 94 D5
Meursault (F) 97 B2
Meuse, Génicourt-sur- (F) 75 C6
Meuse, Sivry-sur- (F) 75 C6
Meuselwitz (D) 78 D1
Meussla (F) 97 C3
Meuzac (F) 95 C5
Mevagissey (GB) 56 C6
Mevik (N) 8 D3
Mexborough (GB) 54 C4
Meximieux (F) 97 B5
Mey (GB) 45 B2
Meyenburg (D) 61 C4
Meylan (F) 97 C6
Meyllteyrn, Sarn (GB) 52 D5
Meymac (F) 96 A5
Meyrargues (F) 107 B4
Meyronne (F) 105 C1
Meyrueis (F) 106 B3
Meysse (F) 107 A2
Meyssac (F) 105 C1
Meyze, la (F) 95 C5
Meyzieu (F) 97 B5
Mezalocha (E) 128 A6
Mézangers (F) 86 D5
Mežany (BY) 177 C2
Mežāre (LV) 182 B6
Mezdra (BG) 159 B2
Meždureče (RUS) 175 C5
Meždurečje (RUS) 175 D4
Mèze (F) 106 C5
Mézel (F) 107 C3
Meženin (PL) 65 B4
Mézériat (F) 97 B4
Mézidon-Canon (F) 87 A3
Mézières, Charleville (F) 75 B5
Mézières-en-Brenne (F) 95 C2
Mézières-s-Issoire (F) 95 B4
Mézilhac (F) 106 D1
Mézilles (F) 88 C5
Meziměstí (CZ) 70 D5
Mézin (F) 105 A3
Meziříčí, Ces. (CZ) 70 D6
Meziříčí, Valašské (CZ) 81 B3
Meziříčí, Velké (CZ) 80 C3
Mezőberény (H) 146 B4
Mezőcsát (H) 146 A1
Mezőcsokonya (H) 102 D5
Mezőfalva (H) 103 A3
Mezőhegyes (H) 146 A5
Mezőhék (H) 103 D3
Mezőkeresztes (H) 146 A1
Mezőkomárom (H) 103 A4
Mezőkovácsháza (H) 146 A5
Mezőkövesd (H) 146 A1
Mezőladány (H) 83 A6
Mezőnyárád (H) 103 D1
Mezőörs (H) 102 D2
Mezőpeterd (H) 146 B3
Mézos (F) 104 B3
Mezőszilas (H) 103 A4
Mežotne (LV) 179 B6
Mezőtúr (H) 103 D3
Mezquita de Jarque (E) 134 C2
Mežrafītes (LV) 182 A5
Mežvidi (LV) 182 C5
Mezzaselva (I) 100 B3
Mezzavia (F) 120 B3
Mezzogoro (I) 110 B3
Mezzojuso (I) 118 B3
Mezzolara (I) 110 A4
Mezzoldo (I) 99 B5
Mezzolombardo (I) 100 A4
Mgarr (M) 119 C6
Miguelle (AL) 157 D5
Mia (N) 22 C3
Miaczyn (PL) 73 C5
Miajadas (E) 131 C6
Mialet (F) 95 B5
Miami La Platja (E) 135 B2
Mia Milea (CY) 174 B4
Miane (I) 100 B5
Miannay (F) 74 A4
Mianowice (PL) 63 C1
Miasteczko, Nowe (PL) 70 D3
Miasteczko (PL) 63 B5
Miastko (PL) 63 C3
Miastków Kościelny (PL) 73 A2
Miastkowo (PL) 65 A4
Miastkowo (PL) 71 B2
Miasto, Nowe (PL) 64 C6
Miasto, Nowe (PL) 71 B2
Miasto, Stare (PL) 71 C2
Miavaig (GB) 44 B3
Miazzina (I) 98 D5
Mică, Gherța (RO) 83 C6
Mica (RO) 147 B3
Micaičiai (LT) 176 B1
Micăuți (MD) 149 D3
Micfalău (RO) 148 D6
Michael, Kirk (GB) 52 D2
Michal'any, Sarišské (SK) 82 D4
Michal'any (SK) 82 D5
Michališki (BY) 177 B4
Michalitsien (GR) 166 B4
Michalová (SK) 82 B5
Michalovce (SK) 83 A4
Michałów (PL) 72 C6
Michałów (PL) 72 D4
Michałów Górny (PL) 72 C3
Michałowice (PL) 71 B5
Michałowice (PL) 72 B6
Michałowo (PL) 65 D4
Michelbach (D) 77 A4
Michelstadt (D) 77 A5
Michendorf (D) 69 C4
Michniče (BY) 177 B4
Michorzewo (PL) 71 A1
Michów (PL) 73 A3
Mickai (LT) 175 C2
Mickelsörarna (FIN) 19 A2
Mickelsträsk (S) 17 A3
Mickleover (GB) 54 B5
Mickleton (GB) 58 B1
Mičurin (BG) 161 B3
Midbea (GB) 45 C1
Middalsbru (N) 26 D4
Middelburg (NL) 74 D1
Middelfart (DK) 40 D3
Middelharnis (NL) 66 B6
Middelkerke (B) 74 C1
Middels (D) 67 C1
Middelstum (NL) 67 B2
Middenmeer (NL) 66 C3
Middleham (GB) 53 D2
Middlesbrough (GB) 54 C1
Middleton (GB) 53 B6
Middleton (GB) 53 C2
Middleton (GB) 53 C4
Middleton (GB) 55 A6
Middleton in Teesdale (GB) 53 C1
Middletown (GB) 47 B5
Middlewich (GB) 53 C4
Midfield (GB) 45 A3
Midhurst (GB) 58 C4
Midleton (IRL) 50 D5
Midlgulen (N) 22 A5
Midlum (D) 60 B4
Midsland (NL) 66 D2
Midsund (N) 22 C3
Midsund (N) 27 A6
Midtbø (N) 22 B6
Midtgård (N) 3 C3
Midtliseter (N) 23 C3
Midtskogberget (N) 28 B1
Midvágur (DK) 36 A5
Midye (TR) 161 C5
Miechów (PL) 72 B6
Miechów-Charsznica (PL) 72 B6
Mieczyn (PL) 72 B5
Miedes (E) 134 B1
Miedes de Atienza (E) 133 A1
Miedzichowo (PL) 70 D1
Miedzna (PL) 65 B6
Miedzna-Murowana (PL) 72 B4
Miedźno (PL) 71 D4
Miedzybórz (PL) 71 B4
Miedzychód (PL) 63 A6
Miedzygórze (PL) 71 A6
Miedzylesie (PL) 72 D1
Miedzylesie (PL) 80 D1
Miedzyrzec Podlaski (PL) 73 B2
Miedzyrzecz (PL) 70 C1
Miedzyrzecze (PL) 81 C2
Międzyzdroje (PL) 62 C3
Miegėnai (LT) 176 C3
Miehikkälä (FIN) 34 D3
Miehoila (FIN) 33 C2
Miehola (FIN) 34 A3
Miejsce Piastowe (PL) 82 D2
Miejska-Górka (PL) 71 A3
Miejskie, Stobiecko- (PL) 72 A4
Miekojärvi (S) 11 C2
Miekowo (PL) 62 C3
Mielagėnai (LT) 177 B3
Miélan (F) 105 A3
Mielec (PL) 72 D6
Mielecin (PL) 62 D5
Mielecin (PL) 63 B5
Mieliö (FIN) 6 C3
Mielis (FIN) 32 D4
Mielnik (PL) 73 B1
Mielno (PL) 63 A2
Mieluskylä (FIN) 12 C6
Mielżyn (PL) 71 C1
Miemo (I) 112 B2
Mierasjärvi (FIN) 2 D4
Mieraslompolo (FIN) 3 A4
Miercurea-Ciuc (RO) 148 D5
Miercurea-Nirajului (RO) 148 B5
Mierczyce (PL) 70 D4
Mierde, Lage (NL) 75 B1
Mieres (E) 125 D2
Mieron (N) 2 B6
Mieroniszki (PL) 65 B2
Mieroszów (PL) 70 D5
Miersig (RO) 146 C3
Mierzyn (PL) 63 A2
Mierzyn (PL) 72 B4
Mierzynów (PL) 71 D4
Miesakjaurestugan (S) 5 B4
Miesbach (D) 92 D4
Mieścisko (PL) 63 C5
Miesenbach (D) 76 C4
Mieskonmäki (FIN) 20 C6
Mieslahti (FIN) 13 B6
Mieste (D) 69 A3
Miesterhorst (D) 69 A4
Mieszków (PL) 71 B2
Mieszkowice (PL) 62 C5
Mietków (PL) 71 A4
Mieto (FIN) 19 B4
Mietoinen (FIN) 32 D3
Miettilä (FIN) 35 B2
Mieza (E) 131 B1
Mieżaičiai (LT) 176 B2
Mieżiškiai (LT) 176 D2
Migennes (F) 88 D4
Migliano (I) 113 A3
Migliarino (I) 109 B5
Migliarino (I) 110 B3
Miglionico (I) 115 D6
Migné (F) 95 C3
Migné-Auxances (F) 95 A3
Mignovillard (F) 97 D2
Miguel, S. (E) 122 D5
Miguelanez (E) 132 B2
Miguel de Luena (E) 126 C2
Miguel-Esteban (E) 133 A5
Migvrå (S) 24 C6
Mihăesti (RO) 153 D4
Mihăiesti (RO) 147 A3
Mihăileni (RO) 146 D5
Mihăileni (MD) 149 B1
Mihăileni (RO) 148 D1
Mihăilesti (RO) 154 B4
Mihail Kogălniceanu (RO) 155 B4
Mihail Kogălniceanu (RO) 155 C2
Mihai Viteazu (RO) 148 B6
Mihai Viteazu (RO) 154 D4
Mihai Viteazu (RO) 155 C3
Mihajlovac (YU) 152 A3
Mihajlovac (YU) 152 D3
Mihajlovgrad (BG) 153 B6
Mihajlovo (BG) 153 B5
Mihajlovo (BG) 160 B4
Mihajlovo (RUS) 175 D5
Mihalkovo (BG) 159 D5
Mihályfa (H) 102 C4
Mihari (FIN) 33 B1
Mihesu de Cîmpie (RO) 147 B4
Mihkli (EST) 180 C5
Mihla (D) 77 C1
Miholjac, D. (HR) 102 D6
Miholjsko (HR) 111 D2
Mijanès (F) 105 D6
Mijares (E) 132 B3
Mijas (E) 143 A5
Mijaugonys (LT) 176 D4
Mijoux (F) 97 D3
Mikanovci, St. (HR) 151 A2
Mikaszówka (PL) 65 C2
Mike (H) 102 C5
Mikeltornis (LV) 178 C3
Mikepércs (H) 146 B2
Mikitamäe (EST) 182 C2
Mikkanen (FIN) 34 C1
Mikkelbostad (N) 5 A2
Mikkeli (FIN) 34 D1
Mikkeljord (N) 9 A6
Mikkelvik (N) 1 B5
Mikkola (FIN) 7 A4
Mikladalur (DK) 36 B4
Miklauzhof (A) 101 C4
Mikleus (HR) 150 D1
Miklósfa (H) 102 C5
Mikniūnai (LT) 176 C1
Mikołajki (PL) 65 A3
Mikołajki Pomorskie (PL) 64 A3
Mikolce (BY) 177 B4
Mikoliškiai (LT) 175 C2
Mikołów (PL) 81 C1
Mikorzyn (PL) 71 C4
Mikoszewo (PL) 64 A2
Mikowice (PL) 71 B4
Mikra Volvi (GR) 164 A3
Mikre (BG) 159 D2
Mikro Horio (GR) 166 D4
Mikrokambos (GR) 163 C2
Mikromilea (GR) 164 A1
Mikron Derion (GR) 165 A1
Mikron Monastirion (GR) 163 C3
Mikrothive (GR) 163 D6
Mikrovalton (GR) 163 A4
Mikstat (PL) 71 C3
Miktopolis (GR) 164 A1
Mikuláš, Liptovský (SK) 82 A4
Mikuláš, Plavecký (SK) 81 A5
Mikuláš, Sv. (CZ) 80 B2
Mikuleč (CZ) 80 C2
Mikulov (CZ) 70 A5
Mikulov (CZ) 80 D4
Mikulovice (CZ) 71 B6
Mikytai (LT) 176 B4
Milagres (P) 130 B4
Milagro, El (E) 129 A5
Milagros (E) 126 D6
Miłakowo (PL) 64 C2
Miland (N) 27 A4
Milano (I) 99 A6
Milano (E) 131 B1
Milano Marittima (I) 110 B5
Milanovac (YU) 152 C4
Milanovac, D. (YU) 152 C3
Milanovac, Gor. (YU) 152 A4
Milanovac (YU) 152 C4
Milanów (PL) 73 B2
Milanówek (PL) 72 C2
Milas (RO) 147 C3
Milâs (TR) 173 C1
Milašaičiai (LT) 176 B3
Milašiūnai (LT) 176 D3
Milatkoviće (YU) 158 A2
Milatos (GR) 173 A5
Milazzo (I) 119 B2
Mil'ča (BY) 177 D5
Milcoiu (RO) 153 C2
Mildenhall (GB) 55 A6
Mildenitz (D) 62 B4
Milee (GR) 163 D6
Milee (GR) 170 C2
Milejczyce (PL) 65 C6
Milejewo (PL) 64 B2
Milejów (PL) 73 B4
Milejowiec (PL) 72 B4
Milena (I) 118 C4
Milestone (IRL) 51 A3
Milești (MD) 149 C3
Miletić, Srp. (YU) 151 B1
Miletićevo (YU) 152 B1
Miletići (HR) 111 C4
Miletín (CZ) 70 C6
Mileto (I) 119 C1
Milevsko (CZ) 79 C5
Milfield (GB) 49 C4
Milford (GB) 58 C4
Milford Haven (GB) 56 C2
Milhac-de-Nontron (F) 95 B6
Milhão (P) 125 B5
Milhars (F) 105 C3
Milhaud (F) 106 D4
Milici (I) 119 B2/3
Milići (BIH) 151 B4
Miličín (CZ) 79 D4
Miličinica (YU) 151 C3
Milicz (PL) 71 B3
Milín (CZ) 79 C4
Milis (I) 121 B4
Milisăuti (RO) 148 C2
Militello in Val di Catania (I) 119 A4
Milizac (F) 84 A3
Miljan (HR) 101 D5
Miljeno (BIH) 151 B6
Miljevina (BIH) 151 A6
Milkel (D) 70 B4
Miłkowice (PL) 71 D2
Miłkowicze-Maćki (PL) 65 B6
Millançay (F) 88 A5
Millares (E) 134 C6
Millas (F) 129 C3
Millau (F) 106 B3
Mille, Hamme- (B) 75 B2
Millésimo (I) 108 C4
Millesvik (S) 28 C6
Millevaches (F) 96 A5
Millford (IRL) 47 A3
Milligen,-Nieuw (NL) 66 D4
Millom (GB) 53 B2
Millport (GB) 48 C4
Millstatt (A) 101 A3
Millstreet (IRL) 50 C5
Milltown (GB) 45 C5
Milltown (IRL) 47 A5
Milltown (IRL) 50 B4
Milltown (IRL) 50 D1
Milltown (IRL) 51 C2
Milltown Malbay (IRL) 50 C3
Milly (F) 85 D6
Milly-la-Forêt (F) 88 B3
Milmarcos (E) 133 D2
Milmersdorf (D) 62 B4
Milna (HR) 156 B2
Milnathort (GB) 49 A3
Milngavie (GB) 48 D3
Milnthorpe (GB) 53 B2
Milo (I) 119 B3
Miločaj (YU) 152 A5
Milocice (PL) 63 B3
Miłocin (PL) 73 A4
Milohnići (HR) 111 B3
Miłomłyn (PL) 64 B3
Milon, la Ferté- (F) 74 C6
Miłoradz (PL) 64 A2
Milos (GR) 172 A4
Miloševac (BIH) 151 A2
Miloševa Kula (YU) 152 C4
Miloševići (YU) 157 B3
Miloševo, Novo (YU) 103 D6
Miłosław (PL) 71 B2
Milot (AL) 162 B1
Milovaig (GB) 44 B5
Milow (D) 61 B5
Milówka (PL) 81 D3
Miłowo (PL) 62 C3
Mils (A) 99 D2
Miltach (D) 79 A6
Miltenberg (D) 77 B5
Milton (GB) 49 B2
Milton (GB) 59 A1
Milton Abbot (GB) 56 D5
Milton Ernest (GB) 58 D1
Milton Keynes (GB) 58 C2
Milunci (BY) 177 C3
Milutinovac (YU) 152 D3
Milverton (GB) 57 B4
Milžavėnai (LT) 176 A3
Milżyn (PL) 71 D1
Mimizan (F) 104 B3
Mimoň (CZ) 70 B5
Minano Mayor (E) 127 B3
Minas, Las (E) 140 D2
Mînăstirea (RO) 154 D4
Mînăstirea Cozia (RO) 153 C1
Minaya (E) 133 B6
Minde (P) 130 B5
Mindelheim (D) 92 B4
Mindelstetten (D) 92 C2
Minden (D) 68 A4
Mindia (BG) 160 B2
Mindiloglion (GR) 166 D6
Mindlandet (N) 8 C6
Mîndrești (MD) 149 C2
Mindszent (H) 103 D4
Mine Hd. (IRL) 51 A5
Minehead (GB) 57 A3
Mineo (I) 119 A4
Mineralni bani (BG) 160 B4
Minerbe (I) 109 D2
Minèrbio (I) 110 A4
Minervino Murge (I) 115 C5
Mines, Bully-les- (F) 74 C3
Mines, Noeux-les- (F) 74 C3
Mingham (GB) 55 B6
Minglanilla (E) 134 A5
Mingorria (E) 132 B2
Mingulay (GB) 44 A6
Miniac-Morvan (F) 85 B3
Miničevo (YU) 152 D5
Minières, les (F) 95 A4
Minkiö (FIN) 33 B3
Minkowice Oławskie (PL) 71 B4
Minne (S) 24 D4
Minnesund (N) 28 A3
Mino (E) 124 D2
Minozero (RUS) 13 D6
Minsk (BY) 177 D6
Minsk Mazowiecki (PL) 72 D1
Minster, Wimborne (GB) 58 A4
Minsterley (GB) 53 B6
Mintlaw (GB) 45 D5
Minturno (I) 114 C5
Miodnica (PL) 70 C3
Mionica (YU) 151 D4
Mionnay (F) 97 B5
Miory (BY) 177 D2
Mios (F) 104 C2
Miouze, la (F) 96 C5
Miquéou (F) 104 B3
Mira (I) 110 B2
Mira (P) 130 B3
Mira (P) 130 B5
Mira (E) 134 B5
Mirabeau (F) 107 B4
Mirabel (F) 105 C3
Mirabel (E) 131 C4
Mirabel-aux-Baronnies (F) 107 A3
Mirabella E. (I) 115 A5
Mirabella I. (I) 118 D4
Mirabello Monf. (I) 108 C2
Miradolo Terme (I) 109 A2
Miradoux (F) 105 B3
Miraflores de la Sierra (E) 132 D2
Miralrio (E) 133 A2
Miramar (F) 108 A6
Miramar (E) 123 A4
Miramare (I) 101 A6
Miramare (I) 110 C5
Miramas (F) 107 A4
Mirambeau (F) 94 D6
Mirambel (E) 134 D3
Miramont-de-Guyenne (F) 105 A2
Miranda de Arga (E) 127 C4
Miranda de Ebro (E) 127 A3
Miranda del Rey (E) 139 D2
Miranda do Corvo (P) 130 C4
Miranda do Douro (P) 125 C6
Mirande (F) 105 A5
Mirandela (P) 125 A6
Mirandilla (E) 138 C1
Mirándola (I) 109 D3
Mirandol-Bourgnounac (F) 105 D3
Miranje (HR) 111 D5
Mirano (I) 100 B6
Miravci (MK) 163 B1
Miravet (E) 135 A1
Mircea Vodă (RO) 154 A3
Mircea Vodă (RO) 155 B2
Mircze (PL) 73 D5
Mireasa (RO) 155 B3
Mirebeau (F) 95 A3
Mirebeau (F) 97 C1
Mirecourt (F) 89 D3
Miremont (F) 105 B/C5
Miren (SLO) 111 A1
Mirepoix (F) 105 C/D6
Mires (GR) 172 D6
Miresu Mare (RO) 147 A2
Mireval (F) 106 C5
Miřkov (CZ) 79 A5
Mirna (SLO) 101 C5
Miroč (YU) 152 D3
Miroir, le (F) 97 C3
Mirojedy (RUS) 182 D6
Miron, El (E) 131 D3
Mironeasa (RO) 149 B4
Miroševce (YU) 158 C3
Miroslav (CZ) 80 C4
Miroslavas (LT) 176 C5
Mirosławice (PL) 71 A5
Miroslawice (PL) 72 A3
Mirosławiec (PL) 63 A4
Miroslovesti (RO) 149 A3
Mirošov, Vyšný (SK) 82 D3
Mirošov (CZ) 79 B4
Mirotice (CZ) 79 C5
Mirov (CZ) 80 B2
Mirovci (BG) 155 A6
Mirow (D) 61 D4
Mirsk (PL) 70 C5
Mirto Crosia (I) 117 A4
Mirzec (PL) 72 D4
Misa (LV) 179 B5
Misa-2 (LV) 179 B6
Misano Adriático (I) 110 C5
Mišar (YU) 151 C3
Misi (FIN) 7 B6
Misilmeri (I) 118 B3
Mišinci (BIH) 150 D3
Misini (TR) 161 B5
Miske (H) 103 B5
Miškiniai (LT) 176 B6
Miskolc (H) 82 C6
Miskolctapolca (H) 82 C6
Mišljenovac (YU) 152 C3
Mišnjak (HR) 111 C3
Missanello (I) 116 D3
Missenträsk (S) 11 A6
Missery (F) 97 A1
Missillac (F) 85 A5
Missingmyr (N) 28 A5
Misso (EST) 182 C3
Mistek, Frýdek- (CZ) 81 B2
Mistelbach (A) 80 D5
Mistelgau (D) 78 C4
Misten (N) 4 C6
Misterbianco (I) 119 A4
Misterdalen (N) 24 A5
Misterhult (S) 39 C3
Mistras (GR) 171 A4
Mistretta (I) 118 D3
Mistřín (CZ) 80 D4
Mistros (GR) 167 D5
Mišučiai (LT) 175 D3
Misurina (I) 100 C4
Misvær (N) 9 A2
Miszkowice (PL) 70 D5
Mitandersfors (S) 28 B3
Mitchell (GB) 56 C5
Mitchelstown (IRL) 50 D4
Mithymna (GR) 165 A5
Mitikas (GR) 166 B5
Mitkovicy (RUS) 182 C3
Mitocu Dragominei (RO) 148 D2
Mitragalys (LT) 177 A1
Mitrovica, Srem. (YU) 151 C2
Mitrovica (YU) 158 B3
Mitrovice, N. (CZ) 79 B5
Mitrovići (BIH) 150 D4
Mitseró (CY) 174 C4
Mittådalen (S) 24 B3
Mittelberg (A) 99 C2
Mittelberg (A) 100 A3
Mittelfischach (D) 91 C2
Mittelneufnach (D) 92 B3
Mittenwald (D) 92 C5
Mittenwalde (D) 62 B4
Mittenwalde (D) 69 D4
Mitterbach (A) 101 D1
Mitterding (A) 93 B3
Mitterdorf (A) 101 D1
Mitterndorf (A) 80 C6
Mitterndorf (A) 101 B1
Mittersheim (F) 90 B2
Mittersill (A) 100 C2
Mitterskirchen (D) 93 A3
Mitterteich (D) 78 D4
Mitterweissenbach (A) 101 A1
Mittet (N) 22 D3
Mittewald (A) 100 C3
Mittlere Bauernschaft (D) 68 B3
Mittweida (D) 79 A1
Mitwitz (D) 78 B3
Mizen Hd. (IRL) 50 B6
Mizen Hd. (IRL) 51 D3
Mižhir'ja (UA) 83 C5
Mizija (BG) 153 C5
Mizil (RO) 154 C2
Mjåla, Övre (S) 38 C5
Mjäldrunga (S) 38 C3
Mjällom (S) 16 D6
Mjåsund (N) 36 B2
Mjåvatn (N) 37 A1
Mjåvatn (N) 37 A2
Mjelde (N) 1 A6
Mjelde (N) 4 C5
Mjell (N) 22 C6
Mjkines (DK) 36 A4
Mjøaseter (N) 23 C3
Mjöbäck (S) 38 C4
Mjöfjärden (S) 11 C4
Mjöhult (S) 42 B1
Mjölafors (S) 11 C3
Mjölan (S) 11 C2
Mjölåsen (S) 25 A5
Mjölby (S) 39 A2
Mjølfjell Ult (N) 26 C2
Mjølkarli (N) 9 A6
Mjölkbäcken (S) 9 B4
Mjölkberg (S) 10 B5
Mjølvik (N) 1 A5
Mjømna (N) 26 A2
Mjönäs (S) 43 A1
Mjøndalen (N) 27 C4
Mjønes (N) 9 A1
Mjørlund (N) 27 D2
Mjösebo (S) 39 C4
Mjösjö (S) 24 D2
Mjösjö (S) 25 A2
Mjösjöby (S) 16 D4
Mjosund (FIN) 33 A4
Mjöträsk (S) 11 C3
Mł, Tyniewicze (PL) 65 C5
Mladá Boleslav (CZ) 70 B6
Mladé Buky (CZ) 70 D5
Mladec (CZ) 80 D2
Mladenovac (YU) 152 A3
Mladinovo (BG) 160 C4
Mladošovice (CZ) 93 D1
Mladzka, Wólka (PL) 72 D2
Mława (PL) 64 C4
Mlecin (PL) 72 D1
Mleczno (PL) 70 D3
Mlekarevo (BG) 160 C3
Mlinište (BIH) 150 B4
Mlinište (BIH) 156 D3
Mljet (HR) 156 C3
Młock (PL) 64 C5
Młodzawy (PL) 72 C6
Młodzieszyn (PL) 72 B1
Młogoszyn (PL) 72 A2
Ml. Vožice (CZ) 79 D4
Młyn, Drawski (PL) 63 A5
Mlýn (CZ) 70 C5
Mlyňany, Tesárske (SK) 81 B6
Młynary (PL) 64 B2
Młynek (PL) 72 A5
Mlynky (SK) 82 B4
Młynne (PL) 82 B2
Młyny (PL) 72 C5
Mnichov (CZ) 79 A4
Mnichove Hradiště (CZ) 70 B6
Mnichovice (CZ) 79 D3
Mnichów (PL) 72 C5
Mnin (PL) 72 B4
Mniów (PL) 72 C4
Mníšek (CZ) 70 C5
Mníšek p. Brdy (CZ) 79 C4
Mníšek nad Hnilcom (SK) 82 C4
Mniszek (PL) 64 A4
Mniszek (PL) 72 C3
Mo (S) 16 C5
Mo (S) 16 C6
Mo (S) 16 D5
Mo (S) 25 C5
Mo (N) 26 B2
Mo (N) 27 A5
Mo (N) 28 A3
Mo (S) 28 C6
Mo (S) 38 A1
Moacsa (RO) 148 D6
Moan (N) 23 C4
Moate (IRL) 51 A2
Mobekk (N) 28 B4
Moča (SK) 103 A2
Mocarze (PL) 65 B4
Mocejón (E) 132 C4
Močenok (SK) 81 B6
Mochales (E) 133 D2
Mochlos (GR) 173 A6
Mochov (CZ) 79 D3
Mochowo (PL) 64 B5
Mochy (PL) 70 D2
Mociu (RO) 147 B3
Mockai (LT) 176 B5
Möckern (D) 69 B4
Mockfjärd (S) 29 A2
Möckleby, Norra (S) 39 D5
Möcklehult (S) 39 A5
Möckmühl (D) 77 B6
Mockrehna (D) 69 C6
Mockträsk (S) 11 B4
Moclin (E) 143 C3
Mocod (RO) 147 B2
Mócsény (H) 103 A5
Modane (F) 98 A6
Modbury (GB) 57 A5
Modena (I) 109 D3
Möderbrugg (A) 101 B2
Módica (I) 119 A6
Modigliana (I) 110 A5
Modivas (P) 124 B6
Modlibórz (PL) 72 A1
Módliborzyce (PL) 73 B5
Mödling (A) 102 A1
Modliszewice (PL) 72 C4
Modlnica (PL) 72 B6
Modra (SK) 81 A6
Modran (BIH) 150 D2
Modranga (LV) 178 C4
Modriča (BIH) 151 A2
Mõdriku (EST) 181 B3
Modrino selo (HR) 111 D5
Modrište (MK) 162 D1
Modruš (HR) 111 C2
Modrý Kameň (SK) 82 A6
Modrzejowice (PL) 72 D4
Modubar (E) 126 D4
Modugno (I) 117 A1
Moëlan-s-Mer (F) 84 C4
Moelv (N) 27 D1
Moen (N) 5 B2
Moen (N) 14 D5
Moen (N) 27 A5
Moena (I) 100 B4
Moerbeke (B) 74 D1
Moerdijk (NL) 66 B6
Moers (D) 67 A6
Mofalla (S) 38 D2
Moffat (GB) 49 A5
Moflaget (N) 8 C4
Moftinu Mare (RO) 146 D1
Moftinu Mic (RO) 146 D1
Mogadouro (P) 131 B1
Mogán, Playa de (E) 144 C6
Mogan (E) 144 C6
Møgeltønder (DK) 40 C5
Mogen (N) 27 A4
Mogen (N) 27 B4
Mogente (E) 141 B1
Mogielnica (PL) 72 C3
Mogilany (PL) 82 B2
Mogili (RUS) 182 D1
Mogilno (PL) 63 D6
Móglia (I) 109 C3
Mogliano (I) 113 C2
Mogliano Ven. (I) 100 C6
Mogliçë (AL) 162 C3
Mogo de Ansiães (P) 131 A1
Mogon (E) 140 B3
Mogorella (I) 121 B4
Mogorić (HR) 111 D4
Mógoro (I) 121 B4
Mogos (RO) 147 A5
Mogosoaia (RO) 154 B4
Moguer (E) 138 B5
Mohács (H) 103 A6
Moharras (E) 133 B6
Moheda (S) 39 A5
Mohedas (E) 131 C3
Mohedas (E) 132 A5
Mohelkou, Hodkovice nad (CZ) 70 C5
Mohelnice (CZ) 80 D2
Moher, Cliffs of (IRL) 50 C2
Mohernando (E) 132 D2
Mohill (IRL) 46 D6
Möhkö (FIN) 21 D4
Moholm (S) 38 D1
Mohon (F) 85 A4
Mohora (H) 103 B1
Mohorte (E) 133 C4
Mohrdorf (D) 61 D2
Moi (N) 36 B2
Moi (RO) 153 A2
Moiá (E) 129 B5
Moiano (I) 115 A5
Móie (I) 113 B2
Moikipää (FIN) 19 A4
Moimenta da Beira (P) 130 D2
Moinesti (RO) 149 A5

Moinniemi (FIN) 21 B6
Mo I Rana (N) 9 A4
Moirans (F) 97 C6
Moirans-en-Montagne (F) 97 C3
Moircy (B) 75 C4
Moiry Les Haudères (CH) 98 C4
Mõisaküla (EST) 179 C2
Mõisaküla (EST) 180 C5
Moisdon-la-Rivière (F) 86 C6
Moisei (RO) 147 C1
Moisiovaara (FIN) 13 C5
Moissac (F) 105 B3
Moissey (F) 97 C1
Moissy-Cramayel (F) 88 C2
Moisy (F) 87 C5
Moïta (F) 120 C3
Moita (P) 137 B1
Moitaselkä (FIN) 7 C6
Moivre (F) 89 B2
Moja (E) 144 D5
Mojácar (E) 140 D5
Mojados (E) 126 B6
Mojanovići (YU) 157 C4
Mojkovac (YU) 157 C3
Mojonera, La (E) 140 B6
Mojsiči (BY) 177 C6
Møkkelvika (N) 14 D3
Moklinta (S) 30 D3
Mokobody (PL) 73 A1
Mokolai (LT) 176 B5
Mokra (PL) 65 A6
Mokra Gora (YU) 151 C5
Mokreš (BG) 153 B5
Mokrin (YU) 103 D6
Mokronog (SLO) 101 C5
Mokronoge (BIH) 150 C5
Mokro Polje (HR) 150 A5
Mokrsko (PL) 71 D4
Mokrzesz (PL) 72 A5
Mokrzyska (PL) 82 C2
Moksi (FIN) 20 B6
Moksi (FIN) 33 C4
Möksy (FIN) 19 D3
Mol (B) 75 B1
Mol (YU) 103 D6
Mola di Bari (I) 117 B1
Molainiai (LT) 176 C2
Molar, El (E) 132 D2
Molar, El (E) 135 A1
Molare (I) 108 C3
Molares, Los (E) 142 C3
Molaretto (I) 108 A2
Molas (F) 105 A5
Molat (HR) 111 C5
Molay-Littry, le (F) 86 C2
Mold (GB) 53 B4
Moldava nad Bodvou (SK) 82 C5
Molde (N) 22 C3
Moldøra (N) 14 B5
Moldova Nouă (RO) 152 C3
Moldova Sulita (RO) 148 B2
Moldova Veche (RO) 152 C3
Moldovita (RO) 148 C2
Møldrup Slat. (DK) 37 B6
Moldtustranda (N) 22 B4
Môle, la (F) 107 D5
Molèdes (F) 96 C6
Moledo (P) 124 B5
Moleşti (MD) 149 D4
Molėtai (LT) 177 A3
Molezuelas (E) 125 C5
Molfetta (I) 115 D5
Moliden (S) 16 D5
Molières (F) 105 C3
Moliets-et-Maa (F) 104 B4
Molina, La (E) 129 B4
Molina (I) 100 A4
Molina de Aragón (E) 133 D2
Molina de Segura (E) 141 A3
Molinella (I) 110 A4
Molines-en-Q (F) 107 D2
Molineuf (F) 95 C1
Molini (I) 108 D3
Molinicos (E) 140 C2
Molinillo, El (E) 132 C6
Molino (E) 142 C2
Molinos, Los (E) 145 C4
Molinos (E) 134 C2
Molinos de Duero (E) 127 A5
Molins (E) 129 B6
Moliterno (I) 116 D3
Molitg-les-Bains (F) 129 C3
Möljeryd (S) 39 B6
Molkenberg (D) 69 B3
Molkojärvi (FIN) 6 D5
Molkom (S) 28 D4
Mollans-s-Ouvèze (F) 107 A3
Möllbrücke (A) 101 A3
Mölle (S) 42 B1
Møllebogen (N) 14 C2
Molledo (E) 126 C2
Möllenbeck (D) 62 A4
Mollerussa (E) 128 D6
Mollet (E) 129 B6
Móllia (I) 98 D5
Molliens-Dreuil (F) 74 B4
Molliens-Vidame (F) 74 B4
Mollina (E) 143 A3
Mollisjok (N) 2 B5
Mölln (D) 61 A4
Mollösund (S) 38 A3
Mölltorp (S) 38 D1
Mølnå (N) 16 C4
Molnári (H) 102 B5
Mølnarodden (N) 4 A5
Mölnbo (S) 31 A5
Mölndal (S) 38 A4
Mölnlycke (S) 38 B4
Mølnvika (N) 14 C4
Molóchio (I) 119 C2
Molodečno (BY) 177 C5
Molodi (RUS) 182 D1
Molompize (F) 96 C6
Molos (GR) 167 B4
Molos (GR) 167 B5
Moloy (F) 89 B5
Moložva (RUS) 182 D2
Molpe (FIN) 19 A4
Molpeceros (E) 126 C6
Molsheim (F) 90 C3
Moltifao (F) 120 C2
Molton, South (GB) 57 A4
Moltrup (DK) 40 D4
Molupis (LT) 176 A3
Molve (HR) 102 C6
Molveno (I) 99 D5
Molynai (LT) 175 D2
Moman (E) 125 A2
Momarken (N) 28 A5
Mombaróccio (I) 110 C6
Mombaruzzo (I) 108 C3
Mombeltrán (E) 132 A4
Mombercelli (I) 108 C3
Mombuey (E) 125 C5
Momcilgrad (BG) 160 B5
Momin prohod (BG) 159 C4
Mommark (DK) 41 A5
Mommila (FIN) 34 A3
Momo (I) 98 D6
Momostorapáti (H) 102 D4
Momrak (N) 27 A6
Momuy (F) 104 C4
Momyr (N) 14 B5
Monacia-d'Aullène (F) 120 B4
Mönchdorf (A) 93 D2
Mönchen-Gladbach (D) 76 A1
Mönchenholzhausen (D) 78 B2
Mönchgut (D) 62 B2
Mönchhof (A) 102 C1
Mönichkirchen (A) 102 A2
Mönkebüll (D) 60 B1
Mon, N. (S) 28 C2
Mon (S) 9 B5
Mon (S) 15 C3
Mon (S) 28 B6
Møn (DK) 41 D5
Møn (DK) 42 B5
Monachil (E) 140 A5
Monach Is. (GB) 44 A4
Monaco (MC) 108 A5
Monaghan (IRL) 47 B5
Monamolin (IRL) 51 C4
Monäs (FIN) 19 B2
Monasterace Marina (I) 119 D2
Monasterevin (IRL) 51 B2
Monasterio de Rodilla (E) 126 D4
Monastier-s-Gazeille, le (F) 106 C1
Monastir (I) 121 C5
Monastirakion (GR) 166 B4
Monastyrek (RUS) 181 D3
Monbahus (F) 105 A2
Monbazillac (F) 105 A1/2
Monbéqui (F) 105 B4
Monbrun (F) 105 B4
Moncalieri (I) 108 B2
Moncalvillo (E) 133 A4
Moncalvo (I) 108 C2
Monção (P) 124 C5
Moncarapacho (P) 137 D5
Moncayolle (F) 104 C5
Monceau (F) 74 D5
Monceau-le-Comte (F) 96 D1
Monceau-le-Neuf (F) 74 D5
Moncélos (E) 125 A2
Mónchio d. C. (I) 109 B4
Monchique (P) 137 C5
Monchy (F) 74 C5
Monclar (F) 105 A2
Monclar-de-Quercy (F) 105 C3
Moncófar (E) 134 D5
Moncontour (F) 84 D3
Moncontour (F) 95 A2
Moncoutant (F) 94 D3
Moncrabeau (F) 105 A3
Monda (E) 143 A5
Mondariz (E) 124 C4
Mondávio (I) 110 C6
Mondello (I) 118 B2
Mondicourt (F) 74 B4
Mondim de Basto (P) 124 D6
Mondolfo (I) 110 D6
Mondoñedo (E) 125 A1
Mondorf-les-Bains (L) 75 D5
Mondoubleau (F) 87 B5
Mondovì (I) 108 B4
Mondragon (F) 107 A3
Mondragone (I) 114 C5
Mondsee (A) 101 A1
Moneasa (RO) 146 C4
Monéglia (I) 109 A4
Monegrillo (E) 128 B6
Monein (F) 104 C5
Monemvasia (GR) 171 B5
Mònesi (I) 108 B5
Monesiglio (I) 108 C4
Monesterio (E) 138 C3
Monestier-de-Clermont (F) 107 B1
Monestiés (F) 105 D3
Monêtier-Allemont (F) 107 C2
Monêtier-les-Bains, le (F) 107 D1
Moneygall (IRL) 51 A3
Moneymore (GB) 47 B4
Monfalcone (I) 101 A6
Monfero (E) 124 D2
Monferran-Savès (F) 105 B4
Monferrato, Ozzano (I) 108 D1
Monflanquin (F) 105 B2
Monfort (F) 105 A/B4
Monforte (I) 119 B2
Monforte (E) 125 A4
Monforte (P) 131 A6
Monforte (E) 141 B2
Monforte d'A. (I) 108 B3
Monforte da Beira (P) 131 A5
Monghidoro (I) 109 D4
Mongie, la (F) 105 A6
Mongrando (I) 98 D6
Mongstad (N) 26 A2
Monguelfo (I) 100 C3
Monheim (D) 92 B2
Moni, K. (CY) 174 C4
Moniaive (GB) 48 D5
Moni Aj. Dionysiu (GR) 163 B4
Moni Arkadiu (GR) 172 C5
Moniatycze (PL) 73 D4
Mon Idée (F) 75 A4
Monieux (F) 107 B3
Monifieth (GB) 49 B2
Mõniste (EST) 182 B3
Monistrol (E) 129 B6
Monistrol-d'Allier (F) 106 C1
Monistrol-s-Loire (F) 97 A6
Monivea (IRL) 50 D2
Moniz, Porto (P) 136 B1
Mońki (PL) 65 C4
Monkton (GB) 48 D4
Monlezun-d'Armagnac (F) 104 D4
Monlong (F) 105 A5
Monmouth (GB) 57 B2
Monnai (F) 87 A3
Monnaie (F) 95 B1
Monnerville (F) 88 B3
Mönni (FIN) 21 C4
Monnickendam (NL) 66 C4
Monninkylä (FIN) 34 B4
Monoblet (F) 106 C3
Monok (H) 82 D6
Monola (FIN) 34 D2
Monolithos (GR) 173 C4
Monópoli (I) 117 B1
Monor (H) 103 C2
Monor (RO) 147 C3
Monoskylä (FIN) 19 D5
Monoštor, Bački (YU) 103 B6
Monóvar (E) 141 B2
Monréal (E) 127 D3
Monreal del Campo (E) 134 B2
Monreale (I) 118 B2
Monroy (E) 131 C5
Monroyo (E) 134 D2
Mons (F) 74 C4
Mons (F) 107 D4
Monsagro (E) 131 C3
Monsaraz (P) 138 A2
Mons Bergen (B) 75 A3
Monschau (D) 76 A3
Monsec (F) 95 B6
Monségur (F) 104 D2
Monsélice (I) 110 A2
Monsempron-Libos (F) 105 D2
Monserrat (E) 134 C6
Monsheim (D) 76 D5
Mönsheim (D) 91 A2
Monsols (F) 97 A4
Mønsted (DK) 40 C1
Monster (NL) 66 B5
Mönsterås (S) 39 C4
Monsummano Terme (I) 109 C5
Montabaur (D) 76 C3
Montaberner (E) 141 B1
Montagnac (F) 106 B5
Montagnana (I) 110 A2
Montagnano (I) 112 D2
Montagne, la (F) 94 B2
Montagnieu (F) 97 C6
Montagny (F) 97 A4
Montagrier (F) 95 B6
Montaignac-Saint-Hippolyte (F) 96 A6
Montaigu (F) 94 C2
Montaigu-de-Quercy (F) 105 B3
Montaigüet-en-Forez (F) 96 D4
Montaigut (F) 96 C4
Montaigut-le-Blanc (F) 95 D4
Montaigut-s-Save (F) 105 B4
Montalban (E) 134 C2
Montalbano J. (I) 117 A3
Montalbano Elicona (I) 119 A3
Montalbo (E) 133 B4
Montalcino (I) 112 C3
Montale (I) 109 D5
Montalegra (P) 124 D5
Montalieu (F) 97 C5
Montalivet-les-Bains (F) 94 C6
Montallegro (I) 118 B4
Montalto Uff. (I) 116 D5
Montalto d. M. (I) 113 C3
Montalto Lig. (I) 108 B5
Montalto di Castro (I) 112 D4
Montalto Marina (I) 112 C5
Montalto Pav. (I) 108 D3
Montalván (E) 143 A2
Montalvão (P) 130 D5
Montalvo (P) 130 C6
Montalvo (P) 137 B2
Montamarta (E) 125 D6
Montán (E) 134 C4
Montana (I) 108 C2
Montaña Clara, Isla de (E) 145 D2
Montana-Crans (CH) 98 C4
Montañana (E) 128 D4
Montanaro (I) 108 B2
Montanchez (E) 131 C6
Montanejos (E) 134 C4
Montaner (F) 104 D5
Montanges (F) 97 C4
Montans (F) 105 C4
Montargil (P) 130 C6
Montargis (F) 88 C4
Montastruc (F) 105 A5
Montastruc-la-Conseillère (F) 105 C4
Montat, le (F) 105 C2
Montauban (F) 85 A3
Montauban (F) 105 C3
Montauban (F) 107 B3
Montaudin (F) 86 C4
Montauroux (F) 107 D4
Montaut (F) 104 C4
Montbard (F) 89 A5
Montbarrey (F) 97 C2
Montbazens (F) 105 D2
Montbazon (F) 95 B1
Montbel (F) 106 C2
Montbéliard (F) 98 B1
Montbenoît (F) 97 D2
Montbeugny (F) 96 D3
Montbizot (F) 87 A5
Montblanc (F) 106 B5
Montblanc (E) 129 A6
Montboucher (F) 95 D4
Montbouy (F) 88 C4
Montboyer (F) 95 A6
Montbozon (F) 90 A5
Montbray (F) 86 C3
Montbrison (F) 97 A5
Montbron (F) 95 B5
Montbrun-les-Bains (F) 107 B3
Montcabrier (F) 105 B2
Montceau-les-Mines (F) 97 A3
Montceaux-les-Provins (F) 88 D2
Montcenis (F) 97 A2
Montchanin (F) 97 A3
Montchevrier (F) 95 D3
Montcornet (F) 75 A5
Montcresson (F) 88 C4
Montecreto (I) 109 C4
Montcuq (F) 105 B3
Montdardier (F) 106 C4
Mont Dauphin (F) 107 D2
Mont-de-Marsan (F) 104 C4
Montdidier (F) 74 C5
Mont-Dore (F) 96 C5
Monte (F) 120 C2
Monteagudo (E) 127 C5
Monteagudo (E) 133 B1
Montealegre del Castillo (E) 141 A1
Monteaux (F) 95 C1
Montebello (I) 100 A6
Montebello I. (I) 119 C3
Montebelluna (I) 100 B5
Montebourg (F) 86 C2
Montebruno (I) 109 A4
Monte Buono (I) 113 A3
Montecaldarero (I) 110 A4
Montecalvo I. (I) 115 A5
Monte-Carlo (MC) (F) 108 A5
Montecarotto (I) 113 B2
Montecassiano (I) 113 C2
Montecastrilli (I) 113 A4
Montecatini Terme (I) 109 C5
Montécchio (I) 100 A6
Montécchio (I) 109 C3
Montécchio (I) 110 C6
Montécchio (I) 113 A4
Montécchio Maggiore (I) 109 D1
Monte Cerignone (I) 110 C6
Montech (F) 105 B4
Montechiaro (I) 108 C2
Montecósaro (I) 113 C2
Montecorvino Rovella (I) 115 A6
Montederramo (E) 125 A4
Monte de Trigo (P) 138 A2
Monte di Prócida (I) 114 D6
Monte Doménica (I) 109 A4
Montedor (P) 124 B5
Montefalco (I) 113 A3
Montefalcone n. S. (I) 115 A3
Montefano (I) 113 C2
Montefiascone (I) 112 D4
Montefiore d. A. (I) 113 C3
Montefiorino (I) 109 C4
Monteflávio (I) 113 B5
Monteforte (I) 115 A6
Montefortino (I) 113 C3
Montefrio (E) 143 C3
Montegiordano (I) 117 A3
Montegiordano Marina (I) 117 A3
Montegiórgio (I) 113 C3
Monte Gorde (P) 130 D5
Monte Gordo (P) 138 A5
Montegranato (I) 113 C2
Montegrotto Terme (I) 110 A2
Montehermoso (E) 131 C4
Montejaque (E) 142 D4
Monte Isola (I) 109 B1
Monteils (F) 105 C/D3
Montejícar (E) 140 A4
Montejos (E) 125 D4
Montelaver (P) 137 A1
Montel-de-Gelat (F) 96 B4
Monteleone, Villanova (I) 121 B2
Monteleone di Sp. (I) 113 B4
Monteleone d'O (I) 112 D3
Montelepre (I) 118 B2
Montelibretti (I) 113 A5
Montélimar (F) 107 A2
Montella (I) 115 A6
Montellano (E) 142 C4
Montelupo (I) 109 D5
Montemaggiore B. (I) 118 C3
Montemagno (I) 108 C2
Montemarano (I) 115 A6
Montemayor (E) 126 B6
Montemayor (E) 143 A2
Montembœuf (F) 95 B5
Montemésola (I) 117 B2
Montemilone (I) 115 C5
Montemolín (E) 138 D3
Montemonaco (I) 113 C3
Montemor o Novo (P) 137 C2
Montemor-o-Velho (P) 130 B3
Montendre (F) 94 D6
Montenegro (E) 127 A5
Montenero di B. (I) 115 A3
Monte Petrosu (I) 121 D2
Montepiano (I) 109 D5
Montepulciano (I) 112 D3
Monterano (I) 112 D5
Monteras (E) 131 C1
Monterchi (I) 112 D1
Monterde (E) 133 D1
Monte Real (P) 130 B4
Montereale (I) 100 C5
Montereale (I) 113 B4
Montereau-Faut-Yonne (F) 88 C3
Monte Redondo (P) 130 B4
Monterénzio (I) 109 D4
Monteroduni (I) 114 D4
Monteriggioni (I) 112 C2
Monte Romano (I) 112 D5
Monteroni d'A. (I) 112 C2
Monteroni (I) 117 D3
Monterosso Almo (I) 119 A5
Monterosso C. (I) 119 D1
Monterotondo (I) 113 A5
Monterotondo Mar. (I) 112 B3
Monterrey (E) 125 A5
Monterroso (E) 124 D3
Monterrubio de la Serena (E) 139 A2
Monterubbiano (I) 113 C3
Montesa (E) 141 B1
Monte San Giovanni in Sab. (I) 113 B5
Monte San Savino (I) 112 D2
Montesano (I) 117 D3
Montesano sulla Marcellana (I) 116 C3
Monte Santa Maria (I) 112 D2
Monte Sant'Angelo (I) 115 C4
Monte San Vito (I) 113 B1
Montesárchio (I) 115 A5
Montescaglioso (I) 117 A2
Montese (I) 109 C4
Montesilvano Marina (I) 114 D2
Montes Juntos (P) 138 A2
Montespértoli (I) 109 D6
Montesquieu-Volvestre (F) 105 B5
Montesquiou (F) 105 A4
Montesquiu (E) 129 B4
Montestruc-s-Gers (F) 105 A4
Montes Velhos (P) 137 C3
Montet, le (F) 96 C3
Monte Urano (I) 113 C2
Monteux (F) 107 A3
Montevago (I) 118 B3
Montevarchi (I) 112 C2
Montezemolo (I) 108 C4
Montézic (F) 106 A2
Montfaucon (F) 75 B6
Montfaucon (F) 75 C6
Montfaucon (F) 94 C2
Montfaucon (F) 105 C2
Montfaucon-en-Velay (F) 97 A6
Montferrand (F) 96 C5
Montferrand-du-Périgord (F) 105 B2
Montferrat (F) 97 C6
Montferrat (F) 107 D4
Montferrier (F) 105 C6
Montfleur (F) 97 C4
Montford Bridge (GB) 53 B5
Montfort (F) 85 B4
Montfort (F) 129 C3
Montfort-en-Chalosse (F) 104 C4
Montfort-l'Amaury (F) 88 A2
Montfort-le-Gesnois (F) 87 A5
Montfort-s-Risle (F) 87 B2
Montfranc (F) 106 A4
Montfrin (F) 106 D4
Montgaillard (F) 104 D5
Montgaillard (F) 105 B4
Montgaillard (F) 105 C4
Montgaillard (F) 105 C6
Montgenèvre (F) 107 D1
Montgeron (F) 88 B2
Montgibaud (F) 95 C6
Montgiscard (F) 105 C5
Montgivray (F) 96 A3
Montgomery (GB) 53 B6
Montguyon (F) 95 A6
Monthermé (F) 75 B4
Monthéry (F) 88 B2
Monthey (CH) 98 B4
Monthoiron (F) 95 B3
Monthois (F) 75 B6
Monthureux-s-Saône (F) 89 D4
Monti (I) 108 A2
Monti (I) 121 C2
Montiano (I) 112 C4
Monticelli d'Ongina (I) 109 B2
Monticello (F) 120 B2
Montichiari (I) 109 B1
Monticiano (I) 112 C3
Montiel (E) 140 B2
Montier-en-Der (F) 89 B3
Montiers-s-Saulx (F) 89 C3
Montignac (F) 105 B1
Montigny (F) 90 B3
Montigny-Lencoup (F) 88 C3
Montigny-le-Roi (F) 89 C4
Montigny-s-Aube (F) 89 B4
Montigny-s-Canne (F) 88 C3
Montijo (P) 137 B1
Montijo (E) 138 C1
Montilla (E) 143 A2
Montilleja (E) 133 C6
Montilliers (F) 94 D2
Montilly (F) 96 C3
Montivilliers (F) 87 A2
Montjaux (F) 106 A3
Montjay (F) 107 B2
Montjean (F) 86 C5
Montjean (F) 95 A4
Montjean-s-Loire (F) 85 C5
Montlandon (F) 87 B4
Montlaur (F) 106 A4
Montlaur (F) 106 A5
Montlieu-la-Garde (F) 94 D6
Mont-Louis (F) 129 B3
Montlouis-s-Loire (F) 95 B1
Montluçon (F) 96 B4
Montluel (F) 97 B5
Montmarault (F) 96 C4
Montmartin-s-Mer (F) 85 B2
Montmaur (F) 107 C2
Montmédy (F) 75 C5
Montmélian (F) 97 D5
Montmerle-s-Saône (F) 97 B4
Montmeyan (F) 107 C4
Montmeyran (F) 107 A1
Montmirail (F) 87 B5
Montmirail (F) 88 D2
Montmirey-le-Château (F) 97 C1
Montmoreau (F) 95 A6
Montmorillon (F) 95 B3
Montmort (F) 88 D2
Montodine (I) 109 A2
Montoir-de-Bretagne (F) 85 A6
Montoir-sur-le-Loir (F) 87 B6
Montoito (P) 138 A2
Montola (FIN) 20 D5
Montolieu (F) 105 D5
Montone (I) 113 A2
Montopóli (I) 109 C6
Montopóli di Sab. (I) 113 A5
Montorio (E) 126 C4
Montório al Vomano (I) 113 C4
Montoro (E) 139 C3
Montory (F) 104 C6
Montpazier (F) 105 B2
Montpellier (F) 106 C4
Montpeyroux (F) 106 C4
Montpezat (F) 105 A3
Montpézat (F) 105 B5
Montpezat-de-Quercy (F) 105 C3
Montpezat-s/s-Bauzon (F) 106 D2
Montpon-Menestérol (F) 104 D1
Montpont-en-Bresse (F) 97 B3
Montpothier (F) 88 D3
Montréal (F) 104 D3
Montréal (F) 105 D5
Montredon-Labessonnié (F) 105 D4
Montréjeau (F) 105 A6
Montrésor (F) 95 C2
Montresta (I) 121 B3
Montret (F) 97 B3
Montreuil (F) 74 A3
Montreuil (F) 97 A3
Montreuil-aux-Lions (F) 88 D1
Montreuil-Bellay (F) 95 A2
Montreuil-Juigné (F) 85 D5
Montreuil-l'Argillé (F) 87 A3
Montreuillon (F) 96 D2
Montreuil-s-Ille (F) 85 B3
Montreux (CH) 98 B3
Montrevault (F) 85 C6
Montrevel-en-Bresse (F) 97 B4
Montrichard (F) 95 C1
Montricoux (F) 105 C3
Montrigaud (F) 97 B6
Mont Rigi (B) 75 D3
Mont-roig del Camp (E) 135 B1
Montrond (F) 97 C2
Montrond-les-Bains (F) 97 A5
Montrose (GB) 49 B2
Montrottier (F) 97 A5
Montroy (E) 134 C6
Monts (F) 95 B1
Mont Saint-Aubert (B) 74 D3
Mont-Saint-Michel, le (F) 85 B2
Mont-Saint-Vincent (F) 97 A3
Montsalvy (F) 106 A2
Montsauche-les-Settons (F) 97 A1
Montsec (F) 89 C2
Montsecret (F) 86 C3
Montségur (F) 105 C6
Montseny (E) 129 C5
Montsoreau (F) 95 A1
Mont-sous-Vaudrey (F) 97 C2
Monts-s-Guesnes (F) 95 A2
Montsûrs (F) 86 D5
Montsurvent (F) 86 B3
Montuenga (E) 132 B2
Montuïri (E) 123 B4
Monturque (E) 143 A3
Montvert (F) 105 D1
Montville (F) 87 B2
Monza (I) 99 B6
Monze (F) 106 A2
Monzón (E) 126 B5
Monzón (E) 128 C5
Monzone (I) 109 B4
Monzuno (I) 109 D4
Mook (NL) 66 D6
Moor Cock Inn (GB) 53 C2
Moor Top, Ackworth (GB) 54 B3
Moosburg (D) 92 D3
Moosburg (A) 101 B4
Moosdorf (A) 93 B3
Mooste (EST) 182 C2
Mörbisch (A) 102 B2
Mörbylånga (S) 39 C6
Mor, Port (GB) 48 B4
Mor., Ruda n. (CZ) 80 D2
Mór (H) 103 A3
Mora (N) 24 B6
Mora (S) 28 D1
Mora (E) 132 D5
Mora (P) 137 C1
Moracz (PL) 62 D3
Mora de Rubielos (E) 134 C3
Moradillo (E) 126 C6
Morag (PL) 64 B3
Mórahalom (H) 103 C5
Morains (F) 89 A2
Moraira (E) 141 D1
Morais (P) 125 B6
Morakovo, G. (YU) 157 B3
Moral de Calatrava (E) 140 A1
Moral de la Reina (E) 126 A5
Moraleda de Zafayona (E) 143 C3
Moraleja (E) 131 B4
Moraleja (E) 131 C1
Morales (E) 125 C4
Morales (E) 126 A6
Morales del Vino (E) 125 D6
Morales de Valverde (E) 125 C5
Moralina (E) 125 C6
Morannes (F) 86 D6
Morano Cálabro (I) 116 D4
Morar (GB) 44 C6
Morăreni (RO) 149 B5
Morăresti (RO) 153 C2
Moras-Verdes (E) 131 C3
Morata (E) 132 D4
Morata (E) 141 A4
Moratalla (E) 140 D3
Morava (BG) 160 A1
Moravany n. Váhom (SK) 81 B5
Moravče (SLO) 101 C5
Moravě, Nové Město na (CZ) 80 C3
Moravec (CZ) 80 C3
Moravica, Stara (YU) 103 C6
Moravita (RO) 152 B1
Morávka (CZ) 81 C3
Moravka (BG) 160 C1
Morávka, Malá (CZ) 81 A2
Moravský Beroun (CZ) 81 A2
Morawica (PL) 72 C5
Morawin (PL) 71 C2
Morbach (D) 76 B5
Morbegno (I) 99 B5
Morbier (F) 97 D3
Mor. Budějovice (CZ) 80 C4
Morcenx (F) 104 C3
Morche (F) 143 B4
Mor. Chrastová (CZ) 80 D3
Morciano (I) 110 C5
Morcone (I) 115 A4
Morcuera (E) 126 D6
Mordano (I) 110 B4
Mordelles (F) 85 B4
Mordoğan (TR) 169 A4
Mordovskoe (RUS) 175 C4
Mordy (PL) 73 B1
More, Malin (IRL) 46 C4
Möre (S) 28 C2
More (LV) 179 C4
Moréac (F) 84 D4
Morecambe (GB) 53 B2
Moreda (E) 140 A5
Morée (F) 87 C6
Moreiras (E) 124 D4
Mørekvam (N) 27 A2
Mörel (CH) 98 D4
Móre la Nova (E) 135 A1
Morell, El (E) 135 B1
Morella (E) 134 D3
Moreni (RO) 154 A3
Morera, La (E) 138 C2
Móres (I) 121 B2
Morés (E) 127 C6
Moresnet (B) 75 D2
Morestel (F) 97 C5
Moretonhampstead (GB) 57 A5
Moreton-in-Marsh (GB) 58 B2
Moret-s-Loing (F) 88 C3
Moretta (I) 108 B3
Moreuil (F) 74 B5
Morey (F) 89 D5
Morez (F) 97 D3
Morfa Nefyn (GB) 52 D5
Morfasso (I) 109 A3
Mörfelden (D) 76 D4
Morfi (GR) 162 D4
Morfjord (N) 4 B4
Morgade (P) 124 D5
Morgadinho (P) 137 D4
Morgammåras (FIN) 7 A1
Morgat (F) 84 B3
Morgavel (P) 137 B3
Morgedal (N) 27 A5
Mörgen (D) 92 B4
Morges (CH) 98 A3
Morgex (I) 98 B5
Morgins (CH) 98 B4
Morgongåva (S) 30 D3
Morgowniki (PL) 65 A4
Morhange (F) 90 B2
Mori (I) 99 D6
Morianes (P) 138 A4
Moriani-Plage (F) 120 C2
Mórichida (H) 102 C2
Moriles (E) 143 A3
Morille (E) 131 D2
Moringen (D) 68 C5
Morino (BY) 177 A6
Moriscote (E) 140 C2
Morjärv (S) 11 C3
Morkarla (S) 31 A2
Mørke (DK) 41 A1
Morkestrand (N) 14 A5
Morkkaperä (FIN) 7 B6
Mörkö (S) 31 A5
Mørkøv (DK) 41 C3
Morkovice-Slížany (CZ) 81 A3
Mörkret (S) 24 B5
Mørkrid (N) 22 D6
Mor. Krumlov (CZ) 80 C4
Morl (D) 69 B6
Morlaàs (F) 104 D5
Morlac (F) 96 B3
Morlaix (F) 84 C3
Morlanne (F) 104 C5
Morley (GB) 54 B3
Morley (F) 89 C3
Mor. Lieskove (SK) 81 B4
Mörlunda (S) 39 B4
Mormanno (I) 116 D4
Mormant (F) 88 C2
Mormoiron (F) 107 A3
Mornac-s-Seudre (F) 94 C5
Mornand (F) 97 A5
Mornant (F) 97 B5
Mornas (F) 107 A3
Mornay (F) 89 C5
Mornay-Berry (F) 96 C2

Mornay-s-Allier (F) 96 C2
Mor. N. Ves (CZ) 80 D4
Morón (E) 127 B6
Morón de la Frontera (E) 142 D3
Moronvillers, Pontfaverger- (F) 75 A6
Morosaglia (F) 120 C2
Morottaja (FIN) 13 A1
Morović (YU) 151 B2
Morozov (RUS) 35 D5
Morozovo (BG) 160 A3
Morozzo (I) 108 B4
Morpeth (GB) 49 C5
Morphou (CY) 174 B4
Morra, la (I) B3
Mørreaunet (N) 14 B5
Morriston (GB) 57 A2
Morro d'A. (I) 113 B1
Morro del Jable (E) 145 B6
Morrovalle (I) 113 C2
Mörrum (S) 43 A1
Morsang-s-Orge (F) 88 B2
Mörsbach (D) 76 C2
Morsbronn (F) 90 C2
Mörse (D) 68 D4
Morsiglia (F) 120 C1
Mörsil (S) 24 C1
Moršyn (UA) 83 D3
Mörskär (FIN) 32 C5
Morskoga (S) 29 B4
Morskoj (RUS) 175 C3
Mørsvikbotn (N) 4 D5
Mor. Sv. Ján (SK) 80 D5
Mortagne-au-Perche (F) 87 A4
Mortagne-s-Gironde (F) 94 C6
Mortagne-s-Sèvre (F) 94 C2
Mortágua (P) 130 C3
Mortain (F) 86 C4
Mortara (I) 108 D2
Mortavika (N) 26 B6
Mortazel (P) 130 C3
Mörtberg (S) 11 A3
Mortcerf (F) 88 C2
Morteau (F) 98 B2
Morteaux-Coulibœuf (F) 87 A3
Mortegliano (I) 110 D1
Mortelle (I) 119 B2
Mortemart (F) 95 B4
Mortensnes (N) 3 A3
Morte Pt. (GB) 56 D3
Mörtfors (S) 39 C3
Mortimer, Cleobury (GB) 53 C6
Mörtjärn (S) 28 D3
Mörtö (S) 31 B4
Morton (GB) 55 B6
Mortorp (S) 39 C6
Mor. Třebová (CZ) 80 D2
Mortrée (F) 87 A4
Mortroux (B) 75 C3
Mörtschach (A) 100 D3
Mortsel (B) 75 A1
Mörtsjön (S) 15 B5
Mörtsjön (S) 16 D5
Mortsund (N) 4 B5
Mörttjärn (S) 10 D6
Mörtträsk (S) 11 B3
Morunglav (RO) 153 C3
Morup (S) 38 B5
Morvern (GB) 48 B1
Morvillars (F) 98 C1
Morwenstow (GB) 56 D4
Moryń (PL) 62 C5
Morzăceni (RO) 154 A4
Morzela (P) 137 C2
Morzine (F) 98 B4
Mos (E) 124 C4
Mosar' (BY) 177 D3
Mosås (S) 29 B5
Mosätt (S) 24 C4
Mosbach (D) 77 B6
Mosbjerg (DK) 37 C4
Mosby (N) 36 D3
Mósca (P) 125 B6
Mošćenička Draga (HR) 111 B2
Moschopotamos (GR) 163 B4
Mosciano S. A. (I) 113 C3
Mościska (PL) 73 C4
Mościsko (PL) 71 A5
Moščnyj O., Lavansaari (RUS) 34 D5
Mosėdis (LT) 175 C1
Mosel (D) 78 D2
Mosigkau (D) 69 B5
Mosina (PL) 71 A1
Mosjö (S) 17 A4
Mosjøen (N) 8 D5
Mosken (N) 4 A6
Mosko (BIH) 157 A3
Moskog (N) 22 B6
Moskorzew (PL) 72 B5
Moskosel (S) 10 D4
Moskuvaara (FIN) 7 B4
Moslavina Podravska (HR) 150 D1
Mosna (RO) 147 C5
Mosna (YU) 152 D3
Moso (I) 100 A3
Mosoaia (RO) 153 D2
Mosonmagyaróvár (H) 102 C1
Mosonszentjános (H) 102 C2
Mosonszolnok (H) 102 C1
Mošorin (YU) 151 D1
Mošovce (SK) 81 C4
Mosqueruela (E) 134 D3
Moss (N) 27 D5
Mossala (FIN) 32 C4
Mossat (GB) 45 C6
Mossbank (GB) 45 D3
Mossebo (S) 38 C4
Mossfallet (S) 28 D3
Mosshult (S) 39 B2
Mossiberg (S) 24 C5
Mössingen (D) 91 B3
Mössl (A) 101 A3
Mössön (S) 25 C5
Mosstakan (S) 28 B4
Mosstorp (S) 30 D5
Mosstrond (N) 27 A4
Most, Babin (YU) 158 B3
Most, Kamenny (SK) 103 A1
Most, Królowy (PL) 65 D4
Mostrim, Edgeworthstown (IRL) 51 B1
Most, Sanski (BIH) 150 B3
Most (CZ) 79 B2
Mosta (M) 119 D6
Mostar (BIH) 150 D6
Mostari (HR) 102 B6
Moste (SLO) 101 B5
Mosteiros (P) 136 B3
Mostek, Před. (CZ) 70 D6
Mosterhamn (N) 26 A5
Mosterøy (N) 26 B6
Mosterton (GB) 57 B4
Mostervik (N) 14 A4
Mosti, D. (HR) 102 B6
Mostkowo (PL) 64 C3
Most na Soči (SLO) 101 A5
Mostølen (N) 26 C5
Móstoles (E) 132 C3
Mostove, Cudni (BG) 159 D5
Mostovoje (RUS) 175 C4
Mostowo (PL) 63 B2
Mosty, Velikije (BY) 73 D6
Mosty (PL) 73 C2
Mosty u Jabl. (CZ) 81 C3
Mostys'ka (UA) 83 B2
Mosvik (N) 14 B5
Moszczanica (PL) 82 C2
Moszczanka (PL) 73 A3
Moszczenica (PL) 72 B3
Mota del Cuervo (E) 133 A5
Mota del Marqués (E) 126 A6
Motala (S) 39 A1
Motarzyno (PL) 63 C2
Motešice, Hor. (SK) 81 B4
Mothe-Achard, la (F) 94 B3
Motherwell (GB) 48 D4
Mothe-Saint-Héray (F) 95 A4
Motilla del Palancar (E) 133 C5
Mötingselberget (S) 16 B2
Motjärnshyttan (S) 28 D3
Motkowice (PL) 72 C5
Motoci (RO) 153 B3
Motôt (CH) 98 C4
Motovun (HR) 111 A2
Motril (E) 140 A6
Motrøen (N) 23 C4
Motru (RO) 153 A2
Mött (FIN) 19 D3
Motta (I) 100 A6
Motta Visc. (I) 108 D2
Motta di Livenza (I) 100 C6
Motta S. A. (I) 119 A4
Motta S. G. (I) 119 C3
Motte, la (F) 107 C3
Motte-Chalancon, la (F) 107 B2
Motte-d'Aigues, la (F) 107 B4
Motten (D) 77 B3
Möttingen (D) 92 B2
Möttola (I) 117 B2
Motyli (BY) 176 D6
Mou (DK) 37 C6
Mouchamps (F) 94 C3
Mouchan (F) 105 A4
Mouchard (F) 97 C2
Moudon (CH) 98 B3
Moudoslompolo (S) 6 B3
Mougon (F) 94 D4
Mouhijärvi (FIN) 33 A1
Mouhu (FIN) 34 C2
Mouilleron-en-Pareds (F) 94 C3
Moulay (F) 86 D5
Mouleydier (F) 105 A1
Mouliherne (F) 95 A1
Moulinet (F) 108 A5
Moulin-Mage (F) 106 A4
Moulin-Neuf (F) 105 D6
Moulins (F) 96 C3
Moulins-Engilbert (F) 96 D2
Moulins-la-Marche (F) 87 A4
Moulis (F) 105 B6
Moulismes (F) 95 B4
Moulle (F) 74 B2
Moult (F) 86 D3
Mountain Ash (GB) 57 A2
Mount Bellew Bridge (IRL) 50 D1
Mountbenger (GB) 49 A4
Mountfitchet, Stansted (GB) 59 A2
Mount Hamilton (GB) 47 B4
Mountmellick (IRL) 51 B2
Mountrath (IRL) 51 B3
Mountshannon (IRL) 50 D3
Mountsorrel (GB) 54 C6
Moura (P) 138 A3
Mourão (P) 138 A2
Mourens (F) 104 D2
Mourenx (F) 104 C5
Mouriès (F) 107 A4
Mouriscas (P) 130 C5
Mourmelon (F) 75 A6
Mourmelon-le-Grand (F) 75 A6
Mourujärvi (FIN) 13 B1
Mouscron (B) 74 D2
Mousoulita (CY) 174 B3
Moussey (F) 90 B3
Moustéru (F) 84 D3
Moustey (F) 104 C3
Moustiers-Sainte-Marie (F) 107 C4
Mouthe (F) 97 D3
Mouthier-Haut-Pierre (F) 97 D2
Mouthiers-s-Böeme (F) 95 A6
Mouthoumet (F) 106 A6
Moutier (CH) 98 C1
Moutier-Rozeille (F) 96 B5
Moutiers (F) 86 C5
Moûtiers (F) 98 A6
Moutiers-au-Perche (F) 87 B4
Moutiers-les-Mauxfaits (F) 94 B3
Moux (F) 97 A2
Moux (F) 106 A5
Mouy (F) 74 B6
Mouzay (F) 75 C6
Mouzon (F) 75 B5
Møvik (N) 26 A3
Moviken (S) 25 B4
Movila Miresii (RO) 155 A2
Movila Ruptă (RO) 149 A1
Movileni (RO) 149 B3
Movilita (RO) 149 B6
Movilita (RO) 154 C3
Moville (IRL) 47 B3
Moxhe (B) 75 B3
Moy (GB) 45 A5
Moy (GB) 47 B5
Moycullen (IRL) 50 C2
Moyemont (F) 90 B3
Moyen (F) 90 B3
Moyenmoutier (F) 90 B3
Moyenvic (F) 90 B2
Moyeuvre (F) 75 D6
Moyeuvre-Grande (F) 75 D6
Möykky (FIN) 19 B5
Möykkylänperä (FIN) 12 D6
Möykkyperä (FIN) 12 B5
Moy Lodge (GB) 48 D1
Moynalty (IRL) 47 B6
Moyne (IRL) 47 A6
Moyuela (E) 134 C1
Moyvore (IRL) 51 B1
Mózar (E) 125 D5
Mozarvez (E) 131 D2
Mozelj (SLO) 111 C1
Mozlrje (SLO) 101 C4
Mozuli (RUS) 182 D5
Mozyr (RUS) 175 C5
Mozzanica (I) 109 A1
Mragowo (PL) 64 D3
Mrákotín (CZ) 80 B4
Mrazovac (BIH) 150 A2
Mrčajevci (YU) 152 A5
Mrčići (BIH) 151 C4
Mrežičko (MK) 163 B2
Mrkalji (BIH) 151 B5
Mrkići (YU) 151 C4
Mrkonjić Grad (BIH) 150 C4
Mrkonjići (BIH) 157 A3
Mrkopalj (HR) 111 C2
Mrmoš (YU) 152 B6
Mrocza (PL) 63 C4
Mroczeń (PL) 71 C4
Mroczno (PL) 64 B4
Mrozy (PL) 73 A1
Mrzezyno (PL) 62 D2
Mrzygłód (PL) 83 A2
Mšec (CZ) 70 A6
Mšeno (CZ) 70 B6
M. Stapar (YU) 103 B6
Mstów (PL) 72 A5
Mszana Dolna (PL) 82 B2
Mszczonów (PL) 72 C2
Mtež (RUS) 182 C2
Mt. Kennedy, Newtown (IRL) 51 D3
Muć, G. (HR) 150 B6
Múccia (I) 113 B3
Much (D) 76 C2
Mucha (GR) 166 D3
Muchalls (GB) 49 C1
Muchamiel (E) 141 B2
Muchavec (BY) 73 D2
Mücheln (D) 69 B6
Muchówka (PL) 82 B2
Much Wenlock (GB) 53 C6
Muck (GB) 48 A1
Muckamore (GB) 47 C4
Muckle Roe (GB) 45 C3
Muda (I) 100 C4
Mudarra, La (E) 126 B6
Mudau (D) 77 B5
Müden, Örtze (D) 68 C3
Mudiste (EST) 181 A5
Mudros (GR) 164 D5
Muel (E) 128 A6
Muela, La (E) 127 D6
Muelas (E) 125 C6
Muertos, Pta de los (E) 140 D6
Muess (D) 61 B4
Muff (IRL) 47 A3
Muga de Sayago (E) 131 C1
Muge (P) 130 B6
Mügeln (D) 69 C5
Mügeln (D) 69 D6
Mugeni (RO) 148 C5
Múggia (I) 101 A6
Mugglom (S) 11 C3
Múgica (E) 127 A2
Muğla (TR) 173 D2
Mugnano (I) 115 A5
Mugron (F) 104 C4
Mühlacker (D) 91 A2
Mühlbach (A) 100 D2
Mühlberg (D) 69 D6
Mühldorf (A) 80 B5
Mühldorf (D) 93 A3
Mühldorf (A) 101 B1
Mühlen,-Mulegns (CH) 99 B4
Mühlen (A) 101 C3
Mühlen-Eichsen (D) 61 B3
Mühlhausen (D) 77 C1
Mühlheim (D) 67 B6
Mühlheim a. d. Donau (D) 91 A4
Mühltroff (D) 78 C2
Muhniemi (FIN) 34 C3
Muhola (FIN) 20 A3
Muhola (FIN) 21 A6
Muhos (FIN) 12 C5
Muhovo (BG) 159 C3
Muhr a. See (D) 92 B1
Muiden (NL) 66 C4
Muides-s-Loire (F) 87 C6
Muids (F) 87 C2
Muierii, Peșt. (RO) 153 B1
Muiña (E) 125 A2
Muine Bheag (IRL) 51 B3
Muiozero (RUS) 21 D1
Muirdrum (GB) 49 B2
Muirhead (GB) 49 B2
Muirkirk (GB) 48 D4
Muir of Ord (GB) 45 A5
Muittari (FIN) 20 A4
Mujejärvi (FIN) 21 B1
Mukačeve (UA) 83 B5
Mukkajärvi (FIN) 6 D6
Mukkajärvi (S) 11 C2
Mukkavaara (FIN) 7 C5
Mükkavaara (S) 11 A1
Muktupāveli (LV) 182 B6
Mula (E) 141 A3
Mulazzo (I) 109 B4
Mulben (GB) 45 B5
Muldoanich (GB) 44 A6
Mulegns-Mühlen (CH) 99 B4
Múles (I) 100 B3
Mülheim (D) 76 B2
Mulhouse (F) 90 C5
Muljula (FIN) 21 C5
Mulkoila (FIN) 33 C1
Mull (GB) 48 B2
Mullagh (IRL) 47 B6
Mullan (GB) 47 A5
Mullet (AL) 162 B2
Mull Head (GB) 45 C1
Müllheim (D) 90 C5
Mullhyttan (S) 29 A5
Mullinahone (IRL) 51 A4
Mullinavat (IRL) 51 B4
Mullingar (IRL) 51 B1
Mullion (GB) 56 C6
Müllrose (D) 70 B1
Mullsjö (S) 17 A4
Mullsjö (S) 38 D3
Mulsanne (F) 87 A6
Mulseryd (S) 38 D3
Mulstrand (N) 9 A1
Multia (FIN) 20 A5
Multrå (S) 16 C6
Muncel (RO) 149 B6
Münchberg (D) 78 C3
Müncheberg (D) 70 A1
München (D) 92 C3
Münchhausen (D) 77 A2
Münchsdorf (D) 92 D3
Münchsmünster (D) 92 C2
Mundal (N) 22 C6
Münden, Hannoversch (D) 68 B6
Mundesley (GB) 55 B5
Mundford (GB) 55 A6
Mundheim (N) 26 B4
Mundriz (E) 125 A2
Munébrega (E) 133 D1
Muñecas (E) 126 D5
Munera (E) 140 C1
Munguia (E) 127 A2
Muni (LV) 178 C3
Muñico (E) 132 A2
Muniesa (E) 134 C2
Muniškiai (LT) 176 C4
Munkačevo (UA) 83 B5
Munka-Ljungby (S) 42 C1
Munkbyn (S) 25 B3
Munkebo (DK) 41 A4
Munkedal (S) 38 A2
Munkelv (N) 3 B3
Munkerud (S) 28 C4
Munkflohögen (S) 15 C5
Munkfors (S) 28 D4
Munklinde (DK) 40 D2
Munksund (S) 11 B5
Munktorp (S) 29 C4
Munnekezijl (NL) 67 A2
Münnerstadt (D) 78 A3
Munnikurkkion (FIN) 6 B1
Muñogalindo (E) 132 A3
Muñopedro (E) 132 B2
Munsala (FIN) 19 B2
Münsingen (D) 91 B3
Münsingen (CH) 98 C2
Munsö (S) 31 A4
Münster (D) 67 C5
Münster (D) 68 C2
Munster (F) 90 C4
Münster (CH) 98 D4
Münstermaifeld (D) 76 C4
Munsvattnet (S) 15 B4
Muntele (RO) 147 A4
Munten (RO) 149 B6
Münzkirchen (A) 93 B2
Muolaa (RUS) 35 C3
Muonio (FIN) 6 C3
Muonionaluste (S) 6 C3
Muoniovaara (S) 6 C3
Muorjevaara (S) 5 D6
Muorkafors (S) 11 A2
Muotathal (CH) 99 A2
Muotkajärvi (FIN) 6 C2
Muotkavaara (FIN) 6 C3
Mur (A) 101 A2
Muradıye (TR) 169 B4
Muradn (N) 22 D6
Murakka (FIN) 34 B1
Muráň (SK) 82 B5
Murāni (LV) 182 C5
Murano (I) 100 C6
Muránska Zdychava (SK) 82 B5
Muras (E) 124 D1
Murasson (F) 106 A4
Muraste (EST) 180 D3
Murat (F) 106 A1
Muratı (EST) 182 C3
Muratli (TR) 165 C1
Murato (F) 120 C2
Murat-s-Vèbre (F) 106 A4
Murau (A) 101 B2
Muravera (I) 121 D5
Muravka (LV) 177 C2
Murazzano (I) 108 B4
Murchin (D) 62 B3
Murci (I) 112 C4
Murcia (E) 141 A3
Murcki (PL) 72 A6
Murczyn (PL) 63 C5
Mur-de-Barrez (F) 106 A1
Mur-de-Bretagne (F) 84 D4
Mur-de-Sologne (F) 88 A5
Mure, la (F) 107 B1
Mureaux, les (F) 88 B1
Mureck (A) 101 D4
Mürefte (TR) 165 C2
Murello (I) 108 B3
Muret, le (F) 104 C2
Muret (F) 105 B/C5
Muret-le-Château (F) 106 A2
Murgeni (RO) 149 C5
Mürgi (EST) 182 A3
Murgrund (FIN) 19 A5
Murguia (E) 127 A3
Muri (CH) 98 D2
Muriae (GR) 163 C1
Murialdo P. (I) 108 C4
Murias de Paredes (E) 125 C3
Muriedas (E) 126 D2
Muriel (E) 132 B2
Muriel Viejo (E) 127 A6
Murillo de Gállego (E) 128 A4
Murillo de las Limas (E) 127 D5
Murillo el Fruto (E) 127 C4
Murino (RUS) 35 D5
Murino (YU) 157 D3
Müritz (D) 61 C2
Murjek (S) 11 A2
Mürlenbach (D) 76 B4
Murmastiene (LV) 182 B5
Mūrmuiža (LV) 179 C3
Murnau (D) 92 C5
Mūrnieki (LV) 179 D4
Mūrnieki (LV) 182 B5
Muro (P) 130 C1
Muro (E) 141 B1
Muro Lecc. (I) 117 D3
Muro Lucano (I) 115 B6
Murol (F) 96 C5
Murole (FIN) 19 D6
Muromskoe (RUS) 175 B4
Muron (F) 94 D4
Muros (E) 124 B3
Murovano-Ošmianka (BY) 177 A5
Murovicy (RUS) 182 D2
Murowana, Miedzna- (PL) 72 B4
Murowana-Goślina (PL) 63 B6
Mürren (CH) 98 D3
Murrhardt (D) 91 B2
Murronharju (FIN) 33 A2
Murs (F) 107 A3
Murska Sobota (SLO) 102 A4
Mursko Sred. (HR) 102 B5
Murtas, Las (E) 140 D3
Murten (CH) 98 C2
Murter (HR) 111 D6
Murtoi (FIN) 21 C5
Murtoinen (FIN) 20 C5
Murtolahti (FIN) 20 D3
Murtomäki (FIN) 20 C2
Murtomäki (FIN) 20 D1
Murtosa (P) 130 B2
Murtovaala (FIN) 21 B2
Murtovaara (FIN) 13 B6
Murtovaara (FIN) 13 C3
Murtseflos, Akr. (GR) 164 C4
Murum (S) 38 C3
Murumoen (N) 15 A3
Muruvik (N) 23 C1
Murvica (HR) 111 C5
Murviel-lès-Béziers (F) 106 B5
Murzo (F) 120 B3
Mürzsteg (A) 101 D1
Murzynowo (PL) 62 D6
Mürzzuschlag (A) 101 D1
Musaki (GR) 170 C2
Musakion (GR) 163 A6
Müsch (D) 76 B3
Musculdy (F) 104 B5
Musetesti (RO) 153 B1
Musetesti (RO) 153 D1
Musetrene (N) 23 B6
Musigny (F) 97 A2
Musken (N) 4 D4
Muskö (S) 31 B5
Musland (N) 26 B4
Musninkai (LT) 176 D4
Mušov (CZ) 80 D4
Mussalo (FIN) 34 C4
Mussara, La (E) 135 B1
Musselburgh (GB) 49 B3
Musselkanaal (NL) 67 B3
Mussey-s-Marne (F) 89 C3
Mussidan (F) 105 A1
Mussomeli (I) 118 C4
Musson (B) 75 C5
Mussy-s-Seine (F) 89 B4
Mustadfors (S) 28 B6
Müstair (CH) 99 D4
Mustajärvi (FIN) 19 B5
Mustajärvi (FIN) 19 D6
Mustajoki (FIN) 33 D1
Mustalanmäki (FIN) 21 A2
Mustamaa (FIN) 12 D6
Mustamaa (FIN) 19 C3
Mustanperä (FIN) 20 A2
Mustapuro (FIN) 20 A3
Mustavaara (FIN) 6 D4
Mustavaara (FIN) 13 B4
Mustikkamaa (FIN) 7 A6
Mustikkaperä (FIN) 20 A3
Mustila (FIN) 33 C2
Mustila (FIN) 34 C3
Mustinlahti (FIN) 21 A4
Mustjala (EST) 180 A5
Mustjärvi (FIN) 34 B2
Mustla (EST) 179 D1
Mustola (FIN) 3 B6
Mustola (FIN) 7 C1
Mustolanmutka (FIN) 20 D1
Mustvee (EST) 181 C4
Muszaki (PL) 64 D4
Muszkowo (PL) 70 C1
Muszyna (PL) 82 C3
Muszynka (PL) 82 C3
Muta (SLO) 101 C4
Mutala (FIN) 33 B1
Mutalahti (FIN) 21 D4
Mutěnice (CZ) 80 D4
Muthill (GB) 49 A2
Mutilić (HR) 111 D4
Mutnica, Don (YU) 152 C5
Mutsuna (GR) 172 C3
Mutterstadt (D) 76 D5
Mutton (IRL) 50 C3
Mutzschen (D) 69 C6
Muukala (FIN) 12 D3
Muurame (FIN) 20 B6
Muurasjärvi (FIN) 20 A2
Muurikkala (FIN) 35 A3
Muurila (RUS) 35 B4
Muurla (FIN) 33 B4
Muurola (FIN) 12 C1
Muurola (FIN) 34 D3
Muuruvesi (FIN) 21 A3
Müüsleri (EST) 181 B4
Muxia (E) 124 B2
Muy, le (F) 107 D5
Muzhllit të Skënderbeut (AL) 162 A1
Muzillac (F) 85 A5
Muzine (AL) 162 C5
Mužla (SK) 103 A1
Muzzana (I) 100 D6
Mybster (GB) 45 B3
Myckelgensjö (S) 16 C5
Myckle (S) 17 B1
Myczkowce (PL) 83 B3
Myennes (F) 96 C1
Myhinpää (FIN) 20 C5
Myjava (SK) 81 A5
Mykine (GR) 171 A2
Myking (N) 26 B2
Myking (N) 27 A3
Mykland (N) 22 C6
Mykland (N) 36 D2
Myklebostad (N) 36 D2
Myklebust (N) 22 B5
Myklebust (N) 22 C6
Myklebyseter (N) 23 D6
Mykolaiv (UA) 83 D2
Mykonos (GR) 172 B2
Myktebostad (N) 4 C2
Mykulyčyn (UA) 148 A1
Myli (GR) 171 A2
Myllykangas (FIN) 12 C3
Myllykoski (FIN) 34 C3
Myllykylä (FIN) 19 B4
Myllykylä (FIN) 33 B3
Myllykylä (FIN) 33 B4
Myllykylä (FIN) 33 C3
Myllykylä (FIN) 34 D3
Myllylahti (FIN) 13 C4
Myllymaa (FIN) 33 A1
Myllymäki (FIN) 19 D5
Myllyperä (FIN) 12 B6
Mylopotamos (GR) 171 B6
Mynämäki (FIN) 32 D3
Myon (F) 97 D2
Myöntäjä (FIN) 32 D1
Myra (GR) 163 C6
Myrås (S) 10 B4
Myrbrännan (S) 16 D3
Myrdal (N) 26 C2
Myre (N) 4 C2
Myrheden (S) 11 A4
Myrheden (S) 11 A5
Myrina (GR) 164 C4
Myriokefala (GR) 172 B6
Myrkky (FIN) 19 A5
Myrkulla (S) 10 C4
Myrland (N) 2 B4
Myrland (N) 4 A4
Myrland (N) 4 C3
Myrlandshaug (N) 5 A3
Myrmoen (N) 24 A3
Myrset (N) 14 C4
Myrskylä (FIN) 34 B3
Myrstad (N) 1 B5
Myrtee (GR) 173 A2
Myrtia (GR) 170 C2
Myrtiski (GR) 164 D1
Myrtofiton (GR) 164 B2
Myrtos (GR) 173 A6
Myrtou (CY) 174 B4
Myrträsk (S) 10 D5
Myrvang (N) 4 C4
Myrviken (S) 24 C2
Mysen (N) 28 A5
Myshall (IRL) 51 C4
Myšicy (BY) 177 D5
Mysingsborg (S) 25 A5
Mysłakowice (PL) 70 D5
Myslava (SK) 82 D5
Myślenice (PL) 82 B2
Myślibórz (PL) 62 C5
Myślice (PL) 64 B3
Myślina (PL) 71 C5
Myślinów (PL) 70 D4
Mysłowice (PL) 72 A6
Mysovka (RUS) 175 C3
Myssjö (S) 24 D2
Myssjö (S) 25 B3
Mys Škorbeyevskiy (RUS) 3 D2
Mystegna (GR) 165 A6
Mysubytta (N) 22 D5
Mysuseter (N) 23 B5
Myszecin (PL) 70 D1
Myszewskie, Łaczki (PL) 64 B2
Myszków (PL) 72 A5
Myszyniec (PL) 65 A4
Mytilini (GR) 165 B6
Mytilinii (GR) 169 B6
Mýtna (SK) 82 A5
Mýto (CZ) 79 B4
Mýto pod Ďumbierom (SK) 82 A4

N

Nå (N) 26 C3
Naamanka (FIN) 13 A3
Naamankylä (FIN) 12 D5
Naamijoki (FIN) 6 C6
Naantali (FIN) 32 D4
Naappila (FIN) 33 C1
Naapurinvaara (FIN) 13 B6
Naarajärvi (FIN) 21 C2
Naaranlahti (FIN) 21 B6
Naarden (NL) 66 C4
Näärinki (FIN) 20 D6
Naarjoki (FIN) 32 D2
Naartijärvi (FIN) 11 D3
Naarva (FIN) 21 D3
Naas (IRL) 51 C2
Näätämö (FIN) 3 B4
Näätänmaa (FIN) 21 A5
Nabburg (D) 78 D5
Nača (BY) 176 D6
Náčeradec (CZ) 79 D4
Náchod (CZ) 70 D6
Nacina Ves (SK) 83 A4
Nacka (S) 31 B4
Näckådalen (S) 24 D6
Näcksjö (S) 25 C5
Nacton (GB) 59 B2
Nåda (S) 16 D1
Nădab (RO) 146 B4
Nadaillac (F) 105 B/C1
Nadarzyce (PL) 63 B4
Nadarzyn (PL) 72 C2
Naddvik (N) 26 D1
Nadela (E) 125 A3
Nadeždino (RUS) 175 B5
Nădiac (RO) 146 A5
Nadinići (BIH) 157 A2
Nadolice Wielkie (PL) 71 B4
Nadrybie (PL) 73 C3
Nádudvar (H) 146 B2
Nádújfalu (H) 103 C1
Nærå, Nørre (DK) 41 A3
Nærbo (N) 36 A2
Næroset (N) 27 D1
Nærøy (N) 14 B3
Nærsnes (N) 27 D4
Næstved (DK) 41 C4
Näfels (CH) 99 B2
Nafpaktos (GR) 166 D5
Nafplion (GR) 171 B3
Näfsby (FIN) 32 A4
Nagasjötjälen (S) 16 B4
Nagel (D) 78 D4
Nagele (NL) 66 D3
Naggen (S) 25 A3
Nagli (LV) 179 D6
Nagli (LV) 182 B5
Nagłowice (PL) 72 B5
Nago (I) 99 D5
Nagold (D) 91 A3
Nagoričane, M. (MK) 158 C4
Nagu, Nauvo (FIN) 32 D4
Nagyalásony (H) 102 C3
Nagyatád (H) 102 C5
Nagybajom (H) 102 C5
Nagybaracska (H) 103 B6
Nagybörzsöny (H) 103 B1
Nagycenk (H) 102 B2
Nagycserkesz (H) 82 D6
Nagydobos (H) 83 A6
Nagydorog (H) 103 A4
Nagyecsed (H) 146 D1
Nagyegyháza (H) 103 A2
Nagyér (H) 146 A5
Nagyfüged (H) 103 D2
Nagygyanté (H) 146 B3
Nagyhalász (H) 83 A6
Nagyhegyes (H) 146 B2
Nagyhorcsokpuszta (H) 103 A4
Nagyigmánd (H) 102 D2
Nagykálló (H) 146 C1
Nagykanizsa (H) 102 C5
Nagykapornak (H) 102 C4
Nagykáta (H) 103 C2
Nagykereki (H) 146 C3
Nagykónyi (H) 102 D4
Nagykőrös (H) 103 C3
Nagylak (H) 146 A5
Nagylóc (H) 103 C1
Nagylók (H) 103 A4
Nagymágocs (H) 103 D4
Nagymányok (H) 103 A5
Nagymaros (H) 103 B1
Nagyoroszi (H) 103 B1
Nagyszénás (H) 146 A4
Nagyvázsony (H) 102 D3
Nagyvisnyó (H) 82 C6
Naha (EST) 182 C2
Naharros (E) 133 A1
Naharros (E) 133 B4
Nahe (D) 60 D3
Nahimovo (RUS) 175 C4
Nahirne (UA) 155 B1
Nahořany (CZ) 70 D6
Naila (D) 78 C3
Nailloux (F) 105 C5
Nailsworth (GB) 57 C2
Naimakka (S) 5 D2
Nain (S) 28 D3
Naintré (F) 95 B3
Naipu (RO) 154 B5
Nairn (GB) 45 B5
Naisjärv (S) 11 B2
Naiviai (LT) 176 D2
Naizin (F) 84 D4
Najac (F) 105 D3
Nájera (E) 127 A4
Näkkälä, (FIN) 6 C2
Nakkalovo (RUS) 35 C4
Nakkila (FIN) 32 D1
Nakło (PL) 72 B5
Náklo (CZ) 80 D2
Naklo (SLO) 101 B5
Näkna (S) 30 D6
Nakomiady (PL) 65 A2
Nakovo (YU) 103 D6
Nakrivanj (YU) 158 C3
Nakskov (DK) 41 B5
Nakto nad Notecia (PL) 63 C4
Nalbant (RO) 155 B2
Nälden (S) 15 B6
Nałęczów (PL) 73 A3
Nálepkovo (SK) 82 C4
Näljänkä (FIN) 13 B4
Nalkki (FIN) 13 A5
Nalliers (F) 94 C3
Nallostugan (S) 5 B4
Nalzen (F) 105 C6
Nalžovské Hory (CZ) 79 B5
Nambroca (E) 132 C5
Namdalseid (N) 14 B4
Nåmdö (S) 31 B4
Namen, Namur (B) 75 B3
Náměšť na H. (CZ) 80 D3
Náměšť n. Oslavou (CZ) 80 C4
Námestovo (SK) 82 A3
Namiki (LV) 178 D6
Namysłów (PL) 71 C4
Namnå (N) 28 B2
Nämpnäs (FIN) 19 A4
Nampont (F) 74 A3
Nampont-Saint-Firmin (F) 74 A3
Namsos (N) 14 C4
Namsskogan (N) 14 D2
Namur, Namen (B) 75 B3
Namvassgardan (N) 15 A2
Namysłowskie, Pawłowice (PL) 71 C4
Nana (RO) 154 C4
Nançay (F) 96 B1
Nancras (F) 94 C5
Nancray (F) 97 D1
Nancy (F) 89 D2

Nănesti (RO) 154 D1
Nangis (F) 88 C3
Nannestad (N) 27 D3
Nans (F) 107 B5
Nans-sous-Sainte-Anne (F) 97 D2
Nant (F) 106 B3
Nanterre (F) 88 B2
Nantes (F) 94 C1
Nanteuil (F) 74 C6
Nanteuil (F) 95 A3
Nanteuil-en-Vallée (F) 95 A4
Nanteuil-le-Haudouin (F) 74 C6
Nantiat (F) 95 C4
Nantua (F) 97 C4
Nantwich (GB) 53 C5
Nantyglo (GB) 57 B2
Nao, Cabo de la (E) 141 D1
Naos, Puerto de (E) 144 B1
Napajedla (CZ) 81 A4
Napierki (PL) 64 C4
Napinlakhti (RUS) 35 C2
Napiwoda (PL) 64 C4
Napkor (H) 83 A6
Nápola (I) 118 A3
Nápoli (I) 114 D6
Napoule, la (F) 108 A6
Napp (N) 4 A5
Naquera (E) 134 C5
Naran (IRL) 46 D3
Naraval (E) 125 B1
Narberth (GB) 56 D2
Narbonne (F) 106 B5
Narbonne-Plage (F) 106 B5
Narborough (GB) 54 C6
Narborough (GB) 55 A6
Narbuvoll (N) 23 D4
Narcao (I) 121 B6
Narcy (F) 96 C1
Nardò (I) 117 D3
Narecenski bani (BG) 160 A5
Narew (PL) 65 D5
Narewka (PL) 65 D5
Närhila (FIN) 20 C4
Närhilä (FIN) 34 C1
Narila (FIN) 20 D6
Narinciems (LV) 178 D4
Narjordet (N) 23 D4
Narkaus (FIN) 12 D1
Narken (S) 11 B1
Narktjärn (S) 25 A2
Narni (I) 113 A4
Naro (I) 118 C4
Naroč' (BY) 177 C4
Naroč' (BY) 177 C5
Narodowa, Padew (PL) 72 D6
Narodowy, Tuszów (PL) 72 D6
Narol (PL) 73 C6
Närpes, Närpio (FIN) 19 A5
Narros (E) 132 A2
Narros (E) 132 B1
Närsäkkälä (FIN) 21 C6
Narta (HR) 102 B6
Närtesalo (FIN) 35 A1
Nărtesti (RO) 149 B6
Năruja (RO) 149 A6
Naruska (FIN) 7 D5
Naruszewo (PL) 72 C1
Närvä (S) 6 B2
Narva (FIN) 33 B2
Närvä (FIN) 34 B1
Narva (EST) 181 D3
Narva-Jõesuu (EST) 181 D3
Narvik (N) 5 A3
Närvjoki (FIN) 19 A4
Narzole (I) 108 B3
Näs (S) 24 D2
Näs (S) 28 D2
Näs (FIN) 32 B4
Näs (S) 43 C6
Năsăud (RO) 147 C2
Nasavrky (CZ) 80 C2
Näsberg (S) 10 D3
Näsberg (S) 10 D6
Näsberg (S) 25 A4
Näsberget, Östra (S) 28 C2
Nasbinals (F) 106 B2
Näsby (S) 39 D6
Näsbyn (S) 11 D3
Näset (S) 9 C6
Näset (S) 15 B3
Näset (S) 17 A1
Näshult (S) 39 B4
Näshulta (S) 30 D5
Našice (HR) 150 D1
Nasielsk (PL) 64 D6
Nasino (I) 108 B5
Näske (S) 16 D6
Näsland (S) 17 A3
Näsland (S) 17 A4
Naso (I) 119 A2
Nassau, Baarle (NL) 75 B1
Nassau (D) 76 C3
Nassau (D) 79 B2
Nassenfels (D) 92 C2
Nassereith (A) 100 A2
Nässja (S) 39 A1
Nässjö (S) 39 A3
Nässuma (EST) 180 B6
Nastadseter (N) 14 C4
Nästansjö (S) 15 D2
Nastätten (D) 76 D4
Nastazin (PL) 62 D4
Nästi (FIN) 32 D3
Nastola (FIN) 34 B2
Nästträsk (S) 11 A4
Näsum (S) 43 A1
Nasva (EST) 180 A6
Nåsvattnet (S) 16 B2
Näsviken (S) 25 C4
Nata (CY) 174 C5
Natalinci (YU) 152 A4
Naters (CH) 98 D4
Natkiškiai (LT) 175 D3
Nättarö (S) 31 B5
Nattavaara (S) 11 A2
Nattavaara by (S) 11 A2
Nattheim (D) 92 A2
Nättjebacka (S) 38 A2
Nättraby (S) 43 B1
Nattvatn (N) 2 C5
Naturno (I) 100 A3
Naucelle (F) 105 D3
Naudaskalns (LV) 182 C4
Nauders (A) 99 D3
Nauen (D) 69 C3
Nauendorf (D) 78 B2
Naufsund (N) 26 A1
Naujadvaris (LT) 176 D6
Naujakiemis (LT) 176 D5
Naujamiestis (LT) 176 C2
Naujasėdžiai (LT) 176 D6
Naujasis-Obelynas (LT) 176 A3
Naujasodė (LT) 177 A1
Naujas Strūnaitis (LT) 177 B4
Naujene (LV) 177 C2
Naujoji Akmenė (LT) 178 D6
Naujoji Ūta (LT) 176 C5
Naukšēni (LV) 179 C2
Naul (IRL) 51 C1
Naulaperä (FIN) 13 A4
Naumburg (D) 77 A1
Naumburg (D) 78 C1
Naundorf (D) 79 B1
Náupara (YU) 152 B6
Nausa (GR) 163 B3
Nause (GR) 172 B3
Naussac (F) 105 D2
Nausta (S) 10 D3
Naustdal (N) 22 B6
Nauste (N) 23 A3
Naustneset (N) 8 C6
Naustvik (N) 23 A4
Nautijaur (S) 10 C2
Nautiomaa (FIN) 32 C3
Nautsi (RUS) 3 B5
Nautsi (RUS) 7 D1
Nautsi (RUS) 7 D1
Nauviale (F) 106 A2
Nauvo, Nagu (FIN) 32 D4
Nava, La (E) 138 B3
Nava (I) 108 B5
Nava (E) 126 A2
Nava (E) 132 A2
Navacepeda (E) 132 A3
Navacerrada (E) 132 C2
Navaconcejo (E) 131 D4
Nava de Abajo (E) 140 D2
Nava de Béjar (E) 131 D3
Nava del Rey (E) 132 A1
Nava de Ricomalillo, La (E) 132 A5
Nava de Santiago, La (E) 138 C1
Nava de Santiago (E) 131 B6
Navafria (E) 132 C2
Navahermosa (E) 132 B5
Navailles-Angos (F) 104 D5
Naval (E) 128 C4
Navalcan (E) 132 A4
Navalcarnero (E) 132 C4
Navaleno (E) 127 A5
Navalgamella (E) 132 C3
Navalguijo (E) 131 D4
Navalilla (E) 132 C1
Navalmanzano (E) 132 C1
Navalmoral (E) 132 B3
Navalmoral de la Mata (E) 131 D4
Navalmorales, Los (E) 132 B5
Navalón (E) 141 B1
Navalonguilla (E) 131 D4
Navalperal (E) 132 B3
Navalpino (E) 132 B6
Navalucillos (E) 132 B5
Navalvillar (E) 132 A6
Navalvillar de Ibor (E) 132 A5
Navamorcuende (E) 132 B4
Navan (An Uaimh) (IRL) 51 C1
Navarcles (E) 129 B5
Navarnäs (S) 24 C6
Navarrenx (F) 104 C5
Navarrés (E) 134 C6
Navarrete (E) 127 B4
Navars (E) 129 B5
Navarseter (N) 23 A5
Navarsgard (N) 26 D4
Navas (E) 133 C6
Navascués (E) 127 D3
Navas de Estena (E) 132 B5
Navas de la Concepción (E) 139 A3
Navas del Madroño (E) 131 B5
Navas del Marqués (E) 132 B3
Navas del Rey (E) 132 C3
Navas de Oro (E) 132 B1
Navas de San Antonio (E) 132 C2
Navas de San Juan (E) 140 A3
Navas de Tolosa (E) 140 A3
Navasfrias (E) 131 B3
Navata (E) 129 D4
Navatalgordo (E) 132 A3
Navatrasierra (E) 132 A5
Nave (I) 99 C6
Nave (P) 131 A3
Nave de Haver (P) 131 B3
Nävekvarn (S) 30 D6
Navelcaballo (E) 127 B6
Navelli (I) 113 C5
Navelsaker (N) 22 C5
Navenby (GB) 54 D5
Nåverdalen (N) 23 C3
Nåverede (S) 15 C6
Näverkärret (S) 29 B4
Näverliden (S) 10 D5
Näversjöberget (S) 16 B3
Näversjön (S) 15 B6
Naverstad (S) 38 A1
Navés (E) 129 B5
Navia (E) 125 B1
Navia de Suarna (E) 125 B3
Navikai Dysna (LT) 177 C3
Navilly (F) 97 B2
Năvodari (RO) 155 C4
Navolok (RUS) 182 D5
Navr (DK) 40 C1
Nävragöl (S) 39 B6
Nåvseter (N) 23 C3
Nawojowa (PL) 82 C3
Naxos (GR) 172 C3
Nay (F) 104 D5
Nazaré (P) 130 A5
Nazioni, Lido delle (I) 110 C3
Ndrejaj (AL) 157 C4
Nea Agathupolis (GR) 163 C4
Nea Anchialos (GR) 163 D6
Nea Artaki (GR) 167 C5
Nea Dorkas (GR) 163 D2
Nea Efesos (GR) 163 C4
Nea Epidavros (GR) 171 B2
Nea Fokea (GR) 164 A4
Nea Ieraklitsa (GR) 164 B2
Nea Kalkidon (GR) 163 C3
Nea Kallikratia (GR) 163 D4
Neale (IRL) 50 C1
Nea Maditos (GR) 164 A3
Nea Makri (GR) 167 D6
Nea Michaniona (GR) 163 C3
Nea Mudania (GR) 163 D4
Néant-s-Yvel (F) 85 A4
Neap (GB) 45 D3
Nea Peramos (GR) 164 B2
Nea Peramos (GR) 167 C6
Neapolis (GR) 163 A4
Neapolis (GR) 171 B5
Neapolis (GR) 173 A6
Nea Potidea (GR) 163 D4
Nea Psara (GR) 167 D5
Nea Sanda (GR) 164 D1
Nea Sichini (GR) 164 A2
Nea Styra (GR) 168 A5
Neath,-Glyn (GB) 57 A2
Neath (GB) 57 A2
Nea Tonia (GR) 163 D6
Neau (F) 86 D5
Neauphle-le-Château (F) 88 A2
Nebel, Nørre (DK) 40 B3
Nebel, Vester (DK) 40 D3
Nébias (F) 105 D6
Nebljusi (HR) 150 A3
Nebočady (CZ) 70 A5
Nebory (CZ) 81 C2
Nébouzat (F) 96 C5
Nebreda (E) 126 D5
Nebyšino (BY) 177 D4
Necessidades (P) 124 B6
Nechanice (CZ) 70 C6
Neckarbischofsheim (D) 77 A6
Neckarelz (D) 77 A6
Neckargemünd (D) 77 A6
Neckarsulm (D) 91 B1
Necpaly (SK) 81 C4
Necsesti (RO) 154 A4
Nécy (F) 87 A3
Neda (E) 124 D1
Nedalshytta (N) 24 A2
Nedansjö (S) 25 B3
Nedašov (CZ) 81 B4
Nedde (F) 95 D5
Neddemin (D) 61 D3
Neded (SK) 102 D1
Nedelišće (HR) 102 B5
Nederbrakel (B) 74 D2
Nederby (DK) 37 A6
Nederhögen (S) 24 D3
Nedervetil (FIN) 19 C2
Nederweert (NL) 75 C1
Ned. Forsnäs (S) 11 A3
Nedingė (LT) 176 C6
Nedochorion (GR) 162 C6
Nedoževy (SK) 81 C4
Nedre (S) 6 A4
Nedre (N) 23 B3
Nedre Bäck (S) 17 C2
Nedre Bäsksjö (S) 16 B2
Nedreberg (N) 28 A1
Nedre Eggedal (N) 27 B3
Nedre Heimdalen (N) 23 B6
Nedre Soppero (S) 6 A3
Ned Sildra (N) 14 B5
Nedstrand (N) 26 B5
Nedvědice (CZ) 80 C3
Needham Market (GB) 59 B1
Neëlovo (RUS) 182 D3
Neer (NL) 75 D1
Neerijse (B) 75 B2
Neermoor (D) 67 C2
Neerpelt (B) 75 C1
Neersen (D) 76 A1
Negast (D) 61 D2
Negenborn (D) 68 B3
Negoesti (RO) 153 B3
Negoiu (RO) 153 B4
Negotin (YU) 152 D4
Negotino (MK) 163 B1
Negrar (I) 109 C1
Negras, Las (E) 140 D6
Negrasi (RO) 153 D3
Negredo (E) 133 A2
Negreni (RO) 146 D3
Negreni (RO) 153 D3
Negreni (RO) 154 A4
Nègrepelisse (F) 105 C3
Negresti (RO) 83 C6
Negresti (RO) 149 B4
Negresti-Oas (RO) 147 A1
Negrón (E) 134 B4
Nègrondes (F) 95 B6
Negru Vodă (RO) 155 B5
Negureni (RO) 155 A4
Neheda (E) 133 B4
Nehoiasu (RO) 154 B1
Nehvonniemi (FIN) 21 D4
Neida (D) 78 B3
Neiden (N) 3 B3
Neidenfjellstue (N) 3 B3
Neidhartshausen (D) 77 C2
Neikšāni (LV) 177 D1
Neila (E) 127 A5
Neilston (GB) 48 D4
Neindorf (D) 68 D4
Neiro (E) 125 A2
Neistenkangas (S) 11 D1
Neist Pt. (GB) 44 B5
Neitisuando (S) 5 D5
Neittamo (FIN) 32 D2
Neittävä (FIN) 12 D6
Nejcinieki (LV) 182 B6
Nejdek (CZ) 79 A3
Nekla (PL) 71 B1
Nekrasovo (RUS) 175 B4
Neksjolia (N) 23 D4
Neksø (DK) 43 B4
Nelas (P) 130 D3
Nelaug (N) 37 A2
Nellim, Njellim (FIN) 3 B6
Nellingen (D) 91 C3
Nelson (GB) 53 C3
Nemajūnai (LT) 176 C5
Nemakščiai (LT) 176 A3
Neman (RUS) 175 D4
Nemanskoe (RUS) 176 A4
Nemce-Hont. (SK) 81 C6
Nemea (GR) 171 A2
Nemecké, Vyšné (SK) 83 A5
Nemencinė (LT) 177 A4
Nemesborzova (H) 83 B6
Nemesszálók (H) 102 C3
Nemesvid (H) 102 C5
Németkér (H) 103 B4
Neměžis (LT) 177 A5
Nemojevo (RUS) 182 D4
Nemours (F) 88 C3
Nemšova (SK) 81 B4
Nemti (H) 103 C1
Nemunaitis (LT) 176 C6
Nemunėlio Radviliškis (LT) 179 C6
Nemyriv (UA) 73 C6
Nenagh (IRL) 51 A3
Nendaz (CH) 98 C4
Nenita (GR) 168 D5
Nenovo (BG) 161 A1
Nenthead (GB) 49 B6
Nenzig (A) 99 C2
Neochorion (GR) 163 A6
Neochorion (GR) 163 B6
Neochorion (GR) 166 C5
Neon Karlovasion (GR) 169 A6
Neon Monastrion (GR) 167 A3
Neon Petritsion (GR) 163 D1
Neos Pargontas (GR) 167 C4
Neots, St (GB) 58 D1
Nepi (I) 113 A5
Nepomuk (CZ) 79 B5
Neppelberg (N) 8 D5
Neptun (RO) 155 C5
Nérac (F) 105 A3
Nerău (RO) 146 A6
Nercillac (F) 94 D5
Nerdal (N) 23 A3
Néré (F) 94 D4
Nerej (RO) 154 C1
Neresheim (D) 92 A2
Neresnica (YU) 152 C3
Nereta (LV) 177 A1
Neretaslauki (LV) 177 A1
Nereto (I) 113 C3
Nerezi, G. (MK) 158 B5
Nerezine (HR) 111 B4
Nerežišće (HR) 150 B6
Nergena (D) 67 A6
Nerimdaičiai (LT) 176 A1
Neringa-Juodkrantė (LT) 175 C3
Néris-les-Bains (F) 96 B4
Nerja (E) 143 C4
Nerkoo (FIN) 20 D2
Nerlandsøy (N) 22 B4
Nerli (N) 9 A6
Nérola (I) 113 B5
Néronde (F) 97 A5
Nérondes (F) 96 C2
Nerpio (E) 140 C3
Nersac (F) 95 A5
Nerva (E) 142 B2
Nervei (N) 2 D2
Nervesa (I) 100 B5
Nervi (I) 108 D4
Nerviano (I) 108 D1
Nes (N) 22 B6
Nes (N) 22 D6
Nes (N) 26 C6
Nes (N) 27 C2
Nes (N) 27 D2
Nes (N) 28 A3
Nes (N) 28 B4
Nes (NL) 66 D1
Nesan (N) 14 D3
Nesbryggen (N) 27 D6
Nesbyen (N) 27 B3
Nesebâr (BG) 161 B2
Neset (N) 1 C4
Neset (N) 15 A4
Nesfall (N) 26 C2
Nesflaten (N) 26 C5
Nesheim (N) 26 B6
Nesigode, Dabki (PL) 71 B3
Neskaupstaður (IS) 1 D2
Nesland (N) 4 A5
Nesland (N) 26 D5
Nesland (N) 27 A5
Neslandsvatn (N) 27 B6
Nesle (F) 74 C5
Nesles (F) 74 A3
Nesluša (SK) 81 C3
Nesmoen (N) 5 B2
Nesmy (F) 94 C3
Nesna (N) 8 D5
Nesodden (N) 27 D4
Nesoddtangen (N) 27 D4
Nesovice (CZ) 80 D4
Nesow (D) 61 A4
Nesøya (N) 8 C4
Nespouls (F) 105 C1
Nessane (N) 26 C1
Nesseby (N) 3 A3
Nesselwang (D) 92 B5
Nesset (N) 23 A2
Nesset (N) 23 C5
Nestani (GR) 171 A2
Nestaniški (BY) 177 B4
Nestar (E) 126 C3
Nesteri (LV) 182 D5
Nesterov (RUS) 176 A5
Neštin (YU) 151 C2
Neston (GB) 53 B4
Nestorion (GR) 162 D4
Nesttun (N) 26 B3
Nesvady (SK) 102 D1
Nethy Bridge (GB) 45 B6
Netičkampis (LT) 176 B5
Netland (N) 36 C2
Netolice (CZ) 79 C6
Netotu (RO) 147 D5
Netphen (D) 76 D2
Netra Ringgau (D) 77 C1
Netretić (HR) 111 D2
Nettancourt (F) 89 B2
Nette (D) 68 C5
Nettelsee (D) 60 D3
Nettuno (I) 114 A4
Netvořice (CZ) 79 D4
Neuaigen (A) 80 C6
Neualbeck (A) 101 B3
Neubău (D) 78 D6
Neuberg (A) 101 D1
Neubourg, le (F) 87 B3
Neubrandenburg (D) 62 A3
Neubruchhausen (D) 68 A3
Neubruck (A) 80 A6
Neubukow (D) 61 B3
Neuburg (D) 92 C2
Neuchâtel (CH) 98 B2
Neu Darchau (D) 61 A5
Neudorf,-Graben (D) 91 A1
Neudorf, Wr. (A) 102 B1
Neudorf (D) 67 D2
Neudrossenfeld (D) 78 C4
Neuenburg (D) 67 C2
Neuendorf (D) 76 A4
Neuenhagen (D) 61 A3
Neuenhagen (D) 62 B6
Neuenhaßlau (D) 77 A4
Neuenhaus (D) 67 B4
Neuenheerse (D) 68 B6
Neuenkirchen (D) 60 B5
Neuenkirchen (D) 67 B4
Neuenkirchen (D) 68 B2
Neuenwalde (D) 60 B4
Neuerburg (D) 76 A4
Neufahrn (D) 92 D3
Neufahrn i. Niederbayern (D) 92 D2
Neuf-Brisach (F) 90 C4
Neufchâteau (B) 75 C5
Neufchâteau (F) 89 C3
Neufchâtel (F) 75 A6
Neufchâtel-en-Bray (F) 74 A5
Neufchâtel-en-Bray (F) 87 C1
Neufchâtel-en-Saosnois (F) 87 A4
Neufchâtel-s-Aisne (F) 75 A5
Neufelden (A) 93 C2
Neuffen (D) 91 B3
Neuf-Marché (F) 74 A6
Neufra (D) 91 A4
Neugersdorf (D) 70 B4
Neuharlingersiel (D) 67 C1
Neuhaus, Oste (D) 60 B4
Neuhaus (D) 61 A5
Neuhaus (D) 68 B5
Neuhaus (D) 93 B2
Neuhaus (A) 101 D1
Neuhaus a. Rennweg (D) 78 B3
Neuhausen (D) 79 B2
Neuhof (D) 69 D4
Neuhof (D) 76 D4
Neuhof (D) 78 B5
Neuhofen (A) 93 D3
Neuillay-les-Bois (F) 95 C3
Neuillé-le-Lierre (F) 95 B1
Neuillé-Pont-Pierre (F) 95 B1
Neuilly-en-Donjon (F) 96 D3
Neuilly-en-Sancerre (F) 96 B1
Neuilly-en-Thelle (F) 74 B6
Neuilly-le-Réal (F) 96 D4
Neuilly-le-Vendin (F) 86 D4
Neuilly-l'Évêque (F) 89 C4
Neuilly-Saint-Front (F) 74 D6
Neu-Isenburg (D) 77 A4
Neukalen (D) 61 D3
Neukirchen (D) 60 B1
Neukirchen (D) 77 B2
Neukirchen (A) 93 B3
Neukirchen (A) 93 C3
Neukirchen-Balbini (D) 78 D5
Neukloster (D) 61 B3
Neukölln, Berlin (D) 69 D3
Neu Kosenow (D) 62 B3
Neuland (D) 60 C4
Neulengbach (A) 80 C6
Neulewin (D) 62 C6
Neulikko (FIN) 13 A4
Neulise (F) 97 A5
Neulliac (F) 84 D4
Neu Lübbenau (D) 70 A2
Neum (BIH) 156 D3
Neumagen (D) 76 B5
Neumarkt (D) 69 D4
Neumarkt (D) 78 C6
Neumarkt (A) 80 A6
Neumarkt (A) 93 C2
Neumarkt (A) 101 B3
Neumarkt-St. Veit (D) 93 A3
Neumünster (D) 60 D3
Neunagelberg (A) 80 A4
Neunburg v. Wald (D) 78 D5
Neung-s-Beuvron (F) 88 A5
Neunkirch (CH) 99 A1
Neunkirchen (D) 76 B6
Neunkirchen (D) 76 D2
Neunkirchen (D) 76 D3
Neunkirchen (A) 102 A2
Neunkirchen a. Brand (D) 78 B5
Neuötting (D) 93 A3
Neupölla (A) 80 B5
Neuravensburg (D) 91 C5
Neureut (D) 90 D2
Neuruppin (D) 69 C2
Neusach/Techendorf (A) 101 A3
Neu Sankt Johann (CH) 99 B2
Neuses (D) 78 A4
Neuses (D) 78 B4
Neusiedl a. See (A) 102 B1
Neuss (D) 76 A1
Neussargues-Moissac (F) 96 C6
Neustadt,-Halle (D) 69 B6
Neustadt,-Titisee (D) 90 D4
Neustadt (D) 61 A3
Neustadt (D) 69 B2
Neustadt (D) 70 A4
Neustadt (D) 76 D6
Neustadt (D) 77 D2
Neustadt (D) 78 B2
Neustadt a. d. Aisch (D) 78 B5
Neustadt a. d. Donau (D) 92 D2
Neustadt a. d. Waldnaab (D) 78 D4
Neustadt a. Kulm (D) 78 C4
Neustadt a. O. (D) 78 C2
Neustadt a. Rübenberge (D) 68 B4
Neustadt b. Coburg (D) 78 B3
Neustadt-Glewe (D) 61 B4
Neustift (A) 100 A2
Neustrelitz (D) 61 D4
Neu-Ulm (D) 91 C3
Neuve, Habay-la- (B) 75 C5
Neuvéglise (F) 106 B1
Neuve-Lyre, la (F) 87 B3
Neuves-Maisons (F) 89 D2
Neuveville, La (CH) 98 B2
Neuvic (F) 96 B6
Neuvic (F) 105 A1
Neuville (F) 74 A4
Neuville (B) 75 C3
Neuville (F) 87 B1
Neuville-aux-Bois (F) 88 B4
Neuville-de-Poitou (F) 95 A3
Neuville-les-Dames (F) 97 B4
Neuville-s-Saône (F) 97 B5
Neuvilly (F) 75 B6
Neuvilly-en-Argonne (F) 75 B6
Neuvola (FIN) 20 C5
Neuvosenniemi (FIN) 13 A6
Neuvy-Bouin (F) 94 D3
Neuvy-Grandchamp (F) 96 D3
Neuvy-le-Roi (F) 87 B6
Neuvy-Pailloux (F) 96 A2
Neuvy-Saint-Sépulchre (F) 95 D3
Neuvy-s-Barangeon (F) 96 B1
Neuvy-s-Loire (F) 88 C5
Neuwerk (D) 60 B3
Neuwied (D) 76 C3
Neu-Wulmsdorf (D) 60 D4
Neuzelle (D) 70 B2
Neva (S) 28 D3
Névache (F) 107 D1
Nevade (YU) 151 D4
Nevardėnai (LT) 176 A2
Nevarėnai (LT) 176 A1
Neveja (LV) 178 C3
Neveklov (CZ) 79 C4
Neverdal (N) 8 D3
Neverėnai (LT) 177 B3
Neverfjord (N) 2 A3
Nevernes (N) 4 C3
Nevernes (N) 9 A4
Nevers (F) 96 C2
Nevesinje (BIH) 156 D2
Nevestino (BG) 159 A4
Névez (F) 84 C4
Neviges (D) 76 B1
Nevlunghavn (N) 37 B1
Nevskoe (RUS) 176 A5
Nevy-lès-Dole (F) 97 C2
New Abbey (GB) 49 A6
New Alresford (GB) 58 C4
Newark (GB) 54 C5
Newbiggin-by-the-Sea (GB) 49 D5
Newbliss (IRL) 47 A5
Newbridge, DroicheadNua (IRL) 51 C2
Newbridge (GB) 57 B2
Newbridge on Wye (GB) 57 A1
New Brighton (GB) 53 B4
New Buckenham (GB) 55 B6
Newburgh (GB) 45 D6
Newburgh (GB) 49 A2
Newbury (GB) 58 B3
Newby Bridge (GB) 53 B2
Newcastle (GB) 47 C5
Newcastle (IRL) 51 D3
Newcastle Emlyn (GB) 56 D1
Newcastleton (GB) 49 B5
Newcastle-under-Lyme (GB) 53 C5
Newcastle upon Tyne (GB) 49 C6
Newcastle West (IRL) 50 C4
New Cumnock (GB) 48 D5
New Deer (GB) 45 D5
Newent (GB) 57 C2
Newgale (GB) 56 C2
New Galloway (GB) 48 D5
Newham (GB) 58 D3
Newhaven (GB) 58 D5
Newhaven Inn (GB) 53 D5
New Holland (GB) 54 D3
New Inn (IRL) 50 D2
Newinn (IRL) 51 A4
Newkirk (GB) 45 C6
New Luce (GB) 48 C6
Newmarket (IRL) 50 C4
Newmarket (GB) 59 A1
New Mills (GB) 53 D4
Newnham (GB) 57 C2
New Pitsligo (GB) 45 C5
Newport (IRL) 46 B5
Newport (IRL) 50 D3
Newport (GB) 53 C5
Newport (GB) 56 D1
Newport (GB) 57 B3
Newport (GB) 58 C5
Newport (GB) 59 A2
Newport-on-Tay (GB) 49 B2
Newport Pagnell (GB) 58 C1
Newport Trench (GB) 47 B4
Newquay (GB) 56 C5
New Quay (GB) 56 D1
New Radnor (GB) 57 B1
New Romney (GB) 59 B4
New Ross (IRL) 51 B4
Newry (GB) 47 C5
Newton, Maiden (GB) 57 C5
Newton, Sturminster (GB) 57 C4
Newton, Welsh (GB) 57 B2
Newton (GB) 45 A5
Newton (GB) 53 C3
Newton (GB) 53 C4
Newton (GB) 55 A6
Newton Abbot (GB) 57 A5
Newton Aycliffe (GB) 54 B1
Newtonferry (GB) 44 A4
Newtonmore (GB) 45 A6
Newton on Trent (GB) 54 C4
Newton St-Boswells (GB) 49 B4
Newton Stewart (GB) 48 C6
Newtown (GB) 53 B6
Newtownabbey (GB) 47 C4
Newtownards (GB) 47 D4
Newtownbarry, Bunclody (IRL) 51 C4
Newtown Bellew (IRL) 50 D1
Newtownbutler (GB) 47 A5
Newtownhamilton (GB) 47 B5
Newtown Mt. Kennedy (IRL) 51 D3
Newtownstewart (GB) 47 A4
Nexon (F) 95 C5
Neyrolles, les (F) 97 C4
Nez., Jarošov n. (CZ) 80 A4
Nezamyslice (CZ) 81 A3
Nezvěstice (CZ) 79 B4
N.-Giddes (S) 15 D2
N. Hrady (CZ) 93 D1
Nianfors (S) 25 C5
Niata (GR) 171 B4
Nibbiano (I) 109 A3
Nibe (DK) 37 B6
Nibijavrre (N) 2 A4
Nica (LV) 178 B6
Nicastro (I) 117 A6
Niccone (I) 113 A2
Nice (F) 108 A6
Nickelsdorf (A) 102 C1
Nicknoret (S) 10 D6
Nicolae Bălcescu (RO) 149 A2
Nicolae Bălcescu (RO) 154 D4
Nicolae Bălcescu (RO) 155 B2
Nicolae Bălcescu (RO) 155 B3
Nicolás, S. (E) 144 B1
Nicolesti (RO) 154 D3
Nicolint (RO) 152 C2
Nicolosi (I) 119 A4
Nicoreni (MD) 149 B1
Nicoresti (RO) 149 B6
Nicosia, Lefkosa (CY) 174 B3
Nicosia (I) 118 D3
Nicótera (I) 119 C1
Nicótera Marina (I) 119 C1
Nicseni (RO) 149 A1
Niculitel (RO) 155 B2
Nida (LV) 175 C1
Nida, Ruciane- (PL) 65 A3
Nida (LT) 175 C3
Nidau (CH) 98 C2
Nidda (D) 77 A3
Nidderau (D) 77 A3
Nidzica (PL) 64 C4
Niebla (E) 138 B5
Nieborów (PL) 72 B2
Niebüll (D) 60 B1
Niebylec (PL) 83 A2
Niechanowo (PL) 71 C1
Niechcicka, Wola (PL) 72 B4
Niechłów (PL) 71 A3
Niechorze (PL) 62 D2
Nieczajna (PL) 72 D6
Niederaula (D) 77 B2
Niederbergheim (D) 67 D6
Nieder Brechen (D) 76 D3
Niederbronn-les-Bains (F) 90 C2
Niederbrunn (A) 80 C5
Niederfinow (D) 62 B5
Niedergurig (D) 70 B4
Niederklein (D) 77 A2
Niederkrüchten (D) 76 A1
Nieder-Leierndorf (D) 92 D2
Niederndf. (A) 100 C1
Nieder-Oderwitz (D) 70 B5
Nieder-Schöna (D) 79 B1
Niedersfeld (D) 76 D1
Niederstetten (D) 77 C5
Nieder-Stotzingen (D) 92 A3
Niedersulz (A) 80 D5
Nieder-Trennbach (D) 93 A2
Nieder Weidbach (D) 76 D2
Nieder-Winkling (D) 93 A2
Niederwölz (A) 101 B2
Niederzissen (D) 76 B3
Niedobczyce (PL) 81 C2
Niedrzwica Duża (PL) 73 B4
Niedźwiada (PL) 73 B3
Niedźwiedź (PL) 70 C2
Niedźwiedź (PL) 71 A6
Niedźwiedź (PL) 71 C3
Niedźwiedź (PL) 82 B3
Niegosławice (PL) 70 D3
Niegosławice (PL) 72 C5
Niegosławice (PL) 72 C6
Niegovudja (YU) 157 C2
Niegów (PL) 65 A6

Niegowonice (PL) 72 A6
Nieheim, Marienmünster (D) 68 B5
Niekłań Wielki (PL) 72 C4
Niekursko (PL) 63 B5
Nielepice (PL) 82 A1
Nielisz (PL) 73 C5
Niemce (PL) 73 B3
Niemcza (PL) 71 A5
Niemegk (D) 69 C4
Niemelä (FIN) 3 A3
Niemelä (FIN) 6 C5
Niemelä (FIN) 7 D6
Niemelya (RUS) 35 C1
Niemenkylä (FIN) 19 A4
Niemenkylä (FIN) 20 A2
Niemenkylä (FIN) 33 A1
Niemenkylä (FIN) 34 B3
Niemi (FIN) 32 D1
Niemikylä (FIN) 19 C6
Nieminen (FIN) 20 C2
Niemirów (PL) 73 B1
Niemis (S) 11 D2
Niemisel (S) 11 B3
Niemisjärvi (FIN) 20 C5
Niemiskoski (RUS) 21 C5
Niemiskylä (FIN) 20 C2
Niemistenkylä (FIN) 34 B1
Niemisvesi (FIN) 19 D4
Niemjärvi (FIN) 21 D4
Niemodlin (PL) 71 B5
Niemstów (PL) 70 D4
Niemysłów (PL) 71 D2
Nienadówka (PL) 73 A6
Nienadowskie, Hucisko (PL) 83 A2
Nienberge (D) 67 C5
Nienburg (D) 68 B3
Nienburg (D) 69 B5
Niendorf (D) 61 A3
Nienhagen (D) 61 B2
Nienstädt (D) 68 B4
Niepołomice (PL) 82 A2
Nieporet (PL) 72 D1
Nieppe (F) 74 B2
Nierośno (PL) 65 C3
Niesen (D) 68 B6
Niesi (FIN) 7 A5
Niesky (D) 70 B4
Nieste (D) 77 B1
Niestein (D) 76 D4
Niesułków Kolonia (PL) 72 A2
Nieświń (PL) 72 C4
Nieszawa (PL) 64 A5
Nietsak (S) 10 D2
Nietulisko Duże (PL) 72 D4
Nieuil (F) 95 B5
Nieuil-l'Espoir (F) 95 B3
Nieul (F) 95 C5
Nieul-le-Dolent (F) 94 B3
Nieul-le-Virouil (F) 94 D6
Nieul-s-Mer (F) 94 C4
Nieuw-Amsterdam (NL) 67 B3
Nieuwendijk (NL) 66 C6
Nieuweschans (NL) 67 B2
Nieuw-Milligen (NL) 66 D4
Nieuw-Schoonebeek (NL) 67 B3
Nieves, Puerto de las (E) 144 C5
Niewachlów (PL) 72 C5
Niewegłosz (PL) 73 B2
Niewiesze (PL) 71 D6
Niewpoort (B) 74 C1
Nieżyn (PL) 63 A2
Nifon (RO) 155 B2
Nigrande (LV) 178 C6
Nigrita (GR) 164 A2
Nigüelas (E) 140 A6
Nigula (EST) 180 C4
Niherne (F) 95 C2
Nihtiö (FIN) 32 C2
Niinikoski (FIN) 34 B3
Niinikumpu (FIN) 21 C6
Niinilahti (FIN) 20 B4
Niinimaa (FIN) 19 C4
Niinimäki (FIN) 20 C2
Niinimäki (FIN) 20 D2
Niinimäki (FIN) 21 A5
Niinisalo (FIN) 19 B6
Niinisyrya (RUS) 21 D6
Niinivesi (FIN) 20 C3
Niirala (FIN) 21 C5
Niittylahti (FIN) 21 A6
Niittylahti (FIN) 21 B4
Niitynpää (FIN) 33 A3
Nijar (E) 140 C6
Nijbroek (NL) 67 A4
Nijemci (HR) 151 B2
Nijkerk (NL) 66 D4
Nijmegen (NL) 66 D5
Nijverdal (NL) 67 A4
Nikaranperä (FIN) 20 A5
Nikea (GR) 163 C6
Nikel (RUS) 3 C4
Niki (GR) 163 A3
Nikiforos (GR) 164 B1
Nikinoja (FIN) 34 A3
Nikitari (CY) 174 C4
Nikitas (GR) 164 A4
Nikkala (S) 11 D3
Nikkaluokta (S) 5 B5
Nikkaroinen (FIN) 34 B1
Nikkilä (FIN) 34 B4
Niklaus, St. (CH) 98 C4
Nikola, Sv. (YU) 157 C5
Nikolaasga (NL) 66 D3
Nikolaevo (BG) 160 B3
Nikola-Kozlevo (BG) 153 D6
Nikolaos, Ay. (CY) 174 C5
Nikolayevka (RUS) 35 C6
Nikole, Sv. (MK) 158 D5
Nikolovo (BG) 154 B5
Nikopol (BG) 154 A6
Nīkrāce (LV) 178 C6
Nikšic (YU) 157 B3
Nikstani (GR) 164 B2
Nikuljasy, Niz. (RUS) 35 D4
Nilipirtti (FIN) 6 D3
Nilivaara (S) 6 A5
Nilivaara (FIN) 6 D4
Nilsby (S) 28 C4
Nilsebu (N) 26 C6
Nilsiä (FIN) 20 D3
Nîmes (F) 106 D4
Nimis (I) 100 D5
Nin (HR) 111 C5
Nina (EST) 181 C5
Nindorf (D) 60 C3
Nindorf (D) 60 D5
Nindorf (D) 61 A5
Ninemilehouse (IRL) 51 B4
Ninków (PL) 72 C4
Ninove (B) 75 A2
Niort (F) 94 D4
Nipa (N) 26 B2
Nipen (N) 4 D3
Nippe, le (F) 74 B2
Nirza (LV) 182 D1
Nis (YU) 152 C6
Nisa (P) 130 D5
Niscemi (I) 118 D5
Niška Banja (YU) 152 C6
Niskamäki (FIN) 13 C2
Niskankorpi (FIN) 20 A2
Niskanpää (S) 11 C2
Niska-Pietilä (FIN) 35 B2
Niski Grad (PL) 65 A3
Nisko (PL) 73 A5
Nisou, Hrádec nad (CZ) 70 B5
Nisou (CY) 174 C4
Nisporeni (MD) 149 C3
Nissafors (S) 38 D4
Nissan-lez-Enserune (F) 106 B5
Nissedal (N) 27 A6
Nissi (EST) 180 D4
Nissilä (FIN) 20 C1
Nissinvaara (FIN) 13 C2
Nissoria (I) 118 D3/4
Nissum, Nørre (DK) 40 B1
Nissum, Sønder (DK) 40 B2
Nistos (F) 105 A6
Nisula (FIN) 20 B6
Nisulahti (RUS) 35 A3
Nisyros (GR) 173 B3
Nītaure (LV) 179 C4
Nitchidorf (RO) 152 B1
Nithavris (GR) 172 C6
Nitra (SK) 81 B6
Nitre, Ivanka pri (SK) 81 B6
Nitrianske Pravno (SK) 81 C4
Nitrianske Rudno (SK) 81 C5
Nitry (F) 89 A5
Nittedal (N) 27 D4
Nittedal (N) 27 D4
Nittenau (D) 78 D6
Nittkvarn (S) 29 A3
Nittorp (S) 38 C4
Nityin Salaš (YU) 151 C1
Niukkala (FIN) 21 C6
Niūraičiai (LT) 176 B1
Niūronys (LT) 176 D2
Niuttula (FIN) 32 D1
Niva (FIN) 7 B5
Niva (FIN) 13 C6
Nivå (DK) 42 B2
Niva Dobrá (SK) 81 D5
Nivala (FIN) 11 D2
Nivala (FIN) 20 A1
Nivankylä (FIN) 6 D6
Nivankylä (FIN) 12 C1
Nivankyul' (RUS) 3 D6
Nivanpää (FIN) 6 C6
Nivelles (B) 75 A3
Nivenskoe (RUS) 175 B5
Nivjanin (BG) 153 C6
Nivolas-Vermelle (F) 97 C5
Nivunkijärvi (FIN) 6 3
Niwiska (PL) 70 C3
Niwiska (PL) 73 A6
Nizan-Gesse (F) 105 A5
Niżdzin (PL) 72 B1
Nižná (SK) 82 A3
Nižná Boca (SK) 82 A4
Nižná Sitnica (SK) 83 A4
Nižná Slaná (SK) 82 B5
Nižné, Ružbachy (SK) 82 B3
Niz. Nikuljasy (RUS) 35 D4
Nižný Hrabovec (SK) 82 D4
Nižný Medzev (SK) 82 C5
Nižný Slavkov (SK) 82 C4
Nizovicy (RUS) 181 D5
Nizy-le-Comte (F) 75 A5
Nizza Monf. (I) 108 C3
Njallejaur (S) 10 D4
Njardvikur (IS) 1 A3
Njavve (S) 10 B2
Njeguševo (YU) 103 C6
Njellim, Nellim (FIN) 3 B6
Njetsavare (S) 11 A2
Njive, Vranj. (YU) 157 B4
Njulånger (S) 25 C5
Njunjesstugan (S) 9 C2
Njunnás, Nunnanen (FIN) 6 D2
Njuorggán, Nuorgam (N) 3 A3
Njupan (S) 25 A5
Njurunda (S) 25 C3
N. Knín (CZ) 79 C4
N. Løset (N) 24 A6
N. Malín (CZ) 80 D2
Noailles (F) 74 B6
Noailles (F) 105 C1
Noailly (F) 97 A4
Noain (E) 127 C3
Noale (I) 110 B1
Noalejo (E) 143 C2
Noasca (I) 98 B6
Nöbbele (S) 39 B6
Nöbbelöv (S) 42 D2
Nobber (IRL) 47 B6
Nocara (I) 117 A3
Nocé (F) 87 B4
Nocelleto (I) 114 D4
Nocera (I) 115 A6
Nocera Tirinese (I) 116 D6
Nocera Umbra (I) 113 B3
Noceto (I) 109 B3
Noci (I) 117 B1
Nocina (E) 126 D2
Nociūnai (LT) 176 C1
Nociūnai (LT) 176 C3
Nocrich (RO) 147 C5
Nódalo (E) 127 A6
Nodeland (N) 36 D3
Nods (F) 97 D2
Noé (F) 105 B5
Noépoli (I) 117 A3
Noeux-les-Mines (F) 74 C3
Noevci (BG) 159 A3
Nogale (LV) 178 D4
Nogales (E) 138 C2
Nogara (I) 109 D2
Nogarejas (E) 125 C5
Nogaro (F) 104 D4
Nogent-en-Bassigny (F) 89 C4
Nogent-le-Bernhard (F) 87 A5
Nogent-le-Roi (F) 88 A2
Nogent-le-Rotrou (F) 87 B5
Nogent-s-Aube (F) 89 A3
Nogent-s-Seine (F) 88 D3
Nogent-s-Vernisson (F) 88 C4
Nogera, San Giorgio di (I) 100 D6
Nogersund (S) 43 A2
Nõgiaru (EST) 181 B5
Nógrád (H) 103 B1
Nógrádszakál (H) 82 A6
Nograles (E) 133 A1
Nogueira (E) 124 C3
Noguera (E) 134 A3
Noguerueles (E) 134 C4
Noharre (E) 132 B2
Nohfelden (D) 76 C5
Nohn (D) 76 B3
Noia (E) 124 B3
Noicattaro (I) 117 B1
Noirétable (F) 96 D5
Noirmoutier-en-l'Ile (F) 94 A2
Noja (E) 126 D1
Nojewo (PL) 63 A6
Nokia (FIN) 33 B1
Nokka (FIN) 34 C1
Nol (S) 38 B3
Nola (I) 115 A6
Nolay (F) 97 B2
Nolby (S) 25 C3
Nolbyn (S) 17 C2
Noli (I) 108 C4
Nolmyra (S) 31 A2
Nolseter (N) 27 C1
Nólsoy (DK) 36 B5
Nolvik (S) 9 C5
Nõmba (EST) 180 B4
Nombela (E) 132 B4
Nomeland (N) 26 D6
Nomeny (F) 89 D2
Nomexy (F) 90 A4
Nomia (GR) 171 B5
Nõmmküla (EST) 180 B5
Nonancourt (F) 87 B3
Nonant-le-Pin (F) 87 A4
Nonántola (I) 109 D3
Nonaspe (E) 133 A1
None (I) 108 B3
Nonières, les (F) 107 B2
Nonières (F) 106 D1
Nonnreit (D) 93 A3
Nonnweiler (D) 76 B5
Nõnova (EST) 182 C3
Nontron (F) 95 B6
Nonvilliers (F) 87 B4
Nonza (F) 120 C1
Nõo (EST) 182 B1
Noordwijk aan Zee (NL) 66 B4
Noormarkku (FIN) 32 D1
Nopala (FIN) 34 D3
Nopankylä (FIN) 19 B4
Noppikaski (S) 24 D5
Noppo (FIN) 33 C3
Nor (N) 24 A6
Nor (S) 25 B5
Nor (S) 28 C5
Nøra (N) 23 D3
Nora (S) 25 D1
Nora (S) 29 A4
Nora (S) 30 C6
Norageliai (LT) 176 C6
Nørager (DK) 37 B6
Norane (S) 28 B5
Norberg (S) 29 B3
Nórcia (I) 113 B3
Nordagutu (N) 27 B5
Nordanå (S) 25 C2
Nordana (S) 42 C1
Nordanåker (S) 16 B6
Nordanås (S) 9 C6
Nordanås (S) 16 C3
Nordanbäck (S) 17 A4
Nordanede (S) 25 B3
Nordanholen (S) 29 A2
Nordankäl (S) 16 B5
Nordannälden (S) 15 B6
Nordansjö (S) 15 D3
Nordausques (F) 74 B2
Nordbacksbo (S) 29 B2
Nordbakk (N) 15 A3
Nordberg (N) 23 A5
Nordborg (DK) 40 D5
Nordbotn (N) 23 B1
Nordby (N) 28 A5
Nördby (DK) 40 B4
Nordby (DK) 41 A2
Nordbyn (S) 15 A6
Norddal (N) 22 B6
Norddeich (D) 67 B1
Norddepil (DK) 36 B4
Norddorf (D) 60 B2
Nordeide (N) 26 B1
Nordeidet (N) 1 B5
Norden (S) 10 D4
Norden (D) 67 B1
Nordenham (D) 67 D1
Norderåsen (S) 15 B6
Norderhov (N) 27 C3
Norderney (D) 67 B1
Norderö (S) 24 C1
Norderstapel (D) 60 C2
Norderstedt (D) 60 D4
Nordeste (P) 136 D3
Nordestinho (P) 136 D3
Nord Etnedal (N) 27 B1
Nordfjordbotn (N) 5 B1
Nordfjordeid (N) 22 B5
Nordfold (N) 4 C5
Nordgård (N) 23 B1
Nordgulen (N) 26 A2
Nordgutvik (N) 14 C2
Nordhagen (D) 60 D2
Nordhalben (D) 78 C3
Nordhallen (S) 14 D6
Nordhausen (D) 68 D6
Nordhorn (D) 67 B4
Nordingrå (S) 25 D1
Nordkil (N) 4 D4
Nordkirchen (D) 67 C6
Nordkisa (N) 28 A3
Nordkjosbotn (N) 5 B1
Nord-Kvaløy (N) 1 A4
Nord-Lenangen (N) 1 B5
Nordli (N) 15 A1
Nordli (N) 15 A3
Nördlingen (D) 92 B2
Nordmaling (S) 17 A5
Nordmannset (N) 2 B2
Nordmannvik (N) 1 C5
Nordmark (S) 28 D4
Nordmela (N) 4 C2
Nordnesøy (N) 8 C4
Nord-Olm (D) 76 D4
Nordomsjön (S) 24 C5
Nord-Rekvik (N) 1 C4
Nordre Osen (N) 24 A6
Nordsand (N) 4 D2
Nord-Sandfjord (N) 1 D3
Nord-Sel (N) 23 B5
Nordseler (N) 14 B5
Nordseter (N) 27 D1
Nordsinni (N) 27 C2
Nordsjö (S) 16 B5
Nordsjö (S) 16 D4
Nordsjö (S) 25 B5
Nordsjö (S) 25 B5
Nordsjobruket (S) 28 B4
Nordskag (N) 23 A1
Nordskjør (N) 14 B5
Nordskot (N) 4 C5
Nordskov (DK) 41 B3
Nordstedalsseter (N) 22 D6
Nordstrand (N) 5 A1
Nordstrand (D) 60 A2
Nordstraumen (N) 5 A2
Nordstulen (N) 23 C6
Nordstumoen (N) 23 D6
Nordværnes (N) 8 D3
Nordvågen (N) 2 C1
Nordvik (N) 8 C5
Nordvik (FIN) 32 D4
Nordvika (N) 22 D1
Nordvika (N) 24 A3
Nordwalde (D) 67 C5
Nore (N) 27 B3
Norem (N) 14 B5
Noresund (N) 27 B3
Noret, S. (S) 16 B4
Norg (NL) 67 A2
Norges-la-Ville (F) 97 B1
Norheimsund (N) 26 B3
Norinkylä (FIN) 19 B4
Norjärv (FIN) 19 A4
Norje (S) 43 A1
Norkoviči (BY) 177 C4
Norma (I) 114 B4
Norn (S) 29 B2
Nornäs (S) 24 C6
Norppa (FIN) 19 D2
Norra (S) 17 B1
Norra Allgrund (FIN) 19 A3
Norrahammar (S) 38 D3
Norråker (S) 15 C3
Norrala (S) 25 C5
Norraryd (S) 39 A6
Norra Ulvön (S) 17 A6
Norrbäck (S) 16 C2
Norrberg (S) 16 B2
Norrbo (S) 25 B4
Norrboda (S) 31 B1
Norrböle (S) 24 D2
Norrböle (S) 25 C3
Norrby (S) 16 B5
Norrby (S) 16 B6
Norrby (S) 16 D3
Norrbyberg (S) 16 C2
Norrbygden (S) 15 C3
Norrbyn (S) 17 B4
Nørre Lyngby (DK) 37 B4
Norrent-Fontes (F) 74 B3
Nørresundby (DK) 37 B5
Nørre Voruper (DK) 36 D6
Norrfjärden (S) 11 B5
Norrfjärden (S) 25 C3
Norrfors (S) 16 C1
Norrfors (S) 17 A4
Norrga (S) 31 A5
Norrgård (S) 16 D3
Norrheden (S) 16 B2
Norrhult (S) 39 A4
Norrköping (S) 30 D6
Norrlångträsk (S) 11 B6
Norrmalm (S) 10 D5
Norrmjole (S) 17 B4
Norrnäs (FIN) 19 A4
Norrön (FIN) 32 C3
Norrön (FIN) 32 D5
Norrsätern (S) 24 B3
Norrsele (S) 10 B5
Norrsjö (S) 15 B3
Norrskär (FIN) 32 B3
Norrskären (FIN) 18 D3
Norrskärgarden (S) 31 C3
Norrskedika (S) 31 A2
Norrsunda (S) 31 A3
Norrsundet (S) 25 C6
Norrtälje (S) 31 B3
Norrtorp (S) 30 D6
Norrvik (S) 16 C2
Norsholm (S) 39 B1
Norsholmen (S) 43 D3
Norsjö (S) 17 A1
Norsjövallen (S) 16 D1
Norsminde (DK) 41 A2
Norte, Buenavista del (E) 144 A5
Norte Grande (P) 136 B6
Nörten-Hardenberg (D) 68 C6
Norte Pequeño (P) 136 B6
Northallerton (GB) 54 C2
Northampton (GB) 58 C1
North Berwick (GB) 49 B3
Northchapel (GB) 58 D4
North Charlton (GB) 49 C4
North Common (GB) 58 D4
Northeim (D) 68 C5
North Erradale (GB) 44 C4
Northfield (GB) 53 C6
Northfleet (GB) 59 A3
North Grimston (GB) 54 D2
Northiam (GB) 59 A4
North Kyme (GB) 54 D5
Northleach (GB) 58 B2
North Neaps (GB) 45 D2
Northop (GB) 53 B4
North Petherton (GB) 57 B4
North Ronaldsay (GB) 45 C1
North Somercotes (GB) 55 A4
North Tawton (GB) 57 A4
North Tolsta (GB) 44 C3
North Uist (GB) 44 A5
North Walsham (GB) 55 B5
Northwich (GB) 53 C4
Norton, Burnham (GB) 55 A5
Norton, Chipping (GB) 58 B2
Norton (GB) 54 C2
Nortorf (D) 60 D3
Nort-s-Erdre (F) 85 B5
Noruliai (LT) 176 C6
Norum (S) 17 B4
Norum (N) 26 C1
Norvaišiai (LT) 177 A2
Norvajärvi (FIN) 7 A6
Norvalahti (FIN) 7 A6
Norwich (GB) 55 B6
Norwick (GB) 45 D2
Nos (N) 22 C5
Nøsen (N) 27 B2
Noskovo (RUS) 182 D2
Nosovo (RUS) 182 D4
Noss, I. of (GB) 45 D4
Nøss (N) 4 C2
Nossa (I) 99 C5
Nossa Senhora da Tourego (P) 137 C2
Nossa Senhora do Cabo (P) 137 A2
Nossebro (S) 38 B2
Nossegem (B) 75 A2
Nössemark (S) 28 B6
Nössen (D) 79 A1
Noss Head (GB) 45 C3
Nosund (S) 38 A3
Noszlop (H) 102 C3
Notaresco (I) 113 C4
Note bron (S) 38 A2
Notecia, Osiek nad (PL) 63 C5
Notėnai (LT) 175 D1
Notenica, Nakto nad (PL) 63 C4
Notia (GR) 163 B2
Nøtnes (N) 4 C5
Nötö (FIN) 32 D5
Noto (I) 119 A5
Notodden (N) 27 B5
Notre-Dame-de-Bellecombe (F) 98 A5
Notre-Dame-de-Courson (F) 87 A3
Notre-Dame-de-Gravenchon (F) 87 B2
Notre-Dame-de-la-Gorge (F) 98 A5
Notre-Dame-de-Monts (F) 94 A2
Notre-Dame-du-Touchet (F) 86 C4
Nötsch (A) 101 A4
Nottebäck (S) 39 B5
Nøtterøy (N) 27 D6
Nottingham (GB) 54 C5
Nöttja (S) 38 D6
Nottuln (D) 67 C5
Notviken (S) 11 C4
Nouă, Şinca (RO) 147 D5
Nouan-le-Fuzelier (F) 88 B5
Nouans-les-Fontaines (F) 95 C2
Nouart (F) 75 B6
Nouâtre (F) 95 B2
Nougaroulet (F) 105 A/B4
Nousiainen (FIN) 32 D3
Nousu (FIN) 7 C5
Nouvion (F) 74 A4
Nouvion-en-Ponthieu (F) 74 A4
Nouvion-en-Thiérache (F) 74 D4
Nouzerines (F) 96 A3
Nouziers (F) 96 A3
Nova, Orta (I) 115 C4
Nova (H) 102 B4
Nõva (EST) 180 C3
Novačene (BG) 153 D5
Novačene (BG) 159 C2
Novaci (RO) 153 B1
Novaci (MK) 163 A2
Nova Crnja (H) 146 A6
Novafeltria (I) 110 B5
Nova Gorica (SLO) 101 A5
Novaja Derevnja (RUS) 175 C4
Nova Kamena (BG) 154 D5
Nova Kasaba (BIH) 151 B4
Novaki (HR) 111 D1
Nováky (SK) 81 C5
Novalaise (F) 97 C5
Novales (E) 128 B5
Nova Levante, Welschnofen (I) 100 B4
Novalja (HR) 111 C4
Nová Lubovňa (SK) 82 C3
Nova Nedežda (BG) 160 B4
Nová Paka (CZ) 70 C6
Novara (I) 98 D6
Novara di Sicilia (I) 119 B3
Nova Sela (HR) 156 C3
Nova Siri Stazione (I) 117 A3
Novate (I) 99 B4
Nova Varoš (YU) 151 C6
Nova vas (SLO) 101 B6
Nová Ves (CZ) 70 A6
Novaya Titovka (RUS) 3 D3
Nova Zagora (BG) 160 C3
Nové Zámky (SK) 102 D1
Nove (I) 110 A1
Novelda (E) 141 B2
Novellara (I) 109 C3
Nové Mesto, Slovenské (SK) 82 D5
Nové Město na Moravě (CZ) 80 C3
Nové Město p. Smrkem (CZ) 70 C5
Noventa (I) 100 C6
Noventa Vic. (I) 110 A2
Noves (F) 107 A4
Nové Strašecí (CZ) 79 B3
Nov.Gaby (BY) 177 C4
Novgorodskoe (RUS) 175 B4
Novgrad (BG) 154 B6
Novi Bečej (YU) 151 D1
Novi di Módena (I) 109 C3
Noviercas (E) 127 C6
Novigrad (HR) 110 D2
Novigrad (HR) 111 D5
Novigrad Podr. (HR) 102 B6
Novihan (BG) 159 B3
Novi Iskăr (BG) 159 B3
Novik (N) 8 C5
Noviki (BY) 177 B5
Novi Kneževac (YU) 103 D6
Novi Ligure (I) 108 D3
Novion-Porcien (F) 75 A5
Novi Pazar (BG) 155 A6
Novi Pazar (YU) 158 A2
Novi Sad (YU) 151 C1
Novi Vinodolski (HR) 111 C2
Novmantorp (S) 39 B5
Novo-Bobrujsk (RUS) 175 C5
Novogród Bobrzański (PL) 70 C3
Novokolhoznoe (RUS) 175 D4
Novo Lagovo (MK) 158 C6
Novo Mesto (SLO) 111 C1
Novo Miloševo (YU) 103 D6
Novo-Moskovskoe (RUS) 175 B5
Novo Orjahovo (BG) 161 B1
Novosedly (CZ) 80 C4
Novoselë (AL) 162 A3
Novoselec (BG) 153 C3
Novo Selo (HR) 150 C1
Novo Selo (BG) 153 A4
Novo selo (BG) 154 C5
Novo selo (BG) 160 A2
Novo Selo (BG) 160 C5
Novo Selo (MK) 163 C1
Novoselycja (UA) 148 D1
Novoselovo (RUS) 175 B5
Novosilka (UA) 148 C1
Novosil's'ke (UA) 155 B1
Novostroevo (RUS) 175 D5
Novot (SK) 82 A3
Novovolyns'k (UA) 73 D5
Novska (HR) 150 B2
Novy (F) 75 A5
Nový Bor (CZ) 70 B5
Nový Bydžov (CZ) 70 C6
Nový Hrozenkov (CZ) 81 B3
Novyje Kruki (BY) 177 D2
Nový Jičín (CZ) 81 B3
Novyj Izborsk (RUS) 182 D3
Novyj Pogost (BY) 177 D3
Novyj Usitva (RUS) 182 D3
Nový Ves, Opatovská (SK) 82 A6
Nowa Brzeźnica (PL) 72 A4
Nowa Dabrowa (PL) 63 C2
Nowa Deba (PL) 73 A4
Nowa Huta (PL) 82 B1
Nowa Karczma (PL) 63 C2
Nowa Karczma (PL) 64 B1
Nowa Ruda (PL) 71 A5
Nowa Sarzyna (PL) 73 B6
Nowa Słupia (PL) 72 D5
Nowa Sól (PL) 70 D3
Nowa Wieś (PL) 64 C3
Nowa Wieś (PL) 64 C4
Nowa Wieś (PL) 65 A4
Nowa Wieś (PL) 72 A5
Nowa Wieś (PL) 72 A6
Nowa Wieś (PL) 73 A6
Nowa Wieś Wielka (PL) 63 D5
Nowa Zbelutka (PL) 72 D5
Nowe, Budy (PL) 65 A6
Nowe, Okopy (PL) 73 D4
Nowe (PL) 64 A3
Nowe Brusno (PL) 73 C6
Nowe Brzesko (PL) 82 B1
Nowé Město nad Metují (CZ) 70 D6
Nowe Miasteczko (PL) 70 D3
Nowe Miasto (PL) 64 C6
Nowe Miasto (PL) 71 B2
Nowe Miasto Lubawskie (PL) 64 B4
Nowe Miasto nad Pilica (PL) 72 C3
Nowe Piekuty (PL) 65 B5
Nowe Pludy (PL) 64 D6
Nowe Skalmierzyce (PL) 71 C3
Nowe Warpno (PL) 62 C3
Nowe Worowo (PL) 63 A3
Nowinka (PL) 65 C2
Nowiny (PL) 73 C5
Nowogard (PL) 62 D3
Nowogród (PL) 65 A4
Nowogrodziec (PL) 70 C4
Nowosielec (PL) 73 A5
Nowosiółki (PL) 73 C2
Nowosiółki (PL) 73 D5
Nowosiółki Dydyńskie (PL) 83 B2
Nowosolna (PL) 72 A3
Nowotamec (PL) 83 A3
Nowy, Wiśnicz (PL) 82 B2
Nowy Bartków (PL) 73 B4
Nowy Duninów (PL) 64 B6
Nowy Dwór (PL) 65 C3
Nowy Dwór Gdański (PL) 64 A2
Nowy Dwór Mazowiecki (PL) 72 C1
Nowy Gaj (PL) 72 A2
Nowy Imieilnk (PL) 72 A2
Nowy Jedrzejów (PL) 72 D1
Nowy Kaweczyn (PL) 72 B2
Nowy Kazanów (PL) 72 B4
Nowy Korczyn (PL) 72 C6
Nowy Majdan (PL) 73 B5
Nowy Orzechów (PL) 73 C3
Nowy Sacz (PL) 82 C3
Nowy Staw (PL) 64 A2
Nowy Świetow (PL) 71 B6
Nowy Szelków (PL) 64 D5
Nowy Targ (PL) 82 B3
Nowy Tomyśl (PL) 70 D1
Nowy Zmigród (PL) 82 D2
Noyal (F) 85 A3
Noyal-Muzillac (F) 85 A5
Noyal-Pontivy (F) 84 D4
Noyal-s.S. (F) 85 B4
Noyant (F) 74 D6
Noyant (F) 95 A1
Noyant-d'Allier (F) 96 C3
Noyant-la-Plaine (F) 94 D1
Noye, Ailly-sur (F) 74 B5
Noyen-s-Sarthe (F) 87 A6
Noyen-s-Seine (F) 88 D3
Noyers (F) 89 A5
Noyers (F) 89 C4
Noyers-s-Jabron (F) 107 B3
Noyon (F) 74 C5
Nozay (F) 85 B3
Nozdrzec (PL) 83 A2
Nozeroy (F) 97 D2
Nożewo (PL) 65 A5
N. Říše (CZ) 80 B4
N. Selo, Banat. (YU) 152 A2
Nuaillé (F) 94 D2
Nuaillé-d'Aunis (F) 94 C4
Nuars (F) 96 D1
Nuasjemi (FIN) 6 D6
Nübel (D) 60 C1
Nucet (RO) 146 D4
Nucetto (I) 108 C4
Nucia, La (E) 141 C2
Nucsoara (RO) 153 A1
Nucsoara (RO) 153 D1
Nueil-s-Argent (F) 94 D2
Nueil-s-Layon (F) 94 D2
Nueno (E) 128 B4
Nueva Carteya (E) 143 B2
Nuevalos (E) 133 D1
Nuiasodis (LT) 177 B2
Nuijamaa (FIN) 35 A2
Nuits-Saint-Georges (F) 97 B2
Nukari (FIN) 33 C4
Nukši (LV) 182 C1
Nules (E) 134 D4
Nulusniemi (FIN) 6 C3
Nulvi (I) 121 B2
Numana (I) 113 C2
Numansdorn (NL) 66 B6
Numedal kro (N) 27 B4
Numerne (LV) 182 C5
Nummela (FIN) 33 C4
Nummenkylä (FIN) 33 B3
Nummi (FIN) 32 D3
Nummi (FIN) 33 B4
Nummijärvi (FIN) 19 B4
Nummikoski (FIN) 19 B5
Numminen (FIN) 34 B3
Nuncq (F) 74 B3
Nuneaton (GB) 54 B6
Nunkirchen (D) 76 B5
Nunnanen, Njunnás (FIN) 6 D2
Nunnanlahti (FIN) 21 B3
Nunsdorf (D) 69 D4
Nunspeet (NL) 66 D4
Nuojua (FIN) 12 D5
Nuoksujärvi (S) 6 B5
Nuomininkai (LT) 176 A3
Nuoramoinen (FIN) 34 B1
Nuorgam, Njuorggán (FIN) 3 A3
Nuoritta (FIN) 12 D4
Núoro (I) 121 C3
Nuortikon (S) 5 D6
Nuortikon (S) 11 A1
Nuorunka (FIN) 13 A3
Nuosionmäki (FIN) 20 D3
Nuotioranta (FIN) 11 D2
Nuottaniemi (S) 6 C4
Nuottavaara (FIN) 6 D5
Nur (PL) 65 B5
Nurágus (I) 121 C4
Nurallao (I) 121 C4
Nuráminis (I) 121 C5
Nurlet-le-Ferron (F) 95 C3
Nurma (FIN) 34 C2
Nurmaapää (FIN) 20 C6
Nurme (EST) 180 D5
Nurmela (FIN) 13 C3
Nurmes (FIN) 21 B2
Nurmes (FIN) 32 C2
Nurmesperä (FIN) 20 B2
Nurmi (LV) 179 C2
Nurmijärvi (FIN) 21 C2
Nurmijärvi (FIN) 33 C4
Nurmiranta (FIN) 21 B1
Nurmo (FIN) 19 C4
Nurmsi (EST) 181 A4
Nurmuiža (LV) 178 D4
Nürnberg (D) 78 B5
Nurri (I) 121 C4
Nürtingen (D) 91 B3
Nurzec-Stacja (PL) 65 C6
Nus (I) 108 B1
Nusco (I) 115 A6
Nuseni (RO) 147 B3
Nusfalău (RO) 146 D3
Nusfjord (N) 4 A5
Nusnäs (S) 28 D1
Nusplingen (D) 91 A4
Nußdorf (D) 92 D4
Nuštar (HR) 151 B2
Nuttlar (D) 67 D6
Nuuksio (FIN) 33 C4
Nuuksujärvi (S) 6 B4
Nuupas (FIN) 12 D2
Nuutajärvi (FIN) 33 B2
Nuutila (FIN) 12 D6
Nuvsvåg (N) 1 D4
Nuvvus (FIN) 2 D4
N.-Våge (N) 26 A5
N. Vartdal (N) 22 B4
N. Ves, Diviacka (SK) 81 C5
N. Ves, Lakšárska (SK) 81 A5
Nya Bastuselet (S) 10 C5
Nyadal (S) 25 C2

Nyåker (S) 17 A4
Nyåkerstjärn (S) 17 A3
Nyalka (H) 102 D2
Nyárád (H) 102 C3
Nyárlőrinc (H) 103 C4
Nyarp (S) 38 C5
Nya Rusele (S) 16 C2
Nyasyukka (RUS) 3 D3
Nybäck (S) 17 A1
Nybakk (N) 28 A3
Nybble (S) 28 D5
Nyberget (S) 29 B3
Nybergsund (N) 24 B6
Nybo (S) 25 A3
Nybo (S) 25 A4
Nybøking (DK) 41 C2
Nyborg (N) 3 A2
Nyborg (S) 11 D4
Nyborg (DK) 41 B4
Nybro (S) 39 C5
Nybrøa (N) 23 C4
Nybster (GB) 45 C3
Nyby (S) 15 C6
Nyby (S) 16 D3
Nyby (FIN) 19 A4
Nyby (DK) 42 B5
Nybyn (S) 11 B3
Nybyn (S) 11 C2
Nybyn (S) 16 D5
Nycklinge (S) 39 B2
Nydal (N) 26 B6
Nydala (S) 38 D4
Nydrion (GR) 166 B5
Nye (S) 39 B4
Nyékládháza (H) 82 C6
Nyelv (N) 3 A3
Nyergesújfalu (H) 103 A2
Nygård (N) 5 A2
Nygård (S) 17 A2
Nygård (S) 39 C4
Nygården (N) 8 D6
Nyhammar (S) 29 A2
Nyhamn (S) 25 C3
Nyhamnsläge (S) 42 B1
Nyhem (S) 10 C4
Nyhem (S) 25 A2
Nyhem (S) 25 A2
Nyhus (N) 5 A2
Nyírábrány (H) 146 C2
Nyíracsád (H) 146 C2
Nyírád (H) 102 C3
Nyíradony (H) 146 C1
Nyírbátor (H) 146 C1
Nyírbéltek (H) 146 C1
Nyírbogát (H) 146 C1
Nyírbogdány (H) 83 A6
Nyíregyháza (H) 83 A6
Nyírkarász (H) 83 A6
Nyírlugos (H) 146 C1
Nyírmártonfalva (H) 146 C2
Nyírmihályi (H) 146 C1
Nyírpazony (H) 83 A6
Nyírtelek (H) 82 D6
Nyírtét (H) 83 A6
Nykälä (FIN) 20 C6
Nykaleby Uusikaarlepyy (FIN) 19 B2
Nyker (DK) 43 A4
Nykil (S) 39 A2
Nykirke (N) 27 C2
Nykirke (N) 27 D5
Nykøbing (DK) 37 A6
Nykøbing (DK) 41 C5
Nyköping (S) 31 A6
Nykrogen (S) 29 C3
Nykroppa (S) 29 A4
Nyksund (N) 4 B2
Nykvåg (N) 4 B3
Nykvarn (S) 31 A5
Nyland (S) 16 C3
Nyland (S) 17 B4
Nyland (S) 25 C1
Nyliden (S) 10 C5
Nyliden (S) 16 B2
Nyliden (S) 16 D3
Nyliden (S) 16 D4
Nylseter (N) 27 C1
Nymburk (CZ) 80 A1
Nymindegab (DK) 40 B3
Nymoen (N) 1 C4
Nymoen (N) 9 A5
Nynäshamn (S) 31 B5
Nyneset (N) 14 D4
Nyon (CH) 98 A3
Nyons (F) 107 A3
Nyord (DK) 42 B4
Ny, Östra (S) 39 C1
Nyřany (CZ) 79 A4
Nyrölä (FIN) 20 B5
Nyrsko (CZ) 79 A5
Nyrud (N) 5 B2
Nyruddelet (N) 3 B5
Nysa (PL) 71 B6
Nysäter (S) 28 C5
Nysätern (S) 24 C3
Nysätra (S) 17 B3
Nysätra (S) 30 D3
Nysete (N) 26 C1
Nyseter (N) 23 A5
Nyseter (N) 23 B4
Nyseter (N) 23 B6
Nyseterstova (N) 22 C4
Nyska, Ścinawa (PL) 71 B6
Nyskoga (S) 28 C2
Nyskolla (N) 23 D6
Ny, Södra (S) 28 C5
Nysted (DK) 41 C5
Ny Stöllet, Norra (S) 28 C2
Nystova (N) 27 A1
Nystrand (N) 26 B1
Nyteboda (S) 42 D1
Nytorp (S) 6 A5
Nyträsk (S) 11 A6
Nytrøen (N) 5 B2
Nyúl (H) 102 D2
Ny, Västra (S) 39 A1
Nyvika (N) 15 A3
Nyvoll (N) 2 A4
Nyvollen (N) 24 A4
Nyystölä (FIN) 34 B2
Nyž. Vorota (UA) 83 B4
Nyžankovyči (UA) 83 B2
Nyžnij-Bereziv (UA) 148 B1
N. Zednik (YU) 103 C6

O

Oa, Mull of (GB) 48 A4
Oadby (GB) 54 C6
Oaf Molla (AL) 162 B2
Oak, Broad (GB) 56 D2
Oakham (GB) 54 C6
Oakley (GB) 58 C2
Oancea (RO) 149 C6
Øanes (N) 36 B2
Oare (GB) 58 B3
Ob (D) 92 B4
Obalj (BIH) 151 A6
Oban (GB) 48 C2
Obarzym (PL) 83 A2
Obbnäs (FIN) 33 C5
Obbola (S) 17 B4
Obdach (A) 101 C3
Obeliai (LT) 177 A2
Oberammergau (D) 92 C5
Oberau (D) 92 C5
Oberaudorf (D) 92 D5
Oberbessenbach (D) 77 B4
Oberdachstetten (D) 78 A5
Oberdinenie (BG) 160 A1
Ober-Dolling (D) 92 C2
Oberdrauburg (A) 100 D3
Oberei (CH) 98 D3
Oberelsbach (D) 77 C3
Ober Eßfeld (D) 78 A3
Obergebra (D) 68 D6
Ober-Gessenbach (D) 93 A2
Oberget (S) 15 C6
Obergrafendorf (A) 80 B6
Obergräfenhain (D) 79 A1
Obergünzburg (D) 92 B4
Obergurgl (A) 100 A3
Oberharmersbach (D) 90 D3
Oberhaslach (F) 90 C3
Oberhausen (D) 67 B6
Oberhof (D) 78 B2
Oberhofen (CH) 98 C3
Ober-Ickelsheim (D) 78 A5
Oberkail (D) 76 B4
Oberkappel (A) 93 C2
Oberkirch (D) 90 D3
Oberkochen (D) 91 C2
Oberlindhart (D) 92 D2
Oberlungwitz (D) 79 A2
Obermeiser (D) 68 B6
Obermoschel (D) 76 C5
Obermünchen (D) 92 D2
Obernai (F) 90 C3
Obernberg (A) 93 B3
Obernburg a. M. (D) 77 A4
Oberndorf (A) 93 B4
Oberndorf a. Neckar (D) 91 A3
Oberohe (D) 68 C3
Oberort (A) 101 D1
Oberöstheim (D) 77 C6
Oberpframmern (D) 92 D4
Oberpirk (D) 78 D2
Oberpullendorf (A) 102 B2
Oberreidenbach (D) 76 C5
Oberried (CH) 98 D3
Oberriet (CH) 99 B2
Oberrimsingen (D) 90 C4
Oberröblingen (D) 69 A6
Oberrodach (D) 78 C3
Ober-Roth (D) 92 C3
Obersdorf (D) 69 A6
Obersiebenbrunn (A) 80 D6
Obersinn (D) 77 B4
Oberspier (D) 68 D6
Oberstaufen (D) 92 A5
Oberstdorf (D) 92 B5
Oberstenfeld (D) 91 B2
Oberstetten (D) 91 B3
Ober-St. Georgen (A) 80 A6
Obertilliach (A) 100 C3
Obertraun (A) 101 A1
Obertrum (A) 93 B4
Oberursel (Ts) (D) 76 D4
Obervellach (A) 101 A3
Ober Viechtach (D) 78 D5
Oberwald (CH) 98 D3
Oberwart (A) 102 A3
Oberweissbach (D) 78 B2
Oberweissbach (A) 100 D1
Oberwesel (D) 76 C4
Oberwiesenthal, Kurort (D) 79 A3
Oberwölz (A) 101 B2
Ober-Zeitlbach (D) 92 C3
Obidos (P) 130 A6
Obilesti (RO) 154 D1
Obing (D) 93 A4
Obinitsa (EST) 182 C3
Obiža (RUS) 182 D2
Objat (F) 95 C6
Obladis,-Bad (A) 99 D3
Oblekovice (CZ) 80 C4
Obodowo (PL) 63 C4
Obón (E) 134 C2
Obora (PL) 63 C6
Obora (CZ) 79 A4
Oborín (SK) 83 A5
Oborište (BG) 159 C3
Oborniki (PL) 63 B6
Oborniki Śląskie (PL) 71 A4
Oborovo (HR) 150 A1
Obory (CZ) 79 C4
Obrataň (CZ) 80 A3
Obreja (RO) 152 D1
Obrenovac (YU) 151 D3
Obretenik (BG) 154 B6
Obrež (YU) 151 C3
O'Briensbridge (IRL) 50 D3
O'Brien's Tower (IRL) 50 C2
Obříství (CZ) 70 B6
Obrnja (BIH) 151 A6
Obročište (BG) 155 B6
Obrov (SLO) 101 B6
Obrovac (HR) 111 D5
Obrovac Sinjski (HR) 150 B5
Obryta (PL) 62 D4
Obrzycko (PL) 63 B6
Ob.-Schleißheim, München (D) 92 C3
Obsteig (A) 100 A2
Obsza (PL) 73 C6
Obszańska, Wola (PL) 73 B6
Obudovac (BIH) 151 A2
Öby (FIN) 33 A5
Obyce (SK) 81 C5
Obzor (BG) 161 B2
Ocana (F) 120 B3
Ocaña (E) 140 B5
Occagnes (F) 87 A3
Occhiobello (I) 110 A3
Occimiano (I) 108 C2
Oceña (E) 132 D4
Ochagavía (E) 128 A3
Ochandiano (E) 127 B2
Ochiltree (GB) 48 D4
Ochle (PL) 71 D4
Ochojec (PL) 81 C1
Ochotnica Dolna (PL) 82 B3
Ochsenfurt (D) 77 C5
Ochsenhausen (D) 91 C4
Ochten (NL) 66 D5
Ochthonia, Akr. (GR) 168 A5
Ochthonia (GR) 168 A5
Ochtrup (D) 67 B4
Ocieka (PL) 73 A6
Očihov (CZ) 79 B3
Ocina (RO) 154 A2
Ockelbo (S) 25 C6
Öckerö (S) 38 A4
Ockholm (D) 60 B1
Ockley (GB) 58 D4
Ocna (RO) 148 B5
Ocna-Mures (RO) 147 B4
Ocna Sibiului (RO) 147 B6
Ocna Sugatag (RO) 147 B1
Ocnele Mari (RO) 153 C1
Očova (SK) 81 D5
Öcsa (H) 103 B3
Öcsöd (H) 103 D3
Octeville (F) 86 B1
Octeville-s-Mer (F) 87 A2
Octon (F) 106 B4
Ocypel (PL) 63 D3
Oczy, Wielki (PL) 83 B1
Od (S) 38 C3
Ödåkra (S) 42 B2
Odas (FIN) 34 B4
Odberg (N) 27 C6
Odby (DK) 40 C1
Odda (N) 26 C4
Odden (N) 1 C6
Odden (N) 4 D4
Odden (N) 23 B5
Odden (N) 28 A1
Odder (DK) 41 A2
Oddestølen (N) 26 D5
Oddestølen (N) 27 A1
Ödeborg (S) 38 A2
Odeceixe (P) 137 B4
Odechów (PL) 72 D4
Ødegården (N) 37 B1
Odeillo (F) 129 B3
Odeleite (P) 138 A5
Odemira (P) 137 B4
Ödemis (TR) 169 D4
Odena (E) 129 A6
Ödenäs (S) 38 B3
Odenkirchen (D) 76 A1
Odensala (S) 31 A3
Odensbäcken (S) 29 B5
Odense (DK) 41 A4
Odensjö (S) 38 D5
Odensvi (S) 29 C4
Odensvi (S) 39 C2
Odenthal (D) 76 B2
Oderberg (D) 62 B5
Oderljunga (S) 42 C1
Odersberg (D) 76 D3
Oderwitz,-Nieder (D) 70 B5
Oderzo (I) 100 C6
Ödeshög (S) 38 D2
Ödestuga (S) 38 D3
Odhou (CY) 174 C4
Odiham (GB) 58 C3
Odivelas (P) 137 C3
Ödkarby (FIN) 32 B4
Odnes (N) 27 C2
Odobesti (RO) 149 B6
Odobesti (RO) 154 A3
Odolanów (PL) 71 B3
Odolo (I) 99 C6
Odoorn (NL) 67 B3
Odoreu (RO) 146 D4
Odorheiu Secuiesc (RO) 148 C5
Odrowąż (PL) 72 C4
Odry (CZ) 81 B2
Odrzański, Bytom (PL) 70 D3
Odrzańskie, Krosno (PL) 70 C2
Odrzywół (PL) 72 C3
Ödskölt (S) 38 A1
Ødsted (DK) 40 D3
Ødum (DK) 41 A1
Odžaci (YU) 151 B1
Odžak (BIH) 151 A2
Odžak (BIH) 157 A2
Odziena (LV) 179 C5
Oebisfelde (D) 68 D4
Oed (A) 80 A6
Oedelen (B) 74 D1
Oedenrode, St. (NL) 66 D6
Oederan (D) 79 A2
Oeding (D) 67 B5
Oedingen (D) 76 D1
Oeffelt (NL) 66 D6
Oeiras (P) 137 A1
Oelde (D) 67 D5
Oelsnitz (D) 78 D3
Oelsnitz i. E. (D) 78 D2
Oensingen (CH) 98 C2
Oerlinghausen (D) 68 A5
Oesterbehringen (D) 78 A1
Oestinghausen (D) 67 D6
Őfehértó (H) 83 A6
Ofena (I) 113 C5
Offen (D) 68 C3
Offenbach (D) 77 A4
Offenburg (D) 90 D3
Offerdal (S) 15 B6
Offersøy (N) 4 B4
Offersøy (N) 4 C4
Offida (I) 113 C3
Offne (S) 24 C1
Offranville (F) 87 B1
Ofidussa (GR) 172 D4
Ofir (P) 124 B6
Oforsen (S) 28 D4
Ofredal (N) 26 D1
Øfstivollen (N) 23 D1
Ofte (N) 27 A5
Ofterdingen (D) 91 A3
Ogéviller (F) 90 B3
Oggersheim (D) 76 D5
Oggiono (I) 109 A1
Oglaine (LV) 179 A6
Ogliastro C (I) 116 B2
Ogliastro Marina (I) 116 B3
Öglunda (S) 38 C2
Oglü Pasa (TR) 160 D5
Ogna (N) 36 A2
Ognica (PL) 62 C5
Ogošte (YU) 158 C3
Ogradena (RO) 152 D3
Ogre (LV) 179 B5
Ogreskalns (LV) 179 C5
Ogrodniki (PL) 65 C2
Ogrodniki (PL) 65 A6
Ogrodzieniec (PL) 72 B6
Ogrosen (D) 70 A3
Ogulin (HR) 111 C2
Ohaba (RO) 146 D6
Ohaba Rom. (RO) 146 C6
Ohanes (E) 140 B5
Ohcejohka, Utsjoki (FIN) 2 D4
Ohensalo (FIN) 20 C6
Ohey (B) 75 B3
Ohkola (FIN) 34 A4
Öhn (S) 15 C5
Öhnet (S) 15 A6
Ohof (D) 68 C4
Ohotnoe (RUS) 175 C4
Ohrdorf (D) 68 D3
Ohrdruf (D) 78 B2
Ohři, Budyně nad (CZ) 70 A6
Ohrid (MK) 162 D2
Öhringen (D) 91 B1
Ohrum (D) 68 D4
Ohtaanniemi (FIN) 21 A4
Ohtanajärvi (S) 11 C1
Ohtinen (FIN) 33 B2
Oidrema (EST) 180 C5
Oiartzun (E) 127 C2
Oie, l' (F) 94 C3
Oigh-sgeir (GB) 44 B6
Oijärvi (FIN) 12 D3
Oijusluoma (FIN) 13 B2
Oikarainen (FIN) 12 D1
Oikari (FIN) 20 A3
Oimbra (E) 125 A5
Oinaala (FIN) 33 C3
Oinaanvaara (RUS) 35 C1
Oinasjärvi (FIN) 20 D2
Oinasjärvi (FIN) 33 B4
Oinaskylä (FIN) 20 C3
Oinoskylä (FIN) 20 A3
Oiose, Méry-sur- (F) 74 B6
Oiron (F) 95 A2
Oirschot (NL) 75 C1
Ois (E) 124 D2
Oiselay-et-Grachaux (F) 89 D5
Oisemont (F) 74 A4
Oisseau (F) 86 D4
Oissel (F) 87 B2
Oisterwijk (NL) 66 C6
õisu (EST) 179 C2
Oisu (EST) 181 A4
Oisy (F) 96 D1
Oitti (FIN) 34 A3
Oiu (EST) 181 B5
Oivanki (FIN) 13 B2
Oja (S) 11 C2
Öja (S) 30 C5
Öja (S) 31 B6
Öja (S) 43 C6
Ojakkala (FIN) 33 C4
Ojakylä (FIN) 12 B4
Ojakylä (FIN) 12 C6
Ojakylä (FIN) 12 D5
Ojanperä (FIN) 12 D6
Ojanperä (FIN) 20 A1
Öjarn (S) 15 C4
Ojasoo (EST) 181 A4
Ojców (PL) 72 B6
Ojdula (RO) 148 D6
Öje (S) 28 D1
Öjebyn (S) 11 B5
Ojén (E) 143 A5
Øjensvåg (N) 26 B5
Ojós (E) 141 A3
Ojos Negros (E) 134 B2
Ojrzeń (PL) 64 D5
Ojuel (E) 127 B6
Öjung (S) 25 A5
Öjvallberget (S) 24 C6
Öjvasslan (S) 24 C5
Okainiai (LT) 176 C3
Okalewo (PL) 64 B5
Okány (H) 146 B3
Okartowo (PL) 65 A3
Økdal (N) 23 C2
Okehampton (GB) 56 D4
Oker (D) 68 D5
Okeroinen (FIN) 34 B3
Okhta (RUS) 35 C4
Okkelberg (N) 14 C6
Okkenhaug (N) 14 C5
Oklaj (HR) 150 A5
Oklalı (TR) 161 C5
Ökna (S) 39 B4
Økneshamn (N) 4 C4
Oknö (S) 39 C5
Okoč (SK) 102 D1
Okol (AL) 157 C4
Okoli (HR) 150 B1
Okoličné (SK) 82 A4
Okolovo (BY) 177 D5
Okome (S) 38 C5
Okonek (PL) 63 B4
Okop (BG) 160 D3
Okopy Nowe (PL) 73 D4
Ököritófülpös (H) 83 B6
Okorvölgy (H) 102 D5
Okrajnik (PL) 82 A2
Okrilla,-Ottendorf (D) 70 A4
Okříšky (CZ) 80 B3
Okrouhlice (CZ) 80 B3
Okruglica (YU) 158 D3
Okru'hle (SK) 82 D3
Okrzeszyn (PL) 70 D5
Oksa (PL) 72 B5
Oksajärvi (S) 6 B4
Oksakoski (FIN) 19 D3
Oksava (FIN) 20 B1
Oksbøl (DK) 40 B3
Oksby (DK) 40 B3
Oksdøl (N) 14 B4
Øksendalseter (N) 23 C6
Øksendalsøra (N) 23 A3
Øksendrup (DK) 41 B4
Øksfjord (N) 1 D4
Øksingen (N) 8 C5
Øksna (N) 28 A1
Øksnes (N) 4 C3
Oksvoll (N) 14 A5
Oksza, Ostrowy nad (PL) 72 A4
Okt'abr'skoje (RUS) 175 C5
Okučani (HR) 150 C2
Okunevo (RUS) 175 A4
Okuniew (PL) 72 D1
Okupniki (PL) 71 D4
Olafsfjördur (IS) 1 C1
Olafsvík (IS) 1 A2
Olagüe (E) 127 C3
Olaine (LV) 179 A5
Olalhas (P) 130 C5
Öland (S) 39 D5
Ölandet (FIN) 32 C5
Ölands norra udde (S) 39 D3
Olanga (RUS) 13 D1
Olargues (F) 106 A4
Olavsgruva (N) 23 D3
Oława (PL) 71 B5
Oławckie, Laskowice (PL) 71 B4
Oławski, Gaj (PL) 71 B5
Oławskie, Minkowice (PL) 71 B4
Olazagutía (E) 127 B3
Olbernhau (D) 79 A2
Olbersleben (D) 78 C1
Olbia (I) 121 C/D1
Olbiecin (PL) 73 A4
Olbrachtów (PL) 70 C3
Olbramkostel (CZ) 80 C4
Olča, Zemianska (SK) 102 D1
Ol'chovka (RUS) 175 C5
Oldcastle (IRL) 51 B1
Oldeberkoop (NL) 67 A3
Oldeboorn (NL) 66 D2
Oldelde (N) 22 A5
Olden (N) 22 C5
Oldenbrok (D) 67 D2
Oldenburg (D) 67 D2
Oldenburg i. Holstein (D) 61 A2
Oldendorf (D) 68 D2
Oldenhütten (D) 60 C3
Oldenswort (D) 60 B2
Oldenzaal (NL) 67 B4
Olderdalen (N) 1 C6
Oldereid (N) 9 A2
Olderfjord (N) 1 C4
Olderfjord (N) 2 B3
Olderli (N) 9 A6
Oldernes (N) 2 B3
Oldersum (D) 67 C2
Oldervik (N) 1 B5
Oldervik (N) 2 A4
Old Fletton (GB) 54 D6
Oldham (GB) 53 C4
Oldmeldrum (GB) 45 C6
Old Somerby (GB) 54 D5
Oldsum (D) 60 B1
Oleckie, Kowale (PL) 65 B2
Olecko (PL) 65 B2
Oléggio (I) 98 D6
Oleiros (E) 124 B3
Oleiros (P) 130 D4
Olejnikov (SK) 82 C3
Olen (B) 75 B1
Ølensjøen (N) 26 B5
Oleri (LV) 179 C3
Oles'k (UA) 73 D4
Olešná (CZ) 79 C4
Oleśnica (PL) 71 B4
Olešnice (CZ) 80 C3
Oleśniczka (PL) 71 B4
Olesno (PL) 71 C5
Olešno (PL) 72 D6
Olestølen (N) 27 A1
Oleszno (PL) 72 B4
Oleszyce (PL) 73 C6
Oletta (F) 120 C2
Olette (F) 129 C3
Olfinów (PL) 72 C6
Olgiate (I) 99 B6
Olgiate (I) 108 D1
Olginate (I) 99 B5
Ølgod (DK) 40 C3
Olhão (P) 137 D5
Olhava (FIN) 12 C3
Ol'havatka (RUS) 176 A5
Oliana (E) 129 A5
Olias (E) 143 B4
Olias de Rey (E) 132 C4
Olib (HR) 111 C4
Oliby (B) 75 B4
Oliete (E) 134 C2
Olimbos (GR) 173 C6
Olinas (LV) 179 D3
Olio, Ponte d' (I) 109 B2
Olişcani (MD) 149 D1
Olite (E) 127 C4
Oliva, La (E) 145 C4
Oliva (E) 141 C1
Oliva de Mérida (E) 138 D1
Oliva de Plasenc (E) 131 C4
Olivar (E) 143 C4
Olivares (E) 142 B3
Olivares de Jucar (E) 133 B5
Oliveira (P) 130 C2
Oliveira (P) 130 C3
Oliveira (P) 130 D1
Oliveira de Azemeis (P) 130 C2
Oliveira do Bairo (P) 130 C3
Oliveira do Hospital (P) 130 D3
Olivenza (E) 138 B1
Oliveri (I) 119 B2
Olivese (F) 120 C4
Olivet (F) 88 A4
Oliveto (I) 119 C3
Oliveto Citra (I) 115 B6
Olivia de Jerez (E) 138 B2
Olivone (CH) 99 A4
Öljehult (S) 39 B6
Ol'ka (SK) 82 D3
Olkamangi (S) 6 C6
Olkijoki (FIN) 12 B5
Olkiluoto (FIN) 32 C2
Olkkajärvi (FIN) 12 D1
Ol'koviči (BY) 177 D5
Olkusz (PL) 72 B6
Ollencourt (F) 74 C5
Ollerton (GB) 54 C4
Ollerup (DK) 41 A4
Olley (F) 75 B6
Ollières-s-Eyrieux, les (F) 106 D1
Olliergues (F) 96 D5
Ollikkala (FIN) 34 C1
Ollila (FIN) 6 A2
Ollila (FIN) 13 B1
Ollila (FIN) 20 B5
Ollila (FIN) 34 D1
Ollingdal (S) 24 D5
Ollingskog (S) 24 D5
Öllölä (FIN) 21 C5
Olloniego (E) 125 D2
Ollsta (S) 16 C6
Olme (S) 28 D5
Olmeda (E) 133 B3
Olmeda (E) 133 C5
Olmedilla (E) 126 C6
Olmedilla (E) 133 C5
Olmedo (I) 121 B2
Olmedo (E) 132 B1
Olmeto (F) 120 B4
Olmi-Cappella (F) 120 B2
Olmillos (E) 126 C4
Olmo (F) 120 B2
Olmos, Los (E) 134 C2
Olmos, Los (E) 140 D2
Olmos (E) 126 B3
Olmos de Pisuerga (E) 126 C4
Ölmskog (S) 28 D5
Ölmstad (S) 38 D3
Ołoboczne, Biskupice (PL) 71 C3
Olocau (E) 134 C5
Olocau (E) 134 D3
Olofsfors (S) 17 A5
Olofslund (S) 16 D2
Olofstorp (S) 38 B3
Olofström (S) 43 A1
Ologi (RO) 154 A5
Olombrada (E) 126 C6
Olomouc (CZ) 81 A3
Olonne-s-Mer (F) 94 B3
Olonzac (F) 106 A5
Oloron-Sainte-Marie (F) 104 C5
Olost (E) 129 B5
Olot (E) 129 C4
Olovo (BIH) 151 A4
Olpe (D) 76 C2
Olpret (RO) 147 B3
Øls (DK) 40 D1
Olsåker (N) 5 B2
Olšany u Prost. (CZ) 81 A3
Olsätter (S) 28 D4
Olsberg (D) 68 A6
Ölsboda (S) 29 A5
Olsborg (N) 5 B1
Olsene (B) 74 D2
Olseröd (S) 43 A2
Ölserud (S) 28 C6
Olshammar (S) 29 A6
Olsker (DK) 43 A3
Olsøy (N) 14 A6
Ølst (DK) 41 A1
Olst (NL) 67 A4
Olstad (N) 27 C1
Olsträsket (S) 10 B5
Ølstykke (DK) 41 D3
Olsvenne (S) 43 C6
Olszanica (PL) 83 B3
Olszany (PL) 72 C2
Olszany (PL) 83 B2
Olszownica (PL) 72 D5
Olsztyn (PL) 72 A5
Olsztynek (PL) 64 C3
Olszyna (PL) 70 B3
Olszyny, Str. (PL) 64 D3
Olszyny (PL) 82 C2
Oltari (HR) 111 C3
Oltedal (N) 36 A1
Olten (D) 67 C6
Olten (CH) 98 D1
Olteni (RO) 154 A5
Oltenita (RO) 154 C5
Oltina (RO) 155 A4
Oltre il Colle (I) 99 B5
Oltyně (CZ) 79 D5
Olula (E) 140 C5
Olustvere (EST) 181 A5
Olvan (E) 129 B4
Olvasjärvi (FIN) 12 D4
Ølve (N) 26 B4
Olvega (E) 127 C6
Olvena (E) 128 C5
Olvenstedt (D) 69 A4
Olvera (E) 142 D4
Olympia (GR) 170 C2
Olympias (GR) 163 B5
Olympias (GR) 164 A3
Olymthos (GR) 163 D4
Olzai (I) 121 C3
Olze (D) 78 B3
Omagh (GB) 47 A4
Omalos (GR) 172 B6
Omarčevo (BG) 160 C3
Omarska (BIH) 150 B4
Ombersley (GB) 57 C1
Omblèze (F) 107 A1
Ombøy (N) 26 B6
Ombret-Rawsa (B) 75 C3
Omedu (EST) 181 C4
Omegna (I) 98 D5
Omergues, les (F) 107 B3
Ömerköy (TR) 169 C1
Omgang (N) 2 D1
Omiécour (F) 74 C5
Omiš (HR) 150 B6
Omišalj (HR) 111 B2
Omme, Sørre (DK) 40 C3
Ommen (NL) 67 A4
Omniševo (BY) 177 D5
Omø (DK) 41 B4
Omobono S. (I) 99 B5
Omodhos (CY) 174 C5
Omonville-la-Rogue (F) 86 B1
Ömossa (FIN) 19 A5
Omsjö (S) 16 C5
Omtojoki (FIN) 21 A1
Omurtag (BG) 160 C1
Omyriaki (GR) 167 A4
Ön (FIN) 32 D5
Ona (N) 22 C3
Oña (E) 126 D3
Onano (I) 112 D4
Onas (FIN) 34 B4
Oñate (E) 127 B3
On Bain, Burgh (GB) 54 D4
Onby (N) 8 C4
Oncesti (RO) 154 B5
Onda (E) 134 D4
Ondara (E) 141 C1
Ondárroa (E) 127 B2
Ondav, Turany nad (SK) 82 D4
Ondavou, Rakovec nad (SK) 82 D4
Onderdendam (NL) 67 A2
Onesse-et-Laharie (F) 104 B3
Onești (RO) 149 A5
Onga (H) 82 C6
Ongar, Chipping (GB) 59 A2
Onich (GB) 48 C1
Onil (E) 141 B2
Onis (E) 126 A2
Onkamaa (FIN) 34 D3
Onkamo (FIN) 7 D6
Onkamo (FIN) 12 C4
Onkamo (FIN) 21 C5
Onkijoki (FIN) 33 A3
Onkiniemi (FIN) 34 B1
Onlay (F) 96 D2
Önnestad (S) 42 D2
Onno (I) 99 B5
Onøy (N) 8 D4
Onoz (F) 97 C3
Ons, I. de (E) 124 B4
Onsaker (N) 27 C3
Onsala (S) 38 A4
Önskan (S) 16 D5
Ønslev (DK) 41 C5
Onsøy (N) 27 D6
Ontaneda (E) 126 C2
Onteniente (E) 141 B1
On the Hill, Breedon (GB) 54 B5
Ontika (EST) 181 C3
Ontiñena (E) 128 C6
Onttola (FIN) 21 B4
Ontur (E) 141 A2
Önusberg (S) 11 B5
Onuškis (LT) 176 D5
Onuskis (LT) 177 A1
Onzain (F) 95 C1
Oola (IRL) 50 D4
Oombergen (B) 75 A2
Oonga (EST) 180 C4
Oonurme (EST) 181 C4
Ooperi (FIN) 19 B4
Oordegem (B) 75 A2
Oostburg (NL) 74 D1
Oost-Cappel (F) 74 C2
Oostduinkerke (B) 74 C1
Oostende (B) 74 C1
Oosterbierum (NL) 66 D2
Oosterburen (NL) 67 A1
Oosterdijk (NL) 66 C3
Oosterend (NL) 66 D2
Oosterhout (NL) 66 C6
Oosterwolde (NL) 67 A2
Oosterzele (B) 74 D2
Oosthuizen (NL) 66 C4
Oostkamp (B) 74 D1
Oostmahorn (NL) 67 A2
Oostmalle (B) 75 B1
Oostvieteren (B) 74 C2
Oost-Vlieland (NL) 66 C2
Oostvoorne (NL) 66 B5
Oostwold (NL) 67 B2
Ootmarsum (NL) 67 B4
Opalenica (PL) 71 A1
Opalenie (PL) 64 A3
Opaljenik (YU) 151 D6
Opařany (CZ) 79 D5
Opatija (HR) 111 B2
Opatov (CZ) 80 D2
Opatovice n. Lab (CZ) 80 C1
Opatovská Nový Ves (SK) 82 A6
Opatów (PL) 71 C4
Opatów (PL) 71 D5
Opatów (PL) 72 D5
Opatówek (PL) 71 C3
Opatowiec (PL) 72 C6
Opava (CZ) 81 B2
Opdøl (N) 23 A3
Ope (S) 24 D1
Opejnca (MK) 162 D2
Ophasselt (B) 74 D2
Opheylissem (B) 75 B2
Opi (I) 113 C6
Opladen (D) 76 B2
Oplotnica (SLO) 101 D4
Opniogóra Górna (PL) 64 D5
Opočno (CZ) 70 D6
Opoczki (PL) 64 A5
Opoczno (PL) 72 C3
Opole (PL) 71 C5
Opole Lubelskie (PL) 73 A4
Opolski, Rogów (PL) 71 C6
Opolskie, Strzeice (PL) 71 C6
Oporów (PL) 72 A1
Opoul-Périllos (F) 106 A6
Opovo (YU) 151 D2
Oppach (D) 70 B4
Oppakersund (N) 28 A3
Oppdal (N) 14 C4
Oppdal (N) 23 B3
Oppdøl (N) 22 D3
Oppeano (I) 109 D2
Oppegård (N) 28 A2
Oppenau (D) 90 D3
Oppenheim (D) 76 D4
Oppenweiler (D) 91 B2
Opphaug (N) 14 A6
Oppheim (N) 26 C2
Opphus (N) 24 A6
Oppido M.(I) 119 C2
Oppido Lucano (I) 115 C6
Oppland (N) 8 D5
Oppmanna (S) 43 A1
Opponitz (A) 101 C1
Oppsjö (S) 16 C6
Oppsjö (S) 25 B4
Oppstryn (N) 22 C5

Oprisoru (RO) 153 A4
Opsa (BY) 177 C3
Opshaugvik (N) 22 C4
Opstad (N) 28 A3
Ópusztaszer (H) 103 D4
Oquuillas (E) 126 D5
Ør (N) 28 A6
Ör (S) 38 B1
Ör (S) 39 A5
Ör (H) 83 A6
Øra (N) 1 C4
Öra (S) 38 C3
Ora (I) 100 A4
Orada (P) 138 A1
Oradea (RO) 146 C3
Oradour-Fanais (F) 95 B4
Oradour-s-Glane (F) 95 C5
Oradour-s-Vayres (F) 95 B5
Orahova (BIH) 150 B2
Orahova (BIH) 150 C3
Orahovac (YU) 158 A4
Orahovica (HR) 150 D1
Orahovica Don. (BIH) 151 A3
Orahovičko Polje (BIH) 150 D4
Orahovo (YU) 103 C6
Orahovo (YU) 157 C4
Oraison (F) 107 C4
Orajärvi (FIN) 6 C6
Orakylä (FIN) 7 B5
Orange (F) 107 A3
Orange Lane (GB) 49 B4
Orani (I) 121 C3
Oranienbaum (D) 69 C5
Oranienburg (D) 69 C3
Oranmore (IRL) 50 D2
Orašac (HR) 156 D3
Orašje, V. (YU) 152 B4
Orašje (BIH) 151 A2
Orăștie (RO) 147 A6
Orasu Nou (RO) 147 A1
Öratjärn (S) 25 A5
Orava (FIN) 19 C3
Orava (EST) 182 C2
Oravais, Oravainen (FIN) 19 B3
Oravala (FIN) 34 C2
Öravan (S) 16 C2
Oravankylä (FIN) 20 B2
Oravasaari (FIN) 20 B5
Öravattnet (S) 16 A6
Oravi (FIN) 21 A5
Oravice, chata (PL) 82 A3
Oravikoski (FIN) 20 D4
Oravisalo (FIN) 21 B5
Oravita (RO) 152 C2
Oravivaara (FIN) 13 B5
Oravská Lesná (SK) 81 D3
Oravské Podzámok (SK) 82 A3
Orávská Polhora (SK) 82 A3
Oravské Veselé (SK) 82 A3
Orba (E) 141 C1
Orbacém (P) 124 B5
Orbada, La (E) 131 D2
Ørbæk (DK) 41 B4
Orbais (F) 88 D2
Orbassano (I) 108 C1
Orbe (CH) 98 A3
Orbec (F) 87 A3
Ørbeck (N) 28 A3
Orbessan (F) 105 A4
Orbetello (I) 112 C4
Orbey (F) 90 C4
Orbigny (F) 95 C1
Ørbogen (N) 23 A2
Örby (S) 38 B4
Ørby (DK) 41 A2
Örbyhus (S) 31 A2
Orca (P) 131 A4
Orce (E) 140 C4
Orcera (E) 140 B3
Orchamps (F) 97 C2
Orchamps (F) 98 B2
Orches (F) 95 A2
Orcheta (E) 141 C2
Orchiaz (F) 97 C4
Orchies (F) 74 D3
Orchilla, Faro de (E) 144 A3
Orchis (F) 74 D3
Orchomenos (GR) 167 B5
Orchowo (PL) 63 D6
Orchy, Bridge of (GB) 48 C2
Orcia, Castiglione d' (I) 112 D3
Orciano di P. (I) 110 C6
Orcières (F) 107 C2
Orcino, Sari d' (F) 120 B3
Ordenes (E) 124 C2
Ordesa (E) 128 C3
Ordinacky, Łażek (PL) 73 B5
Ording,-Sankt-Peter (D) 60 B2
Ordino (AND) 129 A3
Ordizia (E) 127 B2
Ordona (I) 115 B5
Ordonnaz (F) 97 C5
Ordorheiul Secuiesc (RO) 148 C5
Orduna (E) 127 A3
Øre (N) 22 D3
Øre (N) 23 A2
Orea (E) 133 C3
Orebem, Třebechovicepod (CZ) 70 D6
Orebić (HR) 156 C3
Örebro (S) 29 A5
Orechova Gora (RUS) 182 D3
Öreglak (H) 102 C4
Öregrund (S) 31 B2
Orehoved (DK) 41 C5
Orehovica (SLO) 111 C1
Orehoviči (RUS) 182 D3
Orei (GR) 167 B4
Orel (RUS) 181 D4
Orellana la Vieja (E) 139 A1
Ören (TR) 165 C5
Ören (TR) 173 C2
Orense/Ourense (E) 124 D4
Oreon (GR) 164 C1
Öreryd (S) 38 D4
Orešak (BG) 159 D2
Orešany, Dol. (SK) 81 A5
Orešniki (BY) 177 D6
Orestias (GR) 160 D5
Öreström (S) 16 D4
Öresund (S) 16 C1
Oreuzburg (D) 77 C1
Oreye (B) 75 C2
Orézzoli (I) 109 A3
Orford (GB) 59 C1
Orfos, Akr. (GR) 173 B4
Organos, Los (E) 144 C3
Organya (E) 129 A4
Orgaz (E) 132 C5
Orgelet (F) 97 C3
Ørgenvika (N) 27 C3
Orgères-en-Beauce (F) 88 A3
Orgeval (F) 88 B2
Orgiano (I) 110 A2
Orgibet (F) 105 B6
Orgiva (E) 140 A6
Orgnac-l'Aven (F) 106 D3
Orgon (F) 107 A4
Orgósolo (I) 121 C3
Orgovány (H) 103 C4
Orhaniye (TR) 165 B2
Orhei (MD) 149 D2
Oria (I) 117 C2
Oria (E) 140 C4
Origne (F) 104 C2
Origny (F) 74 D5
Origny-Sainte-Benoite (F) 74 D5
Orihuela (E) 141 A3
Orihuela del Tremedal (E) 133 C3
Orimattila (FIN) 34 B3
Orincles (F) 104 D6
Orini (GR) 164 A2
Oriniemi (FIN) 33 B2
Oriola (P) 137 D2
Oriolo (I) 117 A3
Oripää (FIN) 33 A3
Orisberg (FIN) 19 B4
Orismala (FIN) 19 B3
Orissaare (EST) 180 B5
Oristano (I) 121 B4
Orisuo (FIN) 33 A2
Öriszentpéter (H) 102 B4
Oritor (GB) 47 B4
Oriveden asema (FIN) 33 C1
Orivesi (FIN) 33 C1
Orizare (BG) 161 A2
Orizovo (BG) 160 A4
Orjahovo (BG) 153 C5
Orjava (UA) 83 C4
Ørjavik (N) 22 D2
Ørje (N) 28 A5
Ør Jølby (DK) 37 A6
Orkanger (N) 23 B2
Örkelljunga (S) 42 C1
Örkény (H) 103 C3
Orkney (GB) 45 C2
Ør Lindet (DK) 40 D4
Orl., Jablonné n. (CZ) 80 D2
Orl., v h., Rokytnice (CZ) 80 D1
Orl., Ústí n. (CZ) 80 C2
Orla (PL) 65 C5
Orlamünde (D) 78 C2
Orlando, Capo d' (I) 119 A2
Orlane (YU) 158 B3
Orlat (RO) 147 B6
Orlate (YU) 158 B4
Orle (PL) 71 D1
Orléans (F) 88 A4
Orlík, Vyšný (SK) 82 D3
Orlivka (RO) 155 B1
Orljak (BG) 155 B5
Orlov (SK) 82 C3
Orlová (CZ) 81 B2
Orłowo (PL) 64 A1
Orly (F) 88 B2
Orly (RUS) 181 D3
Orma (GR) 163 B2
Ormaiztegui (E) 127 B2
Ormanli (TR) 161 C5
Ormea (I) 108 B4
Ormelet (N) 27 D6
Ormemyr (N) 27 B4
Örménykút (H) 146 A4
Ormes, les (F) 95 B2
Ormes-s-Voulzie, les (F) 88 D3
Ormhult (S) 38 D6
Örmon (S) 29 B6
Ormos (GR) 168 B6
Ormos Panormu (GR) 172 B1
Ormož (SLO) 102 A5
Ormsjö, Ö. (S) 15 C3
Ormsjö, V. (S) 15 C3
Ormskär (FIN) 32 C5
Ormskirk (GB) 53 B3
Ormylia (GR) 164 A4
Ornaisons (F) 106 A5
Ornans (F) 97 D2
Örnäs (S) 10 B5
Örnberg (FIN) 19 B3
Ørnes (N) 4 D6
Ørnes (N) 8 D3
Ornes (N) 15 A2
Ørneset (N) 9 A6
Orneta (PL) 64 C2
Orneta (I) 115 B5
Ørnfjordbotn (N) 5 A1
Ørnhøj (DK) 40 C2
Ornö (S) 31 B5
Örnsköldsvik (S) 16 D5
Örö (FIN) 32 D5
Oroftiana (RO) 148 D1
Orol (E) 125 A1
Orolik (HR) 151 B2
Oron-la-Ville (CH) 98 B3
Oronsay (GB) 48 A3
Orońsko (PL) 72 D4
Oropa (I) 108 B1
Oropesa (E) 132 A4
Oropesa (E) 135 A4
Orosei (I) 121 D3
Orosháza (H) 146 A4
Oroso (E) 124 C2
Oroszlány (H) 103 A2
Oroszló (H) 102 D5
Orotavo, La (E) 144 B5
Orotelli (I) 121 C3
Oroz-Betelu (E) 127 D3
Orozco (E) 127 A2
Ørpen (N) 27 C4
Orphin (F) 88 A2
Orphir (GB) 45 C2
Orpierre (F) 107 B3
Orpiszew (PL) 71 B3
Orrberg (S) 16 D3
Orrböle (S) 17 A4
Orre (N) 36 A2
Orrefors (S) 39 B5
Orrengrund (FIN) 34 C4
Orres, les (F) 107 D2
Orria (I) 116 B3
Orriols (E) 129 D4
Orrios (E) 134 C3
Orroli (I) 121 C4
Orrskog (S) 30 D2
Orrträsk (S) 17 A2
Orsa (S) 24 D6
Orsago (I) 110 C1
Orsáia, Torre (I) 116 C4
Orsala (S) 28 D2
Orsan (F) 106 D3
Orsans (F) 97 D1
Orsara di Púglia (I) 115 B5
Örsås (S) 38 C4
Örsbäck (S) 17 A4
Orsennes (F) 95 D3
Orsières (CH) 98 B4
Örsjö (S) 39 C5
Orsjöbergssätern (S) 28 C1
Örskär (S) 31 B1
Orslandet (FIN) 33 B5
Ørslev (DK) 41 C3
Ørslev (DK) 41 C4
Orsogna (I) 114 D2
Orsoia (RO) 153 A5
Orsomarso (I) 116 D4
Orsova (RO) 152 D3
Ørsta (N) 22 B4
Ørsted (DK) 41 A1
Ørsted (DK) 41 A4
Orsundsbro (S) 31 A3
Orta (N) 22 C3
Orta (I) 98 D5
Ortacaköy (TR) 165 C1
Ortakent (TR) 173 B2
Ortaklar (TR) 169 C5
Orta Nova (I) 115 C4/5
Orte (I) 113 A4
Ortegal, Cabo (E) 124 D1
Ortenberg (D) 77 A3
Orth (D) 61 A2
Orth (A) 102 B1
Ortheuville (B) 75 C4
Orthez (F) 104 C5
Ortholmen (S) 24 C4
Orthovunion (GR) 163 A5
Ortigosa de Rio Almar (E) 132 A3
Ortigueira (E) 124 D1
Ortihovo (RUS) 182 D4
Ortisei (I) 100 B3
Ortisoara (RO) 146 B6
Ortnevik (N) 26 B1
Orton (GB) 53 C1
Ortona (I) 114 D2
Ortovero (I) 108 C5
Ortrand (D) 70 A3
Örträsk (S) 16 D3
Örträsk (S) 17 A1
Ortsjö (S) 25 C3
Ortved (DK) 41 C3
Örtze,-Müden (D) 68 C3
õru (EST) 182 B2
Ørum (DK) 40 D1
Ørum (DK) 41 A1
Orune (I) 121 C3
Orusco (E) 133 A3
Orust (S) 38 A3
Orvalho (P) 130 D4
Ørvella (N) 27 B5
Orvieto (I) 112 D4
Örviken (S) 17 B2
Orville (F) 89 C5
Orvilliers (F) 88 A2
Orvinio (I) 113 B5
Orvljivica (BIH) 150 B4
Orzechów, Nowy (PL) 73 C3
Orzechów (PL) 72 A4
Orzechowo (PL) 71 B2
Orzesze (PL) 81 C1
Orzinuovi (I) 109 B2
Orzola (E) 145 D3
Orzyny (PL) 64 D3
Orzysz (PL) 65 A3
Os (N) 23 D3
Os (S) 38 D5
Osa (N) 26 D2
Osabø (N) 14 D1
Osada, Brošnev (UA) 83 D4
Osada, Chyżew- (PL) 65 B5
Osada, Iłowo (PL) 64 C4
Osada, Komarów- (PL) 73 C5
Osada, Kuczbork- (PL) 64 C5
Osada, Liptov. (SK) 81 D4
Osada, Strzegowo (PL) 64 C5
Osada, Zieluń (PL) 64 B4
Osa de la Vega (E) 133 A5
Osadné (SK) 83 A3
Osani (F) 120 B2/3
Osbournby (GB) 54 D5
Osbrlie (SK) 82 A5
Osby (DK) 40 D4
Osby (S) 42 D1
Oščadnica (SK) 81 C3
Oschatz (D) 69 D6
Oschersleben (D) 69 A5
Öschiri (I) 121 C2
Ościsłowo (PL) 64 C5
Osdal (N) 22 C5
Ose (N) 36 C1
Øse (DK) 40 C3
Osebol (S) 28 C3
Osečina (YU) 151 C4
Osečná (CZ) 70 B5
Osedalen (N) 37 A2
Oseja de Sajambre (E) 126 A2
Osek, Vel. (CZ) 80 B1
Osek (CZ) 79 B2
Osek (CZ) 79 B4
Osen (N) 8 D5
Osen (N) 14 B4
Osenec (BG) 154 C6
Osera (E) 128 B6
Oset (N) 27 A3
Oset (N) 27 B2
Oset (N) 28 A2
Oset (E) 134 C4
Oshaugen (N) 4 C3
Osi (H) 102 D3
Osidda (I) 121 C2
Osie (PL) 63 D3
Osieciny (PL) 64 A6
Osieck (PL) 72 D2
Osieczna (PL) 63 D3
Osieczna (PL) 71 A2
Osiek (PL) 63 D3
Osiek (PL) 64 B4
Osiek (PL) 72 D5
Osiek nad Notecia (PL) 63 C5
Osiek Wielki (PL) 71 D1
Osielec (PL) 82 A2
Osielsko (PL) 63 D4
Osiglia (I) 108 C4
Osijek (HR) 151 A1
Osilnica (SLO) 101 C6
Osilo (I) 121 B2
Osimo (I) 113 C2
Osinogrodek (BY) 177 C3
Osinovka (RUS) 175 C5
Osinów Dolny (PL) 62 C5
Osiny (PL) 73 A2
Osipaonica (YU) 152 B3
Osipoviči (BY) 177 C5
Osiu Luka (GR) 167 B5
Osjaków (PL) 71 D4
Oskar (S) 39 C6
Oskarshamn (S) 39 C4
Oskarström (S) 38 C6
Oskfjordh. (N) 1 C5
Osl., Ostrov n. (CZ) 80 C3
Oslány (SK) 81 C5
Oslättfors (S) 30 D1
Oslavany (CZ) 80 C4
Oslavou, Náměšť n. (CZ) 80 C4
Ošlejas (LV) 178 D5
Osli (H) 102 C2
Oslići (HR) 111 A2
Oslo (N) 27 D4
Osloß (D) 68 D3
Osma (FIN) 2 D4
Osma (FIN) 7 A5
Osma (E) 127 A3
Osmanki (FIN) 20 C2
Ošm'any (BY) 177 A5
Ösmo (S) 31 B5
Osmolda (UA) 83 D4
Osmolin (PL) 72 B1
Osnabrück (D) 67 D4
Osnäs (FIN) 32 C3
Ośno Lubuskie (PL) 70 B1
Osny (F) 88 B1
Osoblaha (CZ) 71 B6
Osoje (HR) 150 B6
Osoppo (I) 100 D4
Osor (HR) 111 B4
Osorbei (RO) 146 C3
Osorno (E) 126 B4
Osov (CZ) 79 C4
Osová Bitýška (CZ) 80 C3
Osovo (BY) 177 D4
Osovo Zarečje (BY) 177 C4
Osowa (PL) 65 B2
Osowa (PL) 73 C3
Osowiec (PL) 65 B3
Osowo Leborskie (PL) 63 D1
Osøy (N) 23 C2
Osøyro (N) 26 B4
Ospa (N) 26 A1
Ospedale, l' (F) 120 C4
Ospedaletti (I) 108 B5
Ospitale di Cadore (I) 100 C4
Ospitaletto (I) 99 C6
Ośrodek, Gołymin- (PL) 64 D5
Oss (NL) 66 D5
Ossa (PL) 72 C3
Ossa (GR) 163 D2
Ossa de Montiel (E) 140 B1
Össeby-Garn (S) 31 B3
Ossendorf (D) 68 B6
Ossiach (A) 101 B4
Ossig,-Deutsch (D) 70 B4
Össjö, Norra (S) 38 D6
Össjö (S) 38 D5
Ossling (D) 70 A4
Ossory, Borris in (IRL) 51 A3
Osstul (N) 27 A5
Ossun (F) 104 D5
Östad (S) 38 B3
Östaholm (S) 30 D2
Östanå (S) 42 D1
Östanåna (S) 30 D1
Östanbäck (S) 17 B1
Östanbäck (S) 25 B2
Östansjö (S) 10 B4
Östansjö (S) 16 C5
Östansjö (S) 24 D5
Östansjö (S) 25 B3
Östansjö (S) 25 B5
Östansjö (S) 29 A5
Oštarije (HR) 111 C2
Ostaszewo (PL) 64 A2
Östavall (S) 25 A3
Östavik (S) 25 A6
Ostbevern (D) 67 C5
Østbirk (DK) 40 D2
Östbjörka (S) 29 A1
Østborg (N) 15 A4
Östby (S) 16 C5
Østby (N) 24 B6
Östbyn (S) 25 A2
Østebø (N) 36 B1
Østed (DK) 41 C3
Ostellato (I) 110 B3
Oster (CH) 99 A2
Österåker (S) 30 C5
Österås (S) 16 C6
Österåsen (S) 16 B5
Österböle (S) 24 D2
Osterburg (D) 69 A3
Osterburken (D) 77 B5
Østerby (DK) 37 B5
Østerby (DK) 37 D5
Österbybruk (S) 31 A2
Österbymo (S) 39 B3
Ostercappeln (D) 67 D4
Östereiden (D) 67 D6
Österfärnebo (S) 30 D2
Osterfeld (D) 78 C1
Österflövsta (S) 31 A2
Österforse (S) 16 C6
Östergamsholm (S) 43 D5
Östergraninge (S) 25 C1
Osterhankmo (FIN) 19 B3
Österhannige (S) 31 B5
Osterhofen (D) 93 A2
Øster Højst (DK) 40 C5
Osterholz-Scharmbeck (D) 60 B5
Øster Hurup (DK) 37 C6
Osteria Nuova (I) 113 A5
Østerild (DK) 37 A5
Österjörn (S) 11 A6
Österkälen (S) 15 C4
Østerlars (DK) 43 B4
Osterlinden (D) 67 C3
Østermarie (DK) 43 B4
Östermark (FIN) 33 A4
Östermen (S) 39 C1
Ostermünchen (D) 92 D4
Östernoret (S) 16 C4
Österö (FIN) 19 B2
Osterode a. Harz (D) 68 C5
Österskär (FIN) 32 C5
Östersund (S) 24 D1
Östersundom (FIN) 34 A5
Östersunda (S) 30 D3
Östervåla (S) 30 D2
Östervallskog (S) 28 B4
Östervollen (N) 14 C6
Osterwanna (D) 60 B4
Osterwieck (D) 68 D5
Osterzell (D) 92 B4
Östforå (S) 30 D3
Östhammar (S) 31 B2
Ostheim (D) 92 B1
Ostheim v. d. Rh. (D) 77 C3
Ostiano (I) 109 B2
Ostíglia (I) 109 D2
Ostiz (E) 127 C3
Östmark (S) 28 C3
Östnäs (S) 17 B4
Østnes (N) 15 A3
Ostojićevo (YU) 103 D6
Ostra (I) 113 B1
Östraby (S) 42 D2
Ostrach (D) 91 B4
Östra Stugusjö (S) 25 A2
Ostrau (D) 69 D6
Ostrava (CZ) 81 B2
Ostravice (CZ) 81 B3
Østre Gausdal (N) 27 C1
Ostritz (D) 70 B4
Ostróda (PL) 64 C3
Ostroh, Uher. (CZ) 81 A4
Ostrołeka (PL) 65 A4
Ostroměř (CZ) 70 C6
Ostrorog (PL) 63 B6
Ostrošickij Gorodok (BY) 177 D6
Ostrošicy (BY) 177 D6
Ostrov (CZ) 79 A3
Ostrov (BG) 153 C5
Ostrov (RO) 155 A4
Ostrov (BY) 177 D3
Ostrov (RUS) 181 D2
Ostrov (RUS) 182 D1
Ostrov (RUS) 182 D4
Ostrov u. Stříbra (CZ) 79 A4
Ostrovcy (RUS) 181 D5
Ostrove, Blatná na (SK) 102 C1
Ostrove, Zlatná na (SK) 102 D2
Ostrovec (BY) 177 B5
Ostrov n. Osl. (CZ) 80 C3
Ostrov u Macochy (CZ) 80 D3
Ostrów (PL) 72 D2
Ostrówek (PL) 71 D4
Ostrowiec (PL) 63 B2
Ostrowiec Swietokrzyski (PL) 72 D4
Ostrowite (PL) 64 B5
Ostrów Kaliski (PL) 71 C3
Ostrów Lubelski (PL) 73 B3
Ostrów Mazowiecka (PL) 65 A5
Ostrowo (PL) 63 D6
Ostrów Wielkopolski (PL) 71 C3
Ostrowy (PL) 72 A1
Ostrowy nad Oksza (PL) 72 A4
Ostrožac (BIH) 150 A3
Ostrožac (BIH) 150 D6
Ostrożne (PL) 65 B5
Ostrvica (HR) 111 D4
Ostrzeszów (PL) 71 C3
Östuna (S) 31 A3
Ostuni (I) 117 C2
Osturna (SK) 82 B3
Østvebø (N) 26 D2
Östvik (S) 17 B1
Osuchy (PL) 73 C6
Osula (EST) 182 B2
Osuna (E) 142 D3
Ošupe (LV) 181 B5
Osveja (BY) 177 D1
Osvětlmany (CZ) 81 A4
Osvoll (N) 4 C3
Oswestry (GB) 53 B5
Oswiecim (PL) 81 D2
Osztopán (H) 102 D5
Ota (P) 130 B6
Otalampi (FIN) 33 C4
Otałeż (PL) 72 D6
Otamo (FIN) 19 A6
Otañes (E) 126 D2
Otanki (LV) 178 B6
Otanmäki (FIN) 20 C1
Otaslavice (CZ) 80 D3
Otava (FIN) 34 D1
Oteiza (E) 127 C3
Otelec (RO) 152 A1
Oteleni (RO) 149 A3
Oteleni (RO) 149 C4
Otelu Rosu (RO) 152 D1
Otepää (EST) 182 B2
Oterberg (N) 2 B3
Oteren (N) 5 B1
Oterma (FIN) 12 D5
Otero (E) 125 A2
Otero (E) 131 D2
Otero de Bodas (E) 125 C5
Otero de Herreros (E) 132 C2
Otersen (D) 68 B3
Oterstranda (N) 8 D3
Otervik (N) 14 C2
Otesani (RO) 153 B2
Oteševo (MK) 162 D2
Otetelisu (RO) 153 B3
Othery (GB) 57 B4
Othoni (GR) 162 A5
Oti (S) 29 B3
Otley (GB) 54 B3
Otmo (N) 14 D5
Otmuchów (PL) 71 B6
Otnes (N) 23 D5
Otočac (HR) 111 C3
Otočec (SLO) 111 C1
Otok (HR) 151 B2
Otoka (BIH) 150 A3
Otopeni (RO) 154 B3
Otorowo (PL) 63 A6
Otradnoe (RUS) 35 D5
Otradnoe (RUS) 181 D3
Otradnoje (RUS) 175 D5
Otranto (I) 117 D3
Otravaara (FIN) 21 B3
Otrić (HR) 150 A4
Otrícoli (I) 113 A4
Otrokovice (CZ) 81 A4
Otrøy (N) 22 C3
Otstad (N) 14 B3
Otste (EST) 180 A4
Otta (N) 23 B5
Ottana (I) 121 C3
Ottaviano (I) 114 D6
Ottendorf-Okrilla (D) 70 A4
Ottenheim (D) 90 D3
Ottenhöfen (D) 90 D3
Ottenschlag (A) 80 B5
Ottensheim, Urfahr (A) 93 C3
Otterbäcken (S) 28 D6
Otterberg (D) 76 C5
Otterbourne (GB) 58 B4
Otterburn (GB) 49 C5
Otter Ferry (GB) 48 C3
Otterford (GB) 57 B4
Otterlo (NL) 66 D5
Otterndorf (D) 60 B4
Øtteroy (N) 14 B4
Ottersberg (D) 68 B2
Ottersøy (N) 14 B3
Otterstad (S) 38 C1
Otter St Mary (GB) 57 B5
Otterswick (GB) 45 D3
Otterup (DK) 41 A3
Ottervattnet (S) 17 A4
Ottestad (N) 28 A2
Öttevény (H) 102 C2
Ottíglio (I) 108 C2
Ottignies (B) 75 A3
Öttingen (D) 92 B2
Ottobeuren (D) 92 A4
Ottobrunn, München (D) 92 D4
Öttömös (H) 103 C5
Ottone (I) 109 A3
Ottringham (GB) 54 D3
Ottsjö (S) 24 B1
Ottsjön (S) 15 B5
Ottwir (D) 76 B6
Otwock (PL) 72 D2
Ötz (A) 100 A2
Ouagne (F) 96 D1
Oucques (F) 87 C6
Ouddorp (NL) 66 A5
Oude (NL) 67 B2
Oudenaarde, Audenarde (B) 74 D2
Oudenbosch (NL) 66 B6
Oude Niedorp (NL) 66 C3
Oudeschild (NL) 66 C2
Oudewater (NL) 66 C5
Oudleusen (NL) 67 A4
Oudon (F) 85 C6
Oughterard (IRL) 50 C1
Ouguela (P) 131 A6
Ouhans (F) 97 D2
Ouistreham (F) 86 D2
Oulainen (FIN) 12 B6
Oulanka (FIN) 13 B1
Oulchy (F) 74 D6
Oulchy-le-Château (F) 74 D6
Oullhaug (N) 27 C5
Oulmes (F) 94 D3
Oulu (FIN) 12 C4
Oulunsalo (FIN) 12 C4
Oulx (I) 107 D1
Ounans (F) 97 C2
Ouninpohja (FIN) 20 A6
Ouransaaristo (FIN) 19 A6
Ourcq, Mareuil-sur (F) 74 C6
Oure (DK) 41 B4
Ourique (P) 137 C4
Ourouër (F) 96 C2
Ourouër-les-Bourd. (F) 96 B2
Ouroux-s-Saône (F) 97 B3
Ourville-en-Caux (F) 87 B1
Ousse (F) 104 D5
Oust (F) 105 B6
Outakoski Vuovdakuoihka (FIN) 2 D4
Outarville (F) 88 B3
Outeira (P) 125 B6
Outeiro (P) 130 A6
Outeiro (P) 130 B4
Outeiro (P) 130 B6
Outeiro Séco (P) 125 A5
Outeiro (P) 124 B5
Outokumpu (FIN) 21 B4
Outovaa (FIN) 12 D1
Outovaara (FIN) 12 D1
Out Skerries (GB) 45 D3
Outwell (GB) 55 A6
Ouveillan (F) 106 B5
Ouzouer-le-Marché (F) 87 C6
Ouzouer-s-Loire (F) 88 B4
Ouzouer-s-Trézée (F) 88 B5
Ovada (I) 108 D3
Öv Allerud (S) 28 D4
Ovar (P) 130 B2
Ovča (YU) 152 A2
Ovčar Banja (YU) 151 D5
Ovčarovo (BG) 160 C4
Öved (S) 42 D3
Ovejo (E) 139 B3
Överälve (S) 25 B4
Overammer (S) 16 B6
Överäng (S) 15 A5
Øverås (N) 22 D3
Overath (D) 76 C2
Överby (S) 37 D1
Øverbygd (N) 5 B2
Øverdal (N) 9 A4
Överenhörna (S) 31 A4
Over Feldborg (DK) 40 C1
Øvergard (N) 1 D5
Øvergård (N) 5 C1
Överhogdal (S) 24 D3
Överijse (B) 75 B2
Överjeppo (FIN) 19 B2
Överkalix (S) 11 C2
Överklinten (S) 17 B3
Överlida (S) 38 C4
Övermark (FIN) 19 D3
Övermark Ylimarkku (FIN) 19 A4
Overmere (B) 75 A2
Övermorjärv (S) 11 C3
Övernäs (S) 10 B3
Överö (FIN) 32 B4
Overøye (N) 22 D4
Overscaig Hotel (GB) 45 A3
Överselö (S) 31 A4
Överskog (S) 25 C2
Överstbyn (S) 11 B3
Overton (GB) 53 B5
Övertorneå (S) 11 C2
Överturingen (S) 24 D3
Överum (S) 39 C2
Oveselu (RO) 153 C2
Ovidiu (RO) 155 B4
Oviedo (E) 125 D2
Oviglio (I) 108 C3
Oviken (S) 24 D2
Oviši (LV) 178 B3
Övitsböle (FIN) 34 B3
Övitsby (FIN) 33 C4
Övra (S) 16 B4
Ovražnaja Novaja (RUS) 175 D5
Øvre (N) 23 D5
Øvre (N) 36 B1
Øvre Årdal (N) 26 D1
Övre Bäck (S) 17 B2
Øvrebø (N) 36 D3
Övre Brännträsk (S) 11 A4
Øvrebygd (N) 36 B2
Övre Gautsräskskapell (S) 9 C5
Övre Grundsel (S) 11 A5
Övre Langträsk (S) 10 D5
Övre Nyland (S) 16 D4
Övre-Parakka (S) 6 A4
Øvre Rindal (N) 23 B2
Övre Rissjö (S) 16 C4
Övre Sandsele (S) 9 C5
Övre Selet (S) 15 B2
Øvre Sirdal (N) 36 B2
Övre Soppero (S) 6 A3
Övsjö, Västra (S) 25 A1
Øvstedal (N) 22 D4
Ovtrup (DK) 40 B3
Ovtsino (RUS) 35 D5
Owen (D) 91 B3
Owińska (PL) 71 A1
Oxabäck (S) 38 C4
Oxberg (S) 24 D6
Oxelösund (S) 31 A6
Oxford (GB) 58 B2
Oxjön (S) 25 A3
Oxton (GB) 54 C5
Oxvattnet (S) 16 C4
Oxwich Point (GB) 56 D2
Oy (D) 92 B5
Oya (E) 124 B5
Øyabotn (N) 22 D6
Øyangen (N) 23 B1
Oybin (D) 70 B5
Øye (N) 22 C4
Øye (N) 27 A1
Oye-et-Pallet (F) 97 D2
Øyenkilen (N) 27 D6
Oye-Plage (F) 74 B2
Oye Plages (F) 74 B2
Øyer (N) 23 C6
Oyeregui (E) 127 C2
Øyermoen (N) 28 B3
Oyer Simmelkær (DK) 40 C2
Øyfjell (N) 27 A5
Øyfjord (N) 1 D3
Øyfjordvær (N) 5 A1
Øygard (N) 22 D3
Øygarden (N) 27 A5
Øygardslia (N) 37 A1
Øyheim (N) 14 C4
Øyhelle (N) 4 C4
Øyjord (N) 4 C6
Oykel Bridge (GB) 44 D4
Oylgate (IRL) 51 C4
Øylo (N) 27 A1
Øymark (N) 28 A5
Oyonnax (F) 97 C4
Øyra (N) 1 D4
Oyré (F) 95 B2
Oyrières (F) 89 C5
Øysæ (N) 26 D6
Øysang Neset (N) 37 A1
Øyslebø (N) 36 C3
Øystelistølen (N) 27 B1
Øystese (N) 26 B3
Oyten (D) 68 A2
Øyungen (N) 27 D1
Øyuvsbu (N) 26 D6
Øyvollen (N) 24 A2
Oza (E) 124 D2
Ozaeta (E) 127 B3
Ožaičiai (LT) 176 C2
Ozalj (HR) 111 D1

Ożarów (PL) 73 A4
Ożarów Mazowiecki (PL) 72 C1
Ožbalt (SLO) 101 D4
Ózd (H) 82 B6
Ožd'any (SK) 82 B5
Özdere (TR) 169 B5
Ożenna (PL) 82 D3
Ozerki (RUS) 35 D5
Ozerki (RUS) 175 C5
Ozerko, Bol'shoye (RUS) 3 D2
Ozero Bol. Berezovyj (RUS) 35 A4
Ozerovo (BY) 177 C3
Ozero Zap. Berezovyj (RUS) 35 A4
Ozieri (I) 121 C2
Oziersk (RUS) 175 D5
Ozimek (PL) 71 C5
Ozimica (BIH) 150 D4
Ozoir-la-Ferrière (F) 88 C2
Ozolaine (LV) 177 C1
Ozoli (LV) 178 C4
Ozoli (LV) 179 C3
Ozora (H) 103 A4
Ozorków (PL) 72 A2
Ozorskoje (RUS) 35 B3
Ozun (RO) 154 B1
Ozzano d. E. (I) 110 A4

P

Paadrema (EST) 180 C5
Paajala (FIN) 20 A4
Pääjärvi (FIN) 20 A4
Paakinmäki (FIN) 13 B6
Paakkila (FIN) 21 A4
Paakkola (FIN) 12 B2
Paakkola (RUS) 35 B3
Paal (B) 75 B2
Paalasmaa (FIN) 21 B3
Paalsys (LT) 176 A3
Paanala (FIN) 20 C5
Pääsinniemi (FIN) 34 B2
Paaslahti (FIN) 20 C2
Paaso (FIN) 34 C2
Paasto (FIN) 19 C6
Paatus (FIN) 2 D4
Paavola (FIN) 12 C5
Pabaiskas (LT) 176 D3
Pabaliai (LT) 176 B4
Pabaži (LV) 179 B4
Pabbay (GB) 44 A4
Pabbay (GB) 44 A6
Paberžė (LT) 177 A4
Pabianice (PL) 72 A3
Pabillónis (I) 121 B5
Pabiržė (LT) 176 D1
Pabneukirchen (A) 80 A6
Pabradė (LT) 177 A4
Pabutkalnis (LT) 176 A2
Paca, La (E) 140 D4
Pacanów (PL) 72 D6
Pacaudière, la (F) 96 D4
Pacé (F) 85 B4
Pāce (LV) 178 C3
Paceco (I) 118 A3
Pachia (GR) 172 D4
Pachia Ammos (GR) 173 A6
Pachino (I) 119 B6
Pachys, Akr. (GR) 164 B2
Pácin (H) 83 A5
Pačir (YU) 103 C6
Pack (A) 101 C3
Paco (P) 130 C1
Pačov (CZ) 80 A3
Pacsa (H) 102 C4
Pacyna (PL) 72 B1
Pacy-s-Eure (F) 74 A6
Pacy-sur-Eure (F) 74 A6
Paczków (PL) 71 A6
Padankoski (FIN) 33 C2
Padasjoki (FIN) 34 B2
Pädaste (EST) 180 B5
Padauguva (LT) 176 C4
Padborg (DK) 40 D5
Padea (RO) 153 B4
Padegliai (LT) 176 B2
Padej (YU) 103 D6
Paderborn (D) 68 A6
Padern (F) 106 A6
Paderno (I) 99 A6
Padew Narodowa (PL) 72 D6
Padiham (GB) 53 C3
Padina (YU) 152 A2
Padina (RO) 154 D3
Padirac (F) 105 C1
Padise (EST) 180 C3
Padjene (HR) 150 A5
Padjerim (S) 11 A3
Padone (LV) 178 B5
Pádova (I) 110 B2
Padovinys (LT) 176 B5
Padragkút (H) 102 C3
Padrón (E) 124 C3
Padronelo (P) 130 D1
Padrt' (CZ) 79 B4
Padstow (GB) 56 C5
Padubingė (LT) 177 A4
Padul (E) 140 A6
Padula (I) 116 C3
Paduli (I) 115 A5
Padure (LV) 178 C4
Păduroiu (RO) 153 D2
Padva (FIN) 33 A5
Paesana (I) 108 A3
Paestum (I) 116 B2
Paežeriai (LT) 176 B5
Pag (HR) 111 C4
Pagani (I) 115 A6
Pagánico (I) 112 C3
Pagasi (EST) 180 C4
Pagėgiai (LT) 175 D4
Pagelažiai (LT) 176 D3
Pagenaičiai (LT) 176 A3
Pagirgždūtis (LT) 176 A2
Pagiriai (LT) 176 C3
Paglieta (I) 114 D2
Pagnell, Newport (GB) 58 C1
Pagny-la-Ville (F) 97 B2
Pagny-s-Moselle (F) 89 D2
Pagondas (GR) 169 B6
Pagramantis (LT) 175 D3
Pagrandai (LT) 176 B5
Pagraužiai (LT) 176 B5
Pagryžuvys (LT) 176 B2
Paguera (E) 123 A4
Pagyne (LT) 176 C4
Paharova (S) 11 B1
Páhi (H) 103 B4
Pahila (EST) 180 B5
Pahkajärvi (FIN) 34 C2
Pahkakoski (FIN) 12 C3
Pahkakumpu (FIN) 7 C6
Pahkakumpu (FIN 13 B2
Pahkala (FIN) 19 D1
Pahkavaara (FIN) 13 A5
Pahkla (EST) 180 D3
Pähl (D) 92 C4
Pahomovo (RUS) 182 D3
Pahraničny (BY) 65 D4
Pahtaoja (FIN) 12 C2
Paide (EST) 181 A4
Paignton (GB) 57 A5
Paihola (FIN) 21 C4
Päijärvi (FIN) 34 D3
Paikjarvi (RUS) 35 C1
Paikuse (EST) 180 D5
Päilahti (FIN) 33 C1
Pailhe (B) 75 C3
Pailhès (F) 105 C6
Pailly (F) 88 D3
Paimbœuf (F) 85 B6
Paimela (FIN) 34 B2
Paimio (FIN) 33 A4
Paimpol (F) 84 D2
Paimpont (F) 85 A4
Paino (FIN) 33 C2
Painswick (GB) 57 C2
Päinurme (EST) 181 A4
Paippinen (FIN) 34 A5
Paipusti (LV) 179 C3
Paisievo (BG) 154 D5
Paisley (GB) 48 D3
Päisterpää (FIN) 33 A4
Paistu (EST) 179 C2
Paisua (FIN) 20 D2
Paittasjärvi (S) 6 B2
Päiväkunta (FIN) 20 B6
Päivölä (FIN) 33 B5
Paizay-le-Chabt (F) 94 D4
Paizay-le-Sec (F) 95 B3
Pajala (S) 6 B5
Pajanosas, Las (E) 142 B2
Pájara (E) 145 C5
Pajares (E) 125 D3
Pajares (E) 127 B5
Pajares (E) 131 D2
Pajares (E) 132 B2
Pajaroncillo (E) 133 C4
Pajęczno (PL) 72 A4
Pajujärvi (FIN) 20 D3
Pajukoski (FIN) 21 A2
Pajula (FIN) 33 B3
Pajulankylä (FIN) 20 D6
Pajuniemi (FIN) 12 C4
Pajupuro (FIN) 20 A4
Pajūralis (LT) 175 D3
Pajūris (LT) 175 D3
Pajuskylä (FIN) 20 C3
Pajusti (EST) 181 B3
Pajuvaara (FIN) 13 C3
Pajuvaara (FIN) 21 A1
Paka, Nová (CZ) 70 C6
Paka, Stará (CZ) 70 C6
Paka (HR) 150 D2
Pakaa (FIN) 34 B3
Pakalnė (LT) 175 C3
Pakalniškiai (LT) 176 C2
Pakapė (LT) 176 B2
Pakarila (FIN) 20 C4
Pakėvis (LT) 176 A2
Pakila (FIN) 34 B3
Pakinainen (FIN) 32 D4
Pakisjärvi (FIN) 12 B1
Pakkala (FIN) 33 C1
Pakkoselet (S) 10 D2
Pakość (PL) 63 D5
Pakosław (PL) 70 D1
Pakosławice (PL) 71 B6
Pakoštane (HR) 111 D5
Pakosze (PL) 64 B2
Pákozd (H) 103 A3
Pakrac (HR) 150 C1
Pakračka, Poljana (HR) 150 B1
Pakruojis (LT) 176 C1
Paks (H) 103 A4
Paksuniemi (S) 5 D4
Pakuonis (LT) 176 C5
Pala (EST) 181 C5
Palacios del Sil (E) 125 B3
Palacios Rubios (E) 132 A2
Palacios Villafranca, Los (E) 142 C3
Palaclos (E) 127 A5
Paladru (F) 97 C6
Palafrugell (E) 129 D5
Palágano (I) 109 C4
Palagianello (I) 117 B2
Palagiano (I) 117 B2
Palagonia (I) 119 A4
Palagruža (HR) 156 A4
Paláia (I) 109 C6
Palais, le (F) 84 D6
Palaiseau (F) 88 B2
Palamas (GR) 163 B6
Palamós (E) 129 D5
Palamuse (EST) 181 B5
Palamut (TR) 169 C3
Palanfrè (I) 108 B4
Pålång (S) 11 C4
Palanga (LT) 175 C2
Palanka, Bačka (YU) 151 B2
Palanka, Ban. (YU) 152 B2
Palanka, Bela (YU) 152 B5
Palanka, Brza (YU) 152 D3
Palanka, Kriva (MK) 158 D4
Palanka, Lušci (BIH) 150 B3
Palanka, Smed. (YU) 152 B3
Palanzano (I) 109 B4
Palárikovo (SK) 102 D1
Palasca (F) 120 C2
Palas de Rey (E) 124 D3
Palata (I) 115 A3
Palatitsia (GR) 163 B3
Palaty (PL) 71 C3
Palau (I) 121 C1
Palavas-les-Flots (F) 106 C5
Palazetto (I) 112 C3
Palazuelos (E) 126 D4
Palazzo Adriano (I) 118 B3
Palazzo d. Pero (I) 112 D2
Palazzolo (I) 99 B6
Palazzolo Acrèide (I) 119 A5
Palazzo San Gervásio (I) 115 C5
Palazzolo Verc. (I) 108 C2
Palazzuolo s. S. (I) 110 A5
Palčje (SLO) 111 B1
Paldiski (EST) 180 C3
Pale (BIH) 151 A5
Pāle (LV) 179 B3
Paleakastron (GR) 173 B5
Paledzka, Huta- (PL) 63 C6
Palekhori (CY) 174 C4
Palena (I) 114 D3
Palencia (E) 126 B5
Paleochora (GR) 172 A6
Paleochorion (GR) 167 C6
Paleokastritsa (GR) 162 B6
Paleokastron (GR) 163 D2
Paleokastron (GR) 163 D3
Paleokastron (GR) 169 B6
Paleokatuna (GR) 166 C5
Paleopolis (GR) 168 B6
Paleopyrgos (GR) 166 D5
Paleovracha (GR) 167 A4
Pal. Epidavros (GR) 171 B2
Palermo (I) 118 B2
Paleros (GR) 166 B5
Palese (I) 117 A1
Paleśnica (PL) 82 C2
Palestrina (I) 113 B6
Pálháza (H) 82 D5
Palheirinhos (P) 137 D5
Palheiros de Mira (P) 130 B3
Palheiros de Tocha (P) 130 B3
Páli (H) 102 C2
Paliano (I) 113 B6
Palić (YU) 103 C5
Palidoro (I) 112 D6
Paliepiai (LT) 176 B3
Palín (SK) 83 A5
Palinges (F) 97 A3
Palinuro (I) 116 C3
Paliopyrgos (GR) 163 B6
Pâlis (F) 88 D3
Paliseul (B) 75 B4
Paliūniškis (LT) 176 D2
Paliuria (GR) 163 A5
Paliurion, Akr. (GR) 164 A5
Paliurion (GR) 164 A4
Palivere (EST) 180 C4
Palizzi (I) 119 C3
Palizzi Marina (I) 119 C3
Paljakka (FIN) 13 B4
Paljakka (FIN) 13 B5
Paljakka (FIN) 13 C1
Paljakka (FIN) 34 C2
Paljasmaa (EST) 180 C4
Pälkäne (FIN) 33 C2
Palkeala (RUS) 35 C3
Pålkem (Vitträsk) (S) 11 B3
Palkijaur (S) 11 A2
Palkino (RUS) 182 D3
Palkisoja (FIN) 7 B2
Palkjarvi (RUS) 21 C5
Palladion (GR) 164 D2
Pallagorio (I) 117 B5
Pallanza (I) 98 D5
Pállare (I) 108 C4
Pallares (E) 138 D3
Pallerois (E) 129 A4
Palleruelos de Monegros (E) 128 B6
Pallice, la (F) 94 C4
Pallosenvaara (FIN) 21 D3
Palluau (F) 94 B2
Palluau-s-Indre (F) 95 C2
Palma, La (E) 141 B4
Palma, Santa Cruz de la (E) 144 B1
Palma (I) 115 A6
Palma (E) 123 B4
Palma (P) 137 B2
Palma d'Ebre, La (E) 135 A1
Palma del Condado, La (E) 142 B3
Palma del Rio (E) 142 D2
Palma di Montech. (I) 118 C5
Palmádula (I) 121 A2
Palmanova (I) 100 D5
Palmar (E) 141 A3
Palmariggi (I) 117 D3
Pålmark (S) 11 B5
Palmela (P) 137 B2
Palmense, Marina (I) 113 D3
Palmi (I) 119 C2
Palm-Mar (E) 144 A6
Pálmonostora (H) 103 C4
Palmse (EST) 181 B3
Palmyre, la (F) 94 C5
Palneca (F) 120 C3
Palo, El (E) 143 B4
Palo (S) 6 A5
Palo (FIN) 6 C4
Palo d. C. (I) 117 A1
Palodhia (CY) 174 C4
Palojärvi (FIN) 6 C2
Palojärvi (FIN) 6 D6
Palojärvi (FIN) 7 B6
Palojoensuu (FIN) 6 B2
Palojoki (FIN) 33 C4
Palokki (FIN) 21 A4
Palokorva (S) 6 B4
Palomaa (FIN) 3 A5
Palomäki (FIN) 21 A2
Palomares (E) 133 B4
Palomas, Las (E) 142 C6
Palomas (E) 138 D2
Palombara Sab. (I) 113 B5
Palomera (E) 133 C4
Palonai (LT) 176 C2
Palonoja (FIN) 7 B3
Paloperä (FIN) 13 A1
Palopuro (FIN) 33 C3
Palos (E) 141 B4
Paloselkä (FIN) 7 D5
Palosen (FIN) 20 C1
Palosenmäki (FIN) 20 C5
Paloskylä (FIN) 20 B6
Palota (SK) 83 A3
Palotabozsok (H) 103 A5
Palovaara (FIN) 12 D2
Palovaara (FIN) 13 C5
Palovaara (FIN) 21 C4
Pals (E) 129 D5
Pålsboda (S) 29 B5
Pålsböle (FIN) 33 B4
Palsina (FIN) 20 A6
Palsmane (LV) 182 B4
Palssari (FIN) 33 C2
Palsträsk (S) 11 B4
Paltamo (FIN) 13 A6
Paltanen (FIN) 20 C5
Paltaniemi (FIN) 13 A6
Palting (A) 93 B4
Păltiniş (RO) 147 B6
Pältsastugorna (S) 5 C2
Palud, La (I) 98 B5
Paludi (I) 117 A5
Palud-s-Verdon, la (F) 107 C4
Paluknys (LT) 176 D5
Palukūla (EST) 180 B4
Paluobiai (LT) 176 B4
Palupera (EST) 182 B2
Palus (FIN) 32 D1
Paluše (BY) 177 A5
Palūšė (LT) 177 B3
Paluzza (I) 100 D4
Pälväjoki (FIN) 12 D1
Palvalahti (FIN) 20 C4
Palviainen (FIN) 20 D5
Palzing (D) 92 C3
Pamati (LV) 182 B5
Pamhagen (A) 102 B2
Pamięcin (PL) 71 C2
Pamiers (F) 105 C5/6
Pamiętowo (PL) 63 C4
Pamma (EST) 180 B4
Pammana (EST) 180 B5
Pampāli (LV) 178 C6
Pamparato (I) 108 B4
Pampelonne (F) 105 D3
Pampilhosa da Serra (P) 130 D4
Pampliega (E) 126 C4
Pamplona (E) 127 C3
Pampow (D) 61 B4
Pamproux (F) 95 A4
Pamucak (TR) 169 B5
Pamusiai (LT) 176 D5
Pamūšis (LT) 176 B1
Panaci (RO) 148 C3
Panadella, La (E) 129 A6
Panagjurište (BG) 159 C3
Panaja (AL) 162 A4
Panajia (GR) 164 C2
Panajia (GR) 172 D6
Panassac (F) 105 A5
Panayia (CY) 174 C4
Panazol (F) 95 C5
Pancalieri (I) 108 B3
Pančarevo (BG) 159 B3
Pančevo (YU) 152 A2
Pancey (F) 89 C3
Panciu (RO) 149 B6
Pancorbo (E) 127 A3
Pancrudo (E) 134 B2
Pandanassa (GR) 171 B5
Pandėlys (LT) 177 A1
Pandino (I) 109 A1
Pandivere (EST) 181 B3
Pandrosos (GR) 164 D1
Pandrup (DK) 37 B5
Pandy (GB) 57 B2
Panelia (FIN) 32 D2
Panemunė (LT) 175 D4
Panemunė (LT) 176 C4
Panemune (LV) 179 B6
Panemunėlis (LT) 177 A2
Panemunis (LT) 177 A1
Panenský Týnec (CZ) 70 A6
Panes (E) 126 B2
Panevėžys (LT) 176 D2
Panfilovo (RUS) 175 C5
Panga (EST) 180 B5
Panica, Gemerská (SK) 82 B5
Panicale (I) 112 D3
Panieńska, Biała (PL) 71 C2
Panieńszczyzna (PL) 73 B3
Panikoviči (RUS) 182 C3
Paniova (RO) 146 C6
Panissières (F) 97 A5
Paniza (E) 134 B1
Panjia, Kyra (GR) 167 D3
Pankajärvi (FIN) 21 C2
Pankakoski (FIN) 21 C3
Panki (PL) 71 D5
Pankow, Berlin (D) 69 D3
Panne, de (F) 74 B2
Pannes (F) 89 D2
Panningen (NL) 75 D1
Pannonhalma (H) 102 D2
Pano (E) 128 C4
Panóias (P) 131 A3
Pano Panayia (CY) 174 C5
Pano Platres (CY) 174 C5
Pano Pyrgos (CY) 174 B5
Panormos (GR) 172 B1
Panormos (GR) 172 C5
Panorului, Cetăţile (RO) 146 D4
Panoteriai (LT) 176 D3
Panoviai (LT) 176 A4
Pansdorf (D) 61 A3
Pansfelde (D) 69 A5
Pańskie, Kowale (PL) 71 D2
Pantalla (I) 113 A3
Päntäne (FIN) 19 B5
Pantelleria (I) 118 A6
Panticeu (RO) 147 B3
Pant Mawr (GB) 53 A6
Pantoja (E) 132 C4
Pantón (E) 124 D4
Pantones (E) 140 B3
Panttila (FIN) 19 B4
Panuma (FIN) 12 D4
Panyola (H) 83 B6
Panzares (E) 127 B4
Panzendorf (A) 100 C3
Páola (I) 116 D5
Pápa (H) 102 C3
Papagayo, Punta del (E) 145 C4
Paparčiai (LT) 176 D4
Paparotti (I) 100 D5
Papartėliai (LT) 176 D4
Paparzyn (PL) 64 A4
Papas, Akr. (GR) 172 D1
Papasidero (I) 116 D4
Papa Stour (GB) 45 C3
Pápateszér (H) 102 D3
Papatrigo (E) 132 B2
Papa Westray (GB) 45 C1
Pape (LV) 175 C1
Papelkiai (LT) 176 B2
Papenburg (D) 67 C2
Papey (IS) 1 D2
Paphos (CY) 174 C6
Papilė (LT) 176 A1
Papilys (LT) 177 A1
Papin (SK) 83 A4
Papinniemi (FIN) 21 C6
Paplin (PL) 65 A6
Pappades (GR) 167 C4
Pappenheim (D) 92 B2
Pappinen (FIN) 20 B6
Pappinen (FIN) 33 A3
Papraća (BIH) 151 B4
Paprotnia (PL) 72 C1
Paprotnia (PL) 73 B1
Paprūdžiai (LT) 176 B2
Papyvesiai (LT) 176 D1
Pâquelais, la (F) 85 B6
Parábita (I) 117 D3
Paraćin (YU) 152 B5
Paracuellos (E) 133 D1
Paracuellos (E) 133 D5
Parád (H) 103 C1
Parada de Cunhos (P) 130 D1
Parada del Sil (E) 125 A4
Paradaseca (E) 125 B3
Paradavella (E) 125 A2
Paradela (P) 124 D5
Paradela (E) 125 A3
Paradinas (E) 132 A2
Paradisia (GR) 170 D3
Paradision (GR) 173 D4
Paradiso (I) 119 D2
Paradyż (PL) 72 B4
Parafjanovo (BY) 177 D4
Parainen, Pargas (FIN) 32 D4
Parakalamos (GR) 162 C5
Parakila (GR) 165 A6
Paralia (GR) 163 C4
Paralia (GR) 167 B6
Paralia (GR) 171 B4
Paralia Akratas (GR) 167 A6
Paralia Avdiron (GR) 164 C2
Paralimni (CY) 174 C2
Paralion Astros (GR) 171 B3
Paralovo (YU) 158 B3
Paramé (F) 85 B2
Parâmio (P) 125 B5
Paramios (E) 125 B2
Páramo (E) 125 C2
Páramo del Sil (E) 125 B3
Páramos (E) 124 C2
Paramythia (GR) 162 C6
Paranestion (GR) 164 B1
Paranhos (P) 130 D3
Paraños (E) 124 C4
Parantala (FIN) 20 B4
Parapalu (EST) 181 C5
Paras (N) 5 B3
Parasznya (H) 82 C6
Părău (RO) 154 A1
Parauta (E) 142 D5
Paravola (GR) 166 D5
Paray-le-Monial (F) 97 A3
Parbayon (E) 126 C2
Parçay-les-Pins (F) 95 A1
Parcent (E) 141 C1
Parcé-s-Sarthe (F) 86 D6
Parcey (F) 97 C2
Parchatka (PL) 73 A3
Parchen (D) 69 B4
Parchim (D) 61 B4
Parchów (PL) 70 D3
Parchowo (PL) 63 C2
Parciaki (PL) 64 D4
Parcice (PL) 71 C4
Parcoul (F) 95 A6
Parcq, le (F) 74 B3
Parczew (PL) 73 B3
Pardilla (E) 126 D6
Pardina (RO) 155 C1
Pardo, El (E) 132 C3
Pardu Atzei (I) 121 B5
Pardubice (CZ) 80 C2
Parėčča (BY) 65 D2
Parėčėnai (LT) 176 C5
Paredes (P) 130 C1
Paredes (E) 133 A1
Paredes de Coura (P) 124 C5
Paredes de Nava (E) 126 B5
Paredes de Viadores (P) 130 C1
Parekklisha (CY) 174 C4
Parella (I) 98 C6
Parennes (F) 86 D5
Parentignat (F) 96 C5
Parentis-en-Born (F) 104 B2
Parey (D) 69 B4
Parg (SLO) 101 B6
Parga (GR) 165 A3
Pargas, Parainen (FIN) 32 D4
Pargas (GR) 162 C6
Pargny-la-Dhuys (F) 88 D2
Pargny-s-Saulx (F) 89 B2
Pargo, Ponta do (P) 136 B1
Pargolovo (RUS) 35 C4
Pargues (F) 89 A4
Parhalahti (FIN) 12 B6
Parigné (F) 86 C4
Parigné-l'Évêque (F) 87 A5
Parikkala (FIN) 35 B1
Parincea (RO) 149 B5
Paris (F) 88 B2
Parisot (F) 105 C3
Parisot (F) 105 C4
Pärispea (EST) 181 A2
Parjänsuo (FIN) 13 A3
Parkajoki (S) 6 C4
Parkalompolo (S) 6 B4
Parkano (FIN) 19 C6
Parkgate (GB) 49 A5
Parkijaur (S) 10 C2
Parkkila (FIN) 13 B4
Parkkila (FIN) 20 B1
Parkkila (FIN) 34 D1
Parkkima (FIN) 20 B2
Parkkuu (FIN) 19 C6
Parkstetten (D) 93 A1
Parkua (FIN) 20 D1
Parkumäki (FIN) 21 A6
Parla (E) 132 D4
Parlan (S) 10 D3
Parlavá (E) 129 D5
Parma (I) 109 B3
Parnaciano (I) 113 A2
Pärnämäki (FIN) 20 C6
Parndorf (A) 102 B1
Parnewinkel (D) 60 C5
Parnica (SK) 82 A4
Pärnjõe (EST) 180 D5
Parnot (F) 89 C4
Pärnu (EST) 180 D5
Pärnu-Jaagupi (EST) 180 D5
Parola (FIN) 33 C2
Parola (FIN) 34 D2
Paros (GR) 172 B3
Parowa (PL) 70 C4
Parpan (CH) 99 B3
Parra, La (E) 138 C2
Parra de las Vegas, La (E) 133 B4
Parsac (F) 96 A4
Parsberg (D) 78 C6
Parsch (A) 101 A1
Parsecko (PL) 63 B3
Parsiainen (FIN) 21 C3
Pars-lès-Romilly (F) 88 D3
Parstein (D) 62 B5
Pärsti (EST) 180 A5
Parszów (PL) 72 C4
Partaharju (FIN) 20 D5
Partakko (FIN) 3 A5
Partakoski (FIN) 34 D2
Partala (FIN) 20 C2
Partaloa (E) 140 C5
Pärtämönranta (FIN) 13 C4
Partanna (I) 118 A3
Part. Drežnica (HR) 111 C2
Partenen (A) 99 C3
Partenkirchen,-Garmisch (D) 92 C5
Partenstein (D) 77 B4
Pårtestugorna (S) 10 B2
Parthemion (GR) 173 A2
Parthenay (F) 95 A3
Partille (S) 38 B3
Partinello (F) 120 B3
Partinico (I) 118 B3
Partizani (YU) 152 A4
Partizani (BG) 161 A1
Partizanii (RO) 155 C1
Partizanska (BG) 160 A2
Partizánska L'upča (SK) 82 A4
Partizánske (SK) 81 B5
Partizanske Vode (YU) 151 C5
Partizanskoe (RUS) 175 B5
Partney (GB) 55 A4
Parton (GB) 48 D5
Partos (RO) 152 B1
Partry (IRL) 46 B5
Partsi (EST) 182 C2
Parudaminys (LT) 177 A5
Pårup (DK) 40 D2
Parusnoje (RUS) 175 A4
Parva, Tintern (GB) 57 B2
Parva (RO) 147 C2
Parviainen (FIN) 13 A3
Pârvomaj (BG) 159 B6
Pârvomaj (BG) 160 A4
Påryd (S) 39 C6
Parysów (PL) 72 D2
Parzán (E) 128 C3
Parzeczew (PL) 72 A2
Parzymiechy (PL) 71 D4
Pasala (FIN) 20 B3
Pasalankylä (FIN) 21 A3
Paşaliman Adası (TR) 165 D3
Pasa Limani (GR) 168 D5
Pašaltuonys (LT) 176 A3
Pasamavis (LT) 176 D5
Pašaminė (LT) 177 B3
Pasathotopion (GR) 166 B4
Paşcani (RO) 149 A3
Paschleben (D) 69 B5
Pascualcobo (E) 132 A3
Paseka (CZ) 81 A2
Paserninkai (LT) 176 C6
Pasewalk (D) 62 B4
Pasi (FIN) 34 D3
Pašiaušė (LT) 176 B2
Pasieki (PL) 65 A5
Pasiene (LV) 182 D1
Pasikovci (HR) 150 C1
Pašilė (LT) 175 D1
Pašilė (LT) 176 A2
Pašiliai (LT) 176 C3
Pašina Voda (YU) 157 B3
Pasing, München (D) 92 C3
Paskalevec (BG) 160 A1
Paskalevo (BG) 155 A5
Paskov (CZ) 81 B2
Pasłecka, Zielonka (PL) 64 B2
Pasłek (PL) 64 B2
Pasmajärvi (FIN) 6 C5
Pašman (HR) 111 C5
Paspala (TR) 161 A4
Passade (D) 60 D2
Passage West (IRL) 50 D5
Passail (A) 101 D2
Passais-la-Conception (F) 86 D4
Passau (D) 93 B2
Passavant (F) 98 B1
Passavant-la-Rechère (F) 89 D4
Passignano s. T. (I) 112 D2
Passo (I) 110 C5
Passô (P) 130 D2
Passos (P) 125 A6
Passow (D) 61 C4
Passow (D) 62 B4
Pästena (I) 114 C4
Pästena (I) 114 D4
Pastende (LV) 178 D4
Pasto (FIN) 19 C4
Pastor (E) 124 C2
Pastorello (I) 109 B4
Pastores (E) 131 B3
Pastrana (E) 133 A3
Pastricciola (F) 120 B3
Pâstrovo (BG) 160 A3
Pastviny (CZ) 80 D1
Pastwiska (PL) 72 D4
Pasúbio, Valli del (I) 100 A5
Pašušvys (LT) 176 B2
Pasvalys (LT) 176 C1
Pasvik (N) 3 C3
Pašvitinys (LT) 176 C1
Paşyiğit (TR) 165 B1
Pasym (PL) 64 D3
Pašyšiai (LT) 175 D3
Pásztó (H) 103 C1
Pasztowa Wola (PL) 72 D4
Pata (SK) 81 B6
Patagi (GR) 160 D5
Pataholm (S) 39 C5
Pataias (P) 130 B5
Patajoki (FIN) 20 B6
Pătal (RO) 146 D2
Patala (RUS) 35 A4
Patana (FIN) 19 D3
Patašiai (LT) 176 B4
Patay (F) 88 A4
Pateley Bridge (GB) 54 B2
Pateniemi (FIN) 12 C4
Patergassen (A) 101 B3
Paterna (E) 140 C2
Paterna (E) 142 B3
Paterna del Rio (E) 140 B6
Paterna de Rivera (E) 142 C5
Paternieki (LV) 177 D2
Paternion (A) 101 A3
Paternò (I) 119 A4
Paternópoli (I) 115 A5
Patersdorf (D) 93 A1
Paterswolde (NL) 67 A2
Pathhead (GB) 48 D5
Pathhead (GB) 49 B4
Patika (EST) 180 D3
Patilčiai (LT) 176 B5
Pătîriagele (RO) 154 B2
Patküla (EST) 179 D2
Patmos (GR) 173 A2
Patnów (PL) 71 C1
Patokoski (FIN) 6 D6
Patolahti (FIN) 34 D3
Patoniemi (FIN) 13 B1
Patoniva, Buoddobohki (FIN) 2 D4
Patos (AL) 162 B3
Patra (GR) 166 D6
Patrickswell (IRL) 50 D3
Patrimonio (F) 120 C2
Patrington (GB) 54 D3
Patroklu (GR) 171 D2
Patsch (A) 100 B2
Pattada (I) 121 C2
Pattensen (D) 68 C4
Patterdale (GB) 53 B1
Patti (I) 119 A2
Pattijoki (FIN) 12 B5
Pau (F) 104 D5
Paudy (F) 96 A2
Pauillac (F) 94 D6
Paukaja (FIN) 21 C4
Paukarlahti (FIN) 20 D4
Paukkeri (FIN) 13 A4
Paúl (P) 130 D4
Pauland (S) 16 C2
Paularo (I) 100 D4
Paul da Vala (P) 137 B1
Paúl do Mar (P) 136 B1
Paules, Las (E) 128 C4
Paulhac-en-Margeride (F) 106 B1
Paulhaguet (F) 96 D6
Paulhan (F) 106 B5
Pauliai (LT) 176 B3
Paulilatino (I) 121 B3
Paulistrom (S) 39 B4
Paullo (I) 109 A1
Paulnay (F) 95 C1
Paulstown, Whitehall or (IRL) 51 B3
Paulushofen (D) 92 C1
Paulx (F) 94 B2
Păunesti (RO) 149 B6
Paunküla (EST) 181 A4
Paupys (LT) 176 A3
Pauri (LV) 182 A6
Pausa (D) 78 C2
Pausin (D) 69 C3
Pauträsk (S) 16 C2
Pavandenė (LT) 176 A2
Pavasari (LV) 179 A5
Pavel (BG) 154 B6
Pavel-Banja (BG) 160 A3
Pavia (I) 108 D2
Pavia (P) 137 D1
Pavias (E) 134 C4
Pavie (F) 105 A4
Pavillon-Sainte-Julie, le (F) 88 D3
Pavilly (F) 87 B1
Pāvilosta (LV) 178 B5
Pavištytis (LT) 175 A5
Pavlikeni (BG) 160 A1
Pavlos (GR) 167 B5
Pavlovce n. U. (SK) 83 A5
Pavlovsk (RUS) 35 D5
Pavoverė (LT) 177 A4
Pavullo nel Frignano (I) 109 C4
Päwesin (D) 69 C3
Pawlikowice (PL) 72 A3
Pawlów (PL) 72 D4
Pawłówek (PL) 63 D4
Pawłowice (PL) 72 D3
Pawłowice (PL) 81 C2
Pawłowice Namysłowskie (PL) 71 C4
Pawłowicki (PL) 71 C6
Pawłowo (PL) 63 B3
Paxi (GR) 166 A4
Paximadia (GR) 172 C6
Payerbach (A) 102 A2
Payerne (CH) 98 B2
Paymogo (E) 138 A4
Payrac (F) 105 C1
Payzac (F) 95 C6
Payzac (F) 106 D2
Paz (HR) 111 A2
Pazar, Novi (YU) 158 A2
Pazardžik (BG) 159 D4
Pazarköy (TR) 165 D4

Pažėrai (LT) 176 C4
Pazin (HR) 111 A2
Paziols (F) 106 A6
Pazos (E) 124 C4
Pazova, St. (YU) 151 D2
Pazurek (PL) 72 B6
Pčelarovo (BG) 155 A5
Pčelarovo (BG) 160 B5
Pčelin, Bezdannia (BG) 159 C2
Pčelinovo (BG) 160 B3
Pčinski, Prohor (YU) 158 C4
Pčoliné (SK) 83 A4
Péage-de-Roussillon, le (F) 97 B6
Peal de Becerro (E) 140 B3
Péaule (F) 85 A5
Peć (YU) 157 D3
Pećani (HR) 111 D4
Pécel (H) 103 B2
Pečenjevce (YU) 158 C2
Peche (RO) 155 A1
Pechenga (RUS) 3 D3
Pech-Luna (F) 105 C5
Pecica (RO) 146 A5
Pećigrad (BIH) 111 D3
Pećinci (YU) 151 C2
Pecineaga (RO) 155 B5
Pecinisca (RO) 152 D2
Peciu Nou (RO) 152 A1
Pecka (YU) 151 C4
Peckatel (D) 61 D4
Peckelsheim (D) 68 B6
Pečki (RUS) 182 D2
Pecorara (I) 109 A3
Pečory (RUS) 182 C2
Pečovska Nová Ves (SK) 82 C4
Pecp (B) 74 D3
Pec p. Sněz. (CZ) 70 C5
Pécs (H) 102 D6
Pécsvárad (H) 103 A5
Pedace (I) 117 A5
Pedalino (I) 119 A5
Pedaso (I) 113 C3
Pedaspea (EST) 181 A3
Pede, St. (S) 38 A3
Pedele (LV) 179 D2
Pedemonte (I) 100 A5
Pederne (P) 137 C5
Pédernec (F) 84 D2
Pedernoso, El (E) 133 A5
Pederobba (I) 110 B1
Pedersker (DK) 43 B4
Pedersöre, Pedersören kunta (FIN)19 C2
Pedersören kunta, Pedersöre (FIN) 19 C2
Pëdhana (AL) 162 B1
Pedhoulas (CY) 174 C5
Pedosa (I) 108 D2
Pedosa del Rey (E) 126 B3
Pedráces (I) 100 B3
Pedrajas de San Esteban (E) 132 B1
Pedralba (E) 125 B5
Pedralva (E) 134 C5
Pedras Salgadas (P) 125 A6
Pedregal, El (E) 133 D2
Pedreira (E) 124 C1
Pedrera (E) 143 A3
Pedriza (E) 143 C3
Pedro Abad (E) 139 C3
Pedro Barba (E) 145 D3
Pedroché (E) 139 B2
Pedrógão (P) 131 A4
Pedrogão (P) 138 A3
Pedrógão Grande (P) 130 C4
Pedrola (E) 127 D5
Pedro Martinez (E) 140 A4
Pedro Miguel (P) 136 A6
Pedro Muñoz (E) 133 A6
Pedroñeras, Las (E) 133 B6
Pedrones, Los (E) 134 B6
Pedros (P) 130 B3
Pedrosa (E) 126 C4
Pedrosa (E) 126 D3
Pedrosa del Rio Urbel (E) 126 C4
Pedrosa de Páramo (E) 126 C4
Pedrosas, Las (E) 128 A5
Pedrosillo (E) 131 D2
Pedroso, El (E) 138 D4
Pedroso (E) 131 B5
Pedturen (HR) 102 B5
Pėdžiai (LT) 176 C3
Peebles (GB) 49 A4
Peel (GB) 52 D2
Peenemünde (D) 62 B2
Peer (B) 75 C1
Peera (FIN) 5 D2
Pefkos (GR) 173 A6
Pėga (P) 131 A3
Pegalajar (E) 140 A4
Pegau (D) 78 D1
Peggau (A) 101 D2
Pegli (I) 108 D3
Pegnitz (D) 78 C4
Pego (P) 130 C5
Pego (E) 141 C1
Pegões (P) 137 C1
Pegões Velhos (P) 137 B1
Pegognaga (I) 109 C2
Pégomas (F) 107 D4
Pehčevo (MK) 159 A5
Peheim (D) 67 C3
Pehlivanköy (TR) 165 B1
Pehula (FIN) 33 A2
Peillac (F) 85 A5
Peille (F) 108 A5
Peinchorran (GB) 44 C5
Peine (D) 68 C4
Peipohja (FIN) 32 D2
Peïra-Cava (F) 108 A5
Peisey-Nancroi (F) 98 A5
Peiß (D) 92 D4
Peiting (D) 92 B4
Peitz (D) 70 B2
Pekanino (PL) 63 B2
Pekankylä (FIN) 13 C5
Pekela (NL) 67 B2
Pekkala (FIN) 12 D1
Pekkula (FIN) 21 C5
Pekola (FIN) 33 C2
Pekonlakhti (RUS) 35 C2
Pelagičevo (BIH) 151 A3
Pelahustán (E) 132 B4
Pelaičiai (LT) 175 D2
Pelarne (S) 39 B3
Pelasjia (GR) 167 B4
Pelči (LV) 178 C5
Pełczyce (PL) 62 D5
Pełczyn (PL) 71 A3
Peleas (E) 131 D1
Peleči (LV) 177 B1
Pelekas (GR) 162 B6
Pelesa (BY) 176 D6
Peleši (RUS) 181 D4
Pelhřimov (CZ) 80 B3
Pelinei (MD) 149 D6
Pelisor (RO) 147 C5
Pélissanne (F) 107 A4
Pelješac (HR) 156 C3
Pelkkikangas (FIN) 19 C3
Pelkoperä (FIN) 12 C6
Pelkosenniemi (FIN) 7 B5
Pellana (GR) 171 A3
Péllaro (I) 119 C3
Pellboda (S) 17 B2
Pellegrina (I) 109 D2
Pellegrino, S. (I) 99 B5
Pellegrino Parm. (I) 109 B3
Pellegrue (F) 104 D2
Pellerin, le (F) 94 B1
Pellerine, la (F) 86 C5
Pellesmäki (FIN) 20 D4
Pellestrina (I) 110 B2
Pellevoisin (F) 95 C2
Pellinge, Pellinki (FIN) 34 B4
Pellingen (D) 76 B5
Pellinki, Pellinge (FIN) 34 B4
Pello (FIN) 11 D1
Pello (S) 11 D1
Pellossalo (FIN) 35 B1
Pellosniemi (FIN) 34 D1
Pellouailles-les-Vignes (F) 85 D5
Pellworm (D) 60 A2
Peloche (E) 132 A6
Pelos (I) 100 C4
Pelouse (F) 106 C2
Pelovo (BG) 153 C5
Pelplin (PL) 64 A3
Pelsin (D) 62 B3
Pelso (FIN) 12 D5
Peltokangas (FIN) 19 D3
Peltola (FIN) 33 B4
Peltosalmi (FIN) 20 D2
Peltovuoma, Bealdovuopmi (FIN) 6 C2
Pelučiai (LT) 176 B4
Pélussin (F) 97 B6
Pelvoux (F) 107 D1
Pély (H) 103 D2
Pembridge (GB) 57 B1
Pembroke (GB) 56 C2
Pembroke Dock (GB) 56 C2
Pemfling (D) 79 A5
Pempelijärvi (S) 11 B1
Peña, Puerto de la (E) 145 C5
Peñacerrada (E) 127 B3
Penacova (P) 130 C3
Peña de Cabra (E) 131 C2
Peñafiel (E) 126 C6
Penafiel (P) 130 C1
Peñaflor (E) 125 C2
Peñaflor (E) 128 A5
Peñaflor (E) 142 D2
Pena Garcia (P) 131 A4
Penaguião (P) 130 D1
Peñalba (E) 126 D6
Peñalba (E) 128 C6
Peñalsordo (E) 139 A1
Penalva do Castelo, Castendo (P) 130 D2
Penamacor (P) 131 A4
Penaranda (E) 126 D6
Peñaranda de Bracamonte (E) 132 A2
Peñarroya (E) 139 A2
Peñarrubia (E) 140 C1
Penarth (GB) 57 B3
Peña Rubia (E) 140 C2
Peñas, Cabo de (E) 125 D1
Penascosa (E) 140 C2
Peñas de San Pedro (E) 140 D1
Penausende (E) 131 D1
Penc (H) 103 B1
Pencaitland (GB) 49 B3
Pencraig (GB) 53 A5
Pendalia Kelokedhara (CY) 174 C5
Pendapolis (GR) 164 A2
Penderyn (GB) 57 A2
Pendine (GB) 56 D2
Penela (P) 130 C4
Pénestin (F) 85 A5
Pengerjoki (FIN) 20 A5
Pengonpohja (FIN) 33 B1
Pengsjö (S) 16 C5
Pengsjö (S) 17 A4
Penhascoso (P) 130 C5
Penhas da Saude (P) 130 D3
Penhors (F) 84 B4
Peniche (P) 130 A5
Penicuik (GB) 49 A4
Penig (D) 79 A1
Peninga (RUS) 21 D2
Peninginranta (FIN) 20 B2
Peninsula de Jandia (E) 145 B5
Peñiscola (E) 135 A3
Penistone (GB) 54 B4
Penkovci (BG) 159 A3
Penkridge (GB) 53 C5
Penkule (LV) 178 D6
Penkun (D) 62 C4
Penmaenmawr (GB) 53 A4
Penmarch (F) 84 B4
Pennabilli (I) 110 B6
Pennala (FIN) 34 B3
Pennan (GB) 45 D5
Pennapiedimonte (I) 114 D3
Penne, la (F) 107 B5
Penne (I) 113 D4
Penne-d'Agenais (F) 105 B2
Penningby (S) 31 B3
Pennyghael (GB) 48 B2
Penodono (P) 131 A2
Peñon, El (E) 140 C3
Penrhyndeudraeth (GB) 53 A5
Penrith (GB) 53 C1
Penryn (GB) 56 C6
Pensala (FIN) 19 B3
Penso (P) 124 C5
Pensol (F) 95 B5
Penta-di-Casinca (F) 120 C2
Pentinniemi (FIN) 12 D3
Pentland Skerries (GB) 45 C2
Pentraeth (GB) 52 D4
Pentrefoelas (GB) 53 A5
Pentrez-Plage (F) 84 B3
Penttäjä (S) 11 C1
Penttilänvaara (FIN) 13 B2
Penttilänvaara (FIN) 21 A2
Penuja (EST) 179 C2
Penygroes (GB) 52 D5
Penysarn (GB) 52 D4
Penzance (GB) 56 C6
Penzberg (D) 92 C4
Pénzesgyőr (H) 102 D3
Penzin (D) 61 B3
Penzlin (D) 61 D4
Péone (F) 107 D3
Pepelow (D) 61 B3
Pepowo (PL) 71 B3
Peqin (AL) 162 B2
Pěr (H) 102 D2
Perachora (GR) 167 B6
Perafita (E) 129 B5
Perä-Hyyppä (FIN) 19 B5
Perais (P) 130 D5
Peräjävaara (S) 6 B5
Peräkylä (FIN) 33 A1
Peral, El (E) 133 C5
Peral (E) 126 C5
Perälä (FIN) 7 B5
Perälä (FIN) 13 A2
Perälä (FIN) 19 A5
Peralbillo (E) 132 C6
Peraleda (E) 131 D5
Peraleda (E) 138 D2
Peraleja, La (E) 133 B4
Peralejos (E) 131 C2
Peralejos (E) 133 C3
Perales (E) 126 B5
Perales (E) 132 D4
Perales de Alfambra (E) 134 B3
Perales del Puerto (E) 131 B4
Peralta (E) 127 C4
Peralta (E) 128 C5
Peralva (P) 137 D5
Peralveche (E) 133 B3
Perama (GR) 167 C6
Perama (GR) 172 C5
Perämäki (FIN) 19 B3
Peramola (E) 129 A5
Peranka (FIN) 13 C3
Peränne (FIN) 19 D5
Perä-Posio (FIN) 13 A1
Peräseinäjoki (FIN) 19 C4
Perast (YU) 157 B4
Perävaara (FIN) 7 B6
Perazancas (E) 126 B3
Pērbone (LV) 178 C5
Perchau (A) 101 B2
Percy (F) 86 C3
Perdasdefogu (I) 121 C4/5
Perdiguera (E) 128 B6
Perdikas (GR) 162 C6
Perdikas (GR) 163 A3
Perebrodje (BY) 177 D2
Perečyn (UA) 83 B4
Peredo (P) 125 B6
Peregancy (BY) 177 A6
Perehins'ke (UA) 83 D4
Pereiro (P) 130 C5
Pereiro (P) 137 D4
Perelesije (RUS) 35 B6
Perelesnoje (RUS) 175 D5
Perelló, El (E) 135 A2
Perelló (E) 134 D6
Pereña (E) 131 B1
Pereruela (E) 125 C6
Perescina (MD) 149 D2
Pereslavskoe (RUS) 175 B4
Peressaare (EST) 181 C4
Peresznye (H) 102 B2
Pereta (I) 112 C4
Pereto (I) 113 B5
Peretu (RO) 154 A5
Perevalovo (RUS) 175 C5
Perevolok (RUS) 181 D4
Pérfugas (I) 121 B2
Perg (A) 93 D3
Pergamos (CY) 174 C3
Pergine (I) 100 A5
Pérgine V. (I) 112 D2
Pérgola (I) 113 B2
Pergusa (I) 118 D4
Perhen (FIN) 34 B3
Perho (FIN) 20 A3
Peri (I) 99 D6
Periam (RO) 146 A5
Périana (E) 143 B4
Périer, le (F) 107 C1
Périers (F) 86 C2
Perieti (RO) 154 D3
Pérignac (F) 94 D5
Périgné (F) 94 D4
Perila (EST) 181 A3
Perilla (E) 125 C6
Perín (SK) 82 D5
Perino (I) 109 A3
Periprava (RO) 155 D1
Perisani (RO) 153 C1
Perisoru (RO) 153 B4
Perissa (GR) 172 C4
Périssac (F) 104 D1
Peristera (GR) 167 D3
Peristerona (CY) 174 B4
Perivolia (CY) 174 C3
Perivolion (GR) 162 D5
Perivolion (GR) 167 A4
Perivolion (GR) 167 A4
Perjasica (HR) 111 D2
Perkala (FIN) 32 C4
Perkaliai (LT) 176 D3
Perkáta (H) 103 B3
Perkiömäki (FIN) 19 C3
Perkjarvi (RUS) 35 B4
Pērkone (LV) 178 A6
Perkupa (H) 82 C5
Perleberg (D) 69 A2
Perlez (YU) 151 D2
Pērlis (LV) 182 A4
Perloja (LT) 176 D6
Perły (PL) 65 A2
Permantokoski (FIN) 12 D1
Përmet (AL) 162 C4
Permisküla (EST) 181 D4
Pern., Bystrice n. (CZ) 80 C3
Perna (HR) 111 D2
Pernå, Pernaja (FIN) 34 B4
Pernaa (FIN) 19 C3
Pernacha de Cima (P) 130 C6
Pernaja, Pernå (FIN) 34 B4
Pernarava (LT) 176 C3
Pernarec (CZ) 79 A4
Pernat (HR) 111 B3
Pernay (F) 95 B1
Pernegg (A) 80 B5
Pernek (SK) 81 A6
Pernes (F) 74 B3
Pernes (P) 130 B6
Pernes-les-Fontaines (F) 107 A3
Pernik (BG) 159 A3
Pernilsajord (N) 1 B5
Perniö (FIN) 33 A4
Perniön asema (FIN) 33 A4
Pernitz (A) 102 A1
Pernoo (FIN) 34 C3
Pernu (FIN) 13 A1
Pero (I) 108 C4
Pero-Casevecchie (F) 120 C2
Peroguarda (P) 137 D3
Pérols (F) 106 C4
Pérols-s-Vézère (F) 96 A5
Péronnas (F) 97 B4
Péronne (F) 74 C4
Perosa Argentina (I) 108 A2
Pérouges (F) 97 B5
Peroulaz (I) 98 B5
Perpezac-le-Noir (F) 95 C6
Perpignan (F) 129 D3
Perranporth (GB) 56 C5
Perray-en-Yvelines, le (F) 88 A2
Perrecy-les-Forges (F) 97 A3
Perrero (I) 108 A3
Perreux (F) 97 A4
Perro, Punta del (E) 138 C6
Perrone (I) 117 B2
Perros-Guirec (F) 84 C2
Perrott, South (GB) 57 B4
Persac (F) 95 B4
Peršaj (BY) 177 C6
Persani (RO) 154 A1
Persberg (S) 28 D4
Pershagen (S) 31 A5
Pershore (GB) 57 C1
Persnäs (S) 39 D4
Persön (S) 11 C4
Persoya (N) 4 D4
Perstorp (S) 42 C2
Pertengo (I) 108 C2
Perth (GB) 45 C1
Perth (GB) 49 A2
Perthes (F) 88 C3
Perthes (F) 89 B2
Perthus, le (F)(E) 129 D3
Pertisau (A) 100 B1
Perticara (I) 110 B5
Perttaus (FIN) 7 A5
Pertteli (FIN) 33 A4
Perttula (FIN) 33 C4
Pertuis, le (F) 106 C1
Pertuis (F) 107 B4
Pertunmaa (FIN) 34 C1
Pertusa (E) 128 C5
Perućac (YU) 151 C5
Perúgia (I) 113 A3
Perunkajärvi (FIN) 7 A6
Peruse, la (F) 95 B5
Perušić (HR) 111 D4
Peruštica (BG) 159 D4
Péruwelz (B) 74 D3
Pervalka (LT) 175 C3
Pervelos, Akr. (GR) 171 D2
Pervijze (B) 74 C2
Pervomajsk (RUS) 35 C4
Pervomajskaja (RUS) 182 D1
Peryenchères (F) 87 A4
Pesac (RO) 146 A6
Pesadas de Burgos (E) 126 D3
Pesaguero (E) 126 B2
Pésaro (I) 110 C5
Pescáglia (I) 109 C5
Pescara (I) 114 D2
Pescasséroli (I) 113 C6
Péschici (I) 115 C3
Peschiera (I) 109 C1
Péscia (I) 109 C5
Péscia Rom. (I) 112 C4
Pescina (I) 113 C5
Pescocostanzo (I) 113 D6
Pescolanciano (I) 114 D4
Pescopagano (I) 115 B6
Pesco Sannita (I) 115 A5
Pescueza (E) 131 B4
Peshkëpi (AL) 162 B4
Peshkopi (AL) 162 C1
Pesinki (FIN) 20 D3
Pesiökylä (FIN) 13 B4
Peski (RUS) 182 D2
Pesmes (F) 97 C1
Pesočani (MK) 162 C2
Pesočnyj (RUS) 35 C4
Pêso da Régula (P) 130 D1
Pesola (FIN) 19 B4
Pesoz (E) 125 B2
Pesquera, La (E) 133 C5
Pesquera (E) 126 C6
Pessalompolo (FIN) 12 B1
Pessan (F) 105 A4
Pessani (GR) 165 A1
Pesse, la (F) 97 D4
Pessin (D) 69 C3
Peštani (MK) 162 D2
Peşt. Comarnic (RO) 152 C2
Peşt. Dîmbovicioara (RO) 147 D6
Peşteana-Jiu (RO) 153 B2
Peštera, Ciljaška (BG) 159 D5
Peštera, Devetaška (BG) 160 A1
Peštera, Gradežniška (BG) 159 C2
Peštera, Haichuška (BG) 159 C1
Peštera, Kajlâška (BG) 153 D6
Pestera (RO) 155 B4
Peštera (BG) 159 D4
Peşt. Ialomiţei (RO) 154 A2
Pestisani (RO) 153 A2
Peşt. Muierii (RO) 153 B1
Peşt. Scărişoara (RO) 147 A4
Pesurići (BIH) 151 B5
Petacciato (I) 115 A3
Petacciato Marina (I) 115 A3
Petäiskylä (FIN) 21 B2
Petäjäjärvi (FIN) 12 D2
Petäjäkangas (FIN) 12 D3
Petäjarvi (RUS) 35 C3
Petäjäskoski (FIN) 12 C1
Petäjävesi (FIN) 20 A5
Petaki (HR) 111 D1
Petalax Petolahti (FIN) 19 A4
Petalidion (GR) 170 D4
Petalii (GR) 168 A6
Petange (L) 75 D5
Petar, Sv. (HR) 111 B4
Petas (GR) 166 C4
Petäys (FIN) 20 D2
Petbergsliden (S) 11 B4
Petelea (RO) 147 C3
Peteni (RO) 149 C6
Peter,-Saint (GB) 86 A2
Peteranec (HR) 102 B5
Peterborough (GB) 54 D6
Peterculter (GB) 45 C6
Peterhead (GB) 45 D5
Peterlee (GB) 49 D6
Peter-Port,-Saint (GB) 86 A2
Petersberg (D) 77 B3
Petersdorf a. Fehmarn (D) 61 A2
Petersfield (GB) 58 C4
Petershagen (D) 68 A4
Petershagen (D) 70 B1
Peterstal, Bad (D) 90 D3
Pētervalde (LV) 178 D5
Pétervására (H) 103 D1
Pethelinos (GR) 164 A2
Petherton, North (GB) 57 B4
Petikträsk (S) 11 A6
Petilia (I) 117 A6
Petina (I) 116 C2
Petisträsk (S) 17 A2
Petit-Bornand-les-Glières,le (F) 97 D4
Petite-Boissière, la (F) 94 D2
Petit-Mars (F) 85 B5
Petka (YU) 158 C4
Petka, Sv. (YU) 152 C5
Pet'ki (BY) 73 D1
Petkula (FIN) 7 B4
Petkus (D) 69 D4
Petlovac (HR) 103 A6
Petlovača (YU) 151 C3
Pet mogili (BG) 160 C3
Petneháza (H) 83 A6
Peto de Lagarelhos (P) 125 A6
Petonen (FIN) 20 D4
Petra (E) 123 B4
Petra (CY) 174 B4
Petrades (GR) 165 B1
Petralia Sop. (I) 118 D3
Petralia Sott. (I) 118 D3
Petrašiūnai (LT) 176 C1
Petrá tou Romiou (Aphrodite) (CY) 174 C5
Petrel (E) 141 B2
Petrella (I) 113 B4
Petrella Tif. (I) 115 A4
Petresti (RO) 147 B6
Petresti (RO) 149 B5
Petresti (RO) 154 A3
Petreto-Bicchisano (F) 120 B4
Petrič (BG) 159 B6
Petrič (YU) 163 D1
Petrijanec (HR) 102 A5
Petrijevci (HR) 151 A1
Petrila (RO) 153 A1
Petrinja (HR) 150 A1
Petritoli (I) 113 C3
Petrizia, la (I) 117 A6
Petřkovice (CZ) 81 B2
Petrochorion (GR) 166 D5
Petrodvorets (RUS) 35 C5
Pétrola (E) 140 D1
Petromäki (FIN) 20 D4
Petronà (I) 117 A6
Petronell (A) 102 B1
Petrosani (RO) 153 B1
Petrov, Gjorče (YU) 158 B5
Petrová (SK) 82 D4
Petrova (RO) 147 B1
Petrovaara (FIN) 21 A3
Petrovac, Bački (YU) 151 C1
Petrovac, Bosan. (BIH) 150 A3
Petrovac (YU) 152 B3
Petrovac (YU) 157 B5
Petrovany (SK) 82 D4
Petrovaradin (YU) 151 C2
Petrovce (SK) 83 A4
Petrovčić (YU) 151 D3
Petrovice (CZ) 70 A5
Petrovice (CZ) 79 C4
Petrovice (CZ) 81 C2
Petrovka (RUS) 35 B3
Petrovo (RUS) 175 B4
Petrovo Selo, Bačko (YU) 103 D6
Petrox, St (GB) 56 C2
Petrulion (GR) 163 A6
Petruma (FIN) 21 A5
Petrussa (GR) 164 A1
Petsaki (GR) 167 A6
Petsmo (FIN) 19 A3
Pettenbach (A) 93 C3
Pettendorf (A) 80 C5
Pettigoe (IRL) 47 A4
Petting (D) 93 A4
Petworth (GB) 58 D4
Peuerbach (A) 93 C3
Peura (FIN) 12 C1
Peuräjärvi (FIN) 12 D2
Peurakaltio (FIN) 6 C4
Peurasuvanto (FIN) 7 B3
Pevensey (GB) 59 A4
Peveragno (I) 108 B4
Pewelka (PL) 82 A2
Pewsey (GB) 58 B3
Pey (NL) 75 D2
Peyia (CY) 174 C6
Peyrac-M. (F) 106 A5
Peyrat-la-Nonière (F) 96 B4
Peyrat-le-Château (F) 95 D5
Peyrehorade (F) 104 B4
Peyrelevade (F) 96 A5
Peyrens (F) 105 D5
Peyriac-de-Mer (F) 106 B6
Peyrins (F) 107 A1
Peyrieu (F) 97 C5
Peyrissac (F) 95 D6
Peyrolles-en-P. (F) 107 B4
Peyruis (F) 107 C3
Peza (AL) 162 B2
Pézenas (F) 106 B5
Pezens (F) 105 D5
Pezinok (SK) 81 A6
Pezou (F) 87 C6
Pezuela (E) 133 A3
Pezuelo de Aragón (E) 127 D5
Pézy (F) 88 A3
Pézzolo (I) 119 B2/3
Pfaffendorf (D) 70 B1
Pfaffendorf (D) 78 B3
Pfaffengrün (D) 78 D2
Pfaffenhausen (D) 92 B4
Pfaffenhofen (F) 90 C2
Pfaffenhofen a. d. Ilm (D) 92 C3
Pfaffenhofen a. d. Roth (D) 92 A3
Pfäffikon (CH) 99 A2
Pfäffikon (CH) 99 A2
Pfalzgrafenweiler (D) 91 A3
Pfarrkirchen (D) 93 A3
Pfatter (D) 92 D1
Pfeffenhausen (D) 92 D2
Pfeffertshofen (D) 78 C5
Pforzen (D) 92 B4
Pforzheim (D) 91 A2
Pfreimd (D) 78 D5
Pfronten (D) 92 B5
Pfullendorf (D) 91 B4
Pfullingen (D) 91 B3
Pfungstadt (D) 77 A5
Pfyn (CH) 99 B1
Phileyia (CY) 174 B5
Philia (CY) 174 B4
Philippeville (B) 75 A4
Philippine (NL) 74 D1
Philippsbourg (F) 90 C2
Philippsreut (D) 93 B1
Philippsthal (D) 77 B2
Philipsland, St. (NL) 66 B6
Phrenatos (CY) 174 C3
Phūon, Ay. (CY) 174 A2
Phyla, Ay. (CY) 174 C4
Phyrabruck (A) 80 A5
Piacenza (I) 109 A2
Piacenza d'A. (I) 110 A2
Piádena (I) 109 B2
Piana, Posta (I) 115 C4
Piana (F) 120 B3
Piana Crixia (I) 108 C4
Piana d'Alb. (I) 118 B3
Pianazzo (I) 99 B4
Piancastagnaiò (I) 112 D3
Piandelagotti (I) 109 C4
Piàn di Scó (I) 110 A6
Pianella (I) 112 C2
Pianella (I) 113 D4
Pianello V. Tid. (I) 109 A3
Piano, Castel del (I) 112 D3
Piano di Pieve (I) 113 A3
Pianoro (I) 109 D4
Pianosa (I) 112 A4
Pianotolli-Caldarello (F) 120 C5
Pians (A) 99 D2
Piansano (I) 112 D4
Pias (E) 125 B5
Pias (P) 138 A2
Pias (P) 138 A3
Piaseczno (PL) 62 C5
Piaseczno (PL) 64 A3
Piaseczno (PL) 72 D2
Piasek (PL) 62 C5
Piasek (PL) 71 A6
Piasek (PL) 72 A5
Piase Wielki (PL) 72 C6
Piaski (PL) 71 B2
Piaski (PL) 73 B4
Piaskowo (PL) 63 B6
Piaśnica, Wielka (PL) 63 D1
Piastow (PL) 72 C2
Piastowe, Miejsce (PL) 82 D2
Piaszczyna (PL) 63 C3
Piatek (PL) 72 A2
Piatkowa (PL) 83 A2
Piatkowiec (PL) 72 D6
Piatnica Poduchowna (PL) 65 A4
Piatra (RO) 153 C3
Piatra (RO) 154 A5
Piatra-Neamt (RO) 148 D4
Piave, Borgo (I) 114 B3
Piave, Ponte di (I) 100 C6
Piazza al S. (I) 109 B4
Piazza Armerina (I) 118 D4
Piazzola (I) 110 B1
Picán (HR) 111 A2
Picasent (E) 134 C6
Picăturile (RO) 153 C3
Picazo, El (E) 133 C5
Piccione (I) 113 A2
Piccovagia (F) 120 C4
Picerno (I) 115 C6
Picherande (F) 96 B6
Pichoux, Le (CH) 98 C1
Picinisco (I) 114 C4
Pickering (GB) 54 C2
Pico (I) 114 C4
Pico (P) 136 B6
Pico (P) 136 B6
Picón (E) 133 B1
Piconcillo (E) 139 A3
Picote (P) 125 C6
Picquigny (F) 74 B4
Pidole (LV) 178 D4
Pidula (EST) 180 A5
Piec, Czarny (PL) 64 C3
Piechcin (PL) 63 D5
Piecki (PL) 64 D3
Piecnik (PL) 63 A4
Piedade, Ponta da (P) 137 B5
Piedade (P) 136 B6
Pied-de-Borne (F) 106 C2
Piedicavallo (I) 98 C5
Piedicorte di G. (F) 120 C3
Piedicroce (F) 120 C2
Piediluco (I) 113 B4
Piedimonte E. (I) 119 B3
Piedimonte Matese (I) 114 D5
Piedimulera (I) 98 D5
Piedrabuena (E) 139 C1
Piedrafita (E) 125 A3
Piedrafita (E) 125 C3
Piedrafita (E) 127 D6
Piedrahita (E) 132 A3
Piedralaves (E) 132 B3
Piedras Albas (E) 131 B5
Piedras Luengas (E) 126 B2
Piedruja (LV) 177 C2
Piegaro (I) 112 D3
Piégut-Pluviers (F) 95 B5
Piehinki (FIN) 12 B5
Piekary (PL) 72 C2
Piekary Slaskie (PL) 72 A6
Piekoszów (PL) 72 C5
Pieksämäen mlk. (FIN) 20 C5
Pieksämäki (FIN) 20 D5
Pieksänlahti (FIN) 21 A6
Piekuty, Nowe (PL) 65 B5
Pielavesi (FIN) 20 C3
Pielenhofen (D) 92 D1
Pielgrzymka (PL) 70 D4
Piemonte, Limone (I) 108 B3
Pienava (LV) 178 D5
Pieneni (LV) 182 B6
Pieniażkowice (PL) 82 A3
Pieniezno (PL) 64 C2
Pieńsk (PL) 70 C4
Pienza (I) 112 D3
Pierowall (GB) 45 C1
Pierre-Buffière (F) 95 C5
Pierre-Châtel (F) 107 B1
Pierrecourt (F) 89 C5
Pierre-du-Bresse (F) 97 C2
Pierrefeu-du-Var (F) 107 C5
Pierrefiche (F) 106 C2
Pierrefitte-Nestalas (F) 104 D6
Pierrefitte-s-Aire (F) 89 C2
Pierrefitte-s-Sauldre (F) 88 B5
Pierrefonds (F) 74 C6
Pierrefontaine-les-Varans (F) 98 B1
Pierrefort (F) 106 A1
Pierrelatte (F) 107 A3
Pierre-Levée (F) 88 C2
Pierrepont (F) 75 C6
Piershil (NL) 66 B5
Piervomajskij (BY) 177 A6
Pierzchnica (PL) 72 C5
Piesjoki (FIN) 2 D5
Pieskehaurestugan (S) 10 A2
Pieski (S) 10 D3
Pieski (PL) 70 C1
Piešt'any (SK) 81 A5
Pieszkowo (PL) 64 C2
Pieszyce (PL) 71 A5
Pietracamela (I) 113 C4
Pietracatella (I) 115 A4
Pietragalla (I) 115 C6
Pietráia (I) 113 A3
Pietralba (F) 120 C2
Pietra Ligure (I) 108 C5
Pietramala (I) 109 D4
Pietralunga (I) 113 A2
Pietramontecorvino (I) 115 B4
Pietranera (F) 120 C2
Pietraperzia (I) 118 D4
Pietraporzio (I) 108 A4
Pietrasanta (I) 109 B5
Pietraszyn (PL) 81 B2
Pietrebais (B) 75 B2
Pietrelcina (I) 115 A5
Pietrele (RO) 154 B5
Pietro, Ponte S. (I) 99 B6
Pietrosella (F) 120 B4
Pietrosita (RO) 154 A2
Pietroso (F) 120 C3
Pietrowice (PL) 81 A1
Pietrzwald (PL) 64 B3
Pieux, les (F) 86 B2
Pieve (I) 100 B4
Pieve (I) 108 D2
Pieve (I) 109 A2
Pieve (I) 112 D2
Pieve di C. (I) 109 D3
Pieve di Cadore (I) 100 C4
Pieve di S. (I) 110 B1
Pieve di Tecco (I) 108 B5
Pievėnai (LT) 176 A1
Pievepélago (I) 109 C4
Pieve Santo Stefano (I) 110 B6
Pievna (RO) 154 D4
Piffonds (F) 88 C4
Pigerolles (F) 96 A5
Piglio (I) 113 B6
Pigna (I) 108 B5
Pignola (I) 115 C6
Pignone (I) 109 A4
Pihkainmäki (FIN) 20 D4
Pihkalanranta (FIN) 12 D6
Pihlajakoski (FIN) 34 B1
Pihlajalahti (FIN) 19 D6

Pihlajalahti (FIN) 21 A6
Pihlajaniemi (FIN) 21 B6
Pihlajasaari (FIN) 34 C2
Pihlajavaara (FIN) 21 D3
Pihlajaveden (FIN) 20 A5
Pihlajavesi (FIN) 19 D5
Pihtipudas (FIN) 20 B3
Pihtisulku (FIN) 20 A4
Pihtla (EST) 180 B5
Piikkilä (FIN) 19 A6
Piikkiö (FIN) 33 A4
Piili (FIN) 19 D5
Piiloperä (FIN) 13 B1
Piippola (FIN) 12 D6
Piiri (EST) 181 D5
Piirsalu (EST) 180 C4
Piisaari (RUS) 35 A4
Piispajärvi (FIN) 13 C3
Piittisjärvi (FIN) 12 D1
Pijanów (PL) 72 B4
Pije (GR) 171 A4
Pijesak, Han (BIH) 151 B4
Pijnacker (NL) 66 B5
Pikasilla (EST) 182 A2
Pikävere (EST) 181 B4
Pikeliai (LT) 178 C6
Pikeliškės (LT) 177 A4
Pikkarainen (FIN) 13 C2
Pikkarala (FIN) 12 C5
Pikknurme (EST) 181 B5
Pikkujaakko (S) 11 A1
Piksāri (LV) 179 C2
Piktupėnai (LT) 175 D4
Pikva (EST) 181 A3
Piła (PL) 63 B5
Pila-Canale (F) 120 B4
Pilas (E) 142 B3
Pilaševo (BG) 160 A4
Pilastri (I) 109 D3
Pilastro (I) 109 B3
Pilaszkowice (PL) 73 B4
Pila (I) 108 A1
Pilat-Plage (F) 104 B2
Piławki (PL) 64 B3
Pilchowo (PL) 62 C4
Pilczycka, Ruda (PL) 72 B4
Pile (PL) 63 B3
Piles, Les (E) 129 A6
Pilgrimstad (S) 24 D2
Pilica, Grabów nad (PL) 72 D3
Pilica, Nowe Miasto nad (PL) 72 C3
Pilica (PL) 72 B6
Pilipec (UA) 83 C4
Pilis (H) 103 C3
Piliscsaba (H) 103 A2
Pilistvere (EST) 181 A5
Pilisvörösvár (H) 103 B2
Pilithra (GR) 171 B4
Piliuona (LT) 176 C4
Pilka (EST) 181 C5
Pilkasaajo (S) 6 B5
Pillapalu (EST) 181 A3
Pillijärvi (S) 6 A4
Pillnitz (D) 70 A4
Pilníkov (CZ) 70 D6
Pilpala (FIN) 33 C3
Pilsblīdene (LV) 178 D5
Pilskalne (LV) 177 A1
Pilskalns (LV) 182 B4
Pilspa (FIN) 21 A3
Pilštanj (SLO) 101 D5
Pilsting (D) 93 A2
Pilszcz (PL) 81 B2
Piltene (LV) 178 B4
Pilträsk (S) 11 A4
Pilvingiai (LT) 176 C6
Pilviškiai (LT) 176 B4
Pilzno (PL) 82 D2
Pınarhisar (TR) 161 A5
Pin, le (F) 96 D3
Piña (E) 126 B6
Pina de Ebro (E) 128 B6
Pinarejo (E) 133 B5
Pinarejos (E) 132 C1
Pinarella (I) 110 B5
Pinarellu (F) 120 C4
Pinas (F) 105 A6
Pincehely (H) 103 A4
Pincina (SK) 82 A6
Pîncota (RO) 146 B5
Pińczów (PL) 72 C5
Pindari (LV) 178 D3
Pineda (E) 133 B4
Pineda de la Sierra (E) 126 D4
Pineda de Mar (E) 129 C5
Pinedo Trasmonte (E) 126 D5
Piñeiro (E) 124 C4
Pineki (TR) 161 B5
Piñel (E) 126 C6
Pinell, El (E) 135 A2
Pinelo (P) 125 B6
Pin-en-Mauges, le (F) 85 C6
Piñero, El (E) 131 D1
Pinerolo (I) 108 A3
Pines, Akr. (GR) 164 B4
Pineto (I) 113 D4
Piney (F) 89 A3
Pingeyri (IS) 1 A1
Pinhal Novo (P) 137 B1
Pinhão (P) 131 A1
Pinheiro Grande (P) 130 C5
Pinhel (P) 131 A2
Piniava (LT) 176 C2
Pinilla, La (E) 141 A4
Pinilla de Molina (E) 133 C3
Pinilla de Toro (E) 126 A6
Pinkafeld (A) 102 A2
Pin-la-Garenne, le (F) 87 B4
Pinnari (FIN) 19 B6
Pinneberg (D) 60 D4
Pinnow (D) 70 B2
Pino (F) 120 C1
Pino (E) 125 C6
Pino Franqueado (E) 131 C3
Pinols (F) 106 B1
Pinoso (E) 141 A2
Pinos Puente (E) 143 C3
Pinsiö (FIN) 33 B1
Pinsot (F) 97 D6
Pintamo (FIN) 13 A3
Pintuéles (E) 126 A2
Pinwherry (GB) 48 C5
Pinzano (I) 100 D5
Pinzio (P) 131 A3
Pinzolo (I) 99 D5
Piòbbico (I) 113 A1
Piojärvi (FIN) 35 B1
Piombino (I) 112 B3
Pionerskij (RUS) 175 B4
Pionki (PL) 72 D3
Pionsat (F) 96 B4
Pioppi (I) 116 B3
Pioppo (I) 118 B3
Pióraco (I) 113 B3
Piórków (PL) 72 D5
Piorunkowice (PL) 71 B6
Piossasco (I) 108 B2
Piotrków (PL) 73 B4
Piotrkowice (PL) 71 A3
Piotrkowice (PL) 72 C5
Piotrków Kujawski (PL) 71 D1
Piotrków Trybunalski (PL) 72 B3
Piotrowice (PL) 72 C6
Piotrowo (PL) 63 B5
Piove di Sacco (I) 110 B2
Piovene (I) 100 A5
Piperion, Akr. (GR) 164 B6
Pipriac (F) 85 B4
Pipsjärvi (FIN) 12 B6
Piqueras (E) 133 C5
Piragi (RUS) 182 D4
Piran (SLO) 101 A6
Pirane (YU) 158 A4
Piras (I) 121 C2
Pirawarth, Markt (A) 80 D5
Pirčiupiai (LT) 176 D5
Piré-s-Seiche (F) 85 B4
Pireus (GR) 167 C6
Pirgos Diru (GR) 171 A5
Piriac-s-Mer (F) 85 A5
Pirilä (FIN) 33 B4
Pirin (BG) 159 B5
Pirin (BG) 159 B6
Pirinec (BG) 160 C1
Pirka (D) 79 A6
Pirkkala (FIN) 33 B1
Pîrliţa (MD) 149 C3
Pîrlita (RO) 154 A5
Pirmasens (D) 90 C1
Pirna (D) 70 A4
Pirnmill (GB) 48 C4
Pirot (YU) 159 A2
Pirovac (HR) 111 D6
Pîrscov (RO) 154 C2
Pirsu (EST) 181 A3
Pirtó (H) 103 B4
Pirttijärvi (FIN) 19 A6
Pirttijärvi (FIN) 21 D4
Pirttikoski (FIN) 12 B6
Pirttikoski (FIN) 13 A1
Pirttikylä (FIN) 19 C5
Pirttimäki (FIN) 20 C1
Pirttimäki (FIN) 20 C3
Pirttimäki (FIN) 21 A1
Pirttiniemi (S) 11 C1
Pirttiniemi (FIN) 34 B1
Pirttisaari (FIN) 34 B4
Pirttivaara (FIN) 13 C4
Pirttivuopio (S) 5 C4
Pisa (FIN) 12 C1
Pisa (I) 109 C6
Pisamaniemi (FIN) 21 A5
Pisanica, Vel (HR) 102 C6
Pisany (F) 94 D5
Pisarovina (HR) 150 A1
Pisarzowice (PL) 71 C4
Pisarzowice (PL) 83 A3
Pišća (UA) 73 D3
Pischeldorf (A) 101 B3
Pischelsdorf (A) 102 A3
Pischia (RO) 146 B6
Pisciotta (I) 116 C3
Piscolt (RO) 146 C2
Piscu (RO) 155 A1
Písečná (CZ) 71 B6
Písečné (CZ) 80 B4
Pisede (D) 61 D3
Písek (CZ) 79 C5
Piseux (F) 87 B3
Piska, Biała (PL) 65 B3
Piskavica, G. (BIH) 150 B3
Piškera (HR) 111 D5
Piski (PL) 65 A5
Pisoderion (GR) 162 D3
Pisogne (I) 99 C6
Pissignano (I) 113 B3
Pissonas (GR) 167 D5
Pissos (F) 104 C3
Pissouri (CY) 174 C5
Pistala (FIN) 21 B6
Pistiana (GR) 162 D6
Pisticci (I) 117 A2
Pistilfjörðhur (IS) 1 D1
Pištin (CZ) 79 C6
Pisto (FIN) 13 B3
Pistoia (I) 109 C5
Pistyn' (UA) 148 B1
Pisz (PL) 65 A3
Piszczac (PL) 73 C2
Pitäjänmäki (FIN) 20 B2
Pitasch (CH) 99 B3
Pitcaple (GB) 45 C6
Pitea (S) 11 B5
Pite-Altervattnet (S) 11 B4
Pitesti (RO) 153 D2
Pit Hill, Kiln (GB) 49 C6
Pithiviers (F) 88 B3
Pithiviers-le-Vieil (F) 88 B3
Pitholm (S) 11 B5
Pitigliano (I) 112 D4
Pitîigeni (RO) 148 D3
Pitillas (E) 127 C4
Pitkä (FIN) 13 C4
Pitkäaho (FIN) 20 D6
Pitkäjärvi (RUS) 3 C4
Pitkäjärvi (FIN) 33 B3
Pitkälä (FIN) 21 B6
Pitkälahti (FIN) 20 D4
Pitkälahti (FIN) 34 D1
Pitkämäki (FIN) 21 A3
Pitkäpohja (FIN) 35 C1
Pitkäsalo (FIN) 19 C3
Pitkäsenkylä (FIN) 12 B6
Pitkäsenkylä (FIN) 12 B6
Pitlochry (GB) 49 A2
Pitomača (HR) 102 C6
Pitrags (LV) 178 C3
Pitsineika (GR) 166 D5
Pitsligo, New (GB) 45 C5
Pitsund (S) 11 B5
Pittenweem (GB) 49 B3
Pittersberg (D) 78 D5
Pitvaros (H) 146 A5
Piùbega (I) 109 C2
Pivašiūnai (LT) 176 D5
Pivka (SLO) 101 B6
Pivnica (HR) 150 C1
Piwniczna (PL) 82 C3
Piyi (CY) 174 B3
Pizarra (E) 143 A4
Pizay (F) 97 B5
Pizzighettone (I) 109 A2
Pizzo (I) 119 D1
Pizzolato (I) 118 B6
Pizzoli (I) 113 B4
Pizzone (I) 114 D4
Pjatidorožnoe (RUS) 175 A5
Pjätteryd (S) 38 D6
Pjelax (FIN) 19 A5
Pjesker (S) 10 D5
Pjesörn (S) 17 A2
Plaani (EST) 182 C3
Plabennec (F) 84 B3
Pladda (GB) 48 C4
Plăesii (RO) 148 D5
Plaffeien (CH) 98 C3
Plage, Berck- (F) 74 A3
Plage, Fort Mahon- (F) 74 A3
Plage, Hardelot- (F) 74 A3
Plage, Merlimont (F) 74 A3
Plages, Oye (F) 74 B2
Plagne, la (F) 98 A5
Plaidy (GB) 45 C5
Plaigne (F) 105 C5
Plaine, la (F) 94 D2
Plaine-s-Mer, la (F) 94 A2
Plaintel (F) 84 D3
Plaisance (F) 104 D4
Plaisance (F) 105 B4
Plaisance-du-Touch (F) 106 A4
Plaiuri (RO) 147 B4
Plaka, Akr. (GR) 164 D4
Plaka, Akr. (GR) 173 B5
Plaka (GR) 162 D6
Plaka (GR) 164 D5
Plaka (GR) 171 B3
Plaka (GR) 172 B5
Plakanciems (LV) 179 B5
Plakoti, C. (CY) 174 A2
Plakovo (BG) 160 B2
Plal'niki (BY) 177 C6
Planá, Chodová- (CZ) 79 A4
Planá, Hor. (CZ) 93 C2
Plana, La (E) 128 D4
Plana, M. (YU) 152 C6
Plana, V. (YU) 152 B4
Planá (CZ) 79 A4
Plana (GR) 164 A3
Planá n. Luž. (CZ) 79 D5
Pláňany (CZ) 80 A2
Planches-en-Montagne,les (F) 97 D3
Plancoët (F) 85 A3
Plancy-l'Abbaye (F) 89 A3
Plan d'Aragnouet, le (F) 104 D6
Plan-d'Aups (F) 107 B5
Plan-de-Baix (F) 107 A1
Plan-de-Cuques (F) 107 B5
Plandište (YU) 152 B1
Plan-d'Orgon (F) 107 A4
Planes (E) 141 C1
Planguenoual (F) 85 A3
Plāni (LV) 179 D3
Plánice (CZ) 79 B5
Planina (SLO) 101 B6
Planina (SLO) 101 D5
Planinica (YU) 152 D5
Plankenfels (D) 78 C4
Plānupe (LV) 179 B4
Plasencia (E) 128 B4
Plasencia (E) 131 C4
Plasenzuela (E) 131 C6
Płaska (PL) 65 C2
Plaški (HR) 111 C3
Plassen (N) 28 B1
Plasseter (N) 23 C3
Plášťovce (SK) 103 B1
Plasy (CZ) 79 B4
Plátaci (I) 117 A4
Platak (HR) 111 B2
Platamon (GR) 163 C5
Platamon (GR) 164 B2
Platamona Lido (I) 121 B2
Platani (CY) 174 B3
Platania (I) 117 A6
Platania (GR) 167 C3
Platanistos (GR) 168 A6
Platanos (GR) 167 B3
Platanos (GR) 170 C2
Platanos (GR) 172 A5
Platanovrisi (GR) 166 D6
Platee (GR) 167 C6
Plateliai (LT) 175 D1
Plati (I) 119 C3
Plati (GR) 163 C2
Platičevo (YU) 151 C3
Platišino (RUS) 182 D5
Platja d'Aro, La (E) 129 D5
Platten (D) 76 B4
Plattling (D) 93 A2
Platykambos (GR) 163 C5
Platys Jialos (GR) 172 A3
Platys Jialos (GR) 172 B2
Platystomon (GR) 167 A4
Platz,-Safien (CH) 99 B3
Plau (D) 61 D4
Plaudren (F) 84 D5
Plaue (D) 69 B3
Plaue (D) 78 B2
Plauen (D) 78 D3
Plav (YU) 157 D4
Plave (SLO) 101 A5
Plaveč (SK) 82 C3
Plavecký Mikuláš (SK) 81 A5
Plavējai (LT) 177 B2
Plavinas (LV) 179 D5
Plavisevita (RO) 152 C3
Plavna (YU) 152 D4
Plavnica (SK) 82 C3
Plavnica (YU) 157 C4
Plavno (RUS) 176 A5
Pławce (PL) 71 B1
Playa Blanca (E) 145 C4
Playa de las Américas (E) 144 A5
Plaza de Taverga (E) 125 C2
Płazów (PL) 73 C6
Pleaux (F) 105 D1
Pléchâtel (F) 85 B4
Plecka-Dabrowa (PL) 72 A2
Plédéliac (F) 85 A3
Plédran (F) 84 D3
Pleikilä (FIN) 32 C3
Pleissing (A) 80 C4
Plélan-le-Grand (F) 85 A4
Plelan-le-Petit (F) 85 A3
Plémet (F) 85 A4
Plénée-Jugon (F) 85 A3
Pléneuf-Val-André (F) 85 A3
Plenita (RO) 153 A4
Plentzia (E) 127 A2
Plérin (F) 84 D3
Plertinjaure (S) 10 C3
Pleščenicy (BY) 177 D5
Plęscoi (RO) 154 C2
Plescop (F) 84 D5
Pleseni (MD) 149 D5
Plešivec (SK) 82 C5
Pleskow,-Bad Saarow (D) 70 A1
Pleslin (F) 85 A3
Plesnik (SLO) 101 C4
Plesnoy (F) 89 D4
Pleso, Štrbské- (SK) 82 B4
Plessala (F) 85 A3
Plessé (F) 85 B5
Plessis, le (F) 74 C6
Plessis-Belleville, le (F) 74 C6
Plestan (F) 85 A3
Plestin-les-Grèves (F) 84 C2
Pleszew (PL) 71 C2
Pleternica (HR) 150 D2
Plettenberg (D) 76 C1
Pletvar (MK) 158 C6
Pleubian (F) 84 D2
Pleucadeuc (F) 85 A4
Pleugriffet (F) 85 A4
Pleumartin (F) 95 B3
Pleurs (F) 89 A2
Pleurtuit (F) 85 B3
Pléven (F) 85 A3
Pleven (BG) 153 D5
Plevník-Drienové (SK) 81 C4
Pleyben (F) 84 C3
Pleyber-Christ (F) 84 C3
Pliego (E) 141 A3
Plienciems (LV) 178 D4
Plikiai (LT) 175 C2
Plikiai (LT) 176 B3
Plintini (LV) 178 C4
Pliska (BG) 154 D6
Plissa (BY) 177 D3
Plitvice (HR) 111 D3
Plivot (F) 89 A1
Pljevlja (YU) 151 B6
Ploaghe (I) 121 B2
Plobsheim (F) 90 D3
Ploče (HR) 156 C3
Plochingen (D) 91 B2
Płociczno (PL) 65 C2
Płock (PL) 64 B6
Ploemel (F) 84 D5
Ploemeur (F) 84 C5
Ploërdut (F) 84 D4
Ploërmel (F) 85 A4
Plœuc-s-Lié (F) 84 D3
Plogastel-Saint-Germain (F) 84 B4
Plogoff (F) 84 A4
Plogshagen (D) 61 D1
Ploiesti (RO) 154 B3
Plokščiai (LT) 176 B4
Plomarion (GR) 165 A6
Plombières-les-Bains (F) 90 A4
Plomodiern (F) 84 B3
Plön (D) 60 D3
Ploneis (F) 84 B4
Plonéour-Lanvern (F) 84 B4
Plonévez-du-Faou (F) 84 C3
Płonna (PL) 83 A3
Płońsk (PL) 64 C6
Płońsko (PL) 62 D5
Plopana (RO) 149 B4
Plopeni (RO) 154 B2
Plopeni (RO) 155 B5
Plopi (RO) 153 A3
Plopii-Slăvitesti (RO) 153 D4
Plosca (RO) 154 A5
Płośnica (PL) 64 C4
Plößberg (D) 78 D4
Płotno (PL) 62 D5
Płoty (PL) 62 D3
Plötz (D) 69 B5
Plou (E) 134 C2
Plouagat (F) 84 D3
Plouaret (F) 84 C2
Plouarzel (F) 84 A3
Plouay (F) 84 C4
Ploubalay (F) 85 A3
Ploubazlanec (F) 84 D2
Ploučnicí, Benešov nad (CZ) 70 B5
Ploudalmézeau (F) 84 A3
Ploudaniel (F) 84 B3
Ploudiry (F) 84 B3
Plouégat-Guérand (F) 84 C2
Plouescat (F) 84 B2
Plouézec (F) 84 D2
Ploufragan (F) 84 D3
Plougasnou (F) 84 C2
Plougastel-Daoulas (F) 84 B3
Plougonvelin (F) 84 A3
Plougonven (F) 84 C3
Plougonver (F) 84 C3
Plougrescant (F) 84 D2
Plouguenast (F) 84 D3
Plouguerneau (F) 84 B2
Plouguernével (F) 84 D3
Plouguin (F) 84 B3
Plouha (F) 84 D2
Plouharnel (F) 84 D5
Plouhinec (F) 84 B4
Plouhinec (F) 84 D5
Plouider (F) 84 B2
Plouigneau (F) 84 C3
Ploulec'h (F) 84 C2
Ploumanach (F) 84 C2
Ploumoguer (F) 84 A3
Plounéventer (F) 84 B3
Plounévez-Lochrist (F) 84 B2
Plounévez-Moëdec (F) 84 C3
Plounévez-Quintin (F) 84 D3
Plouray (F) 84 C4
Plouvorn (F) 84 B3
Plouyé (F) 84 C3
Plouzané (F) 84 A3
Plouzévédé (F) 84 B2
Plovdiv (BG) 160 A4
Płowce (PL) 64 A6
Plozévet (F) 84 B4
Plūči (LV) 178 C5
Pludry (PL) 71 D5
Pluduno (F) 85 A3
Pludy, Nowe (PL) 64 D6
Płudy (PL) 72 C1
Plugari (RO) 149 A2
Plumbridge (GB) 47 A4
Plumelec (F) 85 A4
Pluméliau (F) 84 D4
Plumergat (F) 84 D5
Plumlov (CZ) 80 D3
Plumpton (GB) 49 B6
Plungė (LT) 175 D2
Pl'ussy (BY) 177 C2
Pluszkiejmy (PL) 65 B1
Plutiškės (LT) 176 B5
Pluty (PL) 64 C2
Pluvigner (F) 84 D4
Plužine (YU) 157 B2
Płużnica (PL) 64 A4
Pluzunet (F) 84 C2
Plymouth (GB) 56 D5
Płytnica (PL) 63 B4
Plytra (GR) 171 B5
Plzeň (CZ) 79 B4
Pnevo (RUS) 181 D6
Pniewo (PL) 62 C4
Pniewo (PL) 64 D6
Pniewy (PL) 70 D1
Pnjewy (PL) 72 C2
Poarta Albă (RO) 155 B4
Pobedino (RUS) 176 A4
Poberežje (RUS) 175 B5
Pobiedno (PL) 83 A3
Pobiedziska (PL) 71 B1
Pobiti Kaman (BG) 161 A1
Pobla de Lillet, La (E) 129 B4
Pobla de Mass., La (E) 135 A1
Pobla de Segur (E) 128 D4
Pobladura (E) 125 C3
Pobladura (E) 125 D5
Poblete (E) 139 D1
Pobo, El (E) 134 C3
Poboru (RO) 153 C2
Pobrdje (YU) 157 D2
Poceirão (P) 137 B1
Počernice, Hor. (CZ) 79 D3
Pocé-s-Cisse (F) 95 B1
Pochlarn (A) 80 A6
Pociems (LV) 179 B3
Počitelj (HR) 111 D4
Pocinho (P) 131 A1
Pociūnėliai (LT) 176 C2
Pöcking (D) 92 C4
Pocking (D) 93 B3
Pocklington (GB) 54 C3
Pocola (RO) 146 C4
Pocrnje (BIH) 156 D3
Pocsaj (H) 146 C2
Podanin (PL) 63 B5
Podari (RO) 153 B4
Podawce, Skibniew- (PL) 65 B6
Podbanské (SK) 82 B4
Podberezje (RUS) 182 D3
Podbořany (CZ) 79 B3
Podborov'e (RUS) 181 D5
Podborov'e (RUS) 182 D2
Podbrdo (SLO) 101 A5
Podbřezí (CZ) 70 D6
Podbrezová (SK) 82 A4
Podčetrtek (SLO) 101 D5
Podczerwone (PL) 82 B3
Poddebice (PL) 71 D2
Poděbrady (CZ) 80 A3
Podegrodzie (PL) 82 B3
Podem (BG) 153 D5
Podence (P) 125 B6
Podensac (F) 104 D2
Podenzano (I) 109 A3
Podersdorf (A) 102 B1
Podes (E) 125 D1
Podgaje (PL) 63 B4
Podgora (HR) 156 C2
Podgorač (HR) 151 A1
Podgorac (YU) 152 C4
Podgorica (YU) 157 C4
Podgorica (BG) 160 C1
Podgórne, Tarnowo (PL) 71 A1
Podgrad (SLO) 101 B6
Podgradci, G. (BIH) 150 B2
Podgrodzie (PL) 82 D1
Podhalański, Maków (PL) 82 A2
Podhradí, Zvíkovské (CZ) 79 C5
Podhradie, Krásnohorské (SK) 82 C5
Podhradie, Spišské (SK) 82 C4
Podhum (BIH) 150 C5
Podhum (BIH) 150 D5
Podima (TR) 161 C5
Podivín (CZ) 80 D4
Podjareš (MK) 163 C1
Podkonice Duże (PL) 72 B3
Podkoren (SLO) 101 A4
Podkova (BG) 160 B6
Podkriváň (SK) 82 A5
Podl, Sokołów (PL) 73 A1
Podlapača (HR) 111 D4
Podlaska, Biała (PL) 73 C2
Podlaska, Komarówka (PL) 73 B2
Podlaska, Leśna (PL) 73 B1
Podlaski, Bielsk (PL) 65 C5
Podlaski, Janów (PL) 73 C1
Podlaski, Miedzyrzec (PL) 73 B2
Podlaski, Radzyn (PL) 73 B2
Podlejki (PL) 64 C3
Podlipovo (RUS) 175 C5
Podlužany (SK) 81 B5
Podmogile (RUS) 182 D3
Podnanos (SLO) 101 B6
Podnovlje (BIH) 150 D2
Podoby (BY) 177 C3
Podochorion (GR) 164 A2
Podogora (GR) 166 C4
Podoleš'e (RUS) 181 D4
Podolie (SK) 81 A5
Podolinec (SK) 82 C3
Podorašac (BIH) 150 D5
Podoražje (BIH) 151 A3
Podpićan (HR) 111 A2
Podprag (HR) 111 D5
Podr. Novigrad (HR) 102 B6
Podromanija (BIH) 151 B5
Podr. Slatina (HR) 150 D1
Pödruse (EST) 181 B3
Podsreda (SLO) 101 D5
Podsvilje (BY) 177 D3
Poduchowna, Piatnica (PL) 65 A4
Poduchowny, Zbuczyn (PL) 73 B2
Podujevo (YU) 158 B3
Podul Iloaiei (RO) 149 B3
Podunajské Biskupice (SK) 102 C1
Podu Turcului (RO) 149 B5
Podu Vadului (RO) 154 A2
Podvis (BG) 160 D2
Podwik (PL) 82 A3
Podwilcze (PL) 63 A3
Podzagajnik (PL) 72 D3
Podzámok, Oravské (SK) 82 A3
Poel (D) 61 B3
Poelkapelle (B) 74 C2
Poenari (RO) 149 A4
Poenesti (RO) 149 B4
Poët-Laval, le (F) 107 A2
Poët, le (F) 107 C3
Poetto (I) 121 C6
Pofi (I) 114 C4
Pogana (RO) 149 B5
Poganovci (HR) 151 A1
Pogányszentpéter (H) 102 C5
Pogeez (D) 61 A4
Poggendorf (D) 61 D3
Poggiardo (I) 117 D3
Poggibonsi (I) 112 C2
Pòggio a Cai. (I) 109 D5
Poggio-di-Nazza (F) 120 C3
Poggiodomo (I) 113 B4
Pòggio Imp. (I) 115 B3
Poggiolo (F) 120 B3
Pòggio Mirteto (I) 113 A5
Pòggio R. (I) 110 A3
Poggiorsini (I) 115 D6
Pòggio-Rusco (I) 109 D2
Poggs, Broughton (GB) 58 B2
Pöggstall (A) 80 B6
Pogno (I) 98 D5
Pogny (F) 89 B2
Pogoanele (RO) 154 D2
Pogoniani (GR) 162 C5
Pogorodno (BY) 177 A6
Pogórska Wola (PL) 82 C2
Pogorzel (PL) 65 B2
Pogorzel (PL) 72 D2
Pogorzela (PL) 71 B2
Pogorzelec (PL) 73 C2
Pogost (BY) 177 D5
Pogradec (AL) 162 D3
Pograničnoje (RUS) 175 D5
Pograničnyj (RUS) 175 B5
Pogrodzie (PL) 64 B2
Poh., Lovrenc na (SLO) 101 D4
Poh., Ribnica na (SLO) 101 D4
Pohja (FIN) 20 B2
Pohja (FIN) 33 C1
Pohja, Pojo (FIN) 33 B5
Pohjajoki (FIN) 19 A6
Põhjaküla (EST) 180 D2
Pohja-Lankila (FIN) 35 B1
Pohjankylä (FIN) 33 A4
Pohjasenvaara (FIN) 6 C5
Pohjaslahti (FIN) 12 D1
Pohjaslahti (FIN) 19 D5
Pohjavaara (FIN) 13 B6
Pohjoiskylä (FIN) 21 A5
Pohjoislahti (FIN) 20 A5
Pohjoisli (FIN) 12 C3
Pohjois-Vuokko (FIN) 21 A2
Pohjola (FIN) 34 B1
Pohorelá (SK) 82 B4
Pohořelice (CZ) 80 C4
Pohoří na Šum. (CZ) 93 D2
Pohronská Polhora (SK) 82 B5
Poia Mărului (RO) 147 D5
Poiana Blenchii (RO) 147 B2
Poiana Brasov (RO) 154 A1
Poiana de Jos (RO) 154 A2
Poiana Mare (RO) 153 A4
Poiana Mărului (RO) 152 D1
Poiana Sibiului (RO) 147 B6
Poiana Stampei (RO) 148 B3
Poiana Teiului (RO) 148 C3
Poiana Uzului (RO) 148 D5
Poiana-Vărbilău (RO) 154 B2
Poiares (P) 130 C4
Poibrene (BG) 159 C3
Põide (EST) 180 B5
Poieni (RO) 146 D3
Poijula (FIN) 13 A3
Poikajärvi (FIN) 7 A6
Poikelus (FIN) 19 C6
Põikva (EST) 181 A5
Poinçonnet, le (F) 95 D3
Point, Rosses (IRL) 46 C5
Pointe d'Agon (F) 85 B1
Pointe d'Arcachon (F) 104 B2
Pointe de Barfleur (F) 86 C1
Pointe de Chassiron (F) 94 C4
Pointe de Dinan (F) 84 A3
Pointe de Grave (F) 94 C5
Pointe de l'Aiguille (F) 94 B3
Pointe de la Négade (F) 94 C6
Pointe de l'Arcouest (F) 84 D2
Pointe de Minard (F) 84 D2
Pointe de Penhir (F) 84 A3
Pointe de Penmarch (F) 84 B4
Pointe de Pontusval (F) 84 B2
Pointe de Primel (F) 84 C2
Pointe de Saire (F) 86 C1
Pointe des Corbeaux (F) 94 A3
Pointe des Poulains (F) 84 D5
Pointe de St-Gildas (F) 85 A6
Pointe de St-Mathieu (F) 84 A3
Pointe de Trévignon (F) 84 C4
Pointe du Castelli (F) 85 A5
Pointe du Château (F) 84 D2
Pointe du Conguel (F) 84 D5
Pointe du Croisic (F) 85 A6
Pointe du Grouin (F) 85 B2
Pointe du Hoc (F) 86 C2
Pointe du Payré (F) 94 B3
Pointe du Percho (F) 84 D5
Pointe du Raz (F) 84 A4
Pointe du Roc (F) 85 B2
Pointe du Roselier (F) 85 A3
Pointe du Van (F) 84 A4
Pointe et Phare de la Coubre (F) 94 C5
Pointis-Inard (F) 105 B6
Poiré-s-Vie, le (F) 94 B2
Poirino (I) 108 B3
Poisieux (F) 96 A2
Poisson (F) 97 A3
Poissons (F) 89 B3
Poissy (F) 88 B2
Poitiers (F) 95 B3
Poivijärvi (FIN) 21 B4
Poix (F) 74 B5
Poix-de-Picardie (F) 74 B5
Poix-Terron (F) 75 B5
Poizdów (PL) 73 A3
Pojan (AL) 162 A3
Pojanluoma (FIN) 19 B4
Pojate (YU) 152 B5
Pojatno (HR) 111 D1
Pojkats (S) 11 A3
Pojo, Pohja (FIN) 33 B5
Pojoga (RO) 146 D6
Pojogeni (RO) 153 B2
Pokāni (LV) 182 B4
Pokka (FIN) 7 A3
Pokoj (BIH) 111 D3
Pökölä (FIN) 34 C2
Pokrovsk (RUS) 182 D5
Pokrvenik (YU) 158 A2
Pokryškino (RUS) 176 A5
Pokrzywno (PL) 64 A4
Pokupsko (HR) 150 A1
Pola (E) 125 B2
Pola de Gordón, La (E) 125 D3
Pola de Laviana (E) 125 D2
Pola de Lena (E) 125 D2
Pola de Siero (E) 125 D2
Pola de Somiedo (E) 125 C2
Polaincourt-et-Clairefontaine (F) 89 D4
Połajewo (PL) 63 B5
Polán (E) 132 C5
Pol'ana, Krajná (SK) 82 D3
Polana, Lysa (SK) 82 B3
Polańczyk (PL) 83 B3
Polanica-Zdrój (PL) 71 A6
Połaniec (PL) 72 D6
Polanka Valašska (CZ) 81 B3
Polanów (PL) 63 B2
Pol'any (BY) 177 B5
Polatna (YU) 158 B2
Polcenigo (I) 100 C5
Polch (D) 76 C3
Polcirkeln (S) 11 A2
Połczno (PL) 63 C2
Połczyn-Zdrój (PL) 63 A3
Pole, Bol. (RUS) 35 A4
Pole, Psie (PL) 71 B4
Pole, Stare (PL) 64 B2
Pole, Vel'. (SK) 81 C5
Poleckiški (BY) 177 A6
Polegate (GB) 59 A4
Polekėlė (LT) 176 B2
Põlendmaa (EST) 180 D5
Poleñino (E) 128 B5
Polepy (CZ) 70 A6
Polesella (I) 110 A3
Polésine (I) 109 B2
Polessk (RUS) 175 C4
Polgar (H) 146 B1
Polgárdi (H) 103 A3
Polhora, Orávská (SK) 82 A3
Polhora, Pohronská (SK) 82 B5
Poli (I) 113 B6
Polianka, Sečovská (SK) 82 D4
Polican (AL) 162 C5

Policastro (I) 117 A6
Police (PL) 62 C3
Police nad Metují (CZ) 70 D6
Polichna Dln. (PL) 73 B5
Polichnitos (GR) 165 A6
Poličino (RUS) 181 D4
Polička (CZ) 80 C2
Policko (PL) 70 D1
Poličnik (HR) 111 D5
Policoro (I) 117 A3
Policzna (PL) 72 D3
Polignano a Mare (I) 117 B1
Poligné (F) 85 B4
Poligny (F) 97 C2
Polinago (I) 109 C4
Polis (CY) 174 C5
Polistena (I) 119 C2
Polituara (E) 128 B3
Polizzello (I) 118 C4
Polizzi G (I) 118 C/D3
Pöljä (FIN) 20 D3
Poljacite (BG) 160 D2
Poljana, Duga (YU) 151 D6
Poljana (SLO) 101 C4
Poljana (YU) 152 B3
Poljanak (HR) 111 D3
Poljana Pakračka (HR) 150 B1
Poljčane (SLO) 101 D5
Polje (HR) 115 C1
Polje (BIH) 150 D2
Polje, Belo (YU) 158 A3
Polje, Brezovo- (BIH) 151 B3
Polje, Dobro (YU) 152 D5
Polje, G. (YU) 157 B3
Polje, Lipovo (HR) 111 C3
Polje, Terezino (HR) 102 C6
Polje, Vedro (BIH) 150 A4
Polje, Vedro (HR) 150 B2
Polje, Vrapce (YU) 157 B3
Poljica (HR) 111 C5
Poljice (BIH) 151 A4
Pölkki (FIN) 20 A3
Polkowice (PL) 70 D3
Polla (I) 116 C2
Pollachar (GB) 44 A6
Pöllakkä (FIN) 20 C5
Pöllakkä (FIN) 21 A5
Pollanten (D) 92 C1
Pöllau (A) 102 A3
Polle (D) 68 B5
Polleben (D) 69 A6
Pollença (E) 123 B3
Pollenza (I) 113 C2
Pollfoss (N) 22 D5
Pollhagen (D) 68 B4
Polliat (F) 97 B4
Pöllica (I) 116 B3
Pöllnitz, M. (D) 78 C2
Pollo-, Porto (F) 120 B4
Polmak (N) 3 A3
Polminhac (F) 106 A1
Polná (CZ) 80 B3
Polna (RUS) 181 D5
Poločany (BY) 177 C6
Polom, Vel. (CZ) 81 B2
Poloma, Gemerská (SK) 82 C5
Polomka (SK) 82 B4
Polos (TR) 161 A4
Polovragi (RO) 153 B1
Polowce (PL) 73 C1
Polperro (GB) 56 D5
Pöls (A) 101 C2
Polska Cerekiew (PL) 71 C6
Polski, Królik (PL) 82 D3
Polskie, Wilkowo (PL) 71 A2
Polski Gradec (BG) 160 C4
Polsko Kosovo (BG) 160 B1
Polso (FIN) 19 D2
Poltár (SK) 82 B5
Poltavskoe (RUS) 176 A4
Põltsamaa (EST) 181 B5
Polubný (CZ) 70 C5
Polusperä (FIN) 12 B6
Põlva (EST) 182 C2
Polvela (FIN) 21 B3
Polvenkylä (FIN) 19 B4
Polverina (I) 113 B3
Polviaho (FIN) 12 C3
Polvikoski (FIN) 21 D3
Polvoe (RUS) 35 B2
Polydendron (GR) 163 B4
Polyegos (GR) 172 A4
Polyjiros (GR) 163 D4
Polykastanon (GR) 162 D4
Polykastron (GR) 163 C2
Polymylos (GR) 163 B4
Polypotamon (GR) 163 A3
Pölzig (D) 78 D1
Pomar (E) 128 C5
Pomarance (I) 112 B2
Pomarez (F) 104 C4
Pomárico (I) 117 A2
Pomarkku (FIN) 19 B6
Pomáz (H) 103 B2
Pombal (P) 130 B4
Pombal (P) 131 A1
Pombia (GR) 172 C6
Pombriego (E) 125 B4
Pomeroy (GB) 47 B4
Pomézia (I) 113 A6
Pomi (RO) 147 A1
Pomiechówek (PL) 72 C1
Pömiö (FIN) 12 C3
Pommeraie-s-Sèvre, la (F) 94 D2
Pommeréval (F) 74 A5
Pommerit-Jaudy (F) 84 D2
Pommersfelden (D) 78 B4
Pommsen (D) 69 C6
Pomonte (I) 112 A4
Pomorie (BG) 161 A2
Pomorska, Gołancz (PL) 62 D2
Pomorski, Kalisz (PL) 63 A4
Pomorski, Kamień (PL) 62 D3
Pomorskie, Drawsko (PL) 63 A4
Pomorskie, Kowalewo (PL) 64 A5
Pomorskie, Mikołajki (PL) 64 A3
Pomos (CY) 174 B5
Pomos Point (CY) 174 B5
Pomoy (F) 90 A5
Pompidou, le (F) 106 C3
Pompignan (F) 106 C4
Pompogne (F) 104 D3
Pomposa, Lido di (I) 110 B3
Ponça, S. (E) 123 A4
Poncin (F) 97 C4
Pondokomi (GR) 163 A4
Pondolivadon (GR) 164 B2
Pondorf (D) 92 C2
Ponente, Sestri (I) 109 A3
Ponferrada (E) 125 B4
Pongoguba (RUS) 13 D3
Ponholz (D) 78 D6
Poniatowa (PL) 73 A4
Poniatowice (PL) 71 B4
Poniec (PL) 71 A3
Poniklá (CZ) 70 C5
Ponikva (SLO) 101 D5
Poníky (SK) 82 A5
Ponizje (BY) 177 B5
Pönniälä (FIN) 35 A2
Ponor Korenički (HR) 111 D3
Pons (F) 94 D5
Ponsa (FIN) 33 C1
Ponsacco (I) 109 C6
Pont (I) 108 A1
Pont, Comblain-au- (B) 75 C3
Pont, Le (CH) 98 A3
Ponta (P) 136 C1
Pontacq (F) 104 D5
Pontaillac (F) 94 C5
Pontailler-s-Saône (F) 97 C1
Pontaix (F) 107 A2
Pontal (P) 137 B5
Pontamafrey (F) 97 D6
Pont-a-Marcq (F) 74 C3
Pont-à-Mousson (F) 89 D2
Pontão (P) 130 C4
Pontardawe (GB) 57 A2
Pontardulais (GB) 57 A2
Pontarion (F) 95 D4
Pontarlier (F) 97 D2
Pontassieve (I) 109 D5
Pontaubault (F) 85 B2
Pont-Audemer (F) 87 B2
Pontaumur (F) 96 B5
Pont-Aven (F) 84 C4
Pontavert (F) 74 D6
Pont Can. (I) 98 C6
Pontcharra (F) 97 D6
Pontcharra-s-Turdine (F) 97 A5
Pontcharraud (F) 96 B5
Pontchâteau (F) 85 B5
Pont-Croix (F) 84 B4
Pont d'Ain (F) 97 C4
Pont-de-Beauvoisin, le (F) 97 C5
Pont-de-Braye (F) 87 B6
Pont-de-Buis-lès-Quimerch (F) 84 B3
Pont-de-Cazaux, le (F) 105 A6
Pont-de-Chéruy (F) 97 B5
Pont-de-Claix, le (F) 97 C6
Pont-de-Dore (F) 96 D5
Pont-de-la-Chaux (F) 97 D3
Pont de l'Arche (F) 87 C2
Pont de l'Isère (F) 107 A1
Pont de Molins (E) 129 D4
Pont-de-Montvert, le (F) 106 C3
Pont-de-Pany (F) 97 B1
Pont-de-Poitte (F) 97 C3
Pont-de-Roide (F) 98 B1
Pont-de-Salars (F) 106 A3
Pont de Suert (E) 128 D4
Pont-de-Vaux (F) 97 B3
Pont-de-Veyle (F) 97 B4
Pont-d'Hérault (F) 106 C3
Pont d'Ouilly (F) 86 D3
Pont-du-Château (F) 96 C5
Pont-du-Navoy (F) 97 C3
Ponte a Moriano (I) 109 C5
Pontebba (I) 100 D4
Ponte Bôa (P) 137 C4
Pontecagnano (I) 115 A6
Pontécchio Pól. (I) 110 B3
Ponteceno (I) 109 A4
Pontechianale (I) 108 A3
Pontechúsita (I) 113 B3
Pontecorvo (I) 114 C4
Pontecurone (I) 108 D3
Ponte da Barca (P) 124 C5
Pontedássio (I) 108 B5
Pontedécimo (I) 108 D4
Ponte de Lima (P) 124 C5
Pontedera (I) 109 C6
Ponte de Sôr (P) 130 C6
Pontedeume (E) 124 D1
Ponte di Piave (I) 110 C1
Ponte d'Olio (I) 109 A3
Ponte do Rol (P) 130 A6
Pontefract (GB) 54 B3
Ponteginori (I) 112 B2
Pontelagoscuro (I) 110 A3
Ponteland (GB) 49 C6
Pontelandolfo (I) 115 A5
Ponte-Leccia (F) 120 C2
Pontelongo (I) 110 B2
Pont-en-R. (F) 107 B1
Ponte Nizza (I) 108 D3
Pontenure (I) 109 A2
Pontepetri (I) 109 C5
Ponterwyd (GB) 53 A6
Pontes (P) 130 C5
Ponte S. Pietro (I) 99 B6
Pontestura (I) 108 C2
Pontet, le (F) 94 D6
Pontet, le (F) 107 A4
Pontevedra (E) 124 C4
Pont-Evêque (F) 97 B3
Pontevico (I) 109 B2
Pontex-les-Forges (F) 104 B3
Pont-Farcy (F) 86 C3
Pontfaverger-Moronvilliers (F) 75 A6
Pontgibaud (F) 96 C5
Pontgouin (F) 87 C4
Pont-Hébert (F) 86 C2
Ponthiérry (F) 88 B3
Ponthieu, Nouvion-en- (F) 74 A4
Ponthieu-Crécy-en- (F) 74 B3
Ponti (I) 108 C3
Pontigny (F) 88 D4
Pontijou (F) 87 C6
Pontinia (I) 114 B4
Pontinvrea (I) 108 C4
Pöntiö (FIN) 19 D1
Pontivy (F) 84 D4
Pont-l'Abbé (F) 84 B4
Pont-l'Abbé (F) 86 B2
Pont-l'Abbé-d'Arnoult (F) 94 C5
Pont-les-Moulins (F) 97 D1
Pont-l'Evêque (F) 87 A2
Pontlevoy (F) 95 C1
Pontoise (F) 74 B6
Pontón (E) 134 B5
Pontons (E) 129 A6
Pontonx-s-l'Adour (F) 104 C4
Pontorson (F) 85 B3
Pontrémoli (I) 109 B4
Pont-Remy (F) 74 B4
Pontresina (CH) 99 C4
Pontrhydfendigaid (GB) 57 A1
Pontrieux (F) 84 D2
Pontrilas (GB) 57 B2
Ponts, Trois- (B) 75 C3
Ponts (E) 129 A5
Pont-Sainte-Marie (F) 89 A3
Pont-Sainte-Maxence (F) 74 B6
Pont-Saint-Esprit (F) 106 D3
Pont-Saint-Martin (F) 94 B2
Pont Saint-Vincent (F) 89 D2
Pont-Salomon (F) 97 A6
Pont-Scorff (F) 84 C4
Pont S. Martin (I) 98 C6
Pöntsö (FIN) 6 D3
Pont-s-Seine (F) 88 D3
Pont St. Pierre (F) 87 C2
Pont-s-Yonne (F) 88 C3
Pont Trambouze (F) 97 A4
Pontvallain (F) 87 A6
Pontypool (GB) 57 B2
Pontypridd (GB) 57 A2
Ponza (I) 114 B6
Ponzone (I) 108 C3
Poole (GB) 58 A5
Poolewe (GB) 44 C4
Pool Quay (GB) 53 B6
Pooskeri (FIN) 19 A6
Pootsi (EST) 179 C6
Pope (LV) 178 C3
Popeni (RO) 149 C5
Poperinge (B) 74 C2
Popesti (RO) 149 B3
Popesti (RO) 154 D1
Popesti-Leordeni (RO) 154 C4
Popham (GB) 58 C4
Popielów (PL) 71 C5
Popina (BG) 154 D4
Popinci (BG) 159 C3
Popinzălesti (RO) 153 C3
Popkova Gora (RUS) 181 D4
Popoli (I) 113 C5
Popovača (HR) 150 B1
Popovica (BG) 160 A4
Popovo (BG) 160 C1
Popovo (BG) 160 D3
Popów (PL) 71 D4
Popów (PL) 72 B2
Popów (PL) 73 A4
Poppel (B) 75 B1
Poppengrün (D) 78 D3
Poppenhausen (D) 77 C4
Poppholz (D) 60 C2
Poppi (I) 110 A6
Poprad (SK) 82 B4
Populo (P) 125 A6
Populónia (I) 112 B3
Porąbka (PL) 81 D2
Porąbka Iwkowska (PL) 82 C2
Poraj (PL) 72 A5
Porajów (CZ) 70 B5
Poranen (FIN) 19 D3
Porasa (FIN) 33 C2
Pörböly (H) 103 B5
Porcien, Château- (F) 75 A5
Porcien, Novion- (F) 75 A5
Porcsalma (H) 146 D1
Porczyny (PL) 71 D2
Pordenone (I) 100 D5
Pordic (F) 84 D3
Pörduna (E) 139 C4
Poręba, Szklarska (PL) 70 C5
Poręba-Koceby (PL) 65 A5
Poręba Radina (PL) 82 C2
Poręba-Zegoty (PL) 82 A1
Poreč (HR) 111 A2
Porečʼe (RUS) 175 C5
Porge, le (F) 104 B1
Pori (FIN) 32 D1
Pori (EST) 179 D2
Poříčí, Spál. (CZ) 79 B4
Poříčí n. Sáz. (CZ) 79 D4
Poringland (GB) 55 B6
Poris de Abona (E) 144 B5
Porjus (S) 10 D2
Pörkenäs (FIN) 19 B2
Porkkakylät (FIN) 20 A6
Porkkala (FIN) 20 B1
Porkkala (FIN) 33 C5
Porkuni (EST) 181 B3
Porla brunn (S) 29 A6
porlákshöfn (IS) 1 A3
Porlammi (FIN) 34 B3
Porlezza (I) 99 A5
Porlock (GB) 57 A3
Pornainen (FIN) 34 B4
Pörnbach (D) 92 C2
Pornic (F) 94 A2
Pornichet (F) 85 A6
Pornóapáti (H) 102 B3
Porokämppä (FIN) 7 C3
Porokari (FIN) 6 D5
Pörokylä (FIN) 21 B2
Poronin (PL) 82 B3
Poros (GR) 166 B6
Poros (GR) 171 C2
Poroškove (UA) 83 B5
Poroszló (H) 146 A2
Porovaara (FIN) 7 C6
Porovara (RUS) 3 D3
Porozina (HR) 111 B2
Porplišče (BY) 177 D4
Porquera (E) 124 D5
Porqueres (E) 129 C4
Porquerolles (F) 107 C6
Porras (FIN) 33 B3
Porraskoski (FIN) 34 A2
Porrentruy (CH) 98 C1
Porreras (E) 123 B4
Porretta Terme (I) 109 C4
Porriño (E) 124 C4
Porrskär (FIN) 32 B4
Pörsänmäki (FIN) 20 C2
Porsgrunn (N) 27 C6
Porshöfn (IS) 1 D1
Porsi (S) 11 A3
Porsö (FIN) 33 A5
Porspoder (F) 84 A3
Port, Burry (GB) 56 D2
Port, Ellesmere (GB) 53 B4
Port (N) 2 C4
Porta, la (F) 120 C2
Port-à-Binson (F) 88 D1
Portadown (GB) 47 B5
Portaferry (GB) 47 D5
Portaje (E) 131 B4
Portalegre (P) 130 D6
Portaria (GR) 163 D6
Portarlington (IRL) 51 B2
Port Askaig (GB) 48 A3
Port Aventura, Tarragona (E) 135 B1
Porta Westfalica (D) 68 A4
Portbail (F) 86 B2
Port-Barcarès (F) 106 B6
Port-Blanc (F) 84 D2
Portbou (E) 129 D4
Port-Brillet (F) 86 C5
Portbron (S) 9 B5
Port-Camargue (F) 106 D5
Port Charlotte (GB) 48 A4
Port-Cros (F) 107 C/D6
Port-de-Bouc (F) 107 A5
Port-de-la Meule (F) 94 A3
Port-de-Lanne (F) 104 B4
Port-des-Barques (F) 94 C5
Port Dinorwic (GB) 52 D4
Portel, le (F) 74 A2
Portel (P) 137 D2
Portela (P) 137 C5
Portel-de-Corbières (F) 106 A6
Portelek (H) 103 C2
Port Ellen (GB) 48 A4
Portélo (P) 125 B5
Portena, La (E) 134 B6
Port-en-Bessin (F) 86 D2
Porté-Puymorens (F) 129 B3
Port Erin (GB) 52 D2
Portes-en-Ré, les (F) 94 B4
Portes-lès-Valence (F) 107 A1
Portet-d'Aspet (F) 105 B6
Port-Eynon (GB) 56 D3
Portezuelo (E) 131 B5
Port Glasgow (GB) 48 C3
Portglenone (GB) 47 B4
Porthcawl (GB) 57 A3
Porthmadog (GB) 52 D5
Porthmeor (GB) 56 C6
Porthyrhyd (GB) 56 D2
Porticcio (F) 120 B4
Porticelle Sop. (I) 119 A3
Pórtico di R. (I) 110 A5
Portiella (E) 125 C2
Portilla (E) 133 C3
Portilla de la Reina (E) 126 B2
Portimão (P) 137 C5
Portimo (FIN) 12 D2
Portinatx (E) 122 D5
Portinnisherrich (GB) 48 C2
Port Isaac (GB) 56 C5
Portishead (GB) 57 B3
Port-Joinville (F) 94 A3
Portknockie (GB) 45 C5
Port-la-Nouvelle (F) 106 B6
Port Laoise (IRL) 51 B3
Port-Leucate (F) 106 B6
Port-Louis (F) 84 C5
Portmagee (IRL) 50 A5
Portmahomack (GB) 45 B4
Portmán (E) 141 B4
Port-Manech (F) 84 C4
Port-Mort (F) 87 C2
Portnacroish (GB) 48 C2
Portnaguran (GB) 44 C3
Portnahaven (GB) 48 A4
Port Navalo (F) 84 D5
Portnoo (IRL) 46 D3
Porto (F) 120 B3
Porto (P) 130 B1
Porto (P) 137 B1
Porto Azzurro (I) 112 A3
Portobello (GB) 49 B3
Portobello di Gallura (I) 121 C1
Porto Botte (I) 121 B6
Portobuffulè (I) 110 C1
Porto Cerésio (I) 99 A5
Porto Cervo (I) 121 D1
Portochelion (GR) 171 B3
Porto Césareo (I) 117 C3
Porto Colóm (E) 123 C4
Porto Covo (P) 137 B3
Porto Cristo (E) 123 C4
Porto d'Ascoli (I) 113 C3
Porto de Lagos (P) 137 B5
Porto de Mos (P) 130 B5
Porto Empédocle (I) 118 C4
Porto Ercole (I) 112 C4
Portoferráio (I) 112 A3
Portofino (I) 108 D4
Port of Ness (GB) 44 C3
Portogruaro (I) 100 D6
Porto Jermano (GR) 167 C6
Porto Levante (I) 110 B3
Porto Levante (I) 119 A2
Portomaggiore (I) 110 A/B4
Porto Maurizio (I) 108 B5
Portomouro (E) 124 C2
Pörtom Pirttikylä (FIN) 19 A4
Portonovo (I) 113 C2
Porto Palo (I) 118 A4
Portopalo di C. P.(I) 119 B6
Porto Pino (I) 121 B6
Porto-Pollo (F) 120 B4
Porto Pozzo (I) 121 C1
Porto Rafti (GR) 167 D6
Porto Rei (P) 137 C2
Porto Rotondo (I) 121 D1
Portoroz (SLO) 101 A6
Porto San Giórgio (I) 113 C2
Porto Santo (P) 136 C1
Porto Santo Stefano (I) 112 C4
Portoscuso (I) 121 A6
Porto Tolle (I) 110 B3
Porto Torres (I) 121 B2
Porto-Vecchio (F) 120 C4
Portovénere (I) 109 B5
Portpatrick (GB) 48 C6
Portreath (GB) 56 B6
Portree (GB) 44 B5
Portroe (IRL) 50 D3
Portrush (GB) 47 B3
Port-Sainte-Marie (F) 105 A3
Port-Saint-Louis-du-Rhône (F) 107 A5
Port Saint-Père (F) 94 B2
Portsall (F) 84 A3
Portsalon (IRL) 47 A3
Pörtschach (A) 101 B4
Portslade (GB) 58 D4
Portsmouth (GB) 58 C5
Portsoy (GB) 45 C5
Port-s-Saône (F) 89 D5
Portstewart (GB) 47 B3
Portsykka (RUS) 35 C2
Port Talbot (GB) 57 A3
Portuairk (GB) 48 B1
Portumna (IRL) 51 A2
Portunhos (P) 130 C3
Porturlin (IRL) 46 B4
Port-Vendres (F) 129 D3
Port William (GB) 48 C6
Poruba, Hor. (SK) 81 B4
Poruba (SK) 81 C4
Poruba pod Vihorlatom (SK) 83 A4
Porvoo, Borgå (FIN) 34 B4
Porz (D) 76 B2
Porzuna (E) 132 C6
Posada (I) 121 D2
Posada (E) 125 C1
Posada (E) 126 B2
Posadas (E) 142 D2
Posadec (BY) 177 D5
Posadilla (E) 139 A3
Posadowice (PL) 71 B4
Posanges (F) 97 A1
Poschiavo (CH) 99 C4
Posedarje (HR) 111 D5
Poshnjë (AL) 162 B3
Pósina (I) 110 A1
Posio (FIN) 13 B2
Positano (I) 114 D6
Posjärv (S) 11 C2
Poškos (LT) 175 C2
Possacos (P) 125 A6
Possagno (I) 100 B5
Possåsen (S) 28 B2
Possesse (F) 89 B2
Pössneck (D) 78 C2
Posta (I) 113 B4
Posta (RO) 154 C2
Posta Piana (I) 115 C5
Postau (D) 92 D2
Postavy (BY) 177 C4
Postbauer (D) 78 C6
Postbridge (GB) 57 A5
Posterholt (NL) 75 D1
Postiglione (I) 115 B6
Postioma (I) 100 C6
Postlow (D) 62 B3
Postojna (SLO) 101 B6
Postoloprty (CZ) 79 B3
Postomino (PL) 63 B1
Postřekov (CZ) 79 A5
Posts, Tresparrett (GB) 56 D5
Posušje (BIH) 150 C6
Poświętne (PL) 72 C3
Potame (I) 116 D5
Potamia (GR) 171 A4
Potamos (GR) 162 B6
Potamos (GR) 171 B5
Potamos (GR) 171 C6
Potašn'a (BY) 177 B6
Potašn'a (BY) 177 D2
Potcoava (RO) 153 D3
Potegowo (PL) 63 C1
Potenza (I) 115 C5
Potenza Picena, Porto di (I) 113 C2
Potenza Picena (I) 113 C2
Potes (E) 126 B2
Pötewitz (D) 78 C1
Potigny (F) 86 D3
Potkrajci (YU) 157 C2
Potku (FIN) 12 D5
Potlovina (UA) 155 B1
Potnjani (HR) 151 A1
Potoci (BIH) 150 D6
Potok (HR) 111 C2
Potok, Beli (YU) 152 D5
Potok, Bílý (CZ) 70 C5
Potok, Zitni (YU) 158 C2
Potok, Biely (SK) 81 D4
Potoskavaara (FIN) 21 C5
Potpćnica (BG) 160 B5
Pots, Lachapelle-aux- (F) 74 B5
Potsdam (D) 69 C3
Pötsönlahti (FIN) 21 B5
Potštát (CZ) 81 A2
Potštejn (CZ) 80 C1
Pottenstein (D) 78 C4
Potters Bar (GB) 58 D2
Pöttmes (D) 92 C2
Potton (GB) 58 D1
Pöttsching (A) 102 B1
Potworów (PL) 72 C3
Pouancé (F) 86 C6
Pouan-les-Vallées (F) 89 A3
Poudenas (F) 104 D3
Pouëze, la (F) 85 D5
Pouge, la (F) 95 D4
Pougy (F) 89 A3
Pouillé (F) 94 C3
Pouillé (F) 95 C1
Pouilley-les-Vignes (F) 97 D1
Pouillon (F) 104 B/C4
Pouilly-en-Auxois (F) 97 A1
Pouilly-s-Loire (F) 96 C1
Pouilly-s-Saône (F) 97 B2
Pouilly-s/s-Charlieu (F) 97 A4
Poulaines (F) 95 D2
Pouldergat (F) 84 B4
Pouldreuzic (F) 84 B4
Pouldu, le (F) 84 C5
Poulgorm Bridge (IRL) 50 C5
Pouligny-Saint-Pierre (F) 95 C3
Pouliguen, le (F) 85 A6
Poullan-s-Mer (F) 84 B4
Poullaouen (F) 84 C3
Poulton-le-Fylde (GB) 53 B3
Pouques-les-Eaux (F) 96 C2
Pourcieux (F) 107 B5
Pourcy (F) 75 A6
Pouri Laakanperä (FIN) 19 D6
Pourrain (F) 88 D4
Poussan (F) 106 C5
Poussu (FIN) 13 C2
Poutula (FIN) 19 B3
Pouxeux (F) 90 B4
Pouyastruc (F) 105 A5
Pouy-de-Touges (F) 105 B5
Pouzauges (F) 94 C2
Pouzay (F) 95 B2
Pouzilhac (F) 106 D3
Pouzin, le (F) 107 A2
Povarovko (RUS) 175 A4
Považ. Chlmec (SK) 81 C3
Považská Bystrica (SK) 81 C4
Poveda, La (E) 127 B5
Povedilla (E) 140 C2
Poverišče (RUS) 182 D4
Poviglio (I) 109 C3
Povisker (DK) 43 B4
Povlja (HR) 150 B6
Povljane (HR) 111 C4
Póvoa (P) 125 C6
Póvoa (P) 130 B6
Póvoa (P) 130 C4
Póvoa (P) 138 A3
Povoação (P) 136 C3
Póvoa de Varzim (P) 124 B6
Póvoa e Meadas (P) 130 D5
Powburn (GB) 49 C5
Powidz (PL) 71 C1
Powidzko (PL) 71 A3
Powodów (PL) 72 A2
Poxwell (GB) 57 C5
Poyales (E) 132 A4
Poyatos (E) 133 C3
Pöylä (FIN) 33 A4
Poynton (GB) 53 C4
Poyntzpass (GB) 47 C5
Poyols (F) 107 B2
Poyos (E) 133 A3
Pöyry (FIN) 34 C1
Poysdorf (A) 80 D5
Pöytyä (FIN) 33 A3
Poza (E) 126 B4
Poza (E) 126 D3
Pozal de Gallinas (E) 132 B1
Požaranje (YU) 158 B4
Požarevac (YU) 152 B3
Pozba (SK) 103 A1
Požega, Sl. (HR) 150 D2
Požega (YU) 151 D5
Požerė (LT) 176 A2
Pozezdre (PL) 65 A2
Pozières (F) 74 C4
Poznan (PL) 71 B1
Pozo Alcón (E) 140 B4
Pozoamargo (E) 133 B6
Pozoantiguo (E) 125 D6
Pozoblanco (E) 139 B2
Pozo Cañada (E) 140 D1
Pozo de la Serna (E) 140 A1
Pozohondo (E) 140 D1
Pozo-Lorente (E) 134 B6
Pozondón (E) 134 B3
Pozo Negro, Playa (E) 145 C5
Pozo Negro (E) 145 C5
Pozořice (CZ) 80 D3
Pozorrubio (E) 133 A5
Pozorrubio (E) 133 D6
Pożrzadło (PL) 70 C1
Pożrzadło Wielkie (PL) 63 A4
Pozuel del Campo (E) 134 B2
Pozuelo (E) 126 A5
Pozuelo (E) 131 C4
Pozuelo (E) 132 C3
Pozuelo (E) 140 C1
Pozuelo de Calatrava (E) 139 D1
Pozuelo del P. (E) 125 D5
Pozuelo de Tábara (E) 125 C5
Pozuelos de Calatrava (E) 139 C1
Pozzallo (I) 119 A6
Pozzillo (I) 119 B4
Pozzo (I) 108 C2
Pozzo di Borgo, Pnte (F) 120 B3
Pozzolo F. (I) 108 D3
Pozzomaggiore (I) 121 B3
Pozzo San Nicola (I) 121 A2
Pozzuoli (I) 114 D6
Pozzuolo (I) 112 D3
Praaga (EST) 181 C5
Prabuty (PL) 64 B3
Prača (BIH) 151 B5
Prachatice (CZ) 93 C1
Prachomety (CZ) 79 A4
Prachovice (CZ) 80 B2
Pračno (HR) 150 A1
Prada (I) 109 C1
Pradaira (E) 125 B2
Pradědem, Vrbno pod. (CZ) 81 A1
Pradell (E) 135 B1
Pradelle (F) 107 B2
Pradelles (F) 106 C2
Pradelles-Cabardès (F) 106 A5
Prádena (E) 132 D1
Pradena (E) 132 D2
Prades (F) 105 C6
Prades (F) 129 C3
Prades (E) 135 B1
Prades-d'Aubrac (F) 106 B2
Prades-le-Lez (F) 106 C4
Pradiers (F) 96 C6
Pradła (PL) 72 B5
Pradlèves (I) 108 A4
Prado (P) 124 C6
Prado (E) 126 A5
Pradocaballos (E) 125 A5
Pradoluengo (E) 126 D4
Pradons (F) 106 D2
Pradovera (I) 109 A3
Prads (F) 107 D3
Præstø (DK) 42 B4
Pragelato (I) 107 D1
Pragersko (SLO) 101 D4
Prägraten (A) 100 C3
Praha (CZ) 79 C3
Prahecq (F) 94 D4
Prahins (CH) 98 B3
Praia (P) 136 B5
Práia a Mare (I) 116 D4
Praia da Rocha (P) 137 B5
Praia das Loures (P) 137 A1
Praia de Norte (P) 136 A6
Praia de Pedrógão (P) 130 B4
Praia de Sta Cruz (P) 130 A6
Praia de Vieira (P) 130 B4
Praia do Carvoeiro (P) 137 C5
Praia do Furadouro (P) 130 B2
Praid (RO) 148 B5
Prainha (P) 136 B6
Praiano (I) 115 A6
Prakovce (SK) 82 C4
Pralboino (I) 109 B2
Pralognan-la-Vanoise (F) 98 A6
Pralormo (I) 108 B3
Pra-Loup (F) 107 D2
Pramanda (GR) 162 D6
Pramort (D) 61 D2
Praniūnai (LT) 176 C5
Pranjani (YU) 151 D4
Pranzac (F) 95 B5
Prapymas (LT) 175 D2
Prases (GR) 172 A6
Prašice (SK) 81 B5
Praso, Akr. (GR) 169 B6
Prasolovo (RUS) 175 D5
Prasonision, Akr. (GR) 173 D5
Prastavoniai (LT) 176 C2
Prästholm (S) 11 C4
Prastio (CY) 174 B3
Prästkulla (FIN) 33 A5
Praszka (PL) 71 D4
Prat (F) 105 B6
Prata di Sotto (I) 100 C5
Pratameno, Vallelunga (I) 118 C4
Prat de Compte (E) 135 A2
Pratella (I) 114 D4
Prati, i (I) 113 A4
Prati di Tivo (I) 113 C4
Prato (I) 100 B4
Prato (I) 100 D4
Prato (I) 109 D5
Prátola P. (I) 113 C5
Prátola Serra (I) 115 A5
Pratolino (I) 109 D5
Pratovécchio (I) 110 A6
Prats de Lluçanès (E) 129 B5
Prats-de-Mollo (F) 129 C4
Prauliena (LV) 182 B5
Praulini (LV) 177 C2
Prauthoy (F) 89 C5
Pravdino (RUS) 176 A4
Pravdinsk (RUS) 175 C5
Pravec (BG) 159 C2
Pravia (E) 125 C1
Pravieniškės (LT) 176 C4
Pravini (LV) 178 D5
Pravno, Nitrianske- (SK) 81 C4
Prawików (PL) 71 A4
Prayssac (F) 105 B2
Prayssas (F) 105 A3
Praz-de-Fort (CH) 98 B4
Praznice (HR) 156 B2
Prazzo (I) 108 A4
Prčice, Sedlec (CZ) 79 D4
Preajba (RO) 154 A4
Préaux (F) 95 C2
Preblau (A) 101 C3
Pre-Boulet, le (F) 75 B5
Přebuz (CZ) 78 D3
Préchac (F) 104 D2
Preci (I) 113 B3
Précigné (F) 86 D6
Précy (F) 96 C2
Précy-s/s-Thil (F) 97 A1
Predáppio (I) 110 B5
Predazzo (I) 100 B4
Předboř (CZ) 79 D5
Preddvor (SLO) 101 B4
Predeal (RO) 154 A1
Predejane (YU) 158 D3
Předin (CZ) 80 B4
Preding (A) 101 D3
Predjama (SLO) 111 A1
Predlitz (A) 101 B3
Předměřice n. L. (CZ) 70 D6
Předměřice nad Jizerou (CZ) 70 B6
Před. Mostek (CZ) 70 D6

Predol (I) 100 C2
Predošćica (HR) 111 B3
Před. Výtoň (CZ) 93 C2
Pré-en-Pail (F) 86 D4
Prees Green (GB) 53 B5
Preetz (D) 60 D2
Préfailles (F) 94 A2
Préfontaines (F) 88 C4
Pregarje (SLO) 111 A1
Pregarten (A) 93 D2
Préglia (I) 98 D4
Pregrada (HR) 101 D5
Preignan (F) 105 A4
Preili (LV) 182 B6
Preivilki (FIN) 32 D1
Preixens (E) 128 D5
Prejłowo (PL) 64 D3
Prejmer (RO) 154 A1
Prekaja (BIH) 150 B4
Preko (HR) 111 C5
Preljina (YU) 152 A5
Prelog (HR) 102 B5
Přelouč (CZ) 80 B2
Prem (SLO) 111 A1
Premana (I) 99 B5
Premantura (HR) 111 A3
Prémery (F) 96 C2
Premiá de Mar (E) 129 C6
Premilcuore (I) 110 A5
Premnitz (D) 69 B3
Prenčov (SK) 81 C6
Prenjas (AL) 162 C2
Prénouvellon (F) 88 A4
Prenzlau (D) 62 B4
Prepeliţa (MD) 149 C2
Prepolac (YU) 158 B2
Přerov (CZ) 81 A3
Prerow (D) 61 C2
Pré Saint Didier (I) 98 B5
Prescot (GB) 53 B4
Presel'any (SK) 81 B5
Preselenci (BG) 155 B5
Presencio (E) 126 C5
Preševo (YU) 158 C4
Presicce (I) 117 D4
Presjaka (BG) 159 D2
Preslav (BG) 160 D1
Presles (B) 75 B3
Presly (F) 96 B1
Prešov (SK) 82 D4
Pressac (F) 95 B4
Pressath (D) 78 D4
Pressbaum (A) 80 C6
Pressel (D) 69 C5
Pressig (D) 78 C3
Prestatyn (GB) 53 B4
Prestbakken (N) 5 A2
Preste, la (F) 129 C4
Presteigne (GB) 57 B1
Prestesetra (N) 14 D4
Přeštice (CZ) 79 B5
Preston (GB) 49 C4
Preston (GB) 53 B3
Prestwick (GB) 48 C4
Pretola, Sedemte (BG) 159 B2
Pretoro (I) 113 D5
Prettin (D) 69 C5
Pretzsch (D) 69 C5
Preuilly-s-Claise (F) 95 B2
Preussisch Ströhen (D) 68 A4
Préval (F) 87 B5
Prevala (BG) 153 A6
Prevalje (SLO) 101 C4
Prévenchères (F) 106 C2
Préveranges (F) 96 B3
Preveza (GR) 166 B4
Prevlaka (HR) 157 A4
Prevršac (HR) 150 B2
Prey (F) 87 C3
Prezid (HR) 101 B6
Prgomet (HR) 150 A6
Priaranza (E) 125 B4
Priay (F) 97 C4
Pribeta (SK) 103 A1
Priboj (BIH) 151 B3
Priboj (YU) 151 C6
Příbor (CZ) 81 B3
Príbovce (SK) 81 C4
Příbram (CZ) 79 C4
Pribrežnyj (RUS) 175 B5
Pribylina (SK) 82 A4
Přibyslav (CZ) 80 B3
Pričaly (RUS) 175 C4
Pri Cerkvi Struge (SLO) 111 B1
Prichsenstadt (D) 78 A4
Pridvorci (BIH) 151 A6
Priedaine (LV) 179 A5
Priednieki (LV) 178 C4
Priego (E) 133 B3
Priego de Cordoba (E) 143 C3
Priekopa (SK) 81 C4
Priekulė (LT) 175 C3
Priekule (LV) 178 B6
Priekuli (LV) 179 C4
Prien (D) 93 A4
Prienai (LT) 176 C5
Prieros (D) 69 D4
Priest I. (GB) 44 C4
Prievaly (SK) 81 A5
Prievidza (SK) 81 C5
Prignano (I) 109 C4
Prignano C. (I) 116 B3
Prigor (RO) 152 C2
Prigorodnyj (RUS) 175 A4
Prigradica (HR) 156 B3
Priipalu (EST) 182 B2
Prijeboj (HR) 111 D3
Prijedor (BIH) 150 B2
Prijepolje (YU) 151 C6
Příkazy (CZ) 81 A3
Prikraj (HR) 102 A6
Prikuli (LV) 182 B6
Prilep (BG) 160 D2
Prilep (MK) 163 A1
Prilike (YU) 151 D5
Priluka (BIH) 150 B5
Prima Porta (I) 113 A5
Primaube, la (F) 106 A3
Přimda (CZ) 79 A4
Primiero, Fiera di (I) 100 B4
Primolano (I) 100 B5
Pri Mor., Vysoka (SK) 80 D6
Primor'e (RUS) 175 A4
Primorsk (RUS) 175 A5
Primorsk Koivisto (RUS) 35 A4
Primorsko (BG) 161 B3
Primošten (HR) 150 A6
Prina (GR) 173 A6
Princes Risborough (GB) 58 C2
Princetown (GB) 56 D5
Principina a Mare (I) 112 B4
Pringi (EST) 182 B2
Prinos (GR) 172 C5
Prinzendorf (A) 80 D5
Priodrožnoje (RUS) 175 D4
Priolithos (GR) 167 A6
Prioló Gargallo (I) 119 B5
Prior, Cabo (E) 124 C1
Prioro (E) 126 A3
Priors, Salford (GB) 57 D1
Priozer'e (RUS) 175 D4
Priozersk Käkisalmi (RUS) 35 C2
Prisăcani (MD) 149 C3
Prisacani (RO) 149 C3
Přísečná (CZ) 93 D1
Priselci (BG) 161 B1
Prisoje (BIH) 150 C6
Prissac (F) 95 C3
Priština (YU) 158 B3
Pritzerbe (D) 69 B3
Pritzier (D) 61 A4
Pritzwalk (D) 61 C5
Privas (F) 106 D2
Priverno (I) 114 B4
Privlaka (HR) 111 C5
Privlaka (HR) 151 A2
Privol'noe (RUS) 175 D5
Prizna (HR) 111 C4
Prizren (YU) 158 A4
Prizrenski, Brod (YU) 158 A5
Prizzi (I) 118 B3
Prjiotika (GR) 171 B2
Prnjavor (BIH) 150 D3
Proaza (E) 125 C2
Probištip (MK) 158 D5
Probota (RO) 149 B2
Probstzella (D) 78 C3
Prócchio (I) 112 A3
Prochoma (GR) 163 C3
Prochot (SK) 81 C5
Prochowice (PL) 71 A4
Prócida (I) 114 D6
Prodhromos (CY) 174 C5
Prodo del Rey (E) 142 C4
Prodromos (GR) 167 B5
Proença a Nova (P) 130 D5
Profesor-Išîrkovo (BG) 154 D5
Profilia (GR) 173 C4
Prof. Ilias (GR) 172 D6
Profitis Ilias (GR) 173 D4
Profondeville (B) 75 B3
Prohladnoe (RUS) 175 C4
Prohn (D) 61 D2
Prohor Pčinski (YU) 158 C4
Prokopion (GR) 167 C4
Prokuplje (YU) 152 C6
Prolaz (BG) 160 C1
Prolemes (GR) 163 A3
Promno (PL) 71 B1
Promyrion (GR) 164 A6
Pronsfeld (D) 76 A4
Propata (I) 108 D4
Propières (F) 97 A4
Propriano (F) 120 B4
Prosangmoen (N) 2 B4
Proschim (D) 70 A3
Proseč (CZ) 80 C2
Prosek (AL) 162 B1
Prösen (D) 69 D6
Prosenice (CZ) 81 A3
Prosenik (BG) 161 A2
Proškovo (BY) 177 D3
Prosna, Grabów nad (PL) 71 C3
Prosotsani (GR) 164 A1
Prostějov (CZ) 81 A3
Prostki (PL) 65 B3
Prószków (PL) 71 C5
Proszkowska, Ligota (PL) 71 C5
Proszowice (PL) 72 C6
Proti (GR) 164 A2
Proti (GR) 170 C4
Protivanov (CZ) 80 D3
Protivín (CZ) 79 C5
Protoria (GR) 172 D6
Prottes (A) 80 D5
Prötzel (D) 62 B6
Prouais (F) 88 A2
Provadia (BG) 161 A1
Prováglio (I) 109 C1
Provenchères-s-Fave (F) 90 B4
Provencio, El (E) 133 B6
Provency (F) 89 A5
Provins (F) 88 D3
Provožaly (BY) 177 C6
Provžaly (BY) 177 C6
Prozor (HR) 111 C3
Prozor (BIH) 150 D5
Pruchnik (PL) 83 A2
Prudhoe (GB) 49 C6
Prudinki (BY) 177 D2
Prudnik (PL) 71 B6
Prudy (RUS) 175 B4
Prugny (F) 89 A3
Prügy (H) 82 D6
Prüm (D) 76 A4
Pruna (E) 142 D4
Prundeni (RO) 153 C2
Prundu (RO) 154 C5
Prundu Bîrgăului (RO) 147 C2
Prunelli di Fiumorbo (F) 120 C3
Prunete (F) 120 C2/3
Prunetta (I) 109 C5
Pruniers (F) 96 A2
Prunisor (RO) 153 A3
Prusak (PL) 71 D4
Prūseliai (LT) 176 D2
Prusice (PL) 71 A4
Prusinovice (CZ) 81 A3
Prūsiši (LV) 182 B4
Pruské (SK) 81 B4
Pruszcz (PL) 64 A2
Pruszków (PL) 72 A3
Pruszków (PL) 72 C2
Prutz (A) 99 D3
Prüzen (D) 61 C3
Pruzhitsy (RUS) 35 B6
Pružina (SK) 81 C4
Prvačina (SLO) 111 A1
Prymusowa Wola (PL) 72 B4
Prywatny, Srock (PL) 72 B3
Przasnysz (PL) 64 D5
Przechlewo (PL) 63 C3
Przeciszów (PL) 81 D2
Przecławice (PL) 71 A5
Przedbórz (PL) 72 B4
Przedbórz (PL) 73 A6
Przedecz (PL) 71 D1
Przejazdowo (PL) 64 A2
Przemet (PL) 70 D2
Przemków (PL) 70 D3
Przemocze (PL) 62 D4
Przemyśl (PL) 83 B2
Przerąb (PL) 72 B4
Przerośl (PL) 65 A3
Przesieki (PL) 63 A5
Przesławice (PL) 72 C2
Przewale (PL) 73 C5
Przewłoka (PL) 73 B3
Przewodowo-Majorat (PL) 64 D5
Przeworno (PL) 71 B5
Przeworsk (PL) 83 A1
Przewóz (PL) 70 C3
Przezmark (PL) 64 B3
Przodkowo (PL) 63 D2
Przybiernów (PL) 62 D3
Przybkowice (PL) 71 C4
Przyborowice (PL) 64 D6
Przygłów (PL) 72 B3
Przygodzice (PL) 71 C3
Przyjmy (PL) 65 A5
Przykona (PL) 71 D2
Przyłęg (PL) 62 D5
Przyłęk (PL) 73 A6
Przyl. Rozewie (PL) 63 D1
Przystałowice Duże (PL) 72 C3
Przysucha (PL) 72 C4
Przyszów (PL) 73 A5
Przyszowa (PL) 82 B2
Przyszowice (PL) 71 D6
Przytoczna (PL) 70 D1
Przytoczno (PL) 73 A3
Przytuty (PL) 65 B4
Przytyk (PL) 72 C3
Przywidz (PL) 63 D2
Psachina (GR) 167 C5
Psalis, Akr. (GR) 172 A4
Psara (GR) 168 C4
Psarion (GR) 170 D3
Psathopyrgos (GR) 166 D5
Psathura (GR) 167 D2
Pserimos (GR) 173 B3
Psie Pole (PL) 71 B4
Psinthos (GR) 173 D4
Pskov (RUS) 182 D2
Pskovskoje (RUS) 175 D5
Pšov (CZ) 79 A3
Pstragowa (PL) 82 D2
Pstrokonie (PL) 71 D3
Psucin (PL) 64 D6
Psychron (GR) 173 A6
Pszczew (PL) 70 D1
Pszczółki (PL) 64 A2
Pszczyna (PL) 81 C2
Pszów (PL) 81 B2
Ptaki (PL) 65 A4
Pteleos (GR) 167 B4
Pteri (GR) 167 A6
Ptuj (SLO) 102 A5
Ptujska Gora (SLO) 102 A5
Pucarevo (BIH) 150 D4
Pūces (LV) 178 D5
Puchaczów (PL) 73 B3
Puchały Stare (PL) 65 C5
Puchberg (A) 102 A1
Pucheni (RO) 154 A2
Puchenii Mari (RO) 154 B3
Puchevillers (F) 74 B4
Púchov (SK) 81 B4
Pucioasa (RO) 154 A2
Pučišće (HR) 150 B6
Puck (PL) 63 D1
Puckeridge (GB) 58 D2
Pudas (FIN) 7 B3
Pudasjärvi (FIN) 13 A3
Puddletown (GB) 57 C5
Pudinava (LV) 182 C5
Pudliszki (PL) 71 A3
Pudsey (GB) 54 B3
Puebla, La (E) 133 A5
Puebla, La (E) 142 B3
Puebla de Alcocer (E) 139 A1
Puebla de Alfidén (E) 128 A6
Puebla de Almenara (E) 133 A5
Puebla de Beleña (E) 132 D2
Puebla de Benifasar (E) 134 D3
Puebla de Cazalla, La (E) 142 D3
Puebla de Don Fadrique (E) 140 C3
Puebla de Don Rodrigo (E) 132 B6
Puebla de Guzman (E) 138 A4
Puebla de la Reina (E) 138 D2
Puebla de la Sierra, La (E) 132 D2
Puebla del Caramiñal (E) 124 B3
Puebla de Lillo (E) 126 A3
Puebla del Maestre (E) 138 D3
Puebla de los Infantes, La (E) 142 D2
Puebla del Principe (E) 140 B2
Puebla del Prior (E) 138 D2
Puebla del Salvador (E) 133 C5
Puebla de Montalbán (E) 132 B5
Puebla de Roda, La (E) 128 C4
Puebla de Sanabria (E) 125 B5
Puebla de Trives (E) 125 A4
Puebla de Valverde, La (E) 134 C4
Puebla do Obando (E) 131 B6
Puebla Tornesa (E) 134 D4
Pueblica de Valverde (E) 125 C5
Pueblo de Aro, La (E) 127 A3
Pueblonuevo del Terrible (E) 139 A2
Puéchabon (F) 106 C4
Puente, El (E) 132 A5
Puente Almunhey (E) 126 B3
Puenteáreas (E) 124 C4
Puente Caldelas (E) 124 C4
Puente Cesures (E) 124 C3
Puente de Domingo Florez (E) 125 B4
Puente del Congosto (E) 131 D3
Puente de los Fierros (E) 125 D2
Puente de Outes (E) 124 B3
Puente de Sampayo (E) 124 C4
Puente Génave (E) 140 B2
Puente Genil (E) 143 A3
Puente la Reina (E) 127 C3
Puente la Reina (E) 140 A3
Puentelarra (E) 127 A3
Puentenansa (E) 126 B2
Puente Pumar (E) 126 C2
Puentes de Garcia Rodriguez (E) 124 D1
Puente Viesgo (E) 126 C2
Puerta, La (E) 140 B2
Puertas (E) 126 B2
Puerto (E) 131 D3
Puerto Castilla (E) 131 D3
Puerto de Alcudia (E) 123 B3
Puerto de Andratx (E) 123 A4
Puerto de la Cruz (E) 144 B5
Puerto de la Estaca (E) 144 B3
Puerto del Rosario (E) 145 C4
Puerto de Mazarrón (E) 141 A4
Puerto de Pollença (E) 123 B3
Puerto de Sagunto, El (E) 134 D5
Puerto de Santa Cruz (E) 131 C6
Puerto de Santa Maria (E) 142 B4
Puerto de San Vicente (E) 132 A5
Puerto de Sóller (E) 123 B4
Puerto Lápice (E) 132 D6
Puertollano (E) 139 C2
Puerto Lopez (E) 143 C3
Puerto Lumbreras (E) 140 D4
Puertomarin (E) 125 A3
Puerto Moral (E) 138 C3
Puerto Real (E) 142 B5
Puerto Rico (E) 144 C6
Puerto Serrano (E) 142 C4
Puffendorf (D) 76 A2
Puffin Island (GB) 53 A4
Pugačevo (RUS) 176 A5
Puget-Théniers (F) 107 D3
Puget-Ville (F) 107 C5
Pugey (F) 97 D1
Pugieu (F) 97 C5
Púglia, Orsara di (I) 115 B4
Púglia, Sant'Agata di (I) 115 B4
Púglia, Savignano di (I) 115 B4
Pugnac (F) 104 C1
Pugnochiuso (I) 115 C3
Puhja (EST) 181 B5
Puhos (FIN) 13 A4
Puhos (FIN) 21 C5
Puhossalo (FIN) 21 B5
Puhtaleiva (EST) 181 B5
Pui (RO) 153 A1
Puianello (I) 109 C3
Puiatu (EST) 181 A5
Puichéric (F) 106 A5
Puiesti (RO) 149 B5
Puiflijk (NL) 66 D5
Puigcerdá (E) 129 B4
Puigpuñent (E) 123 A4
Puig-reig (E) 129 B5
Puijas (LV) 178 D6
Puikkola (FIN) 7 C6
Puikule (LV) 179 B3
Puimoisson (F) 107 C4
Puise (EST) 180 C4
Puiseaux (F) 88 B3
Puisieux (F) 74 C4
Puisserguier (F) 106 B5
Puits, le (F) 96 D2
Puivert (F) 105 D6
Pujaudran (F) 105 B4
Pujols (F) 104 D1
Puka (EST) 182 B2
Pukanec (SK) 81 C6
Pukaro (FIN) 34 C3
Pukato (FIN) 19 C6
Pukavik (S) 43 A1
Pukë (AL) 157 D5
Pukinlehto (FIN) 12 B2
Pukkila (FIN) 34 B3
Pula (HR) 111 A3
Pula (I) 121 C6
Pulaj (AL) 162 A1
Puławska, Góra (PL) 73 A3
Puławy (PL) 73 A3
Pulborough (GB) 58 D4
Pülfero (I) 101 A5
Pulgar (E) 132 C5
Puligny-Montrachet (F) 97 B2
Pulju (FIN) 6 D2
Pulkau (A) 80 C5
Pulkkale (FIN) 32 D4
Pulkkaviita (FIN) 7 D5
Pulkkila (FIN) 12 C6
Pulkkila (FIN) 34 B2
Pulkonkoski (FIN) 20 D3
Pulkovo (RUS) 35 C5
Pulliala (FIN) 20 D6
Pulpi (E) 140 D5
Pulsa (FIN) 35 A3
Pulsano (I) 117 B2
Pulskala (FIN) 7 C5
Pulsnitz (D) 70 A4
Pulsujärvi (S) 5 D3
Pułtusk (PL) 64 D5
Pumpėnai (LT) 176 C2
Pumsaint (GB) 57 A1
Punas (LV) 178 C4
Punat (HR) 111 B3
Punda (GR) 172 B3
Punduri (RUS) 182 D5
Pungeness (D) 60 A2
Pungesti (RO) 149 B4
Pungin (E) 124 D4
Punia (LT) 176 C5
Punkaharju (FIN) 21 B6
Punkalaidun (FIN) 33 A2
Punkka (FIN) 34 D2
Puńsk (PL) 65 C2
Puntafoss (N) 1 D6
Puntagorda (E) 144 B1
Punta Grossa (E) 135 B1
Puntal (E) 140 A3
Punta Ala (I) 112 B3
Punta Kriza (HR) 111 B4
Puntallana (E) 144 B1
Punta Secca (I) 118 D6
Punta Umbria (E) 138 B5
Puntous (F) 105 A5
Puokio (FIN) 13 A5
Puolakka (FIN) 20 B6
Puolakkovaara (FIN) 7 B4
Puolamaajärvi (S) 11 B1
Puolamajärvi (FIN) 11 D1
Puolanka (FIN) 13 A5
Puolitaival (FIN) 6 C3
Puoliväli (FIN) 20 D2
Puoltikasvaara (S) 6 A4
Puoltsa (S) 5 C4
Puottaure (S) 11 A3
Pupāji (LV) 182 B6
Pupasodis (LT) 176 C5
Puponmäki (FIN) 21 A4
Puračić (BIH) 151 A3
Purala (FIN) 20 B3
Puralankylä (FIN) 20 A3
Purani (RO) 154 A4
Puras (FIN) 13 C4
Puras (E) 132 B1
Purchena (E) 140 C5
Pūre (LV) 178 C4
Purgstall (A) 80 A6
Purias (E) 140 D4
Purila (EST) 180 D4
Purini (LV) 179 A5
Purion (GR) 163 D6
Purkersdorf (A) 80 C6
Purkijaur (S) 10 D2
Pürksi (EST) 180 C4
Purmerend (NL) 66 C4
Purmo (FIN) 19 C2
Purmojärvi (FIN) 19 C3
Purmsatī (LV) 178 B6
Purnumukka (FIN) 7 B2
Purnuvaara (S) 6 A5
Purnuvaara (S) 6 B4
Purnuvaara (FIN) 13 B2
Purola (FIN) 34 C4
Puromäki (FIN) 21 B4
Purontaka (FIN) 20 A2
Purrath (A) 80 B5
Purroy (E) 128 C5
Purtse (EST) 181 C3
Purujärvi (FIN) 21 B6
Purujosa (E) 127 C6
Purullena (E) 140 B5
Purvėnai (LT) 176 D6
Purvėnai (LT) 178 D6
Purviniškė (LT) 176 B5
Puša (LV) 177 C1
Pušalotas (LT) 176 C2
Pusignan (F) 97 B5
Puškarevo (RUS) 175 C5
Puski (EST) 180 A4
Puškin (RUS) 35 D5
Puškino (RUS) 176 A5
Pušmucova (LV) 182 D5
Pusnė (LT) 177 A3
Püspökhatvan (H) 103 B2
Püspökladány (H) 146 A2
Pussay (F) 88 B3
Püssi (EST) 181 C3
Pusta Kuźnica (PL) 71 D5
Pustelnik (PL) 72 D1
Pustiměř (CZ) 80 D3
Pustleben (D) 68 D6
Pustoje Voskresenje (RUS) 182 D4
Pustoselje (BY) 177 D4
Pustoški (RUS) 182 D4
Pusula (FIN) 33 B4
Puszcza-Mariańska (PL) 72 C2
Puszczykowo (PL) 71 A1
Pusztamagyaród (H) 102 B4
Pusztamérges (H) 103 C5
Pusztamonostor (H) 103 C2
Pusztaszabolcs (H) 103 A3
Pusztaszemes (H) 102 D4
Pusztavám (H) 103 A2
Putaja (FIN) 33 A1
Putanges-Pont-Ecrepin (F) 86 D3
Putbus (D) 62 B1
Putgarten (D) 62 B1
Putifigări (I) 121 B2
Putignano (I) 117 B1
Putikko (FIN) 21 B6
Putineiu (RO) 154 B5
Putkeja (FIN) 21 D4
Putkijärvi (FIN) 34 B1
Putkilathi (FIN) 20 B6
Putkivaara (FIN) 12 D1
Putla (EST) 180 B5
Putna (RO) 148 C2
Putnok (H) 82 C6
Putsaari (FIN) 32 C3
Putsaari (RUS) 35 D1
Putte (B) 75 A1
Putte (B) 75 B2
Puttelange-aux-Lacs (F) 90 B2
Putten (NL) 66 D4
Puttgarden (D) 61 A2
Puttola (FIN) 20 B5
Puttola (FIN) 35 A2
Putula (FIN) 34 A2
Putyla (UA) 148 B1
Putzu Idu (I) 121 B4
Puukari (FIN) 21 A2
Puukki (FIN) 12 C5
Puukkoinen (FIN) 34 A1
Puukkokumpu (FIN) 12 C2
Puumala (FIN) 35 A1
Puuppola (FIN) 20 B5
Puurmani (EST) 181 B5
Puurosuo (FIN) 13 C1
Puurtila (FIN) 20 D5
Puurtturinjärvi (FIN) 12 D5
Puutikkala (FIN) 33 C2
Puutossalmi (FIN) 20 D4
Puutteenperä (FIN) 12 B3
Puybrun (F) 105 C1
Puycasquie (F) 105 A/B4
Puye, la (F) 95 B3
Puy-en-V., le (F) 106 C1
Puy-Guillaume (F) 96 D4
Puylaroque (F) 105 C3
Puylaurens (F) 105 C/D4
Puy-l'Evêque (F) 105 B2
Puyloubier (F) 107 B5
Puymaurin (F) 105 A/B5
Puymirol (F) 105 A/B3
Puy-Notre-Dame, le (F) 94 D2
Puyôo (F) 104 C4
Pyöräsperä (FIN) 20 B3
Puyrolland (F) 94 D4
Puy-Saint-Vincent (F) 107 D1
Puy-Sainte-R., le (F) 107 B4
Puze (LV) 178 C4
Puzenieki (LV) 178 C4
Puzol (E) 134 D5
Puzyri (BY) 177 C4
Pwllheli (GB) 52 D5
Pyhäjärvi (FIN) 7 A1
Pyhäjärvi (FIN) 7 B5
Pyhäjärvi (FIN) 20 C5
Pyhäjoki (FIN) 12 B6
Pyhäjoki (FIN) 32 D2
Pyhäkylä (FIN) 13 B3
Pyhälahti (FIN) 19 C3
Pyhältö (FIN) 34 D3
Pyhämaa (FIN) 32 C2
Pyhänkoski (FIN) 12 B6
Pyhänsivu (FIN) 12 D5
Pyhäntä (FIN) 13 B6
Pyhäntä (FIN) 20 C1
Pyhantaka (FIN) 34 B2
Pyhäranta (FIN) 32 C2
Pyharjärvi (FIN) 2 D6
Pyhäsalmi (sF) 20 B2
Pyhäselkä (FIN) 21 C5
Pyhtää (FIN) 34 C4
Pykälä (FIN) 12 B2
Pyla, Cape (CY) 174 C2
Pyla-s-Mer (F) 104 B2
Pyle (GB) 57 A3
Pyle (GR) 173 C6
Pyli (GR) 163 A6
Pylion (GR) 173 B3
Pylkönmäki (FIN) 20 A4
Pylos (GR) 170 D4
Pyłowice (PL) 72 A4
Pylvähälä (FIN) 20 C6
Pyntäinen (FIN) 19 B6
Pyöli (FIN) 33 B4
Pyöree (FIN) 20 D2
Pyorittaya (RUS) 21 D6
Pyörni (FIN) 19 B4
Pyötsiä (FIN) 34 D2
Pyrgadikia (GR) 164 A4
Pyrgos, Akr. (GR) 164 C2
Pyrgos (GR) 163 C3
Pyrgos (GR) 169 A6
Pyrgos (GR) 170 C2
Pyrgos (GR) 172 D6
Pyrjetos (GR) 163 C5
Pyrji (GR) 163 B3
Pyrji (GR) 164 A1
Pyrji (GR) 168 D5
Pyrji Thermis (GR) 165 A6
Pyroi (CY) 174 C3
Pyrrönperä (FIN) 20 B1
Pyrzyce (PL) 62 D5
Pyšely (CZ) 79 D4
Pyskowice (PL) 71 D6
Pyssyperä (FIN) 13 A4
Pytalovo (RUS) 182 D4
Pyta-s-Mer (F) 104 B2
Pythagorion (GR) 169 B6
Pyttbua (N) 22 D4
Pyttis (FIN) 34 C4
Pyydyskylä (FIN) 20 C4
Pyydysmäki (FIN) 20 B3
Pyykkolänvaara (FIN) 13 B5
Pyyli (FIN) 21 A5
Pyyniemi (FIN) 13 B1
Pyzdry (PL) 71 B2
P. Zn., Klaštor (SK) 81 C4

Q

Qafzez (AL) 162 C4
Qeparo (AL) 162 B5
Qettreville-s-Sienne (F) 85 B2
Quadrazais (P) 131 A3
Quadri (I) 114 D3
Quakenbrück (D) 67 B3
Quanne (F) 88 D5
Quarff, Easter (GB) 45 D4
Quargnento (I) 108 C3
Quarrata (I) 109 C5
Quarré-les-Tombes (F) 96 D1
Quart d'Onyar (E) 129 D5
Quarteira (P) 137 C5
Quarto (I) 100 C6
Quartu Sant'Elena (I) 121 C6
Quarville (F) 88 A3
Quatrebras (NL) 66 D2
Quatremare (F) 87 B2
Quatres-Routes, les (F) 105 C1
Quatt (GB) 53 C6
Quattro Castella (I) 109 C3
Quattropani (I) 119 A1
Quay, Kilmore (IRL) 51 C5
Quay, Pool (GB) 53 B6
Queck (D) 77 B2
Quédillac (F) 85 A3
Quedlinburg (D) 69 A5
Queensferry (GB) 49 A3
Queenstown, Cobh (IRL) 50 D5
Queija (E) 125 A4
Queimado, Ponta do (P) 136 D6
Quelaines (F) 86 C6
Queluz (P) 137 A1
Quenstedt (D) 69 A5
Quenza (F) 120 C4
Queralbs (E) 129 B4
Quercianella (I) 112 A2
Querença (P) 137 D5
Querfurt (D) 69 A6
Quernheim (D) 68 A4
Quero (I) 100 B5
Quero (E) 133 A5
Querrieu (F) 74 B4
Quers (F) 90 A5
Quesa (E) 134 C6
Quesada (E) 140 B4
Quesno (F) 74 C2
Quesnoy, le (F) 74 C2
Quesnoy, le (F) 74 D4
Quessoy (F) 85 A3
Questembert (F) 85 A5
Quetigny (F) 97 B1
Quettehou (F) 86 C1
Queue-les-Yvelines, la (F) 88 A2
Quevauvillers (F) 74 B5
Quéven (F) 84 C4
Queyrac (F) 94 C6
Quiberon (F) 84 D5
Quiberville (F) 59 B6
Quickborn (D) 60 D4
Quiévrain (B) 74 D3
Quiliano (I) 108 C4
Quillan (F) 105 D6
Quillebeuf (F) 87 B2
Quillio, le (F) 84 D3
Quilty (IRL) 50 C3
Quimper (F) 84 B4
Quimperlé (F) 84 C4
Quincampoix (F) 87 C2
Quincié-en-Beaujolais (F) 97 A4
Quincoces (E) 127 A3
Quinéville (F) 86 C2
Quingey (F) 97 C2
Quinsac (F) 104 C2
Quinson (F) 107 C4
Quinta da Sardinha (P) 130 B5
Quintana, La (E) 143 A2
Quintana (E) 125 D1
Quintana (E) 126 A4
Quintana de Fon (E) 125 C4
Quintana de la Serena (E) 138 D1
Quintana del Puente (E) 126 C5
Quintana Martin Galindez (E) 126 D3
Quintanaortuño (E) 126 D4
Quintanapalla (E) 126 D4
Quintanar, El (E) 127 A5
Quintanar de la Orden (E) 133 A5
Quintanar de la Sierra (E) 127 A5
Quintanar del Rey (E) 133 C6
Quintanarredonda (E) 127 A6
Quintanilla (E) 126 C3
Quintanilla (E) 126 D4
Quintanilla de Abajo (E) 126 B6
Quintanilla de Arriba (E) 126 C6
Quintanilla de Flórez (E) 125 C4
Quintanilla de la Mata (E) 126 C5
Quintanilla de Somoza (E) 125 C4
Quintin (F) 84 D3
Quinto (I) 110 B1
Quinto (E) 128 B6
Quinto Verc. (I) 108 C2
Quintos (P) 137 D3
Quinzano (I) 109 B2
Quiroga (E) 125 A4
Quirra (I) 121 D5
Quisicedo (E) 126 D2
Quissac (F) 106 C4
Quistello (I) 109 C2
Quistinic (F) 84 D4
Quittebeuf (F) 87 B3

R

Rå (S) 29 B6
Råå (S) 42 C2
Raab (A) 93 C3
Raabe (FIN) 12 B5
Raabs (A) 80 B4
Răachitoasa (RO) 149 B5
Raajärvi (FIN) 7 B6
Raakku (FIN) 7 C6
Rääkkylä (FIN) 21 B5
Raalte (NL) 67 A4
Raanujärvi (FIN) 6 D6
Raappananmäki (FIN) 13 A5
Raasay (GB) 44 C5
Raasdorf (A) 80 D6
Raasiku (EST) 181 A3

Raatala (FIN) 33 A3
Raate (FIN) 13 C5
Raattama (FIN) 6 C3
Raatti (FIN) 21 A3
Rab (HR) 111 B3
Rab (HR) 111 B/C3
Råbäck (S) 38 C1
Rabac (HR) 111 A3
Rábade (E) 125 A2
Rábafüzes (H) 102 B3
Răbăgani (RO) 146 C4
Rábahidvég (H) 102 B3
Rábakecöl (H) 102 C2
Rabalen (N) 27 B1
Rabanal (E) 125 C4
Rábano (E) 126 C6
Rábanos, Los (E) 127 B6
Rabastens (F) 105 C4
Rabastens-de-Bigorre (F) 104 D5
Rabat (M) 119 D6
Rabbalshede (S) 38 A2
Rabbi, Bagni di (I) 99 D4
Rabča (SK) 82 A3
Rabe (YU) 103 D5
Rabenstein (A) 80 B6
Råberg (S) 16 B2
Råberg (S) 16 C3
Rabino (PL) 63 A3
Rabisa (BG) 152 D5
Rabita, La (E) 140 B6
Rabka (PL) 82 B3
Räbke (D) 68 D4
Rabo de Peixe (P) 136 C3
Rabós d'Emp. (E) 129 D4
Rabrovo (YU) 152 C3
Rabrovo (MK) 163 C1
Rabštejn n. S. (CZ) 79 B3
Rabun' (BY) 177 C5
Råby (DK) 41 A1
Råby (S) 43 A1
Råby-Rönö (S) 30 D5
Rača, Bos. (BIH) 151 B3
Rača, Srem. (YU) 151 B2
Rača (YU) 152 B4
Rača (YU) 158 B2
Răcăciuni (RO) 149 B5
Racale (I) 117 D3
Racalmuto (I) 118 C4
Răcari (RO) 154 B3
Răcarii de Sus (RO) 153 B3
Răcăsdia (RO) 152 B2
Racconigi (I) 108 B3
Rače (SLO) 101 D4
Račetice (CZ) 79 B3
Raceviči (BY) 177 B5
Rachanie (PL) 73 C5
Rachecourt-s-Marne (F) 89 B3
Raches (F) 74 C3
Raches (GB) 167 B4
Rachi, Akr. Jero (GR) 165 A6
Răchitele (RO) 146 D4
Răchitoasa (RO) 155 A3
Rachiv (UA) 148 A1
Raciąż (PL) 64 C5
Raciażek (PL) 64 A5
Raciborska, Kuźnia (PL) 71 C6
Racibórz (PL) 81 B1
Racimierz (PL) 62 C3
Racine, la (F) 90 B4
Račinovci (HR) 151 B3
Raciszyn (PL) 71 D4
Račja Vas (HR) 111 A2
Rackeby (S) 38 B1
Ráckeve (H) 103 B3
Racknäs (S) 10 C5
Racksund (S) 10 B4
Racoşul de Jos (RO) 148 C6
Racot (PL) 71 A2
Racula (PL) 70 C2
Raczki (PL) 64 C4
Raczki (PL) 65 B2
Raczki (PL) 72 B4
Rad (E) 131 D2
Råda (S) 28 C3
Rada (E) 133 B5
Radalj (YU) 151 B4
Rådanefors (S) 38 A2
Radanovići (YU) 157 B4
Radapole (LV) 182 B6
Rădăuti (RO) 148 C2
Radawa (PL) 83 B1
Radawie (PL) 71 C5
Radawnica (PL) 63 C4
Radbyn (S) 38 C1
Radda in Ch. (I) 112 C2
Raddingsdorf (D) 61 A3
Raddusa (I) 118 D4
Råde (N) 27 D5
Rade (D) 69 C5
Radeberg (D) 70 A4
Radebeul (D) 70 A4
Radeburg (D) 70 A4
Radeče (SLO) 101 C5
Radecznica (PL) 73 B5
Radegarten (D) 60 D4
Radegast (D) 69 B5
Rådelsbråten (S) 28 B1
Radenbeck (D) 68 D3
Radenci (SLO) 102 A4
Radenthein (A) 101 A3
Rădesti (RO) 153 D1
Radevormwald (D) 76 C1
Radgona, G. (SLO) 102 A4
Radgoszcz (PL) 72 D6
Radhoštěm, Frenštát p. (CZ) 81 B3
Radhoštěm, Rožnov p. (CZ) 81 B3
Radičevci (YU) 158 D4
Radičevo (MK) 159 A6
Radicófani (I) 112 D3
Radicóndoli (I) 112 C2
Radievo (BG) 160 B4
Radiměř (CZ) 80 C2
Radina, Poreba (PL) 82 C2
Radinci, Vel. (YU) 151 C2
Rădinesti (RO) 153 B2
Radiófani (I) 112 D3
Radjići (BIH) 150 C3
Radkersburg (A) 102 A4
Radko-Dimitrievo (BG) 160 D1
Radków (PL) 71 A6
Radków (PL) 72 B5
Radlau, Radłów (PL) 71 D5
Radlin (PL) 81 B2
Radlje ob Dravi (SLO) 101 D4
Radlow, Diensdorf- (D) 70 A1
Radłów (PL) 82 C1
Radłów Radlau (PL) 71 D5
Radły, Ługi (PL) 71 D5
Rådmansö (S) 31 C3
Radna (RO) 146 C5
Radnejaur (S) 10 C4
Radnevo (BG) 160 B3
Radnica (PL) 70 C2
Radnice (CZ) 79 B4
Radoboj (HR) 102 A5
Rádóckölked (H) 102 B3
Radohova vas (SLO) 101 C5
Radolfzell (D) 91 B5
Rådom (S) 28 C3
Radom (PL) 72 D3
Radomice (PL) 64 A5
Radomicko (PL) 70 C2
Radomir (BG) 159 A3
Radomiresti (RO) 153 D4
Radomiru (RO) 153 C4
Radomsko (PL) 72 A4
Radomyśl (PL) 73 A5
Radomyśl Wielki (PL) 72 D6
Radon (F) 87 A4
Radonia (PL) 72 B4
Radonice (CZ) 79 A3
Radošina (SK) 81 B5
Radoškoviči (BY) 177 C6
Radošovce (SK) 81 A5
Radostowo (PL) 64 C2
Radoszyce (PL) 72 B4
Radotín (CZ) 79 C3
Radovaniči (YU) 157 A4
Radovanu (RO) 153 B4
Radovec (BG) 160 D4
Radovel' (RUS) 181 D4
Radoviš (MK) 163 B1
Radovljica (SLO) 101 B4
Radowo Wielkie (PL) 62 D3
Radstadt (A) 101 A2
Radstock (GB) 57 C3
Raduč (HR) 111 D4
Radujevac (YU) 152 D4
Radulesti (RO) 153 B3
Radun' (BY) 176 D6
Radu Negru (RO) 155 A4
Raduša (MK) 158 B5
Radužnoje (RUS) 176 A5
Radvaň. n. Lab. (SK) 83 A4
Radviliškis (LT) 176 B2
Radymno (PL) 83 B2
Radzanów (PL) 64 C5
Radzanów (PL) 72 C3
Rádzice Duże (PL) 72 C3
Radzieje (PL) 65 A2
Radziejów (PL) 64 A6
Radziejowice (PL) 72 C2
Radzików (PL) 70 C1
Radzikowo (PL) 72 B1
Radziłów (PL) 65 B4
Radzinciems (LV) 178 D4
Radzionków (PL) 71 D6
Radziwiłłówka (PL) 73 B1
Radzove (SK) 82 B6
Radzymin (PL) 72 D1
Radzyń (PL) 71 D2
Radzyń Chełmiński (PL) 64 A4
Radzyn Podlaski (PL) 73 B2
Ræhr (DK) 37 A5
Rælingen (N) 27 D4
Raesfeld (D) 67 B5
Rafael, S. (E) 122 D6
Rafdal (N) 26 C4
Rafelbuñol (E) 134 D5
Raffadali (I) 118 C4
Raffaele, Porto (I) 121 C1
Rafina (GR) 167 D6
Rafjord (N) 2 D1
Rafnes (N) 27 C6
Råforsen (S) 28 D2
Råfsbäck (FIN) 19 A4
Rafsbotn (N) 2 A4
Raften (N) 4 C4
Raftsjöhojelen (S) 15 C5
Rafz (CH) 99 A1
Ragaciems (LV) 179 A4
Ragály (H) 82 C5
Ragana (LV) 179 B4
Ragaz, Bad (CH) 99 B3
Rågeleje (DK) 41 C2
Rägelin (D) 69 C2
Ragewitz (D) 69 C6
Rågård (S) 38 A1
Råggen (S) 25 A2
Raggsjö (S) 16 D1
Raggsteindalen (N) 26 D2
Raglan (GB) 57 B2
Råglanda (S) 28 C6
Rågol (E) 140 B6
Ragösen (D) 69 C4
Ragozinka (RUS) 35 D4
Ragozino (RUS) 182 D4
Rågraven (S) 11 B4
Rågrend (N) 27 B3
Raguin (F) 86 C6
Ragunda (S) 25 A1
Ragunda (S) 25 B1
Ragusa, Marina di (I) 119 A6
Ragusa (I) 119 A5
Raguva (LT) 176 D2
Raguvėlė (LT) 176 D2
Raguviškiai (LT) 175 C2
Ragvaldsnäs (S) 25 C3
Ragvaldsträsk (S) 17 B2
Råhällan (S) 30 D1
Raharney (IRL) 51 B1
Rahaugen (N) 28 A6
Rahden (D) 68 A4
Raheste (EST) 180 C5
Rahikk (FIN) 34 D1
Rahja (FIN) 12 A6
Rahkla (EST) 181 B4
Rahkmala (FIN) 32 D3
Rahling (F) 90 C2
Rahman (RO) 155 B2
Rahna (D) 78 C5
Raholanvaara (FIN) 21 A3
Råholt (N) 28 A3
Rahonmäki (FIN) 20 D1
Rahumäe (EST) 182 C2
Raiano (I) 113 C5
Raigada (E) 125 A4
Raijala (FIN) 33 A2
Raikku (FIN) 33 C1
Raikküla (EST) 180 D4
Raikuu (FIN) 21 B6
Rain (D) 92 B2
Rainbach (A) 93 D2
Rainøysund (N) 3 C3
Raipole (LV) 182 D1
Raippaluoto (FIN) 19 A3
Raippo (FIN) 35 A3
Räisälänmäki (FIN) 20 A2
Raisdorf (D) 60 D2
Raisio (FIN) 32 D4
Raisjavrre (N) 2 A6
Raiskio (FIN) 12 D2
Raiskums (LV) 179 C4
Raismes (F) 74 D3
Raistakka (FIN) 13 A2
Raite (N) 2 C5
Raittijärvi (FIN) 6 A1
Raiva (P) 130 C2
Raivala (FIN) 19 B6
Raja-Jooseppi (FIN) 3 B6
Raja-Jooseppi (FIN) 7 C2
Rajala (FIN) 7 A4
Rajamäenkylä (FIN) 19 B5
Rajamäki (FIN) 33 C4
Rajavaara (FIN) 21 B6
Rajcza (PL) 81 D3
Rajec (SK) 81 C4
Rájec-Jestřebí (CZ) 80 D3
Rájecké Teplice (SK) 81 C4
Rajec Szlachecki (PL) 72 D3
Rajgród (PL) 65 B3
Rajhrad (CZ) 80 D4
Rajić (HR) 150 C2
Rajka (H) 102 C1
Raka (SLO) 101 D5
Rakaca (H) 82 C5
Råkälen (S) 15 C4
Rakamaz (H) 82 D6
Rakeie (N) 28 A4
Rakek (SLO) 101 B6
Rakevo (BG) 153 B6
Rakita (BG) 153 C6
Rakita (BG) 159 A3
Rakitnica (HR) 102 B6
Rakitovo (BG) 159 C5
Rakke (EST) 181 B4
Rakkestad (N) 28 A5
Rakkolanjoki (RUS) 35 A3
Raklica (BG) 160 D2
Rákóczifalva (H) 103 D3
Rakoniewice (PL) 70 D2
Rákoš (SK) 82 B5
Rákos (H) 146 A5
Rakošyn (UA) 83 B5
Rakoszycze (PL) 71 A4
Rakov (BY) 177 C6
Raková (SK) 81 C3
Rakova Bara (YU) 152 C3
Rakovac (BIH) 150 C2
Rakovcy (BY) 177 B5
Rakovec nad Ondavou (SK) 82 D4
Rakovica (HR) 111 D3
Rakovica (BIH) 151 A5
Rakovica (BG) 152 D5
Rakovník (CZ) 79 B3
Rakovski (BG) 160 A4
Rakowa, Wola (PL) 72 B3
Rakowicze (PL) 65 C3
Räksala (LV) 182 B5
Räktfors (S) 11 C3
Råkvåg (N) 14 A5
Rakvere (EST) 181 B3
Ralja (YU) 152 A3
Rälsälä (FIN) 13 A1
Ramacastañas (E) 132 A4
Ramacca (I) 119 A4
Ramaihai (P) 130 A6
Rämälä (FIN) 19 D4
Rämälä (FIN) 20 D6
Ramales (E) 126 D2
Ramallosa (E) 124 B4
Ramasaig (GB) 44 B5
Ramatuelle (F) 107 D5
Ramberg (N) 4 A5
Rambervillers (F) 90 B3
Rambin (D) 61 D2
Rambla, La (E) 143 A2
Rambouillet (F) 88 A2
Rambrouch (L) 75 D5
Ramdala (S) 43 B1
Rame Hd. (GB) 56 D6
Ramerupt (F) 89 A3
Ramfjordnes (N) 1 B6
Ramhäll (S) 31 A2
Ramingstein (A) 101 A3
Ramiseto (I) 109 B4
Ramji (LV) 179 C3
Ramkvilla (S) 39 A4
Ramlewo (PL) 63 A3
Ramma (EST) 181 B4
Rämmen (S) 28 D3
Ramnåa (N) 9 A4
Ramnäs (S) 29 C3
Ramnåsa (S) 39 A5
Rämne (S) 38 A1
Ramnes (N) 4 D3
Ramonai (LT) 176 D2
Ramonete, El (E) 141 A4
Ramosch (CH) 99 D3
Rämppälä (FIN) 19 D6
Ramså (N) 4 C2
Ramsau (A) 101 A2
Ramsberg (S) 29 B4
Ramsei (CH) 98 D2
Ramsel (D) 67 C4
Ramsele (S) 16 B5
Ramsele (S) 17 A3
Ramsey (GB) 52 D2
Ramsey (GB) 54 D6
Ramsey (GB) 56 C2
Ramsgate (GB) 59 B3
Ramsgill (GB) 53 D2
Rämshyttan (S) 29 A2
Ramsi (EST) 180 A6
Ramsjö (S) 25 A4
Rämslemon (S) 16 C6
Rams Ness (GB) 45 D3
Ramsö (S) 37 D1
Rämsöö (FIN) 33 B2
Ramsta (S) 31 A3
Ramstad (N) 4 D3
Ramstad (N) 14 B3
Ramstein (D) 76 C5
Ramsund (N) 4 D3
Rāmuli (LV) 179 C4
Ramundbergen (S) 24 A2
Ramvik (S) 25 C2
Ramygala (LT) 176 C3
Rämyrbacka (S) 28 D2
Råna (N) 4 D5
Råna (N) 5 A4
Rånå (N) 23 A4
Ranalt (A) 100 A2
Rånäs (S) 31 B3
Ranby (GB) 54 C4
Rånbyn (S) 11 C4
Rance (B) 75 A4
Ranchal (F) 97 A4
Rancon (F) 95 C4
Rancy (F) 97 B3
Randa (CH) 98 C4
Randal (N) 23 A2
Rändalen (S) 24 C4
Randalstown (GB) 47 C4
Randalsvoll (N) 9 B3
Randan (F) 96 C4
Randanne (F) 96 C5
Randaträsk (S) 11 A3
Randazzo (I) 119 A3
Randegg (A) 80 A6
Randen (D) 91 A5
Randers (DK) 41 A1
Randerup (DK) 40 C5
Randesund (N) 36 D3
Randijaur (S) 10 C2
Randonnai (F) 87 B4
Randøy (N) 26 B6
Randöy (N) 36 A1
Randsvek (N) 23 B5
Randvere (EST) 180 D3
Råneå (S) 11 C4
Ranemsletta (N) 14 C4
Rånes (F) 86 D4
Rångedala (S) 38 C3
Rangen (S) 28 B2
Rangsby (FIN) 19 A4
Rangstrup (DK) 40 D4
Rangsundøya (N) 8 D4
Ranheim (N) 23 C1
Ranizów (PL) 73 A6
Ranka (LV) 182 B4
Rankinen (FIN) 12 C6
Rankweil (A) 99 C2
Ranna (EST) 181 C4
Rannametsa (EST) 179 B2
Rannamõisa (EST) 180 D3
Rannankylä (FIN) 20 B1
Rannankylä (FIN) 20 B2
Rannankylä (FIN) 20 B4
Rånnavåg (S) 38 C3
Rännelanda (S) 38 A1
Ränneslöv (S) 42 C1
Rannoch, Kinloch (GB) 48 D1
Rannoch Station (GB) 48 D1
Rannu (EST) 182 B1
Ranön (S) 11 C4
Rånøy (N) 26 A1
Ransäter (S) 28 C4
Ransbach-Baumbach (D) 76 C3
Ransby (S) 28 C2
Ransjö (S) 24 C4
Ranspach (F) 98 C1
Ransta (S) 30 D3
Ranstadt (D) 77 A3
Ransundet (S) 24 B4
Ranta (FIN) 7 B1
Rantajärvi (S) 11 C1
Rantakangas (FIN) 19 D4
Rantakylä (FIN) 20 A4
Rantakylä (FIN) 34 D1
Rantakylä (FIN) 21 B3
Rantasalmen as. (FIN) 21 A6
Rantasalmi (FIN) 21 A6
Ranta-Töysä (FIN) 19 C4
Rantigny (F) 74 B6
Rantsila (FIN) 12 C6
Ranttila (FIN) 2 D6
Rantum (D) 60 A1
Ranty (PL) 65 A2
Rantzau (D) 61 A2
Ranua (FIN) 12 D2
Ranum (DK) 37 A6
Ranvik (N) 22 D3
Raon-l'Etape (F) 90 B3
Raon-s-Plaine (F) 90 B3
Ráossi (I) 100 A5
Rapa (PL) 65 A1
Rapala (FIN) 34 B1
Rapallo (I) 109 A4
Rapattila (FIN) 35 A2
Raphoe (IRL) 47 A3
Rapice (PL) 70 B2
Rāpina (EST) 182 C2
Rapla (EST) 180 D4
Rapolano Terme (I) 112 C2
Rapolla (I) 115 C5
Raposa (P) 130 B6
Rapoula (P) 131 A3
Rappenau, Bad (D) 91 B1
Rapperswil (CH) 99 A2
Räpplinge (S) 39 D5
Rappottenstein (A) 80 A5
Rarviainen (S) 11 D3
Raša (HR) 111 A3
Rasa (RO) 154 D4
Rasal (E) 128 B4
Räsälä (FIN) 20 D4
Rasavci (BIH) 150 B3
Rasbo (S) 31 A3
Rasca, Punta de la (E) 144 A6
Răscăeti (RO) 154 A4
Rascafria (E) 132 C2
Rașcov (MD) 149 D1
Rașcov, Vadul (MD) 149 D1
Răscruci (RO) 147 B3
Rasdorf (D) 77 B2
Raseiniai (LT) 176 B3
Råsele (S) 16 B3
Råsele Sörgård (S) 16 B3
Rasen, Market (GB) 54 D4
Rasi (FIN) 34 C2
Rašica (SLO) 101 C6
Rasila (FIN) 35 A2
Rasimäki (FIN) 21 A3
Rasimbegov Most (MK) 163 A2
Rasina (EST) 182 C2
Răsinari (RO) 147 B6
Rasinja (HR) 102 B5
Rasinkylä (FIN) 13 A5
Rasinperä (FIN) 12 D6
Rasisalo (FIN) 21 C5
Rasivaara (FIN) 21 B5
Rasivaara (FIN) 21 D4
Rasjö (S) 25 A3
Raška (YU) 152 A6
Råskallavik (S) 39 C4
Rask Mølle (DK) 40 D3
Raškovice (CZ) 81 C3
Raslavice (SK) 82 D4
Raslina (HR) 111 D6
Rašnevo (RUS) 182 D3
Rasova (RO) 155 B4
Rasovo (BG) 153 B5
Răspopeni (MD) 149 D1
Rasquera (E) 135 A2
Raššavarre (N) 2 C2
Rássina (I) 110 B6
Rasta (N) 23 D6
Rastatt (D) 90 D2
Rasteau (F) 107 A3
Rasteby (N) 1 C6
Rastebynes (N) 2 A3
Råsted (DK) 40 D1
Rastede (D) 67 D2
Rastenberg (D) 78 C1
Raštević (HR) 111 D5
Rasti (FIN) 6 D4
Rasti (FIN) 21 C6
Rastinkylä (FIN) 21 B1
Răstoaca (RO) 154 D1
Răstoci (RO) 147 A2
Răstolita (RO) 148 B4
Råstorp (S) 38 D6
Rastošnica (BIH) 151 B3
Råstrand (S) 10 C6
Rastu (RO) 153 A4
Rasueros (E) 132 A2
Raszków (PL) 71 B3
Rasztowska, Wola- (PL) 72 D1
Ratan (S) 17 B3
Rätan, Rätansbyn (S) 24 D3
Rätansbyn, Rätan (S) 24 D3
Ratasjärvi (FIN) 12 B1
Ratasvuoma (FIN) 12 B1
Rathangan (IRL) 51 B2
Rathcoole (IRL) 51 C2
Rathcormack (IRL) 50 D5
Rathdowney (IRL) 51 A3
Rathdrum (IRL) 51 C3
Rathebur (D) 62 B3
Rathenow (D) 69 B3
Rathfriland (GB) 47 C5
Rathkeale (IRL) 50 D4
Rathlackan (IRL) 46 C5
Rathlin (GB) 47 C3
Rath Luirc (Charleville) (IRL) 50 D4
Rathmelton (IRL) 47 A3
Rathmolyon (IRL) 51 C2
Rathmore (IRL) 50 C5
Rathmullan (IRL) 47 A3
Rathnew (IRL) 51 D3
Rathstock (D) 70 B1
Rathvilly (IRL) 51 C3
Ratikylä (FIN) 19 C5
Ratilanvaara (FIN) 21 C4
Ratingen (D) 76 B1
Ratiškovice (CZ) 81 A4
Ratkovo, G. (BIH) 150 B3
Ratkovo (YU) 151 B1
Ratkovské Bystré (SK) 82 B5
Ratla (EST) 180 B5
Ratnieki (LV) 178 C6
Ratnyčia (LT) 176 C6
Ratomka (BY) 177 C6
Ratten (A) 102 A2
Rattenberg (A) 100 B1
Rattijarvi (RUS) 35 A3
Rattosjärvi (FIN) 6 D6
Rattray (GB) 49 A2
Råttsel (S) 10 D4
Rättvik (S) 29 A1
Ratu (S) 17 B3
Ratula (FIN) 34 B3
Ratula (FIN) 34 C3
Ratzeburg (D) 61 A4
Rätzlingen (D) 69 A4
Raudalen (N) 22 D5
Raudanjoki (FIN) 7 A5
Raudaskylä (FIN) 20 A1
Raudeberg (N) 22 A5
Raudėnai (LT) 176 A1
Raudenis (LT) 176 B5
Raudondvaris (LT) 176 C4
Raudonė (LT) 176 B4
Raudsand (N) 22 D3
Raufarhöfn (IS) 1 D1
Raufoss (N) 27 D2
Raugnes (N) 1 C5
Rauha (FIN) 35 A2
Rauhala (FIN) 6 C3
Rauhelleren (N) 26 D3
Rauland (N) 27 A5
Raulhac (F) 106 A1
Rauma (FIN) 32 C2
Rauna (LV) 179 C4
Raunavaara (S) 11 D2
Raundalen (N) 26 C2
Raunieši (LV) 182 B6
Rauris (A) 100 D2
Rausandaksla (N) 9 A4
Raušić (YU) 157 D3
Raussila (FIN) 34 C3
Rautajärvi (FIN) 33 C1
Rautakorpi (FIN) 34 C3
Rautakoski (FIN) 33 C3
Rautalakhti (RUS) 35 C1
Rautalampi (FIN) 20 C4
Rautaluspe (S) 5 B4
Rautaperä (FIN) 3 B4
Rautas (S) 5 C4
Rautavaara (FIN) 21 A2
Rautila (FIN) 19 C1
Rautila (FIN) 32 D3
Rautio (FIN) 19 D1
Rautionmäki (FIN) 20 B4
Rautjärven kk. (FIN) 35 B2
Rautjärvi (FIN) 35 B1
Rautkoski (FIN) 34 C2
Rautuskylä (FIN) 6 D3
Rauvanniemi (FIN) 21 B6
Rauvatnet (N) 9 A4
Rauville-la-Bigot (F) 86 B2
Rauzan (F) 104 D2
Råva (LV) 178 B5
Ravanica, Man. (YU) 152 C4
Ravanusa (I) 118 C4
Rava-Rus'ka (UA) 73 D6
Ravazd (H) 102 D2
Ravda (BG) 161 B2
Ravels (B) 75 B1
Ravelsnes (N) 1 D4
Raven, M. (HR) 102 B6
Ravenglass (GB) 53 B1
Ravenna (I) 110 B4
Ravenoville (F) 86 C2
Ravensbrück (D) 62 A4
Ravensburg (D) 91 C5
Ravensca (RO) 152 C3
Ravières (F) 89 A5
Ravijoki (FIN) 34 D4
Ravik (N) 1 B5
Ravik (N) 9 A2
Ravioskorpi (FIN) 34 B2
Rävlanda (S) 38 B4
Ravna Banja (YU) 158 C3
Ravna Dubrava (YU) 158 D2
Ravna Gora (HR) 111 C2
Ravnastua (N) 2 C5
Ravne na Kor. (SLO) 101 C4
Ravnica (BIH) 150 D5
Ravni Gaj (YU) 152 A5
Ravnik (HR) 156 A3
Ravno, G. (BIH) 150 C5
Ravno (BIH) 156 D3
Ravnogor (BG) 159 D5
Råvsön (S) 25 D1
Ravsted (DK) 40 D5
Råvudden (S) 10 C3
Rawa Mazowiecka (PL) 72 C3
Rawicz (PL) 71 A3
Rawsa, Ombret- (B) 75 C3
Rawska, Biała (PL) 72 C2
Rawtenstall (GB) 53 C3
Rayleigh (GB) 59 A3
Raymond (F) 96 B2
Rayones, Los (E) 140 B3
Räyrinki (FIN) 19 D2
Räyskälä (FIN) 33 B3
Razac-s-l'Isle (F) 105 B1
Ražanac (HR) 111 C5
Ražanj (YU) 152 C5
Războeni (RO) 148 D3
Războeni-Cetate (RO) 147 B4
Razboj (BIH) 150 C2
Razbojna (YU) 152 B6
Razdol (BG) 159 A6
Razdrto (SLO) 101 B6
Razès (F) 95 C4
Răževo Konare (BG) 160 A4
Razgrad (BG) 154 C6
Razino (RUS) 175 C4
Razlog (BG) 159 B5
Raztočno (SK) 81 C5
Răzvad (RO) 154 A3
Razzuolo (I) 110 A5
Reading (GB) 58 C3
Reafirth (GB) 45 D3
Real de la Jara, El (E) 138 C3
Real de San Vicente, El (E) 132 B4
Realdo (I) 108 B5
Reale, la (I) 121 A1
Realejo Alto (E) 144 B5
Réallon (F) 107 C2
Réalmont (F) 105 D4
Realmonte (I) 118 B4
Réalville (F) 105 C3
Rear Cross (IRL) 51 A3
Réaumur (F) 94 C3
Réaup (F) 105 A3
Reawick (GB) 45 C4
Reay (GB) 45 B3
Rebais (F) 88 D2
Rebakudden (S) 10 B4
Rebărkovo (BG) 159 B2
Rebbenes (N) 1 A5
Rebbensøy (N) 1 A5
Rebénacq (F) 104 C/D5
Reberg (N) 23 B3
Rębkowska, Wola (PL) 72 D2
Rebolla de Jadraque (E) 133 A2
Rebollar (E) 134 B5
Reboly (RUS) 21 C1
Rebordelo (P) 125 A6
Rebrovo (BG) 159 B2
Recanati, Porto (I) 113 C2
Recanati (I) 113 C2
Rečane (YU) 158 A4
Recas (RO) 146 B6
Recco (I) 108 D4
Recea (RO) 153 A3
Recea (MD) 149 B1
Recea (RO) 153 D3
Recea-Vaida (RO) 147 D5
Recess (IRL) 50 C1
Recey-s-Ource (F) 89 B4
Rechnitz (A) 102 B3
Rečica (Hr) 111 D2
Rečice (BIH) 156 D2
Rečice, Kardašova (CZ) 79 D5
Recke (D) 67 C4
Rečki (BY) 177 C5
Recklinghausen (D) 67 C6
Reclesne (F) 97 A2
Recoaro Terme (I) 109 D1
Recogne (B) 75 C4
Recoubeau-Jansac (F) 107 B2
Recoules-Prévinquières (F) 106 B3
Recuerda (E) 127 A6
Recz (PL) 62 D4
Reczno (PL) 72 B4
Reda (PL) 63 D1
Redalem (N) 27 D2
Redalsgrend (N) 22 B6
Rédange (L) 75 D5
Redbridge (GB) 59 A3
Redcar (GB) 54 C1
Red Dial (GB) 49 A6
Redditch (GB) 58 B1
Redea (RO) 153 C4
Redefin (D) 61 B4
Redessan (F) 106 D4
Redhill (GB) 57 C3
Redhill (GB) 58 D3
Rédics (H) 102 B4
Redipuertas (E) 126 A2
Redlin (D) 61 C4
Rednitzhembach (D) 78 B6
Redon (F) 85 A5
Redona (I) 100 D4
Redondela (E) 124 C4
Redondo (P) 138 A2
Redpoint (GB) 44 C5
Redruth (GB) 56 C6
Redslared (S) 38 C4
Reed (N) 22 C5
Reepham (GB) 55 B5
Reerslev (DK) 41 C3
Rees (D) 67 D5
Reeth (GB) 53 D1
Reetz (D) 61 B5
Reetz (D) 69 B4
Reffannes (F) 94 D3
Reffuveille (F) 86 C4
Refrancore (I) 108 C3
Refsnes (N) 4 D3
Reftele (S) 38 D5
Regalbuto (I) 119 A4
Regen (D) 93 A1
Regensburg (D) 92 D1
Regenstauf (D) 78 D6
Réggio di Calabria (I) 119 C2
Reggiolo (I) 109 C3
Reggio nell Emilia (I) 109 C3
Reghin (RO) 147 C3
Reghiu (RO) 149 A6
Régil (E) 127 B2
Regimin (PL) 64 C5
Regis, Bere (GB) 58 A5
Regis, Bognor (GB) 58 C5
Regis, Lyme (GB) 57 B5
Regkinion (GR) 167 B4
Regla (E) 125 B2
Regna (S) 29 B6
Regnault, Château (F) 75 B5
Regniowez (F) 75 A4
Régny (F) 97 A4
Reguengo (P) 130 B5
Reguengo (P) 130 B6
Reguengos de Monsaraz (P) 138 A2
Réguiny (F) 84 D4
Régusse (F) 107 C4
Rehakka (FIN) 33 C3
Rehau (D) 78 D3
Rehburg (D) 68 B4
Rehden (D) 68 A3
Rehm (D) 60 B2
Rehna (D) 61 A3
Rehořov (CZ) 80 B3
Rehrhof (D) 68 C2
Rehula (FIN) 20 B2
Rehula (FIN) 35 A2
Reibiniai (LT) 179 A6
Reichelshofen (D) 78 A5
Reichenau (CH) 99 B3
Reichenbach (D) 70 B4
Reichenbach (D) 76 C5
Reichenbach (D) 78 D2
Reichenbach (CH) 98 C3
Reichenfels (A) 101 C3
Reichenthal (A) 93 D2
Reichertshausen (D) 92 C3
Reichertshofen (D) 92 C2
Reichholzheim (D) 77 B5
Reichmannsdorf (D) 78 B3
Reichshof (D) 76 C2
Reichshoffen (F) 90 C2
Reiersdal (N) 36 D2
Reigada (P) 131 B2
Reigate (GB) 58 D3
Reighton (GB) 54 D2
Reigi (EST) 180 A4
Reignac (F) 94 D6
Reignac-s-Indre (F) 95 B1
Reiki (RUS) 182 D6
Reilhac (F) 106 B1
Reilla (E) 133 C4
Reillanne (F) 107 B4
Reims, Cernay-les- (F) 75 A6
Reims (F) 75 A6
Reina (E) 138 D3
Reinach (CH) 98 C1
Reinach (CH) 98 D2
Reinberg (D) 61 D2
Reindalseter (N) 22 D4
Reine (N) 4 A5
Reinfeld, Holstein (D) 60 D3
Reinfjordbotn (N) 1 C4
Reinforsmoen (N) 9 A4
Reinheim (D) 77 A5
Reinhelm (N) 23 B4
Reini (LV) 179 D4
Reinikansaari (FIN) 13 A1
Reinli (N) 27 B2
Reinosa (E) 126 C3
Reinsdorf (D) 69 A6
Reinskar (N) 1 B5
Reinskarenget (N) 9 A6
Reinskloster (N) 23 B1
Reinstad (N) 4 C3
Reinsvoll (N) 27 D2
Reipå (N) 8 D3
Reipelt, Rekipelto (FIN) 19 B3
Reisbach (D) 93 A2
Reisby (DK) 40 C4
Reisjärvi (FIN) 20 A2
Reiss (GB) 45 C3
Reiste (D) 76 D1
Reitan (N) 23 A4
Reite (N) 5 A2
Reit im Winkl (D) 93 A4
Reitkalli (FIN) 34 D3
Reittiö (FIN) 20 D3
Reitzenhain (D) 79 A2
Reivyčiai (LT) 178 C6
Rejdová (SK) 82 B4
Rejmyre (S) 30 C6
Rejowiec (PL) 73 C4

Rejowiec Fabryczny (PL) 73 C4
Rejštejn (CZ) 79 B6
Reka, Crvena (YU) 152 D6
Reka, Suva (YU) 158 B4
Rekarne (S) 30 C4
Rekdal (N) 22 C3
Rekeland (N) 36 B2
Reken (D) 67 B5
Rekijoki (FIN) 33 B4
Rekikoski (FIN) 33 A2
Rekovac (YU) 152 B5
Rekownica (PL) 64 D4
Rekowo (PL) 63 C2
Reksteren (N) 26 B4
Rekusaare (EST) 181 B5
Rekvik (N) 1 A6
Rėkyva (LT) 176 B2
Relecq-Kerhuon, le (F) 84 B3
Reliquias (P) 137 C4
Relletti (FIN) 12 B5
Relleu (E) 141 C2
Relliehausen (D) 68 C5
Reltan (N) 23 D3
Rém (H) 103 B5
Remagen (D) 76 B3
Rémalard (F) 87 B4
Rembertów (PL) 72 D1
Rembów (PL) 71 D3
Remda (RUS) 181 D5
Remels (D) 67 C2
Remeskylä (FIN) 20 C2
Remeta, Turja (UA) 83 B4
Remetea (RO) 146 D4
Remetea Mare (RO) 146 B6
Remeti (RO) 146 D3
Remetské Hámre (SK) 83 A4
Rémilly (F) 96 D2
Réminiac (F) 85 A4
Remiremont (F) 90 B4
Remlingen (D) 68 D4
Remmarbäcken (S) 16 C5
Remmaren (S) 16 D4
Remmen (S) 24 D4
Remnes (N) 8 D5
Remniku (EST) 181 D4
Remojärvi (FIN) 20 D6
Remolinos (E) 127 D5
Remoncourt (F) 89 D3
Remouchamps (B) 75 C3
Remoulins (F) 106 D4
Removille (F) 89 D3
Remøy (N) 22 B4
Rempji (LV) 179 D4
Remrod (D) 77 A2
Remscheid (D) 76 B1
Remte (LV) 178 D5
Remudas, Los (E) 144 D6
Rémuzat (F) 107 B2
Remy, Pont- (F) 74 B4
Renå (N) 23 C2
Rena (N) 28 A1
Renac (F) 85 B5
Renaison (F) 96 D4
Renaix, Ronse (B) 74 D2
Renales (E) 133 B2
Renåseter (N) 24 A5
Renavas (LT) 175 D1
Renazé (F) 86 C6
Rencēni (LV) 179 C3
Rencēnmuiža (LV) 179 C3
Renchen (D) 90 D3
Renda (LV) 178 C4
Rendal (N) 23 D5
Rende (I) 116 D5
Rendina (GR) 164 A3
Rendina (GR) 166 D4
Rendinara (I) 113 C6
Rendsburg (D) 60 C2
Renedo (E) 126 B4
Renen (CH) 98 A3
Renesse (NL) 66 A6
Renfrew (GB) 48 D3
Rengårdsheden (S) 11 A5
Renge (LV) 178 D6
Rengonkylä (FIN) 19 B4
Rengos (E) 125 B3
Rengsdorf (D) 76 C3
Rengsjö (S) 25 B5
Renholmen (S) 11 B6
Reni (UA) 155 B1
Renish Pt. (GB) 44 B4
Renko (FIN) 33 C3
Renkomäki (FIN) 34 B3
Renkum (NL) 66 D5
Rennau (D) 68 D4
Rennebu (N) 23 B3
Rennerod (D) 76 D3
Rennertshofen (D) 92 B2
Rennes (F) 85 B4
Rennes-les-Bains (F) 105 D6
Rennesøy (N) 26 B6
Rennweg (A) 101 A3
Reno, Poggio (I) 110 A3
Renså (N) 4 D3
Rensjön (S) 5 C4
Rensjösätern (S) 24 A1
Renström (S) 17 A1
Renteria (E) 127 C2
Rentjärn (S) 16 D1
Renviken (S) 10 C5
Renzina (MD) 149 D1
Renzow (D) 61 B4
Reo (EST) 180 B5
Reola (EST) 181 C6
Réole, la (F) 104 D2
Reolid (E) 140 C2
Réorthe, la (F) 94 C3
Répáshuta (H) 82 C6
Repbäcken (S) 29 A2
Répcelak (H) 102 B2
Repedea (RO) 147 C1
Repino (RUS) 35 C4
Repki (PL) 73 A1
Replot (FIN) 19 A3
Repo-Aslak (FIN) 3 A6
Repojoki (FIN) 7 A2
Reposaari (FIN) 32 C1
Repparfjord (N) 2 A3
Reppelin (D) 61 C3
Reppen (N) 8 D3
Repvåg (N) 2 C2
Requejo (E) 125 B5
Requena (E) 134 B5
Réquista (F) 106 A3
Rerik (D) 61 B3
Rerwick (GB) 45 D4
Resa, Duga (HR) 111 D1
Resadiye (TR) 173 C2
Resana (I) 100 B6
Resanovci (BIH) 150 A4
Resarö (S) 31 B4
Resele (S) 16 C6
Resen (DK) 40 B1
Resen (MK) 162 D2
Resende (P) 130 D1
Rešety (RUS) 182 D4
Résia (I) 99 D3
Resita (RO) 152 C1
Resiutta (I) 100 D4
Reškėtėnai (LT) 175 D2
Reskjem (N) 27 B5
Resko (PL) 62 D3
Reškutėnai (LT) 177 B3
Resmo (S) 39 C6
Resna (YU) 157 B4
Ressons (F) 74 C5
Ressons-s-Matz (F) 74 C5
Restabal (E) 140 A6
Resteröd (S) 38 A2
Restinga, Ponta da (P) 136 B5
Reston, South (GB) 55 A4
Resuttano (I) 118 D3
Reszel (PL) 64 D2
Reszelski, Ryn (PL) 64 D2
Retamal (E) 138 D2
Retamar, del (E) 132 C4
Retamosa (E) 131 D5
Retamoso (E) 132 B5
Rétaud (F) 94 D5
Reteag (RO) 147 B2
Retford, East (GB) 54 C4
Rethel (F) 75 A5
Rethem, A. (D) 68 B3
Rethfurt (D) 60 D4
Rethimnon (GR) 172 C5
Retiers (F) 85 C4
Retiro (P) 138 B1
Retkocer (YU) 158 B3
Retle (B) 75 B1
Retortillo (E) 131 B2
Retournac (F) 97 A6
Retovoesti (RO) 153 D1
Rétság (H) 103 B1
Rettendon (GB) 59 A2
Rettenegg (A) 102 A2
Retuerta (E) 126 D5
Retuerta (E) 132 B6
Retunen (FIN) 21 A4
Retz (A) 80 C5
Retzbach (D) 77 B4
Reuden (D) 69 B4
Reugny (F) 95 B1
Reuilly (F) 96 A2
Reus (E) 135 B1
Reusel (NL) 75 B1
Reußenköge (D) 60 B2
Reuţel (MD) 149 B2
Reuterstadt-Stavenhagen (D) 61 D3
Reuth (D) 78 B5
Reutlingen (D) 91 B3
Reutte (A) 100 A1
Reutuaapa (FIN) 12 C2
Revdal (N) 1 C6
Revel (F) 105 D5
Revello (I) 108 A3
Revenga (E) 132 C2
Révere (I) 109 D2
Revest-du-Bion (F) 107 B3
Révfülöp (H) 102 C4
Reviga (RO) 154 D3
Revigny-s-Ornain (F) 89 B2
Revilla (E) 126 D4
Réville (F) 86 C1
Revin (F) 75 B4
Revnice (CZ) 79 C4
Revničov (CZ) 70 A6
Revonkanta (FIN) 13 B6
Revonkylä (FIN) 21 C4
Revonlahti (FIN) 12 B5
Revonoja (FIN) 21 B2
Revsjøbu (N) 23 B6
Revsnes (N) 14 A5
Revsnes (N) 26 D1
Revsneshamn (N) 2 B2
Revsund (S) 24 D2
Revúca (SK) 82 B5
Rewal (PL) 62 D2
Rexbo (S) 29 A2
Reykjavík (IS) 1 A2
Rēzāka (LV) 182 B3
Rēzekne (LV) 182 C1
Rezina (MD) 149 D1
Rezovo (BG) 161 B 4
Rezzanello (I) 109 A3
Rezzato (I) 109 B1
Rezzo (I) 108 B5
Rezzonico (I) 99 B5
Rgotina (YU) 152 D4
Rhade (D) 60 C5
Rhaunen (D) 76 C4
Rhayader (GB) 57 A1
Rheda (D) 67 D5
Rhede (D) 67 B2
Rhede (D) 67 B5
Rheinbach (D) 76 B3
Rheinberg (D) 67 A6
Rheinböllen (D) 76 C4
Rheindahlen (D) 76 A1
Rheine (D) 67 C4
Rheinfelden (D) 90 D5
Rheinfelden (CH) 98 D1
Rheinhausen (D) 67 B6
Rheinsberg (D) 61 D5
Rheinthal (A) 80 D5
Rheinzabern (D) 90 D1
Rhêmes-Notre-Dame (I) 108 A1
Rhémy, S. (I) 98 B5
Rhenen (NL) 66 D5
Rhewl (GB) 53 B4
Rheydt (D) 76 A1
Rhiconich (GB) 44 D3
Rhinow (D) 69 B3
Rho (I) 99 A6
Rhoda de Ter (E) 129 C5
Rhode (IRL) 51 B2
Rhoden (D) 68 B6
Rhondda (GB) 57 A2
Rhoon (NL) 66 B5
Rhubodach (GB) 48 C3
Rhuddlan (GB) 53 A4
Rhum (GB) 44 B6
Rhydtalog (GB) 53 B5
Rhyl (GB) 53 A4
Rhymney (GB) 57 B2
Rhynie (GB) 45 C6
Riace (I) 119 D2
Riace Marina (I) 119 D2
Riae (GR) 171 A3
Riaillé (F) 85 C5
Rial (E) 124 C2
Riala (S) 31 B3
Rialb de Nog. (E) 129 A4
Rian (N) 14 B6
Rianjo (E) 124 C3
Riaño (E) 126 A3
Rians (F) 96 B4
Rians (F) 107 B4
Riantec (F) 84 D5
Riardo (I) 114 D5
Riaza (E) 132 D1
Ribačij (RUS) 175 A5
Ribačij (RUS) 175 C4
Ribäcken (FIN) 19 A4
Ribadavia (E) 124 C4
Riba de Escalote, La (E) 133 A1
Ribadelago (E) 125 B5
Ribadeo (E) 125 A1
Riba de Saelices (E) 133 B2
Riba de Santiuste (E) 133 A1
Ribadesella (E) 126 A1
Ribaflecha (E) 127 B4
Ribagorda (E) 133 B3
Ribamar (P) 130 A6
Ribare (YU) 152 B4
Ribare (YU) 152 C6
Ribarica (BG) 159 D2
Ribariće (YU) 158 A3
Riba-roja (E) 135 A1
Ribarroja (E) 134 C5
Ribarska Banja (YU) 152 B6
Ribbfors (S) 11 A5
Ribblesdale, Horton in (GB) 53 C2
Ribe (DK) 40 D6
Ribeauvillé (F) 90 C4
Ribécourt (F) 74 C5
Ribeira Brava (P) 136 B2
Ribeira de Pena (P) 124 D6
Ribeira Grande (P) 136 C3
Ribeiras (P) 136 B6
Ribeira Seca (P) 136 B6
Ribeira Seca (P) 136 C3
Ribeirinha (P) 136 A6
Ribeirinha (P) 136 B6
Ribeirinha (P) 136 D6
Ribemont (F) 74 D5
Ribeni (LV) 182 B6
Ribera (I) 118 B4
Ribérac (F) 95 B6
Ribera de Cardos (E) 129 A3
Ribera del Fresno (E) 138 C2
Ribesalbes (E) 134 D4
Ribes de Freser (E) 129 B4
Ribiers (F) 107 C3
Ribnany, Vel.' (SK) 81 B5
Ribnica (SLO) 101 B6
Ribnica (SLO) 101 C6
Ribnica (BIH) 151 A4
Ribnica na Poh. (SLO) 101 D4
Ribnik, G. (BIH) 150 B4
Ribnik (HR) 111 C1
Rîbniţa (MD) 149 D1
Ribnitz-Damgarten (D) 61 C2
Ribolla (I) 112 C3
Ribordone (I) 108 B1
Ribouisse (F) 105 C5
Ricadi (I) 119 C1
Ricamarie, la (F) 97 A6
Říčany (CZ) 79 D3
Říčany (CZ) 80 C4
Riccall (GB) 54 C3
Riccia (I) 115 A4
Riccio (I) 112 D2
Riccione (I) 110 C5
Ricco (I) 108 D4
Riccò (I) 109 A5
Ricengo (I) 109 A1
Riceys, les (F) 89 A4
Richardménil (F) 89 D2
Richea (GR) 171 B4
Richebourg (F) 88 A2
Richebourg (F) 89 B4
Richelieu (F) 95 A2
Richisau (CH) 99 A2
Richmond (GB) 53 D1
Richtenberg (D) 61 D2
Richvald (SK) 82 D3
Ričice (HR) 111 D4
Ricieliai (LT) 176 C6
Rîciu (RO) 147 C4
Ricken (CH) 99 B2
Rickleå (S) 17 B3
Rickling (D) 60 D3
Rickmansworth (GB) 58 D3
Ricla (E) 127 D6
Ricobayo (E) 125 C6
Ricse (H) 83 A5
Rid, Vlasina (YU) 158 D3
Ridanna (I) 100 A3
Ridasjärvi (FIN) 33 D3
Riddarhyttan (S) 29 B3
Riddes (CH) 98 B4
Rideli (LV) 178 D4
Ridgewell (GB) 59 A2
Ridön (S) 30 D4
Ridsdale (GB) 49 C5
Riec-s-Bélon (F) 84 C4
Ried (D) 92 C2
Ried (A) 93 B3
Ried (A) 99 D3
Ried (A) 100 B2
Riedau (A) 93 C3
Riedebeck (D) 70 A2
Riedenburg (D) 92 C2
Riedern (D) 77 B5
Riedlingen (D) 91 B4
Riegel (D) 90 D4
Riego (E) 125 D6
Riehen (CH) 98 D1
Riekki (FIN) 13 C2
Riello (E) 125 C3
Rielves (E) 132 C4
Riem, München (D) 92 D3
Rieneck (D) 77 B4
Riepe (D) 67 C2
Rieponlahti (FIN) 20 C4
Riera, La (E) 125 C2
Riesa (D) 69 D6
Rieseby (D) 60 C2
Riese Pio X (I) 110 B1
Riesi (I) 118 D4
Riestedt (D) 69 A6
Rietavas (LT) 175 D2
Rietberg (D) 67 D5
Rieti (I) 113 B4
Rietschen (D) 70 B4
Rieumes (F) 105 B5
Rieupeyroux (F) 105 D3
Rieussec (F) 106 A5
Rieutort-de-Randon (F) 106 B2
Rieux (F) 105 B5
Rieux-Minervois (F) 106 A5
Rievaulx (GB) 54 C2
Riez (F) 107 C4
Riezlern (A) 99 D2
Rifreddo (I) 115 C6
Rifstangi (IS) 1 C1
Rīga (LV) 179 A4
Rigács (H) 102 C3
Rigaud (F) 108 A5
Riggisberg (CH) 98 C3
Riglasreuth (D) 78 D4
Rignac (F) 105 D2
Rignano (I) 109 D5
Rignano (I) 110 A6
Rignano F. (I) 113 A5
Rignano G. (I) 115 B4
Rigney (F) 97 D1
Rigny-Ussé (F) 95 A1
Riguepeu (F) 105 A4
Riguldi (EST) 180 C4
Rihtniemi (FIN) 32 C2
Riihikoski (FIN) 33 A3
Riihimaki (FIN) 33 C3
Riihiniemi (FIN) 34 C1
Riihivaara (FIN) 21 B1
Riihivaara (FIN) 21 B2
Riihivaara (FIN) 21 C1
Riiho (FIN) 33 A1
Riikonkumpu (FIN) 6 D4
Riimala (FIN) 19 A3
Riioasa (RO) 153 D4
Riipi (FIN) 7 A5
Riipi (S) 11 D3
Riippa (FIN) 19 D1
Riippi (FIN) 19 B4
Riisikkala (FIN) 33 B2
Riisipere (EST) 180 D4
Riispyy (FIN) 19 A6
Riistaves (FIN) 20 D4
Riitaluoma (FIN) 19 B4
Riivikonneva (FIN) 7 C5
Riječa (BIH) 151 A5
Rijeka, Lijeva- (YU) 157 C3
Rijeka (HR) 111 B2
Rijeka (BIH) 151 C5
Rijeka Crnojevića (YU) 157 B4
Rijeon (GR) 163 C6
Rijkevorsel (B) 75 B1
Rijs (NL) 66 D3
Rijsbergen (NL) 75 B1
Rijssen (NL) 67 A4
Rikkaranta (FIN) 21 A4
Riksgränsen (S) 5 B3
Riksu (EST) 180 A6
Rila (BG) 159 B4
Rilax (FIN) 33 A5
Rilci (BG) 155 A6
Rilhac-Rancon (F) 95 C5
Rilievo (I) 118 A3
Rillé (F) 95 A1
Rillo (E) 134 B2
Rillo de Gallo (E) 133 D2
Rilly-Sainte-Syre (F) 89 A3
Rilly-s-Loire (F) 95 C1
Rilski manastir (BG) 159 B4
Rima (I) 98 D5
Rimavicou, Lom nad (SK) 82 A5
Rimavicou Kokava nad (SK) 82 B5
Rimavská Baňa (SK) 82 B5
Rimavská Seč (SK) 82 B6
Rimavská Sobota (SK) 82 B5
Rimavské Janovce (SK) 82 B6
Rimbo (S) 31 B3
Rimeicāni (LV) 177 B1
Rimeize (F) 106 B2
Rimella (I) 98 D5
Rimet (RO) 147 B5
Rimetea (RO) 147 B4
Rimforsa (S) 39 B2
Rimini (I) 110 C5
Rimkai (LT) 175 C2
Rimmi (FIN) 19 C1
Rimmi (EST) 182 B3
Rimmilä (FIN) 33 B2
Rimmu (EST) 179 C2
Rîmnicu de Jos (RO) 155 B3
Rîmnicu Sărat (RO) 154 C1
Rîmnicu Vîlcea (RO) 153 C1
Rîmnieki (LV) 178 C4
Rimobäcken (S) 9 D3
Rimont (F) 105 B6
Rimsbo (S) 25 B6
Rimšė (LT) 177 B3
Rimske Toplice (SLO) 101 D5
Rimstad (N) 22 B5
Rinbovåg (N) 4 C4
Rîncezi (RO) 154 B2
Rinchnach (D) 93 B1
Rincón (E) 127 C4
Rincón del Moro (E) 140 D2
Rinda (LV) 178 C3
Rindal (N) 23 B2
Rindby (DK) 40 B4
Rindsholm (DK) 40 D1
Rinella (I) 119 A1
Ringaliai (LT) 176 A3
Ringamåla (S) 43 A1
Ringarum (S) 39 C1
Ringe (DK) 41 A4
Ringebu (N) 23 C6
Ringelheim (D) 68 C5
Ringford (GB) 48 D6
Rînghilesti (RO) 149 A2
Ringkøbing (DK) 40 B2
Ringmer (GB) 59 A4
Ringnäs (S) 24 C6
Ringnes (N) 27 B3
Ringøy (N) 26 C3
Ringsaker (N) 27 D2
Ringsend (GB) 47 B3
Ringsön (S) 31 A6
Ringstad (N) 4 B3
Ringsted (DK) 41 C3
Ringstorp (S) 39 B1
Ringville (IRL) 51 A5
Ringwood (GB) 58 B4
Rinkaby (S) 43 A2
Rinkerode (D) 67 C5
Rinkilä (FIN) 21 B6
Rinn (S) 28 C3
Rintala (FIN) 19 C3
Rinteln (D) 68 B4
Rînzesti (RO) 149 C5
Rio, Castel del (I) 110 A4
Riobianco (I) 100 A3
Rioconejos (E) 125 C5
Rio de Moinhos (P) 137 C3
Rio de Moinhos (P) 137 C3
Riodeva (E) 134 B4
Riodolas (E) 125 B4
Rio Frio (P) 125 B6
Riofrio (E) 132 B3
Rio Frio (P) 137 B1
Riofrio de Llano (E) 133 A1
Riofrio de Riaza (E) 132 D1
Riojar (E) 140 C6
Riolas (F) 105 B5
Riola Sardo (I) 121 B4
Riolobos (E) 131 C4
Riolo Terme (I) 110 A5
Riols (F) 106 A5
Riom (F) 96 C5
Riomaggiore (I) 109 A5
Rio Maior (P) 130 B6
Rio Marina (I) 112 A3
Rio Mau (P) 124 C5
Rio Mau (P) 124 C6
Riom-ès-Montagnes (F) 96 B6
Rion (GR) 166 D6
Rion-des-Landes (F) 104 C4
Rio Negro (E) 125 C5
Rionero in V. (I) 115 C6
Riópar (E) 140 C2
Riosa (E) 125 D2
Rioscuro (E) 125 C3
Rioseco (E) 125 D3
Riospaso (E) 125 C2
Riotinto (E) 142 B2
Riotord (F) 97 A6
Riotorto (I) 112 B3
Rio Torto (P) 125 A6
Riovéggio (I) 109 D4
Rioz (F) 90 A6
Ripač (BIH) 150 A3
Ripalta (I) 115 B3
Ripanj (YU) 152 A3
Ripatransone (I) 113 C3
Ripats (S) 11 A1
Ripatti (FIN) 34 C1
Ripe (I) 113 C3
Ripley (GB) 54 B2
Ripley (GB) 54 B5
Ripley (GB) 58 D3
Ripoll (E) 129 B4
Ripon (GB) 54 B2
Riposto (I) 119 B3
Rippoldsau (D) 90 D3
Ripsa (S) 30 A5
Riquewihr (F) 90 C4
Riš (BG) 160 D2
Risan (YU) 157 B4
Risanec (BG) 154 C6
Risaniemi (FIN) 35 A2
Risarven (S) 25 A5
Risaviken (N) 36 A1
Risbäck (S) 15 C3
Risberg (S) 17 A2
Risberg (S) 24 D6
Risberga (S) 28 D1
Risberget (N) 28 B1
Risbole (S) 17 C2
Risborough, Princes (GB) 58 C2
Risca (GB) 57 B2
Rîşcani (MD) 149 B1
Riscle (F) 104 D4
Risculita (RO) 146 D5
Risdal (S) 10 D4
Riše, N. (CZ) 80 B4
Riše, St. (CZ) 80 B4
Rise, Store (DK) 41 A5
Rise (N) 37 A2
Risede (S) 15 B3
Riseley (GB) 58 C3
Risfjord (N) 2 D1
Rising, Castle (GB) 55 A5
Risinge (S) 29 C6
Risliden (S) 16 D2
Risliden (S) 17 A3
Rismyrheden (S) 10 D5
Risnabben (S) 11 A5
Risnäs (S) 10 B5
Risnes (N) 26 A1
Risnes (N) 36 C2
Rîsnov (RO) 154 A1
Rišňovce (SK) 81 B6
Risognund (S) 11 D3
Risomylos (GR) 163 C6
Risør (N) 37 A2
Risøy (N) 1 A5
Risøyhamn (N) 4 C2
Rispel (D) 67 C1
Rissa (N) 14 A6
Rissala (FIN) 20 D3
Risskov (DK) 41 A2
Rissna (S) 25 A2
Risti (FIN) 21 B1
Risti (EST) 180 C4
Ristiina (FIN) 34 D1
Ristijärvi (FIN) 13 B5
Ristijärvi (FIN) 20 A6
Ristikangas (FIN) 20 C6
Ristiküla (EST) 179 B2
Ristilä (FIN) 13 B1
Ristilä (FIN) 19 D1
Ristilä (FIN) 20 C5
Ristilakhti (RUS) 21 C5
Ristilampi (FIN) 7 A6
Ristimäki (FIN) 20 C5
Ristinen (FIN) 20 C3
Ristioja (FIN) 12 B1
Ristiseppälä (RUS) 35 B3
Ristlinge (DK) 41 B5
Ristonmännikkö (FIN) 7 A5
Ristovac (YU) 158 C4
Risträsk (S) 16 C2
Risträsk (S) 17 B3
Risulahti (FIN) 35 A1
Rita, Santa (P) 136 D5
Rita (FIN) 19 C2
Ritaperä (FIN) 7 C6
Rite (LV) 177 A1
Ritjemjåkk (S) 5 A5
Ritterhude (D) 60 B5
Rittermannshagen (D) 61 D4
Rittersdorf (D) 76 A4
Ritupe (RUS) 182 D4
Rituvik (DK) 36 B4
Ritvala (FIN) 33 C2
Ritzenried (A) 100 A2
Ritzleben (D) 69 A3
Rîu Sadului (RO) 147 B6
Riutta (FIN) 19 D1
Riuttala (FIN) 20 D3
Riuttala (FIN) 33 A1
Riutula (FIN) 3 A6
Riutula (FIN) 7 B1
Riva (I) 99 D5
Riva (LV) 178 B5
Riva di Solto (I) 109 B1
Riva d. Téssali (I) 117 B2
Riva di Túres (I) 100 C3
Rivalta B. (I) 108 C3
Rivanazzano (I) 108 D3
Rivaròlo (I) 98 C6
Rivarolo Mant. (I) 109 C2
Rive-de-Gier (F) 97 B6
Rivehaute (F) 104 C5
Rivergaro (I) 109 A3
Riverstown (IRL) 47 C6
Rives (F) 97 C6
Rivesaltes (F) 106 A6
Riviera, Gardone (I) 99 D6
Rivière-s-Tarn (F) 106 B3
Rivière-Thibouville, la (F) 87 B3
Rivignano (I) 100 D5
Rivis (I) 100 D5
Rivisóndoli (I) 113 D6
Rivodutri (I) 113 B4
Rivolet (F) 97 B4
Rívoli (I) 108 B2
Rivolta (I) 109 A1
Rixheim (F) 90 C5
Rixö (S) 38 A2
Rizokarpaso (CY) 174 A2
Rizoma (GR) 163 B5
Rizziconi (I) 119 C2
Rjabinovka (RUS) 175 B5
Rjånes (N) 22 B4
Rjukan (N) 27 A4
Rliho (FIN) 20 A5
Rö (S) 25 C2
Rö (S) 31 B3
Røa (N) 24 A5
Roa (N) 27 D3
Roa (E) 126 C6
Roadside (GB) 45 B3
Roadside (GB) 45 C1
Roadside of Kinneff (GB) 49 C1
Roaillan (F) 104 D2
Roald (N) 22 B3
Roaldkvam (N) 26 C5
Roales (E) 125 D6
Roan (N) 14 A5
Röan (S) 16 B5
Roanne (F) 97 A4
Roasjö (S) 38 C4
Rob (SLO) 111 B1
Robäck (S) 17 B4
Robaków (PL) 71 B2
Robassomero (I) 108 B2
Róbbio (I) 108 C2
Robecco (I) 109 B2
Röbel (D) 61 C4
Röberg (S) 29 A4
Robert-Espagne (F) 89 B2
Roberton (GB) 49 B5
Robertsbridge (GB) 59 A4
Robertsfors (S) 17 B3
Robetville (B) 75 D3
Robeži (LV) 178 B4
Robežnieki (LV) 177 D1
Robia, La (E) 125 D3
Robiedo (E) 125 B4
Robine, la (F) 107 C3
Robin Hood's Bay (GB) 54 D1
Robleda (E) 131 B3
Robledillo de Gata (E) 131 B3
Robledo (E) 140 C1
Robledo de Chavela (E) 132 C3
Robledollano (E) 131 D5
Robliza (E) 131 C2
Robregordo (E) 132 D2
Robres (E) 127 B4
Robres (E) 128 B5
Roca, La (E) 129 C6
Roca de la Sierra, La (E) 131 B6
Rocallaura (E) 129 A6
Rocamadour (F) 105 C1
Roccabernarda (I) 117 B5
Roccabianca (I) 109 B2
Rocca (I) 108 C3
Roccadaspide (I) 116 B2
Rocca di Cámbio (I) 113 C5
Rocca di Neto (I) 117 B5
Rocca di Papa (I) 113 A6
Roccagorga (I) 114 B4
Rocca Imperiale (I) 117 A3
Rocca Imperiale Mare (I) 117 A3
Roccalumera (I) 119 B3
Roccamena (I) 118 B3
Roccamonfina (I) 114 D5
Roccanova (I) 116 D3
Roccapalumba (I) 118 C3
Rocca Priora (I) 113 B6
Roccaraso (I) 113 D6
Rocca Ricc. (I) 110 A6
Rocca San Casciano (I) 110 B5
Roccasecca (I) 114 C4
Roccasicura (I) 114 D4
Rocca Sinibalda (I) 113 B5
Roccastrada (I) 112 C3
Rocca Vécchia, (I) 117 D3
Roccavione (I) 108 B4
Roccella Jónica (I) 119 D2
Rocchetta (I) 108 C3
Rocchette, le (I) 112 B3
Rochdale (GB) 53 C3
Roche, la (F) 97 A1
Roche, la (CH) 98 C3
Rochebeaucourt-et-Argentine, la (F) 95 B6
Roche-Bernard, la (F) 85 A5
Roche-Canillac, la (F) 96 A6
Roche-Chalais, la (F) 105 A1
Rochechouart (F) 95 B5
Roche-de-Rame, la (F) 107 D2
Roche-Derrien, la (F) 84 D2
Roche-des-Arnauds, la (F) 107 C2
Rochefort (B) 75 C4
Rochefort (F) 89 B5
Rochefort (F) 94 C5
Rochefort-en-Terre (F) 85 A5
Rochefort-en-Yvelines (F) 88 B2
Rochefort-Montagne (F) 96 B5
Rochefort-s-Loire (F) 85 D5
Rochefort-s-Nenon (F) 97 C2
Rochefoucauld, la (F) 95 B5
Roche-Guyon, la (F) 88 A1
Roche-la-Molière (F) 97 A6
Roche-lez-Beaupré (F) 97 D1
Rochelle, la (F) 94 C4
Rochemaure (F) 107 A2
Roche-Maurice, la (F) 84 B3
Rochenaut (B) 75 B5
Roche-Posay, la (F) 95 B3
Rocher (F) 106 D2
Roches, les (F) 97 B6
Rocheservière (F) 94 C2
Roche-s-Foron, la (F) 97 D4
Roches-Prémarie-Andillé (F) 95 A3
Rochester (GB) 49 C5
Rochester (GB) 59 A3
Roche-s-Yon, la (F) 94 C3
Rochette, la (F) 96 A4
Rochette, la (F) 97 D6
Rochford, Stoke (GB) 54 C5
Rochfortbridge (IRL) 51 B2
Rochlitz (D) 79 A1
Rociana (E) 142 B3
Rocio, El (E) 142 B3
Rociu (RO) 153 D2
Rock (IRL) 50 B2
Rockcorry (IRL) 47 B5
Rockenhausen (D) 76 D5
Rockesholm (S) 29 A4
Rockhammar (S) 29 B5
Rockingham (GB) 54 C6
Rockmyrheden (S) 10 B6
Rockneby (S) 39 C5
Rocourt (F) 74 D6
Rocroi (F) 75 B4
Rød (N) 14 C3
Röd (S) 38 A2
Roda, La (E) 125 B1
Roda, La (E) 133 C6
Roda, La (E) 143 A3
Roda (E) 128 C4
Rodach (D) 78 B3
Roda de Eresma (E) 132 C2
Rod a. d. Weil (D) 76 D3
Rodaki (PL) 72 B6
Rodal (N) 14 C1
Rodalben (D) 76 C6
Rodaljice (HR) 111 D5
Rodalquilar (E) 140 D6
Rodålund (S) 17 A3
Rödånäs (S) 17 A3
Rodbav (RO) 147 D5
Rødberg (N) 23 C1
Rødberg (N) 27 B3
Rødby (DK) 41 C5
Rødbyhavn (DK) 41 B5
Roddi (I) 108 B3
Rødding (DK) 37 A6
Rødding (DK) 40 C4
Röddinge (S) 42 D3
Rodeiro (E) 124 D3
Rødekro (DK) 40 D4
Rodel (GB) 44 B4
Roden (NL) 67 A2
Rodenas (E) 134 B3
Rodenberg (D) 68 B4
Rødenes (N) 28 A5
Rodenkirchen (D) 60 B5
Rodenkirchen (D) 67 D1
Rodental (D) 78 B3
Rödermark (D) 77 A4
Rodewisch (D) 78 D2
Rodez (F) 106 B3
Rodgau (D) 77 A4
Rodiedo del Buey (E) 132 B5
Rodi Garganico (I) 115 C3
Ródigo (I) 109 C2
Roding, Leaden (GB) 59 A2
Roding (D) 79 A6
Rodingersdorf (A) 80 B5
Rödingsfors (S) 9 B6
Rödingsträsk (S) 11 A4
Rödingträsk (S) 16 D3
Rödja (S) 39 A4
Rödjebro (S) 30 D3
Rödkallen (S) 11 C5
Rödmyra (S) 25 B5
Rodna (RO) 148 B3
Rödön (S) 24 C1
Rödön (S) 25 C3
Rodonya (E) 135 C1
Rodopolis (GR) 163 D1

Rodopu (GR) 172 A5
Rodos (GR) 173 D3
Rødøy (N) 8 D3
Rodriguillo (E) 141 A2
Rødsand (N) 4 D2
Rødsjø (N) 14 B5
Rødsskaret (N) 24 A6
Rødtangen (N) 27 D5
Rödupp (S) 11 C2
Rödvattnet (S) 16 C4
Rødvig (DK) 42 B4
Roë, la (F) 86 C6
Roela (EST) 181 B3
Roellecourt (F) 74 B3
Roellecourt (F) 74 B3
Roermond (NL) 75 D1
Roesbrugge (B) 74 C2
Roeschwong (F) 90 D2
Roeselare, Roulers (B) 74 C2
Roeulx (B) 75 A3
Roez (D) 61 C4
Roffiac (F) 106 B1
Röfors (S) 29 A6
Rofrano (I) 116 C3
Rog (S) 29 B1
Rogačica (YU) 151 C4
Rogačica (YU) 158 C3
Rogale (PL) 65 A2
Rogalice (PL) 71 B4
Rogalin (PL) 71 A1
Rogaška Slatina (SLO) 101 D5
Rogatec (SLO) 101 D5
Rogatica (BIH) 151 B5
Rogätz (D) 69 B4
Rogauka (LV) 182 C5
Røgden (N) 28 B2
Rogga (N) 23 C2
Roggenthal (D) 68 B6
Roggiano Grav. (I) 116 D4
Roghudi (I) 119 C3
Rogi (PL) 82 D2
Rogliano (I) 117 A5
Rogliano (F) 120 C1
Rognan (N) 9 B2
Rogne (N) 27 B1
Rognes (F) 107 B4
Rogny-les-7-Écluses (F) 88 C5
Rogojeni (RO) 149 C6
Rogova (RO) 153 A3
Rogovo (BY) 177 C6
Rogovo (RUS) 182 D3
Rogowo (PL) 63 C6
Rogowo (PL) 64 B5
Rogowo (PL) 64 C6
Rogów Opolski (PL) 71 C6
Rogóźnia (PL) 73 B5
Rogoźnica (PL) 70 D4
Rogoznica (HR) 150 A6
Rogoźnik (PL) 70 D4
Rogoźno (PL) 63 B5
Rogóźno (PL) 72 B2
Rogóźno-Zamek (PL) 64 A4
Rogsta (S) 25 C4
Rogstad (N) 23 C2
Roguszyn (PL) 73 A1
Rohan (F) 84 D4
Rohatec (CZ) 81 A4
Röhlingen (D) 92 A2
Rohlsdorf (D) 69 B2
Rohozná (CZ) 80 C2
Rohožník (SK) 80 D5
Rohr (D) 78 A3
Rohr (F) 90 C3
Rohr (A) 102 A1
Rohrau (A) 102 B1
Rohrbach (A) 93 C2
Rohrbach-lès-Bitche (F) 90 C2
Rohrberg (D) 68 D3
Rohrbrunn (D) 77 B4
Röhrnbach (D) 93 B2
Rohrstetten (D) 93 B2
Rohsdorf (D) 61 C5
Rohuküla (EST) 180 B4
Rohuneeme (EST) 180 D2
Roiano (I) 113 C4
Roiffé (F) 95 A1
Roig, Cabo (E) 141 B3
Roig, Cap (E) 129 D5
Roiglise (F) 74 C5
Roio d.S. (I) 114 D3
Roisel (F) 74 C4
Roiskola (FIN) 34 D2
Roismala (FIN) 33 A2
Roitham (A) 93 C3
Roiu (EST) 181 C6
Roivanen (FIN) 7 B3
Roja, Sanat. de la (E) 141 B2
Roja (LV) 178 D3
Rojales (E) 141 B3
Röjan (S) 24 D3
Röjdafors (S) 29 B3
Rojewo (PL) 63 D5
Rojistea (RO) 153 C4
Røkkum (N) 23 A3
Røkland (N) 9 B2
Roklum (D) 68 D4
Roknäs (S) 11 B5
Roksøy (N) 4 C3
Rok (HR) 111 D4
Rök (S) 39 A2
Rökå (S) 16 D1
Rökåberg (S) 16 D1
Rokai (LT) 176 C4
Röke (S) 42 C1
Røken (N) 27 D4
Rokiciny (PL) 72 B3
Rokietnica (PL) 71 A1
Rokietnica (PL) 83 B2
Rokiškis (LT) 177 A2
Rokitki (PL) 70 D4
Rokitnica (PL) 70 D4
Rokitno (PL) 73 C1
Rokity (PL) 63 C2
Rokkala (FIN) 21 C6
Rokkala (RUS) 35 B3
Rokke (N) 28 A6
Röknen (S) 39 A1
Röksberg (S) 38 D3
Roktsjøseter (N) 14 D4
Rokycany (CZ) 79 B4
Rokycany (SK) 82 D4
Rokyt., Jaroměřice n. (CZ) 80 C4
Rokytnice n. R. (CZ) 80 B4
Rokytnice v Orl. h. (CZ) 80 D1
Rolampont (F) 89 C4
Rölanda (S) 38 A1
Rolandseck (D) 76 B3
Rold (DK) 37 B6
Røldal (N) 26 C4
Rolde (NL) 67 B2
Rolfstorp (S) 38 B5
Rolla (N) 4 D3
Rollag (N) 27 B4
Rolle (CH) 98 A3
Rollos de Arriba (E) 140 D3
Rollset (N) 23 D2
Rollstad (N) 23 C1
Rols (E) 124 C3
Rolsberga (S) 42 D2
Rolsted (DK) 41 A4
Rølvåg (N) 8 C5
Rolvsoy (N) 28 A5
Rom (D) 61 C4
Rom (F) 95 A4
Roma (S) 43 C5
Roma (I) 113 A5/6
Romagnano Sésia (I) 108 C1
Romagne (F) 75 B6
Romagné (F) 86 C4
Romagne-s/s-Montfaucon (F) 75 B6
Romakkajärvi (FIN) 11 D1
Romalilos de Medinaceli (E) 133 B1
Roman, Audun-le- (F) 75 D6
Roman (RO) 149 A4
Roman (BG) 159 C2
Romana, La (E) 141 B2
Romana (I) 121 B2/3
Romănasi (RO) 147 A3
Romancos (E) 133 A3
Romanija (BIH) 151 A5
Romannobridge (GB) 49 A4
Romano (I) 109 A1
Romanovka (RUS) 35 C6
Romanovo (RUS) 175 B4
Romanshorn (CH) 99 B1
Romans-s-Isère (F) 107 A1
Romanu (RO) 155 A1
Romarheim (N) 26 B2
Rombas (F) 75 D6
Rombiolo (I) 119 C1
Rømden (N) 24 B6
Romedal (N) 28 A2
Romelanda (S) 38 A3
Romelsön (S) 11 B6
Romelsön (S) 17 B1
Romenay (F) 97 B3
Rometta (I) 119 B2
Romfartuna (S) 30 D3
Romfo (N) 23 B3
Romhány (H) 103 B1
Römhild (D) 78 A3
Romica (E) 133 C6
Romieu, la (F) 105 A3
Romillé (F) 85 B3
Romilly-s-Seine (F) 88 D3
Romiou, Petrá tou (Aphrodite) (CY) 174 C5
Rommenäs (S) 28 B4
Rommerskirchen (D) 76 A2
Rømø (DK) 40 C4
Romont (CH) 98 B3
Romorantin-Lanthenay (F) 88 A5
Rompido, El (E) 138 B5
Romppala (FIN) 21 B3
Romsee (B) 75 C3
Romsen (S) 25 C6
Romsey (GB) 58 B4
Romsila (FIN) 33 B4
Rømskog (N) 28 B4
Romstad (N) 14 C4
Romuli (RO) 147 C1
Røn (N) 27 B1
Rona (GB) 44 C5
Rona de Sus (RO) 83 D6
Rönäs (S) 9 A5
Ronay (GB) 44 A5
Roncade (I) 100 C6
Roncal (E) 128 A3
Ronce-les-Bains (F) 94 C5
Roncesvalles (E) 127 D2
Ronchamp (F) 90 B5
Ronciglione (I) 113 A5
Ronco S. (I) 108 D3
Ronco all'A. (I) 109 D2
Ronco Canavese (I) 108 B1
Roncoferraro (I) 109 C2
Ronda (E) 142 D4
Rønde (DK) 41 A2
Rondissone (I) 108 B2
Ronehamn (S) 43 C6
Rong (N) 26 C3
Rongesund (N) 26 A3
Ronglan (N) 14 B6
Röngu (EST) 182 B2
Ronkaisperä (FIN) 20 A1
Ronkala (FIN) 21 A6
Rönkhausen (D) 76 A1
Rönkönlehto (FIN) 21 A1
Rönkönvaara (FIN) 21 B5
Rönnäs (S) 15 C2
Rönnbacken (S) 25 B6
Rönnberget (S) 10 D5
Rønne (DK) 43 A4
Ronneburg (D) 78 D2
Ronneby (S) 43 B1
Rønnede (DK) 41 C4
Ronnenberg (D) 68 B4
Rönneshytta (S) 29 B6
Rønning (N) 23 C3
Rønningen (N) 5 A2
Rönnliden (S) 10 D6
Rönnön (S) 15 A5
Rönnskär (S) 11 C6
Rönnskär (S) 17 B2
Rönnskären (FIN) 18 D3
Rönnynkylä (FIN) 20 B2
Rönö (S) 39 C1
Ronpuieres (B) 75 A3
Ronquillo, El (E) 142 C2
Ronse, Renaix (B) 74 D2
Ronsecco (I) 108 C2
Rønsvik (N) 23 A1
Roobaka (EST) 180 B5
Roobe (EST) 179 D2
Roodt (L) 75 D5
Rõõlä (FIN) 32 D4
Roordahuizum (NL) 66 D2
Roos (GB) 54 D3
Roosendaal (NL) 75 A1
Roosinpohja (FIN) 20 A6
Roosky (IRL) 46 D6
Rooslepa (EST) 180 C3
Roosna-Alliku (EST) 181 A4
Ropaži (LV) 179 B5
Ropczyce (PL) 82 D1
Ropeid (N) 26 C5
Ropica Górna (PL) 82 D3
Ropienka (PL) 83 A2
Ropinsalmi (FIN) 5 D2
Ropotovo (MK) 162 D1
Roppe (F) 90 B5
Ropša (RUS) 35 C5
Ropsa (RUS) 181 D2
Roquebillière (F) 108 A5
Roque, la (F) 107 B4
Roquebrun (F) 106 B5
Roquebrune (F) 107 D5
Roquebrussanne, la (F) 107 C5
Roquecor (F) 105 B3
Roquecourbe (F) 105 D4
Roquefort (F) 104 D3
Roquefort-de-Sault (F) 105 D6
Roquefort-des-Corbières (F) 106 B6
Roquefort-s-Soulzon (F) 106 B3
Roque-Gageac, la (F) 105 B1
Roquemaure (F) 107 A3
Roqueredonde (F) 106 B4
Roque-Sainte-Marguerite,la (F) 106 B3
Roquesteron (F) 108 A5
Roquetas (E) 140 C6
Roquetes (E) 135 A2
Roquevaire (F) 107 B5
Rora Head (GB) 45 B2
Rørbakken (N) 5 A2
Rørby (DK) 41 B3
Rore (BIH) 150 B4
Rørholt (N) 27 B6
Røros (N) 23 D3
Rørøy (N) 8 C6
Rorschach (CH) 99 B1
Rör, Stora (S) 39 D5
Rörbäck (S) 11 C4
Rörbäcksnäs (S) 28 B1
Rörö (S) 38 A3
Rörön (S) 24 D2
Rörträsk (S) 11 A6
Rörudden (S) 11 B4
Rörum, Norra (S) 42 C2
Rörvattnet (S) 15 A5
Rørvig (DK) 41 C2
Rörvik (S) 4 B4
Rørvik (N) 14 B3
Rørvik (N) 23 C1
Rørvik (N) 36 C3
Rosa (D) 77 C2
Rosá (I) 100 B6
Rosais, Ponta dos (P) 136 B5
Rosais (P) 136 B6
Rosala (FIN) 32 D5
Rosal de la Frontera, El (E) 138 B3
Rosa Marina (I) 117 C1
Rosans (F) 107 B2
Rosapenna (IRL) 47 A3
Rosario, Puerto del (E) 145 C4
Rosário (P) 137 C4
Rosário (P) 138 A2
Rosarno (I) 119 C1
Rosazza (I) 108 B1
Rosbach (D) 76 C2
Rösberget (S) 28 C3
Rosča (YU) 157 B3
Roscales (E) 126 B3
Roscani (RO) 146 D6
Roscanvel (F) 84 B3
Rosche (D) 68 D2
Rościszewo (PL) 64 B5
Roscoff (F) 84 B2
Roscommon (IRL) 51 A1
Roscrea (IRL) 51 A3
Roščyno (RUS) 175 C5
Rose (I) 116 D5
Roseburg (D) 61 A4
Rosedale Abbey (GB) 54 C2
Rosée (B) 75 B4
Rosegg (A) 101 A4
Rosegreen (IRL) 51 A4
Rosehearty (GB) 45 D5
Rosell (E) 135 A3
Rosello (E) 128 D6
Rosen (D) 60 D4
Rosen (BG) 161 A3
Rosenallis (IRL) 51 B2
Rosenbach (A) 101 B4
Rosenberg,-Sulzbach (D) 78 C5
Rosenberg (D) 91 C2
Rosendahl (D) 67 B5
Rosendal (N) 26 B4
Rosenfeld (D) 91 A3
Rosenfors (S) 39 B4
Rosenheim (D) 92 D4
Rosenkälla (S) 31 B4
Rosenow (D) 61 D4
Rosenthal (D) 70 A5
Rosentorp (S) 25 A6
Roses (E) 129 D4
Roseto d'Abruzzi (I) 113 D4
Roseto Valfortore (I) 115 B4
Rosfors (S) 11 B4
Rosheim (F) 90 C3
Rosia (I) 112 C2
Rosia (RO) 146 D4
Rosia de Secas (RO) 147 B5
Rosia-Jiu (RO) 153 A2
Rosica (BY) 177 D2
Rosice (CZ) 80 C4
Rosiejów (PL) 72 C6
Rosielna, Jasienica (PL) 83 A2
Rosière, Grand- (B) 75 B3
Rosière, la (F) 98 B5
Rosières, Vaux-lez- (B) 75 C4
Rosières (F) 74 C5
Rosières (F) 96 B2
Rosières (I) 106 C1
Rosières-en-Santerre (F) 74 C5
Rosiers, les (F) 85 D5
Rosiesti (RO) 149 C5
Rosignano Mar.(I) 112 B2
Rosignano Solvay (I) 112 A2
Rosin (PL) 70 D2
Rosinedal (S) 17 A3
Rosiori (RO) 146 C2
Rosiori (RO) 154 D3
Rosiori de Vede (RO) 154 A5
Roskhill (GB) 44 B5
Roskilde (DK) 42 B3
Rosko (PL) 63 B5
Roslags-Bro (S) 31 B3
Roslags-Kulla (S) 31 B3
Röslau (D) 78 D4
Roslev (DK) 37 A6
Rosmaninhal (P) 131 A5
Rosnay (F) 95 C3
Rosnay-l'Hôpital (F) 89 D3
Rosnowo (PL) 63 B2
Rosolina (I) 110 B3
Rosolina Mare (I) 110 B3
Rosolini (I) 119 A6
Rosoman (MK) 163 A1
Rosone (I) 108 A1
Rososzyca (PL) 71 C3
Rosporden (F) 84 C4
Rosrath (D) 76 B2
Rossa, Isola (I) 121 B1
Røssa (N) 8 D5
Rossa (CH) 99 B4
Rossano (I) 110 B1
Rossano (I) 117 A4
Rossano Stazione (I) 117 A4
Rossan Pt. (IRL) 46 C4
Rossas (P) 124 D6
Rossas (P) 130 C2
Roßbach (D) 78 D6
Rossbacken (S) 24 B5
Ross Carbery (IRL) 50 C6
Rosses Point (IRL) 46 C5
Rossevatn (N) 36 C2
Rossfjord (N) 5 A1
Roßhaupten (D) 92 B5
Rosshyttan (S) 29 C3
Rosshyttan (S) 30 C3
Rossignol (B) 75 C5
Rossinver (IRL) 46 D5
Rossio (P) 130 C5
Rössjö (S) 16 D6
Rössjöholm (S) 42 C1
Rossla (D) 69 A6
Rosslare (IRL) 51 C5
Rosslare Harbour (IRL) 51 C5
Rosslau (D) 69 B5
Rosslea (GB) 47 A5
Rossnes (N) 26 A2
Rossön (S) 15 D3
Ross-on-Wye (GB) 57 C2
Rossosz (PL) 73 B2
Rossoszyca (PL) 71 D3
Rossow (D) 62 B4
Rossow (D) 69 C2
Røssvassbukt (N) 9 A5
Rossvoll (N) 5 A1
Rosswein (D) 79 A1
Røst (N) 8 A1
Røst (N) 8 C1
Rosta (PL) 109 D2
Röstabo (S) 25 B5
Rostahytta (N) 5 C2
Röstånga (S) 42 C2
Rosthwaite (GB) 53 B1
Rostock (D) 61 C3
Rostovo (BIH) 150 D5
Rostrenen (F) 84 D3
Rostrevor (GB) 47 C5
Rostuša (MK) 158 A6
Røstvangen (N) 23 C4
Rosvik (S) 11 B5
Rosvoll (N) 22 D2
Röszke (H) 103 D5
Rot (S) 24 D6
Rota (E) 142 B5
Rot am See (D) 91 C1
Rotberget (N) 28 B2
Roteberg (S) 25 B5
Rotebro (S) 31 A4
Rotella (I) 113 C3
Roterno (N) 26 D6
Rotenburg, Wümme (D) 68 B2
Rotenburg (Fulda) (D) 77 B2
Rötgen (D) 76 A3
Rötgesbüttel (D) 68 D4
Roth (D) 76 C2
Roth (D) 78 B6
Rothenburgbury (GB) 49 C5
Röthelstein (A) 101 D2
Rothemühl (D) 62 B3
Rothemühle (D) 76 C2
Rothenburg (D) 70 B4
o. d. Tauber (D) 78 A5
Rothéneuf (F) 85 B2
Rothenfels (F) 77 B4
Rothenkirchen (D) 78 D2
Rothenschirmbach (D) 69 A6
Rothenstein (D) 92 B2
Rothenuffeln (D) 68 A4
Rotherham (GB) 54 B4
Rothes (GB) 45 B5
Rothesay (GB) 48 C3
Röthis (A) 99 C2
Rothspalk (D) 61 C3
Rothult (S) 39 B2
Rothwell (GB) 54 B3
Rothwell (GB) 54 C6
Rotilesti (RO) 149 A6
Rotimojoki (FIN) 20 C1
Rotja, Punta (E) 122 D6
Rötjärn (S) 16 D5
Rotonda (I) 116 D4
Rotondella (I) 117 A3
Rotsjö (S) 25 A2
Rotsjön (S) 17 B2
Rotsundelv (N) 1 C5
Rott (D) 92 C4
Rottach-Egern (D) 92 D5
Rott a. Inn (D) 92 D4
Rottenbach (D) 78 B3
Rottenbach (D) 92 B1
Rottenbuch (D) 92 C4
Rottenburg (D) 92 D2
Rottenburg a. Neckar (D) 91 A3
Rottenby (N) 1 B5
Rottenegg (A) 93 C2
Rottenmann (A) 101 B2
Rotterdam (NL) 66 B5
Rotthalmünster (D) 93 B3
Rottleben (D) 69 A6
Rottleberode (D) 69 A6
Rottmersleben (D) 69 A4
Rottna (S) 28 C4
Rottnemon (S) 28 B3
Rottneros (S) 28 C4
Rottorf (D) 60 D5
Rottum (NL) 67 A1
Rottweil (D) 91 A4
Rotvik (N) 5 A2
Rotvoll (N) 24 A1
Rötz (D) 79 A5
Rouans (F) 94 B2
Roubaix (F) 74 C3
Roubaix (B) 74 D2
Rouchovany (CZ) 80 C4
Roudnice nad Labem (CZ) 70 A6
Roudouallec (F) 84 C4
Rouen (F) 87 C2
Rouffach (F) 90 C4
Rouffiac-d'Aude (F) 105 D5
Rouffignac (F) 105 B1
Rouffigny (F) 86 C3
Rougé (F) 85 B4
Rõuge (EST) 182 B3
Rougemont (F) 90 A6
Rouget, le (F) 105 D1
Rough Pt. (IRL) 50 B4
Roughton (GB) 55 B5
Rougiers (F) 107 C5
Rougnac (F) 95 B6
Rouillac (F) 95 A5
Rouillé (F) 95 A3
Roujan (F) 106 B4
Roukala (FIN) 12 A6
Roukalahti (FIN) 21 B4
Roulans (F) 97 D1
Roulers, Roeselare (B) 74 C2
Roullet (F) 95 A5
Roundstone (IRL) 50 B1
Roundwood (IRL) 51 C3
Roupy (F) 74 C5
Roupy (F) 74 C5
Rouravaraa (FIN) 7 A3
Roure (I) 108 A3
Rousay (GB) 45 C1
Rousinov (CZ) 80 D4
Roussac (F) 95 C4
Rousse, l'Ile- (F) 120 B2
Roussent (F) 74 A3
Rousses, les (F) 97 D3
Rousset-les-Vignes (F) 107 A2
Roussillon (F) 97 B6
Roussillon (F) 107 B4
Roussy le-Vill (F) 75 D6
Roussy-le-Village (F) 75 D6
Routot (F) 87 B2
Rouvenac (F) 105 D6
Rouville (F) 87 A1
Rouvray (F) 97 A1
Rouvres-en-Xaintois (F) 89 D3
Rouvres-s-Aube (F) 89 B4
Rouvrois (F) 75 C6
Rouvroy (F) 75 B5
Rouvroy-s-Audry (F) 75 A5
Rouy (F) 96 D2
Røv (N) 23 A2
Rovakka (S) 11 C1
Rovala (FIN) 7 B6
Rovala (FIN) 7 C4
Rovaniemi (FIN) 12 C1
Rovanjska (HR) 111 D5
Rovanpää (FIN) 6 C6
Rovapää (FIN) 7 B4
Rovasenda (I) 108 C1
Rovastinaho (FIN) 12 D2
Rovato (I) 99 C6
Rovde (N) 22 B4
Rovegno (I) 109 A3
Rovensko pod Troskami (CZ) 70 C6
Roverbella (I) 109 C2
Roveredo (CH) 99 B4
Rovereto (I) 100 A5
Röveshagen (D) 61 C2
Roverud (N) 28 B3
Rovie (GR) 167 C4
Rovigo (I) 109 D2
Rovinari (RO) 153 A2
Rovinj (HR) 111 A2
Rovišće (HR) 102 B6
Rovisuvanto (FIN) 2 D4
Rovkuly (RUS) 21 C1
Rovné, Lednické (SK) 81 B4
Rovné, Veľké (SK) 81 C3
Rovnoje (RUS) 175 C5
Røvollen (N) 24 A4
Rovon (F) 97 C6
Row, Forest (GB) 58 D4
Röw (PL) 62 C5
Równa (PL) 71 D3
Rowsley (GB) 54 B4
Rowy (PL) 63 B1
Royal Leamington Spa (GB) 58 B1
Royal Tunbridge Wells (GB) 59 A4
Royan (F) 94 C5
Royat (F) 96 C5
Roybon (F) 97 C6
Roybridge (GB) 48 C1
Roye (F) 74 C5
Røyelelv (N) 1 C5
Royère-de-Vassivière (F) 95 D5
Røykenes (N) 4 C3
Røykenvik (N) 27 D3
Röykkä (FIN) 33 C4
Röylä (FIN) 33 C4
Royo, El (E) 127 B5
Royo, El (E) 140 D2
Røyrhus (N) 22 C5
Røyrvik (N) 15 A2
Røyrvik (N) 15 A3
Røysheim (N) 23 A5
Royston (GB) 58 D1
Röyttä (FIN) 12 B2
Røytvoll (N) 14 C2
Roza (BG) 160 C3
Rožaje (YU) 157 D3
Rozalimas (LT) 176 C2
Różan (PL) 65 A5
Różaniecka, Huta (PL) 73 C6
Różanka (PL) 73 C3
Różanka (PL) 80 D1
Różanki (PL) 62 D5
Rožanstvo (YU) 151 C5
Rozas, Las (E) 126 C3
Rozas, Las (E) 132 C3
Rozas (E) 132 B3
Rozay-en-Brie (F) 88 C2
Rozdestveno (RUS) 35 C6
Rozdil (UA) 83 D2
Rozdrażew (PL) 71 B3
Rozdziele (PL) 82 D2
Rozelieures (F) 90 B3
Rožen (BG) 159 B6
Rozeni (LV) 179 B2
Rożental (PL) 64 B3
Rozier, le (F) 106 B3
Rožmberk n. Vlt. (CZ) 93 D2
Rožmitál (CZ) 79 C4
Rožňava (SK) 82 C5
Rożniatów (PL) 71 D2
Rožniv (UA) 148 B1
Rožnjativ (UA) 83 D4
Roznov (RO) 148 D4
Rožnov p. Radhoštěm (CZ) 81 B3
Rożnów (PL) 82 C2
Rozogi (PL) 65 A4
Rozovec (BG) 160 A3
Rozovo (BG) 159 D3
Rozovo (BG) 160 B3
Rozoy (F) 75 A5
Rozoy-s-Serre (F) 75 A5
Rozprza (PL) 72 B4
Rozsály (H) 83 B6
Rozseč n. K. (CZ) 80 C3
Rozsochatec (CZ) 80 B2
Roztaka Wielka (PL) 82 C3
Roztoka (PL) 72 C1
Rozula (LV) 179 C3
Rozvadov (CZ) 79 A4
Rozwadów (PL) 73 A5
Rozzano (I) 108 D2
Rrëshen (AL) 162 B1
Rrogozhinë (AL) 162 B2
Rtanj (YU) 152 C5
Rtyně v Podkrkon. (CZ) 70 D6
Rua (E) 125 A4
Rua (P) 130 D2
Ruabon (GB) 53 B5
Ruanes (E) 131 C6
Ruba (LV) 178 D6
Rūbani (LV) 182 B5
Rubaški (BY) 177 D3
Rubbestadneset (N) 26 A4
Rubcovščina (RUS) 181 D4
Rubena (E) 126 D4
Rūbenau (D) 79 A2
Rubene (LV) 179 C3
Rubeni (LV) 177 A1
Rubha Aird Druimnich (GB) 48 B1
Rubha a' Mhail (GB) 48 A3
Rubha Ardvule (GB) 44 A5
Rubha Coigeach (GB) 44 C4
Rubha Hunish (GB) 44 B4
Rubha na Fearn (GB) 44 C5
Rubha na Tràille (GB) 48 B3
Rubh'an Dùnain (GB) 44 B6
Rubh' Ardalanish (GB) 48 A2
Rubha Reid (GB) 44 C4
Rubi (E) 129 B6
Rubiana (E) 125 B4
Rubi de Bracamonte (E) 132 B1
Rubielos (E) 133 C5
Rubielos de la Cérida (E) 134 B2
Rubielos de Mora (E) 134 C4
Rubiera (I) 109 C3
Rubikai (LT) 175 D1
Rubikiai (LT) 177 A3
Rubite (E) 140 A6
Rublacedo (E) 126 D4
Rubuliai (LT) 175 C2
Ručaj (BY) 177 D3
Rucăr (RO) 153 D1
Rucava (LV) 175 C1
Ruciane-Nida (PL) 65 A3
Ručica (BY) 177 C5
Ruciūnai (LT) 176 C4
Ručji (RUS) 182 D3
Rückholz (D) 92 B5
Ruda, Nowa (PL) 71 A5
Ruda, Wał- (PL) 82 C1
Ruda, Zel. (CZ) 79 B6
Ruda (S) 39 C4
Ruda (PL) 65 A3
Ruda (PL) 65 B3
Ruda (I) 110 D1
Rudabánya (H) 82 C5
Ruda Huta (PL) 73 C3
Rudaičai (LT) 175 D1
Rūdaičiai (LT) 175 C2
Rudakovo (RUS) 175 D4
Ruda Maleniecka (PL) 72 B4
Rudamina (LT) 176 B6
Rudamina (LT) 177 A5
Rudanmaa (FIN) 32 D1
Ruda n. Mor. (CZ) 80 D2
Ruda Pilczycka (PL) 72 B4
Rudare (YU) 158 B2
Ruda Śląska (PL) 71 D6
Ruda Strawczyńska (PL) 72 C5
Rudbārži (LV) 178 C5
Rude (LV) 178 B6
Rude (LV) 178 D3
Ruden (D) 62 B2
Ruden (A) 101 C4
Ruderåsen (N) 9 A6
Rudersberg (D) 91 B2
Rüdersdorf (D) 70 A1
Rudersdorf (A) 102 A3
Ruderting (D) 93 B2
Rüdesheim (D) 76 D4
Rudgalviai (LT) 175 D2
Rudgwick (GB) 58 D4
Rudiano (I) 109 B1
Rudíkov (CZ) 80 C3
Rudikverna (N) 23 B5
Rudiliai (LT) 176 D2
Rudilla (E) 134 B2
Rudine (HR) 156 D3
Rudine (YU) 157 B3
Rüdingsdorf (D) 69 D5
Rudince (YU) 157 B3
Rudinovka (RUS) 182 D5
Rudiškės (LT) 176 D5
Rudiškiai (LT) 176 B1
Ruditsy, Ust' (RUS) 35 B5
Rudky (UA) 83 C2
Rudkøbing (DK) 41 B5
Rudlaukis (LT) 175 D3
Rudna (PL) 71 A3
Rudná (CZ) 79 C3
Rudna Glava (YU) 152 C3
Rudn'a Nalibokskaja (BY) 177 B6
Rudňany (SK) 82 C4
Rudna Wielka (PL) 71 A3
Rudnia (LT) 176 D6
Rudnica (YU) 158 A2
Rudnik (PL) 73 B6
Rudnik (YU) 152 A4
Rudnik (YU) 158 A3
Rudnik (BG) 161 A2
Rudnik (BG) 161 B2
Rudniki (PL) 71 D4
Rudniki (PL) 72 A5
Rūdninkai (LT) 177 A5
Rüdnitz, Alt (PL) 62 C5
Rudno, Nitrianske (SK) 81 C5
Rudno (PL) 64 A3
Rudno (PL) 73 B3
Rudno (RUS) 181 D4
Rudo (BIH) 151 B6
Rudolstadt (D) 78 B2
Rudoltice, Slezské (CZ) 81 A1
Rudošany (BY) 177 B4
Rudovoe (RUS) 182 D4
Rudozem (BG) 160 A6
Rudsjön (S) 16 B5
Rudskoga (S) 29 A6
Rudstad (N) 28 A1
Rūdupiai (LT) 176 A2
Rudy (PL) 81 B1
Rudzāti (LV) 182 B6
Rudžiai (LT) 176 C3
Rudzica (PL) 81 C2
Rudziniec (PL) 71 C6
Rudziši (LV) 182 C1
Rue (F) 74 A3
Rueda (E) 127 D6
Rueda (E) 132 A1
Ruelle-s-Touvre (F) 95 A5
Ruente (E) 126 C2
Ruerrero (E) 126 C3
Ruesta (E) 128 A4
Ruffano (I) 117 D3
Ruffec (F) 95 A4
Ruffec (F) 95 C3
Ruffiac (F) 85 A4
Ruffieu (F) 97 C4
Ruffieux (F) 97 D5
Rufford (GB) 53 B3
Rūfina (I) 110 A6
Rufsholm (N) 9 A4
Rugāji (LV) 182 C4
Rūgaliai (LT) 175 C3
Rugby (GB) 58 C1
Rugeley (GB) 53 C5
Rügen (D) 62 B1
Rugi (RO) 152 C1
Rugince (MK) 158 C4
Rügland (D) 78 B5
Rugldalen (N) 23 D3
Rugles (F) 87 B3
Rugsund (N) 22 B5
Ruha (FIN) 34 B3
Ruhala (FIN) 19 D6
Rühen (D) 68 D3
Ruhla (D) 78 A2
Ruhland (D) 70 A3
Rühle (D) 67 B3
Ruhmannsfelden (D) 93 A1
Ruhpolding (D) 93 A4
Ruhvana (FIN) 35 B1
Ruidera (E) 140 B1
Ruidoms (E) 135 B1
Ruikka (FIN) 12 C1
Ruila (EST) 180 D3
Ruinen (NL) 67 A3
Ruismäki (FIN) 19 C4
Ruisseauville (F) 74 B3
Ruisselkya (RUS) 21 C5
Ruivães (P) 124 D6
Rūjiena (LV) 179 C2
Rukainiai (LT) 177 A5
Rukajärvi (FIN) 13 C2
Rukke (N) 27 B3
Rukkisperä (FIN) 12 C5
Rukmoni (LV) 182 C1
Ruleva (LV) 177 D1
Rullbo (S) 24 D5
Rullesfadjuvet (N) 26 C4
Rulli (EST) 182 A2
Rully (F) 97 B2
Rum (H) 102 B3
Ruma (YU) 151 C2
Rumar (FIN) 32 D4
Rumboci (BIH) 150 C5
Rumburk (CZ) 70 B5
Rumeli Hissar (TR) 161 D6
Rumes (B) 74 D3
Rumia (PL) 63 D1
Rumigny (F) 75 A5
Rumilly (F) 97 D5
Rumki (BY) 177 C3
Rumma (S) 39 C2
Rummu (EST) 180 D3

Rummukka (FIN) 20 D5
Rummukkala (FIN) 21 A5
Rumo (FIN) 21 A1
Rumo (I) 100 A4
Rumont (F) 89 C2
Rumpani (LV) 182 B3
Rumšiškės (LT) 176 C4
Rumskulla (S) 39 B3
Runa (FIN) 19 C4
Runa (P) 130 A6
Runcorn (GB) 53 B4
Rundāni (LV) 182 D6
Rundfloen (N) 28 B1
Rundhaug (N) 5 B2
Rundmo (N) 5 A1
Rundmoen (N) 9 A4
Rundvik (S) 17 A5
Runemo (S) 25 B5
Runhällen (S) 30 D3
Rüningen (D) 68 D4
Runkel (D) 76 D3
Runmarö (S) 31 B4
Runni (FIN) 20 C2
Runnö (S) 39 C4
Runsten (S) 39 D5
Runttimäki (FIN) 20 A6
Ruohokangas (FIN) 3 B6
Ruohokangas (FIN) 7 C2
Ruohola (FIN) 12 C3
Ruohovaara (FIN) 13 C4
Ruokojärvi (FIN) 6 C5
Ruokojärvi (S) 6 C5
Ruokojärvi (S) 11 C2
Ruokojärvi (FIN) 21 B6
Ruokokoski (FIN) 20 D5
Ruokolahti (FIN) 35 B2
Ruokoniemi (FIN) 21 B6
Ruokoniemi (FIN) 35 A1
Ruokotaipale (FIN) 35 A1
Ruokto (S) 5 C6
Ruolahti (FIN) 34 B1
Ruoms (F) 106 D2
Ruona (FIN) 19 C4
Ruona (FIN) 32 D2
Ruonajärvi (FIN) 6 D5
Ruopsa (FIN) 7 B6
Ruorasmäki (FIN) 34 C1
Ruosniemi (FIN) 32 D1
Ruos Vedby (DK) 41 C3
Ruotanen (FIN) 20 B2
Ruotsala (FIN) 19 C1
Ruotsinkylä (FIN) 34 C3
Ruotsinpyhtää (FIN) 34 C3
Ruottala (FIN) 12 B2
Ruottisenharju (FIN) 12 D4
Ruovesi (FIN) 19 D6
Rupa (HR) 111 B2
Rupea (RO) 148 C6
Ruppovaara (FIN) 21 C5
Rupt-s-Moselle (F) 90 B4
Rus, El (E) 133 B5
Rus (E) 140 A3
Rus (RO) 147 A2
Rusalka (BG) 155 C6
Rusănestii de Jos (RO) 153 D4
Rusca Montană (RO) 146 D6
Ruschita (RO) 146 D6
Ruscova (RO) 147 B1
Rusdal (N) 36 B2
Ruse (BG) 154 B5
Rusel (D) 93 A1
Rusele (S) 16 C2
Rusetu (RO) 154 D2
Ruševo (HR) 150 D2
Rush (IRL) 51 D2
Rushden (GB) 58 D1
Rushyford (GB) 54 B1
Rusiec (PL) 71 D4
Rusii Jui Asan (RO) 154 B4
Rusinów (PL) 72 C3
Rusinowo (PL) 63 A5
Rusinowska, Wola (PL) 73 A6
Rusjaci (MK) 158 B6
Ruská Kajňa (SK) 83 A4
Ruske (S) 16 B5
Ruskeala (RUS) 21 C5
Ruskeala (FIN) 34 B1
Ruskela (FIN) 33 C4
Ruski Bród (PL) 72 C4
Ruski Krstur (YU) 151 C1
Ruskila (FIN) 21 A4
Rusko (FIN) 32 D3
Ruskola (FIN) 33 A4
Rusko Selo (H) 146 A6
Ruskov (SK) 82 D5
Rusksele (S) 16 D2
Ruskträsk (S) 16 D2
Ruskulova (LV) 182 C5
Rusnė (RUS) 175 C3
Rusokastro (BG) 161 A3
Rušona (LV) 177 C1
Rusovce (SK) 102 C1
Russånes (N) 9 B3
Russarö (FIN) 33 A5
Russehamn (N) 1 D3
Rüsselsheim (D) 76 D4
Russeluft (N) 2 A4
Russelv (N) 1 C5
Russenes (N) 2 B3
Russevik (N) 2 D1
Russey, le (F) 98 B2
Russhaugen (N) 4 D4
Russi (I) 110 B4
Russkaja, Rava- (BY) 73 D6
Russli (N) 23 B6
Rust (N) 27 C1
Rust (D) 90 D4
Rust (A) 102 B1
Rustad (N) 27 D3
Ru Stafnish (GB) 48 B5
Rustopeče (CZ) 80 D4
Rustøyane (N) 22 C6
Rustrel (F) 107 B4
Rusu, C. (RO) 153 B1
Ruswil (CH) 98 D2
Ruszki (PL) 72 B1
Ruszków (PL) 72 A1
Ruszów (PL) 70 C4
Rutakoski (FIN) 20 C5
Rutalahti (FIN) 20 B6
Rutalahti (FIN) 34 B2
Rutaranta (FIN) 20 B6
Rute (S) 43 C4
Rute (E) 143 B3
Rüthen (D) 68 A6
Ruthin (GB) 53 B5
Rüti (CH) 99 A2
Rutigliano (I) 117 B1
Rutka-Tartak (PL) 65 C1
Rutki (PL) 65 B4
Rutledal (N) 26 A1
Rutna (S) 11 A2
Ruto (FIN) 19 B3
Rutten (NL) 66 D3
Rutvik (S) 11 C4
Ruuhaja (FIN) 33 B3
Ruuhijärvi (FIN) 6 D6
Ruuhijärvi (FIN) 34 A2
Ruuhijärvi (FIN) 34 B2
Ruuhimäki (FIN) 20 B5
Ruunaa (FIN) 21 C2
Ruurlo (NL) 67 A5
Ruusa (EST) 182 C2
Ruusmäe (EST) 182 C3
Ruutana (FIN) 20 C2
Ruutana (FIN) 33 B1
Ruuvaoja (FIN) 7 C4
Ruvanaho (FIN) 13 B1
Ruvaslahti (FIN) 21 B3
Ruvo di P. (I) 115 D5
Ruwer (D) 76 B5
Ruynes-en-Margeride (F) 106 B1
Ružbachy Nižné (SK) 82 B3
Ružina (LV) 182 C6
Ružinci (BG) 153 A5
Ružomberok (SK) 81 D4
Ruzsa (H) 103 C5
Rya (S) 42 C1
Ryaberg (S) 38 C6
Ryan (S) 28 C2
Ryba (RUS) 175 C4
Rybackie, Katy (PL) 64 A2
Rybany (SK) 81 B5
Rybatskoe (RUS) 35 D5
Rybczewice (PL) 73 B4
Rybnik (PL) 81 C1
Rybník (SK) 82 B5
Rybniki (PL) 65 C4
Rybno (PL) 64 B4
Rybno (PL) 64 D3
Rybno (PL) 72 B1
Rybojedzko (PL) 71 A1
Ryboły (PL) 65 C5
Rychliki (PL) 64 B2
Rychłocice (PL) 71 D3
Rychnov n. Kn. (CZ) 80 C1
Rychnowo (PL) 64 C3
Rychtal (PL) 71 C4
Rychułd (PL) 81 C2
Rychwał (PL) 71 C2
Ryczywół (PL) 63 B5
Ryczywół (PL) 72 D3
Ryd, Östra (S) 31 B4
Ryd, Östra (S) 39 B1
Ryd, Västra (S) 31 A4
Ryda (S) 38 C4
Rydaholm (S) 39 A5
Rydal (S) 38 B4
Rydboholm (S) 38 C4
Ryde (GB) 58 C5
Rydöbruk (S) 38 C5
Rydsnäs (S) 39 A3
Rydułtowy (PL) 81 B1
Rydzyna (PL) 71 A3
Rye (DK) 40 D2
Rye (GB) 59 B4
Rye (F) 97 C2
Ryen (N) 36 D3
Rygge (N) 4 B3
Rygge (N) 27 D5
Ryggen (S) 29 B2
Ryggesbobgt (S) 25 A5
Ryhälä (FIN) 35 A1
Ryhälänmäki (FIN) 20 D2
Ryhope (GB) 49 D6
Ryjewo (PL) 64 A3
Rykantai (LT) 176 D5
Rykene (N) 37 A2
Ryki (PL) 73 A3
Ryliškiai (LT) 176 C6
Rymanow (PL) 83 A2
Rymařov (CZ) 81 A2
Rymättylä (FIN) 32 D4
Rymnäs (S) 24 D6
Rymnion (GR) 163 B4
Ryn (PL) 65 A2
Rynárec (CZ) 80 B3
Rynek, Dzierzkowice (PL) 73 A4
Rynesåsen (N) 8 D5
Ryningsnäs (S) 39 B4
Rynkänen (FIN) 19 B6
Ryn Reszelski (PL) 64 D2
Ryńsk (PL) 64 A4
Ryönä (FIN) 21 A4
Rypefjord (N) 2 A3
Rypin (PL) 64 B5
Ryś, Wyliny- (PL) 65 B5
Rysjedalsvika (N) 26 A1
Ryssa (S) 28 D1
Ryssbält (S) 11 C4
Ryssby (S) 38 D5
Ryssfjøra (N) 22 C5
Rysstad (N) 26 D6
Rystad (S) 39 B1
Rysum (D) 67 B2
Rytel (PL) 63 D3
Rytilahti (FIN) 13 A1
Rytinki (FIN) 13 A3
Rytky (FIN) 20 C2
Rytkynkylä (FIN) 20 A1
Ryton (GB) 49 C6
Rytro (PL) 82 C3
Rytty (RUS) 21 D6
Ryttylä (FIN) 33 C3
Rytwiany (PL) 72 D5
Ryżki (PL) 73 A2
Rzadowy, Wzdół (PL) 72 C4
Rzaśnik (PL) 65 A5
Rzaśnik (PL) 70 D4
Rzeczenica (PL) 63 C3
Rzeczniów (PL) 72 D4
Rzeczyca (PL) 71 D3
Rzeczyca (PL) 72 B3
Rzeczyca Ziemianska (PL) 73 A5
Rzegnowo (PL) 64 D5
Rzejowice (PL) 72 B4
Rzeki, Suche (PL) 83 B3
Rzepin (PL) 70 C1
Rzesznikowo (PL) 63 A3
Rzeszów (PL) 83 A1
Rževskoe (RUS) 175 D4
Rzgów (PL) 71 C2
Rzgów (PL) 72 A3
Rzochów (PL) 72 D6
Rzuchów (PL) 72 D5
Rzuchów (PL) 81 B1

S

Saakoski (FIN) 20 B6
Sääksjärvi (FIN) 19 D3
Sääksjärvi (FIN) 33 B1
Sääksjärvi (FIN) 34 B3
Sääkskoski (FIN) 33 A1
Sääksmäki (FIN) 33 B2
Saal a. d. Donau (D) 92 D2
Saal a. d. S. (D) 78 A3
Saalahti (FIN) 20 B6
Saalbach (A) 100 D2
Saalburg (D) 78 C3
Saales (F) 90 C3
Saalfeld (D) 78 B2
Saalfelden (A) 100 D2
Saamainen (FIN) 20 D4
Säämälä (FIN) 35 A3
Saanen (CH) 98 C3
Saanenmöser (CH) 98 C3
Saanika (EST) 180 C4
Saapunki (FIN) 13 C2
Saaramaa (FIN) 34 D3
Saarbrücken (D) 76 B6
Saarburg (D) 76 A5
Sääre (EST) 179 C6
Sääre (EST) 180 A6
Saare (EST) 181 C5
Saareküla (EST) 180 B5
Saarela (FIN) 21 B1
Saaren kk. (FIN) 35 C1
Saarenkylä (FIN) 20 A3
Saarenmaa (FIN) 20 B5
Saarenmaa (FIN) 32 D2
Saarepeedi (EST) 181 A5
Saaresmäki (FIN) 20 C1
Saari (FIN) 35 B1
Saariharju (FIN) 13 A2
Saarijärvi (FIN) 20 B4
Saarijärvi (FIN) 33 A1
Saarikas (FIN) 20 B4
Saarikoski (FIN) 5 D2
Saarikylä (FIN) 12 C5
Saarikylä (FIN) 13 C4
Saarikylä (FIN) 13 C5
Saarikylät (FIN) 33 C2
Saarilampi (FIN) 20 C5
Saarimäki (FIN) 21 A2
Saarinen (FIN) 13 A5
Saario (FIN) 21 C5
Saaripudas (FIN) 6 C4
Saariselkä, Matkailukeskus (FIN) 7 B2
Saarivaara (FIN) 13 C5
Saarivaara (FIN) 21 A4
Saarivaara (FIN) 21 D5
Saarlouis (D) 76 B2
Saaroinen (FIN) 21 D5
Saarwellingen (D) 76 B6
Saas-Almagell (CH) 98 D4
Saas-Fee (CH) 98 C4
Saas-Grund (CH) 98 D4
Sääskjärvi (FIN) 34 C3
Saastna (EST) 180 C4
Säätse (EST) 182 C2
Säävälä (FIN) 12 D4
Sabac (YU) 151 C3
Sabadell (E) 129 B6
Sabany (RUS) 182 D3
Săbăoani (RO) 149 A4
Sabaudia (I) 114 B5
Sabbioneta (I) 109 C2
Săbed (RO) 147 C4
Sabile (LV) 178 D4
Sabinal, Pta del (E) 140 B6
Sabiñanigo (E) 128 B4
Sabinar (E) 140 C3
Sabinosa (E) 144 A3
Sabinov (SK) 82 D4
Sabiote (E) 140 A3
Sabla (BG) 155 C5
Sables-d'Olonne, les (F) 94 B3
Sables-d'Or-les-Pins (F) 85 A2
Sablé-s-Sarthe (F) 86 D6
Sablet (F) 107 A3
Sabóia (P) 137 C4
Saborsko (HR) 111 D3
Säbrå (S) 25 C2
Sabres (F) 104 C3
Sabrosa (P) 130 D1
Sabugal (P) 131 A3
Sabugo (P) 137 A1
Säby (S) 39 A2
Saca (SK) 82 D5
Săcălaz (RO) 146 B6
Sacavem (P) 137 B1
Sacecorbo (E) 133 B2
Sacedón (E) 133 A3
Săcel (RO) 147 B6
Săcel (RO) 147 C1
Săcele (RO) 154 A1
Săcele (RO) 155 C3
Saceruela (E) 139 B1
Sacharo (GR) 170 C3
Saché (F) 95 B1
Sachrang (D) 93 A4
Sachsenburg (A) 100 D3
Sachsenhausen (D) 77 D1
Sachy (F) 75 B5
Sacile (I) 100 C5
Sack (UA) 73 D3
Säckingen, Bad (D) 90 D5
Saclas (F) 88 B3
Sacosu Turcesc (RO) 146 B6
Sacramenia (E) 126 C6
Sacu (RO) 152 C1
Săcueni (RO) 146 C2
Sačurov (SK) 82 D4
Sacz, Nowy (PL) 82 C3
Sacz, Stary (PL) 82 C3
Sada (E) 124 C2
Sádaba (E) 127 D4
Sadala (EST) 181 B4
Saddell (GB) 48 B4
Saddleworth (GB) 53 D4
Sadelkow (D) 62 B3
Sadernes (E) 129 C4
Sadikov Bunar (YU) 158 D2
Sadina (BG) 154 C6
Sadjem (S) 11 A1
Sadki (PL) 63 C4
Sadkowice (PL) 72 C3
Sadlinki (PL) 64 A3
Sadova (RO) 153 C4
Sadovec (BG) 153 C6
Sadovo (BG) 160 A4
Sadovoe (RUS) 175 D5
Sadovoe (RUS) 176 A4
Sadovoe (RUS) 176 A5
Sadów (PL) 71 D5
Sadowne (PL) 65 A6
Sadská (CZ) 80 A1
Sadu (RO) 147 C6
Sädvaluspen (S) 9 C3
Sady, N. (SK) 81 B5
Sæbø (N) 22 C4
Sæbø (N) 26 A3
Sæbø (N) 26 D3
Sæbøvik (N) 26 B4
Sæby (DK) 37 C5
Sægrov (N) 22 C6
Saelices (E) 133 A4
Saelices del Rio (E) 126 A4
Saelices de Mayorga (E) 126 A4
Saelices de la Sal (E) 133 B2
Sælvig (DK) 41 A3
Saepinum (I) 115 A3
Saerbeck (D) 67 C4
Sætran (N) 4 D4
Sætre (N) 27 D4
Sætre (N) 28 A1
Saeul (L) 75 D5
Sævelandsvik (N) 26 A6
Sævråsvåg (N) 26 A2
Safaalan (TR) 161 C5
Safara (P) 138 B3
Säffle (S) 28 C5
Saffré (F) 85 B5
Saffron Walden (GB) 59 A1
Safien-Platz (CH) 99 B3
Safora (GR) 173 A4
Safov (CZ) 80 B4
Säfsnäs (S) 29 A3
Safurdão (P) 131 A3
Sag (RO) 146 B6
Saga (N) 14 A6
Sagadi (EST) 181 B3
Saganta (E) 128 D5
Sagard (D) 62 B1
S'Agaro (E) 129 D5
Săgeata (RO) 154 D2
Sågen (S) 28 D3
Sagfjord (N) 4 C6
Sagfjord (N) 4 D5
Saggö (FIN) 32 B3
Saggrenda (N) 27 C5
Sågliden (S) 24 B4
Sågmyra (S) 29 A1
Sagna (RO) 149 A4
Sagnity (PL) 64 C2
Sagone (F) 120 B3
Sagonne (F) 96 C2
Sagora (GR) 163 D6
Sagra (E) 141 C1
Sagrado (I) 101 A5
Sagres (P) 137 B6
Sagu (RO) 146 B5
Sagunto (E) 134 D5
Sagvåg (N) 26 B4
Ságvár (H) 102 D4
Sagvollen (N) 27 C5
Sagy (F) 97 C3
Sahagun (E) 126 A4
Sahalahti (FIN) 33 C1
Sahanperä (FIN) 7 C6
Săhăteni (RO) 154 C2
Sahavaara (S) 6 B5
Sahechores (E) 126 A3
Sahin (TR) 165 B1
Sahloinen (FIN) 20 B6
Sahrajärvi (FIN) 20 A5
Sahrajärvi (FIN) 20 A6
Sahún (E) 128 C3
Sahune (F) 107 B2
Sahy (SK) 103 B1
Saignelégier (CH) 98 C1
Saij (GR) 163 D4
Saija (FIN) 7 C5
Säijä (FIN) 33 B1
Saijada (GR) 162 C6
Saikari (FIN) 20 C4
Säikkä (FIN) 13 B2
Saikkola (FIN) 35 A2
Saillagouse (F) 129 B4
Saillans (F) 107 A2
Saillat-s-Vienne (F) 95 B5
Saillisel, Sailly- (F) 74 C4
Sailly (F) 74 C4
Sailly-Saillisel (F) 74 C4
Sail-s/s-Couzan (F) 96 D5
Säimen (FIN) 21 B5
Sain-Bel (F) 97 A5
Sainlez (B) 75 C4
Sains (F) 75 A4
Sainté-Cécile (B) 75 C5
Sainteny (F) 86 C2
Saintes (F) 94 D5
Saintfield (GB) 47 C5
Sainville (F) 88 A3
Sairala, Borodinskoje (RUS) 35 B2
Sairalanmäki (FIN) 35 A1
Saissac (F) 105 D5
Saivomuotka (S) 6 B3
Saja (E) 126 C2
Sajach (A) 101 D3
Sajaniemi (FIN) 33 C3
Sajince (YU) 158 D4
Sajkaš (YU) 151 D1
Sajószentpéter (H) 82 C6
Sajószöged (H) 146 A1
Sajóvámos (H) 82 C6
Sajvis (S) 11 D3
Saka (LV) 178 B5
Sakajärvi (S) 5 D6
Sakajärvi (S) 11 A1
Sakalinė (LT) 176 A3
Sakas (GR) 163 A5
Sakiai (LT) 175 D3
Sakiai (LT) 176 B4
Säkinmäki (FIN) 20 C5
Säkkijarvi (RUS) 35 A3
Säkkilä (FIN) 13 C1
Sakkola (RUS) 35 C3
Sakla (EST) 180 B5
Säkova (LV) 177 C1
Sakovščina (BY) 177 B6
Sakrihei (N) 9 A4
Sakros (GR) 173 B6
Saksala (FIN) 32 D3
Sakskøbing (DK) 41 C5
Sakstagals (LV) 182 C6
Saksumdal (N) 27 C1
Saksun (DK) 36 A4
Saku (EST) 180 D3
Sakūčiai (LT) 175 C3
Sakvietis (LT) 176 A3
Säkylä (FIN) 32 D2
Sakyna (LT) 176 B1
Sakynthos (GR) 170 B2
Sala (S) 30 D3
Sal'a (SK) 102 D1
Sala (LV) 179 D6
Sălacea (RO) 146 C2
Salacgrīva (LV) 179 B3
Sala Consilina (I) 116 C2
Saladamm (S) 30 D3
Salahmi (FIN) 20 C1
Salakas (LT) 177 B2
Salakos (GR) 173 D4
Salakovac (YU) 152 B3
Salamajärvi (FIN) 20 A3
Salamanca (E) 131 D2
Salamiestis (LT) 176 D2
Salamis (GR) 167 C6
Saland (CH) 99 A2
Salandra (I) 115 D6
Salanki (FIN) 6 D3
Salantai (LT) 175 C1
Salaora (GR) 166 B4
Salar (E) 143 B3
Sălard (RO) 146 C3
Salardú (E) 128 D3
Salas (E) 125 C2
Salás (E) 128 D4
Salaš (YU) 152 D4
Salaš (BG) 152 D5
Salas Atlas (E) 128 C5
Salasc (F) 106 B4
Salas de los Infantes (E) 127 A5
Salaspils (LV) 179 B5
Sălătig (RO) 147 A2
Salatje (BY) 177 C6
Sălătrucu (RO) 153 C1
Salaunes (F) 104 C1
Salavas (F) 106 D2
Salavaux (CH) 98 B2
Salberg (S) 11 B5
Salberg (N) 14 C5
Salberget (S) 17 A2
Sälboda (S) 28 B4
Salbohed (S) 29 C3
Salbris (F) 88 B5
Salbu (N) 26 A1
Salce (E) 125 C3
Salces, les (F) 106 B2
Salching (D) 93 A2
Salcia (BG) 153 A4
Salcia (RO) 153 D4
Sălciile (RO) 154 C3
Salčininkai (LT) 177 A5
Salčininkėliai (LT) 177 A5
Sălcioara (RO) 154 D2
Sălciua (RO) 147 A4
Salčmiriai (LT) 176 C3
Salcombe (GB) 57 A6
Sălcuta (RO) 153 B4
Sălcuta (RO) 154 A3
Saldaña (E) 126 B4
Saldeana (E) 131 B2
Saldnieki (LV) 178 C5
Saldus (LV) 178 C5
Saldutiškis (LT) 177 A3
Sale (GB) 53 C4
Sale (I) 108 D2
Saleby (S) 38 C2
Salem (D) 61 A4
Salemi (I) 118 A3
Sälen (S) 24 C6
Salen (GB) 48 B1
Salen (GB) 48 B2
Salentino, Sálice (I) 117 C3
Saler, El (E) 134 D6
Salernes (F) 107 C4
Salerno (I) 115 A6
Salers (F) 106 A1
Salevere (EST) 180 C5
Salford (GB) 53 C4
Salford Priors (GB) 57 D1
Salgótarján (H) 82 B6
Salgueiro (P) 130 D4
Salhus (N) 26 A3
Sali (HR) 111 C5
Sálica (I) 117 B6
Sálice Salentino (I) 117 C2
Sálice Terme (I) 108 D3
Saliceto (I) 108 C4
Salies-de-Béarn (F) 104 C5
Salies-du-Salat (F) 105 B6
Salignac-Eyvignes (F) 105 B/C1
Saligny-s-Roudon (F) 96 D3
Salihli (TR) 169 D4
Salik Adası (TR) 173 B2
Salinas, C. de (E) 123 B5
Salinas (E) 125 C1
Salinas (E) 126 B3
Salinas (E) 127 C3
Salinas (E) 128 A4
Salinas (E) 128 C3
Salinas (E) 141 B2
Salinas del Manzano (E) 134 A4
Salinas de Medinaceli (E) 133 B1
Salinas de Pinilla (E) 140 B1
Salin-de-Giraud (F) 107 A5
Salindres (F) 106 D3
Saline di V. (I) 112 B2
Sälinkää (FIN) 34 B3
Salins-les-Bains (F) 97 C2
Salins-les-Thermes (F) 98 A6
Salir (P) 137 C5
Salir de Matos (P) 130 B5
Salir do Porto (P) 130 A5
Sålis (FIN) 32 A4
Salisbury (GB) 58 B4
Săliște (RO) 147 B6
Sälje (S) 28 D4
Säljemar (S) 25 C6
Salkola (FIN) 33 B3
Salla (FIN) 7 D6
Salla (A) 101 C3
Salla (EST) 181 B4
Sallanches (F) 98 A4
Salle-en-Beaumont, la (F) 107 C1
Sallent (E) 128 B3
Sallent (E) 129 B5
Salles, les (F) 106 C3
Salles (F) 104 C2
Salles-Curan (F) 106 A3
Salles d'Angles (F) 94 D5
Salles-de-Villefagnan (F) 95 A4
Salles-la-Source (F) 106 A2
Salles-Lavalette (F) 95 A6
Salles-Lavauguyon, les (F) 95 B5
Salles-s-l'Hers (F) 105 C5
Sälliku (EST) 181 D4
Sallmunds (S) 43 C6
Sällsjö (S) 24 C1
Sällvik (FIN) 33 B5
Salmchâteau (B) 75 D4
Salme (EST) 180 A6
Salmenkylä (FIN) 20 C6
Salmentaka (FIN) 33 C1
Salmerón (E) 133 B3
Salmeroncillos (E) 133 B3
Salmi (S) 6 B4
Salmi (S) 11 C1
Salmi (FIN) 19 C4
Salmi (FIN) 33 A1
Salmiech (F) 106 A3
Salmijärvi (RUS) 3 C4
Salmijärvi (S) 6 B4
Salmijärvi (FIN) 13 A4
Salminen (FIN) 13 B1
Salminen (FIN) 20 D4
Salmis (S) 11 D3
Salmivaara (FIN) 6 C4
Salmivaara (FIN) 7 C6
Salmoral (E) 132 A2
Salo (FIN) 33 A4
Salo (FIN) 34 B2
Salò (I) 99 D6
Salobral, El (E) 140 D1
Salobre (E) 140 C2
Salobrena (E) 140 A6
Saločiai (LT) 176 D1
Saloinen (FIN) 12 B5
Saloinen (FIN) 33 C3
Salo-Issakka (FIN) 35 A2
Salokylä (FIN) 21 B4
Salon (F) 89 A2
Salon-de-Provence (F) 107 A4
Salonikos, Akr. (GR) 164 B3
Salonkylä (FIN) 21 C3
Salon-la-Tour (F) 95 C6
Salonta (RO) 146 B3
Salorino (E) 131 A5
Salornay-s-Guye (F) 97 A3
Salou (E) 135 B1
Salpenai (LT) 175 D3
Salrakkala (FIN) 34 B2
Salreu (P) 130 C2
Salsadella (E) 135 A3
Salsån (S) 24 D2
Salsbruket (N) 14 C3
Salses-le-Château (F) 106 A/B6
Salsomaggiore Terme (I) 109 B3
Salt (E) 129 D5
Saltash (GB) 56 D5
Saltbotnkorsen (N) 14 C3
Saltburn-by-the-Sea (GB) 54 C1
Saltbuvika (N) 14 C3
Saltcoats (GB) 48 C4
Saltee Islands (IRL) 51 C5
Salteniai (LT) 176 A2
Saltergate (GB) 54 D2
Salterton, Budleigh (GB) 57 B5
Saltfleet (GB) 55 A4
Salt Hill (IRL) 50 C2
Saltholm (DK) 42 C3
Saltininkai (LT) 176 B5
Saltsjöbaden (S) 31 B4
Saltstraumen (N) 9 A2
Saltum, Nørre (DK) 37 B5
Saltveit (N) 26 B5
Saltvik (S) 25 C4
Saltvik (FIN) 32 B4
Saluböle (S) 17 A5
Saludécio (I) 110 C6
Salúggia (I) 108 C2
Salungen (S) 28 C4
Salussola (I) 98 D6
Saluzzo (I) 108 B3
Salva (RO) 147 C2
Salvacañete (E) 134 B4
Salvada (P) 137 D3
Salvador (P) 130 B6
Salvador (P) 131 A4
Salvagnac (F) 105 C4
Salvaleón (E) 138 B2
Salvaterra (P) 131 A4
Salvaterra de Magos (P) 130 B6
Salvatierra (E) 124 C4
Salvatierra (E) 127 B3
Salvatierra (E) 131 C6
Salvatierra de los Barros (E) 138 B2
Salvetat-Peyralès, la (F) 105 D3
Salvetat-s-Agout, la (F) 106 A4
Salviac (F) 105 B2
Sálvora, I. (E) 124 B4
Salzburg (A) 100 D1
Salzderhelden (D) 68 C5
Salzgitter (D) 68 C4
Salzhausen (D) 60 D5
Salzkotten (D) 68 A6
Salzmünde (D) 69 B6
Salzwedel (D) 68 D3
Samac, Bos. (BIH) 151 A2
Sama de Langreo (E) 125 D2
Samadet (F) 104 C4
Samaila (YU) 152 A5
Samaniego (E) 127 A4
Samara (BG) 160 A5
Samarica (HR) 150 B1
Samarinovac (YU) 152 D4
Samassi (I) 121 B5
Samatan (F) 105 B5
Sambiase (I) 116 D6
Sambin (F) 95 C1
Sambir (UA) 83 C2
Samblano (P) 137 D4
Sambor, Staryj (UA) 83 B3
Samborowice (PL) 81 B1
Samborowo (PL) 64 B3
Sambuca (I) 112 C2
Sambuca di S. (I) 118 B3
Sambuca P. (I) 109 D5
Sambuco (I) 108 A4
Samedan (CH) 99 C4
Samer (F) 74 A3
Sami (GR) 166 B6
Sämi (EST) 181 B3
Samitler (E) 128 C4
Samli (TR) 169 C1
Sammakko (S) 11 A1
Sammakkovaara (FIN) 21 B3
Sammaljoki (FIN) 33 A2
Sammalvaara (FIN) 6 D5
Sämmarlappastugan (S) 9 C2
Sammatti (FIN) 33 B4
Sammeljärvi (FIN) 33 A1
Sammi (FIN) 19 B6
Sammichele di Bari (I) 117 B1
Samnanger (N) 26 B3
Samnaun (CH) 99 D3
Samo (I) 119 C2
Samobor (HR) 101 D6
Samoëns (F) 98 B4
Samões (P) 131 A1
Samogoszcz (PL) 72 D2
Samois-s-Seine (F) 88 C3
Samokłeski Małe (PL) 63 C5
Samokov (MK) 158 B6
Samokov (BG) 159 B4
Samolubie (PL) 64 D2
Samolva (RUS) 181 D5
Samora Correia (P) 137 B1
Samorín (SK) 102 C1
Samos (E) 125 A3
Samos (GR) 169 B6
Samothraki (GR) 164 D3
Samovodene (BG) 160 B2
Samper (E) 134 C1
Samper de Calanda (E) 134 D1
Sampéyre (I) 108 A3
Sampieri (I) 119 A6
Sampigny (F) 89 C2
Sampława (PL) 64 B4
Sampson,-Saint (GB) 86 A2
Sampu (FIN) 33 A2
Sämsjöås (S) 16 C4
Samsø (DK) 41 B2
Samsonów (PL) 72 C4
Samsta (S) 24 D2
Samszyce (PL) 64 A6
Samtens (D) 61 D2
Samuelsnes (N) 1 D4
Samugals (LV) 177 B1
Samugheo (I) 121 C4
Samuil (BG) 154 D6
Samujlikovo (RUS) 181 D5
Sanaigmore (GB) 48 A3
Sanary-s-Mer (F) 107 B6
Sanaüja (E) 129 A5
Sancelles (E) 123 B4
Sancergues (F) 96 C2
Sancerre (F) 96 C1
Sancey-le-Grand (F) 98 B1
Sancheville (F) 88 A3
Sanchidrian (E) 132 B2
Sanchioi (RO) 155 C2
Sanchón (E) 131 C1
Sanchonuño (E) 132 C1
Sancoins (F) 96 C2
Sancti-Spiritus (E) 131 B2
Sand (N) 3 A1
Sand (S) 17 A3
Sand (N) 26 C5
Sand (A) 93 D3
Sanda (N) 27 B5
Sanda (S) 28 B5
Sanda (S) 31 B2
Sandå (N) 37 A1
Sanda (S) 43 C5
Sanda (GB) 48 B5
Sandager (DK) 40 D4
Sandane (N) 22 C5
Sandanski (BG) 159 B5
Sandanski (BG) 159 B6
Sandanski (YU) 163 D1
Sandarne (S) 25 C5
Sandau (D) 69 B3
Sanday (GB) 45 C1
Sandbach (GB) 53 C4
Sandbach (D) 93 B2
Sandbank (GB) 48 C3
Sandbekken (N) 2 D2
Sandby (N) 28 A3
Sandby, Södra (S) 42 C3
Sandby (S) 39 D5
Sanddal (N) 22 C6
Sande (N) 22 B6
Sande (N) 22 C5
Sande (N) 27 C5
Sande (N) 27 D5
Sande (D) 60 B1
Sande (D) 67 C1
Sandefjord (N) 27 C5
Sandeggen (N) 1 B6
Sandeid (N) 26 B5
Sanden (N) 27 B5
Sandersdorf (D) 92 C2
Sandersleben (D) 69 A5
Sanderstølen (N) 27 B2
Sandesneben (D) 61 A4
Sandfjord (N) 3 A1
Sandfjord (N) 3 B1
Sandfors (S) 10 D6
Sandfors (S) 17 B1
Sandgate (GB) 59 B4
Sandgerði (IS) 1 A3
Sandhamm (S) 31 C4
Sandhaug (N) 26 D3
Sandhead (GB) 48 C6
Sandhem (S) 38 D3
Sandhornøy (N) 9 A2
Sandhorst (D) 67 C1
Sandhult (S) 38 B3
Sandillon (F) 88 B4
Sandin (E) 125 C5
Sandj (A) 93 D2

Sandkrug (D) 62 B5
Sandla (EST) 180 B5
Sandland (N) 1 C4
Sandlanes (E) 124 D5
Sandmoen (N) 14 B3
Sandnäset (S) 24 D2
Sandnäset (S) 25 B2
Sandnes (N) 4 C2
Sandnes (N) 4 C3
Sandnes (N) 4 D3
Sandnes (N) 14 D4
Sandnes (N) 36 A1
Sandnes (N) 36 D1
Sandneshamn (N) 1 A6
Sandness (GB) 45 C3
Sandnessjøen (N) 8 D5
Sandö (S) 25 C1
Sandö (FIN) 32 B4
Sando (E) 131 C2
Sandomierski, Baranów (PL) 73 A5
Sandomierz (PL) 73 A5
Sandön (S) 11 C4
Sándorfalva (H) 103 D5
Sandøsund (N) 27 D6
Sandoval (E) 126 C4
Sandown (GB) 58 C5
Sandøy (N) 1 D3
Sandøy (N) 22 C3
Sandøy (N) 26 A2
Sandoy (DK) 36 B5
Sandra (RO) 146 A6
Sandrans (F) 97 B4
Sandray (GB) 44 A6
Sandrigo (I) 100 B6
Sandsa (N) 26 C5
Sandsbro (S) 39 A5
Sandsele (S) 10 B6
Sandsend (GB) 54 D1
Sandset (N) 4 C3
Sandseter (N) 14 B5
Sandsjö, Norra (S) 39 A4
Sandsjö, Södra (S) 39 B6
Sandsjö (S) 16 C3
Sandsjö (S) 25 A5
Sandsjön (S) 28 D4
Sandskär (S) 11 D4
Sandskäret (FIN) 19 A5
Sandslån (S) 16 D6
Sandsnes (N) 27 D3
Sandsøy (N) 22 B4
Sandstad (N) 23 A1
Sandtorg (N) 4 D3
Sandträsk (S) 10 D6
Sănduleni (RO) 149 A5
Sandur (DK) 36 B5
Sandvad (DK) 40 D3
Sandvatn (N) 36 B2
Sandvatn (N) 36 C2
Sandvenseter (N) 26 B3
Sandvig (DK) 43 A3
Sandvik (N) 2 C2
Sandvik (N) 9 A2
Sandvik (S) 25 B4
Sandvik (DK) 36 B6
Sandvik (S) 39 A2
Sandvik (S) 39 D4
Sandvika (N) 5 C3
Sandvika (N) 14 C6
Sandvika (N) 23 A2
Sandvika (N) 27 D4
Sandvika (N) 36 B3
Sandviken (S) 24 C3
Sandviken (S) 30 C1
Sandviken (S) 38 A1
Sandviksberget (N) 14 A4
Sandvikvær (N) 2 A1
Sandvikvåg (N) 26 A4
Sandvin (N) 26 C4
Sandweiler (L) 75 D5
Sandwich (GB) 59 B3
Sandwick (GB) 45 D4
Sandy (GB) 58 D1
Sandymount (IRL) 47 B6
Sanfelices (E) 126 D3
Sanfrönt (I) 108 A3
Sånga (S) 16 C6
Sangaste (EST) 182 B2
Sangatte (F) 74 A2
Sangelt (D) 76 A2
Sangerhausen (D) 69 A6
Sanginjoki (FIN) 12 C4
Sanginkylä (FIN) 12 D5
Sangis (S) 11 D3
Sangla (EST) 181 B5
Sangro, Castel di (I) 114 D3
Sangrūda (LT) 176 B5
Sangüesa (E) 127 D4
Sanguinet (F) 104 B2
Sanica Gornja (BIH) 150 B3
Sanie-Dab (PL) 65 B5
Sanitz (D) 61 C3
Sänkimäki (FIN) 20 D3
Sankola (FIN) 34 A2
Sanköy (TR) 165 D3
Sanlúcar (E) 142 B3
Sanlucar de Barrameda (E) 142 B4
Sanlucar de Guadiana (E) 138 A4
Sanluri (I) 121 B5
Sänna (S) 24 D4
Sänna (EST) 182 B3
Sännan (S) 38 C6
Sannäs (S) 37 D1
Sannazzaro de B. (I) 108 D2
Sanne (S) 38 A1
Sannicandro d. B. (I) 117 A1
Sannicandro G. (I) 115 B3
Sannicola (I) 117 D3
Sanniki (PL) 71 B1
Sanniki (PL) 72 B1
Sannita, Colle (I) 115 A4
Sanok (PL) 83 A2
Sanquhar (GB) 48 D5
San Remo (I) 108 C4
Sansais (F) 94 D4
Sansepolcro (I) 112 D2
Sanshammaren (S) 43 A3
Sanski Most (BIH) 150 B3
Sansol (E) 127 B4
Sansomerion (GR) 166 D6
Sant (RO) 148 B3
Santa, La (E) 145 D3
Santacara (E) 127 C4
Santadi (I) 121 B6
Santaella (E) 143 A2
Santafé (E) 143 C3
Santana (P) 136 B1
Santana da Serra (P) 137 C4
Santana do Mato (P) 137 C1
Santander (E) 126 C1
Santanyi (E) 123 B5
Santar (P) 130 D3
Santarcángelo di R. (I) 110 C5
Santarem (P) 130 B6
Santaskylä (FIN) 19 B6
Santed (E) 134 B2
Santena (I) 108 B3
Santéramo in Colle (I) 117 A1
Santesteban (E) 127 C2
Santhià (I) 98 D6
Santiago, Playa de (E) 144 C3
Santiago (P) 130 D3
Santiago de Calatrava (E) 143 B2
Santiago de Carbajo (E) 131 A5
Santiago de Compostela (E) 124 C3
Santiago de Escoural (P) 137 C2
Santiago de la Ribera (E) 141 B4
Santiago del Arroyo (E) 126 B6
Santiago de las Espada (E) 140 C3
Santiago del Campo (E) 131 B5
Santiago do Cacém (P) 137 B3
Santiago d. T. (E) 144 A5
Santiago Maior (P) 138 A2
Santiago Millas (E) 125 C4
Santianes (E) 126 A2
Santibañez (E) 126 A3
Santibañez (E) 131 B4
Santibañez (E) 131 C4
Santibañez de Valcorba (E) 126 B6
Santibañez de Vidriales (E) 125 C5
Santić, Aleksa (YU) 103 C6
Santigoso (E) 125 B4
Santillana (E) 126 C2
Santina, Villa (I) 100 D4
Santiponce (E) 142 C3
Santisteban (E) 140 A3
Santiurde (E) 126 C2
Santiuste (E) 132 B1
Santiz (E) 131 C1
Santolea (E) 134 D2
Santomera (E) 141 B3
Santoña (E) 126 D2
Santorin, Thira (GR) 172 C4
Sántos (H) 102 D5
Santos, Los (E) 138 C2
Santovenia (E) 125 D5
Santry (IRL) 51 D2
Santuário (I) 108 C4
Santulhão (P) 125 B6
Santurde (E) 127 A4
Santurtzi (E) 127 A2
Sanvensa (F) 105 D3
Sanvignes-les-Mines (F) 97 A3
Sanxay (F) 95 A3
Sanxenxo (E) 124 B4
Sanza (I) 116 C3
Sanzoles (E) 125 D6
Saorge (F) 108 B5
Saou (F) 107 A2
Sap, le (F) 87 A3
Sapardos (P) 124 C5
Sapareva-Banja (BG) 159 B4
Sape (GR) 164 D2
Sapeli (FIN) 20 C5
Sapiendsa (GR) 170 D5
Săpînţa (RO) 83 D6
Săpînta (RO) 147 A1
Saplãos (P) 124 D5
Săpoca (RO) 154 C2
Sapockin (BY) 65 D2
Sapotnica (MK) 162 D2
Sappada (I) 100 D4
Sappee (FIN) 33 C1
Sappee (FIN) 33 C2
Sappen (N) 1 D6
Säppi (FIN) 32 C1
Sappion (GR) 163 C6
Sappisaasi (S) 6 A3
Sappu (FIN) 21 A5
Sapri (I) 116 C3
Sapsalampi (FIN) 19 C5
Sapsoperä (FIN) 21 A1
Saqués (E) 128 B3
Sara (FIN) 19 B5
Saraby (N) 2 A3
Saracena (I) 116 D4
Sărăcinesti (RO) 153 C1
Saracinisco, San Biágio (I) 114 D3
Sarafovo (BG) 161 A3
Saraiki (LV) 178 B5
Säräisniemi (FIN) 12 D6
Saraiu (RO) 155 B3
Sarajärvi (FIN) 13 A2
Sarajärvi (FIN) 35 B1
Sarajevo (BIH) 151 A5
Sarakinikon, Akr. (GR) 167 D4
Saramo (FIN) 21 B2
Saramon (F) 105 A5
Saranci (BG) 159 C3
Sarandë (AL) 162 B5
Sarandinovo (MK) 163 A1
Saranskoe (RUS) 175 C4
Saraorci (YU) 152 B3
Saraso (E) 127 B3
Sărata Nouă (MD) 149 B2
Sărătel (RO) 147 C3
Sărăteni (RO) 148 B5
Sărăteni (MD) 149 D4
Sărăţenii (MD) 149 D2
Saratice (CZ) 80 D4
Saratovskoje (RUS) 176 A4
Saravale (RO) 146 A5
Saray (TR) 161 B5
Sărăzani (RO) 146 C6
Sárazsadány (H) 82 D6
Sarbanovac (YU) 152 C4
Sarbia (PL) 63 B5
Sárbogárd (H) 103 A4
Sarby (PL) 71 B5
Sarcelles (F) 88 B1
Sarche (I) 100 A5
Sarcus (F) 74 A5
Sard (RO) 147 B5
Sárdara (I) 121 B5
Sardent (F) 95 D4
Sardina, Punta de (E) 144 C5
Sardina (E) 144 C5
Sardineros (E) 134 B6
Sardínia, Baia (I) 121 D1
Sardo (I) 121 C4
Sardoal (P) 130 C5
Sardón (E) 126 B6
Sardyki (BY) 177 D2
Sare (F) 104 A5
Sarengrad (HR) 151 B2
Sarentino (I) 100 A3
Särestönien (FIN) 6 D4
Särevere (EST) 181 A4
Sargans (CH) 99 B2
Sargé-s-Braye (F) 87 B5
Saria (GR) 173 C5
Sariai (LT) 177 B4
Sari d'Orcino (F) 120 B3
Sarighiol de Deal (RO) 155 B3
Sarilar (TR) 161 B6
Sarinasuf (RO) 155 C2
Sariñena (E) 128 B5
Sariš, Malý (SK) 82 D4
Sariš, Veľký (SK) 82 D4
Sari-Solenzara (F) 120 C4
Sarišské Michal'any (SK) 82 D4
Sarıyer (TR) 161 D5
Sarja (BY) 177 D2
Sarjankylä (FIN) 20 A1
Sarkad (H) 146 B4
Sarkadkeresztúr (H) 146 B4
Sarkalahti (FIN) 34 D2
Sarkamäki (FIN) 21 A5
Sarkani (LV) 182 B5
Sarkavare (S) 10 D2
Särkelä (FIN) 7 D5
Särkelä (FIN) 13 A1
Särkelä (FIN) 13 B3
Sárkeresztes (H) 103 A3
Sárkeresztúr (H) 103 A3
Särkia (FIN) 33 B4
Sarkiai (LT) 176 B1
Särkijärvi (FIN) 6 C3
Särkijärvi (FIN) 12 C3
Särkijärvi (FIN) 13 A4
Särkijärvi (FIN) 19 C3
Särkijärvi (FIN) 34 B2
Särkilahti (FIN) 34 B1
Särkilahti (FIN) 35 B1
Särkiluoma (FIN) 13 C2
Särkimukka (S) 6 B4
Särkisalmi (FIN) 35 B1
Särkisalo (FIN) 20 B4
Sarkola (FIN) 33 A1
Sarkovo (BG) 160 D4
Sarkovščina (BY) 177 D3
Sarköy (TR) 165 C2
Sarlat-la-Canéda (F) 105 B1
Sarliac-s-l'Isle (F) 95 B6
Sarlote (LV) 177 B2
Sărmas (RO) 148 C4
Sărmasu (RO) 147 C3
Sármellék (H) 102 C4
Sarmingstein (A) 80 A6
Sarmizegetusa (RO) 152 D1
Särna (S) 24 B5
Sarnadas (P) 130 D5
Särnaheden (S) 24 B5
Sarnaki (PL) 73 B1
Sarnano (I) 113 B3
Sārnate (LV) 178 B4
Sărnegor (BG) 160 A3
Sarnen (CH) 98 D3
Sărnevo (BG) 160 B3
Sarnia Zwola (PL) 72 D5
Sărnica (BG) 159 C5
Sárnico (I) 99 C6
Sarn Meyllteyrn (GB) 52 D5
Sarno (I) 115 A6
Sarnowa (PL) 71 A3
Sarnówek (PL) 72 D4
Särnstugan (S) 24 C5
Särö (S) 38 A4
Sarón (E) 126 D2
Saronno (I) 99 A6
Saros, pe Tîrnave (RO) 147 C5
Saros (GR) 172 D6
Sárosd (H) 103 A3
Sárospatak (H) 82 D5
Sarovce (SK) 103 A1
Sarpsborg (N) 28 A5
Sarracin (E) 126 D4
Sarral, El (AND) 129 A3
Sarral (E) 129 A6
Sarralbe (F) 90 B2
Sarrance (F) 104 C6
Sarrancolin (F) 105 A6
Sarras (F) 97 B6
Sarraz, La (CH) 98 A3
Sarrazac (F) 95 C6
Sarre (GB) 59 B3
Sarrebourg (F) 90 B2
Sarreguemines (F) 90 B2
Sarreinsberg (F) 90 C2
Sárrétudvari (H) 146 A3
Sarre-Union (F) 90 B2
Sarriá (E) 125 A3
Sarrians (F) 107 A3
Sarries (E) 127 D3
Sarrión (E) 134 C4
Sarroca (E) 128 D4
Sarroca de Segre (E) 128 D6
Sarroch (I) 121 C6
Sarrola-Carcopino (F) 120 B3
Sarron (F) 104 D4
Sàrsina (I) 110 B5
Sarstedt (D) 68 C4
Sárszentmiklós (H) 103 A4
Sart (B) 75 D3
Sart-Bernard (B) 75 B3
Sarteano (I) 112 D3
Sartène (F) 120 B4
Sarti (GR) 164 A4
Sartilly (F) 85 B2
Sartininkai (LT) 175 D3
Sartirana Lom. (I) 108 D2
Sarud (H) 103 D2
Saruhanu (TR) 169 C3
Sărulesti (RO) 154 C4
Sárvár (H) 102 B3
Sarvaš (HR) 151 B1
Sarvela (FIN) 19 B5
Sarvi (EST) 180 D6
Sarvijoki (FIN) 19 B4
Sarvikumpu (FIN) 21 B5
Sarviluoma (FIN) 19 B5
Sarvinki (FIN) 21 C4
Sarvisé (E) 128 B3
Sarvisvaara (S) 11 A2
Sarvlax (FIN) 34 B4
Sarvsalö (FIN) 34 B4
Särvsjön (S) 24 B3
Saryios, Ayios (CY) 174 B3
Sarzana (I) 109 B5
Sarzeau (F) 84 D5
Sarzedas (P) 130 D4
Sarzedo (P) 130 D2
Sarzyna, Nowa (PL) 73 B6
Sasbach (D) 90 C4
Sasca Montană (RO) 152 C2
Saschiz (RO) 148 B6
Săsciori (RO) 147 B6
Sásd (H) 102 D5
Sasi (FIN) 33 B1
Sasiadka (PL) 73 B5
Sašinci (YU) 151 C2
Sasnava (LT) 176 B5
Sassali (FIN) 7 A5
Sassano (I) 116 C3
Sássari (I) 121 B2
Sassello (I) 108 C4
Sassenage (F) 97 C6
Sassenay (F) 97 B2
Sassenberg (D) 67 C5
Sassenburg (D) 68 D3
Sassenheim (NL) 66 B4
Sassetot-le-Mauconduit (F) 87 B1
Sassetta (I) 112 B3
Sassnitz (D) 62 B1
Sassocorvaro (I) 110 C6
Sasso di Castalda (I) 116 C2
Sassoferrato (I) 113 B2
Sasso Marconi (I) 109 D4
Sassonero (I) 110 A5
Sassuolo (I) 109 C4
Sastago (E) 134 D1
Saštin-Stráže (SK) 81 A5
Sas-van-Genf (NL) 74 D1
Sátão (P) 130 D2
Satchinez (RO) 146 B6
Sateikiai (LT) 175 D2
Såtenäs (S) 38 B2
Säter (S) 29 B2
Sätervallen (S) 24 C3
Satés (LT) 175 D1
Sāti (LV) 178 D5
Satiki (LV) 178 C5
Sätila (S) 38 B4
Satillieu (F) 97 B6
Sātini (LV) 178 C5
Sātini (LV) 178 C6
Satkūnai (LT) 176 D1
Satnica Djakov. (HR) 151 A1
Sátoraljaújhely (H) 82 D5
Satornja (YU) 152 A4
Satovča (BG) 159 C5
Satow (D) 61 B3
Sätra (S) 38 D1
Satrabrunn (S) 30 C3
Satre (GR) 164 C1
Satriano (I) 119 D1
Satrovo (BY) 177 D2
Satrup (D) 60 C1
Sattajärvi (S) 6 B5
Sattajärvi (FIN) 12 B2
Sattanen (FIN) 7 B4
Sattarova (S) 6 B5
Sattarova (S) 6 C5
Sattel (CH) 99 A2
Satter (S) 11 B1
Sattledt (A) 93 C3
Sättna (S) 25 C3
Sătuc (RO) 154 D2
Satul Nou (RO) 148 C6
Satulung (RO) 147 A2
Satu Mare (RO) 146 D1
Satuna (GR) 170 D3
Satúrnia (I) 112 C4
Saubusse (F) 104 B4
Sauca (E) 133 B2
Saucats (F) 104 C2
Saucedillo (E) 131 D5
Saucejo, El (E) 142 D3
Sauces, Los (E) 144 B1
Sauclières (F) 106 B3
Sauda (N) 26 D5
Sauðárkrókur (IS) 1 B1
Saudasjøen (N) 26 B5
Saue (EST) 180 D3
Sauerhof (D) 78 C3
Sauerlach (D) 92 C4
Sauga (EST) 180 D5
Saugos (LT) 175 C3
Saugues (F) 106 C1
Sauguis (F) 104 C5
Sauhamn (N) 2 A2
Sauherad (N) 27 B5
Saujon (F) 94 C5
Sauka (LV) 179 C6
Saukenai (LT) 176 B2
Saukko (FIN) 21 A1
Saukkoaapa (FIN) 7 B5
Saukkojärvi (FIN) 12 D2
Saukkola (FIN) 33 B4
Saukkoriipi (FIN) 6 C6
Saukonkylä (FIN) 19 C4
Saukonperä (FIN) 19 C6
Saukonsaari (FIN) 35 B1
Saukotas (LT) 176 B2
Sauland (N) 27 B5
Saulce, La (F) 107 C2
Saulces (F) 75 B5
Saulces-Monclin (F) 75 A5
Saulce-s-Rhône (F) 107 A2
Saules (F) 97 D2
Saulgau (D) 91 B4
Saulgrub (D) 92 C5
Sauli (LV) 179 C3
Săulia (RO) 147 C4
Saulieu (F) 97 A1
Saulīte (LV) 179 A6
Saulkrasti (LV) 179 B4
Saulre (F) 74 D4
Sault (F) 107 B3
Sault-de-Navailles (F) 104 C4
Saulx (F) 90 A5
Saulxures (F) 90 B4
Saulzais-le-Potier (F) 96 B3
Saumos (F) 104 B1
Saumur (F) 95 A1
Saunajärvi (FIN) 21 B1
Saunakylä (FIN) 19 B6
Saunakylä (FIN) 20 A3
Saunavaara (FIN) 7 B5
Sauquillo de B. (E) 127 B6
Sauquillo de Parades (E) 133 A1
Saura (N) 9 A2
Saurat (F) 105 C6
Saurier (F) 96 C5
Sàuris (I) 100 D4
Saus (N) 14 D2
Sausgalviai (LT) 175 C3
Sausnēja (LV) 179 D5
Saussay C., la (F) 74 A6
Saussay-la-Campagne (F) 74 A6
Saussignac (F) 105 A1
Sautron (F) 85 B6
Sautso (N) 2 B5
Sauvagnat (F) 96 B5
Sauve (F) 106 C4
Sauvere (EST) 180 A5
Sauvetat, la (F) 105 A4
Sauvetat-s-Lède, la (F) 105 A/B2
Sauveterre-de-Béarn (F) 104 B5
Sauveterre-de-Guyenne (F) 104 D2
Sauveterre-de-Rouergue (F) 105 D3
Sauveterre-la-Lémance (F) 105 B2
Sauviat-s-Vige (F) 95 D5
Sauvo (FIN) 33 A4
Sauxillanges (F) 96 C5
Sauzal (E) 144 B5
Sauze, le (F) 107 D2
Sauzet (F) 105 B2
Sauzet (F) 107 A2
Sauzé-Vaussais (F) 95 A4
Sauzon (F) 84 C5
Sava (I) 117 C2
Savalen (N) 23 C4
Savalia (GR) 170 C2
Savaloja (FIN) 12 C5
Sävar (S) 17 B4
Sävast (S) 11 B4
Savastepe (TR) 169 C2
Savedalen (S) 38 B4
Savela (FIN) 34 D1
Savelletri (I) 117 B1
Savelli (I) 113 B4
Savelli (I) 117 A5
Savenay (F) 85 B5
Săveni (RO) 149 A1
Saverdun (F) 105 C5
Saverki (RUS) 21 D3
Saverna (EST) 182 B2
Saverne (F) 90 C2
Savero (FIN) 34 D3
Sävi (FIN) 33 A1
Säviä (FIN) 20 C3
Saviaho (FIN) 21 A1
Savići (BY) 177 C4
Sāviena (LV) 182 A5
Savigliano (I) 108 C5
Savignano s. R. (I) 110 B5
Savigné-l'Evêque (F) 87 A5
Savigné-s-Lathan (F) 95 A1
Savigné-s/s-le-Lude (F) 87 A6
Savigno (I) 109 D4
Savignone (I) 108 D4
Savigny-en-Sancerre (F) 96 C1
Savigny-lès-Beaune (F) 97 B2
Savigny-s-Braye (F) 87 B6
Savijärvi (FIN) 21 B2
Savijoki (FIN) 34 B3
Savikoski (FIN) 33 B2
Savikylä (FIN) 21 A2
Savilahti (FIN) 35 A2
Savimäki (FIN) 20 C2
Savines-le-Lac (F) 107 C2
Savine Vode (YU) 157 D3
Saviniemi (FIN) 33 B2
Savio (FIN) 20 B5
Sávio (I) 110 B4
Saviore (I) 99 D5
Saviour,-Saint (GB) 86 A2
Saviselkä (FIN) 20 B1
Săvisin (RO) 146 C5
Savitaipale (FIN) 34 D2
Savnik (YU) 157 B3
Savo (FIN) 33 B1
Savognin (CH) 99 B4
Sávoly (H) 102 C4
Savona (I) 108 C4
Savonkylä (FIN) 19 C3
Savonlinna (FIN) 21 A6
Savonranta (FIN) 20 D6
Savonranta (FIN) 21 B5
Savournon (F) 107 B2
Sävsjö (S) 39 A4
Sävsjön (S) 17 A2
Sävsjön (S) 29 A3
Sävsjöström (S) 39 B5
Sävtorp (S) 28 B3
Savukoski (FIN) 7 C5
Savuniemi (FIN) 20 D5
Sawbridgeworth (GB) 59 A2
Sawin (PL) 73 C3
Sax (E) 141 B2
Saxby (FIN) 34 B4
Saxhyttan (S) 29 A4
Saxilby (GB) 54 D4
Saxmundham (GB) 59 C1
Saxnäs (S) 10 B6
Saxnäs (S) 15 B2
Saxon (CH) 98 B4
Saxthorpe (GB) 55 B5
Saxtorp (S) 42 C2
Saxvallbygget (S) 24 B3
Sayalar (TR) 161 C5
Sayaton (E) 133 A3
Sayda (D) 79 B2
Säyhtee (FIN) 34 C3
Säynäja (FIN) 13 C2
Säynätsalo (FIN) 20 B5
Säyneenkylä (FIN) 21 C6
Säyneinen (FIN) 21 A3
Säynetlahti (FIN) 21 A5
Sáz., Zdár n. (CZ) 80 C3
Sazan, Ish. (AL) 162 A4
Sazara (TR) 161 A4
Sazes (P) 130 C3
Sazilly (F) 95 A2
Scacchi, Lido degli (I) 110 C3
Scaër (F) 84 C4
Scafa (I) 113 D5
Scalasaig (GB) 48 B3
Scalby (GB) 54 D2
Scalea (I) 116 D4
Scalera (I) 115 C6
Scaletta Z. (I) 119 B3
Scalloway (GB) 45 D4
Scalo, Castiglione (I) 116 D5
Scalpay (GB) 44 B4
Scalpay (GB) 44 C5
Scamblesby (GB) 54 D4
Scandale (I) 117 B6
Scandiano (I) 109 C3
S. Cândido (I) 100 C3
Scanno (I) 113 C6
Scansano (I) 112 C4
Scanzano Jónico (I) 117 A3
Scarba (GB) 48 B3
Scarborough (GB) 54 D2
Scardovari (I) 110 C3
Scardroy (GB) 44 D5
Scariff (IRL) 50 A5
Scarinish (GB) 48 A2
Scário (I) 116 C3
Scărişoara, Peşt. (RO) 147 A4
Scărisoara (RO) 146 D4
Scarnafigi (I) 108 B3
Scărisoara (RO) 153 D4
Scarp (GB) 44 A4
Scarperia (I) 109 D5
Scarriff (IRL) 50 D3
Scarzana (I) 110 A5
Scáuri (I) 114 C5
Scáuri (I) 118 A6
Sceaux-s-Huisne (F) 87 B5
Scedro (HR) 156 B3
Scegly (RUS) 175 D4
Scepan Polje (BIH) 151 B6
Scerne (I) 113 D4
Scerni (I) 115 A3
Scey-s-Saône-et-Saint-Albin (F) 89 D5
Schaan (FL) 99 B2
Schachendorf (A) 102 B3
Schachtrup (D) 67 D6
Schadeleben (D) 69 A5
Schaffhausen (CH) 99 A1
Schafflund (D) 60 C1
Schafstädt (D) 69 B6
Schafstedt (D) 60 C3
Schäftlarn (D) 92 C4
Schagen (NL) 66 C3
Schale (D) 67 C4
Schalkau (D) 78 B3
Schangnau (CH) 98 D3
Schapbach (D) 90 D3
Schaprode (D) 61 D1
Schärding (A) 93 B2
Scharflingen (A) 101 A1
Scharhörn (D) 60 B3
Scharmbeck,-Osterholz (D) 60 B5
Scharnitz (A) 100 A2
Scheemda (NL) 67 B2
Scheer (D) 91 B4
Scheessel (D) 60 C5
Schéggia (I) 113 A2
Scheibbs (A) 80 A6
Scheibenberg (D) 79 A2
Scheiblingkirchen (A) 102 A2
Scheifling (A) 101 B2
Scheinfeld (D) 78 A5
Scheit-Tinlot (B) 75 C3
Scheiu (RO) 154 A3
Schelklingen (D) 91 C3
Schemmerhofen (D) 91 C4
Schenefeld (D) 60 C3
Schepdaal (B) 75 A2
Scherfede (D) 68 B6
Schermbeck (D) 67 B6
Schermerhorn (NL) 66 C3
Schesslitz (D) 78 B4
Scheveningen (NL) 66 B5
Schia (I) 109 B4
Schiavi di A. (I) 114 D3
Schiavónia, Marina (I) 117 A5
Schidnycja (UA) 83 C3
Schiedam (NL) 66 B5
Schieder-Schwalenberg (D) 68 B5
Schiermonnikoog (NL) 67 A1
Schiers (CH) 99 C3
Schiesheim (D) 76 D3
Schifferstadt (D) 76 D6
Schildau (D) 69 C6
Schildow, Berlin (D) 69 D3
Schillersdorf (D) 61 D4
Schillerslage (D) 68 C4
Schillingsfürst (D) 78 A6
Schillingstedt (D) 69 A6
Schilpário (I) 99 C5
Schiltach (D) 91 A3
Schimatarion (GR) 167 C5
Schinos (GR) 166 C5
Schinussa (GR) 172 C3
Schinznach, Bad (CH) 98 D1
Schio (I) 100 A6
Schiopeni (RO) 149 C4
Schirmeck (F) 90 C3
Schirnding (D) 78 D4
Schirum (D) 67 C1
Schisa (GR) 170 D5
Schitu (RO) 153 D3
Schitu Duca (RO) 149 B3
Schitu-Golesti (RO) 153 D1
Schiulesti (RO) 154 B2
Schkeuditz (D) 69 B6
Schkölen (D) 78 C1
Schladen (D) 68 D5
Schladitz (D) 69 B6
Schladming (A) 101 A2
Schlagsdorf (D) 61 A4
Schlaitz (D) 69 C5
Schlamersdorf (D) 60 D3
Schlangen (D) 68 A5
Schlangenbad (D) 76 D4
Schleching (D) 93 A4
Schleiden (D) 76 A3
Schleitheim (CH) 99 A1
Schleiz (D) 78 C2
Schleper (D) 67 C3
Schlepkow (D) 62 B4
Schlepzig (D) 70 A2
Schleswig (D) 60 C2
Schleusingen (D) 78 B3
Schlieben (D) 69 D5
Schliengen (D) 90 C5
Schlieren (CH) 99 A1
Schliersee (D) 92 D4
Schlitz (D) 77 B2
Schloss Holte-Stukenbrock (D) 68 A5
Schloß Neuhaus (D) 68 A5
Schlossvippach (D) 78 B1
Schlotheim (D) 78 A1
Schluchsee (D) 90 D5
Schlüchtern (D) 77 B3
Schluderbach, Carbonin (I) 100 C3
Schlüsselfeld (D) 78 B5
Schmalensee (D) 60 D3
Schmalkalden (D) 78 A2
Schmallenberg (D) 76 D1
Schmarsau (D) 69 A2
Schmelz (D) 76 B5
Schmidmühlen (D) 78 C6
Schmidt (D) 76 A3
Schmiedefeld (D) 78 B2
Schmölau (D) 68 D3
Schmölln (D) 62 B4
Schmölln (D) 78 D2
Schnackenburg (D) 69 A2
Schneeberg (D) 78 D2
Schneeren (D) 68 B3
Schneidlingen (D) 69 A5
Schneverdingen (D) 68 B2
Scholastika (A) 100 B1
Scholen (D) 68 A3
Schöllkrippen (D) 77 B4
Schömberg (D) 91 A4
Schönach (D) 93 A1
Schönau i. Schwarzw. (D) 90 D5
Schönbach (A) 80 A5
Schönbeck (D) 62 B3
Schönberg, Holstein (D) 60 D2
Schönberg (D) 61 A3
Schönberg (B) 75 D3
Schönberg (A) 80 B5
Schönberg (D) 93 B2
Schönberg (A) 100 A2
Schönberger Strand (D) 60 D2
Schönborn (D) 91 A1
Schönbrunn (A) 80 C6
Schönbrunn (A) 102 A1
Schönbühel (A) 80 B6
Schönebeck (D) 69 A5
Schönebeck (D) 69 B2
Schöneberg, Berlin (D) 69 D3
Schönebürg (D) 91 C4
Schöneck (D) 78 D3
Schönenberg (D) 76 C2
Schönenberg-Kübelberg (D) 76 C6
Schönesberg (D) 92 B2
Schönewalde (D) 69 D5
Schönficht (D) 78 D4
Schongau (D) 92 B4
Schönhagen (D) 68 B5
Schöningen (D) 68 D4
Schönmünzach (D) 90 D3
Schönsee (D) 79 A5
Schöntal (D) 77 B6
Schönthal (D) 79 A5
Schonungen (D) 78 A4
Schönwald (D) 78 D3
Schönwalde (D) 69 D3
Schönwalde a. Bungsberg (D) 61 A2
Schönwald i. Schwarzw. (D) 90 D4
Schoondijke (NL) 74 D1
Schoonhoven (NL) 66 C5
Schopfheim (D) 90 D5
Schopp (D) 76 C6
Schöppenstedt (D) 68 D4
Schoppernau (A) 99 C2
Schörfling (A) 93 C4
Schorndorf (D) 91 B2
Schortens (D) 67 C1
Schötmar (D) 68 A5
Schotten (D) 77 A3
Schouwen (NL) 66 A6
Schramberg (D) 90 D4
Schraplau (D) 69 B6
Schrecksbach (D) 77 B2
Schrems (A) 80 A4
Schrepkow (D) 69 B2
Schrick (A) 80 D5
Schrobenhausen (D) 92 C3
Schröcken (A) 99 C2
Schrozberg (D) 77 C6
Schruns (A) 99 C2
Schuls,-Scuol (CH) 99 D3
Schulzendorf (D) 62 B6
Schulzhytta (N) 23 D2
Schüpfheim (CH) 98 D2
Schussenried, Bad (D) 91 B4
Schütow (D) 61 C3
Schütting (D) 60 B2
Schüttorf (D) 67 B4
Schützen (A) 102 B1
Schwaan (D) 61 C3
Schwabach (D) 78 B6
Schwäbisch Gmünd (D) 91 C2

Schwäbisch Hall (D) 91 C1
Schwabmünchen (D) 92 B3
Schwadorf (A) 102 B1
Schwägalp (CH) 99 B2
Schwagstorf (D) 67 C4
Schwaig (D) 92 D3
Schwaigern (D) 91 B1
Schwaim (D) 93 B3
Schwalenberg,-Schieder (D) 68 B5
Schwallungen (D) 78 A2
Schwalmstadt (D) 77 A2
Schwanberg (A) 101 C3
Schwanden (CH) 99 B3
Schwandorf (D) 78 D5
Schwanebeck (D) 68 D5
Schwanebeck (D) 69 D3
Schwanenstadt (A) 93 C3
Schwante (D) 69 C3
Schwarmstedt (D) 68 B3
Schwarza (D) 78 A2
Schwarza (D) 78 C2
Schwarzach (A) 100 D2
Schwarzau (A) 102 A1
Schwarzau (A) 102 A2
Schwarzbach (D) 77 B3
Schwarzenau (A) 80 B5
Schwarzenbach a. d. Saale (D) 78 C3
Schwarzenbach a. Wald (D) 78 C3
Schwarzenbek (D) 61 A4
Schwarzenberg (D) 79 A2
Schwarzenburg (CH) 98 C3
Schwarzenfeld (D) 78 D5
Schwarzheide (D) 70 A3
Schwarzsee (CH) 98 C3
Schwaz (A) 100 B2
Schwechat (A) 102 B1
Schwechten (D) 69 B3
Schwedt (D) 62 C5
Schwegenheim (D) 76 D6
Schweich (D) 76 B5
Schweighausen (D) 90 D4
Schweinfurt (D) 78 A4
Schweinitz (D) 69 C5
Schweinrich (D) 61 D5
Schweinthal (D) 78 C4
Schwelm (D) 76 C1
Schwenningen,-Villingen (D) 91 A4
Schwepnitz (D) 70 A4
Schwerin (D) 61 B4
Schwerte (D) 67 C6
Schwesing (D) 60 C2
Schwetzingen (D) 76 D5
Schwieberdingen (D) 91 A2
Schwienskopp (D) 60 B3
Schwiesau (D) 69 A3
Schwyz (CH) 99 A2
Sciacca (I) 118 B4
Sciara (I) 118 C3
Sciáves (I) 100 B3
Sciborzyce Wlk. (PL) 81 B2
Scicli (I) 119 A6
Scigliano (I) 117 A5
Scilla (I) 119 C2
Scillato (I) 118 C3
Scilly, Isles of (GB) 56 A6
Ścinawa (PL) 71 A3
Ścinawa Nyska (PL) 71 B6
Scinawka (PL) 71 A6
Scînteia (RO) 149 B4
Sćit (BIH) 150 C5
Scoglitti (I) 118 D5
Scole (GB) 55 B6
Scopello (I) 98 D5
Scopello (I) 118 A2
Scorbé-Clairvaux (F) 95 B2
Scórdia (I) 119 A4
Score Head (GB) 45 D4
Scoreiu (RO) 147 C6
Scorrano (I) 117 D3
Scortaru Vechi (RO) 155 A2
Scorteni (RO) 149 A5
Scorzè (I) 100 B6
Scotch Corner (GB) 54 B1
Scotney, Sutton (GB) 58 B4
Scotshouse (IRL) 47 A5
Scotter (GB) 54 D4
Scourie (GB) 44 D3
Scrabster (GB) 45 B2
Screeb (IRL) 50 C1
Scrignac (F) 84 C3
Scrisă (I) 119 C3
Sculeni (MD) 149 B3
Scunthorpe (GB) 54 D3
Scuol-Schuls (CH) 99 D3
Scúrcola M. (I) 113 C5
Scurdie Ness (GB) 49 B2
Scurrival Pt. (GB) 44 A6
Scurtu Mare (RO) 154 A4
Şcutelnici (RO) 154 D3
Sčyrec' (UA) 83 D2
Seaford (GB) 58 D5
Seaham Harbour (GB) 49 D6
Seahouses (GB) 49 C4
Sea Palling (GB) 55 C5
Seascale (GB) 53 A1
Seaton (GB) 57 B5
Seaton Delaval (GB) 49 D6
Seaton Sluice (GB) 49 D5
Séauve-s-Semène, la (F) 97 A6
Sebastião (P) 136 D6
Sébazac-Concourès (F) 106 A2
Sebečevo (YU) 158 A2
Sebechleby (SK) 81 C6
Sebersdorf (A) 102 A3
Sebes (RO) 147 B5
Sebestiána, Hora Sv. (CZ) 79 A2
Sebež (RUS) 182 D1
Sebis (RO) 146 C5
Sebnitz (D) 70 B4
Seby (S) 39 D6
Seč, Rimavská (SK) 82 B6
Seč (CZ) 79 B5
Seč (CZ) 80 B2
Seca, La (E) 132 B1
Sečanj (YU) 152 A1
Sece (LV) 179 C6
Secemin (PL) 72 B5
Séchault (F) 75 B6
Séchilienne (F) 107 B1
Séchin (F) 97 D1
Seckau (A) 101 C2
Seclin (F) 74 C3
Secondigny (F) 94 D3
Sečovce (SK) 82 D5
Sečovská Polianka (SK) 82 D4
Secueni (RO) 149 B4
Secuiu (RO) 153 C4
Secusigiu (RO) 146 A5
Sêda (P) 130 D6
Seda (LT) 175 D1
Seda (LV) 179 D3
Sedan (F) 75 B5
Sedano (E) 126 D3
Sedbergh (GB) 53 C2
Seddülbahir (TR) 165 A4
Sedelsberg (D) 67 C2
Sedemte pretola (BG) 159 B2
Sēdere (LV) 177 B2
Séderon (F) 107 B3
Sedgefield (GB) 54 C1
Sédico (I) 100 B5
Sédilo (I) 121 B/C3
Sedlari (YU) 152 B4
Sedlčany (CZ) 79 C4
Sedlec-Prčice (CZ) 79 D4
Sedlice (CZ) 79 C5
Sedlice (SK) 82 C4
Sedlnice (CZ) 81 B2
Sedlo, St. (CZ) 79 C5
Sedrun (CH) 99 A3
Seduva (LT) 176 C2
Sedzin (PL) 64 A5
Sedziszów (PL) 72 B5
Sedziszów Małopolski (PL) 82 D1
See (A) 99 D3
Seebach (A) 101 B2
Seeboden (A) 101 A3
Seebruck (D) 93 A4
Seeburg (D) 69 B6
Seefeld (D) 69 D3
Seefeld (A) 100 A2
Seefeld-Kadolz (A) 80 C5
Seehaus (A) 101 B1
Seehausen (D) 69 A2
Seehausen (D) 69 A4
Seelow (D) 70 B1
Seelze (D) 68 B4
Seem (DK) 40 C4
Seerhausen (D) 69 D6
Sées (F) 87 A4
Seesen (D) 68 C5
Seeshaupt (D) 92 C4
Seesta (FIN) 34 B2
Seethal (A) 101 B2
Seevetal (D) 60 D5
Seewiesen (A) 101 D1
Séez (F) 98 B5
Seferihisar (TR) 169 B5
Seffern (D) 76 B4
Sefrivatn (N) 14 D2
Ségalassière, la (F) 105 D1
Segalstad bru (N) 27 C1
Segarcea (RO) 153 B4
Segarcea Vale (RO) 153 D4
Segård (N) 27 C2
Segeletz (D) 69 C2
Segelstein (N) 4 C5
Segeltorp (S) 31 B4
Segerlund (S) 11 B6
Segersta (S) 25 C5
Segerstad (S) 28 C5
Segerstad (S) 39 D6
Segesd (H) 102 C5
Seget, D. (HR) 150 A6
Seggiano (I) 112 C3
Séglien (F) 84 D4
Seglinge (FIN) 32 C4
Seglingsberg (S) 29 C3
Seglodden (N) 3 B1
Seglora (S) 38 B4
Segmon (S) 28 C5
Segni (I) 113 B6
Segonzac (F) 95 A5
Segorbe (E) 134 C4
Segovia (E) 132 C2
Segré (F) 86 C6
Ségrie (F) 87 A5
Ségur (F) 106 A3
Segura (P) 131 A5
Segura de Arriba (E) 131 B6
Segura de León (E) 138 C3
Segura de los Baños (E) 134 B2
Ségur-le-Château (F) 95 C6
Ségur-les-Villas (F) 96 C6
Šeher, N. (BIH) 150 D3
Šegyni (UA) 83 B2
Seia (P) 130 D3
Seica Mare (RO) 147 B5
Seiches-s-le-Loir (F) 86 D6
Seierstad (N) 14 C3
Seignelay (F) 88 D4
Seignosse (F) 104 B4
Seijido (E) 124 C4
Seikka (FIN) 20 B2
Seil (GB) 48 B2
Seilhac (F) 95 D6
Seiliúnai (LT) 176 C6
Seillans (F) 107 D4
Seillons-Source-d'Argens (F) 107 C5
Seilnes (N) 2 C5
Seim (N) 26 A2
Seimeni (RO) 155 B3
Seimsdal (N) 26 D1
Seimsfoss (N) 26 B4
Seimyniškiai (LT) 176 D3
Seinajoki (FIN) 19 C4
Seines (N) 5 A3
Seini (RO) 147 A1
Seipäjärvi (FIN) 7 A5
Seira (E) 128 C4
Seirijai (LT) 176 C6
Seissan (F) 105 A5
Seitajärvi (FIN) 7 C4
Seitenoikea (FIN) 13 B5
Seitlax (FIN) 34 B4
Seivästo (RUS) 35 B4
Seix (F) 105 B6
Seixal (P) 136 B1
Seixal (P) 137 B1
Seixo (P) 125 A5
Sēja (LV) 179 B4
Sejerby (DK) 41 B2
Sejerø (DK) 41 B2
Sejersiev (DK) 37 A6
Sejny (PL) 65 C2
Sekkemo (N) 1 D5
Sekken (N) 22 D3
Sekoviči (BIH) 151 B4
Sekowa (PL) 82 C2
Sekowo (PL) 71 A1
Sel (S) 16 D6
Sel (N) 23 B5
Sela, Klinča (HR) 111 D1
Selånger (S) 25 C3
Selanovci (BG) 153 C5
Selänpää (FIN) 34 C2
Selänsalmi (FIN) 13 A2
Seläntaus (FIN) 20 B3
Selárgius (I) 121 C5
Selb (D) 78 D3
Selbach (D) 76 B5
Selbekken (N) 23 B1
Selbitz (D) 78 C3
Selbu (N) 23 D2
Selby (GB) 54 C3
Selca (HR) 156 B2
Selce (SK) 81 D5
Selce (HR) 111 B2
Selco (RUS) 182 D2
Selçuk (TR) 169 C5
Selde (DK) 37 A6
Sel-de-Bretagne, le (F) 85 B4
Séle (LT) 177 A3
Selenča (YU) 151 B1
Selenice (AL) 162 B4
Selent (D) 60 D2
Sélestat (F) 90 C4
Selet (S) 11 B4
Selet (S) 11 B6
Selet (S) 16 B6
Seleus (RO) 146 C5
Seleuš (YU) 152 A2
Selevac (YU) 152 A3
Selfjord (N) 4 A5
Selfkant (D) 76 A2
Selfoss (IS) 1 B3
Selgua (E) 128 C5
Sēli (LV) 179 C2
Sēli (LV) 182 A3
Seligenst (D) 77 A4
Seliminovo (BG) 160 C3
Selimiye (TR) 173 C1
Selion (GR) 167 B4
Selišta, Medena (BIH) 150 B5
Selište (YU) 152 C5
Selište (BG) 159 A5
Selja (EST) 181 B3
Seljaküla (EST) 180 C4
Seljankylä (FIN) 33 A3
Seljatyn (UA) 148 B2
Selje (N) 22 A5
Seljelvnes (N) 5 B1
Seljestand (N) 26 C4
Seljord (N) 27 A5
Selkäharju (FIN) 35 A2
Selkäjärvi (S) 11 B1
Selkälä (FIN) 7 D6
Selkirk (GB) 49 B4
Selkopp (N) 2 B2
Sella (E) 141 C2
Sella di Corno (I) 113 B4
Sellano (I) 113 B3
Sellasia (GR) 171 A3
Selles-s-Cher (F) 95 C1
Selles-Saint-Denis (F) 88 A5
Sellevoll (N) 26 A1
Sellia (GR) 172 C6
Sellia Mar. (I) 117 A6
Sellières (F) 97 C2
Sellin (D) 62 B1
Sellin (D) 62 C2
Sellindge (GB) 59 B4
Sellingen (NL) 67 B3
Sellrain (A) 100 A2
Sellye (H) 102 D6
Selm (D) 67 C6
Selmes (P) 137 D3
Selmsdorf (D) 61 A3
Selnes (N) 4 C3
Selnes (N) 5 A3
Selnes (N) 9 A1
Selnes (N) 14 A5
Selnica ob Dravi (SLO) 101 D4
Selo, Dugo (HR) 102 A6
Selo, Golemo (YU) 158 C3
Selo, Gornje (YU) 158 B4
Selo, Kifino (BIH) 150 D6
Selo, Krasnoe (RUS) 35 C5
Selo, Laplje (YU) 158 B3
Selo, Mandino (BIH) 150 C6
Selo, N. (BIH) 150 D2
Selo, N. (YU) 152 A5
Selo, Srednee (RUS) 35 B6
Selo, St. (SLO) 101 A5
Selo, St. Petrovo (HR) 150 C2
Selo, V. (YU) 152 B3
Selo (SLO) 101 A5
Selommes (F) 87 C6
Selongey (F) 89 C5
Selonnet (F) 107 C2
Selow (D) 61 C3
Seløy (N) 8 C5
Seløy (N) 26 A2
Sēlpils (LV) 179 D5
Selsey (GB) 58 C5
Selsingen (D) 60 C5
Selsjön (S) 16 C6
Selsteigen (N) 27 B4
Selsvik (S) 11 B6
Selsviken (S) 16 B6
Selters (D) 77 A3
Selters (W.) (D) 76 C3
Seltjärn (S) 16 D5
Selva (I) 100 B4
Selva (I) 109 A3
Selva (I) 109 D1
Selva (E) 123 B4
Selva del Camp., La (E) 135 B1
Selva di Cad. (I) 100 B4
Selve, la (F) 106 A3
Selvino (I) 99 B5
Selz (A) 101 C2
Selzthal (A) 101 B1
Sem (N) 27 C5
Semanova (LV) 182 C4
Semblançay (F) 95 B1
Sembrancher (CH) 98 B4
Sēme (LV) 178 D4
Semeliškės (LT) 176 D5
Semeljci (HR) 151 A1
Semenovo (RUS) 175 B5
Semerovce, Horné (SK) 103 B1
Semetovščizna (BY) 177 C4
Semič (SLO) 101 D6
Semideiro (P) 130 C6
Semily (CZ) 70 C5
Seminara (I) 119 C2
Semiuny (BY) 177 A4
Semizovac (BIH) 151 A5
Semjén (H) 83 A5
Semkovo (BG) 159 B4
Semoine (F) 89 A2
Semons (F) 97 B6
Semoutiers (F) 89 B4
Semovci (HR) 102 B6
Sempeter (SLO) 101 C5
Sempeter (SLO) 111 A1
Sempronìano (I) 112 C4
Semša (SK) 82 D5
Semska (N) 9 B3
Semur-en-Auxois (F) 97 A1
Seña (SK) 82 D5
Sena (P) 125 B6
Sena (E) 128 C6
Senan (F) 88 D4
Sénarpont (F) 74 A4
Senarpont (F) 74 A4
Sénas (F) 107 A4
Senćanski Trešnjevac (YU) 103 C6
Sēle (LT) 177 A3
Senden (D) 67 C5
Senden (D) 91 C3
Sendenhorst (D) 67 C5
Sendreni (RO) 155 A1
Senec (SK) 81 A6
Seneffe (B) 75 A3
Séneghe (I) 121 B3
Senés (E) 140 C5
Senez (F) 107 C4
Senftenberg (D) 70 A3
Senftenberg (A) 80 B5
Sengouagnet (F) 105 B6
Senhora da Atalaia (P) 137 B1
Sénia, La (E) 135 A2
Senica (SK) 81 A5
Senice na h (CZ) 80 D3
Senieji Trakai (LT) 176 D5
Seniga (I) 109 B2
Senigállia (I) 110 D6
Senise (I) 116 D3
Senj (HR) 111 C3
Senja (N) 4 D1
Senje (YU) 152 C4
Senjehopen (N) 4 D1
Senlis (F) 74 B6
Sennde (D) 68 C4
Senne (D) 67 D5
Sennecey-le-Grand (F) 97 B3
Sennen (GB) 56 C6
Sennestadt (D) 68 A5
Senneville (F) 87 A1
Sennik (BG) 160 A2
Sénnori (I) 121 B2
Sennsjøvika (N) 24 A5
Sennybridge (GB) 57 A2
Senohrad (SK) 82 A6
Senoji Radiškė (LT) 176 B6
Senokos (BG) 155 B6
Senonches (F) 87 B4
Senonnes (F) 86 C6
Senorbi (I) 121 C5
Senov, Kamenický (CZ) 70 B5
Senov (CZ) 81 B2
Senovo (BG) 154 C6
Senožeče (SLO) 101 B6
Sens (F) 88 D3
Sens-de-Bretagne (F) 85 B3
Senta (YU) 103 D6
Senterada (E) 128 D4
Sentilj (SLO) 101 D4
Šentjanž (SLO) 101 C5
Šentjernej (SLO) 101 D6
Sentjur pri Celju (SLO) 101 D5
Sentmenat (E) 129 B6
Sentvid (SLO) 101 B5
Senuc (F) 75 B6
Senumstad (N) 36 D2
Seon (CH) 98 D2
Sepetovka (RUS) 175 D4
Sépey, Le (CH) 98 B4
Sepino (I) 115 A4
Sepmes (F) 95 B2
Sepólno Krajeńskie (PL) 63 C4
Sepolno Wielkie (PL) 63 B3
Sepopol (PL) 64 D2
Seppenrade (D) 67 C5
Seppois (F) 98 C1
Sepreus (RO) 146 B4
Septèmes-les-Vallons (F) 107 B5
Septemvri (BG) 159 C4
Septeuil (F) 88 A2
Septfonds (F) 105 C3
Septfontaines (F) 97 D2
Sept-Forges (F) 86 D4
Sept-Meules (F) 74 A4
Sepúlveda (E) 132 D1
Sequals (I) 100 D5
Sequeros (E) 131 C3
Serain (F) 74 D4
Seraincourt (F) 75 A5
Seraing (B) 75 C3
Seravezza (I) 109 B5
Serbănesti (RO) 148 D2
Serbănesti (RO) 153 D3
Serbăuti (RO) 148 D2
Serbinów (PL) 72 C4
Sercaia (RO) 147 D5
Sered' (SK) 81 A6
Seredka (RUS) 182 D2
Serednje (UA) 83 B5
Seredžius (LT) 176 B4
Seregélyes (H) 103 A3
Seregno (I) 99 B6
Sereikiai (LT) 176 B1
Séreilhac (F) 95 C5
Serein, Isles-sur- (F) 75 A6
Serenčany (BY) 177 B4
Sérent (F) 85 A4
Seres (GR) 164 A2
Serfaus (A) 99 D3
Serfopula (GR) 172 A2
Sergen (TR) 161 B5
Sergines (F) 88 D3
Sergino (RUS) 182 D3
Sergnano (I) 109 A1
Seriate (I) 99 B6
Sérifontaine (F) 74 A6
Serifos (GR) 172 A3
Sérignan (F) 106 B5
Sérignan-du-Comtat (F) 107 A3
Sérigny (F) 94 C4
Serkšnėnai (LT) 175 D1
Sermaises (F) 88 B3
Sermaize-les-Bains (F) 89 B2
Sermano (F) 120 C3
Sermesse (F) 97 B2
Sermide (I) 109 D2
Sermoneta (I) 114 B4
Sermoyer (F) 97 B3
Sērmūksi (LV) 179 C4
Sernache de Bonjardim (P) 130 C4
Sernancelhe (P) 131 A2
Serniki (PL) 73 B3
Serock (PL) 64 D6
Seroczyn (PL) 73 A2
Séron (F) 104 D5
Serón (E) 140 C5
Serón de Najima (E) 127 B6
Serós (E) 128 C6
Serpa (P) 138 A3
Serqueux (F) 89 C4
Serra (I) 108 D4
Serra, Pratola (I) 115 A4
Serra (I) 115 A5
Serra (P) 130 C5
Serracapriola (I) 115 B3
Serrada (E) 126 B6
Serra de Conti (I) 113 B2
Serradifalco (I) 118 C5
Serradilla (E) 131 C3
Serradilla (E) 131 C4
Serra-di-S. (F) 120 C4
Serramanna (I) 121 B5
Serramazzoni (I) 109 C4
Serra Sant'Abbóndio (I) 113 A2
Serra San Bruno (I) 119 D1
Serra San Quirico (I) 113 B2
Serraval (F) 97 D5
Serravalle (I) 108 C3
Serravalle (I) 108 C4
Serravalle (I) 113 B3
Serravalle di C. (I) 113 A2
Serravalle di Ch. (I) 113 B3
Serravalle S. (I) 108 D3
Serre (I) 115 B6
Serrejaur (S) 11 A5
Serrejón (E) 131 D5
Serrenti (I) 121 C5
Serres (F) 107 B2
Serreta (P) 136 D6
Serrières (F) 97 B6
Serrières-de-Briord (F) 97 C5
Serritslev (DK) 37 C5
Serro Ventoso (P) 130 B5
Sersale (I) 117 A6
Serski Las (PL) 65 C2
Sertã (P) 130 C4
Servance (F) 90 B5
Serverette (F) 106 B2
Serves-s-Rhône (F) 97 B6
Servia (GR) 163 B4
Serviana (GR) 162 D6
Servières-le-Château (F) 105 D1
Serviers (F) 106 D3
Serviès-en-Val (F) 106 A6
Servigliano (I) 113 C3
Servon (F) 85 B2
Serwest (D) 62 B5
Sery (F) 74 D5
Sesa (E) 128 B5
Sesimbra (P) 137 B2
Seskar, O. (RUS) 35 A5
Seskarö (S) 11 D4
Sesklion (GR) 173 C3
Sesma (E) 127 C4
Sesmaria (P) 137 D3
Sesmo (E) 131 A5
Sessa Aurunca (I) 114 C5
Seßlach (D) 78 B3
Sesta Godano (I) 109 A4
Sestanovac (HR) 150 B6
Sestino (I) 110 B6
Sesto (I) 100 C3
Sesto al R. (I) 110 C1
Sesto Calende (I) 99 A5
Sesto F. (I) 109 D5
Seštokai (LT) 176 B5
Sestola (I) 109 C4
Sesto San Giovanni (I) 109 A1
Sestriere (I) 107 D1
Sestri Levante (I) 109 A4
Sestrimo (BG) 159 C4
Sestri Ponente (I) 109 A3
Sestroretsk (RUS) 35 C4
Sestu (I) 121 C5
Sešuolėliai (LT) 176 D4
Sešuoliai (LT) 176 D3
Sesvete (HR) 102 A6
Seta (GR) 167 D5
Sēta (LT) 176 C3
Setcases (E) 129 C4
Setchey (GB) 55 A6
Sète (F) 106 C5
Setenil (E) 142 D4
Seter (N) 23 B2
Seter (N) 24 A4
Seteråsen (N) 28 B1
Seteren (N) 8 D4
Seterhaug (N) 15 A3
Setermoen (N) 5 B2
Setervik (N) 8 D4
Setervik (N) 14 B4
Setiles (E) 133 D2
Setså (N) 9 B2
Setskog (N) 28 A4
Sette Feudi (I) 119 A4
Settefrati (I) 114 C4
Séttimo Vitt. (I) 108 B1
Séttimo (I) 108 B2
Settle (GB) 53 C2
Setubal (P) 137 B2
Seu d'Urgell, La (E) 129 A4
Seui (I) 121 C4
Seunaure (S) 11 A3
Seurre (F) 97 B2
Seva (E) 129 C5
Sevaster (AL) 162 B4
Sevel (DK) 40 C1
Sevelen (CH) 99 B2
Sevenoaks (GB) 59 A3
Sévérac-le-Château (F) 106 B3
Severin (HR) 111 C2
Severn, Upton upon (GB) 57 C1
Severnjak (BG) 155 A5
Severnoe (RUS) 175 D5
Séveso (I) 99 A6
Sevětín (CZ) 79 D5
Sevettijärvi, Čevetävri (FIN) 3 B4
Seveux (F) 89 D5
Sevgolation (GR) 167 B6
Sévignac (F) 85 A3
Sévignacq-Thèze (F) 104 D5
Sevilla (E) 142 C3
Sevilleja de la Jara (E) 132 A5
Sevlievo (BG) 160 A2
Sevnica (SLO) 101 D5
Sevrier (F) 97 D5
Sevskoe (RUS) 175 C5
Sexcles (F) 105 C1
Sexdrega (S) 38 C4
Seyches (F) 105 A2
Soyda (D) 69 C5
Seydisfjördur (IS) 1 D2
Seyne (F) 107 C2/3
Seynes (F) 106 D3
Seyne-s-Mer, la (F) 107 C6
Seyssel (F) 97 D4
Seysses (F) 105 B5
Sežana (SLO) 101 A6
Sézanne (F) 88 D5
Sezulfe (P) 125 A6
Sezures (P) 130 D2
Sezzadio (I) 108 C3
Sezze (I) 114 B4
Sfaka (GR) 173 B6
Sfaktiria (GR) 170 C4
Sfîntu Gheorghe (RO) 148 C6
Sfîntu Gheorghe (RO) 154 D3
Sfîntu Gheorghe (RO) 155 D2
Sgeir a'Mhill (GB) 44 A6
's-Gravenhage, Den Haag (NL) 66 B5
Sgúrgola (I) 114 B4
Shaftesbury (GB) 57 C4
Shanagolden (IRL) 50 C3
Shankend Farm (GB) 49 B5
Shanklin (GB) 58 C5
Shanlaragh (IRL) 50 C5
Shannon Airport (IRL) 50 C3
Shannonbridge (IRL) 51 A2
Shantonagh (IRL) 47 B6
Shap (GB) 53 C1
Shapinsay (GB) 45 C1
Shawbost (GB) 44 B3
Sheep's Head (IRL) 50 B6
s-Heerenberg (NL) 67 A5
s-Heerenbroek (NL) 67 A4
Sheerness (GB) 59 B3
Sheffield (GB) 54 B4
Shefford (GB) 58 D1
Sheppey (GB) 59 B3
Shepton Mallet (GB) 57 C4
Sherborne (GB) 57 C4
Shercock (IRL) 47 B6
S. Herefoss (N) 36 D2
Sheringham (GB) 55 B5
's-Hertogenbosch (NL) 66 D6
Shetland (GB) 45 C3
Shiant Is. (GB) 44 B4
Shieldaig (GB) 44 C5
Shields, South (GB) 49 D6
Shifnal (GB) 53 C6
Shijak (AL) 162 B2
Shildon (GB) 54 B1
Shillay (GB) 44 A4
Shillelagh (IRL) 51 C3
Shilton (GB) 54 B6
Shinrone (IRL) 51 A3
Shipdham (GB) 55 B6
Shipley (GB) 54 B3
Shipston on Stour (GB) 58 B1
Shipton (GB) 53 B6
Shipton (GB) 54 C2
Shipton-under-Wychwood (GB) 58 B2
Shkodër (AL) 157 C5
Shoeburyness (GB) 59 B3
Shoreham (GB) 58 D4
Shotley Gate (GB) 59 B2
Shrewsbury (GB) 53 B6
Shrewton (GB) 58 B3
Shrule (IRL) 50 D1
Siamanna (I) 121 B4
Sianów (PL) 63 B2
Siatista (GR) 163 A4
Siaudinė (LT) 176 A1
Siaugues-Saint-Romain (F) 106 C1
Siaulėnai (LT) 176 B2
Siauliai (LT) 176 B2
Siauliai (LT) 176 D4
Sibari (I) 117 A4
Sibbarp (S) 38 B5
Sibbesse (D) 68 C5
Sibbhult (S) 42 D1
Sibbo, Sipoo (FIN) 34 B4
Sibbofjord (FIN) 34 B4
Sibenik (HR) 150 A5
Sibiciu de Sus (RO) 154 C2
Sibinj (HR) 111 C3
Sibirien (N) 14 D4
Sibiu (RO) 147 C6
Sibnica (YU) 151 D3
Sibo (S) 25 C5
Sibratshofen (D) 92 A5
Sibro (S) 30 D5
Sibsey (GB) 54 D5
Sibuljina (HR) 111 D4
Sic (RO) 147 B3
Sićevo (YU) 152 D6
Sichów (PL) 70 D4
Siciny (PL) 71 A3
Sicklesmere (GB) 59 A1
Sickte (D) 68 D4
Sicula (RO) 146 C4
Siculeni (RO) 148 C5
Siculiana (I) 118 B4
Sid (YU) 151 B2
Sidabravas (LT) 176 C2
Sidariai (LT) 176 B2
Sidarion (GR) 162 B5
Siddeburen (NL) 67 B2
Sideby Siipyy (FIN) 19 A6
Sidensjö (S) 16 D6
Siderno (I) 119 D2
Sideros, Akr. (GR) 173 B5
Sidestrand (GB) 55 B5
Sidford (GB) 57 B5
Sidirokastron (GR) 163 D1
Sidirokastron (GR) 170 D3
Sidmouth (GB) 57 B5
Sidskogen (S) 25 B5
Sidzina (PL) 82 A3
Siebe (N) 6 B1
Siebenlehn (D) 79 A1
Siebing (A) 101 D3
Siecq (F) 95 A5
Siedlanka (PL) 73 A6
Siedlce (PL) 73 A1
Siedlec (PL) 71 B1
Siedlice (PL) 62 D3
Siedliska (PL) 82 C2
Siedlisko, Stare (PL) 64 B2
Siedlisko (PL) 63 B5
Siedlisko (PL) 70 C2
Siedliszcze (PL) 73 C4
Siegburg (D) 76 C2
Siegen (D) 76 D2
Siegenburg (D) 92 D2
Sieggraben (A) 102 B2
Sieghartskirchen (A) 80 C6
Siegsdorf (D) 93 A4
Sieima (N) 1 D6
Siekkinen (FIN) 13 B3
Siekluki, Stare (PL) 72 D3
Sielec (PL) 73 C4
Sielhorst (D) 67 D4
Sielnica (SK) 81 D5
Sieluń (PL) 65 A5
Siemianowice (PL) 72 A6
Siemianówka (PL) 65 D5
Siemiatycze (PL) 65 C6
Siemien (PL) 73 B3
Siemkov-Gorodok (BY) 177 D6
Siemkowice (PL) 71 D4
Siena (I) 112 C2
Sieniawa (PL) 73 B6
Sieniawa (PL) 83 A3
Sieniawka (PL) 71 A5
Sieniec (PL) 71 D4
Siennica (PL) 72 D2
Sienno (PL) 72 D4
Siepietnica (PL) 82 D2
Sieppijärvi (FIN) 6 C5
Sieradz (PL) 71 D3
Sieraków (PL) 63 A6
Sieraków (PL) 71 D5
Sierakówek (PL) 72 A1
Sierakowice (PL) 63 D2
Sierck-les-Bains (F) 75 D6
Sierentz (F) 90 C5
Sierndorf (A) 80 C5
Sierning (A) 93 D3
Sieroty (PL) 71 D6
Sierpc (PL) 64 B5
Sierpe, La (E) 131 D3
Sierra de Labia (E) 128 A5
Sierra de Yeguas (E) 143 A3
Sierra Nevada (E) 143 D4
Sierre (CH) 98 C4
Sierro (E) 140 C5
Siersza, Trzebinia- (PL) 72 A6
Siesikai (LT) 176 D3
Siestrzeń (PL) 72 C2
Sietamo (E) 128 B5
Siete Aguas (E) 134 C5
Sieu (RO) 147 B1
Sieu (RO) 147 C3
Sieu-Odorhei (RO) 147 B2
Sievi (FIN) 20 A1
Sievin Asema (FIN) 20 A1
Siewierz (PL) 72 A6
Sifjord (N) 4 D1
Sifne (TR) 169 A5
Sifnos (GR) 172 A3
Sig (DK) 40 C3
Sig (RO) 146 D3
Sığacık (TR) 169 A5
Sigdal (N) 27 C4
Sigean (F) 84 D4
Sigerfjord (N) 4 C3
Sigernes (N) 28 B3
Sigfrid, Stora (S) 39 C5
Siggebohyttan (S) 29 A4
Siggerud (N) 27 D4
Siggerud (N) 28 A2
Siggjarvåg (N) 26 B5
Siggur (S) 43 C5
Sighetu Marmației (RO) 83 D6
Sighisoara (RO) 148 B6
Sigillo (I) 113 B2
Siglajvs (S) 43 C6
Siglufjördur (IS) 1 B1
Sigmaringen (D) 91 B4
Signa (I) 109 D5
Signalnes (N) 5 C1
Signau (CH) 98 C2
Signes (F) 107 C5
Signy (F) 75 A4
Signy-l'Abbaye (F) 75 A5
Signy-l'Abbaye (F) 107 C5
Signy-le-Petit (F) 75 A5
Sigogne (F) 75 A4

Sigoulès (F) 95 A5
Sigrion, Akr. (GR) 165 A6
Sigrion (GR) 165 A6
Sigsarve (S) 43 C5
Sigtuna (S) 31 A3
Siguenza (E) 133 B2
Siguer (F) 105 A2
Sigués (E) 128 A3
Sigulda (LV) 179 C4
Sihlbrugg (CH) 99 A2
Sihtuuna (FIN) 12 B1
Sihva (EST) 182 B2
Šiauliai (LT) 176 B2
Siibi (RO) 146 D5
Siikainen (FIN) 19 A6
Siikajoki (FIN) 12 B5
Siika-Kämä (FIN) 12 D1
Siikakoski (FIN) 34 C2
Siikala (FIN) 33 C3
Siikalainen (FIN) 13 C2
Siikaniemi (FIN) 34 C2
Siikaselkä (FIN) 20 C6
Siikava (FIN) 34 C2
Siiksaare (EST) 180 B5
Siilinjärvi (FIN) 20 D3
Siimika (EST) 180 C3
Siimusti (EST) 181 B5
Siitama (FIN) 33 C1
Siivikko (FIN) 13 A4
Sijarinska Banja (YU) 158 C3
Sikfors (S) 11 B5
Sikfors (S) 29 A4
Sikhjälma (S) 31 A1
Sikilsdalsseter (N) 23 B6
Siklesciems (LV) 178 B6
Siklós (H) 103 A6
Siknäs (S) 11 C4
Sikórz (PL) 64 B6
Sikovuono (FIN) 7 B1
Sikrags (LV) 178 C3
Sikselberg (S) 16 D2
Siksele (S) 16 D2
Sikselet (S) 10 B4
Siksjö (S) 16 C3
Siksjöhöjden (S) 16 B3
Siksjön (S) 11 A5
Siksjön (S) 24 D4
Siksjönäs (S) 15 C2
Sikšni (LV) 175 C1
Sikšniai (LT) 176 A5
Sil (S) 16 B5
Silagaliai (LT) 177 A2
Silagals (LV) 182 B5
Silagalys (LT) 176 C2
Silai (LT) 176 D3
Silainiai (LT) 176 C3
Silajāni (LV) 182 B6
Silalė (LT) 175 D3
Silandro (I) 99 D4
Silánus (I) 121 B3
Silavotas (LT) 176 C5
Silberbach (D) 78 D3
Silda (N) 1 C4
Sildhopen (N) 4 D5
Sildpollen (N) 4 B4
Sildvika (N) 5 A2
Sile, Capo (I) 100 C6
Silėnai (LT) 176 B2
Silėnai (LT) 176 C4
Silėnai (LT) 176 D4
Silencio, Costa d. (E) 144 B6
Silene (LV) 177 C2
Silenieki (LV) 179 A5
Silenrieux (B) 75 A4
Siles (E) 140 C2
Silfiac (F) 105 C6
Silha (RO) 146 C6
Silica (SK) 82 C5
Silindia (RO) 146 C5
Silíqua (I) 121 B5
Silistea (RO) 155 B3
Silistea-Gumesti (RO) 153 D3
Silistra (BG) 154 D4
Silistraru (RO) 155 A2
Silius (I) 121 C5
Silivasu de Cimpie (RO) 147 C3
Silivri (TR) 161 B6
Siljan (N) 27 C6
Siljansfors (S) 28 D1
Siljansnäs (S) 29 A1
Siljeåsen (S) 15 C4
Siljegovac, V. (YU) 152 C6
Siljuberget (N) 28 A1
Silkeborg (DK) 40 D2
Silken (S) 29 A3
Silla (E) 134 D6
Silla (EST) 180 C4
Sillamäe (EST) 181 D3
Sillano (I) 109 B4
Sillanpää (FIN) 19 D2
Silleda (E) 124 C3
Sillé-le-Guillaume (F) 87 A5
Sillerö (S) 28 D2
Sillerud (S) 28 B5
Sillery (F) 75 A6
Sillian (A) 100 C3
Silloth (GB) 49 A6
Sillre (S) 25 B2
Silly-en-S. (F) 90 A2
Silmala (LV) 182 C6
Silmutjoki (FIN) 20 C4
Silnica (PL) 72 B5
Silo (HR) 111 B2
Sils (E) 129 C5
Silsand (N) 5 A1
Silsjönäs (S) 16 B5
Sils-Maria (CH) 99 C4
Siltaharju (FIN) 7 B3
Siltakylä (FIN) 34 C4
Siltavaara (FIN) 21 B2
Siltene (LV) 182 C5
Silukains (LV) 182 B6
Silutė (LT) 175 C3
Siluva (LT) 176 B3
Silva (E) 124 C2
Silvana Mànsio (I) 117 A5
Silvano d'O. (I) 108 D3
Silvaplana (CH) 99 C4
Silvares (P) 130 D4
Silvberg (S) 29 B2
Silvėnai (LT) 176 B4
Silverberg (S) 15 C1
Silverdalen (S) 39 B3
Silvermines (IRL) 51 A3
Silverstone (GB) 58 C1
Silves (P) 137 C5
Silvignano (I) 113 B3
Silvi Marina (I) 113 D4
Silvola (FIN) 21 B6
Silz (A) 100 A2
Simala (I) 121 B4
Simanala (FIN) 21 B6
Simancas (E) 126 B6
Simand (RO) 146 B4
Simandra (GR) 163 D4
Simandre (F) 97 B3
Simanovci (YU) 151 D2
Simard (F) 97 B3
Simaság (H) 102 B2
Simat (E) 134 D6
Simavik (N) 1 B5
Simbach (D) 93 A2
Simbach a. Inn (D) 93 B3
Sîmbăta (RO) 146 C3
Sîmbăteni (RO) 146 B5
Simbrea (RO) 148 D5
Simenovgrad (BG) 160 B4
Simeonovo (BG) 159 B3
Simeria (RO) 147 A6
Simested (DK) 37 B6
Simiane-la-Rotonde (F) 107 B3
Simin Han (BIH) 151 B3
Simitli (BG) 159 A5
Simkai (LT) 175 C2
Simkaičiai (LT) 176 B3
Simle (N) 14 C2
Simleul Silvaniei (RO) 146 D2
Simmerath (D) 76 A3
Simmern (D) 76 C4
Simnas (LT) 176 B5
Simnica (MK) 158 B6
Simo (FIN) 12 C3
Simola (FIN) 35 A3
Simonfa (H) 102 D5
Simoniemi (FIN) 12 B3
Simonkangas (FIN) 12 D2
Simonkylä (FIN) 12 B3
Simonsbath (GB) 57 A4
Simonsberg (D) 60 B2
Simonstad (N) 37 A2
Simonstorp (S) 30 D6
Simonswald, Vord.- (D) 90 D4
Simontornya (H) 103 A4
Simonys (LT) 176 D2
Simopulon (GR) 170 C2
Simorre (F) 105 A/B5
Simos (GR) 166 D5
Simou (CY) 174 C5
Simpele (FIN) 35 B1
Simplon-Dorf (CH) 98 D4
Simrishamn (S) 43 A3
Simsjölandet (S) 16 B4
Simskälä (FIN) 32 B4
Simskaret (N) 15 A2
Simtuna (S) 30 D3
Simuna (FIN) 20 C5
Simuna (EST) 181 B4
Sinagra (I) 119 A2
Sinaia (RO) 154 A2
Sinalunga (I) 112 D2
Sînandrei (RO) 146 B6
Sinarcas (E) 134 B5
Sinard (F) 107 B1
Sinasås (N) 23 C2
Sin'avino (RUS) 175 A4
Sin'avino (RUS) 175 D5
Şinca Nouă (RO) 147 D5
Şinca Veche (RO) 154 A1
Sincraiu (RO) 146 D3
Sîncraiu (RO) 147 A3
Sinda (CY) 174 B3
Sindal (DK) 37 C4
Sindel (BG) 161 A1
Sindelfingen (D) 91 A2
Sindi (EST) 180 D5
Sindia (I) 121 B3
Sinding (DK) 40 C2
Sındırgı (TR) 169 D2
Sindominic (RO) 148 C5
Sindos (GR) 163 C3
Sindringen (D) 91 B1
Sineçki (TR) 161 C6
Sinekçi (TR) 165 D3
Sinersig (RO) 146 C6
Sines, Cabo de (P) 137 B3
Sines (P) 137 B3
Sinesti (RO) 149 A3
Sinetänsalm (FIN) 6 D6
Sinettä (FIN) 7 A6
Sineu (E) 123 B4
Sinevidoje, Verchneje (UA) 83 C3
Singen (D) 91 A5
Sîngeorgiu de Pădure (RO) 148 B5
Sîngeorz-băi (RO) 147 C2
Singer (RO) 147 B4
Singerei (MD) 149 C2
Sîngeru (RO) 154 B2
Singistugorna (S) 5 B5
Singla (N) 1 C5
Singla (H) 140 D3
Singles (F) 96 B5
Singleton (GB) 58 C4
Singö (S) 31 B2
Singusdal (N) 27 B6
Sinij Nikola (RUS) 182 D4
Siniscóla (I) 121 D2
Sini vir (BG) 154 D6
Sinj (HR) 150 B6
Sinjomorec (BG) 161 B4
Sinjski, Obrovac (HR) 150 B5
Sînmartin (RO) 148 D5
Sînmihaiu Almasului (RO) 147 A3
Sînmihaiu de Cîmpie (RO) 147 C3
Sinnai (I) 121 C5
Sînnicolau Mare (RO) 146 A5
Sinntal (D) 77 B3
Sinoie (RO) 155 C3
Sinole (LV) 182 B4
Sinópoli (I) 119 C2
Sinpaul (RO) 148 C6
Sinpetru de Cîmpie (RO) 147 C3
Sins (CH) 99 A2
Sinsat (F) 105 C6
Sinsen (D) 67 B6
Sinsheim (D) 91 A1
Sînsimion (RO) 148 D5
Sinsin (B) 75 C4
Sinspelt (D) 76 A4
Sîntana (RO) 146 B5
Sintautai (LT) 176 B4
Sintea Mare (RO) 146 B4
Sintereag (RO) 147 C2
Sinteu (RO) 146 D3
Sintra (P) 137 A1
Sintsi (FIN) 21 C5
Sînzieni (RO) 148 D6
Siófok (H) 102 D4
Sion (CH) 98 C4
Sion-les-Mines (F) 85 B5
Sion-s-l'Océan (F) 94 A3
Siorac-en-Périgord (F) 105 B1
Sip (RO) 152 D3
Sipa (EST) 180 D4
Sipačno (YU) 157 B3
Sipan (HR) 156 D3
Sipilä (FIN) 20 A4
Sipka (BG) 160 A3
Sipkovo (BG) 159 D2
Sipola (FIN) 12 C6
Siponto (I) 115 C3
Siponys (LT) 176 C5
Sipoo, Sibbo (FIN) 34 B4
Sipoonselka (FIN) 34 B4
Sipote (RO) 149 A2
Sipovka (RUS) 175 A4
Sipovo (BIH) 150 C4
Sippola (FIN) 34 D3
Sipsdorf (D) 61 A2
Sira (N) 36 B2
Sirač (HR) 150 C1
Siracusa (I) 119 B5
Sirakovo (BG) 160 B5
Siran (F) 105 D1
Sîrbeni (RO) 154 A4
Siret (RO) 148 C1
Siretel (RO) 149 A3
Sirevåg (N) 36 A2
Sirgala (EST) 181 D3
Siria (RO) 146 B5
Sirig (YU) 151 C1
Sirijord (N) 9 A6
Siritovci (HR) 150 A5
Sirk (SK) 82 B5
Sirkakoski (FIN) 11 D1
Sirkjärvi (FIN) 35 A3
Sirkka (FIN) 6 D4
Sirkkamäki (FIN) 20 C5
Sirksfelde (D) 61 A4
Sirma (N) 2 D3
Sirmione (I) 109 C1
Sirna (RO) 154 B3
Sirniö (FIN) 13 B2
Sirok (H) 103 D1
Siroka lŭka (BG) 159 D5
Siroka Kula (HR) 111 D4
Širokė (SK) 82 C4
Siroko Polje (HR) 151 A1
Sirolo (I) 113 C2
Siros (GR) 173 B6
Sirpsindiği (TR) 160 D5
Siruela (E) 139 A1
Sirvaste (EST) 182 B2
Sirvintos (LT) 176 D4
Sirviönlehto (FIN) 20 D1
Sisak (HR) 150 A1
Sisamón (E) 133 D1
Sišan (HR) 111 A3
Sisante (E) 133 B6
Sisargas, Islas (E) 124 C1
Sisätto (FIN) 19 C6
Sisco (F) 120 C1
Sišenci (BG) 152 D4
Sisesti (RO) 153 A2
Sišljavić (HR) 111 D1
Sišov (SK) 81 B5
Sissach (CH) 98 D1
Sissonne (F) 75 A5
Sistarovät (RO) 146 C5
Sisteron (F) 107 C3
Sistiana (I) 111 A1
Sistig (D) 76 B3
Sistranda (N) 23 A1
Sitagri (GR) 164 A2
Sit'ane (RUS) 182 D4
Sitaniec (PL) 73 C5
Sitasjaurestugorna (S) 5 A5
Sitges (E) 135 C1
Sitia (GR) 173 B5
Sitikkala (FIN) 34 C3
Sitke (H) 102 C3
Sitkūnai (LT) 176 C4
Sitnica, Nižná (SK) 83 A4
Sitrama (E) 125 C5
Sitsa (GR) 162 D5
Sittensen (D) 60 C5
Sitter (N) 14 B4
Sittingbourne (GB) 59 B3
Sittsjön (S) 25 A1
Sitzendorf (A) 80 C5
Siuntio (FIN) 33 C4
Siupyliai (LT) 176 B1
Siuro (FIN) 33 B1
Siurua (FIN) 12 D3
Siurunmaa (FIN) 7 B4
Siusi (I) 100 B4
Sivac (YU) 103 C6
Sivakka (FIN) 21 B1
Sivakkajoki (FIN) 21 A1
Sivakkavaara (FIN) 21 A3
Siverić (HR) 150 A5
Sivers (LV) 177 C1
Siverskij (RUS) 35 C6
Sivertgården (N) 9 A5
Sivica (BY) 177 B5
Sivry-s-Meuse (F) 75 C6
Sivry-sur-Meuse (F) 75 C6
Six-Fours-les-Plages (F) 107 C6
Sixpenny Handley (GB) 58 A4
Sixt (F) 98 B4
Sixto (E) 124 D1
Siziano (I) 108 D2
Sizun (F) 84 B3
Sjaelland (DK) 41 B1
Själgrund (S) 31 A1
Själlarim (S) 10 D3
Själstuga (S) 25 C6
Sjåmo (N) 8 D5
Sjåstad (N) 27 C4
Sjaunjaviken (S) 10 D1
Sjemeć (BIH) 151 B5
Sjenica (YU) 151 D6
Sjeničak Lasinjski (HR) 111 D2
Sjerogošte (YU) 157 C3
Sjnjerra (S) 10 C5
Sjoa (N) 23 B5
Sjöändan (S) 24 D5
Sjøåsen (N) 14 C4
Sjöberg (S) 15 C2
Sjöbo (S) 39 A2
Sjöbo (S) 42 D3
Sjöbotten (S) 17 A2
Sjöbotten (S) 17 B2
Sjöbränet (S) 17 A3
Sjøholt (N) 22 C4
Sjokksjäkk (S) 11 A2
Sjöland (S) 16 D6
Sjøli (N) 24 A6
Sjøli (N) 24 B5
Sjöliden (S) 16 B2
Sjölunda (S) 29 C5
Sjömellankälen (S) 17 B3
Sjonhagen (N) 8 D4
Sjørup (DK) 40 C1
Sjösa (S) 31 A6
Sjötofta (S) 38 C4
Sjötorp (S) 28 D6
Sjoutnäs (S) 15 B3
Sjøvassbotn (N) 1 B6
Sjøvegan (N) 5 A2
Sjovik (S) 38 B3
Sjulnäs (S) 10 C5
Sjulsmark (S) 11 B5
Sjulsmark (S) 16 B2
Sjulsmark (S) 17 B3
Sjundeå (FIN) 33 C4
Sjuntorp (S) 38 B2
Sjursheim (N) 5 A4
Skaborai (LT) 175 D2
Skåbu (N) 23 B6
Skåde (DK) 41 A2
Skademark (S) 17 A5
Skælskør (DK) 41 B4
Skærbæk (DK) 40 C4
Skærup (DK) 40 D3
Skafså (N) 27 A5
Skaftet (S) 39 C3
Skåfthammar (S) 31 A2
Skaftung (FIN) 19 A5
Skaftungbyn (S) 24 D6
Skaftungbyn (S) 25 A6
Skag (FIN) 32 A4
Skaga (N) 8 C5
Skagafjördhur (IS) 1 B1
Skagatá (IS) 1 B1
Skage (N) 14 C4
Skagen (N) 4 C3
Skagen (DK) 37 C4
Skagersbrunn (S) 29 A5
Skagersholm (S) 29 A6
Skagsudde (S) 17 A6
Skaidi (N) 2 B3
Skail (GB) 45 A3
Skaistgiriai (LT) 176 C2
Skaistgirys (LT) 179 A6
Skaistkalne (LV) 179 B6
Skaiti (N) 9 B3
Skała (PL) 72 B6
Skala (GR) 166 B6
Skala (GR) 167 B4
Skala (GR) 171 A4
Skala Eressu (GR) 165 A6
Skala Kallonis (GR) 165 A6
Skålan (S) 24 C3
Skaland (N) 4 D1
Skala Oropu (GR) 167 D5
Skålavik (DK) 36 B5
Skalbmierz (PL) 72 C6
Skalbø (N) 27 A4
Skålboö (S) 39 C1
Skålbygge (S) 25 A5
Skälderviken (S) 42 B1
Skalica (SK) 81 A4
Skalica (BG) 160 C3
Skalice (CZ) 70 D6
Skalice, Česká (CZ) 70 D6
Skalice, Stříb. (CZ) 79 D4
Skalité (SK) 81 C3
Skallelv (N) 3 B2
Skälleröd (S) 37 D1
Skällinge (S) 38 B5
Skallsjön (S) 16 A5
Skallskog (S) 29 A2
Skalltorp (S) 29 A6
Skällvik (S) 39 C1
Skalmirzyce, Nowe (PL) 71 C3
Skalmodalen (S) 9 A6
Skalmsjö (S) 16 D5
Skålö (S) 28 D2
Skaloti (GR) 164 B1
Skals (DK) 40 D1
Skålsjön (S) 25 B6
Skalstugan (S) 14 D6
Skålsvik (N) 9 A2
Skålvasseter (N) 27 B2
Skälvattnet (S) 9 A5
Skålvik (N) 14 C2
Skåvoll (N) 4 C5
Skam'ja (RUS) 181 D4
Skammestein (N) 27 B1
Skån (S) 42 C1
Skandarion, Akr. (GR) 173 B3
Skandawa (PL) 64 D2
Skanderborg (DK) 40 D2
Skandsura (GR) 167 D3
Skånevik (N) 26 B5
Skangali (RUS) 182 D5
Skannerup (DK) 40 D2
Skänninge (S) 39 A1
Skanör (S) 42 C3
Skans (S) 24 B3
Skansen (N) 14 B5
Skansholm (S) 15 C3
Skansnäs (S) 10 B5
Skansnäs (S) 15 C1
Skansnäset (S) 15 C3
Skanum (S) 28 D5
Skåpafors (S) 28 B6
Skapce (CZ) 79 A4
Skape (PL) 70 C2
Skåpet (S) 17 A5
Skapiškis (LT) 177 A2
Skår (N) 4 C5
Skara (S) 38 C2
Skaraborg (S) 16 C3
Skäralid (S) 42 C2
Skäran (S) 17 C3
Skarberget (N) 4 D4
Skarbiszów (PL) 71 C5
Skärblacka (S) 39 B1
Skarda (S) 16 D3
Skarde (N) 26 C4
Skardupiai (LT) 176 A5
Skåre (S) 28 C5
Skare (HR) 111 C3
Skares (LV) 178 D6
Skaret (N) 8 D5
Skaret (N) 9 A4
Skåret (N) 24 B6
Skarfjord (N) 2 D1
Skärhamn (S) 38 A3
Skärkdalen (S) 24 B3
Skärlöv (S) 39 D6
Skarmodalen (N) 9 A6
Skarmunken (N) 1 B6
Skårnes (N) 4 D4
Skarnes (N) 28 A3
Skarnik (S) 43 D5
Skarpdalsvollen (N) 24 A2
Skärplinge (S) 31 A1
Skarrild (DK) 40 C2
Skärså (S) 25 C5
Skarsfjord (N) 1 A5
Skarsøy (N) 23 A1
Skarstad (N) 4 D4
Skärstad (S) 38 D3
Skarstein (N) 4 C2
Skarsvåg (N) 2 B1
Skarszew (PL) 71 C3
Skarszewy (PL) 63 D2
Skartlia (N) 27 C1
Skårup (DK) 41 B4
Skarvfjordhamn (N) 1 D2
Skarvik (N) 2 B2
Skarvseter (N) 24 A5
Skarvsjöbodarna (S) 16 B2
Skarvsjöby (S) 16 B2
Skaryszew (PL) 72 D4
Skarżysko-Kamienna (PL) 72 C4
Skasen (N) 9 A4
Skasen (N) 28 B3
Skasenden (N) 28 B3
Skašov (CZ) 79 B5
Skast (DK) 40 C4
Skåstra (S) 25 B4
Skatan (S) 25 C3
Skåtdö (FIN) 33 B5
Skattkärr (S) 28 D5
Skattora (N) 1 B5
Skattøra (N) 1 B6
Skatval (N) 14 B6
Skatvik (N) 5 A2
Skau (N) 9 A1
Skau (N) 14 A6
Skaudvilė (LT) 176 A3
Skaugvoll (N) 9 A3
Skaulo (S) 5 D5
Skaulo (S) 6 A4
Skaun (N) 23 C2
Skaune (LV) 177 C1
Skavåsen (S) 16 B3
Skavdal (N) 4 C2
Skave (DK) 40 C1
Skavhaugen (N) 28 A1
Skavlan (N) 14 D4
Skavnakk (N) 1 C4
Skawce (PL) 82 A2
Skawina (PL) 82 A2
Skeberg (S) 29 A2
Skebobruk (S) 31 B2
Skebokvarn (S) 30 D5
Skeda (S) 39 B2
Skede (S) 17 A5
Skede (S) 39 B4
Skėde (LV) 178 C5
Skederid (S) 31 B3
Skedshult (S) 39 C2
Skedvi (S) 29 B4
Skee (S) 37 D1
Skeen (S) 38 D6
Skegness (GB) 55 A5
Skei (N) 8 C5
Skei (N) 14 C2
Skei (N) 14 C5
Skei (N) 22 C6
Skei (N) 23 A2
Skeie (N) 36 C2
Skeikampen (N) 23 C6
Skeiten (N) 27 D2
Skela (YU) 151 D3
Skelani (BIH) 151 C5
Skelby (DK) 41 C4
Skellefteå (S) 17 B1
Skellefteå (FIN) 19 C1
Skelleftehamn (S) 17 B2
Skellister (GB) 45 D3
Skelmersdale (GB) 53 B3
Skelteni (LV) 177 C1
Skelton (GB) 49 B6
Skėmiai (LT) 176 C2
Skender Vakuf (BIH) 150 C4
Skene (S) 38 B4
Skenshyttan (S) 29 A2
Skepaston (GR) 167 A6
Skepplanda (S) 38 B3
Skeppshamn (S) 25 C3
Skeppshult (S) 38 C5
Skeppsvik (S) 17 B4
Skerries (IRL) 51 D1
Skeut (S) 10 B4
Ski (N) 27 D4
Skiathos (GR) 167 C3
Skibbereen (IRL) 50 C6
Skibby (DK) 41 C3
Skibe (LV) 179 A5
Skibniew-Podawce (PL) 65 B6
Skibotn (N) 1 C6
Skic (PL) 63 C4
Skiemonys (LT) 177 A3
Skien (N) 27 C6
Skierbieszów (PL) 73 C4
Skierniewice (PL) 72 B2
Skifer (N) 2 A4
Skiftenes (N) 36 D2
Skigersta (GB) 44 C3
Skilbėni (LV) 182 C4
Skillebotn (N) 14 C1
Skilletjordnes (N) 2 A4
Skillingaryd (S) 38 D4
Skillinge (S) 43 A3
Skillingmark (S) 28 B4
Skillvassbakk (N) 4 D4
Skinari, Akr. (GR) 170 B2
Skinnarböl (N) 28 B3
Skinnarbu (N) 27 A4
Skinnarvik (FIN) 32 D4
Skinnerup (DK) 37 A6
Skinnskatteberg (S) 29 B3
Skinos (GR) 172 B4
Skipaburra (N) 3 A3
Skipaset (N) 22 C6
Skipmannvik (N) 9 A2
Skipsea (GB) 54 D3
Skipsnes (N) 3 A1
Skipstadsand (N) 27 D6
Skipton (GB) 53 D3
Skiptvet (N) 28 A5
Skirmantiškė (LT) 176 B3
Skirö (S) 39 B4
Skirsnemunė (LT) 176 A4
Skittenelv (N) 1 B5
Skivarp (S) 42 D3
Skive (DK) 40 C1
Skivjane (YU) 158 A4
Skivsjön (S) 17 A3
Skiwy Duże (PL) 65 C6
Skjeholmen (N) 28 A6
Skjærberget (N) 28 B1
Skjærhallen (N) 28 A6
Skjæringen (N) 23 C5
Skjånes (N) 2 C2
Skjånes (N) 2 D1
Skjåvik (N) 2 A2
Skjåvik (N) 8 D3
Skjåvika (N) 9 A6
Skjeberg (N) 28 A6
Skjee (N) 27 C6
Skjellbreisund (N) 15 A3
Skjellerup (DK) 37 B6
Skjelmoen (N) 9 A5
Skjelnan (N) 1 B6
Skjelnes (N) 1 B6
Skjelten (N) 22 C3
Skjelvik (N) 2 C2
Skjerhalla (N) 24 B6
Skjern (DK) 40 C2
Skjernøy (N) 36 C3
Skjerstad (N) 9 A2
Skjerva (N) 27 D3
Skjervøy (N) 1 C5
Skjevik (N) 14 C5
Skjold (N) 5 B2
Skjold (N) 26 B5
Skjoldastraum (N) 26 B4
Skjolden (N) 22 D6
Skjombotn (N) 5 A4
Skjomenbru (N) 5 A4
Skjønhaug (N) 28 A5
Skjønne (N) 27 B3
Skjøtningberg (N) 2 D1
Skłabiňa (SK) 81 C4
Sklené (SK) 81 C5
Sklenov (CZ) 81 B3
Sklėriai (LT) 176 D5
Skobelevo (BG) 160 A3
Skobelevo (BG) 160 A4
Skočivir (YU) 163 A2
Skocjan (SLO) 101 D5
Skoczów (PL) 81 C2
Skodborg (DK) 40 C4
Skodje (N) 22 C4
Skøelv (N) 5 A2
Škofja Loka (SLO) 101 B5
Skofljica (SLO) 101 B5
Skog (N) 1 B5
Skog (S) 25 C1
Skog (S) 25 C6
Skog (S) 29 A2
Skoga, Södra (S) 28 C3
Skogadalsbøen (N) 23 A6
Skogalund (S) 29 A4
Skoganvarre (N) 2 B4
Skogbo (S) 30 D2
Skogen (S) 28 B5
Skogen (S) 38 B3
Skoger (N) 27 C5
Skogfoss (N) 3 B4
Skoghall (S) 28 D5
Skoghelm (N) 28 A4
Skoghult (S) 39 C5
Skogly (N) 3 B4
Skogmo (N) 14 C4
Skogn (N) 14 C5
Skognes (N) 1 B6
Skognes (N) 1 C5
Skogså (S) 11 B4
Skogset (N) 28 B3
Skogsøya (N) 4 B3
Skogstorp (S) 30 D4
Skogum (N) 3 B4
Skogvik (N) 1 A5
Skogvoll (N) 4 C2
Skokholm (GB) 56 C2
Skoki (PL) 63 C6
Skokloster (S) 31 A3
Sköldinge (S) 30 D5
Sköldvik (FIN) 34 B4
Skole (UA) 83 C4
Skollenborg (N) 27 C5
Sköllersta (S) 29 B5
Skomedal (N) 27 A6
Skomedal (N) 36 C1
Skomer (GB) 56 C2
Skomlin (PL) 71 D4
Skön (S) 25 C3
Skönabäck (S) 42 D3
Skongseng (N) 9 A4
Skönvik (S) 25 C3
Skopelos (GR) 165 A6
Skopelos (GR) 167 C3
Skopi (GR) 173 B6
Skopje (MK) 158 C5
Skopos (GR) 163 A3
Skopos (GR) 164 B2
Skopun (DK) 36 B5
Skorbeyevskiy, Mys (RUS) 3 D2
Skórcz (PL) 64 A3
Skorgenes (N) 22 D3
Skorild (N) 23 B1
Skórkowice (PL) 72 B4
Skorogoszcz (PL) 71 C5
Skorošice (CZ) 71 A6
Skoroszyce (PL) 71 B5
Skorovatn (N) 14 D3
Skorpa (N) 1 D5
Skørpa (N) 4 B3
Skorpa (N) 22 A6
Skorped (S) 16 D5
Skørping (DK) 37 B6
Skorpo (N) 26 B4
Skørringe, Vester (DK) 41 B5
Skorstad (N) 14 B3
Skórzec (PL) 73 A2
Skorzecin (PL) 71 C1
Skotfoss (N) 27 C6
Skötgrunnan (S) 17 C2
Skotini (GR) 171 A2
Skotniki (PL) 72 B4
Skoträsk (S) 16 C1
Skotselv (N) 27 C4
Skotterud (N) 28 B4
Skovby (DK) 41 A3
Skovby (DK) 41 A5
Skövde (S) 38 C2
Skovhalle (DK) 41 A5
Skra (GR) 163 B2
Skrad (HR) 111 C2
Skräddrabo (S) 25 B6
Skradin (HR) 150 A5
Skraičionys (LT) 176 C5
Skråmträsk (S) 17 B2
Skrautval (N) 27 B1
Skrdlovice (CZ) 80 C3
Skrean (N) 5 B1
Skrebinai (LT) 176 C4
Skrede (N) 22 C5
Skredsvik (S) 38 A2
Skredveit (N) 27 A6
Skreia (N) 27 D2
Skriaudžiai (LT) 176 B4
Skridulaupbu (N) 22 D5
Křivany (CZ) 70 C6
Skrīveri (LV) 179 C5
Skroblis (LT) 175 D2
Skrolsvik (N) 4 D2
Skromberga (S) 42 C2
Skromo (N) 14 D4
Skrova (N) 4 B4
Skröven (S) 11 B2
Skrøytnes (N) 3 C4
Skrubban (S) 17 A6
Skrudaliena (LV) 177 C2
Skrukeby, Östra (S) 39 B1
Skrukkelia (N) 27 D3
Skrunda (LV) 178 C5
Skruv (S) 39 B6
Skrzatusz (PL) 63 B4
Skrzeszew (PL) 73 B1
Skrzydlna (PL) 82 B2
Skrzynka (PL) 72 D6
Skrzynskie, Wielopole- (PL) 82 D2
Skucku (S) 24 D2
Skudeneshamm (N) 26 A6
Skudrinje (MK) 162 C1
Skuduštiškis (LT) 177 A3
Skujene (LV) 179 C4
Skuki (LT) 177 D2
Skule (S) 16 D6
Skulgam (N) 1 B5
Skull (IRL) 50 B6
Skulsfjord (N) 1 A5
Skulsk (PL) 71 C1
Skulskär (S) 30 D1
Skulte (LV) 179 B4
Skultorp (S) 38 D2
Skultuna (S) 30 C4
Skummeslövsstrand (S) 42 B1
Skuodas (LT) 178 B6
Skurdalen (N) 27 A3
Skurdalsvollen (N) 24 A1
Skurträsk (S) 16 D3
Skurup (S) 42 D3
Skute (N) 27 C2
Skuteč (CZ) 80 C2
Skuttunge (S) 31 A3
Skutvik (N) 4 C5
Skúvoy (DK) 36 B5
Skverbai (LT) 176 D2
Skwierzyna (PL) 62 D6
Skyarp (S) 38 C4
Skýcov (SK) 81 B5
Skydra (GR) 163 B3
Skye (GB) 44 B5
Skyllberg (S) 29 A6
Skylloura (CY) 174 B4
Skymnäs (S) 28 C4
Skyropula (GR) 168 A4
Skyros (GR) 168 A4
Skytmark (N) 9 A2
Skyttmon (S) 16 A6
Skyttorp (S) 31 A2
Slabadai (LT) 176 B4
Slabce (CZ) 79 B3
Slådalen (N) 23 B5
Sládkovičovo (SK) 102 C1
Slagbrenna (N) 27 D1
Slagelse (DK) 41 C4
Slaggyford (GB) 49 B6
Slagnäs (S) 10 C5
Slagnes (N) 22 B5
Slagūne (LV) 178 D5
Slampe (LV) 179 A5
Slaná, Nižná (SK) 82 B5
Slânčev brjag (BG) 161 B2
Slancy (RUS) 181 D4
Slane (IRL) 51 C1
Slanec (SK) 82 D5
Slangerup (DK) 41 C2
Slănic (RO) 154 B2
Slanje (HR) 102 B5
Slankamen (YU) 151 D2
Slankovci (HR) 111 D5
Slano, St. (BIH) 157 A3
Slano (HR) 156 D3
Slaný (CZ) 70 A6
Slapaberžė (LT) 176 C3
Slapanice (CZ) 80 D4
Slapgirė (LT) 176 A2
Slappträsk (S) 16 C1
Slapy (CZ) 79 C4
Ślaska, Bukowa (PL) 71 C4
Ślaska, Jaworzyna (PL) 71 A5
Ślaska, Ruda (PL) 71 D6
Ślaska, Środa (PL) 71 A4
Ślaski, Gorzów (PL) 71 C4
Ślaski, Gryfów (PL) 70 C4
Ślaski, Jordanów (PL) 71 A5
Ślaski, Lwówerk (PL) 70 C4
Ślaskie, Brzezny (PL) 72 A6
Ślaskie, Oborniki (PL) 71 A4
Ślaskie, Piekary (PL) 72 A6
Ślaskie, Smarchowice (PL) 71 B4
Ślaskie, Stronie (PL) 71 A6
Ślaskie, Ząbkowice (PL) 71 A5
Släta (S) 29 B4
Slate (D) 61 C4

Slate (LV) 177 B1
Slatina, Podr. (HR) 150 D1
Slatina, Rogaška (SLO) 101 D5
Slatina (CZ) 81 B2
Slatina (BIH) 150 C3
Slatina (YU) 151 B6
Slatina (YU) 151 D5
Slatina (YU) 152 D4
Slatina (RO) 153 C3
Slatina de Mures (RO) 146 C5
Slatiňany (CZ) 80 C2
Slatina-Timis (RO) 152 C1
Slatin. Drenovac (HR) 150 D1
Slatinice (CZ) 81 A3
Slatino (MK) 158 B5
Slătioara (RO) 148 D3
Slattadale (GB) 44 C5
Slättåkra (S) 38 C6
Slättäng (S) 38 D3
Slättberg (S) 29 A1
Slättberget (S) 11 A2
Slåttevik (N) 26 B6
Slätthög (S) 39 A5
Slåttholmen (N) 4 C4
Slättingebygd (S) 39 C5
Slättön (S) 24 D1
Slåttvik (N) 4 C5
Slaukov,-Horni (CZ) 79 A3
Slava-Cercheză (RO) 155 B2
Slavantai (LT) 176 B6
Slava-Rusă (RO) 155 B2
Slăvesti (RO) 154 A4
Slavikai (LT) 176 A4
Slavinja (YU) 159 A2
Slavinsk (RUS) 175 C4
Slavjanovo (BG) 153 D5
Slavjanovo (BG) 160 C1
Slavjanskoe (RUS) 175 C4
Slavkov, Nižný (SK) 82 C4
Slavkov (CZ) 81 B2
Slavkov u Brna (CZ) 80 D4
Slavonice (CZ) 80 B4
Slavošovce (SK) 82 B5
Slavotin (BG) 153 A5
Slavsk (RUS) 175 D4
Slavs'ke (UA) 83 C4
Slavskoe (RUS) 175 B5
Slavsko Polje (HR) 111 D2
Sława (PL) 70 D2
Sławatycze (PL) 73 C2
Sławkowo-Batogowo (PL) 65 A5
Sławno (PL) 63 B2
Sławno (PL) 72 C3
Sławoborze (PL) 63 A3
Sławsk (PL) 71 C2
Sleaford (GB) 54 D5
Sleat, Pt. of (GB) 44 C6
Slegovo (YU) 158 D5
Sleights (GB) 54 D1
Sleihage (B) 74 C2
Sleneset (N) 8 C4
Sleng (S) 10 D4
Ślesin (PL) 71 C1
Śleszów (PL) 71 A5
Sletta (N) 1 A6
Sletta (N) 1 C4
Sletta (N) 5 A2
Sletta (N) 8 D4
Slettås (N) 24 A6
Slette (N) 22 D5
Sletterust (N) 27 A1
Slettestrand (DK) 37 B5
Slettnes (N) 1 D3
Slezské Rudoltice (CZ) 81 A1
Sliač (SK) 81 D5
Sliačkúpele (SK) 81 D5
Sliddery (GB) 48 C4
Sliedrecht (NL) 66 C5
Sliema (M) 119 D6
Sligachan (GB) 44 C5
Sligo (IRL) 46 D5
Slijepac M. (YU) 157 C3
Slimnic (RO) 147 C5
Slipcze (PL) 73 D5
Slipstensjö (S) 17 A2
Slite (S) 43 C4
Sliven (BG) 160 C2
Slivenski bani (BG) 160 C3
Slivnica (BG) 159 A3
Slivno (HR) 150 C6
Slivo-pole (BG) 154 B5
Slivovica (YU) 151 C5
Śliwice (PL) 63 D3
Slížany, Morkovice- (CZ) 81 A3
Sljeme (HR) 102 A6
Sljivovica (BIH) 151 C5
Sloboda (LV) 177 C1
Sloboda (BY) 177 C4
Sloboda (BY) 177 D6
Slobodka (BY) 177 B5
Slobodka (BY) 177 C2
Slobozia (RO) 154 B5
Slobozia (RO) 154 D3
Slobozia-Ciorăsti (RO) 154 D1
Slobodzia-Mare (MD) 155 A1
Slobozia Moară (RO) 154 B3
Słójka, Kolonia (PL) 65 D4
Sloka (LV) 179 A5
Slölinge (S) 38 C6
Słomniki (PL) 72 B6
Slon (RO) 154 B2
Słonowice (PL) 63 A3
Słonowice (PL) 63 B2
Słonsk (PL) 70 C1
Słopnice (PL) 82 B2
Sloten (NL) 66 D3
Slotten (N) 2 B2
Slottsbron (S) 28 C5
Slough (GB) 58 D3
Sloup (CZ) 80 D3
Slovac (YU) 151 D4
Slovenj Gradec (SLO) 101 C4
Slovenská Kajňa (SK) 82 D4
Slovenská L'upča (SK) 82 A5
Slovenská Ves (SK) 82 B3
Slovenské Nové Mesto (SK) 82 D5
Sløvika (N) 27 D3
Slovinci (HR) 150 B2
Slovinky (SK) 82 C4
Slov. Konjice (SLO) 101 D4
Słowik (PL) 72 A2
Słubice (PL) 70 B1
Słubice (PL) 72 B1
Ślubów (PL) 71 A3
Sluderno (I) 99 D4
Sługocice (PL) 72 B3
Sługocin (PL) 71 C2
Sluice, Seaton (GB) 49 D5
Sluis (NL) 74 D1
Sluknov (CZ) 70 B4
Slunj (HR) 111 D2
Słupca (PL) 71 C1
Słupia, Nowa (PL) 72 D5
Słupia (PL) 71 C4
Słupia (PL) 72 B2
Słupia (PL) 72 B5
Słupia (PL) 72 D6
Słupiec (PL) 71 A6
Słupno (PL) 72 B1
Słupsk (PL) 63 C1
Slušovice (CZ) 81 B3
Służewo (PL) 64 A5
Smådalseter (N) 27 A1
S. Maddalena (I) 100 B3
S. Maddalena (I) 100 C3
Småge (N) 22 C3
Smålands-stenar (S) 38 C5
Smalåsen (N) 14 D2
Smalfjord (N) 2 D2
Smalininkai (LT) 176 A4
Smalnyčėnai (LT) 176 B5
Smalvos (LT) 177 B2
S. Manços (P) 137 D2
Smarchowice Śląskie (PL) 71 B4
Smārde (LV) 179 A5
Smardzewice (PL) 72 B3
Smardzewo (PL) 70 D2
Smardzko (PL) 63 A3
Šmarje (SLO) 111 A2
Smarje pri Jelšah (SLO) 101 D5
Smarješke Toplice (SLO) 111 C1
Smarliūnai (LT) 176 C6
Smartno (SLO) 101 D4
Smartno v. Tuhinju (SLO) 101 C5
Smarves (F) 95 B3
Smarzew (PL) 71 C2
Småskären (S) 11 C4
Smeaton, Great (GB) 54 C1
Smečno (CZ) 70 A6
Smedby (S) 39 C5
Smedby (S) 39 C6
Smědeč (CZ) 93 C1
Smederevo (YU) 152 B3
Smedjebacken (S) 29 B3
Smed. Palanka (YU) 152 B3
Smedsbo (S) 29 A2
Smedsbo (S) 30 C2
Smedsbyn (S) 11 C4
Smedstorp (S) 42 D3
Smeeni (RO) 154 C2
Smegarden (N) 23 B3
Smęgorzów (PL) 72 D6
Smeland (N) 36 C2
Smelror (N) 3 C1
Smėlynė (LT) 177 B2
Smeržaha (RUS) 182 D2
Smidary (CZ) 70 C6
Śmieszkowo (PL) 70 D2
Śmigiel (PL) 71 A2
Smilaholmen (S) 9 B5
Smilčic (HR) 111 D5
Smilde (NL) 67 A3
Smilgiai (LT) 176 B2
Smilgiai (LT) 176 C2
Smilgiai (LT) 176 D4
Smiljan (BG) 160 A6
Smilovci (YU) 159 A2
Śmiłowice (PL) 71 D1
Śmiłowo (PL) 63 B5
Smiltene (LV) 179 D3
Smines (N) 4 C3
Smines (N) 14 C3
Smîrdan (RO) 155 A1
Smîrdioasa (RO) 154 A5
Smiřice (CZ) 70 D6
Smirna (RO) 154 D3
Smithfield (GB) 49 B6
Smiugard (N) 27 C1
Smižany (SK) 82 B4
Smjadovo (BG) 160 D1
Smogorzów (PL) 72 C6
Smogulec (PL) 63 C5
Smojmirovo (MK) 159 A5
Smokovec (HR) 111 B3
Smokovec, Starý (SK) 82 B4
Smokovljani (HR) 156 D3
Smokvica (HR) 111 D5
Smokvica (HR) 156 B3
Smokvica (MK) 163 C2
Smøla (N) 22 D1
Smołdzino (PL) 63 C1
Smolenice (SK) 81 A5
Smolice (PL) 71 B3
Smolivec, Ml. (CZ) 79 B5
Smoljan (BG) 159 D5
Smoljanovci (BG) 153 A5
Smolnica (PL) 62 C5
Smol'nica (BY) 177 D6
Smolnik (SK) 82 C5
Smorgon' (BY) 177 B5
Smørrhamn (N) 22 A5
Smoszewka, Wygoda (PL) 72 C1
Smotten (N) 4 B4
Smrkovice, Staré (CZ) 70 C6
Smuka (SLO) 101 C6
Smukala (PL) 63 D4
Smygehamn (S) 42 D3
Smyków (PL) 72 C4
Smykowo (PL) 64 B3
Snäckgärdsbaden (S) 43 C4
Snagov (RO) 154 B3
Snaith (GB) 54 C3
Snake Inn (GB) 53 D4
Snappertuna (FIN) 33 B5
Snarby (N) 1 B5
Snåre (FIN) 19 C2
Snartemo (N) 36 C3
Snarum (N) 27 C4
Snåsa (N) 14 C4
Snaugštai (LT) 175 C2
Snavlunda (S) 29 A6
Snede, Nørre (DK) 40 D2
Snedsted (DK) 37 A6
Sneek, Snits (NL) 66 D2
Sneem (IRL) 50 B5
Snēpele (LV) 178 C5
Śniadowo (PL) 65 B5
S. Nicolás de Tolentino (E) 144 C6
Śnietnica (PL) 82 C3
Snigiany (BY) 177 B5
Snikere (LV) 178 D6
Snilldal (N) 23 B1
Snina (SK) 83 A4
Snippen (N) 28 A1
Snishival (GB) 44 A5
Snits, Sneek (NL) 66 D2
Snjegotina (BIH) 150 C3
Snoäbyn (S) 28 D2
Snöån (S) 29 B3
Snöberg (S) 25 A3
Snøde (DK) 41 B4
Snodland (GB) 59 A3
Snøfjord (N) 2 B2
Snoldelev (DK) 41 C3
Snoldelev (DK) 42 B3
Snössvallen (S) 24 C5
Snöstorp (S) 8 C6
Soanlakhti (RUS) 21 D6
Soars (RO) 148 B6
Soave (I) 100 A6
Soay (GB) 44 B6
Sobakincy (BY) 176 D6
Sober (E) 125 A4
Søberg (N) 4 B3
Sobernheim (D) 76 C5
Sobešice (CZ) 80 D3
Soběslav (CZ) 79 D5
Sobiekursk (PL) 72 D2
Sobienie Jeziory (PL) 72 D2
Sobiesoki (PL) 71 C3
Sobieszczany (PL) 73 B4
Sobieszowo (PL) 64 A2
Sobieszyn (PL) 73 A3
Sobolew (PL) 72 D3
Sobota, Murska (SLO) 102 A4
Sobota, Rimavská (SK) 82 B5
Sobota (PL) 70 D4
Sobota (PL) 72 B2
Sobotin (CZ) 81 A2
Sobotište (SK) 81 A5
Sobotka (CZ) 70 C6
Sobótka (PL) 71 A5
Sobótka (PL) 71 C3
Sobótka (PL) 73 A5
Sobra (HR) 156 D3
Sobrado (E) 124 D2
Sobral (P) 130 A6
Sobral (P) 130 B6
Sobrance (SK) 83 A4
Sobreia Formosa (P) 130 D5
Søby, Kirke (DK) 41 A4
Søby (DK) 41 A5
Soča (SLO) 101 A4
Sočanica (YU) 158 B2
Soccia (F) 120 B3
Sochaczew (PL) 72 B1
Sochaux (F) 98 B1
Sochocin (PL) 64 C6
Sochos (GR) 163 D2
Soči, Most na (SLO) 101 A5
Socodor (RO) 146 B4
Socovos (E) 140 D2
Socuéllamos (E) 133 A6
Socx (F) 74 B2
Soczewka (PL) 64 B6
Soczówki, Kolonia (PL) 72 C4
Sodak (S) 11 A5
Sodalen (S) 25 B2
Sødalsvangen (N) 23 D4
Sodankylä (FIN) 7 A4
Sodbury, Chipping (GB) 57 C3
Sodeliai (LT) 177 A1
Sodeliškiai (LT) 176 D1
Söderåkra (S) 39 C6
Söderala (S) 25 C5
Söderarm (S) 31 C3
Söderbärke (S) 29 B3
Söderboda (S) 31 B1
Söderby (EST) 180 B4
Söderby-Karl (S) 31 B3
Söderfors (S) 30 D2
Söderhamn (S) 25 C5
Söderköping (S) 39 B1
Söderlangvik (FIN) 32 D5
Söderliden (S) 17 A2
Söderö (S) 39 B2
Södersu. (FIN) 32 A4
Södertälje (S) 31 A4
Södervärn (S) 42 C3
Söding (A) 101 D3
Södka Vallgrund (FIN) 19 A3
Sødorp (N) 23 B6
Södra Björkön Harvungön (FIN) 19 A4
Södra Ulvön (S) 17 A6
Sodražica (SLO) 101 C6
Sodupe (E) 127 A2
Soengas (P) 124 C6
Soest (NL) 66 C5
Soest (D) 67 D6
Sofades (GR) 163 B6
Sofija (BG) 159 A3
Søfteland (N) 26 B3
Sofuentes (E) 127 D4
Sofular (TR) 161 B5
Sögel (D) 67 C3
Sogliano al R.(I) 110 B5
Sogndal (N) 26 C1
Søgne (N) 36 B3
Soham (GB) 59 A1
Söhnstetten (D) 91 C2
Soidinvaare (FIN) 21 A1
Soidinkumpu (FIN) 13 B2
Soignies, Zinnik (B) 75 A3
Soikko (FIN) 12 C2
Soimus (RO) 147 A6
Soings-en-Sologne (F) 95 C1
Soini (FIN) 19 D4
Soiniemi (FIN) 34 B1
Soiniemi (FIN) 35 A1
Soininkylä (FIN) 19 D5
Soinlahti (FIN) 20 C4
Soinlahti (FIN) 20 D2
Soissons (F) 74 C6
Soivio (FIN) 13 C2
Soizy-aux-Bois (F) 88 D2
Sójkowa (PL) 73 A6
Sojmy (UA) 83 C5
Söjtör (H) 102 B4
Sojvide (S) 43 C5
Söke (TR) 169 C6
Sokkala (RUS) 35 B3
Sokli (FIN) 7 D3
Soklot (FIN) 19 B2
Sokna (N) 27 C3
Sokndal (N) 36 B2
Sokndalstrand (N) 36 B3
Soknedal (N) 23 C2
Sokobanja (YU) 152 C5
Sokół (PL) 72 A1
Sokola (PL) 70 D4
Sokolac (BIH) 151 B5
Sokolac, Bač. (YU) 103 C6
Sokolany (PL) 65 C3
Sokółka (PL) 65 D4
Sokółki (PL) 65 B2
Sokolov (CZ) 79 A3
Sokolovac (HR) 102 B6
Sokołów Małopolski (PL) 73 A6
Sokołów Podl (PL) 73 A1
Sokoły (PL) 65 B5
Sokoly (BY) 177 A6
Sokoły Jeziorne (PL) 65 B3
Sól, Nowa (PL) 70 D3
Sol, Ponta do (P) 136 B2
Sol', Staraja (UA) 83 B3
Sola (FIN) 21 B4
Sola (N) 36 A1
Solacolu (RO) 154 C4
Solana, El (E) 140 D1
Solana, La (E) 133 B3
Solana, La (E) 140 A1
Solana de los Barros (E) 138 C1
Solana del Pino (E) 139 C2
Solana de Rio Almar (E) 132 A2
Solanec, Hutisko- (CZ) 81 B3
Solanilla del Tamaral (E) 139 C2
Solares (E) 126 D2
Solarino (I) 119 B5
Solaro (F) 120 C4
Solberg (N) 5 A2
Solberg (S) 16 B4
Solberg (S) 16 C4
Solberga (S) 38 A3
Solberga (S) 39 A3
Solbergelva (N) 27 C4
Solbjerg (DK) 41 A2
Solca (RO) 148 C2
Solčava (SLO) 101 C4
Solda (I) 99 D4
Soldatovo (RUS) 175 C5
Sölden (A) 100 A2
Soldeu (AND) 129 B3
Solecki, Jawor (PL) 72 D4
Solec Kujawski (PL) 63 D5
Solec nad Wisłą (PL) 73 A4
Solec-Zdrój (PL) 72 D6
Soleggen (N) 23 A5
Soleilhas (F) 107 D4
Solem (N) 14 C4
Sølenstua (N) 24 A5
Solenzara (F) 120 C4
Solera (E) 133 C5
Solera (E) 140 A4
Solero (I) 108 C3
Solesino (I) 110 A2
Solesmes (F) 74 D4
Solesmes (F) 86 D6
Solesti (RO) 149 C4
Soleto (I) 117 D3
Solferino (I) 109 C2
Solfikon (GR) 171 B2
Solf Sulva (FIN) 19 A3
Solgne (F) 90 A2
Solheim (N) 14 C2
Solheim (N) 22 B6
Solheim (N) 26 B2
Solheimstølen (N) 27 A3
Solheimsvik (N) 26 C5
Solhom (N) 36 C2
Soliera (I) 109 C3
Solignac (F) 95 C5
Solignac-s-Loire (F) 106 C1
Solignano (I) 109 B3
Soligny-la-Trappe (F) 87 B4
Solihull (GB) 53 D6
Solin (HR) 150 B6
Solina (PL) 83 B3
Soline (HR) 111 C5
Solingen (D) 76 B1
Soliskylä (FIN) 20 B3
Solivar (SK) 82 D4
Solivella (E) 129 A6
Soljani (HR) 151 B2
Sölje (S) 28 C5
Solkai (FIN) 34 D2
Sołki (PL) 72 D1
Söll (A) 100 C1
Sollacaro (F) 120 B4
Sollana (E) 134 D6
Sollebrunn (S) 38 B3
Sollefteå (S) 16 D4
Sollenau (A) 102 A1
Sóller (E) 123 B4
Søllerød (DK) 42 B2
Sollerön (S) 28 D1
Solli (N) 28 A5
Solli (N) 4 D3
Sollia (N) 23 C5
Solliès-Pont (F) 107 C5
Sollihøgda (N) 27 D4
Solln, München (D) 92 C4
Solna (S) 31 A4
Solná Lhota (CZ) 93 C1
Solne, Uście (PL) 82 C1
Solnice (CZ) 70 D6
Solniiansalmi (FIN) 21 A5
Solnik (BG) 161 A2
Solochovo (RUS) 175 C4
Solofra (I) 115 A6
Solojärvi (FIN) 3 A6
Solojärvi (FIN) 7 B1
Solomiac (F) 105 B4
Solomos (GR) 171 B2
Solopaca (I) 115 A5
Solopysky (CZ) 79 B3
Solothurn (CH) 98 C2
Solov'i (RUS) 182 D3
Solre (B) 75 A3
Solre-le-Château (F) 74 A4
Solre-le-Château (F) 75 A4.
Solrenningen (N) 26 B2
Solrød (DK) 41 C3
Solrødstrand (DK) 41 D3
Solrødstrand (DK) 42 B3
Solsem (N) 14 C2
Sølsness (N) 22 D3
Solsona (E) 129 A5
Solstadström (S) 39 C3
Solsvik (N) 26 A3
Solt (H) 103 B4
Solta (HR) 156 A2
Soltau (D) 68 C2
Soltendieck (D) 68 D3
Soltholm (DK) 41 D3
Soltvadkert (H) 103 C4
Solum (N) 27 C6
Solumshamn (S) 25 D2
Solumsmoen (N) 27 C4
Solund (N) 26 A1
Solvalla (S) 31 A3
Solvay, Rosignano (I) 112 B2
Sölvesborg (S) 43 A1
Solvik (S) 28 B6
Solvorn (N) 26 D1
Soly (BY) 177 B5
Som (H) 102 D4
Soma (TR) 165 D5
Somberek (H) 103 A6
Sombernon (F) 97 B1
Sombor (YU) 103 B6
Somcuta Mare (r) 147 A2
Someenjärvi (FIN) 34 D1
Sömera (EST) 180 A5
Somercotes, North (GB) 55 A4
Someren (NL) 75 C1
Somerniemi (FIN) 33 B3
Somero (FIN) 33 B3
Someronkylä (FIN) 12 B6
Somerovaara (FIN) 12 C4
Sömerpalu (EST) 182 B2
Somerton (GB) 57 B4
Somes-Odorhei (RO) 147 A2
Sominy (PL) 63 C2
Somma (I) 99 A6
Sommacampagna (I) 109 C1
Sommaing (F) 74 D4
Somma Lomb. (I) 108 D1
Sommariva d. B. (I) 108 B3
Sommariva P. (I) 108 B3
Sommarö (FIN) 32 B4
Sommarøy (N) 4 C3
Sommarset (N) 4 D6
Sømmåseter (N) 24 A5
Sommatino (I) 118 C4
Somme, Bray-sur- (F) 74 C4
Somme-Leuze (B) 75 C3
Sommen (S) 39 A2
Sommepy (F) 75 A6
Sommepy-Tahure (F) 75 A6
Sömmerda (D) 78 B1
Sommerfeld (D) 69 C2
Sommerlyst (N) 5 B1
Sommerset (N) 3 B1
Sommerset (N) 4 D4
Sommerset (N) 4 D5
Sommery (F) 87 C1
Sommesous (F) 89 A2
Somme-Tourbe (F) 75 B6
Somme-Tourbe (F) 75 B6
Sommevoire (F) 89 B3
Somme-Yèvre (F) 89 B2
Sommières (F) 106 D4
Sommières au Clain (F) 95 B4
Somogyapáti (H) 102 D6
Somogyjád (H) 102 D5
Somogyszob (H) 102 C5
Somogyvár (H) 102 D4
Somolinos (E) 133 A1
Somotor (SK) 83 A5
Somova (RO) 155 B1
Somovit (BG) 153 D5
Somozas (E) 124 D1
Sompa (EST) 181 C3
Sompolno (PL) 71 D1
Sompuis (F) 89 A2
Sompujärvi (FIN) 12 C2
Somzée (B) 75 A3
Son (N) 27 D5
Son (NL) 75 C1
Son (E) 124 B3
Sona (RO) 147 B5
Sonachan, Upper (GB) 48 C2
Sonari, Akr. (GR) 173 D3
Sonceboz (CH) 98 C2
Soncillo (E) 126 D3
Soncino (I) 109 B1
Sonda (EST) 181 C3
Sondby (FIN) 34 B4
Søndeled (N) 37 A1
Sønderborg (DK) 40 D5
Sønderby (DK) 41 A4
Sønderho (DK) 40 B4
Sønderholm (DK) 37 B5
Sondershausen (D) 68 D6
Sønderskov (DK) 37 C4
Søndersø (DK) 41 A3
Sønder Thise (DK) 37 A6
Sønderup (DK) 37 B6
Søndervik (DK) 40 B2
Søndervika (N) 24 A4
Søndre Mangen (N) 28 A4
Sondrio (I) 99 C5
Söne (S) 38 B2
Soneja (E) 134 D5
Songe (N) 37 A2
Songeons (F) 74 A5
Songesand (N) 26 C6
Sonka (FIN) 6 D6
Sonkád (H) 83 B6
Sonkaja (FIN) 21 C4
Sonkajärvi (FIN) 20 D2
Sonkakoski (FIN) 20 D2
Sonkamuotka (FIN) 6 C3
Sonkari (FIN) 20 C4
Sonneberg (D) 78 B3
Sonnenberg (D) 69 C2
Sönnestvallen (S) 24 B1
Sonnewalde (D) 70 A3
Sonnino (I) 114 B4
Sonntag (A) 99 C2
Sonogno (CH) 99 A4
Sonsbeck (D) 67 A6
Sonseca (E) 132 C5
Son Servera (E) 123 C4
Sønsterud (N) 28 B2
Sonta (YU) 151 B1
Sonthofen (D) 92 A5
Sontra (D) 77 B1
Sonzay (F) 95 B1
Sóo (E) 145 D3
Soodla (EST) 181 A3
Soomevere (EST) 181 A5
Söörmarkku (FIN) 32 D1
Sööru (EST) 181 C5
Sopeira (E) 128 D4
Sopje (HR) 102 D6
Sopkino (RUS) 175 C5
Soponya (H) 103 A3
Soporňa (SK) 81 B6
Sopot (PL) 63 D1
Sopot (YU) 152 A3
Sopot (BG) 159 D2
Sopot (BG) 159 D3
Sopotnice (CZ) 80 C2
Sopotu Nou (RO) 152 C2
Sopparjok (N) 2 C4
Soppela (FIN) 7 C6
Sopra, Forni di (I) 100 C4
Sopron (H) 102 B2
Sora (D) 79 B1
Sora (I) 113 C6
Søråa (N) 14 C3
Soragna (I) 109 B3
Söråker (S) 25 C2
Søråkvik (N) 8 C5
Sorano (I) 112 D3
Sør-Arnøy (N) 8 D2
Sórbara (I) 109 D3
Sorbas (E) 140 C5
Sorbinovo (PL) 63 A2
Sørbø (N) 26 B6
Sórbolo (I) 109 C3
Sörby (S) 25 B5
Sörby (S) 25 C4
Sörby (S) 28 C3
Sörbygden (S) 25 B2
Sörbyn (S) 11 B3
Sørdalen (N) 9 A5
Sørdalen (N) 9 B2
Söre (S) 15 C6
Sore (F) 104 C3
Söréd (H) 103 A3
Søreide (N) 26 B3
Søreitran (N) 14 C2
Sørelvabrøytestasjon (N) 9 B3
Sören (S) 11 C3
Sörenberg (CH) 98 D3
Sørenget (N) 14 C4
Soresina (I) 109 B2
Sorèze (F) 105 D5
Sörfjärden (S) 25 C4
Sørfjord (N) 5 A2
Sørfjord (N) 8 D4
Sørfjord (N) 9 A3
Sørfold (N) 4 C6
Sörfors (S) 15 C3
Sörfors (S) 17 A4
Sörfors (S) 25 B3
Sorforsa (S) 25 C4
Sorges (F) 95 B6
Sørgjerd (N) 14 B4
Sórgono (I) 121 C4
Sorgues (F) 107 A3
Sørhella (N) 23 A4
Sørhors-fjd. (N) 14 C2
Sørhus (N) 5 A2
Sori (I) 108 D4
Soria (E) 127 B5
Soriano n. C. (I) 113 A4
Soriano C. (I) 119 D1
Sorigny (F) 95 B1
Sorihuela (E) 131 D3
Sorihuela (E) 140 B3
Sorila (FIN) 33 B1
Sorinières, les (F) 94 B2
Sorjushytta (N) 9 B2
Sørkedalen (N) 27 D4
Sorken (N) 24 A5
Sørkjosen (N) 1 C5
Sorkkinen (FIN) 32 D2
Sørkvingo (N) 26 B2
Sorkwity (PL) 64 D3
Sør-Lenangen (N) 1 B5
Sørli (N) 4 D3
Sørli (N) 5 A1
Sørli (N) 15 A4
Sörmark (S) 28 C3
Sormás (H) 102 B5
Sörmjole (S) 17 B4
Sørmo (N) 5 B3
Sørmo (N) 15 A1
Sornac (F) 96 B5
Sorø (DK) 41 C3
Soroca (MD) 149 C1
Sorola (RUS) 35 C1
Sørøya (N) 1 D3
Sørreisa (N) 5 A2
Sorrento (I) 114 D6
Sorriba (E) 126 A3
Sorrivoli (I) 110 B5
Sorrodiles (E) 125 C2
Sør-Rollnes (N) 4 D3
Sorsakoski (FIN) 20 D5
Sorsele (S) 10 B5
Sörsjön (S) 24 B6
Sörskog (S) 29 A1
Sorso (I) 121 B2
Sort (E) 129 A4
Sortanlakhti (RUS) 35 C3
Sortavala (RUS) 21 D6
Sortino (I) 119 A5
Sörtjärn (S) 24 D3
Sortland (N) 4 C3
Sør-Tverrfjord (N) 1 D4
Sõru (EST) 180 A5
Sørum (N) 27 C2
Sørum (N) 27 C3
Sørumsand (N) 28 A4
Sorunda (S) 31 B5
Sorva (FIN) 33 B1
Sorvær (N) 1 C3
Sørværøy (N) 4 A6
Sørvågen (N) 4 A5
Sørvágur (DK) 36 A4
Sörvattnet (S) 24 B4
Sorveus (FIN) 21 B3
Sørvik (N) 4 D3
Sørvik (N) 5 A3
Sörviken (S) 16 A5
Sörviksudden (S) 11 A3
Sorvilán (E) 140 A6
Sørvollen (N) 23 D5
Sos (F) 104 D3
Sösdala (S) 42 D2
Sosdea (RO) 152 B1
Sos del Rey Católico (E) 127 D4
S. Osen (N) 28 A1
Sosenka (BY) 177 C5
Sošice (HR) 111 C1
Sösjö (S) 25 A2
Sośnica (PL) 63 A4
Sośnice (PL) 71 D5
Sośnicowice (PL) 71 D6
Sośnie (PL) 71 B3
Sośno (PL) 63 C4
Sosno (RUS) 181 D5
Sosnovka (RUS) 175 B4
Sosnovka (RUS) 175 C4
Sosnovo (RUS) 35 C3
Sosnovo (RUS) 182 D2
Sosnowica (PL) 73 C3
Sosnowiec (PL) 72 A6
Sosnówka (PL) 73 C2
Sospel (F) 108 A5
Sossejnoe (RUS) 175 B5
Sossonniemi (FIN) 13 C2
Sost (F) 105 A6
Šoštanj (SLO) 101 C4
Sota (N) 22 D5
Sotavento, Playa de (E) 145 B5
Sot de Chera (E) 134 C5
Sotelo (E) 124 C3
Soteska (SLO) 111 C1
Søtholmen (N) 28 A6
Sotiel Coronada (E) 138 B4
Sotillo, El (E) 132 C6
Sotillo (E) 126 C5
Sotillo (E) 132 B4
Sotin (HR) 151 B2
Sotira (CY) 174 C5
Sotkajärvi (FIN) 12 D5
Sotkamo (FIN) 21 A1
Sotkanniemi (FIN) 20 D4
Sotkuma (FIN) 21 B4
Soto (E) 126 A2
Soto (E) 127 B4
Sotobanado (E) 126 B4
Soto del Real (E) 132 D2
Soto de Luiña (E) 125 C1
Sotogrande (E) 142 D5
Sotohaugrollen (N) 23 D3
Sotoserrano (E) 131 C3
Sotra (N) 26 A3
Sotresgudo (E) 126 C4
Sotta (F) 120 C4
Sotto, Forni di (I) 100 C4
Sottomarina (I) 110 B2
Sottrum (D) 68 B2
Sottunga (FIN) 32 B4
Sotuélamos (E) 140 C1
Sou, le (F) 96 B4
Souain (F) 75 B6
Souain-Perthes-lès-Hurlus (F) 75 B6
Soual (F) 105 D4
Soubran (F) 94 D6
Souchez (F) 74 C3
Souchez (F) 74 C3
Soucy (F) 88 D3
Souda (GR) 172 B5
Soudan (F) 86 C6
Souday (F) 87 B5
Soueich (F) 105 B6
Soues (F) 74 B4
Souesmes (F) 88 B5
Soufflenheim (F) 90 D2
Sougy (F) 88 A4
Souillac (F) 105 C1
Souilly (F) 89 C1
Soukka (FIN) 33 C4
Soukkio (FIN) 34 A3
Soulac-s-Mer (F) 94 C6
Soulages-Bonneval (F) 106 A2
Soulaines-Dhuys (F) 89 B3
Soulan (F) 105 B6
Soulatgé (F) 106 A6
Soulgé-s-Quette (F) 86 D5
Soulié, le (F) 106 A4
Soullans (F) 94 B2
Soultz (F) 90 C5
Soultz-s/s-Forêts (F) 90 D2
Soumans (F) 96 B4
Soumazannes, Azannes- (F) 75 C6
Souppes-s-Loing (F) 88 C3
Souprosse (F) 104 C4
Souquet, le (F) 104 B/C3
Sourdeval (F) 86 C4
Sourdon (F) 74 B5
Sourdun (F) 88 D3
Soure (P) 130 B4
Sournia (F) 106 A6
Sournia (F) 129 C3
Sours (F) 88 A3
Soursac (F) 96 B6
Sourton (GB) 56 D5
Sousceyrac (F) 105 D1
Sousel (P) 138 A1
Souskerl (FIN) 19 A6
Soussac (F) 104 C2
Soussans (F) 104 C1
Soustons (F) 104 B1
Soutelo (P) 125 B6
Souterraine, la (F) 95 C4
Southam (GB) 58 B1
Southampton (GB) 58 B4
South Benfleet (GB) 59 A3
Southborough (GB) 59 A4
South Brent (GB) 57 A5
South Cave (GB) 54 D3
Southend (GB) 48 B5
Southend-on-Sea (GB) 59 B3

Southery (GB) 55 A6
Southminster (GB) 59 B2
South Molton (GB) 57 A4
South Perrott (GB) 57 B4
South Pickenham (GB) 55 A6
Southport (GB) 53 B3
South Reston (GB) 55 A4
South Ronaldsay (GB) 45 C2
South Shields (GB) 49 D6
South Uist (GB) 44 A6
Southwark (GB) 58 D3
Southwell (GB) 54 C5
Southwick (GB) 58 D4
Southwold (GB) 59 C1
Souto (P) 130 D4
Soutujoki (FIN) 20 A5
Souvigné (F) 95 A1
Souvigné (F) 95 A4
Souvigny (F) 96 C3
Souvigny-en-Sologne (F) 88 B5
Sovajärvi (RUS) 13 C1
Søvassli (N) 23 B2
Sovata (RO) 148 B5
Soveja (RO) 149 A6
Sover (I) 100 A4
Soverato (I) 119 D1
Soveria M. (I) 117 A6
Sövestad (S) 42 D3
Sovetsk (RUS) 175 D4
Sovetski Johannes (RUS) 35 A3
Sovhoznoe (RUS) 175 A5
Sovicille (I) 112 C2
Søvik (N) 22 C3
Søvik (N) 22 C4
Søvind (DK) 41 A2
Sovinec (CZ) 81 A2
Sowerby, Temple (GB) 53 C1
Sowia Gora (PL) 63 A6
Sowin (PL) 71 B6
Sowliny (PL) 82 B2
Sowno (PL) 63 B2
Soyaux (F) 95 A5
Soyea I. (GB) 44 D3
Søylia (N) 23 B2
Soyons (F) 107 A1
Söyrinki (FIN) 19 C3
Sozopol (BG) 161 B3
Spa (B) 75 D3
Spadafora (I) 119 B2
Spadnovare (S) 11 A4
Spaichingen (D) 91 A4
Spakenburg (NL) 66 D4
Spała (PL) 72 B3
Spalding (GB) 54 D5
Spálov (CZ) 81 A2
Spál. Poříčí (CZ) 79 B4
Spalt (D) 92 B1
Spalviškiai (LT) 176 D1
Spanda, Akr. (GR) 172 A5
Spandau, Berlin (D) 69 D3
Spandet (DK) 40 C4
Spången (S) 42 C2
Spångenäs (S) 39 C3
Spangenberg (D) 77 B1
Spangereid (N) 36 C3
Spanola (PL) 71 A6
Spantov (RO) 154 C4
Sparanise (I) 114 D5
Sparbu (N) 14 C5
Spāre (LV) 178 C4
Spāre (LV) 179 C4
Sparkford (GB) 57 C4
Sparreholm (S) 30 D5
Sparrsätra (S) 30 D3
Spartà (I) 119 B2
Sparti (GR) 171 A4
Spas (AL) 157 D5
Spasovo (BG) 155 B5
Spathi, Akr. (GR) 171 B5
Spathi, Akr. (GR) 171 C3
Spazzate (I) 110 A4
Spean Bridge (GB) 48 C1
Speck (D) 61 D4
Speckebol (S) 28 C2
Speicher (D) 76 B4
Spekedalsseter (N) 23 D4
Spekeröd (S) 38 A3
Spello (I) 113 A3
Speloncato (F) 120 B2
Spenge (D) 67 D4
Spennymoor (GB) 54 B1
Sperchios (GR) 167 A4
Sperlinga (I) 118 D3
Sperlonga (I) 114 C5
Spermezeu (RO) 147 B2
Sperone, 118 A2
Spetchley (GB) 57 C1
Spetse (GR) 171 B3
Spey Bay (GB) 45 B5
Speyer (D) 76 D6
Spézia, La (I) 109 A/B5
Spezzano Alb. (I) 117 A4
Spezzano Alb. Terme (I) 116 D4
Spezzano della Sila (I) 117 A5
Spicino (RUS) 181 D5
Spiczyn (PL) 73 B3
Spiddle (IRL) 50 C2
Spiekeroog (D) 67 C1
Spielfeld (A) 101 D4
Spiez (CH) 98 C3
Spigno Monf. (I) 108 C4
Spijk (NL) 67 B1
Spikberg (S) 11 A3
Spilamberto (I) 109 D4
Spilas, Akr. (GR) 172 A3
Spildra (N) 5 A1
Spilimbergo (I) 100 D5
Spilion (GR) 172 C6
Spiljani (YU) 158 A3
Spillersboda (S) 31 B3
Spilsby (GB) 55 A5
Spina, Lido di (I) 110 C3
Spinazzola (I) 115 C5
Spincourt (F) 75 C6
Spind (N) 36 C3
Spindlerův (CZ) 70 C5
Spineta Nuova (I) 115 A6
Spinete (I) 114 D4
Spinetta (I) 108 D3
Spinni (LV) 178 C4
Spino d'A. (I) 109 A1
Spinoso (I) 116 D3
Spirgus (LV) 178 D5
Spišić Bukovica (HR) 102 C6
Spišký Stvrtok (SK) 82 C4
Spišská-Belá (SK) 82 C4
Spišská Nová Ves (SK) 82 C4
Spišská Stará Ves (SK) 82 B3
Spišské Bystré (SK) 82 B4
Spišské Hanušovce (SK) 82 B3
Spišské Podhradie (SK) 82 C4
Spišské Vlachy (SK) 82 C4
Spišský Hrhov (SK) 82 C4
Spital am Pyhrn (A) 101 B1
Spiterstulen (N) 23 A6
Spithami (EST) 180 C3
Spittal (A) 101 A3
Spittal of Glenshee (GB) 49 A1
Spitz (A) 80 B5
Spjeldset (N) 27 B4
Spjelkavik (N) 22 C4
Spjutsund (FIN) 34 B4
Splevågen (N) 22 B4
Split (HR) 150 B6
Splügen (CH) 99 B4
Spodsbjerg (DK) 41 B5
Spogi (LV) 177 C1
Spohle (D) 67 C2
Spoleto (I) 113 A4
Spoltore (I) 114 D2
Spondigna (I) 99 D4
Spongdal (N) 23 C1
Sponholz (D) 62 B3
Sponvika (N) 28 A6
Spornitz (D) 61 B4
Sporysz (PL) 63 C3
Spotorno (I) 108 C4
Spraitbach (D) 91 C2
Sprakensehl (D) 68 D3
Spraudis (LT) 175 D2
Sprecowo (PL) 64 C3
Spreddig (D) 60 B5
Spremberg (Grodk) (D) 70 B3
Sprenge (D) 60 D2
Spresiano (I) 100 C6
Sprîncenata (RO) 153 D4
Spring (RO) 147 B5
Springe (D) 68 B4
Springholm (GB) 48 D6
Springliden (S) 10 D6
Sprockhövel (D) 76 B1
Sprogi (LV) 182 A4
Spruga (CH) 99 A4
Spurn Head (GB) 55 A3
Spuž (YU) 157 C4
Spychowo (PL) 64 D3
Spydeberg (N) 28 A5
Spytkowice (PL) 82 A2
Spytkowice (PL) 82 A3
Squillace (I) 119 D1
Squinzano (I) 117 D2
Srb, D. (HR) 150 A4
Srbac (BIH) 150 C2
Srbica (YU) 158 A3
Srbobran (YU) 151 C1
Srby (CZ) 79 A5
Srdiečko (PL) 82 A4
Srebărna (BG) 154 D4
Srebenik (BIH) 151 A3
Srebrenica (BIH) 151 B4
Srebrino (BG) 159 C4
Sredec (BG) 160 B4
Središte, V. (YU) 152 B1
Sred. Mursko (HR) 102 B5
Srednee Selo (RUS) 35 B6
Srednje (BIH) 151 A5
Srednogorci (BG) 160 A5
Srednogorie (BG) 159 C3
Srednogorovo (BG) 160 B3
Sredno Gradište (BG) 160 B4
Sredšte (BG) 155 A5
Srem (PL) 71 A2
Srem. Kamenica (YU) 151 C2
Srem. Mitrovica (YU) 151 C2
Srem. Rača (YU) 151 B2
Srineasa (RO) 153 C2
Srnetica (BIH) 150 B4
Srnice (BIH) 151 A3
Srnie, Hor. (SK) 81 B4
Srock Prywatny (PL) 72 B3
Środa Śląska (PL) 71 A4
Środa Wielkopolska (PL) 71 B2
Srokowo (PL) 65 A2
Srp. Crnja (H) 146 A6
Srp. Miletić (YU) 151 B1
Staatz (A) 80 C5
Stabben (N) 23 A2
Stabbestad (N) 37 B1
Stabburselv bru (N) 2 B3
Stäbelow (D) 61 C3
Staberdorf (D) 61 A2
Stabulnieki (LV) 182 B6
Staburnäs (S) 15 C2
Staby (DK) 40 B2
Stachenhausen (D) 77 B6
Stachy (CZ) 79 B6
Stačiūnai (LT) 176 C2
Stacja, Nurzec- (PL) 65 C6
Stacja, Szepietowo- (PL) 65 B5
Stăcuta (RO) 155 A2
Stad, Herk-de- (B) 75 B2
Stade (D) 60 C4
Stadil (DK) 40 B2
Stadion (GR) 171 A3
Stadl (A) 101 B2
Stadra (S) 29 A4
Stadsås (S) 16 B3
Stadsbuøyen (N) 23 C5
Stadskanaal (NL) 67 B2
Stadt-Allendorf (D) 77 A2
Stadthagen (D) 68 B4
Stadtilm (D) 78 B2
Stadtkyll (D) 76 B3
Stadtlauringen (D) 78 A3
Stadtlengsfeld (D) 77 C2
Stadtlohn (D) 67 B5
Stadtoldendorf (D) 68 C5
Stadtroda (D) 78 C2
Stadtschwarzach (D) 78 A5
Stadtsteinach (D) 78 C3
Stäfa (CH) 99 A2
Staffa (GB) 48 A2
Staffanstorp (S) 42 C3
Staffelstein (D) 78 B4
Staffin (GB) 44 C5
Staffolo (I) 113 B2
Stafford (GB) 53 C5
Stafros (GR) 163 B6
Stággia (I) 112 C2
Staggträsk (S) 10 C6
Stahle (D) 68 B5
Stahovica (SLO) 101 C5
Stai (N) 23 D6
Staicele (LV) 179 B2
Stainach (A) 101 B1
Staindrop (GB) 54 B1
Staines (GB) 58 D3
Stainville (F) 89 C2
Stainz (A) 101 D3
Staiti (I) 119 C3
Stakčin (SK) 83 A4
Stäket (S) 31 A4
Stakevci (BG) 152 D5
Stāki (LV) 182 B4
Stakiai (LT) 176 B3
Stakliškės (LT) 176 C5
Stakroge (DK) 40 C3
Stala (S) 38 A3
Stalać (YU) 152 B5
Stalbe (LV) 179 C4
Stålboga (S) 30 D5
Stalbridge (GB) 57 C4
Stalcerji (SLO) 101 C6
Stalden (CH) 98 C4
Staldzene (LV) 178 B3
Stalgėnai (LT) 175 D2
Stalģene (LV) 179 A5
Stalham (GB) 55 C5
Stalheim (N) 26 C2
Stall (A) 100 D3
Stallarholmen (S) 31 A4
Ställberg (S) 29 A3
Ställdalen (S) 29 A3
Stalltjärnstugan (S) 24 A1
Stallwang (D) 93 A1
Staloluokta (S) 9 C1
Stalon (S) 15 C2
Stalowa Wola (PL) 73 A5
Stalti (LV) 177 C2
Stalybridge (GB) 53 C4
Sta. Maria (CH) 99 D4
Sta. Maria de Guía (E) 144 D5
Sta. Maria de la Peña (E) 128 A4
Stambach (F) 90 C3
Stambolijski (BG) 159 D4
Stāmeriena (LV) 182 B4
Stamford (GB) 54 D6
Stammham (D) 92 C2
Stamnes (N) 26 B2
Stamovo (BG) 160 B3
Stamsele (S) 16 A5
Stamsund (N) 4 B4
Stamsund (N) 4 B5
Standrak (N) 27 A6
Stanford in the Vale (GB) 58 B2
Stanford-le-Hope (GB) 59 A3
Stånga (S) 43 C5
Stanghella (I) 110 B2
Stangnes (N) 4 D2
Stangvik (N) 23 A3
Stangvollen (N) 27 D1
Stanhope (GB) 49 C6
Stănilesti (RO) 149 C4
Stanin (PL) 73 A2
Stanišić (YU) 103 B6
Stanisławów (PL) 72 D1
Stanjel (SLO) 101 A6
Stanke Dimitrov (BG) 159 B4
Staňkov (CZ) 79 A5
Stanley (GB) 49 C6
Stannington (GB) 49 C5
Stanos (GR) 166 C4
Stanowiska (PL) 72 B4
Stans (CH) 98 D2
Stansted Mountfitchet (GB) 59 A2
Stanta Cristina d'Aro (E) 129 D5
Stanz (A) 101 D2
Stanzach (A) 99 D2
Stăoane (RO) 149 B6
Stapar (YU) 151 B1
Stapelburg (D) 68 D5
Stapelfeld (D) 67 C3
Staphorst (NL) 67 A3
Stapleford (GB) 54 C5
Staplehurst (GB) 59 A4
Stapleton (GB) 54 B6
Staporków (PL) 72 C4
Stappogiedde (N) 2 D2
Stara'a Iablona (MD) 149 B1
Stara Bäska (HR) 111 B3
Stará Boleslav (CZ) 79 D3
Starachowice (PL) 72 D4
Stará Huta (SK) 82 A5
Stara Kamionka (PL) 65 D4
Stara Kiszewa (PL) 63 D2
Stara Kornica (PL) 73 B1
Stara Łomnica (PL) 71 A6
Stara Łubianka (PL) 63 B4
Stara L'ubovňa (SK) 82 C3
Stara Moravica (YU) 103 C6
Stara Novalja (HR) 111 C4
Stará Paka (CZ) 70 C6
Stara reka (BG) 160 C2
Stará Role (CZ) 79 A3
Stara Sil' (UA) 83 B3
Staravina (MK) 163 A2
Stara Wieś (PL) 65 B6
Stara Wieś (PL) 73 B4
Stara Woda (PL) 70 C3
Stara Zagora (BG) 160 B3
Stärbsnäs (S) 31 B3
Stare, Kosiny (PL) 64 C5
Stare, Kroczyce (PL) 72 B5
Stare, Puchały (PL) 65 C5
Stare Bielice (PL) 63 A2
Stare Bogaczowice (PL) 70 D5
Stare Czarnowo (PL) 62 C4
Stare Dolno (PL) 64 B2
Stare Drawsko (PL) 63 A4
Staré Hamry (CZ) 81 B3
Staré Hory (SK) 81 D4
Stare Jabłonki (PL) 64 C3
Stare Jastrzebsko (PL) 70 D1
Stare Jeżewo (PL) 65 B4
Stare Juchy (PL) 65 B2
Stare Konjarevo (MK) 163 C1
Stare Kurowo (PL) 63 A5
Staré Miasto (PL) 71 C2
Stare Pole (PL) 64 B2
Stare Siedlisko (PL) 64 B2
Stare Siekluki (PL) 72 D3
Staré Smrkovice (CZ) 70 C6
Stare Stracze (PL) 70 D3
Stare Zdżary (PL) 72 D3
Stare.Gaby (BY) 177 C4
Stargard Szczeciński (PL) 62 D4
Stårheim (N) 22 B5
Stari, Kaštel (HR) 150 A6
Stari Dojran (MK) 163 C2
Starigrad (HR) 111 C3
Starigrad (HR) 156 B2
Starigrad (HR) 111 D4
Starigtrg (SLO) 101 B6
Stari Log (SLO) 111 C1
Stariniki (BY) 177 D5
Stari trg (SLO) 101 B6
Stari trg (SLO) 111 C2
Stari Trg (YU) 158 B3
Staritz (D) 69 D6
Stärkesmark (S) 17 A3
Stárkov (CZ) 70 D6
Starkshorn (D) 68 C3
Starnberg (D) 92 C4
Staroec (MK) 158 B6
Starogard (PL) 63 A3
Starogard Gdański (PL) 63 D2
Staroje Selo (BY) 177 C6
Staro Orjahovo (BG) 161 B1
Staropatica (BG) 152 D5
Starosel (BG) 159 D3
Staro Selo (BG) 154 C5
Starosiedle (PL) 70 B2
Starozagorski bani (BG) 160 B3
Staro Zelezare (BG) 159 D3
Starożreby (PL) 64 C6
Starše (SLO) 101 D4
Starti (LV) 179 C3
Star Titovka (RUS) 3 D3
Start Pt. (GB) 57 A6
Stärvången (S) 15 B5
Stary, Bierun (PL) 81 C1
Stary, Borek (PL) 83 A2
Stary Brus (PL) 73 C3
Stary Cykarzew (PL) 72 A4
Stary Dzierzgoń (PL) 64 B3
Stary Dzików (PL) 73 C6
Stary Folwark (PL) 65 C2
Staryj Pogost (BY) 177 D3
Staryj Sambir (UA) 83 B3
Stary Machnów (PL) 73 C6
Stary Sacz (PL) 82 C3
Stary Smokovec (SK) 82 B4
Stary Tychów (PL) 72 D4
Starzeńska, Grabownic- (PL) 83 A2
Starzyno (PL) 63 D1
Starzyny (PL) 72 B5
Stasiówka (PL) 82 D2
Stassfurt (D) 69 A5
Staszów (PL) 72 D5
Statland (N) 14 B4
Staträsk (S) 11 A4
Statte (I) 117 B2
Statthelle (N) 27 C6
Staufen i. Breisgau (D) 90 D4
Staughton Highway (GB) 58 D1
Staunton (GB) 57 C2
Staup (N) 26 C2
Staupamoen (N) 9 A3
Staur (N) 14 B6
Staurset (N) 23 A2
Stava (S) 38 D2
Stavalj (YU) 151 D6
Stavang (N) 22 A6
Stavanger (N) 36 A1
Stavarmon (S) 16 C5
Stavasjö (S) 16 D4
Stavåsnäs (S) 28 C1
Stavby (S) 31 A3
Stave (N) 4 C2
Staveley (GB) 54 C4
Stavelot (B) 75 D3
Stavenhagen,-Reuterstadt (D) 61 D3
Staverci (BG) 153 C5
Staveren (NL) 66 D3
Stavern (N) 27 C6
Stavnäs (S) 28 C5
Stavne (UA) 83 B4
Stavnes (N) 4 C5
Stavning (DK) 40 B2
Stavøy (N) 23 B1
Stavøyna (N) 22 A6
Stavre (S) 25 A2
Stavreviken (S) 25 C2
Stavri, Akr. (GR) 172 C2
Stavro (S) 16 C4
Stavros, Akr. (GR) 164 C3
Stavros (GR) 164 A3
Stavrupolis (GR) 164 C1
Stavseng (N) 27 B1
Stavsjö (S) 16 B4
Stavsjø (N) 27 D2
Stavsjö bruk (S) 30 D6
Stavsklint (S) 43 C5
Stavsnäs (S) 31 B4
Stavträsk (S) 17 A2
Staw, Nowy (PL) 64 A2
Staw (PL) 71 C3
Stawce (PL) 73 B4
Stawiguda (PL) 64 C3
Stawiski (PL) 65 A4
Stawiszyn (PL) 71 C2
Stawki (PL) 72 A4
Stawków (PL) 72 A6
Staxton (GB) 54 D2
Steane (N) 27 A6
Stebark (PL) 64 C4
Steblevë (AL) 162 C2
Stebnyk (UA) 83 C3
Stebuliai (LT) 176 B5
Steccato (I) 117 B6
Stěchovice (CZ) 79 C4
Stechow (D) 69 C3
Steckborn (CH) 99 B1
Stedum (D) 68 C4
Steeg (A) 99 D2
Steegen (D) 76 C5
Steenbergen (NL) 66 B6
Steenfelde (D) 67 C2
Steenvoorde (F) 74 C2
Steenvorde (F) 74 C2
Steenwijk (NL) 67 A3
Stefan, Sv. (YU) 157 B4
Stefănesti (RO) 149 A2
Stefănesti (RO) 154 B3
Stefănesti (RO) 154 C3
Stefani (GR) 167 C6
Stefanje (HR) 102 B6
Stefan-Karadžovo (BG) 160 D3
Stefanovo (BG) 155 B6
Steffisburg (CH) 98 C3
Stegaros (N) 27 A4
Stege (DK) 42 B5
Stegelitz (D) 69 B4
Stegersbach (A) 102 A3
Steglitz, Berlin (D) 69 D3
Stegna (PL) 64 A2
Stegny (PL) 64 B2
Steigen (N) 4 C5
Steigra (D) 69 B6
Steikvassli (N) 9 A5
Steimoen (N) 23 C4
Stein (D) 78 B5
Stein (CH) 98 D1
Steinach (D) 78 B3
Steinach (D) 92 B5
Steinach (A) 100 B2
Stein a. d. Traun (D) 93 A4
Steinalben (S) 76 C6
Steinanch a. d. S. (D) 77 C3
Stein a. Rhein (CH) 99 B1
Steinau (D) 77 B3
Steinbach (D) 92 B5
Steinbach-Hallenberg (D) 78 A2
Steinbeck (D) 62 B6
Steinbergdalen (N) 26 D2
Steinbukt (N) 2 C2
Steinburg (D) 93 A1
Steindorf (A) 101 B3
Steine (N) 4 B3
Steine (N) 14 B3
Steine (N) 26 D2
Steineberg (D) 76 C2
Steineien (N) 28 B3
Steine Risnes (N) 26 A2
Steinestø (N) 26 B3
Steinfeld (D) 78 B3
Steinfeld (D) 78 B4
Steinfeld (Old.) (D) 67 D3
Steinfjord (N) 4 D1
Steinfort (L) 75 D5
Steinfurt (D) 67 C4
Steinfurt (D) 77 B5
Steingaden (D) 92 B5
Steinhagen (D) 61 D2
Steinhausen (D) 91 C4
Steinheim (D) 68 B5
Steinheim (D) 92 A4
Steinhöfel (D) 70 B1
Steinkirchen (D) 93 B2
Steinkjer (N) 14 C5
Steinkjer (N) 14 D4
Steinkrug (D) 68 B4
Steinland (N) 4 C3
Steinlandstølen (N) 26 B2
Steinmoen (N) 9 A1
Steinneukirch (D) 76 D2
Steinsåsen (N) 24 A3
Steinsdal (N) 23 B1
Steinsdorf (D) 70 B2
Steinseter (N) 23 C6
Steinshamn (N) 22 C3
Steinsholt (N) 27 C5
Steinsland (N) 26 B2
Steinsvik (N) 22 B5
Steinvik (N) 28 A1
Stekennjåkk (S) 15 A2
Steki (LV) 182 B6
Stekiny (PL) 64 C3
Steknica (PL) 63 C1
Stellendam (NL) 66 B5
Stelpe (LV) 179 B6
Stemmest. (N) 27 D4
Stemplės (LT) 175 D3
Stemshaug (N) 23 A2
Stemwede (D) 67 D4
Sten (S) 39 A2
Stenabäck (S) 16 D1
Stenåsa (S) 39 D6
Stenay (F) 75 B5
Stenbacken (S) 5 C4
Stenberga (S) 39 B4
Stenbjerg (DK) 36 D6
Stenbrohult (S) 38 D6
Stenbyn (S) 28 C5
Stendal (D) 69 B3
Stende (LV) 178 C4
Stenderup (DK) 40 C3
Stenderup (DK) 40 D4
Stene (N) 14 C5
Steneby (S) 28 B6
Stengårdshult (S) 38 D4
Stengelsrud (N) 27 C5
Steni Dirfios (GR) 167 D5
Steninge (S) 38 B6
Stenjak (BIH) 150 D3
Stenjevac (YU) 152 C4
Stenkulla (S) 16 C2
Stenkvista (S) 30 D4
Stenkyrka (S) 38 A3
Stenlille (DK) 41 C3
Stenløse (DK) 41 D3
Stennäs (S) 16 D4
Stenness (GB) 45 C3
Steno, Akr. (GR) 172 B1
Stenon (GR) 167 A6
Stenon (GR) 171 A3
Stensån (S) 25 A4
Stensele (S) 16 B1
Stenselkroken (S) 16 C3
Stensjö (S) 16 B6
Stensjö (S) 16 C3
Stensjön (S) 39 A3
Stensland (N) 8 D4
Stensliden (S) 17 A2
Stenstorp (S) 38 C2
Stenstrand (S) 15 C2
Stensund (S) 10 B6
Stensund (S) 10 C4
Stensund (S) 10 D6
Stensvattnet (S) 16 B4
Stenträsk (S) 10 D3
Stenträsk (S) 16 C2
Stenudden (S) 10 B3
Stenungsund (S) 38 A3
Stenviksstrand (S) 16 B5
Stepanci (MK) 163 A1
Stěpánov, Trh. (CZ) 80 A2
Stepánov (CZ) 81 A2
Stepen (BIH) 157 A2
Stephen, Kirkby (GB) 53 C1
Stepnica (PL) 62 C3
Stepnitz (D) 61 C4
Stepnoje (RUS) 175 D4
Stepojevac (YU) 151 D3
Stepping (DK) 40 D4
Sterdyń (PL) 65 B6
Sterkovo (BY) 177 A6
Sterławki Wielki (PL) 65 A2
Šterna (HR) 111 A2
Sterna (GR) 171 A2
Sternae (GR) 172 B5
Sternberg (D) 61 B4
Šternberk (CZ) 81 A2
Sternenfels (D) 91 A2
Sterringi (N) 23 A5
Sterup (D) 60 C1
Sterza, la (I) 112 B2
Steszew (PL) 71 A1
Stěti (CZ) 70 B6
Stetten (D) 91 B3
Stetten (D) 91 C3
Stetten b. Hausen (D) 91 B3
Stevanovac (YU) 157 C3
Stevenage (GB) 58 D2
Stewart, Newton (GB) 48 C6
Stewarton (GB) 48 B4
Stewarton (GB) 48 D4
Stewartstown (GB) 47 B4
Steyerberg (D) 68 A3
Steyning (GB) 58 D4
Steyr (A) 93 D3
Steżerovo (BG) 154 A6
Steżyca (PL) 63 D2
Steżyca (PL) 73 A3
Stia (I) 110 A6
Stiavnica Banska (SK) 81 C5
Stiavnik (CZ) 81 B3
Stibb Cross (GB) 56 D4
Stickelsjö (S) 29 B5
Stickney (GB) 54 D5
Stiens (NL) 66 D2
Stigamo (S) 38 D3
Stiganie (BY) 177 A6
Stigen (N) 24 B6
Stigen (S) 38 A2
Stigliano (I) 116 D2
Stiglova (LV) 182 C5
Stigsbo (S) 29 B2
Stigsjö (S) 25 C2
Stigtomta (S) 30 D6
Štikada (HR) 111 D4
Stiklestad (N) 14 C5
Stikli (LV) 178 C4
Stilla (N) 2 B4
Stillingsön (S) 38 A2
Stillington (GB) 54 C2
Stilo (I) 119 D1
Stîlpu (RO) 154 C2
Stilton (GB) 54 D6
Stimlje (YU) 158 B4
Stîna de Vale (RO) 146 D4
Stînca (RO) 149 C3
Stinica (HR) 111 C3
Stintino (I) 121 A1
Stio (I) 116 C3
Stip (MK) 158 D5
Stipanska (HR) 156 A2
Stirling (GB) 48 D3
Stirniene (LV) 182 B6
Stit (BG) 160 C4
Stitnik (SK) 82 B5
Stity (CZ) 80 D2
Stiubei (RO) 154 D1
Stiubei-Orăti (RO) 154 C4
Stiubieni (RO) 149 A1
Stjärnevik (S) 39 B2
Stjärnfors (S) 29 A4
Stjärnhov (S) 30 D5
Stjärnorp (S) 39 B1
Stjärnsund (S) 29 B2
Stjenice (BIH) 151 B5
Stjern (N) 14 B5
Stjernøya (N) 1 D4
Stjernvåg (N) 1 D4
Stjordalenfjellstove (N) 26 B2
Stjørdalshalsen (N) 23 C1
Stø (N) 4 C2
Støa (N) 14 C5
Støa (N) 24 B6
Støa (N) 28 A2
Stobiecko-Miejskie (PL) 72 A4
Stobity (PL) 64 B2
Stocka (S) 25 C4
Stockach (D) 91 B4
Stockaryd (S) 39 A4
Stockbäcken (S) 11 B5
Stockbridge (GB) 58 B4
Stöcke (S) 17 B4
Stockelsdorf (D) 61 A3
Stöcken (D) 68 D2
Stockenboi (A) 101 A3
Stockerau (A) 80 C5
Stockevik (S) 38 A3
Stockfors (S) 11 B4
Stockhausen (D) 68 C6
Stockholm (S) 31 A4
Stockport (GB) 53 C4
Stocksbo (S) 25 A5
Stocksbo (S) 29 B1
Stocksbridge (GB) 53 D4
Stockton-on-Tree (GB) 54 C1
Stoczek (PL) 64 C2
Stoczek (PL) 65 A6
Stoczek Lukowski (PL) 73 A2
Stoczki (PL) 71 D3
Stod (N) 14 C5
Stod (CZ) 79 B5
Stöde (S) 25 B3
Stødi (N) 9 B3
Stødle (N) 26 B5
Stoenesti (RO) 153 D1
Stoer, Pt. of (GB) 44 D2
Stoholm (DK) 40 C1
Stoianovca (MD) 149 C5
Stoicănesti (RO) 153 D4
Stoina (RO) 153 B3
Stoisesti (RO) 149 C5
Stojan Mihajlovski (BG) 154 D6
Stojanovo (BG) 159 D2
Stok, Złoty (PL) 71 A6
Stoke, East (GB) 54 C5
Stoke Ferry (GB) 55 A6
Stoke Lacy (GB) 57 C1
Stoke-on-Trent (GB) 53 C5
Stoke Rochford (GB) 54 C5
Stokesley (GB) 54 C1
Stokite (BG) 160 A2
Stokkajøen (N) 8 D6
Stokke (N) 27 D6
Stokkemarke (DK) 41 B5
Stokkøya (N) 14 A5
Stokkvågen (N) 8 D4
Stok Lacki (PL) 73 A1
Stokmarknes (N) 4 B3
Stoky (CZ) 80 B3
Stol, Generalski (HR) 111 D2
Stolac (BIH) 156 D2
Stolberg (D) 69 A6
Stolberg (Rhld.) (D) 76 D2
Stołczno (PL) 63 C3
Stolec (PL) 62 C3
Stolec (PL) 71 D4
Støleholmen (N) 22 C6
Stolerova (LV) 182 C6
Stollberg (D) 79 A2
Stolno (PL) 64 A4
Stolpen (D) 70 A4
Stołpie (PL) 73 C4
Stølsvangen (N) 23 B3
Stolzenau (D) 68 A4
Stomion (GR) 163 C5
Stomlia (N) 27 C1
Stommeln (D) 76 B2
Stommen (S) 28 B5
Stömne (S) 28 C5
Ston (HR) 156 D3
Stonařov (CZ) 80 B3
Stone (GB) 53 C5
Stone (GB) 57 C2
Stonehaven (GB) 49 C1
Stone Street (GB) 59 B1
Stongfjorden (N) 22 A6
Stonglandseidet (N) 4 D2
Stonham, Earl (GB) 59 B1
Stoniškiai (LT) 175 D3
Stønnesbotn (N) 5 A1
Stöpafors (S) 28 C3
Stopanja (YU) 152 B5
Stopki (PL) 64 D2
Stopnica (PL) 72 D6
Stora Blåsjön (S) 15 A3
Storåbränna (S) 15 B5
Storån (S) 25 A4
Storås (N) 23 B2
Storåsen (S) 15 B5
Storåsen (S) 25 A2
Stora Träskö (FIN) 32 C5
Storbäck (S) 15 C3
Storbacka (FIN) 19 C2
Storbacken (S) 11 A3
Storbäcken (S) 17 B3
Storbäcken (S) 24 B5
Storbekkmoen (N) 23 C5
Storberg (S) 10 D5
Storberget (S) 11 B2
Storbo (S) 24 B5
Storbodsund (S) 10 C5
Storborgaren (S) 16 D5
Storbränna (S) 15 B6
Storbrännan (S) 17 A2
Storbukt (N) 1 B6
Storbukta (N) 2 A3
Storby (FIN) 32 A4
Stord (N) 26 B4
Stordal (N) 24 A1
Stordalen (N) 1 C4
Stordalen (S) 5 B3
Stordalen (S) 25 B2
Store (N) 26 A3
Storebø (N) 26 A4
Storebro (S) 39 B3
Storebru (N) 22 B6
Storebudal (N) 23 C3
Storehaug (N) 22 B6
Storeikvollen (N) 24 A2
Storekorsnes (N) 2 A4
Storelv (N) 1 D3
Stor-Elvdal (N) 23 D6
Storelvvoll (N) 24 A3
Store Merløse (DK) 41 C3
Store Molla (N) 4 C4
Store Molvik (N) 3 A1
Støren (N) 23 C2
Storeng (N) 1 C5
Storenga (N) 9 B2
Storeskar (N) 27 A2
Storestølen (N) 26 D2
Store Torskefjord (N) 2 D2
Storfinnträsk (S) 11 A4
Storfjäten (S) 24 C4
Storfjellseter (N) 23 C5
Storfjord (N) 5 C1
Storfjorden (N) 22 C5
Storfjordvik (N) 4 B4
Storfors (S) 29 A4
Storforshei (N) 9 A4
Storfosna (N) 23 B1
Storfossen (N) 2 D3
Storfossen (N) 2 D6
Storhallaren (N) 23 A1
Storheden (S) 10 D4
Storheden (S) 24 B5
Storhögen (S) 15 C6
Storhöjden (S) 16 A5
Storhøli (N) 23 B6
Storholmsjön (S) 15 B5
Storje (SLO) 101 A6
Storjola (S) 15 B2
Storjord (N) 4 D3
Storjord (N) 9 A2
Storjord (N) 9 B3
Storjorda (N) 9 A3
Storjuktan (S) 10 B6

Storjungfrun (S) 25 C6
Storklyndan (FIN) 32 C3
Storkow (D) 70 A1
Storli (N) 5 A2
Storli (N) 23 B3
Storliden (S) 17 A2
Storliden (S) 17 B3
Storlien (S) 24 A1
Storlögda (S) 16 D3
Stormark (S) 11 B6
Stormi (FIN) 33 A2
Stormo (N) 1 B6
Stormyren (S) 10 B5
Stornara (I) 115 C5
Stornarella (I) 115 C5
Stornäs (S) 15 B2
Stornäset (S) 24 D1
Stornes (N) 1 B6
Stornes (N) 4 D3
Storneshamn (N) 1 C5
Stornoway (GB) 44 C3
Storo (I) 99 D5
Storoddan (N) 23 B1
Storohamn (S) 11 D4
Storön (S) 25 D2
Storön (S) 28 D6
Storön (FIN) 32 D5
Storožinec (RUS) 181 D5
Storožynec (UA) 148 C1
Storpellinge (FIN) 34 B4
Stor-Rångsen (S) 31 A1
Storrensjön (S) 14 D6
Storrøsta (N) 23 D4
Storrya (N) 23 D3
Storsand (S) 11 A3
Storsand (N) 27 D5
Storsandsjö (S) 17 A3
Storsätern (S) 24 B4
Storsävaträsk (S) 17 A3
Storsdal (N) 22 C4
Storsele (S) 16 D5
Storselsøy (N) 8 C4
Storsien (S) 11 C3
Storsjö (S) 10 B5
Storsjö (S) 16 C4
Storsjö (S) 24 B2
Storsjön (S) 16 C4
Storsjön (S) 25 C5
Storskär (FIN) 19 A3
Storskog (S) 9 C5
Storslett (N) 1 C5
Storslett (N) 4 C6
Storsletta (N) 1 C5
Storsteinnes (N) 1 B6
Storsteinnes (N) 5 B1
Storsund (S) 11 A5
Storsvedjan (S) 11 C3
Storsvedjan (S) 16 D6
Stortford, Bishop's (GB) 59 A2
Stortjørnlia (N) 14 D2
Storträsk (S) 11 A6
Storträsk (S) 11 C3
Storulvänsfjällstn. (S) 24 A2
Storulvsjön (S) 25 B3
Storuman (S) 16 B1
Storverde (DK) 37 C5
Storvik (N) 1 C5
Storvik (N) 1 D4
Storvik (N) 2 A2
Storvik (N) 8 D3
Storvik (N) 14 A4
Storvik (S) 29 C1
Storvollen (N) 23 C4
Stós (SK) 82 C5
Stötten (D) 92 B5
Støttvær (N) 8 D3
Stouby (DK) 40 D3
Stourbridge (GB) 53 C6
Stourport-on-Severn (GB) 53 C6
Stovajavrre (N) 6 A1
Støvring (DK) 37 B6
Stow (GB) 49 B4
Stowiecino (PL) 63 C1
Stowmarket (GB) 59 B1
Stow-on-the-Wold (GB) 58 B2
Stožer (BG) 155 B6
Stra (I) 110 B2
Straach (D) 69 C5
Strabane (GB) 47 A4
Strabla (PL) 65 C5
Strabyčove (UA) 83 B5
Strachan (GB) 49 B1
Strachmin (PL) 63 A2
Strachówka (PL) 72 D1
Strachur (GB) 48 C3
Stracin (MK) 158 D4
Stracze, Stare (PL) 70 D3
Straczno (PL) 63 B4
Strada in Ch. (I) 109 D6
Strada San Zeno (I) 110 B5
Stradalovo (BG) 159 A4
Stradbally (IRL) 50 B4
Stradbally (IRL) 51 B3
Stradbroke (GB) 59 B1
Stradella (I) 109 A2
Stradella (I) 109 A4
Stradishall (GB) 59 A1
Stradone (IRL) 47 A6
Stradsett (GB) 55 A6
Straduny (PL) 65 B2
Straelen (D) 67 A6
Stragari (YU) 152 A4
Straimont (B) 75 C5
Straiton (GB) 48 C5
Stråklevo (BG) 154 B6
Strakonice (CZ) 79 C5
Straldža (BG) 160 D3
Straloch (GB) 49 A1
Strålsnäs (S) 39 A2
Stralsund (D) 61 D2
Stramberk (CZ) 81 B3
Strambino (I) 98 C6
Stranby (DK) 37 C4
Strand (N) 4 C3
Strand (N) 24 A6
Strand (N) 26 B6
Stranda (N) 22 C4
Stranda (N) 27 C1
Strandåker (S) 16 D3
Strandby (DK) 37 B6
Stranddalshytta (N) 26 C5
Strandebarm (N) 26 B3
Strandlykkja (N) 28 A2
Strandvalkorsen (N) 14 C3
Strandvik (N) 26 B4
Stranghelle (N) 26 B3
Strängnäs (S) 30 D4
Strångsjö (S) 30 D6
Strání (CZ) 81 A4
Stranice (SLO) 101 D4
Stranorlar (IRL) 47 A4
Stranraer (GB) 48 C6
Strasatti (I) 118 A3
Strasbourg (F) 90 C3
Strasburg (D) 62 B3
Strašecí, Nové (CZ) 79 B3
Stråsjö (S) 25 B5
Straškov-Vodochody (CZ) 70 A6
Straß (A) 80 B5
Straß (D) 92 B2
Strass (A) 100 B2
Stråssa (S) 29 B4
Strassburg (A) 101 B3
Straßkirchen (D) 93 A2
Strasswalchen (A) 93 B4
Straszów (PL) 70 C3
Stratford St Mary (GB) 59 B2
Stratford-upon-Avon (GB) 58 B1
Strathaven (GB) 48 D4
Strathblane (GB) 48 D3
Strathkanaird (GB) 44 D4
Strathpeffer (GB) 45 A5
Strathy Pt. (GB) 45 A2
Strathyre (GB) 48 D2
Stratinska (BIH) 150 B3
Stråtjära (S) 25 C6
Stratonion (GR) 164 A3
Stratton (GB) 56 D4
Straubing (D) 93 A2
Straum (N) 8 D5
Straum (N) 23 A1
Straumbu (N) 23 C5
Straume (N) 4 B3
Straume (N) 26 B2
Straume (N) 27 A5
Straume (N) 27 B6
Straumen (N) 3 B1
Straumen (N) 4 D3
Straumen (N) 4 D4
Straumen (N) 5 A1
Straumen (N) 5 A2
Straumen (N) 9 B1
Straumen (N) 14 C3
Straumen (N) 14 C5
Straumfjord (N) 4 C3
Straumgjerde (N) 22 C4
Straumnes (IS) 1 A1
Straumnes (N) 4 B4
Straumnes (N) 5 A3
Straumøya (N) 9 A2
Straumsbotn (N) 4 D1
Straumsbotn (N) 5 A1
Straumsbukta (N) 1 S6
Straumshamn (N) 22 B5
Straumsli (N) 5 B2
Straumsmo (N) 5 B2
Straumsnes (N) 4 B3
Straumsnes (N) 4 D1
Straumsvik (N) 8 D3
Straupe (LV) 179 C4
Straupitz (D) 70 A2
Strausberg (D) 62 B6
Straussfurt (D) 78 B1
Stravodromion (GR) 170 D2
Stravos (GR) 166 C4
Strawczyńska, Ruda (PL) 72 C5
Strázokovice (CZ) 93 D1
Stráž n. Než. (CZ) 79 D5
Stráža (SLO) 111 C1
Straža (YU) 152 B2
Strazde (LV) 178 D4
Strazdini (LV) 182 C4
Strażeman (HR) 150 C1
Stráže-Saštín (SK) 81 A5
Stražica (BG) 160 B1
Strážnice (CZ) 81 A4
Strážný (CZ) 93 B1
Strážske (SK) 83 A4
Strbá, Tatranská (SK) 82 B4
Strba (SK) 82 B4
Strbské-Pleso (SK) 82 B4
Streatley (GB) 58 C3
Strečno (SK) 81 C4
Streda, Dunajská (SK) 102 C1
Streda, Hor. (SK) 81 B5
Strée (B) 75 A4
Street, Stone (GB) 59 B1
Street (GB) 57 B4
Strehaia (RO) 153 A3
Strehla (D) 69 D6
Strehová, Dolná (SK) 82 A6
Streisîngeorgiu (RO) 147 A6
Streitberg (D) 78 C4
Strekov (SK) 103 A1
Strekowa Góra (PL) 65 B4
Strelča (BG) 159 D3
Střelice (CZ) 80 D4
Strėliškai (LT) 178 C6
Strelitz, Alt (D) 61 D4
Strelki (BY) 177 D1
Strelniky (SK) 82 A5
Strel'nja (RUS) 35 C5
Strem (A) 102 B3
Stremci (BG) 160 B5
Stremutka (RUS) 182 D3
Strenči (LV) 179 C3
Strengberg (A) 93 D3
Strengelvåg (N) 4 C2
Streoc (YU) 158 A4
Stresa (I) 98 D5
S.-Tresund (S) 15 D2
Strete (N) 4 D3
Stretham (GB) 59 A1
Stretton, Church (GB) 53 B6
Stretton (GB) 54 D6
Streymoy (DK) 36 B4
Strezimirovci (YU) 158 D3
Strezimirovci (BG) 158 D3
Strezovce (YU) 158 C4
Strib (DK) 40 D3
Striberg (S) 29 A4
Stříbro (CZ) 79 A4
Střib. Skalice (CZ) 79 D4
Strichen (GB) 45 D5
Strielčiai (LT) 176 C5
Strigno (I) 100 A5
Strigova (SLO) 102 A5
Striki (LV) 178 D5
Střílky (CZ) 81 A4
Strilky (UA) 83 B3
Strîmtura (RO) 147 B1
Strinda (N) 4 D5
Strindmoen (N) 14 C4
St. Říše (CZ) 80 B4
Strittjomvare (S) 10 C5
Stri'ūpai (LT) 176 B4
Strizivojna (HR) 151 A2
Strjama (BG) 160 A4
Strmen (HR) 150 B2
Strmica (HR) 150 A4
Strnovac (MK) 158 C4
Strö (S) 38 B1
Strobl (A) 101 A1
Strøby (DK) 42 B3
Strodi (LV) 177 C1
Stroesti (RO) 148 D2
Stroevo (BG) 159 D4
Strofades (GR) 170 B3
Strofylia (GR) 167 C4
Ströhen (D) 68 A4
Strojec (PL) 71 D4
Strojkovce (YU) 158 C3
Strokestown (IRL) 46 D6
Str. Olszyny (PL) 64 D3
Ström (S) 9 B5
Ström (S) 17 A4
Strøm (N) 28 A3
Ström (S) 28 B5
Stroma (GB) 45 B2
Strömåker (S) 16 B3
Strömåker (S) 17 A4
Strömås (S) 25 C2
Strömbacka (S) 25 B4
Strömbacken (S) 25 A4
Stromberg (D) 67 D5
Stromberg (D) 76 C4
Stromeferry (GB) 44 C5
Strömfors (S) 10 D6
Strömfors (S) 17 B1
Strömfors (FIN) 34 C4
Stromiec (PL) 72 D3
Strömma (FIN) 32 A4
Strömma (FIN) 33 A4
Strømmen (N) 2 B2
Strömmen (S) 24 B4
Strømmen (N) 27 D4
Strömmen (S) 28 B6
Strömmen (S) 37 D1
Strömnäs (S) 11 A5
Strömnäs (S) 15 C2
Strömnäs Lunde (S) 25 C1
Stromness (GB) 45 B2
Strompedalen (N) 14 D3
Strömsberg (S) 31 A2
Strömsbro (S) 30 D1
Strömsbruk (S) 25 C4
Strömsfors (S) 30 D6
Strømsfoss (N) 28 B5
Strömsholm (S) 30 C4
Strömsnäsbruk (S) 38 D6
Strømsoddbygda (N) 27 C3
Strömstad (S) 37 D1
Strömsund (S) 10 B6
Strömsund (S) 15 C5
Strömtorp (S) 29 A5
Strömudden (S) 10 C4
Stroncone (I) 113 A4
Strongoli (I) 117 B5
Stronie Śląskie (PL) 71 A6
Stronsay (GB) 45 C1
Strontian (GB) 48 B1
Strop (LV) 177 B2
Stropicy (RUS) 181 D5
Stropkov (SK) 82 D3
Stropnice, Hor. (CZ) 93 D1
Stroppo (I) 108 A4
Stroud (GB) 57 C2
Strovolos (CY) 174 B4
Stróża (PL) 73 B4
Stróża (PL) 82 A2
Stróże (PL) 82 C2
Strpce (YU) 158 B4
Stříb. Skalice (CZ) 79 D4
Strübbel (D) 60 B2
Strücklingen (D) 67 C2
Struer (DK) 40 C1
Struga (PL) 72 D1
Struga (MK) 162 C2
Strumble Hd. (GB) 56 C1
Strumica (MK) 163 C1
Strumien (PL) 81 C2
Strumjani (BG) 159 B5
Strumkivka (UA) 83 A5
Strunga (RO) 149 A3
Strupen (N) 5 B1
Struy (GB) 44 D5
Stružec (HR) 150 B1
Stryckfors (S) 11 B6
Stryckfors (S) 16 D2
Stryckfors (S) 17 A3
Strycksele (S) 17 A3
Strycktjärn (S) 11 B4
Stryj (UA) 83 D3
Stryjno (PL) 73 B4
Stryken (N) 27 D3
Stryków (PL) 72 B2
Strykowo (PL) 71 A1
Stryn (N) 22 C5
Stryszek (PL) 63 D5
Strzegocin (PL) 64 D5
Strzegom (PL) 71 A5
Strzegowo Osada (PL) 64 C5
Strzeice Opolskie (PL) 71 C6
Strzelce (PL) 71 A5
Strzelce (PL) 72 A1
Strzelce (PL) 72 D6
Strzelce Krajeńskie (PL) 62 D5
Strzelce Małe (PL) 72 B4
Strzelce Wielkie (PL) 72 A4
Strzelin (PL) 71 B5
Strzeliński, Borek (PL) 71 B5
Strzelno (PL) 63 D6
Strzemieszyce Wielkie (PL) 72 A6
Strzepcz (PL) 63 D1
Strzeszkowice Duże (PL) 73 B4
Strzybnica (PL) 71 D6
Strzyboga (PL) 72 B2
Strzyżew (PL) 71 C3
Strzyżewice (PL) 73 B4
Strzyżów (PL) 73 D4
Strzyzów (PL) 82 D2
Sttist (RUS) 181 D2
Stubal (YU) 152 B5
Stubal (YU) 158 C3
Stubbæk (DK) 40 D5
Stubbekøbing (Dk) 42 B5
Stubbenkammer (D) 62 B1
Stubberup (DK) 41 B3
Stubbrödsel (FIN) 19 B3
Stubel (BG) 153 B6
Stuben (A) 99 C2
Stuben (A) 99 D3
Stubičke Toplice (HR) 102 A6
Stubik (YU) 152 D4
Stubline (YU) 151 D3
Stubna, Hor. (SK) 81 C4
Stuchowo (PL) 62 D3
Studánka, Karlova (CZ) 81 A2
Studená (CZ) 80 B4
Studena (YU) 158 D2
Studena (BG) 159 A3
Studena (BG) 160 C4
Studenci (HR) 150 C6
Studenci (HR) 111 C3
Studenec (BG) 154 C6
Studenec (BG) 159 D5
Studenica (YU) 152 A6
Studenica (BY) 177 C4
Stüdenitz (D) 69 B2
Studénka (CZ) 81 B2
Studen kladenec (BG) 160 B5
Studenzen (A) 102 A3
Studina (RO) 153 C4
Studland (GB) 58 B5
Studley (GB) 58 B1
Studnica (PL) 70 D4
Studsviken (S) 16 D4
Studzianki (PL) 73 B4
Studzienice (PL) 63 C2
Studzieniec (PL) 70 D3
Stuer (D) 61 C4
Stūgliai (LT) 177 A3
Stugudal (N) 24 A2
Stuguflåten (N) 23 A4
Stugun (S) 16 A6
Stugusjö, Västra (S) 24 D2
Stuguvattenjälen (S) 16 B4
Stühlingen (D) 91 A5
Stulgiai (LT) 176 A3
Stülpe (D) 69 D4
Stulpicani (RO) 148 C3
Stu. Lussúrgiu (I) 121 B3
Stumsnäs (S) 29 A1
Stungiai (LT) 179 A6
Stuomenai (LT) 176 B5
Stuoragiedde Austertana (N) 3 A2
Stupava (SK) 80 D6
Stupina (RO) 155 B3
Stupnik, Brodski (HR) 150 D2
Stupnik (HR) 102 A6
Stupnik (HR) 111 D1
Stuppach (D) 77 B5
Stupurai (LT) 176 B1
Stūri (LV) 178 D5
Stūri (LV) 179 B5
Sturkö (S) 43 B1
Šturlić (BIH) 111 D3
Sturminster Newton (GB) 57 C4
Sturno (I) 115 B5
Stúrovo (SK) 103 A1
Sturzelbronn (F) 90 C2
Stuttgart (D) 91 B2
Stutvattenbäcken (S) 15 C3
St. Ves n. Ondř. (CZ) 81 B2
Stvrtok, Spišský (SK) 83 C4
Styggberg (S) 25 B3
Stykkishólmur (IS) 1 A2
Stylis (GR) 167 B4
Stypsi (GR) 165 A6
Styra (GR) 168 A6
Styrkesnes (N) 4 C6
Styrmannsto (N) 1 B5
Styrnäs (S) 16 D6
Styrsö (S) 38 A4
Suameer (NL) 67 A2
Suances (E) 126 C2
Suaningi (S) 11 C1
Suatu (RO) 147 B3
Suaux (F) 95 B5
Subačius (LT) 176 D2
Subaşiköy (TR) 161 A6
Subate (LV) 177 B1
Subbatträsk (S) 11 A3
Subbiano (I) 112 D2
Subiaco (I) 113 B6
Subijana (E) 127 A3
Sublaines (F) 95 B1
Subotica (YU) 103 C5
Subotište (YU) 151 C3
Subotniki (BY) 177 A6
Súča, Horna (SK) 81 B4
Súčany (SK) 81 C4
Suceava (RO) 148 D2
Sucé-s-Erdre (F) 85 B5
Sucevita (RO) 148 C2
Sucha (PL) 71 C5
Sucha Beskidzka (PL) 82 A2
Suchacz (PL) 64 B2
Suchá Hora (SK) 82 A3
Suchaň (PL) 62 D4
Suchdol n. Lužnicí (CZ) 80 A4
Suchedniów (PL) 72 C4
Suche Rzeki (PL) 83 B3
Suchodół (PL) 73 A5
Suchorze (PL) 63 C2
Suchovo (PL) 63 A4
Suchowola (PL) 65 C3
Suchowola (PL) 73 B2
Suchożebry (PL) 73 A1
Süchteln (D) 76 A1
Suchy Dab (PL) 64 A2
Suchy Las (PL) 71 A1
Sucina (E) 141 B3
Suciu (RO) 147 B2
Suckow (D) 61 C4
Sućuraj (HR) 156 C2
Sucy-en-Brie (F) 86 B2
Sudanell (E) 128 D6
Sudargas (LT) 176 A4
Sūdava (LT) 176 B4
Sudbury (GB) 54 B5
Sudbury (GB) 59 B2
Suddesjaur (S) 10 D4
Sudeikiai (LT) 177 A2
Süderbrarup (D) 60 C1
Süderhastedt (D) 60 C3
Süderlügum (D) 60 B1
Süderschmedeby (D) 60 C1
Süderschweiburg (D) 67 D2
Sudervė (LT) 176 D4
Süderzollhaus (D) 60 C2
Suditi (RO) 155 A3
Südlohn (D) 67 B5
Südlohne (D) 67 B4
Sudndalen (N) 27 A2
Sudnuzera (RUS) 13 D4
Sudok (S) 11 A3
Sudoměřice u Bechyně (CZ) 79 D5
Sudova-Vyšnja (UA) 83 C2
Sudovec (HR) 102 B5
Suđureyri (IS) 1 A1
Suduroy (DK) 36 B6
Sudwa (PL) 64 C3
Sueca (E) 134 D6
Suelli (I) 121 C5
Sueros (E) 125 C3
Suflion (GR) 165 A1
Sugag (RO) 147 B6
Sugères (F) 96 C5
Suginčiai (LT) 178 D6
Sugvozdy (BY) 177 C6
Suhača (BIH) 150 A2
Suhaia (RO) 154 A6
Suhindol (BG) 160 A2
Suhl (D) 78 B2
Suhopolje (HR) 102 C6
Suhostrel (BG) 159 A5
Suhr (CH) 98 D1
Suica (BIH) 150 C5
Suici (RO) 153 C1
Suigu (EST) 180 D5
Suljavaara (S) 6 B3
Suinula (FIN) 20 A6
Suinula (FIN) 33 B1
Suippes (F) 75 B6
Suisgill, Upper (GB) 45 B3
Suislepa (EST) 182 A2
Suistamo (RUS) 21 D6
Sukaičiai (LT) 175 D2
Sukeva (FIN) 20 D1
Sukioniai (LT) 176 C2
Sukle (N) 27 C5
Sukobin (YU) 157 C5
Sukošan (HR) 111 C5
Sükösd (H) 103 B5
Sukovo (YU) 158 D2
Suksela (FIN) 33 A4
Sukth (AL) 162 A2
Sula (N) 22 B4
Sulå (S) 25 B2
Sula (N) 26 A1
Sul'a (SK) 82 A6
Sulåmo (N) 14 C6
Suldal (N) 26 C5
Sulechów (PL) 70 C2
Sulechów (PL) 82 B1
Sulecin (PL) 70 C1
Sulecin Szlachecki (PL) 65 A5
Suleczyno (PL) 63 C2
Sulejów (PL) 72 B4
Sulejówek (PL) 72 D1
Suletea (RO) 149 C5
Süleymaniye (TR) 160 D6
Sulgen (CH) 99 B1
Sulgrave (GB) 58 C1
Sulheim (N) 23 A5
Suli (LV) 182 C5
Sulignat (F) 97 B4
Sulików (PL) 70 C4
Sulina (RO) 155 D1
Sulingen (D) 68 A3
Sulinowo (PL) 63 B4
Suliszewo (PL) 63 A4
Sulita (RO) 149 A2
Sulitjelma (N) 9 B2
Sulkava (FIN) 20 C2
Sulkava (FIN) 21 A6
Sulkava (FIN) 34 A3
Sulkavanjärvi (FIN) 20 B3
Sulkavanjärvi (FIN) 20 C2
Sulkavankylä (FIN) 19 C5
Sulkavanperä (FIN) 20 A2
Sulkowice (PL) 82 A2
Sully (F) 97 A1
Sully-s-Loire (F) 88 B4
Sulmierzyce (PL) 71 B3
Sulmierzyce (PL) 72 A4
Sulmona (I) 113 D5
Suloglu (TR) 160 D5
Sulopulon (GR) 162 C6
Sułoszowa (PL) 72 B6
Sułów (PL) 71 B3
Sułów (PL) 73 B4
Sułów (PL) 73 B5
Sulpice-l'CH. (F) 96 A4
Sultanhisar (TR) 169 D5
Sultsi (EST) 179 C2
Sulustvere (EST) 181 B5
Sulvik (S) 28 B4
Sulviken (S) 15 A6
Sülysáp (H) 103 C2
Sulz a. Neckar (D) 91 A3
Sulzbach (D) 91 C2
Sulzbach (A) 102 A4
Sulzbach a. d. Murr (D) 91 B2
Sulzbach-Rosenberg (D) 78 C5
Sülze (D) 68 C3
Sulzheim (D) 78 A4
Sumacárcel (E) 134 C6
Sumartin (HR) 156 B2
Sumba (DK) 36 B6
Sumbilla (E) 127 C2
Sumburgh Head (GB) 45 D4
Sümeg (H) 102 C3
Sumen (BG) 160 D1
Sumène (F) 106 C3
Sumiac (SK) 82 B4
Sumiswald (CH) 98 D2
Sumlainen (FIN) 20 B4
Summa (FIN) 34 D3
Summa (RUS) 35 B4
Summer Is. (GB) 44 C4
Summt (D) 69 D3
Sumná (CZ) 80 C4
Sumperk (CZ) 80 D2
Sum., Pohoří na (CZ) 93 D2
Sumsa (FIN) 13 C6
Sumskas (LT) 177 A5
Sumstad (N) 14 A4
Sumvitg (CH) 99 A3
Sunākste (LV) 179 C6
Sunbury (GB) 58 D3
Sünching (D) 92 D2
Sund (N) 4 C5
Sund (N) 8 D2
Sund (S) 16 D6
Sund (S) 25 A4
Sund (S) 28 B6
Sund (FIN) 32 B4
Sund (S) 39 A3
Sundals-Ryr (S) 38 A1
Sundås (S) 10 C5
Sundborn (S) 29 B1
Sundbron (S) 16 D6
Sundby, Stora (S) 30 C5
Sundby (FIN) 19 B2
Sundby (DK) 37 A6
Sundbyberg (S) 31 A4
Sundbyfoss (N) 27 C5
Sunde (N) 23 B1
Sunde (N) 26 B4
Sundebru (N) 37 A1
Sunderbyn, S. (S) 11 B4
Sunderland (GB) 49 D6
Sundern (D) 67 D4
Sundern (Sauerl.) (D) 76 D1
Sundhultsbrunn (S) 39 A3
Sundklakk (N) 4 B4
Sundlia (N) 5 A2
Sundnäs (S) 10 B3
Sundö (S) 17 A3
Sundom (S) 11 C4
Sundom (FIN) 19 A3
Sundøya (N) 8 C4
Sundre (S) 43 C6
Sunds (DK) 40 C2
Sundsandvik (S) 38 A2
Sundsbø (N) 22 C3
Sundsjabyn (S) 28 B5
Sundsjö (S) 24 D2
Sundskjør (N) 14 A5
Sundsnäset (S) 9 A5
Sundstøyl (N) 27 A6
Sundstrup (DK) 40 D1
Sundsvall (S) 25 C3
Sundvoll (N) 8 C6
Sundvollen (N) 27 C4
Sungailiškiai (LT) 176 A3
Sungurlare (BG) 160 D2
Suni (I) 121 B3
Sunion, Akr. (GR) 171 D2
Sunion (GR) 171 C2
Sunja (HR) 150 B2
Sünna (D) 77 C2
Sunnan (N) 14 C5
Sunnanå (S) 16 D4
Sunnanå hamn (S) 38 B1
Sunnanhed (S) 25 A6
Sunnansjö (S) 15 C1
Sunnansjö (S) 16 C5
Sunnansjö (S) 29 A3
Sunnåsbruk (S) 25 C6
Sunndal (N) 26 C4
Sunndalen (N) 22 B6
Sunndalen (N) 22 D5
Sunndalsøra (N) 23 A3
Sunne (S) 24 D2
Sunne (S) 28 C4
Sunnemo (S) 28 D4
Sunnerå (S) 25 A2
Sunnersberg (S) 38 C1
Sunnylven (N) 22 C5
Sunskai (LT) 176 B5
Suntaži (LV) 179 C5
Suo-Anttila (FIN) 34 D3
Suobbat (S) 11 B2
Suodenniemi (FIN) 33 A1
Suodnju (N) 2 B6
Suojanperä (S) 3 A5
Suojärvi (FIN) 20 A5
Suojoki (FIN) 19 A6
Suoknuuti (FIN) 34 D3
Suokylä (FIN) 21 A6
Suolahti (FIN) 20 B4
Suolijärvi (FIN) 13 B4
Suoljoki (FIN) 12 C1
Suoltijoen pirtti (FIN) 7 D5
Suoluvuobme (N) 2 B5
Suomela (FIN) 33 B4
Suomenniemi (FIN) 34 D2
Suomijärvi (FIN) 19 B6
Suomusjärvi (FIN) 33 B4
Suomussalmi (FIN) 13 C4
Suonenjoki (FIN) 20 D4
Suonenvaara (FIN) 21 A1
Suoniemi (FIN) 33 B1
Suonnankylä (FIN) 13 B2
Suonola (FIN) 33 A2
Suonpää (FIN) 33 B3
Suontaka (FIN) 32 D2
Suontee (FIN) 20 D5
Suonttajärvi (FIN) 6 C2
Suopajärvi (FIN) 7 A6
Suopelto (FIN) 34 B1
Suorajärvi (FIN) 13 C1
Suorsa (FIN) 13 A1
Suorva (S) 5 B5
Suostola (FIN) 7 B5
Suotniemi (RUS) 35 C2
Suotupera (FIN) 20 B1
Suovaara (FIN) 21 B3
Suovanlahti (FIN) 20 B3
Superbagnères (F) 105 A6
Super-Besse (F) 96 C6
Supetar (HR) 150 B6
Suphelle (N) 22 C6
Supino (I) 114 B4
Suplacu de Barcău (RO) 146 D2
Suplai (RO) 147 B2
Suprašl (PL) 65 C4
Supru (FIN) 3 A4
Supuru de Sus (RO) 146 D2
Sura (S) 29 C4
Surahammar (S) 30 C4
Suraia (RO) 154 D1
Sura Mare (RO) 147 C6
Surany (SK) 102 D1
Suraż (PL) 65 C5
Surbo (I) 117 D2
Surbourg (F) 90 D2
Surčin (YU) 151 D3
Surd (H) 102 B5
Surdegis (LT) 176 D2
Surdila-Greci (RO) 154 D2
Surduc (RO) 147 A2
Surdulica (YU) 158 D3
Sure, Esch-sur- (L) 75 D4
Surendorf (D) 60 D2
Surgères (F) 94 D4
Suria (E) 129 B5
Surier (I) 108 A1
Surin (F) 95 A4
Surju (EST) 179 B2
Surliden (S) 10 C6
Surnadalsøra (N) 23 A2
Suroti (GR) 163 D3
Surpi (GR) 167 B3
Surrein (CH) 99 A3
Sursee (CH) 98 D2
Surtainville (F) 86 B2
Surte (S) 38 B3
Suru (EST) 181 A3
Survas, Akr. (GR) 171 C3
Surviliškis (LT) 176 C3
Surwold (D) 67 C3
Sury-le-Comtal (F) 97 A5
Surzur (F) 85 A5
Sus, Rona de (RO) 83 D6
Süs,-Susch (CH) 99 C3
Susa (I) 108 A2
Sušac (HR) 156 B3
Susana (E) 124 C3
Susannajord (N) 1 A6
Sušara (YU) 152 B2
Susch-Süs (CH) 99 C3
Susegana (I) 100 C5
Susėja (LV) 177 A1
Susendal (N) 15 A1
Suseni (RO) 148 C5
Sušica (BG) 160 B1
Sušice (CZ) 79 B5
Susiec (PL) 73 C6
Susikas (FIN) 33 B3
Susilla (E) 126 C3
Suškova (LV) 177 D1
Susleni (MD) 149 D2
Süsninkai (LT) 176 B5
Süß (D) 77 B2
Süßen (D) 91 C2
Susten (CH) 98 C4
Susteren (NL) 75 D2
Susurluk (TR) 169 C1
Susz (PL) 64 B3
Sutera (I) 118 C4
Sutesti (RO) 154 D2
Sutivan (HR) 150 B6
Sutjeska (YU) 152 A1
Sutlepa (EST) 180 C4
Sutomore (YU) 157 B5
Sutoviči (BY) 177 B5
Sutri (I) 113 A5
Sutterton (GB) 54 D5
Suttila (FIN) 33 A2
Sutton (GB) 58 D3
Sutton Coldfield (GB) 53 D6
Sutton in Ashfield (GB) 54 C5
Sutton on Sea (GB) 55 A4
Sutton Scotney (GB) 58 B4
Suure-Jaani (EST) 181 A5
Suurejõe (EST) 181 A5
Suuremõisa (EST) 180 B4
Suurimäki (FIN) 20 D3
Suurkylä (RUS) 34 D5
Suur-Miehikkälä (FIN) 34 D3
Suurniemi (FIN) 20 D6
Suurpäälä (RUS) 35 A3
Suursaari, O. Gogland (RUS) 34 D5
Suur-Saimaa (FIN) 35 A2
Suutala (FIN) 19 D4
Suutarinkylä (FIN) 12 C5
Suva Ćuprija (YU) 157 D2
Suvainiškis (LT) 177 A1
Suvaja, D. (HR) 150 A4
Suvala (GR) 171 C2
Suvalovo (RUS) 175 D5
Suvanto (FIN) 7 B5
Suvantokumpu (FIN) 7 A4
Suva Reka (YU) 158 B4
Suvereto (I) 112 B3
Suviekas (LT) 177 B2
Suvorov (RUS) 175 C5
Suvorove (UA) 155 C1
Suvorovo (BG) 155 A6
Suwałki (PL) 65 B2
Suze-la-Rousse (F) 107 A3
Suze-s-Sarthe, la (F) 87 A6
Suzzara (I) 109 C2
Svåbenice (CZ) 81 A3
Svabenverk (S) 25 B6
Sværen (N) 26 C1
Sværholt (N) 2 C1
Svalenik (BG) 154 C6
Svaljava (UA) 83 B5
Svallerup (DK) 41 B3
Svallfors (S) 11 A5
Svalöv (S) 42 C2
Svalsjö (S) 39 B2
Svanabyn (S) 16 B4
Svanaholm (S) 38 D5
Svanastorliden (S) 17 A2
Svanavattnet (S) 16 B4
Svaneholm (S) 28 C5
Svaneke (DK) 43 B4
Svanesund (S) 38 A3
Svängsta (S) 43 A1
Svanibachovo (RUS) 182 D3
Svaningen (S) 15 B4
Svaniträsk (S) 11 B3
Svannäs (S) 10 C4
Svannäs (S) 16 C3
Svanøy (N) 22 A6
Svansele (S) 15 B3
Svansele (S) 17 A1
Svanstein (S) 11 D1
Svanström (S) 17 B1
Svanträsk (S) 11 A5
Svanvik (N) 3 C4
Svanvik (S) 38 D1
Svanvika (N) 22 D3
Svappavaara (S) 5 D5
Svappavaara (S) 6 A4
Švarča (HR) 111 D2

Svärdsjö (S) 29 B1
Svarin (SK) 82 B4
Svarinci (LV) 177 D1
Svarstad (N) 27 C5
Svärta (S) 31 A6
Svartål (S) 29 A5
Svarta Mustio (FIN) 33 B4
Svartån (S) 28 D4
Svartåsen (S) 28 B1
Svartbäcken (S) 11 B4
Svartberg (S) 11 C3
Svartbyn (S) 11 C3
Svartdalsseter (N) 23 B4
Svarte (S) 42 D3
Svartemyr (N) 26 B1
Svartevatn (N) 36 C1
Svartfjell (N) 5 A1
Svarthamar (N) 27 B1
Svartisdal (N) 9 A4
Svartjärn (S) 17 B2
Svartla, Ned. (S) 11 B4
Svartla (S) 11 B3
Svartliden (S) 16 D2
Svärtlinge (S) 30 C6
Svartnäs (S) 25 B6
Svartnes (N) 3 C1
Svartnes (N) 5 B1
Svartnes (N) 9 A2
Svartö (S) 39 C4
Svartodden (N) 28 A1
Svartöstaden (S) 11 C4
Svartsö (S) 31 B4
Svarttorp (S) 39 A3
Svartträsk (S) 11 C2
Svartvik (S) 25 C3
Svarvar (FIN) 19 A4
Svarvarehemmet (S) 29 A6
Svatki (BY) 177 C4
Svatsum (N) 23 C6
Svätuše (SK) 83 A5
Svedala (S) 42 C3
Svėdasai (LT) 177 A2
Svedja (S) 25 B4
Svedjan (S) 16 C4
Svedje (S) 16 D5
Svedlár (SK) 82 C4
Sveg (S) 24 D4
Sveig (N) 26 B5
Sveindal (N) 36 C2
Sveingardsbotn (N) 26 D2
Sveinseyri (IS) 1 A1
Svėkšna (LT) 175 D3
Svelgen (N) 22 B5
Svelvik (N) 27 D5
Svenarp (S) 39 B4
Svenarum (S) 38 D4
Svenčionėliai (LT) 177 B3
Svenčionys (LT) 177 B4
Svendborg (DK) 41 B4
Svendriškiai (LT) 176 B4
Svene (N) 27 C4
Svenes (N) 36 D2
Svenljunga (S) 38 C4
Svennevad (S) 29 B5
Svenningdal (N) 14 D1
Svenningvika (N) 14 D1
Svensby (N) 1 B6
Svensbygd (S) 39 A4
Svensbyn (S) 11 B5
Svenshögen (S) 38 A3
Svenskby (FIN) 33 A4
Svensköp (S) 42 D2
Svenstavik (S) 24 C2
Svenstrup (DK) 37 B6
Svenstrup (DK) 41 A5
Svente (LV) 177 B2
Sventežeris (LT) 176 B6
Sventežeris (LT) 176 C6
Sventininkai (LT) 176 D5
Sventoji (LT) 175 C1
Sventorp (S) 38 D2
Sventragis (LT) 176 C5
Sverepec (SK) 81 C4
Svetajevka (RUS) 175 C5
Světciems (LV) 179 B3
Svēte (LV) 179 A5
Světlá n. S. (CZ) 80 B2
Svetlen (BG) 160 C1
Svetloe (RUS) 175 B5
Svetlogorsk (RUS) 175 A4
Svetlyj (RUS) 175 A5
Svetogorsk (RUS) 35 B2
Svetozarevo (YU) 152 B4
Svetvinčenat (HR) 111 A3
Svežen (BG) 160 A3
Sviby (EST) 180 B4
Svidník (SK) 82 D3
Svihov (CZ) 79 B5
Svilaj, D. (BIH) 151 A2
Svilajnac (YU) 152 B4
Sviland (N) 36 A1
Svilengrad (BG) 160 C5
Sviliai (LT) 176 D1
Svindal (N) 28 A5
Svingen (N) 1 B5
Svingen (N) 26 C1
Svingen (N) 28 A6
Svingstad (N) 27 C2
Svingvoll (N) 23 C6
Svinhult (S) 39 B3
Svinica (SK) 82 D5
Svinita (RO) 152 C3
Svinnes (N) 8 C5
Svinninge (DK) 41 C2
Svinninge (DK) 41 C3
Svinö (FIN) 32 B4
Svinov (CZ) 81 B2
Svinoy (DK) 36 B4
Sviny, Trhové (CZ) 93 D1
Svir' (BY) 177 B4
Svir'any (BY) 177 B4
Svirkos (LT) 177 B3
Sviščaki (SLO) 111 B1
Svisdal (N) 23 B3
Svištov (BG) 154 A6
Svit., Bilovice n. (CZ) 80 D3
Svit., Hradec n. (CZ) 80 D2
Svit (SK) 82 B4
Svitávka (CZ) 80 D3
Svitavy (CZ) 80 D2
Svitkov (CZ) 80 B2
Sv. Ján, Mor. (SK) 80 D5
Sv. Jur (SK) 81 A6
Sv. Jur, Bor. (SK) 80 D5
Sv. Mikuláš (CZ) 80 B2
Sv. Miletić (YU) 103 B6
Svoboda (RUS) 175 D5
Svode (YU) 158 D2
Svodín (SK) 103 A1
Svodna (BIH) 150 B2
Svoge (BG) 159 B2
Svogerslev (DK) 41 C3
Svojanov (CZ) 80 C3
Svojšín (CZ) 79 A4
Svolvær (N) 4 B4
Svor (CZ) 70 B5
Svorkmo (N) 23 B2
Svošjavrre (N) 2 B5
Svratka (CZ) 80 C2
Svrčinovec (SK) 81 C3
Svrljig (YU) 152 D6
Svukuriset (N) 24 A4
Svulrya (N) 28 B3
Svylionys (LT) 177 B3
Swadlincote (GB) 54 B5
Swaffham (GB) 55 A6
Swallownest (GB) 54 C4
Swanage (GB) 58 B5
Swanlinbar (IRL) 46 D5
Swansea (GB) 57 A2
Swarożyn (PL) 64 A2
Swarzędz (PL) 71 B1
Swatragh (GB) 47 B3
Świątki (PL) 64 C3
Świątkowa Wielka (PL) 82 D3
Świbno (PL) 64 A2
Świderki (PL) 73 B2
Świdnica (PL) 70 C2
Świdnica (PL) 71 A5
Świdnik (PL) 73 B4
Świdry-Dobrzyce (PL) 65 B4
Świdwin (PL) 63 A3
Świebodzice (PL) 70 D5
Świebodzin (PL) 70 C1
Święcice (PL) 72 C1
Świecie (PL) 63 D4
Świecko (PL) 70 B1
Świedziebnia (PL) 64 B4
Świekatowo (PL) 63 D4
Świeradów Zdrój (PL) 70 C5
Świercze-Koty (PL) 64 D6
Świerczów (PL) 71 C5
Świerki (PL) 71 A5
Świerklaniec (PL) 72 A6
Świerklany (PL) 81 C2
Świerzawa (PL) 70 D4
Świerże (PL) 73 C3
Świerzno (PL) 62 D3
Święta Anna (PL) 72 B5
Świętajno (PL) 64 D3
Święta Katarzyna (PL) 72 D5
Święta Lipka (PL) 64 D2
Świetno (PL) 70 D2
Świętokrzyski, Ostrowiec (PL) 72 D4
Świętoszów (PL) 70 C3
Świętow, Nowy (PL) 71 B6
Swilcza (PL) 83 A1
Swimbridge (GB) 57 A4
Swindon (GB) 58 B3
Swineshead (GB) 54 D5
Swinford (IRL) 46 C5
Świniary (PL) 64 D4
Świnice (PL) 71 D2
Świnoujście (PL) 62 C3
Swinton (GB) 49 C4
Swinton (GB) 53 C4
Swona (GB) 45 C2
Swords (IRL) 51 C2
Swornigacie (PL) 63 C3
Sybil Pt. (IRL) 50 A4
Sycewice (PL) 63 B2
Syców (PL) 71 B4
Sycowice (PL) 70 C2
Sycyna (PL) 72 D4
Sydänmaa (FIN) 19 B6
Sydänmaa (FIN) 19 C4
Sydänmaa (FIN) 20 C6
Sydänmaa (FIN) 20 D6
Sydänmaa (FIN) 32 D2
Sydänmaankylä (FIN) 20 B1
Sydmo (FIN) 32 D4
Sydow (D) 69 D3
Sygos (GR) 164 B2
Sykaminea (GR) 165 A6
Sykäräinen (FIN) 20 A2
Syke (D) 68 A3
Sykea (GR) 163 B6
Sykea (GR) 164 A4
Sykea (GR) 171 B4
Sykurion (GR) 163 C5
Syliai (LT) 175 D3
Sylling (N) 27 C4
Sylstationen (S) 24 A2
Sylt (D) 60 A1
Syltanovo (RUS) 182 D6
Sylte (N) 22 B5
Sylte (N) 22 D3
Sylte (N) 23 B6
Syltefjord (N) 3 B1
Sylvänä (FIN) 33 B3
Sylvarnes (N) 26 C1
Symbragos (GR) 172 A5
Symi (GR) 173 C3
Symoneli (BY) 177 B4
Synarades (GR) 162 B6
Synevyr (UA) 83 C5
Synnseter (N) 27 C1
Synod Inn (GB) 56 D1
Synsiö (FIN) 20 C6
Syötekylä (FIN) 13 A3
Sypniewo (PL) 63 C4
Syre (GB) 45 A3
Syri (FIN) 20 A2
Syrianokhori (CY) 174 B4
Syriläntaka (FIN) 33 C2
Syrjä (FIN) 21 A5
Syrjävaara (FIN) 21 B4
Syrmež (BY) 177 C4
Syrna (GR) 173 A4
Syrokoje (RUS) 175 C5
Syros (GR) 172 A2
Syserum (S) 39 C3
Syškrantė (LT) 175 C3
Sysma (FIN) 34 B1
Sysslebäck (S) 28 C2
Systen (DK) 37 C5
Syston (GB) 54 C6
Sytela (LT) 176 D4
Syväjärvi (FIN) 6 B1
Syväjärvi (FIN) 7 A5
Syvälahti (FIN) 20 B4
Syvänniemi (FIN) 20 D4
Syvänsi (FIN) 20 D5
Syväoja (FIN) 12 D4
Syvärinpää (FIN) 20 D2
Syväsmäki (FIN) 34 C1
Syvdsnes (N) 22 B4
Syverud (N) 27 D4
Syvinki (FIN) 19 D6
Syyspohja (FIN) 35 A1
Szabadbattyán (H) 103 A3
Szabadkígyós (H) 146 A4
Szabadszállás (H) 103 B4
Szadek (PL) 71 D3
Szaflary (PL) 82 B3
Szajk (H) 103 A6
Szajol (H) 103 D3
Szákály (H) 103 A5
Szakcs (H) 102 D4
Szakmár (H) 103 B4
Szalánta (H) 103 A6
Szalaszend (H) 82 C5
Szalmatercs (H) 82 A6
Szalonna (H) 82 C5
Szamocin (PL) 63 C5
Szamotuły (PL) 63 B6
Szank (H) 103 C4
Szántófürdőtelep (H) 102 D4
Szany (H) 102 C2
Szaruty (PL) 73 A1
Szarvas (H) 103 D4
Szarvasgede (H) 103 C1
Szatymaz (H) 103 C5
Százhalombatta (H) 103 B2
Szczawa (PL) 82 B3
Szczawin-Borowy (PL) 72 A1
Szczawne (PL) 83 A3
Szczawnica (PL) 82 C3
Szczawno (PL) 71 D3
Szczawno-Zdrój (PL) 70 D5
Szczaworyż (PL) 72 C6
Szczebrzeszyn (PL) 73 B5
Szczecin (PL) 62 C4
Szczecinek (PL) 63 B3
Szczeciński, Stargard (PL) 62 D4
Szczekociny (PL) 72 B5
Szczepankowo (PL) 65 A4
Szczerbówka (PL) 72 C2
Szczerców (PL) 72 A4
Szczucin (PL) 72 D6
Szczuczyn (PL) 65 B3
Szczurkowo (PL) 64 D2
Szczurowa (PL) 82 C1
Szczury (PL) 71 C3
Szczyrk (PL) 81 C2
Szczyrzyc (PL) 82 B2
Szczytna (PL) 71 C3
Szczytniki Czerniejewskie (PL) 71 B1
Szczytno (PL) 64 D3
Szczyty (PL) 81 B1
Szécsény (H) 103 C1
Szederkény (H) 103 A6
Szedres (H) 103 A5
Szeged (H) 103 D5
Szeghalom (H) 146 B3
Szegilong (H) 82 D6
Szegvár (H) 103 D4
Székely (H) 83 A6
Székesfehérvár (H) 103 A3
Székkutas (H) 103 D4
Szekszárd (H) 103 A5
Szelejewo (PL) 71 B2
Szelków, Nowy (PL) 64 D5
Szellő (H) 103 A6
Szembruk (PL) 64 A3
Szemere (H) 82 D5
Szendehely (H) 103 B1
Szendrő (H) 82 C5
Szendrőlád (H) 82 C5
Szentendre (H) 103 B2
Szentes (H) 103 D4
Szentgotthárd (H) 102 B4
Szentkút (H) 102 C2
Szentlászló (H) 102 D5
Szentlőrinc (H) 102 D6
Szentmártonkáta (H) 103 C2
Szenyér (H) 102 C5
Széphalom (H) 82 D5
Szepietowo-Stacja (PL) 65 B5
Szeremle (H) 103 B5
Szerencs (H) 82 D6
Szeroki Bór (PL) 65 A3
Szerzyny (PL) 82 D2
Szestno (PL) 64 D2
Szetlew (PL) 71 C2
Szewce (PL) 71 A4
Szigetvár (H) 102 D6
Szikszó (H) 82 C6
Szil (H) 102 C2
Szilsárkány (H) 102 C2
Szilvásszentmárton (H) 102 D5
Szilvásvárad (H) 82 B6
Szin (H) 82 C5
Szirák (H) 103 C1
Szirmabesenyő (H) 82 C6
Szkaradawo (PL) 71 B3
Szklarska Poreba (PL) 70 C5
Szklarskie, Hadle (PL) 137 C1
Szklary (PL) 83 A2
Szlachecki, Kociołek (PL) 65 A3
Szlachecki, Rajec (PL) 72 D3
Szlachecki, Sulecin (PL) 65 A5
Szlachecki, Wróblik (PL) 83 A2
Szlichtyngowa (PL) 70 D3
Szob (H) 103 B1
Szolnok (H) 103 D3
Szőlősgyörök (H) 102 D4
Szombathely (H) 102 B3
Szomolya (H) 103 D1
Szonów (PL) 71 C6
Szopienice (PL) 72 A6
Szostaki (PL) 73 C2
Szówsko (PL) 83 B1
Szpęgawsk (PL) 64 A3
Szpetal Górny (PL) 64 B6
Szprotawa (PL) 70 C3
Szreńsk (PL) 64 C5
Szropy (PL) 64 A2
Sztabin (PL) 65 C3
Sztum (PL) 64 A3
Sztumskie, Tropy (PL) 64 A3
Sztutowo (PL) 64 A2
Szubin (PL) 63 C5
Szudziałowo (PL) 65 D4
Szufnarowa (PL) 82 D2
Szügy (H) 103 B1
Szumanie (PL) 64 C5
Szumirad (PL) 71 C5
Szumowo (PL) 65 A5
Szurdokpüspöki (H) 103 C1
Szuszcza (PL) 65 D5
Szwecja (PL) 63 B4
Szydłów (PL) 72 A3
Szydłów (PL) 72 D5
Szydłowiec (PL) 72 C4
Szydłowo (PL) 63 B4
Szymanów (PL) 72 C2
Szymbark (PL) 82 C2
Szymonka (PL) 65 A3
Szynkielów (PL) 71 D4
Szyplinszki (PL) 65 C2
Szyszków (PL) 73 B6

ST

St Abb's Head (GB) 49 C3
Saint-Abit (F) 104 D5
Sainte-Adresse (F) 87 A2
San Adrián, Cabo (E) 124 B2
Sankt Aegyd (A) 101 D1
Saint-Affrique (F) 106 A3
Sant'Agata (I) 108 D3
Sant'Agata s.S.(I) 110 B4
Sant'Agata Fél.(I) 110 B6
Sant'Agata (I) 114 D5
Sant'Agata (I) 114 D6
Sant'Agata di Esaro (I) 116 D4
Sant'Agata di Militello (I) 119 A3
Sant'Agata di Púglia (I) 115 B5
Saint-Agnan (F) 96 D3
Saint-Agnan (F) 97 A1
Saint-Agnan-en-Vercours (F) 107 B1
Saint-Agnant (F) 94 C5
St Agnes (GB) 56 A6
St Agnes (GB) 56 C5
Sainte-Agnès (F) 97 C3
Sant'Agostino (I) 109 D3
Saint-Agoulin (F) 96 C4
Saint-Agrève (F) 106 D1
San Agustín (E) 132 D3
Saint-Aignan (F) 95 C1
Saint-Aignan (F) 105 B3
Saint-Aignan-le-Jaillard (F) 88 B5
Saint-Aignan-s-Roë (F) 86 C6
Saint-Aigulin (F) 105 A1
Saint-Alban (F) 97 D5
Sant'Albano (I) 108 B4
St Albans (GB) 58 D2
Saint-Alban-s-Limagnole (F) 106 B2
Sant'Alberto (I) 110 B4
Saint-Albin (F) 97 B6
São Aleixo (P) 138 A1
Santo Aleixo (P) 138 B3
Santo Aléssio S. (I) 119 B3
Sainte-Alvère (F) 105 A/B1
Saint-Alyre-d'Arlanc (F) 96 D6
Saint-Alyre-ès-Montagne (F) 96 C6
Santo Amador (P) 138 A3
Santa Amalia (E) 138 D1
Saint-Amand (F) 74 D3
Saint-Amand (F) 74 D3
Saint-Amand-en-Puisaye (F) 88 C5
Saint-Amandin (F) 96 B6
Saint-Amand-Longpré (F) 87 B6
Saint-Amand-Montrond (F) 96 B3
Saint-Amand-s-Fion (F) 89 B2
Saint-Amans (F) 106 B2
Saint-Amans-des-Cots (F) 106 A2
Saint-Amans-Soult (F) 106 A5
Saint-Amant-de-Boixe (F) 95 A5
Saint-Amant-Roche-Savine (F) 96 D5
Saint-Amant-Tallende (F) 96 C5
Saint-Amarin (F) 90 B5
Santo Amaro (P) 138 A1
Sant'Ambrógio (I) 109 C1
Sant'Ambrógio (I) 109 D3
Saint-Ambroix (F) 106 D3
Saint-Amour (F) 97 C3
Santa Ana (P) 137 B2
Santa Ana (P) 138 A4
Santa Ana do Campo (P) 137 C1
Santa Ana la Real (E) 138 C4
Santa Anastasia (I) 114 D6
Santa Anatólia di N. (I) 113 B4
Saint-Andiol (F) 107 A4
Sankt Andrä (A) 101 C3
Santo Andre (P) 130 B3
Santo André (P) 137 B3
Sant' Andrea (I) 114 D5
Sant'Andrea A. d. I. (I) 119 D1
Sant'Andrea Bagni (I) 109 B3
Sant'Andrea Frius (I) 121 C5
Sankt Andreasberg (D) 68 D5
Saint-André-d'Apchon (F) 96 D4
Saint-André-de-Corcy (F) 97 B5
Saint-André-de-Cubzac (F) 104 C1
Saint-André-de-l'Eure (F) 87 C3
Saint-André-de-Roquelongue (F) 106 A5
Saint-André-de-Sangonis (F) 106 C4
Saint-André-de-Valborgne (F) 106 C3
Saint-André-du-Bois (F) 104 D2
Saint-André-les-Alpes (F) 107 D3
Sant Andreu (E) 129 C6
Saint-Angeau (F) 95 A5
Saint-Angel (F) 96 B6
Sant'Angelo, Città (I) 113 D4
Sant'Angelo, Monte (I) 115 C4
Sant'Angelo a Fasanella (I) 116 C2
Sant'Angelo de Lombardi (I) 115 B6
Sant'Angelo di Brolo (I) 119 A2
Sant'Angelo i. F. (I) 114 D5
Sant'Angelo in Vado (I) 110 C6
Sant Ángelo Lodigiano (I) 109 A2
Sankt Anna (S) 39 C1
Sankt Anna (A) 102 A4
Sant'Anna Arresi (I) 121 B6
Sant'Anna P. (I) 109 C4
Sainte-Anne (F) 87 B4
Sainte-Anne-d'Auray (F) 84 D5
Sainte-Anne-la-Palud (F) 84 B4
St Anne's, Lytham (GB) 53 B3
Saint-Anthème (F) 96 D5
Sant'Antioco (I) 121 B6
Saint-Antoine (F) 104 D1
Saint-Antoine (F) 107 A1
Saint-Antoine (F) 120 C3
Saint-Antoine de F. (F) 105 A3
Saint-Antoine-s-l'Isle (F) 104 D1
San Antolín (E) 125 B2
Sankt Anton (A) 99 D2
Saint-Antonin (F) 108 A5
Saint-Antonin-de-Lacalm (F) 105 D4
Saint-Antonin-Noble-Val (F) 105 C3
Sant'Antonio (I) 108 A2
Sant'António (I) 109 C4
Sant'António (I) 121 C1
Sant'António di Sant. (I) 121 B4
Saint-Août (F) 96 A3
Saint-Appolinaire (F) 97 A4
Sant'Arcángelo (I) 116 D3
San Arénio (I) 116 C2
Saint-Arnoult (F) 87 B6
Saint-Arnoult-des-Bois (F) 87 C4
Saint-Arnoult-en-Yvelines (F) 88 B2
St Asaph (GB) 53 A4
San Asensio (E) 127 A4
Saint-Astier (F) 105 B1
Saint-Auban (F) 107 C3
Saint-Auban (F) 107 D4
Saint-Auban-s-l'Ouvèze (F) 107 B3
Saint-Aubin (F) 97 C2
Saint-Aubin (F) 105 C4
Saint-Aubin-d'Aubigné (F) 85 B3
Saint-Aubin-de-Baubigné (F) 94 D2
Saint-Aubin-de-Médoc (F) 104 C1
Saint-Aubin-du-Cormier (F) 85 B3
Saint-Aubin-du-Plain (F) 94 D2
Saint-Aubin-en-Charollais (F) 97 A3
Saint-Aubin-s-Aire (F) 89 C2
Saint-Aubin-s-Loire (F) 96 D3
Saint-Aubin-s-Mer (F) 86 D2
Sant Augusti (E) 129 B4
Saint-Augustin (F) 95 D6
Saint-Augustin-des-Bois (F) 85 C5
Saint-Aulaye (F) 95 A6
Saint-Avit (F) 96 B5
Saint-Avold (F) 90 B2
Saint-Ay (F) 88 A4
Saint-Aygulf (F) 107 D5
Santa Bárbara (E) 135 A2
Santa Bárbara (E) 138 B4
São Barnabé (P) 137 C5
Saint-Barthélemy-d'Agenais (F) 105 A2
Saint-Barthélemy-de-Bellegarde (F) 105 A1
San Bartolomé de lasAbiertas (E) 132 B5
San Bartolomé de la Torre (E) 138 B4
San Bartolomeo al Mare (I) 108 C5
San Bartolomeo in G. (I) 115 A4
São Bartolomeu (P) 130 A6
São Bartolomeu (P) 130 D6
São Bartolomeu (P) 137 B3
São Bartolomeu de Messines (P) 137 C5
San Bartolomeu do Mar (P) 124 B6
San Basilio (I) 117 B2
Saint-Baudel (F) 96 B2
Saint-Bauzille-de-Montmel (F) 106 C4
Saint-Bauzille-de-Putois (F) 106 C4
Sainte-Bazeille (F) 104 D2
Saint-Béat (F) 105 A6
Saint-Beauzély (F) 106 B3
Saint-Beauzire (F) 96 C6
St Bees (GB) 53 A1
Saint-Belmont-s-Rance (F) 106 A4
San Benedetto (I) 109 C2
San Benedetto del Tronto (I) 113 C3
San Benedetto d. M. (I) 113 C5
San Benedetto in Alpe (I) 110 A5
San Benedetto Q. (I) 109 D4
Saint-Benin-d'Azy (F) 96 D2
Saint-Benin-des-Bois (F) 96 C2
San Benito (E) 138 B2
Saint-Benoît (F) 89 A3
Saint-Benoît (F) 97 C5
Saint-Benoît-des-Ondes (F) 85 B2
Saint-Benoît-du Sault (F) 95 C3
Saint-Benoit-en-Woëvre (F) 89 D1
Saint-Benoît-la-Chipotte (F) 90 B3
Saint-Benoît-s-Loire (F) 88 B4
San Bento (P) 124 C5
São Bento de Pomares (P) 137 D2
São Bento do Mato (P) 138 A1
Saint-Bérain-s-Dheune (F) 97 B2
Saint-Berthevin (F) 86 C5
Saint-Bertrand-de-Comminges (F) 105 A6
San Biágio (I) 110 B1
San Biágio P. (I) 118 C4
San Biágio Saracinisco (I) 114 C4
San Biase (I) 115 A4
St. Blåbergsliden (S) 17 A2
Saint-Blaise-la-Roche (F) 90 C3
Sankt Blasien (D) 90 D5
Saint-Blin (F) 89 C3
Sant Boi de Ll. (E) 129 B5
Sant Boi de Ll. (E) 129 B6
San Bonifacio (I) 110 A2
Saint-Bonnet (F) 107 C2
Saint-Bonnet-de-Bellac (F) 95 C4
Saint-Bonnet-de-Condat (F) 96 C6
Saint-Bonnet-de-Joux (F) 97 A3
Saint-Bonnet-le-Château (F) 97 A6
Saint-Bonnet-le-Froid (F) 97 A6
Saint-Bonnet-s-Gironde (F) 94 D6
Saint-Bonnet-Tronçais (F) 96 B3
St-Boswells, Newton (GB) 49 B4
Saint-Branchs (F) 95 B1
São Braz (P) 138 A3
São Braz de Alportel (P) 137 D5
São Braz do Regued (P) 137 D2
Saint-Brès (F) 106 C4
Saint-Brevin-les-Pins (F) 94 A1
Saint-Brevin-l'Océan (F) 94 A1
Saint-Briac-s-Mer (F) 85 A2
Saint-Brice (F) 104 D2
Saint-Brice-en-Coglès (F) 86 B4
Saint-Brieuc (F) 84 D3
Saint-Brisson-s-Loire (F) 88 C5
Saint-Broing-les-Moines (F) 89 B5
Saint-Calais (F) 87 B5
San Calixto (E) 139 A3
Saint-Cannat (F) 107 B4
Saint-Caradec (F) 84 D3
Sant Carles de la Rápita (E) 135 A3
San Carlo (I) 108 D4
San Carlo (I) 118 B4
San Carlos del Valle (E) 140 A1
San Casciano, Rocca (I) 110 B4
San Casciano dei Bagni (I) 112 D3
San Casciano in Val di Pesa (I) 109 D6
San Cassiano (I) 110 A5
Saint-Cast-le-Guildo (F) 85 A2
San Cataldo (I) 117 D2
San Cataldo (I) 118 C4
Santa Catarina (P) 137 D5
Santa Catarina di Pittinuri (I) 121 B3
Santa Caterina (I) 117 D3
Santa Caterina d. I. (I) 119 D1
San Caterina V.(I) 118 D4
Sainte-Catherine (F) 97 A5
Sainte-Cécile-les-Vignes (F) 107 A3
Sant Celoni (E) 129 C5
Saint-Céré (F) 105 C1
Saint-Cergues (F) 97 D4
Saint-Cernin (F) 106 A1
Saint-Cernin-de-l'Herm (F) 105 B2
San Cesárea Terme (I) 117 D3
Saint-Chamant (F) 96 A6
Saint-Chamarand (F) 105 B/C2
Saint-Chamas (F) 107 A4
Saint-Chamond (F) 97 A6
Saint-Chaptes (F) 106 D3/4
Saint-Chartier (F) 96 A3
Saint-Chef (F) 97 C5
Saint-Chély-d'Apcher (F) 106 B1
Saint-Chély-d'Aubrac (F) 106 B2
Saint-Chéron (F) 88 B3
Saint-Chinian (F) 106 B5
San Chirico Rap. (I) 116 D3
Saint-Christol (F) 107 B3
Saint-Christol-lès-Alès (F) 106 C3
Saint-Christoly-de-Blaye (F) 104 C1
Saint-Christoly-Médoc (F) 94 C6
Sankt Christoph (A) 99 C2
Saint-Christophe (F) 95 B4
Saint-Christophe-des-Bois (F) 86 C5
Saint-Christophe-du-Ligneron (F) 94 B2
Saint-Christophe-en-Bazelle (F) 95 C2
Saint-Christophe-en-Boucherie (F) 96 A3
Saint-Christophe-en-Brionnais (F) 97 A4
Saint-Christophe-en-Oisans (F) 107 C1
Saint-Christophe-le-Jajolet (F) 87 A4
São Christóvão (P) 137 C2
Saint-Ciers-Champagne (F) 94 D6
Saint-Ciers-du-Taillon (F) 94 D6
Saint-Ciers-s-Gironde (F) 94 D6
Santa Cilia (E) 128 A4
San Cipirello (I) 118 B3
San Ciprián (E) 125 A1
San Cipriano Pic.(I) 115 A6
Saint-Cirg-Lapopie (F) 105 C2
Saint-Cirgues-de-Jordanne (F) 106 A1
Saint-Cirgues-en-Montagne (F) 106 D2
Saint-Cirgues-la-Loutre (F) 105 D1
Saint-Clair (F) 74 A6
Saint-Clair-s-l'Elle (F) 86 C2
Saint-Clar (F) 105 A4
Santa Clara (P) 130 C4
Santa Clara a Velha (P) 137 C4
Santa Clara de Louredo (P) 137 D3
Saint-Clar-de-Rivière (F) 105 B5
Saint-Claud (F) 95 B5
Saint-Claude (F) 97 D3
Saint-Clément (F) 90 B3
Saint-Clément (F) 107 D2
Saint-Clément-des-Baleines (F) 94 B4
San Clemente (E) 133 B6
Santa Coloma de Farners (E) 129 C5
Santa Coloma de Queralt (E) 129 A6
Santa Colomba (E) 125 C4
Saint-Colomban (F) 94 B2
Saint-Colomban-des-Villards (F) 97 D6
San Colombano al Lambro (I) 109 A2
St Columb Major (GB) 56 C5
Santa Comba (E) 124 C2
Santa Comba Dão (P) 130 C3
Santa Comba de Rossas (P) 125 B6
Saint-Cômé-d'Olt (F) 106 A2
San Cono (I) 118 D4
Saint-Constant (F) 105 D2
Saint-Cosme-en-Vairais (F) 87 A5
San Costantino A. (I) 116 D3
San Costanzo (I) 110 D6
Saint-Crépin (F) 94 D4
Saint-Crépin (F) 107 D2
San Cristóbal de Cea (E) 124 D4
San Cristobal de la Vega (E) 132 B2
Santa Croce Camerina (I) 118 D6
Santa Croce di Magliano (I) 115 A4
Santa Croce d. S. (I) 115 A4
Santa Croce s. A. (I) 109 C6
Sainte-Croix (F) 97 C3
Sainte-Croix-en-Pleine (F) 90 C4
Sainte-Croix-Volvestre (F) 105 B5
Santa Cruz (E) 132 C4
Santa Cruz (P) 136 C2
Santa Cruz (E) 143 A2
Santa Cruz das Flores (P) 136 A3
Santa Cruz de Campezo (E) 127 B3
Santa Cruz de Grio (E) 134 B1
Santa Cruz de la Palma (E) 144 B1
Santa Cruz de la Zarza (E) 132 D4
Santa Cruz de los Cañ (E) 140 B2
Santa Cruz de Moya (E) 134 B4
Santa Cruz de Mudela (E) 140 A2
Santa Cruz de Tenerife (E) 144 B5
Sant Cugat de V. (E) 129 B6
Saint-Cyprien (F) 105 B1
Saint-Cyr (F) 95 C5
Saint-Cyr-en-Talmondais (F) 94 C3

Saint-Cyr-en-Vail (F) 88 B4
Saint-Cyr-s-Marne (F) 88 D2
Saint-Cyr-s-Menthon (F) 97 B4
Sanit-Dalmas (F) 107 D3
Saint-Dalmas (F) 108 A5
Saint-Dalmas de T. (F) 108 B5
San Damiano d'A. (I) 108 C3
San Damiano M.(I) 108 A4
San Daniele del Fr. (I) 100 D5
San Daniele Po (I) 109 B2
San Demétrio (I) 113 C5
San Demétrio C. (I) 117 A4
Saint-Denis, Etrées- (F) 74 B5
Saint-Denis (F) 88 B2
Saint-Denis-d'Anjou (F) 86 D6
Saint-Denis-de-Cabanne (F) 97 A4
Saint-Denis-de-Gastines (F) 86 C4
Saint-Denis-de-Jouhet (F) 96 A3
Saint-Denis-de-l'Hôtel (F) 88 B4
Saint-Denis-d'Oléron (F) 94 C4
Saint-Denis-d'Orques (F) 86 D5
Saint-Denis-en-Margeride (F) 106 B2
Saint-Denis-la Chevasse (F) 94 C2
Saint-Denis-les-Ponts (F) 87 C5
Saint-Denis-s-Sarthon (F) 87 A4
Saint-Désiré (F) 96 B3
Saint-Dézery (F) 96 B5
Saint-Didier-d'Aussiat (F) 97 B4
Saint-Didier-en-Velay (F) 97 A6
Saint-Didier-la-Forêt (F) 96 C4
Saint-Didier-s-Chalaronne (F) 97 B4
Saint-Dié (F) 90 B4
Saint-Dier-d'Auvergne (F) 96 D5
Saint-Diéry (F) 96 C5
Saint-Disdier (F) 107 C2
Saint-Dizier (F) 89 B2
Saint-Dizier-Leyrenne (F) 95 D4
St. Dlouhá (CZ) 79 B5
Saint-Dolay (F) 85 A5
Santa Doménica T. (I) 116 D4
Santa Doménica V. (I) 119 A3
Saint-Domineuc (F) 85 B3
Santo Domingo (E) 127 A4
Santo Domingo de Silos (E) 126 D5
São Domingos (P) 130 C5
São Domingos (P) 137 C3
São Domingos (P) 138 A4
San Dónaci (I) 117 C2
San Doná di Piave (I) 100 C6
Sankt Donat (A) 101 B3
San Donato (I) 109 A1
San Donato V. di C. (I) 113 C6
San Donato di N. (I) 116 D4
Saint-Donat-s-l'Herbasse (F) 107 A1
San Dorligo (I) 111 A1
Saint-Doulchard (F) 96 B2
St Edmunds, Bury (GB) 59 A1
Saint-Egrève (F) 97 C6
Santa Elena (E) 140 A2
Sant'Elia a. P. (I) 115 A4
Sant'Elia Fium. (I) 114 C4
Sant'Elisabetta (I) 118 C4
Saint-Elix-Theux (F) 105 A5
Sint-Eloois (B) 74 D2
Saint-Eloy (F) 96 C2
Saint-Eloy-les-Mines (F) 96 C4
Sant'Elpidio (I) 113 C2
San Elpidio, Porto (I) 113 C2
Saint-Emiland (F) 97 A2
San Emiliano (E) 125 C3
Saint-Emilion (F) 104 D1
Sankt Englmar (D) 93 A1
Sainte-Engrâce (F) 104 C6
Sainte-Enimie (F) 106 B2
Saint-Ennemond (F) 96 D3
Saint-Epain (F) 95 B2
Saint Erme (F) 74 D5
San Estaban (E) 128 C5
San Estaban de Valdueza (E) 125 B4
San Esteban (E) 126 D6
San Esteban (E) 132 A4
Saint-Esteben (F) 104 B5
Saint-Estèphe (F) 94 D6
Santo Estêvão (P) 131 A3
Santo Estêvão (P) 137 B1
Saint-Estève (F) 106 B6
Sant Esteve d'En Bas (E) 129 C4
Saint-Etienne (F) 97 A6
Saint-Etienne (F) 107 B3
Saint-Etienne-aux-Clos (F) 96 B5
Saint-Etienne-d'Albagan (F) 106 A5
Saint-Etienne-de-Baïgorry (F) 104 B5
Saint-Etienne-de-Cuines (F) 97 D6
Saint-Etienne-de-Fursac (F) 95 C4
Saint-Etienne-de-Gourgas (F) 107 A/B4
Saint-Etienne-de-Grès (F) 106 B4
Saint-Etienne-de-Lugdarès (F) 106 C2
Saint-Etienne-de-Montluc (F) 85 B6
Saint-Etienne-des-Oullières (F) 97 B4
Saint-Etienne-de-Tinée (F) 108 A4
Saint-Etienne-de-Saint-Geoirs (F) 97 C6
Saint-Etienne-de-Vallée-Française (F) 106 C3
Saint-Etienne-du-Bois (F) 97 C4
Saint-Etienne-du-Gard (F) 107 A4
Saint-Etienne-du-Valdonnez (F) 106 C2
Saint-Etienne-en-Dévoluy (F) 107 C2
Saint-Etienne-Estréchoux (F) 106 B4
Santa Eufemia (E) 139 B2
Sant'Eufémia Lamézia (I) 116 D6
Santa Eugenia de Riveira (E) 124 B3
Santa Eulalia (E) 134 B3
Santa Eulália (P) 138 B1
Santa Eulalia de Oscos (E) 125 A2
Sainte-Eulalie-en-Born (F) 104 B3
Saint-Evroult-Notre-Dame-du-Bois (F) 87 A3
São Facundo (P) 130 C6
St. Faith, Horsham (GB) 55 B6
Saint-Fargeau (F) 88 C5
San Fele (I) 115 B6
San Felice (I) 109 C1
San Felice Circeo (I) 114 B5
San Felices (E) 127 B5
San Felices de los Gallegos (E) 131 B2
San Felice s. P. (I) 109 D3
Saint-Félicien (F) 106 D1
Sant Feliu (E) 129 B6
Sant Feliu de Codinas (E) 129 B5
Sant Feliu de Guixols (E) 129 D5
Sant Feliu Sasserra (E) 129 B5
Saint-Félix (F) 94 D4
Saint-Félix (F) 95 A6
Saint-Félix-de-Sorgues (F) 106 B4
Saint-Félix-Lauragais (F) 105 C5
San Ferdinando di P. (I) 115 C5
San Fernando (E) 142 B5
Saint-Ferréol (F) 105 D5
Saint-Ferréol-Trente-Pas (F) 107 A2
Sainte-Feyre (F) 97 A4
Saint-Fiacre (F) 84 C4
San Fili (I) 116 D5
San Fiora (I) 112 C3
Saint-Firmin (F) 107 C1
Santa Flávia (I) 118 C2
Saint-Florent (F) 120 C2
Saint-Florent-des-Bois (F) 94 C3
Saint-Florentin (F) 88 D4
Saint-Florent-le-Vieil (F) 85 C5
Saint-Florent-s-Cher (F) 96 B2
Sankt Florian, Markt (A) 93 D3
Sainte-Florine (F) 96 C6
Saint-Flour (F) 106 B1
Saint-Flovier (F) 95 C2
Saint-Fort-s-Gironde (F) 94 D6
Saint-Fortunade (F) 95 D6
Saint-Fortunat-s-Eyrieux (F) 106 D1
Sainte-Foy (F) 98 B5
Sainte-Foy-de-Longas (F) 105 A1
Sainte-Foy-de-Peyrolières (F) 105 B5
Sainte-Foy-la-Grande (F) 104 D1
Sainte-Foy-l'Argentière (F) 97 A5
Saint-Fraigne (F) 95 A5
São Francisco (P) 137 B3
San Fratello (I) 119 A3
Saint-Front (F) 106 D1
Saint-Front-s-Lémance (F) 105 B2
Saint-Fulgent (F) 94 C2
San Gabriele (I) 110 A4
Sankt Gallen (CH) 99 B2
Sankt Gallen (A) 101 C1
Sankt Gallenkirch (A) 99 C3
Saint-Galmier (F) 97 A5
Saint-Gatien-des-Bois (F) 87 A2
Saint-Gauburge-Sainte-Colombe (F) 87 A4
Saint-Gaudens (F) 105 A/B5
Saint-Gaudéric (F) 105 D5
Saint-Gaultier (F) 95 C3
San Gavino-di-F. (F) 120 C3
San Gavino Monreale (I) 121 B5
Saint-Gély-du-Fesc (F) 106 C4
San Gémini (I) 113 A4
San Gémini Fonte (I) 113 A4
Sainte-Gemme (F) 95 C2
Sainte-Gemme-la-Plaine (F) 94 C3
Saint-Genès-Champespe (F) 96 B6
Saint-Genest-Malifaux (F) 97 A6
Sainte-Geneviève-s-Argence (F) 106 A1
Saint-Gengoux-le-National (F) 97 B3
Saint-Geniès (F) 105 B1
Saint-Geniez-d'Olt (F) 106 B2
Saint-Genis-de-Saintonge (F) 94 D6
Saint-Genis-d'Hiersac (F) 95 A5
Saint-Genis-Pouilly (F) 97 D4
Saint-Genis-s-M. (F) 97 B4
Saint-Genix-s-Guiers (F) 97 C5
Saint-Genou (F) 95 C2
Saint-Geoire-en-Valdaine (F) 97 C6
Sankt Georgen (A) 93 B4
Sankt Georgen (A) 101 B2
Sankt Georgen (A) 101 C1
Sankt Georgen b. Freiburg (D) 90 D4
Sankt Georgen i.Schwarzw. (D) 90 D4
St. Georgen, Ober- (A) 80 A6
Saint-Georges (F) 90 B3
Saint-Georges-Buttavent (F) 86 C5
Saint-Georges-d'Aurac (F) 96 D6
Saint-Georges-de-B. (F) 107 B1
Saint-Georges-de-Didonne (F) 94 C5
Saint-Georges-de-Luzençon (F) 106 B3
Saint-Georges-de-Monclard (F) 105 A1
Saint-Georges-de-Mons (F) 96 C5
Saint-Georges-de-Reneins (F) 97 B4
Saint-Georges-d'Oléron (F) 94 C4
Saint-Georges-du Vièvre (F) 87 B2
Saint-Georges-en-Couzan (F) 96 D5
Saint-Georges-Lagricol (F) 96 D6
Saint-Georges-lès- Baillargeaux (F) 95 B3
Saint-Georges-s-Eure (F) 87 C4
Saint-Georges-s-L. (F) 85 D5
Saintes-Geosmes (F) 89 C4
Saint-Geours-de-Maremne (F) 104 B4
São Geraldo (P) 137 C1
Saint-Gérand-le-Puy (F) 96 D4
Saint-Gérard (B) 75 B3
São Geregório (P) 124 D4
Saint-Germain (F) 88 B2
Saint-Germain-Chassenay (F) 96 D2
Saint-Germain-de-Calberte (F) 106 C3
Saint-Germain-de-Confolens (F) 95 B4
Saint-Germain-de-Coulamer (F) 86 D5
Saint-Germain-de-la-Coudre (F) 87 B5
Saint-Germain-des-Champs (F) 96 D1
Saint-Germain-des-Fossés (F) 96 D4
Saint-Germain-de-Tallevende (F) 86 C3
Saint-Germain-du-Bel-Air (F) 105 C2
Saint-Germain-du-Bois (F) 97 C2
Saint-Germain-du-Plain (F) 97 B3
Saint-Germain-du-Puy (F) 96 B2
Saint-Germain-du-Teil (F) 106 B2
Saint-Germain-Laval (F) 97 A5
Saint-Germain-Lavolps (F) 96 B5
Saint-Germain-Lembron (F) 96 C6
Saint-Germain-les-Belles (F) 95 C5
Saint-Germain-Lespinasse (F) 97 A4
Saint-Germain-l'Herm (F) 96 D6
San Germano (I) 108 C2
St Germans (GB) 56 D5
Saint-Germé (F) 104 D4
Saint-Gervais (F) 94 B2
Saint-Gervais (F) 98 B5
Saint-Gervais-d'Auvergne (F) 96 C4
Saint-Gervais-les-Trois-Clochers (F) 95 A2
Saint-Gervais-s-Mare (F) 106 B4
Saint-Géry (F) 105 A1
Saint-Géry (F) 105 C2
San Giácomo (I) 108 A4
San Giácomo Val di Vizze (I) 100 B3
Saint-Gildas-de-Rhuys (F) 84 D5
Saint-Gildas-des-Bois (F) 85 B5
Sankt Gilgen (A) 101 A1
Saint-Gilles (F) 106 D4
Saint-Gilles-Croix-de-Vie (F) 94 B3
Saint-Gilles-Pligeaux (F) 84 D3
San Gimignano (I) 112 C2
San Ginésio (I) 113 B3
San Giórgio, Porto (I) 113 D2
San Giórgio (I) 100 B6
San Giórgio (I) 109 A1
San Giórgio di P. (I) 109 D3
San Giorgio d.S. (I) 115 A5
San Giórgio (I) 117 A3
San Giórgio (I) 117 B1
San Giórgio lo. (I) 117 B2
San Giórgio a Liri (I) 114 C4
San Giorgio di Nogaro (I) 110 D1
San Giórgio la M. (I) 115 A5
San Giórgio M. (I) 119 C2
San Giórgio Pia. (I) 109 A3
San Giovanni, Castel (I) 109 B2
San Giovanni (I) 113 C4
San Giovanni, Torre (I) 117 C4
San Giovanni d'A. (I) 112 D3
San Giovanni S. (I) 121 B6
San Giovanni di Sinis (I) 121 B4
San Giovanni G. (I) 118 C4
San Giovanni Incárico (I) 114 C4
San Giovanni in Croce (I) 109 B2
San Giovanni in Fiore (I) 117 A5
San Giovanni in Persiceto (I) 109 D3
San Giovanni Lup. (I) 109 D2
San Giovanni Reatino (I) 113 B4
San Giovanni Rotondo (I) 115 C4
San Giovanni Valdarno (I) 112 C2
Saint-Girons (F) 104 B3
Saint-Girons (F) 105 B6
Saint-Girons-Plage (F) 104 B3
San Giuliano Terme (I) 109 C5
San Giuseppe Jato (I) 118 B3
Santa Giusta (I) 121 B4
Santa Giustina (I) 100 B5
San Giustino (I) 113 A1
Sankt Goar (D) 76 C4
Sankt Goarshausen (D) 76 C4
Saint-Gobain (F) 74 D5
Saint-Gobain (F) 74 D5
San Godenzo (I) 110 A5
Saint-Gondon (F) 88 B5
Saint-Gorgon-Main (F) 97 D2
Saint-Gravé (F) 85 A5
Saint-Grégoire (F) 85 B4
Sant Gregori (E) 129 C5
San Gregório da S. (I) 113 D6
San Gregório M. (I) 114 D4
San Gregório M. (I) 115 B6
Saint-Guenolé (F) 84 B4
Saint-Guillaume (F) 107 B1
Saint-Héand (F) 97 A6
Sankt Heinrich (D) 92 C4
Sainte-Hélène (F) 104 C1
St-Helens (GB) 53 B4
Saint-Herbot (F) 84 C3
Sainte-Hermine (F) 94 C3
Saint-Hilaire (F) 105 D6
Saint-Hilaire (F) 107 A1
Saint-Hilaire-des-Loges (F) 94 D3
Saint-Hilaire-de-Villefranche (F) 94 D5
Saint-Hilaire-de-Voust (F) 94 D3
Saint-Hilaire-du-Harcouet (F) 86 C4
Saint-Hilaire-du-Rosier (F) 97 D6
Saint-Hilaire-Fontaine (F) 96 D2
Saint-Hilaire-la-Palud (F) 94 D4
Saint-Hilaire-le-Grand (F) 75 A6
Sant Hilari Sacam (E) 129 C5
Saint Hipólit de Voltr. (E) 129 B5
Saint-Hippolyte (F) 95 C2
Saint-Hippolyte (F) 98 B1
Saint-Hippolyte-du-Fort (F) 106 C3/4
Saint-Honoré-les-Bains (F) 96 D2
Sainte-Honorine-la-Guillaume (F) 86 D3
St-Hubert (B) 75 C4
Sant'Ilário d'E. (I) 109 C3
Saint-Illide (F) 105 D1
Sankt Ingbert (D) 76 B6
Santa Iria (P) 138 A3
Santa Isabel (E) 128 A6
São Isidoro (P) 130 A6
Saint-Izaire (F) 106 A3
Saint-Jacques-des-Blats (F) 106 A1
Saint-Jacut-de-la-Mer (F) 85 A2
Sankt Jakob (A) 100 C3
Saint-Jal (F) 95 D6
Sainte-Jalle (F) 107 B3
Saint-James (F) 86 C4
Saint-Jaques-de-la-Lande (F) 85 B4
Sant Jaume d.D. (E) 129 A6
San Javier (E) 141 B4
Saint-Jean-Brévelay (F) 84 D4
Saint-Jean-d'Angély (F) 94 D5
Saint-Jean-d'Angle (F) 94 C5
Saint-Jean-d'Arves (F) 97 D6
Saint-Jean-de-Barrou (F) 106 A6
Saint-Jean-de-Bournay (F) 97 B6
Saint-Jean-de-Braye (F) 88 B4
Saint-Jean-de-Buèges (F) 106 B4
Saint-Jean-de-Côle (F) 95 B6
Saint-Jean-de-Daye (F) 86 C2
Saint-Jean-de-Duras (F) 105 A2
Saint-Jean-de-la-Blaquière (F) 106 C4
Saint-Jean-de-Liversay (F) 94 C4
Saint-Jean-de-Losne (F) 97 B2
Saint-Jean-de-Luz (F) 104 A5
Saint-Jean-de-Maruéjols (F) 106 D3
Saint-Jean-de-Maurienne (F) 97 D6
Saint-Jean-de-Monts (F) 94 A2
Saint-Jean-de-Sauves (F) 95 A2
Saint-Jean-de-Sixt (F) 98 A4
Saint-Jean-de-Védas (F) 106 C4
Saint-Jean-de-Verges (F) 105 C6
Saint-Jean-d'Illac (F) 104 C1
Saint-Jean-du-Bruel (F) 106 B3
Saint-Jean-du-Doigt (F) 84 C2
Saint-Jean-du-Gard (F) 106 C3
Saint-Jean-en-Royans (F) 107 B1
Saint-Jean-le-Blanc (F) 86 D3
Saint-Jean-le-Vieux (F) 97 C4
Saint-Jean-le-Vieux (F) 104 B5
Saint-Jeannet (F) 107 C3
Saint-Jean-Pied-de-Port (F) 104 B5
Saint-Jean-Poutge (F) 105 A4
Saint-Jean-Soleymieux (F) 96 D6
Saint-Jeoire (F) 98 A4
Saint-Jeure-d'Ay (F) 97 B6
Saint-Joachim (F) 85 A5
Sant Joan de las Abad (E) 129 B4
São João (P) 136 B6
São João (P) 137 C5
São João da Madeira (P) 130 C2
São João da Pesqueira (P) 131 A1
São João da Serra (P) 130 C2
São João do Monte (P) 130 C3
São João dos Caldeireiros (P) 137 D4
Saint-Jodard (F) 97 A5
Sankt Johann (A) 100 C1
Sankt Johann (A) 100 C3
Sankt Johann (A) 101 A2
Sankt Johann (A) 101 C2
St John's (GB) 52 D2
St John's Chapel (GB) 53 C1
St. John's Pt. (GB) 47 C5
Saint-Jores (F) 86 C2
San Jorge (E) 135 A3
São Jorge (P) 136 B1
São Jorge (P) 136 B6
Sint Joris-Winge (B) 75 B2
San José (E) 140 D6
Saint-Jouin (F) 87 A1
Saint-Jouin-des-Marnes (F) 95 A2
San Juan, Playa de (E) 144 A5
San Juan Bautista (E) 140 C3
San Juan de Alicante (E) 141 C2
San Juan de los Ferreros (E) 140 D5
San Juan del Puerto (E) 138 B5
San Juan de Nieva (E) 125 C1
Saint-Juéry (F) 105 D3
Sant Juliá (AND) 129 A4
Sant Julia de Vil. (E) 129 C5
São Julião (P) 125 B5
Saint-Julien (F) 94 D6
Saint-Julien (F) 97 C3
Saint-Julien (F) 105 B5
Saint-Julien-Boutières (F) 106 D1
Saint-Julien-Chapteuil (F) 97 A6
Saint-Julien-Chapteuil (F) 106 C1
Saint-Julien-de-Jonzy (F) 97 A4
Saint-Julien-de-Lampon (F) 105 B/C1
Saint-Julien-de-Toursac (F) 105 D2
Saint-Julien-de-Vouvantes (F) 86 C6
Saint-Julien-du-Sault (F) 88 D4
Saint-Julien-du-Verdon (F) 107 D4
Saint-Julien-en-Beauchêne (F) 107 B2
Saint-Julien-en-Born (F) 104 B3
Saint-Julien-en-Genevois (F) 97 D4
Saint-Julien-en-Quint (F) 107 B1
Saint-Julien-l'Ars (F) 95 B3
Saint-Julien-la-Vêtre (F) 96 D5
Saint-Julien-le-Faucon (F) 87 A3
Saint-Julien-s-Cher (F) 96 A1
Saint-Julien-s-Reyssouze (F) 97 B3
Saint-Julien-Vocance (F) 97 A6
Saint-Junien (F) 95 B5
Saint-Junien-la-Bregère (F) 95 D5
Saint-Just (F) 88 D3
Saint-Just (F) 95 B6
Saint-Just (F) 96 B2
Saint-Just (F) 104 B5
Saint-Just-Chaleyssin (F) 97 B5
Saint-Just-en-Chaussée (F) 74 B5
Saint-Just-en-Chevalet (F) 96 D5
Saint-Justin (F) 104 D3
Saint-Just-la-Pendue (F) 97 A5
Saint-Just-Luzac (F) 94 C5
Saint-Just-Malmont (F) 97 A6
Saint-Juvat (F) 85 B3
Sankt Katharein (A) 101 D2
Saint-Lambert-du-Lattay (F) 85 D6
Sankt Lambrecht (A) 101 B3
Saint-Lary (F) 105 A4
Saint-Lary-Soulan (F) 105 A6
Saint-Laurent (F) 105 B5
Saint-Laurent (F) 107 A1
Saint-Laurent-d'Aigouze (F) 85 C6
Saint-Laurent-de-Cerdans (F) 106 D3
Saint-Laurent-de-Chamousset (F) 97 A5
Saint-Laurent-de-la-Chabrerisse (F) 106 A6
Saint-Laurent-de-la-Salanque (F) 106 B6
Saint-Laurent-de-Mure (F) 97 B5
Saint-Laurent-des-Mortiers (F) 86 D6
Saint-Laurent-d'Olt (F) 106 B2
Saint-Laurent-du-Cros (F) 107 C2
Saint-Laurent-du-P. (F) 97 C6
Saint-Laurent-en-Caux (F) 87 B1
Saint-Laurent-en-Gâtines (F) 87 B6
Saint-Laurent-en-Grandvaux (F) 97 D3
Saint-Laurent-la-Vernède (F) 106 D3
Saint-Laurent-les-Eglises (F) 95 C5
Saint-Laurent-Médoc (F) 104 C1
Saint-Laurent-Nouan (F) 87 C6
Saint-Laurent-s-Gorre (F) 95 B5
Saint-Laurent-s-Sèvre (F) 94 D2
Santa Lecina (E) 128 C5
Saint-Léger (B) 75 C5
Saint-Léger-Bridereix (F) 95 C4
Saint-Léger-en-Yvelines (F) 88 A2
Saint-Léger-Magnazeix (F) 95 C4
Saint-Léger-s-Dheune (F) 97 A2
Saint-Léger-s/s-Beuvray (F) 97 A2
Saint-Léger-s/s-Cholet (F) 94 C2
Saint-Léger-Vauban (F) 97 A1
San Leo (I) 110 B5
Saint-Léon (F) 96 D3
Saint-Léon (F) 105 C5
Saint-Léonard-de-Noblat (F) 95 C5
Saint-Léonard-des-Bois (F) 87 A4
San Leonardo (I) 100 D5
San Leonardo (E) 127 A5
San Leonardo in Passiria (I) 100 A3
San Leone (I) 118 C4
Sankt Leonhard (A) 80 B6
Sankt Leonhard (A) 100 A2
Sankt Leonhard (A) 101 C3
Saint-Léon-s-Vézère (F) 105 B1
Saint-Leu (F) 74 B6
Santa Liestra y S.Quilez (E) 128 C4
Sainte-Livrade-s-Lot (F) 105 A2
Sainte-Lizaigne (F) 96 A2
Saint-Lizier (F) 105 B6
Sant Llorenç de Morunys (E) 129 A4
San Llorente (E) 127 A3
Saint-Lô (F) 86 C3
Saint-Lon-les-Mines (F) 104 B4
Sankt Lorenzen (A) 100 D3
San Lorenzo (I) 100 B3
San Lorenzo (F) 120 C2
San Lorenzo (E) 133 B4
San Lorenzo (E) 139 D2
San Lorenzo al Lago (I) 113 B3
San Lorenzo al Mare (I) 108 B5
San Lorenzo B. (I) 117 A4
San Lorenzo in Campo (I) 113 B1
San Lorenzo N. (I) 112 D4
Saint-Louis (F) 98 C1
Saint-Louis (F) 105 D6
Saint-Loup (F) 96 B4
Saint-Loup (F) 96 D3
Saint-Loup-de-la-Salle (F) 97 B2
Saint-Loup-de-Naud (F) 88 C3
Saint-Loup-Lamaire (F) 95 A3
Saint-Loup-s-Semouse (F) 90 A5
São Lourenço, Ponta de (P) 136 C2
São Lourenco (P) 137 C3
Saint-Lubin-de-la-Haye (F) 88 A2
Santa Luca (I) 119 C2
Santa Luce (I) 112 B2
Santa Lucia (I) 113 B5
Santa Lucia (I) 119 B2
Santa Lucia (I) 121 D2
San Lúcido (I) 116 D5
Sainte-Lucie-de-Porto-Vecchio (F) 120 C4
Sainte-Lucie-de-Tallano (F) 120 C4
Santa Luciu (I) 119 B3
San Lugano (I) 100 A4
São Luiz (P) 137 B4
Saint-Lumine-de Coutais (F) 94 B2
Saint-Lunaire (F) 85 A2
Saint-Lupicin (F) 97 C3
Santu Lussúrgiu (I) 121 B3
Santa Luzia (P) 137 C4
Saint-Lyphard (F) 85 A5
Saint-Lys (F) 105 B5
Saint-Macaire-en-Mauges (F) 94 C2
St Macdara's I. (IRL) 50 B1
Saint-Maclou (F) 87 A2
Santa Magdalena (E) 135 A3
Saint-Maime (F) 107 B4
Saint-Maixent-l'Ecole (F) 94 D3
Saint-Malo (F) 85 A2
Saint-Mamert-du-Gard (F) 106 D4
San Mamés de Abár (E) 126 C3
Saint-Mamet-la-Salvetat (F) 106 A1
Sankt Mang (D) 92 B5
Saint-Marcel (F) 95 C3
Saint-Marcel (F) 97 B2
Saint-Marcel (F) 106 A5
Saint-Marcel-de-Careiret (F) 106 D3
Saint-Marcel-lès-Valence (F) 107 A1
Saint-Marcellin (F) 107 B1
Saint-Marcellin-en-Forez (F) 97 A6
San Marcello P. (I) 109 C5
Saint-Marcet (F) 105 A/B5
San Marco (I) 116 B3
San Marco Argentano (I) 116 D5
San Marco d'A. (I) 119 A3
San Marco dei Cavoti (I) 115 A5
San Marco in Lamis (I) 115 B4
São Marcos (P) 137 D2
San Marcos (E) 144 A5
São Marcos da Ataboeira (P) 137 D4
São Marcos da Serra (P) 137 C5
Saint-Marc-s-Seine (F) 89 B5
Saint-Mard (F) 88 C1
Saint-Mards-en-Othe (F) 88 D3
Santa Mare (RO) 149 B2
Sankt Margarethen (D) 60 C3
Santa Margarida da Serra (P) 137 B3
Santa Margarida do Sado (P) 137 C3
Santa Margarita (E) 129 B6
Santa Margherita (I) 108 D4
Santa Margherita di Bélice (I) 118 B3
Santa Margherita (I) 121 C6
Sankt Margrethen (CH) 99 C2
Sta María, Cabo de (P) 137 D6
Santa Maria (E) 126 B3
Santa Maria (E) 129 A6
Santa Maria (P) 136 C5
Santa Maria (E) 139 B3
Santa Maria (E) 140 B1
Santa Maria al Bagnio (I) 117 D3
Santa Maria Cápua Vetere (I) 114 D5
Santa Maria degli Angeli (I) 113 A3
Santa Maria de Huerta (E) 133 B1
Santa Maria del Campo (E) 126 C5
Santa Maria del Campo-Rus (E) 133 B5
Santa Maria del Páramo (E) 125 D4
Santa Maria de Mercadillo (E) 126 D5
Santa Maria de Nieva (E) 132 B2
Santa Maria de Nieva (E) 140 D5
Santa Maria di Castellabate (I) 116 B3
Santa Maria di Licodia (I) 119 A4
Santa Maria di Versa (I) 109 A2
Santa Maria la Palma (I) 121 A2
Santa Maria Maggiore (I) 98 D4
Santa Maria Nuova (I) 113 B2
Santa Maria-Sicché (F) 120 B4
Sainte-Marie (F) 75 D6
Sainte-Marie-aux-Mines (F) 90 C4

Sainte-Marie-de-Campan (F) 105 A6
Sainte-Marie-de-Ré (F) 94 C4
Saintes-Maries-de-la-Mer (F) 106 D5
Sainte-Marie-du-Mont (F) 86 C2
Santa Marina Salina (I) 119 A1
Santa Marinella (I) 112 D5
San Marino (RSM) 110 C5
San Marino di Piano (I) 110 C5
Saint-Mars-d'Egrenne (F) 86 D4
Saint-Mars-d'Outillé (F) 87 A6
Saint-Mars-la-Jaille (F) 85 C5
Santa Marta (E) 131 C5
Santa Marta (E) 133 B6
Santa Marta (E) 138 C2
Santa Martas (E) 126 A4
Saint-Martial-de-Nabirat (F) 105 B2
Saint-Martial-s-Isop (F) 95 B4
Sant Martí de Llémena (E) 129 C4
Sant Martí de M. (E) 129 A6
Sant Martí de Tor (E) 129 B5
Saint-Martin (F) 74 A2
Sankt Martin (A) 93 B3
Sankt Martin (A) 101 A2
Sankt Martin (A) 101 B1
Saint-Martin (F) 108 A5
San Martín (E) 125 B3
San Martín (E) 127 C4
San Martín (E) 142 D5
Saint-Martin-Bellevue (F) 97 D4
Saint-Martin-d'A. (F) 106 D3
Saint-Martin-d'Ablois (F) 89 A1
Saint-Martin-d'Arossa (F) 104 B5
Saint-Martin-d'Auxigny (F) 96 B1
Saint-Martin-de-Belleville (F) 107 C4
Saint-Martin-de-Boscherville (F) 87 B2
Saint-Martin-de-Caralp (F) 105 C6
San Martín de Castañeda (E) 125 B4
Saint-Martin-de-Castillo (F) 107 B4
Saint-Martin-de-Crau (F) 107 A4
Saint-Martin-de-Hinx (F) 104 B4
Saint-Martin-de-la-Lieue (F) 87 A3
Saint-Martin-de-Landelles (F) 86 C4
Saint-Martin-de-la-Place (F) 95 A1
San Martín de la Vega (E) 132 D4
Saint-Martin-de-Londres (F) 106 C4
San Martín del Pedroso (E) 125 B6
San Martín de Montalbán (E) 132 B5
Saint-Martin-d'Entraunes (F) 107 D3
San Martín de Pusa (E) 132 B5
Saint-Martin-de-Queyrières (F) 107 D1
Saint-Martin-de-Ré (F) 94 C4
Saint-Martin-des-Besaces (F) 86 C3
Saint-Martin-de-Seignanx (F) 104 B4
Saint-Martin-des-Noyers (F) 94 C3
Saint-Martin-d'Estréaux (F) 96 D4
San Martín de Tábara (E) 125 C6
Saint-Martin-de-Valamas (F) 106 D1
San Martín de Valdeiglesias (E) 132 B3
Saint-Martin-d'Ollières (F) 96 D6
Saint-Martin-d'Oney (F) 104 C4
Saint-Martin-d'Ordon (F) 88 D4
Saint-Martin-du-Fouilloux (F) 95 A3
Saint-Martin-du-Var (F) 108 A5
Saint-Martin-en-Bresse (F) 97 B2
Saint-Martin-en-Campagne (F) 87 B1
Saint-Martin-en-Haut (F) 97 A5
São Martinho (P) 125 C6
São Martinho (P) 130 C3
São Martinho (P) 137 C2
São Martinho d'Antas (P) 130 D1
São Martinho das Amoreiras (P) 137 C4
São Martinho do Porto (P) 130 A5
Saint-Martin-la-Méanne (F) 96 A6
Saint-Martin-l'Ars (F) 95 B4
Saint-Martin-la-Sauvette (F) 96 D5
Saint-Martin-le Beau (F) 95 B1
Saint-Martin-le-Vieux (F) 95 C5
Saint-Martin-l'H. (F) 75 A6
Saint-Martin-l'Heureux (F) 75 A6
Saint-Martin-l'Inférieur (F) 107 A2
San Martino (I) 109 C3
San Martino al Tagliamento (I) 100 D5
San Martino di Castrozza (I) 100 B4
San Martino in C. (I) 113 A3
San Martino-di-Lota (F) 120 C1
San Martino in P. (I) 115 A3
Saint-Martin-Osmonville (F) 74 A5
San Martino V. C. (I) 115 A5
St Martin's (GB) 56 A6
Saint-Martin-s-Armançon (F) 89 A4
Saint-Martin-s-Ouanne (F) 88 C4
Saint-Martin-Valmeroux (F) 106 A1
Sant Martí Sarroca (E) 129 A6
Saint-Martory (F) 105 B5
Saint-Mary-le-Plain (F) 96 C6
St Mary, Otter (GB) 57 B5
St Mary, Stratford (GB) 59 B2
St Mary, Tedburn (GB) 57 A4
St. Mary, Tydd (GB) 55 A6
St Mary's (GB) 56 A6
San Marzano di S. G. (I) 117 C2
San Mateo (E) 128 A5
San Mateo (E) 135 A3
São Mateus (P) 136 A6
Saint-Mathieu (F) 95 B5
Saint-Mathieu-de-Tréviers (F) 106 C4
Saint-Mathurin (F) 94 B3
Saint-Mathurin-s-Loire (F) 85 D5
São Matias (P) 137 D2
São Matias (P) 137 D3
Saint-Matré (F) 105 B2
San Matteo (I) 109 C2
Saint-Maur (F) 96 B3
Saint-Maur (F) 105 A5
Sainte-Maure-de-Touraine (F) 95 B2
Saint-Maurice (F) 90 B5
Saint-Maurice-de-Cazevieille (F) 106 D3
Saint-Maurice-de-Lignon (F) 97 A6
Saint-Maurice-des-Lions (F) 95 B4
Saint-Maurice-de-Ventalon (F) 106 C3
Saint-Maurice-d'Ibie (F) 106 D2
Saint-Maurice-la-Fougereuse (F) 94 D2
Saint-Maurice-la-Souterraine (F) 95 C4
Saint-Maurice-les-Brousses (F) 95 C5
Saint-Maurice-lès-Charencey (F) 87 B4
Saint-Maurice-Navacelles (F) 106 C4
Saint-Maurice-près-Pionsat (F) 96 B4
Saint-Maurice-s-Aveyron (F) 88 C4
Saint-Maurice-s-Dargoire (F) 97 A5
Saint-Maurice-s-Eygues (F) 107 A3
Saint-Maurin (F) 105 B3
San Màuro Forte (I) 116 D2
San Màuro M. (I) 117 B6
San Màuro C. (I) 118 D3
Sainte-Maxime (F) 107 D5
Saint-Maximin-la-Sainte-Baume (F) 107 C5
Saint-Méard-de-Gurçon (F) 105 A1
Saint-Médard (F) 105 A5
Saint-Médard-de-Guizières (F) 104 D1
Saint-Médard-en-Jalles (F) 104 C1
Saint-Méen-le-Grand (F) 85 A4
St Mellons (GB) 57 B3
Sainte-Même (F) 94 D5
San Menàio (I) 115 C3
Saint-Même-les-Carières (F) 95 A5
Sainte-Menehould (F) 75 B6
Saint-Menoux (F) 96 C3
Saint-Merd-les-Oussines (F) 96 A5
Sainte-Mère (F) 105 A3
Sainte-Mère-Eglise (F) 86 C2
Saint-Mesmin (F) 94 D3
Sankt Michael (A) 101 A2
Sankt Michael (A) 101 C2
Sankt Michael (A) 102 B3
Sankt Michaelisdonn (D) 60 C3
Saint-Michel (F) 94 C4
Saint-Michel (F) 98 A6
Saint-Michel (F) 105 A5
Saint-Michel-Chef-Chef (F) 85 A6
Saint-Michel-de-Veisse (F) 96 A4
San Michele (I) 100 A4
San Michele (I) 110 D1
San Michele Sal. (I) 117 C2
San Michele di G. (I) 118 D4
Saint-Michel-en-Brenne (F) 95 C2
Saint-Michel-en-Grève (F) 84 C2
Saint-Michel-l'O. (F) 107 B4
Saint-Michel-Mont-Mercure (F) 94 C2
São Miguel (P) 136 B3
São Miguel de Acha (P) 131 A4
San Miguel de Bernuy (E) 132 C1
São Miguel de Machede (P) 138 A2
San Miguel de Salinas (E) 141 B3
San Miguel de Serrezuela (E) 132 A3
Saint-Mihiel (F) 89 C2
San Millán (E) 127 A3
San Millán de la Cogolla (E) 127 A4
San Miniato (I) 109 C6
Saint-Mitre-les-Remparts (F) 107 A5
Saint-Molf (F) 85 A5
Sainte-Montaine (F) 88 B5
Saint-Montant (F) 106 D2
Saint-Morillon (F) 104 C2
Sankt Moritz (CH) 99 C4
Saint-Nauphary (F) 105 C3
Saint-Nazaire (F) 85 A6
Saint-Nazaire-en-Royans (F) 107 A1
Saint-Nazaire-le-Désert (F) 107 B2
Saint-Nectaire (F) 96 C5
St. Nicholas, Deeping (GB) 54 D6
San Nicola (I) 115 C6
San Nicola A. (I) 116 D4
San Nicola d. C. (I) 119 D1
San Nicolao (F) 120 C2
Saint-Nicolas, Sint Niklaas (B) 75 A1
Saint-Nicolas-d'Aliermont (F) 87 C1
Saint-Nicolas-de-la-Grave (F) 105 B3
San Nicolás del Puerto (E) 139 A3
Saint-Nicolas-de-Pélem (F) 90 A3
Saint-Nicolas-de-Port (F) 84 D3
Saint-Nicolas-de-Redon (F) 85 B5
Saint-Nicolas-des-Motets (F) 87 B6
San Nicolò (I) 110 A3
San Nicolò d'Arcid (I) 121 B4
San Nicolo Gerrei (I) 121 C5
Sint Niklaas, Saint-Nicolas (B) 75 A1
Sankt Nikolai (A) 101 B2
Santa Ninfa (I) 118 A3
Saint-Nizier-du-Moucherotte (F) 97 C6
Saint-Nizier-s-Arroux (F) 97 A2
Saint-Nom-la-Bretèche (F) 88 B2
Sint Oedenrode (NL) 75 C1
Santa Olalla (E) 131 C2
Santa Olalla (E) 132 B4
Santa Olalla (E) 138 C3
Sankt Olof (S) 42 D3
Saint-Omer (F) 74 B2
Saint-Omer-en-Chaussée (F) 74 B5
Saint-Oradoux-de-Chirouze (F) 96 B5
Saint-Orens-de-Gameville (F) 105 C4/5
Sankt Oswald (A) 101 C4
Saint-Ouen (F) 89 A2
Saint-Ours (F) 96 C5
San Pablo (E) 132 B5
San Pablo (E) 142 D5
Saint-Pair (F) 85 B2
Saint-Palais (F) 104 B5
Saint-Palais-s-Mer (F) 94 C5
Saint-Pal-de-Senouire (F) 96 D6
San Pancrázio (I) 117 C2
Sankt Pankraz (A) 101 B1
Saint-Pantaléon (F) 105 B3
San Pantaléon (E) 126 D3
San Pàolo di C. (I) 115 B4
San Pàolo (I) 119 A6
Saint-Pardoux (F) 94 D3
Saint-Pardoux (F) 96 C4
Saint-Pardoux-la-Rivière (F) 95 B6
Saint-Parres-lès-Vaudes (F) 89 A4
Saint-Paterne-Racan (F) 87 A6
Santa Pau (E) 129 C4
Sant Pau de Segúries (E) 129 C4
Saint-Paul (F) 95 C5
Saint-Paul (F) 96 A6
Sankt Paul (A) 101 C4
Saint-Paul (F) 106 C4
Saint-Paul (F) 107 D2
Saint-Paul-Cap-de-Joux (F) 105 C/D4
Saint-Paul-de-Fenouillet (F) 106 A6
Saint-Paul-de-Jarrat (F) 105 C6
Saint-Paul-des-Landes (F) 106 A1
Saint-Paul-de-Tartas (F) 106 C1
Saint-Paul-de-Varax (F) 97 B4
Saint-Paul-en-Born (F) 104 B3
Saint-Paul-en-Forêt (F) 107 D4
Saint-Paulien (F) 96 D6
Saint-Paul-le-Jeune (F) 106 D3
Saint-Paul-les-Dax (F) 104 B4
Saint-Paul-lès-Romans (F) 107 A1
Saint-Paul-lez-Durance (F) 107 B4
Saint-Paul-Trois-Châteaux (F) 107 A3
Sainte-Pazanne (F) 94 B2
San Pedro (E) 125 D4
San Pedro (E) 132 B2
San Pedro (E) 140 C1
São Pedro da Cadeira (P) 130 A6
São Pedro da Torre (P) 124 C5
San Pedro del Alcántara (E) 142 D5
San Pedro del Pinatar (E) 141 B4
San Pedro del Puerto (E) 125 C2
San Pedro de Mérida (E) 138 C1
São Pedro de Muel (P) 130 A5
San Pedro de Val (E) 126 B4
São Pedro do Sul (P) 130 D2
San Pedro Pescador (E) 129 D4
Saint-Pée-s-Nivelle (F) 104 B5
San Pelayo (E) 126 A6
Saint-Péran (F) 85 B4
Saint-Péravy-la-Colombe (F) 88 A4
Saint-Péray (F) 107 A1
Saint-Père (F) 96 D1
Saint-Père-en-Retz (F) 94 B2
Sankt Peter (D) 90 D4
Sankt Peter (A) 93 D3
Sankt Peter (A) 101 B2
Sankt Peter (A) 101 B4
Sankt Peter (A) 101 C2
Sankt Peterburg (RUS) 35 D5
Sankt-Peter-Ording (D) 60 B2
St. Petrovo Selo (HR) 150 C2
Saint-Péver (F) 84 D3
Saint-Pey-d'Armens (F) 104 D1
Saint-Philbert-de-Bouaine (F) 94 B2
Saint-Philbert-de-Grand-Lieu (F) 94 B2
San Pier (I) 119 B2
San Piero a S. (I) 109 D5
San Piero i. B. (I) 110 B6
San Piero P. (I) 119 A3
Saint-Pierre-à-Champ (F) 94 D2
Saint-Pierre-d'Albigny (F) 97 D5
Saint-Pierre-de-Bat (F) 104 D2
Saint-Pierre-de-Chartreuse (F) 97 C6
Saint-Pierre-de-Chignac (F) 105 B1
Saint-Pierre-de-Côle (F) 95 B6
Saint-Pierre-de-la-Fage (F) 106 B4
Saint-Pierre-d'Entremont (F) 97 D6
Saint-Pierre-de-Plesguen (F) 85 B3
Saint-Pierre-des-Nids (F) 87 A4
Saint-Pierre-d'Oléron (F) 94 C5
Saint-Pierre-du-Chemin (F) 94 D3
Saint-Pierre-du-Lorouër (F) 87 B6
Saint-Pierre-Eglise (F) 86 C1
Saint-Pierre-en-Port (F) 87 A1
Saint-Pierre-le-Moûtier (F) 96 C2
Saint-Pierre-Montlimart (F) 85 C6
Saint-Pierre-Quiberon (F) 84 D5
Saint-Pierre-s-Dives (F) 87 A3
Saint-Pierre-s-Mer (F) 106 B5
Saint-Pierre-s-Orthe (F) 86 D5
Saint-Pierre-Toirac (F) 105 C2
Saint-Pierreville (F) 106 D1
Sint-Pieter (B) 74 C2
San Pietro (I) 100 B6
San Pietro (I) 100 C2
San Pietro (I) 101 A5
San Pietro in C. (I) 110 B5
San Pietro (I) 118 D5
San Pietro di Tenda (F) 120 C2
San Pietro in B. (I) 117 C3
San Pietro in C. (I) 109 C1
San Pietro in Casale (I) 109 D3
San Pietro Vara (I) 109 A4
San Pietro Vernotico (I) 117 D2
Saint-Plancard (F) 105 A5
Saint-Pois (F) 86 C3
Saint-Poix (F) 86 C5
Saint-Pol (F) 74 B3
Santa Pola (E) 141 B3
Saint-Pol-de-Léon (F) 84 B2
Sant Pol de Mar (E) 129 C6
Saint-Polgues (F) 96 D5
San Polo d'E. (I) 109 C3
Sankt Pölten (A) 80 B6
Saint-Pol-Ternoise (F) 74 B3
Saint-Pompont (F) 105 B2
Saint-Pons (F) 107 D2
Saint-Pons-de-Thomières (F) 106 A5
Saint-Porchaire (F) 94 D5
Saint-Pourçain-s-Sioule (F) 96 C4
Saint-Prest (F) 88 A3
San Príamo (I) 121 D5
Saint-Priest-des-Champs (F) 96 B4
Saint-Priest-la-Marche (F) 96 A3
Saint-Priest-la-Prugne (F) 96 D4
Saint-Priest-Ligoure (F) 95 C5
Saint-Priest-Taurion (F) 95 C5
Saint-Privat (F) 105 D1
Saint-Privat-d'Allier (F) 106 C1
Saint-Projet (F) 105 C3
Saint-Prouant (F) 94 C3
Saint-Puy (F) 105 A4
Saint-Quay-Portrieux (F) 84 D2
Saint Quen, Lacroix- (F) 74 C6
Saint-Quen-lès-Parey (F) 89 D3
Saint-Quentin (F) 74 D5
Saint-Quentin (F) 97 C6
Saint-Quentin-en-Mauges (F) 85 C6
Saint-Quentin-la-Tour (F) 105 D6
Saint-Quentin-les-Anges (F) 86 C6
Sant Quintí de Med. (E) 129 B6
Saint-Quirc (F) 105 C5
San Quirico d'O. (I) 112 C3
Saint-Quirin (F) 90 B3
Sant Quirze de Besora (E) 129 C4
Saint-Rabier (F) 105 B1
Sankt Radegund (A) 101 D2
San Rafael (E) 132 C3
San Rafael del Rio (E) 135 A3
Saint-Rambert-en-Bugey (F) 97 C4
Saint-Rambert-s-Loire (F) 97 A6
Sant Ramón (E) 129 A5
Saint-Raphaël (F) 107 D5
Saint-Remèze (F) 106 D2
San Remo (I) 108 B5
Saint-Remy-Blanzy (F) 74 D6
Saint-Rémy-de-Provence (F) 107 A4
Saint-Rémy-du-Plain (F) 85 B3
Saint-Rémy-du-Val (F) 87 A5
Saint-Remy-en-Bouzemont (F) 89 B2
Saint-Rémy-en-Rollat (F) 96 C4
Saint-Rémy-lès-Chevreuse (F) 88 B2
Saint-Rémy-s-Avre (F) 87 C3
Saint-Rémy-s-Durolle (F) 96 D5
Saint-Renan (F) 84 B3
Saint-Révérien (F) 96 D1
Saint-Riquier (F) 74 B4
San Roberto (I) 119 C2
Sankt Rogatka (RUS) 35 D5
Saint-Romain (F) 95 A97 A5
nt-Romain (F) 95 B4
Saint-Romain-de-Colbosc (F) 87 A2
Saint-Romain-de-Lerps (F) 107 A1
Saint-Romain-le-Puy (F)
Saint-Roman (F) 107 B2
San Roman (E) 125 A3
San Román (E) 126 B4
San Román (E) 127 B4

San Román (E) 132 B4
Saint-Romans (F) 107 B1
São Romão (P) 130 D3
São Romão (P) 137 C2
São Romão (P) 138 A1
Saint-Rome-de-Cernon (F) 106 B3
Saint-Rome-de-Tarn (F) 106 A3
San Romolo (I) 108 B5
São Roque (P) 124 C5
San Roque (E) 142 D6
São Roque do Pico (P) 136 B6
San Rufo (I) 116 C2
Sankt Ruprecht (A) 101 D2
Santa Sabina (I) 117 C2
Sainte-Sabine (F) 105 A/B2
Sant Sadurní d'An. (E) 129 B6
Sant Sadurní d'Os. (E) 129 C5
Saint-Saëns (F) 87 C1
San Salvador (E) 126 B3
Sant Salvador de Toló (E) 128 D5
Saint-Salvadou (F) 105 D3
San Salvatore, Abbadia (I) 112 D3
San Salvatore Monf. (I) 108 C2
San Salvatore T. (I) 114 D5
San Salvo (I) 115 A3
San Salvo Marina (I) 115 A3
Saint-Samson (F) 74 A5
Saint-Samson-de Bonfossé (F) 86 C3
Saint-Samson-la-Poterie (F) 74 A5
Saint-Satur (F) 96 C1
Saint-Saturnin (F) 96 B3
Saint-Saturnin-de-Lenne (F) 106 B2
Saint-Saturnin-lès-Apt (F) 107 B3
Saint-Saud-Lacoussière (F) 95 B6
Saint-Saufieu (F) 74 B5
Saint-Saulge (F) 96 D2
Saint-Saulve (F) 74 D3
Saint-Sauvant (F) 94 D5
Saint-Sauvant (F) 95 A4
Saint-Sauves-d'Auvergne (F) 96 B5
Saint-Sauveur (F) 84 B3
Saint-Sauveur (F) 94 D6
Saint-Sauveur (F) 104 D6
Saint-Sauveur-de-Cruzières (F) 106 D3
Saint-Sauveur-en-M. (F) 97 A6
Saint-Sauveur-en-Puisaye (F) 88 D5
Saint-Sauveur-Lendelin (F) 86 B3
Saint-Sauveur-le-Vicomte (F) 86 B2
Saint-Sauveur-s-Tinée (F) 108 A5
Saint-Savin (F) 95 B3
Saint-Savin (F) 97 C5
Saint-Savin (F) 104 D1
Saint-Savin (F) 104 D6
San Savino, Monte (I) 112 D2
San Savino (I) 113 A2
Sainte-Scolasse-s-Sarthe (F) 87 A4
San Sebastián de la Gomera (E) 144 C2
San Sebastián de los Ballesteros (E) 143 A2
San Sebastián, Donostia (E) 127 C2
San Sebastiano C. (I) 108 D3
São Sebastião (P) 137 D4
Saint-Secondin (F) 95 B4
San Secondo di Pin (I) 108 A3
San Secondo Parm. (I) 109 B3
Saint-Seine-l'Abbaye (F) 89 B5
Saint-Senoch (F) 95 B2
Saint-Seriès (F) 106 D4
Saint-Sernin-s-Rance (F) 106 A4
Saint-Servan-s-Mer (F) 85 B2
Saint-Sever (F) 104 C4
Santa Severa (I) 112 D5
Saint-Sever-Calvados (F) 86 C3
Saint-Sever-du-Moustier (F) 106 A4
Saint-Sévère (F) 94 D5
Sainte-Sévère-s-Indre (F) 96 A3
Saint-Séverin (F) 95 A6
Santa Severina (I) 117 B5
San Severino Lucano (I) 116 D3
San Severino Marche (I) 113 B2
San Severo (I) 115 B4
Sainte-Sigolène (F) 97 A6
San Silvestre (E) 138 A5
Saint-Siméon-de-Bressieux (F) 97 C6
Saint-Simon-de-Bordes (F) 94 D6
Sankt Sixt (A) 93 C2
Santa Sofia (I) 110 B5
Santa Sofia (P) 137 C2
Sainte-Soline (F) 95 A4
Saint-Sorlin-d'Arves (F) 97 D6
Saint-Sorlin-en-Valloire (F) 97 B6
Saint-Sornin (F) 95 B5
Saint-Sornin-Leulac (F) 95 C4
San Sosti (I) 116 D4
Saint-Soupplets (F) 74 C6
Saint-Sozy (F) 105 C1
San Sperate (I) 121 C5
San Spirito (I) 117 A1
Santi Spiritus (E) 139 A1
Sankt Stefan (A) 101 A4
Sankt Stefan (A) 101 C4
Sankt Stefan (A) 101 D3
Santo Stefano (I) 117 B1
Santo Stéfano, Porto (I) 112 C4
Santo Stefano al Mare (I) 108 B5
Santo Stéfano B. (I) 108 C3
Santo Stéfano d'Aveto (I) 109 A4
Santo Stéfano di Cadore (I) 100 C4
Santo Stéfano di Camastra (I) 118 D3
Santo Stéfano di Magra (I) 109 B4
Santo Stefano Quisquina (I) 118 C4
St. Stensjön (S) 15 A5
San Stino di L. (I) 110 C1
Saint-Sulpice (F) 104 D1
Saint-Sulpice (F) 105 C4
Saint-Sulpice-de-Mareuil (F) 95 B6
Saint-Sulpice-de-Royan (F) 94 C5
Saint-Sulpice-des-Landes (F) 86 C6
Saint-Sulpice-d'Excideuil (F) 95 C6
Saint-Sulpice-Laurière (F) 95 C4
Saint-Sulpice-les-Feuilles (F) 95 C4
Saint-Sulpice-s-Lèze (F) 105 C5
Santa Susana (P) 137 C2
Santa Susana (P) 138 A2
Sainte-Suzanne (F) 86 D5
Saint-Sylvain (F) 86 D3
Saint-Sylvestre-s-Lot (F) 105 B2
Saint-Symphorien (F) 104 C/D2
Saint-Symphorien-de-Lay (F) 97 A5
Saint-Symphorien-d'Ozon (F) 97 B5
Saint-Symphorien-s-Coise (F) 97 A5
Santa Tecla, Monte (E) 124 B5
San Telmo (E) 138 B4
San Teodoro (I) 121 D2
São Teotónio (P) 137 B4
Santa Teresa di Riva (I) 119 B3
Santa Teresa Gallura (I) 121 C1
Saint-Thégonnec (F) 84 C3
Saint-Thibaud-de-Couz (F) 97 D5
Saint-Thibault (F) 97 A1
Saint-Thibéry (F) 106 B5
Saint-Thiébault (F) 89 C3
Sainte-Thorette (F) 96 B2
Saint-Thurien (F) 84 C4
Saint-Thurin (F) 96 D5
Santo Tirso (P) 124 C6
Santo Tirso (E) 125 A2
Santo Tomé (E) 140 A3
Saint-Trivier-de-Courtes (F) 97 B3
Saint-Trivier-s-Moignans (F) 97 B4
Saint-Trojan-les-Bains (F) 94 C5
Saint-Trond, Sint-Truiden (B) 75 C2
Saint-Tropez (F) 107 D5
Saint-Tround, Thorembais- (B) 75 B3
Sint-Truiden, Saint-Trond (B) 75 C2
Sainte-Tulle (F) 107 B4
Sankt Ulrich (A) 100 C1
Saint-Urcize (F) 106 B2
Saint-Usuge (F) 97 C3
Saint-Uze (F) 97 B6
Saint-Vaast-d'Equiqueville (F) 87 B1
Saint-Vaast-la-Hougue (F) 86 C2
Saint-Valentin (F) 96 A2
San Valentino (I) 109 C1
San Valentino (I) 113 D5
Saint-Valérien (F) 88 C4
Saint-Valery (F) 74 A4
Saint-Valery-en-Caux (F) 87 B1
Saint-Valery-s-Somme (F) 74 A4
Saint-Vallier (F) 97 A3
Saint-Vallier (F) 97 B6
Saint-Vallier-de-Thiey (F) 107 D4
Santa Valpurga (I) 100 A3
Saint-Varent (F) 94 D2
Saint-Vaury (F) 95 D4
Sankt Veit (A) 93 C2
Sankt Veit (A) 101 B3
St.-Veit, Neumarkt (D) 93 A3
Santa Velha (P) 125 A6
Saint-Venant (F) 74 C3
San Venanzo (I) 113 A3
Santa Vénere (I) 116 C3
Santa Venerina (I) 119 B3
Saint-Véran (F) 107 D2
San Vero (I) 121 B4
Saint-Viâtre (F) 88 A5
Sant Vicenç de Castellet (E) 129 B5
San Vicente (E) 126 C2
San Vicente (E) 131 A6
São Vicente (P) 136 B1
São Vicente (P) 138 B1
São Vicente da Beira (P) 130 D4
San Vicente de la Barquera (E) 126 B2
San Vicente de Raso (E) 141 B2
San Vicentejo (E) 127 B3
Saint-Victor (F) 96 B3
Santa Victória (P) 137 D3
Saint-Victour (F) 96 B6
Saint-Victurnien (F) 95 C5
San Vigilio (I) 100 B3
Saint-Vincent-de-Connezac (F) 95 B6
Saint-Vincent-de-Reins (F) 97 A4
Saint-Vincent-des-Landes (F) 85 B5
Saint-Vincent-de-Tyrosse (F) 105 B4
Saint-Vincent-les-Forts (F) 107 C2
Saint-Vincent-s-Jabron (F) 107 B3
Saint-Vincent-s-Oust (F) 85 A5
Saint-Vincent-Sterlanges (F) 94 C3
San Vincenzo (I) 112 B3
San Vincenzo (I) 119 B1
Saint-Vit (F) 97 C1
San Vitero (E) 125 B5
Saint-Vith (B) 75 D4
San Vito (I) 100 C4
San Vito (I) 121 D5
San Vito al Tagliamento (I) 100 D5
San Vito Chietino (I) 114 D2
San Vito de Norm. (I) 117 C2
San Vito lo Capo (I) 118 A2
Santa Vitoria do Ameixial (P) 137 D1
San Vito Romano (I) 113 B6

San Vito S. I. (I) 119 D1
Saint-Vitte (F) 96 B3
San Vittore d. Ch. (I) 113 B2
San Vittório in M. (I) 113 C3
Saint-Vivien-de-Médoc (F) 94 C6
Saint-Voir (F) 96 D3
Saint-Vrain (F) 88 B3
Saint-Vran (F) 85 A3
Saint-Vulbas (F) 97 C5
Saint-Wandrille (F) 87 B2
Sankt Wendel (D) 76 B5
St Weonards (GB) 57 B2
Sankt Wolfgang (D) 92 D3
Sankt Wolfgang (A) 101 A1
Saint-Yan (F) 97 A3
Saint-Ybars (F) 105 C5
Saint-Yorre (F) 96 D4
Saint-Yrieux-la-Perche (F) 95 C5
Saint-Yrieux-le-Déjalat (F) 96 A6
Saint-Yrieux-s-Charente (F) 95 A5
Saint-Zacharie (F) 107 B5

T

Taagepera (EST) 179 C2
Tääksi (EST) 181 A5
Taaliku (EST) 180 B5
Taalintendas, Dalsbruk (FIN) 33 A5
Taapajärvi (FIN) 6 D5
Taasia (FIN) 34 C3
Taattola (FIN) 20 D1
Taatsijärvi (FIN) 7 A3
Taavetti (FIN) 34 D3
Tab (H) 102 D4
Tabaiba (E) 144 B5
Tabanovce (MK) 158 C4
Tabaqueros (E) 133 D6
Tabara (E) 125 C5
Tăbărăsti (RO) 154 C2
Tabarca (E) 141 C3
Tabariškės (LT) 177 A5
Tabasalu (EST) 180 D3
Taberg (S) 28 D4
Taberg (S) 38 D3
Tabernas (E) 140 C5
Tabernes de Valldigna (E) 134 D6
Taberno (E) 140 D4
Tabhaidh Mhór (GB) 44 C3
Tabiano Bagni (I) 109 B3
Tabina (EST) 182 C3
Tabivere (EST) 181 B5
Tabla, La (E) 125 D5
Tablada del Rudrón (E) 126 C3
Tabladillo (E) 132 C2
Taboada (E) 124 D3
Taboadela (E) 124 D4
Tábor (CZ) 79 D5
Taborište, Gor. (HR) 150 A1
Tábua (P) 130 C3
Tabuaco (P) 130 D1
Tabuenca (E) 127 D6
Taburiente, Caldera de (E) 144 B1
Tabuyo (E) 125 C4
Tác (H) 103 A3
Taca (E) 145 C4
Tachoires (F) 105 A5
Tachov (CZ) 79 A4
Tackåsen (S) 25 A5
Tacoronte (E) 144 B4
Tadaiki (LV) 178 C6
Tadcaster (GB) 54 C3
Tådene (S) 38 B2
Taebla (EST) 180 C4
Tælavåg (N) 26 A3
Taevaskoja (EST) 182 C2
Tafalla (E) 127 C4
Tafira Alta (E) 144 D5
Tafjord (N) 22 D4
Täfteå (S) 17 A5
Täftea (S) 17 B4
Taga (RO) 147 B3
Taganheira (P) 137 B3
Tagaranna (EST) 180 A5
Tågarp (S) 42 C2
Tággia (I) 108 B5
Taghmon (IRL) 51 C4
Tagliacozzo (I) 113 B5
Táglio di Po (I) 110 B3
Tagnière, la (F) 97 A3
Tagnon (F) 75 A6
Tagnon (F) 75 A6
Tagoat (IRL) 51 C5
Tågsjöberg (S) 16 B5
Tagula (EST) 182 B2
Tahal (E) 140 C5
Tahanovce (SK) 82 D4
Tähemaa (EST) 181 C5
Taheva (EST) 182 B3
Tahkala (RUS) 13 D2
Tahkuranna (EST) 179 B1
Tähtelä (FIN) 7 B5
Tähtelä (FIN) 33 B5
Tai (I) 100 C4
Taibique (E) 144 B3
Tailfingen (D) 91 B4
Taillebourg (F) 94 D5
Taillefontaine (F) 74 C6
Tailovo (RUS) 182 C3
Taimoniemi (FIN) 20 B3
Tain (GB) 45 A4
Tainijoki (FIN) 12 C2
Tainionkoski (FIN) 35 A2
Tainiovaara (FIN) 6 D5
Tain-l'Hermitage (F) 107 A1
Taipale (FIN) 12 C1
Taipale (FIN) 12 C3
Taipale (FIN) 20 C3
Taipale (FIN) 20 C6
Taipale (FIN) 20 D2
Taipale (FIN) 33 A1
Taipale (FIN) 33 B2
Taipale (FIN) 34 B1
Taipale (RUS) 35 D3
Taipaleenharju (FIN) 12 D4
Taipalsaari (FIN) 35 A2
Taiskirchen (A) 93 C3
Taivalkoski (FIN) 13 B3
Taivalmaa (FIN) 19 C4
Taivassalo (FIN) 32 D3
Taizé (F) 95 A2
Taizé-Aizie (F) 95 A4
Takácsi (H) 102 C2
Takamaa (FIN) 34 C3
Takelvdal (N) 5 B2
Takku (FIN) 33 A3
Takkula (FIN) 32 D3
Takkula (FIN) 33 C4
Taklax (FIN) 19 A4
Takniškiai (LT) 176 C5
Takovo (YU) 151 D4
Taktakenéz (H) 82 D6
Taktakharkány (H) 82 D6
Täktom (FIN) 33 A5
Tal (E) 124 B3
Talairan (F) 106 A6
Talais (F) 94 C6
Talamone (I) 112 C4
Talâna (I) 121 D4
Talara (E) 140 A6
Talarrubias (E) 132 A6
Talaván (E) 131 C5
Talavera (E) 138 B1
Talavera de la Reina (E) 132 B4
Talayuela (E) 131 D4
Talayuelas (E) 134 B4
Talbot, Port (GB) 57 A3
Talerddig (GB) 53 A6
Talgarth (GB) 57 B2
Talhadas (P) 130 C2
Tali (EST) 179 B2
Taliaros, Akr. (GR) 172 D4
Táliga (E) 130 C2
Talinen (S) 6 B5
Talizat (F) 106 B1
Talkau (D) 61 A4
Talkowszczyzna (PL) 65 D4
Tallå (S) 11 B3
Talla (I) 110 A6
Tallaght (IRL) 51 C2
Tallante (E) 141 A4
Tallard (F) 107 C2
Tallåsen (S) 25 B4
Tallberg (S) 10 C6
Tallberg (S) 16 C2
Tallberg (S) 16 C3
Tällberg (S) 29 A1
Tallberget (S) 11 B3
Tallhed (S) 24 D6
Tallinn (EST) 180 D3
Talljärv (S) 11 B3
Talloires (F) 97 D5
Tallow (IRL) 51 A5
Tallsjö (S) 16 C4
Tallsjön (S) 11 B2
Tallsund (S) 10 D4
Tällträsk (S) 11 A5
Tallträsk (S) 16 C2
Tallträsk (S) 17 A2
Talluskylä (FIN) 20 C3
Tállya (H) 82 D6
Tălmaciu (RO) 147 C6
Talmas (F) 74 B4
Talmay (F) 97 C1
Talmont (F) 94 C6
Talmont-Saint-Hilaire (F) 94 B3
Talnotry (GB) 48 D6
Talpaki (RUS) 175 C5
Talpos (RO) 146 C4
Talsano (I) 117 B2
Talsi (LV) 178 D4
Talsmark (S) 17 B3
Talträskliden (S) 16 C2
Talusperä (FIN) 12 B6
Talviainen (FIN) 33 C1
Talvik (N) 2 A4
Talvimaastugan (S) 5 D4
Talybont (GB) 53 A6
Tămădău (RO) 154 C4
Tamaduste (E) 144 B3
Tamaimo (E) 144 A5
Tamajón (E) 132 D2
Tamame (E) 131 C1
Tamames (E) 131 C2
Tamarinda (E) 123 C3
Tamarino (BG) 160 D3
Tamarissière, la (F) 106 B5
Tamarit (E) 135 C1
Tamarite (E) 128 C5
Tamariu (E) 129 D5
Tamási (H) 103 A4
Tamašoŭka (UA) 73 C3
Tambach (D) 78 B3
Tambach-Dietharz (D) 78 A2
Tamelos, Akr. (GR) 171 D2
Tämeträsk (S) 11 B6
Tameza (E) 125 C2
Tamins (CH) 99 B3
Tammela (FIN) 13 C2
Tammela (FIN) 33 B3
Tammensiel (D) 60 B2
Tammeråsen (S) 29 A1
Tammiainen (FIN) 33 A2
Tammijärvi (FIN) 20 B6
Tammiku (EST) 181 B4
Tammiku (EST) 181 B5
Tammilahti (FIN) 20 C6
Tammio (FIN) 34 D4
Tammisaari, Ekenås (FIN) 33 B5
Tammispää (EST) 181 C4
Tammisto (FIN) 32 D3
Tammistu (EST) 181 C5
Tammneeme (EST) 180 D3
Tammuna (EST) 180 A6
Tamnay-en-Bazois (F) 96 D2
Tampere (FIN) 33 B1
Tamsalu (EST) 181 B3
Tamsweg (A) 101 A2
Tämta (S) 38 C3
Tamurejo (E) 139 B1
Tamworth (GB) 53 D6
Tana (N) 3 A2
Tana bro (N) 3 A3
Tananes (N) 3 A2
Tananger (N) 36 A1
Tanaunella (I) 121 D2
Tăndărei (RO) 155 A3
Tandö (S) 28 C1
Tandragee (GB) 47 B5
Tandsbyn (S) 24 D2
Tandsjöborg (S) 24 D5
Tandslet (DK) 41 A5
Tanem (N) 14 C5
Tanfield, West (GB) 54 B2
Tang (IRL) 51 A1
Tangen (N) 5 A2
Tangen (N) 26 C5
Tangen (N) 26 D4
Tangen (N) 28 A2
Tangen (N) 28 A4
Tångeråsen (S) 15 A6
Tangerhütte (D) 69 A3
Tangermünde (D) 69 B3
Tängstamon (S) 16 C6
Tängvattnet (S) 9 B5
Tanhua (FIN) 7 B4
Taninges (F) 98 A4
Tankapirtti (FIN) 7 B2
Tankavaara (FIN) 7 B3
Tanlay (F) 89 A4
Tann (D) 77 C2
Tanna (D) 78 C3
Tannadice (GB) 49 B1
Tannåker (S) 38 D5
Tannåneset (N) 28 B1
Tännäs (S) 24 B3
Tannay (F) 75 B5
Tannay (F) 96 D1
Tänndalen (S) 24 A3
Tannes (N) 28 A2
Tännesberg (D) 78 D5
Tannflo (S) 16 C6
Tannheim (A) 99 D2
Tannila (FIN) 12 C3
Tannisby (DK) 37 C4
Tånnö (S) 38 D5
Tannsele (S) 16 D3
Tannsjön (S) 16 B6
Tannträsk (S) 10 D2
Tanowo (PL) 62 C3
Tansa (RO) 149 B4
Tantonville (F) 89 D3
Tantow (D) 62 C4
Tanttala (FIN) 33 C3
Tanttila (FIN) 33 C2
Tanum (S) 37 D1
Tanus (F) 105 D3
Tanvald (CZ) 70 C5
Taormina (I) 119 B3
Tapa (EST) 181 B3
Tapala (FIN) 33 A3
Tapanikylä (FIN) 13 C5
Tapfheim (D) 92 B2
Tapia de Casariego (E) 125 B1
Tapiku (EST) 181 B4
Tápióbicske (H) 103 C2
Tapiola (FIN) 33 C4
Tapionkylä (FIN) 6 D6
Tapionniemi (FIN) 7 B6
Tápiószele (H) 103 C2
Tápiószentmárton (H) 103 C3
Tápiószőlős (H) 103 C3
Tapojärvi (FIN) 6 C4
Tapolca (H) 102 C4
Tapolcafő (H) 102 C3
Taponnat (F) 95 B5
Tappeluft (N) 1 D4
Tappernøje (DK) 41 C4
Tapu (RO) 147 B5
Tar (H) 103 C1
Tara, Djurd. (YU) 157 C2
Tara (IRL) 51 C1
Taracena (E) 133 A3
Taradeau (F) 107 D5
Tarajalejo (E) 145 C5
Taraldstu (N) 23 D6
Tarancón (E) 133 A4
Taransay (GB) 44 B4
Táranto (I) 117 B2
Tarany (H) 102 C5
Tarare (F) 97 A5
Tarascon (F) 107 A4
Tarascon-s-Ariège (F) 105 C6
Tarasovka (RUS) 175 C4
Tarasovo (BY) 177 D6
Tarasp (CH) 99 C3
Tarazona (E) 127 C5
Tarazona (E) 133 C6
Tårbæk (DK) 42 B2
Tarbat Ness (GB) 45 B4
Tarbert (GB) 44 B4
Tarbert (GB) 48 B3
Tarbert (IRL) 50 C3
Tarbes (F) 104 D5
Tarbet (GB) 48 C3
Tarcal (H) 82 D6
Tarcău (RO) 148 D4
Tarcea (RO) 146 C2
Tarcenay (F) 97 D2
Tarcento (I) 100 D5
Tarčin (BIH) 150 D5
Tarczyn (PL) 72 C2
Tarda (PL) 64 B3
Tardajos (E) 126 C4
Tardelcuende (E) 127 B6
Tardenois, Fère-en- (F) 74 D6
Tardenois, Ville-en- (F) 74 D6
Tardets-Sorholus (F) 104 C5
Tardienta (E) 128 B5
Tärendö (S) 6 B5
Tarfalustugan (S) 5 B4
Tarfside (GB) 49 B1
Targ, Nowy (PL) 82 B3
Targale (LV) 178 B4
Targanice (PL) 82 A2
Targon (F) 104 D2
Târgovište (BG) 160 C1
Tarhapää (FIN) 20 A5
Tarhos (H) 146 B4
Tarifa (E) 142 C6
Tariverde (RO) 155 B3
Tarján (H) 103 A2
Tarkkola (FIN) 35 B2
Tarland (GB) 45 C6
Tarleton (GB) 53 B3
Tarłów (PL) 73 A4
Tarm (DK) 40 C3
Tarmstedt (D) 60 C5
Tarn, Dabrowa (PL) 72 D6
Tärna (S) 30 D3
Tarna (E) 126 A2
Tärnaby (S) 9 B5
Tarnac (F) 95 D5
Tarnala (FIN) 21 C6
Tarnalelesz (H) 82 B6
Tarna Mare (RO) 83 C6
Tarnaméra (H) 103 D2
Tarnawa Duża (PL) 73 B5
Tarnawa Górna (PL) 83 A3
Tarnawatka (PL) 73 C5
Tårnet (N) 3 C3
Tärnö (S) 42 A1
Tarnobrzeg (PL) 73 A5
Tarnogród (PL) 73 B6
Tarnopol (PL) 65 D5
Tarnos (F) 104 B4
Tarnoszyn (PL) 73 D5
Tarnov (SK) 82 D3
Tarnow (D) 61 C3
Tarnow (PL) 62 D5
Tarnów (PL) 82 C1
Tarnówek (PL) 70 D3
Tarnówka (PL) 63 B4
Tarnowo Podgórne (PL) 71 A1
Tarnowskie Góry (PL) 71 D6
Tärnsjö (S) 30 D2
Tårnvik (N) 2 C2
Tårnvik (N) 4 C6
Tårnvik (N) 5 A1
Taroda (E) 133 B1
Tarouca (P) 130 D2
Tarpa (H) 83 B6
Tarporley (GB) 53 B4
Tarprubežiai (LT) 176 B5
Tarquinia (I) 112 D5
Tarquinia Lido (I) 112 D5
Tarragona (E) 135 B1
Tårrajaur (S) 10 D3
Tarraluoppalstugorna (S) 9 C1
Tarrant, Hurstbourne (GB) 58 B3
Tarrant Hinton (GB) 58 A4
Tàrrega (E) 129 A6
Tarrenz (A) 99 D2
Tarroja de Seg. (E) 129 A5
Tårs (DK) 37 C4
Tårs (DK) 41 B5
Tarsdorf (A) 93 A3
Tarsele (S) 16 B5
Tarsia (I) 116 D4
Tarsogno (I) 109 A4
Tartak, Rutka- (PL) 65 C1
Tartaki (LV) 177 C2
Tartas (F) 104 C4
Tărtăsesti (RO) 154 B3
Tartu (EST) 181 B5
Tarumaa (EST) 181 C3
Tarvaala (FIN) 20 A4
Tarvaala (FIN) 20 B5
Tarvainen (FIN) 32 D3
Tarvasjoki (FIN) 33 A3
Tarvin (GB) 53 B4
Tarvisio (I) 101 A4
Tasartico (E) 144 C6
Taši (LV) 178 B5
Täsjö (S) 15 C4
Tăsnad (RO) 146 D2
Tasovčići (BIH) 150 D2
Tass (H) 103 B3
Tassin-la-Demi-Lune (F) 97 B5
Tasso (F) 120 C3
Tåstrup (DK) 42 B3
Tata (H) 103 A2
Tatabánya (H) 103 A2
Tataháza (H) 103 B5
Tătărăstii de Sus (RO) 154 A4
Tatarlar (TR) 160 D4
Tatárszentgyörgy (H) 103 B3
Tatar Varoš (HR) 111 D2
Taterma (EST) 180 A4
Tatranská Javorina (SK) 82 B3
Tatranská Kotlina (SK) 82 B3
Tatranská Lomnica (SK) 82 B4
Tatranská Štrbá (SK) 82 B4
Tatrzańska, Bukowina (PL) 82 B3
Tattersett (GB) 55 A5
Tattershall (GB) 54 D5
Tatti (I) 112 B3
Tatts Well (GB) 57 B3
Tau (N) 26 B6
Tauberbischofsheim (D) 77 B5
Taucha (D) 69 C6
Tauchendorf (A) 101 B3
Taufkirchen (D) 92 D3
Taufkirchen (A) 93 B2
Taujėnai (LT) 176 D3
Taulé (F) 84 C2
Taulignan (F) 107 A2
Taulu (FIN) 34 A2
Taunton (GB) 57 B4
Tauperlitz (D) 78 D3
Tauragė (LT) 176 A3
Tauragnai (LT) 177 A3
Taurene (LV) 179 D4
Tauriainen (FIN) 13 C2
Taurianova (I) 119 C2
Taurisano (I) 117 D3
Taurkalne (LV) 179 C6
Taurupe (LV) 179 C5
Tauselv (N) 4 D4
Taussat (F) 104 B2
Tausta (RUS) 3 D2
Tauste (E) 127 D5
Tautkaičiai (LT) 176 B5
Tautra (N) 23 C1
Tautušiai (LT) 176 B3
Tauves (F) 96 B5
Tauvo (FIN) 12 B5
Tavankut (YU) 103 C6
Tavannes (CH) 98 C2
Tavastila (FIN) 34 C3
Tavastkenkä (FIN) 12 D6
Tavaux (F) 97 C2
Tavel (F) 107 A3
Tavelsås (S) 39 A5
Tavelsjö (S) 17 B3
Tavenna (I) 115 A3
Tavera (F) 120 B3
Taverna (I) 117 A6
Tavernelle (I) 110 C6
Tavernério (I) 108 D1
Tavernes (F) 107 C4
Tavernola (I) 99 C6
Taverny (F) 74 B6
Tavers (F) 87 C6
Taviano (I) 117 D3
Tavíkovice (CZ) 80 C4
Tavila (P) 130 D5
Tavira (P) 138 A5
Tavistock (GB) 56 D5
Tavola (FIN) 33 B4
Tavronitis (GR) 172 A6
Tawton, North (GB) 57 A4
Täxan (S) 16 A5
Taxenbach (A) 100 D2
Tayerne, Ponte a (I) 112 D2
Taynuilt (GB) 48 C2
Tayport (GB) 49 B2
Tayvallich (GB) 48 B3
Tăza (BG) 160 A3
Tazacorte, Puerto de (E) 144 B1
Tazacorte (E) 144 B1
Tázlár (H) 103 C4
Tazlău (RO) 149 A4
Tazones, Punta de (E) 126 A1
Tazones (E) 126 A1
Tczew (PL) 64 A2
Teaca (RO) 147 C3
Teano (I) 114 D5
Teath, St (GB) 56 C5
Tébar (E) 133 C5
Tebay (GB) 53 C1
Tebosa (P) 124 C6
Techirghiol (RO) 155 B4
Těchobuz (CZ) 80 A3
Tecklenburg (D) 67 C4
Tecuci (RO) 149 B6
Tedburn St Mary (GB) 57 A4
Teenuse (EST) 180 D4
Teeriharju (FIN) 20 A2
Teeriranta (FIN) 13 C2
Teerjärvi, Terjärv (FIN) 19 C2
Teersalo (FIN) 32 D4
Teg (S) 17 B4
Tegau (D) 78 C2
Tegelen (NL) 75 D1
Tegelträsk (S) 16 C4
Tegernsee (D) 92 D4
Teggiano (I) 116 C2
Téglás (H) 146 B1
Tegnefors (S) 30 D5
Tegoborze (PL) 82 C2
Tegsnäset (S) 17 A3
Tegueste (E) 144 B4
Teguise (E) 145 D3
Tehi (FIN) 34 B1
Teichel (D) 78 B2
Teignmouth (GB) 57 A5
Teijeiro (E) 125 A2
Teil, le (F) 106 D4
Teilhet (F) 96 C4
Teillay (F) 85 B4
Teillé (F) 85 C5
Teillet (F) 106 A4
Teillet-Argenty (F) 96 B4
Teilleul, le (F) 86 C4
Teinevasseter (N) 27 B2
Teisendorf (D) 93 A4
Teisko (FIN) 33 B1
Teistungen (D) 68 D6
Teiu (RO) 154 A3
Teius (RO) 147 B5
Teixeiro (E) 124 D2
Teixoso (P) 131 A3
Tejada (E) 131 C3
Tejada de Tiétar (E) 131 C4
Tejar, El (E) 143 A3
Tejares (E) 126 C6
Tejeda (E) 144 D6
Tekağaç Burun (TR) 173 B2
Teke Burun (TR) 169 A5
Tekeriš (YU) 151 C3
Tekija (YU) 152 D3
Tekirdağ (TR) 165 D1
Tekke Burun (TR) 165 A4
Teklafalu (H) 102 D6
Tekov, N. (SK) 81 C6
Tekovské Lužany (SK) 103 A1
Teksdal (N) 14 A5
Telaki (PL) 65 B6
Telataipale (FIN) 35 A1
Telč (CZ) 80 B4
Telciu (RO) 147 C2
Telde (E) 144 D6
Teleajen (RO) 154 B1
Telenești (MD) 149 C2
Telese (I) 115 A5
Telford (GB) 53 C6
Telfs (A) 100 A2
Telgárt (SK) 82 B4
Telgruc-s-Mer (F) 84 B3
Telgte (D) 67 C5
Telheira (P) 137 B4
Telheiro (P) 138 A2
Telicino (RUS) 181 D5
Teliš (BG) 153 C6
Teliu (RO) 154 B1
Teljo (FIN) 21 B1
Teljö (FIN) 33 A4
Telkibánya (H) 82 D5
Telkkälä (FIN) 12 D3
Tellancourt (F) 75 C5
Tellancourt (F) 75 C5
Tellaro (I) 109 B5
Telle, Ville-sur- (F) 75 B6
Tellejäkk (S) 10 D4
Tellin (B) 75 C4
Tellingstedt (D) 60 C3
Telnes (N) 8 D4
Telneset (N) 23 D4
Telnice (CZ) 70 A5
Telšiai (LT) 175 D1
Telti (I) 121 C2
Teltow (D) 69 D3
Telžiai (LT) 176 C1
Temelkovo (BG) 159 A3
Temerin (YU) 151 C1
Temmes (FIN) 12 C5
Temnata dupka (BG) 159 B2
Témpio Pausánia (I) 121 C2
Temple, le (F) 104 C1
Temple Bar (GB) 57 A1
Temple-de-Bretagne, le (F) 85 B6
Templemore (IRL) 51 A3
Templepatrick (GB) 47 C4
Templeque (E) 132 D5
Temple Sowerby (GB) 53 C1
Templetouhy (IRL) 51 A3
Templin (D) 62 A4
Tempo (GB) 47 A5
Temse (B) 75 A2
Temska (YU) 152 D6
Tenala, Tenhola (FIN) 33 B5
Tenaron, Akr. (GR) 171 A5
Tenay (F) 97 C5
Ten Boer (NL) 67 B2
Tenbury Wells (GB) 57 C1
Tenby (GB) 56 D2
Tènce (F) 106 D1
Tende (F) 108 B5
Tendilla (E) 133 A3
Tendu (F) 95 C3
Tenebrón, El (E) 131 C3
Teneniai (LT) 175 D3
Tenerife, Santa Cruz de (E) 144 B5
Tenerife (E) 144 B6
Tenevo (BG) 160 C3
Tengelfjord (N) 4 C4
Tengereid (N) 26 B3
Tengling (D) 93 A4
Tenhola (FIN) 13 B4
Tenhult (S) 38 D3
Teniger Bad (CH) 99 A3
Tenja (HR) 151 A1
Tenk (H) 103 D2
Tenneck (A) 100 D1
Tennenlohe (D) 78 B5
Tennevik (N) 4 D3
Tennevoll (N) 5 A3
Tennilä (FIN) 12 D1
Tennilä (FIN) 34 A2
Tennsjö (S) 16 C3
Tennskjær (N) 5 A1
Tennvatnet (N) 4 C6
Teno, Punta de (E) 144 A5
Tenskog (S) 25 A5
Tenterden (GB) 59 B4
Tentugal (P) 130 B3
Teo (E) 124 C3
Teodors (N) 24 A6
Teolo (I) 110 A2
Teolog (PL) 63 D4
Teór (I) 110 D1
Teora (I) 115 B6
Teovo (MK) 163 A1
Tepasto (FIN) 6 D3
Tepelene (AL) 162 B4
Teplá (CZ) 79 A4
Teplá, Liptovská (SK) 82 A4
Teplá, Trenč. (SK) 81 B4
Teplica, Zemplínska (SK) 82 D5
Teplice, Rájecké (SK) 81 C4
Teplice, Trenč. (SK) 81 B4
Teplice (CZ) 70 A5
Teplice nad Metují (CZ) 70 D5
Teplice-Turč. (SK) 81 C4
Teplička, Liptovská (SK) 82 B4
Teploje (BY) 177 C3
Teppa (N) 28 B3
Teppana (FIN) 21 C3
Teppanala (FIN) 35 B2
Tepsa (FIN) 7 A4
Terälahti (FIN) 33 B1
Teramo (I) 113 C4
Tērande (LV) 178 B4
Ter Apel (NL) 67 B3
Teratyn (PL) 73 D4
Terborg (NL) 67 A5
Tercé (F) 95 B3
Terceira (P) 136 D6
Terchová (SK) 81 C3
Terebišče (RUS) 182 C2
Terebišče (RUS) 182 D2
Tereblja (UA) 83 C6
Teregova (RO) 152 D2
Terehova (LV) 182 D1
Terelle (I) 114 C4
Terem (H) 146 C1
Terena (P) 138 A2
Teresa (E) 134 C4
Terese de Cofrentes (E) 134 B6
Teresin (PL) 72 B2
Teresitas, Playa de las (E) 144 C4
Terešov (CZ) 79 B4
Terespol (PL) 73 C1
Terezin (CZ) 70 A6
Terezino Polje (HR) 102 C6
Tergnier (F) 74 D5
Tergu (I) 121 B2
Ter Hole (NL) 75 A1
Terikeste (EST) 181 C5
Terjärv, Teerijärvi (FIN) 19 C2
Terka (PL) 83 A3
Terkos (TR) 161 D5
Terlano (I) 100 A4
Těrlicko, Hor. (CZ) 81 C2
Terlizzi (I) 115 D5
Termas de Montfortinho (P) 131 B4
Terme, Montecatini (I) 109 C5
Terme, Porretta (I) 109 C4
Terme di Bagnolo (I) 112 B3
Terme di Cotilia (I) 113 B4
Terme di Súio (I) 114 C5
Terme di Valdieri (I) 108 A4
Terme Luigiane (I) 116 D5
Termens (E) 128 D5
Termes (F) 106 B1
Termes-d'Armagnac (F) 104 D4
Termignon (F) 98 A6
Terminillo (I) 113 B4
Términi Imerese (I) 118 C3
Térmoli (I) 115 A3
Termonde, Dendermonde (B) 75 A2
Termonfeckin (IRL) 51 D1
Termunten (NL) 67 B2
Ternant (F) 96 D3
Ternant (F) 97 B1
Terndrup (DK) 37 C6
Ternes, les (F) 106 B1
Terneuzen (NL) 75 A1
Ternhill (GB) 53 C5
Terni (I) 113 A4
Ternitz (A) 102 A2
Ternove (UA) 83 D6
Teror (E) 144 D6
Terpan (AL) 162 B3
Terpezita (RO) 153 B3
Terpni (GR) 163 D2
Terra (CY) 174 C6
Terracina (I) 114 B5
Terråk (N) 14 C2
Terralba (I) 121 B4
Terranho (P) 131 A2
Terranova di Pollino (I) 116 D3
Terranova da Sibari (I) 117 A4
Terranuova Bra. (I) 112 C2
Terras do Bouro (P) 124 C5
Terrasini (I) 118 B2
Terrassa (E) 129 B6
Terrasson-la-Villedieu (F) 105 B1
Terraube (F) 105 A4
Terrazos (E) 126 D4
Terrenoire (F) 97 A6
Terriente (E) 134 A4
Terrinches (E) 140 B2
Terroba (E) 127 B4
Terron, Poix- (F) 75 B5
Terrou (F) 105 C/D1
Terrsjö (S) 16 B5
Terschelling (NL) 66 D1
Tertenia (I) 121 D4
Teruel (E) 134 B3
Tervajoki (FIN) 19 B3
Tervajoki (RUS) 35 A3
Tervakoski (FIN) 33 C3
Tervala (FIN) 20 A6
Tervasalmi (FIN) 21 B1
Tervavaara (FIN) 13 B4
Tervel (BG) 155 A5
Terves (F) 94 D3
Tērvete (LV) 179 A6
Tervo (FIN) 20 C4
Tervola (FIN) 12 B2
Tervolan asema (FIN) 12 B2
Tervu (RUS) 35 C1
Tervuren (B) 75 A2
Terwagne (B) 75 C3
Terzigno (I) 114 D6
Terzone San Petro (I) 113 B4
Tešanj (BIH) 150 D3
Tesáre, Hont. (SK) 81 C6
Tesárske Mlyňany (SK) 81 B6
Teschendorf (D) 69 C2
Teschow (D) 61 B3
Tesdal (N) 26 C3
Tešedikovo (SK) 102 D1
Tesegerague (E) 145 C5
Tešica (YU) 158 C1
Tesila (RO) 154 A2
Těšín, Ces. (CZ) 81 C2
Tesjoki (FIN) 34 C4
Teslić (BIH) 150 D3
Tesluiul (RO) 153 C4
Těšov (CZ) 79 A4
Tessanden (N) 23 B5
Tessé (F) 86 D4
Tesserete (CH) 99 A5
Tessin (D) 61 C3
Tesson (F) 94 D5
Tessoualle, la (F) 94 C2
Tessy-s-Vire (F) 86 C3
Testa, C. (I) 121 C1
Testa dell'Acqua (I) 119 A5
Teste, la (F) 104 B2
Tét (H) 102 C2
Tetbury (GB) 57 C2
Tetėnai (LT) 176 D6
Teterchen (F) 90 B1
Teterow (D) 61 C3
Teteven (BG) 159 C2
Tetir (E) 145 C4
Tetirvinai (LT) 176 C1
Tetovo (BG) 154 C5
Tetovo (MK) 158 B5
Tetrivaara (FIN) 21 B5
Tetsworth (GB) 58 C2
Tettnang (D) 91 B5
Teufen (CH) 99 B2
Teufenbach (A) 101 B2
Teuge (NL) 67 A4
Teugert (S) 11 A5
Teulada (I) 121 B6
Teulada (E) 141 D1
Teŭli (BY) 73 D1
Teupitz (D) 69 D4
Teurajärvi (FIN) 6 C5
Teurajärvi (S) 11 C1
Teuro (FIN) 33 B3
Teuro (FIN) 33 C2
Teuroinen (FIN) 34 C3
Teusajaurestugorna (S) 5 B5
Teuschnitz (D) 78 C3
Teutkoski (FIN) 34 C3
Teutleben (D) 78 A2
Teuva (FIN) 19 A4
Tevaniemi (FIN) 19 C6
Tevansjö (S) 25 A4
Tevel (H) 103 A5
Teviothead (GB) 49 B5
Tewkesbury (GB) 57 C2
Texa (GB) 48 A4
Texel (NL) 66 C2
Tey, Marks (GB) 59 B2
Teyssieu (F) 105 C/D1
Thale (D) 69 A5
Thalfang (D) 76 B5
Thalgau (A) 101 A1
Thalkirch (CH) 99 B3
Thallwitz (D) 69 C6
Thalmässing (D) 92 C1
Thalwil (CH) 99 A2
Thame (GB) 58 C2
Thann (F) 90 C5
Thannhausen (D) 92 B3
Thaon-les-Vosges (F) 90 A4
Tharandt (D) 79 B1
Tharsis (E) 138 B4
Thasos (GR) 164 C2
Thaumiers (F) 96 B2
Thaxted (GB) 59 A2

Thaya (A) 80 B4
Thayngen (CH) 99 A1
Theale (GB) 58 C3
The Bar (GB) 45 B5
The Battery (GB) 47 C4
The Drones (GB) 47 C3
Theener (D) 67 B1
Theessen (D) 69 B4
The Faither (GB) 45 C3
Theil, le (F) 87 B5
Theil, le (F) 96 C3
Theillay (F) 88 B6
Theil-s-Vanne (F) 88 D4
Theix (F) 85 A5
The Kell (GB) 56 C2
Thelle, Neuilly-en- (F) 74 B6
Them (DK) 40 D2
The Maidens BallygalleyHd. (GB) 47 C4
Themar (D) 78 B3
Thémines (F) 105 C2
The Mumbles (GB) 57 A2
Thénac (F) 94 D5
Theneuille (F) 96 C3
Thénezay (F) 95 A3
Theodhoros, Ay. (CY) 174 B2
Theodhoros, Ay. (CY) 174 C4
Theodorous, Ay. (CY) 174 C4
Theologos (GR) 164 B3
The Parph (GB) 44 D2
Thera (GR) 172 C4
Therma (GR) 164 D3
Therme Kalitheas (GR) 173 D4
Therme Kalitheas (GR) 173 D4
Thermi (GR) 163 D3
Thermon (GR) 166 D5
Thérondels (F) 106 A1
Thérouanne (F) 74 B3
Thervay (F) 97 C1
Thésée (F) 95 C1
The Sheddings (GB) 47 C3
The Skares (GB) 45 D5
The Skelligs (IRL) 50 A5
The Skelligs (IRL) 50 A5
Thesprotikon (GR) 165 B3
Thessaloniki (GR) 163 D3
The Sweep (IRL) 51 B5
Thetford (GB) 55 B6
Theux (B) 75 D3
Theys (F) 97 D6
Thézan-des-Corbières (F) 106 A6
Thézan-lès-Béziers (F) 106 B5
Thèze (F) 104 C/D5
Thézillieu (F) 97 C5
Thiaucourt-Regniéville (F) 89 D2
Thiberville (F) 87 A3
Thibie (F) 89 A2
Thiéblemont-Farémont (F) 89 B2
Thiel-s-Acolin (F) 96 D3
Thiendorf (D) 70 A4
Thiene (I) 100 A6
Thiérache, le Nouvion-en- (F) 74 D4
Thiers (F) 96 D5
Thiersheim (D) 78 D4
Thiesi (I) 121 B2
Thiessow (D) 62 B2
Thieuloy (F) 74 B5
Thiézac (F) 106 A1
Thilliers-en-Vexin, les (F) 76 A6
Thillot, le (F) 90 B5
Thimory (F) 88 C3
Thin-le-Moutier (F) 75 A5
Thionville (F) 75 D6
Thira Santorin (GR) 172 C4
Thirasia (GR) 172 C4
Thiré (F) 94 C3
Thiron-Gardais (F) 87 B5
Thirsk (GB) 54 C2
Thisted (DK) 37 A6
Thisvi (GR) 167 B6
Thiva (GR) 167 C5
Thivars (F) 87 C4
Thiviers (F) 95 B6
Thizay (F) 95 A2
Thizy (F) 97 A4
Thoard (F) 107 C3
Thoirette (F) 97 C4
Thoiry (F) 88 A2
Thoissey (F) 97 B4
Thoisy-la-Berchère (F) 97 A1
Tholen (NL) 75 A1
Tholey (D) 76 B5
Tholy, le (F) 90 B4
Thomashof (D) 78 A4
Thomastown (IRL) 51 B4
Thônes (F) 75 C5
Thonnelle (F) 75 C5
Thonnelle (F) 97 D5
Thonon-les-Bains (F) 97 D4
Thor, le (F) 107 A4
Thorame-Haute (F) 107 D3
Thorée-les-Pins (F) 87 A6
Thorembais-Saint-Tround (B) 75 B3
Thorenc (F) 107 D4
Thorens-Glières (F) 97 D4
Thorigné-s-Due (F) 87 A5
Thorigny (F) 94 C3
Thorigny-s-Oreuse (F) 88 D3
Thörl (A) 101 A4
Thörl (A) 101 D2
Thormanby (GB) 54 C2
Thornaby-on-Tees (GB) 54 C1
Thornbury (GB) 57 C3
Thorne (GB) 54 C3
Thorney (GB) 54 D6
Thornhill (GB) 48 D3
Thornhill (GB) 48 D5
Thornthwaite (GB) 53 B1
Thornton Cleveleys (GB) 53 B3
Thoronet, le (F) 107 C5
Thors (F) 94 D5
Thouarcé (F) 94 D1
Thouars (F) 95 A2
Thourie (F) 85 B4
Thourion (GR) 160 D5
Thrapsanon (GR) 172 D6
Thrapston (GB) 54 D6
Threshfield (GB) 53 C2
Thrumster (GB) 45 B3
Thuès-les-Bains (F) 129 C3
Thueyts (F) 106 D2
Thuile, la (I) 98 B5
Thuiles, les (F) 107 D2
Thuilley-aux-Groseilles (F) 89 D3
Thuin (B) 75 A3
Thuir (F) 129 C3
Thülsfeld (D) 67 C3
Thum (D) 79 A2
Thumby (D) 60 D2
Thun (CH) 98 C3
Thura (GR) 170 D4
Thuret (F) 96 C4
Thurey (F) 97 B3
Thüringen (A) 99 C2
Thurins (F) 97 B5
Thürkow (D) 61 C3
Thurles (IRL) 51 A3
Thurnau (D) 78 C4
Thursby (GB) 49 A6
Thurso (GB) 45 B2
Thury (F) 97 A2
Thury-Harcourt (F) 86 D3
Thusis (CH) 99 B3
Thwaite (GB) 59 B1
Thyboren (DK) 36 D6
Thymena (GR) 172 D1
Thyregod (DK) 40 D2
Tiarno (I) 99 D5
Tibana (RO) 149 B3
Tibănesti (RO) 155 A2
Tibău (RO) 148 B2
Tibava (SK) 83 A4
Tiberget (S) 28 D1
Tiča (BG) 160 C2
Tičevo, M. (BIH) 150 B4
Tiche, Audun-le- (F) 75 D5
Ticino, Borgo (I) 99 A6
Tickhill (GB) 54 C4
Ticleni (RO) 153 A2
Tidaholm (S) 38 D2
Tidan (S) 38 D1
Tidavad (S) 38 D1
Tidersrum (S) 39 B3
Tiedra (E) 126 A6
Tiefencastel (CH) 99 B3
Tiefensee (D) 62 B6
Tiel (NL) 66 D5
Tiellejaur (S) 10 D4
Tielt (B) 74 D2
Tiembla, El (E) 132 B3
Tienen Tirlemont (B) 75 B2
Tiengen,-Waldshut (D) 90 D5
Tienhaara (FIN) 13 B2
Tiercé (F) 86 D6
Tierga (E) 127 C6
Tiermas (E) 127 D3
Tierp (S) 31 A2
Tierzo (E) 133 D2
Tieungen (N) 27 A6
Tifesti (RO) 149 B6
Tiffauges (F) 94 C2
Tigănasi (RO) 152 D3
Tigani, Akr. (GR) 164 C5
Tigerfelden (D) 91 B3
Tigharry (GB) 44 A4
Tighnabruaich (GB) 48 C3
Tigmandru (RO) 147 C4
Tignale (I) 109 C1
Tigné (F) 94 D2
Tignes (F) 98 B6
Tignieu-Jameyzieu (F) 97 B5
Tigveni (RO) 153 C1
Tigy (F) 88 B4
Tihany (H) 102 D4
Tihău (RO) 147 A2
Tihemetsa (EST) 179 C2
Tihilä (FIN) 20 C1
Tihusniemi (FIN) 20 D5
Tihvinka (RUS) 181 D3
Tiilikkala (FIN) 34 C1
Tiirimetsa (EST) 180 A6
Tiironkylä (FIN) 20 A3
Tiistenjoki (FIN) 19 C4
Tiitilänkylä (FIN) 20 C4
Tijarafe (E) 144 B1
Tijesno (HR) 111 D6
Tijola (E) 140 C5
Tikkakoski (FIN) 20 B5
Tikkala (FIN) 20 B5
Tikkala (FIN) 21 C5
Tikkurila (FIN) 34 A5
Tilbro (S) 38 D2
Tilburg (NL) 75 B1
Tilbury (GB) 59 A3
Til-Châtel (F) 89 C5
Tileagd (RO) 146 C3
Tilecus (RO) 146 C3
Tilh (F) 104 C4
Tilkainen (FIN) 33 A3
Tillac (F) 105 A5
Tillberg (S) 30 D4
Tillé (F) 74 B5
Tiller (N) 23 C1
Tilleux (F) 89 D3
Tillières (F) 94 C2
Tillières-s-Avre (F) 87 B4
Tillinge (S) 30 D4
Tillitse (DK) 41 B5
Tilly (F) 74 A6
Tilly (F) 95 C3
Tilly-s-Seulles (F) 86 D2
Tilos, Akr. (GR) 173 A2
Tilos (GR) 173 B4
Tilrem (N) 8 C6
Tiltini (LV) 179 A5
Tiltrem (N) 14 A5
Tilža (LV) 182 C5
Tilžė (LT) 177 B2
Tim (DK) 40 B2
Timahoe (IRL) 51 B3
Timanfaya (E) 145 C3
Timau (I) 100 D4
Time (N) 37 A2
Timelkam (A) 93 C4
Timfors (S) 11 A4
Timi (CY) 174 C5
Timirjazevo (RUS) 175 C4
Timisoara (RO) 146 B6
Timmele (S) 38 C3
Timmendorfer Strand (D) 61 A3
Timmernabben (S) 39 C5
Timmersdala (S) 38 C1
Timmervik (S) 38 B2
Timola (FIN) 20 D5
Timoleague (IRL) 50 C6
Timolin (IRL) 51 C3
Timoniemi (FIN) 13 C6
Timrå (S) 25 C2
Timsfors (S) 38 D6
Tinahely (IRL) 51 C3
Tinajo (E) 145 D3
Tinalhas (P) 130 D4
Tinca (RO) 146 C4
Tinchebray (F) 86 C3
Tineo (E) 125 C2
Tiņģere (LV) 178 D3
Ting Jellinge (DK) 41 C4
Tinglev (DK) 40 D5
Tingsryd (S) 39 A6
Tingstäde (S) 43 C4
Tingvalla (S) 28 B6
Tingvoll (N) 23 A3
Tinjan (HR) 111 A2
Tinlot, Scheit- (B) 75 C3
Tinnen (D) 67 C3
Tinnoset (N) 27 B4
Tinnye (H) 103 A2
Tinos (GR) 172 B2
Tiñoso, Cabo (E) 141 A4
Tintage (GB) 56 C5
Tintari (RO) 154 A1
Tinténiac (F) 85 B3
Tintern Parva (GB) 57 B2
Tintigny (B) 75 C5
Tinuži (LV) 179 B5
Tione di Trento (I) 99 D5
Tipasoja (FIN) 21 A1
Tipperary (IRL) 50 D4
Tipton (GB) 53 C6
Tiptree (GB) 59 B2
Tipu (EST) 180 A5
Tiranë (AL) 162 B2
Tiranges (F) 96 D6
Tirano (I) 99 C5
Tire (TR) 169 C5
Tiree (GB) 48 A2
Tires (I) 100 B4
Tîrgoviste (RO) 154 A3
Tîrgu Cărbunesti (RO) 153 B2
Tîrgu Frumos (RO) 149 A3
Tîrgu Jiu (RO) 153 A2
Tîrgu Lăpus (RO) 147 B2
Tîrgu Mures (RO) 147 C3
Tîrgu-Neamt (RO) 148 D3
Tîrgu Ocna (RO) 149 A5
Tîrgu Secuiesc (RO) 148 D6
Tîrgusor (RO) 155 B3
Tiriez (E) 140 C1
Tirig (E) 135 A3
Tirinese, Nocera (I) 116 D6
Tiriolo (I) 117 A6
Tirkiliškiai (LT) 176 C4
Tirkšliai (LT) 176 A1
Tirlemont, Tienen (B) 75 B2
Tirlisua (RO) 147 B2
Tirmo (FIN) 34 B4
Tîrnăveni (RO) 147 C4
Tirnavos (GR) 163 B5
Tîrnova (RO) 146 C5
Tîrnova (MD) 149 B1
Tirrénia (I) 112 A1
Tirro (FIN) 3 A6
Tirschenreuth (D) 78 D4
Tirstrup (DK) 41 A1
Tirteafuera (E) 139 C1
Tirumbaltgalvji (LV) 179 C5
Tirza (LV) 182 B4
Tîrzii (RO) 149 C4
Tisa, Cimpulung la (RO) 83 D6
Tisău (RO) 154 C2
Tiscar (E) 140 B4
Tiševica (BG) 159 B2
Tišino (RUS) 175 B5
Tišino (RUS) 182 D4
Tiskādi (LV) 182 C6
Tiskolovo (RUS) 181 D2
Tišnov (CZ) 80 C3
Tisová (CZ) 79 A4
Tisovec (SK) 82 B5
Tisselskog (S) 28 B6
Tisslatorp (S) 38 C1
Tisvildeleje (DK) 41 C2
Tiszaalpár (H) 103 C4
Tiszabábolna (H) 146 A1
Tiszabecs (H) 83 B6
Tiszabezdéd (H) 83 A5
Tiszacsege (H) 146 A1
Tiszacsermely (H) 83 A6
Tiszaderzs (H) 103 D2
Tiszadob (H) 82 D6
Tiszaeszlár (H) 82 D6
Tiszaföldvár (H) 103 D3
Tiszafüred (H) 146 A2
Tiszagyulanaza (H) 146 B1
Tiszaigar (H) 146 A2
Tiszakarád (H) 82 D6
Tiszakécske (H) 103 D3
Tiszalök (H) 82 D6
Tiszalúc (H) 82 C6
Tiszanána (H) 103 D2
Tiszaörs (H) 146 A2
Tiszasüly (H) 103 D2
Tiszaszentimre (H) 146 A2
Tiszaszőlős (H) 103 D2
Tiszatelek (H) 83 A6
Tiszaújváros (H) 146 A1
Tiszavárkony (H) 103 D3
Tiszavasvári (H) 82 D6
Titaguas (E) 134 B4
Titeikiai (LT) 176 D2
Titel (YU) 151 D2
Titesti (RO) 153 C1
Titisee-Neustadt (D) 90 D4
Titkoniai (LT) 176 C1
Tito (I) 116 C2
Titoniai (LT) 176 C1
Titov Veles (MK) 158 C5
Titovka, Novaya (RUS) 3 D3
Titovka, Star (RUS) 3 D3
Titran (N) 23 A1
Tittelsnes (N) 26 B5
Tittis (FIN) 34 C3
Tittling (D) 93 B2
Tittmoning (D) 93 A3
Titu (RO) 154 A3
Titz (D) 76 A2
Tiuccia (F) 120 B3
Tiukka (FIN) 19 A5
Tiukurova (FIN) 7 C5
Tiukuvaara (FIN) 6 D4
Tiumpan Head (GB) 44 C3
Tiurajärvi (FIN) 6 C4
Tiuri (RUS) 35 C3
Tiurinsaari (RUS) 35 A4
Tiutinen (FIN) 34 D4
Tiuvo (FIN) 34 C4
Tivat (YU) 157 B4
Tived (S) 29 A6
Tivenys (E) 135 A2
Tiverton (GB) 57 A4
Tivissa (E) 135 B1
Tivoli (I) 113 B5
Tivsjön (S) 25 A2
Tizzano (F) 120 B4
Tizzano V. P. (I) 109 B4
Tjačiv (UA) 83 C6
Tjäl (S) 16 C4
Tjälder (S) 43 C4
Tjälen (S) 25 B3
Tjällmo (S) 29 B6
Tjålme (S) 5 C3
Tjåmotis (S) 10 C2
Tjamšča (RUS) 182 D3
Tjappsåive (S) 10 D4
Tjärn (S) 16 C4
Tjärn (S) 17 B2
Tjärnberg (S) 10 D6
Tjärnbräcka (S) 24 B3
Tjärnkullen (S) 15 B3
Tjärnmyrberget (S) 15 B3
Tjärnvall (S) 25 A4
Tjäruträsk (S) 11 A3
Tjäruträsk (S) 11 C3
Tjåura (S) 10 C3
Tjautjas (S) 5 D5
Tjedøya (N) 4 D3
Tjeldstø (N) 26 A3
Tjeldsund (N) 4 D3
Tjelle (N) 22 D3
Tjentište (BIH) 151 B6
Tjernet (N) 9 A6
Tjöck (FIN) 19 A5
Tjolmen (N) 9 A6
Tjøme (N) 27 D6
Tjong (N) 8 D3
Tjønnefoss (N) 27 A6
Tjørhom (N) 36 B1
Tjörn (S) 38 A3
Tjörnarp (S) 42 D2
Tjörnekalv (S) 38 A3
Tjorvihytta (N) 9 B2
Tjøtta (N) 8 C5
Tjuda (FIN) 33 A4
Tjulenovo (BG) 155 C6
Tjulträsk (S) 9 C5
Tjureda (S) 39 A5
Tjurkö (S) 39 A6
Tjuvkil (S) 38 A3
Tjuvskjær (N) 5 A3
Tleń (PL) 63 D3
Tlmače (SK) 81 C6
Tlmofeevo (RUS) 176 A4
Tłuchowo (PL) 64 B5
Tlumačov (CZ) 81 A3
Tlurana (E) 129 A5
Tłuszcz (PL) 72 D1
Toano (I) 109 C4
Toba, La (E) 133 C4
Tobarra (E) 140 D2
Tobaruela (e) 139 D3
Tobelbad (A) 101 D3
Tobercurry (IRL) 46 C5
Tobermore (GB) 47 B4
Tobermory (GB) 48 B1
Tobia (E) 127 A4
Toblach, Dobbiaco (I) 100 C3
Toblić (HR) 111 D2
Tobo (S) 31 A2
Toboso, El (E) 133 A5
Toby (FIN) 19 B3
Tocane-Saint-Apre (F) 95 B6
Tocco da C. (I) 113 D5
Tocha (P) 130 B3
Töcksmark (S) 28 B5
Tocón (E) 143 C3
Toczyska (PL) 73 A2
Todal (N) 23 A2
Todalsøra (N) 23 A3
Todhills (GB) 49 B2
Todi (I) 113 A3
Todireni (RO) 149 A2
Todiresti (RO) 149 B4
Todmorden (GB) 53 C3
Todorići (BIH) 150 C4
Todor-Ikonomovo (BG) 154 D5
Todorovo (BIH) 111 D3
Todtmoos (D) 90 D5
Todtmoos-Au (D) 90 D5
Todtnau (D) 90 D5
Tõdva (EST) 180 D3
Toe Hd. (IRL) 50 C6
Toe Head (GB) 44 A4
Toft (N) 14 C1
Tofta (S) 38 B5
Toftebjerg (DK) 41 A2
Töftedal (S) 38 A1
Toften (N) 1 D4
Tofteryd (S) 38 D4
Tofteseter (N) 23 C6
Toftlund (DK) 40 C4
Toftøy (N) 26 A3
Toftsete (N) 27 B1
Togher (IRL) 47 C6
Tohmajärvi (FIN) 21 C5
Tohmo (FIN) 7 B6
Toholampi (FIN) 19 D2
Tohvri (EST) 181 A5
Toija (FIN) 33 B4
Toijala (FIN) 33 B2
Toikkala (FIN) 34 C2
Toikkala (FIN) 34 D2
Toikko (FIN) 19 D6
Toila (EST) 181 D3
Toirano (I) 108 C5
Toivakka (FIN) 12 D2
Toivakka (FIN) 20 B6
Toiviaiskylä (FIN) 20 C2
Toivola (FIN) 34 C1
Toja, I. la (E) 124 B3
Töjby (FIN) 19 A4
Tojšići (BIH) 151 B4
Tokačka (BG) 160 B6
Tokaj (H) 82 D6
Tokariški (BY) 177 B6
Tokarnia (PL) 82 A2
Tokarp (S) 38 D4
Toki (PL) 82 D2
Tokod (H) 103 A2
Tököl (H) 103 B3
Tokonperä (FIN) 19 D2
Tokrajärvi (FIN) 21 C4
Toksovo (RUS) 35 D4
Tolbert (NL) 67 A2
Tolcsva (H) 82 D6
Tołcze (PL) 65 C4
Toledo (E) 132 C4
Tolentino, S. Nicolás de (E) 144 C6
Tolentino (I) 113 B2
Tolfa (I) 112 D5
Tolg (S) 39 A5
Tolga (N) 23 D4
Tolgjevollen (N) 24 A4
Toliočiai (LT) 176 B1
Tolivia (E) 125 D6
Tolja (FIN) 12 D2
Tolkee (FIN) 21 B2
Tolkis, Tolkkinen (FIN) 34 B4
Tolkkinen, Tolkis (FIN) 34 B4
Tolkmicko (PL) 64 B2
Tolko (PL) 64 C2
Tollådalen (N) 9 A3
Tollånes (N) 9 A3
Tollarp (S) 42 D2
Tolle, Porto (I) 110 B3
Tollered (S) 38 B3
Tollo (I) 114 D2
Tolloreka (RUS) 13 D4
Tølløse (DK) 41 C3
Töllsjö (S) 38 B3
Tolmezzo (I) 100 D4
Tolmin (SLO) 101 A5
Tolna (H) 103 B5
Tolon (GR) 171 B3
Tolonen (FIN) 6 D5
Tolonen (FIN) 7 B2
Tolosa (E) 127 C2
Tolosa (P) 130 D5
Tolosenmäki (FIN) 21 C5
Tolox (E) 143 A4
Tolsby (N) 28 B5
Tolskepp (S) 39 B1
Tolsta, North (GB) 44 C3
Tolsta Head (GB) 44 C3
Tolva (FIN) 13 B1
Tolva (E) 128 D4
Tolvajarvi (RUS) 21 D5
Tolve (I) 115 C6
Tolvsbo (S) 29 B3
Tomai (MD) 149 D4
Tomaj (SLO) 111 A1
Tomar (P) 130 C5
Tomaševac (YU) 152 A1
Tomášikovo (SK) 102 D1
Tomaszów Górny (PL) 70 D4
Tomaszów Lubelski (PL) 73 C5
Tomaszów Mazowiecki (PL) 72 B3
Tomatin (GB) 45 A6
Tomaž (SLO) 102 A5
Tomb (N) 27 D5
Tombae (GB) 45 C6
Tombebœuf (F) 105 A2
Tomdoun Hotel (GB) 44 D6
Tome (LV) 179 B5
Tomelilla (S) 42 D3
Tomelloso (E) 133 A6
Tomintoul (GB) 45 B6
Tomislavgrad (BIH) 150 C6
Tomisławice (PL) 71 D1
Tomiszowice (PL) 72 B5
Tomma (N) 8 D4
Tommeide (N) 8 C4
Tømmernes (N) 4 D5
Tommerup (DK) 41 A4
Tommervåg (N) 22 D2
Tømmervik (N) 2 C2
Tompa (H) 103 C5
Tompahát (H) 103 D4
Tomra (N) 22 C3
Tømra (N) 23 D2
Tomsani (RO) 153 C1
Tomsino (RUS) 182 D6
Tomyśl, Nowy (PL) 70 D1
Tõn (SK) 102 D2
Tona (E) 129 C5
Tonara (I) 121 C4
Tonbridge (GB) 59 A4
Tonco (I) 108 C2
Tondela (P) 130 C3
Tønder (DK) 40 C5
Tondorf (D) 76 B3
Tonezza (I) 110 A1
Tongeren, Tongres (B) 75 C2
Tongres, Tongeren (B) 75 C2
Tongue (GB) 45 A3
Tønjum (N) 26 D1
Tonkopuro (FIN) 13 A1
Tonnay-Boutonne (F) 94 D4
Tonnay-Charente (F) 94 D5
Tönnebro (S) 25 C6
Tonneins (F) 105 A2
Tonnerre (F) 89 A4
Tönnersjö (S) 38 C6
Tonnes (N) 8 D4
Tönnet, Östra (S) 28 C3
Tönning (D) 60 B2
Tönnishäuschen (D) 67 C5
Tønsberg (N) 27 D5
Tönsen (S) 25 B6
Tonstad (N) 36 B2
Tønsvik (N) 1 B6
Tõnumaa (EST) 180 D4
Toome (GB) 47 B4
Toomyvara (IRL) 51 A3
Tootsi (EST) 180 B3
Topalu (RO) 155 B3
Topares (E) 140 C4
Topczewo (PL) 65 C5
Töpen (D) 78 C3
Topeno (FIN) 33 C3
Toplice, Dol. (SLO) 101 C6
Toplice, Krap. (HR) 102 A6
Toplice, Rimske (SLO) 101 D5
Toplice, Stubičke (HR) 102 A6
Toplice, Varažd. (HR) 102 B5
Topli Dol (YU) 153 A6
Toplita (RO) 148 C4
Toplou, Hanušovce nad (SK) 82 D4
Topo, Ponta do (P) 136 C6
Topola, Bačka (YU) 103 C6
Topola, N. (BIH) 150 C2
Topola (YU) 152 A4
Topolčani (MK) 163 A2
Topol'čany (SK) 81 B5
Topol'čianky (SK) 81 B5
Topólka (PL) 71 D1
Topolog (RO) 155 B2
Topolovătu Mare (RO) 146 C6
Topoloveni (RO) 154 A3
Topolovgrad (BG) 160 C4
Topolovnik (YU) 152 B3
Topolovo (BG) 160 A5
Topolšica (SLO) 101 C4
Toponar (H) 102 D5
Toponica, Gor. (YU) 152 C6
Topornica (PL) 73 C5
Toporu (RO) 154 B5
Toppstugan (S) 5 B5
Topraisar (RO) 155 B4
Toprak Adası (TR) 173 B2
Topsham (GB) 57 A5
Topusko (HR) 150 A2
Tóques (E) 124 D2
Torá de Riubr. (E) 129 A5
Toral (E) 125 B4
Toral (E) 125 C4
Toral de los Guzmanes (E) 125 D4
Tõramaa (EST) 180 D5
Torano Cast. (I) 116 D5
Torared (S) 38 C6
Torás (E) 134 C4
Torasalo (FIN) 21 A5
Torasjärvi (S) 11 B1
Toras-Sieppi (FIN) 6 C3
Toravaara (FIN) 13 C4
Tõravere (EST) 182 B1
Torbalı (TR) 169 B5
Törböle (S) 11 C3
Torbole (I) 99 D6
Torcé-en-Vallée (F) 87 A5
Torcello (I) 100 C6
Torchiarolo (I) 117 D2
Torcross (GB) 57 A6
Torcy (F) 74 D6
Torcy (F) 87 C1
Torda (YU) 151 D1
Tordellego (E) 133 D2
Tordera (E) 129 C5
Tordesilas (E) 126 A6
Tordesilos (E) 133 D2
Tordómar (E) 126 C5
Töre (S) 11 C3
Tore (GB) 45 A5
Toreboda (S) 38 D1
Toreby (DK) 41 C5
Torekov (S) 42 B1
Torella d. L. (I) 115 B5
Torella d. S. (I) 114 D4
Toreno (E) 125 B3
Torestorp (S) 38 B4
Toresvangen (N) 23 C4
Torfinnsbu (N) 23 A6
Torfou (F) 94 C2
Torfsjö (S) 16 C3
Torgåsmon (S) 28 C1
Torgau (D) 69 C5
Torgelow (D) 62 B3
Torget (N) 14 C1
Torgiano (I) 113 A3
Torgu (EST) 180 A6
Torgundrud (N) 27 D2
Torhamn (S) 43 C1
Torhop (N) 2 D2
Torhout (B) 74 C2
Torhult (S) 38 D3
Tori (EST) 180 D5
Toria (E) 128 B3
Torigni-s-Vire (F) 86 C3
Torija (E) 133 A2
Toril (E) 134 B4
Torinen (S) 6 C5
Torino (I) 108 B2
Torino di Sangro Marina (I) 115 A2
Tõrise (EST) 180 A5
Torittu (FIN) 34 A1
Torjul (N) 23 A2
Tørkopp (N) 27 C5
Törma (FIN) 12 B2
Torma (EST) 181 B3
Torma (EST) 181 C4
Tormac (RO) 152 B1
Tormälä (FIN) 21 C3
Törmänen (FIN) 3 A6
Törmänen (FIN) 7 B2
Törmäniki (FIN) 6 D6
Törmänmäki (FIN) 13 A5
Törmäperä (FIN) 12 B6
Törmäsenvaara (FIN) 13 C2
Törmäsjärvi (FIN) 12 B1
Törmäsniva (S) 6 C5
Tormillo, El (E) 128 C5
Tormini (I) 99 C6
Tornada (P) 130 A5
Tornal'a (SK) 82 B5
Tornanädaska (H) 82 C5
Tornapress (GB) 44 C5
Tornaszentjakab (H) 82 C5
Tornau (D) 69 C5
Tornavacas (E) 131 D4
Tornaveen (GB) 45 C6
Tørnby (N) 28 A4
Tornby (DK) 37 B4
Torne (S) 39 A6
Tornehamn (S) 5 B3
Torneiros (E) 124 D5
Torneros (E) 125 C4
Tornes (N) 22 C3
Tornesch (D) 60 C4
Tor Ness (GB) 45 B2
Tornetråsk (S) 5 C4
Tornevalla (S) 39 B1
Tornimäe (EST) 180 B5
Torning (DK) 40 D2
Tornio (FIN) 12 B2
Tornio (FIN) 34 B2
Tornjoš (YU) 103 C6
Torno, El (E) 131 C4
Tornos (E) 134 B2
Tornyosnémeti (H) 82 D5
Toro, El (E) 134 C4
Torö (S) 31 B5
Toro (FIN) 32 A4
Toro (E) 126 A6
Törökszentmiklós (H) 103 D3
Toroppala (FIN) 21 B6
Torošino (RUS) 182 D2
Torp (S) 38 A2
Torpa (N) 27 C1
Torpa (S) 30 C4
Torpa (S) 38 D6
Torpa (S) 39 A3
Torphins (GB) 45 C6
Torpo (N) 27 A2
Torpoint (GB) 56 D5
Torpshammar (S) 25 B3
Torquay (GB) 57 A5
Torquemada (E) 126 C5
Torraca (I) 116 C3
Torrais, Ponta (P) 136 A3
Torralba (I) 121 B2
Torralba (E) 133 B3
Torralba (E) 134 A2
Torralba (E) 139 D1
Torralba de Aragón (E) 128 B5
Torralba del Burgo (E) 127 A6
Torralba de Oropesa (E) 132 A4
Torrão (P) 137 C2
Tørrbekk (N) 27 C5
Torrberget (S) 16 D2
Torre, La (E) 134 B5
Torre (I) 114 D1
Torre (E) 125 C4
Torre Alháquime (E) 142 D4
Torre a Mare (I) 117 B1
Torre Annunziata (I) 114 D6
Torre Baja (E) 134 B4
Torre Beretti (I) 108 D2
Torreblanca (E) 135 A4
Torreblanca (E) 143 A5
Torreblascopedro (E) 139 D3
Torrebruna (I) 115 A3
Torreby (S) 38 A2
Torrecaballeros (E) 132 C2
Torrecampo (E) 139 B2
Torre Canne (I) 117 C1
Torre Cardela (E) 140 A4
Torrecilla (E) 132 B5
Torrecilla (E) 132 C1
Torrecilla (E) 133 B3
Torrecilla de la Orden (E) 132 A1
Torrecilla de Valmadrid (E) 128 A6
Torrecilla en Cameros (E) 127 A4
Torrecillas de la Tiesa (E) 131 D5
Torrecuso (I) 115 A3
Torre de Cap, La (E) 128 D4
Torre de Coelheiros (P) 137 D2
Torre de Cope (E) 141 A5
Torre de D. Chama (P) 125 A6
Torre de Juan Abad (E) 140 B2
Torre de la Higuera (E) 142 B4
Torre del Burgo (E) 133 A2
Torre del Campo (E) 143 C2
Torre del Greco (I) 114 D6
Torre dell I. (I) 118 A2
Torre del Mar (E) 143 B4
Torredembarra (E) 135 C1
Torre de Moncôrvo (P) 131 A1
Torre de P. (I) 113 C5
Torre di Lago (I) 109 B5
Torre di Mosto (I) 100 C6
Torre di Palme (I) 113 C3
Torredonlimeno (E) 143 B2
Torre Grande, Marina di (I) 121 B4
Torregrossa (E) 128 D6
Torregrotta (I) 119 B2
Torrejón (E) 132 D3
Torrejoncillo (E) 131 B4
Torrejoncillo (E) 133 A4
Torrejón de la Calzada (E) 132 B4
Torrejón el Rubio (E) 131 C5
Torrelaguna (E) 132 D2
Torrelara (E) 126 D5
Torrelavega (E) 126 C2
Torrellano (E) 141 B2
Torrelobatón (E) 126 A6
Torrelodones (E) 132 C3
Torremaggiore (I) 115 B4
Torremegia (E) 138 C1
Torre Melissa (I) 117 B5
Torre Mileto (I) 115 B3
Torremocha (E) 131 C6
Torremocha (E) 134 B3
Torremocha del Campo (E) 133 B2
Torremolinos (E) 143 B5
Torremormojon (E) 126 B5
Torrenieri (I) 112 C3
Torrente (E) 134 C5
Torrente de Cinca (E) 128 C6
Torrenova (I) 119 A2
Torrenueva (E) 140 A2
Torrenueva (E) 140 A6
Torre Orsáia (I) 116 C3
Torre Pacheco (E) 141 B4
Torrepadre (E) 126 C5
Torre Pali (I) 117 D4
Torre Pellice (I) 108 A3
Torreperogil (E) 140 A3
Torrequebradilla (E) 139 D4
Torrequemada (E) 131 C6
Tôrres, Porto (I) 121 B2
Torres (E) 140 A4

Torresandino (E) 126 C5
Torre San Giovanni (I) 117 D4
Torre Santa Susanna (I) 117 C2
Torres Cabrera (E) 143 A2
Tørresdalen (N) 23 D3
Torres de Albachez (E) 140 B2
Torres de Albarracin (E) 134 B3
Torres de la Alameda (E) 132 D3
Torres del Obispo (E) 128 C4
Torres Novas (P) 130 B5
Torres Vedras (P) 130 A6
Torreterrancho (E) 127 B5
Torretta (I) 117 B3
Torrevelilla (E) 134 D2
Torrevieja (E) 141 B3
Torrflonäs (S) 25 A3
Torri (I) 99 D6
Torricella in Sab. (I) 113 B5
Torricella P. (I) 114 D3
Torrico (E) 132 A4
Torridon (GB) 44 C5
Torriglia (I) 108 D4
Torrijas (E) 134 B4
Torrijos (E) 132 C4
Tørring (N) 14 B4
Tørring (DK) 40 D3
Tørring Huse (DK) 40 B1
Torrington, Great (GB) 56 D4
Torrita di S. (I) 112 D3
Torrito (I) 117 A1
Torrivaara (S) 11 B2
Torrjón del Rey (E) 132 D2
Torrijo (E) 127 C6
Torro (FIN) 33 B3
Torroal (P) 137 B2
Torroella de Montgri (E) 129 D4
Torróx (E) 143 C4
Torrskog (S) 28 B6
Torry (GB) 45 D6
Torsa (I) 110 D1
Torsåker (S) 16 C6
Torsåker (S) 29 C2
Torsåker (S) 31 A5
Torsång (S) 29 B2
Torsansalo (FIN) 35 B1
Torsås, Östra (S) 39 A5
Torsås, Västra (S) 39 A6
Torsås (S) 39 C6
Torsbo (S) 38 C4
Torsborg (S) 24 C2
Torsbu (N) 22 D5
Torsby (S) 28 C3
Torsby (S) 28 C4
Torsebro (S) 42 D1
Torsenget (N) 23 B3
Torset (N) 23 A2
Torseter (N) 27 D2
Torsfjärden (S) 15 B4
Torshälla (S) 30 D4
Tórshavn (DK) 36 B5
Torsholma (FIN) 32 C4
Torsken (N) 4 D1
Torslunda (S) 39 D5
Torsminde (DK) 40 B1
Torsnes (N) 28 A6
Torsö (S) 28 D6
Torsön (FIN) 19 A2
Torsvåg (N) 1 B4
Torsvid (S) 29 A6
Törtel (H) 103 C3
Torteron (F) 96 C2
Tortinmäki (FIN) 32 D3
Tórtola (E) 133 A3
Tortola (E) 133 B4
Tórtoles (E) 126 C5
Tórtoles (E) 132 A3
Tortoli (I) 121 D4
Tortoman (RO) 155 B4
Tortona (I) 108 D3
Tórtora (I) 116 D3/4
Tortoreto Lido (I) 113 D3
Tortorici (I) 119 A3
Tortosa, Cap de (E) 135 B2
Tortosa (E) 135 A2
Tortuera (E) 133 D2
Torub (S) 38 C5
Toruń (PL) 63 D5
Torun' (UA) 83 C4
Torup, Västra (S) 42 C1
Tõrva (EST) 179 D2
Tor Vaiánica (I) 113 A6
Torvastad (N) 26 A5
Torved (S) 29 A6
Torver (GB) 53 B2
Torvik (N) 22 B4
Torvikbukt (N) 22 D3
Torvikbygd (N) 26 B3
Torviksele (S) 10 C6
Torvinen (FIN) 7 A4
Torviscón (E) 140 A6
Torvoila (FIN) 33 C2
Torvund (N) 26 B1
Tory (IRL) 46 D2
Torysou, Brezovica nad (SK) 82 C4
Torzym (PL) 70 C1
Tosaunet (N) 14 D2
Tosbotn (N) 14 D1
Toscolano Maderno (I) 99 D6
Tosen (N) 14 D2
Tösens (A) 99 D3
Tosno (RUS) 35 D6
Tossa de Mar (E) 129 D5
Tossås (N) 15 A4
Tossasen (S) 24 B2
Tossåsen (S) 24 C3
Tossavanlahti (FIN) 20 B3
Tösse (S) 28 C6
Tosse (F) 104 B4
Tossicia (I) 113 C4
Tõstamaa (EST) 180 C5
Tostat (F) 104 D5
Tostedt (D) 60 C5
Tosterön (S) 30 D4
Tószeg (H) 103 D3
Toszek (PL) 71 D6
Totana (E) 140 D4
Totebo (S) 39 C3
Tötensen (D) 60 D4
Tøtenvika (N) 27 D2
Tötes (F) 87 B1
Tótkomlós (H) 146 A5
Totkunniemi (FIN) 21 C6
Totland (GB) 58 B5
Tøtlandsvik (N) 26 C6
Totnes (GB) 57 A5
Totovaara (FIN) 6 D4
Tøttdal (N) 14 B4
Totte (N) 27 D5
Totton (GB) 58 B4
Touça (P) 131 A2
Touches, les (F) 85 C5
Toucy (F) 88 D5
Touët-s-Var (F) 107 D3
Toul (F) 89 D2
Toulat (FIN) 20 C3
Toulon (F) 107 C5
Toulon-s-Allier (F) 96 C3
Toulon-s-Arroux (F) 97 A3
Toulouse (F) 105 C4
Tounj (HR) 111 C2
Touquet-Paris-Plage, Le (F) 74 A3
Touquin (F) 88 C2
Tour, Mars-la- (F) 75 D6
Tourbe, Somme- (F) 75 B6
Tour-Blanche, la (F) 95 B6
Tourch (F) 84 C4
Tourcoing (F) 74 C2
Tour-d'Aigues, la (F) 107 B4
Tour-d'Auvergne, la (F) 96 B5
Tour-de-Salvagny, la (F) 97 B5
Tour-du-Pin, la (F) 97 C5
Tourette-s-L. (F) 108 A5
Tourlaville (F) 86 B1
Tournai (B) 74 D3
Tournan-en-Brie (F) 88 C2
Tournay (F) 105 A5
Tournecoupe (F) 105 B4
Tournon (F) 107 A1
Tournon-d'Agenais (F) 105 B2
Tournon-Saint-Martin (F) 95 B3
Tournus (F) 97 B3
Tourny (F) 87 C2
Touro (E) 124 C3
Tourouvre (F) 87 B4
Tours (F) 74 A4
Tours (F) 95 B1
Tours (F) 98 A5
Tour-s-Orb, la (F) 106 B4
Tours-s-Marne (F) 89 A1
Tourtoirac (F) 95 C6
Tourula (FIN) 33 A3
Tourves (F) 107 C5
Toury (F) 88 B3
Toussaint (F) 87 A1
Tousson (F) 88 B3
Toussuire, la (F) 97 D6
Touvedo (P) 124 C5
Touvet, le (F) 97 D6
Touvois (F) 94 B2
Touzac (F) 105 B2
Toužim (CZ) 79 A3
Tovačov (CZ) 81 A3
Tovariševo (YU) 151 B1
Tovarnik (HR) 151 B2
Tovdal (N) 36 D1
Toven (N) 8 D5
Toverud (N) 27 C3
Toverum (S) 39 C3
Tøvik (N) 22 D2
Towcester (GB) 58 C1
Tower, O'Brien's (IRL) 50 C2
Tow Law (GB) 49 C6
Town, Hugh (GB) 56 A6
Town Yetholm (GB) 49 B4
Toxote (GR) 164 C2
Töyrenperä (FIN) 20 A3
Töysä (FIN) 19 D4
Töysän asema (FIN) 19 D4
Töysänperä (FIN) 20 A5
Tpolet (RO) 152 D2
Trabadelo (E) 125 B3
Trabado (E) 125 B3
Trabanca (E) 131 B1
Trabczyn (PL) 71 C2
Traben-Trarbach (D) 76 B4
Trabia (I) 118 C3
Trabki Wielkie (PL) 63 D2
Trabotivište (MK) 159 A5
Traby (BY) 177 B6
Tracey, Bovey (GB) 57 A5
Trachilos, Akr. (GR) 173 B4
Trácino (I) 118 A6
Tradate (I) 99 A6
Træba (N) 8 C4
Trædal (N) 26 B1
Trælandsfoss (N) 36 C2
Traeldal (N) 5 A3
Trafalgar, Cabo (E) 142 C6
Trafoi (I) 99 D4
Tragacete (E) 133 C3
Traguntia (E) 131 C2
Tragwein (A) 93 D3
Traian (RO) 154 A6
Traian (RO) 155 B2
Trainel (F) 88 D3
Traînou (F) 88 B4
Traisen (A) 80 B6
Traiskirchen (A) 102 B1
Traismauer (A) 80 B6
Trait, le (F) 87 B2
Traitsching (D) 79 A6
Trajana (GR) 167 B5
Trajouce (P) 137 A1
Trakai (LT) 176 D5
Trakiszki (PL) 65 C2
Traklia (GR) 163 D2
Trakšėdžiai (LT) 175 C3
Tralee (IRL) 50 B4
Tramagal (P) 130 C5
Tramariglio (I) 121 A2
Tramayes (F) 97 A4
Tramelan (CH) 98 C1
Tramery (F) 74 D6
Tramm (D) 68 D2
Tramonti (I) 100 D4
Tramore (IRL) 51 B5
Tramútola (I) 116 D3
Trân (BG) 159 A3
Tranås (S) 39 A2
Tranäs (S) 42 D3
Tranby (N) 27 C4
Trancault (F) 88 D3
Tranche-s-Mer, la (F) 94 B4
Trancoso (P) 131 A2
Trănčovica (BG) 154 A6
Trandal (N) 22 C4
Träne (S) 42 D2
Tranebjerg (DK) 41 A3
Tranekær (DK) 41 B5
Tranemo (S) 38 C4
Tranent (GB) 49 B3
Trångsviken (S) 15 A6
Tranhult (S) 38 D4
Trani (I) 115 D5
Trannes (F) 89 B3
Třanovice, Dol. (CZ) 81 C2
Tranøy (N) 4 C4
Trans (F) 85 B3
Translay, le (F) 74 A4
Transloy, le (F) 74 C4
Transtrand (S) 28 C1
Transtrandssätern (S) 28 C2
Trantlebeg (GB) 45 B3
Tranvik (FIN) 32 B4
Trápani (I) 118 A3
Trapene (LV) 182 B3
Trapište (BG) 154 C6
Trappa (I) 108 B4
Trappes (F) 88 B2
Trappstadt (D) 78 B3
Traryd (S) 38 D6
Trasacco (I) 113 C5
Trasching (D) 79 A6
Trasiaviña (E) 126 D2
Träskby (FIN) 34 B4
Träckholm (S) 11 A6
Träskö, Stora (FIN) 33 C5
Träskvik (FIN) 19 A5
Träslövs läge (S) 38 B5
Trasmiras (E) 125 A5
Trasobares (E) 127 C6
Trassen (D) 76 A5
Trâstenik (BG) 153 C5
Tråstølen (N) 26 D3
Trate (SLO) 102 A4
Traunkirchen (A) 101 A1
Traunreut (D) 93 A4
Traunstein (D) 93 A4
Traupis (LT) 176 D3
Tråvad (S) 38 C2
Travagliato (I) 109 B1
Travemünde (D) 61 A3
Travers (CH) 98 B2
Traversella (I) 98 C6
Traversétolo (I) 109 B3
Traves (F) 89 D5
Travnik (BIH) 150 D4
Travo (I) 109 A3
Travo (F) 120 C3
Trawsfynydd (GB) 53 A5
Trayas, le (F) 108 A6
Trazo (E) 124 C2
Trbovlje (SLO) 101 C5
Trbuk (BIH) 150 D3
Trczianka (PL) 72 D2
Treban (F) 96 C3
Třebařov (CZ) 80 D2
Trebas (F) 106 A3
Trebatsch (D) 70 B2
Trebbin (D) 69 D4
Třebechovice pod Orebem (CZ) 70 D6
Trebel (D) 69 A2
Třebenice (CZ) 70 A6
Trèbes (F) 106 A5
Třebětín (CZ) 80 B2
Trébeurden (F) 84 C2
Třebíč (CZ) 80 C4
Trebinje (BIH) 157 A3
Trebisacce (I) 117 A3
Trebišov (SK) 82 D5
Treblinka (PL) 65 B5
Trebnje (SLO) 101 C5
Třeboň (CZ) 79 D6
Treboně, Chlum u (CZ) 80 A4
Trébons (F) 104 D6
Tréboul (F) 84 B4
Třebová, Česká (CZ) 80 D2
Třebová, Dl. (CZ) 80 D2
Třebová, Mor. (CZ) 80 D2
Třebovice (CZ) 80 D2
Trebsen (D) 69 C6
Trebujena (E) 142 B4
Trecastagni (I) 119 A/B4
Trecate (I) 99 A6
Treceno (E) 126 C2
Trecenta (I) 110 A3
Tredegar (GB) 57 B2
Trédion (F) 85 A4
Tredózio (I) 110 A5
Trefall (N) 26 B2
Treffen (A) 101 A3
Treffieux (F) 85 B5
Treffort (F) 97 C4
Treffurt (D) 77 C1
Tre Fontane (I) 118 A4
Tregaron (GB) 57 A1
Trégastel-Plage (F) 84 C2
Tregnago (I) 100 A6
Trégomeur (F) 84 D3
Tregony (GB) 56 C6
Trégourez (F) 84 C4
Tréguier (F) 84 D2
Trégunc (F) 84 C4
Trehörna (S) 39 A2
Trehörningen (S) 16 C3
Trehörningsjö (S) 16 D4
Treia (D) 60 C2
Tréia (I) 113 B2
Treignac (F) 95 D5
Treignat (F) 96 B3
Treignes (B) 75 B4
Treigny (F) 88 C5
Treilles (F) 106 A6
Treimani (EST) 179 B2
Treis (D) 76 C4
Treize-Septiers (F) 94 C2
Trekanten (S) 39 C5
Trekilen (S) 15 C6
Trekljano (BG) 158 D3
Trekusek (PL) 64 C3
Trélans (F) 106 B2
Trélazé (F) 85 D5
Trelde (D) 60 D5
Trelech (GB) 56 D2
Trélex (CH) 98 A3
Trelleborg (S) 42 C3
Trelon (F) 75 A4
Trélon (F) 75 A4
Tremblade, la (F) 94 C5
Tremblay (F) 85 B3
Tremblay-le-Vicomte (F) 87 C4
Tremblois (F) 75 A5
Tremés (P) 130 B6
Třemešná (CZ) 71 B6
Třemešná (CZ) 79 B4
Tremezzo (I) 99 A5
Tréminis (F) 107 B2
Trémolat (F) 105 B2
Trémont (F) 94 D2
Trémorel (F) 85 A3
Třemošnice (CZ) 80 B2
Tremp (E) 128 D4
Trenance (GB) 56 C5
Trench, Newport (GB) 47 B4
Trěnči (LV) 179 A5
Trenčín (SK) 81 B4
Trenč. Jastrabie (SK) 81 B5
Trenč. Teplá (SK) 81 B4
Trenč. Teplice (SK) 81 B4
Trenč. Turna (SK) 81 B4
Trend (DK) 37 A6
Trendelburg (D) 68 B6
Trennbach, Nieder- (D) 93 A2
Trennewurth (D) 60 C3
Trensacq (F) 104 C3
Trent (D) 61 D1
Trentels (F) 105 B2
Trento, Tione di (I) 99 D5
Trento (I) 100 A5
Tréon (F) 87 B4
Trepuzzi (I) 117 D2
Trepcza (PL) 83 A2
Tréport, le (F) 74 A4
Treppeln (D) 70 B2
Trept (F) 97 C5
Treptow, Berlin (D) 69 D3
Trésa, P. (CH) 99 A5
Tresco (GB) 56 A6
Trescore Bal. (I) 109 B1
Tresehda (I) 99 C5
Tresfjord (N) 22 D4
Treshnish Is. (GB) 48 A2
Treshnish Pt. (GB) 48 A2
Tresigallo (I) 110 B3
Tresjuncos (E) 133 A5
Treski (EST) 182 C2
Trešnjevac, Senćanski (YU) 103 C6
Trešnjevica (YU) 152 B5
Trešnjevo (YU) 157 D3
Tresnuraghes (I) 121 B3
Trespaderne (E) 126 D3
Tresparrett Posts (GB) 56 D5
Tresson (F) 87 B6
Třešť (CZ) 80 B3
Tresta (GB) 45 D3
Treštenik (BG) 159 C4
Trestina (I) 113 A2
Tretjakovo (RUS) 176 A4
Tretjärn (S) 28 D2
Trets (F) 107 A3
Tretten (N) 23 C6
Tretto (I) 109 D1
Treuchtlingen (D) 92 B2
Treuen (D) 78 D2
Treuenbrietzen (D) 69 C4
Trevatn (N) 27 D2
Trévelez (E) 140 A6
Tréveray (F) 89 C2
Trévérec (F) 84 D2
Trèves (F) 106 B3
Trevi (I) 113 B3
Trevi n. L. (I) 113 B6
Treviana (E) 127 A4
Trevias (E) 125 C1
Trévières (F) 86 C2
Treviglio (I) 99 B6
Trevignano Rom. (I) 113 A5
Treviño (E) 127 A3
Treviso (I) 100 C6
Treviso B. (I) 109 C1
Trévol (F) 96 C3
Trevose Hd. (GB) 56 C5
Trévou-Tréguignec (F) 84 C2
Trévoux (F) 97 B5
Treysa (D) 77 A2
Trézelles (F) 96 D4
Trezzo (I) 99 B6
Trgovišće, Vel. (HR) 102 A6
Trgovište (YU) 158 D4
Trhová Kamenice (CZ) 80 C2
Trhové Sviny (CZ) 93 D1
Trhovište (SK) 83 A5
Trh. Štěpánov (CZ) 80 A2
Triabo (S) 39 B4
Triacastela (E) 125 A3
Triaize (F) 94 C3
Triana (I) 112 C3
Trianda (GR) 173 D3
Triantares (GR) 172 B1
Trias, Aj. (GR) 167 D6
Triaucourt-en-Argonne (F) 89 B2
Tribalj (HR) 111 B2
Tribanj-Krušcica (HR) 111 C4
Triberg (D) 90 D4
Tribsees (D) 61 D3
Tribunj (HR) 111 D6
Tricárico (I) 115 C6
Tricase (I) 117 D4
Tricase Porto (I) 117 D3
Tricésimo (I) 100 D5
Trichiana (I) 100 C5
Tricot (F) 74 B5
Trieben (A) 101 B2
Triebes (D) 78 D2
Trieching (D) 93 A2
Trier (D) 76 B5
Trie-s-Baïse (F) 105 A5
Trieste (I) 101 A6
Trifesti (RO) 149 B2
Trifona (RUS) 3 D3
Trigance (F) 107 D4
Trige (DK) 41 A2
Triggiano (I) 117 B1
Triglitz (D) 61 C5
Trignac (F) 85 A6
Triguères (F) 88 C4
Trigueros (E) 126 B5
Trigueros (E) 138 B5
Trikala (GR) 163 A6
Trikala (GR) 167 A6
Trikāta (LV) 179 D3
Trikerion (GR) 167 B3
Trikomo (CY) 174 B3
Trilj (HR) 150 B6
Trillevallen (S) 24 B1
Trillick (GB) 47 A5
Trillo (E) 133 B2
Trilofon (GR) 170 D3
Trilofos (GR) 163 C4
Trilport (F) 88 C2
Trim (IRL) 51 C1
Trimiklini (CY) 174 C4
Trimithias, Ayii (CY) 174 B4
Trimouille, la (F) 95 C3
Trincheto, El (E) 132 C6
Trindade (P) 125 A6
Trindade (P) 137 D3
Třinec (CZ) 81 C2
Tring (GB) 58 C2
Trinitá (I) 108 B4
Trinitápoli (I) 115 C4
Trinité, la (F) 84 D5
Trinité, la (F) 108 A5
Trinité, la (F) 120 C4
Trinité-Porhoët, la (F) 85 A4
Trinnereim (N) 22 B5
Trino (I) 108 C2
Trinta (P) 131 A3
Triollo (E) 126 B3
Triora (I) 108 B5
Tripoli (GR) 171 A3
Triponzo (I) 113 B3
Tripotama (GR) 170 D2
Tripotamos (GR) 163 B3
Trippigleben (D) 69 A3
Triptis (D) 78 C2
Trischen (D) 60 B3
Triset (N) 27 A5
Trisin (GR) 171 C3
Trissino (I) 110 A1
Tristão, Ponta do (P) 136 A1
Triste (E) 128 A4
Trittau (D) 60 D4
Trittenheim (D) 76 B5
Trivento (I) 115 A3
Trivero (I) 108 C1
Trizac (F) 96 B6
Trizelnieki (LV) 182 B5
Trjavna (BG) 160 B2
Trnava (SK) 81 A6
Trnava (HR) 151 A2
Trnavac (HR) 111 D3
Trnávka, Městečko (CZ) 80 D2
Trnopolje (BIH) 150 B3
Trnovec nad Váhom (SK) 102 D1
Trnovo (BIH) 151 A6
Trnovska Vas (SLO) 102 A4
Troarn (F) 86 D2
Trøbua (N) 23 C5
Trochtelfingen (D) 91 B3
Trödje (S) 30 D1
Trodos (CY) 174 C5
Troense (DK) 41 B5
Trofa (P) 124 C6
Trofaiach (A) 101 C2
Trofors (N) 8 D6
Trøften (N) 28 A3
Trogir (HR) 150 A6
Tróia (I) 115 B4
Troina (I) 119 A3
Troisdorf (D) 76 B2
Trois-Epis, les (F) 90 C4
Trois-Moutiers, les (F) 95 A2
Trois-Ponts (B) 75 C3
Troissereux (F) 74 B5
Troissereux (F) 74 B5
Trois-Vèvres (F) 96 D2
Troja (TR) 165 B4
Trojan (BG) 159 D2
Trojane (SLO) 101 C5
Trojanovo (BG) 161 A3
Trojanów (PL) 73 A3
Trojanski manastir (BG) 159 D2
Trojany (PL) 65 A6
Trójca (PL) 70 C4
Trojica (YU) 157 C2
Trokeli (BY) 177 A6
Trokinki (BY) 177 A4
Trøknaholt (N) 23 B2
Trökörna (S) 38 B2
Troldhede (DK) 40 C2
Trolla (N) 23 C1
Trollberget (S) 10 D4
Trollberget (S) 17 A3
Trollbukt (N) 2 D2
Trolldalen (N) 28 A6
Trollhättan (S) 38 A2
Trollheimshytta (N) 23 B3
Trollnäs (S) 6 C3
Trollshövde (FIN) 33 A5
Trollstigen (N) 22 D4
Trolltjernstølan (N) 27 A3
Trømberg (N) 28 A5
Tromello (I) 108 D2
Tromøy (N) 37 A2
Tromsdalen (N) 1 B6
Tromsø (N) 1 B6
Tromvik (N) 1 A6
Tronchón (E) 134 C3
Trondenes (N) 4 D3
Trondheim (N) 23 C1
Trondsaunet (N) 23 D2
Trones (N) 14 D3
Trongsundet (N) 14 B5
Trönninge (S) 38 C6
Trönö (S) 25 C5
Tronsbu (N) 26 D3
Tronsjø (N) 23 D4
Tronstad (N) 27 C4
Trontveit (N) 26 A6
Tronvik (N) 14 B6
Tronzano Verc. (I) 108 C2
Troo (F) 87 B6
Troon (GB) 48 C4
Tropea (I) 119 C1
Tropea (GR) 170 D2
Tröpolach (A) 100 D4
Tropy Sztumskie (PL) 64 A3
Trosa (S) 31 A5
Troščany (BY) 177 B4
Troskami, Rovensko pod (CZ) 70 C6
Troškas (LV) 182 B6
Trøsken (N) 28 A5
Trösken (S) 30 D2
Troškūnai (LT) 176 D2
Trossachs Hotel (GB) 48 D3
Trossingen (D) 91 A4
Trostberg (D) 93 A4
Troszyn (PL) 62 D3
Trottijärvi (FIN) 33 B1
Trötvik (S) 28 C4
Trouans (F) 89 A2
Trouard (F) 89 D2
Troulli (CY) 174 C3
Troup Head (GB) 45 C5
Trouville (F) 87 A2
Trouy (F) 96 B2
Troviscal (P) 130 D4
Trowbridge (GB) 57 C3
Troyes (F) 89 A3
Trpanj (HR) 156 C3
Trpezi (YU) 157 D3
Trpinja (HR) 151 B1
Trsa (YU) 157 B2
Trstená (SK) 82 A3
Trstenik (YU) 152 B5
Trstenik (YU) 158 A3
Trsteno (HR) 156 D3
Trstice (SK) 102 D1
Trstín (SK) 81 A5
Trubia (E) 125 C2
Trubjela (YU) 157 B3
Trudovec (BG) 159 C2
Truébano (E) 125 C3
Trujillo (E) 131 C5
Trulben (D) 90 C2
Trullo (I) 115 D5
Trumpji (LV) 178 C3
Trun (F) 87 A3
Trun (CH) 99 A3
Trundön (S) 11 C5
Trunstadt, Viereth- (D) 78 B4
Truro (GB) 56 C6
Truşeni (MD) 149 D3
Trusesti (RO) 149 A2
Truskava (LT) 176 C3
Truskavec' (UA) 83 C3
Trustrup (DK) 41 B1
Trutnov (CZ) 70 D5
Trwyn Cilan (GB) 52 D5
Trybunalski, Piotrków (PL) 72 B3
Tryde (S) 42 D3
Tryggestad (N) 22 C5
Trygona (GR) 163 A5
Trýncza (PL) 73 B6
Trynjebacken (S) 25 B6
Trypimeni (CY) 174 B3
Trypiti, Akr. (GR) 164 C5
Trypiti, Akr. (GR) 172 B5
Trypiti (GR) 164 A3
Tryserum (S) 39 C2
Tryškiai (LT) 176 A1
Tryszczyn (PL) 63 D4
Tryterud (N) 27 C5
Tržac (BIH) 111 D3
Trzciana (PL) 82 D3
Trzcianka (PL) 63 B5
Trzcianka (PL) 65 C3
Trzcianka (PL) 72 D6
Trzcianne (PL) 65 B4
Trzciel (PL) 70 D1
Trzciniec (PL) 73 A4
Trzcińsko-Zdrój (PL) 62 C5
Trzebiatów (PL) 62 D2
Trzebiechów (PL) 70 D2
Trzebiel (PL) 70 B3
Trzebielino (PL) 63 B2
Trzebień (PL) 70 C3
Trzebieszów (PL) 73 B2
Trzebież (PL) 62 C3
Trzebinia-Siersza (PL) 72 A6
Trzebiszyn (PL) 71 C5
Trzebnica (PL) 71 B4
Trzebnice (PL) 70 D4
Trzebol (PL) 82 A2
Trzeciewiec (PL) 63 D4
Trzemeszno (PL) 63 B6
Trzemeszno Lubuskie (PL) 70 C1
Trzepnica (PL) 72 B4
Trzesieka (PL) 63 B3
Trześniów (PL) 83 A2
Tržič (SLO) 101 B4
Trzin (SLO) 101 B5
Trzinno (PL) 62 D5
Trzyciąż (PL) 72 B6
Tsadha (CY) 174 C5
Tsaritsani (GR) 163 B5
Tsarkasianos (GR) 166 B6
Tschagguns (A) 99 C2
Tsirguliina (EST) 182 A2
Tsirgumäe (EST) 182 B3
Tsitsifes (GR) 172 B6
Tsooru (EST) 182 B3
Tsotylion (GR) 163 A4
Tsulufi, Akr. (GR) 173 A2
Tua (N) 14 B5
Tuam (IRL) 50 D1
Tūbausiai (LT) 175 C2
Tubilla (E) 126 C3
Tübingen (D) 91 A3
Tubize (B) 75 A3
Tubravić (YU) 151 C4
Tubre (I) 99 D4
Tučapy (CZ) 79 D5
Tuchan (F) 106 A6
Tüchen (D) 69 B2
Tuchola (PL) 63 D3
Tuchol'ka (UA) 83 C4
Tuchomie (PL) 63 C2
Tuchow (PL) 82 C2
Tuchowicz (PL) 73 A2
Tuckur (FIN) 19 B3
Tuczna (PL) 73 C2
Tuczno (PL) 63 A5
Tuda, La (E) 131 D1
Tudanca (E) 126 B2
Tuddal (N) 27 B4
Tudeils (F) 105 C1
Tudela (E) 127 C5
Tudela de Duero (E) 126 B6
Túdia (I) 18 C3
Tudor Vladimirescu (RO) 155 A1
Tudu (EST) 181 C3
Tudulinna (EST) 181 C4
Tudwal's Islands, St (GB) 52 D5
Tuéjar (E) 134 B5
Tuen (DK) 37 C4
Tuenno (I) 100 A4
Tufeni din Vale (RO) 153 D3
Tuffé (F) 87 B5
Tufjord (N) 2 A2
Tufsingdal (N) 24 A4
Tuft (N) 27 C5
Tuft Ness (GB) 45 C1
Tufton (GB) 56 D2
Tugby (GB) 54 C6
Tuggenseele (S) 16 D3
Tuhala (EST) 180 D3
Tuhalaane (EST) 179 C2
Tuhaň (CZ) 70 B6
Tuhkakylä (FIN) 20 D1
Tuhnaja (FIN) 6 D6
Tui (E) 124 C5
Tuili (I) 121 C4
Tuineje (E) 145 C5
Tuittula (FIN) 33 C2
Tūja (LV) 179 B3
Tukums (LV) 178 D5
Tula (I) 121 C2
Tulare (YU) 158 C3
Tuławki (PL) 64 C3
Tulca (RO) 146 C4
Tulce (PL) 71 B1
Tulcea (RO) 155 B2
Tul'cevo (RUS) 182 C3
Tulčík (SK) 82 D4
Tulebras (E) 127 C5
Tulette (F) 107 A3
Tulevary, N. (RUS) 21 C2
Tulghes (RO) 148 C4
Tuliszków (PL) 71 C2
Tulla (IRL) 50 D3
Tullamore (IRL) 51 B2
Tulle (F) 95 D6
Tulleng (N) 1 A6
Tulleråsen (S) 15 B6
Tullinge (S) 31 A4
Tullins (F) 97 C6
Tulln (A) 80 C6
Tulloch Station (GB) 48 D1
Tullow (IRL) 51 C3
Tulnici (RO) 149 A6
Tulovo (BG) 160 B3
Tulppio (FIN) 7 D4
Tulsk (IRL) 46 D6
Tulucesti (RO) 155 A1
Tumba (S) 31 A4
Tumby (GB) 54 D5
Tume (LV) 178 D5
Tumilovići (BY) 177 D4
Tumleberg (S) 38 B2
Tun (S) 38 B2
Tuna, Stora (S) 29 B2
Tuna (S) 25 C3
Tuna (S) 30 D6
Tuna (S) 31 A2
Tuna (S) 39 C3
Tunaberg (S) 31 A6
Tunadal (S) 25 C3
Tuna-Hästberg (S) 29 A2
Tunarii Vechi (RO) 153 A4
Tunåsen (S) 16 B5
Tunbridge Wells, Royal (GB) 59 A4
Tunes (N) 2 B1
Tunga (N) 3 A1
Tungasseter (N) 22 D4
Tungastølen (N) 22 C6
Tungelsta (S) 31 B5
Tungsen (S) 25 A6
Tunkkari (FIN) 19 D2
Tunnhovd (N) 27 B3
Tunnhovddammen (N) 27 B3
Tunnila (FIN) 21 A6
Tunnsjø (N) 15 A3
Tunnsjøely (N) 14 D3
Tunø (DK) 41 A2
Tunsjön (S) 16 C6
Tunturikeskus Kiilopää (FIN) 7 B2
Tunvågen (S) 24 D2
Tuohikotti (FIN) 34 D2
Tuohikylä (FIN) 7 D5
Tuohittu (FIN) 33 A4
Tuokslakhti (RUS) 21 C5
Tuoltuvaara (S) 5 C4
Tuomela (FIN) 7 A6
Tuomikylä (FIN) 19 B4
Tuomioja (FIN) 12 B5
Tuomiojärvi (FIN) 35 A1
Tuomiperä (FIN) 20 A2
Tuorila (FIN) 19 A6
Tuorlahti (FIN) 32 C2
Tuottarstugorna (S) 5 A6
Tuottarstugorna (S) 9 C1
Tuovilanlahti (FIN) 20 C3
Tupicino (RUS) 182 D1
Tupilati (RO) 149 A3
Tupos (FIN) 12 C5
Tuppurinmäki (FIN) 21 A4
Turá, St. (SK) 81 A5
Turaida (LV) 179 B4
Turajärvi (FIN) 32 D2
Turanj (HR) 111 D5
Turanli (TR) 165 D4
Turano (I) 109 A2
Turany (SK) 81 C4
Turany nad Ondav (SK) 82 D4
Turaszówka (PL) 82 D2
Turate (I) 108 D1
Turawa (PL) 71 C5
Turba (EST) 180 D4
Turballe, la (F) 85 A6
Turbe (BIH) 150 D4
Turbenthal (CH) 99 A1
Turbigo (I) 108 D1
Turbuneeme (EST) 181 A2
Turburea (RO) 153 B2
Turček, Dol. (SK) 81 C5
Turceni (RO) 153 A3
Turcifal (P) 130 A6
Turčinai (LT) 176 A4
Turckheim (F) 90 C4
Turč.-Teplice (SK) 81 C4
Turda (RO) 147 B4
Turégano (E) 132 C1
Turek (PL) 71 D2
Turenki, Janakkala (FIN) 33 C3
Turenne (F) 105 C1
Túres, Campo (I) 100 B3
Túres, Riva di (I) 100 C3

Turgeliai (LT) 177 A5
Turgut (TR) 173 C1
Turgut (TR) 173 D3
Turgutreis (TR) 173 B2
Turi (I) 117 B1
Türi (EST) 181 A4
Turia (RO) 148 D6
Turija (YU) 152 C3
Turija (BG) 160 A3
Tur'i Remeti (UA) 83 B4
Turis (E) 134 C6
Turjak (SLO) 111 B1
Turjanski (HR) 111 D3
Turjatka (UA) 148 D1
Türje (H) 102 C3
Turka (UA) 83 B3
Turkalne (LV) 179 B5
Türkeli (TR) 165 D2
Túrkeve (H) 146 A3
Türkgücü (TR) 161 B6
Turkhauta (FIN) 33 C3
Türkheim (D) 92 B4
Turki (LV) 182 B6
Türkismühle (D) 76 B5
Türkobası (TR) 160 D6
Turkovo (BY) 177 D2
Turku, Åbo (FIN) 32 D4
Turlava (LV) 178 C5
Turleque (E) 132 D5
Turmantas (LT) 177 B2
Turmiel (E) 133 D2
Turna, Trenč. (SK) 81 B4
Turna (LV) 179 D3
Turňa nad Bodvou (SK) 82 C5
Turnhout (B) 75 B1
Türnich (D) 76 B2
Türnitz (A) 101 D1
Turnou, Jablonov nad (SK) 82 C5
Turnov (CZ) 70 C6
Turnu (RO) 146 B5
Turnul Rosu (RO) 147 C6
Turnuy Măgurele (RO) 153 D5
Turobin (PL) 73 B5
Túrony (H) 103 A6
Turośł (PL) 65 A4
Turośń Kościelna (PL) 65 C5
Turów (PL) 73 B2
Turquel (P) 130 B5
Turrach (A) 101 A3
Turriers (F) 107 C2
Turriff (GB) 45 C5
Turrillas (E) 140 C6
Turruncun (E) 127 C5
Tursa (FIN) 33 B2
Tursi (I) 117 A3
Tursko (PL) 71 C2
Tursola (FIN) 33 C1
Turt (RO) 83 C6
Turt (RO) 147 A1
Turtagrø (N) 22 D6
Turtola (FIN) 11 D1
Turza Mała (PL) 64 C4
Turze (PL) 71 C4
Turzno (PL) 64 A5
Turzovka (SK) 81 C3
Tusa (I) 118 D3
Tuscánia (I) 112 D4
Tuset (N) 23 D2
Tushielaw Inn (GB) 49 B5
Tušilović (HR) 111 D2
Tušino (RUS) 175 D4
Tüskevár (H) 102 C3
Tusla, Akr. (GR) 163 C3
Tusnad (RO) 148 D6
Tusnad-Băi (RO) 148 D6
Tussenhausen (D) 92 B4
Tusson (F) 95 A5
Tussøy (N) 1 A6
Tustervassgårdan (N) 9 A5
Tustina (N) 22 D2
Tuszów Narodowy (PL) 72 D6
Tuszyn (PL) 71 A5
Tuszyn (PL) 72 A3
Tutbury (GB) 54 B5
Tutin (YU) 157 D3
Tutjunniemi (FIN) 21 B5
Tutrakan (BG) 154 C5
Tutting (D) 93 B3
Tüttleben (D) 78 B2
Tuttlingen (D) 91 A4
Tutulesti (RO) 153 D2
Tuturu (RO) 153 B2
Tutzing (D) 92 C4
Tützpatz (D) 61 D3
Tuudi (EST) 180 C5
Tuuhonen (FIN) 19 D6
Tuukkala (FIN) 34 D1
Tuuliharju (FIN) 6 D5
Tuuliku (EST) 179 B2
Tuulimäki (FIN) 13 B6
Tuulos (FIN) 33 C2
Tuupovaara (FIN) 21 C4
Tuurala (FIN) 19 B3
Tuuri (FIN) 19 D4
Tuusjärvi (FIN) 21 A4
Tuuski (FIN) 34 C4
Tuusmäki (FIN) 21 A6
Tuusniemi (FIN) 21 A4
Tuusula (FIN) 33 D4
Tuutisjärvi (RUS) 13 C1
Tuv (N) 9 A2
Tuv (N) 27 A2
Tuva (N) 4 C3
Tuvaseter (N) 27 A3
Tuvattnet (S) 15 B5
Tuve (S) 38 A3
Tuven (N) 9 A5
Tuxford (GB) 54 C4
Tuzi (YU) 157 C4
Tuzla, Gornja (BIH) 151 A3
Tuzla (BIH) 151 A3
Tuzla (RO) 155 C4
Tuzlata (BG) 155 B6
Tužno (HR) 102 A5
Tvååker (S) 38 B5
Tväråhuvudet (S) 11 B2
Tvärålund (S) 17 A3
Tväråsel (S) 11 A4
Tväråträsk (S) 16 C1
Tvărdica (BG) 160 B2
Tvärlandsbölen (S) 16 D5
Tvärminne (FIN) 33 A5
Tvåtjärn (S) 15 D3
Tved (DK) 41 A2
Tved (DK) 41 B4
Tvedestrand (N) 37 A2
Tvelt (N) 26 D3
Tverai (LT) 175 D2
Tverečius (LT) 177 B3
Tverrå (N) 9 A5
Tverrå (N) 36 B1
Tverråmo (N) 9 B2
Tverrelvnes (N) 5 B1
Tverrfjell (N) 22 D3
Tverrvatnet (N) 9 A4
Tverrvik (N) 9 A2
Tversted (DK) 37 C4
Tvindehaugen (N) 27 A1
Tving (S) 39 B6
Tvirai (LT) 177 A2
Tvis (DK) 40 C2
Tvist (N) 27 A2
Tvøroyri (DK) 36 B6
Tvrdoši (BIH) 157 A3
Tvrdošín (SK) 82 A3
Twardawa (PL) 71 C6
Twardogóra (PL) 71 B4
Tweedsmuir (GB) 49 A4
Tweng (A) 101 A2
Twimberg (A) 101 C3
Twist (D) 67 B3
Twiste (D) 68 B6
Twistringen (D) 68 A3
Two Bridges (GB) 57 A5
Tworki, Zawady- (PL) 65 B3
Tworków (PL) 81 B2
Tworóg (PL) 71 D6
Twycross (GB) 54 B6
Twyford (GB) 54 C6
Twyford (GB) 58 C3
Tyabru (N) 24 A2
Tybble (S) 29 B6
Tyble (PL) 71 C4
Tycheron (GR) 165 A1
Tychów, Stary (PL) 72 D4
Tychowo (PL) 63 B3
Tychy (PL) 72 A6
Tyczyn (PL) 83 A2
Tydd St. Mary (GB) 55 A6
Tydfil, Merthyr (GB) 57 B2
Tyerrelvmo (N) 5 C2
Tyfjord (N) 2 D1
Tyfors (S) 28 D3
Tygelsjö (S) 42 C3
Tyin (N) 27 A1
Tyinkrysset (N) 27 A1
Tykocin (PL) 65 C4
Tykölä (FIN) 33 C2
Tylawa (PL) 82 D3
Tyldum (N) 14 C3
Tylldal (N) 23 D4
Tylldalskjølen (N) 23 D4
Tylmanowa (PL) 82 B3
Tylnholmen (N) 23 A6
Tylösand (S) 38 C6
Tylstrup (DK) 37 B5
Tylwickie, Folwarki (PL) 65 C4
Tymbakion (GR) 172 C6
Tymbou (CY) 174 B3
Tymień (PL) 63 A2
Tymowa (PL) 71 A3
Tymowa (PL) 82 C2
Týn, Horšovský (CZ) 79 A5
Týn n. Vlt. (CZ) 79 C5
Tynderö (S) 25 C2
Tyndrum (GB) 48 D2
Tyne, Newcastle upon (GB) 49 C6
Týnec, Hrochův (CZ) 80 C2
Týnec, Panenský (CZ) 70 A6
Týnec n. Lab (CZ) 80 B2
Tynemouth (GB) 49 D6
Tyngsjö (S) 28 D3
Tyniec Mały (PL) 71 A4
Tyniewicze Mł (PL) 65 C5
Týniště n. Orl. (CZ) 80 C1
Tynkä (FIN) 12 A6
Tynnerås (S) 16 B5
Tynningö (S) 31 B4
Tynset (N) 23 D4
Typpö (FIN) 12 B6
Typpyrä (FIN) 6 D6
Tyrämäki (FIN) 13 B3
Tyrävaara (FIN) 13 B3
Tyrawa Wołoska (PL) 83 A2
Tyrella (GB) 47 C5
Tyresö (S) 31 B4
Tyringe (S) 42 C1
Tyristrand (N) 27 C4
Tyrjänsaari (FIN) 21 C4
Tyrnävä (FIN) 12 C5
Tyros (GR) 171 B3
Tyrrellspass (IRL) 51 B2
Tyruliai (LT) 176 B2
Tyrväntö (FIN) 33 C2
Tyry (FIN) 20 B6
Tyskeberget (N) 28 B2
Tysketorpet (N) 28 B2
Tysla (N) 23 D5
Tyslberga (S) 31 A5
Tyśmienica (PL) 73 B3
Tysnes (N) 4 D4
Tysnesøy (N) 26 B4
Tysse (N) 22 A6
Tysse (N) 26 B3
Tyssebotn (N) 26 B2
Tyssedal (N) 26 C4
Tysvær (N) 26 B6
Tyszki (PL) 65 A5
Tyszki-Łabno (PL) 65 A4
Tyszowce (PL) 73 D5
Tytuvėnai (LT) 176 B2
Tywyn (GB) 53 A6
Tyykiluoto (FIN) 12 C3
Tyynismaa (FIN) 19 C3
Tyyrinmäki (FIN) 20 C4

U

Ub (YU) 151 D3
Übach-Palenberg (D) 76 A2
Ubbetorp (S) 29 B6
Ubby (S) 31 A3
Ubby (DK) 41 B3
Ubbyn (S) 11 B4
Ubeda (E) 140 A3
Übelbach (A) 101 D2
Uberg (S) 16 D5
Ubergmoen (N) 37 A2
Überkingen, Bad (D) 91 B3
Überlingen (D) 91 B5
Uberuaga (E) 127 B2
Ubidea (E) 127 A2
Ubja (EST) 181 B3
Ubľa (SK) 83 A4
Uble (HR) 156 B3
Ubrique (E) 142 D4
Uccea (I) 101 A4
Ucea de Jos (RO) 147 D6
Ucero (E) 127 A6
Uchaf, Corris (GB) 53 A6
Uchanie (PL) 73 C4
Uchańka (PL) 73 D4
Uchaud (F) 106 D4
Uchizy (F) 97 B3
Uchorowo (PL) 63 B6
Uchte (D) 68 A4
Uckange (F) 75 D6
Uckerath (D) 76 C2
Uckfield (GB) 59 A4
Uclés (E) 133 A4
Ucria (I) 119 A3
Ucuris (RO) 146 C4
Uda (RO) 153 C2
Udavské (SK) 83 A4
Udbina (HR) 111 D4
Udby (DK) 40 D4
Udby (DK) 41 A1
Udbyhøj Vasehuse (DK) 41 A1
Udbyneder (DK) 37 C6
Uddebo (S) 38 C4
Uddeholm (S) 28 D3
Uddersjö (S) 16 D4
Uddevalla (S) 38 A2
Ūdekai (LT) 176 C1
Uden (NL) 66 D6
Udenes (N) 28 A3
Udesti (RO) 148 D2
Udiča (SK) 81 B4
Udine (I) 100 D5
Údolí (CZ) 71 B6
Udórz (PL) 72 B6
Udria (EST) 181 D3
Udrija (LT) 176 C5
Udriku (EST) 181 B3
Udrupji (LV) 182 A4
Udrzynek (PL) 65 A6
Udvar (H) 103 A6
Ueckeritz (D) 62 C2
Ueckermünde (D) 62 B3
Ueffeln (D) 67 C4
Uehlfeld (D) 78 B5
Uelsen (D) 67 B4
Uelzen (D) 68 D2
Uerdingen (D) 76 B1
Uetersen (D) 60 C4
Uettingen (D) 77 B5
Uetze (D) 68 C4
Uffelte (NL) 67 A3
Uffing (D) 92 C5
Ugāle (LV) 178 C4
Ugao (YU) 157 D2
Ugărčin (BG) 159 D2
Ugento (I) 117 D4
Ugerløse (DK) 41 C3
Uggdal (N) 26 B4
Uggerslev (DK) 41 A3
Uggiano (I) 117 D3
Ugglarp (S) 38 B6
Uggleheden (S) 28 B1
Uggletorp (S) 39 D4
Ugijar (E) 140 B6
Ugine (F) 98 A4
Uglan (HR) 111 C5
Ugl'any (BY) 177 D6
Ugljane (HR) 150 B6
Ugly (BY) 177 D5
Ugoszcz (PL) 64 B5
Ugr'umovo-Novoje (RUS) 175 C5
Uguni (LV) 178 D4
Uhart-Mixe (F) 104 B5
Uherce, Vel'. (SK) 81 C5
Uherčice (CZ) 80 B4
Uher. Ostroh (CZ) 81 A5
Uherský Brod (CZ) 81 A4
Uh. Hradiště (CZ) 81 A4
Uhingen (D) 91 B2
Uhkalankylä (FIN) 12 D3
Uhlhorn (D) 67 D2
Uhlíř Janovice (CZ) 80 A2
Uhniv (BY) 73 D6
Uhříněves (CZ) 79 D3
Uhrovec (SK) 81 B5
Uhruska, Wola (PL) 73 C3
Uhtna (EST) 181 B3
Uidesti (RO) 148 D3
Uig, Aird (GB) 44 B3
Uig (GB) 44 B5
Uimaharju (FIN) 21 C3
Uimaniemi (FIN) 7 A5
Uimaniemi (FIN) 13 A6
Uimaniemi (FIN) 34 C1
Uimila (FIN) 34 C2
Uithoorn (NL) 66 C4
Uithuizen (NL) 67 B2
Uithuizer Wad (NL) 67 B1
Ujanowice (PL) 82 B2
Ujazd (PL) 71 C6
Ujazd (PL) 72 B3
Ujazdy (PL) 83 A2
Újdörögdpuszta (H) 102 C3
Újezd, Dol. (CZ) 80 C2
Újezd, Kam. (CZ) 93 D1
Újezd, Vel. (CZ) 81 A3
Ujezd (CZ) 81 C2
Ujeździec Mały (PL) 71 B3
Újfehértó (H) 146 B1
Újkígyós (H) 146 A4
Újléta (H) 146 C2
Ujma Duża (PL) 64 A5
Ujmisthë (YU) 158 A5
Újpetre (H) 103 A6
Ujrzanów (PL) 73 A1
Ujście (PL) 63 B5
Ujsoły (PL) 81 D3
Újszász (H) 103 C3
Újszentmargita (H) 146 A1
Újtikos (H) 146 B1
Ujué (E) 127 D4
Ukkola (FIN) 21 C3
Ukmergė (LT) 176 D3
Ukna (S) 39 C2
Ukonjärvi (FIN) 7 B1
Ukonvaara (FIN) 21 A3
Ukri (LV) 178 D6
Ukrinai (LT) 178 C6
Ukta (PL) 65 A3
Ula (N) 37 C6
Ula (TR) 173 D2
Uland (S) 25 C2
Ul'anka (SK) 81 C5
Ulan Majorat (PL) 73 B2
Ulanów (PL) 73 B5
Ułazów (PL) 73 C6
Ulbjerg (DK) 37 B6
Ulbroka (LV) 179 B5
Ulceby Cross (GB) 55 A4
Ulcinj (YU) 157 B5
Uleberg (N) 36 C2
Ulefoss (N) 27 B6
Uleila (E) 140 C5
Ülenurme (EST) 181 C6
Ules (LV) 178 B4
Ulfborg (DK) 40 B2
Ulfen (D) 77 C1
Ulhówek (PL) 73 D5
Ulice (CZ) 79 A4
Ulijanovka (RUS) 35 D5
Ulila (EST) 181 B5
Ulinia (PL) 63 C1
Uljanik (HR) 150 B1
Uljanovo (RUS) 175 D4
Uljma (YU) 152 B2
Ulkokalla (FIN) 12 A6
Ulkokrunni (FIN) 12 B3
Ulkuvaara (FIN) 6 C3
Ullapool (GB) 44 D4
Ullared (S) 38 C5
Ullatti (S) 11 B1
Ullatun (N) 26 C5
Ullava (FIN) 19 D2
Ulldecona (E) 135 A3
Ulldemolins (E) 135 B1
Ullene (S) 38 C2
Ullensaker (N) 28 A3
Ullerslev (DK) 41 B4
Ullerup (DK) 40 D5
Ullervad (S) 38 D1
Üllés (H) 103 C5
Ullfors (S) 31 A2
Ullisjaur (S) 15 C1
Ullivarri (E) 127 B3
Üllő (H) 103 B2
Ullsfjord (N) 1 B6
Ulm (D) 91 C3
Ulmale (LV) 178 B5
Ulme (P) 130 C6
Ulmen (D) 76 B4
Ulmeni (RO) 147 A2
Ulmeni (RO) 154 C2
Ulmeni (RO) 154 C4
Ulmi Săcueni (RO) 154 A3
Ulmul (RO) 154 D2
Ulnes (N) 27 B1
Uløya (N) 1 C5
Ulricehamn (S) 38 C3
Ulrichsberg (A) 93 C2
Ulrichstein (D) 77 A3
Ulrika (S) 39 B2
Ulriksberg (S) 29 A3
Ulriksberg (S) 16 D3
Ulriksfors (S) 15 C5
Ulrum (NL) 67 A2
Ulsberg (N) 23 C3
Ulsta (GB) 45 D3
Ulsted (DK) 37 C5
Ulsteinvik (N) 22 B4
Ulstrup (DK) 40 D1
Ulstrup (DK) 41 B3
Ultervattnet (S) 17 B3
Ulucak (TR) 169 B4
Ulucz (PL) 83 A2
Ulupji (LV) 179 B5
Ulva (GB) 48 A2
Ulvenhout (NL) 75 B1
Ulverston (GB) 53 B2
Ulvi (EST) 181 C4
Ulvik (N) 26 C3
Ulvila (FIN) 32 D1
Ulvoberg (S) 16 B2
Ulvöhamn (S) 17 A6
Ulvsås (S) 15 B6
Ulvshyttan (S) 29 B2
Ulvsjön (S) 24 D5
Ulvsjön (S) 25 B3
Ulvsvåg (N) 4 D4
Ulvvik (S) 25 C2
Ulyålia (N) 28 A1
Ulzburg,-Henstedt (D) 60 D3
Umag (HR) 110 D2
Umberleigh (GB) 56 D4
Umbértide (I) 113 A2
Umberto Castell' (I) 119 A3
Umbra (I) 113 B3
Umbriático (I) 117 B5
Umbukta (N) 9 A4
Umčari (YU) 152 A3
Umeå (S) 17 B4
Ume-Ersmark (S) 17 B4
Umfors (S) 9 B5
Umgransele (S) 16 C2
Umhausen (A) 100 A2
Umin Dol (MK) 158 C5
Umka (YU) 151 D3
Umljanović (HR) 150 A5
Ummanz (D) 62 A1
Ummeljoki (FIN) 34 C3
Ummendorf (D) 69 A4
Umnäs (S) 9 C6
Umpferstedt (D) 78 C1
Umstrans, N. (S) 15 C1
Umtjärn (S) 11 A3
Umurbey (TR) 165 B3
Umurga (LV) 179 B3
Uña, La (E) 126 A2
Uña (E) 133 C4
Uña de Quintana (E) 125 C5
Unaja (FIN) 32 D2
Unapool (GB) 44 D3
Unari (FIN) 7 A5
Unbyn (S) 11 B4
Uncastillo (E) 127 D4
Undenäs (S) 38 D1
Undereidet (N) 1 D5
Undersåker (S) 24 B1
Undersvik (S) 25 B5
Undheim (N) 36 A2
Undløse (DK) 41 C3
Undredal (N) 26 C2
Undrumsdal (N) 27 C5
Undva (EST) 180 A5
Unelanperä (FIN) 13 A6
Unešić (HR) 150 A5
Uněšov (CZ) 79 A4
Ungēni (LV) 179 B3
Ungheni (RO) 147 C4
Ungheni (MD) 149 C3
Ungheni (RO) 153 D3
Ungureni (RO) 149 A1
Ungureni (RO) 154 A3
Ungurini (LV) 179 C2
Ungurmuiža (LV) 182 A5
Unhais da Serra (P) 130 D3
Unhošť (CZ) 79 C3
Unichowo (PL) 63 C2
Uničov (CZ) 81 A2
Unieck (PL) 64 C5
Uniejów (PL) 71 D2
Unikiai (LT) 176 B3
Uników (PL) 71 D3
Uniküla (EST) 181 C3
Uniküla (EST) 181 C6
Unión, La (E) 141 B4
Unirea (RO) 147 B4
Unisław (PL) 63 D4
Unkervatnet (N) 9 A6
Unna (D) 67 C6
Unna Räitastugan (S) 5 B4
Unnaryd, Norra (S) 38 D4
Unnaryd, Södra (S) 38 D5
Unnefors (S) 38 D4
Unntorp (S) 24 D6
Unquera (E) 126 B2
Unsernherrn (D) 92 C2
Unset (N) 23 D5
Unsholted (N) 23 D3
Unsieben (D) 77 C3
Unst (GB) 45 D3
Unstad (N) 4 A4
Untamala (FIN) 19 B3
Untamala (FIN) 32 D3
Unterach (A) 101 A1
Unterägeri (CH) 99 A2
Unteraich (D) 78 D5
Unterbaar (D) 92 B2
Untereggingen (D) 91 A5
Unter Griesbach (D) 93 B2
Unterhaching, München (D) 92 C4
Unterhöft (D) 93 A2
Unterloibl (A) 101 B4
Unterlüß (D) 68 C3
Untermandling (A) 101 A2
Untermünkheim (D) 91 B1
Unterreit (D) 93 A3
Unter Rubendorf (D) 79 A6
Unter Schwaningen (D) 92 B1
Unter Siemau (D) 78 B3
Untersted (DK) 37 C5
Untertauern (A) 101 A2
Unterwasser (CH) 99 B2
Unter Weissenbach (A) 93 D2
Unter Wellenborn (D) 78 C2
Ununge (S) 31 B3
Uoginiaic (LT) 176 D2
Upa (EST) 180 C5
Upadły (PL) 62 D3
Upahl (D) 61 A3
Ūpainiai (LT) 176 A3
Upavon (GB) 58 B3
Upenieki (LV) 178 D5
Upesgrīva (LV) 178 D4
Upesmuiža (LV) 178 D5
pice (CZ) 70 D6
Upmala (LV) 177 B1
Upminster (GB) 59 A3
Upninkai (LT) 176 D4
Uppbo (S) 29 B2
Uppdal (N) 27 A1
Upper Sonachan (GB) 48 C2
Upper Suisgill (GB) 45 B3
Upper Tean (GB) 53 C5
Uppgränna (S) 38 D2
Upphärad (S) 38 B3
Uppingham (GB) 54 C6
Upplands-Väsby (S) 31 A4
Upplo (S) 38 B3
Uppsala (S) 31 A3
Uppsälje (S) 28 D2
Uppsete (N) 26 C2
Upton upon Severn (GB) 57 C1
Upyna (LT) 176 A2
Upyna (LT) 176 A3
Upytė (LT) 176 C2
Ur (F) 129 B4
Urach, Bad (D) 91 B3
Urajärvi (FIN) 34 B2
Uramo (FIN) 21 C2
Uramonkylä (FIN) 21 A2
Uran (N) 14 B4
Uranopolis (GR) 164 A3
Uras (I) 121 B4
Uraz (PL) 71 A4
Urbana (I) 110 A2
Urbània (I) 110 C6
Urbino (I) 110 C6
Urbiola (E) 127 C3
Urbisàglia (I) 113 C2
Urbise (F) 96 D4
Urbø (N) 26 D4
Urçay (F) 96 B3
Urcel (F) 74 D5
Urda (E) 132 D6
Urdane (N) 22 A6
Urdari (RO) 153 A2
Urdos (F) 104 C6
Ure (N) 4 B5
Urechesti (RO) 149 B5
Ureterp (NL) 67 A2
Urfeld (D) 92 C5
Urga (LV) 179 C3
Urge (EST) 180 D5
Urgnano (I) 109 A1
Uri (I) 121 B2
Uriage-les-Bains (F) 97 D6
Uricani (RO) 153 A1
Urissaare (EST) 179 B2
Uritsk (RUS) 35 C5
Uriu (RO) 147 B2
Urjala (FIN) 33 B2
Urjalan asema (FIN) 33 B2
Urk (NL) 66 D3
Urla (TR) 169 A5
Urlati (RO) 154 B2
Urlau (D) 91 C5
Urle (PL) 65 A6
Urleasca (RO) 155 A2
Urlingford (IRL) 51 A3
Urmatt (F) 90 C3
Urnes (N) 26 D1
Urola (FIN) 34 D2
Uroševac (YU) 158 B4
Urovica (YU) 152 D3
Urpila (FIN) 20 A3
Urquiza (E) 126 D4
Urracal (E) 140 C5
Ursa-Motoseni (RO) 149 B5
Ursanne-St (CH) 98 C1
Ursel (B) 74 D2
Ursensollen (D) 78 C5
Urshult (S) 39 A6
Uršna sela (SLO) 111 C1
Urspring (D) 91 C3
Urstjärn (S) 11 A3
Ursus (PL) 72 C1
Ursviken (S) 17 B1
Urszulewo (PL) 64 B5
Urszulin (PL) 73 C3
Urt (F) 104 B5
Urtimjaur (S) 10 D2
Urtiški (BY) 177 B6
Urtx (E) 129 B4
Uruffe (F) 89 D5
Uruñuela (E) 127 A4
Ururi (I) 115 A3
Urvaste (EST) 182 B2
Urville-Nacqueville (F) 86 B1
Urvind (RO) 146 C3
Ury (F) 88 C3
Urzedów (PL) 73 A4
Urzelina (P) 136 B6
Urzell (D) 77 B3
Urziceni (RO) 146 C1
Urziceni (RO) 154 C3
Urzig (D) 76 B4
Urzulei (I) 121 D3
Uša (BY) 177 C6
Usadel (D) 62 A4
Usagre (E) 138 C2
Ušakovka (RUS) 175 B5
Ušakovo (RUS) 175 C4
Us'aža (BY) 177 D6
Ušće (YU) 152 A6
Uście Gorlickie (PL) 82 D3
Uście Solne (PL) 82 C1
Uscio (I) 108 D4
Usclades-et-Rieutord (F) 106 D2
Used (E) 134 A2
Usedom (D) 62 B3
Useldange (L) 75 D5
Usėnai (LT) 175 D3
Useras (E) 134 D4
Uši (LV) 178 D3
Usingen (D) 77 A3
Usini (I) 121 B2
Usk (GB) 57 B2
Uskali (FIN) 21 C5
Uskedal (N) 26 B4
Uskela (FIN) 33 A4
Uski (FIN) 34 D3
Uskila (FIN) 33 C2
Üsküdar (TR) 161 D6
Üsküp (TR) 161 A5
Uslar (D) 68 C6
Usma (LV) 178 C4
Usmate (I) 99 B6
Úsov (CZ) 80 D2
Usquert (NL) 67 A1
Ussássai (I) 121 C4
Usseau (F) 94 D4
Usseau (F) 95 B2
Usséglio (I) 108 A2
Ussel (F) 96 B5
Ussel (F) 106 B1
Usselby (GB) 54 D4
Usseln (D) 77 A1
Usson-du-Poitou (F) 95 B4
Usson-en-Forez (F) 96 D6
Usson-les-Bains (F) 129 B3
Ussy (F) 86 D3
Ustaoset (N) 27 A3
Ustaritz (F) 104 B5
Ust'-Corna (UA) 83 D5
Uštěk (CZ) 70 B5
Ustés (E) 127 D3
Ustibar (BIH) 151 C6
Ustica, Isola (I) 118 B1
Ustica (I) 118 B1
Ustikolina (BIH) 151 A6
Ústí nad Labem (CZ) 70 A5
Ústí n. Orl. (CZ) 80 C2
Ustiprača (BIH) 151 B5
Ustka (PL) 63 B1
Ust'Luga (RUS) 35 A6
Ust'-Luga (RUS) 181 D2
Ustmovollen (N) 23 D3
Ustou Sérac (F) 105 B6
Ustovo (BG) 160 A5
Ustrem (BG) 160 C4
Ustroń (PL) 81 C2
Ust'Ruditsy (RUS) 35 B5
Ustrzyki Dolne (PL) 83 B3
Ustrzyki Górne (PL) 83 B3
Ustyluh (UA) 73 D4
Usurbil (E) 127 B2
Usurei (RO) 153 C3
Usușău (RO) 146 C5
Uszew (PL) 82 C2
Utajärvi (FIN) 12 D5
Utåker (N) 26 B4
Utakleiv (N) 4 A4
Utanede (S) 25 B2
Utanlandsjö (S) 16 D5
Utansjö (S) 25 C2
Utbjoa (N) 26 B5
Utby (S) 16 D6
Utby (S) 29 A1
Utelle (F) 108 A5
Utena (LT) 177 A3
Utersum (D) 60 B1
Uterý (CZ) 79 A4
Uthaug (N) 14 A6
Uthlede (D) 60 B5
Utholmen (S) 43 C5
Utiel (E) 134 B5
Utifällan (S) 17 A3
Utkany (BY) 177 A6
Utlängan (S) 43 B1
Utne (N) 26 C3
Utö (S) 31 B5
Utö (FIN) 32 C5
Utrecht (NL) 66 C5
Utrera (E) 142 C3
Utrilla (E) 133 B1
Utsira (N) 26 A6
Utsjö (S) 28 D2
Utsjoki, Ohcejohka (FIN) 2 D4
Utskår (N) 4 B3
Utskarpen (N) 8 D4
Uttendorf (A) 93 B3
Utterliden (S) 10 D6
Uttermossa (FIN) 19 A5
Uttersberg (S) 29 B4
Uttersjö (S) 16 D5
Uttersjöbäcken (S) 17 C2
Utterträsk (S) 10 D5
Utti (FIN) 34 C3
Utting (D) 92 C4
Uttoxeter (GB) 53 D5
Utula (FIN) 35 A1
Utvalnäs (S) 30 D1
Utvängstorp (S) 38 D3
Utvik (N) 22 C5
Utvika (N) 27 C4
Utvikmyra (N) 14 C5
Utvorda (N) 14 B3
Uue-Kariste (EST) 179 C2
Uuksu (RUS) 21 D5
Uukuniemi (FIN) 21 C6
Uulu (EST) 179 B1
Uura (FIN) 13 B6
Uurainen (FIN) 20 B5
Uuro (FIN) 19 B5
Uuro (FIN) 21 B4
Uusikartano (FIN) 33 A3
Uusikaupunki (FIN) 32 C3
Uusikirkko (RUS) 35 B4
Uusikylä (FIN) 19 A6
Uusikylä (FIN) 34 B3
Uusi-Värtsilä (FIN) 21 C5
Uusküla (EST) 181 C4
Uutela (FIN) 34 C1
Uva (FIN) 13 B5
Uvac (BIH) 151 C6
valno (CZ) 81 A2
Uvaly (CZ) 79 D3
Uvanå (S) 28 D3
Uvdal (N) 27 A3
Uyeasound (GB) 45 D2
Užava (LV) 178 B4
Uzay-le-Venon (F) 96 B2
Užbičiai (LT) 175 D4
Uzdin (YU) 152 A2
Uzdowo (PL) 64 C4
Uzel (F) 84 D3
Uzerche (F) 95 D6
Uzès (F) 106 D3
Užhorod (UA) 83 A5
Užice (YU) 151 C5
Uzla (BY) 177 C4
Užliekne (LT) 176 A1
Užlieknis (LT) 175 D2
Uzlovoe (RUS) 175 B4
Uzlovoe (RUS) 176 A4
Uznach (CH) 99 B2
Užpaliai (LT) 177 A2
Užpelkiai Plaškiai (LT) 175 D3
Užuguostis (LT) 176 C5
Uzun Adası (TR) 169 A4
Uzundžovo (BG) 160 B4
Uzunköprü (TR) 165 B1
Uzunkuyu (TR) 169 A5
Užusaliai (LT) 176 C4
Užusienis (LT) 176 D5
Užventis (LT) 176 A2

V

Vå (N) 27 A5
Vaabina (EST) 182 B2
Vaadinselkä (FIN) 7 C6
Vaajakoski (FIN) 20 B5
Vaajasalmi (FIN) 20 C4
Vääkiö (FIN) 13 B4
Vääksy (FIN) 34 B2
Vaala (FIN) 12 D5
Vaalajärvi (FIN) 7 A4
Vaale (D) 60 C3
Vaalijala (FIN) 20 C5
Vaalimaa (FIN) 34 D3
Vaaljoki (FIN) 32 D3
Vaals (NL) 75 D2
Vääna (EST) 180 D3
Väänälänranta (FIN) 20 D3
Vaania (FIN) 34 B2
Vaarakylä (FIN) 13 B3
Väärämäki (FIN) 19 D3
Väärämieni (FIN) 21 B6
Vaarankylä (FIN) 13 A6
Vaaranniva (FIN) 13 B4
Vaaraperä (FIN) 13 C3
Vaaraslahti (FIN) 20 C3
Väärinmaja (FIN) 19 D6
Vaartsi (EST) 182 C2
Vaas (F) 87 A6
Vaasa, Vasa (FIN) 19 A3
Vaassen (NL) 66 D4
Väätäiskylä (FIN) 20 A4
Väätsa (EST) 181 A4
Vaattojärvi (FIN) 6 C5
Vabaliaib (LT) 175 D1
Vabalninkas (LT) 176 D1
Vabole (LV) 177 B1
Vabre (F) 106 A4
Vabres-l'Abbaye (F) 106 A4
Vabuleino (N) 27 A2
Vác (H) 103 B1
Văcăresti (RO) 154 A3
Vacha (D) 77 B2
Váchartyán (H) 103 B2
Vachlia (GR) 170 D2
Väckelsång (S) 39 A6
Vacov (CZ) 79 B5
Vacquiers (F) 105 C4
Vácrátót (H) 103 B2
Văculesti (RO) 148 D1
Vad (S) 29 B3
Vad (RO) 83 D6
Vad (RO) 147 D5
Vada (N) 14 C5
Vada (I) 112 B2
Vada (BG) 159 B4
Vadakste (LV) 178 D6
Vădastra (RO) 153 C4
Vaddasgruver (N) 1 D5
Vaddö (S) 31 B2
Vădeni (RO) 155 A1
Väderö, Hallands (DK) 42 B1
Väderstad (S) 39 A2
Vadfoss (N) 37 B1
Vadheim (N) 26 B1
Vadla (N) 26 C6
Vadna (H) 82 C6

Vado (I) 109 D4
Vadokliai (LT) 176 D3
Vado Ligure (I) 108 C4
Vadsbro (S) 30 D5
Vadskinn (N) 4 D2
Vadsø (N) 3 B2
Vadstena (S) 39 A1
Vadul Raşcov (MD) 149 D1
Vadu Oii (RO) 155 A3
Vadu Pasii (RO) 154 D2
Vadu Săpat (RO) 154 C2
Vaduz (FL) 99 B2
Vadžgirys (LT) 176 B3
Væggerløse (DK) 41 C5
Væktarstua (N) 24 A2
Vaeküla (EST) 181 B3
Vaenvaara (S) 6 B5
Været (N) 1 C4
Værøy (N) 4 A6
Vafaika (GR) 164 C2
Våg (N) 14 B3
Våg (N) 14 C2
Vågaholmen (N) 8 D3
Vågåmo (N) 23 B5
Vagan (N) 5 A2
Vågan (N) 9 A1
Vágar (DK) 36 A5
Våge (N) 26 B4
Vågen (N) 1 C4
Vågen (N) 4 B4
Vägershult (S) 39 B5
Vägersjön (S) 16 B6
Vägeva (EST) 181 B4
Vagge (N) 3 B3
Vaggeryd (S) 38 D4
Vaggetem (N) 3 B5
Vägggö (S) 39 C1
Vågland (N) 23 A2
Vaglevci (BG) 160 B2
Vàglia (I) 109 D5
Vàglio B. (I) 115 C6
Vagnaröd (S) 42 D2
Vagnas (F) 106 D3
Vagney (F) 90 B4
Vagnhärad (S) 31 A5
Vagos (P) 130 B3
Vågøy (N) 22 C3
Vagraet (N) 4 C2
Vågsbygd (N) 36 D3
Vågseidet (N) 26 A2
Vågsele (S) 16 C3
Vägsjöfors (S) 28 C3
Vågsodden (N) 8 C6
Vågsøy (N) 22 A5
Vågstranda (N) 22 D3
Vágur (DK) 36 B6
Vähäjoki (FIN) 12 C2
Vähäkangas (FIN) 20 A1
Vähäkyrö (FIN) 19 B3
Vähä-Lappi (FIN) 20 B1
Vähäniva (FIN) 6 B2
Vahanka (FIN) 20 A4
Vahanta (FIN) 33 B1
Vahastu (EST) 181 A4
Vaherpää (FIN) 33 C1
Vaheri (FIN) 20 B6
Vähikkälä (FIN) 33 C3
Vähimaa (FIN) 34 A2
Vahojärvi (FIN) 19 C6
Váhom, Dubnica n. (SK) 81 B4
Váhom, Moravany n. (SK) 81 B5
Váhom, Trnovec nad (SK) 102 D1
Vahteristo (FIN) 34 B2
Vahterpää (FIN) 34 C4
Vahto (FIN) 32 D3
Vaiamonte (P) 130 D6
Vaiano (I) 109 D5
Vaida (EST) 180 D3
Vaida-Recea (RO) 147 D5
Vaideeni (RO) 153 B1
Vaiges (F) 86 D5
Vaiguva (LT) 176 A2
Vaihingen a. d. Enz (D) 91 A2
Vaikantonys (LT) 176 D5
Väike-Maarja (EST) 181 B4
Väike Rakke (EST) 181 B5
Vaikijaur (S) 10 D2
Vaikko (FIN) 21 A3
Vaila (GB) 45 C4
Vaillant (F) 89 C5
Vailly-s-Aisne (F) 74 D6
Vailly-s-Sauldre (F) 88 C5
Vaimaro (FIN) 32 D2
Vaimastvere (EST) 181 B4
Väimela (EST) 182 B2
Vaimõisa (EST) 180 D4
Vainava (LV) 182 C6
Vainikkala (FIN) 35 A3
Vainiži (LV) 179 C3
Vainode (LV) 178 C6
Vainupea (EST) 181 B2
Vainutas (LT) 175 D3
Vaion (GR) 173 B5
Vairano Patenora (I) 114 D5
Vairé (F) 94 B3
Väisälä (FIN) 20 D6
Vaisaluoktastugan (S) 5 A5
Vaisi (EST) 180 C3
Vaisodžiai (LT) 176 C5
Vaison-la-Romaine (F) 107 A3
Vaïssac (F) 105 C3
Vaiste (EST) 180 C5
Vaišvydava (LT) 176 C4
Vaiteliai (LT) 175 C2
Vaitkūnai (LT) 177 A2
Vaivadiškiai (LT) 176 C3
Vaivara (EST) 181 D3
Vaivio (FIN) 21 B4
Vaivre (F) 89 D5
Vajangu (EST) 181 B4
Våje (N) 4 A4
Våje (N) 37 A2
Vajia (GR) 167 C5
Vajionia (GR) 172 D6
Vajszló (H) 102 D6
Vajta (H) 103 A4
Vajtjajaurekapell (S) 9 B6
Vajze (AL) 162 B4
Vakarel (BG) 159 C3
Vakås (S) 39 A4
Vakern (S) 28 D2
Vakkerstøylen (N) 22 D4
Vakkola (FIN) 34 B4
Vakkotavarestugan (S) 5 B5
Vakkuri (FIN) 19 B3
Vaklino (BG) 155 B5
Vaksala (S) 31 A3
Vaksdal (N) 26 B3
Vākšēni (LV) 179 C3
Vaksevo (BG) 159 A4
Vakuf, Donji (BIH) 150 C4
Vakuf, Gornji (BIH) 150 C5
Vakuf, Skender (BIH) 150 C4
Val, le (F) 107 C5
Vål (N) 28 A1
Vala (HR) 111 C6
Vál (H) 103 A3
Valaam (RUS) 35 D1
Valada (P) 130 B6
Vålådalen (S) 24 B2
Valadares (P) 130 B1
Valado (P) 130 B5
Valady (F) 106 A2
Valainiai (LT) 176 C2
Valajaskoski (FIN) 12 C1
Valakbūdis (LT) 176 A4
Valakonje (YU) 152 C5
Valandia (GR) 163 B5
Valandovo (MK) 159 A6
Val-André, le (F) 85 A2
Valangin (CH) 98 B2
Valanhamn (N) 1 C5
Valanjou (F) 94 D2
Valaská Belá (SK) 81 C4
Valaská Dubová (SK) 82 A4
Vålåskaret (N) 23 B2
Valassaaret (FIN) 19 A2
Valašska Polanka (CZ) 81 B3
Valašské Meziříčí (CZ) 81 B3
Valasti (EST) 181 A4
Valatkoniai (LT) 176 C2
Valaurie (F) 107 A2
Valaxa (GR) 168 A4
Valay (F) 97 C1
Valberg (N) 4 B4
Valberg (F) 107 D3
Valbiska (HR) 111 B3
Valbona (E) 134 C3
Valbondione (I) 99 C5
Valbonnais (F) 107 C1
Valbo-Ryr (S) 38 A2
Valbuena (E) 126 C5
Valbukta (N) 3 B3
Vâlcani (RO) 103 D6
Vâlcani (RO) 146 A6
Valcavado (E) 125 D4
Vâlčedrâm (BG) 153 B5
Vâlčidol (BG) 155 A6
Valdagno (I) 100 A6
Valdahon (F) 97 D2
Val-d'Ajol, le (F) 90 B4
Valdak (N) 2 B4
Valdalon (N) 24 A4
Valdanzo (E) 126 D6
Valdarno, San Giovanni (I) 112 D1
Valdavida (E) 126 A4
Valdeabillo (E) 127 A6
Valdebueyes (E) 125 B2
Valdecaballeros (E) 132 A6
Valdecarros (E) 132 A2
Valdecastillo (E) 126 A3
Valdeconcha (E) 133 A3
Valdecuenca (E) 134 B3
Valdefinjas (E) 125 D6
Valdeflores (E) 142 B2
Valdefuentes (E) 131 C6
Valdeganga (E) 133 B4
Valdeganga (E) 133 D6
Valdeki (LV) 178 D4
Valdelacasa (E) 132 A5
Valdelamusa (E) 138 B4
Valdelosa (E) 131 D1
Valdeltormo (E) 134 D2
Valdemaluque (E) 127 A6
Valdemanco (E) 139 B1
Valdemārpils (LV) 178 D4
Valdemarsvik (S) 39 C2
Valdemeca (E) 133 C4
Valdemorales (E) 131 C6
Valdemorillo (E) 132 C3
Valdemoro (E) 132 D4
Valdemoro-Sierra (E) 133 C4
Valdenebro (E) 126 A5
Valdenoceda (E) 126 D3
Valdenoches (E) 133 A2
Valdeolivas (E) 133 B3
Valdepeñas (E) 140 A1
Valdepeñas de Jaén (E) 143 C2
Valderas (E) 126 A5
Valdérice (I) 118 A3
Valderiès (F) 105 D3
Valderrobres (E) 134 D2
Valdespina (E) 126 B5
Valdeverdeja (E) 132 A5
Valdgale (LV) 178 C4
Valdice (CZ) 70 C6
Valdieri (I) 108 A4
Val d'Isère (F) 98 B6
Valdivienne (F) 95 B3
Val d'Izé (F) 86 C5
Valdobbiàdene (I) 100 B5
Valdoviño (E) 124 D1
Valdrôme (F) 107 B2
Valdshult (S) 38 D4
Val d. Torre (I) 108 B2
Valdunquillo (E) 126 A5
Valdurenque (F) 105 D4
Vale, Stanford in the (GB) 58 B2
Våle (S) 24 D2
Vale (GB) 57 B2
Vale (GB) 86 A2
Valea Chioarului (RO) 147 A2
Valea Cînepei (RO) 155 A2
Valea Ierii (RO) 147 A4
Valea lui Mihai (RO) 146 C2
Valea Lungă (RO) 147 B5
Valea Lungă-Cricov (RO) 154 A2
Valea Neagră (RO) 155 B4
Valea Nucarilor (RO) 155 C2
Valea Rea (RO) 155 A4
Valea Sării (RO) 149 A6
Valea Seacă (RO) 149 A5
Valea Ursului (RO) 149 A4
Valea Ursului (RO) 153 D2
Valea Vinului (RO) 147 A1
Valebjørg (N) 27 A6
Valebø (N) 27 B5
Vale Bom (P) 130 D4
Vale de Cambra (P) 130 C2
Vale de Carvão (P) 138 A3
Vale de Cavalos (P) 130 C6
Vale de Espinho (P) 131 A3
Vale de Salgueiros (P) 125 A6
Vale de Vargo (P) 138 A3
Vale do Arco (P) 130 D6
Vale do Peso (P) 130 D6
Valega (P) 130 C2
Valèggio s. M. (I) 109 C2
Valeiro (P) 137 D2
Valejkiški (BY) 177 A5
Valen (N) 26 B4
Valençay (F) 95 C2
Valence (F) 95 A5
Valence (F) 105 B3
Valence (F) 107 A1
Valence-d'Albigeois (F) 106 A3
Valence-en-Brie (F) 88 C3
Valence-s-Baïse (F) 105 A4
València (E) 134 D5
Valencia de Alcántara (E) 131 A6
Valencia de Don Juan (E) 126 A4
Valencia del Mombuey (E) 138 B2
Valencia del Ventoso (E) 138 C3
Valenciennes (F) 74 D3
Văleni (RO) 153 D3
Văleni (RO) 155 A1
Vălenii de Munte (RO) 154 B2
Valenocia de las Torres (E) 138 D2
Valensole (F) 107 C4
Valentano (I) 112 D4
Valentia (IRL) 50 A5
Valentine (F) 105 A6
Valentino, S. (I) 99 D3
Valenza (I) 108 D2
Valenzuela (E) 139 D1
Valepp (D) 92 D5
Våler (N) 27 D5
Våler (N) 28 A2
Valeria (E) 133 B5
Valeria de Abajo (E) 133 C5
Valevåg (N) 26 B5
Vale Verde (P) 131 A2
Valeyrac (F) 94 C6
Valfàbbrica (I) 113 A3
Valfåkra (S) 42 C2
Valfarta (E) 128 B6
Valfenera (I) 108 B3
Valfermoso (E) 133 A3
Valfin (F) 97 D3
Valflaunes (F) 106 C4
Valfortore, Roseto (I) 115 B4
Valga (EST) 182 A3
Valgi (EST) 181 C5
Valgorge (F) 106 D2
Valgrana (I) 108 A3
Valgrisenche (I) 98 B5
Valgu (EST) 180 B4
Valgu (EST) 180 D4
Valguarnera Caropepe (I) 118 D4
Valgunde (LV) 179 A5
Valguta (EST) 182 A2
Valhelhas (P) 131 A3
Valhermoso (E) 133 D2
Valhuon (F) 74 B3
Välijoki (FIN) 12 C1
Välikangas (FIN) 12 D1
Väli-Kannus (FIN) 19 D1
Välikylä (FIN) 19 D2
Valimi (GR) 167 A6
Valira (GR) 170 D3
Välisoara (RO) 147 A5
Välisoara (RO) 147 B4
Valittula (FIN) 34 B1
Văliug (RO) 152 C1
Väli-Viirre (FIN) 19 D1
Valjala (EST) 180 B5
Valjevo (YU) 151 C4
Valjok (N) 2 C4
Valka (LV) 182 A3
Valkeajärvi (FIN) 19 D5
Valkeakoski (FIN) 33 B2
Valkeala (FIN) 34 C3
Valkealuom (FIN) 20 A6
Valkeamäki (FIN) 20 D4
Valkeamäki (FIN) 35 A1
Valkeavaara (FIN) 21 C5
Valkeiskylä (FIN) 20 C2
Valkeiskylä (FIN) 20 D3
Valkenburg (NL) 75 D2
Valkenswaard (NL) 75 C1
Valkiavaara (FIN) 21 C6
Valkininkai (LT) 176 D5
Valkjarvi (RUS) 35 C3
Valkla (EST) 181 A3
Val. Klobouky (CZ) 81 B4
Valko, Valkom (FIN) 34 C4
Valkola (FIN) 20 B5
Valkom, Valko (FIN) 34 C4
Valla (N) 8 D3
Valla (S) 29 C2
Valla (S) 30 D5
Vallada (E) 141 B1
Vallado (E) 125 C2
Valladolid (E) 126 B6
Valladolises (E) 141 A4
Vällaj (H) 146 C1
Vallan (F) 88 D5
Vallarta (E) 127 A4
Vallata (I) 115 B5
Vallavik (N) 26 C3
Vallberga (S) 42 C1
Vallbo (S) 24 B2
Vallcebre (E) 129 B4
Vallclara (E) 128 D6
Vallda (S) 38 A4
Valldal (N) 22 D4
Valldemosa (E) 123 B4
Valle (N) 4 D4
Valle (N) 26 D6
Valle (N) 37 A1
Valle (E) 125 A1
Valle (LV) 179 B6
Valle Agricola (I) 114 D4
Valle Castellana (I) 113 C4
Vallecorsa (I) 114 C4
Valle Dame (I) 112 D2
Valle de Abdalagis (E) 143 A4
Valle de la Serena (E) 138 D2
Valle dell'Èrica (I) 121 C1
Valle de Matamoros (E) 138 B2
Valledolmo (I) 118 C3
Valle Gran Rey (E) 144 C2
Vallehermosa (E) 144 C2
Vallehermoso, Playa de (E) 144 C2
Vallelonga, Villa (I) 114 C2
Vallelunga Pratameno (I) 118 C3
Valle Mosso (I) 108 C1
Vallen (S) 10 D6
Vallen (S) 11 B5
Vallen (S) 16 B5
Vallen (S) 17 B2
Vallenäs (S) 9 B6
Vallenay (F) 96 B2
Vallentuna (S) 31 A4
Valleraugue (F) 106 C3
Vallermosa (I) 121 B5
Vallervatnet (N) 15 A2
Vallesvilles (F) 105 C4
Vallet (F) 94 C2
Valletta (M) 119 D6
Valleviken (S) 43 D4
Valley (GB) 52 D4
Vallfogona (E) 129 A6
Vallfogona (E) 129 C4
Vallgorguina (E) 129 C5
Valli del Pasùbio (I) 100 A5
Vallières (F) 96 A5
Vallières (F) 97 D5
Vallières-les-Grandes (F) 95 C1
Valliguières (F) 106 D3
Valliset (N) 28 A2
Vallkärra (S) 42 C3
Vallmoll (E) 135 B1
Vallnäs (S) 10 B5
Vallö (S) 39 C4
Vallo di Lucània (I) 116 C3
Valloire (F) 107 C1
Vallombrosa (I) 110 A6
Vallon-en-Sully (F) 96 B3
Vallon-Pont-d'Arc (F) 106 D2
Vallon-s-Gée (F) 87 A5
Vallorbe (CH) 98 A3
Vallorcine (F) 98 B4
Vallouise (F) 107 D1
Vallovaara (FIN) 7 C6
Vallrana (E) 129 B6
Vallrun (S) 15 B5
Valls (E) 135 B1
Vallsjärv (S) 11 B2
Vallsjön (S) 25 A2
Vallsjön (S) 28 B1
Vallsta (S) 25 B5
Valluhn (D) 61 A4
Vallvik (S) 25 C6
Vällviken (S) 24 D2
Valma (EST) 181 B5
Valmala (I) 108 A4
Val Martello, Alb. (I) 99 D4
Valmaseda (E) 126 D2
Valmåsen (S) 24 B3
Valmen (N) 28 A1
Valmiera (LV) 179 C3
Valmojado (E) 132 C4
Valmont (F) 87 A1
Valmontone (I) 113 B6
Valmorel (F) 97 D6
Valmózzola (I) 109 B3
Valmy (F) 75 B6
Valne (S) 15 B6
Valnesfjord (N) 9 A1
Valö (S) 31 A2
Valognes (F) 86 B2
Valois, Crépy-en- (F) 74 C6
Välojoki (FIN) 34 D2
Välön (S) 28 D5
Valonga (P) 130 C1
Valoria (E) 126 B5
Valoria (E) 126 C3
Välotalo (FIN) 7 A4
Valøy (N) 14 B3
Valøy (N) 14 C5
Valpalmas (E) 128 A5
Valpelline (I) 98 C5
Valperga (I) 108 B2
Valpiana (I) 112 B3
Valpovo (HR) 151 A1
Valpperi (FIN) 32 D3
Valprato Soana (I) 108 B1
Valras-Plage (F) 106 B5
Valréas (F) 107 A2/3
Valros (F) 106 B5
Vals (CH) 99 B3
Valsamata (GR) 166 B6
Valsavarenche (I) 108 A1
Valset (N) 14 A6
Valsgård (DK) 37 B6
Valsinni (I) 117 A3
Valsjöbyn (S) 15 B4
Valsjön (S) 25 B4
Valskog (S) 29 B4
Valskrå (N) 14 C4
Vals-les-Bains (F) 106 D2
Valsonne (F) 97 A4
Valsörarna (FIN) 19 A2
Valšov (CZ) 81 A2
Valsøybotn (N) 23 A2
Valsta (S) 38 D2
Valstagna (I) 100 B5
Valstorp (S) 29 B6
Val-Suzon (F) 89 B5
Valtaiki (LV) 178 C5
Valtesinikon (GR) 170 D2
Valti (GR) 163 C2
Valtice (CZ) 80 D5
Valtierra (E) 127 C4
Valtimo (FIN) 21 A2
Valtola (FIN) 34 D2
Valtorp (S) 38 C2
Valtorta (I) 99 B5
Valtos (GR) 160 D5
Valtournanche (I) 98 C5
Valtuena (E) 127 B6
Valuéjols (F) 106 B1
Valu lui Traian (RO) 155 B4
Valun (HR) 111 B3
Väluste (EST) 181 B6
Valverde (E) 125 D4
Valverde (E) 144 B3
Valverde de Burguillos (E) 138 C2
Valverde de Júcar (E) 133 B5
Valverde de la Vera (E) 131 D4
Valverde del Camino (E) 138 B4
Valverde de Leganes (E) 138 B2
Valverde del Fresno (E) 131 B4
Valverde de Llerena (E) 138 D3
Valverdón (E) 131 D2
Välvsjöliden (S) 17 B3
Vama (RO) 148 C2
Vama Buzăului (RO) 154 B1
Vama Vecha (RO) 155 C5
Vamberk (CZ) 80 C1
Vamdrup (DK) 40 D4
Våmhus (S) 24 D6
Vamlingbo (S) 43 C6
Vammala (FIN) 33 A2
Vamos (GR) 172 B5
Vámosmikola (H) 103 B1
Vámospércs (H) 146 C2
Vámosújfalu (H) 82 D6
Vampula (FIN) 33 A2
Vamsta (S) 31 A2
Vamvakas, Akr. (GR) 168 D4
Vamvakou (GR) 163 C6
Vanaja (FIN) 20 C5
Vanaja (FIN) 33 C2
Vana-Koiola (EST) 182 C2
Vana-Kuuste (EST) 181 C6
Vana-Roosa (EST) 182 B3
Vanault-les-Dames (F) 89 B2
Vana-Vigala (EST) 180 D4
Vancé (F) 87 B6
Vanda, Vantaa (FIN) 33 C4
Vandāni (LV) 182 A6
Vandel (DK) 40 D3
Vandellos (E) 135 B2
Vandenesse (F) 96 D2
Vandenesse-en-Auxois (F) 97 B1
Vandet, Vester (DK) 37 A6
Vandoies (I) 100 B3
Vändra (EST) 181 A5
Vandré (F) 94 D4
Vändträsk (S) 11 B4
Vandzene (LV) 178 D4
Vandžiogala (LT) 176 C4
Väne (LV) 178 D5
Väne-Åsaka (S) 38 B2
Vanebu (N) 27 C5
Vänersborg (S) 38 B2
Vänersnäs (S) 38 B2
Vanevik (S) 39 C4
Vänfors (S) 10 C6
Vang (N) 28 A2
Väng (S) 28 B5
Vånga, Norra (S) 38 C2
Vånga (S) 43 A1
Vangaži (LV) 179 B4
Vänge (S) 31 A3
Vängel (S) 16 B5
Vangen (N) 23 A5
Vangrøfta (N) 23 D3
Vangseter (N) 28 A2
Vangshamn (N) 5 A1
Vangshaugen (N) 23 A3
Vangshylla (N) 14 B5
Vangsnes (N) 26 C1
Vangsvik (N) 5 A2
Vanha-Kihlanki (FIN) 6 C4
Vanhakylä (RUS) 3 C4
Vanhala (FIN) 13 A2
Vanhala (FIN) 20 D6
Vanhamäki (FIN) 20 C6
Vanhanlomanselkä (FIN) 7 B6
Vänjaurbäck (S) 16 D3
Vanjaurträsk (S) 16 D3
Vanlay (F) 89 A4
Vännacka (S) 28 B5
Vannakammen (N) 1 B5
Vannakylä (FIN) 19 A5
Vannareid (N) 1 B4
Vännäs (S) 17 A4
Vännäsberget (S) 11 C2
Vännäsby (S) 17 A4
Vannavalen (N) 1 B5
Vanneberga (S) 43 A2
Vannes (F) 84 D5
Vannes-s-Cosson (F) 88 B5
Vännfors (S) 17 A4
Vannvåg (N) 1 B5
Väno (FIN) 32 D4
Vänö (FIN) 32 D5
Vanonen (FIN) 34 D2
Vånören (S) 17 C2
Vans, les (F) 106 D2
Vansbro (S) 28 D2
Vanse (N) 36 B3
Vantaa, Vanda (FIN) 33 C4
Vantage, Little (GB) 49 A4
Vanttausjärvi (FIN) 12 D1
Vanttauskoski (FIN) 12 D1
Vanttila (FIN) 33 A2
Vanvik (N) 26 C5
Vanvikan (N) 14 B6
Vanzay (F) 95 A4
Vanzone (I) 98 D5
Vaour (F) 105 C3
Vapavaara (FIN) 13 C1
Vápenná (CZ) 71 A6
Vaplan (S) 16 B6
Vàprio (I) 109 A1
Vaqueiros (P) 137 D5
Vara, San Pietro (I) 109 B3
Vara (S) 38 B2
Vara (E) 133 B6
Vara (EST) 181 C5
Varacieux (F) 97 C6
Varades (F) 85 C5
Vărădia de Mures (RO) 146 C5
Varages (F) 107 C4
Varaire (F) 105 C2
Varaize (F) 94 D5
Varajärvi (FIN) 12 B1
Varajoki (FIN) 13 C6
Varakläni (LV) 182 B5
Värälä (FIN) 34 C3
Varaldsøy (N) 26 B4
Varallo (I) 98 D5
Varamobaden (S) 39 A1
Varanauskas (LT) 176 C5
Varăncău (MD) 149 C1
Varangerbotn (N) 3 A3
Varanpää (FIN) 32 C3
Varapòdio (I) 119 C2
Varästi (RO) 154 C4
Varaždin (HR) 102 A5
Varažd. Toplice (HR) 102 B5
Varazze (I) 108 C4
Várba (BG) 159 A3
Varberg (S) 38 B5
Varbevere (EST) 181 B4
Várbica (BG) 160 D2
Varbola (EST) 180 D4
Varcea (P) 130 D5
Varces (F) 107 B1
Varchentin (D) 61 D4
Varda (GR) 166 C6
Vardal (N) 27 D2
Vårdalen (S) 28 B5
Varde (DK) 40 B3
Vardim (BG) 154 A6
Vardnes (N) 2 D2
Vardø (N) 3 C1
Vårdö (FIN) 32 B4
Vårdomb (H) 103 A5
Vårdslunda (S) 39 B3
Vareid (N) 4 A5
Varejoki (FIN) 12 B2
Varekil (S) 38 A3
Varel (D) 67 D1
Varen (F) 105 C3
Varėna (LT) 176 D6
Varengeville-s-Mer (F) 87 B1
Varenna (I) 99 B5
Varenne-l'Arconce (F) 97 A4
Varennes-Changy (F) 88 C4
Varennes-en-Argonne (F) 75 B6
Varennes-en-Argonne (F) 75 B6
Varennes-le-Grand (F) 97 B3
Varennes-Saint-Sauveur (F) 97 C3
Varennes-s-Allier (F) 96 C4
Varennes-s-Amance (F) 89 C4
Varennes-s-Fouzon (F) 95 D1
Varenrode (D) 67 C4
Vareš (BIH) 151 A4
Varese (I) 99 A5
Varese Lig. (I) 109 A4
Vareš Majdan (BIH) 151 A4
Varetz (F) 95 C6
Vårgårda (S) 38 B3
Vargas (E) 126 C2
Vargas (P) 130 C5
Vargåsen (N) 9 B1
Vargneset (N) 5 C3
Vargö gaddar (FIN) 18 D3
Vargön (S) 11 C5
Vargön (S) 38 B2
Vargträsk (S) 11 A6
Vargträsk (S) 16 D3
Varhaug (N) 36 A2
Varias (RO) 146 A5
Varieba (LV) 178 D5
Variešas (LV) 179 D5
Varigotti (I) 108 C4
Variio (FIN) 7 B6
Variku (EST) 180 C4
Varilhes (F) 105 C6
Varin (SK) 81 C4
Varini (LV) 182 A4
Varisha (CY) 174 B5
Varislahti (FIN) 21 A4
Varisniemi (FIN) 13 A6
Varisperä (FIN) 20 B2
Varistaipale (FIN) 21 A4
Variz (P) 131 B1
Varize (F) 87 C5
Varjakka (FIN) 12 B5
Varjaž (UA) 73 D5
Varjek (S) 11 A3
Varjisträsk, Lill. (S) 10 D4
Varjisträsk (S) 10 D4
Varkaus (FIN) 20 D5
Varlaukis (LT) 176 A3
Varlax (FIN) 34 B4
Värlebo (S) 39 C4
Värmdolandet (S) 31 B4
Värme (LV) 178 C5
Varmo (FIN) 21 C6
Varmo (I) 110 C1
Värmskog (S) 28 C5
Varna (YU) 151 C3
Varna (BG) 161 B1
Värnamo (S) 38 D4
Värnäs (S) 28 C2
Värnava (LV) 179 C6
Varnaviči (LT) 177 C2
Värndö (S) 31 B4
Varnhem (S) 38 C2
Varniai (LT) 176 A2
Varnja (EST) 181 C5
Varnsdorf (CZ) 70 B5
Varntresk (N) 9 A5
Varnum (S) 38 C3
Varnupiai (LT) 176 B5
Varoš, Levanjska (HR) 150 D2
Varoš, N. (HR) 150 C2
Varoš, Nova (YU) 151 C6
Varosha (CY) 174 B2
Varoslöd (H) 102 D3
Varpaisjärvi (FIN) 20 D3
Várpalota (H) 102 D3
Varpanen (FIN) 34 C2
Varparanta (FIN) 21 A6
Varparanta (FIN) 21 B4
Varpasalo (FIN) 21 B5
Varpnes (N) 14 C4
Varpsjö (S) 16 B3
Varpula (FIN) 19 C3
Varpuselkä (FIN) 7 B5
Varputėnai (LT) 176 A2
Varpuvaara (FIN) 7 C6
Varrains (F) 95 A1
Varreddes (F) 88 C1
Varrel (D) 68 A3
Varrelbusch (D) 67 C3
Värrio (FIN) 7 B6
Värriö (FIN) 7 C4
Värriöjoki (FIN) 7 C4
Vars (F) 95 A5
Vars (F) 107 D2
Varsås (S) 38 D2
Varšc (BG) 159 B2
Varsėdžiai (LT) 176 A3
Varshult (S) 39 B5
Varsi (I) 109 B3
Văršilo (BG) 161 A3
Värsjö (S) 42 C1
Värska (EST) 182 C2
Varsseveld (NL) 67 A5
Varstu (EST) 182 B3
Vartai (LT) 176 B5
Vartdal (N) 22 B4
Varteig (N) 28 A5
Vartsala (FIN) 33 A4
Värtsilä (FIN) 21 C5
Vartsilya (RUS) 21 D5
Varuträsk (S) 17 B1
Värva (LV) 178 B5
Varvara, Ay. (CY) 174 C3
Varvara (BG) 161 B3
Varvarin (YU) 152 B5
Värve (LV) 178 B4
Varvikko (FIN) 7 C5
Vary,-Karlovy (CZ) 79 A3
Vary (S) 39 A1
Vary (UA) 83 B6
Várzeas (P) 130 B4
Varzi (I) 108 D3
Varzy (F) 96 D1
Vas, Sr. (SLO) 101 A4
Vas, Trnovska (SLO) 102 A4
Vås (S) 25 A4
Vasa, Vaasa (FIN) 19 A3
Vasalemma (EST) 180 D3
Väsand (RO) 146 B4
Vasaniemi (FIN) 7 B5
Vasankari (FIN) 12 B6
Vasarainen (FIN) 32 D2
Vasaraperä (FIN) 13 B2
Vasaras (GR) 171 A3
Vásárosnamény (H) 83 A6
Vascău (RO) 146 D4
Văşcăuţi (MD) 149 C1
Vasciano (I) 113 A4
Vasco (I) 108 B4
Vascoeuil (F) 74 A5/A6
Våsdalen (N) 23 C6
Väse (S) 28 D5
Vasegerszeg (H) 102 C2
Vasika-aho (FIN) 19 C2
Vasikkala (RUS) 35 B2
Vasile Roaită (RO) 155 C4
Vasil'evo (RUS) 182 D3
Vasilika (GR) 163 D3
Vasiliki (GR) 166 B5
Vasilikos (GR) 170 B2
Vasilikos (CY) 174 C4
Vasil Kolarov (BG) 160 A5
Vasil Levski (BG) 160 B4
Vaškai (LT) 176 C1
Vaski (LV) 178 D5
Vaskijärvi (FIN) 33 C3
Vaskio (FIN) 33 A4
Vaškivci (UA) 148 C1
Vaskivesi (FIN) 19 C5
Vasknarva (EST) 181 D4
Vaskrääma (EST) 180 D6
Vaskút (H) 103 B6
Vaskuu (FIN) 19 C5
Väslansjö (S) 9 B5
Vasles (F) 95 A3
Vaslui (RO) 149 C4
Vässarön (S) 31 B2
Vassbotn (N) 5 A3
Vassbotten (S) 38 A1
Vassdalsvik (N) 8 D3
Vassdølin (N) 14 B4
Vassenden (N) 22 B6
Vassenden (N) 23 B6
Vassieux-en-Vercours (F) 107 B1
Vassjord (N) 4 D2
Vassli (N) 23 B3
Vassmoen (N) 14 B4
Vassmolosa (S) 39 C6
Vasstrand (N) 1 A6
Vasstulan (N) 27 A3
Vassvik (N) 8 D4
Vassy (F) 86 D3
Vassy (F) 89 A5
Vasszécsény (H) 102 B3
Vasszentmihály (H) 102 B3
Västanå (S) 38 D3
Västanbäck (S) 15 C2
Västanfjärd (FIN) 33 A5
Västanfors (S) 29 B3
Västannäs (S) 11 C3
Västansjö (S) 15 C1
Västansjö (S) 16 C3
Västansjö (S) 16 D5
Västansjö (S) 17 A3
Västansjö (S) 25 B3
Västansjö (S) 25 C1
Västansjö (S) 29 A3
Västanträsk (S) 17 B2
Vastemõisa (EST) 181 A5
Västenik (FIN) 19 A3
Väster-Arådalen (S) 24 C2
Västerås (S) 30 D4
Västeråsen (S) 25 B2
Västerby (S) 29 B2
Västerby (S) 31 A5
Västerby (S) 43 C5
Västerfallet (S) 28 D3
Västerfärnebo (S) 29 C3
Västerfjäll (S) 10 B3
Västergarn (S) 43 C5
Västergrundsjö (S) 16 D5
Västerhannige (S) 31 B5
Västerhönsa (S) 38 D1
Västerhotorp (S) 39 A6
Västerlanda (S) 38 A3
Västerlandsjö (S) 16 D5
Västerljung (S) 31 A5
Västermyrrset (S) 16 C3

Västersträsjö (S) 25 B4
Västerträsjö (S) 15 C3
Västervik (S) 39 C3
Vahtseliina (EST) 182 C3
Vasteville (F) 86 B1
Västilä (FIN) 33 C1
Vastila (FIN) 34 C3
Vastinki (FIN) 20 A4
Västinniemi (FIN) 21 A3
Västland (S) 31 A2
Västlunda (S) 10 D5
Vasto (I) 115 A3
Västra Ryr (S) 38 A2
Västrum (S) 39 C3
Vastse-Kuuste (EST) 182 B2
Vastseliina (EST) 182 C3
Vastse-Roosa (EST) 182 B3
Vasunmäki (FIN) 19 C4
Vasvár (H) 102 B3
Vát (H) 102 B3
Vata (RO) 146 D5
Vatala (FIN) 21 C5
Vatan (F) 96 A2
Vatan (I) 108 A1
Vătava (RO) 147 C3
Vatera (GR) 165 A6
Vaterholmbru (N) 14 C5
Vateron (GR) 163 A4
Vatersay (GB) 44 A6
Vathy (GR) 167 C5
Vathy (GR) 173 A3
Vathylakkas (CY) 174 B2
Vathylakkos (GR) 163 C3
Vathys (GR) 173 B2
Vaticano, C. (V) 113 A6
Vatili (CY) 174 B3
Vation (GR) 173 D4
Vatjusjärvi (FIN) 20 B1
Vatku (EST) 181 B3
Vatla (EST) 180 C5
Vatland (N) 36 B3
Vatnan (N) 1 D3
Vatnås (N) 27 C4
Vatne (N) 22 C4
Vatne (N) 36 D2
Vatnestraum (N) 36 D2
Vatnet (N) 9 A1
Vatneyri (IS) 1 A1
Vätö (S) 31 B3
Vatolakkos (GR) 163 A4
Vatopedin, Moni (GR) 164 B4
Vatra Dornei (RO) 148 C3
Vatra Moldovitei (RO) 148 C2
Vatry (F) 89 A2
Vatta (H) 146 A1
Vätta (EST) 180 B6
Vattholma (S) 31 A3
Vättilä (FIN) 33 A3
Vättis (CH) 99 B3
Vattjom (S) 25 C3
Vattlång (S) 25 C4
Vättlax (FIN) 33 A5
Vattrång (S) 25 C4
Vattuaho (FIN) 21 D3
Vattukylä (FIN) 20 B1
Vatula (FIN) 19 C6
Vatussa (GR) 165 A6
Vatutino (RUS) 175 C5
Våtvoll (N) 4 C3
Vau (P) 130 A5
Vaubécourt (F) 89 C2
Vauchamps (F) 88 D2
Vauclaix (F) 96 D1
Vauconcourt (F) 89 D5
Vaucouleurs (F) 89 C2
Vaudoy-en-Brie (F) 88 C2
Vaugneray (F) 97 B5
Vaujani (F) 97 D6
Vauldalen (N) 24 A3
Vaulruz (CH) 98 B3
Vaumas (F) 96 D3
Vaumoise (F) 74 C6
Vausseroux (F) 95 A3
Vauvert (F) 106 D4
Vauvillers (F) 89 D4
Vaux-lès-Saint-Claude (F) 97 C3
Vaux-lez-Rosières (B) 75 C4
Vavatsinia (CY) 174 C4
Väversunda (S) 38 D2
Vavilas (CY) 174 B4
Vavincourt (F) 89 C2
Vavlas (CY) 174 C4
Växbo, Östra (S) 25 B5
Vaxborg (S) 10 B4
Vaxholm (S) 31 B4
Växjö (S) 39 A5
Våxtorp (S) 42 C1
Vay (F) 85 B5
Vaydaguba (RUS) 3 D2
Väylä (FIN) 3 A5
Väylänpaa (FIN) 6 C5
Vayrac (F) 105 C1
Vayres (F) 95 B5
Vaysal (TR) 160 D4
Väystäjä (FIN) 12 B1
Važec (SK) 82 B4
V'azyn' (BY) 177 C5
Vazzola (I) 100 C5
Včelnice, N. (CZ) 80 A3
Veauche-les-Quatre-Routes (F) 97 A5
Veaugues (F) 96 C1
Vebbestrup (DK) 37 B6
Veberöd (S) 42 D3
Veblungsnes (N) 22 D3
Vebomark (S) 17 B2
Vebron (F) 106 C3
Vecate (LV) 179 C3
Vecbāte (LV) 178 C6
Vecchiano (I) 109 C5
Vecchio-, Porto (F) 120 C4
Vecgaiki (LV) 178 D5
Vechelde (D) 68 D4
Vechi, Dudeştii (RO) 103 D5
Vechta (D) 67 D3
Vechtel (D) 67 C3
Vecilla. La (E) 126 A3
Vecindario (E) 144 D6
Vecinos (E) 131 C2
Veckalsnava (LV) 182 A5
Veckerhagen (D) 68 B6
Veckholm (S) 31 A4
Veckrape (LV) 179 C5
Veclaicene (LV) 182 C3
Vecpiebalga (LV) 179 D4
Vecpils (LV) 178 B5
Vecsaule (LV) 179 B6
Vecsés (H) 103 B2
Vecsloboda (LV) 182 D1
Vectilža (LV) 182 C4
Vecumi (LV) 182 C4
Vecumnieki (LV) 179 B5
Veczvārde (LV) 178 D5
Veda (S) 25 C2
Vėdariai (LT) 177 B2
Vedavågen (N) 26 A6
Veddige (S) 38 B5
Vedea (RO) 153 D2
Vedea (RO) 154 B5
Vedelago (I) 110 B1
Vederhult (S) 39 C4
Vederslöv (S) 39 A5
Vedeseta (I) 99 B5
Vedevåg (S) 29 B4
Vedrá (E) 122 C6
Védrines-Saint-Loup (F) 106 B1
Vedro Polje (BIH) 150 A4
Vedro Polje (HR) 150 B2
Vedsted, Vester (DK) 40 C4
Vedum (S) 38 C2
Veelikse (EST) 179 B2
Veendam (NL) 67 B2
Veenendaal (NL) 66 D5
Veere (NL) 74 D1
Veere (EST) 180 A5
Veerle (B) 75 B2
Vega, La (E) 125 B4
Vega, La (E) 125 C3
Vega (N) 8 C6
Vega (E) 126 A6
Vega Cerneja (E) 126 A2
Vega de Almarza, La (E) 126 B3
Vega de Espinareda (E) 125 B3
Vega de Liébana, La (E) 126 B2
Vega del Rey (E) 125 D2
Vega de Mateo (E) 144 D6
Vegadeo (E) 125 B1
Vega de Pas (E) 126 D2
Vega de Ruiponce (E) 126 A4
Vega de Valcarce (E) 125 A3
Vegarienza (E) 125 C3
Vegårshei (N) 37 A1
Vegas de Coria (E) 131 C3
Vegby (S) 38 C3
Vegeriai (LT) 178 D6
Veggen (N) 5 A3
Veggli (N) 27 B4
Veghel (NL) 66 D6
Veģi (LV) 178 C4
Véglie (I) 117 C3
Vegset (N) 14 C4
Veguillas, Las (E) 131 D2
Veguillas (E) 133 A2
Vegusdal (N) 36 D2
Vehendi (EST) 182 A1
Vehkajärvi (FIN) 33 C1
Vehkakoski (FIN) 19 C6
Vehkalahti (FIN) 34 C1
Vehkalahti (FIN) 34 D3
Vehkaperä (FIN) 19 D3
Vehkasalo (FIN) 34 B1
Vehkataipale (FIN) 35 A2
Vehlow (D) 69 B2
Vehmaa (FIN) 20 D6
Vehmaa (FIN) 32 D3
Vehmalainen (FIN) 32 D3
Vehmasjärvi (FIN) 20 D2
Vehmaskylä (FIN) 20 D5/D6
Vehmasmäki (FIN) 20 D4
Vehmersalmi (FIN) 21 A4
Vehniä (FIN) 20 B5
Vehr (D) 76 A2
Vehu (FIN) 20 A4
Vehuvarpe (FIN) 19 B6
Vehvilä (FIN) 20 D4
Veidholmen (N) 22 D1
Veiga (E) 125 A3
Veigné (F) 95 B1
Veikars (FIN) 19 B3
Veikkola (FIN) 19 C5
Veikkola (FIN) 33 C4
Veimo (N) 14 C5
Veiros (P) 138 A1
Veisiejai (LT) 176 C6
Veitservas (FIN) 6 D3
Veitshöchheim (D) 77 C4
Veitsiluoto (FIN) 12 B3
Veiveriai (LT) 176 C4
Veivirženai (LT) 175 D2
Vejano (I) 112 D5
Vejbystrand (S) 42 B1
Vejen (DK) 40 C4
Vejer de la Frontera (E) 142 C6
Vejerslev (DK) 40 D1
Vejers Strand (DK) 40 B3
Vejle (DK) 40 D3
Vejmarn (RUS) 35 B6
Vejno (RUS) 181 D2
Vejno (RUS) 181 D4
Vejprty (CZ) 79 A2
Vejrø (DK) 41 B2
Vejrø (DK) 41 C4
Vejrup (DK) 40 C4
Vejstrup (DK) 40 D4
Vekara (FIN) 32 C3
Vekhyttan (S) 29 A5
Vekkula (FIN) 20 A6
Vektarli (N) 15 A2
Vel., Velká n. (CZ) 81 A4
Velaatta (FIN) 19 D6
Velada (E) 132 A4
Velagići (BIH) 150 B3
Vela Luka (HR) 156 B3
Velas (P) 136 B6
Vel'aty (SK) 82 D5
Velayos (E) 132 B2
Velbert (D) 76 B1
Vel. Bilovice (CZ) 80 D4
Vel. Bites (CZ) 80 C3
Vel. Bor (CZ) 79 B5
Velburg (D) 78 C6
Vel. Bystřice (CZ) 81 A3
Velčice, Chocholna- (SK) 81 B4
Velda (LV) 178 C6
Veldemelen (N) 14 C5
Velden (D) 78 C5
Velden (D) 92 D3
Velden (A) 101 B4
Velderrodrigo (E) 131 B2
Veldhoven (NL) 75 C1
Veldre (N) 27 D1
Vel'e (RUS) 182 C3
Velec (BY) 177 D3
Velefique (E) 140 C5
Velehrad (CZ) 81 A4
Velen (D) 67 B5
Velēna (LV) 182 B4
Velence (H) 103 A3
Velenice, Ces. (CZ) 80 A4
Velenje (SLO) 101 C4
Velešín (CZ) 93 D1
Velesmes (F) 89 C5
Velešta (MK) 162 C2
Velestinon (GR) 163 C6
Vélez Blanco (E) 140 D4
Vélez de Benaudalla (E) 140 A6
Vélez-Malaga (E) 143 B4
Vélez-Rubio (E) 140 C4
Velgen (D) 68 C2
Vel. Heraltice (CZ) 81 A2
Vel. Hled'sebe (CZ) 79 A4
Veli Iž (HR) 111 C5
Velika (HR) 150 C1
Veliki Drvenik (HR) 156 A2
Velikij Byčkiv (UA) 83 D6
Velikije Lučky (UA) 83 B5
Velikij Kom'jaty (UA) 83 C5
Velikoje Selo (BY) 177 C5
Velikoje Selo (BY) 177 D3
Veliko Târnovo (BG) 160 B2
Velilla, La (E) 132 C1
Velilla (E) 126 A6
Velilla (E) 126 D6
Velilla de Cinca (E) 128 C6
Velilla de Guardo (E) 126 B3
Velilla de Tarilonte (E) 126 B3
Veli Lošinj HR) 111 B4
Vélines (F) 104 D1
Velingrad (BG) 159 C4
Veli Rat (HR) 111 C5
Velise (EST) 180 D4
Veliuona (LT) 176 B4
Vel. Izvor (YU) 152 D4
Veljun (HR) 111 D2
Vel'ká Ida (SK) 82 D5
Vel'ká nad Iplom (SK) 82 A6
Velká n. Vel. (CZ) 81 A4
Velké Březno (CZ) 70 A5
Vel'ké Dravce (SK) 82 B6
Vel'ké Kapušany (SK) 83 A5
Velké Karlovice (CZ) 81 B3
Velké Meziříčí (CZ) 80 C3
Vel'ké Rovné (SK) 81 C3
Velkije Bes'ady (BY) 177 D6
Vel. Kosnycja (UA) 149 C1
Vel.'Kostol'any (SK) 81 A5
Vel. Krčmare (YU) 152 A4
Velkua (FIN) 32 C4
Velkuanmaa (FIN) 32 C4
Vel'ký Blh (SK) 82 B5
Vel'ký Dur (SK) 81 B6
Vel'ký Folkmar (SK) 82 C4
Vel'ký Krtíš (SK) 82 A6
Vel'ký Sariš (SK) 82 D4
Vellano (I) 109 C5
Vel'. Lapáš (SK) 81 B6
Vel. Lašče (SLO) 101 C6
Vellèches (F) 95 B2
Vellefaux (F) 90 A5
Velles, La (E) 131 D2
Velles (F) 95 D3
Velletri (I) 113 B6
Vel'. Levàre (SK) 80 D5
Vellinge (S) 42 C3
Vellisca (E) 133 A4
Vel. Losenice (CZ) 80 C3
Vel. Losiny (CZ) 80 D2
Vellua (FIN) 32 D3
Vel'. Meder (SK) 102 D1
Velnge (S) 38 C6
Velona, Akr. (GR) 167 C3
Velones, Los (E) 141 B4
Velopula (GR) 171 C4
Vel. Osek (CZ) 80 B1
Vel Pisanica (HR) 102 C6
Velpke (D) 68 D4
Vel'. Pole (SK) 81 C5
Vel. Polom (CZ) 81 B2
Vel. Radinci (YU) 151 C2
Vel'. Ribnany (SK) 81 B5
Vel. Selo (BY) 177 C6
Velsvik (N) 22 B4
Velta (N) 28 B2
Velten (D) 69 C3
Vel. Trgovišće (HR) 102 A6
Veltrusy (CZ) 70 B6
Vel'. Uherce (SK) 81 C5
Vel. jezd (CZ) 81 A3
Velure (N) 26 C3
Velvary (CZ) 70 A6
Velvendos (GR) 163 B4
Velyka Dobron' (UA) 83 B5
Velyki Mosty (UA) 73 D6
Velykij Bereznyj (UA) 83 B4
Vel'. Zálužie (SK) 81 B6
Velžys (LT) 176 D2
Vema (N) 27 C3
Vemb (DK) 40 B1
Vemdalen (S) 24 C3
Vemdalsskalet (S) 24 C3
Vemmelev (DK) 41 B4
Vemmenæs (DK) 41 B5
Vemnån (S) 24 C4
Ven., Mogliano (I) 100 C6
Ven (DK) 42 C2
Vena (S) 39 B3
Venäänaho (FIN) 21 A3
Venabu (N) 23 C5
Venabygd (N) 23 C6
Venaco (F) 120 C3
Venafro (I) 114 D4
Venaria (I) 108 B2
Venasca (I) 108 A3
Venåsen (N) 23 C5
Venčane (YU) 152 A3
Vence (F) 108 A5
Venckai (LT) 175 C3
Vencloviškiai (LT) 176 B4
Vencsellö (H) 82 D6
Venda Nova (P) 124 D6
Venda Nova (P) 130 C4
Venda Nova (P) 130 C5
Vendargues (F) 106 C4
Vendas Novas (P) 137 C1
Vendays-Montalivet (F) 94 C6
Vendel (S) 31 A2
Vendelsö (S) 31 B4
Vendesund (N) 14 C2
Vendeuil (F) 74 D5
Vendeuvre-du-Poitou (F) 95 A3
Vendeuvre-s-Barse (F) 89 B3
Vendine (F) 105 C4
Vendinha (P) 138 A2
Vendœuvres (F) 95 C2
Vendôme (F) 87 B6
Vendrell, El (E) 135 C1
Vendres (F) 106 B5
Vendzavas (LV) 178 B4
Venec (BG) 154 D6
Venec (BG) 160 D2
Veneguera (E) 144 C6
Veneheitto (FIN) 12 D6
Venejärvi (FIN) 6 C5
Venejärvi (FIN) 7 A6
Venelles (F) 107 B4
Vénérand (F) 94 D5
Veneraton (GR) 172 D6
Vénès (F) 105 D4
Venesjärvi (FIN) 19 B6
Veneskoski (FIN) 19 B6
Veneskoski (FIN) 19 C4
Venetmäki (FIN) 20 C3
Venetmäki (FIN) 20 C5
Véneto, Vittòrio (I) 100 C5
Venetpalo (FIN) 20 B1
Venetti (FIN) 6 C5
Venevere (EST) 181 C4
Venézia (I) 110 B2
Veng (DK) 40 D2
Vengasaho (FIN) 12 D3
Vengsøy (N) 1 A5
Venialbo (E) 131 D1
Venjan (S) 28 D1
Venlo (NL) 75 D1
Venna (GR) 164 D2
Venne (D) 67 D4
Vennebrügge (D) 67 B4
Vennesla (N) 36 D3
Venneurs, Fays-le- (B) 75 B5
Venø (DK) 41 C1
Venosa (I) 115 C5
Venraij (NL) 75 D1
Vensac (F) 94 C6
Vent (A) 100 A3
Venta (E) 131 B5
Venta (E) 131 C5
Venta (LT) 176 A1
Ventabren (F) 107 B5
Venta de Aralz (E) 127 C3
Venta de Arraco (E) 128 A3
Venta de Azuel (E) 139 C2
Venta de Baños (E) 126 B5
Venta de Cardeña (E) 139 C3
Venta de Chela (E) 127 D4
Venta de Don Quijote (E) 133 A5
Venta de la Duquesa (E) 142 D5
Venta del Aire (E) 140 B2
Venta del Alto (E) 142 C2
Venta del Baúl (E) 140 B5
Venta del Charco (E) 139 C3
Venta del Moro (E) 134 B5
Venta del O. (E) 132 A3
Venta del Olivo (E) 141 A2
Venta de los Santos (E) 140 B2
Venta del Pinar (E) 133 B6
Venta del Pino (E) 140 C6
Venta del Prado (E) 131 B5
Venta del Rabioso (E) 141 A4
Venta de Pollos (E) 132 A1
Venta de Rojo (E) 140 A4
Venta de Román (E) 141 A2
Venta de Santa Lucia (E) 128 B6
Venta Nueva (E) 125 B2
Venta Nueva (E) 140 D1
Venta Nueva (E) 142 C4
Ventas Blancas (E) 127 B4
Ventas con Peña Aguilera, Las (E) 132 C5
Ventas de Cervera (E) 127 C5
Ventas de Huelma (E) 143 C4
Ventas de la Barrera (E) 125 A5
Ventas del Rey (E) 128 C6
Ventas de Muniesa (E) 134 C1
Ventas de Retamosa, La (E) 132 C4
Ventas de San Julián, Las (E) 132 A4
Ventas de Yanci (E) 127 C2
Ventas de Zafarraya (E) 143 B4
Ventė (LT) 175 C3
Vente de Quebrada (E) 141 A2
Ventenac (F) 105 C6
Ventimiglia (I) 108 B5
Ventiseri (I) 120 C3
Ventlinge (S) 39 C6
Ventnor (GB) 58 C5
Ventorro, El (E) 133 C4
Ventosa, La (E) 133 B4
Ventosa (E) 126 C4
Ventosa (E) 131 D2
Ventotène (I) 114 C6
Ventspils (LV) 178 B4
Venturada (E) 132 D2
Venturina (I) 112 B3
Ventzelholm (S) 39 B3
Venze, Launois-sur- (F) 75 A5
Vepriai (LT) 176 D3
Vepsä (FIN) 12 D4
Vepsä (FIN) 21 B1
Vepsä (FIN) 21 C5
Vera (N) 14 D5
Vera (N) 27 D6
Vera (E) 127 C2
Vera (E) 140 D5
Vera Cruz (P) 137 D3
Verbania-Intra (I) 99 A5
Verberie (F) 74 C6
Verberie (F) 74 C6
Verbicaro (I) 116 D4
Verbier (CH) 98 B4
Verbūnai (LT) 176 B1
Vercelli (I) 108 C2
Vercel-Villedieu-le-Camp (F) 97 D1
Vercheny (F) 107 A2
Verch. Jaseniv (UA) 148 B1
Verchnedvinsk (BY) 177 D2
Verchnje Syn'ovydne (UA) 83 C3
Verchovyna (UA) 148 B1
Verdaches (F) 107 C3
Verdal (N) 36 C2
Verdalen (N) 36 A1
Verdalsøra (N) 14 C5
Verde (RO) 153 A3
Verdello (I) 99 B6
Verden (D) 68 B3
Verdengo (I) 108 B2
Verdens Ende (N) 27 D6
Verdes, Cueva de los (E) 145 D3
Verdes (F) 87 C5
Verdiago (E) 126 A3
Verdière, la (F) 107 C4
Verdikussa (GR) 163 B5
Verdille (F) 95 A5
Verdonnet (F) 89 A5
Verdon-s-Mer, le (F) 94 C6
Verdú (E) 129 A6
Verdun (F) 75 C6
Verdun-s-Garonne (F) 105 B4
Verdun-s-le-Doubs (F) 97 B2
Verea (E) 124 D5
Verebiejai (LT) 176 C5
Verebkovo (RUS) 182 C3
Veredas (E) 139 C2
Vereide (N) 22 C5
Veresegyház (H) 103 B2
Veretje (RUS) 182 D4
Véretz (F) 95 B1
Verfeil (F) 105 C3
Verfeil (F) 105 C4
Vērgale (LV) 178 B5
Vergato (I) 109 D4
Verges (E) 141 C1
Verges (E) 129 D4
Vergèze (F) 106 D4
Verghereto (I) 110 B6
Vergi (GR) 160 C5
Vergi (EST) 181 B2
Vergiate (I) 108 D1
Vergonnes (F) 86 C6
Vergons (F) 107 D4
Vergos (E) 129 A6
Vergt (F) 105 A1
Verguleasa (RO) 153 C2
Verholino (RUS) 182 D2
Veria (GR) 163 B3
Vérigny (F) 87 C4
Verin (E) 125 A5
Veringendorf (D) 91 B4
Veriora (EST) 182 C2
Verkebäck (S) 39 C3
Verkenseter (N) 23 B5
Verket (N) 27 D5
Verl (D) 67 D5
Verla (FIN) 34 C2
Verlar (D) 68 A6
Verma (N) 22 D4
Vermala (CH) 98 C4
Vermand (F) 74 C4
Vermenton (F) 88 D5
Vermes (RO) 152 C1
Vermiglio (I) 99 D4
Vermiosa (P) 131 B2
Vermuntila (FIN) 32 D2
Verna, la (I) 110 B6
Vernante (I) 108 B4
Vernantes (F) 95 A1
Vernár (SK) 82 B4
Vernasca (I) 109 B3
Vern-d'Anjou (F) 86 C6
Verneřice (CZ) 70 B5
Vernesti (RO) 154 C2
Vernet, le (F) 107 C3
Vernet (F) 129 C3
Vernet-la-Varenne (F) 96 D6
Verneuil (F) 74 D6
Verneuil-le-Château (F) 95 B2
Verneuil-s-A. (F) 87 B4
Verneuil-s-Indre (F) 95 C2
Verninge (DK) 41 A4
Vérnio (I) 109 D5
Verniolle (F) 105 C6
Vernitsa (RUS) 35 D3
Vernois-lès-Vesvres (F) 89 C5
Vernon (F) 74 A6
Vernon (F) 95 B3
Vernot (F) 89 B5
Vernou-en-Sologne (F) 88 A5
Vernouillet (F) 88 B2
Vernou-s-Brenne (F) 95 B1
Vernoux-en-Vivarais (F) 107 A1
Vern-s-Seiche (F) 85 B4
Verny (F) 89 D1
Vero (F) 120 B3
Verőcemaros (H) 103 B1
Verolanuova (I) 109 B2
Véroli (I) 114 C4
Verona (I) 109 C1
Verpelét (H) 103 D1
Verpillière, la (F) 97 B5
Verrabotn (N) 14 B5
Verran (N) 14 B5
Verrastrand (N) 14 B5
Verres (I) 98 C5
Verrières, Les (CH) 98 B2
Verrières (F) 95 B3
Vers (F) 105 C2
Vers (F) 106 D3
Versailles (F) 88 B2
Versam (CH) 99 B3
Verseg (H) 103 C2
Vers-en-Montagne (F) 97 D2
Veršiai (LT) 176 B4
Ver-s-Mer (F) 86 D2
Versmold (D) 67 D5
Versoix (CH) 98 A4
Verstaminai (LT) 176 B6
Verteillac (F) 95 A6
Vértesacsa (H) 103 A3
Vértesboglár (H) 103 A2
Vértesszőlős (H) 103 A2
Verteuil-d'Agenais (F) 105 A2
Verteuil-s-Charente (F) 95 A4
Vertheuil (F) 94 C6
Vertientes, Las (E) 140 C4
Vertimai (LT) 176 A3
Vērtmuiža (LV) 179 C2
Vertolaye (F) 96 D5
Vërtop (AL) 162 B3
Vertou (F) 94 C2
Vert-Saint-Denis (F) 88 C3
Verttuu (FIN) 19 B6
Vertus (F) 89 A2
Verúcchio (I) 110 C5
Verum (S) 42 D1
Verveln (S) 39 B2
Verviers (B) 75 D3
Vervins (F) 75 A5
Verwood (GB) 58 B4
Veržej (SLO) 102 A4
Verzino (I) 117 B5
Verzuolo (I) 108 B3
Verzy (F) 75 A6
Ves, Hor. (SK) 81 C5
Ves, Krížvá- (SK) 82 C4
Ves, Mor. N. (CZ) 80 D4
Ves, Nacina (SK) 83 A4
Ves, Nová (CZ) 70 A6
Ves, Pečovska-Nová (SK) 82 C4
Ves, Slovenská (SK) 82 B3
Ves, Spišská-Nová (SK) 82 C4
Ves, Spišská Stará (SK) 82 B3
Ves n. Ondř., St. (CZ) 81 B2
Ves, Záhorská (SK) 80 D6
Vesajärvi (FIN) 33 A1
Vesala (FIN) 12 D4
Vesala (FIN) 34 B2
Vesamäki (FIN) 20 C4
Vesanka (FIN) 20 B5
Vesanto (FIN) 20 C4
Vescovato (F) 120 C2
Vesdun (F) 96 B3
Vése (H) 102 C5
Veselava (LV) 179 C4
Veselé, Oravské (SK) 82 A3
Veselec (BG) 154 C5
Veselí n. Luž. (CZ) 79 D5
Veselí n. Mor. (CZ) 81 A4
Veselie (BG) 161 A3
Veselinovo (BG) 160 D2
Veseloje (RUS) 175 A5
Veselovka (RUS) 175 D5
Vesene (S) 38 C3
Vesflax (FIN) 33 A5
Vesijako (FIN) 34 A2
Vesijärvi (FIN) 19 A5
Vesijärvi (FIN) 20 B4
Vesilahti (FIN) 33 B2
Vesiluoma (FIN) 19 B3
Vésime (I) 108 C3
Vesivehmaa (FIN) 34 B2
Veskoniemi (FIN) 7 B1
Veskonniemi (FIN) 3 B6
Vesløs (DK) 37 A5
Vesmajärvi (FIN) 7 A4
Vesnino (BY) 177 D6
Vesnovo (RUS) 176 A4
Vesoul (F) 89 D5
Vespolate (I) 108 D2
Vessa (GR) 168 D5
Vesseaux (F) 106 D2
Vessige (S) 38 C5
Vestby (N) 27 D5
Vestby (N) 28 B3
Vestbygd (N) 4 C4
Vestbygd (N) 36 B3
Vestem (RO) 147 C6
Vestenanuova (I) 100 A6
Vestenden (N) 27 D3
Vestenice, Dol. (SK) 81 C5
Vesterålen (N) 4 B3
Vesterbukta (N) 9 A6
Vester Egede (DK) 41 C4
Vesterli (N) 5 B1
Vesterø Havn (DK) 37 D5
Vesterøya (N) 27 D6
Vestertana (N) 2 D2
Vestervig (DK) 36 D6
Vestfossen (N) 27 C4
Vestiena (LV) 179 D5
Vestmanna (DK) 36 A4
Vestmannaeyjar (IS) 1 B3
Vestmarka (N) 28 B4
Vestnes (N) 22 C3
Vestola (FIN) 34 A2
Vestone (I) 99 C6
Vestre Gausdal (N) 27 C1
Vestre Jakobselv (N) 3 B2
Vestre Kile (N) 27 A6
Vestre Slidre (N) 27 B1
Vestrum (N) 14 B6
Veststraumen (N) 1 D3
Vestvågen (N) 8 D5
Vestvagøy (N) 4 B4
Vesunti (FIN) 33 A1
Veszprém (H) 102 D3
Veszprémvarsány (H) 102 D2
Vésztő (H) 146 B3
Vetca (RO) 147 D2
Vetel (RO) 146 D6
Veteli (FIN) 19 D2
Vétheuil (F) 74 A6
Vetla (EST) 181 A3
Vetlanda (S) 39 A4
Vetovo (BG) 154 C6
Vetralla (I) 112 D5
Vetren (BG) 159 C4
Vetren (BG) 160 B3
Vetrino (BG) 155 A6
Vetriolo (I) 100 A5
Vetrisoaia (RO) 149 C5
Vetrovo (RUS) 175 D4
Vetschau (D) 70 A3
Vettasjärvi (S) 6 A4
Vettershaga (S) 31 B3
Vetterslev (DK) 41 C3
Vetti (N) 23 A6
Vetto (I) 109 B4
Vetulónia (I) 112 B3
Vetvenik (RUS) 181 D5
Veules-les-Roses (F) 87 B1
Veulettes-s-Mer (F) 87 A1
Veum (N) 27 A6
Veurdre, le (F) 96 C3
Veurne, Furnes (B) 74 C2
Veuve, la (F) 89 A1
Vevang (N) 22 D2
Vevelstad (N) 8 C6
Veverská Bitýška (CZ) 80 C3
Vevey (CH) 98 B3
Vevi (GR) 163 A3
Vevring (N) 22 B6
Vewitsivuoma (FIN) 6 D5
Vex (CH) 98 C4
Vexala (FIN) 19 B2
Vexin, Chaumont-en- (F) 74 B6
Vexin, les Thilliers-en- (F) 74 A6
Vexin, Magny-en- (F) 74 A6
Veynes (F) 107 B2
Veyre-Monton (F) 96 C5
Věž (CZ) 80 B3
Vėžaičiai (LT) 175 C2
Vézaponin (F) 74 C5
Vezaponin (F) 74 C5
Vézelay (F) 96 D1
Vézelise (F) 89 D3
Vézénobres (F) 106 D3
Vézeronce (F) 97 C5
Vėžininkai (LT) 175 D4
Vezins (F) 94 D2
Vézins-de-Lévézou (F) 106 B3
Vėzionys (LT) 176 C5
Vežionys (LT) 176 D6
Veziroğlu (TR) 169 C4
Vezouillac (F) 106 B3
Vezza d'Òglio (I) 99 C5
Vezzani (F) 120 C3
Vezzano (I) 100 A5
Vezzano (I) 109 B4
Vezzena (I) 100 A5
Vi, Norra (S) 39 B3
Vi (S) 39 B3
Via (S) 25 C4
Viadana (I) 109 C3
Via Gloria (P) 137 D4
Vialas (F) 106 C3
Viana (E) 127 B4
Viana del Bollo (E) 125 A4
Viana do Alentejo (P) 137 C2
Viana do Castelo (P) 124 B5
Vianden (L) 75 D4
Viane (F) 106 A4
Vianen (NL) 66 C5
Viano (I) 109 C4
Viantie (FIN) 12 C3
Viaréggio (I) 109 B5
Viarolo (I) 109 B3
Vias (F) 106 B5
Viascón (E) 124 C4
Viasvesi (FIN) 32 D1
Vibble (S) 43 C5
Viborg (DK) 40 D1
Vibo Valentia (I) 119 C1
Vibo Valentia Marina (I) 119 C1
Vibraye (F) 87 B5
Viby (S) 29 A5
Viby (S) 39 A2
Viby (DK) 41 A2
Vic (F) 74 C6
Vic (E) 129 B5
Vicar (E) 140 B6
Vicari (I) 118 C3
Vicchio (I) 110 A5
Vicdessos (F) 129 A3
Vic-en-Bigorre (F) 104 D5
Vicente S., Cabo de (P) 137 B5
Vicenza (I) 100 A6
Vic-Fézensac (F) 105 A4
Vichy (F) 96 D4
Vickleby (S) 39 C5
Vic-le-Comte (F) 96 C5
Vico (I) 109 C5
Vico (F) 120 B3
Vico d. Garg. (I) 115 C3
Vico Equense (I) 114 D6
Vicoforte (I) 108 B4
Vicosoprano (CH) 99 B4
Vicovaro (I) 113 B5
Vicovu de Jos (RO) 148 C2
Vicovu de Sus (RO) 148 C1
Vicq (F) 89 C4
Vicq-Exemplet (F) 96 B3
Vicq-s-Gartempe (F) 95 B3
Vicq-s-Nahon (F) 95 C2
Vic-s-Aisne (F) 74 C6
Vic-s-Cère (F) 106 A1
Victória, Vila Praia da (P) 136 D6
Victoria (GB) 56 C5
Victoria (M) 119 C6
Victoria (RO) 147 D6
Victoria d. A., La (E) 144 B5
Vid, La (E) 125 D3
Vid, La (E) 126 B3
Vid, La (E) 126 D6
Vid, St. (SLO) 101 B5
Vidaga (LV) 182 B3
Vidago (P) 124 D6
Vidais (P) 130 B5
Vidale (LV) 178 C3
Vidamlja (BY) 73 C1
Vidareidi (DK) 36 B4
Vidauban (F) 107 D5
Viddal (N) 22 C4
Vide (P) 130 D3
Videbæk (DK) 40 C2
Videle (RO) 154 A4
Videm (SLO) 101 D5
Videm (SLO) 111 B1
Videniškiai (LT) 177 A3
Videseter (N) 22 D5

Vidice (CZ) 79 A5
Vidigueira (P) 137 D3
Vidin (BG) 153 A4
Vidinge (S) 31 C3
Vidingö (S) 31 B4
Vidio, C. (E) 125 C1
Vidiškiai (LT) 176 D3
Vidnava (CZ) 71 B6
Vidrá (E) 129 C4
Vidra (RO) 149 A6
Vidra (RO) 154 C4
Vidreres (E) 129 D5
Vidriži (LV) 179 B4
Vidsel (S) 11 A4
Vidskär (FIN) 32 C5
Vidsmuiža (LV) 182 B6
Vidsodis (LT) 176 A2
Viduklė (LT) 176 B3
Vidzy (BY) 177 B3
Viecht (D) 92 D3
Viechtach (D) 79 A6
Vieille-Brioude (F) 96 C6
Vieillevigne (F) 94 C2
Vieira (P) 124 D6
Viejenäs (S) 9 C4
Vieki (FIN) 21 B2
Viekker (N) 2 C3
Viekšnaliai (LT) 176 A2
Viekšniai (LT) 176 A1
Vielha (E) 128 D3
Viella (F) 104 D4
Vielle (F) 104 B4
Vielleségure (F) 104 C5
Vielmur-s-Agout (F) 105 D4
Vielsalm (B) 75 C3
Viels-Maisons (F) 88 D2
Vieluft (N) 2 A4
Viemerö (FIN) 19 C3
Vienenburg (D) 68 D5
Vienne (F) 97 B6
Viensuu (FIN) 21 B3
Vierelä (FIN) 6 D3
Vierelä (FIN) 13 A1
Vierema (FIN) 20 C2
Viereth-Trunstadt (D) 78 B4
Vieritz (D) 69 B3
Vierli (N) 27 A5
Vierlingsbeek (NL) 66 D6
Viernheim (D) 77 A5
Vierraden (D) 62 C5
Viersen (D) 76 A1
Vieru (RO) 154 B5
Vierumäki (FIN) 34 B2
Vierville-s-Mer (F) 86 C2
Vieryd (S) 43 B1
Vierzon (F) 96 A1
Viesati (LV) 178 D5
Viešintos (LT) 176 D2
Viesite (LV) 179 C6
Viesītes (LV) 179 C6
Vieste (I) 115 C3
Vieštovėnai (LT) 175 D2
Viešvėnai (LT) 176 A2
Viešvilė (RUS) 176 A4
Vietalva (LV) 179 D5
Vietas (S) 5 B6
Vietgest (D) 61 C3
Vietri s. M.(I) 115 A6
Vietzen (D) 61 D4
Vieux-Boucau-les-Bains (F) 104 B4
Vieux-Ferrette (F) 98 C1
Vievis (LT) 176 D4
Vieyes (I) 98 B5
Viez (D) 61 B4
Vif (F) 107 C1
Vig (DK) 41 C2
Vigan, le (F) 105 C2
Vigan, le (F) 106 C3
Vigante (LV) 179 C5
Vigarano (I) 110 A3
Vigásio (I) 109 C2
Vigdnes (N) 23 D1
Vigeland (N) 36 C3
Vigeois (F) 95 C6
Vigévano (I) 108 D2
Vigge (S) 24 C2
Vigge (S) 25 B3
Viggianello (I) 116 D3
Viggiano (I) 116 D3
Vigľaš (SK) 82 A5
Vigmostad (N) 36 C3
Vignale (I) 108 C2
Vignanello (I) 113 A4
Vignes, les (F) 106 B3
Vigneulles-lès-Hattonchâtel (F) 89 C2
Vigneux (F) 75 A5
Vignevieille (F) 106 A6
Vignola (I) 109 D4
Vignole (I) 100 B5
Vignole B. (I) 108 D3
Vignols (F) 95 C6
Vignor (F) 89 B3
Vignot (F) 89 C2
Vignoux-s-Barangeon (F) 96 B1
Vigny (F) 74 A6
Vigny (F) 89 D2
Vigo (E) 124 B4
Vigo di Fassa (I) 100 B4
Vigolo Marchese (I) 109 B3
Vigolo-Vattaro (I) 100 A5
Vigone (I) 108 B3
Vigonza (I) 100 B6
Vigrestad (N) 36 A2
Vigrieži (LV) 182 B3
Vigsø (DK) 37 A5
Viguzzolo (I) 108 D3
Vihakse (EST) 179 C6
Vihanninkylä (FIN) 20 A4
Vihantasalmi (FIN) 34 C1
Vihanti (FIN) 12 B6
Vihasoo (EST) 181 A3
Vihave (FIN) 20 C6
Vihavuosi (FIN) 33 C2
Vihiers (F) 94 D2
Vihorlatom, Poruba pod (SK) 83 A4
Vihren (BG) 159 B5
Vihtalahti (FIN) 20 B6
Vihtari (FIN) 21 B5
Vihtasuo (FIN) 21 B3
Vihtavuori (FIN) 20 B5
Vihteljärvi (FIN) 19 B6
Vihterpalu (EST) 180 C3
Vihti (FIN) 33 C4
Vihtijärvi (FIN) 33 C4
Vihtra (EST) 181 A5
Vihula (EST) 181 B2
Viianki (FIN) 13 D5
Viidu (EST) 180 A6
Viijolahti (FIN) 21 A5
Viiksimo (FIN) 13 D6
Viilala (FIN) 33 B2
Viinijärvi (FIN) 21 B4
Viinikka (FIN) 19 C3
Viinistu (EST) 181 A2
Viiperi (FIN) 19 C2
Viipero (FIN) 20 C5
Viipuri, Vyborg (RUS) 35 B3
Viira (EST) 180 B5
Viiratsi (EST) 181 A5
Viirilä (FIN) 34 C3
Viirinkylä (FIN) 12 D1
Viirre (FIN) 12 B6
Viirretjärvi (FIN) 12 B6
Viiru (FIN) 34 D2
Viisari (FIN) 34 D2
Viisarimäki (FIN) 20 B6
Viisarinmäki (FIN) 19 A6
Viitaila (FIN) 34 B2
Viitajärvi (FIN) 20 B3
Viitala (FIN) 19 C4
Viitamäki (FIN) 20 C1
Viitanen (FIN) 12 C6
Viitaniemi (FIN) 21 A3
Viitaperä (FIN) 13 A4
Viitapohja (FIN) 33 B1
Viitaranta (FIN) 7 C5
Viitasaari (FIN) 20 B3
Viitasalo (FIN) 19 D2
Viitavaara (FIN) 13 B6
Viitavaara (FIN) 13 C5
Viitavesi (FIN) 19 C2
Viitka (EST) 182 C3
Viitna (EST) 181 B3
Viivikonna (EST) 181 D3
Vijciems (LV) 182 A3
Vik (IS) 1 B3
Vik (N) 4 B4
Vik (N) 4 C3
Vik (N) 4 C3
Vik (N) 8 D4
Vik (N) 14 B4
Vik (N) 14 C2
Vik (N) 26 C1
Vik (S) 31 B4
Vik (S) 43 A3
Vika, Stora (S) 31 B5
Vika (N) 8 C6
Vika (FIN) 12 D1
Vika (S) 28 D1
Vika (S) 29 B2
Vikajärvi (FIN) 7 A6
Vikane (N) 27 D6
Vikanes (N) 26 B2
Vikarbyn (S) 29 A1
Vikartovce (SK) 82 B4
Vike (S) 16 B4
Vike (N) 23 A3
Vike (S) 25 B2
Vikebotten (S) 28 B5
Vikebukt (N) 22 D3
Vikebygd (N) 26 B5
Vikedal (N) 26 B5
Viken (S) 15 A3
Viken (S) 25 A3
Viken (S) 42 B2
Viker (N) 27 C3
Vikersund (N) 27 C4
Vikersvik (S) 29 A4
Vikeså (N) 36 A2
Vikestad (N) 14 C2
Vikevåg (N) 26 B6
Viki (LV) 179 B2
Vikingstad (S) 39 A2
Vikjorda (N) 4 B4
Vikmanshyttan (S) 29 B2
Vikøy (N) 26 C3
Vikran (N) 1 A6
Viksdalen (N) 22 B6
Viksfa (S) 31 A2
Viksjö (S) 25 C2
Viksjöfors (S) 25 B6
Viksna (LV) 182 C4
Vikšni (LV) 182 B4
Vikstøl (N) 36 D2
Viktoriakyrkan (S) 9 C5
Vila Alva (P) 137 D2
Vilaba dels Arcs. (E) 135 A1
Vila Baleira (P) 136 C1
Vilaboa (E) 124 C4
Vila Boim (P) 138 A1
Vila Cortês (P) 130 D3
Vilada (E) 129 B4
Viladamat (E) 129 D4
Vila da Ponte (P) 124 D6
Vila de Famalicão (P) 124 C6
Vila de Frades (P) 137 D3
Vila de Rei (P) 130 C5
Vila do Bispo (P) 137 B5
Vila do Conde (P) 124 B6
Vila do Porta (P) 136 D5
Viladrau (E) 129 C5
Vila Fernando (P) 138 A1
Vila Flor (P) 131 A1
Vilaflor (E) 144 A5
Vila Franca das Naves (P) 131 A2
Vilafranca del Pen. (E) 129 A6
Vila Franca de Xira (P) 130 B6
Vila Franca do Campo (P) 136 C3
Vila Freca (P) 137 B2
Vila Iogueira (P) 137 B2
Vilajoki (RUS) 35 A3
Vilajuiga (E) 129 D4
Vilaka (LV) 182 C4
Vilaller (E) 128 D4
Vilamur (E) 129 A4
Vilan (S) 16 D2
Vilani (LV) 182 B6
Vila Nova (P) 136 D5
Vila Nova da Baronia (P) 137 C2
Vila Nova da Cerveira (P) 124 C5
Vila Nova de Ceira (P) 130 C4
Vila Nova de Foscoa (P) 131 A1
Vila Nova de Geira (P) 130 B1
Vilanova de la Barca (E) 128 D6
Vilanova de l'Aguda (E) 129 A5
Vilanova de Meyá (E) 128 D5
Vila Nova de Milfontes (P) 137 B4
Vila Nova de Ourém (P) 130 B5
Vila Nova de Paiva (P) 130 D2
Vilanova de Sau (E) 129 C5
Vilanova i la Geltrú (E) 135 C1
Vila Pouca de Aguiar (P) 124 D6
Vila Praia da Victória (P) 136 D6
Vilar (P) 130 A6
Vilarandelo (P) 125 A6
Vilar d'Amargo (P) 131 A2
Vilar da Veiga (P) 124 C5
Vilar de Ossos (P) 125 A5
Vila Real (P) 130 D1
Vila Real (P) 138 A5
Vilar Formoso (P) 131 B3
Vilarinho da Castanheira (P) 131 A1
Vilarinho de Samardã (P) 124 D6
Vilarinho dos Galegos (P) 131 B1
Vilariño de Conso (E) 125 A4
Vilarouco (P) 131 A1
Vilar Torpim (P) 131 B2
Vilasantar (E) 124 D2
Vilasar de Mar (E) 129 C6
Vilás del Turbón, Las (E) 128 C4
Vila Seca (P) 124 C6
Vila Seca (P) 130 C4
Vila Seco (E) 135 B1
Vila Velha de Ródão (P) 130 D5
Vila Verde (P) 124 C6
Vila Verde de Ficalho (P) 138 A3
Vila Vicosa (P) 138 A1
Vilce (LV) 179 A6
Vilcele (RO) 153 C3
Vilches (E) 140 A3
Vildbjerg (DK) 40 C2
Vilejka (BY) 177 C5
Vilela (E) 124 D3
Vilella Baixa, La (E) 135 A1
Vilémov (CZ) 80 B2
Vilg (S) 38 B4
Vilhain, le (F) 96 C3
Vilhelmina (S) 16 B3
Viliošiai (LT) 176 A1
Viljakkala (FIN) 19 B6
Viljakkala (FIN) 19 C6
Viljandi (EST) 181 A5
Viljaniemi (FIN) 34 B3
Viljevo (HR) 102 D6
Vilkaviškis (LT) 176 B5
Vilkėnai (LT) 176 C3
Vilkene (S) 28 C4
Vilkene (LV) 179 B3
Vilkija (LT) 176 B4
Vilkjärvi (FIN) 35 A2
Vilkove (UA) 155 D1
Vilkumiests (LV) 177 B2
Vilkyčiai (LT) 175 D4
Vilkyškiai (LT) 175 C3
Vill, Roussy- le- (F) 75 D6
Villa Bartolomea (I) 109 D2
Villa Basilica (I) 109 C5
Villablanca (E) 138 A5
Villabona (E) 127 B2
Villabrágima (E) 126 A5
Villacain (E) 132 B2
Villacañas (E) 132 D5
Villacarriedo (E) 126 D2
Villacarrillo (E) 140 A3
Villa Castelli (I) 117 C2
Villach (A) 101 A4
Villacidro (I) 121 B5
Villaciervos (E) 127 A6
Villaconancio (E) 126 C5
Villaconejos (E) 132 D4
Villaconejos (E) 133 B3
Villada (E) 126 A4
Villa d'Almè (I) 99 B6
Villadangos (E) 125 D4
Villa d. C. (I) 110 B1
Villa de Cruses (E) 124 C3
Villa del Prado (E) 132 C4
Villa del Rey (E) 131 B5
Villa del Rio (E) 139 C3
Villa de Peralonso (E) 131 C2
Villaderbós (E) 125 A5
Villa de Vés (E) 134 B6
Villadiego (E) 126 C4
Villa Don Fadrique (E) 133 A5
Villadose (I) 110 B3
Villadóssola (I) 98 D5
Villaeles (E) 126 B4
Villaescusa (E) 133 B5
Villaester (E) 126 A6
Villafáfila (E) 125 D5
Villafalletto (I) 108 B4
Villafamés (E) 134 D4
Villafeliche (E) 133 D1
Villaforo (E) 132 A3
Villafranca di. V. (I) 109 C2
Villafranca (E) 123 B4
Villafranca (E) 125 B3
Villafranca d'A. (I) 108 C3
Villafranca de Cordoba (E) 139 B3
Villafranca de Duero (E) 126 A6
Villafranca de Ebro (E) 128 B6
Villafranca del Campo (E) 134 B2
Villafranca del Cid (E) 134 D3
Villafranca de los Barros (E) 138 C2
Villafranca de los Caballeros (E) 132 D6
Villafranca in Lunigiana (I) 109 B4
Villafranca-Montes de Oca (E) 126 D4
Villafranca Piem. (I) 108 B3
Villafranca T. (I) 119 B2
Villafranco del Guadaquivir (E) 142 B3
Villafrati (I) 118 C3
Villággio Cóppola (I) 114 C5
Villafrechos (E) 126 A5
Villafruela (E) 126 C5
Villafuerte (E) 126 C6
Villagarcia (E) 124 C3
Villagarcia (E) 138 D2
Villagarcia del Liano (E) 133 C6
Villagarola (E) 126 A5
Villager (E) 125 C3
Villággio Mancuso (I) 117 A6
Villággio Moschella (I) 115 C5
Villággio Racise (I) 117 A6
Villagomez (E) 126 A5
Villagonzalo (E) 138 C1
Villagordo (E) 133 B5
Villagrains (F) 104 C2
Villagrande (I) 113 B5
Villagrande Strisáili (I) 121 D4
Villaharta (E) 139 B3
Villähde (FIN) 34 B3
Villahermosa (E) 140 B1
Villaherreros (E) 126 B4
Villahormes (E) 126 B1
Villahoz (E) 126 C5
Villahueva la Concepcion (E) 143 B4
Villaines-en-Duesmois (F) 89 B5
Villaines-la-Juhel (F) 86 D4
Villaines-les-Rochers (F) 95 B1
Villaiquite (E) 126 A4
Villajoyosa (E) 141 C2
Villala (FIN) 21 B6
Villala (FIN) 35 A3
Villalba (I) 118 C4
Villalba (E) 124 D2
Villalba (E) 133 B3
Villalba (E) 134 B2
Villalba, Collado- (E) 132 C3
Villalba Baja (E) 134 B3
Villalba de Guardo (E) 126 B3
Villalba de los Alcores (E) 126 B5
Villalba de los Barros (E) 138 C2
Villa Literno (I) 114 D5
Villalobar (E) 125 D4
Villalón (E) 126 A5
Villalonga (E) 124 B4
Villalpando (E) 126 A5
Villalpardo (E) 133 C5
Villalta (I) 110 C1
Villalta (E) 126 D3
Villaluenga (E) 127 C6
Villaluenga del Rosario (E) 142 D4
Villaluengo (E) 134 C2
Villalva (E) 133 B4
Villamáina (I) 115 A5
Villamalea (E) 133 C6
Villamañán (E) 125 D4
Villamanin (E) 125 D3
Villamanrique (E) 132 D4
Villamanrique (E) 140 B2
Villamanrique de la Condesa (E) 142 B3
Villamar (I) 121 C5
Villamarchante (E) 134 C5
Villamartin (E) 125 B3
Villamartin (E) 126 B5
Villamartin (E) 142 C4
Villamassárgia (I) 121 B5
Villamayor (E) 126 A5
Villamayor (E) 126 C4
Villamayor (E) 128 A6
Villamayor (E) 133 A5
Villamayor de Calatrava (E) 139 C1
Villamblard (F) 105 A1
Villambroz (E) 126 B4
Villamea (E) 125 A2
Villamentero (E) 126 B6
Villamesias (E) 131 C6
Villamiel (E) 126 D5
Villa Minozzo (I) 109 C4
Villamo (FIN) 19 A5
Villamorico (E) 126 D4
Villampuy (F) 87 C5
Villamuelas (E) 132 D5
Villandraut (F) 104 C2
Villandry (F) 95 B1
Villano, Cabo (E) 124 B2
Villaño (E) 127 A3
Villanova Mónd. (I) 108 B4
Villanova (I) 108 A3
Villanova (I) 117 C1
Villanova d'Asti (I) 108 B3
Villanovafranca (I) 121 C5
Villanova Monteleone (I) 121 B2
Villantério (I) 109 A2
Villanubla (E) 126 B6
Villanueva de Alcardete (E) 133 A5
Villanueva de Alcorcón (E) 133 B3
Villanueva de Argáno (E) 126 C4
Villanueva de Bogas (E) 132 D5
Villanueva de Cameros (E) 127 A4
Villanueva de Córdoba (E) 139 B2
Villanueva de Duero (E) 126 B6
Villanueva de Gállego (E) 128 A5
Villanueva de la Fuente (E) 140 B2
Villanueva de la Reina (E) 139 D3
Villanueva del Arzobispo (E) 132 B2
Villanueva del Arzobispo (E) 140 B3
Villanueva de las Cruces (E) 138 B4
Villanueva de la Serena (E) 138 D1
Villanueva de la Sierra (E) 131 C4
Villanueva de las Minas (E) 142 C2
Villanueva de las Torres (E) 140 B4
Villanueva del Campo (E) 126 A5
Villanueva del Duque (e) 139 A2
Villanueva del Fresno (E) 138 B2
Villanueva del Huerva (E) 134 B1
Villanueva del la Jara (E) 133 C6
Villanueva de los Castillejos (E) 138 A4
Villanueva de los Infantes (E) 140 B1
Villanueva de San Carlos (E) 139 D2
Villanueva de San Juan (E) 142 D4
Villanueva de Tapia (E) 143 B3
Villanuño (E) 126 B4
Villány (H) 103 A6
Villaodriz (E) 125 A2
Villa Opicina (I) 111 A1
Villapadierna (E) 126 A3
Villapalacios (E) 140 B2
Villapedre (E) 125 A2
Villapiana Lido (I) 117 A3
Villapiana Scalo (I) 117 A3
Villapriolo (I) 118 D4
Villaputzu (I) 121 D5
Villaquejida (E) 125 D5
Villaquirán (E) 126 C4
Villar, El (E) 127 C4
Villarcayo (E) 126 D3
Villard-de-Lans (F) 107 B1
Villardebelle (F) 106 A6
Villar de Cañas (E) 133 B5
Villar de Canes (E) 134 D3
Villar de Cantos (E) 133 B5
Villar de Chinchilla (E) 140 D1
Villardeciervos (E) 125 C5
Villar de Domingo Garcia (E) 133 B4
Villardefrades (E) 126 A6
Villar de la Encina (E) 133 B5
Villar del Arzobispo (E) 134 C5
Villar de la Yegua (E) 131 B2
Villar del Buey (E) 125 A4
Villar del Buey (E) 131 C1
Villar del Cobo (E) 133 C3
Villar del Humo (E) 133 C4
Villar de los Navarros (E) 134 B1
Villar del Rey (E) 131 B6
Villar del Saltz (E) 134 B2
Villar del Saz (E) 133 B4
Villar del Saz (E) 133 C4
Villar de Olalla (E) 133 B4
Villar de Pedroso (E) 132 A5
Villar de Rena (E) 131 C6
Villar de Santos (E) 124 D5
Villar de Tejas (E) 134 B5
Villárdiga (E) 125 D5
Villardompardo (E) 139 C4
Villareal (E) 134 D4
Villareal de San Carlo (E) 131 C5
Villarejo (E) 132 D1
Villarejo (E) 133 B4
Villarejo de Fuentes (E) 133 A5
Villarejo de Montalbán (E) 132 B5
Villarejo de Salvanés (E) 133 A4
Villarente (E) 126 A4
Villares, Los (E) 143 C2
Villares del Saz (E) 133 B5
Villargordo (E) 139 D3
Villargordo del Cabriel (E) 134 B5
Villargordo del Júcar (E) 133 C6
Villar-Loubière (F) 107 C1
Villarobledo (E) 133 B6
Villarosa (I) 118 D4
Villár Perosa (I) 108 A3
Villarquemado (E) 134 B3
Villarramiel (E) 126 A5
Villarrasa (E) 142 B3
Villarreal (E) 138 B1
Villarreal de Alva (E) 127 B3
Villarrin (E) 125 D5
Villarrodrigo (E) 126 B4
Villarrodrigo (E) 140 C2
Villarroya de la Sierra (E) 127 C6
Villarroya de los Pinares (E) 134 C3
Villarrubia de Santiago (E) 132 D4
Villars (F) 95 B6
Villars-Colmars (F) 107 D3
Villars-les-Dombes (F) 97 B4
Villars-s-Ollon (CH) 98 B4
Villars-s-Var (F) 108 A5
Villarta (E) 132 B6
Villarta (E) 133 C6
Villarta de San Juan (E) 132 D6
Villarubia (E) 132 D6
Villarubio (E) 133 A4
Villasana (E) 126 D2
Villasandino (E) 126 C4
Villa San Giovanni (I) 119 C2
Villa Santa Maria (I) 114 D3
Villa Santina (I) 100 D4
Villasavary (F) 105 D5
Villasayas (E) 133 A1
Villaseca (E) 132 C4
Villaseco (E) 131 C2
Villaseco de los Reyes (E) 131 C1
Villasequilla (E) 132 C4
Villasimius (I) 121 D6
Villasor (I) 121 C5
Villasrubias (E) 131 B3
Villastar (E) 134 B3
Villasuso (E) 126 C2
Villatalla (I) 108 B5
Villatobas (E) 132 D4
Villatoja (E) 134 B6
Villavaliente (E) 134 B6
Villávaro (E) 126 D6
Villa Vela (I) 119 A5
Villavelayo (E) 127 A5
Villavendimio (E) 126 A6
Villaverde (E) 126 A4
Villaverde de Guadalimar (E) 140 C2
Villavérnia (I) 108 D3
Villaviciosa (E) 126 A1
Villavieja (E) 131 B2
Villa Vomano (I) 113 C4
Villayón (E) 125 B1
Villdalsseter (N) 24 A6
Ville, Villers-la- (B) 75 B3
Villé (F) 90 C3
Ville, le (I) 112 D2
Ville-aux-Clercs, la (F) 87 B5
Villebaudon (F) 86 C3
Villebois-Lavalette (F) 95 A6
Villebret (F) 96 B4
Villebrumier (F) 105 C4
Villecerf (F) 88 C3
Villecomtal (F) 104 D5
Villecomtal-s-Arros (F) 106 A2
Villecroze (F) 107 C4
Villedaigne (F) 106 A5
Villedieu, la (F) 90 A5
Villedieu, la (F) 94 D4
Villedieu (F) 89 A4
Villedieu-du-Clain, la (F) 95 A3
Ville-Dieu-du-Temple, la (F) 105 B3
Villedieu-la-Blouère (F) 94 C2
Villedieu-les-Poêles (F) 86 C3
Villedieu-s-Indre (F) 95 C2
Villedômain (F) 95 C2
Villedoux (F) 94 C4
Ville-en-Tardenois (F) 74 D6
Villefagnan (F) 95 A4
Villefort (F) 106 C2
Villefranche (I) 98 C5
Villefranche (F) 108 A6
Villefranche-d'Albigeois (F) 105 D4
Villefranche-d'Allier (F) 96 C3
Villefranche-de-Conflent (F) 129 C3
Villefranche-de-Lauragais (F) 105 C5
Villefranche-de-Lonchat (F) 104 D1
Villefranche-de-Panat (F) 106 A3
Villefranche-de-Rouergue (F) 105 D2
Villefranche-du-Périgord (F) 105 B2
Villefranche-du-Queyran (F) 104 D3
Villefranche-s.-Cher (F) 96 A1
Villefranche-s-Saône (F) 97 B4
Villegailhenc (F) 105 D5
Villel (E) 134 B4
Villel de Mesa (E) 133 D1
Villemer (F) 88 C3
Villemeux-s-Eure (F) 88 A2
Villemontais (F) 96 D4
Villemorien (F) 89 A4
Villemur-s-Tarn (F) 105 C4
Villena (E) 141 B2
Villenauxe-la-Grande (F) 88 D2
Villeneuve (F) 97 B4
Villeneuve (CH) 98 B3
Villeneuve (I) 98 B5
Villeneuve (F) 105 D2
Villeneuve (F) 107 D1
Villeneuve (F) 108 A6
Villeneuve-au-Chemin (F) 89 A4
Villeneuve-d'Amont (F) 97 D2
Villeneuve-de-Berg (F) 106 D2
Villeneuve-de-Marsan (F) 104 C/D4
Villeneuve-de-Rivière (F) 105 A5
Villeneuve-la-Comptal (F) 105 C5
Villeneuve-la-Comtesse (F) 94 D4
Villeneuve-la-Guyard (F) 88 C6
Villeneuve-l'Archevêque (F) 88 D3
Villeneuve-le-Comte (F) 88 C2
Villeneuve-lès-Avignon (F) 107 A3
Villeneuve-les-Corbières (F) 106 A6
Villeneuve-Minervois (F) 106 A5
Villeneuve-s-Allier (F) 96 C3
Villeneuve-s-Cher (F) 96 B2
Villeneuve-s-Lot (F) 105 A2
Villeneuve-s-Yonne (F) 88 D4
Villentrois (F) 95 C2
Villepinte (F) 105 D5
Villequier (F) 87 B2
Villequiers (F) 96 B2
Villeréal (F) 105 A2
Villerest (F) 97 A4
Villereversure (F) 97 C4
Villerias (E) 126 B5
Villeromain (F) 87 B6
Villerouge-Termenès (F) 106 A6
Villers (F) 74 C5
Villers-Bocage (F) 74 B4
Villers-Bocage (F) 86 D3
Villers-Bretonneux (F) 74 B4
Villers-Bretonneux (F) 74 B5
Villers-Carbonnel (F) 74 C4
Villers-Cotterêts (F) 74 C6
Villers-en-Argonne (F) 89 B1
Villersexel (F) 90 B5
Villers-Farlay (F) 97 C2
Villers-la-Ville (B) 75 B3
Villers-le-Gambon (B) 75 B4
Villers-les-Pots (F) 97 C1
Villerslev (DK) 37 A6
Villers-Saint-Paul (F) 88 D4
Villers-s-Mer (F) 86 D2
Villers-s-Meuse (F) 89 C1
Villerupt (F) 75 D6
Villerville (F) 87 A2
Villeseneux (F) 89 A2
Villesèque (F) 105 B/C2
Villes-s-l. (F) 90 A4
Villes-s-Auzon (F) 107 A3
Ville-s-Tourbe (F) 75 B6
Ville-sur-Telle (F) 75 B6
Villetelle, la (F) 96 B4
Villetrun (F) 87 C6
Villetta Barrea (I) 113 D6
Villeveyrac (F) 106 C5
Villevocance (F) 97 A6
Villexanton (F) 87 C6
Villia (GR) 167 C6
Villié-Morgon (F) 97 B4
Villiers (F) 95 C2
Villiers-Charlemagne (F) 86 D5
Villiers-en-Plaine (F) 94 D3
Villiers-Saint-Georges (F) 88 D2
Villikkala (FIN) 34 B3
Villikkala (FIN) 34 C3
Villimpenta (I) 109 D2
Villinge (S) 31 B5
Villingendorf (D) 91 A4
Villingen-Schwenningen (D) 91 A4
Villingsberg (S) 29 A5
Villodrigo (E) 126 C5
Villoido (E) 126 B4
Villola (S) 25 C2
Villora (E) 134 A5
Villorba (I) 110 B1
Villore (I) 110 A5
Villotta (I) 100 D5
Villovela (E) 132 C1
Villstad (S) 38 C5
Villvattnet (S) 17 A2
Villy-en-Auxois (F) 97 B1
Vilm (D) 62 B2
Vilmány (H) 82 D5
Vilmilä (FIN) 12 D2
Vilnes (N) 22 A6
Vilnius (LT) 177 A4
Vilppula (FIN) 20 A6
Vilpulka (LV) 179 C2
Vils (A) 99 D1
Vilsandi (EST) 180 A5
Vilsănesti (RO) 153 D1
Vilsbiburg (D) 93 A3
Vilseck (D) 78 C5
Vilshofen (D) 78 D5
Vilshofen (D) 93 B2
Vilshult (S) 39 A6
Vilske-Kleva (S) 38 C2
Vilsted (DK) 37 B6
Vilūnai (LT) 176 C5
Vilusi (YU) 157 A3
Viluste (EST) 182 C2
Viluvere (EST) 180 D5
Vilvoorde (B) 75 A2
Vilzēni (LV) 179 C3
Vilzēnmuiža (LV) 179 C3
Vimbodi (E) 128 D6
Vimeiro (P) 130 A6
Vimeiro (P) 130 B5
Vimercate (I) 99 B6
Vimianzo (E) 124 B2
Vimieiro, Est. (P) 137 D1
Vimieiro (P) 137 D1
Vimioso (P) 125 B6
Vimmerby (S) 39 B3
Vimmervattnet (S) 16 A5
Vimo (S) 28 D1
Vimoutiers (F) 87 A3
Vimpeli (FIN) 19 D3
Vimperk (CZ) 93 C1
Vimy (F) 74 C3
Vinac (BIH) 150 C4
Vinaceite (E) 134 C1
Vinadi (CH) 99 D3
Vinádio (I) 108 A4
Vinaixa (E) 128 D6
Vinalmont (B) 75 B3
Vinařice (CZ) 70 A6
Vinaroz (E) 135 A3
Vînători (RO) 146 C4
Vînători (RO) 148 B6
Vînători (RO) 149 B3
Vînători-Neamt (RO) 148 D3
Vinay (F) 97 C6
Vinberg (S) 38 B5
Vinca (I) 109 B5
Vinca (F) 129 C5
Vinčai (LT) 176 B5
Vincent, S. (I) 98 C5
Vinchiaturo (I) 115 A4
Vinci (I) 109 C5
Vindeby (DK) 41 A5
Vindelgransele (S) 16 C1
Vindeln (S) 17 A3

Vinderei (RO) 149 C5
Vinderslev (DK) 40 D2
Vinderup (DK) 40 C1
Vindinge (DK) 41 B4
Vindö (S) 31 B4
Vindornyaszőlős (H) 102 C4
Vindriži (LV) 182 D5
Vinets (F) 89 A3
Vinga (RO) 146 B5
Vingåker (S) 30 C5
Vingard (RO) 147 B5
Vinge, Nørre (DK) 40 D1
Vingelen (N) 23 C4
Vingen (N) 22 B5
Vingininkai (LT) 175 D3
Vingrau (F) 106 A6
Vingrom (N) 27 C1
Vinhais (P) 125 A5
Vinica (HR) 102 A5
Vinica (SK) 103 B1
Vinica (SLO) 111 C2
Vinica (MK) 158 D5
Viničani (MK) 163 A1
Viniegra (E) 127 A5
Vinje (N) 5 A2
Vinje (N) 26 C2
Vinje (N) 27 A5
Vinjeøra (N) 23 B2
Vinjerac (HR) 111 D5
Vinjesvingen (N) 26 D5
Vinju Mare (RO) 153 A3
Vinkeveen (NL) 66 C4
Vinkiä (FIN) 33 C1
Vinkkilä (FIN) 32 D3
Vinkovci (HR) 151 B2
Vinkšniniai (LT) 176 D1
Vinliden (S) 16 C2
Vinnare (FIN) 32 D2
Vinnäset (S) 11 C2
Vinné (SK) 83 A4
Vinnelys (N) 1 D5
Vinneuf (F) 88 C3
Vinni (FIN) 19 D3
Vinninga (S) 38 C2
Vinningen (D) 90 C1
Vinö (S) 39 C3
Vinodolski, Novi (HR) 111 C2
Vinograd (BG) 160 B1
Vinogradi, Kn. (HR) 103 B6
Vinön (S) 29 B5
Vinon (F) 96 C1
Vinon-s-Verdon (F) 107 B4
Vinos, Icod de los (E) 144 A5
Vinsa (S) 11 C1
Vinslöv (S) 42 D1
Vinsmyr (N) 23 D1
Vinsobres (F) 107 A3
Vinsternes (N) 23 A2
Vinstra (N) 23 D5
Vintervollen (N) 3 C3
Vintilă Vodă (RO) 154 C1
Vintileanca (RO) 154 C2
Vintjärn (S) 29 B1
Vintturi (FIN) 19 D2
Vintu de Jos (RO) 147 A5
Viñuela, La (E) 139 C2
Viñuela (E) 131 C1
Vinuela (E) 143 B4
Viñuelas (E) 132 D2
Vinuesa (E) 127 A5
Vinzelberg (D) 69 A3
Viola (I) 108 B4
Violay (F) 97 A5
Viols-le-Fort (F) 106 C4
Viozene (I) 108 B5
Vipava (SLO) 101 B6
Viperesti (RO) 154 C2
Vipiteno (I) 100 A3
Vipperød (DK) 41 C3
Vir, Krivi (YU) 152 C5
Vir (CZ) 80 C3
Vir (HR) 111 C4
Vira (CH) 99 A5
Virak (N) 36 B2
Virandeville (F) 86 B2
Viräne (LV) 182 B4
Virbalis (LT) 176 A5
Vircava (LV) 179 A6
Vîrciorova (RO) 152 D3
Vire (F) 86 C3
Vireda (S) 39 A3
Virenoja (FIN) 34 B3
Vireši (LV) 182 B3
Virestad (S) 39 A6
Vireux (F) 75 B4
Vireux-Wallerand (F) 75 B4
Vîrfurile (RO) 146 D5
Virga (LV) 178 B6
Virgen (A) 100 C3
Virghis (RO) 148 C6
Virgilio (I) 109 C2
Virginia (IRL) 47 A6
Viriat (F) 97 B4
Virieu (F) 97 C6
Virieu-le-Grand (F) 97 C5
Virignin (F) 97 C5
Virisjaure (S) 9 B6
Virje (HR) 102 B6
Virkkala, Virkby (FIN) 33 B4
Virkkula (FIN) 13 C1
Virkkunen (FIN) 13 A3
Virkvarn (S) 39 C4
Virla (EST) 181 A4
Virle Piem. (I) 108 B3
Vîrlezi (RO) 149 C6
Virmaanpää (FIN) 20 D4
Virmaila (FIN) 34 B1
Virmutjoki (FIN) 35 B1
Virojoki, Virolahti (FIN) 34 D3
Virolahden kk. (FIN) 34 D4
Virolahti, Virojoki (FIN) 34 D3
Virovitica (HR) 102 C6
Virpazar (YU) 157 B5
Virpe (LV) 178 C3
Virrankylä (FIN) 20 C4
Virrat (FIN) 19 D5
Virsbo (S) 29 B3
Virserum (S) 39 B4
Virson (F) 94 C4
Virtaa (FIN) 34 B1
Virtala (FIN) 19 D4
Virtaniemi (FIN) 3 B5
Virtaniemi (FIN) 7 C1
Virtasalmi (FIN) 20 D5
Virtoapele (RO) 154 A5
Virton (B) 75 C5
Virtsu (EST) 180 C5
Virttaa (FIN) 33 A3
Virtudes (E) 140 A2
Viru-Jaagupi (EST) 181 B3
Viru Kabala (EST) 181 B3
Viru-Nigula (EST) 181 B3
Viry (F) 97 A3
Viry (F) 97 D4
Vis (HR) 156 A3
Visaginas (LT) 177 B2
Visagu (RO) 146 D3
Višakio Rūda (LT) 176 B4
Visalaukė (LT) 177 A4
Visan (F) 107 A3
Visbek (D) 67 D3
Visby (S) 43 C5
Visca (RO) 146 D5
Visé (B) 75 C2
Visegrád (H) 103 B2
Višegrad (BIH) 151 B5
Visentoña (E) 124 C2
Viserba (I) 110 C5
Viseu (P) 130 D2
Viseu de Sus (RO) 147 C1
Viseul de Jos (RO) 147 C1
Višići (BIH) 156 D3
Visiedo (E) 134 B2
Visina Vecha (RO) 153 D4
Vişineşti (MD) 149 D5
Visingsö (S) 38 D2
Visjöberg (S) 16 B4
Viskafors (S) 38 B4
Viskāli (LV) 179 C5
Viskan (S) 25 B3
Viškeri (LV) 177 C6
Viški (LV) 177 C1
Viski (RUS) 182 D3
Visking e (DK) 41 B3
Vislanda (S) 39 A5
Višli (LV) 178 C4
Vismantai (LT) 176 C2
Višn'a, Sudovaja (UA) 83 C2
Visnes (N) 26 A6
Višnevo (BY) 177 B5
Višnevo (BY) 177 B6
Višnevoe (RUS) 64 D1
Višnevoje (RUS) 175 B5
Višnevoje (RUS) 175 D4
Višnja Gora (SLO) 111 B1
Višnjan (HR) 111 A2
Višňové (CZ) 80 C4
Visnum (S) 29 A5
Visnums-Kil (S) 28 D5
Viso, El (E) 139 B2
Viso de Alcor, El (E) 142 C3
Viso del Marqués (E) 140 A2
Visoko (BIH) 150 D5
Visone (I) 108 C3
Višovgrad (BG) 160 A1
Visp (CH) 98 D4
Vissani (GR) 162 C5
Vissefjärda (S) 39 B6
Visselhövede (D) 68 B2
Visseltofta (S) 38 D6
Visso (I) 113 B3
Vissoie (CH) 98 C4
Vist (N) 14 C5
Vistabella del Maestrazgo (E) 134 D3
Vistasstugan (S) 5 B4
Vistdal (N) 22 D3
Viştea (RO) 147 A3
Vistheden (S) 11 A4
Visthus (N) 8 D6
Vištytis (LT) 176 A5
Visukums (LV) 182 C3
Visulahti (FIN) 34 D1
Visuvesi (FIN) 19 D5
Visz (H) 102 D4
Vita (S) 11 C3
Vita (I) 118 A3
Vitåfors (S) 11 C3
Vitanje (SLO) 101 D4
Vitanovac (YU) 152 A5
Vitanovac (YU) 152 D6
Vitanvaara (FIN) 13 A2
Vitavice, Bol. (CZ) 93 C2
Vit'az (SK) 82 C4
Vitberget (S) 11 A4
Vitbergsträsk (S) 11 A4
Vitemölla (S) 43 A2
Viterbe (F) 105 C/D4
Viterbo (I) 112 D4
Viti (EST) 180 D3
Viti (EST) 180 D4
Vitigudino (E) 131 B2
Vitina (BIH) 156 C2
Vitini (LV) 178 D6
Vitis (A) 80 B5
Vítkov (CZ) 81 B2
Vitkovac (YU) 152 A5
Vitolište (MK) 163 A2
Vitorchiano (I) 112 D4
Vitoria/Gasteiz (E) 127 B3
Vito S., C. (I) 117 B3
Vito S., Capo (I) 118 A3
Vitrac (F) 106 A1
Vitray-en-Beauce (F) 87 C5
Vitré (F) 86 C5
Vitrey-s-Mance (F) 89 D4
Vitrolles (F) 107 B5
Vitrupe (LV) 179 B3
Vitry-en-Artois (F) 74 C3
Vitry-en-Artois (F) 74 C3
Vitry-la-Ville (F) 89 A2
Vitry-le-François (F) 89 B2
Vitry-s-Loire (F) 96 D3
Vitsai (FIN) 34 D2
Vitsand (S) 28 C3
Vittangi (S) 6 A4
Vittaryd (S) 38 D5
Vitte (D) 61 D1
Vitteaux (F) 97 A1
Vittel (F) 89 D3
Vittersjö (S) 25 C6
Vittikko (FIN) 6 D5
Vittikko (FIN) 7 C6
Vittikkovvuoma (FIN) 6 C6
Vittinge (S) 30 D3
Vittinki (FIN) 19 B4
Vittjärn (S) 28 B3
Vittjärv (S) 11 B4
Vittória (I) 118 D5
Vittório, Véneto (I) 100 C5
Vittorp (S) 30 C5
Vittsjö (S) 42 D1
Vitulano (I) 115 A5
Vitunići (BY) 177 D4
Vitvattnet (S) 11 C3
Vitvattskrogen (S) 24 D3
Vitviken (S) 43 D4
Vitznau (CH) 99 A2
Viù (I) 108 A2
Viuhkola (FIN) 34 D2
Viuruniemi (FIN) 21 A4
Vivans (F) 96 D4
Vivario (F) 120 C3
Vivastbo (S) 30 C2
Vive (DK) 37 C6
Vivel (E) 134 C2
Viveli (N) 26 D3
Viver (E) 134 C4
Vivero (E) 125 A1
Viverols (F) 96 D6
Viverone (I) 108 C1
Viveros (E) 140 C1
Vivestad (N) 27 C5
Viviers (F) 107 A2
Vivier-s-Mer, le (F) 85 B2
Viviez (F) 105 D2
Vivljunga (S) 38 D6
Vivonne (F) 95 A3
Vivungi (S) 6 B3
Vivy (F) 95 A1
Vix (F) 89 B4
Vize (TR) 161 B5
Vizille (F) 107 B1
Vižinada (HR) 111 A2
Viziru (RO) 155 A2
Vizovice (CZ) 81 B3
Vizsoly (H) 82 D5
Vizzavona (F) 120 C3
Vizzini (I) 119 A5
Vjalikaja Berastavica (BY) 65 D4
V. Jamnička (HR) 111 D1
Vjarchovičy (BY) 65 D6
Vlachata (GR) 166 B6
Vlachia (GR) 167 C4
Vlachokerasia (GR) 171 A3
Vlachovo (SK) 82 B5
Vlachy, Spišské (SK) 82 C4
Vlădesti (RO) 153 D1
Vladičin Han (YU) 158 C3
Vladievci (MK) 163 C1
Vladimirci (YU) 151 C3
Vladimirovac (YU) 152 A2
Vladimirovo (BG) 153 B5
Vladimirovo (BG) 155 A6
Vladimirovo (RUS) 175 B5
Vladinia (BG) 153 D6
Vladislav (CZ) 80 C4
Vlagtwedde (NL) 67 B2
Vlăhita (RO) 148 C5
Vlajkovac (YU) 152 B2
Vla Napoleone (I) 112 A3
Vlasenica (BIH) 151 B4
Vlašići (HR) 111 C4
Vlašim (CZ) 79 D4
Vlasin (RO) 154 B5
Vlasina Rid (YU) 158 D3
Vlaški Drenovac (YU) 158 A4
Vlasotince (YU) 158 D2
Vlčany (SK) 102 D1
Vlčkovce (SK) 81 A6
Vlesno (RUS) 182 D5
Vlieland (NL) 66 C2
Vlijmen (NL) 66 D5
Vlissingen (NL) 74 D1
Vlitakoski (FIN) 12 B2
Vlkava (CZ) 70 B6
Vlochos (GR) 163 B6
Vlotho (D) 68 A4
Vlovë (AL) 162 A4
Vltavice, Dol. (CZ) 93 C2
Vltavice, Hor. (CZ) 93 C1
Vltavou, Kralupy nad (CZ) 70 A6
Vlychon (GR) 166 B5
Vobarno (I) 99 D6
Vöbbia (I) 108 D3
Voćin (HR) 150 C1
Vöcklabruck (A) 93 C3
Vöcklamarkt (A) 93 B3
Voda, Bílá (CZ) 71 A6
Voda, Cervená (CZ) 80 D2
Voda, Pašina (YU) 157 B3
Vode, Partizanske (YU) 151 C5
Vode, Savine (YU) 157 D3
Voderady (SK) 81 A6
Vodica (BG) 160 B1
Vodice (HR) 111 A2
Vodice (HR) 111 D6
Vodňany (CZ) 79 C5
Vodnata peštera (BG) 160 A1
Vodnjan (HR) 111 A3
Vodochody, Straškov- (CZ) 70 A6
Vodopije (HR) 111 C6
Vodoteč (HR) 111 C3
Voe (GB) 45 D3
Voerså (DK) 37 C5
Vœuil-et-Giget (F) 95 A5
Vogar (IS) 1 A3
Vogatsikon (GR) 163 A4
Vogelenzang (NL) 66 C4
Vogelsang (D) 69 D2
Voghera (I) 108 D2
Vogogna (I) 98 D5
Vogtareuth (D) 92 D4
Vogüé (F) 107 A2
Vohburg a. d. Donau (D) 92 C2
Vohdensaari (FIN) 32 C3
Vohenstrauss (D) 78 D5
Võhma (EST) 180 A5
Võhma (EST) 180 C5
Võhma (EST) 181 A3
Võhma (EST) 181 A5
Vohonjoki (FIN) 13 A2
Vöhrenbach (D) 90 D4
Vöhringen (D) 91 C3
Void (F) 89 C2
Voikoski (FIN) 34 C2
Voila (RO) 147 D5
Voineasa (RO) 153 B1
Voinesti (RO) 149 B3
Voinesti (RO) 154 A2
Voiron (F) 97 C6
Voise (F) 88 A3
Voisey (F) 89 D4
Võisiku (EST) 181 B5
Voisines (F) 89 C4
Võiste (EST) 179 B2
Voiteg (RO) 152 B1
Voiteur (F) 97 C3
Voitsberg (A) 101 D3
Vojakkala (FIN) 12 B2
Vojakkala (FIN) 33 C3
Vojens (DK) 40 D4
Vojmåri (S) 16 B2
Vojnić (HR) 111 D2
Vojnice (SK) 103 A1
Vojnik (SLO) 101 D5
Vojnik (MK) 158 C4
Vojnjagovo (BG) 159 D3
Vojnovac (HR) 111 C2
Vojstom (BY) 177 C5
Vojvoda (BG) 154 D6
Vojv. Stepa (H) 146 A6
Voka (EST) 181 D3
Vokil (BG) 154 D5
Voknavolok (RUS) 13 D4
Volada (GR) 173 C6
Volahytta (N) 26 C2
Volano, Lido di (I) 110 C3
Volargne (I) 99 D6
Volary (CZ) 93 C1
Volas (GR) 164 A1
Volča (BY) 177 D4
Volda (N) 22 B4
Voldby (DK) 41 B1
Voldi (EST) 181 C5
Voldum (DK) 41 A1
Volendam (NL) 66 C4
Volgsele (S) 16 B2
Volgsjöfors (S) 16 B3
Volime (GR) 170 B2
Volissos (GR) 168 D4
Volkach (D) 78 A4
Völkermarkt (A) 101 C4
Volkkaa (FIN) 34 C3
Völklingen (D) 76 B6
Volkmarsen (D) 68 B6
Volkolata (BY) 177 D4
Volkovija (MK) 162 C1
Volkovo (RUS) 182 D4
Volkovščina (BY) 177 C2
Volkwardingen (D) 68 C2
Vollan (N) 15 A4
Vollaseter (N) 23 C3
Vollenhove (NL) 66 D3
Vollersode (D) 60 B5
Vollezele (B) 75 A2
Vollore-Montagne (F) 96 D5
Vollsbu (N) 27 B1
Vollset (N) 22 C5
Volma (BY) 177 D6
Volmsjö (S) 16 C3
Volnay (F) 87 A6
Volnes (N) 8 C5
Volodarovka (RUS) 175 D5
Volonne (F) 107 C3
Volos (GR) 163 D6
Volosovo (RUS) 35 B6
Volosovo (RUS) 35 C6
Volosovo (RUS) 181 D4
Volovec (UA) 83 C4
Vološin (BY) 177 B6
Volpago (I) 110 B1
Volpiano (I) 108 B2
Vols (FIN) 33 C4
Völschow (D) 62 B3
Volseter (N) 23 C4
Voltággio (I) 108 D3
Volta Mantonava (I) 109 C2
Volterra (I) 112 B2
Volterrano (I) 112 D2
Voltri (I) 108 D4
Voltti (FIN) 19 C3
Volturara A. (I) 115 A4
Volturara I. (I) 115 A6
Volturno, Castel (I) 114 C4
Volvic (F) 96 C5
Volx (F) 107 C4
Volyncy (BY) 177 D2
Volyně (CZ) 79 C5
Võmmorski (EST) 182 C2
Vonêche (B) 75 B4
Vonge (DK) 40 D3
Vonheim (N) 4 B4
Vonitsa (GR) 166 B4
Vonnas (F) 97 B4
Võnnu (EST) 181 C6
Vönöck (H) 102 C3
Vonsbæk (DK) 40 D4
Vonsild (DK) 40 D4
Vööpste (EST) 181 C5
Vööpsu (EST) 182 C2
Voore (EST) 181 C4
Voorschoten (NL) 66 B5
Voorthuizen (NL) 66 D4
Vopnafjördur (IS) 1 D1
Vorau (A) 102 A2
Võra Võyri (FIN) 19 B3
Voray-s-l'Ognon (F) 97 D1
Vorbasse (DK) 40 C3
Vorchdorf (A) 93 C3
Vorden (NL) 67 A5
Vörden (D) 67 D4
Vordernberg (A) 101 C2
Vordingborg (DK) 41 C4
Voreppe (F) 97 C6
Vorey (F) 96 D6
Vörlö (FIN) 33 B4
Vorly (F) 96 B2
Vormsele (S) 16 D2
Vormträsk (S) 16 D2
Vorna (FIN) 12 D6
Vorn'any (BY) 177 B4
Vorniceni (RO) 148 D1
Vorniceni (MD) 149 D3
Vorochta (UA) 148 A1
Vorona (RO) 149 A2
Voronet (RO) 148 C3
Voronka (BY) 177 C3
Voronkina (RUS) 182 C3
Voronovo (BY) 177 A6
Voronovo (RUS) 181 D3
Voropajevo (BY) 177 C3
Vorota, Niž (UA) 83 B4
Vorpbukta (N) 14 A5
Vorsfelde (D) 68 D4
Vorteröya (N) 1 C5
Võru (EST) 182 C2
Vorzova (LV) 177 D1
Vosbutai (LT) 176 B3
Vosiliškis (LT) 176 B3
Voskopojë (AL) 162 C3
Voslapp (D) 67 D1
Voslobeni (RO) 148 C5
Voss (N) 26 C2
Voßbarg (D) 67 C2
Vosselaar (B) 75 B1
Võsu (EST) 181 B2
Votice (CZ) 79 D4
Võtikvere (EST) 181 C4
Võtikvere (EST) 181 C4
Votonossi (GR) 162 D5
Voŭčin (BY) 73 C1
Voué (F) 89 A3
Vougeot (F) 97 B2
Vouharte (F) 95 A5
Vouhé (F) 94 D4
Vouillé (F) 94 D4
Vouillé (F) 95 A3
Vouillon (F) 96 A2
Voulpaix (F) 74 D5
Voulpaix (F) 74 D5
Voulte-s-Rhône, la (F) 107 A1
Voulx (F) 88 C3
Vouneuil-s/s-Biard (F) 95 A3
Vouneuil-s-Vienne (F) 95 B3
Vouni (CY) 174 C5
Voussac (F) 96 C4
Voutenay-s-Cure (F) 88 D5
Voutré (F) 86 D5
Vouvant (F) 94 D3
Vouvray (F) 95 B1
Vouvry (CH) 98 B4
Vouzailles (F) 95 A3
Vouzela (P) 130 C2
Vouziers (F) 75 B6
Vouzon (F) 88 B5
Voves (F) 88 A3
Voxna (S) 25 A6
Voxnabruk (S) 25 A6
Vožice, Ml. (CZ) 79 D4
Vrå (DK) 37 B5
Vrå (DK) 37 C5
Vra (S) 38 C6
Vrabevo (BG) 159 D2
Vráble (SK) 81 B6
Vraca (BG) 159 B2
Vračenovići (YU) 157 A3
Vračev Gaj (YU) 152 B2
Vraćevšnica (YU) 152 A4
Vrachation (GR) 167 B6
Vracov (CZ) 81 A4
Vrådal (N) 27 A5
Vrahovice (CZ) 81 A3
Vråk (S) 38 C5
Vrakúň (SK) 102 D1
Vråliosen (N) 27 A5
Vrana (HR) 111 B3
Vrana (HR) 111 D5
Vranduk (BIH) 150 D4
Vrangfosssluser (N) 27 B5
Vrångö (S) 38 A4
Vranic (YU) 151 D3
Vranići (BIH) 151 B6
Vranino (BG) 155 B6
Vranjak (HR) 111 C4
Vranje (YU) 158 C3
Vranj. Njive (YU) 157 B4
Vranjska Banja (YU) 158 D3
Vranov n. T. (SK) 82 D4
Vranovice (CZ) 80 D4
Vransko (SLO) 101 C5
Vranštica (YU) 157 C2
Vraona (GR) 167 D6
Vrapče Polje (YU) 157 C3
Vrapčići (BIH) 150 D6
Vratarnica (YU) 152 D5
Vratimov (CZ) 81 B2
Vratnica (MK) 158 B4
Vratno, Gor. (HR) 102 A5
Vráž (CZ) 79 B5
Vražogrnac (YU) 152 D4
Vrba (YU) 152 A5
Vrbanja (HR) 151 B2
Vrbanovec (HR) 102 B5
Vrbas (YU) 151 C1
Vrbaška (BIH) 150 C2
Vrbnica (YU) 158 A4
Vrbnik (HR) 111 B3
Vrbnik (HR) 150 A5
Vrbno pod. Pradědem (CZ) 81 A1
Vrbov (SK) 82 B4
Vrbovce (SK) 81 A5
Vrbové (SK) 81 A5
Vrbovec (HR) 102 A6
Vrbovsko (HR) 111 C2
Vrchlabí (CZ) 70 C5
Vrčin (YU) 152 A3
Vrdy (CZ) 80 B2
Vrebac (HR) 111 D4
Vrécourt (F) 89 C3
Vreden (D) 67 B5
Vrela (YU) 158 A3
Vrelo (HR) 111 C2
Vrelo (BIH) 111 D3
Vrelo (HR) 111 D3
Vrelo (YU) 152 C6
Vremski Britof (SLO) 111 A1
Vrena (S) 30 D6
Vrensted (DK) 37 B5
Vreoci (YU) 151 D3
Vresse (B) 75 B4
Vresthena (GR) 171 A3
Vreta (FIN) 33 A4
Vretstorp (S) 29 A5
Vrginmost (HR) 111 D2
Vrgorac (HR) 156 C2
Vrhnika (SLO) 101 B5
Vrhovine (HR) 111 D3
Vrhpolje (BIH) 150 B3
Vries (NL) 67 A2
Vriezenveen (NL) 67 B4
Vrigstad (S) 39 A4
Vrin (CH) 99 B3
Vrisia (GR) 163 C6
Vrist (DK) 40 B1
Vrlika (HR) 150 B5
Vrnjačka Banja (YU) 152 A5
Vrnograč (BIH) 150 A2
Vroisha (CY) 174 C5
Vron (F) 74 A3
Vrondados (GR) 168 D4
Vrondu (GR) 163 C4
Vronteron (GR) 162 D3
Vroutek (CZ) 79 B3
Vrpolje (HR) 151 A2
Vršac (YU) 152 B2
Vršani (BIH) 151 B3
Vrsar (HR) 111 A2
Vrsi (HR) 111 C5
Vrtoče (BIH) 150 A3
Vrućica, Banja (BIH) 150 D3
Vrulje (HR) 111 C6
Vrusina (GR) 162 C6
Vrútky (SK) 81 C4
Vrutok (MK) 162 D1
Vrzići (HR) 111 C3
Všechov (CZ) 79 D5
Všeruby (CZ) 79 A5
Všestary (CZ) 70 C6
Vsetín (CZ) 81 B3
Vsevoložskij (RUS) 35 D5
Vtáčn., Lehota p. (SK) 81 C5
Vtelno, Mělnické (CZ) 70 B6
Vtroja (RUS) 181 D4
Vuarrens (CH) 98 B3
Vucelići (HR) 111 C3
Vučitrn (YU) 158 B3
Vučkove (UA) 83 C5
Vüddö (S) 31 B2
Vudia (GR) 172 A4
Vueltas (E) 144 C2
Vught (NL) 66 C6
Vuillafans (F) 97 D2
Vuka (HR) 151 A1
Vukan (BG) 159 A3
Vukolies (GR) 172 A5
Vukova Gorica (HR) 111 C2
Vukovar (HR) 151 B1
Vuku (N) 14 C5
Vula (GR) 167 D6
Vulaines-s-Seine (F) 88 C2
Vulcan (RO) 153 A1
Vulcan (RO) 154 A1
Vulcana-Băi (RO) 154 A2
Vulcăneşti (MD) 149 D6
Vuliagmeni (GR) 171 C2
Vultureni (RO) 147 A3
Vulturu (RO) 154 D1
Vulturu (RO) 155 B3
Vuohčču, Vuotso (FIN) 7 B3
Vuohensalo (RUS) 35 C2
Vuohijärvi (FIN) 34 C2
Vuohtomäk (FIN) 20 B2
Vuojalahti (FIN) 20 C6
Vuojärvi (FIN) 7 A5
Vuokatti (FIN) 13 B6
Vuoksela (RUS) 35 C3
Vuoksenniska (FIN) 35 A2
Vuole (RUS) 35 D4
Vuolenk (FIN) 34 B2
Vuolijoki (FIN) 12 D6
Vuolle (FIN) 19 D1
Vuollerim (S) 11 A3
Vuoloinen (FIN) 32 D3
Vuomajärvi (S) 11 D3
Vuonamo (FIN) 20 C3
Vuonisjärvi (FIN) 21 C3
Vuonislahti (FIN) 21 C3
Vuontisjärvi, (FIN) 6 C2
Vuorenkylä (FIN) 33 B2
Vuoren maa (FIN) 19 C3
Vuorenmaa (FIN) 20 D6
Vuorenmaa (FIN) 33 A2
Vuorenmylly (FIN) 34 B2
Vuoreslahti (FIN) 13 A6
Vuorijärvi (FIN) 19 B6
Vuorilahti (FIN) 20 B3
Vuorilahti (FIN) 34 D1
Vuorimäki (FIN) 20 D2
Vuoriniemi (FIN) 35 B1
Vuosaari (FIN) 34 A5
Vuosanka (FIN) 13 C6
Vuostimo (FIN) 7 B6
Vuotinainen (FIN) 33 B3
Vuotlahti (FIN) 21 A3
Vuotso, Vuohčču (FIN) 7 B3
Vuotta (RUS) 35 C4
Vuottas (S) 11 B2
Vuottila (FIN) 33 A2
Vuottolahti (FIN) 20 C1
Vuotunki (FIN) 13 C1
Vurpăr (RO) 147 C5
Vurvuru (GR) 164 A4
Vusion (GR) 167 A3
Vust (DK) 37 A5
Vuxa, Akr. (GR) 172 A5
Vuzlove (UA) 83 B5
Vyborgskij Zaliv (RUS) 35 A4
Vyborg, Viipuri (RUS) 35 B3
Východná (SK) 82 B4
Vydeniai (LT) 176 D6
Vydmantai (LT) 175 C2
Vygreliai (LT) 176 B5
Vyhoda (UA) 83 D4
Vylok (UA) 83 B6
Vynnyky (UA) 83 D2
Vynohradiv (UA) 83 B6
Vyöni (S) 11 C2
Vyra (RUS) 35 C6
Vyritsa (RUS) 35 D6
Vys. Chlumec (CZ) 79 C4
Vyšgorodok (RUS) 182 D4
Vyskatka (RUS) 181 D4
Vyskov (CZ) 80 D3
Vys. Mýto (CZ) 80 C2
Vyšné Nemecké (SK) 83 A5
Vyšný Komárnik (SK) 82 D3
Vyšný Mirošov (SK) 82 D3
Vyšný Orlík (SK) 82 D3
Vysock Uuras (RUS) 35 A3
Vysokae (BY) 73 C1
Vysoka pri Mor. (SK) 80 D6
Vysokij Most (RUS) 182 C3
Vysokoe (RUS) 175 D4
Vysokoje (RUS) 176 A5
Vyšsi Brod. (CZ) 93 C2
Vyssinea (GR) 163 A3
Vytina (GR) 170 D2
Vytoň, Před. (CZ) 93 C2
Vyžiai (LT) 175 C3
Vyžnycja (UA) 148 B1
Vyžuonos (LT) 177 A2
Vzmor'e (RUS) 175 B5

W

Waabs (D) 60 D2
Waarschoot (B) 74 D1
Waben (F) 74 A3
Wabern (D) 77 A1
Wabienice (PL) 71 B4
Wabrzeźno (PL) 64 A4
Wach (PL) 64 D4
Wachenzell (D) 92 C2
Wachock (PL) 72 D4
Wachow (D) 69 C3
Wachów (PL) 71 D5
Wachtendonk (D) 76 A1
Wächtersbach (D) 77 A3
Waddens (D) 67 D1
Waddesdon (GB) 58 C2
Waddewarden (D) 67 C1
Waddeweitz (D) 68 D2
Waddington (GB) 54 D5
Wadebridge (GB) 56 C5
Wädenswil (CH) 99 A2
Wadhurst (GB) 59 A4
Wadlew (PL) 72 A3
Wadowice (PL) 82 A2
Wagenfeld (D) 68 A3
Wagenhofen (D) 92 C2
Wageningen (NL) 66 D5
Waging a. See (D) 93 A4
Wagrain (A) 101 A2
Wagram, Deutsch (A) 80 D6
Wagrowiec (PL) 63 C5
Wahlen (D) 77 A5
Wahlsburg-Lippoldsberg (D) 68 B6
Wahlsdorf (D) 69 D5
Wahn (D) 67 C3
Wahn (D) 76 B2
Wahrenholz (D) 68 D3
Waiblingen (D) 91 B2
Waibstadt (D) 91 A1
Waidhofen (A) 80 A6
Waidhofen (A) 80 B4
Waidhofen (D) 92 C2
Waidring (A) 100 C1
Wailly (F) 74 A3
Wailly (F) 74 B3
Wainfleet all Saints (GB) 55 A5
Wainhouse Corner (GB) 56 D5
Waischenfeld (D) 78 C4
Waizenhofen (D) 92 C1
Waizenkirchen (A) 93 C3
Wakefield (GB) 54 B3
Wałbrzych (PL) 70 D5
Walburgskirchen (D) 93 A3
Walchensee (D) 92 C5
Walchsee (A) 100 C1
Walchum (D) 67 B3
Wałcz (PL) 63 B4
Wald (D) 92 B5
Wald (CH) 99 B2
Wald (A) 100 C2
Waldbach (A) 102 A2
Waldbröl (D) 76 C2
Waldeck (D) 77 A1
Walden, Saffron (GB) 59 A1
Waldenbuch (D) 91 A3
Waldenburg (D) 78 D2
Waldenburg (CH) 98 D1
Waldfisch (D) 77 C2
Waldfischbach-Burgalben (D) 76 C6
Waldhaus (D) 78 D5
Waldhausen (D) 77 B5
Waldheim (D) 79 A1
Waldkappel (D) 77 B1
Waldkirch (D) 90 D4
Waldkirch (D) 90 D5
Waldkirchen (D) 79 A2
Waldkirchen (D) 93 B2
Wald-Michelbach (D) 77 A5
Waldmössingen (D) 91 A4
Waldmünchen (D) 79 A5
Wałdowice (PL) 70 C1
Waldrach (D) 76 B5
Waldsassen (D) 78 D4
Waldsee, Bad (D) 91 C4
Waldshut-Tiengen (D) 90 D5
Waldsieverdorf (D) 62 B6
Waldstatt (CH) 99 B2
Waldwisse (F) 75 D6
Walenstadt (CH) 99 B2
Walichnowy (PL) 71 D4
Walim (PL) 71 A5
Waliszewo (PL) 63 C6
Wałki (PL) 82 C1
Wall (GB) 49 C6
Wallasey (GB) 53 B4
Walldorf (D) 77 A6
Walldürn (D) 77 B5
Walle (D) 68 B2
Wallenborn (D) 76 B4
Wallenfels (D) 78 C3
Wallenhorst (D) 67 C4
Wallern (A) 102 B2
Wallersdorf (D) 93 A2
Wallerstein (D) 92 B2
Wallingford (GB) 58 C3
Wallitz (D) 61 D5
Walls (GB) 45 C3
Wallsbüll (D) 60 B2
Wallsbüll (D) 60 C1
Wallsend (GB) 49 D6
Walmer (GB) 59 B4
Walmes (B) 75 D3
Walney, Isle of (GB) 53 B2
Wał-Ruda (PL) 82 C1
Walsall (GB) 53 C6
Walsham, North (GB) 55 B5
Walshford (GB) 54 B2
Walshoutem (B) 75 B2
Walsrode (D) 68 B3
Walsum (D) 67 B6
Waltersdorf (A) 102 A3
Waltershausen (D) 78 A2
Waltham, Bishop's (GB) 58 C4
Waltham, Little (GB) 59 A2
Waltham Abbey (GB) 58 D2
Walton on the Naze (GB) 59 B2

Waltrop (D) 67 C6
Wały (PL) 72 A2
Wamel (NL) 66 D5
Wamin, Estrée- (F) 74 B3
Wanderup (D) 60 C1
Wandowo (PL) 64 A3
Wandsbek, Hamburg (D) 60 D4
Wanfried (D) 77 C1
Wangen im Allgäu (D) 91 C5
Wangerooge (D) 67 C1
Wangersen (D) 60 C5
Wängi (CH) 99 B1
Wanne-Eickel (D) 67 B6
Wansford (GB) 54 D6
Wanstrow (GB) 57 C4
Wantage (GB) 58 B3
Wantewitz (D) 69 D6
Wantzenau, la (F) 90 D3
Wanzleben (D) 69 A4
Waplewo (PL) 64 C4
Wapnica (PL) 62 D4
Warboys (GB) 54 D6
Warburg (D) 68 B6
Wardenburg (D) 67 D2
Ware (GB) 58 D2
Waregem (B) 74 D2
Wareham (GB) 58 A5
Waremme (B) 75 C2
Waren (D) 61 D4
Warendorf (D) 67 D5
Warffum (NL) 67 A2
Warfusée (F) 74 C4
Warfusée-Abancourt (F) 74 C4
Warin (D) 61 B3
Wark (GB) 49 C5
Warka (PL) 72 D2
Warkworth (GB) 49 C5
Warlubie (PL) 64 A3
Warlus (F) 74 A4
Warmensteinach (D) 78 C4
Warmiński, Lidzbark (PL) 64 C2
Warminster (GB) 57 C3
Warnemünde (D) 61 C2
Warneton (B) 74 C2
Warnford (GB) 58 C4
Warnice (PL) 62 C5
Warnice (PL) 62 D4
Warnołęka (PL) 62 C3
Warnow (D) 61 B5
Warnsveld (NL) 67 A5
Warpno, Nowe (PL) 62 C3
Warrenpoint (GB) 47 C5
Warrington (GB) 53 C4
Warsow (D) 61 B4
Warstein (D) 67 D6
Warszawa (PL) 72 C1
Warszów (PL) 62 C3
Warta (PL) 71 D3
Wartena (NL) 66 D2
Wartenberg (D) 92 D3
Warth (A) 99 C2
Wartha (D) 79 B1
Wartjenstedt (D) 68 C4
Warwick (GB) 58 B1
Warwick Bridge (GB) 49 B6
Waryś (PL) 82 C1
Warza (D) 78 B2
Warzyce (PL) 82 D2
Wasbister (GB) 45 C1
Wäschenbeuren (D) 91 B2
Wasdale Head (GB) 53 B1
Wasewo (PL) 65 A5
Washbrook (GB) 59 B2
Washington (GB) 49 D6
Washington (GB) 58 D4
Wasilków (PL) 65 C4
Waśniów (PL) 72 D4
Wasosz (PL) 65 B3
Wasosz (PL) 71 A3
Wasselonne (F) 90 C3
Wassen (CH) 99 A3
Wassenaar (NL) 66 B5
Wassenberg (D) 76 A2
Wasseralfingen (D) 91 C2
Wasserbillig (L) 75 D5
Wasserburg (D) 92 D4
Wassermungenau (D) 78 B6
Wassertrüdingen (D) 92 B1
Wassigny (F) 74 D4
Wassy (F) 89 B3
Wasungen (D) 78 A2
Waszkowo (PL) 63 B2
Watchet (GB) 57 B3
Watenstedt (D) 68 D4
Waterford (IRL) 51 B4
Watergrasshill (IRL) 50 D5
Waterhouses (GB) 53 D5
Waterloo (B) 75 A2
Waternish Point (GB) 44 B5
Waterside, Bradwell (GB) 59 B2
Waterside (GB) 48 D5
Waterville (IRL) 50 B5
Watford (GB) 58 D2
Watkowice Małe (PL) 64 A3
Watlington (GB) 58 C2
Watten (GB) 45 B3
Watten (F) 74 B2
Wattens (A) 100 B2
Wattenscheid (D) 67 B6
Watton (GB) 55 B6
Wattwil (CH) 99 B2
Waulsort (B) 75 B4
Wavignies (F) 74 B5
Wavre (B) 75 B2
Wawelno (PL) 71 C5
Wawolnica (PL) 73 A3
Wawrowice (PL) 64 B4
Wdzydze Kiszewskie (PL) 63 D3
Weasenham (GB) 55 A5
Weberin (D) 61 B4
Wechadłów (PL) 72 C6
Wedde (NL) 67 B2
Wedel (D) 60 C4
Wedmore (GB) 57 B3
Wednesbury (GB) 53 C6
Wedzina (PL) 71 D5
Weedon Bec (GB) 58 C1
Weeke (GB) 58 B4
Weeley (GB) 59 B2
Weener (D) 67 B2
Weerdinge (NL) 67 B3
Weert (NL) 75 C1
Weertzen (D) 60 C5
Weesen (CH) 99 B2
Weesp (NL) 66 C4
Weeze (D) 67 A6
Weferlingen (D) 69 A4
Wegberg (D) 76 A1
Wegeringhausen (D) 76 C2
Weggis (CH) 99 A2
Węgierki (PL) 71 B1
Węgierska Górka (PL) 81 D3
Węgliniec (PL) 70 C4
Węglówka (PL) 82 D2
Węgorzewo (PL) 65 A2
Węgorzyno (PL) 63 A4
Węgrów (PL) 73 A1
Węgrzce (PL) 82 B1
Węgrzynice (PL) 70 C2
Węgrzynowo (PL) 72 B1
Wegscheid (D) 93 C2
Wegscheid (A) 101 D1
Wehingen (D) 91 A4
Wehr (D) 90 D5
Wehrbleck (D) 68 A3
Weichselboden (A) 101 D1
Weichshofen (D) 93 A2
Weiden (D) 78 D4
Weidenberg (D) 78 C4
Weidenthal (D) 76 D6
Weighton, Market (GB) 54 D3
Weikendorf (A) 80 D6
Weikersheim (D) 77 C5
Weil a. Rhein (D) 90 C5
weilburg (D) 76 D3
Weil der Stadt (D) 91 A2
Weiler (D) 91 C2
Weiler im Allgäu (D) 91 C5
Weilerswist (D) 76 B2
Weilheim (D) 92 C4
Weilheim a. d. Teck (D) 91 B3
Weilmünster (D) 76 D3
Weimar (D) 78 B1
Weinberg (D) 92 A1
Weinfelden (CH) 99 B1
Weingarten (D) 91 A2
Weingarten (D) 91 C5
Weinheim (D) 77 A5
Weinsberg (D) 91 B1
Weisetter (B) 75 B2
Weiskirchen (D) 76 B5
Weismain (D) 78 C4
Weißbach (D) 92 B5
Weissbriach (A) 101 A3
Weissenbach (A) 93 C2
Weissenbach (A) 99 D2
Weissenbach (A) 101 A1
Weissenberg (D) 70 B4
Weissenburg (CH) 98 C3
Weißenburg i. Bayern (D) 92 B1
Weissenfels (D) 78 C1
Weißenhorn (D) 92 A3
Weissenkirchen (A) 80 B5
Weissensee (D) 78 B1
Weißenstadt (D) 78 C3
Weißenstein (D) 91 C2
Weisskirchen (A) 101 C2
Weisskollm (D) 70 B3
Weisstannen (CH) 99 B3
Weisswasser (Běla Woda) (D) 70 B3
Weitendorf (D) 61 C3
Weitensfeld (A) 101 B3
Weitersfeld (A) 80 B5
Weitersfelden (A) 80 A5
Weitin (D) 61 D4
Weitra (A) 80 A5
Weiz (A) 101 D2
Wejherowo (PL) 63 D1
Welda (D) 78 D2
Welden (D) 92 B3
Weldon (GB) 54 D6
Welford (GB) 54 C6
Well, Tatts (GB) 57 B3
Wellaune (D) 69 C5
Welle (D) 60 D5
Wellendorf (D) 67 D4
Wellendorf (D) 68 D2
Wellin (B) 75 B4
Wellingborough (GB) 58 C1
Wellington (GB) 57 B4
Wellow, West (GB) 58 B4
Wellow (GB) 54 C4
Wells, Llanwrtyd (GB) 57 A1
Wells, Tenbury (GB) 57 C1
Wells (GB) 57 C3
Wells-next-the-Sea (GB) 55 B5
Welmlingen (D) 90 C5
Welney (GB) 55 A6
Wels (A) 93 C3
Welschnofen, Nova Levante (I) 100 B4
Welsh Newton (GB) 57 B2
Welshpool (GB) 53 B6
Welsickendorf (D) 69 D5
Weltenburg (D) 92 D2
Welwyn Garden City (GB) 58 D2
Welzheim (D) 91 B2
Wem (GB) 53 B5
Wemding (D) 92 B2
Wemperhardt (L) 75 D4
Wemyss, Coaltown of (GB) 49 B3
Wemyss Bay (GB) 48 C3
Wenden (D) 68 D4
Wendfeld (D) 67 B5
Wendhausen (D) 68 C4
Wendisch Baggendorf (D) 61 D3
Wendover (GB) 58 C2
Wenduine (B) 74 C1
Weng (A) 101 C1
Wengen (D) 92 A5
Wengen (CH) 98 D3
Wenhölthausen (D) 76 D1
Wenlock, Much (GB) 53 C6
Wennigsen (D) 68 B4
Wensickendorf (D) 69 D3
Wentbridge (GB) 54 C3
Wenzen (D) 68 C5
Wenzenbach (D) 92 D1
Wépion (B) 75 B3
Werbach (D) 77 B5
Werben (D) 69 B2
Werbig (D) 69 D5
Werbkowice (PL) 73 D5
Werbomont (B) 75 C3
Werdau (D) 78 D2
Werden (D) 76 B1
Werdohl (D) 76 C1
Werfen (A) 100 D2
Werl (D) 67 C6
Werlte (D) 67 C3
Wermelskirchen (D) 76 B1
Wermerveer (NL) 66 C4
Wernau (D) 91 B2
Wernberg (A) 101 B4
Wernberg-Köblitz (D) 78 D5
Werne (D) 67 C6
Werneck (D) 77 C4
Werneuchen (D) 62 B6
Wernfeld (D) 77 B4
Wernigerode (D) 68 D5
Werschen (D) 78 D1
Wertach (D) 92 B5
Werth (D) 67 D5
Wertheim (D) 77 B5
Werther (Westf.) (D) 67 D5
Wertingen (D) 92 B3
Wervershoof (NL) 66 C3
Wervik (B) 74 C2
Werzin (D) 69 B2
Wesel (D) 67 A6
Wesemaal (B) 75 B2
Wesenberg (D) 61 D4
Wesendorf (D) 68 D3
Wesenufer (A) 93 C2
Wesepe (NL) 67 A4
Wesoła (PL) 72 B6
Wesoła (PL) 72 D6
Wesselburen (D) 60 B3
Wesseling (D) 76 B2
Wesseln (D) 68 C4
Wessobrunn (D) 92 C4
West Auckland (GB) 54 B1
West Bromwich (GB) 53 D6
West Burra (GB) 45 C4
Westbury (GB) 57 C3
West Calder (GB) 49 A4
Westende (D) 74 C1
Westenholz (D) 68 C3
Westensee (D) 60 D2
Westerau (D) 61 A3
Westerbeck (D) 68 D3
Westerbork (NL) 67 B3
Westerburg (D) 76 D3
Westerdale (GB) 45 B3
Westerhaar (NL) 67 B4
Westerham (GB) 59 A3
Westerhever (D) 60 B2
Westerholt (D) 67 C1
Westerkappeln (D) 67 C4
Westerland (D) 60 A1
Westerlo (B) 75 B2
Westerstede (D) 67 C2
West Felton (GB) 53 B5
Westfield (GB) 45 B3
Westgate on Sea (GB) 59 B3
Westheim (D) 91 B2
West Heslerton (GB) 54 D2
Westhofen (D) 76 D5
Westkapelle (NL) 74 D1
Westkapelle (B) 74 D1
West Kilbride (GB) 48 C4
West Kirby (GB) 53 B4
Westkirchen (D) 67 D5
West Layton (GB) 54 B1
Westlinton (GB) 49 B6
West Mains (GB) 49 C4
West Mersea (GB) 59 B2
Weston (GB) 53 C5
Weston-super-Mare (GB) 57 B3
Westouter (B) 74 C2
Westport (IRL) 46 B6
Westray (GB) 45 C1
West Tanfield (GB) 54 B2
West-Terschelling (NL) 66 C2
West Wellow (GB) 58 B4
West Woodburn (GB) 49 C5
Wesuwe (D) 67 B3
Wethau (D) 78 C1
Wetherby (GB) 54 B3
Wetlina (PL) 83 A4
Wetter (D) 67 D4
Wetter (D) 76 C1
Wetteren (B) 75 A2
Wettin (D) 69 B6
Wettringen (D) 67 C4
Wetwang (GB) 54 D2
Wetzikon (CH) 99 A2
Wetzlar (D) 76 D3
Wewelsburg (D) 68 A6
Wexford (IRL) 51 C4
Weyer (A) 101 C1
Weyersheim (F) 90 D2
Weyhausen (D) 68 C3
Weyhill (GB) 58 B3
Weymouth (GB) 57 C5
Weyregg (A) 101 A1
Wezep (NL) 66 D4
Wężerów (PL) 72 B6
Whaley Bridge (GB) 53 C4
Whalley (GB) 53 C3
Whalsay (GB) 45 D3
Whalton (GB) 49 C5
Wheatley (GB) 58 C2
Wheddon Cross (GB) 57 A4
Whickham (GB) 49 C6
Whiddon Down (GB) 57 A5
Whitburn (GB) 49 A3
Whitby (GB) 54 D1
Whitchurch (GB) 53 C5
Whitchurch (GB) 58 C3
White, Cappagh (IRL) 51 A3
Whitechurch, Winterborne (GB) 57 C4
Whitegate (IRL) 50 D3
Whitehall (GB) 45 C1
Whitehall or Paulstown (IRL) 51 B3
Whitehaven (GB) 53 A1
Whitehead (GB) 47 D4
Whitehouse (GB) 47 C4
Whitehouse (GB) 48 B4
Whitekirk (GB) 49 B3
Whiten Head (GB) 45 A2
Whiteparish (GB) 58 B4
Whithorn, Isle of (GB) 48 D6
Whithorn (GB) 48 D6
Whiting Bay (GB) 48 C4
Whitland (GB) 56 D2
Whitley Bay (GB) 49 D6
Whitstable (GB) 59 B3
Whittington (GB) 53 B5
Whittlesey (GB) 54 D6
Wiartel (PL) 65 A3
Wiay (GB) 44 A5
Wiay (GB) 44 B5
Wiazów (PL) 71 B5
Wiblingen (D) 91 C3
Wicimice (PL) 62 D3
Wick (GB) 45 C3
Wickede (D) 67 C6
Wicken (GB) 59 A1
Wickford (GB) 59 A3
Wickham (GB) 58 C4
Wickham Market (GB) 59 B1
Wicklesgreuth (D) 78 B6
Wicklow (IRL) 51 D3
Wicklow Hd. (IRL) 51 D3
Wicko (PL) 63 C1
Widawa (PL) 71 D3
Widdrington (GB) 49 C5
Widełka (PL) 73 A6
Widełki (PL) 72 D5
Widły (PL) 82 A3
Widmerpool (GB) 54 C5
Widnes (GB) 53 B4
Widuchowa (PL) 62 C5
Wiebelskirchen (D) 76 C6
Wiecbork (PL) 63 C4
Wieck (D) 61 C2
Wieckowice (PL) 71 A1
Wiecky (PL) 65 A2
Wiecław (PL) 63 A3
Wiedenbrück (D) 67 D5
Wiefelstede (D) 67 C2
Wiège (F) 74 D4
Wiehe (D) 69 A6
Wiek (D) 61 D1
Wielbark (PL) 64 D4
Wiele (PL) 63 C4
Wieleń (PL) 63 A5
Wielgie (PL) 64 B5
Wielgie (PL) 72 D4
Wielgolas (PL) 72 D2
Wielgomłyny (PL) 72 B4
Wielgoszcz (PL) 63 A4
Wielichowo (PL) 71 A2
Wieliczka (PL) 82 B2
Wielka, Gwda (PL) 63 B3
Wielka, Kazimierza (PL) 72 C6
Wielka, Lgota (PL) 72 A4
Wielka, Ligota (PL) 71 B4
Wielka, Nowa Wieś (PL) 63 D5
Wielka, Roztaka (PL) 82 C3
Wielka, Rudna (PL) 71 A3
Wielka, Światkowa (PL) 82 D3
Wielka, Wreczyca (PL) 71 D5
Wielka, Wrząca (PL) 71 D1
Wielka Piaśnica (PL) 63 D1
Wielki, Budziszów (PL) 71 A4
Wielki, Dobrzeń (PL) 71 C5
Wielki, Kamionek (PL) 65 A2
Wielki, Konopki (PL) 65 A2
Wielki, Książ (PL) 72 B6
Wielki, Leśniów (PL) 70 C2
Wielki, Niekłań (PL) 72 C4
Wielki, Osiek (PL) 71 D1
Wielki, Piase (PL) 72 C6
Wielki, Radomyśl (PL) 72 D6
Wielki, Sterławki (PL) 65 A2
Wielki, Wisłok (PL) 83 A3
Wielkie, Bartołty (PL) 64 D3
Wielkie, Bożepole (PL) 63 D1
Wielkie, Bruskowo (PL) 63 B1
Wielkie, Chrzypsko (PL) 63 A6
Wielkie, Debe (PL) 72 D1
Wielkie, Gliny (PL) 72 D6
Wielkie, Jankowice (PL) 71 B5
Wielkie, Kobiele (PL) 72 B4
Wielkie,Krypno (PL) 65 C4
Wielkie, Maleszowice (PL) 71 B5
Wielkie, Nadolice (PL) 71 B4
Wielkie, Poźrzadło (PL) 63 A4
Wielkie, Radowo (PL) 62 D3
Wielkie, Sepolno (PL) 63 B3
Wielkie, Strzelce (PL) 72 A4
Wielkie, Strzemieszyce (PL) 72 A6
Wielkie, Trabki (PL) 63 D2
Wielkie, Wierzno (PL) 64 B2
Wielkie, Włodzice (PL) 70 C4
Wielkie, Zarki (PL) 70 B3
Wielkie (PL) 73 A3
Wielkie Gacno (PL) 63 D3
Wielki Oczy (PL) 83 B1
Wielkopolska, Sroda (PL) 71 B2
Wielkopolski, Borek (PL) 71 B2
Wielkopolski, Gorzów (PL) 62 D6
Wielkopolski, Grodzisk (PL) 70 D2
Wielkopolski, Książ (PL) 71 B2
Wielkopolski, Ostrów (PL) 71 C3
Wielogłowy (PL) 82 C2
Wielogóra (PL) 72 D3
Wielopole-Skrzynskie (PL) 82 D2
Wielowieś (PL) 71 C3
Wielowieś (PL) 71 D6
Wieluń (PL) 71 D4
Wiemersdorf (D) 60 D3
Wien (A) 80 C6
Wiener Neustadt (A) 102 B1
Wienhausen (D) 68 C3
Wieniawa (PL) 72 C3
Wieniec (PL) 64 A6
Wiepkenhagen (D) 61 C2
Wieprz (PL) 81 D2
Wierchlesie (PL) 71 C5
Wierden (NL) 67 A4
Wieren (D) 68 D3
Wieringerwerf (NL) 66 C3
Wierszczyca (PL) 73 C5
Wieruszów (PL) 71 C4
Wierzbica (PL) 72 D4
Wierzbica (PL) 73 C3
Wierzbie (PL) 71 D4
Wierzbiecin (PL) 62 D3
Wierzbno (PL) 73 A1
Wierzbowa (PL) 70 D3
Wierzbowo (PL) 64 C4
Wierzbowo (PL) 65 B3
Wierzch (PL) 71 C6
Wierzchowo (PL) 63 B3
Wierzchucin Królewski (PL) 63 C4
Wierzchucino (PL) 63 D1
Wierzno Wielkie (PL) 64 B2
Wieś, Borowa (PL) 71 D6
Wieś, Czeska (PL) 71 B5
Wieś, Nowa (PL) 64 C3
Wieś, Nowa (PL) 64 C4
Wieś, Nowa (PL) 65 A4
Wieś, Nowa (PL) 72 A5
Wieś, Nowa (PL) 72 A6
Wieś, Nowa (PL) 73 A6
Wieś, Stara (PL) 65 B6
Wieś, Stara (PL) 73 B4
Wieś (PL) 65 A6
Wies (D) 92 B5
Wiesbaden (D) 76 D4
Wiesede (D) 67 C1
Wiesedermeer (D) 67 C1
Wieselburg (A) 80 B6
Wieselrieth (D) 78 D5
Wiesen (D) 77 B4
Wiesen (CH) 99 C3
Wiesenburg (D) 69 C4
Wiesenhagen (D) 69 D4
Wiesensteig (D) 91 B3
Wiesental (D) 91 A1
Wiesloch (D) 91 A1
Wiesmoor (D) 67 C1
Wieste (D) 67 C3
Wietmarschen (D) 67 B4
Wietrzychowice (PL) 72 C6
Wietze (D) 68 C3
Wietzenbruch (D) 68 C3
Wigan (GB) 53 C3
Wiggen (CH) 98 D3
Wight, Isle of (GB) 58 B5
Wigton (GB) 54 C6
Wigton (GB) 49 A6
Wigtown (GB) 48 D6
Wijewo (PL) 70 D2
Wijhe (NL) 67 A4
Wijk aan Zee (NL) 66 C4
Wijnegem (B) 75 B1
Wijthmen (NL) 67 A4
Wil (CH) 99 B1
Wilamowice (PL) 81 D2
Wilanów (PL) 72 D2
Wilchta (PL) 72 D2
Wilcza (PL) 81 C1
Wilcza Góra (PL) 71 C1
Wilczeta (PL) 64 B2
Wilczków (PL) 71 A4
Wildalpen (A) 101 C1
Wildbad Einöd (A) 101 B3
Wildbad i. Schwarzw. (D) 91 A2
Wildbad-Kreuth (D) 92 D5
Wildberg (D) 69 C2
Wildberg (D) 91 A3
Wildegg (CH) 98 D1
Wildendürnbach (A) 80 D5
Wildenthal (D) 78 D3
Wilderswil (CH) 98 D3
Wildeshausen (D) 68 A3
Wildetaube (D) 78 D2
Wildflecken (D) 77 B3
Wildhaus (CH) 99 B2
Wildon (A) 101 D3
Wilekie, Lipki (PL) 62 D6
Wilfersdorf (A) 80 D5
Wilga (PL) 72 D2
Wilhelmsburg, Hamburg (D) 60 D4
Wilhelmsburg (A) 80 B6
Wilhelmsdorf (D) 91 B4
Wilhelmshaven (D) 67 C1
Wilkanowo (PL) 70 C2
Wilkasy (PL) 65 A2
Wilkau-Hasslau (D) 78 D2
Wilkhaven (GB) 45 B4
Wilkołaz (PL) 73 B4
Wilkovo (PL) 71 A1
Wilków (PL) 72 C2
Wilkowice (PL) 81 C2
Wilkowo (PL) 64 D2
Wilkowo Polskie (PL) 71 A2
Wilkowyja (PL) 71 B2
Willebadessen (D) 68 B6
Willebroek (B) 75 A2
Willemstad (NL) 66 B6
Willersley (GB) 57 B1
Willerswalde (D) 61 D2
William, Fort (GB) 48 C1
William, Port (GB) 48 C6
Willingen (D) 76 D1
Willisau (CH) 98 D2
Williton (GB) 57 B4
Willmersdorf (D) 70 B2
Wilmington (GB) 57 B4
Wilmslow (GB) 53 C4
Wilnsdorf (D) 76 D2
Wilsickow (D) 62 B4
Wilster (D) 60 C3
Wilsum (D) 67 B4
Wilton (GB) 58 B4
Wiltz (L) 75 D4
Wimborne Minster (GB) 58 A4
Wimereux (F) 74 A2
Wimille (F) 74 A2
Wimmenau (F) 90 C2
Wimmis (CH) 98 C3
Wimpassing (A) 102 B1
Wimpfen, Bad (D) 91 A1
Wincanton (GB) 57 C4
Winchcombe (GB) 58 B2
Winchelsea (GB) 59 B4
Winchester (GB) 58 C4
Winda (PL) 64 D2
Windach (D) 92 B4
Windeberg (D) 78 A1
Windeck (D) 76 C2
Windecken (D) 77 A4
Windermere (GB) 53 B1
Windesheim (D) 76 C4
Windischeschenbach (D) 78 D4
Windischgarsten (A) 101 B1
Windorf (D) 93 B2
Windorf (A) 93 C2
Windsbach (D) 78 B6
Windsor (GB) 58 C3
Wing (GB) 58 C2
Wingate (GB) 49 D6
Winge, Sint Joris- (B) 75 B2
Wingham (GB) 59 B3
Winiarki (PL) 73 A5
Winklarn (D) 78 D5
Winkleigh (GB) 57 A4
Winklern (A) 100 D3
Winkling,-Nieder (D) 93 A2
Winnenden (D) 91 B2
Winnica (PL) 64 D6
Winningen (D) 69 A5
Winnweiler (D) 76 C5
Winschoten (NL) 67 B2
Winsen, Aller (D) 68 C3
Winsen (D) 60 D5
Winsford (GB) 53 C4
Wińsko (PL) 71 A3
Winslow (GB) 58 C2
Winsum (NL) 67 A2
Winterbach (A) 101 D1
Winterberg (D) 76 D1
Winterborne Whitechurch (GB) 57 C4
Winterbourne Abbas (GB) 57 C5
Winterfeld (D) 69 A3
Winterlingen (D) 91 B4
Wintermoor a. d. Chaussee (D) 60 D5
Winterspelt (D) 76 A4
Winterswijk (NL) 67 B5
Winterthur (CH) 99 A1
Winterton (GB) 54 D3
Winterton-on-Sea (GB) 55 C5
Wintney, Hartley (GB) 58 C3
Wintzenheim (F) 90 C4
Winzer (D) 93 B2
Wioska (PL) 64 B5
Wipperfürth (D) 76 C1
Wippra (D) 69 A6
Wipsowo (PL) 64 D3
Wirksworth (GB) 54 B5
Wisbech (GB) 55 A6
Wischhafen (D) 60 C4
Wisembach (F) 90 C4
Wishaw (GB) 48 D4
Wiśica (PL) 72 C6
Wiskitki (PL) 72 C2
Wisła, Czerwińsk nad (PL) 72 C1
Wisła, Dobrzyń nad (PL) 64 B6
Wisła, Solec nad (PL) 73 A4
Wisła (PL) 81 C2
Wisła Wlk. (PL) 81 C2
Wisłok Wielki (PL) 83 A3
Wismar (D) 61 B3
Wiśnicz Nowy (PL) 82 B2
Wiśniew (PL) 73 A2
Wiśniowa (PL) 82 B2
Wiśniowa (PL) 82 D2
Wiśniówka (PL) 72 D5
Wissant (F) 74 A2
Wissant (F) 74 A2
Wissembourg (F) 90 D2
Wissen (D) 76 C2
Wistedt (D) 60 C5
Wisznia (PL) 71 B4
Wisznice (PL) 73 C2
Witaszyce (PL) 71 B2
Witham (GB) 59 A2
Witheridge (GB) 57 A4
Withernsea (GB) 55 A3
Witków (PL) 73 D5
Witkowo (PL) 71 C1
Witley, Great (GB) 57 C1
Witney (GB) 58 B2
Witnica (PL) 62 C5
Witnica (PL) 62 D6
Witoldow (PL) 71 C2
Witonia (PL) 72 A2
Witowice (PL) 72 B6
Witry (F) 75 A6
Witry (B) 75 C4
Witry-lès-Reims (F) 75 A6
Wittdün (D) 60 B2
Witten (D) 67 C6
Wittenberg, Lutherstadt (D) 69 C5
Wittenberge (D) 69 A2
Wittenburg (D) 61 A4
Wittersheim (D) 76 C6
Wittes (F) 74 B3
Wittes (F) 74 B3
Wittingen (D) 68 D3
Wittlich (D) 76 B4
Wittmund (D) 67 C1
Witton-le-Wear (GB) 54 B1
Wittorf (D) 68 B2
Wittow (D) 62 A1
Wittstock (D) 61 C5
Witzenhausen (D) 68 C6
Witzin (D) 61 B3
Wiveliscombe (GB) 57 B4
Wivenhoe (GB) 59 B2
Wiżajny (PL) 65 C1
Wizna (PL) 65 B4
Władysławow (PL) 71 D2
Władysławowo (PL) 63 D1
Wleń (PL) 70 D4
Włocławek (PL) 64 B6
Włodary (PL) 71 B6
Włodawa (PL) 73 C3
Włodowice (PL) 72 A5
Włodzice Wielkie (PL) 70 C4
Włodzienin (PL) 81 B1
Włościańska, Chruszczewka (PL) 65 B6
Włościańska, Chrzczanka (PL) 65 A5
Włościańskie, Dzierzby (PL) 65 B6
Włoszczowa (PL) 72 B5
Wöbbelin (D) 61 B4
Woburn (GB) 58 D2
Woda, Czarna (PL) 63 D3
Woda, Stara (PL) 70 C3
Woda, Zimna (PL) 64 C4
Wodyne (PL) 73 A2
Wodzisław (PL) 72 B6
Wodzisław Śl. (PL) 81 C2
Woël (F) 75 C6
Woerden (NL) 66 C5
Wœrth (F) 90 C2
Woëvre, Fresnes-en- (F) 75 C6
Wohlde (D) 60 C2
Wohlen (CH) 99 A2
Wohlenberg (D) 61 B3
Wöhrden (D) 60 B3
Wohyń (PL) 73 B2
Wojaszówka (PL) 82 D2
Wojciechów (PL) 72 B4
Wojcieszków (PL) 73 A2
Wójcin (PL) 63 D6
Wójcin (PL) 71 C4
Wójcin (PL) 72 B4
Wojerecy (Hoyerswerda) (D) 70 A3
Wojkowice (PL) 71 B4
Wojkowice Kościelne (PL) 72 A6
Wojnicz (PL) 82 C2
Wojnowice (PL) 71 A2
Wojnówka (PL) 65 D5
Wojnowo (PL) 63 C4
Wojnowo (PL) 65 A3
Wojsławice (PL) 71 C4
Wojsławice (PL) 73 C4
Wojtkowa (PL) 83 B2
Wójtowice (PL) 71 B5
Wóka Dobryńska (PL) 73 C2
Woking (GB) 58 C3
Wokingham (GB) 58 C3
Wola, Biskupia (PL) 72 B3
Wola, Debska (PL) 72 C5
Wola, Kakowa (PL) 64 A6
Wola, Magierowa (PL) 72 D2
Wola, Pasztowa (PL) 72 D4
Wola, Pogórska (PL) 82 C2
Wola, Prymusowa (PL) 72 B4
Wola, Stalowa (PL) 73 A5
Wola, Zduńska (PL) 71 D3
Wola, Zelazowa (PL) 72 B1
Wola Jachowa (PL) 72 C5
Wola Korybutowa (PL) 73 C4
Wola Małodycka (PL) 73 B6
Wola Niechcicka (PL) 72 B4
Wola Obszańska (PL) 73 B6
Wola Rakowa (PL) 72 B3
Wola-Rasztowska (PL) 72 D1
Wola Rebkowska (PL) 72 D2
Wola Rusinowska (PL) 73 A6
Wola Uhruska (PL) 73 C3
Wola Zelichowska (PL) 72 C6
Wolbeck (D) 67 C5
Wolbórz (PL) 72 B3
Wolbrom (PL) 72 B6
Wołczyn (PL) 71 C4
Wolde (D) 61 D3
Woldegk (D) 62 B4
Wolfach (D) 90 D3
Wolfegg (D) 91 C4
Wolfen (D) 69 B5
Wolfenbüttel (D) 68 D4
Wolferding (D) 92 D3
Wolfersdorf (D) 78 C2
Wolfertschwenden (D) 92 A4
Wolfhagen (D) 77 A1
Wolfratshausen (D) 92 C4
Wolfsberg (A) 101 C3
Wolfsburg (D) 68 D4
Wolf's Castle (GB) 56 C2
Wolfskehlen (D) 76 D4
Wolfstein (D) 76 C5
Wolgast (D) 62 B2
Wolhusen (CH) 98 D2
Wolin (PL) 62 C3
Wólka, Księża (PL) 71 D2
Wólka (PL) 71 C1
Wólka (PL) 72 B4
Wólka (PL) 72 C4
Wólka Biska (PL) 73 B6
Wólka Mladzka (PL) 72 D2
Wölkendorf (D) 78 B4
Wolkenstein (D) 79 A2
Wolkersdorf (A) 80 D5
Wölkisch (D) 69 D6
Wołkowiany (PL) 73 C4
Wollaston (GB) 58 C1
Wollersheim (D) 76 A3
Wollin (D) 69 C4
Wollingst (D) 60 B4
Wollomoos (D) 92 C3
Wöllstadt (D) 77 A3
Wöllstein (D) 76 D5
Wolmirstedt (D) 69 A4
Wołomin (PL) 72 D1
Wołoska, Tyrawa (PL) 83 A2
Wołoskowola (PL) 73 C3
Wołow (PL) 71 A4
Wolsfeld (D) 76 A4
Wolsingham (GB) 54 B1
Wolsztyn (PL) 70 D2
Wolterdingen (D) 91 A4
Woltersdorf (D) 69 A2

Wolthausen (D) 68 C3
Wolvega (NL) 67 A3
Wolverhampton (GB) 53 C6
Wolvertem (B) 75 A2
Wolviston (GB) 54 C1
Wommels (NL) 66 D2
Woodbridge (GB) 59 B1
Woodburn, West (GB) 49 C5
Woodenbridge (IRL) 51 C3
Woodford (IRL) 50 D2
Woodhall Spa (GB) 54 D4
Woodhouse, Hatfield (GB) 54 C4
Woodstook (GB) 58 B2
Woodtown (IRL) 47 B6
Woodwick (GB) 45 C1
Woofferton (GB) 57 C1
Wooler (GB) 49 C4
Woolpit (GB) 59 B1
Woonton (GB) 57 B1
Wootton (GB) 58 B3
Wootton (GB) 58 C1
Worbis (D) 68 D6
Worcester (GB) 57 C1
Wordern (A) 80 C6
Wörgl (A) 100 C1
Workington (GB) 53 A1
Worksop (GB) 54 C4
Workum (NL) 66 D3
Wörlitz (D) 69 C5
Wormhoudt (F) 74 B2
Worms (D) 76 D5
Worms Hd. (GB) 56 D2
Worndorf (D) 91 B4
Worowo, Nowe (PL) 63 A3
Worpswede (D) 60 B5
Worringen (D) 76 B2
Wörrstadt (D) 76 D4
Wörschach (A) 101 B1
Wörth (D) 93 A1
Wörth (A) 100 D2
Wörth a. d. Isar (D) 92 D2
Wörth a. M. (D) 77 A5
Worth a. Rhein (D) 90 D2
Worthing (GB) 58 D5
Woskowice Górne (PL) 71 C4
Woszczyce (PL) 81 C1
Woudenberg (NL) 66 D5
Woumen (B) 74 C2
Wozławki (PL) 64 D2
Woźniki (PL) 71 D3
Woźniki (PL) 72 A5
Wożuczyn (PL) 73 C5
Wragby (GB) 54 D4
Wrath, Cape (GB) 44 D2
Wreczyca Wielka (PL) 71 D5
Wredenhagen (D) 61 C5
Wremen (D) 60 B4
Wrentham (GB) 59 C1
Wrexen (D) 68 B6
Wrexham (GB) 53 B5
Wriedel (D) 68 C2
Wriezen (D) 62 B5
Wróblew (PL) 71 D3
Wróblewo (PL) 64 C6
Wróblik Szlachecki (PL) 83 A2
Wrocki (PL) 64 B4
Wrocław (PL) 71 A4
Wroclawskie, Katy (PL) 71 A4
Wronki (PL) 63 A5
Wronki (PL) 65 B2
Wronów (PL) 73 A3
Wronowy (PL) 63 D6
Wrotham (GB) 59 A3
Wrotnów (PL) 65 B6
Wroughton (GB) 58 B3
Wroxham (GB) 55 B6
Wrzaca Wielka (PL) 71 D1
Wrzelowiec (PL) 73 A4
Września (PL) 71 B1
Wrzeszczów (PL) 72 C3
Wrzosowo (PL) 63 A2
Wschodnia, Kakolewnica (PL) 73 B2
Wschowa (PL) 71 A3
Wszeliwy (PL) 72 B1
Wteino (PL) 63 C4
Wulfelade (D) 68 B3
Wulfen (D) 67 B6
Wülfrath (D) 76 B1
Wulfskuhl (D) 61 A4
Wulkaprodersdorf (A) 102 B1
Wulkau (D) 69 B3
Wulkow (D) 62 B6
Wulsdorf,-Bremerhaven (D) 60 B4
Wümme (D) 60 C5
Wünnenberg (D) 68 A6
Wunsiedel (D) 78 D4
Wunstorf (D) 68 B4
Wuppertal (D) 76 B1
Würselen (D) 76 A2
Wursterheide (D) 60 B4
Wurzach, Bad (D) 91 C4
Wurzbach (D) 78 C3
Würzburg (D) 77 B4
Wurzen (D) 69 C6
Wust (D) 69 B3
Wüstensachsen (D) 77 C3
Wusterhausen (D) 69 B2
Wusterhusen (D) 62 B2
Wustermark (D) 69 C3
Wüstermarke (D) 69 D5
Wustrow (D) 61 C2
Wustrow (D) 61 D5
Wustrow (D) 68 D2
Wuustweze (B) 75 B1
Wyciaże (PL) 82 B1
Wycombe, High (GB) 58 C3
Wyczechy (PL) 63 C3
Wyczerpy Górne (PL) 72 A5
Wydminy (PL) 65 A2
Wygleżów (PL) 72 D5
Wygoda (PL) 65 B4
Wygoda (PL) 71 D5
Wygoda (PL) 72 A3
Wygoda (PL) 73 A6
Wygoda (PL) 83 A2
Wygoda Smoszewka (PL) 72 C1
Wygon (PL) 63 A5
Wyk a. Föhr (D) 60 B1
Wyłatowo (PL) 63 D6
Wyliny-Ryś (PL) 65 B5
Wymondham (GB) 55 B6
Wynigen (CH) 98 D2
Wypaleniska (PL) 63 D5
Wyryki (PL) 73 C3
Wyrzysk (PL) 63 C5
Wyśmierzyce (PL) 72 C3
Wysoka (PL) 63 B4
Wysokie (PL) 65 B3
Wysokie (PL) 73 B4
Wysokie Mazowieckie (PL) 65 B5
Wysowa (PL) 82 D3
Wyszatyce (PL) 83 B2
Wyszki (PL) 65 C5
Wyszków (PL) 65 A6
Wyszogóra (PL) 62 D3
Wyszogród (PL) 72 B1
Wyszowate (PL) 65 B4
Wyszyna (PL) 72 B4
Wyszyny (PL) 63 B5
Wythburn (GB) 53 B1
Wytomyśl (PL) 70 D1
Wytrzyszczka (PL) 82 C2
Wyżny (PL) 83 B4
Wzdół, Rzadowy (PL) 72 C4

X

Xanten (D) 67 A6
Xanthi (GR) 164 C1
Xermaménil (F) 90 A3
Xeropiyi (CY) 174 C5
Xeros (CY) 174 B5
Xertigny (F) 90 A4
Xilagani (GR) 164 D2
Xilokastron (GR) 167 B6
Xirochorion (GR) 170 C3
Xirokambion (GR) 171 A4
Xivry (F) 75 C6
Xivry-Circourt (F) 75 C6
Xodoton, Akr. (GR) 172 D3
Xylophágou (CY) 174 C3

Y

Yalza (E) 145 D3
Yanguas (E) 127 B5
Yarcombe (GB) 57 B4
Yarm (GB) 54 C1
Yarmouth, Great (GB) 55 C6
Yarmouth (GB) 58 B5
Yarrowford (GB) 49 B4
Yatağan (TR) 173 D1
Yazor (GB) 57 B1
Ybbs (A) 80 A6
Ybbsitz (A) 101 C1
Ychoux (F) 104 B/C3
Ycke (S) 39 A2
Ydby (DK) 37 A6
Yderby (DK) 41 B2
Ydes (F) 96 B6
Ydra (GR) 171 C3
Ydrefors (S) 39 B3
Yébenes, Los (E) 132 C5
Yebra (E) 128 B4
Yebra (E) 133 A3
Yecia (E) 131 B2
Yecla (E) 141 A2
Yell (GB) 45 D3
Yelo (E) 133 B1
Yelverton (GB) 56 D5
Yenıce (TR) 165 D4
Yenıfoça (TR) 169 A4
Yeniköy (TR) 160 D6
Yeniköy (TR) 169 C1
Yeniköy (TR) 169 B5
Yenıpaza (TR) 169 D5
Yenne (F) 97 C5
Yeolii (N) 23 B6
Yeoryios, Ay. (CY) 174 C5
Yeoryios, Ayios (CY) 174 C6
Yeovil (GB) 57 C4
Yepes (E) 132 D4
Yerasa (CY) 174 C4
Yerlisu (TR) 165 B2
Yerolakkos (CY) 174 B4
Yeroskipos (CY) 174 C5
Yerseke (NL) 75 A1
Yerville (F) 87 B1
Yeşilköy (TR) 161 D6
Yesos, Los (E) 140 C5
Yeste (E) 140 C2
Yetholm, Town (GB) 49 B4
Yetts of Muckhart (GB) 49 A3
Ygos-Saint-Saturnin (F) 104 C3
Ygrande (F) 96 C3
Yialousa (CY) 174 A2
Yiğitler (TR) 165 B4
Yiolou (CY) 174 C5
Ykspihlaja (FIN) 19 C1
Ylakiai (LT) 175 D1
Ylä-Kihtaus (FIN) 20 A5
Yläköngas (FIN) 2 D4
Ylä-Kolkki (FIN) 19 D5
Ylä-Kuona (FIN) 21 B6
Ylä-Luosta (FIN) 21 A2
Ylämaa (FIN) 35 A3
Ylämylly (FIN) 21 B4
Yläne (FIN) 33 A3
Yla-Säkäjärvi (FIN) 34 D3
Ylä-Suininki (FIN) 13 C2
Ylä-Valtimo (FIN) 21 A2
Ylihärmä (FIN) 19 B3
Yli-Ii (FIN) 12 C3
Ylijoki (FIN) 19 C4
Ylijoki (FIN) 20 B1
Yli-Kärppä (FIN) 12 C2
Ylikiiminki (FIN) 12 D4
Yli-Körkkö (FIN) 12 D1
Ylikoski (FIN) 19 C2
Ylikulma (FIN) 33 A4
Yli-Kurki (FIN) 13 A3
Ylikylä (FIN) 7 B6
Ylikylä (FIN) 12 C1
Ylikylä (FIN) 19 C4
Ylikylä (FIN) 19 C5
Ylikylä (FIN) 19 D2
Ylikylä (FIN) 21 A2
Yli-Kyrö (FIN) 6 C3
Yli-Lesti (FIN) 20 A2
Yli-Livo (FIN) 13 A3
Yliluoma (FIN) 19 B3
Yli Muonio (FIN) 6 C3
Yli-Nampa (FIN) 7 A6
Ylinenjärvi (S) 11 C1
Ylinenoja (FIN) 12 B6
Yliniitty (FIN) 12 C6
Yli-Olhava (FIN) 12 C3
Ylipää (FIN) 6 D6
Ylipää (FIN) 12 B5
Ylipää (FIN) 12 B6
Ylipää (FIN) 12 C5
Ylipää (FIN) 12 D5
Yli-Paakkola (FIN) 12 B2
Yli-Siurua (FIN) 12 D3
Yliskylä (FIN) 19 C6
Ylistaro (FIN) 19 B3
Yli-Tannila (FIN) 12 D3
Ylitornio (FIN) 11 D2
Yli-Utos (FIN) 13 A5
Yli-Valli (FIN) 19 C5
Ylivesi (FIN) 34 D1
Ylivieska (FIN) 20 A1
Yli-Vuotto (FIN) 12 D4
Ylläsjärvi (FIN) 6 C4
Ylöjärvi (FIN) 33 B1
Ylönkylä (FIN) 33 A4
Yltäkylä (FIN) 33 B4
Yltiä (FIN) 19 D5
Ylvingen (N) 8 C6
Ymonville (F) 88 A3
Yngsjö (S) 43 A2
Ynnesdal (N) 26 B2
York (GB) 54 C3
Yörük (TR) 165 C1
Youghal (IRL) 51 A5
Yövesi (FIN) 34 D1
Yoxall (GB) 53 D5
Yoxford (GB) 59 C1
Ypäjä (FIN) 33 A3
Ypäjä asema (FIN) 33 A3
Ypati (GR) 167 A4
Ypapri (FIN) 12 B6
Ypres, Ieper (B) 74 C2
Ypreville-Biville (F) 87 B1
Ypsonas (CY) 174 C4
Ypsos (GR) 162 B6
Ypsus (GR) 170 D3
Ypyä (FIN) 20 A1
Yrbnica (YU) 158 A4
Yrittäperä (FIN) 13 A4
Yrouerre (F) 89 A4
Yrskär (FIN) 32 B4
Yrttivaara (S) 11 B1
Ysbyty Ifan (GB) 53 A5
Yset (N) 23 C3
Ysjö (S) 16 B5
Yssingeaux (F) 106 D1
Ystad (S) 42 D3
Ystebøhamn (N) 26 A6
Ysteled (N) 1 B4
Ystrebrød (N) 36 A2
Ystvik (N) 23 A1
Yt. Bakkeby (N) 1 C5
Yt. Billefjord (N) 2 B3
Yterklinten (S) 17 B3
Yterren (N) 9 A4
Ytre (N) 26 D1
Ytre Årnes (N) 5 A1
Ytre Brenna (N) 2 C2
Ytre Leirpollen (N) 2 C3
Ytre Øydna (N) 36 C2
Ytre Sandvik (N) 2 B3
Ytres Kjæs (N) 2 C2
Ytre Sula (N) 26 A2
Ytre Svartvik (N) 2 B2
Ytter Åkulla (S) 17 B3
Ytterån (S) 15 B6
Ytterberg (S) 24 D4
Ytterboda (S) 17 B4
Ytterby (S) 38 A3
Ytterenhörna (S) 31 A4
Ytteresse (FIN) 19 C2
Yttergård (N) 4 C4
Yttergran (S) 31 A4
Ytterhogdal (S) 24 D4
Ytterholmen (S) 11 B3
Yttermalung (S) 28 D2
Yttermark (FIN) 19 A4
Ytterölmos (FIN) 32 D5
Ytter Rissjö (S) 16 C4
Yttersjö (S) 17 A4
Yttersjön (S) 17 A3
Yttersmark (S) 17 A3
Yttertällmo (S) 16 D5
Yttervik (S) 9 B6
Yttervik (S) 17 B2
Yttervik (S) 31 A5
Yúncos (E) 132 C4
Yunqueta (E) 143 A4
Yunta, La (E) 133 D2
Yushkelovo (RUS) 35 D4
Yustila (RUS) 35 A3
Yuvalı (TR) 161 B5
Yverdon-les-Bains (CH) 98 B2
Yvetot (F) 87 B1
Yvignac (F) 85 A3
Yvoir (B) 75 B3
Yvoire (F) 97 D3
Yvonand (CH) 98 B2
Yvoy-le-Marron (F) 88 A5
Yvré-l'Evêque (F) 87 A5
Yxe (S) 29 B4
Yxlan (S) 31 B3
Yxnanäs (S) 39 B6
Yxnerum (S) 39 B2
Yxsjö (S) 16 C3
Yxskaftkälen (S) 15 C5
Yzernay (F) 94 D2
Yzeron (F) 97 A5
Yzeure (F) 96 C3
Yzeures-s-Creuse (F) 95 B3

Z

Zaamstag (NL) 75 A1
Zaandam (NL) 66 C4
Zabala (RO) 148 D6
Zabalj (YU) 151 D1
Zábalt (RO) 146 C5
Zabar (H) 82 B6
Zabărdo (BG) 159 D5
Zabari (YU) 152 B4
Zabereż' (BY) 177 B6
Zabiele (PL) 64 D4
Zabierzów Bocheński (PL) 82 B1
Žabinka (BY) 73 D1
Zabki (PL) 72 D1
Z'abki (BY) 177 D3
Zabkowice (PL) 72 A6
Zabkowice Slaskie (PL) 71 A5
Zabkowicki, Kamieniec (PL) 71 A6
Zablaće (HR) 111 D6
Zablaće (YU) 151 D5
Zableće (BIH) 150 B4
Zabljak (YU) 157 B2
Zāblova (LV) 182 C3
Zabłudów (PL) 65 C4
Zabno (PL) 71 A2
Zabno (PL) 82 C1
Zabno (HR) 102 B6
Zabok (HR) 102 A6
Zabolotja (BY) 176 D6
Zabolottje (LV) 182 B6
Zabolottja (UA) 73 D3
Zabór (PL) 70 D2
Zaboreczno (PL) 73 C5
Záboří (CZ) 79 C5
Zabor'je (BY) 177 D3
Zaborny, Cienin (PL) 71 C1
Zaborov'e (RUS) 181 D5
Zaborovka (RUS) 182 D2
Zaborowice (PL) 71 A3
Zabów (PL) 62 D4
Zabratówka (PL) 83 A2
Zabrdje (BIH) 151 B3
Zábřeh (CZ) 80 D2
Zabrežje (YU) 151 D3
Zabrežje (BY) 177 B6
Zabrierzów (PL) 82 A1
Zabrowo (PL) 63 A2
Zabrze (PL) 71 D6
Zabrzeż (PL) 82 B3
Zachody (RUS) 182 C4
Zacléř (CZ) 70 D5
Zadabrowie (PL) 83 B2
Zadar (HR) 111 C5
Zadău (RO) 155 A1
Zadeikiai (LT) 175 D2
Zadeikiai (LT) 175 D3
Zadeikiai (LT) 176 D1
Zadvarje (HR) 150 B6
Zadveřice (CZ) 81 B4
Zadvir'ja (UA) 83 D1
Zafarraya (E) 143 B4
Zafferana E. (I) 119 B3
Zafirovo (BG) 154 D5
Zafra, La (E) 141 B1
Zafra (E) 133 B4
Zafra (E) 138 C2
Zaga (SLO) 101 A4
Zagaje (PL) 72 C5
Zagajica (YU) 152 B2
Zagań (PL) 70 C3
Zagarė (LT) 178 D6
Zagariai (LT) 176 C6
Zagarolo (I) 113 B6
Zaglavak (YU) 151 C5
Zagnańsk (PL) 72 C4
Zagon (RO) 154 B1
Zagorje ob Savi (SLO) 101 C5
Zagórów (PL) 71 C2
Zagorskoe (RUS) 175 D4
Zagórze (PL) 82 A2
Zagra (E) 143 B3
Zagra (RO) 147 C2
Zagradec (SLO) 111 C1
Zagražden (BG) 153 D5
Zagražden (BG) 160 A5
Zagreb (HR) 102 A6
Zagrilla (E) 143 B2
Zagroble, Gorajec- (PL) 73 B5
Zagrodno (PL) 70 D4
Zagubica (YU) 152 C4
Zăgujeni (RO) 152 C1
Zagvozd (HR) 150 C6
Zagwiździe (PL) 71 C5
Zahara (E) 142 D4
Zahara de los Atunes (E) 142 C6
Zahinos (E) 138 B2
Zahna (D) 69 C5
Zahody (RUS) 182 D2
Záhony (H) 83 A5
Záhoří, Hor. (CZ) 79 C5
Záhorská Ves (SK) 80 D6
Zahrádky (CZ) 70 B5
Zahrensdorf (D) 61 A4
Zăicani (MD) 149 B1
Zaiceva (LV) 182 C3
Zaidin (E) 128 C6
Zaiginys (LT) 176 B3
Zaistovec (HR) 102 B6
Zajas (MK) 162 D1
Zajcevo (RUS) 35 B2
Zajcevo (RUS) 182 D3
Zaječar (YU) 152 D5
Zajezierze (PL) 63 A4
Zákamenné (SK) 81 D3
Zákány (H) 102 B5
Zaki (LV) 182 B3
Zakliczyn (PL) 82 C2
Zaklików (PL) 73 A5
Zakopane (PL) 82 B3
Zakrkzówek (PL) 73 B4
Zakroczym (PL) 72 C1
Zakrzew (PL) 72 D3
Zákupy (CZ) 70 B5
Zalaapáti (H) 102 C4
Zalabaksa (H) 102 B3
Zalaber (H) 102 B3
Zalacsány (H) 102 C4
Zalaegerszeg (H) 102 B4
Zalahtov'e (RUS) 181 D5
Zalakaros (H) 102 C5
Zalakomár (H) 102 C5
Zalalövö (H) 102 B4
Zalamea de la Serena (E) 138 D2
Zalamea la Real (E) 138 B4
Zalana (F) 120 C3
Zalany (CZ) 70 A5
Zalas (PL) 82 A1
Zalasárszeg (H) 102 C5
Zalaszántó (H) 102 C4
Zalaszentgrót (H) 102 C4
Zalatárnok (H) 102 B4
Zalău (RO) 147 A3
Załazy (PL) 73 A3
Zalduendo (E) 127 B3
Zalec (PL) 65 A3
Zalec (SLO) 101 C5
Załecze (PL) 71 A3
Zalenieki (LV) 179 A6
Zalesa (LT) 177 A4
Zales'e (RUS) 175 C4
Zales'e (RUS) 182 C3
Zalesie (PL) 73 C2
Zalesie (PL) 82 B3
Zalesie Górne (PL) 72 C2
Zalesje (LV) 182 D1
Zalewo (PL) 64 B3
Zalgiriai (LT) 175 C3
Zaliv, Koporskij (RUS) 35 B5
Zaliv, Vyborgskij (RUS) 35 A4
Zalivino (RUS) 175 C4
Zalivnoje (RUS) 175 B4
Zaliznyčne (UA) 149 D6
Zaljutnica (YU) 157 B3
Zalmanov (CZ) 79 A3
Zalmežnieki (LV) 182 B5
Zalno (PL) 63 C3
Zalnoc (RO) 146 D2
Zalpiai (LT) 176 A3
Zaltbommel (NL) 66 C5
Załuż (PL) 83 A2
Zalužany (CZ) 79 C4
Zálužie, Vel'. (SK) 81 B6
Zalužnica (HR) 111 C3
Zalve (LV) 179 C6
Zam (RO) 146 D5
Zamardi (H) 102 D4
Zamarte (PL) 63 C3
Zamayón (E) 131 C1
Zamberk (CZ) 80 C1
Zambra (E) 143 B3
Zambrana (E) 127 A3
Zambrów (PL) 65 B5
Zamecin (PL) 62 D5
Zamek, Rogoźno- (PL) 64 A4
Zamfirovo (BG) 159 A2
Zámky, Nová (SK) 102 D1
Zamogil'e (RUS) 181 D5
Zamora, Playa de la (E) 144 B1
Zamora (E) 125 C6
Zamość (PL) 65 A5
Zamość (PL) 73 C5
Zamoš'e (RUS) 181 D4
Zamošje (BY) 177 C3
Zamost'any (BY) 176 D6
Zamostea (RO) 148 D2
Zamostočje (BY) 177 D5
Zana (LV) 178 C6
Zanaroč' (BY) 177 C4
Zanat (H) 102 B3
Zand (NL) 66 C3
Zandov (CZ) 70 B5
Zandvliet (B) 75 A1
Zandvoort (NL) 66 C4
Zaniemysl (PL) 71 B2
Zănoaga (RO) 153 C4
Zante (LV) 178 D5
Zaorejas (E) 133 B2
Zaoz'ornoje (RUS) 175 D5
Zapałów (PL) 83 B1
Zapfendorf (D) 78 B4
Zapoliarno (RUS) 3 C4
Zaporowskoe (RUS) 35 D3
Zapovednoe (RUS) 175 C4
Zappolino (I) 109 D4
Zapponeta (I) 115 C4
Zaprešic (HR) 101 D6
Zaprudje (BY) 177 D3
Zapuntel (HR) 111 C5
Zapuže (SLO) 101 B4
Zapyškis (LT) 176 B4
Zaragoza (E) 128 A6
Zărand (RO) 146 B5
Zaransko (PL) 63 A4
Zarasai (LT) 177 B2
Zarautz (E) 127 B2
Zarcecze (PL) 83 A1
Zarcilla de Ramos (E) 140 D4
Zareč'e (RUS) 175 C4
Zareč'e (RUS) 175 C5
Zarečje (BY) 177 D5
Zarečnoe (RUS) 176 A4
Zarėnai (LT) 175 D2
Zarėnai (LT) 176 A1
Zarki (PL) 72 A5
Zarki Wielkie (PL) 70 B3
Zarnekow (D) 62 B2
Zărnesti (MD) 149 C6
Zărnesti (RO) 154 A1
Zărnevo (BG) 155 A6
Zarnovica (SK) 81 C5
Zarnów (PL) 72 B4
Zarnowiec (PL) 63 D1
Zarnowiec (PL) 72 B6
Zarošice (CZ) 80 D4
Zarów (PL) 71 A5
Zarra (E) 134 B6
Zarren (B) 74 C2
Zarrentin (D) 61 A4
Zarrenzin (D) 61 D2
Zarszyn (PL) 83 A2
Zarten (D) 90 D4
Zarućejnoe (RUS) 175 C5
Zary (PL) 70 C3
Zarza, La (E) 131 B1
Zarza, La (E) 138 B4
Zarza, La (E) 140 C1
Zarza (E) 131 B4
Zarza Capilla (E) 139 A1
Zarza de Alange (E) 138 C1
Zarzadilla (E) 140 D3
Zarzecze (PL) 82 D2
Zarzuela del Monte (E) 132 B2
Zas (E) 124 B2
Zasa (LV) 179 D6
Zaseki (RUS) 182 D2
Zasitino (LV) 182 D1
Zaskoviči (BY) 177 C5
Zaslavl' (BY) 177 D6
Zasliai (LT) 176 D4
Zásmuky (CZ) 80 A2
Zassów (PL) 72 D6
Zasviž (BY) 177 B4
Zatec (CZ) 79 B3
Zaton (HR) 111 D6
Zatom (PL) 63 A5
Zator (PL) 82 A2
Zătreni (RO) 153 B2
Zaube (LV) 179 C4
Zauchwitz (D) 69 C4
Zău de Cîmpie (RO) 147 B4
Zautje (BY) 177 D3
Závadka (SK) 83 A4
Zavala (BIH) 156 D3
Zavalje (BIH) 111 D3
Zavattarello (I) 109 A3
Zavel'cy (BY) 177 B4
Zavet (BG) 154 C5
Zavidoviči (BIH) 150 D4
Zaviety (RUS) 176 A5
Zavišino (BY) 177 D5
Zavlaka (YU) 151 C4
Zăvoaia (RO) 154 D2
Zavrč (SLO) 102 A5
Zawada (PL) 70 C2
Zawada (PL) 71 C5
Zawada (PL) 72 B3
Zawada (PL) 73 C5
Zawada (PL) 82 D1
Zawady-Tworki (PL) 65 B3
Zawadzkie (PL) 71 D5
Zawały (PL) 72 C4
Zawichost (PL) 73 A5
Zawidów (PL) 70 C4
Zawidz (PL) 64 C5
Zawiercie (PL) 72 A6
Zawiść (PL) 71 C4
Zawiść (PL) 81 C1
Zawoja (PL) 82 A2
Zawonia (PL) 71 B4
Zawroty (PL) 64 B3
Zayas de Báscones (E) 126 D6
Zažina (HR) 150 A1
Zázrivá (SK) 81 D3
Zbarzewo (PL) 71 A2
Zbaszyń (PL) 70 D2
Zbečno (CZ) 79 C3
Zbehy (SK) 81 B6
Zbelutka, Nowa (PL) 72 D5
Zberki (PL) 71 B1
Zbiczno (PL) 64 B4
Zbiersk (PL) 71 C2
Zbiroh (CZ) 79 B4
Zblewo (PL) 63 D3
Zbójno (PL) 64 A5
Zborov (SK) 82 D3
Zborov n. Bystricou (SK) 81 C3
Zbrachlin (PL) 63 D4
Zbrachlin (PL) 64 A5
Zbraslav (CZ) 79 C3
Zbraslavice (CZ) 80 B2
Zbrudzewo (PL) 71 B2
Zbuczyn Poduchowny (PL) 73 B2
Zbydniów (PL) 73 A5
Zbýšov (CZ) 80 B2
Zdala (HR) 102 C5
Zdaňa (SK) 82 D5
Zdánice (CZ) 80 A2
Zdánice (CZ) 80 D4
Zdanoviči (BY) 177 D6
Zdanowice (PL) 72 B5
Zdany (BY) 177 C3
Zďár (CZ) 79 B3
Zďárec (CZ) 80 C3
Zd'ar n. Sáz. (CZ) 80 C3
Zdbice (PL) 63 B4
Zdenci, V. (HR) 150 C1
Zdenci (HR) 150 D1
Zdiar (SK) 82 B3
Zdiby (CZ) 79 C3
Zdice (CZ) 79 C4
Zdihovo (HR) 111 C2
Zdirec n. D. (CZ) 80 C2
Zdounky (CZ) 81 A4
Zdravec (BG) 159 D4
Zdrelac (HR) 111 C5
Zdrelo (YU) 152 B4
Zdrój, Busko- (PL) 72 C6
Zdrój, Cieplice Slaskie (PL) 70 C5
Zdrój, Duszniki- (PL) 70 D6
Zdrój, Kudowa (PL) 70 D6
Zdrój, Ladek- (PL) 71 A6
Zdrój, Polanica- (PL) 71 A6
Zdrój, Połczyn- (PL) 63 A3
Zdrój, Solec- (PL) 72 D6
Zdrój, Swieradów (PL) 70 C5
Zdrój, Szczawno- (PL) 70 D5
Zdrój, Trzcińsko- (PL) 62 C5
Zdrój-Goczalkowice (PL) 81 C2
Zdrój-Jestrzebie (PL) 81 C2
Zdunje (MK) 162 D1
Zduńska Wola (PL) 71 D3
Zduny (PL) 71 B3
Zduny (PL) 72 B2
Zdychava, Muránska (SK) 82 B5
Zdynia (PL) 82 D3
Zdżanne (PL) 73 C4
Zdżary, Stare (PL) 72 D3
Zdżary (PL) 71 C4
Zdżary (PL) 72 C3
Zdziary (PL) 73 A5
Zdziarzec (PL) 72 D6
Zdziechowice (PL) 71 D4
Zdzieszowice (PL) 71 C6
Zdziłowice (PL) 73 B5
Zebrak (PL) 73 A2
Zebrák (CZ) 79 B4
Zebráky (CZ) 79 A4
Zebreira (P) 131 A4
Zebrene (LV) 178 D5
Zebrokai (LT) 175 C1
Zebrzydowa (PL) 70 C4
Zebrzydowice (PL) 81 C2
Zebrzydowska, Kalwaria (PL) 82 A2
Zechlin (D) 61 D5
Zechliner Hütte (D) 61 D5
Zeddam (NL) 67 A5
Zedelgem (B) 74 C2
Zederhaus (A) 101 A2
Zednik (YU) 103 C6
Zedowice (PL) 71 D5
Zeebrugge (B) 74 C1
Zeeland (NL) 66 D6
Zegarski, Kaštel (HR) 150 A4
Zegary (PL) 65 C2
Zegiestów (PL) 82 C3
Zegocina (PL) 82 B2
Zegoty, Poreba- (PL) 82 A1
Zehdenick (D) 69 D2
Zehlendorf, Berlin (D) 69 D3
Zehlendorf (D) 69 D2
Zehna (D) 61 C3
Zeil a. Main (D) 78 B4
Zeimelis (LT) 179 A6
Zeimiai (LT) 176 C2
Zeimiai (LT) 176 C3
Zeist (NL) 66 C5
Zeithein (D) 69 D6
Zeitlarn (D) 93 A3
Zeitz (D) 78 D1
Zelah (GB) 56 C5
Zelazno (PL) 71 A6
Zelazowa Wola (PL) 72 B1
Zele (B) 75 A2
Zelechlinek (PL) 72 B3
Zelechów (PL) 73 A2
Zelencovo (RUS) 175 C5
Zelengrad (HR) 111 D5
Zelenika (YU) 157 A4
Zelenikovo (BG) 160 A3
Zelenogorsk (RUS) 35 C4
Zelenogradsk (RUS) 175 B4
Zelenovo (RUS) 175 C4
Zeletava (CZ) 80 B4
Zelezné (SK) 82 A4
Zeleznica (BG) 159 B3
Zeleznik (YU) 151 D3
Zelezniki (SLO) 101 B5
Zeleznodorožnyj (RUS) 175 C5
Zelezný Brod (CZ) 70 C5
Zelgauska (LV) 182 A5
Zelgoszcz (PL) 63 D3
Zelhem (NL) 67 A5
Zelichowska, Wola (PL) 72 C6
Zeliezovce (SK) 103 A1
Zelina (HR) 102 A6
Zelino (MK) 158 B5
Zeliszew (PL) 73 A2
Zeljuša (BIH) 150 D6
Zelju vojvoda (BG) 160 C3
Zelki (PL) 65 A3
Zelków Kolonia (PL) 73 A1
Zelkowo (PL) 63 C1
Zell (A) 93 C3
Zella-Mehlis (D) 78 B2
Zell am Moos (A) 101 A1
Zell am See (A) 100 D2
Zell am Ziller (A) 100 B2
Zellerfeld, Clausthal- (D) 68 D5
Zellerndorf (A) 80 C5
Zell i. Wiesental (D) 90 D5
Zell (Mosel) (D) 76 C4
Zelnava (CZ) 93 C1
Zelów (PL) 72 A3
Zel. Ruda (CZ) 79 B6
Zelsva (LT) 175 B5
Zeltini (LV) 182 B4
Zelva (LT) 176 D3
Zelzate (B) 74 D1
Zemaičių Kalvarija (LT) 175 D1
Zemaičių Naumiestis (RUS) 175 D3
Zemaitkiemis (LT) 176 B6
Zemaitkiemis (LT) 176 D3
Zemalė (LT) 178 C6
Zemberovce (SK) 81 C6
Zembrów (PL) 65 B6
Zeměchy (CZ) 79 B3
Zeme (I) 108 D2
Zemen (BG) 159 A4
Zemendorf (A) 102 B2
Zemgale (LV) 177 B2
Zemianska Olča (SK) 102 D1
Zemianske Kostol'any (SK) 81 C5
Zemīte (LV) 178 D5
Zemplinska Teplica (SK) 82 D5
Zemplinske Hámre (SK) 83 A4
Zemplinske Hradište (SK) 83 A5
Zemun (YU) 152 A2
Zenica (BIH) 150 D4
Zentene (LV) 178 D4
Zepče (BIH) 150 D4
Zeravna (BG) 160 C2
Zerbst (D) 69 B5
Zerd'ažje (BY) 177 D5
Zerf (D) 76 B5
Zeri (I) 109 A4
Zerind (RO) 146 A4
Zerków (PL) 71 B2
Zermatt (CH) 98 C4
Zernez (CH) 99 C3
Zernien (D) 68 D2
Zero Branco (I) 110 B1
Zervynos (LT) 176 D6
Zešov (CZ) 80 D3
Zestoa (E) 127 B2
Zetea (RO) 148 C5
Zetel (D) 67 C1
Zettlitz (D) 78 B3
Zeulenroda (D) 78 D2
Zeven (D) 60 C5
Zevenaar (NL) 67 A5
Zevenbergen (NL) 66 C6
Zevenbergschen Hoek (NL) 66 C6
Zévio (I) 100 A6
Zeytindağ (TR) 165 C6
Zgierz (PL) 72 A2
Zgłobice (PL) 82 C2
Zgłobieńska, Błedowa (PL) 82 D1
Zgniłocha (PL) 64 C3
Zgon (PL) 65 A3
Zgórsko (PL) 72 C5
Zgorzelec (PL) 70 C4
Zgozhd (AL) 162 C2
Zgurița (MD) 149 C1
Zhezhan (AL) 157 D5
Zhůří (CZ) 79 B6
Ziar n. Hronom (SK) 81 C5
Zibikai (LT) 176 A1
Ziča (YU) 152 A5
Zicavo (F) 120 C3/4
Zichlinek (CZ) 80 D2
Zichlyn (PL) 72 B1
Zickhausen (D) 61 B3

Zidani Most (SLO) 101 C5
Zidikai (LT) 178 C6
Zidilov Bor (RUS) 182 D2
Zidina (LV) 177 C2
Zidlochovice (CZ) 80 D4
Ziebice (PL) 71 B5
Ziegelroda (D) 69 A6
Ziegendorf (D) 61 C5
Ziegenhain (D) 77 B2
Ziegenrück (D) 78 C2
Zieleniec (PL) 71 A6
Zieleniewo (PL) 63 A2
Zieleniewo (PL) 63 A5
Zielheim (D) 78 D5
Zielona (PL) 73 B4
Zielona Chocina (PL) 63 C3
Zielona Góra (PL) 70 C2
Zielonka (PL) 72 D1
Zielonka Pasłecka (PL) 64 B2
Zieluń Osada (PL) 64 B4
Ziemetshausen (D) 92 B3
Ziemianska, Rzeczyca (PL) 73 A5
Ziemieris (LV) 182 C3
Ziemupe (LV) 178 B5
Zierenberg (D) 68 B6
Zierikzee (NL) 66 A6
Ziersdorf (A) 80 C5
Zierzow (D) 61 B5
Ziesar (D) 69 B4
Ziesendorf (D) 61 C3
Ziethen (D) 62 B3
Žiežmariai (LT) 176 D4
Žigljan (HR) 111 C4
Zignago (I) 109 A4
Ziguri (LV) 182 C4
Zihle (CZ) 79 B3
Zikovci (BIH) 151 A6
Zilaiskalns (LV) 179 C3
Zilāni (LV) 179 D6
Zile (LV) 182 A3
Ziliai (LT) 176 A1
Zilina (SK) 81 C4
Zilinai (LT) 176 D5
Zilino (RUS) 175 D4
Zilly (D) 68 D5
Zilpe (NL) 66 B6
Ziltendorf (D) 70 B2
Zilupe (LV) 182 D1
Zimandu Nou (RO) 146 B5
Zimbor (RO) 147 A3
Zimna Woda (PL) 64 C4
Zimnica (BG) 160 D3
Zimnicea (RO) 154 A6
Zinal (CH) 98 C4
Zindaičiai (LT) 176 A3
Zinevičy (BY) 176 D6
Zingsheim (D) 76 B3
Zingst (D) 61 C2
Zinnik, Soignies (B) 75 A3
Zinnowitz (D) 62 B2
Zinnwald-Georgenfeld (D) 70 A5
Ziopeliai (LT) 178 D6
Ziras (LV) 178 B4
Zirc (H) 102 D3
Zirchow (D) 62 C3
Zirgi (LV) 182 D1
Ziri (SLO) 101 B5
Zirje (HR) 111 D6
Zirl (A) 100 A2
Zirmuny (BY) 177 A6
Zirndorf (D) 78 B5
Zirni (LV) 178 C5
Zirovac (HR) 150 A2
Zirovnica (YU) 152 B4
Zirovnice (CZ) 80 B3
Zistersdorf (A) 80 D5
Zitavou, Dvory nay (SK) 103 A1
Zitište (YU) 152 A1
Zitkovac (YU) 152 C6
Zitni Potok (YU) 158 C2
Zitorađa (YU) 158 C2
Zittau (D) 70 B5
Zitz (D) 69 B4
Ziūronys (LT) 176 C5
Zivaja (HR) 150 B2
Zivinice (BIH) 151 A4
Zivkovo (BG) 154 D6
Ziželice (CZ) 80 B1
Zizenhausen (D) 91 A4
Zizers (CH) 99 B3
Zizin (RO) 154 A1
Zlarin (HR) 150 A6
Zlatar (HR) 102 A6
Zlatar (BG) 160 D1
Zlatarevo (YU) 163 C1
Zlatarica (BG) 160 B2
Zlaté Hory (CZ) 71 B6
Zlaté Klasy (SK) 102 C1
Zlaté Moravce (SK) 81 C6
Zlatna (RO) 147 A5
Zlatná na Ostrove (SK) 102 D2
Zlatna panega (BG) 159 C2
Zlatniky (SK) 81 B5
Zlatni pjasâci (BG) 155 B6
Zlatograd (BG) 160 A6
Zlebič (SLO) 111 B1
Zleby (CZ) 80 B2
Zlēkas (LV) 178 C4
Zletovo (MK) 158 D5
Zlibinai (LT) 175 D2
Zlín (CZ) 81 A3
Zlinice (PL) 71 C5
Złobnica (PL) 72 A4
Złocieniec (PL) 63 A4
Złoczew (PL) 71 D3
Zlot (YU) 152 C4
Złota (PL) 72 B2
Złota (PL) 73 A5
Złotniki Kujawskie (PL) 63 D5
Złotoryja (PL) 70 D4
Złotów (PL) 63 B4
Złotów (PL) 71 B4
Złoty Stok (PL) 71 A6
Zlutice (CZ) 79 A3
Zmajevac (BIH) 150 A3
Zmajevo (YU) 151 C1
Zmejovi dupki (BG) 160 A2
Zmejovo (BG) 160 B3
Zmigród, Nowy (PL) 82 D2
Żmigród (PL) 71 A3
Zminj (HR) 111 A2
Zmysłowo (PL) 71 A3
Znamenka (BY) 177 D6
Znamenka (RUS) 181 D6
Znamenka Novaja (RUS) 175 A5
Znamensk (RUS) 175 C5
Znin (PL) 63 C5
Znojmo (CZ) 80 C4
Zocca (I) 109 D4
Zocene (LV) 178 D3
Zocueca (E) 139 D3
Zodel (D) 70 B4
Zodiški (BY) 177 B5
Zodyń (PL) 70 D2
Zoersely (B) 75 B1
Zoetermeer (NL) 66 B5
Zofingen (CH) 98 D2
Zogaj (AL) 157 D4
Zogi (LV) 182 C5
Zogno (I) 99 B5
Zogotas (LV) 182 C5
Zoldo, Forno di (I) 100 C4
Zoldo Alto (I) 100 C4
Zółkiewka (PL) 73 B4
Zollikofen (CH) 98 C2
Zollikon (CH) 99 A2
Zolling (D) 92 D3
Zołynia (PL) 73 B6
Zomba (H) 103 A5
Zone (I) 109 B1
Zonhoven (B) 75 C2
Zonza (F) 120 C4
Zoopiyi (CY) 174 C4
Zörbig (D) 69 B5
Zorita del Maestrazgo (E) 134 D2
Zorneding (D) 92 D4
Zory (PL) 81 C2
Zosna (LV) 184 C1
Zossen (D) 69 D4
Zotes (E) 125 D4
Zoteux (F) 74 A3
Zoutelande (NL) 74 D1
Zoutkamp (NL) 67 A2
Zoutleeuw (B) 75 B2
Zovi Do (BIH) 157 A2
Žovkra (UA) 83 D1
Zrecin (PL) 82 D2
Zrenj (HR) 111 A2
Zrenjanin (YU) 151 D1
Zrin (HR) 150 A2
Zrmanja-Vrelo (HR) 150 A4
Zrnovnica (HR) 150 B6
Zrze (YU) 158 A4
Zsadány (H) 146 B3
Zsámbék (H) 103 A2
Zsana (H) 103 C5
Zsarolyán (H) 83 B6
Zschopau (D) 79 A2
Zuazo (E) 127 A3
Zuberec (SK) 82 A3
Zubné (SK) 83 A4
Zubrovo (BY) 176 D6
Zuč (YU) 158 B2
Zucaina (E) 134 C4
Zudaire (E) 127 B3
Zudar (D) 62 B2
Zuera (E) 128 A5
Zufre (E) 138 C4
Zug (CH) 99 A2
Zuidhorn (NL) 67 A2
Zuidlaren (NL) 67 B2
Zuidwolde (NL) 67 A3
Zújar (E) 140 B4
Zuji (LV) 182 B6
Zukai (LT) 176 A4
Zukovo (RUS) 182 C3
Zuków (PL) 73 C3
Zukowo (PL) 63 D2
Zulema (E) 134 B6
Zuljana (HR) 156 C3
Zülpich (D) 76 B2
Zulueta (E) 127 C3
Zumaia (E) 127 B2
Zumárraga (E) 127 B2
Zum Zeri (I) 109 A4
Zundert (NL) 75 B1
Zundi (LV) 177 C1
Zúñiga (E) 127 B3
Zuoz (CH) 99 C4
Zupanja (HR) 151 A2
Zuprany (BY) 177 B5
Zur (PL) 63 D4
Zur (YU) 158 A4
Züras (LV) 178 B4
Žuravne (UA) 83 D3
Zurgena (E) 140 D5
Zurich (NL) 66 D2
Zürich (CH) 99 A1
Zurki (BY) 177 D4
Zurndorf (A) 102 C1
Zuromin (PL) 64 B5
Zurow (D) 61 B3
Zurowa (PL) 82 C2
Zürs (A) 99 C2
Zurzach (CH) 99 A1
Züschen (D) 77 A1
Zusmarshausen (D) 92 B3
Züsow (D) 61 B3
Zuta Lokva (HR) 111 C3
Zutphen (NL) 67 A5
Zuženberk (SLO) 101 C6
Zvajriškes (BY) 177 B4
Zvarisht (AL) 162 C3
Zvārtava (LV) 182 B3
Zvečan (YU) 158 A3
Zvečevo (HR) 150 C1
Zvegor (MK) 159 A5
Zvejniekciems (LV) 179 B4
Zvezdec (BG) 161 A4
Zvidziena (LV) 182 B5
Zvikovec (CZ) 79 B4
Zvikovské Podhradí (CZ) 79 C5
Zvingiai (LT) 175 D3
Zvirble (BY) 177 C2
Zvirgždaičiai (LT) 176 B4
Zvirgzde (LV) 179 B5
Zvirgždėnai (LT) 176 C5
Zvole (CZ) 80 D2
Zvolen (SK) 81 D5
Zvonce (YU) 158 D2
Zvornik (BIH) 151 B4
Zvorsca (RO) 153 C4
Zwardoń (PL) 81 C3
Zwartsluis (NL) 67 A3
Zweelo (NL) 67 B3
Zweibrücken (D) 76 C6
Zweifall (D) 76 A2
Zweisimmen (CH) 98 C3
Zwenkau (D) 78 D1
Zwerovke, chata (PL) 82 A3
Zwettl (A) 80 A5
Zwettl (A) 93 C2
Zwickau (D) 78 D2
Zwiefalten (D) 91 B4
Zwierzno (PL) 64 B2
Zwierzyniec (PL) 73 B5
Zwiesel (D) 93 B1
Zwieselstein (A) 100 A3
Zwillbrock (D) 67 B5
Zwinderen (NL) 67 B3
Zwingenberg (D) 77 A5
Zwingendorf (A) 80 C5
Zwola, Sarnia (PL) 72 D5
Zwoleń (PL) 72 D3
Zwolle (NL) 67 A4
Zwönitz (D) 79 A2
Žydačiv (UA) 83 D3
Zydowo (PL) 63 B2
Zydowo (PL) 71 B1
Żydowskie (PL) 82 D3
Zygaičiai (LT) 175 D3
Zyglinek (PL) 71 D6
Zygmantiškė (LT) 176 B4
Zygry (PL) 71 D3
Zypliai (LT) 176 B4
Żyrardów (PL) 72 B2
Zyrów (PL) 72 C2
Zyrzyn (PL) 73 A3
Zytkiejmy (PL) 65 B1
Zytno (PL) 72 D5
Żywiec (PL) 81 D2
Zyyi (CY) 174 C4

Æ

Ærø (DK) 41 A5
Ærøskøbing (DK) 41 A5

Ø

Øanes (N) 36 B2
Ødegården (N) 37 B1
Ødsted (DK) 40 D3
Ødum (DK) 41 A1
Øfstivollen (N) 23 D1
Øjensvåg (N) 26 B5
Økdal (N) 23 C2
Økneshamn (N) 4 C4
Øksendalseter (N) 23 C6
Øksendalsøra (N) 23 A3
Øksendrup (DK) 41 B4
Øksfjord (N) 1 D4
Øksingen (N) 8 C5
Øksna (N) 28 A1
Øksnes (N) 4 C3
Ølensjøen (N) 26 B5
Ølgod (DK) 40 C3
Øls (DK) 40 D1
Ølst (DK) 41 A1
Ølstykke (DK) 41 D3
Ølve (N) 26 B4
Ønslev (DK) 41 C5
Ør (N) 28 A6
Øra (N) 1 C4
Ørbeck (N) 28 A3
Ørbogen (N) 23 A2
Ørby (DK) 41 A2
Ørbæk (DK) 41 B4
Øre (N) 22 D3
Øre (N) 23 A2
Ørgenvika (N) 27 C3
Ørjavik (N) 22 D2
Ørje (N) 28 A5
Ør Jølby (DK) 37 A6
Ør Lindet (DK) 40 D4
Ørnes (N) 4 D6
Ørnes (N) 8 D3
Ørneset (N) 9 A6
Ørnfjordbotn (N) 5 A1
Ørnhøj (DK) 40 C2
Ørpen (N) 27 C3
Ørslev (DK) 41 C3
Ørslev (DK) 41 C4
Ørsta (N) 22 B4
Ørsted (DK) 41 A1
Ørsted (DK) 41 A4
Ørum (DK) 40 D1
Ørum (DK) 41 A1
Ørvella (N) 27 B5
Øsby (DK) 40 D4
Øse (DK) 40 C3
Østbirk (DK) 40 D2
Østborg (N) 15 A4
Østby (N) 24 B6
Østebø (N) 36 B1
Østerby (DK) 37 B5
Østerby (DK) 37 D5
Øster Hurup (DK) 37 C6
Øster Højst (DK) 40 C5
Østerild (DK) 37 A5
Østerlars (DK) 43 B4
Østermarie (DK) 43 B4
Østervollen (N) 14 C6
Østnes (N) 15 A3
Østre Gausdal (N) 27 C1
Østvebø (N) 26 D2
Øtteroy (N) 14 B4
Øverbygd (N) 5 B2
Øverdal (N) 9 A4
Øvergard (N) 1 D5
Øvergård (N) 5 C1
Øverås (N) 22 D3
Øvre (N) 23 D5
Øvre (N) 36 B1
Øvrebygd (N) 36 B2
Øvre Rindal (N) 23 B2
Øvre Sirdal (N) 36 B2
Øvre Årdal (N) 26 D1
Øvstedal (N) 22 D4
Øyabotn (N) 22 D6
Øyangen (N) 23 B1
Øye (N) 22 C4
Øye (N) 27 A1
Øyenkilen (N) 27 D6
Øyer (N) 23 C6
Øyermoen (N) 28 B3
Øyfjell (N) 27 A5
Øyfjord (N) 1 D3
Øyfjordvær (N) 5 A1
Øyfjordvær (N) 5 A1
Øygard (N) 22 D3
Øygarden (N) 27 A5
Øygardslia (N) 37 A1
Øyheim (N) 14 C4
Øyjord (N) 4 C6
Øylo (N) 27 A1
Øymark (N) 28 A5
Øyra (N) 1 D4
Øysang Neset (N) 37 A1
Øyslebø (N) 36 C3
Øystelistølen (N) 27 B1
Øystese (N) 26 B3
Øysæ (N) 26 D6
Øyungen (N) 27 D1
Øyuvsbu (N) 26 D6
Øyvollen (N) 24 A2

Å

Å (N) 4 C2
Å (N) 5 A2
Åbacken (S) 11 A3
Åbenrå (DK) 40 D5
Åberget (S) 10 D4
Åbergstjärnvallen (S) 24 B2
Åbjør (N) 27 B2
Åbo, Turku (FIN) 32 D4
Åby, Nørre (DK) 41 A4
Åby, Stora (S) 39 A2
Åby (S) 30 D6
Åbybro (DK) 37 B5
Åbyfors (S) 39 A5
Åbyggeby (S) 30 D1
Åbyn (S) 11 B6
Åbyn (S) 17 B2
Åbyn (S) 17 B3
Åbytorp (S) 29 A5
Åbosjö (S) 16 C4
Ådalsliden Näsåker (S) 16 C5
Ådalsvollen (N) 14 C6
Ådland (N) 26 B3
Ådneram (N) 26 C6
Åfar (N) 23 A3
Åfarnes (N) 22 D3
Åfors (S) 11 B5
Åfård (S) 38 C3
Ågskaret (N) 8 D3
Åheim (N) 22 B5
Åhus (S) 43 A2
Åker (S) 31 A5
Åker (S) 38 D4
Åkerbränna (S) 16 B4
Åkerby (S) 11 A4
Åkerbäck (S) 17 B3
Åkerholmen (S) 11 A4
Åkersberg (S) 39 A3
Åkersjön (S) 15 B5
Åkervika (N) 9 A5
Åkirkeby (DK) 43 B4
Åknes (N) 4 C2
Åknes (N) 36 C1
Åkra (N) 26 B4
Åkran (N) 14 C5
Åkrehamm (N) 26 A6
Åkreseter (N) 23 B6
Åkroken (S) 11 A4
Åkroken (S) 25 C1
Åkullsjön (S) 17 B3
Åkvik (N) 14 C2
Åkvisslan (S) 16 C6
Ål (N) 27 A2
Åland (N) 27 A4
Åland (S) 31 A3
Ålbu (N) 23 B3
Ålbæk (DK) 37 C4
Åled (S) 38 C6
Ålem (S) 39 C5
Ålen (N) 23 D3
Ålestrup (DK) 37 B6
Ålesund (N) 22 B3
Ålfoten (N) 22 B5
Ålgered (S) 25 B4
Ålgå (S) 28 B4
Ålgård (N) 36 A1
Ålhus (N) 22 C6
Åliden (S) 17 B1
Ålsered (S) 38 C5
Ålshult (S) 39 A6
Ålsjunga (S) 42 C1
Ålstad (N) 4 C5
Ålsø (DK) 41 B1
Ålum (DK) 40 D1
Ålund (S) 11 A6
Ålund (S) 11 B6
Ålvenäs (S) 28 C5
Ålvik (N) 26 C3
Ålvo (FIN) 19 C2
Ålvundeid (N) 23 A3
Ålvundfoss (N) 23 A3
Ålåsen (S) 15 B5
Ålö, Störo (S) 39 C2
Ålö (S) 31 B5
Åminne (S) 11 A4
Åminne (S) 38 D5
Åmliden (S) 16 D1
Åmot (S) 25 C6
Åmot (N) 27 A5
Åmot (N) 27 C2
Åmot (N) 27 C3
Åmot (N) 27 C4
Åmot (N) 28 A1
Åmot (S) 28 C4
Åmotfors (S) 28 B4
Åmotsdal (N) 27 A5
Åmotsdalshytta (N) 23 B4
Åmsdals verk (N) 27 A5
Åmsele (S) 16 D2
Åmøy (N) 8 D3
Åmål (N) 27 D3
Åmål (S) 28 C6
Ån (S) 24 C1
Åna Sira (N) 36 B3
Åndalsnes (N) 22 D3
Ånebjør (N) 36 C1
Åneby (N) 27 D4
Ånes (N) 8 D5
Ånes (N) 23 A2
Ånessletta (N) 4 C2
Ånge (S) 10 B4
Ånge (S) 25 A3
Ångesån (S) 11 B2
Ånimskog (S) 28 C6
Åninne (FIN) 19 A3
Ånn (S) 24 A1
Ånstad (N) 4 B3
Ånstad (N) 23 A5
Ånäset (S) 17 A3
Ånäset (S) 17 B3
Årak (N) 26 B5
Årbol (S) 28 B6
Årbostad (N) 5 A2
Årdal (N) 27 A1
Årdal (N) 36 D2
Årdala (S) 30 D5
Årdalsosen (N) 26 C6
Årdalstangen (N) 26 D1
Åre (S) 24 B1
Årfor (N) 14 C2
Årgård (N) 14 B4
Århult (S) 39 C4
Århus (DK) 41 A2
Åringen (N) 8 C5
Årjäng (S) 28 B5
Årnes (N) 28 A3
Årnesmyr (N) 14 B3
Årnäs (S) 38 C1
Åros (N) 27 D4
Årosjåkk (S) 5 C4
Åroysund (N) 27 D6
Årre (DK) 40 C3
Årsandøy (N) 14 C2
Årsballe (DK) 43 B4
Årsdale (DK) 43 B4
Årskogen (S) 25 C3
Årsnes (N) 26 B4
Årstein (N) 4 C4
Årstein (N) 5 A3
Årup (DK) 41 A4
Årvik (N) 22 B4
Årvik (N) 26 B4
Årvik (N) 22 A4
Årvåg (N) 23 A1
Årvågen (N) 26 B6
Åryd (S) 43 A1
Årø (N) 22 D3
Årøsund (DK) 40 D4
Årøy (N) 22 B6
Årøya (N) 2 A4
Ås (S) 15 B6
Ås (N) 24 A2
Ås (N) 27 D6
Ås (S) 38 D5
Åsa (N) 27 D3
Åsa (S) 38 B4
Åsane (N) 26 A3
Åsarn (S) 24 D3
Åsarna (S) 11 B3
Åsarp (S) 38 C3
Åsbacka (S) 25 B5
Åsbro (S) 29 B6
Åseda (S) 39 B4
Åsegg (N) 14 B4
Åselet (S) 11 A5
Åsen (N) 4 C5
Åsen (N) 9 A6
Åsen (N) 14 B6
Åsen (S) 15 C6
Åsen (S) 24 C6
Åsen (S) 24 D5
Åsenbruk (S) 38 B1
Åsenhöga (S) 38 D4
Åseral (N) 36 C2
Åserud (N) 28 B3
Åsgårdstrand (N) 27 D5
Åshagen (S) 28 C3
Åshammar (S) 29 C1
Åsheim (N) 23 D5
Åsjon (S) 17 B3
Åskilje (S) 16 C2
Åskiljeby (S) 16 C2
Åskloster (S) 38 B5
Åskogen (S) 11 B4
Åsli (N) 27 B2
Åsmansbo (S) 29 B3
Åsmark (N) 27 D1
Åsmulfoss (N) 14 D3
Åstdalseter (N) 23 D6
Åstorp (S) 42 D3
Åstra haysbad (S) 31 B5
Åstrup (DK) 41 A4
Åsträsk (S) 17 A2
Åstön (S) 25 C2
Åsum (S) 42 D2
Åså (DK) 37 C5
Åsäng (S) 25 C2
Åsättra (S) 31 B4
Åtloro (N) 26 A4
Åtorp (S) 29 A5
Åträsk (S) 11 B3
Åträsk (S) 11 B5
Åträsk (S) 17 B3
Åtvidaberg (S) 39 B2
Åva (FIN) 32 C4
Åvedal (N) 36 B2
Åvikebruk (S) 25 C2
Åvist (FIN) 19 C4

Ä

Ädelfors (S) 39 B4
Äflo (S) 15 A6
Ähtäri (FIN) 19 D4
Ähtärinranta (FIN) 19 D4
Äijäjoki (FIN) 6 C2
Äijälä (FIN) 20 B5
Äijänneva (FIN) 19 C5
Äkäsjokisuu (FIN) 6 C4
Äkäslompolo (FIN) 6 C4
Älandsbro (S) 25 C2
Älekulla (S) 38 B4
Älgarås (S) 29 A6
Älghult (S) 39 B5
Älglösa (S) 31 A2
Älgmoss (FIN) 19 A4
Älgsjö (S) 16 C4
Älgö (FIN) 33 B5
Älmeboda (S) 39 B6
Älmhult (S) 38 D6
Älmsta (S) 31 B2
Älta (S) 31 B4
Älvdalen (S) 24 D6
Älvestorp (S) 29 A4
Älvho (S) 24 D5
Älvkarleby (S) 30 D1
Älvros (S) 24 B5
Älvros (S) 24 D4
Älvsbacka (S) 28 D4
Älvsborg (S) 10 D4
Älvsbyn (S) 11 A4
Älvsjöhyttan (S) 28 D3
Ämmälä (FIN) 7 C6
Ämmälä (FIN) 19 B5
Ämmälänmaa (FIN) 19 C4
Ämmänsaari (FIN) 13 B5
Ämmätsä (FIN) 33 C1
Ämtervik, Västra (S) 28 C4
Ämtervik, Östra (S) 28 C4
Ändebol (S) 30 C6
Äng (S) 39 A3
Ängelholm (S) 39 C1
Ängelsberg (S) 29 B3
Ängelsfors (S) 29 B2
Ängersjö (S) 24 D4
Ängesbyn (S) 11 B4
Ängeslevä (FIN) 12 C5
Ängesträsk (S) 11 C3
Ängesön (S) 19 A2
Ängra (S) 25 A4
Ängskär (S) 31 A1
Ängskärsskärgård (S) 31 C3
Ängsnäs (S) 30 C2
Äntsebo (S) 39 B4
Äppelbo (S) 28 D2
Äpplö (FIN) 32 C4
Ärla (S) 30 D4
Ärna (S) 31 A3
Ärtrik (S) 16 B6
Äs (S) 30 C5
Äs (S) 30 D3
Äsperöd (S) 42 D3
Äspnäs (S) 15 C4
Ätran (S) 38 C5
Äyskoski (FIN) 20 C3
Äänekoski (FIN) 20 B4

Ö

Öberget (S) 15 C6
Öby (FIN) 33 A5
Öckerö (S) 38 A4
Ödeborg (S) 38 A2
Ödenäs (S) 38 B3
Ödeshög (S) 38 D2
Ödestuga (S) 38 D3
Ödkarby (FIN) 32 B4
Ödskölt (S) 38 A1
Ödåkra (S) 42 B2
Öglunda (S) 38 C2
Öhn (S) 15 C5
Öhnet (S) 15 A6
Öja (S) 30 C5
Öja (S) 31 B6
Öja (S) 43 C6
Öjarn (S) 15 C4
Öje (S) 28 D1
Öjebyn (S) 11 B5
Öjung (S) 25 A5
Öjvallberget (S) 24 C6
Öjvasslan (S) 24 C5
Ökna (S) 39 B4
Öland (S) 39 D5
Ölandet (FIN) 32 C5
Ölands norra udde (S) 39 D3
Öljehult (S) 39 B6
Öliölä (FIN) 21 C5
Ölme (S) 28 D5
Ölmskog (S) 28 D5
Ölmstad (S) 38 D3
Ölsboda (S) 29 A5
Ölserud (S) 28 C6
Ömossa (FIN) 19 A5
Ön (FIN) 32 D5
Önnestad (S) 42 D2
Önningeby (FIN) 32 B4
Önskan (S) 16 D5
Önusberg (S) 11 B5
Ör (S) 38 B1
Ör (S) 39 A5
Öra (S) 38 C3
Öratjärn (S) 25 A5
Öravan (S) 16 C2
Öravattnet (S) 16 A6
Örby (S) 38 B4
Örbyhus (S) 31 A2
Örebro (S) 29 A5
Öregrund (S) 31 B2
Öreryd (S) 38 D4
Öreström (S) 16 D4
Öresund (S) 16 C1
Örkelljunga (S) 42 C1
Örmon (S) 29 B6
Örnberg (FIN) 19 B3
Örnsköldsvik (S) 16 D5
Örnäs (S) 10 B5
Örsbäck (S) 17 A4
Örserum (S) 39 A3
Örsjö (S) 39 C5
Örskär (S) 31 B1
Örsundsbro (S) 31 A3
Örsås (S) 38 C4
Örträsk (S) 16 D3
Örträsk (S) 17 A1
Örviken (S) 17 B2
Örö (FIN) 32 D5
Ösmo (S) 31 B5
Össeby-Garn (S) 31 B3
Össjö, Norra (S) 38 D6
Össjö (S) 38 D5
Östaholm (S) 30 D2
Östanbäck (S) 17 B1
Östanbäck (S) 25 B2
Östansjö (S) 10 B4
Östansjö (S) 16 C5
Östansjö (S) 24 D5
Östansjö (S) 25 B3
Östansjö (S) 25 B5
Östansjö (S) 29 A5
Östanå (S) 42 D1
Östanåna (S) 30 D1
Östavall (S) 25 A3
Östby (S) 16 C5
Östbyn (S) 25 A2
Österbybruk (S) 31 A2
Österbymo (S) 39 B3
Österböle (S) 24 D2
Österflövsta (S) 31 A2
Österforse (S) 16 C6
Österfärnebo (S) 30 D2
Östergamsholm (S) 43 D5
Östergraninge (S) 25 C1
Österhannige (S) 31 B5
Österjörn (S) 11 A6
Österkälen (S) 15 C4
Östermark (FIN) 33 A4
Östermen (S) 39 C1
Östernoret (S) 16 C4
Österskär (FIN) 32 C5
Östersund (S) 24 D1
Östersundom (FIN) 34 A5
Österunda (S) 30 D3
Östervallskog (S) 28 B4
Östervåla (S) 30 D2
Österås (S) 16 C6
Österåsen (S) 16 B5
Österäker (S) 30 C5
Österö (FIN) 19 B2
Östforå (S) 30 D3
Östhammar (S) 31 B2
Östmark (S) 28 C3
Östraby (S) 42 D2
Östra Stugusjö (S) 25 A2
Östuna (S) 31 A3
Öv Allerud (S) 28 D4
Öved (S) 42 D3
Överby (S) 37 D1
Överenhörna (S) 31 A4
Överhogdal (S) 24 D3
Överjeppo (FIN) 19 B2
Överkalix (S) 11 C2
Överklinten (S) 17 B3
Överlida (S) 38 C4
Övermark (FIN) 19 D3
Övermark Ylimarkku (FIN) 19 A4
Övermorjärv (S) 11 C3
Övernäs (S) 10 B3
Överselö (S) 31 A4
Överskog (S) 25 C2
Överstbyn (S) 11 B3
Övertorneå (S) 11 C2
Överturingen (S) 24 D3
Överum (S) 39 C2
Överälve (S) 25 B4
Överäng (S) 15 A5
Överö (FIN) 32 B4
Övitsby (FIN) 33 C4
Övitsböle (FIN) 34 B3
Övra (S) 16 B4
Övre Brännträsk (S) 11 A4
Övre Bäck (S) 17 B2
Övre Gautsräskskapell (S) 9 C5
Övre Grundsel (S) 11 A5
Övre Langtlet (S) 150 D5
Övre Nyland (S) 16 D4
Övre-Parakka (S) 6 A4
Övre Rissjö (S) 16 C4
Övre Sandsele (S) 9 C5
Övre Se B2
Övre Soppero (S) 6 A3
Övsjö, Västra (S) 25 A1
Öxabäck (S) 38 C4
Öyhelle (N) 4 C4

Bykart ☆ Plany miast

Kaupunkien kartat ☆ Bykort

Stadsplattegronden ☆ Stadskartor

Plans de villes ☆ Piante di città

Stadtpläne

City maps

Planos de ciudades ☆ Mapas das cidades

Várostérképek ☆ Plány měst

Zemljevidi mest ☆ Planuri de oraşe

Plány miest ☆ Şehir planları

Χάρτες πόλεων

Antwerpen	1	Budapest	14	Leipzig	21	Praha	35
Århus	1	Dublin	14	London	22/23	Rotterdam	35
Amsterdam	2/3	Düsseldorf	15	Lisboa	24	Paris	36/37
Áthina	4	Edinburgh	15	Ljubljana	24	Roma	38/39
Barcelona	5	Firenze	16	Luxembourg	25	Salzburg	40
Basel	5	Frankfurt	16	Malmö	25	Sevilla	40
Berlin	6/7	Genève	17	Madrid	26/27	Sofija	41
Beograd	8	Glasgow	17	Milano	28/29	Stockholm	41
Bergen	8	Göteborg	18	München	30/31	S.-Peterburg	42
Bern	9	Hamburg	18	Marseille	32	Stuttgart	42
Birmingham	9	Helsinki	19	Moskva	32	Venézia	43
Bonn	10	Innsbruck	19	Nápoli	33	Warszawa	43
Bratislava	10	İstanbul	20	Nice	33	Wien	44/45
Brugge	11	København	20	Oslo	34	Zagreb	46
Bucureşti	11	Köln	21	Palermo	34	Zürich	46
Bruxelles	12/13						

	(CH) (A) (D) (FL) (GB) (IRL) (M) (F) (AND) (B) (CH) (L) (MC) (I) (CH) (RSM) (V) (NL) (B) (S) (FIN) (N) (IS)	(DK) (FIN) (BY) (BG) (EST) (LT) (LV) (MD) (RUS) (UA) (E) (AND) (P) (H) (RO) (CZ)	(PL) (SLO) (RO) (MD) (SK) (TR) (CY) (GR) (CY)
	Auto-, Personenfähre, Schiffsanlegestelle Car, passenger ferry, jetty Bac de transbordement pour voitures, pour passagers, débarcadère Traghetto per auto e persone, imbarcadero Bootdiensten met autovervoer, met personenvervoer, aanlegplaats Bil- och passagerarfärja, anläggningsplats f. fartyg Bilferge, personferge, anløpsstedder	Bilfærge, personfærge, anløbssted Auto-, matkustajalautta, laivalaituri Паром для автомобилей, для пассажиров, пристань Transbordador de automóvilles, de personas, embarcadero Ferry para passageiros, ferry para automóveis, cais Autó-, személyszàllító komp, hajókitötő Převoz vozidel na pramici, převoz osob, přístaviště	Prom dla pieszych i dla samochodów, przystań Trajekt za avtomobile in potnike, pristanišče Bac de transbordare pentru masini, pentru persoane, de barcader Preprava vozidiel kompou, preprava osôb, prístav Araba vapuru, vapur, gemi personeli Πορθμείο μεταφοράς αυτοκινήτων, επιβατών, αποβάθρα
	Sportplatz, Park, Wald Sports field, park, woods Terrain de sport, parc, forêt Campo sportivo, parco, bosco Sportterrein, park, bos Sportplan, park, skog Idrettsplass, park, skog	Sportsplads, park, skov Urheilukenttä, puisto, metsä Споптивная площадка, парк, лес Terreno deportivo, parque, bosque Campo desportivo, parque, bosque Sportpàlya, park, erdő Sportovní hřiště, park, les	Ţeren sportowy, park, las Športno igrišče, park, gozd Ţeren de sport, parc, pădure Športové ihrisko, park, les Spor sahasi, park, orman Γήπεδο αθλητισμού, πάρκο, δάσος
	Öffentliches Gebäude, Post Public building, post office Bâtiment public, poste Edificio pubblico, posta Openbare gebouwen, postkantoor Offentlig byggnad, post Offentlig bygning, postkontor	Offentlig bygning, postkontor Julkinen rakennus, posti Общественное здание, почтамт Edificio público, correos Edificío público, correios Nyilvànos épület, posta Veřejná budova, pošta	Budynek urzędowy, poczta Javno poslopje, pošta Clădire publică, postă Verejná budova, pošta Devlet dairesi, postane Δημόσιο κτήριο, ταχυδρομείο
	Polizei, Information Police station, information office Police, information Polizia, informazioni Politie, informatie Polis, information Politi, turistinformasjon	Politi, turistinformation Poliisi, neuvonta Полицейский участок, информация Policía, información Polícia, informaçôes Rendőrség, informàció Policie, informace	Policja, punkt informacyjny Policija, informacije Poliţie, informaţii Polícia, informácie Polis, danişma Αστυνομία, πληροφορίες
	Sehenswürdigkeit, Denkmal Place of interest, monument Curiosité, monument Monumento o costruzione interessante Bezienswaardigheid, monument Sevärdhet, minnesmärke Serverdighet, minnesmerke	Seværdighed, mindesmærke Nähätvyys, muistomerkki Достопримечательность, памятник Lugar de interés, monumento Curiosidade, monumento Nevezetesség, emlékmű Pozoruhodné místo, pomník	Rzecz godna obejrzenia, pomnik Zanimivost, spomenik Obiectiv turistic, monument Pozoruhodné miesto, pomník Görülmeye değer yerler, anıt Αξιοθέατο, μνημείο
	Jugendherberge, Theater Youth hostel, theatre Auberge de jeunesse, théâtre Ostello per la gioventù, teatro Jeugdherberg, theater Ungdomshärbärge Ungdomsherberge, teater	Vanddrerhjem, teater Retkeilymaja, teatteri Молодежная туристская, театр Albergue juvenil, teatro Albergue da juventude, teatro Diàkszàlló, szinhàz Ubytovna mládeže, divadlo	Schronisko młodzieżowe, teatr Mladinski počitniški dom, gledališče Cabană pentru tineret, teatru Ubytovňa mládeže, divadlo Talebe otelleri, tiyatro Ξενώνας νεότητας, θέατρο
	Kirche, Spital, Parking Church, hospital, parking Eglise, hôpital, parking Chiesa, ospedale, parcheggio Kerk, ziekenhuis, parkeerterrein Kyrka, sjukstuga, parkeringsplats Kirke, sykehus, parkeringsplass	Kirke, hospital, parkeringsplads Kirkko, sairaala, pysäköintipaikka Церковь, больница, место для парковки Iglesia, hospital, aparcadero Igreja, hospital, parque Templom, kórhàz, parkolóhely Kostel, nemocnice, parkoviště	Kościół, szpital, parking Cerkev, bolnišnica, parkirišče Biserică, spital, loc de parcare Kostol, nemocnica, parkovisko Kilise, hastane, park yeri Εκκλησία, νοσοκομείο, τόπος σταθμεύσεως
	Hallenbad, Freibad Indoor swimming-pool, outdoor swimming-pool Piscine couverte, piscine en plein air Piscina coperta, piscina all'aperto Overdekt zwembad, buitenbad Simhall, utomhusbad Svømmehall, friluftsbad	Svømmehal, friluftsbad Uimahalli, maauimala Зимний бассейн, открытая купальня Piscina cubierta, piscina al aire libre Piscina coberta, piscina ao ar livre Fedet tuszoda, nyílt uszoda Kryté koupaliště, koupaliště	Kryty basen, basen na wolnym powietrzu Pokrit plavalni bazen, odprt plavalni bazen Piscină acoperita, piscină în aer liber Kryté kúpalisko, kúpalìsko Kapali yüzme havuzu, açik yüzme havuzu Κλειστή πισίνα, υπαίθρια πισίνα
	Zoo, Botanischer Garten Zoo, botanical garden Zoo, jardin botanique Zoo, giardino botanico Dierentuin, botanische tuin Djurpark, botanisk trädgård Dyrehage, botanisk hage	Zoologisk have, botanisk have Eläintarha, kasvitieteellinen puutarha Зоопарк, ботанический сад Zoo, jardín botánico Jardim zoológico, jardim botânico Állatkert, botanikus kert Zoologická zahrada, botanická zahrada	Ƶoo, ogród botaniczny Živalski vrt, botanični vrt Grădină zoologică, grădină botanică Zoologická záhrada, botanická záhrada Hayvanat bahçesi, botanik parki Ζωολογικός κήπος, βοτανικός κήπος

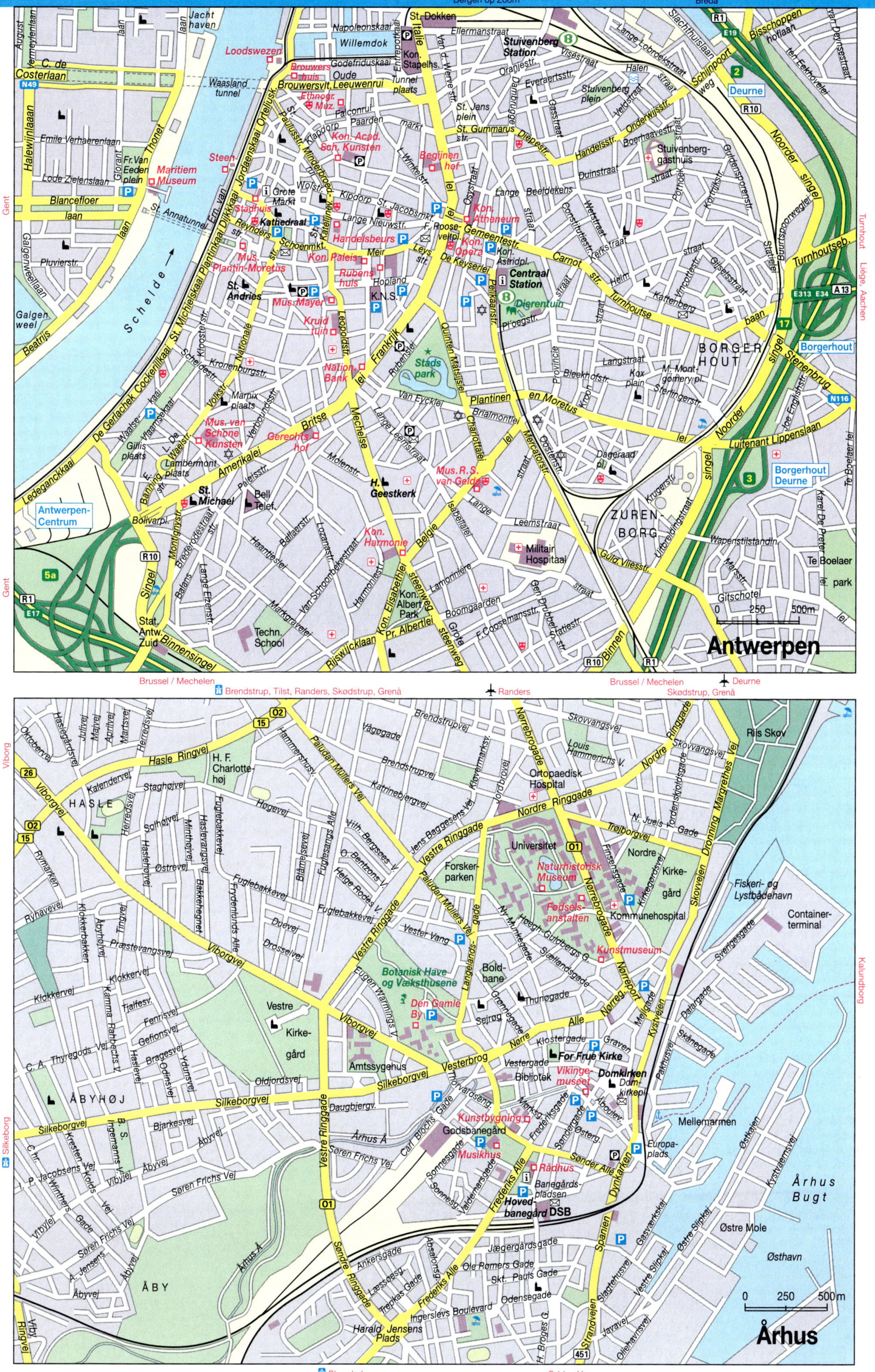
Bergen op Zoom
Breda
Gent
Turnhout
Liège, Aachen
Brussel / Mechelen
Deurne
Antwerpen
St. Dokken
Napoleonskaai
Willemdok
Ellermanstraat
Stuivenberg Station
Loodswezen
Brouwers huis
Ethnogr. Muz.
Godefriduskaai
Oude
Tunnel plaats
Kon. Stapelhs.
Waasland tunnel
Brouwersvlt. Leeuwenrui
Jacht haven
C. de Costerlaan
N49
Halewijnlaan
Emile Verhaerenlaan
Fr. Van Eeden plein
Maritiem Museum
Lode Zielenslaan
Blancefloer laan
Annatunnel
Steen
Grote Markt
Stadhuis
Kathedraal
Kon. Acad. Sch. Kunsten
Begijnen hof
Handelsbeurs
Kon. Paleis
Rubens huis
Mus. Plantin-Moretus
St. Andries
Mus. Mayer
Kruid tuin
K.N.S.
Meir
Leys str.
Kon. Atheneum
Gemeentestr.
Kon. Opera
F. Roosevelt pl.
De Keyserlei
Centraal Station
Dierentuin
Pelikaanstr.
Kon. Astridpl.
Carnot str.
Turnhoutse baan
Stuivenberg-gasthuis
Stuivenberg plein
Handelsstr.
Duinstraat
Lange Beeldekens
Schelde
Pluvierstr.
Galgenweellaan
Galgen weel
Beatrijs
Nationalestr.
Kronenburgstr.
Marnix plaats
Mus. van Schone Kunsten
Gerechts hof
Nation. Bank
Stads park
Frankrijklei
Leopoldstr.
Quinten Matsijslei
Plantinen Moretuslei
Van Eycklei
Brialmontlei
Charlottalei
Mechelse
Britse
Molenstr.
H. Geestkerk
Mus. R.S. van Gelder
Amerikalei
Lambermont plaats
Gillis plaats
St. Michael
Bell Telef.
Kon. Harmonie
Belgiëlei
Militair Hospitaal
Leemstraat
Kon. Albert Park
Kon. Elisabethlei
Pr. Albertlei
Boomgaardstr.
Techn. School
Stat. Antw. Zuid
Singel
Binnensingel
Rijswijcklaan
Antwerpen-Centrum
Bolivarpl.
Ledeganckkaai
De Gerlachek
Cockerillkaai
St. Michielskaai
Plantinkaai
Jordaenskaai
Ortelius
Borger Hout
Borgerhout
Zuren Borg
Dageraad pl.
Langstraat
Kroonstr.
Lange Lobroekstraat
Slachthuislaan
Schijnpoort weg
Bisschoppenhoflaan
Noorder singel
Turnhoutseb.
Stenenbrug
Luitenant Lippenslaan
Borgerhout Deurne
Te Boelaer park
Gitschotel
Uitbreidingstraat
Guldenvliesstr.
Binnen
R1
R10
E19
E17
E313 E34
A13
N116
0 250 500m
Brendstrup, Tilst, Randers, Skødstrup, Grenå
Randers
Skødstrup, Grenå
Viborg
Silkeborg
Kalundborg
Skanderborg
Odder, Horsens
Århus
Risskov
Hasle Ringvej
H. F. Charlotte-høj
Hasle
Viborgvej
Ryhavevej
Vestre Kirkegård
Vestre Ringgade
Paludan Müllers Vej
Nordre Ringgade
Ortopaedisk Hospital
Universitet
Naturhistorisk Museum
Forskerparken
Fødselsanstalten
Kommunehospital
Kunstmuseum
Nordre Kirkegård
Botanisk Have og Væksthusene
Den Gamle By
Boldbane
Amtssygehus
Vesterbrog
For Frue Kirke
Vikingemuseet
Domkirken
Bibliotek
Kunstbygning
Godsbanegård
Musikhus
Rådhus
Banegårdspladsen
Hovedbanegård DSB
Frederiks Allé
Søndre Ringgade
Harald Jensens Plads
Ingerslevs Boulevard
Mellemarmen
Europaplads
Fiskeri- og Lystbådehavn
Containerterminal
Østre Mole
Østhavn
Århus Bugt
Dronning Margrethes Vej
Skovvejen
Silkeborgvej
Åbyhøj
Åby
Søren Frichs Vej
Åbyvej
Vibyvej
Viby Ringvej
Spanien
Dynkarken
Kystvejen
Nørregade
Nørreport
Nørrebrogade
Jægergårdsgade
Odensegade
Skt. Pauls Gade
Strandvejen
O1
O2
15
26
451
0 250 500m

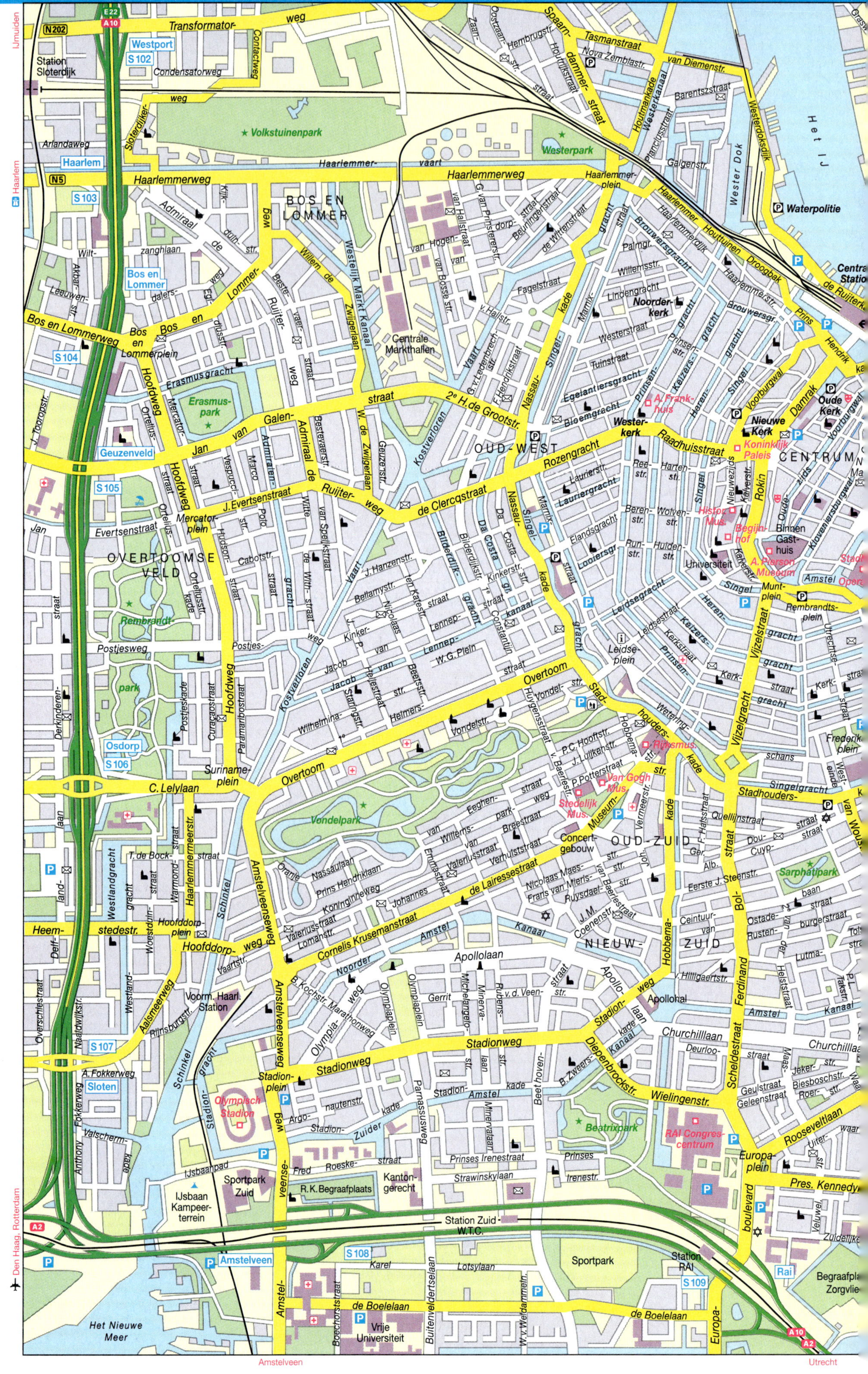
Pontveer
IJmuiden
Haarlem
Den Haag, Rotterdam
Amstelveen
Utrecht
Transformatorweg
Westport
S 102
Station Sloterdijk
Condensatorweg
Contactweg
Volkstuinenpark
Arlandaweg
Haarlem
Haarlemmerweg
Haarlemmervaart
S 103
BOS EN LOMMER
Admiraal de Ruijterweg
Bos en Lommer
Bos en Lommerweg
Bos en Lommerplein
S 104
Erasmusgracht
Erasmuspark
Hoofdweg
Geuzenveld
Jan van Galenstraat
S 105
Evertsenstraat
J. Evertsenstraat
Mercatorplein
OVERTOOMSE VELD
Rembrandtpark
Postjesweg
Osdorp
S 106
C. Lelylaan
Surinameplein
Overtoom
Vondelpark
Heemstedestr.
Hoofddorpplein
Hoofddorpweg
Amstelveenseweg
Westlandgracht
Aalsmeerweg
Voorm. Haarl. Station
S 107
Sloten
A. Fokkerweg
Schinkel
Olympisch Stadion
Stadionplein
Stadionweg
Sportpark Zuid
IJsbaan Kampeerterrein
R.K. Begraafplaats
Kantongerecht
Station Zuid-W.T.C.
Amstelveen
S 108
Het Nieuwe Meer
de Boelelaan
Vrije Universiteit
Sportpark
Station RAI
S 109
Rai
Begraafplaats Zorgvlied
Westerpark
Tasmanstraat
Spaarndammerstraat
Houtmankade
Westerkanaal
van Diemenstr.
Barentszstraat
Westelijke Dok
Het IJ
Waterpolitie
Haarlemmerplein
Haarlemmer Houttuinen
Brouwersgracht
Droogbak
Centraal Station
de Ruijterkade
Prins Hendrikkade
Noorderkerk
Centrale Markthallen
2e H. de Grootstr.
Nassaukade
OUD-WEST
Rozengracht
Westerkerk
A. Frank-huis
Raadhuisstraat
Nieuwe Kerk
Koninklijk Paleis
Oude Kerk
Damrak
CENTRUM
de Clercqstraat
Kostverloren
Bilderdijkstr.
Singel
Rokin
Hist. Mus.
Begijnhof
Binnen Gasthuis
Universiteit
A. Pierson Museum
Muntplein
Rembrandtsplein
Amstel
Leidseplein
Leidsegracht
Vijzelgracht
Stadhouderskade
Rijksmus.
Van Gogh Mus.
Stedelijk Mus.
Museumplein
Concertgebouw
OUD-ZUID
Frederikplein
Singelgracht
Sarphatipark
Ferdinand Bol-straat
De Lairessestraat
Cornelis Krusemanstraat
NIEUW-ZUID
Apollolaan
Hobbemakade
Churchilllaan
Scheldestraat
Beatrixpark
Wielingenstr.
Diepenbrockstr.
RAI Congrescentrum
Europaplein
Europaboulevard
Rooseveltlaan
Pres. Kennedylaan
Zuider Amstelkanaal
Buitenveldertselaan
Parnassusweg

Zaandam, Purmerend Zaandam, Purmerend

Utrecht Utrecht

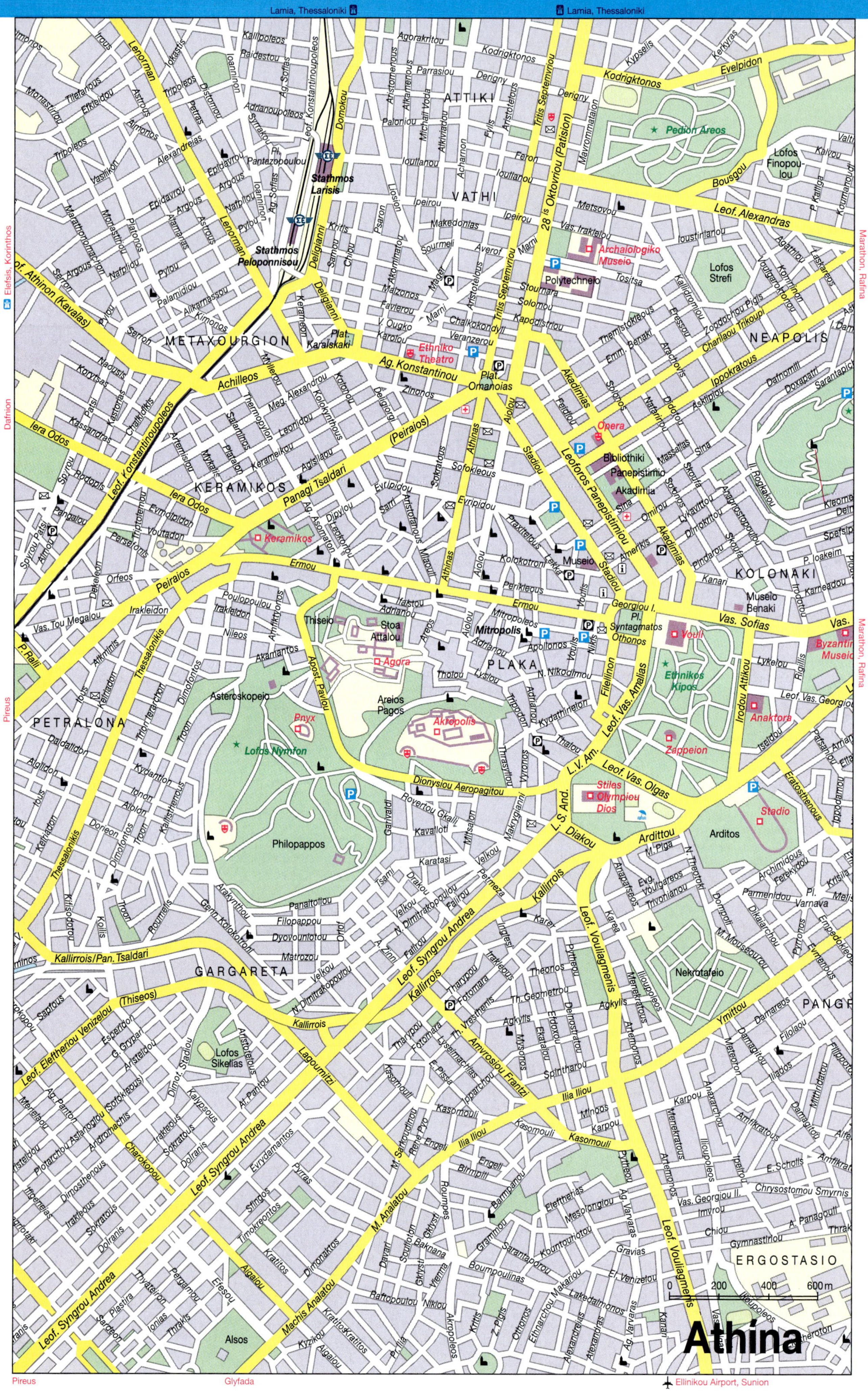

Lamia, Thessaloniki

Lamia, Thessaloniki

Elefsis, Korinthos

Dafnion

Pireus

Marathon, Rafina

Marathon, Rafina

Athína

0 200 400 600 m

ATTIKI

VATHI

METAXOURGION

KERAMIKOS

NEAPOLIS

KOLONAKI

PLAKA

PETRALONA

GARGARETA

ERGOSTASIO

PANGR

Stathmos Larisis

Stathmos Peloponnisou

Pedion Areos

Lofos Finopoulou

Lofos Strefi

Archaiologiko Museio

Polytechneio

Ethniko Theatro

Plat. Karaiskaki

Plat. Omonoias

Opera

Bibliothiki

Panepistimio

Akadimia

Keramikos

Museio

Museio Benaki

Pl. Syntagmatos

Vouli

Byzantin Museio

Ethnikos Kipos

Thiseio

Stoa Attalou

Agora

Asteroskopeio

Pnyx

Lofos Nymfon

Areios Pagos

Akropolis

Anaktora

Zappeion

Stiles Olympiou Dios

Stadio

Arditos

Philopappos

Nekrotafeio

Lofos Sikelias

Alsos

Leof. Alexandras

Leof. Athinon (Kavalas)

28 is Oktovriou (Patision)

Ag. Konstantinou

Panagi Tsaldari (Peiraios)

Peiraios

Ermou

Vas. Sofias

Leof. Vas. Amalias

Leof. Vas. Olgas

Dionysiou Aeropagitou

Leof. Syngrou Andrea

Leof. Vouliagmenis

Kallirrois/Pan. Tsaldari

Leof. Eleftheriou Venizelou (Thiseos)

Machis Analatou

Pireus

Glyfada

Ellinikou Airport, Sunion

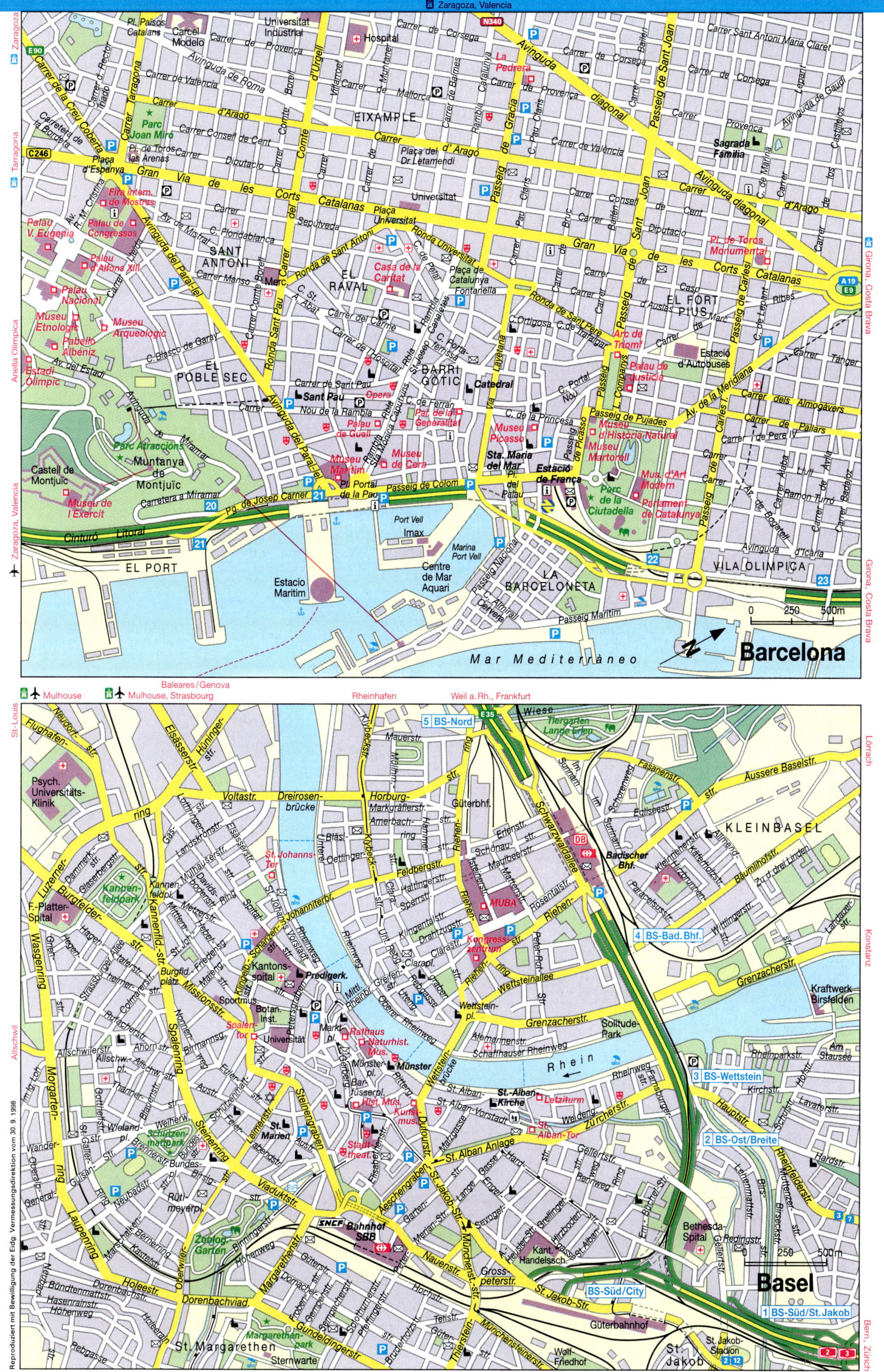
Zaragoza, Valencia
Barcelona
0 250 500m
Mar Mediterràneo
EIXAMPLE
SANT ANTONI
EL RAVAL
BARRI GÒTIC
EL POBLE SEC
EL FORT PIUS
LA BARCELONETA
VILA OLIMPICA
EL PORT
Gran Via de les Corts Catalanes
Avinguda diagonal
Passeig de Gràcia
Passeig de Sant Joan
Avinguda del Paral·lel
Ronda Sant Pau
Ronda de Sant Antoni
Ronda Universitat
Ronda de Sant Pere
Via Laietana
Passeig de Colom
Pg. de Josep Carner
Passeig Marítim
Passeig de Picasso
Passeig de Pujades
Av. de la Meridiana
Cinturó Litoral
Carrer d'Aragó
Carrer de Provença
Carrer de Mallorca
Carrer de València
Carrer de Còrsega
Carrer del Consell de Cent
Carrer de la Diputació
Carrer de Casp
Carrer d'Urgell
Carrer de Tarragona
Avinguda de Roma
Plaça d'Espanya
Plaça Universitat
Plaça de Catalunya
Plaça del Dr. Letamendi
Pl. Portal de la Pau
Universitat Industrial
Universitat
Hospital
Carcel Modelo
Pl. Països Catalans
La Pedrera
Sagrada Família
Parc Joan Miró
Pl. de Toros Las Arenas
Pl. de Toros Monumental
Fira Intern. de Mostres
Palau de Congressos
Palau V. Eugenia
Palau d'Alfons XIII
Palau Nacional
Museu Etnologic
Museu Arqueologic
Pabello Albeniz
Estadi Olímpic
Parc Atraccions
Muntanya de Montjuïc
Castell de Montjuïc
Museu de l'Exercit
Carretera a Miramar
Casa de la Caritat
Merc.
Sant Pau
Opera
Palau de Güell
Pal. de la Generalitat
Catedral
Museu Picasso
Sta. Maria del Mar
Museu de Cera
Museu Marítim
Estació de França
Arc de Triomf
Palau de Justicia
Estació d'Autobuses
Museu d'Història Natural
Museu Martorell
Mus. d'Art Modern
Parlament de Catalunya
Parc de la Ciutadella
Port Vell
Imax
Marina Port Vell
Centre de Mar Aquari
Estacio Marítim
Girona, Costa Brava
Anella Olímpica
Basel
Mulhouse
Mulhouse, Strasbourg
Baleares/Genova
Rheinhafen
Weil a. Rh., Frankfurt
St-Louis
Lörrach
Konstanz
Allschwil
Oberwil
Reinach
Arlesheim
Aesch
Muttenz
Bern, Zürich
Rhein
KLEINBASEL
5 BS-Nord
4 BS-Bad. Bhf.
3 BS-Wettstein
2 BS-Ost/Breite
BS-Süd/City
1 BS-Süd/St. Jakob
Badischer Bhf.
Güterbhf.
MUBA
Kongresszentrum
Psych. Universitäts-Klinik
F.-Platter-Spital
Kannenfeldpark
Kantonsspital
Predigerk.
Botan. Inst.
Universität
Spalentor
St. Johanns-Tor
Rathaus
Naturhist. Mus.
Münster
Hist. Mus.
Kunstmus.
Stadttheat.
St. Marien
Schützenmattpark
Zoolog. Garten
Bahnhof SBB
SNCF
St.-Alban-Kirche
Letzitürm
St. Alban-Tor
Solitude-Park
Kraftwerk Birsfelden
Tiergarten Lange Erlen
Wiese
Kant. Handelssch.
Bethesda-Spital
Güterbahnhof
St. Jakob-Stadion
St. Jakob
Wolf-Friedhof
St. Margarethen
Margarethenpark
Sternwarte
Dreirosenbrücke
Johanniterbr.
Wettsteinbrücke
Schwarzwaldallee
Voltastr.
Horburgstr.
Feldbergstr.
Riehenring
Clarastr.
Grenzacherstr.
Aussere Baselstr.
Zürcherstr.
St. Alban Anlage
Aeschengraben
St. Jakob-Str.
Steinenring
Spalenring
Viaduktstr.
Missionsstr.
Burgfelderstr.
Luzernerring
Wasgenring
Morgartenring
Laupenring
Holeestr.
Dorenbachviad.
Gundeldingerstr.
Margarethenstr.
Münchensteinerstr.
Nauenstr.
Elisabethenstr.
Steinengraben
Flughafenstr.
Elsässerstr.
Hüningerstr.

Hamburg/Rostock

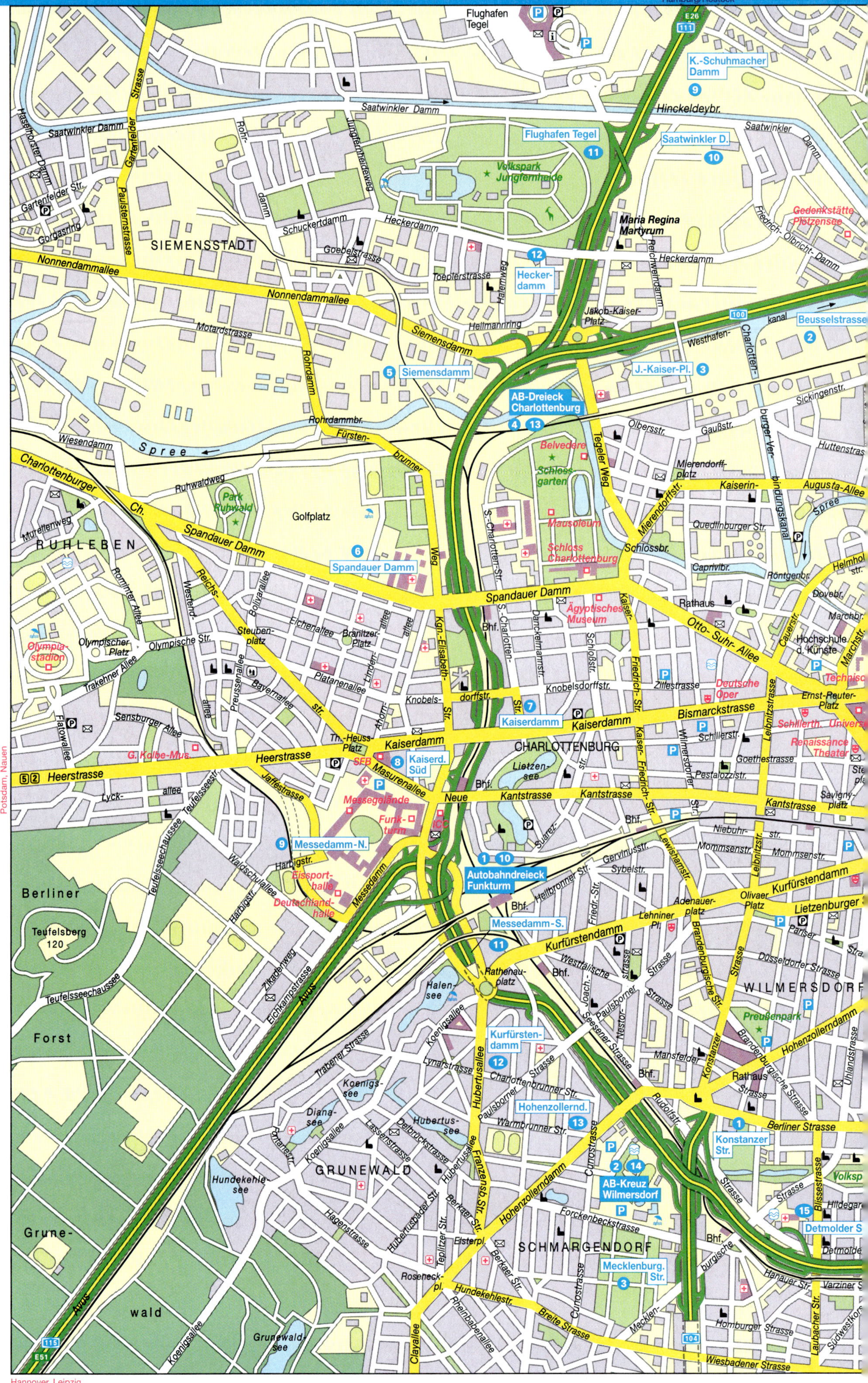

Potsdam, Nauen

Hannover, Leipzig

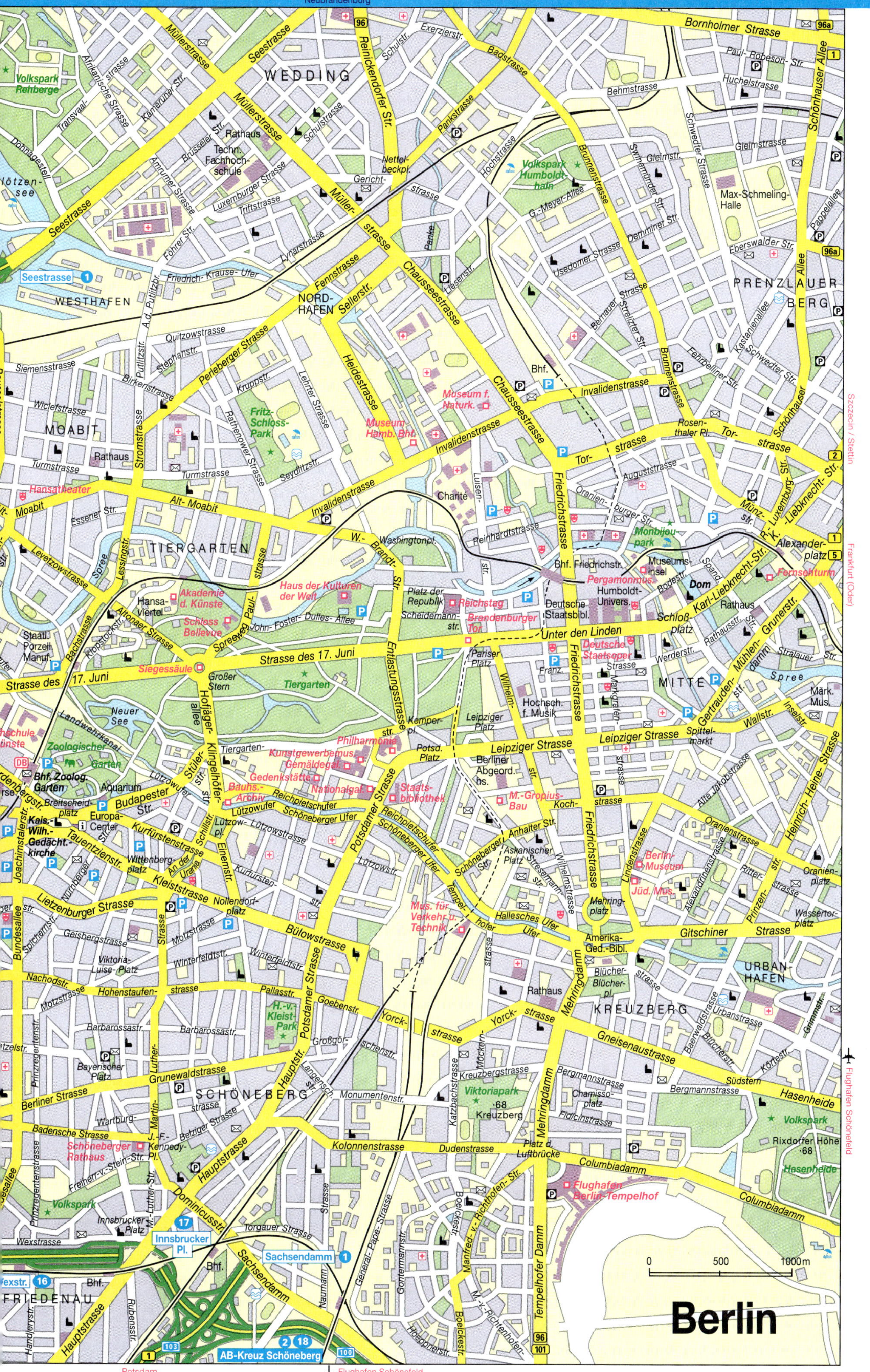
Neubrandenburg
Potsdam
Flughafen Schönefeld
Szczecin / Stettin
Frankfurt (Oder)
Flughafen Schönefeld
Berlin
WEDDING
WESTHAFEN
MOABIT
TIERGARTEN
MITTE
PRENZLAUER BERG
KREUZBERG
SCHÖNEBERG
FRIEDENAU
URBAN-HAFEN
Reichstag
Brandenburger Tor
Unter den Linden
Strasse des 17. Juni
Siegessäule
Tiergarten
Zoologischer Garten
Alexanderplatz
Fernsehturm
Flughafen Berlin-Tempelhof
AB-Kreuz Schöneberg
0 500 1000m

Zrenjanin, Pančevo, Bukurešti

Novi Sad

Zagreb

Smederevo

Sarajevo

Valjevo, Čačak

Ralja

Āsane

Niš

Beograd

Dunav

Veliko ratno ostrvo

Sportski centar

Nebojša kula

Zoološki vrt

Kalemegdan

Šeih-Mustafino turbe

Bajrakli džamija

Jevrejski muzej

Etnografski muzej

Prirodno-matematički fakultet

Narodno pozorište

Muzej grada Beograda

Narodni muzej

STARI GRAD

Palata federacije (SIV)

Park prijateljstva

Muzej savremene umetnosti

Botanička bašta

Savezna narodna skupština

PTT muzej

Pionirski Park

Crkva svetog Marka na Tašmajdanu

Tašmajdan

Tehnički fakultet

Novo groblje

PALILULA

Kongresni Centar Sava

Ž. St. Beograd

Trg bratstva i jedinstva

Železnički muzej

Trg Marx-Engels

Trg Republike

Trg Dimitrija Tucovića

Primodnjački muzej

VRAČAR

ČUBURA

Medicinske klinike

Medicinski stomatološki i farmaceutski fakultet

Biblioteka Srbije

Veterinarski fakultet

Beogradski sajam

Zimovnik

Sava

Bulevar Vojvode Mišića

Bulevar Vojvode Bojovića

Lenjinov Bulevar

Bulevar Nikole Tesle

Most "Bratstvo I Jedinstvo"

Brankova

Prizrenska

Stari Savski Most

Karađorđeva

Slobodana Penezića - Krcuna

Kneza Miloša

Bulevar Revolucije

29. Novembra

Takovska

Cara Dušana

George Washington

Dunavska

Dunavski kej

Pančevački Most

Savski nasip

0 250 500 m

Bergen

Askøy

Sotra

Oasen

Nesttun, Osøyro

Nesttun

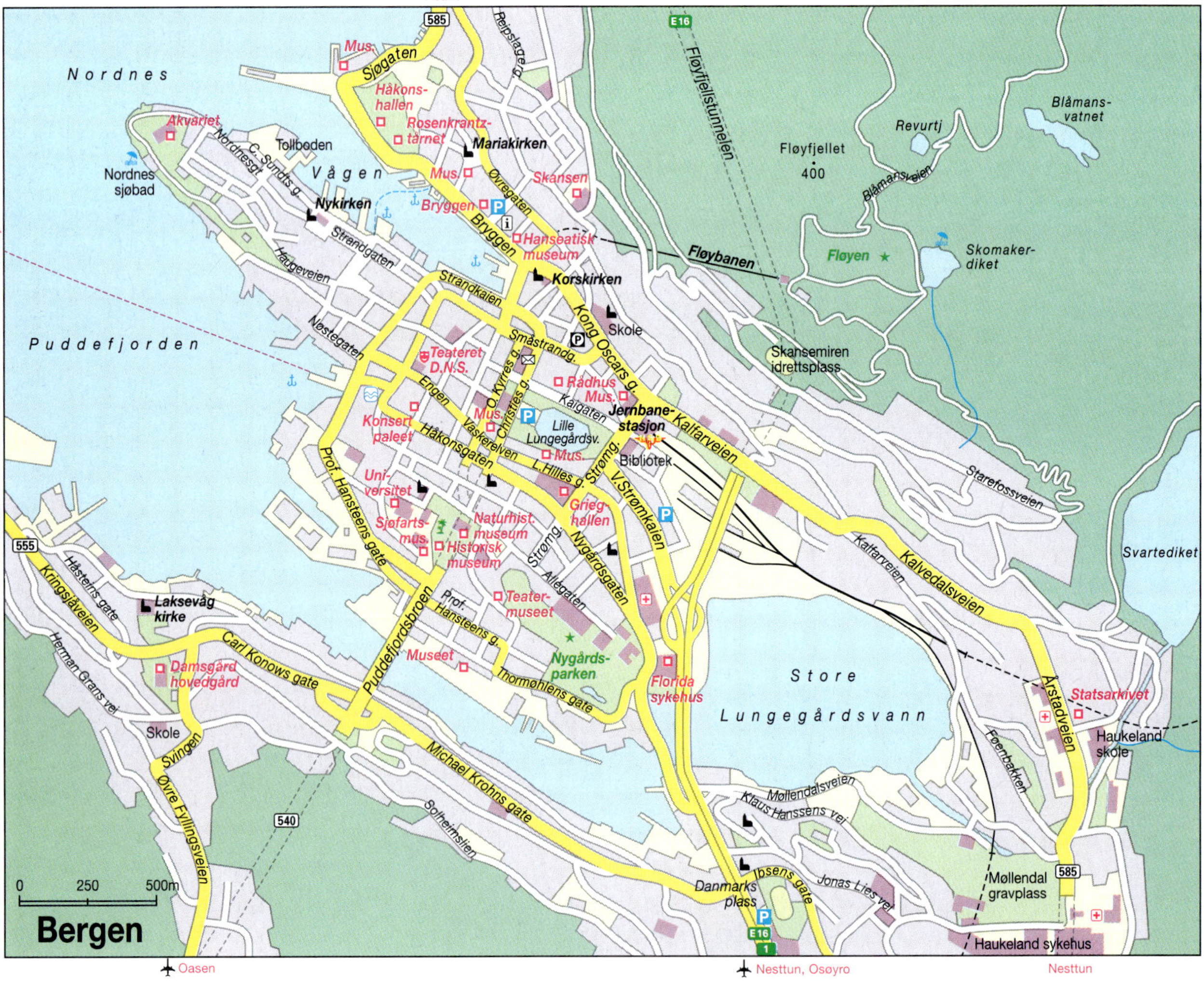

Nordnes

Nordnes sjøbad

Akvariet

Tollboden

Vågen

Nykirken

Mus.

Håkonshallen

Rosenkrantztårnet

Mariakirken

Skansen

Bryggen

Hanseatisk museum

Korskirken

Skole

Fløyfjellet 400

Revurtj

Blåmansvatnet

Fløyen

Skomakerdiket

Fløybanen

Fløyfjellstunnelen

Skansemiren idrettsplass

Puddefjorden

Teateret D.N.S.

Rådhus

Jernbanestasjon

Lille Lungegårdsv.

Bibliotek

Konsert paleet

Universitet

Sjøfartsmus.

Naturhist. museum

Historisk museum

Grieghallen

Teatermuseet

Nygårdsparken

Florida sykehus

Museet

Laksevåg kirke

Damsgård hovedgård

Skole

Store Lungegårdsvann

Statsarkivet

Haukeland skole

Møllendal gravplass

Haukeland sykehus

Danmarks plass

Sjøgaten

Øvregaten

Strandkaien

Kong Oscars g.

Kalfarveien

Kalvedalsveien

Starefossveien

Årstadveien

Prof. Hansteens gate

Puddefjordsbroen

Carl Konows gate

Michael Krohns gate

Øvre Fyllingsveien

Kringsjåveien

Nygårdsgaten

Thormøhlens gate

Ibsens gate

Møllendalsveien

Svartediket

0 250 500 m

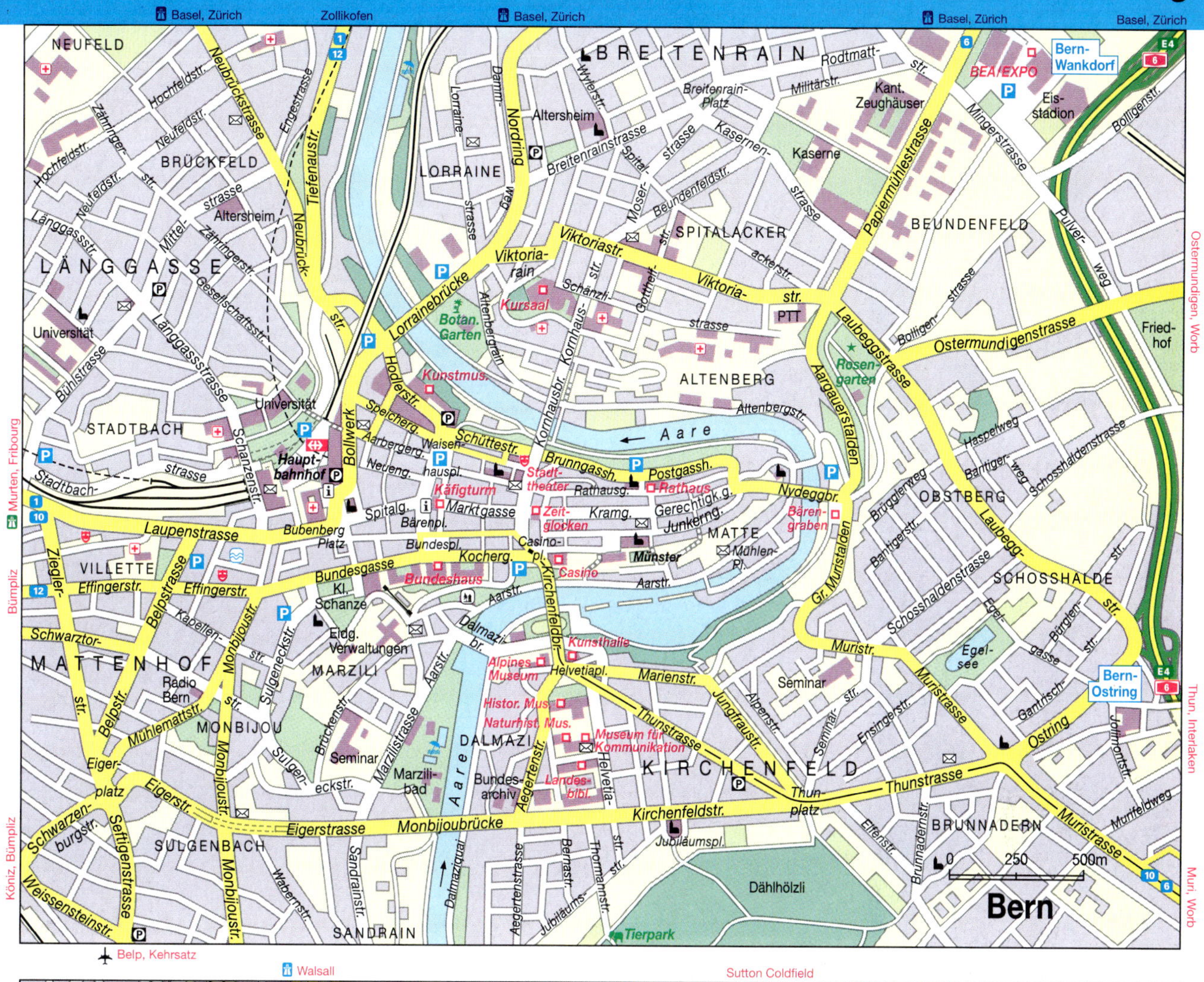

Bern

Birmingham

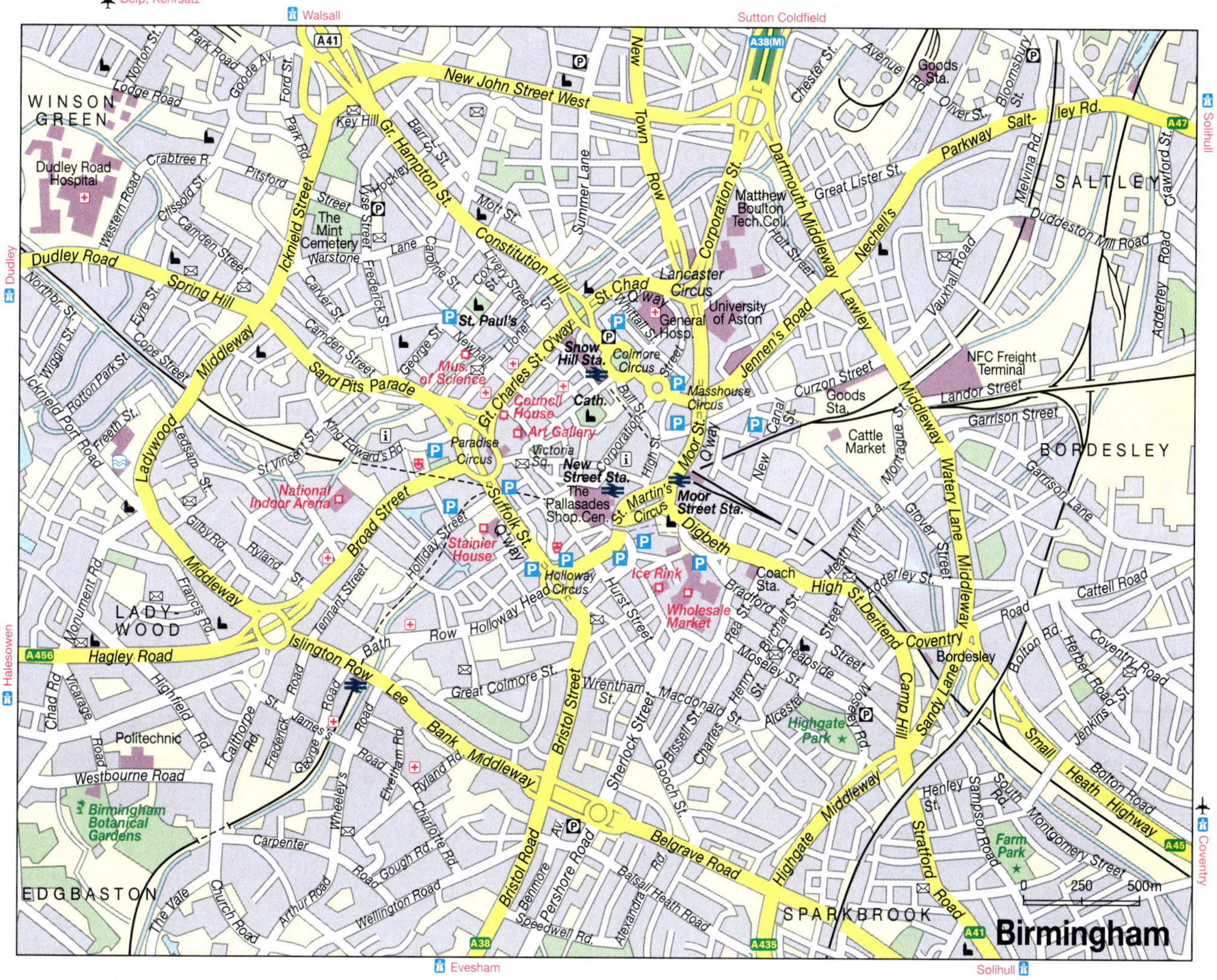

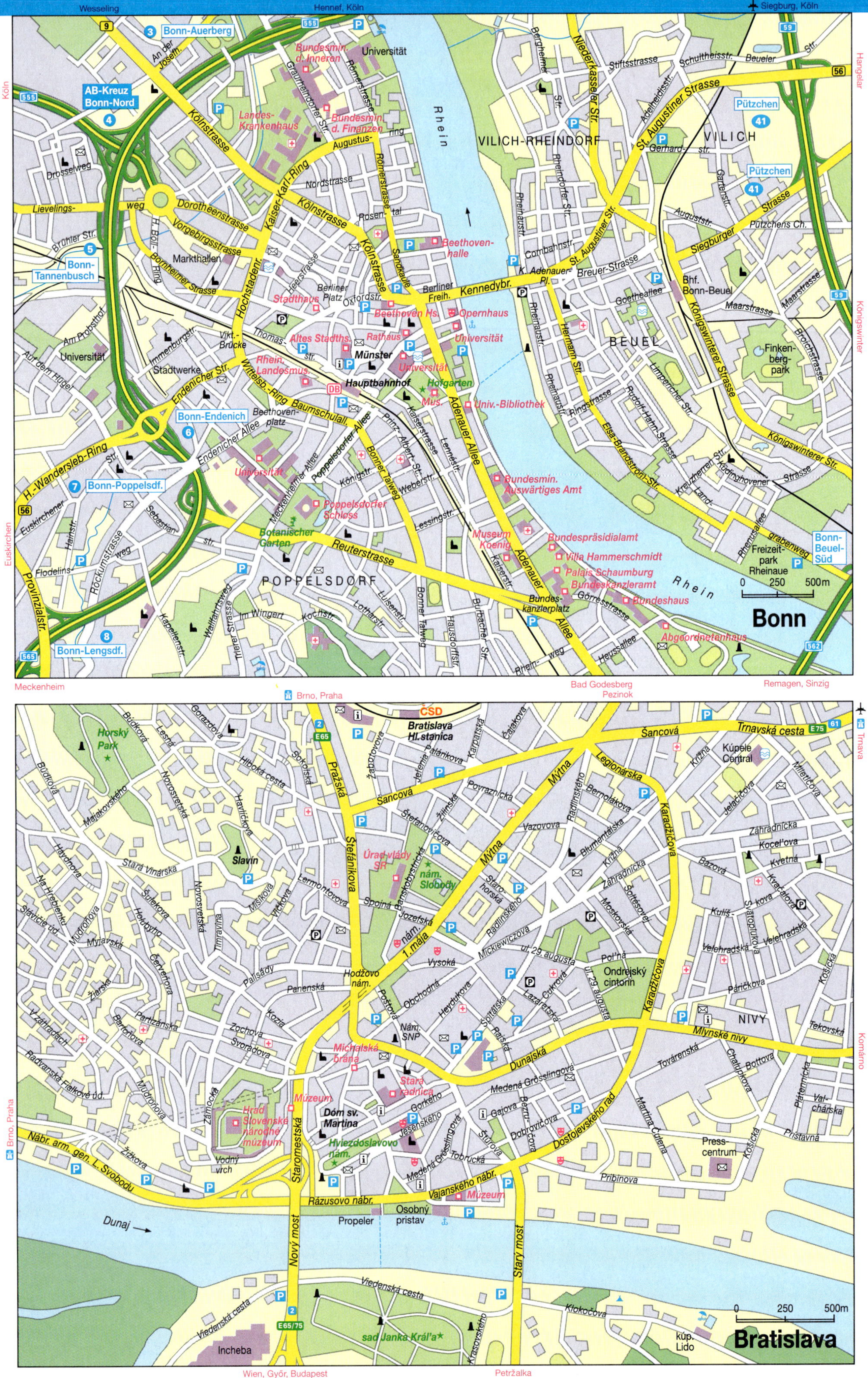
Wesseling
Hennef, Köln
Siegburg, Köln
Bonn-Auerberg
AB-Kreuz Bonn-Nord
Universität
Bundesmin. d. Inneren
Bundesmin. d. Finanzen
Landes-Krankenhaus
Rhein
VILICH-RHEINDORF
VILICH
Pützchen
Kölnstrasse
Augustusring
Nordstrasse
Dorotheenstrasse
Vorgebirgsstrasse
Kaiser-Karl-Ring
Marktahallen
Bonn-Tannenbusch
Beethovenhalle
Kennedybr.
Stadthaus
Beethoven Hs.
Opernhaus
Altes Stadths.
Rathaus
Münster
Universität
Hauptbahnhof
Hofgarten
Univ.-Bibliothek
Rhein. Landesmus.
Stadtwerke
Bonn-Endenich
Beethovenplatz
BEUEL
Bhf. Bonn-Beuel
Finkenbergpark
Königswinterer Strasse
Bonn-Poppelsdf.
Poppelsdorfer Schloss
Botanischer Garten
Bundesmin. Auswärtiges Amt
Museum Koenig
Bundespräsidialamt
Villa Hammerschmidt
Palais Schaumburg
Bundeskanzleramt
Bundeshaus
Abgeordnetenhaus
Bundeskanzlerplatz
Reuterstrasse
POPPELSDORF
Adenauer Allee
Freizeitpark Rheinaue
Bonn-Beuel-Süd
Bonn-Lengsdf.
Provinzialstr.
0 250 500m
Bonn
Köln
Hangelar
Königswinter
Euskirchen
Meckenheim
Brno, Praha
Bad Godesberg
Remagen, Sinzig
Pezinok
ČSD
Bratislava Hl.stanica
Horský Park
Šancová
Trnavská cesta
Trnava
Kúpele Centrál
Legionárska
Mýtna
Pražská
Štefánikova
Slavín
Úrad vlády SR
nám. Slobody
Karadžičova
Nám. 1. mája
Hodžovo nám.
Ondrejský cintorín
NIVY
Mlynské nivy
Nám. SNP
Michalská brána
Stará radnica
Dunajská
Múzeum
Hrad Slovenské národné múzeum
Dóm sv. Martina
Hviezdoslavovo nám.
Vodný vrch
Nábr. arm. gen. L. Svobodu
Rázusovo nábr.
Vajanského nábr.
Múzeum
Osobný prístav
Propeler
Press-centrum
Komárno
Dunaj
Nový most
Starý most
Staromestská
Viedenská cesta
Incheba
sad Janka Kráľa
kúp. Lido
0 250 500m
Bratislava
Wien, Győr, Budapest
Petržalka

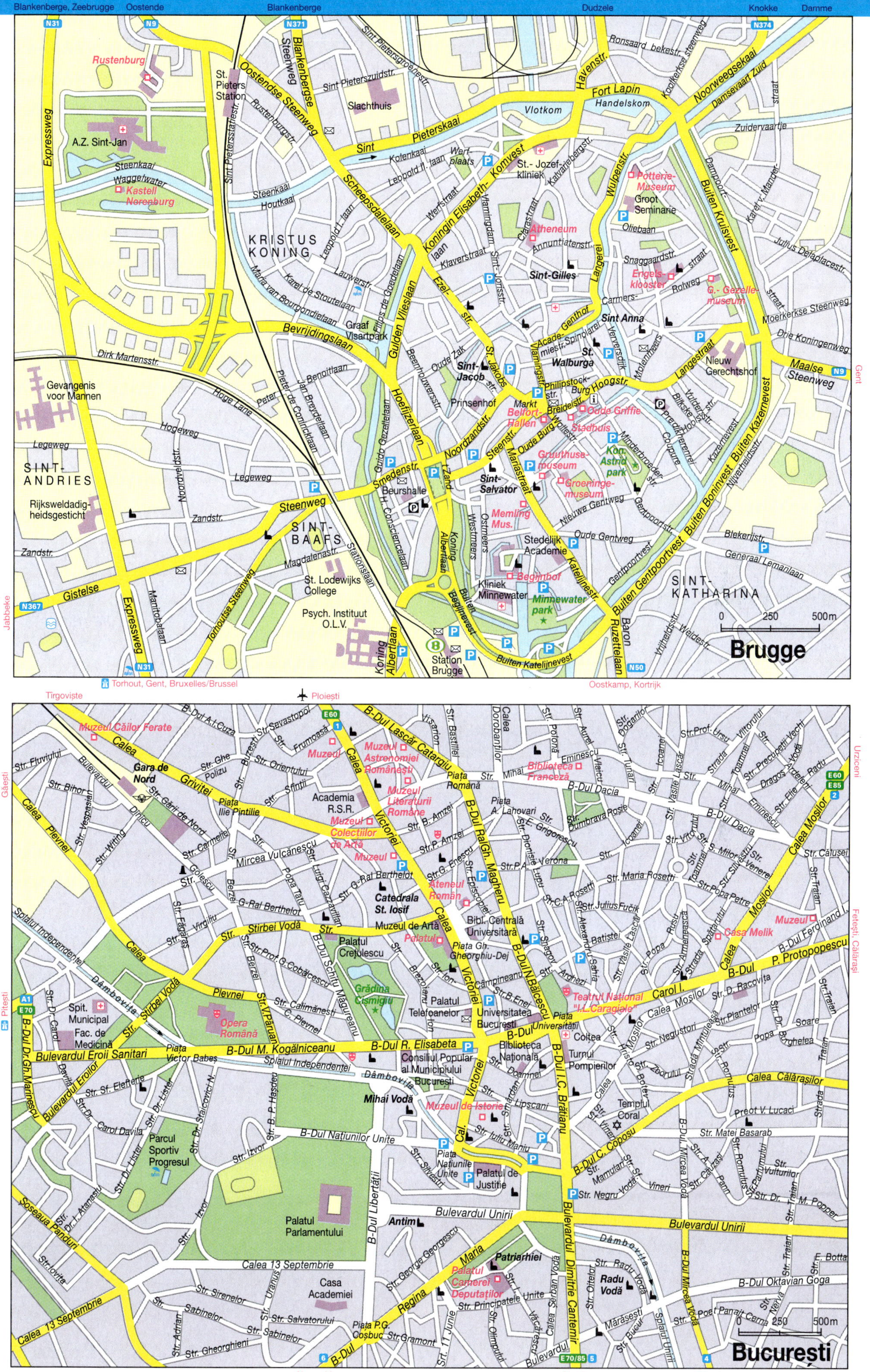
Blankenberge, Zeebrugge
Oostende
Blankenberge
Dudzele
Knokke
Damme
Rustenburg
A.Z. Sint-Jan
Kastell Noreinburg
St. Pieters Station
Slachthuis
Vlotkom
Handelskom
Fort Lapin
St.- Jozef-kliniek
Potterie-Museum
Groot Seminarie
KRISTUS KONING
Atheneum
Sint-Gilles
Engels-klooster
G.- Gezelle-museum
Graaf Visartpark
Sint Anna
Sint-Jacob
St. Walburga
Nieuw Gerechtshof
Gevangenis voor Mannen
Prinsenhof
Markt
Belfort-Hallen
Oude Griffie
Stadhuis
Gruuthuse-museum
Groeninge-museum
Kon. Astrid park
SINT-ANDRIES
Rijksweldadig-heidsgesticht
Beurshalle
Sint-Salvator
Memling Mus.
SINT-BAAFS
St. Lodewijks College
Stedelijk Academie
Begijnhof
Kliniek Minnewater
Minnewater park
Psych. Instituut O.L.V.
Station Brugge
SINT-KATHARINA
Gent
Jabbeke
Brugge
Torhout, Gent, Bruxelles/Brussel
Oostkamp, Kortrijk
Tirgoviște
Ploiești
Urziceni
Găești
Pitești
Fetești, Călărași
Muzeul Căilor Ferate
Gara de Nord
Muzeul Astronomiei Românești
Muzeul Literaturii Române
Biblioteca Franceză
Piața Română
Academia R.S.R.
Muzeul Colecțiilor de Artă
Catedrala St. Iosif
Ateneul Român
Muzeul de Artă
Palatul
Bibl. Centrală Universitară
Palatul Cretulescu
Grădina Cișmigiu
Palatul Telefoanelor
Universitatea București
Teatrul Național "I.L.Caragiale"
Casa Melik
Spit. Municipal
Fac. de Medicină
Opera Română
Piața Victor Babeș
Consiliul Popular al Municipiului București
Biblioteca Națională
Coltea
Turnul Pompierilor
Mihai Vodă
Muzeul de Istorie
Templul Coral
Parcul Sportiv Progresul
Piața Națiunile Unite
Palatul de Justiție
Palatul Parlamentului
Antim
Patriarhiei
Palatul Camerei Deputaților
Radu Vodă
Casa Academiei
Piața P.G. Coșbuc
Alexandria
Giurgiu
Oltenița
București

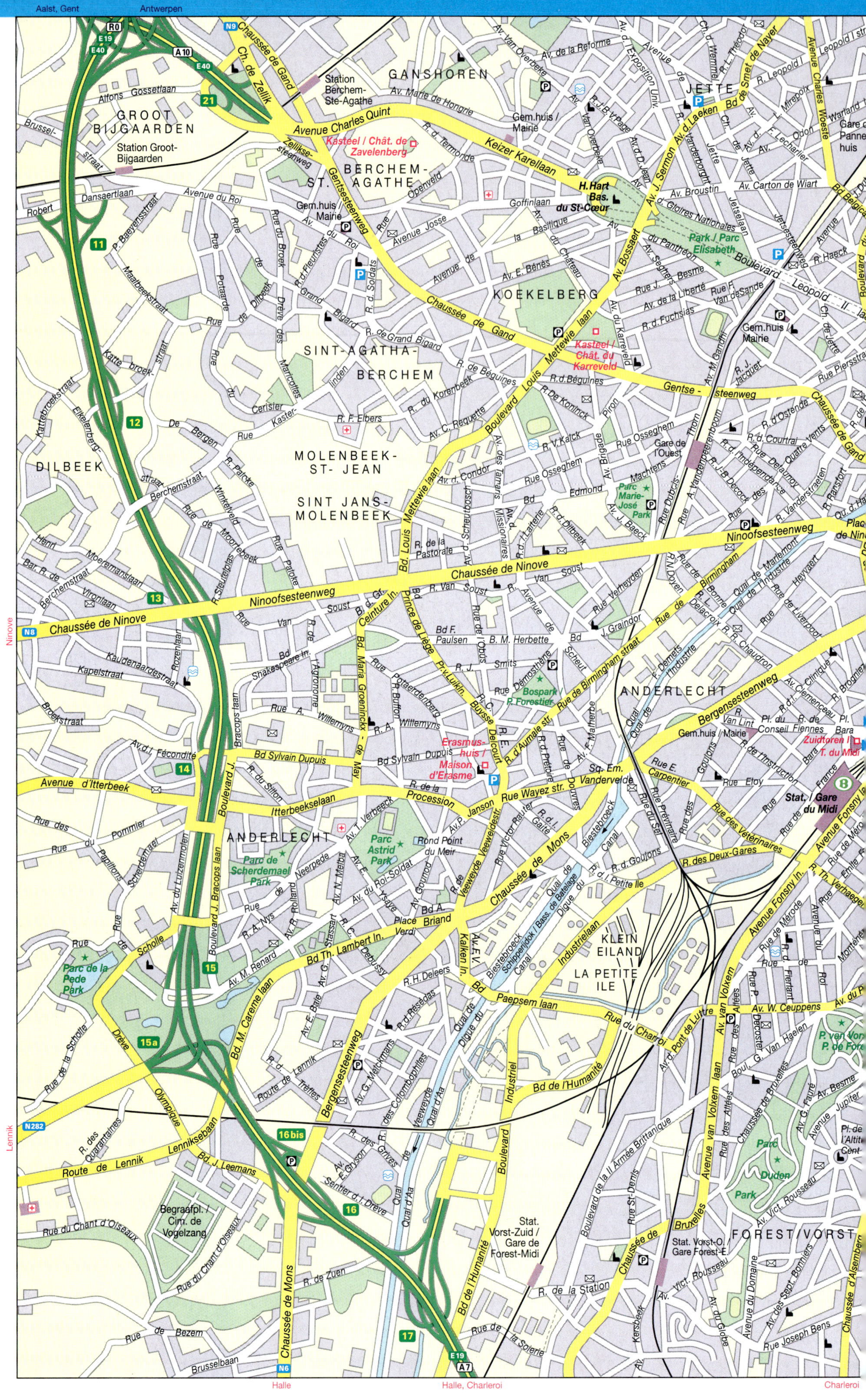
Aalst, Gent
Antwerpen
Ninove
Lennik
Halle
Halle, Charleroi
Charleroi
GANSHOREN
JETTE
GROOT BIJGAARDEN
Station Groot-Bijgaarden
Station Berchem-Ste-Agathe
BERCHEM-ST.-AGATHE
Kasteel / Chât. de Zavelenberg
Avenue Charles Quint
Keizer Karellaan
Gem.huis / Mairie
H. Hart Bas. du St-Cœur
Park / Parc Elisabeth
KOEKELBERG
Kasteel / Chât. du Karreveld
SINT-AGATHA-BERCHEM
MOLENBEEK-ST- JEAN
SINT JANS-MOLENBEEK
DILBEEK
Gare de l'Ouest
Parc Marie-José Park
Chaussée de Gand
Gentsesteenweg
Chaussée de Ninove
Ninoofsesteenweg
Boulevard Leopold II
Boulevard Louis Mettewie laan
ANDERLECHT
Bospark / P. Forestier
Erasmus-huis / Maison d'Erasme
Zuidtoren / T. du Midi
Stat. / Gare du Midi
Parc de Scherdemael Park
Parc Astrid Park
Rond Point du Meir
Parc de la Pede Park
Bergensesteenweg
Chaussée de Mons
KLEIN EILAND
LA PETITE ILE
Bd de l'Humanité
Bd Sylvain Dupuis
Avenue d'Itterbeek
Itterbeekselaan
Rue Wayez str.
Sq. Em. Vandervelde
Avenue Fonsny
Avenue van Volxem laan
P. van Vorst / P. de Forest
Parc Duden Park
FOREST / VORST
Stat. Vorst-Zuid / Gare de Forest-Midi
Stat. Vorst-O. / Gare Forest-E.
Begraafpl. / Cim. de Vogelzang
Route de Lennik
Chaussée de Mons
Chaussée de Bruxelles
Chaussée d'Alsemberg
E19
E40
A10
R0
N9
N8
N6
N282
A7
11
12
13
14
15
15a
16
16bis
17
21

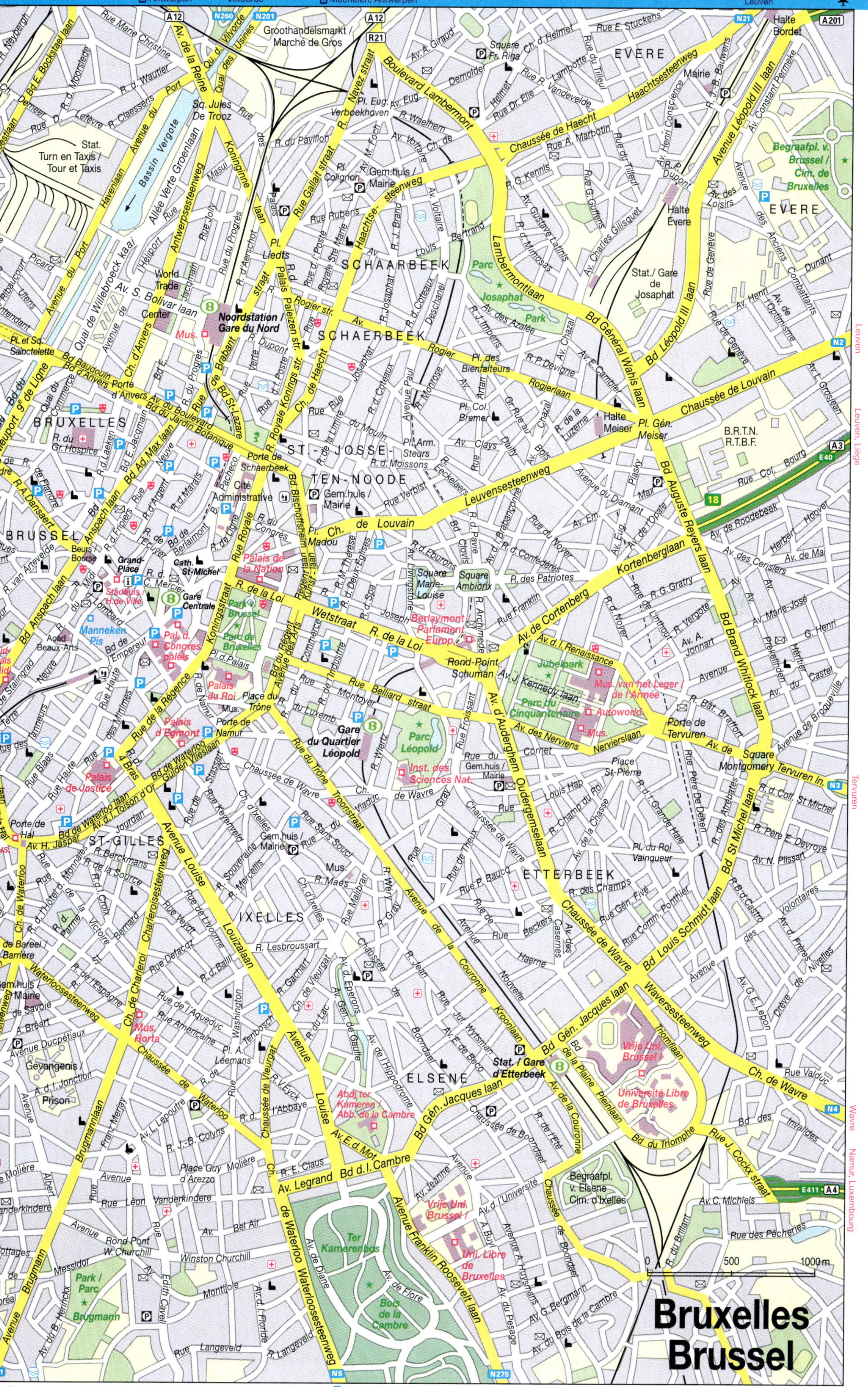
Antwerpen
Vilvoorde
Mechelen, Antwerpen
Leuven
Halte Bordet
Groothandelsmarkt / Marché de Gros
Stat. Turn en Taxis / Tour et Taxis
Bassin Vergote
Sq. Jules De Trooz
Boulevard Lambermont
EVERE
Mairie
Chaussée de Haecht
Haachtsesteenweg
Avenue Léopold III laan
Begraafpl. v. Brussel / Cim. de Bruxelles
Halte Evere
Gem.huis / Mairie
SCHAARBEEK
Parc Josaphat Park
Lambermontlaan
Stat./ Gare de Josaphat
Bd Léopold III laan
World Trade Center
Noordstation / Gare du Nord
Mus.
SCHAERBEEK
Bd Général Wahis laan
Pl. et Sq. Sainctelette
Chaussée de Louvain
Halte Meiser
Pl. Gén. Meiser
B.R.T.N. R.T.B.F.
BRUXELLES
ST.-JOSSE-TEN-NOODE
Leuvensesteenweg
Bd Auguste Reyers laan
Cité Administrative
BRUSSEL
Ch. de Louvain
Palais de la Nation
Beurs Bourse
Grand-Place
Cath. St-Michel
Gare Centrale
Parc de Bruxelles
Park Brussel
Wetstraat
R. de la Loi
Berlaymont / Parlement Europ.
Square Marie-Louise
Square Ambiorix
Av. de Cortenberg
Kortenberglaan
Bd Brand Whitlock laan
Stadhuis / H. de Ville
Manneken Pis
Pal. d. Congrès paleis
Rond-Point Schuman
Jubelpark
Mus. van het Leger / de l'Armée
Autoworld
Parc du Cinquantenaire
Porte de Tervuren
Palais du Roi
Palais d'Egmont
Porte de Namur
Gare du Quartier Léopold
Parc Léopold
Inst. des Sciences Nat.
Square Montgomery
Tervuren
Palais de Justice
Porte de Hal
ST-GILLES
Avenue Louise
Louizalaan
IXELLES
ETTERBEEK
Chaussée de Wavre
Bd Louis Schmidt laan
Waversesteenweg
Bd St.Michel laan
Mus. Horta
Gevangenis / Prison
ELSENE
Stat. / Gare d'Etterbeek
Vrije Uni. Brussel /
Université Libre de Bruxelles
Abdij ter Kameren / Abb. de la Cambre
Bd Gén. Jacques laan
Bd du Triomphe
Ch. de Wavre
Rue J. Cockx straat
Begraafpl. v. Elsene Cim. d'Ixelles
Av. Legrand
Bd d. l. Cambre
Ter Kamerenbos
Bois de la Cambre
Vrije Uni. Brussel /
Uni. Libre de Bruxelles
Avenue Franklin Roosevelt laan
Park / Parc Brugmann
Avenue Brugmann
Av. de Waterloo Waterloosesteenweg
Waterloo, Charleroi
Hulpe / la Hulpe
Wavre
Namur, Luxembourg
Leuven, Liège
0 500 1000 m
Bruxelles
Brussel

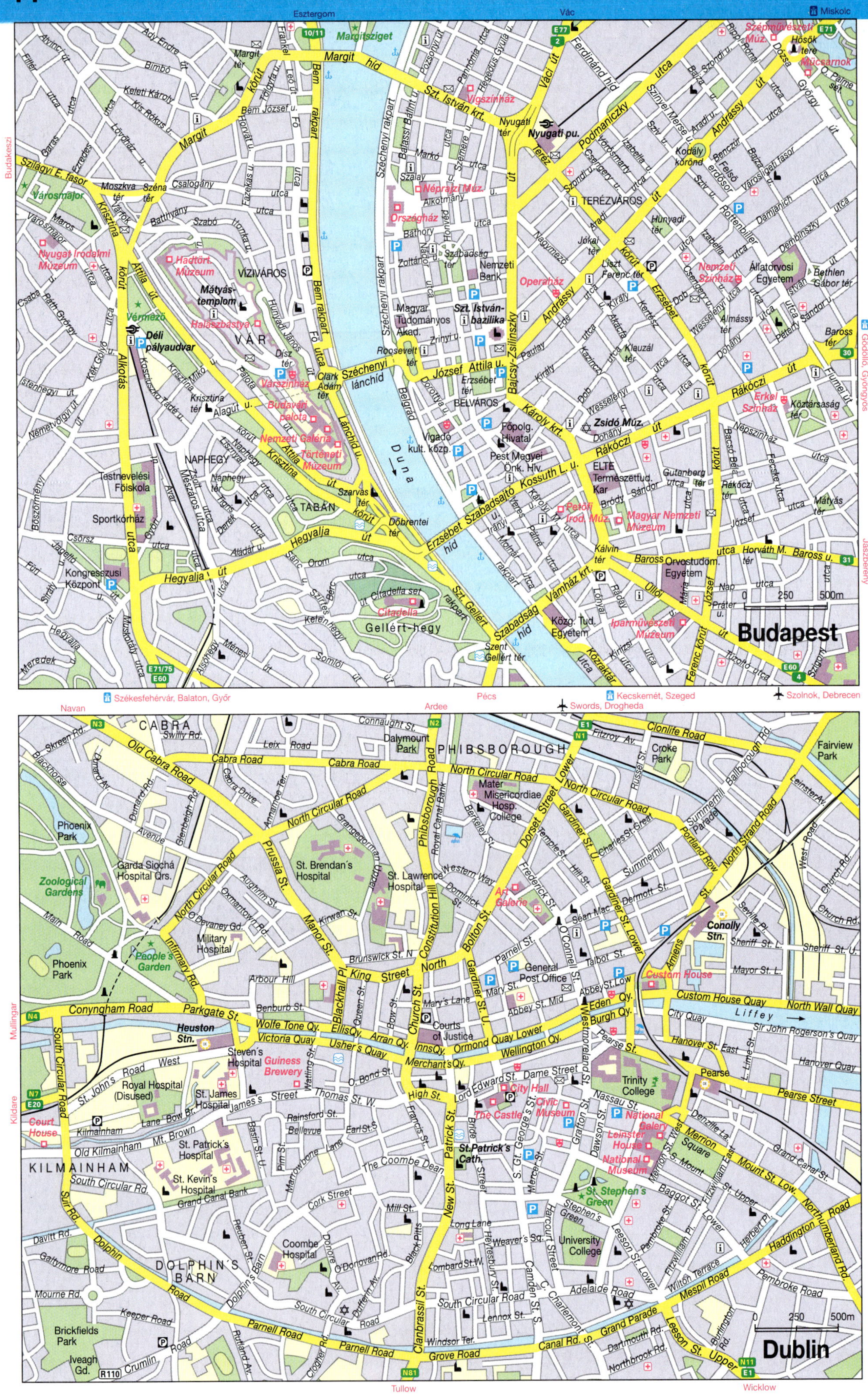

Budapest
Esztergom
Vác
Miskolc
Budakeszi
Gödöllő, Gyöngyös
Jászberény
Székesfehérvár, Balaton, Győr
Pécs
Kecskemét, Szeged
Szolnok, Debrecen
Margitsziget
Margit híd
Szt. István krt.
Nyugati pu.
Nyugati tér
Podmaniczky utca
Andrássy út
Hősök tere
Szépművészeti Múz.
Műcsarnok
Vígszínház
Országház
Néprajzi Múz.
Széchenyi rakpart
Szabadság tér
Nemzeti Bank
Operaház
TERÉZVÁROS
Liszt Ferenc tér
Kodály körönd
Állatorvosi Egyetem
Bethlen Gábor tér
Baross tér
Városmajor
Szilágyi E. fasor
Moszkva tér
Széna tér
Nyugat Irodalmi Múzeum
Hadtört. Múzeum
VÍZIVÁROS
Mátyás-templom
Halászbástya
VÁR
Vérmező
Déli pályaudvar
Várszínház
Budavári palota
Nemzeti Galéria
Történeti Múzeum
Clark Ádám tér
Széchenyi lánchíd
Szt. István-bazilika
Magyar Tudományos Akad.
Roosevelt tér
József Attila u.
Erzsébet tér
BELVÁROS
Vigadó kult. közp.
Főpolg. Hivatal
Pest Megyei Önk. Hiv.
Károly krt.
Rákóczi út
Zsidó Múz.
Erkel Színház
Köztársaság tér
ELTE Természettud. Kar
Petőfi Irod. Múz.
Magyar Nemzeti Múzeum
Kálvin tér
Orvostudom. Egyetem
Iparművészeti Múzeum
Közg. Tud. Egyetem
Szent Gellért tér
Szabadság híd
Erzsébet híd
Duna
NAPHEGY
TABÁN
Testnevelési Főiskola
Sportkórház
Kongresszusi Központ
Hegyalja út
Citadella
Gellért-hegy
Alkotás utca
Attila út
Krisztina krt.
Ferenc krt.
Erzsébet krt.
Nemzeti Színház
0 250 500m
Dublin
Navan
Ardee
Swords, Drogheda
Mullingar
Kildare
Tullow
Wicklow
CABRA
PHIBSBOROUGH
Cabra Road
Old Cabra Road
North Circular Road
Dalymount Park
Mater Misericordiae Hosp. College
Phibsborough Road
Clonliffe Road
Croke Park
Fairview Park
Phoenix Park
Zoological Gardens
Garda Síochána Hospital Qrs.
St. Brendan's Hospital
St. Lawrence Hospital
Art Galerie
Military Hospital
People's Garden
Conyngham Road
Parkgate St.
Heuston Stn.
Steven's Hospital
Guiness Brewery
Royal Hospital (Disused)
St. James Hospital
Court House
KILMAINHAM
St. Patrick's Hospital
St. Kevin's Hospital
South Circular Rd.
Dolphin Road
DOLPHIN'S BARN
Coombe Hospital
Brickfields Park
Iveagh Gd.
Parnell Road
Grove Road
Canal Rd.
Grand Parade
Leeson St. Upper
Courts of Justice
Ormond Quay Lower
Wellington Qy.
General Post Office
O'Connell St.
Custom House
Custom House Quay
North Wall Quay
Liffey
Conolly Stn.
Amiens St.
City Hall
The Castle
Civic Museum
St. Patrick's Cath.
Trinity College
Pearse
Pearse Street
National Galery
Leinster House
National Museum
Merrion Square
St. Stephen's Green
University College
Mount St. Low.
Northumberland Rd.
Haddington Road
Pembroke Road
Mespil Road
0 250 500m

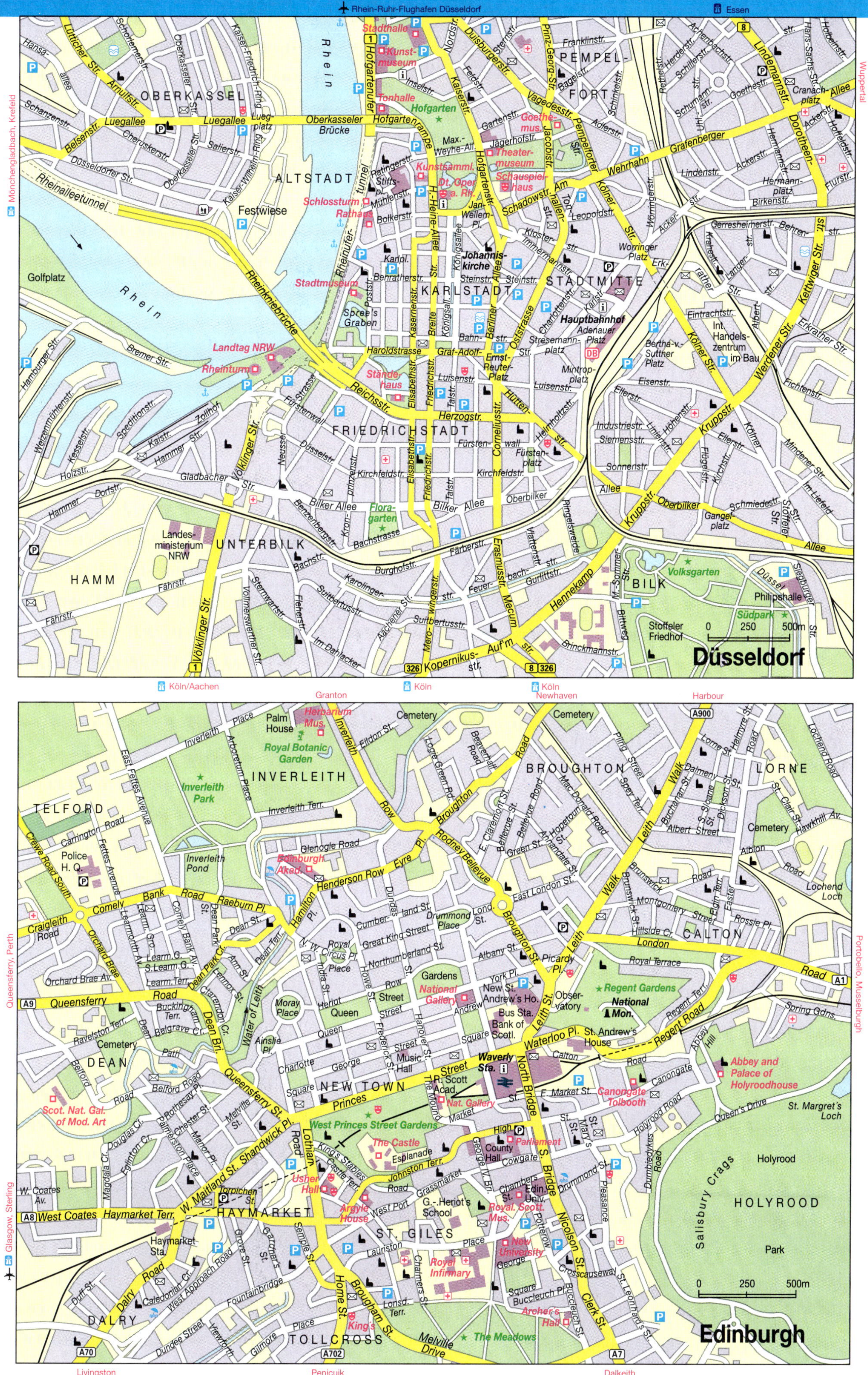
Rhein-Ruhr-Flughafen Düsseldorf
Essen
Wuppertal
Mönchengladbach, Krefeld
OBERKASSEL
ALTSTADT
KARLSTADT
STADTMITTE
PEMPELFORT
FRIEDRICHSTADT
UNTERBILK
HAMM
BILK
Hauptbahnhof
Düsseldorf
Köln/Aachen
Köln
Köln
Granton
Newhaven
Harbour
Queensferry, Perth
Portobello, Musselburgh
Glasgow, Sterling
INVERLEITH
TELFORD
BROUGHTON
LORNE
CALTON
DEAN
NEW TOWN
HAYMARKET
ST. GILES
DALRY
TOLLCROSS
HOLYROOD
Edinburgh
Livingston
Penicuik
Dalkeith

Pistoia · Pisa, La Spézia, Genova · Sesto Fiorentino · Bologna

Faenza · Livorno · Ontignano · Forlì · Siena, Roma

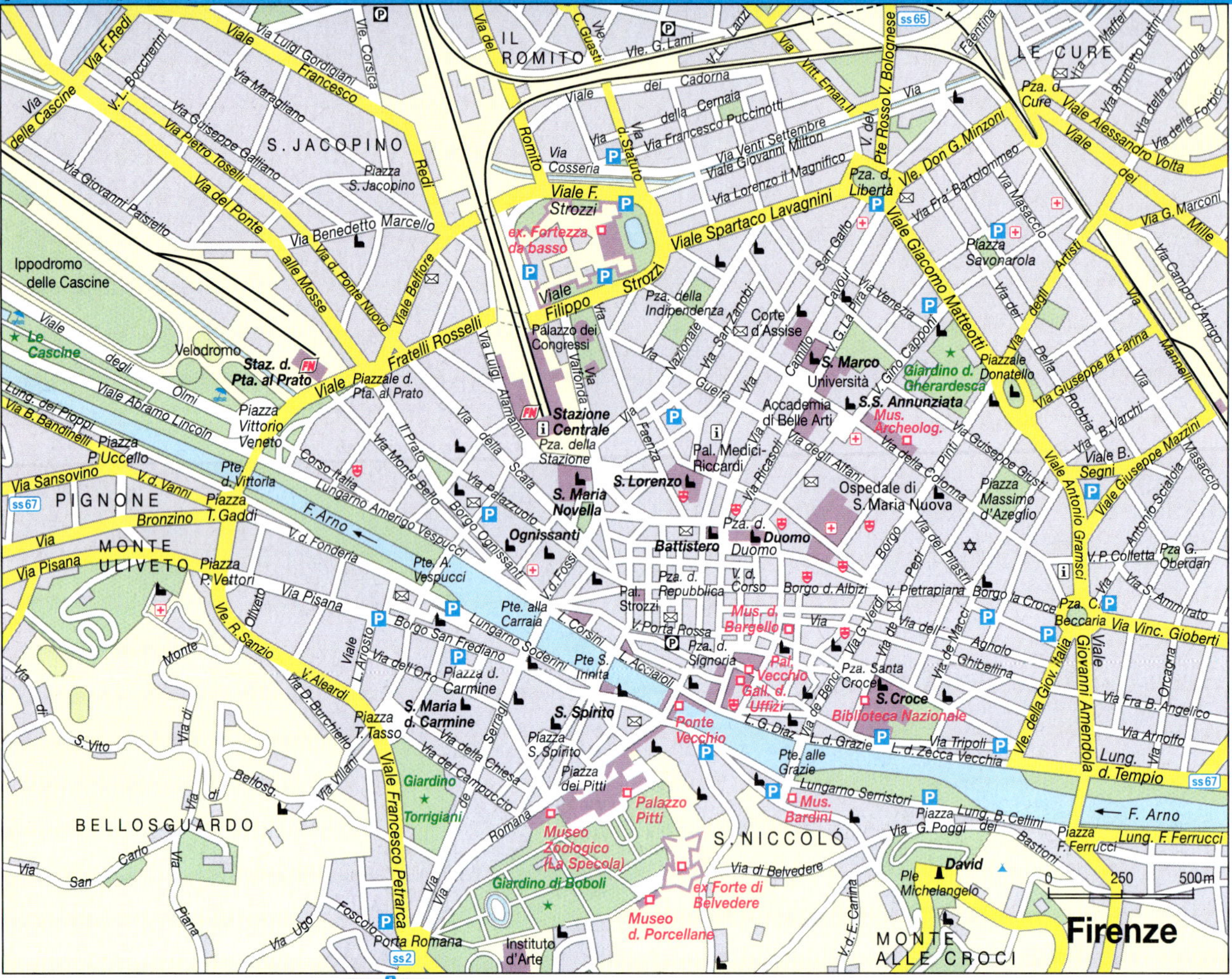

Firenze

Wiesbaden, Mainz · Oberursel, Bad Homburg · Bad Homburg, Giessen

Hanau · Wiesbaden, Mainz · Offenbach, Hanau · Griesheim, Wiesbaden, Mainz

Frankfurt

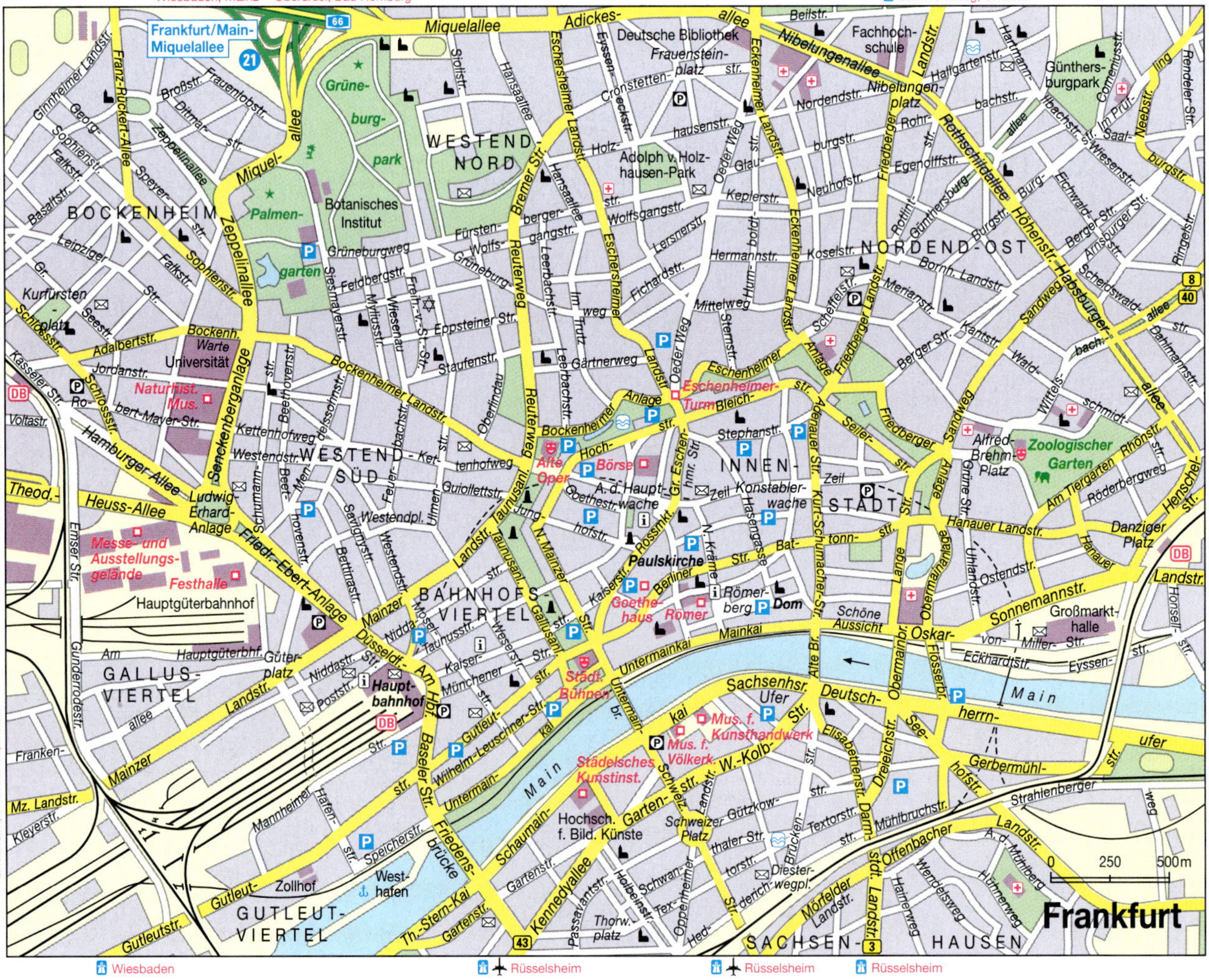

Wiesbaden · Rüsselsheim · Rüsselsheim · Rüsselsheim

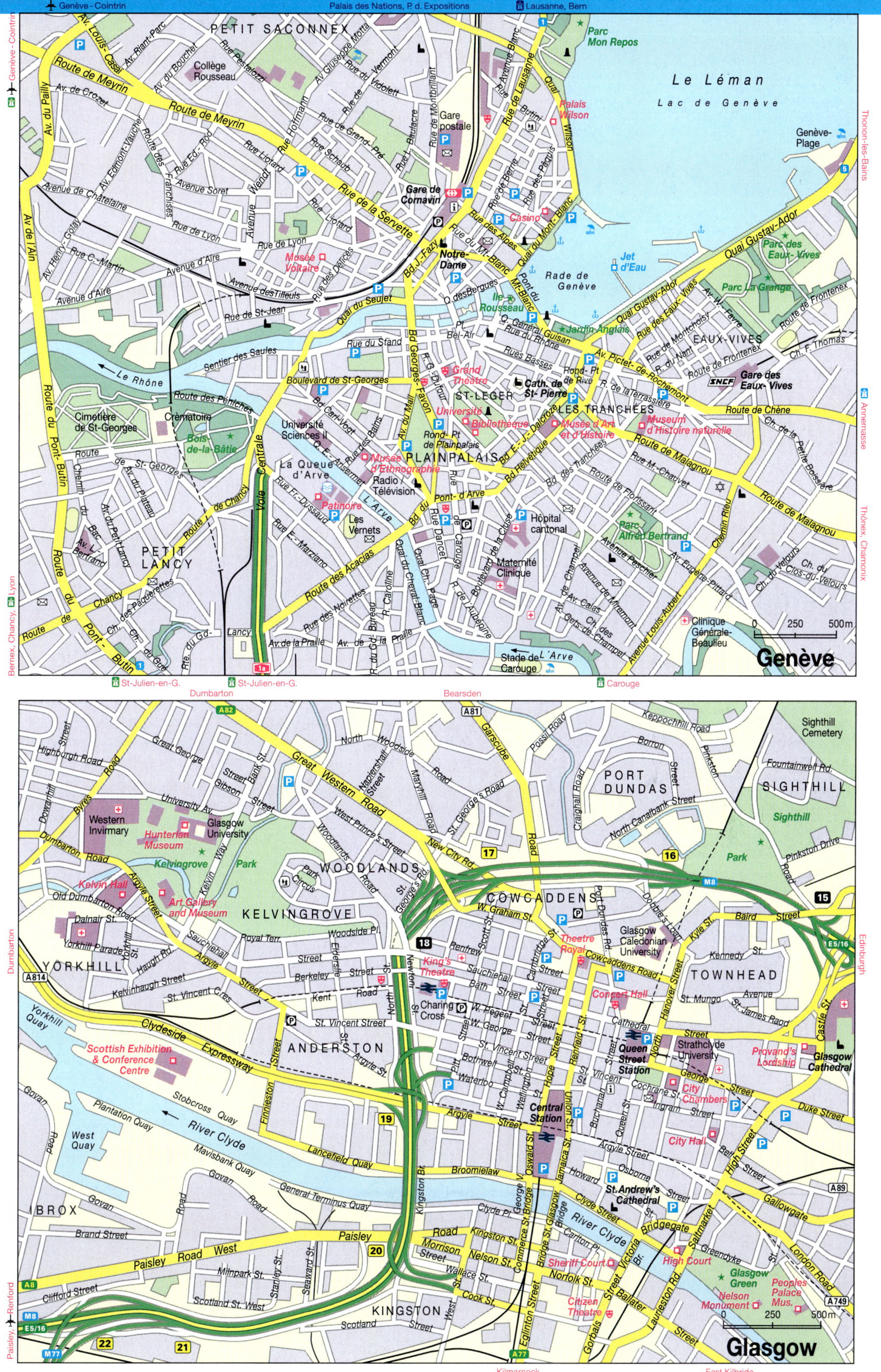

Genève - Cointrin
Palais des Nations, P. d. Expositions
Lausanne, Bern
Thonon-les-Bains
Annemasse
Thônex, Chamonix
Bernex, Chancy, Lyon
St-Julien-en-G.
St-Julien-en-G.
Carouge
PETIT SACONNEX
Parc Mon Repos
Le Léman
Lac de Genève
Genève-Plage
Collège Rousseau
Route de Meyrin
Av. de Crozet
Av. Louis-Casaï
Gare postale
Rue de Lausanne
Palais Wilson
Quai Wilson
Gare de Cornavin
Rue de la Servette
Casino
Jet d'Eau
Rade de Genève
Musée Voltaire
Notre-Dame
Ile Rousseau
Quai Gustav-Ador
Parc des Eaux-Vives
Parc La Grange
Jardin Anglais
EAUX-VIVES
Gare des Eaux-Vives
Route de Frontenex
Le Rhône
Boulevard de St-Georges
Grand Théâtre
Cath. de St-Pierre
ST-LÉGER
LES TRANCHÉES
Route de Chêne
Cimetière de St-Georges
Crématoire
Bois-de-la-Bâtie
Université Sciences II
Université
Bibliothèque
Musée d'Art et d'Histoire
Museum d'Histoire naturelle
Route de Malagnou
PLAINPALAIS
Rond-Pt de Plainpalais
La Queue d'Arve
Musée d'Ethnographie
Radio Télévision
Patinoire
Les Vernets
L'Arve
Hôpital cantonal
Parc Alfred Bertrand
Maternité Clinique
PETIT LANCY
Route de Chancy
Route des Acacias
Route du Pont-Butin
Voie Centrale
Lancy
Clinique Générale-Beaulieu
Stade de Carouge
0 250 500m
Genève
Dumbarton
Bearsden
Edinburgh
Paisley, Renfrew
Kilmarnock
East Kilbride
Sighthill Cemetery
SIGHTHILL
PORT DUNDAS
Great Western Road
Western Invirmary
Hunterian Museum
Glasgow University
Kelvingrove Park
WOODLANDS
COWCADDENS
Kelvin Hall
Art Gallery and Museum
KELVINGROVE
Glasgow Caledonian University
TOWNHEAD
YORKHILL
Sauchiehall Street
King's Theatre
Theatre Royal
Concert Hall
Charing Cross
Queen Street Station
Strathclyde University
Provand's Lordship
Glasgow Cathedral
ANDERSTON
Clydeside Expressway
Scottish Exhibition & Conference Centre
City Chambers
Central Station
City Hall
West Quay
River Clyde
Argyle Street
Duke Street
High Street
St. Andrew's Cathedral
IBROX
Paisley Road West
Sheriff Court
High Court
Glasgow Green
Nelson Monument
Peoples Palace Mus.
Citizen Theatre
KINGSTON
London Road
Gallowgate
0 250 500m
Glasgow

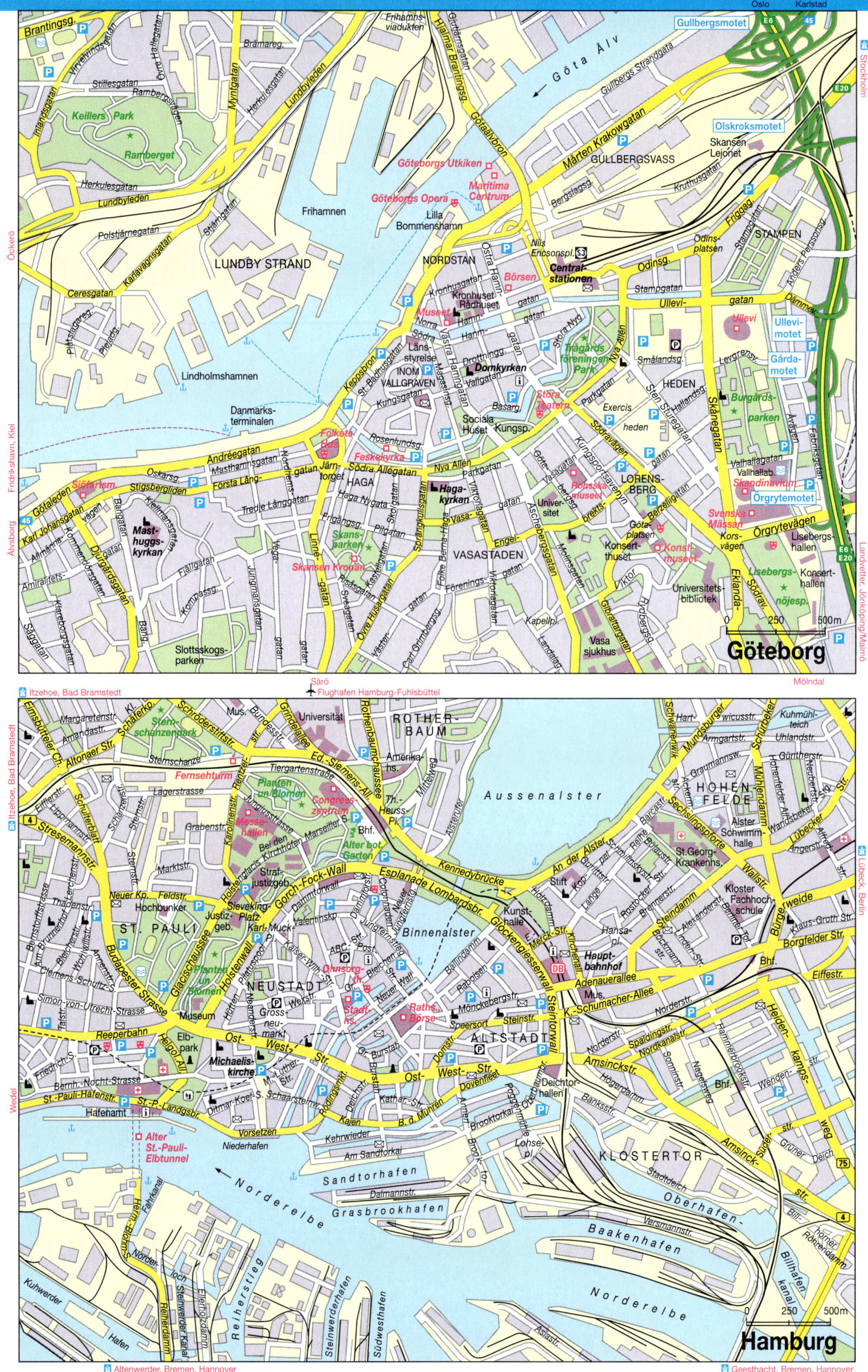
Göteborg
Hamburg
Gullbergsmotet
Olskroksmotet
Ullevimotet
Gårdamotet
Örgrytemotet
Oslo
Karlstad
Stockholm
Öckerö
Fridrikshavn, Kiel
Älvsborg
Landvetter, Jönköping/Malmö
Särö
Mölndal
Itzehoe, Bad Bramstedt
Flughafen Hamburg-Fuhlsbüttel
Lübeck, Berlin
Wedel
Altenwerder, Bremen, Hannover
Geesthacht, Bremen, Hannover
Aussenalster
Binnenalster
Norderelbe
Göta Älv

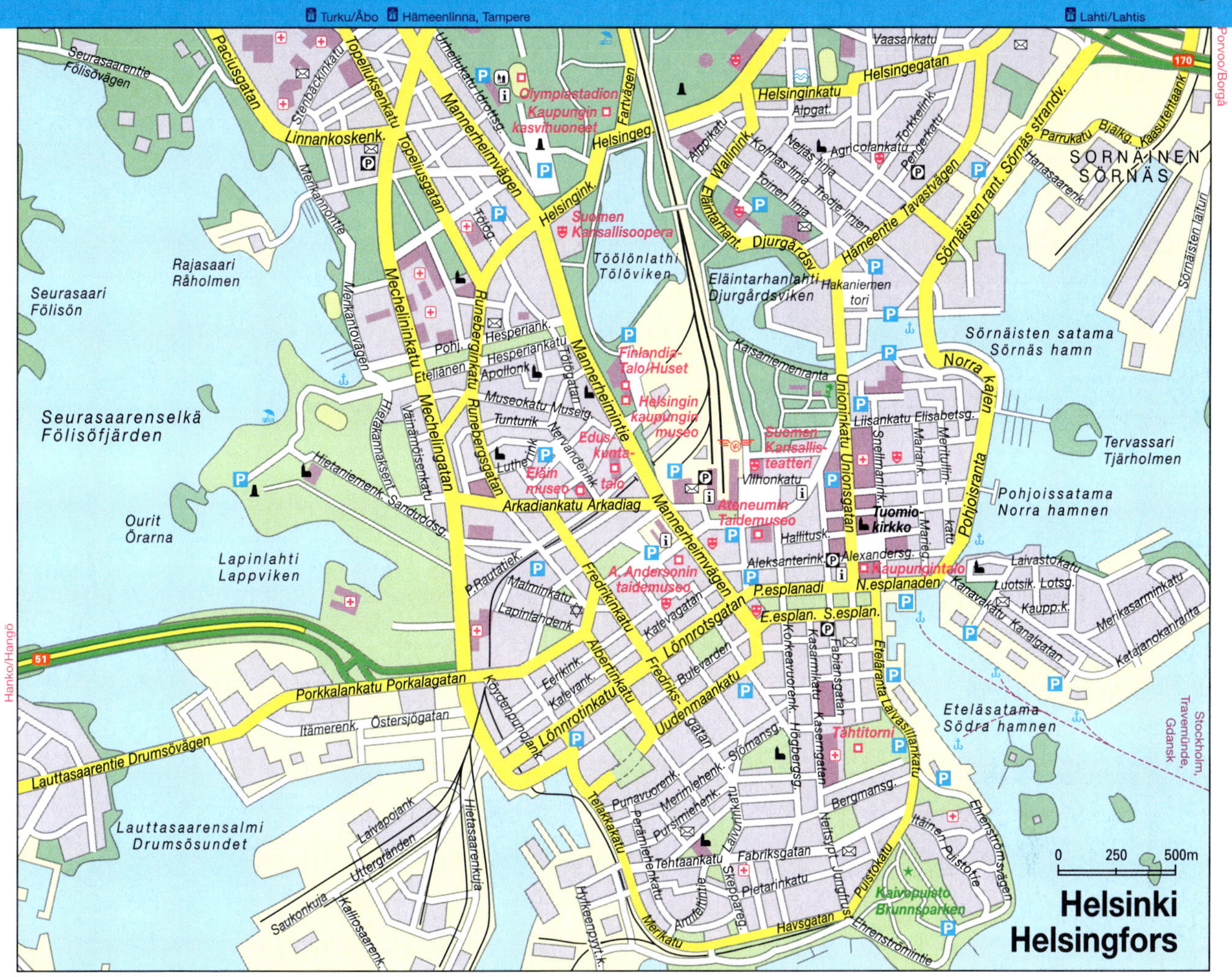
Turku/Åbo
Hämeenlinna, Tampere
Lahti/Lahtis
Porvoo/Borgå
Hanko/Hangö
Stockholm, Travemünde, Gdansk
Helsinki
Helsingfors
0
250
500m
Olympiastadion
Kaupungin kasvihuoneet
Suomen Kansallisooppera
Töölönlahti
Tölöviken
Eläintarhanlahti
Djurgårdsviken
Hakaniemen tori
Sörnäisten satama
Sörnäs hamn
SÖRNÄINEN
SÖRNÄS
Tervassari
Tjärholmen
Pohjoissatama
Norra hamnen
Finlandia-Talo/Huset
Helsingin kaupungin museo
Suomen Kansallisteatteri
Ateneumin Taidemuseo
Tuomiokirkko
Kaupungintalo
Edus-kunta-talo
Eläin museo
A. Andersonin taidemuseo
Tähtitorni
Eteläsatama
Södra hamnen
Kaivopuisto
Brunnsparken
Seurasaari
Fölisön
Seurasaarenselkä
Fölisöfjärden
Rajasaari
Råholmen
Ourit
Örarna
Lapinlahti
Lappviken
Lauttasaarensalmi
Drumsösundet
Lauttasaarentie Drumsövägen
Porkkalankatu Porkalagatan
Arkadiankatu Arkadiag.
Mannerheimintie
Mannerheimvägen
Mechelininkatu
Mechelingatan
Runeberginkatu
Runebergsgatan
Topeliuksenkatu
Topeliusgatan
Paciusgatan
Linnankoskenk.
Helsinginkatu
Helsingegatan
Hämeentie
Tavastvägen
Unioninkatu
Unionsgatan
Pohjoisranta
Norra kajen
P.esplanadi
N.esplanaden
E.esplan.
S.esplan.
Lönnrotinkatu
Lönnrotsgatan
Uudenmaankatu
Bulevardi
Fredrikinkatu
Aleksanterink.
Alexandersg.
Vilhonkatu
Hallitusk.
Laivastokatu
Katajanokanranta
Merikasarminkatu
Eteläranta
Laivasillankatu
Ehrenströmintie
Ehrenströmsvägen
Bergmansg.
Fabriksgatan
Pietarinkatu
Tehtaankatu
Merikatu
Havsgatan
Vaasankatu
Sörnäisten rant.
Sörnäs strandv.
51
170

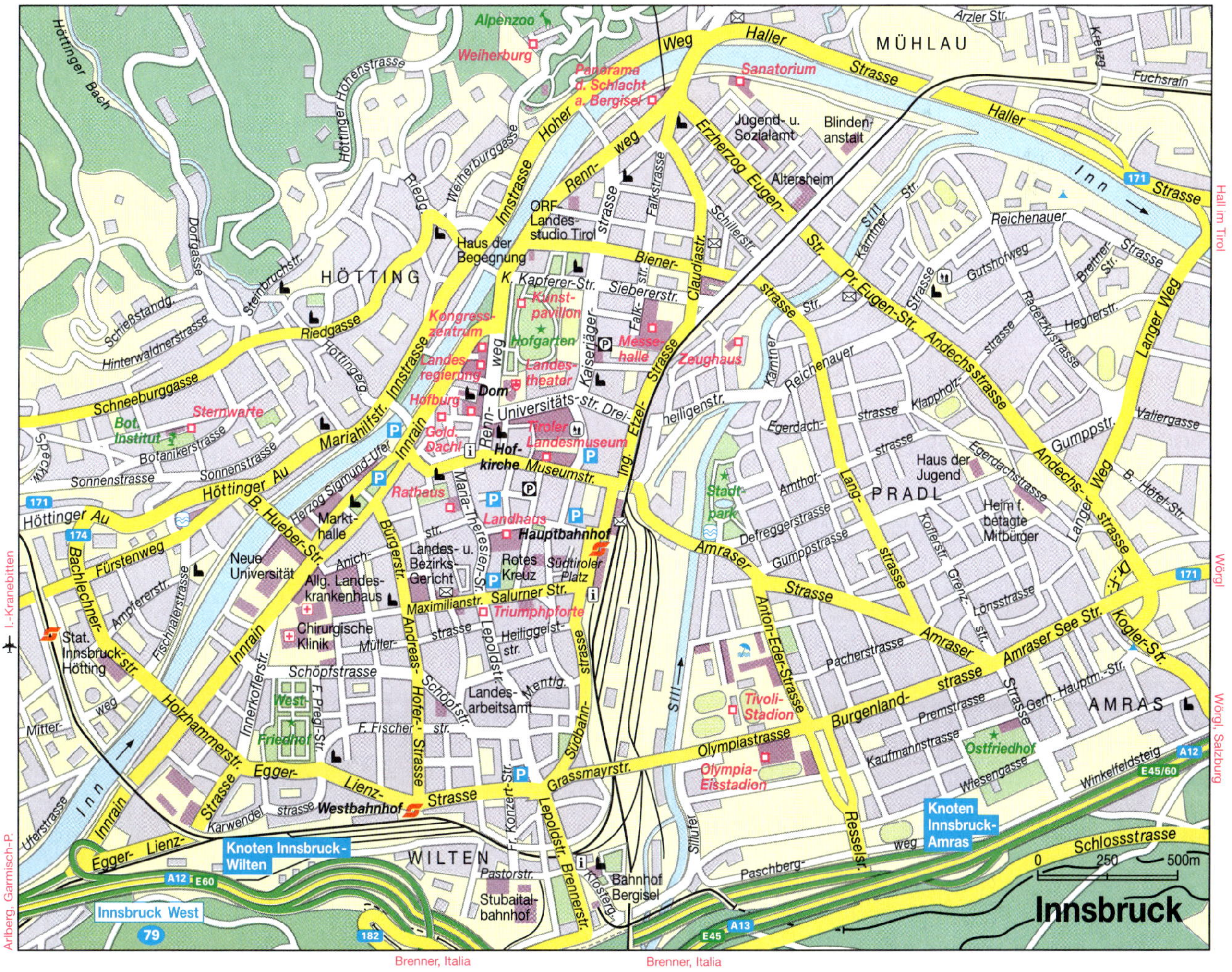
Innsbruck
0
250
500m
Hall im Tirol
Wörgl
Wörgl, Salzburg
I.-Kranebitten
Arlberg, Garmisch-P.
Brenner, Italia
Brenner, Italia
Alpenzoo
Weiherburg
Panorama u. Schlacht a. Bergisel
Sanatorium
MÜHLAU
Haller Strasse
Jugend- u. Sozialamt
Blinden-anstalt
Altersheim
Inn
HÖTTING
Haus der Begegnung
ORF Landes-studio Tirol
Kunst-pavillon
Hofgarten
Kongress-zentrum
Landes-regierung
Landes-theater
Messe-halle
Zeughaus
Hofburg
Dom
Sternwarte
Bot. Institut
Gold. Dachl
Hof-kirche
Tiroler Landesmuseum
Rathaus
Markt-halle
Landhaus
Hauptbahnhof
Neue Universität
Landes- u. Bezirks-Gericht
Rotes Kreuz
Südtiroler Platz
Allg. Landes-krankenhaus
Chirurgische Klinik
Triumphpforte
Stat. Innsbruck-Hötting
Landes-arbeitsamt
Westbahnhof
WILTEN
Stubaital-bahnhof
Bahnhof Bergisel
Knoten Innsbruck-Wilten
Innsbruck West
Knoten Innsbruck-Amras
Stadt-park
Haus der Jugend
PRADL
Heim f. betagte Mitbürger
Tivoli-Stadion
Olympia-Eisstadion
Ostfriedhof
AMRAS
Schlossstrasse
Amraser See Str.
Amraser Strasse
Andechsstrasse
Pr. Eugen-Str.
Langer Weg
Reichenauer
Olympiastrasse
Burgenlandstrasse
Grassmayrstr.
Egger-Lienz-Strasse
Innrain
Höttinger Au
Fürstenweg
Schneeburggasse
Mariahilfstr.
Museumstr.
Maria-Theresien-Str.
Leopoldstr.
Brennerstr.
Universitätsstr.
Rennweg
Erzherzog-Eugen-Str.
Amraser Str.
Gumppstr.
A12
E60
A13
E45
E45/60
79
182
171
174

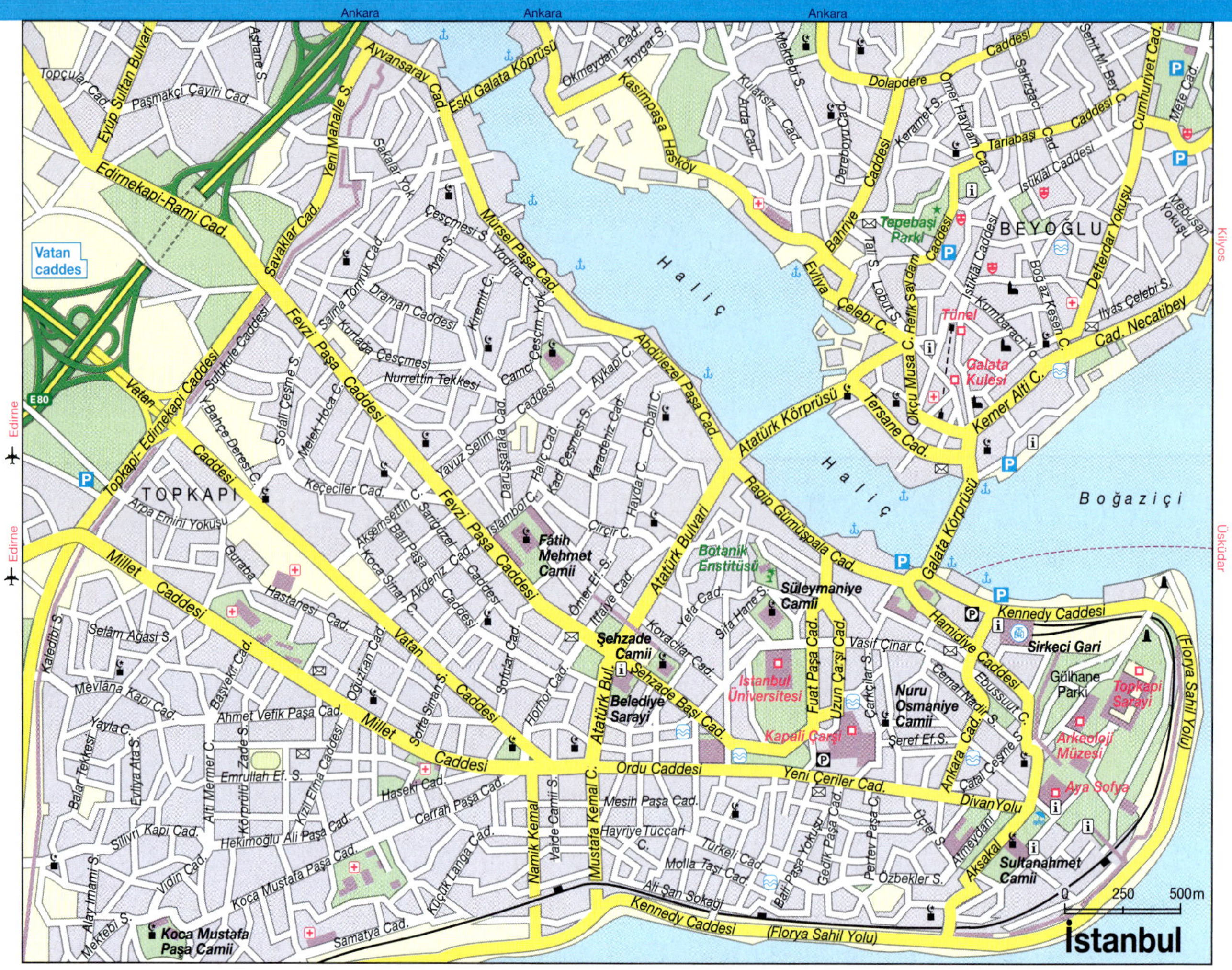

İstanbul

Ankara
Ankara
Ankara
Edirne
Edirne
Kilyos
Üsküdar

Vatan caddes
E80
TOPKAPI
Topçular Cad.
Eyüp Sultan Bulvarı
Paşmakçı Çayırı Cad.
Edirnekapı-Rami Cad.
Ayvansaray Cad.
Eski Galata Köprüsü
Yeni Mahalle S.
Savaklar Cad.
Fevzi Paşa Caddesi
Vatan Caddesi
Topkapı-Edirnekapı Caddesi
Millet Caddesi
Arpa Emini Yokuşu
Mürsel Paşa Cad.
Abdülezel Paşa Cad.
Okmeydanı Cad.
Kasımpaşa Hasköy
Haliç
Atatürk Köprüsü
Atatürk Bulvarı
Ragıp Gümüşpala Cad.
Galata Köprüsü
Tersane Cad.
Kemer Altı C.
Cad. Necatibey
Boğaziçi
BEYOĞLU
Tepebaşı Parkı
Tünel
Galata Kulesi
İstiklal Caddesi
Dolapdere
Tarlabaşı Cad.
Cumhuriyet Cad.
Defterdar Yokuşu
Bahriye Caddesi
Evliya Çelebi C.
Fâtih Mehmet Camii
Botanik Enstitüsü
Süleymaniye Camii
Şehzade Camii
Şehzade Başı Cad.
Belediye Sarayı
İstanbul Üniversitesi
Kapalı Çarşı
Fuat Paşa Cad.
Uzun Çarşı Cad.
Nuru Osmaniye Camii
Sirkeci Gari
Kennedy Caddesi
Hamidiye Caddesi
Gülhane Parkı
Topkapı Sarayı
Arkeoloji Müzesi
Aya Sofya
Sultanahmet Camii
Divan Yolu
Ankara Cad.
Ordu Caddesi
Yeni Çeriler Cad.
Mesih Paşa Cad.
Namık Kemal C.
Mustafa Kemal C.
Haseki Cad.
Cerrah Paşa Cad.
Koca Mustafa Paşa Cad.
Koca Mustafa Paşa Camii
Samatya Cad.
Kennedy Caddesi (Florya Sahil Yolu)
(Florya Sahil Yolu)
Silivri Kapı Cad.
Mevlâna Kapı Cad.
Selâm Ağası S.
Ahmet Vefik Paşa Cad.
Emrullah Ef. S.
Hekimoğlu Ali Paşa Cad.
Küçük Langa Cad.
Aksaray
Kadırga Limanı Cad.
Özbekler S.
Ali Şan Sokağı
Molla Taşi Cad.
Hayriye Tüccarı C.

0 250 500m

København

Hillerød, Helsingør
Helsingør
Malmö, Rønne, Oslo
Farum, Hillerød
Glostrup, Roskilde
Hvidovre, Køge
Kastrup
19
O2
O2
O2

ØSTERBRO
Fælled Parken
Trianglen
Rigshospitalet
Fredrik Bajers Plads
De gamles By
Blegdams hospitalet
Nørrebros Runddel
Nørrebro parken
Nørrebrogade
Hillerødgade
Jagtvej
Assistens Kirkegård
NØRREBRO
Nørre Allé
Skt. Hans Torv
Fælledvej
Blegdamsvej
Fredensgade
Sortedams Sø
Østerbrogade
Dag Hammerskjölds Allé
Kristianiagade
Østbanegade
Øresund
Yderhavnen
REFSHALEØEN
Søfarts-monument
Den lille Havfrue
KASTELLET
Churchill Parken
Esplanaden
Oslo Plads
Grønningen
Statens Mus. for Kunst
Jesus Kirke
Østre Anlæg
Danmarks tekniske højskole
Kommune Hospitalet
Botanisk Have
Rosenborg Slot
Rosenborg Have
Frederiks Kirke
Amalienborg Slot
NYHOLM
DOKØEN
HOLMEN
ARSENALØEN
Sankt Annæ Plads
Kongens Nytorv
Charlottenborg
Nyhavn
Holmens Kanal
Christiansborg
Nationalmuseet
Børsgade
Strandgade
Torvegade
CHRISTIANSHAVN
AMAGERBRO
Christmas Møllers Plads
Amager Boulevard
Langebro
Christians Brygge
Inderhavnen
Frederiksborggade
Israels Plads
Ørsteds Parken
Universitet
Frue Plads
Nørre Voldgade
Vester Voldgade
Jarmers Plads
Rådhus Pl.
Rådhus
Tivoli
Hoved-banegården
Glyptoteket
Otto Mønsteds Pl.
Bernstorffsgade
Tietgensgade
Fragtmandshal
Godsbanegården
Ingerslevsgade
Halmtorvet
Vesterbrogade
VESTERBRO
Enghave
Sønder Boulevard
Ny Carlsberg Vej
Enghavevej
Platanvej
Gammel Kongevej
Kongevej
Det nye Teater
H.C. Ørsteds Vej
Åboulevarden
Forum
Julius Thomsens Plads
Markus-kirke
Sankt Markus Plads
Peblinge Sø
Sankt Jørgens Sø
Veterinær- og Landbo-højskolen
Falkoner Allé
Rolighedsvej
Thorvaldsensvej
Blågårds Plads
Griffenfeldsgade
Åboulevarden
Rantzausgade
Ågade
Borups Allé
Lundtoftegade
Frederiksberg Allé
Alhambravej
Bülowsvej
Grundtvigsvej
Ring II
Uplandsgade

0 250 500m

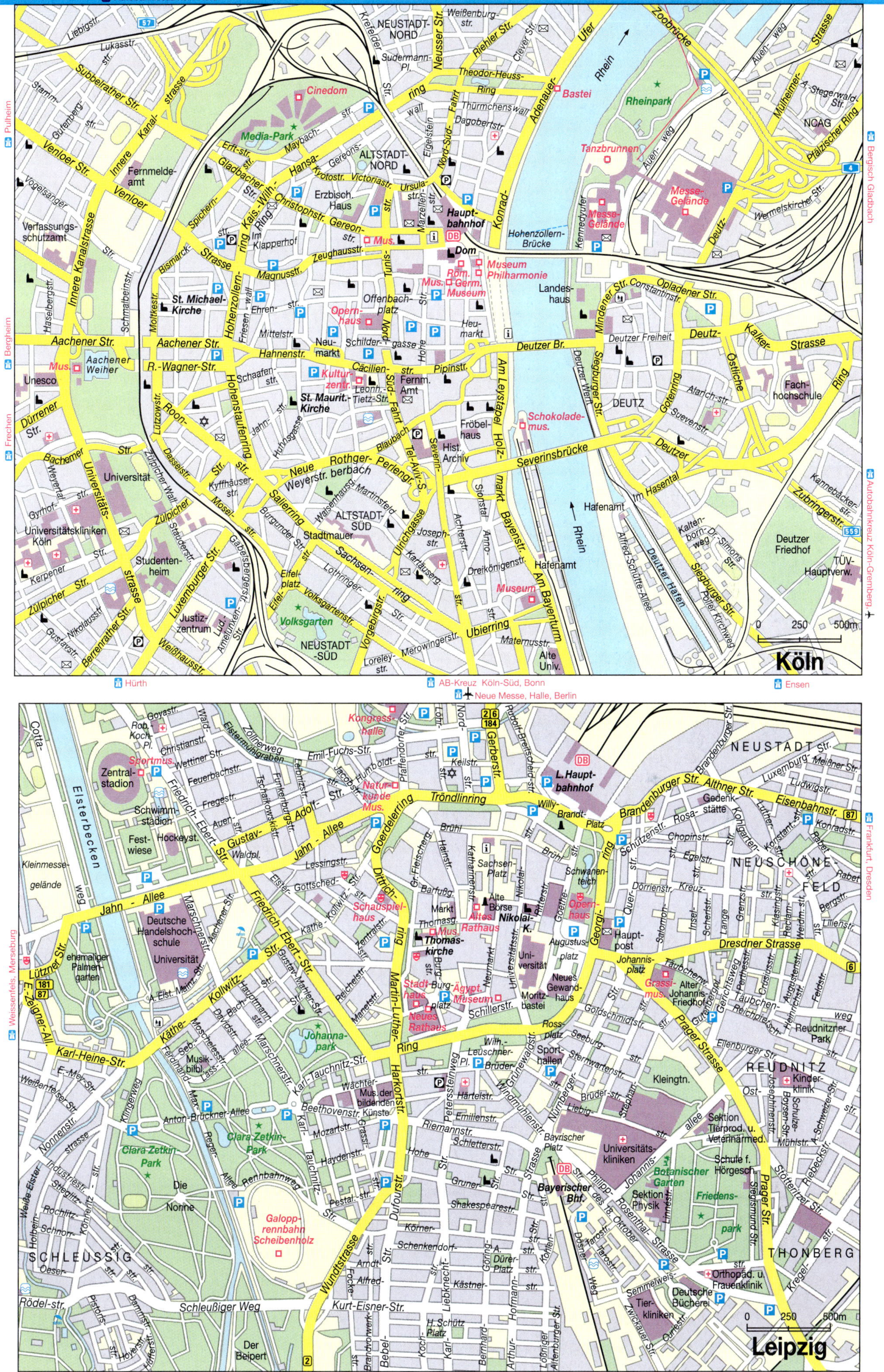
Autobahnkreuz Köln-Nord
Leverkusen
Köln
Hürth
AB-Kreuz Köln-Süd, Bonn
Neue Messe, Halle, Berlin
Ensen
Pulheim
Bergheim
Frechen
Bergisch Gladbach
Autobahnkreuz Köln-Gremberg
Hauptbahnhof
Dom
Rhein
Deutz
Leipzig
L. Hauptbahnhof
Chemnitz
Grimma
Frankfurt, Dresden
Weissenfels, Merseburg
Elsterbecken
Neuschönefeld
Reudnitz
Thonberg
Schleussig

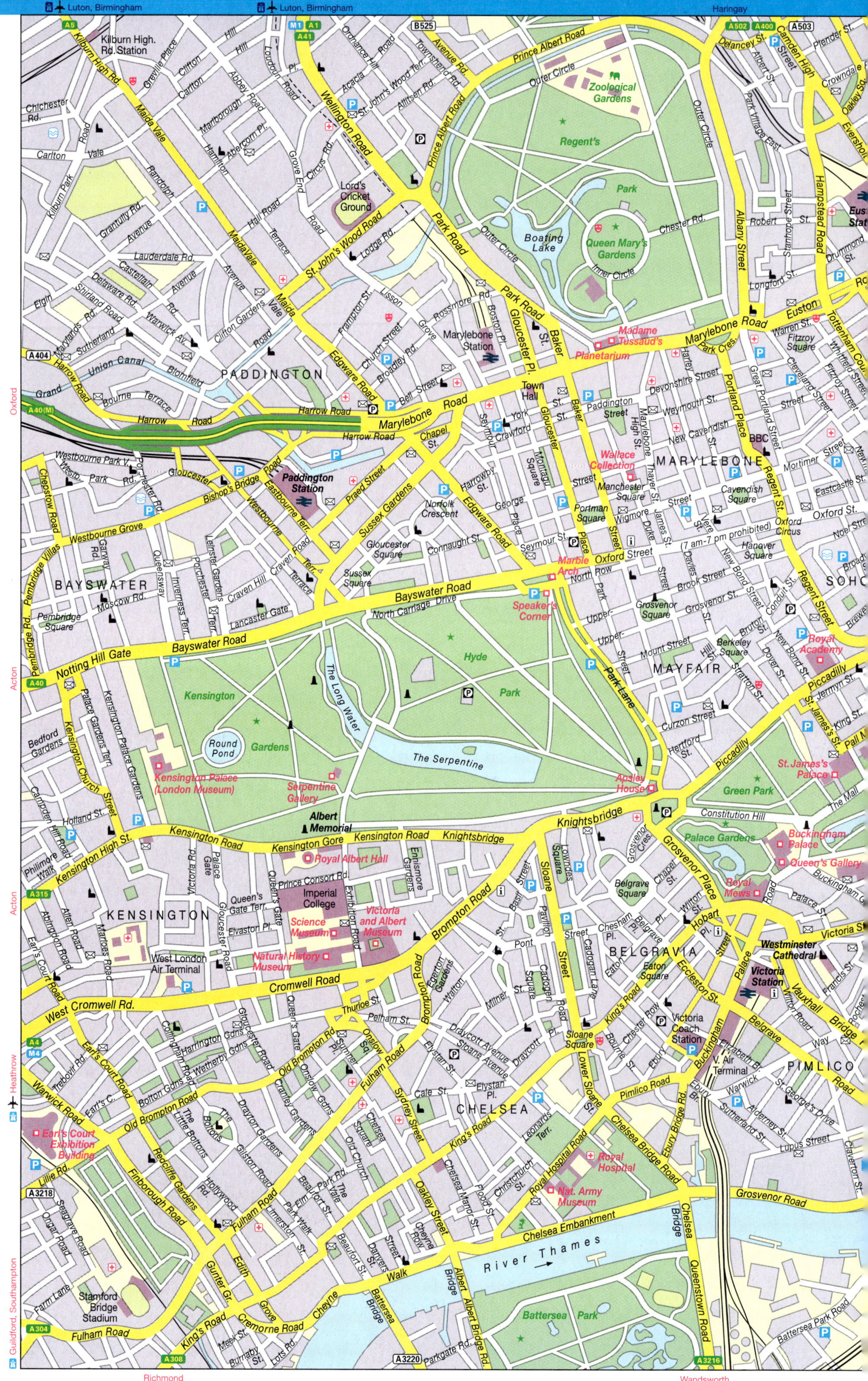
Luton, Birmingham
Luton, Birmingham
Haringay
Oxford
Acton
Acton
Heathrow
Guildford, Southampton
Richmond
Wandsworth
PADDINGTON
MARYLEBONE
BAYSWATER
MAYFAIR
KENSINGTON
BELGRAVIA
PIMLICO
CHELSEA
SOHO
Zoological Gardens
Regent's Park
Queen Mary's Gardens
Boating Lake
Lord's Cricket Ground
Marylebone Station
Paddington Station
Madame Tussaud's
Planetarium
Wallace Collection
BBC
Marble Arch
Speaker's Corner
Hyde Park
Kensington Gardens
Round Pond
The Long Water
The Serpentine
Kensington Palace (London Museum)
Serpentine Gallery
Albert Memorial
Royal Albert Hall
Imperial College
Science Museum
Victoria and Albert Museum
Natural History Museum
West London Air Terminal
Apsley House
Green Park
St. James's Palace
Buckingham Palace
Queen's Gallery
Royal Mews
Palace Gardens
Westminster Cathedral
Victoria Station
Victoria Coach Station
Royal Academy
Earl's Court Exhibition Building
Royal Hospital
Nat. Army Museum
Stamford Bridge Stadium
Battersea Park
River Thames
Kilburn High Rd. Station
Paddington Station
Piccadilly
Oxford Street
Bayswater Road
Notting Hill Gate
Kensington Road
Knightsbridge
Cromwell Road
West Cromwell Rd.
Brompton Road
King's Road
Fulham Road
Fulham Road
Chelsea Embankment
Grosvenor Road
Marylebone Road
Euston Road
Edgware Road
Park Lane
Regent Street
Baker Street
Maida Vale
Harrow Road
Westbourne Grove
Sloane Street
Grosvenor Place
Buckingham Palace Road
Vauxhall Bridge Road
Chelsea Bridge
Albert Bridge
Battersea Bridge
A5 A41 M1 A1 B525 A502 A400 A503 A404 A40(M) A40 A315 A4 M4 A3218 A304 A308 A3220 A3216

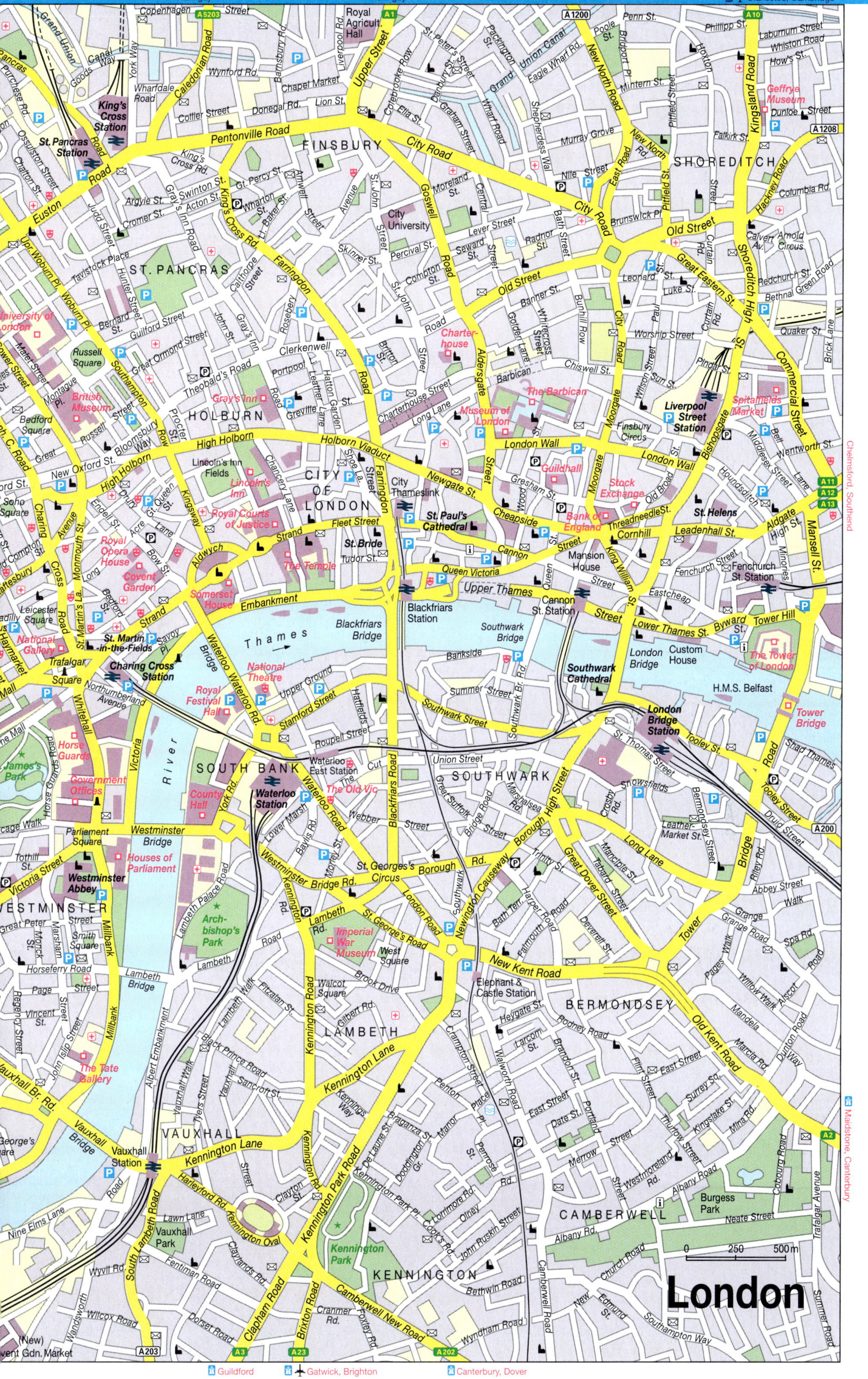
London
0
250
500 m
Haringay
Haringay
Stansted, Cambridge
Chelmsford, Southend
Maidstone, Canterbury
Guildford
Gatwick, Brighton
Canterbury, Dover
A1
A10
A1200
A1208
A5203
A11
A12
A13
A2
A200
A203
A3
A23
A202
FINSBURY
SHOREDITCH
ST. PANCRAS
HOLBORN
CITY OF LONDON
SOUTH BANK
SOUTHWARK
WESTMINSTER
LAMBETH
BERMONDSEY
VAUXHALL
KENNINGTON
CAMBERWELL
King's Cross Station
St. Pancras Station
City University
Charterhouse
The Barbican
Museum of London
Guildhall
Stock Exchange
Bank of England
Mansion House
Liverpool Street Station
Spitalfields Market
Geffrye Museum
St. Helens
Fenchurch St. Station
The Tower of London
Tower Bridge
H.M.S. Belfast
Custom House
London Bridge
London Bridge Station
Southwark Cathedral
Cannon St. Station
Southwark Bridge
Blackfriars Bridge
Blackfriars Station
City Thameslink
St. Paul's Cathedral
St. Bride
The Temple
Royal Courts of Justice
Lincoln's Inn
Lincoln's Inn Fields
Gray's Inn
University of London
British Museum
Russell Square
Bedford Square
Soho Square
Royal Opera House
Covent Garden
Somerset House
Leicester Square
National Gallery
St. Martin-in-the-Fields
Trafalgar Square
Charing Cross Station
Horse Guards
Government Offices
St. James's Park
Westminster Abbey
Houses of Parliament
Parliament Square
Westminster Bridge
County Hall
Royal Festival Hall
National Theatre
Waterloo Station
Waterloo East Station
The Old Vic
Thames
River
Lambeth Bridge
Archbishop's Park
Imperial War Museum
The Tate Gallery
Vauxhall Bridge
Vauxhall Station
Vauxhall Park
Kennington Park
Elephant & Castle Station
Burgess Park
Leather Market St.
(New) Covent Gdn. Market

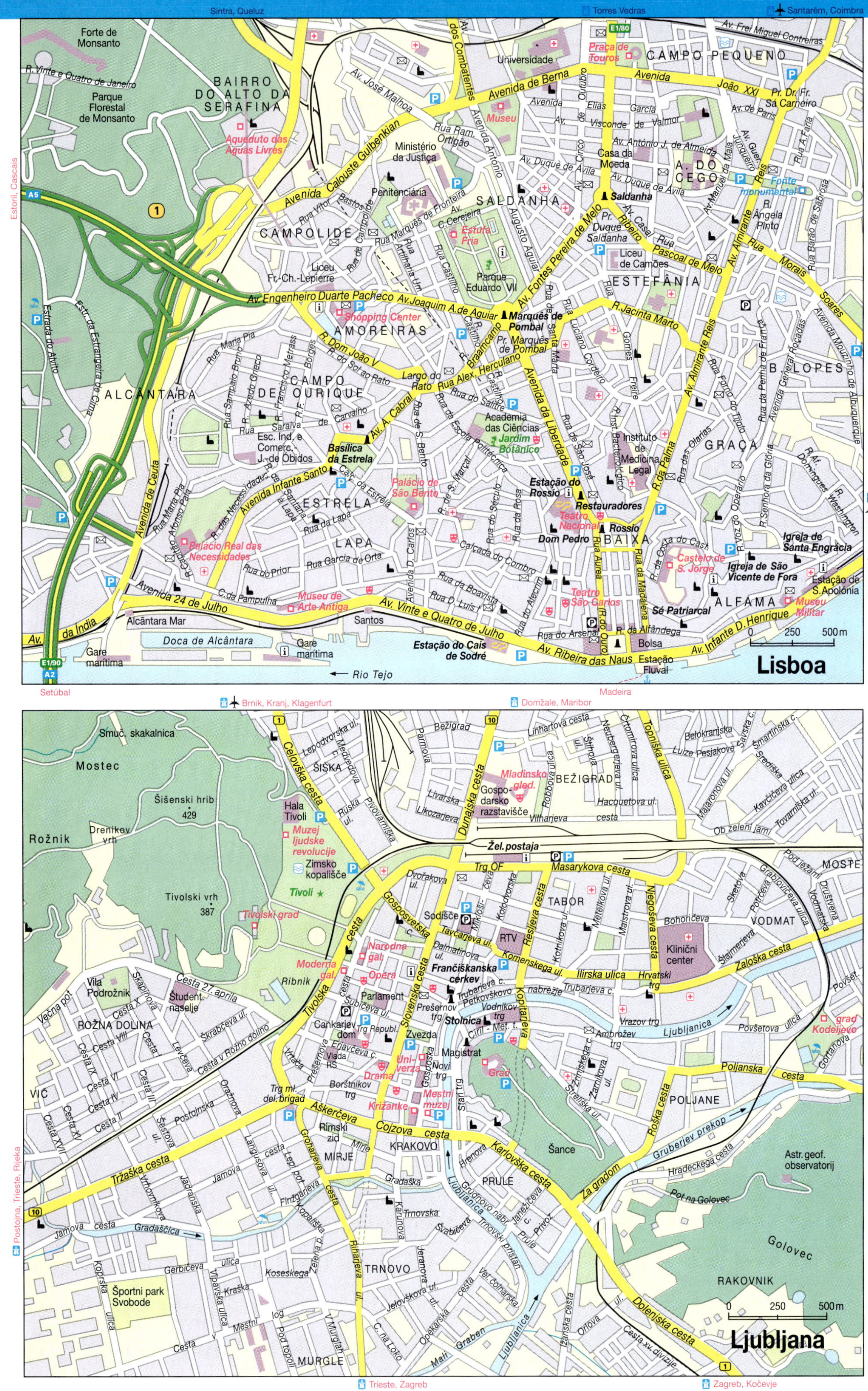
Sintra, Queluz
Torres Vedras
Santarém, Coimbra
Estoril, Cascais
Lisboa
Forte de Monsanto
Parque Florestal de Monsanto
BAIRRO DO ALTO DA SERAFINA
Aqueduto das Águas Livres
Universidade
Praça de Touros
CAMPO PEQUENO
Avenida de Berna
Avenida João XXI
Pr. Dr. Fr. Sá Carneiro
Museu
Ministério da Justiça
Penitenciária
Casa da Moeda
A. DO CEGO
Fonte monumental
SALDANHA
Saldanha
CAMPOLIDE
Estufa Fria
Parque Eduardo VII
Liceu Fr.-Ch.-Lepierre
Liceu de Camões
ESTEFÂNIA
Av. Engenheiro Duarte Pacheco
Av. Joaquim A.de Aguiar
Marquês de Pombal
Shopping Center
AMOREIRAS
Pr. Marquês de Pombal
CAMPO DE OURIQUE
Largo do Rato
Rua Alex. Herculano
B. LOPES
ALCÂNTARA
Academia das Ciências
Jardim Botânico
Esc. Ind. e Comerc. J.-de Óbidos
Basilica da Estrela
Instituto de Medicina Legal
GRAÇA
Estação do Rossio
Restauradores
Teatro Nacional
Palácio de São Bento
ESTRELA
LAPA
Rossio
Dom Pedro
BAIXA
Igreja de Santa Engrácia
Castelo de S. Jorge
Igreja de São Vicente de Fora
Estação de S. Apolónia
Palácio Real das Necessidades
Teatro São Carlos
Museu de Arte Antiga
Sé Patriarcal
ALFAMA
Museu Militar
Avenida 24 de Julho
Av. da India
Alcântara Mar
Doca de Alcântara
Santos
Av. Vinte e Quatro de Julho
Gare marítima
Estação do Cais de Sodré
Av. Ribeira das Naus
Bolsa
Estação Fluvial
Av. Infante D. Henrique
Rio Tejo
0 250 500 m
Setúbal
Madeira
Brnik, Kranj, Klagenfurt
Domžale, Maribor
Ljubljana
Šmuč. skakalnica
Mostec
Šišenski hrib 429
ŠIŠKA
Hala Tivoli
Rožnik
Drenikov vrh
Muzej ljudske revolucije
Zimsko kopališče
Tivoli
Tivolski vrh 387
Tivolski grad
Bežigrad
Mladinsko gled.
Gospodarsko razstavišče
BEŽIGRAD
Žel. postaja
Trg OF
Masarykova cesta
MOSTE
TABOR
Sodišče
Narodna gal.
Moderna gal.
Opera
RTV
Klinični center
VODMAT
Frančiškanska cerkev
Vila Podrožnik
Študent. naselje
ROŽNA DOLINA
Parlament
Cankarjev dom
Stolnica
Vlada RS
Magistrat
Uni-verza
Drama
Grad
Križanke
Mestni muzej
Ljubljanica
grad Kodeljevo
VIČ
Trg ml. del. brigad
Rimski zid
MIRJE
KRAKOVO
Šance
POLJANE
Astr. geof. observatorij
PRULE
Tržaška cesta
Golovec
TRNOVO
RAKOVNIK
Športni park Svobode
MURGLE
0 250 500 m
Postojna, Trieste, Rijeka
Trieste, Zagreb
Zagreb, Kočevje

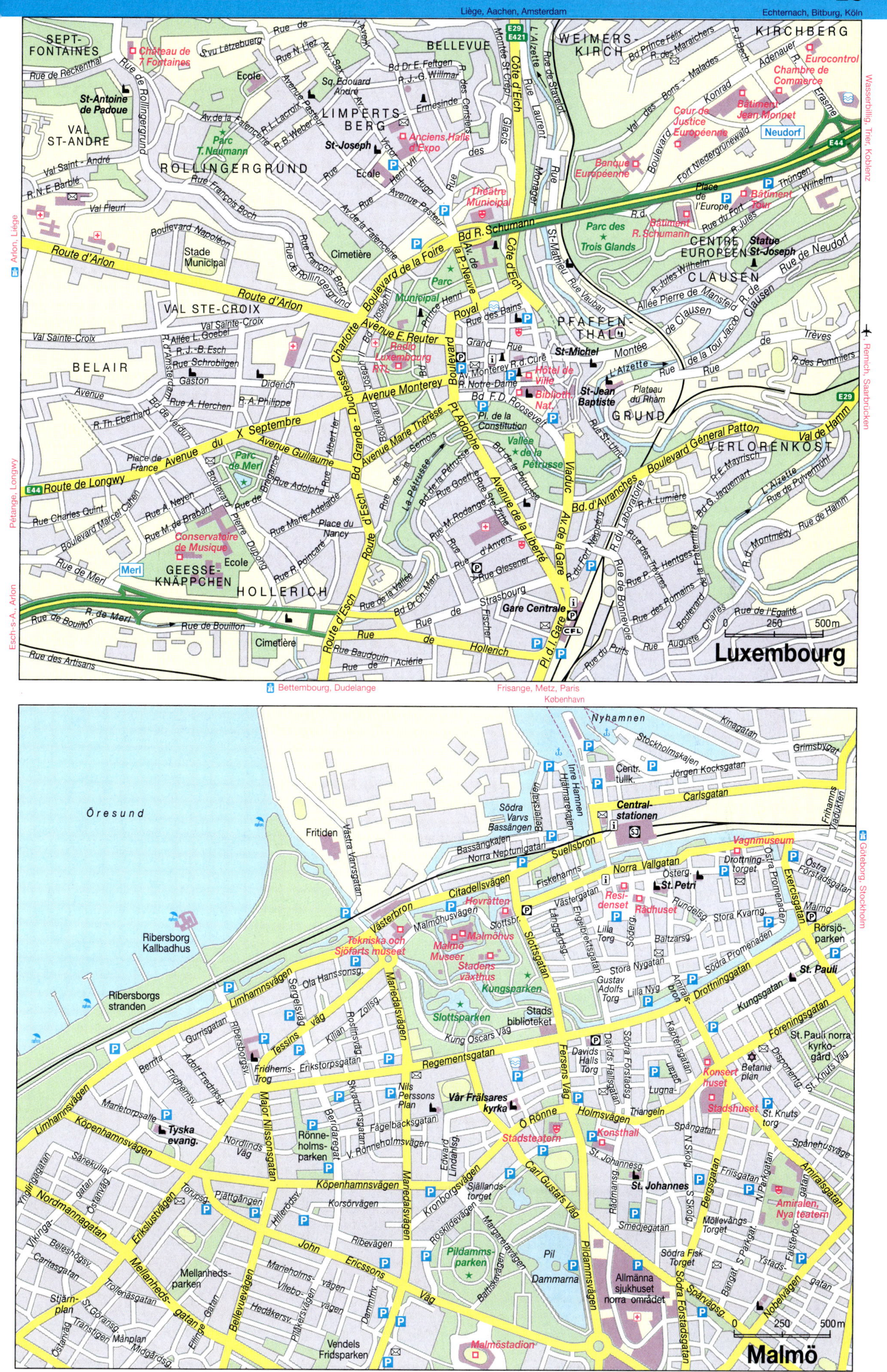

Liège, Aachen, Amsterdam
Echternach, Bitburg, Köln
SEPT-FONTAINES
Château de 7 Fontaines
BELLEVUE
WEIMERS-KIRCH
KIRCHBERG
Eurocontrol
Chambre de Commerce
Bâtiment Jean Monnet
Cour de Justice Européenne
Neudorf
St-Antoine de Padoue
VAL ST-ANDRE
LIMPERTS-BERG
St-Joseph
Anciens Halls d'Expo
Parc T. Neumann
ROLLINGERGRUND
Banque Européenne
Théâtre Municipal
Bâtiment Tour
Bâtiment R. Schumann
Parc des Trois Glands
CENTRE EUROPEEN
Statue St-Joseph
CLAUSEN
Route d'Arlon
Stade Municipal
Cimetière
Bd R. Schumann
Boulevard de la Foire
Parc Municipal
VAL STE-CROIX
PFAFFEN-THAL
BELAIR
Radio Luxembourg RTL
Hôtel de Ville
Biblioth. Nat.
St-Michel
St-Jean Baptiste
GRUND
Plateau du Rham
Avenue Monterey
Avenue de la Liberté
Vallée de la Pétrusse
VERLORENKOST
Boulevard Général Patton
Route de Longwy
Parc de Merl
Avenue Guillaume
Avenue du X Septembre
Conservatoire de Musique
GEESSE-KNÄPPCHEN
HOLLERICH
Merl
Gare Centrale
CFL
Rue de Hollerich
Cimetière
0 250 500m
Luxembourg
Arlon, Liège
Pétange, Longwy
Esch-s-A., Arlon
Wasserbillig, Trier, Koblenz
Remich, Saarbrücken
Bettembourg, Dudelange
Frisange, Metz, Paris
København
Nyhamnen
Öresund
Fritiden
Ribersborg Kallbadhus
Ribersborgs stranden
Centr. tullk.
Central-stationen
Carlsgatan
Södra Varvs Bassängen
Vagnmuseum
Drottning-torget
St. Petri
Norra Vallgatan
Hovrätten
Residenset
Rådhuset
Stora Kvarng.
Rörsjö-parken
Citadellsvägen
Malmöhus
Tekniska och Sjöfarts museet
Malmö Museer
Stadens växthus
Kungsparken
Slottsparken
Stads biblioteket
Lilla Torg
Stora Nygatan
Gustav Adolfs Torg
Drottninggatan
St. Pauli
Kungsgatan
Föreningsgatan
St. Pauli norra kyrko-gård
Regementsgatan
Davids Halls Torg
Betania plan
Konserthuset
Stadshuset
Tyska evang.
Vår Frälsares kyrka
Stadsteatern
Konsthall
St. Johannes
Rönne-holms-parken
Köpenhamnsvägen
Limhamnsvägen
Pildammsparken
Pil Dammarna
Allmänna sjukhuset norra området
Amiralen, Nya teatern
Mellanheds-parken
John Ericssons Väg
Vendels Fridsparken
Malmöstadion
0 250 500m
Malmö
Göteborg, Stockholm
Inre Ringvägen

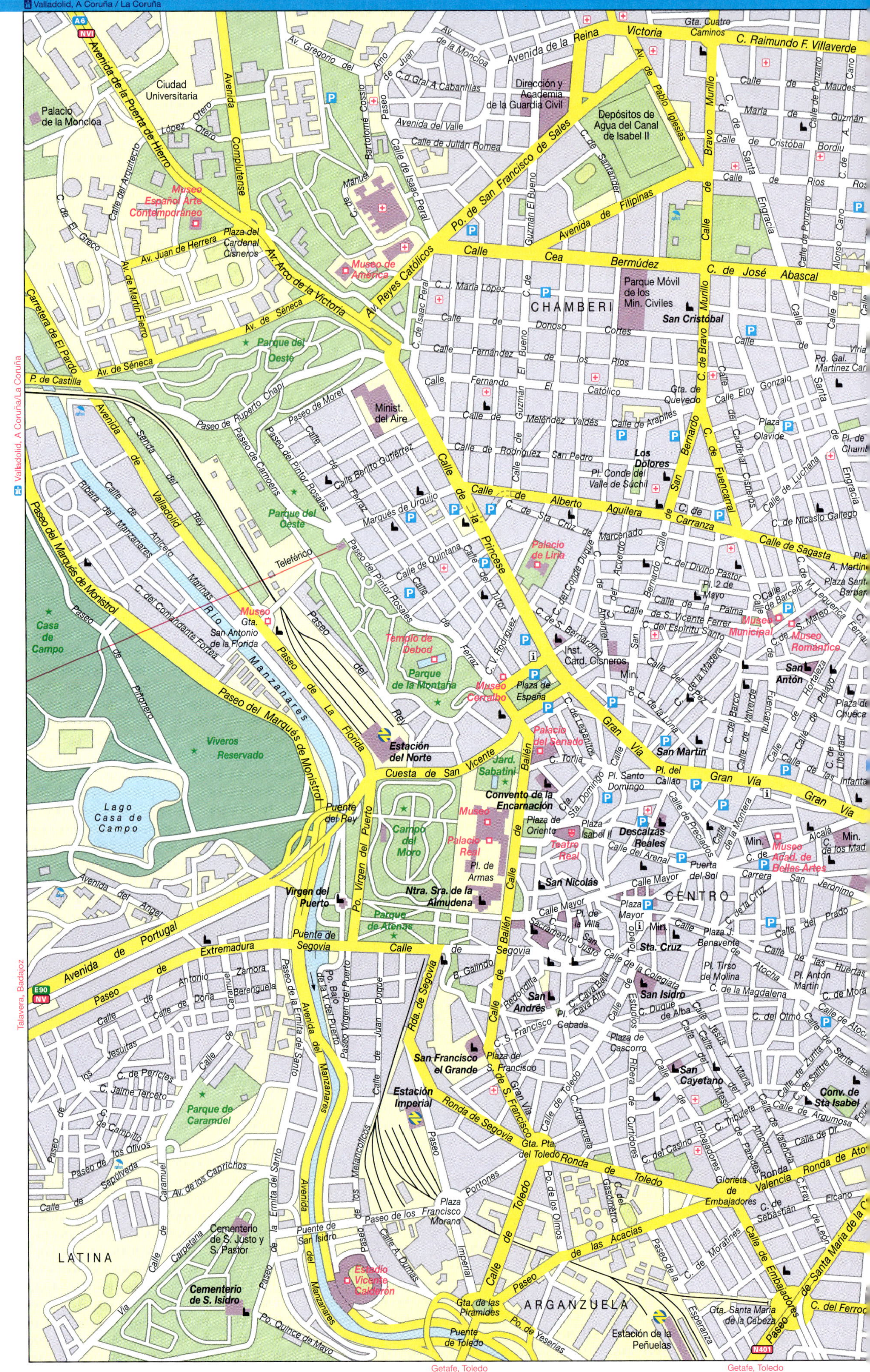

Fuencarral, Colmenar
Burgos, Aranda de Duero
Alcalá de Henares, Guadalajara, Zaragoza
Arganda, Valencia
Aranjuez, Toledo
Raimundo
Villaverde
Calle de Joaquín Costa
Plaza República Argentina
C. de Carbonero y Sol
Min. de Trabajo y S. Social
Min. de Transportes Turismo y Comunicaciones
Museo de Ciencias Naturales
Pablo Aranda
Gta. López de Hoyos
Calle de Sánchez Pacheco
C. de García Luna
C. de Clara del Rey
C. del Corazón de María
Calle de José Abascal
Calle de María de Molina
Av. de América
Museo Lázaro Galdiano
Gta. de Emilio Castelar
Paseo de la Castellana
Calle del General Oráa
Calle de Diego de León
Maldonado
Calle de Juan Bravo
Calle de Francisco Silvela
Pintor Moreno Carbonero
C. de Brescia
Av. Donostiarra
Parque del Calero
Museo Taurino
Plaza de Toros Monumental
Calle de Alcalá
Avenida de los Toreros
Calle de Londres
Po. Eduardo Dato
Pl. Marqués de Salamanca
Calle de Ortega y Gasset
Calle de José Ortega y Gasset
Calle de Padilla
Calle de Don Ramón de la Cruz
SALAMANCA
Christo de la Salud
Calle de Ayala
Hermosilla
Plaza de Manuel Becerra
Calle del M. de Mondéjar
Po. del Marqués de Zafra
Calle de Goya
Av. de Felipe II
Palacio de Deportes
Museo
Ministerio
Plaza de Colón
Palacio de Justicia
Biblioteca Nacional
Museo Arqueológico
Calle de Jorge Juan
Villanueva
Fábrica Nacional de Moneda y Timbre
Calle de O'Donnell
C. de O'Donnell
Parque de la Fuente del Berro
Av. Marqués de Corbera
Parque de la Elipa
Plaza de la Independencia
Puerta de Alcalá
Pl. Maestro Villa
Plaza de Cibeles
Palacio de la Comunicaciones
Monumento a Alfonso XII
Museo Naval
Museo del Ejército
Casón del Buen Retiro
Palacio de Exposiciones
Parque del Retiro
Palacio de Cristal
Museo del Prado
La Chopera
Jardín Botánico
La Rosaleda
Gta. del Angel Caído
RETIRO
Avenida de Menéndez y Pelayo
Calle del Doctor Esquerdo
C. del Doce de Octubre
Hospital del Niño Jesús
Calle de Ibiza
Alcalde Sainz de Baranda
Parque de Roma
Pez Volador
Samaria
Av. de Nazaret
Estrella Polar
C. del Camino de Vinateros
Calle de Lira
Av. de Moratalaz
Museo Etnológico
Observatorio Astronómico
Estación de Atocha
Paseo de la Infanta Isabel
Paseo de la Reina Cristina
Plaza Mariano de Cavia
Gta. del Conde de Casal
Real Fábrica de Tapices
Avenida de la Ciudad de Barcelona
Calle de Cavanilles
Calle F. Shaw
Delicias
C. de Ancora
Méndez Álvaro
Comercio
Calle de Bustamante
C. Pedro del Bosch
VALLECAS
0 200 400 600m
Madrid

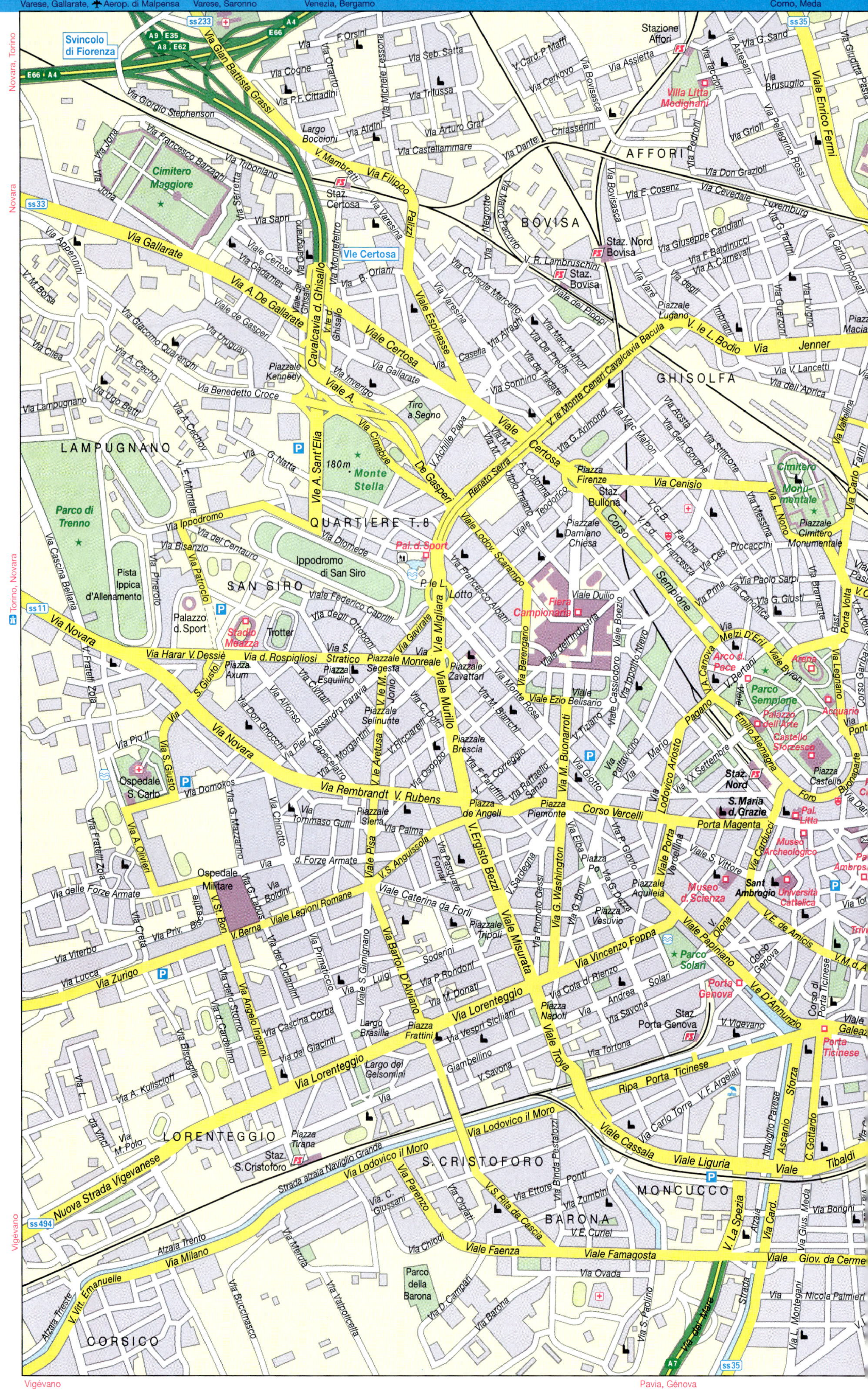
Varese, Gallarate, Aerop. di Malpensa
Varese, Saronno
Venezia, Bergamo
Como, Meda
Novara, Torino
Novara
Torino, Novara
Vigévano
Vigévano
Pavia, Génova
Svincolo di Fiorenza
Stazione Affori
Villa Litta Modignani
AFFORI
BOVISA
Staz. Nord Bovisa
Staz. Bovisa
Staz. Certosa
Vle Certosa
Cimitero Maggiore
Via Gallarate
Via Gian Battista Grassi
Via Giorgio Stephenson
Via Filippo Palizzi
Viale Certosa
Viale Espinasse
Cavalcavia d. Ghisallo
Via A. De Gallarate
Piazzale Kennedy
Via Benedetto Croce
Via Lampugnano
LAMPUGNANO
Parco di Trenno
Tiro a Segno
180 m Monte Stella
Vle A. Sant'Elia
QUARTIERE T.8
Pal. d. Sport
Ippodromo di San Siro
SAN SIRO
Pista Ippica d'Allenamento
Palazzo d. Sport
Stadio Meazza
Trotter
Via Ippodromo
Via Harar
V. Dessiè
Via d. Rospigliosi
Piazza Axum
Piazzale Segesta
Piazzale Monreale
Via Novara
Ospedale S. Carlo
Via Rembrandt
V. Rubens
Piazza de Angeli
Piazza Piemonte
Corso Vercelli
Porta Magenta
Ospedale Militare
Viale Legioni Romane
Via Zurigo
Via Lorenteggio
LORENTEGGIO
Piazza Tirana
Staz. S. Cristoforo
S. CRISTOFORO
Nuova Strada Vigevanese
Via Lodovico il Moro
Strada alzaia Naviglio Grande
Alzaia Trento
Via Milano
V. Vitt. Emanuelle
Alzaia Trieste
CORSICO
Parco della Barona
BARONA
Viale Faenza
Viale Famagosta
MONCUCCO
Viale Liguria
Viale Tibaldi
Viale Cassala
Ripa Porta Ticinese
Staz. Porta Genova
Porta Genova
Porta Ticinese
Parco Solari
Viale Misurata
Viale Troya
Via Vincenzo Foppa
Viale Papiniano
Museo d. Scienza
Sant Ambrogio
Università Cattolica
Museo Archeologico
S. Maria d. Grazie
Staz. Nord
Pal. Litta
Castello Sforzesco
Parco Sempione
Palazzo dell'Arte
Arco d. Pace
Arena
Acquario
Foro Buonaparte
Piazza Castello
Fiera Campionaria
Viale Duilio
Viale Scarampo
Viale Murillo
Via Monte Rosa
Piazza Firenze
Staz. Bullona
Corso Sempione
Via Cenisio
Cimitero Monumentale
Piazzale Cimitero Monumentale
Via Paolo Sarpi
Via Procaccini
GHISOLFA
Cavalcavia Bacula
V. le Monte Ceneri
V. le L. Bodio
Via Jenner
Piazzale Lugano
Viale Enrico Fermi
Via Renato Serra
Via De Gasperi
Ss11
Ss33
Ss35
Ss233
Ss494
A4
A7
A8
A9
E35
E62
E66

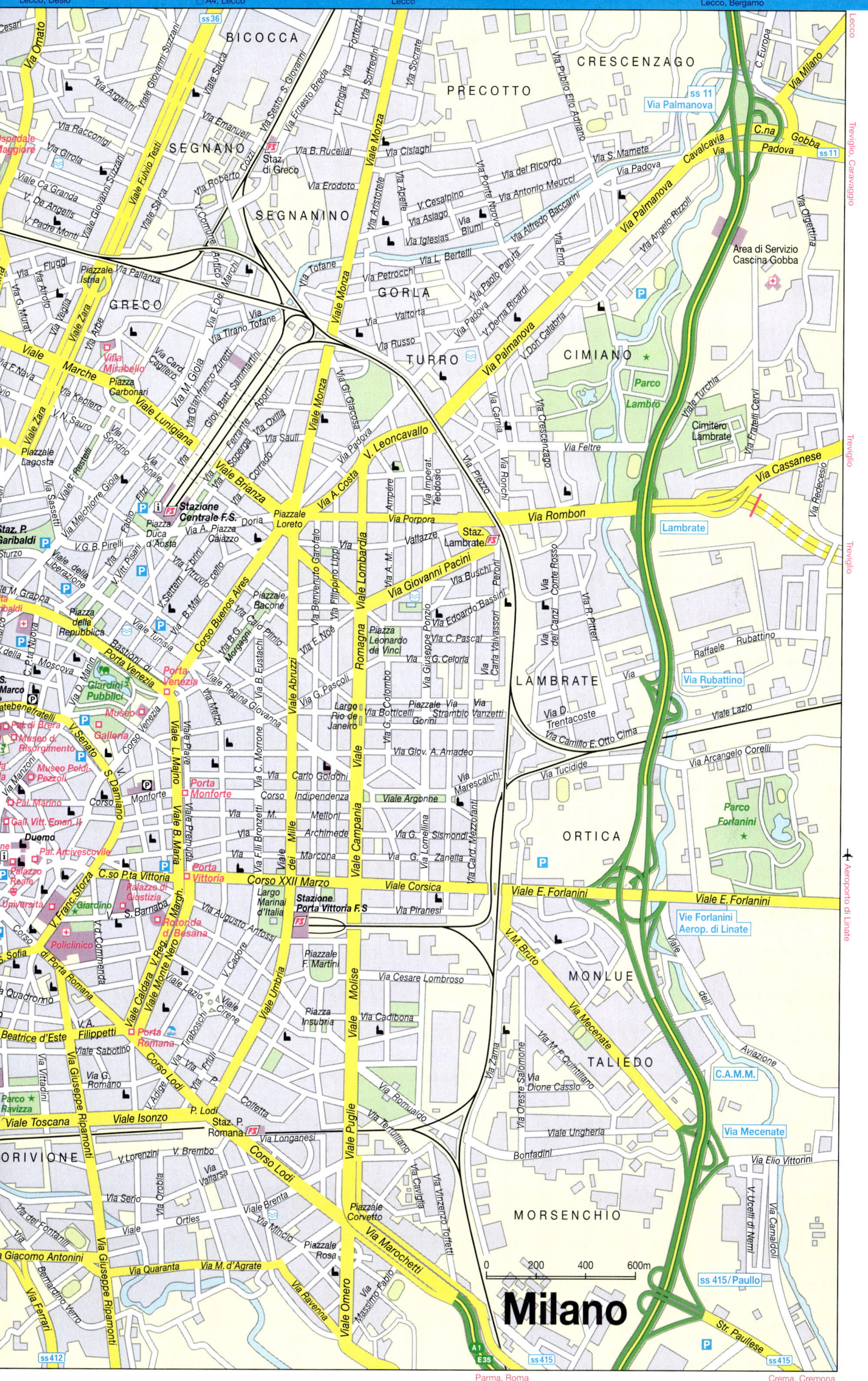
Lecco, Desio
A4, Lecco
Lecco
Lecco, Bergamo
BICOCCA
SEGNANO
SEGNANINO
PRECOTTO
CRESCENZAGO
GORLA
GRECO
TURRO
CIMIANO
LAMBRATE
ORTICA
MONLUE
TALIEDO
MORSENCHIO
ORIVIONE
Stazione Centrale F.S.
Staz. Lambrate
Stazione Porta Vittoria F.S
Staz. P. Romana
Staz. di Greco
Parco Lambro
Parco Forlanini
Cimitero Lambrate
Area di Servizio Cascina Gobba
Duomo
Policlinico
Giardini Pubblici
Viale Monza
Via Palmanova
Via Rombon
Viale E. Forlanini
Corso XXII Marzo
Viale Corsica
Corso Lodi
Viale Toscana
Viale Isonzo
Via Cassanese
Aeroporto di Linate
Treviglio, Caravaggio
Treviglio
Parma, Roma
Crema, Cremona
0 200 400 600m
Milano

Dachau

Olympiagelände, Oberschleissheim

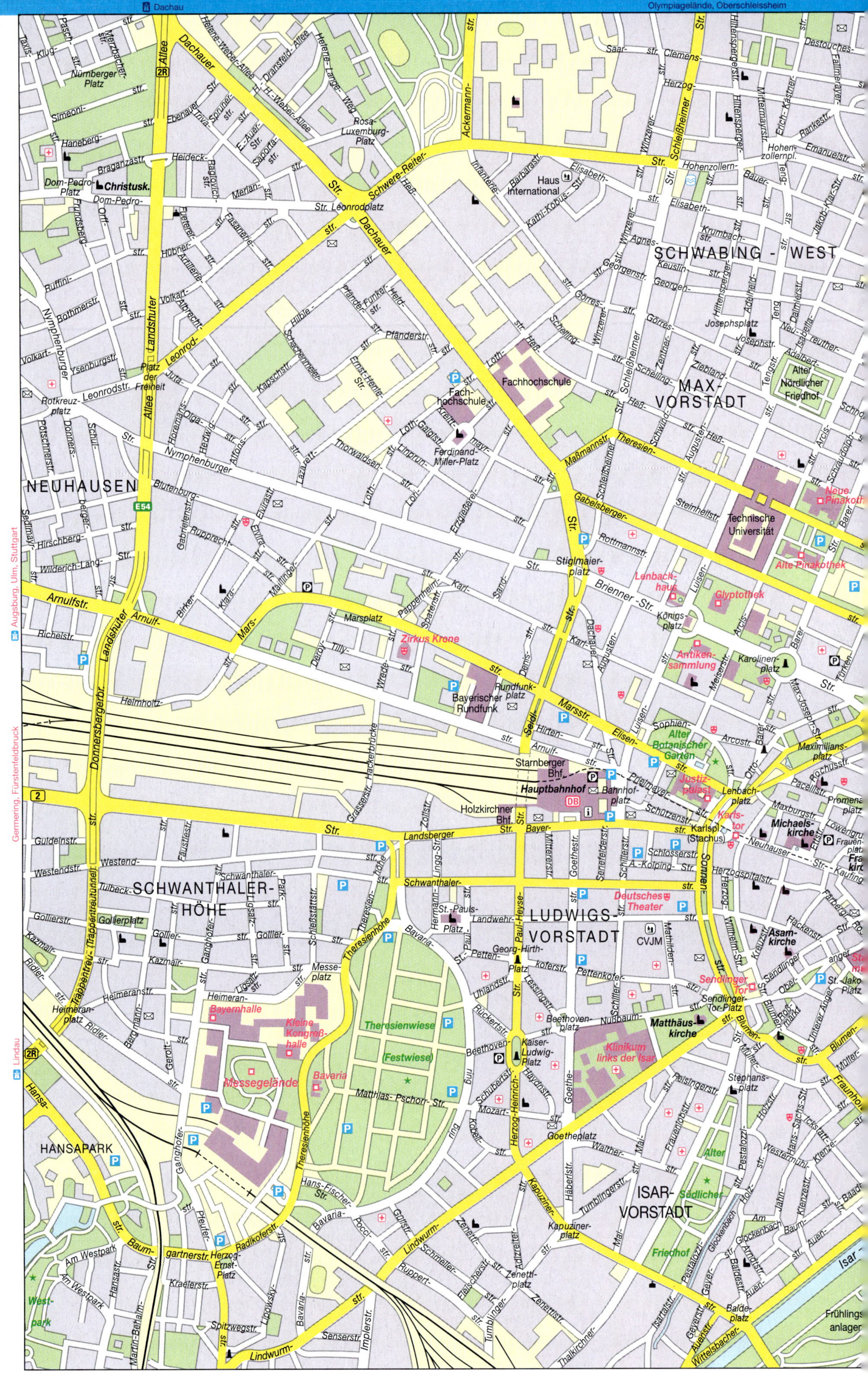

Augsburg, Ulm, Stuttgart

Germering, Fürstenfeldbruck

Lindau

Ingolstadt

Landshut, Nürnberg, Regensburg

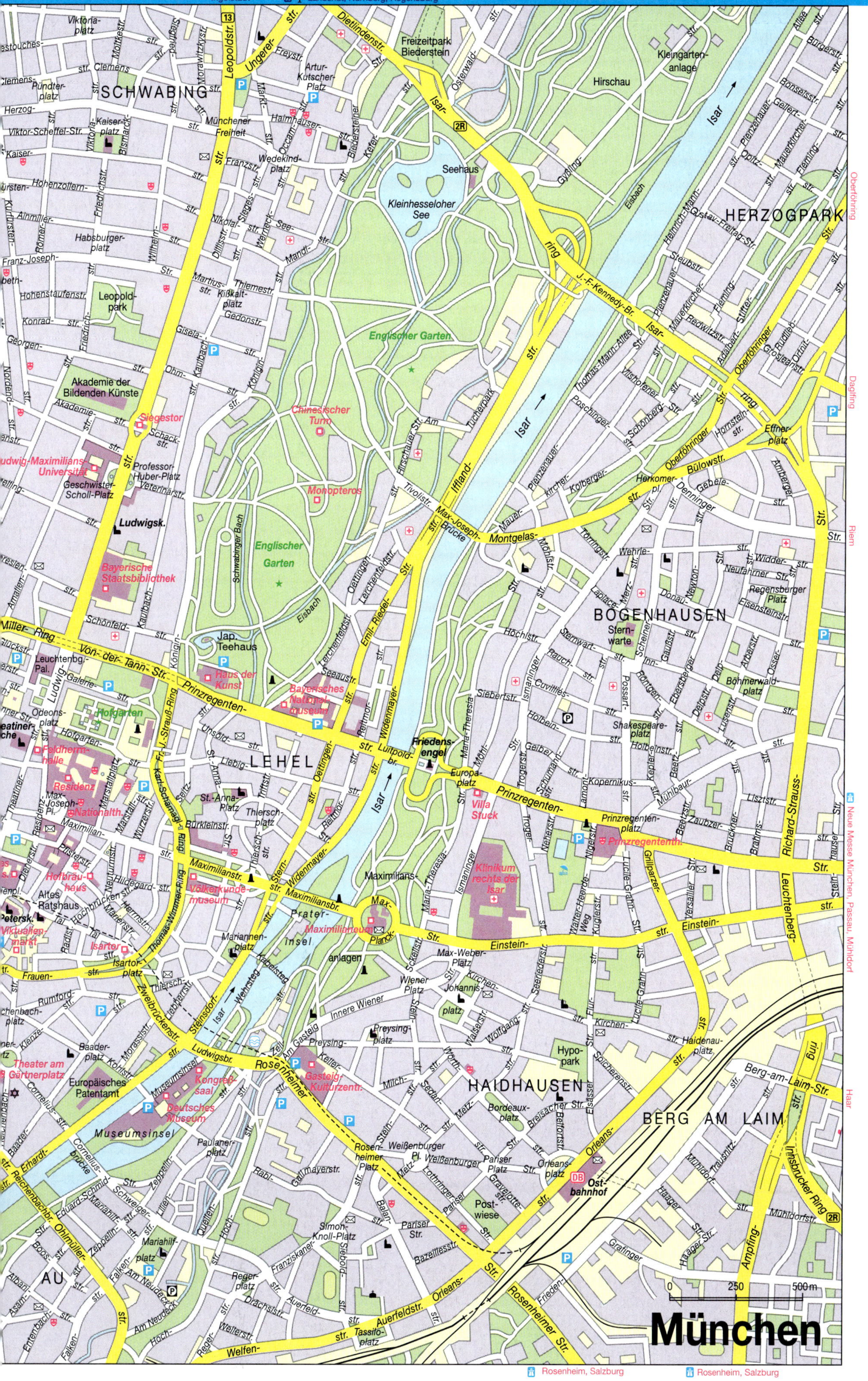

Rosenheim, Salzburg

Rosenheim, Salzburg

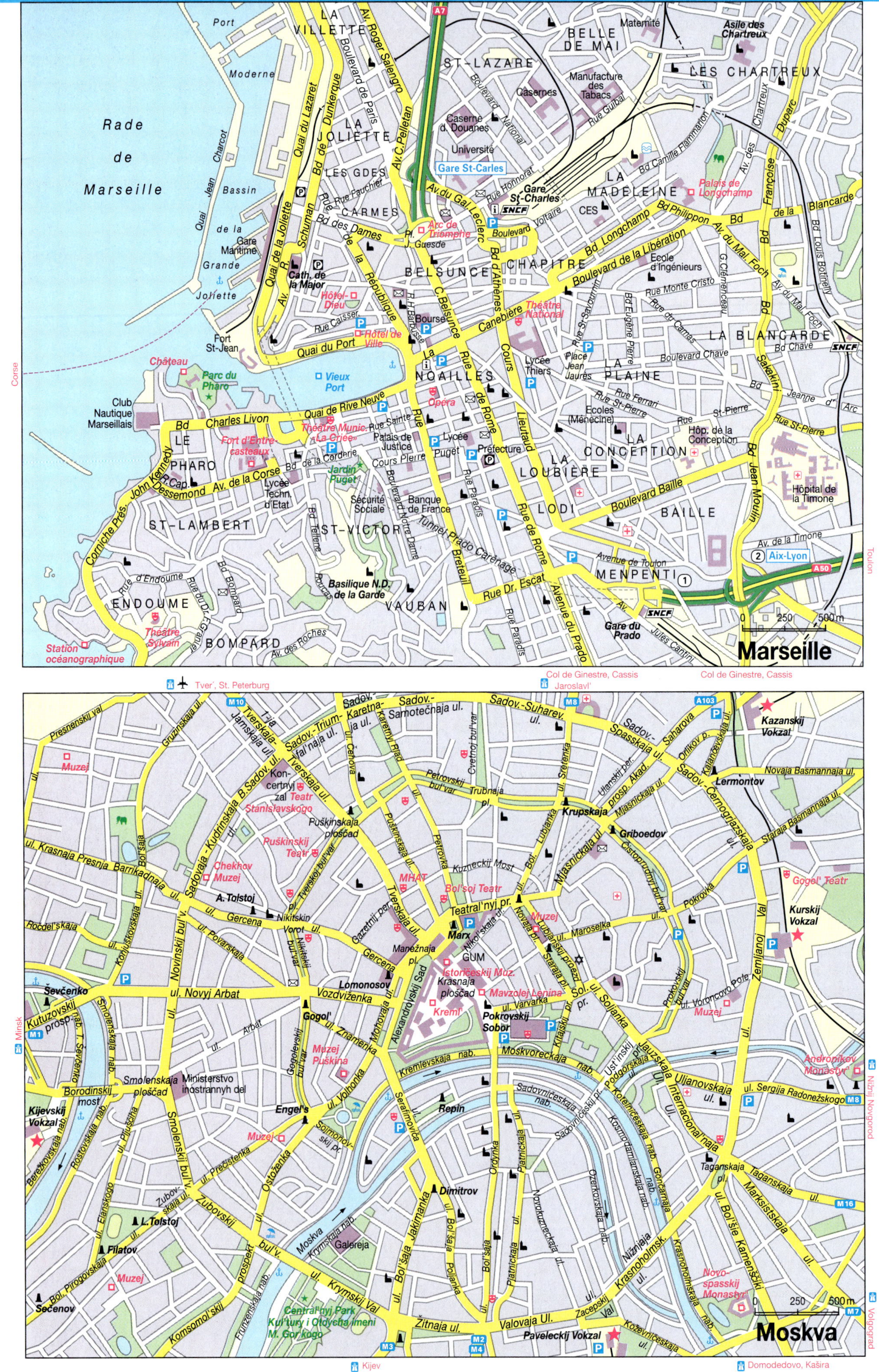

Nîmes, Avignon, Aix-en-Provence
Allauch
Rade de Marseille
LA VILLETTE
LA JOLIETTE
BELLE DE MAI
LES CHARTREUX
ST-LAZARE
Gare St-Carles
Gare St-Charles
LA MADELEINE
Palais de Longchamp
Cath. de la Major
BELSUNCE
CHAPITRE
LA BLANCARDE
Vieux Port
NOAILLES
LA PLAINE
Parc du Pharo
LE PHARO
Fort d'Entrecasteaux
Théâtre Munic. «La Criée»
Jardin Puget
LA CONCEPTION
LA LOUBIÈRE
Hôpital de la Timone
ST-LAMBERT
ST-VICTOR
LODI
BAILLE
MENPENTI
Aix-Lyon
Basilique N.D. de la Garde
ENDOUME
VAUBAN
Gare du Prado
BOMPARD
Station océanographique
Théâtre Sylvain
Corse
Toulon
Col de Ginestre, Cassis
Marseille
Tver', St. Peterburg
Jaroslavl'
Kazanskij Vokzal
Lermontov
Krupskaja
Griboedov
Puškinskaja ploščad
Teatr Stanislavskogo
Puškinskij Teatr
Chekhov Muzej
A. Tolstoj
MHAT
Bol'šoj Teatr
Teatral'nyj pr.
Gogol' Teatr
Kurskij Vokzal
Marx
GUM
Krasnaja ploščad
Istoričeskij Muz.
Mavzolej Lenina
Kreml'
Pokrovskij Sobor
Lomonosov
Gogol'
Muzej Puškina
Ul. Novyj Arbat
Kutuzovskij prosp.
Minsk
Ševčenko
Kijevskij Vokzal
Smolenskaja ploščad
Ministerstvo inostrannyh del
Engel's
Repin
Dimitrov
Andronikov Monastyr'
Nižnij Novgorod
Taganskaja pl.
L.Tolstoj
Filatov
Galereja
Sečenov
Central'nyj Park Kul'tury i Otdycha imeni M. Gor'kogo
Novo-spasskij Monastyr'
Paveleckij Vokzal
Volgograd
Kijev
Domodedovo, Kašira
Moskva

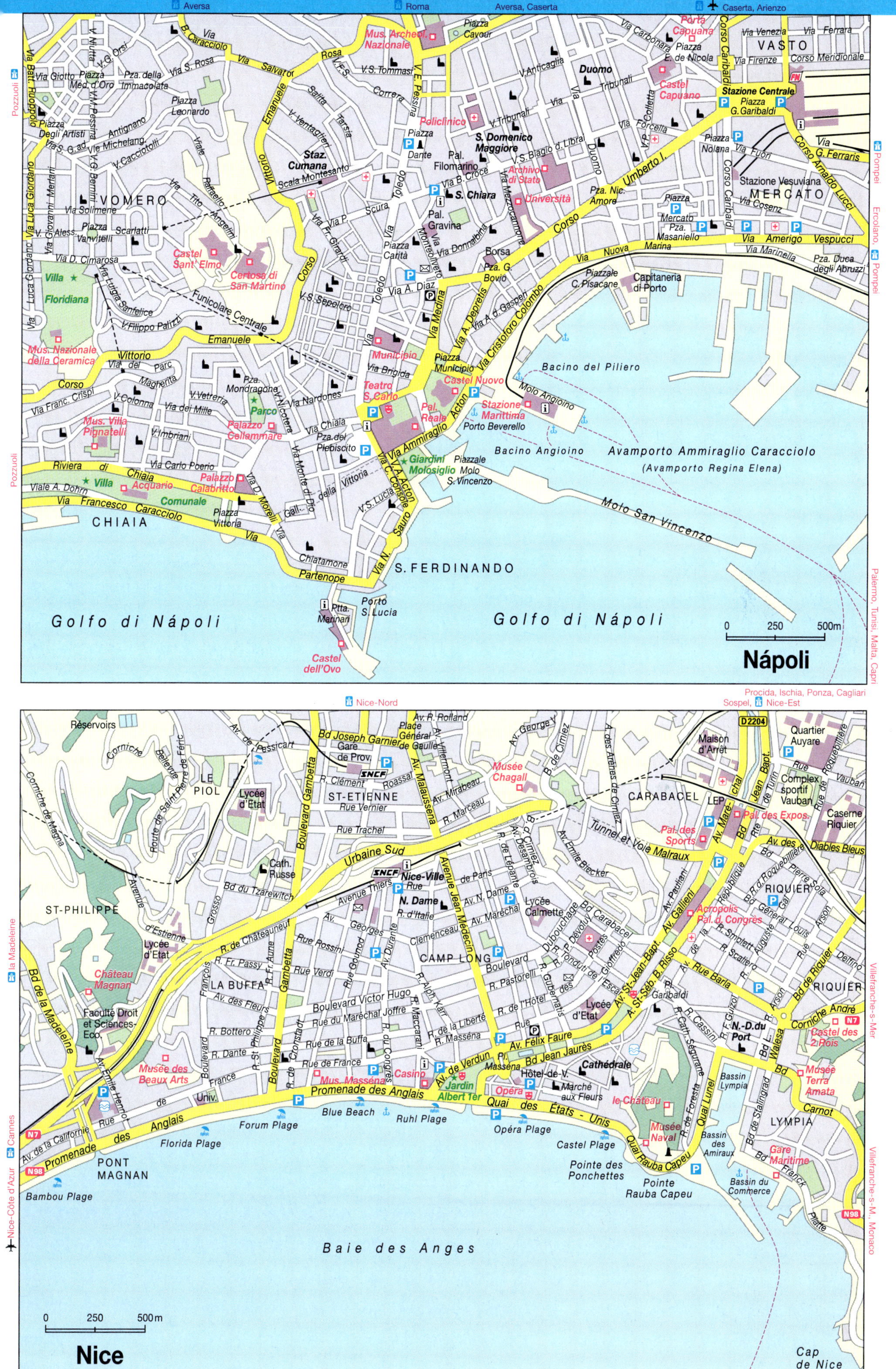
Aversa
Roma
Aversa, Caserta
Caserta, Arienzo
Pozzuoli
Pompei
Ercolano, Pompei
Palermo, Tunisi, Malta, Capri
Mus. Archeol. Nazionale
Piazza Cavour
Porta Capuana
Piazza E. de Nicola
VASTO
Via Venezia
Via Ferrara
Via Firenze
Corso Meridionale
Corso Garibaldi
Stazione Centrale
Piazza G. Garibaldi
Duomo
Castel Capuano
Policlinico
S. Domenico Maggiore
Piazza Dante
Pal. Filomarino
Archivio di Stato
Università
S. Chiara
Pal. Gravina
Piazza Carità
Piazza Nolana
Stazione Vesuviana
MERCATO
Piazza Mercato
Pza. Masaniello
Pza. Nic. Amore
Corso Umberto I.
Via Amerigo Vespucci
Via Marinella
Pza. Duca degli Abruzzi
Via Nuova Marina
Piazzale C. Pisacane
Capitaneria di Porto
Borsa
Pza. G. Bovio
VOMERO
Via Salvator Rosa
Staz. Cumana
Piazza Vanvitelli
Castel Sant' Elmo
Certosa di San Martino
Villa Floridiana
Funicolare Centrale
Corso Vittorio Emanuele
Mus. Nazionale della Ceramica
Piazza Leonardo
Pza. della Immacolata
Piazza Med. d'Oro
Piazza Degli Artisti
Via Toledo
Via Medina
Via A. Depretis
Via Cristoforo Colombo
Municipio
Piazza Municipio
Castel Nuovo
Teatro S. Carlo
Pal. Reale
Stazione Marittima
Porto Beverello
Molo Angioino
Bacino del Piliero
Bacino Angioino
Avamporto Ammiraglio Caracciolo
(Avamporto Regina Elena)
Molo San Vincenzo
Piazzale Molo S. Vincenzo
Giardini Molosiglio
Via Ammiraglio Acton
Pza. del Plebiscito
Pza. Mondragone
Parco
Palazzo Cellammare
Mus. Villa Pignatelli
Riviera di Chiaia
Villa Comunale
Acquario
Palazzo Calabritto
Piazza Vittoria
Via Francesco Caracciolo
Viale A. Dohrn
CHIAIA
Via Partenope
Chiatamone
S. FERDINANDO
Ptta. Marinari
Porto S. Lucia
Castel dell'Ovo
Golfo di Nápoli
Golfo di Nápoli
0 250 500m
Nápoli
Nice-Nord
Procida, Ischia, Ponza, Cagliari
Sospel, Nice-Est
la Madeleine
Cannes
Nice-Côte d'Azur
Villefranche-s-Mer
Villefranche-s-M., Monaco
Corse
Réservoirs
LE PIOL
Lycée d'Etat
Gare de Prov.
SNCF
ST-ETIENNE
Place Général de Gaulle
Bd Joseph Garnier
Av. Malausséna
Musée Chagall
Maison d'Arrêt
Quartier Auyare
Complex sportif Vauban
Caserne Riquier
CARABACEL
Tunnel et Voie Malraux
Pal. des Sports
Pal. des Expos.
ST-PHILIPPE
Cath. Russe
Bd du Tzarewitch
Urbaine Sud
Nice-Ville
N. Dame
Avenue Jean Médecin
Lycée Calmette
Acropolis Pal. d. Congrès
RIQUIER
Château Magnan
Lycée d'Etat
LA BUFFA
Boulevard Gambetta
CAMP LONG
Boulevard Victor Hugo
Rue de France
Faculté Droit et Sciences-Eco.
Musée des Beaux Arts
Mus. Masséna
Casino
Jardin Albert 1er
Opéra
Hôtel-de-V.
Cathédrale
Marché aux Fleurs
Lycée d'Etat
Pl. Garibaldi
N.-D. du Port
Castel des 2 Rois
Musée Terra Amata
Bd Carnot
LYMPIA
Bassin Lympia
Bassin des Amiraux
Bassin du Commerce
Gare Maritime
le Château
Musée Naval
Quai Lunel
Quai Rauba Capeu
Promenade des Anglais
Quai des États - Unis
Blue Beach
Ruhl Plage
Forum Plage
Florida Plage
Opéra Plage
Castel Plage
Bambou Plage
PONT MAGNAN
Pointe des Ponchettes
Pointe Rauba Capeu
Baie des Anges
Cap de Nice
0 250 500m
Nice

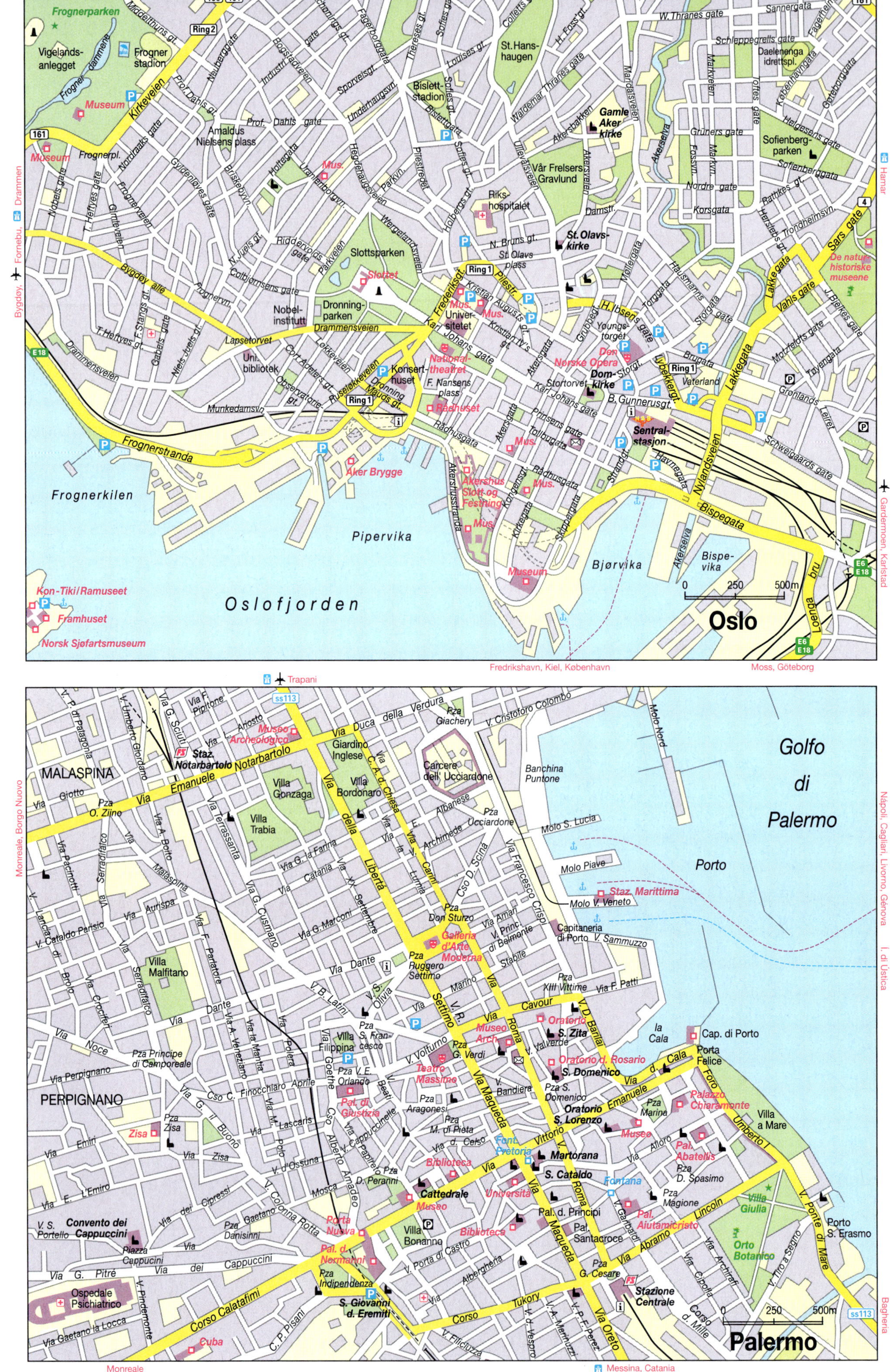
Oslo
Oslofjorden
Frognerparken
Vigelandsanlegget
Frogner stadion
Museum
Frognerkilen
Pipervika
Bjørvika
Bispevika
Kon-Tiki/Ramuseet
Framhuset
Norsk Sjøfartsmuseum
Aker Brygge
Akershus Slott og Festning
Rådhuset
Nationaltheatret
Slottsparken
Slottet
Dronningparken
Nobelinstitutt
Uni. bibliotek
Konserthuset
Univer-sitetet
Den Norske Opera
Domkirke
Sentralstasjon
Youngstorget
Stortorvet
St. Hanshaugen
Bislett stadion
Rikshospitalet
Vår Frelsers Gravlund
Gamle Aker kirke
St. Olavs kirke
Sofienbergparken
De naturhistoriske museene
Amaldus Nielsens plass
Kirkeveien
Bygdøy allé
Drammensveien
Frognerstranda
Karl Johans gate
Bispegata
Lakkegata
Nylandsveien
Akerselva
Ring 1
Ring 2
Bygdøy, Fornebu, Drammen
Hamar
Gardermoen, Karlstad
Fredrikshavn, Kiel, København
Moss, Göteborg
0 250 500m
Palermo
Golfo di Palermo
Porto
Trapani
MALASPINA
PERPIGNANO
Museo Archeologico
Staz. Notarbartolo
Giardino Inglese
Villa Bordonaro
Carcere dell' Ucciardone
Villa Gonzaga
Villa Trabia
Villa Malfitano
Staz. Marittima
Galleria d'Arte Moderna
Teatro Massimo
Pal. di Giustizia
Zisa
Convento dei Cappuccini
Ospedale Psichiatrico
Cuba
Cattedrale
Museo
Porta Nuova
Pal. d. Normanni
S. Giovanni d. Eremiti
Villa Bonanno
Martorana
S. Cataldo
Università
Biblioteca
Oratorio S. Zita
Oratorio d. Rosario
S. Domenico
Oratorio S. Lorenzo
Palazzo Chiaramonte
Pal. Abatellis
Pal. Aiutamicristo
Villa Giulia
Orto Botanico
Villa a Mare
Stazione Centrale
Cap. di Porto
la Cala
Porto S. Erasmo
Via della Libertà
Via Maqueda
Via Roma
Corso Vittorio Emanuele
Corso Calatafimi
Via Oreto
Monreale, Borgo Nuovo
Monreale
Messina, Catania
Bagheria
Napoli, Cagliari, Livorno, Genova
I. di Ustica
0 250 500m

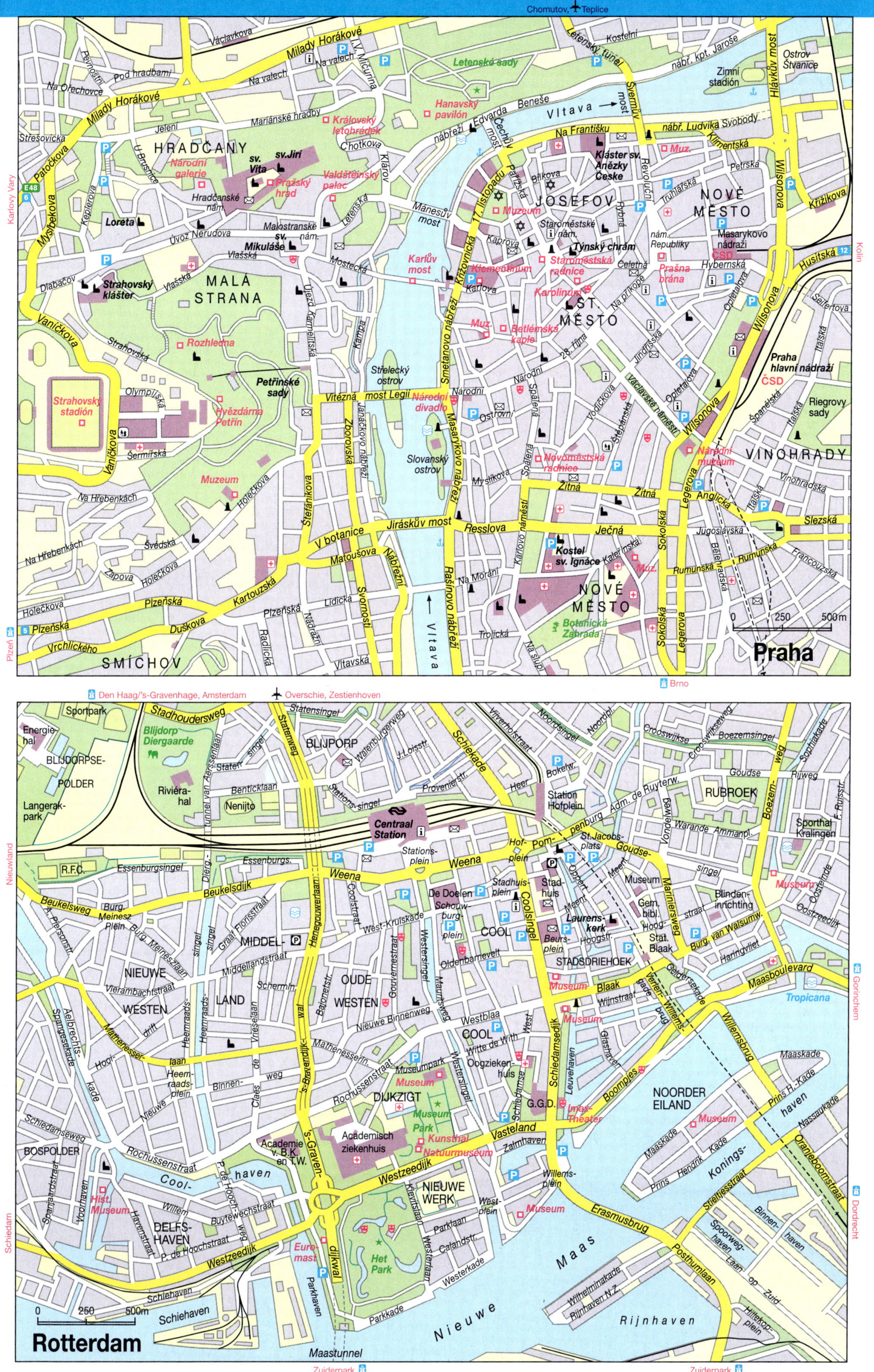
Chomutov, Teplice
Karlovy Vary
Kolín
Plzeň
Brno
HRADČANY
MALÁ STRANA
JOSEFOV
NOVÉ MĚSTO
ST. MĚSTO
VINOHRADY
SMÍCHOV
Letenské sady
Hanavský pavilón
Královský letohrádek
Národní galerie
sv. Víta
sv. Jiří
Pražský hrad
Valdštejnský palác
Loreta
Mikuláše
Strahovský klášter
Rozhledna
Petřínské sady
Hvězdárna Petřín
Strahovský stadión
Muzeum
Karlův most
Klementinum
Staroměstská radnice
Týnský chrám
Karolinum
Prašná brána
Betlémská kaple
Klášter sv. Anežky České
Střelecký ostrov
Slovanský ostrov
Národní divadlo
Novoměstská radnice
Národní muzeum
Praha hlavní nádraží
ČSD
Masarykovo nádraží
Kostel sv. Ignáce
Botanická Zahrada
Riegrovy sady
Ostrov Štvanice
Zimní stadión
Vltava
Praha
0 250 500m
Den Haag/'s-Gravenhage, Amsterdam
Overschie, Zestienhoven
Nieuwland
Gorinchem
Dordrecht
Schiedam
Zuiderpark
BLIJDORPSE-POLDER
Blijdorp Diergaarde
Riviéra-hal
BLIJPORP
Centraal Station
RUBROEK
Station Hofplein
Stad-huis
De Doelen
Schouwburg-plein
Laurens-kerk
COOL
MIDDEL-LAND
NIEUWE WESTEN
OUDE WESTEN
STADSDRIEHOEK
DIJKZIGT
Museum Park
Kunsthal
Natuurmuseum
Academisch ziekenhuis
NIEUWE WERK
Het Park
Euromast
BOSPOLDER
DELFS-HAVEN
Hist. Museum
NOORDER EILAND
Tropicana
Erasmusbrug
Willemsbrug
Nieuwe Maas
Rijnhaven
Maastunnel
Rotterdam
0 250 500m

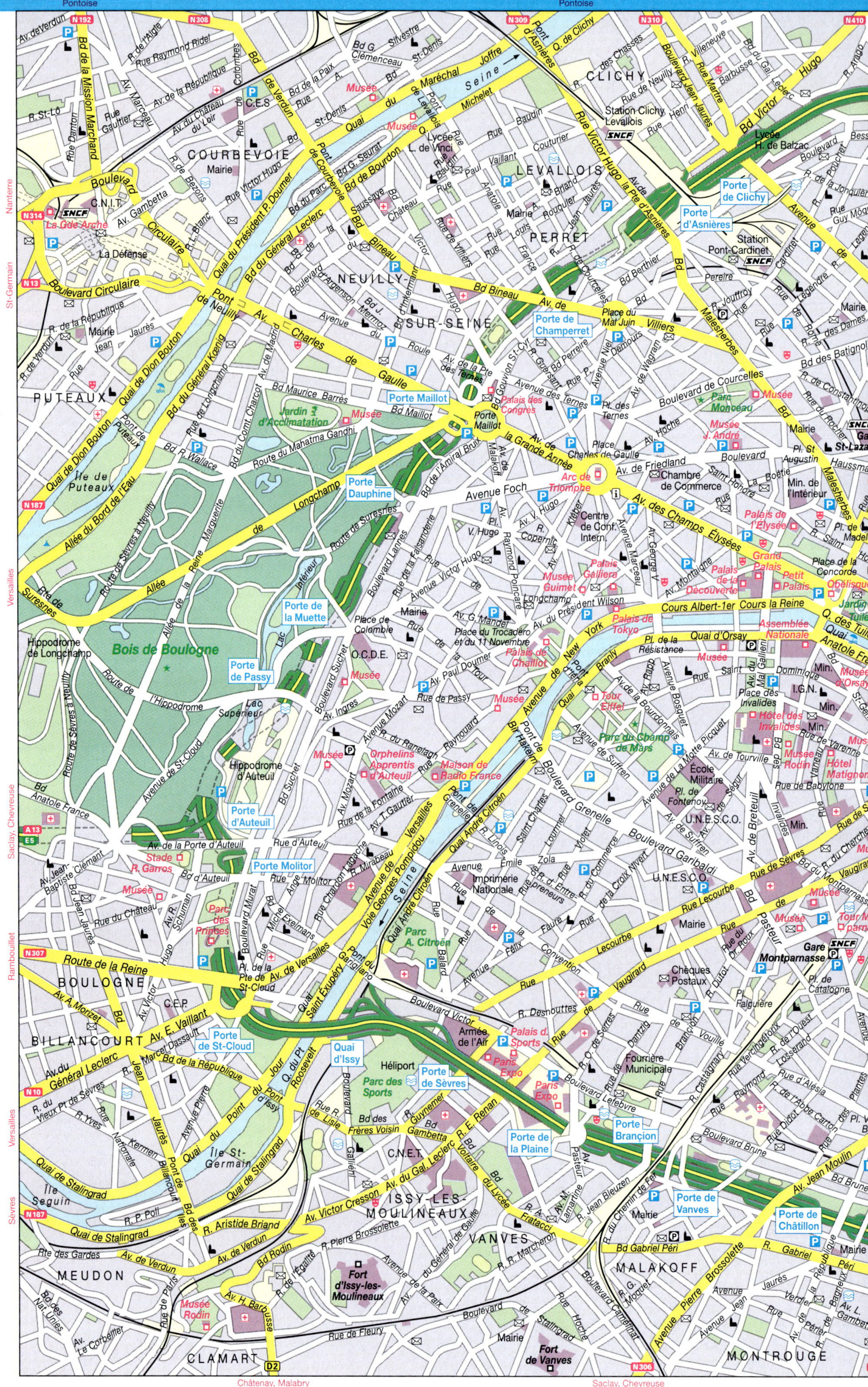
Pontoise
Pontoise
Nanterre
St-Germain
Versailles
Saclay, Chevreuse
Rambouillet
Versailles
Sèvres
Châtenay, Malabry
Saclay, Chevreuse
N192
N308
N309
N310
N410
N314
N13
N187
A13
E5
N307
N10
N187
D2
N306
COURBEVOIE
Mairie
C.N.I.T.
La Gde Arche
La Défense
Boulevard Circulaire
PUTEAUX
Île de Puteaux
NEUILLY-SUR-SEINE
LEVALLOIS-PERRET
CLICHY
Station Clichy Levallois
Lycée H. de Balzac
Porte de Clichy
Porte d'Asnières
Station Pont-Cardinet
Porte de Champerret
Porte Maillot
Palais des Congrès
Jardin d'Acclimatation
Porte Dauphine
Avenue Foch
Arc de Triomphe
Place Charles de Gaulle
Av. des Champs Elysées
Parc Monceau
Bd Malesherbes
Porte de la Muette
Bois de Boulogne
Hippodrome de Longchamp
Porte de Passy
Hippodrome d'Auteuil
Porte d'Auteuil
Porte Molitor
Stade R. Garros
Parc des Princes
O.C.D.E.
Place du Trocadéro et du 11 Novembre
Palais de Chaillot
Musée Guimet
Palais Galliera
Palais de Tokyo
Tour Eiffel
Parc du Champ de Mars
École Militaire
U.N.E.S.C.O.
Hôtel des Invalides
Musée Rodin
Hôtel Matignon
Assemblée Nationale
Grand Palais
Petit Palais
Palais de la Découverte
Obélisque
Jardin des Tuileries
Cours la Reine
Cours Albert-1er
Quai d'Orsay
Musée d'Orsay
Maison de Radio France
Orphelins Apprentis d'Auteuil
Imprimerie Nationale
Parc A. Citroën
Voie Georges Pompidou
Seine
Gare Montparnasse
Chèques Postaux
Fourrière Municipale
Armée de l'Air
Héliport
Parc des Sports
Palais d. Sports
Paris Expo
Porte de Sèvres
Porte de la Plaine
Porte Brançion
Porte de Vanves
Porte de Châtillon
Porte de St-Cloud
Quai d'Issy
BOULOGNE
BILLANCOURT
C.E.P.
Île Seguin
Île St-Germain
ISSY-LES-MOULINEAUX
C.N.E.T.
Fort d'Issy-les-Moulineaux
VANVES
Fort de Vanves
MALAKOFF
MONTROUGE
MEUDON
CLAMART
Musée Rodin
Quai de Stalingrad
Route de la Reine
Bd Périphérique
Bd Gabriel Péri
Avenue Pierre Brossolette

Lille, Bruxelles, Stade de France

Senlis, Soissons

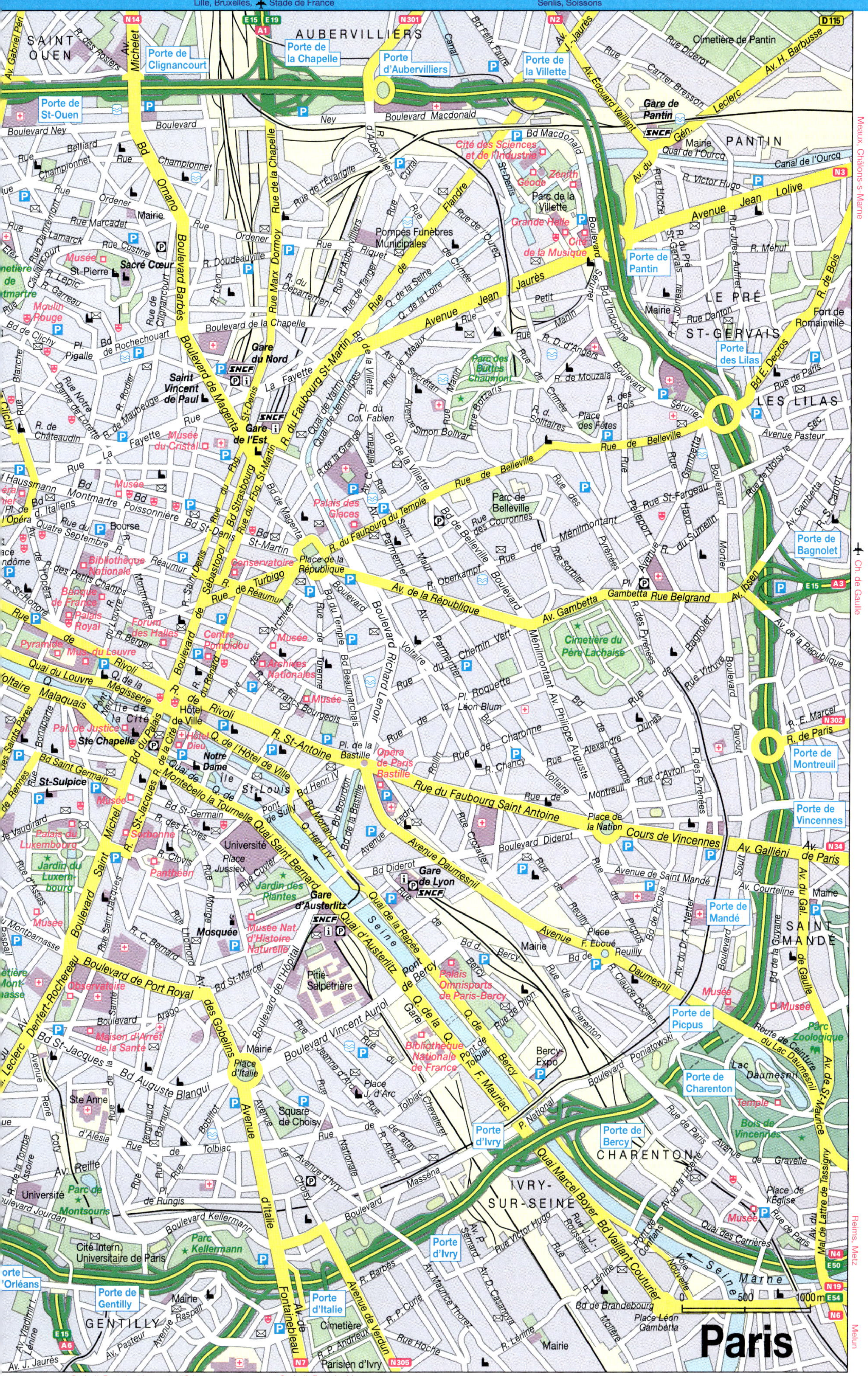

Corbeil, Fontainebleau, d'Orly

Corbeil, Fontainebleau

Viterbo, Firenze, Milano
Viterbo, Firenze, Milano
Viterbo
Civitavecchia
Civitavecchia
VITTORIA
PRATI
PINCIANO
VILLA BORGHESE
PINCIO
Galoppatoio
Giardino Zoologico
Galleria Naz. d'Arte Moderna
Museo di Villa Giulia
Piazza Mazzini
Piazza del Popolo
Portale d. Popolo
Villa Medici
S.Trinità d. Monti
Piazza di Spagna
Ara Pacis
Mausoleo di Augusto
Città del Vaticano
Musei Vaticani
Basilica S. Pietro
Piazza S. Pietro
Castel S. Angelo
ex Palazzo di Giustizia
Piazza Cavour
Palazzo Madama
Pantheon
Piazza Navona
S. Ignazio
Camera d. Deputati
Fontana di Trevi
Palazzo del Quirinale
S.S. Apostoli
Palazzo Venezia
Gesù
Mon. a Vitt. Emanuele II
S. M. in Aracoeli
Palazzo dei Conservatori
Foro di Traiano
Foro di Augusto
FORUM ROMANUM
MONTE PALATINO
Arco di Costantino
Teatro di Marcello
Isola Tiberina
Ponte Rotto
Piazza Bocca della Verità
Circo Massimo
AVENTINO
Santa Sabina
F.A.O.
Palazzo Farnese
Palazzo Spada
Campo d. Fiori
Archivio di Stato
TRASTEVERE
San Maria in Trastevere
S. Cicilia
Min. Pubblica Istruzione
GIANICOLO
MONTE
Museo Torlonia
Pal. Corsini
Piazzale Giuseppe Garibaldi
VILLA ABAMELEK
VILLA DORIA PAMPHILI
VILLA SCIARRA
Staz. S. Pietro (Vaticana)
Staz. Ferr. R.-Viterbo
Min. Difesa Marina
RAI
Museo Poste e Tel.
Fiume Tevere
Fiumicino
E. U. R.

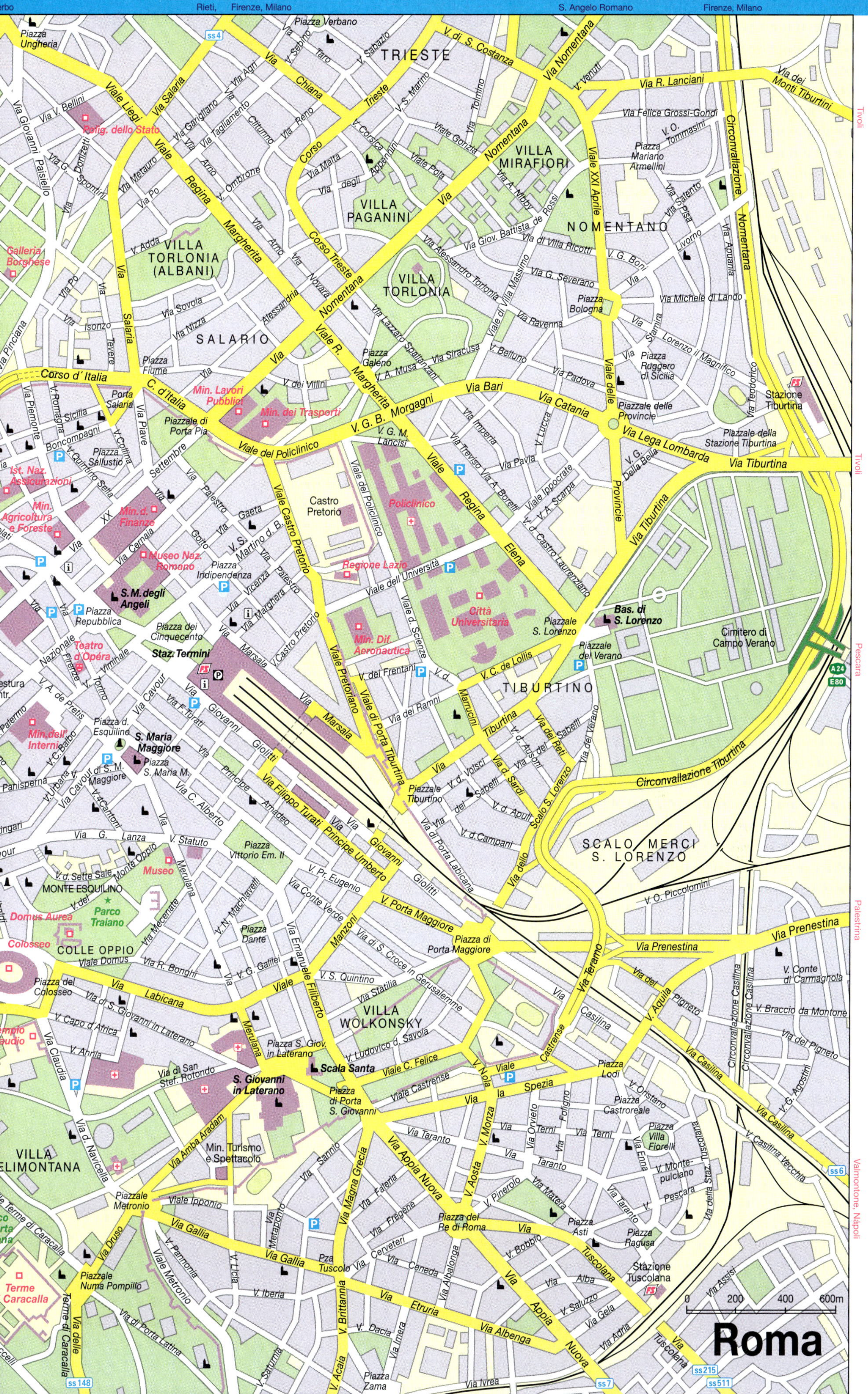
Rieti, Firenze, Milano
S. Angelo Romano
Firenze, Milano
Tivoli
Tivoli
Pescara
Palestrina
Valmontone, Napoli
Piazza Ungheria
Piazza Verbano
TRIESTE
V. di S. Costanza
Via Nomentana
Via R. Lanciani
Via dei Monti Tiburtini
Via Felice Grossi-Gondi
Rifug. dello Stato
Viale Liegi
Via Salaria
Via Chiana
Corso Trieste
VILLA MIRAFIORI
Piazza Mariano Armellini
Circonvallazione Nomentana
VILLA PAGANINI
NOMENTANO
Galleria Borghese
VILLA TORLONIA (ALBANI)
Viale Regina Margherita
VILLA TORLONIA
Piazza Bologna
Via Michele di Lando
SALARIO
Piazza Galeno
Piazza Ruggero di Sicilia
Stazione Tiburtina
Corso d'Italia
Piazza Fiume
Min. Lavori Pubblici
Min. dei Trasporti
Via Bari
Via Catania
Piazzale delle Provincie
Piazzale della Stazione Tiburtina
Porta Salaria
Piazzale di Porta Pia
Viale del Policlinico
V. G. B. Morgagni
Via Lega Lombarda
Via Tiburtina
Piazza Sallustio
Ist. Naz. Assicurazioni
Castro Pretorio
Policlinico
Min. Agricoltura e Foreste
Min. d. Finanze
Viale Castro Pretorio
Viale Regina Elena
Museo Naz. Romano
Piazza Indipendenza
Regione Lazio
Viale dell'Università
S. M. degli Angeli
Piazza Repubblica
Città Universitaria
Piazzale S. Lorenzo
Bas. di S. Lorenzo
Cimitero di Campo Verano
Piazza dei Cinquecento
Staz. Termini
Min. Dif. Aeronautica
Piazzale del Verano
Teatro d'Opéra
TIBURTINO
Min. dell' Interno
Via Marsala
Viale Pretoriano
Viale di Porta Tiburtina
S. Maria Maggiore
Piazza S. Maria M.
Piazzale Tiburtino
Circonvallazione Tiburtina
Via Giovanni Giolitti
Via Principe Amedeo
Via Filippo Turati
SCALO MERCI S. LORENZO
Piazza Vittorio Em. II
Museo
MONTE ESQUILINO
Parco Traiano
Domus Aurea
Colosseo
COLLE OPPIO
Piazza Dante
Piazza di Porta Maggiore
Via Prenestina
V. Conte di Carmagnola
Piazza del Colosseo
Via Labicana
VILLA WOLKONSKY
Piazza S. Giov. in Laterano
Scala Santa
S. Giovanni in Laterano
Piazza di Porta S. Giovanni
Piazza Lodi
Via Casilina
Piazza Castroreale
Piazza Villa Fiorelli
VILLA CELIMONTANA
Min. Turismo e Spettacolo
Via Appia Nuova
Piazzale Metronio
Via Gallia
Piazza dei Re di Roma
Piazza Asti
Piazza Ragusa
Stazione Tuscolana
Via Tuscolana
Terme di Caracalla
Piazzale Numa Pompilio
Via Druso
Viale Metronio
Via Etruria
Via Albenga
Via Magna Grecia
Piazza Zama
Via Ivrea
Roma
0 200 400 600m
ss4
ss6
ss7
ss148
ss215
ss511
A24
E80
Lido di Castel Fusano
Albano
Frascati

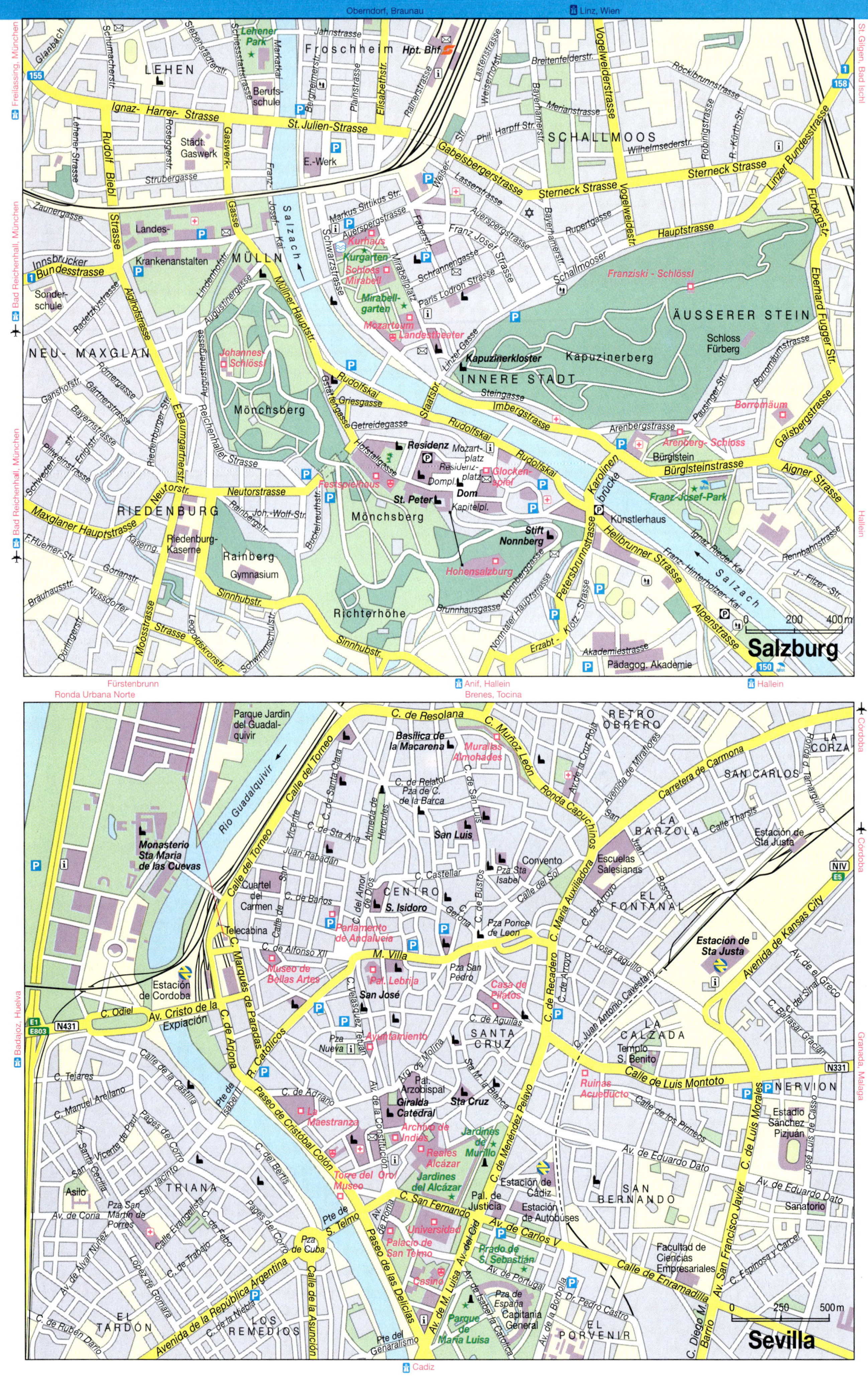
Oberndorf, Braunau
Linz, Wien
Freilassing, München
St. Gilgen, Bad Ischl
Bad Reichenhall, München
Hallein
Fürstenbrunn
Anif, Hallein
Froschheim
Hpt. Bhf
LEHEN
Lehener Park
Berufs-schule
Ignaz-Harrer-Strasse
St. Julien-Strasse
Städt. Gaswerk
E.-Werk
SCHALLMOOS
Gabelsbergerstrasse
Sterneck Strasse
Linzer Bundesstrasse
Landes-Krankenanstalten
MÜLLN
Salzach
Innsbrucker Bundesstrasse
Kurhaus
Kurgarten
Schloss Mirabell
Mirabell-garten
Mozarteum
Landestheater
Franziski - Schlössl
ÄUSSERER STEIN
Schloss Fürberg
NEU- MAXGLAN
Johannes-Schlössl
Kapuzinerkloster
Kapuzinerberg
INNERE STADT
Mönchsberg
Rudolfskai
Imbergstrasse
Borromäum
Residenz
Mozart-platz
Residenz-platz
Dom
Glocken-spiel
Festspielhaus
St. Peter
Kapitelpl.
Arenberg- Schloss
Bürglstein
Bürglsteinstrasse
Franz-Josef-Park
Künstlerhaus
RIEDENBURG
Maxglaner Hauptstrasse
Neutorstrasse
Riedenburg-Kaserne
Rainberg
Gymnasium
Mönchsberg
Stift Nonnberg
Hohensalzburg
Hellbrunner Strasse
Richterhöhe
Sinnhubstr.
Akademiestrasse
Pädagog. Akademie
0 200 400 m
Salzburg
Ronda Urbana Norte
Brenes, Tocina
Córdoba
Badajoz, Huelva
Granada, Malaga
Cadiz
Parque Jardin del Guadalquivir
Rio Guadalquivir
C. de Resolana
Basilica de la Macarena
Murallas Almohades
RETRO OBRERO
LA CORZA
SAN CARLOS
Carretera de Carmona
Monasterio Sta Maria de las Cuevas
Calle del Torneo
San Luis
Convento
LA BARZOLA
Estación de Sta Justa
Escuelas Salesianas
CENTRO
S. Isidoro
EL FONTANAL
Cuartel del Carmen
Telecabina
Parlamento de Andalucia
Pza Ponce de Leon
Estación de Sta Justa
Avenida de Kansas City
Museo de Bellas Artes
M. Villa
Pal. Lebrija
Casa de Pilatos
Estación de Cordoba
San José
C. Odiel
Av. Cristo de la Expiación
Ayuntamiento
SANTA CRUZ
LA CALZADA
Templo S. Benito
Calle de Luis Montoto
NERVION
Ruinas Acueducto
Pal. Arzobispal
Giralda
Catedral
Sta Cruz
Estadio Sánchez Pizjuán
La Maestranza
Archivo de Indias
Jardines de Murillo
Reales Alcázar
Jardines del Alcázar
Torre del Oro
Museo
TRIANA
Estación de Cádiz
Estación de Autobuses
SAN BERNANDO
Asilo
Pza de Cuba
Universidad
Palacio de San Telmo
Prado de S. Sebastián
Facultad de Ciencias Empresariales
Sanatorio
Casino
Parque de Maria Luisa
Pza de España
Capitania General
EL PORVENIR
LOS REMEDIOS
EL TARDÓN
Avenida de la República Argentina
Paseo de las Delicias
0 250 500 m
Sevilla

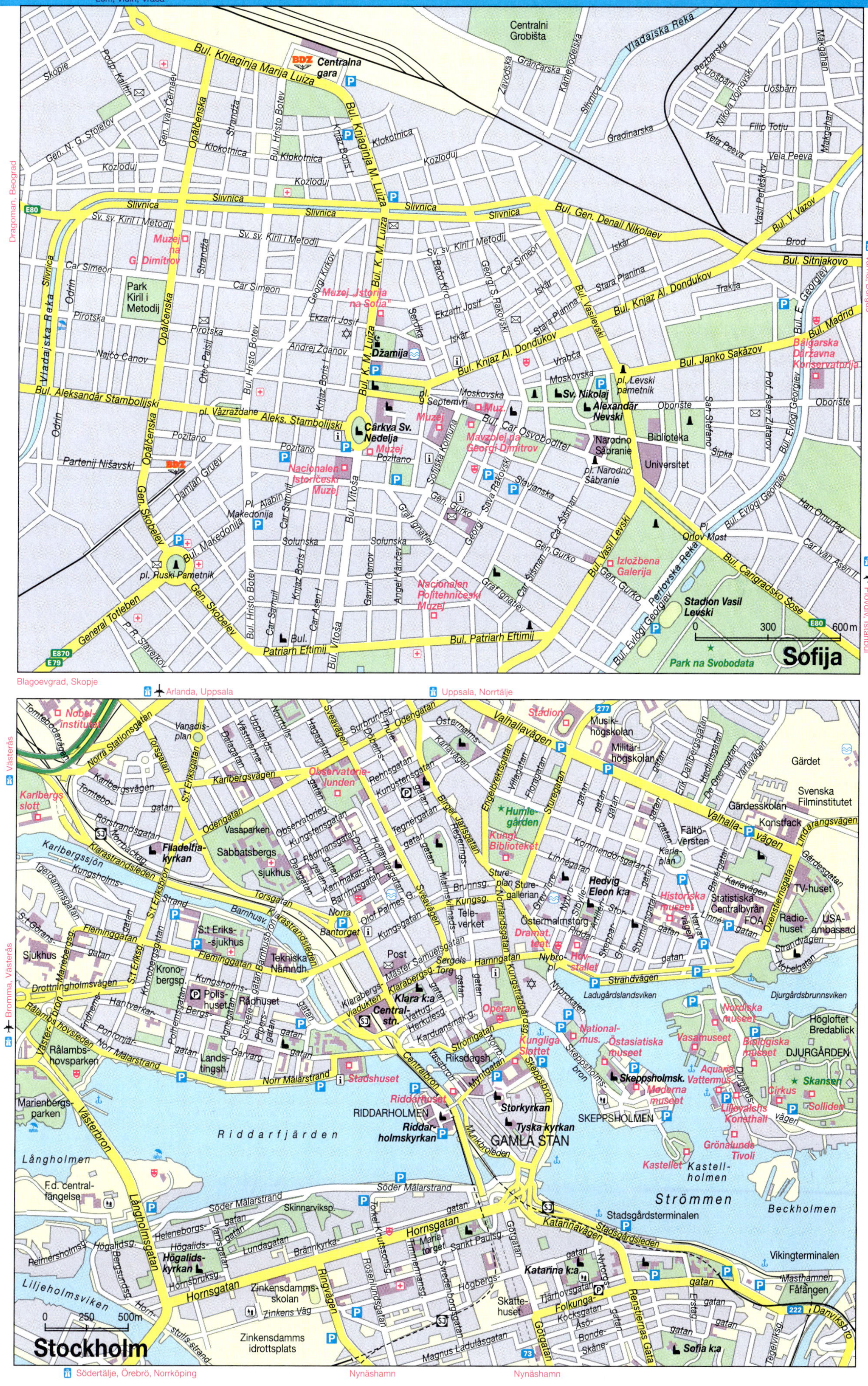
Lom, Vidin, Vraca
Dragoman, Beograd
Varna, Burgas
Plovdiv, Istanbul
Blagoevgrad, Skopje
Sofija
Centralna gara
Centralni Grobišta
Bul. Knjaginja Marija Luiza
Bul. Knjaginja M. Luiza
Slivnica
Bul. Gen. Danail Nikolaev
Bul. Sitnjakovo
Bul. Knjaz Al. Dondukov
Bul. Janko Sakăzov
Bul. Vasilevski
Bul. Aleksandăr Stambolijski
Aleks. Stambolijski
Bul. Vitoša
Bul. Patriarh Eftimij
Bul. Vasil Levski
Bul. Car Osvoboditel
Bul. Carigradsko Šose
Bul. Hristo Botev
Gen. Skobelev
General Totleben
Vladajska Reka
Opălčenska
Park Kiril i Metodij
Muzej na G. Dimitrov
Muzej „Istorija na Sofia"
Džamija
Cărkva Sv. Nedelja
Nacionalen Istoričeski Muzej
Nacionalen Politehničeski Muzej
Mavzolej na Georgi Dimitrov
Sv. Nikolaj
Alexandăr Nevski
pl. Levski pametnik
Bălgarska Dărzavna Konservatorija
Narodno Săbranie
pl. Narodno Săbranie
Biblioteka
Universitet
Izložbena Galerija
Stadion Vasil Levski
Park na Svobodata
pl. Ruski Pametnik
pl. Văzraždane
pl. Orlov Most
0 300 600m
Arlanda, Uppsala
Uppsala, Norrtälje
Västerås
Bromma, Västerås
Södertälje, Örebrö, Norrköping
Nynäshamn
Stockholm
Nobel-institutet
Karlbergs slott
Vanadis-plan
Observatorie-lunden
Stadion
Musik-högskolan
Militär-högskolan
Gärdet
Svenska Filminstitutet
Gärdesskolan
Konstfack
Fältö-versten
Humle-gården
Kungl. Biblioteket
Hedvig Eleon k:a
Historiska museet
Statistiska Centralbyrån
TV-huset
Radio-huset
USA-ambassad
Filadelfia-kyrkan
Sabbatsbergs sjukhus
S:t Eriks-sjukhus
Tekniska Nämndh.
Kronobergsp.
Polis-huset
Rådhuset
Lands-tingsh.
Rålambs-hovsparken
Stadshuset
Central-stn.
Klara k:a
Post
Tele-verket
Sergels Torg
Dramat. teat.
Operan
Östermalmstorg
Hov-stallet
Kungliga Slottet
National-mus.
Östasiatiska museet
Skeppsholmsk.
Moderna museet
SKEPPSHOLMEN
Riksdagsh.
Riddarhuset
RIDDARHOLMEN
Riddar-holmskyrkan
Storkyrkan
Tyska kyrkan
GAMLA STAN
Riddarfjärden
Marienbergs-parken
Långholmen
F.d. central-fängelse
Kastellet
Kastell-holmen
Strömmen
Nordiska museet
Vasamuseet
Biologiska museet
Aquaria Vattermus.
Liljevalchs Konsthall
Gröna Lunds Tivoli
Skansen
Solliden
Cirkus
DJURGÅRDEN
Högloftet Bredablick
Beckholmen
Stadsgårdsterminalen
Vikingterminalen
Fåfängen
Katarina k:a
Skatte-huset
Sofia k:a
Högalids-kyrkan
Zinkensdamms-skolan
Zinkensdamms idrottsplats
Liljeholmsviken
Hornsgatan
Götgatan
Folkungagatan
Renstiernas Gata
Ringvägen
Valhallavägen
Strandvägen
Sveavägen
Kungsgatan
Fleminggatan
Norr Mälarstrand
Söder Mälarstrand
Västerbron
Centralbron
0 250 500m

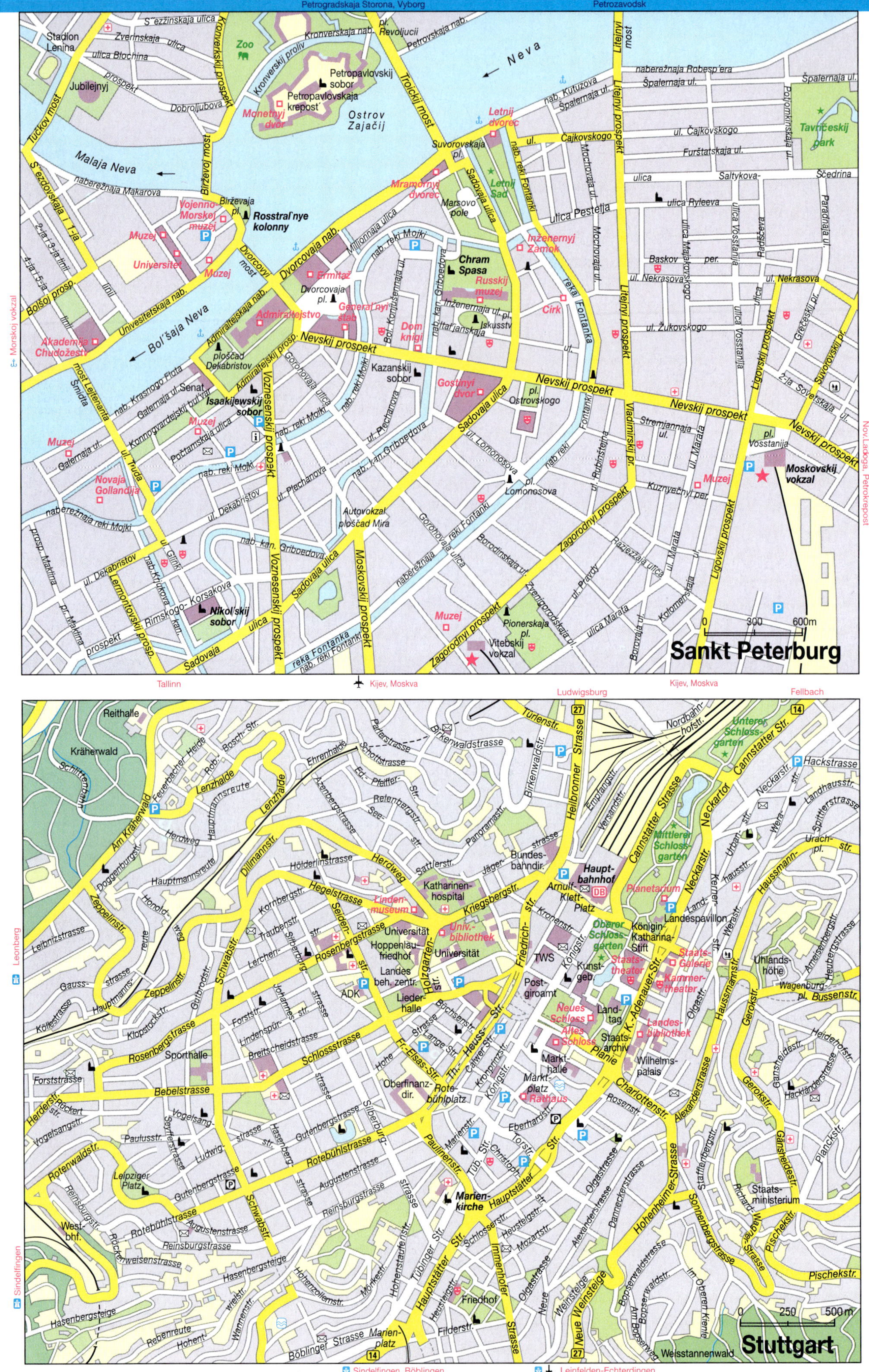
Petrogradskaja Storona, Vyborg
Petrozavodsk
Sankt Peterburg
0 300 600m
Tallinn
Kijev, Moskva
Kijev, Moskva
Morskoj vokzal
Nov.Ladoga, Petrokrepost
Neva
Malaja Neva
Bol'šaja Neva
Ostrov Zajačij
Petropavlovskij sobor
Petropavlovskaja krepost'
Monetnyj dvor
Zoo
Stadion Lenina
Jubilejnyj
Rosstral'nye kolonny
Universitet
Akademija Chudožestv
Ermitaž
Dvorcovaja pl.
Admiraltejstvo
Generaľnyj štab
Isaakijevskij sobor
ploščad Dekabristov
Novaja Gollandija
Nikoľskij sobor
Kazanskij sobor
Gostinyj dvor
Chram Spasa
Russkij muzej
Letnij Sad
Letnij dvorec
Mramornyj dvorec
Marsovo pole
Inženernyj Zamok
Cirk
Tavričeskij park
Nevskij prospekt
Moskovskij vokzal
pl. Vosstanija
Vitebskij vokzal
Pionerskaja pl.
Autovokzal
Ligovskij prospekt
Zagorodnyj prospekt
Moskovskij prospekt
Liteinyj prospekt
Vladimirskij pr.
reka Fontanka
Stuttgart
0 250 500m
Ludwigsburg
Fellbach
Leonberg
Sindelfingen
Sindelfingen, Böblingen
Leinfelden-Echterdingen
Reithalle
Kräherwald
Hauptbahnhof
Planetarium
Mittlerer Schlossgarten
Unterer Schlossgarten
Oberer Schlossgarten
Staatstheater
Staats-Galerie
Kammertheater
Landesbibliothek
Neues Schloss
Altes Schloss
Markthalle
Rathaus
Marienkirche
Katharinenhospital
Linden-museum
Univ.-bibliothek
Universität
Hoppenlau-friedhof
Liederhalle
Sporthalle
Wilhelmspalais
Staatsministerium
Uhlandshöhe
Friedhof
Weisstannenwald
Königstr.
Heilbronner Strasse
Cannstatter Strasse
Neckarstr.
Hauptstätter Str.
Rotebühlstrasse
Schlossstrasse
Hegelstrasse
Kriegsbergstr.
Friedrichstr.
Böblinger Strasse
Marienplatz
Neue Weinsteige

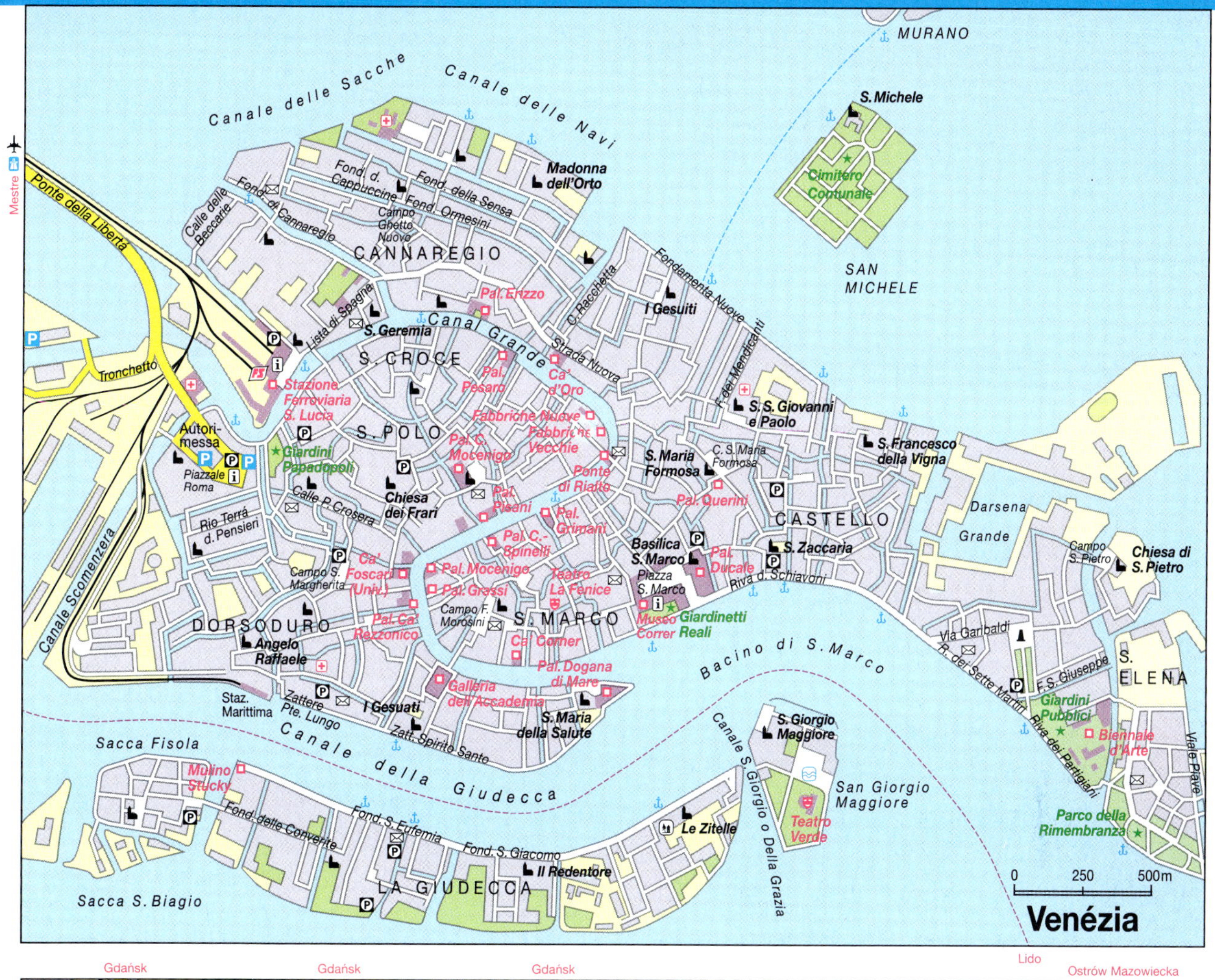

MURANO
S. Michele
Cimitero Comunale
SAN MICHELE
Canale delle Sacche
Canale delle Navi
Madonna dell'Orto
Mestre
Ponte della Libertà
Calle delle Beccarie
Fond. di Cannaregio
Fond. d. Cappuccine
Fond. della Sensa
Fond. Ormesini
Campo Ghetto Nuovo
CANNAREGIO
Pal. Erizzo
C. Racchetta
Fondamenta Nuove
I Gesuiti
Lista di Spagna
S. Geremia
Canal Grande
S. CROCE
Strada Nuova
Pal. Pesaro
Ca' d'Oro
F. dei Mendicanti
S.S. Giovanni e Paolo
Tronchetto
Stazione Ferroviaria S. Lucia
Autorimessa
Piazzale Roma
Giardini Papadopoli
S. POLO
Fabbriche Nuove
Fabbriche Vecchie
Pal. C. Mocenigo
Chiesa dei Frari
Ponte di Rialto
S. Maria Formosa
C. S. Maria Formosa
S. Francesco della Vigna
Pal. Querini
Calle P. Crosera
Pal. Pisani
Pal. Grimani
CASTELLO
Darsena Grande
Rio Terrà d. Pensieri
Canale Scomenzera
Pal. C. Spinelli
Basilica S. Marco
Pal. Ducale
S. Zaccaria
Campo S. Pietro
Chiesa di S. Pietro
Campo S. Margherita
Ca' Foscari (Univ.)
Pal. Mocenigo
Pal. Grassi
Teatro La Fenice
Piazza S. Marco
Riva d. Schiavoni
Campo F. Morosini
S. MARCO
Museo Correr
Giardinetti Reali
DORSODURO
Pal. Ca' Rezzonico
Angelo Raffaele
Ca' Corner
Pal. Dogana di Mare
Bacino di S. Marco
Via Garibaldi
R. dei Sette Martiri
F.S. Giuseppe
S. ELENA
Galleria dell'Accademia
Staz. Marittima
Zattere
Pte. Lungo
I Gesuati
S. Maria della Salute
Zatt. Spirito Santo
Canale S. Giorgio o Della Grazia
S. Giorgio Maggiore
Giardini Pubblici
Riva dei Partigiani
Biennale d'Arte
Viale Piave
Sacca Fisola
Canale della Giudecca
Mulino Stucky
San Giorgio Maggiore
Teatro Verde
Fond. delle Convertite
Fond. S. Eufemia
Fond. S. Giacomo
Le Zitelle
Parco della Rimembranza
Il Redentore
Sacca S. Biagio
LA GIUDECCA
0 250 500m

Venézia

Gdańsk
Gdańsk
Gdańsk
Lido
Ostrów Mazowiecka
7 E77
18
Z. Słomińskiego
Park im. J. Kusocińskiego
Ogród Zoologiczny
Jagiellońska
Targowa
Burakowska
Bonifraterska
Zakroczymska
Konwiktorska
Kościelna
Ratuszowa
Aleja Solidarności
Białostocka
PRAGA
Powązkowska
Stawki
Park Praski
Warszawa Wileńska
Cmentarz
Dzika
NOWE MIASTO
Mostowa
Wybrzeże Helskie
pl. Weteranów 1863 r.
Ząbkowska
Brzeska
Okopowa
Stawki
Al. Jana Pawła II
Karmelicka
Miła
Pomnik Bohaterów Getta
ul. gen. Władysława Andersa
Świętojerska
Muzeum Historyczne Warszawy
Ks. Kłopotowskiego
Okrzei
Targowa
Kijowska
Stawki
STARE
Katedra Świętego Jana
Most Śląsko-Dąbrowski
Stefana
Miła
Smocza
Mordechaja Anielewicza
Ogród Krasińskich
Podwale
Zamek Królewski
Port Praski
E30 2
Cmentarz
Dzielna
Nowolipki
Miodowa
MIASTO
Wybrzeże Szczecińskie
Al. Zieleniecka
Mordechaja Anielewicza
Długa
Krakowskie Przedmieście
Sokola
W.-Stadion
Dzielna
Nowolipie
Bielańska
pl. Teatralny
MARIENSZTAT
MURANÓW
Urząd m.st. Warszawy
Karowa
Dobra
Wisła
Smocza
Nowolipie
Solidarności
pl. Bankowy
Teatr Wielki
Bednarska
Browarna
Wybrzeże Gdańskie
Wybrzeże Kościuszkowskie
Elektoralna
Aleja
Stadion Dziesięciolecia
Żytnia
Leszno
Okopowa
pl. Żelaznej Bramy
Ogród Saski
Marszałkowska
Królewska
Uniwersytet Warszawski
Most Syreny
Leszno
Wolska
Elektoralna
Obożna
Dobra
Tamka
Zajęcza
Siedlce
Wronia
Chłodna
Żelazna
Grzybowska
pl. Grzybowski
Mazowiecka
Świętokrzyska
Tamka
Dobra
2 E30
MIRÓW
Ciepła
Al. Jana Pawła II
Świętokrzyska
Warecka
Nowy Świat
L. Kruczka
Most Ks. J. Poniatowskiego
Łowicz
Karolkowa
Towarowa
Grzybowska
Grzybowska
I. L. Pereca
Złota
Chmielna
Warszawa Powiśle
Al. Jerozolimskie
Wronia
Łucka
Prosta
Pałac Kultury i Nauki
E. Plater
Złota
pl. Defilad
Hoża
Charles de Gaulle'a
Muzeum Narodowe
POWIŚLE
801
Dęblin
Prosta
Sienna
Złota
Warszawa Centralna
Nowogrodzka
Krucza
pl. Trzech Krzyży
Książęca
Czerniakowska
Solec
Towarowa
Srebrna
Chmielna
Al. Jerozolimskie
Wspólna
0 250 500m
Kolejowa
W.-Główna
Nowogrodzka
Emilii Plater
Wspólna
Poznańska
Wilcza
Al. Ujazdowskie
Wiejska
Maszyńskiego
Górnośląska
7/8 E67/77
Nowo-
Lindleya
T. Chałubińskiego
ŚRÓDMIEŚCIE
Mokotowska
Piękna

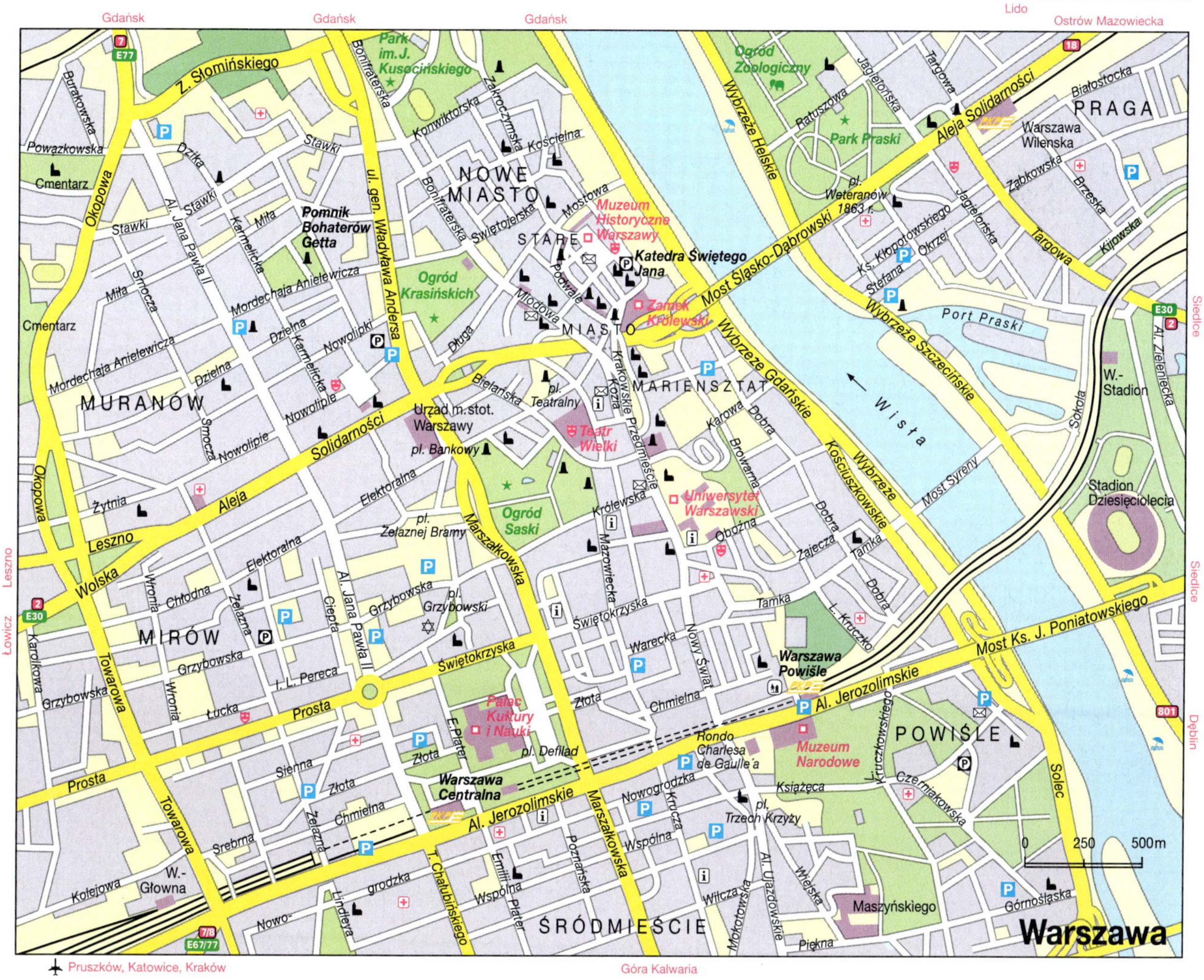

Warszawa

Pruszków, Katowice, Kraków
Góra Kalwaria

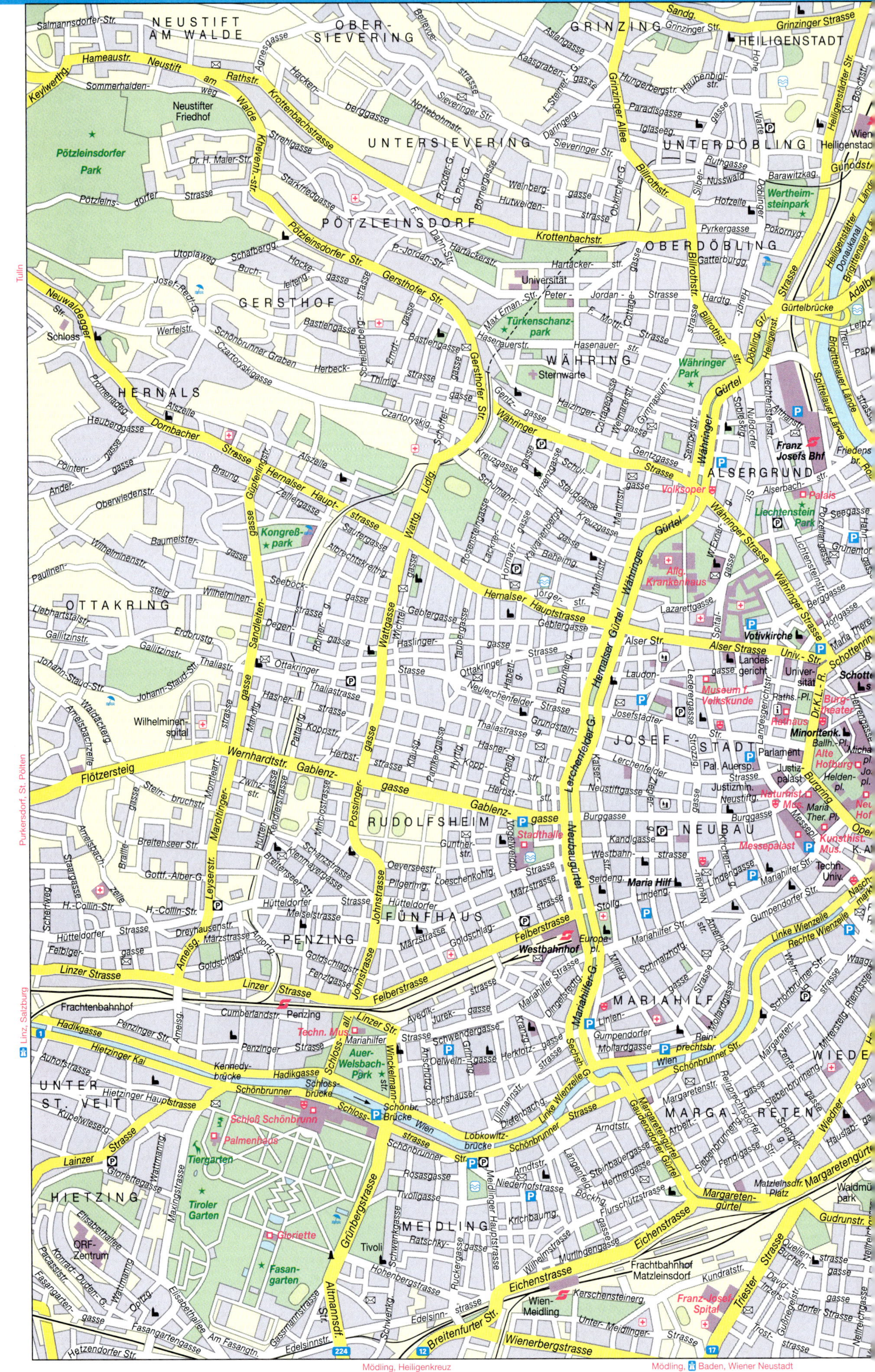

Klosterneuburg
Tulln
Purkersdorf, St. Pölten
Linz, Salzburg
Mödling, Heiligenkreuz
Mödling, Baden, Wiener Neustadt
NEUSTIFT AM WALDE
OBER-SIEVERING
GRINZING
HEILIGENSTADT
UNTERSIEVERING
UNTERDÖBLING
PÖTZLEINSDORF
OBERDÖBLING
GERSTHOF
WÄHRING
HERNALS
ALSERGRUND
OTTAKRING
JOSEF-STADT
NEUBAU
RUDOLFSHEIM
FÜNFHAUS
PENZING
MARIAHILF
UNTER ST. VEIT
HIETZING
MEIDLING
MARGARETEN
WIEDEN
Neustifter Friedhof
Pötzleinsdorfer Park
Schloss
Universität
Türkenschanzpark
Sternwarte
Währinger Park
Franz Josefs Bhf
Volksoper
Palais Liechtenstein
Liechtenstein Park
Allg. Krankenhaus
Votivkirche
Kongreßpark
Wilhelminenspital
Museum f. Volkskunde
Burgtheater
Rathaus
Parlament
Justizpalast
Alte Hofburg
Naturhist. Mus.
Kunsthist. Mus.
Messepalast
Stadthalle
Westbahnhof
Maria Hilf
Techn. Univ.
Frachtenbahnhof
Penzing
Techn. Mus.
Auer-Welsbach-Park
Schloß Schönbrunn
Palmenhaus
Tiergarten
Tiroler Garten
Gloriette
Fasangarten
ORF-Zentrum
Tivoli
Frachtbahnhof Matzleinsdorf
Wien-Meidling
Franz-Josef-Spital
Matzleinsdfr. Platz
Gürtelbrücke
Flötzersteig
Linzer Strasse
Hietzinger Kai
Schönbrunner Str.
Wienerbergstrasse
Eichenstrasse
Triester Strasse
Margaretengürtel
Gaudenzdorfer Gürtel
Neubaugürtel
Hernalser Gürtel
Währinger Gürtel
Krottenbachstr.
Grinzinger Allee
Grinzinger Strasse
Hernalser Hauptstrasse
Währinger Strasse
Alser Strasse
Gablenzgasse
Thaliastrasse
Felberstrasse
Linke Wienzeile
Rechte Wienzeile
Mariahilfer Str.
Altmannsdf. Str.
Breitenfurter Str.
Grünbergstrasse

Korneuburg
Deutsch Wagram
FLORIDSDORF
DONAUFELD
KAGRAN
Nordbrücke
Floridsdfr. Brücke
6
Donau
Donau - insel
BRIGITTENAU
Handelskai
Dresdner Strasse
Donauturmstr.
Arbeiterstrandbad-strasse
Donauturm
Knoten Donaupark
Donaupark
Brigittenauer Brücke
Alte Donau
UNO City
Br.-Kreisky-Platz
Kaiserwasser
Wagramer Strasse
V. Int. Centre
4
Reichsbrücke
3
Gr. Gänsehäufel
Kl. Gänsehäufel
Augarten
Güterbahnhof Praterstern
LEOPOLDSTADT
Wien Nord
Neue Donau
Am Kaiser-mühlendamm
Donaustadtstrasse
Erzherzog Karl-Strasse
Praterstern
Lassallestrasse
Ausstellungsstrasse
Planetarium
Volksprater
Messegelände
Jubiläumshalle
Kaisermühlen
2
Knoten Kaisermühlen
Ferry Dusika-Stadion
Trabrennbahn
PRATER
Olympiapl.
Ernst Happel-Stadion
Hauptallee
Praterbrücke
Handelskai
Stephansdom
Wien-Mitte
City-Air-Terminal
Stadtpark
Hundertwasserhaus
Veterinär-med. Univ.
LANDSTRASSE
Post-zentrum
Knoten Prater
Unterer Prater
Lusthaus
Freudenau
Rennbahn
Hafenzufahrtsstr.
Palais Schwarzenberg
Orangerie
Unteres Belvedere
Schloß Belvedere
Oberes Belvedere
Bot. Garten
Theresianum
Rennweg
Zollamt
Österr. Staatsarchiv
Schlachthausgasse
Südbahnhof
Mus. d. 20. Jh.
Heeresgeschichtl. Museum
Arsenal
Fernmelde-zentr.d. ÖPT
St. Marx
Knoten Landstrasse
Gudrunstrasse
Simmeringer Hauptstrasse
Wiener Gaswerk
Wiener Elektrizitätswerk
Simmeringer Haide
0
500
1000m
Wien
Hainburg a. d. D.
Deutsch Wagram
Bratislava, Budapest
Wien-Schwechat, Bruck a.d.L., Hainburg a.d.D.
Eisenstadt
Baden, Wr. Neustadt
Simmering
Wien-Schwechat, Bruck a.d.Leitha

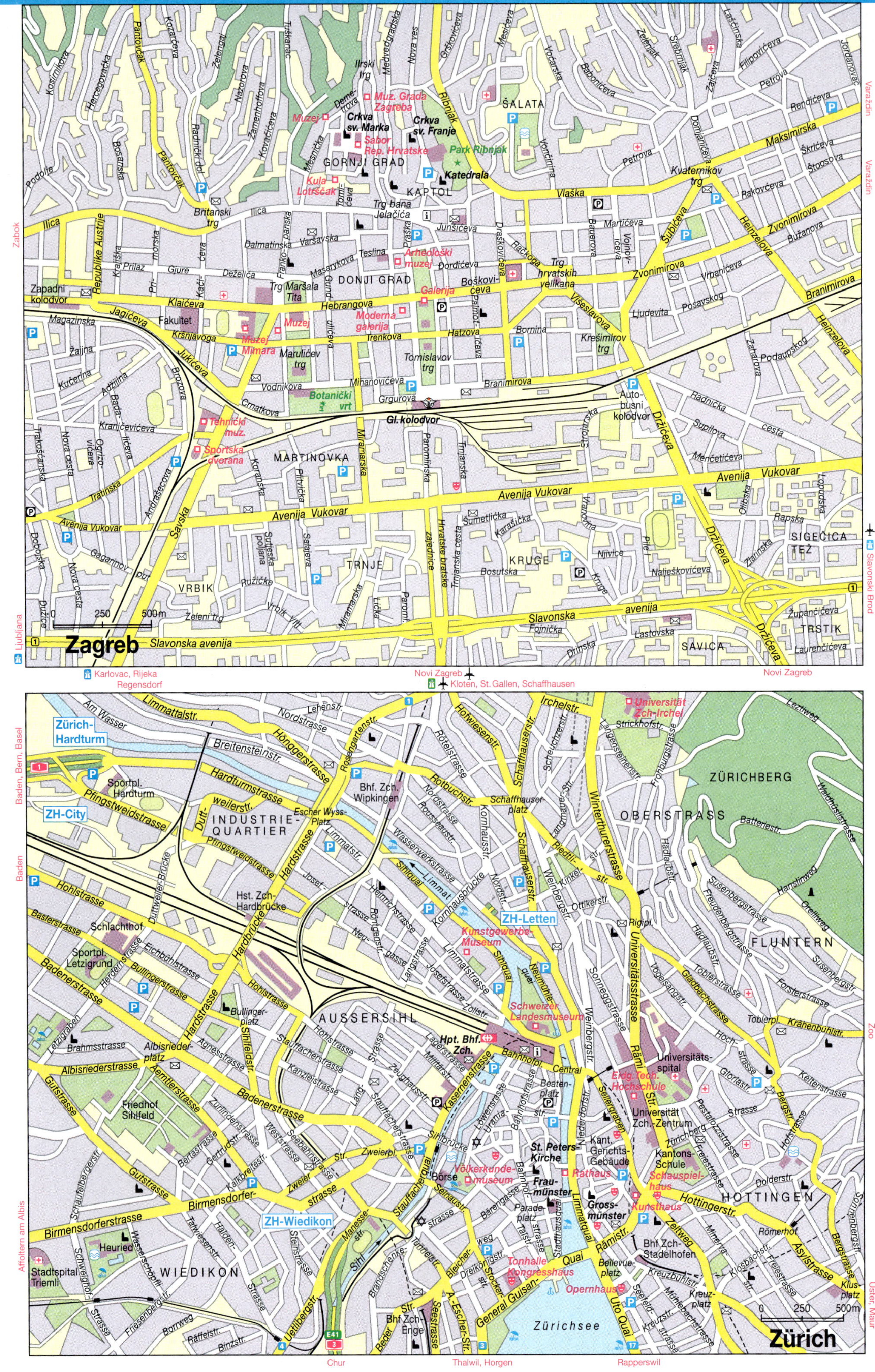

Zagreb
Zürich

Transittkart ☆ Plany tranzytowe

Transitokartat ☆ Transitkort

Transitkaarten ☆ Genomfartskartor

Plans de transit ☆ Piante di transito

Transitpläne
Transit maps

Mapas de tránsito ☆ Mapas de trânsito

Tranzittérképek ☆ Tranzitni plány

Tranzitni zemljevidi ☆ Hărti de tranzit

Tranzitné mapy ☆ Transitplanları

Χάρτες διέλευσης (τράνζιτο)

Amsterdam 1
Áthina 1
Barcelona 2
Berlin 2
Bern 3
Bruxelles/Brussel 3
Budapest 4
Dublin 4
Frankfurt/Main 5
Hamburg 5
Helsinki/Helsingfors 6
København 6
Köln 7
Lisboa 7
London 8
Lyon 8
Madrid 9
Marseille 9
Milano 10
München 10
Oslo 11
Paris 11
Praha 12
Roma 12
Ruhrgebiet I 13
(Duisburg, Essen)
Ruhrgebiet II 13
(Bochum, Dortmund)
Stockholm 14
Warszawa 14
Wien 15
Zürich 15

Beverwijk
Wijk aan Zee
Velsen-Noord
Hoogovenbedrijf
IJmuiden
Velsen-Zuid
Driehuis
Santpoort
Nationaalpark de Kennemer Duinen
Noordzee
Bloemendaal
HAARLEM
Overveen
Aerdenhout
Zandvoort
Heemstede
Amsterdamse Waterleidung Duinen
Vogelenzang
De Glip
Bennebroek
Hillegom
De Zilk
Lisse
Keukenhof
Sassenheim
Noordwijkerhout
Lisserbroek
Nieuw Vennep
Beinsdorp
Abbenes
Cruquius
Haarlemmermeer Polder
Vijfhuizen
Hoofddorp
Badhoevedorp
Boesingheliede
Lijnden
Halfweg
Zwanenburg
Spaarndam
Spaarnwoude
Houtrak Polder
Assendelft
Westzaan
Nauerna
Krommenie
Wormer
Jisp
Zaandijk
ZAANSTAD
Zaandam
Oostzaan
Purmerend
Volendam
Ilpendam
Monnickendam
Waterland
Broek in Waterland
Den Ilp
Landsmeer
Zuiderwoude
AMSTERDAM
Tuindorp Oostzaan
Buiksloot
Nieuwendam
Zunderdorp
Ransdorp
Schellingwoude
IJmeer
Diemen
Weesp
Amsterdam Zuidoost
Ouderkerk
Amstelveen
Buitenveldert
Amsterdamse Bos
Bovenkerk
Aalsmeer
Luchthaven Schiphol
Rozenburg
Aalsmeerderbrug
Oosteinde
Burgerveen
Kudelstaart
Westeinder Plassen
Leimuiden
De Kwakel
Uithoorn
Waverveen
Amstelland
Vinkeveense Plassen
Abcoude
Baambrugge
Vreeland
Nigtevecht
Nederhorst
Loenersloot
Gemaal
0 2 4 6 km

Attiki
Acharnes
Kifisiá
Maroúsi
Asprópyrgos
Papás
Elefsína
Kolpos Elefsinos
Petroupolis
N. Liosia
Nea Filadelfia
Politekhnon
Aghii Anargyri
Verdi
Neoktigto
Dafni
Peristeri
Skaramagás
Koridallos
Egaleo
Nea Ionia
Olympiako Stadium
Kalogreza
Vrilisia
Khalandri
Patissia
Filothei
Psikhiko
Ag. Paraskevis
Galátsi
Kholargos
Moni Asterii
Kipseli
Poligono
Gkysi
Zografou
Kolonos
Attiki
Akhilleos
Votanikos
Kolonaki
Likavitos
Arheol. Moussio
Akadimia
Parlament
Zappeion
Vizandino Moussio
Kouponia
Agora
Pnika
Akropolis
Stadium
Pagkráti
Kesariani
Metamorfosis
Kesariani
1026
Sp. Kautouki
ATHÍNA
Ag. I. Rentis
Tavros
Kallithea
Koukaki
Veikou
Neos Kosmos
Ano-Dafni
Faros
Imittos
Viron
Dafni
Ag. Dimitrios
N. Smirni
Paleo Falirou
Moskhato
Nikea
Ag. Gheorghios
Egaleo
Náfstathmos
Paloúkia
Neo Pérama
Abelákia
Kinosoura
Drapetsona
N. Falirou
Stadium
Delfinario
Orm. Falirou
Psytália
Selínia
Salamis
PIRAEUS
Saronikos Kolpos
Kalamaki
Eden
Ilioupolis
N. Alexandria
Ymittos
Argiroupolis
Alimos
Elliniko-Airport
Elliniko
Glifada
0 1 2 3 4 km

TERRASSA
SABADELL
Granollers
Mataró
MARTORELL
Rubí
Cerdanyola d. Vallès
St Cugat d. Vallès
BADALONA
BARCELONA
Sant Boi de Llobregat
l'Hospitalet de Llobregat
el Prat de Llobregat
Castelldefels
SITGES
Monistrol de Montserrat
Monestir de Montserrat
Esparreguera
Olesa de Montserrat
Sant Sadurní d'Anoia
Gelida
Molins de Rei
Sant Feliu de Ll.
Sant Just Desv.
Esplugues de Ll.
St Joan Despí
Cornellà de Ll.
Gavà
Viladecans
Sant Climent de Ll.
Begues
Sant Pere de Ribes
Garraf
Castellar d. Vallès
Caldes de Montbui
Sentmenat
Mollet d. V.
Ripollet
Montcada i Reixac
Premià de Mar
el Masnou
Montgat
Vilassar de Mar
Sagrada Família
Tibidabo
Castell de Montjuïc
Anella Olímpica
Aeroport del Prat-Barcelona
Massif de Garraf
Costes de Garraf
Costa Dorada
Mar Mediterrània
0 2 4 6 8 10km

0 1 2 3 4 5km
BERLIN
Hennigsdorf
Falkensee
Dallgow
Spandau
Staaken
Zitadelle
Olympiastadion
Charlottenburg
Schloß Charlottenburg
Flughafen Berlin-Tegel
Schloß Tegel
Tegeler See
Reinickendorf
Wedding
Pankow
Prenzlauer Berg
Weißensee
Hohenschönhausen
Marzahn
Hellersdorf
Lichtenberg
Friedrichshain
Mitte
Tiergarten
Schöneberg
Kreuzberg
Neukölln
Treptow
Köpenick
Tempelhof
Flugh. B.-Tempelhof
Steglitz
Zehlendorf
Wilmersdorf
Grunewald
Wannsee
Pfaueninsel
Kleinmachnow
Teltow
Stahnsdorf
POTSDAM
Sanssouci
Schloß Cecilienhof
Babelsberg
Groß Glienicke
Neu Fahrland
Lichterfelde
Lankwitz
Mariendorf
Marienfelde
Trabrennbahn
Britz
Buckow
Rudow
Groß-Ziethen
Schönefeld
Flughafen B.-Schönefeld
Zepernick
Schwanebeck
Ahrensfelde
Brandenburger Tor
Reichstag
Museumsinsel
Fernsehturm
Dom
Kongresshalle
Staatsoper
Philharmonie
Gedächtniskirche
Funkturm
Messe-ICC-gelände
Waldbühne
Botanischer Garten
Freie Universität
Museen-Dahlem
Sternwarte
Havel
Avus

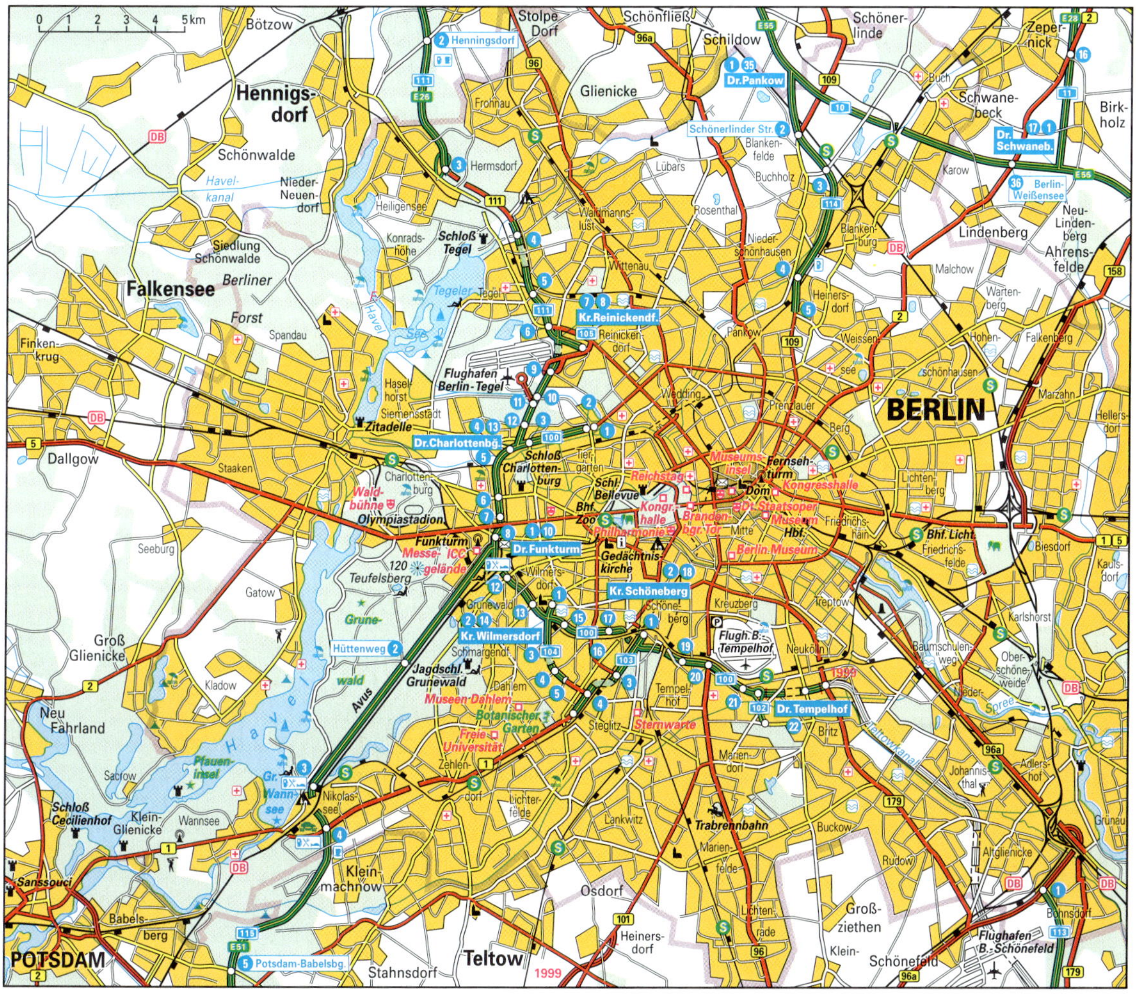

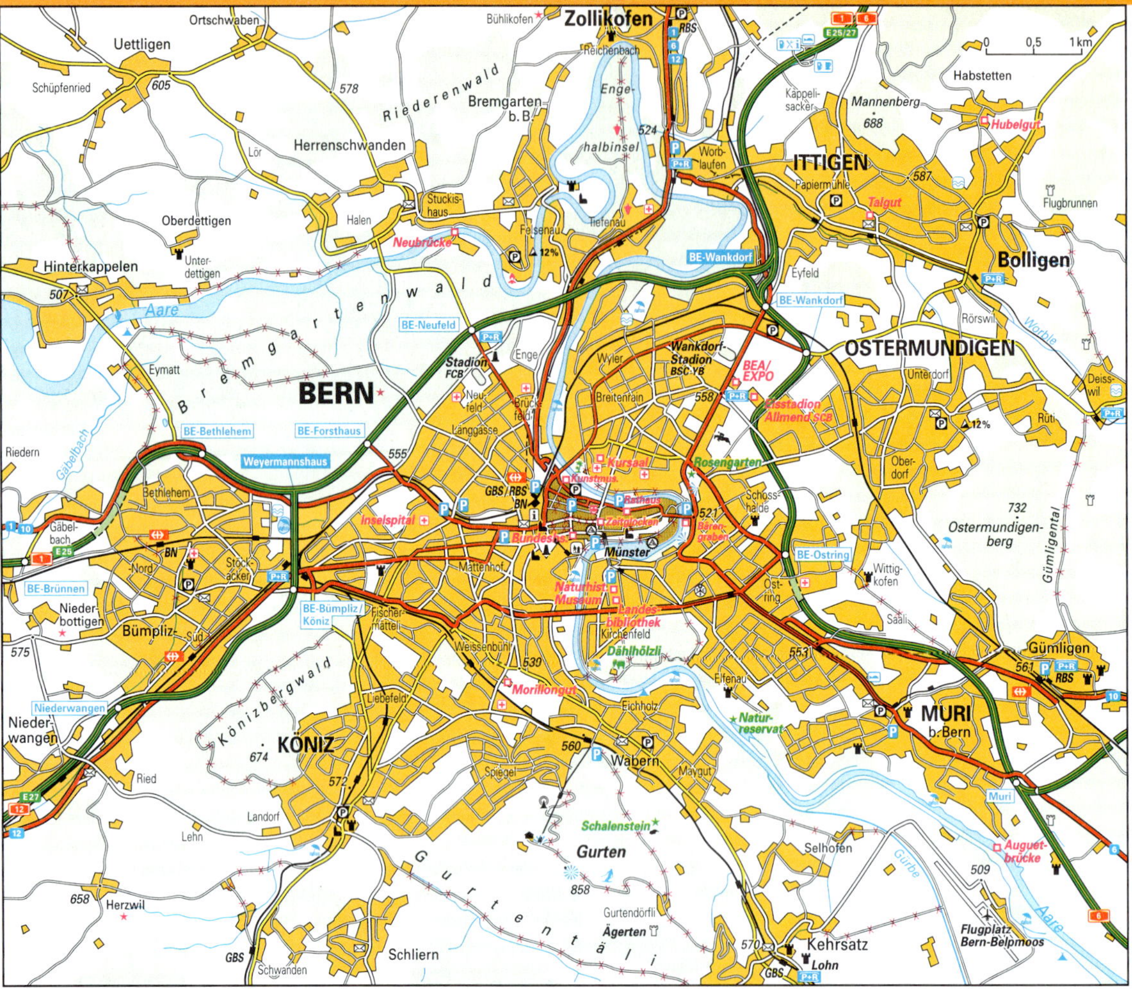

BERN

BRUXELLES/
BRUSSEL

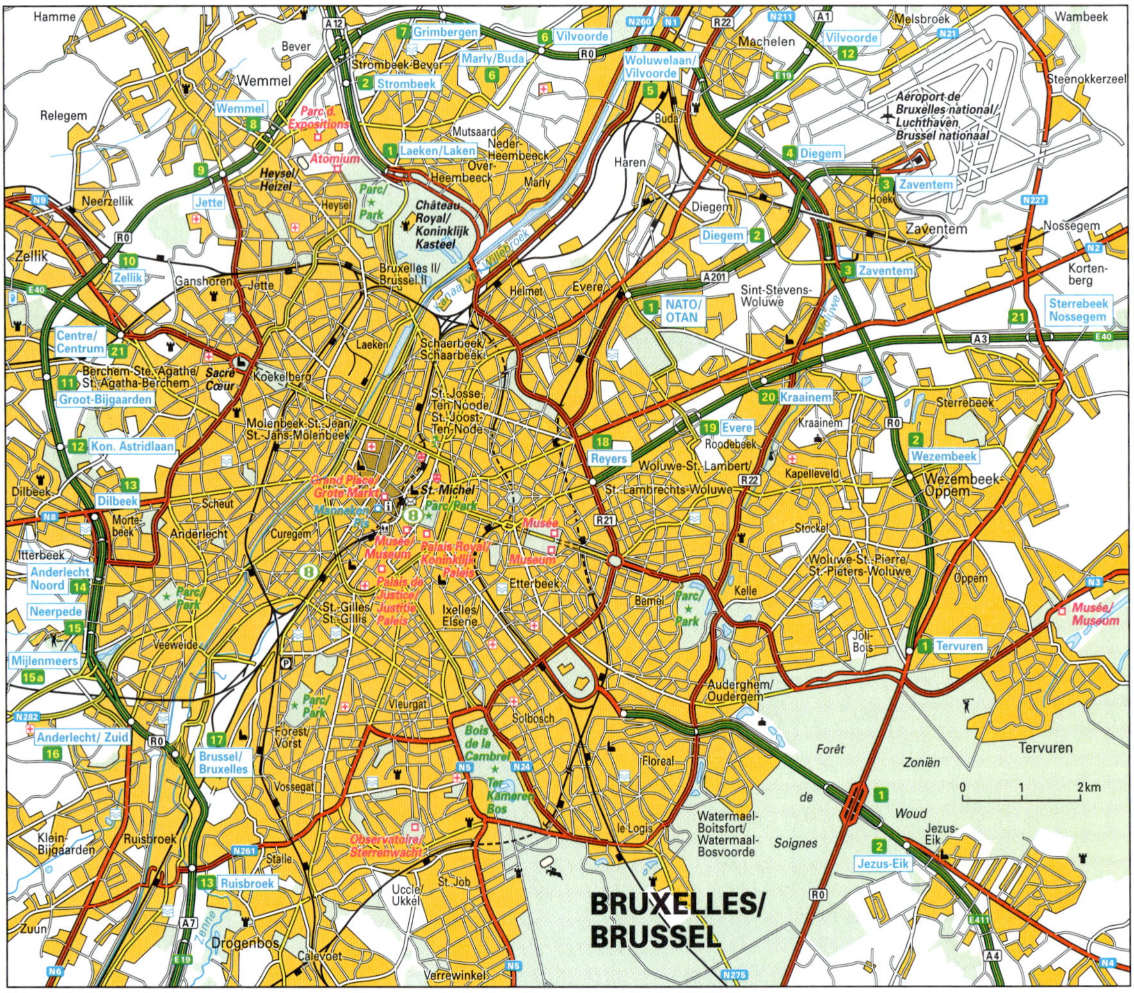

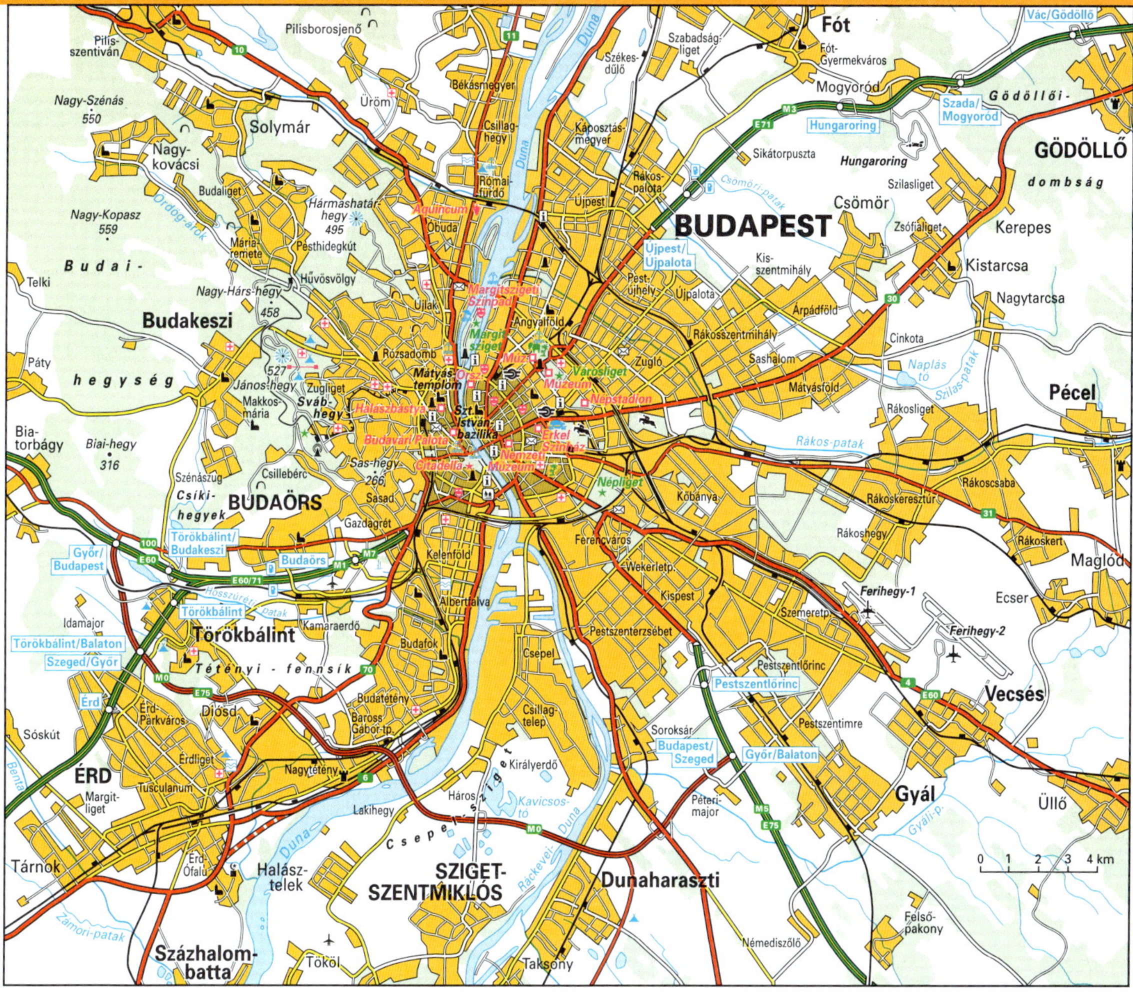
BUDAPEST
Fót
Fót-Gyermekváros
Mogyoród
Vác/Gödöllő
Szada/Mogyoród
Gödöllői-dombság
GÖDÖLLŐ
Hungaroring
Sikátorpuszta
Szilasliget
Csömör
Zsófialiget
Kerepes
Kistarcsa
Nagytarcsa
Kis-szentmihály
Árpádföld
Cinkota
Rákosszentmihály
Sashalom
Mátyásföld
Rákosliget
Pécel
Rákos-patak
Rákoskeresztúr
Rákoscsaba
Rákoskert
Maglód
Rákoshegy
Ferihegy-1
Ferihegy-2
Ecser
Vecsés
Pestszentlőrinc
Pestszentimre
Gyál
Üllő
Felső-pakony
Némediszőlő
Dunaharaszti
Taksony
Péteri-major
Soroksár
Budapest/Szeged
Győr/Balaton
Kispest
Szemeretelep
Wekerletelep
Pestszenterzsébet
Ferencváros
Kőbánya
Népliget
Zugló
Városliget
Népstadion
Rákospalota
Újpest
Újpest/Újpalota
Újpalota
Pest-újhely
Kaposztás-megyer
Székes-dűlő
Szabadság-liget
Békásmegyer
Csillag-hegy
Római-fürdő
Aquincum
Óbuda
Újlak
Margitszigeti Szinpad
Margit-sziget
Angyalföld
Rózsadomb
Mátyás-templom
Halászbástya
Budavári Palota
Szt. István bazilika
Erkel Színház
Nemzeti Múzeum
Citadella
Múzeum
Sas-hegy
266
Sasad
Gazdagrét
Kelenföld
Albertfalva
Budafok
Csepel
Csillag-telep
Királyerdő
Háros
Csepel-sziget
Kavicsos-tó
Lakihegy
SZIGET-SZENTMIKLÓS
Ráckevei-Duna
Tököl
Halász-telek
Százhalom-batta
Érd-Ófalu
Tárnok
Zámori-patak
ÉRD
Margit-liget
Tusculanum
Érdliget
Nagytétény
Budatétény
Baross Gábor-tp.
Diósd
Érd-Parkváros
Sóskút
Benta
Érd
Szeged/Győr
Törökbálint/Balaton
Idamajor
Törökbálint
Tétényi-fennsík
Kamaraerdő
Hosszúréti-patak
Budaörs
Győr/Budapest
Törökbálint/Budakeszi
BUDAÖRS
Csiki-hegyek
Szénászug
Csillebérc
Bia-torbágy
Biai-hegy
316
Páty
Budai-hegység
János-hegy
527
Makkos-mária
Zugliget
Svábhegy
Budakeszi
Telki
Nagy-Hárs-hegy
458
Hűvösvölgy
Mária-remete
Pesthidegkút
Hármashatár-hegy
495
Nagy-Kopasz
559
Budaliget
Nagy-kovácsi
Ördög-árok
Solymár
Nagy-Szénás
550
Pilis-szentiván
Pilisborosjenő
Üröm
Duna
Csömöri-patak
Naplás-tó
Szilas-patak
Gyáli-p.
0 1 2 3 4 km

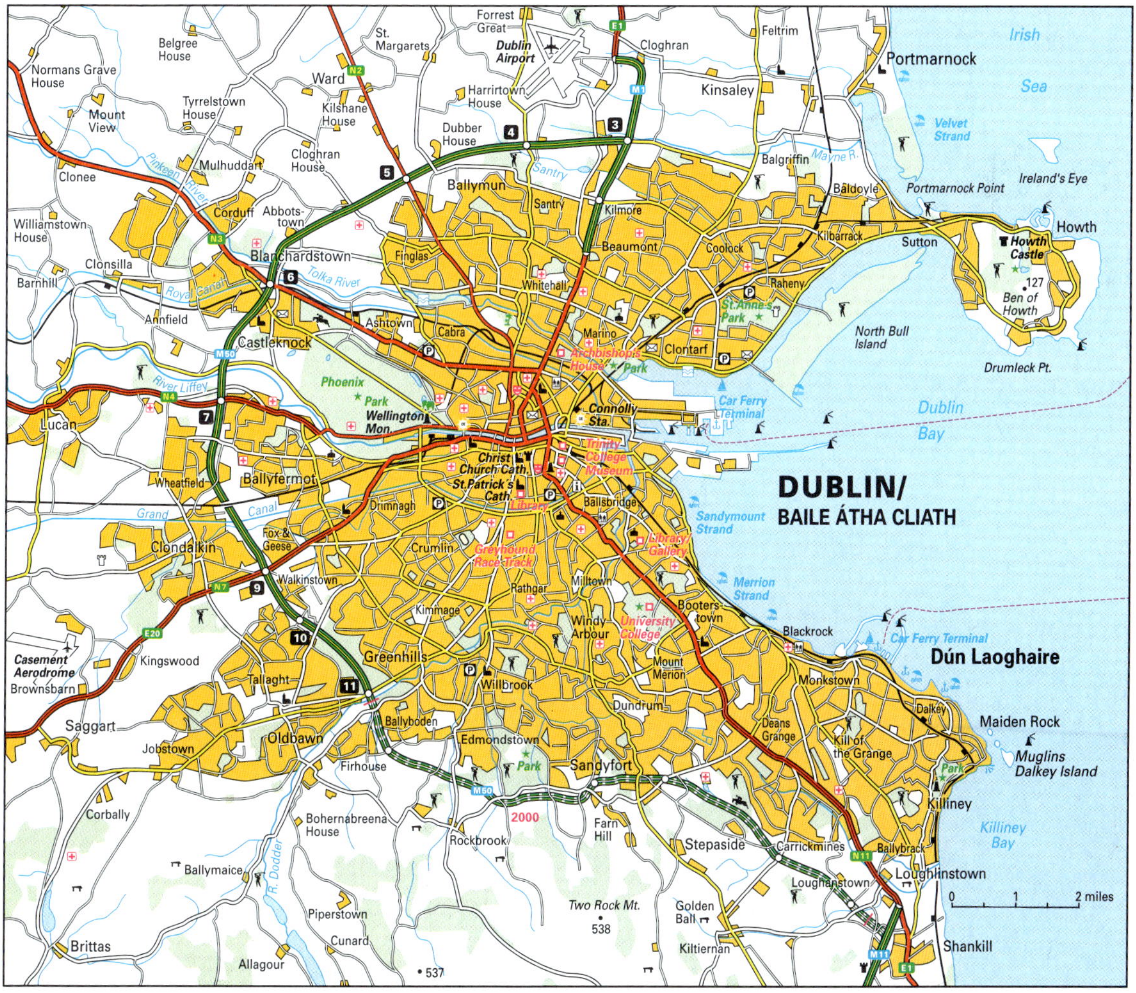
DUBLIN/
BAILE ÁTHA CLIATH
Irish Sea
Forrest Great
Dublin Airport
Cloghran
Feltrim
Portmarnock
Velvet Strand
Kinsaley
Harristown House
St. Margarets
Belgree House
Normans Grave House
Ward
Kilshane House
Dubber House
Tyrrelstown House
Mount View
Mulhuddart
Cloghran House
Clonee
Ballymun
Santry
Kilmore
Balgriffin
Mayne R.
Baldoyle
Portmarnock Point
Ireland's Eye
Howth
Howth Castle
127
Ben of Howth
Sutton
Kilbarrack
Raheny
Coolock
Beaumont
Finglas
Corduff
Abbotstown
Williamstown House
Clonsilla
Barnhill
Blanchardstown
Tolka River
Royal Canal
Anfield
Ashtown
Whitehall
Castleknock
Cabra
Marino
Clontarf
St. Anne's Park
North Bull Island
Drumleck Pt.
Archbishop's House
Park
Phoenix Park
Wellington Mon.
Connolly Sta.
Car Ferry Terminal
Dublin Bay
River Liffey
Lucan
Christ Church Cath.
St. Patrick's Cath.
Trinity College
Museum
Library
Ballsbridge
Ballyfermot
Wheatfield
Drimnagh
Grand Canal
Sandymount Strand
Clondalkin
Fox & Geese
Crumlin
Greyhound Race Track
Library Gallery
Walkinstown
Kimmage
Rathgar
Milltown
Merrion Strand
Booterstown
Windy Arbour
University College
Blackrock
Car Ferry Terminal
Dún Laoghaire
Casement Aerodrome
Kingswood
Brownsbarn
Greenhills
Tallaght
Mount Merrion
Monkstown
Dalkey
Maiden Rock
Saggart
Jobstown
Oldbawn
Willbrook
Dundrum
Deans Grange
Kill of the Grange
Muglins
Dalkey Island
Ballyboden
Edmondstown
Firhouse
Park
Sandyfort
Killiney
Killiney Bay
Corbally
Bohernabreena House
2000
Farn Hill
Rockbrook
Stepaside
Carrickmines
Ballybrack
Ballymaice
R. Dodder
Loughlinstown
Loughlinstown
Two Rock Mt.
538
Golden Ball
Kiltiernan
Piperstown
Cunard
Brittas
Allagour
537
Shankill
0 1 2 miles

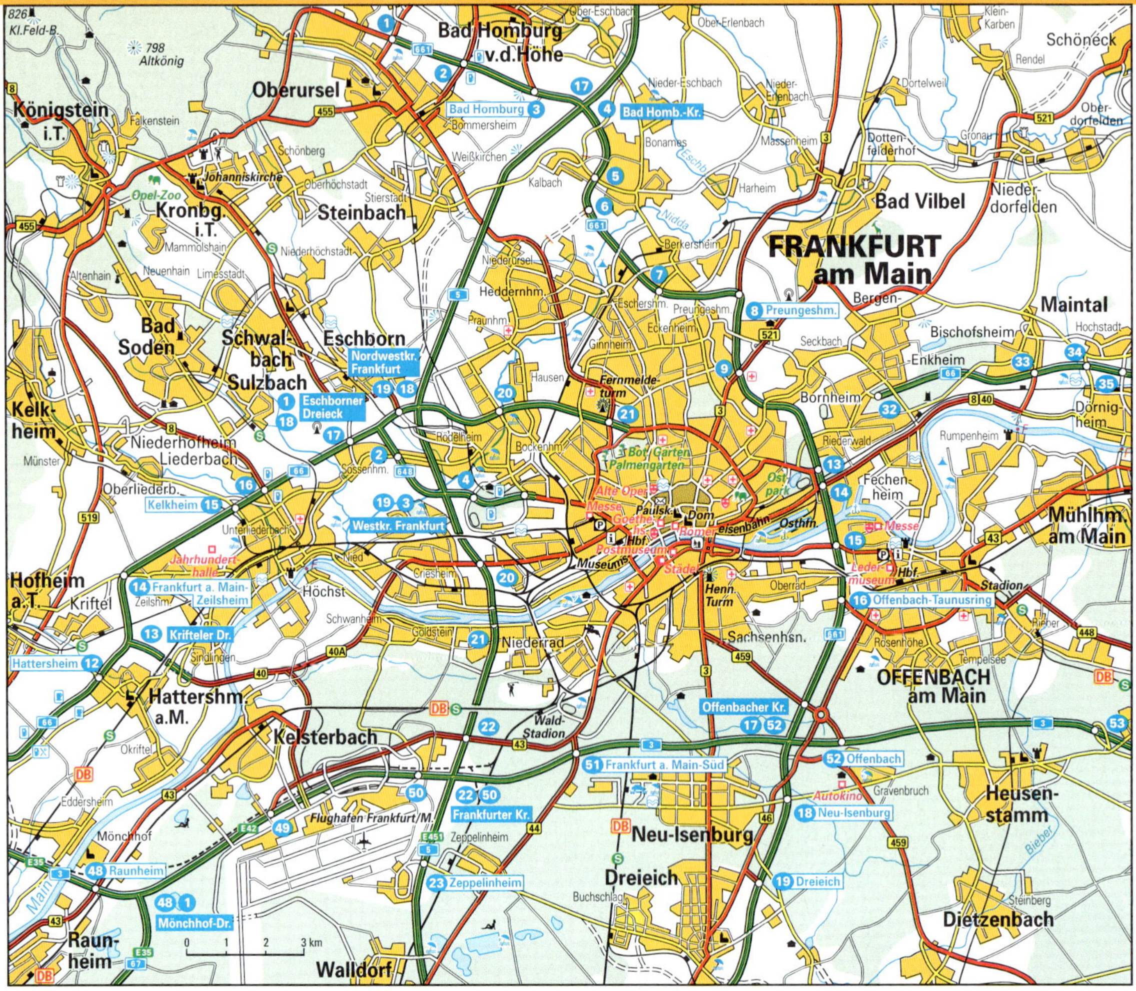

Bad Homburg v.d.Höhe
Oberursel
Königstein i.T.
Kronbg. i.T.
Steinbach
Bad Vilbel
FRANKFURT am Main
Maintal
Bad Soden
Schwalbach
Eschborn
Sulzbach
Kelkheim
Hofheim a.T.
Hattershm. a.M.
Kelsterbach
Mühlhm. am Main
OFFENBACH am Main
Heusenstamm
Neu-Isenburg
Dreieich
Dietzenbach
Raunheim
Walldorf
0 1 2 3 km

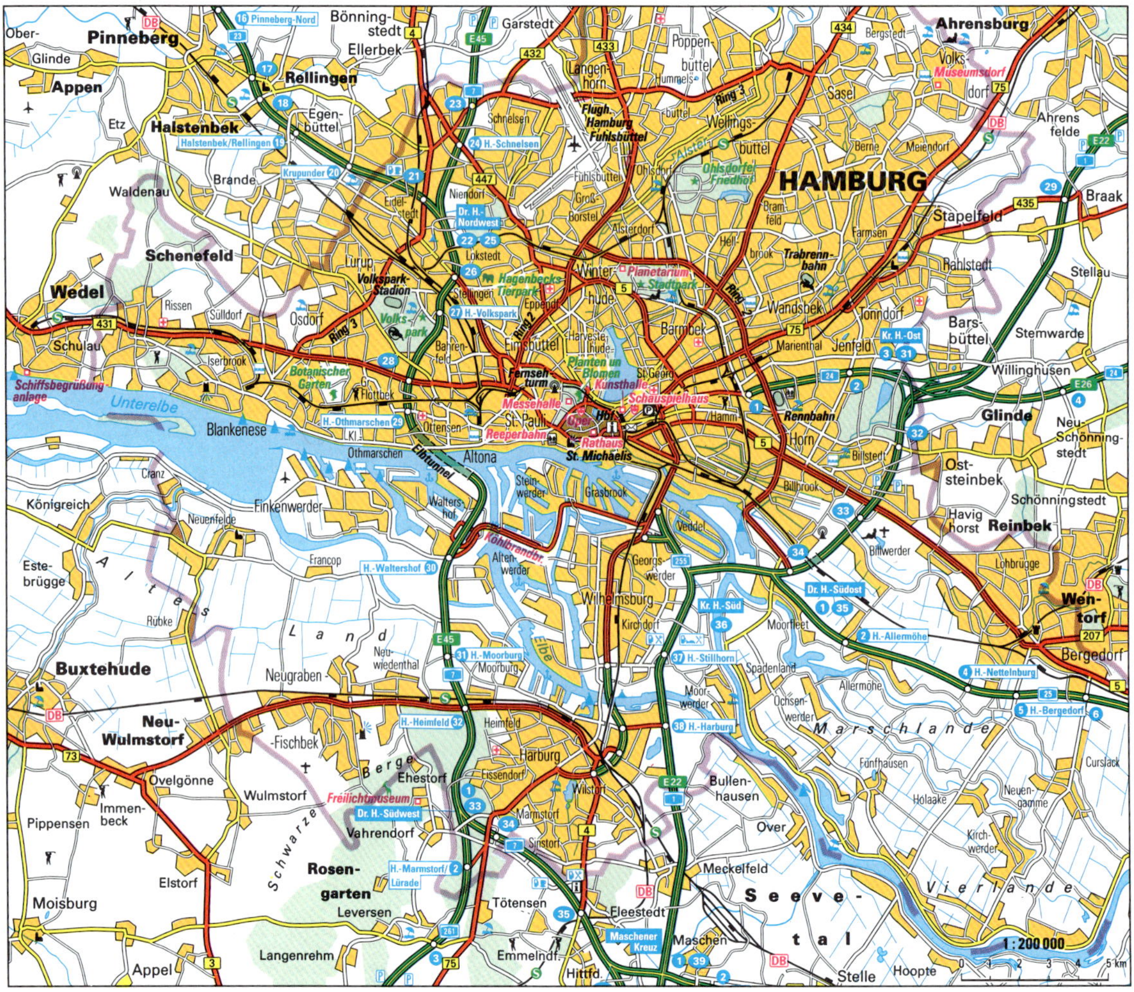

Pinneberg
Rellingen
Halstenbek
Appen
Schenefeld
Wedel
Ahrensburg
HAMBURG
Stapelfeld
Glinde
Reinbek
Wentorf
Bergedorf
Buxtehude
Neu-Wulmstorf
Harburg
Rosengarten
Seevetal
Altes Land
Vierlande
Marschlande
1 : 200 000
0 1 2 3 4 5 km

Takkula
Keimola
Kannisto
Vestra
Kivistö
Koivupää
Helsinki-Vantaan lentoasema/
Helsingfors-Vanda flygstation
Harjusuo
Asola
Päiväkumpu
Metsämaa
Odilampi
Petas
Vantaan-puisto
Fredriks-berg
Hiekkaharju
Hä-Hakkila
Röylä
Vantaankoski
VANTAA/
VANDA
Tikkurila
Velskolan Pitkäjärvi
Niiperi
Mylly-puro
Petikko
Kehä Ring III
Ylästö
Backas
Hakkila
Kunnarla
Askisto
Martinlaakso
Siltamäki
Puistola
Göbbacka
Vanha-kartano
Juva
Myyrmäki
Vantaanjoki
Tapanila
Puotinen
Hämeenkylä
Vapaala
Keskuspuisto Central-parken
Vaarala
Bodominjärvi
Silvola
Tapanin-vainio
Mafala järvi
Jupperi
Kaarela
Maunun-neva
Tuomarin-kylä
Pitkäjärvi
Malmi
Hämevaara
Pakila
Pukinmäki
Rayakylä
Laaksolahti
Kannel-mäki
Kontula
Pihlajarinne
Lintuvaara
Dulunkylä
Pihlajamäki
Mellun-kylä
Kar-husuo
Karakallio
Kehä Ring I
Lippajärvi
Pitäjänmäki
Maunula
Viikki
Petas
Mylly-puro
Haaga
Koskela
KAUNIAINEN/
GRANKULLA
Kilo
Leppävaara
Käpylä
Puotila
Munkkivuori
Vanhakaupunki
Herttoniemi
Suvela
Klovi
Munkkiniemi
Pasila
Vallila
Vanhankaupunginselkä
Roihuvuori
Tuomarila
Kuurinniitty
Laajalahti
Kulosaari
Tammisalo
Opisto
Otaniemi
Olympia-stadion
Tapiola
Mei-lahti
Töölö
Kallio
Vartio-saari
Puolarmetsä
Finlandia-talo
Tillin-mäki
Lehti-saari
Korkea-saari
Laaja-salo
Yliskylä
Niittykumpu
Eduskunta-talo
Nöykkiö
Olari
Katajanokka
Kruunuvuorenselkä
Jollas
Villinki
Haukilahti
Westend
Eira
Kaivopuisto Brunnsparken
Matinkylä
Jätkä-saari
Espoonlahti
Lauttasaari
Suomen-linna
Kaitaa
HELSINKI/
HELSINGFORS
Santahamina
Vehkasaari
Soukka
Miessaari
Lauttasaarenselkä
Pihlajasaari
Suino
Vallisaari
Melkki
Pollax
Suomenlahti
Finska Viken
Soukanniemi
0 1 2 3km

Knardrup
Søndersø
Store Hareskov 56
Bagsværd Sø
Ordrup
Skovshoved
Bernstorff Park
Charlottenlund
Hareskovby
Bagsværd
Danmarks Akvarium
Jonstrup
Gentofte
Hjortespring
Kong Svends Høj 45
Måløv
Buddinge
Vangede
Hellerup
Smørumnedre
Søborg
Øresund
Smørumovre
Pederstrup
Herlev
Gladsaxe
Middelgrunds Fort
Ballerup
Bispebjerg
Ågerup
Skovlunde
Ledøje
Harrestrup
Brønshøj
Østerbro
KØBENHAVN
Nybølle
Ejby
Islev
Den Lille Havfrue
Refshaleøen
Kastellet
Nørrebro
Prøvesten
Risby
Rosenborg Slot
Amalienborg Slot
Vridsløsemagle
Herstedøster
Vanløse
Charlottenborg
Christianshavn
Damhussøen
Frederiksberg
Christiansborg
Sengeløse
Herstedvester
Rødovre
Tivoli
Vesterbro
Frederiksberg Slot
Sundbyøster
Valby
Amagerbro
Glostrup
Brøndbyøster
Sundbyvester
Kastrup
Albertslund
Høje
Brøndbyvester
Valbyparken
Bella Center
Taastrup
Taastrup
Hvidovre
2001
Vallensbæk
Avedøre
Kalveboderne
Københavns Lufthavn Kastrup
Torslundemagle
Tranegilde
Tårnby
Ishøj
Brøndby Strand
Benzonsdal
Tømmerup
Ishøj Strand
Hundige
Køge Bugt Strandpark
Avedøre
Holme
Kildebrønde
St Magleby
Greve
Amager
Dragør
Ullerup
Greve Strand
Køge Bugt
Kongelunden
Søvang
Karlslunde
Mosede Strand
Aflandshage
0 1 2 3 4km

Dormagen
Monheim
Langenfeld
Leichlingen
Burscheid
Hilgen
Pulheim
Stommeln
Sinnersdorf
Brauweiler
Pommerskirchen
Nettesheim
Butzheim
Knechtsteden
LEVERKUSEN
Opladen
Odenthal
Bechen
BERGISCH-GLADBACH
Burg Zweiffel
Herkenrath
KÖLN
Frechen
Hürth
Kerpen
Rösrath
Forst Königsforst
Flughafen Köln-Bonn
Kippe Frechen
Schl. Gymnich
Schl. Lörsfeld
Schl. Schlenderhan
Schl. Röttgen
Römergrab
Dom
Hbf.
Messegelände
Universität
Forstbot. Garten
Zoo
Rheinpark
Rhein
Kr. Langenfeld
Kr. Monheim/Langenfeld
Kr. Leverk.
Kr. Leverk.-West
Kr. Köln-Nord
Kr. Köln-Ost
Kr. K.-West
Kr. Köln-Süd
Kr. Kerpen
Kr. K.-Gremberg
Kr. Flughafen
Köln-Worringen
Köln-Chorweiler
Köln-Bocklemünd
Köln-Merheim
Köln-Porz-Wahn
Köln-Porz-Lind
Kerpen-Türnich
Dr. K.-Porz
Dr. Heumar
Königsforst
Bensberg

Alverca do Ribatejo
Portas do Capitão Mór
Portas do Mouchão da Cabra
Portas do Mardo do Cão
Bucelas
Vialonga
Póvoa de Santa Iria
Sta Iria de Azóia
São João da Talha
Bobadela
Sacavém
Moscavide
Loures
Odivelas
Amadora
Benfica
Queluz
Pal. Real
Sintra
Castelo dos Mouros
Serra de Sintra
Cabo da Roca
Praia das Maçãs
Praia Grande
Colares
Malveira
Estoril
Cascais
Cabo Raso
Praia do Guincho
Parede
Carcavelos
Oeiras
Paço de Arcos
Belém
Torre de Belém
Castelo de S. Jorge
LISBOA
Rio Tejo
Ponte Vasco da Gama
Alcochete
Montijo
Samouco
Almada
Barreiro
Baixa da Banheira
Moita
Seixal
Trafaria
Costa da Caparica
Praia da Caparica
Lagoa de Albufeira
Fernão Ferro
Quinta do Anjo
Palmela
SETÚBAL
Vila Nogueira de Azeitão
Serra da Arrábida
Troia
Rio Sado
Pinhal Novo
OCEANO ATLANTICO

0 2 4 6 8 10km

LUTON
Stevenage
Aylesbury
Hemel Hempstead
St. Albans
Hertford
Harlow
Chelmsford
High Wycombe
Watford
Maidenhead
Slough
Windsor
LONDON
Brentwood
Basildon
SOUTHEND on-Sea
Rochester
Gillingham
Chatham
Grays Thurrock
Gravesend
Woking
Guildford
Reigate
Crawley
Sevenoaks
MAIDSTONE
Royal Tunbridge Wells
Tonbridge
0 5 10 15 20km
0 5 10 Miles

LYON
VILLEURBANNE
CALUIRE-ET-CUIRE
RILLIEUX-la-Pape
MIRIBEL
VAULX-en-Velin
ST-DIDIER-au Mt-d'Or
CHARBONNIÈRES les Bains
ECULLY
TASSIN-La-Demi-Lune
FRANCHEVILLE
Ste-Foy-lès-Lyon
LA MULATIÈRE
OULLINS
CHAPONOST
PIERRE-BÉNITE
ST-GENIS-Laval
VÉNISSIEUX
BRON
Décines-Charpieu
CHASSIEU
ST-PRIEST
1 : 100 000

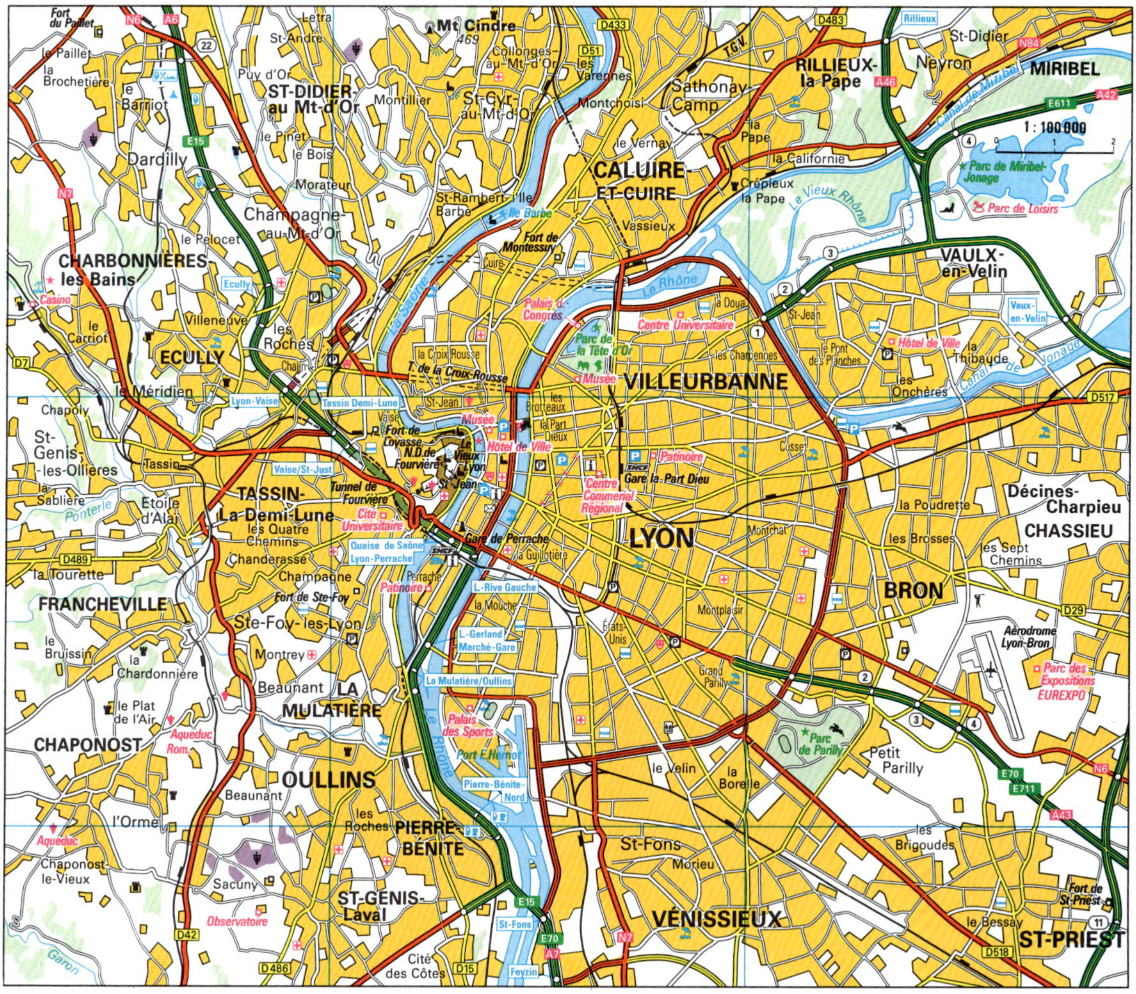

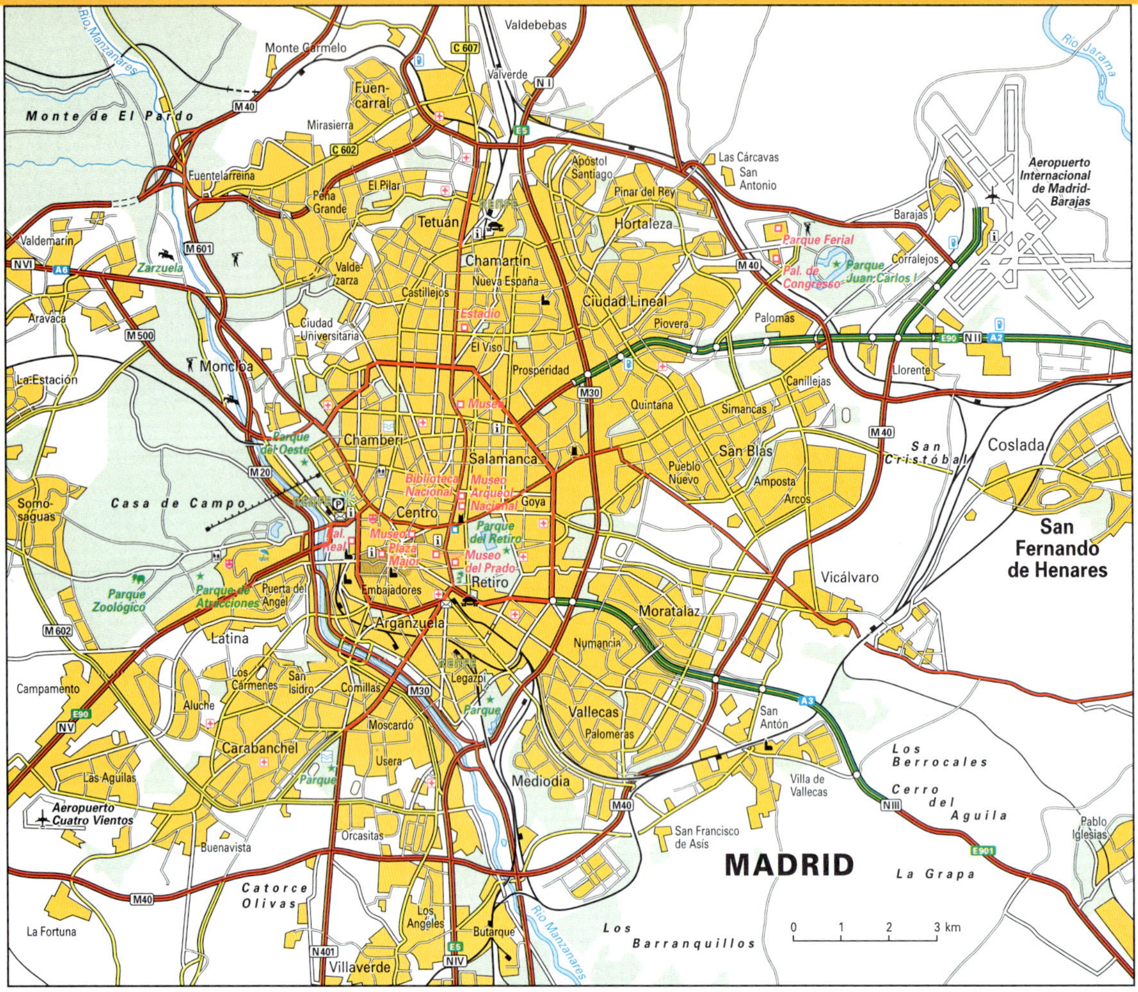
MADRID
Monte de El Pardo
Monte Carmelo
Valdebebas
Valverde
Fuencarral
Mirasierra
Fuentelarreina
Peña Grande
El Pilar
Tetuán
Chamartín
Nueva España
Ciudad Lineal
Hortaleza
Pinar del Rey
Apóstol Santiago
Las Cárcavas
San Antonio
Aeropuerto Internacional de Madrid-Barajas
Barajas
Corralejos
Parque Ferial
Pal. de Congresos
Parque Juan Carlos I
Valdemarín
Zarzuela
Aravaca
Valdezarza
Castillejos
Estadio
Ciudad Universitaria
El Viso
Prosperidad
Piovera
Palomas
Llorente
Canillejas
Simancas
Quintana
La Estación
Moncloa
Parque del Oeste
Chamberí
Museo
Salamanca
Pueblo Nuevo
San Blas
Amposta
Arcos
San Cristóbal
Coslada
San Fernando de Henares
Somosaguas
Casa de Campo
Biblioteca Nacional
Museo Arqueol. Nacional
Goya
Centro
Pal. Real
Museo
Plaza Mayor
Parque del Retiro
Museo del Prado
Retiro
Embajadores
Parque Zoológico
Parque de Atracciones
Puerta del Ángel
Latina
Arganzuela
Moratalaz
Vicálvaro
Numancia
Campamento
Los Cármenes
San Isidro
Comillas
Legazpi
Parque
Aluche
Moscardó
Vallecas
Palomeras
San Antón
Carabanchel
Usera
Mediodía
Villa de Vallecas
Los Berrocales
Cerro del Águila
Las Águilas
Aeropuerto Cuatro Vientos
Parque
San Francisco de Asís
Orcasitas
Buenavista
Pablo Iglesias
Catorce Olivas
La Grapa
La Fortuna
Los Ángeles
Butarque
Los Barranquillos
Villaverde
Río Manzanares
Río Jarama
0 1 2 3 km

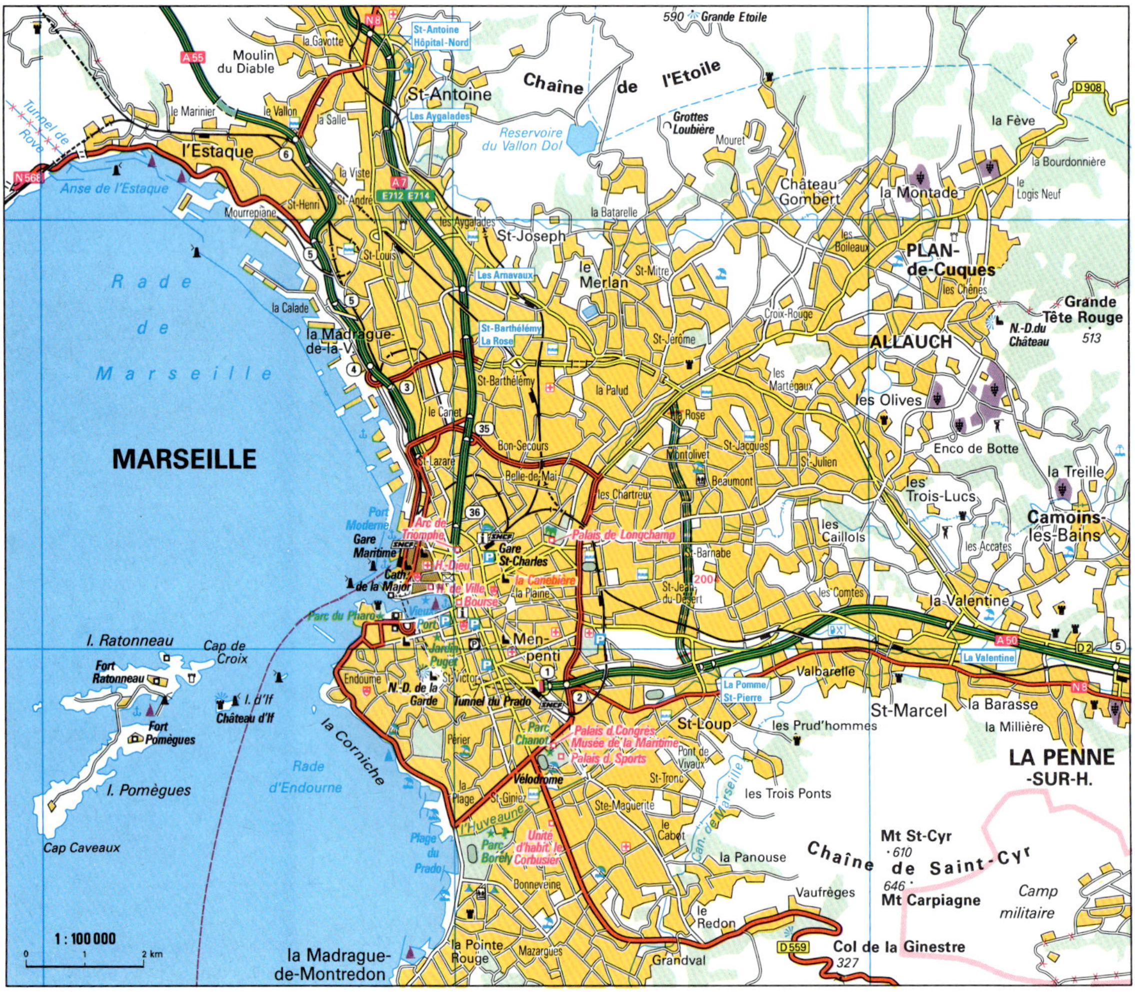
MARSEILLE
590 Grande Etoile
St-Antoine Hôpital-Nord
Moulin du Diable
la Gavotte
Chaîne de l'Etoile
Grottes Loubière
Mouret
la Fève
la Bourdonnière
le Logis Neuf
Tunnel de Rove
le Marinier
le Vallon
la Salle
St-Antoine
Les Aygalades
Reservoire du Vallon Dol
l'Estaque
Anse de l'Estaque
Mourrepiane
la Viste
St-Henri
St-André
les Aygalades
St-Joseph
la Batarelle
Château Gombert
la Montade
PLAN-de-Cuques
les Boileaux
les Chênes
Rade de Marseille
St-Louis
Les Arnavaux
le Merlan
St-Mitre
la Calade
la Madrague-de-la-V.
St-Barthélémy
La Rose
St-Jérôme
Croix-Rouge
Grande Tête Rouge
513
N.-D.du Château
ALLAUCH
St-Barthélémy
la Palud
les Martégaux
les Olives
le Canet
Rose
Enco de Botte
Bon-Secours
Montolivet
St-Jacques
St-Julien
la Treille
St-Lazare
Belle-de-Mai
Beaumont
les Chartreux
les Trois-Lucs
Camoins-les-Bains
Port Moderne
Arc de Triomphe
Gare Maritime
Palais de Longchamp
les Caillols
les Accates
Gare St-Charles
H.-Dieu
Cath. de la Major
la Canebière
H. de Ville
Bourse
la Plaine
la Barnabe
St-Jean du Désert
les Comtes
la Valentine
Parc du Pharo
Vieux Port
Jardin Puget
Men-penti
I. Ratonneau
Fort Ratonneau
Cap de Croix
I. d'If
Château d'If
Fort Pomègues
St-Victor
Endoume
N.-D. de la Garde
Tunnel du Prado
La Pomme/St-Pierre
Valbarelle
La Valentine
St-Marcel
la Barasse
la Millière
St-Loup
les Prud'hommes
LA PENNE -SUR-H.
I. Pomègues
la Corniche
Rade d'Endoume
Périer
Parc Chanot
Palais d. Congrès
Musée de la Marine
Palais d. Sports
Vélodrome
Pont de Vivaux
St-Tronc
les Trois Ponts
Ste-Marguerite
Cap Caveaux
l'Huveaune
St-Giniez
Plage du Prado
Parc Borély
Unité d'habit. le Corbusier
le Cabot
la Panouse
Chaîne de Saint-Cyr
Mt St-Cyr
610
646
Mt Carpiagne
Camp militaire
Vaufrèges
Bonneveine
le Redon
1 : 100 000
0 1 2 km
la Madrague-de-Montredon
la Pointe Rouge
Mazargues
Grandval
Col de la Ginestre
327

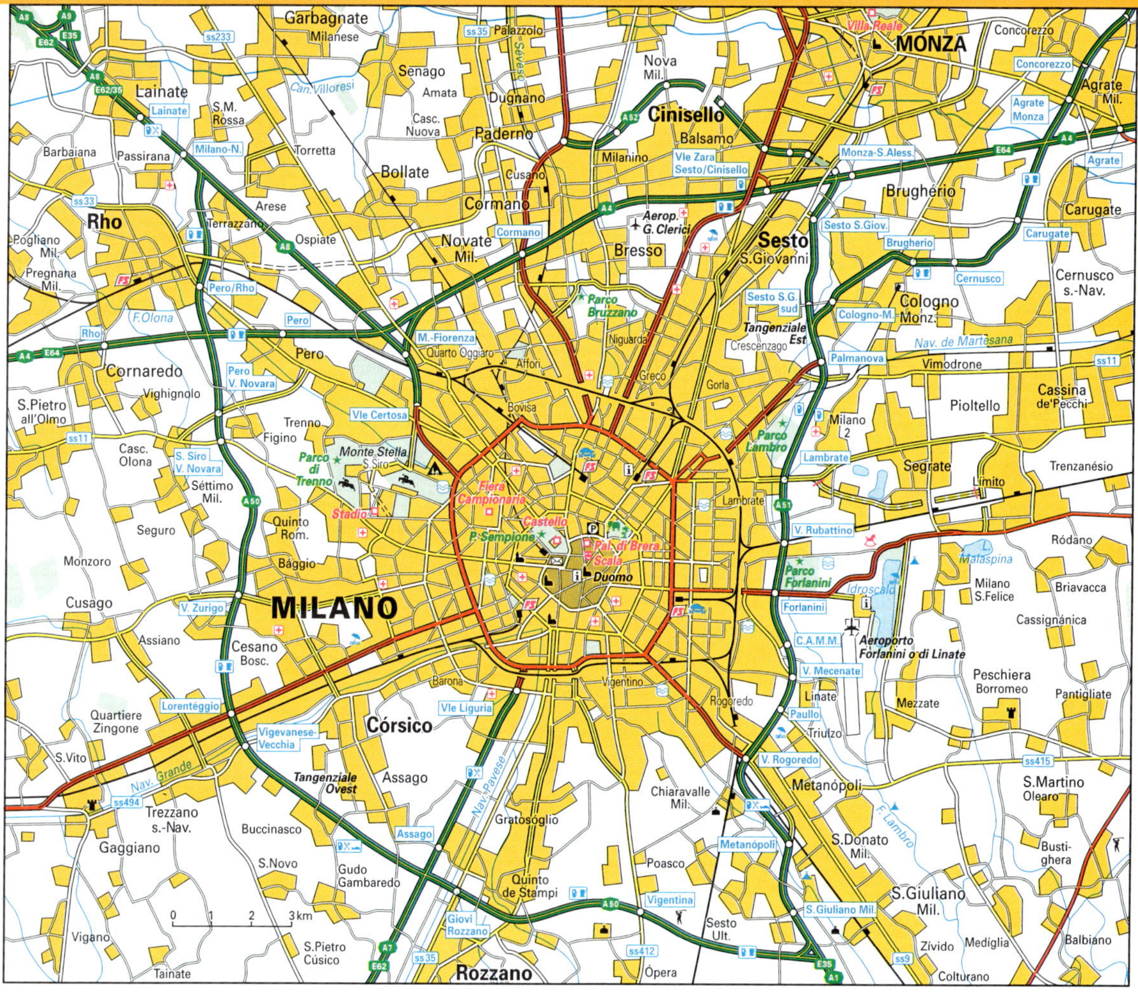

MILANO

Garbagnate Milanese
Palazzolo
Senago
Amata
Casc. Nuova
Dugnano
Paderno
Nova Mil.
Cinisello Balsamo
Milanino
Villa Reale
MONZA
Concorezzo
Agrate Mil.
Lainate
S.M. Rossa
Torretta
Bollate
Cusano
Barbaiana
Passirana
Arese
Cormano
Aerop. G. Clerici
Bresso
Sesto S.Giovanni
Brughério
Carugate
Rho
Terrazzano
Ospiate
Novate Mil.
Pogliano Mil.
Pregnana Mil.
Cernusco s.-Nav.
Cologno Monz.
F. Olona
Parco Bruzzano
Niguarda
Quarto Oggiaro
Affori
Tangenziale Est
Crescenzago
Nav. de Martesana
Vimodrone
Pero
Cornaredo
Vighignolo
Greco
Gorla
Pioltello
Cassina de' Pecchi
S.Pietro all'Olmo
Trenno
Figino
Bovisa
Milano 2
Parco Lambro
Segrate
Limito
Trenzanésio
Casc. Olona
Monte Stella
Parco di Trenno
Séttimo Mil.
Fiera Campionaria
Stadio
Lambrate
Quinto Rom.
Castello
P. Sempione
Pal. di Brera
Scala
Duomo
Seguro
Monzoro
Bággio
Parco Forlanini
Idroscalo
Malaspina
Ródano
Milano S.Felice
Briavacca
Cusago
MILANO
Cassignánica
Assiano
Cesano Bosc.
Aeroporto Forlanini o di Linate
Barona
Vigentino
Rogoredo
Linate
Peschiera Borromeo
Quartiere Zingone
Mezzate
Pantigliate
Triulzo
Córsico
S.Vito
Tangenziale Ovest
Assago
Nav. Pavese
Nav. Grande
Chiaravalle Mil.
Metanópoli
S.Martino Olearo
Trezzano s.-Nav.
Gratosóglio
S.Donato Mil.
F. Lambro
Buccinasco
Busti-ghera
Gaggiano
S.Novo
Gudo Gambaredo
Quinto de Stampi
Poasco
S.Giuliano Mil.
Vigano
0 1 2 3 km
Sesto Ult.
Zivido
Mediglia
Balbiano
Tainate
S.Pietro Cúsico
Rozzano
Ópera
Colturano

MÜNCHEN

Neuhimmelreich
Olympia-regatta-see
Flugzeug-mus.
Eschenried
Karlsfeld
Würm-Kanal
Dr. M.-Feldmoching
Kr. M.-Nord
Ismaning
Neuherberg
Hasenbergl
Speichersee
Fasanerie
Feldmoching
Lerchenau
M. Kieferngarten
Freimann
0 1 2 3 km
Milbertshofen
Unter-föhring
Feringasee
Aschheim/Ismaning
Landsham
Allach
Untermenzing
Moosach
Kirchheim
Hausen
MÜNCHEN
Lochhausen
Langwied
Mittlerer Ring
Olympia-Stadion
Olympia-park
Johanneskirchen
Asch-heim
Aubing
Obermenzing
Gern
Schwabing
Oberföhring
Autokino
Heimstetten
Nymphenburg
Blutenburg
Schloß Nymphenburg
Neuhausen
Englischer Garten
Englschalking
Daglfing
Dornach
Feldkirchen
Kr. M.-Ost
Neuaubing
Pina-kothek
Pr. Carl-Palais
Bogenhausen
Zamdorf
Feldkirchen-West
Freiham
Hauptbhf.
Frauenk.
Bayer. Nat. Mus.
Riem
M.-Riem
Salmdorf
Ottendichl
Lochham
Pasing
Asamk.
Residenz
Ostbahnhof
Berg
Kirchtrudering
Neue Messe München
Gräfelfing
Laim
Theresien-wiese
Westpark
Deutsches Museum
a. Laim
Gronsdorf
Klein
Neuhadern
Untersendling
Ramersdorf
Trudering
Eglfing
Maria Eich
Hadern
Groß
Mittersendling
Giesing
Mittlerer Ring
Waldtrudering
Haar
Vaterstetten
Martinsried
Fürstenried
Obersendling
Neuperlach
Planegg
Forstenried
Thalkirchen
Tierpark Hellabrunn
Harlaching
Fasangarten
Perlach
Solalinden
Krailling
Neuried
Hl. Kreuz
Unterbiberg
Waldperlach
Oeden-stockach
Stockdorf
Forst Kasten
Maxhof
Solln
Unterhaching
Putzbrunn
St. Ottilie
Unterdill
Perlacher Forst
Neubiberg
Grasbrunn
Gauting
Forstenrieder
Wamberg
Großhesselohe
Unter-haching
Ottobrunn
Buchendorf
Bavaria Filmgelände
Riemerling
Hohenbrunn
Pullach im Isartal
Westerham
Höhenkirchener Forst
Park
Höllriegels-kreuth
Grünwald
Ottosäule
Hohenbrunn
Taufkirchen
Ottobrunn
Buchenhain
Neukirch-stockach
Schwaige
Oberdill
Oberhaching
Kr. München/Brunnthal
Höhen-kirchen
Siegertsbrunn
Grünwalder Forst

Kjaglia
Burud
Løven-skioldbanen
Bogstad-vannet
Kragstøtten
Kjelsås
Alnsjøen
Romsås
Muserud
Skollerud
Holmenkoll-bakken
Ammerud
Kaldbakken
Grorud
Haug
Lomma
Isielva
Ila
Bogstad
Hov-seter
Slemdal
Tåsen
Nydalen
Tonsen-hagen
Veitvet
Bærums Verk
Rykkinn
Øster-ås
Eiksmarka
Ris
Museum
Ullevål
Ring 3
Rustad
Hosle
Huseby
Smestad
Majorstua
Sagene
Sinsen
Økern
Loelva
Furuset
Bryn
Smestad
Nadderud
Ullern
Skøyen
Frogner-parken
Ring 2
Holtet
Brenne
Jar
Bislett
Fager-holt
Haslum
Lysaker
Unie
Ring 1
Tveita
Hellerud
Kolsås
Bærum
Fornebu
Bygdøy
Kon-Tiki museet
Vikingskip museet
Rådhuset
Domkirke
Munch-museet
Lutvann
.420
Stovi-vannet
Valler
Høvik
Akershus slott og festning
Høyenhall
Skøyen
Oppsal
Sandvika
Lysaker-fjorden
Norsk Sjøfarts-museum
Gamlebyen
Manglerud
Østmark-setra
Kattås
Bjerke
Blommen-holm
Hovedøya
Bleikøya
Lindøya
Sara-bråten
Nord-Elvåga
Holo
Tanum
Jong
Kunstsenter
Kalvøya
Nakk-holmen
Rambergøya
Nøkle-vann
Billingstad
Borøya
Snarøya
OSLO
Ormøya
Bekkelaget
Lambert-seter
Bøler
Holtet
Langøyene
Sørli
Munkelia
Bogerud
Nes
Nesøya
Grimsøya
Nesoddtangen
Ostøya
Malmøya
Ulvøya
Nordstrand
Sør-Elvåga
Semsvannet
Holmen
Oksval
Tangen
Ljabru
Østmark-kapellet
Asker
Nesbru
Brønnøya
Sjøstrand
Ursvik
Dal
Hval
Langåra
Gåsøya
Ildjernet
Helvik
Bunne-fjorden
Ljan
Hauketo
Grønmo
Høn
Holmen
Bøssen
Sunnås
Berger
Godheim
Bondi
Leangbukta
Blakstadbukta
Flateby
Fjordvangen
Holm
Klemetsrud
Bleiker
Borgen
Bjerkøya
Alvern
Maurtu
Borgen
Gullhella
Blakstad
Oslo-fjorden
Bekkeli-tjern
Torvvik
Ingier-strand
Rike-åsen
Kolbotn
Inger-åsen
Eid
Vollen
Ellingstad
Løs
Torvet
Bjørns-rud
Kolbotn-vann
Nesodden
Sol-bråten
Ommen
210.
Siggerud
Skjelle-stad
Sætre
Sjøstrand
Fjell-strand
Jær
Bomanns-vik
Bråten
Myrvoll
Dalbo
Naverud
Grøstad
Rødstein
Gjer-sjøen
Bjerkås
Hegge-dal
Tajet
Nordstrand
Granerud
Svarts-skog
Stallerrud
Under-land
Hasle
By-åsen
Bru
Svestad
Bly-laget
Oppe-gård
Hallen
Slemmestad
Greverud
Nærsnes-bukta
Hajum
Foss
Hogstad
Svestad
Garder
Sjødal
Oppegård
Nærsnes
Langåra
Spro
Nebba
0 1 2 3km

Maubuisson
Taverny
Forêt de Montmorency
Ezanville
Bouqueval
Goussainville
Mauregard
Ville-neuve
Cergy-Pontoise
Beauchamp
St-Leu
Domont
Écouen
Villiers
le Mesnil-Amelot
Thieux
Jouy-le-Moutier
Conflans-St-Honorine
Taverny
Eaubonne
Sarcelles
le Thillay
Roissy
RER
Aéroport Charles de Gaulle
Compans
Patinoire
St-Leu
Ermont
Gonesse
Maurecourt
Musée
Herblay
Franconville
Montmorency
Mitry-Mory
Andrésy
Franconville
Groslay
Garges
Parc des Expositions
SNCF
Cormeilles
St-Gratien
Enghien
Patinoire
Pierrefitte
Aéroport du Bourget
Tremblay
Maisons-Laffitte
Argenteuil-N
St-Denis
Stains
Musée de l'Air
Gressy
Achères
Argenteuil
Sannois
Villepinte
Canal de l'Ourcq
Ville-parisis
Poissy
Forêt de St-Germain
Patinoire
Parcs
Le Blanc-Mesnil
Aulnay
Claye-Souilly
Bezons
Gennevilliers
Aulnay s-s-Bois
Colombes-Centre
Villeneuve La Garenne
Stade de France
le Bourget
Vaujours
N.Dame
ST-GERMAIN-en-Laye
Houilles
Bois-Colombes
Drancy
Livry-Gargan
Coubron
le Pin
Ville-vaudé
Musée
Terrasse
Jardin Anglais
Nanterre
Colombes
Patinoire
Asnières
Clichy
Bobigny
les Pavillons
Bondy-N
N.D des Anges
Clichy
le Vésinet
Courbevoie
Bondy
Raincy
Chambourcy
Musée
Nanterre
La Gde Arche
Neuilly-s-Seine
Sacré Cœur
Aubervilliers
Pantin
Romain-ville
Patinoire
Gagny
Forêt
Chatou
Expo
Arc de Triomphe
Romainville
Rosny-s/s-B.
Chelles
Brou-s-Chantereine
Marly-le-Roi
Rueil-Malmaison
Musée
Louvre
PARIS
Rosny-N
Patinoire
Marne-la-V./Lagny
Boulogne-Billancourt
Bois de Boul.
Montreuil
Neuilly-Plaisance
Champs-s-M.
Brie-Comte-Robert
Marly-le-Roi
Parc de Marly
St-Cloud
Boulogne
Tour Eiffel
Notre Dame
Vincennes
Champs
Noisiel
Torcy
Noisy-le-Roi
Pavillon du Butard
Vaucresson
Patinoire
Nogent-s-M.
Noisy-le-Gd.
Bailly
Chesnay
Parc
Sèvres
P. St-Cloud
Jardin
Expo
Patinoire
Château de Vincennes
Parc
Joinville
Emerainville
Lagny
Arboretum Trianons
Manufact.
Bibl. nat. de France
Val Maubuée
Bois-d'Arcy
Jardins
VERSAILLES
Meudon
Montrouge
Ivry-s-Seine
Maisons-Alfort
Joinville
Champigny-s-M.
St-Cyr
Château
Musée
Chaville
Musée
Clamart
Patinoire
Créteil-L'Échat
Chennevières
Roissy
Chêne d. Missions
Observatoire
Bagneux
Arcueil
St-Maur
la-Queue-en-Brie
St-Quentin
Versailles-C
Vélizy-O.
Vélizy-E. Villacoublay
Parc de Sceaux
RER
Roseraie l'Haÿ
Vitry-s-S.
Créteil
Créteil
Ormesson
Pontault-Combault
Bièvre
Patinoire
Sceaux
Choisy
Hôtel de Ville
Bonneuil
Noiseau
Montigny
Guyan-court
Jouy-en-J.
Rungis
Thiais
Choisy-le-Roi
la Francilienne
Buc
les Loges
Musée
Antony
Fresnes
Fresnes
Rungis
Sucy-en-Brie
Forêt de Notre Dame
Ozoir-la-F.
Magny-l.-H.
Toussus-le-Noble
Bièvres
Vau-hallan
Longjumeau
Rungis
Orly
Valenton
RER
Boissy-St-Léger
Châteaufort
Château de Gros-Bois
Lésigny
Parc Régional de la Haute Vallée de Chevreuse
Palaiseau
Aéroport d'Orly
Villeneuve-St-G.
Yerres
Santeny
Férolles
Chevreuse
Saclay
École Polytechnique
Gare de Massy-Pal.
Massy
Villeneuve-le-Roi
Villecresnes
Servon
Chevry
Ch. de la Chevreuse
St-Rémy
St-Aubin
Gif
Orsay
Palaiseau
Orsay
Morangis
Patinoire
Mandres-les-Roses
Brie-Comte-Robert
T.G.V
Chât. de Coubertin
RER
Bures-s-Y.
Courtabœuf
Villebon
Juvisy-s-O.
Athis-Mons
Montgeron
Patinoire
Brunoy
Moulin de Jarcy
Grisy
Gometz
les Ulis
Villejust
Longjumeau
Savigny-s-O.
Draveil
Epinay
Varennes-Jarcy
0 1 2 3 4km

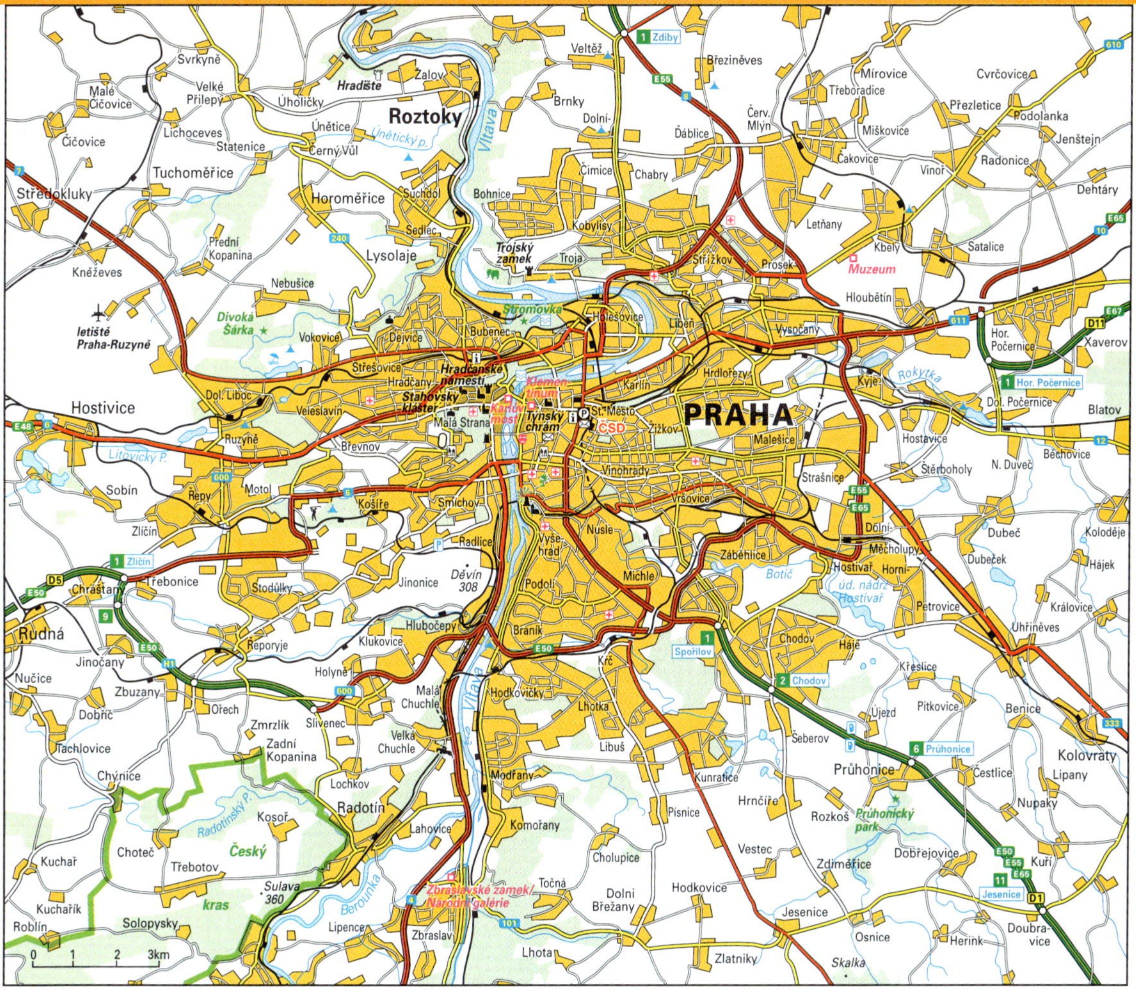

PRAHA

Roztoky
Svrkyně
Velké Přílepy
Malé Číčovice
Číčovice
Úholičky
Hradiště
Zálov
Únětice
Lichoceves
Statenice
Černý Vůl
Tuchoměřice
Středokluky
Horoměřice
Suchdol
Sedlec
Přední Kopanina
Lysolaje
Kněževes
Nebušice
letiště Praha-Ruzyně
Divoká Šárka
Vokovice
Dejvice
Bubeneč
Střešovice
Hradčany
Hradčanské náměstí
Strahovský klášter
Malá Strana
Karlův most
Klementinum
Týnský chrám
St. Město
ČSD
Karlín
Žižkov
Hostivice
Dol. Liboc
Veleslavín
Ruzyně
Břevnov
Sobín
Řepy
Motol
Košíře
Smíchov
Zličín
Třebonice
Stodůlky
Jinonice
Radlice
Děvín 308
Vyšehrad
Podolí
Nusle
Vinohrady
Vršovice
Michle
Chrášťany
Rudná
Jinočany
Reporyje
Klukovice
Hlubočepy
Braník
Krč
Nučice
Zbuzany
Holyně
Dobříč
Ořech
Malá Chuchle
Velká Chuchle
Hodkovičky
Lhotka
Libuš
Tachlovice
Zmrzlík
Zadní Kopanina
Slivenec
Chýnice
Lochkov
Radotín
Modřany
Kosoř
Radotínský p.
Český kras
Choteč
Třebotov
Kuchař
Kuchařík
Roblín
Solopysky
Sulava 360
Lipence
Zbraslav
Zbraslavský zámek / Národní galérie
Lahovice
Komořany
Točná
Cholupice
Dolní Břežany
Lhota
Berounka
Vltava
Veltěž
Zdiby
Brnky
Dolní Chabry
Bohnice
Čimice
Ďáblice
Kobylisy
Trojský zámek
Troja
Stromovka
Holešovice
Libeň
Střížkov
Březiněves
Čer. Mlýn
Třeboradice
Mírovice
Miškovice
Čakovice
Vinoř
Letňany
Kbely
Muzeum
Prosek
Vysočany
Hloubětín
Hrdlořezy
Malešice
Cvrčovice
Přezletice
Podolanka
Radonice
Jenštejn
Dehtáry
Satalice
Hor. Počernice
Dol. Počernice
Xaverov
Blatov
Rokytka
Kyje
Hostavice
Štěrboholy
N. Dueč
Běchovice
Strašnice
Dolní Měcholupy
Zábělice
Hostivař
ud. nádrž Hostivař
Horní Měcholupy
Botič
Dubeč
Dubeček
Koloděje
Hájek
Petrovice
Královice
Uhříněves
Spořilov
Chodov
Háje
Křeslice
Újezd
Pitkovice
Benice
Šeberov
Průhonice
Průhonický park
Kolovraty
Lipany
Čestlice
Nupaky
Kunratice
Písnice
Hrnčíře
Rozkoš
Vestec
Zdiměřice
Dobřejovice
Kuří
Hodkovice
Jesenice
Osnice
Herink
Doubravice
Zlatníky
Skalka
Litovický p.
Únětický p.

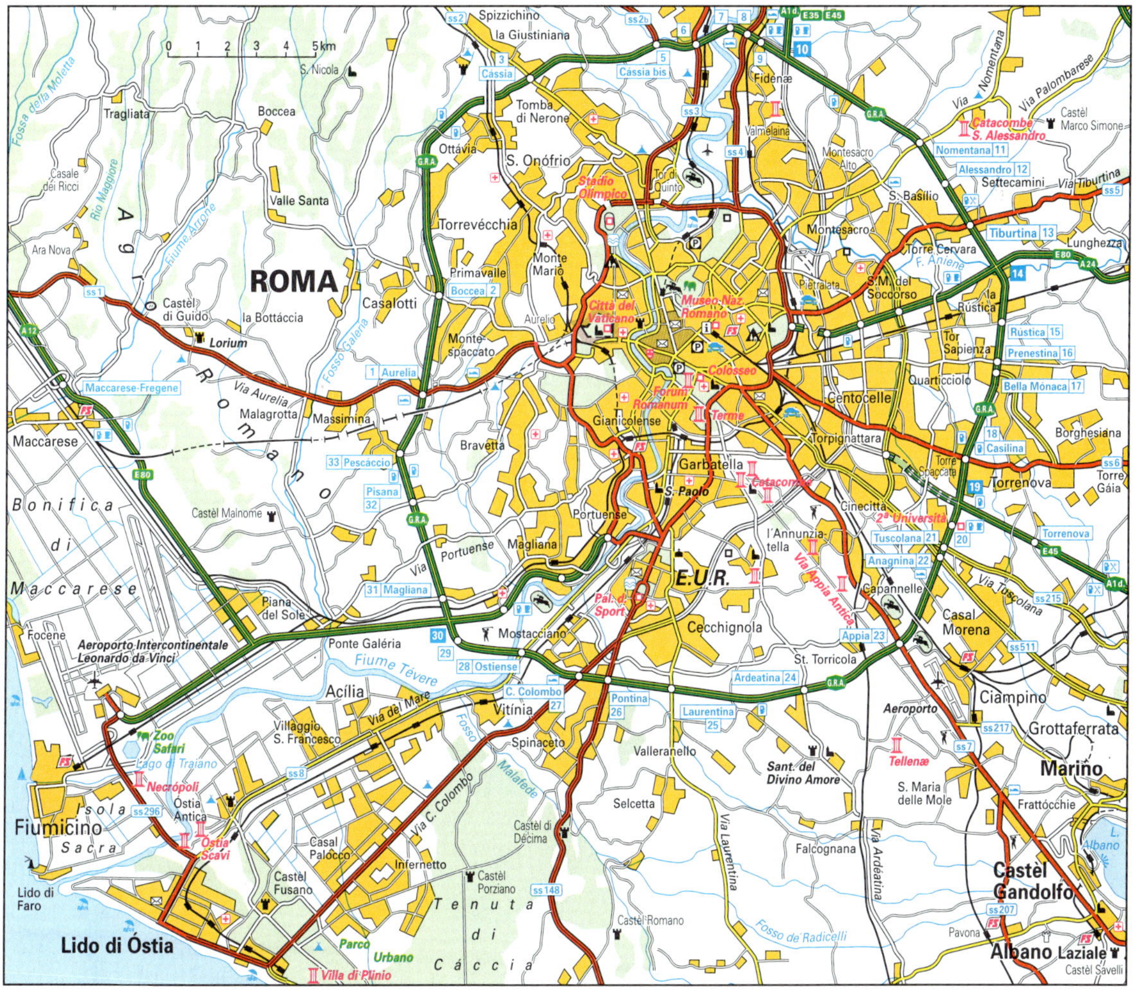

0 1 2 3km

ROMA

0 1 2 3 4 5km

Spizzichino
la Giustiniana
S. Nicola
Tragliata
Boccea
Tomba di Nerone
Fidenae
Via Nomentana
Via Palombarese
Castel Marco Simone
Catacombe S. Alessandro
Ottavia
S. Onofrio
Stadio Olimpico
Casale dei Ricci
Valle Santa
Torrevécchia
Montesacro Alto
S. Basilio
Settecamini
Via Tiburtina
Fossa della Moletta
Rio Maggiore
Fiume Arrone
Ara Nova
Agro Romano
Primavalle
Monte Mario
Museo Naz. Romano
Montesacro
Torre Cervara
Lunghezza
Pietralata
S. M. del Soccorso
F. Aniene
Rustica
Castel di Guido
la Bottáccia
Casalotti
Lorium
Città del Vaticano
Aurelio
Monte spaccato
Tor Sapienza
Via Aurelia
Malagrotta
Massimina
Colosseo
Foro Romano
Terme
Quarticciolo
Centocelle
Maccarese-Fregene
Maccarese
Gianicolense
Bravetta
Torpignattara
Borghesiana
Torre Gaia
Garbatella
S. Paolo
Catacombe
Torrenova
Bonifica di Maccarese
Castel Malnome
Portuense
Cinecittà
2ª Università
l'Annunziatella
Magliana
Via Portuense
Via Appia Antica
E.U.R.
Capannelle
Via Tuscolana
Casal Morena
Focene
Piana del Sole
Pal. d. Sport
Cecchignola
Aeroporto Intercontinentale Leonardo da Vinci
Ponte Galéria
Mostacciano
St. Torricola
Fiume Tevere
Ciampino
Acilia
Via del Mare
Vitinia
Aeroporto
Grottaferrata
Villaggio S. Francesco
Spinaceto
Zoo Safari
Vallerano
Lago di Traiano
Sant. del Divino Amore
Tellenæ
Marino
Necropoli
Fosso Malafede
S. Maria delle Mole
Frattócchie
Isola Sacra
Ostia Antica
Via C. Colombo
Selcetta
Fiumicino
Ostia Scavi
Castel di Décima
Via Laurentina
Via Ardeatina
Falcognana
L. Albano
Casal Palocco
Infernetto
Castel Gandolfo
Lido di Faro
Castel Fusano
Castel Porziano
Tenuta di Cáccia
Castel Romano
Fosso de Radicelli
Pavona
Lido di Óstia
Parco Urbano
Villa di Plinio
Albano Laziale
Castel Savelli

Voerde
Dinslaken
Dinsl. Nord
Dinsl. Süd
Stockum
Götterswickerhamm
Möllen
Stapp
Eversael
Orsoy
Bruckhausen
Sträterei
Feuerwacht-T.
Grafenwald
Kr. Oberhsn.
Königshardt
Walsum
Hünxe
DU-Walsum
Oberh.-Holten
DU-Marxloh
DU-Hamborn
Binsheim
Baerl
Rhein
Beeckerwerth
DU-Beeck
DU-Untermeiderich
DU-Mittelmeiderich
Kr. Oberhsn.-W.
Oberhsn.-Lirich
Oberhsn.-Osterfld
OBERHAUSEN
MOERS
Homberg
Kr. DU
Hafen
Salvatorkr.
Schl. Styrum
Kr. DU-Kaiserberg
Denkmal v. Mercator
DUISBURG
DU-Hochfeld
DU-Wanheimerort
DU-Wedau
Sportpark Wedau
Schl. Broich
Petrik
MÜLHEIM a.d.Ruhr
Flughfn. Essen-Mülheim
DU-Buchholz
Saarn
Mark
Selbeck
Großenbaum
Mündelheim
DU-Süd
Serm
Rahm
Kr. Breitscheid
Schl. Landsberg
Breitscheid
Laupendahl
Harding-hausen
Movie World
Hs. Beck
Gladbeck
Dr. Bottrop
Wittringen
Gladb.-Ellingh.
BOTTROP
Museum
Revierpark Vonderort
Bottrop/Essen-Borbeck
Kr. Essen-Nord
Essen-Altenessen
Gelsenk.-Heßler
ESSEN
Münster
Hbf.
Dr. Essen-Ost
E.-Bergerhsn.
E.-Süd
E.-Rüttenscheid
Messe/Gruga
Gruga-park
Folkwang mus.
Schl. Schellenberg
E.-Bredeney
Villa Hügel
Stadtwald
Baldeneysee
Werden
Abtei kirche
Museumseisenbahn
Ruhrland-Klinik
Kl.-Umstand
Velbert
Heidhausen
Kettwig
RECKLINGHSN.
Reckl./Herten
Hs. Lüttinghof
Polsum
Westerholt
Scholven
Buer
Löwenpark
Wasserschl.
Herten
Recklinghsn.
Schl. Berge
Gelsenk.-Buer
Reckl./Hochlarmark
GELSEN-KIRCHEN
Ruhrzoo
Gelsenk.-Bismarck
Schl. Horst
Horst
Kr. Herne
BOCHUM
Hattingen
Bismarck-turm
Kupferdreh
Bredenscheid
Langenberg

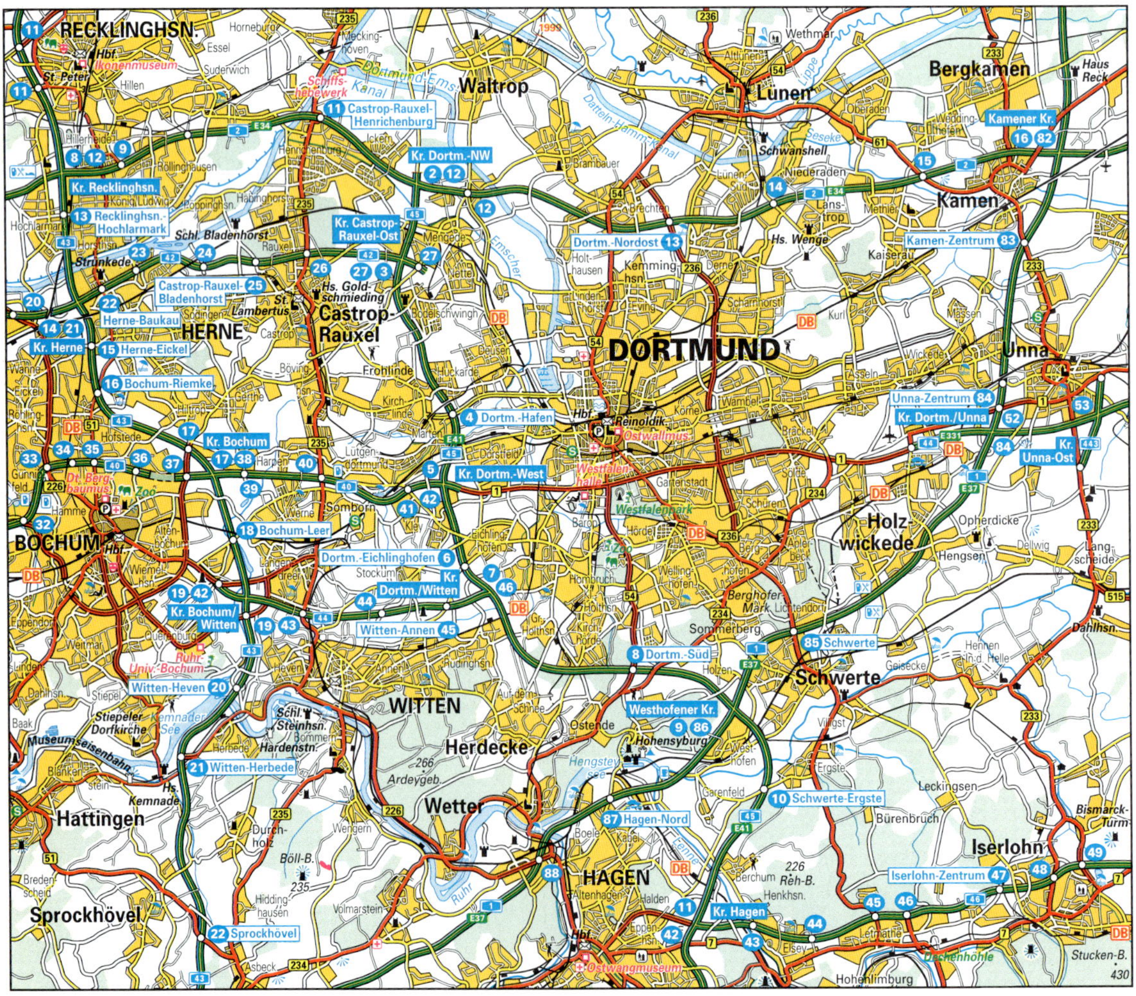

RECKLINGHSN.
Hbf.
Ikonenmuseum
St. Peter
Schiffshebewerk
Dortmund-Ems-Kanal
Castrop-Rauxel-Henrichenburg
Waltrop
Kr. Dortm.-NW
Kr. Recklinghsn.
Recklinghsn.-Hochlarmark
Schl. Bladenhorst
Kr. Castrop-Rauxel-Ost
Castrop-Rauxel-Bladenhorst
Hs. Goldschmieding
Castrop-Rauxel
Herne-Baukau
HERNE
Kr. Herne
Herne-Eickel
Bochum-Riemke
Kr. Bochum
Bochum-Leer
Dt. Bergbaumus.
BOCHUM
Hbf.
Kr. Bochum/Witten
Ruhr-Univ.-Bochum
Witten-Heven
Kemnader See
Stiepeler Dorfkirche
Museumseisenbahn
Witten-Herbede
Hs. Kemnade
Hattingen
Sprockhövel
Dortm.-Eichlinghofen
Kr. Dortm./Witten
Witten-Annen
WITTEN
Schl. Steinhsn.
Hardenstn.
Herdecke
Ardeygeb.
Wetter
Sprockhövel
HAGEN
Kr. Hagen
Hohenlimburg
Lünen
Schwanshell
Niederaden
Dortm.-Nordost
DORTMUND
Dortm.-Hafen
Reinoldik.
Ostwallmus.
Kr. Dortm.-West
Westfalenhalle
Westfalenpark
Dortm.-Süd
Westhofener Kr.
Hohensyburg
Hagen-Nord
Schwerte
Schwerte-Ergste
Holzwickede
Bergkamen
Kamener Kr.
Kamen
Kamen-Zentrum
Unna
Unna-Zentrum
Kr. Dortm./Unna
Kr. Unna-Ost
Opherdicke
Iserlohn
Iserlohn-Zentrum
Bismarck-Turm
Dechenhöhle
Haus Reck
Hs. Wenge

Rotebro
Överby
Norrviken
Rotebro
Björkliden
Viby
Norrviken
Edsberg
Kallhäll
Järva-fältet
Häggvik
Sollentuna
Jakobsberg
Barkarby flygfält
Tureberg
Sjöberg
Edsviken
Akalla
Husby
Kista
Danderyds k:a
Nora
Mörby
Barkarby
Tensta
Rinkeby
Kista
Ulriksdal
Sören-torp
Danderyd
Mörby
Stocksund
Skälby
Lunda
Bromsten
Haga Norra
Kälvesta
Nälsta
SUNDBYBERG
Råsunda
Flysta
SOLNA
Hässelby
Vällingby
STOCKHOLM
Grimsta
Bromma
Blackeberg
Ängby
Bromma flygpl.
Huvudsta
Traneberg
Hogsta
Damtorp
Nockeby
Alvik
Fredhäll
Lovön
Drottningholms slott
Kärsön
St. Essingen
Lovö
Edeby
Fågelön
Mälarhöjden
Gröndal
Lunda
Kungshatt
Hägersten
Västertorp
Tappström
Sätra
Bredäng
Solberga
Västertorp
Gällstad
Bredäng
Skärholmen
Segeltorp
Kungens kurva
Älvsjö
Stockholmsmässan
Eriksten
Värby
Kolartorp
Snättringe
Slagsta
Fittja
Värby
Glömsta
Hallunda
Alby
Fittja
Botkyrka
Huddinge
Fullersta
Hörningsnäs
Hallunda
Tumba
Tullinge
Flemingsberg
Balingsnäs
Vretarna
Lottinge-lund
Visinge
Gribbylund
Arninge
Täby
Ensta
Ella
Skarpäng
Hägernäs
Viggbyholm
Näsbypark
Roslags-Näsby
Näsby
Djursholm
Stora Värtan
Storholmen
Sticklinge
Islinge
Tranholmen
Ekhagen
Nordiska mus.
Torsvik
LIDINGÖ
Gåshaga
Lidingön
Bodal
Kaknästornet
Hist. Museet
Vasamuseet
Skansen
Djurgården
Gamla Stan
Kungliga slottet
Kungsholmen
Södermalm
Lilla Värtan
NACKA
Nacka C
Skuru
Björknäs
Storängen
Hammarbyhöjden
Björkhagen
Hästhagen
Årsta
Globen
Enskede
Bagarmossen
Stureby
Skarpnäck
Örby
Hägsätra
Stuvsta
Gubbängen
Skogås
Skondal
Farsta
Fagersjö
Larsboda
St. Mellansjö
Trångsund
Stortorp
Vidja
Länna
Orlången
Rydbo
Ö:a Ryd
Rydboholm
Röskär
Frösvik
Boson
Ådalen
Uteke
Bogesund
Täljö
Åkersberga
Svinningeudd
Rydbo saltsjöbad
Överby
Resarö
Trälhavet
VAXHOLM
Kastellet
Tenö
Karlsudd
Ö.Granh.
Höggarnsfj.
Tegelön
Elfvik
Askrikefjärden
Käppala
Kummelnäs
Brevik
Hasseludden
Boo
Orminge
Kil
Insjön
Gustavsvik
Boo
Lännersta
Skogsö
Baggensfjärden
Fisksätra
Saltsjöbaden
Igelboda
Kolarängen
Solsidan
Tyresöstrand
Älta
Öringe
Bollmora
Skrubba
Tyresö
Trollbäcken
Krusboda
Fornudden
Persudden
Vendelsö
Gudö
Raksta
Solberga
Kalvfjärden
Allmora
Ängsön
Drevviken
Flaxenvik
Betsö
Brevik
Mjölkön
Fågelö
Lervik
Algön
Västra Saxarfjärden
Bjurön
Vårholma
Vreta
Skarmaräng
Skarpö
Rindö
Oskar Fredriksborg
Stenslätten
Ramsö
Tynningö
Skogsön
Solöfj.
N. Lagnö
Koviksudde
Torsby
Torsbyfjärden
Ormingelandet
Räknäs
Aspvik
Gustavsberg
Farstalandet
Mörtnäs
Lillängen
Grisslingen
S.Lagnö
Säteri park
Ingarö
Forsvik
Brunn
Gröndal
Johannesdal
Ägnöfjärden
Gåsö
Ingarölandet
Mörtviken
Agnö
Ingaröfjärden
Erstaviken
Algö
0 1 2 3 4 5km

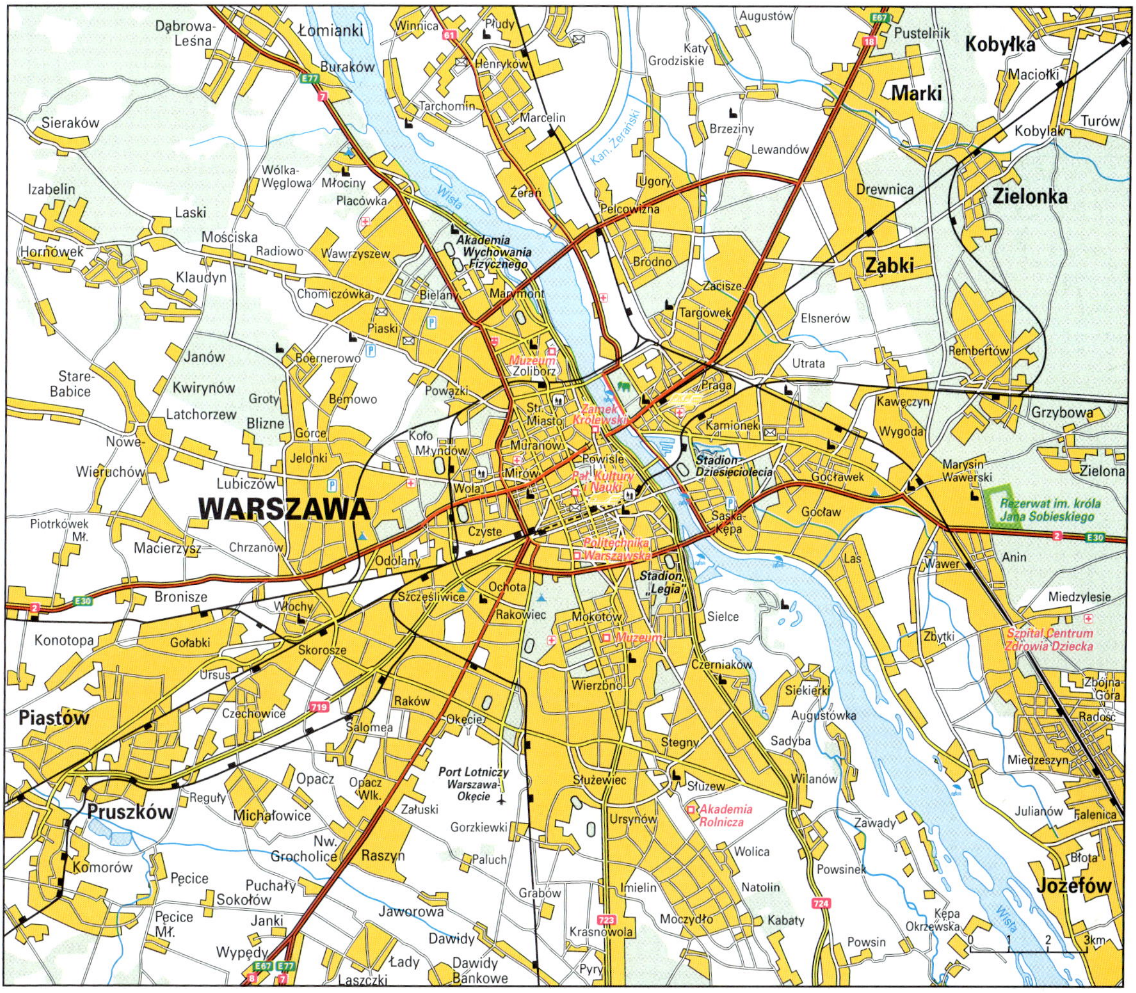

Dąbrowa-Leśna
Łomianki
Winnica
Prüdy
Augustów
Pustelnik
Kobyłka
Katy Grodziskie
Buraków
Henryków
Marki
Maciołki
Sieraków
Tarchomin
Marcelin
Brzeziny
Kobyłak
Turów
Lewandów
Wólka-Węglowa
Młociny
Kan. Żerański
Izabelin
Placówka
Żerań
Ugory
Drewnica
Zielonka
Laski
Pelcowizna
Hornówek
Mościska
Radiowo
Wawrzyszew
Akademia Wychowania Fizycznego
Ząbki
Klaudyn
Chomiczówka
Bielany
Marymont
Bródno
Zacisze
Targówek
Elsnerów
Piaski
Janów
Boernerowo
Muzeum
Żoliborz
Rembertów
Utrata
Stare Babice
Kwirynów
Groty
Bemowo
Powązki
Praga
Kawęczyn
Grzybowa
Latchorzew
Blizne
Górce
Stare Miasto
Zamek Królewski
Kamionek
Wygoda
Nowe-Wieruchów
Kofo
Młynów
Muranów
Stadion Dziesięciolecia
Jelonki
Powiśle
Marysin Wawerski
Zielona
Mirów
Pał. Kultury i Nauki
Gocławek
Lubiczów
Wola
Rezerwat im. króla Jana Sobieskiego
WARSZAWA
Gocław
Piotrkówek Mł.
Czyste
Saska Kępa
Macierzysz
Chrzanów
Politechnika Warszawska
Anin
Odolany
Wawer
Las
Stadion Legia
Bronisze
Szczęśliwice
Ochota
Międzylesie
Włochy
Sielce
Konotopa
Gołąbki
Rakowiec
Mokotów
Muzeum
Zbytki
Szpital Centrum Zdrowia Dziecka
Skorosze
Ursus
Czerniaków
Wierzbno
Siekierki
Zbójna Góra
Piastów
Czechowice
Raków
Augustówka
Radość
Salomea
Okęcie
Stegny
Sadyba
Miedzeszyn
Opacz
Opacz Wlk.
Port Lotniczy Warszawa-Okęcie
Służewiec
Służew
Wilanów
Pruszków
Reguły
Michałowice
Załuski
Julianów
Falenica
Ursynów
Akademia Rolnicza
Gorzkiewki
Zawady
Komorów
Nw. Grocholice
Raszyn
Paluch
Wolica
Powsinek
Błota
Pęcice
Puchały
Sokołów
Grabów
Imielin
Natolin
Józefów
Janki
Jaworowa
Pęcice Mł.
Krasnowola
Moczydło
Kabaty
Kępa Okrzewska
Wisła
Wypędy
Dawidy
Powsin
Łady
Dawidy Bankowe
Pyry
Laszczki
0 1 2 3km

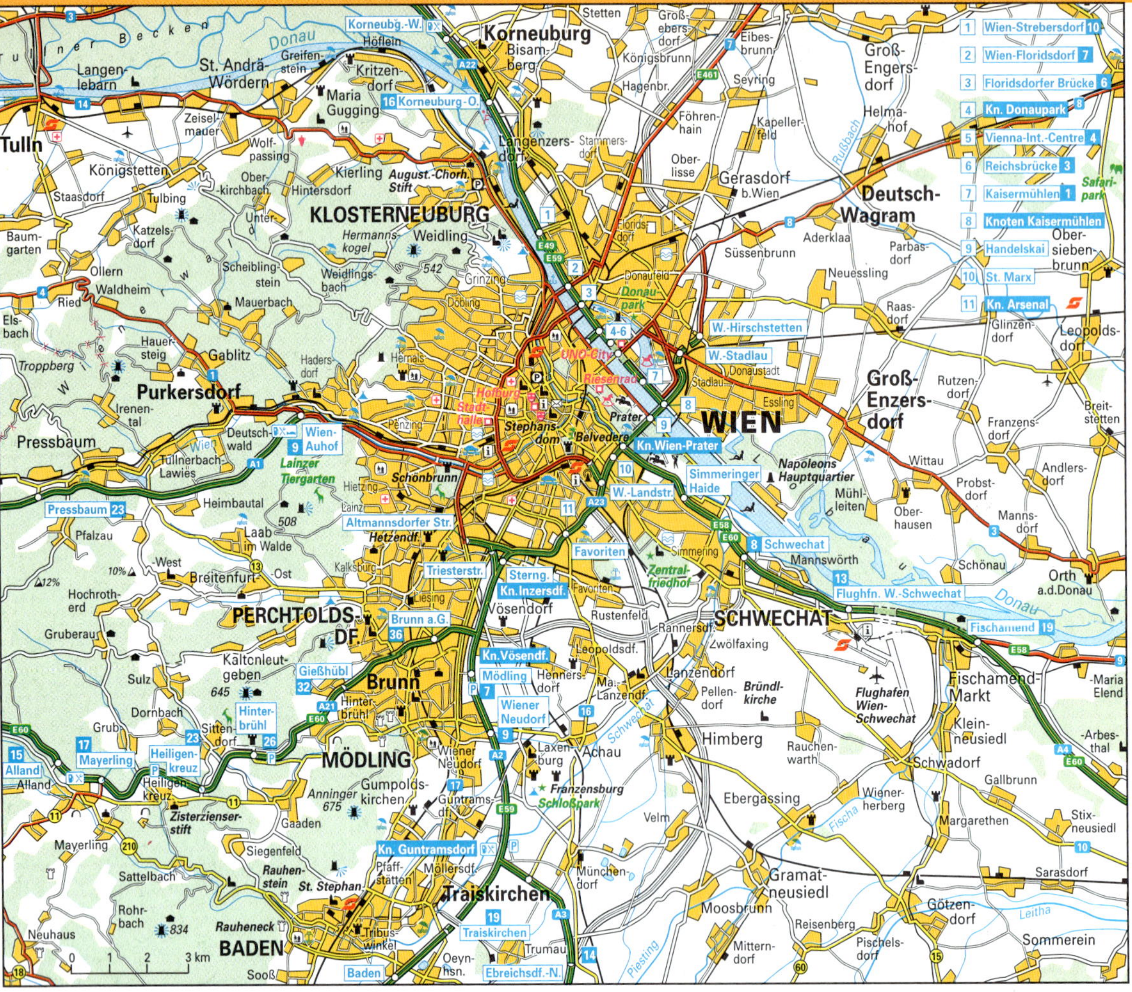

1 Wien-Strebersdorf 10
2 Wien-Floridsdorf 7
3 Floridsdorfer Brücke 6
4 Kn. Donaupark 8
5 Vienna-Int.-Centre 4
6 Reichsbrücke 3
7 Kaisermühlen 1
8 Knoten Kaisermühlen
9 Handelskai
10 St. Marx
11 Kn. Arsenal

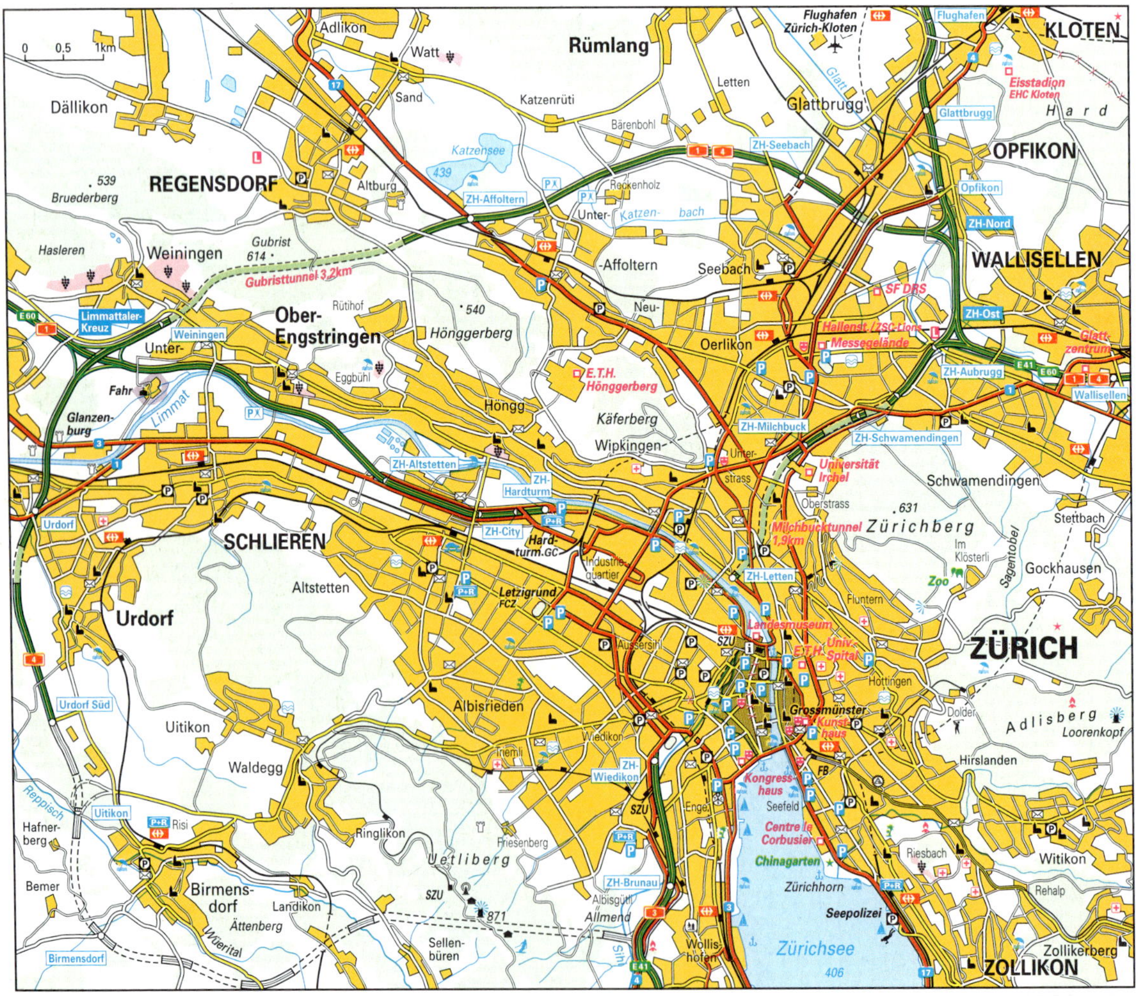

WIEN

ZÜRICH